Kommission des Landtages für die Geschichte
des Landes Rheinland-Pfalz

Kreuz – Rad – Löwe

Rheinland-Pfalz.
Ein Land und seine Geschichte

Mainz
2012

Kreuz – Rad – Löwe

Rheinland-Pfalz.
Ein Land und seine Geschichte

Band 2

Vom ausgehenden 18. bis zum 21. Jahrhundert

Herausgegeben von
Friedrich P. Kahlenberg und Michael Kißener

Mainz
2012

Bibliografische Information der Deutschen Nationalbibliothek
Die Deutsche Nationalbibliothek verzeichnet diese Publikation in der Deutschen Nationalbibliografie; detaillierte bibliografische Daten sind im Internet über <http://dnb.d-nb.de> abrufbar.

Weitere Publikationen aus unserem Programm finden Sie unter: www.zabern.de

Für die deutsche Ausgabe

ISBN: 978-3-8053-4291-9

Gestaltung: TypoGraphik Anette Klinge, Gelnhausen
Lithos: Das Reprohaus & digitale Medien GmbH, Rödermark
Umschlaggestaltung: Stefan Dumont, Mainz, Berlin
Druck: aprinta druck GmbH, Wemding

Printed on fade resistant and archival quality paper
(PH 7 neutral) · tcf

Die Herausgabe des Bandes wurde vom
Landtag Rheinland-Pfalz
und der
Staatskanzlei Rheinland-Pfalz
gefördert.

Das Gesamtprojekt wurde mit Unterstützung der
Johannes Gutenberg-Universität Mainz,
des Landesamts für Vermessung und Geobasisinformation Rheinland-Pfalz,
des Landesbibliothekszentrums Rheinland-Pfalz,
des Statistischen Landesamts Rheinland-Pfalz
und des Südwestrundfunks
realisiert.

Grußwort des Landtagspräsidenten

Beim Betreten des Plenarsaals des rheinland-pfälzischen Landtags fällt der Blick der Besucherinnen und Besucher auf die Hambacher Fahne und das Landeswappen an der Stirnseite des Raumes. Wappen und Flagge symbolisieren nicht nur die Hoheit des Staates, sondern zugleich auch die historischen Wurzeln unseres Landes. Unser Bundesland kann in diesem Jahr seinen 65. Geburtstag begehen, denn am 18. Mai 1947 haben die Pfälzer, Rheinhessen und Rheinländer in einer Volksabstimmung für die Annahme der Verfassung für Rheinland-Pfalz votiert. Sie alle brachten ein reiches historisches Erbe als »Mitgift« in die von der französischen Besatzungsmacht verfügte neue Lebensgemeinschaft ein. Inzwischen ist trotz aller Verschiedenheit der Partner aus dieser »Zwangsehe« eine stabile, belastbare und vertrauensvolle Beziehung erwachsen.

Daher ist es nun auch an der Zeit, den vielen verdienstvollen Darstellungen einzelner Landesteile eine historische Gesamtdarstellung unseres Raumes zur Seite zu stellen und um eine spezifisch »rheinland-pfälzische« Perspektive zu ergänzen. Dabei sollen die regionalen Unterschiede keineswegs nivelliert, sondern in vergleichender Perspektive betrachtet und analysiert werden.

Als Vorsitzender der Kommission des Landtages für die Geschichte des Landes Rheinland-Pfalz freue ich mich ganz besonders, dass der Gedanke einer solchen Gesamtdarstellung in den Reihen der Kommission erwachsen ist. Nachdem der Landtag im Jahr 2003 den Auftrag der Kommission ausdrücklich auf die Vorgeschichte unseres Bundeslandes erweitert hatte, nahmen in den nächsten Jahren die Planungen für ein solches Großprojekt Gestalt an. Auch die Staatskanzlei erklärte sich dankenswerterweise zur finanziellen Förderung des Vorhabens bereit.

Doch ohne die wissenschaftliche und personelle Unterstützung seitens der Johannes Gutenberg-Universität wäre eine Realisierung dieses ambitionierten Vorhabens kaum möglich gewesen. Hervorzuheben sind auch die Kooperationen mit dem Landesbibliothekszentrum, dem Statistischen Landesamt und dem Landesamt für Vermessung und Geobasisinformation sowie dem SWR, durch die das Projekt in der vorliegenden Form realisiert werden konnte. Aber es sei an dieser Stelle auch all den »stillen« Helfern in Archiven, Bibliotheken, Wissenschaftseinrichtungen usw. gedankt, die zum Gelingen dieses Werkes beigetragen haben. Ein ganz besonderer Dank gebührt jedoch den Autorinnen und Autoren, die (Frei)Zeit und Kraft für dieses Projekt aufgewandt haben, um uns allen mit ihren Beiträgen die Geschichte unseres Raumes nahe zu bringen. Nicht unerwähnt bleiben soll der unermüdliche Einsatz der Herausgeber, welche die vielen Einzelteile zu einem großen Ganzen zusammengefügt haben. Von ihrer Fachkompetenz und Souveränität hat das Projekt in allen Phasen profitiert. Die Fäden des gesamten Projekts liefen in der Handbucharbeitsstelle am Lehrstuhl von Prof. Dr. Kißener an der Johannes Gutenberg-Universität zusammen. Dr. Nordblom und Dr. Würz sei an dieser Stelle ausdrücklich für ihr Engagement und ihre Ausdauer gedankt. Auch die Mithilfe der vielen studentischen und wissenschaftlichen Hilfskräfte soll nicht unerwähnt bleiben.

Charakteristisch für unser Handbuchprojekt ist die Zusammenarbeit von Forschern verschiedener Fachrichtungen und Altersstufen. So verdanken wir Stefan Dumont, einem jungen Historiker am Institut für Geschichtliche Landeskunde an der Universität Mainz, sowohl die Anregung zum Titel unseres Handbuchs als auch die Gestaltung des Covers.

Ich wünsche »Kreuz – Rad – Löwe« zahlreiche und vor allem interessierte Leserinnen und Leser. Die Geschichte unseres Landes mitten im Herzen Europas ist eine spannende, auch wenn noch längst nicht alle Kapitel dieser Geschichte geschrieben sind. Diese Darstellung soll Lust machen, sich intensiver mit der Geschichte unseres Landes zu befassen – eine Einladung keineswegs nur an das Fachpublikum, sondern an alle Rheinland-Pfälzerinnen und Rheinland-Pfälzer!

Mainz im März 2012

Joachim Mertes
Präsident des Landtags Rheinland-Pfalz

Grußwort des Ministerpräsidenten

Der Bischof von Speyer ist Mitglied der Bayrischen Bischofskonferenz, sein Bistum Teil des Bamberger Metropolitanbezirks, so wie Trier zur Kölner Kirchenprovinz zählt. Die evangelischen Christen in Rheinhessen gehören zur Evangelischen Kirche in Hessen und Nassau, ebenso die im Taunus und im Westerwald. Dort ist auch die Nassauische Sparkasse präsent. Zum Geschäftsgebiet der Bayern-Versicherung gehört die Pfalz, so wie die »Provinzial Rheinland« auch die ehemaligen Regierungsbezirke Koblenz und Trier abdeckt. Der Rheinische Verein für Denkmalpflege und Landschaftsschutz hat sein Arbeitsgebiet in der ganzen ehemaligen preußischen Rheinprovinz. Es gibt sie also noch, die alten Bindungen aus der Zeit der politischen Neugliederung infolge des Wiener Kongresses. Aber es sind nur noch vereinzelte historische Reminiszenzen. In 65 Jahren ist Rheinland-Pfalz zu einer politischen Einheit zusammengewachsen. Es ist auch ein selbstverständliches Gefühl der Zusammengehörigkeit, ein Landesbewusstsein entstanden. Versuche, das Land zu zerschlagen, scheiterten schon 1956, der Volksentscheid von 1975 bestätigte eindrucksvoll das »Ja« zu Rheinland-Pfalz. Die Rheinland-Pfalz-Tage, die wechselnd in allen Landesteilen stattfinden, sind Sinnbilder für die inzwischen gewachsene Identifikation der Bürgerinnen und Bürger mit ihrem Land.

Als der Kommunalpolitiker Joseph Decku 1948 das Landeswappen entwarf, griff er nicht auf den preußischen Adler, die Löwen von Hessen und Nassau und die bayerischen Rauten zurück, sondern auf die kurrheinischen Symbole Trierer Kreuz, Mainzer Rad und Pfälzer Löwe. Damit machte er deutlich: Das »Land aus der Retorte« hat weit in die Geschichte zurückreichende Wurzeln. Zum Selbstverständnis und Selbstbewusstsein jeder Region gehört die historische Rückbindung. Bislang gab es zwar u.a. eine mehrbändige »Rheinische« und eine zweibändige »Pfälzische Geschichte«, aber keinen umfassenden Überblick über die Geschichte des gesamten rheinland-pfälzischen Raums von den Anfängen menschlicher Präsenz im Rheintal im Paläolithikum bis ins 21. Jh., der alle Aspekte der politischen, der Wirtschafts-, Technik-, Kultur- und Bevölkerungsgeschichte darstellt. Mit dem von der Kommission des Landtages für die Geschichte des Landes Rheinland-Pfalz herausgegebenen »Handbuch« liegt nun diese lang erwartete Publikation vor.

Ich danke der Kommission, insbesondere ihrem Vorsitzenden, Herrn Landtagspräsidenten Joachim Mertes und seinem Stellvertreter, Herrn Prof. Dr. Michael Kißener, für die Initiative, mein Dank gilt auch den Autorinnen und Autoren und den Koordinatorinnen und Koordinatoren des Unternehmens für ihre Mitwirkung und ihre Beiträge. Es ist ein wissenschaftlich fundiertes Werk entstanden, das sich aber bewusst an eine breite interessierte Öffentlichkeit wendet. Die Staatskanzlei hat die Hälfte der Kosten dieser Publikation übernommen. Damit kann das Handbuch zu einem leserfreundlichen Preis veräußert und so »Kreuz – Rad – Löwe« zu einem »Hausbuch« für die rheinland-pfälzischen Familien werden. Ich wünsche mir, dass die Publikation dazu beiträgt, aus der Kenntnis der Geschichte heraus unsere Gegenwart besser verstehen zu können. Ich hoffe, dass auch auf Grund historischer Erfahrungen die richtigen Entscheidungen für eine weiterhin gedeihliche Entwicklung unseres Landes getroffen werden.

Kurt Beck
Ministerpräsident von Rheinland-Pfalz

Vorwort der Herausgeber

Kreuz, Rad und Löwe – dies sind seit 1948 die zentralen Symbole des rheinland-pfälzischen Landeswappens. Die Gestaltung setzte einen klaren geschichtspolitischen Akzent: Der erste frei gewählte Landtag und die Landesregierung wollten mit diesem Wappen das neue, aus so heterogenen Teilen zusammengesetzte Land in eine lange zurückreichende Tradition einbinden und damit ein politisches Programm verknüpfen. Wie im Mittelalter, als mit den zwei geistlichen Kurfürstentümern Trier (Kreuz) und Mainz (Rad) sowie mit dem weltlichen Kurfürstentum des Pfalzgrafen bei Rhein (Löwe) dieser Raum eine politische Kernlandschaft des Reiches gewesen war, so sollte auch nach der Katastrophe der NS-Diktatur hier wieder ein christlich geprägter, dominanter politischer Raum entstehen. Doch das junge Rheinland-Pfalz blieb im Rahmen der Debatten über eine Länderneugliederung in der frühen Bundesrepublik Deutschland lange umstritten, seine Auflösung zugunsten einer Neuordnung im föderalen Gefüge des westdeutschen Teilstaates wurde bis in die 1970er Jahre immer wieder diskutiert. Vor diesem Hintergrund bemühten sich Historiker um Nachweise, dass der Raum des heutigen Rheinland-Pfalz schon in früher Zeit auf vielfältige Weise, durch Stammesherkunft, Sprache, rechtliche Ordnung und vieles mehr verbunden gewesen sei. Solches Bemühen ist stets nur in Ansätzen gelungen – wie sollte es auch anders sein?

Die politischen Grenzen des heutigen Rheinland-Pfalz sind Produkt der Entscheidungen der alliierten Siegermächte des Zweiten Weltkrieges über die Bildung der Besatzungszonen. Dass diese im Westen Deutschlands so lange nachwirken sollten, war nicht absehbar. Grenzen sind das Ergebnis von Einschnitten in die geschichtliche Entwicklung und unterbrechen zum Zeitpunkt ihrer Festlegung die Kontinuität der soziokulturellen und der wirtschaftlichen Bindungen. Sie schaffen zunächst nicht absehbare, dann aber sich immer mehr festigende neue Realitäten. Das Land Rheinland-Pfalz ist Produkt eines solchen Prozesses. Demgegenüber behaupten sich aber auch einzelne Organisationsformen wie jene kirchlicher Verwaltungsstrukturen, und gewachsene regionale Bindungen widerstehen neuen politischen Grenzen über einen erstaunlich langen Zeitraum.

In Rheinland-Pfalz wirken nicht zuletzt in der landesgeschichtlichen Forschung das regionale Selbstbewusstsein der Pfälzer, die fortdauernde Erinnerung an die über anderthalb Jahrhunderte bestehende Zugehörigkeit der nördlichen Landesteile zur ehemaligen preußischen Rheinprovinz, aber auch die Bindungen zu Hessen fort. Historische Kommissionen und Gelehrte Gesellschaften in Bonn, in Wiesbaden, in Darmstadt berücksichtigen in ihren Veröffentlichungen und Forschungsprojekten die Geschichte einzelner Teile des Landes Rheinland-Pfalz ebenso, wie sich pfälzische Institutionen auf die Geschichte ihres Landesteils konzentrieren. Vor diesem Hintergrund ist der Beschluss des Landtages vom 20. Februar 2003 über die erweiterte Aufgabenstellung der Kommission des Landtages für die Geschichte des Landes zu verstehen: Ohne eine bis dato vorgegebene zeitliche Begrenzung sollte diese sich fortan der geschichtlichen Entwicklung aller Regionen innerhalb der Grenzen des heutigen Landes widmen.

Die jetzt vorgelegte Darstellung unter dem auf das Landeswappen bezogenen Titel will keine festen historischen Kontinuitäten im Gebiet des heutigen Landes behaupten. Sie will ausdrücklich nicht die Grenzen des heutigen Rheinland-Pfalz in weit zurückliegenden Jahrhunderten suchen. Ihr eigentliches Anliegen wird durch den Untertitel deutlich: »Rheinland-Pfalz. Ein Land und seine Geschichte.« Angestrebt ist der Blick auf das gesamte Gebiet des heutigen Landes, die Überwindung regionaler Betrachtungen allein. Die Darstellung will den heute in Rheinland-Pfalz lebenden Generationen und allen an Rheinland-Pfalz Interessierten eine Orientierung geben in der über viele Jahrhunderte so wechselhaften Geschichte dieses Raums. Zugleich will sie zum besseren Verständnis des eigenen Standortes im Lauf der Geschichte beitragen und im Wissen um die Geschichte zur Orientierung für die Zukunft einladen.

Ein solches Vorhaben stellt ein gewagtes Experiment dar: Nicht nur, dass es an Vorbildern fehlt und gewohnte landesgeschichtliche Sehweisen durchbrochen werden, es stellt die Bearbeiterinnen und Bearbeiter auch vor vielfältige historiografische Probleme. Rheinland-Pfalz wurde 1947 im Wesentlichen aus ehemals preußischen, bayerischen und hessischen Gebietsteilen zusammengefügt. Diese Zuordnungen wiederum waren Produkte der politischen Neuordnungen, die zu Beginn des 19. Jhs. vorgenommen worden waren. Und diese wiederum waren erneut aus ganz anderen, jahrhundertealten meist viel kleinräumigeren territorialen Ordnungen entstanden, deren Traditionen noch lange nachwirkten, Raum- und Zeitgrenzen übersprangen. Teile dieses Großraumes, wie etwa das Saargebiet, sind im 19./20. Jh. rasch wechselnden territorialen, außen- wie innenpolitisch bedingten Zuordnungen unterworfen worden – und hatten doch enge Bezüge zum Gebiet des heutigen Rheinland-Pfalz. Darauf kann ebenso wenig detailliert eingegangen werden wie auf einzelne territoriale Entwicklungen, wenn die Geschichte des Raumes und eben nicht die Geschichte einzelner Territorialmächte in diesem Raum im Vordergrund stehen soll. Um eine solche Zielstellung fruchtbringend umzusetzen, bedarf es eines gesonderten historiografischen Zugriffs, einer klaren Perspektive, in die die historischen Phänomene einzuordnen sind. Diese Perspektive haben wir in der Einbettung der regionalen Geschichte in säkulare Entwicklungsstränge gesehen, deren unterschiedliche historische Konkretionen vor Ort zu beobachten, miteinander zu vergleichen und zu analysieren waren. Hierin bestanden Herausforderung und Reiz des Vorhabens gleichermaßen.

Genau darin besteht aber auch der Unterschied dieser umfänglichen Überblicksdarstellung zu einem traditionellen, regionalgeschichtlichen Handbuch, dessen Blick sich in aller Regel auf lange Kontinuitäten in einem traditionellen politisch-kulturellen Raum ausrichtet. Angestrebt ist deshalb auch nicht der hohe Grad an wissenschaftlicher Tiefenschärfe und Distinktion, wie ihn vielbändige »Handbücher« bieten, denen eine jahrzehntelange Finanzierung und Entstehungszeit vergönnt ist. Das wäre im Falle von Rheinland-Pfalz auch nicht einfach realisierbar gewesen, weil es dafür noch an vielen regionalen Detailstudien fehlt, auf deren Grundlage erst ein differenziertes und abgesichertes Bild gezeichnet werden könnte. Dieser Mangel wird in absehbarer Zeit nicht behoben sein. Angestrebt ist daher ein so bislang noch nicht existierender Überblick über die Geschichte des gesamten rheinland-pfälzischen Raumes, der den derzeitigen Kenntnisstand zusammenfasst und für ein breites historisch interessiertes Lesepublikum verfügbar macht. Das bedeutet konkret, dass die Autorinnen und Autoren dieses Werkes zwar stets bemüht waren, den ganzen Raum in seiner unterschiedlichen historischen Ausprägung im Blick zu behalten, dass sie angesichts des unter anderem aus Gründen der Lesefreundlichkeit begrenzten Darstellungsraumes aber nicht auf jede regionale Differenzierung eingehen konnten. Vielmehr war der Blick auf die Unterschiede in den regionalen historischen Entwicklungen wie auf die Verschieden- oder Gleichartigkeit im Rahmen allgemeiner Entwicklungen Kriterium für die Ausgestaltung der historischen Darstellung. Folglich dokumentiert ein bewusst zurückhaltender Anmerkungsapparat auch nicht die ganze Breite oder Lückenhaftigkeit der einschlägigen Forschung, er versteht sich vielmehr im Verbund mit der beigegebenen Auswahlbibliografie als Wegweiser zu weiterführender Literatur, die eine intensivere Beschäftigung mit Einzelthemen erleichtert.

In gleicher Weise unüblich präsentiert sich vor dem Hintergrund solcher Rahmenvorgaben auch die thematische Gliederung des Bandes: Nach einem ersten interpretatorischen Zugriff, der die Landesgeschichte in die umfassenden historischen Entwicklungen des 19. und 20. Jhs. einordnen will und dabei bemüht ist die Spezifika des Raumes herauszuarbeiten, wird zunächst der Blick auf die naturräumlichen und bevölkerungspolitischen Rahmenbedingungen gelenkt, die die historische Entwicklung beeinflusst haben. Dieser Abschnitt will keine »Landeskunde« klassischer Art ersetzen, wie sie erst kürzlich für die Pfalz wieder veröffentlicht wurde[1]. Vielmehr geht es hier um die Definition entscheidender Einflussfaktoren, die das Verständnis der nachfolgenden Kapitel erleichtern soll. Es folgt ein historischer Überblick, der wichtige Stationen der Geschichte des 19. und 20. Jhs. mit Blick auf die Spezifika des Raumes identifiziert. Der hier dargebotene Überblick wird sodann in den einzelnen strukturgeschichtlich und sektoral orientierten Kapiteln thematisch vertieft. Dabei lassen sich Überschneidungen nicht vermeiden, doch wird dem Leser recht schnell deutlich werden, wie hier unter spezifischen thematischen Perspektiven ein tiefer Blick in die Landesgeschichte ermöglicht wird. Der Weg zu solchen thematischen Vertiefungen wird in den drei einleitenden Kapiteln an vielen Stellen gewiesen. Dabei werden auch Themen aufgegriffen, die vielleicht in einem Überblickswerk zur Regionalgeschichte so nicht erwartet werden. So wird z. B. ein genauer Blick auf »Außenbeziehungen« des Raumes geworfen, an die Stelle einer klassischen sozialgeschichtlichen Betrachtung tritt ein bevölkerungsgeschichtlicher Zugriff, und breit ist auch die volkskundliche Perspektive auf das Land angelegt.

Die Erleichterung von Zugängen zur regionalen Geschichte, die Lese- und Benutzerfreundlichkeit bestimmen auch die äußere Gestalt dieser Überblicksdarstellung. Marginalien, eine bewusst gewählte Bebilderung und Kartografie sollen ebenso wie die beigegebene DVD und das Register unterschiedlichen Anforderungen, Lese- und Sehgewohnheiten Rechnung tragen. Auch darauf haben sich die Autorinnen und Autoren, die ansonsten vielleicht eine nüchternere, sachliche Ausdrucksform aus der wissenschaftlichen Publizistik gewohnt sind, eingelassen, um dem Land und seinen Menschen zum 65. Jahrestag seiner Gründung ein Werk zur Verfügung zu stellen, das vielfältigen Anwendungen in Schule, Wissenschaft, Archiv, Geschichtsverein oder in der heimischen Bibliothek entgegenkommt.

Dafür gebührt allen unser herzlicher Dank. Dank sind wir auch unseren Partnern schuldig: dem Statistischen Landesamt, das in mühevoller Detailarbeit mit einem separaten, gleichwohl dieses Werk ergänzenden Band einen Grundstein für die Historische Statistik dieses Raumes gelegt hat. Dem Landesamt für Vermessung und Geobasisinformation kommt das Verdienst zu, die historische Kartografie für dieses Werk neu und überaus anschaulich gestaltet zu haben. Der SWR hat es möglich gemacht, diesem Band eine DVD beizugeben, auf der Filmmaterial aus 65 Jahren Landesgeschichte einen ganz eigenen Zugang zum regionalen Geschehen erlaubt, das so auch im schulischen Unterricht lebendig präsentiert werden kann. Den Archiven des Landes ist in besonderer Weise zu danken für eine breite Unterstützung nicht zuletzt bei der Bereitstellung von Bildvorlagen. Und schließlich haben viele Institutionen, Einrichtungen und Privatpersonen zum Gelingen des Vorhabens beigetragen – auch ihnen ein verbindliches Dankeschön. Vor allem aber ist dem Landtag wie der Staatskanzlei und der Johannes Gutenberg-Universität in Mainz zu danken, dass sie den Versuch eines umfassenden Beitrages zur rheinland-pfälzischen Geschichte mit der Bereitstellung von personellen und finanziellen Ressourcen gefördert haben.

Wir hoffen, dass dieser in vielerlei Hinsicht doch auch neuartige Versuch, Landesgeschichte zu präsentieren, viele Leser finden wird und einen Beitrag dazu leistet, diesen Raum, seine Menschen und seine Geschichte besser zu verstehen.

Im November 2011 Friedrich P. Kahlenberg, Michael Kißener

1 GEIGER, Geographie 2010.

Inhalt

Vom Alten Reich in die neue Zeit. Säkulare Veränderungen

Von Michael Kißener

Momentaufnahme 1: Das Ahrtal zu Beginn des 19. Jhs.

Im Jahre 1845 veröffentlichte der Bonner Theologe und Journalist Gottfried Kinkel ein kleines Buch über seine zwei Jahre zuvor unternommenen Wanderungen an der Ahr. In diesem Landstrich, so stellte er fest, habe zwar »die fleißige Menschenhand [...] das Tal immer paradiesischer geschmückt [...] aber die Bewohner [...] werden arm und ärmer [...] die fröhliche Lebenslust, wie sie Weinländern eigen ist, schwindet von Jahr zu Jahr mehr, und zuerst von allen Preußen hat der Ahrländer die Auswanderung nach Amerika begonnen.« Um Altenahr hätten sein Mitleid »die vielen bettelnden Kinder« erregt, »denen man gleichwohl gerne gibt, wenn sie so in ihren armseligen Kleidchen, ohne ein Wort zu sagen, ihre Hand küssen und dem Reisenden darbieten.« Diese Not der Menschen sei ganz unverschuldet, denn »das ganze Geschlecht ist arbeitsam und unermüdlich: Man braucht nur ihre schwere Mühe anzusehen, wenn sie die steilen Pfade hinauf den Dünger auf die Felsmauern schleppen oder in der Sommerglut ihre Weinreben brechen. Harte Arbeit hat diesen Menschenstamm zwar durchschnittlich minder schön, aber auch kräftig gemacht, und es wird im ganzen Tal auf gute Sitte etwas gehalten.« Allerdings, so Kinkel weiter, habe »das rauhe Land [...] seine Nahrungsquellen erschöpft, die Bewohner aber haben sich im Laufe der langen Friedenszeit in einem Verhältnis vermehrt, welches mit der Ergiebigkeit des Bodens in Widerstreit kommen muß. Das meiste Land, besonders im Kreise Adenau, ist für regelmäßigen Ackerbau untauglich [...] Da nun hier fast überall die Stallfütterung noch nicht eingeführt ist, so mangelt der Dünger, um die Ungunst des Bodens zu zwingen.« Würden sich die Menschen nur besinnen und sich der fortschrittlichen Neuerungen im Ackerbau endlich bedienen, so wäre auf Abhilfe zu hoffen: »Mit künstlichem Dünger wäre nachzuhelfen, wie denn durch ungelöschten Kalk die Kultur des gleich armen Westerwaldes in letzter Zeit wunderbar sich hebt. Aber der Westerwald hat fahrbare Chausseen bekommen, auf welchen vom Rheine die Bedürfnisse ihm zugeführt werden können. Die obere Ahr aber hat an einigen Stellen nur Fußsteige durchs Flußtal oder bodenlose Felswege über die hohen Bergrücken. Und das ist auch der Grund, warum zwei herrliche Hilfsquellen der Oberahr, der Handel mit dem in unermeßlicher Fülle wachsenden Holz und der Bergbau auf die gerade dort überreich vorfindlichen Metalle noch nicht nach Kräften ausgebeutet werden.« Dringend müsse daher der preußische Staat helfen, diesem – von anderen in gleicher Weise schon um die Wende vom 18. zum 19. Jh. beschriebenen Zustand[1] – abzuhelfen, zumal die Ahr »durch den Untergang der Klöster und durch die Zollgrenzen, die seit dem Ende der französischen Besitznahme Frankreich und Belgien von ihr abgeschnitten hat, im Absatz so außerordentlich gegen früher beschränkt worden ist«.[2]

Der französische Künstler Jean Nicolas Ponsart veröffentlichte in den 1830er Jahren eine Serie von Lithografien mit Motiven aus der preußischen Rheinprovinz. Er dokumentierte mit seinen Arbeiten auch das ländlich-bäuerliche Alltagsleben, hier ein Gehöft in Mayschoß. (aus: Jean Nicolas Ponsart: Vallée de l'Ahr Prusse Rhénane. Bruxelles 1838, als Digitalisat in dilibri Rheinland-Pfalz)

Momentaufnahme 2: Ludwigshafen um 1900

Rund 50 Jahre später, um das Jahr 1900, erlebte William Dieterle in der aufstrebenden Industriestadt Ludwigshafen seine Kindheit, die er später in einem Buch festhielt: »Mein Vater hatte dort, ich weiß nicht, wie er das ermöglichen konnte, ein kleines Haus gekauft. Das war eine wirtschaftliche Notwendigkeit bei einer elfköpfigen Familie mit nur geringem Einkommen [...]. Das Haus war klein, aber wir waren alle untergebracht, und dann war da ein nicht allzu großer Garten, der uns mit frischem Gemüse versorgte. Eine kleine Schar von Hühnern lieferte Eier. Auch Tauben, Gänse und Hasen hatten wir, die an Festtagen unseren Speisezettel bereicherten [...]. Mein Vater [...] war ein einfacher Fabrikarbeiter bei Grünzweig und Hartmann. Er arbeitete von früh sieben bis abends sechs Uhr, volle sechs Tage für sage und schreibe 18 Mark die Woche. Durch Überstunden kam er manchmal auf etwas mehr als 20 Mark. Wie alle Arbeiten bei uns genau eingeteilt waren, so wußte auch ich, was ich zu tun hatte: In der Frühe, sobald die Männer aus dem Haus waren, hatte ich das Vieh zu versorgen, dann schnell in die Schule von acht bis elf Uhr. Dann mit einem kleinen Korb in die Stadt, um dem Vater sein Mittagessen zu bringen [...]. Von zwei bis vier war noch mal Unterricht. [...] Und dann kam es zur ersten Sensation in meinem Leben. 1905 war es. Jahrmarkt in Ludwigshafen. Unter den vielen Ausstellerbuden, Zelten und Karussells stand auch eine Bude mit vielen bunten Plakaten, daneben ein fauchendes Lokomobil, das die Kraft lieferte zu dem Kinematographen-Theater, das zum erstenmal das neue Wunder der lebenden Bilder in unsere Stadt brachte. [...] Und dann geschah es: Über unsere Köpfe hinweg blitzte ein heller Lichtstrahl und ließ die Leinwand hell aufleuchten. Dann raste ein Eisenbahnzug (amerikanischer Herkunft) von weiter Ferne in das Bild hinein, direkt auf uns zu, so schien es, so daß nicht nur ich, sondern das ganze Publikum entsetzt aufschrie, als die Maschine den Rahmen der Leinwand überrannte. [...] Es gab bestimmt noch ärmere Familien als die unsrige. Und es wurde auch nicht gestöhnt und geklagt. Nur ein einziges Mal verspürte ich es mächtig: Und das war am Ende meiner Schulzeit. Ich träumte davon, in die höhere Schule zu kommen. [...] Aber das kostete Geld, und das hatten wir nicht. [...] Und da erwachte in mir der Entschluß, alles zu tun, um aus diesen Verhältnissen herauszukommen.«[3]

Ludwigshafen um 1900, Eisenbahn und Industrie prägen das Bild der Stadt (Stadtarchiv Ludwigshafen)

Momentaufnahme 3: Mainz um 2010

Wie viele andere Städte setzt die rheinland-pfälzische Landeshauptstadt Mainz im Jahre 2010 nicht mehr auf den Buchdruck, um ihre Vorzüge bekannt zu machen, sondern auf das »World Wide Web«, in dem sie eine »homepage« unterhält. Dort präsentiert sich die Gutenbergstadt als aufstrebende, familienfreundliche Wirtschaftsregion, der das Wohl ihrer Bürger in jeder Weise angelegen ist. Ein »Ratsinformationssystem« soll den Bürgern mehr »Durchblick in der Stadtpolitik« ermöglichen, die Stadtverwaltung mit über 4.000 Mitarbeitern bietet sich als »Dienstleisterin für Bürgerinnen und Bürger« an. Die Stadt setzt auf Wirtschaftsförderung und »Zukunftssicherung mit intelligenter Informationstechnologie« und ist stolz darauf, mit ihren Branchenschwerpunkten Gesundheit, Medien, Elektronische Datenverarbeitung und Forschung und Entwicklung einen »gesunden Branchenmix« vorzuweisen, der bei nationalen und regionalen Rankings von Wirtschaftsstandorten zu Spitzenplätzen geführt habe. Kostenvorteile und Lebensqualität bietet Mainz ansiedlungsbereiten Unternehmern. Allerdings können potentielle Unweltprobleme Ansiedlungen erschweren, wie etwa der geplante Bau eines Kohlekraftwerks auf der Ingelheimer Aue, das von vielen Mainzern wegen einer befürchteten Verschlechterung der Luftqualität abgelehnt wird. Zu den wichtigen Standortfaktoren gehört für Mainz die Familienfreundlichkeit. Deshalb hat die Stadt 2005 zusammen mit verschiedenen Partnern aus Wirtschaft, Wissenschaft und Gesellschaft das »Bündnis für Familie« gegründet, das u.a. durch Förderung des Krippen- und Kindergartenausbaus für eine Vereinbarkeit von Beruf und Familie und damit für mehr Kinder sorgen soll. Dabei wird auch an islamische Erziehungseinrichtungen gedacht, um die Integration von Kindern mit »Migrationshintergrund« zu erleichtern. Gelingt dies alles nicht, so droht, nach Auffassung der IHK Rheinhessen, ein weiterer Bevölkerungsschwund, hat doch Deutschland bereits einen traurigen Rekord in der Kinderlosenquote erreicht, besonders unter gut und hochqualifizierten Frauen. Beim Anhalten des derzeitigen Trends, so eine Prognose, könne 2050 der Anteil der unter 20-Jährigen in der Bevölkerung von 22 % auf 17 % weiter sinken, hingegen der Anteil der über 60-Jährigen von derzeit 24 % auf 34 % weiter steigen.[4]

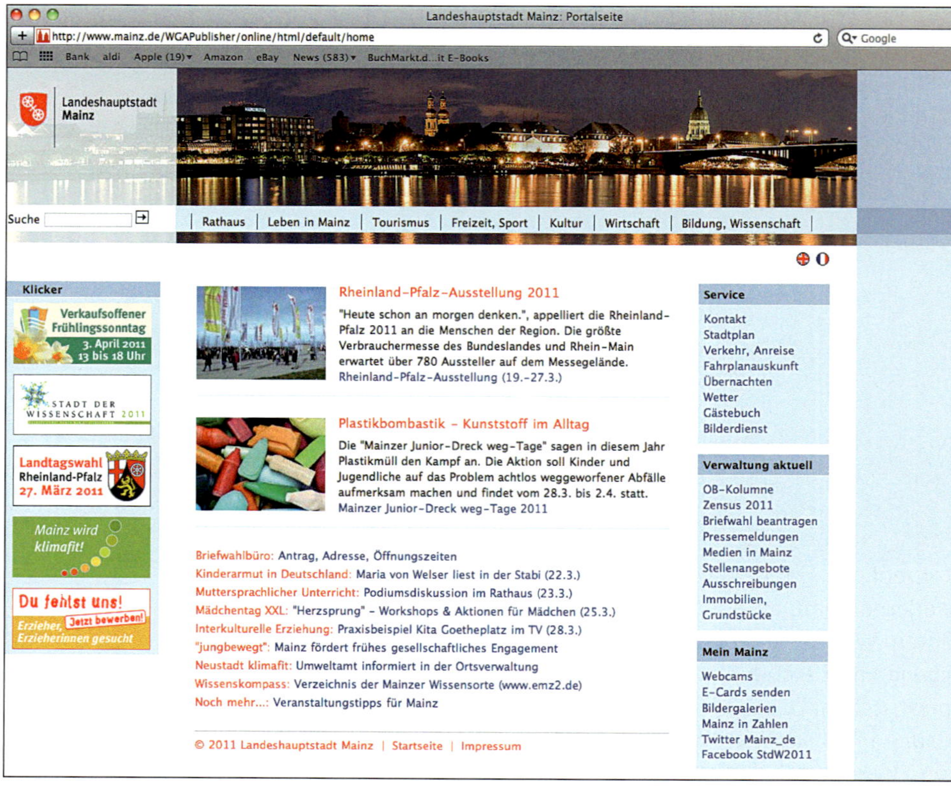

Screenshot der Homepage www.mainz.de

Die Geschichte des 19. und 20. Jhs. in jenem Raum, der heute von dem Bundesland Rheinland-Pfalz abgedeckt wird, zu schreiben, bedeutet – das lassen bereits diese Quellenstücke erahnen – die Geschichte eines rasanten, so zuvor nie gekannten Wandels zu schreiben.

»Sattelzeit«, »Moderne«, »Postmoderne«

Abstrakt lässt sich dieser Wandel in drei Begriffen fassen: Zunächst fand der Übergang von der altständisch-agrarischen Gesellschaft des 1806 untergegangenen Alten Reiches zur bürgerlichen, industriellen Gesellschaft statt, die in der zweiten Hälfte des 19. Jhs. Konturen gewann. Dieser Übergang wird von den Historikern zumeist als »Sattelzeit« bezeichnet, und diese hatte in unserem Raum durch einen starken französischen Einfluss eine spezifische Ausprägung – damit wäre eine erste Besonderheit der regionalen historischen Entwicklung bereits angedeutet.

An die »Sattelzeit« (bis ca. 1850) schließt sich die »Moderne« mit ihrem technischen Fortschritt und der Entwicklung der hoch arbeitsteiligen Massengesellschaft an, die hier, im grenznahen Gebiet, erst mit einiger Verzögerung einsetzte. Kennzeichen der »Moderne« waren die Aufspaltung der einheitlichen Weltsicht der vorangegangenen Jahrhunderte (Differenzierung), die zunehmende Bedeutung des Individuums (Individualisierung) und ein durch die geistig-wissenschaftliche Durchdringung der Welt (Rationalisierung) bedingter Glaube an die Beherrschung biologischer und natürlicher

Prozesse (Domestizierung). Diese Entwicklungen haben die Lebensumstände der Menschen in wenigen Dezennien so grundlegend verändert, dass wohl ein Zeitgenosse des Jahres 1800 sich um 1920 oder 1950 bereits kaum mehr in dieser neuen Welt zurechtgefunden hätte: Wie groß erscheint schon in den vorangestellten Beispielen der Abstand zwischen den ärmlichen Verhältnissen in der Eifel des Jahres 1845 und den Lebensumständen in der Industriestadt Ludwigshafen zu Beginn des 20. Jhs.!

Freilich hatte die »Moderne« auch ihre Schattenseiten, etwa in der mangelhaften sozialen Sicherung der Menschen, in der lange ungelösten Spannung zwischen Individuum und Massengesellschaft, vor allem aber auch im übersteigerten Nationalismus, der in unserem grenznahen Gebiet mit besonderer Deutlichkeit hervortrat – Letzteres auch ein Spezifikum der regionalen historischen Entwicklung.

Umstritten ist allerdings, ob mit den Begriffen »Sattelzeit« und »Moderne« bereits die Kennzeichen der 200 Jahre zwischen 1800 und 2000 wirklich erfasst sind. Nicht wenige Soziologen, Politologen und Historiker sehen eine weitere Zäsur in der Mitte der 1960er Jahre, die spätestens mit der Energiekrise Anfang der 1970er Jahre das ganze Konzept der »Moderne« in Frage gestellt und in die »Postmoderne« oder auch »Zweite Moderne« geführt habe. Wer den Blick auf die Menschen und ihre Lebensbezüge in diesem Wandel richtet, der wird nicht umhin können, tatsächlich eine erneute Beschleunigung von Veränderungspotentialen etwa in Bereichen wie Familie, Religion, Bildung festzustellen. Dieser neuerlich beschleunigte Wandel führt offenbar zu einer fortschreitenden Individualisierung, zudem zu einer radikalen Pluralisierung der Gesellschaft, die von einem zunehmenden Verlust von Fortschrittsoptimismus begleitet wird, sowie zu einer zunehmenden Außerkraftsetzung von gesellschaftlichen Normen. Auch dies lässt sich in Rheinland-Pfalz beobachten, wie bereits der Internetauftritt der Stadt Mainz belegt.[5]

Doch wie fand dieser säkulare Entwicklungsprozess konkret statt? Welche Zäsuren zeichnen ihn speziell in unserer Gegend aus?

»Am Anfang war Napoleon«

Wer nach Antworten auf diese Fragen sucht – und unser Buch verfolgt genau dieses Ziel –, der wird nicht anders können als bei dem französischen Kaiser Napoleon anzusetzen. Denn am Anfang der Moderne sei eben nicht Gott gewesen, sondern »am Anfang war Napoleon« – so räsonierte schon Thomas Nipperdey vieldeutig in seiner »Deutschen Geschichte 1800–1866«.[6]

Um 1800 waren die linksrheinischen Gebiete des heutigen Rheinland-Pfalz französisch, also der ganz überwiegende Teil. Nur der rechtsrheinische Raum im Nordosten, das Westerwald-Gebiet, das Kannenbäcker Land und der Einrich waren auf der anderen Rheinseite dem französischen Zugriff entzogen geblieben, gleichwohl in beträchtlichem Ausmaß dem französischen Einfluss ausgesetzt, schon bevor das erweiterte Herzogtum Nassau Napoleons Rheinbund beigetreten war.

Diese rund 20 Jahre währende Zugehörigkeit zu Frankreich sollte tiefe Spuren in der Geschichte unseres ganzen Raumes hinterlassen, denn hier hatte es sich nicht nur um eine x-beliebige Besatzungsherrschaft gehandelt, sondern mit der französischen Herrschaft war eine regelrechte Zeitenwende eingeläutet worden. Drei Schlaglichter mögen die Bedeutung dieser Zäsur belegen:

Eine neue politische Ordnung

Mit den Franzosen hatte in den 1790er Jahren das Credo der französischen Revolution, der Traum von Freiheit, Gleichheit und Brüderlichkeit, Einzug gehalten und die ständische Feudalgesellschaft des Alten Reiches geradezu hinweggefegt. »Guerre aux palais, paix aux chaumières« [Krieg den Palästen, Friede den Hütten], hieß die Parole, die verfing. Damit wurden weder die Pfälzer noch die Eifler oder Rheinhessen in ihrer großen Mehrheit zu Jakobinern, aber der revolutionäre Schwung des französischen Landau, der kurzzeitige Versuch, 1792/93 in Mainz eine Republik aufzubauen, die in das ganze Département Mont Tonnerre (Departement Donnersberg) ausstrahlen sollte oder auch die wenig später weiter nördlich im Koblenzer Raum entstandene Idee, eine »Cisrhenanische Republik« zu gründen, zeigen doch an, dass das vorher so undenkbare Verlangen nach Freiheit, demokratischen Rechten und Selbstbestimmung tatbereite Anhänger fand, die auch später nicht verstummten.[7]

Schon 1814, vor allen übrigen deutschen Staaten, erhielt das Herzogtum Nassau auf der rechten Rheinseite unter dem Einfluss des Freiherrn vom Stein die erste moderne landständische Verfassung. 1816, als die Pfalz bayerisch wurde, verlangten die Pfälzer eine eigene regionale Repräsentanz, die die französische Einrichtung des Departemen-

Zug zum Hambacher Schloss, 1832 (Historisches Museum der Pfalz Speyer)

talrates fortführen sollte, und erhielten sie in Form des pfälzischen »Landrathes« zugestanden. Auch die Rheinhessen forderten von ihrem neuen Landesherrn, dem Großherzog von Hessen-Darmstadt, einen Provinzialrat, den sie 1818 bekamen. Eifrig beteiligten sich die Pfälzer an der Ausarbeitung einer modernen Verfassung, die in Bayern 1818 eingeführt wurde. In Rheinhessen war es der Freiherr von Gagern, der die 1820 erlassene Verfassung des Großherzogtums Hessen-Darmstadt wesentlich beeinflusste. Die Rheinländer hatten es schwerer: Anders als in Bayern und Hessen-Darmstadt oder im Herzogtum Nassau hielt der preußische König sein Verfassungsversprechen nicht, und so kam es lediglich zu einer den modernen Entwicklungen gar nicht entsprechenden Provinzialständeversammlung in Düsseldorf für die neue Rheinprovinz des preußischen Staates. Aber auch hier verteidigten die Vertreter des rheinischen Bürgertums die in der Franzosenzeit erlangten Freiheiten. Am nachhaltigsten wirkte diese regionale politische Selbstbestimmung in der Pfalz, wo noch heute der pfälzische Bezirksverband die alte Tradition repräsentiert. Es war deshalb kein Zufall, dass sich im Gefolge der französischen Julirevolution von 1830 gerade in der Pfalz, auf dem Hambacher Schloss, 1832 Tausende von Menschen zusammenfanden, die für Freiheit, deutsche Einheit und eine Verfassung eintraten. Und es war kein Zufall, dass die Revolution von 1848 hier ebenso wie auf der rechten Rheinseite in Nassau eine ihrer stärksten Stützen fand. Zusammen mit dem liberalen Baden und starker Unterstützung aus Rheinhessen wurde noch 1849 der entschiedenste Versuch unternommen, der Reichsverfassung allen Widrigkeiten zum Trotz doch noch Geltung zu verschaffen. Erst mit der Reichsverfassung von 1871 war für die Pfalz, für Rheinhessen und auch für den südlichen Teil der preußischen Rheinprovinz das durch den französischen Anstoß ins Leben gerufene politische Ziel einer Freiheit und Recht Aller schützenden Verfassung vorläufig erreicht.

Eine neue Gesellschaftsordnung

Es war aber nicht nur der Freiheitsgedanke und der Wunsch nach politischer Selbstbestimmung, der von den Franzosen gesät wurde und eine neue Zeit einläutete, vielmehr brachte die napoleonische Herrschaft eine Menge gesellschaftspolitischer Veränderungen mit sich.

Die ständische Verfassung des Alten Reiches wurde aufgehoben, alle Standesunterschiede fielen weg. Die Bauern wurden von den Grundlasten befreit, die religiöse Toleranz durch die strikte Trennung von Kirche und Staat durchgesetzt und auch eine moderne Verwaltung hielt nun Einzug. Vor allem das einheitliche französische Recht, u.a. der berühmte Code Napoléon, wurde jetzt verbindlich, darüber hinaus auch die französische Prozessordnung und eine neue Gerichtsverfassung, die Verwaltung und Justiz sorgsam trennte. Das gilt mit wenigen Einschränkungen auch für das rechtsrheinische Herzogtum Nassau.

Man darf sich natürlich die Einführung all dieser Neuerungen nicht allzu statisch vorstellen: Noch lange stemmten sich alte Gewohnheiten gegen den Zugriff des modernen Staates. Ganz abgeschnitten waren die Traditionslinien aus dem Alten Reich also nicht. Aber alles in allem geschah in der »Franzosenzeit« doch eine Modernisierung, die ihresgleichen suchte und unseren Raum bis weit in das 20. Jh. prägen sollte. Denn weder in der Pfalz noch in Rheinhessen wollte man auf die dann sog. »Institutionen« verzichten, als man 1816 bayerisch bzw. hessisch wurde. Und deshalb verlangten die Pfälzer

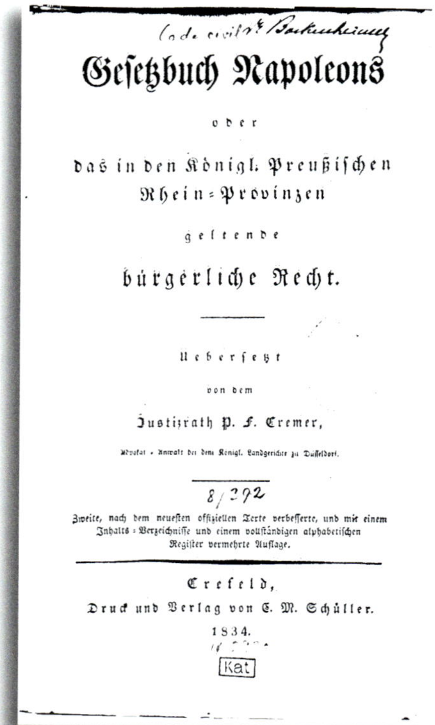
Gesetzbuch Napoleons

oder

das in den Königl. Preußischen Rhein-Provinzen

geltende

bürgerliche Recht.

Uebersetzt

von dem

Justizrath P. F. Cremer,

Advokat-Anwalt bei dem Königl. Landgerichte zu Düsseldorf.

8/292

Zweite, nach dem neuesten offiziellen Texte verbesserte, und mit einem Inhalts-Verzeichnisse und einem vollständigen alphabetischen Register vermehrte Auflage.

Crefeld,

Druck und Verlag von C. M. Schüller.

1834.

Kat

Das unter der französischen Herrschaft eingeführte Recht, hier das später als Code Napoléon bezeichnete Gesetzbuch zum Zivilrecht, blieb auch nach dem Ende der Herrschaft Napoleons in den linksrheinischen Gebieten gültig. (Bibliotheken der Stadt Mainz – Wissenschaftliche Stadtbibliothek)

vom bayerischen König, sie »bloß im wohlerworbenen Besitz der von den Franzosen eingeführten guten Anstalten und Einrichtungen [...] bleiben« zu lassen, was dieser denn auch klugerweise gewährte und gleich auch die von den Franzosen eingesetzten Verwaltungsfachleute übernahm.[8] Genauso verhielt sich auch der Großherzog von Hessen, sogar der preußische König konnte nicht umhin, den Rheinländern ihr »rheinisches Recht« zu belassen, dessen Vorzüge und Modernität kaum zu bestreiten waren. Allerdings sah man in Berlin das rheinische Selbstbewusstsein mit Skepsis und sprach gelegentlich vom »Dünkel rheinischen Sonderlebens«.

Wege zu einer neuen Wirtschaftsordnung

Die französische Modernisierungswelle hatte aber nicht nur Staat und Gesellschaft erfasst, sie erstreckte sich zum Dritten auch auf die Wirtschaft. Viele Handelsschranken waren niedergelegt worden, und linksrheinische Waren konnten neue Märkte erobern. Sogar auf dem Rhein war nun der Handel durch das französische Rheinschifffahrts-Oktroi von 1804 erleichtert worden. Durch die Abschaffung der Zünfte und die Einführung der Gewerbefreiheit wurde die wirtschaftliche Entwicklung unterstützt. Um den Warenaustausch zu fördern, wurden Verkehrswege erschlossen, am berühmtesten war wohl die napoleonische Kaiserstraße von Mainz Richtung Westen bis Paris.

So intensiv die Bemühungen um Förderung von Handel und Gewerbe aber auch sein mochten: Das linksrheinische Deutschland wie auch das Westerwaldgebiet waren und blieben im 19. Jh. stark agrarisch geprägt. Noch lange richtete sich hier der Tagesablauf nach dem Schlag der Kirchturmuhren. Das gilt auch für den südlichen Teil der preußischen Rheinprovinz, den die Industrialisierung anders als im Norden nicht erfasste: Dies war die Ursache für das Bild, das etwa Gottfried Kinkel über die Ahrgegend zeichnete.[9]

Weil das Land aber die steigende Bevölkerung nicht ernähren konnte, wanderten immer mehr Pfälzer, Hunsrücker, Eifler und auch Westerwälder aus – zunächst nach Brasilien, später immer häufiger in die USA. Ein anderer Ausweg aus der Not war die Selbsthilfe, wie sie der pfälzische »Landrath« mit landwirtschaftlichen Versuchsstationen (1875 Speyer), die landwirtschaftlichen Vereine oder auch Friedrich Wilhelm Raiffeisen mit seinem Genossenschaftswesen organisierten. Als Bürgermeister der Amtsbürgermeisterei Weyerbusch im Westerwald, später als Bürgermeister von Heddesdorf bei Neuwied, initiierte er Darlehens-Kassen-Vereine, um Abhilfe für die Not der ländlichen Bevölkerung zu schaffen.

Aber eine wirkliche Besserung verhieß in der neuen Zeit letztlich nur die Industrialisierung, die sich vor allem in der Pfalz ab der Jahrhundertmitte kräftiger entwickelte und in Rheinhessen besonders die Gegend um Mainz und Worms erfasste – dies zeigt ein vertiefender Blick im Kapitel »Wirtschaftsgeschichte« dieses Buches sehr deutlich. Wichtigster Motor der Entwicklung war zunächst, das zeigt das pfälzische Beispiel anschaulich, die Montanindustrie: In der Eisenhütte der Gebr. Krämer in St. Ingbert wurde denn auch 1833 die erste Dampfmaschine eingesetzt. Auch die Gienanthschen Eisenhüttenwerke in Winnweiler, Eisenberg, Trippstadt und Schönau trieben die Entwicklung voran. 1862 kam Pfaff in Kaiserslautern hinzu, parallel entwickelte sich der Maschinenbau in Frankenthal und Zweibrücken. Die Papierindustrie im Neustadt/Lambrechter Gebiet, vor allem auch die Pirmasenser Schuhindustrie sowie der Bereich Steine und Erden, expandierten in der zweiten Hälfte des 19. Jh. Äußeres Zeichen dieses Industrialisierungsschubs war ein rasantes Städtewachstum: Kaiserslautern z. B. wuchs von 4.000 Einwohnern 1820 auf knapp 55.000 um 1910. Der langfristig wohl bedeutsamste Schritt erfolgte 1865, als Friedrich Engelhorn kein Gelände für die »Badische Anilin- und Sodafabrik« (BASF) in Mannheim finden konnte und deshalb auf das gegenüberliegende Rheinufer auswich, wo das erst 1859 nach dem bayerischen König Ludwig I. benannte Ludwigshafen zur Stadt erhoben worden war und nun begann zu der Chemiestadt in der Pfalz zu werden. Schon die ersten Gemälde, die von dem Unternehmen angefertigt wurden, zeigen, worauf es im Zeitalter der Industriellen Revolution ankam. Die klassischen Standortfaktoren spielten eine entscheidende Rolle: Die Nähe zum Rhein war für die Wassergewinnung und den Transport wichtig, aber auch die Eisenbahn als neues Transportmittel ist darauf sichtbar. 1847 waren die ersten pfälzischen Eisenbahnstrecken zwischen Neustadt und Ludwigshafen sowie zwischen Schifferstadt und Speyer eröffnet worden, mit der expandierenden Industrie wurde das Streckennetz immer dichter. Ohnehin entwickelte sich die Industrie nun zum Motor des gesamten technischen Fortschritts. 1867 wurde in Ludwigshafen die erste feste Brücke über den Rhein in der Pfalz gebaut, in den 1880er Jahren begann der Siegeszug der Elektrizität in der BASF und zugleich wurden auch die ersten Fernsprechverbindungen eingerichtet.[10]

Denkmal bei Ingelheim für die 1804 im Departement Donnersberg fertiggestellte »Straße Karls des Großen« (Franziska Kißener)

Freilich: Die Industrialisierung hatte auch ihre Schattenseiten. Das Leben der Menschen wurde der strengen Arbeitsdisziplin industrieller Produktion unterworfen. Gerechte Entlohnung, geschweige denn »Soziale Fürsorge« oder Absicherung gegen die Wechselfälle des Lebens hielten mit der rasanten Entwicklung zunächst nicht Schritt. Not und Armut der Arbeiterschaft wurden daher zu einem der wichtigsten gesellschaftlichen Probleme. Antworten darauf formulierte die sozialistische Arbeiterbewegung, deren wichtigster Theoretiker der 1818 in Trier geborene Karl Marx wurde. Aber auch die Kirchen stellten sich der Herausforderung: Von herausragender Bedeutung sollten die Predigten über die »Soziale Frage« werden, die der Mainzer Bischof Wilhelm Emmanuel von Ketteler in den 1860er Jahren hielt, ein Mann, der die Gefährdungen der Moderne hellsichtig analysierte und der schon in dieser Zeit zu spürenden zunehmenden Entkonfessionalisierung des öffentlichen wie des privaten Lebens entgegenzuarbeiten versuchte.[11]

Trotz alledem: Die Industrie half doch, gegen Ende des Jahrhunderts die bittere Not zu überwinden und gab tausenden von Menschen Brot und Arbeit. Als 1910 der Volkskundler Theodor Zink eine alte Reisebeschreibung der Pfalz, verfasst von F. Blaul, aus den 1830er Jahren wieder herausgab, stellte er fest: »Es gibt wohl nicht leicht einen größeren Gegensatz als zwischen unserer Zeit und der, welche dieses Buch schildert [...]. Was liegt nicht alles zwischen den Jahren 1830 und 1910! Die einfachen Verhältnisse der Rheinpfalz haben sich unterdessen unter dem Einfluß der neueren Erfindungen und Entdeckungen vollständig geändert. In einem Lande mit bescheidenen Landstädtchen, in denen der Ackerbau noch herrschte, sehen wir nun eine blühende Industrie [...] Schienenwege durchqueren das Land, das, als Blaul die Pfalz durchwanderte, nur Posten und Kutschen oder Frachtwagen kannte. [...] Heute würde ein Buch mit Reisebildern ganz anders ausfallen, wir Menschen des 20. Jahrhunderts sehen anders.«[12]

Gefährdung der Moderne: Nationalismus und Krieg

Recht hatte Zink, und doch verband die »Moderne« das 19. mit dem 20. Jh., ja sie entfaltete nun erst ihre ganze Wirkkraft, damit zugleich aber auch ihr destruktives Potential. Die Geschichte des linksrheinischen Deutschland in der ersten Hälfte des 20. Jhs. zeigt dies mit besonderer Deutlichkeit, so dass hierin ein zweites Spezifikum der regionalen Entwicklung identifiziert werden kann. So viel man in unserem Raum dem französischen Einfluss verdankte, so sehr das bürgerliche Freiheitsstreben befördert und eine so folgenreiche Modernisierung von Staat, Gesellschaft und Wirtschaft dadurch angestoßen worden war, so ambivalent entwickelte sich im Grenzland andererseits aber auch das Verhältnis zum westlichen Nachbarn (s. dazu vertiefend das Kapitel »Außenbeziehungen« in diesem Band). Obwohl Veteranenvereine und Denkmäler im Rheinland, in Rheinhessen oder der Pfalz doch noch lange an eine von manchen als gut empfundene napoleonische Zeit erinnerten, blieb auch unser Raum vom Nationalismus, dessen ins Extrem übersteigerte Form eine der wichtigsten Ursachen für die Schrecken der Kriege und Massenverbrechen des 20. Jhs. werden sollte, nicht unberührt. Schon in den 1830er Jahren berichtete der Reiseschriftsteller Blaul: »Deutsche sind auch die Rheinpfälzer und weisen mit Recht voll Indignation die falsche Bezeichnung als Halbfranzosen zurück, die man ihnen im Tone des Vorwurfes gibt; sie grollen sogar unserm Schiller ob seines unbedachten Wortes an den Erbprinzen von Weimar:

> Wenn dich das schwanke Brett
> Hinüberträgt auf jene linke Seite,
> wo deutsche Treu vergeht. [...]

In der Tat, nur Unwissenheit oder Verläumdung können das pfälzische Volk halbfranzösisch nennen. Es ist deutsch und zwar ganz deutsch, freilich weder österreichisch noch altbayerisch, noch preußisch, noch sächsisch, sondern eben rheinisch deutsch«.[13] Zur Abwehr Frankreichs errichtete schon der Deutsche Bund Bundesfestungen: in Landau und Mainz; in Germersheim ergänzte 1834 eine bayerische Festung, in Koblenz eine preußische das Sicherungssystem. Ein reisender Franzose war in den 1870er Jahren von den waffenstarrenden Bauten in Mainz besonders beeindruckt: »Man fährt an den Befestigungen von Mainz vorbei, die noch vergrößert werden, obwohl sie schon gewaltige Ausmaße haben. Der Bahnhof von Kastel ist eine wahre Festungsanlage. Auf allen Seiten Bastionen, zinnenbewehrte Gebäude mit engen und düsteren Öffnungen für Geschützmündungen und die langen Läufe der Karabiner.«[14]

Doch die Franzosen griffen gar nicht an, stattdessen wurde das linksrheinische Deutschland zum Aufmarschgebiet für deutsche Angriffe, 1870/71, wieder im Ersten Weltkrieg 1914 und erneut im Zweiten Weltkrieg. Hier im grenznahen rückwärtigen Gebiet wurde die Landschaft durch militärische Großbauten wie etwa den Westwall in den späten 1930er Jahren zerpflügt, die Zivilbevölkerung litt durch militärische Operationen, die sie zum Verlassen ihrer Heimat zwangen oder ihre Lebensgrundlagen zerstörten, wie zuletzt die tausende von Menschenleben sinnlos opfernde »Ardennenoffensive« 1944/45, die zudem in allen linksrheinischen Gebieten noch kurz vor Ende des Zweiten Weltkriegs enorme Schäden hervorgerufen hat. Und: Wer wollte schon in solch unsichere Grenzregionen investieren? Der gegen Ende des 19. Jhs. erzielte Wirtschaftsaufschwung brach in der ersten Hälfte des 20. Jhs. jäh ab und warf das ganze Gebiet wieder zurück. Das war nicht zuletzt auch durch die Folgen der Kriege mitverursacht, die gerade diese Grenzregionen zu tragen hatten: Nach dem Ersten wie nach dem Zweiten Weltkrieg kam es zu militärischen Besetzungen des linksrheinischen Gebiets durch Frankreich.

Insbesondere die Besatzungszeit nach dem Ersten Weltkrieg von 1918 bis 1930 hat den deutschen Nationalismus und das Gerede von einer angeblichen »Erbfeindschaft« zu den Franzosen ein letztes Mal so intensiviert, dass der Nationalsozialismus davon beachtlich profitieren konnte und einen festen Rückhalt gerade im ländlichen Milieu, wo es evangelisch geprägt war, fand. Erst nach dem Ende der verbrecherischen NS-Herrschaft und im Angesicht der totalen Zerstörung hat der aus dem 19. Jh. überkommene Nationalismus ein Ende gefunden. Die Gründung des demokratischen und humanen Grundsätzen verpflichteten Landes Rheinland-Pfalz 1947 ist gerade auch in dieser Hinsicht Zeichen eines bedeutenden geschichtlichen Wendepunktes in der Mitte des 20. Jhs., denn dieses Land hat nicht

1934 beging Germersheim die Hundertjahrfeier der Grundsteinlegung der bayerischen Festung (Stadtarchiv Germersheim)

nur vorbildgebend früh in einer Regionalpartnerschaft die Freundschaft mit Frankreich wieder gesucht, sondern hat im Zuge der europäischen Einigung von der nun erfolgten Bildung eines europäischen Wirtschaftsraumes wie auch durch die Truppenstationierungen im Rahmen des transatlantischen Bündnisses in besonderer Weise profitiert. Wenn man so will, ist hier der »lange Weg nach Westen« (H. A. Winkler), also die Verortung Deutschlands in der westlichen Wertegemeinschaft nach den politischen Irr- und Sonderwegen der vorangegangenen Epochen, früh und durchgreifend zu einem Ende geführt, ist sogar die »Westernisierung« (A. Doering-Manteuffel) hier anschaulich und manchmal auch gegen den Willen mancher Gründerväter des Landes vollzogen worden. Dies lässt sich zweifelsohne als ein weiteres Spezifikum der regionalen Entwicklung im 20. Jh. identifizieren, das viele Zeitgenossen wie ein »Wunder« empfunden haben.[15]

Zu den Ambivalenzen der »Moderne« gehört sicher auch die totale Erfassung des Menschen, wie sie im Nationalsozialismus schließlich programmatisch formuliert und in inhumanster Konsequenz praktiziert wurde. Auch in unserem Land: Die KZ-Gedenkstätten in Osthofen und Hinzert erinnern heute daran.

Total wurde aber auch der Zugriff des ganzen Weltgeschehens auf den Menschen. Mit dem 20. Jh. waren, wie Klaus Hildebrand formuliert hat, die Zeiten endgültig vorbei, »in denen es den Untertan nicht zu kümmern brauchte, ob der König eine Bataille verloren hatte. In der neu heraufziehenden Ära der Weltgeschichte ging es vielmehr für alle Mitglieder der Staatenwelt und für jeden ihrer Bürger, mit voranschreitender Demokratisierung der Verhältnisse zunehmend, ums Ganze, um Weltmacht oder Niedergang, um alles oder nichts.«[16] Mochte sich manch ein entlegener Winkel am Beginn des 20. Jhs. noch in beschaulicher Zurückgezogenenheit fernab vom lauten Getriebe der Welt wähnen, so geriet er doch unweigerlich in den Strudel der rasenden Zeit, in die »verflucht verwirrte[n] moderne Welt«, wie sie nicht zufällig gerade im Jahre 1914 von Kurt Riezler, dem engsten Berater des Reichskanzlers v. Bethmann-Hollweg, bezeichnet worden ist.[17]

Die ganze Welt am kleinsten Ort

Das konnte man in aller Härte etwa schon Ende der 1920er Jahre erfahren, als die Weltwirtschaftskrise die ohnehin schlimme Not noch einmal verschärfte und die ohnehin hohe Arbeitslosigkeit in unserem Raum in neue Höhen trieb. Das wurde auch wieder jedem deutlich, als nach 1945 der »Kalte Krieg« begann und die Pfalz, der Hunsrück und die Eifel nun geradezu zum »Flugzeugträger der NATO« wurden, in der Abwehrstrategie des Westens gegen die kommunistische Bedrohung aus dem Osten. Was früher undenkbar war, wurde jetzt zum Alltag: Soldaten aus vielen Ländern auf alleine acht Militärflughäfen im Lande, Kaiserslautern, »K-Town«, der größte zusammenhängende Militärstandort der US-Truppen außerhalb der USA. Das hat das Leben der Menschen gerade auch in manch abgelegenen Gebieten des Landes verändert und sogleich die Probleme der ganzen Welt in den letzten Winkel getragen, wie das Kapitel »Alltagskultur« in diesem Band detailreich zeigt. War das Gebiet des heutigen Rheinland-Pfalz im 19. Jh. noch ein Auswanderungsland, so erlebte es nach dem Zweiten Weltkrieg den Zuzug von Vertriebenen, die z. B. in der Nähe von Waldesch mit der Siedlung Hünenfeld dem Gebiet eine neue Prägung gaben. Und weit darüber hinaus bedurfte es im Zuge des Wirtschaftswunders der 1960er Jahre der Arbeitskräfte aus aller Herren Länder, um den aus der Region nicht mehr zu deckenden Arbeitskräftebedarf zu befriedigen – mit allen sozialen Problemen,

Soldaten der Bundeswehr und GIs in Baumholder (Slg. H. Müller)

denn die »Gastarbeiter« blieben und stellten die Gesellschaft je länger, je nachdrücklicher vor die Frage der Integration.

Und als 1973 mit der sog. »Ersten Ölkrise« die langfristigen ökonomischen Probleme begannen, da machten die Sorgen der Welt nicht einmal mehr vor dem Fußball halt: Bis Ende Januar 1974 durften in Kaiserslautern die Flutlichtanlagen des Stadions nicht mehr angeschaltet werden, um Energie zu sparen. Selbst der Wein wurde von dieser Entwicklung betroffen. In dem neuen Bundesland Rheinland-Pfalz wurden die größten Weinanbaugebiete zusammengefasst, fast 70 % der deutschen Weinernte werden bis heute hier produziert. Aber um international konkurrenzfähig zu sein, mussten Betriebsgrößen und Rebsorten verändert und durch Flurbereinigung sowie intensive moderne Schädlingsbekämpfung die Bewirtschaftung effektiver werden. Hier begann jener Prozess, den wir zu Beginn des 21. Jh. »Globalisierung« nennen.[18]

Beschleunigung des Wandels

Das einzige, das in dieser »verflucht, verwirrten modernen Welt« Bestand hatte, war die Beschleunigung des Wandels. Historiker sprechen von »Beschleunigungskurven«, die das 20. Jh. prägten. Die Kapitel »Alltagskultur«, »Bevölkerungsgeschichte«, »Bildung und Wissenschaft« sowie »Wirtschaftsgeschichte« weisen dies in vielen Details nach.

»Beschleunigung« kann man dabei ganz wörtlich verstehen: Der Ausbau der Verkehrswege etwa erreichte im 20. Jh. ein so vorher nie vorstellbares Ausmaß. Während zwischen 1850 und 1925 die etwa 500 km geschotterter Staatsstraßen in der Pfalz praktisch keinerlei Erweiterung erfuhren und 1901 ganze vier Kraftfahrzeuge in der Pfalz gemeldet waren, erweiterte man seit den 1960er Jahren alleine das Autobahnnetz im Land von 123 auf 813 (1992) Straßenkilometer; im Jahr 2000 waren in der Pfalz eine Million Kraftfahrzeuge gemeldet. Karl-Heinz Rothenberger hat einmal ausgerechnet, dass statistisch gesehen um 1910 alle sieben Minuten auf den Staatstraßen der Pfalz ein Pferdefuhrwerk sich gemächlich fortbewegte, während nur alle drei Stunden ein Kraftfahrzeug oder ein Motorrad entlangkam. Die zulässige Höchstgeschwindigkeit innerhalb von Ortschaften betrug damals 15 km/h. Mit der Erweiterung des Straßennetzes und der rasant steigenden Motorisierung wurde das neue Bundesland Rheinland-Pfalz im Wortsinne »erfahrbar«. Beschleunigt wurden in ähnlicher Weise auch die Kommunikation und ganz allgemein die mediale Informationsübermittlung: Rasant wuchs die Zahl der Telefonanschlüsse, neue Medien wie Rundfunk und Fernsehen fanden eine nahezu lückenlose Verbreitung und machten u.a. mit dem ZDF Mainz zur modernen Medienstadt.[19]

Beschleunigung erfuhr im 20. Jh. im übertragenen Sinne auch die politische, staatliche, gesellschaftliche Entwicklung. Die fest gefügten, statischen Milieuverbände der Kaiserzeit lösten sich spätestens nach dem Zweiten Weltkrieg rasant schnell auf. Das hatte Folgen etwa für die Kirchen, die sich einer zunehmend säkularisierten und individualisierten Gesellschaft gegenübersahen, in der ihr jahrhundertealter Einfluss mehr und mehr schwand. Das beschleunigte auch den politischen Wandel in der demokratischen Gesellschaft, weil Parteibindungen zunehmend fragil wurden. »Reform«, »Veränderung«, »Fortschritt« sind Schlagworte des 20. Jhs. geworden.

Wertewandel

Eine unvergleichliche Beschleunigung hat auch die wirtschaftliche Entwicklung erfahren. Bedurfte die klassische Industrialisierung unseres Raumes noch vieler Jahrzehnte, so setzte die enorme Expansion des Dienstleistungssektors sich in nur wenigen Jahren durch – Wirtschaftshistoriker sprechen mittlerweile von einer »tertialisierten Industriegesellschaft«, auf die die Ökonomie zusteuert. Dafür verantwortlich sind in erster Linie immer neue Technologien, insbesondere im Medienbereich, der auch in Rheinland-Pfalz schnell expandiert. Dabei sind die Folgen der »digitalen Revolution« noch gar nicht absehbar. Und diese ganze Entwicklung erfolgt sogar gleich grenzüberschreitend: Die Wirtschaftsentwicklung kümmert sich immer weniger um nationale Grenzen, wie in unserem Raum die grenzüberschreitenden Kooperationen im südpfälzischen Raum (PAMINA) zeigen – ob damit der im 19. Jh. so mühsam errungene Nationalstaat bereits der Vergangenheit angehört und kein zukunftsfähiges Modell mehr darstellt?

Lenkt man den Blick weg von den säkularen politischen, gesellschaftlichen und ökonomischen Strukturveränderungen auf die Menschen in diesem Beschleunigungsprozess, so werden die tief greifenden Folgen besonders deutlich. Je weiter sich die moderne Welt entwickelte, desto mehr schwanden für die Menschen die bis dahin gültigen Lebensgewissheiten, desto unvorhersehbarer wurde in der ständigen Beschleunigung die Zukunft. Familienstrukturen änderten sich: In den eingangs zitierten Quellenstücken treten uns für die Zeit um 1850 und 1900 noch vielköpfige Familien vor Augen. Mit den Möglichkeiten der Schwangerschaftsverhütung seit den 1960er Jahren ist allmählich die 1- oder 2-Kindehe zum Regelfall geworden, insofern nicht ohnehin Kinderlosigkeit zum Lebensprinzip einer Partnerschaft erhoben wird, die keiner offiziellen Verehelichung mehr bedarf. Ehescheidungen haben sich in Rheinland-Pfalz seit dem Jahr 1950 verdreifacht bei einer fast kontinuierlichen Abnahme der Zahl der Eheschließungen. Dabei ist das Durchschnittsalter bei der (ersten) Eheschließung seit 1950 beachtlich gestiegen.[20] Dies deutet schon an, wie grundlegend sich die Geschlechterrollen geändert haben: Das Frauenbild der ersten Hälfte des 20. Jhs., das die Frau im Regelfall auf die Rolle als Hausfrau und Mutter festlegte, erscheint heute schon wie aus einer anderen, längst vergangenen Welt, obwohl nur wenige Jahrzehnte seitdem vergangen sind. Auch in der religiösen Orientierung der Menschen sind in kürzester Zeit tiefgreifende Veränderungen geschehen.

Wissensgesellschaft

Zugleich wurde eine immer höhere Bildung zu einem der wichtigsten Punkte in der individuellen Lebensgestaltung. Nur sie vermag anscheinend noch in der verwirrenden Welt Orientierung zu vermitteln und eine gewisse Planbarkeit der Zukunft zu ermöglichen. Kaum ein Indikator zeigt vielleicht die säkularen Veränderungen so deutlich wie gerade die Veränderungen im Bildungssektor: Um 1800 existierte nirgendwo in unserem Raum eine akademische Bildungsanstalt. Die 1477 gegründete, jetzt im französischen Donnersbergdepartement gelegene kurfürstliche Mainzer Universität war in den Wirren der Revolutionszeit praktisch untergegangen, ebenso die kurfürstliche trierische Universität. Zweifellos hat das Fehlen einer solchen Bildungsanstalt die retardierte ökonomische Entwicklung unseres Raumes mit bedingt. Erst 150 Jahre später, 1946, gaben wiederum die Franzosen einen zukunftsweisenden Anstoß und gründeten im Zusammenwirken mit dem Neustadter Regierungspräsidium eine neue Universität in Mainz, die zum Zentrum der wissenschaftlichen Bildung für das ganze Land werden sollte. Außerdem errichteten sie – man beachte die Symbolik – in den Festungsanlagen der Stadt Germersheim eine Dolmetscherhochschule, gleichsam ein neues Tor zur Welt, und in Speyer eine moderne Verwaltungshochschule nach französischem Vorbild. Flankiert wurde dieser Aufbau von akademischen Lehranstalten durch das Institut für Europäische Geschichte und die Akademie der Wissenschaften und der Literatur in Mainz. Das neue Land Rheinland-Pfalz führte dieses Werk fort: 1969 kam die Erziehungswissenschaftliche Hochschule Koblenz/Landau hinzu, 1970/1975 die zuerst als Doppelhochschule gegründete Universität Trier-Kaiserslautern, die mit dem mittlerweile selbständigen technischen Hochschulzweig in Kaiserslautern selbst Motor des technischen Fortschritts geworden ist. Ganz zu schweigen von dem mittlerweile ausgedehnten Fachhochschulwesen, den privaten Universitäten, dem gegliederten Schul- und dem Berufsschulsystem. Alleine die immense Steigerung der Studierendenzahlen an der Universität Mainz, die 1946 mit rund 2.000 Studenten begann und mittlerweile etwa 36.000 zählt, zeigt das Wachsen dieser neuen, modernen »Wissensgesellschaft«.[21]

1 Siehe etwa die Beschreibung von SCHWERZ, Landwirthschaft 1836, die auf eine Bereisung im Jahre 1816 zurückgeht. Als Digitalisat, URL:http://edocs.ub.uni-frankfurt.de/volltexte/2006/3248 [11.10.2010].

2 KINKEL, Ahr 1999, S. 32 ff., 41.

3 HIPPEL, Ludwigshafen Bd. 1 2009, Nr. 3, S. 25 ff.

4 Informationen am 26. April 2010 unter URL: http://www.mainz.de abgerufen.

5 Zu den Deutungskategorien siehe mit weiterführenden Literaturhinweisen RÖDDER, Deutungskategorien 2009.

6 NIPPERDEY, Geschichte 1984, S. 11.

7 Päsident des Landtages Rheinland-Pfalz, Parlamentarismus 2012.

8 Zitiert nach SÜSS, Pfälzer 1956, S. 144.

9 Siehe als Überblick: FENSKE, Monarchie 2001, FABER, Südliche Rheinlande 1980; LADEMACHER, Nördliche Rheinlande 1980; EICHLER/HEINEMANN, Nassau 1981.

10 Siehe zusammenfassend KERMANN, Industrialisierung 1981; ROTHENBERGER, Dampfmaschine 1997; DERS., Elektrifizierung 1991.

11 KISSENER, Ketteler 2008.

12 BLAUL, Rhein 1910, S. 382.
13 Ebenda, S. 338 f.
14 POHL, Reportagen 1989, S. 95.
15 Siehe dazu die Beiträge in FELTEN, Frankreich 2009.
16 HILDEBRAND, Globalisierung 2006, S. 26.
17 ERDMANN, Riezler 1972, S. 191 (TB Eintrag vom 25. Juli 1914).
18 Siehe im Überblick KISSENER, Rheinland-Pfalz 2008.
19 ROTHENBERGER, Wirtschaftliche Krise 2001, S. 167; siehe auch DERS., Kraftfahrzeugverkehr 1999.
20 STATISTISCHES LANDESAMT RHEINLAND-PFALZ, Statistischer Streifzug 2007, S. 12.
21 Siehe KISSENER, Rheinland-Pfalz 2008, S. 152 ff.; DERS./MATHY, Gründungspersönlichkeiten 2005 und 2006.

Ausgangslagen und Entwicklungen: Naturräumliche und soziale Voraussetzungen in der Moderne

Von Michael Kißener

1. Der Raum

Der Raum, der heute von dem Bundesland Rheinland-Pfalz abgedeckt wird, war seit jeher ein vielgestaltiger Naturraum, der wie in den Jahrhunderten zuvor das Leben der Menschen mitgeprägt hat, der andererseits aber gerade in den hier zu betrachtenden 200 Jahren auch entschieden durch den Eingriff des Menschen verändert wurde. Sogar um 1800 noch scheinbar ewig gültige Vorgaben der Natur hat der Mensch in der Moderne teils absichtlich, teils unabsichtlich verändert oder beeinflusst.

Das Landschaftsbild 1: Gebirgszüge

Das heutige Relief- und Landschaftsbild dieser Gegend haben sich im Wesentlichen im Tertiär und Quartär entwickelt, und es ist nicht unbeträchtlich durch tektonische Linien und den jüngeren Vulkanismus geprägt. Dadurch bedingt ist das reiche Vorkommen von Mineralquellen und Thermen, die man sich in alten Badeorten wie Bad Ems schon seit dem Mittelalter zunutze machte. In der neuen Zeit jedoch weitete sich dieser durch die Gunst der Natur ermöglichte Zweig der Gesundheitsfürsorge beträchtlich aus, sei es durch eine gehobene, mondäne Badekultur in Bad Ems, wo sich in der Mitte des 19. Jhs. »Europa auf der Kurpromenade« traf, sei es durch neue Bäder wie Bad Neuenahr (seit 1858/59), wo von Anfang an ein breiteres bürgerliches Publikum angesprochen werden sollte. Aus der Badeleidenschaft des 19. Jhs. entwickelten sich der Massentourismus und die Gesundheitsindustrie des 20. Jhs., die für unseren Raum eine nicht zu unterschätzende volkswirtschaftliche Bedeutung gewinnen sollte.[1]

Zunächst kennzeichnen die Landschaft markante Gebirgszüge, wie die Eifel und der Hunsrück im Norden sowie der Westerwald und der nördliche Teil des Taunus, die zum Rheinischen Schiefergebirge gerechnet werden. An dessen Südgrenze, die durch das Nahetal und das Ende des Rheingaugebirges zwischen Rüdesheim und Wiesbaden beschrieben wird, eröffnet sich eine ganz andere Landschaft mit anderen erdgeschichtlichen Entstehungsbedingungen und Gesteinsarten: das Saar-Nahe-Bergland, das Pfälzer Bergland sowie das Rheinhessische Hügel- und Tafelland. In Letzteres schiebt sich am Rhein entlang in Süd-Nord-Richtung ein bis Mainz auslaufender Streifen, ein tertiärer Grabenbruch, hinein, der zu den fruchtbarsten Gegenden zählt: das Oberrheinische Tiefland.

Die Großlandschaften von Rheinland-Pfalz

Vorlage: Borck, Beiträge 1997, S. 541
Kartographie: Landesamt für Vermessung und Geobasisinformation Rheinland-Pfalz

Landschaft und Klima

Dieser gesamte Raum liegt im Randbereich des westeuropäisch-atlantischen Klimas, ist also im Wesentlichen von verhältnismäßig milden Wintern und mäßig warmen Sommern geprägt. Doch ebenso wie die Temperatur kleinräumig starke Schwankungen aufweisen kann, stellt sich auch die Niederschlagsverteilung bei genauem Hinsehen sehr unterschiedlich dar – mit beträchtlichen Folgen für die Entwicklung der landwirtschaftlichen Produktion.

Regelrechte Wärmeinseln finden sich im Oberrheintal, im mittelrheinischen Becken, im mittleren und unteren Moseltal. Teile von Rheinhessen und das Mainzer Becken liegen sogar im Bereich der sog. »19 Grad-Juli-Isotherme«, d.h. im langjährigen Mittel stellen sich hier Temperaturen von 19 Grad und mehr im Juli ein.

Anders liegen die Verhältnisse hingegen in der Eifel, einer stark gerodeten Hochfläche, geprägt von rauem und niederschlagsreichem Klima mit insgesamt rund 50 Maaren vulkanischen Ursprungs und Erhebungen von bis zu 747 m wie der Hohen Acht, dem höchsten Berg der Eifel. Ebenso kühl und niederschlagsreich ist der Westerwald mit seiner Gebirgsoberfläche, wo sich Höhen bis zu 657 m mit dem Fuchskauten zeigen. Januartemperaturen unter 0 Grad Celsius im Mittel und Sommertemperaturen unter 16 Grad Celsius in den höchsten Lagen sind hier über die meiste Zeit des 19. und 20. Jhs. üblich gewesen. Infolgedessen und bedingt durch schlechte Böden sind z. B. im westlichen Hintertaunus bis heute nur magere landwirtschaftliche Erträge zu erzielen. Vor diesem Hintergrund wird man es sicher als übertrieben, aber auch nicht ganz falsch werten müssen, wenn Wilhelm Heinrich Riehl, der Mitbegründer der deutschen Volkskunde, in der Mitte des 19. Jhs., bereits die allgemeine Vorstellung von diesem Gebiet mitprägte, indem er vom Westerwald behauptete, er mache in den Augen des Rheinländers »einen sibirischen Eindruck«. In diesem »Nebel- und Regenland«, so Riehl weiter, würden die Kirschen zwei Jahre zur Reife brauchen: »Im ersten Jahr nämlich wird die Frucht auf dem einen Backen rot und im folgenden auf dem anderen.«[2]

Klimatisch durchaus ähnlich ist auch der Hunsrück, dessen Höhenrücken wie der Erbeskopf, mit 818 m die höchste Erhebung der Region, bewaldet sind, wohingegen die Hochflächen und Mulden agrarisch genutzt werden. Der Hunsrück-Hauptkamm, der Idarwald und der Soonwald, wirken wie regelrechte »Regenfänger«. Solcher Steigungsregen an den Luvseiten lässt sich auch im Westerwald wie südlich im Pfälzerwald beobachten.[3]

Die nördliche gebirgige Zone war infolge des Klimas ursprünglich überwiegend ein Waldland, das seit dem Hochmittelalter einer zunehmenden Holznutzung unterworfen war. Gleichwohl war der Waldanteil auch im 19. und 20. Jh. noch bedeutend, örtlich sogar dominant. So zählte die preußische Verwaltung die Rheinprovinz mit insgesamt über 30 % Waldfläche zu den waldreichen Gebieten des preußischen Staates und berechnete im 19. Jh. z. B., dass knapp 42 % des städtischen Territoriums von Koblenz bewaldet seien, in den Westerwaldkreisen um Altenkirchen waren es sogar 54,37 % Waldfläche. Neben der Kyllburger Waldeifel, dem Hoch- und Idarwald, dem Soonwald, dem Westerwald und dem Mosel-Hunsrück-Gebiet zählt insbesondere auch der Pfälzerwald zu den bedeutendsten Waldgebieten unserer Region. Bis heute sind knapp 42 % der Fläche von Rheinland-Pfalz bewaldet. Damit hat Rheinland-Pfalz, gemessen an der Gesamtbodenfläche, den höchsten Waldanteil der deutschen Bundesländer und rangiert sogar in absoluten Zahlen immer noch auf Platz 4 der waldreichen Bundesländer.[4]

Ähnlich wie zuvor schon die französische Verwaltung, die eine eigene Generalinspektion für die Waldungen eingerichtet hatte, war man auch in preußischer und bayerischer Zeit bemüht, die überwiegend in städtischem Besitz befindlichen Wälder zu pflegen und aufzuforsten, was gelegentlich auch gegen den Widerstand der örtlichen Bevölkerung geschah.[5] Diese Bemühungen sind im 20. Jh., dann jedoch zunehmend unter ökologischen und tourismuswirtschaftlichen Gesichtspunkten, weiterverfolgt worden (beginnend mit dem Landespflegegesetz vom 14. Juni 1973) und haben schließlich zum Ausweis einer Vielzahl von Naturschutzgebieten, Landschaftsschutzgebieten und sogar grenzüberschreitenden Naturparks im heutigen Rheinland-Pfalz geführt (Naturpark Nordeifel, Rhein-Westerwald, Nassau, Pfälzerwald, Saar-Hunsrück, Deutsch-Luxemburgischer Naturpark in der Südeifel etc.).

Waldflächen der deutschen Bundesländer

Bayern	24.709 qkm	= 35,0 %	des Staatsgebietes
Baden-Württemberg	13.682 qkm	= 38,3 %	"
Hessen	8.477 qkm	= 40,2 %	"
Rheinland-Pfalz	8.324 qkm	= 41,9 %	"

(Flächennutzung zum 31.12.2009 laut Statistikportal der Statistischen Ämter des Bundes und der Länder. URL: http://www.Statistik-Portal/de_jb09_jahrtabf1.asp [05.10.2010])

Die Höhenzüge werden vom Mittelrheingebiet, dem mittelrheinischen Becken und den Tallagen von Mosel und Lahn gleichsam erschlossen. Die Städte dieser Regionen liegen kaum 100 m über N.N.: Trier 124 m, Ludwigshafen 92 m, Mainz 82 m, Koblenz 65 m. Hier in den Tieflagen herrschen seit jeher günstige klimatische Bedingungen mit z.T. über 250 Vegetationstagen, Lößböden und fruchtbaren Auenlehmböden, die schon früh zu einer verhältnismäßig dichten Besiedlung und zum Weinanbau an Ahr, Mosel und Rhein geführt haben.

Im südlichen Teil dominiert kühles und regnerisches Klima die Höhenlagen des Saar-Nahe-Berglandes, das sich ebenfalls durch seinen Waldreichtum auszeichnet. Auch das Pfälzer Bergland mit dem 687 m hohen Donnersberg ist waldreich, klimatisch aber gegenüber dem Saar-Nahe-Bergland durch wärmere Temperaturen begünstigt.

Durch lange Sonnenscheindauer und besonders fruchtbare Lößböden ist vor allem das Rheinhessische Hügel- und Tafelland gekennzeichnet, wo schon in der Nacheiszeit nur ein lichter Wald stand, weshalb es frühzeitig besiedelt und landwirtschaftlich intensiv genutzt wurde. Durch Rodungen im Mittelalter verschwand hier bereits ein Großteil des Waldes, um 1830, nach einer zweiten größeren Rodungsaktion, entstand das heute bekannte Landschaftsbild.[6] Ähnlich wie hier dominiert auch am Haardtrand der Weinbau, wo im 19. Jh. eine starke Expansion der Weinanbauflächen zu verzeichnen war, wenn auch mit einigen Rückschlägen. Als die durch die Gunst des Klimas beförderten Weinanbaugebiete dieses Raumes 1947 in dem neu geschaffenen Land Rheinland-Pfalz erstmals zusammenkamen, wurde der Wein gleichsam zum Markenzeichen der Region und das neu gegründete Rheinland-Pfalz sofort zum »Weinland Nr. 1« unter den deutschen Bundesländern.[7]

Klimaveränderung

Es ist allerdings nicht zu übersehen, dass sich das Klima unseres geographischen Raumes im 19. und 20. Jh. auch geändert hat. Für den Zeitraum zwischen 1901 und 2004 ist für das Gebiet des heutigen Rheinland-Pfalz bereits eine Veränderung der Jahresdurchschnittstemperatur von + 0.8 Grad Celsius (für das Saarland von 1,1 Grad) festgestellt worden. Lokal sind die Klimaveränderungen z. T. noch bedeutender. So stieg etwa schon in den letzten 50 Jahren die Jahresmitteltemperatur im Oberrheingraben um + 1,5 Grad Celsius bei einer gleichzeitigen Verminderung der Anzahl der Frosttage (Tag mit einer Tiefsttemperatur unterhalb des Gefrierpunktes) um 30 und einer Erhöhung der Sommertage (Tag mit einer Höchsttemperatur von mind. 25 Grad Celsius) um 20 im Mittel. Vor allem die Winter sind in unserem Raum im langjährigen Durchschnitt milder geworden, und die Zahl der extremen Wetterereignisse hat sich deutlich erhöht. Zugleich lässt sich nach den für das 20. Jh. aber auch vorliegenden Aufzeichnungen feststellen, dass sich in Frühling, Herbst und Winter tendenziell höhere Niederschlagsmengen eingestellt haben.[8] Dies hat bedeutsame Folgen für das staatliche Handeln – man denke nur an die Einrichtung von Umweltministerien in der zweiten Hälfte des 20. Jhs. –, aber auch für die Menschen und ihre Lebensführung, für die Wirtschaft und weite Bereiche des gesellschaftlichen Lebens. Woran um 1800 wohl noch niemand dachte, ist zum Signum des 21. Jhs. geworden: Nachhaltiges Wirtschaften, das sparsam und rücksichtsvoll mit den natürlichen Lebensgrundlagen umgeht.

Das Landschaftsbild 2: Die Flüsse

Neben den Gebirgszügen sind es die Flüsse, die diesen Raum in besonderer Weise prägen, allen voran der Rhein, der von Süd nach Nord das heutige Land Rheinland-Pfalz auf 290 km landschaftlich prägt. Aber auch die Ahr, die Mosel, die Nahe und die Lahn sind für unser Gebiet von nicht zu unterschätzender Bedeutung. Die Flüsse stehen auch im Zentrum der ersten modernen Kartographie des Raumes, die 1801 von Napoleon angeordnet und von dem französischen Ingenieurkartographen Jean Joseph Tranchot nach dem damals fortschrittlichen »Cassini-Dreiecksnetzverfahren« ausgeführt wurde. Der preußische Staat hat nach der Niederlage Frankreichs in den Befreiungskriegen die Herausgabe dieser Karten verlangt und ab 1816 durch den preußischen Generalmajor Freiherr von Müffling die Arbeiten fortführen lassen. So entstand mit der »Tranchot-Müfflingschen Aufnahme der Rheinlande« ein modernes Kartenwerk, das freilich nur bedingt der Öffentlichkeit zugänglich war.[9]

Gut zu sehen ist auf diesen Karten, dass um 1800 die Flüsse noch nicht »korrigiert« waren, so dass schon die kleinsten Hochwasserstände das mühsam abgerungene Kulturland und die Wohnstätten der Menschen bedrohten, bisweilen sogar im Rhythmus weniger Jahre zerstörten. Erst die von dem badischen Ingenieur Joh. Gottfried Tulla schon um 1800 bei den französischen Behörden angeregten Durchstiche des Rheins, um zu einem geraderen Flussbett zu kommen, sowie die Uferbefestigungen haben im Laufe des 19. Jhs. dafür gesorgt, dass die Hochwassergefahren kalkulierbarer wurden, nutzbare Flächen entstanden und auch die Frachtschifffahrt eine stetig steigende Bedeutung erlangen konnte.

Bereits das französische Rheinschifffahrts-Oktroi vom 15. August 1804, dann die in gleicher Absicht von der preußischen Regierung 1831 und 1868 verhandelten und abgeschlossenen Rheinschifffahrtskonventionen haben die Zollhemmnisse auf dem Rhein abgebaut. Durchschlagenden Erfolg konnte die kommerzielle Schifffahrt auf dem Rhein aber erst haben, als 1816 bei der Regierung in Koblenz eine Abteilung für Wasserbau eingesetzt wurde, die 1851 in der Rheinstrombauverwaltung eine Erweiterung erfahren sollte. Sie sorgte für eine ständige Vertiefung der Rheinfahrrinne, 1879 bereits auf 2–2,50 m zwischen Bingen und Köln sowie eine Verbreiterung auf 90 bis 130 m, so dass der Frachtverkehr immer ungehinderter fließen und prosperieren konnte. Dies machen die von der Verwaltung erhobenen Frachtraten sehr deutlich: Bei den Zollämtern Altbreisach, Straßburg, Neuburg, Mannheim, Mainz, Kaub, Koblenz und Emmerich wurden 1836 896.553 t Frachtgut gezählt, 1866 aber waren es bei den gleichen Ämtern bereits 4.130.582 t.[10]

Trotz aller Regulierungs- und Ausbauarbeiten sind Hochwasser bis heute ein virulentes Thema für die Bewohner der Flusstäler geblieben, und immer wieder ist es zu großen Hochwasserkatastrophen mit immensen Schäden, manchmal sogar Toten gekommen. So etwa 1882/83, als die Deiche brachen und Überflutungen längs der gesamten Stromstrecke erfolgten. So auch 1955, als das Hochwasser bei Germersheim die Insel Grün überschwemmte, wo gerade Heimatvertriebene sich eine neue Existenz in der Landwirtschaft aufgebaut hatten, die nun abermals zerstört wurde. An der Ahr forderte ein Hochwasser 1910 sogar 53 Tote, zumeist Bahnarbeiter, die von den Fluten überrascht wurden.[11]

Eisgang am Rhein bei Oberwesel, 1963 (Rheinmuseum Koblenz)

Zerstörte Brücke und Behelfsbrücke in Altenahr am Centralhotel, 1910 (Stadtarchiv Bad Neuenahr-Ahrweiler)

Auch das Zufrieren von Flüssen im Winter, zuletzt in umfänglicher Weise im Winter 1963, oder extreme Trockenheit wie im Sommer 1976 haben mehrfach die Schiffbarkeit auch des Rheins unterbrochen. Sogar Erdrutsche stellen insbesondere für die Bewohner des Mittelrheintales eine Gefahr dar: 1876 etwa sackte ein gewaltiger Schlammstrom bei Kaub in das Tal und forderte 25 Menschenleben. Kaiser Wilhelm I. und Kaiserin Augusta kamen eigens mit einem Sonderzug, um die Unglücksstelle zu inspizieren.[12]

Neben dem Rhein erfuhren auch die Lahn und die Mosel bis in die 1850er Jahre entsprechende Ausbauarbeiten, um auch hier den Handel zu fördern. Allerdings wurden diese Arbeiten mit dem Aufkommen der Eisenbahn allmählich eingestellt, so dass das Projekt einer Moselkanalisierung erst nach dem Zweiten Weltkrieg wieder aufgegriffen wurde. Dann aber wurde der zuvor so kaum realisierbar erscheinende »Jahrhundertplan« umgesetzt und brachte seit den 1960er Jahren weit mehr als den erwarteten wirtschaftlichen Erfolg.[13]

Für die Nutzbarmachung des Raumes von ebenso großer Bedeutung wie die »Zähmung« der Flüsse war deren Überquerung, die im 19. Jh. noch zumeist durch Schiffsbrücken wie etwa bei Speyer, in Mainz oder Germersheim sowie durch Fähren (zunächst Drahtseilfähren) geleistet wurde. Sieht man einmal von einzelnen alten, steinernen Brücken ab, deren Entstehung z. T. (wie etwa bei der Drususbrücke über die Nahe bei Bingen) weit zurückreicht, so beginnt im 19. Jh. in Folge der Industrialisierung und Ausweitung des Handels eine intensive Brückenbautätigkeit. Die erste feste, eiserne Brücke wurde in unserem Raum 1857/58 über die Mosel bei Koblenz für die Eisenbahn gebaut, 1862 bei Mainz, 1864 dann wieder bei Koblenz über den Rhein, es folgten schließlich immer mehr auch an den kleineren Flüssen. Im Zweiten Weltkrieg als wichtige Ziele von den alliierten Luftwaffen angegriffen, stellten die zerstörten, im Wasser liegenden Brücken unmittelbar nach dem Krieg eines der bedeutendsten Hemmnisse des wirtschaftlichen Aufschwungs dar. Nach dem Wiederaufbau führte der Wirtschaftsboom der 1960er Jahre zur Einrichtung zahlreicher weiterer Flussüberquerungen, z. T. für Eisenbahn und Kraftfahrzeugverkehr in kurzen Abständen nebeneinander (beispielsweise im pfälzischen Germersheim). Bis in die Gegenwart gehört die Überwindung der natürlichen Barriere Fluss zu den wichtigen Faktoren der wirtschaftlichen Entwicklung: Die 2009/2010 geführte Diskussion über eine Brücke durch das mittlerweile zum Weltkulturerbe erhobene Mittelrheintal oder eine neue Hochbrücke über die Mosel, bei der ökologische Gesichtspunkte vorrangig geworden sind, belegen das anschaulich.[14]

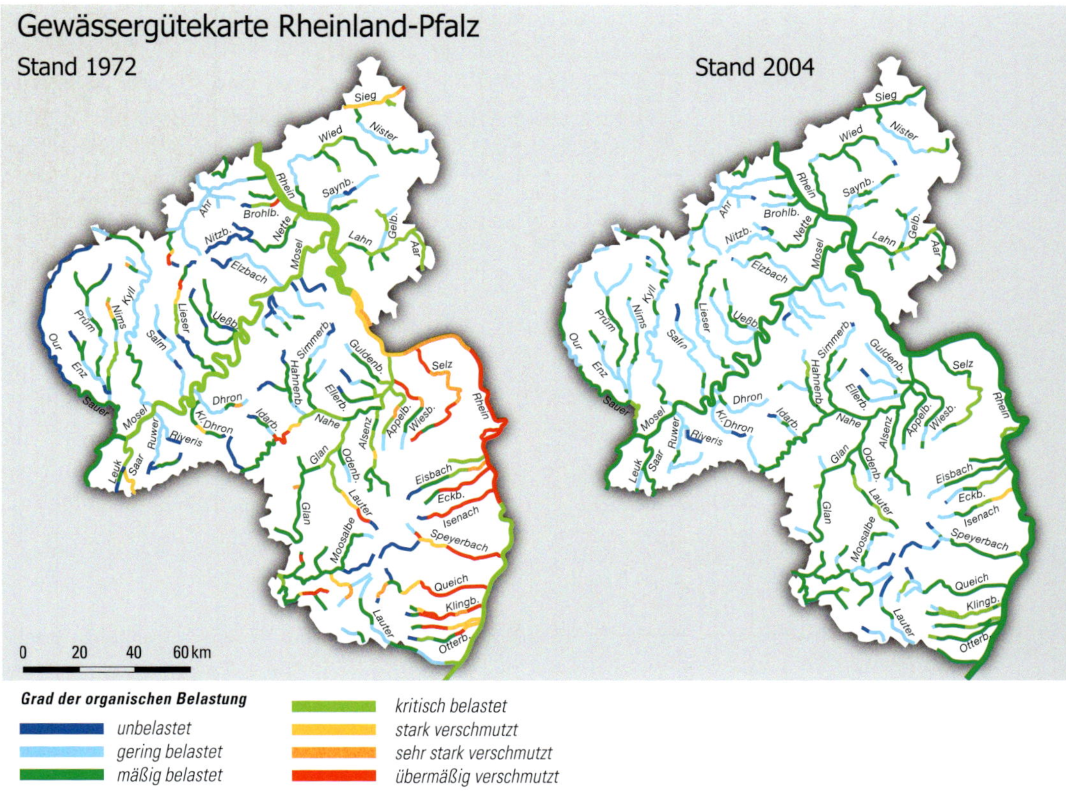

Vorlage: Landesamt für Umwelt, Wasserwirtschaft und Gewerbeaufsicht Rheinland-Pfalz
Kartographie: Landesamt für Vermessung und Geobasisinformation Rheinland-Pfalz

Solche Eingriffe in die Naturlandschaft haben zu allen Zeiten unerwünschte Folgeerscheinungen gehabt und sind bisweilen aufgrund heftiger Kritik sogar rückgängig gemacht worden. Bedingt durch die ersten Flussregulierungen ist z.B. die zu Beginn des 19. Jhs. noch existente Goldwäscherei am Rhein weitgehend verschwunden, und auch der florierende Fischfang wurde immer mehr eingeschränkt, bis er in den 1950er Jahren dann fast ganz zum Erliegen kam.[15] Folgenreicher noch war die Nutzung der fließenden Gewässer für Kühlungszwecke oder als Abwasserkanäle im Zuge der Industrialisierung. War etwa der Rhein anfänglich noch durchaus in der Lage, Schadstoffe durch Abtransport, Sedimentation oder Filtration zu bewältigen, wurde dies im Laufe des 20. Jhs. durch die rasant zunehmenden Abwassermengen immer weniger möglich, so dass sich der Fluss immer mehr zu einer übel riechenden Brühe verwandelte, in der natürliches Leben kaum mehr möglich war. Der Bau von Kläranlagen durch die Kommunen, aber auch durch die am Rhein liegenden Industrieunternehmen hat diese Situation in den vergangenen rd. 50 Jahren entscheidend verbessert, so dass der Rhein heute wieder eine Wasserqualität hat, die Badebetrieb und Fischfang ermöglicht.

Solche Probleme dürfte die an der Wende vom 18. zum 19. Jh. zunehmende Zahl von Rheintouristen, die von den Naturschönheiten angelockt wurden, freilich noch wenig interessiert haben. Zu ihnen gehörten englische Adelige, Dichter wie Joh. Wolfgang v. Goethe, Friedrich Schlegel, Heinrich Heine oder Ludwig Uhland und sogar der spätere amerikanische Präsident Thomas Jefferson, der gegen Ende des 18. Jhs. den Rhein bereiste. Kaum einer aber hat die Schönheiten dieses Gebietes so intensiv beschrieben wie der Franzose Victor Hugo, der vor dem Hintergrund des Völker verbindenden Rheins bereits 1842 von »Europa – Einheit in Vielfalt« geträumt hat. In Bingen erinnert noch heute ein Gedenkstein an ihn.

A.v. Droste-Hülshoff über eine Dampferfahrt auf dem Rhein 1825

»Der Rheindampfer habe »etwas hoch Imposantes, man kann wohl sagen Fürchterliches [...]. Im Schiffe steht eine hohe dicke Säule, aus der unaufhörlich Dampf hinausströmt in einer grauen Rauchsäule mit ungehäurer Gewalt und einem Geräusch, wie das der Flammen bei einem brennenden Hause [...]. Das Ganze gleicht einer Höllenmaschine.«

A. v. Droste-Hülshoff an Therese v. Droste-Hülshoff, 18.10.1825, in: Dies.: Werke. Historisch-kritische Ausgabe Bd. 8,1, bearb. v. W. Gödden. Tübingen 1987, S. 74.

Die Reiselust wurde durch die Dampfkraft befördert, die den Einsatz von Rheindampfern ermöglichte. 1817 drang erstmals das Dampfschiff »Caledonia« des über 80-jährigen James Watt bis Koblenz vor, allerdings ging es bei der letzten Etappe nicht ohne die Hilfe von Zugpferden. 1825 schaffte es der niederländische Dampfer »Der Rhein« bis Mainz, der bei seiner Rückfahrt sogar den preußischen König Friedrich Wilhelm III. an Bord nahm und in etwas mehr als fünf Stunden Köln erreichte. Immer mehr Rheinreisende kamen – 1828 zählten die Dampfschiffe schon 36.000 Passagiere –[16], und die begannen sich zunehmend nun auch für scheinbar völlig abgelegene und geradezu unberührte Gebiete in der Nähe des Rheins zu interessieren. Der Pfälzerwald, mit seinen rund 167.000 ha Waldfläche noch heute das größte zusammenhängende Waldgebiet Deutschlands, die Nordpfalz und vor allem auch die am weitesten westlich gelegenen Höhen und Täler des sog. »Westrich«, fanden in der ersten Hälfte des 19. Jhs. bei Franzosen wie Deutschen Interesse, so dass sich eine reiche Reiseliteratur über dieses Gebiet entwickelte, die bisweilen Aufzeichnungen über Entdeckungsfahrten ähnelte.[17]

Die »Eroberung des Raums«: Moderne Verkehrswege

Da stehende Gewässer, sieht man einmal von den Eifelmaaren oder dem Laacher See ab, unseren Raum kaum prägen, sind es neben den Flüssen vor allem die Straßen und die seit der Mitte des 19. Jhs. aufkommenden Eisenbahnen gewesen, denen eine besondere Bedeutung für die Erschließung des Raumes zukommt. Hinsichtlich der Straßen erweist sich die außerordentliche Bedeutung der französischen Verwaltung am Rhein, musste doch sogar die offizielle preußische Historiografie eingestehen, dass das von den Franzosen in unserem Raum angelegte Straßenwesen »mustergültig« gewesen sei und im weiteren Verlauf des 19. Jhs. dann vom preußischen Staat in seiner Systematik übernommen und weiterentwickelt wurde. Vor allem die überregionalen Straßen, die »Routes impériales«, später Staatsstraßen genannt, wie etwa die Kaiserstraße von Metz nach Mainz und weiter nach Mitteldeutschland, waren für die Zeitverhältnisse außerordentlich gut ausgebaut. Dies traf mit Einschränkungen auch für die »Routes departementales« (später Bezirksstraßen), weniger für die »Chemins vicinaux« (später Vicinal- oder Gemeindewege genannt) zu, die in den Regierungsbezirken Koblenz und Trier dann erst unter dem preußischen Regiment verbessert wurden. Man muss sich insgesamt die verkehrstechnische Erschließung unseres Raumes im 19. Jhs. und bis weit in das 20. Jh., vor allem in den abgelegeneren Regionen der Höhenlagen, allerdings als durchaus rückständig und problematisch vorstellen.

Ein erneuter Entwicklungsschub des Straßenwesens sollte erst im Zuge der Schaffung der Europäischen Wirtschaftsgemeinschaft erfolgen, indem das Land Rheinland-Pfalz unter der Regie des Verkehrsministers Heinrich Holkenbrink für eine systematische Erschließung in einer groß angelegten Autobahnplanung sorgte.

Zu dieser Zeit wurde dann auch die Eisenbahn als Transportmittel der ersten Wahl endgültig abgelöst. Für die Raumerschließung des 19. Jhs. hatte sie aber noch eine ganz entscheidende Bedeutung gehabt. In französischer Zeit spielte diese Technik noch keine Rolle, Vorreiter war in unserem Raum der bayerische Staat, der durch die 1844 gegründete Ludwigsbahn-Gesellschaft 1847 die Strecken zwischen Neustadt und Ludwigshafen sowie zwischen Schifferstadt und Speyer anlegen ließ und damit ein systematisches Schienennetz der Pfalz zu schaffen begann. 1853 wurde in Rheinhessen eine Eisenbahnstrecke zwischen Mainz und Worms gebaut, die man zügig an das rasch expandierende pfälzische Netz anzuschließen bestrebt war. In der preußischen Rheinprovinz ließ man sich, obwohl sich erste Erfolge im Norden, in den industriellen Regionen des Ruhrgebietes, schon einstellten, Zeit. Erst 1856 erreichte die Eisenbahn von Bonn aus Rolandseck, 1858 wurde Koblenz an das Eisenbahnnetz angeschlossen, 1860 folgte die Nahetalbahn Richtung Saarbrücken und die Siegtalbahn von Wissen bis Köln-Deutz. Die Hochflächen allerdings wurden erst gegen Ende des 19. Jhs. an das Netz angeschlossen. Die Eisenbahn sollte bis in die 1950er Jahre ihre herausragende Bedeutung für das Gebiet des heutigen Rheinland-Pfalz behalten. Dann jedoch trat sie trotz großer Anstrengungen zur Elektrifizierung hinter dem Verkehr auf der Straße zurück.[18] Dem hat die Politik aus ökologischen Gesichtspunkten seit den 1980er Jahren entgegenzuwirken gesucht, etwa mit der Förderung schneller und häufiger Zugverbindungen (z. B. dem »Rheinland-Pfalz-Takt«).

Kaum weniger wichtig für die Erschließung, ja Überwindung des Raumes sollte sich bald die moderne Kommunikationstechnik herausstellen. Auch auf diesem Gebiet sind in der Zeit der französischen Herrschaft entscheidende Weichen gestellt worden. Dabei spielte die Ordnung des überkommenen Postwesens eine wichtige Rolle. Zukunftsträchtiger noch dürfte aber die Einführung erster optischer Telegrafen gewesen sein, die man in der Pfalz schon früh errichtete. Diese Technik übernahm dann auch die preußische Verwaltung im Rheinland, die 1832 eine erste solche optische Telegrafenlinie von Berlin nach Koblenz einrichtete, sie wurde dann in den 1850er Jahren durch die elektrische Telegrafie im Rheinland abgelöst sowie in den 1880er Jahren durch die Einführung des

Fernsprechwesens erweitert. Die Kommunikationstechnologie sollte sich im 20. Jh. als eine der wichtigsten Innovationsfaktoren erweisen bis hin zum modernen Internet. Im Ministerium für Wirtschaft, Verkehr, Landwirtschaft und Weinbau Rheinland-Pfalz ist daher eine Geschäftsstelle »Breitband-Initiative Rheinland-Pfalz« gegründet worden, die bis 2012 den mit 10 Mio. Euro geförderten Breitband-Infrastrukturausbau möglichst flächendeckend entwickeln soll. Allen diesen Neuerungen stand und steht bis heute aber der Naturraum hemmend entgegen. Obwohl eine weit über 90 %-ige Abdeckung bereits erreicht ist, bleiben einige wenige Gebiete für die Funkwellen unerreichbar (z. B. Bundesstraße 37 Kaiserslautern-Neckarelz).[19]

Städte: Motoren des Fortschritts

An den Flüssen, namentlich am Rhein, lagen um 1800 bereits auch die meisten Städte in dem insgesamt aber städtearmen Gebiet. Sie wurden jedoch zum Zeichen wie zum Motor des Fortschrittes in den vergangenen 200 Jahren und haben immer mehr Menschen angelockt, wobei für das 20. Jh. auch Zugewinne durch Eingemeindungen zu berücksichtigen sind.

Allein 28 Städte finden sich an der Rheinlinie, daneben weist der Haardtrand städtische Agglomerationen auf, ansonsten verteilen sich die Städte punktuell in der Fläche. Geht man von den Richtwerten der Internationalen Statistikkonferenz von 1887 aus, erlebten die meisten Städte auf dem Boden von Rheinland-Pfalz im 19. Jh. den Aufstieg von der Landstadt (weniger als 5.000 Ew.) zur Kleinstadt (5.000–20.000 Ew.), bei den nur ganz wenigen größeren Städten den Aufstieg zur Mittelstadt (20.000–100.000 Ew.) bzw. im 20. Jh. dann zur Großstadt mit mehr als 100.000 Einwohnern.

Von besonderer Bedeutung war die Residenz- und Hauptstadt des vormaligen Kurfürstentums Mainz (1800: 21.218 Ew., 2008: 197.623 Ew.), die bis heute auch die größte Stadt des Landes Rheinland-Pfalz ist.[20] Ähnlich, doch nicht ganz so rasant, die Entwicklung von Koblenz (1817: 12.238 Ew., 2008: 106.293 Ew.), auf dessen Einwohnerzahl wie bei Mainz die Militärpräsenz Einfluss nahm,[21] und die älteste Stadt Deutschlands, Trier (1801: 8.829 Ew., 2008: 104.640 Ew.).[22]

Ganz andere Größenordnungen, jedoch ein ebenso zügiges Wachstum zeigen das erst im 17. Jh. gegründete Neuwied (1817: 4.363 Ew., 2008: 64.885 Ew.)[23], Speyer am Rh. (1797: 2.805 Ew., 2008: 49.930 Ew.), und Worms (1798: 4.816 Ew., 2008: 82.040 Ew.).[24]

Noch gar nicht existent war um 1800 die heute für Rheinland-Pfalz so wichtige Industriestadt Ludwigshafen (1843: 90 Ew., 2008: 163.467 Ew.), die aus einem Landeplatz am Rhein, der Rheinschanze, entstanden ist und 1859 vom bayerischen König das Stadtrecht erhielt. Ludwigshafen wurde mit seinem stürmischen industriellen Wachstum in der zweiten Hälfte des 19. Jhs. zur größten Industriestadt in unserem Raum und hat diese Stellung bis heute behalten.[25]

Unter den nicht an den Flüssen gelegenen Städten fällt in der Pfalz als punktuelle städtische Ansiedlung das 1226 gegründete Neustadt an der Haardt (1802: 4.025 Ew., 2008: 53.658 Ew.) auf,[26] das sich ähnlich wie Pirmasens (1801: 3.921 Ew., 2008: 41.358 Ew.)[27], Zweibrücken (1801: 4.739 Ew., 2008: 34.525 Ew.)[28], Landau (1802:

4.922 Ew., 2008: 43.008 Ew.),[29] und Kaiserslautern (1802: 2.995 Ew., 2008: 97.436 Ew.) zur Größenordnung einer Mittelstadt entwickelt hat.[30]

Gegen Ende des 20. Jhs. hat das Städtewachstum zu Landesgrenzen überschreitenden kommunalen Kooperationsmodellen wie dem Rhein-Neckar-Dreieck oder dem Rhein-Main-Gebiet geführt, an den Staatsgrenzen wachsen sogar supranational die Kommunen und ihre Menschen immer mehr zusammen.

Ganz entscheidend waren in den Zeiten des beschleunigten Wachstums im 19. und 20. Jh. in den Städten wie andernorts die naturräumlich gegebenen Voraussetzungen, um an der stürmischen Entwicklung des Wohlstandes teilhaben zu können.

Bodenverhältnisse und Landwirtschaft

Für die Landwirtschaft stellte sich die Aufgabe, eine rasant wachsende Bevölkerung zu ernähren. Hier waren die Ausgangsbedingungen um 1800 in unserem Raum bisweilen denkbar schlecht. Das lag zum einen an der sehr unterschiedlichen Ertragskraft der Böden: Gute Ackerböden finden sich nur am Haardtrand, in der Nordpfalz, im Rheinhessischen Tafel- und Hügelland, im Mittelrheinischen Becken, im Westteil der Wittlicher Senke sowie in einigen Hochmulden der Eifel und nördlich von Nastätten im Taunus. Zum anderen waren aber auch die Bewirtschaftungsformen noch sehr rückständig: In der Eifel z. B. wurde mancherorts noch wie im Mittelalter mit der Dreifelderwirtschaft der Ackerbau betrieben. Die französische Verwaltung hat, nicht anders als später der preußische und der bayerische Staat, von Anfang an versucht, diese rückständigen Anbaumethoden zu modernisieren und die Ertragskraft zu steigern – allerdings nur mit geringem Erfolg. Noch lange galten gerade die Höhenlagen der Eifel als regelrechte Armutsgebiete, aus denen die Menschen dann, nicht zuletzt im Gefolge der Agrarpreiskrise zwischen ca. 1820 und 1840, auch zunehmend abwanderten. Vielfach ist es erst im 20. Jh. zu wirklichen Durchbrüchen in der Landwirtschaft gekommen, indem wirtschaftlich rentable Betriebe geschaffen wurden, deren Leistung durch modernste Düngemittel und Technik dann wirklich namhaft gesteigert werden konnte. Dazu war es auch notwendig, die durch das vorherrschende Realteilungsrecht zerstückelten landwirtschaftlichen Nutzungsflächen zusammenzulegen und durch die seit den 1960er Jahren üblichen »Flurbereinigungen« zu wirtschaftlich rentablen Einheiten auszubauen. Dieser Prozess, der zu einer bis dahin

Ertragspotenzial der Böden in Rheinland-Pfalz

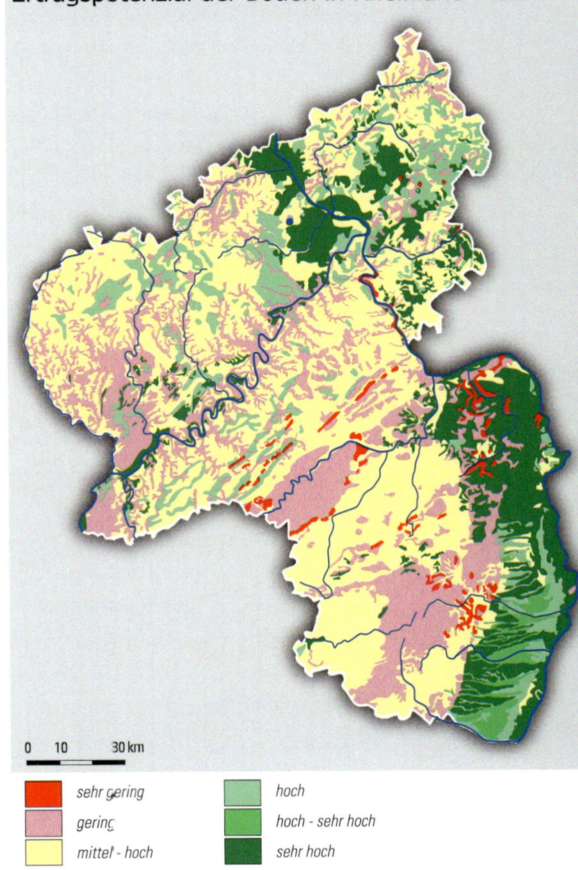

Vorlage: Umweltatlas Rheinland-Pfalz – Broschüre Schutzwürdige und schutzbedürftige Böden von Rheinland-Pfalz, 2005
Kartographie: Landesamt für Vermessung und Geobasisinformation Rheinland-Pfalz

nie gekannten Produktivität der Böden und des modernen Saatgutes geführt hat, führte im 20. Jh. durch Überproduktionen und Wettbewerb schließlich zu einer genauen Umkehrung der Problemlage des 19. Jhs. Sowohl die landwirtschaftlich genutzte Fläche als auch die Zahl der in der Landwirtschaft tätigen Personen sanken drastisch: Zwischen 1949 und 1975 ging die Zahl der landwirtschaftlichen Betriebe um 59 % zurück, die landwirtschaftlich genutzte Fläche verkleinerte sich um 8,6 % in diesem Zeitraum. Da, wo sich kein ausreichendes Angebot an alternativen Erwerbsmöglichkeiten anbot, hat sich allerdings bis heute die Landwirtschaft stärker behaupten können (s. dazu auch die Kapitel »Alltagskultur« und »Wirtschaftsgeschichte«).[31]

Bodenschätze, Standortfaktoren und Industrialisierung

Neben der Landwirtschaft bestimmte die Industrialisierung das wirtschaftliche Geschehen seit dem 19. Jh., und auch für diesen Schritt in die Moderne war die naturräumliche Ausstattung Ausschlag gebend: Das Vorhandensein von Bodenschätzen und Rohstoffen bestimmte den Takt und die Geschwindigkeit, in der sich ein geographischer Raum im modernen Sinn entwickeln konnte. Damit jedoch war das Gebiet des heutigen Rheinland-Pfalz seit jeher nicht gerade gesegnet. Allerdings stellte sich die Lage um 1800 noch durchaus differenziert dar.

Vor allem in der Pfalz, aber auch im Glantal sowie im mittelrheinischen Becken und auf dem Westerwald traten die Bodenschätze zu jener Zeit noch bis an die Oberfläche, so dass der Abbau von Steinkohle, Silber, Quecksilber, Blei, Eisen, Mangan, Kobalt und Kupfer sowie Kalken und feuerfesten Tonen durchaus lohnenswert erschien. Deshalb setzte die französische Verwaltung alles daran, den z. T. seit Jahrhunderten brachliegenden Bergbau zu beleben, die Bodenschätze auszubeuten und im Gefolge dessen bereits eine (vor-)industrielle Belebung des Raumes zu erreichen. Dieses Werk ist von den Nachfolgestaaten Bayern und Preußen sowie in Nassau dann nach 1816 konsequent fortgeführt worden.

Recht schnell geriet dabei der Steinkohle- und Braunkohleabbau in die Krise, denn immer wieder zeigte sich, dass die Steinkohleflöze in der Tiefe verschwanden oder so schwach wurden, dass der Abbau nicht lohnte. Zuletzt erloschen der Braunkohletiefbau bei Bad Marienberg und der Steinkohlebergbau bei Kusel in der Mitte des 20. Jhs.

Anders sah es mit der Eisenerzförderung und -verarbeitung aus, die schon gegen Ende des 18. Jhs. in der Pfalz vor allem durch die Familie Gienanth betrieben wurde, die sich besonderer französischer Förderung erfreuen durfte. Die Gienanthsche Verarbeitung von Eisenerz verteilte sich auf mehrere Standorte, u. a. auf Eisenberg und Kaiserslautern. Ertragreich erschien zunächst auch die Ausbeute bei Quecksilber, Blei und Kupfer. Während Quecksilber bei Stahlberg u. a. pfälzischen Orten schon in der Franzosenzeit mit über 60.000 Pfd./Jahr so erfolgreich gewonnen werden konnte, dass Techniker aus ganz Europa die hier angewendeten Verfahren vor Ort studierten, war es bei Imsbach in der Pfalz der Kupferbergbau, der zunächst aussichtsreich erschien. Doch der Abbau geriet immer wieder in Krisen, selbst wenn sich ausländische Investoren fanden. In den 1920er Jahren wurde er gänzlich eingestellt. Die Gruben sind heute z. T. noch zu besichtigen, ein kleines Museum zeugt in Imsbach von dieser Bergbautradition.

Schachtofengebäude der Bleihütte bei Bad Ems, 1920er Jahre (Stadtarchiv Bad Ems)

Bis in die 1950er Jahre hielt sich der Ton- und Klebsandabbau im Eisenberger Becken, der Kalkabbau im Glantal war 1818 in 21 Gruben noch ertragreich, erschöpfte sich aber bereits im Laufe des 19. Jhs.[32] Bedeutend, z.T. bis heute, war und ist daneben auch der Tonabbau im Kannenbäcker Land auf dem Niederwesterwald und in der Tongrube von Mühlheim-Kärlich bei Koblenz.

Auch in der Eifel hatte die Rohproduktion und Verhüttung von Erzen einen Standort, freilich überwiegend in den weiter nördlich gelegenen Gegenden. Bekannt waren etwa bis in die Mitte des 20. Jhs. die Erze im Richelberg-Gang bei Prüm in der Westeifel. Auch die Westerwälder und Siegerländer Erze waren von Bedeutung (Eisenhüttenindustrie im Siegtal zwischen Wissen und Eiserfeld). Die beiden letzten siegerländer/westerwälder Eisenerzgruben in Biersdorf und Bürdenbach (Landkreis Altenkirchen) wurden erst im März 1965 stillgelegt. Nennenswert sind sodann auch die im Taunus zu findenden Blei-Zink-Erze im Holzappeler Gangzug. Ihr Abbau auf bis zu 800 m unter Tage bot im 19. Jh. noch rund 1.000 Menschen bei Bad Ems ein, wenn auch bescheidenes, Auskommen. Unweit von St. Goarshausen, in der Nähe der Loreley, wurde sogar noch bis 1958 Blei- und Silbererz gegraben und zur Weiterverarbeitung durch einen 136 m tiefen Stollen unter dem Rhein in das Linksrheinische verbracht.

Kurzzeitig ging man 1956 auf die Suche nach Uranerz am Bühlkopf bei Ellweiler, doch erwies sich die Ausbeute als unerheblich. Dies gilt mit Einschränkungen auch für die in der Südpfalz gefundenen kleinen Erdölfelder, v. a. bei Landau, deren Ausbeute gering ist (ca. 2 % der deutschen Erdölförderung).

Lange Zeit bedeutend waren hingegen die Edelsteinfunde bei Idar-Oberstein, vor allem Achate und Bergkristalle, die den Ort zu einem Zentrum zunächst der Edelsteinbearbeitung (Schleifereien) und dann der Schmuckindustrie gemacht haben. Wenn auch die Funde selbst heute kaum mehr nennenswert sind, so hat sich die weiterverarbeitende Schmuckindustrie doch dort gehalten und prägt die Wirtschaft dieses Raumes. Ähnlich geprägt von den Bodenfunden ist das sog. Kannenbäcker Land bei Höhr-Grenzhausen, wo seit dem 13. Jh. tertiäre Tone gewonnen und in der Keramikindustrie verarbeitet wurden. In diesen beiden Fällen ist eine direkte Verbindung von Bodenschätzen und wirtschaftlicher Entwicklung sichtbar. Ansonsten ist jedoch die im Vergleich zu anderen Gebieten Deutschlands insgesamt eher schwache Entwicklung der modernen Industrie unseres Raumes mehr von Zufälligkeiten oder von den verfügbaren Verkehrsverbindungen abhängig gewesen.

Der Zufall bewirkte z. B., dass Pirmasens zu einem Zentrum der deutschen Schuhindustrie wurde: Dort gab es zwischen 1736 und 1790 eine hessen-darmstädtische Garnison, in der die Soldaten aus Abfällen des Zeughauses Pantoffeln zur Aufbesserung ihres mageren Soldes fertigten. Daran knüpfte zu Beginn des 19. Jhs. eine von Handwerkern und Kaufleuten getragene Lederschuhindustrie an, die sich bis in die Mitte des 20. Jhs. (von Rückschlägen abgesehen) entwickeln konnte, seitdem aber durch die Konkurrenz des europäischen Binnenmarktes unter Druck geraten ist.[33]

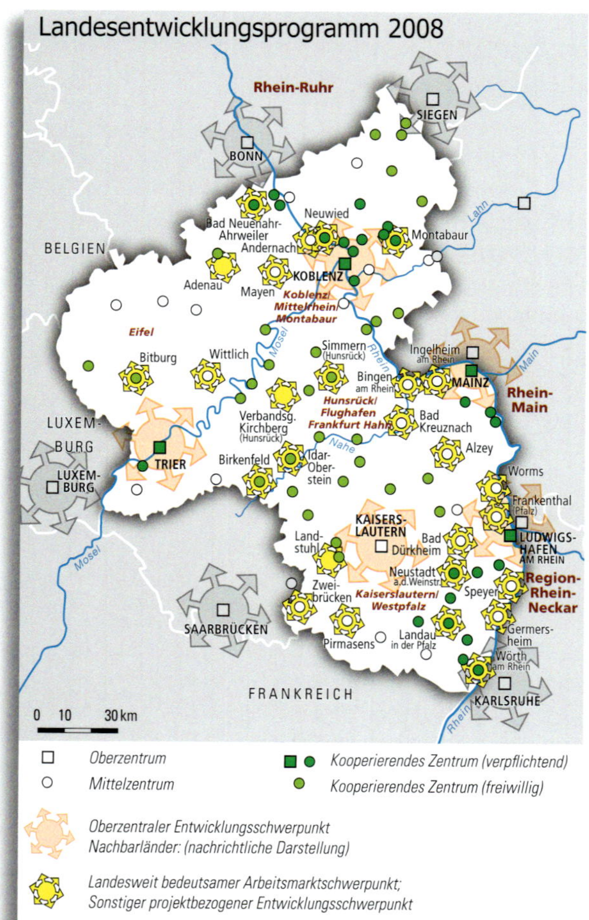

Vorlage: Ministerium des Innern und für Sport des Landes Rheinland-Pfalz
Kartographie: Landesamt für Vermessung und Geobasisinformation Rheinland-Pfalz

Der Rhein als Verkehrsader förderte vor allem die Ansiedlung der größeren Industrieagglomerationen in der Region. So etwa die der Chemieindustrie in Ludwigshafen, wo v. a. die 1865 gegründete BASF einen rasanten Aufschwung nahm und zum größten Chemieunternehmen der Welt wurde. Ähnlich rasant, wenn auch in anderen Dimensionen, vollzog sich am Rhein die Entwicklung der 1885 in Ingelheim gegründeten Boehringer-Werke, wo anfänglich Milchsäure produziert wurde, im Laufe des 20. Jhs. jedoch eine bis heute außerordentlich erfolgreiche Verlagerung auf pharmazeutische Produkte stattfand. An der Rheinlinie waren bzw. sind auch die Lederverarbeitung in Worms, die Metallindustrie und der Maschinenbau in Frankenthal, Mainz oder Neuwied gelegen. Diese Industrien entwickelten schon bald einen steigenden »Energiehunger«, so dass mit der Industrialisierung auch eine beschleunigte Elektrifizierung einherging. Die Frage, wo und wie der steigende Energiebedarf gestillt werden kann, ist in der zweiten Hälfte des 20. Jhs. zu einer zentralen Frage des wirtschaftlichen Fortschritts geworden.

Über das ganze 19. und 20. Jh. hinweg haben die unterschiedlichen Regierungen versucht, diese wirtschaftliche Situation zu verbessern und durch Industrialisierung den Wohlstand anzuheben und private Initiativen zu unterstützen. Dies ist mit starken Schwankungen, punktuell großen Erfolgen, jedoch auch bei dem Fortbestehen von wirtschaftlichen Problemzonen insoweit gelungen, als die Verhältnisse etwa des Jahres 2000 kaum mehr mit denen zu Beginn des 19. oder 20. Jhs. verglichen werden können. Gleichwohl ist festzustellen, dass wirtschaftliche Problemzonen über die Jahrhunderte hinweg eine relative Konstanz gezeigt haben, die insbesondere durch die sog. »Konversionsproblematik« wieder deutlicher hervorgetreten ist. Gerade jene Gebiete, in denen nach 1945 über Jahrzehnte hinweg die Anwesenheit von NATO-Streitkräften zu einem Wirtschaftsaufschwung beigetragen hat, leiden nach dem Abzug der Streitkräfte in den 1990er Jahren nunmehr erneut durch ihre nationale Randlage unter Wirtschaftsproblemen. Diesem Übelstand versuchten die Landesregierungen mit einer gezielten Landesentwicklungsplanung entgegenzutreten. Der 2008 vorgelegte Landesentwicklungsplan IV etwa ist bestrebt durch die Ausweisung von spezifischen Entwicklungsräumen gezielte Maßnahmen zur regionalen Wirtschaftsentwicklung zu formulieren.[34]

2. Die Menschen

Bevölkerungszahl

Wie viele Menschen über die Jahrhunderte hinweg auf dem Gebiet des heutigen Rheinland-Pfalz gelebt haben, ist schwer zu sagen, da verlässliche statistische Daten erst gegen Ende des 19. Jhs. erhoben worden sind. 1954 hat das Statistische Landesamt Rheinland-Pfalz aber bereits versucht, auf der Grundlage der Gemeindestatistik Berechnungen darüber anzustellen, wie sich die Bevölkerung seit dem Beginn des 19. Jhs. entwickelt hat.[35] Diesen Berechnungen zufolge waren das von den Franzosen um 1800 besetzte Land und die nassauischen Gebiete rechts des Rheins auf dem Westerwald ein ziemlich dünn besiedeltes Land: Danach lebten in diesem 19.847,10 qkm großen Gebiet 1815 nur 1.202.412 Menschen, d.h. im Durchschnitt waren pro Quadratkilometer 61 Menschen zu zählen. Das sollte sich schon im Laufe des 19. Jhs. rasch ändern. Allen Krisen und einer nicht unbeträchtlichen Auswanderung zum Trotz verdoppelte sich die Bevölkerungszahl binnen knapp hundert Jahren: 1905 zählte man in diesem Gebiet 2.434.505 Menschen, 1980 waren es 3.642.482, heute sind es über 4 Mio. Menschen. 1980 hatte sich die Zahl der Einwohner pro Quadratkilometer mithin mehr als verdreifacht, von einem dünn besiedelten Landstrich konnte nicht mehr die Rede sein. Allerdings verteilte sich um 1800 ähnlich wie heute die Bevölkerung sehr ungleichgewichtig auf die einzelnen Regionen des Landes. Während im Bereich der späteren Regierungsbezirke Koblenz und Rheinhessen-Pfalz 1815 jeweils um 500.000 Menschen lebten, waren es in Trier weit weniger, vor allem die Eifel zeichnet sich durch eine nur sehr spärliche Besiedlung aus. Auch die Städte waren zu Beginn des Jhs. noch sehr klein. Die Industrialisierung hat diese Verhältnisse im Laufe des 19. Jhs. dann völlig umgekehrt: Die ehemals kleinen Landstädte lockten, wenn sie von der Industrialisierung erfasst wurden und Arbeitsplätze boten, die Menschen in Scharen an. In Frankenthal wohnten 1905 mehr als viermal so viele Menschen (22.411) wie noch zu Beginn des 19. Jahrhunderts, in Kaiserslautern verzehnfachte sich in diesem Zeitraum die Einwohnerzahl (59.402 im Jahre 1905), Ludwigshafen zog durch die hier ansässig werdende chemische Industrie bis zur Jahrhundertwende Zigtausende an und kam 1905 bereits auf 90.950 Einwohner. Und dabei war ein Ende dieses Wachstums damals gar nicht in Sicht. Spätere Eingemeindungen und Verwaltungsreformen haben dann die Zahl der Stadtbewohner erneut wachsen lassen und weitere Entwicklungen angestoßen, die im Kapitel »Bevölkerungsgeschichte« analysiert werden.

Gleichheit Wichtiger noch als der reine Bevölkerungsanstieg und die zunehmende Bevölkerungskonzentration in industrialisierten städtischen Ballungszentren waren die Veränderungen in der Struktur der Bevölkerung. Mit dem Einmarsch der Franzosen waren praktisch alle Standesschranken gefallen, die die Gesellschaft des Alten Reiches geprägt hatten. Die Menschen waren nun alle frei, und sie waren gleich – zumindest auf dem Papier (der Verfassung). Gleiches geschah mit etwas Verspätung auch im Herzogtum Nassau. Die Durchsetzung der egalitären Gesellschaft sollte sich bis zum Ende der Franzosenzeit so gefestigt haben, dass es sogar die monarchisch regierten Nachfolgestaaten Bayern, Preußen und Hessen schwer hatten, eine nach Vorrechten und Adel gestufte Gesellschaft in diesem Raum wiederherzustellen. In Koblenz gab es gar keine Ritterschaft mehr, in Trier wurde sie nach 1816 erst wieder gebildet. Die Provinzialstände der preußischen Rheinprovinz bauten am Ende auf dem Grundbesitz auf und unterschieden sich in ritterliche, städtische und bäuerliche Vertreter. 1861 schaffte der preußische König Wilhelm I. allerdings die Steuerprivilegien der Ritter wieder ab. In der Pfalz gab es gar keinen Adel mehr, hier dominierte nun das Besitzbürgertum, das fortan argwöhnisch über die Erhaltung der in der Franzosenzeit erworbenen politischen Rechte und Freiheiten wachte und seine Interessen im pfälzischen »Landrath« zu vertreten suchte. Ganz ähnlich in Rheinhessen, wo ebenfalls das Besitzbürgertum den Ton angab und im Provinzialrat die Interessen des Landes gegenüber dem Monarchen wahren wollte. Diese besitzbürgerliche, oft liberal eingestellte Schicht war es, die nun die nationale und konstitutionelle Bewegung der ersten Hälfte des 19. Jhs. und damit das politische Geschehen dominierte.[36]

Arbeiter Im Zuge der Industrialisierung und in enger Verbindung mit der Revolution von 1848/49 entwickelte sich auch in unserem Raum die Arbeiterschaft als neue, zunehmend wichtiger werdende politische Klasse. Dabei spielte Mainz als frühes gewerblich-handwerkliches Zentrum eine besondere Rolle, weil sich hier erstmals um 1848 Handwerksgesellen, Tagelöhner, Industriearbeiter, Schiffer und Transportarbeiter in eigenen Arbeitervereinen zur Wahrung ihrer Interessen zu organisieren suchten. Sogar die Propagandisten einer neuen sozialistischen Gesellschaftsordnung, Karl Marx und Friedrich Engels, nahmen das wahr und machten auf der Durchreise von Paris nach Köln am 10. April 1848 in Mainz Halt, um die Gärung in der Arbeiterschaft zu beobachten. Nächst Mainz gewann die Arbeiterschaft in Worms unter Führung des radikalen Rabbiners und Journalisten Abraham Adler erste Organisationsstrukturen, und auch in der Pfalz, in Neustadt an der Haardt, waren schon erste Zusammenschlüsse zu beobachten. In den 1860er Jahren festigten sich die Zusammenschlüsse der Arbeiter, etwa in der Internationalen Arbeiter-Assoziation in Mainz unter Führung von Carl Stumpf, der im Rahmen des »Mittelrheinischen Arbeiterbundes« ab 1867 dann mit entsprechenden Sektionen in Nassau und dem rechtsrheinischen Hessen zusammenarbeitete. Auch der Arbeiterführer Lassalle und etwas später dann die Sozialdemokratie als politische Vertretung der Arbeiterinteressen fanden in der rheinhessischen Provinzhauptstadt den stärksten Anklang. In diesen Zusammenschlüssen und unter dem Druck der Verfolgungen des Sozialistengesetzes formierte sich ein eigenständiges Arbeitermilieu, das bis weit in die Mitte des 20. Jhs. von steigender politischer Bedeutung werden sollte.[37]

Katholiken

Eine ganz ähnliche Formierung lässt sich auch unter den Katholiken feststellen. Nachdem die katholische Kirche durch die unter französischer Ägide durchgeführte radikale Säkularisation auch in unserem Raum ihre jahrhundertealte politische Machtstellung vollständig verloren hatte, festigte sich nach 1816 gerade im protestantisch dominierten preußischen Staat das Eigenbewusstsein der Katholiken. Davon legen Auseinandersetzungen mit dem preußischen Staat wie etwa das sog. »Kölner Ereignis« 1837, in dessen Zusammenhang der Kölner Erzbischof in preußische Festungshaft genommen wurde, Zeugnis ab. Der Wille, an den nach 1815 zementierten Verhältnissen Änderungen vorzunehmen, führte auch die Katholiken zur Anteilnahme an den Neuordnungsbemühungen der revolutionären Frankfurter Paulskirche und gipfelte im ersten deutschen Katholikentag, der vom 3.–6. Oktober 1848 im Mainzer Kurfürstlichen Schloss abgehalten wurde. Schon hier spielte der charismatische spätere Bischof von Mainz Wilhelm Emmanuel von Ketteler eine wichtige Rolle. Und ähnlich wie bei den Sozialdemokraten schweißten auch die Katholiken gesellschaftliche Benachteiligungen und die Verfolgungen durch den Kulturkampf nach 1871 zu einem eigenen Milieuverband zusammen, der von großer Bedeutung bis weit in das 20. Jh. werden sollte. Freilich wird man die Festigkeit und Bedeutung dieses Milieus regional differenziert sehen müssen: Im Rheinland war der Katholizismus dominant, in Rheinhessen und der Pfalz wie auch in den rechtsrheinischen nassauischen Gebieten befand sich die katholische Bevölkerung stets in einer insgesamt mehr oder weniger großen Minderheitensituation.[38]

Soldaten

Neben den politisch dominanten Bevölkerungskreisen und der Ausbildung spezifischer Milieus in der Bevölkerung, die so auch andernorts in Deutschland stattfand, ist es wohl ein Spezifikum unseres Raumes, dass die Bevölkerungsstruktur schon im gesamten 19. und beginnenden 20. Jh. durch eine stets hohe Zahl von in- wie ausländischen Soldaten geprägt war. Das linksrheinische Deutschland und der am Rhein gelegene Westerwald waren und blieben stets Grenzgebiete, in denen man sich vor den Nachbarländern glaubte in besonderer Weise schützen zu müssen. So hat schon der Deutsche Bund mit seinen Bundesfestungen in Mainz und Landau, der preußischen Festung in Koblenz sowie der bayerischen in Germersheim für eine hohe Präsenz von Soldaten gesorgt. Die Bundesfestung Mainz z. B. sollte ursprünglich alleine 7.000 österreichische, preußische und hessen-darmstädtische Soldaten, im Einsatzfall sogar bis zu 21.000 Soldaten beherbergen. Tatsächlich waren es dann in der Regel knapp 5.000 Soldaten, die hier, in Landau knapp 3.000 Soldaten, in Koblenz-Ehrenbreitstein etwa 8.500 Soldaten, die stationiert wurden, doch auch diese Zahlen waren beträchtlich. Vielfältige Kontakte zur Zivilbevölkerung und zahlreiche Heiraten zwischen den Soldaten und den Einheimischen waren jedenfalls die Folge dieser militärischen Präsenz. In kleinen Festungsstädten wie Germersheim etwa hielten sich sogar fast ebenso viele Soldaten wie Einwohner auf (um 1900 jeweils ca. 3.500). In Kriegszeiten, 1870/71,

1914/18, 1939/45, wurde das Land von Soldaten regelrecht überschwemmt, diente als rückwärtiges Gebiet oft auch für die Versorgung von Verwundeten oder die Aufnahme von Kriegsgefangenen. Not und Elend der modernen technisierten Kriege waren hier für jedermann hautnah und sichtbar. Nach dem Ersten wie nach dem Zweiten Weltkrieg waren es vor allem französische Besatzungssoldaten, die links des Rheins als Besatzungsarmee 1918–1930 sowie 1945–1949/55 Einfluss ausübten. Im Jahr 1923 z. B. waren allein 116.000 französische Soldaten im Rheinland stationiert.[39]

Auswanderung im 19. Jahrhundert

Prägend für die Bevölkerungsstrukturen waren auch die durch die wirtschaftlich problematische Randlage bedingten Abwanderungen, die praktisch das ganze 19. Jh. durchzogen und erst mit der kurzen Phase der Hochindustrialisierung um die Jahrhundertwende, dann vor allem mit dem sog. »Wirtschaftswunder« der 1950er/1960er Jahre ein Ende gefunden haben. Schon im 18. Jh. waren einzelne Auswanderungswellen zu verzeichnen gewesen, doch erst die in den 1820er Jahren einsetzende Agrarpreiskrise sowie eine anhaltend schlechte Lage in der Landwirtschaft, die für den Bevölkerungsüberschuss kein Auskommen mehr sicherstellen konnte, dann auch die politischen Verfolgungen nach 1832 oder 1848 sowie in der NS-Zeit haben Auswanderungsschübe von noch größeren Ausmaßen hervorgerufen. Für Rheinhessen sind für den Verlauf des 19. Jhs. allein rund 60.000 Auswanderer berechnet worden. In der Pfalz sind einzelne Auswanderungsschübe statistisch erfasst: 1850/51 verließen zum Beispiel 6.460 Menschen die Pfalz, 1853/54 sogar 8.861.[40] Im gleichen Jahr erreichte die Auswanderung auch im Westerwald mit 3.000 Auswanderern einen Höhepunkt.[41] War das Ziel der Auswanderer zu Beginn des Jahrhunderts noch überwiegend Brasilien, so richtete sich die Auswanderung allmählich immer mehr auf die Vereinigten Staaten, wo man hoffte, reich zu werden oder doch ein besseres Leben führen zu können. Es kann vor diesem Hintergrund kaum verwundern, dass der deutsche Südwesten über lange Zeit hinweg als die deutsche Auswanderungsregion schlechthin galt.[42] Weitere Folgen dieser Entwicklung beleuchten die Kapitel »Alltagskultur« und »Bevölkerungsgeschichte«.

Saisonarbeiter

So war es ein bemerkenswerter Umschwung, als im Zuge der Industrialisierung sich die Auswanderung allmählich in eine Binnenwanderung hin zu den Industriezentren mit ihrem wachsenden Arbeitsplatzangebot verwandelte und zu Beginn des 20. Jhs. die Zahl der Menschen, die sich von der Pfalz für immer verabschiedeten, kaum mehr nennenswert war. Erst die wirtschaftlichen Schwierigkeiten im Gefolge der französischen Besetzung und dann die Verfolgungen im NS-Staat haben wieder tausende aus dem Lande getrieben.

Bereits in dieser Zeit erlebte das Gebiet des heutigen Rheinland-Pfalz aber auch die ersten zunächst noch zeitlich beschränkten Zuzüge. Schon gegen Ende des 19. Jhs. gab es so etwas wie Saisonarbeit ausländischer Arbeitskräfte. Im Erzbergwerk sowie in der Blei- und Silberhüttenindustrie bei Braubach a. Rh. waren um 1900 z. B. schon viele italienische Saisonarbeiter tätig. Als etwa zur gleichen Zeit die Nassauische Kleinbahn-Aktiengesellschaft in diesem Gebiet eine neue Bahnstrecke baute, wurden für die schweren Arbeiten ca. 200 polnische und italienische Arbeiter angeheuert, weil die ländliche Bevölkerung der Umgebung in der Erntezeit keine Arbeiter stellen konnte.[43]

Kriegsgefangene und Zwangsarbeiter

Sodann brachte schon der Erste Weltkrieg ausländische Kriegsgefangene mit sich, die zu allen möglichen Arbeiten herangezogen wurden, bei denen die an die Front befohlenen Männer fehlten. So hielten sich über mehrere Jahre hinweg zwischen 4.000 und knapp 10.000 russische und italienische Kriegsgefangene in der Festung Germersheim auf, wo sie u. a. zum Hausbau eingesetzt wurden. Der russischen Überlieferung zufolge wurden sie gut behandelt und bedankten sich bei dem Festungskommandanten dafür mit einem kleinen Denkmal, das ihm zu Ehren errichtet wurde.[44]

Die Kriegsgefangenen und unterschiedlichen Gruppen von Zwangsarbeitern im Zweiten Weltkrieg, die im Rahmen der verbrecherischen Besatzungspolitik des NS-Regimes nach Deutschland gebracht wurden, erfuhren eine solch gute Behandlung in der Regel nicht. Auf dem Gebiet des heutigen Rheinland-Pfalz sollen einer Quelle vom September 1944 zufolge rd. 131.000 Zwangsarbeiter eingesetzt gewesen sein, darunter sind für das Jahr 1943 alleine 20.000 ausländische Arbeitskräfte in der Stadt Ludwigshafen belegt.[45] Je nach Einsatzort, Bewachung und Kontaktmöglichkeiten zur Bevölkerung konnte der Umgang mit diesen Menschen sehr unterschiedlich ausfallen, der Regelfall jedoch war eine menschenunwürdige Behandlung. Gelegentlich entstanden auch Liebesverhältnisse zwischen deutschen Frauen und Zwangsarbeitern, die bei ihrer Aufdeckung weitreichende Konsequenzen für alle Beteiligten zur Folge hatten: Die ausländischen Männer hatten

Russische Kriegsgefangene in Germersheim im Ersten Weltkrieg (Historisches Museum der Pfalz Speyer)

nicht selten den Kontakt mit ihrem Leben zu bezahlen. Rd. 8.000 der ehemaligen Zwangsarbeiter, zu mehr als 60 % polnischer Herkunft, konnten oder wollten nach 1945 aus den unterschiedlichsten Gründen nicht mehr in ihre Heimat zurückkehren und verblieben langfristiger in Rheinland-Pfalz. Sie fanden oft bei den US-Streitkräften Anstellung und ließen sich überwiegend in oder bei Kaiserslautern nieder.

Flüchtlinge und Vertriebene

Weit größer als diese Gruppe war die Zahl der Flüchtlinge und Vertriebenen, die nach dem Ende des Krieges nach Rheinland-Pfalz kamen. Dabei ist allerdings festzuhalten, dass gerade in der im Juli 1945 gebildeten französischen Besatzungszone zunächst der breite Strom von Flüchtlingen aus den ehemaligen deutschen Ostgebieten durch die Besatzungsverwaltung systematisch abgewehrt wurde. Zum einen sah man keinerlei Versorgungs- und Unterbringungsmöglichkeiten in den z. T. äußerst schwer zerstörten Gebieten, zum anderen waren politische Gründe für dieses Verhalten maßgebend. Mit der Gründung des Landes Rheinland-Pfalz 1947 und des westdeutschen Teilstaates 1949 jedoch konnte sich auch die französische Besatzungsverwaltung nicht länger einer gerechten Lastenverteilung entziehen und musste einen Teil der in Bayern und Norddeutschland nur provisorisch untergebrachten Ostflüchtlinge aufnehmen. Hinzu kamen immer mehr Flüchtlinge aus anderen osteuropäischen Ländern und Flüchtlinge aus der Sowjetischen Besatzungszone, die sich im Westen eine bessere Zukunft erhofften als im Osten unter der kommunistischen Diktatur. Einer Statistik vom 31. Dezember 1955 zufolge sollen es 262.000 Flüchtlinge und Vertriebene gewesen sein, die schließlich in Rheinland-Pfalz eine neue Heimat gefunden haben.[46] Auch in den Folgejahren hielt der Zuzug an – ein für die Bevölkerungsentwicklung von Rheinland-Pfalz erheblicher Wert, konnte so doch in den 1950er Jahren die Abwanderung in strukturstärkere Regionen Deutschlands weitgehend kompensiert werden. Im Jahr 1960 waren es rd. 312.000 Vertriebene und 170.000 Zugewanderte aus der SBZ bzw. der DDR, die Rheinland-Pfalz verzeichnete, d.h. 14 % der rheinland-pfälzischen Gesamtbevölkerung stammten damals aus den ostdeutschen Gebieten. In Schleswig-Holstein (28,2 %), Niedersachsen (25,6 %) wie auch in Bayern (19,1 %) lagen die Zahlen noch wesentlich höher. Dabei war allerdings ein Jahr zuvor, 1959, erstmals ein Wanderungsverlust verzeichnet worden, und als 1961 mit dem Bau der Berliner Mauer der Zustrom aus der DDR versiegte, wurde auch in Rheinland-Pfalz deutlich, dass für die prosperierende Wirtschaft bald schon nicht mehr genügend Arbeitskräfte zur Verfügung stehen würden.

»Gastarbeiter«

Dies war der Hintergrund für die Anwerbung von ausländischen »Gastarbeitern«, die auf der Grundlage der von der Bundesregierung ausgehandelten Anwerbeabkommen (1955 mit Italien, 1960 mit Griechenland und Spanien, 1961 mit der Türkei etc.) mit Staaten, die von wirtschaftlichen Krisen und hoher Arbeitslosigkeit betroffen waren, stattfand. 1955 zählte man erst rd. 25.000 solcher Arbeitskräfte in Rheinland-Pfalz, 1973 waren es bereits 150.000. Das war im Vergleich zum Bundesdurchnitt nicht einmal viel, für die Bevölkerungsstruktur des mittelgroßen und relativ wenig industrialisierten Landes jedoch spielten diese Zahlen eine erhebliche Rolle. Dies umso mehr, als die ursprünglich als »Gastarbeiter« angeworbenen Arbeitskräfte bald nicht mehr turnusgemäß in ihre Heimatländer zurückkehrten, sondern Anfang der 1970er Jahre zunehmend hier sesshaft wurden, weil vor allem auch die

Das Landesdurchgangslager Rheinland-Pfalz in Osthofen, um 1955 (Landeshauptarchiv Koblenz)

Industrie dies wünschte, um immer wieder neue Anlernphasen immer wieder neuer Gastarbeiter zu vermeiden. Die nun langjährig tätigen Gastarbeiter waren verständlicherweise bestrebt, auch ihre Familien nach Deutschland zu holen, womit sich die Bevölkerungsstruktur ein weiteres Mal veränderte. Es waren zunächst italienische Arbeitnehmer, die unter den Gastarbeitern dominierten, aber 1973 bereits stellten die türkischen Gastarbeiter mit etwa 23 % den größten Anteil unter den in Rheinland-Pfalz tätigen ausländischen Arbeitskräften. Dabei war die regionale Verteilung dieser Arbeitskräfte sehr unterschiedlich: Die industriellen Zentren wie Ludwigshafen, Mainz oder Frankenthal verzeichneten einen hohen Anteil ausländischer Arbeitskräfte, wohingegen die agrarischen Regionen etwa im Regierungsbezirk Trier nur wenige ausländische Arbeitskräfte aufzuweisen hatten.

Die mit der ersten Ölpreiskrise 1973 beginnende Zeit der langfristigen ökonomischen Schwierigkeiten hat dann im November dieses Jahres sofort zum sog. »Anwerbestopp« geführt, der den weiteren Zuzug zwar begrenzte, gleichwohl die bis dahin schon eingetretenen Veränderungen in der Bevölkerungsstruktur nicht rückgängig machen konnte, zumal die im Lande befindlichen ausländischen Arbeitnehmerinnen und Arbeitnehmer hier ansässig wurden und ihre Kinder bereits vielfach in Rheinland-Pfalz geboren sind.

Die 1980er, vor allem die 1990er Jahre haben dann erneute Zuzüge gebracht, die zunächst durch den Zusammenbruch des Kommunismus bedingt waren: Vor allem deutschstämmige Spätaussiedler kamen (1990–95 ca. 11.000–14.000 pro Jahr), dann auch wieder in großem Umfang »Saisonarbeiter«, die nicht selten ihre Aufenthaltsdauer in Deutschland zu verlängern suchten und auch familiäre Bindungen zur einheimischen Bevölkerung entwickelten. In den 1990er Jahren ist es eine ständig steigende Zahl von Asylsuchenden gewesen, bedingt vor allem durch den Krieg im ehemaligen Jugoslawien, die erneut die Bevölkerungszusammensetzung verändert hat.[47] Allerdings ist mit Inkrafttreten des »Asylkompromisses« über den neuen Art. 16a GG ab 1993 die Zahl der Asylsuchenden stark zurückgegangen. Rheinland-Pfalz werden seitdem nach einem festgelegten Verteilungsschlüssel lediglich 4,7 % der Asyl-Antragsteller zugewiesen. 2002 belief sich ihre Zahl auf 3.306 Personen.

NATO-Soldaten

Erneut bedeutsam und wiederum als Spezifikum der rheinland-pfälzischen Entwicklung anzusprechen ist in der zweiten Hälfte des 20. Jhs. dann die langfristige französische und amerikanische Militärpräsenz im Lande gewesen, die, obwohl es sich um keinen eigentlichen Zuzug handelt, ebenso Spuren in der Bevölkerung hinterlassen hat. Dies zeigt recht anschaulich der Ort Baumholder, wo der größte Truppenübungsplatz Europas errichtet wurde. Dort lebten 1953 rd. 3.000 Menschen, die mit einem Schlag den Zuzug von rd. 30.000 Soldaten erlebten, die teils hier stationiert wurden oder sich im Rahmen von wochenlangen Übungen dort aufhielten. Sie alle suchten Kontakte, Freizeitmöglichkeiten u. v. m. im Ort und traten so in einen regen Austausch mit der Bevölkerung. Zahlreiche deutsch-amerikanische Freundschaften und Ehen waren die Folge. Als im Gefolge des Zusammenbruchs des Kommunismus 1991 der Truppenabbau auch in Deutschland begann, lebten in Rheinland-Pfalz 50.000 Angehörige der US-Streitkräfte sowie etwa 70.000 Familienangehörige, dazu 3.000 amerikanische Zivilbeschäftigte. Hinzu kamen 15.000 französische Soldaten mit ihren 7.000 Familienangehörigen und rd. 800 französischen Zivilbeschäftigten. In Spitzenzeiten stellten die Amerikaner bis zu 5 % der auf dem Boden von Rheinland-Pfalz lebenden Bevölkerung, in manchen Landkreisen waren bis zu 20 % und mehr Einwohner Amerikaner.[48]

Wanderungssaldo

Insgesamt ist festzuhalten, dass seit dem Zweiten Weltkrieg rund 6,5 Mio. Menschen von außerhalb befristet oder dauerhaft nach Rheinland-Pfalz eingewandert sind: Das ist mehr als die derzeitige Bevölkerung von Rheinland-Pfalz und dem Saarland zusammen. Zugleich haben etwa 5,4 Mio. Menschen Rheinland-Pfalz verlassen. Damit hat das Land einen Wanderungsüberschuss von 1,1 Mio. Menschen zu verzeichnen.[49]

Mit der Einführung regelmäßiger statistischer Erhebungen nach dem Zweiten Weltkrieg ist es möglich geworden, nicht mehr nur die Entwicklung der Bevölkerungszahl und deren Zusammensetzung zu beobachten, sondern auch nähere Aussagen über Veränderungen in den Einstellungen, Haltungen und Lebensgewohnheiten der Bevölkerung zu machen. Zieht man dieses Material des Statistischen Landesamtes Rheinland-Pfalz zu Rate, so wird deutlich, dass sich gravierende Änderungen in den vergangenen 65 Jahren vollzogen haben. Seit 1973 ist, unterbrochen nur durch den Zustrom von Menschen aus Osteuropa nach dem Fall des Eisernen Vorhangs, die Bevölkerung in Rheinland-Pfalz stagnierend oder rückläufig.

Wandlungen des Sozialgefüges

Hatten schon die Folgen des Zweiten Weltkriegs deutliche Spuren in der Bevölkerungspyramide durch die Dezimierung der männlichen Bevölkerung im Alter zwischen 20 und 50 Jahren hinterlassen, so zeigte die Verfügbarkeit von Schwangerschaftsverhütungsmitteln seit Mitte der 1960er Jahre immer deutlichere Folgen. 1950 waren noch 23,5 % der rheinland-pfälzischen

Bevölkerung unter 15 Jahre alt, 1996 waren es nur noch 16,6 %. Umgekehrt hat sich durch den medizinischen Fortschritt die Lebenserwartung der Menschen in diesem Zeitraum deutlich verbessert. Während 1946 nur 6.600 Menschen in Rheinland-Pfalz über 85 Jahre alt waren, sind es 1997 bereits 71.000 gewesen.

Der schon im 19. Jh. feststellbare Wanderungstrend hin zu den städtischen Zentren hat auch nach dem Zweiten Weltkrieg angehalten. Städte wie Frankenthal, Mainz und Speyer sind seitdem weiter gewachsen, ebenso Landkreise wie Germersheim, wo in den 1960er/1970er Jahren ein kleines südpfälzisches Wirtschaftswunder die Menschen anzog. Hingegen haben die Moselkreise Cochem-Zell, Bernkastel-Wittlich, aber auch die Eifelkreise Bitburg-Prüm oder Birkenfeld und Kusel eine zunehmende Abwanderung zu verzeichnen gehabt. Diese »Landflucht« ist auch nicht durch die Mobilität der Menschen in der zweiten Hälfte des 20. Jhs. gestoppt, allenfalls eingeschränkt worden: Viele Menschen (rd. 243.000 täglich) pendeln in Rheinland-Pfalz über die Landesgrenzen in die benachbarten Bundesländer zur Arbeit. Damit hat Rheinland-Pfalz die drittstärkste Auspendlerquote in Deutschland.

Sehr deutlich sind in den vergangenen 65 Jahren auch Veränderungen in den Sozialstrukturen zu verzeichnen gewesen. Die Familie mit Trauschein der Ehepartner ist immer mehr in Frage gestellt worden: 1946 verzeichnete man 16.000 Geschiedene in Rheinland-Pfalz, 1997 waren es dagegen 182.000. Diejenigen, die sich zur Heirat entschließen, sind angesichts längerer Ausbildungszeiten und anderer Lebensumstände deutlich älter als noch zu Beginn der Existenz des Landes: 29,5 Jahre war das durchschnittliche Heiratsalter der Männer in den 1990er Jahren, 1946 waren die Männer noch durchschnittlich fünf Jahre jünger, wenn sie ihrer Frau das Ja-Wort gaben. Entsprechend ist auch das durchschnittliche Lebensalter der Frauen bei der Geburt des ersten Kindes seit 1963 deutlich angestiegen. Die Zahl der Kinder pro Familie hat allerdings abgenommen. 1961 gab es in Rheinland-Pfalz noch 34.900 Familien mit mehr als vier Kindern, 1995 gab es nur noch 11.800 solcher »kinderreichen« Familien. Wenn schließlich mit 65 Jahren der Ernährer der Familie in den Ruhestand trat, so konnte er im Durchschnitt auf etwa 13 Jahre des Rentnerdaseins hoffen, Mitte der 1990er Jahre waren es bereits zwei Jahre mehr im Durchschnitt – mit weitreichenden Folgen für die sozialen Sicherungssysteme.[50] Schon diese wenigen Daten deuten an, dass sich die Bevölkerung in Rheinland-Pfalz ganz ähnlich wie in anderen Bundesländern in einem fundamentalen Wandlungsprozess befindet, der nicht nur von einer rückläufigen Reproduktionsquote gekennzeichnet ist, sondern vor allem durch einen tiefgreifenden Wertewandel, dessen Ziel und Ende kaum zu prognostizieren sind.

1 WERNZ-KAISER, Museum 1993, S. 27 ff.; SARHOLZ, Bad Ems 2009.

2 RIEHL, Land und Volke 1975, S. 66.

3 Zur geographischen Regionalkunde siehe FISCHER, Regionalkunde 1981; DERS., Rheinland-Pfalz 1989 sowie ein Kurzüberblick in LANDESZENTRALE FÜR POLITISCHE BILDUNG, Rheinland-Pfalz 2007, S. 23 ff. und GEIGER, Geographie der Pfalz 2010.

4 Flächennutzung zum 31.12.2009 laut Statistikportal der Statistischen Ämter des Bundes und der Länder, URL:http://www.statistik-portal.de/Statistik-Portal/de_jb09_jahrtabf1.asp (05.10 2010).

5 TUCKERMANN, Landeskunde Rheinprovinz 1917, S. 70 ff.; siehe auch FRENZEL, Historische Wälder, S. 276.

6 ZIEHEN, Wald und Steppe 1968, S. 118, 121.

7 Siehe SARTORIUS, Weinbau 1964, S. 261.
8 MINISTERIUM FÜR UMWELT, FORSTEN, VERBRAUCHERSCHUTZ RHEINLAND-PFALZ, Klimabericht 2007, S. 24f., 38.
9 MUSALL, Militärkartographie 1993, S. 24. Vgl. ebd. auch S. 58f.
10 WIRMINGHAUS, Verkehrswesen 1917, S. 570ff.
11 JANTA/POPPELREUTER, Ahr-Hochwasser 2010; KISSENER; Germersheim im 20. Jahrhundert 2008, S. 60.
12 KIMPEL, Kaub 1990.
13 KISSENER, Rheinland-Pfalz 2008, S. 168ff.
14 HUYER, Brücken 2002.
15 MUSALL, Rheinniederung 1964, S. 392.
16 SCHWARZ, Rheinpanoramen, S. 33f.
17 Siehe etwa SCHNEIDER, Entdeckung der Pfalz 1992.
18 WIRMINGHAUS, Verkehrswesen 1917; DÖHN, Eisenbahnpolitik 1957; FUCHS, Eisenbahn 1986.
19 Kl. Anfrage des Abg. G. Eymael vom 26. Februar 2010. LT-Drs. 15/4295.
20 DUMONT/SCHERF/SCHÜTZ, Mainz 1999; HARTMANN, Stadtgeschichte 2005.
21 ENERGIEVERSORGUNG MITTELRHEIN GMBH, Koblenz 1993.
22 DÜHR/HIRSCHMANN/LEHNERT-LEVEN, Stadtgeschichte 2007; CLEMENS/CLEMENS, Trier 2007.
23 RICHTER, Neuwied 2003.
24 EGER, Speyer 1983; BÖNNEN, Worms 2005.
25 FAUCK, Ludwigshafen 1972; MÖRZ, Ludwigshafen 2003.
26 SPIESS, Neustadt 2009.
27 SCHÄFER, Pirmasens 2000.
28 HISTORISCHER VEREIN ZWEIBRÜCKEN, Zweibrücken 1952.
29 MARTIN, Landau 2006.
30 KEDDIGKEIT, Kaiserslautern 2007.
31 WYGODZINSKI, Landwirtschaft 1917; HÄBEL, Land- und Forstwirtschaft 1981; STEINBACH, Agrarverhältnisse. Siehe auch STATISTISCHES LANDESAMT RHEINLAND-PFALZ, Streifzug 2007, S. 55.
32 Siehe zu diesem Themenkomplex SPUHLER, Bergbau 1964.
33 SCHWARZMÜLLER, Aufstieg 1998, S. 16f.; WAGNER, Hauenstein 1997.
34 MENTZEL, Bergbau 1981; ALTER, Pfalzatlas 1964; ABELSHÄUSER, BASF 2002; SIEBLER, Boehringer 2010; HILLER, Konversionspolitik 2010.
35 Nachfolgende Zahlen nach der revidierten Fassung: STATISTISCHES LANDESAMT RHEINLAND-PFALZ, Bevölkerung 1982.
36 EUSKIRCHEN, 19. Jahrhundert 2002; MARTIN, Gesellschaftlicher Wandel 2001.
37 BROO, Arbeiter- und Volksbildungsbewegung 1989; MONZ, Paul Stumpf 1986.
38 RIVINIUS, Bistum 2002, S. 1102ff.; RUMMEL, Frömmigkeit 2003, S. 217f.
39 Zur Festungsgeschichte siehe beispielhaft HANS, Festung Germersheim 2009; ANGELOW, Sicherheitspolitik 1996. Zur Besatzungsgeschichte: STEGMANNS, Finanzielle Folgen 1999. Zu den militärischen Großprojekten siehe beispielhaft: THREUTER, Westwall 2009.
40 PAUL, Auswanderung 2002.
41 KREMP, Auswanderung 2002, S. 99.
42 Siehe im Überblick: DER PRÄSIDENT DES LANDTAGS RHEINLAND-PFALZ, Auswanderung 2009.
43 STÖTZER, Gastarbeiter 2002.
44 KISSENER, Germersheim im 20. Jahrhundert 2008, S. 16 und 240f.
45 DER BEAUFTRAGTE FÜR DEN VIERJAHRESPLAN/DER GENERALBEVOLLMÄCHTIGTE FÜR DEN ARBEITSEINSATZ, Arbeitseinsatz 1944, S. 12ff.
46 NEUBACH, Vertriebene 1997, S. 512.
47 Zur Geschichte der Beschäftigung ausländischer Arbeitskräfte in Rheinland-Pfalz siehe zusammenfassend: HAMBURGER, Migration 1997, Kap. 4.
48 Zahlen nach E. HAMBURGER, Migration 1997, Kap. 4; ROTHENBERGER, Militärpräsenz 2008.
49 HAMBURGER/KOEPF, Migration 2010, S. 93.
50 Vgl. ICKLER/KOLLMAR, Bevölkerung 1997; LANDESZENTRALE FÜR POLITISCHE BILDUNG RHEINLAND-PFALZ, Rheinland-Pfalz 2007, S. 32ff., HAMBURGER, Migration 1997, Kap. 4.

Grundzüge der historischen Entwicklung

Von Michael Kißener

1. Frankreich am Rhein

Revolution und Krieg

Als am 20. April 1792 Frankreich Österreich den Krieg erklärte und die Armee der Ersten Koalition der alten Mächte bei Valmy am 20. September 1792 eine Niederlage erlitt, war für das linksrheinische Deutschland, wie so oft schon bei Konflikten mit Frankreich, höchste Kriegsgefahr gegeben.[1] Zwar hatte etwa der Kurfürst von Trier auf Schloss Schönbornslust vor den Toren von Koblenz französischen Emigranten die Möglichkeit eingeräumt, dort Truppen gegen die Revolution aufzustellen, und der Anführer der Koalitionstruppen Herzog Karl Wilhelm Ferdinand von Braunschweig hatte in der trügerischen Sicherheit militärischer Überlegenheit von Koblenz aus sein überheblich-provokantes Kriegsmanifest gegen Frankreich veröffentlicht. Doch tatsächlich dauerte es nicht lange, bis der französische General Adam-Philippe de Custine über das ungedeckte Elsass vorstoßen konnte und mit seinen Truppen in Speyer, Worms und Mainz stand (Oktober 1792).

Diesmal jedoch brachten die Franzosen nicht nur den Krieg, der einmal mehr die Menschen bedrückte und Bauwerke wie das Oggersheimer Schloss (1794) zerstörte. Diesmal brachten die Franzosen die Ideale der Freiheit, Brüderlichkeit und Gleichheit mit, deren politische Verwirklichung auch in unserem Raum nicht wenige ersehnt hatten, die nun die Aufhebung des Adels und aller ständischen Privilegien begrüßten.[2]

Mainzer Republik und Cisrhenanen

Beispielhaft hierfür steht die »Mainzer Republik«, die mit der Gründung eines bürgerlich dominierten revolutionären Clubs begann, dem sich auch der Bibliothekar und weit gereiste Gelehrte Georg Forster anschloss. Unter französischem Einfluss wurden (bei schwacher Wählerbeteiligung) Wahlen zu einem Nationalkonvent abgehalten, der am 17. März 1793 im Rittersaal des Deutschordenshauses in Mainz als »Rheinisch Deutscher Nationalkonvent« mit 124 Deputierten zusammentrat. Das Präsidium übernahm der radikal denkende Mainzer Professor Joseph Andreas Hofmann, Vizepräsident wurde Forster. Das erste von diesem Konvent beschlossene Dekret erklärte das Umland von Landau bis Bingen und Mainz für befreit und sagte es vom Reich los. Um sich der Bedrohung durch die Kräfte der Reaktion zu erwehren, bat Forster in Paris um Anschluss des Rheinisch-Deutschen Freistaates an Frankreich und war bereit, sich auf die Forderung der französischen Revolutionäre nach der Rheingrenze einzulassen. Vor dem Pariser Konvent verlas er am

30. März 1793 eine von 90 deutschen Deputierten unterzeichnete Adresse, in der es hieß: »Die Natur selbst hat gewollt, dass der Rhein die Gränze Frankreichs sein sollte, er war es in der that in den ersten Jahrhunderten des fränkischen Reichs [...]«.[3]

Die rheinischen Frankreich- und Revolutionsfreunde waren allerdings eine Minderzahl, die meisten Menschen verhielten sich passiv, so dass es auch zu keiner großen Gegenwehr kam, als bereits im Juli 1793 preußische und österreichische Truppen die Republik zerschlugen und das alte Regime wieder einführten. Doch auch dies war nicht von Dauer. Nachdem französische Truppen um die Jahreswende 1793/94 Speyer, Worms und Kreuznach zurückerobert hatten und 1794 in Trier standen, dehnte sich der revolutionäre Gedanke weiter im rheinischen Grenzgebiet aus und führte 1797 zur cisrhenanischen Bewegung, die die Gründung einer eigenen rheinischen Republik anstrebte. Ein Schwerpunkt dieser Bewegung lag in Koblenz, ihre Ausstrahlung reichte aber auch in die Pfalz nach Neustadt, Dürkheim und Grünstadt, wo Freiheitsbäume als Zeichen des Anschlusses an die Revolution gesetzt wurden. Kopf der cisrhenanischen Bewegung in Koblenz war Professor Johann Heinrich Gerhards, einer seiner eifrigsten Mitstreiter Joseph Görres. Im September 1797 rief man unter dem Schutz der französischen Truppen in Koblenz, Bonn und Köln die Republik aus.[4]

Neue französische Ordnung

Doch die Franzosen hatten mittlerweile ganz andere Pläne: Mit dem Frieden von Campo Formio (1797) wurde das gesamte linksrheinische Gebiet dem französischen Staatsverband einverleibt, nach dem Zweiten Koalitionskrieg gegen Frankreich im Frieden von Lunéville (1801) dann die Rheingrenze für Frankreich definitiv festgeschrieben. Damit ergab sich für diesen Raum eine völlig neue staatliche Ordnung. Aus der Auflösung aller bislang bestehenden Herrschaftsrechte des Alten Reiches im linksrheinischen Raum entstanden nun u. a. die französischen Departements Rhin et Moselle/Rhein-Mosel mit dem Zentrum Koblenz, Mont Tonnerre/Donnersberg mit Mainz und Sarre/Saar mit der regionalen Hauptstadt Trier. Für die linksrheinischen Verluste sollten die alten Territorialherren im Zuge der Säkularisierungen und Mediatisierungen des Reichsdeputationshauptschlusses von 1803 rechtsrheinisch entschädigt werden. Die Fürsten von Nassau sowie die Landgrafen von Hessen profitierten davon beträchtlich, mussten allerdings dann auch Napoleons »Rheinbund« beitreten und ihr Gebiet damit dem französischen Einfluss öffnen. Im Linksrheinischen aber hatte Frankreich nun tatsächlich die Rheingrenze von Basel bis Kleve mit Brückenköpfen bei Straßburg, Mainz und Wesel realisiert. In diesen neuen französischen Departements wurden die französische Verfassung und Verwaltung eingeführt und damit ein Modernisierungsschub von bislang ungekannten Ausmaßen erreicht. Zunächst wurden die Departements in kleine Kantone untergliedert (1798–1800), später in Arrondissements (1800–1813), die den Zugriff der staatlichen Verwaltung bis auf die untersten Ebenen sicherstellen sollten. Hauptstädte der Arrondissements waren im Donnersberg-Departement Kaiserslautern, Mainz, Speyer und Zweibrücken. Die gleiche Funktion hatten im Rhein-Mosel-Departement Bonn, Koblenz und Simmern sowie im Saar-Departement Birkenfeld, Prüm, Saarbrücken und Trier.

Bemerkenswert ist, dass in den südlichen französischen Departements Rhin et Moselle, Sarre und Mont Tonnerre schon bald eine engere verwaltungsmäßige Verflechtung stattfand. Diese Departements bildeten einen eigenen französischen Militärbezirk, besaßen eine gemeinsame Forstverwaltung (1805–1813), ein gemeinsames Appellationsgericht in Trier sowie eine gemeinsame Schulverwaltung in Mainz mit einem Lycée. Mainz erhielt in dieser Verwaltungskonzeption eine besondere Rolle: Nicht nur, dass die Stadt an der französischen Kaiserstraße lag, sondern hier richtete sich auch der französische Eingliederungskommissar, der Elsässer Franz Joseph Rudler, im Stadioner Hof ein, und Kaiser Napoleon nahm hier während seiner Besuche Residenz. Damit wurde eine Verwaltungstradition begründet, die auch bei den französischen Rheinlandbesetzungen nach dem Ersten wie nach dem Zweiten Weltkrieg wieder aufleben sollte und sich der Raumordnung annäherte, wie sie nach 1945 geschaffen wurde.[5]

An der Spitze all dieser neuen Verwaltungsbehörden standen Präfekten, Unterpräfekten und in den Städten Maires. Als Vertretung der besteuerten Bürger wurden Departements-, Arrondissements- und Gemeinderäte eingerichtet, die zwar keine echten Selbstverwaltungsrechte hatten, aber doch beratende Stimme besaßen und vor allem an der Steuerverwaltung mitwirkten. Während in der Anfangszeit (bis 1797) unfähige oder gar korrupte französische Verwaltungskommissare ihr Unwesen trieben, Land und Leute ausbeuteten, änderte sich dies spätestens um die Jahrhundertwende mit dem Amtsantritt Napoleons als bald unumschränkt herrschendem Kaiser, der eine strenge zentralistische Führung auch in den neuen Departements durchsetzte. Der seit 1802 im Donnersberg-Departement amtierende Präfekt Jeanbon St. André etwa, aber auch der 1806 zum Präfekten in Koblenz ernannte Paul Adrien Lezay-Marnésia nahmen ihre Aufgabe sehr ernst und setzten sich für die Besetzung ihrer Behörden mit tatkräftigen, fähigen Beamten für Wegebau, Bildung, Unterricht, Kultur und Wirtschaftsförderung so ein, dass man sich ihrer vor Ort lange erinnerte.[6] Diese durchgreifende Verwaltung ermöglichte es endlich auch, dass regelrechte Landplagen wie die Räuberbande des »Schinderhannes« Bückler im Donnersberg-Departement gefangen und er selbst wie 19 seiner Kumpane 1803 in Mainz hingerichtet werden konnten. Klugerweise sorgten die französischen Präfekten auch dafür, dass die Unterpräfekten zumeist aus dem Lande selbst kamen. So etwa wurde in Simmern der ehemalige Mainzer Kanonikus und pfälzische Landschreiber Andreas van Recum zum Unterpräfekten eingesetzt.[7]

Da zu Beginn des 19. Jhs. Meinungsumfragen noch nicht existierten, ist es schwer zu sagen, wie die französische Herrschaft langfristig von den Menschen dieses Raumes aufgenommen wurde. Auf der einen Seite muss wohl davon ausgegangen werden, dass revolutionäre Überspanntheiten wie eine extreme Kirchenfeindlichkeit, die Einführung eines neuen Kalenders u. ä. kaum auf Zustimmung in der Breite der Bevölkerung stoßen konnten. Zeitgenössische Autoren berichten denn auch von dem Widerwillen etwa der Pfälzer gegen das französische Regime und von zahlreichen Mängeln ihrer Verwaltung, sind dabei aber offensichtlich bestrebt, das treudeutsche Wesen des linksrheinischen Deutschland zu betonen. Auf der anderen Seite stehen ein lange gepflegter Napoleonkult der in seiner Streitmacht kämpfenden, im Linksrheinischen beheimateten Veteranen sowie eine lange währende Anhänglichkeit der Menschen in diesem Raum an die in der Franzosenzeit gewonnenen Freiheiten und Rechte, die sog. »Institutionen«, was wohl kaum als Zeichen der generellen Ablehnung gewertet werden kann.[8]

Dauerhafte Wirkung entfaltete vor allem das französische Justizsystem mit der Einführung des öffentlichen und mündlichen Anklageprozesses sowie des Schwurgerichts und des französischen »Code civil«, der u. a. durch den Koblenzer Franz von Lassaulx ins Deutsche übersetzt wurde. Lassaulx lehrte an der in Koblenz 1806 errichteten französischen Rechtsschule, die bis 1816 bestand. Auch eine neue Zivilprozessordnung sowie ein klares, verständliches Handels- und Strafgesetzbuch trafen auf positive Resonanz, weil sie Gleichheit vor dem Gesetz und eine rasche Rechtsfindung ermöglichten. Besondere Beachtung fand die medizinische Versorgung der Bevölkerung, die ebenfalls in die staatliche Administration genommen wurde. Im Bereich der Wirtschaft wirkten die Aufhebung des Zunftzwanges und die Bauernbefreiung belebend, zumal sich neue Absatzmärkte im Westen für die heimische Wirtschaft eröffneten und Anfänge der Industrialisierung gefördert wurden. Einbezogen in die Neuordnung der Verwaltungsstrukturen war auch die Kirche. In Trier und Mainz entstanden nach dem Konkordat Napoleons mit dem Hl. Stuhl 1801 neue Bistümer, die unter den Schutz, aber auch den Einfluss des Staates gestellt wurden, jedoch nicht wieder in den Besitz ihres im Zuge des Reichsdeputationshauptschlusses säkularisierten Gutes kamen. Ähnlich wurde mit den Strukturen der evangelischen Kirche verfahren.[9]

Auch rechts des Rheins bewirkte der französische Anstoß grundlegende Veränderungen im Verfassungs- und Gesellschaftsgefüge, sie fanden hier freilich als eine Art »Revolution von oben« statt und waren bedingt durch die außenpolitische Lage des kleinen Territoriums, d. h. vor allem die Teilnahme des 1806 gleichsam neu gegründeten Herzogtums Nassau an Napoleons Rheinbund. So fand zuerst eine Militärreform, sodann eine grundlegende Regierungs- und Verwaltungsreform statt, über eine Justizreform wurde diskutiert, 1808 die Leibeigenschaft aufgehoben, 1810 die Freizügigkeit garantiert, sodann eine liberale Wirtschaftsordnung umgesetzt u. v. m.[10] Die tiefgreifenden Veränderungen, die die französische Herrschaft mit sich brachten, sind der Ausgangspunkt auch der Kapitel »Verfassung, Verwaltung und Justiz«, »Wirtschaftsgeschichte«, »Glaube, Religion, Kirchen«, »Bildung und Wissenschaft« sowie »Künste und Kultur«, in denen mit thematischen Schwerpunktsetzungen diese Perspektiven vertieft werden.

Schon hier wird aber deutlich, dass sich durch die Geschichte unseres Raumes seit diesen Anfängen geradezu leitmotivisch die Frage nach dem Verhältnis zu Frankreich zieht. Zugleich wurde dadurch aber auch das Problem der Schaffung einer eigenen Nation als Gegenpol und die Findung einer eigenen regionalen Identität bedingt. Trotz aller Problemlagen dieses Grenzraumes sind das Rheinland, die Pfalz und Rheinhessen durch den modernisierenden französischen Anstoß darüber hinaus gleichsam zu einem besonderen Experimentierfeld der »Moderne« geworden.[11] Das heißt freilich nicht, dass unser Raum »modern« im landläufigen Sinne war, vielmehr haben sich die Traditionen des Alten Reiches noch lange erhalten, hier aber mit der so drastisch durch die Franzosen initiierten »Moderne« paradigmatisch gerungen. Das zeigt sich ganz deutlich an den vielen »Modernisierungskonflikten«, die im Laufe der kommenden 100 Jahre prägend geworden sind. Denn der moderne Staat war natürlich bestrebt die Effizienz moderner Staatlichkeit zur Geltung zu bringen, und das stieß eben auch auf traditionale Haltungen der Bevölkerung. Kein Wunder, dass die politische Integration des Raumes in wechselnde staatliche Zuordnungen deshalb immer ein Problem darstellte. Das sollte sich schon 1816 in aller Deutlichkeit zeigen.

2. 1815: Neubeginn im Deutschen Bund

Das Ende der napoleonischen Herrschaft

Mit dem Scheitern des Russlandfeldzuges 1812, den der Präfekt des Rhein-Mosel-Departements noch durch einen Brunnen vor der Koblenzer St. Kastor-Kirche etwas voreilig hatte verherrlichen lassen, begann das Ende der napoleonischen Hegemonie in Europa. Und mit den darauf folgenden Niederlagen, etwa in der Völkerschlacht bei Leipzig 1813, und dem Rückzug der Armeen Napoleons begann auch das Ende der französischen Herrschaft auf dem linken Rheinufer. In Kaub am Mittelrhein haben die aufregenden, eine tiefgreifende Zäsur in der europäischen Geschichte beschreibenden Ereignisse um den Niedergang des französischen Kaisers eine bemerkenswerte Spur hinterlassen. Hier setzte der preußische Feldmarschall Gebhard Leberecht von Blücher in der Neujahrsnacht 1814 über den Rhein, auf russische Pontoniere und eine massive Mithilfe der örtlichen wie der Oberweseler Bevölkerung bauend.

Blüchers Rheinübergang bei Kaub, 1814. Gemälde von Wilhelm Camphausen (bpk/Nationalgalerie, SMB/Karin März)

Was sich wie ein patriotischer Akt ausnimmt, an den noch heute ein Gedenkstein auf dem linken Rheinufer und ein kleines Museum in Kaub erinnern, hatte auch eine Reihe von Schattenseiten. Die kleinen Ortschaften am Rhein waren mit der Verpflegung der vielen Soldaten hoffnungslos überfordert, so dass sich manche Reibereien ergaben, und die große Armee führte das Fleckfieber mit sich im Gepäck, eine Seuche, die auch auf die Kauber und Oberweseler übersprang und 115 Einwohnern das Leben kosten sollte. Gleichwohl wurden der Rhein und insbesondere das romantisch verklärte Mittelrheintal nun in der politischen Publizistik der Zeit zum nationalen Symbol: Nicht zufällig erschien gerade im Dezember 1813 die Flugschrift »Der Rhein, Teutschlands Strom, nicht Teutschlands Gränze«, verfasst von Ernst Moritz Arndt. Trier und Koblenz fielen im Januar dann an die verbündeten Truppen, in die Festung Mainz zog man am 4. Mai 1814 ein.[12]

Mit der Übernahme des linksrheinischen Deutschland ergab sich die Notwendigkeit des Aufbaus einer neuen provisorischen Verwaltungsstruktur. Ein Generalgouvernement für die ehemals französischen Departements Rhein-Mosel, Donnersberg und Saar wurde gegründet, das von Trier, später von Koblenz, schließlich von Mainz aus verwaltet wurde. Nach dem ersten Pariser Friedensschluss am 30. Mai 1814 fiel diese Verwaltung an die »K. K. Österreichische und K. Baierische Landes-Administrationskommission«, die ihren Sitz in Kreuznach hatte, die Festung Mainz nebst ihren rechtsrheinischen Anlagen unterstand wegen ihrer strategischen Bedeutung jedoch einer preußisch-österreichischen Administration, das Gebiet nördlich der Mosel kam unter preußische Verwaltung.

Neuordnung des Raumes 1815/16

Noch hofften die Menschen am Rhein, dass ihre jahrelange Verbundenheit unter französischer Verwaltung Auswirkungen auf die staatliche Neuordnung dieses Raumes haben würde, etwa in Form eines eigenen rheinischen Staatsgebildes. Manche, wie der Rheinländer Joseph Görres, glaubten gar, dass es nun zu einem nationalen Zusammenschluss kommen müsse. Doch diese Hoffnungen wurden enttäuscht, der Wiener Kongress behandelte die Gebiete in traditioneller Weise als Verfügungsmasse, die nahezu beliebig im Handel der Herrscherhäuser um Macht und Prestige hin- und hergeschoben werden konnte. Und über einen losen Zusammenschluss souveräner Staaten im Deutschen Bund kam man in nationalpolitischer Hinsicht auch nicht hinaus.

Joseph Görres (1776–1848)

(Landeshauptarchiv Koblenz)

Einer der wohl bekanntesten Rheinländer dürfte der am 25. Januar 1776 in Koblenz als Sohn eines vermögenden holländischen Kaufmanns und einer aus dem Tessin stammenden Mutter geborene Joseph Görres sein. Anfangs ganz begeistert von der Französischen Revolution, beteiligte er sich am »Patriotischen Club« in seiner Vaterstadt, der die Errichtung einer Cisrhenanischen Republik unter französischem Schutz propagierte. Bald jedoch wurde er tief enttäuscht von der Fortentwicklung der Revolution in das Kaisertum Napoleons und kehrte als Gegner Frankreichs von einer Reise nach Paris zurück. In der Folgezeit arbeitete er als Gymnasial- und Hochschullehrer, 1814 als Direktor des öffentlichen Unterrichts am Mittelrhein und gründete den »Rheinischen Merkur«, eine Zeitschrift, die zum Sprachrohr der nationalen und der Verfassungsbewegung wurde. Wegen ihrer Kritik an der Bürokratie und den restaurativen Bestrebungen in den Einzelstaaten musste die Zeitschrift 1816 bereits eingestellt werden. In Straßburg fand Görres den Weg zum Katholizismus, redigierte seit 1821 die Zeitschrift »Katholik« und wurde 1827 an die Universität München berufen als Professor für »Allgemeine und Litterärgeschichte«. Dort wurde er zum kämpferischen Katholiken, der in der polemischen Flugschrift »Athanasius« 1838 die preußische Kulturpolitik attackierte. Görres starb am 29. Januar 1848 in München.

So bekam Bayern nun die Pfalz als Außenposten, und zwar als Entschädigung für das an Österreich abgetretene Salzburg, das Inn- und das Hausruckviertel. Das Gebiet firmierte zunächst als »Rheinkreis«, dann als »Kreis Pfalz« (ab 1838) und schließlich als »Regierungsbezirk Pfalz« (1939) im bayerischen Staatsverband. Preußen dehnte sich zum Rhein aus und übernahm mit dem Besitznahmepatent König Friedrich Wilhelms III. vom 5. April 1815 u. a. auch die Herrschaft in ehemals französischen linksrheinischen Gebieten des Rhein-Mosel-Saar-Raumes. Dieser wurde Teil des bis Aachen ausgreifenden »Großherzogtums Niederrhein«, eingeteilt in die Regierungsbezirke Koblenz, Trier und Aachen und einem in Koblenz ansässigen preußischen Oberpräsidenten unterstellt. Ab etwa 1830 firmierte der so geschaffene Raum als Teil der sog. »preußischen Rheinprovinz«. Die Neuzuordnung des rheinhessischen Gebietes fiel besonders schwer, da der Großherzog von Hessen, wie sich der bayerische Gesandte Joseph Friedrich von Sulzer ausdrückte, mit einer »Affenliebe« an seinen westfälischen Besitzungen hing, die einen wesentlichen Anteil seiner Staatseinnahmen lieferten und nun an Preußen fallen sollten. Am Ende akzeptierte er in einem am 7. Juli 1816 zwischen Österreich, Preußen und Hessen-Darmstadt geschlossenen Staatsvertrag einen komplizierten Gebietstausch, der u. a. Westfalen in die preußische Herrschaft übergab, dafür Mainz, den Kreis Alzey (ohne Kirchheimbolanden) und die Kantone Worms und Pfeddersheim in hessisches Territorium verwandelte. Infolgedessen führte der hessische Monarch nun den Titel eines »Großherzogs von Hessen und bei Rhein«, sein neu erworbenes, zunächst ungeliebtes Staatsgebiet hieß vorerst »Großherzoglich Hessischer Landesteil auf der linken Rheinseite«, ab 1818 kurz »Rheinhessen«. Das Herzogtum Nassau, das sich noch rechtzeitig von Napoleon losgesagt hatte, konnte sein Territorium weitgehend behaupten (bis 1866). In einem Tauschvertrag mit Preußen vom 31. Mai 1815 übergab man gegen Kompensationen u. a. Neuwied, Altenkirchen sowie die rechtsrheinischen Besitzungen von Koblenz. Besonders deutlich wird die mangelnde Rücksichtnahme auf die Interessen des Raumes und der Menschen bei dieser Neuordnung in der Verpflichtung Preußens, ein Gebiet mit »69.000 Seelen« im Raum Birkenfeld, Meisenheim, St. Wendel an den Großherzog von Oldenburg, den Landgrafen von Hessen-Homburg, den Großherzog von Mecklenburg-Strelitz, den Reichsgrafen von Pappenheim und den Herzog von Sachsen-Coburg-Saalfeld abzutreten. Der Reichsgraf von Pappenheim und der Großherzog von Mecklenburg-Strelitz hatten daran kaum Interesse und verkauften ihre Kleinherrschaften 1817 und 1819 direkt wieder an Preußen. Gleiches tat 1834 der Herzog von Sachsen-Coburg-Saalfeld. Das hessen-homburgische Gebiet gelangte später auf dem Erbweg an Hessen-Darmstadt und fiel nach 1866 ebenfalls an Preußen. Allein der Großherzog von Oldenburg behielt trotz bitterer Enttäuschung über seine Entschädigung länger die Herrschaft Birkenfeld, die trotz vielfacher Versuche, sie abzustoßen, erst 1937 in die preußische Rheinprovinzverwaltung überführt wurde. Als er sie 1817 zwangsweise annahm, soll er geäußert haben: »Ich komme zu Birkenfeld wie jener zu einer Ohrfeige, ich weiß selber nicht, wie. [...] Es ist doch ein wahrer Spott, mir ein Land jenseits des Rheins anzuweisen und macht den klugen Seelenverkäufern in Wien verzweifelt wenig Ehre.«[13]

Wie die förmliche Besitzergreifung der neu zugeordneten Territorien verlief, ist für den Fall Rheinhessen gut überliefert. Am 12. Juli 1816 versammelten sich in Mainz alle Beamten, Geistlichen und Professoren um 11 Uhr vormittags am Erthaler Hof in der heutigen Schillerstraße, wo eine feierliche Übergabe stattfand. Zunächst wurde ein Übergabeprotokoll öffentlich unterzeichnet und sodann wurden die versammelten Beamten in Anwesenheit österreichischer und preußischer Kommissare förmlich von ihrem bisherigen Diensteid entbunden. Darauf hielt der Präsident der hessen-darmstädtischen Generalkommission eine kurze Ansprache, verlas das offizielle Besitzergreifungspatent und vereidigte durch Handschlag die Beamten auf den Großherzog. Das Besitzergreifungspatent schlug man sodann in allen Orten öffentlich an. Der Mainzer Festakt schloss mit einem von Bischof Colmar zelebrierten Gottesdienst im Mainzer Dom sowie einem Mittagsmahl nebst anschließendem Schauspiel, bei dem Franz Wilhelm Zieglers Stück »Der Lorbeerkranz, oder die Macht der Gesetze« gegeben wurde. Die Mainzer Zeitung ließ am 13. Juli wissen, dass der Großherzog den Wert des neu erworbenen Territoriums schon schätzen lernen werde, vor allem aber bräuchten die Bewohner keine

Der südwestdeutsche Raum nach der Neuordnung auf dem Wiener Kongress, 1815

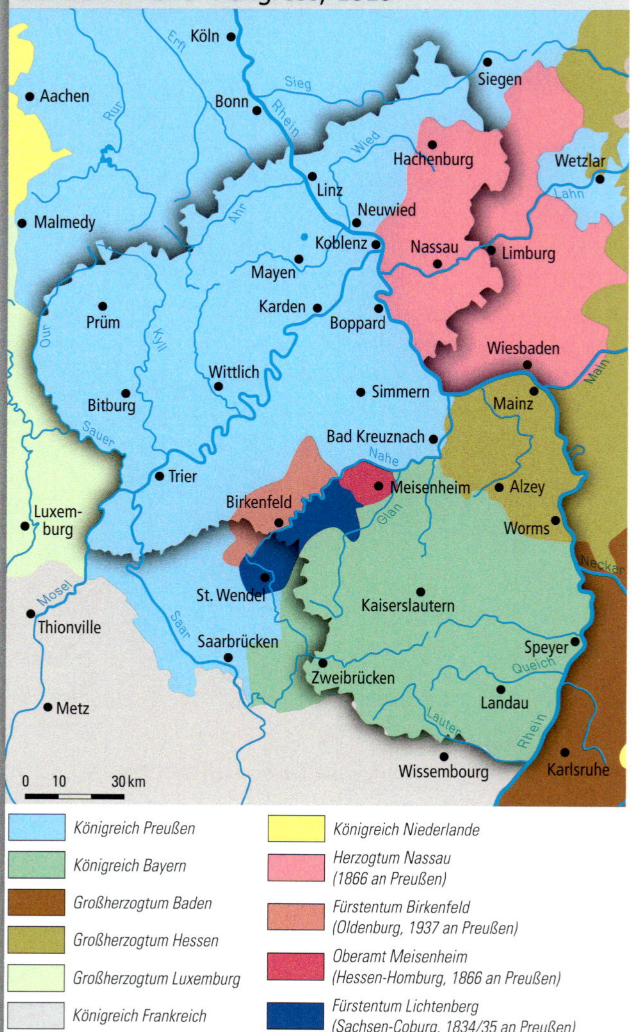

Vorlage und Kartographie: Landesamt für Vermessung und Geobasisinformation Rheinland-Pfalz

Angst haben, dass »unter einem solchen Fürsten, der aus freiem Antriebe durch die wohlthätigsten Verfügungen schon längst dem Zeitgeiste huldigte, das Gute geschmälert würde, womit dieser Geist unsere bisherige Verfassung bereichert hat«.[14]

Fortbestand der »rheinischen Institutionen«

Damit war nichts anderes gemeint, als dass der Großherzog von Hessen genauso wie der bayerische König seinen neuen Territorien jene Freiheiten und Institutionen gelassen hatte, die ihnen in der französischen Zeit zugebilligt worden waren. So konnte eine gewisse Repräsentation des Landes im rheinhessischen »Provinzialrath« (ab 1818) wie im pfälzischen »Landrath« die Interessen des Landes (und vor allem seiner besitzenden Stände) vertreten, wobei der rheinhessische Provinzialrat, ohne je abgeschafft zu werden, bereits ab 1820 nicht mehr einberufen wurde.[15] In der preußischen Rheinprovinz wurden solche Repräsentativorgane allerdings gar nicht erst gewährt, immerhin aber die rheinischen Institutionen, d. h. vor allem das französische Rechtssystem. Anders auch als in Preußen, wo der König sein Verfassungsversprechen vorerst nicht einlöste, wurde zudem in Nassau 1814, in Bayern 1818 und in Hessen 1820 eine Verfassung erlassen, in deren Rahmen die neuen Territorien ihre Interessen über Vertreter in den Landtagen (Zweite Kammer) wahren konnten.

An diesen Vorgaben entlang sollte sich in den kommenden Jahren bis zu den Erschütterungen, die die französische Julirevolution von 1830 auch in unserem Raum auslöste, das regionale politische Leben entwickeln. Überall waren die politischen Repräsentanten des regionalen Bürgertums bemüht, ihre Freiheitsrechte auch unter der neuen Oberherrschaft zu sichern und die Interessen der Pfalz, Rheinhessens, des Rheinlandes, des Westerwaldgebietes oder auch Birkenfelds zu wahren. Die neuen Landesherren hingegen richteten ihre Verwaltungen ein und zielten darauf ab, die neuen Territorien in ihren Staatsverband mit den Mitteln des frühmodernen Staates zu integrieren und auf längere

Dauer auch die anfänglich gewährten Sonderrechte abzubauen oder doch wenigstens zu nivellieren. Das Mittel dazu waren die Installierung einer funktionstüchtigen Provinzialverwaltung und deren Harmonisierung mit der der älteren Territorien im jeweiligen Staatsverband, aber auch Maßnahmen zur kirchlichen Integration im Rahmen des Staatskirchenrechts. So wurden die südlichen Rheinlande unter dem Oberpräsidium in Koblenz als Regierungsbezirke Koblenz und Trier in den preußischen Staatverband integriert und auf der mittleren Ebene durch eine revidierte Kreiseinteilung von 1817 administriert. Zäh hielten die Rheinländer an der rheinischen Amtsbürgermeisterei fest. In der Pfalz wurde die »Königliche Regierung der bayerischen Lande am Rhein«, die über rd. 430.000 Einwohner und 5.928 qkm regieren sollte, in Speyer eingerichtet, weil diese damals rd. 6.000 Einwohner zählende Stadt verkehrsgünstig am Rhein lag und durch die Nähe der noch auszubauenden Festung Germersheim wie der alten Festung Landau, die nach über 200-jähriger Zugehörigkeit zu Frankreich nun in den Reichsverband zurückgekehrt war, geschützt schien. Der Geschäftsgang, auch mit der bayerischen Zentrale, wurde durch die Formationsverordnung vom 17. Dezember 1825 geregelt. Im Großherzogtum Hessen wurde Mainz zum Sitz der Kreisregierung für Rheinhessen, die rd. 160.000 Einwohner auf einem etwa 1.370 qkm großen Gebiet zu betreuen hatte. Die rechtsrheinischen Westerwaldgebiete erfuhren eine straffe Verwaltung durch die nassauische Amtsverwaltungsordnung vom Juni 1816 sowie vier weitere Gesetze, mit denen der nassauische Regierungspräsident Karl von Ibell eine zeitgemäße Modernisierung des nassauischen Staates bezweckte. Detailreich erschließt diese Entwicklung im Folgenden das Kapitel »Verfassung, Verwaltung und Justiz«.

Konfliktpotenziale

Obwohl in keinem der hier behandelten Gebiete für die ersten anderthalb Jahrzehnte nach der territorialen Neuordnung existentielle Auseinandersetzungen mit der neuen Oberherrschaft zu konstatieren sind und die Bevölkerung sich wohl mal mehr, mal weniger begeistert in die neuen Verhältnisse gefügt hat, zeichneten sich andererseits doch auch bald Konfliktlinien von längerfristiger Bedeutung ab. Für die Pfalz etwa war deren mangelhafte Repräsentation in der Zweiten Bayerischen Kammer ein Problem, zumal sie auch in der Ersten Kammer bis 1848 nur durch zwei ernannte Reichsräte, von denen einer (bis 1827) der Eisenindustrielle Gienanth war, auch nicht angemessen vertreten war. Den Mangel an Vertretung machten die pfälzischen Abgeordneten, meist politisch radikal gesinnt, schon früh mit einem so energischen Eintreten für die Belange der Pfalz wett, dass es recht bald zu Verstimmungen kam, zumal die kleine Pfalz dem bayerischen Gesamtstaat empfahl seinem französisch-freiheitlichen Vorbild nachzueifern und die »pfälzischen Institutionen« für ganz Bayern zu übernehmen. Gegenstand vieler Auseinandersetzungen stellten die finanziellen Lasten dar, die der bayerische Staat der Pfalz aufbürdete: Die Pfalz zahlte mehr nach München, als sie von dort bekam. Sodann war die bayerische Zollpolitik ein Stein des Anstoßes, weil pfälzische Waren selbst bei Einfuhren in das rechtsrheinische Bayern wie ausländische behandelt und demgemäß besteuert wurden, was den pfälzischen Handel natürlich nachdrücklich schädigte. Kein Wunder daher, dass manche Abgeordneten vorschlugen, man möge doch in der Pfalz ein autonomes Herzogtum unter einem bayerischen Prinzen einrichten und den »Landrath« einfach zum pfälzischen Parlament umfunktionieren.[16] Rheinhessen war demgegenüber in den beiden hessischen Kammern nicht unterrepräsentiert, wohl aber setzten sich die rheinhessischen Abgeordneten, unter ihnen der Freiherr Hans Christoph von Gagern (Wahlkreis Pfeddersheim), für die liberalen Verfassungsideen und vor allem für die rheinhessischen Sonderrechte ein, so dass auch hier ein Dissens mit dem Monarchen entstand. »Bei uns werd die Kuh gefüttert und driwwe [also in Darmstadt, d. Verf.] wird se gemolke«, meinte damals auch der rheinhessische Volksmund.[17] Das Fehlen einer modernen Verfassung und die Unzulänglichkeit der ersatzweise 1823 installierten provinzialständischen Ordnung in den preußischen Rheinprovinzen verursachten je länger, je mehr Auseinandersetzungen gerade mit dem selbstbewussten rheinischen Bürgertum, das angesichts dieser Situation umso nachdrücklicher auf seinen rheinischen Institutionen bestand. Die Forderung nach einer gesamtstaatlichen Verfassung, die Abschaffung von Privilegien, so, wie es in der Franzosenzeit gewesen war, die Beteiligung des Wirtschaftsbürgertums und die Behauptung der freien Meinungsäußerung stellten bald schon wiederkehrende Konfliktfelder zwischen rheinischem Bürgertum und preußischem Staat dar. In Nassau machte sich rasch ein restaurativer Wandel bemerkbar. Auf den Regierungspräsidenten Karl von Ibell wurde 1819 ein Anschlag verübt. Als er 1821 vom Großherzog in Ungnaden in den Ruhestand versetzt wurde, geriet Nassau immer mehr in das Fahrwasser der Restauration. Und in Birkenfeld dachte der Großherzog von Oldenburg gar nicht daran, die Freiheiten aus französischer Zeit zu garantieren, sondern ordnete das Fürstentum als Nebenland in einem eigenen Organisationsgesetz vom 2. September 1817 nach seinen Vorstellungen. Dabei blieben den Birkenfeldern nur einige wenige Errungenschaften der Franzosenzeit, wie z. B. die Gewerbefreiheit.[18]

Die Zentraluntersuchungskommission in Mainz

Dass es in der ersten Dekade nach der politischen Neuordnung des Raums noch nicht zu einer Intensivierung der Auseinandersetzung mit den neuen Herren gekommen ist, mag nicht zuletzt auch an der Zentraluntersuchungskommission des Deutschen Bundes gelegen haben, die im Gefolge der restaurativen Karlsbader Beschlüsse von 1819 zum Zwecke der »Demagogenverfolgung« in Mainz gegründet worden war. Der Sitz der Kommission in Mainz war nicht zufällig: Man ging von vornherein davon aus, dass die Kommission in der Bevölkerung nicht beliebt sein werde, vor Übergriffen auch geschützt werden müsse, so dass eine Bundesfestung mit österreichischen und preußischen Truppen die beste Gewähr für die Sicherheit der dort tätigen Beamten darstellte. Tatsächlich waren die sieben richterlichen Kommissionsmitglieder aus Österreich, Preußen, Bayern, Hannover, Baden, Hessen und Nassau samt ihren Sekretären und Aktuaren sowie Schreibkräften in Mainz nicht gerne gesehen. Die Bevölkerung bezeichnete die Kommission als »Fehmegericht«, vor dem Dienstgebäude in der Großen Bleiche wurden zur Sicherheit zwei Schildwachen aufgestellt. Zwar behinderten ein umständlicher Geschäftsablauf und die bisweilen mangelnde Kooperationsbereitschaft der Staaten des Deutschen Bundes die Arbeit der Zentraluntersuchungskommission, doch zeigen die erhaltenen Akten, dass es ihr im Laufe der Zeit gelang, einen ersten Überblick über die frühe liberale Bewegung in Deutschland zu erarbeiten, von der der österreichische Staatskanzler, der gebürtige Koblenzer Fürst Klemens Wenzel Lothar von Metternich, meinte, dass durch sie die Revolutionsgefahr bedeutend steige. 1829 wurde sie ohne formellen Beschluss der Bundesversammlung suspendiert, weil vor allem auch Metternich die in sie gesetzten Erwartungen als nicht erfüllt ansah.[19]

3. Das Hambacher Fest 1832 und die »Rheinkrise« 1840

Revolutionäre Gärung

Mit der Julirevolution in Frankreich 1830 änderte sich die Lage für unseren Raum erneut. In Belgien hatte die Revolution schon zu einer Unabhängigkeitsbewegung geführt, die eine liberale Verfassung erkämpft hatte (7. Februar 1831), in der Schweiz wurden neue Repräsentativverfassungen eingeführt, und in Italien wagte die nationale Bewegung 1831 einen Aufstand. Auch in Spanien und Portugal gärte es. Das polnische Volk, das sich Ende November 1830 gegen die russische Unterdrückung erhoben hatte, wurde allenthalben bewundert, auch wenn sein Aufstand niedergeschlagen wurde. Die polnischen Emigranten, die nach Westen flüchteten und dabei mit ihren Wagen durch die Pfalz kamen, wurden auch hier begeistert empfangen.

Vor diesem Hintergrund wurden die freiheitlichen Parolen und die Kritik an der nach wie vor schwierigen wirtschaftlichen Situation der Pfalz und der für die Pfalz schädlichen bayerischen Zollpolitik, wie sie der Homburger Landkommissär Philipp Jakob Siebenpfeiffer und der Zweibrücker Appellationsgerichtsrat Ludwig Hoffmann in ihrer Zeitschrift »Rheinbayern«, etwas später dann auch der aus München übergesiedelte Journalist J. G. August Wirth in seiner »Tribüne« äußerten, vom bayerischen Staat als ernste Bedrohung wahrgenommen. Repressionen in Form von Einschränkungen der Pressefreiheit waren die Folge. Dies entsprach dem ohnehin zunehmend restaurativen Kurs des bayerischen Königs Ludwig I. 1831 verschlechterte sich die Stimmung in der Pfalz durch eine Missernte weiter, die auch sozialrevolutionäre Töne unter der betroffenen armen Bevölkerung hörbar machte. Die am 20. April 1832 auf Initiative Siebenpfeiffers ausgesprochene Einladung zahlreicher Neustadter Honoratioren zu einem Fest auf dem bei Neustadt a. d. H. gelegenen Hambacher Schloss wurde so zu einer Gelegenheit für eine große politische Demonstration.

Das Fest

Man rechnete mit etwa 1.000 Teilnehmern, für die eine Tafel hergerichtet wurde, auf der zu 1 Gulden und 45 Kreuzern ein Mahl gereicht werden sollte, währenddessen Redner über Deutschlands freiheitliche Zukunft sprechen sollten.

Schaubuden und Karussells wurden errichtet, um die Unterhaltung der Teilnehmer sicherzustellen. Mehr als 25.000 Menschen (so zeitgenössische Schätzungen) folgten der Einladung am 27. Mai 1832 und versammelten sich auf dem Neustadter Marktplatz, um langsam den musikalisch begleiteten Festzug hoch zum Schloss zu beginnen, darunter auch die Vertreter des pfälzischen »Landraths«. Auf dem Schloss angekommen, konnten die von bayerischer »Polizei« begleiteten und zahlreichen Spitzeln überwachten Teilnehmer über 20 freiheitliche, patriotische Reden hören, von denen gewiss nur ein Teil angesichts des allgemeinen Trubels akustisch überhaupt verstanden wurde. Während eine Fraktion den Freiheitswillen aller europäischen Völker betonte und gleichsam bereits von der Vision eines in Freiheit geeinten Europas träumte, betonten andere, wie J. G. A. Wirth, das nationale Einheitsverlangen und beschworen das pathetisch überhöhte Vaterland. Dass dies mit Angriffen gegen Frankreich einherging, verstimmte nicht nur die anwesenden französischen Gäste, sondern auch Jakob Sieben-

Tafelnde Teilnehmer des Hambacher Festes, 1832 (Stadtmuseum Neustadt a. d. W.)

pfeiffer. Gleichwohl: In dem Wunsch nach einem freien und geeinten Deutschland war man sich einig, wobei manche dabei wohl auch an eine Art soziale Revolution dachten. Bemerkenswert erscheint zudem, wie sehr das gemeinsame Ziel schon zu diesem Zeitpunkt das Rheinland über die Grenzen Rheinbayerns hinaus einte. In einer Grußadresse aus Rheinpreußen etwa hieß es: »Auf Euch aber sind vorerst unsere Blicke gerichtet, und Freiheit, Recht und Wahrheit mögen Euch zur That anfeuern, auf daß ganz Deutschland, und insbesondere auch unser Rheinpreußen, das wie Euer Rheinbaiern durch eine freie Gesetzgebung emancipirt ist, am Beispiele erstarke – Der Himmel segne Euer Werk!« Am Ende des Vortragsprogramms verlief sich die Menge, viele kehrten in die Neustadter Wirtshäuser ein, um weiter zu feiern und zu tanzen. »Die ganze Nacht wurde geschossen, gefressen, gesoffen und jubiliert« – so resümierte schließlich ein Winzer. Am 1. Juni 1832 wurde das Fest offiziell beendet. Zwar waren die führenden Initiatoren noch am 28. Mai bemüht, den Schwung zu nutzen und im Neustadter Schießhaus wie auch im Hause Schoppmann konkrete Maßnahmen zu ergreifen, um das Werk der nationalen Einigung nun auch tatkräftig umzusetzen, doch scheiterten die teilweise turbulent verlaufenden Versammlungen daran, dass man sich letztlich nicht hinlänglich legitimiert sah, weitreichende Entscheidungen über Deutschlands Zukunft zu fällen. Hier zeigte sich, dass die Veranstalter nicht zu Ende gedacht hatten. Pläne wie die gegebene Situation zu nutzen wäre, welche konkreten Ziele man angreifen und umsetzen sollte, existierten offenkundig nicht. Es blieb bei einer eindrucksvollen Großdemonstration.[20]

Die Folgen Die aber reichte, um die Vertreter der Reaktion auf den Plan zu rufen. Bayern entsandte ein ganzes Armeekorps unter Führung des Fürsten Wrede in die Pfalz, das die Provinz befrieden sollte. Dass dies eine nicht eben leichte Aufgabe

»Die deutsche Fahne«

(Stadtmuseum Neustadt a. d. W.)

Die schwarz-rot-goldene Fahne wurde beim Hambacher Fest zu einem nationalen Symbol. Ein Original dieser Fahne hängt seit den 1950er Jahren im rheinland-pfälzischen Landtag in Mainz. Unter ihr sind seitdem alle Landesregierungen vereidigt worden. Die Hauptfahne trug 1832 der Landwirt und Kaufmann Johann Philipp Abresch aus Neustadt zum Schloss hinauf. Auf ihr hatte seine Frau Anna Maria die Worte »Deutschlands Wiedergeburt« angebracht. Die drei Farben gehen auf die Couleurbänder der deutschen Burschenschaft zurück, die ihrerseits die Farben der Lützowschen Freikorps im Befreiungskampf gegen Napoleon aufgegriffen hatten. Beim Wartburgfest 1817 waren die Farben erstmals von den Burschenschaften getragen worden.

war, zeigten die schweren Zusammenstöße zwischen bayerischen Truppen und pfälzischen Demonstranten ein Jahr später am Jahrestag des Hambacher Festes. Die führenden Köpfe von 1832 wurden verfolgt. Im August 1833 fand in Landau der öffentliche Assisen-Prozess gegen die Initiatoren des Festes statt, das in der freiheitlichen französischen Tradition gebildet worden war und nun den Beweis für eine wahrhaft freiheitliche, von staatlichen Vorgaben unbeeinflusste Rechtsprechung antrat: Das Gericht konnte keine Schuld bei den Angeklagten, die mutig zu ihren Hambacher Reden standen, feststellen. Daraufhin versuchte der bayerische Staat die vermeintlichen Aufrührer mit anderen Anschuldigungen vor Zuchtpolizeigerichten zu bestrafen. Wer sich der Verhaftung nicht durch Flucht entziehen konnte, wie Siebenpfeiffer, musste, wie etwa Joseph Wirth, bis zu zwei Jahre ins Gefängnis. Viele emigrierten und vergrößerten das ohnehin große Heer der Auswanderer aus der Pfalz, die in den USA nach einer besseren Zukunft für sich und ihre Familien suchten. Zudem war Bayern nun bemüht durch die harte Hand zuverlässiger Regierungspräsidenten die Pfalz im Griff zu behalten, das Land durch Zurückdrängung der Institutionen zu »entnapoleonisieren«, konnte damit aber nicht verhindern, dass z. B. im pfälzischen »Landrath« die nationale Einheit und manche Missstände in den pfälzischen Landen Gegenstand der Beratungen wurden. Allerdings verbot man nun, die Sitzungsprotokolle des »Landrathes« zu veröffentlichen, um der Gefahr zu entgehen, dass sich hier eine Art pfälzisches Ersatzparlament bildete.[21]

Wenn auch das Hambacher Fest keine unmittelbare Nachahmung in gleicher Größenordnung fand (Parallelfeste in St. Wendel, im fränkischen Gaibach oder im hessischen Sandhof waren weniger ausstrahlend)[22], so ist für unseren Raum doch bedeutsam, dass es in dem sachsen-coburgischen Fürstentum Lichtenberg-St. Wendel auf der Basis massiver Wirtschaftsprobleme zu einem Aufstand der armen Bevölkerung kam, der nur mit

Hilfe preußischer Truppen niedergeschlagen werden konnte. Infolgedessen verkaufte der Herzog von Sachsen-Coburg das Gebiet 1834 schuldenfrei an Preußen. Und auch in Rheinhessen wurde der Ton der politischen Debatte in der Zweiten Kammer in dieser Zeit immer schärfer, zumal die hessische Regierung bestrebt war, die rheinhessischen »Institutionen« zurückzudrängen, wogegen sich die rheinhessischen Vertreter, die bald als Unruheherd galten, wehrten. Maßgeblich blieb hier bis 1848 nun der Reform-Bürokrat du Thil (»du Thilsches System«), für den aber das monarchische Prinzip unverhandelbar war und der auch vor harten Schritten gegen den Liberalismus nicht zurückschreckte. Ähnlich in Nassau, wo die liberale Kammeropposition ihren Forderungen immer mehr Nachdruck verlieh, weil mancherorts, wie etwa in Montabaur, die Unruhe in der Bevölkerung deutlich zu spüren war. Eine Beteiligung Nassauer Bürger am Hambacher Fest hatte man schon zu verhindern versucht und diejenigen, die es doch schafften nach Hambach zu kommen, bespitzeln lassen.[23]

Rheinkrise 1840

So wurden auch die 1830er und 1840er Jahre eine Zeit verschärfter Auseinandersetzung der liberalen Kammeroppositionen bzw. des liberalen rheinischen Bürgertums mit der restaurativen Staatsführung. Dabei erfuhr die von den restaurativen Mächten besonders gefürchtete nationale Bewegung einen bemerkenswerten Aufschwung, der nicht zuletzt durch das französische Verhalten in der sog. Rheinkrise 1840 bedingt war. Dabei gab es 1840 nicht eigentlich eine »Krise« um den Rhein, vielmehr resultierten die hier gleichsam eruptiv auftretenden deutsch-französischen Gegensätze aus diplomatischen Verwicklungen um den Umgang mit dem geschwächten Osmanischen Reich. Dass die europäischen Mächte sich unter Ausschluss Frankreichs über die Beilegung der Krise einigten, verletzte das französische Selbstbewusstsein so sehr, dass die französische Regierung unter Führung des Außenministers Adolphe Thiers versuchte, die öffentliche Stimmung von dem eigentlichen Konfliktherd in Ägypten weg an den Rhein zu lenken. Das ganze System von 1815, so forderte man nunmehr in Frankreich, solle revidiert werden, der Rhein wurde wieder als Frankreichs Ostgrenze proklamiert in dem Glauben, dass die Rheinländer nach wie vor intensive Sympathien für Frankreich hegten. Diese Vermutung erwies sich jedoch als falsch, vielmehr lieferten die französischen Ansprüche nun der deutschen Nationalbewegung einen geeigneten Kampfplatz, der vor allem lyrisch genutzt wurde. Der Auskultator am Kölner Amtsgericht, Nikolaus Becker, dichtete das vielfach vertonte Lied

> »Der deutsche Rhein«
> Sie sollen ihn nicht haben,
> den freien deutschen Rhein,
> ob sie wie gier'ge Raben
> sich heiser danach schrein,
> [...]
> Sie sollen ihn nicht haben,
> den freien deutschen Rhein,
> bis seine Flut begraben
> des letzten Manns Gebein![24]

Nach Meinung des späteren Reichskanzlers Bismarck entzündete diese »Colognaise« die patriotischen Stimmungen gerade auch am Rhein in beträchtlichem Maße und habe eine Wirkung gehabt, als ob Preußen »ein paar Armeekorps mehr am Rhein stehen gehabt hätte«.[25] Der Württemberger Max Schneckenburger legte nach und dichtete gar

»Die Wacht am Rhein«
Es braust ein Ruf wie Donnerhall, Wie Schwertgeklirr und Wogenprall:
Zum Rhein, zum Rhein, zum deutschen Rhein!
Wer will des Stromes Hüter sein?
Lieb Vaterland magst ruhig sein,
Fest steht und treu die Wacht am Rhein![26]

Der Franzose Alfred de Musset antwortete mit gleicher Schärfe:

Wir hatten einst euern deutschen Rhein,
Er glänzte in unsrem Pokale, –
Das Lied, das ihr singt in die Welt hinein,
Vertilgt es die blutgen Male
Die unsrer Rosse Huf gedrückt in eu'r Gebein?
[...]
Wir hatten einst euern deutschen Rhein –
Vergaßt ihr das Vermächtnis,
Eure Töchter hatten kein Herz von Stein,
Bewahren unser Gedächtnis –
Sie haben uns kredenzt den schwachen deutschen Wein.[27]

Allein Heinrich Heine suchte in diesem lyrischen Geschützdonner noch die Vernunft zu bewahren. Er meinte, der Rhein gehöre weder den Franzosen noch den Deutschen, sondern allein den Rheinländern, die zu Vermittlern an diesem europäischen Strom berufen seien. Und der Franzose Alphonse de Lamartine warnte:

Nationen! (stolzes Wort für eine schlechte Sache!)
Ist Euch die Liebe nur im eignen Hause Pflicht?
Zerreißt die Fahnen doch! Was soll am Strome Wache?
Wer hat ein Vaterland? Die Selbstsucht nur, die Rache!
Die Bruderliebe wahrlich nicht![28]

4. Die Revolution von 1848/49

Ursachen und Anlässe

Es mag also schon vor dem Hintergrund des Hambacher Festes und des in der Rheinkrise sichtbar werdenden Nationalismus nicht verwundern, dass sich gerade in unserem Raum ein Zentrum für weitergehende liberale und nationale Forderungen bildete, das schließlich 1848/49 in der Revolution Wirkung zeigte. Auch wenn es in den meisten Gegenden am Mittelrhein noch bis zum März 1848 vergleichsweise ruhig blieb, darf neueren Forschungen zufolge nicht unterschätzt werden, wie sehr das Zusammenspiel von liberal-bürgerlichem Freiheitsanspruch, konfessionellen Gegensätzen und Problemlagen, vielfältig motivierten Protestwellen auf dem Land, das Erwachen eines politischen Bewusstseins in der als sozialer Klasse entstehenden Arbeiterschaft, gepaart mit unterschiedlichsten Modernisierungsängsten der Revolution von 1848/49 eine eigentümliche Dynamik verliehen haben, die gerade bei einem Blick auf das so heterogene Gebiet des heutigen Rheinland-Pfalz sichtbar wird.[29] Dass es nicht sofort zu gewalttätigen Auseinandersetzungen im großen Stil kam, lag zum einen daran, dass die jeweiligen Landesregierungen schnell zu Zugeständnissen bereit und andererseits viele politische Forderungen durch die Reformen der Franzosenzeit hier bereits erreicht waren, die andernorts erst jetzt durchgesetzt wurden. So versuchte z. B. die bayerische Regierung schon im Vorfeld der Revolution mit Entgegenkommen aufgestautes Protestpotenzial abzubauen: Im Mai 1846 wurde mit dem liberal gesinnten Franz Alwens zum ersten Mal ein Pfälzer Chef der bayerischen Verwaltung vor Ort. Die schlechten Ernten 1845 und 1846, die 1847 doch eine merkliche Teuerung für Lebensmittel brachten, verschlechterten immer noch die öffentliche Stimmung, auch wenn 1848 die Preise wieder fielen.[30] Vor allem die unter wirtschaftlichem Druck stehenden Winzer zeigten eine zunehmend kritische Haltung. Das war auch in Rheinhessen der Fall, wo in Mainz radikale Arbeiter gegen die als Gefährdung ihrer Existenz empfundene moderne Technik, wie Dampfmaschinen oder Eisenbahnen, vorgingen. Zugleich organisierte sich die Arbeiterschaft im Mainzer Arbeiterbildungsverein, dem sogar Karl Marx und Friedrich Engels im April 1848 einen Besuch abstatteten. Auch der hessische Großherzog signalisierte rasch Entgegenkommen, als das liberale Bürgertum die Wahrung der von seinen Regierungen immer weiter eingeschränkten »Institutionen« forderte und ließ das »System« du Thils rasch fallen. König Ludwig I. von Bayern, ohnehin kompromittiert durch seine Affäre mit der Tänzerin Lola Montez, dankte unter dem Eindruck von Aufständen in München ab, weil er unter solchen Voraussetzungen nicht mehr König sein wollte und überließ es seinem Nachfolger Maximilian II. mit der prekären Situation zurecht zu kommen. Gelegentlich war er fortan in der bei Edenkoben 1845 errichteten Villa Ludwigshöhe zu sehen. Unruhiger noch ging es in der Rheinprovinz zu,

Erklärung des pfälzischen Abgeordneten Nikolaus Schmitt[33] in der Frankfurter Nationalversammlung 1848

»Während diesseits des Rheins der Aufruhr in hellen Flammen Deutschland durchloderte, herrschte bei uns die tiefste Ruhe, ein höchst gesetzmäßiges Benehmen. Fragen wir nach der Ursache, so ist sie leicht zu finden. Die Pfalz hat durch die Verbindung mit Frankreich, die fast ein Viertel Jahrhundert lang dauerte, viele Rechte erlangt, die man im diesseitigen Deutschland erst zu erreichen sucht, und hier bestätigt sich wieder die Wahrheit des bekannten Dichterwortes: Daß Sklaven zu fürchten sind, wenn sie ihre Ketten brechen, nicht aber der freie Mann, der sein Recht sucht. [...] Wir hegen Sympathien für Frankreich, das leugnen wir nicht, und warum sollten wir auch nicht? Der Verbindung mit diesem Lande, dieser an 25 Jahre dauernden Verbindung, verdanken wir unsere Rechte allein. Wenn man uns aber zu verdächtigen sucht, wenn man uns die Anhänglichkeit an Frankreich zum Verbrechen macht, dann thut man uns wahrhaftig großes Unrecht. Wir sind Deutsche durch und durch, so gut, wie die Einwohner einer Provinz in der Mitte von Deutschland oder an der Ostsee. Wir achten Frankreich, aber als Provinz mit ihm verbunden sein, wollen wir nicht; wir sprechen deutsch und haben echt deutsche Gesinnung.«

Zitiert nach: HAASIS, Morgenröte 1984, S.˜193.

wo sich einerseits in den 1840er Jahren ein liberal gesinntes Wirtschaftsbürgertum gebildet hatte, das auf politische Einflussnahme drängte[31] und sich andererseits auf dem Lande die Wut der Bauern über Einschränkungen alter Rechte und preußische Bürokratie entlud und mit der Revolution verband. Vor allem in Trier verschaffte sich der Ärger Luft durch den Sturm auf das Gefängnis, wo im März 1848 Gefangene befreit wurden.[32] Auch in Oberwesel und Boppard gab es Proteste, die vor allem angesichts der Missernten des Vorjahres Steuererleichterungen vom preußischen Staat forderten. In St. Goar wurde eine Bürgerwehr gebildet.

Ausbruch der Revolution in Nassau

Wieder anders stellte sich die Situation im ehemaligen Rheinbundstaat, dem jetzigen Herzogtum Nassau, dar, wo die Reformtätigkeit der französischen Zeit geringer ausgefallen war. In Wiesbaden versammelten sich am 4. März 1848 rd. 30.000 Nassauer, aber auch viele Mainzer vor dem Schloss und stellten insgesamt neun »Forderungen der Nassauer« auf, die, da der Herzog abwesend war, von der Herzoginmutter und dem Bruder des Herzogs verbürgt werden mussten. U.a. verlangten die Nassauer Pressefreiheit, das öffentliche und mündliche Verfahren vor Schwurgerichten, ein Wahlgesetz ohne Zensusabhängigkeit und eine allgemeine Volksbewaffnung. Darüber hinaus erwarteten viele Bauern eine spürbare Besserung ihrer bedrückten Lage. Sie verweigerten die Steuern, holten sich aus dem Wald an Wild und Holz, was sie brauchten. Arbeiter schossen auch auf Dampfschiffe und demontierten Eisenbahnschienen, weil sie in diesen technischen Neuerungen eine Gefährdung ihrer traditionellen Arbeitsplätze sahen. Auch im Westerwald fanden die Revolutionäre Anhänger, in Rennerod, Hachenburg, Wallmerod, Selters und Montabaur z.B. kam es zur Aufstellung und z.T. auch zur Bewaffnung einer Bürgerwehr, die allerdings schon bald wieder verfiel. Wichtig war auf dem Land die »Bürgermeisterrevolution«, d.h. das Absetzen der ungeliebten »Schultheißen« und die Einsetzung von frei gewählten »Bürgermeistern«, die das Vertrauen der nach mehr Autonomie strebenden ländlichen Bevölkerung hatten. Auch gegen die Forstbeamten richtete sich der Zorn der Bauern. Manchmal kam es, wie in Selters, zu politischen Demonstrationen, als ein Zug von Revolutionären mit dem Ruf »Freiheit, Gleichheit, Republik« durch die Straßen lief. In Westerburg mussten die örtlichen Juden vor Angriffen der Bevölkerung geschützt werden.[34] Am 16. April 1848 wurde der Liberale August Hergenhahn nassauischer Minister, ein Mann, der seit den Märztagen für eine neue Gesetzgebung gesorgt hatte, die den Forderungen der Menschen entgegenkam und den Bauern viele Erleichterungen brachte. So wurden nunmehr eine besonders fortschrittliche Gemeindeordnung, die Einführung von Schwurgerichten, die Zehntablösung und ein neues Jagdgesetz verabschiedet, das den Bauern half, ihre Ernte vor dem Wild zu schützen. Vor allem unter den wirtschaftlich so bedrängten Bauern schuf diese Reformgesetzgebung Ruhe, so dass sich dort der revolutionäre Elan recht bald legte.[35]

Revolution in Birkenfeld

Auch in der kleinen oldenburgischen Herrschaft Birkenfeld fand die Revolution schnell begeisterte Anhänger, die ihrer revolutionären Gesinnung durch das Absingen der Marseillaise Ausdruck verliehen. Hier richtete sich der Zorn vor allem gegen den stockkonservativen oldenburgischen Regierungspräsidenten Laurenz Hannibal Fischer, obwohl dieser das rückständige Land in den vergangenen Jahren reformiert und vor allem in der Landwirtschaft, im Verkehrs- und Bildungswesen sich zahlreiche Verdienste erworben hatte. Schon im März 1848 musste er nach einem gescheiterten Versuch eine Art konservative Gegenrevolution zu organisieren, aus Birkenfeld fliehen.[36]

Intensivierung des politischen Lebens, Frankfurter Nationalversammlung

Überall intensivierte sich nun das politische Leben, wurden Clubs und »Parteien« ins Leben gerufen, die für unterschiedliche politische Positionen eintraten. Diese wurden zu Trägern der politischen Debatten, die in der nach Frankfurt am Main einberufenen Nationalversammlung seit dem 18. Mai 1848 um die Erstellung einer gesamtdeutschen Reichsverfassung geführt wurden. Auch im Katholizismus wurde politisches Bewusstsein wach, das gegen das vorherrschende Staatskirchentum die Freiheit auch der Kirche verlangte und die »Soziale Frage« zunehmend thematisierte. Der Mainzer Domkapitular Adam Franz Lennig initiierte mit seinem »Piusverein für religiöse Freiheit« dabei eine Bewegung mit großer Strahlkraft, die bereits die Frankfurter Nationalversammlung mit einer Vielzahl von Petitionen bestürmte, in denen die Freiheit der Kirche verlangt wurde. Im Oktober 1848 wurde Mainz Gastgeber des ersten deutschen Katholikentages, und im Dezember hielt der Paulskirchenabgeordnete und spätere Bischof Wilhelm Emmanuel Freiherr von Ketteler seine berühmten Adventspredigten in Mainz, in denen er die »Soziale Frage« thematisierte. (S. hierzu auch die Ausführungen in den Kapiteln »Glaube, Religion, Kirchen« und »Öffentlichkeit und Gesellschaft«.)

Heinrich von Gagern (1799–1880)

(Wikimedia Commons)

Heinrich von Gagern wurde am 20. August 1799 in Bayreuth geboren, wohin seine Eltern vor der französischen Armee geflohen waren. Seine Jugend verbrachte er im rheinhessischen Monsheim. Als bayerischer Offizier nahm er an den Befreiungskriegen teil und studierte anschließend Rechtswissenschaften in Heidelberg. 1821 trat er in hessen-darmstädtische Dienste und wurde 1832 Abgeordneter der Zweiten Hessischen Kammer. Wegen seiner liberalen Ansichten wurde er aber bereits 1833 pensioniert. Während der Revolution bekleidete Gagern einflussreiche Stellungen: 1848 wurde er hessischer Innenminister und Vorsitzender des Gesamtstaatsministeriums in der Revolutionsregierung. Um sich ganz der Arbeit im Paulskirchenparlament zu widmen, zu dessen Präsident er am 19. Mai 1848 gewählt wurde, trat er von seinen hessischen Ministerämtern zurück. Durch Friedrich Wilhelms IV. Ablehnung der Kaiserkrone scheiterte Gagerns Politik der nationalen Einigung unter preußischer Führung, und er trat am 21. Mai 1849 aus der Nationalversammlung aus. 1863 wurde er nochmals hessischer Gesandter in Wien und Mitglied des hessischen Landtages. 1880 starb er vereinsamt.

Die pfälzischen und rheinhessischen Abgeordneten in der Frankfurter Nationalversammlung standen zumeist bei der »demokratischen Linken«, einige von ihnen gehörten dem radikaleren Kreis um den berühmten Revolutionär Robert Blum an. Aus Ingelheim, dem »radikalsten Ort in der Provinz« Rheinhessen, wie man in Darmstadt meinte, kam z. B. Dr. Martin Mohr[37], ein Hunsrücker Bauernsohn, der sich hochgearbeitet hatte und es nach 1807 in Napoleons Armee bis zum Offizier gebracht hatte. Nach dem Sturz des Korsen hatte er in Heidelberg und Gießen studiert und amtierte schließlich als Vizepräsident des Kreisgerichts in Mainz. Doch machte er sich mit seiner strikten Beachtung der hessischen Verfassung unbeliebt und wurde 1833 zwangspensioniert. Es wundert daher nicht, dass Mohr, der stets auf seine »Lehrjahre« im französischen Dienst stolz blieb, 1848 sofort dem Zentralkomitee der Demokratischen Partei Rheinhessens angehörte und als Abgeordneter nach Frankfurt deputiert wurde. Dort schloss er sich der republikanischen, radikaldemokratischen Donnersbergfraktion an.[38] Im Rheinland, um Trier und Koblenz, wählte man dagegen vorwiegend Katholiken und Demokraten in die Nationalversammlung. Im preußischen Altenkirchen dominierte die liberale, konstitutionelle Richtung, während im Westerwald die katholischen Piusvereine und einige gemäßigt-demokratische Vereine die politische Ausrichtung bestimmten. Die kleine oldenburgische Herrschaft Birkenfeld war politisch gespalten in einen eher gemäßigten Teil in Birkenfeld und einen eher radikalen Teil in Idar und Oberstein, wo auch ein zahlenmäßig kleines Goldschmiede-Arbeiterproletariat begann sich politisch zu Wort zu melden.[39]

Dr. Martin Mohr (1788–1865) (Historischer Verein Ingelheim/Museum bei der Kaiserpfalz Ingelheim)

Da man in der Paulskirche jedoch mit den Beratungen nicht recht vorankam und bei der Bekämpfung radikaler Kreise und auswärtiger Bedrohung auf die alten Kräfte angewiesen war, regte sich die monarchische Reaktion erneut. Das führte im linksrheinischen Deutschland zur Radikalisierung der politischen Atmosphäre. In Mainz kam es zu blutigen Zusammenstößen mit den preußischen Festungstruppen, demokratische Presseorgane heizten die Stimmung an, die Demokratenvereine wurden zunehmend stärker. Das Mainzer Demokratenbankett am 24. Februar 1849 zeigte weit über die Grenzen Rheinhessens hinaus die Entschlossenheit für die bislang erlangten Freiheiten entschieden einzutreten. Auch der Ingelheimer Dr. Martin Mohr wollte zusammen mit seinen Freunden der Reichsverfassung nicht nur in Hessen, sondern in ganz Deutschland zum Durchbruch verhelfen. Mit der demokratischen Bewegung vermischte sich bereits die nun allmählich aufstrebende Arbeiterbewegung, die bereit war, für ihre politischen Ziele notfalls gewaltsam einzutreten.

Reichsverfassungskampagne

Als schließlich der preußische König im April 1849 die ihm von der Nationalversammlung angebotene Krone des Kaisers der Deutschen ablehnte, am 23. April die bayerische Regierung unter Ludwig Freiherr von der Pfordten sich gegen die Paulskirchenverfassung aussprach und entschiedene Paulskirchenabgeordnete im Mai 1849, unter ihnen auch der Ingelheimer Mohr, nach Stuttgart auswichen und das sog. »Rumpfparlament« bildeten, da erhoben sich die Revolutionäre in Baden und auch in der Pfalz. Ein pfälzischer Landesverteidigungsausschuss wurde im Rahmen einer von vielen tausend Menschen besuchten Tagung des Volksvereins der Pfalz in Kaiserslautern am 2. Mai einberufen, der die Regierung zur Annahme der Verfassung zwingen sollte. Der Ausschuss rief zur Steuerverweigerung auf, forderte von den Beamten Unterwerfung, organisierte eine Volkswehr und verbündete sich mit den Demokraten in Baden und Hessen. Waffen bekam die Volkswehr u. a. von Revolutionären, denen es am 18. Mai 1849 gelungen war, die preußische Waffenkammer im Prümer Zeughausturm zu stürmen und sich in den Besitz der dort befindlichen Waffen zu setzen.

Je mehr Widerstände sich den Forderungen der Revolutionäre entgegenstellten, desto schneller wandelte sich der Landesverteidigungsausschuss in eine provisorische Regierung um, die die Macht in der Pfalz ergriff, um der Reichsverfassung notfalls mit Gewalt Geltung zu verschaffen. Die Errichtung einer Republik schien nunmehr die einzig denkbare Alternative, da offensichtlich mit den alten Mächten kein Kompromiss zu erzielen war. Die Verbindung zu Bayern wurde abgebrochen und alles unternommen, um sich der Reaktion entgegenzustellen, obwohl den Revolutionären bewusst sein musste, dass sie wohl nur von einer Minderheit des pfälzischen Volkes aktiv unterstützt wurden; die

Pfälzische Freischärler vor der Fruchthalle in Kaiserslautern, 1849 (Erkenbert-Museum Frankenthal)

Mehrheit verhielt sich passiv. Bei den militärischen Aktionen spielte bereits die gerade vor ihrer Vollendung stehende Ludwigsbahn eine gewisse Rolle: Die Revolutionäre nutzten z. B. die Eisenbahn, um die Nachricht von den herannahenden preußischen Truppen von Bexbach nach Homburg zu bringen und mit Hilfe des neuen Transportmittels auch ein ganzes Freikorps zu verlegen.[40] Eigentlich hatten die Revolutionäre in Nassau die preußischen Truppen aufhalten wollen, doch dazu kam es letztlich nicht, weil man sich politisch nicht einig und der revolutionäre Schwung der Bauern bereits erlahmt war. In Rheinhessen versuchte ein Verzweifelter das drohende Schicksal noch zu wenden, indem er auf den preußischen Kronprinzen Wilhelm, der das militärische Oberkommando über das zur Niederschlagung der Reichsverfassungskampagne gebildete Korps innehatte, einen Anschlag verübte. Als der spätere Kaiser Wilhelm, der wegen seiner Niederschlagung der Aufstände in Berlin als »Kartätschenprinz« bereits bekannt war, am Abend des 12. Juni 1849 nach Kreuznach in sein Hauptquartier aufbrach, schoss ein Unbekannter zwischen Nieder-Ingelheim und Gau-Algesheim aus einem Kornfeld heraus auf den Prinzen, verletzte aber statt diesem einen Kutscher und ein Pferd.[41]

So war der Traum von Freiheit und nationaler Einheit bald ausgeträumt: Das preußische Heer unter Wilhelms Führung marschierte über die Rheinprovinz ab dem 13. Juni 1849 in die Pfalz ein. Die oft nur mit Sensen und Dreschflegeln bewaffneten pfälzischen und rheinhessischen Revolutionäre waren hoffnungslos unterlegen. Bei Kirchheimbolanden, wo u. a. etwa 1.000 bewaffnete rheinhessische Revolutionäre, vor allem Mainzer Arbeiter, standen, bei Ludwigshafen und Rinnthal kam es zwischen dem 14. und 16. Juni 1849 zu größeren Gefechten mit den preußischen Truppen. Die zurückweichenden pfälzischen Revolutionäre verbanden sich mit den badischen Gesinnungsgenossen und hielten bis zum bitteren Ende in Rastatt zusammen. In die Pfalz aber marschierten gegen Ende Juni 1849 dann 11.000 Mann bayerische Truppen ein und restaurierten das alte Regiment.[42]

Bilanz

Eine Bilanz des ersten Versuches in der deutschen Geschichte, nationale Einheit, Demokratie und Freiheit zu sichern, an dem sich viele Menschen unseres Raumes aktiv beteiligt haben, muss notwendigerweise differenziert ausfallen. Nicht alles war ja mit der Niederlage des Jahres 1849 verloren. Preußen etwa bekam 1850 eine, wenn auch revidierte und oktroyierte, Verfassung, die in ihren Religionsartikeln den Kirchen in ihrem Freiheitsverlangen entgegenkam und die rheinischen Katholiken dem preußischen Staat näherbrachte. Auch Oldenburg und mit ihm das Fürstentum Birkenfeld hatten eine Verfassung und einen Landtag erhalten, zudem für den Landesteil Birkenfeld einen eigenen Provinzialrat. Und auch in Nassau war die Verfassung nach modernen liberalen Gesichtspunkten reformiert worden, so dass es nunmehr nur noch eine Kammer gab. Zudem: Die Arbeit der Abgeordneten in der Frankfurter Paulskirche hat Maßstäbe gesetzt, die für die weitere Verfassungsentwicklung in Deutschland von fortwirkender Bedeutung werden sollten. Noch die spätere rheinland-pfälzische Landesverfassung wie auch das Grundgesetz der Bundesrepublik Deutschland lassen deutliche Anklänge an die Paulskirchenverfassung erkennen. Außerdem war das politische Programm einer Einheit und Freiheit aller Deutschen wahrenden Ordnung unwiderruflich auf die politische Tagesordnung gesetzt und bestimmte auch fortan das politische Geschehen.

Karl Marx (1818–1883)

(Bildagentur Landeshauptarchiv Koblenz)

Auch wenn Karl Marx an vielen anderen Orten wirkte und seine Bedeutung weit über unsere Region hinausging – seine Wiege stand in Trier. Dort wurde er am 5. Mai 1818 als Sohn eines evangelischen Anwalts mit jüdischen Wurzeln geboren. Marx, den Zeit seines Lebens eine Hassliebe mit dem preußischen Rheinland verband, studierte seit 1834 in Bonn und Berlin Rechtswissenschaften und Philosophie. In Paris wurde er in den 1840er Jahren zum überzeugten Kommunisten, in Brüssel gewann ihn der »Bund der Kommunisten« für die Ausarbeitung des »Kommunistischen Manifestes«, das dann 1848 in London erschien. Vielerorts ausgewiesen und in Köln der Verschwörung angeklagt, verfasste er in London auch sein monumentales Hauptwerk »Das Kapital«. Mit der südlichen Rheinprovinz befasste sich Marx als noch junger Redakteur der »Rheinischen Zeitung«, in der er einen bemerkenswerten Artikel über die schlimme Lage der Moselwinzer in den 1840er Jahren veröffentlichte. Später kam er nur noch selten in seine Heimatstadt Trier. Dort erinnert heute das Museum Karl-Marx-Haus an ihn, das in der Trägerschaft der Friedrich-Ebert-Stiftung erstmals 1968 eine von Willy Brandt eröffnete Dauerausstellung zeigte.

5. Auf dem Weg zur Reichseinheit

Reaktion und Verfolgung

Aber vordergründig waren nun die »Revolutionäre« den wieder erstarkten Mächten der Reaktion erlegen, und diese setzten ihre restaurative Politik auch um. Zwar lässt sich erkennen, dass die Verfolgung der Demokraten in unserem Raum eine durchaus unterschiedliche Intensität aufwies: In der Pfalz, in Rheinhessen oder auch in Birkenfeld wurden viele von ihnen aus Mangel an Beweisen am Ende freigesprochen oder zu recht mäßigen Haftstrafen verurteilt. Nur ein einziges Todesurteil wurde 1850 wirklich vollstreckt: gegen den zu den Revolutionären übergelaufenen bayerischen Artillerieleutnant Theodor Graf Fugger-Glött wegen Desertion und Hochverrat. Andererseits flohen aber nun doch auch viele Demokraten ins Ausland, wurden erst vor kurzem gewährte Freiheiten und Verfassungsrechte von den Monarchen und ihren konservativen Ministern wieder rückgängig gemacht, und einer freiheitlichen Entwicklung von Staat und Gesellschaft wurde für mehr als ein Jahrzehnt erneut ein Riegel vorgeschoben. In Nassau beseitigte z. B. ein herzogliches Edikt vom 25. November 1851 gewährte Freiheiten und führte das Zweikammersystem wieder ein, die konservative Regierung Wittgenstein bekam freie Hand für eine harte Repressionspolitik. Eine ähnliche Politik betrieb Preußen in der Rheinprovinz. Der in Birkenfeld 1853 in einem Gasthaus erstmals zusammentretende Provinzialrat hatte nunmehr nur noch beratende Funktionen, konnte das Interesse der Bewohner des kleinen Fürstentums so nicht mehr durchsetzen. Ganz Ähnliches ereignete sich in Rheinhessen unter dem Konservativen Reinhard Freiherr von Dalwigk, der 1850–1871 Ministerpräsident war.

Einheit vor Freiheit

Neben anderen Faktoren bedingte diese Repressionspolitik, die von einem Generationswechsel im liberalen Bürgertum begleitet wurde, eine vielerorts deutlich erkennbare Veränderung der politischen Grundeinstellung. Die Altliberalen, denen die Freiheit über die Einheit gegangen war, verschwanden durch Emigration, Verfolgung und Alter immer mehr von der politischen Bühne und wurden ersetzt von Liberalen, denen die Einheit mehr als die Freiheit galt. Besonders deutlich lässt sich dieser Prozess in der Pfalz beobachten, wo 1853 der altliberale Herausgeber der »Neuen Speyerer Zeitung« Georg Friedrich Kolb angesichts der bayerischen Repressionspolitik sein Blatt aufgeben musste und verkaufte. In der 1860er Jahren verlor er zusehends an Einfluss in der Politik. Demgegenüber gewannen in den 1860er Jahren die nationalliberal orientierten »Deidesheimer Weinbarone«, Männer wie Franz Peter Buhl, Ludwig Andreas Jordan u. a. mit ihrer Zeitung, dem »Pfälzer Kurier«, an Zustimmung. Sie waren ganz auf Preußen und eine kleindeutsche Lösung der Einheitsfrage hin orientiert, ein Weg, der nun zunehmend Anhänger fand.[43] Einzelheiten hierzu erläutert der Beitrag über »Öffentlichkeit und Gesellschaft« in diesem Band.

An dieser Entwicklung hatte nicht zuletzt wiederum die französische Politik Schuld: Schon 1859, als zwischen dem Königreich Sardinien-Piemont und Österreich ein Krieg um Oberitalien ausbrach, und Frankreich die Piemontesen unterstützte, entfaltete sich eine Welle nationaler Entrüstung, vor allem unter den großdeutsch Gesinnten in der Pfalz, im Rheinland und auch in Nassau, die Hilfe für den Bundesstaat Österreich forderten. Die Vertreter einer kleindeutschen Lösung waren skeptischer, weil sie von einer Förderung Österreichs keine Lösung der nationalen Frage erhoffen konnten, aber immerhin zeigt diese z.T. erregt geführte Diskussion, wie das nationale Einheitsverlangen immer deutlicher das Denken der Menschen beeinflusste. Dass Österreich nach den Niederlagen bei Magenta und Solferino im Juli 1859 unter Aufgabe der Lombardei Frieden schloss, verstärkte die Hoffnung auf Preußen.[44] Auf dessen Prinzregenten Wilhelm, der den erkrankten König seit 1858 offiziell vertrat, bevor er 1861 seine Nachfolge antrat, wurden nun die Einheitswünsche projiziert. Als er 1850 seinen Posten als Generalgouverneur der Rheinprovinz und Westfalens in Koblenz angetreten hatte, war er noch mit einem Flugblatt empfangen worden, auf dem stand: »Wir wollen ihn nicht haben / Den Herrn Kartätschenprinz, / Mag Rußland ihn begraben / In seiner Eisprovinz«. Doch Wilhelm verstand es zusammen mit seiner liberal gesinnten englischen Gattin Prinzessin Augusta von Sachsen-Weimar sich in Koblenz beliebt zu machen. Das Koblenzer Schloss wurde zu einem Ort von Feierlichkeiten, das Paar engagierte sich in vielfältigen Wohltätigkeitsaktivitäten, vor allem aber setzte sich Wilhelm ab vom konservativen Kurs der Regierung in Berlin.[45] Als er verkündete, dass er »moralische Eroberungen« für Preußen machen wolle, sahen liberale Kreise in ihm einen Verfechter ihrer Sache. Freilich vergaßen sie dabei, dass für Wilhelm die monarchische Prärogative nicht verhandelbar war. Aber das änderte nichts an dem zunehmenden nationalen Drängen. Öffentliche Kundgebungen in den 1860er Jahren zeigten das deutlich: Der 100. Geburtstag des nun als Nationaldichter empfundenen Friedrich Schiller wurde z. B. in der Pfalz mit großen Feiern begangen, am 50. Erinnerungstag an die Völkerschlacht bei Leipzig brannten auf vielen Gipfeln des Pfälzerwaldes Feuer zur Erinnerung an das nationale Erwachen. Auch in Birkenfeld feierte man diesen Tag begeistert.[46] Als sich beim preußisch-österreichischen Waffengang 1866 Frankreich mit Kompensationsforderungen für sein Stillhalten meldete, die auf eine Abtretung des linksrheinischen Deutschland an Frankreich zielten, verstärkte dies das Einheitsverlangen ein weiteres Mal. Denn nur mit einem starken, geeinten Deutschland war für die deutschen Grenzgebiete auf adäquaten Schutz gegenüber Frankreich zu hoffen. Zudem verhieß die Einigung für kleine Territorien wie Birkenfeld oder auch Nassau ein Ende der kleinräumig-beschränkten wirtschaftlichen und gesellschaftlichen Verhältnisse, ein Aufgehen in einer größeren, zukunftsträchtigen Gemeinschaft.

Über den Weg zu dieser Gemeinschaft in einem geeinten deutschen Nationalstaat bestanden in den 1850er und 1860er Jahren jedoch sehr unterschiedliche Auffassungen. In der Pfalz gab es, ähnlich wie in der Rheinprovinz, lange Zeit eine proösterreichische neben einer propreußischen Partei. In Nassau war Herzog Adolph proösterreichisch gesinnt, während das liberale Bürgertum nach Preußen orientiert war, weil der nassauische Beitritt zum Deutschen Zollverein 1836 dem Land so viele wirtschaftliche Vorteile verschafft hatte, dass man von jedem Abweichen von der preußischen Linie eine Gefährdung des Wohlstandes befürchtete.[47] In Oldenburg stand man dagegen fest auf preußischer Seite, obwohl der Birkenfelder Raum manche Benachteiligung durch Preußen hatte erfahren müssen.[48] Hessen-Darmstadt sympathisierte mit Österreich, stand unter Dalwigk aber auch in engem Kontakt mit den mittleren Staaten in Deutschland.[49]

So kam es, dass sich die Menschen unseres Raumes auf unterschiedlichen Seiten wiederfanden, als 1866 durch den österreichisch-preußischen Krieg eine Lösung der nationalen Frage angebahnt wurde. Auf Österreichs Seite standen die Bayern und damit die Pfalz sowie Nassau, vor allem wegen der dynastischen Verbindungen seines Herzogs Adolph. Und auch Hessen-Darmstadt votierte für Österreich. Das südliche Rheinland war Teil der preußischen Rheinprovinz, und auch das Fürstentum Birkenfeld war mit Oldenburg fest auf preußischer Seite, was sein Überleben nach dem preußischen Sieg über die Österreicher bei Königgrätz gesichert hat. Für alle, die eine großdeutsche Lösung der nationalen Frage unter Einschluss Österreichs favorisiert hatten, war das Ergebnis dieses deutsch-deutschen Krieges eine Katastrophe. Der rheinische Katholik August Reichensperger formulierte in diesen Tagen, es koste »sehr viel Mühe, sich in solche Ratschlüsse Gottes zu fügen«. Er beklagte den »Zusammensturz des historischen Europa und des Rechts«, sprach vom »Triumpf der modernen Barbarei und des Militarismus«.[50] Denn die alte Ordnung des Wiener Kongresses wurde nun aus den Angeln gehoben, der Deutsche Bund aufgelöst und 19 norddeutsche Staaten unter Führung Preußens im »Norddeutschen Bund« vereint. Preußen als Sieger schuf sich mit der Annexion Schleswig-Holsteins, Hannovers, Hessen-Kassels, Nassaus und Frankfurts ein wesentlich vergrößertes und zusammenhängendes Staatsgebiet. Gegen diesen Beutezug nahmen neun rheinische Abgeordnete im preußischen Landtag Stellung, darunter der Vertreter von Koblenz. Doch an den historischen Tatsachen änderte das nichts. Und in Nassau empfanden auch vermutlich nur das herzogliche Haus wie auch die mehrheitlich katholischen Kreise im Westerwald diese Entwicklung als Katastrophe, weniger das liberale Bürgertum, das sich freudig an den preußischen König wandte und die Eingliederung begrüßte, wohl mehr aus wirtschaftlichen und nationalen Überlegungen, aber auch, weil die Unterdrückung der liberalen Strömungen in Nassau in den 1860er Jahren immer belastender geworden war. Dass Hessen-Darmstadt, dessen Großherzog vor den preußischen Truppen von Darmstadt nach Worms hatte fliehen müssen, nicht das gleiche Schicksal wie Nassau ereilte, dürfte nur der Intervention Zar Alexanders II. zu verdanken gewesen sein, der seinen Darmstädter Schwager vor Preußen schützte. Immerhin aber musste das Großherzogtum in einige schmerzhafte Zugeständnisse und Abtretungen einwilligen.[51]

Gleichwohl: Der preußische Sieg hatte die politische Situation so grundlegend verändert, dass nach Lage der Dinge nur durch eine von Preußen ausgehende Reichseinigung und den dadurch bedingten mächtigeren Schutz für die deutschen Grenzgebiete im Westen eine gedeihliche Entwicklung zu erhoffen war. Das hat den Patriotismus und die Unterordnung unter die preußische Dominanz im Rheinland nicht anders als in der Pfalz seit 1866 merklich gefördert. Dass sich in der kleinen Birkenfelder Herrschaft ganze 91 % der wahlberechtigten Bevölkerung an der ersten Wahl zum Norddeutschen Bund beteiligten, obwohl man dort fiskalische Nachteile in Kauf nehmen musste, deutet an, wie deutlich dieser Stimmungsumschwung sich nun manifestierte.[52]

Auf dem Weg zur Reichseinheit: Ems

Schließlich sollte es dann nur gut vier Jahre später, schneller als von den meisten Zeitgenossen wohl gedacht, zu der so ersehnten deutschen Einheit kommen. Das hing mit jenen Vorgängen zusammen, die sich während eines Kuraufenthaltes des preußischen Königs auf der Kurpromenade von Ems am 13. Juli 1870 ereignet haben. Bekanntlich entzündete sich die preußisch-französische Auseinandersetzung an der Kandidatur des Erbprinzen Leopold von Hohenzollern-Sigmaringen für den verwaisten spanischen Thron. Der Vater des Prinzen hatte zwar aufgrund der französischen Einwendungen dagegen bereits tags zuvor nachgegeben und die Thronkandidatur zurückgezogen, doch forderte der französische Botschafter Vincent Graf Benedetti nun den König auf der Kurpromenade auf, nie wieder einer solchen Kandidatur seine Zustimmung zu geben. Ob dies, wie gelegentlich zu lesen ist, in ungebührlichen Formen geschah, ist fraglich, letztlich auch unerheblich, denn Bismarck hatte schon tags zuvor in einem inoffiziellen Kriegsrat mit führenden Militärs die Entscheidung zum Krieg getroffen. Die telegrafische Nachricht, die Wilhelm ihm über das Geschehen in Ems zukommen ließ, die »Emser Depesche«, wurde vom Kanzler für die Öffentlichkeit in verschärfender Weise gekürzt, so dass sich in ganz Deutschland ein Sturm der Entrüstung über das Ansinnen Frankreichs erhob. Als der französische Kaiser Napoleon III. seiner Forderung durch die Erklärung des Krieges am 19. Juli Nachdruck verleihen wollte, sah er ganz Deutschland auf preußischer Seite.[53]

»Benedettisteine«

Die Vorgänge auf der Emser Kurpromenade beflügelten den Souvenirhandel: Bald schon konnte man sog. »Benedettisteine« erwerben, die den in Ems 1873 aufgestellten Gedenkstein in Miniaturform zeigten.

(Andreas Linsenmann)

König Wilhelm scheint die mit diesem Krieg eintretende Zäsur, nicht nur auf nationalpolitischem Gebiet, geahnt zu haben, denn ihn befiel auf der Rückreise von Ems angesichts der jubelnden Menschenmenge »eine komplette Angst bei diesem Enthusiasmus«, wie er seiner Frau am 15. Juli 1870 mitteilte.[54] Was jetzt begann, war keiner der althergebrachten Kabinettskriege mehr, hier standen sich nicht mehr nur Armeen gegenüber, hier stand Volk gegen Volk, Nation gegen Nation. Kein Wunder, dass sich die Rede von der angeblich unüberbrückbaren deutsch-französischen »Erbfeindschaft« nun in einem Maße verbreitete und in den Köpfen der Menschen festsetzte, wie dies zuvor noch nie der Fall gewesen war. Dies wird auch bei dem vertiefenden Blick auf die »Außenbeziehungen« des Raumes in diesem Band deutlich.

Der Krieg 1870/71

Im linksrheinischen deutsch-französischen Grenzgebiet musste man jetzt mit dem Schlimmsten rechnen, denn praktisch jeder Kriegskundige ging davon aus, dass die Franzosen genau hier angreifen würden und das linksrheinische Deutschland die Hauptlast dieses Waffenganges zu tragen hätte. Koblenz erfuhr sehr schnell, was der Krieg bedeutete: Für die Organisation des Aufmarsches wurden hier pro Tag mehr als 2.000 preußische Soldaten bei Privatleuten einquartiert. Ob insbesondere die Pfälzer dann treu zur deutschen Sache stehen würden, war für manch einen Korrespondenten ebenso wenig ausgemacht wie für den ein oder anderen preußischen Offizier. Von manchen Orten in der Pfalz wird berichtet, dass preußische Offiziere mit gezogenem Säbel eingeritten seien, war man sich doch nicht sicher, ob nicht schon hier und da ein Franzosenfreund beabsichtigte, den deutschen Aufmarsch zu sabotieren. Bald jedoch war klar, dass die Pfälzer ohne Wenn und Aber zu Deutschland stehen würden: Die Truppen, ganz gleich, woher sie kamen, wurden überall gut und hilfsbereit empfangen, auch wenn es in den völlig überfüllten Dörfern und Städten kaum möglich war, jedem ein brauchbares Quartier und Verpflegung anzubieten. Selbst im Westrich, wo die Lebensverhältnisse ärmlich waren, tat man, was man konnte, um den Soldaten ihren Auftrag zu erleichtern. In der pfälzischen Presse herrschte die gleiche antifranzösische Kriegspropaganda vor wie andernorts, wurde an das »Sündenregister« der Franzosen seit dem Westfälischen Frieden mit mahnenden Worten erinnert. So war es vor allen Dingen Angst vor dem erwarteten Einmarsch der französischen Kolonialtruppen, die die Stimmung drückte.[55]

Doch es kam anders. Nur kurz währte der Aufenthalt des Großen Hauptquartiers im Mainzer Deutschhaus im August 1870, von wo aus die Operationen koordiniert werden sollten. Bald schon trugen die siegreichen deutschen Waffen den Krieg auf französischen Boden und konnten endlich am 2. September 1870 bei Sedan der französischen Armee die letztlich entscheidende Niederlage beibringen. Das linksrheinische Deutschland sah in diesen Tagen ein beständiges Hin und Her von hunderttausenden von Soldaten. Koblenz musste neben den preußischen Soldaten mehr als 10.000 französische Kriegsgefangene unterbringen. Dabei ging es den 1.700 kriegsgefangenen französischen Offizieren nebst ihren 500 Burschen am besten: Da sie für ihre Privatunterkünfte selbst und zuverlässig zahlten, gaben Koblenzer Vermieter ihnen gerne Quartier, während die deutschen Soldaten mit Ställen und Kammern Vorlieb nehmen mussten.[56]

Am wichtigsten aber war, dass Kampfhandlungen hier zum Glück der Bevölkerung in keinem wesentlichen Umfang stattfanden. Auch dies erklärt neben der natürlich über-

Zu Ehren des preußischen Generalstabchefs Helmuth von Moltke und um die dauerhafte »deutsche Gesinnung« der Pfalz zu demonstrieren, ließ der Pfälzische Verschönerungsverein 1880 auf dem Dorbisfelsen am Donnersberg einen Adlerbogen errichten. Mit der Aufstellung des Bogens erhielt der Fels den Namen Moltkefelsen (Franziska Kißener)

schwänglichen Freude über den Sieg und die in dessen Gefolge im Spiegelsaal von Versailles vollzogene deutsche Einigung und Proklamation des preußischen Königs Wilhelm zum Deutschen Kaiser die unendliche Begeisterung, die den Kanzler Bismarck und Kaiser Wilhelm empfing, als sie am 8. bzw. 15. März 1871 zurückreisten, dabei mancherorts im Linksrheinischen anhielten.

6. Im Kaiserreich

Nation und Region

Deutschland war nun geeint, es erhielt die nur leicht veränderte Verfassung des Norddeutschen Bundes, und unser Raum bekam gleichsam eine nationale Sendung im Verbund eines starken Staates als Wächter am Rhein. Das hat der »Aussöhnung« der Rheinländer mit Preußen ebenso wie der der Pfälzer mit Bayern oder der Rheinhessen mit Hessen gedient, war nunmehr doch die nationale Ebene der Bezugspunkt, hinter der die Bedeutung der Länder verblasste und eine gewisse Akzeptanz der bestehenden Verhältnisse erfolgen konnte. Dabei darf man sich die Abgrenzung zwischen den verschiedenen staatlichen Ebenen, zwischen Region, Land und Nation, nicht allzu scharf vorstellen, wie die neuere Nationalismusforschung gezeigt hat. Für die Pfalz hat die amerikanische Historikerin Celia Applegate z. B. herausgearbeitet, wie sich der seit den 1840er Jahren steigende deutsche Nationalismus mit einem spezifischen pfälzischen Heimat- und Eigenbewusstsein so eng verbinden konnte, dass die in der ersten Jahrhunderthälfte ungeliebte bayerische Herrschaft nach 1871 »geduldet« werden konnte. Dabei spielte auch eine Rolle, dass die Region in politischer Randlage sich in jeder Beziehung mehr von einem großen, nationalen Staat versprach, dem ohnehin die Zukunft zu gehören schien. Die nationale Aufladung führte zugleich in Abkehr von älteren Traditionen zu einer steigenden Abwehrhaltung gegenüber Frankreich, das mehr und mehr nur noch als Bedrohung wahrgenommen wurde.[57]

Regionale politische Selbstbestimmung

Für die Rheinprovinz und Rheinhessen kam hinzu, dass mit der Reichsgründung nun auch regionale politische Repräsentationen gegründet wurden, die man, anders als in der Pfalz, ja lange hatte entbehren müssen. Mit der Provinzialordnung vom 29. Juni 1875 (in der Rheinprovinz eingeführt durch Gesetz vom 1. Juni 1887) erhielt die Rheinprovinz einen eigenen Provinziallandtag, dessen Mitglieder von den Kreistagen und Städten auf sechs Jahre gewählt wurden. Er war alle zwei Jahre vom König einzuberufen und stellte nunmehr erstmals in der preußischen Geschichte am Rhein ein wirkliches Selbstverwaltungsorgan der Provinz mit eigenem Aufgabenkreis und eigenen Finanzen dar. In Hessen-Nassau trug dieses Gremium die Bezeichnung »Kommunallandtag«, hatte aber in etwa die gleiche Funktion. Und ähnlich war auch die Entwicklung in Hessen gelaufen, wo bereits mit der Kreis- und Provinzialordnung vom 12. Juni 1874 nun Provinzialtage Einzug hielten, so auch in der Provinz Rheinhessen (zu Einzelheiten s. den Beitrag »Verfassung, Verwaltung und Justiz«).[58]

Wirtschaftlicher Aufschwung

Doch zweifellos wären die nationale Einigung und das Arrangement mit den bestehenden staatlichen Verhältnissen, das in der ersten Hälfte des Jahrhunderts noch so schwierig gewesen war, kaum geglückt, hätten nicht die wirtschaftlichen Rahmenbedingungen sich seit den 1850er Jahren bereits, insbesondere dann aber nach 1870, entscheidend gebessert. Nassau wurde in dieser Zeit zum bedeutendsten deutschen Erzrevier, auch in den Edelsteinschleifereien und der Schmuckindustrie im Fürstentum Birkenfeld spürte man den wirtschaftlichen Aufstieg, in Mainz schritt die Industrialisierung auch durch die verkehrsgünstige Lage im Rhein-Main-Wirtschaftsraum voran, von der Pfalz gar nicht zu reden, wo neben den schon älteren industriellen Zentren bei Kaiserslautern nun der Aufstieg der Chemieindustrie in dem 1859 erst zur Stadt erhobenen Ludwigshafen begann. Im Zollverein waren die Pfälzer schon seit 1834, was viele Vorteile, für die Winzer aber auch manche Nachteile brachte.[59]

Dieser Aufschwung wurde begleitet und gefördert von der Entwicklung der Verkehrsinfrastruktur, d. h. für diese Zeit von dem Ausbau des Schienennetzes. Dabei konnte es leicht auch zu Rivalitäten der Nachbarn kommen, wie das Birkenfelder Beispiel zeigt. Mitte der 1850er Jahre wurde dort ein schon älterer Plan einer Schienenverbindung zwischen Rhein und Saar diskutiert, die durch das Birkenfelder Gebiet laufen sollte. Preußen verfolgte jedoch nicht nur wirtschaftliche, sondern auch strategische Interessen in diesem Gebiet, wollte die Strecke möglichst kurz und innerhalb des eigenen Territoriums gebaut wissen. Da die Birkenfelder selbst auch uneins waren über die Streckenführung, hatte es Preußen leicht, seine Interessen durchzusetzen, und so wurde die Bahn 1856 am Rande der Birkenfelder Grenze gebaut, tangierte das oldenburgische Gebiet nur im Nahetal und führte geradewegs am Regierungssitz Birkenfeld vorbei. Erst 1880 konnte eine Stichbahn gebaut werden, die dann endlich den Regierungssitz auch an das Eisenbahnnetz anschloss.[60]

Neben der Eisenbahn waren Einführung und Ausbau von Stromnetzen mit der Industrialisierung verbunden, schließlich beleuchtete der elektrische Strom beinahe jeden Haushalt. Allerdings kam der Ausbau von Stromnetzen, ebenso wie der von Gas, Wasser und Telefonverbindungen, unterschiedlich schnell in unserem Raum voran. Das alles hat das Leben von Grund auf verändert und erleichtert, wie im Detail das Kapitel »Wirtschaftsgeschichte« im Folgenden darlegen wird.

Kulturkampf

So sehr Einheit und industrieller Fortschritt das Leben der Menschen im Kaiserreich bestimmten, so hatte andererseits dieser Fortschritt doch auch seine Schattenseiten, und es galt im Zuge einer inneren Reichseinigung jene gesellschaftlichen Großgruppen zu gewinnen, die von der protestantisch dominierten, preußisch-kleindeutschen Reichsgründung nicht wie selbstverständlich erfasst worden waren. Zum einen forderte die nun in eine Minderheitensituation geratene katholische Bevölkerung ihr Recht ein, zum anderen war die drängende »Soziale Frage« zu lösen und die Arbeiterschaft für diesen neuen Staat zu gewinnen. Die Stellung der Kirchen im Kaiserreich wird eingehend im Kapitel »Glaube, Religion, Kirche« erörtert. Grundlegend wichtig für das Verständnis des Geschehens ist das Folgende:

Für den Reichskanzler Otto von Bismarck stellten die Katholiken, die sich mehrheitlich ja eine großdeutsche Lösung der deutschen Einheitsfrage unter Einschluss des katholischen Österreich gewünscht hatten, gleichsam latent unsichere »Kantonisten« dar. Die im Laufe des 19. Jhs. sich verfestigende Orientierung vieler deutscher Katholiken nach Rom (»Ultramontanismus«) sowie eine parlamentarische Vertretung des Katholizismus, die 1870 gegründete Zentrumspartei, war für national gesinnte protestantische Preußen ganz unverständlich. Die konfessionellen Gemeinsamkeiten, die Katholiken und Franzosen, aber auch polnische Minderheiten im preußischen Staat miteinander verbanden, wurden schnell als Gefährdung des ja noch jungen Kaiserreichs interpretiert. Diese Einschätzung verstärkte sich durch ein wegen seiner bedrohten Lage besonders dominant und modernisierungsfeindlich auftretendes Papsttum: 1864 hatte Papst Pius IX. alle modernen Ideologien in Bausch und Bogen verurteilt (»Syllabus errorum«), 1871 erhob er im Rahmen des Ersten Vatikanischen Konzils einen so klar zuvor nie formulierten dogmatischen Führungsanspruch. Umgekehrt entfaltete sich die aus dem Geist der Aufklärung gespeiste Kirchenfeindlichkeit liberaler Kreise, mit denen der Reichskanzler nach 1871 Politik gestaltete. Dies führte zu einem »Präventivkrieg« (R. Morsey) des jungen Reiches gegen die katholische Kirche, bei dem es um eine moderne Klärung des Kirche-Staat-Verhältnisses im Sinne einer völligen Trennung ging. Dabei griff Bismarck auf Erfahrungen zurück, die man bereits in den 1860er Jahren in dem liberalen Musterstaat Baden gemacht hatte, und er setzte als eine der ersten Maßnahmen ein Gesetz durch, das der bayerische Kultusminister Lutz erlassen hatte, den sog. »Kanzelparagraphen«, durch den es den Priestern verboten wurde, sich von der Kanzel aus in die Politik einzumischen. In kurzen Abständen folgte nun ein »Kulturkampfgesetz« nach dem andern, der Höhepunkt wurde in den sog. Maigesetzen 1873 erreicht. Mit diesen Gesetzen wurde den Kirchen der Einfluss auf die Schulbildung entzogen, die Priesterausbildung und -einsetzung sollte staatlichen Auflagen und Bindungen unterworfen werden, die Finanzen der Gemeinden wurden unter staatliche Aufsicht gestellt, die Zivilehe eingeführt, Orden, vor allem der als besonders reaktionär und papsttreu geltende Jesuitenorden, verboten und zur Durchsetzung all dieser Maßnahmen renitenten Vertretern der Kirche schwere Strafen durch ein eigens einzusetzendes Sondergericht für kirchliche Angelegenheiten angedroht.[61]

Verhaftung des Trierer Bischofs Matthias Eberhard, 1874 (Stadtmuseum Simeonstift Trier)

Die Auswirkungen dieses Kampfes, der mit einem gleichsam missionarischen Modernisierungseifer einher ging, waren in unserem Raum sehr unterschiedlich. Am schwerwiegendsten waren die Folgen in der Rheinprovinz, wo der katholische Bevölkerungsanteil am größten war. Im Jahre 1878 waren von zwölf katholischen Bischöfen in Preußen nur noch drei im Amt, sechs hatte der preußische Staat abgesetzt, drei Bistümer waren nach dem Versterben der Bischöfe vakant geblieben, weil keine Einigkeit zwischen Kirche und Staat über die Wiederbesetzung zu erzielen gewesen war. In unserem Raum traf es die Diözese Trier besonders hart: Bischof Dr. Matthias Eberhard konnte die wegen seiner Verstöße gegen die Maigesetze über ihn verhängten Strafen nicht zahlen und musste für zehn Monate ins Gefängnis. Sein Privatbesitz wurde auf dem Trierer Viehmarkt öffentlich versteigert – diese Gelegenheit nutzten viele Gläubige, um das Mobiliar des Bischofs zu erwerben und es ihm anschließend zurück zu schenken. Es traf aber nicht nur den Bischof, sondern auch viele Pfarrer: 1876 waren in Trier 203 von 731 Pfarreien vakant, 250 Pfarrer der Trierer Diözese wurden mit Geld- und Gefängnisstrafen belegt. Nach dem Tode des Bischofs blieb der Trierer Bischofsstuhl von 1876–1881 unbesetzt.[62]

Auch Bayern praktizierte einen entschiedenen Kulturkampf, der von der liberalen Beamtenschaft getragen wurde und nach 1871 an Schärfe gewann. In der Praxis jedoch nahm sich das bayerische Vorgehen gemäßigter aus als das preußische. Hier blieb nur kurzzeitig neben dem Würzburger der Speyerer Bischofsstuhl unbesetzt, hier drückte man häufiger »ein Auge zu«. Während in der preußischen Rheinprovinz, etwa in der Eifel oder im Hunsrück, Priester bald schon als Förster oder Händler verkleidet in die verwaisten Gemeinden gehen mussten, um insgeheim die Messe mit ihren Gläubigen zu feiern, und preußische Beamte, die aus einem Gewissenskonflikt heraus dies nicht unverzüglich meldeten, scharf gemaßregelt wurden, war man in der bayerischen Pfalz, bei grundsätzlicher Beibehaltung der kulturkämpferischen Gesetze, bestrebt, den Konflikt wenigstens nicht eskalieren zu lassen.[63]

Der Situation in Bayern nicht unähnlich war die in Rheinhessen, wo zwischen dem charismatischen Mainzer Bischof Wilhelm Emmanuel von Ketteler und dem hessischen Minister Freiherr von Dalwigk über viele Jahre hinweg ein gütliches Miteinander von

Kirche und Staat durch eine nie rechtskräftig gewordene Konvention etabliert worden war. Erst mit dessen Ablösung durch Friedrich von Lindelof und dann durch den Liberalen Karl Hofmann entzündete sich auch hier ein Kulturkampf, in dessen Rahmen Ordensniederlassungen und das bischöfliche Konvikt geschlossen wurden, das Priesterseminar sowie ca. 45 Pfarreien und zehn Kaplanstellen verwaisten (Stand 1884) und Ketteler wegen maigesetzwidrigen Verhaltens zu Geldstrafen verurteilt wurde. Als er 1877 überraschend auf einer Reise verstarb, konnte der Bischofsstuhl bis 1886 nicht besetzt werden.[64]

Ganz ohne kulturkämpferische Maßnahmen ging es dagegen in Birkenfeld, weil im Großherzogtum Oldenburg schon in den 1830er Jahren das Staat-Kirche-Verhältnis einvernehmlich geregelt worden war. Deshalb flüchteten sich nicht wenige katholische Pfarrer aus der preußischen Rheinprovinz dorthin, wo es Großherzog Nikolaus Friedrich Peter sogar vermochte während der heißesten Phase des Kulturkampfes die Gegner an einem Tisch zu versammeln. Während eines Besuches in Birkenfeld hatte er den preußischen Regierungspräsidenten und mehrere preußische Generäle aus Trier sowie den dortigen Generalvikar nebst seinem Hauskaplan an seine Hoftafel geladen, wo man sich völlig friedlich bei einer Erdbeerbowle zusammenfand. Ein ebenfalls anwesender preußischer Landrat konnte sich, so die Erinnerung des Großherzogs, über diesen Anblick gar nicht beruhigen: »Und das zwei Meilen von der preußischen Grenze! Und der Kaplan macht die Bowle!«, soll er immer wieder ausgerufen haben.[65]

Die Ungerechtigkeit und Unzweckmäßigkeit dieser Auseinandersetzung hat Bismarck nicht anders als manch ein Minister in den deutschen Staaten erst im Laufe der Zeit einzusehen gelernt: Immerhin kam es unter dem neuen Papst Leo XIII. schließlich zu einer Annäherung, die 1886/87 »Friedensgesetze« hervorbrachte, mit denen die härtesten Auflagen wieder zurückgenommen wurden. Auf dieser Basis konnte es zu einer gewissen Akzeptanz der vorherrschenden staatlichen Verhältnisse auch durch die Katholiken in unserem Raum kommen. Doch das Trauma der staatlichen Verfolgung blieb und hat weit in das 20. Jh. gewirkt. Nie wieder wollten die Katholiken in eine staatsfeindliche Ecke abgedrängt werden und waren deshalb bemüht, fortan ihre staatloyale Haltung besonders in Krisenzeiten unter Beweis zu stellen.

Kampf gegen den Sozialismus

Neben den Katholiken waren es die Arbeiterschaft und ihre politische Vertretung, die SPD, die wegen ihres vermeintlich aufrührerischen und internationalen Charakters den Argwohn des Reichsgründers hervorrief. Die Anfänge der modernen Arbeiterschaft und ihrer politischen Organisationen, die detailliert im Kapitel »Öffentlichkeit und Gesellschaft« dargelegt werden, sind in unserem Raum vornehmlich in den frühindustriellen Zentren, also in der Pfalz (Kaiserslautern, Ludwigshafen) sowie in Rheinhessen (Mainz, Worms) zu suchen. Erste Ansätze, sich der politischen Problematik der Arbeiterschaft zu widmen, finden sich bei emigrierten »Hambachern« in den 1830er Jahren, deutlicher tritt dagegen eine Interessenvertretung der Arbeiterschaft schon in der Revolutionszeit 1848/49 hervor. Wirkliche Stabilität und Schlagkraft erlangte die Arbeiterbewegung in unserem Raum überall aber erst in den 1870er Jahren, weil die Vereinigung der »Lassalleaner« (»Allgemeiner Deutscher Arbeiterverein«) mit der radikaleren Richtung von August Bebel und Karl Liebknecht auf dem Gothaer Parteitag 1875 den Zusammenhalt der Arbeiterschaft stärkte.[66]

Diese insgesamt also noch junge Arbeiterbewegung, der Bismarck nach den Attentaten auf den Kaiser vom 11. Mai und 2. Juni 1878 unterstellte, eine staatsgefährdende Organisation zu sein, obwohl eine Verbindung der Attentäter und der Sozialdemokratie gar nicht nachgewiesen werden konnte, wurde 1878 unter erheblichem politischen Druck auf die Parteien des Reichstages durch das sog. »Sozialistengesetz« unter Ausnahmerecht gestellt. Auch Vertreter nationalliberaler Kreise, wie der Pfälzer Reichsrat Buhl, sahen in den Sozialdemokraten die »stärkste Gefahr für das Reich«.[67] Das Sozialistengesetz verbot Vereine, die von sozialistischem, sozialdemokratischem oder kommunistischem Gedankengut geprägt waren und die »den Umsturz der bestehenden Staats- und Gesellschaftsordnung« bezweckten. Versammlungen konnten aufgelöst, Zeitungen verboten, Funktionäre überwacht oder in ihrer Freizügigkeit eingeschränkt werden. Dem widersetzten sich die Parteianhänger, indem sie etwa Clubs gründeten und unter freiem Himmel in persönlichen Gesprächen ihre Parteiagitation fortsetzten oder bei sonntäglichen Stammtischen in den Gastwirtschaften erschienen, wo sie sich im Gespräch für die SPD einsetzten. Propagandamaterial wurde auf geheimen Wegen ins Land geschmuggelt und versteckt. Wer dabei erwischt wurde, hatte ernste Strafen zu erwarten, nicht wenige Sozialdemokraten verbrachten in diesen Jahren lange Haftzeiten in Gefängnissen. Dass bei der Reichstagswahl 1884 gleich 600 Mann bayerisches Militär in die Arbeiterstadt Ludwigshafen verlegt wurden, lässt die aufgeheizte Stimmung erkennen, über die auch die katholische Zentrumspartei klagte. Allerdings wurde das Sozialistengesetz, ähnlich wie die Kulturkampfmaßnahmen gegen die Katholiken, durchaus unterschiedlich umgesetzt. In Bayern und Hessen-Darmstadt fand es z. B. eine viel nachsichtigere Anwendung als in Preußen. Im oldenburgischen Birkenfeld hemmte wiederum das Sozialistengesetz die Entwicklung der organisierten Arbeiterschaft so, dass erst nach 1890 die Sozialdemokratie hier wirklich Fuß fassen konnte und Oberstein zu ihrem Zentrum im Fürstentum wurde. 1893 kam es hier zu einem Vorläufer, 1899 zur offiziellen Gründung der SPD.[68]

Weder der Kulturkampf noch das Sozialistengesetz erreichten ihr eigentliches Ziel, die Zurückdrängung der vermeintlichen Reichsfeinde. Im Gegenteil verhalfen die von vielen als Unrecht empfundenen Zwangsmaßnahmen dem politischen Arm des deutschen Katholizismus, der 1870 gegründeten Zentrumspartei, und der Sozialdemokratischen Partei zu ungeahnten Wahlerfolgen. Den ersten großen Triumph konnten die Sozialdemokraten bei den Reichstagswahlen von 1881 feiern, als kein geringerer als Wilhelm Liebknecht im Wahlkreis Mainz-Oppenheim knapp 53 % der Stimmen für die SPD errang. Da Liebknecht jedoch gleichzeitig im Wahlkreis Offenbach-Dieburg gewählt worden war und dieses Mandat annahm, war eine Nachwahl nötig, bei der August Bebel dann aber unterlag, weil das aufgeschreckte Bürgertum nun seine Anhänger mobilisierte. Das Zentrum hatte aufgrund des hohen Katholikenanteils vor allem in der südlichen preußischen Rheinprovinz eine Hochburg und feierte dort große Wahlerfolge, während es in der Pfalz und Rheinhessen in den späten 1870er Jahren zu einer effektiven Parteiorganisation heranreifte. Erst 1899 konnten z. B. zum ersten Mal pfälzische Landtagskandidaten des Zentrums in den bayerischen Landtag einziehen. Immerhin gelang es, allmählich die nach 1871 in Rheinhessen wie der Pfalz deutliche Vorherrschaft der Nationalliberalen zu brechen, wobei es gelegentlich auch zu Bündnissen zwischen Zentrum und SPD kam. Einen besonderen Erfolg erzielte diese Zusammenarbeit 1905 in der Pfalz, als eine Zweidrittelmehrheit von SPD und Zentrum im bayerischen Landtag zustande kam, mit der das indirekte bayerische Wahlrecht, das bislang die Nationalliberalen begünstigt hatte, abgeschafft und das direkte Wahlrecht eingeführt werden konnte.[69]

Die »Soziale Frage«, Bischof Ketteler

Eine solche, auf den ersten Blick eigentlich ungewöhnliche Zusammenarbeit zwischen den nicht gerade kirchenfreundlichen Sozialisten und dem politisch oft konservativ orientierten Zentrum fand eine gemeinsame Basis in dem Kampf gegen die Verelendung und Benachteiligung der Arbeiterschaft, für den sich im Katholizismus insbesondere der Mainzer Bischof Ketteler einsetzte. Schon in seinen Mainzer Adventspredigten 1848 hatte er dafür geworben, dass die Kirche sich der »Sozialen Frage« widmen solle: »Wollen wir die Zeit erkennen, so müssen wir die soziale Frage zu ergründen suchen. Wer sie begreift, erkennt die Gegenwart, wer sie nicht begreift, dem ist die Gegenwart und Zukunft ein Rätsel.«[70] Karl Marx erschien Kettelers freilich zunächst noch ganz in den traditionellen Bahnen der kirchlichen Caritas sich bewegendes Bemühen um die Arbeiterschaft bald dubios: »die Hunde kokettieren (z. B. Bischof Ketteler in Mainz [...]), wo es passend erscheint, mit der Arbeiterfrage«, schrieb er an Friedrich Engels 1869 und verlangte, dass dagegen propagandistisch entschieden Stellung genommen werden müsse.[71] Aber Ketteler entwickelte seine Positionen fort, schreckte vor Berührungspunkten mit den Vorschlägen Ferdinand Lassalles keineswegs zurück und forderte schließlich in seiner berühmten Rede vor 10.000 Arbeitern auf der Liebfrauenheide bei Offenbach am 25. Juli 1869 eine Erhöhung der Arbeitslöhne, Verkürzung der Arbeitszeiten, die Gewährleistung der Sonntagsruhe und vor allem auch das Verbot der Kinderarbeit in den Fabriken. Junge Mädchen und schwangere Frauen seien besonders zu schützen, und es sei dafür Sorge zu tragen, dass sie nicht arbeiten müssten. Damit wurde Ketteler in der öffentlichen Wahrnehmung zum »Arbeiterbischof«. Doch das verkürzt Kettelers Werk und Weitsichtigkeit: Obwohl er ein konservativer, vielfach noch in den Bahnen vormoderner Staatlichkeit denkender Mann war, erkannte Ketteler die Gefahren der Moderne sehr deutlich.[72]

Wilhelm Emmanuel von Ketteler (1811–1877), Bischof von Mainz 1850–1877 (Dom- und Diözesanarchiv Mainz)

7. Im Ersten Weltkrieg

Kriegsausbruch

Diese Gefahren sollte der 1914 ausbrechende Erste Weltkrieg, die »Urkatastrophe« des 20. Jhs. (G. F. Kennan), den Menschen bald sehr deutlich werden lassen. Hatte man 1870 noch mit einiger Besorgnis dem kommenden Krieg entgegengesehen, so war die Situation 1914 im Vergleich dazu doch anders. Zwar empfand die Bevölkerung den Kriegsausbruch als eine gewisse Erleichterung, die aus einer gewitterschwülen politischen Situation befreite. Aber schon der Bericht der Wormser Zeitung über die Mobilmachung am 1. und 2. August zeigt, dass nicht von einer spontanen, naiven Kriegsbegeisterung gesprochen werden kann. Dort hieß es, »stiller Ernst lag über der Volksmenge und die Heiterkeit verschwindet aus den Gesichtszügen«, der Wormser Oberbürgermeister Heinrich Köhler sprach gegenüber den Stadtverordneten davon, »eine furchtbar ernste Zeit« sei »über uns hereingebrochen«.[73] Überzeugt von der Rechtmäßigkeit des von der Propaganda so dargestellten »Verteidigungskrieges«, ging man davon aus, dass der zu bestehende Waffengang nur von kurzer Dauer sein werde und hoffte vor allem, wie 1870, dass das Kriegsgeschehen in Frankreich und nicht hier in den deutschen Grenzregionen stattfinden würde. Dass das 1871 hinzugewonnene Elsass und Lothringen nun die Distanz zum Feind vergrößerte, nahm man in der Pfalz jetzt besonders gerne wahr. Und als es im August 1914 gelang, die eindringenden Franzosen in der bereits sehr brutalen und blutigen Schlacht von Mörchingen und Saarburg zurückzuschlagen, damit das Übergreifen in die Pfalz zu verhindern, löste das dann tatsächlich Begeisterung aus. Diese Entfernung vom großen Krieg machte es aber möglich, dass die Vorstellung, was auf den Schlachtfeldern geschah, sehr unvollständig und bis zuletzt die Hoffnung auf einen ruhmreichen Sieg wie 1871 bestehen blieb, auch wenn 1916 noch in Wittlich und Bitburg der unheimliche Geschützdonner vom 250 km entfernten Verdun bei entsprechender Wetterlage wie ein fernes Gewitter zu hören war. Zu sehen war, wie 1870, zunächst nur der große Aufmarsch, bei dem die Garnisonsstädte wieder eine Hauptlast zu tragen hatten.[74]

Kriegsalltag

Die aus Rheinbayern stammenden Soldaten der dem bayerischen Kronprinzen Ruprecht unterstehenden Division haben nicht anders als die rheinpreußischen Soldaten oder die rheinhessischen Infanterie-Regimenter Nr. 117 und 118 aus Mainz und Worms schon sehr bald die Schrecken des modernen, totalen Krieges an der Westfront, vor allem an der Somme, erleben müssen. Allein im August/September 1916 verlor die »Pfälzer Division« dort ein Drittel ihres Bestandes, d. h. 14.000 Mann. Im darauffolgenden Jahr sollte es noch schlimmer kommen.[75]

Auch an der Heimatfront, vor allem in unserem Raum, musste »gekämpft« werden. Hierhin kamen, wie schon 1870/71, die bald zahllosen Verletzen von der Front. Hier wurden Ersatztruppenteile aufgestellt. Auch Kriegsgefangene kamen und mussten versorgt werden. Im Lager Ebenberg bei Landau waren es rd. 2.000 französische Kriegsgefangene, in Germersheim etwa 6.000 Russen – sie alle wurden überwiegend gut behandelt, wie wir aus vielfältigen Zeugnissen wissen. Wenigstens darin unterschied sich der Erste noch vom Zweiten Weltkrieg.

Gekämpft werden musste um die Ernährung der Truppe und der eigenen Bevölkerung. Dazu wurde ein schwerfälliger, sich selbst behindernder bürokratischer Apparat eingerichtet, der die Wirtschaftskraft unseres Raumes ausschöpfen sollte, aber zu immensen Preissteigerungen, vor allem bei Nahrungsmitteln, führte. Das Hungern wurde im Laufe des Krieges, vor allem im sog. »Steckrübenwinter« 1916/17, zu einer allgemeinen Erfahrung.[76] Und dieser Hunger ließ Unmut aufkommen: So gab es im Juni 1916 z. B. in Worms Hungerdemonstrationen von nicht weniger als 1.000 Menschen, die Geschäfte plünderten und Fensterscheiben im Rathaus einwarfen. Erst hinzugezogenes Militär konnte die Menschenmenge in die Schranken weisen.[77] Auch auf dem Land war der Zusammenhalt des Volkes angesichts der Entbehrungen und Belastungen bald gefährdet: Bauern suchten mit Schwarzhandel ihren Vorteil, Diebstähle grassierten, und Verzweiflung machte sich breit, wie Berichte aus dem Hunsrück belegen.[78] Dagegen wurde mit scharfen Strafmaßnahmen, aber auch mit Aufrufen und patriotischen Aktionen vorgegangen, indem z. B. ganze Schulklassen Bucheckern, Haselnüsse und Eicheln sammelten, aus denen Speiseöl gewonnen wurde, oder die Kinder für die Zeichnung von Kriegsanleihen Werbung machten. In Mainz kam man auf die Idee, ein »Kriegswahrzeichen« nach dem Vorbild anderer deutscher und österreichischer Städte zu gestalten. Nägel sollten die Menschen erwerben, die in einen Stamm getrieben wurden. Durch »Hammerschlag und Nagel-Eintreiben« sollte jeder seine unverbrüchliche Treue und seine feste Entschlossenheit, alles für den deutschen Sieg zu tun, unter Beweis stellen. Die Propagandaaktion hatte Erfolg: Als am 1. Juli 1916 die »Nagelsäule« auf dem Liebfrauenplatz an der Ostseite des Doms, wo sie heute noch steht, eingeweiht wurde, da waren auf diese Weise rd. 170.000 Mark an Spenden zusammengekommen. Dieses Geld wurde für die Unterstützung der Hinterbliebenen von gefallenen rheinhessischen Soldaten, für das Rote Kreuz sowie speziell für Mainzer Soldaten und deren unterstützungsbedürftige Angehörige verwendet.[79]

Die noch unvollendete Kriegssäule (»Nagelsäule«) auf dem Mainzer Liebfrauenplatz, 1916 (Stadtarchiv Mainz)

Ressourcen Gekämpft werden musste auch um die Versorgung der Truppe, vor allem mit Kriegsmaterial. Hierfür spielte die in der Ludwigshafener BASF unmittelbar vor dem Ersten Weltkrieg großtechnisch möglich gewordene Ammoniaksynthese nach dem Haber-Bosch-Verfahren eine entscheidende Rolle. Ursprünglich zur Herstellung von Düngemitteln gedacht, wurde Ammoniak nun im Oppauer Werk in Salpetersäure umgewandelt, eine unabdingbare Komponente für die Herstellung von Sprengstoff. Wäre diese technische Meisterleistung nicht verfügbar geworden, so hätte es der kaiserlichen Armee bald schon an Sprengstoff gefehlt. Auch Chlor und Phosgen, über das die BASF zur Herstellung von Farbstoffen verfügte, waren bald vom Militär nachgefragt: zum Einsatz als Giftgas an der Front mit verheerenden Wirkungen.[80]

Angesichts der britischen Seeblockade war man bald auch wieder auf der Suche nach inländischen Rohstoffen und beutete Lagerstätten aus, die man ansonsten für unrentabel gehalten hätte. So erlebte das Siegerländer Eisenerzgebiet wieder eine gewisse Blüte.[81] Wegen der fehlenden männlichen Arbeitskräfte, die an der Front waren, wurden immer mehr Frauen und Jugendliche eingestellt, die in Worms z. B. unter sträflicher Missachtung aller Arbeitsschutzbestimmungen arbeiteten. Dabei wurde die Produktion von der in Worms heimischen Lederindustrie Zug um Zug auf kriegswichtige Ware umgestellt.

Granatenproduktion in der Firma Cornelius Heyl AG in Worms, 1917 (Stadtarchiv Worms)

Hauptquartier Kreuznach, Kriegsende

Als die Front 1917 weniger standhielt, wurde das Hauptquartier des Kaisers zurückverlegt, und zwar nach Kreuznach. Den Ausschlag für diesen Ortwechsel gaben die guten Telegrafenverbindungen in Kreuznach. Der Kurort wurde nun für ein ganzes Jahr mit Stabsverwaltungen belegt, auch der Kaiser (im Kurhaus), Generalfeldmarschall Paul von Hindenburg und Generalquartiermeister Erich Ludendorff mussten untergebracht werden. Als im Januar 1918 Kreuznach durch ein Hochwasser überschwemmt wurde, zog das Hauptquartier weiter.[82] Von der allmählich desaströsen Lage, in der sich Truppe und Kriegswirtschaft mittlerweile befanden, wusste die Bevölkerung nach wie vor wenig. Ludendorff und der zu immer mehr Macht gelangte Schlachtensieger von Tannenberg, Hindenburg, unternahmen alles, um die wahren Verhältnisse zu verschleiern und die Schmach der Niederlage vom Militär abzuwenden. Noch am 5. November 1918 wurde in der Ahrweiler Zeitung zum Zeichnen der 9. Kriegsanleihe aufgefordert. »Willst Du zögern, bis es zu spät ist?«, fragte die Zeitung ihre Leser.[83] Dabei hatte die Oberste Heeresleitung schon am 29. September 1918 überstürzt und geradezu panisch die Einleitung von Waffenstillstandsverhandlungen verlangt, um die eine neue Regierung unter Prinz Max von Baden Anfang Oktober nun bitten musste. Da nach den Forderungen des amerikanischen Präsidenten Woodrow Wilson aussichtsreiche Waffenstillstands- und Friedensverhandlungen nur durch eine demokratisch legitimierte deutsche Regierung geführt werden konnten, setzte nun ein rascher demokratischer Umbau der Verfassung und der Sturz der Monarchie ein, die Deutschland zwar auf den Weg hin zur Republik führten, jedoch den entscheidenden Nachteil hatte, dass nun Männer die Verantwortung für die Kriegsniederlage und die Bewältigung des politischen Chaos übernehmen mussten, die an alledem gar nicht schuld gewesen waren, die in der öffentlichen Wahrnehmung jedoch bald schon als Alleinschuldige für das ganze Elend, das der Krieg hinterlassen hatte, dastanden. Dies galt umso mehr, als sich im Zuge des militärischen Niedergangs und der gleichzeitigen Parlamentarisierung Meutereien der Soldaten gegen sinnlose militärische Opfergänge ereigneten, die, von den Kommunisten gefördert, in einer heillosen, revolutionären politischen Lage mündeten.

Revolution und Kriegsende

All dies hatte natürlich Rückwirkungen auch in unserem Raum, wenngleich mit sehr unterschiedlicher Intensität. In München reagierte man spät auf die Entwicklungen: Der bayerische König Ludwig III. dankte am 7. November 1918 ab, noch am gleichen Abend proklamierte der USPDler Kurt Eisner den »Freien Volksstaat Bayern«. Am 11. November übernahmen auch in der Pfalz Arbeiter- und Soldatenräte, die sich seit dem 9. November gebildet hatten, die Macht, allerdings ohne revolutionäre Umwälzungsversuche, wie sie bald schon in München bestimmend sein sollten. Im oldenburgischen Birkenfeld blieb die Lage trotz erheblicher Versorgungsschwierigkeiten ebenfalls ruhig: Hier soll man erst am 21. November überhaupt von der am 11. November erfolgten Abdankung des Großherzogs erfahren haben. Dem am 11. November in Oberstein gewählten Arbeiter- und Soldatenrat gehörten sogar Zentrumsleute und Konservative an. In Darmstadt hatte am 9. November, jenem Tag, an dem auch der preußische König und Kaiser Wilhelm II. abgedankt wurde, ein Arbeiter- und Soldatenrat Großherzog Ernst Ludwig abgesetzt und die Republik proklamiert. Dass es in Mainz, wo bewaffnete Matrosen und Soldaten der Garnison am

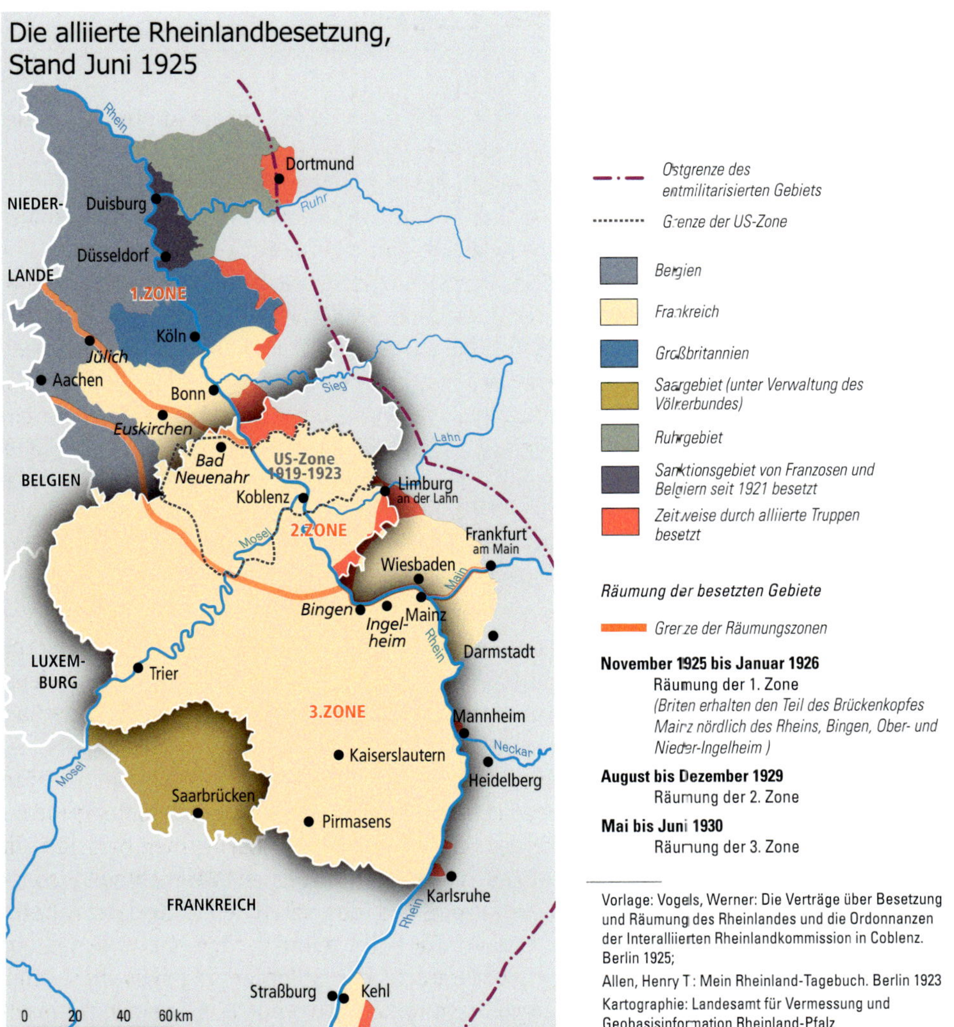

Vorlage: Vogels, Werner: Die Verträge über Besetzung und Räumung des Rheinlandes und die Ordonnanzen der Interalliierten Rheinlandkommission in Coblenz. Berlin 1925;
Allen, Henry T: Mein Rheinland-Tagebuch. Berlin 1923
Kartographie: Landesamt für Vermessung und Geobasisinformation Rheinland-Pfalz

8. November die Befehlsgewalt an sich gerissen hatten, zu keinen größeren Gewalttätigkeiten kam, war das Verdienst des Stadtverordneten Bernhard Adelung. Er stellte sich an die Spitze der revolutionären Ordnungskräfte und rief am 10. November vor der Mainzer Stadthalle die Republik aus.[84]

Während sich so die ruhmlose Liquidierung der Monarchien in Deutschland vollzog, zog sich die kaiserliche Armee zurück, nicht selten wie Sieger in der Heimat empfangen, auch in Mainz. Dass die Truppe geordnet von der Front zurückkehrte,[85] trug dazu bei, der Legende von einer im Felde unbesiegten Armee, die das politische Klima in Deutschland über Jahre hinweg vergiften sollte, Glaubwürdigkeit in den Augen all jener zu verleihen, die dies miterlebten. Den abziehenden deutschen Soldaten folgten gleichsam auf dem Fuß ab Ende November 1918 die im Waffenstillstandsabkommen von Compiègne (11. November 1918) bereits vorgesehenen Besatzungstruppen der siegreichen Ententemächte. Sie besetzten das linksrheinische Deutschland und Brückenköpfe bei Mainz, Koblenz und Köln (ab 1919 auch Kehl), die auch rechtsrheinisches Gebiet in einem Radius von 30 km einschlossen. Ein Großteil des heutigen Landes Rheinland-Pfalz, vor allem Rheinhessen und die Pfalz, standen so von Anfang an unter französischem Besatzungsregime. In der südlichen Rheinprovinz um Koblenz und bis Trier waren zunächst allerdings amerikanische Truppen bis 1923 stationiert. Ihr lässiges Auftreten irritierte zunächst, und auch ihre Unterbringung führte bei drangvoller Enge zu manchen Unzuträglichkeiten, aber im Vergleich zur französischen Besatzung wurden die Amerikaner doch sehr geschätzt. Das belegen allein 1.500 Eheschließungen zwischen Amerikanern und Rheinländerinnen in dieser Zeit. 1923 wurden die amerikanischen Besatzungstruppen allerdings abgezogen, französische Einheiten übernahmen dann auch dieses Gebiet.[86] Als im Gefolge der Locarno-Verträge 1925 der erste Teilabzug im Norden des Besatzungsgebiets begann, erhielten auch die Briten noch Besatzungsgebiete in unserem Raum, und zwar im Bereich des Mainzer Brückenkopfes mit einer Garnison u. a. in Bingen.[87]

Der französische General Augustin Gérard erinnerte seine Soldaten in einem Tagesbefehl vom 28. November 1918 daran, dass die Trikolore »vor wenig mehr als einem Jahrhundert dank unserer großen Vorfahren« ja schon einmal in diesem Gebiet geweht habe.[88] Der Handel mit dem rechtsrheinischen Deutschland wurde sofort unterbunden, der Schiffsverkehr auf dem Rhein eingestellt.

8. In der Weimarer Republik

Französische Besatzung und deutsche Reaktion

Mit dem in Versailles unterzeichneten Friedensvertrag war die Besatzung des linksrheinischen Deutschland perspektivisch für 15 Jahre festgelegt, doch war eine Verkürzung oder Verlängerung je nach Erfüllungstreue gegenüber weiteren vertraglichen Bestimmungen ebenso gegeben. Dass Frankreich auf dieses »Besatzungsfaustpfand« viel Wert legte, ergab sich nicht nur aus der in Frankreich geführten Kriegszieldiskussion, es war vor allem das Ergebnis der französischen Sicherheitskonzeption gegenüber dem unruhigen Nachbarn im Osten. Da die ursprünglichen Planungen, die auf ein festes Militärbündnis mit den USA und Großbritannien setzten, um Deutschland in Schach zu halten, sich schon bald nach Abschluss des Versailler Vertrages in Luft auflösten, und die USA nicht einmal bereit waren, dem von ihrem ehemaligen Präsidenten Wilson vorgeschlagenen Völkerbund beizutreten, sah man in Frankreich nur einen Weg, um die eigene Sicherheit zu gewährleisten: eine unnachgiebige, harte Politik Deutschland gegenüber und die Gewinnung einer wie auch immer gearteten Einflusssphäre bis zum Rhein. Eine solche Sicherheitspolitik aber musste natürlich erhebliche Folgewirkungen für das besetzte linksrheinische deutsche Gebiet haben.

Am 10. Januar 1920 übernahm die Interalliierte Rheinlandkommission unter Führung des französischen Generals Paul Tirard mit Sitz in Koblenz die Aufsicht und Verwaltung im besetzten Gebiet. Nach dem bereits am 28. Juni 1919 geschlossenen Rheinlandabkommen sowie den vertraglichen Regelungen des Versailler Vertrages sollte die Verwaltung in deutscher Hand bleiben und nach deutscher Gesetzgebung erfolgen, allerdings waren der Besatzungsarmee weitgehende Eingriffsmöglichkeiten gegeben. Das Reich und die betroffenen Länder beobachteten daher die Entwicklung in den besetzten Gebieten mit besonderer Sorge. Ein Reichskommissar für die besetzten Gebiete wurde ernannt, später ein eigener Reichsminister, zu dem hessische und bayerische Beamte abgeordnet waren. Aus Darmstadt berichtete ein Reichsvertreter regelmäßig über die politische Entwicklung.[89] Bayern richtete darüber hinaus ein eigenes Staatskommissariat für die Pfalz ein, dessen erster Chef der von den Franzosen ausgewiesene ehem. pfälzische Regierungspräsident Dr. Theodor Winterstein wurde. Er hatte zuvor im rechtsrheinischen Mannheim am 4. Juni 1919 nach Abstimmung mit den pfälzischen Parteien eine »Zentralstelle für pfälzische Angelegenheiten« geschaffen, die nun dem Staatskommissariat unterstellt wurde und deren Leiter der ehemaligen Gymnasiallehrer Dr. August Ritter von Eberlein wurde. Nach außen war diese Zentralstelle der Hilfeleistung für das besetzte Gebiet und seine Einwohner verpflichtet. Eigentliches Ziel dieser im Dunstkreis extrem rechter Politik agierenden »Pfalzzentrale« aber war nichts

Rassistische Propaganda gegen französische Kolonialsoldaten, 1930 (Trier und das Trierer Land in der Besatzungszeit 1919–1930. Trier 1930, S. 75)

anderes als Propaganda gegen Frankreich, die nicht selten stark rassistische Züge zeigte: Das Schreckgespenst des schwarzafrikanischen französischen Soldaten, der Frauen vergewaltigend und Kinder misshandelnd völlig freie Hand im Besatzungsgebiet habe, wurde immer wieder beschworen. Tatsächlich waren von den 85.000 im Rheinland stationierten Soldaten 1920/21 30.000 bis 40.000 Afrikaner, doch war ihr Verhalten, wie sich am Beispiel Worms nachweisen lässt, überwiegend korrekt und zeigte keine auffällige Häufung von Übergriffen.[90] Kurzzeitig aufgelöst, verlegte die »Pfalzzentrale« 1923 ihren Sitz nach Heidelberg, wo sie als »Haupthilfestelle für die Pfalz« auftrat und fortan sogar Saboteure und politische Mörder unterstützte.[91]

Der neue Verfassungsstaat

Vor dem Hintergrund dieser für unseren Raum absolut dominanten Ereignisse verblasste gleichsam die Tatsache, dass Deutschland am 11. August 1919 mit der Beschlussfassung über eine neue Reichsverfassung durch die in Weimar versammelte Nationalversammlung ein geeinter, demokratischer Rechtsstaat wurde – im Grunde ging damit der Traum eines ganzen Jahrhunderts in Erfüllung. Doch das wurde von der Bevölkerung mehrheitlich kaum gewürdigt angesichts der katastrophalen wirtschaftlichen und politischen Lage. Ähnlich war die Situation in den Ländern des neuen Deutschen Reiches: In Hessen wurde am 12. Dezember 1919 eine neue demokratische Verfassung erlassen, die das Land nun zum »Volksstaat« Hessen machte. Die neue Kreis- und Provinzialordnung von 1919 und das neue Wahlgesetz von 1922 ermöglichten nunmehr jedem mehr als drei Monate in Rheinhessen wohnenden, über 20 Jahre alten Bürger freie und direkte Wahlen zum rheinhessischen Provinzialtag. Ähnlich Bayern: Hier wurde die neue demokratische Verfassung am 14. August 1919 erlassen, und der pfälzische Landrat, nunmehr unter der Bezeichnung »Kreisrat« firmierend, wurde zur demokratisch legitimierten Regionalvertretung der Pfälzer.[92] Und so auch in Birkenfeld, wo die am 17. Juni 1919 erlassene Verfassung des Freistaates Oldenburg in der »Provinz«/dem »Landesteil« Birkenfeld einen demokratisch gewählten »Landesausschuß« der Einwohner ermöglichte. In Preußen war der Prozess der Demokratisierung schwieriger: Innenstaatssekretär Hugo Preuß, dem die Vorlage eines Entwurfs für eine neuen Reichsverfassung übertragen war, ging bei seinen Planungen davon aus, dass das territorial so dominante Preußen im Rahmen einer Reichsreform verkleinert werden müsse, um in einem föderalen System die Länderinteressen gleichgewichtig zur Wirkung kommen zu lassen. Auch deshalb wurde zunächst am 20. März 1919 eine vorläufige preußische Verfassung erlassen. Erst am 30. November 1920 wurde über eine endgültige Verfassung abgestimmt. Die Mitglieder des preußischen Landtages wehrten sich vehement gegen jedweden Eingriff in den historischen Territorialbestand Preußens und setzten schließlich dessen Bewahrung allen Reformplänen zum Trotz durch. Die regionalen Interessen des Rheinlandes blieben vor diesem Hintergrund Aufgabe des Provinziallandtages, der nun auch auf eine demokratische Grundlage gestellt wurde und seinerseits Vertreter in einen Preußischen Staatsrat entsandte, der die Interessen der preußischen »Provinzen« bündelte und gegenüber der preußischen Regierung vertrat. Sein Präsident war bis 1933 Konrad Adenauer.[93] Um nach der Revolution möglichst schnell wieder geordnete Verhältnisse herstellen zu können, musste man sich überwiegend der alten Beamteneliten des Kaiserreichs bedienen – eine Hypothek, die den demokratischen Anfang auch in unserem Raum belasten sollte (Einzelheiten s. Kapitel »Verfassung, Verwaltung und Justiz«).

Französische Besatzungspolitik und Separatismus

Die französische Politik setzte zunächst auf eine »pénétration pacifique«, Maßnahmen im kulturellen, dann auch im wirtschaftlichen Bereich, die für eine Annäherung der Besatzungsgebiete an Frankreich sorgen, zugleich aber auch den Franzosen das Besatzungsgebiet als in der Mentalität verwandt näher bringen sollten. Zu diesen Maßnahmen zählte u. a. eine Wiederbelebung des alten Napoleonkultes im linksrheinischen Deutschland und die Pflege einer regionalen französischen Tradition, die 1919 z. B. in der Translation der Gebeine des ehemaligen Revolutionsgenerals und Kommandanten der Rheinarmee, Lazare Hoche, in ein eigenes Denkmal in Weißenthurm bei Koblenz Ausdruck fand. Allzu augenscheinlich waren solche Maßnahmen ergriffen, um die Besatzungszone mittel- und langfristig von Deutschland zu lösen. Sie stießen daher überwiegend auf Reserviertheit in der Bevölkerung. Solcher Abwehrhaltung und dann dem im Zuge der französisch-belgischen Ruhrbesetzung 1923 ausgerufenen passiven Widerstand begegnete die französische Besatzungsmacht einerseits mit harten Maßnahmen wie tausendfachen Ausweisungen, scharfen Unrechtsurteilen, Presseverboten und wirtschaftlichen Schikanen.[94] So wurden z. B. Kommerzienrat Dr. h. c. Albert Boehringer und sein Sohn Albert Jr. im Frühjahr 1923 kurzerhand aus Rheinhessen ausgewiesen, weil Arbeiter der Firma »C. H. Boehringer Sohn« nicht geholfen hatten, als bei Ingelheim ein Zug der verhassten »Regiebahn« entgleist war, die die Franzosen gegen den Streik der deutschen Eisenbahner aufrechtzuerhalten versuchten. In Hamburg-Moorfleet baute der Kommerzienrat in der Folgezeit ein Zweigwerk auf, während in Ingelheim sein Schwiegersohn Julius Liebrecht die Leitung der chemischen Fabrik übernehmen musste.[95]

Andererseits förderte man »separatistische« Bestrebungen, die aufgrund des in den vergangenen 100 Jahren nicht immer konfliktfreien Verhältnisses zu Bayern, Preußen, Oldenburg und Hessen auf eine gewisse Sympathie in manchen Bevölkerungskreisen rechnen konnten.[96] Allerdings lässt schon ein oberflächlicher Blick auf die spezifisch rheinisch-pfälzischen Entwicklungen erkennen, dass der »Separatismus« hier in den frühen 1920er Jahren stets von besonderen, extremen politischen Problemlagen getragen war und rasch an Schubkraft verlor, wenn sich die politische Lage wieder normalisierte. Zudem ist zu berücksichtigen, dass sich hinter dem Sammelbegriff »Separatismus« sehr unterschiedliche politische Zielsetzungen verbargen. Zum Ersten gab es eine Gruppe, die eine rheinische Autonomie auf gesetzlichem Wege anstrebte, d. h. die Bildung eines Rheinstaates innerhalb des Reichsverbandes im Einklang mit den Landesregierungen bzw. der Reichsregierung. Diesen Kreisen ist der damalige Oberbürgermeister von Köln, Konrad Adenauer, zuzuordnen, der zeitweilig für diese politischen Ideen eintrat. Zum Zweiten gab es Kreise, die diese Autonomie auch außergesetzlich erreichen wollten, was den Tatbestand des Hochverrats erfüllte. Und zum Dritten gab es Aktivisten, die auf jeden Fall und unter Zuhilfenahme der französischen Unterstützung ein vom Reich gelöstes staatliches Gebilde schaffen wollten. Auf das erste Ziel arbeiteten anfänglich rheinische Zentrumskreise hin, die aus Sorge um eine Bolschewisierung Deutschlands, gepaart mit traditioneller Preußenfeindlichkeit und überzeugt davon, dass eine Reichsreform die übermäßige Machtstellung Preußens im Reich ohnehin brechen müsse, die Idee einer rheinischen Republik mit Anbindung an das Reich ventiliert haben. Ihr Führer wurde der ehemalige Staatsanwalt Hans Adam Dorten, der noch vor Jahresende 1918 Aktionsausschüsse in Wiesbaden, Mainz, Bingen und Kreuznach ins Leben rufen konnte. Da 1919 die Weimarer Nationalversammlung die Gründung eines neuen demokratischen deutschen Staates vollzog, war solchen Bestrebungen der Boden entzogen, viele Zentrumsanhänger, wie auch Adenauer, distanzierten sich, Dorten jedoch verfolgte seine Ziele weiter, auch wenn er dadurch in den Bereich der Illegalität abdriftete. Die Gesetzwidrigkeit kalkulierte von Anfang an das ehemalige Kölner Arbeiter- und Soldatenratsmitglied Joseph Smeets ein, der im August 1919 einen »Rheinlandbund«, in dem sich vorwiegend ehemalige USPDler engagierten, gründete. Er wollte einen von Deutschland unabhängigen, rheinischen Pufferstaat zwischen Deutschland und Frankreich und setzte sich noch 1921 deutlich von der Dorten-Richtung ab. Gewalt wollte er nicht anwenden zur Durchsetzung seiner Ziele, und auch eine Annexion durch Frankreich lehnte er rundweg ab. Genau Letzteres dürfte aber vermutlich von dem gebürtigen Würzburger Josef Friedrich Matthes, der 1922 die Leitung des französischen Nachrichtenblattes in Koblenz übernommen hatte, zumindest nicht ausgeschlossen worden sein. Seine Propaganda war aggressiv separatistisch.[97] All diese Richtungen waren aktivistisch, aber kaum zu geplantem Handeln in der Lage, geschweige denn zu einer effektiven Zusammenarbeit. Wenn sie auch regional und lokal Anhängerschaft sammeln und kurzzeitig separatistische Regime errichten konnten, so scheiterten sie doch zumeist an der eigenen Konzeptionslosigkeit und Unfähigkeit. Als die französische Militärverwaltung dies erkannte, ihnen daher ihre Unterstützung entzog, brach ihr Putschversuch rasch zusammen. Je deutlicher in diesem Prozess ihre Abhängigkeit von Frankreich wurde, desto geringer wurde zugleich ihre Akzeptanz auch in jenen Bevölkerungsteilen, die einer Rheinstaatlösung durchaus aufgeschlossen gegenüberstanden, zugleich aber einen Verbleib im deutschen Staatsverband verlangten und ein wie auch immer geartetes französisches Protektorat ablehnten.[98]

Chronologie der separatistischen Unruhen

Eine erste Welle separatistischer Unruhen ereignete sich im unmittelbaren Umfeld der Kriegsniederlage und der damit verbundenen Unsicherheit über die Zukunft des linksrheinischen Deutschland. Die französische Militäradministration in der Pfalz unter General Gérard war in dieser Zeit bemüht, das Gerücht zu verbreiten, dass die Abtrennung der Pfalz bereits beschlossene Sache sei, obwohl der Versailler Friede noch längst nicht formuliert war. Gleichwohl hatte dieses Gerücht vor dem Hintergrund der französischen Kriegszieldiskussion und dem Verhalten der Besatzungsmacht eine hohe Überzeugungskraft. Dies umso mehr, als sich zur gleichen Zeit in Bayern mit dem Mord an Ministerpräsident Kurt Eisner am 21. Februar 1919 die staatlichen Strukturen in Auflösung zu befinden schienen, im April die Räterepublik ausgerufen wurde und der aus der Pfalz stammende bayerische Ministerpräsident Johannes Hoffmann nach Bamberg flüchten musste, weil in München die Verhältnisse denkbar unübersichtlich wurden. So kam es, dass sich am 22. Februar 1919 in Landau eine »Notablenversammlung« führender pfälzischer Köpfe zusammenfand, die ganz im Sinne bereits älterer politischer Ideen eine etwaige Gründung einer autonomen pfälzischen Republik erwog. Radikale Kräfte unter ihnen, wie der Weinbauchemiker Eberhard Haaß oder der BVPler Dr. Eugen Jäger, dachten gleich an eine Trennung vom Reich und an einen Anschluss an die im Rheinland tätigen Separatisten unter Leitung des Düsseldorfers Hans Adam Dorten, die eine Rheinische Republik gründen wollten. Sobald sich die Verhältnisse in Bayern jedoch wieder normalisiert hatten und mit dem Versailler Vertrag (Unterzeichnung am 28. Juni 1919) klar wurde, dass nur das Saargebiet unter eine besondere französische Protektoratsverwaltung gestellt war (dem allerdings das pfälzische Bezirksamt St. Ingbert und Teile der Bezirksämter Homburg und Zweibrücken zugeschlagen wurden), verlor dieser Anlauf sofort wieder seine Grundlage. Der Versuch, eine »Pfälzische Republik« auszurufen, scheiterte am 1. Juni 1919 dann auch kläglich am Widerstand breiter Bevölkerungskreise, der Beamtenschaft und der Kirchen. Zur gleichen Zeit verfehlte aus den gleichen Gründen Dortens Versuch, in Mainz und Wiesbaden eine rheinische Republik zu gründen, sein Ziel. Aber nicht nur Haaß und Dorten waren gescheitert, auch die für die Pfalz und Rheinhessen zuständigen Generäle Gérard und Mangin wurden Ende Oktober 1919 von ihrem Posten abberufen.

Ein bemerkenswertes Nachspiel fanden diese Ereignisse noch am französischen Nationalfeiertag, dem 14. Juli 1919, in Birkenfeld, wo ein neuer Anlauf unternommen wurde, einen Separatstaat zu gründen. Die Militärs vor Ort setzten dabei darauf, dass es ja schon eine lange Diskussion um die Loslösung Birkenfelds von der so weit entfernten oldenburgischen Zentrale gegeben hatte. Sie vergaßen allerdings, dass diese Diskussion von wenigen Ausnahmen abgesehen immer darauf gezielt hatte, Birkenfeld dann an Preußen anzugliedern. Eben deshalb scheiterte die im Sommer 1919 ausgerufene »Birkenfelder Republik« auch. Zwar bestand einige Zeit das Kuriosum mehrerer nebeneinander existierender Birkenfelder Regierungen (Separatistenregierung, oldenburgische Regierung, Besatzungsregime), nach einer freien Wahl, bei der die Separatisten eine vernichtende Niederlage erlitten, musste im November 1919 jedoch auch die Militärregierung einsehen, dass eine Loslösung von Oldenburg momentan nicht erreichbar war.[99]

Auch Gérards und Mangins Nachfolger in der Pfalz und in Rheinhessen, General Adalbert de Metz und General Jean Degoutte, hielten an dem Ziel der Separierung möglichst weiter Teile der besetzten Gebiete von Deutschland fest. Die nach wie vor instabile wirtschaftliche und politische Lage spielte ihnen dabei in die Hände. Unruhen in Speyer im Sommer 1921, die im Gefolge der Ermordung des Zentrumspolitikers Matthias Erzberger, der den Waffenstillstandsvertrag im Wald von Compiègne unterzeichnet hatte, nährten Hoffnungen der französischen Verwaltung. Die instabile innenpolitische Lage wurde 1923 durch den Ausbruch des Ruhrkampfes weiter verschärft. Auf die Besetzung des Ruhrgebietes durch französische und belgische Truppen antwortete die Reichsregierung mit passivem Widerstand, dem sich auch die deutsche Verwaltung in den besetzten Gebieten anschloss. Die daraufhin von Frankreich ergriffenen Sanktionen, wie etwa die Ausweisung von rd. 6.000 pfälzischen Beamten, verschärften das innenpolitische Klima. Wichtiger noch aber war, dass die wirtschaftliche Situation sich radikal verschlechterte und eine galoppierende Inflation einsetzte, die den Mittelstand schwer schädigte und enorme Arbeitslosigkeit hervorrief. Zugleich stärkte diese katastrophale Situation politische Extremisten: In Bayern übernahm der streng konservative Generalstaatskommissar Gustav Ritter von Kahr die Regierung, der einen Konfrontationskurs gegen Berlin einschlug. In dieser Situation sah der pfälzische SPD-Vorsitzende Johannes Hoffmann am 23. Oktober 1923 nur den Ausweg, die Pfalz von Bayern zu trennen, gleichwohl ihren Verbleib im Reichsverband zu sichern. Doch der pfälzische Kreistag lehnte diesen Weg als Landesverrat ab, und die SPD-Basis distanzierte sich schnell von ihrem Vorsitzenden. Damit war auch dieser Versuch gescheitert. Gleichzeitig jedoch schlugen die Anhänger Dortens und Smeets im Rheinland und in Rheinhessen los: Mit französischer Unterstützung konnten sie in Wiesbaden, Mainz, Worms, Alzey und Bingen Fuß fassen, auch im Koblenzer Schloss wurde eine separatistische Regierung gebildet und die »Rheinische Republik« ausgerufen. In Mainz kostete die separatistische

Besetzung des Regierungsgebäudes, des Erthaler Hofes, drei Menschen das Leben und verlief völlig chaotisch. Auch in die Nordpfalz drang man ein, wo mittlerweile der Präsident des Reichsverbandes der »Freien Bauernschaft«, Franz-Josef Heinz aus Orbis in der Pfalz, ein Demagoge, der eigentlich ein radikales, auf bäuerlichen Interessen beruhendes politisches Ziel verfolgte und die Franzosen für seine Zwecke zu instrumentalisieren versuchte, den Umsturz wagte. Am 12. November rief er in Speyer die »Autonome Pfalz« aus. Landwirte, die durch den passiven Widerstand Ruinierten, Kleinbürger und Ladenbesitzer unterstützten ihn. Dass nur einen Tag zuvor die auch in Birkenfeld mit französischer Unterstützung wieder errichtete Separatistenherrschaft durch den Sturm der Idarer Bevölkerung auf ihr von den Separatisten besetztes Rathaus, bei dem es Tote und Verletzte gegeben hatte, zusammengebrochen war, mag ein schlechtes Vorzeichen für den Versuch in der Pfalz gewesen sein.[100] Am 18. November wandte sich Adam Dorten von Bad Ems aus noch als »Generalbevollmächtigter Süd« der »Rheinischen Republik« an die Pfälzer, deren Unterstützung aber auch er nicht gewinnen konnte. Denn tatsächlich war Heinz der Aufgabe nicht gewachsen, verlor zunehmend an Unterstützung, sah sich Gegendemonstrationen verschiedenster gesellschaftlicher Gruppen gegenüber und fiel am 9. Januar 1924 schließlich einem Mordanschlag rechtsradikaler Kreise zum Opfer. Das Mordkommando hatte der Zweibrücker Rechtsanwalt Edgar Julius Jung angeführt, der später ein enger Berater des Reichskanzlers Franz von Papen werden sollte und am Ende selbst Opfer der Mordmaschinerie wurde, die Adolf Hitler 1934 beim sog. »Röhm-Putsch« in Gang setzte. Mit der Ermordung von Franz-Josef Heinz in Speyer begann der Untergang der pfälzischen Separatistenbewegung. Am 12. Februar 1924 wurde als letzte separatistische Bastion das Pirmasenser Bezirksamt gestürmt: Mehr als ein Dutzend Separatisten wurden von dem wütenden Mob regelrecht massakriert.[101] In Mainz war das »Separatistenintermezzo« ebenfalls Anfang Februar 1924 vorbei, indem sich die Separatistenregierung wegen mangelnder französischer Hilfe selbst auflöste. In Bingen, wo sich die Separatisten noch am besten organisiert hatten, konnte eine beachtliche Geldsumme des hessischen Staates, mit der Schulden beglichen wurden, die Aufgabe bewirken.[102]

Weil eine britische Untersuchungskommission unter dem Generalkonsul Robert Clive im Rahmen einer Bereisung der Pfalz Anfang 1924 hatte feststellen können, dass die große Mehrheit der Pfälzer von einer Separation ihrer Heimat von Deutschland oder der Ausrufung einer autonomen Republik nichts hielt, war eine weitere Unterstützung separatistischer Tendenzen durch Frankreich fortan politisch ausgeschlossen.

Steigender Nationalismus

Damit war die unmittelbare Separatismusgefahr gebannt, doch die gesellschaftlichen Folgen dieser unruhigen Zeit wirkten noch lange nach. Vor allem die extreme Rechte profitierte von dieser krisenhaften Situation: Schon die Reichstagswahl im Juni 1920 hatte eine steigende Zustimmung für rechts stehende Kreise gezeigt, jetzt, bei der Landtags- und Reichstagswahl vom 4. Mai 1924 gewannen die »Vereinigte nationale Rechte« und der »Völkische Block« weiter an Boden. Wer den politischen Gegner in der Folgezeit diffamieren wollte – und das war das Hauptziel der politischen Radikalen –, der brauchte ihn nur mit dem Vorwurf des Separatismus zu belegen, um sich einen propagandistischen Vorteil zu verschaffen. Denn die Verfechter einer »Rheinischen Republik«, ganz gleich welcher Richtung, sahen sich nun einer scharfen gesellschaftlichen Ächtung ausgesetzt, vor der nicht wenige nach Frankreich flohen: Die meisten versuchten in Straßburg ein neues Leben zu beginnen, Dorten ließ sich als französischer Staatsbürger in Nizza nieder. Wer immer auch darauf gehofft hatte, es könne sich im Laufe der Zeit vielleicht auch eine Besserung des deutsch-französischen Verhältnisses einstellen, der musste sich nun gründlich getäuscht sehen.[103]

Das musste sogar der deutsche Außenminister Gustav Stresemann erfahren, dem es 1925 in Locarno gelang, einen multilateralen Vertrag zu schließen, in dem die deutsche Westgrenze festgeschrieben wurde, und so der Weg zu einer Verständigung bereitet werden sollte. Stresemann und sein französischer Verhandlungspartner Aristide Briand erhielten für diese Friedensinitiative, mit der das Gerede von der deutsch-französischen »Erbfeindschaft« endlich überwunden werden sollte, sogar den Friedensnobelpreis. Vor Ort, im linksrheinischen Deutschland, war man jedoch skeptisch. Die bayerische Regierung etwa forderte Monat für Monat Lageberichte der pfälzischen Bezirksämter an, in denen ausdrücklich dazu Stellung genommen werden sollte, ob sich die Situation entspanne. Das Bezirksamt Germersheim z. B. antwortete jedoch in ostentativer Eintönigkeit: »Seit den Verhandlungen von Locarno ist bis jetzt eine beachtliche grundlegende Aenderung der Besatzungsverhältnisse und des Besatzungsregimes nicht eingetreten«. So kann es kaum verwundern, dass Provokationen, Konfrontationen, Konflikte und sogar Mordfälle die feindliche Stimmung im Besatzungsgebiet auch weiter beherrschten. Das zeigt schlagartig der Tod des Emil Müller, 1926 erschossen von dem deutschfeindlichen französischen Unterleutnant Rouzier, der sich freilich mit seinem Schusswaffengebrauch gegen die Nachstellungen rechtsradikaler Kreise gewehrt hatte, zu denen auch Emil Müller, der später zu einem Märtyrer der NS-Bewegung in der Pfalz stilisiert werden sollte, gehörte. Stresemann musste sich persönlich um diesen für seine Politik so gefährlichen pfälzischen Zwischenfall kümmern, im »Simplicissimus«, einer deutschlandweit bekannten satirischen Zeitschrift, erschien eine ganzseitige Karikatur mit der Unterschrift: »Es hat sich doch manches gebessert – französische Offiziere erschießen jetzt schon in Zivil deutsche Bürger.«

»Bluttat von Germersheim«, aus: »Simplicissimus« 31 (1926), Heft 29

Nach so vielen Jahren der Konfrontation und des Hasses wollten weder die französischen Truppenkommandeure vor Ort noch die Bevölkerung wirklich eine Annäherung. Und wieder waren die rechtsradikalen Kräfte die einzigen Profiteure der ganzen Misere: Ihr Ansehen als zuverlässige, treudeutsche Partei stieg weiter.[104] Der einzige Weg aus dem Dilemma, das sahen verständige Beobachter in Deutschland wie in Frankreich gleichermaßen, war eine möglichst rasche Räumung der linksrheinischen Gebiete.

Das Ende der Besatzung 1930, Krisenjahre

Genau das gelang Stresemann 1929 im Zusammenhang mit den Verhandlungen um den Young-Plan, der die Reparationsleistungen Deutschlands endgültig regeln sollte. In der Koblenzer Zone begann der Rückzug der französischen Soldaten ab November 1929, weiter im Süden (Pfalz, Birkenfeld, Rheinhessen) endete die Besatzungszeit am 30. Juni 1930, also rd. fünf Jahre früher als geplant. Von der großen Garnison in Germersheim wird überliefert, dass die französischen Offiziere dort zum Abschied ihre Säbel in den Rhein gesenkt haben sollen mit den Worten »Nous reviendrons!« – wir werden wiederkommen. In der Nacht vom 30. Juni auf den 1. Juli rückte in der Pfalz bayerische Polizei ein, am 30. Juni nachmittags bereits hessische kasernierte Schutzpolizei in Mainz. Jubelfeiern fanden allerorten in den befreiten Gebieten statt, sogar Reichspräsident Hindenburg begab sich auf eine Rundreise und wurde überall begeistert empfangen. Nach Mainz gelangte er mit einem Rheindampfer, der seinen Namen trug, hielt ein Festbankett ab und übernachtete im Deutschhaus, dem heutigen Landtag.[105]

Der Jubel über das Ende der französischen Besatzung im linksrheinischen Deutschland konnte nur kurzzeitig die schweren wirtschaftlichen und sozialen Probleme überdecken, denen man sich hier auch ohne die Last der französischen Besatzung im Gefolge der Weltwirtschaftskrise nun stellen musste. Hatte es in den besetzten Gebieten ohnehin die später gerühmten »goldenen« 1920er Jahre der Republik nicht gegeben, so steuerte die Situation zu Beginn der 1930er Jahre nun in Richtung einer vollständigen Katastrophe. Ende März 1931 gab es bereits allein in der Pfalz 72.000 Arbeitslose und 116.000, die von staatlichen Unterstützungsleistungen leben mussten – Tendenz steigend. Bald war jeder zweite Pfälzer arbeitslos. Im oldenburgischen Landesteil Birkenfeld fielen die meist selbständigen arbeitslosen Schleifer, Graveure und Goldschmiede, weil sie keinen Sozialversicherungsschutz hatten, den Gemeinden als Sozialfälle zur Last, so dass diese in kürzester Zeit ruiniert waren. Was aus Bayern, Oldenburg und dem Reich an Unterstützung für die Grenzgebiete noch unter französischer Besatzungszeit geleistet worden war, war nicht mehr als ein Tropfen auf den heißen Stein. Auch im Rechtsrheinischen wurde der wirtschaftliche Niedergang sehr spürbar: Waren dort im Erzbergbau 1927 noch 7.131 Beschäftigte zu verzeichnen gewesen, sank deren Zahl bis 1932 auf 2.185. Der Kreis Altenkirchen allein hatte 1932 6.450 Arbeitslose zu versorgen.[106] Die ganze Dramatik des wirtschaftlichen Niedergangs zeigt auch das Kapitel »Wirtschaftsgeschichte« auf.

Aufstieg der NSDAP

Skrupellos nutzte die NSDAP diese Situation, um sich als universaler Retter aus der Not zu präsentieren und allen alles zu versprechen. Sozialdemokraten und Reichsbannerleute, aber auch die katholische Kirche versuchten diese hohle Propaganda und die Gefährlichkeit der Nationalsozialisten zu entlarven und vor der Gewaltbereitschaft zu warnen. Der Mainzer Generalvikar Philipp Jacob Mayer stellte z. B. 1930 unmissverständlich klar, dass Katholizismus und Nationalsozialismus unvereinbar seien: »Kann ein Katholik eingeschriebenes Mitglied der Hitlerpartei sein? – Kann ein katholischer Pfarrer gestatten, dass Mitglieder dieser Partei korporativ an kirchlichen Beerdigungen oder sonstigen Veranstaltungen teilnehmen? – Kann ein Katholik, der sich zu den Grundsätzen dieser Partei bekennt, zu den hl. Sakramenten zugelassen werden? Wir müssen dies verneinen« – so antwortete er auf eine entsprechende Anfrage der NSDAP-Gauleitung Hessen-Nassau.[107] Doch auch

Die Reichstagswahlergebnisse der NSDAP auf dem Gebiet des heutigen Rheinland-Pfalz 1930–1933 (in %)

	Birkenfeld	Pfalz	Rheinhessen	Preußische Landesteile
14. September 1930	24,3	22,8	17,7	15,1
31. Juli 1932	53	43,7	39	29,6
6. November 1932	48,1	42,6	35,9	27,5
5. März 1933	55,1	46,5	43	39

Angaben nach Bd. Historische Statistik

das konnte die Bewegung nicht aufhalten. Begonnen hatte der Aufstieg »der Partei« in der Pfalz in Odernheim am Glan, wo 1921 die erste Ortsgruppe gegründet wurde. Andere folgten, im oldenburgischen Oberstein und im westerwälder Betzdorf wurden 1925 die ersten NSDAP-Ortsgruppen ins Leben gerufen. Danach gab es einen gewissen Schwerpunkt der Partei in städtischen Milieus, für die Pfalz etwa im Raum Zweibrücken-Pirmasens. Wichtig war für den Aufstieg die Schaffung einer Zeitung, in der Pfalz mit dem Titel »Eisenhammer«, später als Tageszeitung die »NSZ-Rheinfront«, die die antisemitische Propaganda ins Land trug, vor allem aber sich im Kampf gegen die französische Besatzung profilierte. Wichtig war aber auch eine zupackende Führungsfigur, die die häufigen innerparteilichen Streitigkeiten überwinden und die Partei einen konnte. Während man eine solche in Rheinhessen lange nicht finden konnte und sich in parteiinternem Zwist verstrickte,[108] war dies ab Februar 1925 in der Pfalz der NSDAP-Gauleiter Josef Bürckel. Größere Schwierigkeiten hatte die völlig zerstrittene NSDAP auch im Koblenzer Gebiet. Die Partei setzte bei ihrer Propaganda stets auf ein Bekanntwerden um jeden Preis: Blutige Straßenschlachten mit dem politischen Gegner wie noch 1933 bei einer Zentrums-Wahlkampfveranstaltung[109] in Kaiserslautern sowie Verleumdungskampagnen und eine bisweilen absurde Hetze gegen alle Andersdenkenden waren selbst dann nützlich, wenn man Beleidigungsprozesse verlor – immerhin wurde die Partei so breiten Bevölkerungskreisen bekannt. Hinzu kam eine unermüdliche Werbearbeit, wenn möglich mit dem unumstrittenen Führer Adolf Hitler, der mehrfach in unserer Region bei Wahlkämpfen auftrat, so z. B. sogar in dem kleinen Idar und Oberstein im Mai 1932. Dass sich die NS-Führer vor Ort um die Not etwa der Landwirte kümmerten, nationalsozialistische Unterstützungskassen gründeten oder als Einzelhändler bis zur Gefahr des eigenen Ruins »anschreiben« ließen, wie z. B. im rheinhessischen Gau-Odernheim, verschaffte ihnen weiteren Respekt bei der notleidenden Landbevölkerung, die nur zu gerne den leeren Versprechungen auf eine bessere Zukunft Glauben schenken wollte.[110] Wie sich die Entwicklung der NSDAP im Vergleich zu den anderen Parteien vollzog, beleuchtet das Kapitel »Öffentlichkeit und Gesellschaft«.

9. In der NS-Diktatur

Wie konnte es geschehen?

Freilich genügen die regionalen Bedingungsfaktoren des NSDAP-Erfolges nicht, um die entscheidende Zäsur und den ungeheuerlichen Kulturbruch, den die Machtübernahme der Nationalsozialisten im Jahre 1933 darstellen, zu erklären. Seit Jahrzehnten versucht die historische Forschung in immer neuen Anläufen immer neue Erklärungsmodelle vorzulegen. Dabei ist eine Vielzahl von Perspektiven eröffnet worden, für deren Validität auch viele Belege aus der Geschichte des rheinischen und pfälzischen Raumes sprechen. Monokausale Erklärungsversuche, dies zeigt die lange wissenschaftliche Diskussion jedenfalls eindeutig, verbieten sich, wenn man angemessene Antworten auf die bohrende Frage formulieren will, wie es zu der großen Katastrophe kommen konnte.[111]

Ursachen: Nationalistische und antisemitische Traditionen

Der Nationalsozialismus ist nicht aus dem »Nichts« entstanden, es gab lange Vorprägungen und Traditionen, auf denen er seine menschenverachtende Ideologie aufbauen, die er sich zu Nutze machen konnte. Weit ältere Verfechter etwa des Antisemitismus hatten diese Denkweise schon salon- und gesellschaftsfähig gemacht, bevor Hitler kam und sie weiter radikalisierte. Sie waren gleichsam »Wegbereiter« und manchmal auch »Türöffner« für einen Mann, dessen Entschlossenheit sie alle unterschätzten. Ein gutes Beispiel dafür ist der Mainzer Rechtsanwalt Heinrich Claß, der als Vorsitzender des »Alldeutschen Verbandes« antidemokratisches, monarchistisches und nationalistisches Gedankengut sowie einen populären Rassismus verbreitete. Als Tochterverband hatte er schon im Januar 1919 den »Deutschvölkischen Schutz-und Trutzbund« gegründet, der bereits das Hakenkreuz als Erkennungszeichen nutzte und den Kampf gegen das Judentum propagierte. Seit Dezember 1920 traf sich Claß mit Hitler, auch mit dem aus Alsenz (Pfalz) stammenden Dr. Wilhelm Frick, dem späteren NS-Reichsinnenminister, und war bereit, finanzielle Hilfe zu leisten. Hitler ließ sich von Claß allerdings nicht instrumentalisieren.[112]

Ursachen: Radikalisierung durch den Ersten Weltkrieg

Nicht zu unterschätzen ist auch die Bedeutung des Ersten Weltkrieges. Die enthemmenden und entmenschlichenden Folgen dieses ersten »totalen Krieges« sind lange zu wenig beachtet worden. Das spiegelte sich dann in einer zunehmenden Gewaltbereitschaft wider, die auch die politische Auseinandersetzung bestimmte. Ein gutes Beispiel dafür aus unserem Raum stellt der Überfall von SA-Männern auf eine öffentliche Versammlung katholischer und jüdischer Geistlicher dar, die am 6. März 1927 in Nastätten über das »wahre Gesicht des Nationalsozialismus« aufklären wollten. Die Nationalsozialisten gingen mit äußerster Brutalität gegen die Versammlungsbesucher und die völlig hilflose Polizei vor. Ein Polizist, der seinem bereits leblos am Boden liegenden Kollegen, auf den SA-Leute mit Stahlruten und Gummiknüppeln einschlugen, helfen wollte, erschoss dabei einen der prügelnden Nationalsozialisten, der sofort von der NS-Propaganda zum Märtyrer stilisiert wurde.[113] Ganz ähnlich die Vorkommnisse im rheinhessischen Dolgesheim, wo sich vom 9. auf den 10. August 1930 eine Massenschlägerei zwischen Nationalsozialisten und Reichsbannerleuten ereignete, die die Republik verteidigen wollten. Kaum im Besitz staatlicher Macht, rächten sich die in einem Landfriedensprozess daraufhin verurteilten Nationalsozialisten an dem Juden Julius Frank, der gegen sie gekämpft und ausgesagt hatte, und ermordeten ihn am 7. März 1933. Die Tat wurde als Selbstmord ausgegeben, die Mörder bis 1945 gedeckt.[114]

Ursachen: Der »charismatische« Führer

Dass trotz solcher Untaten viele Menschen bereit waren, Hitler zu folgen, mag, wie manche Historiker meinen, auch damit etwas zu tun haben, dass in vielen Menschen in dieser als Chaos empfundenen Gegenwart die Sehnsucht nach einer kraftvollen charismatischen Führergestalt schlummerte, die nicht wenige dann in Adolf Hitler sehen wollten. Charismatischen Führern folgen Menschen »instinktiv«, auf sie werden Hoffnungen projiziert, ihnen versucht man gleichsam »entgegenzuarbeiten«, ihre politischen Ziele umzusetzen, ohne dass es dazu eigener Aufforderungen oder Befehle bedürfte. Einem Heiland gleich wurde Hitler auch in unserem Raum von manch einem verehrt, wie ein Gedicht unschwer erkennen lässt, das von einem Werksangehörigen in der Werkzeitung des Ingelheimer Unternehmens »C. H. Boehringer Sohn« im Mai 1939 veröffentlicht wurde:

Lob dem Führer!

Unser Führer Adolf Hitler
Seiner Ahnen Stolz und Zier
Hält zu seines Volks Freude
Hoch das deutsche Reichspanier.
Und sein innigstes Bestreben
Deutschlands Schutz und Hort zu sein,
Fordert, daß wir Leib und Leben
Freudig ihm von Herzen weih'n.

[...]

Und so wollen wir entbieten
Unseren Dank dem höchsten Herrn
Und zu seiner Ehre bringen
Einigkeit dem Führer gern.
Ein Volk, ein Reich, ein Führer
Von der Maas bis an den Belt!
Deutschland, Deutschland über alles
Ueber alles in der Welt![115]

Ursachen: Materielle Vorteile

Will man verstehen, wie es den Nationalsozialisten gelingen konnte, eine tatbereite Gefolgschaft zu finden, wird man freilich auch ganz profane Erklärungen bemühen müssen: Sich den Nationalsozialisten anzuschließen, brachte manch einem auch materielle Vorteile. Der kleine rheinhessische Ort Framersheim liefert dafür einen bemerkenswerten Beleg. Dort bereicherte man sich in der Reichspogromnacht 1938 schamlos am Hab und Gut der jüdischen Mitbürger, stahl, was nur zu stehlen war. Offenbar dachten die ortsansässigen Parteimitglieder, dass gegenüber den diskriminierten Juden nun alles erlaubt sei. Mehrfachen Aufrufen, das gestohlene Gut umgehend der Partei zurückzugeben, um das Ansehen der Partei nicht zu beschädigen, kamen die wenigsten nach. Die NSDAP-Kreisleitung musste Gestapo und Parteigericht bemühen, um wenigstens einen Teil des Diebesgutes wieder zurückzuerhalten.[116]

Ursachen: Kalte, tatbereite Rechte – Werner Best

Andere wurden hingegen von Motiven geleitet, deren Entstehung wieder in die Zeit des Ersten Weltkrieges zurückreicht. Der Krieg, der als Schmach und Schande empfundene Versailler Vertrag und die so glücklose Republik brachten eine junge, tatbereite nationalistische Rechte hervor, die das »deutsche Volkstum« als politisches Ziel gleichsam überhöhte. Der Gründer des deutschnationalen Jugendbundes in Mainz, Werner Best, war ein solcher Vertreter dieser Volksgemeinschaftsideologie, ein kalter »Exekutor des Bösen«, der später Karriere im Reichssicherheitshauptamt machen sollte, wo er am Ende Mitorganisator des Vernichtungsprogramms wurde. Solche Männer waren keine primitiven Sadisten, die blind Befehlen gehorchten, sondern sie stammten überwiegend aus bürgerlichen Kreisen mit einer Sozialisation in soldatischen und extrem nationalen Kampfverbänden der Zeit um 1918/19. Ihre kalte Geschäftsmäßigkeit und ihre Skrupellosigkeit sahen sie stets gerechtfertigt als nationale Pflichterfüllung. Das zeigt im Falle Bests schon die Ausarbeitung der sog. »Boxheimer Dokumente« aus dem Jahre 1931, in denen der junge Jurist radikale Maßnahmen vordachte und Verordnungen formulierte, die für den Fall eines kommunistischen Umsturzes vorgehalten werden sollten. Die darin mehrfach geforderte Todesstrafe für politische Delikte und das rücksichtslose Vorgehen ließen nach ihrer Veröffentlichung einen Einblick in die geplanten Gewaltmaßnahmen zu, die in nationalsozialistischen Kreisen, trotz aller Legalitätsbeteuerungen Hitlers, angedacht wurden.[117]

Ursachen: Volksgemeinschaftsideologie

Der von Best wie von vielen anderen mystisch überhöhte Glaube an die »Volksgemeinschaft«, mit der ein als sicher angenommener Konkurrenzkampf um die knappen Ressourcen der Welt gewonnen werden sollte, wird neuerdings in das Zentrum der Erklärung des Nationalsozialismus gerückt und dabei flankiert durch relevante sozialpsychologische Beobachtungen. »Du bist nichts, Dein Volk ist alles!«, lautete eine viel zitierte Maxime dieser Zeit. Die Teilhabe an dieser Volksgemeinschaft verlangte einerseits die rassistisch definierte Geeignetheit und andererseits das gläubige, freudige, aktive Bekenntnis zum Nationalsozialismus. Zugleich war sie berufen eine angebliche Bedrohung apokalyptischen Ausmaßes abzuwehren, die von den Juden ausgehe. Im Rahmen eines Transformationsprozesses, bei dem sich die gesellschaftlichen Normen veränderten, wurde diese Ausrichtung der Volksgemeinschaft angestrebt. Dabei wurden Wertstrukturen geändert, Gut und Böse neu definiert, ein dem propagierten neuen Wertegefüge angepasstes Verhalten belohnt, abweichendes sanktioniert. Ein Mittel dazu war die permanente Inszenierung der Volksgemeinschaft in Festen, Massenkundgebungen, Gemeinschaftsveranstaltungen, Schulungen u. ä. bis hin zu gemeinschaftlichem Eintopfessen und Hitlergruß. Alle diese Gelegenheiten wurden zur »ideologischen« Schulung genutzt. Wenn man alleine die aufwändig geplanten und inszenierten Feiern zum 1. Mai in einem Ort wie Ober-/Nieder-Ingelheim in Rheinhessen betrachtet, bei denen der gemeinsame, geordnete Marsch aller Werktätigen, natürlich unter dem Klang der von Werkskapellen gespielten nationalen Lieder, organisiert wurde, zudem die zahlreichen gehaltenen Festreden, das Zusammenkommen auf einem feierlich geschmückten, mit Hakenkreuzfahnen an allen Enden beflaggten Festplatz, die Anwesenheit der Parteiprominenz bis hin zum gemeinsamen Empfang einer Rundfunkrede und gemeinsamem Festessen – so wird deutlich, wie intensiv diese »Volksgemeinschaft« nicht nur propagiert, sondern auch »geschaffen« und »inszeniert« werden sollte, um ein ganzes Volk mit dem Willen seines Führers gleichzuschalten, ja am Ende dessen Willen zum Willen des Volkes zu machen.[118]

Ursachen: »Verführung und Gewalt«

Wer sich trotz all dieser Anstrengungen gegen Vereinnahmung und Einbezug in die »Volksgemeinschaft« wehrte, dem freilich wurde als letztes Mittel auch mit Gewalt gedroht. Der Münsteraner Historiker Hans Ulrich Thamer hat dieses Doppelgesicht des Nationalsozialismus unter das Begriffspaar »Verführung und Gewalt« gefasst. Zwar ist der Zwangs- und Gewaltcharakter des NS-Regimes lange Zeit als Rechtfertigungsgrund für eigene Untätigkeit und Duldsamkeit instrumentalisiert worden, zwar hat die neuere Gestapoforschung darauf aufmerksam gemacht, dass die Gestapo weit weniger Mitarbeiter hatte und weit weniger effektiv arbeitete, als man lange Zeit dachte, doch ist andererseits gar nicht zu verkennen, dass Zwang und Gewalt ein konstitutives Element der Herrschaftspraxis des »Dritten Reiches« waren, ohne die seine Dauer schwerlich zu erklären ist. Die Gestapo war weder allmächtig noch allwissend, sondern vielfach auf das Heer von Denunzianten angewiesen, das diese moderne Staatsterrororganisation mit Anzeigen überschwemmte. Aber die Gestapo verübte abschreckende Verbrechen, und die Gerüchte darüber verbreiteten sich schnell, wirkten sozial disziplinierend.[119]

Gestapo

Auf dem Gebiet des heutigen Rheinland-Pfalz wurden mehrere Stapo-Dienststellen eingerichtet. In Hessen beispielsweise wurde Werner Best am 6. März 1933 bereits zum »Sonderkommissar für das Polizeiwesen in Hessen« ernannt. Unter seinem Einfluss wurde nur wenige Tage später, am 28. März, die Politische Polizei aus dem Landeskriminalamt Darmstadt ausgegliedert und am 12. Juni 1933 in »Hessisches Staatspolizeiamt Darmstadt« umbenannt. Schneller als in Preußen wurde hier die politische Polizei verselbständigt und mit allen Befugnissen einer Sonderbehörde ausgestattet. Diese Gestapozentrale in Darmstadt errichtete dann eine Außendienststelle in Mainz, die in der Kaiserstraße 31 untergebracht wurde. In der Klarastraße, im sog. »Dalberger Hof«, unterhielt sie ein Polizeigefängnis. In ganz ähnlicher Weise wurden Stapostellen auch an anderen Orten unseres Landes errichtet: Für die Pfalz war die von München aus geführte Außenstelle in Ludwigshafen, ab 1937 die eigenständige Stapostelle Neustadt a. d. W. (ab 1941 Außenstelle der Gestapo Saarbrücken) zuständig, im Rheinland hatte die Gestapo Dienststellen in Trier, und in Koblenz war sogar die Gestapoleitstelle für die gesamte Rheinprovinz ansässig. Aufgrund großer Aktenverluste im Krieg lässt sich die Tätigkeit dieser Dienststellen nicht mehr exakt rekonstruieren, aber es gibt eindeutige Hinweise darauf, dass sie so wie überall im Reich funktionierten, d. h. ganz wesentlich für die Verfolgung und später Deportation von Juden, Sinti und Roma, Zeugen Jehovas, politischen Widerständlern u. a. zuständig waren und eine möglichst lückenlose Überwachung der Bürger anstrebten. Allein die erhaltene Gestapo-Kartei in Koblenz umfasst ca. 100.000 Karteikarten, von der Gestapo in Neustadt sind noch 12.160 Ermittlungsakten, sicher nur ein Bruchteil ihrer Tätigkeit, überliefert, und für die Mainzer Stapostelle lassen sich mindestens knapp 2.000 Inhaftierungen belegen. Auch in unserem Raum gehörten Folter und unnachsichtige Verfolgung zum Repertoire geheimdienstlicher Maßnahmen. Besonders rücksichtslos scheint die Gestapo in der Pfalz vorgegangen zu sein, wo eine Reihe mysteriöser »Selbstmorde« politischer Gefangener in Ludwigshafener Gestapohaft schon 1933 die brutale, vor nichts zurückschreckende polizeiliche Praxis charakterisierte. Einige hier tätige Gestapomitarbeiter, wie etwa der in Zweibrücken geborene zeitweilige Leiter der Gestapo Neustadt, Dr. Otto Bradfisch, beteiligten sich auch an den Massenverbrechen des »Dritten Reiches«. Bradfisch zeichnete als Leiter eines Einsatzkommandos für die Exekution von ca. 140.000 sowjetischen Juden im Sommer und Herbst 1941 verantwortlich.[120] Bis in die letzten Stunden blieb die Geheimdienstorganisation des »Dritten Reiches« gefährlich. Noch nach dem Attentatsversuch auf Hitler vom 20. Juli 1944 z. B. wurde zum wiederholten Mal eine reichsweite Verhaftungsaktion gegen ehemalige politische Funktionsträger der Weimarer Republik durchgeführt, um jeder weiteren Opposition den personellen Rückhalt zu nehmen. Diese Aktion »Gewitter« wurde trotz Bombenhagel und nahendem Kriegsende von der Mainzer Stapostelle planmäßig abgewickelt, und mehrere Dutzend Personen wurden verhaftet. Unter ihnen befand sich der ehemalige rheinhessische Zentrums-Reichstagsabgeordnete Fritz Bockius. Von Mainz aus wurde er ins Darmstädter Turm-Gefängnis deportiert, von dort in die Konzentrationslager Sachsenhausen-Oranienburg und schließlich nach Mauthausen. Der 62-jährige kranke Mann musste dort stundenlang bei Minustemperaturen nackt im Freien stehen und wurde mit Wasser übergossen – am 5. März 1945 starb er. Nicht einmal den Bischof von Mainz schützte sein hohes Amt, auch Bischof Albert Stohr musste sich zu dieser Zeit vor der Mainzer Gestapo verstecken, weil diese noch im Untergang der Diktatur einen Haftbefehl an ihm vollstrecken sollte.[121] Und die Gestapo war nicht allein: Auch der Sicherheitsdienst (SD) des Reichsführers-SS, der z. B. in Koblenz eine für den ganzen Gau zuständige Dienststelle mit Zweigstellen in den Kreisen unterhielt, beteiligte sich intensiv an der Überwachung der Bevölkerung, ganz zu schweigen von den Parteifunktionären und dem Heer der Denunzianten, die bisweilen den Eindruck einer »sich selbst überwachenden Gesellschaft« vermitteln.[122]

Sondergerichte

Das wichtigste Mittel des Terrors der Gestapo war die sog. »Schutzhaft«, die jeder richterlichen Kontrolle entzogen war und in der Regel in eigens dafür eingerichteten Strafanstalten, den »Konzentrationslagern«, vollzogen wurde. Gegen Schutzhaft und Konzentrationslager regte sich nicht einmal in der schnell gleichgeschalteten Justiz erheblicher Widerstand, zum einen, weil die aus dem Kaiserreich übernommene Justizbeamtenschaft für autoritäre Ordnungsvorstellungen empfänglich war, zum anderen, weil man nur durch Anpassung glaubte die eigene Bedeutung im NS-Staat retten zu können.[123] Vielmehr arbeiteten Justiz und Gestapo bei der Verfolgung von Regimegegnern und der Disziplinierung der Gesellschaft, von wenigen Ausnahmen abgesehen, Hand in Hand, wobei die ebenfalls 1933 schon erfolgende Einrichtung von speziellen Sondergerichten für die Verurteilung »politischer Straftaten« in jedem Oberlandesgerichtsbezirk eine wichtige Rolle spielte. Für die Pfalz wurde ein solches Sondergericht zunächst am Landgericht Frankenthal eingerichtet, von wo aus es 1938 nach

Kaiserslautern, 1940 nach Saarbrücken verlegt wurde. In den letzten Kriegsmonaten tagte es noch in Sulzbach. Das für Rheinhessen zuständige Sondergericht wurde am Landgericht Darmstadt gebildet, tagte aber auch gelegentlich in Mainz. 1942 erwies es sich als zweckmäßig für die Aburteilung von Plünderungen nach Luftangriffen ein eigenes Plünderungs-Sondergericht in Mainz zu bilden. Die südlichen Rheinlande wurden zunächst von dem Sondergericht in Köln mit »betreut«, 1940 aber wurde ein eigenes Sondergericht am Landgericht in Koblenz geschaffen, das für die Landgerichtsbezirke Koblenz und Trier zuständig war. Ende 1944 detachierte man eine Kammer dieses Sondergerichts nach Trier, wo es kurzzeitig schon 1939 ein Plünderungs-Sondergericht gegeben hatte.[124]

Konzentrationslager

Konzentrationslager, Außenstellen von Konzentrationslagern oder Arbeitskommandos gab es auch auf dem Boden des heutigen Rheinland-Pfalz. Umgehend nach der Machtübernahme der Nationalsozialisten ließ z. B. der Staatskommissar für das Polizeiwesen in Hessen, Dr. Werner Best, ein Konzentrationslager in Osthofen errichten, wo politische Regimegegner so lange gequält und drangsaliert wurden, bis sie von ihren oppositionellen politischen Auffassungen Abstand nahmen. Schon am 6. April 1933 richtete er Sonderkommandos aus SS- und SA-Leuten ein, die, mit einer Armbinde »Hessische Hilfspolizei Sonderkommando« versehen, bei der ganz öffentlichen und sichtbaren Verhaftung und Überführung potenzieller Regimefeinde in dieses Konzentrationslager helfen sollten.

Häftlinge aus den Reihen der Kommunisten und Sozialdemokraten zu Fuß und auf LKWs auf dem Weg in das Konzentrationslager Osthofen (NS-Dokumentationszentrum Rheinland-Pfalz/ Gedenkstätte KZ Osthofen)

Solche frühen KZs gab es in der Pfalz in dem Gefängnis in Zweibrücken, wo man eine eigene Schutzhaftabteilung eingerichtet hatte. Auch im Fort Landau und bei Lachen-Speyerdorf sowie in Enkenbach und Neustadt waren solche KZs eingerichtet, im Rheinland bestand im Gefängnis Wittlich eine Schutzhaftabteilung. Im Laufe des Jahres 1933/34 wurden die nach wenigen Wochen noch nicht entlassenen Verhafteten dann nach Dachau überstellt und diese »frühen KZs« wieder geschlossen. Bis zum Beginn des Krieges gab es auf dem Gebiet des heutigen Rheinland-Pfalz kein Konzentrationslager mehr. Denn der neue Inspekteur der Konzentrationslager, der Pfälzer Theodor Eicke, ehemals Angehöriger des Werkschutzes der BASF, organisierte das NS-Lagersystem in Deutschland neu, zentralisierte es und schuf jenen Typ von Konzentrationslager mit einer unerbittlichen und auf Vernichtung von Menschen angelegten Lagerordnung, wie er von den späteren Vernichtungslagern des Ostens bekannt ist.[125] Mit dem Beginn des Krieges aber breitete sich das Lagersystem wieder über ganz Deutschland aus. Nun entstand sehr schnell auch auf dem Gebiet des heutigen Rheinland-Pfalz ein ganzes Netz von Lagern mit unterschiedlichsten Funktionen und Unterstellungen. Es gab Zwangsarbeiterlager, der Wehrmacht unterstellte Kriegsgefangenenlager, Stalags wie in Trier-Petrisberg, wo über 6.000 belgische und französische Kriegsgefangene eingesperrt wurden, darunter auch Jean-Paul Sartre. Des Weiteren existierten Umerziehungslager wie etwa in Bacharach, in Ellern, Adenau, Marienthal oder Ruwer, sodann das Frauenstraflager Flussbach und schließlich SS-Sonderlager wie in Hinzert oder aber die zahlreichen KZ-Außenkommandos wie in Dernau an der Ahr, in Cochem an der Mosel oder andernorts.[126]

Von besonderer Bedeutung ist das Lager Hinzert. Ursprünglich war es bei Hermeskeil 1939 zur »Erziehung« von Westwallarbeitern eingerichtet worden, die sich angeblich oder tatsächlich Verfehlungen hatten zuschulden kommen lassen. Ab Mitte 1940 diente es aber mehr und mehr als Arbeitserziehungslager für Zwangsarbeiter, denen man irgendwelche Vergehen vorwarf oder die einfach nicht einsatzfreudig genug für Deutschlands Sieg zu arbeiten schienen. Ab 1941 mutierte das Lager ein weiteres Mal: Jetzt waren es vor allem Widerstandskämpfer aus dem besetzten Europa, die hierhin gebracht und zum Teil grausamsten Misshandlungen ausgesetzt wurden. Politische Kommissare der Roten Armee ermordete man hier ebenfalls: Im Herbst 1941 waren es alleine 70, die mit Giftspritzen zu Tode gebracht wurden. Schon 1942, dann wieder 1944, fanden in der Lagerumgebung von Hinzert Massenexekutionen statt.[127]

»Machtergreifung«

Gewalt, Drohungen, Angst bestimmten also über die gesamten zwölf Jahre nationalsozialistischer Herrschaft das gesellschaftliche Klima. Gewalt, Drohungen, Angst waren auch bei der Errichtung der Diktatur präsent. Das zeigte sich schon ganz früh in Birkenfeld. Oldenburg hatte bereits 1932 eine nationalsozialistische Regierung erhalten. Sie benutzte ihren Einfluss sofort dazu, den demokratischen Birkenfelder Regierungspräsidenten Walter Dörr (DDP) mit falschen Anschuldigungen und Verdächtigungen zu verfolgen,[128] bis er vom NSDAP-Kreisleiter Herbert Wild abgelöst wurde. In den weiteren Ländern und Städten unseres Raumes verlief die »Machtergreifung« in den Monaten März und April 1933 nach einem beinahe immer gleichen Muster. Sie wurde möglich durch die diktatorischen Vollmachten, die sich die Reichsregierung bereits am 4. Februar mit der sog. »Schubkastenverordnung«, am 28. Februar nach dem Reichstagsbrand mit der »Reichstagsbrandverordnung« und am 24. März mit dem sog. »Ermächtigungsgesetz« gesichert hatte. Der bereits am 20. Juli 1932 durch die Reichsregierung noch unter Franz von Papen durchgeführte »Preußenschlag« gab das Muster für die »Machtergreifung« in den Regionen vor. Hier war die demokratisch gewählte Regierung u. a. unter dem Vorwand, sie könne Ruhe und Ordnung nicht mehr gewährleisten, abgesetzt und in die kommissarische Verwaltung des Reiches übernommen worden. So erging es im März 1933 nun auch den übrigen Landesregierungen, nachdem die für den 5. März anberaumten Reichstagswahlen zwar keine absolute Mehrheit für die Nationalsozialisten (in Rheinhessen wählten 42,5 % NSDAP, in der Pfalz 46,5 %, Koblenz/Trier 38,4 %), wohl aber im Verbund mit den republikfeindlichen rechten Kräften eine handlungsfähige Macht ergeben hatten. Die hessische Regierung unter Ministerpräsident Bernhard Adelung wurde am 6. März ab- und der NSDAP-Landtagsabgeordnete Heinrich Müller als Reichskommissar eingesetzt, die bayerische Regierung hielt sich als letzte der deutschen Länderregierungen bis zum 9. März, musste dann aber auch dem Reichskommissar Franz Xaver von Epp weichen. In vergleichbarer Weise erfolgte in diesen Tagen auch die »Machtübernahme« in den Kreisen und Städten. Die Reichskommissare wurden mit dem zweiten Gesetz zur »Gleichschaltung der Länder mit dem Reich« vom 7. April 1933 durch dauerhafte »Reichsstatthalter« ersetzt. Das erste Gesetz zur »Gleichschaltung der Länder mit dem Reich« hatte bereits am 31. März 1933 die Umbildung der Länder- und Gemeindeparlamente nach dem Ergebnis der Wahl vom 5. März verordnet. Das währte jedoch nicht lange, denn durch Druck und Zwang wurden die verbliebenen Vertreter der anderen Parteien bis Sommer 1933 dazu gebracht, auf ihre Mandate zu verzichten. Die schließlich nur noch aus NSDAP-Abgeordneten und ihren Handlangern bestehenden Landtage verabschiedeten dann Ermächtigungsgesetze (Bayern am 28. April 1933, Hessen am 13. März/16. Mai 1933), die dem auf Reichsebene am 23. März beschlossenen sehr ähnlich waren und die diktatorische Macht der regionalen Funktionsträger der Partei stärkten. Sie traten danach nicht mehr zusammen. Nach Erlass der Deutschen Gemeindeordnung wurden 1936 dann regionale Mitbestimmungsorgane, wie der rheinhessische Provinzialrat, der 1933 in gleicher Weise entmachtet worden war, auch offiziell aufgehoben.

Einher gingen diese Ereignisse im März mit z.T. heftigen Kämpfen um die unrechtmäßige Beflaggung der Bürgermeisterämter mit Hakenkreuzfahnen oder bisweilen auch mit der Durchführung von »Schandmärschen«, bei denen Repräsentanten der demokratischen Weimarer Parteien durch die Straßen getrieben und der Beschimpfung eines aufgehetzten Mobs ausgesetzt wurden – so z. B. im pfälzischen Germersheim geschehen, wo der Zentrums-Stadtrat August Ebinger zusammen mit dem jüdischen Viehhändler Mohr am 22. Juni 1933 öffentlich verhöhnt wurde.[129]

»Gleichschaltung«

In einem geradezu atemberaubenden Tempo wurde nun die Gesellschaft »gleichgeschaltet«, Gewerkschaften, Verbände und Vereine verloren ebenso ihre Selbständigkeit wie die politischen Parteien, die allesamt bis zum Juli 1933 aufgelöst oder verboten wurden. Sogar der Obstbauverein »Molzberg« bei Betzdorf wurde »gleichgeschaltet«[130], und in den Vorständen von Fußballvereinen, wie dem 1. FC Kaiserslautern, verlangte die NSDAP die Führung, in Kaiserslautern gelang dies allerdings erst 1938.[131] Mit Macht drängte sich nun der neue »Wertekanon« der nationalsozialistischen »Ideologie« in alle Bereiche der Gesellschaft. Rein äußerlich zeigte sich das schon in der raschen Umbenennung von Straßen, Plätzen und Parkanlagen nach den Protagonisten des NS-Staates und dem eifrigen Bemühen sogar kleiner und kleinster Orte, Hitler zum Ehrenbürger ernennen zu dürfen, wie es etwa für Boppard und Kaub belegt ist. Dabei kam es zu manchen Absurditäten, etwa wenn das rheinhessische Dorf Stadecken versuchte, sich in »Hitlerhausen« umzubenennen.[132] Während man dort mit einem entsprechenden Antrag scheiterte, hatte man in Bacharach am Rhein mehr Erfolg, wo die zwischen Bacharach und Henschhausen gelegene »Voigtswiese« bereits im März 1933 in »Hitlerhöhe« umbenannt wurde. Bei einer großen Feier mit NSDAP-Gauleiter Simon wurde dort im August 1933 sogar ein 11 m hohes Hakenkreuz der Öffentlichkeit präsentiert.[133]

Ansicht von Bacharach, oberhalb der Stadt die »Hitlerhöhe« mit Hakenkreuz (Verein für die Geschichte der Stadt Bacharach und der Viertäler)

Kirchen und NS Auch der antichristliche, heidnische Kult der Nationalsozialisten wurde im öffentlichen Raum schnell sichtbar. Auf der Loreley[134] oder in Koblenz vor dem Schloss und andernorts wurden unter Anlehnung an germanische Gebräuche »Thingstätten« errichtet, die für nationalsozialistische Veranstaltungen gedacht waren, mit denen die Volksgemeinschaftsideologie gefestigt und die nationalsozialistische »Weltanschauung« transportiert werden sollte. Die Kirchen ließen sich anfänglich von Hitlers Gerede über das »positive Christentum«, das er fördern wolle, über diese sichtbaren Zeichen eines aggressiven Neuheidentums hinwegtäuschen. Kirchenoberhäupter wie der Speyerer Bischof Ludwig Sebastian hofften noch auf Verständigung mit der scheinbar rechtmäßigen Obrigkeit, sein evangelischer Amtsbruder Ludwig Diehl hatte sich sogar den Deutschen Christen angeschlossen, die den Nationalsozialismus nachdrücklich förderten. Beide mussten erleben, wie die neuen Machthaber je länger, je mehr auf eine Entchristlichung der Gesellschaft hinarbeiteten und dabei in den Schulen anfingen, wo Schulkreuze und Religionsunterricht verschwinden sollten.[135]

Gauleiter Simon hilft beim Bau des Thingplatzes vor dem Koblenzer Schloss, 1934 (Landeshauptarchiv Koblenz)

Verfolgung Die Umformung der Gesellschaft hin zu einer nationalsozialistischen »Volksgemeinschaft« wurde ergänzt durch den Ausschluss von Unerwünschten. Es begann mit Gewalt gegen Sachen, wie der Verbrennung von Büchern »undeutscher« Autoren am 10. Mai auch an verschiedenen Orten unseres Raumes sowie dem Verbot der oppositionellen Presse. Dies freilich schon im Umfeld erster Angriffe auf die jüdischen Mitbürger im Rahmen des sog. »Judenboykotts« am 1. April 1933, der, wie ein Beispiel aus Wittlich belegt, aber noch keinen durchschlagenden Erfolg zeigte: Es gab immer wieder »arische« Mitbürger, die trotz allem bei Juden kauften.[136] Dagegen stieß man mit dem »Gesetz zur Verhütung erbkranken Nachwuchses« auf mehr Verständnis in der Bevölkerung, weil das eugenische Denken die öffentliche Diskussion in der Weimarer Republik bereits beeinflusst hatte. Nur kirchliche Repräsentanten wandten sich dagegen, wenn in zahlreichen Krankenhäusern im Land die von eigens eingerichteten »Erbgesundheitsgerichten« angeordneten Eingriffe zur Unfruchtbarmachung von behinderten Menschen durchgeführt wurden.[137] Auch die Mainzer Hebammenanstalt und das Städtische Krankenhaus waren in diese Praxis einbezogen, wobei in Einzelfällen auch die Unfruchtbarmachung mittels Röntgenstrahlen und Radiumeinlagen versucht wurde – mit z.T. schweren gesundheitlichen Folgen für die Betroffenen.[138] Zu Beginn des Krieges ging man von solch »präventiven« Maßnahmen zu einer aktiven Steuerung über, indem im Rahmen der sog. »Aktion T4« geistig und körperlich behinderte Menschen ermordet wurden. Behinderte, etwa aus den psychiatrischen Krankenhäusern in Alzey, Andernach, Klingenmünster und Scheuern (Nassau), auch aus den Diakonieanstalten Kreuznach, Saffig, Waldbreitbach und Frankenthal, wurden zu Hunderten in die Tötungsanstalten, vor allem in das hessische Hadamar bei Limburg, gebracht. Dort wurden über 10.000 Menschen ermordet.[139]

Das gleiche Schicksal drohte den als »Zigeunern« diskriminierten Sinti und Roma, die dem rassistischen Verfolgungswahn ebenso zum Opfer fielen. Im Mai 1940 wurden die pfälzischen Sinti und Roma deportiert, viele kamen in dem berüchtigten »Zigeunerlager« des KZs Buchenwald um. Nicht zu vergessen die Verfolgung Homosexueller oder der Zeugen Jehovas, die wegen ihrer standhaften Weigerung, den Hitlergruß auszuführen oder Kriegsdienst zu leisten, auch aus unserem Raum in die Konzentrationslager überführt wurden.[140]

Verfolgung der Juden, »Holocaust«

Die intensivsten Verfolgungen aber erlitten die Juden.[141] Nach vielfältigen Diskriminierungen, denen die Juden nicht zuletzt wegen des napoleonischen »décret infâme« von 1808 auch in unserem Raum ausgesetzt gewesen waren, hatte die Reichsgründung 1871 endlich eine rechtliche Gleichstellung der jüdischen Mitbürger bewirkt. An einzelnen Orten konnte trotz antisemitischer Grundstimmungen in der Bevölkerung bis 1933 ein Anstieg der jüdischen Bevölkerung verzeichnet werden, wenngleich ihr Anteil an der Gesamtbevölkerung selten mehr als 3 oder 4 % betrug. Während der sog. »Judenboykott« im März/April 1933 noch auf wenig Unterstützung breiter Bevölkerungskreise gestoßen war, wurden bereits die diskriminierenden »Nürnberger Gesetze« 1935 mit ihren Eheverboten doch weithin hingenommen. Als am 9. November 1938 dann nach der Ermordung des deutschen Botschaftsrates Ernst vom Rath in Paris durch einen Juden ein großes Pogrom inszeniert wurde, bei dem zahlreiche Synagogen auch in unserem Raum zerstört wurden, standen die Menschen zumeist nur noch unbeteiligt als Zuschauer am Straßenrand. Ein über Rheinland-Pfalz hinaus bekannt gewordenes Foto, das die öffentliche Abführung der Guntersblumer Juden am 10. November 1938 zeigt, belegt, anders als gelegentlich behauptet, nicht die aktive Beteiligung der Guntersblumer Bevölkerung an diesem Rechtsbruch, wohl aber deren unbeteiligtes Zusehen.[142] Auch in Trier schauten die meisten Menschen zu, als Schlägertrupps in Zivil aus dem als Organisationszentrale dienenden Gasthaus »Goldener Brunnen« am 10. November ausschwärmten, um jüdische Geschäfte zu zerstören, jüdische Mitbürger zu misshandeln, etwa 100 Juden zu verhaften und die Synagoge in der Zuckerbergstraße zu verwüsten. Nur zwei blieben nicht untätig. Zum einen der Bistumsarchivar Alois Thomas, der zwei der 25 Thorarollen, die gerettet worden waren, in seinem Archiv versteckte. Und zum anderen der junge Bekenntnispfarrer Klaus Lohmann, der in einer Predigt diese Barbarei anprangerte: »Die Epileptischen von Bethel, die Verachteten, Ausgestoßenen und Armen in der Welt, sie alle sind deine Brüder, die an Christi Statt vor dir stehen. Auch die Juden können unsere Brüder sein, und sie sind es heute, wenn ihnen die Welt die Barmherzigkeit versagt. Wehe uns Christen, wenn wir uns an der Judenverfolgung der Welt beteiligen! Es gilt: ›Was ihr getan habt, einem unter diesen meinen geringsten Brüdern, das habt ihr mir getan‹«.[143] Nicht nur für die Trierer Juden wurde nach diesem Unrecht ein Leben in Deutschland immer unmöglicher. Deshalb waren Männer wie der luxemburgische Sozialist Victor Bodson, der mehr als 100 Juden über die grüne Grenze half, wirkliche Lebensretter.[144] Diejenigen, die nicht emigrieren wollten oder konnten, mussten in der Folgezeit eine Demütigung nach der anderen erleiden. Für viele rheinhessische Landgemeinden ist z. B. gut belegt, wie man die jüdische Bevölkerung im Dorfalltag immer mehr schikanierte und die dörfliche Gesellschaft sich an den Immobilien der wegziehenden Juden zu bereichern versuchte. Maximal der Einheitswert der Immobilie durfte als Kaufpreis entrichtet werden, wer dies aus Anstand zu unterlaufen versuchte, bekam Ärger mit den staatlichen Behörden.[145] Mit der abgestimmten Judenverfolgung der Gauleiter von Baden und der Pfalz, Wagner und Bürckel, bei der die badischen und pfälzischen Juden nach dem Sieg über Frankreich im Oktober 1940 in das südfranzösische Gurs deportiert wurden, begann der tatsächliche Exodus jüdischen Lebens in unserem Raum. Von den rd. 800 nach Gurs verbrachten pfälzischen Juden, darunter über 80-jährige ebenso wie Kleinkinder, überlebten etwa 200 Personen die Verfolgung. Das zurückgelassene mobile Vermögen der Deportierten wurde öffentlich versteigert: In Deidesheim brachte eine solche Versteigerung im Saal der Winzergenossenschaft beispielsweise 2.000 RM ein. Ein Jahr später begannen die Judendeportationen aus dem Rhein-Mosel-Raum, dann 1942 erneut massiv in Rheinhessen, diesmal nach Osten, letztlich in die Vernichtungslager. Nur wenige konnten diesen Verfolgungen entgehen, am Ende schützte nicht einmal eine Ehe mit einem nichtjüdischen Ehepartner wirksam gegen die Nachstellungen des Regimes. Als dieses endlich überwunden war und ein demokratischer Neubeginn gewagt wurde, gab es nur noch wenige hundert Menschen jüdischen Glaubens in Rheinland-Pfalz. Erst die jüdische Zuwanderung aus Osteuropa nach dem Ende des Kalten Krieges hat wieder größere jüdische Gemeinden entstehen lassen. Das jüngste Zeugnis jüdischer Religiosität stellt der Synagogenneubau in Speyer 2011 dar.[146] Weitere Einzelheiten zur Leidensgeschichte der jüdischen Mitbürger in unserem Raum erschließen auch die Kapitel »Bevölkerungsgeschichte« und »Glaube, Religion, Kirchen«.

Beith-Schalom-Synagoge in Speyer (ddp images/dapd/Ronald Wittek)

NS-Parteiorganisation

Die zunehmende Interesselosigkeit, ja die Distanz gegenüber dem Schicksal der Juden war eines der wichtigsten Ziele der örtlichen Repräsentanten der NSDAP, der Gau- und Kreisleiter, gewesen. Sie bestimmten seit 1933 das politische Geschehen vor Ort, wenngleich sie sich oft genug in heftigen Kämpfen gegen innerparteiliche Konkurrenten oder gegen die Repräsentanten der staatlichen Verwaltung durchzusetzten hatten – den sozialdarwinistischen Vorstellungen ihres Führers entsprechend. Der NS-Staat war aller Propaganda entgegen alles andere als ein wohlgeordneter Staat mit klarer Kompetenzenverteilung, sondern es kennzeichnete ihn vielmehr ein gleichsam polykratisches Führungschaos.

Die Gaue und Kreise der NSDAP auf dem Gebiet des heutigen Rheinland-Pfalz (Stand 1944)

Vorlage: Wikimedia Commons
Kartographie: Landesamt für Vermessung und Geobasisinformation Rheinland-Pfalz

Die nationalsozialistische Parteiorganisation hatte in unserem Raum gleich drei Gauleitungen eingerichtet mit drei durchaus unterschiedlichen Führungsgestalten an der Spitze, die dem Nationalsozialismus vor Ort ein je eigenes Gepräge gaben. Im Rheinland war die Frühgeschichte der NSDAP von heftigen Flügelkämpfen unter dem späteren Chef der Deutschen Arbeitsfront (DAF) Robert Ley gekennzeichnet gewesen. Im März 1929 war es sogar notwendig geworden, die NSDAP-Bezirksgruppe Koblenz neu zu gründen. An deren Spitze stellte sich der aus dem Saargebiet stammende Gewerbelehrer Gustav Simon, der dann auch bei der Teilung des anfänglich beide Reichstagswahlkreise Koblenz-Trier und Köln-Aachen umfassenden Gaues 1931 den neuen Gau Koblenz-Trier-Birkenfeld erhielt. Gauhauptstadt wurde Koblenz, 1942 wurde der Gau unter Einschluss des eroberten Luxemburg in »Gau Moselland« umbenannt, und Simon behauptete sich hier als egoistischer Gaufürst bis zum Ende des Krieges. Er war klein gewachsen, er war eitel, geltungssüchtig und grob, deshalb nannte ihn der Volksmund gerne den »Giftpilz von Hermeskeil«. Ins Gerede kam Simon, als er sich im September 1944 sehr rechtzeitig vor der anrückenden 5. US-Panzerdivision aus Luxemburg absetzte. In der britischen Besatzungszone tauchte er unter dem Mädchennamen seiner Mutter Wöllfler unter, wurde aber erkannt und erhängte sich dann in einer Paderborner Gefängniszelle.[147]

Für Rheinhessen war die Gauleitung Hessen-Nassau unter dem ehemaligen Postbeamten Jakob Sprenger zuständig. Sprenger war im Zuge der »Machtergreifung« zum Reichsstatthalter in Hessen ernannt worden und zugleich Chef der hessischen Landesregierung geworden: Partei und Staat waren in diesem Gebiet also auf das engste verzahnt. Zum 1. April 1944 wurde Sprenger auch noch Oberpräsident der neu eingerichteten Verwaltungsprovinz Nassau. Wie Simon nahm er sich 1945 das Leben, bei der Flucht in Kössen in Tirol.[148]

Im Vergleich zu Simon oder Sprenger war allerdings Josef Bürckel, der Gauleiter der Pfalz, der wohl mächtigste NS-»Gaufürst« in unserem Raum. Zwar blieben die Regierungsinstitutionen in der Pfalz nominell noch unabhängig, aber Bürckel hatte mit seinem im bayerischen Vergleichsmaßstab großen Parteigau und wegen seines engen Verhältnisses zu Hitler ein enormes Prestige und großen Einfluss auf alle Dinge des öffentlichen Lebens. Dieses hohe Ansehen in der Partei wie auch bei der Pfälzer Bevölkerung, die ihm die Errichtung der »Deutschen Weinstraße« zur Förderung des pfälzischen Weinbaus im Oktober 1935 nicht vergaß, zeigte sich auch darin, dass Bürckel Beauftragter der NSDAP für die Wiederangliederung des Saargebietes wurde. 1936 wurde er dort Reichskommissar und gliederte das Saarland natürlich seinem Gau an, der damit zum Parteigau Pfalz-Saar wurde, ab 1936 hieß der Parteigau »Saarpfalz«. Sitz der Gauleitung war seit 1927 Neustadt. Weil Bürckel sich bei der Angliederung des Saarlandes bewährt hatte, wurde er 1938 gleich wieder Angliederungskommissar für Österreich und residierte seit 1939 als Reichsstatthalter in Wien. Seinen deutschen Parteigau vergaß er aber nicht, seine Führungskamarilla war ihm treu ergeben und sicherte ihm seinen Gau auch bei Abwesenheit. Als er 1940, bedingt durch die Niederlage Frankreichs, Chef der Zivilverwaltung im besetzen Lothringen wurde, gliederte er auch dieses Land seinem Parteigau ein, der ab 1941 nun kurzerhand »Westmark« hieß. Die Gauleitung wurde schon 1939 offiziell nach Kaiserslautern verlegt, das Vorhaben, sie nach diesen territorialen Zugewinnen in Saarbrücken zu installieren, wurde nicht mehr umgesetzt. Die im Zuge dessen immer wieder angestrebte Loslösung der Pfalz aus dem bayerischen Staatsverband gelang ihm allerdings nicht. Wegen seiner sozialistischen Neigungen und der 1933 zeitweilig aktiven »Volkssozialistischen Selbsthilfe«, die mit Zwangsabgaben auf Löhne und Gehälter versuchte, Arbeitsbeschaffung zu betreiben, wurde Bürckel auch gerne als »roter Bürckel« tituliert. Am Ende wagte er es seinem Idol zu widersprechen: Hitlers »Nerobefehlen«, der Zerstörung aller lebenswichtigen Einrichtungen und der Verwüstung der Landes in den letzten Kriegstagen, widersetzte er sich. In den letzten Tagen des »Dritten Reiches« verstarb er unter nicht ganz geklärten Umständen, aber wohl nicht durch Mord, wie man in der Pfalz mutmaßte.[149]

Saarabstimmung 1935

Bedingt durch seine Grenzlage war unser Raum von der aggressiven Außenpolitik des Nationalsozialismus in besonderer Weise betroffen. Das zeigte sich bereits 1935, als die schon im Versailler Vertrag vorgesehene Abstimmung über die Rückkehr des Saargebietes in den Reichsverband bevorstand. Intensiv wurde die Propaganda aus unserem Raum organisiert, auch die Kirchen beteiligten sich trotz der mittlerweile vielfach negativen Erfahrungen mit der nationalsozialistischen Herrschaft daran. Mehr als 90 % der Saarländer stimmten letztlich dafür »heim ins Reich« zu kehren.[150]

Remilitarisierung des Rheinlandes 1936

1936 wurde das Rheinland zum Experimentierfeld einer ersten Steigerung der Aggressivität in der nationalsozialistischen Außenpolitik. Mit der rechtlich unzutreffenden Behauptung, ein französisch-russisches Abkommen habe die Grundlagen des Locarno-Vertrages von 1925 verletzt, und unter Ausnutzung der innenpolitischen Schwäche Frankreichs sowie der weitgehenden britischen Verständigungsbereitschaft befahl Hitler den Einmarsch deutscher Truppen in das entmilitarisierte linksrheinische Deutschland. Das war ein großes Vabanquespiel, denn niemand konnte auch nur einigermaßen sicher voraussagen, wie sich das Ausland zu diesem rechtswidrigen Akt verhalten würde. Das Militär hatte wegen der Schwäche der Wehrmacht dringend von diesem provokanten Vorgehen abgeraten, die »befreiten« Menschen in Rheinhessen, dem Rheinland und der Pfalz schauten sorgenvoll, mussten teils erst zum Jubeln angehalten werden, wussten sie doch, was für sie bei einem Scheitern der Aktion auf dem Spiel stand. Und auch der »Führer« selbst war sich an jenem 7. März 1936, als die ersten Truppen über die Deutzer Brücke bei Köln marschierten, keineswegs sicher, er sprach später davon, die folgenden 48 Stunden seien die schwersten seines Lebens gewesen. Doch die Menschen in Europa wollten keinen Krieg, der Völkerbundsrat erklärte am 19. März 1936 lediglich, dass Hitler den Versailler Vertrag verletzt habe, wollte aber Hitlers gleichzeitig abgegebenen Friedensbekundungen und Angeboten zu Nichtangriffsverpflichtungen und Abrüstungsabkommen gerne Glauben schenken. Damit verpasste man die letzte Chance Hitler aufzuhalten. Die am 29. März 1936 im Reich abgehaltenen »Wahlen« aber zeigten, welch enormen Prestigegewinn der »Führer« aus dieser Aktion bei den Deutschen ziehen konnte. Mehr noch: Seitdem verfestigte sich bei ihm selbst die Vorstellung, er sei das Werkzeug einer höheren Macht, die seine riskanten Vorhaben gelingen lasse.[151]

Westwall

Die unmittelbarste Folge der Rheinlandbesetzung für unseren Raum aber war der Aufbau eines umfänglichen Grenzverteidigungssystems, das die Propagandabezeichnung »Westwall« erhielt und ein Gegenstück zu der ungleich größeren französischen »Maginotlinie« darstellen sollte. Der »Westwall« brachte zunächst einmal Arbeit und wirtschaftlichen Aufschwung in die Pfalz und das Rheinland – erst jetzt wurde hier das Versprechen in vollem Umfang erfüllt, dessentwegen Hitler von so vielen Menschen gewählt worden war. Zwar hatte Deutschland von der gegen Ende 1932 einsetzenden weltwirtschaftlichen Erholung bereits profitiert, Hitler also gleichsam geerntet, was seine Vorgänger noch gesät hatten. Sodann hatte es Arbeitsbeschaffungsprogramme in großem Stil gegeben, die halfen, und nicht zuletzt hatte die Wiedereinführung der Wehrpflicht und eines Arbeitsdienstes zu einer wenigstens scheinbaren Verbesserung der Arbeitslosenstatistik geführt. Auch der Versuch, Frauen aus dem Arbeitsleben zu drängen durch die Einführung von Ehestandsdarlehen, hatte diesem Ziel gedient. Doch das alles half hier im Grenzland nur bedingt, um der grassierenden Arbeitslosigkeit Herr zu werden. Erst mit den gewaltigen Bauprogrammen, die der Westwall mit sich brachte, entstand eine solche Arbeitskräftenachfrage, dass es bald einen Mangel an Arbeitskräften gab. Schon 1936, im Jahr der Remilitarisierung des Rheinlandes, wurden 156 Bunker gebaut, 1937 waren es bereits 430 und dabei blieb man noch hinter dem Planungssoll weit zurück. In der Hochphase der Bautätigkeit um 1938 waren 400.000 bis 500.000 Arbeiter am Westwall tätig. Dass diese Arbeit hart und mäßig bezahlt war, die Arbeiter z. T. regelrecht geschunden wurden, stellte die verschwiegene Kehrseite der Medaille dar. Und damit nicht genug. Für jeden, der sehen wollte, musste klar sein, dass dieser Aufschwung eben ein durch die Rüstungswirtschaft bedingter war und dass eben diese Rüstungswirtschaft die eigentlichen Ziele des Diktators enthüllte: Der Westwall war die Voraussetzung für Hitlers Vernichtungskrieg im Osten, insofern er im Westen ein unüberwindliches Bollwerk werden sollte, das die Operationen im Osten abzuschirmen hatte. Zudem brachte der Bau eine Reihe von ökonomischen Nachteilen mit sich: Er zerpflügte die Landschaft, ruinierte die Existenz manch eines Bauern und produzierte große unbenutzbare Flächen im Schussfeld der Bunker.[152]

Kriegsbeginn

Als am 1. September 1939 dann der Krieg begann, für den diese Befestigungswerke gebaut worden waren, war kein Jubel in der Pfalz, im Rheinland oder in Rheinhessen zu hören. Noch zu gut war in Erinnerung, was Krieg im Grenzgebiet bedeutete. Dass der Krieg im Westen sich zunächst als »drôle de guerre«, als Sitzkrieg, entwickelte und 1940 mit dem Sieg über Frankreich scheinbar mühelos gelang, was im Ersten Weltkrieg noch Millionen Tote gekostet hatte, konnte nur vorübergehend beruhigen. Denn schon 1940 begannen die ersten alliierten Luftangriffe, die in wachsender Intensität bis 1945 ganze Städte und Industrien, Verkehrswege und Kulturlandschaften zerstören sollten. Immer mehr Männer mussten an die Front, in der Heimat hielt bald nur noch ein Heer von Zwangsarbeitern die Produktion und Versorgung aufrecht.

Zwangsarbeiter

Dabei verachtete der Rassenwahn der Nationalsozialisten viele dieser Menschen, vor allem wenn sie aus Osteuropa kamen. 1944 sollen sich rd. 131.000 Zwangsarbeiter auf dem Boden des späteren Rheinland-Pfalz aufgehalten haben, davon ein Großteil in der Industriestadt Ludwigshafen. Wo immer möglich, wurden sie von der Bevölkerung abgeschirmt, die Kontaktaufnahme zu ihnen wurde unterbunden, engere Beziehungen oder gar Liebschaften wurden unter harte Strafe gestellt (zur Bedeutung der Zwangsarbeit s. auch das Kapitel »Bevölkerungsgeschichte«).[153]

Kriegs ende

Nach der alliierten Landung in der Normandie am 6. Juni 1944 näherte sich der Krieg Deutschland in unerwartetem Eiltempo. Im September 1944 bereits standen die alliierten Truppen gleichsam im Westen vor der Tür. Generalfeldmarschall Gerd von Rundstedt war von Hitler zum Oberbefehlshaber der Wehrmacht für die Verteidigung des Reiches im westlichen Angriffsraum ernannt, die Vergeltungswaffen V 1 waren von ihren Feuerstellungen in Frankreich in die Eifel zurückverlegt worden. Die Alliierten rückten allerdings mit unverminderter Geschwindigkeit vor und überschritten bereits am 14. September 1944 erste Teile des Westwalls. Das nur in der Propaganda großartige Bauwerk war seit 1940 militärisch ungenutzt geblieben, Waffen waren größtenteils ausgeräumt und in die Bunker des »Atlantikwalls« in Frankreich gebracht worden. Behelfsmäßig wurde das nie fertiggestellte oder gar geschlossene Bunker- und Panzersperrensystem nun von Frauen und Hitlerjugend hergerichtet. Es gelang im Oktober 1944 die Alliierten anzuhalten, vor allem weil die drei alliierten Großverbände zu wenig koordiniert waren. In dieser Situation konnte auf deutscher Seite eine allerletzte Offensivanstrengung vorbereitet werden: die berüchtigte Ardennenoffensive, für die gleichsam das letzte Aufgebot an teils noch minderjährigen Soldaten oder rücksichtslos aus der Ostfront gelösten Einheiten zusammengestellt wurde. Ihr völlig unrealistisches Ziel war es, die Westalliierten von der deutschen Kampfstärke zu überzeugen, sie aus dem Pakt mit der Sowjetunion zu lösen, um dann gemeinsam gegen den Bolschewismus zu kämpfen. Die alliierten Befehlshaber haben von diesen Angriffsabsichten gewusst, die deutschen Kräfte aber für absolut unzureichend gehalten und sich daher zunächst wenig um die Gefahr gekümmert. Als es am 16. Dezember 1944 richtig losging, spielte General Montgomery in Eindhoven Golf, die Generäle Eisenhower und Bradley hatten sich zum Bridge in Versailles verabredet. So erklärt sich im Verbund mit dem schlechten Wetter, das einen Einsatz der überlegenen alliierten Luftwaffe zeitweilig nicht erlaubte, der überraschende Anfangserfolg der deutschen Ardennenoffensive, bei der auch eine neue Vergeltungswaffe eingesetzt wurde: die sog. V 3, ein monströses Geschütz, das 150 km weit schießen konnte. Es war an einem Berghang im Tal der Ruwer aufgebaut und beschoss Luxemburg. Das ganze Unternehmen scheiterte jedoch sehr schnell, am 25. Dezember 1944 war eigentlich alles schon verloren. 90.000 deutsche Soldaten hatten ihr Leben gelassen, die Reste der deutschen Panzerwaffe waren dahin. Alliierte Luftangriffe wurden zur Abwehr des Angriffes massiert und richteten jetzt, kurz vor Ende des Krieges, die größten Zerstörungen an. Am 23. Dezember traf es etwa Bitburg. Die Stadt wurde zu 80 % zerstört. Am 25. Dezember erfolgten große Luftangriffe auf Kaiserslautern, Bad Kreuznach, Bingen und Bingerbrück. Die materielle Überlegenheit der Alliierten setzte sich am Ende durch, so dass am 31. Januar 1945 die amerikanischen Truppen wieder da standen, wo sie bereits im September 1944 gewesen waren, direkt am Westwall. Und den überwand man schneller, als es die Propaganda hatte vermuten lassen. Das Gebiet des heutigen Rheinland-Pfalz wurde nun richtiges Kriegsgebiet. Alles verlief in raschem Tempo: Am 2. März 1945 fiel Trier, am 18. März bereits Koblenz. Die Besetzung der Pfalz konnte am 25. März 1945 vollendet werden. Hilfreich war aus alliierter Sicht die am 7. März 1945 erfolgte Eroberung der Remagener Rheinbrücke, ein Umstand, der den Nachschub für die vorwärts drängenden Truppen erleichterte. Eigentlich hätte die Brücke entschlossen verteidigt oder gesprengt werden sollen, doch für die Verteidigung reichten die Kräfte nicht aus; die Sprengung missriet. Dafür wurden der Kampfkommandant, Hauptmann Wilhelm Bratge, und eine Reihe weiterer Verantwortlicher noch von Hitlers wahnwitziger Militärgerichtsbarkeit zum Tode wegen Feigheit verurteilt. Ende März, Anfang April 1945 war das Gebiet von alliierten Truppen besetzt, der Krieg war vorbei. Die Menschen schauten auf total zerstörte Städte, auf unendliches Leid, auf den Zusammenbruch einer ganzen Welt.[154]

Widerstand

Hatte es keinen gegeben, der diesem Wahnsinn in den Arm zu fallen versuchte, der sich gegen die Verbrechen dieses Regimes auflehnte?

Zunächst waren es die frühen Gegner der Nationalsozialisten wie der hessische Innenminister Wilhelm Leuschner oder der Sozialdemokrat Carlo Mierendorff gewesen, die auch nach 1933 ihre oppositionelle Haltung nicht aufgaben. Mierendorff musste für seine NS-Feindschaft gleich 1933 zahlen und wurde im KZ Osthofen inhaftiert. Vor allem Kommunisten und Sozialdemokraten versuchten schnellstmöglich den Widerstand im Untergrund zu organisieren. Die von Moskau gelenkte Parteiorganisation der Kommunisten, ihr starrer Dogmatismus und ihre Weigerung mit den Sozialdemokraten zusammenzuarbeiten, die sie als »Sozialfaschisten« diffamierten, führten aber zu keiner

Einheitsfront der Arbeiterschaft gegen den Nationalsozialismus. Hinzu kam, dass der sowjetische Diktator Stalin 1939 einen Pakt mit Hitlerdeutschland schloss, der die Kommunisten orientierungslos machte. Nach dem Überfall auf die Sowjetunion im Juni 1941 intensivierte sich dann allerdings der Widerstandskampf wieder. Aufgrund ihrer offensiven Propagandatätigkeit und der Beibehaltung alter Parteistrukturen auch im Untergrund gelang es der Gestapo zunächst schnell, kommunistische Widerstandszellen auszuhebeln. Als Koordinatoren des kommunistischen Widerstands wirkten eine Zeitlang Herbert Wehner und Erich Honecker im pfälzisch-saarländischen Raum. Einzelne, wie Jakob Schultheis in Speyer, konnten die kommunistische Propagandaarbeit fortsetzten: Schultheis gründete die »Speyerer Kameradschaft«, die Hilfe für die Familie des inhaftierten Kommunistenführers Ernst Thälmann organisierte und bis 1944 kommunistische Widerstandspropaganda betrieb. 1944 jedoch wurde die Gruppe von einem eingeschleusten Spitzel denunziert, Schultheis und ein Mitverschwörer, der polnische Zwangsarbeiter S. Peplinski, zum Tode verurteilt und hingerichtet. Intensiv tätig waren im Gebiet des heutigen Rheinland-Pfalz auch kommunistische/sozialistische Splitterorganisationen, wie z. B. die Sozialistische Arbeiterpartei (SAP) oder der Internationale Sozialistische Kampfbund (ISK). Größere Wirkung hatte dieser Widerstandskampf freilich nicht. Die SPD und die Gewerkschaften begannen noch in den letzten Wochen vor der Gleichschaltung sich auf einen Kampf aus der Illegalität vorzubereiten. Widerstandsstützpunkte waren in Mainz, Kastel, Worms, Speyer, Landau und Ludwigshafen aufgebaut worden. Illegales Flugblatt- und Zeitungsmaterial wurde von SPD-Grenzsekretariaten übernommen. Außerdem wurden Informationen über die Lage in Deutschland an den Exilvorstand der SPD weitergeleitet. Die wohl größte Verbreitung und auch Bedeutung im sozialdemokratisch-gewerkschaftlichen Milieu hatte das vom ehemaligen hessischen Innenminister Wilhelm Leuschner geknüpfte Widerstandsnetz, das Leuschner schließlich den Verschwörern vom 20. Juli 1944 zur Verfügung stellte, damit nach einem geglückten Umsturz das zivile Leben in neue Bahnen gelenkt würde durch vertrauenswürdige und einsatzbereite Leute vor Ort. Zu diesem Kreis gehörten der ehemalige hessische Staatsrat Ludwig Schwamb aus dem rheinhessischen Undenheim, der ehemalige Reichsbannerführer Jakob Steffan aus Oppenheim, Johann Benz aus Oppenheim und Andreas Licht aus Nierstein.[155] Weitere Beispiele des parteipolitisch gebundenen Widerstands beleuchtet auch das Kapitel »Öffentlichkeit und Gesellschaft«.

»Widerstand« kam auch aus dem Bereich der katholischen Kirche sowie dem bekennenden Zweig der evangelischen Kirche. Die Kirchen waren zweifelsohne keine Widerstandsorganisationen gewesen, aber sie konnten trotz aller Gleichschaltung eine eigene Weltsicht bewahren, die den Grundauffassungen des Nationalsozialismus in wesentlichen Punkten widersprach. Das hat am Ende einzelne Pfarrer und Gläubige auch ohne die Unterstützung der »Amtskirche« dazu gebracht, sich für die Wahrung der Menschenrechte und die Bekämpfung der Diktatur einzusetzen. Viele katholische Pfarrer und Laien in den Konzentrationslagern des NS-Staates zeugen von dieser Bewahrung einer »Werte-Gegenwelt«. Besonders beeindruckend ist das Zeugnis des Hunsrücker Pfarrers Paul Schneider, der als »Prediger von Buchenwald« allen Misshandlungen zum Trotz den unverfälschten christlichen Glauben bekannte oder des Vallendarer Pallotinerpaters Josef Kentenich, der öffentlich die nationalsozialistische Volksgemeinschaftsideologie als Erschaffung eines »entgöttlichten, entsittlichten, entseelten und entmenschten modernen Maschinen- und Massenmenschen« entlarvte und dafür 1942 im KZ Dachau inhaftiert wurde.[156]

Jakob Steffan (1888–1957)

(Landeshauptarchiv Koblenz)

Einer der entschiedensten Gegner der Nationalsozialisten war der Oppenheimer SPD-Stadtrat, Land- und Reichstagsabgeordnete Jakob Steffan. Als Mitglied des Reichsbanners setzte er sich aktiv für den Erhalt der Weimarer Demokratie ein und scheute auch körperliche Auseinandersetzungen mit den Schlägern der SA nicht. Deshalb wurde er bereits 1933 in »Schutzhaft« genommen, erst 1940 kam er aus dem KZ Dachau frei, wo man ihn mehrfach schwer misshandelt hatte. Steffans Widerstandswille war jedoch nicht gebrochen. Deshalb stellte er sich Wilhelm Leuschner für den Aufbau eines Vertrauensleutenetzes, das die Verschwörer des 20. Juli 1944 unterstützte, zur Verfügung. Nach 1945 wirkte Steffan als Polizeipräsident von Mainz, Regierungspräsident von Rheinhessen, dann als rheinland-pfälzischer Innen-, schließlich als Sozialminister mit beim Aufbau einer neuen freiheitlich-demokratischen Rechtsordnung. Dabei wurde der kantige Politiker nicht selten Opfer von Verleumdungskampagnen. Zwar erwiesen sich die Vorwürfe von politischen, aber auch innerparteilichen Gegnern letztlich als substanzlos, doch Steffan war am Ende gesundheitlich nicht mehr in der Lage sich gegen immer neue, bösartige Unterstellungen zu wehren.

Sie alle standen für ein besseres, nicht-nationalsozialistisches Deutschland ein. Und auf diejenigen unter ihnen, die das »Dritte Reich« überlebten, war ein politischer Neuanfang dringend angewiesen.

10. Der demokratische Neubeginn: Rheinland-Pfalz

Und dieser Neuanfang 1945 war denkbar schwer – wer immer ihn gestalten sollte, war um diese Aufgabe nicht zu beneiden.

Kriegsschäden

Der alliierte Luftkrieg hatte insbesondere in seiner letzten Phase in unserem Raum schwere Schäden verursacht. Die einzige Gegenwehr hatten bald nur noch die Flakgeschütze dargestellt, die seit 1943 sogar schon von 16-Jährigen hatten bedient werden müssen, die bald »verlandserten«. Schwerpunkte der Angriffe waren zuerst natürlich die militärischen Anlagen gewesen, vor allem bei Kaiserslautern, dann größere Industrieanlagen, die das Rückgrat der deutschen Kriegswirtschaft darstellten: so etwa die IG Farbenindustrie in Ludwigshafen. Hier wurden in 65 Luftangriffen etwa 40.000 Bomben abgeladen, die rd. ein Drittel der Betriebsgebäude vollständig zerstörten. Schließlich kamen strategisch wichtige Punkte wie Koblenz, Trier, Mainz und andere Städte ins Visier. Und am Ende machte die alliierte Luftwaffe mit

Blick vom Mainzer Dom über die zerstörten Häuser Richtung Rhein, nach Februar 1945 (Stadtarchiv Mainz)

Jagdbombern Jagd auf alles. Auch landwirtschaftliche Gebäude blieben nicht mehr verschont, mehr als 43.000 sollten am Ende ganz oder teilweise zerstört sein. Vor allem auch die Verkehrsinfrastruktur wurde getroffen: 1945 war keine Rheinbrücke mehr vorhanden, 20 von 21 Moselbrücken waren zerstört, die Eisenbahndirektion Trier meldete 83 % ihres Schienennetzes als nicht mehr befahrbar. So gehörte das Gebiet von Rheinland-Pfalz zu den am meisten zerstörten Gegenden Deutschlands.[157]

In den Ruinen war ein menschenwürdiges Leben kaum mehr möglich, doch wer ein Dach über dem Kopf hatte, sich vor Kälte und Nässe irgendwie zu schützen vermochte, konnte sich glücklich schätzen, vielen war nicht einmal das möglich.

Kriegsgefangene – Die Rheinwiesenlager

Der Tod war im Krieg zum ständigen Begleiter der Menschen geworden, und er drohte es auch nach dem Waffenstillstand noch für viele Monate zu bleiben. Denn zum einen hatte die Schnelligkeit des alliierten Vormarsches eine enorme Masse an Kriegsgefangenen mit sich gebracht: Schätzungen zufolge hielten sich auf dem Boden des heutigen Rheinland-Pfalz etwa 700.000 bis 800.000 deutsche Soldaten auf. Diese Gefangenen mussten nun in kurzer Zeit irgendwie zusammengefasst und natürlich auch versorgt werden, doch die amerikanischen Stäbe waren damit rundum überfordert und haben bei ihrem Vorgehen den Tod von vielen deutschen Soldaten in Kauf genommen. Seit Ende März 1945 begannen sie mit der Einrichtung einfacher, umzäunter Lager, die dann unter dem Namen »Rheinwiesenlager« bekannt geworden sind. Insgesamt 23 solcher Lager hat es in Rheinland-Pfalz gegeben. Die größten waren Galgenberg mit etwa 56.000, Bretzenheim mit 102.000, Remagen-Sinzig mit 253.000 sowie Miesenheim und Heidesheim mit je etwa 60.000 Soldaten. In diesen Lagern gab es keinerlei Unterkunft für die Gefangenen, die

Kreuz Rad Löwe. Rheinland-Pfalz. Ein Land und seine Geschichte. Bd. 2: Vom ausgehenden 18. bis zum 21. Jahrhundert

Errata

S. 360: Herkunftsangabe der Abbildung: »(Bundesarchiv, **137-0030000**)«
S. 400: Herkunftsangabe der Abbildung: »(Bundesarchiv, **183-H28785**)«
S. 488: Unterschrift der Karte: »Kartographie: **D**renda, Dialektatlas 2008, S. 182«
S. 521: Herkunftsangabe der Abbildung: »(Wikimedia Commons**/Kandschwar/Creative Commons-Lizenz »Namensnennung – Weitergabe unter gleichen Bedingungen 3.0 Unported (CC BY-SA 3.0)**)«

auf freiem Feld lagern mussten und sich bald zum Schutz regelrechte Erdlöcher gegraben haben. Kälte, Regen, dann wieder Hitze setzte den ohnehin ausgemergelten Soldaten, die auch noch schlecht bis gar nicht verpflegt wurden, bald so zu, dass Krankheiten ausbrachen, die mit der völlig unzureichenden medizinischen Versorgung nicht in den Griff zu bekommen waren. Die Folge war ein Ansteigen der Sterblichkeit. Mit einer 3,5 %-igen Sterblichkeitsrate im Lager von Bretzenheim etwa wurde ein Ausmaß erreicht, das außerordentlich bedenklich war, wenn solche Zahlen auch noch weit unter den Sterblichkeitsraten liegen, die die deutsche Wehrmacht insbesondere für russische Kriegsgefangene als normal angesehen hatte (20–25 %!). Die US-Administration hat sich dieses Problems durch Entlassungen im Mai und Juni 1945 schnell zu entledigen gesucht, so dass bei der Übergabe des Gebietes in französische Hand im Juli 1945 nur noch etwa 175.000 bis 180.000 Menschen hier gefangen waren. Denen erging es allerdings auch unter französischer Oberhoheit nicht wesentlich besser, denn auch die Franzosen waren nicht in der Lage, die Gefangenen ausreichend zu versorgen. Wenn möglich, wurden die Gefangenen nun zur Arbeit nach Frankreich deportiert, wo Arbeitskräftemangel herrschte.[158]

Hunger

Der Tod blieb aber auch für die Zivilbevölkerung noch über Jahre, nachdem die Kampfhandlungen aufgehört hatten, eine alltägliche Bedrohung, denn die Ernährungslage blieb bis 1948 äußerst angespannt. 1945/46 entwickelte sich eine allgemeine Welternährungskrise. Die Nahrungsmittelproduktion in ganz Europa sank im Vergleich zum Jahr 1938/39 um 37 %, 1947 lag sie noch um 25 % unter dem Referenzwert der 1930er Jahre. Die Ursache dafür ist in den außerordentlich schlechten Witterungsverhältnissen zu suchen, aber auch in der unzureichenden Versorgung der Landwirtschaft mit Handelsdünger und Saatgut. Und wenn etwas produziert werden konnte, dann fehlte es an der notwendigen Infrastruktur, um es flächendeckend verteilen zu können: Brücken und Straßen waren zerstört, Fuhrwerke und LKWs gab es nicht mehr in hinreichendem Umfang. Vor diesem Hintergrund entwickelten sich die »Hamsterfahrten« aufs Land, mit denen die Menschen versuchten mal mit mehr, mal mit weniger Erfolg ihre kärgliche Ernährung aufzubessern. Wie gravierend das Ernährungsproblem war, belegen die damals vorgenommenen Untersuchungen der Gesundheitsämter, die insbesondere den Gesundheitszustand der Kinder festhielten. Danach waren in Trier z. B. 29,7 % der Kinder schlecht, 6,7 % regelrecht unterernährt. In der Pfalz ergab eine Untersuchung von 1.400 Berufsschülern bei 87 % Untergewicht. Hunger macht die Menschen apathisch und träge, dann wieder aggressiv, streitsüchtig. Er weckt den Egoismus und lässt Moralvorstellungen zurücktreten. Rasch bewirkt Hunger auch Kriminalität, wenn man das Darben einfach nicht mehr erträgt, und er führt auch zur tiefgreifenden und folgenreichen Zerstörung familiärer Bande, etwa wenn eine Frau ihren Ehemann verlässt, weil sie die Bekanntschaft mit einem französischen Besatzungssoldaten aller Sorgen und Nöte enthebt. So ist es nicht verwunderlich, dass dieser Hunger zu einer steigenden Problemlage führte, die das politische Handeln an erster Stelle herausforderte.

Hungerdemonstration auf dem Neuen Marktplatz in Ludwigshafen, 1947 (Stadtarchiv Ludwigshafen)

Ab Frühjahr 1948 entspannte sich durch erheblich gesteigerte Importe, durch humanitäre Hilfen, wie die in Rheinland-Pfalz besonders aktive »Schweizer Hilfe«, aber auch Hilfen der amerikanischen Mennoniten und Quäker, »Marshall-Plan« und Währungsreform das Problem allmählich. Bis Anfang 1950 hielt die Regierung jedoch noch am Zuteilungssystem mittels Lebensmittelkarten fest.[159] Den Weg zum wirtschaftlichen Aufschwung beleuchtet im Folgenden das Kapitel »Wirtschaftsgeschichte«.

»Regierung Heimerich«

Vor diesem nicht anders als katastrophal zu bezeichnenden Hintergrund musste der Neuanfang organisiert werden, für den zunächst die amerikanischen Besatzungstruppen verantwortlich zeichneten. Sie suchten in der »Zusammenbruchsgesellschaft« nach politisch nicht kompromittierten Persönlichkeiten, die auf deutscher Seite bereit waren, beim Wiederaufbau zu helfen. Im Befehlsbereich der 6. US-Armee konnte bereits zwei Tage nach der offiziellen Kapitulation des Deutschen Reiches eine Provinzialregierung für das Saargebiet, die Pfalz und Südhessen präsentiert werden, die in Neustadt Sitz nahm und von dem ehem. Mannheimer SPD-Oberbürgermeister Dr. Hermann Heimerich geführt wurde. Sie bestand ganz überwiegend aus ehemaligen Gegnern des NS-Regimes, die allerdings zumeist nicht aus dem Raum kamen, den sie nun verwalten sollten. Am 25. Mai 1945 kam auch noch das südliche Rheinland mit den Regierungsbezirken Koblenz und Trier hinzu, so dass Heimerich nun die deutsche Verwaltung im jetzt als »Mittelrhein-Saar« bezeichneten Gebiet führte. Heimerich gelang es, ein Landesernährungsamt in Kaiserslautern einzurichten, die deutsche Verwaltung zu strukturieren und das Recht für den Erlass von eigenen Verwaltungsordnungen von den Alliierten zu erlangen. Doch im Juni 1945 wurde bereits über eine Neustrukturierung der Besatzungszonen verhandelt, die dann am 10. Juli auch ausgeführt wurde. Diese brachte die Übernahme des gesamten Gebietes durch die Franzosen mit sich, die eine eigene deutsche Verwaltung installierten, so dass die »Regierung Heimerich« nur eine kurze Übergangsperiode in der frühen rheinland-pfälzischen Geschichte darstellt.[160]

Frankreich als neue Besatzungsmacht: Zwei Gesichter

Die Übernahme des Besatzungsregimes durch die Franzosen war in verschiedener Hinsicht eine echte Zäsur. Da die neue Zonengrenze durch den Rhein verlief, verlor Mainz seine rechtsrheinischen Stadtteile, d. h. 52 % seines Stadtgebietes und die industrielle Infrastruktur, die nun in der amerikanischen Zone lagen.[161] Die Franzosen kamen auch nicht wie die Amerikaner als strahlende Sieger, sondern waren selbst abhängig von der amerikanischen Hilfe, hofften darauf »ihre« Zone zum Wiederaufbau ihres Landes nutzen zu können. Das bedingte eine zunächst scharfe Reparationspolitik, die vor Demontagen und großflächigen Holzschlägen nicht zurückschreckte, und eine insgesamt deutlich schlechtere Versorgungslage als zuvor. Zudem war das deutsch-französische Verhältnis durch den (seit 1870) dritten, auf französischem Boden ausgetragenen Krieg, der neben erheblichen deutschen Kriegsverbrechen auch enorme wirtschaftliche Schäden für Frankreich mit sich gebracht hatte, belastet. Die Franzosen verlangten daher, wie schon nach dem Ersten Weltkrieg, »sécurité« vor dem deutschen Nachbarn, manch ein französischer Besatzungssoldat ließ seinen Ressentiments gegenüber Deutschland freien Lauf. Was dies alles für den rheinland-pfälzischen Raum bedeuten sollte, war für die Zeitgenossen nicht einfach auszumachen, denn die Signale aus der französischen Führung waren sehr widersprüchlich. Und die Erinnerung an den Separatismus nach dem Ersten Weltkrieg ließ manch einen argwöhnen, dass es nun erneut gelte, den territorialen Bestand Deutschlands links des Rheins zu verteidigen, obwohl tatsächlich separatistische Kreise viel weniger französische Unterstützung erfuhren als nach 1919. Während der französische Staatschef Charles de Gaulle etwa bei seinem Besuch Anfang Oktober 1945 erklärte: »Als Westeuropäer müssen wir trotz allem, was sich zwischen uns gestellt haben mag, zusammenarbeiten und uns gegenseitig verstehen [...] Frankreich ist nicht hier, um zu nehmen, sondern um wiedererstehen zu lassen, und damit Sie [gemeint sind die Deutschen, d. Verf.] mit ihm zusammen wiedererstehen«,[162] wurde General Pierre Marie Koenig, der Oberkommandierende in der französischen Zone, nicht müde zu versichern, dass Deutschland mit einer langen Besatzungszeit zu rechnen habe und wegen seiner politischen Fehlleistungen auf unabsehbare Zeit unter Aufsicht gestellt bleibe. Die Besatzungsrealität spiegelte die verworrene Situation wider: Am 25. Juli 1945 wurde das Saargebiet aus dem Verwaltungszusammenhang »Mittelrhein-Saar« ausgegliedert und bekam einen Sonderstatus, der es eng an Frankreich band. Zudem wurde im saarländisch-pfälzischen Grenzgebiet eine Reihe von Gemeinden dem Saargebiet zugeschlagen, nach einigem Hin und Her belief sich am Ende der Verlust für die Pfalz auf 94 Gemeinden. Übrig blieb von »Mittelrhein-Saar« nur noch das Oberregierungspräsidium »Hessen-Pfalz« (29. August 1945). Die rheinischen Gebiete wurden unter Hinzunahme des Regierungsbezirks Montabaur am 3. Januar 1946 zum Oberregierungspräsidium »Rheinland-Hessen-Nassau« zusammengefasst, dem im Oktober 1946 dann schließlich noch Rheinhessen zugeschlagen wurde. Diese Regierungsbezirke wurden hermetisch gegeneinander wie nach außen abgeschirmt, so dass man bald von einem »seidenen Vorhang« sprach, der die französische Zone umgebe. Die Besatzungsverwaltung kontrollierte das Gebiet konsequent und verlangte allen Schwierigkeiten entgegen Ersatz für ihre Besatzungskosten.[163] Andererseits aber investierten in kultureller Hinsicht die Franzosen weit mehr als Amerikaner und Briten zusammen in ihrer Zone: Der kulturell ausgehungerten Bevölkerung bot man das Beste an Ausstellungen, Konzerten und sonstigen kulturellen Veranstaltungen an, was man zur Verfügung hatte – in der Hoffnung, die Deutschen könnten durch die Aufnahme der französischen Kultur zurückgeführt werden in die von humanen Idealen geprägte westliche Wertegemeinschaft. Zudem gründeten die Franzosen gleich mehrere akademische Einrichtungen: die Universität in Mainz, die Verwaltungshochschule in Speyer, die Dolmetscherhochschule in Germersheim sowie das Institut für Europäische Geschichte in Mainz. Die Gründung der Mainzer Akademie der Wissenschaften und der Literatur bezuschussten sie in erheblichem Umfang.[164]

Zur Erklärung dieses so widersprüchlichen Erscheinungsbildes gibt es in der historischen Forschung unterschiedliche Erklärungsansätze. Zum einen geht man von Spannungen zwischen den vielen zuständigen französischen Dienststellen und Ministerien aus, wie sie sich beispielhaft auch zwischen dem Gouverneur in der Pfalz, dem Résistancekämpfer André Brozen-Favereau, und dem Gouverneur für das rheinische Gebiet, Claude Hettier de Boislambert, ereigneten. Ein jüngerer Erklärungsversuch von Dietmar Hüser sieht eine »doppelte Deutschlandpolitik«, die Frankreich betrieben habe. Keine französische Regierung habe damals umhin gekonnt, die in Frankreich weithin negativen Stimmungen Deutschland gegenüber zu beachten und wenigstens nach außen so zu tun, als wolle man eine Politik der harten Hand in Deutschland betreiben, die die Franzosen für das erlittene Leid entschädigen würde. Weitsichtigen war jedoch von Anfang an klar, dass die kleine französische Besatzungszone bei weitem nicht das an Reparationen liefern konnte, was Frankreich gebraucht hätte, um sich wirtschaftlich so zu erholen, dass es gleichberechtigt neben den anderen Alliierten hätte stehen können. Der Wiederaufbau des kriegszerstörten und darniederliegenden Frankreich sah man dort nur im Rahmen einer europäischen Ordnung, in die selbstverständlich Deutschland mit seinem Wirtschaftspotenzial einzubinden war.[165]

Wege zur Gründung von Rheinland-Pfalz

Genau in diese Richtung sollte sich das weitere Geschehen entwickeln. Hinzu kam, dass die weltpolitische Lage den französischen Handlungsspielraum ohnehin einengte. Ende 1945 wurden in der amerikanischen Besatzungszone die Länder Bayern, Groß-Hessen und Württemberg-Baden gegründet, und man ging dort an die Ausarbeitung von Verfassungen. Darauf musste man reagieren, und so entstand am 8. April 1946 bereits die Kompromissidee zwischen den beteiligten Akteuren, im Norden der französischen Zone eine eigene Verwaltungsstruktur zu bilden, von der allerdings das Saargebiet abgetrennt werden sollte. Am 18. Juli 1946 hob dann Großbritannien das Land Nordrhein-Westfalen aus der Taufe, am 6. September 1946 hielt der amerikanische Außenminister James F. Byrnes in Stuttgart seine berühmt gewordene Rede, in der deutlich wurde, dass Amerika auf die Gründung eines nichtkommunistischen westdeutschen Kernstaates abzielte, der als Bollwerk gegen den Kommunismus dienen sollte und den Deutschen den Weg zurück in die westliche Wertegemeinschaft eröffnen würde. Zum 1. Januar 1947 wurde daraufhin durch den Zusammenschluss der amerikanischen und britischen Besatzungsgebiete die Bizone gegründet, die man sogleich auch mit wirtschaftlichen Führungsgremien ausstattete, welche perspektivisch schon ein deutsches parlamentarisches Eigenleben entfalten sollten. Entscheidend wurde während dieser Entwicklungen ein Treffen von Spitzen der französischen Zentralverwaltung am 12. August 1946 in Paris, bei dem sich der Plan, ein neues Land in der Nordzone zu gründen, endgültig durchsetzte. Noch am gleichen Tag wurde die dann am 30. August 1946 ausgefertigte Ordonnance Nr. 57 ausgearbeitet, die die Gründung eines rhein-pfälzischen Landes mit der Hauptstadt Mainz verfügte.[166]

Nach dem 30. August 1946 ging alles sehr schnell. Die Gründung des Landes Rheinland-Pfalz, seine Verfassung und der Aufbau neuer Verwaltungsstrukturen werden im Kapitel »Verfassung, Verwaltung und Justiz« ausführlich behandelt. Hier sind nur die wichtigsten Stationen benannt: Die Landesverwaltung war übergangsweise durch eine »Gemischte Kommission« zu übernehmen, die Vorentwürfe für eine Verfassung erarbeiten sollte. Nach Wahlen zu den Gemeinderäten am 15. September und zu den Kreisversammlungen am 13. Oktober wurde aus Vertretern dieser Gremien eine verfassungsberatende Landesversammlung und eine vorläufige Regierung gebildet, die schließlich Wilhelm Boden (CDU) führte.

Dabei konnte Boden auf Vertreter der erst um die Jahreswende 1945/46 wieder zugelassenen und sich jetzt erst wirklich konstituierenden politischen Parteien zurückgreifen: Die SPD hatte sich unter Anknüpfung an ihre Weimarer Traditionen im April 1946 neu gegründet, fast gleichzeitig erschien auch die KPD wieder auf der politischen Bühne. Eine liberale Partei bildete sich allerdings erst während des Prozesses der Landesgründung im September 1946 aus. Bestimmend aber wurde die Partei, der auch

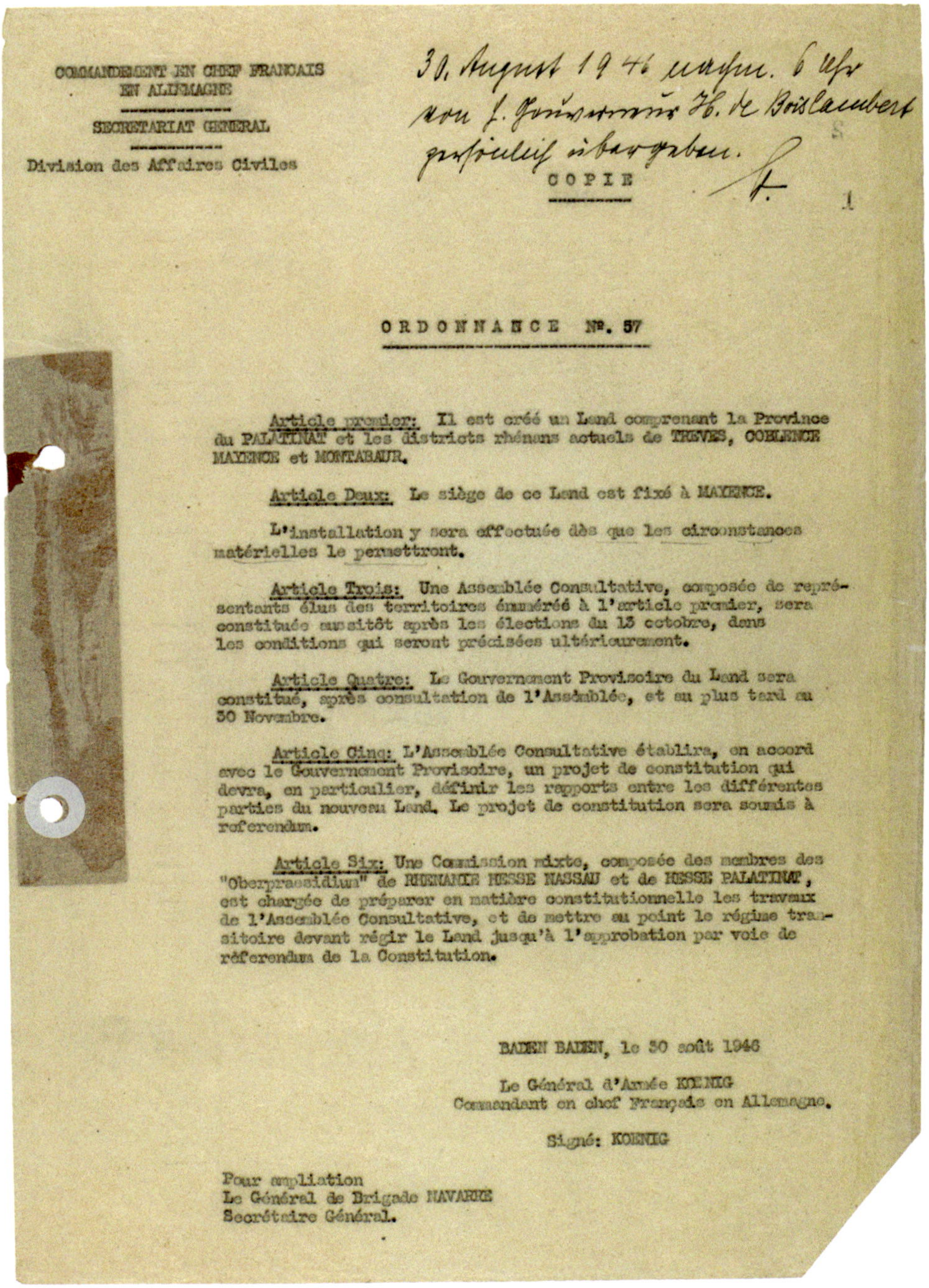

COMMANDEMENT EN CHEF FRANCAIS EN ALLEMAGNE

SECRETARIAT GENERAL

Division des Affaires Civiles

30. August 1946 nachm. 6 Uhr von J. Gouverneur H. de Boislambert persönlich übergeben.

COPIE

ORDONNANCE N°. 57

Article premier: Il est créé un Land comprenant la Province du PALATINAT et les districts rhénans actuels de TREVES, COBLENCE MAYENCE et MONTABAUR.

Article Deux: Le siège de ce Land est fixé à MAYENCE.

L'installation y sera effectuée dès que les circonstances matérielles le permettront.

Article Trois: Une Assemblée Consultative, composée de représentants élus des territoires énumérés à l'article premier, sera constituée aussitôt après les élections du 13 octobre, dans les conditions qui seront précisées ultérieurement.

Article Quatre: Le Gouvernement Provisoire du Land sera constitué, après consultation de l'Assemblée, et au plus tard au 30 Novembre.

Article Cinq: L'Assemblée Consultative établira, en accord avec le Gouvernement Provisoire, un projet de constitution qui devra, en particulier, définir les rapports entre les différentes parties du nouveau Land. Le projet de constitution sera soumis à referendum.

Article Six: Une Commission mixte, composée des membres des "Oberpraesidium" de RHENANIE HESSE NASSAU et de HESSE PALATINAT, est chargée de préparer en matière constitutionnelle les travaux de l'Assemblée Consultative, et de mettre au point le régime transitoire devant régir le Land jusqu'à l'approbation par voie de referendum de la Constitution.

BADEN BADEN, le 30 août 1946

Le Général d'Armée KOENIG
Commandant en chef Français en Allemagne.

Signé: KOENIG

Pour ampliation
Le Général de Brigade NAVARRE
Secrétaire Général.

Ordonnance Nr. 57 vom 30. August 1946 (Landeshauptarchiv Koblenz)

Wilhelm Boden angehörte, die CDP/CDU, eine überkonfessionelle christliche Volkspartei, der sich vor allem Anhänger der alten Zentrumspartei anschlossen, die gegen Widerstände die konfessionelle Zersplitterung überwinden wo lten, allerdings über ihre nationale oder föderalistisch-rheinische Orientierung durchaus uneins waren. Für die Franzosen entwickelte sich diese Partei aber zu einem kooperationswilligen, zuverlässigen Ansprechpartner, der eben deshalb die meiste Unterstützung der Besatzungsmacht erhielt.[167]

Da Mainz zu sehr zerstört war, um eine Landesregierung dort unterzubringen, zog man vorläufig nach Koblenz. Dort wurden die Staatskanzlei, das Innen- und das Justizministerium im ehem. Preußischen Oberpräsidium untergebracht. Finanz-, Gesundheits- und Sozialministerium kamen in das ehem. Lehrerinnenseminar (später Pädagogische Hochschule) auf dem Oberwerth, und das Wirtschafts-, Verkehrs- und Wiederaufbauministerium legte man kurzerhand in ein Hochhaus am Bahnhof, wo sich früher die NSDAP-Kreisleitung und Teile der Gauleitung befunden hatten. Das Kultusministerium und das Landesarbeitsamt nahm schließlich im Gebäude der ehem. Ortskrankenkasse in der Rizzastraße Quartier. Die in dieser Phase so entscheidende Beratende Landesversammlung trat am 22. November 1946 im Stadttheater zusammen.

Die Landesverfassung

Zur Ausarbeitung einer Landesverfassung war bereits von der »Gemischten Kommission« ein Verfassungsausschuss konstituiert worden, dem, von kleineren personellen Veränderungen abgesehen, Dr. Adolf Süsterhenn (CDP/CDU) als Vorsitzender, der 1933 entlassene Polizeipräsident von Koblenz, Dr. Ernst Biesten (CDP/CDU), und Dr. Hans Haberer (CDU), ein im Nationalsozialismus verfolgter Journalist aus der Pfalz, der pfälzische Interessen vertreten sollte, wenngleich er unter seinen Parteifreunden in der Pfalz als angeblich zu frankreichfreundlich beargwöhnt wurde, angehörten. Für die SPD saßen Paul Röhle in der Kommission, der schon Mitglied der Weimarer Nationalversammlung gewesen war, und der Rechtsanwalt Dr. Wilhelm Kemmeter. Als Vertreter der KPD war Dr. Andre Hofer, der 1934 emigriert war, Mitglied. In insgesamt fünf Sitzungen, die zwischen dem 21. September und 25. Oktober stattfanden, wurde auf der Grundlage eines von Süsterhenn und Biesten zuvor schon erstellten Papiers ein Verfassungsvorschlag erarbeitet. Beide wohnten damals in Unkel, Biesten leitete die Rheinische Verwaltungshochschule in Cochem, wo Süsterhenn einen Lehrauftrag versah, und beide waren geprägte Katholiken. Eben deshalb hatten sie im Vorhinein auch den Rat von katholischen Klerikern eingeholt, so u. a. den des späteren Kölner Erzbischofs und Kardinals Joseph Höffner, der aus Horhausen im Westerwald stammte, im Trierer Seminar seine Priesterausbildung erhalten hatte und nun zu einem der führenden katholischen Sozialethiker der Nachkriegszeit wurde.[168] In den Entwurf der Kommission gingen dann aber vor allem auch Elemente der Frankfurter Paulskirchenverfassung von 1849, der preußischen Verfassung von 1850, der Weimarer Reichsverfassung von 1919 und der in den anderen deutschen Ländern der amerikanischen Zone bereits erlassenen Länderverfassungen ein.[169] Süsterhenns und Biestens Entwurf war von drei Leitideen geprägt: Das wichtigste seien in diesem historischen Augenblick die Grundrechte, die am Anfang stehen müssten, sodann sollte der gesamte Staatsaufbau nach parlamentarisch-demokratischen Grundsätzen erfolgen, und zum Dritten sei der Föderalismus zu stärken – so ihre Meinung. Im Hintergrund stand Süsterhenns Überzeugung, dass nur der christliche Naturrechtsgedanke, demzufolge »ein ungeschriebenes Gesetz, ein ewiges Urrecht«, das »nicht im schwankenden Willen, sondern [...] im Willen eines höheren Wesens, in Gott wurzelt«, in der Lage sei, einer Entartung des Staatsrechts, wie sie im Nationalsozialismus stattgefunden hatte, in Zukunft vorzubeugen. Hieraus erklärt sich der bemerkenswerte Gottesbezug in der Präambel der Verfassung: »Im Bewußtsein der Verantwortung vor Gott als dem Urheber des Rechts und dem Schöpfer aller menschlichen Gemeinschaft« – heißt es dort. Dies deutet schon an, dass die rheinland-pfälzische Verfassung wie keine andere Nachkriegsverfassung der deutschen Länder ein christlich-naturrechtliches Gepräge erhielt, das noch dadurch intensiviert wurde, dass Süsterhenn versuchte, in der Verfassung auch ein Elternrecht auf die Konfessionsschule festzuschreiben, durch das der Einfluss des Christentums auf die gesellschaftliche Entwicklung weiter gestärkt werden sollte. Der am 22. November konstituierten »Beratenden Landesversammlung« wurde dieser Entwurf nun zugleitet, aus der sich wiederum ein eigener Verfassungsausschuss bildete, der das Vorhaben in acht weiteren Sitzungen zwischen Dezember 1946 und April 1947 in Koblenz und Bad Kreuznach debattierte. Danach kümmerte sich wieder das Plenum der Beratenden Landesversammlung vom 23.–25. April 1947 im Hotel Rittersturz bei Koblenz um die Verfassung. Am Ende blieb es bei dem deutlichen christlichen Einschlag dieser Landesverfassung, die allerdings von der SPD nicht befürwortet wurde. Auf die verbindliche Festschreibung der Konfessionsschule konnte man sich jedoch überhaupt nicht einigen, so dass diese Frage zusammen mit der Verfassung und der ersten freien Wahl zum rheinland-pfälzischen Landtag am 18. Mai 1947 der Bevölkerung zur Abstimmung vorgelegt wurde. Dabei kam alles andere als ein glänzender Start für das neue Land heraus.[170]

Nur der katholischen Bevölkerungsmehrheit im Norden des Landes war es zu verdanken, dass die Verfassung mit 53 % eine knappe Mehrheit erhielt, während sie in der Pfalz und Rheinhessen ebenso wie die Konfessionsschule glatt durchfiel. Immerhin: Das Ziel war erreicht, und so konnte nach der Wahl der erste rheinland-pfälzische Landtag zunächst im Rathaussaal der Stadt Koblenz (4. Juni 1947), dann im Görresbau des Katholischen Lesevereins zusammentreten.

Ergebnisse der Volksabstimmungen vom 18. Mai 1947 (in %)

Regierungsbezirk	Verfassung		Schulfrage	
	Ja	Nein	Ja	Nein
Koblenz	61,3	38,7	65,0	35,0
Trier	76,5	23,5	82,8	17,2
Montabaur	52,4	47,6	55,5	44,5
Rheinhessen	46,8	53,2	33,0	67,0
Pfalz	40,3	59,7	36,8	63,2
Rheinland-Pfalz	53,0	47,0	52,4	47,6

Angaben nach Bd. Historische Statistik

Existenzkrisen des neuen Landes

Das Problem des Zusammenhaltes dieses Landes »aus der Retorte«, das ja nicht einmal nach Meinung des langjährigen Ministerpräsidenten Peter Altmeier »Ewigkeitswert« besaß, blieb allerdings noch mehr als drei Jahrzehnte. Obwohl die SPD zunächst in eine Allparteienregierung, dann in eine Große Koalition eingebunden wurde, machte sie keinen Hehl aus ihrer Ablehnung dieses so heterogenen pfälzisch-rheinhessisch-rheinischen Gebildes, und der SPD-Bezirksvorsitzende der Pfalz, Franz Bögler, titulierte sich sogar gerne selbst als »Landessprengmeister«. Schon im Rahmen der Beratungen um die Gründung der Bundesrepublik Deutschland, bei denen die Westalliierten den Ministerpräsidenten der Länder aufgegeben hatten, sich auch um eine Länderneugliederung zu kümmern (2. Frankfurter Dokument), kam das Thema der Auflösung von Rheinland-Pfalz wieder auf den Tisch. Dann wurde im Rahmen von Neugliederungskommissionen, die nach der Gründung der Bundesrepublik Vorschläge zur Neuordnung des Raumes machen sollten, wieder intensiv über den Bestand von Rheinland-Pfalz diskutiert. Aber auch aufgrund der Möglichkeiten, die etwas später der Art. 29 GG eröffnete, strebten verschiedene Initiativen eine Auflösung des Landes an. In der Pfalz wollten manche wieder zurück nach Bayern, kräftig unterstützt von der bayerischen Landesregierung, oder suchten den Verbund mit dem wirtschaftlich leistungsstarken Baden-Württemberg in Erinnerung an die alte Kurpfalz. In Rheinhessen und Montabaur interessierte man sich für einen Anschluss an Hessen, und im Raum Koblenz/Trier gab es nicht wenige, die hofften, von dem so wirtschaftsstarken Nordrhein-Westfalen profitieren zu können, zumal ja durch die ehemalige preußische Rheinprovinz ohnehin engere Verbindungen zum Nordrhein bestanden. Letztendlich führten aber alle diese Aktivitäten und Versuche zu nichts. Als 1975 drei erfolgreiche Volksbegehren, die eine Angliederung Montabaurs und Rheinhessens an Hessen und von Koblenz/Trier an Nordrhein-Westfalen angestrebt hatten, der Bevölkerung zur Abstimmung vorgelegt wurden, fand sich – 30 Jahre nach Kriegsende – keine Mehrheit mehr für eine solche Zerschlagung des Landes Rheinland-Pfalz.[171]

Die Landeshauptstadt

Umgekehrt schweißte die erfolgreiche Bewältigung solcher Existenzkrisen die Befürworter von Rheinland-Pfalz je länger, je mehr zusammen, und schließlich stellten sich auch erste aus der Krise geborene Erfolge ein, die konsolidierende Effekte hatten. So z. B. als Ende 1949 Mainz meldete, dass es nunmehr bereit sei, Landtag und Landesregierung, wie schon in der französischen Ordonnance Nr. 57 vorgesehen, aufzunehmen. Das war zwar reichlich übertrieben, fehlte es doch noch lange an hinreichendem Büroraum, und auch organisatorische Defizite zeigten sich, als der französische Gouverneur Hettier de Boislambert zusammen mit Ministerpräsident Altmeier die für den Umzug der Landesverwaltung vorgesehenen Bürogebäude im Winter 1950 besichtigen wollte, jedoch vor verschlossener Türe stand, da man vergessen hatte, den Hausmeister zu benachrichtigen. Aber mit der Hauptstadtfrage war die Existenz des Landes wieder auf die Tagesordnung gesetzt, und die Gegner des Landes hatten erneut eine Bühne für ihre Polemik, die einen kostspieligen Umzug nach Mainz als völlig unnötig hinstellte angesichts der Erwartung einer baldigen Auflösung des Landes. Gleichwohl war Ministerpräsident Altmeier bestrebt, den Umzug zu einer freien Entscheidung des Parlaments zu machen, wofür er die Zustimmung der Besatzungsmacht Frankreich schließlich auch erlangte. Der Tag der Abstimmung im Landtag, der 4. April 1950, führte aber zu einer veritablen Blamage: 43 Abgeordnete stimmten für, 43 Abgeordnete, darunter auch etliche aus der Regierungspartei, stimmten gegen den Umzug. Es bedurfte nun intensiver Verhandlungen, um bei einer zweiten Abstimmung am 16. Mai mit 49 Befürwortern gegen 32 Gegner des Umzuges ein passenderes Ergebnis zu erzielen. Tatsächlich hat der Umzug von Parlament und Regierung nach Mainz dann aber eine konsolidierende Wirkung entfaltet, vor allem auch, weil für die Pfälzer eine Landeshauptstadt im näher gelegenen und historisch in mancherlei Hinsicht verbundenen Mainz viel eher akzeptabel erschien als das stets bekämpfte Koblenz.[172]

Die frühe Nachkriegspolitik

Die rheinland-pfälzische Politik der ersten Nachkriegsjahre unter dem am 9. Juli 1947 gewählten Ministerpräsidenten Peter Altmeier, der bis 1948 ein Allparteienkabinett, dann bis 1951 eine Große Koalition mit den Sozialdemokraten führte, hatte, wie in anderen Ländern auch, kaum Handlungsspielraum. Bis 1949 beschäftigte man sich ausweislich der Ministerratsprotokolle mit kaum etwas anderem als der Sicherstellung der Ernährung und der Beschaffung von Wohnraum für die Bevölkerung, wobei man oft genug in Auseinandersetzungen mit der französischen Besatzungsmacht geriet.[173] Die schwache finanzielle Basis des neuen Landes, das einen Großteil seiner Einnahmen für Besatzungskosten ausgeben musste, engte den Spielraum dabei so ein, dass auswärtige Nahrungsmittellieferungen und Wiederaufbauhilfe für Wohnungen, wie sie die Kirchen durch Bauprogramme leisteten, höchst willkommen waren.

Entnazifizierung

Darüber hinaus galt es zum einen, sich mit der von den Alliierten geforderten »Entnazifizierung« der Bevölkerung auseinanderzusetzen. Dieser historisch einmalige Akt einer politischen Überprüfung einer ganzen Gesellschaft zeitigte in Rheinland-Pfalz ähnlich unbefriedigende Ergebnisse wie andernorts. Allerdings sind dabei regionale und chronologische Differenzierungen zu beachten. In der Pfalz etwa wurde das Entnazifizierungsverfahren unter der Verantwortung von Oberregierungsvizepräsident Carl Felix Koch intensiv und relativ scharf durchgeführt, während man im Rheinland eher langsam und mit mehr Nachsicht die Entnazifizierung betrieb. Anfänglich bestimmte die spezifisch französische Entnazifizierungsform der »Auto-Épuration« das Vorgehen, bei der von »Antifaschisten« getragene Ausschüsse auf Kreisebene oder in einzelnen Verwaltungszweigen politische Schuld zu definieren suchten. Dabei kam es zu strittigen Beurteilungen, so dass man am 17. April 1947 das amerikanische Spruchkammersystem übernahm, das nach starren Kriterien die Betroffenen in »Entlastete«, »Mitläufer«, »Minderbelastete«, »Belastete« und »Hauptschuldige« einteilte. Auch dieses Verfahren musste scheitern, weil es die Lebensbedingungen in einer modernen Diktatur nicht abbilden konnte und weil sich Jahre nach dem Ende des »Dritten Reiches« kaum mehr Belastungszeugen fanden, sondern die Menschen aus dem Elend in eine neue, bessere Zukunft aufbrechen wollten. Folgenschwer war in diesem Zusammenhang die Entscheidung, zunächst die große Mehrheit der gar nicht oder wenig Belasteten zu entnazifizieren, um mit deren Hilfe Wirtschaft und Verwaltung dann schnellstmöglich in Gang zu bringen. Die schwerwiegenderen Fälle saßen derweil in Internierungslagern ein, von denen es in Rheinland-Pfalz drei gab: In Landau, in Diez, wo im Mai 1947 noch 4.000 Internierte einsaßen, und in Trier-Petrisberg, das erst am 29. Dezember 1949 geschlossen wurde. Als diese Fälle dann aufgerollt werden sollten, war der Entnazifizierungseifer nicht nur bei den deutschen, sondern auch bei den alliierten Dienststellen erlahmt, weil nunmehr die weltpolitische Lage eine Einbindung eines neuen westdeutschen Teilstaates in das westliche Bündnis gegen den Kommunismus erforderte. Das dritte Abschlussgesetz, das am 31. Mai 1952 im Landtag verabschiedet wurde, sah vor, dass die letzten Sühnemaßnahmen im Jahre 1954 wegfallen sollten, die Säuberungsbehörden wurden bereits zum 30. September 1952 aufgelöst. In diesem Klima gelang es manch einem seine NS-Vergangenheit zu vertuschen, so z. B. dem späteren Leiter der Kriminalpolizei Ludwigshafen, Dr. Georg Fleischmann, der SS-Obersturmführer gewesen war und sich an Judenerschießungen beteiligt hatte. Erst im November 1963 wurde er dafür zur Rechenschaft gezogen, erkrankte aber und starb 1970.[174]

Die Rittersturzkonferenz 1948

Grundlegend wichtig war zum anderen in den ersten Jahren nach dem Krieg die Beteiligung von Rheinland-Pfalz an der Gründung eines westdeutschen Teilstaates, die von den Alliierten in den sog. Frankfurter Dokumenten am 1. Juli 1948 angeregt worden war. Die ersten Besprechungen dazu fanden auf einer Ministerpräsidentenkonferenz vom 8.–10. Juli 1948 statt, die auf dem Rittersturz bei Koblenz abgehalten wurde. Wenn auch die Haltung der unter dem Eindruck der Berlinblockade verhandelnden Ministerpräsidenten sehr zögerlich war und keineswegs den Erwartungen der Siegermächte entsprach, so stellt diese Konferenz doch den Anfangspunkt einer Reihe weiterer Verhandlungen dar, die schließlich zur Gründung der Bundesrepublik Deutschland führten. An der Ausarbeitung des Grundgesetzes war denn auch wieder ein Rheinland-Pfälzer, Adolf Süsterhenn, der rheinland-pfälzische »Verfassungsvater«, führend beteiligt. Als nach der Wahl zum ersten deutschen Bundestag die »Treuhändertätigkeit« der Ministerpräsidenten zu Ende ging, weil die politische Verantwortung für den westdeutschen Teilstaat in die Hände des Bundestages und der Bundesregierung überging, versammelten sich die Ministerpräsidenten noch einmal auf dem Koblenzer Rittersturz am 25./26. August 1949, besprachen das Procedere beim Zusammentritt der Bundesorgane und schlossen somit den Kreis.[175]

Politik für Rheinland-Pfalz

Über mehr als 40 Jahre ist Rheinland-Pfalz von CDU-Ministerpräsidenten regiert worden, wobei Peter Altmeier (1947–1969) mit 22 Regierungsjahren die bislang längste Regierungszeit überhaupt verbuchen konnte. Was in Rheinland-Pfalz für strukturell unmöglich gehalten wurde, stellte sich mit Ministerpräsident Rudolf Scharping 1991 ein: die Übernahme der Regierungsverantwortung durch die SPD. Sein Nachfolger Kurt Beck hat mit bislang 18 Regierungsjahren die vorläufig zweitlängste Regierungszeit und genießt wie Altmeier mittlerweile sicher ebenso den Status eines »Landesvaters«.

Regieren im föderalen Rahmen der Bundesrepublik Deutschland ermöglicht einerseits eigene Akzente in den den Ländern überlassenen Aufgabenbereichen, andererseits Mitgestaltungsmöglichkeiten in der Bundespolitik über den Bundesrat oder die Beteiligung in den jeweiligen Vorständen der Bundesparteien. Vor allen Dingen aber zeigt sich der historische Ablauf im regionalen Rahmen mitbestimmt von dem spezifischen Maß der Beeinflussung durch überregionale, meist europäische Entwicklungen. Welche besonderen Akzente kennzeichnen also die Geschichte der vergangenen rd. 65 Jahre in Rheinland-Pfalz? Diese Frage ist nicht leicht zu beantworten, da dem Historiker hierfür, je

Die Ministerpräsidenten und Landtagspräsidenten von Rheinland-Pfalz

Ministerpräsidenten

1946–1947
Dr. Wilhelm Boden
(CDU)

1947–1969
Peter Altmeier

1969–1976
Dr. Helmut Kohl
(CDU)

1976–1988
Dr. Bernhard Vogel
(CDU)

1988–1991
Dr. Carl-Ludwig Wagner
(CDU)

1991–1994
Rudolf Scharping
(SPD)

Seit 1994
Kurt Beck
(SPD)

Landtagspräsidenten

1946
Dr. Ernst Albert
Lotz
(CDU)

1946–1947
Dr. Ludwig
Reichert
(CDU)

1947–1948
Jakob Diel
(CDU)

1948–1959
August Wolters
(CDU)

1959–1971
Otto van Volxem
(CDU)

1971–1974
Dr. Johannes Baptist
Rösler
(CDU)

1974–1985
Albrecht Martin
(CDU)

1985–1991
Dr. Heinz Peter Volkert
(CDU)

1991–2006
Christoph Grimm
(SPD)

Seit 2006
Joachim Mertes
(SPD)

(Alle Abb.: Landtag und Staatskanzlei Rheinland-Pfalz)

mehr er an die Jetztzeit kommt, die Quellen noch nicht zugänglich sind. Daher lassen sich nur einige Entwicklungslinien aufzeigen, deren Relevanz erst später wirklich überprüft werden kann.

Schulkampf in Rheinhessen

Die maßgeblich von der CDP/CDU getragene Gründungsidee eines christlich geprägten Staates, der den Föderalismus in Deutschland stärken und mit dem ein neues, nach Westen ausgerichtetes und christliches Machtzentrum am Rhein intendiert wurde, sollte sich nur bedingt und kurzfristig als tragfähig herausstellen. Hatten Süsterhenn und Altmeier die Konfessionsschule als entscheidendes Mittel auf diesem Weg angesehen, so sollte sich doch bald schon zeigen, dass die Konfession, auch die katholische, längst nicht mehr jene Bindewirkung hatte, die notwendig gewesen wäre, um eine solche Rückkehr zu älteren schulpolitischen Vorstellungen zu realisieren (zur Bildungsgeschichte s. das Kapitel »Bildung und Wissenschaft«). Als Anfang der 1950er Jahre in der Pfalz und dann vor allem in Rheinhessen auf Initiative des Mainzer Bischofs Stohr katholische Eltern ihr nunmehr verbrieftes Recht einforderten und die Einrichtung einer Konfessionsschule in ihrem Ort verlangten, entstand massiver Streit zwischen Gegnern und Befürwortern der in Rheinhessen ja schon vor der NS-Zeit längst eingeführten Simultanschule, in der Kinder beider Konfessionen zusammen unterrichtet wurden. Die massiven gesellschaftlichen Verwerfungen hatten Rückwirkung auf die Politik, war Altmeiers Koalitionspartner FDP doch nicht geneigt, die Konfessionsschule zu unterstützen, womit beim Bruch der Koalition Auswirkungen im Bundesrat zu erwarten waren. Die Lehrer, selbst in konfessionsgetrennten Pädagogischen Hochschulen ausgebildet, wurden in einem so noch nicht gekannten Maß mobilisiert, wobei vor allem die Gewerkschaft Erziehung und Wissenschaft (GEW) in Rheinhessen einen scharfen Kampf gegen die Konfessionsschule führte. Da, wo die Befürworter der Konfessionsschule sich durchsetzen konnten, entstanden oft regelrechte »Zwergschulen«, die sehr bald schon in Zeiten des Wirtschaftswachstums den Bildungsanforderungen einer modernen Industriegesellschaft nicht mehr genügen konnten. So musste man sich auch in der CDU, gegen den erklärten Willen des Ministerpräsidenten, in den 1960er Jahren von der Konfessionsschule verabschieden, die schließlich Kultusminister Bernhard Vogel (CDU, 1967–1976) liquidierte und Rheinland-Pfalz mit der Einführung des dreigliedrigen Schulsystems anschlussfähig machte.[176]

Finanzpolitik

Auch die Idee einer massiven Stärkung des föderalen Elements in Deutschland, die in der Gründungsphase von Rheinland-Pfalz bei Altmeier und Süsterhenn bisweilen sogar mehr staatenbündische als bundesstaatliche Lösungsansätze mit einschloss, konnte letztlich nicht in dem ursprünglich gedachten Sinn umgesetzt werden. Rheinland-Pfalz war ein finanzschwaches Land, das auf Mittel aus dem 1951 gesetzlich geregelten Länderfinanzausgleich angewiesen war und bis heute ein »Nehmerland« mit allerdings schwankenden Zuweisungen geblieben ist. Die Last des Wiederaufbaus musste mit Kreditaufnahmen finanziert werden, wobei bis 1963 die Neuverschuldung überwiegend bei den öffentlichen Verwaltungen erfolgte, danach vermehrt Kapital am Kreditmarkt besorgt wurde. So ist die Verschuldung des Landes kontinuierlich gestiegen, mit einer Ausnahme: Zwischen 1961 und 1963 konnte einmalig die Schuldenlast um 10 % verringert werden. 1964 bis 1983 stieg die Verschuldung dann erneut und drastisch an, bedingt durch die zunehmenden Ausgaben für den wachsenden

Sozialstaat, die Finanzierung von Konjunkturprogrammen und inflationistische Preisauftriebstendenzen. Erst ab 1984 wurde die Neuverschuldung zunehmend begrenzt und erreichte 1989 unter Ministerpräsident Carl-Ludwig Wagner mit 1,8 % einen vergleichsweise niedrigen Stand.[177]

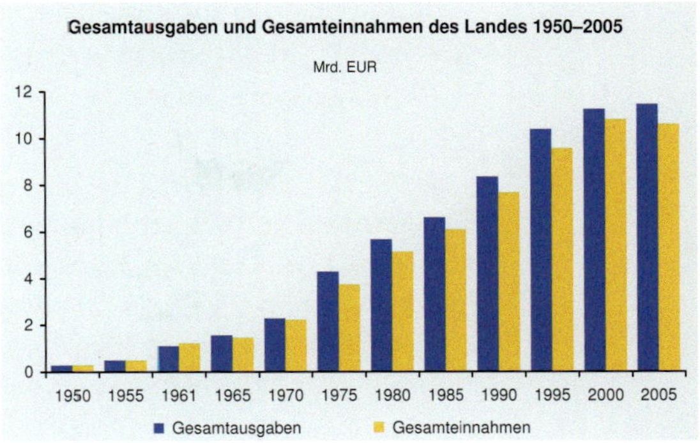

(Statistisches Landesamt Rheinland-Pfalz Bad Ems)

Diese finanzielle Situation bedingte u. a. eine Entwicklung, die der in anderen Bundesländern vergleichbar ist: Auf lange Dauer gab auch Rheinland-Pfalz immer mehr Länderrechte an den Bund ab zugunsten erweiterter Mitbestimmungsrechte im Bundesrat. Leidtragender dabei war vor allem der rheinland-pfälzische Landtag, dessen Gestaltungsspielraum damit zunehmend eingeschränkt wurde.

Gründung des ZDF

Gleichwohl wird man nicht übersehen können, dass Altmeier seine föderalistische Grundüberzeugung in Entscheidungssituationen sogar im Konflikt mit Bundeskanzler Adenauer durchzusetzen gewillt war. In der seit 1955 geführten Diskussion um ein Staatsfernsehen, das den von der Bundesregierung als politisch links stehend eingeschätzten öffentlichen Rundfunkanstalten entgegengesetzt werden sollte, hat sich Altmeier stets als Wahrer der Medienkompetenz der Länder eingesetzt, wie im Einzelnen das Kapitel »Öffentlichkeit und Gesellschaft« näher ausführt. Darin hat ihm und seinen Länderkollegen das Bundesverfassungsgericht in seinem Urteil vom 28. Februar 1961 Recht gegeben, so dass die ersatzweise beschlossene Gründung einer zweiten, aber eben öffentlich-rechtlichen Sendeanstalt dann Rheinland-Pfalz zugutekam. Zwar dauerte der Aufbau des ZDF in Mainz noch bis in die 1980er Jahre, doch begründete dieser Entstehungszusammenhang die besondere Rolle, die Rheinland-Pfalz seitdem im Rundfunkrat der Länder spielt.[178]

Versöhnung mit den westlichen Nachbarn

Durchaus erfolgreich zeigte sich allerdings der Gründungsimpuls im Hinblick auf die Aussöhnung mit den westlichen Nachbarn und die Integration des Landes in die westliche Wertegemeinschaft. Schon am 23. April 1950 konnte mit dem Großherzogtum Luxemburg ein Staatsvertrag über die Errichtung einer Wasserkraftanlage geschlossen werden – keineswegs eine Selbstverständlichkeit, bedenkt man, was noch fünf Jahre zuvor Luxemburgern im KZ Hinzert und unter der Verwaltung von Gauleiter Simon angetan worden war. Es war überhaupt der erste Staatsvertrag, den ein Bundesland mit einem auswärtigen Staat geschlossen hat! 1953 gelang die Anbahnung einer Regionalpartnerschaft zwischen Rheinland-Pfalz und Burgund, die 1956/57 deutsch-französische Freundschaftskreise intensivierten und die 1962, noch vor dem deutsch-französischen Freundschaftsvertrag (»Élysée-Vertrag«), in eine offizielle Partnerschaft überführt wurde. Lange Zeit blieb diese intensive und groß angelegte Versöhnungsarbeit singulär in Deutschland, bewirkte viele Partnerschaften zwischen rheinland-pfälzischen und französischen Städten und wurde schließlich in ein auch über die Grenzen im Osten hinausgreifendes Netz von Partnerschaften integriert. Ministerpräsident Bernhard Vogel fügte dem 1982 schließlich noch eine Partnerschaft mit Ruanda hinzu, die vielfältigen zivilgesellschaftlichen Initiativen der Entwicklungshilfe einen organisatorischen Rahmen gab.[179] Doch auch dabei sollte es nicht bleiben, wie das Kapitel »Außenbeziehungen« im Einzelnen darlegen wird.

Die Saarabstimmung 1955

Diese Aussöhnungs- und Partnerschaftsarbeit half auch, ein zwischen Frankreich und Deutschland schwelendes Problem letztendlich glücklich zu lösen: die Saarproblematik. Anders als Bundeskanzler Konrad Adenauer wollte Ministerpräsident Altmeier keine Europäisierung der Saar, sondern warb seit 1954 intensiv um eine Rückkehr des Saargebietes in den Geltungsbereich des Grundgesetzes. Die Volksabstimmung vom 23. Oktober 1955 gab Altmeier Recht: Die Mehrheit der Saarländer entschied sich für eine Zugehörigkeit zu Deutschland, und zwar in einem eigenen Bundesland, das seitdem die Frage nach der Existenzberechtigung von Rheinland-Pfalz entschärft hat. Der Preis für diese von Frankreich ebenso wenig wie von Adenauer erwartete Entwicklung war eine Intensivierung der Handelsbeziehungen zu Frankreich, wie sie etwa durch die 1964 abgeschlossene Moselkanalisierung erreicht wurde. Das allerdings war ein leicht zu bezahlender Preis, hat sich die Moselkanalisierung für Rheinland-Pfalz doch als eine wirtschaftliche Erfolgsgeschichte erwiesen.[180]

»Flugzeugträger der NATO«

Wie hier profitierte Rheinland-Pfalz ohnehin in vielfältiger Weise durch seine Einbindung in internationale Bezüge. Nachdem Deutschland seit dem Beginn der 1950er Jahre, verstärkt noch durch seinen NATO-Beitritt 1955, in das Abwehrsystem des Westens gegen die kommunistische Bedrohung aus dem Osten eingebunden worden war, wurde Rheinland-Pfalz bald zum »Flugzeugträger der NATO« (Bernhard Vogel) mit alleine acht großen Militärflughäfen und einer Vielzahl von Stützpunkten der NATO-Streitkräfte. Dies bewirkte massive gesellschaftliche Veränderungen in manch abgelegener ländlicher Region, hat aber gerade dort auch zu einer enormen wirtschaftlichen Blüte beigetragen, weil die NATO-Streitkräfte Arbeits- und Ausbildungsplätze auch für die Zivilbevölkerung boten, wo sie seit jeher fehlten (zu den Folgen s. auch die Kapitel »Alltagskultur« und »Wirtschaftsgeschichte«). Die in diesem Zusammenhang in die Pfalz, den Hunsrück und die Eifel geflossenen Millioneninvestitionen wirkten sich vielleicht als das größte Wiederaufbau- und Konjunkturprogramm für Rheinland-Pfalz in dieser Zeit aus, obwohl Regierung wie Bevölkerung wegen ungeklärter Entschädigungsfragen und der nicht absehbaren gesellschaftspolitischen Folgen dieser Entwicklung zunächst skeptisch entgegensahen.[181]

Das Ende der Ära Altmeier

Der Übergang der Regierungsverantwortung von der Wiederaufbaugeneration Altmeiers an eine jüngere Generation in der Mitte der 1960er Jahre, womit ein zweiter, wiederum über 20 Jahre währender Einschnitt in der rheinland-pfälzischen Nachkriegsgeschichte markiert wird, war alles andere als einfach. Der Ministerpräsident hegte eine unverhohlene Abneigung gegen seinen offenkundigen Nachfolgekandidaten, Helmut Kohl, einen kaum 40-Jährigen, der sich energisch an die Spitze der Partei gekämpft hatte und seit 1963 dem Landesvater als CDU-Fraktionsvorsitzender das Leben schwer machte. Der »junge Mann« wollte mit seinen »Kameraden« aus der Jungen Union die »Alten« verdrängen und ging dabei nicht eben zimperlich vor. Er sprach vom »Kalkwerk« der älteren Generation, lehnte die klerikale Entourage des Ministerpräsidenten ab und konnte auch mit den in seinen Augen antiquierten Umgangsformen nichts mehr anfangen. Was Kohl antrieb, war neben einem wohl nicht zu bestreitenden Ehrgeiz die Sorge, seine Partei könne die Regierungsfähigkeit verlieren, wenn sie nicht schleunigst modernisiert werde, sich den Anforderungen der Zeit durch innere Erneuerung stelle. Dazu formte er einen Kreis engagierter Mitstreiter, das später so oft zitierte »System Kohl«, das auf »Kameradschaft« – so der von ihm selbst dafür meist gebrauchte Begriff –, Gemeinsamkeit der Ziele und Machtbewusstsein gebaut war. 1969 übernahm Kohl das Amt des Ministerpräsidenten. Seine politische Zielstellung, der jugendliche Schwung seines politischen Anfangs entsprachen, wie sich bald schon herausstellen sollte, ganz und gar dem Zeitgeist und sicherten der CDU neue Zustimmung im Lande. »In der damaligen Zeit war natürlich die Reform auch psychologisch bei den Menschen überfällig«, hat er selbst einmal erklärt. Der Erfolg des ersten sozialdemokratischen Bundeskanzlers Willy Brandt, der im selben Jahr, einige Monate später, am 28. Oktober seine legendäre Regierungserklärung vor dem Bundestag hielt, in der auch er eine umfassende Reform Deutschlands ankündigte, bestätigt dies von einer ganz anderen Warte.

Regierung Helmut Kohl

Rheinland-Pfalz bekam nun einen Ministerpräsidenten, der hemdsärmelig die Probleme des Landes anging, der den Kontakt zu den Bürgern suchte und diesen durch die Einrichtung eines Bürgerbeauftragten (1974) institutionalisierte. Kohl hatte anders als die älteren Kabinettsmitglieder nicht einmal Schwierigkeiten damit in der politisch aufgeheizten Zeit der 1968er Studentenbewegung lautstark in der Öffentlichkeit zu diskutieren. »Reform« wurde zu einem geflügelten Wort, an Betätigungsfeldern dafür mangelte es nicht. Kaum etwas, das so blieb, wie es war.

Verwaltungsreform

Zentral wichtig erschien eine große Verwaltungsreform, die bereits vor Kohl eingeleitet worden war. Sie wurde gegen schwere, lang andauernde Widerstände eingeführt, deren Ausmaß zu erahnen ist, wenn man allein die 58 Klagen bedenkt, die gegen diese Reform beim Verfassungsgerichtshof des Landes in Koblenz eingereicht wurden. Insgesamt 18 Gesetze waren es, die zwischen 1966 und 1974 die Landesverwaltung grundlegend verändert haben. Seit 1. Oktober 1968 verfügte Rheinland-Pfalz nur noch über drei Regierungsbezirke, nämlich Koblenz-Montabaur, Rheinhessen-Pfalz und Trier, 30 Landkreise wurden aufgelöst, 15 neu gebildet, die kreisfreien Städte wurden durch Eingemeindungen vergrößert, kleine Ortsbürgermeistereien wurden aufgelöst und in 164 »Verbandsgemeinden« – geradezu ein Markenzeichen der rheinland-pfälzischen Reform – überführt. Ergänzt wurden diese Reformschritte durch eine »Funktionalreform«, die die Selbstverwaltung auf unterster Ebene stärken sollte, dabei freilich oft auf halbem Weg stecken blieb. Einzelheiten der weiteren Entwicklung erschließt das Kapitel »Verfassung, Verwaltung und Justiz«.

Sozialreform

Ebenso intensiv wurde eine »Sozialreform« betrieben. Wenn die Jahre 1969–1974 heute in der Historiografie als die »Phase der größten Beschleunigung wohlfahrtstaatlicher Expansion« (H. G. Hockerts) in Deutschland eingeordnet werden, so galt dies insbesondere auch für Rheinland-Pfalz. Das Grundrecht der freien Entfaltung der Persönlichkeit und das nunmehr propagierte Sozialstaatsprinzip führten zu einem »grundlegend neuen Ansatz in der Sozial- und Gesellschaftspolitik«, so der rheinland-pfälzische Sozialminister Heiner Geißler (CDU) damals. »Es geht darum, gemeinsam die soziale Infrastruktur unseres Landes ständig auszubauen und die allgemeinen Lebens- und Umweltbedingungen der Bürger zu verbessern, und zwar für alle Bürger, unabhängig davon, wo sie wohnen.« Die Solidarität mit den Schwächsten in der Gesellschaft wurde eingefordert, ein breiter, planvoller Ausbau von Kindergärten, Altenheimen, Krankenhäusern, Sportstätten und anderen sozialen Einrichtungen war das Ziel: Demgegenüber hatten die damals vonseiten der Landräte schon geäußerten Finanzierungssorgen zurückzutreten. Auch die berühmte »Sozialstation« entstand als rheinland-pfälzisches Projekt. Wenn auch längst nicht alles umgesetzt werden konnte, was projektiert wurde, so veränderte diese Arbeit das Gesicht des Landes nachhaltig, vor allem auch auf dem Land. Der Ausbau der Kindergärten war Geißler besonders wichtig, denn schon damals war klar, dass die Schaffung von Chancengleichheit für alle Kinder im Kindergartenalter ansetzen musste. Darum verabschiedete der rheinland-pfälzische Landtag im Juli 1970 das bundesweit erste Kindergartengesetz, das eine drastische Erhöhung der Zahl der Kindergartenplätze wie auch eine bessere Ausbildung der Erzieherinnen anstrebte. Im Zuge dieser Maßnahmen verfünffachten sich bereits zwischen 1967 und 1971 die staatlichen Investitionen in diesem Bereich.

Verkehrs- und Wirtschaftspolitik

Zentral wichtig war auch eine intensive Verkehrs- und Wirtschaftsförderungspolitik (s. auch Kapitel »Wirtschaftsgeschichte«). Die entscheidende Wende hatte hier bereits der Tag des Inkrafttretens der Europäischen Wirtschaftsgemeinschaft, der 1. Januar 1958, gebracht, weil Rheinland-Pfalz damit von einem Grenzland zu einem zentral gelegenen europäischen Wirtschaftsraum wurde. Voraussetzung, um dies zu nutzen, war der Ausbau der noch schwachen Verkehrsinfrastruktur, für den vor allem Wirtschaftsminister Heinrich Holkenbrink (CDU), der den planmäßigen Ausbau der Fernstraßen in Rheinland-Pfalz bis weit in die 1980er Jahre vorangetrieben hat, verantwortlich zeichnete. Der lückenlose Ausbau der A 61, die 1967 begonnen, 1975 fertig gestellt wurde und Rheinland-Pfalz im Wortsinne »erfahrbar« gemacht hat, stellte dabei ein Kernstück dar. So mauserte sich Rheinland-Pfalz vom Land der »Reben und Rüben« zum respektablen Wirtschaftsstandort. Zunächst zog der Handel mit den direkten Nachbarländern Belgien, Luxemburg und vor allem Frankreich an. In den frühen 1960er Jahren hatte man das Mittelfeld im bundesdeutschen Wirtschaftsvergleich erreicht. Mitte und Ende der 1960er Jahre wurde Rheinland-Pfalz auch für die Automobilindustrie attraktiv, die sich gerade in strukturschwachen Gebieten oder Randlagen niederließ. Die Politik hat diesen Aufschwung mit Fördermaßnahmen unterstützt, um insbesondere der mittelständischen Industrie eine Partizipation am Exportgeschäft, das die rheinland-pfälzische Wirtschaft bald schon bestimmte, zu ermöglichen. 1983 hatte man schließlich mit 34,4 % die höchste Exportquote aller deutschen Bundesländer erreicht.

Schulreform

Als Voraussetzung für eine erfolgreiche Landesentwicklung wurde sodann auch die Modernisierung des Schulsystems erkannt. Der von den Kultusministern der Länder 1965 einberufene Deutsche Bildungsrat gab auch für Rheinland-Pfalz das Signal zur Veränderung, die sich mit dem Namen des damaligen Kultusministers Bernhard Vogel (CDU) verband. Er schaffte nicht nur die zu wenig effektive Konfessionsschule und die konfessionelle Lehrerbildung in nach Geschlecht getrennten Pädagogischen Hochschulen ab, sondern führte die Realschule flächendeckend ein, gründete Schulen zur Förderung geistig und körperlich behinderter Kinder, reformierte die gymnasiale Oberstufe und richtete in kürzester Zeit neue Universitäten in Trier, Kaiserslautern, Koblenz und Landau (zunächst Erziehungswissenschaftliche Hochschule) ein. Der Kultusminister und seine Staatssekretärin Hanna-Renate Laurien waren mit dieser Politik z. T. heftigen Angriffen ausgesetzt. Zu einem Bruch mit der Kirche, insbesondere der katholischen Kirche, ist es jedoch nicht gekommen, vermutlich, weil hier das Ende 1968 eingerichtete Katholische Büro der fünf Rheinland-Pfalz tangierenden Diözesen als Clearingstelle wirken konnte.[182]

All diese Reformen waren nur im Konsens mit der Opposition wirklich durchzusetzen: Auch hier setzte Helmut Kohl neue Maßstäbe, indem er die sozialdemokratischen Pfeifenraucher Jockel Fuchs und Karl Thorwirth im viel zitierten »Pfeifenkabinett« zur Beratung der großen Reformvorhaben hinzuzog.

»Ära der langfristigen Schwierigkeiten«, gesellschaftlicher Wandel

Bald jedoch sollten dieser atemberaubenden Modernisierungswelle enge Grenzen gesetzt werden. Schon die erste Ölkrise 1973, dann aber auch die zweite 1979, auf die eine wirtschaftliche Rezessionsphase 1981/82 folgte, ließen erkennbar werden, dass die Zeiten des scheinbar ungebremsten Wachstums, stetig steigender Prosperität und der Vollbeschäftigung nicht endlos sein würden. Es begann, wie Eric Hobsbawm es genannt hat, die »Ära der langfristigen Schwierigkeiten«. Das wirtschaftliche, aber auch das politische und gesellschaftliche Umfeld fingen an, sich zu ändern, und so wurden schließlich die Endsiebziger und die 1980er Jahre Zeiten eines immer spürbareren Wandels. Die 1980er Jahre sind vermutlich der »archimedische Punkt eines umfassenden ökonomischen und gesellschaftlichen Strukturwandels« (A. Wirsching) gewesen. »Strukturwandel« wurde zum Schlagwort der 1980er Jahre schlechthin. Manche Bundesländer traf dieser Strukturwandel weit härter als Rheinland-Pfalz, aber auch hier zeichnete sich allmählich Wandel im Gefüge der modernen Industriegesellschaft ab, etwa durch den Übergang zur postindustriellen Dienstleistungsgesellschaft oder auch durch krisenhafte Erscheinungen in der Landwirtschaft. Für die dadurch ausgelösten Veränderungsprozesse gibt es eine Reihe von Indikatoren. Obwohl sich z. B. nach 1983 ein wirtschaftlicher Aufschwung bemerkbar machte, blieb die Investitionsquote niedrig und führte daher kaum zu einem Anstieg der sozialversicherungspflichtigen Beschäftigungsverhältnisse. In der langfristigen ökonomischen Perspektive wurden daher die 1980er Jahre zu einer Zeit der chronischen Wachstumsschwäche. Man sprach vom »Aufschwung ohne Arbeit« und versuchte durch Hilfen zum Strukturwandel und durch die Flexibilisierung des Arbeitsmarktes die Entwicklung sozialpolitisch abzufedern. Diesen allgemeinen Trend bekam auch Rheinland-Pfalz zu spüren: 1985 zählte man hier knapp 125.000 Arbeitslose, fast 75.000 mehr als noch fünf Jahre zuvor. Der demografische Wandel, seit den 1970er Jahren im Gang, wurde in seinen politischen Folgewirkungen mehr und mehr bewusst. Wie ein ceterum censeo begann nun z. B. der rheinland-pfälzische Landtagspräsident Heinz Peter Volkert in seinen Reden darauf hinzuweisen, mahnte Sparsamkeit der öffentlichen Hand an, sprach davon, dass man den Gürtel enger schnallen müsse, den Sozialstaat nicht weiter ausbauen könne. Die seit 1976 amtierende Regierung unter Bernhard Vogel hat sich dieser Entwicklung mit Mitteln entgegengestemmt, die bis zum heutigen Tage die politische Diskussion bestimmen. Sie hat stets auf eine solide Finanzpolitik gesetzt, die Carl-Ludwig Wagner (CDU) als Finanzminister umgesetzt hat. Sie betrieb Deregulierung und hat z. B. im Zeitraum von 1980 bis 1982 die Zahl wirtschaftshemmender Verwaltungsvorschriften in Rheinland-Pfalz von rd. 6.000 auf 1.100 verringert. Auch die Privatisierung staatlicher Aufgaben war schon ein Thema. Nicht zuletzt in diesem Kontext ist auch die Förderung des Kabelpilotprojektes Ludwigshafen zu sehen, dem später sog. medienpolitischen »Urknall«. Auch der Export, das Standbein der rheinland-pfälzischen Wirtschaft, wurde weiter gefördert, mit den Wachstumsmärkten im Fernen Osten zunehmend Kontakt angebahnt: Hier war es Ministerpräsident Carl-Ludwig Wagner, der Wege ebnete, die freilich angesichts des Massakers auf dem Platz des Himmlischen Friedens in Peking 1989 politisch ins Zwielicht gerieten.

In dieser ökonomisch schwieriger werdenden Situation begann zugleich ein gravierender gesellschaftlicher Wandel. Die sog. »Studentenrevolution« um 1968 hatte auch in Rheinland-Pfalz Spuren hinterlassen, obwohl das Land mit seiner damals noch einzigen Universität in Mainz gewiss nicht zu den Zentren des studentischen Protests gehörte. Die extremistischen Ausläufer und Zweige der »68er Bewegung« in Form des Terrors der »Roten Armee Fraktion« tangierten Rheinland-Pfalz schon deutlicher. 1971 verübte die RAF Banküberfälle in Kaiserslautern und Ludwigshafen, bei denen der Polizeiobermeister Herbert Schoner ermordet wurde. Der in der Haftanstalt Wittlich inhaftierte RAF-Terrorist Holger Meins starb dort 1974 an den Folgen seines Hungerstreiks. 1975 ereigneten sich RAF-Sprengstoffanschläge u.a. auf die IHK in Mainz und Ludwigshafen, 1981 detonierte eine Autobombe vor dem Hauptquartier der US-Luftstreitkräfte in Europa in Ramstein. Dabei wurden 17 Personen verletzt, es entstand erheblicher Sachschaden. Der RAF-Terrorismus stellte damit auch in Rheinland-Pfalz eine der bedeutendsten Herausforderungen für den demokratischen Rechtsstaat in der westdeutschen Nachkriegsgeschichte dar.[183]

Bereits seit Ende der 1970er Jahre wurde darüber hinaus ein breiter gesellschaftlicher Umbruch zunehmend spürbar: Individualisierung, Fragmentierung des politischen Interessenspektrums, aber auch zunehmende Konsumorientierung in weiten Kreisen der Bevölkerung waren bei diesem Vorgang von Bedeutung. Ein Beleg für solche Veränderungen ist das Auftreten einer neuen Partei auch in der rheinland-pfälzischen Landespolitik: »Die Grünen«.[184]

Neue soziale Bewegungen, die »Grünen«

1983 traten »Die Grünen« als Resultat der in den 1970er Jahren formierten neuen sozialen Bewegungen wie der Friedens-, Antiatomkraft-, Naturschutz- und Frauenrechtsbewegung zum ersten Mal bei einer rheinland-pfälzischen Landtagswahl an und verfehlten mit 4,5 % der Stimmen nur knapp den Einzug in den Landtag, der bei der nächsten Wahl 1987 dann aber gelang. Für viele, insbesondere in der CDU, waren die Grünen mit ihren basisdemokratischen Ansichten und ihrem scheinbar noch ungeklärten Verhältnis zum Staat und zum Grundgesetz nicht nur ein politischer Gegner, sondern auch eine Gefahr für die Demokratie. Sie wurden mit aller Schärfe bekämpft, einer Schärfe, die die Grünen auf ihre Art in gleicher Münze zurückzahlten. Die Vorbehalte im bürgerlichen Lager verstärkten sich umso mehr, als sich bei den Grünen ein reichlich heterogenes, diffuses Protestpotenzial sammelte: Der Protest gegen die bisherige Wirtschafts-, vor allem Verkehrspolitik, gegen die Atomkraft, insbesondere nach dem großen Unfall im ukrainischen Atomkraftwerk Tschernobyl, der dann der Ablehnung des rheinland-pfälzischen, auf unsicherem geologischen Terrain erbauten AKWs in Mühlheim-Kärlich weitere Nahrung gab. Vor allem aber fand auch der Protest gegen die Präsenz der amerikanischen Soldaten, gegen den NATO-Nachrüstungsbeschluss, gegen Atomraketen und Giftgaslager in der Pfalz hier politischen Ausdruck. Das Hunsrückdörfchen Hasselbach, wo Pershing-Raketen stationiert werden sollten, wurde zu einem Schwerpunkt der gegen die Nachrüstung gerichteten Proteste. Hatten die Rheinland-Pfälzer seit den 1960er Jahren vor allem die positiven wirtschaftlichen Auswirkungen der Stationierung schätzen gelernt, so wurde die Haltung in Rheinland-Pfalz nun zunehmend distanzierter, wollte man im atomaren Wettrüsten immer weniger zum Leidtragenden der Entwicklung des Kalten Krieges werden. Der Liberale Rainer Brüderle hat diese Stimmung einmal auf die vielzitierte Wendung gebracht: Die Rheinland-Pfälzer wollten »in einer Welt Gary Coopers nicht länger die Indianer sein.« Die Erklärung von Gemeinden zu atomwaffenfreien Zonen mochte manch einer belächeln und doch waren sie Ausdruck dieses Wandels. Vor diesem Hintergrund wurde am Ende der große Flugunfall in Ramstein 1988, bei dem 70 Menschen ums Leben kamen, eine große menschliche Tragödie und zugleich auch ein weiteres belastendes Moment im deutsch-amerikanischen Verhältnis.[185]

Das Ende der CDU-Dominanz

Vermutlich ist in solchen gesellschaftlich-politischen Veränderungen die eigentliche, tiefere Ursache für das Ende der CDU-Dominanz in Rheinland-Pfalz zu suchen, die sich in der zweiten Hälfte der 1980er Jahre anbahnte. Neue Interessenlagen, neue politische Schwerpunkte bestimmten den Zeitgeist, durchlöcherten immer mehr am Ende auch die traditionelle Wählerbasis der CDU. Nach außen war es ein öffentlich ausgetragener innerparteilicher Dissens über eine Erneuerung der Partei, mit dem sich der Fraktionsvorsitzende der CDU, Hans-Otto Wilhelm, zunehmend gegen Ministerpräsident Vogel stellte. Die Niederlage in der Landtagswahl 1987, bei der die CDU knapp 7 % der Wählerstimmen einbüßte, die absolute Mehrheit verlor und nun mit der FDP koalieren musste, schien ihm Recht zu geben. Es fehlte den Opponenten jedoch an einem schlagkräftigen, zukunftsweisenden Konzept, und als Bernhard Vogel 1988 nach der Niederlage bei der Abstimmung um den rheinland-pfälzischen CDU-Parteivorsitz auch als Ministerpräsident mit den vielzitierten Worten »Gott schütze Rheinland-Pfalz!« zurücktrat, geriet die CDU in ernste Schwierigkeiten. Carl-Ludwig Wagner übernahm in dieser äußerst schwierigen Situation das Ministerpräsidentenamt neben Wilhelm als Parteivorsitzendem. »Ich würde das heute nicht mehr machen«, kommentierte er Jahre später diese unglückliche Lösung. »Ich kann nur sagen, es ist besser, wenn beide Ämter in einer Hand sind. Sonst ist Voraussetzung, dass es ein sehr gutes Einvernehmen zwischen den beiden Akteuren gibt, und das war bei uns in Rheinland-Pfalz nicht so.« Helmut Kohl hat in seiner Autobiografie diesen Vorgang als nichts weniger denn »Dummheit der eigenen Partei« qualifiziert, die die CDU mit dem Verlust der Regierungsfähigkeit in Rheinland-Pfalz bezahlt habe. Carl-Ludwig Wagners intensives Bemühen um eine solide Regierungsweise, die sich mehr durch Sachlichkeit denn durch Medienwirksamkeit auszeichnete, war vor diesem Hintergrund vergeblich. Die Landtagswahl 1991 hat dies bestätigt und nach über 40 Jahren der SPD erstmals die Regierungsbildung ermöglicht. Dabei wird freilich nicht zu übersehen sein, dass die bundespolitischen Rahmenbedingungen bei diesem Wahlkampf eine wichtige Rolle gespielt haben. Das säkulare Ereignis der deutschen Wiedervereinigung, so stürmisch es von den Deutschen auch begrüßt wurde, zog erhebliche Kosten nach sich: Anders lautenden Versprechungen entgegen wurden schließlich doch die Steuern zur Deckung der Kosten der deutschen Einheit erhöht. Daraufhin konnte die SPD überall im Land plakatieren: »Wer so lügt, den wählt man nicht!«[186]

Erfolg der SPD

Es waren aber nicht nur die Schwäche der CDU und der bundespolitische Gegenwind, die den lange für unmöglich gehaltenen Machtwechsel in Rheinland-Pfalz 1991 eingeleitet haben, vielmehr gelang es dem SPD-Vorsitzenden Rudolf Scharping auch die eigene Partei aus ihrer inneren Zersplitterung in die Bezirksverbände zu lösen, den Landesverband zu stärken und zu professionalisieren. Erst das gab der SPD jene Geschlossenheit und Überzeugungskraft, die für eine Regierungsübernahme unerlässlich ist. »Programmatisch«, so Ulrich Sarcinelli, »lagen die beiden Parteien [CDU und SPD, d. Verf.] allerdings gar nicht so weit auseinander.«[187] Das zeigte sich schon an dem Unwillen des neuen Ministerpräsidenten Rudolf Scharping mit den »Grünen« zu regieren. »Grün sind wir selbst«, soll Scharping einmal gesagt haben und erteilte letztendlich dieser neuen, für ihn zu unberechenbaren Partei eine Absage. Er koalierte viel lieber mit der FDP, deren Minister Rainer Brüderle und Peter Caesar aus dem vorangegangenen Kabinett dann auch einfach übernommen wurden. Das signalisierte Kontinuität und Verlässlichkeit, die auch Bestand hatte, als Rudolf Scharping bereits 1994 Rheinland-Pfalz verließ, um seiner Partei in der durch den Rücktritt des Bundesvorsitzenden Björn Engholm entstandenen Notlage zu helfen. Ihm folgte der SPD-Fraktionsvorsitzende Kurt Beck, der nur zwei Posten im Kabinett neu besetzte und erst nach der gewonnenen Wahl 1996 eine umfassendere Kabinettsumbildung mit neuem Ressortzuschnitt umsetzte. Als 2001 ein Koalitionswechsel möglich geworden wäre, setzte auch Beck auf Kontinuität: »Das politische Handwerk ist mit den Liberalen leichter«, meinte er und nahm erneut Abstand von einer Koalition mit den Grünen, obwohl mit diesen die programmatischen Gemeinsamkeiten größer waren als mit der FDP.

Kurt Becks Politikstil

Mit Kurt Beck etablierte sich ein neuer Politikstil, der auf ein Höchstmaß an Präsenz im Land setzt, Gegensätze zu überwinden sucht und das ehrenamtliche Engagement der Bürgerinnen und Bürger in besonderer Weise fördert und würdigt. Ganz ähnlich wie Helmut Kohl dies in seiner Anfangszeit als Ministerpräsident getan hat, versucht Kurt Beck, den engen Kontakt mit den Bürgern zu halten, dem regelmäßige Bürgersprechstunden in seinem Privathaus in Steinfeld ebenso dienen wie die 2002 erfolgte Einrichtung eines Bürgerbüros in der Staatskanzlei. Diese Suche nach Bürgerkontakt, die auch als Rückmeldung über die Wirkungen der beschlossenen Gesetze dient, sowie das ständige Bemühen um Überbrückung von Gegensätzen nennt Kurt Beck in Anlehnung an seinen politischen »Lehrmeister« Wilhelm Dröscher eine Politik »nahe bei den Menschen«.[188] In der Politikwissenschaft ist dieser spezifische Stil bereits als »Bürgermeisterdemokratie« charakterisiert worden. Die Landtagsopposition hingegen kritisiert, der Ministerpräsident zeige keine klaren Konturen, sondern schreite nur »segnend durch die Weinberge« (Johannes Gerster, CDU). Die Menschen in Rheinland-Pfalz hingegen gaben ihrer Wertschätzung dieses Politikstils 2006 beredten Ausdruck, indem sie der SPD bei der Landtagswahl zur absoluten Mehrheit verhalfen. Damit wurde nach Jahrzehnten der Aussichtslosigkeit auf SPD-Wahlerfolge nachdrücklich bestätigt, wie umfassend nicht nur der soziale Wandel sich mittlerweile eingestellt hatte, sondern dass Rheinland-Pfalz unter Kurt Beck gleichsam »sozialdemokratisch sozialisiert« ist.[189] Die politische Leitidee der Sozialdemokraten im Land ist seit 1996 eine auf »Solidarität und Gerechtigkeit, auf Mitbestimmung und Modernität ausgerichtete Reformpolitik«, die freilich behutsam abwägend, pragmatisch, auf das Machbare und die Akzeptanz durch die Menschen im Land ausgerichtet ist.

Frauenpolitik/Familienpolitik

Im gesellschaftspolitischen Rahmen bemühte man sich um die »Gleichstellung« der Frauen, die in dem neuen Ressortzuschnitt eines Ministeriums für »Kultur, Jugend, Familie und Frauen« zum Ausdruck kam. Auch familienpolitische Initiativen, die sich freilich von der traditionellen Familienpolitik der CDU deutlich unterschieden, kamen hinzu: so etwa die Festlegung eines Rechtsanspruches auf einen Kindergartenplatz, die bis 2010 erreichte Beitragsfreiheit des Kindergartenbesuchs für 2–6-Jährige und die Bereitstellung von Ganztagsbetreuungen in Kindergarten und Schule, die vor allem den Frauen eine eigene Berufstätigkeit erleichtern sollte. Damit steht Rheinland-Pfalz an der Spitze der Versorgung der unter 6-jährigen Kinder im westdeutschen Vergleich.[190] Die Schaffung von über 500 Ganztagsschulen im Land (2010) wird von Pädagogen als die innovativste familien- und bildungspolitische Leistung der Landesregierung schlechthin angesehen. Kinder- und Jugendkonferenzen sollten zudem das Ziel eines »kinderfreundlichen Landes Rheinland-Pfalz« unterstreichen.

Schul-/Hochschulpolitik

Bildungspolitisch sind stufenweise Reformen unternommen worden, die in ihrer Summe mittlerweile eine fundamentale Umstrukturierung ergeben. Dabei spielten der demografische Wandel wie auch die Veränderung der Bevölkerungsstruktur bei den Reformvorhaben eine entscheidende Rolle. Schließlich sind in den vergangenen rd. 60 Jahren etwa 6,5 Mio. Menschen dauerhaft oder befristet nach Rheinland-Pfalz eingewandert, während etwa 5,4 Mio. Menschen ausgewandert sind – ein Wanderungsüberschuss von 1,1 Mio. Menschen also, unter diesen ein erheblicher Anteil von Migranten aus verschiedenen europäischen Ländern. Vor diesem Hintergrund wurde das traditionelle dreigliedrige Schulsystem, dessen unterste Stufe, die Hauptschule, mittlerweile zur »Restschule« degradiert war, aufgebrochen und zunächst 85 »Regionale Schulen«, in denen Haupt- und Realschulen zusammengefasst waren, gegründet. Hinzu kam eine Förderung der Integrierten Gesamtschule, von denen zwischen 1991 und 2008 16 neue in Rheinland-Pfalz eröffnet wurden. Seit 2007 wurde dieses Konzept durch die Einführung einer neuen Schule, der »Realschule plus«, fortgeführt, in der 182 bisherige Haupt-, 117 Real- und 84 Regionalschulen aufgehen sollen, nebst 14 Dualen Oberschulen, die im Rahmen eines weiteren Schulversuchs gebildet worden waren.

In der Wissenschaftspolitik musste sich das Land dem von der europäischen Bildungs- und Wissenschaftsministern beschlossenen »Bologna-Prozess« mit der Einführung von neuen Bachelor- und Masterstudiengängen stellen – eine Reform, die das Hochschulwesen so fundamental verändert hat, wie seit zwei Jahrhunderten nicht mehr. Rheinland-Pfalz hat diesen Wandel durch ein vom Wissenschaftsministerium initiiertes, koordiniertes Verfahren gestaltet, das eine gewisse Einheitlichkeit in der Durchführung der Reform an den Hochschulen des Landes sicherstellen sollte. Dabei entschied sich die sozial-liberale Koalition im Gegensatz zu anderen Ländern bewusst für die Beibehaltung der Gebührenfreiheit des Erststudiums, um soziale Gerechtigkeit im Bereich der Bildungschancen zu fördern – hier wird die sozialdemokratische Handschrift der Wissenschaftspolitik besonders deutlich. Zugleich wurde durch die Gründung von drei Fraunhofer- und einem Max-Planck-Institut in den 1990er Jahren das naturwissenschaftlich-technische Profil in der Hochschulpolitik gestärkt. Allerdings ist Rheinland-Pfalz mit 9.000 Euro pro Kopf Ausgaben (2003) für die Wissenschaft auf dem vorletzten Platz im deutschen Ländervergleich geblieben. Dem versuchte die Landesregierung 2006/2007 durch eine 8,8 %ige Steigerung der Hochschulausgaben entgegenzuwirken.[191]

Kulturpolitik

Im kulturpolitischen Bereich, dessen Entwicklung seit dem 19. Jh. das Kapitel »Künste und Kultur« erschließt, hat der rheinland-pfälzische Kultursommer neue Akzente gesetzt. Wenn auch der in den 1980er Jahren von Ministerpräsident Bernhard Vogel eingeführte »Rheinland-Pfalz-Tag« bereits identitätsstiftende Absichten verfolgte, so sollten hier Eigeninitiative vor Ort und die Beteiligung aller Schichten an der kulturellen Praxis gefördert werden. Darüber hinaus wurden 2007/08 neue Strukturen zur Verwaltung des reichen kulturellen Erbes im Land geschaffen. Eine »Generaldirektion Kulturelles Erbe« verwaltet seitdem unter einem Dach die Landesmuseen in Koblenz, Mainz und Trier, die Direktion Burgen, Schlösser, Altertümer, die Landesdenkmalpflege und die Landesarchäologie mit ihren Außenstellen.[192]

Medienpolitik

Der medienpolitische Schwerpunkt, der Rheinland-Pfalz durch den traditionellen Vorsitz im Rundfunkrat der Länder sowie im Verwaltungsrat des ZDF (mit einer kurzzeitigen Ausnahme) auszeichnet, wurde weiter ausgebaut. Dabei ist eine eigene Abteilung in der rheinland-pfälzischen Staatskanzlei unter dem Chef der Staatskanzlei seit langem federführend aktiv. 1998 gelang, worum seit Jahren gekämpft wurde: die Aufwertung von Rheinland-Pfalz als Medienstandort durch die Fusionierung von Südwestfunk (SWF) und Süddeutschem Rundfunk (SDR) zum Südwestrundfunk (SWR) mit einem eigenen großen Studio in Mainz. Die Schwierigkeiten dieses Fusionsvorgangs, der für Rheinland-Pfalz von großer Bedeutung war, erläutert im Einzelnen der Unterpunkt »Medien« im Kapitel »Öffentlichkeit und Gesellschaft«. 2005 wurde das Landesmediengesetz neu gestaltet und die Kompetenzen der Landesanstalt für Medien und Kommunikation in Ludwigshafen gestärkt.[193]

Verwaltungsreform

Auch die Verwaltungsreform ist von der sozial-liberalen Koalition fortgeführt worden, wobei erste Schritte durch die Neuorganisation der Polizei, die Gründung einer Investitions- und Strukturbank 1993 und das Innovationsprojekt »Finanzamt 2000« gemacht wurden. Bis zum Jahr 2000 erarbeiteten eine »Verwaltungsmodernisierungskommission«, zudem eine »Expertenkommission zur Neuorganisation der Landesverwaltung« in der Staatskanzlei wie auch eine Enquête-Kommission des Landtags zahlreiche Vorschläge, die allerdings nicht, wie erwartet, zur Abschaffung der Bezirksregierungen führte, sondern nur zu deren Neuorganisation und Neubenennung als »Aufsichts- und Dienstleistungsdirektion« (ADD) bzw. »Struktur- und Genehmigungsdirektion« (SGD). Im Zuge dieser Bemühungen wurde auch die seit 1947 mehrfach abgeänderte und ergänzte Landesverfassung überarbeitet und im Jahr 2000 unter Beteiligung aller politischen Kräfte neu gefasst.[194] Seit 2006 wird erneut an einer ambitionierten Kommunal- und Verwaltungsreform gearbeitet, die Flexibilität, Effizienz, Effektivität, Bürgernähe und Bürgerbeteiligung bündeln soll. Letzteres ist ein besonderes Markenzeichen dieses Ansatzes, der einen neuen, gegenüber der traditionellen Organisation von Verwaltungsreformen völlig veränderten Politikstil andeutet: Alleine 2007 wurden neun Regionalkonferenzen durchgeführt, die eine Bürgerbeteiligung sicherstellen sollten, 2008 wurden zusätzliche Bürgerkongresse initiiert und durch Postwurfsendungen und Flyer zur Beteiligung an der Verwaltungsreform aufgerufen. Verwaltungsreform wird nunmehr gleichsam als Daueraufgabe der Landespolitik angesehen.[195]

Konversion

Die zweifellos größte Herausforderung für die Landespolitik seit den 1990er Jahren aber stellte der umfassende Abzug von NATO-Truppenkontingenten im Gefolge der Beendigung des »Kalten Krieges« dar. Kein Land ist davon in solchem Maße betroffen gewesen wie Rheinland-Pfalz, die zu lösenden Probleme haben in Relation zur Größe des Landes die Dimensionen eines umfassenden »Strukturwandels«, wie er vor Jahrzehnten in den von der Montanindustrie geprägten Ländern Deutschlands zu meistern war, erreicht. Denn mehr als 40.000 Arbeitsplätze hingen Anfang der 1990er Jahre noch von der amerikanischen Militärpräsenz ab, 123.000 amerikanische Soldaten allein generierten Nachfrage, gerade in den strukturschwachen Gebieten von Rheinland-Pfalz. Rd. 10 % der Bruttowertschöpfung kamen in vielen kreisfreien Städten aus militärischen Ausgaben, in Kaiserslautern, der größten US-Militärbasis außerhalb der USA, sogar 40 %. Der Abbau der gesamten NATO-Militärstruktur um teilweise mehr als die Hälfte führte zu einem immensen Wertschöpfungsverlust von ca. 1,6 Mrd. Euro pro Jahr, der im Effekt vergleichbar wäre mit der Schließung von zwei Konzernen in der Größenordnung der BASF – und das in einem ohnehin industriell schwach aufgestellten Land wie Rheinland-Pfalz![196] Das Problem erweitert sich, bedenkt man die Größe der betroffenen Flächen, denn alleine 7,6 % der Landesfläche waren in den Hochzeiten unter militärischer Nutzung: Zwischen 1991 und 1998 wurden alleine 500 militärische Liegenschaften zur Disposition gestellt. Darauf hat die Landesregierung mit intensiven Bemühungen um die Beibehaltung und Zukunftssicherung vorhandener Militärstandorte, aber auch mit umfassenden Konversionsprogrammen geantwortet, für die zwischen 1991 und 2007 alleine 1,52 Mrd. Euro aufgewendet wurden. Ein »Konversionskabinett« hat diesen Strukturwandel unter wissenschaftlicher Begleitung systematisch gestaltet und aus Armeeunterkünften Wohnquartiere gemacht, Militärflughäfen, wie Hahn und Zweibrücken, zu zivilen Flughäfen umgestaltet, in Birkenfeld aus einem US-Militärhospital einen Umweltcampus mit ausschließlicher Versorgung aus erneuerbaren Energien errichtet u.v.m. Diese große, angesichts auch vielfacher Altlasten und Umweltgefährdungen unaufschiebbare Aufgabe hat das Land viel Geld gekostet und die ohnehin hohe Verschuldung des Landes weiter beträchtlich in die Höhe getrieben. Flankiert wurden all diese Maßnahmen durch Wirtschaftsförderinitiativen, für die vor allem die liberalen Wirtschaftsminister Rainer Brüderle und Hans-Artur Bauckhage verantwortlich zeichneten: Der Innovationspark Rheinland bei Ahrweiler ist nur ein Beispiel, ihr Erfolg ist jedoch allenfalls begrenzt von der Politik steuerbar und kann nur langfristig die strukturellen Schwächen des Landes beseitigen. Vor diesem Hintergrund ist die Tatsache, dass die Arbeitslosenstatistik Rheinland-Pfalz auf Platz 3 der niedrigsten Arbeitslosenziffern sieht, ein vorzeigbarer Erfolg.

Herausforderungen

Zehn Jahre nach der Jahrtausendwende scheinen diese Probleme noch nicht vollständig gelöst, die alten Strukturschwächen in den westlich gelegenen Randgebieten und die hohe Verschuldung des Landes geben der Politik ebenso neue Aufgaben wie die Herausforderungen der wachsenden Wissensgesellschaft und der globalisierten Wirtschaft auch mutige landespolitische Entscheidungen und Investitionen verlangen. Zunehmend richten Politiker dabei allerdings den Blick auf Nationengrenzen überschreitende Verbünde und suchen die geografische Lage des Landes in der Mitte Europas produktiv zu nutzen.

1 Die Geschichte des rheinland-pfälzischen Raumes im 19. und 20. Jh. erschließen eine Reihe von Handbüchern verschiedener Länder, regionale Standardwerke oder umfassende Sammelbände, die meist zu Jubiläen herausgegeben wurden. Mehrere Jahrhunderte umfassen folgende Werke: BRANDT, Landesteil Birkenfeld 1987; CLEMENS/FRANZ, Rheinland-Pfalz 2010; DOTZAUER, Rheinland-Pfalz 1993; FRANZ/KALLENBERG/FLECK, Großherzogtum Hessen 2003; FRANZ, Volksstaat Hessen 2003; HEYEN, Territorien-Ploetz 1981; DERS., Vor-Zeiten 1985–1989; HOFFMANN, Rheinhessen 1985; LANDESAMT FÜR DENKMALPFLEGE RHEINLAND-PFALZ, Rheintal 2002; MOERSCH, Pfalz 1987; PETRI/DROEGE, Rheinische Geschichte 1980; Rheinland-Pfalz. Deutsches Kernland 2001 und [2006]; ROTHENBERGER u. a., Pfälzische Geschichte 2011; ZIEGLER, Pfälzer Geschichte 2008. Speziell zum 20. Jahrhundert: BORCK, Beiträge 1997; HAUNGS, Rheinland-Pfalz 1986; KIßENER, Rheinland-Pfalz 2008; SCHWARZMÜLLER/GARTHE, Pfalz 1999; WÜNSCHEL, Reinland-Pfalz 1997. Wertvoll für die Geschichte des hier zu behandelnden Raumes auch: LANDESBANK RHEINLAND-PFALZ, Lebendiges Rheinland-Pfalz 1964–1999. Soweit nicht anders angegeben, wird in den nachfolgenden Ausführungen auf diese Werke Bezug genommen.

2 Vgl. für Trier: DÜHR/LEHNERT-LEVEN, Trikolore 2004. Siehe auch SMETS, Pays rhénans 1997.

3 Georg Forsters Werke 1990, S. 468. Zur Mainzer Republik: DUMONT, Mainzer Republik 1993; SCHÜTZ, Deutsche Jakobiner 1982.

4 STEIN, Auswirkungen 1981. Siehe auch die Beiträge in PRÄSIDENT DES LANDTAGES RHEINLAND-PFALZ, Parlamentarismus 2012.

5 STEIN, Französische Epoche 1997.

6 MATHY, Revolutionär 1998.

7 BURG, Verwaltung 1994, S. 192; SCHEIBE, Strafjustiz 2009.

8 Die negative Perspektive beschreibt zusammenfassend FENSKE, Rheinbayern 2006, die verschiedenen Urteile in umfänglicher Zusammenstellung in DERS., Anmerkungen 1998. Zum Napoleonkult siehe KLEIN, Napoleonkult 1934; DOBRAS, Napoleon 1998, besonders der Hinweis auf S. 58.

9 Siehe in Zusammenfassung FABER, Recht 1970; MALLMANN, Juristenausbildung 1987; BORCK, Code civil 2005.

10 STRUCK, Gründung 1981; SCHÜLER, Herzogtum Nassau 2006, S. 21 ff.; JÄGER, Staatsbildung 1993.

11 Der französische Einfluss hat, wie RUTTMANN, Wunschbild 2001 zeigt, viele Facetten und ist sowohl als Gegenbild, vor dem sich die Werdung der deutschen Nation vollzieht, zu verstehen wie auch als Vorbild, von dem sich etwa die Demokraten tatkräftige Unterstützung erhofften. Zudem wurde Frankreich als Feindbild für den innenpolitischen Kampf instrumentalisiert.

12 NIES, Blüchers Rheinübergang 1993.

13 Zitiert nach BRANDT, Oldenburgische Provinz 1987, S. 10.

14 DEGREIF, Anschluß 1993.

15 HOFFMANN, Rheinhessen 1985, S. 25.

16 Grundlegend zur Pfalz in bayerischer Zeit: FENSKE, Pfalz und Bayern 1998. Quellen dazu bei HAASIS, Morgenröte 1984.

17 HAASIS, Morgenröte 1984, S. 182.

18 BRANDT, Landesteil Birkenfeld 1987, S. 597; SCHÜLER, Herzogtum Nassau 2006, S. 96 ff.
19 WEBER, Zentraluntersuchungskommission 1970.
20 KERMANN/NESTLER/SCHIFFMANN, Hambacher Fest 2006; WIRTH, Nationalfest 1981, S. 15.
21 MOERSCH, Pfalz 1987, S. 487.
22 KREUTZ, Politische Entwicklung 1997, S. 62.
23 Vgl. STRUCK, Vormärz 1984.
24 POMMERIN/MARCOWITZ, Quellen 1997, S. 63 f.
25 KEINEMANN, Kölner Ereignis 1974, S. 286.
26 SCHNECKENBURGER, Wacht 1871, S. 27.
27 MUSSET, Poésies 1957, S. 403 f., Übersetzung nach: HERRE, Deutsche und Franzosen 1983, S. 144.
28 Zitiert nach ZAUNERT, Freiligraths Werke [1912], S. 238. Zur Einordnung siehe KIßENER, Deutsche und Franzosen 2009, S. 187 ff.
29 Grundlegend: SPERBER, Rhineland Radicals 1991; RUMMEL, Bürokratie 1998.
30 Zur wirtschaftsgeschichtlichen Seite der Revolution siehe BERGER/SPOERER, Ideen 1998, S. 147 f.
31 Zur Entwicklung in der Rheinprovinz siehe zusammenfassend JANSSEN, Politische Strömungen 1999.
32 Hierzu siehe LENNARTZ/MÖLICH, Revolution 1998. Siehe auch DÜHR, Demokratische Revolution 1998. Zum Verhältnis zu Frankreich in der Revolutionszeit 1848/49 insbesondere RUTTMANN, Wunschbild 2001.
33 Zur Biographie siehe BEST/WEEGE, Biographisches Handbuch 1996, S. 300 f.
34 JUNGBLUTH, Westerwald 1999.
35 SCHÜLER, Herzogtum Nassau 2006, S. 172 ff. Zu den antimodernen Protestaktionen siehe WETTENGEL, Revolution 1989, S. 163 ff.
36 BRANDT, Landesteil Birkenfeld 1987.
37 Zur Biographie: BEST/WEEGE, Biographisches Handbuch 1996, S. 244.
38 HENN, Vor 150 Jahren 1999.
39 BRANDT, Landesteil Birkenfeld 1987, S. 609 ff.
40 BAUS, Revolution 1999, S. 216.
41 Siehe WETTENGEL, Revolution 1989, S. 480 f., 495 ff. und 499; VEY, Attentat 1999.
42 Ein Datenüberblick speziell für den rheinland-pfälzischen Raum: NEUGEBAUER, Revolution 1999. Der Ablauf aus bayerischer Sicht: HARTMANN, Bayerns Weg 2004, S. 408 ff.
43 ZIEGLER, Pfälzer Geschichte 2008, S. 127.
44 Siehe NIPPERDEY, Geschichte 1984, S. 704 ff.
45 HERRES, Koblenz 1993, S. 89 ff.
46 Siehe SCHWABACH-ALBRECHT, 150 Jahre Deutsche Schillerstiftung, S. 85, sie geht aber S. 89 irrtümlich davon aus, dass auf dem Land die Feiern keine besondere Rolle gespielt hätten. Siehe demgegenüber FENSKE, Konstitutionelle Monarchie 2001, S. 23. Kaiserslautern beteiligte sich als eine der wenigen deutschen Städte auch am Leipziger Festausschuss für die Vorbereitung der Feier, siehe LENGER, Erinnerung 2002, S. 37.
47 KROPAT, Ende 1981.
48 BALDES, Geschichte 1921, S. 238.
49 FRANZ/KALLENBERG/FLECK, Großherzogtum Hessen 2003, S. 839 ff. Die politische Diskussion dieser Zeit erschließt KÖHLER/DIPPER, Landtage 2010.
50 Zitiert nach HANSEN, Preußen 1990, S. 177.
51 Siehe FRANZ/KALLENBERG/FLECK, Großherzogtum Hessen 2003, S. 840.
52 BALDES, Geschichte 1921, S. 245.
53 Zum Zusammenhang: BECKER, »Diversion« 2011, hier besonders Bd. 3, S. XIII. Mit regionalem Blick: SARHOLZ, Emser Depesche 1995.
54 KAISER, WILHELM I. Briefe [1915], S. 15.
55 SCHNEIDER, Kriegsausbruch 1984.
56 HERRE, Koblenz 1993, S. 97.
57 APPLEGATE, Pfälzische Identität 2007, S. 28 f., 39 und 44.
58 SCHMITZ, Provinziallandtag 1967, S. 26 f., 31 ff. und 40. Für den Zeitraum bis 1988 vgl. auch TORUNSKY, Abgeordnete 1998, zu Rheinhessen siehe die einschlägigen Kapitel bei HOFFMANN, Rheinhessen 1985.
59 HAHN, Deutscher Zollverein 1984/85.
60 BRANDT, Landesteil Birkenfeld 1987, S. 615.
61 Der Kulturkampf im Überblick sowie die einschlägigen Gesetze bei LILL, Kulturkampf 1997. Der badische Kulturkampf wurde vielfach zum Vorbild genommen für die einschlägigen Maßnahmen in unserem Raum, siehe dazu KISSENER, »Preußisches Probierländle« 2002.
62 STEINRUCK, Kulturkampf 2000, S. 619 und 624.
63 BECKER, Kulturkampf 2010.
64 RIVINIUS, Kulturkampfgesetzgebung 2008.

65 JANSEN, Großherzog 1903, S. 116.
66 ECKHARDT, Arbeiterbewegung 1976; GEIS/NESTLER, Sozialdemokratie 1999; SCHWINDT, Arbeiterbewegung 1999.
67 Zitiert nach ZIEGLER, Pfälzer Geschichte 2008, S. 136.
68 GERHOLD, Sozialistengesetz 1999; MUTERT, Gewerkschaften 1997, S. 131 ff. und 142 f.; BRANDT, Landesteil Birkenfeld 1987, S. 620.
69 ZIEGLER, Pfälzer Geschichte 2008, S. 138.
70 Zitiert nach STOLL, Ketteler 1997, S. 8.
71 MARX/ENGELS, Briefwechsel 1983, S. 227.
72 KISSENER, Ketteler 2008.
73 BÖNNEN, Blüte 2005, S. 546 f.
74 GOLECKI, Erster Weltkrieg 1993, S. 119 f.
75 KRUMEICH, Krieg 2004.
76 THALMANN, Erster Weltkrieg 1990.
77 BÖNNEN, Blüte 2005, S. 548.
78 JENTJENS, Heimat 2002.
79 WILKE, »Kriegssäule« 1999.
80 JOHNSON, Synthese 2002, S. 171 ff.
81 KREISVERWALTUNG ALTENKIRCHEN, Erster Weltkrieg 1987.
82 KÜSTERMANN, Bad Kreuznach 1968.
83 JANTA/KLEEMANN, Kriegsende 1998, S. 108.
84 BRANDT, Landesteil Birkenfeld 1987, S. 621; SCHÜTZ, Weltkrieg 1999, S. 479 f.; SCHMILLEN, Revolution 1980.
85 Siehe beispielhaft JANTA/KLEEMANN, Kriegsende 1998, S. 109 f.
86 GOLECKI, Erster Weltkrieg 1993, S. 143; JENTJENS, Amerikaner 1996.
87 STEEGMANS, Finanzielle Folgen 1999, S. 40.
88 Zitiert nach FENSKE, Konstitutionelle Monarchie 2001, S. 34.
89 Siehe KAHLENBERG, Eduard David 1970.
90 KOLLER, Afrika 2006; WIGGER, »Schwarze Schmach« 2007.
91 GRÄBER/SPINDLER, Pfalzbefreier 2005, S. 15 ff. und 128 ff.
92 SCHERER, Bezirksverband 1995.
93 RIBHEGGE, Preußen 2008, S. 308, 318 ff.; MÖLLER, Parlamentarismus 1985.
94 GEMBRIES, Verwaltung 1992, S. 209 ff.; LAUTER, Sicherheit 2006, S. 65 ff.; SÜß, Rheinhessen 1988.
95 SIEBLER, Boehringer Ingelheim 2010, S. 93 f.
96 Zum Separatismus in der Pfalz grundlegend: KREUTZ/SCHERER, Französische Besatzung 1999.
97 SCHLEMMER, Rheinstaatsbestrebungen 2007, S. 13, 152 ff.
98 Zu Frankreichs Besatzungszielen siehe die Diskussion in KOOPS/VOGT, Rheinland 1995; KNIPPING/WEISENFELS, Deutschland-Frankreich 1988.
99 BRANDT, Landesteil Birkenfeld 1987, S. 623 ff. Zu den allgemeinen Entwicklungen siehe KREUTZ/SCHERER, Französische Besatzung 1999; SCHLEMMER, Rheinstaatsbestrebungen 2007; SÜß, Rheinhessen 1988.
100 BRANDT, Landesteil Birkenfeld 1987, S. 626.
101 GRÄBER/SPINDLER, Pfalzbefreier 2005, S. 103 ff.
102 SÜSS, Rheinhessen 1988, S. 238.
103 Siehe dazu die einschlägigen Bestände in den Archives Nationales Paris, AJ 9, Nr. 3784, 3778, 5645 und 3781.
104 Vgl. KISSENER, Germersheim im 20. Jahrhundert, S. 22 f.; RÖTTJER, Fall Rouzier 2009.
105 Siehe GRÄBER/SPINDLER, Pfalzbefreier 2005, S. 9 ff.; MATHY, Trikolore 1990.
106 BENDER, Machtergreifung 1985, S. 78.
107 GRUBER, Katholische Kirche 2006, S. 4.
108 Siehe WÜRZ, Kampfzeit 2012.
109 NESTLER, Auseinandersetzung zwischen Nationalsozialisten 1998/99.
110 Beispiele siehe etwa in KISSENER, Rheinhessische Wege 2010.
111 Zur Debatte siehe DERS., Drittes Reich 2005.
112 ERBAR, Heinrich Claß 2000.
113 MINISTERIUM DES INNERN UND FÜR SPORT, »Befehl ist Befehl!« 2005, S. 15 f.; JUNGBLUTH, Nazifizierung 1993, S. 13 ff.
114 KEMP, Julius Frank 2000.
115 Boehringer Zeitung 4 (1939), Heft 5, S. 5.
116 HOFFMANN, Framersheim 2010.
117 HERBERT, Best 1996.
118 Zur Volksgemeinschaft allgemein: BAJOHR/WILDT, Volksgemeinschaft 2009. Zum Ingelheimer Fall siehe KIßENER, Boehringer Ingelheim 2011. Für Frankenthal anschaulich untersucht durch KÜHN, Volksgemeinschaft 2004.

119 THAMER, Verführung 2004.
120 MINISTERIUM DES INNERN UND FÜR SPORT, »Befehl ist Befehl!« 2005, S. 31 f.; SCHARF, Justiz 1995.
121 HELLRIEGEL, Haftbefehl 1994; VEY, Ingelheim 2009, S. 308.
122 Ein Beispiel aus der Pfalz: GELLATELY, Hingeschaut 2002, S. 233 ff.
123 MINISTERIUM DER JUSTIZ RHEINLAND-PFALZ, Justiz 1995; KIßENER, Amtsgericht 2004.
124 WARMBRUNN, Organisation 1995 sowie STEIN, Organisation 1995. Siehe auch JUSTIZMINISTERIUM RHEINLAND-PFALZ, Justiz 1994.
125 FRIEDMAN, Theo Eicke 1994, S. 3. Zu Eicke siehe demnächst: WEISE, Eicke 2011, S. 50 ff.
126 Zu den Lagern in der preuß. Rheinprovinz siehe KRAUS/RUMMEL, Stätten 2007; CLEMENS/CLEMENS, Trier 2007, S. 160.
127 Zur Geschichte der Konzentrationslager auf dem Boden des heutigen Rheinland-Pfalz siehe im Überblick vor allem MEYER/BERKESSEL, Nationalsozialismus Bd. 2 2000. Zu Hinzert: PÜTZ, SS-Sonderlager/KZ Hinzert 1998 und 2001.
128 BRANDT, Landesteil Birkenfeld 1987, S. 627f.
129 Der Fall A. Ebinger bei KISSENER, Germersheim im 20. Jahrhundert 2008, S. 35; detaillierte Studien zu Ablauf und Folgen der NS-Machtergreifung bei SCHEPUA, Nationalsozialismus 2000 und DIETZ, Landkreis Neuwied 1996.
130 BENDER, Machtergreifung 1985.
131 HERZOG, »Betze« 2006, S. 93.
132 WÜRZ, Hitlerhausen 2010.
133 ZIMMER, Diktatur 1996, S. 188 f.
134 CUSTODIS, Loreley 2004.
135 Siehe beispielhaft FANDEL, Pfarrer 2005; REICHRATH, Ludwig Diehl 1996; BROMMER, Bistum Trier.
136 SCHLEINDL, Boykott 2000, S. 254 ff.
137 ERBACHER/HÖROLDT, Erbgesundheitsgerichtsbarkeit 1995.
138 RUCKERT, Zwangssterilisationen 2012.
139 BADER/CRAMER/WINTER, Hadamar 1991, S. 97. Regionale Beispiele: ROSENAU, Nationalsozialismus 2008; SCHERER/LINDE/PAUL, Klingenmünster 1998.
140 Siehe hierzu die einschlägigen Beiträge in MEYER/BERKESSEL, Nationalsozialismus Bd. 1 2000.
141 Grundlegend: LANDESARCHIVVERWALTUNG RHEINLAND-PFALZ/LANDESARCHIV SAARBRÜCKEN, Dokumentation 1972–1987 und mit Bezug auf die Verhältnisse in Rheinhessen: HOFFMANN, Landjuden 1992.
142 RUMMEL, Bilder 2009.
143 Zitiert nach ZUCHE/ZUCHE, Rundgang 1997, S. 20.
144 SARTORIS, Juden 2007; siehe auch NOLDEN, Trier 2010.
145 Siehe Beispiele in KISSENER, Wege 2010.
146 Zur jüdischen Geschichte siehe insbesondere auch die einschlägigen Ausführungen in den Kapiteln »Glaube, Religion, Kirchen« und »Bevölkerungsgeschichte« in diesem Band. Zudem grundlegend: SIMMERT, Judenverfolgung 1974; PAUL, Deportation 2010.
147 KRIER, Gustav Simon 1997.
148 ZIBELL, Jakob Sprenger 1999.
149 WOLFANGER, Josef Bürckel 1997; WETTSTEIN, Josef Bürckel 2010; zur NS-Parteiorganisation und Personal siehe MAIER, Organisationshandbuch 2009.
150 LINSMAYER, 13. Januar 2005.
151 MÜLLER, Rheinlandbesetzung 1986.
152 THREUTER, Westwall 2009, S. 26, 46, 54 f.
153 BRÜCHERT/MATTHEUS, Zwangsarbeit 2004; siehe auch DER BEAUFTRAGTE FÜR DEN VIERJAHRESPLAN/DER GENERALBEVOLLMÄCHTIGTE FÜR DEN ARBEITSEINSATZ, Arbeitseinsatz 1944, S. 12 ff.
154 DORFEY, Krieg und Frieden, 2005; MACK, Kriegsende 2001.
155 Siehe zusammenfassend LANDESZENTRALE FÜR POLITISCHE BILDUNG RHEINLAND-PFALZ, Verfolgung 2008; SCHIFFMANN/BERKESSEL/ARENZ-MORCH, Widerstand 2011; ULRICH, Widerstand 2005.
156 SCHNEIDER, Paul Schneider 2010. Zitat nach GUBE, Kentenich 2000, S. 462.
157 MACK, Kriegsende 2001.
158 RESMINI, Lager 1993, S. 605; siehe auch THÉOFILAKIS, Kriegsgefangene 2008.
159 HUDEMANN, Sozialpolitik 1988, besonders S. 110 ff.; ROTHENBERGER, Hungerjahre 1980; DERS., Hungerjahre 2004.
160 WÜNSCHEL, Quellen 1987.
161 KERSTEN, Mainz 2010.
162 Zitiert nach HUDEMANN, Erbfreundschaft 2005, S. 5.
163 BROMMER, Quellen 1985; grundlegend: KÜPPERS, Staatsaufbau 1990.
164 DEFRANCE, Politique culturelle 1994; LINSENMANN, Musik 2010; HEYEN/KEIM, Identität 1996.
165 HÜSER, Deutschlandpolitik 1996.

166 HUDEMANN, Landesgründung 1997.
167 BECKER, KPD 2001; MARTIN, Entstehung 1995; KUSCH, Wiedergründung 1989. Die Entwicklungen in der Pfalz bei: NESTLER/ZIEGLER, Nachkriegszeit 2004.
168 Die regionalen Bezüge Höffners fasst übersichtlich zusammen: ZOLK, Höffner 2004.
169 WAGNER, Entstehung 2007, S. 136 f.; KLAAS, Entstehung 1978; HENNIG, Ernst Biesten 1996.
170 WAGNER, Entstehung 2007, S. 137; siehe auch BAUMGART, Voraussetzungen 1978, S. 25.
171 DORFEY, Stationen 1997; DIES., Teilung 1993.
172 SCHÜTZ, Hauptstadt 1996; WIRTH, Hauptstadtfrage 2010.
173 Siehe dazu RUMMEL, Protokolle 2007.
174 MÖHLER, Entnazifizierung 1992; OKUNLOLA, Geschichte 2009, S. 156 f.
175 BORCK, Rittersturzkonferenz 1998; zur zweiten, wenig bekannten Rittersturzkonferenz siehe LHA Koblenz, Bestand 861, Nr. 464.
176 RÖDEL, Konfessionsschule 2010.
177 LAMPING, Verschuldung 2001; DERS., Öffentliche Finanzen 2007.
178 WEHMEIER, ZDF 1979, S. 7 ff.
179 EISENHAMMER/BARZEN, Europa 2000; SEBEKE, Partnerschaft 2010.
180 ELZER, Saarabkommen 1998; LINSMAYER, Geburt 2006.
181 ROTHENBERGER, Amerikaner 2010; siehe auch: HERGET/KREMP/RÖDEL, Nachbar Amerika 1995.
182 Zur Reformpolitik der 1960er und 1970er Jahre siehe die einschlägigen Beiträge in BORCK, Beiträge 1997 und HAUNGS, Rheinland-Pfalz 1986.
183 OKUNLOLA, Geschichte 2009, S. 234 ff.; KISSENER, »1968« 2009.
184 Zum Zeitraum 1969–1991 siehe zusammenfassend: LANDESZENTRALE FÜR POLITISCHE BILDUNG RHEINLAND-PFALZ, Vorträge 2007; LANDESZENTRALE FÜR POLITISCHE BILDUNG RHEINLAND-PFALZ, Ministerpräsidenten 1998; KOHL, Erinnerungen 2004; HEYEN, Helmut Kohl 2003.
185 Zur Geschichte der Grünen in Rheinland-Pfalz siehe HÖHNE/CRONQVIST, FDP und Bündnis 90/Die Grünen 2010, S. 173 ff.
186 MARTIN, Bernhard Vogel 2003, S. 84 ff.; STORM, Carl-Ludwig Wagner 2003; LANDESZENTRALE FÜR POLITISCHE BILDUNG RHEINLAND-PFALZ, Ministerpräsidenten 1998.
187 SARCINELLI, Rheinland-Pfalz 2007, S. 44.
188 BECK, Sozialdemokrat 2008, S. 65 ff.
189 KLEIN, »Bürgermeisterdemokratie« 2010.
190 EMMERICHS u. a., Ländervergleich 2010, S. 734 f.
191 HAMBURGER/BECHBERGER-DERSCHEIDT, Bildungs- und Wissenschaftsstandort 2010; HAMBURGER/KOEPF, Migration 2010.
192 Pressemitteilungen des Ministeriums für Bildung, Wissenschaft, Jugend und Kultur vom 28.11.2006 und 29.02.2008.
193 WILKE, Medienpolitische Tradition 2010.
194 DER PRÄSIDENT DES LANDTAGS RHEINLAND-PFALZ, Verfassungsreform 2000.
195 LORIG, Verwaltungs- und Kommunalreform 2010.
196 HILLER, Konversionspolitik 2010, S. 534.

Außenbeziehungen: Vom Grenzland zur Brücke der Völkerverständigung

Von Andreas Linsenmann

Außenpolitik spielt in Handbüchern zur nationalen Geschichte eine bedeutende Rolle – so etwa in der von Karl-Dietrich Bracher u. a. herausgegebenen mehrbändigen »Geschichte der Bundesrepublik Deutschland«. In regionalgeschichtlich ausgerichteten Handbüchern hingegen nimmt sie insbesondere für die Zeit nach der Gründung des Deutschen Reiches 1871 eine deutlich untergeordnete Stellung ein, denn die Kompetenz für die Beziehungen zu den außerdeutschen Staaten verschob sich Zug um Zug auf die nationale Ebene. Das war auch nach Gründung des westdeutschen Teilstaates 1949 so, hält doch das Grundgesetz in Art. 32 eindeutig fest, dass die Pflege der Beziehungen zu auswärtigen Staaten »Sache des Bundes« ist. Nur insofern die Länder für die Gesetzgebung zuständig sind, können sie »mit Zustimmung der Bundesregierung«, wie Art. 32 einräumt, mit auswärtigen Staaten Verträge abschließen. Warum also ein Blick auf die »Außenbeziehungen« jenes Raumes, der seit 1947 die Bezeichnung Rheinland-Pfalz trägt?

Betrachtet man nur die geografische Lage dieses Raumes, so wird unmittelbar einsichtig, dass das Gebiet von Rheinland-Pfalz als Grenzland in der Zeit des wachsenden Nationalismus im 19. Jh. ganz wesentlich dem, was eine solche Politik bewirkte, ausgesetzt war, ja von der »großen Politik« gleichsam weit mehr als ein Land in der Mitte Deutschlands unmittelbar betroffen sein musste. Hierin besteht eine hervorstechende Besonderheit dieses Raumes, die in ihren Auswirkungen daher einer eigenen Betrachtung bedarf. Dabei muss der Blick allerdings regional verortet bleiben und danach gefragt werden, wie die Menschen in diesem Raum die »große Politik« der nationalen Ebene erfuhren, erlitten, manchmal und eher selten auch mitgestalteten. Neben das Erleiden der Zwänge und Ausflüsse der nationalen Außenpolitik drängt sich nach 1949 allerdings ein zunehmendes, von der Landesregierung wie von den Menschen vor Ort ausgehendes Gestalten-Wollen regionaler transnationaler Beziehungen. Zwar sind diesem Gestaltungswillen enge Grenzen gesetzt,[1] doch wurde gerade in unserem Raum der Handlungsrahmen so kreativ genutzt, dass es lohnt, die Ergebnisse dieser Politik ins Auge zu fassen, weil sie wiederum zu einem historischen Charakteristikum dieses Raumes geworden sind, der sich heute, vielleicht mehr als andere Bundesländer, in der Mitte Europas sieht und parteiübergreifend das Konzept des »Europas der Regionen« unterstützt.

1. Der Raum als Ort der Abgrenzung und Konfrontation

Ausgangslage: Grenzen und Festungen

Den Ausgangspunkt einer so angelegten Betrachtung muss einmal mehr die auf dem Wiener Kongress 1815 festgelegte Neuordnung der mitteleuropäischen Staatenwelt bilden. Gewachsene Zugehörigkeiten wurden – etwa für die nunmehr zu Bayern gehörende Rheinpfalz oder für das der neuen preußischen Rheinprovinz zugeordnete südliche Rheinland – vielerorts obsolet, »innen« und »außen« neu definiert. Damit wurden auch regionale Identitätskonstruktionen Veränderungsdynamiken ausgesetzt. An die Stelle des zwar dysfunktionalen, aber gleichwohl verbindenden alten Reichsverbands traten souveräne Staaten, die im Deutschen Bund zunächst nur über ein lockeres einendes Band verfügten und bis 1871 füreinander im juristischen Sinne Ausland darstellten.

Die Neuordnung zog u. a. die Errichtung eines Grenz- und Zollregimes nach sich. Dabei war die Ausgangslage für unseren Raum schwierig. Die deutschen Gebiete, die während der französischen Herrschaft zum napoleonischen Europa gehört hatten, waren mit Frankreich wirtschaftlich verflochten gewesen. Durch Einfuhrverbote waren sie nach 1815 vom französischen Markt wieder abgeschlossen und gezwungen, sich den deutschen Märkten zuzuwenden. Hinzu kamen billige britische Importe, die den Markt nach Wegfall der siebenjährigen Blockade überschwemmten. Zollmaßnahmen sollten die in den Befreiungskriegen schwer getroffene Wirtschaft wieder festigen und Schmuggel und Schleichhandel, der ein beträchtliches Ausmaß angenommen hatte, eindämmen. Das gelang anfangs kaum, kamen z. B. im Regierungsbezirk Koblenz bis 1820 doch nur acht Grenzaufseher zu Pferde sowie 60 zu Fuß zum Einsatz. Überdies hatten die Grenzbeamten in der Bevölkerung einen schweren Stand. Erst schrittweise entwickelte sich daher ein tragfähiges Grenzüberwachungssystem.[2]

Die deutsch-französische Grenze zwischen Schweigen (Pfalz) und Wissembourg, vermutlich spätes 19./frühes 20. Jh. (Postkarte aus dem Besitz v. Michaela Gangl)

Die Grenzlage blieb prägend für die Entwicklung. Der gesamte linksrheinische Raum war in einem deutsch-französischen Krieg als Verteidigungszone vorgesehen. Eine Schlüsselrolle nahm dabei Preußen ein. Ihm war auf dem Wiener Kongress als »defensor germaniae« der militärische Schutz gegen Frankreich übertragen worden. Aufgrund der Trennung der Rheinprovinzen vom Kernland musste Preußen darauf bedacht sein, dass die Gebiete im Ernstfall zunächst auch ohne Verstärkung verteidigt werden konnten. Dies war nur mit einer fortgesetzten starken Truppenpräsenz in den Rheinlanden zu gewährleisten, was bei der Bevölkerung den Eindruck erweckte, man lebe in militärischem Aufmarschgebiet.[3] Allein in Trier wurden 1815 rd. 2.500 Mann stationiert.[4]

Neben der massierten Truppenaufstellung bildete eine Reihe von Festungsanlagen das Herzstück des Abwehrsystems gegen einen befürchteten französischen Angriff. Es erstreckte sich in unserem Raum von der Bundesfestung Landau und der bayerischen Garnison Germersheim im Süden über die Bundesfestung Mainz bis zur preußischen Großfestung Koblenz. Die mit beträchtlichem Ressourcenaufwand erstellten Fortifikationen knüpften an alte Anlagen an oder wurden völlig neu errichtet und teils über Jahrzehnte hinweg immer wieder ausgebaut. Für die betroffenen Städte hatte der Festungsstatus erhebliche Auswirkungen. Er formte das Stadtbild und beeinflusste die Bevölkerungsstruktur. Mainz etwa erhielt eine gemeinsame österreichisch-preußische Besatzung mit jeweils alle fünf Jahre wechselnden Gouverneuren und Kommandanten. Ökonomisch boten sich Vorteile durch den Absatzmarkt der Garnison und die Bauprogramme, die etwa in Mainz die Wirtschaftslage auch im rheinhessischen Umland stabilisierten.[5] Andererseits wirkten die Anlagen einschnürend und erschwerten mit den Rayonbestimmungen, welche die Bebauung von Schussfeldern ausschlossen, oft die Teilhabe dieser Städte an der dynamischen Wirtschaftsentwicklung des 19. Jhs. Im Fall des ganz von seiner großen Garnison abhängigen Germersheim war dies bis in die 1960er Jahre hinein kennzeichnend. Nach der Schleifung der Festung in den 1920er Jahren sprach man dort gar von einer »sterbenden Stadt«.[6]

Deutsche und französische Festungen 1815-1870

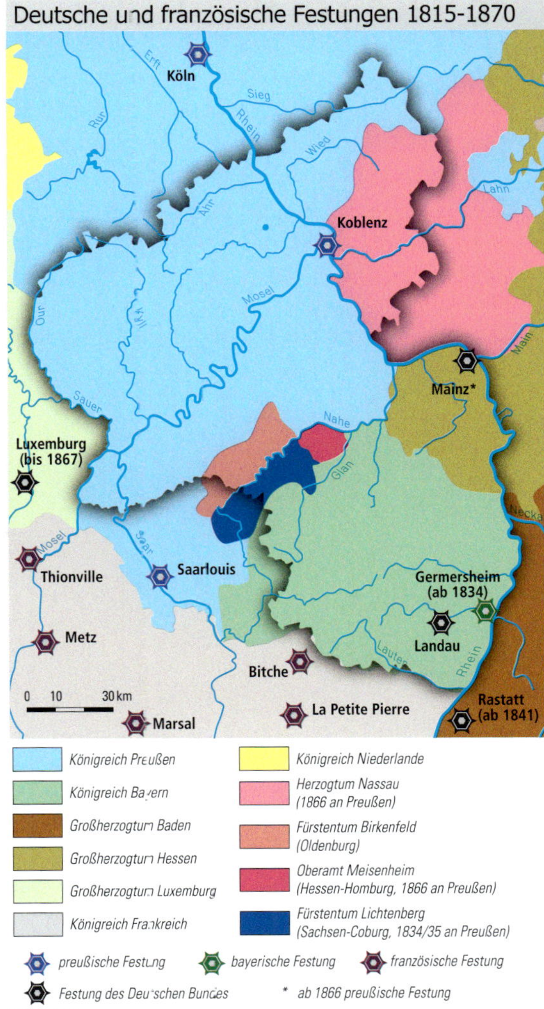

Kartographie: Landesamt für Vermessung und Geobasisinformation Rheinland-Pfalz

Für die gesamte Region führten die Grenz-Konstellation und die Dominanz militärischer Belange zu einer vergleichsweise gebremsten ökonomischen Entwicklung. Investitionen unterblieben oft, da sie nicht gesichert schienen. Auch die Infrastruktur blieb zurück, wenngleich einige Verkehrsverbindungen – etwa die Moseltalbahn – gerade aus militärischen Gründen vorangetrieben wurden. Insofern ist ein Fazit, das man für den Landkreis St. Goar gezogen hat, stark zugespitzt, verweist aber auf ein Grundproblem: Bis 1945 habe es, wie im ganzen linksrheinischen Gebiet, bis auf wenige Ausnahmen »keine nennenswerten Industriebetriebe« gegeben, das Wirtschaftsleben sei »ohne Bedeutung« gewesen.[7] Umso mehr Gewicht kam der Rheinschifffahrt zu, die durch vertragliche Regelungen 1831 und 1868 begünstigt wurde, was den Handel förderte und den Raum nicht nur ökonomisch besonders zum Niederrhein hin öffnete.

Hambacher Fest

Wirtschaftlich stellte die Grenzlage eine schwere fortwährende Hypothek dar. Den Austausch von Nachrichten und Ideen hingegen bremste sie nicht. Vielmehr wurden kulturelle und politische Konzepte durch die räumliche Nähe gerade zu Frankreich verstärkt rezipiert. Dies umso mehr in den linksrheinischen Territorien, in denen bereits das Gedankengut der Französischen Revolution starke Resonanz gefunden hatte und während der Zugehörigkeit zu Frankreich in der napoleonischen Ära initiierte Reformen in selbstbewusst verteidigten »rheinischen Institutionen« fortwirkten. Vor diesem Hintergrund fanden die Unzufriedenheit der pfälzischen Bevölkerung über die bayerische Verwaltung einerseits und Impulse durch den polni-

Nach der Niederschlagung des auch in Deutschland mit Begeisterung verfolgten Freiheitskampfes der Polen gegen die russische Herrschaft zogen etwa 30.000 Emigranten durch Deutschland in Richtung Frankreich. Eine Lithographie von C. M. Thum zeigt den Empfang einer Gruppe in Neustadt a. d. H. am 19. Januar 1832 (Historisches Museum der Pfalz Speyer)

schen Aufstand und die französische Julirevolution von 1830 sowie die belgische Revolution von 1832 andererseits kraftvollen Ausdruck im Hambacher Fest vom 27. bis 30. Mai 1832, auf dem die frühliberale bürgerliche Opposition Einheit, Freiheit und verfassungsrechtliche Fortschritte forderte. Diese Manifestation zog nicht nur Menschen aus der Region, sondern aus ganz Deutschland sowie aus europäischen Nachbarländern, insbesondere Frankreich und Polen, an. Indem die Festredner mehrheitlich Solidarität mit anderen Völkern bekundeten, die ebenfalls für ihre Freiheit kämpften, und als Zeichen der Verbundenheit neben der schwarz-rot-goldenen zudem die polnische Fahne gehisst wurde, markiert das Hambacher Fest auch den Höhepunkt einer Phase der europäischen Völkerfreundschaft. Johann Georg August Wirth beendete seine Rede mit einem Hoch auf das »conföderierte republikanische Europa«.[8] Gleichwohl blieb das Verhältnis zu Frankreich zwiespältig. Eine mögliche Rolle im deutschen Freiheitskampf wurde sowohl 1832 als auch 1848 teils gutgeheißen, teils kategorisch abgelehnt, fürchteten viele doch, Frankreich verfolge – wie etwa in der Rheinkrise 1840 – das Ziel, sein Staatsgebiet abermals bis zum Rhein auszudehnen.[9]

Auswanderung

Zu den prägenden Phänomenen des 19. Jhs. zählt die Auswanderung, u. a. aus dem pfälzischen Raum. Diese führte ab 1816 von Missernten betroffene Bauern u. a. nach Südbrasilien und Russland, den weitaus größten Teil jedoch – wie bereits im 18. Jh. – nach Nordamerika. Grund waren meist die kargen wirtschaftlichen Verhältnisse, die sich in Krisen und Hungersnöten noch zuspitzten. Nach dem Hambacher Fest 1832 und der gescheiterten Revolution von 1848/49 verließ eine große Zahl von Pfälzern ihre angestammte Heimat auch aus politischen Gründen. Ehemalige Revolutionäre gingen in die Schweiz und nach Übersee ins Exil. Viele Ausgewanderte pflegten in den USA ihre Wurzeln und entfalteten gerade um die Jahrhundertwende ein reges Vereinsleben. Eine bemerkenswerte Verbundenheit kam zum Ausdruck, als zahlreiche Pfälzer Auswanderer und ihre Nachkommen Verwandten und Freunden in der einstigen Heimat nach dem Ersten Weltkrieg im Rahmen der »Hoover-Speisung« sowie vor allem nach dem Zweiten Weltkrieg mit der »Care«-Hilfe über die größte Not hinweghalfen.[10]

Deutsch-französischer Krieg 1870/71

Im Krieg von 1870/71 erfuhr die Region erstmals mit voller Wucht die Lasten der Grenzlage im Ernstfall. Binnen 14 Tagen erlebte die Rhein-Pfalz-Region den Aufmarsch und Durchzug von rd. einer halben Million Soldaten. Die Leistungen, die der Bevölkerung dabei abverlangt wurden, überstiegen die vorhandenen Ressourcen bei weitem. Im Trierer Raum wurde bereits im Juli 1870 das Geschäftsleben völlig lahmgelegt und alle Beziehungen zum In- und Ausland wurden unterbrochen. Alle Arten von Fuhrwerken wurden in großer Zahl requiriert und damit dem Transportwesen und der Landwirtschaft entzogen – allein im Großherzogtum Hessen 3.000 Pferde, darunter viele aus Rheinhessen.[11] Erheblich waren auch die Belastungen durch Einquartierungen: So hatte die Stadt Koblenz 1870 183.833 Einquartierungstage zu verzeichnen. In dünn besiedelten Gebieten des Hunsrücks, der Eifel und des Pfälzerwaldes gab es gar nicht genügend Behausungen für die Unterbringung der vorrückenden Soldaten. Sie waren daher genötigt, im Freien zu nächtigen.[12] Angesichts dessen kam es in einzelnen Gemeinden – etwa Annweiler, Stein und Dernbach – zum Ausbruch einer Blatternepidemie. Vor allem erwies sich die Erwartung der Militärs, die Region sei in der Lage, ein solches Massenheer für kurze Zeit zu ernähren, als Fehleinschätzung. Die Preise für Nahrungsmittel stiegen exorbitant. Bedingt auch durch die schlechte Ernte des Jahres 1870 war vielerorts ein akuter Mangel an Nahrungsmitteln zu beklagen. Deshalb vergrößerte man die Aufmarschrayons oder marschierte in ein anderes Gebiet. Immer größere Landstriche wurden auf diese Weise geradezu ausgesogen – mit Folgen über den Abzug hinaus. Als sich Ende 1870 die Verhältnisse noch nicht deutlich gebessert hatten, gewährten der Magistrat und die Stadtverordneten von Berlin der Region eine Hilfe von 50.000 Talern und forderten alle übrigen preußischen Städte auf, die Westprovinzen in ähnlicher Weise zu unterstützen. In der Rheinpfalz bildeten sich zur Verteilung der Spenden Komitees, denen von 395 Städten, Gemeinden und Vereinen Spenden zuflossen. Selbst dies reichte jedoch nicht aus. Erst durch die französischen Kriegsentschädigungen erlangte die Region wieder die wirtschaftliche Kraft der Vorkriegszeit.[13]

Während der Kriegshandlungen hatte der Raum neben unentwegt rollenden Truppen- und Nachschubtransporten zudem den Rückstrom von Verwundeten zu verkraften. Dieser wurde ohne zentral gelenktes Evakuierungssystem mehr schlecht als recht bewerkstelligt – um Bahnkapazitäten für die kämpfende Truppe freizuhalten, auch über die Eifelstraße nach Trier, über den Hunsrück nach Hermeskeil oder auf dem Rhein. Dabei fungierte Mainz neben Mannheim als zentraler Etappen- und Auffangort. Das Gros der Verwundeten – darunter 8.846, die längerer Pflege bedurften – wurde schließlich in Krankenhäuser und Lazarette der Region Rhein-Pfalz verlegt.[14]

Auf die grenzübergreifenden Wirtschaftbeziehungen hatte der Krieg von 1870/71 längerfristige Auswirkungen. Hatten sich diese zuvor weitgehend unbeeindruckt von den deutsch-französischen Spannungen entwickelt, so wurde ökonomische Zusammenarbeit nun teilweise als unpatriotisch erachtet. Die sich verstärkende deutschfeindliche Stimmung 1886 führte dazu, dass deutsche Firmen in Frankreich Kunden verloren. Deutsch-französische Unternehmen sahen sich genötigt, ihren französischen Charakter zu betonen. Im Gegensatz zur industriellen Zusammenarbeit wurde den landwirtschaftlichen Handelsbeziehungen im Nahraum vonseiten der Öffentlichkeit jedoch kaum Beachtung geschenkt. So bezogen Händler aus dem Hunsrück nach wie vor Pferde aus dem benachbarten Frankreich.[15]

Erster Weltkrieg

Mit Ausbruch des Ersten Weltkrieges schienen sich zunächst nach über 40 Friedensjahren einige Erfahrungen aus der Zeit des deutsch-französischen Krieges von 1870/71 zu wiederholen. Zwar hatte die Annexion Elsass-Lothringens durch das Deutsche Reich 1871 die Staatsgrenze zu Frankreich nach Westen verschoben. Dadurch war der Raum nicht mehr unmittelbare Grenzregion, was u. a. die Bedeutung des Festungsgürtels schmälerte und vor allem Metz die Rolle einer zentralen militärischen Bastion gegen den »Erbfeind« zuwachsen ließ. Dennoch wurde der Raum erneut zum Aufmarschgebiet. So war Koblenz ein wichtiger Etappenort für die deutsche Truppenaufstellung im Westen. Statt der üblichen 5.000 hielten sich in den Augusttagen 1914 bis zu 40.000 Soldaten in der Stadt auf.[16] Öffentliche Transportmittel wurden für militärische Zwecke in Beschlag genommen. Nach Verhängung des Kriegszustandes wurde etwa die Ludwigshafener Rheinbrücke für den Personenverkehr vollständig gesperrt und ausschließlich für Truppentransporte und die Beförderung von Kriegsmaterial genutzt.[17] Dies schlug wiederum unmittelbar auf die heimische Wirtschaft durch, da Rohstofftransporte und Handel zum Stillstand kamen. Auch in unserem Raum herrschte angesichts einer gefühlten unverschuldeten Einkreisung und der Darstellung Frankreichs als »rachelüsternem« Nachbarn zu Kriegsbeginn vielerorts eine »vaterländische Begeisterung«, die etwa für Trier als wahrer »Taumel« beschrieben wird.[18] In der aufgepeitschten Atmosphäre meinte man zudem allerorten feindliche »Spione« zu entdecken, was für die Betroffenen mitunter tödlich endete.[19]

Die bald einsetzende Rückkehr von Verwundeten, die in der Region in zahlreichen Reservelazaretten – u. a. in Birkenfeld, Idar, Klingenmünster, Neuwied, Remagen, Rheingönheim, Trier, Waldmohr, Kaiserslautern, Speyer und Zweibrücken – versorgt wurden, ließ die anfängliche Kriegsbegeisterung jedoch rasch abklingen. Der Krieg erfasste zunehmend alle Lebensbereiche der »Heimatfront«. Eklatant war angesichts der an die Front beorderten Männer der Mangel an Arbeitskräften. Erstmals wurden daher ausländische Kriegsgefangene eingesetzt. In der militärisch besonders wichtigen Ludwigshafener BASF z. B., in der sich bereits vor Kriegsausbruch ausländische Arbeiter verdingt hatten, die nunmehr strikter Überwachung unterworfen und interniert waren, kamen bis zu 1.000 Kriegsgefangene zum Einsatz, die gerade im Vergleich zum Zweiten Weltkrieg offenbar relativ gut behandelt wurden. Hinzu kamen kurzzeitig sogar mit Zwangsmaßnahmen rekrutierte Zivilarbeiter aus Polen und Belgien. Die Polen waren gegenüber einheimischen Industriearbeitern zwar benachteiligt, nach Lockerung der Bestimmungen war es ihnen jedoch sogar möglich, den von Deutschland besetzten Teil Polens zu besuchen. Den bis zu 600 Belgiern gewährte man 1917 die volle Gleichberechtigung.[20] Zu den neuen Erfahrungen dieses Krieges zählten daneben gerade im Grenzland Luftangriffe, die z. B. Koblenz ab Oktober 1917 trafen. Völlig ungekannt war jedoch vor allem das Ausmaß des Blutzolls. Neuwied z. B. hatte 1870/71 16 Gefallene zu beklagen, was 0,4 % der männlichen Bevölkerung entsprochen hatte. Im Ersten Weltkrieg fielen 385 Neuwieder – knapp 5 % der männlichen Bevölkerung.[21]

Besatzung 1918–1929/30

In verschärfter Weise zu einer Konfliktzone wurde der Raum, als entsprechend den Regelungen des Versailler Vertrages im Januar 1920 die linksrheinischen deutschen Gebiete sowie bei Mainz und Koblenz rechtsrheinische Brückenköpfe unter französische Besatzung fielen. An der alliierten Okkupation unseres Raumes waren bis Januar 1923 auch US-Truppen beteiligt, die einen Bereich von der luxemburgischen Grenze entlang der Mosel über Koblenz in den Westerwald kontrollierten. Das US-Hauptquartier befand sich in Koblenz, wo 1920 überdies die Hohe Interalliierte Rheinlandkommission sowie als Repräsentant der Reichsregierung der Reichskommissar für die besetzten Gebiete seinen Sitz hatte und somit zentrale politische Fäden zusammenliefen.

Im Gegensatz zu den vor allem auf allgemeine Stabilisierung bedachten Amerikanern verbanden die Franzosen neben einem elementaren Sicherheitsbedürfnis mit ihrer Präsenz, die auf 15 Jahre angelegt war, handfeste Interessen. Zwar bedeutete bereits der Versailler Vertrag eine Absage an das ursprüngliche französische Ziel einer Herauslösung der linksrheinischen Gebiete aus dem Reichsverband – sei es durch Annexionen oder, der napoleonischen Rheinbund-Politik nicht unähnlich, die Schaffung selbständiger Pufferstatten. Gleichwohl blieb stets der Verdacht bestehen, das Besatzungshandeln diene letztlich doch Zielen dieser Art. Dazu schien zu passen, dass französische Repräsentanten separatistische Bestrebungen, die auf eine Autonome Pfalzrepublik und eine Rheinische Republik zielten und im Krisenjahr 1923 stark aufflammten, zumindest indirekt förderten.[22] Vor diesem Hintergrund und tief wurzelnden Ressentiments stieß auch die französische Strategie einer »pénétration pacifique«, einer »friedlichen Durchdringung«, auf nur beschränkte Resonanz. Sie sollte die rheinische Bevölkerung vor allem mittels kultureller Strahlkraft für den Nachbarn im Westen einnehmen, um das Gebiet langfristig geistig und dann auch politisch vom Reich zu lösen.[23] Dies u. a. durch die Gründung von Bildungseinrichtungen, durch kulturelle Veranstaltungen oder die anspruchsvolle Zeitschrift »Revue rhénane«, in der u. a. Beiträge von Thomas Mann und Hermann Hesse erschienen.[24] Die deutsche Seite konterte mit massiver Gegenpropaganda, als deren Hauptorgan die seit 1921 in Berlin herausgegebene Zeitschrift mit dem bezeichnenden Titel »Das Rheinland in Ketten« fungierte.[25] Die Eröffnung der Pfälzischen Landesbibliothek in Speyer 1923 war wesentlich von dem politischen Willen getragen, der französischen Kulturpolitik entgegen zu wirken. Auch wissenschaftlich wirkte sich die konfrontative Frontstellung im »Kampf um den Rhein« aus: So wurde 1920 in Bonn das Institut für geschichtliche Landeskunde der Rheinlande nicht zuletzt mit Blick auf eine geschichtspolitische Legitimation der Zugehörigkeit des Rheinlands zu Deutschland ins Leben gerufen, während von 1921 bis zum Ende der Besatzung 1929/30 in Mainz das »Centre d'études germaniques« als vorgeschobener Beobachtungsposten fungierte. Im Auftrag der bayerischen Regierung heizte ein als »Pfalzzentrale« firmierender Stab in Mannheim unter der Leitung August Ritter von Eberleins die deutsche Propaganda gegen die französischen Besatzungstruppen stetig an.[26] Selbst die Reichsregierung instrumentalisierte die besetzten Gebiete, um im Ruhrkampf Druck auf die Franzosen auszuüben, z. B. indem sie Beamten die Dienstverweigerung nahelegte.

Das vor allem bis Mitte der 1920er Jahre schwierige Verhältnis zur französischen Besatzungsmacht verdeutlicht ein Beispiel aus dem humanitären Bereich: Ein Angebot amerikanischer Hilfsorganisationen, in Koblenz Suppenküchen einzurichten, wurde dankbar angenommen. Ab 1920 erhielten rd. 2.400 Koblenzer Kinder dort täglich warme Mahlzeiten. Ein Angebot von französischer Seite lehnte man hingegen ab. Ähnliche Offerten wurden auch in der französischen Zone zurückgewiesen, weil die Kinder nach dem Essen die »Marseillaise« singen mussten.[27] Tiefe Spuren in der Kollektiverinnerung vermochte insbesondere eine unter dem Schlagwort »Schwarze Schmach« geführte Kampagne gegen den Einsatz von Kolonialregimentern zu hinterlassen, in der die dunkelhäutigen Soldaten zu triebhaften gewalttätigen Bestien stilisiert wurden, vor denen es die weiße Rasse und Kultur zu schützen gelte.[28] In diesem trotz der Annäherungsbemühungen infolge des Locarno-Vertrags vom Oktober 1925 aufgeladenen Kontext stellten Stimmen, die für eine deutsch-französische Verständigung plädierten, Randerscheinungen dar. So etwa der Wormser Carl Muth, später Herausgeber der katholischen Monatsschrift »Hochland«, oder der aus dem südpfälzischen Offenbach stammende Romanist Hermann Platz, der die überhitzten Nationalismen mit einem verbindenden christlichen Abendland-Ideal zu überwinden hoffte. Dieses Verständigungsdenken knüpfte auch an frühere Verbindungen an, hatte ein erstes Treffen der deutschen liturgischen Bewegung doch 1913 in Maria Laach u.a. Platz und Robert Schuman zusammengeführt, der auf diese Erfahrung später mehrfach Bezug nahm und christlich-abendländische Ideen in den europäischen Integrationsprozess der 1950er Jahre einzubringen bemüht war.[29] Vielfach vertiefte die Besatzungserfahrung, die auch wirtschaftliche Lasten nach sich zog, antifranzösische Ressentiments und begünstigte den Aufstieg der NS-Bewegung nicht zuletzt in Rheinhessen.[30]

Das gefeierte vorzeitige Ende der Besatzung 1929/30 leitete für unseren Raum denn auch nur eine kurze Phase nachlassender Spannung ein. Dem NS-Regime gelang es, insbesondere bei der Auseinandersetzung um das seit 1919 unter französischer Völkerbundverwaltung stehende Saargebiet, propagandistisch Front gegen den großen Nachbarn im Westen zu machen. Dass die Saarländer im Januar 1935 für eine Rückkehr zu Deutschland votierten, wurde ebenso als Revision der viel beklagten vermeintlichen »Schmach von Versailles« bejubelt wie der Einmarsch deutscher Soldaten in die seit 1919 entmilitarisierte Rheinland-Zone am 7. März 1936, den die ehemaligen Entente-Mächte letztlich hinnahmen. Einmal mehr war der Raum ein Brennspiegel der deutsch-französischen Konfliktgeschichte, einmal mehr wurde er zum militärischen Aufmarschgebiet. Und dies in bisher kaum vorstellbaren Ausmaßen. Nicht nur wurden 1937 nördlich von Baumholder im Hunsrück 15 Gemeinden mit knapp 4.000 Einwohnern geräumt und das Areal zum Truppenübungsplatz für die Wehrmacht deklariert. Hitler ließ auch – angeblich als defensive Verteidigungslinie, in Wahrheit jedoch als Mittel, um für die Expansionspläne im Osten den Rücken frei zu haben – zwischen Mai 1938 und Juni 1940 von Kleve bis Basel entlang der Grenze ein rd. 630 km langes mehrgliedriges System von Bunkern, Schartenständen, Stollen und Panzerhindernissen, sog. Höckerlinien errichten, das als »Westwall« auch unseren Raum in der Südpfalz sowie entlang der Grenze zu Luxemburg und Belgien brachial durchschnitt und z.T. bis heute tiefe Spuren hinterlassen hat.[31]

»Westwall« und »Rote Zone«

Am von einem regelrechten propagandistischen Feuerwerk begleiteten Bau der Anlagen waren bis zu einer halben Million Arbeiter beteiligt, von denen viele in eigens erstellten Lagern untergebracht und strenger Disziplin unterworfen waren. Da der Arbeitsmarkt 1938 ausgeschöpft war, wurden viele Arbeitskräfte zwangsverpflichtet. Mehrfach entwickelten sich aus dieser prekären Situation Streiks. Nach Kriegsbeginn entstand für schwere Fälle von Arbeitsverweigerung bei Hermeskeil ein eigenes Straflager unter der Regie der SS, das später als »Sonderlager Hinzert« mit zahlreichen luxemburgischen und sowjetischen Inhaftierten in das Netz der Konzentrationslager integriert wurde. In den unmittelbar betroffenen Gebieten hatte der Westwallbau einen zeitlich begrenzten, merklichen wirtschaftlichen Aufschwung zu Folge. Insbesondere bis dahin meist strukturschwache Gebiete der Eifel rissen die Maßnahmen innerhalb kürzester Zeit aus einem Dornröschenschlaf. Eine weitere Konsequenz für die Bevölkerung bestand jedoch auch in weltanschaulicher Indoktrination und einer Gewöhnung an paramilitärische Organisationsformen, zumal Polizei und Justiz für den Fall von Verweigerung und Widersetzlichkeiten bei den häufig kurzfristig anberaumten Zwangsverpflichtungen zu harten Repressionen griffen.[32]

Evakuierung aus der »Roten Zone« in Steinfeld am 1. September 1939 (Archiv VG Bad Bergzabern)

Verbunden waren die Westbefestigungen mit der Einrichtung eines bis zu ca. 20 km breiten Streifens zwischen Grenze und Hauptkampflinie.[33] Hunderte in dieser sog. »Roten Zone« gelegene Dörfer und Städte mit insgesamt rd. 1. Mio. Einwohnern wurden in den ersten Kriegstagen 1939 geräumt, darunter Bergzabern, Pirmasens, Trier und Zweibrücken.[34] Teilweise hatte bereits 14 Tage vor Kriegsausbruch eine Abwanderung aus der Grenzregion eingesetzt, wobei die NS-Presse die Betroffenen teils als »Kofferpatrioten« diffamierte.[35] Mit Ausbruch des Krieges am 1. September 1939 begann dann eine hektische Evakuierung. Die plötzliche Bekanntgabe traf die meisten Bewohner offenbar völlig unvorbereitet. Den Abtransport von Frauen, Kindern und älteren Menschen aus Pirmasens etwa beschrieb ein Justizmitarbeiter als von Überstürzung und »ziemlicher Ratlosigkeit« geprägt. Die Ungewissheit über das Kommende sowie das Versagen von Partei und Behörden bei der Organisation riefen in der Bevölkerung »eine große Mißstimmung« hervor. »Viele Frauen und Kinder, bepackt mit ihren Habseligkeiten, kamen vom Bahnhof zurück und wollten einfach nicht fort, weil sie eine Behandlung in der erlebten Art nicht ertrugen«.[36] Landwirte waren gar gezwungen, ihre Tiere zurückzulassen. Insgesamt wurden aus dem Gau Saarpfalz rd. 400.000 Personen evakuiert, aus dem Gau Koblenz 27.112. An ihren Aufnahmeorten vor allem in Oberfranken, aber auch der Oberpfalz, Mainfranken sowie Sachsen und Thüringen, erwartete die Evakuierten oft keine freundliche Aufnahme. Nicht selten wurden sie, wie ein zeitgenössischer Bericht notiert, als »lästige Eindringlinge« empfunden und als billige Arbeitskräfte gesehen. Zurückkehren in ihre z. T. verwahrloste Heimat konnten die Bewohner der »Roten Zone« erst im Herbst 1940 nach Ende des Westfeldzuges.

Besatzung 1945–1949

Die nach einer für den Raum vielerorts zerstörerischen Schlussphase des Zweiten Weltkrieges im Sommer 1945 einsetzende, erneute französische Besatzung war für die Bevölkerung angesichts der Erfahrung von 1918 bis 1929/30 vielfach mit negativen Erwartungen verbunden. In der Tat griffen die Franzosen, die seit 1940 selbst eine ausbeuterische deutsche Besatzung erlitten hatten und in erster Linie Sicherheitsinteressen verfolgten, zu harten Maßnahmen. Sie schotteten ihre Besatzungszone ab und nahmen in großem Umfang Demontagen, Holzeinschläge und Lebensmittelrequisitionen vor. Das verschärfte die ohnehin prekäre Versorgungslage, in der viele Menschen Hunger litten und Kinder z. T. nur Dank der »Care«-Hilfe oder – wie etwa in Speyer – mittels Schulspeisungen aus der Schweiz ernährt werden konnten.[37] Verstärkt durch ein zuweilen harsches Auftreten der Besatzer entstand ein überwiegend negativer Eindruck, zumal auch die französische Deutschlandpolitik zeitweise u. a. eine Abtrennung des Saargebiets sowie eine Annexion bzw. Internationalisierung des Rhein- und Ruhrgebiets anstrebte. Hinzu kamen örtliche Exzesse, wie z. B. in Germersheim, wo es unmittelbar nach Einmarsch französischer Truppen zu einer Massenvergewaltigung von Frauen kam.

Allerdings steht mittlerweile außer Frage, dass diese Sicht nur eine Seite einer oft widersprüchlichen Besatzungspolitik abbildet und manche Probleme der Nachkriegszeit überzeichnet und zu Unrecht nur der Besatzungsmacht angelastet wurden. Zum Gesamtbild gehören auch konstruktive Neuordnungsansätze etwa im Sozialbereich und eine ambitionierte Kulturpolitik, die unter dem Schlagwort »rééducation« den von der Goebbels-Propaganda verhetzten Deutschen ein humanistisch-aufklärerisches Welt- und Menschenbild nahebringen sollte. Diese Kulturpolitik manifestierte sich insbesondere in Bildungseinrichtungen: Der Wiedergründung der Mainzer Universität, der Gründung der Dolmetscherhochschule in Germersheim, der Speyerer Verwaltungshochschule, des Instituts für Europäische Geschichte in Mainz, der Akademie der Wissenschaften und der Literatur sowie 1951 der Weiterentwicklung des bereits seit Oktober 1946 in Mainz bestehenden französischen Studienzentrums zum »Institut français«. Auf diesem Wege schuf Frankreich nicht nur Strukturen, die tragfähig waren und die kulturelle und wissenschaftliche Physiognomie des Landes noch heute prägen. Vielmehr wurde es zum Initiator demokratischer Erneuerung, die letztlich auch die Überwindung der langen deutsch-französischen Konfliktgeschichte ermöglichte. Neueren Forschungen zufolge kann z. B. in der ganz früh von französischen Truppen besetzten Südpfalz von einer im Unterschied zur ersten Nachkriegszeit (1918–1929/30) bald engen Zusammenarbeit von französischer und deutscher Verwaltung ausgegangen werden. Diese war nicht zuletzt bedingt durch die meist elsässischen oder lothringischen französischen Besatzungsoffiziere, die sich für die ihnen anvertraute deutsche Bevölkerung einsetzten und sich bisweilen sogar mit ihr solidarisierten.[38] Die geteilte Not schweißte in

Mit der Demontage von Sperranlagen verliehen Studenten bei St. Germanshof am 6. August 1951 ihrer Forderung nach einer europäischen Einigung Nachdruck (Süddeutsche Zeitung Photo)

gewisser Weise zusammen, der Wille, die alte »Erbfeindschaft« vor dem Hintergrund der internationalen Lage (Schwäche Frankreichs, Kalter Krieg) zu überwinden, fand auch in der Bevölkerung immer mehr Anhänger. Demonstrativ zum Ausdruck kam dies, als am 6. August 1951 an die 300 europabegeisterte Studierende beim kleinen Ort St. Germanshof an der deutsch-französischen Grenze nahe dem nordelsässischen Wissembourg, der wechselnd zu Frankreich und Deutschland gehört hatte, Schlagbäume zerstörten und die europäische Flagge hissten.

»Flugzeugträger der NATO«

Die erneute Besatzung hatte für unseren Raum eine starke Militärpräsenz zur Folge. In Trier z. B. befand sich die nach Paris größte französische Garnison. Der Ost-West-Konflikt führte zu einem ungeahnten Ausbau der militärischen Infrastruktur und der Truppenzahlen – allerdings in einer völlig veränderten Konstellation, denn die 1949 gegründete Bundesrepublik reihte sich als Partner der Westmächte und ab 1955 als Mitglied der NATO in vorderster Front in die Abwehrphalanx des Kalten Krieges gegen die sowjetische Bedrohung in Europa ein. Als Katalysator wirkte dabei insbesondere der Ausbruch des Koreakrieges 1950. Aus den einstigen Besatzern wurden so binnen weniger Jahre Beschützer.[39] Für Rheinland-Pfalz hatte dies einschneidende Folgen. Da die NATO zunächst den Rhein als zentrale Verteidigungslinie gegen einen sowjetischen Angriff festlegte und neben einem Hauptstoß durch die norddeutsche Tiefebene von einem Vorstoß über das Oberrheintal in Richtung Südfrankreich ausging, wurde es vor allem für die USA zu einem bevorzugten Stationierungsort, zumal zentrale Nachschubadern über Ostfrankreich nach Saarbrücken und Kaiserslautern führten. Unter großem Zeitdruck und trotz Widerständen wurden bereits 1952 sieben von später acht NATO-Flugplätzen fertiggestellt bzw. ausgebaut. 13.000 ha Ackerland fielen dieser Expansion zum Opfer, das Landschaftsbild wurde erheblichen Eingriffen ausgesetzt.[40] Mit der Stationierung von u. a. 30.000, später 49.000 amerikanischen Soldaten entwickelte sich Rheinland-Pfalz in den 1950er Jahren – und später beschleunigt durch das Ausscheiden Frankreichs aus den militärischen Strukturen der NATO – zusehends zu einem »Flugzeugträger der NATO«. Als solcher geriet das Land auch ins Fadenkreuz der DDR-Propaganda, die Rheinland-Pfalz als waffenstarrendes »Pulverfass« stilisierte und in grellen Farben das Schreckbild einer Region zeichnete, in der »Frauen zum Freiwild betrunkener, amüsierfreudiger Besatzungssoldaten« geworden seien.[41]

Titelseite einer DDR-Propaganda-Broschüre aus dem Jahr 1954 (Pfälzische Landesbibliothek Speyer)

Zweifellos blieben schon aufgrund der enormen Zahl der Militärangehörigen Probleme nicht aus, war Rheinland-Pfalz mit einem Anteil von 5 % der Wohnbevölkerung zeitweise doch das Land mit der größten US-Bevölkerungsdichte außerhalb der Vereinigten Staaten.[42] Vor allem, dass junge Amerikaner Kontakt zu Frauen suchten, und es dabei auch zu wechselnden Beziehungen sowie zur Zuwanderung von Prostituierten aus halb Europa kam, wurde in den 1950er Jahren nicht nur von Kirchenvertretern als skandalös amoralisch angeprangert. Politik und Justiz reagierten mit einem Feldzug gegen Sittenverfall. Die Lokale, in denen GIs verkehrten, wurden regelmäßig Kontrollen unterzogen, von Lehrern wurde erwartet, dass sie Schülerinnen denunzierten, Fürsorgerinnen überwachten verdächtige Bekanntschaften.[43]

»Nachbar Amerika«

Nach den ersten Jahren, in denen rücksichtslos die gewünschte Infrastruktur geschaffen wurde – etwa in Kaiserslautern (»K-Town«), der größten amerikanischen Garnison außerhalb der USA, wo die Amerikaner auf immensen Flächen das Straßennetz kurzerhand mit Pioniereinheiten nach ihren Bedürfnissen anlegten –, entspannte sich das Zusammenleben vor Ort schnell und dauerhaft. Viele konnten mit dem Geld, das die Amerikaner als Mieter, Arbeitgeber und Konsumenten ausgaben, ihren Lebensstandard erheblich steigern. Besonders auf junge Deutsche übten nicht nur klassische Einrichtungen der Kulturwerbung wie das 1951 gegründete Amerika-Haus in Koblenz, sondern gerade amerikanische Lebensart und Populärkultur – beispielsweise der Rock'n Roll – starke Anziehungskraft aus. Die GIs kamen nicht nur in Kasernen oder Militärsiedlungen unter, sondern mussten z. T. Wohnungen wie Freizeitunterhaltung in den deutschen Gemeinden suchen und traten so in Austausch mit der Bevölkerung. Dass die neuen Nachbarn sich als freundlich und hilfsbereit erwiesen und etwa in Bad Kreuznach Sportplätze planierten, bei Hochwasser und notfalls sogar bei der Zuckerrübenernte halfen, hob ihr Ansehen.[44] Deutsch-amerikanische Klubs engagierten sich für ein wirkliches Kennenlernen, zahlreiche deutsch-amerikanische Freundschaften und Ehen entstanden. Kinder aus diesen Familien hatten jedoch – je nach Hautfarbe – mit starken Vorbehalten zu kämpfen, wenngleich die Ablehnung nicht mehr so harsch ausfiel wie gegen die als »Rheinlandbastarde« stigmatisierten Kinder aus Verbindungen mit amerikanischen und französischen Besatzungssoldaten nach dem Ersten Weltkrieg. Zudem führte die massive amerikanische Präsenz dazu, dass sich gesellschaftliche Probleme der USA auch in Rheinland-Pfalz niederschlugen. So war bis weit in die 1960er Jahre hinein das bis zur Bürgerrechtsbewegung stark ausgeprägte rassistische Denken zu spüren.[45] Überdies warfen Probleme wie Drogenkriminalität und Disziplinlosigkeiten Schatten auf die Integrität der Truppe.[46]

Regelmäßig öffneten die Amerikaner ihre Kasernentore für die deutsche Bevölkerung. An Flugtagen in Sembach und – wie hier – in Ramstein nutzten in den 1950er Jahren jährlich 20.000 bis 30.000 Besucher diese Gelegenheit. In den 1960er und 1970er Jahren kamen 200.000 und mehr (docu center Ramstein)

Atlantische Akademie Rheinland-Pfalz

Ausgehend vom »Nachbar Amerika«-Jahr des Landes 1995 eröffnete Ministerpräsident Kurt Beck am 22. Februar 1996, dem Geburtstag George Washingtons, in Kaiserslautern die Atlantische Akademie Rheinland-Pfalz. Die von einem gleichnamigen Verein getragene Einrichtung soll die Zusammenarbeit mit der amerikanischen Gemeinde in Rheinland-Pfalz sowie Partnern jenseits des Atlantiks pflegen und vertiefen. Dazu gibt es ein breitgefächertes Angebot an Tagungen, die meist in der Pfalz-Akademie in Lambrecht bei Neustadt a.d.W. stattfinden. Zudem publiziert die Atlantische Akademie Bücher zu deutsch-amerikanischen Themen.

Als in den 1970er und 1980er Jahren die Friedensbewegung die Gefahrenpotenziale von Atomwaffen und Giftgaslagern in das Sichtfeld breiter Bevölkerungsschichten rückte und erhitzte Debatten sowie eine Vielzahl von Demonstrationen anstieß, bei denen nicht selten auch antiamerikanische Ressentiments zum Ausdruck kamen, führte dies zu schwierigeren Bedingungen für das Zusammenleben mit dem »Nachbarn Amerika«. Kritische Stimmen mit Blick auf die Gefahren der Truppenpräsenz wurden überdies lauter, nachdem am 28. August 1988 infolge eines Unfalls bei einer der beliebten Flugvorführungen auf der Air Base Ramstein 70 Menschen ums Leben kamen. Ein Anschlag von Terroristen der »Rote Armee Fraktion« (RAF) am 31. August 1981 auf das Hauptquartier der amerikanischen Luftstreitkräfte in Ramstein, die Kriege am Persischen Golf, in Afghanistan sowie vor allem die Terroranschläge am 11. September 2001 machten Sicherheitsgesichtspunkte vordringlich und bedingten einen Rückzug der Amerikaner auf ihre Militärgelände. Gleichwohl blieben die NATO-Truppen ein auch wirtschaftlich bedeutender Faktor. Wie gewichtig dieser war, zeigte sich deutlich, als im Gefolge des Zusammenbruchs des Kommunismus ein Truppenabbau begann, der dem Land erhebliche Anstrengungen abverlangte. Zu Beginn dieses Prozesses im Jahr 1991 lebten in Rheinland-Pfalz ca. 50.000 Angehörige der US-Streitkräfte sowie rd. 70.000 Familienmitglieder, dazu 3.000 amerikanische Zivilbeschäftigte.[47] Hinzu kamen 15.000 französische Soldaten mit ihren 7.000 Familienangehörigen und rd. 800 französische Zivilbeschäftigte. Bis zu 7,6 % der Landesfläche befanden sich in militärischer Nutzung, allein zwischen 1991 und 1998 galt es, über 500 militärische Liegenschaften in zivile Nutzung zu überführen.[48]

2. Der Raum als Brücke zur Verständigung

Vor dem Hintergrund der bis 1945 vielfach von Konflikten und Gewalt gekennzeichneten Außenbeziehungen des Raumes war die Entwicklung, die sich ab den 1950er Jahren bahnbrach, in keiner Weise erwartbar. Das neu gegründete Land Rheinland-Pfalz konnte die Beziehungen zu seinen Nachbarn sowie anderen Staaten und Regionen[49] unter elementar veränderten Bedingungen gestalten. Einen Schlüssel hierfür stellte die Aussöhnung mit Frankreich dar. Das Verhältnis wandelte sich von der seit dem frühen 19. Jh. und besonders nach der Rheinkrise von 1840 propagierten »Erbfeindschaft« zu einer partnerschaftlichen Nachbarschaft, die in Umkehrung der alten konfrontativen Begrifflichkeit geradezu als »Erbfreundschaft« bezeichnet wurde.[50] Pointiert brachte ein Büttenredner der Mainzer Fastnacht 1953 das Staunen über die ersten Ansätze dieses tiefgreifenden Umbruchs zum Ausdruck: »Der Michel und die Marianne / Sind dann so glücklich wie noch nie, / Und ziehen an dem gleichen Strange, / Ich glaube an die Utopie.«[51]

Eingebettet war die maßgeblich auch von zivilgesellschaftlichen Gruppen und Einzelpersonen wie dem 1903 in Ehrenbreitstein geborenen und ab 1931 in Paris lebenden Schriftsteller Josef Breitbach vorangetriebene deutsch-französische Aussöhnung in den Prozess der europäischen Integration. Beginnend mit der 1951 gegründeten Montanunion, führte diese über die Römischen Verträge von 1957, das Schengener Abkommen über den freien Personenverkehr von 1985 und die Einführung des gemeinsamen Binnenmarktes 1993, der auch die seit 2004 beigetretenen ost- und südosteuropäischen Länder einschließt, zu einer von Grund auf veränderten Rahmenkonstellation. Der

Integrationsprozess sowie wachsende transregionale und transnationale Vernetzung mit einer Vielzahl von Akteuren auf verschiedenen Ebenen rückten den Raum aus der nationalen Peripherie in ein Schnittfeld größerer Bezugssysteme, wovon das Land in hohem Maße profitiert. Mit gutem Grund versteht sich Rheinland-Pfalz daher als »eine der Kernregionen Europas«.[52] Die einstige historische Hypothek der Grenzlage hat sich geradezu zu einem Kapital gewandelt.

2.1 Nachbarschaftliche und internationale Kontakte

Dieser Prozess wurde vonseiten des Landes mit gestaltet und vorangetrieben. Denn kein deutsches Bundesland zählt mehr europäische Nachbarn als Rheinland-Pfalz. Es hat gemeinsame Grenzen mit Frankreich, Luxemburg und Belgien. Vorrangig war dabei lange das Bestreben, aus der Nachbarschaft entstehende Sachfragen zu regeln und insbesondere wirtschaftliche Hemmnisse zu beseitigen. Entstanden sind »gelebte Räume«, denen aus Sicht der Landesregierung Vorbildcharakter für ein gemeinsames Europa zukommt. Zunehmend wurden indes auch neue Ziele gesteckt: Für die Menschen im Grenzraum soll durch die Nähe zu den Nachbarländern und -regionen ein spezifischer Mehrwert erwachsen.[53]

Bereits eine lange Tradition weisen die bilateralen Verbindungen des Landes zum Nachbarn Luxemburg auf. Mit dem Großherzogtum schloss das Land 1950 über die Errichtung einer Wasserkraftanlage an der Sauer bei Rosport/Ralingen den ersten Staatsvertrag, den ein deutsches Bundesland mit einem ausländischen Staat einging.[54] Als bemerkenswert darf die Zusammenarbeit im Kontext des gemeinschaftlichen deutsch-luxemburgischen Hoheitsgebietes gelten. Ausgehend von einem gewachsenen Regelungsbedarf infolge der Kanalisierung der Mosel zur Großschifffahrtstraße zwischen 1958 und 1964 vereinbarten die Bundesrepublik und das Großherzogtum 1984 die Schaffung eines Kondominiums für die Grenzgewässer Mosel, Sauer und Our.[55] Diese gehören zum Hoheitsgebiet beider Staaten – eine Konstruktion, die vor allem für Rheinland-Pfalz, welches 118 km der 135 km langen deutschen Grenze zu Luxemburg umfasst, eine stete Zusammenarbeit erfordert. Bewährt ist die Kooperation im Rahmen des deutsch-luxemburgischen Naturparks in der Südeifel, der bei seiner Errichtung 1964[56] der erste grenzüberschreitende Naturpark in Westeuropa war. Zu den neueren Entwicklungen bei der grenznahen Kooperation zählen der als Europäische wirtschaftliche Interessenvereinigung verfasste, 2008 von Trier und Esch-sur-Alzette gemeinsam auf Konversionsflächen eingerichtete Wissenschaftspark Trier-Luxemburg sowie die Schaffung eines grenzübergreifenden Naherholungsgebietes beiderseits des Sauer-Stausees bei Rosport/Ralingen. Die Verbundenheit findet überdies Ausdruck in gemeinsamen Kabinettssitzungen. Seit 2003 beherbergt Luxemburg ferner das Gemeinsame Zentrum der Polizei- und Zollzusammenarbeit zwischen dem Großherzogtum, Belgien, Deutschland und Frankreich, im dem auch Rheinland-Pfalz mit Beamten vertreten ist.[57]

Vor allem in den 1990er Jahren hat Rheinland-Pfalz vielfältige bilaterale Kontakte zu französischen Partnern auf den Ebenen der Regionen und Departements in Lothringen und im Elsass aufgebaut, die häufig an praktische Fragen wie den Hochwasserschutz anknüpften und beispielsweise im Weiterbildungsbereich oder 1996 durch die Schaffung eines 1999 auch von der UNESCO anerkannten deutsch-französischen Biosphärenreservats Pfälzerwald/Nordvogesen zu eingespielten Kooperationen führten.[58] Hohe Priorität kommt der grenzüberschreitenden Infrastruktur zu, wobei neben Großprojekten im Straßenbau oder der Hochgeschwindigkeitsverbindung Paris-Ostfrankreich-Süddeutschland gerade regionale Erfolge wie die Wiederinbetriebnahme der Schienenverbindungen Winden-Weißenburg 1997 sowie Wörth-Lauterburg 1999 Fortschritte markierten. Ein wichtiges Anliegen in der bilateralen Zusammenarbeit ist seit geraumer Zeit zudem der Fremdsprachenunterricht sowie die Förderung der Zweisprachigkeit in den Grenzregionen. Symbolcharakter kam hierbei dem 1995 eingeweihten deutsch-französischen Kindergarten im lothringischen Liederscheid, unmittelbar an der westpfälzischen Grenze, zu – dem ersten Kindergarten dieser Art, in dem in einer zweisprachigen Erziehung unter Zusammenführung des deutschen Kindergartens und der französischen »École maternelle« Vorschulkinder aus beiden Ländern gefördert werden. Ein weiterer Schwerpunkt liegt in der Zusammenarbeit in überregionalen Organisationen. So sind – als eines von vier Bundesländern – Rheinland-Pfalz wie auch Lothringen Mitglieder in der Vereinigung Europäischer Industrie- und Technologieregionen.

Das breite Spektrum der bilateralen Verbindungen zu Belgien ist weitgehend im Zusammenhang mit der Regionalpartnerschaft zu skizzieren, welche Rheinland-Pfalz mit der Deutschsprachigen Gemeinschaft Belgiens unterhält. In verschiedenen Kooperationen – so im Polizeibereich – sind darüber hinaus die Französische Gemeinschaft Belgiens sowie nationale Instanzen des Königreichs involviert. Ferner pflegen die Universität Trier sowie die Fachhochschule Worms im Rahmen des EU-Erasmus-Programms Kontakte mit sieben verschiedenen belgischen Hochschulen. Mit der nationalen Zwischeninstanz der Wallonischen Region arbeitet das Land insbesondere beim deutsch-belgischen Naturpark sowie im Rahmen der deutsch-belgischen Raumordnungskommission zusammen.[59]

Wachsende multinationale Zusammenarbeit

Die bilateralen Beziehungen sind vor allem seit den 1990er Jahren verstärkt eingebettet in ein Geflecht multinationaler Kooperationen. Eine zunehmend komplexe Vernetzung mehrerer Akteure auf verschiedenen Ebenen, begleitet von der Ausformung institutioneller Strukturen, hat sich seither zu einer Grundsignatur der grenzübergreifenden Zusammenarbeit entwickelt. Haupttriebfeder für diesen Prozess ist die Europäische Kommission. Mit einer neuen Regionalpolitik wurde sie Ende der 1980er Jahre zu einem wesentlichen Akteur der grenzüberschreitenden Zusammenarbeit, die damit in eine Phase der Europäisierung eintrat.[60] Im Rahmen des Konzepts eines »Europas der Regionen« sollte gerade in Grenzgebieten bei der Umsetzung des europäischen Binnenmarktes eine wirtschaftliche Dynamik in Gang gesetzt und damit die Leistungsfähigkeit des Modells unter Beweis gestellt werden. Zudem wuchs den Grenzregionen eine Schlüsselfunktion bei der Verwirklichung der europäischen Idee zu. Deshalb stärkte die Kommission die politischen Instanzen der grenzübergreifenden Zusammenarbeit und schuf durch die jeweils hälftig seitens der EU finanzierten »Interreg«-Programme ein Anreizsystem, das zahlreiche Projekte ermöglichte.

Das gilt etwa für den deutsch-französischen Grenzraum von Südpfalz, Mittlerem Oberrhein und Nordelsass, dem sog. Pamina-Raum (Palatinat – Mittlerer Oberrhein – Nord Alsace), der seit 2008 als Eurodistrict Regio Pamina firmiert. Dieser Raum wurde als ein Pilotgebiet bereits in der Frühphase der Förderung grenzüberschreitender Zusammenarbeit mit europäischen Geldern unterstützt. Die bis 2008 umgesetzten 155 Interreg-Projekte fächern sich von Kooperationen in Tourismus, Umwelt, Kunst und Kultur bis zu einem gemeinsamen Technologiepark und Industriegebiet auf und haben merklich zu einer regionalen Identitätsbildung beigetragen. Innovative Modelle wie die Pamina-Volkshochschule entwickelten auch über Förderphasen hinaus tragende Strukturen; die 1991 eröffnete Informations- und Beratungsstelle für grenzübergreifende Fragen (INFO-BEST) im ehemaligen Zollhaus von Lauterbourg wurde gar zum Modell für derartige Angebote im Oberrhein-Raum.

Eine Plattform über grenznahe Gebiete hinaus stellt die Oberrheinkonferenz dar. Ihre Wurzeln gehen auf die 1963 von Verfechtern einer grenzübergreifenden Identität begründeten »Regio Basiliensis« zurück, deren Wirken durch einen trilateralen Notenwechsel 1975[61] in staatliche Strukturen überführt wurde. Durch die Ausweitung des Kooperationsgebietes bis zur Südpfalz wurde dabei auch Rheinland-Pfalz in die Zusammenarbeit eingebunden. Der 1982 eingeleitete Prozess der Dezentralisierung auf französischer Seite ließ mit der »Région Alsace« einen neuen Akteur hinzutreten. Dies ermöglichte unterhalb der seit 1975 bestehenden deutsch-französisch-schweizerischen Regierungskommission neue Strukturen auf der Stufe der regionalen Gebietskörperschaften, die 1991 zur Oberrheinkonferenz weiterentwickelt wurden. Um den vorwiegend administrativen Kooperationsforen in der Oberrhein-Region auch eine gemeinsame politische Instanz zur Seite zu stellen, wurde 1997 der Oberrheinrat konstituiert. Ihm gehören 71 lokale und regionale Abgeordnete aus den Parlamenten und Stadträten von Rheinland-Pfalz (8), Baden-Württemberg (26), dem Elsass (26) sowie den Kantonen der Nordwestschweiz (11) an. Oberrheinkonferenz und Oberrheinrat sind überdies Teil der politischen »Säule« der im Dezember 2010 begründeten Trinationalen Metropolregion Oberrhein (TMO), mit der strukturelle Verkrustungen beseitigt und für die Oberrheinkooperation ein harmonisiertes Gesamtgebilde geschaffen werden soll.[62]

Eine noch größere Zahl von Akteuren verbindet das Kooperationsgeflecht der sog. Großregion, der neben Rheinland-Pfalz und dem Saarland das Großherzogtum Luxemburg, Lothringen sowie die Wallonische Region, die Französische und die Deutschsprachige Gemeinschaft Belgiens zugehören. Deren interregionale politische Zusammenarbeit stützt sich auf die Regionalkommission Saar-Lor-Lux-Trier/Westpfalz, die auf einen deutsch-französisch-luxemburgischen Notenwechsel aus dem Jahr 1980[63] zurückgeht, sowie auf seit 1995 regelmäßig stattfindende Gipfeltreffen von Repräsentanten der Großregion. Bereits seit 1986 besteht auch ein Interregionaler Parlamentarier-Rat (IPR), der seit 2006 50 Mitglieder umfasst, von denen der rheinland-pfälzische Landtag zehn benennt. Über die eingespielte politische Zusammenarbeit hinaus bildet der Verbund auch einen Rahmen für weitere Kooperationen, etwa die 1995 als kommunaler Spitzenverband der Großregion gegründete »EuRegio SaarLorLuxRhein« oder das Netzwerk »Kommunikationspol Luxemburg, Metz, Saarbrücken, Trier« (QuattroPole). Zudem zeichnet sich die Großregion durch ein breites Feld von Kooperationen bis in die Zivilgesellschaft hinein aus, die von einem interregionalen Gewerkschaftsrat und einer Vereinigung der Museen der Großregion bis zu einem von acht Partnern getragenen »Jungen Orchester der Großregion« und der Universität der Großregion reicht. Letztere besteht aus einem Netzwerk von 20 Hochschulen, dem aus Rheinland-Pfalz die Universität Trier sowie die Fachhochschule Kaiserslautern angehören.

Neben den übergreifenden Strukturen der interregionalen Zusammenarbeit haben sich vermehrt auch grenzüberschreitende Kooperationen auf kommunaler Ebene entwickelt. Die rechtlichen Grundlagen hierfür bieten das vierseitige deutsch-französisch-luxemburgisch-schweizerische sog. Karlsruher Übereinkommen[64] von 1996 sowie das von Regierungsvertretern aus Rheinland-Pfalz, Nordrhein-Westfalen, der Wallonischen Region und der Deutschsprachigen Gemeinschaft Belgiens unterzeichnete sog. Mainzer Abkommen[65], ebenfalls aus dem Jahr 1996. Beide Verträge zielen darauf ab, kommunale Probleme beiderseits der Grenze effektiver lösen zu können und praktische Handlungsspielräume für Akteure vor Ort zu eröffnen.[66] Insgesamt ist die grenzüberschreitende bi- und multinationale Zusammenarbeit immer wieder Veränderungsprozessen unterworfen, wobei die EU durch Förderimpulse oder deren Wegfall nach wie vor eine wichtige Einflussgröße darstellt.

2.2 Regionale und interregionale Partnerschaften

Breiten Raum in den Außenbeziehungen von Rheinland-Pfalz nimmt ein über Jahrzehnte gewachsenes Netz regionaler Partnerschaften ein, deren Zahl seit den 1990er Jahren stark gestiegen ist. Stand zu Beginn dieser Entwicklung das Bestreben im Vordergrund, nach den leidvollen Erfahrungen zweier Weltkriege auf diesem Wege und möglichst breiter gesellschaftlicher Basis Brücken der Aussöhnung zu vormaligen Gegnern zu bauen, gewann im Kontext der europäischen Integration und fortschreitender Globalisierung zusehends die Förderung der Wirtschaftsbeziehungen an Gewicht. Zu Beginn des 21. Jhs. nehmen, den Interessen eines vom Export geprägten Technologiestandorts entsprechend, die Bereiche Wirtschaft, Bildung und Wissenschaft in den Partnerschaften einen hohen Stellenwert ein.[67] Nichtsdestoweniger ist das Tableau der Tätigkeitsfelder vielfältig und insbesondere die Verankerung der internationalen Bindungen in der Zivilgesellschaft außerordentlich breit. So unterhielten im November 2011 579 rheinland-pfälzische Städte und Gemeinden Partnerschaften zu Kommunen in aller Welt, wobei die europäischen Nachbarstaaten mit 296 in Frankreich, 19 in Belgien und sieben in Luxemburg mehr als die Hälfte ausmachten.[68]

Die erste regionale Partnerschaft des Landes wurde 1962 mit der vier Departements umfassenden zentralfranzösischen Region Burgund[69] geschlossen. Getragen war sie wesentlich von dem Ethos, gerade als Grenzland, das unter den kriegerischen Auseinandersetzungen stark gelitten hatte, nach Kräften zur Verständigung mit dem einstigen »Erbfeind« Frankreich beizutragen. Hierbei nahm Rheinland-Pfalz eine bemerkenswerte Vorreiterrolle ein: Die Partnerschaft mit Burgund war nicht nur die erste zwischen einem deutschen Bundesland und einer französischen Region, sie datiert auch noch vor dem für die Aussöhnung auf nationaler Ebene so symbolträchtigen deutsch-französischen Freundschaftsvertrag[70], der erst im Folgejahr besiegelt wurde.

Die rheinland-pfälzisch-burgundische Partnerschaft, deren Lebendigkeit besonders im Kultur- und Bildungsbereich 2002 mit dem Adenauer-de Gaulle-Preis gewürdigt wurde, zeichnet sich durch eine Vielzahl intensiver Kontakte und Kooperationsprojekte aus. Dass diese in hohem Maße von gesellschaftlichen Gruppen getragen werden, ist auch dem bereits 1956 bzw. 1957 ins Leben gerufenen Partnerschaftsverbund Rheinland-Pfalz/Burgund und seinem burgundischen Pendant »Union pour la coopération Bour-

Die Partnerschaft zwischen Colombes und Frankenthal besteht seit dem Jahre 1958 und gehört zu den ersten deutsch-französischen Städtepartnerschaften in Rheinland-Pfalz (OFAJ/DFJW Steffen Lang)

gogne/Rhénanie-Palatinat« zu verdanken, die als stete Impulsgeber wirken.[71] Mittlerweile bestehen 146 kommunale Partnerschaften[72], sowie weit über 150 Partnerschaften zwischen Schulen, Institutionen, Vereinen und Verbänden – beispielsweise eine enge Kooperation zwischen dem Landessportbund Rheinland-Pfalz und der »Amicale Bourgogne des Sports«. Charakteristisch ist ferner eine feste Infrastruktur. So dienen das seit 1992 in Dijon bestehende Haus Rheinland-Pfalz und das zwei Jahre später in Mainz etablierte Haus Burgund als Informationsstellen, Diskussionsforen und organisatorische Schnittstellen, die überdies mit Aktivitäten das kulturelle Leben bereichern.

Über den ursprünglichen Partnerschaftsvertrag hinaus wurde die Zusammenarbeit 1997 und 2002 auch vor dem Hintergrund von mittlerweile erweiterten Kompetenzen der französischen Regionen nochmals ausgedehnt und vertieft. Hinzu kam ein Erfahrungsaustausch im Umweltschutz; die Jugendarbeit und insbesondere der Austausch im Kultur-, Bildungs- und Wissenschaftsbereich wurden intensiviert. Dabei reicht das Spektrum von integrierten deutsch-französischen Studiengängen bis zum Austausch von Auszubildenden im Weinbau, der es bereits über 200 jungen Winzerinnen und Winzern ermöglichte, während ihrer Erstausbildung Berufserfahrungen im burgundischen bzw. pfälzischen Weinbau zu sammeln.[73]

Graswurzelpartnerschaft mit Ruanda

Ein ganz eigenes Profil hat die Partnerschaft, die Rheinland-Pfalz seit 1982 mit dem ostafrikanischen Ruanda verbindet. Entstanden aus dem Bestreben, die Beiträge zur Entwicklungszusammenarbeit zu bündeln, wurde dort das mittlerweile international anerkannte Modell einer »Graswurzelpartnerschaft« etabliert, das sich auch über die Zeit des dortigen Völkermords hinweg bewährt und zu einer besonderen wechselseitigen Verbundenheit geführt hat. Dezentral werden Projekte unterstützt, die der Grundbildung und Armutsbekämpfung dienen und von den Erfordernissen der Menschen vor Ort ausgehen: Die Bereitstellung von Medikamenten, die Reparatur eines undicht gewordenen Schuldachs, aber auch größere Projekte wie 2007/08 der Aufbau der bis dato größten Solaranlage Afrikas in Kigali. Das Land gewährt Zuschüsse, bietet jedoch in erster Linie eine organisatorische Plattform. Ein vom 1983 ins Leben gerufenen Verein Partnerschaft Rheinland-Pfalz/Ruanda e.V., einer wichtigen Säule der Zusammenarbeit, getragenes Büro in Kigali dient als Anlaufstelle für Hilfesuchende, während ein Referat im Mainzer Innenministerium mit rheinland-pfälzischen Trägern der Partnerschaft Möglichkeiten der Finanzierung klärt. Dem basisnahen Ansatz in Ruanda steht eine außerordentlich breite zivilgesellschaftliche Verankerung in Rheinland-Pfalz gegenüber: Bis 2011 hatten bereits 49 Kommunen, 55 Vereine, Stiftungen und Organisationen, 15 Pfarreien, 205 Schulen, vier Hochschulen sowie zahlreiche Einzelakteure aus allen gesellschaftlichen Bereichen Beziehungen zu Partnern in Ruanda aufgebaut. Im Zeitraum von 1982 bis 2010 konnten mit über 66 Mio. Euro Fördergeldern, davon rd. ein Fünftel aus Spenden, über 1.640 Projekte realisiert werden.[74]

Zu den im Rahmen der Ruanda-Partnerschaft umgesetzten Projekten gehört auch der Neubau der Grundschule von Cyibumba in Rusizi, die hauptsächlich mit Spenden aus Speyer finanziert wurde. Die Aufnahme aus dem August 2004 zeigt Schüler der Grundschule zusammen mit dem Speyerer Lehrer Peter Sauter (Fotograf nicht bekannt)

Bereits im Jahr 1989 hat die Landesregierung Verbindungen zur südostchinesischen Provinz Fujian geknüpft, die seither zu einem Austausch auf allen gesellschaftlichen Ebenen führte. Großes Interesse richtet sich auf die Wirtschaftszusammenarbeit, denn die Partnerregion profitiert stark vom ökonomischen Boom Chinas. Bemerkenswert ist darüber hinaus der Dialog in den Bereichen Umwelt, Kultur und Wissenschaft. Er hat jüngst u. a. zu einer Kooperationen zwischen der Universität Fuzhou und der TU Kaiserslautern geführt, auf deren Grundlage Studierende des Fachbereichs Elektrotechnik mit einem je fünfsemestrigen Studium an beiden Orten Bachelor-Abschlüsse beider Hochschulen erwerben. Auch die Universitäten Trier und Xiamen haben eine Partnerschaft vereinbart. Im Wintersemester 2007/08 waren in Trier bereits 193 chinesische Studierende eingeschrieben, womit sie nach ihren luxemburgischen Kommilitonen die zweitstärkste Ausländergruppe stellten.[75]

Ausgehend vom im Mai 1993 unterzeichneten »Gemeinsamen Protokoll« über die nachbarschaftliche Zusammenarbeit[76] hat das Land eine breitgefächerte Kooperation mit der Deutschsprachigen Gemeinschaft Belgiens aufgebaut – die einzige Regionalpartnerschaft mit einem unmittelbaren Nachbarn. Dies zeigt sich auch in den Kooperationsfeldern, die vom sozialen und kulturellen Bereich über Fremdenverkehr, Bildung und Soziales bis zur engen Zusammenarbeit im grenznahen Rettungs- und Gesundheitswesen reichen. So haben die Krankenhäuser in St. Vith und Prüm eine gemeinsame Nutzung von Geräten und den Austausch von Personal initiiert. Dadurch sollen Patienten lange Fahrtwege und doppelte Untersuchungen erspart und die medizinische Versorgung der ländlichen Gebiete der deutsch-belgischen Eifel verbessert werden.[77]

Ein ganz anderes Gepräge kennzeichnet die seit 1995 bestehende Verbindung mit dem US-Bundesstaat South Carolina. In dieser Partnerschaft, die sich einfügt in die vielfältigen transatlantischen Bande des Landes, nimmt der Bildungs- und Wissenschaftsbereich breiten Raum ein. Erfolgreich ist u. a. die Kooperation im Rahmen des Summer School-Programms, in dem seit 2002 der RheinAhrCampus Remagen die FH Koblenz, die Hochschule Bonn-Rhein-Sieg und die Coastal Carolina University, Conway, zusammenarbeiten – ein Beispiel nicht nur für transatlantische Kurzaustauschprogramme, sondern auf deutscher Seite auch für Synergie-Effekte durch eine Bundesländer übergreifende Zusammenarbeit.[78] Als weiterer Schwerpunkt kristallisiert sich eine intensive Kooperation der Polizeien von Rheinland-Pfalz und South Carolina heraus.

Durch eine von Beginn an große Dynamik zeichnet sich die Partnerschaft aus, die das Land seit 1996 mit der südwestpolnischen Woiwodschaft Oppeln unterhält. Dies zeigt sich bereits an der Breite des Spektrums, erstrecken sich die Kooperationen doch vom Gesundheits-, Sozial- und Umweltbereich über Bildung und Schulpartnerschaften bis zu Landesplanung und Gedenkarbeit. Die Zahl der kommunalen Partnerschaften zwischen Städten und Landkreisen wuchs 2008 auf 21. Als gedeihlich gilt insbesondere die wirtschaftliche Zusammenarbeit, zu deren Förderung die Region Oppeln seit 2007 im 2006 aus der Taufe gehoben Mittel- und Osteuropazentrum Rheinland-Pfalz am Flughafen Hahn ein Wirtschaftskontaktbüro unterhält. Auch aufgrund des Engagements des seit 1998 bestehenden Partnerschaftsverbands ist die Zusammenarbeit zu einer tragenden Freundschaft gereift.[79]

Ein partnerschaftliches Verhältnis pflegt Rheinland-Pfalz seit 1999 ferner mit der an der nördlichen Ostküste der japanischen Hauptinsel Honshu gelegenen Präfektur Iwate. Die Beziehungen weisen mit Wirtschaft, Wissenschaft und Kultur ein klassisches Profil auf, haben sich bislang indes nicht breit entwickelt. Gleichwohl wurde nach der Erdbeben- und Tsunami-Katastrophe vom 11. März 2011, von der auch die Präfektur Iwate erheblich betroffen war, Verbundenheit spürbar. Auf ein vom Land eingerichtetes Spendenkonto gingen binnen acht Wochen 150.000 Euro ein.[80] Aushängeschild der Partnerschaft ist das Ostasieninstitut der Fachhochschule Ludwigshafen, das regelmäßig Studierende aus Iwate aufnimmt. Im Gegenzug genießen rheinland-pfälzische Studierende Gaststatus an der Iwate-Universität Morioka.

Interregionale Kooperationen

Angesichts wachsender Vernetzung haben Rheinland-Pfalz, die Region Burgund und die Woiwodschaft Oppeln im Jahr 2003 das Modell binationaler Partnerschaften zu einer interregionalen Kooperation weiterentwickelt und gemeinsam mit der tschechischen Region Mittelböhmen ein »4er Netzwerk der Regionalpartner« ins Leben gerufen. Ausgangspunkt war das Bestreben, direkte Kontakte zwischen Regionen aus Gründerstaaten sowie 2004 neu beigetretenen EU-Mitgliedsstaaten zu entwickeln und im Verbund EU-Projekte leichter umsetzen zu können. Mittlerweile hat sich das Netzwerk, das vom Praktikantenaustausch in den Verwaltungen über Seminare, z. B. zu »Konversion von Regionalflughäfen«, bis zu Konzertreisen zahlreiche Projekte angestoßen hat, als Plattform für einen offenen Erfahrungsaustausch etabliert.[81] Als Mittlerorganisation fungiert dabei das 2005 gegründete 4er Komitee Junger Regionalpartner e.V., in dem sich junge Menschen an der Schwelle zum Berufsleben engagieren – u. a. mit Tagungen zu interkulturellen Themen für junge Multiplikatoren.

2005 wiederum ist das »4er Netzwerk der Regionalpartner« selbst zum Kooperationspartner geworden: Gemeinsam mit den Ländern Hessen und Thüringen sowie deren jeweiligen osteuropäischen Partnerregionen hat der Verbund die Europäische Akademie der Regionen (ear) ins Leben gerufen, die Fachkonferenzen und Expertenrunden zu Verwaltungsthemen anbietet. Ähnlich angelegt ist die Europäische Rechtsakademie Trier (ERA). Die angesichts der wachsenden Reichweite der europäischen Gesetzgebung 1992 gemeinsam von Rheinland-Pfalz und Luxemburg errichtete Stiftung dient als Diskussionspodium und Fortbildungszentrum für Juristen aus ganz Europa. Zum Kreis der Zustifter zählen mittlerweile auch 23 Mitgliedsstaaten der EU.[82]

2.3 Bund, Länder, Europäische Union

Die Beziehungen von Bundesländern untereinander wird man im föderalen deutschen Staatsaufbau ebenso wenig im Vollsinne als »Außenbeziehungen« bezeichnen können wie die Beziehungen eines Landes zum Bund. Gleichwohl gibt es – bis hin zur Mitwirkung an der nationalen Gesetzgebung im Bundesrat – zahlreiche Aufgaben, die ein Interagieren der Länder erfordern. Und es gibt bis in das Berufs- und Alltagsleben der Menschen hinein unzählige Verbindungen. Augenfällig wird dies, wenn man sich vergegenwärtigt, wie viele Berufstätige täglich die Landesgrenzen überqueren. 2009 wies Rheinland-Pfalz im Bundesvergleich die dritthöchste Quote an Berufsauspendlern auf: Statistisch kamen auf 1.000 Einwohner 66 Auspendler; bei den Berufseinpendlern belegte das Land mit 33 pro 1.000 Einwohnern Platz acht.[83]

Neben derlei vielgestaltigen Vernetzungen auf verschiedenen Ebenen, zu denen beispielsweise die 2005 gegründete Metropolregion Rhein-Neckar zählt, lassen sich auch sehr konkrete, häufig projektbezogene Kooperationen des Landes mit anderen Bundesländern feststellen. So richteten Rheinland-Pfalz und Hessen 2002 eine gemeinsame zentrale Adoptionsstelle ein und gewährleisteten bis 2011 gemeinsam die Finanzierung der Forschungsanstalt Geisenheim, eine der ältesten Forschungseinrichtungen des Garten- und Weinbaus im deutschsprachigen Raum. 2007 trat das Land als vierter Kooperationspartner dem von Baden-Württemberg, Bayern und dem Deutschen Wetterdienst initiierten Projekt »Klimaveränderung und Konsequenzen für die Wasserwirtschaft« bei. In diesem Zusammenhang richtete Rheinland-Pfalz mit dem »Rheinland-Pfalz Kompetenzzentrum für Klimawandelfolgen« bei der landeseigenen Forschungsanstalt für Waldökologie und Forstwirtschaft im September 2010 als erstes Bundesland eine Forschungseinrichtung zum Klimawandel ein, die regionale Anpassungsstrategien entwickeln soll. Ferner arbeitet das Land auch im Rahmen supranationaler Organisationen, wie den Internationalen Kommissionen zum Schutze der Mosel und der Saar sowie des Rheins mit anderen Bundesländern wie auch dem Bund zusammen.

Die Vertretung des Landes beim Bund

Die Bundesebene stellt für das Land seit 1949 das herausragende Bezugsfeld dar. Auch wenn die Gestaltungsspielräume der Länder in den vergangenen Jahrzehnten schmäler geworden sind und europäische Strukturen den nationalstaatlichen Rahmen zunehmend überwölben, sind die Länder als Gliedstaaten im föderalen Staatsaufbau nach wie vor bedeutende Akteure. Als zentrales institutionelles Scharnier zwischen Landes- und Bundesebene fungiert dabei die Landesvertretung. Deren Hauptaufgabe besteht darin, in einem hochkomplexen, über Jahrzehnte gewachsenen Arbeitsgeflecht die Mitwirkung von Rheinland-Pfalz an der Bundesgesetzgebung zu organisieren. Diese Funktion einer Schaltstelle zwischen Mainz und der Bundeshauptstadt hat sich historisch entwickelt. Bereits Ministerpräsident Peter Altmeier setzte die rheinland-pfälzische Vertretung, die im Oktober 1949, wenige Wochen nach Konstituierung der zentralen Bundesorgane, ihren Dienst in Bonn aufnahm und ab 1952 für 38 Jahre ihren Sitz in der Schedestraße hatte, geschickt im Sinne der Landesinteressen ein – etwa um Bundeshilfen für den Wiederaufbau zu organisieren – und nutzte sie zur Einflussnahme auf Bundesangelegenheiten. So gelang es ihm 1956 auch mittels gastlicher Bewirtung des damaligen Verteidigungsministers Franz Josef Strauß in der Landesvertretung eine geplante Verlegung des Bundesamtes für Wehrtechnik und Beschaffung (BWB) von Koblenz nach Bonn abzuwenden.[84] Im Zusammenhang mit der Gründung des ZDF 1961, mit der die medienpolitisch exponierte Rolle von Rheinland-Pfalz grundgelegt wurde, spielte die Landesvertretung als Verhandlungsort und Schnittstelle die Rolle eines »Geburtshelfers«.[85] Vor allem Helmut Kohl baute die Landesvertretung Anfang der 1970er Jahre aus – nicht nur, wie er in seinen Memoiren dazu ausführte, um im Bundesrat »Flagge zu zeigen« und die Länderinteressen »massiv zu vertreten«[86], sondern auch um sie für seine bundespolitischen Ambitionen nutzen zu können. Unter Ministerpräsident Bernhard Vogel erfuhr zudem die Stellung der Landesvertretung in der Landesregierung eine Aufwertung. Zunächst eine Außenstelle mit Anbindung an die Staatskanzlei, wurde sie 1981 zum »Ministerium für Bundesangelegenheiten«, der Bevollmächtigte zugleich Minister im Kabinettsrang.[87] Die Wiedervereinigung bedingte bereits 1990 den Umzug der Landesvertretung nach Berlin, wo sie in einem Komplex von sieben Landesvertretungen zwischen Brandenburger Tor und Potsdamer Platz ein repräsentatives Domizil erhalten hat. Zum Aufgabenspektrum auf dem Berliner Parkett gehört es dabei zunehmend, für das Land kulturell, wirtschaftlich und auch kulinarisch zu werben.

Interessenvertretung in Brüssel

Im Zuge der Entwicklung der europäischen Integration ist es seit Anfang der 1980er Jahre für die politischen Regionen Europas mit legislativen Kompetenzen – im deutschen Fall die Bundesländer – zunehmend wichtig geworden, eigene Interessen auch auf der EU-Ebene effektiv zu vertreten. Folgenreiche Entscheidungen fallen immer häufiger nicht mehr auf nationaler, sondern auf Brüsseler Ebene. Überdies tangiert EU-Gesetzgebung Rheinland-Pfalz oftmals unmittelbar – beispielsweise das 2007 in Kraft getretene Werbeverbot für Tabak, das für Rheinland-Pfalz als größtes Tabakanbaugebiet Deutschlands negative Rückwirkungen befürchten ließ. Auch erleichtert eine wirksame Interessenvertretung von EU-Fördergeldern partizipieren zu können, z. B. aus den Europäischen Fonds für regionale Entwicklung oder zur Bewältigung von Konversionsaufgaben. Rheinland-Pfalz hat allerdings erst 1987, und damit vergleichsweise spät, ein eigenes Verbindungsbüro in Brüssel eröffnet – organisatorisch der Vertretung beim Bund untergeordnet, die daher als Vertretungen des Landes Rheinland-Pfalz beim Bund und der Europäischen Union firmiert.[88] Durch die Brüsseler Repräsentanz hat sich die vormalige Achse Mainz-Berlin zu einem »politischen Informations- und Aktionsdreieck«[89] erweitert, wie es der 1973 bis 1978 als Bevollmächtigter des Landes tätige spätere Bundespräsident Roman Herzog formulierte. Das Büro nimmt – in Arbeitsteilung mit der Ständigen Vertretung der Bundesrepublik bei der Europäischen Union – eine zentrale Rolle dabei ein, regionalspezifische rheinland-pfälzische Interessen bei den europäischen Institutionen zu artikulieren.[90] Ein rd. zwölfköpfiges Team informiert Ministerpräsident und Landesregierung über europapolitische Entwicklungen, pflegt Kontakte, dient als Beratungsstelle für europäische Fördermittel, wirbt für Rheinland-Pfalz und versucht, die europäische Politik im Sinne des Landes zu beeinflussen.[91]

2.4. Partnerschaften, überregionale und internationale Zusammenarbeit des Landtages

Ein Akteur in den Außenbeziehungen von Rheinland-Pfalz ist auch der Landtag, der eine Reihe von Verbindungen aufgebaut hat und sich in multinationalen Zusammenschlüssen, Gremien und Organisationen einbringt. Häufig unterstützen diese Kooperationen eine bereits etablierte Zusammenarbeit. Angesichts des hohen Anteils intergouvernementaler Kooperationen dient die Einbindung des Landtags jedoch nicht zuletzt dem Ziel, die demokratische Legitimation interregionaler Entscheidungsprozesse zu stärken.

In die 1960er Jahre reicht eine bilaterale Zusammenarbeit des Landtages mit der Legislative des österreichischen Bundeslandes Salzburg zurück. Sie beinhaltet einen Erfahrungs- und Gedankenaustausch und stützt sich vor allem auf gegenseitige Delegations-Besuche. Ähnlich strukturiert ist auch der eher sporadische Austausch mit dem »County Council« der britischen Grafschaft Hertfordshire.[92] Im Gegensatz hierzu ist die 1997 begründete Verbindung des Landtages mit der gesetzgebenden Versammlung des Staates South Carolina in eine Regionalpartnerschaft eingebettet. Die Verbindung der Parlamente in Charleston und Mainz ist als Ergänzung der Zusammenarbeit der Exekutiven angelegt. Sie erfolgt bislang vorwiegend im Rahmen der transatlantischen Konferenzen der Bundesländer Rheinland-Pfalz, Brandenburg und des Staates South Carolina. Ferner unterhält der Landtag seit 1999 eine Partnerschaft mit dem Parlament (Sejm) der Woidwodschaft Oppeln. Er umfasst einen regelmäßigen Gedankenaustausch der Präsidenten sowie Kooperationen auf der Ebene der Parlamentsausschüsse.

Die multinationalen Verbindungen des Landtages gliedern sich überwiegend in europäische Strukturen ein. So ist der Landtag Mitglied im Kongress der Gemeinden und Regionen Europas beim Europarat, der seit 1994 als regionale Kammer dieser Institution fungiert und sich im Rahmen der Aufgaben des Europarates schwerpunktmäßig der interregionalen Zusammenarbeit mit den Demokratien Mittel- und Osteuropas widmet. Zudem wirkt der Landtag im Ausschuss der Regionen bei der Europäischen Union (AdR) an der Interessenvertretung der regionalen und kommunalen Gebietskörperschaften auf europäischer Ebene mit. Durch den Vertrag von Lissabon ist dieses 1994 ausgehend vom Maastricht-Vertrag ins Leben gerufene, beratende Organ aufgewertet worden. Die Europäische Kommission ist seither verpflichtet, den AdR bereits vor Beginn von Gesetzgebungsverfahren anzuhören. In ähnlicher Weise dient auch die seit 1997 bestehende Konferenz der Präsidenten der regionalen gesetzgebenden Versammlungen in der EU dem Ziel, die Interessen der Regionen effektiv zu artikulieren und insbesondere die Kompetenzen derjenigen mit eigenen gesetzgeberischen Befugnissen zu stärken.

Komplex und ausdifferenziert ist inzwischen die Tätigkeit des Internationalen Parlamentarier-Rates der Großregion. Das 1987 gegründete Gremium setzt sich aus Parlamentariern der Partnerregionen zusammen, berät über Themen der grenzüberschreitenden Zusammenarbeit und versteht sich zunehmend als demokratisches Sprachrohr der Großregion.

Einen Sonderfall im Beziehungsgeflecht des Landtages stellt schließlich die Vereinigung Partnerschaft der Parlamente e.V. dar. Sie wurde 1983 mit dem Ziel geschaffen, Kontakte zwischen den deutschen Landesparlamenten und den legislativen Körperschaften der US-Bundesstaaten sowie der kanadischen Provinzen aufzubauen und zu vertiefen. Mittlerweile wird sie auf europäischer Seite unter anderem von aktiven und ehemaligen Parlamentariern aus allen Bundesländern sowie aus Österreich getragen und dient als transatlantische Plattform, die in den USA mit dem wichtigsten Dachverband der Staatenparlamente, der »National Conference of State Legislatures«, zusammenarbeitet.

Kontaktstellen und Verbindungen des Landes zu 70 Staaten

Wie breit das Land Rheinland-Pfalz mittlerweile auch über die engeren Partnerschaften und Kooperationsforen hinaus vernetzt ist, lässt der regelmäßige Bericht der Landesregierung über den Stand ihrer internationalen Beziehungen erkennen. Dieser wies für das Jahr 2008 21 Kontaktstellen und Verbindungen zu 70 Staaten auf, von Afghanistan bis Vietnam.[93] Inwiefern gerade die klangvollen Institutionen und Programme der bi- und multinationalen Zusammenarbeit allerdings den Alltag der Menschen beiderseits von Grenzen und das wechselseitige Verständnis beeinflusst haben, ist schwer festzumachen. Zweifellos wurden zahlreiche Hemmnisse ausgeräumt und bemerkenswerte Projekte umgesetzt. Veränderungen hatte jedoch in weit höherem Maße die Einführung des Euro zur Folge. Auch beseitigte der Wegfall der Grenzen administrative und mentale Barrieren nicht per se und führte mitunter sogar zu neuen Reibungsflächen sowie Gewöhnungseffekten, die sich in einem oft desinteressierten Nebeneinander zeigen. Vor allem hängt das Verhältnis in hohem Maße mit der Beherrschung der Nachbarsprache zusammen, die im deutsch-französischen Fall – mit Ausnahme des Elsass – beiderseits seit Jahren kontinuierlich rückläufig ist.[94] Betrachtet man das Erreichte jedoch in der historischen Perspektive von 200 Jahren, so kann man bei allen berechtigten Kritikpunkten zweifellos einen enormen Fortschritt konstatieren. Für die Identität der Rheinland-Pfälzer sind die vielfältigen transregionalen Verbindungen und Kooperationen jedenfalls zunehmend zu einem konstitutiven Element geworden.

1 Hierzu umfassend: FISCHER, Bundesländer 2007.
2 EULITZ, Zollgrenzdienst 1968, S. 23.
3 WACKER, Land 1991, S. 106.
4 ZENZ, Stadt Trier 1979, S. 81.
5 NEUMANN, Mainz 1995, S. 63.
6 KIßENER, Germersheim im 20. Jahrhundert 2008, S. 26.
7 HEYEN, Kreis St. Goar 1966, S. 207.
8 STIFTUNG HAMBACHER SCHLOSS, Hambacher Fest 2008, S. 17, 22.
9 RUTTMANN, Wunschbild 2001, S. 91 f.
10 PAUL, Auswanderung 1995, S. 82.
11 SEYFERTH, Heimatfront 2007, S. 186.
12 Ebenda, S. 243.
13 SUKSTORF, Problematik 1994, S. 91 f.
14 Ebenda, S. 163 f.
15 SCHLESIER, Grenzen 2007, S. 152.
16 Ebenda, S. 119.
17 MÖRZ/BECKER, Ludwigshafen Bd. 1 2003, S. 848.
18 ZENZ, Stadt Trier 1971, S. 3.
19 MÖRZ/BECKER, Ludwigshafen Bd. 1 2003, S. 849.
20 Ebenda, S. 865.
21 STADTVERWALTUNG NEUWIED, Neuwied 1953, S. 247.
22 HÜTTENBERGER, Methoden 1972, S. 114 f.
23 LAUTER, Sicherheit 2006, S. 67.
24 VOSS/VOSS, »Revue Rhénane« 1982.
25 Ebenda, S. 412.
26 GRÄBER/SPINDLER, Revolverrepublik 1992, S. 73 f.
27 ENERGIEVERSORGUNG MITTELRHEIN GMBH, Koblenz 1993, S. 143 f.
28 WIGGER, »Schwarze Schmach« 2007, S. 9.
29 Müller/Plichta, Abendländisches Denken 1999 S. 19 f.
30 WÜRZ, Kampfzeit 2012.
31 THREUTER, Westwall 2009, S. 6, 109 f.
32 Ebenda, S. 51 f.
33 ROTHENBERGER, Hungerjahre 1980, S. 247.
34 HERRMANN, Freimachung 1984, S. 64.
35 KERMANN, Kriegsausbruch 1999, S. 566.
36 Zitiert nach ebenda, S. 568.
37 EGER, Speyer 1989, S. 102.
38 STEINBRECHER, Aufbau 2011.
39 Zu diesem Transformationsprozess: SCHRAUTH, Besatzer 1994.
40 KISSENER, Rheinland-Pfalz 2008, S. 208.
41 BÜRO DES PRÄSIDIUMS DES NATIONALRATES DER NATIONALEN FRONT DES DEMOKRATISCHEN DEUTSCHLAND, Pulverfass Rheinland-Pfalz 1954, S. 3.
42 ROTHENBERGER, Hungerjahre 1980, S. 10.
43 HÖHN, GIs 2002, S. 126 f.
44 DÖRRSCHUCK, Truppenstationierung 2006, S. 68 f.
45 HÖHN, Bild 2008.
46 ROTHENBERGER, Hungerjahre 1980, S. 80.
47 ROTHENBERGER, Amerikaner 2010, S. 198.
48 HILLER, Konversionspolitik 2010, S. 534.
49 Mit dem Begriff »Region« werden nachfolgend, abweichend von der Definition der Versammlung der Regionen Europas (VRE), meist aber nicht ausschließlich die Gebietskörperschaft »unmittelbar unterhalb der zentralstaatlichen Ebene« bezeichnet (siehe HRBEK/WEYAND, Europa der Regionen 1994, S. 17). Für Deutschland wird der Terminus nicht als synonyme Bezeichnung für die Länder selbst benutzt, sondern gegebenenfalls auch für Teile von Bundesländern. Auch für Frankreich wird der Begriff aufgrund der Spezifik des Staats- und Verfassungsaufbaus in einem erweiterten Sinne gebraucht: Als »regionale« Gebietskörperschaften werden sowohl die Regionen als auch die Departements aufgefasst.
50 MARCOWITZ, »Erbfeindschaft« 2011, S. 24 f.
51 Zitiert nach KEIM, »Michel und Marianne« 1998, S. 20.
52 Bericht über den Stand und die mögliche Weiterentwicklung der grenzüberschreitenden Zusammenarbeit in Rheinland-Pfalz, Berichtszeitraum: Januar 2008–Dezember 2009. LT-DrS. 15/5046, S. 5.

53 Ebenda.
54 Staatsvertrag zwischen der Landesregierung von Rheinland-Pfalz und der Großherzoglich-Luxemburgischen Regierung über die Errichtung einer Wasserkraftanlage an der Sauer bei Rosport-Ralingen vom 25.4.1950 (GVBl. 1950, S. 239 f.).
55 Vertrag zwischen der Bundesrepublik Deutschland und dem Großherzogtum Luxemburg über den Verlauf der gemeinsamen Staatsgrenze vom 14.4.1988 (BGBl. 1988, Teil II, S. 415 f.).
56 Staatsvertrag zwischen dem Land Rheinland-Pfalz und dem Großherzogtum Luxemburg über die Errichtung eines gemeinsamen Naturparks vom 17.4.1964 (GVBl. 1965, S. 16).
57 LT-DrS. 15/5046, S. 156 f.
58 Zur Komplexität interregionaler deutsch-französischer Beziehungen aufgrund strukturell unterschiedlicher Partner auf beiden Seiten siehe HALMES, Impulse 2011.
59 EISENHAMMER/BARZEN, Europa 2000, S. 585.
60 WASSENBERG, Entwicklungsgeschichte 2011, S. 39.
61 Bekanntmachung der Vereinbarung zwischen den Regierungen der Bundesrepublik Deutschland, der Französischen Republik und der Schweizerischen Eidgenossenschaft über die Bildung einer Kommission zur Prüfung und Lösung von nachbarschaftlichen Fragen vom 29.12.1975 (BGBl. 1976, Teil II, S. 194 f.).
62 WASSENBERG, Entwicklungsgeschichte 2011, S. 48.
63 Bekanntmachung der Vereinbarung zwischen den Regierungen der Bundesrepublik Deutschland, der Französischen Republik und des Großherzogtums Luxemburg über die Zusammenarbeit in den Grenzregionen vom 5.11.1980 (BGBl. 1980, Teil II, S. 1426 f.).
64 Übereinkommen zwischen der Regierung der Bundesrepublik Deutschland, der Regierung der Französischen Republik, der Regierung des Großherzogtums Luxemburg und dem Schweizerischen Bundesrat, handelnd im Namen der Kantone Solothurn, Basel-Stadt, Basel-Landschaft, Aargau und Jura, über die grenzüberschreitende Zusammenarbeit zwischen den Gebietskörperschaften und örtlichen öffentlichen Stellen vom 23.1.1996 (von der Bundesregierung unterzeichnet, Zustimmung durch Landesgesetz) (GVBl. 1997, S. 10 f.).
65 Abkommen zwischen dem Land Nordrhein-Westfalen, dem Land Rheinland-Pfalz, der Wallonischen Region und der Deutschsprachigen Gemeinschaft Belgiens über grenzüberschreitende Zusammenarbeit zwischen Gebietskörperschaften und anderen öffentlichen Stellen vom 8.3.1996 (GVBl. 1997, S. 3 f.).
66 EISENHAMMER/BARZEN, Europa 2000, S. 582.
67 Bericht über den Stand der internationalen Kontakte der Landesregierung (Berichtsjahre 2007 und 2008). LT-DrS. 15/3865, S. 4.
68 URL: http://www.rgre.de/partnerschaften0.html [25.11.2011].
69 In ihrer heutigen Form als Gebietskörperschaften entstanden die französischen Regionen erst im Rahmen der Dezentralisierung 1982. Siehe HOFFMANN-MARTINOT, Zentralisierung 2005, S. 323 ff. Die Zusammenarbeit wurde daher in den 1980er Jahren reorganisiert und den neuen strukturellen Gegebenheiten angepasst.
70 Vertrag zwischen der Bundesrepublik Deutschland und der Französischen Republik über die deutsch-französische Zusammenarbeit vom 22.1.1963 (BGBl. 1963, Teil II, S. 706 f.).
71 EISENHAMMER/BARZEN, Europa 2000, S. 586.
72 URL: http://www.partnerschaftsverband.de [25.11.2011].
73 LT-DrS. 15/3865, S. 6.
74 HEUBERGER, Entwicklungszusammenarbeit 2000, S. 403; BERAN/TRITSCHLER, Teppiche 2008, S. 123; Auskunft des Innen- und Sportministeriums a. d. Verf. vom 29.11.2011.
75 LT-DrS. 15/3865, S. 14.
76 LT-V. 12/1459; »Eine Grundlage für Zusammenarbeit. Kooperation mit der Deutschsprachigen Gemeinschaft Belgiens wurde in Mainz unterzeichnet«. In: StaatsZeitung vom 24.5.1993, S. 1.
77 LT-DrS. 15/5046, S. 153.
78 LT-DrS. 15/3865, S. 15.
79 LT-DrS. 15/3865, S. 12.
80 URL: http://www.rlp.de/no_cache/einzelansicht/archive/2011/may/article/beeindruckende-hilfs-und-spendenbereitschaft/ [25.11.2011].
81 LT-DrS. 15/3865, S. 5.
82 URL: https://www.era.int [25.11.2011].
83 Stand Juni 2009. STATISTISCHES LANDESAMT RHEINLAND-PFALZ, Rheinland-Pfalz 2010, S. 102 f.
84 Landesvertretung 2009, S. 68.
85 Ebenda, S. 70 f.
86 KOHL, Erinnerungen 2004, S. 232.
87 Landesvertretung 2009, S. 22.
88 RENNER, Regionen 2006, S. 108.
89 HERZOG, Erinnerungen 2007, S. 52.
90 RENNER, Regionen 2006, S. 108.

91 Rheinland-Pfalz in Brüssel. Die Vertretung des Landes Rheinland-Pfalz bei der Europäischen Union [Broschüre] o. O. o. J.

92 GRIMM, Datenhandbuch 2005, S. 523.

93 LT-DrS. 15/3865.

94 NORDBLOM/WICZLINSKI, Sprache 2011, S. 85 f., 115.

Verfassung, Verwaltung und Justiz

Von Walter Rummel in Verbindung mit Franz Maier und Joachim Hennig[1]

1. Die Französische Zeit – 1794/98–1815

Mit der Eroberung der linksrheinischen Gebiete im sog. Ersten Koalitionskrieg (1792–1797) brachten die französischen Truppen die Ideale der Revolution in den Westen Deutschlands. Der zur Verwaltung der eroberten Gebiete eingesetzte Regierungskommissar, der Elsässer François Joseph Rudler, sparte denn auch nicht mit lockenden Verheißungen: »Bewohner der lachenden Ufer des Rheins, ich bin beauftragt, Euch an den Wohltaten der Gesetze teilnehmen zu lassen, nach welchen die Franzosen regiert werden; Eure zahllosen alles verwirrenden Behörden werden beseitigt werden, unter den Augen der siegenden Freiheit wird kein Zeichen der alten Knechtschaft fortbestehen; für Eure religiöse Überzeugung werdet Ihr nur Gott verantwortlich sein; Friedensrichter werden ihren versöhnenden Geist, eine väterliche Verwaltung ihren gütigen Einfluss wirken lassen: Ein Gefühl wird Euch alle unter die Fahne der Republik vereinen.« Priorität hatte dabei die Neuordnung der gesamten Verwaltung, wie Rudler in der gleichen Proklamation vom 11. Dezember 1797 ankündigte: »Eine Landeseinteilung, den Verwalteten vorteilhaft [...] wird die erste meiner Verrichtungen sein.«[2]

Um den Worten Taten folgen zu lassen, erließ der Regierungskommissar am 23. Januar 1798 fünf Verordnungen, welche die Verhältnisse in den besetzten linksrheinischen Gebieten völlig veränderten.[3] Dabei wurde das besetzte Gebiet nach dem Muster der revolutionären Neuordnung seines Heimatlandes gegliedert, d.h. ohne Berücksichtigung der alten territorialen Grenzen in vier nach geographischen Gesichtspunkten definierte »Departements«: »Donnersberg«, »Saar«, »Rhein-Mosel« und »Rur« bzw. »Roer«. Davon nahmen die ersten drei Departements mit den Hauptorten Mainz, Trier und Koblenz zusammen einen großen Teil der späteren Bundesländer Rheinland-Pfalz und Saarland vorweg.

Aufbau einer modernen Staatsordnung

Es war nicht weniger als der Anbruch einer neuen weltgeschichtlichen Epoche. Die gesamte in Jahrhunderten gewachsene politische Landschaft verschwand. Mit den alten Herren fielen für die Bewohner der linksrheinischen Gebiete auch alle personal- und grundrechtlichen Bindungen an diese weg, ob sie nun als »Leibeigenschaft« oder »Grundhörigkeit« bezeichnet wurden. Ebenso entfielen alle Abgaben und sonstigen Pflichten gegenüber den früheren Landesherren und Grundherren sowie jede Zehntpflichtigkeit gegenüber der

Die französischen Departements an Rhein und Mosel

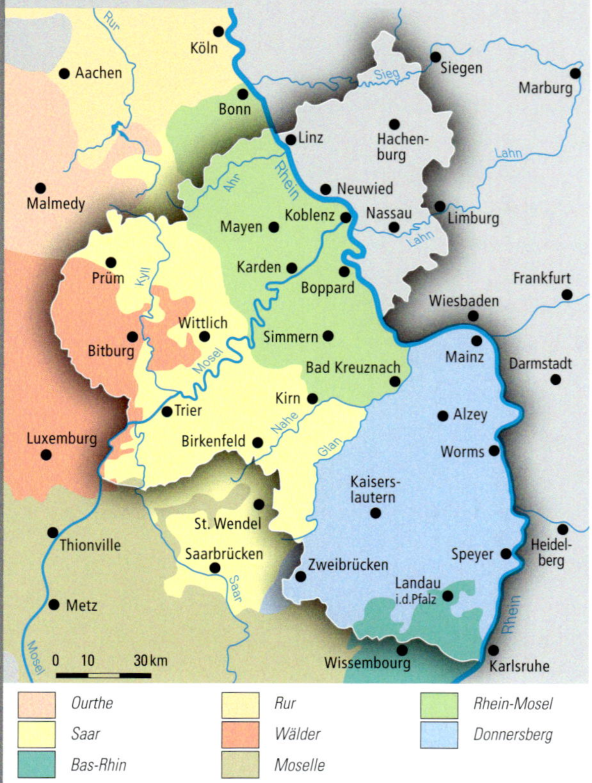

Vorlage und Kartographie:
Landesamt für Vermessung und Geobasisinformation Rheinland-Pfalz

Kirche. Mit einem Schlag wurden aus Untertanen, Hintersassen, Zinsern etc. freie und gleichberechtigte »Bürger« der »fränkischen Republik«. Wer sich an die Behörden wandte, musste seinem Namen stets den Begriff »Bürger« hinzufügen, ansonsten wurde seine Eingabe erst gar nicht zur Kenntnis genommen.[4]

Freilich beanspruchte auch die neue Gewalt Abgaben, was 1798 ein so lautes Murren in der Bevölkerung auslöste, dass der »Bürger« Rudler in einem Aufruf inständig die Wohltaten der »Republik« anpreisen musste. Und natürlich setzte die Republik neue Verwaltungsgewalten an die Stelle der alten, die ganz im Sinne der aufziehenden modernen Staatlichkeit eine Fülle von Vorschriften produzierten. Der Erlass von über 600 Dekreten an einem einzigen Tag des Jahres 1798 kennzeichnet den enormen Bürokratisierungsschub dieser Umwälzung. Die Verordnungen umfassen z. T. Hunderte von Seiten. Ihre Drucklegung erschöpfte zeitweise die Kapazitäten sämtlicher rheinischer Druckereien. Die Bürokratisierung machte aus dem »Untertanen« der Feudalzeit den »administré«, den Verwalteten, wobei einiges, was nach revolutionärem Verständnis den »Bürger«, den »citoyen«, ausmachte, auf der Strecke blieb.[5]

Verwaltung und Justiz wurden nun entsprechend dem in der Revolution zum Durchbruch gekommenen Prinzip der Gewaltenteilung getrennt. Gleichzeitig zeichnete sich eine massive Zunahme der Verwaltungsstaatlichkeit ab. Als Leiter der neuen Departements fungierten zunächst Regierungskommissare mit Zentralverwaltungen. Nach der Machtübernahme Napoleons in Paris im November 1799 änderte der Korse die Zivilverwaltung Frankreichs unter Einschluss der eroberten Gebiete grundlegend durch das Verwaltungsorganisationsgesetz vom 17. Februar 1800 (Pluviôse-Gesetz). Auch an der Spitze jedes der vier rheinischen Departements stand nun ein von Napoleon berufener Präfekt.[6]

Innerhalb der Departements hatte Rudler 1798 zunächst nur eine Aufteilung nach Gemeinden vorgenommen, die aufgrund ihrer Größe eine eigene Verwaltung (Munizipalität) oder, falls sie weniger als 5.000 Einwohner besaßen, nur einen Beamten (»agent municipal«) und einen Beigeordneten (»adjoinct«) erhalten sollten. Alle Einzelbeamten dieser kleineren Gemeinden sollten zusammen eine Versammlung zur kollegialen Verwaltung ihres Kantons (Kantonsmunizipalität) unter Leitung eines Präsidenten bilden. Zu ihrer Unterstützung, aber auch zur Kontrolle stand den Leitern der Munizipal-, Kantonal- und Einzelgemeinden noch ein Exekutivkommissar der Regierung zur Seite. Entscheidend ist, dass alle gemeindlichen Vorsteher vom Staat ernannt wurden, und dass sich ihre Handlungen ausschließlich nach staatlichen Vorgaben richten mussten. Damit fielen sämtliche Selbstverwaltungseinrichtungen der älteren Zeit hinweg. Die Geschichte der modernen Gemeinden beginnt somit zumindest im Rheinland um 1800 »mit der völligen Vernichtung jeder Selbstverwaltung«. Andererseits ist sie der Beginn eines modernen Gemeindebürgerrechts: Denn in den alten Territorien richtete sich die Zugehörigkeit der Einwohner zur Gemeinde nach Herkunft und Besitz, aber nun waren zum ersten Mal alle Einwohner einer Gemeinde als Staatsbürger einander rechtlich gleichgestellt, wenn auch noch nicht politisch.[7]

Präfekt in Amtstracht (Mittelrhein-Museum Koblenz)

Mit Einführung des napoleonischen Präfektursystems zog man zwischen Departement und Kommunen die Verwaltungsebene der Distrikte (»Arrondissements«) ein. Ihre Verwaltung wurde streng nach Weisung des Präfekten von einem Unterpräfekten geleitet, der wiederum die einzelnen Gemeindeverwaltungen anleitete und beaufsichtigte. Dafür fielen auf der kommunalen Ebene die exekutiven Kommissare fort. Ebenso rückte man von cen kantonalen Gebietsgemeinden ab, nachdem man bereits im französischen Mutterland mit dieser Struktur gescheitert war.[8]

Verstaatlichung der Gemeinden

Während der Kanton nur noch als Bezirk der Friedensgerichtsbarkeit existierte, lag die unterste Stufe der Verwaltungsgewalt nun in der einzelnen Gemeindeverwaltung, der »Mairie«. Eine rechtliche Unterscheidung zwischen Städten und Dörfern wurde nicht gemacht, sondern nur nach Mairien mit über 5.000 Einwohnern und solchen darunter unterschieden; daraus ergab sich die Anzahl der Gemeindebeamten. Kleinere Gemeinden wurden zu Verwaltungs- bzw. Gebietsgemeinden zusammengefasst; dafür verfügten diese über einen eigenen Gemeinderat. Obwohl die Mairie gegenüber den kantonalen Munizipalitäten für eine Rückkehr zum Prinzip der Einzelgemeinde stand, ging die in den linksrheinischen Departements eingeschlagene Entwicklung in die andere Richtung: Bedingt durch einen ständigen Mangel an geeignetem Personal kam es zu weiteren Zusammenfassungen von Gemeinden. So bestanden im Rhein-Mosel-Departement zeitweise 87 Mairien mit 722 Einzelgemeinden. Man muss daher von einer erheblichen Reduzierung des kommunalen Personals der Mairien gegenüber dem vorherigen Kantonalsystem ausgehen – im Unterschied zum Mutterland, wo die Entwicklung wieder zugunsten der Einzelgemeinde ging.[9]

Auf allen drei Verwaltungsebenen gab es Gremien, welche die leitenden Beamten unterstützen sollten: Departementräte (»Conseil général«) bei den Präfekten, Arrondissementräte bei den Unterpräfekten, schließlich Munizipalräte bei den Mairien. Auf der Ebene von Departement und Arrondissement waren die Aufgaben dieser Gremien, die sich nur einmal jährlich für eine begrenzte Zeit treffen sollten, praktisch gleich: Verteilung der direkten Steuern, Entscheidungen über Steuernachlassgesuche, Bestimmung der Zusatzsteuern, aus denen die Verwaltungskosten von Gemeinde- und Departementalverwaltung bestritten werden mussten (»Centimes«), Abhören der Rechnungen des Präfekten bzw. Unterpräfekten über die Verwendung dieser Steueraufschläge, Berichterstattung über den Zustand und die Bedürfnisse des jeweiligen Bezirks. Auch die Gemeinderäte sollten nur einmal pro Jahr zusammentreten und damit den Maire unterstützen, der als Vorsitzender fungierte. Primäre Aufgabe der Gemeinderäte war die Verwaltungsarbeit, z. B. bei der Rechnungslegung, der Durchführung gemeindlicher Lasten beim Straßenbau, der Verteilung gemeindeeigener Güter wie Weidegrund und Brennholz und der Regelung von Erntearbeiten. Sie waren kein Organ zur Kontrolle der Bürgermeister, sondern standen ebenso wie diese unter strenger Kontrolle der Präfekten. Dies galt auch für die übergeordneten Ratsgremien, deren Mitglieder wie die Gemeinderäte allesamt von staatlicher Seite ernannt wurden. Nur für die Gemeinderäte größerer Orte, d. h. über 5.000 Einwohner, verfügten die Kantonalversammlungen über ein eingeschränktes Wahlrecht, das aber praktisch nur ein Vorschlagsrecht war; für Mairie-Gemeinden unter 5.000 Einwohner ernannte der Präfekt die Mitglieder des Munizipalrates aus der Gruppe der 100 Höchstbesteuerten.[10]

Ein weiterer Eingriff in die gemeindlichen Belange erfolgte mit der Bestimmung eines Gesetzes vom 28. März 1802, welche auch die gemeindlichen Forsten der staatlichen Forstverwaltung unterstellte und den Gemeinden dadurch die Verfügung über ihre Wälder entzog.[11]

Eingeschränkte Mitwirkungsmöglichkeiten

Die maßgeblichen Ämter bzw. Amtsinhaber in dieser Struktur waren ab 1800 die Präfekten, nach deren Weisung jede Verwaltung bis hinunter auf die Gemeindeebene auszuführen war. Doch waren sie ihrerseits an die Weisungen der Minister in Paris gebunden, denen sie direkt unterstanden, insbesondere an den Ersten Konsul bzw. Kaiser Napoleon, dessen Ernennung sie ihr Amt und ihre Bezahlung verdankten. Die Präfekten ernannten alle Beamten und Ratsmitglieder bei Gemeinden bis 5.000 Einwohner; alle darüber befindlichen Ämter wurden ebenfalls vom Ersten Konsul bzw. Kaiser besetzt. Der gesamte Verwaltungsaufbau war also durchweg autokratisch – ein Resultat, das die revolutionären Kräfte der Jahre 1789 und 1790 so nicht vor Augen gehabt hatten. Aber die in Frankreich in unmittelbarer Folge der Revolution zunächst übliche Wahl von kommunalen Verwaltungsbeamten und Friedensrichtern hatte von Anfang an keine Anwendung in den linksrheinischen Departements gefunden, »so dass die Bevölkerung allen Grund zu der Frage hatte, ob sie nun befreit oder erobert worden war«.[12]

Allerdings war Napoleon darum bemüht, seine Herrschaft durch gewisse Formen gesellschaftlicher Beteiligung zu legitimieren. So führte ein Senatsbeschluss vom 4. August 1802 in ganz Frankreich auf allen drei regionalen Verwaltungsebenen – Kanton, Arrondissement, Departement – Wahlversammlungen ein. Zur Kantonalversammlung waren zunächst alle im Kanton nachweislich ansässigen männlichen Erwachsenen zugangsberechtigt, doch schon ab 1803/04 wurde das Wahlrecht auf die regionalen Notabeln, d.h. vermögende Bürger und Inhaber öffentlicher Ämter, eingeschränkt. Alle Wahlverfahren sollten zudem nur Vorschläge formulieren, aus denen Napoleon dann die ihm genehmen Personen für die Arrondissements- und Departementsräte und für die Friedensrichterstellen auswählte und ernannte. Zudem war der Kreis der Personen, die als Kandidaten für die Munizipalräte und die Departementalversammlung in Frage kamen, von vornherein auf die Höchstbesteuerten eingeschränkt. Wirkliche Repräsentation und Mitwirkungsmöglichkeiten waren hier somit nicht gegeben; es handelte sich bei diesen Versammlungen tatsächlich nur um »Scheininstitutionen«. Es überrascht daher nicht, wenn sich die Pariser Staatsleitung über die politische Gleichgültigkeit der Bevölkerung in den Rheinlanden beklagte. Durchaus wirksam war allerdings die Bevorzugung der Besitzenden in Wahlrecht und Ernennungspraxis. Sie bewirkte, dass die gesellschaftlichen Eliten der vorherigen Epoche auch weiterhin einen großen Teil der öffentlichen Ämter besetzten, was sich über 1815 hinaus fortsetzen sollte.[13]

Die Neuordnung des Gerichtswesens

Eine weitere Verordnung Rudlers vom 23. Januar 1798 regelte die Organisation des Gerichtswesens, das nun erstmals von der Verwaltung getrennt war. Innerhalb der Kantone bildeten Friedensgerichte zusammen mit den Notariaten die unterste Ebene der Zivilgerichtsbarkeit sowie der nichtstreitigen Rechtspflege. Das Notariatswesen des Alten Reiches war nun abgeschafft; der französische Notar war staatlicher Beamter in einem festen Bezirk (Kanton). Eintragungen, Beurkundungen und die Verwahrpflicht der entsprechenden Urkunden waren seine Domäne innerhalb der freiwilligen Gerichtsbarkeit, während Vormundschafts- und Erbschaftssachen und sonstige streitige Zivilgerichtsbarkeit unter Einschluss der schiedsrichterlichen Kompetenz in die Zuständigkeit des Friedensrichters fielen.[14]

Zugleich übten die Friedensrichter die Polizeigerichtsbarkeit aus, urteilten also über Ordnungswidrigkeiten und verhängten Bußen.[15] Auf der Ebene der Arrondissements waren Zuchtpolizeigerichte bzw. ab 1802 »Gerichte in Zivil- und Strafsachen erster Instanz« zuständig, so in Koblenz, Prüm, Trier, Simmern, Birkenfeld, Mainz, Speyer, Kaiserslautern und Zweibrücken. Auf der Departement-Ebene rangierten an den Hauptorten Koblenz, Trier und Mainz Zivilgerichte zweiter Instanz und Kriminalgerichte (»Peinliche Gerichtshöfe«). Als Berufungsinstanz für die Urteile der Zuchtpolizeigerichte entschieden sie unter Mitwirkung von Geschworenen (»Assisen«), die über die Schuldfrage – also über Verurteilung oder Freispruch – zu erkennen hatten, während die Richter das Strafmaß bestimmten. Daneben schuf man Handelsgerichte (mit Sitz in Koblenz, Trier und Mainz) und Räte von Gewerbeverständigen (u.a. mit Sitz in Koblenz). Erstere waren Vorläufer der heute bei den Landgerichten angesiedelten Kammern für Handelssachen, letztere Vorläufer der heutigen Arbeitsgerichte. In Mainz wurde noch eines von drei Zollgerichten etabliert.[16]

Der Instanzenzug fand seinen Abschluss in den obersten Gerichten. Das war einmal das ab 1802 für die vier linksrheinischen Departements zuständige Appellationsgericht in Trier. Es zeichnete für die Rechtsmittel gegen die Urteile der Tribunale erster Instanz in Zivilsachen und der Handelsgerichte verantwortlich. Ebenfalls in Trier war für die vier rheinischen Departements bis 1802 das Revisionstribunal angesiedelt. Dieses Gericht konnte gegen letztinstanzliche Urteile der Tribunale erster Instanz mit dem Vorbringen angerufen werden, es seien Verfahrensvorschriften verletzt oder das Gesetz sei nicht beachtet worden. Ab 1802 war in dieser Hinsicht für die linksrheinischen Gebiete der Kassationshof in Paris zuständig.[17]

Bei allen Gerichten hatte man das »öffentliche Ministerium«, das Amt des öffentlichen Anklägers, eingerichtet, das heute die Staatsanwaltschaften ausüben (bei den Tribunalen erster Instanz: »Staatsprokurator«). Über die Anklagen, d. h. über weitere Verfolgung oder Aussetzung, entschied die Anklagekammer dieser Instanz, die aus einem Richter und einer Jury von acht durch das Los bestimmten Bürgern bestand.

Eine besondere Herausforderung der Peinlichen Gerichtshöfe bestand in der Verfolgung und Aburteilung der Räuberbanden, die seit Jahrzehnten das linksrheinische Gebiet unsicher machten.[18] Vor Rudlers Neueinrichtung der Justiz war hierfür die Militärgerichtsbarkeit der französischen Armee zuständig. So wurde Andreas Ludwig Balzar, »der Balzar von Flammersfeld«, der eine Wildererbande im Westerwald anführte, im Oktober 1797 von einem französischen Kriegsgericht in (Koblenz-)Ehrenbreitstein zum Tode durch Erschießen verurteilt. Mit Rudlers Neuorganisation waren die Friedensrichter an vorderster Front bei der Bekämpfung des Räuberunwesens als Ermittlungsrichter tätig. Sie mussten Beweise sammeln, dazu etwa Häuser durchsuchen, Haftbefehle erlassen und Täter dingfest machen. Hervor tat sich dabei etwa der Friedensrichter Fölix aus Herrstein, der Johannes Bückler, den »Schinderhannes«, aufspürte und im Juli 1798 in Weiden gefangen nahm. Besonders bekannt wurde auch der Präsident des Kriminalgerichts in Koblenz Friedrich Lebens, der sich nach Aussage eines Zeitzeugen in den Strafverfahren gegen Räuber »unsterbliche Verdienste erwarb«.[19]

Dennoch empfand man die Kriminalgerichte bei der Bekämpfung des Räuberunwesens als nicht hinreichend effektiv. Daher richtete man ab 1801 – wo es nötig erschien – Spezial-Kriminalgerichte ein.[20] Hierbei tat sich der Anfang 1802 zum Präfekten des Donnersberg-Departements ernannte Jeanbon St. André besonders hervor. Er konzen-

Hinrichtung des Johannes Bückler, genannt Schinderhannes, am 21. November 1803 in Mainz (Landesmuseum Mainz)

trierte die im Departement schon gefangenen und einsitzenden Räuber in Mainz und sorgte für die Verbringung des »Schinderhannes« dorthin, nachdem der im Mai 1802 in der Nähe von Limburg erneut gefangen genommen worden war. Vor dem in Mainz installierten Spezial-Kriminalgericht unter dem Vorsitz des Präsidenten Georg Friedrich Rebmann wurden 1803 der »Schinderhannes« und weitere 67 Personen angeklagt. Gegen diese verhängte das Gericht 20 Todesurteile.

Eine eigene Verwaltungsgerichtsbarkeit im modernen Sinne kannte die französische Gerichtsverfassung noch nicht. Doch hatte die Revolution die bis heute gültige Trennung von Justiz und Verwaltung durchgesetzt, um den bis dahin üblichen Missbrauch abzustellen, dass korrupte Richter Einfluss auf die Verwaltungen nahmen. So bestimmte Rudler nun auch in der Gerichtsordnung für die linksrheinischen Gebiete vom 23. Januar 1798: »Das Richteramt ist von jenem der Verwalter unterschieden und bleibt auf immer davon getrennt. Die Richter können – unter Strafe des Pflichtbruchs – keineswegs Verwaltungsstellen in ihren Verrichtungen hindern, noch die Glieder derselben wegen ihrer Amtsverrichtungen vor sich fordern lassen.« In jedem Departement wurde nach dem Gesetz vom 17. Februar 1800 unter dem Vorsitz des Präfekten ein Präfekturrat gebildet, der zur Entscheidung streitiger Verwaltungssachen im Sinne einer »Verwaltungsjustiz« berufen war. Insofern kann man die Präfekturräte als Vorläufer der heutigen Verwaltungsgerichtsbarkeit ansehen. Ab 1806 entstand ein richtiggehender Instanzenzug, da ihre Entscheidungen mit der Beschwerde beim Staatsrat in Paris angefochten werden konnten.[21]

Zur neuen Gerichtsorganisation kam unter Napoleon eine fünf Gesetzbücher umfassende Kodifizierung des materiellen und des Prozessrechts hinzu – die »Cinq codes«. Sie begann mit dem im Jahr 1804 in Kraft getretenen »Code civil«[22] (später »Code Napoléon« genannt). Mit seinen ursprünglich 2.281 Artikeln regelte er – wie heute das Bürgerliche Gesetzbuch – das bürgerliche Recht, das Personenrecht, das Sachenrecht und einzelne Arten des Eigentumserwerbs. 1806 folgte für das Zivilprozessrecht der »Code de procédure civile«, der den Grundsatz der öffentlichen und mündlichen Verhandlung bekräftigte. Die Regelung des Handelsrechts folgte im Jahr 1807 im »Code de commerce«, der auf der Grundlage von Gewerbefreiheit und freier Berufswahl die rechtliche Grundlage für die liberalkapitalistische Marktwirtschaft legte. Den Abschluss des Reformwerks bildeten der »Code d'instruction criminelle« (1808) und der »Code pénal« (1810), die das Strafprozessrecht und das materielle Strafrecht ganz neu regelten.

Fortdauernde Bedeutung des »Code civil«

Als Gefangener auf der Insel St. Helena reflektierte Napoleon sein politisches Wirken und schrieb: »Mein wirklicher Ruhm liegt nicht in 40 gewonnenen Schlachten: Waterloo wird die Erinnerung an meine Siege auslöschen. Was nichts auslöschen und ewig bleiben wird, ist mein Code civil.« Tatsächlich ersetzte erst das »Allgemeine Bürgerliche Gesetzbuch« von 1900 im linksrheinischen Deutschland das napoleonische Zivilrecht. In Teilbereichen, etwa im Nachbarrecht, blieben Vorschriften des »Code civil« sogar noch über diesen Zeitpunkt hinaus gültig. In Rheinland-Pfalz traten sie erst mit dem Landesnachbarrechtsgesetz vom 15. Juni 1970 außer Kraft.[23]

Rechtsrheinische Justizverhältnisse

In deutlichem Kontrast zu diesem praktizierten Modell eines modernen Rechtswesens stand der Rechtszustand in den rechtsrheinischen Gebieten von Westerwald und Taunus. Erst im Jahre 1806 ging aus Teilen und Trümmern von mehr als 20 vormaligen Staaten und Territorien das Herzogtum Nassau als souveräner Staat des Rheinbundes unter dem Protektorat Napoleons hervor. Gleichwohl waren hier zunächst noch zahlreiche ältere Gerichte tätig, so der Justizsenat in (Koblenz-)Ehrenbreitstein, das Hofgericht in Weilburg und das Justizkolleg in Hachenburg, für die dann auch noch verschiedenes Recht galt. Der deutsche Rechtsgelehrte Thibaut könnte Nassau und das Konglomerat der verschiedenen Rechtszustände gemeint haben, als er sagte: »Alles scheint darauf angelegt zu seyn, die Kenntniß der Gesetze durch die Gesetze selbst unmöglich zu machen, und wahrscheinlich werden wir in kurzem den Wald vor Bäumen nicht sehen können.«[24]

Das Problem, an die Stelle der vielen Justizbehörden mit ihren jeweils eigenen Formen und Zuständigkeiten eine einheitliche Rechts- und Gerichtsverfassung zu setzen, wurde erkannt, aber nicht gelöst. Immerhin gab es seit 1804 das Fürstlich Nassauische Gesamt-Oberappellationsgericht in Hadamar (ab 1810 in Diez) als höchstes Landesgericht. Aber unter dieser höchsten Instanz blieben in den jeweiligen Landesteilen die bisherigen Justizbehörden bestehen. Auch der Versuch, nach französischem Vorbild ein bürgerliches Recht zu kodifizieren, gelangte nicht zum Abschluss.[25]

Licht und Schatten der französischen Epoche am Rhein

Für die linksrheinischen Gebiete bestand somit in französischer Zeit eine einheitliche Gerichtsverfassung und Rechtsordnung, die zudem zum ersten Mal in Deutschland bürgerliche Freiheitsrechte garantierte: die Freiheit der Person, die Freiheit des Rechtsverkehrs und die Freiheit des Eigentums. Dazu kamen im Gerichtswesen die Grundsätze von Öffentlichkeit und Mündlichkeit, das Anklageprinzip und die freie Verteidigung. Alle wesentlichen Grundsätze der Rechtsstaatlichkeit, die wir heute kennen, fanden sich in der napoleonischen Gesetzgebung verankert. Den anhaltenden Nutzen gerade des »Code civil« beschrieb seinerzeit der rheinhessische Jurist Bockenheimer so: »Für unsere Gegend bedeutete die Einführung des Code civil das Ende eines unerträglich gewordenen, in dem Nebeneinanderbestehen der verschiedenartigsten Gesetze begründeten Wirrwarrs; er bildete aber auch, was für uns nicht minder bedeutungsvoll war, die Grundlage zu den bis dahin gänzlich vernachlässigten Rechtsstudien.«[26]

Auf der anderen Seite fehlte der napoleonischen Rechtsverfassung die von der Revolution ursprünglich mitgegebene demokratische Komponente. So war in den rheinischen Departements nicht die Wahl, sondern die Ernennung der Friedensrichter von Anfang an die übliche Praxis. Zudem war ihre Besoldung ausgesprochen kärglich. Sie waren daher oft bestrebt, ihr Gehalt durch Gebühren aufzubessern, was sie in einen entsprechend schlechten Ruf bei der Bevölkerung brachte. Kritische Zeitgenossen wie der Frankenthaler Notar und pfälzische Abgeordnete Johann Kaspar Adolay haben dem französischen Recht zudem bescheinigt, es sei zu kompliziert und daher auch zu teuer, insbesondere für die ländliche Bevölkerung. Das neue französische Scheidungsrecht war weniger liberal als das Scheidungsrecht des Allgemeinen Preußischen Landrechts und das Recht anderer Territorien im rechtsrheinischen Deutschland. Andererseits war es in den katholischen Gebieten revolutionär, dass nun überhaupt eine Scheidung mög-

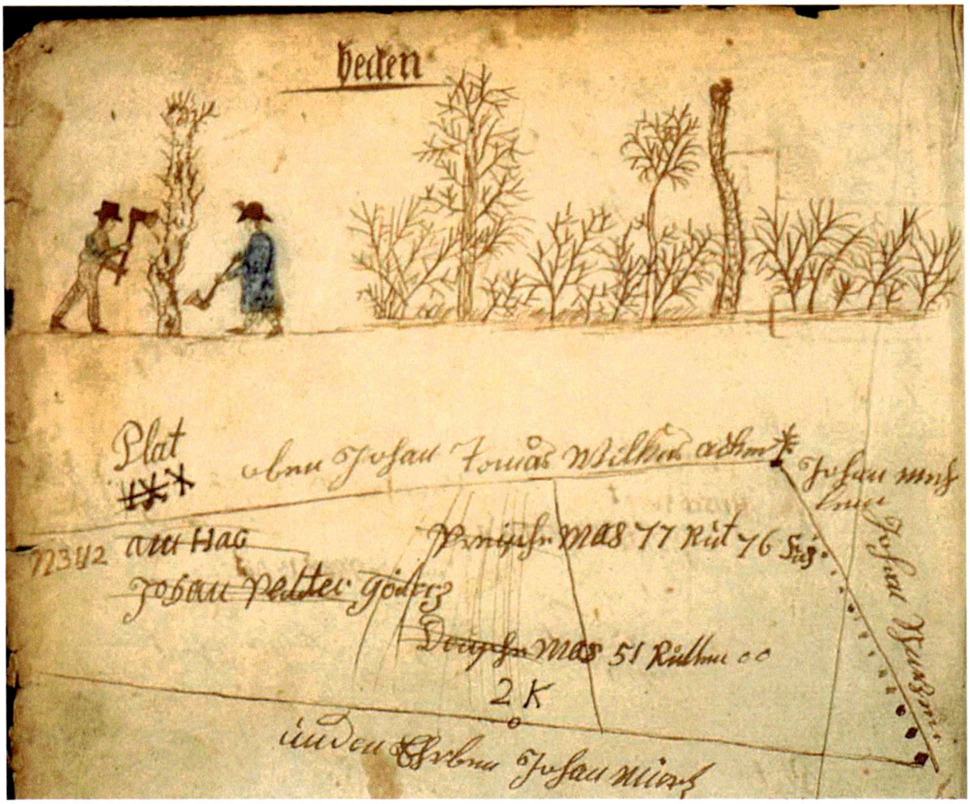

Der Landwirt Johann Peter Göddertz zeichnete sich um 1800 selbst bei seinen Arbeiten – einmal mit Jakobinermütze, einmal mit Dreispitz und Zylinder, einmal nur mit Zylinder, ein deutlicher Reflex des von ihm erlebten politischen Wandels (Familie Göddertz)

lich wurde. Die Amtssprache Französisch machte den Gebrauch des neuen Rechts nicht leichter, galt allerdings bei den Friedensgerichtssitzungen nur in den Schriftsätzen, nicht in mündlicher Verhandlung.[27]

Mit der französischen Herrschaft begannen nicht nur die völlige Verstaatlichung und Bürokratisierung der Gemeindeverwaltungen, sondern auch eine Intensivierung polizeistaatlicher Strukturen, die sich bis zur Einführung des Reisepasses und der Meldepflicht erstreckte. Zukunftsweisend war der Aufbau einer staatlich garantierten medizinischen Versorgung mitsamt einer professionellen Ausbildung für Ärzte, aber auch für Hebammen. Desgleichen versuchte der Staat über die Schulpflicht das Bildungswesen nach staatlichen Vorstellungen einheitlich zu gestalten. Alles dies musste natürlich bezahlt werden, trug daher zu einer steigenden Abgabenlast bei, die der Staat über eine intensivierte Steuer- und Finanzverwaltung und über Gebühren für Amtshandlungen unnachgiebig einforderte. Gleichermaßen unnachgiebig war er, wenn es um die Durchsetzung der 1802 eingeführten Wehrpflicht (»conscription«) ging. Und in dem Maß, in dem die Staatspolitik primär den Kriegsplänen Napoleons diente, gerieten die öffentlichen Finanzen auf allen Ebenen in eine gefährliche Lage. Höhepunkt dieser Entwicklung war die Verstaatlichung des Gemeindevermögens am Ende der napoleonischen Herrschaft durch das Edikt vom 20. März 1813, womit Napoleon nach dem gescheiterten Russland-Feldzug seine Kriegsschulden zu decken versuchte.[28]

2. Das »lange 19. Jahrhundert« – die Jahre 1815–1918

Die territoriale Neuordnung Deutschlands auf dem Wiener Kongress 1815 war ausschließlich Sache der dort vertretenen Fürsten. Die davon betroffenen Menschen wurden ungefragt mitsamt ihren Gebieten verschoben, was schon Zeitgenossen wie Heinrich Heine und Johann Gottfried Seume als »Seelenschacher« anprangerten.[29] Mit entsprechendem Sarkasmus schrieb denn auch der Pfälzer Georg Friedrich Rebmann, Republikaner und vormals französischer Gerichtspräsident in Mainz, am 4. September 1815 aus Kaiserslautern an einen Freund in Kreuznach: »Übrigens wissen die Götter, wenn und wann unsre Seelen hier zu Lande gebadet, gedarmt, gepreußt und geösterreichert werden.«[30] Dass man südlich der Nahe schließlich »gebayert« würde, war für Rebmann offenbar noch nicht vorstellbar, obschon das fragliche Gebiet bereits seit Juni 1814 einer gemeinsamen österreichisch-bayerischen »Landesadministrationskommission« unterstand.

Aus einem Schreiben des Pfarrers von Herren-Sulzbach, 8. März 1818

»Wir sind jetzt sachsen-coburg-saalfelderisch, Lauterecken ist bayrisch, Meisenheim hessisch, Kirn preußisch und Oberstein sowie Birkenfeld oldenburgisch, und so kann man in wenig Stunden durch 5 Herren Länder reisen und will man das hessen-darmstädtische hinzunehmen, wo gleich unter Meisenheim angeht, durch 6 Herren Länder. Die Bayern sind am vergnügtesten, weil sie nach den alten liberalen [Institutionen; d. Verf.] behandelt werden und noch wenige Veränderungen sind gemacht worden. Die Hessen und Oldenburger sind sehr missvergnügt, da sie durch die Organisation wieder einen starken Schritt rückwärts gemacht haben, die Preußen werden mit dem Soldatenwesen sehr gequält. Wir leben noch in der Hoffnung, können noch nicht klagen, da alles noch seinen gewohnten Gang geht, unsere Regierung einen guten Willen zeigt und mit der Organisation zögert, um etwas vollkommenes zu liefern. Die Zeit wird es lehren«.[31]

Die langfristigen Folgen der territorialen Neuordnung waren damals noch nicht absehbar: Die »Versetzung« Preußens an Rhein und Ruhr, wo drei der vier ehemaligen französischen Departements nun den linksrheinischen Teil der neuen Rheinprovinz ausmachten, wurde eine der Grundlagen des Aufstiegs Preußens zum führenden Industriestaat.[32] Aber auch für Bayern war der Anschluss der Rheinpfalz von erheblicher wirtschaftlicher Bedeutung, verschaffte er dem traditionell agrarischen Staat doch ab der Mitte des Jahrhunderts über Ludwigshafen den Zugang zu den aufstrebenden Industrieregionen Mitteleuropas.[33] Auffällig ist auch die Beständigkeit dieser territorialen Neuordnung: Die damals geschaffenen Gebiets- bzw. Verwaltungseinheiten »Pfalz« und »Rheinhessen« überdauerten praktisch unverändert das 19. Jh. und – von dem Verlust der »Saarpfalz« an das Saargebiet abgesehen – die zwei Weltkriege des 20. Jhs. Die Rheinprovinz endete zwar 1946 mit der Aufteilung ihrer fünf Regierungsbezirke auf die damals neu gegründeten Länder Nordrhein-Westfalen und Rheinland-Pfalz, aber ihre Verwaltungsstrukturen und -traditionen wirkten über die Regierungsbezirke Koblenz und Trier bis zum Ende des Jahrtausends nach. Von den im Hunsrück damals zur Befriedigung dynastischer Ansprüche geschaffenen Kleinstterritorien gelangten das sachsen-coburgische Fürstentum Lichtenberg 1834 mit St. Wendel durch Verkauf und das hessen-homburgische Oberamt Meisenheim 1866 infolge des preußisch-österreichischen Krieges an Preußen, während der oldenburgische Gebietsteil mit und um Birkenfeld immerhin noch bis 1937 bestand.[34]

Verwaltung/ Verfassung 1815–1848

In der preußischen Rheinprovinz waren die Regierungsbezirke in »Kreise« unterteilt, deren Verwaltung den Landräten unterstand. In der Pfalz war die Namensgebung umgekehrt: Der »Rheinkreis« bzw. ab 1838 »Kreis Pfalz« war in »Landkommissariate« unter der Leitung von Landkommissären unterteilt bzw. ab 1862 in »Bezirksämter«, die unter der Leitung von Bezirksamtmännern standen. Die obersten Verwaltungsgeschäfte im »Kreis« lagen bei der in Speyer residierenden Kreisregierung unter Leitung eines Präsidenten. In der großherzoglich-hessischen Provinz »Rheinhessen« wurde eine mittlere Verwaltungsebene erst 1835 mit der Gliederung in Kreise unter der Leitung von Kreisräten eingerichtet. An der Spitze der Provinz »Rheinhessen« stand eine in Mainz ansässige Regierung, deren Leitung ab 1835 in Personalunion von dem Kreisrat von Mainz, dem Vorsteher der untergeordneten örtlichen Verwaltung, als Provinzialkommissar bzw. Provinzialdirektor wahrgenommen wurde.[35]

Wie in den anderen preußischen Provinzen stand in der Rheinprovinz der in Koblenz residierende Oberpräsident an der Spitze der Verwaltung; ein Beamter mit Ministerrang, der eigentlich Kommissar der Berliner Zentralregierung war, doch schnell auch zu einem Vertreter der Interessen der Bevölkerung seines Gebietes wurde. Obwohl die Hauptlast der täglichen Verwaltung bei den Regierungen der Bezirke lag, waren dem Oberpräsidenten solche Aufgaben vorbehalten, welche die Staatsführung als wesentlich für die Bewahrung des gesellschaftlichen Friedens ansah. Dazu gehörte in der Rheinprovinz das Verhältnis der Konfessionen, das aufgrund der Aufnahme einer überwiegend katholischen Bevölkerung in einen protestantisch geprägten Staat wie Preußen im ganzen 19. Jh. immer wieder Spannungen ausgesetzt war.[36]

Während die Regionalregierungen die größte Zusammenballung bürokratischer Macht aufwiesen, waren die nachgeordneten preußischen Landräte, die bayerischen Landkommissäre (ab 1862 »Bezirksamtmänner«) und (rhein-)hessischen Kreisräte die Staatsorgane, »in denen die Obrigkeit den Untertanen leibhaftig vor Augen tritt« – so hat es (1858) der preußische Oberpräsident Hans Hugo von Kleist-Retzow am Ende seiner Koblenzer Amtszeit formuliert. Unter den damaligen Umständen verkörperten diese »kleinen Könige« eine Macht, die nicht nur vom Schreibtisch, sondern buchstäblich auch vom Sattel ausgeübt wurde, wenn die Betreffenden, wie es die höheren Staatsbehörden von ihnen erwarteten, ihr Terrain bereisten, um die Amtsführung der Bürgermeister und das Wohlergehen der Bevölkerung, aber auch ihre Ergebenheit zu prüfen. Wie viel tatkräftiges Einschreiten etwa von einem preußischen Landrat im 19. Jh. unter Umständen abverlangt wurde, zeigt eine Begebenheit, die sich 1833 in Simmern (Hunsrück) zutrug, als es dort bei der Versteigerung von Militärpferden zu einem gefährlichen Zusammenstoß zwischen Soldaten und Bevölkerung kam. Dabei konnte der Ausbruch von Gewalttätigkeiten nur dadurch abgewendet worden, dass der Landrat, der von seinem Arbeitszimmer aus die Entstehung des Konfliktes beobachtet hatte, buchstäblich mitten in den Tumult hineinsprang und mit der ganzen Autorität seiner Person alle Beteiligten in ihre Schranken wies.[37]

Fortbestehen der französischen Kommunalverfassung

In allen linksrheinischen Gebieten blieb zunächst die französische Kommunalverfassung bestehen. Dies bedeutete einerseits staatsbürgerliche Gleichheit aller Einwohner sowie Rechtsgleichheit von Städten und Landgemeinden, andererseits strenges bürokratisches Reglement und nur wenig Spielraum für Selbstverwaltung. Ebenso blieben die im ländlichen Raum existierenden Gebiets- oder Samtgemeinden der früheren »Mairien« bestehen. Somit verfügten die einzelnen Gemeinden auch weiterhin nicht über Gemeinderäte; ein Umstand, den die Regierung Koblenz als derart misslich betrachtete, dass sie schon im Mai 1817 gleichsam im Alleingang veranlasste, diese in ihrem Bezirk einzuführen. Weiterhin führte sie im gleichen Jahr die französische Mairie-Verfassung auch in dem bislang zu Nassau gehörenden rechtsrheinischen Gebiet ein, was dort aufgrund der damit verbundenen Bürokratisierung großen Unmut hervorrief.[38]

Drei-Klassen-Wahlrecht in Preußen

In der preußischen Rheinprovinz mündete die Diskussion über Beibehaltung oder Abschaffung der französischen Kommunalverwaltung erst 1845 in den Erlass einer eigenen Rheinischen Gemeindeordnung (RGO). Diese fixierte zwar die vom rheinischen Bürgertum gewünschte Beibehaltung der bürgerlichen Gleichheit von Stadt und Landgemeinde, indem sie für beide gleichermaßen galt. Ein weiteres Entgegenkommen bestand darin, dass die Einzelgemeinde wieder als Selbstverwaltungskörper mit dem Recht auf Bildung eines eigenen Gemeinderates anerkannt wurde. Doch blieben die bei der ländlichen Bevölkerung ungeliebten Samtgemeinden bestehen, an ihrer Spitze der staatlich ernannte Bürgermeister, der großen Einfluss auf die Ernennung der einzelnen Gemeindevorsteher durch den Landrat hatte.[39]

Die Einführung von Gemeinderäten bedeutete zwar die Anerkennung des Wunsches nach Bürgerbeteiligung, doch war das Wahlrecht in Fortentwicklung des schon in französischer Zeit ausgeprägten Zensuswahlrechts als ungleiches »Drei-Klassen-Wahlrecht« gestaltet: D. h. es bevorzugte zunächst die Vermögenderen und unter ihnen ganz besonderes die ländlichen Gutsbesitzer gegenüber der aufkommenden Schicht der städtischen Gewerbetreibenden.[40]

Weiterhin prägend war für die RGO die starke Stellung, die der hauptamtliche Bürgermeister des Gemeindeverbandes einnahm, während die Befugnisse der Gemeinderäte dagegen relativ schwach ausgeprägt waren: So konnten sie nur über Gemeindeausgaben bestimmen, und auch dies nicht gegen den Willen des Bürgermeisters. Ansonsten hatten ihre Beschlüsse nur gutachterlichen Charakter. Und schließlich nahm die neue Gemeindeordnung kein Jota von der bürokratischen Kontrolle zurück, welche schon die französische Mairieverfassung den Gemeinden zugemutet hatte, insbesondere wenn es um die kommunalen Einkünfte und das Gemeindevermögen ging. Alle Forderungen nach mehr Selbständigkeit prallten an Behörden und Staatsregierung ab.[41]

Kommunalverfassung im Rheinkreis und in Rheinhessen

Auch im bayerischen Rheinkreis wurde Kritik an der französischen Kommunalverfassung geäußert – der Landesdeputierte und spätere Speyerer Regierungsrat Johann Löw hatte sie 1816 als ein »militärisches Regiment blinden Gehorsams« bezeichnet. Die Staatsregierung führte daher schon 1819 die Wahl der Gemeinderäte durch die in der Gemeinde wohnhaften und steuerpflichtigen männlichen Staatsbürger ein, wobei jeder Wahlberechtigte gleiches Stimmrecht hatte. Allerdings blieb es dabei, dass die Ernennung der Bürgermeister und Adjunkten aus den gewählten Mitgliedern des Gemeinderats durch die Kreisregierung erfolgte. Beibehalten wurden darüber hinaus die Mairie-Verbände, die man auch hier jetzt »Bürgermeistereien« nannte.[42]

Im Gegensatz zu Preußen und Bayern erließ der Großherzog von Hessen bereits 1821 eine einheitliche neue Gemeindeordnung für ganz Hessen. Die Wahl des Gemeinderats erfolgte auch hier durch die Ortsbürger, desgleichen die Wahl der Bürgermeister und Beigeordneten, allerdings mit der Einschränkung, dass die Regierung aus den drei Erstgewählten für jeden Posten den ihr am meisten geeignet Erscheinenden auswählen durfte.[43]

Ständische Vertretungen in der Rheinprovinz

Die Staaten, welche in der Folge der Entscheidungen des Wiener Kongresses die vormals französischen Gebiete links des Rheines übernahmen, waren Fürstendynastien. Trotzdem mussten sie unter dem Einfluss der Ideen der Französischen Revolution und der Hinterlassenschaft der französischen Herrschaft Konzessionen an ihre Untertanen machen. Der preußische König Friedrich Wilhelm III. hatte in seinem Besitzergreifungspatent vom 5. April 1815 den Einwohnern der Rheinprovinzen das Versprechen gegeben, dass die Steuern »mit Eurer Zustimmung reguliert und festgestellt« würden, und in einem weiteren Edikt vom 22. Mai 1815 sogar ausdrücklich die Bildung einer »Repräsentation des Volkes« zugesagt. Aber dabei dachte er nicht an eine dem revolutionären Gleichheitsgedanken verpflichtete Vertretung, sondern ganz im Sinne der »Schlussakte« des Wiener Kongresses an ständische Vertretungen, wie sie dann 1823/24 in den preußischen Provinzen eingerichtet wurden. Ihr hauptsächliches Zulassungskriterium war der Grundbesitz. Daher fanden sich in den Provinzialständen, die mittels Gesetz vom 27. März 1824 in der Rheinprovinz eingeführt wurden, und in den Kreisständen, welche die Kreisordnung vom 13. Juli 1827 vorsah, zum einen solche Gruppen wieder, die schon im Alten Reich Vertretungsrechte auf den Land- und Reichstagen besessen hatten – Adel, Rittergutsbesitzer und Städte bzw. ihre Magistrate –, zum anderen wohlhabende bürgerliche Grundbesitzer. Letztere hatten in der Epoche der französischen Herrschaft viele Güter geflohener Vertreter des alten landadligen Ritterstandes übernommen; in dieser Hinsicht ließ sich das Rad der Geschichte im linksrheinischen Rheinland nicht zurückdrehen.[44]

Aufgabe der Provinzialstände der Rheinprovinz war die Wahl und Entsendung von Abgeordneten zu dem neuen Provinziallandtag, dessen Sitz Düsseldorf werden sollte. Da Beschlüsse nur mit Zweidrittelmehrheit gefasst werden durften, erhoffte sich die preußische Regierung von der Bevorzugung von Adel und ländlichem Grundbesitz eine konservative Ausrichtung des Provinziallandtages. Hinzu kamen die Vorrechte des Königs: Nur er berief den Provinziallandtag ein, und nur die von ihm genehmigten Vorschläge (»Propositionen«) und die an ihn gerichteten Petitionen konnten Gegenstand der Beratung werden. Was auch immer der Landtag beschloss – nur das erhielt Geltung, was der König in den von ihm verkündeten »Landtagsabschied« aufnahm. In ganz ähnlich regierungsfreundlicher Weise waren nach der Kreisordnung von 1827 Zusammensetzung, Aufgaben und Befugnisse der Kreisstände geregelt. Heftig kritisierte daher der rheinische Jurist und Schriftsteller Jakob Venedey die Versammlungen der Kreisstände, die er grundsätzlich für nützlich hielt. Denn anstatt die Bedürfnisse der Bauern zu vertreten, würden sie »einseitig zu einem Mittel, die Bauern durch die Beamten des Staates, die Landräte an der Spitze, nach Lust, Laune und Willkür hof- und schulmeistern zu können.«[45]

Der bayerische »Landrat« als Regionalparlament

Wiederum anders als in der preußischen Rheinprovinz verlief die Entwicklung im bayerischen Rheinkreis: Der bayerische Generalkommissär Franz Xaver Zwack erließ am 24. September 1816 eine Verordnung, die besagte, dass auf Befehl des Königs »der durch das Gesetz vom 28ten Pluviose VIII. eingeführte Departementalrath (welcher von nun an mit dem Namen Landrath wird bezeichnet werden), in Höchstdero Lande am Rhein versammelt werden« sollte. Mit der Wahl dieses »Landraths« hatte sich die französische Vorgängerinstitution praktisch unverändert in die Zeit der bayerischen Herrschaft hinübergerettet.[46] Wie schon der Departementalrat hatte der »Landrath« das Recht auf Mitwirkung bei der Verteilung der Kreissteuern und auf Kontrolle ihrer Verwendung. Mit dem Erlass einer Verfassung für das Königreich Bayern am 26. Mai 1818 wurde zwar eine gesamtbayerische Ständeversammlung (ab 1848 als »Landtag« bezeichnet) mit zwei Kammern eingerichtet und den Bewohnern des Rheinkreises zugleich das Fortbestehen ihres Landrats zugesichert. Allerdings änderte die Regierung die Wahlordnung zum Landrat 1820 dahingehend, dass die Wahlmänner von jetzt an aus den beiden in der neuen Verfassung definierten Klassen der Gemeinden und der Grundeigentümer kommen mussten. Zudem wurde das Mindestalter für die Wählbarkeit in den Landrat von 25 auf 30 Jahre hinaufgesetzt.[47]

1828 wurde die pfälzische Institution des kollektiven Landrats auch im rechtsrheinischen Bayern eingeführt. Maßgeblicher Protagonist dieser Maßnahme war der neue König Ludwig I., der sich schon als Kronprinz intensiv dafür eingesetzt hatte. Im Jahr 1821 hatte er an Finanzminister Lerchenfeld geschrieben, er habe gerade erst erfahren, dass die für das gesamte Königreich geplanten Landratsversammlungen nur beratende Funktionen haben sollten, dass sie »bloß zu vernehmende Landräte« (also nur mit Anhörungsrecht) sein sollten. Der Monarch machte klar: »solche wünsche Ich nicht, sondern die des Rheinkreises«. Der Grund für seine Entschiedenheit: Ludwig hatte in der »Bairischen Wochenschrift« das Protokoll einer Sitzung des rheinbayerischen Landrates gelesen und war begeistert über das darin zum Ausdruck kommende Engagement der Teilnehmer an den öffentlichen Belangen: »küsser hätte Ich die Männer mögen, so gefiel Mir fast alles, was sie sprachen«.[48]

Allerdings ergaben sich mit der Übernahme des pfälzischen Landrates im übrigen Bayern einige Änderungen für die Institution selbst: In der Pfalz hatte die Wahl der Abgeordneten ab jetzt in drei getrennten Kollegien zu erfolgen, wobei als drittes Wahlkollegium neben Gemeinden und Grundeigentümern auch die Geistlichkeit zugelassen wurde (im rechtsrheinischen Bayern kam als viertes Wahlkollegium noch der Adel dazu). Voraussetzung für die Wählbarkeit war die Zugehörigkeit zu einer der drei christlichen Religionen und ein Mindestvermögen. Aus pfälzischer Sicht bedeuteten die Neuerungen einen Rückschritt. So hielt das Protokoll einer Versammlung von 1829 gegen die Klassenaufteilung folgende Bedenken fest: »Möchten nur Erwählte einzelner Stände, die bis jetzt im allgemeinen Interesse verschmolzen waren, weil sie rechtlich kein besonderes [Interesse] haben können, nicht künftighin die Harmonie stören.« Und gegen die Zulassung der Geistlichkeit hieß es im Protokoll: »Möchten Personen, deren Reich nicht von dieser Welt ist, nicht allzusehr auf die Regierung dieser Welt sich Einfluß verschaffen wollen!«[49]

Der rheinhessische Provinzialrat

Für Rheinhessen hatte Großherzog Ludwig I. bei der Übernahme der Herrschaft in den »Entschädigungslanden auf der linken Rheinseite« in seinem Besitzergreifungspatent vom 8. Juli 1816 versichert: »Nur besondere Rücksichten des allgemeinen Besten werden uns zu Änderungen bestehender und durch Erfahrung erprobter Einrichtungen bewegen.« Es dauerte dann jedoch zwei Jahre, bis der Departementalrat französischer Zeit auch in der neuen Provinz Rheinhessen seine Wiederauferstehung erlebte: mit der Konstituierung als »Provinzialrat« am 4. Oktober 1818 in Mainz.[50] Als sich daraufhin auch in den rechtsrheinischen Provinzen Hessens nach diesem Vorbild Volksvertretungen zu konstituieren versuchten, wurde dies von der Regierung unterbunden. Dafür erfolgte 1820 mit der hessischen Verfassung die Einrichtung einer Repräsentation für das gesamte Großherzogtum in Form von Landständen, die wie in Bayern in zwei Kammern tagten. Erst in Folge der Revolution kam es am 21. August 1848 zur Einrichtung von frei gewählten Bezirksräten in allen zehn Regierungsbezirken, in die das Großherzogtum jetzt neu eingeteilt wurde und von denen Rheinhessen zunächst einen bildete (1850 erfolgte eine Aufteilung in die zwei Regierungsbezirke Mainz und Worms).

Fortbestehen des französischen Rechts

Die Staaten, welche 1815 linksrheinisch die Nachfolge der französischen Herrschaft antraten, behielten dort die französische Rechtsverfassung zunächst bei.[51] Die Friedensgerichte, nun auch Polizeigerichte genannt, waren weiterhin für Bagatellsachen in Zivil- und Strafsachen zuständig sowie in der Streitschlichtung und in der vorsorgenden Rechtspflege aktiv. Aus den französischen Tribunalen der ersten Instanz entstanden in Rheinpreußen mit Wirkung vom 1. August 1820 die Landgerichte, die mit den neuen Regierungsbezirken zur Deckung kamen, also im Süden der Rheinprovinz in den Städten Koblenz und Trier ihre Amtssitze hatten. In Rheinhessen übernahm das Kreisgericht Mainz zunächst alleine diese Funktion, bis ihm 1835 ein zweites Kreisgericht in Alzey an die Seite gestellt wurde. In Rheinbayern bildeten sich als Nachfolger der französischen Tribunale erster Instanz vier Bezirksgerichte heraus: in Kaiserslautern, Zweibrücken, Frankenthal und Landau. Wie ihre französischen Vorgänger waren die Land- bzw. Kreis- bzw. Bezirksgerichte erstinstanzlich für alle Zivilsachen zuständig, welche die Kompetenz der Friedensgerichte überstiegen und nicht vor die Handelsgerichte gehörten. In Strafsachen urteilten sie über Zuchtpolizeisachen (Vergehen). In zweiter Instanz entschieden sie über Berufungen gegen die Zivil- und Strafurteile der Friedensgerichte.

Eine wesentliche Veränderung gab es in der dritten Instanz. In der Rheinprovinz wurde am 1. September 1819 der »Rheinische Appellationsgerichtshof zu Köln« als neues Obergericht eingerichtet. Hier war dann auch das für die Aburteilung von Verbrechen zuständige Geschworenengericht (Assisengericht) angesiedelt. Die Funktion des ehemals höchsten Gerichtes aller vier linksrheinischen Departements nahm für die Rheinprovinz schließlich der 1819 gegründete Rheinische Revisions- und Kassationshof in Berlin wahr. Bei der feierlichen Eröffnung dieses höchsten »rheinischen« Gerichts lobten die Festredner die Vorzüge des »rheinischen« Rechts. Besonders deutlich wurde der Generalprokurator Eichhorn: »Niemand konnte wünschen, dass wir«, also die Rheinländer, »nach genossener Frucht der Erkenntnis reumütig zu den alten Irrtümern und Vorurteilen, zu einem schleppenden Geschäftsgang und schwerfälligen Mechanismus zurückkehren sollten.«[52]

Ähnlich war die Entwicklung in Rheinbayern, wo Zweibrücken im Jahre 1819 Amtssitz für das drittinstanzliche Gericht wurde. Es war die Geburtsstunde des Pfälzischen Oberlandesgerichts, das damals noch »Königlich Bayerisches Appellationsgericht« (Kassationshof) hieß. 1832 erfolgte dann ähnlich wie im Fall der Rheinprovinz die Einrichtung eines Oberappellationsgerichts für den Rheinkreis in München. In Rheinhessen entstand als dritte Instanz das Großherzoglich Hessische Obergericht in Mainz. Es war damit für Berufungen gegen Entscheidungen allein des Kreisgerichts Mainz zuständig. Oberstes Gericht für Rheinhessen war bis 1831 der eigenständige Großherzoglich Hessische Kassations- und Revisionsgerichtshof für die Provinz Rheinhessen mit Sitz in Darmstadt.[53]

Die Beibehaltung des französischen Rechts hatte pragmatische Gründe, doch kam dies breiten Kreisen der Bevölkerung entgegen. Denn ebenso wie die Kommunalverfassung beruhte das französische Recht auf einer rechtlichen Gleichheit der Bürger, die es in den Staaten des Deutschen Bundes so noch nicht gab und die über das napoleonische Zivilgesetz und Handelsgesetz tief in die wirtschaftlichen Belange hineinwirkte. Neben dieser Gleichheit garantierte die Gerichtsverfassung mit der Öffentlichkeit der Verfahren und der Beteiligung von Geschworenen eine Volksnähe, die dem herkömmlichen Inquisitionsverfahren, wie es in den rechts des Rheines liegenden Gebieten und Staaten noch praktiziert wurde, völlig fehlte.

Auseinandersetzungen über das französische Recht

Die neuen Herren wussten um die Anhänglichkeit, mit der ihre neuen Untertanen die französischen Rechtseinrichtungen inzwischen als »rheinische Institutionen« begriffen. Die bayerische Verfassung vom 27. Mai 1818 erkannte die Sonderstellung des Rheinkreises ausdrücklich an – allerdings als Provisorium. Denn weiter hieß es: »Es soll für das ganze Königreich ein und dasselbe bürgerliche und Strafgesetzbuch bestehen.« Doch gab es auch andere Meinungen, wie z. B. die des großen Juristen Anselm Feuerbach, damals Appellationsgerichtspräsident in Ansbach, der im Frühjahr 1821 auf einer Reise nach Paris auch in der Pfalz Halt machte. Von einer Friedensgerichtssitzung in Dürkheim, der er inkognito beiwohnte, war Feuerbach sehr angetan. Nur die Atmosphäre bei der Schwurgerichtsverhandlung in Zweibrücken, insbesondere das Verhalten des Publikums, rief sein Befremden hervor: »Die biertrinkenden, sich an Käse und Wurst erquickenden Zuhörer, die strickenden Zuhörerinnen, die unbezähmbare Unruhe der Pfälzer Krischer während der Verhandlungen machten auf ihn einen nicht gerade erhebenden Eindruck.« Der fortschrittsfreundliche bayerische König Ludwig I. wiederum war vom Rechts- und Gerichtszustand in der Pfalz so begeistert, dass er »die Impfanstalt für Bayern« sein sollte. So nutzte er bei einer Reise im Sommer 1829 seinen Aufenthalt in Zweibrücken, um an einer öffentlichen Sitzung der Zivilkammer des Appellationsgerichts teilzunehmen.[54]

Sitzung des Appellhofes in Zweibrücken in Anwesenheit König Ludwigs I. (Hinter der Richterbank sitzend in der Mitte)(Landesbibliothek Speyer)

Ähnlich verlief die Entwicklung in Rheinhessen. In dem Besitzergreifungspatent vom 8. Juli 1816 wurde, ebenfalls nur vorläufig, die Erhaltung des französischen Rechts garantiert. Als dann im Jahr 1835 der politische Sonderstatus der Provinz Rheinhessen abgeschafft wurde, löste dies einen Sturm der Entrüstung aus. Der liberale Abgeordnete Heinrich von Gagern erklärte 1836 vor dem hessischen Landtag: »Die Provinz Rheinhessen ist keine von dem Großherzogtum Hessen eroberte Provinz, der man gegen ihren Willen, ohne die öffentliche Meinung zu fragen, mit Gerechtigkeit das Gesetz des ehemaligen Mutterlandes auferlegen könnte.«[55] Andererseits war es allein das Großherzogtum Hessen, das in der damaligen Provinz Rheinhessen die französische Administrativjustiz in modifizierter Form fortbestehen ließ. Aufgrund der »Verordnung über die Aburteilung der in der Provinz Rheinhessen sich ergebenden streitigen Verwaltungssachen« vom 22. März 1819 hatte die Mainzer Provinzialregierung alle Amtsbefugnisse in streitigen Verwaltungssachen auszuüben, welche vorher den Präfekturräten zugestanden hatten. Damit kann man – etwas euphorisch – diesen Spruchkörper als ersten deutschen Vorläufer der heutigen Verwaltungsgerichtsbarkeit bezeichnen.[56]

Den schwierigsten Weg musste das französische Recht in Preußen zurücklegen, weil es nach dem Willen konservativer Kreise in Berlin – im Zentrum Justizminister Leopold von Kircheisen – durch altpreußisches Recht (»Deutsches Recht in deutschen Landen«) ersetzt werden sollte. Doch konnte der den fortschrittlichen Kräften zuneigende Staatskanzler Fürst von Hardenberg den König dafür gewinnen, zur Prüfung der Frage eine »Immediat-Justiz-Kommission« einzusetzen. Sie sollte in Verbindung mit den im Rheinland tätigen Gerichten und rechtskundigen Personen »das Gute« der dort bestehenden Rechtsverfassung ermitteln. Die Resonanz war beeindruckend: Kaufleute, Bauern, Geistliche, Ärzte und Angehörige sonstiger Berufe, aber besonders die Juristen des Rheinlandes, bekundeten einmütig, dass die rheinischen Rechtszustände gut und erhaltenswert seien. Als dann im Jahr 1817 der preußische König Friedrich Wilhelm III. die preußischen Rheinlande besuchte, richteten mehrere große Städte wie Trier, Köln und Koblenz weitgehend übereinstimmende Adressen an den Monarchen, in denen sie um die Beibehaltung der »rheinischen Institutionen« baten.[57]

Damit war der Boden dafür bereitet, dass der König dem insgesamt positiven Votum der Kommission zustimmte und die Beibehaltung des französischen Rechts zumindest solange versprach, bis eine von ihm am 23. Oktober 1817 angeordnete allgemeine »Revision« der ganzen preußischen Rechts- und Gerichtsverfassung vollendet sein würde. Da sich diese Gesetzesrevision hinzog, blieb das französische Recht in der Rheinprovinz – mit gewissen späteren Modifikationen – noch viele Jahrzehnte in Kraft. Und als die großen neuen Gesetzeswerke endlich vorlagen, setzten sie im Endeffekt mehr französisches Recht um, als umgekehrt dieses durch preußisch gefärbtes Recht zu ersetzen. Dies galt für die 1845 erlassene »Allgemeine Gewerbeordnung der preußischen Staaten«, die stark unter dem Einfluss rheinisch-liberaler und damit französischer Ideen stand, und es galt noch mehr für das »Allgemeine Strafgesetzbuch von 1851«, das so stark an französisches Recht angelehnt war, dass der Bonner Rechtshistoriker Ernst Landsberg es als »die weitest gehende Eroberung« bezeichnete, die dem französischen Recht in Altpreußen gelungen sei.[58]

Doch bis zum Erlass gesamtpreußischer Gesetze zerfiel die Rheinprovinz in einen linksrheinischen Teil, in dem das französische Gesetz weiterhin galt, und einen rechtsrheinischen Teil, in dem – vom Bergischen Land bis zum Westerwald – weiterhin nach dem territorialen Recht aus der Zeit vor 1800 gelebt werden musste. So schrieb ein Koblenzer Landgerichtsrat 1824 über die rechtsrheinischen Teile des Landgerichtsbezirks Koblenz, es gäbe in ganz Deutschland keinen so verschiedenartigen Gerichtsbezirk. Denn es fänden sich in ihm – bei einer Volkszahl von ungefähr 123.000 Seelen – nicht weniger als neun verschiedene Partikularrechte oder Provinzialstatute, »als nämlich: 1) die Wetzlarer Reformation; 2) das Mainzer Landrecht; 3) die Solmische Landordnung; 4) das Triersche Landrecht; 5) das Kölner Landrecht; 6) die Nassauisch-Katzenelnbogensche Landordnung; 7) das Altenkircher-, 8) das Bendorfer- und 9) das Hachenburger Statutarrecht«. Ein rechtsrheinisch lebender Jude war noch immer nach mittelalterlicher Manier »Schutzjude« des Königs, während er nach einer Übersiedlung auf die westliche Rheinseite aufgrund des französischen Rechtes als Staatsbürger galt.[59]

Eingeschränkte Mitwirkungsmöglichkeiten in der Rheinprovinz

Die Hartnäckigkeit, mit der das rheinische Bürgertum die französische Rechtsverfassung als »Rheinische Errungenschaften« verteidigte, resultierte letztlich daher, dass man sie als Verfassungsersatz ansah, als Garant eines Minimums staatsbürgerlicher Rechte. Dies erklärt die Heftigkeit der Reaktion in der Rheinprovinz auf die Berliner Pläne zur Abschaffung des Rheinischen Rechts, zumal gleichzeitig offenbar wurde, dass König Friedrich Wilhelm III. sein 1815 gegebenes Verfassungsversprechen nicht im erhofften Sinne einzulösen gewillt war. Denn der 1824 eingerichtete Rheinische Provinziallandtag und ebenso die 1827 eingeführten Kreisversammlungen stellten weder echte Vertretungen der Bevölkerung dar, noch hatten sie ein Mitspracherecht in Steuerangelegenheiten; sie konnten nur beratend tätig werden. Der in der Revolution 1848 zum preußischen Ministerpräsidenten ernannte rheinische Bankier David von Camphausen bemerkte dazu: Man habe mit den Provinzialständen die Formen des Mittelalters wieder aufleben lassen, nicht aber die Rechte, zu denen natürlich konkrete Beschlüsse und insbesondere die Beteiligung an Steuerangelegenheiten gehörten. Gerade letzteres wurde aufgrund der als ungerecht empfundenen preußischen Steuervorschriften nachdrücklich, aber vergeblich eingefordert. Dabei wiesen die rheinischen Kritiker darauf hin, dass die Untertanen im Rheinland sogar in der Epoche des frühneuzeitlichen Absolutismus mehr Rechte besessen hätten, als ihnen der preußische Staat jetzt gewähren wollte.[60]

Allerdings zeigte sich schon bald, dass die von Monarch und Regierung beabsichtigte Steuerung des Provinziallandtags nicht funktionierte. Trotz der Bevorzugung der Grundbesitzer bei der Zusammensetzung der Landtagsdelegierten ließen sich bürgerliche Intelligenz, Industrie und bewegliches Kapital, aus Sicht der restaurativen Kräfte die »Zerstörer der alten Weltordnung«, nicht fernhalten. Ebenso wenig ließ sich die Diskussion der brennenden Themen der Zeit vermeiden, wie Fragen der Besteuerung, des Rechtswesens, der Industrie, der Militärlasten, des Verhältnisses von Katholiken und Protestanten und vor allem: des nicht eingelösten Verfassungsversprechens. Hinzu kam, dass der rheinische Provinziallandtag in den ersten beiden Jahrzehnten geradezu überschüttet wurde von Bittschriften und »Adressen« aus der Bevölkerung, die den Abgeordneten gesellschaftliche Probleme zur Kenntnis brachten.[61]

Unzufriedenheit in der Rheinpfalz

Im Gegensatz zum preußischen Rheinland versuchte Bayern in der Pfalz durch weitgehende Beibehaltung der »französischen Institutionen« (»Landrat«, Gemeindeverfassung) die Bevölkerung für sich zu gewinnen. Wenn die Pfälzer dennoch mit der bayerischen Herrschaft unzufrieden waren, so hatte dies in erster Linie wirtschaftliche Gründe: Die Einbeziehung des Rheinkreises in den 1828 zwischen Bayern und Württemberg abgeschlossenen Süddeutschen Zollverein führte dazu, dass dieses Gebiet von sämtlichen unmittelbaren Nachbarn ab 1829 durch eine neue Zollgrenze getrennt wurde, was gravierende negative Auswirkungen auf das gesamte Wirtschaftsleben zur Folge hatte. Dazu kamen eine starke Holznot unter der Bevölkerung, die zu einer immens hohen Zahl von Waldvergehen führte, eine Missernte im Jahr 1831 sowie wachsende politische Erregung durch den Einfluss der Revolutionen in Frankreich und Polen, genährt auch durch ein allgemeines Misstrauen gegenüber der bayerischen Verwaltung.[62]

Kritik an den Hofhaltungskosten der bayerischen Monarchie (anonymes Gedicht)

»Ja, ja! bei Hof sind hohe Gäste! Ein Lager schlugen sie im Feld.
Da gibt es Bälle, Spiele, Feste, d'rum braucht der König auch sein Geld.
Da schwelgen sie vergnügt im Freien, das Volk kommt ohne Strümpf und Schuh',
den Herren ›Vivat Hoch!‹ zu schreien – und uns holt man die letzte Kuh.
Fort zieht man sie dort an der Kette. Wie's treue Thier so kläglich schreit!
Weib! weine nicht in deinem Bette, es ist ja uns're Schuldigkeit:
Der König will sich lustig machen, d'rum, armes Weib! verschmachte du –,
die Herren Prinzen wollen lachen – das kostet manches Bauern Kuh.«[63]

Diese Stimmung sowie die Unterdrückung von Meinungsfreiheit und demokratischen Forderungen gipfelten im Mai 1832 im berühmten »Hambacher Fest«, der größten Versammlung der damaligen liberalen und demokratischen Opposition im deutschen Sprachraum. Das Fest hatte allerdings keine direkten politischen Folgen: Ein von der bayerischen Regierung entsandtes Militärkommando brachte die pfälzische Opposition vorerst zum Schweigen, und die wirtschaftliche Problematik wurde 1834 durch die Vereinigung des Süddeutschen und des Preußisch-Hessischen Zollvereins zum Deutschen Zollverein weitgehend entschärft. Zu einer Abkehr von der im Vergleich zu Preußen relativ liberalen Verfassung der Pfalz kam es, entgegen weit verbreiteten Befürchtungen unter der Bevölkerung, nicht.[64]

Andererseits zeigte die Hochverratsanklage, die der bayerische Staat 1833 gegen Johann Georg August Wirth, Philipp Jakob Siebenpfeiffer und weitere elf führende Teilnehmer des Hambacher Festes vorbrachte, erneut die Bedeutung der französischen Gerichtsverfassung als Bühne der öffentlichen Meinungsäußerung. Die Beweisaufnahme vor dem eigens nach Landau verlegten Zweibrücker Gericht geriet weitgehend zu einem Fiasko für die Anklage, denn die Zeugen konnten keine direkte Aufforderung zum politischen Umsturz bestätigen. Nach langen Verteidigungsreden – Wirth sprach fast sieben Stunden, Siebenpfeiffer mehr als zwei –, die später gedruckt erschienen, erkannten die zwölf Geschworenen bei allen Angeklagten auf »nicht schuldig« – ein sensationelles Urteil![65]

Es war daher kein Wunder, dass sich auch auf Seiten des bayerischen Staates zunehmend Unwillen gegen die Rechtsverfassung der Pfalz ausbreitete. So stimmte der bayerische Innenminister Ludwig Fürst zu Oettingen-Wallerstein nach den Hambacher Ereignissen mit dem Feldmarschall Karl Philipp von Wrede darin überein, die ganze »Misere« des bayerisch-pfälzischen Verhältnisses gehe auf die Versäumnisse der Jahre 1815/16 zurück. Gegenüber der Kritik des Fürsten von Metternich an den pfälzischen Zuständen erwiderte Wrede, die Regierung habe sich lediglich vorzuwerfen, dass sie bei der Übernahme des Rheinkreises diesem »die demokratischen Institutionen« belassen habe; sie seien es, welche »das Gift in sich tragen und die Kraft der Regierung lähmen«.

Er selbst sei für diesen Fehler mitverantwortlich, er habe damals auch für ihre Beibehaltung plädiert. Aber wer hätte schon ahnen können, welche Saat da aufgehe? »Jetzt kann man«, so Wrede weiter, »nur wünschen, dass die in diesem Kreis befindlichen Tollköpfe der Regierung das Mittel in die Hand liefern mögen, das auf eine gute Art zurückzunehmen, was anno 1815 nicht hätte gegeben werden sollen.«[66] Der König war jetzt gleicher Meinung und sah die Schuld vor allem bei den Gerichten. Schon im Juli 1832 schrieb er, erbost über ein ihm nicht genehmes Gerichtsurteil, an den Innenminister: »Die Regierung ist durch nichts mehr gehemmt als durch die Gerichte; es scheint mir aber, dass sich dem abhelfen ließe.« Dabei war ihm vor allem das Appellationsgericht in Zweibrücken ein Dorn im Auge: »Die Rechtspflege im Rheinkreis, vorzüglich bei dem Appellationsgericht in Zweibrücken, scheint noch immer mehr zum Schutz der politischen Umtriebe als der Ordnung und Ruhe zu wirken.«[67]

Kritik an der Steuerpolitik

Auch die Besteuerung war ein Thema, das insbesondere in der Rheinprovinz und in der Pfalz heftig die Gemüter erregte, empfand man doch die steuerliche Belastung als unverhältnismäßig gegenüber den älteren Provinzen der neuen Mutterländer. In der Rheinprovinz entzündete sich der Unmut darüber schon daran, dass der preußische Staat 1818–1820 für die neuen Provinzen eigene Steuergesetze erließ, ohne dafür die Zustimmung der Besteuerten einzuholen, wie dies König Friedrich Wilhelm III. 1815 versprochen hatte. Weiteres Ärgernis entstand daraus, dass auch das Versprechen einer Gleichbehandlung im Verhältnis zu den anderen Provinzen nicht eingelöst wurde. Tatsächlich führte der preußische Staat das von den Franzosen begonnene Grundsteuerkataster nur für das Rheinland und Westfalen fort und weitete es nicht auf die altpreußischen Staaten aus, wo der Adel seine Steuerprivilegien behielt. So blieb die dem Rheinland auferlegte Grundsteuer deutlich höher als in den altpreußischen Provinzen. Zudem wurden neue Steuern eingeführt. In den Weinanbaugebieten litt man besonders unter der Weinmoststeuer, die spätestens sechs Monate nach der Ernte zu entrichten war und damit nicht berücksichtigte, ob der Verkauf als fertiger Wein den Winzern überhaupt die erhofften Einnahmen eintrug. Den Gipfel des Ärgers bildete die Beibehaltung des französischen Systems der sog. Beisteuern, d. h. Steuern, die nun in einem Verhältnis von über 40 % zusätzlich zu den direkten Hauptsteuern erhoben wurden, um damit die kommunalen und regionalen Verwaltungskosten zu finanzieren – Ausgaben, die in den altpreußischen Provinzen dagegen aus dem Staatshaushalt bestritten wurden.[68]

In der Pfalz fanden die politischen Diskussionen über die steuerliche Überlastung ihren Höhepunkt in den Jahren 1846/47. Bei ihrer Kritik wurde aber von pfälzischer Seite gern übersehen, dass im übrigen Bayern ein Großteil der Bevölkerung immer noch mit Zehnten sowie mit grundherrlichen Dienstleistungen und Abgaben belastet war, die erst im Zuge der Revolution von 1848 abgeschafft wurden. Als Kompensation für die damit verbundenen Einnahmenausfälle führte die Regierung im selben Jahr landesweit die Besteuerung der Einkommen und der Kapitalerträge ein, wofür in der Pfalz die noch aus französischer Zeit überkommene Personal- und Mobiliarsteuer abgeschafft wurde. Für die Pfalz war damit eine erhebliche Erleichterung verbunden, was sicher zur dortigen Akzeptanz des neuen Steuersystems beitrug. Bis zum Inkrafttreten des Reichseinkommensteuergesetzes 1920 bewahrte man in Bayern diese Form der progressiven Besteuerung des Einkommens.[69]

Revolution 1848/49

Während der Revolution von 1848/49 war die Rheinprovinz neben Schlesien die unruhigste Provinz innerhalb Preußens. Revolutionäre Zentren waren die Städte, in der südlichen Rheinprovinz besonders Trier, das aus Berliner Perspektive als »der schlimmste Punkt in der Provinz« galt. Die Abneigung des liberalen und besonders des demokratisch orientierten rheinischen Bürgertums gegen den harten politischen Kurs des preußischen Staates verschaffte den Forderungen nach verfassungsrechtlich verbürgten, politischen Grund- und Mitbestimmungsrechten überall massives Gewicht. Doch trugen auch die ländlichen Gebiete schon ab dem März 1848 zu der revolutionären Stimmung bei. Die Vertreibung von Bürgermeistern, Lehrern und Förstern, die Zerstörung von staatlichen Hoheitszeichen, in einem Fall von einem ganzen Forsthaus (Neupfalz bei Stromberg im Hunsrück), und schließlich der massenhafte Einfall in die Wälder mit entsprechender Entnahme von Holz zeigen das Ausmaß, in dem man sich durch bürokratische Bevormundung und Abgaben belastet und insbesondere an den traditionellen Waldnutzungsrechten eingeschränkt fühlte. Beim Sturm auf das Trierer Gefängnis gleich im März 1848 halfen Bauern der Umgebung, um die dort einsitzenden Gefangenen aus den eigenen Reihen zu befreien, die wegen Verstoßes gegen die Forstgesetze inhaftiert worden waren. Die Regierung Trier musste am 27. April 1848 einen Aufruf erlassen, worin sie die Gemeinden ausdrücklich davor warnte, nun eigenmächtig eine Selbstverwaltung einzuführen: »Die Hoffnung auf Beseitigung der Bevormundung der Gemeinden, welche gegenwärtig gesetzlich besteht [!], hat in manchen Gemeinden dazu geführt, sich über die Bestimmungen der Gemeinde-Ordnung vom 23. Juli 1845 hinauszusetzen, die Amtswirksamkeit der Gemeindebeamten zu hemmen und Baarbestände und Grund-Eigenthum zu vertheilen.«[70]

Dementsprechend zielten die Petitionen, welche die verfassunggebenden Versammlungen in Frankfurt und für Preußen in Berlin in den folgenden Monaten aus den ländlichen Gebieten erreichten, immer auch auf Gewährung gemeindlicher Selbstverwaltung unter Einschluss des Rechtes zur Wahl der eigenen Amtsträger und auf Verringerung des staatlichen Beamtenapparates ab. Die vom Frankfurter Paulskirchenparlament ausgearbeitete und im März 1849 angenommene Verfassung trug diesen Wünschen im weitesten Sinne Rechnung: Als Teil der »Grundrechte des deutschen Volkes« wurden auch den Gemeinden erstmals Grundrechte zugestanden. Dazu gehörten die Wahl ihrer Vorsteher und Vertreter, die selbständige Verwaltung ihrer Gemeindeangelegenheiten mit Einschluss der Ortspolizei (unter gesetzlich geordneter Oberaufsicht des Staates), Veröffentlichung ihres Gemeindehaushaltes und Öffentlichkeit der Gemeinderatsverhandlungen als Regel. Auch die preußische Verfassung vom 5. Dezember 1848 widmete sich diesen Anliegen. So enthielt sie Bestimmungen, welche im Kern erstmals allen Gemeinden, also auch den ländlichen Gemeinden, das Recht der Selbstverwaltung zusprachen. Allerdings sollte die Umsetzung zeigen, dass der Staat hier trotzdem keineswegs auf seine Genehmigungsrechte verzichtete.[71]

In Hessen-Darmstadt verwirklichte der gerade von seinem Vater Großherzog Ludwig II. zum Mitregenten ernannte Ludwig III. mit dem »Märzedikt« vom 6. März 1848 wesentliche Forderungen der Revolution: Versammlungs- und Kultusfreiheit, Abschaffung der Pressezensur, allgemeine Volksbewaffnung und Vereidigung des Militärs auf die Verfassung. Geschworenengerichte und mündliches Gerichtsverfahren sollten nun auch in den rechtsrheinischen Gebieten eingeführt werden, und der Provinz Rheinhessen wurden »bis zur Einführung einer allgemeinen deutschen Gesetzgebung« ihre aus französischer

Zeit stammenden Institutionen und Gesetze garantiert. Am 21. August 1848 kam es zudem zur Einrichtung von frei gewählten Bezirksräten in den zehn Regierungsbezirken, in die man das Großherzogtum jetzt neu einteilte. Ein neues Wahlgesetz sah 1849 eine direkte und allgemeine Wahl der Abgeordneten der zweiten Kammer der Landstände vor.[72]

Pfälzisch-Badischer Aufstand 1849

Auch in Bayern sahen die vom bayerischen Landtag am 4. Juni 1848 verabschiedeten Reformgesetze politische Veränderungen vor, die in der Pfalz schon von den Franzosen realisiert worden waren, wie z. B. die Abschaffung der Grundherrschaft. Damit waren für die Bevölkerungsmehrheit im rechtsrheinischen Bayern die revolutionären Ziele des Jahres 1848 im Wesentlichen erreicht; das Interesse an der Frankfurter Nationalversammlung, die am 30. April 1848 gewählt worden war, hielt sich dort in Grenzen. Anders in der Pfalz, wo die freisinnig-liberale »Neue Speyerer Zeitung« am 3. März 1848 die klassischen »März-Forderungen« formulierte, aber auch eine spezifisch pfälzische Forderung nach Abschaffung der Flusszölle.[73]

Umso größer war die Enttäuschung, als König Maximilian II. 1849 die von der Nationalversammlung beschlossene Reichsverfassung ablehnte und am 18. März den bayerischen Landtag vertagte, nachdem dessen Abgeordnetenkammer sich für die Annahme der Reichsverfassung ausgesprochen hatte. In Reaktion darauf gründete sich auf der Basis der im Verlauf des Jahres 1848 entstandenen pfälzischen Volksvereine bei einer großen Versammlung in Kaiserslautern am 2. Mai 1849 ein Landesverteidigungsausschuss. Dieser berief für den 17. Mai 1849 eine pfälzische Volksvertretung nach Kaiserslautern, wo die Delegierten eine »Provisorische Regierung der Pfalz« wählten. Faktisch hatte die Pfalz damit ihre Unabhängigkeit von Bayern erklärt. Doch dem Vormarsch der preußischen Armee hatten die Aufständischen nur wenig entgegenzusetzen. Schon am 15. Juni flüchtete die provisorische Regierung der Pfalz aus Kaiserslautern nach Baden, wo bis Ende Juni der Aufstand in Rastatt endgültig niedergeschlagen wurde.[74]

Juristisches Nachspiel gegen die Volksbewegung

In der Pfalz folgte auf die militärische Niederschlagung des Aufstandes 1850/51 der Versuch, mit Hilfe des Strafrechts die liberal-demokratische Volksbewegung weiter zu unterdrücken. Nach der Einstellung der Ermittlungsverfahren gegen 136 Beschuldigte mangels Beweisen, der Amnestierung weiterer 572 Personen sowie der Verweisung der Verfahren gegen 323 Beschuldigte an die Zuchtpolizeigerichte blieben noch die Anklagen gegen 333 Personen »wegen bewaffneter Rebellion gegen die bewaffnete Macht, Hoch und Staatsverrat etc.«. Sie landeten schließlich ganz überwiegend vor dem Geschworenengericht in Zweibrücken. Dies verurteilte 224 Angeklagte zum Tode, von denen aber nur fünf im Gerichtssaal anwesend waren und verhaftet wurden. Die anderen hatten sich dem Zugriff der Staatsgewalt entziehen und in Frankreich und in der Schweiz, später vor allem in Nordamerika Zuflucht finden können. Erst im Jahr 1865 gab es eine Generalamnestie.[75]

Scheitern der revolutionären Gemeindeverfassung in der Rheinprovinz

Im Herbst 1848 bahnte sich auch im preußischen Rheinland das Scheitern des revolutionären Aufbegehrens gegen den Obrigkeitsstaat an. Zwar hatte sich die Hohenzollern-Monarchie am 5. Dezember 1848 eine Verfassung gegeben, aber König Friedrich Wilhelm IV. hatte diese in demonstrativer Bekräftigung seines uneingeschränkten Herrschaftsanspruches ohne Beteiligung der gesellschaftlichen Reformkräfte als »oktroyierte Verfassung« erlassen. Und trotz weitreichender Aufnahme von Forderungen der liberalen Kräfte verweigerte die Verfassung dem zukünftigen Parlament entscheidende Kontrollrechte. So konnte der monarchische Staat nun zwar allen Gemeinden das Recht der Selbstverwaltung gewähren, aber zugleich dessen Umsetzung so bestimmen, dass sich an der Praxis staatlicher Bevormundung nichts änderte.[76]

Zur Machterhaltung des monarchischen Staates trug entscheidend die Veränderung des Wahlrechts im Frühjahr 1849 bei. Denn nun wurde das Drei-Klassen-Wahlrecht der RGO auch Grundlage für die Wahl zum preußischen Abgeordnetenhaus, der Zweiten Kammer des neuen Berliner Parlaments. Die Folge dieses »Herrschaftskompromisses« von Konservativen und Liberalen war, dass der größte Teil der Bevölkerung von der Wahl eigener Vertreter mangels Steuerleistung ausgeschlossen blieb.[77] Dass sich die Gemeindeartikel der revidierten Verfassung vom 31. Januar 1850 kaum von der oktroyierten Verfassung vom Dezember 1848 unterschieden, änderte die Gesamtsituation nicht. Durchaus liberale Züge wies jedoch die wenige Monate später für ganz Preußen erlassene Gemeindeordnung auf, die viel vom rheinischen Vorbild in sich aufgenommen hatte. Darin waren Gemeinderat und Gemeindevorstand strikt getrennt: Ersterer wurde von den wahlberechtigten Gemeindemitgliedern gewählt; die Vertreter wählten ihrerseits aus den Wahlberechtigten den Vorstand, also Bürgermeister und Vertreter.[78]

Die landesweite Einführung der neuen Gemeindeordnung wurde allerdings schon im Juni 1852 unterbunden, weil damit die Gutsbezirke im Osten ihre Selbständigkeit und die Gutsbesitzer ihre Polizeigewalt mit anderen Rechten verloren hätten. Auch die in diese Richtung wirkenden neuen Ordnungen für Kreise, Bezirke und Provinzen von 1850 fielen weg. Doch genügte dies der jetzt im Parlament organisierten konservativen Reaktion nicht: Ein Jahr später erreichte sie die Aufhebung auch der Gemeindeartikel der revidierten Verfassung (Art. 105) und der neuen Gemeindeordnung, an deren Stelle die Regierung wieder alle alten Gemeindegesetze setzte.[79]

Für die Rheinprovinz kam es infolgedessen 1856 erstmalig zum Erlass verschiedener Kommunalverfassungen: Nur für die ländlichen Gemeinden führte die Regierung jetzt die alte Gemeindeordnung von 1845 in leicht modifizierter Form wieder ein; für die Städte erließ sie eine besondere Ordnung, die auf der revidierten Städteordnung von 1831 beruhte. Der wesentliche Unterschied zwischen beiden lag darin, dass die städtischen Ratsversammlungen nun ihren Vorstand wählen durften, während den ländlichen Amtsversammlungen dieses bis 1927 vorenthalten blieb! Zwar wurde daraufhin in vielen Petitionen gegen die Ungleichbehandlung von Stadt- und Landgemeinden protestiert, doch blieb dies ohne Wirkung.[80]

Damit kam für Preußen bzw. für das preußische Rheinland die kommunalrechtliche Entwicklung zum vorläufigen Stillstand. Zwar gab es noch einmal einige Änderungen mit den Reformgesetzen der 1880er Jahre, als mit der Kreis- und Provinzialordnung

Altes Landratsgebäude von Neuwied-Heddesdorf, um 1910 (Landeshauptarchiv Koblenz)

von 1887 und den zwei Verwaltungsgesetzen von 1883 auch im Rheinland den regionalen Instanzen mehr Einfluss eingeräumt wurde. Aber nur das industriell-gewerbliche Bürgertum erhielt damit entsprechend seiner gestiegenen Bedeutung gegenüber dem ländlichen Grundbesitz mehr politisches Gewicht. Abgesehen davon blieb der Einfluss staatlicher Instanzen in der Regional- und Kreisverwaltung so stark, letzteres insbesondere durch die Institution bzw. Person des Landrates, dass von einer grundsätzlichen Erweiterung gemeindlicher Selbstverwaltungsspielräume keine Rede sein konnte, allenfalls von einer »Besserung«. So resümierten die fest im katholischen Trier verwurzelten Herausgeber eines Kommentars zur RGO nach dem Scheitern einer 1911 dem Berliner Abgeordnetenhaus vorgelegten Novelle enttäuscht: »Die Erfüllung des lang gehegten Wunsches der rheinischen Bevölkerung, anstelle der bestehenden eine neue, den Gemeinden eine größere Selbständigkeit garantierende Gemeindeordnung zu erhalten, scheint wieder in weite Ferne gerückt.«[81]

Restauration im Großherzogtum Hessen, Liberalität in Bayern

In Hessen wurden ab 1850 unter dem neuen Innenminister Reinhard Friedrich von Dalwigk ebenfalls viele der im Verlauf der Revolution 1848/49 eingeführten politischen Neuerungen schrittweise rückgängig gemacht. Für die Wahl der Landstände führte man 1850 nach preußischem Vorbild ein Drei-Klassen-Wahlrecht ein, das den Besitzenden eine Vorrangstellung sicherte. Als 1852 eine Neueinteilung des Großherzogtums in 26 Kreise (fünf davon in Rheinhessen) an die Stelle der Regierungsbezirke trat, blieben die Bezirksräte (jetzt auf Kreisebene) zwar erhalten, wurden aber ab 1853 ebenfalls nach dem Drei-Klassen-Wahlrecht gewählt.

Auf der kommunalen Ebene waren Ernennung und Abberufung der Bürgermeister und Beigeordneten schon 1852 wieder zur alleinigen Sache der Regierung geworden. Gleichzeitig führte die Regierung auch für die Wahl der Gemeinderäte das Drei-Klassen-Wahlrecht ein.[82] Dieses wurde allerdings 1874 mit Einführung einer Städte- und einer Landgemeindeordnung wieder abgeschafft, die zugleich die bis dahin bestehende Rechtsgleichheit von Städten und Landgemeinden aufhob.[83] Für alle Gemeinden ab 10.000 Einwohnern wurde nun die Städteordnung obligatorisch, die außerdem auf Antrag des Ortsvorstandes auch Gemeinden ab 3.000 Einwohnern verliehen werden konnte. In den Landgemeinden erhielten die Ortsbürger jetzt wieder das Recht, Bürgermeister und Beigeordnete direkt zu wählen. Ein Rest des Drei-Klassen-Wahlrechts überlebte aber in der Bestimmung, dass die Hälfte der Mitglieder des Gemeinderats aus dem höchstbesteuerten Drittel der Wählbaren kommen musste.[84] In den Städten wurden Bürgermeister und Beigeordnete nicht (wie in den Landgemeinden) von allen Bürgern, sondern nur von den Stadtverordneten gewählt. Eine wichtige Neuerung bestand für die Städte darin, dass sie von nun an nicht nur hauptamtliche Bürgermeister hatten, sondern darüber hinaus von den Stadtverordneten-Versammlungen auch besoldete Beigeordnete für eine Periode von zwölf Jahren gewählt werden konnten. Nach Ablauf der ersten Wahlperiode war ihre Wiederwahl auf Lebenszeit möglich. Bürgermeister und Beigeordnete hatten Sitz und Stimmrecht in der Stadtverordneten-Versammlung, galten aber nicht als deren Mitglieder.

In Bayern erfolgte im Unterschied zu Hessen und Preußen keine derartige Rücknahme der 1848 gewährten politischen Konzessionen. 1869 erweiterte der Staat die Selbstverwaltungsrechte speziell der pfälzischen Kommunen mit dem Erlass einer neuen »Gemeindeordnung für die Pfalz«. Bürgermeister und Adjunkten wurden jetzt von den Gemeinderäten gewählt. Beibehalten wurden als französisches Erbe die Rechtsgleichheit von Stadt und Landgemeinde[85] sowie die Institution des Gemeindeeinnehmers.[86] Erst mit dem »Pfälzischen Städteverfassungsgesetz« von 1908 erhielten auch die pfälzischen Städte die Möglichkeit, die liberale Magistratsverfassung des rechtsrheinischen Bayern zu übernehmen.[87] Doch allein die Stadt Landau machte im Jahr 1909 von dieser Möglichkeit Gebrauch.[88]

Einschränkungen im Wahlrecht

Eine gemeinsame Tendenz der pfälzischen wie der rheinhessischen Kommunalverfassung des 19. Jhs. bestand in der Einschränkung des Kreises der Wahlberechtigten. Galt bis zur Mitte des 19. Jhs. noch die französische Verfassung, nach der alle volljährigen männlichen Einwohner (soweit sie die Staatsbürgerschaft besaßen) den Gemeinderat wählen durften, so beschränkte Hessen 1852 diesen Personenkreis auf diejenigen Einwohner über 25, die Personalsteuer bzw. ab 1874 Einkommensteuer entrichteten. Die übrigen volljährigen männlichen Einwohner behielten zwar ihren Status als »Ortsbürger«, ein politisches Mitspracherecht war aber damit nicht mehr verbunden. In der Pfalz übernahm man mit der neuen Gemeindeordnung von 1869 die bayerische Unterscheidung von »Heimatrecht« und »Bürgerrecht«. Mit dem Heimatrecht waren die Aufenthaltserlaubnis und ein Anspruch auf finanzielle Unterstützung durch die Gemeinde im Fall der Bedürftigkeit verbunden; das Bürgerrecht (und damit das Wahlrecht für den Gemeinderat) blieb den volljährigen »selbständigen« Männern (d.h. Haushaltsvorständen) vorbehalten, die eine direkte Steuer entrichteten. Vergleichbar war in beiden Gebieten die Stellung des Bürgermeisters: Er war Vorstand und Vollzugsorgan des Gemeinderates, berief diesen ein, hatte dort Stimmrecht und bei Stimmengleichheit die ausschlaggebende Stimme. Ein darüber hinausgehendes Vetorecht gegenüber missliebigen Gemeinderatsbeschlüssen hatte er jedoch nicht; auch besaß der Gemeinderat ihm gegenüber das Recht zur selbständigen Rechnungsprüfung. In Hessen war es ab 1874 dem Gemeinderat möglich, auf Verlangen eines Viertels seiner Mitglieder die Einberufung einer Sitzung notfalls gegen den Willen des Bürgermeisters zu erzwingen. Ab 1911 galt dort außerdem bei Stimmengleichheit im Gemeinderat ein Antrag als abgelehnt, nur in Personalfragen blieb es in solchen Fällen beim Entscheidungsrecht des Bürgermeisters.

Die Provinzialvertretung der Rheinprovinz nach 1850

Als ab 1851 mit dem Berliner Abgeordnetenhaus eine gesamtstaatliche parlamentarische Bühne zur Verfügung stand, veränderte sich die Funktion des rheinischen Provinziallandtags. Ab jetzt engagierte er sich ausschließlich in der Provinzialverwaltung zwecks Entwicklung des Verkehrswesens und der medizinischen und sozialen Versorgung der Bevölkerung. Doch erst nachdem der Provinziallandtag beschlossen hatte, aus eigenen Mitteln den Bau von fünf weiteren Anstalten für Geisteskranke zu finanzieren, verlieh der König 1865 ihm das Recht auf Selbstverwaltung der Pflegeanstalten. Selbstverwaltung in allen übrigen Bereichen der Provinzialanstalten gewährte erst ein Gesetz von 1871, angestoßen von den Konzessionen, die der preußische Staat nach dem deutsch-österreichischen Krieg von 1866 bei der Einrichtung von Provinzialverfassungen in den annektierten Staaten Hessen-Kassel, Nassau und Hannover machen musste. Ganz wichtig war, dass zu den jetzt dem Rheinischen Provinziallandtag zugestandenen Selbstverwaltungsrechten auch die Befugnis gehörte, die zur Finanzierung nötigen Gelder durch Zuschläge auf die regulären Steuern zu erheben.[89]

Den organisatorischen Abschluss dieser Entwicklung bildete die Einrichtung eines ständigen Verwaltungsausschusses, mit dem der Landtag seine Aufgaben auch außerhalb seiner Sitzungszeit wahrnehmen konnte. Interessanterweise kam man im Landtag überein, bei der Zusammensetzung dieses Gremiums von der ständischen Gliederung abzuweichen, und dementsprechend erhielt das neue Organ auch den bürokratischen Titel »Provinzialverwaltungsrat«. Nachdem der Landtag sich jahrelang aus Furcht vor Machtverlust gegen die Einrichtung eines ständigen geschäftsführenden Ausschusses gewehrt hatte, einigte man sich nun (1875) darauf, die Leitung der laufenden Geschäfte einem »Landesdirektor« zu übertragen (ab 1897 »Landeshauptmann«), 1877 erließ man eine Geschäftsordnung, die bis 1933 die maßgebende Verteilung der Befugnisse zwischen Landtag, Verwaltungsrat und Landeshauptmann regelte. Erst mit diesen Änderungen war aus einem periodisch für begrenzte Zeit – in der Regel zwei Wochen – zusammentretenden Vertretungsorgan einer Provinz zugleich auch ein Instrument zur Teilnahme an der Regierung dieser Provinz geworden.[90]

1875 war für die östlichen Provinzen eine neue Provinzialordnung erlassen worden, welche an die Stelle der ständischen Zusammensetzung eine Wahl der Abgeordneten durch die Kreistage und Stadtverordnetenversammlungen vorsah. Aufgrund der mit dem »Kulturkampf« zusammenhängenden und das Rheinland besonders stark betreffenden politischen Auseinandersetzungen (s. dazu das Kapitel »Glaube, Religion, Kirchen«) wurde die neue Provinzialordnung erst 1887 in der Rheinprovinz eingeführt. Damit endete auch hier die Ära der ständischen Repräsentation nach Fürsten, Rittern, Städten und sonstigen Grundbesitzern. An seine Stelle trat, wie schon bei der Zusammensetzung von Kreistagen und Stadtverordnetenversammlungen, die Bevorzugung von Besitz und Einkommen nach dem Drei-Klassen-Wahlrecht. Eine deutliche Verschiebung der Repräsentation von Gutsbesitzern hin zum gewerblich-industriellen Bürgertum war auch hier die Folge. Auch Landräte und Oberbürgermeister waren stark vertreten, Lehrer und Arbeiter indessen überhaupt nicht.[91]

Es kennzeichnet den Zuwachs von Selbstverwaltungsrechten, dass Provinziallandtag und -rat seit 1871 mit einer Fülle von Aufgaben geradezu überschüttet wurden – sowohl von der preußischen Staatsregierung als auch aufgrund eigener Initiativen. Zum Ausbau des bisherigen Heil- und Pflegewesens für geistig Kranke kam besonders das Bemühen um Entwicklung der strukturschwachen, durch große Armut und Abwanderung geplagten ländlichen Gebiete der Eifel. Die Folgen der Industrialisierung riefen aber auch große Anstrengungen der sozialen Fürsorge in den Ballungsgebieten hervor. Daneben kam der Pflege der zahlreich vorhandenen historischen Denkmäler wachsende Bedeutung zu. Aber trotz dieser Anstrengungen hielt sich die öffentliche Anerkennung dafür in Grenzen. So wurde der Provinziallandtag im Volkswitz als »sechste rheinische Provinzialirrenanstalt« bezeichnet. Die in keiner Weise repräsentative Zusammensetzung der Abgeordneten spielte dabei sicherlich eine Rolle, bis 1887 ebenso der Mangel an Öffentlichkeit. Darunter musste insbesondere die Akzeptanz der finanziellen Lasten leiden, welche die Einrichtungen der Provinzialverwaltung zwangsläufig mit sich brachten.[92]

Provinzialvertretung in der Pfalz

Die im »Vormärz« in der Pfalz heftig kritisierte Einteilung der Volksvertretung in »Klassen« wurde zwar im bayerischen Landtag 1848 aufgehoben, galt jedoch bei den regionalen Landräten auch weiterhin. Daran änderte das neue Landratsgesetz von 1852 im Prinzip nichts. Immerhin wurden durch den Verzicht auf das alte Wahlmännersystem die Wahlen jetzt bis zu einem gewissen Grad »demokratisiert«; das Zahlenverhältnis von Gemeindevertretern zu Vertretern des Großgrundbesitzes kehrte sich von 6:15 (vor 1852) auf jetzt 16:4 um. Wichtiger war aber die Bildung eines ständigen Kreisausschusses aus sechs Mitgliedern, der vom Landrat gewählt wurde und in Bezug auf die Verwaltung des Vermögens der Kreisgemeinde sowie der Kreisanstalten und Kreisstiftungen bei der Kreisregierung Anträge zu stellen und Gutachten abzugeben hatte.

Mit der gesetzlichen Neuregelung von 1852 hatte sich der Landrat im Königreich Bayern relativ weit von seinem ursprünglichen französischen Vorbild entfernt. Abgesehen von der fortbestehenden Klasseneinteilung waren die Zuständigkeiten des Landrats für den Haushalt des Kreises erweitert worden; auch waren seine Verhandlungen und Protokolle jetzt öffentlich. Bis zum Ende der Monarchie im Jahr 1918 blieb diese Regelung die Grundlage für die Wahl und den Aufgabenkreis des Landrats. In seiner Zusammensetzung war der Landrat über die 100 Jahre seines Bestehens hinweg relativ konstant. Die auffälligste Tendenz, die sich zwischen 1816 und 1918 feststellen lässt, ist der Rückgang der Juristen und Staatsbeamten bei gleichzeitigem Anstieg der Bürgermeister, während die von Anfang an stark vertretenen Gutsbesitzer – bedingt durch die Klasseneinteilung in der Wahlordnung – und auch die Kaufleute und Unternehmer ihre Anteile aufrechterhalten konnten.[93]

Zugleich mit der Neustrukturierung des Landrats 1852 wurden in Bayern auf der darunter liegenden Ebene Distriktsräte eingeführt, die nach ähnlichen Prinzipien organisiert waren. Grundlage waren die seit französischer Zeit bestehenden Kantone, von denen fortan jeder eine eigene »Distriktsgemeinde« bildete. Die Wahlberechtigten dieser Distriktsgemeinde wählten den Distriktsrat, der sich aus Vertretern der Gemeinden und der Großgrundbesitzer im Verhältnis 5:3 zusammensetzte. Die Rechte und Aufgaben des Distriktsrats gegenüber der Distriktsverwaltungsbehörde (in der Pfalz bis 1862 das Landkommissariat, danach das Bezirksamt) entsprachen weitgehend denjenigen des Landrats gegenüber der Kreisregierung auf der mittleren Verwaltungsebene, bezogen sich also vor allem auf Haushaltsfragen. Der Distriktsrat versammelte sich einmal jährlich unter dem Vorsitz des Landkommissärs und wählte für die Erledigung der laufenden Geschäfte aus seiner Mitte einen Distriktsausschuss.[94]

Infolge der Justizreform von 1861, die nun auch im rechtsrheinischen Bayern die in der Pfalz bereits seit der Französischen Revolution bestehende Trennung von Justiz und Verwaltung einführte, wurden zum 1. Juli 1862 die Landkommissariate der Pfalz in Bezirksämter (unter Leitung von Bezirksamtmännern) umbenannt. Dies geschah im Sinne einer Angleichung der Verwaltungsterminologie im gesamten Königreich, nachdem im rechtsrheinischen Bayern solche Bezirksämter jetzt durch Zusammenfassung jeweils mehrerer Landgerichte als Einheiten der inneren Verwaltung neu geschaffen worden waren. Dementsprechend wurden zugleich auch die pfälzischen Kantone in Landgerichte umbenannt, so dass mit der 1862 umgesetzten Justizreform innere Verwaltung und Justizverwaltung in ganz Bayern einheitlich strukturiert waren. Unberührt von diesen Änderungen (die sich in der Pfalz ohnehin nur auf reine Namensänderungen beschränkten) blieb die Organisation der Distriktsgemeinden, die sich jetzt in der Pfalz, wie überall sonst in Bayern, mit den Bezirken der Landgerichte (ab 1879 Amtsgerichte) deckten.[95]

Rheinhessische Kreis- und Provinzverwaltung

Nach der Auflösung der Regierungsbezirke und der Einteilung des Großherzogtums in 26 Kreise (davon fünf in Rheinhessen) im Jahr 1852 entstanden regionale Selbstverwaltungsorgane in Hessen erst wieder durch die Kreis- und Provinzialordnung vom 12. Juni 1874.[96] Sie sah die Bildung eines Provinzialtags in Rheinhessen wie in den beiden anderen hessischen Provinzen vor, der von den Kreistagen im Verhältnis der Einwohnerzahl der Kreise (ein Mitglied je 10.000 Einwohner) gewählt wurde. Der Provinzialtag wählte wiederum aus seiner Mitte einen achtköpfigen Provinzialausschuss, in dem der Provinzialdirektor den Vorsitz mit vollem Stimmrecht führte. Die relativ starke Stellung dieses Ausschusses im Gefüge der staatlichen Verwaltung war dadurch bedingt, dass er nicht nur als Organ des Provinzialtags diente, sondern auch für verschiedene Gebiete der Landesverwaltung zuständig war und darüber hinaus ab 1912 als Verwaltungsgericht fungierte. Allerdings war es aufgrund der dominierenden Position des Provinzialdirektors als Vorsitzender sowohl des Provinzialausschusses wie auch des gesamten Provinziallandtages diesem Gremium nie möglich, eine mit dem Landrat der benachbarten Pfalz vergleichbare Autonomie gegenüber der Regierung zu erlangen.[97]

Die zugleich mit dem Provinzialtag eingerichteten Kreistage setzten sich im Verhältnis 2:1 aus den Vertretern der Gemeinden und der jeweils 50 (bzw. in den Kreisen Mainz und Worms 100) höchstbesteuerten Wahlberechtigten zusammen. Wie in der Pfalz wählte der Kreistag zur Erledigung der laufenden Geschäfte einen Kreisausschuss, der ab 1912 zugleich als Verwaltungsgericht erster Instanz fungierte. Den Vorsitz in beiden Gremien hatte der Kreisrat, der als Organ der Staatsregierung auch die Geschäfte der allgemeinen Landesverwaltung im Kreis führte. Mit der neuen Kreisordnung orientierte sich Hessen an der zwei Jahre vorher (1872) eingeführten preußischen Kreisverfassung, ohne allerdings die dort gebräuchliche Unterscheidung von Land- und Stadtkreisen einzuführen.[98]

Neuordnung des Gerichtswesens im Kaiserreich

Auch nach der Gründung des Deutschen Kaiserreichs blieb die Justiz überwiegend Ländersache, doch das Reich regelte die Verfassung der Gerichtsbehörden nunmehr einheitlich durch das Gerichtsverfassungsgesetz vom 27. Januar 1877.[99] Es trat am 1. Oktober 1879 mit den übrigen »Reichsjustizgesetzen«, wie z. B. der Zivilprozessordnung, der Strafprozessordnung, der Reichsabgabenordnung, in Kraft und gilt noch heute. Damit und mit den am 4. März 1879 in Kraft getretenen Ordnungen für die Führung von Zivil- und Strafprozessen, Konkurs- und Zwangsversteigerungsverfahren wurden die noch im linksrheinischen Gebiet bestehenden französischen Verfahrensgesetze zwar abgelöst, aber ihre Grundprinzipien wie Öffentlichkeit, Mündlichkeit, Unmittelbarkeit der Beweisaufnahme, freie Beweiswürdigung, richterliche Unabhängigkeit, Parteimaxime im Zivilprozess und Offizialmaxime im Strafprozess erhielten reichsweite Geltung. Die Einführung einer für das ganze Reich einheitlichen Gerichtsgliederung änderte viele Bezeichnungen: Die Friedensgerichte und die rechtsrheinischen Kreisgerichte firmierten nun als Amtsgerichte, die rheinhessischen und pfälzischen Bezirksgerichte erhielten die gleiche Bezeichnung wie die rheinpreußischen Landgerichte in Koblenz und Trier, der Rheinische Appellationsgerichtshof in Köln wurde zum Oberlandesgericht Köln, das Oberappellations- und Kassationsgericht in Darmstadt zum Großherzoglich Hessischen Oberlandesgericht und das Königlich Bayerische Appellationsgericht zum Oberlandesgericht Zweibrücken. Oberstes Gericht in Zivil- und Strafsachen war jetzt das Reichsgericht mit Sitz in Leipzig. Allerdings hatte sich das Königreich Bayern die Justizhoheit in Teilen der Zivilgerichtsbarkeit vorbehalten, so dass solche Streitigkeiten nicht an das Reichsgericht, sondern an das Bayerische Oberste Landesgericht in München gingen. Dieses in seiner Art einzige Gericht wurde erst im Jahr 2006 aufgelöst. Den Höhepunkt in der Einführung eines einheitlichen Rechts in ganz Deutschland bildete zweifellos der Erlass des »Allgemeinen Bürgerlichen Gesetzbuches« im Jahre 1900. Zwar wurde damit das letzte im linksrheinischen Deutschland noch geltende französische Gesetzeswerk, der »Code civil«, abgelöst, doch ohne diesen wäre das neue Werk nicht möglich gewesen.

Auch die Verwaltungsgerichtsbarkeit wurde im Kaiserreich fortentwickelt. Dabei beschritt man aber nicht den Weg, den die Paulskirchenverfassung von 1849 vorgesehen hatte. Vielmehr knüpfte man an die Administrativjustiz der französischen Zeit an. Eine unabhängige Verwaltungsgerichtsbarkeit bestand demnach in Preußen nur in der obersten Instanz, dem 1875 gegründeten Preußischen Oberverwaltungsgericht in Berlin, welches mit persönlich und sachlich unabhängigen Richtern besetzt war. Dagegen standen den unteren Instanzen, den Bezirksausschüssen und den Kreis- bzw. Stadtausschüssen, weiterhin Beamte vor: der Regierungspräsident bzw. als dessen Vertreter der Verwaltungsgerichtsdirektor, der Landrat bzw. der Oberbürgermeister. In gleicher Weise schuf man 1875 für das Großherzogtum Hessen einen Verwaltungsgerichtshof in Darmstadt und als Mittelinstanz für die Provinz Rheinhessen einen Provinzialausschuss. Wenig später folgte Bayern – mit einem Verwaltungsgerichtshof in München und einer Mittelinstanz bei der Kreisregierung in Speyer.[100]

Anhaltende Gegensätze zwischen rheinischer und preußischer Rechtskultur

Welche Ressentiments es damals innerhalb Preußens zwischen »rheinischem« und »altpreußischem Recht« gab, wurde bei der Einführung einer einheitlichen Amtstracht für Richter, Staatsanwälte, Rechtsanwälte und Gerichtsschreiber deutlich. Sie entsprach im Wesentlichen der bereits in der Rheinprovinz üblichen Kleidung, die auch noch der heutigen gleichkommt. Der spätere Präsident des Landgerichts Koblenz, Jacob Wolff, der um 1880 Hilfsrichter am Stadtgericht in Berlin war, berichtet in seinen ›Lebenserinnerungen‹ über seine Erlebnisse in Berlin: »In den öffentlichen Sitzungen der ›alten Provinzen‹ trug man im Gegensatz zum Rhein, wo die ›Robe‹ aus der französischen Zeit als Amtstracht geblieben war, den ›Frack‹. Und da nur der Frack und nichts als der Frack vorgeschrieben war, so kann man sich ungefähr vorstellen, wie wenig würdig ein Richterkollegium dort in Erscheinung trat. Zu diesem ursprünglich allerdings schwarzen, später in den unmöglichsten Farben schillernden Kleidungsstück wurden ganz nach Wahl des einzelnen Richters die verschiedensten Halsbinden, Westen und Beinkleider getragen, das Schlimmste aber war, dass eine bestimmte Tragezeit nicht vorgeschrieben war. [...] Trotzdem war am ganzen Stadtgericht Berlin die Aufregung nicht gering, als die Nachricht von dem kommenden Talar durchzudringen begann. Ich habe mehrfach Äußerungen höchster Entrüstung darüber gehört, dass man gezwungen sein sollte, den ›rheinischen Karneval‹ mitzumachen.«[101]

3. Das Rheinland, Rheinhessen und die Pfalz während der Weimarer Republik

Der Waffenstillstand vom 11. November 1918 und die Revolution, welche die deutschen Fürstenhäuser zum Verzicht auf ihre Hoheitsrechte zwang, bedeuteten einen tiefgehenden Einschnitt für das Reich und alle seine Länder.

Kriegsende, Revolution und Besetzung

Im Westen änderte sich zunächst als Folge des verlorenen Krieges und des Versailler Vertrages der Territorialbestand Preußens und Bayerns durch Ausgliederung des sog. Saargebietes, das zum größeren Teil aus Kreisen des Regierungsbezirks Trier bestand (Saarbrücken, Ottweiler, Saarlouis, Teile der Kreise Merzig und St. Wendel), zum kleineren Teil aus der Pfalz (Bezirksamt St. Ingbert, Teile der Bezirksämter Homburg und Zweibrücken). Das gesamte Gebiet links des Rheins wurde von alliierten Truppen besetzt: die Pfalz und Rheinhessen von französischen Truppen, die Regierungsbezirke Trier und Koblenz von den Amerikanern, die allerdings schon im Frühjahr 1922 mit dem Abzug begannen (bis

Januar 1923), worauf die Franzosen auch diesen Bereich übernahmen. Unter dem Besatzungsstatut war die deutsche Souveränität im Besatzungsgebiet stark eingeschränkt; alle behördlichen Erlasse bedurften der Genehmigung der Interalliierten Rheinlandkommission, die aus Vertretern der Besatzungsmächte gebildet war und ihren Sitz in Koblenz hatte. Militärgerichte der Besatzungsmächte übten einen Teil der Gerichtsbarkeit aus. 1919 und 1923/24 traten mit Unterstützung französischer Befehlshaber bewaffnete separatistische Gruppen mit Aufständen und der Proklamation eines Rheinland-Staates hervor. Die regionalen und lokalen deutschen Verwaltungen mussten sich fügen oder kamen vorübergehend vollständig zum Erliegen. Das Reich wiederum versuchte durch ein »Reichskommissariat für die besetzten Gebiete« mit Vertretern aller von der Besatzung betroffenen Länder in Koblenz und durch die Errichtung eines gleichnamigen Ministeriums in Berlin im August 1923 administrative Gegengewichte zu schaffen.[102]

Demokratisierung der preußischen Kommunalverfassungen

Unter den schwierigen Bedingungen von militärischer Niederlage und politischer Revolution vollzogen sich in Deutschland die längst überfällige Parlamentarisierung und Demokratisierung. Die Königreiche Preußen und Bayern wurden zu republikanischen »Freistaaten«, das Großherzogtum Hessen hieß jetzt »Volksstaat Hessen«. Wie die Weimarer Nationalversammlung für das Deutsche Reich, so erließen auch gewählte Landesversammlungen der Einzelstaaten neue Verfassungen. Sie garantierten staatsbürgerliche Grundrechte, demokratische Wahlrechte auf allen Ebenen unter Einschluss des Frauenwahlrechts sowie die volle Verantwortung der Regierungen gegenüber den neu gewählten Parlamenten. Eine Verordnung der provisorischen preußischen Regierung vom 24. Januar 1919 setzte diese revolutionären Änderungen auch für das Gemeindewahlrecht durch. Das Drei-Klassen-Wahlrecht, bislang Garant für die Dominanz von Grundbesitz und Kapital, wurde zugunsten des allgemeinen und gleichen Wahlrechts abgeschafft, die bisherigen Gemeindevertretungen wurden aufgelöst. Ein Gesetz der preußischen Landesversammlung vom 15. Juli 1919 führte das Frauenwahlrecht auch bei Kommunalwahlen ein. Nur wenige Tage später, am 18. Juli 1919, ordnete ein weiteres Gesetz die Neuwahl aller Gemeindevertretungen und Kreisversammlungen, des Provinzialrats und des Bezirksausschusses nach dem neuen Wahlrecht an. Für den bis dahin ständisch zusammengesetzten Provinzialrat endete damit ein »geradezu mittelalterliches Wahlrecht«, wie es der preußische USPD-Abgeordnete Walter Stoecker im Juni 1919 formulierte.[103]

Die allgemeine Einführung des direkten und gleichen Wahlrechts ließ in Preußen die Provinzen zu einer neuen politischen Bühne werden. Arbeiter und Gewerkschaftssekretäre zogen nun in den rheinischen Provinziallandtag ein, während Oberbürgermeister und Großgrundbesitzer an Bedeutung verloren. Dies alles sollte die regionale Identifikation fördern, wie der damalige Kölner Oberbürgermeister Konrad Adenauer in einer Rede vor dem neu formierten Landtag der Rheinprovinz hoffnungsvoll hervorhob. Allerdings widerlegte der Rückgang der Wahlbeteiligung in den späteren Jahren diese optimistische Prognose.[104]

Auch die neue Reichsverfassung hatte Hoffnungen auf ein politisches Regionalbewusstsein gefördert. So war darin festgelegt worden, dass die Hälfte der preußischen Mitglieder des Reichsrates von den Provinzialausschüssen gewählt werden sollte (Art. 63). Die Rheinprovinz erhielt damit wie ein Land Einfluss auf die Reichsgesetzgebung. Zudem wurde in Preußen der neue preußische Staatsrat, der praktisch an die Stelle des vormaligen adligen Herrenhauses getreten war, von den Provinziallandtagen gewählt. Die Kehrseite solcher Mitbestimmungsrechte war jedoch die Miteinbeziehung der Provinzialverwaltungen in die öffentlichen Lasten, die nach dem Krieg ganz besonders zu Buche schlugen. So beklagte sich der rheinische Provinzialhauptmann Ludwig von Renvers 1920 über die preußische Staatsregierung: »Der Staat geht in einer ganz unaussprechlichen Weise vor. Er gibt uns das Arbeitsamt, das Berufsamt, und sagt einfach: Bitte schön, mach du das, Provinz. Er gibt uns jetzt die Krüppelfürsorge usw. und wieder heißt es: Bitte zahlt! Für jede neue Aufgabe, die wir dazubekommen, hat der Staat immer nur die Bemerkung: Ihr seid die einzigen, ihr könnt das bezahlen; wir brummen euch die Sachen auf, aber Gelder geben wir euch nicht dafür.«[105]

Anders als die Provinzialverwaltung hatte das Kommunalwesen Preußens den revolutionären Umbruch 1918/19 nur als Abschaffung des Drei-Klassen-Wahlrechts erlebt; die Städte- und Gemeindeordnungen des 19. Jhs. mit den darin beschriebenen Einrichtungen bestanden ansonsten unverändert fort. So blieb es auch in der Rheinprovinz bei der Städteordnung von 1856 und der revidierten Gemeindeordnung des gleichen Jahres, welche denselben autoritären Geist atmete wie ihr Vorgänger von 1845. Erst 1927 wurde den Gemeindevertretern der rheinischen Landbürgermeistereien Preußens eine Änderung zugestanden, die seit über 100 Jahren ein Thema der politischen Diskussion gewesen war: die Wahl der Bürgermeister ihrer Gemeindeverbände (»Ämter«) durch die Amtsvertretungen anstelle der Bestimmung durch den Staat.[106] Bekräftigt wurde dagegen die starke exekutive Stellung sowohl der Vorsteher der Einzelgemeinden als auch der Bürgermeister in den Amtsverbänden, indem beide den jeweiligen Gemeinde- bzw. Amtsvertretungen mit vollem Stimmrecht vorstanden.

Änderungen in den Kommunalverfassungen Bayerns und Hessens

In der Pfalz konnte der neue »Kreistag«, das Bezirksparlament der Pfalz, wegen der französischen Besatzung erst verspätet im Jahr 1920 gewählt werden. Hier hatte sich die Zusammensetzung aufgrund der Wahlrechtsreform ebenfalls stark verändert. Mit der Verringerung der Zahl von Bürgermeistern und Großgrundbesitzern bei gleichzeitigem Einzug von Arbeitern und kleinen Beamten näherte sie sich der tatsächlichen Sozialstruktur der Bevölkerung an. Mit der Richterwitwe Marie Fooß wurde sogar erstmals eine Frau in dieses Gremium gewählt. Im Volksstaat Hessen wurde die bis dahin übliche indirekte Wahl der Provinzialtage durch die Kreistage zum 1. Mai 1919 durch die direkte Wahl nach dem Verhältniswahlrecht ersetzt, was deren Zusammensetzung ebenfalls nachhaltig veränderte.[107]

Im Unterschied zu Preußen führte die Revolution in Bayern mit einem neuen Selbstverwaltungsgesetz vom 22. Mai 1919 auch in der Kommunalverfassung entscheidende Änderungen herbei. Obwohl die jeweiligen Gemeindeordnungen für das rechtsrheinische Bayern und die Pfalz von 1869 formell noch in Kraft blieben, brachten die Bestimmungen des neuen Gesetzes durch Aufnahme einiger Elemente der städtischen Magistratsverfassung eine weitgehende Vereinheitlichung für alle bayerischen Kommunen. Für deren Verwaltung waren jetzt Stadt- bzw. Gemeinderäte zuständig, die von allen wahlberechtigten Bürgern für eine fünfjährige Wahlperiode (beginnend 1920) gewählt wurden. Auch die Frauen waren nun wahlberechtigt, nachdem das Frauenwahlrecht mit der Wahlproklamation der Regierung des Freistaates Bayern vom 5. Dezember 1918 eingeführt worden war und auch in der Verfassung vom 14. August 1919 Aufnahme gefunden hatte.

Die Ersten Bürgermeister wurden ebenfalls von allen Bürgern gewählt, während die Wahl von bis zu drei weiteren Bürgermeistern den Stadt- bzw. Gemeinderäten vorbehalten war. Alle Städte und Gemeinden erhielten jetzt die Möglichkeit, hauptamtliche Bürgermeister und Stadt- bzw. Gemeinderäte mit beschränktem Stimmrecht anzustellen (was nach dem bisherigen Recht nur den Städten mit der rechtsrheinischen Magistratsverfassung erlaubt gewesen war). Für die pfälzischen Bürgermeister, Adjunkten und Gemeinderäte, die ihre Funktionen bis dahin rein ehrenamtlich auszuüben hatten, brachte das neue Gesetz den Vorteil, dass sie nun ebenfalls Funktionsbezüge erhielten.[108]

Eine weitere Neuerung des Selbstverwaltungsgesetzes bestand darin, dass Gemeinden mit mindestens 10.000 Einwohnern ab jetzt durch eine bloße Entschließung des bayerischen Innenministeriums für kreisunmittelbar erklärt werden konnten. Das Innenministerium nutzte diese Möglichkeit dazu, am 18. Dezember 1919 diejenigen größeren pfälzischen Städte, bei denen dies bisher noch nicht geschehen war (Ludwigshafen, Kaiserslautern, Pirmasens, Speyer, Neustadt a.d.H., Frankenthal, St. Ingbert und Zweibrücken), aus den entsprechenden Bezirksämtern auszugliedern und direkt der Kreisregierung zu unterstellen, wovon aber ihre Mitgliedschaft in den jeweiligen Bezirksverbänden unberührt blieb.[109]

Mit dem Gemeindewahlgesetz vom 6. November 1924 wurde die 1919 eingeführte Direktwahl der Bürgermeister auf die Gemeinden bis zu 3.000 Einwohnern beschränkt. In größeren Gemeinden blieb dieses Wahlrecht jetzt den Mitgliedern der Stadt- bzw. Gemeinderäte vorbehalten. Eine umfassende neue Gemeindeordnung, die an die Stelle der beiden Gemeindeordnungen von 1869 trat und jetzt für ganz Bayern (mit der Pfalz) Gültigkeit hatte, wurde erst am 17. Oktober 1927 zusammen mit einer neuen Bezirks- und Kreisordnung erlassen und zum 1. April 1928 in Kraft gesetzt.[110]

Etwa gleichzeitig mit dem bayerischen Selbstverwaltungsgesetz erließ auch der neue Volksstaat Hessen am 15. April 1919 Gesetze zur Abänderung der Verfassungen von Städten und Landgemeinden, Kreisen und Provinzen, die durch Einführung des allgemeinen gleichen Wahlrechts das demokratische Element stärkten. Das aktive Wahlrecht erhielten jetzt alle Männer und Frauen ab 20 Jahren, das Mindestalter für das passive Wahlrecht wurde auf 21 Jahre herabgesetzt, die Wahlperiode auf drei Jahre verkürzt. Sogar eine Direktwahl der besoldeten Bürgermeister in Landgemeinden durch die Bürger wurde eingeführt, allerdings 1925 wieder in eine indirekte Wahl durch die Gemeinderäte umgewandelt. Die im Jahr 1931 neu eingeführte hessische Gemeindeordnung brachte schließlich eine fast vollständige Angleichung der Verfassung von Städten und Landgemeinden, die sich fortan nur noch in den Namen ihrer Institutionen unterschieden (Stadt- bzw. Gemeinderat).[111]

Kommunalverwaltung unter »Weimarer Verhältnissen« – die Krise der kommunalen Selbstverwaltung

Mit der Demokratisierung des Wahlrechts in Deutschland waren große Hoffnungen verbunden gewesen. Doch entgegen den Erwartungen gerieten das Reich, die Länder und besonders die Städte immer tiefer in eine ernste Krise. Die Gründe dafür lagen in den riesigen, vom Weltkrieg hinterlassenen Lasten, aber auch in Verfassung und Politik der ersten deutschen Republik selbst. So war durch die Steuerreform von Reichsfinanzminister Matthias Erzberger (1920) das Steuerschwergewicht von den Ländern und Gemeinden auf das Reich übertragen worden. Es war dies ein notwendiger Schritt, um angesichts der Reparationspflichten die Abhängigkeit des Reiches von den Beiträgen der Länder zu beenden. Zugleich beendete dieser Systemwechsel die Steuerautonomie der Kommunen und machte diese, ebenso wie die Länder, zu »Kostgängern« des Reiches, weil die erheblichen Ausfälle an direkten eigenen Steuereinnahmen durch Zuweisungen des Reiches ausgeglichen werden mussten. Die bislang bestehenden Unterschiede der kommunalen Leistungsverwaltung, Spiegelbild örtlicher Unterschiede, trugen dem Staat nun die Aufgabe auf, entsprechend für Ausgleich zu sorgen – durch Zuweisungen, die mit Bedingungen verknüpft waren und eine verschärfte Aufsicht des Reiches über das gemeindliche Finanzgebaren mit sich brachten. Der Ludwigshafener Oberbürgermeister Christian Weiß bemerkte dazu schon Ende 1920: »Die Reichsfinanzreform hat der städtischen Finanzpolitik das Rückgrat gebrochen.«[112]

Hinzu kam, dass sowohl der Zentralstaat (Reich) als auch die Länder ihre Aktivitäten kontinuierlich in bislang den Gemeinden vorbehaltene Bereiche ausdehnten und dabei regelrecht miteinander wetteiferten. Die Folge war, dass die Gemeinden nicht nur in der Auftragsverwaltung ständigen Zuwachs an Pflichten und Lasten erfuhren, sondern »auch im Rahmen ihrer Selbstverwaltungsangelegenheiten vielfach zu bloßen Vollzugsorganen« des Staates »herabgedrückt wurden«. Das wohlfahrtsstaatliche Selbstverständnis der Weimarer Republik verstärkte das Ausmaß staatlicher Interventionen, weil die Kriegsfolgen und schließlich die Weltwirtschaftskrise von 1929 ganz außerordentliche Fürsorgeleistungen nötig machten. Eine wachsende Abhängigkeit der Kommunen von finanziellen Zuweisungen des Zentralstaates war die Folge und damit einhergehend eine weitere Aushöhlung der verfassungsmäßig garantierten kommunalen Selbstverwaltung.[113]

Der Streit der Parteien über die Lastenverteilung verschärfte diese Situation. Insbesondere in der Weltwirtschaftskrise radikalisierten sich die politischen Verhältnisse derart, dass sich kaum noch Mehrheiten fanden, wenn es um den Ausgleich des Haushalts durch steuerliche Maßnahmen ging. Daher bestellten die Länder Kommissare, um in den Kommunen die höchst unpopuläre »Bürgerabgabe« durchzusetzen, die mittels einer Notverordnung vom 26. Juli 1930 beschlossen worden war. So sollte die Stadt Ludwigshafen 1930/31 auf Druck der staatlichen Aufsichtsbehörde schrittweise die unbeliebten Bürger-, Bier- und Getränkesteuern erhöhen. Gegen die Weigerung des Stadtrates wurden die Erhöhungen auf Anordnung der Regierung durchgesetzt. Der Koblenzer Oberbürgermeister Dr. Karl Russell sah unter dem »Bleigewicht« der »unerträglich hohen Wohlfahrtslasten«, welche die Wirtschaftskrise schon nach wenigen Wochen hervorrief, den Zusammenbruch der städtischen Finanzen voraus.[114]

Die politische Radikalisierung in der Endphase der Weimarer Republik führte dazu, dass die politischen Parteien auf beiden Seiten der Mitte die Mitarbeit an Sachfragen einstellten und kommunalfremde Ziele in den Vordergrund gerieten. Die aktive Gestaltung des Gemeindelebens blieb auf der Strecke; das kommunalpolitische Klima wurde durch verleumderische Angriffe regelrecht vergiftet. Vor diesem Hintergrund wurde die Zusammenarbeit von Staat und kommunalen Vertretungskörperschaften immer schwieriger. So mündete die politische Diskussion darüber schon vor 1933 in die Forderung, dass man die exekutiven Kompetenzen der Bürgermeister gegenüber den Ratsversammlungen stär-

Teilnahme von Behördenleitern an der Fronleichnamsprozession in Neuwied. An der Spitze: Landrat Robert Großmann, Landgerichtspräsident Heinrich Schaltenbrand und Finanzamtsleiter Hillenbrand, um 1925 (Landeshauptarchiv Koblenz)

ken sollte – ein exaktes Spiegelbild der Entwicklung auf Reichsebene hin zum Präsidialkabinett, das seit 1930 ohne Parlament mit dem verfassungsrechtlichen Instrument der »Notverordnung« regierte. Die Einführung autoritärer Strukturen lag auch in der kommunalen Politik bereits vor 1933 in der Luft, wie die Entwürfe der preußischen Regierung für eine neue umfassende Kommunalordnung von 1930 zeigen. Interessanterweise orientierte man sich dabei an der rheinischen Bürgermeisterverfassung.[115]

Die Vergiftung des politischen Klimas war zudem ein besonderes Anliegen der Nationalsozialisten. In ihren Zeitungen hetzten sie fortwährend gegen republikanisch gesinnte Beamte. Als das NS-Organ »Westdeutscher Beobachter« wieder einmal den Koblenzer Polizeidezernenten Dr. Ernst Biesten und Oberbürgermeister Dr. Russell als »Schädlinge und Emporkömmlinge« schmähte, stellte Russell in seinem Bericht vom 12. Oktober 1928 an den Regierungspräsidenten in Koblenz resignierend fest: »Nach den Erfahrungen, die in den bisherigen Beleidigungsverfahren gemacht worden sind, muss man jedoch wohl oder übel auf dem Standpunkt stehen, in Zukunft von Strafanträgen abzusehen. Jeder Strafantrag führt zu neuen Verleumdungen und Beleidigungen, jede Verhandlung und Verurteilung ist der willkommene Anlass für weitere Hetz- und Schmähartikel [...]. Es fehlt ein ausreichender gesetzlicher Schutz gegen eine solche Presse, die systematisch durch Lüge, Verleumdung und Ehrabschneidung ihre Ziele, wie sie auch geartet sein mögen, verfolgt. [...] In allen ordentlich gesinnten Kreisen herrscht seit etwa zwei Jahren einhellige Empörung über die Rechtlosigkeit, der Beamte und Bürger ausgesetzt sind.«[116]

4. Die Zeit der NS-Diktatur

Die Berufung Hitlers zum Reichskanzler einer Koalition aus NSDAP und DNVP erfolgte auf dem dafür von der Weimarer Verfassung vorgesehenen Weg durch Reichspräsident Paul von Hindenburg am 30. Januar 1933. Dies war zugleich das Ende der Weimarer Republik, denn bekanntlich hebelten die Nationalsozialisten die demokratische und föderale Reichsverfassung binnen kürzester Zeit aus. Den Anfang markierte der Erlass der »Verordnung des Reichspräsidenten zum Schutze des Deutschen Volkes« vom 4. Februar 1933, welche die Versammlungs- und Pressefreiheit weitgehend einschränkte, den Höhepunkt die »Verordnung des Reichspräsidenten zum Schutz von Volk und Staat« vom 28. Februar 1933 (sog. Reichstagsbrandverordnung), welche sämtliche Grundrechte dauerhaft außer Kraft setzte und insbesondere die KPD in die Illegalität trieb – alles mit dem Ziel, die für den 5. März angesetzten Reichstagswahlen zur Erlangung der absoluten Mehrheit zu nützen. Obwohl die Nationalsozialisten dies nicht erreichten, gelang es ihnen, bei der Abstimmung am 23. März 1933 im neuen Reichstag eine scheinbar legale Mehrheit (ohne die bereits verhafteten oder geflüchteten Abgeordneten der KPD und gegen die Stimmen der SPD) zum Erlass des »Ermächtigungsgesetzes« zu finden. Mit dieser Generalbevollmächtigung endete die verfassungsgemäße parlamentarische Funktion des Reichstages, bevor dann mit dem Verbot der SPD am 22. Juni und der gesetzlich verfügten Auflösung der übrigen Parteien am 14. Juli 1933 auch die Weimarer Parteiendemokratie ihr förmliches Ende fand.[117]

Zentralistischer Umbau des Reiches

Schon kurz nach Erlass des Ermächtigungsgesetzes fielen Länder und Kommunen, die ältesten Einheiten mit körperschaftlichen Rechten in Deutschland, dem Machtanspruch der NSDAP zum Opfer. Preußen war bereits im Jahr zuvor seiner Eigenständigkeit beraubt worden, als der damalige Reichskanzler Franz von Papen sich von Reichspräsident Hindenburg am 20. Juli 1932 zum Reichskommissar für dieses Land hatte bestellen lassen (»Preußenschlag«). Gleich nach der Wahl vom 5. März 1933 wandten die Nationalsozialisten das Instrument des Reichskommissariats gegenüber allen gewählten Landesregierungen an. Der Volksstaat Hessen machte schon am 6. März mit der Ernennung von Heinrich Müller zum Reichskommissar den Anfang, den Endpunkt markierte Bayern mit dem Rücktritt der Regierung Held am 16. März. Die angsteinflößende Präsenz der SA-Einheiten verschaffte dem permanenten Verfassungsbruch durch die Regierung Hitler überall die notwendige Durchsetzungskraft. Sichtbarer Ausdruck der neuen Machtlage im Gebiet des heutigen Rheinland-Pfalz waren nicht nur die Hakenkreuzfahnen an öffentlichen Gebäuden, sondern auch die schnelle Einrichtung von Konzentrationslagern in Neustadt und Osthofen bei Worms schon im März 1933.[118]

In der Folge wurden in sämtlichen Ländern des Deutschen Reiches Nationalsozialisten als Ministerpräsidenten eingesetzt. Hinzu kam mit dem »Zweiten Gesetz zur Gleichschaltung der Länder mit dem Reich« vom 7. April 1933 das Amt eines »Reichsstatthalters«, das in vielen Fällen die NS-Gauleiter übernahmen, um damit eine enge Anbindung der Länder an die Reichsregierung zu gewährleisten. Ihren Abschluss fand die

Aushöhlung des deutschen Föderalismus durch das »Gesetz über den Neuaufbau des Reichs« vom 30. Januar 1934, das die Staatshoheit der Länder förmlich beseitigte. Die Länderregierungen existierten zwar weiterhin, hatten aber praktisch keine Funktion mehr.[119]

»Gleichschaltung« der Gemeinden

Die Nationalsozialisten hatten die Kommunalpolitik planmäßig dazu genutzt, ihren Weg zur Macht zu unterstützen. In das Geschrei um die »Krise der Selbstverwaltung« hatten sie lauthals mit eingestimmt, obwohl ihre einzige Antwort auf die Krise die vollständige Zersetzung eben dieses demokratischen Prinzips war.[120] So hatten sie bei der Machtübernahme auch kein kommunalpolitisches Konzept zur Hand, nur den Willen, ihre politischen Gegner aus den Kommunalparlamenten und -verwaltungen zu entfernen und durch eigene Gefolgsleute zu ersetzen. Dies erfolgte ebenfalls gleich in den ersten Tagen und Wochen nach der Märzwahl, mal durch einfache Gewaltandrohung, mal auf Anweisung der neuen Landesregierungen. So wurde z. B. Ernst Wetzel aus Alsheim am 19. April 1933 vom NSDAP-Ortsgruppenleiter Kraus seines Amtes enthoben.[121]

Nachdem die Selbstverwaltung der Gemeinden faktisch außer Kraft gesetzt war, änderte man auch die Gemeindeverfassungen. In Preußen trat ein neues Gemeindeverfassungsgesetz vom 15. Dezember 1933 an die Stelle von bislang 15 verschiedenen Kommunalordnungen des Landes. Alle demokratischen Verfahren wurden damit abgeschafft; an ihre Stelle trat die Ernennung durch Beauftragte der Partei. Ähnlich war die Entwicklung in den anderen Ländern des Reiches. Analog zum Ermächtigungsgesetz vom 24. März erließen auch die Länderparlamente solche Gesetze, die ihre eigene Entmachtung beinhalteten (Bayern am 28. April 1933, Hessen am 13. März/16. Mai). Parallel dazu vollzog sich unter dem Druck der neuen Regierungen einerseits und der SA andererseits die »Machtergreifung« auf kommunaler Ebene auch ohne neue Gemeindeordnungen. Um die schon bekannten Konflikte zwischen Partei und Verwaltung zu vermeiden, sollten zum Bürgermeister nur noch der oberste örtliche Leiter der NSDAP oder sein Stellvertreter ernannt werden, zu Beigeordneten ein Mitglied der sonstigen örtlichen Amtsverwaltung oder Mitglieder der SA und SS. Mit wenigen Ausnahmen war z. B. in Hessen auch der NSDAP-Kreisleiter gleichzeitig Chef der Kreisverwaltung (»Kreisdirektor«).[122]

Die »Deutsche Gemeindeordnung« vom 30. Januar 1935 beseitigte alle bis dahin noch bestehenden Unterschiede in der Gemeindeverfassung der einzelnen deutschen Länder entsprechend dem Referenzrahmen einer Diktatur: Die Bürgermeister wurden nicht mehr gewählt, sondern berufen, wobei die Auswahl aus bis zu drei Bewerbern zu treffen war, die der »Beauftragte der NSDAP« vorzuschlagen hatte. Dieses Amt wurde bei jeder Gemeinde »zur Sicherung des Einklangs der Gemeindeverwaltung mit der Partei« neu eingerichtet; in der Regel handelte es sich dabei um den NSDAP-Kreisleiter. Zu seinen Befugnissen gehörte auch die Berufung der Gemeinderäte »im Benehmen« mit dem Bürgermeister. Eine Vertretungsfunktion hatten diese Gemeinderäte ebenso wenig wie irgendeine Entscheidungsbefugnis. Während einerseits die Stellung der Bürgermeister gegenüber den Gemeinderäten im Sinn des Führerprinzips nachhaltig gestärkt wurde, kam es andererseits zu einer erheblichen Ausweitung staatlicher Genehmigungs- und Aufsichtsbefugnisse gegenüber den Gemeindeverwaltungen.[123]

Das Ende der regionalen Selbstverwaltung

Nicht nur auf Gemeindeebene löschte das NS-Regime alle Formen einer echten kommunalen Selbstverwaltung aus. Am 21. Juli 1936 löste der hessische Gauleiter und Regierungschef Jakob Sprenger die seit 1874 bestehenden Provinzialtage auf und übertrug ihre Zuständigkeiten auf die Exekutivgremien, die Provinzialausschüsse, deren Mitglieder jetzt vom Reichsstatthalter berufen bzw. entlassen wurden. Dies bedeutete für Rheinhessen das Ende einer Selbstverwaltung, die dort nach relativ kurzen Episoden 1818–1835 und 1848–1850 erst 1874 dauerhaft etabliert worden war und damit im Vergleich zur Pfalz – trotz der gemeinsamen Wurzeln in den »französischen Institutionen« des frühen 19. Jhs. – keine entsprechende Kontinuität entwickeln konnte. Den rheinischen Provinziallandtag hatte dieses Schicksal schon aufgrund eines Gesetzes vom 15. Dezember 1933 getroffen. Der Kreistag der Pfalz wurde von den Nationalsozialisten zwar nicht aufgelöst, aber schon im April 1933 zusammen mit den Bezirkstagen und Gemeinderäten politisch gleichgeschaltet und von 28 auf 13 Mitglieder reduziert. Abgeschafft wurde allerdings der Kreisausschuss, seine Aufgaben übernahm formal der Kreistag. Zum neuen Kreistagspräsidenten wurde Richard Imbt »gewählt«, ein treuer Gefolgsmann des Gauleiters Josef Bürckel. Nach Ablauf der Wahlperiode 1937 fanden keine Neuwahlen zum Kreistag mehr statt, seine Mitglieder wurden stattdessen vom bayerischen Innenminister berufen. Am 28. November 1938 verfügte Reichsinnenminister Wilhelm Frick in Anlehnung an die preußische Verwaltungsnomenklatur die Umbenennung der bisherigen bayerischen Kreise: Als staatliche Verwaltungsbezirke hießen die »Kreise« ab jetzt »Regierungsbezirk«, als Kommunalverband lautete ihre Bezeichnung »Bezirksverband«. Leiter beider Einrichtungen war der Regierungspräsident. Zugleich wurden die bisherigen bayerischen Bezirksämter nach dem sonst üblichen Sprachgebrauch in »Kreise« umbenannt, der bisherige Kreistag wiederum in »Bezirkstag«. Als politisches Gremium hatte das Regionalparlament allerdings unter der nationalsozialistischen Herrschaft keine Zukunft mehr: Nachdem seine Rechte als beschließendes Organ bereits 1940 auf den Bezirkstagspräsidenten Imbt übertragen worden waren, kam er am 5. Mai 1943 ein letztes Mal zu einer Sitzung zusammen.[124]

Staatsverwaltung und Partei (Gauverwaltung)

Unbekümmert von der Weimarer Diskussion über eine territoriale »Reichsreform« ließen die Nationalsozialisten die Territorialstruktur des rheinisch-preußischen Raumes, wie sie in den Jahren von 1814 bis 1816 geschaffen worden war, weitgehend unberührt. Die einzige Ausnahme blieb der durch das Groß-Hamburg-Gesetz vom 26. Januar 1937 verfügte Übergang des Landesteils Birkenfeld vom Land Oldenburg an das Land Preußen und dessen Zusammenschluss mit dem bisherigen »Restkreis« St. Wendel zum neugebildeten preußischen Kreis Birkenfeld zum 1. April 1937.[125] In der Parteiorganisation der NSDAP, die ab 1933 konkurrierend neben die staatliche Verwaltung trat, war dieser Schritt bereits 1928 mit der Einbeziehung Birkenfelds in den Gau Rheinland vorweggenommen worden. Seit der Aufteilung des NSDAP-Gaues Rheinland in die beiden neuen Gaue Köln-Aachen und Koblenz-Trier am 31. Mai 1931 residierte in Koblenz Gustav Simon als Gauleiter neben dem für die staatliche Verwaltung zuständigen preußischen Oberpräsidenten der Rheinprovinz.[126]

Außenansicht des Regierungsgebäudes in Birkenfeld mit Hakenkreuzfahnen und Spruchband »Hand in Hand ins grössere Deutschland«, vermutlich 1937 aus Anlass des Übergangs des oldenburgischen Landesteiles an Preußen (Landeshauptarchiv Koblenz)

Gau Hessen-Nassau und Land Hessen

Damit fehlte Simon die staatsrechtliche Position, in deren Genuss sein Gauleiter-Kollege Jakob Sprenger durch Ernennung zum Reichsstatthalter im Volksstaat Hessen am 5. Mai 1933 kam. Sprenger war zunächst ab 1927 Gauleiter des NSDAP-Gaues Hessen-Nassau-Süd (mit Sitz in Frankfurt), zu dem auch die Kreise im Regierungsbezirk Wiesbaden zählten. Den NSDAP-Gau Hessen-Darmstadt, der sich mit dem gleichnamigen Volksstaat deckte und zu dem deshalb auch Rheinhessen gehörte, übernahm er erst um den Jahreswechsel 1932/33 und vereinigte ihn mit seinem alten Gau zum neuen Gau Hessen-Nassau. Somit gehörten Rheinhessen und die nassauischen Kreise ab 1933 staatsrechtlich zwar nach wie vor zu zwei unterschiedlichen Ländern (ersteres zum Volksstaat Hessen, letzteres zur preußischen Provinz Hessen-Nassau), in der NSDAP-Parteiorganisation aber zu ein und demselben Gau. Die Personalunion von Reichsstatthalter und NSDAP-Gauleiter war somit nur in Rheinhessen gegeben; sie erlaubte Sprenger die oben beschriebenen beispiellosen Eingriffe in die Verwaltungsorganisation.[127] Erst 1944 konnte er auch im preußischen Anteil seines Gaugebietes eine staatliche Spitzenposition einnehmen: Nachdem mit der »Verordnung über die Reichsverteidigungskommissare und die Vereinheitlichung der Wirtschaftsverwaltung« vom 16. November 1942 die Parteigaue zu Reichsverteidigungsbezirken gemacht worden waren, geleitet vom jeweiligen Gauleiter als Reichsverteidigungskommissar, wurde zum 1. Juli 1944 in Anpassung an diese Verhältnisse die bisherige preußische Provinz Hessen-Nassau in die zwei neuen Provinzen Kurhessen und Nassau aufgeteilt. Sprenger übernahm nun, zusätzlich zu seinen Ämtern als

Reichsstatthalter und Ministerpräsident von Hessen und Gauleiter des NSDAP-Gaues Hessen-Nassau, auch noch das Amt des Oberpräsidenten der neuen Provinz Nassau, die identisch mit dem Regierungsbezirk Wiesbaden war.[128]

Von der »Pfalz« zur »Westmark«

Im bayerischen Regierungsbezirk Pfalz hingegen blieb auch nach 1933 – ähnlich wie in den preußischen Regierungsbezirken – in staatsrechtlicher Hinsicht formell alles beim Alten (wenn man von der zum 1. Januar 1939 erfolgenden Namensänderung des Kreises in »Regierungsbezirk« und der Bezirksämter in »Kreise« absieht). Allerdings ging das Bestreben von Josef Bürckel, seit 1926 Gauleiter des NSDAP-Gaues Pfalz, seit der »Machtergreifung« 1933 dahin, die Pfalz so weit wie möglich aus der staatsrechtlichen Bindung an Bayern zu lösen. Nachdem auf seinen Druck hin der Regierungspräsident der Pfalz, Ludwig Osthelder, am 1. Oktober 1933 in den einstweiligen Ruhestand versetzt worden war, blieb dieser Posten unbesetzt. Bürckel übernahm zwar am 1. Mai 1934 selbst die politische Leitung der Regierung, gab sie aber bereits im Juni wieder ab, da sich ein Unterordnungsverhältnis zur bayerischen Staatsregierung nicht mit seinem politischen Ehrgeiz vereinbaren ließ.[129]

Ungeachtet dessen blieb Bürckel als Gauleiter der wahre Machthaber in der Pfalz, doch weigerte sich die bayerische Staatsregierung, einen ihm genehmen Kandidaten als Regierungspräsidenten in Speyer einzusetzen, so dass diese Position jahrelang vakant blieb. Bürckel erlangte in der Zwischenzeit außerhalb der Pfalz eine eigene staatliche Spitzenposition infolge seiner Ernennung zum Saarbevollmächtigten der Reichsregierung am 10. August 1934, die er gegen starke Widerstände aus dem Gau Koblenz-Trier durchsetzte. Nach der für Deutschland erfolgreichen Volksabstimmung im Saargebiet am 13. Januar 1935 amtierte er dort als Regierungschef und ab dem 1. März 1935 als Reichskommissar für die Rückgliederung des Saargebietes (ab 1936 »Reichskommissar für das Saarland«). Die bayerische Regierung der Pfalz in Speyer führte neben Bürckel und seiner Gauleitung in Neustadt nur noch ein Schattendasein. Die faktische Herauslösung der Pfalz aus dem bayerischen Staatsverband wurde vollendet durch eine Verordnung des Ministerrats für Reichsverteidigung vom 8. April 1940, die bestimmte, dass für die Dauer des Krieges die Dienststelle des Regierungspräsidenten in Speyer mit der des Reichskommissars für das Saarland in Saarbrücken unter der Bezeichnung »Der Reichskommissar für die Saarpfalz« mit Sitz in Kaiserslautern zusammengefasst wurde. Die bisherige bayerische Regierung der Pfalz firmierte ab jetzt als »Der Reichskommissar für die Saarpfalz, Dienststelle Speyer«. Durch Führererlass vom 11. März 1941 erhielt die »Saarpfalz« die offizielle Bezeichnung »Reichsgau Westmark« und wurde vom »Reichsstatthalter in der Westmark« (Sitz Saarbrücken) verwaltet. Eine endgültige Regelung des staatsrechtlichen Status der Pfalz war damit jedoch noch nicht getroffen, sondern blieb der Zeit nach dem »Endsieg« vorbehalten. Die Pfalz blieb bis zum Kriegsende 1945 im bayerischen Haushalt als Etatposten vertreten.[130]

Die Herrschaft über Lothringen und Luxemburg

Unklar blieb ebenso der Status des französischen Departements Moselle, das nach der Besetzung Frankreichs 1940 unter der Bezeichnung »Lothringen« einer deutschen Zivilverwaltung unterstellt, aber staatsrechtlich nicht annektiert worden war. Chef der Zivilverwaltung in Lothringen wurde Bürckel, dessen Bestreben dahin ging, Lothringen mit der Saarpfalz zu einem einheitlichen staatlichen Gebilde zu verschmelzen. Faktisch gelang ihm dies zwar weitgehend, die Entscheidung über eine auch staatsrechtliche Angliederung Lothringens an das Deutsche Reich wurde jedoch ebenfalls bis zum Kriegsende aufgeschoben. Ganz ähnlich war die Situation im benachbarten Luxemburg, das nach der deutschen Besetzung 1940 der Gauleiter von Koblenz-Trier, Gustav Simon, als Chef der Zivilverwaltung übernommen hatte. Die Eingliederung Luxemburgs in diesen NSDAP-Gau erfolgte bereits am 21. September 1941. Mit der Umbenennung des Gaus Koblenz-Trier in »Moselland« am selben Tag erfüllte sich zwar ein langgehegter Wunsch des Gauleiters Simon, doch fehlte ihm immer noch eine hohe Funktion in der staatlichen Hierarchie des Reiches, wie sie sein Rivale Bürckel als Reichsstatthalter besaß. Mit der Ernennung der Gauleiter zu »Reichsverteidigungskommissaren« in ihren Gauen am 16. November 1942, die mit der Übertragung weitreichender Vollmachten verbunden war, wurde dieser Unterschied allerdings im Großen und Ganzen bedeutungslos.[131]

Justiz und Polizei im Dienst der Diktatur

Mit der Gleichschaltung der Länder wurde diesen durch die nationalsozialistische Reichsregierung bereits faktisch die Justizhoheit entzogen. Zwei Gesetze zur Überleitung der Rechtspflege auf das Reich vom 16. Februar und vom 5. Dezember 1934 begründeten auch formell die umfassende Reichskompetenz auf diesem Gebiet. Ein drittes Gesetz vom 24. Januar 1935 wandelte in letzter Konsequenz sämtliche Justizbehörden der Länder in Reichsbehörden um. Dagegen vollzog sich die Auflösung der Länderpolizeien in anderer Weise, nämlich im Wege schrittweiser Übernahme der politischen Polizei der einzelnen Länder durch den Reichsführer-SS Heinrich Himmler und seinen Stellvertreter Reinhard Heydrich. Sie begann von Himmlers Münchener Stellung aus mit der Übernahme der politischen Polizei Bayerns und endete im April 1934 mit der preußischen politischen Polizei, deren Bezeichnung als »Geheime Staatspolizei« dann reichsweit eingeführt wurde. 1936 gelang es Himmler, zum Chef der gesamten Polizei zu werden. Unter Himmlers und Heydrichs Herrschaft stand die Polizei außerhalb jedes Rechtsweges: Haftanordnungen der Geheimen Staatspolizei, insbesondere die berüchtigten »Schutzhaftbefehle«, unterlagen keiner rechtlichen Nachprüfung mehr. Ihren Höhepunkt fand die Inanspruchnahme der Polizei durch das NS-Regime im Rahmen des Holocaust, insbesondere durch die Mitwirkung an den Massenexekutionen der SS-Einsatzgruppen.[132]

Polizei und Justiz erfuhren gleich in den ersten Monaten nach Antritt der Regierung Hitler umfangreiche personelle Säuberungen, um alle demokratischen und dem Regime kritisch gegenüberstehenden Beamten und natürlich auch alle Beamten mit jüdischer Herkunft zu entfernen. Das »Gesetz zur Wiederherstellung des Berufsbeamtentums« vom 7. April 1933 gab dazu die rechtliche Handhabe; die letzten Ausnahmen beseitigte die am 14. Oktober 1938 verkündete »5. Verordnung zum Reichsbürgergesetz«, die allen jüdischen Rechtsanwälten die Zulassung entzog. Nur als »Konsulent« durfte der eine oder andere aufgrund einer Sondererlaubnis des Reichsjustizministers tätig werden, aber nur zur Vertretung von Juden und insbesondere zur Unterstützung ihrer Ausreise.

1943 gehörten diese »Konsulenten« mitunter zu den letzten Juden, die den Weg in die Vernichtungslager antreten mussten, weil das Regime sie bis zum Schluss zur Ermittlung jüdischen Vermögens benötigte.[133]

Aufgrund der schon erwähnten Verordnungen vom Februar 1933 und des Parteienverbots galt jegliche politische Betätigung außerhalb der NSDAP als Hochverrat, für dessen gerichtliche Ahndung die Oberlandesgerichte mit zuständig waren. Noch am 19. März 1945 wurde Jakob Schultheis, der sozialdemokratische Führer einer Speyerer Widerstandsgruppe (»Speyerer Kameradschaft«), nach einem vor dem Oberlandesgericht Stuttgart geführten Prozess hingerichtet, weil er für den inhaftierten Kommunistenführer Ernst Thälmann gesammelt hatte.[134]

Unterhalb der Ebene des organisierten politischen Widerstandes konnte jede auch privat geäußerte Kritik am NS-Regime und seinem »Führer« mit Gefängnis bzw. Konzentrationslager bestraft werden, unter Umständen sogar mit dem Tode. Maßgebend dafür waren die »Heimtücke-Verordnung« vom 21. März 1933 bzw. das »Heimtücke-Gesetz« vom 20. Dezember 1934. Für die Aburteilung der »Heimtücke«-Delikte richteten die Nationalsozialisten schon im März 1933 in jedem Oberlandesgerichtsbezirk ein Sondergericht ein, so 1933 in Frankenthal (bis 1938) und in Kaiserslautern. Die Sondergerichte sollten »eine Panzertruppe der Rechtspflege« sein. »Sie müssen« – so der spätere und berüchtigte Präsident des Volksgerichtshofs Roland Freisler – »ebenso schnell sein wie die Panzertruppe, sie sind mit ebenso großer Kampfkraft ausgestattet. [...] Sie müssen denselben Drang und dieselbe Fähigkeit haben, den Feind aufzusuchen, zu finden und zu stellen, und sie müssen die gleiche durchschlagende Treff- und Vernichtungssicherheit gegenüber dem erkannten Feind haben.«[135]

Neben dem politischen Feind und dem jüdischen »Rassefeind« bekämpfte das NS-Regime unter dem Schlagwort »Rassenhygiene« auch den »erbbiologischen Feind«, die »Ballastexistenzen«, zu denen man bald die nicht-angepassten, »asozialen« Menschen zählte. Rechtsförmliche Handhabe bot das »Gesetz zur Verhütung erbkranken Nachwuchses« vom 14. Juli 1933. Aufgrund dessen wurden schätzungsweise 350.000 Frauen und Männer zwangsweise sterilisiert, davon ca. 5.000 mit tödlichem Ausgang. Vielfach von den Heil- und Pflegeanstalten und den neu eingerichteten Gesundheitsämtern angezeigt, entschieden hierüber die bei den Amtsgerichten angesiedelten Erbgesundheitsgerichte. Vollzogen wurden die Sterilisationen in den nahe gelegenen Krankenhäusern. Diese Zwangssterilisationen fanden ihre »tödliche Ergänzung« in der von Hitler persönlich befohlenen »Euthanasie«, der »Vernichtung lebensunwerten Lebens« ab 1940, der allein in der ersten Phase mehr als 70.000 Menschen zum Opfer fielen. Insbesondere für die nördlichen Teile des heutigen Landes Rheinland-Pfalz wurde die hessische Landesheil- und Pflegeanstalt in Hadamar damals zur »Tötungsanstalt«.[136]

Schon vor Kriegsbeginn schuf die Kriegssonderstrafrechtsverordnung vom 17. August 1938 für Soldaten den Straftatbestand der »Zersetzung der Wehrkraft«. Die »Volksschädlingsverordnung« vom 5. September 1939 verschärfte diese Möglichkeiten. Jede kritische Bemerkung in der Öffentlichkeit über das Regime und den Krieg konnte nun als »wehrkraftzersetzende Äußerung« mit der Todesstrafe belegt werden. So erging es 1943 Elisabeth Groß aus Worms, die nach entsprechenden Bemerkungen von einem mit ihrem Sohn befreundeten Soldaten denunziert und in der Folge vor dem Volksgerichtshof in Berlin angeklagt wurde. Das dort gesprochene Todesurteil wurde am 25. August 1944 in Berlin-Plötzensee vollstreckt – eins von 2.097 Todesurteilen des Volksgerichtshofs allein im Jahr 1944.[137]

Die letzte Phase dieser »Blutjustiz« war die Standgerichtsbarkeit. Noch am bekanntesten von dieser »Justiz im Verborgenen« ist das Verfahren, das im März 1945 aufgrund der erfolglosen Sprengung der Brücke von Remagen für vier Offiziere mit ihrer Hinrichtung endete. Ein besonders grausamer Fall der Standgerichtsbarkeit ereignete sich bei Dernbach im Westerwald im März 1945: Zwei Wehrmachtssoldaten, Bernhard Pfeiffer aus Mannheim und Karl Petermann aus Frankfurt am Main, waren wegen Desertion von einem damals bei Alsbach liegenden Standgericht unter Vorsitz von Oberstabsrichter Dr. Trost zum Tode verurteilt worden. Das mit der Exekution beauftragte Kommando führte die beiden in einen Wald bei dem 15 km entfernten Dernbach, wo Pfeiffer und Petermann offenbar nicht erschossen, sondern mit Spaten erschlagen wurden, nachdem sie sich zuvor selbst ihr Grab hatten schaufeln müssen. Nach Kriegsende wurden die Leichen exhumiert und auf dem Friedhof von Dernbach beigesetzt.[138]

Soldaten der 87. Division der 3. US-Armee dringen am 18. März 1945 in das Polizeipräsidium Koblenz ein (Landeshauptarchiv Koblenz)

5. Die Entstehung und Entwicklung von Rheinland-Pfalz 1945–2010

Ausgangslage und erste Ordnungen

Der westdeutsche Raum wurde im März 1945 von amerikanischen Truppen erobert, doch es war die französische Besatzungsmacht, welche für die Entstehung des Landes Rheinland-Pfalz entscheidend sein sollte. Das vorrangigste Ziel Frankreichs war die Erlangung von Sicherheit durch die Zerlegung Deutschlands in einzelne Teile. »Ne plus de Reich centralisé«: Kein deutscher Zentralstaat mehr – so lautete die Devise des Chefs der in London 1940 gebildeten Exilregierung, des Generals Charles de Gaulle. Aus diesem Grunde forderte de Gaulle schon im Sommer 1944, als sich die Niederlage des Reiches abzeichnete, von den Alliierten die Beteiligung Frankreichs an der Besetzung Deutschlands. Doch die zur Einrichtung einer eigenen französischen Zone nötigen Gebiete mussten aus den projektierten Zonen Großbritanniens und der USA herausgelöst werden; dies führte zur Zerschneidung historischer Territorien. So kam es im Westen zur Abtrennung der Pfalz von Bayern, des Regierungsbezirks Rheinhessen vom vormaligen Volksstaat Hessen und zur Teilung der preußischen Rheinprovinz, deren südliche Regierungsbezirke Trier und Koblenz zur französischen Zone gelangten. Rechtsrheinisch musste sich Frankreich mit den vier vom hessischen Regierungsbezirk Wiesbaden herkommenden Kreisen im Westerwald und Taunus (Ober- und Unterwesterwaldkreis, Unterlahnkreis, Kreis St. Goarshausen) zufrieden geben.[139]

Die amerikanischen Truppen hatten das bis März 1945 eroberte linksrheinische Gebiet zu einem Militärverwaltungsbezirk zusammengefasst. Mit dem Aufbau einer zivilen Verwaltung mit Sitz in Neustadt, also am Standort der vormaligen NS-Gauverwaltung, beauftragten sie den 1933 entlassenen Mannheimer Oberbürgermeister Hermann Heimerich.[140] Unter der Bezeichnung »Oberregierungspräsidium Mittelrhein-Saar« umfasste dieses Gebilde die Regierungsbezirke Koblenz, Trier, Saarbrücken, Mainz und einen Großteil der Pfalz. Die Stadt Speyer, seit 1816 Verwaltungszentrum der bayerischen Pfalz, und die vier südpfälzischen Landkreise Speyer, Germersheim, Bergzabern und Landau hatten die Amerikaner schon unmittelbar nach der Eroberung französischen Truppen überlassen.

Nachdem Frankreich am 10. Juli 1945 das gesamte ihm zugesprochene Besatzungsgebiet übernommen hatte, begann die neue Besatzungsmacht Ende Juli mit der Auflösung des provisorischen Verwaltungsbezirkes »Mittelrhein-Saar«. Zunächst trennte man das Saargebiet ab, um sich die Kontrolle über dieses wegen seiner Kohlevorkommen so wichtige Gebiet zu sichern – der Beginn einer Sonderentwicklung, die 1957 in die Gründung des heutigen Bundeslandes »Saarland« einmünden sollte. Die Regierungspräsidien in Trier, Koblenz und Mainz blieben von der Auflösung von »Mittelrhein-Saar« unberührt. In Mainz hatten die Franzosen der Einstellung des zunächst als Polizeipräsident eingesetzten SPD-Politikers Jakob Steffan zum Regierungspräsidenten zugestimmt, für die Pfalz wurde diese Aufgabe vom Oberregierungspräsidium in Neustadt übernommen, ab Oktober unter Leitung Dr. Otto Eichenlaub.

Nach Abtrennung des Saargebietes wurden die verbliebenen pfälzischen und rheinhessischen Teile von »Mittelrhein-Saar« als eigenes Verwaltungsgebiet »Hessen-Pfalz« unter Leitung des Neustadter Oberregierungspräsidiums zusammengefasst. Zuständig für seine Überwachung war eine eigene oberste Stelle (»Délégation Supérieure«) der französischen Militärregierung, die ebenfalls ihren Sitz in Neustadt hatte und unter der Leitung von Gouverneur André Brozen-Favereau stand. Zur Überwachung der nördlichen Regierungsbezirke Trier und Koblenz unter Einschluss der vier ehemals hessennassauischen Kreise richtete die Militärregierung in Bad Ems ebenfalls eine »Délégation Supérieure« ein; ab Anfang Dezember stand sie unter der Leitung von Gouverneur Claude Hettier de Boislambert. Doch obwohl der Zuständigkeitsraum dieser Delegation schon jetzt umfassend als »Rhénanie-Hesse-Nassau« bezeichnet wurde, verzichtete die Militärregierung hier noch Monate auf eine gemeinsame Oberbehörde für die Regierungsbezirke Trier und Koblenz. Erst am 19. November 1945 erließ die Bad Emser »Délégation Supérieure« die Anweisung zur Einrichtung einer deutschen Oberbehörde auch für die beiden nördlichen Regierungsbezirke. Ihr Amtssitz sollte in Koblenz sein, ihre Bezeichnung »Oberpräsidium Rheinland-Hessen-Nassau« lauten. Doch die Zuständigkeit dieser am 2. Januar 1946 unter Leitung des amtierenden Regierungspräsidenten Dr. Wilhelm Boden eingerichteten Behörde sollte im Unterschied zum früheren preußischen Oberpräsidium der Rheinprovinz so umfassend wie bei einer eigenen Landesregierung sein. So bezeichnete die französische Anweisung die Ressorts des Oberpräsidiums als Ministerien und ihre Leiter als Minister.[141]

Rückblickend betrachtet könnte man zwar diese Maßnahme schon als grundlegenden Organisationsakt für die Bildung der späteren Landesregierung von Rheinland-Pfalz ansehen, doch war dies Ende 1945 auf französischer Seite noch nicht entschieden. Denn in gleicher Weise wie im Norden wurden auch die leitenden Direktoren der Neustadter Behörde von französischer Seite als Minister angesprochen; und für ein eigenes hessen-pfälzisches Wappen existierten bereits Entwürfe. Eine gewisse Eigenstaatlichkeit beider Verwaltungsgebiete entsprach dem französischen Ziel einer politischen Dezentralisierung Deutschlands, ließ aber noch unentschieden, ob man dies über eine »Zwergstaatspolitik« (W. Baumgart) verfolgte oder durch Zusammenlegung bestehender Einheiten zu einem größeren »Land« anstrebte.[142]

Gründung des Landes

In beiden Verwaltungsgebieten gab es keine Begeisterung für die Einrichtung neuer staatlicher Strukturen. In der Pfalz hatte dies sicherlich mit der Erinnerung an die 1920er Jahre zu tun, als die französische Besatzungsmacht mittels Unterstützung separatistischer Strömungen eine Dezentralisierung des Reiches versucht hatte. In den nördlichen Regierungsbezirken war man aufgrund ähnlicher Erinnerungen ebenfalls gegen jede Verselbständigung. Zudem gab es hier ein starkes Zugehörigkeitsgefühl zu den übrigen Gebieten der alten Rheinprovinz. So berichtete der Landrat von Mayen im Juli 1945 an die Regierung Koblenz: »Man empfindet die Enge des jetzigen Verwaltungsbezirks und die Aufspaltung des rheinischen Kultur- und Wirtschaftsraumes, insbesondere die Loslösung von Köln-Aachen-Düsseldorf als ebenso unnatürlich wie wirtschaftsschädlich. Jede Erschwerung des Güteraustauschs zwischen Mittelrhein-Mosel und Köln-Aachen-Düsseldorf lähmt das Wirtschaftsleben.« Nicht anders sahen dies Vertreter von Wirtschaft und Verwaltung der Pfalz im Hinblick auf die Trennung vom Süden Deutschlands.[143]

Daher ist die Zurückhaltung nicht verwunderlich, mit der man im Herbst 1946 in allen davon betroffenen Regionen und Bezirken die Zusammenlegung zu einem neuen »Land Rhéno-Palatin«, zu Rheinland-Pfalz, aufnahm, beschlossen in Paris am 12. August 1946 und einer bis dahin ahnungslosen Öffentlichkeit verkündet am 30. August durch die »Ordonnance No. 57« des Oberbefehlshabers der französischen Zone, General Pierre Koenig. Frankreich suchte mit diesem Schritt den Anschluss an die Ländergründungspolitik der USA und Großbritanniens, ohne indes seine eigenen Ziele bei der Neugliederung Deutschlands aufzugeben. Seit dem Frühjahr 1946 war dieser Schritt trotz immer noch erheblicher interner Meinungsunterschiede in Paris detailliert vorbereitet worden.[144]

Die Hauptstadt des neuen Landes sollte Mainz sein, sobald der Wiederaufbau dort vorangeschritten war. Weiterhin sollte eine Landesverfassung entworfen werden, sobald die für den 15. September und 13. Oktober 1946 vorgesehenen Wahlen zur Bestellung von Gemeinderäten und Kreisversammlungen durchgeführt waren. Die Kreisversammlungen und Gemeinderäte der größeren Städte (ab 7.000 Einwohner) sollten dann aus ihrer Mitte am 17. November die 127 Mitglieder einer verfassunggebenden Versammlung (»Beratende Landesversammlung«) wählen. Parallel dazu wollte die Militärregierung bis zum 30. November 1946 eine provisorische Landesregierung mit vorläufigem Sitz in Koblenz berufen. Bis dahin würde eine aus Vertretern beider Oberpräsidien Neustadt und Koblenz gebildete »Gemischte Kommission« den Übergang zu einer gemeinsamen Landesverwaltung gestalten und einen Verfassungsentwurf zur Vorlage für die Beratende Landesversammlung erarbeiten. Über das von der Versammlung beschlossene Verfassungswerk sollte dann eine Volksabstimmung entscheiden.[145]

Bereits am 3. September 1946 wurde bei einer Besprechung von Vertretern beider Oberpräsidien mit der französischen Militärregierung in Koblenz die aus zwölf Mitgliedern bestehende »Gemischte Kommission« bestimmt. Schon hierbei zeigte sich, dass sich die politischen Gewichte innerhalb der Militärregierung hin zur »Délégation Supérieure« von Rheinland-Hessen-Nassau mit ihrem Chef Claude Hettier de Boislambert verlagert hatten: Obwohl die Gouverneure beider Verwaltungsbezirke anwesend waren, war es Hettier de Boislambert, der alleine die Sitzung leitete. Und dass er dabei noch den Oberpräsidenten von Rheinland-Hessen-Nassau, Dr. Boden, zum Vorsitzenden bzw. Präsidenten der Kommission bestimmte (als dessen erster Vertreter wurde der Oberregierungspräsident von Hessen-Pfalz, Otto Eichenlaub, benannt, als zweiter Vertreter der Mainzer Regierungspräsident Jakob Steffan), zeigt die Folgen, welche die politische Gewichtsverlagerung auf französischer Seite nach Bad Ems auch für die deutsche Seite hatte. Das Koblenzer Oberpräsidium entwickelte sich strukturell und personell zum Kerngerüst der Regierung des neuen Landes.

In der darauf folgenden ersten Sitzung der »Gemischten Kommission«, die am 12. September in Mainz stattfand, verkündete Hettier de Boislambert die Unterstellung des Regierungsbezirkes Rheinhessen unter das Oberpräsidium Rheinland-Hessen-Nassau, sehr zum Erstaunen der deutschen Seite, die diese Maßnahme angesichts der unmittelbar bevorstehenden Reorganisation der Oberbehörden als Landesverwaltung für überflüssig hielt. Doch sollte damit wohl auf französischer Seite das Gewicht von Hettier de Boislambert gegenüber dem Neustadter Gouverneur Brozen-Favereau gestärkt werden. Dessen Militärverwaltung stellte nach der Herauslösung von Rheinhessen praktisch nur noch eine Mittelbehörde für die Pfalz dar, während Hettier de Boislambert zum Landesgouverneur (»Délégué générale«) avancierte.[146]

Um ihre Hauptaufgaben effizient zu lösen, bildete die »Gemischte Kommission« einen Verfassungsausschuss zur Ausarbeitung eines Verfassungsentwurfs und einen Verwaltungsausschuss zur Einrichtung der zukünftigen Landesbehörden. Der Verwaltungsausschuss nahm keine grundlegenden Änderungen vor. Die Abschaffung der Oberpräsidialbehörden in Koblenz und Neustadt würde eine logische Folge der Einrichtung einer für den Norden wie den Süden gemeinsamen Landesregierung sein; auf der mittleren Ebene sollte es Regierungspräsidien in Neustadt, Koblenz, Trier, Mainz und Montabaur (dieser Regierungsbezirk war im Mai 1946 eigens zur Verwaltung der vier ehemals hessen-nassauischen Kreise eingerichtet worden) geben. Mit der Zusammenlegung der beiden bisherigen Rechnungskammern in Speyer und Koblenz zu einem »Landesrechnungshof Rheinland-Pfalz« am 24. Oktober 1946 begann die Bildung von Landesoberbehörden.[147]

Hinsichtlich der Einteilung der Ministerien einigte man sich, in Anlehnung an die bisherige Gliederung der Oberpräsidien in Neustadt und Koblenz, auf acht Ressorts. Doch als Ende November 1946 die Regierung konkret gebildet wurde, änderte sich der Zuschnitt der Ministerien nochmals, um personalpolitische Wünsche sowohl der Besatzungsmacht als auch der Parteien zu realisieren. Nur ca. 10 % der Beamten der neuen Landesbehörden in Koblenz kamen aus dem Neustadter Oberregierungspräsidium. Der Grund dafür lag aber nicht in erster Linie in Präferenzen des Nordens, so sehr Oberpräsident Boden die Personalpolitik auch dominierte, sondern zum einen in der Weigerung der meisten dafür vorgesehenen Beamten aus den anderen Landesteilen, ihrer Versetzung nach Koblenz zuzustimmen, da man dem neuen Land nur eine kurze Lebensdauer zusprach, zum anderen in Einsprüchen der Neustadter Militärregierung. Faktisch aber bedingten diese Umstände, dass preußische Traditionen stärker in den Aufbau und die Arbeitsweise der Verwaltung des neuen Landes einflossen als bayerische und hessische.[148]

Verfassung und provisorische Regierung

Maßgebliche Verantwortung für den Verfassungsentwurf trugen der spätere Justiz- und Kultusminister Dr. Adolf Süsterhenn (CDU) und der spätere Präsident des Landesverwaltungsgerichts, Dr. Ernst Biesten. Der Entwurf, der am 25. April 1947 nach vielen Diskussionen der Beratenden Landesversammlung zur Abstimmung vorgelegt wurde, stellte im Unterschied zur Weimarer Verfassung die Grundrechte, wie später das Grundgesetz auch, gleich an den Anfang des Verfassungstextes. Aber im Unterschied zum Grundgesetz ordnete die Verfassung auch die kommunale Selbstverwaltung unter den Grundrechten ein (Art. 49 und 50). Letztere waren in Süsterhenns Denken stark von der katholischen Naturrechtslehre abgeleitet. Gleichzeitig war der Verfassungsentwurf gekennzeichnet durch den breiten Raum, den gewerkschaftlich geprägte, arbeitnehmerfreundliche Positionen einnahmen wie die Sozialisierung bestimmter Industrien (Art. 61), Bodenreform (Art. 63 und 64), Mitbestimmung (Art. 67).[149]

Der Einfluss der katholischen Naturrechtslehre prägte den rheinland-pfälzischen Verfassungsentwurf wie keine andere deutsche Landesverfassung jener Zeit. Mit der Bindung allen Rechts an Gott und in der Unveränderlichsetzung der Grundrechte setzte sich die Verfassung direkt gegen die Pervertierung von Recht und Politik im Nationalsozialismus. Dass die Staatsgewalt nicht direkt vom Volk ausgeht, sondern dieses nur Träger derselben ist (Art. 74), geht auch darauf zurück. Die Hervorhebung von Religions- und Gewissensfreiheit, von Kultusfreiheit und Erziehungsfreiheit der Eltern gehören in diesen Zusammenhang, ebenso das Recht auf Privateigentum und die starke Stellung der kommunalen Selbstverwaltung wie überhaupt die vom Staat freien, weil subsidiär tätigen Gemeinschaften, denen der Staat in eigener Verantwortung überlassen soll, »was sie mit ihren eigenen Kräften erfüllen können«. Die Todesstrafe fand zwar ebenfalls Aufnahme (Art. 3), allerdings setzte das GG mit Art. 102 bereits 1949 diese Festlegung außer Kraft.

Vor diesem Hintergrund entbrannten die schärfsten Auseinandersetzungen um die Frage der Bekenntnis- oder Simultanvolksschule und um das Erziehungsrecht der Eltern. Die CDU strebte konfessionelle Schulen und eine entsprechend konfessionelle Lehrerbildung an; bereits bestehende Simultanschulen sollten auf Wunsch der Eltern umgewandelt werden können. Die Liberalen (Liberale Partei/Sozialer Volksbund, später FDP) plädierten für die Wiederherstellung der Schulsituation von 1933, die SPD forderte christliche Gemeinschaftsschulen, die KPD die völlige Trennung von Staat und Kirche. Bemerkenswert ist, dass die Militärregierung in dieser Situation nicht versuchte, mit der ihr aus Frankreich vertrauten strikten Trennung von Staat und Kirche die überkonfessionelle Schule bzw. Simultanschule durchzusetzen, sondern sich als Vermittler zwischen den Parteien engagierte, um eine Gefährdung des ihr wichtigen Prozesses der Landesentwicklung zu vermeiden.[150]

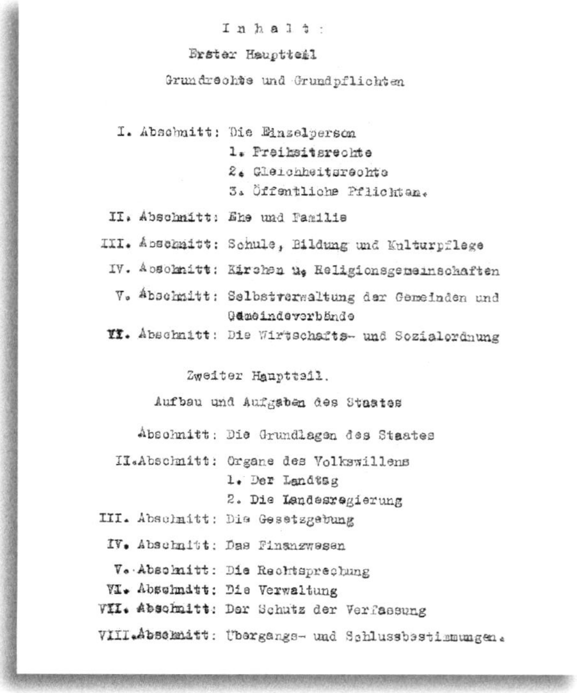

Inhalt:

Erster Hauptteil

Grundrechte und Grundpflichten

I. Abschnitt: Die Einzelperson
1. Freiheitsrechte
2. Gleichheitsrechte
3. Öffentliche Pflichten.

II. Abschnitt: Ehe und Familie

III. Abschnitt: Schule, Bildung und Kulturpflege

IV. Abschnitt: Kirchen u. Religionsgemeinschaften

V. Abschnitt: Selbstverwaltung der Gemeinden und Gemeindeverbände

VI. Abschnitt: Die Wirtschafts- und Sozialordnung

Zweiter Hauptteil.

Aufbau und Aufgaben des Staates

Abschnitt: Die Grundlagen des Staates

II. Abschnitt: Organe des Volkswillens
1. Der Landtag
2. Die Landesregierung

III. Abschnitt: Die Gesetzgebung

IV. Abschnitt: Das Finanzwesen

V. Abschnitt: Die Rechtsprechung

VI. Abschnitt: Die Verwaltung

VII. Abschnitt: Der Schutz der Verfassung

VIII. Abschnitt: Übergangs- und Schlussbestimmungen.

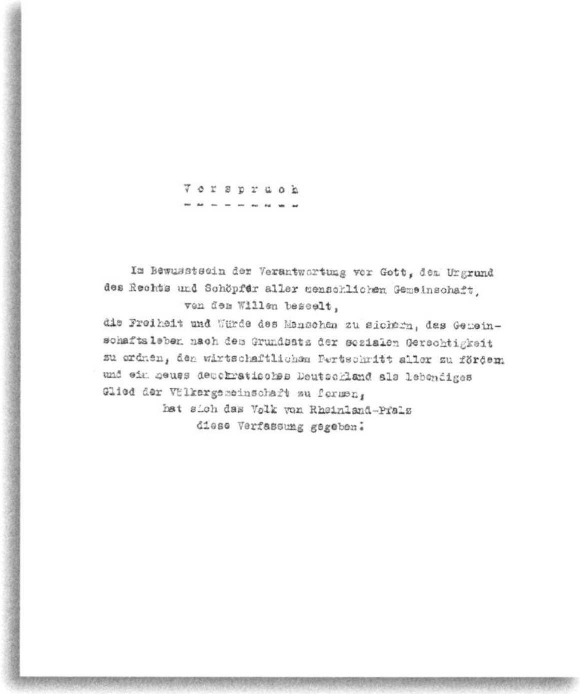

Vorspruch

Im Bewusstsein der Verantwortung vor Gott, dem Urgrund des Rechts und Schöpfer aller menschlichen Gemeinschaft,
von dem Willen beseelt,
die Freiheit und Würde des Menschen zu sichern, das Gemeinschaftsleben nach dem Grundsatz der sozialen Gerechtigkeit zu ordnen, den wirtschaftlichen Fortschritt aller zu fördern und ein neues demokratisches Deutschland als lebendiges Glied der Völkergemeinschaft zu formen,
hat sich das Volk von Rheinland-Pfalz
diese Verfassung gegeben:

Auszug aus der Urschrift der rheinland-pfälzischen Verfassung, auf die die rheinland-pfälzischen Ministerpräsidenten ihren Amtseid leisten (Landtag Rheinland-Pfalz)

Ein weiterer Zankapfel der Verfassungsdiskussion war die Frage der Stellung der Pfalz. General Koenig hatte in seiner begleitenden Erklärung zum Gründungserlass vom 30. August 1946 die Berücksichtigung regionaler Interessen zugesagt und dabei ausdrücklich auf die Pfalz verwiesen, doch nicht, wie manche damals vermuteten, um eine Abtrennung einzuleiten, sondern im Gegenteil, um das neue Land zu stabilisieren. Entscheidend war jedoch, dass es bei den Verfassungsberatungen auf deutscher Seite gelang, die Forderungen des Neustadter Oberregierungspräsidenten Eichenlaub nach Sonderrechten einzuschränken. So konnten die Befürworter einer Sonderstellung der Pfalz lediglich für sich verbuchen, dass die Verfassung in Artikel 78 das Versprechen enthielt, für die einzelnen Landesteile, »insbesondere die Pfalz«, eine gesetzlich geregelte Selbstverwaltung einzuführen.[151]

Die Verfassung wurde nach vielen Diskussionen am 25. April 1947 von der Beratenden Landesversammlung mit den Stimmen von CDU und Liberalen angenommen. Neben der KPD hatte letztlich auch die SPD trotz intensiver Mitarbeit am Prozess der Verfassungsarbeit dagegen gestimmt, weil sie die von der Militärregierung verordnete Landesgründung als künstlich empfand und nicht davon überzeugt war, dass sie für die erhoffte gesamtstaatliche Entwicklung Deutschlands von Vorteil sein würde. Doch mit der Annahme der Verfassung war der Weg für die Volksabstimmung frei. Da in der Schulfrage trotz französischer Vermittlungsversuche ein Kompromiss nicht möglich gewesen war, wurde die von der Beratenden Versammlung mit CDU-FDP-Mehrheit beschlossene Fassung der Schulartikel als eigener Punkt in der Volksabstimmung zur Entscheidung gestellt.

Die Volksabstimmung am 18. Mai 1947 zeigte, welche Schwierigkeiten die südlichen Landesteile Rheinhessen und Pfalz mit ihrer Rolle im neuen Land Rheinland-Pfalz hatten und wie sehr dabei gerade die Schulartikel trennten: Obschon Verfassung und Schulartikel landesweit mit 53 % bzw. 52,4 % angenommen wurden, fielen die Regionalergebnisse mit nur 46,8 % Ja-Stimmen für die Verfassung und nur 33 % Ja-Stimmen für die Schulartikel in Rheinhessen und mit 40,3 % bzw. 36,8 % in der Pfalz durchweg negativ aus.[152]

Mit dem Inkrafttreten der Verfassung entstand zugleich nach Artikel 134 ein weiteres, neues Verfassungsorgan: der Verfassungsgerichtshof Rheinland-Pfalz. Er ist seitdem das höchste rheinland-pfälzische Gericht. Als Vorsitzender amtiert der jeweilige Präsident des Oberverwaltungsgerichts, als sein ständiger Vertreter dessen Vizepräsident. Weitere acht Mitglieder, darunter drei Berufsrichter, werden vom Landtag gewählt. Diese und alle anderen Richter des Landes hatten einen Amtseid zu schwören mit der Besonderheit, dass sie nicht nur – wie sonst – dem Gesetz, sondern auch ihrem Gewissen unterworfen sind. So steht es auch heute noch in der Landesverfassung (Art. 121).[153]

Die Präsidenten des Verfassungsgerichtshofs Rheinland-Pfalz

Dr. Ernst Biesten
(1947–1951)

Prof. Dr. Adolf Süsterhenn
(1951–1961)

Prof. Dr. Gerhard Meyer-Hentschel (1961–1976)

Prof. Dr. Heribert Bickel
(1976–1983)

Jürgen Piwowarsky
(1983–1996)

Prof. Dr. Karl-Friedrich Meyer
(seit 1996)

Abbildungen: Stiebel, Koblenz/Kleinz/Bingen

Neuanfang der Verwaltung im Angesicht größter Not

Die Kompetenzen der Regierung waren noch sehr begrenzt, strikte Genehmigungs- und Aufsichtsvorbehalte der Militärregierung, insbesondere eine Instruktion von Gouverneur Hettier de Boislambert vom 7. Januar 1947, sorgten dafür. Größtes Problem von Regierung und Verwaltung war die Bewältigung der unmittelbaren Kriegsfolgen: Es fehlte an Nahrungsmitteln, Wohnraum und Energie, die Verkehrsinfrastruktur war stark zerstört, Tausende von Flüchtlingen mussten zusätzlich versorgt werden. Hinzu kamen die gravierenden Finanznöte, verschärft durch immens hohe Besatzungskosten, da Frankreich selbst durch Krieg und deutsche Besatzung ausgeblutet war. Trotzdem gab es das Bedürfnis, einen Neuanfang zu machen, wie Ministerpräsident Boden in seiner Regierungserklärung am 5. Dezember 1946 deutlich machte: »Eine Welt ist aus den Fugen gegangen, wir leben in einem weltgeschichtlichen Umbruch, da ist es eine Unmöglichkeit, dass der Amtsschimmel seinen gemütlichen Trott weitergeht, als ob nichts geschehen wäre und als ob dem Volk in seiner Not mit dem Ausfüllen von Formularen und einer Häufung von Schriftsätzen zu helfen wäre. Formalismus und Bürokratismus haben bisher noch jeden Regierungswechsel überlebt. Sie endgültig auszurotten, betrachtet die Regierung als eine nicht unwichtige Aufgabe.«[154]

Neuaufbau der Justiz

Als die amerikanischen Truppen 1944/45 in den Westen Deutschlands vordrangen, erließ der Oberbefehlshaber der westalliierten Truppen, Dwight D. Eisenhower, seine »an das deutsche Volk« gerichtete »Proklamation Nr. 1«. Darin verfügte er für alle eroberten Gebiete u. a. die Schließung der Gerichte und die vorläufige Übertragung jeglicher Gerichtsbarkeit an die Militärregierung. Doch nach Beendigung der Kampfhandlungen war der Bedarf an einer raschen Reaktivierung der deutschen Justiz groß: Eigentumsdelikte waren an der Tagesordnung; hinzu kamen die vielen erbrechtlichen und vormundschaftsrechtlichen Probleme, welche mit gefallenen oder vermissten Soldaten zusammenhingen.[155]

Als erste Gerichte nahmen die Amtsgerichte im Trierer Raum ihre Arbeit wieder auf; in Koblenz machte das Landgericht den Anfang. Zu seiner Eröffnung (und der des Amtsgerichts Koblenz) am 5. oder 6. Juni 1945 hieß es in der in den USA erschienenen Zeitung »The Stars and Stripes« vom 9. Juni 1945: »Das erste obere deutsche Gericht wurde im Bezirk Koblenz in Deutschland von der amerikanischen Militärregierung wiedereröffnet. Das obere Gericht (Supreme Court) in Koblenz steht unter der Kontrolle der 15. Armee. Acht Richter ausgewählt nach sorgfältiger Überprüfung zwecks Ausschlusses früherer Beziehungen zu dem Nazi-Regime, werden die Ziviljustiz [...] ausüben. Seine Tätigkeit wird überwacht und geprüft von der Militärregierung, die ermächtigt ist, Entscheidungen aufzuheben, abzuändern oder ein neues Verfahren anzuordnen, nicht aber, sich über einen Freispruch hinwegzusetzen.«[156] Am 16. Juni eröffnete auch das Landgericht Zweibrücken wieder. Nach einer Mitteilung des Landratsamtes und des Bürgermeisteramtes Zweibrücken geschah das in einer erhebenden Feierstunde im Gerichtssaal der Militärregierung Zweibrücken unter Leitung des Gerichtsoffiziers der Militärregierung. Der Vorgang beweise, »dass die Erneuerung der deutschen Rechtsprechung in besten Händen liegt«.[157]

Mit Übergabe der militärischen Befehlsgewalt an die Franzosen am 10. Juli 1945 ging auch die Jurisdiktion von der amerikanischen auf die französische Besatzungsmacht über. Anschließend wurden die Amts- und Landgerichte – zum Teil nun zum zweiten Mal – feierlich wieder eröffnet. Vorausgegangen war eine erneute Überprüfung der Justizbeschäftigten, die schärfer als vorher ausfiel. Dies war, insbesondere aus französischer Sicht, verständlich, war doch die Justiz neben dem Polizeibereich in der NS-Zeit einem Höchstmaß von politischer Durchdringung ausgesetzt gewesen. So ist es nicht überraschend, wenn ein Memorandum des Präsidialdirektors Karl Haupt vom 25. Februar 1946 zu den Personalverhältnissen im Bereich des neuen Verwaltungsbezirks Rheinland-Hessen-Nassau feststellte, dass von sämtlichen Richtern des Landgerichtsbezirks Koblenz nur zehn weder Mitglied in der NSDAP noch in einer ihrer Gliederungen gewesen seien und dass dies bei den Staatsanwälten des Bezirks nur auf einen einzigen zugetroffen habe.[158]

Auch in materieller Hinsicht waren die Anfänge der Justiz, nicht anders als bei den Verwaltungen, extrem schwierig. Im Amtsgericht Bad Dürkheim, das am 30. Juli 1945 wiedereröffnet wurde, fehlten noch zwei Monate später die Fenster, und das Gerichtspersonal musste zur Beschaffung des Brennholzes selbst in den Wald ausrücken.[159]

Als letzte und zunächst höchste Instanz der ordentlichen Gerichtsbarkeit wurde für die Pfalz das alte Pfälzische Oberlandesgericht am 14. März 1946 wieder eingerichtet, doch aufgrund der starken Zerstörung von Zweibrücken amtierte es bis 1965 in Neustadt. Für den Norden des Landes existierte kein Gegenstück, weil das Oberlandesgericht Köln durch die Teilung der alten Rheinprovinz seine Zuständigkeit verloren hatte. Die Neugründung des Oberlandesgerichts Koblenz und seine feierliche Eröffnung am 27. November 1946 im Rathaussaal der Stadt Koblenz schlossen diese Lücke. In seiner Festansprache brachte Oberpräsident Dr. Boden den Wunsch zum Ausdruck, dass der »heutige Festtag der Rechtspflege« einen Schritt voran bedeuten möge auf dem Weg zur Verständigung der beiden Länder und Völker Frankreichs und Deutschlands. Den Richtern möge es gelingen, »durch ein unbestechliches und unerschrockenes Streben nach einer stets objektiven Rechtsfindung dem Oberlandesgericht Koblenz einen angesehenen Namen für die Untadeligkeit seiner höchstrichterlichen Entscheidungen zu verschaffen«.[160]

Parallel zur Ingangsetzung der deutschen Strafgerichte ab der zweiten Jahreshälfte 1945 baute die französische Besatzung ihre Militärgerichtsbarkeit auf: Nach einer Neuordnung (Verfügung Nr. 43 vom 2. März 1946) gab es neben einfachen Gerichten der untersten Instanz in jedem Verwaltungsgebiet ein »Tribunal Intermédiaire« (für Hessen-Pfalz in Neustadt, für Rheinland-Hessen-Nassau in Bad Ems) sowie ein oberstes Tribunal (»Tribunal Général«) in Rastatt. In Rastatt wurden auch die Kriegsverbrecherprozesse (u. a. gegen das Personal des Konzentrationslagers Hinzert) geführt. 1949 sprach das Rastatter Gericht 105 Todesurteile aus, von denen 63 vollstreckt wurden. Maßgeblich für die Verfolgung von NS-Verbrechen durch die Militärgerichtsbarkeit war das Kontrollratsgesetz Nr. 10, das neben Kriegsverbrechen auch Verbrechen gegen die Zivilbevölkerung sowohl fremder Staaten als auch des eigenen Staates als »Verbrechen gegen die Menschlichkeit« unter Strafe stellte. Darunter fielen auch Gewalttaten, die während der NS-Zeit an deutschen Juden begangen worden waren. Auf dieser Grundlage kam es nach 1945 zu zahlreichen Ermittlungen der deutschen Polizei und zu Prozessen vor rheinland-pfälzischen Gerichten wegen der Beteiligung an der Pogromnacht vom 9./10. November 1938.[161]

Zum Wiederaufbau des Rechtsstaats gehörte die Einrichtung einer Verwaltungsgerichtsbarkeit. Mit Erlass des Oberpräsidenten vom 30. März 1946 wurden in der Provinz Rheinland-Hessen-Nassau die Bezirksausschüsse als Bezirksverwaltungsgerichte bei den Regierungen (Koblenz, Trier, Montabaur) eingerichtet. Sie bestanden aus dem Regierungspräsidenten als Vorsitzendem und drei Mitgliedern, von denen eines – als Berufsrichter mit der Bezeichnung »Verwaltungsgerichtsdirektor« – der ständige Vertreter des Regierungspräsidenten war. Ein weiterer Präsidialerlass vom 2. Juni 1946 errichtete »zwecks Ausübung der Verwaltungsgerichtsbarkeit in höchster Instanz« das Landesverwaltungsgericht (heute: Oberverwaltungsgericht). Mit Wirkung vom 1. August 1946 erfolgte die Ernennung von Dr. Ernst Biesten zu seinem ersten Präsidenten. Dieses Gericht war das erste »echte« Verwaltungsgericht auf dem Boden des heutigen Rheinland-Pfalz. Seine haupt- und/oder nebenamtlichen Mitglieder waren im Unterschied zum Regierungspräsidenten und zum Verwaltungsgerichtsdirektor sachlich und persönlich unabhängig. Im Bezirk »Hessen-Pfalz« richtete das Oberregierungspräsidium Neustadt am gleichen Ort am 11. September 1946 ebenfalls eine oberste Verwaltungsgerichtsbarkeit ein, desgleichen nachgeordnete Bezirksverwaltungsgerichte bei den Regierungspräsidien der Pfalz und Rheinhessens sowie »Kreisverwaltungsbehörden« als Verwaltungsgerichte unterster Ebene. Diese Organisation hatte aber nur bis zum März 1947 Bestand. Das Landesverwaltungsgericht in Koblenz war hinfort höchstes Verwaltungsgericht für ganz Rheinland-Pfalz. Ihm untergeordnet waren Bezirksverwaltungsgerichte in Koblenz, Neustadt und Mainz (1950–1978 als Kammer von Neustadt). Alle nachgeordneten Bezirksverwaltungsgerichte wurden aber erst durch ein Gesetz von 1950 zu formal unabhängigen Einrichtungen der Justiz.[162]

Beim Aufbau einer Arbeitsgerichtsbarkeit im neuen Land konnte man nicht auf eine bestehende Organisationsstruktur zurückgreifen. So ordnete der Oberpräsident der Provinz Rheinland-Hessen-Nassau mit Erlass vom 25. Juli 1946 zwar die Errichtung des Arbeitsgerichts Koblenz und später weiterer Arbeitsgerichte an, jedoch scheiterte die Umsetzung u. a. daran, dass es noch keine Arbeitgeberverbände gab, die bei der Bildung der Gerichte aber hätten beteiligt werden müssen. Das einschlägige Landesgesetz vom 6. November 1947 trat erst am 7. April 1948 in Kraft; zudem ließ es sich wegen der Anlaufschwierigkeiten nicht direkt umsetzen.[163] Deshalb blieben zunächst weiterhin die Amtsgerichte für Streitigkeiten aus dem Arbeitsverhältnis zuständig. Erst nach und nach wurden die Arbeitsgerichte arbeitsfähig und übernahmen ihre gesetzliche Aufgabe. Der Gerichtsaufbau war dreistufig. Berufungsinstanz gegen Entscheidungen der Arbeitsgerichte war das Landesarbeitsgericht in Mainz, Revisionsinstanz gegen dessen Entscheidungen war das Oberste Arbeitsgericht, das beim Oberlandesgericht Neustadt eingerichtet war und als Oberstes Arbeitsgericht des Landes firmierte. Es wurde nach Errichtung des Bundesarbeitsgerichts als höchstes Arbeitsgericht des Bundes im Jahr 1953 aufgelöst.[164]

Ähnliche Schwierigkeiten machte es, die Sozialgerichtsbarkeit im Land zu etablieren, denn auch für diesen besonderen Zweig der Justiz hatte es bis dahin keinerlei Gerichte gegeben. Rechtsschutz gewährten die Versicherungsämter, Oberversicherungsämter und das Reichsversicherungsamt, also Verwaltungsbehörden, die rechtsprechende Aufgaben wahrnahmen. Erst das Sozialgerichtsgesetz des Bundes gab zum 1. Januar 1954 den Startschuss für die Sozialgerichtsbarkeit im Land mit der Errichtung erstinstanzlicher Gerichte in Koblenz, Trier und Speyer, später auch in Mainz, und des Landessozialgerichts mit Sitz in Mainz als Berufungsinstanz. Ihnen übergeordnet ist das Bundessozialgericht.[165]

Eine Landes-Finanzgerichtsbarkeit mit Sitz in Neustadt (Finanzgericht Rheinland-Pfalz) wurde durch ein Landesgesetz vom 11. August 1949 begründet.[166]

Entnazifizierung und Wiedergutmachung

Mit der Überprüfung von NSDAP-Mitgliedern und allen, die das NS-Regime unterstützt hatten, befasste sich die von den Alliierten verordnete »Entnazifizierung«. In der französischen Zone verlief die »politische Bereinigung« (»épuration«) von 1945 bis zum Frühjahr 1947 in Form eines Verwaltungsverfahrens. Es stand zwar unter französischer Kontrolle, seine Durchführung lag aber in der Hand von Deutschen, die während des »Dritten Reiches« unbelastet geblieben oder sogar verfolgt worden waren. Untersuchungsausschüsse auf Kreisebene und in kreisfreien Städten fertigten Vorschläge aus, zentrale Säuberungskommissionen auf Regierungsbezirksebene entschieden darüber. Stets war die Zustimmung der Militärregierung nötig, die mittels eines eigenen Dienstes (»Service Épuration«) die Urteile überprüfte und ohne Einspruchsmöglichkeit verändern konnte. Nach dem entsprechenden Bescheid musste die jeweilige deutsche Säuberungskommission das Urteil verkünden. Vom Januar 1946 bis zum Januar 1951 wurden alle rechtsgültigen Bescheide unter voller Nennung von Namen, Wohnort, Beruf und Geburtsdatum der Betroffenen in den Amtsblättern Hessen-Pfalz bzw. Rheinland-Hessen-Nassau bzw. ab 1947 in Sondernummern des Gesetz- und Verordnungsblattes der Landesregierung veröffentlicht.[167]

Die Kritik an diesem Verfahren, besonders an den fehlenden Berufungsmöglichkeiten (nur für die Pfalz war im Herbst 1946 eine Berufungsinstanz eingerichtet worden), führte dazu, dass die Militärregierung der neuen Landesregierung den Auftrag zum Entwurf einer Neuordnung gab. Die entsprechende Landesverordnung erging am 17. April 1947; das darin vorgesehene Verfahren orientierte sich am Gerichtsprozess. Bei allen Landgerichten wurden Spruchkammern mit jeweils mehreren Abteilungen eingerichtet, deren Vorsitz stets bei einem zum Richteramt befähigten Juristen liegen sollte; gleiches sollte auch für den Vorsitz der Untersuchungsausschüsse gelten. Bei allen Untersuchungsausschüssen und Spruchkammern wurde das Amt eines öffentlichen Klägers eingerichtet, der in Vertretung des Landeskommissars für die politische Säuberung als Ankläger und Beobachter des Verfahrens fungierte.[168]

Die neuen Verfahren führten anfänglich zu sehr milden Urteilen, was bei der Besatzungsmacht Empörung auslöste. So sprach Militärgouverneur Hettier de Boislambert von einer »Weißwäsche«, die durch die neuen Verfahren bewirkt würde. Tatsächlich wurden viele »Angeklagte« nun entsprechend juristischen Grundsätzen aus Mangel an

Beweisen freigesprochen, während immer mehr lokale Vertreter der politischen Parteien und Geistliche für fast jeden Betroffenen einen »Persilschein« ausstellten. Denn inzwischen hatte sich die Gesamtsituation verändert: Trotz öffentlicher Aufrufe fanden sich selbst bei bekannten Nationalsozialisten kaum noch Belastungszeugen. Auch die Militärregierung lenkte ein, wie ihre Jugendamnestie (1947) und ihre Verordnungen zur Mitläuferamnestie (1947/48) zeigen. Im Dezember 1949 verzichtete die Militärregierung sogar auf ihr Genehmigungs- und Gnadenrecht, und die Landesregierung engte den Kreis der Betroffenen durch ein erstes »Abschlussgesetz« vom 1. April 1950 nachhaltig ein. Ein drittes Abschlussgesetz vom 31. Mai 1952 hob die meisten Sühnemaßnahmen auf und beendete die Entnazifizierung als Verfahren zum 30. September 1952.[169]

Insgesamt gab es in Rheinland-Pfalz unter den knapp 300.000 Fällen fast 140.000 Amnestierte nach den französischen Verordnungen Nr. 133 und Nr. 166 und nachmals ca. 136.000 eingestellte Verfahren. Dennoch dürfte es nicht angemessen sein, die Wiedereinstellung von vielen NSDAP-Mitgliedern in der öffentlichen Verwaltung, in Justiz und Schulen als »Renazifizierung« zu bezeichnen, wie der damals von Kritikern verwendete Begriff lautete, denn es kam trotzdem zu keiner Renaissance von nationalsozialistischem Gedankengut. Aber es ruft einen bitteren Nachgeschmack hervor, dass Staatsanwälte und Richter, die in der NS-Zeit im besetzten Luxemburg oder in Prag an den berüchtigten Sondergerichten oder sogar am Volksgerichtshof mitgewirkt hatten, dennoch aufgrund der Schwächen des Entnazifizierungsverfahrens in den 1950er Jahren höchste Ämter im rheinland-pfälzischen Justizdienst einnehmen konnten, wie der Erste Staatsanwalt Leonhard Drach, der Vorsitzende Richter Adolf Raderschall und u.a. die Richter Josef Wienecke und Dr. Otto Bauknecht, um nur einige Beispiele zu nennen.[170]

Wiedergutmachung, Betreuung der »Opfer des Faschismus«; Landesentschädigungsgesetz

Im Verwaltungsgebiet Hessen-Pfalz setzten schon im Sommer 1945 Bemühungen ein, um Menschen, die aus politischen, rassistischen und religiösen Gründen Opfer der nationalsozialistischen Gewaltherrschaft geworden waren, zu unterstützen. Bei den Oberbürgermeistern der kreisfreien Städte und bei den Kreisverwaltungen entstanden »Betreuungsstellen für die Opfer des Faschismus«. Eine erste Regelung von Unterstützungs- und Entschädigungsleistungen wurde am 2. Januar 1946 ebenfalls vom Oberregierungspräsidium Hessen-Pfalz erlassen; 1947 wurde sie Grundlage für eine entsprechende landesweit geltende Regelung, die bis 1950 in Kraft blieb. Die im Oberpräsidium Koblenz schon 1946 beginnenden Planungen zu einem Wiedergutmachungsgesetz ließen Rheinland-Pfalz »im Südwesten rasch zum federführenden Land« in diesem Bereich werden. Doch aufgrund der Uneinigkeit der vier Besatzungsmächte im Allliierten Kontrollrat verzögerte sich der Prozess. Die französische Militärregierung erließ daher für die Länder ihrer Zone am 10. November die Verordnung Nr. 120 zur Rückerstattung geraubten Vermögens. Erst im Mai 1950 konnte der Landtag Rheinland-Pfalz das »Landesgesetz über die Entschädigung der Opfer des Nationalsozialismus« verabschieden.[172]

Auf der Gegenseite sei beispielhaft der Leidensweg von Franz Kallmann angeführt: Bis Anfang 1933 zugelassener Rechtsanwalt am Landgericht Mainz, musste er aufgrund seiner jüdischen Herkunft fliehen und entging somit seiner Deportation in die Vernichtungslager des Ostens. Nach dem Krieg kehrte er als französischer Staatsbürger in seine Heimat zurück und erhielt im April 1955 beim Pfälzischen Oberlandesgericht seine Wiederzulassung. Doch seine Wiederzulassung in Mainz verwehrte ihm das Oberlandesgericht Koblenz – mit Unterstützung der rheinland-pfälzischen Anwaltskammer! – mit der Begründung, ein französischer Staatsbürger könne nicht als deutscher Anwalt zugelassen werden.[171]

Staat und Gemeinde

In der Trümmerlandschaft der »Stunde Null« existierte der Staat nicht mehr. Die praktischen Erfordernisse der unmittelbaren Nachkriegszeit bedingten, dass der politische Neuanfang überall auf Gemeinde- und Kreisebene begann. So auch im Gebiet des späteren Rheinland-Pfalz, wo die vorrückenden Amerikaner im Frühjahr 1945 Bürgermeister und Landräte neu einsetzten und die ihnen folgenden Franzosen dann im September bzw. Oktober 1946 die ersten freien Wahlen zu Gemeinde- und Kreisvertretungen veranlassten. Auf diese Bedeutung der Gemeinden für den demokratischen Neuaufbau des Staates bezog sich ein Satz, den Theodor Heuss, der spätere erste Bundespräsident, damals bei einem Besuch in Wiesbaden in das Goldene Buch der Stadt schrieb: »Gemeinden sind wichtiger als der Staat.«[173]

Dementsprechend war das im September 1948 vom Landtag beschlossene Selbstverwaltungsgesetz, das zunächst aus einer Gemeindeordnung, einer Amtsordnung und einer Kreisordnung bestand, im neuen Land »das wichtigste Werk neben der Verfassung«, wie es der damalige Staatssekretär im Innenministerium, Franz-Josef Wuermeling (CDU), ausdrückte. Doch stieß die idealistische Vision von mehr Selbstverwaltung schon bald auf die traditionellen staatlichen Vorbehalte, die dieses Mal ihre Rechtfertigung in den Nöten der Nachkriegszeit fanden. Ein deutlicher Reflex dieser Einschätzung ist im 1950 verabschiedeten Landesforstgesetz zu finden, das der staatlichen Forstverwaltung gegenüber den kommunalen Waldbesitzern in allen forstfachlichen Fragen das letztinstanzliche Entscheidungsrecht einräumte. So gab es von kommunaler Seite viel Protest gegen den ersten Entwurf mit Einwänden, welche den Verdruss über die Bevormundung durch den Staat deutlich spiegeln.[174]

Auch im ersten Entwurf der neuen Gemeindeordnung war zunächst eine weitere Ausdehnung der Staatsaufsicht vorgesehen, doch scheiterte dies am Einfluss des Innenstaatssekretärs und überzeugten Föderalisten Franz-Josef Wuermeling. Dafür gelangten eine Reihe von Genehmigungsvorbehalten in das Gesetz, die wie beim Forstgesetz das Potenzial hatten, die verfassungsrechtlich garantierte Selbstverwaltung durch staatlich bestimmte Ermessens- und Zweckmäßigkeitskalküle einzuschränken, wie ein Gesetzeskommentar 1951 kritisch bemerkte.

Speziell für das Verhältnis von Gemeinderat und Bürgermeister war von Bedeutung, dass die neue Gemeindeordnung die sog. echte Bürgermeisterverfassung vorsah. Der Bürgermeister war demnach zugleich Vorsitzender des Gemeinderates mit Stimmrecht, was eine deutliche Stärkung seiner exekutiven Stellung bedeutete. Auch konnte er im Fall, dass ihm Gemeinderatsbeschlüsse gesetz- oder verfassungswidrig erschienen, diese

Der Prototyp eines volksnahen Landrates um 1950: Der Birkenfelder Landrat Jakob Heep »auf dem Traktor« unterwegs. Bildmontage für die Osterausgabe einer Zeitung, Titel: »Landratsamt auf Reisen« (Landeshauptarchiv Koblenz)

aussetzen oder aufheben und die Aufsichtsbehörde anrufen (§ 37). Noch stärker traten exekutive und aufsichtsrechtliche Befugnisse in der Person des Landrates hervor. Laut Landesverfassung (Art. 50) noch immer staatlicher Beamter, musste seine Ernennung durch die Landesregierung lediglich die Zustimmung der Kreisversammlung finden. Damit behielt Rheinland-Pfalz den Landrat preußischer Tradition bei, während alle anderen Bundesländer damals dieses Amt kommunalisierten.[175]

Verschiedene kommunale Ordnungen

Obwohl die Gemeindeordnung im Hinblick auf die Stellung des Bürgermeisters rheinpreußische, bayerische und hessische Traditionen integrierte, ist eine weitere Vereinheitlichung der unterschiedlichen kommunalen Verwaltungstraditionen damals nicht gelungen. Schon Anfang 1946 hatte der Versuch des Koblenzer Oberpräsidiums zur Ausdehnung der preußischen Amtsordnung auf die ehemals hessen-nassauischen Gemeinden zu einer heftigen Gegenbewegung geführt. Träger waren die ehrenamtlichen Bürgermeister der ländlichen Gemeinden, die bei Einführung hauptamtlicher Amtsbürgermeister ihre bisherigen Befugnisse weitgehend verloren hätten. Die Aussage des Bürgermeisters der Gemeinde Sayn war eindeutig: »Nassauische Gemeindeordnung bedeutet politische Freiheit und Mitarbeit der Bürger. Rheinische Amtsordnung bedeutet Untätigkeit und preußische Befehlsergebenheit. Man wähle! In einem Staate, der der Demokratie entgegen arbeiten will, darf diese Wahl nicht schwer sein.« Die Bevölkerung, so der Bürgermeister weiter, wisse sehr wohl, »dass die Einführung der Amtsordnung eine diktatorische Maßnahme ist. Sie weiß sehr wohl, dass ihr nicht einmal in der Nazizeit das Recht auf Selbstverwaltung ihrer Gemeinde genommen wurde«. Die Gleichsetzung von »preußisch« mit »undemokratisch« war in der unmittelbaren Nachkriegszeit nicht diskussionsfähig, die Regierung Koblenz gab ihr Vorhaben daher auf.[176]

Die gleiche Erfahrung musste die Landesregierung machen, als sie 1948 nach Verabschiedung einer neuen Gemeindeordnung die preußische Amtsordnung modifiziert auch in Rheinhessen und der Pfalz einführen wollte. Besonders heftig hatte man sich in der Pfalz dagegen gewehrt, weil dies den pfälzischen Gemeindeeinnehmer überflüssig gemacht hätte, dessen Weiterbestehen gerade von der neuen Gemeindeordnung anerkannt wurde. So blieb es dabei, dass die pfälzischen und rheinhessischen Gemeinden, ebenso aber die ehemals hessen-nassauischen im Regierungsbezirk Montabaur, ihre Gemeindebürgermeisterei behalten konnten, während in den Regierungsbezirken Trier und Koblenz die aus der französischen Mairie des frühen 19. Jhs. entstandene preußische Amtsbürgermeisterei als Kommunalverband weiterhin bestand. Es blieb ferner bei der für Städte und ländliche Gemeinden einheitlichen Verfassungsform, wie sie im Nationalsozialismus mit der Deutschen Gemeindeordnung eingeführt worden war.[177]

Selbstverwaltung der Pfalz

Als vierter Teil des Selbstverwaltungsgesetzes von Rheinland-Pfalz beschloss der Landtag 1949 entsprechend Art. 78 der Landesverfassung eine Bezirksordnung, welche für alle Regierungsbezirke die Möglichkeit zur Einführung von Bezirksverbänden als Kommunalverband höherer Ordnung mit dem Recht auf Selbstverwaltung vorsah, dies aber allein für die Pfalz konkret umsetzte. Nur im Regierungsbezirk Pfalz hatte ein solcher Kommunalverband bis dahin kontinuierlich existiert; in Rheinhessen war er, wie erwähnt, 1937 abgeschafft worden, und der ehemalige Provinzialverband der preußischen Rheinprovinz wurde nur in den nordrhein-westfälischen Gebieten als »Landschaftsverband« fortgeführt, nicht aber in den Regierungsbezirken Koblenz und Trier.

Die Bezirksordnung von 1949 entsprach somit pfälzischen Forderungen, aber auch einem Wunsch der Besatzungsregierung. Aus ganz anderen Motiven sprach sich der Verfassungsvater Adolf Süsterhenn damals für Bezirksverbände in allen Landesteilen aus; denn in diesen Einrichtungen einer regionalen Selbstverwaltung sah er seine Vorstellung von einem demokratisch-föderalen Staatsaufbau verwirklicht. Der Fraktionsvorsitzende der CDU und spätere Innenminister Dr. Alois Zimmer wiederum sah in den Bezirksverbänden eine Möglichkeit, Verwaltungsaufgaben von zentralen Instanzen

Aufgaben des Bezirksverbandes Pfalz im neuen Land Rheinland-Pfalz

Der Bezirksverband Pfalz ist als Höherer Kommunalverband zuständig für soziale und kulturelle Belange in einem Bereich, der aus den acht Landkreisen und acht kreisfreien Städten im Gebiet des früheren Regierungsbezirks Pfalz besteht. Zur Erfüllung seiner Aufgaben unterhält der Bezirksverband Pfalz Einrichtungen an verschiedenen Standorten, wie z. B. das Institut für pfälzische Geschichte und Volkskunde, das Pfalztheater und die Pfalzbibliothek in Kaiserslautern sowie das Pfalzklinikum in Klingenmünster und vielen weiteren Standorten. Der Bezirksverband fördert zudem öffentliche und private Initiativen, die mit pfälzischer Geschichte und Volkskunde, mit Kultur und Kunst, mit Umweltschutz oder mit Tourismus zu tun haben, und vergibt eine ganze Reihe von entsprechenden Preisen. Maßgebliches Gremium des Bezirksverbandes ist der Bezirkstag, ein regionales Kommunalparlament.[179]

nach unten abzugeben, doch war für diese Diskussion die Zeit noch nicht reif. So absolvierten Landesregierung und Landtag mit der Bezirksordnung nur ihre Pflichtaufgabe: Der Pfalz wurde damit eine regionale Selbstverwaltung zuerkannt und dazu mit dem Bezirkstag ein regionales Kommunalparlament eingerichtet, dessen Mandate bis zu einer ersten Wahl von den pfälzischen Landtagsabgeordneten wahrgenommen wurden. Bis heute ist der Bezirksverband der Pfalz die einzige auf der Grundlage des Selbstverwaltungsgesetzes von 1948 eingerichtete Körperschaft der regionalen Selbstverwaltung.[178]

Finanzen und Polizei

Ebenso wichtig wie das Selbstverwaltungsgesetz waren das Finanzausgleichsgesetz von 1951 und das Kommunalabgabengesetz von 1954. Ersteres regelte die Verteilung von Landeshaushaltsmitteln an die Gemeinden, Städte und Landkreise in Form von Schlüsselzuweisungen, letzteres stellte die eigenen Einnahmen aus Grund- und Gewerbesteuer auf eine neue Grundlage, indem es die veralteten preußischen, bayerischen und hessischen Gesetze ablöste. Wichtig für den kommunalpolitischen Handlungsrahmen war ferner noch das Zweckverbandsgesetz von 1954, das ein entsprechendes Reichsgesetz von 1939 den veränderten verfassungsrechtlichen und politischen Verhältnissen anpasste.[180]

Ganz wesentlich für den Aufbau der Landesverwaltung war schließlich das Polizeiverwaltungsgesetz vom 28. März 1954. In der unmittelbaren Nachkriegszeit hatten zuerst die amerikanische, dann die französische Besatzung zunächst nur Polizeieinheiten bei den Kommunen und unter strenger Aufsicht der französischen Sicherheitspolizei zugelassen. Mit einer Landesverordnung vom 15. Mai 1947 erfolgte dann die Übernahme der kommunalen Polizei in den Landesdienst. Ortspolizeibehörden existierten weiterhin, aber unter staatlicher Aufsicht (Landrat) bzw. unter direkter staatlicher Leitung mit den Polizeidirektionen in Städten bis 100.000 Einwohner und Polizeipräsidien in noch größeren Städten. Leiter der Polizei im Kreise war der Landrat, Leiter der überörtlichen motorisierten Gendarmerie der Bezirkschef der Gendarmerie, der bei der Bezirksregierung sein Amt hatte. Im Polizeiverwaltungsgesetz von 1954 wurde dies alles noch umfassender geregelt, ohne die 1947 eingeschlagene Bahn zu verlassen. Dies war insofern bemerkenswert, als gleich nach der Verstaatlichung der Polizei eine Bewegung zu ihrer Re-Kommunalisierung eingesetzt hatte. Im Landtag war man daraufhin übereingekommen, dass in Orten unter 10.000 Einwohner die Polizei wieder in kommunale Verantwortung überführt werden sollte. Doch der enge finanzielle Spielraum, den die Folgen der Währungsreform den Gemeinden in den Jahren danach setzten, führte dazu, dass immer mehr Städte und Gemeinden die kommunale Polizei nicht als Gewinn, sondern als Belastung empfanden.[181]

Dennoch wollte die Landesregierung das schon für 1948 geplante Polizeiverwaltungsgesetz nicht weiter betreiben, weil man bei der Frage nach der Zuständigkeit für die Polizei wieder die alte Konfliktlinie zwischen der Pfalz und den rheinpreußischen Teilen erwartete. Denn in den ehemals bayerischen Landesteilen gab es eine Tradition kommunaler Polizei, während sie in Preußen staatlich war. Doch die Probleme, die sich aus diesem Nebeneinander ergaben, erwiesen sich als so gravierend, dass sogar der Regierungspräsident der Pfalz 1952 eine Vereinheitlichung forderte. Und zudem befürwortete er eine generell in staatlicher Hand befindliche Polizei, weil sich das herkömmliche

Recht der Gemeinden seines Bezirks zum Erlass ortspolizeilicher Vorschriften in der Praxis nicht bewährt habe. Weil die Fronten nun, sehr zum Staunen der Landesregierung, nicht mehr regional, sondern zwischen staatlicher Verwaltung einerseits und Gemeinden andererseits verliefen, zeichnete sich relativ schnell ein Konsens der Regierungspräsidenten in dieser Frage ab. Von Seiten der Städte gab es zwar nach wie vor ablehnende Stimmen, weniger dagegen von den kleineren Gemeinden, die zwar gerne ihre eigene Polizei gehabt hätten, aber die Kosten dafür scheuten. Der Landtag folgte dieser Stimmung, als seine Abgeordneten 1954 mit großer Mehrheit für das Polizeiverwaltungsgesetz votierten und damit für die Beibehaltung der staatlichen Polizei. In der Praxis gab es allerdings eine Fülle von Problemen in der Zusammenarbeit von Kommunen und staatlicher Polizei, teils weil die Bürger sich in polizeilichen Angelegenheiten noch immer an die Gemeinde wendeten, teils weil die Gemeinden selbst die Umstellung nicht akzeptieren konnten.[182]

Verwaltungsreformen 1963–1973

Obwohl die Landespolitik um eine Konsolidierung des Landes bemüht war, blieb das Thema »Verwaltungsreform« in der politischen Diskussion. Ministerpräsident Altmeier sprach 1963 sogar von einer »populären Dauerdiskussion«. So debattierte man schon 1949 über eine Zusammenlegung von Kreisen. Auch Pläne über eine mögliche Auflösung des Regierungsbezirks Mainz machten bereits 1949 die Runde, stießen natürlich bei den Betroffenen und bei der Landesregierung auf ebenso strikte Ablehnung wie Adolf Süsterhenns Vorstoß (1953) zur Einführung eines gemeinsamen Bezirksverbandes »Rhein-Mosel« in den beiden nördlichen Regierungsbezirken. In den 1950er Jahren gab es Stimmen, welche speziell die Vergrößerung der Kreise im Regierungsbezirk Trier forderten, und 1957 ließ sich eine kühne Stimme dahingehend vernehmen, man solle die Amtsbürgermeistereien des Kreises Bernkastel durch Zusammenlegung vergrößern, seien sie doch in ihrem gegenwärtigen Zuschnitt ein Produkt der »Postkutschenzeit« des 19. Jhs.[183]

Mit dem Hinweis auf die »Postkutschenzeit« war eine Metapher zur Kennzeichnung politischer Rückständigkeit geboren. Anfang der 1960er Jahre verdichtete sich die Diskussion, da die vorhandenen Verwaltungsformen nicht mehr geeignet erschienen, die inzwischen gewachsenen Bedürfnisse nach Daseinsvorsorge und öffentlicher Infrastruktur zufrieden zu stellen. Insbesondere eine Fortentwicklung in den ländlichen Gebieten schien mit den vorhandenen Verwaltungseinheiten, vor allem mit der großen Zahl von Kleinstgemeinden, nicht machbar. Doch aufgrund der früheren Erfahrungen herrschte noch immer die Befürchtung vor, dass reformorientierte Veränderungen der Verwaltungsbezirke die Gegner des Landes auf den Plan rufen würden. So deklarierte Ministerpräsident Peter Altmeier am 22. Mai 1963 in seiner ersten Regierungserklärung nach der Landtagswahl das anstehende Vorhaben ganz bescheiden als »Verwaltungsvereinfachung«. Doch was 1965 mit der Vorlage eines ersten entsprechenden Gesetzentwurfs folgte, beinhaltete ein Reformprogramm, das über eine bloße Verwaltungsvereinfachung weit hinaus führte und Rheinland-Pfalz eine Vorreiterfunktion im politischen Reformprozess der Bundesrepublik sicherte. Denn es ging um nicht weniger als um die Neugliederung von Regierungsbezirken und Landkreisen, um die Auflösung des Bezirksverbandes Pfalz, die Neugliederung der Bezirke der Amtsgerichte sowie der Arbeits-, Sozial und Verwaltungsgerichte, um eine Verlagerung von Aufgaben auf untere Ebenen und um Stärkung der Leistungskraft der Kommunalverwaltung durch allgemeine Schaffung von Kommunalverbänden. Was ursprünglich mit einem einzigen Gesetz zur »Verwaltungsvereinfachung« erledigt werden sollte, benötigte bis zu seinem Abschluss, den Kommunalwahlen 1974, nicht weniger als 18 einzelne Reformgesetze und flankierende Gesetze bzw. Verordnungen.[184]

Nicht alle Vorhaben wurden umgesetzt, wie z. B. die Abschaffung des Bezirksverbandes Pfalz, der 1973 mit einer eigenen Bezirksordnung gesetzlich noch deutlicher als bislang verankert wurde. Anderes nahm mehr Raum ein als ursprünglich geplant. Dies zeigt zum einen die Komplexität der Aufgabe. Zum anderen zeigt es die politische Dynamik, welche das ursprüngliche Vorhaben einer »Verwaltungsvereinfachung« zu einer durchgreifenden Reform ausweitete. Gefördert wurde diese Entwicklung durch den in den 1960er Jahren aufgekommenen Reformeifer, der besonders Politiker einer jüngeren Generation erfasste. Von ihnen wurde zunehmend darüber diskutiert, wie die Verwaltung vor allem effizienter werden könnte, damit sie zur besseren Entwicklung der ländlichen Gebiete, zu ihrem Anschluss an den Versorgungsstand der Städte beitragen könne. Eine moderne Landes- und Kommunalverwaltung sollte in der Lage sein, alle zur Verfügung stehenden Ressourcen zu mobilisieren. »Planung« und »Raumordnung« wurden zu Schlüsselbegriffen für diese Visionen; eine regelrechte »Planungseuphorie« (C. Steinbicker) griff um sich, welche auch die Vertreter der Gründungsgeneration in ihren Bann zog. So formulierte Innenminister August Wolters das Ziel in seiner Haushaltsrede im Januar 1965 in deutlichen Worten: »Worum es geht ist dies: Die Verwaltungsorganisation der Gemeinden soll so rationalisiert werden, dass sie in der Lage ist, die Aufgaben der Zukunft zu bewältigen. Wir wollen ja nicht den Lebensstandard der Gemeinden konservieren, unser erklärtes Ziel ist es, ihn ständig zu heben. Das Schwimmbad, die Kanalisation, die Kläranlage, die Turnhalle, die immer noch Besonderheiten bevorzugter Kommunen darstellen, müssen in den kommenden Jahren Allgemeingut, um nicht zu sagen Selbstverständlichkeiten werden.«[185]

Territorialreform und Funktionalreform

Im Kern der Reform standen zwei Anliegen, die bis heute die Diskussion bestimmen: zum einen die Erhöhung der Effizienz der Verwaltung unter Sparsamkeitsgesichtspunkten, zum anderen das scheinbar dem entgegenstehende Ziel einer stärker bürgernahen und leistungsorientierten Verwaltung. Ersteres sollte durch die Zusammenlegung von Verwaltungseinheiten auf allen Ebenen – Gemeinden, Kreisen, Bezirken, Gerichten – realisiert werden (»Territorialreform«), letzteres durch Verlegung von Zuständigkeiten von bürgerfernen Behörden der staatlichen Mittelinstanz zu bürgernahen Verwaltungen der Kreise und Kommunen (»Funktionalreform«).

Die Abschaffung kleiner Amtsgerichtsbezirke und Vergrößerung der Gerichtsbezirke wurde gleich mit dem ersten Landesgesetz zur Verwaltungsvereinfachung (1967) realisiert, die Zusammenlegung der Bezirke Pfalz und Rheinhessen und der Regierungsbezirke Koblenz und Montabaur folgte 1968 mit dem zweiten Verwaltungsvereinfachungsgesetz. Gravierender war der Neuzuschnitt der Kreise. Ihre Zahl wurde durch Zusammenlegung von 39 auf 24 reduziert, ihre Größe durch Neuzuschnitt erheblich vermehrt. Dafür waren insgesamt vier Gesetze nötig, was den Umfang der Probleme andeutet. Mindestens ebenso kompliziert waren die Schwierigkeiten, die sich aus den vielfältigen Verflechtungen zwischen Städten und ihrem Umland (Pendler, Verkehr, Was-

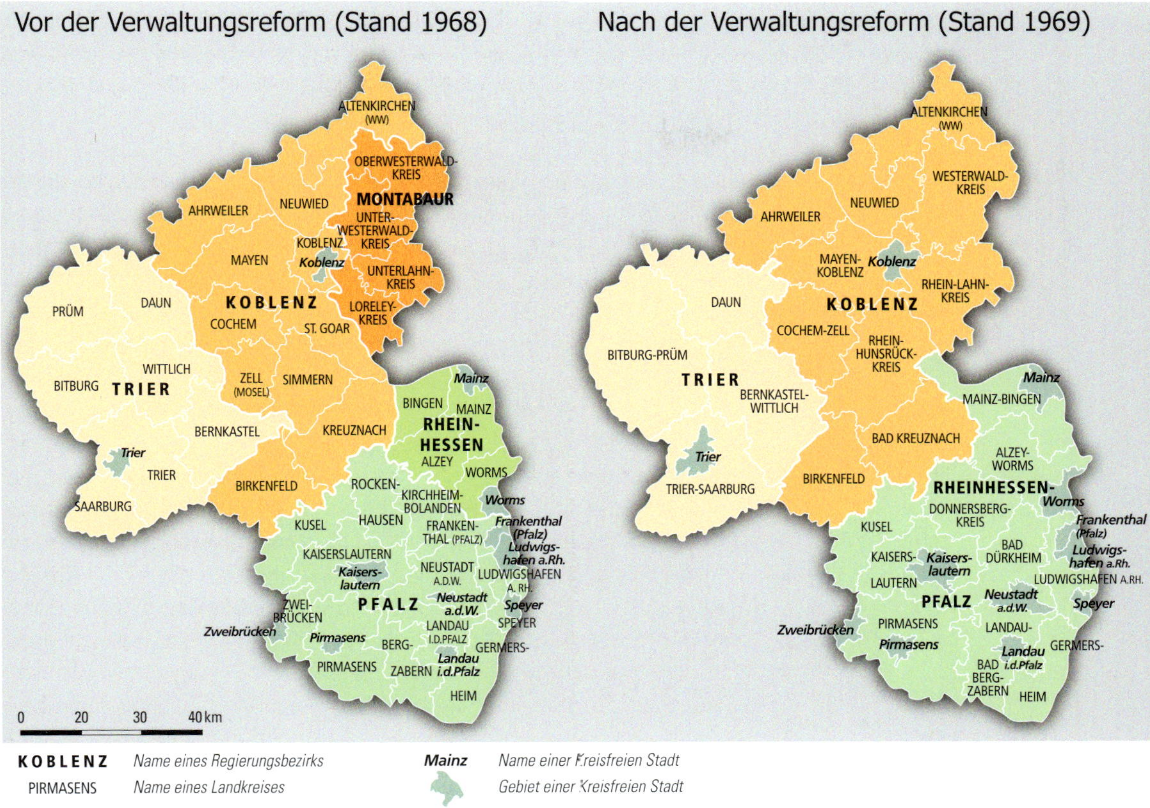

Vorlage: Ministerium des Innern und für Sport des Landes Rheinland-Pfalz; Siedentopf, Verwaltungsreform 1986, S. 368 f.
Kartographie: Landesamt für Vermessung und Geobasisinformation Rheinland-Pfalz

serversorgung, Schulen und sonstige öffentliche Einrichtungen) ergaben sowie aus der Existenz von Kleingemeinden. Trotz anfänglichen Zögerns der Landesregierung und der Regierungsparteien vor Zusammenlegungen bzw. Eingemeindungen entschloss man sich schließlich zu diesem Weg. Insbesondere das Gebiet der zwölf kreisfreien Städte (zehn im Süden, zwei im Norden) vergrößerte sich damit erheblich. Insgesamt verringerte sich bis zum Kommunalwahlgesetz von 1974 die Zahl der Gemeinden von ursprünglich 2.905 auf 2.320. Durch die Gründung von Verbandsgemeinden entstanden 166 derartige Verwaltungen; 35 Gemeinden blieben verbandsfrei.[186]

Der zweite Reformteil, die Funktionalreform, zielte auf den Ausbau einer stärker bürgernahen Verwaltung. Dazu sollten Verwaltungsaufgaben von den staatlichen Mittelinstanzen (Regierungen) auf die Kreisverwaltungen übergehen, welche damit auch die bislang bei den Regierungen liegende allgemeine Zuständigkeitsvermutung übernahmen. Andere Aufgaben sollten wiederum von den Kreisverwaltungen auf die gemeindliche Ebene abgegeben werden, aber dazu benötigte man größere und leistungsstärkere Einheiten in der Kommunalverwaltung. Mindestens 7.500 Einwohner sollten die Verwaltungsgemeinden nach dem Willen der Regierung umfassen. Es entstand die bis heute das rheinland-pfälzische Kommunalwesen prägende »Verbandsgemeinde« – ein Gemeindeverband mit übergreifender Zuständigkeit, dessen Mitglieder aber nach wie

Karte der Verbandsgemeinden 1973

Vorlage: Ein Land gibt ein Beispiel: Der Bürger steht im Mittelpunkt. Reform der Kommunalverfassung in Rheinland-Pfalz. Mainz o.J. [1974]
Kartographie: Landesamt für Vermessung und Geobasisinformation Rheinland-Pfalz

vor selbständige Gemeinden mit eigenem Bürgermeister und eigenem Gemeinderat sind.[187]

So heißt es in der Begründung des Urantrages durch den Landtagsabgeordneten Willi Hörter (CDU): »Die Verbandsgemeinde muss so stark gemacht werden, dass sie im Rahmen einer dringend notwendigen Funktionalreform auch in der Lage ist, Aufgaben zu übernehmen und damit dem Bürger die bürgernahe Verwaltung zu gewährleisten.« Hörter grenzte den rheinland-pfälzischen Weg deutlich von der nordrhein-westfälischen Einheitsgemeinde ab: »Wir sind bewusst nicht den Weg zur Großgemeinde hin gegangen, sondern haben nach dieser Vorlage den Gemeinden immer noch einen Teil ihrer bisherigen Aufgaben überlassen wollen, um damit die gerade in kleinen Gemeinden vorhandene starke Bereitschaft zur ehrenamtlichen Mitarbeit nicht zu zerschlagen.«

Im Gegensatz dazu standen allerdings die Maßnahmen zur Auflösung von Klein- und Kleinstgemeinden. Dadurch verringerte sich die Zahl solcher Gemeinden von 1967 bis 1974 von 1.568 um 304 auf 1.264. Auch bei der Behandlung der Stadt-Umland-Probleme stand nicht die Erhaltung gemeindlicher Selbständigkeit im Vordergrund, sondern die Verbesserung der Leistungskraft der städtischen Ober- und Mittelzentren. So wurden allein durch das vierte Verwaltungsvereinfachungsgesetz 52 Gemeinden aufgelöst und in kreisfreie oder kreisangehörige Städte eingemeindet (z. B. Bingerbrück nach Bingen und Namedy nach Andernach) und 188 Gemeinden zu 88 neuen Gemeinden zusammengeschlossen (z. B. durch Zusammenlegung von Oberlahnstein und Niederlahnstein zur Stadt Lahnstein).[188]

Reaktionen der Betroffenen

Die Dimension der damals erstmals in einem Bundesland vorgenommenen Neuzuschnitte setzte eine Vielzahl von politischen Aktionen in Gang. Selbst außerhalb, in Hessen und Bayern, löste die Zusammenlegung der Regierungsbezirke Pfalz und Rheinhessen Kritik aus, weil man die Gründung des Landes Rheinland-Pfalz noch immer als Verlust an der eigenen Substanz empfand und die jetzigen Maßnahmen als Blockade gegen eine Länderneugliederung nach Art. 29 des Grundgesetzes ansah. Im Land selbst gab es außerhalb der parlamentarischen Debatten umfangreiche Anhörungsverfahren, in denen sich Vertreter der betroffenen Körperschaften, der kommunalen Spitzenverbände und anderer betroffener Verbände äußern konnten. Dennoch beklagten Gemeinderäte immer wieder, dass sie häufig nur aus der Presse über die amtlichen Planungen erfahren hätten. In einer öffentlichen Stellungnahme formulierte am 16. Februar 1970 der Gemeinderat von Wackernheim in der Frage »Verbandsgemeinde oder Eingemeindung nach Mainz« den klassischen Standpunkt einer Gemeinde gegenüber einer schier übermächtigen Aufsichtsbehörde: Man habe den Eindruck, »dass ausschließlich die Aufsichtsbehörden zu wissen meinen, was dem Wohl der Wackernheimer dienlich sei«.[189]

Generell wurde die Regionalpresse damals zu einer Plattform für einen lebhaften öffentlichen Meinungsaustausch, wobei überwiegend kritische oder rundweg ablehnende Meinungen formuliert wurden. Nicht überraschend ist, dass besonders hartnäckiger Widerstand aus dem (aufgelösten) Regierungsbezirk Montabaur kam, wo man die neue Verbandsgemeinde als Versuch zur schleichenden Einführung der 1948 abgelehnten Amtsbürgermeisterei empfand. Am stärksten entwickelte sich der Widerstand gegen die Auflösung der Kleingemeinden. Aber auch die Zusammenlegung von Kreisen führte, besonders in den Eifelregionen, zu stürmischen Versammlungen und erregten Diskussionen, wenn Mitglieder der Landesregierung, darunter auch Ministerpräsident Helmut Kohl, die Pläne öffentlich vorstellten. Selbst gegen den Zusammenschluss zu Verbandsgemeinden war trotz Erhalt der Einzelgemeinde die Abneigung so groß, dass die gesetzlich vorgesehene Freiwilligkeitsphase kaum genutzt wurde. Der Landtagsabgeordnete Karl Thorwirth (SPD), obschon selbst ein Kritiker der Auflösung der Kleingemeinden, führte damals gegen den Widerstand zur Eingemeindung der Umlandgemeinden aus: »Ich halte es für eine Überforderung der Vertreter der Gemeinden, dass sie von sich aus und freiwillig zu dem Entschluss kommen sollten, ihre Gemeinden auflösen zu wollen. Zu Recht musste der Gesetzgeber hier die Initiative ergreifen [...]. Ein Parlament darf nicht zimperlich sein.«[190]

Zur Erhöhung der Akzeptanz speziell von Eingemeindungen wurden die Bestimmungen der Gemeindeordnung zur Einführung von Ortsteilbeiräten dahingehend geändert, dass für alle Gemeinden, die eingegliedert würden, Ortsbezirke eingerichtet werden mussten. Dennoch erhoben 58 Gemeinden, Verbandsgemeinden und Landkreise gegen die Gesetze Verfassungsbeschwerde; der Großteil wurde allerdings abgewiesen. Zwei Klagen waren wegen formaler Fehler, drei Klagen aus inhaltlichen Gründen erfolgreich.[191]

Bürgerschaftliche Mitwirkung auf kommunaler Ebene

Trotz des Widerstandes wurden die Gebietsverwaltungsreformen der Jahre 1967–1973 letztlich bis auf wenige Ausnahmen angenommen. Mit dazu beigetragen hat sicherlich die Erweiterung der Mitwirkungsmöglichkeiten der Bevölkerung in den neu formierten Kreisen und Gemeindeverwaltungen. Willy Brandts legendäre Forderung »Mehr Demokratie wagen« (1969) hatte zwar zuerst in der jüngeren Generation politischen Enthusiasmus ausgelöst, aber der Jugendprotest der 1970er Jahre ging in einen breiten bürgerschaftlichen Aufbruch über, der in den 1980er Jahren die Kommunalpolitik erfasste. Die Landesregierungen reagierten darauf bundesweit zunächst mit Änderungen im Kommunalwahlrecht, welche das persönliche Element einer Wahlentscheidung stärken sollten. So wurde in Rheinland-Pfalz erstmals 1984 bei den Kommunalwahlen das starre Listenwahlrecht dadurch aufgelockert, dass die Wähler durch mehrere Stimmen (maximal 3) einzelne Kandidaten gewichten (»kumulieren«) konnten. 1988 kam das »Panaschieren« hinzu: Es erlaubte, einzelnen Kandidaten verschiedener Listen Stimmen zu geben, anstatt an die Kandidaten einer Liste gebunden zu sein.[192]

Aber die markanteste Änderung in diesem Bereich war die Umwandlung des bislang staatlichen Landratsamtes in ein kommunales Amt im Jahre 1991. In Umkehrung des bisherigen Verfahrens sollte der Landrat nun zuerst von der Kreisversammlung gewählt und erst dann vom Ministerpräsidenten bestätigt werden. Aber schon 1993 wurde die Kreisordnung dahingehend geändert, dass der Landrat nun über eine Direktwahl der Bevölkerung und ohne Regierungsvorbehalt bestimmt wurde. Die FDP hatte die Kommunalisierung des Landrats bereits in einem Antrag im Jahre 1979 gefordert, aber damals konnten sich weder CDU noch SPD dazu durchringen. Mit dem staatlichen Landrat verschwand eine Instanz, die seit 1815 für die Bevölkerung im ländlichen Raum staatliche Autorität und Aufsicht mit großem Gewicht repräsentiert hatte.[193]

Im gleichen Änderungsgesetz von 1993 wurde auch die Direktwahl der ehrenamtlichen und hauptamtlichen Bürgermeister eingeführt. Weitere Elemente zur Vermehrung der Beteiligungsmöglichkeiten der Bevölkerung in Gemeinden und Kreisen waren: die Einführung des Wahlrechts für Staatsbürger aus EU-Staaten, die Ausweitung der gemeindlichen Bürgerversammlung zur Einwohnerversammlung, was auch Staatsbürger aus Nicht-EU-Staaten mit einschloss, die Stärkung des Informationsrechtes und der Initiativrechte für Einwohner und Bürger (Einwohnerantrag, Bürgerbegehren). Mehr Beteiligung der Betroffenen brachte auch die Änderung des Wahlverfahrens zur Bestellung der Ortsteilbeiräte, die seit ihrer Einführung als Vertretungen der Vororte großer Städte in der Gemeindeordnung von 1954 von den Mitgliedern des Gemeinde- bzw. Stadtrates gewählt wurden: Dieses Recht liegt seit 1998 bei den Bürgern der betroffenen Ortsteile selbst.[194]

Bürgerbeauftragter des Landtags

Im individuellen Verhältnis von Bürger und Staat zeigten sich ebenfalls seit den 1970er Jahren markante Veränderungen. So beschlossen Regierung und Opposition 1974 die Einrichtung eines Bürgerbeauftragten beim Landtag nach dem Vorbild des skandinavischen »Ombudsmannes«. Damit sollte ein fester Ansprechpartner für Bürgerbeschwerden geschaffen werden, der in enger Verbindung mit dem Petitionsausschuss des Landtags steht. Ganz wesentlich dabei war die Einführung von festen Sprechzeiten, in denen die Petenten ihr Anliegen direkt und mündlich vortragen können – 170 bzw. 150 Jahre, nachdem die französische und preußische Bürokratie im Rheinland das Prinzip der ausschließlich schriftlichen Eingabe eingeführt hatten.[195]

Die Polizei – vom Ordnungshüter zur Bürgerpolizei

In einer ähnlichen Wendung wie im Verhältnis von Staat und Bürger veränderte sich auch das Selbstverständnis der Polizei insbesondere seit den 1970er Jahren: weg von einer Verkörperung staatlicher Autorität und hin zu einer »Bürgerpolizei« – und dies, obwohl sie im gleichen Zeitraum in starkem Maß als Ordnungsmacht gefordert war, zuerst durch die terroristische Bedrohung, dann durch die harte Konfrontation mit dem gesellschaftlichen Protest gegen Kernkraft, Großbauprojekte und Militärpolitik der NATO (Nachrüstungsdebatte). Von letzterem war der »Flugzeugträger« Rheinland-Pfalz besonders betroffen, lagen hier doch zahlreiche Stützpunkte der US-Streitkräfte, wo die Raketen stationiert wurden, die als Gegengewicht gegen die mobilen SS-20 Raketen des Warschauer Paktes gedacht waren.[196]

Parallel zur bürgergesellschaftlichen Neuorientierung der Polizei erfolgte seit den 1970er Jahren eine tiefgreifende Änderung ihrer Organisation, von ihren Befürwortern als Verbesserung von Effizienz und Mobilität verteidigt, von Kritikern dagegen als »Rückzug aus der Fläche« dargestellt – die Auflösung der Gendarmeriestationen im ländlichen Raum, die Verringerung der bis dahin 37 Polizeiämter in den kreisangehörigen Städten bis auf neun und die Zusammenlegung von ländlicher Gendarmerie und städtischer Ordnungspolizei unter der Bezeichnung »Schutzpolizei«. Anlass für diese Umstrukturierung war die technische Entwicklung: Motorisierung und Funktechnik ermöglichten es, dass mobile Einsatzkräfte schneller an einem Einsatzort waren, als es von einem Netz fester Stationen aus möglich schien. Mobile Präsenz schien den veränderten Anforderungen besser gerecht zu werden als die stationäre Präsenz. Auch die Vergrößerung der Kreise im Rahmen der Verwaltungsreform unterstützte das Konzept einer mobilen Polizei. Zudem übernahmen die neuen Verbandsgemeindeverwaltungen nun Aufgaben der Verwaltungspolizei, wie z. B. das Einwohnermelde- und Passwesen. Zum 1. Januar 1987 gingen alle verwaltungspolizeilichen Aufgaben auch der großen Polizeibehörden (Direktionen und Präsidien) an die Stadtverwaltungen über, die darüber hinaus noch die Überwachung des ruhenden Verkehrs übernahmen.[197]

Da die Mobilität der Gesellschaft auch die Formen der Kriminalität beeinflusste, war es nur konsequent, dass man im Rahmen der Weiterentwicklung der Polizeiorganisation die noch aus dem 19. Jh. stammende Orientierung an den Kreisen schließlich hinter sich ließ. Gleichzeitig wollte man nach der Auflösung der kleinen Polizeistationen im Land die Präsenz in der Fläche wieder verbessern. So wurde 1993 das seit dem Regierungswechsel 1991 (SPD-FDP-Koalition) entwickelte Konzept einer Neuorganisation der Polizei realisiert: Nicht mehr in den Kreisen und Regierungsbezirken, sondern in eigenen Großbezirken unter Leitung der fünf Polizeipräsidien der größeren Städte Mainz, Koblenz, Ludwigshafen, Kaiserslautern und Trier ist die Polizei seit 1993 organisiert. Konsequenterweise erfolgte 1993 der Auszug der Polizei aus der mittlerweile gänzlich kommunalisierten Kreisverwaltung und vier Jahre später aus den Bezirksregierungen. Maßgebliche Organisationseinheiten innerhalb der Gebietspräsidien sind Polizeidirektionen, unter denen dann die einzelnen Polizeiinspektionen angesiedelt sind.

Verfassungs- und Verwaltungsreformen seit der Jahrtausendwende

Der Regierungswechsel von 1991 leitete mit der Verfassungsreform, der Polizeirefom und der Reform der bürgerschaftlichen Beteiligung an der Kommunalpolitik eine neue Runde zur Anpassung der Landesverwaltung an veränderte Anforderungen ein.[198] Das 30. Landesgesetz zur Veränderung der Verfassung von Rheinland-Pfalz vom 15. März 1991 intendierte bereits eine Bereinigung der Verfassung, die mit dem 34. Landesgesetz vom 8. März 2000 in eine umfassende Reform der Landesverfassung mündete. Darin wurden u. a. eingefügt bzw. umformuliert die Bestimmungen zum Schutz des ungeborenen Lebens (Art. 3), zum Recht auf informationelle Selbstbestimmung (Art. 4a), zur Gleichheit von Männern und Frauen im Berufsleben (Art. 17), zur Ausweitung der Grundrechte auf alle Angehörigen von EU-Staaten (Art. 19 a), zum Schutz von Alleinerziehenden und Kindern und zur Integration von Behinderten (Art 23, 24, 64), zu den Informationsrechten der Landtagsabgeordneten (Art. 85 b, 89 a, 89 b) und zur Erleichterung von Volksbegehren (Art. 108, 108 a, 109).[199] Die Ziele der Verwaltungsreform stehen in der Kontinuität vorausgegangener Reformen: Stärkung der Verwaltungskraft – Bürgernähe – Kostenersparnis. Grundlegend dafür wurde das »Landesgesetz zur Reform und Neuorganisation der Landesverwaltung« vom 12. Oktober 1999. Zum einen fasste es alle bislang nebeneinander existierenden elf chemisch-biologisch arbeitenden Untersuchungsämter und Beratungsstellen zu einem »Landesuntersuchungsamt« zusammen. Zum anderen reformierte es grundlegend die klassischen Mittelbehörden: Die drei Bezirksregierungen wurden aufgelöst; an ihre Stelle traten eine landesweit zuständige Aufsichts- und Dienstleistungsdirektion (ADD) mit Sitz in Trier und je eine »Struktur- und Genehmigungsdirektion« (SGD) für die vormaligen Regierungsbezirke Trier und Koblenz mit Sitz in Koblenz (SGD Nord) und für Rheinhessen-Pfalz in Neustadt (SGD Süd).[200]

Grundprinzip der Reform war die Überzeugung, dass das Nebeneinander von drei identisch beschaffenen Mittelbehörden überflüssig sei und viele ihrer Aufgaben ohnehin besser von Kreisverwaltungen und Verbandsgemeinden ausgeübt werden könnten. Die verbleibenden Aufgaben sollte je nach ihren inneren Zusammenhängen und Funktionalitäten gebündelt und neuen Behörden übertragen werden, die entweder landesweit zuständig waren (ADD Trier) oder für immerhin das halbe Land (SGD Nord und SGD Süd). Gleichzeitig sollte eine ganze Reihe von bis dahin für sich existierenden Sonderverwaltungen, wie z. B. die staatlichen Ämter für Wasser- und Abfallwirtschaft, die Gewerbeaufsichtsämter und das Amt für Verteidigungslasten, integriert werden. Zuständigkeiten für Genehmigungsverfahren sollten zu deren Beschleunigung gemeinsam mit raumplanerischen Aufgaben von den beiden Regionaldirektionen (SGD Süd und Nord) übernommen werden, während man Aufsichts- und Dienstleistungsfunktionen, wie z. B. die Kommunal- und Schulaufsicht, in der landesweit zuständigen ADD Trier konzentrierte. Anstatt für alles zusammen ein »Landesverwaltungsamt« vorzusehen, entschied sich der Gesetzgeber damit für ein nach wie vor regional ausgerichtetes Verwaltungskonzept – ein Zugeständnis an das Flächenland Rheinland-Pfalz mit seinen großen ländlichen Räumen, deren Verwaltung bürgernah bleiben sollte.

Mit dem Verwaltungsorganisationsgesetz fand die seit Jahrzehnten immer wieder neu entfachte Diskussion über Sinn und Zuschnitt der Mittelbehörden keineswegs ihren Abschluss. Aber es endete damit zweifellos eine Ära, die geprägt war vom obrigkeits-

Der Landesbeauftragte für den Datenschutz und die Informationsfreiheit

Im Jahr 1991 trat an die Stelle der 1974 ins Leben gerufenen Datenschutzkommission der Landesbeauftragte für den Datenschutz, der bei seiner Arbeit durch eine Geschäftsstelle und die Kommission beim Landesbeauftragten unterstützt wird. Der ursprüngliche Auftrag des Landesdatenschutzbeauftragten – die Kontrolle des Datenschutzes im öffentlichen Bereich – ist 2008 um die Aufsicht über den Datenschutz im privaten Bereich erweitert worden. Seit Beginn 2012 ist zu diesen Aufgaben das Amt des Informationsfreiheitsbeauftragten hinzugekommen. Alle zwei Jahre berichtet der Beauftragte gegenüber dem Parlament über seine Tätigkeit.

URL: http://www.datenschutz.rlp.de/de/ [22.02.2012]

staatlichen Verwaltungssystem des 19. Jhs. und dessen Steuerungs- und Kontrollbedürfnis. Nicht umsonst hießen die Mittelbehörden seit 1815 »Regierungen« – tatsächlich vereinten sie in sich Zuständigkeiten, welche alle Erscheinungen des gesellschaftlichen Lebens in Kreisen und Gemeinden umfassten. Zwar sieht das neue Verwaltungsorganisationsgesetz eine regelmäßige Überprüfung der Wirksamkeit der mit ihm eingeleiteten Änderungen vor, doch eine Rückkehr zu dem alten System erscheint ausgeschlossen.

In der gleichen Richtung der Übertragung von Eigenverantwortung an untere Verwaltungsebenen liegt auch das neue Waldgesetz von 2000. Denn in Abkehr vom Waldgesetz des Jahres 1950 hat es den waldbesitzenden Kommunen das Recht zur eigenständigen Verwaltung ihres Waldbesitzes zurückgegeben und sich in der Begründung ausdrücklich von der bisherigen Bevormundung distanziert – eine Bevormundung, deren Wurzeln für das Rheinland und die Pfalz in der kurzen, aber intensiven Zugehörigkeit zu Frankreich liegen, dessen Erbe dann von Preußen, Bayern und Hessen übernommen und auf diesem Wege über 1945 hinaus weitergegeben wurde.[201]

Gesellschaft und Justiz

Die Rechtsprechung ist immer ein Spiegel der gesellschaftlichen Entwicklung. Bei Konflikten zwischen konservativen und modernen Auffassungen urteilte die Justiz der 1950er Jahre stets zugunsten der ersteren, wie das Verbot des Filmes »Die Sünderin« im Jahre 1952 durch das Landesverwaltungsgericht Koblenz zeigt.[202] Die Verfolgung von NS-Verbrechen kam zunächst nur zögernd in Gang, aber die Impulse, die von der 1957 gegründeten »Zentralen Stelle der Landesjustizverwaltungen zur Aufklärung nationalsozialistischer Verbrechen« in Ludwigsburg ausgingen, wirkten sich auch in Rheinland-Pfalz aus. So verhängte das Landgericht Koblenz 1963 eine 15-jährige Zuchthausstrafe gegen den vormaligen Leiter des Landeskriminalamtes Georg Heuser wegen seiner Teilnahme an Massenexekutionen einer der SS-Einsatzgruppen im Russlandfeldzug, was er nach dem Krieg so erfolgreich verschleiert hatte. 1984 kam es vor dem Landgericht Landau zu einem umfangreichen Prozess gegen den staatenlosen Letten Albert Eichelis, dem zur Last gelegt wurde, als Kreispolizeichef in dem vom nationalsozialistischen Deutschland besetzten Lettland für die Massenerschießung von Juden und Geiseln verantwortlich gewesen zu sein. 1993/94 verhandelte das Landgericht Koblenz den Fall des Wolfgang Lehnigk-Emden, der als Wehrmachtsoffizier 1944 im italienischen Caiazzo mit seiner Einheit 22 Zivilisten, darunter 15 Frauen und Kinder, ermordet und dies ebenfalls in seiner Biographie versteckt hatte. Allerdings wurde der Fall vom Bundesgerichtshof 1995 als verjährt angesehen.[203]

In den 1970er Jahren musste sich auch die Justiz von Rheinland-Pfalz mit dem Linksterrorismus der Rote Armee Fraktion (RAF) befassen. So starb am 9. November 1974 in der Justizvollzugsanstalt Wittlich nach 58-tägigem Hungerstreik Holger Meins, der erste »Hungertote« der RAF. Der erste rheinland-pfälzische Prozess gegen Mitglieder der RAF fand im Jahre 1977 vor dem Landgericht Kaiserslautern statt. Während des Prozesses hatte sich einer der Angeklagten von bis zu 15 Wahlverteidigern vertreten lassen. Dieses Übermaß trug wesentlich dazu bei, dass aufgrund einer Änderung der Strafprozessordnung nur noch höchstens drei Wahlverteidiger zugelassen sind.[204]

Die Vereinigung der beiden deutschen Staaten hatte zur Folge, dass in die DDR übergewechselte Terroristen enttarnt und 1990 verhaftet wurden, unter ihnen Inge Vieth und Henning Beer. Das Oberlandesgericht Koblenz verurteilte Vieth 1992 wegen versuchter Tötung eines Polizisten in Paris zu 13 Jahren Freiheitsstrafe, Beer zu sechs Jahren Jugendstrafe. Der französische Polizist blieb aufgrund der Schussverletzung querschnittsgelähmt und starb Jahre später an den Folgen der Verletzung.[205]

Auch Verwaltungs- und Verfassungsgerichtsbarkeit sind Spiegel ihrer Zeit. So ging es in vielen Verwaltungsgerichtsverfahren der 1950er und frühen 1960er Jahre um die beamtenrechtlichen Folgen der Entnazifizierung (nach Art. 131 GG), um Kriegs- und Vertreibungsschadensfragen und Wohnungszuweisungen sowie um die Folgen des KPD-Verbots. Die verwaltungs- und verfassungsgerichtlichen Hauptthemen der folgenden Jahrzehnte reichen von der Wehrdienstverweigerung über die Studienplatzbeschränkung (»numerus clausus«) bis zur Asylproblematik der Gegenwart.

Mit dem 1972 ergangenen »Extremisten-Beschluss« bzw. »Radikalen-Erlass« gelangte die Frage der Verfassungstreue von Angehörigen des öffentlichen Dienstes verstärkt auch an das Oberverwaltungsgericht. Ab 1975 ging es mit dem einzigen rheinland-pfälzischen Atomkraftwerk bei Mülheim-Kärlich am Mittelrhein nicht nur um die friedliche Nutzung der Kernenergie im Allgemeinen, sondern gerade auch um das Risiko für eine solche Anlage auf sehr problematischen Untergrundverhältnissen im dicht besiedelten Neuwieder Becken. Über 20 Jahre währte der Rechtsstreit, bis nach kontroversen Urteilen des Koblenzer Verwaltungs- und Oberwaltungsgerichts, einem Baustopp aufgrund eines Urteils des Bundesverwaltungsgerichts von 1988 sowie nach weiteren Urteilen des Oberverwaltungsgerichts Koblenz schließlich das Bundesverwaltungsgericht 1998 die grundlegende Erste Teilgenehmigung ein zweites Mal für rechtswidrig erklärte.[206]

Aufgrund der starken amerikanischen Truppenpräsenz in Rheinland-Pfalz musste der Kampf der »Friedensbewegung« gegen den NATO-Beschluss zur Raketennachrüstung in den 1980er Jahren zwangsläufig auch die rheinland-pfälzische Justiz beschäftigen. So lösten die gewaltfreien Blockaden amerikanischer Basen eine Prozesswelle aus, die im Frühjahr 1987 beim Amtsgericht Simmern begann und über das Landgericht Bad Kreuznach schließlich das Oberlandesgericht Koblenz erreichte. Die meisten Verfahren endeten mit der Verurteilung wegen Nötigung zu einer Geldstrafe bzw. Ersatzhaftstrafen. Doch im Jahr 1995 stellte das Bundesverfassungsgericht auf die Verfassungsbeschwerde von Betroffenen hin fest, dass die von den Strafgerichten im Wege der Auslegung vorgenommene Ausweitung des Gewaltbegriffs im Nötigungsparagraphen verfassungswidrig sei.[207]

Der Wegfall des »Eisernen Vorhangs« und der direkten militärischen Konfrontation von Ost und West ab 1990 erlaubte nach dem großen Truppenabzug die Umwandlung der alten Stützpunkte in Gewerbeflächen, was neue rechtliche Streitigkeiten auslöste. Gegen die Einrichtung von »factory outlets« prozessierten die Nachbargemeinden zum Schutze der eingesessenen Geschäfte und gegen den Ausbau des Flughafens Hahn die Umweltschützer. Zuletzt war es der geplante Hochmoselübergang bei Zeltingen mittels einer 1,7 km langen und 160 m hohen Brücke, der den »Bund Umwelt und Naturschutz« (BUND) bis zum Oberverwaltungsgericht Koblenz trieb, wo man immerhin eine

Das Landesverwaltungsgericht Koblenz bestätigte 1952 das Verbot, den Film »Die Sünderin« aufzuführen, mit der Begründung, dass dessen Darstellung von Prostitution verfassungsrechtlich geschützte Grundrechte verletze (CineArt Reproduction Berlin)

Überarbeitung des behördlichen Planfeststellungsbeschlusses erreichen konnte. Auch gegen diesen ergänzenden Planfeststellungsbeschluss klagte der BUND, diesmal erfolglos.

Insgesamt kennzeichnen somit zwei Trends die Entwicklung der politischen Verfassung unseres Landes: zum einen die Ausweitung der Möglichkeiten politischer Teilhabe im kommunalen Bereich, zum anderen die zunehmende Bedeutung des verwaltungsgerichtlichen Klageweges, um politische Entscheidung sozusagen außerparlamentarisch zu verändern. Man darf gespannt sein, ob die neu entstandene politische Sensibilität gegenüber bürgerschaftlichem Protest neue Formen der außerparlamentarischen Konsensbildung oder Entscheidung (z. B. durch ein Volksbegehren) begünstigen und damit Alternativen zum Streit vor den Verwaltungsgerichten schaffen wird.

1 Der vorliegende Beitrag ist das Ergebnis einer Zusammenarbeit, bei der sich die Verantwortlichkeit für die einzelnen Themen wie folgt verteilt: Walter Rummel (Verfassungs- und Verwaltungsgeschichte französische Epoche, Landesteil Rheinprovinz, Rheinland-Pfalz, Endredaktion), Franz Maier (Verfassungs- und Verwaltungsgeschichte Landesteile Rheinhessen und Rheinbayern), Joachim Hennig (Justiz).

2 BLANNING, French Revolution 1983, S. 63 f.; das längere Zitat nach einer Zusammenfassung bei PERTHES, Politische Zustände 1862, S. 239 f.; vollständig bei HANSEN, Quellen 1938, S. 415–418; das kürzere Zitat ebenda, S. 416.

3 Zum folgenden: MÜLLER, Jahr des Umbruchs 1998, S. 215 f.; RÖDEL, Französische Revolution 1981; ORTLEPP, Verwaltungsorganisation 1982, S. 135 ff.; GRAUMANN, Verwaltung 1990, S. 18; BLANNING, French Revolution 1983, S. 18 f.; BURG, Verwaltung 1994, S. 39 ff. Zu den älteren Territorialverhältnissen der Pfalz: ALTER, Zeit der Französischen Revolution 1981; DUMONT/SCHÜTTE, Zeit der Französischen Revolution 1981. Vgl. dazu die neuere kartographische Darstellung von KRAFT, Herrschaften 2008; für das nördliche Rheinland: FABRICIUS, Karte 1789.

4 LA Speyer, Bestand G 1, Nr. 693.

5 Aufruf vom 24.7.1798 (LA Speyer, Bestand Y 24, Nr. 4742; vgl. Bestand G 1, Nr. 659 und 676). Zur Finanzverwaltung vgl. GRAUMANN, Verwaltung 1990, S. 110 ff.; MÜLLER, Jahr des Umbruchs 1998, S. 217. Vgl. MOLITOR, Untertan 1980.

6 GRAUMANN, Verwaltung 1990, S. 46; BURG, Verwaltung 1994, S. 21 ff.

7 FABER, Selbstverwaltung 1965, S. 135; ROLEF, Landgemeindeverfassung 1912/13, S. 6 ff. und 16.

8 GRAUMANN, Verwaltung 1990, S. 32 ff.; ROLEF, Landgemeindeverfassung 1912/13, S. 19 f.

9 ROLEF, Landgemeindeverfassung 1912/13, S. 26 f.; KNEMEYER, Regierungs- und Verwaltungsreformen 1970, S. 34; BÄR, Behördenverfassung 1919, S. 48; ORTLEPP, Verwaltungsorganisation 1982, S. 148; ENGELBRECHT, Grundzüge 1995, S. 84; GRAUMANN, Verwaltung 1990, S. 73 ff., besonders S. 83 ff. Grauman geht für das Roer-Department von insgesamt 684 Maires und Adjunkten gegenüber 1.316 Präsidenten-, Agenten-, Adjunkten- und Sekretärstellen des kantonalen Systems aus (S. 86 f.). KNEMEYER, Regierungs- und Verwaltungsreformen 1970, S. 34, stellt für das Saar-Departement und das Rhein-Mosel-Departement fest, dass die Anzahl der Mairien auf ein Fünftel oder gar Sechstel ihrer ursprünglichen Zahl gesunken sei. Vgl. RÖRIG, Bürgermeistereiverfassung 1956, S. 53 f.; ROLEF, Landgemeindeverfassung 1912/13, S. 27 f. Zur herrschaftspolitischen Funktion der Großgemeinden vgl. BURG, Kommunalreformen 1982. Zum sozialgeschichtlichen Hintergrund: MÜLLER, Personeller Umbruch 1997. Zusammenfassend: FRANZ/KNAUFF, Gemeindeverfassungen 1999.

10 Die Departementalräte sind nicht mit den Präfekturräten zu verwechseln! Vgl. HENNIG, Koblenz 1994, S. 24 ff.; BURG, Verwaltung 1994, S. 25 f.; KÄDING, Beiträge 1913, S. 9 ff.; GRAUMANN, Verwaltung 1990, S. 62 f., 71 f. und 89 ff.; ROLEF, Landgemeindeverfassung 1912/13, S. 14 ff.; FABER, Rheinlande 1966, S. 198.

11 ROLEF, Landgemeindeverfassung 1912/13, S. 24 f.

12 ORTLEPP, Verwaltungsorganisation 1982, S. 139 f.; KNOTHE, Gemeindegesetzgebung 1910; RÖDEL, Französische Revolution 1981, S. 1472; BURG, Verwaltung 1994, S. 22 f., 140 ff., 149, 254 und 260.

13 BURG, Verwaltung 1994, S. 143 f. und 213; ORTLEPP, Verwaltungsorganisation 1982, S. 147; SAGNAC, Rhin 1917, S. 254; GRAUMANN, Verwaltung 1990, S. 93 ff. und 106. Vgl. die sozialstatistischen Zusammenstellungen ebenda, S. 86 ff.

14 KERN, Gerichtsverfassungsrecht 1954, S. 48 ff.; KLEIN, Justiz 1969, S. 113 ff.; SCHUBERT, Gerichtsverfassung 1981, S. 22 ff.; GRILLI, Justizorganisation 1999; BORCK, Code civil 2005; STRAUCH, Gerichte 2007, S. 32 ff. Vgl. ORTLEPP, Verwaltungsorganisation 1982, S. 136; GRAUMANN, Verwaltung 1990, S. 153 ff., 173 ff., 180 ff. und 200 f.; ERKENS, Friedensgerichtsbarkeit 1994; zusammenfassend DERS., Friedensgerichtsbarkeit 2000, S. 51 ff.; LA Speyer, Bestand G 1, Nr. 687; WEISWEILER, Notariat 1916; STEIN, Notariat 1981 (auch zur älteren Tradition); KUNZ, Ausfaut 1987; SCHNEIDER, Notabelnamt 2000; ZIEGLER, Friedensgericht 1991, S. 35 f. und 38. Die Streitschlichtung wurde dem Friedensrichter unter napoleonischem Regiment genommen und einer höheren Instanz zugewiesen (GRAUMANN, Verwaltung 1990, S. 182).

15 ERKENS, Friedensgerichtsbarkeit 2000, S. 61.

16 STRAUCH, Gerichte 2007, S. 43 ff.

17 Ebenda, S. 53 ff.

18 BECKER, Räuberbanden 1804, Teil 2, S. 283; BAYERLEIN, Schinderhannes-Chronik 2003; FLECK, Schinderhannes 2002; DERS., Diebe 2003; SCHEIBE, Schinderhannes 2008.

19 Zum Friedensrichter Fölix: SCHEIBE, Schinderhannes, S. 92; zum Präsidenten Lebens: BECKER, Räuberbanden 1804, Teil 1, S. 9 und 50.

20 STEIN, Spezialgerichte 2003.

21 BORMANN/DANIELS, Handbuch 1836, S. 225; SIMON, Manuel 1810–1811; MEIER, Französische Einflüsse 1907, S. 148 ff.; KÄSS, Organisation 1929; DITTRICH, Entwicklung 1937; POPPRITZ, Verwaltungsgerichtsbarkeit 1943 und 1944; SELLMANN, Verwaltungsgerichtsbarkeit 1963; KOCH, Grundlagen 1980, S. 76 ff.; HENNIG, Koblenz 1994, S. 19 ff.; DERS., Anfänge 2008, S. 401 ff.

22 FEHRENBACH, Gesellschaft 1974; BORCK, Code civil 2005.

23 Zitiert nach BORCK, Code civil 2005, S. 100 sowie S. 128.

24 Zitiert nach FABER, Recht 1981, S. 97 f. Vgl. ZEITZ, Justizsenat 1996.

25 FABER, Recht 1981, S. 99 ff.

26 Zitiert nach BECHTOLSHEIMER, Rheinhessen 1905, S. 76.

27 Anordnung Rudlers zu den Beamtengebühren vom 2.7.1797 (LA Speyer, Bestand G 1, Nr. 671; vgl. ebenda, Nr. 689); FABER, Institutionen 1964, S. 27 f. Dagegen wird speziell die Friedensgerichtsbarkeit von ERKENS, Friedensgerichtsbarkeit 2000, S. 54, als preiswert, umkompliziert und schnell bewertet; STEIN, Scheidungsrecht 1994; ERKENS, Friedensgerichtsbarkeit 2000, S. 59.

28 ERKENS, Friedensgerichtsbarkeit 2000, S. 60; ROLEF, Landgemeindeverfassung 1912/13, S. 31 ff.; STEIN, Polizeiüberwachung 2000; KLINKHAMMER, Zivilisierung 1998; HUDEMANN-SIMON, Gesundheitspolitik 1995; STEIN, Tierärzte 1996; ROLEF, Landgemeindeverfassung 1912/13, S. 25 ff. und 32 f.

29 MATHY, Beständigkeit 1986.

30 Zitiert bei KOLTES, Rheinland 1992, S. 426 (Anm. 56). Zu Rebmann vgl. WADLE/SAUDER, Rebmann 1997.

31 Zitiert nach PRINZ/CHRISTIAN, Territoriale Veränderungen 2008, S. 137, wo es heißt: »nach den alten Restitutionen«.

32 So Thomas Nipperdey, zitiert nach SIEMANN, Staatenbund 1995, S. 314.

33 MÖRZ u. a., Ludwigshafen 2003; HIPPEL, Ludwigshafen 2009.

34 Vgl. KISSENER, Ausgangslagen und Entwicklungen: Naturräumliche und soziale Voraussetzungen in der Moderne (in diesem Band).

35 Vgl. SCHÜTZ, Preußen 1978, S. 25 (Anm. 51).

36 Ebenda, S. 24 und 29 ff.

37 WAGNER, Bauern 2005, S. 68 f. Vgl. NITSCHKE, Junker 1995, S. 135 ff.; zum Simmerner Vorfall 1833: GStPK Berlin, Rep. 77, Tit. 505, Nr. 4, Vol. II, Bl. 39–41v, besonders Bl. 40.

38 FABER, Rheinlande 1966, S. 198 und 206; SCHÜTZ, Preußen, S. 87 f. Ein Gutachten aller fünf Regierungen plädierte ebenfalls 1817 für die Wahl einzelner Gemeindevertretungen; vgl. ROLEF, Landgemeindeverfassung 1912/13, S. 41; zum politischen Hintergrund vgl. LANGEWIESCHE, »Staat« 1989; LENGER, Bürgertum 1998.

39 Rheinische Gemeindeordnung (1845), §§ 72–74; vgl. ENGELI/HAUS, Quellen 1975, S. 258 und 282; FABER, Selbstverwaltung 1965, S. 140 ff.; SCHÜTZ, Preußen 1978, S. 84 ff., besonders S. 150.

40 BOBERACH, Wahlrechtsfragen 1959; FABER, Rheinlande 1966, S. 198 ff.; DERS., Selbstverwaltung 1965, S. 142; SCHÜTZ, Preußen 1978, S. 151 ff.

41 SCHÜTZ, Preußen 1978, S. 149 und 151; FABER, Selbstverwaltung 1965, S. 135, weist allerdings darauf hin, dass die rheinischen Städte auch vor Erlass der revidierten Städteordnung keine Anstalten gemacht hatten, das Stein'sche Modell auch in seiner ursprünglichen Form zu übernehmen.

42 HAAN, Hauptstaat 1977, S. 82; Amtsblatt der Königl. baierischen Regierung des Rheinkreises 1818, Sp. 895 f.; ebenda 1819, Sp. 71 ff.; Intelligenz-Blatt des Rheinkreises 1819, S. 633 ff.; aufgrund des unterschiedlichen Siedlungsbildes beschränkte sich diese Form der Organisation mehrerer Einzelgemeinden in einer Bürgermeisterei allerdings weitgehend auf den westpfälzischen Raum, während in der Vorderpfalz die Identität von Bürgermeisterei und Gemeinde der Normalfall war.

43 Großherzoglich Hessisches Regierungsblatt 1821, S. 355 ff.

44 SCHÜTZ, Preußen 1978, S. 6 f., 23, 165 f. und 242 ff.; Gesetzsammlung für die Königlichen Preußischen Staaten 1815, S. 21, 23 und 103 ff.; ebenda 1823, S. 129 ff.; ebenda 1824, S. 101 ff.; STEPHAN, Entstehung 1914; SCHMITZ, Provinziallandtag 1967, S. 10 ff.

45 CROON, Provinziallandtag 1918, S. 29 ff.; SCHMITZ, Provinziallandtag 1967, S. 14; Gesetzsammlung für die Königlichen Preußischen Staaten 1827, S. 16; BÄR, Behördenverfassung 1919, S. 220 und 223 f.; NATHAN, Verfassung 1912, S. 39 f.; SCHÜTZ, Preußen 1978, S. 149 (Jakob Venedey) und 153; NATHAN, Verfassung 1912, S. 39 ff. Zu Venedey vgl. BUBLIES-GODAU, Venedey 2003.

46 Amtsblatt für das Königlich-Baierische Gebiet auf dem linken Rhein-Ufer 1816, Sp. 329 ff. und 409 ff.; DERESER, Landrath [1957], S. 7.

47 Amtsblatt der Königlich-Baierischen Regierung des Rheinkreises 1818, Sp. 847 ff.; DERESER, Landrath [1957], S. 121 ff. Ausgeschlossen von der Wahl waren im Rheinkreis somit die Pfarrer, während die vierte Klasse, die adeligen Grundbesitzer mit eigener Gerichtsbarkeit, im Rheinkreis nicht vorkam.

48 SPINDLER, Regierungszeit 1974, S. 140 ff.

49 DERESER, Landrath [1957], S. 20 ff.

50 HOFFMANN, Provinzial- und Bezirksregierung 1977, S. 4 ff.

51 Kurzer Überblick bei: BORCK, Code civil 2005, S. 112 ff. Zu Rheinpreußen: CONRAD, Preußen 1969, S. 78 ff.; KLEIN, Justiz 1969, S. 113 und 126 ff.; DERS., Hardenberg 1994; STRAUCH, Gerichte 2007, S. 70 ff.; DIRKS, Chronik 1970, S. 13 ff.; DRESSLER, Geschichte 1957; DIRKS, Geschichte 1996; zu Rheinhessen: TÜTTENBERG, Geschichte 1996; zur Pfalz: WEILER, Justizverhältnisse 1989, S. 155 ff.; BAUMANN, Appellationsgericht 1984.

52 Zitiert nach KLEIN, Justiz 1969, S. 142; STRAUCH, Gerichte 2007, S. 109.

53 WERNHER, Wernher 1891, S. 59 f.

54 BAUMANN, Appellationsgericht 1984, S. 247 ff.

55 Zitiert nach HOFFMANN, Provinzial- und Bezirksregierung 1977, S. 9.
56 Amtsblatt für die Großherzoglich Hessische Provinz Rhein-Hessen 1819, S. 491; HOFFMANN, Verwaltungsgericht [1962], S. 5 ff.
57 LANDSBERG, Gutachten 1914; FABER, Rheinlande 1966, S. 273; KLEIN, Justiz 1969, S. 131 ff.; STRAUCH, Gerichte 2007, S. 70 ff.
58 RUMMEL, Nachwirken 2004, S. 902.
59 HERTEL, Rechts- und Gerichtsverfassung 1829, S. 1; DIRKS, Chronik 1970, S. 49 ff.; KASPER-HOLTKOTTE, Juden 1996; KASTNER, Provinziallandtag 1988.
60 CROON, Provinziallandtag 1918, S. 69 ff.; SCHMITZ, Provinziallandtag 1967, S. 20; NATHAN, Verfassung 1912, S. 71; weitere Kritik ebenda, S. 25 ff.
61 CROON, Provinziallandtag 1918, S. 69 ff., besonders S. 70 f.; SYBEL, Politischen Parteien 1847; NATHAN, Verfassung 1912; SCHMITZ, Provinziallandtag 1967, S. 15 ff.
62 GREWE, Wald 2004.
63 Zitiert bei FABER, Rheinlande 1966, S. 248 (Anm. 654).
64 SPINDLER, Regierungszeit 1974, S. 180 ff.
65 Allerdings wurden Wirth, Siebenpfeiffer u. a. nicht freigelassen. Sie blieben in Haft, und man machte ihnen nun wegen Beamtenbeleidigung den Prozess vor dem jeweils zuständigen Zuchtpolizeigericht. Wirth wurde vom Bezirksgericht Zweibrücken zu der Höchststrafe von zwei Jahren Gefängnis verurteilt, desgleichen Siebenpfeiffer vom Bezirksgericht Landau. Vgl. WARMBRUNN, Assisenprozess 2010; Hambacher Fest 1982, S. 239 f.; FABER, Rheinlande 1966, S. 183 f.; HÜLS, Wirth 2004; WADLE, Siebenpfeiffer 1991; KERMANN/NESTLER/SCHIFFMANN, Hambacher Fest 2006.
66 BAUMANN, Appellationsgericht 1984, S. 261.
67 Ebenda, S. 254 ff.
68 FABER, Rheinlande 1966, S. 234 ff., besonders S. 244 (Anm. 633); KÄDING, Beiträge 1913, S. 9 ff., 24 ff. und 38 ff.; WINTER-TARVAINEN, Weinbaukrise 1992. Mark Spoerer sieht in der Vorstellung der steuerlichen Überbürdung unter Berücksichtigung aller Steuern einen Mythos (SPOERER, Economy 2007, S. 56). Vgl. WAGNER, Grund- und Gebäudesteuer 1980, S. 209; SIEGERT, Steuerpolitik 2001, S. 103 ff. Die unterschiedliche Verteilung der Steuerlast zwischen den neuen Westprovinzen und dem Osten wurde vom preußischen Finanzminister von Motz 1830 eingeräumt, aber unter Berücksichtigung anderer Aspekte für berechtigt gehalten. Die ältere Anschauung von der ungerechten Verteilung (KÄDING, Beiträge 1913, S. 137 ff.) stellte zwar subjektive Eindrücke in Rechnung, sah jedoch auch objektive Unterschiede, die in den Ergebnissen der neuen Steuergesetzgebung 1865 Bestätigung fanden. Vgl. die vorsichtige Bewertung durch FABER, Rheinlande 1966, S. 241 f., sowie RUMMEL, Taxes 2007, S. 145.
69 FABER, Rheinlande 1966, S. 244 ff.; GEHM, Einkommensteuergesetz 2007, S. 807 f.; DERS./FELTES, Einkommensbesteuerung 2008, S. 468 ff. Die vom pfälzischen Publizisten Georg Friedrich Kolb als Argument gegen eine Einbeziehung der Grundlasten in den Steuervergleich angeführte Tatsache, dass diese »rein privatrechtlicher Natur« seien [FABER, Rheinlande 1966, S. 247 (Anm. 647)], dürfte für die Zahlungspflichtigen wohl kaum eine Rolle gespielt haben.
70 LHA Koblenz, Bestand 403, Nr. 6583, Bl. 24v–25; SPERBER, Rhineland Radicals 1991, S. 146 ff.; RUMMEL, Bürokratie 1998; LUZ-Y-GRAF, 1848/49 1998; zur Waldpolitik: GREWE, Wald 2004.
71 RUMMEL, Bürokratie 1998, S. 138 ff.; ENGELI/HAUS, Quellen 1975, S. 310 f. (Anm. 1). Allgemein: KÜHNE, Reichsverfassung 1998; BINDING, Reichsgründung 1998; VICK, Defining Germany 2002.
72 Wahlberechtigt waren jetzt alle Männer ab 25 Jahren. Großherzoglich Hessisches Regierungsblatt 1848, S. 65 f.
73 Neue Speyerer Zeitung Nr. 48 vom 3.3.1848 (Pfälzische Landesbibliothek, Bestand F 148, Nr. 24).
74 Vgl. BAUS, Verfassungsbewegung 1993, S. 152.
75 KERMANN, Massenprozess 2002; SPIEß/WEINTZ, Hochverratsprozess 2006.
76 HANSEN, Preußen 1990, S. 122 f.
77 ENGELI/HAUS, Quellen 1975, S. 310 ff.
78 ROLEF, Landgemeindeverfassung 1912/13, S. 76 und S. 85 ff.; ENGELI/HAUS, Quellen 1975, S. 310 ff. Laut HANSEN, Preußen, S. 139 war der Erlass der den revolutionären Forderungen sehr entgegenkommenden Gemeindeordnung von 1850 nur taktisch bedingt.
79 ENGELI/HAUS, Quellen 1975, S. 312 f. und S. 371; Gesetzsammlung für die Königlichen Preußischen Staaten 1850, S. 215 ff.; ebenda 1853, S. 228; ROLEF, Landgemeindeverfassung 1912/13, S. 80 ff. Zur Bewertung vgl. FABER, Selbstverwaltung 1964, S. 144, der für das Scheitern der einheitlichen Gemeindeverfassung von 1850 nicht nur die ostpreußischen Konservativen verantwortlich macht, sondern auch das Festhalten des rheinischen Bürgertums an der »für den rheinischen Liberalismus typischen Verbindung von freiheitlichen und bürokratischen Elementen« im kommunalpolitischen Denken.
80 ROLEF, Landgemeindeverfassung 1912/13, S. 89 ff.; ENGELI/HAUS, Quellen 1975, S. 396 f.; Gesetzsammlung für die Königlichen Preußischen Staaten 1856, 435 ff.; ROLEF, Landgemeindeverfassung 1912/13, S. 89 ff.
81 Kreisordnung vom 30.5.1887, in Kraft 1.4.1888 (Gesetzsammlung für die Königlichen Preußischen Staaten 1888, S. 209); Provinzialordnung vom 1.6.1887 (ebenda 1887, S. 258); Gesetz über die allgemeine Landesverwaltung vom 30.7.1883; Gesetz über die Zuständigkeit der Verwaltungs- und Verwaltungsgerichtsbehörden vom 1.8.1883 (beide traten

erst am 1.7.1888 in Kraft (ebenda 1883, S.195 und S.237); ROLEF, Landgemeindeverfassung 1912/13, S.103ff.; DASBACH, Landgemeinde-Ordnung 1914. Zur Novelle von 1911, die laut Dasbach auch nur in einigen Punkten »Besserung« gebracht hätte, vgl. HANSEN, Preußen 1990, S.251.

82 Großherzoglich Hessisches Regierungsblatt 1852, S.33ff.

83 Großherzoglich Hessisches Regierungsblatt 1874, S.299ff.

84 Dies bedeutete immer noch einen Rückschritt gegenüber der hessischen Gemeindeordnung von 1821, nach der ein Drittel des Gemeinderats aus der höchstbesteuerten Hälfte der Wählbaren gewählt werden musste.

85 Gesetz-Blatt für das Königreich Bayern 1869, Sp.1009ff.; in der gleichzeitig erlassenen »Gemeindeordnung für die Landestheile diesseits des Rheins« (also im rechtsrheinischen Gebiet) wurde die dort historisch bedingte rechtliche Trennung von Städten und Landgemeinden beibehalten, wobei die Verfassung der dortigen Landgemeinden weitgehend der pfälzischen Gemeindeordnung entsprach. Ein wichtiger Unterschied war, dass in den rechtsrheinischen Landgemeinden Bürgermeister und Beigeordnete direkt von den Gemeindebürgern gewählt wurden. Mit der Möglichkeit der Bildung von gemeinschaftlichen Bürgermeistereien wurde ein »französisches« Element der pfälzischen Kommunalverfassung 1869 auf ganz Bayern ausgedehnt.

86 Vgl. hierzu DRIESS, Stellung 1930. Die Gemeindeeinnehmer führten das gesamte Kassen- und Rechnungswesen der Gemeinden und waren für eine geordnete Geschäftsführung allein und persönlich verantwortlich. Diese Institution blieb als pfälzische Besonderheit auch nach 1918 bestehen und wurde vom bayerischen Landtag 1925 durch einstimmigen Beschluss ausdrücklich bestätigt. Die Bayerische Gemeindeordnung von 1927 sah sogar vor, dass sie mit Genehmigung des Landtags auch in den rechtsrheinischen Landesteilen eingeführt werden konnte, wozu es jedoch nicht kam.

87 Gesetz- und Verordnungs-Blatt für das Königreich Bayern 1908, S.471ff. Die Bezeichnung »Stadt« für bestimmte pfälzische Gemeinden war bis dahin gemäß den Bestimmungen der Gemeindeordnung von 1869 nur ein historisch bedingter Ehrentitel, aus dem sich, abgesehen von dem Recht auf Führung eines eigenen Wappens, keinerlei Unterschiede zur Verfassung der übrigen Gemeinden ableiten ließen.

88 Die Verleihung der Magistratsverfassung und Kreisunmittelbarkeit an Landau erfolgte am 18.10.1909 mit Wirkung zum 1.1.1910 (Gesetz- und Verordnungs-Blatt für das Königreich Bayern 1909, S.733f.). Die Institution der »kreisunmittelbaren« Städte, die mit der in der Revolution etablierten französischen Verwaltungspraxis unvereinbar war, beruhte im rechtsrheinischen Bayern auf einer bis ins Spätmittelalter zurückreichenden Tradition.

89 CROON, Provinziallandtag 1918, S.73ff. und 82ff.; SCHMITZ, Provinziallandtag 1967, S.18 und 22.

90 CROON, Provinziallandtag 1918, S.85; SCHMITZ, Provinziallandtag 1967, S.22ff.

91 SCHMITZ, Provinziallandtag 1967, S.29ff. Vgl. NOLTE, Repräsentation 1994.

92 SCHMITZ, Provinziallandtag 1967, S.25ff., 72ff. und 92f.

93 Listen der Landratsmitglieder von 1816 bis 1917 bei DERESER, Landrath [1957], S.36ff.

94 Gesetz-Blatt für das Königreich Bayern 1852, Sp.245ff.

95 Regierungs-Blatt für das Königreich Bayern 1861, Sp.631f.

96 HOFFMANN, Provinzial- und Bezirksregierung 1977, S.10f.

97 Großherzoglich Hessisches Regierungsblatt 1874, S.280ff.; HOFFMANN, Provinzial- und Bezirksregierung 1977, S.12.

98 UNRUH, Staat 1984, S.570f.

99 KERN, Gerichtsverfassungsrecht 1954, S.86ff.; BUNDESMINISTERIUM DER JUSTIZ, Reichsjustizamt 1977; ROTH, Entstehung 2004.

100 HENNIG, Koblenz 1994, S.45ff.; HOFFMANN, Provinzial- und Bezirksregierung 1977, S.12; CAMBEIS-GLENZ, Verwaltungsgericht 1997, S.167f.

101 Zitiert nach DIRKS, Chronik 1970, S.27.

102 BISCHOF, Separatismus 1969; KERMANN/KRÜGER, Separatismus 1989; GEMBRIES, Verwaltung 1992; GRÄBER/SPINDLER, Revolverrepublik 1992; GOLECKI, Erster Weltkrieg 1993, S.136ff.; SCHLEMMER, Rheinstaatbestrebungen 2007; Reichskommissar für die besetzten rheinischen Gebiete (Hrsg.): Mitteilungen des Reichskommissars für die besetzten rheinischen Gebiete 1926–1930; Amtsblatt des Reichskommissars für die besetzten rheinischen Gebiete. Koblenz 1920–1923.

103 Preußische Gesetzsammlung 1919, Nr.6, S.6; ebenda, Nr.31, S.35; ebenda 1927, S.118. Vgl. FRIE, Provinzialverbände 2003, S.377.

104 FRIE, Provinzialverbände 2003, S.379f.

105 Ebenda, S.382.

106 Gleichzeitig erhielt die Landbürgermeisterei die Bezeichnung »Amt«. Gesetz über die Regelung verschiedener Punkte des Gemeindeverfassungsrechts vom 27.12.1927, § 6, § 2 (Preußische Gesetzsammlung 1927, S.212).

107 Bayerisches Jahrbuch 34, 1921, S.302; für Hessen: Gesetz vom 15.4.1919, die Abänderung der Kreis- und Provinzialordnung vom 8.7.1911 betreffend (Hessisches Regierungsblatt 1919, S.164ff.).

108 Gesetz- und Verordnungs-Blatt für den Freistaat Bayern 1919, S.239ff.

109 Ebenda, S.838.

110 Ebenda 1924, S.212; ebenda 1927, S.293ff. Neu war die Bestimmung, dass die Gemeinden und Bezirke diejenigen dauerhaft bei ihnen angestellten Personen, die bei gleichen Dienstpflichten im Staatsdienst Beamte wären, ebenfalls verbe-

amten sollten, womit die neue Kategorie des »Gemeindebeamten« bzw. »Bezirksbeamten« unter Dienstaufsicht des ersten Bürgermeisters bzw. Bezirksamts geschaffen wurde (ebenda, S. 307 und S. 311 ff.); im Gegensatz dazu durften Personen im Dienst des Kreises nur nach den Vorschriften des Staatsbeamtenrechts angestellt werden (ebenda, S. 342 f.).

111 Hessisches Regierungsblatt 1919, S. 137 f.; ebenda 1925, S. 97; ebenda 1931, S. 115 ff.

112 MATZERATH, Selbstverwaltung 1970, S. 107 ff.; UNRUH, Selbstverwaltung 1989, S. 4; KRABBE, Kommunalverfassung 1994, S. 77 ff.; REBENTISCH, Selbstverwaltung 1981; WYSOCKI, Kommunalfinanzen 1973. Zur Finanzverfassung: Weimarer Verfassung, Artikel 8; Gesetz über die Reichsfinanzverwaltung vom 10.9.1919 (RGBl. 1919, S. 1591), das durch die Reichsabgabenordnung vom 13.12.1919 (ebenda, S. 1993) ersetzt wurde; Finanzausgleichsgesetz vom 30.3.1920 (ebenda, 1920, S. 402), in der Fassung vom 27.4.1926 (ebenda, 1926, S. 252) und Besteuerungsgesetz vom 10.8.1925 (ebenda, 1925, S. 252). Vgl. KIRCHHOF, Erzberger 2007; BRAUN, Großstadt 2003, S. 45 f.

113 REBENTISCH, Selbstverwaltung 1981, S. 91; MATZERATH, Selbstverwaltung 1970, S. 21 f.; KRABBE, Kommunalverfassung 1994, S. 81.

114 GOLECKI, Erster Weltkrieg 1993, S. 163.

115 REBENTISCH, Selbstverwaltung 1981, S. 97 f.; MATZERATH, Selbstverwaltung 1970, S. 107 ff. und 122.

116 LHA Koblenz, Bestand 403, Nr. 16743, Bl. 673 ff., hier: Bl. 695 f. Zur Justiz in der Weimarer Republik: BUNDESMINISTER DER JUSTIZ, Justiz und Nationalsozialismus 1989, S. 7 ff.; ENGELMANN, Rechtsverfall 1989, S. 7 ff.; HANNOVER/HANNOVER-DRÜCK, Justiz 1966; ANGERMUND, Richterschaft 1990, S. 19 ff.; HENNIG, Biesten 1996.

117 Gesetz gegen die Neubildung von Parteien vom 14.7.1933 (RGBl. 1933 I, S. 479); GRUCHMANN, Justiz 2001; RAITHEL/STRENGE, Reichstagsbrandverordnung 2000; DEISEROTH, Legalitäts-Legende 2008.

118 BROSZAT, Staat Hitlers 1978, S. 130 ff.

119 RGBl. 1934, S. 173; MATZERATH: Selbstverwaltung 1970, S. 129.

120 MATZERATH, Selbstverwaltung 1970, S. 33 ff., besonders S. 42 f., 52 und 56 ff; vgl. DERS., Nationalsozialismus 1981.

121 DERS., Selbstverwaltung 1970, S. 61 ff.; MAHLERWEIN, »Machtergreifung« 2010, S. 72; vgl. LANDESZENTRALE FÜR POLITISCHE BILDUNG RHEINLAND-PFALZ, 30. Januar 2008. Allerdings war E. Wetzel, anders als gelegentlich dargestellt, nicht der erste rheinhessische Bürgermeister, der von den Nationalsozialisten seines Amtes erhoben wurde.

122 Preußische Gesetzsammlung 1933, S. 427; vgl. auch das am gleichen Tag erlassene Gemeindefinanzgesetz (ebenda, S. 442). Eine Beeinflussung der neuen autoritären Preußischen Gemeindeordnung durch die rheinische Bürgermeisterverfassung sieht MATZERATH, Selbstverwaltung 1970, S. 122 f. und 131 f.

123 RGBl. 1935 I, S. 49 ff.; MATZERATH, Selbstverwaltung 1970, S. 132 ff.

124 Hessisches Regierungsblatt 1936, S. 77; vgl. ebenda 1937, S. 121 ff.; SCHMITZ, Provinziallandtag 1967, S. 132; Gesetz zur Gleichschaltung der Gemeinden und Gemeindeverbände mit Land und Reich vom 7.4.1933 (Gesetz- und Verordnungs-Blatt für den Freistaat Bayern 1933, S. 105 ff.); ZIBELL, Sprenger 1999; MAIER, Organisationshandbuch 2009, S. 278 ff.; RGBl. 1938 I, S. 1675 f.; HEINZ, Bezirksverband Pfalz 1966, S. 33.

125 Verwaltungsgrenzen 1977, S. 247.

126 MAIER, Organisationshandbuch 2009, S. 22 ff.

127 Ebenda, S. 31 ff.

128 Verwaltungsgrenzen 1977, S. 308.

129 SCHINELLER, Regierungspräsidenten 1980, S. 71 ff.

130 MAIER, Organisationshandbuch 2009, S. 164; Verwaltungsgrenzen 1977, S. 249.

131 WOLFANGER, Lothringen 1977; MAIER, Organisationshandbuch 2009, S. 21, 29, 165 und 446; vor dieser Neuregelung vom 16.11.1942 waren die Reichsverteidigungsbezirke seit Kriegsbeginn 1939 mit den Wehrkreisen identisch. Da das heutige Gebiet von Rheinland-Pfalz in seiner Gesamtheit zum Wehrkreis XII (Wiesbaden) gehörte, war bis dahin Jakob Sprenger Reichsverteidigungskommissar für das Gesamtgebiet gewesen, dessen Zuständigkeit als solcher somit jetzt auf seinen NSDAP-Gau Hessen-Nassau beschränkt wurde.

132 BROSZAT, Staat Hitlers 1978, S. 268 und 339 ff.; speziell für Rheinland-Pfalz: MINISTERIUM DER JUSTIZ RHEINLAND-PFALZ, Justiz 1995, darin insbesondere: SCHARF, Justiz 1995; DERS., Strafvollzug 1995; RGBl. 1934 I, S. 91 und 1214. Speziell zum Rechtsschutz gegen die »Schutzhaft«: HENNIG, Koblenz 1994, S. 94 ff.; zu den Einsatzgruppen: BROWNING, Reserve-Polizeibataillon 2002; MALLMANN, Türöffner 2000; DIERL u. a., Ordnung 2011.

133 KLINGE, Geschichte 1996, S. 43 ff.; LADWIG-WINTERS, Rechtsanwälte 1998; KRACH, Verfolgung 2000; allgemein: MOMMSEN, Beamtentum 1966.

134 LA Speyer, Bestand V 901, Nr. 6/1–6/2.

135 WÜLLENWEBER, Sondergerichte 1990, S. 18; »Gesetz gegen heimtückische Angriffe auf Staat und Partei und zum Schutz der Parteiuniformen« vom 20.12.1934 (RGBl. 1934 I, S. 1269); vgl. DÖRNER, »Heimtücke« 1998.

136 RGBl. 1933 I, S. 529; WARMBRUNN, Organisation 1995, S. 52 f.; DERS., Strafgerichtsbarkeit 1995; STEIN, Organisation 1995, S. 74. Ein Beispiel solchen Widerstandes berichtet HENNIG, Zeit des Nationalsozialismus 2007, S. 166 f.; BADER/CRAMER/WINTER, Hadamar 1991; BURLEIGH, Euthanasie 2002.

137 BUNDESMINISTER DER JUSTIZ, Justiz und Nationalsozialismus 1989, S. 211; ARENZ-MORCH, Äußerungen 2000.

138 BRÜNE/WEILER, Remagen 1995; MESSERSCHMIDT, Wehrmachtsjustiz 2005. Zum Dernbacher Fall: LHA Koblenz, Bestand 540/2, Nr. 1234. Vgl. auch MEYER, Berndes 2001.

139 WÜNSCHEL, Teilungspläne 1979; DERS., Quellen 1987; SPRINGORUM, Entstehung 1982; BROMMER, Quellen 1985; DERS., Entstehung 1984; KÜPPERS, Staatsaufbau 1990; HÜSER, Deutschlandpolitik 1996; HUDEMANN, Landesgründung 1997, S. 62; DORFEY, Stationen 1997; WOLFRUM, Politik 2003; RUMMEL, Protokolle 2007, S. 3 ff.; KIßENER, Rheinland-Pfalz 2008, S. 11 ff.; CLEMENS/FRANZ, Rheinland-Pfalz 2010, S. 94 ff. Zur Grenzziehung der französischen Zone: SPRINGORUM, Entstehung 1982, S. 97 ff., 112 und 236 (Karte); DORFEY, Stationen 1997, S. 92.

140 WALZ, Regierung Heimerich [1960].

141 SPRINGORUM, Entstehung 1982, S. 83 f., 110 ff. und 147 ff.; BÖHN, Wiederaufbau 1984, S. 14 f. Das im Juni nur für die Pfalz eingerichtete Regierungspräsidium führte nur ein »Schattendasein«, seine Aufgaben wurden vom Oberregierungspräsidium mit erledigt. Falsch ist die Angabe, das Oberregierungspräsidium Hessen-Pfalz habe auf Anweisung der Franzosen den Bezirk Rheinhessen Anfang Oktober 1945 an Rheinland-Hessen-Nassau abgetreten (CLEMENS/FRANZ, Rheinland-Pfalz 2010, S. 88): Diese Maßnahme erfolgte erst Anfang Oktober 1946; vgl. SPRINGORUM, Entstehung 1982, S. 186 mit Anm. 10. Zu Brozen-Favereau vgl. RUMMEL, Protokolle 2007, S. 12 (Anm. 54).

142 SPRINGORUM, Entstehung 1982, S. 125 und 147 f.; HUDEMANN, Landesgründung 1997, S. 62 ff.; BAUMGART, Voraussetzungen 1978, S. 9.

143 Zitat bei DORFEY, Stationen 1997, S. 91 f.; HUDEMANN, Landesgründung 1997, S. 77. Vgl. SPRINGORUM, Entstehung 1982, S. 124, 127, 141 und 144 f.

144 BROMMER, Regierungsbezirk 1982, S. 204; HUDEMANN, Landesgründung 1997, S. 69 ff.

145 Zum Folgenden SPRINGORUM, Entstehung 1982, S. 170 ff.

146 MOHR, Entstehung 1987, S. 28; vgl. SPRINGORUM, Entstehung 1982, S. 177 ff.

147 SPRINGORUM, Entstehung 1982, S. 166 f. und 188.; AMOS, Finanzausschuss 2005, S. 9 ff.; zur Einrichtung des Landesrechnungshofes durch die Landesverordnung vom 30.4.1947 vgl. RUMMEL, Protokolle 2007, S. 179 f.

148 SPRINGORUM, Entstehung 1982, S. 190 ff. Vgl. MARTIN, Landestreue 2004. Zur preußischen Prägung der Verwaltung: SIEDENTOPF, Verwaltungsreform 1986, S. 371.

149 KLAAS, Entstehung 1978; BROMMER, Entstehung 1984; MOHR, Entstehung 1978; HUDEMANN, Landesgründung 1997, S. 74 ff.; LEY, Verfassung 1997, besonders S. 150 f. Zum Vergleich mit der Entwicklung der südwestdeutschen Länder: FURTWÄNGLER, Anfang 2010. Furtwängler kommt zu dem Schluss, dass am wichtigsten und im Kern der neuen Verfassungen das veränderte Staatsverständnis sei, »das den Menschen ins Zentrum rückt und den Staat zu seinem Diener bestimmt« (S. 501). Zu Biesten: HENNIG, Biesten 1996. Vgl. MOHR, Entstehung 1987, S. 65 ff. Zusammenfassend: HUDEMANN, Landesgründung 1997, S. 75 ff.; KIßENER, Rheinland-Pfalz 2008, S. 64 ff.; CLEMENS/FRANZ, Geschichte 2010, S. 95. Die Verfassung wurde von einem ihrer Schöpfer kommentiert, s. SÜSTERHENN/SCHÄFER, Kommentar 1950. Vgl dazu GRIMM/CAESAR, Verfassung 2001.

150 Zur Geschichte der Parteien: KUSCH, Wiedergründung 1989; MARTIN, Entstehung 1995; BECKER, KPD 2001; PAUL, F.D.P. 2004.

151 SPRINGORUM, Entstehung 1982, S. 203 ff.; MOHR, Entstehung 1987, S. 67 ff.; HUDEMANN, Landesgründung 1997, S. 77; FENSKE, Regierungsbezirk 2004; WÜNSCHEL, Neoseparatismus 2004.

152 KUSCH, Wiedergründung 1997, S. 239 ff.; HUDEMANN, Landesgründung 1997, S. 80.

153 BICKEL, Verfassungsgerichtshof 1986; MEYER/FREY, Verfassungsgerichtsbarkeit 1997; MEYER, Verfassungsgerichtsbarkeit 1997; FREY, Verfassungsrechtsprechung 1997.

154 Zur provisorischen Regierung: SPRINGORUM, Entstehung 1982, S. 194 ff.; BROMMER, Landesregierung 1994, S. 485 ff. Zusammenfassend: RUMMEL, Protokolle 2007, S. 18 f., 25; das Protokoll der ersten Ministerratssitzung: ebenda, S. 89 f. Zu den Anfangsproblemen vgl. SPRINGORUM, Entstehung 1982, S. 199 f. und 203 f.; BÖHN, Wiederaufbau 1984, S. 19; MOHR, Entstehung 1987, S. 67 ff.; RUMMEL, Protokolle 2007, S. 25 ff. und 39.

155 WARMBRUNN, Wiederaufbau 1997; DERS., Wiederaufbau 2004; BAMBERGER/KEMPF, Geschichte 1996; THUL, Justiz 1996. Zu den Rastatter Kriegsverbrecherprozessen: PENDARIES, Procès 1995.

156 Zitiert nach DIRKS, Chronik 1970, S. 37 f.

157 Zitiert nach LANG, Justiz 2004, S. 38.

158 THUL, Justiz 1996, S. 94 und 99; STEIN, Richter 1995; BAMBERGER/KEMPF, Geschichte 1996, S. 39 ff.; WARMBRUNN, Rechtsanwälte 1994; DERS., Personalprofil 1995.

159 WARMBRUNN, Wiederaufbau 1997, S. 204 f.

160 Zitiert nach BAMBERGER/KEMPF: Geschichte 1996, S. 22.

161 WARMBRUNN, Wiederaufbau 1997, S. 206; KIßENER, Rheinland-Pfalz-2008, S. 149. Vgl. HOFSTETTER, Tribuneaux 1947. Die systematische Erforschung der vor deutschen Gerichten geführten Verfahren steht noch aus. Zur Überlieferungslage vgl. RUMMEL, Regionen 2010, S. 54.

162 Landesgesetz über die Verwaltungsgerichtsbarkeit vom 14.4.1950 (GVBl. S. 103), § 1 AbS. 1: »Die Verwaltungsgerichtsbarkeit wird durch unabhängige, nur dem Gesetz unterworfene Gerichte ausgeübt.«. Vgl. HENNIG, Koblenz 1994, S. 173 ff.; DERS., Oberverwaltungsgericht 1997, S. 91 ff.

163 RUMMEL, Protokolle 2007, S. 287.

164 PHILIPPSEN, Entwicklung 1994.
165 WISSING, Sozialgerichtsbarkeit 1994.
166 GVBl. 1949, S. 338.
167 RÖDEL, Entnazifizierung 1984; MÖHLER, Entnazifizierung 1992; DERS., Entnazifizierung 2001; DERS., Christenverfolgung 2004, S. 139.
168 GVBl. 1947, S. 121 ff.
169 GVBl. 1952, S. 93 f. Vgl. RÖDEL, Entnazifizierung 1984, S. 279.
170 Bericht des Parlamentarischen Untersuchungsausschusses V/1, LT-DrS. 5/448, S. 2679 ff.
171 KRACH, Verfolgung 2000, S. 25 f.
172 GVBl. 1950, S. 175. Vgl. HUDEMANN, Wiedergutmachung 1987, S. 184 ff. und 197 ff.; BISCHOF, Rechtsprechung 1996; RATH, Rückerstattung 2001, S. 244 ff.
173 SPRINGORUM, Entstehung 1982, S. 58; MOHR, Entstehung 1987, S. 65; SALZMANN/SCHUNCK, Selbstverwaltungsgesetz 1951, S. 62 und 281 ff.
174 Gemeindeordnung (GVBl. 1948, S. 335); Amtsordnung (ebenda, S. 345); Kreisordnung (ebenda, S. 346). Vgl. besonders § 110 der Gemeindeordnung und § 27 der Kreisordnung. Vgl. auch das dazugehörige Gemeindewahlgesetz vom 27.9.1948 (ebenda, S. 348). Grundlegend: HEIL, »Gemeinden« 1997, S. 1 und 234 ff.; DERS., Staat 1997, S. 117 ff. Hintergrund des neuen Forstgesetzes waren auch die von der Besatzungsmacht geforderten Holzlieferungen; vgl. BROMMER, Aspekte 1995, S. 139 f.
175 Vgl. RUMETSCH, Entwicklung 1987, S. 113; Selbstverwaltungsgesetz vom 27.9.1948 (GVBl. 1948, S. 335), hier: Kreisordnung (ebenda, S. 346), § 15, Satz 12; deutlicher in der Neufassung im Selbstverwaltungsgesetz vom 5.10.1954 (GVBl. 1954, S. 117), in § 23, AbS. 1, worin der Landrat auch ausdrücklich unter den Organen des Landkreises genannt wird (ebenda, 2. Abschnitt); ebenso in § 42 der neu gefassten Landkreisordnung vom 14.12.1973 (GVBl. 1973, S. 461). Vgl. ENGELI, Neuanfänge 1981, S. 126 f.
176 Zum Folgenden: HEIL, »Gemeinden« 1997, S. 129 ff.; DERS., Staat 1997, S. 120.
177 HACHMANN, Vergleich 1969. Zu den Änderungen in den 1950er Jahren vgl. den Kommentar von SALZMANN/SCHUNCK, Selbstverwaltungsgesetz 1955.
178 HEIL, »Gemeinden« 1997, S. 172 ff.; HEINZ, Bezirksverband Pfalz 1966.
179 RUMETSCH, Entwicklung 1987, S. 113. Vgl. WÜNSCHEL, Bezirkstag 2001.
180 GVBl. 1951, S. 39 ff. und S. 47 f.; ebenda, 1954, S. 139 ff.; RUMETSCH, Entwicklung 1987, S. 114.
181 SCHÜTZ, Polizei 1987; BÜTTNER, Polizeigeschichte 1996; KIRSCH, Sicherheit 2007; OKUNLOLA, Geschichte 2009, S. 24 ff.
182 Zum folgenden: HEIL, »Gemeinden« 1997, S. 244 ff.
183 RÜSCHENSCHMIDT, Verwaltungsreform 1975, S. 103; HEIL, »Gemeinden« 1997, S. 174 ff.; DERS., Staat 1997, S. 121 f. Ein Artikel in der Allgemeinen Zeitung Mainz über die angebliche Auflösung des Regierungsbezirkes Mainz 1949 sprach sich dagegen aus (LHA Koblenz, Bestand 860 Z, Nr. 2217; vgl. Rhein-Zeitung, Ausgabe Trier, vom 12.12.1949, und Trierischer Volksfreund vom 29.1.1957 (ebenda, Bestand 860 Z, Nr. 2228).
184 RÜSCHENSCHMIDT, Verwaltungsreform 1975; THIEME/PRILLWITZ, Durchführung 1981, S. 411 ff.; SIEDENTOPF, Verwaltungsreform 1986; GABRIEL, Selbstverwaltung 1986; HEIL, Staat 1997, S. 123 ff.; DIETLEIN/THIEL, Verwaltungsreform 2006, S. 19 ff.; STEINBICKER, »Postkutschenzeit« 2009. Das Zitat im Titel von Steinbickers Arbeit (vgl. ebenda, S. 13) bezieht sich dabei auf eine entsprechende Vorbemerkung, die der Leiter der Staatskanzlei Rheinland-Pfalz, Fritz Duppré, 1966 im Vorwort des ersten Bandes der Dokumentation des 1965 begonnenen Umgestaltungsprozesses machte: STAATSKANZLEI RHEINLAND-PFALZ, Verwaltungsvereinfachung 1966, S. XI; LORIG, Verwaltungs- und Kommunalreform 2010, S. 497 ff.
185 Bezirksordnung für den Bezirksverband der Pfalz vom 14.12.1973 (GVBl. 1973, S. 466; RÜSCHENSCHMIDT, Verwaltungsreform 1975, S. 248 und 294 ff.; HEIL, Staat 1997, S. 123 ff.; STEINBICKER, »Postkutschenzeit« 2009, S. 56 ff., 98, 103 und 279 ff. STEINBICKER (ebenda, S. 58) wie auch HEIL, Staat 1997, S. 125 f., betonen auch die Bedeutung eines neuen Politikverständnisses in Rheinland-Pfalz durch die jüngere CDU-Generation unter Führung von Helmut Kohl.
186 RÜSCHENSCHMIDT, Verwaltungsreform 1975, S. 226 ff. und 359 f. Zahlen nach THIEME/PRILLWITZ, Durchführung 1981, S. 78. RÜSCHENSCHMIDT, Verwaltungsreform 1975 (S. 257 und 359 f.) gibt eine Verringerung von 2.912 auf zunächst 2.371 Gemeinden, dann auf 2.324 Gemeinden an. Übersicht bei THIEME/PRILLWITZ, Durchführung 1981.
187 Artikel 3 des Landesgesetzes zur Änderung kommunalrechtlicher Vorschriften und zur Vorbereitung der Neugliederung von Gemeinden vom 16.7.1968 (GVBl. S. 132 ff.) änderte die bis dahin als Teil B des Selbstverwaltungsgesetzes bestehende Amtsordnung in eine »Verbandsgemeindeordnung« um (GVBl. 1968, S. 133 ff.); RÜSCHENSCHMIDT, Verwaltungsreform 1975, S. 222, 304, 316, 357 und 360; SIEDENTOPF, Verwaltungsreform 1986, S. 376 ff.; Gemeindeordnung vom 14.12.1973 (GVBl. 1973, S. 419, §§ 64–73).
188 RÜSCHENSCHMIDT, Verwaltungsreform 1975, S. 241 ff., 250, 303 und 354; STEINBICKER, »Postkutschenzeit« 2009, S. 129.
189 STEINBICKER, »Postkutschenzeit« 2009, S. 134; LHA Koblenz, Bestand 860 Z, Nr. 2232; RÜSCHENSCHMIDT, Verwaltungsreform 1975, S. 278/H (Anlage 6) und vgl. ebenda, S. 279.

190 RÜSCHENSCHMIDT, Verwaltungsreform 1975, S. 242.

191 Ebenda, S. 287. Die Ortsbezirksräte waren mit der überarbeiteten Gemeindeordnung von 1954 als Teil der »Verwaltung von Vororten« eingeführt worden (GVBl. 1954, S. 117, §§ 54-56). Zu den Beschwerden: RÜSCHENSCHMIDT, Verwaltungsreform 1975, S. 242, 299 ff. und 354; STEINBICKER, »Postkutschenzeit« 2009, S. 129 und 204 ff.; vgl. dazu MEYER/FREY, Verfassungsgerichtsbarkeit 1997, S. 184–186.

192 ARNIM, Gemeindeverfassung 1995.

193 LT-DrS. 9/1004 vom 30.10.1979. Vgl. SCHÄFER, Datenhandbuch 2005, S. 363; Kommunalisierung des Amtes des Landrates durch Neufassung der Landkreisordnung vom 2.4.1991 (GVBl. 1991, S. 178); Landesgesetz zur Änderung kommunalrechtlicher Vorschriften vom 5.10.1993 (GVBl. 1993, S. 481, darin die in § 46 durch Wahl des Landrats geänderte Landkreisordnung). Vgl. die neue Kreisordnung vom 31.1.1994 (GVBl. 1994, S. 188): Auch der 1991 noch existente Bestätigungsvorbehalt durch den Ministerpräsidenten war nun entfallen. 1982 hatte der Verfassungsgerichtshof noch das Stimmrecht des Landrates im Kreistag als nicht verfassungsgemäß beanstandet, da er staatlicher Beamter sei (LEY, Verfassung 1997, S. 188).

194 Landesgesetz zur Änderung kommunalrechtlicher Vorschriften vom 5.10.1993 (GVBl. 1993, S. 481), Neufassung des § 53 der GO von 1973: Wahl der (ehrenamtlichen und hauptamtlichen) Bürgermeister. Vgl. ARNIM, Gemeindeverfassung 1995, S. 74 ff. Die von ARNIM (ebenda, S. 82 f.) damals angemahnte Änderung des Modus zur Bestellung der Ortsteilbeiräte (§ 75, AbS. 4 der GO) erfolgte im 4. Landesgesetz zur Änderung kommunalrechtlicher Vorschriften von 1998 (GVBl. 1998, S. 108).

195 RÖSLER, Bürgerbeauftragter 1987; GALLE, Bürgerbeauftragter 1997; SCHÄFER, Datenhandbuch 2005, S. 486 f.; CHARLIER, Staatskanzlei 2010, S. 355 f.

196 OKUNLOLA, Geschichte 2009, S. 309 ff.; ROTHENBERGER, Amerikaner 2010.

197 SCHÜTZ, Polizei 1987, S. 132; OKUNLOLA, Geschichte 2009, S. 30 ff. Das 8. Verwaltungsvereinfachungsgesetz von 1970 enthielt dazu nur die Ermächtigung des Ministers des Innern (Neufassung des § 76 des Polizeiverwaltungsgesetzes (PVG) von 1954); übernommen in § 75 des PVG von 1973. (GVBl. 1973, S. 180).

198 MINISTERIUM DES INNERN UND FÜR SPORT, Reform 2000; DIETLEIN/THIEL, Verwaltungsreform 2006, S. 29 ff.; LORIG, Verwaltungs- und Kommunalreform 2010, S. 504 ff.

199 PRÄSIDENT DES LANDTAGS RHEINLAND-PFALZ, Verfassungsreform 2000.

200 Verwaltungsorganisationsgesetz vom 12. Oktober 1999 (GVBl. 1999, S. 325).

201 GVBl. 2000, S. 504, besonders § 33. Vgl. für Preußen PETERS, Grenzen 1926, S. 179: »Eingehende Sonderregelungen beschränken vielfach die Gemeinden von Staats wegen in der Verfügungsberechtigung über ihre Forsten.«

202 HENNIG, Koblenz 1994, S. 214 ff.

203 Zu Heuser: OKUNLOLA, Geschichte 2009, S. 153 ff.; zu Eicheli: BORGARDS, Eichelisprozess [1993], S. 315 ff.; zu Lehnigk-Emden: HANKE, Kriegsverbrechen 2001.

204 Die Prozessakten des Kaiserslauterner RAF-Verfahrens befinden sich im LA Speyer, Bestand J 73, Nr. 382 ff.; die Gefangenenpersonalakte zu Holger Meins befindet sich im LHA Koblenz (Z. 88/2005, Gefangenenbuchnummer 178/1973).

205 GÖTZ, Rechtsprechung 1996, S. 320 f.

206 HENNIG, Kernkraftwerk 2011.

207 Zur Sitzblockade vom 10.1.1995 vgl. »Sitzblockade III« – Entscheidungen des Bundesverfassungsgerichts Bd. 92, S. 1 ff.

Wirtschaftsgeschichte

Von Pia Nordblom

1. Einführung

Der Wirtschaftsraum – Mikro- und Makroperspektive

Der Wirtschaftsraum Rheinland-Pfalz und der seiner Vorläuferterritorien ist keine gewachsene Einheit, sondern ein reichlich künstliches Konstrukt. Er besteht aus vielen wirtschaftlichen Teilräumen ganz unterschiedlicher naturräumlicher und klimatischer Bedingungen, wenn man nur an die so verschiedenen Voraussetzungen für die Landwirtschaft in der kargen Eifel oder im sonnenverwöhnten Rheinhessen denkt. Die Menschen dieses Raumes haben diese von der Natur gegebenen Bedingungen genutzt; sie haben sich diesen Gegebenheiten angepasst, beständig ihre Arbeitspraktiken verfeinert und immer wieder neue, lohnendere Beschäftigungsfelder gesucht, um ihre Lebenssituation zu verbessern. Diese dem wirtschaftlichen Wandel so eigene Dynamik folgte nicht zwangsläufig der politischen Chronologie und den dadurch bedingten wandelbaren politischen Grenzziehungen, wie sie sich mit Herrschaftswechseln, politischen Umbrüchen und Besatzungszeiten im 19. und 20. Jh. in diesem Raum ergeben haben. Und nicht zuletzt überschreiten auch die wirtschaftlichen Wandlungsprozesse, die man unter Begriffen wie Industrialisierung oder auch Globalisierung zusammenfasst, sowohl von der engeren Datierung her als auch von der regionalen Reichweite deutlich den Untersuchungsraum.

Gleichwohl lässt sich der Wirtschaftsraum Rheinland-Pfalz und der seiner territorialen Vorläuferstaaten seit dem beginnenden 19. Jh. aus der Vogelperspektive betrachten und analysieren. Denn die Industrialisierung vor allem der westlichen Hemisphäre seit dem 19. Jh. und die weltweite Globalisierung seit dem ausgehenden 20. Jh. hinterließen ihre tiefgreifenden Spuren natürlich auch in unserem Raum. Zu diesen raumübergreifenden, wirtschaftlichen Einflussfaktoren sind etwa folgende Entwicklungen zu rechnen:

- Die Subsistenzwirtschaft, welche auf den Verbrauch im eigenen Haushalt angelegt war, wurde allmählich durch die Orientierung an den Bedürfnissen des Marktes abgelöst.
- Das Streben nach Gewinnmaximierung war damit eng verbunden, ebenso das Streben nach größeren Wirtschaftsräumen, letztlich nach einer Internationalisierung der Märkte und einer Verflechtung der Welt.
- Die Industrialisierung des 19. Jhs. leitete den Strukturwandel vom landwirtschaftlichen zum produzierenden Sektor ein. Dieser wurde in der zweiten Hälfte des

20. Jhs. endgültig durch den tertiären Sektor, den Dienstleistungsbereich, als Haupterwerbszweig abgelöst.
- Der Strukturwandel erforderte eine stete Anpassung des Bildungsstandes.
- Ein neues Energieregime läutete das Ende des »hölzernen Zeitalters« ein. An seine Stelle traten fossile Energieträger, zunächst Steinkohle, dann Erdöl und Erdgas, die in der zweiten Hälfte des 20. Jhs. von Atomenergie ergänzt bzw. ersetzt wurden, wohingegen seit dem beginnenden 21. Jh. regenerative Energien als besonders zukunftsfähig gelten.
- Die Bedeutung natürlicher Rohstoffvorkommen vor Ort und unqualifizierter menschlicher Arbeitskraft als Grundlage wirtschaftlicher Prosperität nahm ab.
- Die Verfügbarkeit und der Zugang zu Verkehr, Transport und Kommunikation entschieden wesentlich über wirtschaftliche Entwicklungschancen von Menschen, Dörfern, Städten und (Teil-)Regionen.
- Migration in vielfältigsten Erscheinungsformen, auf Dauer oder Kurzzeit, als Nah- und Fernwanderung oder auf Pendeln angelegt, entwickelte sich zur steten Begleiterscheinung der wirtschaftlichen Fortentwicklung.
- Eigentum wurde für jedermann zugänglich. Dabei traten neben die im 19. Jh. entstandene bürgerliche Eigentümergesellschaft Aktiengesellschaften und internationale Konzerne mit nicht personalisierbaren Eignerstrukturen und Kapitalkonzentrationen.
- Der Zeitbezug in der Arbeitswelt wandelte sich im Zuge der Industrialisierung grundlegend (»time is money«).
- In der Summe löste für das Gros der Bevölkerung die »Gleichheit des Wohlergehens« in der zweiten Hälfte des 20. Jhs. die vorherige »Gleichheit der Armut« ab.[1]

Neben diesen allgemeinen Mustern lassen sich dann für das Gebiet von Rheinland-Pfalz und seine Vorläuferterritorien markante, spezifische Charakteristika feststellen:
- Die ländlich geprägte Grundstruktur des Landes, in dem es keine Metropolen gibt. Insbesondere für das 19. Jh. lässt sich der Untersuchungsraum daher als Addition der ländlichen Räume beschreiben. Nur wenige »Leuchttürme« der Industrialisierung, wie beispielsweise der kometenhafte Aufsteiger BASF zu einem Weltunternehmen, sind für das 19. Jh. in diesem Raum ausfindig zu machen. Die Auswirkungen lassen sich selbst in der Wissenschaft noch spüren: Nur vergleichsweise selten wandten sich Wirtschaftshistoriker diesem Wirtschaftsraum zu. Was die Geschichte der Industrialisierung in Deutschland angeht, so ist der Untersuchungsraum, weil wenig spektakulär und so stark ländlich geformt, bis heute weithin unerforscht geblieben.
- Mit der Vielheit der wirtschaftlichen Teilregionen ging die Vielheit der wirtschaftlichen Entwicklungsbedingungen einher. Die Zugehörigkeit zu Wirtschaftsräumen, die Verfügbarkeit von Land und Besitz, der Zugang zu Erwerbsmöglichkeiten und Bildung entschieden weithin über Wirtschaftschancen von Individuen und die Entwicklung wirtschaftlicher Teilregionen. Sie waren damit langfristig oftmals bedeutsamer als die Zugehörigkeit zu einer politischen Herrschaft.[2] Erst im konsolidierten Bundesland Rheinland-Pfalz haben sich in der zweiten Hälfte des 20. Jhs. die Lebensverhältnisse und Chancen auf berufliche Qualifizierung und Erwerbsmöglichkeiten ausgeglichener als in früheren Zeiten gestaltet.
- Im Vergleich zu manch anderen deutschen oder europäischen Wachstumslandschaften des 19. Jhs. war das Gebiet von Rheinland-Pfalz durch seine Armut bei der für die Frühindustrialisierung so wichtigen Steinkohle gekennzeichnet.

- Das Land verfügt mit dem Rhein über eine zentrale europäische Wasserstraße als internationale Verkehrsachse. Damit war, wenn es die politischen Verhältnisse erlaubten, der Anschluss an internationale Güterströme sowie Entwicklungsmöglichkeiten für das Anrainergebiet strukturell vorgegeben.
- Die räumlich den Höfen und Ministerien abgewandte Lage der preußischen und bayerischen Landesteile verzögerte über lange Zeit die Gründung von höheren technischen Bildungseinrichtungen, wie sie z. B. das Großherzogtum Baden schon 1825 mit der Polytechnischen Schule in Karlsruhe ins Leben gerufen hatte – mit weitreichenden, die Region prägenden Folgen.
- Durch die periphere Lage des Landes an der Grenze zu Frankreich gewannen militärstrategische Erwägungen im Zeitalter nationaler Hybris oftmals die Oberhand. Mit einer Neuorientierung des Raumes von der kriegsgefährdeten Peripherie hin zu einer europäischen Zentral- und Kontaktlandschaft und mit der Aufwertung individueller und gesellschaftlicher Bedürfnisse wandelten sich in der zweiten Hälfte des 20. Jhs. vormalige wirtschaftliche Entwicklungshindernisse nachgerade zu Entwicklungschancen.

Wirtschaftlicher Gesamtrahmen – Konjunkturen

Neben diesen allgemeinen und spezifischen Prägungen wurde das Wirtschaftsleben auf dem Gebiet von Rheinland-Pfalz ebenso wie andere deutsche Wirtschaftslandschaften durch allgemeine politische und konjunkturelle Entwicklungen in Deutschland und der Welt beeinflusst. Dazu zählen im 19. Jh. die Hungerkrisen in den Jahren 1816 und 1846/47, in deren Folge die Auswandererraten stiegen; die seit den 1830er Jahren einsetzende Frühindustrialisierung sowie eine erste, Weltmaßstab erreichende Wirtschaftskrise im Jahr 1857. Ihr folgten 1867 bis 1873, mit einer Unterbrechung durch den Deutsch-Französischen Krieg, eine kräftige Aufschwungphase (»Gründerzeit«) und der Anschluss Elsass-Lothringens. Nach dem sog. Gründerkrach 1873 in den »Stockungsjahren« bis Mitte der 1890er Jahre beeinträchtigten immer wieder Konjunktureinbrüche das Wirtschaftsleben.[3] 1895 setzte mit der Hochindustrialisierung eine neuerliche lange Aufschwungphase ein, wenn auch getrübt von einer Wirtschaftskrise in den Jahren 1907/1908. Hatte die Wirtschaftspolitik in der Ära Bismarck zunächst einen freihändlerischen Kurs verfolgt, so wandte sie sich in den 1870er Jahren dann der Schutzzollpolitik zu, bevor in der Nach-Bismarck-Ära unter Reichskanzler Georg Leo von Caprivi eine neue Ausrichtung der Zollpolitik scheiterte.[4] Im 20. Jh. setzte dieser insgesamt weithin beständige Aufschwung vom Ersten bis nach dem Zweiten Weltkrieg aus. Die Hyperinflation von 1923, vor allem aber die Große Depression und Weltwirtschaftskrise 1929/31, begleitet von Massenarbeitslosigkeit, wirkten als tiefe Einschnitte. Der dann 1933 einsetzende Aufschwung war nicht zuletzt dem Aufrüstungsprogramm der nationalsozialistischen Regierung geschuldet. Der Preis hierfür bestand in erheblichen Lenkungseingriffen des Staates, die sich in den Kriegsjahren verschärften. In der Nachkriegszeit war nach der Welthungerkrise 1946/47 und dem Wachstumsschub im Zusammenhang mit der Korea-Krise 1950 ein ungewöhnlich stabiler Aufschwung bis 1966/67 feststellbar. Die Ölpreiskrisen 1973 und 1979 zerschlugen endgültig die trügerische Hoffnung, dieses »Wirtschaftswunder« werde ewig fortdauern. Fortan wechselten die Konjunkturverläufe immer wieder, die Wachstumsraten sanken insgesamt, Arbeitslosigkeit wurde wieder stärker sichtbar. Das konjunkturelle Pendel schlug nach der anfänglichen Binnenkonjunktur durch die Wiedervereinigung als Rezession 1993 aus, dann noch einmal 2008 in der Krise der Finanz- und Weltwirtschaft.[5]

2. Ausgangslage: Die Wende zum 19. Jahrhundert

Kleine Wirtschaftsräume

Aus der Zeit des Alten Reiches brachten die Menschen im Raum des heutigen Rheinland-Pfalz die Erfahrung des Lebens in kleinen, überschaubaren Wirtschaftsräumen mit. Die territoriale Zersplitterung, eine hohe Zahl an Zollgrenzen, wenige bzw. schlecht ausgebaute Verkehrswege, die geringe Zahl potenter Käufer jenseits des unmittelbaren Umfeldes der Residenzen sowie der Mangel an frei verfügbaren Investitionsmitteln und unterschiedliche Währungen und Handelsbestimmungen hatten den Warenaustausch seit jeher erschwert.[6]

Landwirtschaft

An der Wende zum 19. Jh. lebten die Menschen im Untersuchungsraum, so wie sie es seit Jahrhunderten getan hatten, ganz überwiegend von der Landwirtschaft. Diesem »ökonomischen Schlüsselbereich« lassen sich neben dem Feldbau der Weinbau, die Viehhaltung sowie die Bewirtschaftung des Waldes zurechnen. Ungefähr drei Viertel aller erwerbstätigen Menschen in Rheinhessen und der Pfalz waren in der Landwirtschaft beschäftigt oder ernährten sich von ihr. Dabei hatte europaweit die Bevölkerungszahl seit dem letzten Drittel des 18. Jhs. zugenommen.[7] Dies war nicht zuletzt ein Ergebnis der »agrarischen Revolution«, die bereits seit 1750 in der Landwirtschaft in Deutschland eingesetzt hatte. Der Wissens- und Technikaufbruch ist in unserem Raum ganz besonders mit der Person und der Familie des in Monsheim ansässigen Mennoniten David Möllinger sen. verknüpft, dem »Vater« des Ackerbaus in dieser Region.[8] Möllinger und seine Familie intensivierten seit 1740 die Land- und Viehwirtschaft, indem sie neues Land durch Kultivierung erschlossen, innovative Verfahren zur Bodenverbesserung einsetzten (z. B. Kalkdüngung), durch Kleedüngung Brachezeiten vermieden und die Stallhaltung forcierten, erstmals Kartoffeln zur Branntweingewinnung nutzten und die Viehmast durch die Verwendung der Futtermittel Klee und Schlempe, einem Abfallprodukt bei der Branntweinherstellung, verbesserten. Die eigene Brennerei und die Stallfütterung wurden zum Ausweis einer modernen Betriebsführung. Der Erfolg dieser Pioniermethoden ließ innerhalb einer Generation den Ernteertrag um das Zwei- bis Dreifache steigen. In ökonomischer Hinsicht strebten sie eine gewinnorientierte Landwirtschaft an und konzentrierten sich daher als »Bauernhändler« auf finanziell ertragreiche Agrarprodukte und ihren Handel. Doch ungeachtet aller Fortschritte auf dem Weg vom Übergang einer reinen Subsistenzwirtschaft hin zu einer marktorientierten Agrarproduktion hing das wirtschaftliche Wohlergehen am Ende des Alten Reiches nach wie vor unverändert vom Ertrag der Ernte ab.[9] Es blieb damit den Schwankungen und Launen der Natur ausgesetzt.

Gewerbe, Handel, Handwerk und Manufakturen

Gewerbe und Handel waren der zweitwichtigste Wirtschaftssektor in unserem Untersuchungsraum. In den deutschen Staaten vor 1800, so schätzen Fachleute, soll der nichtagrarische Anteil dieser beiden Bereiche weniger als zwei Siebtel zum Sozialprodukt beigetragen haben. Der gewerbliche Sektor, in dem deutschlandweit um 1800 etwa 2,2 Mio. Personen und damit etwa 10 % der Bevölkerung beschäftigt waren, umfasste ein breites Spektrum von Produktionsweisen in Handwerken, Verlagen oder Manufakturen. Im ausgehenden 18. Jh. befand sich das Handwerk in einer schweren Krise durch Überbesetzung und die geringe Aussicht auf Meisterstellen, die insbesondere Gesellen wenig Aussicht auf eine gedeihliche Existenz bot, wohingegen Vertreter von Handelsberufen oft besser gestellt waren.[10] Die Übergänge von Gewerbe hin zu Großgewerbe und den Anfängen von Industrie waren nicht scharf voneinander abgegrenzt. Zu den Großbetrieben in unserem Raum im ausgehenden 18. Jh. wird man vor allem rohstofffördernde Gewerbe rechnen können, insbesondere Betriebe, die sich der Kohleförderung oder dem für die Eisenherstellung wichtigen Abbau von Eisenerzen verschrieben hatten.

Als Vorläufer der industriellen Fertigung kam den Manufakturen, in denen in größerer Stückzahl handwerkliche Güter in einem mechanisierten Prozess gefertigt wurden, seit dem späten 18. Jh. eine besondere Rolle zu. Deutschlandweit geht man um 1800 von ungefähr 1.000 Manufakturen mit mehr als 100.000 Beschäftigten aus, doch hatten die in Frankenthal unter der besonderen Förderung des pfälzischen Kurfürsten stehenden Manufakturen ihren Zenit am Ende des 18. Jhs. bereits überschritten; die vormals mitarbeiterstärkste »Porcelain-Fabrique« zählte 1790 nur noch 70 Mitarbeiter.[11]

Wirtschaftliche Strukturprägungen, die bis heute Rheinland-Pfalz als Muster durchziehen, zeichneten sich im ausgehenden 18. Jh. schemenhaft ab: In den südlichen Teilen des Rheinlandes mit Westerwald, Eifel und Hunsrück hatten sich im ausgehenden Alten Reich anders als im nördlichen Rheinland keine großunternehmerischen Initiativen entwickelt, so dass diese Gebiete handwerklichen, land- und forstwirtschaftlichen Wirtschaftsstrukturen verhaftet blieben und vom Wissensaustausch mit den in wirtschaftlichen und technischen Fragen fortschrittlichen Niederlanden weitgehend abgeschnitten waren. Diese Hypothek einer Armut an industriellen Vorläufern aus der Zeit des Alten Reiches begleitete diesen Wirtschaftsraum durch das 19. und weithin durch das 20. Jh. Noch bis in die 1950er Jahre stellte in diesen Bezirken lediglich die Stadt Neuwied einen größeren industriellen Standort dar.[12]

Energieträger

Im Übergang zum 19. Jh. wurde im Untersuchungsraum die Energie ganz konventionell gewonnen. Wind, Wasser, Muskelkraft von Mensch und Tier sowie Holz standen hierfür zur Verfügung. Witterungsbedingte Schwankungen er-

Schiffsmühle 1880 bei Mainz. Mitte des 19. Jhs. wichen die Schiffsmühlen auf dem Rhein zunehmend der Schifffahrt. Die letzte Schiffsmühle auf dem Rhein bei Ginsheim wurde 1944 durch einen Fliegerangriff zerstört.[13] (Stadtarchiv Mainz)

schwerten eine kontinuierliche Nutzung, und Holz wurde wegen erhöhter Nachfrage vielfach knapp. Mühlen dienten dabei nicht nur zum Zerkleinern von Mahlgut oder als Sägewerke, sondern ganz allgemein auch als Wasserkraftanlagen zur Energiegewinnung.

Unter dem Einfluss Frankreichs

Zwischen 1792 und 1798 war aus der linksrheinischen Gesellschaft des Alten Reiches eine Gesellschaft geworden, in der es nur Bürger (»citoyens«) gab. Für die Bauern hatte indessen lediglich die eine Abgabe die andere abgelöst, denn seit dem 17. Mai 1796 waren an die Stelle der vormaligen Abgaben an den jeweiligen Landeigner die Steuerzahlungen an die Republik getreten. Weiterhin waren mit der Aufhebung des Zunftzwangs die bisherigen Zugangsbeschränkungen zu handwerklichen Berufen entfallen. Eine Welt der Gleichen und der Freien war damit jedoch noch nicht entstanden, wohl aber war einem Eigentums- und Bürgerbegriff Geltung verschafft worden, der feudale und ständische Privilegien durch auf das Individuum bezogene Rechtstitel abgelöst und wegweisende Grundlagen zu einer »marktorientierten Konkurrenzwirtschaft« geschaffen hatte.[14] Dieser Einschnitt in den Rechts- und Vermögensverhältnissen kann in seiner Prägekraft für die wirtschaftliche Lebenswelt im Linksrheinischen kaum überschätzt werden.

Grenze, Zoll und Schmuggel

Hatten die Kriegsjahre bis 1797 nicht zuletzt auf wirtschaftlichem Gebiet eine »organisierte Verwüstung« in den Gebieten links des Rheins angerichtet, so hatten die Jahre nach der formalen Eingliederung in den französischen Staatsverband 1798 diesem Landstrich eine gewisse wirtschaftliche Erholung bereits dadurch gewährt, dass sich die Kriegsaktivitäten auf andere geografische Schauplätze verlagert hatten. Die französische Wirtschaftspolitik hatte die Interessen der neu gewonnenen Departements denen der Zentralregierung weitgehend untergeordnet. Die neue französische Außengrenze mit der Zolllinie am Rhein sollte die bisherigen engen Handels- und Wirtschaftsverbindungen ins Rechtsrheinische stattdessen in Richtung Frankreich umlenken. Schmuggel und Zollbetrug waren deshalb mit härtesten Strafen belegt worden. Allerdings hatte das Getreideausfuhrverbot für die Landwirtschaft gerade in der linksrheinischen Fruchtkammer, dem Departement Donnersberg, mit einem hohen Produktionsüberschuss an Getreide dazu geführt, dass viele Bauern unter fehlenden Absatzmöglichkeiten litten.[15]

Agrarpolitik

Die Agrarmodernisierung und -intensivierung durch Pioniere der Landwirtschaft, die seit der Mitte des 18. Jhs. wirksam geworden waren, hatten staatlichen französischen Impulsen wichtige Grundlagen bereitet: Die französische Agrarpolitik hatte im Innern der drei Departements die Eigeninitiative der Bauern weiterhin begünstigt und Handelshindernisse möglichst abgebaut. Weizen, Dinkel, aber auch Raps, Krapp (Pflanze zum Färben) und Kleesamen waren in dieser Zeit für die Bauern als neue Anbausorten interessant geworden, während der forcierte Anbau von Klee zur Tierfütterung auch in den ärmlichen Gegenden von Hunsrück und Eifel die Viehzucht im Stall angeregt hatte. Der Präfekt Jeanbon St. André (Departement Donnersberg) beispielsweise hatte in einer Melange aus Druck und Fürsorge Landwirtschaft und Viehzucht gefördert und für eine Ausdehnung der Anbauflächen gesorgt. Weil durch den Wirtschaftskrieg mit England und die Kontinentalsperre Importe kolonialer Güter, wie z. B. Zucker oder Tabak, ausgefallen waren, sollten diese durch Eigenproduktion ausgeglichen werden, im Linksrheinischen in den späten napoleonischen Jahren besonders durch die Einführung und Förderung des Zuckerrübenanbaus und die Weiterverarbeitung durch Destillation zu Zucker. Auch der Tabakanbau und -handel hatte sich für die Bauern attraktiv gestaltet. Der Weinanbau dagegen, den der französische Staat aus Furcht, den eigenen Weinen Konkurrenz zu machen, nicht besonders förderte, hatte in diesen Jahren erheblich an Quantität zugenommen, für die neue Absatzwege erschlossen werden mussten.[16]

Handel, Gewerbe, Handwerk

Für Handel, Gewerbe und Handwerk waren die französischen Jahre im Linksrheinischen zwar gewinnbringend gewesen, aber insgesamt weniger ertragreich geblieben als für das Textil- und insbesondere Baumwollgewerbe im wirtschaftlich leistungsfähigen Departement Rur rund um Aachen oder im »frühindustriellen Musterländchen« Berg. Umfängliche Steuerbelastungen, nicht zuletzt eine große Zahl von Verbrauchssteuern, hatten die frei verfügbaren Geldmittel weiter Bevölkerungsteile beschränkt. Gleichwohl hatte man in den beiden Departements Rhein und Mosel und Donnersberg die von Frankreich geförderten Initiativen zur Einrichtung von Spinnereien und Webereien in einem gewissen Umfang aufgegriffen, so dass 1812 alleine im Departement Donnersberg, hier schwerpunktmäßig in Pirmasens und Zweibrücken, fast bis zu 500 Arbeiter in entsprechenden Unternehmungen beschäftigt gewesen waren und mehr als 12.000 kg Baumwollgarn verarbeitet hatten.[17]

Verkehr und Kommunikation

Unter den Kriegsereignissen der Jahrhundertwende hatten die Verkehrswege als wichtiges Element wirtschaftlicher Infrastruktur besonders stark gelitten. Die kostenträchtige Verbesserung der Verkehrswege war in den französisch geprägten Jahren primär strategischen Überlegungen gefolgt; aus finanziellen Gründen war sie seit Ende 1797 nur langsam und in Teilen vorangekommen. Das Prestigeprojekt des Ausbaus der sog. Kaiserstraße von Mainz über Kaiserslautern und Saarbrücken nach Metz und Paris war das zentrale verkehrstechnische Großprojekt der französischen Jahre in den drei linksrheinischen Departements unseres Gebiets gewesen, das auch den Warenaustausch mit Frankreich befördert hatte.[18]

Das Straßennetz wurde mit Dekret vom 16. Dezember 1811 in drei Klassen eingeteilt: Für die Straßen erster Ordnung, wie die genannte Kaiserstraße sowie eine ergänzende Strecke, die von Kaiserslautern Richtung Mannheim führen sollte, kam der Staat auf, für die Straßen zwei-

Bei Trier entstand in Pallien 1804 die sog. Napoleonsbrücke, die den Aufstieg auf die Straße zwischen Trier und Köln gegenüber der bisherigen Römerstraße erleichterte.[19] Zeichnung von Joh. Anton Ramboux, um 1829 (Rheinisches Bildarchiv).

ter und dritter Ordnung wurde den Departements ein finanzieller Beitrag, den Gemeinden eine Sachleistung abverlangt. Ländliche Wege wurden ganz der Pflege der Gemeinden überlassen. Der Ausbau der rheinnahen Verkehrswege und die Instandsetzung oder der Neubau von Kanalsystemen (so z. B. die Wiederinbetriebsetzung des Kanals bei Frankenthal, die Schiffbarmachung von Nahe, Mosel, Saar und Lahn) hatten dagegen aus finanziellen Gründen und wegen der Schmuggelgefahr ins Rechtsrheinische nicht im französischen Interesse gelegen. Mainz, im 18. Jh. eine Drehscheibe für den Durchgangshandel, hatte durch die Zollgrenze mitten auf dem Rhein zwischen 1792 und 1800 mehr als zwei Drittel seines Güterumschlags eingebüßt (1792: 34.000 t, 1800: 10.000 t). Während 1804/05 die Stadt letztmals Stapelrecht erhalten hatte, wurden durch die Rheinschifffahrtskonvention (1804) Handelshürden abgebaut, indem sie deren Zahl ganz erheblich verminderte, bevor in der Rheinschifffahrtsakte von 1831 die noch verbliebenen Stapelrechte und die Zollerleichterung endgültig abgeschafft wurden. 1809 wurde ein Freihafen in Mainz eröffnet. Der Stadt Trier indessen war die verbesserte Verkehrsanbindung an Frankreich in Verbindung mit der wirtschaftlichen Bedeutung der Stadt als Oberzentrum der Region sowie als Verwaltungssitz zu Gute gekommen, sie hatte sich in einem wirtschaftlichen Aufschwung in den napoleonischen Jahren niedergeschlagen.[20]

Neben dem Verkehrswesen war auch ein gut funktionierendes Postwesen ein wichtiger Garant für wirtschaftlichen Erfolg. Im Raum Trier beispielsweise hatte die Zuständigkeit für das Postwesen im ausgehenden 18. Jh. von der Thurn- und Taxischen Reichspost 1798 an die französische Post, 1814 bis 1816 wieder an Thurn und Taxis und 1816 an Preußen gewechselt, während Thurn und Taxis linksrheinisch nur noch das Fürstentum Birkenfeld versorgte. Der Transport von Personen und Paketen (»Diligencen« und »Messagerien«) wurde in diesem Raum 1797 privatisiert, wohingegen Sendungen bis zu einem Kilo seit 1799 dem Postmonopol unterlagen. Unter normalen Umständen schaffte ein Postwagen 1816 etwa 6,8 km pro Stunde im Regierungsbezirk Trier.[21]

Rechtsrheinischer Landesteil Nassau

Das rechtsrheinische nassauische Vorläuferterritorium von Rheinland-Pfalz gehörte mit der Zusammenführung der nassauischen Einzelstaaten zum Gesamtstaat 1806 dem an Frankreich angelehnten Rheinbund an. Zentrale wirtschaftliche Aufbruchimpulse dieses dominant von kleinlandwirtschaftlichen Betrieben geprägten Landesteils waren an der Wende zum 19. Jh. und in der Rheinbundzeit nicht zu verzeichnen gewesen. Allerdings wurde das direkte Steuersystem 1809 wegweisend modernisiert. Mit der Abschaffung der Leibeigenschaft (1808), der Gewährung der Freizügigkeit (1810) sowie der fast vollständigen Abschaffung von Frondiensten schloss Nassau in wichtigen Rechtsbereichen für die Begründung von Arbeitsbeziehungen an das linksrheinische Vorbild an. In der Frage der Zehntablösung blieb Nassau dagegen im Vergleich mit dem linksrheinischen Teil des Untersuchungsgebiets noch bis 1840 »eine Insel reaktionären Rechts«.[22]

Wirtschaftliche Bilanz der französischen Jahre

Insgesamt fällt die wirtschaftliche Gesamtbilanz der französischen Jahre für die drei linksrheinischen Departements sowie für das Gebiet um Landau im Norden des Departements Bas-Rhin ambivalent aus. Sie lagen trotz mannigfacher Berührungspunkte mit ihrem Hauptflächenanteil nicht im Zentrum der sich im Westen Deutschlands gewerbewirtschaftlich-frühindustriell herausbildenden Wirtschaftsachse, die am Rhein entlang von den südlichen Niederlanden bis in die Nordschweiz reichte, sondern es dominierte in diesem Raum die für den deutschen Südwesten so markante primär agrarisch und sekundär kleingewerblich geprägte Wirtschaftsstruktur. Die Rahmenbedingungen des Wirtschaftslebens hatten sich spürbar geändert. Zu Verlierern waren in den französischen Jahren all diejenigen geworden, die mit dem Ende des alten Systems ihre Stellen und Einkommen verloren oder durch die neue Grenze am Rhein ihre wirtschaftlichen Anbindungen ans Rechtsrheinische samt angestammter Märkte und Zugänge zu Rohstoffen eingebüßt hatten (z. B. Getreideexporte, Rohbaumwolle). Zu den wirtschaftlichen Gewinnern kann man dagegen all diejenigen zählen, die Güter erworben hatten, welche dem Staat aus den Beschlagnahmungen von Landbesitz geistlicher oder adliger Herren zugefallen waren (»biens nationaux«). Die zum Verkauf angebotenen Güter machten etwa 12 % der Nutzfläche der jeweiligen Departements in unserem Gebiet aus. Die Käufer waren zumeist reiche städtische Großbürger, die hierbei manches »Filetstückchen« erwarben,

Ein »Gewinner« der französischen Jahre: Der »Moselkönig« Matthias Josef Hayn

Matthias Josef Hayn (1770–1839) war einer der reichsten Kaufleute an der Mosel. Er entstammte einer in Cochem ansässigen Familie, die die Mosel beschiffte und mit Holz handelte. Seit Beginn der 1790er Jahre betrieb Hayn in bester Lage von Trier seine Geschäfte: Er handelte offenbar mit den traditionellen Gütern Wein, Tuch und Holz und erlöste besondere Gewinne mit einträglichen Dienstleistungen für die Besatzungstruppen. Ab 1803 entwickelte er sich zum führenden Immobilienhändler: Er kaufte Nationalgüter, von denen er den überwiegenden Teil behielt und einen anderen Teil hochspekulativ weiterverkaufte, und erwarb etliche Hofgüter in den linksrheinischen Departements. Hayn nutzte die Förderanreize der napoleonischen Ära zur Zucht von Merinoschafen. Er engagierte sich in Trier in der »Gesellschaft für nützliche Forschungen«, die sich besonders mit Innovationen in der Landwirtschaft befasste, und richtete eine Lehranstalt für Weinbau ein. Weiterhin betätigte er sich auf kulturellem Gebiet als Gründer einer Freimaurerloge in der Stadt Trier sowie als Förderer der Künste und brachte sich ins politische Leben ein. Insgesamt erwarb er sich hohe Wertschätzung sowohl im französischen Staat als auch späterhin in Preußen. Ein Notabler, ein fortschrittsorientierter Wirtschaftsbürger, der sein Vermögen in Landbesitz und »agrarkapitalistische« Unternehmungen sowie in Handel steckte statt in die zu dieser Zeit noch vielfach unabsehbar riskanten gewerblichen Bereiche wie Textil- und Eisenproduktion, verbunden mit einem Lebensstil, der dem eines Landadligen entsprach – damit verkörperte Hayn gleichsam bilderbuchhaft den Typus eines »Gewinners« der französischen Herrschaftsjahre.[24]

wie z. B. erlesene Weingüter aus vormals kirchlichem Besitz, sowie Großkäufergruppen mit Spekulationsabsicht, die Grundstücke in kleinen Parzellen mit hohem Gewinn weiter veräußerten. Grund und Boden wurden so zur Ware. Ziel dieser Versteigerungspolitik war es, »möglichst schnell viel Geld aus den annektierten Gebieten abzuschöpfen« – die Ärmsten hatten bei den Versteigerungen keine Chance.[23] Manche Wurzeln des aufstrebenden Wirtschaftsbürgertums im 19. Jh. reichen in diese Phase zurück.

Letztlich war unter den neuen Herrschaftsverhältnissen die vormalige Kleinstaaterei in einem größeren Raum aufgegangen und hatte zu vielfältigen Vereinheitlichungen geführt. Beispielhaft sei hier die die Währungsanpassung angeführt: Heller, Batzen, Kreuzer, preußische Taler, bayerische und württembergische halbe Gulden, 36-Kreuzerstücke, Brabanter Kronentaler, Goldgulden, Lütticher oder Maastrichter Dukaten, deutsche Pistolen, preußische Friedrichsd'ors, englische Guineen, Sonnenpistolen oder Karolins – diese bald nicht zu überschauende Vielfalt von Zahlungsmitteln am Mittelrhein war im Linksrheinischen von Francs und Centimes abgelöst worden. Auch Hohlmaße und Gewichte waren auf das Dezimalsystem umgestellt, Gramm und Kilogramm als Gewichtsmaße eingeführt worden. Das Wirtschaftsrecht hatte mit dem »Code de commerce« (Handelsgesetzbuch) von 1807 eine einheitliche Rechtsgrundlage erhalten.[25]

Wirtschaftspolitische Neuorientierung 1815

Der Niedergang und das Ende der napoleonischen Herrschaft (1815) veränderte die europäische Landkarte erneut. Der Raum, nunmehr zwischen Bayern, Preußen, Hessen-Darmstadt und drei kleineren Staaten aufgeteilt, wurde damit von der harten französischen Zollgrenze am Rhein frei, zum anderen verloren sich für die linksrheinischen Regionen die Vorteile eines bis dahin sehr viel größeren, ungeteilten Wirtschaftsraumes, der durch die französische Zollpolitik von der innerdeutschen Konkurrenz geschützt geblieben war. Insbesondere die direkt an Frankreich grenzenden Teile wie z. B. das Trierer Land, die von dem engen Kontakt nach Frankreich profitiert hatten, mussten ihre Marktbeziehungen neu ausrichten. Die Geschlossenheit des Territoriums im Linksrheinischen war aufgebrochen, lediglich das rechtsrheinische Herzogtum Nassau und das vom Rhein zerteilte Großherzogtum Hessen bildeten räumlich zusammenhängende Gebiete, während alle übrigen durch andere Staaten von den eigentlichen Kerngebieten z. T. weit getrennt waren. Aus der Sicht der neuen Landesherren bedurften die Landesteile aufgrund dieser Bedingungen neben der politischen auch der wirtschaftlichen Integration – und dies hieß nicht zuletzt eine homogene und an binnenstaatlichen Interessen orientierte Handelspolitik. Diese nahm keine Rücksicht auf die in französischer Zeit gewachsenen Wirtschaftsräume. So wurde beispielsweise die Bevölkerung der Westeifel erstmals vom luxemburgischen und niederländischen Wirtschaftsraum getrennt. Die für das wirtschaftliche Leben wichtigen Rechtszustände waren dabei wegen des Erbes aus französischer Zeit durchaus unterschiedlich: So galt beispielsweise im linksrheinischen Rheinkreis, wie die Pfalz bis 1837 hieß, die französische Gesetzgebung weiterhin und damit auch der »Code de commerce«, der in Altbayern keine Geltung hatte. Hatte die Gewerbefreiheit im Linksrheinischen spätestens seit 1798 gegolten, so wurde sie im rechtsrheinischen Bayern erst 1862 eingeführt.[26] Angleichung musste also im Einzelfall nicht Gleichmacherei bedeuten, sondern konnte auch die Akzeptanz von Verschiedenartigkeit meinen.

3. Aufbruchszeiten – Entwicklungszeiten: Das Jahrhundert der Industrialisierung

Staatlicher Rahmen: Staatsfinanzen – Zollverein

Die öffentlichen Kassen der meisten Staaten waren nach den langen Kriegsjahren weithin ausgezehrt; die Staatsfinanzen des Großherzogtums Hessen galten geradezu als das Schlusslicht im Deutschen Bund. Zölle und indirekte Verbrauchssteuern schienen den Monarchen ein geeignetes Mittel, um die finanziellen Ausfälle traditioneller Einnahmewege, die mit dem Ende des Ancien Régime den Staaten dauerhaft entfallen waren (z. B. Regalien), aufzufangen, ohne sie der Zustimmung der Kammern oder Stände durch andere Zugeständnisse mühevoll abringen zu müssen. Die Deutsche Bundesakte vom 8. Juni 1815, die in einer Art »Rahmenvertrag« die Verhältnisse im Bund regelte, hatte in Art. 19 nur eine sehr vage Absichtserklärung über das Zusammenwirken der Bundesglieder in Fragen von Handel, Verkehr und Schifffahrt festgehalten, weil einzelne Staaten, insbesondere Bayern, nicht gewillt waren, auf handelspolitischem Gebiet Souveränitätsrechte abzugeben.[27] Letztlich ging es also um die Entscheidung zwischen einer Freihandels- und einer Schutzzollpolitik bzw. der Austarierung eines branchenspezifischen Mischsystems; diese Konfliktlinie teilte nicht nur das Lager der Monarchen, sondern auch das des aufsteigenden Bürgertums. Preußen hatte für seine Landesteile am 26. Mai 1818 ein Zollgesetz geschaffen. Es hob bisherige Binnenzölle auf und sah Einfuhrzölle für Importwaren und Verbrauchssteuern für im Inland verbleibende Waren vor. Damit hatte es auf dem Agrarsektor eher ein freihändlerisches, für das Gewerbe aber eher ein schutzzöllnerisches Modell gewählt. Durch diese Zollbastion eines einheitlichen Wirtschaftsraums brachte Preußen Teile seiner Grenzbevölkerung, so z. B. in Weitefeld (Westerwald) 1825, gegen sich auf. Überdies brachte Preußen damit seine Nachbarstaaten in Zwangslagen, denn für sie verteuerte sich der Transithandel durch preußisches Gebiet. Die Zugehörigkeit zum preußischen Zollraum wurde für diese Staaten zunehmend attraktiv, zumal Preußen sie, wie ein württembergischer Beobachter mit Blick auf das Großherzogtum Hessen sorgenvoll beobachtete, als »Lockspeise« betrachtete, »bis die andern auch im Garn seien«. Das Großherzogtum schloss sich diesem Zollraum mit Vertrag vom 14. Februar 1828 an; 1830 folgten das Oberamt Meisenheim, die Fürstentümer Birkenfeld und Lichtenberg.[28]

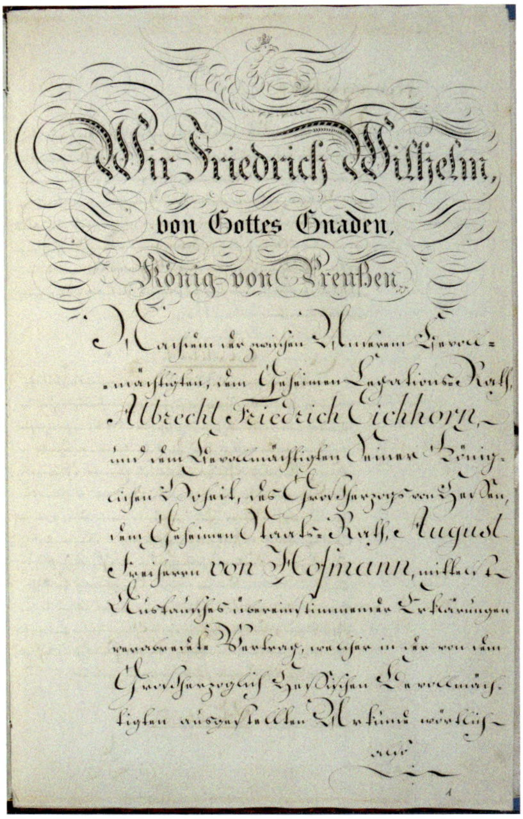
Wir Friedrich Wilhelm,
von Gottes Gnaden,
König von Preußen.

Preußische Ratifikation des Vertrages zwischen Preußen und dem Großherzogtum Hessen über die Bildung eines Zollvereins, Berlin, 8. März 1828 (Hessisches Staatsarchiv Darmstadt)

Bayern, das schon 1807 Binnenzölle abgeschafft und einen Außenzoll eingerichtet hatte, verfolgte zunächst gänzlich andere Handelsinteressen und suchte die preußischen Aktivitäten zurückzudrängen, indem es am 18. Januar 1828 einen Zollvereinsvertrag mit Württemberg unterzeichnete, der seit 1830 auch die Pfalz einschloss. Anders als die preußische Initiative entfachte dieser bayerisch-württembergische Zollverein (Süddeutscher Zollverein) keine nennenswerte Anziehungskraft auf andere Staaten. Ein gutes Jahr später, am 27. Mai 1829, schlossen der preußisch-hessische und der bayerisch-württembergische Zollverein einen Handelsvertrag. Preußen nutzte die politischen

Entwicklung der Zollgrenzen 1828-1836

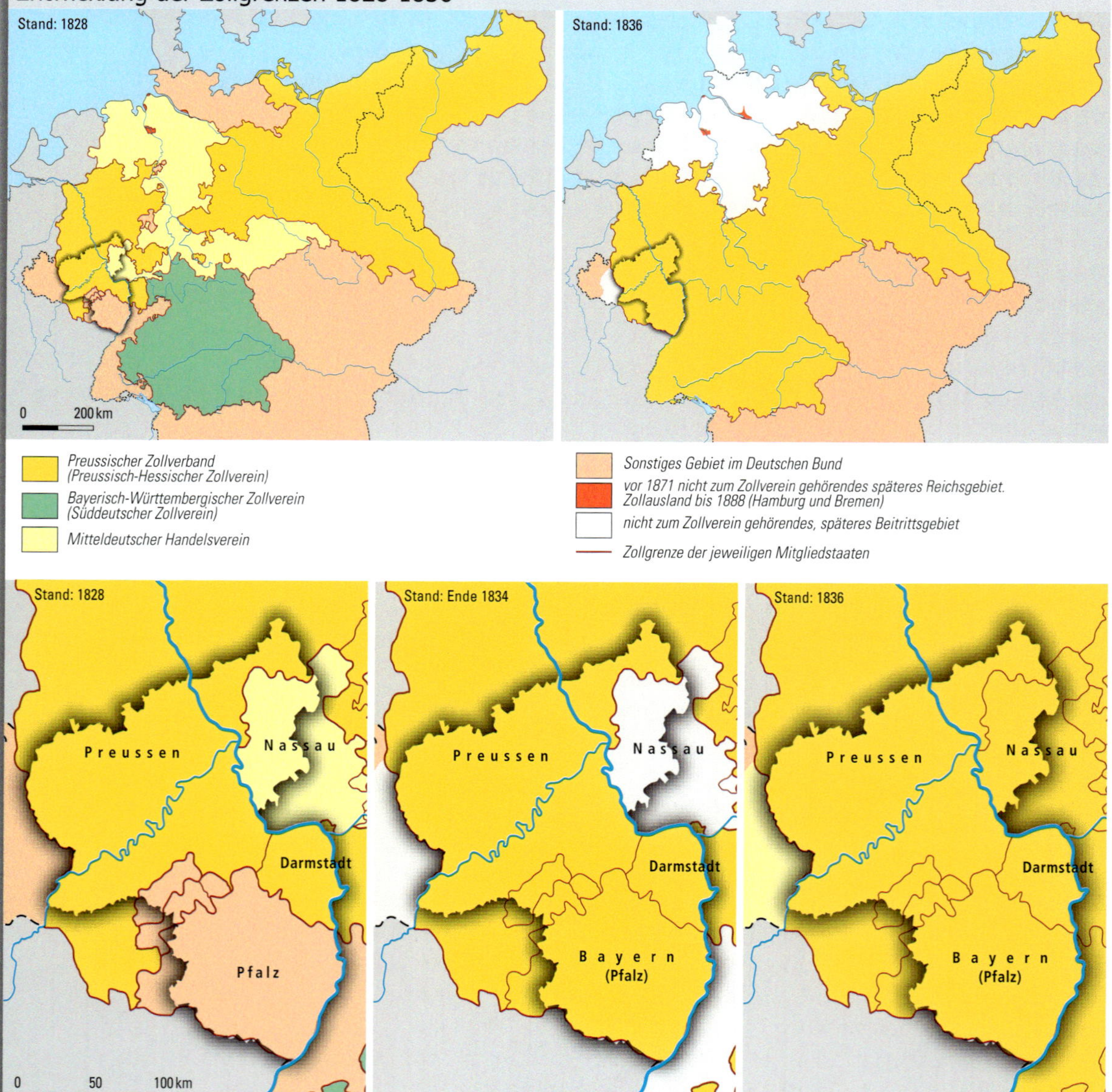

Vorlage: „Wirtschaftliche Einigung Deutschlands 1828-1901". Server für digitale historische Karten am Institut für Europäische Geschichte, Mainz (http://www.ieg-maps.uni-mainz.de/map4.htm) [25.11.2011]
Kartographie: Landesamt für Vermessung und Geobasisinformation Rheinland-Pfalz

Unruhen im Zusammenhang mit der Julirevolution 1830 ebenso wie entsprechende Zollforderungen der liberalen Opposition, um ausgehend vom Zusammenschluß des preußisch-hessischen mit dem bayerisch-württembergischen Zollverband 1833 mit einem vielschichtigen Vertragsnetz ein Gebilde ins Leben zu rufen, das bald den vereinfachenden Namen »Deutscher Zollverein« trug – alle Territorien auf dem Gebiet des heutigen Rheinland-Pfalz traten ihm bei.[29]

Der Zollverein nahm seine Geschäfte am 1. Januar 1834 auf. Als »wirtschaftlicher Nebenbund im Deutschen Bund« hatte er den freien Handelsverkehr im Innern sowie einheitliche Zölle nach außen zum Ziel. Indessen führte der Deutsche Zollverein noch nicht zu einem wirklich einheitlichen Wirtschaftsraum, denn der Abbau einer Fülle von Handelshemmnissen vollzog sich nur langsam, und die wirtschaftlichen Ausgangsbedingungen der jeweiligen Mitgliedsstaaten waren sehr verschieden.[30] Der Verein wurde ohne Zentralgewalt föderalistisch, wenn auch nach dem Vorbild der preußischen Administration geführt. Er enthob seine Mitgliedsstaaten einer eigenen teuren Zollverwaltung. Seine finanziellen Erträge wurden anteilig der Bevölkerungszahlen auf die Mitgliedsstaaten umgelegt und sorgten für einen höchst willkommenen Strom in die öffentlichen Kassen, der gleichsam als »finanzieller Kitt« unter seinen Mitgliedern wirkte.[31]

Im rheinland-pfälzischen Raum bündelten sich sämtliche Entwicklungsstränge, die letztlich zur Gründung des Zollvereins führten. Den hessischen Staaten kam eine Brückenfunktion auf dem Weg zur Zolleinigung zu: Hatte sich das Großherzogtum Hessen schon 1828 dem preußischen Zollverband angeschlossen, so hatte sich Herzog Wilhelm von Nassau zunächst dem Beitritt zum preußischen Zollraum widersetzt, obwohl das nassauische Territorium eine lange Grenzlinie mit Preußen verband. Stattdessen hatte Nassau, das um seine Unabhängigkeit von Preußen ebenso wie die wirtschaftliche Isolierung fürchtete, mit insgesamt 18 Staaten, das waren die allermeisten zwischen den beiden preußischen Teilregionen und im Norden Deutschlands gelegenen, am 24. September 1828 den Mitteldeutschen Handelsverein gegründet. Als eher locker verbundener Zusammenschluss zur Gegenwehr der preußischen Zollinitiative krankte er am fehlenden Mehrheitswillen seiner Mitglieder, innere Handelshindernisse zwischen seinen Trägerstaaten völlig abzubauen. Mit dem Erstarken des nördlichen und südlichen Handelsverbundes verlor der Mitteldeutsche Handelsverein jedoch an Attraktivität, wie z. B. der Übergang Meisenheims, Lichtenbergs und Birkenfelds in den preußisch-hessischen Zollverein zeigte. Der Mitteldeutsche Handelsverein ging 1834 im Zollverein auf. Nassau selbst trat dem Deutschen Zollverein erst ein Jahr später bei, denn im September 1833 hatte es mit Frankreich, das den Mitteldeutschen Handelsverein bescheiden unterstützte, einen Handelsvertrag abzuschließen versucht, der dem Herzogtum günstige Tarife für die Ausfuhr von Mineralwasser, einem in Nassau wichtigen Wirtschaftszweig, beschert hätte.[32]

Die Pfalz spielte gleichfalls eine besondere Rolle in diesem wirtschaftlichen Integrationsprozess. Der Kreis war nach dem Wegfall der französischen Außenzollgrenze am Rhein nach der napoleonischen Zeit nicht länger durch eine Zolllinie geschützt. Waren konnten also kostengünstig in die Pfalz gelangen, während die pfälzische Ausfuhr, insbesondere die landwirtschaftlichen Erzeugnisse und der Wein, sich durch umgebende Zolllinien derart verteuerten, dass sie, bis sie beispielsweise ins rechtsrheinische Bayern gelangten, nicht mehr mit den dortigen Preisen konkurrieren konnten. Bayern gewährte zwar bis 1824 verschiedene Tarifermäßigungen für einige pfälzische Waren, doch profitierte die Pfalz vom bayerisch-württembergischen Zollvertrag von 1828, der Wein, Eisen- und Stahlwarenhandel in diesem Handelsraum zollfrei stellte, nur bedingt, weil Bayern sich im Rahmen dieses Vertrages verpflichten musste, die Pfalz mit einer Mautlinie zu umgeben. Dadurch verteuerten sich insbesondere die Importe im gewerblichen Bereich, und der Schmuggel wurde angeregt. In der Wahrnehmung etlicher Pfälzer und ihrer Abgeordneten war diese Zolllinie eine zusätzliche Steuer und damit Ausdruck der Zurücksetzung ihres Landesteils gegenüber dem rechtsrheinischen Bayern. Die Zollfrage, so zeigt das Pfälzer Beispiel stellvertretend, war einer der prominenten Kampfplätze für vielschichtige Integrationsfragen in Deutschland in der ersten Hälfte des 19. Jhs.[33]

Bilanziert man die Folgen und den Nutzen des Deutschen Zollvereins, so lassen sich folgende zentrale Punkte benennen:

- Alle am Zollverein beteiligten Länder zogen dauerhaft finanziellen Nutzen aus dieser Einrichtung. Dies hatte jenseits der fiskalischen erhebliche politische Konsequenzen: Im Herzogtum Nassau und im Großherzogtum Hessen beispielsweise gelang es, im Vormärz den Staatshaushalt durch diese Finanzmittel so zu konsolidieren, dass kaum neue Steuern auferlegt werden mussten und sich die innenpolitische Situation nach den Unruhen der frühen 1830er Jahre zunächst stabilisierte. Die Einkünfte wirkten als wichtiges Bindemittel dieser Staaten an den Zollverein und damit an Preußen und sorgten für die Verlängerung der Verträge am 8. Mai 1841.[34]
- Der Nutzen des Zollvereins für die Wohlstandsentwicklung der Menschen in unserem Untersuchungsgebiet fiel je nach Wirtschaftssektor sehr unterschiedlich aus, und manche empfanden sich dabei als Verlierer: Winzer aus Sinzig fühlten sich beispielsweise als Opfer der Zollvereinigungen. Sie beklagten sich durch ihren Abgeordneten, den Weingutsbesitzer Franz Bresgen, im Herbst 1848 in der Nationalversammlung in Frankfurt bitterlich darüber, dass qualitativ minderwertige Weine den rheinpreußischen Markt »überschwemmten und verdarben«, wohingegen ihre Abgaben unverändert geblieben seien.[35]
- Mittelfristig begünstigte der Zollverein auch im Raum des späteren Rheinland-Pfalz die Vereinheitlichung des Wirtschaftsgebietes seiner Mitgliedsstaaten und regte den Wissenszuwachs über Fragen der Wirtschaft in den Ländern an. Ein gemeinsames Zollgewicht, der Zollzentner mit 50 kg, wurde 1833 eingeführt; die Dresdner Münzkonferenz (1838) erleichterte durch die Bestimmung fester Wechselkurse die Umrechnung von preußischem Taler und dem im Süden und Südwesten verbreiteten Gulden. Statistische Erhebungen wurden angestoßen. Die rechtliche Angleichung des Handelsrechts, linksrheinisch bereits mit dem »Code de commerce« noch zu französischer Zeit vorangebracht, wurde mit der Einführung des Allgemeinen Deutschen Handelsgesetzbuches 1861 fortgeführt. Im weiteren Sinne war der Zollverein Motor für die Ausbildung einer homogenen, alle Mitgliedsstaaten umspannenden Spitzenbeamtengruppe, die die Belange des Zollvereins auch in ihren Partikularstaaten entschieden verfochten. Die Verbesserung der stark auf einzelstaatliche Interessen ausgelegten Verkehrswege und der Verkehrsinfrastruktur waren nahezu zwangsläufige Folgen der wirtschaftlichen Integration. Wie ambivalent freilich ein solcher allgemeiner Befund ausfallen kann, wenn man ihn auf den konkreten Fall anwendet, zeigt das Beispiel der Stadt Mainz: Die Stadt, deren Handel nach dem Beitritt des Großherzogtums Hessen zum preußischen Zollbund aufgeblüht war, verlor 1831 das

Stapelrecht und konnte im verkehrspolitischen Wettbewerb mit anderen am Rhein gelegenen Mitgliedern wie Köln und Mannheim sowie späterhin dem aufstrebenden Ludwigshafen nur schwerlich konkurrieren.[36]

- In unserem Raum nahm die Zolleinigungspolitik nicht die politische Einigung Deutschlands vorweg, sie arbeitete ihr jedoch zu, indem sich das den Zollverein immer stärker dominierende Preußen die staaterübergreifenden wirtschaftlichen Interessen weiter Teile des Bürgertums zunutze machte. Einzelstaatliche Partikularismen hatten auch nach 1848/49 immer stärker ein nach wirtschaftlicher Entfaltung strebendes Bürgertum behindert, das, wie im Falle Nassaus, aus ökonomischen Gründen maßgeblich an der Verbindung mit dem Zollverein und damit mit Preußen, ungeachtet beachtlicher Krisen um Handelsverträge und die Zollvereinsverfassung, in den 1850er und der ersten Hälfte der 1860er Jahre festhielt. Rheinhessen blieb zwar, anders als der nördliche Teil des Großherzogtums Darmstadt, außerhalb des Norddeutschen Bundes, war aber ebenso wie die Pfalz Teil des im Juni 1867 vertraglich geschaffenen Zoll-Bundesstaats zwischen Norddeutschem Bund und den süddeutschen Staaten, der die Zollsouveränität der Einzelstaaten endgültig aufhob.[37]
- Die Zollvereinigungen sowie seit 1834 der Deutsche Zollverein setzten weder in den deutschen Ländern insgesamt noch im Raum des späteren Rheinland-Pfalz den Industrialisierungsprozess in Gang; sie bildeten auch nicht die ausschlaggebenden Antriebskräfte für den deutschen Binnenhandel, denn Anfänge von Industrialisierung zeichneten sich bereits vor der Gründung des Zollvereins ab. Allerdings ergänzten sich Wirtschaftswachstum, Handelsbeziehungen und Zollverein vielfach, wie insbesondere der Eisenbahnbau nachdrücklich zeigt.[38]

Eisenbahnbau: Impulsgeber der Industrialisierung

Eisenbahn und Zollverein galten Friedrich List, einem der wichtigsten Ökonomen seiner Zeit, als die »siamesischen Zwillinge«. Der Eisenbahnbau gab wesentliche wirtschaftliche Impulse für die Früh- und Hochindustrialisierung, er gilt deshalb weithin als Symbol technischen Fortschritts. Tatsächlich markierte er grundlegende Weichenstellungen – mit Folgen bis heute: Der Eisenbahnbau leitete in unserem Raum zum einen die Verflechtung von Regionen ein, zum anderen wurden mit der Entscheidung über Streckenführungen zentrale Grundlagen für deren Entwicklungschancen geschaffen. Er begünstigte vielfach die Ansiedlung von Unternehmungen – und dies auch jenseits von Rohstoffvorkommen vor Ort –, zog durch die Aussicht auf hohe Gewinnererwartungen auch internationales Kapital an, führte zur Gründung von Aktiengesellschaften und zu neuen Formen der Zusammenarbeit von staatlichen und privaten Wirtschaftsakteuren und trieb überdies technisches Wissen voran. Der Siegeszug dieses neuen Verkehrsmittels veränderte das private Leben vieler seiner Nutzer: Es erschloss ihnen neue Raumerfahrungen durch Tourismus oder Erwerbsmöglichkeiten durch Berufspendelei und wirkte als Ventil gegen die dauernde Ab- oder Auswanderung. Die Bahn unterstützte ein neues Zeitempfinden, indem die verschiedenen lokalen Zeitsysteme vereinheitlicht wurden. So wurde 1893 die deutschland- und österreichweit gültige Mitteleuropäische Zeit eingeführt. Der »Temporausch« der Eisenbahnzeit steht als Bild für stetige Beschleunigung von Arbeits- und Lebenstempo, die das an Naturgegebenheiten angelehnte Zeitgefühl unwiederbringlich ablöste.[39]

Bis zum Zweiten Weltkrieg entwickelte sich die Bahn zunächst in Konkurrenz zu den Wasserwegen zum dominierenden (Massen-)Transportmittel. Bis in die frühen 1880er Jahre waren die Hauptachsen der Eisenbahnlinien in unserem Raum entstanden, die weitere Verdichtung folgte wie bei einem Spinnennetz. Preußen setzte in den 1830er Jahren am Rhein zunächst auf eine kapitalintensive Verbesserung des Flussverkehrs und betrachtete Eisenbahnbauaktivitäten als unliebsame Konkurrenz. Auch Bayern forcierte nach einer kurzen Phase der Straßenbauförderung zunächst den Wasserstraßenbau im rechtsrheinischen Bayern, bevor sich König Ludwig I. verstärkt dem Eisenbahnbau zuwandte, aber für den linksrheinischen Teil aus militärischen Gründen Vorbehalte

Entwicklung der Eisenbahnlinien bis 1870

Vorlage: „Eisenbahnen in Deutschland 1835-1885"Server für digitale historische Karten am Institut für Europäische Geschichte, Mainz (http://www.ieg-maps.uni-mainz.de map5.htm) [25.11.2011]

Kartographie: Landesamt für Vermessung und Geobasisinformation Rheinland-Pfalz

gegen eine Schienenführung nach Westen hegte. Preußen konzentrierte sich im Westen zunächst auf Eisenbahnprojekte im bergisch-märkischen Raum sowie im südlichen Ruhrgebiet, dann aber auch im Saargebiet. Der Staat trat hier als Impulsgeber auf, suchte er doch als Eigner der Kohlegruben nach Wegen, um den Absatz zu forcieren. Bayern erwies sich im Deutschen Bund als Vorreiter des Eisenbahnbaus: 1835, und damit zehn Jahre nach England, wurde im Königreich rechtsrheinisch die erste Dampfeisenbahn zwischen Nürnberg und Fürth in Betrieb genommen, sie entsprang der Initiative einer privaten Aktiengesellschaft. In unserem Untersuchungsraum strebte Bayern danach, die bei Bexbach und St. Ingbert vorhandene Kohle Richtung Rhein zu transportieren. Dies gelang mit der Pfälzischen Ludwigsbahn seit 1847, zwei Jahre später war die Strecke durchgängig von Bexbach bis zur Rheinschanze (späterhin Ludwigshafen) befahrbar. Preußen schuf mit der Saarbrücker Eisenbahn 1850 den Anschluss an diese pfälzische Linie, 1852 fuhr diese Bahn bis nach Saarbrücken und zur französischen Grenze bei Forbach. Sie eröffnete über Metz und Paris wichtige Absatzmärkte für die Saarkohle. Von den Hauptachsen sei nur die im Linksrheinischen 1879 fertiggestellte Moseltalbahn erwähnt. Sie war Teil der vor allem militärisch wichtigen Verbindungsstrecke von Berlin nach Metz (im Volksmund »Kanonenbahn«), nachdem Lothringen Reichsland geworden war.[40]

Die Bahngesellschaften praktizierten lange Zeit ein Mischsystem von Staats- und Privatbahnen sowie von staatlich verwalteten Privatbahnen, doch wurden Privatbahnen zunehmend in staatlichen Besitz überführt. Preußen verstaatlichte aus finanziellen, militärstrategischen, verkehrspolitischen, volkswirtschaftlichen und sozialen Gründen zwischen 1879 und 1887 gegen Entschädigungszahlungen die meisten Privatbahnen im Rheinland; bis 1904 waren dies 16.000 Streckenkilometer. 1866 ging die erst 1858 gegründete Herzoglich Nassauische Staatsbahn in die Preußische Staatseisenbahn über. Diese Bahn war mit der bedeutendste »Schatz«, den Preußen mit seiner Übernahme Nassaus erwarb. Das Großherzogtum Hessen, das noch 1830 ein umfängliches Straßennetz geplant hatte, versuchte, wie schon beim Zollverein, mit Preußen zu kooperieren. 1897 ging die Hessische Ludwigs-Eisenbahngesellschaft, die die Provinz Rheinhessen bediente, eine Betriebsgemeinschaft mit der Preußischen Staatseisenbahn ein und nahm Sitz in Mainz. Die bayerische Bahn verblieb zwar in Länderhoheit, war aber in der Pfalz privat organisiert. 1909 erwarb der bayerische Staat die Pfalzbahn. Die länderübergreifende Deutsche Reichsbahn, um die sich Bismarck intensiv bemüht hatte, entstand erst 1920.

Seit etwa 1880 wurde in unserer Region der »innere Netzausbau« oft aus militärischen oder wirtschaftlichen Gründen vorangetrieben. Er erreichte mit deutlichen regionalen Unterschieden auch entlegenere Gegenden wie die Eifel, eine der 1871 noch am wenigsten erschlossenen Gegenden in Deutschland. Bis zum Ende des Ersten Weltkrieges war das Eisenbahnnetz in der Eifel im ganzen Deutschen Reich mit am dichtesten gewebt. Im Hunsrück sollten mit der Bahnerschließung die Holzvorkommen für den Saarbergbau nutzbar werden und die Arbeiter günstige Beförderungsmöglichkeiten erhalten. Im Westerwald entstand erst spät, dann aber rasch zwischen 1884 und 1887 die Grundstruktur des Streckennetzes der Bahn, um die Rohstoffvorkommen (Basalt, Trachyt, Ton und Erz) besser nutzen zu können.[41]

Der Eisenbahnbau wirkte sich erheblich auf den jeweiligen Beschäftigungsmarkt aus. Schuf die eigentliche Bauphase Nachfrage an Arbeitskräften, so fürchteten traditionelle Gewerbe, wie beispielsweise Fuhrunternehmer, oftmals um ihre Existenz angesichts der neuen schnaubenden »Dampfrösser«. Waren die jeweiligen Strecken erst einmal fertiggestellt, dann mussten sie betrieben, unterhalten und verwaltet werden, auch hier entstanden völlig neue Berufsfelder. In der Eifel beispielsweise war die Eisenbahn bis nach dem Zweiten Weltkrieg der größte Arbeitgeber.[42] Dabei beeinflusste der Eisenbahnbau das Verkehrsgewerbe insgesamt: Weil in den Anfangsjahren das Streckennetz noch nicht sehr dicht war, mussten am Ende der jeweiligen Strecken Übergangsmöglichkeiten auf traditionelle Verkehrsmittel oder Verbindungen zu Bahnen in Nachbarländern geschaffen werden.

Schifffahrt

Auch wenn sich mit dem Beginn des Eisenbahnzeitalters seit den späten 1830er Jahren der Transport von Massengütern zunehmend auf die Schiene verlagerte, so blieben die Wasserstraßen bei freilich gewandelten Transportverhältnissen weiterhin von Bedeutung. Der Rhein und die Mosel, die beiden regional größten Flüsse, waren in den 1830er Jahren noch nicht durchgehend schiffbar.

Güterumschlag der Rheinhäfen Ludwigshafen, Mainz, Mannheim in 1.000 t[43]

	1869	1913
Ludwigshafen	153	2.873
Mainz mit Gustavsburg	175	2.937
Mannheim	459	7.397

Die Segelschifffahrt wurde beim Gütertransport von der Dampfschifffahrt verdrängt. 1817 erreichte erstmals ein mit Dampfkraft betriebenes Schiff die Stadt Koblenz. Während die traditionellen Segel- und Treidelschiffe für die Strecke von Rotterdam nach Köln ca. sechs Wochen brauchten, benötigten leistungsstarke Dampfer hierfür gerade einmal zwei Tage. 1824 wurde die Dampfschifffahrt auf dem Ober- und dem Niederrhein aufgenommen, 1827 der regelmäßige Verkehr auf dem Mittelrhein zwischen Mainz und Köln. Drei miteinander verwobene Gesellschaften teilten sich die Strecke. Seit den 1830er Jahren ging die Dampfschifffahrt zur Schleppschifffahrt über; sie wurde zunehmend für den Gütertransport eingesetzt. Als aber ab 1841 Schleppkähne aus Eisen gebaut wurden, ein Dampfer mit zwei Eisenkähnen eine Last von 20.000 Ztr. schleppen konnte und sich Schleppschifffahrtsgesellschaften als Aktiengesellschaften bildeten, waren die zumeist als Kleinunternehmer wirtschaftenden Schiffer und Schiffszieher diesen Entwicklungen hoffnungslos unterlegen. In der Revolution von 1848 entlud sich ihre Ohnmacht teilweise mit Gewalt: Bei Weißenthurm, in der Nähe von Neuwied, so wusste der Industriepionier Franz Haniel zu berichten, schossen die um ihre

Existenz Fürchtenden mit Gewehren auf Dampfschiffe im Rhein und beabsichtigen, in Neuwied Kanonen gewaltsam zu nehmen. Kompromissversuche der Zentralkommission für die Rheinschiffahrt in Mainz zum Ausgleich der Interessen beider Berufsstände blieben letztlich erfolglos. Doch auch der Dampfschifffahrt wuchs mit dem Ausbau der Eisenbahn Konkurrenz zu, zumal diese von Abgaben, wie sie im Schiffsverkehr noch bis 1867 anfielen, verschont blieb. Der Transport eines Zentners Kaffee von Rotterdam nach Basel kostete in den 1860er Jahren auf dem Schiffsweg 3,94 Francs, per Schiene 3,36 Francs. Ungeachtet dieser Verschiebungen zwischen den unterschiedlichen Verkehrsträgern nahm das Transportvolumen auf dem Rhein seit 1869 bis zum Ersten Weltkrieg um das 16-fache zu. Wurden 1869 noch vornehmlich Getreide und Roheisen auf dem Rhein eingeführt, so waren dies 1913 Erze, vor allem Eisenerz, und Getreide an zweiter Stelle. Bei der Ausfuhr lag 1869 Kohle vor Steine und Erden; Kohle behauptete auch 1913 die Führungsrolle, doch folgten dann Eisen vor Steine und Erden sowie Zement. Holz, Erze und Getreide waren bis 1913 deutlich rückläufige Ausfuhrgüter.[44]

Die Schlüsselstellung des Rheinverkehrs als Wasserstraße wirkte sich unmittelbar auf die Entwicklung von Häfen und Hafenstädten aus. Für die Stadt Mainz bedeutete die Aufhebung der Stapelrechte durch die Rheinschiffahrtsakte (1831) zunächst einen Verlust, weil die Waren nicht mehr in der Stadt umgeladen werden mussten, doch konnte der Hafen zwischen 1869 und 1913 seinen prozentualen Anteil am Verkehr halten. Am Mittelrhein büßten Oberlahnstein sowie Koblenz, wichtig als Abnehmer von Kohle, bis zum Ersten Weltkrieg ganz erheblich an Bedeutung ein. Hingegen gewannen Mannheim und Ludwigshafen als Endpunkte der oberrheinischen Schifffahrt an Bedeutung, bevor der Oberrhein 1913 bis Straßburg schiffbar wurde. Zwischen 1869 und 1913 war der Gesamtumschlag der Rheinhäfen Mainz und Ludwigshafen annähernd gleich, ein Zeichen dafür, dass der noch junge Hafen Ludwigshafen den traditionsreichen Konkurrenten zwar bemerkenswert schnell eingeholt, jedoch den gegenüberliegenden Hafen Mannheim noch längst nicht erreicht hatte.[45]

Brücken

Am Ober- und Mittelrhein entstanden bis zum Ende des Ersten Weltkrieges etliche Eisenbahn- und Schiffsbrücken: Maximiliansau (1840, 1865), Germersheim (1877), Speyer (1866, 1873), Ludwigshafen (1868), Worms (1855, 1900), Mainz (1863, 1885, 1904), Koblenz (1819, 1864, 1879, 1915), Urmitz (1916) und Remagen (1918);[46] alle wurden am Ende des Zweiten Weltkrieges zerstört, davon nicht wenige durch zurückziehende deutsche Truppen in den letzten Kriegswochen. Als besonders wichtige Brücken an der Mosel sind zu nennen: die Moseleisenbahnbrücke Koblenz (1858), Güls (1878), Ediger-Eller (1877), die erste deutsche Doppelstockbrücke Alf-Bullay (1878), Bernkastel (1874), Trier (1878, 1913), Konz (1861) sowie die später als Hindenburgbrücke bezeichnete Überquerung bei Igel (1912). 1862 wurde die Lahn durch eine erste Eisenbahnbrücke bei Lahnstein überquerbar.

Schwerpunkte der Industrialisierung

Der Prozess der Industrialisierung in Deutschland wird nahezu schulbuchhaft ablaufend den von Schwerindustrie geprägten Investitionsgütersektoren, und hier insbesondere der Nutzung der Steinkohlelagerstätten, zugeschrieben. Das Gebiet des heutigen Rheinland-Pfalz verfügte jedoch nicht, wie Oberschlesien oder das Saar- bzw. Ruhrgebiet, über nennenswerte Steinkohlevorkommen, sondern war vornehmlich über die Eisen- und Stahlindustrie in diesen Industrialisierungsprozess einbezogen. Unter den Eisenhütten waren die Werke der Familie Remy (Rasselstein bei Neuwied und Alf bei Bullay) und der Familie Gieanth (Hochstein, Eisenberg, Trippstadt, Schönau) besonders bedeutsam. Die Jahresproduktion von Roh- und Stabeisen belief sich bei Gienanth 1833 auf 32.000 Ztr. – in Oberschlesien war dagegen bald zwei Dekaden zuvor bereits die zwanzigfache Menge hergestellt worden (1804 640.000 Ztr.). Von der stetigen Entwicklung des Steinkohlebergbaus an der Saar profitierte der Raum Rheinland-Pfalz indirekt, wenn man davon ausgeht, dass ein nicht näher zu beziffernder Teil der Belegschaft von mehr als 5.000 Mitarbeitern (1850) der Saargruben in unserem Gebiet gewohnt hat und dort Arbeit fand. Im Saarrevier wurden 1820 115.000 t und 1845 672.000 t und damit 24,7 % (1845) der in deutschen Revieren aufgebrachten Menge gefördert (zum Vergleich: Ruhrgebiet 45,1 %, Oberschlesien 30,1 %). Das Saarrevier war von den andernorts beobachteten Wirtschaftsschwankungen während der 1830er bis in die 1840er Jahre unberührt geblieben, wozu sicherlich auch die Absatzmöglichkeiten auf dem französischen Markt beigetragen hatten. Auch wenn sich der Aufschwung der Gruben an der Saar in der zweiten Hälfte des 19. Jhs. fortsetzte, so wies die Region im Vergleich zur Ruhr, die in dieser Zeit zum schwerindustriellen Zentrum Deutschlands heranwuchs, eine Strukturschwäche auf. Sie wird zum einen einer »konservativen Absatzpolitik« der staatlichen Bergbauverwaltung, zum anderen aber der weniger als die Ruhrkohle zur Verkokung und damit als Reduktionsmittel zur Eisenproduktion geeigneten Qualität der Saarkohle zugeschrieben.[47]

Die Geschwister Christian und Ferdinand Remy begannen im Norden unseres Raumes auf dem Rasselstein bei Neuwied am Mittelrhein mitten im Zentrum der herkömmlichen Eisenindustrie 1824 erfolgreich mit dem Puddelfrischen, also dem Herstellen von Stahl aus Roheisen. Die Steinkohle hierfür bezogen sie von der Saar. In ihrer Firma wurden einige Jahre später die Eisenbahnschienen für die Pionierstrecke von Nürnberg nach Fürth (1835) gewalzt. Das Puddelverfahren wurde nach einer anfänglichen Experimentierphase überall näher an die Kohlelagerstätten verlagert – und von unserem Raum an die Saar und die Ruhr. Während an der Saar noch zu Beginn der 1870er Jahre Puddelwerke erbaut wurden, ging bei Rasselstein 1883 die erste Klein-Bessemer-Birne in Betrieb, die aus phosphor- und schwefelarmem Roheisen die Herstellung von Stahl ermöglichte. Die Produktion von Roheisen an der Saar verlor jedoch dann an Bedeutung, als es nach der Einverleibung Lothringens mit dessen reichen Erzvorkommen und der Einführung des Thomasverfahrens, das nichtmetallische Beimengungen durch Luftzufuhr entfernt, an der Saar im Jahr 1880 kostengünstiger wurde, die Kohle zu den Erzen (Minette) nach Lothringen zu transportieren und dort Roheisen herzustellen. Etliche Unternehmer der Saarregion erbauten Hochöfen im Minetterevier. Das in Koblenz ansässige Unternehmen Carl Spaeter war die erste rheinische Gesellschaft, die nach der Annexion Lothringens dort ein gemischtes Werk, die Rombacher Hüttenwerke, errichtete und 1889 nach dem Thomasverfahren Stahl produzierte.[48]

Werbung für Öfen der Firma Gienanth aus Eisenberg/Pfalz (Gienanth GmbH)

Die Eisenfabrikation hatte indessen in unserem Raum, in der Eifel, im Hunsrück, im Westerwald, der Pfalz und angrenzend an der Saar, eine bis in die vorrömische Zeit zurückreichende Tradition. Während im vorindustriellen Zeitalter die Bündelung der Standortfaktoren Eisenerz- und Kalkvorkommen (Rohstoff), Holzkohle (Brennstoff) sowie Wasserkraft (Energie) die Ansiedlung von eisenproduzierenden und -weiterverarbeitenden Betrieben in ländlichen, an Bachläufen gelegenen Mittelgebirgsregionen begünstigt hatte, veränderte die Industrialisierung durch die Umstellung auf Steinkohle und den Einsatz von Dampfmaschinen, die überdies die Qualität des Eisens verbesserten, diese jahrhundertealte gültige Anforderungstrias. Die Eisenwerke im linksrheinischen Teil unseres Raumes gerieten nach einer Innovationsphase seit den 1830er Jahren, als einige Hütten, z. B. die Rheinböllerhütte 1835/36, die Koksfeuerung einführten, gegenüber der Saarregion in Rückstand. Die pfälzischen Hochöfen Hochstein, Eisenberg, Trippstadt und Schönau erloschen in den 1860er und 1870er Jahren. 1893 wurde der letzte im Hunsrück betriebene Hochofen der Rheinböllerhütte stillgelegt, fünf Jahre später auch der Hochofen der Junkerather Hütte in der Eifel. Diese sowie andere Eisenhütten stellten sich daher auf Gießerei um und produzierten beispielsweise Herdplatten, Öfen, Werkzeuge für die Landwirtschaft, das Gewerbe und den Haushalt, Draht und Nägel sowie Bleche, aber auch Rüstungsgüter und Kriegsmaterial. Die Eisenindustrie wurde überdies durch wachsenden Bedarf an betrieblichen Werken, Wohnungen, Straßen und Städten oder Stadterweiterungen angeregt. Es entstanden zunehmend Großbetriebe in Form von Aktiengesellschaften oder Einzelunternehmerdynastien – hier sei nur auswahlweise an die Unternehmerfamilien Gienanth oder Remy erinnert.[49]

Die Eisenproduktion im rechtsrheinischen Nassau war bis in die 1870er Jahre derart ausgedehnt, dass beispielsweise das früh industrialisierte Sachsen erst 1867 die Menge erreichte, die Nassau bereits 1834 erzielt hatte. 1857 belief sich in Nassau die Produktionsmenge auf 330.000 Ztr. Roheisen (zum Vergleich: Braunschweig 61.264 Ztr., Hannover 149.324 Ztr.), ohne dass jedoch der eisenschaffenden Industrie in gleichem Maße eine eisenverarbeitende gegenüberstand. Waren in Preußen um die Mitte des 19. Jhs. von 10.000 Einwohnern 29 im Eisenerzbergbau tätig, so in Nassau 105. Seit den 1870er Jahren wurde der Konkurrenzdruck durch Minette aus Lothringen heftig spürbar. Auch wenn diese Zahlen die heute nicht zu Rheinland-Pfalz gehörenden Gebiete von Nassau einschließen, so bildete doch der heutige Kreis Altenkirchen einen besonderen Schwerpunkt. Nach dem Ersten Weltkrieg waren beispielsweise moderne Hüttenwerke in Herdorf und Wissen angesiedelt.[50]

Auch der Maschinenbau und das metallverarbeitende Gewerbe profitierten erheblich von der Nachfrage durch den Eisenbahnbau sowie mittelbar durch den damit verbundenen technischen Wissenszuwachs. Manch kleiner Handwerksbetrieb expandierte, während gleichzeitig verbesserte technische Ausbildungsmöglichkeiten (z. B. Gründung der »Kreislandwirthschafts- und Gewerbsschule« Kaiserslautern 1833) und firmeneigene Forschung handwerkliches Erfahrungswissen fruchtbar ergänzten, wobei in unserem Raum im 19. Jh. keine Technische Hochschule ansässig war. In der Pfalz entwickelten sich Frankenthal, Zweibrücken und Kaiserslautern zu wichtigen Standorten des Maschinenbaus. In Zweibrücken wandte sich Nikolaus Dingler von technischem Zubehör für Mühlen seit 1838 dem Bau von Dampfmaschinen, Dampfkesseln und schließlich Eisenbahnwagen zu. In Kaiserslautern liegen die Wurzeln der Nähmaschinenfirma Pfaff. Ihr gleichnamiger Gründer, der Blasinstrumentenmacher Georg Michael Pfaff, lernte durch einen Zufall eine in den USA entwickelte Nähmaschine kennen und begann ab 1862 diese in eigener Firma zu produzieren. Das 1871 in Frankenthal gegründete und bis heute bestehende Unternehmen Klein, Schanzlin & Becker (KSB) fertigte Armaturen, Pumpen und Pressen.[51]

War die Industrialisierung Englands sowie die Sachsens, des Aachener Raumes und des Bergischen Landes maßgeblich von der Entstehung der Textilindustrie angeschoben worden, so gilt dies für unseren Raum nicht. Nach der Aufhebung der Kontinentalsperre waren das Tuchmachergewerbe und die Baumwollverarbeitung der starken Konkurrenz durch englische Importe ausgesetzt, die diesen Erwerbszweig in unserem Raum bald existenziell trafen. In den traditionellen Tuchzentren der Pfalz (vor allem im Lambrechter Tal, in Otterberg und in Frankenthal) schlossen sich seit den 1820er Jahren viele Tuchmacher zu Gesellschaften zusammen, um günstiger und effizienter fertigen zu können. Die Stadt Kaiserslautern entwickelte sich hierbei mit der Ansiedlung der Kammgarn- und Baumwollspinnerei, der Baumwollweberei und -färberei zum Zentrum der Textilindustrie, stellvertretend sei hier die Gründung der Kammgarnspinnerei 1857 genannt.[52] Für die Industrialisierung in unserem Raum kam dem Textilgewerbe freilich insgesamt nur eine partielle Impulsfunktion zu.

Der eigentliche Durchbruch der Industrialisierung auf dem Gebiet des späteren Rheinland-Pfalz erfolgte ab den 1860er Jahren und damit später als im Durchschnitt der deutschen Wirtschaft. Erst in dieser Zeit bildete sich die Kernstruktur der wenigen großindustriellen Räume aus, die bis heute mit den Ballungszentren vor allem am Rhein um Ludwigshafen und Mainz/Ingelheim das Bundesland maßgeblich prägen. In der Pfalz beispielsweise waren 1875 77 % der im Gewerbesektor Tätigen in Kleinbetrieben mit bis zu fünf Beschäftigten tätig, 30 Jahre später, im Jahr 1907 war die Entwicklung hin zum Großbetrieb unübersehbar: Mehr als die Hälfte aller im Gewerbe Erwerbstätigen arbeiteten inzwischen in Betrieben mit mehr als fünf Beschäftigten.[53] Handwerk und Gewerbe boten zwar einer immer größeren Zahl von Menschen Arbeitsmöglichkeiten, doch verteilten sich die Entwicklungschancen im sekundären Sektor sehr unterschiedlich, z. T. waren diese sogar innerhalb eines einzigen Sektors gegenläufig: Lassen sich als »Gewinner« der bereits genannte Bereich des Maschinenbaus als metallverarbeitendes Gewerbe, in besonderem Maße dann auch die neuen Leitbranchen Chemie und Elektrotechnik ausmachen, so verloren manche Traditionsgewerbe im Zuge der Industrialisierung in der zweiten Hälfte des 19. Jhs. angestammte Marktpositionen, wenn es ihnen nicht gelang, ihre Herstellungsmethoden und die Produktpaletten der gewandelten Nachfrage des Marktes flexibel anzupassen. Ein Blick in das Kannenbäckerland im Westerwald mag dies verdeutlichen.

Wirtschaft im Kannenbäckerland

Im Kannenbäckerland, so klagte der evangelische Pfarrer Müller von Grenzhausen im Jahr 1867, »tritt die Industrie zum größten Theile noch heute wie vor hundert Jahren im Gewande des Handwerks auf, und wenn schon die Krug- und Kannenbäcker sich ›Fabrikanten‹ nennen, ist von einem fabrikmäßigen Geschäftsbetrieb noch wenig die Rede. Dazu fehlt es ebenso sehr an Capitalien wie an Speculationsgeist. Allwöchentlich geht unser Rohthon in Hunderten von Wagen an den Rhein, um in auswärtigen Fabriken verarbeitet zu werden; ein Beweis, welch' vortreffliches Material wir besitzen und daß durch die massenhafte Ausfuhr der hiesigen Bevölkerung kein geringer Arbeitsverdienst entzogen wird. Die Ausbeutung des Thones selbst wird in der unverantwortlichsten Weise betrieben. [...] Unsere Industriellen müßten, ihre Söhne nach Frankreich und England schicken, um die dortige Fabrikationsweise kennen zu lernen. Ueberhaupt fehlt es unseren Bäckern an theoretischer und künstlerischer Bildung. [...] Auch die Construction der Brennöfen ist noch eine sehr mangelhafte [...]. Es müßten Musteröfen gebaut, eine Musterfabrik angelegt werden, welche die Fortschritte in Technik und Wissenschaft zur allgemeinen Kenntniß und Anschauung brächten. Es müßten die gesammten Fabrikanten zu einer Association zusammentreten, um den Thon gemeinschaftlich graben und bearbeiten zu lassen, um auf gemeinsames Lager zu arbeiten und den Verkauf durch eine Commission betreiben zu lassen. Das würde die Ausdehnung und Hebung der Industrie schnell und ungemein fördern. Aber zu Alledem gehört Geld und die Initiative der Regierung.«[54]

Tönerne Köpfe für Tabakspfeifen (Pfeifenbäckerei) und irdene Krüge zum Transport und zur Aufbewahrung von Getränken (Krugbäckerei) wurden auf Grund der reichen Tonvorkommen im Westerwald traditionellerweise im kleinbäuerlichen Nebenerwerb oder in Heimarbeit im Verlagssystem gefertigt. Der Publikumsgeschmack wandte sich jedoch bei der Kannenbäckerei in den 1860er Jahren von der Blaukeramik ab; auch die beginnende Verbreitung von Glasflaschen für die Auslieferung von Mineralwasser seit dem ausgehenden 19. Jh. verlangte Umstellungen bzw. bewirkte einen dauerhaften Absatzrückgang. Im Kurbad Ems beispielsweise wurden 1902 73 % des Mineralwassers in Flaschen ausgeliefert. In den Töpferzentren Höhr und Grenzhausen begegneten die Töpfer (Euler) dieser Herausforderung, indem sie die in Mode gekommene sog. weiße Ware herstellten und sich stärker in Verbindung mit Malerei, Zinngießerei und Feinkeramik spezialisierten, während sich andere seit 1865 der dampfmaschinengestützten Tonröhrenfabrikation zuwandten. Die Einrichtung einer Fachschule für Keramik 1879 in Höhr steht auch in diesem Sektor für die zunehmende Professionalisierung von Ausbildungswegen in Handwerk und Gewerbe. Teile des handwerklichen Töpfergewerbes dieser Region wurden also gleichsam von der Industrialisierung überrollt, andere hielten Schritt und zogen Nutzen daraus. Dieser Entwicklungsgang gilt paradigmatisch auch für andere Gewerke. Genannt seien hier die für unseren Raum deutschlandweit bedeutende Schuh- und Lederindustrie mit Zentren rund um Pirmasens bzw. Worms und Mainz, in denen im ausgehenden 19. Jh. handwerkliche Produktionsweisen zunehmend durch industrielle ersetzt wurden.[55]

Gerade das Wormser Beispiel, festzumachen an der Lederdynastie von Heyl, steht in gewisser Weise symptomatisch für neue Produktionsstrukturen, aber auch für einen neuen, selbstbewussten, wagemutigen, erfolgssicheren und weltläufigen Unternehmertyp, wie er sich im Zuge der Industrialisierung auch hier im 19. Jh. herausgebildet hat. Zwar an das Traditionshandwerk der Gerberei anknüpfend, aber an dessen wirtschaftlicher Verwertbarkeit orientiert, die infrastrukturellen Voraussetzungen für Produktion und Vertrieb kühl kalkulierend und auf den internationalen Markt zielend, übernahm Johann Cornelius Heyl III. 1834 eine Saffianmanufaktur und gründete 1839 ein Unternehmen zur Lacklederproduktion. Die Abwerbung, d. h. der Wissenstransfer von hochqualifizierten Fachleuten aus Frankreich und den USA, förderte den technischen Anschluss an den Weltmarkt durch den Übergang zur zeitsparenden Chromgerbung. Mit der Konkurrenz arbeitete Heyl im Kartell. Am Ende des 19. Jhs. gehörte die Firma Heyl zu den drei größten Lederfirmen in Deutschland, sie zählte die meisten Beschäftigten: Vor dem Ersten Weltkrieg (1913) hatte sich die Firma zum kapitalintensiven Großbetrieb mit 5.127 Mitarbeitern entwickelt. Der Aufbau von z.T. erheblichem Vermögen ging bei vielen Vertretern des Wirtschaftsbürgertums einher mit der Übernahme von Verantwortung, aber auch Einflussnahme im öffentlichen Leben, Mäzenatentum in Kunst und Kultur, sozialer Fürsorge aus humanitärem Anspruch oder aus Sozialistenfurcht, nationalliberaler Gesinnung, politischem Engagement in den Parlamenten bis hin zum Reichstag, einem persönlichen Lebensstil, dessen Habitus nicht zuletzt in der Architektur den geschäftlichen Erfolg sichtbar machte – all diese charakteristischen Merkmale schufen gleichzeitig soziale Distinktion.[56]

Die chemische Industrie wurde in unserem Untersuchungsraum zu einem maßgeblichen Leitsektor der fortgeschrittenen Industrialisierung. Neu war hier nahezu alles, es entstand geradezu eine Industrieagglomeration aus dem Nichts: Wie keine andere Branche und wie keine andere Ansiedlung symbolisiert die in Ludwigshafen entstandene chemische Industrie, gefolgt von der pharmazeutischen, die goldgräberhafte Gründerzeitstimmung der zweiten Hälfte des 19. Jhs. Gleichsam symbolisch drückte sich dies schon bei der Standortwahl für die 1865 von dem Mannheimer Friedrich Engelhorn als Aktiengesellschaft gegründete BASF (Badische Anilin- & Sodafabrik) in Ludwigshafen aus. Denn das »bayerische Chicago«, wie der Volksmund den Industriestandort späterhin betitelte, war erst 1853 zur Gemeinde und 1859 zur Stadt erhoben worden. Aus den etwa 90 Bewohnern der Rheinschanze im Jahr 1840 waren 1910 mehr als 83.000 geworden. An der Wende zum 20. Jh. galt die BASF als eine der weltgrößten Chemiefabriken. Der geradezu kometenhafte Aufstieg des Unternehmens war eng mit dem Siegeszug der Teerfarbenindustrie verbunden. Synthetisches Indigo (1897) und Indanthrenfarben (1901) markieren zentrale Entwicklungen des Unternehmens bis zur Jahrhundertwende. Das junge Unternehmen blühte rasch auf, indem es das bei der Gasproduktion anfallende Nebenprodukt Teer zur chemisch innovativen Farbenherstellung nutzte. Es war ein unternehmerisches Novum, die Produktionskette von der eigenen Erzeugung anorganischer Rohstoffe bis hin zum Endprodukt Farbstoff durch die Verbindung von Wissenschaft und Technik in der Firma selbst zu gewährleisten. Dieses Konzept bewährte sich, so dass die BASF fünf Jahre nach der Produktionsaufnahme in Ludwigshafen 1870 von 30 auf 500 Arbeiter und bis kurz vor der Jahrhundertwende auf 6.000 Beschäftigte angewachsen war. Die Verkaufserlöse betrugen Ende 1911 bei einer Gewinnquote von 23 % mehr als 100 Mio. Mark. Umweltfragen, insbesondere die Gefahr von Wasserverschmutzung durch die Einleitung von Arsen in den Rhein, sorgten zwar gelegentlich für Beschwerden, doch begann sich das Wissen über derartige Zusammenhänge und die Sensibilität von Öffentlichkeit und Politik erst allmählich auszubilden.[57]

Blickt man auf die Belegschaft der BASF, so zeigen sich weitere verallgemeinerbare Charakteristika unterschiedlicher Stadien der Industrialisierung: Die Arbeiterschaft selbst bestand anfänglich zumeist aus Ungelernten, die die Arbeit in der Fabrik als winterliche Saisonarbeit betrieben, wenn Land- und Bauwirtschaft keinen Verdienst boten; am Vorabend des Ersten Weltkrieges war die jährliche Fluktuation der Mitarbeiter auf 70 % gefallen. Gelernte Handwerker und Facharbeiter, insbesondere aus der Bau- und Metallbranche, versuchte die Firma vor allem durch sozialpolitische Maßnahmen zu binden, die freilich den sozialdemokratischen Kritikern nur mehr ein Almosen schienen. Die Bindewirkung der Gehorsamspflicht gegenüber dem Betrieb ließ an der Wende zum 20. Jh. nach, so dass es trotz einer insgesamt aufsteigenden Lohnentwicklung 1906 und 1911 erstmals zu Streiks kam. Neben der Arbeiterschaft bildeten sich die Konturen einer neuen Schicht heraus, die zum Signum der Beschäftigungsstruktur des 20. Jhs. werden sollte – die Angestellten. Hierzu zählten die sog. Beamten, die leitende Aufgaben im technischen, kaufmännischen und wissenschaftlichen Sektor übernahmen, sowie die späterhin aus der Arbeiterschicht Aufgestiegenen. Dieser tertiäre Bereich war 1900 auf 11 % der Beschäftigten angewachsen.[58]

Zum Charakteristikum und regional wichtigen Wirtschaftsfaktor im Untersuchungsraum entwickelte sich vor allem in der zweiten Hälfte des 19. Jhs. der Fremdenverkehr, insbesondere in Form des in Mode gekommenen Kurwesens. Mineralquellen bzw. Solevorkommen lockten illustres Publikum aus dem internationalen Hochadel und der Prominenz in die Kurorte Ems und Kreuznach.

Die Anwendungen und der Vertrieb der Emser Quellenprodukte ließen die Einnahmen von Staat, Kommunen und Privaten steigen. 1871 zählte man dort den Spitzenwert von über 12.000 Besuchern, davon kam ein gutes Drittel aus dem Ausland, viele aus Russland. Ems hatte sich kontinuierlich nach Baden-Baden und Wiesbaden (1905) zu einem der führenden Kurorte in Deutschland entwickelt. Mit der Entstehung von Kurheimen im Übergang zum 20. Jh. öffnete sich der Kurbetrieb auch einem weniger vermögenden, aber nicht minder behandlungs- und erholungsbedürftigen Publikum. Die Blütezeit eines mondänen internationalen Kurtourismus gesellschaftlicher Eliten ging freilich Anfang des 20. Jhs. zu Ende, der Aufstieg der Seebäder begann.[59]

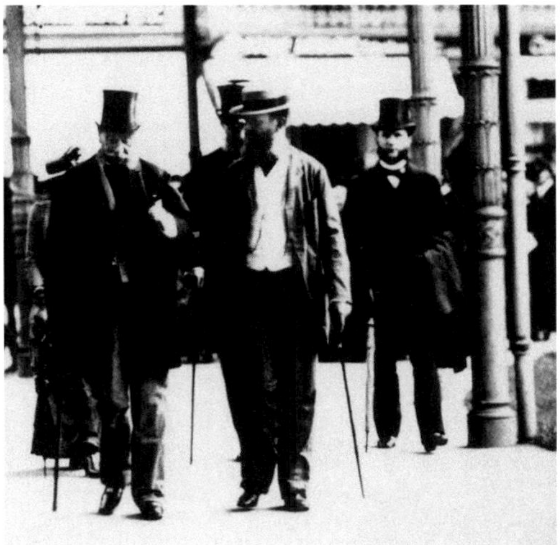

Der preußische König Wilhelm I. mit Prinz Nikolaus von Nassau in Ems 1870. Die Erinnerung an den Kuraufenthalt des preußischen Königs Wilhelm I. im Jahr 1870 in Ems hielt die Benennung der sog. Emser Depesche an Reichskanzler Bismarck fest, die den Auslöser für den Ausbruch des Deutsch-Französischen Krieges abgab (Stadtarchiv Bad Ems)

Möchte man von Industrialisierung nicht nur im Sinne einer Wachstumsdimension sprechen, sondern nimmt auch die Hindernisse in den Blick, so gilt dies hier besonders für die Festungsstädte Koblenz, Mainz und Germersheim. Sie konnten auf Grund der strengen Rayonregelungen räumlich nicht expandieren und mussten daher mangels Ansiedlungsmöglichkeiten gewissermaßen zusehen, wie die Goldgräberzeiten der Hochindustrialisierung an ihnen vorüberzogen. Noch lange kämpften sie mit dieser wirtschaftlichen Hypothek, die ihnen der Festungsstatus auferlegt hatte.[60]

Energie und Kommunikation

Neue Antriebsenergien setzten gerade klein- und mittelständische Handwerks- und Gewerbebetriebe in die Lage, kraftaufwendige Arbeitsabläufe zu mechanisieren. Mit Gas betriebene Motoren, vor allem aber Elektromotoren und der Einsatz von Dampfturbinen, die seit dem 20. Jh. den Dampfmaschinen als ernste Konkurrenz zuwuchsen, dehnten die Produktionsmöglichkeiten aus. Damit wurden Grundlagen für ein verändertes Arbeitsleben geschaffen, wie es Jahre zuvor auf dem Energiesektor die Dampfmaschine im Großen getan hatte. Im ausgehenden 19. Jh. gaben gerade auch die Städte und Kommunen wichtige Impulse für die Wirtschaft, indem sie Zug um Zug Aufgaben zur Verbesserung der Infrastruktur übernahmen: Gasversorgung, Elektrifizierung, neue Hygienestandards durch zentrale Wasserversorgung und Müllabfuhr sowie stadteigener Nahverkehr bestimmten hier neue Standards und eröffneten völlig neue Wirtschaftsfelder. So verfügte Mainz seit 1853 über Gaslicht, während die Straßen von Ludwigshafen 1856 erstmals mit Gaslaternen beleuchtet wurden; 1858 nahm in Kaiserslautern eine Gasanstalt den Betrieb auf. Kochgas, oftmals abgerechnet über Münzgasautomaten, setzte sich zu Beginn des 20. Jhs. als wichtige Errungenschaft im privaten Haushalt auch bargeldärmerer Nutzer durch.[61] Als im ausgehenden 19. Jh. Elektrizität nutzbar wurde, ging die Nachfrage nach Strom hauptsächlich von Wirtschaftsbetrieben aus. Freilich: Die Hälfte der pfälzischen Bewohner war im Jahr 1910 weder mit Gas noch mit Strom versorgt, sondern nutzte das preisgünstige Petroleum – Strom war ein Luxusprodukt für Begüterte, in die Arbeiterhaushalte gelangte er vor dem Ersten Weltkrieg aus Kostengründen nicht. Die bayerische Regierung gründete daher 1912 die Pfalzwerke, um die Elektrifizierung voranzutreiben. Die Eifel und der Moselraum wurden vergleichsweise früh und flächendeckend mit Elektrizität versorgt, auch wenn sich manche Bewohner erst in den 1930er Jahren Strom leisten konnten. Der erste öffentliche Stromversorger in der Eifel war der Müller Peter Molitor: In seiner Mühle in Eichelhütte bei Eisenschmitt gingen 1889 die Lichter an – in der Eifel führte die Nutzung der Wasserkraft manchen Müller vorübergehend zu Wohlstand, bevor die Elektrizitätsversorgung in diesem Raum nach und nach hauptsächlich auf die Rheinisch-Westfälische Elektrizitätswerk AG (RWE) überging. Rheinhessen wurde vornehmlich von den Elektrizitätswerken Mainz, Worms und Bingen versorgt. Mainz griff zunehmend ins benachbarte Umland nach Rheinhessen und ins Ried aus und konkurrierte mit dem 1909 gegründeten Rheinhessischen Elektrizitätsverband zu Osthofen. Die Stadt Bingen verkaufte ihr Elektrizitätswerk 1926 an die RWE.[62]

Auch die Kommunikationsmöglichkeiten wandelten sich im 19. Jh. Die Telegrafie spielte vor dem Aufkommen des Telefons eine zentrale Rolle. Preußen verfügte 1858 über 1.701 geografische Meilen Kabel und war damit europaweit führend. 1850 wurden in Deutschland pro Einwohner im Durchschnitt 0,001 Telegramme versandt, 1890 waren es fast 0,5. Auch Kleinstädte waren an das Telegrafennetz angeschlossen. Statt aber den ländlichen Raum tiefer zu erschließen, griff man zum Hilfsmittel des Telefons: 1910 konnte man bald an jeder Poststelle ein Telegramm aufgeben, das dann per Telefon an die nächste Telegrafenstelle übermittelt wurde. Das Telegramm wurde vorwiegend in städtischer Umgebung auch für die Regelung wirtschaftlicher Angelegenheiten eingesetzt, im ländlichen Raum war dagegen die Expansion des Briefverkehrs zu beobachten. In Deutschland stieg die Zahl der Briefsendungen pro Einwohner von 2,4 (1850) auf 33,2 (1890). Öffentliche Telefonverbindungen entwickelten sich in Deutschland seit den 1880er Jahren. Weil diese frühen Telefonverbindungen vornehmlich von Geschäftsleuten benutzt wurden, fügte es sich passgenau in die Industrialisierungsstruktur auf dem Gebiet von Rheinland-Pfalz, dass bereits seit Ende 1882 Gespräche zwischen Ludwigshafen und Mannheim möglich waren. Insgesamt standen hierfür neun Anschlüsse bereit. In ganz Deutschland verfügten zu dieser Zeit erst 24 Orte über Fernsprechanlagen, 1900 bereits 15.500. Die Telefonzeiten waren zunächst noch eingeschränkt. In Zell konnte nach der Jahrhundertwende tagsüber zwischen 8 und 12 sowie zwischen 15 und 19 Uhr telefoniert werden. Insgesamt waren beim Ausbau des Verbindungsnetzes die ländlichen Räume wegen einer schlechteren Erschließung und ungünstiger Tarife benachteiligt. Ab 1900 setzten sich in vielen Orten öffentliche Sprechstellen durch, die der Allgemeinheit den Zugang zum Telefon ermöglichten.[63]

Die Verlegung der ersten Stromleitung in St. Thomas (Eifel), um 1916 (Kreisarchiv Bernkastel-Wittlich, Urheber: Familie Feuser, Eisenschmitt)

Die erste bayerische Telefonvermittlungsanlage in Ludwigshafen, 1882 (Stadtarchiv Ludwigshafen)

Wandel der Landwirtschaft

Im 19. Jh. waren die Vorläuferterritorien von Rheinland-Pfalz weithin ländlich-kleinagrarisch geprägt, erst im Übergang zum 20. Jh. sank die Zahl der im landwirtschaftlichen Sektor, d. h. in Land- und Forstwirtschaft sowie in der Fischerei Tätigen, insgesamt auf weniger als die Hälfte der Erwerbstätigen (1907 46,5 %). Damit vollzog sich auf dem Gebiet von Rheinland-Pfalz der Strukturwandel von der Landwirtschaft hin zu den Erwerbszweigen Industrie und Handwerk also deutlich später als im Reichsdurchschnitt, wo bereits 1871 weniger als die Hälfte der Beschäftigten (49,3 %) der Landwirtschaft zuzurechnen waren. Legt man für das Jahr 1907 rechnerisch die Gebietsgrenzen der Bundesrepublik von 1965/70 zu Grunde, so war 1907 der Beschäftigungsanteil der Erwerbstätigen in der Landwirtschaft auf 32,4 % gesunken, in der Pfalz auf 41,3 %, in Rheinhessen auf 28,3 %; dagegen lag er in Koblenz zeitgleich bei 48,4 % und in Trier bei 67 %. Damit war der Regierungsbezirk Trier im Jahr 1907 nach Niederbayern, der Grenzmark Posen-Westpreußen und dem Memelgebiet die am stärksten von der Landwirtschaft als Erwerbsquelle geprägte Region im Reich.[64]

In der ersten Hälfte des 19. Jhs. musste die Landwirtschaft, noch bevor die Industrialisierung in unserem Raum wirkmächtig eingesetzt hatte, eine stetig wachsende Zahl von Menschen ernähren und ihnen, trotz schwerer Missernten (1816, 1845–47) und des damit verbundenen Preisanstiegs der Grundnahrungsmittel, ein Auskommen jenseits der Massenauswanderung bieten. In dem von der Natur, der Verkehrsanbindung und der Agrarverfassung begünstigten Rheinhessen erlebte die Landwirtschaft in der ersten Hälfte des 19. Jhs. einen mächtigen Schub hin zu einer marktorientierten Produktion, zumal Zollverein und Eisenbahnbau den Weinexport nach Preußen förderten. Dahingegen muss der Westerwald in dieser Zeit zu den »landwirtschaftlichen Krisengebieten« gerechnet werden, wo Klein- und Kleinstbauern primär für den Eigenbedarf und nur wenig für den Markt produzierten. Von der Eifel sprach man in dieser Hinsicht gar als »preußisches Sibirien«. Für die Pfalz schätzt man den Anstieg der Getreideerträge zwischen 1850 und 1875 auf ein Drittel. Aufs Ganze gesehen nahmen jedoch Effizienz und Produktivität des land- und forstwirtschaftlichen Sektors in unserem Raum auch als Folge mannigfacher Innovationen zu. Als wichtige Neuerungen lassen sich mit Blick auf das ganze 19. Jh. in unserem Raum ausmachen: Maßnahmen zur Neustrukturierung der ländlichen Bodenordnung, so dass Land in Gemeinschaftsbesitz oder in Gemeinschaftsnutzung geteilt werden und von Einzelbesitzern erworben werden konnte. Die Gemeinheitsteilungsordnungen von 1821 und 1850 boten hierfür im preußischen Gebiet die normative Grundlage. Desweiteren gewann die Zusammenlegungen verstreut liegender und zersplitterter Flächen (»Flurbereinigung«) stetig an Bedeutung. Die Bodenordnungen zeigten bis Mitte der 1880er Jahre vielfältige Wirkungen: So hatten sich die landwirtschaftlich nutzbaren Flächen vergrößert und einen großflächigeren, kostensparenderen, maschinengestützten und ertragbringenderen Anbau ermöglicht, der letztlich den Wert von Grund und Boden ansteigen ließ. Insgesamt hatte sich durch die Bodenreform im 19. Jh. ein neues Eigentumsrecht für Grund und Boden ausgebildet, das das Individuum in den Mittelpunkt stellte.[65]

Der Wissenstransfer nahm zu, die Selbstorganisation bildete sich aus. So trugen der Aufbau landwirtschaftlicher Bildungs-, Fortbildungs- und Forschungseinrichtungen, die Gründung landwirtschaftlicher Vereinigungen, der Ausbau des Genossenschaftswesens und ein reges landwirtschaftliches Publikationswesen bis hin zur Gründung von Landwirtschaftskammern im Übergang zum 20. Jh. im wahrsten Wortsinne Früchte. Im 19. Jh. wandelte sich die Bewirtschaftungspraxis deutlich: Die Reihensaat löste die Streusaat ab. Die Ertragssteigerungen, die schon in der ersten Jahrhunderthälfte durch eine verbesserte Dreifelderwirtschaft mittels der Bebauung brachliegender Äcker mit Hackfrüchten oder Klee (Besömmerung) zum Allgemeingut geworden war, nahm seit den 1860er Jahren durch den Einsatz mineralischer und schließlich künstlicher Düngemittel deutlich zu. Die Erzeugnisse der 1863 in Kaiserslautern gegründeten Dün-gemittelfabrik waren neben der Pfalz auch in Rheinhessen, Rheinpreußen und in Lothringen nachgefragt. Von Süden (Pfalz) nach Nordwesten breitete sich der Kartoffelanbau aus, und die Kartoffelfäule wurde eingedämmt. Weideland wurde zunehmend in geregelten Wiesenanbau überführt. In der Jahrhundertmitte entstanden erste Baumschulen. Beim Vieh nahmen Stückzahlen und Qualität zu. Neues handwerkliches Gerät, der Eisenpflug statt des zumeist hölzernen Wendepflugs, die Sense statt der Sichel für die Getreideernte sowie die 1874 aus den USA übernommene leichtere Heugabel stehen hier als Beispiele für die Verbesserung der landwirtschaftlichen Gerätschaften. Dampf- und pferdebetriebene Dreschmaschinen wurden auf Rentbasis selbst für kleinere Betriebe einsetzbar.[66]

Die Veränderung in der Landwirtschaft war freilich kein linearer Prozess. Gerade im dörflichen Bereich lassen sich Beharrungsvermögen, Veränderungsbereitschaft und Anpassungsprozesse zur gleichen Zeit nebeneinander finden. Staatliche Unterstützung und Selbsthilfe vor Ort, wie z. B. durch den Eifelfonds (1884), den Westfonds (1901) oder land- und forstwirtschaftliche Hilfsfonds für Hunsrück und Westerwald 1897, finanziert aus den Kassen der Provinz und des Staates, unterstützten den landwirtschaftlichen Wandel. Am Vorabend des Ersten Weltkrieges war das Hungerproblem als zentrale Herausforderung für die Landwirtschaft in der ersten Hälfte des 19. Jhs. selbst im Hunsrück überstanden.[67]

Die fortschreitende Industrialisierung führte in der Landwirtschaft zu einer »Leutenot«, weil sie den ländlichen Räumen Arbeitskräfte entzog – im Amtsbezirk Simmern-Land war dies vor dem Ersten Weltkrieg jede vierte erwerbstätige Person. Gerade in Arbeitsspitzen wie der Erntezeit fehlten familienfremde unterbäuerliche Lohnarbeiter (Tagelöhner, Gesinde). Dies führte in der Landwirtschaft des 19. Jhs. zur »Geburt« der bäuerlichen Familienbetriebe, in der alle Familienangehörigen über drei Generationen hinweg – und dies meinte vor allem weibliche Familienmitglieder – zur intensiven Mitarbeit im eigenen Vollerwerbsbetrieb herangezogen wurden. Der Mangel an familienunabhängigen Arbeitskräften trieb die Löhne dort hoch, wo alternative Arbeitsmärkte zur Landwirtschaft zur Verfügung standen: Der Verein für Socialpolitik hielt daher als Ergebnis einer entsprechenden Erhebung 1892 fest: »Wo die Industrie in Blüte steht, hohe Löhne bezahlt, da werden ihr die tauglichen Arbeitskräfte zuströmen [...]«.[68]

Die Betriebsgrößen in der Landwirtschaft unseres Untersuchungsgebietes waren im Vergleich zum Reichsdurchschnitt klein. In der Rheinprovinz wirtschafteten 70 % der Betriebe als Parzellenbetriebe mit einer landwirtschaftlichen Nutzfläche von weniger als 2 ha. Ihre Betreiber konnten nur dann als hauptberufliche Landwirte ein Auskommen finden, wenn sie sich in Teilen, hier im Weinbau, spezialisiert hatten. Jenseits dieser Kleinstbetriebe waren die Betriebe in den Regierungsbezirken Koblenz und Trier im Jahr 1895 mittel- oder kleinbäuerlich strukturiert und umfassten weniger als 20 ha landwirtschaftliche Nutzfläche. Großbesitz spielte hier eine vernachlässigbare Rolle. Durch das geltende Realteilungsrecht verkleinerten sich die Betriebsgrößen überdies. Die solchermaßen kleinlandwirtschaftlichen Bewirtschaftungsstrukturen banden einen hohen Anteil an Familienarbeitskraft, hielten damit wenig Arbeitsplätze für Nicht-Familienangehörige bereit und produzierten vornehmlich für den Eigenverbrauch. Wegen der insgesamt eher ungünstigen Ertragsbedingungen in den beiden Regierungsbezirken galten die Betriebe als weniger kreditwürdig. Zum einen entgingen sie damit der Überschuldungsfalle durch teure Investitionen in Mechanisierung, wie sie auf Fremdarbeitskräfte angewiesene Großgüter im östlichen Preußen vielfach durchliefen, zum anderen aber war die Mechanisierung der Arbeitsprozesse für sie wegen des geringen Flächenumfangs weniger attraktiv als für landwirtschaftliche Großbetriebe; sie hielten am Anbau arbeitsintensiver Hack- und Blattfrüchte, wie der vielfältig verwendbaren Kartoffel, fest. Insgesamt steigerte die Landwirtschaft in den beiden Regierungsbezirken Koblenz und Trier ihre Hektarerträge bis zum Ersten Weltkrieg; ein Umstand, der dem verbesserten Einsatz von Kunstdüngergaben zugeschrieben wird.[69]

Eine besondere Rolle im Raum des späteren Rheinland-Pfalz spielten die landwirtschaftlichen Sonderkulturen Flachs, Hanf, Krapp, Hopfen, Tabak, vor allem aber Wein.

War der Anbau von Flachs, Hanf und Wein auch auf den Eigenverbrauch ausgelegt, so waren Tabak- und Hopfenanbau ganz auf den Markt orientiert und brachten den landwirtschaftlichen Betrieben einen finanziellen Nebenerwerb. Die flexible Umwidmung von Tabak- in Getreideanbau half dabei mancher Familie über Notzeiten hinweg. Anders als diese Handelspflanzen erreichte der Weinbau in den Hauptanbaugebieten Mosel, Nahe, Ahr, Mittelrhein, Rheinhessen, Pfalz im 19. Jh. durch die Ausdehnung der Rebflächen ein Ausmaß, das den Nebenerwerbswinzer durch den Typus des weinbauerlichen Vollbetriebs ergänzte, der einen Teil seiner Grundnahrungsmittel nicht mehr selber produzierte, sondern zukaufte (z. B. Winzer im Mittelmoseltal). Die hohe Abhängigkeit vom Markt verlangte freilich eine rasche Anpassung an, aber auch Abhängigkeit von dessen wechselnden Erfordernissen und (Geschmacks-)Ansprüchen. 1895 zählte man in den Regierungsbezirken Koblenz und Trier 33.445 Weinbaubetriebe mit einer durchschnittlichen landwirtschaftlichen Nutzfläche von knapp 3 ha (2,97 ha), wobei der eigentliche Weinanbau nur 0,41 ha beanspruchte, weil die Betriebe neben dem Wein oftmals durchaus noch andere Erzeugnisse anbauten.[70]

Weinkrise an der Mosel seit 1825

Nach dem Ende der französischen Herrschaft erweiterten in den 1820er Jahren die Bauern im Regierungsbezirk Trier die Anbauflächen für Wein, hofften sie doch auf eine gute Marktlage im weinarmen Preußen, das überdies seit dem 15. Oktober 1821 den Import von Weinen mit hohen Schutzzöllen umgab. Damit wurde Wein bis 1825 zum Spekulationsobjekt. Mit dem Abschluss des Zollvertrags zwischen Preußen und dem Großherzogtum Hessen wurde der Raum Trier seit Sommer 1828 jedoch von hessischem Wein »überschwemmt«. Überproduktion bei mangelnder Qualität und besondere Steuerlasten trieben die Moselwinzer nahezu in den Ruin und schufen ein Protestpotenzial, das bei ihnen – diesmal im übertragenen Sinne – in den Revolutionsjahren von 1848/49 das Fass überlaufen ließ.[71]

Im pfälzischen Weinbau vergrößerte sich im 19. Jh. die Rebfläche. Der auf den Export orientierte Qualitätsanbau hatte 1820 gegenüber dem auf den Eigenkonsum angelegten Quantitätsanbau Fortschritte gemacht. Allerdings verteuerte die restriktive Zollpolitik des Deutschen Bundes bis zum Eintritt Bayerns in den Deutschen Zollverein (1834) den Wein auf dem Exportmarkt. Die zweite Jahrhunderthälfte brachte den pfälzischen Winzern »viele glückliche Weinjahre«. Der Wein wurde zunächst von den Gutsbesitzern selbst vertrieben. Im Laufe des 19. Jhs. entwickelte sich der Kommissionshandel durch Weinhändler, die neue Absatzgebiete selbst in Nordamerika und Russland erschlossen. Seit dem ausgehenden 19. Jh. sanken die Renditen im Weingeschäft, zumal Mehltau und Reblaus die Erträge beeinträchtigten, bis eine neue Propftechnik Abhilfe schuf.[72]

Wald als Wirtschaftsraum spielte im Untersuchungsgebiet eine sehr unterschiedliche Rolle: Während man von Rheinhessen geradezu als »Landstrich ohne Wald« sprechen kann, waren die übrigen Landesteile waldreiche Landschaften. Der Wald als Wirtschaftsraum bestand im 19. Jh. im Untersuchungsgebiet weit überwiegend aus Staats- und Gemeindeforst, privater Waldbesitz spielte eine geringe Rolle. In der Pfalz unterstanden die Wälder in öffentlichem (1853: 49 % staatlicher Besitz, 38 % Gemeindebesitz) und privatem Besitz (13 %) der staatlichen Forstverwaltung. In den französischen Jahren waren im Linksrheinischen erstmals zusammenhängende Waldgebiete geschaffen worden, die eine vereinheitlichte Wirtschaftsführung des Waldbestandes erlaubten. Bis zur Mitte des 19. Jhs. war Holz unersetzlich als Energieträger und Werkstoff und damit geradezu eine »Schlüsselressource der vor- und frühindustriellen Gesellschaft«.[73] Auch für landwirtschaftliche Zwecke (Futter- und Düngergewinnung, Weide- und Streunutzung) kam dem Wald eine wichtige Funktion zu. Nutzungskonflikte in der ersten Hälfte des 19. Jhs. gewannen deshalb oftmals politische Dimensionen.

Die Försterschaft betrieb den Aufbau von Hochwäldern gegenüber den verbreiten Nieder- und Mittelwäldern, erhöhte die Umtriebszeiten der Hochwälder und setzte auf qualitativ hochwertigere Bau- und Nutzholzarten statt auf solche für Brennholz. Ab den 1830er Jahren wurden die Walderträge zunehmend kommerzialisiert, so ersetzten Holzversteigerungen die noch zu Beginn des 19. Jhs. oftmals übliche kostenlose Holznutzung durch Vollmitglieder einer Gemeinde. Das Ideal der Mischkultur, das noch Anfang der 1840er Jahre in der Pfalz galt, wich in der Praxis der problembehafteten Monokultur.[74] Insgesamt ging im Laufe des 19. Jhs. die Verflechtung von Wald- und Landwirtschaft zurück. Das Ende des »Holzzeitalters« wurde eingeläutet, als in der Mitte des 19. Jhs. Steinkohle als Energieträger an Bedeutung gewann und seit den 1860er Jahren die künstliche Düngemittelfabrikation einsetzte.

Geldwirtschaft

An der Wende zum 19. Jh. war das Geld- und Bankenwesen im Gebiet des heutigen Rheinland-Pfalz insgesamt nur wenig entwickelt. Große Bankhäuser fehlten. Zwar waren durchaus Kapitalien vorhanden, doch hatte sich noch kein eigentlicher Geld- und Kreditmarkt herausgebildet, der Kreditsektor wies vielmehr »archaische Strukturen« auf. Als Finanzgeber der lokalen Ökonomien hatten in der Vormoderne traditionellerweise Kirchen, Klöster oder Großgrundbesitzer fungiert. So wurden beispielsweise in Neuwied zu Beginn der 1820er Jahre Waren- und Dienstleistungen offenbar weithin in Geld abgegolten, unbare Geschäfte blieben die Ausnahme, bevor der Wechsel auf Banken und bargeldlose Zahlungen unter engen Geschäftspartnern für große Geschäftstransaktionen zunehmend Verbreitung fand.[75]

Die mangelnde Entwicklung des Geld- und Kreditwesens war einer gedeihlichen Wirtschaftsentwicklung abträglich, als im Zuge der Industrialisierung die Verfügbarkeit großer Kapitalmengen zu einem zentralen Produktionsfaktor wurde. Für den einsetzenden Eisenbahnbau beispielsweise wurde der Kapitalbedarf von zu diesem Zweck eigens gegründeten Aktiengesellschaften aufgebracht. Allerdings band in Preußen das Aktiengesetz von 1843 die Vergabe einer Konzession für eine Aktiengesellschaft an eine bestimmte Kapitalhöhe, was oftmals eine Überversorgung der Aktiengesellschaften mit Kapital nach sich zog. Indem die einzelnen Staaten Garantien für diese Eisenbahnaktien übernahmen und damit die Risiken der Investoren minderten, begünstigten sie ihrerseits die Kapitalbildung. Da die Banken an der Ausgabe der Aktien beteiligt waren, blühten

Aktiengesellschaften und Banken gleichsam symbiotisch miteinander auf. So war das Kölner Bankhaus J.H. Stein für die Geschäfte des kapitalintensiven Rasselstein bis zum Ersten Weltkrieg das bedeutendste Bankhaus und in der Zeit der Weimarer Republik in dessen Aufsichtsrat vertreten. Dass sich die Orientierung an den dominierenden Geldplätzen im Zuge der Industrialisierung und mit dem Wandel politischer Zugehörigkeit ändern konnte, zeigt der Fall Neuwied, vor allem bedeutsam durch die Firma H.W. Remy & Cons zu Rasselstein sowie durch die Herrnhuter Brüdergemeine: Im Laufe des 19. Jhs. überlagerten Köln und im Ansatz Berlin den bislang für die Neuwieder Industrie dominierenden Bankplatz Frankfurt und lösten ihn schließlich ab – diese Orientierung gen Norden (Preußen) blieb bis 1945 vorherrschend.[76]

Im Bereich der ländlichen Kleinkredite herrschte dagegen im frühen 19. Jh. vielfache Kreditnot von Kleinbauern, Handel und Gewerbe. Der »Code civil« hatte zwar im Linksrheinischen seit 1804 das Recht zur Kreditaufnahme für jedermann verankert, doch gestalteten sich die Verfahren derart kompliziert, dass gerade Bauern und Handwerker mittels privater Darlehen oder teurer Kreditvermittler diese Engpässe zu überbrücken suchten. Auch für die wenig ertragreichen Höfe des Westerwaldes, die unter anderem durch die Zehntablösung belastet waren, war es schwierig Abgaben aufzubringen. Im Raum Trier waren zu Beginn des Jahrhunderts Weingroßhändler auch im Bankgeschäft tätig, so z. B. Jakob Böcking, Georg Friedrich Job von Nell und Johann Josef Reverchon. In Neuwied fungierte seit 1824 und für ein Jahrhundert die Familie Reusch als Geldgeber für Privatpersonen. In Rheinhessen und der Pfalz übernahmen in der ersten Jahrhunderthälfte begüterte, auch im Handel tätige Bauern diese Aufgabe, ihre Zinssätze lagen bei 3 bis 6 %. Kredite wurden oft auch unbar abgetragen, z. B. durch die Überlassung von Ernteerträgen oder die Erbringung von Arbeitsleistung (Tagelohn, Fuhrdienste o. Ä.). Für private Bankhäuser war diese Klientel uninteressant. Hier blieb die Rolle von Privatpersonen für die Kreditvergabe im langen 19. Jh. bei insgesamt rückläufiger Tendenz und regionalen Unterschieden weithin bedeutsam; dem Urteil des Simmerner Landrats Gustav Adolf von Beckerath von 1895 zufolge spielten sie die wichtigste Rolle bei Personalkrediten.[77]

Den Bedürfnissen ärmerer Bevölkerungsgruppen des ländlichen Raums nahmen sich die nichtgewinnorientierten Sparkassen als öffentlich-rechtliche Einrichtungen seit den 1820er Jahren an. Sie wollten gesicherte Sparerträge zur Selbsthilfe in Lebensnotlagen ansammeln (Passivgeschäft) und oftmals auch Kleinkredite (Aktivgeschäft) vergeben. Wie sich zeigte, fehlte dieser Zielgruppe jedoch zunächst die Möglichkeit, Mittel zum Sparen aufzubringen, so dass die Sparer in der Frühzeit der Kassen eher in den Bevölkerungsschichten zu finden waren, die zwar insgesamt als arm galten, aber doch über eher regelmäßige Einkommen verfügten und somit überhaupt erst eine gewisse Sparfähigkeit erlangten, wie z. B. Dienstboten. Die Sozialstruktur verschob sich bald hin zur mittelständischen Klientel aus Gewerbe, Handwerk und Landwirtschaft. Im vormals preußischen Teil von Rheinland-Pfalz entstand 1822 in Koblenz eine städtische Sparkasse, in Trier 1826 eine kommunale, in Speyer 1829 die erste in der Pfalz. In Rheinhessen erfolgte eine Welle von Sparkassengründungen in den Jahren 1831 bis 1840.[78]

Die Kassengründungen gingen zumeist auf staatliche oder kommunale Anregung zurück, in aller Regel bildeten daraufhin lokale Honoratioren gemeinnützige Vereine. Oftmals gestalteten sich die Anfänge zäh, und die Aufgabenfelder entwickelten sich erst allmählich. Das preußische Sparkassenreglement (1838) schuf hierfür einen Ordnungsrahmen, der fast ein Jahrhundert Geltung haben sollte. In Preußen griff der Staat durchaus zu Druckmitteln, um die Gründungen seit der Jahrhundertmitte nunmehr nicht nur in den Kommunen, sondern auch auf Kreisebene voranzutreiben; Preußen verfolgte geradezu eine offensive Zweigstellenpolitik im ländlichen Raum und kam dem Sparer oder Kreditnehmer räumlich entgegen, während in der Pfalz dieser sich in die Hauptorte zu den Sparkassen begeben musste. Abweichend und langwierig gestaltete sich die Entwicklung im Herzogtum Nassau. Frühe staatliche Ansätze zur Gründung von Sparkassen blieben hier zunächst erfolglos. 1840 wurde die Landes-Creditkasse als Sparkassen-, Noten- und Hypothekenbank gegründet, primär um die Ablösung des Zehnten zu finanzieren, so dass die eigentliche Sparkasse zunächst nur ein Nebenzweck war. Nach der Revolution 1849 wurde sie in eine Landesbank überführt. Beim Übergang an Preußen 1866 zählte Nassau 19.297 Sparer mit einer Einlagesumme von insgesamt 972.565 Gulden, davon 11.625 Sparer bei der Landesbank, die übrigen bei sieben Gemeinde- und 58 privaten Sparkassen.[79]

Bei langsam, aber stetig wachsendem Einlagebestand zählte man im Großherzogtum Hessen 1850 bereits drei Sparbücher pro 100 Einwohner, in Preußen zwei. Im Laufe des 19. Jhs. weiteten die Sparkassen ihre Dienstleistungen zum Aktivgeschäft hin aus, des Weiteren insgesamt auch ihr Geschäftsnetz im ländlichen Raum; doch blieb die bürokratisierte Kreditvergabe ein Hindernis: Dass im ausgehenden 19. Jh. die Kreditvergabe bei der Sparkasse Simmern die persönliche Anwesenheit des Schuldners und zweier Bürgen zur Unterschriftsleistung bei der dortigen Bankstelle erforderte, ließ manchen Kreditnehmer räumlich des Umlandes aus Gründen der Diskretion auf private Geldgeber ausweichen. Reichsweit wurden im Jahr 1900 2.685 Sparkassen gezählt. 1912 bestanden in der Pfalz 54 Sparkassen (36 Gemeinde-, 18 Distrikts- bzw. Bezirkssparkassen; 115.519 Konten; 101,2 Mio. Mark), im Regierungsbezirk Trier 18 mit mehr als 300 Zweigstellen (150.000 Konten und über 200 Mio. Mark).[80]

Seit den 1880er Jahren schlossen sich in diesem Raum Sparkassen zu regionalen Verbänden zusammen und beteiligten sich an dem 1884 auf Reichsebene gegründeten Deutschen Sparkassenverband. Ein wichtiger Eckstein bildete das Jahr 1908, in dem die Sparkassen die passive Scheckfähigkeit erlangten. Insgesamt förderten die Sparkassen durch ihre Kreditvergabe an Private und vermehrt auch an die Kommunen die Verbesserung der regionalen Infrastruktur und verwendeten eventuelle Überschüsse für den Bildungsbereich in ihrem jeweiligen Einzugsgebiet. Aus anfänglich finanziell-karitativen Überlegungen zur Entlastung der ländlichen Armenkassen war damit ein wichtiges Instrument zur regionalen Wohlstandsbildung und Wirtschaftsentwicklung geworden.[81]

Die Sparkassen hatten jedoch in der Geldwirtschaft eine Lücke gelassen, in die die Genossenschaftsbewegung mit ihren Banken-, Spar- oder Darlehensvereinen als mächtige Konkurrenz und als »bedeutende und innovative Institution der Dorfgesellschaften« stieß.[82] Ihre Zentralfigur in unserem Untersuchungsgebiet war Friedrich Wilhelm Raiffeisen. Als Bürgermeister von Flammersfeld und Heddesdorf gründete er »Darlehnskassen-Vereine« und führte sie im Raum Neuwied seit 1848 »als Mittel zur Abhilfe der Noth der ländlichen Bevölkerung sowie auch der städtischen Handwerker und Arbeiter« ein. Raiffeisen stand als Ziel vor Augen, durch »unbedingteste Selbsthilfe« die »Hebung des materiellen Wohlstandes«, aber auch »den Boden zu sittlich religiöser Wirksamkeit vorzubereiten«.[83] Diese besondere Idee der Hilfe zur Selbsthilfe hat bis heute überlebt, sie findet sich in vielen Entwicklungsländern in Form von Mikrokrediten zur Stimulierung von Marktbeziehungen und zur Verbesserung von Lebensverhältnissen.

Die bedeutsame Neuerung von Raiffeisens Konzept gegenüber der überkommenen ländlichen Geldwirtschaft lag in dem Umstand, dass Kredite nicht mehr auf einen Schlag zurückbezahlt werden mussten, sondern in einer Laufzeit von bis zu zehn Jahren »abgestottert« werden konnten. Auf der Grundlage eines Vereins stellten ehrenamtliche Honoratioren die Sicherungseinlagen, die an bedürftige Kreditnehmer mit sog. sittlichem Lebenswandel zu angemessenen Zinsen verliehen wurden.[84]

Friedrich Wilhelm Raiffeisen (1818–1880)

(Fassbender, Raiffeisen 1902)

Als Abhilfe aus den existenziellen Finanznöten von Kleinbauern und kleinen Handwerkern empfahl Raiffeisen den Betroffenen das Ansparen als Hilfe zur Selbsthilfe. Das Beispiel von Bankiers und Kaufleuten diente ihm als Vorbild: »Jeder dieser Herren hat seinen Bankier, seinen Geschäftsmann, von dem er das nöthige Geld nimmt, dem er sein überflüssiges Geld anvertraut. Unverzinst darf bei dem Kaufmanne kein, oder nur soviel Geld liegen bleiben, als er zum täglichen Verkehre nöthig hat. Der Bauer, der Handwerker, ja sogar der Tagelöhner müssen es ebenso machen. Sie müssen auch ihren Bankier, ihre Kasse haben, in welche sie ihre Ersparnisse einlegen, von der sie den nothwendigsten Bedarf an Geld jederzeit entnehmen können, und zwar zu einem möglichst günstigen Zinsfuße. [...] Sparsamkeit bis in das Kleinste hinein, und Fleiß, mehr angewendet, als bisher, werden sicher zum erwünschten Ziele führen.«[85]

Raiffeisens Konzept breitete sich rasch aus. Es bedeutete ein christliches Gegenmodell zu den gewinnorientierten, stärker an den Bedürfnissen von Handwerkern und Gewerbetreibenden ausgerichteten Genossenschaften des humanistisch-aufklärerisch orientierten Liberalen Hermann Schulze-Delitzsch. Die Vorschusskassen (Volksbanken) Schulze-Delitzscher Prägung fassten in den 1860er Jahren erstmals im Untersuchungsgebiet Fuß. In der Pfalz bildete 1891 die Speyrer Volksbank die größte Kreditgenossenschaft, 1914 zählte sie 2.329 Mitglieder. Ungeachtet eines Richtungsstreits zwischen beiden Genossenschaftsansätzen, der 1972 mit dem Zusammenschluss von Volks- und Raiffeisenbank ein dem Konzentrationsprozess im Bankgewerbe geschuldetes Ende fand, hatte sich das Genossenschaftswesen im Wettbewerb mit den Sparkassen um die Gunst der »Spargäste«, wie Kunden zeitgenössisch hießen, eine feste Position erworben: Kurze Wege, unbürokratische Kreditgewährung und günstigere Zinsen hatten hierzu beigetragen. Das Genossenschaftswesen markierte auch einen

Kontrapunkt gegen die Liberalisierung von Zinsmaxima, denen in Preußen und Bayern mit Gesetzesanträgen 1879 in den Kammern Einhalt geboten werden sollte. Über den Begriff des »Wuchers« stellten sie wegen seiner zeitgenössisch engen Verbindung mit dem Begriff des »Juden« ein Eingangstor für den aufkeimenden Antisemitismus der 1880er Jahre dar.[86]

Im Oktober 1895 gehörten dem Dachverband der Raiffeisenschen Genossenschaften (»General-Anwaltschaftsverband«) reichsweit 1.750 Darlehnskassen-Vereine an. Ihnen waren zumeist als Untergenossenschaften sog. Konsumvereine zum günstigen Bezug von Futter- und Düngemitteln, Kohlen sowie Saatgut beigegeben. Im Ahrtal, so z. B. in Walporzheim (heute Bad Neuenahr-Ahrweiler), standen die Kassen mit Winzervereinen in Verbindung.[87]

Hatten begüterte Familien in unserem Untersuchungsraum in der ersten Hälfte des 19. Jhs. durchaus auch Geldgeschäfte getätigt, so entwickelten sich im Laufe des Jahrhunderts im Zuge der Professionalisierung daraus etliche private Bankhäuser. Als Beispiele hierfür stehen das Bankhaus Georg Friedrich Grohé-Henrich in Neustadt, das eine zentrale Rolle in der Industriefinanzierung insbesondere im Kaiserslauterner Raum seit den 1850er Jahren spielte, oder das Bankhaus Louis Dacqué, das sich am selben Ort besonders in der Finanzierung von Weinbau und Weinhandel engagierte. Mit der Abschaffung der Konzessionspflicht für Aktiengesellschaften 1870 entstanden indessen zahlreiche Aktienkreditbanken, wie Deutsche Bank, Commerzbank und Dresdner Bank, die auch hier Geschäftsstellen eröffneten und das Geschäftsvolumen der angestammten Privatbanken sinken ließen. Manche dieser Aktienkreditbanken verfolgten eine Geschäftspolitik der Expansion durch Fusion. So übernahm die Rheinisch-Westfälische Disconto-Gesellschaft 1901 die Coblenzer Bank und filialisierte offenbar bestehende Institute. 1913/14 lassen sich Zweigstellen in Koblenz, Kreuznach und Neuwied nachweisen. Filialen und Depositenkassen der Bergisch-Märkischen Bank bestanden zur gleichen Zeit in Koblenz und Trier.[88]

Im Geldwesen brachte die Reichsgründung mancherlei Einschnitte: Neben dem Übergang zur Mark als allgemeiner Währung errichtete das Reich 1876 in Berlin mit der Reichsbank eine zentrale Notenbank, der nach und nach vormals noch bestehende Notenbanken ihre Rechte abtraten.[89]

Insgesamt hatte sich im 19. Jh. das vormoderne Geldwesen im Zuge der Industrialisierung zu einem Wirtschaftsbereich entwickelt, der die gewandelte Bedeutung von »Geld« für alle Bevölkerungsgruppen aufgriff: Neben den privaten Geldverleiher war aus fürsorgerisch-sozialen Erwägungen das Darlehens- und Genossenschaftswesen mit einer hohen Verbreitung in der Fläche getreten; für Aktivitäten, die große Kapitalmengen banden, hielten sich Privatbanken und seit dem letzten Drittel des 19. Jhs. Aktienkreditbanken bereit. Die vormalige Trennung zwischen Sparen und Leihen war beseitigt, die Geschäftsfelder dehnten sich allenthalben aus. Die Tendenz der Banken ging hin zur Konzentration, die anderer Kassen zur Bildung von Dachverbänden.

Das »lange« 19. Jh.: Eine Bilanz

Alles in allem hatten die Veränderungen des 19. Jhs. bis zum Vorabend des Zweiten Weltkrieges keinen Bereich wirtschaftlichen Lebens unberührt gelassen. Die Landwirtschaft prägte zwar den Untersuchungsraum unvermindert, war aber in Umfang und Bedeutung als Beschäftigungsquelle bereits erheblich zurückgegangen. Die Schwerindustrie, ohnehin in unserem Raum gering vorhanden und gänzlich im Schatten der Industrielandschaften Saar und Ruhr stehend, hatte ihren Höhepunkt, den sie nicht zuletzt im Zuge der gewaltigen Impulse durch den Eisenbahnbau erlebt hatte, längst überschritten. Metallindustrie und Maschinenbau hatten sich bis zum Ersten Weltkrieg zum wichtigsten industriellen Erwerbszweig entwickelt. Manchen Traditionsbranchen hatte die Industrialisierung somit das schleichende Ende (Erzbergbau, Westerwälder Töpferei) gebracht, andere hatten den Wandel gleichsam in einer Mutation altüberkommener Gewerke als Gewinner erlebt (Gerberei, Lederindustrie), während wieder andere, wie die chemische Industrie, neu entstanden und geradezu im Aufstiegstaumel einer grenzenlosen Zukunft entgegenhofften oder vom allgemeinen Sog des wirtschaftlichen Aufbruchs und der gesteigerten öffentlichen Bautätigkeit im Übergang zum 20. Jh. (Steine/Erden, Baugewerbe) profitierten.

Eine kontinuierliche Energieversorgung und eine beständige Verbesserung der Infrastruktur durch Verkehrserschließung und Kommunikation, in deren Rahmen die öffentliche Hand zunehmend als Wirtschaftsakteur auftrat, hatten hierfür unerlässliche Voraussetzungen geschaffen. Sie wurden vom Ausbau des Dienstleistungsbereichs ergänzt. Staat und Politik waren gefordert, den Ordnungsrahmen für wirtschaftliches Handeln zu bestimmen. Wie der Sektor des Finanzwesens gezeigt hat, mussten dazu Institutionen und Einrichtungen entwickelt werden, die der zunehmenden Komplexität wirtschaftlicher Vorgänge Rechnung trugen. Die Zollvereinsbestrebungen in der ersten Jahrhunderthälfte hatten gerade in unserem Untersuchungsgebiet eine kaum zu überschätzende Vorarbeit geleistet, um ohne Preisgabe einzelstaatlicher Interessen ein auf kleine Räume bezogenes Wirtschaftsdenken aufzubrechen. Diese Verflechtung nach innen und nach außen setzte sich nach der Reichseinigung durch die Überlagerung von einzel- und reichsstaatlicher Ebene fort. Die Einbindung von Wirtschaftsbeziehungen in soziale Geflechte (private Geldverleiher) wich – im ländlichen Raum langsam – der entpersonalisierteren Markt-Kunden-Beziehung.

Die Wirtschaftsregionen des späteren Bundeslandes Rheinland-Pfalz hatten sich im Wesentlichen bis zum Ersten Weltkrieg ausgebildet, die Schwerpunkte waren zumeist in Richtung Rhein gerückt. Große Betriebe agierten auf dem Weltmarkt, kleinere versuchten sich gegenüber innerer und äußerer Konkurrenz zu behaupten. Die Gefahr des schieren Verhungerns war vor dem Ersten Weltkrieg in unserem Raum gebannt, die Zeit der Auswanderungen nach Übersee vorüber. Nicht Sorge um Ernteausfälle, sondern um den Verlust der Lohntätigkeit und der Erwerbsfähigkeit machte jetzt bei einer immer größer werdenden Zahl von Menschen die Krisenhaftigkeit des Alltags aus.

Damit hatten sich bis zum Ersten Weltkrieg zentrale Grundlagen für die weitere wirtschaftliche Entwicklung auf dem Gebiet von Rheinland-Pfalz herausgebildet. Der Blick soll im Folgenden darauf gerichtet werden, wie im 20. Jh. mit diesem Potenzial umgegangen wurde, und welche neuen Elemente den Wirtschaftsraum des späteren Rheinland-Pfalz prägen sollten.

4. Kriege, Krisen- und Nachkriegszeiten: 1914 bis 1947

Erster Weltkrieg

Der Erste Weltkrieg bedeutete eine tiefe Zäsur für die Wirtschaft auf dem Gebiet des späteren Rheinland-Pfalz. Die Umstellung von der Friedens- auf die Kriegswirtschaft brachte den Staat und die Wirtschaft in ein gänzlich neues »Nahverhältnis«, bei dem freilich regionale wirtschaftliche Interessen nicht selten in den Hintergrund gerieten. Die Wirtschaft sollte die Rüstungsproduktion unterstützen, den Konsum von Militär und Zivilbevölkerung sicherstellen und zur Finanzierung des Krieges beitragen. Allerdings fehlte es an (qualifizierten) Arbeitskräften, und das »Hilfsheer« der Ersatzkräfte, insbesondere Frauen, Kriegsgefangene und Kinder, schloss diese Lücke nicht. Die Kosten der Kriegsfinanzierung ließen die Preise steigen und führten deshalb zur staatlichen Reglementierung zentraler Güter wie Lebensmittel und Kohle. Der sog. Kohlrübenwinter von 1916/17 markierte die steigende Not – Hunger prägte für viele Menschen das Gesicht des Krieges an der »Heimatfront«.[90] Im Raum des späteren Rheinland-Pfalz fanden keine Hauptkampfhandlungen statt, daher blieb die Zerstörung wirtschaftlichen Vermögens ungeachtet der Luftangriffe überschaubar.

Etliche Firmen waren in die kriegswichtige Produktion einbezogen, so z. B. die 1913 in Speyer angesiedelten Pfalz Flugzeugwerke. Sie stellten während des Ersten Weltkrieges insgesamt wohl fast 3.000 Parasol-Eindecker und andere Flugzeuge her. Die Kriegskonjunktur verhalf dem jungen Betrieb von Alfred Eversbusch zu bemerkenswerter Expansion: Bis zum Ende des Krieges hatte sich das Unternehmen zum größten Flugzeugbauer in Bayern entwickelt, die Zahl der Mitarbeiter war Ende 1917 auf über 1.800 angewachsen.[91]

Chemische Produkte, allen voran die der BASF, waren aus militärischen Gründen während des Ersten Weltkrieges besonders nachgefragt. Der Kriegsbeginn stellte das Unternehmen zunächst vor vielfältige Probleme: Die britische Blockade über deutsche Häfen sowie die Beschlagnahme von Filialen und Patenten im Ausland erschwerten die

Speyerer Flugzeugwerke. Produktion einer Pfalz D.XII, Mitte 1918 (Grosz, Pfalz D.XII 1993)

Rohstoffversorgung, die Produktion und den Absatz von Farbstoffen. Weil damit auch die Nachfrage sank – etwa 85 % des weltweiten Farbenmarktes hatten vor Kriegsbeginn in den Händen deutscher Firmen gelegen – und viele Mitarbeiter (in den ersten drei Kriegsmonaten knapp 5.000 oder 43 % aller Beschäftigten) eingezogen wurden, musste die BASF viele Produktionsstätten schließen. Als sich der Krieg entgegen den Erwartungen deutscher Militärs zum langwährenden Stellungskrieg wandelte, für den die Munition nicht im Geringsten ausreichte, trieb die BASF, hierbei unterstützt vom Kriegsministerium und dem Preußischen Landwirtschaftsministerium, mit Hochdruck die Ammoniaksynthese voran. Damit wollte man die zur Herstellung von Sprengstoff unverzichtbare Salpetersäure gewinnen und überdies die Produktion von Kunstdünger ausdehnen. Die BASF wirkte also an der Produktion von Kampfstoffen mit, beschränkte sich jedoch auf die Herstellung von Roh- und Zwischenprodukten. 1918 erwirtschaftete das Unternehmen 78 % seines Geschäftsumsatzes mit Kriegsmaterial; die Hälfte davon machten synthetisches Ammoniak und Salpeter aus. Der Aufbau eines Werks im mitteldeutschen Leuna, das Ende April 1917 die Produktion aufnahm, sollte die Ammoniakgewinnung auch im Falle erwarteter gegnerischer Luftangriffe auf die heimischen Produktionsanlagen in Ludwigshafen und Oppau sicherstellen und gemäß dem sog. Hindenburg-Programm (Herbst 1916) auch über den Krieg hinaus die Sprengstoffkapazitäten des Reichs erweitern.[92]

Die Landwirtschaft im späteren Gebiet von Rheinland-Pfalz war ebenfalls vom Krieg gezeichnet: Sie konnte das Ertragsniveau der Vorkriegszeit aus strukturellen Gründen nicht halten, weil Zugtiere, Futtermittel, Dünger, Betriebsstoffe fehlten und Maschinen nicht im nötigen Umfang beschaffbar waren. Gleichwohl ging es den bäuerlichen Familien als weitgehenden Selbstversorgern im Gegensatz zur städtischen Bevölkerung ohne Gartennutzung insgesamt besser, wenngleich es für beide Gruppen Grund zur Klage gab: Stießen sich die Städter an hohen Preisen oder einem unzureichendem Angebot an Naturalien, so sahen sich manche Bauern durch die staatlich verfügten Höchstpreisgrenzen für landwirtschaftliche und Nahrungserzeugnisse dazu ermutigt, als »kleine Könige« die gestiegene Nachfrage durch das Militär auszunutzen (z. B. für die Versorgung der zahlreichen militärischen Lazarette im Gebiet des späteren Rheinland-Pfalz), ungeachtet der Abgabeverpflichtungen umfangreichen Schwarz- oder Tauschhandel zu betreiben oder den Schmuggel über die Landesgrenzen und über den Rhein zu bedienen. Die Regierung lavierte dabei einerseits zwischen Preisbegrenzungen, um die Auswirkungen dieses »Nahrungsmittelwuchers« zu beschränken, und andererseits einer gewissen Zurückhaltung, um die kriegswichtige Unterstützung der Bauernschaft zu sichern.[93]

Insgesamt schufen die Kriegsjahre in der Wirtschaft des Untersuchungsraumes eine Kluft zwischen den Sektoren, die als Auftragnehmer von den Bedürfnissen militärischer Stellen oder der Versorgung der Zivilbevölkerung profitierten, und jenen Gewerken, die nicht in Heereslieferungen einbezogen waren, die von behördlichen Verfügungen zur Mangelwirtschaft betroffen waren (Februar 1915: »Verbot des Fastnachtküchelbackens«) oder die in Konkurrenz zu behördlichen Waren- oder Lebensmittelverteilungen gerieten. Letztere, insbesondere Kleinhändler, standen harte, teilweise existenzbedrohende Zeiten durch.[94]

Erste Nachkriegszeit

Das Ende des Ersten Weltkriegs mit der militärischen Niederlage Deutschlands und dem politischen Systemwechsel hin zur Demokratie stellte Wirtschaft und Staat vor die Herausforderung, die Kriegswirtschaft in eine Friedenswirtschaft zu überführen und dabei die Auflagen der Siegermächte zu erfüllen. Dass kriegsbedingte Aufträge auf einen Schlag entfielen, Kriegsrückkehrer wieder in den Wirtschaftsprozess integriert werden mussten und Abgaben und Entschädigungen zu leisten waren, führte reichsweit in der unmittelbaren Nachkriegszeit zu Lohnkürzungen, Entlassungen, mancherorts zur zeitweiligen oder gänzlichen Reduktion oder Stilllegung der Produktion. Staatsinterventionistische Schritte sollten zum einen die Investitionsgüterindustrie anregen und zum anderen über den Konsumgüterbereich soziale Spannungen entschärfen.[95]

Der Versailler Vertrag hatte für Deutschland als Kriegsverlierer Gebietsabtretungen und internationale Reparationen festgeschrieben. Das Saargebiet, vormals Teil Preußens und Bayerns (»Saarpfalz«), wurde 1920 dem Völkerbund unterstellt und mit Übergangsregelungen dem französischen Zollgebiet zugeordnet. Damit verloren Preußen und Bayern den ungehinderten Zugriff auf die Saarkohle. Im Süden und Westen lösten sich für das Gebiet des späteren Rheinland-Pfalz mit der Abtretung Elsass-Lothringens an Frankreich und dem Austritt Luxemburgs aus dem Deutschen Zollverein und seiner Orientierung auf die französische und belgische Ökonomie weitere wichtige Markt- und Verkehrsbeziehungen. Das linksrheinische Gebiet an Mittelrhein, Rheinhessen und Pfalz sowie rechtsrheinische Brückenköpfe wurden besetzt; erst 1930 zogen die letzten Soldaten ab.

Ein Bäcker aus Schifferstadt zeigt 1918 die Wiederaufnahme des Backbetriebs an (KUKATZKI, Wirtschaftsgeschichte 1995, S. 20)

Die Maßnahmen des Besatzungsregimes, wie z. B. Verkehrsverbote, die Einrichtung von Wirtschaftsabteilungen (1919) und die zeitweilige Errichtung einer Zollgrenze am Rhein (1921, 1923), waren für die Entwicklung in diesem Raum wenig günstig, so dass im Besatzungsgebiet bis 1922 erste wirtschaftliche Impulse – anders als im Reich – insgesamt eher wenig Wirkung entfalteten. Der passive Widerstand gegen die Besetzung des Ruhrgebiets (1923) und Sanktionen der Interalliierten Rheinlandkommission brachten den Warenverkehr im Linksrheinischen nahezu zum Erliegen: Der Bankverkehr wurde unterbunden, Fabriken wurden besetzt, Güter beschlagnahmt; es kam zu Abholzungen, Verkehrssperren, Kohlenmangel und Ausweisungen. Diese wirtschaftlich, politisch und sozial so angespannte Situation im Jahr 1923 wurde überdies durch die Loslösungsbestrebungen der sog. separatistischen Bewegung verschärft, unter deren Anhängern sich nicht wenige Bauern fanden, die nach dem Ende der regulierten Lebensmittelwirtschaft in Geldprobleme gerieten. Jenseits dieser Sonderbedingungen im Linksrheinischen führte die reichsweite Inflation der späten Kriegs- und der Nachkriegsjahre 1923 zu einer Hyperinflation und einer Art kollektivem Trauma. In kürzester Zeit wurden Geldvermögen vernichtet, mit denen z. B. Sparbücher bestückt oder Kriegsanleihen gezeichnet worden waren, die Bezieher von festen Einkommen verarmten. Alleine in der Sparkasse Kaiserslautern betraf dies 11.000 Sparer.[96] Umgekehrt lösten sich Schulden auf, d. h. die Vermögensverhältnisse drifteten auseinander. Mitte 1923 reichte das Einkommen eines Oberlandesgerichtsrats in Zweibrücken noch nicht einmal mehr für den Kauf eines Bücklings. Ausländische Zahlungsmittel oder das US-Dollar gedeckte »Anilin-Dollar«-Notgeld der BASF hatten längst eine Ersatzfunktion für das wertlos gewordene Papiergeld übernommen. Im Herbst 1923 schnellten die Arbeitslosenziffern in die Höhe. Insgesamt war die linksrheinische Wirtschaft mit dieser isolierten »Grenzlandlage« in eine Situation geraten, die sie für Handelspartner und Anleger wenig attraktiv machte. Die Währungsstabilisierung durch die Umstellung auf die Rentenmark (1923) und die Reichsmark (1924) verknappte die Geldmittel. Sie führte zu einem rigiden Sparkurs, der viele Firmen in existenzielle Schwierigkeiten trieb und andere zu Rationalisierung und damit Modernisierung zwang. Den wirtschaftlichen Notlagen im Linksrheinischen und Hessischen durch die Grenzziehung und die Besatzungsfolgen versuchte die Reichsregierung seit 1927 mit der sog. Westhilfe zu begegnen. Mit diesem Fonds, den die Zentrumspartei in der Rheinprovinz, beflügelt vom Winzeraufstand in Bernkastel und Bullay (1926), mitinitiiert hatte, wurden unter Eigenbeteiligung der Betroffenen die Melioration und der Wegebau vorangebracht, die Landwirtschaft und in geringem Grad auch Industrie, Handel und Gewerbe gefördert.[97]

Wenngleich 1924 mit dem Dawes-Abkommen durch das Einströmen amerikanischer Darlehen die – freilich kreditfinanzierten – sog. Goldenen Zwanziger Jahre anbrachen, und im September 1924 die Zollgrenze am Rhein aufgehoben wurde, so wirkte sich diese strukturelle Stabilisierung offenbar im Raum von Rheinland-Pfalz zeitlich erst später als im Reich aus. Sie traf auf ein so niedriges Ausgangsniveau, dass die reichsweite Agrarkrise von 1927 den zarten Keim der wirtschaftlichen Regeneration rasch zunichtemachte. Vom Kapitalzufluss aus Übersee profitierte beispielsweise die Nassauische Landesbank, die 1928 Reichsmark-Darlehen an ihre Kunden ausgeben konnte, welche indirekt der Wirtschaft zu Gute kamen. In der deutsch-französischen Annäherungsphase seit den Locarno-Verträgen (1925) und bis zum Tode Gustav Stresemanns verbesserten vor allem das deutsch-französische Handelsabkommen von 1927 sowie das deutsch-französische Handelsabkommen über die Saar von 1928 die Rahmenbedingungen für die Wirtschaft. Der bilaterale Handel nahm rasch zu. Der Zweibrücker Armaturenhersteller Pörringer & Schindler nutzte umgehend die günstigen Zeitumstände und kaufte Ende 1927 alle Sachanlagen der Emaillerie Bernt in Bitche, in der Hoffnung, mit deren in Blieskastel im Saargebiet ansässigen Muttergesellschaft nach der Rückkehr der Saar zu Deutschland den französischen Zweig dieses Unternehmens betreiben zu können.[98] Inwieweit sich über dieses Beispiel hinaus der Ausgleichskurs der Ära Stresemann-Briand speziell auf dem Gebiet des späteren Rheinland-Pfalz in wirtschaftlicher Hinsicht niederschlug, bedürfte der genaueren Prüfung.

Der Schatten der Weltwirtschaftskrise

Die Erdbebenwellen der Weltwirtschaftskrise von 1929 erreichten Deutschland schwerpunktmäßig mit dem Zusammenbruch der Darmstädter und Nationalbank (Danatbank) nach dem Kollaps des Bremer Konzerns Nordwolle im Sommer 1931. Die Arbeitslosigkeit kletterte im Winter 1931/32 und 1932/33 im Reich auf mehr als 30 %. In unserem Raum bedrohte der Niedergang der Nordwolle die Existenz der Kammgarnspinnerei Kaiserslautern und vernichtete damit das Vermögen ungezählter Anleger, die auf Spekulationsgewinne gehofft hatten. Viele weitere Firmen taumelten, die traditionsreiche Dinglersche Maschinenfabrik AG in Zweibrücken schloss 1931 die Tore.[99] Die dirigistische Notverordnungspolitik des Reichskanzlers Heinrich Brüning legte eine rigide Sparpolitik auf. Sie bot weder Ausweg noch rechtzeitige Hilfe aus dem wirtschaftlichen Dilemma und der damit verbundenen politischen Radikalisierung.

Ungleichmäßige Entwicklung

Auch unter den geradezu exzeptionellen wirtschaftlichen Bedingungen in unserem Raum nach dem Ersten Weltkrieg gelang es einigen Unternehmen, wie z. B. der Nähmaschinenfabrik G. M. Pfaff, vor allem durch eine innovative Produktions- und Vertriebsstruktur, selbst in der Zeit der Wirtschaftskrise Gewinne zu erwirtschaften. Pfaff hatte bereits 1924 die Fließarbeit eingeführt, eine Arbeitsform als Vorläufer der Fließbandarbeit, die 1930 etwa 2–3 % aller Betriebe mit mehr als 50 Beschäftigten praktiziert haben dürften. Manches Krisensymptom im Linksrheinischen war indessen ein Stück weit »hausgemacht«: In der Stadt Pirmasens, einem führenden Zentrum der deutschen Schuhproduktion, reagierte man in den Nachkriegsjahren wenig flexibel auf ein sich wandelndes Modebedürfnis, das den Schuh nicht länger als ein Gebrauchsprodukt, sondern als Modegegenstand verlangte, während an der Wende zu den 1930er Jahren der tschechische Konkurrent Bata die internationale Schuhbranche durch den Aufbau einer multinationalen Unternehmensstruktur, billige Preise und massive Werbung so aufmischte, dass die Firma Mitte der 1930er Jahre zu den größten Schuhunternehmen im Reich zählte. Attraktive Erzeugnisse anderer Schuhfirmen im preisgünstigeren Umland von Pirmasens waren selbst im Sommer 1931 lebhaft nachgefragt.[100]

1933–1939

Die nationalsozialistische Diktatur veränderte das Wirtschaftsordnungsmodell der Marktwirtschaft, wie es sich in der Weimarer Republik ausgebildet hatte, hin zu einer polykratischen Lenkungswirtschaft. In ihr wurde die Freiheit des Individuums zur Nutzung seiner Arbeitskraft, seines Vermögens und zur Selbstorganisation in Interessensvertretungen eingeschränkt und der staatlichen Kontrolle unterworfen. Damit entstanden eine eigene »Wirtschaftsbürokratie« und eine neue Mischung staatlicher und unternehmerischer Interessen. Der Aufrüstungswirtschaft folgte mit Kriegsbeginn die »imperialistische Kriegswirtschaft«.[101]

Zunächst jedoch hofften viele Menschen Anfang 1933 auf Hilfe für ihre sozialen Nöte und auf Perspektiven für einen Weg aus der Arbeitslosigkeit. Das Kabinett aus Nationalsozialisten, rechtsnationalen und nationalkonservativen Kräften, das unter Führung Adolf Hitlers die Regierungsgeschäftsgeschäfte Ende Januar 1933 bei einer Arbeitslosenzahl von über 6 Mio. Menschen übernommen hatte, wurde wirtschaftspolitisch durch den Konsens zur Wiederaufrüstung, zur Nichtanerkennung der Schulden Deutschlands im Ausland und der Sorge um das Überleben der Bauern geeint. Nach außen vermittelte die Regierung Hitlers jedoch den Eindruck, mit gewaltigen Arbeitsbeschaffungsmaßnahmen die drängenden sozialen und wirtschaftlichen Probleme energisch anzugehen. Der Historiker Hans-Ulrich Wehler spricht daher von »legitimatorischer Konjunkturpolitik«. Freilich: Von einem originär nationalsozialistischen Lösungsansatz konnte dabei nicht die Rede sein. Denn die neue Regierung griff auf ein Programm in Höhe von 600 Mio. RM zurück, das noch in der Ära Schleicher für allgemeine und militärische Maßnahmen, für Länder und Kommunen sowie zum geringen Teil für Bodenmelioration genehmigt worden, aber noch nicht zur Umsetzung gelangt war.[102] Das Gebiet des späteren Rheinland-Pfalz war für derartige Experimente, wie die 1933 von der Regierung aufgelegten antimodernistischen Reinhardt-Programme, gleichsam prädestiniert: Die ländliche Raumstruktur legte, ganz wie es der Intention der Reinhardt-Programme entsprach, einfache Arbeiten, die mit Muskelkraft und Schaufel auszuführen waren, nahe; Not und Arbeitslosigkeit ließen auf günstige Aufnahme durch die bedrängte Bevölkerung hoffen, und der unmittelbaren Grenznähe zu Frankreich wegen ließen sich derartige Arbeiten mit nationalistisch-wehrpolitischer Aura aufladen. In unserem Raum war anfänglich der Autobahnbau insbesondere zur Anbindung des Saargebiets (Autobahnabschnitt Kaiserslautern-Wattenheim, 1937) ein herausgehobener, der Bau des Westwalls in Verbindung mit der für den Aufmarsch erbauten Hunsrückhöhenstraße dann das bedeutendste staatliche Großprojekt der Vorkriegsjahre, daneben waren die Kommunen die wichtigsten Auftraggeber für umfängliche Arbeitsbeschaffungsmaßnahmen. Bayern unterstützte zusätzlich mit dem sog. Siebert-Programm, benannt nach dem gebürtigen Ludwigshafener und bayerischen Ministerpräsidenten Ludwig Siebert, seit 1933 Arbeitsbeschaffungsmaßnahmen mit einem Umfang von 60 Mio. RM. Das Land legte ergänzend ein Jahr später ein Wohnungsbauprogramm in Höhe von 40 Mio. RM auf. Weil das Siebert-Programm mit den für die Förderlinie Industrie und Gewerbe bestimmten Mitteln besonders Regierungsbezirke mit höherem Industrie- und Gewerbegrad unterstützte, flossen in die stärker industrialisierte Pfalz mit 3,3 Mio. RM zwar vergleichsweise hohe Mittel; hingegen gingen die Winzer leer aus, weil die allermeisten Betriebe die für die Förderung nötige Untergrenze von 4 ha unterschritten.[103] Der dortige Gauleiter Josef Bürckel rief überdies 1933 »gaupartikularistisch« und klientelorientiert die »Volkssozialistische Selbsthilfe« ins Leben. Im Gau Hessen-Nassau galt die wirtschaftliche Hauptinitiative des Gauleiters Jakob Sprenger vornehmlich dem rechtsrheinischen Autobahnbau und dem Ausbau des Frankfurter Flughafens, dagegen fiel sein Engagement im Rheinhessischen ungleich bescheidener aus. Im Gau Koblenz-Trier bemühte sich Gauleiter Gustav Simon um den Weinabsatz, um Tourismus und Dienstleistungen.[104]

Bis zur Remilitarisierung des Rheinlandes im Jahr 1936 wurde der linksrheinische Teil des späteren Rheinland-Pfalz nicht mit unmittelbar militärbezogenen Aufträgen bedacht, wie auch Maßnahmen zur Verkehrserschließung unter militärischem Billigungsvorbehalt standen. Daher war die Zahl der Rüstungsbetriebe gering. Nach der Wiedereinführung der Wehrpflicht, der Verpflichtung zum Reichsarbeitsdienst und der Wiedereingliederung des Saargebietes 1935 schuf die Remilitarisierung des Rheinlandes im März 1936 erste, wichtige Perspektiven für die Wirtschaft in unserem Raum. Den eigentlichen (psychologischen) Durchbruch brachte jedoch die kurze Entstehungsphase des Westwalls. Am Bau dieser Verteidigungslinie von Kleve nach Basel an der Westgrenze des Reiches, die als »Gegenwall« zur Maginotlinie auf französischer Seite gedacht war, arbeiteten, 1936 beginnend und schwerpunktmäßig vom Spätsommer 1938 bis zur Einstellung der Bauarbeiten nach dem Frankreichfeldzug im Sommer 1940, insgesamt bald 500.000 Menschen. Statt Arbeitslosigkeit herrschte seit September 1938 Arbeitskräftemangel. Die meisten der beim Westwall eingesetzten Arbeiter wurden auf Grund der Dienstpflicht-Verordnung (Juni 1938) im ganzen Reich rekrutiert bzw. vom Reichsarbeitsdienst herangezogen. Die Zahl derjenigen, die im Raum des späteren Rheinland-Pfalz eingesetzt waren oder aus diesem Raum kommend sich dort verdingten, lässt sich nicht beziffern. Die Arbeiten wurden ausschließlich von privaten Bauträgern im Auftrag von Generalunternehmern durchgeführt, doch in welchem Umfang die lokalen Ökonomien daraus Nutzen zogen, ist bislang nicht genauer bekannt.[105] Weil die Verdienstmöglichkeiten beim Westwallbau als gut galten, wurden der Landwirtschaft und weiteren Firmen Arbeitskräfte entzogen. Der erhebliche Materialeinsatz für die Höcker- und Bunkerlinie ließ andere Bauvorhaben, wie z. B. den Siedlungsbau als eine Art sozialen Wohnungsbau, zurücktreten.[106]

Dass reichsweiten wirtschaftspolitischen Vorgaben durchaus mit regionaler Elastizität begegnet wurde, wenn wirtschaftliche Sonderprägungen in Konkurrenz zu derartigen allgemeinen Leitlinien gerieten, zeigt das Beispiel des Weinbaus. Während die Landwirtschaft im engeren Sinne in der nationalsozialistischen Wirtschaftspolitik wegen ihres Versorgungscharakters hohe Bedeutung genoss, wurde der Weinbau, weil nicht zum Überleben zwingend notwendig, wie eine Art »Stiefkind« behandelt, denn tendenziell wurde die Neunutzung von ackerfähigem Land für Weinbau beschränkt und die Abgabenlast erhöht. Den Gauleitern Bürckel und Simon dagegen war das Hemd näher als der Rock, die notklagenden Winzer waren wichtiger als die Direktiven aus Berlin: Entgegen der reichsweiten Zurücksetzung des Weinbaus unterstützten sie ihre weinproduzierende Klientel und damit verbunden den Tourismus. Dies zeigten z. B. Bürckels Werbemaßnahmen wie die Einrichtung der Deutschen Weinstraße (1935), der Aufbau von Weinpatenschaften zwischen Städten und Gemeinden, der Bau des Dürkheimer Fasses (1934) oder die Einführung des Schifferstadter Rettichfests (1936).[107]

Auch das Reichserbhofgesetz (1933) ging an den Verhältnissen auf dem späteren Gebiet von Rheinland-Pfalz ein Stück weit vorbei. Mit diesem Gesetz sollte reichsweit die Eigentumsstruktur der landwirtschaftlichen Betriebe durch die Unterbindung der Realteilung einer mittleren Größe zugeführt werden. Höfe einer Regelgröße von 7,5 bis 125 ha sollten vor einer Veräußerung geschützt und entschuldet werden. Vor allem kinderreiche Familien wehrten sich gegen die Umsetzung, weil sie um das Erbe der Nachgeborenen fürchteten. Wegen der eher kleinteiligen Besitzstrukturen waren in unserem Raum vergleichsweise wenige Höfe von dem neuen Gesetz betroffen, so wurden 1939 im Gau Saarpfalz 2.864 Erbhöfe gezählt, und damit gut 4 % aller Land- und Forstbetriebe (Bayern: knapp 29 %).[108]

Der Antisemitismus des Nationalsozialismus verdrängte auch auf dem Gebiet von Rheinland-Pfalz die jüdische Bevölkerung aus der Wirtschaft. Mit dem Aufruf zum Boykott jüdischer Geschäfte und Freiberufler (April 1933) begann ihre sukzessive Ausschaltung in den Vorkriegsjahren. Sie mündete nach der Reichspogromnacht in der »Verordnung zur Ausschaltung der Juden aus dem deutschen Wirtschaftsleben« (November 1938). Jüdischen Geschäftsinhabern wurde damit die Betriebsführung ab 1939 untersagt, die Inhaber mussten ihre Geschäfte schließen bzw. im Notverkauf abstoßen. Besonders spürbar waren die Folgen für den Weinkommissions-, Land- und Viehhandel sowie für die Tabakindustrie, wo der Anteil jüdischer Händler und Unternehmer hoch gewewesen war. Die gesellschaftlich weithin tolerierte Verdrängung aus der Berufs- und Geschäftswelt war nicht selten dem »Futterneid« der Konkurrenz geschuldet. Die Verdrängung wirkte sich auch fiskalisch aus: Alleine im Haushaltsjahr 1938/39 erhöhten sich die Einnahmen des Staates durch die Transformation jüdischen Vermögens um 9 %.[109]

Boykott jüdischer Geschäfte

Eine städtische Denkschrift über die Lage des Einzelhandels in der Stadt Ludwigshafen beschrieb im Sommer 1933 die Folgen des Frühjahrsboykotts: Die örtliche Geschäftswelt habe sich gleich nach dem Ersten Weltkrieg durch die Verkehrssperre über den Rhein und nach Mannheim zu einem Einkaufsort für die Bewohner des Umlandes entwickelt (»Pfälzer, geh' nicht auf die Walz', alles gibt es in der Pfalz.«). Im Frühjahr 1933 sei ein Viertel der Einzelhandelsgeschäfte im Zentrum der Stadt von jüdischen Inhabern geführt worden, die fast zwei Drittel der Beschäftigten angestellt hätten und den Textilhandel dominierten. Der Frühjahrsboykott sei aber nicht der örtlichen nichtjüdischen Konkurrenz zu Gute gekommen, sondern die Käufer seien auf die Mannheimer Warenhäuser ausgewichen. Die Geschäfte hätten ihr Personal reduziert. Daher sei der Stadt Ludwigshafen erheblicher Steuerausfall entstanden, der Rückgang an Arbeitsplätzen habe die Kaufkraft sinken lassen, und die Stadt fürchte einen Anstieg der Fürsorgeausgaben. Insgesamt sei Ludwigshafens Stellung als Einkaufsplatz gefährdet.[110]

Die Kriegsjahre

Mit dem Beginn des Krieges im September 1939, der an der Grenze zu Frankreich zu Monaten des »Sitzkrieges« ohne wesentliche Kampfhandlungen führte, wurden in der »Roten Zone«, dem bis zu 20 km breiten Grenzstreifen an der westlichen Reichsgrenze, die Menschen von 230 Dörfern dieses Landstrichs in kürzester Zeit evakuiert und die Betriebe stillgelegt bzw. verlagert, bevor sie im Juni 1940 nach der Niederlage Frankreichs wieder zurückkehren und die Arbeit aufnehmen konnten. Zwei Ernten hatten die Bauern, die unmittelbar an der Grenze lebten, dadurch verloren. Alleine in der Pfalz betraf die Evakuierung 1.000 Firmen, vor allem aber die Schuhindustrie im Raum Pirmasens. Die Firma Rheinberger verlegte im

Rückkehr der Firma Rheinberger aus Offenbach am Main nach Pirmasens im August 1940 (SCHMIDT, Rheinberger 1940)

September 1939 ihre Produktion ins Hessische nach Offenbach, übernahm dort die Firma Herz AG und kehrte im August 1940 wieder nach Pirmasens zurück. In Bergzabern war dagegen vorerst nicht mit Kurgästen oder einem lebendigen Fremdenverkehr zu rechnen.[111]

Insgesamt kamen der militärischen Produktion und Sicherstellung der Ernährungslage nun allerhöchste Priorität zu. Um den Arbeitskräftemangel, der sich durch die Mobilisierung nach Kriegsbeginn verschärft hatte, aufzufangen, wurden Zwangsarbeiter, Kriegsgefangene und schließlich auch KZ-Häftlinge in allen erdenklichen Bereichen in der Industrie, im Gewerbe, in der Landwirtschaft und im karitativen Bereich eingesetzt, reichsweit zwischen 1939 und 1944 über 7 Mio., davon im Gau Westmark (Pfalz, Saargebiet und Lothringen) im April 1943 168.000 »fremdvölkische« Arbeitskräfte, einschließlich 35.000 Kriegsgefangene.[112]

Um das ideologisch motivierte Autarkieprogramm, das bereits mit dem Vierjahresplan (1936) beschritten worden war, umzusetzen, versuchte man auch im Gebiet des späteren Rheinland-Pfalz, verstärkt Ersatzstoffe herzustellen und zu nutzen. In der Landwirtschaft wurde deshalb der Anbau von faserliefernden Sonderkulturen wie Hanf oder Flachs forciert; der Anbau von Ölfrucht sollte das Fettdefizit decken helfen. Das Amt für deutsche Roh- und Werkstoffe drängte im Bereich des Bergbaus auf verstärkte Anstrengungen, in Waldalgesheim wurde z. B. der Grubenbetrieb intensiviert, 1944 erreichte man dort mit fast 160.000 t die Förderhöchstleistung an Manganerz während der Kriegsjahre. Der Erzbergbau an der Lahn, im Schrumpfungsprozess und überaltert, erlebte im Aufwind des Autarkiestrebens, wo die Rentabilität gegenüber der Verfügbarkeit zurücktrat, eine neue Blüte. Sie griff auf das Metallgewerbe der Region über. Das

»Vernichtung durch Arbeit«

Je nach Einsatzstelle konnte die Behandlung ganz unterschiedlich ausfallen, doch in den KZs und ihren Außenlagern setzte man auf die »Vernichtung durch Arbeit«, wie die nachfolgenden Beispiele zeigen:

Bei Cochem an der Mosel, zwischen Bruttig und Treis, wurde seit Frühjahr 1944 ein Tunnel mit einer Nutzfläche von über 20.000 qm für die Fertigung von Zubehör für Flugzeugmotoren zur Nutzung durch die Firma Bosch umgebaut. Dieses Großprojekt wurde von der lokalen Baufirma Fix, Dernau, ausgeführt. Da Arbeitskräfte fehlten, griff die SS auf mehr als 2.000 Häftlinge der KZs Natzweiler und Majdanek zurück, bevor die Lager Bruttig und Treis im Herbst 1944 evakuiert wurden. Die Zahl der zu Tode Gekommenen lässt sich nicht mehr eruieren.

Im KZ Sachsenhausen wurden auf einer Schuhprüfstrecke europäische Straßenqualitäten angelegt, auf denen Häftlinge zur Strafe bis hin zur tödlichen Erschöpfung in »Schuhläuferkommandos« die Gebrauchswerte von Materialien und Modellen (z. B. Abrieb und Klebeeigenschaften) testeten. Aus unserem Raum ließen Firmen der lederverarbeitenden Industrie aus Worms, eine Schuhfabrik aus Pirmasens sowie die I. G. Farben Produkte auf dieser »Teststrecke« ausprobieren.[113]

»Flaggschiff« für die nationalsozialistische Autarkiepolitik bildete auf dem Gebiet von Rheinland-Pfalz die chemische Industrie im Raum Ludwigshafen, allen voran die I. G. Farbenindustrie AG. In der IG Farben, wie der Konzern umgangssprachlich genannt wurde, war die BASF nach der Fusion mit den fünf bedeutendsten deutschen chemischen Unternehmen 1925 aufgegangen. Das Werk in Ludwigshafen trieb maßgeblich die forschungsbasierte Entwicklung von Hochleistungstreibstoff, synthetischem Kautschuk (Buna) und Kunststoffen voran. In den letzten drei Kriegsjahren warben die Werke Ludwigshafen und Oppau erhebliche staatliche Investitionsmittel ein, nicht zuletzt, weil das Werk Oppau bald ein Drittel des in Deutschland hergestellten und für die Herstellung von Dünger und Sprengstoff so wichtigen Stickstoffs lieferte. Im Winter 1944/1945 kam die Produktion zum Erliegen, nachdem seit Sommer 1944 schwere Bombardements auf das Werk eingesetzt hatten.[114]

Bilanz der Kampfzonen

Im Jahr 1944 erreichte die Industrie auf dem Gebiet von Rheinland-Pfalz ungeachtet des Luftkrieges ihre höchste Produktivität. Kunststoffverarbeitung, Fahrzeugbau, Eisen- und Stahlgießerei, Chemie, Maschinenbau, Stahl- und Eisenbau hatten ihre Umsätze seit 1936 kräftig gesteigert, die chemische Industrie zählte die meisten Beschäftigten (52.719), halb so viele Menschen (26.797) waren im Maschinenbau tätig. Die Schuhindustrie hatte gegenüber 1936 etwa ein Drittel ihres Umsatzes und ihrer Beschäftigten verloren, rangierte aber im Vergleich zu den übrigen Branchen seit 1936 unverändert an dritter Stelle bei den Beschäftigtenzahlen (15.977), gefolgt von der Lebensmittelindustrie mit einem Umsatzplus von 18,5 % gegenüber 1936 und einer Beschäftigtenzahl von 8.553 (1944). Andere Branchen der Konsumindustrie sowie die Papiererzeugung hatten sich seit 1936 sowohl beim Umsatz wie bei den Beschäftigtenziffern negativ entwickelt.[115]

Als die Alliierten im September 1944 bei ihrem Vorstoß nach Westen das Gebiet von Rheinland-Pfalz erreichten, wurde dieser Raum erstmals seit der napoleonischen Zeit zum Kriegsgebiet und zu einem der Hauptkampfplätze in diesem hochtechnisierten Krieg. Der Westwall wurde seit September 1944 reaktiviert, die »Rote Zone« neuerlich evakuiert. Am 27. März 1945 hatten die Truppen das Gebiet von Rheinland-Pfalz endgültig befreit. Durch die Abtretung des 1940 von den Deutschen besetzten Elsass-Lothringens und Luxemburgs sowie durch die Abtrennung eines um ein Drittel erweiterten Saargebiets wurde das Gebiet von Rheinland-Pfalz wieder zum randständigen (wirtschaftspolitischen) Grenzland.[116]

Fast 6 % der Bevölkerung von 1939, etwa 170.000 Menschen, waren zu Tode gekommen. Knapp 30 % der Wohngebäude waren zerstört. Damit waren auf dem Gebiet von Rheinland-Pfalz die Schäden höher als in anderen ländlichen Räumen der späteren Bundesrepublik (22 %). Der Westen des Landes, insbesondere die Region rund um Bitburg und Prüm, war dabei am stärksten betroffen. Gravierend waren die Zerstörungen der Infrastruktur, besonders des Verkehrswesens: Keine Rheinbrücke im Gebiet von Rheinland-Pfalz war stehen geblieben. Erst im Herbst 1945 wurde auf dem Rhein wieder eine sehr eingeschränkt nutzbare Durchfahrt geschaffen. Die Schäden an der Bahn und im Straßennetz waren nicht minder gravierend. Im Vergleich zu 1939 war nur noch ein Teil der Lastwagen gebrauchsfähig, sofern überhaupt Betriebsmittel – und das meinte vor allem Benzin und die in dieser Zeit so raren Reifen – beschaffbar waren.

Auf den ersten Blick wirkten die Zerstörungen der Industrieorte gewaltig: Nur 6 % der Firmengebäude der IG Farben am Rhein waren z. B. ohne Schäden geblieben, und die industrielle Produktion fiel 1948 im Vergleich zu 1936 auf ein Drittel. Dennoch zeigte sich bald, dass noch etliche Substanz existierte: Insgesamt war das Brutto-Anlagevermögen der Industrie in der französischen Zone von 1936 bis 1948 um fast 13 % gestiegen (2.637 Mrd. RM im Jahr 1936 und 1948 2.975 Mrd. RM; jeweils Wert 1936).[117] Damit waren die Voraussetzungen für ein künftiges Wachstum nicht ganz schlecht.

Auch die Landwirtschaft war im Westen des Landes und in den Grenzgebieten stärker als im ohnehin ertragreicheren Ostteil des Landes von Kriegsschäden betroffen, mehr als die Hälfte der Schäden entfiel auf die landwirtschaftlichen Betriebe der »Roten Zone«. Etwa ein knappes Drittel aller landwirtschaftlichen Gebäude wies Schäden auf. Die landwirtschaftliche Nutzfläche war um etwa 50.000 ha durch militärische Umnutzung in den Kriegsjahren und durch Anforderungen der Besatzung zurückgegangen. Die Entwicklung des Viehbestands wurde beeinflusst von Abgabeverpflichtungen, dem Bemühen, den Eigenbedarf zu sichern und Bestände gegenüber der Statistik zu verschleiern, um sie u. a. für den Schattenmarkt oder für Kompensationsgeschäfte einzusetzen. Selbst einfachstes landwirtschaftliches Gerät fehlte oftmals; Hufnägel und Eisenwaren waren gesuchte Artikel, am meisten wohl in der vormaligen »Roten Zone«. 100 Hufnägel entsprachen auf dem Schwarzmarkt dem Gegenwert von einem Pfund Butter oder dem Lohn eines Arbeiters für fünf Wochen. Darüber hinaus hatten die Felder und Obstanlagen gelitten, dem Weinbau hatte die Reblaus zugesetzt. Alles in allem kann man zu Kriegsende den Ertragsverlust im Vergleich zu den Vorkriegsjahren auf etwa ein Viertel bis ein Drittel der Fruchterträge ansetzen.[118]

Bewertung der Besatzungspolitik

Die Zeitgenossen litten unter dem Ausmaß der Zerstörung, denn elementare Lebensbedürfnisse wie Unterkunft und Ernährung waren oftmals kaum oder nur schwer zu decken. Dass nach Kriegsende zentrale Güter des täglichen Bedarfs und Lebensmittel fehlten, Schwarzmarkt und Schmuggel blühten, Holzabtransporte und Entnahmepolitik – nicht zuletzt zugunsten des Saargebiets – praktiziert wurde, schrieb die öffentliche Meinung weithin einer ausbeuterischen Gesinnung der französischen Besatzungspolitik zu. Tatsächlich stand die französische Politik zunächst vor dem Dilemma, einerseits aus Sicherheitserwägungen ein Wiedererstarken Deutschlands zu verhindern, und andererseits aus ökonomischen Überlegungen die Wirtschaftsaktivitäten in der Zone so zu fördern, dass sich deren Erträge für Frankreich nutzen ließen. Dies zeigt eindrücklich das Beispiel der BASF: Die Mitwirkung an der Zerschlagung der sich im Schatten des Nationalsozialismus bewegenden IG Farben AG, Entnazifizierung, Demontagen und Entnahmen aus dem Ludwigshafener und Oppauer Werk entsprangen dem Sicherheitsbedürfnis, die forcierte Wiederaufnahme des für die Herstellung von Reifen und Transportbändern für Gruben – und damit für die Kohleförderung – so unverzichtbaren synthetischen Kautschuks (Buna) dagegen ökonomischen Erwägungen. Alleine bis zum März 1948 beliefen sich die Devisengewinne, die Frankreich aus seiner Zone zog, auf über 300 Mio. Dollar. Unter allen Zonen war der finanzielle Aufwand für die französischen Besatzer von 1946 bis 1949 am höchsten und schlug anfangs mit 86 % (1946) und 1949 noch mit 38 % des Steueraufkommens in der gesamten französischen Zone zu Buche.[119]

Und dennoch würde es viel zu kurz greifen, die wirtschaftlichen Bedrängungen gänzlich den Besatzern zuzuschreiben. Letztlich nämlich waren die Belastungen der Wirtschaft in der französischen Besatzungszone in weiten Teilen eine Spätfolge der nationalsozialistischen Wirtschafts- und Finanzpolitik zur Kriegsfinanzierung. Hatte man die Gesellschaft in die Finanzierung des Ersten Weltkrieg maßgeblich durch – dann wertlos gewordene – Kriegsanleihen und Steuererhöhungen einbezogen, so versuchte man im Hinblick auf den Zweiten Weltkrieg derart offene Belastungen der Zivilbevölkerung durch Spendenaufrufe und Ersatzeinrichtungen wie das Winterhilfswerk zu umgehen und ihr Vermögen gewissermaßen unsichtbar abzuschöpfen. Durch die Maßgabe zum »eisernen Sparen« und die Umlenkung der Produktion weg von der Konsumgüter- und hin zur Rüstungsindustrie wurden private Sparbeträge bei Banken angesammelt, die der Staat dann durch Schuldtitel abschöpfen konnte. Diese von Deutschland besonders intensiv praktizierte »geräuschlose Kriegsfinanzierung« führte letztlich zu einer »zurückgestauten Inflation«. Der Bevölkerung wurde nach Kriegsende deutlich, dass dem gewaltigen Geldüberhang keine vergleichbare Gütermenge gegenüberstand. Bis zur Währungsreform entwickelte sich daher ein erheblicher Schattenmarkt. Anders als die USA und Großbritannien konnte Frankreich auf Grund seiner eigenen wirtschaftlichen Nöte »seine« Zone nicht als »Zuschussunternehmen« führen, denn nicht nur in Deutschland, sondern auch in Frankreich und in anderen Teilen Europas zeigten sich die Folgen von Mangelernährung, die die nationalsozialistische Kriegsführung bewusst in Kauf genommen hatte.[120] Die meisten Franzosen hatten den Hunger schon in den Kriegsjahren hinreichend erlebt, die meisten Deutschen im Westen erfuhren seine zermürbende Kraft erst in der Nachkriegszeit. General Charles de Gaulle rechnete im Oktober 1945 mit einer Aufbauzeit für sein Land von 25 Jahren, zumal 20 % der Wohnungen zerstört waren. Der ungewöhnlich harte sog. Hungerwinter 1946/47 hatte die Situation noch verschlimmert. Die Währungsreform (1948), der Abbau der Bewirtschaftungen und die Wirkungen des »Marshall-Plans« (1948), des großangelegten amerikanischen Hilfsprogramms für Europa, die Möglichkeit des unreglementierten Außenhandels wurden hier als Einschnitt und als Wende zum »Besseren« wahrgenommen, weil nun jedermann daran Anteil haben konnte. Ein wirtschaftlicher Aufschwung war jedoch schon zuvor wahrzunehmen, er richtete sich aber noch vor allem auf die Versorgung des Schwarzmarktes[121] und strebte auf die Überwindung der Zonengrenzen. Ohne die Verflechtung von Wirtschaftsräumen, ohne Außenbeziehungen im weitesten Sinne war kein Wachstum möglich.

5. Aufbaujahre – Wohlstandsjahre: Europäisierung der Peripherie und »global playership«

Wirtschaftspolitischer Handlungsrahmen

Bis zur Einsetzung der ersten Präsidialregierung für Rheinland-Hessen-Nassau am 8. Dezember 1945 waren die ab März 1945 nach und nach eingerichteten Regierungspräsidien auch für Anordnungen im Bereich der Wirtschaft zuständig gewesen. Mit der Gründung des Bundeslandes Rheinland-Pfalz (30. August 1946) und der Verabschiedung der neuen Verfassung (18. Mai 1947) endeten regionale Eigenverantwortlichkeiten, die für die Regierungsbezirke Koblenz und Trier zunächst noch fortgedauert hatten. Doch auch nach der Gründung von Rheinland-Pfalz nahmen sich die Handlungsspielräume für eine eigenständige Wirtschaftspolitik des Landes angesichts der kaum vorstellbaren Problemfülle, der Lenkungsgewalt der Besatzungsmacht und des engen Finanzrahmens in den Wirren der frühen Nachkriegszeit eher bescheiden aus. Die Wirtschaftspolitik der frühen Nachkriegsjahre konzentrierte sich darauf, Demontagen und Entnahmen durch die Militärregierung möglichst gering zu halten, die Versorgung mit Nahrung – und das hieß zunächst einmal wenig anderes als Kartoffeln – sowie Obdach und Energie mit zu organisieren und die Infrastruktur, vor allem das Verkehrswesen, wieder herzustellen. Alleine die Protokolle der ersten fast 60 Ministerratssitzungen bis Ende 1947 geben beredten Ausdruck von der kaum zu überschätzenden Rolle, die der weithin katastrophalen Ernährungslage im politischen Alltag zukam, wenn man bedenkt, dass ein Arbeiter in Rheinland-Pfalz auf dem Schwarzmarkt im Herbst 1947 für ein Kilo Kartoffeln einen Tageslohn aufbringen musste.[122]

Seit dem ersten Kabinett des Ministerpräsidenten Peter Altmeier (CDU, 1947) verfügte Rheinland-Pfalz über ein Wirtschaftsministerium, zumeist in Verbindung mit dem Ressort Verkehr und/oder wechselnden weiteren Aufgabenschwerpunkten. Auf der normativen Ebene nannte die Landesverfassung (1947) bereits in ihrem Vorspruch als eines der Verfassungsziele den Willen, »den wirtschaftlichen Fortschritt aller zu fördern«. Art. 51 verlangte eine Wirtschaftsordnung nach »den Grundsätzen der sozialen Gerechtigkeit« und benannte ausdrücklich als staatliche »Aufgabe, die Existenzgrundlage der heimischen Wirtschaft zu schützen, die Wirtschaft zu beaufsichtigen, für eine gesunde Mischung großer, mittlerer und kleiner Unternehmen zu sorgen und die Erzielung höchstmöglicher Erträge für das Volksganze sicherzustellen.«[123] Die Landesverfassung wie dann das Grundgesetz (1949) boten den verfassungsrechtlichen Rahmen für die Ausgestaltung der wirtschaftlichen Ordnung. Rasch waren bereits bald nach Kriegsende Selbstorganisationen, wie z. B. Kammern, Verbände, Standesvertretungen oder Gewerkschaften, wieder entstanden.

Wie aber erfüllte die Wirtschaftspolitik im Land seit der zweiten Hälfte des 20. Jhs. den hehren Verfassungsanspruch angesichts zahlreicher exogener Faktoren, die das Korsett eigenständiger rheinland-pfälzischer Wirtschaftspolitik eng schnürten, sei es im Ökonomischen durch weltweite Konjunkturentwicklung, einen wachsenden Anteil an internationalen Konzernverflechtungen, sei es im Politischen durch allgemeine Entwicklungen oder Rahmenvorgaben des Bundes und des zunehmend integrierten Europas? Im Wesentlichen versuchten das Land und die Kommunen durch Regelsetzungen und durch die Bereitstellung von Infrastruktur Einfluss auf das Wirtschaftsleben zu nehmen. Fünf, z.T. ineinander übergehende Stadien mit jeweils spezifischen Aufgaben lassen sich dabei unterscheiden: Die eigentliche Wiederaufbauphase bis etwa Anfang der 1950er Jahre, eine Ausgleichsphase für besonders benachteiligte Wirtschaftsräume, eine Wachstumsphase bis in die 1970er Jahre und eine anschließende Stabilitätsphase sowie eine Nachhaltigkeitsphase seit den 1990er Jahren.[125] Es ging Anfang der 1950er Jahre darum, im »Bauernland« die von der Kriegseinwirkung besonders betroffenen Gebiete der vormaligen »Roten Zone« aus ihrem desolaten Zustand an die Wirtschaftsfähigkeit heranzuführen, dann insbesondere die Agrarverhältnisse vor allem in der strukturschwachen »Grünen Zone« (Landkreise Birkenfeld, Daun, Prüm sowie Teile der Landkreise Bitburg, Ahrweiler und Mayen) zu verbessern, denn noch 1952 bewirtschafteten nur 22 % aller landwirtschaftlichen Betriebe höchstens fünf Teilstücke, im Bund dagegen 46 %, und schließlich den Landwirten finanzierbare Agrarkredite zu vermitteln. Dane-

Industrie- und Handelskammern

Industrie- und Handelskammern (IHK) vertreten neben Wirtschafts- und Arbeitgeberverbänden Unternehmerinteressen in der Bundesrepublik. Als öffentliche Körperschaften nehmen sie hoheitliche Aufgaben wie z. B. Prüfungen oder Berufszulassungen wahr. Gleichzeitig repräsentieren sie die Unternehmerinteressen ihrer Mitglieder. Insgesamt sind die Kammern stark regional geprägt. Im Mainz entstand in Anlehnung an die französische Kammertradition 1802 die erste linksrheinische Handelskammer. Die Gründung der Kammern zum Zweck der Wirtschaftsförderung wurde zumeist von den Regierungen angestoßen bzw. von Handel- und Gewerbetreibenden initiiert. So verfügte Bayern im Herbst 1842 die Einrichtung von Kammern, wenige Monate später, im April 1843, wurde in Kaiserslautern die Kammer für die Pfalz gegründet. Preußen schrieb 1848 auf dem Gesetzesweg die bis heute bestehende Pflicht zur Mitgliedschaft und zur Beitragszahlung fest. 1897 wurden die Handwerkskammern von den Handelskammern getrennt. In der Zeit des Nationalsozialismus wurden die Kammern mit Fachverbänden der Wirtschaft zu sog. Wirtschaftskammern zusammengeschlossen. In Rheinland-Pfalz bestehen heute vier Industrie- und Handelskammern, die IHKs Trier und Koblenz sowie die IHK für Rheinhessen (Mainz) und die IHK für die Pfalz (Ludwigshafen). Die bundesweit 80 IHKs sind im privatrechtlich verfassten Deutschen Industrie- und Handelstag zusammengeschlossen.[124]

ben standen Strukturbemühungen um gewerbliche Arbeitsplätze, nicht zuletzt für diejenigen Flüchtlinge und Vertriebenen, die nicht in der Landwirtschaft untergekommenen waren.[126] Seit den 1960er Jahren setzte man auf Strukturhilfen aus Bonn und Brüssel, um Industrieansiedlungen in Fördergebieten, das waren die Eifel und der Hunsrück, der hohe Westerwald und die Westpfalz, zu forcieren und Subventionen für die Landwirtschaft zu erwirken. In den 1990er Jahren bestimmte die Gestaltung der Konversion vormals militärisch genutzter Räume die wirtschaftspolitische Agenda im Land, daneben gewannen die Themen grenzüberschreitende Kooperationen, Nachhaltigkeit und Auswirkungen des demografischen Wandels auf die (wirtschaftlichen) Lebensbedingungen an Bedeutung.[127]

Gemäß dem Postulat des Förderns trat das Land seit seiner Gründung vornehmlich als Fürsprecher für regionale wirtschaftliche Belange auf übergeordneten politischen Ebenen (z. B. im Bund, in Europa) und in einem globalen wirtschaftlichen Umfeld auf. Der Beitrag des Landes wurde u. a. in der Unterstützung von Infrastruktur und der Vernetzung der am Wirtschaftsprozess Beteiligten sichtbar, wie z. B. in der Zukunftsinitiative Rheinland-Pfalz (ZIRP, seit 1992), ganz besonders aber in einer aktiven Förderung der Außenwirtschaft, z. B. durch Messen, internationale Kontaktstellen oder Wirtschaftsreisen. Im Zuge des verschärften weltweiten Wettbewerbs trugen auch die Städte und Kommunen des Landes erheblich zur Wirtschaftsförderung bei, dabei konkurrierten sie vielfach untereinander um Wirtschaftsansiedlungen. Die Aufnahme der von den Amerikanern in den Westen verbrachten Jenaer Glasmacher, die in Mainz 1952 mit der Produktion begannen und heute als Schott AG das fünftumsatzstärkste Unternehmen (2009) im Bundesland bilden, die Ansiedlung von Opel 1966 in Kaiserslautern oder des Papierproduzenten Kimberly-Clark (»Kleenex«) 1970 in Koblenz stehen hier nur als wenige Beispiele derartiger Ansiedlungsinitiativen.[128] Hatten sich vor allem seit dem ausgehenden 19. Jh. neue oder expandierende Wirtschaftsbetriebe vornehmlich aus der Stadt heraus in die dann zunehmend eingemeindeten Vororte begeben, so reagierten die Städte und Kommunen auf den Bedarf nach Ansiedlungsfläche, indem sie vor allem seit den späten 1960er Jahren in räumlicher Trennung zu den Wohngegenden verkehrsmäßig bevorzugt angebundene Industrie- und Gewerbegebiete auswiesen. Mittlerweile ist das Land von Gewerbegebieten und Technologieparks durchzogen. Etliche forschungsorientierte Unternehmen entstanden im Umfeld der Universitäten und Hochschulen des Landes, insbesondere rund um die 1970 gegründete Universität Trier/Kaiserslautern (seit 2003 Technische Universität Kaiserslautern) oder rund um die branchenrelevanten Fachhochschulen des Landes. Den Herausforderungen durch die Globalisierung für die stark exportgeprägte Wirtschaft des Landes suchte die Wirtschaftspolitik von Land und Kommunen in den letzten Jahren zu begegnen, indem sie diesen als zukunftsträchtig geltenden Wissens- und Technologietransfer unterstützte.

Frühe Faktoren des Anschubs: Währungsreform und »Marshall-Plan«

Ab Sommer 1948 ging die Wirtschaftsentwicklung in Rheinland-Pfalz in eine neue Phase über. Mit der Währungsreform (Juni 1948) und der Einführung der Deutschen Mark (DM) wurde der bisherige Überhang an Geldmitteln radikal beseitigt. Altgeld wurde bis zu einem Kopfbetrag von 60 DM ebenso wie Löhne, Gehälter, Renten, Pensionen, Mieten und Steuern 1:1 in Deutsche Mark getauscht, Guthaben und Schulden dagegen 10:1. Immobilienbesitz und Produktivvermögen wurden von dieser Umstellung nicht berührt. Jetzt füllten sich die Schaufenster gleichsam über Nacht. Das günstige Kaufklima trieb zunächst die Preise an. Unter sozial Bedürftigen, Geringverdienern und Landwirten breitete sich daher rasch Unzufriedenheit aus. Galoppierten den Ersteren die Preise davon, so öffnete sich für die Bauern u. a. die Schere zwischen den vom Land und der Militärregierung aus sozialpolitischen Gründen reglementierten Erzeuger- und Produktionskosten zu ihren Ungunsten. Viele Bauern weiteten daraufhin ihre Schwarzmarkt-Aktivitäten aus und setzten ihre Erzeugnisse in den Städten ab.[129] Weil viele Firmen wegen des allgemeinen Geldmangels Personal abbauten, stieg die Arbeitslosigkeit. Die Situation war im Zusammenhang mit der desolaten Ernährungslage derart angespannt, dass Arbeiter im Frühjahr und Sommer 1948 in den Ausstand traten bzw. auf die Straße gingen.

Schon Ende März 1948 waren in der französischen Zone die Zentralbanken der Länder der Rechtsnachfolgerin der Reichsbank, der Bank deutscher Länder, beigetreten, wodurch sich die wirtschaftliche Zusammenarbeit der Westzonen intensivierte. Die Bank deutscher Länder war damit die erste von den drei Westzonen gebildete deutsche Institution. In Rheinland-Pfalz hatte die Landeszentralbank bereits im März 1947 auf Anordnung der Militärregierung ihre Arbeit aufgenommen, zunächst mit Sitz in Kaiserslautern, dann ab 1949 in Mainz.[130]

Die durch die Währungsreform freigewordenen Güterreserven genügten nicht, um eine dauerhafte Stabilisierung zu erzielen. Hier setzte das »European Recovery Program« der Regierung der USA ein. Nach seinem Urheber, dem amerikanischen Außenminister George C. Marshall benannt, stellte die US-Regierung 1948 bis 1952 insgesamt

DM-Satz 1950/52 bis ca. 1966 (wikimedia Commons)

13 Mrd. Dollar (d. i. ca. 0,5 % des US-amerikanischen Sozialprodukts) für den Wiederaufbau Westeuropas zur Verfügung, davon flossen 1.561 Mrd. Dollar in die Westzonen. Im ersten Rechnungsjahr erhielt die französische Zone auf diesem Wege 100 Mio. Dollar, im zweiten Jahr (1949–1950) 102,6 Mio. Dollar. Wurden im ersten Hilfsjahr die Gelder noch weit überwiegend für die Einfuhr von Lebensmitteln benötigt, so konnten sie im zweiten Jahr wegen ungewöhnlich guter Ergebnisse der Getreideernte für Einfuhren von Rohstoffen und Investitionsgütern verwendet werden. Die ersten Investitionsmittel aus dem »Marshall-Plan« flossen in der französischen Zone in das Eisenbahnwesen, speziell in Rheinland-Pfalz in das Kraftstromprojekt Gansefurchten Koblenz, in die Gasversorgung einiger Städte im Land sowie in den Aufbau des Ludwigshafener Hafengeländes.[131]

Insgesamt war der schrittweise Verzicht auf Entnahmen aus der laufenden Produktion und Demontagen für die Stabilisierung der Wirtschaft in Rheinland-Pfalz besonders wichtig. Die Währungsumstellung und die Zuwendungen aus dem »Marshall-Plan« haben den Aufbau unterstützt und beschleunigt.[132] Für die französische Zone und Rheinland-Pfalz brachte der »Marshall-Plan« die erste auswärtige Hilfe nach Kriegsende, wohingegen Großbritannien und die USA gleich nach Kriegsende (1946-1950) ihren Zonen vor allem Lebensmittelhilfe geleistet hatten. Alleine in der amerikanischen Zone überstieg diese Hilfe den Umfang der dann aus dem »Marshall-Plan« gewährten Mittel – im Vergleich hierzu war die Ausgangsbasis von Rheinland-Pfalz nachgerade schlecht und die Mittel des »Marshall-Plans« daher um so willkommener. Mittelbar haben jedoch die Währungsreform und der »Marshall-Plan« erheblich dazu beigetragen, die Wirtschaftspolitik in der französischen Besatzungszone stärker an die der britisch-amerikanischen Bizone anzupassen, die Bewirtschaftungsauflagen allmählich zu reduzieren und die Mitsprache der Landesregierung bei der Gestaltung der Lebensverhältnisse auszudehnen.

Notstandsgebiete

Ende der 1940er Jahre war die dringendste Ernährungsnot in Rheinland-Pfalz eingedämmt und gleichsam als »Oberflächenverletzung des Krieges« kuriert. Im Juli 1949 konnte man in Trier erstmals seit Kriegsbeginn Bananen kaufen. Doch war der »Patient«, das junge Land Rheinland-Pfalz, noch längst nicht genesen – er litt an einer schon im 19. Jh. angelegten, dann in den Weimarer Jahren geborenen und in den Kriegsjahren akut verschärften »Grenzlandnot«. Denn die Landkreise, die an Frankreich, an das 1948 ausgegliederte Saargebiet, Belgien und Luxemburg angrenzten, hatten nicht nur in der militärischen »Roten Zone«, sondern auch in deren Hintergebieten derartige Zerstörungen erlebt, dass, wie die Staats-Zeitung am 30. Mai 1950 eindringlich schrieb, »ein großes Trümmerfeld übrigblieb«.[133] Das Land wandte sich daher in einem eindringlichen Hilfsgesuch an die Bundesregierung. Es bezog auch den Oberwesterwaldkreis ein, wo die Zahl der in den dortigen Steinbrüchen Beschäftigten gegenüber 1938 (2.728 Arbeiter) um mehr als zwei Drittel gesunken war, und die Landwirtschaft als Haupterwerbsquelle durch die mindere Bodenqualität nur ein kärgliches Auskommen bot. 65 Mio. RM und 58 Mio. DM hatte das Land bereits aus eigener Kraft zur Hilfeleistung für die »Rote Zone« aufgebracht, doch waren damit die Grenzen des Möglichen erreicht. 23 % der insgesamt 39 Landkreise waren hochgradig bedürftig; fast 300 Mio. DM erhoffte das Land vom Bund. Diese Mittel sollten für eine verbesserte Verkehrserschließung, Energie- und Wasserversorgung, für die Ansiedlung von Industrie, zur Aktivierung von Gewerbe sowie zur Rekultivierung und Aufforstung eingesetzt werden. Doch ging es nicht nur um Hilfe nach innen, denn letztlich verstand man dem Notstandsbericht zufolge die beabsichtigte Industrialisierung an der Westgrenze als »Sinnbild des friedlichen deutschen Wiederaufbaus«.[134] Mit den Zielen der Förderung besonders benachteiligter Gebiete und der Öffnung nach außen war gleichsam die Programmatik der rheinland-pfälzischen Wirtschaftspolitik für Jahrzehnte vorgegeben.

Der Durchbruch: Öffnung nach Europa

In Rheinland-Pfalz dauerte es jedoch noch eine ganze Weile, bevor der »Fahrstuhleffekt« des sog. Wirtschaftswunders die Lebensverhältnisse für die gesamte Bevölkerung verbesserte: Noch 1966 wies das Land unter allen Bundesländern wegen seines hohen landwirtschaftlichen Anteils das geringste Sozialprodukt pro Kopf aus, dies zeigt, wie groß der Rückstand zum Rest der Republik noch immer war. Doch mit der Gründung der Europäischen Wirtschaftsgemeinschaft (EWG, 1957), die die freie Konvertierung der Währung erlaubte und den schrittweisen Aufbau eines gemeinsamen Marktes ohne Zölle und Handelsbeschränkungen vorsah, wurde das Bundesland an der Peripherie durch seine geografische Grenzlage zu Frankreich, Luxemburg und Belgien zu einer Zentralregion des europäischen Wirtschaftsraums und damit massiv aufgewertet. Die Zollunion (1968) und die Währungsunion (1999/2002) markieren nur zwei von vielen Teilstationen eines langen, zeitweise beschwerlichen Wegs hin zur europäischen Integration dieses Wirtschaftsraums.[135] Manchen Landwirt trieb freilich die Sorge um, ob sein Betrieb in einem gemeinsamen Agrarmarkt denn auch bestehen könne. Bald zeigte sich jedoch, dass die Zollunion zu einer engen Verflechtung der Länder der Europäischen Gemeinschaft (EG) im Handel untereinander führte. Langfristig nahmen die Rückstände beim Bruttoinlandsprodukt pro Kopf gegenüber anderen Flächenländern der Bundesrepublik ab: 1960 hatten sie gegenüber dem Durchschnittswert noch 12 % betragen, 1998 7,6 %.[136]

Verkehr Eine Schlüsselrolle für den wirtschaftlichen Auf- und Ausbau des Landes kam anfänglich der Verkehrsinfrastruktur zu. Die steigende Motorisierung und eine ungenügende Anbindung an das Fernstraßennetz, die zunehmende Verkehrsdichte insbesondere im Mittelrheintal, Nachholbedarf beim Autobahnnetz, aber auch die verkehrsmäßige Anschließung des seit 1957 der Bundesrepublik zugehörigen Saarlandes schufen in den 1950er Jahren drängenden Bedarf. Fuhren beispielsweise 1955 gerade einmal 1,3 % der »Aniliner« mit ihrem PKW zur BASF, so waren dies 1963 bereits 27 % der Mitarbeiter; die Werksparkplätze reichten längst nicht mehr aus. Die Zahl der Kraftfahrzeuge stieg alleine in der Pfalz zwischen 1950 und 1960 von 37.000 auf 165.000 an. Der Ausbau der A 6 in Ost-West-Richtung und der Bau der A 61 in Nord-Süd-Richtung markierten Anfänge dieser forcierten Verkehrserschließung. Indirekt mochte sie überdies als integrationspolitische Klammer wirken, indem sie die anfänglich oftmals mental noch weit entfernte Bewohnerschaft der Landesteile gewissermaßen mittels der Straße zusammenführte. Der Primat des Autos galt zunächst noch unangefochten, dementsprechend orientierte sich in den sechziger Jahren der Straßenbau an der Vorstellung der »autogerechten Stadt«. Ministerpräsident Helmut Kohl und Wirtschaftsministers Heinrich Holkenbrink wollten das Bundesland »zu einer Drehscheibe für den internationalen Verkehr in Europa« werden lassen, wie Kohl in seiner Regierungserklärung von 1971 hervorhob. Die bis dahin 321 Autobahnkilometer im Land plante Kohl auf 1.600 km ausweiten. Zum Ende des Jahrzehnts bröckelte dieser verkehrspolitische Konsens in der Bevölkerung immer stärker: Manche Projekte, wie z. B. die A 8 als europäische West-Ost-Querung in ihrem Teilstück durch den Pfälzer Wald, waren zunächst aus finanziellen Gründen, dann, wie die Hunsrückstrecke der A 60, aus Umweltschutzgründen nicht zu realisieren. Im Jahr 2010 verfügte Rheinland-Pfalz über die höchste Straßendichte (929 m Straße je km^2 Fläche) und nach dem Saarland über die meisten PKWs pro 1.000 Einwohner (543) in der Bundesrepublik.[137]

Auch wenn der Schienenverkehr besonders im ländlichen Raum wie der Eifel wichtig blieb, so verlagerte sich doch der Personen- und Güterverkehr zunehmend auf die Straße. Die Elektrifizierung zentraler Strecken (z. B. Remagen-Ludwigshafen 1958) sollte deren Attraktivität steigern. Allerdings unterlag insbesondere das kleine Netz der nicht bundeseigenen Bahnen im Wettbewerb gegen die Straße. Im Rheinhessischen gab das Land Ende der 1950er Jahre daher einige Strecken auf. Zunehmend zog sich die Bahn aus der Versorgung der Fläche zurück, dies betraf besonders Nebenstrecken in verkehrsärmeren Regionen sowie das Schienennetz in der Pfalz und in Rheinhessen. Im Fernverkehr wurden durch den 1971 eingeführten Intercitytakt die größeren Städte des Landes zunächst leichter und rascher erreichbar, wohingegen in den letzten Jahren insbesondere Städte jenseits der Hauptverkehrsachsen von einer Ausdünnung dieser Angebote betroffen sind.[138] Das in den 1990er Jahren entstandene Netz für Hochgeschwindigkeitszüge der Bahn wird rechtsrheinisch geführt. Inzwischen gibt es vielfache Ansätze, den öffentlichen Nahverkehr nicht zuletzt als Alternative zum PKW-Verkehr attraktiver zu gestalten. Die Verkehrs- und Tarifplanungen orientieren sich dabei eher an den realen Verkehrsströmen und Transporterfordernissen im Übergang der Verkehrsmittel als an den engeren Landes- oder Kommunalgrenzen. Als Beispiele seien hier die Bildung von Tarifgemeinschaften oder von Verkehrsbünden über die Landesgrenzen hinweg (Verkehrsverbünde Rhein-Neckar, 1989; Rhein-Main, Rhein-Mosel, Rhein-Nahe, Region Trier und Karlsruhe), verbesserte Taktfrequenzen (z. B. Rheinland-Pfalz-Takt,

1994) oder die Reaktivierung bereits stillgelegter Strecken (z. B. grenzüberschreitend nach Frankreich Neustadt-Wissembourg, 1997) genannt.

Für den Wasserverkehr bedeutete der Moselvertrag vom 27. Oktober 1956 einen Meilenstein. Das immer wieder angedachte, aber heftig umstrittene Projekt machten Bundeskanzler Konrad Adenauer und Ministerpräsident Pierre Mendès-France und seine Nachfolger zur Chefsache auf dem Weg zu einer deutsch-französischen wirtschaftlichen Zusammenarbeit. Schließlich konnte 1964 die Mosel zwischen Koblenz und Thionville ganzjährig mit Großschiffen befahren werden.[139] Zeitgleich begann die Vertiefung des Ober- und Mittelrheins, wodurch die Transportkapazität um ein Drittel erhöht wurde. Wegen der internationalen Dimension von Rhein und Mosel expandierten die Binnenschifffahrt und damit verbunden der Hafenverkehr. Zu Beginn der 1970er Jahre wurde noch nahezu die Hälfte der Güter in Rheinland-Pfalz auf dem Wasserweg transportiert, doch sank der Anteil der Binnenschifffahrt für den Güterumschlag in der Zeit von 1970 bis 1990 um mehr als ein Viertel. Auch der Anteil des Schienenverkehrs am Gütertransport war in dieser Zeit rückläufig. Hauptverkehrsträger blieb dagegen die Straße und hierbei die LKWs, in den 1990er Jahren flachten aber die in den 1970er und 1980er Jahren hohen Transportzuwächse auf der Straße ab.[140]

Mit dem Flughafen Frankfurt-Hahn, der nach dem Ende des Kalten Krieges aus der Konversion eines amerikanischen Militärflugplatzes im Hunsrück entstand, verfügt das Land seit 1993 über einen internationalen Flughafen für den Fracht- und Personenverkehr und ergänzt damit den Großraum Frankfurt für die Luftwirtschaft. Bis zum Jahr 2003 entwickelte sich Frankfurt-Hahn zum viertgrößten Frachtflughafen in der Bundesrepublik, 2009 wurden knapp 175.000 t Fracht transportiert. Die Passagierzahlen explodierten geradezu, als 1999 die irische Gesellschaft Ryanair das Billigfluggeschäft etablierte. 2008 nutzten 3,9 Mio. Passagiere diese neuen Reisemöglichkeiten, doch zeichnen sich mittlerweile auch Stagnationen ab. In den umgebenden Landkreisen waren überdurchschnittliche Wertschöpfungen feststellbar, wenn auch die Abhängigkeit von Unternehmensentscheidungen der Fluglinien das Land dazu zwang, seine finanzielle Beteiligung am Flughafen auszudehnen.[141]

Welche entscheidenden Impulse für die wirtschaftliche Entwicklung von einer geeigneten Anbindung an die Verkehrsträger ausgingen, und wie sich dadurch Wirtschaftsräume herausbildeten oder grundlegend veränderten, zeigte bereits in den 1960er Jahren das Beispiel des Hafenausbaus. Zahlreiche Hafenanlagen (Trier, Andernach, Bendorf, Koblenz, Ludwigshafen, Speyer, Germersheim, Wörth) wurden seit den 1960er Jahren ausgebaut, wodurch die Grundlagen für die Ansiedlung von weiteren Wirtschaftsbetrieben in parallel erschlossenen Gewerbeflächen gelegt wurden. Im Falle Germersheims – der Landkreis war 1950 noch als Notstandsgebiet ausgewiesen – wurde dadurch das »Wirtschaftswunder« gleichsam nachgeholt. Zwar hatten sich schon Mitte der 1950er Jahre einzelne Gewerbe in der Stadt angesiedelt, doch entfaltete erst der Aufbau des Industrie- und Handelshafens seit 1961 einen gewaltigen Sog, der im Umfeld des Hafens Industriebetriebe, den Großhandel und das Speditionsgewerbe anlockte. Vor allem zusammen mit dem seit 1963 im nahegelegenen Wörth ansässigen, europaweit führenden Lastkraftwagenwerk, der Daimler-Benz AG, die überdies in Germersheim ein Ersatzteillager eröffnete, entstand in dem so lange strukturschwachen Südosten des Landes ein bedeutender und ganz neuer Wirtschaftsschwerpunkt mit einer starken Konzentration auf das verarbeitende Gewerbe, ein Netzknoten im sich konstituierenden grenzüberschreitenden Wirtschaftsraum am Oberrhein. In den letzten Jahren wurden die Häfen Koblenz, Trier, Ludwigshafen, Germersheim, Wörth und Mainz-Bingen zu Güterverkehrszentren ausgebaut, um einen raschen Warenumschlag zwischen unterschiedlichen Verkehrsträgern sicherzustellen.[142] Die großen Wasserstraßen des Landes, insbesondere der Rhein und die Mosel, stellen vor allem mit steigendem Verkehrsaufkommen bis heute für den Auto- und Schienenverkehr vielfach verkehrstechnische Engpässe dar, so dass den politischen Entscheidungen um Brückenbauprojekten (z. B. Hochmosel, Mittelrhein, Wörth), bei denen die Prioritäten Zeitersparnis, wirtschaftliche Chancen, Kosten und Ökologie gegeneinander abzuwägen sind, oft langjährige und intensive Diskussionen in Öffentlichkeit und Politik vorausgehen.

Die wirtschaftliche Entwicklung des Landes Rheinland-Pfalz stellt sich im Rückblick als hochgradig eng mit der Verkehrsentwicklung verknüpfter Vorgang dar. Achsen der Mobilität und des Güteraustauschs wurden zu Achsen wirtschaftlicher Prosperität. Weitere maßgebliche Faktoren, wie die zentrale Lage von Rheinland-Pfalz in Westeuropa, der durch die Flächenausdehnung des Landes bedingte Mobilitätsaufwand sowie die wachsende Vernetzung in europäische und internationale Märkte, unterstützten diesen Prozess. Zu Beginn des 21. Jhs. stellt sich die Verkehrspolitik der Aufgabe, die Mobilität zu sichern, Warenflüsse ungehindert zu ermöglichen und für einen nachhaltigen Umgang mit den Ressourcen Sorge zu tragen.

Energie Um die Energieversorgung des so kohlearmen Landes sicherzustellen und auszubauen, schlossen Rheinland-Pfalz und Luxemburg Staatsverträge zum Bau von Wasserkraftanlagen an der Sauer bei Rosport-Ralingen (1950) und der Our bei Vianden (1958). Der Bau von Laufkraftwasserwerken an den Moselstaustufen ließ vor allem seit 1962 die Stromerzeugung der öffentlichen Elektrizitätsversorgungsunternehmen steigen (1960 35 MW; 1966 202 MW). Aus Wasserkraft stammte beispielsweise 1974 mehr als 20 % des Primärenergieverbrauchs von Rheinland-Pfalz. Die öffentlichen Elektrizitätswerke deckten indessen 1966 nur etwas mehr als ein Viertel (27,5 %; 2.228 Mio. kWh) des im Land verbrauchten Stroms (8.114 Mio. kWh), knapp 20 % wurden von Industrieunternehmen erzeugt, mehr als die Hälfte (52,6 %) über Fernleitungen von anderen Ländern bezogen. 1958 errichtete der Bund eine Uranerzaufbereitungsanlage in Ellweiler (Landkreis Birkenfeld), die von 1961 bis 1981 betrieben wurde.[143] Die Bedeutung fester Brennstoffe für den Primärenergieverbrauch von Rheinland-Pfalz war bereits 1966 auf weniger als 30 % (28,9 %; Bundesrepublik 48,9 %) gesunken. Stattdessen nutzte das Land früher, umfänglicher und länger als die Bundesrepublik Mineralöl als wichtigste Energiequelle. Wie abhängig Rheinland-Pfalz jedoch von diesem Energieträger war, führte die erste Ölpreiskrise 1973 vor Augen. In diesem Jahr betrug der Anteil des Erdöls beim Primärenergieverbrauch 61 %, ein Jahr später war der Anteil zwar bereits gesunken, doch das Land nutzte mit 57,4 % weiterhin stärker als der Bundesdurchschnitt (51,5 %) Mineralöl als Energiequelle. Zu Beginn der 1980er Jahre war dieser Anteil im Land auf 48 % zurückgegangen. Auf Grund der Krisenerfahrungen der 1970er Jahre setzte das Land verstärkt auf die Energieträger Gas, Steinkohle und Atomkraft, gleichzeitig aber auch auf Energiesparmaßnahmen. Ab 1968 folgte die Umstellung auf Ferngas. Mittlerweile durchziehen internationale Gasleitungen das Land in Nordsüd- und Westostrichtung.[144] Der öffentliche Widerstand

Die 1996 gegründete und heute in Wörrstadt ansässige Firma Juwi erstellt inzwischen weltweit Anlagen zur Gewinnung erneuerbarer Energien. 1997 wurde am Schneebergerhof (Donnersbergkreis) die erste 1,5 Megawatt-Windkraftanlage zur Stromerzeugung in Rheinland-Pfalz in Betrieb genommen.[147] (Juwi)

gegen die Verwendung von Atomkraft wuchs jedoch vor allem nach den Atomunglücken in Harrisburg (1979) und Tschernobyl (1986) derart an, dass das Land von einer Prozesswelle gegen den 1975 teilgenehmigten Bau des Kernkraftwerks Mülheim-Kärlich im Neuwieder Becken überzogen wurde. Das Kernkraftwerk nahm 1986 den Probebetrieb auf. Nach insgesamt 13 Monaten Laufzeit wurde es auf Grund einer Entscheidung des Bundesverwaltungsgerichts 1998 abgeschaltet. Derzeit wird das Werk rückgebaut. Auch andere Großprojekte zur Energiegewinnung durch Atomkraft, wie ein BASF-eigenes Kernkraftwerk in den 1960er Jahren, ein Kernkraftwerk in den 1970er Jahren in Neupotz sowie der Bau einer Wiederaufbereitungsanlage in den frühen 1980er Jahren, waren gesellschaftlich nicht mehr durchsetzbar.[145] Die Frage der Energiegewinnung verband sich immer stärker mit der Forderung nach Klimaschutz. Mit dem Wechsel zu einer SPD-geführten Landesregierung 1991 verabschiedete sich das Land von der Nutzung der Kernenergie und strebte den Abbau der Nutzung fossiler Brennstoffe zugunsten von Gas und seit der Mitte der 1990er Jahre regenerativer Energien wie Solarenergie, Geothermie und Windenergie an. In der Entwicklung der Strombilanz des Landes stieg der Anteil der erneuerbaren Energien beim Bruttostromverbrauch von 1990 bis 2007 von 3,2 % (27.200 Mio. kWh) auf 12,6 % (29.500 Mio. kWh), bei der Bruttostromerzeugung von 7.400 Mio. kWh (11,7 %) auf 14.900 Mio. kWh (24,9 %).[146]

Strukturwandel seit den 1950er Jahren

Der vielbemühte, aber dennoch vage Begriff des »Wirtschaftswunders« trifft zwar auch für das Land Rheinland-Pfalz zu, doch vollzog sich das scheinbare »Wunder« besonders in den vormaligen Notstandsgebieten später als in den prosperierenden industriellen Zentren am Rhein. Die Wende lässt sich am Strukturwandel der Erwerbszweige ablesen: 1950 waren 36,1 % der Erwerbstätigen des Landes in der Landwirtschaft beschäftigt, 34,7 % im verarbeitenden Gewerbe (einschließlich Baugewerbe) und 27,9 % im Bereich der Dienstleistungen; die übrigen Erwerbstätigen verzichteten auf entsprechende Angaben. Die sektorale Verschiebung war 1961 vollzogen, als die Land- und Forstwirtschaft ihre Rolle als führender Erwerbsgeber an das verarbeitende Gewerbe (einschließlich Baugewerbe) abgegeben hatte. In der Landwirtschaft arbeiteten nunmehr 21,5 %

der Erwerbstätigen, im verarbeitenden Gewerbe dagegen 41,8 %. Ungeachtet ihres hohen Beschäftigtenanteils trugen Land- und Forstwirtschaft sowie das Fischereigewerbe 1950 14,4 % und 1960 8,6 % zur Wertschöpfung bei, dagegen steigerte das produzierende Gewerbe diesen Anteil von 46,5 % (1950) auf 51,1 % (1960), während der Dienstleistungsbereich in diesem Jahrzehnt erst einen geringfügigen Wertschöpfungszuwachs (1950 39,1 %, 1960 40,3 %) aufwies. 1965 hatte das produzierende Gewerbe mit 51,1 % den Höhepunkt seiner Bruttowertschöpfungskapazität erreicht. Zehn Jahre später war diese Führungsrolle auf den Dienstleistungssektor mit 53,2 % übergegangen, die Wertschöpfung des produzierendes Gewerbe war auf 43 % gesunken.[148] Damit ist auch der Zeitpunkt für den Übergang in die Dienstleistungsgesellschaft im Land Rheinland-Pfalz beschrieben: Er lässt sich in der ersten Hälfte der 1970er Jahre festmachen.

Unterdessen hat sich der Dreischritt – Rückgang der Landwirtschaft, Rückgang des produzierenden Gewerbes und Hinwendung zum Dienstleistungssektor –, der für die gesamte europäische Wirtschaft vor allem seit der zweiten Hälfte des 20. Jhs. zu beobachten ist, weiter verfestigt: Im Jahr 2010 waren noch 2,1 % der Erwerbstätigen in der Landwirtschaft, 28,5 % im verarbeitenden Gewerbe und 44,6 % im Bereich sonstiger Dienstleistungen tätig.[149] Der Dienstleistungsbereich erwirtschaftete dabei mehr als zwei Drittel (67,9 %), das produzierende Gewerbe 30,7 %, die Land- und Forstwirtschaft samt Fischerei 1,5 % der Bruttowertschöpfung. Beim Bruttoinlandsprodukt je Erwerbstätigem lag Rheinland-Pfalz im Jahr 2009 unter 16 Stadt- und Flächenstaaten mit 55.284 Euro (Deutschland: 59.784) auf Platz zehn.[150]

Der Strukturwandel enthüllt Rheinland-Pfalz-spezifische Besonderheiten, sobald man die Entwicklung der einzelnen Sektoren genauer betrachtet. Dem Bereich Landwirtschaft, Forstwirtschaft und Fischerei kommt ungeachtet seiner geringen Erwerbs- und Wertschöpfungsziffern nach wie vor eine wichtige Rolle zu: Das Land verzeichnet bundesweit mit 41,9 % (2008) die größte Waldfläche. Gemeinsam mit Sonderkulturen, wie dem Weinbau, der bald zwei Drittel der deutschen Rebfläche im Land vereinigt, beeinflusst dieser »Naturfaktor« der Kulturlandschaft den Erholungswert und die Außenwahrnehmung des Landes und wirkt damit auf den Fremdenverkehr und die Gesundheitswirtschaft zurück.[151] Die landwirtschaftlich genutzte Bodenfläche nahm von 1950 bis 2010 von 953.054 auf 705.223 ha und damit um 26 % ab. Die in den Anfangsjahren des Landes noch erheblich stärkere Bedeutung der Landwirtschaft lässt sich daran ablesen, dass bis 1960 neue Flächen als Ackerland gewonnen wurden, die Bewirtschaftung mit Dauergrünland bis 1965, mit Obstanlagen bis 1975 flächenmäßig ausgedehnt wurde. Auch die Rebfläche wuchs seit 1950 um 15 % (2010: 63.350 ha), entwickelt sich jedoch seit Mitte der 1990er Jahre leicht rückläufig. Die Zahl der über 200.000 landwirtschaftlichen Betriebe im Land (1949) halbierte sich bis 1971 in etwa (106.128), 2010 betrug sie noch knapp ein Zehntel (20.564) des Ausgangswerts, mehr als 40 % dieser Betriebe waren 2007 Weingüter. Bewirtschafteten 1949 knapp drei Viertel aller Betriebe (152.478) weniger als 5 ha, so verschob sich die landwirtschaftliche Nutzungsfläche zum mittleren und großen Betrieb, nurmehr ein gutes Viertel (5.494) aller Betriebe bestellten 2010 weniger als 5 ha – hierzu wird man sicher manchen Weinbaubetrieb rechnen dürfen.[152] Weniger Erzeuger, dafür größere Nutzungseinheiten bei gleichzeitiger Ertragssteigerung – so könnte man diese Tendenzen im landwirtschaftlichen Bereich für die zweite Hälfte des 20. Jhs. zusammenfassen.

Im verarbeitenden Gewerbe kam der Bergbau in Rheinland-Pfalz in der ersten Hälfte der 1960er Jahre praktisch zum Erliegen, regionale Sonderprägungen zeigten sich um die Jahrtausendwende noch im Westerwaldkreis (Ton) und rund um Mayen (Schiefer). Da es statistisch nicht einfach ist, die Feinentwicklung des verarbeitenden Gewerbes in einer langen Zeitreihe abzubilden, sei hier eine Momentaufnahme für die Zeit um die Jahrtausendwende beschrieben: Die chemische Industrie nahm auch um die Jahrtausendwende ungebrochen die Führungsrolle im produzierenden Gewerbe des Landes ein. Wenngleich seit Mitte der 1990er Jahre die Zahl der Mitarbeiter rückläufig war, so

Die zehn umsatzstärksten Unternehmen in Rheinland-Pfalz 2009

Name	Ort	Branche	Umsatz 2009 (in Mio. EUR)	Mitarbeiter 2009
BASF SE	Ludwigshafen	Chemie	50.693	104.779
Boehringer Ingelheim	Ingelheim	Humanpharma	12.721	41.534
Pharma GmbH & Co. KG DB Schenker Rail	Mainz	Logistik	2.927	19.157
Deutschland AG Hornbach Holding AG	Neustadt a. d. W.	Einzelhandel (Baumärkte & Baustoffhandel)	2.853	13.214
Schott AG	Mainz	Spezialglas	2.261	17.709
KSB AG	Frankenthal	Pumpen, Armaturen und zugehörige Systeme	1.893	14.249
Vinci Deutschland GmbH	Ludwigshafen	Bau	1.726	8.500
United Internet AG	Montabaur	Internet/Telekommunikation	1.659	4.571
Pfalzwerke AG	Ludwigshafen	Energie	1.587	666
Rasselstein GmbH	Andernach	Metall/Weißblech/Verpackungsstahl	1.227	2.350

Quelle: Rheinland-Pfalz Bank: Top 100 – Die umsatzstärksten Unternehmen in Rheinland-Pfalz, Stand: Oktober 2010 [URL: http://www.rlp-bank.de/top100 (14.11.2011)].

nahm die Arbeitsproduktivität zu, wodurch die Wertschöpfung der chemischen Industrie anstieg. Die Metallindustrie rangiert in Rheinland-Pfalz an zweiter Stelle im produzierenden Gewerbe, ihr folgt der freilich stärker von Konjunkturschwankungen abhängige Maschinenbau. Der Fahrzeugbau entwickelte sich seit 1991 rückläufig, ebenso wie in der Textil- und Bekleidungsindustrie wirkten sich hier Produktionsverlagerung aus. Als weitere für das Land besonders wichtige Wirtschaftszweige mit Wertschöpfungsanteilen von 5–6 % zur Jahrtausendwende sind Gummi und Kunststoffe, Büromaschinen und Datenverarbeitungsgeräte sowie Elektrotechnik, Feinmechanik, Optik, Glas und Keramik zu nennen. Der Bereich der Energie- und Wasserversorgung verzeichnete bei starkem Personalabbau, z. T. in Verbindung mit Ausgliederungen eher fachfremder Arbeitsbereiche, insgesamt einen erheblichen Wachstumsgewinn innerhalb des produzierenden Gewerbes. Als ausgesprochene Krisenbranche mit Überkapazitäten galt das Baugewerbe.[153] Die für die Wirtschaftsgeschichte von Rheinland-Pfalz seit dem 19. Jh. als Besonderheit geltende Schuhproduktion, die noch in den 1950er Jahren sowohl bei Beschäftigten- als auch bei Umsatzzahlen erheblich expandierte, durchlief seit den 1980er Jahren einen ständigen Konzentrations- und Schrumpfungsprozess, wenngleich seit den 1960er Jahren bis etwa 1990 das Auslandsgeschäft den verbliebenen Betrieben Zuwächse ermöglichte. 1970 bot die Schuhproduktion über 30.000 Menschen Beschäftigung und lag damit nur wenig hinter dem zu dieser Zeit noch aufstrebenden Fahrzeugbau (35.893 Beschäftigte), seit 1990 gingen ihre Umsätze kontinuierlich zurück, Produktionsverlagerungen ins Ausland zeigten Folgen. Der Strukturwandel zeigt sich in dieser Branche besonders deutlich: 1950 stellten etwas mehr als 7 % aller Betriebe im Land Schuhe bzw. Schuhteile her, 2000 nur noch 2,2 %. Jeder zehnte Beschäftigte im verarbeitenden Gewerbe war 1950 mit Schuhen befasst, 2000 nur 1,5 von 100 Beschäftigten; der Anteil am Umsatz im produzierenden Gewerbe war in diesem halben Jahrhundert von 10 % auf 1 % gefallen.[154]

Die Ausdehnung des Dienstleistungsbereichs ergänzte in vieler Hinsicht den produzierenden Sektor durch spezielle Angebote wie Beratungsleistungen oder Werbung. Anfangs ging die Zunahme vor allem in den 1950er Jahren auf die stark wachsende Filialisierung der Kreditinstitute sowie der Versicherungen zurück. Unter den konsumorientierten Dienstleistungen profitierte vor allem der Fremdenverkehr im Land vom steigenden Wohlstand. Die Zahl der Betten und der Übernachtungen nahmen nahezu gleichmäßig zu. 2005 verzeichnete das Land 7,3 Mio. Gäste mit 21,1 Mio. Übernachtungen. Gerade im Dienstleistungsbereich entwickelten sich eine Fülle neuer Berufszweige: War die Ausdehnung des Mediensektors im Dienstleistungsbereich in den 1960er und 1970er Jahren eine Besonderheit in Rheinland-Pfalz, so bilden sich seit einigen Jahren Schwerpunkte in der Logistik heraus. Der Übergang ins digitale Zeitalter seit den 1990er Jahren schlug sich zwar in allen Sektoren nieder, doch kam der neu entstehenden IT-Branche gerade für den Dienstleistungsbereich eine Schlüsselstellung zu. Als Beispiel sei hier die Ansiedlung des Unternehmenssitzes der United Internet AG in Montabaur erwähnt, die mit Produkten wie gmx, web.de oder 1 & 1 einen weltweiten Kundenkreis aufbaute und heute mehr als 5.000 Mitarbeiter zählt.[155]

Nach der Jahrtausendwende kam der Wertschöpfung durch Dienstleistung in den Städten Koblenz, Landau, Mainz und Neustadt mit über 80 % der gesamten Wertschöpfung eine ganz besondere Stellung zu.[156]

Produktbeispiele aus Rheinland-Pfalz

(Paff Industrial, Andreas Linsenmann, Eckes-Granini Deutschland, Boehringer Ingelheim, Unternehmensarchiv der Bitburger Braugruppe GmbH)

Außenhandel

Der Außenhandel ist besonders für den gewerblichen Sektor in Rheinland-Pfalz sehr bedeutsam. Seit 1950 hat sich seine Exportquote von 11 % auf 52 % (2010; Bundesdurchschnitt 46 %) erhöht. Damit liegt Rheinland-Pfalz nach Bremen und Bayern an dritter Stelle im Bund. Gleichzeitig bildet der hohe Exportanteil aber auch die Achillesferse der rheinland-pfälzischen Wirtschaft, macht er das Land doch besonders von internationalen und globalen Wirtschaftskrisen abhängig, wie z. B. Einbrüche Anfang der 1990er Jahre oder im Gefolge der Wirtschaftskrise 2008/09 gezeigt haben. Die chemische Industrie und der Maschinenbau sind seit den 1950er Jahren die exportstärksten Branchen, doch ist inzwischen der Exportanteil im Fahrzeugbau, einer Branche, die 1950 0,5 % und 2006 15 % zum Industrieumsatz beitrug, höher als der des Maschinenbaus. 90 % der Exporte waren zur Jahrtausendwende Fertigwaren. Roh- und Halbwaren wurden 1950 noch mit 24 % nachgefragt, ihr Exportanteil ging bis 1998 auf weniger als 5 % zurück.[157]

Die noch aus der zweiten Besatzungszeit herrührenden engen Verbindungen nach Frankreich blieben auch in Zeiten des regulären Außenhandels ab 1949 bestehen. 1953 eröffnete beispielsweise das Mainzer Unternehmen Werner & Mertz, bekannt für seine Schuhpflege- und Reinigungsmittel, eine Filiale im lothringischen Bitche; Klein, Schanzlin & Becker griffen nach Luxemburg (1947) und Frankreich (1951) und schließlich ab den 1950er Jahren in andere Kontinente aus.[158] Frankreich, und nach der Gründung der EWG das »Europa der Zwölf«, nahmen von 1960 bis Mitte der 1980er Jahre etwa die Hälfte der rheinland-pfälzischen Exporte auf, ein knappes Drittel ging an andere westliche Industriestaaten. Nach den Ölpreiskrisen in den 1970er Jahren wurden kurzzeitig bis zu Beginn der 1980er Jahre rheinland-pfälzische Industrieerzeugnisse verstärkt von OPEC-Staaten nachgefragt, der Höhepunkt des Absatzes belief sich 1981 auf nahezu 19 % der Exporte. Durch die Grenzöffnungen nach Osten erschloss sich der Export nach Ost- und Mitteleuropa, 1998 wurde dieser Raum mit ca. 10 % der Auslandsgüter aus Rheinland-Pfalz beliefert. Zur Jahrtausendwende flossen 55 % der rheinland-pfälzischen Exporte in die Staaten der EU und dabei zuvörderst nach Frankreich, in die übrigen westlichen Industriestaaten, davon vor allem in die USA, insgesamt etwa 20 %, in die OPEC-Länder etwa 3 %, in Entwicklungsländer, wie schon in den Jahren zuvor, etwa 10 %. Am Handelshorizont war Asien zu Beginn des neuen Jahrtausends mit gerade ungefähr 1 % Exportanteil sichtbar; bis 2010 hatte sich China für die rheinland-pfälzische Wirtschaft zum inzwischen neuntwichtigsten Partner mit einem Anteil an der Exportquote von 3,5 % entwickelt. Unter den landwirtschaftlichen Exporten spielt natürlich der Wein eine besonders wichtige Rolle. Fast die Hälfte der deutschen Weinexporte 2007 kam aus Rheinland-Pfalz, Hauptabnahmeländer sind, was die Menge angeht, Großbritannien, was jedoch die Erlöse angeht, die USA.[159]

Sonderfaktor Militär

Von besonderer Bedeutung für die wirtschaftliche Entwicklung des Landes, die sich aus den allgemeinen statistischen Erhebungen nicht unmittelbar erschließt, ist die Bedeutung vor allem des amerikanischen Militärs als Wirtschaftsfaktor. Bislang lässt sich der Beitrag der amerikanischen Soldaten, die ab 1950 in großer Zahl in Deutschland und hier vor allem in Rheinland-Pfalz stationiert waren, für den Nachkriegsaufbau nur erahnen. Schätzungen für das Jahr 1986 beziffern beispielsweise die Summe der Ausgaben der amerikanischen Streitkräfte auf 4,8 Mrd. DM, die für militärische Bauprojekte, Waren und Dienstleistungen der Militärstandorte, den privaten Konsum der Soldaten und für Lohnzahlungen an deutsche Beschäftigte nach Rheinland-Pfalz geflossen sind. Da etliche amerikanische Militäreinrichtungen in strukturschwachen Gegenden lagen, waren die Zugewinne dort besonders willkommen, machten aber umgekehrt das Wirtschaftsleben dieser Regionen zugleich von der Entwicklung der Militärstandorte abhängig. Manches Häuschen in der Westpfalz wurde durch das »Zubrot« aus derartigen Mieteinnahmen mitfinanziert. Mitte der 1980er Jahre waren 7,6 % der Bodenfläche des Landes von militärischen Einrichtungen belegt. Nach der politischen Neuorientierung am Ende des Kalten Krieges wurden in Rheinland-Pfalz 623 Liegenschaften durch Truppenabzüge zur Umnutzung frei. Durch Konversion entstanden dadurch bis zur Jahrtausendwende 34.500 Arbeitsplätze, doch gingen die Beschäftigungswirkungen über diese Zahlen hinaus. Das Konversionsprogramm des Landes führte bis 2007 zu einer unmittelbaren Wertschöpfung von 1,25 Mrd. Euro pro Jahr.[160] Zu den Projekten zählten u. a. die Umwidmung militärischer in zivile Flughäfen (Hahn, Zweibrücken), die Ausweisung neuer Gewerbeflächen, die Anlage von Erholungsflächen und neuen Wohnquartieren, der Aufbau spezialisierter Forschungs- und Technologieparks sowie Netzwerke (z. B. Kompetenzzentrum Umwelttechnik Rheinland-Pfalz), die Bildung von Umweltschwerpunkten oder die Erweiterung von Universitäten und Fachhochschulen. Insgesamt erwies sich das Konversionsprogramm wegen der starken Abhängigkeit der betroffenen Regionen vom

Wirtschaftsfaktor »Militär« als große Herausforderung für die Wirtschaftspolitik des Landes. Gleichzeitig boten die Gestaltungsmöglichkeiten aber auch die Chance, erstmals seit dem Bestehen des Landes gemeinsam mit Bundeseinrichtungen, Kommunen, Städten und Investoren umfängliche strukturelle Weichen für die wirtschaftliche Zukunft von Rheinland-Pfalz, aber auch für die regionale Raumentwicklung und Stadtplanung zu stellen. Nach wie vor trägt das amerikanische Militär u.a. durch Beschäftigungsmöglichkeiten für deutsche Arbeitnehmer und andere Ausgaben zur Wirtschaftskraft des Landes bei, so z. B. mittels der Air Base Ramstein, die die amerikanische Regierung nach der Schließung der Rhine-Main Air Base Frankfurt im Jahr 2005 zum größten Stützpunkt der US Air Force in Europa aufwertete und zum wichtigen militärischen Großflughafen ausbauen ließ.

6. Kriege, Krisen, Wohlergehen – eine Bilanz des 20. Jhs.

Welche markanten wirtschaftlichen Grundprägungen ziehen sich als Spur oder Entwicklungsbogen bis in die Gegenwart? Zu nennen sind hier:

- Die seit dem 19. Jh. währende Dominanz der chemischen Industrie als tragende Säule der wirtschaftlichen Entwicklung in diesem Raum.
- Die bis heute ländliche Prägung des Landes. Sie schlug sich in den Arbeitsstrukturen des produzierenden Gewerbes nieder. Bis heute herrscht in Rheinland-Pfalz, von wenigen Ausnahmen abgesehen, die mittelständische Betriebsgröße vor.
- Die Transformation angestammter Spezialgewerbe zu qualitativ hochleistungsorientierter Produktion und damit eine Branchenkontinuität im weiteren Sinne, sei es die forschungsgestützte Fortentwicklung von Spezialkeramik im Westerwald sowie der Edelsteinindustrie rund um Idar-Oberstein, sei es die Produktion erlesener Weine, mit der Zielrichtung des internationalen Marktes.
- Die hohe Präsenz von Militär auf dem Gebiet von Rheinland-Pfalz. Sie bedingte vielfach die Ausrichtung wirtschaftlicher Interessen an militärischen Bedürfnissen und ihren Hinterlassenschaften.
- Die Notwendigkeit der intensiven Vernetzung des lokalen und regionalen Wirtschaftsraums mit anderen Räumen, die sich im Innern vor allem im Rhein-Neckar-, Rhein-Main- und Rhein-Ruhr-Raum und zum Saarland hin zeigt, im Äußeren in engen wirtschaftlichen Beziehungen zu Frankreich, Luxemburg und Belgien sowie insbesondere bei den unmittelbar grenzüberschreitenden Beziehungen mit diesen Nachbarstaaten.
- Die große Bedeutung der Verkehrsentwicklung für die wirtschaftliche Prosperität.

Im Rückblick auf das 20. Jh. lässt sich für dessen zweite Hälfte eine geradezu atemberaubende Wohlstandsentwicklung konstatieren. Im normativen Bereich fußt sie auf einer Wirtschaftsordnung, die dem Prinzip der sozialen Marktwirtschaft verpflichtet ist. Der unbedingte Primat des Politischen, der weite Teile des Wirtschaftslebens in unserem Raum vor allem in der ersten Hälfte des 20. Jhs. in den Regulierungswirtschaften von Mangel-, Kriegs- und Besatzungszeiten empfindlich geprägt hat, gehört einstweilen – und hoffentlich auf Dauer – der Vergangenheit an. Ein solcher, an nationalen oder militärischen Belangen ausgerichteter Staatsinterventionismus nahm nur wenig Rücksicht auf regionale oder lokale Wirtschaftsbedürfnisse, wie besonders eindrücklich die nationalsozialistische Wirtschaftspolitik Berliner Prägung in unserem Raum gezeigt

Wirtschaftlicher Wandel im 20. Jahrhundert im Spiegel eines Firmenportraits

Zentrale Elemente rheinland-pfälzischer Wirtschaftsgeschichte im Schnittfeld von Gewerbe und Handel, gebrochen an den Achsen der jeweiligen politischen und konjunkturellen Zeitumstände, bündeln sich beispielhaft in der Unternehmensgeschichte der aus einem handwerklichen Familienbetrieb erwachsenen Hornbach Holding AG. Ihr Werdegang steht hier stellvertretend für viele andere, die nicht minder das Interesse des Historikers und des Lesers verdienen würden und noch der Entdeckung harren.

Die Anfänge der 1877 in Landau gegründeten Firma Hornbach nahmen sich zunächst bescheiden aus. Die handwerkliche Tradition der Schieferdeckerei verband sich zu Beginn des 20. Jhs. mit dem Handel von Zement, Asphalt und Baumaterialien und dem noch neuen Eisenbetonbau. Bald kamen Hauskläranlagen hinzu, die bei der Errichtung neuer Siedlerstellen in den nationalsozialistischen Jahren nachgefragt waren. Nach dem Zweiten Weltkrieg ließ die Behebung der Wohnungsnot die Umsätze der Hornbachschen Unternehmen steigen: Alleine von 1949 bis 1950 verdoppelte sich der Umsatz fast auf eine halbe Mio. DM, 1953 überschritt er die Millionengrenze. Arbeitskräfte aus Griechenland unterstützten seit den 1960er Jahren die Arbeit am Kläranlagenbau. Gleichzeitig produzierte man zeitweilig Transportbeton – ein Novum, war doch Beton bisher erst am Bedarfsort gemischt worden. 1984 trennte sich die Firma von den Aktivitäten im Bereich der Wassertechnik. Insgesamt hatte man mehr als 100.000 Kleinkläranlagen, mehr als 80 Gemeindekläranlagen und 1.000 Großbaubehälter gebaut und errichtet.

Fortan konzentrierte sich die Firma auf das Baugeschäft. In Bornheim bei Landau konnten die Kunden erstmals im September 1968 Artikel rund ums Bauen und Sanieren, die bisher nur im Fachhandel zu finden waren, in einem Bau- und Gartencenter selbst aussuchen. Das neue Angebot eines Baumarktes hatte den Zeitgeist getroffen: Die kürzeren Arbeitszeiten, der »Häusle-Bauer-Drang« und die »Do-it-Yourself«-Bewegung verliehen dieser von intensiver Werbung begleiteten und von amerikanischen Vorbildern beeinflussten Marktform der Selbstbedienung und des »Warehouse« kräftigen Rückenwind. Der Fall der Mauer und die Osterweiterung der EU eröffneten neue Möglichkeiten der Expansion; wie lebhaft diese ausfiel, zeigten die Beschäftigtenzahlen. Sie stiegen von 300 (1968) auf 6.343 (2000), dann 2007 auf knapp 13.000. Heute zählt das börsennotierte Unternehmen 130 Baumärkte.[161]

hatte. Der Grenzlandtopos als Ausdruck der wirtschaftlichen Zurücksetzung und Chancenlosigkeit fand seit dem Ende des Ersten Weltkrieges reichlich Nahrung. Im Zusammengang mit den naturgegebenen Unterschieden führte er zu einem hohen Maß an Disparität in der Wirtschaftsphysiognomie des jungen und noch stark dem Agrarischen verhafteten Bundeslandes Rheinland-Pfalz. Unterstützt von äußerer Hilfe bewirkten die Aufbaujahre, dann aber vor allem der Strukturwandel weg von der Landwirtschaft und der Anschluss an den europäischen Markt, hin zum – naturunabhängigen – produzierenden Sektor – und schließlich hin zur Dienstleistungs- und Wissensgesellschaft in Verbindung mit der Öffnung zum Weltmarkt eine stärkere Angleichung der wirtschaftlichen Teilhabechancen der Menschen im Land Rheinland-Pfalz. Auch wenn sich naturgemäß noch immer Unterschiede zwischen den Teilregionen des Landes feststellen lassen, wie der Blick auf Arbeitslosenziffern (z. B. September 2011: Stadt Pirmasens 12,6 %, Stadt Landau 4,9 %) und das Prokopfeinkommen (2009: Landkreis Kusel 16.979 Euro, Landkreis Mainz-Bingen 21.836 Euro) offenbaren, so sind diese graduell, aber nicht mehr existentiell von Bedeutung. In etlichen vormals schwer belasteten Ungunsträumen, wie z. B. in der Eifel rund um Bitburg und Prüm, haben sich längst auskömmliche Lebensverhältnisse entwickelt (Eifelkreis Bitburg-Prüm Prokopfeinkommen 2009: 17.836 Euro, Arbeitslosigkeit im September 2011: 2,5 %).162 Diese Lebensbedingungen zu erhalten, sie zum Wohl der Menschen und der Natur den jeweiligen Herausforderungen anzupassen und in diesem Rahmen wirtschaftliche regionale Chancen zu nutzen, legt allen am Wirtschaftsprozess Beteiligten auch in der Zukunft eine hohe Verantwortung auf.

1 Zitat: MALANIMA, Wirtschaftsgeschichte 2010, S. 408.
2 Vgl. KAUFHOLD, Deutschland 1993, S. 553.
3 Zitat: TILLY, Zollverein 1990, S. 81.
4 Ebenda, S. 111 f.
5 WALTER, Wirtschaftsgeschichte 2011, S. 260, 268, 307; ABELSHAUSER, Wirtschaftsgeschichte 2005, S. 44 ff., 295 ff.
6 Alleine auf dem Rhein waren zwischen Straßburg und Holland bis 1804 29 Zollstationen zu überwinden. POTT, Entwicklung 1968, S. 6; BÖHME, Prolegomena 1968, S. 9 ff.; DUMONT, Republik 1993, S. 26 ff.
7 Zitat: KAUFHOLD, Deutschland 1993, S. 557; DUMONT, Republik 1993, S. 27; zur Entwicklung im Gebiet von Rheinland-Pfalz vgl. den Beitrag von SCHIFFMANN, Bevölkerungsgeschichte, in diesem Band; NORTH, Handelsexpansion 2005, S. 137.
8 SCHWERZ, Beobachtungen 1816, S. 115.
9 KONERSMANN, Gästebuch 2009, S. 9, Zitat S. 19; MAHLERWEIN, Bürger 2001, S. 51; NEFF, Möllinger 1957; DUFRAISSE, L'influence 1992, S. 162.
10 WEHLER, Gesellschaftsgeschichte Bd. 1 1989, S. 123; NORTH, Handelsexpansion 2005, S. 150; CLEMENS, Immobilienhändler 1995, S. 15, 17.
11 FONTANESI, Vorstellung 1775, [S. 4]; zur Definition von Manufaktur vgl. SCHREMMER, Wirtschaft 1970, S. 474; NORTH, Handelsexpansion 2005, S. 153.
12 KERMANN, Manufakturen 1972, S. 609; SPOO, Bankgewerbe 1999, S. 7.
13 TÖNSMANN, Wasserkraftanlagen 1985, S. 27 f.
14 DUFRAISSE, L'influence 1992, 116 f.; vgl. WEHLER, Gesellschaftsgeschichte Bd. 1 1989, S. 378, Zitat ebenda.
15 Zitat: DUFRAISSE, L'influence 1992, S. 114; vgl. SPRINGER, Franzosenherrschaft 1926, S. 253; KÖNIG, Hunsrück 1995, S. 164 f.
16 MAHLERWEIN, Herren 2001, S. 426 f.; DUFRAISSE, L'influence 1992, S. 169, 167 f.; SPRINGER, Franzosenherrschaft 1926, S. 366, 369 f.; HAAS, Agrarwesen 2004, S. 587.
17 Rur: SCHIEDER, Säkularisation 1991, S. 14; Berg: WEHLER, Gesellschaftsgeschichte Bd. 1 1989, S. 498, Zitat ebenda; DUFRAISSE, L'influence 1992, S. 176.
18 DUFRAISSE, L'influence 1992, S. 187.
19 MÜLLER, Stadt 1988, S. 392.
20 DUFRAISSE, L'influence 1992, S. 134 f; LONGEN, Fronarbeiten 2010, S. 38; DIETZ-LENSSEN, Hafenstadt 2007, S. 12; Zu den Entwicklungen im Mainzer Hafen: POTT, Entwicklung 1968, S. 5 ff., MÜLLER Stadt 1988, S. 391 f.
21 MONZ, Verhältnisse 2004, S. 599, 606, 610; FISCHER, Strukturen 1990, S. 55.
22 SCHÜLER, Herzogtum 2003, S. 439, 445 ff.; HAHN, Wirtschaft und Verkehr 2010, besonders S. 84, 86; LERNER, Wirtschafts- und Sozialgeschichte 1965, Zitat S. 60, 62 f.
23 WEHLER, Gesellschaftsgeschichte Bd. 1, 1989 S. 499; HAHN, Geschichte 1984, S. 18; CLEMENS, Trier 2004, S. 383; ROWE, Reich 2003, S. 195; Zitat: CLEMENS, Immobilienhändler 1995, S. 5; DUFRAISSE, L'influence 1992, S. 146.
24 CLEMENS, »Moselkönig« 1996, S. 129 ff.
25 BECHTOLSHEIMER, Rheinhessen 1905, S. 40 f.; ERHARD, Handelgesetzbuch 1808, S. VII.

26 ANGELOW, Bund 2003, S. 60, 62; FISCHER, Strukturen 1990, S. 19; BURKHARDT, Verhältnis 2001, S. 18 f.

27 HAHN, Integration 1982, S. 31; HUBER, Dokumente 1961, Zitat S. 81; Wortlaut Art. 19 ebenda, S. 80 f. (Nr. 29); HAHN, Zollverein 1984, S. 15.

28 HAHN, Zollverein 1984, S. 29, 23, 46, 61, 194; SCHNABEL, Geschichte 1965, S. 126; SCHUBERT, Regierung 1925, S. 263; JARREN, Schmuggel 1992, S. 238; Zitat: Schott an Heinrich von Gagern, 6.7.1833, in: WENTZCKE/KLÖTZER, Liberalismus 1959, S. 117 (Nr. 29); zu Meisenheim, Lichtenberg und Birkenfeld: PARRY, Treaty Series 1969, Bd. 78, S. 83–96, Bd. 80, S. 293–300, 351–358, Bd. 81, S. 85–95.

29 WEHLER, Gesellschaftsgeschichte Bd. 2 1989, S. 126; MILKEREIT, Sozial- und Wirtschaftsentwicklung 1979, S. 202; PARRY, Treaty Series 1969, Bd. 78, S. 43–61, Bd. 79, S. 429–435; HUBER, Verfassungsgeschichte Bd. 2 1960, 285; HAHN, Zollverein 1984, S. 66, 79; KRAUS, Regierungszeit 2003, S. 187 ff.

30 ANGELOW, Bund 2003, Zitat: S. 64; HAHN, Zollverein 1984, S. 79 ff.; HAHN, Integration 1982, S. 22.

31 Allgemein: ANGELOW, Bund 2003, S. 60 ff.; HAHN, Zollverein 1984, S. 81; WEHLER, Gesellschaftsgeschichte Bd. 2 1989, Zitat: S. 132.

32 HAHN, Integration 1982, S. 20; ZIEG, Nassau 1987, S. 200 f.; HAHN, Zollverein 1984 , S. 50 ff., 73, PARRY, Treaty Series 1969, Bd. 79, S. 79–92; Bd. 85, S. 387–408.

33 FENSKE, Rheinbayern 2006, S. 66, 69 f.; vgl. HAHN, Integration 1982, S. 19.

34 HAHN, Integration 1982, S. 220 ff.

35 Alle Zitate nach BRESGEN, 21.11.1848, S. 2 ff. (URL: http://edocs.ub.uni-frankfurt.de/volltexte/2006/6833/ [8.9.2011]).

36 WEHLER, Gesellschaftsgeschichte Bd. 2 1989, S. 135 f.; HAHN, Integration 1982, S. 215 f., 238, 208 ff.; SCHÜLER, Geld 1978, S. 13 f.

37 WEHLER, Gesellschaftsgeschichte Bd. 2 1989, S. 125; HAHN, Integration 1982, S. 274, 301 f., 305.

38 WEHLER, Gesellschaftsgeschichte Bd. 2 1989, S. 125; TILLY, Zollverein 1990, S. 48.

39 Zitat: HAHN, Revolution 2011, S. 22; die Ausführungen zum Eisenbahnbau stützen sich auch im Folgenden wesentlich auf HÜBSCHEN/KREFT-KETTERMANN, Entwicklung 1996; vgl. ZIEGLER, Interessen 1994, S. 39.

40 GÖTSCHMANN, Wirtschaftsgeschichte 2010, S. 57; STURM, Eisenbahnen 2005 [1967], S. 61; FISCHER, Strukturen 1990, S. 66; MILKEREIT, Wirtschafts- und Sozialentwicklung 1979, S. 245 f.

41 Zu Hessen: FIRNHABER, Eisenbahnen 1914, S. 187 ff. (URL: http://www.zeno.org/nid/20011416025 [10.10.2011]); HAGER, Übergang 2009, S. 393, 409; THIMME, Straßenbau 1931, S. 5; FUCHS, Verkehrswege 1981, S. 167 ff.; GÖTSCHMANN, Wirtschaftsgeschichte 2010, S. 107, 109, 111; STURM, Eisenbahnen 2005 [1967], S. 283; generell: HÜBSCHEN/KREFT-KETTERMANN, Entwicklung, 1996, besonders S. 25.

42 HÜBSCHEN/KREFT-KETTERMANN, Entwicklung 1996, S. 22; PAUL-LÜTZELER, Erschließung, 1987, S. 32 ff.

43 NAPP-ZINN, Jahrhundert 1949, S. 292 (Tab. 3).

44 WEBER-BROSAMER, »Weltordnung« 2007, S. 95 ff., 101, 111, 114; NAPP-ZINN, Rheinschiffahrt 1925, S. 2, 5 f.

45 NAPP-ZINN, Rheinschiffahrt 1925, S. 11 (Tab. 8), 12; NAPP-ZINN, Jahrhundert 1949, S. 293.

46 Vgl. allgemein: SCHARF, Eisenbahn-Rheinbrücken 2003.

47 PIERENKEMPER, Strukturwandlungen 1994, S. 10, 19, 21 f., Zitat S. 31; NEU, Eisenindustrie 1989, S. 258; BECK, Einführung 1911, S. 86, 98, 122; WEIDMANN, Eisenwerke 1994, S. 1897, 1900.

48 PIERENKEMPER, Strukturwandlungen 1994, S. 26 f., 31 f.; RASSELSTEIN-AKTIENGESELLSCHAFT, Rasselstein 1985, besonders S. 26; firmeneigene Angaben (URL:http://www.rasselstein.com/fileadmin/pdf/unternehmen/Zeitstrahl_ Druckversion/Geschichte_Rasselstein_Druckversion.pdf [12.10.2011]); technisches Verfahren (URL: http://www.montanmuseum-turrach.at/die-geschichte/die-bessemerbirne/index.html [12.10.2011]); KERKHOF, Industrialisierung 2002, S. 252 f.

49 BRAUN, Eisenproduktion 2010, S. 60 ff., 68 ff.; Schranken 1984, S. 76.

50 FUCHS, Entwicklung, S. 7 ff.; RAUSCH, Geschichte 1983, S. 248.

51 WEIDMANN, Schulwesen 2000, S. 195 f., 199; zur beruflichen Bildung vgl. den Beitrag von STORM, Bildung und Wissenschaft, in diesem Band; KERMANN, Wirtschaft 2011, S. 156 f.; SCHIELE, Mitte 1996, S. 17, 20.

52 KERMANN, Wirtschaft 2011, S. 158 f.

53 WYSOCKI, Wirtschaft 1968, S. 239.

54 Zitiert nach: Land und Leute 1867, S. 111.

55 SARHOLZ, Geschichte 1994, S. 262; LERNER, Wirtschafts- und Sozialgeschichte 1965, S. 204 f.; vgl. BÖNNEN, Familie 2010, S. 76.

56 BÖNNEN, Familie 2010, S. 72 ff.; BLACHETTA, Auf- und Abstieg 2010, S. 344 ff., BRÄUTIGAM, Unternehmer 1997, S. 23, 25.

57 BREUNIG, Handelsplatz 2003, S. 33, 314 ff.; HIPPEL, Reichsgründung 2003, S. 373; HIPPEL, Weg 2002, S. 17 ff., 82 ff.; JOHNSON, Macht 2002, S. 156.

58 JOHNSON, Macht 2002, S. 153 f., 165; HIPPEL, Weg 2002, S. 105 f., 112 ff.

59 Vgl. HAHN, Wirtschaft und Verkehr 2010, S. 189; SARHOLZ, Geschichte 1994, besonders S. 254, 260, 273 f., 276, 279, 283; SOMMER, Kur 1999, S. 711 (Tab. 1), 713 ff. (Tab. 3 und 4).

60 POTT, Entwicklung 1968, S. 36; TIPPACH, Koblenz 2000; NORDBLOM, Stadt 2010, S. 69.

61 HAHN, Wirtschaft und Verkehr 2010, S. 163 f.; FRANZ/KALLENBERG/FLECK, Großherzogtum 2003, S. 833; ROTHENBERGER, Geschichte 1996, S. 17, 19, 52.

62 ROTHENBERGER, Strom 1991, S. 57, 60 f., 80; RING, Elektrifizierung 1996, S. 11 f.; SCHMITT, »Wasserkraftbesitzer« 1996, S. 45, 58; HOFFMANN, »Vorteile« 1996, S. 132; BUCHHAUPT, Umlandversorgung 1993, S. 44, 52.

63 FEUDEL, Jubiläum 1983, S. 10; WESSEL, Verbreitung 1998, S. 73; BAYER, Telefonieren 1991, S. 58; ZIMMERMANN, Kommunikationsmedien 2000, besonders S. 367 f., 371 f., 377 f.

64 Eigene Berechnung, basierend auf HOHLS/KAELBLE, Erwerbsstruktur 1989, S. 130 (Tab. 1.1.29). Um die Vergleichbarkeit der Angaben in der Untersuchungsreihe von 1895 bis 1970 zu gewährleisten, berechneten die Verfasser die Zahlen auf der Grundlage des Gebietsstandes in der Bundesrepublik in den Grenzen von 1965/70, ebenda, S. 246 f. (Tab. 4.1.3), S. 316 (Tab. 5.2.1.); BURHOP, Wirtschaftsgeschichte 2011, S. 42 (Tab. 2).

65 HAHN, Wirtschaft und Verkehr 2010, S. 96 f., 100 f.; BAUER, Gesellschaft 2009, Zitat S. 34; WEIDMANN, Landwirtschaft 2000, S. 486; WEISS, Bodenordnung 1992, S. 13, 27, 35 f.

66 WEIDMANN, Schwerpunkte 2000, S. 310 f. ; FISCHER, Strukturen 1990, S. 17, 161; HAHN, Wirtschaft und Verkehr 2010, S. 155 f.; WEIDMANN, Landwirtschaft 2000, S. 487, 507.

67 BAUER, Gesellschaft 2009, S. 24 f., 233.

68 Ebenda, S. 193 ff.; Verhältnisse der Landarbeiter 1892, S. 663.

69 LICHTER, Landwirtschaft 1993, S. 10, 17 f., 29, 100.

70 FISCHER, Strukturen 1990, S. 192 ff.; LICHTER, Landwirtschaft 1993, S. 31.

71 FISCHER, Strukturen 1990, S. 215 ff.

72 BASSERMANN-JORDAN, Geschichte I 1991, S. 182, 186, 170, 174 f., 189 f., Zitat S. 186; DERS., Geschichte II 1975, S. 1134 f. und Anm. 3; TEKAMPE, Weinbau 2008, S. 17.

73 GREWE, Wald 2004, S. 12.

74 Ebenda, S. 433 f., 436, 439.

75 Zitat: THOMES, Sparkassen und regionale Wirtschaftsentwicklung 1995, S. 29; SCHREMMER, Wirtschaft 1970, S. 590; SPOO, Bankgewerbe 1999, S. 9 f.

76 WALTER, Wirtschaftsgeschichte 2011, S. 100; SPOO, Bankgewerbe 1999, S. 14, 16 f.

77 KONERSMANN, Bauernkaufleute 2004, S. 39 ff.; HAAS, Agrarwesen 2004, S. 588; SPOO, Bankgewerbe 1999, S. 11; BAUER, Gesellschaft 2009, S. 321.

78 POHL, Bedeutung 1995, S. 110 ff., 114; THOMES, Sparkassen und Banken 2007, S. 10; DERS., Sparkassen beiderseits der Grenze 1988, S. 72, 75; JACHMICH, Gründungs- und Entfaltungsprozeß 1995, S. 17.

79 POHL, Bedeutung 1995, S. 112, 110; THOMES, Sparkassen und Kreditgenossenschaften 1988, S. 104 f.; DIREKTION DER NASSAUISCHEN LANDESBANK, Jahre 1950, S. 21, 23 ff.; JACHMICH, Gründungs- und Entfaltungsprozeß 1995, S. 16.

80 POHL, Bedeutung 1995, S. 113, 118; BAUER, Gesellschaft 2009, S. 344; THOMES, Sparkassen beiderseits der Grenze 1988, S. 79 f.; DERS., Sparkassen und Kreditgenossenschaften 1988, S. 96, 99.

81 POHL, Bedeutung 1995, S. 119, 124, 126; THOMES, Sparkassen und regionale Wirtschaftsentwicklung 1995, S. 29, 31.

82 TROSSBACH/CLEMENS, Geschichte 2006, S. 234.

83 RAIFFEISEN, Darlehenskassen-Vereine 1866, Vorwort o.S., S. 8 (URL: publikationen.ub.uni-frankfurt.de/Volltexte/2005/13205/pdf/raiffeisen.pdf [25.7.2011]).

84 Notorische Wirtshausbesucher und Kartenspieler galten nicht als kreditwürdig. Vgl. KRAUS, Darlehnskassenvereine 1876, S. 43.

85 RAIFFEISEN, Darlehenskassen-Vereine 1866, Vorwort o. S., S. 8, (URL: publikationen.ub.uni-frankfurt.de/Volltexte/2005/13205/pdf/raiffeisen.pdf [25.7.2011]).

86 KLEIN, Leben 1997, S. 103, 105; THOMES, Sparkassen und Kreditgenossenschaften 1988, S. 96; Zitat »Spargäste« nach ebenda, S. 105; BRAUN, Volksbank, S. 101; GEYER, Sprache 2000, S. 417, 420; vgl. Abg. Liebermann von Sonnenberg vor dem Reichstag am 30.4.1891 (URL: http://www.reichstagsprotokolle.de/Blatt3_k8_bsb00018667_00469.html [13.10.2011]).

87 KRAUS, Gründung 1895, S. 7, 9; KRAUS, Darlehnskassenvereine 1876, S. 41.

88 LONGUEVILLE, Bankwesen 1975, besonders S. 559, 568; THOMES, Sparkassen und Banken 2007, S. 29, 35 ff., 39; DERS., Sparkassen und regionale Wirtschaftsentwicklung 1995, S. 33.

89 THOMES, Sparkassen und Banken 2007, S. 41.

90 Hierzu allgemein: ULLMANN, Kriegswirtschaft 2009, S. 220 ff., 222 (Zitat »Nahverhältnis«); HAHN, Wirtschaft und Verkehr 2010, S. 192.

91 MICHELS/SEELINGER, Luftfahrtgeschichte 1998, S. 44 ff.

92 JOHNSON, Macht 2002, S. 168 ff., 176 ff., 180, 183.

93 THALMANN, Pfalz 1990, 156 ff., 386 (Zitat »kleine Könige«); zu einer positiven Bilanz für die Landwirtschaft, aber nicht für die Weinwirtschaft im (Rhein-)Hessischen kommt HAHN, Wirtschaft und Verkehr 2010, S. 193 f.; hier am Beispiel der Gemeinde Wörth, vgl. BADER, Revolution 1983, S. 1356 ff.

94 THALMANN, Pfalz 1990, S.149, 151, 162f.; Zitat: BADER, Revolution 1983, S.1358.
95 Vgl. hierzu HAHN, Wirtschaft und Verkehr 2010, S.202f.
96 Vgl. hierzu HESS, Strukturwandlungen 1933, S.46f.; OSMOND, »Bauernschaft« 1999, S.136f.; WEIDMANN, Industrie 1996/97, S.87.
97 WYSOCKI, Weltkriege 1968, S.287f.; bezogen auf die Pfalz vgl. hierzu HESS, Strukturwandlungen 1933, S.48ff.; vgl. BLAICH, Grenzlandpolitik 1978, S.9ff., 13, 37f.; vgl. HAHN, Wirtschaft und Verkehr 2010, S.202.
98 LERNER, Wirtschafts- und Sozialgeschichte 1965, S.246; SCHIRMANN, Relations 2008, S.78; Vgl. hierzu BLAICH, Grenzlandpolitik 1978, S.10; BRUNN, Générations 2009, S.148.
99 AMBROSIUS, Kriegswirtschaft 2005, S.321; WEIDMANN, Industrie 1996/97, S.93; FREITAG, Entwicklung 1963, S.98f.; KEDDIGKEIT, Kaiserslautern 2007, S.144f.; BECKER, »Sonderkrise« 2010, S.80f.
100 BECKER, »Sonderkrise« 2010, S.79f., 89; WYSOCKI, Weltkriege 1968, S.276, 279f.; zur Fließarbeit KNORTZ, Wirtschaftsgeschichte 2010, S.129; SUDROW, Schuh 2010, S.125ff., 130, 173ff.
101 AMBROSIUS, Kriegswirtschaft 2005, S.346.
102 TOOZE, Ökonomie 2007, S.46, 62f.; WEHLER, Gesellschaftsgeschichte Bd. 4 2003, S.642.
103 ROTHENBERGER, Krise 2011, S.189; ERKER, »NS-Wirtschaftsaufschwung« 2004, S.248, 253, 266; KELLER, »Blut« 1993, S.191.
104 HEINZ, NSDAP 1994, S.246, 249; ZIBELL, Sprenger 1999, S.231f., 242ff.; SCHNEIDER, Gauleiter 2000, S.290.
105 SCHARF, Zwangsarbeiter 2004, S.42; HEINZ, NSDAP 1994, S.347; WILLER, Hinweise 1981, S.1273ff.
106 TEMPEL, Beschreibung 1992, besonders S.14ff.; zu den Löhnen: ebenda, S.25 und TOOZE, Ökonomie 2007, S.312; SCHEPUA, Nationalsozialismus 2000, S.413.
107 KELLER, »Blut« 1993, S.189, 191, 194; vgl. KEIL/ZILIEN, Wein 2010; SCHEPUA, Nationalsozialismus 2000, S.371.
108 KELLER, »Blut« 1993, S.188; allgemein zum Reichserbhofgesetz: TOOZE, Ökonomie 2007, S.218ff.
109 Vgl. LANDESZENTRALE FÜR POLITISCHE BILDUNG RHEINLAND-PFALZ, Verfolgung 2008, S.170f.; zum Trierer Raum: SCHNEIDER, Gauleiter 2000, S.286f.; ALY, Volksstaat 2005, S.62f.
110 Archiv der Industrie- und Handelskammer Ludwigshafen, Denkschrift über die Lage des Einzelhandels in Ludwigshafen a.Rh. [26.9.1933, Amt für Wirtschaft und Statistik, Dr. Moll].
111 ROTHENBERGER, Hungerjahre 1980, S.247f.; MEINZER, Dauerkrise 1993, S.173; SCHMIDT, Rheinberger 1940, S.8, 20; HESS, Westwallbau 1984, S.99.
112 Vgl. SCHARF, Zwangsarbeiter 2004, S.41ff.; vgl. auch die Beiträge in BRÜCHERT/MATHEUS, Zwangsarbeit 2002; MEINZER, Dauerkrise 1993, S.175.
113 HEIMES, Außenlager 2000, S.268ff.; SUDROW, Schuh 2010, S.536–541, 791f.
114 KELLER, »Blut« 1993, S.188; ROTHENBERGER, Hungerjahre 1980, S.31; ROSENBERGER, Beschreibung 1971, S.94; LERNER, Wirtschafts- und Sozialgeschichte 1965, S.264f.; STOKES, Farbenindustrie 2002, S.317f.; PERREY, Krieg 2009, S.93, 151.
115 Zahlen nach MEINZER, Dauerkrise 1993, S.176.
116 WAGNER, Zuversicht 2007, S.17; Saargebiet: ABELSHAUSER, Wirtschaftsgeschichte 2005, S.77.
117 SCHEID/HÄRINGER/HORN, Beseitigung 1951, S.444; ROTHENBERGER, Hungerjahre 1980, S.44ff., 48f.; MANZ, Stagnation 1985, S.47f.
118 ROTHENBERGER, Hungerjahre 1980, S.49 ff., 57, 253.
119 HUDEMANN, Sozialpolitik 1988, S.46; Saargebiet: ABELSHAUSER, Wirtschaftsgeschichte 2005, S.77f.; LUDMANN-OBIER, Kontrolle, S.197ff.; MANZ, Stagnation 1985, S.72 (Tab. 33).
120 Zitate: HUDEMANN, Sozialpolitik 1988, S.46, 52, 61.
121 Ebenda, 61ff., 122, 557f.; DEFRANCE/PFEIL, Nachkriegsgeschichte 2011, S.24, 26.
122 Vgl. DÜWELL, Trier 1997, S.105; vgl. PRESSESTELLE DER STAATSKANZLEI, Rheinland-Pfalz 1985, S.89; RUMMEL, Protokolle 2007; ROTHENBERGER, Hungerjahre 1980, S.185.
123 Verfassung 1976, S.115, 136.
124 GÖTSCHMANN, Wirtschaftsgeschichte 2010, S.48f., 304; GROSSER/SACK/SCHROEDER, Industrie- und Handelskammern 2010, S.65, 68f., 71.
125 Vgl. hierzu die theoretischen Überlegungen bei SCHMIEDJELL, Governance 2007, besonders S.33.
126 MINISTERIUM FÜR LANDWIRTSCHAFT, WEINBAU UND FORSTEN, Rheinland-Pfalz 1952, S.31, Zitat S.39; ROTHENBERGER, Hungerjahre 1980, S.259; vgl. HEIM, Wirtschaft 1997, S.112f.
127 BROICHER, Förderung 1968, S.13; vgl. hierzu STAATSKANZLEI RHEINLAND-PFALZ, Landesentwicklungsprogramm Rheinland Pfalz 1968, 1980, 1995 sowie MINISTERIUM DES INNERN UND FÜR SPORT RHEINLAND-PFALZ, Landesentwicklungsprogramm Rheinland Pfalz 2008.
128 Schott: RAPP, Wiederaufbau 1999, S.31, 35; vgl. STAATSKANZLEI, Aufbau 1953, S.79.
129 Allgemein zur Umstellung: SCHRÖTER, Teilung 2005, S.367; detailliert BUCHHEIM, Errichtung 1998, S.121ff.; vgl. BUNDESMINISTER FÜR VERTRIEBENE, FLÜCHTLINGE UND KRIEGSGESCHÄDIGTE, Dokumente 1962, S.180 ff.; ROTHENBERGER, Hungerjahre 1980, S.215ff.

130 ROTHENBERGER, Hungerjahre 1980, S. 195 f., 216 f.; BUCHHEIM, Errichtung 1998, S. 112; DISTEL, Errichtung 2003, S. 137 f.

131 JUDT, Geschichte 2006, S. 114; BUNDESMINISTER FÜR VERTRIEBENE, FLÜCHTLINGE UND KRIEGSGESCHÄDIGTE, Dokumente 1962, S. 187, 192; ROTHENBERGER, Hungerjahre 1980, S. 211, 220 f.

132 ABELSHAUSER, Wirtschaft 1983, S. 137 f.

133 Trierischer Volksfreund, 8.7.1949, nach INSTITUT FÜR STAATSBÜRGERLICHE BILDUNG IN RHEINLAND-PFALZ, Rheinland-Pfalz Dokumente 1962, S. 104; Zitate: »Die Rote Zone im Lande Rheinland-Pfalz«, Staats-Zeitung vom 30.5.1950.

134 MINISTERIUM FÜR INNERES UND WIRTSCHAFT, MINISTERIUM FÜR LANDWIRTSCHAFT, WEINBAU UND FORSTEN, Denkschrift 1950, Zitat: S. 22, 24 f., 28; „»Die Rote Zone im Lande Rheinland-Pfalz«, Staats-Zeitung vom 30.5.1950.

135 STAATSKANZLEI RHEINLAND-PFALZ, Landesentwicklungsprogramm 1968, S. 66; DÜLZ/WEIS, Wirtschaft 1970, S. 216.

136 GROSSER, Keil 1985, S. 133, 136; LIBOWITZKY, Entwicklung 2000, S. 9.

137 PLAPPERT, Verkehr 1997, S. 241–245, 249; BECKER, Konsolidierung 2003, S. 632; EMMERICHS u. a., Rheinland-Pfalz 2010, S. 820; ROTHENBERGER, Autobahnbau 2002, S. 539, 541, 543, 549 f., 554; Zitat: Stenographische Berichte des Landtags Rheinland-Pfalz, 19.5.1971, S. 18.

138 PLAPPERT, Verkehr 1997, S. 247, 252, 254 f., 263.

139 Vgl. generell RHEINISCH-WESTFÄLISCHES WIRTSCHAFTSARCHIV, Beiträge 1967; PLAPPERT, Verkehr 1997, S. 248 f.; VOGEL, Deutschland 2001, S. 342.

140 PLAPPERT, Verkehr 1997, S. 256, 263; KLEIN, Entwicklungen 2002, S. 22.

141 HEUER/KLOPHAUS, Bedeutung 2007, S. 22; Fluggastzahlen: Frankfurt Hahn Airport, Pressemeldung 01/10 (URL: http://www.hahn-airport.de/sycomax/files/510643_01-10%20Verkehrsstatistik.pdf [30.10.2011]).

142 GAUSMANN, Entwicklung 2008, S. 107 ff.; MINISTERIUM FÜR WIRTSCHAFT, VERKEHR, LANDWIRTSCHAFT UND WEINBAU RHEINLAND-PFALZ, Rheinland-Pfalz 2007, S. 25.

143 »Wasserkraftanlagen an der Our«, in: Staats-Zeitung vom 13.7.1958; »Haben die Länder noch ein Eigenleben?«, in: Staats-Zeitung vom 27.7.1958; KERFIN, »Anti-AKW-Bewegung« 2005, S. 86 f.; NOLD, Elektrizitätsversorgung 1968, S. 144 f.

144 SCHMITT/LÜTTRINGHAUS/SCHIFFER, Entwicklungstendenzen, S. 65, 70 ff., 123, 136; SCHLÖGEL, Ölkrisen 2009, S. 126; LANDESZENTRALE FÜR POLITISCHE BILDUNG RHEINLAND-PFALZ, Rheinland-Pfalz 2007, S. 79.

145 KERFIN, »Anti-AKW-Bewegung« 2005, S. 60 ff., 102 ff.

146 LANDESZENTRALE FÜR POLITISCHE BILDUNG RHEINLAND-PFALZ, Rheinland-Pfalz 2007, S. 79; STATISTISCHES LANDESAMT RHEINLAND-PFALZ, Primärenergieverbrauch 1990-2009 nach Energieträgern (URL: http://www.statistik.rlp.de/wirtschaft/energie/tabellen/energie-1/ [28.10.2011]); STATISTISCHES LANDESAMT RHEINLAND-PFALZ, Strombilanz Rheinland-Pfalz 1990-2010 (URL: http://www.statistik.rlp.de/wirtschaft/energie/tabellen/energie-3/ [28.10.2011]).

147 Kurzübersicht über die Firmengeschichte von Juwi nach firmeneigener Darstellung (URL: http://www.juwi.de/ueber_uns/daten_fakten.html [1.12.2011]).

148 Siehe hierzu und im Folgenden Band zur Historischen Statistik, Tab. Erwerbstätige 1950–2010 nach Wirtschaftsbereichen sowie eigene Berechnungen auf dieser Datengrundlage; Mitteilung Statistisches Landesamt, Diane Dammers an die Verfin., 14.11.2011; Band zur Historischen Statistik, Tab. Bruttowertschöpfung 1950 – 2010 nach Wirtschaftsbereichen.

149 Zahlen zu 2010: STATISTISCHES LANDESAMT RHEINLAND-PFALZ, Berichte 2011, S. 12 (URL: http://www.statistik.rlp.de/fileadmin/dokumente/berichte/A1053_201000_1j_L.pdf [28.10.2011]).

150 Vgl. Band zur Historischen Statistik, Tab. Bruttowertschöpfung und Erwerbstätige nach Wirtschaftsbereichen; EMMERICHS u. a., Rheinland-Pfalz 2010, S. 822 (Tab. G 4).

151 EMMERICHS u. a., Rheinland-Pfalz 2010, S. 820 (Tab. G 1); LIBOWITZKY, Entwicklung 2000, S. 10.

152 Zahlen nach Band zur Historischen Statistik, Tab. Landwirtschaftlich genutzte Bodenfläche 1950–2010 nach Nutzungsarten; Tab. Landwirtschaftliche Betriebe 1949-2010 nach Größenklassen der landwirtschaftlich genutzten Fläche; Tab. Betriebe mit Weinbau 1957–2010 nach Anbaugebieten sowie eigene Berechnungen auf dieser Grundlage; MINISTERIUM FÜR WIRTSCHAFT, VERKEHR, LANDWIRTSCHAFT UND WEINBAU RHEINLAND-PFALZ, Rheinland-Pfalz 2007, S. 36.

153 LIBOWITZKY, Entwicklung 2000, S. 11; EMMERICHS, Struktur 2005, besonders S. 753, 755 ff.; zu den methodischen Fallstricken vgl. LÜBBERS, Schuhindustrie 2001, S. 190.

154 STATISTISCHES LANDESAMT RHEINLAND-PFALZ, Rheinland-Pfalz 2007, S. 75; LÜBBERS, Schuhindustrie 2001, S. 191 ff., S. 197.

155 STAATSKANZLEI RHEINLAND-PFALZ, Landesentwicklungsprogramm 1968, S. 60; STATISTISCHES LANDESAMT RHEINLAND-PFALZ, Rheinland-Pfalz 2007, S. 77; MINISTERIUM FÜR WIRTSCHAFT, VERKEHR, LANDWIRTSCHAFT UND WEINBAU RHEINLAND-PFALZ, Rheinland-Pfalz 2007, S. 18 f.; zu United Internet AG nach firmeneigenen Angaben (URL: http://www.united-internet.de/Company [1.11.2011]).

156 KERTELS, Bruttoinlandsprodukt 2011, S. 808.

157 LIBOWITZKY, Entwicklung 2000, S. 12.

158 BRUNN, Générations 2009, S. 159; SCHIELE, Mitte 1996, S. 120 f., 126.

159 LIBOWITZKY, Entwicklung 2000, S. 12 f.; STATISTISCHES LANDESAMT RHEINLAND-PFALZ, Rheinland-Pfalz 2007, S. 29; STATISTISCHES LANDESAMT RHEINLAND-PFALZ, Analysen Wirtschaft 2011 (URL: http://www.statistik.rlp.de/fileadmin/dokumente/nach_themen/stat_analysen/wirtschaft/jw2010.pdf [28.10.2011]); KLEIN, Außenhandel 2008, S. 680 f.

160 HÖHN, Amis 2008, besonders S. 79 ff.; ROTHENBERGER, Amerikaner 2010, S. 165; HILLER, Konversionspolitik 2010, S. 535.

161 DAUTH, Geschichte 2007, S. 43, 64, 66, 73, 100 ff., 134, 130, 138, 156, 172, 187 f., 277, 273, 230; »Meilensteine in der Hornbach-Historie«, firmeneigene Angabe (URL: http://www.hornbach.de/cms/de/de/_footer/unternehmen/geschichte/geschichte.html [28.10.2011]).

162 STATISTISCHES LANDESAMT RHEINLAND-PFALZ, Tab. Arbeitslose im November 2011 nach Verwaltungsbezirken (URL: http://www.statistik.rlp.de/wirtschaft/erwerbstaetigkeit/tabellen/arb1/ [1.11.2011]); Tab. Verfügbares Einkommen der privaten Haushalte insgesamt und je Einwohner 2009 nach Verwaltungsbezirken (URL: http://www.statistik.rlp.de/wirtschaft/volkswirtschaftliche-gesamtrechnungen/tabellen/vgr8/ [28.10.2011]).

Bevölkerungsgeschichte

Von Dieter Schiffmann

Wandel, Umbrüche, Revolutionen: Die rheinland-pfälzische Bevölkerung auf dem Weg in die Moderne

In einer noch nie da gewesenen Geschwindigkeit und Radikalität, wenn auch nicht ohne Brüche und Verzögerungen, änderten sich in den letzten 200 Jahren die Existenzbedingungen, Lebensverhältnisse und Lebensbedingungen der Menschen auch im Gebiet des heutigen Rheinland-Pfalz. Das alltägliche Leben hat sich in der Zeit zwischen der ständischen Agrargesellschaft von 1790 und der Wissensgesellschaft von 2010 in wahrhaft radikaler Weise verändert: Gleich ob es die Umstände und Chancen der Sicherung der materiellen Existenz betrifft – lange Zeit im wahrsten Sinne des Wortes des »Broterwerbs« oder des Kampfes um das »tägliche Brot« – oder die persönlichen Lebenschancen und die Möglichkeiten und Perspektiven der Lebensgestaltung. Diese Veränderungen wirkten auch direkt und indirekt auf die Ernährung, die Gesundheit und die Absicherung der Lebensrisiken bzw. die soziale und sozialkulturelle Einordnung des Einzelnen, seiner Familie und seiner gesellschaftlichen Gruppe und die Dimensionen seiner räumlichen und kulturellen Lebens- und Erlebenswelt ein.

Der Begriff der »Modernisierung«, mit dem diese tief greifenden sozialen Wandlungsprozesse meist beschrieben werden, spiegelt die ganze Dramatik der vielen Einzelentwicklungen nur unzureichend wider. Er verweist stärker auf die langen Wellen dieses Prozesses und seine Ergebnisse als auf die in einzelnen Phasen immer wieder auftretenden Kämpfe zwischen den Kräften der Veränderung und der Beharrung bzw. auf die an vielen Stellen zu beobachtende »Gleichzeitigkeit des Ungleichzeitigen«. Gerade in einem regional so vielfältigen Land wird jede Darstellung diese unterschiedliche Geschwindigkeit und unterschiedliche Intensität der einzelnen Aspekte von »Modernisierung« zu berücksichtigen haben.

Über lange Strecken sind die sozialen Veränderungen dieser zwei Jahrhunderte vor allem geprägt worden durch den aus unterschiedlichen Quellen gespeisten, eine »Demografische Revolution« darstellenden Bevölkerungszuwachs, durch die »Industrielle Revolution« mit dem gleichzeitigen Niedergang der gesamtgesellschaftlichen und -wirtschaftlichen Bedeutung des Agrarsektors. Ganz eng verbunden mit diesen beiden Prozessen ist der große revolutionäre Prozess der Verstädterung, also der »Urbanisierung« und in den letzten Jahrzehnten auch die »Suburbanisierung« bzw. Verstädterung der Dörfer in den Ballungsräumen. Nicht nur wegen der exponierten Rand- und Grenzlage der Regionen des heutigen Rheinland-Pfalz müssen aber daneben immer auch die kurz- und langfristigen Wirkungen politischer Entwicklungen und Ereignisse, wie etwa die Nachwirkungen der »Franzosenzeit« im Bereich von persönlicher und gewerblicher Freiheit und Freizügigkeit, der Revolution von 1848/49, der Reichsgründung 1871, der Weltkriege und der jeweiligen Besatzungszeiten berücksichtigt werden. Das gilt natürlich auch allgemein für die politischen Bemühungen, auf die grundlegenden sozialen Prozesse einzuwirken und insbesondere die »Soziale Frage« und ihre gesellschaftlichen Folgen durch Maßnahmen der Sozialpolitik staats- und gesellschaftsstabilisierend abzumildern.

Demografischer Wandel: Von der Bevölkerungsexplosion zur schrumpfenden Gesellschaft

Als die französische Besatzungsmacht 1946/47 die Gründung des neuen Landes Rheinland-Pfalz verfügte, lebten in diesen aus ganz unterschiedlichen territorialgeschichtlichen Kontexten nunmehr herausgelösten Regionen rd. 2,75 Mio. Menschen – kriegsbedingt etwa 210.000 weniger als unmittelbar vor Kriegsbeginn 1939. Das bedeutete, dass auch in diesem vielfach in Frage gestellten »Armenhaus« Deutschlands mit seiner vergleichsweise immer noch geringen Bevölkerungsdichte von 133 Einwohnern pro qkm (im Gesamtgebiet Bundesrepublik 1950: 194 Ew./qkm) die Bevölkerung in 130 Jahren um 1,55 Mio. angewachsen war.[1] Mit diesem Bevölkerungswachstum von 129 % (oder bezogen auf das Vergleichsjahr 1950: 150 %) lag Rheinland-Pfalz allerdings deutlich unter dem Durchschnitt des Bevölkerungswachstums in Deutschland, das mit 271 % fast doppelt so hoch war.

Die Geschichte von Rheinland-Pfalz als Land begann also mit einer gegenüber großen Teilen Deutschlands wesentlich geringeren oder abgemilderten Wachstums- und Modernisierungsdynamik. Viele der großen gesellschaftlichen Veränderungen der Moderne hatten sich über anderthalb Jahrhunderte im Raum zwischen Eifel, Hunsrück, Westerwald, Pfälzerwald, den Flusslandschaften von Rhein, Mosel und Lahn, zwischen belgischer, luxemburgischer und französischer Grenze auf Grund vielfältiger topografischer und naturräumlicher Einschränkungen und fehlender größerer Rohstoffvorkommen nur in regional ganz unterschiedlicher Weise und insgesamt unterdurchschnittlich durch-

Bevölkerungsentwicklung im Gebiet von Rheinland-Pfalz 1815/23–2009[1]

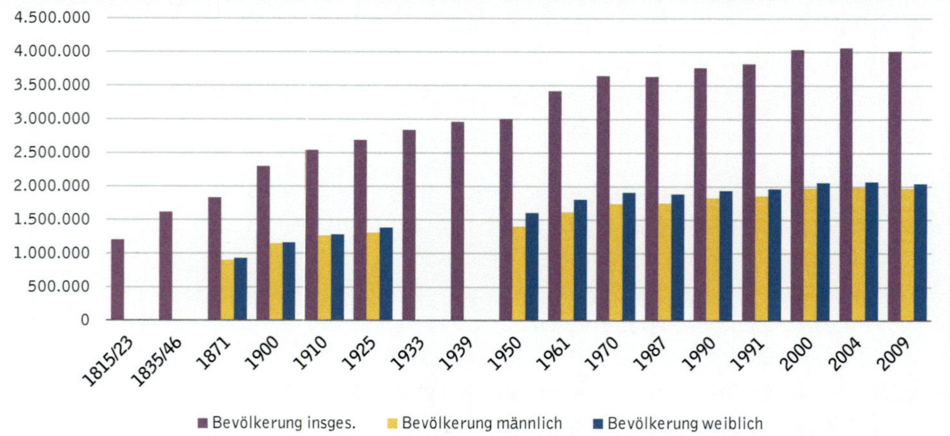

1 1871–1970 Ergebnisse der Volkszählungen; 1975–1986 Fortschreibung auf der Grundlage der Volkszählung 1970; ab 1987 Fortschreibung auf der Grundlage der Volkszählung 1987. Zahlen 1815/23 und 1835/46 nach: STATISTISCHES LANDESAMT RHEINLAND-PFALZ, Bevölkerung 1982, S. 8.

Angaben nach Bd. Historische Statistik

setzen können: Rheinland-Pfalz war in seiner Geburtsstunde im Vergleich zu den anderen westdeutschen Ländern immer noch relativ dünn besiedelt, landwirtschaftlich geprägt, ländlicher und weniger städtisch. Diese Strukturdefizite bildeten für lange Jahre eine erhebliche Vorbelastung und Herausforderung für die Existenzfähigkeit des neuen Landes.

Dass Rheinland-Pfalz in der Bundesrepublik Anschluss an die allgemeine Entwicklung und die ihr innewohnende Dynamik fand, zeigte sich schon bis 1961, als es mit einem Bevölkerungswachstum von 13,7 % schon leicht über dem Rest des Bundesgebiets mit 11 % lag. Auch die weitere Entwicklung bis 1990 vollzog sich fast im Gleichklang: Nach einer Phase starken weiteren Bevölkerungswachstums bis 1970 mit einem Zuwachs von 6,7 % (Bundesgebiet: + 7,8 %) folgten zwei Jahrzehnte der Stagnation mit nur einem leichten Zuwachs von insgesamt 3,2 % (Bundesgebiet: + 3,6 %).

Hatte sich die Ausreise- und Fluchtwelle aus der untergehenden DDR schon 1989 und 1990 auch in Rheinland-Pfalz bemerkbar gemacht, so führte die Ost-West-Wanderung nach der deutschen Wiedervereinigung zusammen mit dem parallel dazu einsetzenden Zuzug von Spätaussiedlern zu einem erneuten plötzlichen starken Bevölkerungswachstum von über 270.000 Einwohnern oder 7,2 % bis zum Jahr 2000. Damit profitierte Rheinland-Pfalz deutlich stärker als die anderen westlichen Bundesländer (+ 5,3 %) von dieser Wanderungsbewegung. Nach dem Abflachen dieser innerdeutschen Zuwanderungswelle ist die Bevölkerung von Rheinland-Pfalz (erst) seit 2004 leicht zurückgehend (– 0,5 % bis 2009), während sie in den westlichen Bundesländern insgesamt noch stagniert.

Bevölkerungsentwicklung im Gebiet von Rheinland-Pfalz 1815/23–2009[1]

Jahr	Bevölkerung			Bev./qkm
	Insges.	männlich	weiblich	
1815/23	1 202 412			61
1835/46	1 614 684			81
1871	1 832 368	903 093	929 275	92
1900	2 303 043	1 146 245	1 156 798	116
1910	2 543 624	1 265 100	1 278 525	128
1925	2 691 510	1 309 866	1 381 644	136
1933	2 841 105			143
1939	2 960 440			149
1950	3 004 752	1 400 896	1 603 856	151
1961	3 417 116	1 613 786	1 803 330	172
1970	3 645 437	1 738 212	1 907 225	184
1987	3 634 557	1 749 916	1 884 641	183
1990	3 763 510	1 825 328	1 938 182	190
1991	3 821 235	1 858 846	1 962 389	193
2000	4 034 557	1 976 814	2 057 743	203
2004	4 061 105	1 991 975	2 069 130	205
2009	4 012 675	1 970 665	2 042 010	202

1 1871–1970 Ergebnisse der Volkszählungen; 1975–1986 Fortschreibung auf der Grundlage der Volkszählung 1970; ab 1987 Fortschreibung auf der Grundlage der Volkszählung 1987. Zahlen 1815/23 und 1835/46 nach: STATISTISCHES LANDESAMT RHEINLAND-PFALZ, Bevölkerung 1982, S. 8.

Mit einer Bevölkerungsdichte von 202 Einwohnern pro qkm, die noch etwas unter der gesamtdeutschen Dichte von 230 liegt, belegt Rheinland-Pfalz am Ende des ersten Jahrzehnts des 21. Jhs. unter den Flächenländern den fünften Platz. Wie aber war es, auf das gesamte neue Land bezogen, zu dieser charakteristischen demografischen »Verspätung« gekommen?

Angaben nach Bd. Historische Statistik

Die Bevölkerungsverteilung nach dem Wiener Kongress

Zum Zeitpunkt der ersten Bevölkerungszählungen nach der napoleonischen Zeit, 1815 in der Pfalz und in Rheinhessen, 1823 in der südlichen Pfalz und 1817/18 in den zu Preußen gekommenen linksrheinischen Gebieten, hatte sich das Bevölkerungswachstum des 18. Jhs. fortgesetzt, nicht zuletzt durch die Abschaffung vieler die persönlichen und gewerblichen Freiheiten einschränkenden Regelungen. Lässt man alle statistischen Unsicherheiten wegen der unterschiedlichen Erhebungszeitpunkte beiseite, lebten damals im Gebiet unseres heutigen Landes rd. 1,2 Mio. Menschen, also noch nicht einmal ein Drittel der heutigen Einwohnerschaft.

Bevölkerungsdichte 1815/23
in den Landkreisen und kreisfreien Städten
(Gebietsstand: 31. 12. 1980)

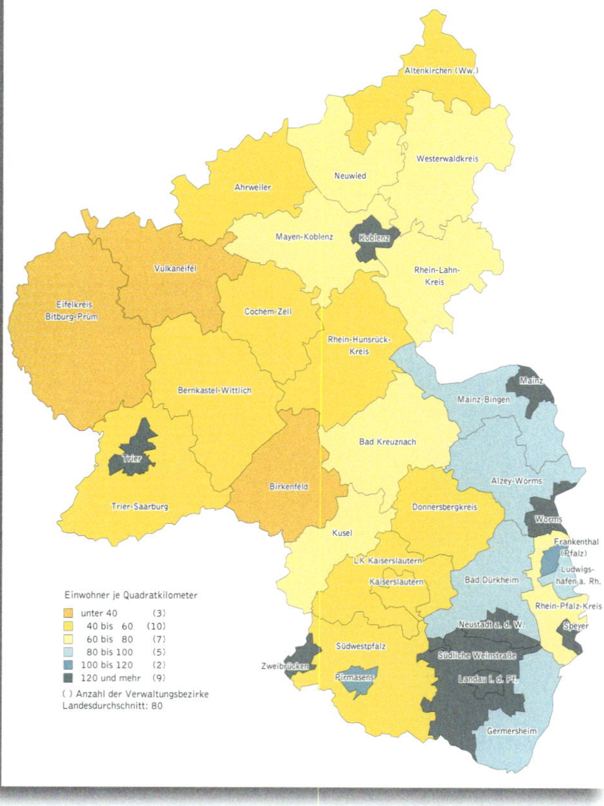

(Statistisches Landesamt Rheinland-Pfalz, Bad Ems)

Sie verteilten sich sehr unterschiedlich über die einzelnen Regionen. In der Pfalz mit zusammen 395.000 Einwohnern wiesen neben den Klein- und Mittelstädten, deren bei weitem größte Neustadt mit rd. 14.700 und Landau mit 12.000 waren, die südlichen Kreise entlang der fruchtbaren Haardtrandzone eine sehr dichte Besiedlung auf. Hier lag die Bevölkerungsdichte mit 120 Einwohnern pro qkm deutlich über dem pfälzischen Durchschnitt von 73 Einwohnern und war gleichzeitig auch dreimal höher als im Umland von Kaiserslautern und Pirmasens.[2]

Wie sich in den nächsten 120 Jahren zeigen sollte, war in diesem agrarisch geprägten Gebiet die Aufnahmefähigkeit damit schon weitgehend ausgeschöpft. Die Pfalz war zu Beginn der nachnapoleonischen Zeit eine der am dichtesten besiedelten Regionen im Deutschen Bund, der 1817 eine Bevölkerungsdichte von nur 45 Einwohnern pro qkm aufwies. Noch dichter bevölkert war allerdings Rheinhessen mit 107 Einwohnern pro qkm.[3] Die Provinzhauptstadt und Bundesfestung Mainz war überdies mit über 33.000 Einwohnern deutlich vor Koblenz (21.000 Ew.) und Trier (18.000 Ew.) die größte Stadt im Gebiet des späteren Rheinland-Pfalz.

Im Vergleich zu diesen überwiegend dicht besiedelten südlichen Landesteilen war der Norden mit Ausnahme der Gebiete am Rhein und an der Nahe und der unteren Mosel und Lahn mit Bevölkerungsdichten von 56 (späterer Regierungsbezirk Koblenz), 64 (rechtsrheinische Gebiete) und nur 39 Einwohnern pro qkm (späterer Regierungsbezirk Trier) vergleichsweise dünn besiedelt. Das gilt – damals wie heute – insbesondere für den Bereich der Eifel zwischen Daun (30 Ew./qkm) und Prüm (24 Ew./qkm), wo rund viermal weniger Menschen als in Rheinhessen auf einem Quadratkilometer lebten.

Aber auch in den beiden südlichen Landesteilen lebte die Masse der Menschen noch in einem ländlich-dörflichen Umfeld. Die Hälfte der pfälzischen Bevölkerung wohnte 1825 in Gemeinden mit weniger als 500 Einwohnern, weitere 44 % in Gemeinden mit 500 bis 2.000 Einwohnern. Nur 3 % der Menschen lebten in den regional – noch – relativ gleichmäßig verteilten kleineren Städten unter 5.000 Einwohnern und gar nur 1 % in den etwas größeren Städten, von denen allerdings keine über 15.000 Einwohner aufwies. In der Westpfalz hatten über 80 % der Orte weniger als 500 Einwohner.

Bei der schwierigen statistischen Abgrenzung von »Stadt« und »Land«, nicht zuletzt wegen der flächenhaften Verteilung der vielen Kleinstädte vor 1871, bietet sich – vor allem auch für die Analyse längerfristiger Entwicklungen – die Unterscheidung der seit Beginn des Landes kreisfreien Städte und der Landkreise an. Um 1820 wohnten auf das gesamte Land gesehen nur rd. 10 % der Bevölkerung in den heutigen kreisfreien Städten. Wegen der beiden größeren Städte Mainz und Worms war der Anteil dieser »städtischen« Bevölkerung in Rheinhessen allerdings beinahe dreimal so hoch (27,4 %), während der Anteil der Stadtbevölkerung in der Pfalz etwas über dem Landesdurchschnitt lag (11,1 %).[4] Das Fehlen solcher städtischer Kerne vor Beginn der Industriellen Revolution sollte die Bevölkerungsentwicklung der nächsten anderthalb Jahrhunderte vor allem in der Region um Trier und im Westerwald mit prägen, deren Bevölkerungswachstum bis 1950 deutlich hinter den anderen Gebieten zurückblieb.

Im Übergang zur industrialisierten Lebensweise: Urbanisierung und Industrialisierung

Etwas mehr als 50 Jahre nachdem die neue territoriale Ordnung den Menschen neue administrative, gesellschaftliche und wirtschaftliche Bezugsrahmen gebracht hatte, zeigte die im Jahr der Reichsgründung 1871 erstmals (reichs-)einheitlich durchgeführte Bevölkerungszählung, mit welcher Dynamik das Wachstum der Bevölkerung sich fortgesetzt hatte. Nunmehr lebten im Gebiet von Rheinland-Pfalz nach wechselvollen Jahrzehnten mit Hungerkrisen und sozial und politisch motivierten starken Auswanderungswellen mit 1,832 Mio. über 600.000 Personen oder 52 % mehr als noch um 1820. Vor allem wegen des Wachstums der beiden städtischen Zentren Mainz und Worms, deren Einwohnerzahl sich jeweils (auf 63.000 bzw. 20.600) verdoppelt hatte, verzeichnete Rheinhessen einen stark überdurchschnittlichen Anstieg um 64 %. Auf den ersten Blick überraschend, verzeichnete die Pfalz mit 43 % das geringste Wachstum, das noch hinter dem der Westerwaldregion (+ 45 %) zurückblieb. Vor allem wegen des starken Wachstums der Städte Koblenz (+ 150 %) und Trier (+ 112 %) lag das Bevölkerungswachstum im Norden dagegen noch über dem Landesdurchschnitt. Trotz des immer noch beachtlichen Bevölkerungswachstums von insgesamt 44,7 % über die fünf Jahrzehnte hinweg blieb der »ländliche Raum« – nach der oben verwendeten Definition – weit hinter den kleinen und größeren städtischen Kernen zurück, deren Einwohnerzahl sich verdoppelt hatte (+ 103 %). Die wirtschaftlichen Veränderungen, die mit Macht beginnende Industrialisierung und die verkehrsmäßige Erschließung durch die Eisenbahn ließen seit den 1840er Jahren die Schere zwischen Stadt und Land immer weiter aufgehen. In der Pfalz wuchs z. B. die Bevölkerung in den heutigen kreisfreien Städten seit 1835 bis 1871 um 50 % gegenüber nur 4,5 % in den Landkreisen.

In den ersten drei Jahrzehnten bis 1848 vollzog sich das Wachstum der Bevölkerung z. B. in der Pfalz bei in etwa gleich bleibenden – gegenüber 1815–1825 verringerten – Wachstumsraten noch einigermaßen gleichmäßig über die Fläche verteilt, ohne besondere Konzentrations- oder Verlustgebiete aufzuweisen.[5] Gebremst durch einen Bevölkerungsrückgang in Folge der starken Auswanderungsbewegung ab 1849/50 kam es in den 1860er Jahren zu einer deutlich wahrnehmbaren Auseinanderbewegung. Mehr als 40 % der Orte in der Pfalz verloren im Saldo zwischen 1848 und 1871 an Einwohnern, nicht mehr allein durch Aus-, sondern vor allem auch durch Binnenwanderung in die Städte mit sich entwickelnder Industrie. Deshalb gab es in und um Kaiserslautern, Ludwigshafen/Frankenthal und Speyer einen starken Zuwachs, während die Süd- und Südwestpfalz und die Nordpfalz zu den Verlierern zählten.

Eine in den Zyklen vergleichbare Bevölkerungsentwicklung ist auch in Rheinhessen feststellbar, wo ab Mitte der 1830er Jahre eine geringere Wachstumsdynamik eintrat, von einem jährlichen Bevölkerungswachstum von + 2,2 % (1822) auf z. B. + 0,6 % (1843), auf die dann in den 1850er Jahren – aus ähnlichen Gründen wie in der Pfalz – ein leichter Rückgang folgte, bevor in den 1860er Jahren wieder ein den 1830er Jahren vergleichbares Wachstum einsetzte.[6] Auch hier gab es um Alzey, Oppenheim, Worms, Bingen und im Mainzer Umland Gebiete mit rückläufigen bzw. stagnierenden Einwohnerzahlen, während die Städte Worms (+ 46 %) und Mainz (+ 32 %) in den 25 Jahren seit der Zählung von 1846 deutliche Zuwächse zu verzeichnen hatten.

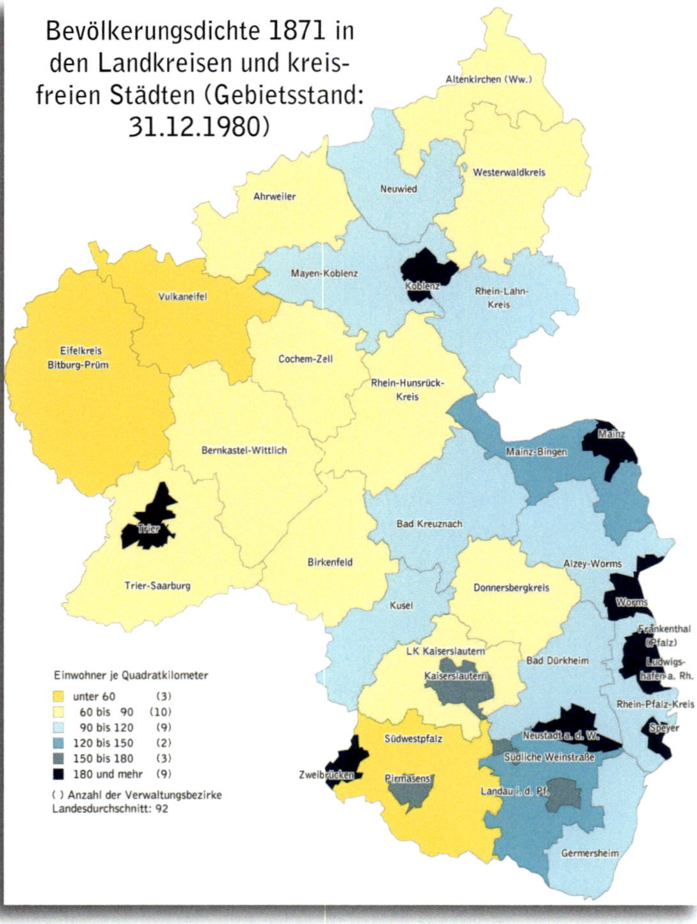

Bevölkerungsdichte 1871 in den Landkreisen und kreisfreien Städten (Gebietsstand: 31.12.1980)

(Statistisches Landesamt Rheinland-Pfalz, Bad Ems)

Im Norden und Nordosten des heutigen Rheinland-Pfalz vollzog sich nicht nur das starke Wachstum der beiden Städte Koblenz und – ab den 1840er Jahren in geringerem Umfang Trier –, sondern ein weiteres Auseinanderdriften im ländlichen Bereich. In Umrissen zeichnete sich hier allmählich schon die Karte der Problemlagen des 1947 neugeschaffenen Landes ab. Die großen wirtschaftlichen Probleme und die damit verbundene Auswanderung ließen zwischen 1840 und 1871 die Bevölkerung im Hunsrück zurückgehen. In manchen Ämtern wie Gemünden (– 8,3 %), Kirchberg-Land (– 8,7 %), Büchenbeuren (– 4,2 %) oder in der Stadt Simmern (– 12,9 %) fiel dieser Schwund sogar stark überdurchschnittlich aus. Insgesamt in einem breiten Streifen vom Hunsrück über die mittlere Mosel und die Eifel hin zur Ahr, aber rechtsrheinisch auch im Westerwald blieb die Zunahme der Bevölkerung spürbar hinter der allgemeinen Entwicklung zurück oder stagnierte gar. Dagegen verzeichneten die Gemeinden an der Sieg, vor allem die Ämter Betzdorf (+ 91 %) und Kirchen (+ 57 %), auf Grund der beginnenden Industrialisierung mit Bergbau und Eisen- und Stahlindustrie erhebliche Zuwächse. Die Anfänge der Industrialisierung führten auch im oldenburgischen Idar und Oberstein in einer ansonsten schwach besiedelten Region zwischen 1815 und 1871 zu einer Verdreifachung der Einwohnerzahl. In ähnlicher Weise wuchs die Stadt Neuwied in einer Region, in der nach 1840 das

Wachstum unterdurchschnittlich gewesen war, zwischen 1840 und 1871 erneut um die Hälfte.

In den etwas mehr als 50 Jahren vor 1871 hatte sich über alle diese Unterschiede hinweg die Bevölkerungsdichte um etwas mehr als die Hälfte auf 92,4 Einwohner pro qkm erhöht und lag damit zwar noch deutlich über dem Reichsdurchschnitt von 74 Einwohnern pro qkm, allerdings bei einer deutlich geringeren Zuwachsrate (+ 42,8/ + 64,4 %). Zwischen Daun (38,1 Ew./qkm) und Bitburg (43,7 Ew./qkm) als den am dünnsten besiedelten Gebieten und dem Umland von Koblenz (150,6 Ew./qkm) und Mainz/Bingen (135,3/151,5 Ew./qkm) oder Frankenthal (139,1 Ew./qkm) und Landau (135,8 Ew./qkm) lagen jetzt schon auch im eher ländlichen Raum Welten. Unter Einbeziehung der überwiegend schnell wachsenden Städte in die regionale Betrachtung zeigt sich immer noch – auf höherem Niveau – ein ähnliches Bild wie um 1820. In Rheinhessen (181,2 Ew./qkm) als einer Boom-Region wohnten doppelt so viele Menschen auf einem Quadratkilometer wie im Landesdurchschnitt, während es in der Region Trier ein Drittel weniger als im Durchschnitt waren (61,2 Ew./qkm). Nur etwas über diesem niedrigen Wert lag die Bevölkerungsdichte in weiten Teilen des Regierungsbezirks Koblenz.

Die Pfalz, insgesamt 12 % dichter besiedelt als das Land insgesamt, war jetzt auch durch starke Unterschiede sowohl bei der Bevölkerungsdichte als auch bei deren Entwicklung geprägt. Zwischen 1835 und 1871 kam es hier in vier von zehn Orten zu einem Rückgang der Einwohnerzahl und der Unterschied zwischen der Bevölkerungsdichte im stärksten Wachstumsraum (Ludwigshafen/Frankenthal mit 198 Ew./qkm) und den südwestpfälzischen Teilräumen um Dahn (38 Ew./qkm), Waldfischbach (54 Ew./qkm) und Annweiler (59 Ew./qkm) hatte sich gegenüber 1825 von 107 Einwohner pro Quadratkilometer auf 160 vergrößert. Die Vorderpfalz mit den Städten Ludwigshafen, Frankenthal, Neustadt und Speyer und die westpfälzischen Städte Kaiserslautern und Pirmasens hatten die südpfälzischen Gebiete als Bevölkerungszentren abgelöst. Hier spielten auch der weitere Landausbau, die Erschließung neuer Siedlungsflächen durch die großflächige Trockenlegung von Moorniederungen (z. B. Landstuhler Bruch in der Westpfalz) und der Rheinauen sowie durch den verbesserten Hochwasserschutz und die Eindämmung der Fiebergefahren durch die Begradigung des Rheins eine wichtige Rolle.[7] Gab es 1825 erst fünf Orte mit über 5.000 Einwohnern, waren es 1871 schon zehn, darunter die neue Stadt Ludwigshafen mit 7.874 Einwohnern, sowie mit Kaiserslautern (17.879 Ew.) erstmals eine Stadt über 15.000. Gleichzeitig stagnierte die Bevölkerung in einer ganzen Reihe von Kleinstädten entlang der Haardt und im Norden der Pfalz, die 1815/25 mit über 3.000 Einwohnern von der Größe noch fast gleichauf mit ihnen gelegen hatten.

Konnte 1815 lediglich Mainz mit 30.000 Einwohnern im heutigen Sinn als Stadt bezeichnet werden, weil Koblenz (16.899 Ew.), Trier (14.564 Ew.) und Worms (10.447 Ew.) immer noch eher kleinstädtischen Charakter aufwiesen, sah es fünfeinhalb Jahrzehnte später schon deutlich anders aus: Mit 63.000 Einwohnern war Mainz nach einer Verdoppelung der Einwohnerzahl als größte Stadt zu einer für damalige Verhältnisse beachtlichen Größe angewachsen. Koblenz hatte seine Einwohnerzahl um das anderthalbfache auf 42.000 Einwohner gesteigert und Trier die seine auf 31.000 Einwohner mehr als verdoppelt. Ebenfalls verdoppelt hatte Worms seine Bevölkerung auf nunmehr 20.600 Menschen.

Die große Umwälzung Was sich in den letzten zehn Jahren vor der Reichsgründung abzeichnete, veränderte bis zur Jahrhundertwende über alle wirtschaftlichen Konjunkturzyklen hinweg in den folgenden Jahrzehnten mit ungeheurer Kraft die (Siedlungs-)Landschaft sowie die Lebensverhältnisse und -perspektiven der Menschen. Der Aufstieg Deutschlands zur industrialisierten Großmacht veränderte auch ganz entscheidend die Regionen im Westen und Südwesten des Reiches.

War in den drei Jahrzehnten vor 1871 die Einwohnerzahl des Landes lediglich um rd. 13 % gestiegen, so folgte in den nächsten 34 Jahren ein Anstieg um 33 % (+ 602.117 Ew.). In weniger als einem Jahrhundert hatte sich damit die Bevölkerung mehr als verdoppelt (+ 102 %). Und nun schied sich schnell die Spreu der bald als strukturschwach klassifizierten Räume vom Weizen, also von den Gebieten, die von der rapiden Industrialisierung, der mit ihr einhergehenden Verstädterung und der Erschließung durch die neuen Verkehrsmittel profitierten. Großräumig betrachtet wuchsen Rheinhessen (+ 46,2 %) und die Pfalz (+ 43 %) am stärksten und vergrößerten das Entwicklungsgefälle gegenüber den rechtsrheinischen Regionen (+ 14,7 %) und den Regionen Trier (+ 18,8 %) und Koblenz (+ 29,7 %).

Gegenüber der Gesamtentwicklung im Reich (+ 58 %) blieben aber auch die beiden wachstumsstärksten Regionen schon deutlich zurück, so dass diese Phase, auf das Gebiet des heutigen Rheinland-Pfalz bezogen, von einem sich verstärkenden und bis in die Gegenwart wirksamen Süd-Nord- und in gewissem Umfang auch Ost-West-Gefälle und einem Zurückfallen hinter die Entwicklung im Reich geprägt war. Die Verlierer im Prozess der Industrialisierung wurden auf Dauer abgehängt. Das galt nicht nur für das Verhältnis Stadt-Land, sondern auch für Teilentwicklungen in der Fläche. Während dort beispielsweise die Gebiete an der Sieg (Amt Betzdorf: + 172 %; Amt Kirchen: + 85 %) ebenso wie z. B. die Städte Idar und Oberstein (+ 93 % gegenüber nur + 22 % im Kreis Birkenfeld) ein weit überdurchschnittliches Wachstum verzeichneten, stagnierte vergleichsweise die Einwohnerzahl auf dem Hunsrück (Kreis Simmern: + 0,2 %), in der Eifel (Daun: + 1 %; Bitburg: + 2,3) oder nahm am Mittelrhein (Sankt Goar: + 10,3 %), an der Lahn (+ 8,9 %), im oberen Westerwald (+ 5,9 %), an der Mosel (Wittlich: + 13,8 %; Bernkastel: + 9,5 %) und im Umland von Trier (+ 14,8 %) nur sehr wenig zu.

Dass die Schere auch in der überdurchschnittlich wachsenden Pfalz auseinander ging, ergab sich daraus, dass rd. ein Drittel aller pfälzischen Ortschaften zwischen 1871 und 1905 einen Bevölkerungsverlust erlitten. Diese schrumpfenden Gemeinden lagen vor allem in den Kreisen mit stark unterdurchschnittlichem Bevölkerungswachstum in der Südpfalz (Bergzabern: + 2,7 %; Umland Landau: + 7,9 %; Germersheim: + 5,5 %), der Nordpfalz (Rockenhausen: + 0,4 %; Kirchheimbolanden: + 9,7 %) und der Südwestpfalz (z. B. Bereich Dahn: + 3 %).

Prägendes Merkmal dieser dreieinhalb Jahrzehnte war das Mitte der 1850er Jahre einsetzende und sich jetzt enorm beschleunigende Wachstum derjenigen ehemaligen – das Bild des Landes prägenden – Klein- und Mittelstädte, in denen sich die neuen industriellen Produktionen ansiedelten bzw. aus handwerklichen Anfängen entwickelten. Die administrativen Zentren wie Koblenz (+ 63,7 %), Trier (+ 83,2 %), Mainz (+ 80,9 %) und Speyer (+ 65,3 %) wuchsen zwar auch noch stärker als der ländliche Raum, blieben aber deutlich hinter den Industriestädten zurück. In Pirmasens (+ 297 %) mit seiner

Schuhindustrie vervierfachte sich die Einwohnerzahl, und in Kaiserslautern mit der Eisen-, Maschinenbau- und Textilindustrie verdreifachte sich die Bevölkerungszahl nahezu (+ 192,3 %). Aber auch Frankenthal (+ 137,5 %) und die junge Maschinenbauindustrie, Idar und Oberstein (+ 93 %) mit seiner Edelsteinschleiferindustrie, Mayen (+ 109 %) mit der Basaltlavaindustrie oder Andernach (+ 96,8 %) und seine Mälzerei-Industrie wuchsen, nicht zuletzt wegen des Anschlusses an wichtige Eisenbahnlinien, in neue städtische Größenordnungen, die die alten Stadt- und Festungsmauern sprengten. Das starke Wachstum der Stadt Landau (+ 130,6 %), das sich zum Zentrum des pfälzischen Weinhandels entwickelte, resultierte demgegenüber ganz offensichtlich in starkem Maße vom Wegfall der Grenzlage nach der Annexion des Elsass und aus der Schleifung der Festungsmauern.[8] Eine noch größere Veränderung der Siedlungs- und Wirtschaftslandschaft bedeutete aber die Entstehung der neuen Stadt Ludwigshafen am Rhein. Überhaupt erst 1852 bei 1.520 Einwohnern als bescheidener Handelsplatz und Endpunkt der neuen Eisenbahnlinie zum – damals pfälzischen – Kohlerevier von Bexbach mit Gemeinderechten ausgestattet, dann schon 1859 zur Stadt erhoben, entwickelte sich Ludwigshafen durch die Ansiedlung der »Badischen Anilin- und Sodafabrik« (BASF) im Jahr 1865 vom Handels- und Verkehrsplatz zur »Stadt der Chemieindustrie«. Als klassisches Beispiel für das Zusammenwirken von Industrialisierung und Urbanisierung verneunfachte sich die Einwohnerschaft der jungen Stadt von 7.830 im Jahr 1871 auf 72.286 Einwohner im Jahr 1905.

1905 hatte sich entsprechend diesem Bevölkerungszuwachs die Bevölkerungsdichte im Gebiet des späteren Landes gegenüber 1815 auf 122 Einwohnern pro qkm mehr als verdoppelt, einen Wert, der immer noch über dem Reichsdurchschnitt (112 Ew./qkm) lag. Im Bereich außerhalb der Städte stand dahinter aber eine breite Spreizung von der dünn besiedelten Gegend um Prüm (38,5 Ew./qkm), Daun (48,9 Ew./qkm) und Bitburg (58,8 Ew./qkm) bis zu dem immer dichter bewohnten Umland von Koblenz (216,6 Ew./qkm), von Mainz (195,7 Ew./qkm) und von Ludwigshafen/Frankenthal (162,6 Ew./qkm).

Die Strukturen verfestigen sich

In den nächsten 34 Jahren bis 1939, die geprägt wurden durch die sich auch demografisch auswirkenden Kriegsjahre mit den Verlusten des Ersten Weltkriegs an der Front und in der Heimat, durch die Besetzung und Abtrennung des linken Rheinufers, die neue Grenzlage im Südwesten, die Hyperinflation und ab 1929 die Weltwirtschaftskrise und die Massenarbeitslosigkeit, verfestigten sich diese Strukturunterschiede bei insgesamt stark verringertem Bevölkerungswachstum. Am Vorabend des Zweiten Weltkriegs wohnten im Gebiet des späteren Rheinland-Pfalz jetzt 2,875 Mio. Menschen oder 18,1 % mehr als im Jahr 1905. Dieser im Vergleich zu den 34 Jahren zuvor (+ 33 %) deutlich geringere Zuwachs lag – angesichts der besonderen Belastungen des rheinland-pfälzischen Raumes – erstaunlicher Weise über dem Reichsdurchschnitt von 14,3 %.

Auch hier dürften unmittelbar und mittelbar im Ersten Weltkrieg rd. 3 % der Bevölkerung von 1914, also zwischen 70.000 und 75.000, außerhalb des normalen biologischen Verlaufs zu Tode gekommen sein.[9] Da es sich mit Ausnahme der Älteren, die in der Heimat den Hungerwintern und der Grippeepidemie zum Opfer fielen, überwiegend um demografisch wirksame junge und mittlere Jahrgänge handelte, kamen zu dem unmittelbaren Bevölkerungsverlust durch die erhöhte Sterblichkeit vor allem die mittel- und langfristigen Wirkungen auf die niedrige Geburtenrate zwischen 1915 und 1919 hinzu. Zu den unmittelbaren Auswirkungen gehörte, dass im Jahr 1919 die Einwohnerzahl mit 2,56 Mio. nur minimal über dem Stand von 1910 lag, dass also zum ersten Mal seit dem Ende des 18. Jhs. eine spürbare Wachstumsdelle zu verzeichnen war. Diese resultierte allerdings in erster Linie aus einem Rückgang in Rheinhessen, der auch 1925 – z. B. in der Stadt Mainz (– 2,3 %) – noch nicht ganz ausgeglichen war. In den anderen Teilregionen dagegen lagen die Werte leicht über dem Stand von 1910, was aber auch hier auf Verluste gegenüber 1914 schließen lässt. Sechs Jahre später (1925) war mit einer der Vorkriegsentwicklung noch nahezu vergleichbaren über dem Reichsdurchschnitt liegenden jährlichen Wachstumsrate (+ 0,9 %/pro Jahr) der Stand von 1910 um rd. 150.000 Einwohner übertroffen. In den folgenden wirtschaftlich und politisch bewegten 14 Jahren verringerte sich das Tempo des Bevölkerungswachstums – trotz der nationalsozialistischen Bevölkerungspolitik – auf durchschnittlich + 0,7 %/pro Jahr. Es lag bis 1933 damit zunächst über dem Reichsdurchschnitt (+ 0,55 %), dann aber ab 1934 deutlich darunter (+ 1,02 %).

Sieht man von der – wie in anderen Städten auch durch Eingemeindungen beeinflussten – außergewöhnlich hohen weiteren Zunahme der Einwohnerzahlen in Ludwigshafen (+ 60,2 %), Trier (+ 44,5 %) und Pirmasens (+ 43,3 %) ab, verlief der Verstädterungsprozess nicht mehr so stürmisch wie in der Zeit seit der Reichsgründung und der ersten großen Welle der Industrialisierung. In der Regel lagen die Zuwächse in den Städten

Durchschnittliche jährliche Wachstumsraten der Bevölkerung[1] in Rheinland-Pfalz[2] und dem Deutschen Reich/der Bundesrepublik Deutschland[3] 1872–2009

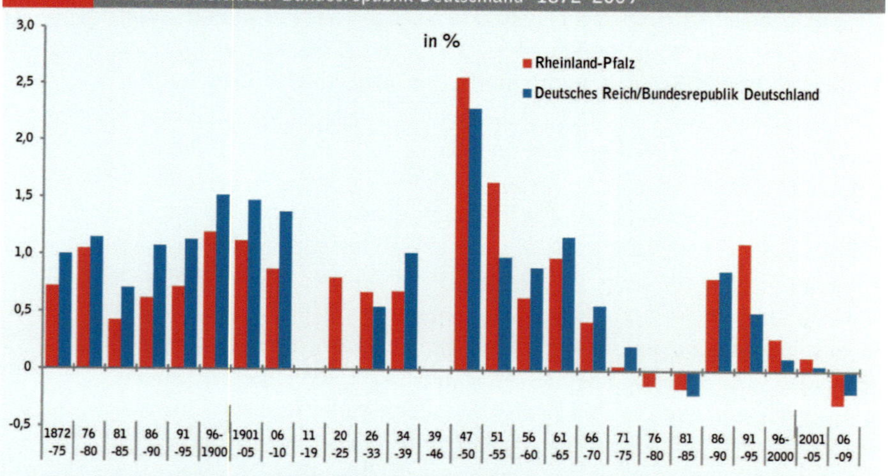

1 Bis 1946 beziehen sich die Berechnungen auf den Bevölkerungsstand am Tag der Volkszählung, danach auf die Ergebnisse der Bevölkerungsfortschreibung zum 31.12. des jeweiligen Jahres. – 2 Werte bis 1939 auf die heute zu Rheinland-Pfalz gehörenden Gebiete umgerechnet. – 3 Bis 1939 Deutsches Reich und ab 1949 Bundesrepublik Deutschland auf dem jeweiligen Gebietsstand; Volkszählungsergebnisse 1946 auf späteres Bundesgebiet umgerechnet; Quelle: Eigene Berechnungen auf der Grundlage von Statistisches Bundesamt (Hrsg.), Bevölkerung 1972, S. 90 (1871–1946), Statistisches Bundesamt (Hrsg.), Jahrbuch 1991, S. 64 (1950–1965).

(Statistisches Landesamt Rheinland-Pfalz, Bad Ems)

nur noch etwa doppelt so hoch wie in den Landkreisen. In Mainz (nur + 6,5 %) und Worms (+ 14,7 %) verlief die Entwicklung sogar unterdurchschnittlich. Aber durchgängig zu beobachten ist die weitere Herausbildung der städtischen Ballungsräume. Die acht größeren Städte der Pfalz verbuchten über die Hälfte des Bevölkerungswachstums in der Pfalz. Zwischen 1871 und 1939 verdoppelte sich der Anteil der Trierer Stadtbevölkerung an der Gesamtbevölkerung des (späteren) Regierungsbezirks auf nahezu 20 %. Die umliegenden Landgemeinden hatten durch die nunmehr verbesserten Verkehrsstrukturen, die das Verbleiben im Wohnort und das Pendeln zur Arbeitsstätte erleichterten, weiterhin überdurchschnittliches Wachstum zu verzeichnen: Um Ludwigshafen herum lag der Zuwachs bei 57 %, südlich davon um Speyer bei 36,7 % und um Pirmasens bei 45 %. Wie stark Ludwigshafen und die Chemieindustrie als Magnet wirkten, zeigt sich auch daran, dass die Bevölkerungsdichte im Verflechtungsraum Ludwigshafen/Frankenthal mit 840 Einwohnern pro qkm mehr als doppelt so hoch lag wie im Raum Kaiserslautern(340 Ew./qkm), der die zweithöchste Siedlungsdichte aufwies, oder im Raum Pirmasens (301 Ew./qkm). Im Verflechtungsraum mit und um Koblenz lag die Einwohnerdichte jetzt bei 530 Einwohnern pro qkm. In Gesamt-Rheinhessen war mit einer Bevölkerungsdichte von 289 Einwohnern pro qkm (zum Vergleich: Raum Trier 87,4 Ew./qkm) die Aufnahmefähigkeit der städtischen und ländlichen Wirtschaft offenkundig erschöpft, wie der sehr stark unterdurchschnittliche Zuwachs von nur 9,1 % belegt.

Die bereits weit geöffnete Schere zwischen Gewinner- und Verlierer-Regionen ging noch weiter auseinander. Nicht nur im Bereich Hunsrück-Mosel-Eifel, z. B. im Kreis Zell (– 3,6 %), im Kreis Cochem (+ 0,7 %) oder Simmern (+ 1,6 %), findet sich eine große Anzahl von Gemeinden mit rückläufiger Bevölkerungszahl. Auch in der Pfalz ging in mehr als einem Drittel der Gemeinden, vor allem in der Nordwestpfalz (z. B. im Bereich Rockenhausen: – 8,5 %) und am Haardtrand (vor allem im Umland von Landau: + 1,3 %), die Einwohnerzahl zurück oder stagnierte.

Innerhalb von 120 Jahren hatte der Verstädterungsprozess das Gesicht der Siedlungslandschaft und damit das Lebensumfeld immer größerer Teile der Bevölkerung einschneidend verändert, wie ein beispielhafter Blick auf die Pfalz zeigt. 1815 hatte mehr als die Hälfte der Orte weniger als 500 Einwohner und nur fünf hatten mehr als 5.000, darunter als größte Stadt Zweibrücken mit lediglich 7.298 Einwohnern. Im Jahr 1939 war die Zahl der kleinen Dörfer von unter 500 Einwohnern auf nur noch etwas mehr als ein Drittel zurückgegangen. Gleichzeitig gab es nun eine Großstadt (Ludwigshafen mit 143.934 Einwohnern), zwei Mittelstädte (Kaiserslautern mit 65.890 und Pirmasens mit 48.646 Einwohnern) mit über 40.000 Einwohnern, sieben Städte zwischen 15.000 und 40.000 Einwohnern und zwölf Kleinstädte mit zwischen 5.000 und 15.000 Einwohnern.

Der große Einschnitt: Das neue Land in den Folgen des Zweiten Weltkriegs

Der Zweite Weltkrieg unterbrach diese Entwicklungen nicht nur wegen der Menschenverluste, die viel höher als die des Ersten Weltkriegs waren, sondern auch wegen der kriegs- und zerstörungsbedingten Bevölkerungsverschiebungen von Industriestädten aufs Land. Im gesamten Gebiet des Deutschen Reiches (in den Grenzen von 1937) werden die militärischen und zivilen Verluste durch direkte

Kriegseinwirkungen auf rd. 7,2 Mio. Personen (d. h. 9,5 % der Vorkriegsbevölkerung) geschätzt,[10] zu denen noch der Geburtenausfall und die Toten infolge der erhöhten Gesamtsterblichkeit im Krieg in Höhe von rd. 6,8 Mio. hinzuzuzählen sind.[11] Allein für die Pfalz werden die direkten Verluste an Soldaten und Ziviltoten auf ca. 58.000 Personen oder 5,6 % der Bevölkerung von 1939 geschätzt.[12]

Da das neue Land Rheinland-Pfalz – wie die anderen Teile der französischen Besatzungszone – weitgehend vom Zuzug aus dem großen Strom der über 6 Mio. in die westlichen Besatzungszonen kommenden Vertriebenen und Flüchtlingen abgeschottet wurde, schlugen diese demografischen Kriegsfolgen hier ganz unmittelbar durch. Bei der Zählung im Jahr vor der Landesgründung waren zudem noch viele Soldaten in Kriegsgefangenschaft, und viele Zivilpersonen befanden sich noch in den Evakuierungsgebieten außerhalb und warteten auf die Möglichkeit zur Rückkehr, während sich gleichzeitig noch Evakuierte aus den rechtsrheinischen Industriegebieten im rheinland-pfälzischen Raum aufhielten. Der gegenüber 1939 festgestellte Rückgang der Bevölkerung um 213.000 Personen auf 2,75 Mio. Einwohner (– 7,2 %) war eine Momentaufnahme mitten in einem Prozess heftigster Veränderungen, auch wenn er im Saldo wohl in etwa die Höhe der direkten Kriegsverluste widerspiegelte.

Mit Ausnahme der ehemals preußischen rechtsrheinischen Gebiete im Westerwald und an der Lahn, die von Kriegseinwirkungen weniger betroffen und als Evakuierungsräume genutzt wurden und deswegen einen leichten Zuwachs verzeichneten, mussten die anderen Großräume des Landes – bei teilweise starken Unterschieden in ihren Teilräumen – Bevölkerungsverluste hinnehmen. Die Region Trier erlebte dabei mit über 12 % den stärksten Rückgang, der zum einen auf die Entleerung der Stadt Trier (– 28 %) und zum anderen auf die Fluchtbewegung aus den in der Endphase des Krieges umkämpften Grenzgebieten um Bitburg (– 14 %) und Prüm (– 20,4 %) zurückging. In Rheinhessen (– 11,2 %) schlugen vor allem die Entvölkerung des linksrheinischen Mainz (– 40,1 %) und die Verluste in der Stadt Worms (– 19,3 %) zu Buche, während alle umliegenden, wenig von Kriegszerstörungen betroffenen ländlichen Gebiete durch die Aufnahme der evakuierten Stadtbevölkerung einen Bevölkerungszuwachs gegenüber der Vorkriegszeit zu verzeichnen hatten. In der Pfalz (– 8,1 %) sah das Bild ähnlich aus: starke und zum Teil dramatische Verluste in den zerbombten Industriestädten (z. B. Ludwigshafen: – 25,2 %; Pirmasens: – 24,4 %; Zweibrücken: – 24,4 %; Kaiserslautern: – 20,8 %; Frankenthal: – 15,2 %) und den ab 1939 mehrfach evakuierten südlichen und südwestlichen Grenzregionen um Bergzabern (– 11,6 %) und Pirmasens (– 11,2 %). Im Regierungsbezirk Koblenz, der insgesamt nur ein Minus von 4 % aufwies, hatten die ländlichen Gebiete durch die Aufnahme der evakuierten Stadtbevölkerungen kaum nennenswerte Rückgänge bzw. wie die Kreise Altenkirchen, Mayen und Koblenz oder die Städte Andernach (+ 13 %), Neuwied (+ 11 %) und Bad Kreuznach (+ 2,9 %) sogar eine Bevölkerungsmehrung zu verzeichnen, während die Stadt Koblenz zu diesem Zeitpunkt rd. 23.000 Einwohner verloren hatte (– 22 %) und beinahe auf den Stand um die Jahrhundertwende zurückgeworfen wurde.

Vom Wiederaufstieg der Städte zur Suburbanisierung

In den nächsten elf Jahren strömten die Menschen in die allmählich wieder aufgebauten, im Zeichen des »Wirtschaftswunders« prosperierenden Städte zurück. Bei der Volkszählung 1961 wurden im Land insgesamt 412.000 (+ 13,7 %) Einwohner mehr gezählt als 1950. Eine vergleichbare »Bevölkerungsexplosion« hatte es bis dahin nur in den drei Jahrzehnten vor 1848 gegeben. Mit einem durchschnittlichen jährlichen Zuwachs von 1,23 % rangierte Rheinland-Pfalz unter den westdeutschen Flächenländern auf dem dritten Platz hinter Nordrhein-Westfalen und Baden-Württemberg.

Mehr als die Hälfte dieses Zuwachses resultierte aus der Zunahme in den kreisfreien Städten, deren Wachstum (+ 29,7 %) dreieinhalbmal so hoch ausfiel wie in den Landkreisen. Nicht nur in Mainz (+ 46,8 %) und Koblenz (+ 43,6 %), sondern in allen Städten – bis auf Zweibrücken mit seinem großenteils während des Krieges zerstörten Stadtkern – wurden die Höchststände der Vorkriegszeit als Ergebnis dieser beispiellosen stürmischen Entwicklung deutlich übertroffen. Den geringsten Zuwachs hatte mit immerhin noch 14,8 % Neustadt, das allerdings – wie nur noch Speyer – im Jahr 1950 mehr Einwohner als vor dem Krieg zählte.

Die unterdurchschnittlichen Wachstumsraten oder sogar Rückgänge (Alzey-Worms: -1,7 %) der um die Industriezentren herum liegenden Landkreise verweisen auf eine starke Rückwanderung der zuvor evakuierten städtischen Bevölkerung. Ohne den weiteren Zuzug von »Umsiedlern« und DDR-Flüchtlingen wäre – was allerdings in noch größerem Maße für die anderen Länder gilt – die Einwohnerzahl bei weitem nicht so stark gestiegen. Sie stellten nun mit über 400.000 Personen 11,8 % der Bevölkerung (Bundesrepublik: 21,4 %).[13]

Von dem Wachstum profitierten mittlerweile nicht nur die Mittel- und Großstädte im Land. So verdoppelte sich beispielsweise in der Pfalz – vor allem wegen des Wachstums in der westpfälzischen Zone zwischen Kaiserslautern und Landstuhl – die Zahl der Gemeinden mit 5.000–15.000 Einwohnern nahezu von zwölf (1939) auf jetzt 22, und die der Gemeinden zwischen 2.000 und 5.000 Einwohner, die auch nicht mehr dem klassischen Typus des »Dorfes« entsprachen, stieg von 62 auf 80. Nahezu ein Drittel der pfälzischen Bevölkerung wohnte darüber hinaus in den acht kreisfreien Städten mit über 25.000 Einwohnern.

Diese zweite Urbanisierungswelle vertiefte die vorhandenen Entwicklungsunterschiede. Das Bevölkerungswachstum im Regierungsbezirk Trier lag bei gerade einmal einem Drittel der Rate in der Pfalz und Rheinhessen. In dem peripheren bzw. grenznahen Korridor von Prüm, Bitburg und Daun über die mittlere Mosel, den Hunsrück, die Nord- und Nordwestpfalz in die Südpfalz stagnierte die Bevölkerungszahl, ging aktuell zurück oder lag gar in einer Reihe von Gemeinden – in der Pfalz betraf das immerhin 118 Orte – unter dem Stand von 1825. Insgesamt aber lag jetzt die Bevölkerungsdichte in Rheinhessen bei 347 und in der Pfalz bei 172 Einwohnern pro qkm, im Regierungsbezirk Trier aber nur bei 94, also in etwa dem Entwicklungsstand der Pfalz im Jahr 1835.

Der Jahrhunderttrend bricht ab

In den folgenden drei Jahrzehnten bis zum auch für Rheinland-Pfalz bedeutsamen demografischen Einschnitt der deutschen Vereinigung 1990 vollzog sich ein tief greifender Bruch mit dem Wachstums-Großtrend der vergangenen 150 Jahre: Zum einen begann ein erst langsamer und dann schneller Übergang von einem sich verringernden Bevölkerungswachstum hin zur Stagnation und zum Rückgang und zum anderen eine Trendwende weg vom Zuzug in die Städte hin zur Abwanderung in das Umland der Ober- und Mittelzentren.

Schon bis zur Volkszählung 1970 halbierte sich der Bevölkerungszuwachs (+ 6,7 %) gegenüber dem vorhergehenden Jahrzehnt, um dann nach 1973, als mit 3,7 Mio. Einwohnern ein vorläufiger Höchststand erreicht war, bis zum Jahr 1986 kontinuierlich um etwa 90.000 Personen (rd. 2,5 %) auf den Stand von Ende der 1960er Jahre abzunehmen. Das Wachstum der Städte brach – mit Ausnahme der Landeshauptstadt Mainz und anfänglich auch noch von Ludwigshafen – überall regelrecht ein. Bis 1970 betrug es nur noch 4,2 % (gegenüber 29,7 % zwischen 1950 und 1961), bevor bis 1980 schon ein Verlust von 3 % eintrat. Ohne die Zuwanderung ausländischer Arbeitskräfte und deren Familien, deren Anteil von 0,8 % im Jahr 1961 auf 4,3 % (d.h. 155.625 Personen) im Jahr 1987 gestiegen war, wäre der Bevölkerungsrückgang aus der natürlichen Bevölkerungsentwicklung noch gravierender und spürbarer gewesen.

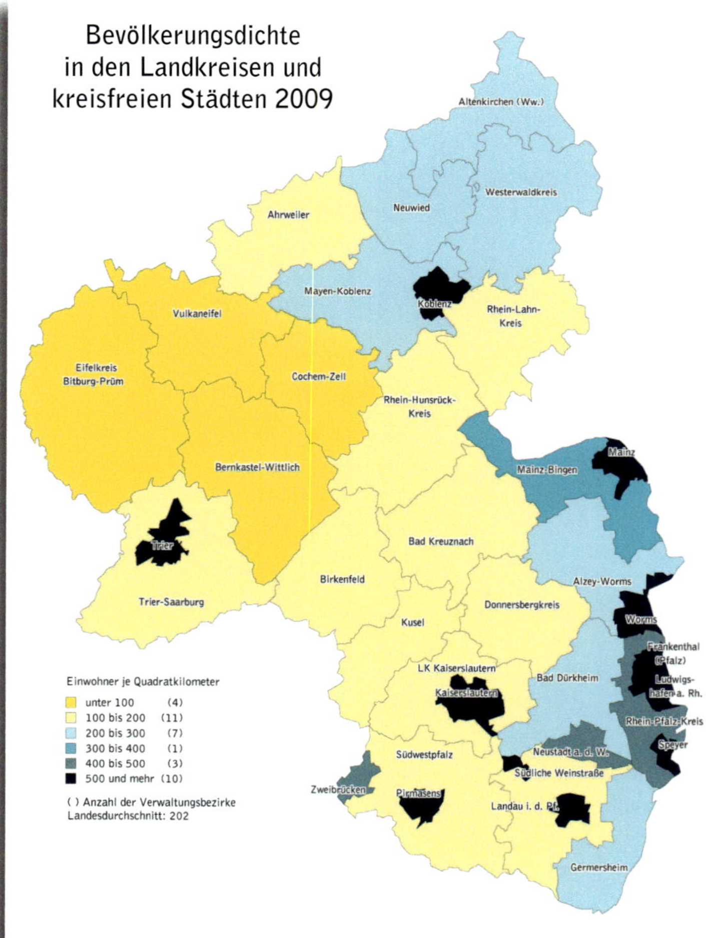

(Statistisches Landesamt Rheinland-Pfalz, Bad Ems)

Nach dem Wiederaufbau und Ausbau in den 1950er und frühen 1960er Jahren sank eine ganze Reihe Städte auf die Einwohnerzahlen der Mittfünfziger Jahre ab. Am stärksten betroffen waren nicht nur die beiden an der Peripherie liegenden Mittelzentren Pirmasens, dessen Einwohnerzahl sich gegenüber dem Höchststand von 1961 bis 1987 um ein Fünftel verringerte, und Zweibrücken (– 12,4 %), sondern auch die Oberzentren und Großstädte Trier (– 11 %), Koblenz (– 6,8 %) und Ludwigshafen (– 6,6 %). Lediglich die Landeshauptstadt Mainz (+ 13,6 %) und Frankenthal als industrielles Mittelzentrum mit gleichzeitig hoher Zahl von Auspendlern nach Ludwigshafen und Mannheim (+ 25,1 %) sowie Speyer mit ähnlicher Struktur, aber schon höherem Dienstleistungsanteil (+ 14,4 %), entwickelten sich gegen diesen Trend. Symptomatisch für die Abwanderung bzw.

den Zuzug in das nunmehr verkehrsmäßig immer besser erschlossene Umland, dessen Gemeinden in ihrem Charakter als Wohnorte der Pendler immer mehr verstädterten, gleichzeitig aber auch eigenes Gewerbe und Dienstleistungen mit Arbeitsplätzen aufbauten, ist das starke Wachstum der Kreise Germersheim (+ 34,7 %), Ludwigshafen/Rhein-Pfalz-Kreis (+ 29,8 %), Mainz-Bingen (+ 18,8 %) und Trier-Saarburg (+ 14,7 %). Das starke Wachstum des Kreises Ahrweiler (+ 19,9 %) war über die Landesgrenzen hinweg wesentlich durch die Nähe zur Bundeshauptstadt Bonn bzw. zum Ballungsraum Köln/Bonn beeinflusst.

In dieser Phase stagnierender Bevölkerungszahlen gab es nur leichte Zuwächse durch den Zuzug von Ausländern, deren Zahl sich allein in den vier Jahren von 1987 bis Ende 1990 um rd. 40 % auf 219.000 (5,8 % der Gesamtbevölkerung) erhöhte, um bis 1996 auf über 300.000 anzuwachsen. Gegen diesen sich verfestigenden Trend brachten die Ausreisewelle aus der späten DDR, der Zusammenbruch der DDR und der Fall des Eisernen Vorhangs noch einmal kurzfristig einen starken Anstieg. Die Zuzüge aus den neuen Bundesländern und die Welle der deutschstämmigen Spätaussiedler aus den GUS-Staaten und den ost- und südosteuropäischen Staaten ließen die Zahl der Einwohner von Rheinland-Pfalz gegenüber dem vorübergehenden Tiefstand von 1986 bis zum Jahr 1994 um rd. 340.000 (+ 9,4 %) ansteigen. Allein im Jahr 1990 betrug der Zuwachs außergewöhnliche 1,6 %. Danach flachte die Kurve der Zuwächse wieder ab und ging, nachdem 1996 die Vier-Millionen-Grenze überschritten und 2004 mit 4.061.105 Einwohnern ein seitdem nicht wieder erreichter Höchststand erreicht worden war, in einen kontinuierlichen leichten Rückgang über. Im Jahr 2010 lag dadurch die Einwohnerzahl zum ersten Mal nach 14 Jahren mit 3.999.617 wieder unter der Schwelle von 4 Mio. Mit einem Bevölkerungsrückgang von 1,5 % seit 2003 hat Rheinland-Pfalz neben dem Saarland von allen westdeutschen Flächenländern den stärksten Verlust aufzuweisen.

Mit wenigen Ausnahmen von Zuzugsschwerpunkten änderte die Wachstumswelle seit 1989 kaum etwas an den Großtrends von urbaner Stagnation und suburbanem Wachstum im Umland der Ballungszentren, die die beiden Jahrzehnte zuvor geprägt hatten. Mit Ausnahme der Landeshauptstadt Mainz (+ 14,6 %) und den eher vom tertiären Sektor geprägten Städten wie Landau (+ 19,2 %), Speyer (+ 13,1 %) und Trier (+ 11,1 %), deren Wachstum von 1987 bis 2009 etwas über dem Landesdurchschnitt lag, stagnierte in den letzten Jahren die Einwohnerzahl in den anderen eher durch die Industrie geprägten kreisfreien Städten. In Pirmasens (– 15 %) war sie sogar schon dramatisch rückläufig. Dagegen setzte sich das überdurchschnittliche Wachstum im rheinland-pfälzischen Umland der länderübergreifenden Ballungsräume Mittlerer Oberrhein/Karlsruhe, Rhein-Neckar, Rhein-Main und Köln/Bonn weiter fort. In den Kreisen Alzey-Worms (+ 25,2 %) und Mainz-Bingen (+ 23 %) nahm die Bevölkerung in diesen 22 Jahren um nahezu ein Viertel, im Kreis Germersheim um ein Fünftel (+ 21 %) und in den Kreisen Ahrweiler und Ludwigshafen/Rhein-Pfalz-Kreis immerhin noch um rd. ein Siebtel (+ 15 bzw. 14,6 %) zu, während Städte wie Koblenz, Ludwigshafen und Trier mittlerweile weniger Einwohner als noch 1961 haben. Kurzzeitig profitierten von den Zuzügen und dem Trend »heraus aus den Städten« auch – z. T. inzwischen verkehrsmäßig gut angebundene – Kreise wie der Donnersbergkreis (+ 14,7 %) oder der Rhein-Hunsrück-Kreis (+ 14,8 %).

Mit einer Bevölkerungsdichte von 202 Einwohnern pro qkm liegt Rheinland-Pfalz beim Übergang ins zweite Jahrzehnt des 21. Jhs. etwa ein Siebtel unter dem Bundesdurchschnitt (230 Ew./qkm) und damit deutlich hinter den wesentlich dichter bevölkerten Nachbarländern Nordrhein-Westfalen, Saarland, Baden-Württemberg und Hessen, aber beispielsweise noch deutlich vor Bayern. Hinter der Gesamtzahl verbirgt sich jedoch ein gewaltiger Unterschied zwischen den städtischen Räumen wie z. B. der Stadt Ludwigshafen (2.098 Ew./qkm) und den zentrennahen Landkreisen wie dem Rhein-Pfalz-Kreis (488 Ew./qkm) oder Mainz-Bingen (332 Ew./qkm) auf der einen Seite und vor allem den peripheren ländlichen Räumen wie Bitburg-Prüm (58 Ew./qkm) oder Daun (68 Ew./qkm) auf der anderen Seite. Das seit Mitte des 19. Jhs. herausgebildete Ost-West-Gefälle von den »modernen« strukturstarken zu den durch die topografischen Gegebenheiten und die Grenzlage »schwachen« Räumen hat sich in den letzten Jahrzehnten nicht verringert, sondern bis auf wenige Ausnahmen noch weiter verstärkt. Zu diesen Ausnahmen zählen vor allem die rechtsrheinischen Landesteile im Westerwald (202 Ew./qkm) und im Kreis Altenkirchen (207 Ew./qkm) sowie im Neuwieder Becken (290 Ew./qkm). Auch wenn der Hunsrück vor allem durch den Zuzug von Spätaussiedlern von Ende der 1980er Jahre bis zur Jahrtausendwende kurzfristig ein überdurchschnittliches Wachstum verzeichnen konnte, gehört er nach wie vor zu der schon mehrfach beschriebenen Problemzone, die von der Eifel über die mittlere Mosel, den Kreis Birkenfeld und Teile des Kreises Kusel nach Süden bis zum Kreis Südwestpfalz reicht. Hier liegt die Einwohnerdichte nur zwischen rd. der Hälfte und einem Drittel des Landesdurchschnitts bzw. auch einer ganzen Anzahl von Landkreisen.

Die für Rheinland-Pfalz charakteristische Dominanz von Kleingemeinden in der Fläche besteht nach wie vor, auch wenn sie seit der Nachkriegszeit tendenziell abgenommen hat. Von Ende der 1980er Jahre, als von den 3.091 Gemeinden in der alten Bundesrepublik mit weniger als 1.000 Einwohnern mehr als die Hälfte (1.656) in Rheinland-Pfalz lagen, nahm ihre Anzahl lediglich auf 1.592 ab, was immer noch einem Anteil an allen Gemeinden von 69 % entspricht. Im Jahr 1950, vor der Verwaltungsreform der 1960er und frühen 1970er Jahre, die die Zahl der Gemeinden um ein Fünftel reduzierte, betrug ihr Anteil noch 79 %. Lebte damals noch jeder dritte Rheinland-Pfälzer (30,6 %) in einem solchen kleinen Dorf, war es fünfeinhalb Jahrzehnte später nur noch jeder sechste. Nimmt man die übliche Definition für Dörfer (unter 2.000 Einwohner) als Maßstab, dann sank der Anteil der dörflichen Bevölkerung in diesem Zeitraum von 47 % auf nur noch 29,2 % (1,2 Mio. Personen) ab. Ein wesentliches Merkmal der Veränderung der Siedlungsstrukturen über diese Jahrzehnte hinweg, vor allem im Zug der Suburbanisierung, war der wachsende Anteil der Bevölkerung in den kleinstädtischen Strukturen zwischen 5.000 und 20.000 Einwohnern, der sich auf 22,8 % nahezu verdoppelte. Der Anteil der – mangels einer wirklich großen Stadt statistisch definierten – Großstadtbevölkerung verdreifachte sich beinahe im gleichen Zeitraum auf – bundesweit immer noch weit unterdurchschnittliche – 11,4 %. Im Gesamtergebnis – vom Lebensumfeld der Einwohner betrachtet – wurde Rheinland-Pfalz (klein)städtischer auf einem weiterhin vorhandenen Sockel überdurchschnittlich vieler kleiner Dörfer.

Über die 24 Landkreise hinweg hatten die Gemeinden im Jahr 2005 durchschnittlich nur 1.327 Einwohner, in den Landkreisen Bitburg-Prüm (407 Ew.) und Daun (585 Ew.) aber noch nicht einmal die Hälfte davon und in Kusel (784 Ew.), Cochem-Zell (792 Ew.) und im Rhein-Hunsrück-Kreis (792 Ew.) nur knapp mehr als die Hälfte. Im

Eifelkreis Bitburg-Prüm hatten noch im Jahr 2010 rd. 80 % der 234 Gemeinden und im Vulkaneifelkreis Daun 71 % der 109 Gemeinden weniger als 500 Einwohner. In den ballungsraumnahen Landkreisen wie dem Rhein-Pfalz-Kreis (5.950 Ew.), Germersheim (4.035 Ew.), Mainz-Bingen (3.032 Ew.), Bad Dürkheim (2.811 Ew.) und Mayen-Koblenz (2.458 Ew.) lag dagegen die durchschnittliche Einwohnerzahl pro Gemeinde bei einem Vielfachen dieser Werte.[14] Entsprechend hatte im Rhein-Pfalz-Kreis nur eine von 16 Gemeinden – und da auch nur knapp – weniger als 1.000 Einwohner.

Die natürliche Bevölkerungsbewegung: Von der agrarischen zur postindustriellen Bevölkerungsweise

Über alle einwirkenden Faktoren und alle regionalen Unterschiede hinweg lässt sich im Zeitraum der letzten beiden Jahrhunderte auch in den rheinland-pfälzischen Regionen ein mehrfacher Wandel der sog. »Bevölkerungsweise« als eine wesentliche Ursache, z.T. aber auch als eine Folge der unterschiedlichen Wachstums- und Entwicklungsphasen der Bevölkerung ausmachen. Der Begriff der »Bevölkerungsweise« meint in diesem Sinne im Wesentlichen ein für einen bestimmten Zeitabschnitt spezifisches stabiles Verhältnis zwischen den Geburten und der Fruchtbarkeit auf der einen und der Sterblichkeit auf der anderen Seite sowie dem Ausmaß der Zu- und Abwanderungen. Diese drei Komplexe des Bevölkerungsverhaltens und ihre quantitativen Veränderungen sind wiederum jeweils stark durch soziale, ökonomische und politische Prozesse beeinflusst, auf die sie selbst andererseits wieder zurückwirken.

Die vielfältigen Veränderungen der Faktoren der »Bevölkerungsweise« in den letzten zwei Jahrhunderten werden meist mit dem Modell der »demografischen Übergänge« beschrieben, das den Theorien der »Modernisierung« der westlichen (Industrie-)Gesellschaften zu Grunde gelegt wird. Damit gemeint ist ein mehrfach gestaffelter Übergang: Erst von einer Situation, in der die Gesellschaft bei hoher Sterblichkeit und einer noch etwas höheren Geburtenrate nur langsam wächst, zu einer Phase starken Bevölkerungswachstums bei sinkender Sterblichkeit und weiterhin hoher Geburtlichkeit; dann zu einer Phase langsameren Wachstums bei weiterhin steigender Lebenserwartung und nunmehr ebenfalls sinkender Geburtenrate, die gefolgt wurde von einer noch langsameren Wachstumsphase nur noch langsam sinkender Sterblichkeit bei weiterhin zurückgehenden Geburten pro Frau; schließlich zur »industriegesellschaftlichen Bevölkerungsweise« mit stabil niedrigen Geburten- und Sterberaten. In einem zweiten »demografischen Übergang« wird diese »industrielle Bevölkerungsweise«, die nur noch ein der früheren Agrargesellschaft vergleichbares Bevölkerungswachstum aufweist, abgelöst von der »postindustriellen Bevölkerungsweise« mit einer dauerhaft unter der Sterberate liegenden Geburtenrate, in der die Schrumpfung – und Alterung – der Bevölkerung bestenfalls durch Zuwanderung ausgeglichen wird.[15]

Der erste demografische Übergang: Auf dem Weg zur industriellen Bevölkerungsweise

Der erste demografische Übergang erfolgte in der Phase des sozialen Wandels von einer typischen Agrar- zu einer Industriegesellschaft. In der Agrargesellschaft des 18. Jhs. wurden, wie z. B. für Rheinhessen nachgewiesen, sehr viele Kinder pro Frau bzw. Familie, bei katholischen Frauen im Durchschnitt fast acht Kinder, geboren, und die Bevölkerung wuchs bereits, aber die Sterblichkeit war nach wie vor sehr hoch. Nur jedes zweite Kind erreichte das Erwachsenenalter.[16] In der nächsten Phase, die die erste Hälfte des 19. Jhs. kennzeichnete, sank die Sterblichkeit, während die Geburtenrate – mit Ausnahme der Zeiten von Ernährungskrisen – gleich blieb und damit für ein starkes natürliches Bevölkerungswachstum sorgte.

Wesentliche Ursache für die hohe Geburtenrate in den agrarischen Gebieten, die hier mit einer hohen Heiratsrate und einem frühen Heiratsalter korrelierte, war das Prinzip der Realteilung, das in den meisten Gebieten, verankert im napoleonischen »Code civil«, als Erbfolgeregelung galt. Die weitgehend gleichberechtigte Aufteilung des Besitzes unter allen Erben verringerte zwar von Erbgang zu Erbgang die Grundlage der wirtschaftlichen Existenz, gab aber andererseits den – überlebenden – Kindern eine sehr oft nur bescheidene, aber doch eigenständige Existenzperspektive. Im Großherzogtum Hessen lag z. B. die Geburtenrate bezogen auf die Gesamtbevölkerung zwischen 1840 und 1875 immer zwischen 3 und 4 % und damit in der Regel 1 % über der Sterberate.[17]

In der Pfalz lag dieser Geburtenüberschuss im Jahrzehnt zwischen 1841 und 1850 mit 1,4 % noch höher. Er war damit fast dreimal so hoch wie im rechtsrheinischen Bayern und auch – wie ebenfalls später noch in den Jahrzehnten bis 1900 – deutlich höher als im benachbarten Baden und in Württemberg. Nach einem mit der Ab- und Auswanderungswelle zusammenhängenden Rückgang zwischen 1851 und 1870 auf knapp 1 % stieg der Geburtenüberschuss in der Pfalz bis 1900 sogar auf 1,6 %. Die Geburtenziffer lag dabei immer zwischen 3 und 4 %, zeitweise (1841/45 und 1871/80) sogar über 4 %.[18] Bei einer immer rd. 0,5 Prozentpunkten niedrigeren Sterberate lag der Geburtenüberschuss in der Pfalz immer mit bis zu 1 % über dem im rechtsrheinischen Bayern und auch über dem Durchschnitt der Staaten des Deutschen Bundes.

Die erst für die Zeit nach 1871 vorliegenden vergleichbaren Zahlen für das Gesamtgebiet des heutigen Rheinland-Pfalz zeigen eine bis nach der Jahrhundertwende gleichmäßig hohe Geburtenziffer von über 3 % bei gleichzeitig kontinuierlich zurückgehender Sterblichkeit. Aus diesen beiden Bewegungen ergab sich lange Zeit noch ein Geburtenüberschuss von über 1 %. Selbst als um 1910 schon die Geburtenziffer leicht – und wie sich zeigen sollte dann aber dauerhaft – zu sinken begann, ergab das immer noch einen Überschuss aus der natürlichen Bevölkerungsbewegung von 1,5 %. Konkret hieß das z. B. 1910 bei knapp 75.000 Lebendgeborenen und etwa 40.000 Sterbefällen, dass sich ein natürliches jährliches Wachstum von etwa 35.000 Menschen ergab.

Natürliche Bevölkerungsbewegung im Gebiet von Rheinland-Pfalz 1871–1938

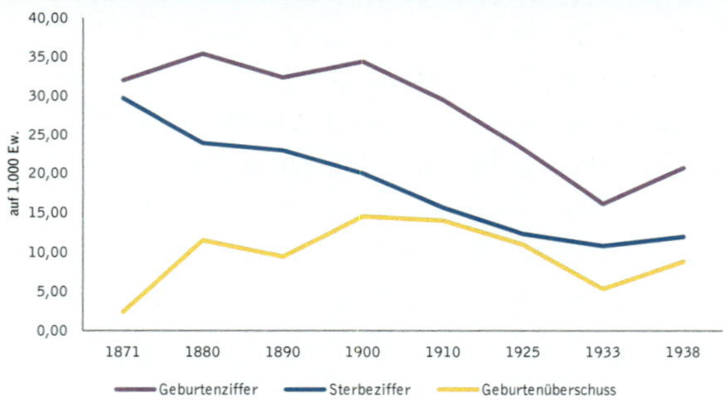

Natürliche Bevölkerungsbewegung im Gebiet von Rheinland-Pfalz 1871–1938 (auf 1.000 Ew.)

Jahr	Geburtenziffer	Sterbeziffer	Geburtenüberschuss
1871	31,95	29,64	2,31
1880	35,31	23,86	11,45
1890	32,29	22,90	9,38
1900	34,30	19,89	14,41
1910	29,41	15,52	13,89
1925	23,13	12,24	10,88
1933	16,00	10,74	5,26
1938	20,60	11,87	8,73

Angaben nach Bd. Historische Statistik

Bis in die Zeit kurz vor dem Ersten Weltkrieg war die Geburtenziffer in der Pfalz die höchste von allen Regionen im Land, lange Zeit gefolgt von der in Rheinhessen, die allerdings schon nach 1900 stark zurückging. Im Norden, in den Regierungsbezirken Koblenz und Trier, verlief die Entwicklung der Geburten nach einem ähnlichen zeitlichen Schema, zunächst auf einem etwas niedrigeren und dann nach der Jahrhundertwende auf weitgehend gleichem Niveau. Zwischen den mehrheitlich evangelischen und den mehrheitlich katholischen Gebieten gab es kaum nennenswerte Unterschiede. Aus dem allgemeinen Schema fallen lediglich die außergewöhnlich hohen Geburtenziffern in den rasch expandierenden Industriestädten Ludwigshafen und Pirmasens heraus, die um 1900 fast um die Hälfte über dem Landesdurchschnitt lagen. Nach dem Weltkrieg normalisierte sich die Geburtlichkeit in Ludwigshafen, während sie in Pirmasens, wenn auch nicht mehr so stark, weiterhin überdurchschnittlich hoch blieb.

Vom Babyboom zur schrumpfenden Gesellschaft: Der zweite demografische Übergang

Hatte die Zahl der Neugeborenen im Gebiet des heutigen Rheinland-Pfalz 1939 im letzten Vorkriegsjahr noch rd. 57.700 betragen, sank sie nicht nur in den Kriegsjahren, sondern auch in den ersten Nachkriegsjahren drastisch ab. Die Verluste unter den Soldaten, die zu diesem Zeitpunkt noch großen Zahlen der in Kriegsgefangenschaft befindlichen Männer und die katastrophalen Lebensverhältnisse hatten zur Folge, dass 1946 nur rd. 38.800 Kinder zur Welt kamen. Bis 1950 stieg dann die Geburtenzahl wieder ganz erheblich an, weil in vielen Fällen die kriegsbedingt verschobene Familiengründung oder der kriegsbedingt verschobene Kinderwunsch nachgeholt wurde. Mit geringeren Steigerungsraten kamen in der Phase des sog. »Babybooms« bis 1963 kontinuierlich immer mehr Kinder zur Welt.

Dieser zeitbedingte Sondereffekt änderte aber nichts an dem schon vor dem Zweiten Weltkrieg eingetretenen neuen demografischen Muster zurückgehender Geburten und Kinderzahlen und sinkender bzw. gleich bleibend niedrigerer Sterblichkeit, das mit dem Begriff des »zweiten demografischen Übergangs« von der industriellen zur postindustriellen Gesellschaft gefasst wird. Von dem damaligen Höchstwert von 67.800 Neugeborenen im Jahr 1963 sank die Geburtenrate rapide ab und lag 1975 mit weniger als 35.000 schon klar unter dem Wert des von den Lebensbedingungen her schlimmen Nachkriegsjahres 1946. Zwar folgte in den 1980er Jahren wegen der stark besetzten Jahrgänge der Babyboomer noch einmal ein moderater Anstieg auf ca. 43.000 Geburten, einen Wert, der allerdings um fast 25.000 unter dem Höchstwert von 1963 lag. Seit den 1990er Jahren schließlich sank die Zahl der jährlich Neugeborenen bis auf rd. 31.000 im Jahr 2009. Das bedeutet, dass im ersten Jahrzehnt des 21. Jhs. noch nicht einmal halb so viele Kinder in Rheinland-Pfalz zur Welt kamen wie 40 Jahre zuvor bzw. 48.000 Kinder weniger als vor einem Jahrhundert.

Geborene und Gestorbene in Rheinland-Pfalz 1950–2010

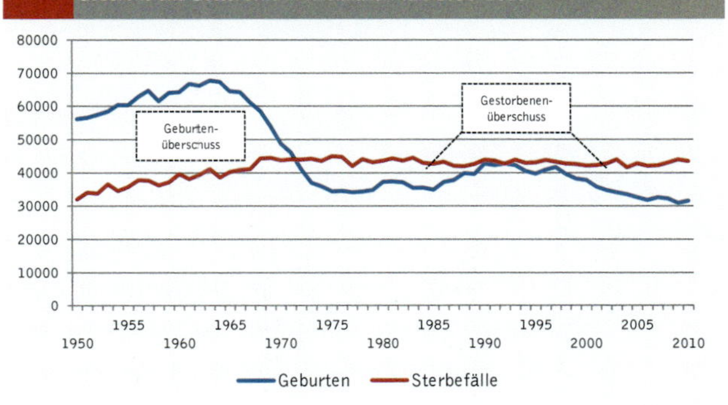

(URL: http://www.Statistik.rlp.de (fileadmin/dokumente/nach_themen/bev/Kurz/Bevoelkerung2010.pdf [10.10.2011]

Bezogen auf die Gesamtbevölkerung erreichte die Geburtenziffer nur in den 1950er Jahren in etwa noch einmal die – schon damals stark zurückgegangenen – Werte der Vorkriegszeit. Ab Mitte der 1960er Jahre sackte die Geburtenziffer dann ganz stark ab und bewegte sich schließlich nur noch bei etwa einem Drittel der Vorkriegswerte (0,77 % im Jahr 2009).

Der dramatische Rückgang der Geburten hatte bei einer etwa gleich bleibenden Sterbeziffer zur Folge, dass erstmals 1972 und dann dauerhaft – mit nur einer Unterbrechung 1992 – mehr Menschen in Rheinland-Pfalz verstarben als geboren wurden. Es vollzog sich mit vielen schwerwiegenden Folgen ein Wandel von den jährlichen Geburtenüberschüssen von rd. 25.000 bis Mitte der 1960er Jahre zu Gestorbenenüberschüssen, die Ende des ersten Jahrzehnts des 21. Jhs. jährlich immer zu einem Rückgang von 10.000–13.000 Menschen allein schon aus der natürlichen Bevölkerungsentwicklung führten.[19]

Kinder je Frau in Rheinland-Pfalz 1950–2010

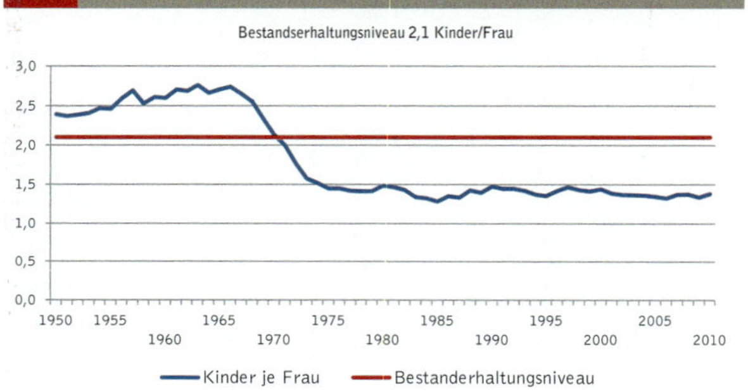

(Statistisches Landesamt Rheinland-Pfalz, Bad Ems)

Dieser Übergang von einer für Industriegesellschaften typischen zu einer unter dem Bestandserhaltungsniveau liegenden postindustriellen Bevölkerungsweise war auch in Rheinland-Pfalz dramatischer Ausdruck einer »Modernisierung« im Sinne vielfach sich verändernder sozialer Rahmenbedingungen, Wertevorstellungen und neuer Lebensformen. Vor allem die sich beschleunigende – aber schon seit längerem bestehende – Tendenz zu einer selbständigeren und selbstbewussteren Rolle der Frauen in Familie und Gesellschaft bewirkte in Verbindung mit der neuen sicheren Methode der Schwangerschaftsverhütung durch die »Pille« in dem »langen Jahrzehnt« von 1963 bis Mitte der 1970er Jahre einen tiefen Einbruch beim Kinderwunsch der Familien, den sog. »Pillenknick«. Denn die Zahl der Frauen im gebärfähigen Alter blieb bis Anfang der 1970er weitgehend gleich und stieg dann bis Mitte der 1990er Jahre sogar deutlich an. Zur Bestandserhaltung der Bevölkerung wäre ein Wert von 2,1 Kindern erforderlich. War die statistisch berechnete Zahl der Kinder pro Frau von 2,4 (1950) auf nahezu 2,8 im Spitzenjahr 1963 gestiegen, fiel sie in den nächsten zwölf Jahren um fast die Hälfte auf 1,4 Kinder (1975). Seitdem hat sie sich in etwa auf diesem Niveau eingependelt. Sowohl im zeitlichen Verlauf als auch in der Höhe des Rückgangs der Kinderzahl und dem seit den 1970er Jahren relativ stabilen niedrigen Niveau lief die Entwicklung in Rheinland-Pfalz weitgehend parallel zur übrigen Bundesrepublik bzw. den westlichen Ländern seit 1990.

Der Einschnitt in den Einstellungen zur Kinderzahl und zur Rolle der Frau in der Familie erfolgte auch in Rheinland-Pfalz zwischen der Generation der Frauen, die in der Vorkriegszeit geboren worden waren, und den im Krieg und in der Nachkriegszeit geborenen Frauen. Erstere brachten in den 1950er und frühen 1960er Jahren durchschnittlich noch deutlich über zwei Kinder zur Welt, während mit dem Geburtsjahrgang 1943 ab der zweiten Hälfte der 1960er Jahre die Kinderzahl erst auf 1,8 Kinder und in der nächsten Frauengeneration ab 1960 auf 1,6 und später noch weniger Kinder zurückging.

Zunächst war dieser Rückgang wesentlich ein Ergebnis des Verzichts auf mehr als zwei Kinder, weil seit dem Ende des 19. Jhs. in der deutschen Industriegesellschaft das Maximum von zwei Kindern sich weitgehend als normative Vorgabe für die Familiengröße durchgesetzt hatte. Die Familie wurde immer weniger als »ökonomische Erwerbsgemeinschaft mit sozialer Abfederung durch zahlreiche Nachkommen« begriffen.[20] Die Zahl der Familien mit mehr als zwei Kindern hat seit den 1980er Jahren noch einmal stark abgenommen. Der Anteil der Haushalte mit fünf und mehr Personen sank von einst 19 % (1950) auf 3,7 % im Jahr 2010. Insgesamt verkleinerte sich die durchschnittliche Haushaltsgröße, die ehedem (1871) bei 4,68 Personen gelegen hatte, von 3,2 Personen (1950) auf nur noch 2,1 (2010), was dem Durchschnitt der westlichen Flächenländer der Bundesrepublik entsprach.

Außerdem wurde die Familienbildung in den Ehen verzögert, die Kinder kamen später zur Welt, was in der Folge wiederum die Kinderzahl reduzierte. Wurden 1950 noch die meisten Kinder von den 26-jährigen und 1963 von den 24-jährigen Frauen geboren, gab es seit den 1990er Jahren bei den 29–30-jährigen Frauen, also deutlich später, die meisten Geburten. Für dieses Hinausschieben der Geburten waren die veränderten Lebensentwürfe genauso verantwortlich wie die immer stärkere Einbindung der Mädchen und jungen Frauen in das weiterführende Bildungssystem, mit längeren Zeiten der Berufsausbildung und intensiverer Erwerbsarbeit von Frauen. Ein Indiz dafür ist, dass 1970 nur 27,5 % der Frauen insgesamt erwerbstätig waren, nachdem dieser Wert in den Nachkriegsjahren schon einmal bei 36,6 % gelegen hatte, drei Jahrzehnte später aber schon 44 %. Zwei von drei Frauen im erwerbsfähigen Alter waren, was auch dem Bundesdurchschnitt entsprach, in Rheinland-Pfalz jetzt erwerbstätig, wenn auch mit einer hohen Rate von Teilzeitbeschäftigungen.

Die gleichen Gründe waren auch maßgeblich dafür, dass Frauen und Männer bei der Erstverheiratung immer älter waren. 1950 waren Frauen bei der ersten Heirat im Durchschnitt 25,2 Jahre alt und die Männer 27,6 Jahre. Damit waren die Paare der Nachkriegszeit nur etwas älter als die Paare in der zweiten Hälfte des 19. Jhs., wo z. B. in der Pfalz im Jahr 1877 die Männer mit 27 Jahren erstmals heirateten und die Frauen mit 24,5 Jahren. Im Zuge der allgemeinen Normalisierung und langjähriger Hochkonjunktur mit allmählicher Vollbeschäftigung setzte bis in die 1970er Jahre eine stürmische Entwicklung zu früherer Heirat ein, wo vor der folgenden Trendumkehr im Durchschnitt schon mit 21,9 Jahre (Frauen) bzw. 24,6 (Männer) zum ersten Mal geheiratet wurde. In den nächsten dreieinhalb Jahrzehnten setzte sich mit dem veränderten Bildungs- und Ausbildungsverhalten und den unsicherer und komplizierter werdenden wirtschaftlichen Verhältnissen ab der Generation der »Babyboomer« generell die Einstellung zu immer späterer Heirat durch. Im Jahr 2009 traten die Frauen 8,5 Jahre später (im Alter von 29,4 Jahren) und die Männer 7,9 Jahre später im Alter von 32,5 erstmals den Gang zum Standesamt an. Selbst in den krisenhaften Pauperismus-Zeiten der 1830er Jahre waren die Paare in der Pfalz mit 26,4 (Frauen) und 29,3 Jahren (Männer) bei der Heirat deutlich jünger.[21]

Die Bedeutung des Heiratsalters für die Familiengründung und die Familiengröße minderte sich allerdings dadurch, dass seit Anfang der 1960er Jahre weniger geheiratet und mehr geschieden wurde, und zunehmend außereheliche Partnerschaften und Formen des Zusammenlebens gesellschaftlich und rechtlich akzeptiert wurden. Die Eheschließungsziffer, lässt man die hohe Zahl der Eheschließungen in der kriegs- und nachkriegsbedingten Nachholungsphase bis in die frühen 1950er Jahre außer Betracht, halbierte sich von 1960 bis 2000 und pendelte sich seitdem auf einem jährlichen Niveau von 5 ‰ der Bevölkerung ein. Es wurde und wird damit erheblich weniger geheiratet als in früheren Zeiten. Im linksrheinischen Gebiet gab es seit 1815 auf Grund der Fortgeltung des französischen Rechts, anders als in den meisten rechtsrheinischen Gebieten, keine nennenswerten Heiratsbeschränkungen. Das hatte in Verbindung mit der Realteilung als Erbregelung, die zumindest teilweise – oft ergänzt durch einen oder mehrere Nebenerwerbe – eine Existenzgrundlage sicherte, zur Folge, dass beispielsweise in der Pfalz über das ganze 19. Jh. hinweg – mit Ausnahme der Jahre nach der Revolution von 1848/49 – mehr geheiratet wurde als in den umliegenden rechtsrheinischen Staaten und im rechtsrheinischen Bayern. Die Heiratsziffer lag – wie im Reichsdurchschnitt – meist über 7 ‰, in der Zeit vor und nach der Reichsgründung sowie um die Jahrhundertwende sogar bei etwa 9,4 ‰. In den beiden Jahren nach der Reichsgründung 1872 und 1873 betrug sie sogar 10,9 bzw. 10,1 ‰, war also doppelt so hoch wie ein Jahrhundert später.[22]

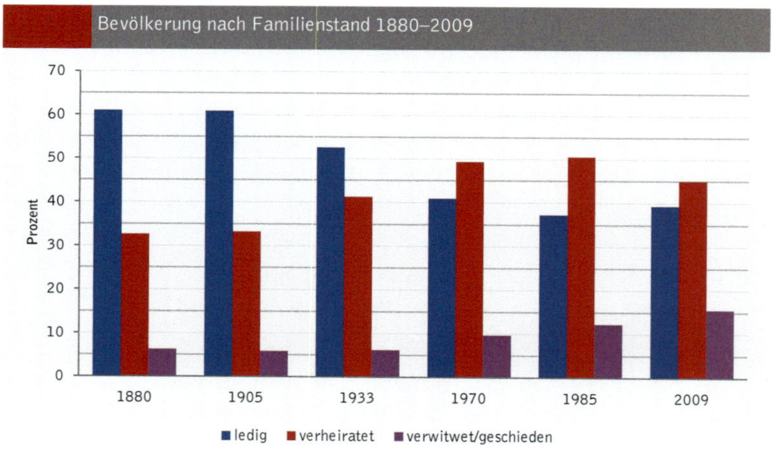

Angaben nach Bd. Hist. Statistik

Obwohl die Ehe die gesellschaftlich erwünschte und individuell angestrebte Lebensform war und in viel höherem Maß als zuvor auch realisiert wurde, lag der Anteil der Verheirateten an der Gesamtbevölkerung wegen der vielen jungen und wenigen alten Menschen im Kaiserreich lediglich bei einem Drittel (32,6 % im Jahr 1880). Immer etwas unter dem Reichsdurchschnitt liegend, stieg der Anteil der Verheirateten im Gebiet des heutigen Rheinland-Pfalz seit der Wende zum 20. Jh. kontinuierlich an und erreichte 1933 schon 41,2 % (Reich: 43,9 %). Trotz bzw. teilweise auch wegen der Kriegsverluste unter den jüngeren Jahrgängen stieg der Verheiratetenanteil in Rheinland-Pfalz im Gleichklang mit der Entwicklung in Westdeutschland von der Nachkriegszeit bis in die 1970er und 1980er Jahre beständig weiter. Im Jahr 1986 war schließlich die Hälfte der Bevölkerung verheiratet (50,6 %), wobei der Anteil bei den Männern wegen der geringeren Lebenserwartung mit wachsender Tendenz immer bis zu 5 % über dem bei den Frauen lag. Seit Mitte der 1980er Jahre hat sich dieser fast ein Jahrhundert währende Trend vor allem wegen der steigenden Zahl der geschiedenen Personen umgekehrt. In nur knapp 20 Jahren sank der Verheiratetenanteil bis 2009 um über fünf Prozentpunkte.

Hinzu kommt, dass in der ersten Nachkriegszeit nur etwa jede 20. Frau bei der Heirat bereits eine geschiedene Ehe hinter sich hatte und seit Ende der 1990er Jahre mittlerweile jede vierte (bei den Männern jeder fünfte). Die Scheidungsrate vervierfachte sich von 1960 bis 2009 – auch, aber bei weitem nicht nur – wegen der rechtlichen Erleichterungen. Nach 2005 waren in Rheinland-Pfalz über alle Altersgruppen hinweg über 8 % der Bevölkerung geschieden, zehnmal mehr als 1950. Seit 1980 verdoppelte sich dadurch der Anteil allein erziehender Familien auf über ein Fünftel. Da sich das Alter bei einer Wiederverheiratung der Frauen inzwischen auch auf beinahe 40 Jahre erhöht hat, wirkt die starke Verbreitung dieser gestaffelten Familienbiografien verstärkend auf den Trend zu weniger Kindern ein.

Die geringere Kinderzahl in Familien war ein Ausdruck zunehmend individualisierter Lebensstile und -vorstellungen. Zwar sind bei der Zunahme der Einpersonenhaushalte von 130.000 im Jahr 1950 auf 677.000 im Jahr 2009 (36,8 % aller Haushalte) der allgemeine Bevölkerungszuwachs, der höhere Anteil älterer (verwitweter) Menschen und die erhöhte Zahl am Studienort wohnender Studierender ebenfalls wichtige Faktoren, entscheidend aber ist, dass vor allem seit 1980 in den mittleren Lebensabschnitten zwischen 25 und 45 Jahren eine bewusste Entscheidung für das Leben als »Single«, also dafür, »sich aus herkömmlichen Einbindungen und Gemeinschaften herauszulösen und primär für sich und seine Erlebniswelt zu leben«, zu dem starken Anstieg geführt hat.[23] Allerdings hat sich wegen der in weiten Gebieten immer noch vergleichsweise ländlichen und kleinstädtischen Prägung des Landes Rheinland-Pfalz – wie bei den meisten anderen Flächenländern – dieser Trend bei weitem noch nicht so durchgesetzt wie in den großstädtisch geprägten Stadtstaaten, wo teilweise schon deutlich mehr als die Hälfte der Haushalte nur aus einer Person bestehen (53 % im Jahr 2009).[24] Der Anteil der typischen »Single-Haushalte« lag und liegt in Rheinland-Pfalz immer unter dem Durchschnitt der westdeutschen Länder.

Die Ehe als die klassische, gesellschaftlich vorgegebene Form, in der Familie mit Kindern organisiert wird, hat auch in Rheinland-Pfalz, nimmt man den Anteil der außerehelich Geborenen an allen Lebendgeborenen als Indikator, seit den 1970er Jahren erst langsam und dann ab den 1990er Jahren rapide in einem in den letzten Jahrhunderten undenkbaren Ausmaß an Bedeutung verloren. Im 19. Jh. war trotz aller gesellschaftlicher Sanktionen und trotz der fehlenden Heiratsschranken im linksrheinischen Gebiet der Anteil der unehelichen Geburten nie unerheblich gewesen, lag aber immer meilenweit unter den gegenwärtigen Anteilen. Der Wert von über 8 % in der Pfalz z. B. zwischen 1845 und 1871 und Jahrzehnte später im Jahr 1925, der immer im Vergleich zu den anderen Regionen des Landes eine absolute Ausnahme nach oben darstellte, wurde – auf ganz Rheinland-Pfalz bezogen – lediglich in den ersten schwierigen Nachkriegsjahren beinahe erreicht.

Im gesamten Gebiet von Rheinland-Pfalz waren fast kontinuierlich zwischen 1871 und 1933 etwa bei jedem 20. geborenen Kind die Eltern nicht verheiratet, allerdings mit einer ganz erheblichen regionalen Streuung. Während die Werte in den beiden dynamischsten Regionen Rheinhessen und Pfalz zwischen 8 und 10 % bzw. 6,5 und 8,5 % betrugen, lagen sie im ehemaligen Regierungsbezirk Koblenz zwischen 3 und 3,5 % und im Raum Trier zwischen 2 und 2,6 %. Dabei dürfte zweifelsohne die dominante katholische Prägung eine wichtige Rolle gespielt haben. In der Pfalz lässt sich aber kein wesentlicher Unterschied zwischen eher katholischen und eher evangelischen Gebieten nachweisen, überall wurden deutlich mehr uneheliche Kinder geboren als im Norden. In den beiden preußischen Regierungsbezirken gab es jedoch einen tendenziellen Unterschied mit höheren Werten in den Gebieten mit stärkerer evangelischer Bevölkerung. Neben den offenkundig regional unterschiedlichen soziokulturellen Traditionen spielte aber nach 1870 auch der unterschiedliche Grad der Verstädterung eine größere Rolle. So wurde im Jahr 1925, als die Statistik das zum ersten Mal auswies, in allen kreisfreien Städten, auch in Koblenz und Trier, mindestens jedes zehnte Kind unehelich geboren, in Mainz und Landau sogar jedes siebte, während der Gesamtwert für alle Regionen des Landes sich dabei nur unwesentlich erhöht hatte (auf 5,9 %). In der Weltwirtschaftskrise und mit der wirtschaftlichen Erholung in der NS-Zeit ging vor allem in der Pfalz und in Rheinhessen die Zahl der unehelichen Geburten stark zurück. Über den gesamten Zeitraum vor und nach 1871 lagen aber die Gesamtwerte für Rheinland-Pfalz immer nur bei der Hälfte der Gesamtwerte im Reich. Die Tatsache des unehelich Geborenseins hatte in dieser Zeit nicht nur erhebliche Auswirkungen auf den künftigen gesellschaftlichen Status, sondern ganz unmittelbar auf die Lebenschancen, denn in Preußen war beispielsweise bis 1914 die Sterblichkeit unter den unehelich geborenen Säuglingen insgesamt doppelt so hoch wie bei den ehelich geborenen.[25]

Nach der sozialen, wirtschaftlichen und familiären »Normalisierung« zum klassischen Familienbild mit hohen Heirats- und Geburtsziffern ging der Anteil der unehelichen Geburten bis 1970 (auf 4,8 %) deutlich zurück. In den nächsten 20 Jahren verdoppelte er sich fast schon, um dann noch einmal in den nächsten 20 Jahren auf 26,6 %, also auf das Fünffache des Wertes von 1970, anzusteigen. Die gesellschaftliche Norm der Ehe als Voraussetzung und Rahmen hat dramatisch an Wert verloren, auch wenn in Rheinland-Pfalz immer noch bedeutend mehr Kinder von verheirateten Eltern geboren werden als in den Stadtstaaten und den Großstädten oder gar in Ostdeutschland (nur noch 39 %). Gemessen an diesem Indikator sind die mittleren Jahrgänge in Rheinland-Pfalz auf dem Weg zu neuen Lebensgestaltungen mittlerweile schon weiter vorangeschritten als in den süddeutschen Nachbarländern.

Wie schon beim Trend zur Pluralisierung der Lebensformen wirkte insbesondere die Siedlungsstruktur dämpfend und verlangsamend, so dass auch dieser »Modernisierungstrend« sich hier nur verzögert und nicht so dominant durchgesetzt hat. Ohne aus den allgemeinen Entwicklungen auszuscheren, nimmt Rheinland-Pfalz, um nur einige Aspekte zu nennen, mit weniger großstädtischer Bevölkerung, unterdurchschnittlicher Erwerbsquote und weniger Akademikern, aber auch weniger Menschen in problematischen Verhältnissen eine »gewisse Mittelstellung« in der »Mitte zwischen Rückständigkeit und Modernismus« ein. In Rheinland-Pfalz nehmen von der sozialen Lage und den Einstellungen her auch zu Beginn des 21. Jhs. die sozialen Milieus der Mitte einen überdurchschnittlichen Anteil ein, die auch in der Lebensform »eine gewisse Balance zwischen prononciertem Individualismus und völligem Einfügen in die Gemeinschaft erkennen lassen.«[26]

Auf dem Weg zur alternden Gesellschaft

Im Ergebnis führte der starke Abfall der Geburtenrate unter das für die Erhaltung der Bevölkerungsgröße notwendige Reproduktionsniveau bei ausbleibenden oder unzureichenden Wanderungsgewinnen tendenziell zu einer schrumpfenden Bevölkerung. Die gleichzeitig in einem säkularen Trend steigende Lebenserwartung bewirkte parallel dazu eine zunehmende Alterung der Bevölkerung durch weniger Kinder und jüngere Menschen und immer mehr Alte und Hochbetagte. Die gesamtgesellschaftlichen, volkswirtschaftlichen und sozialpolitischen Auswirkungen dieses demografischen Wandels wurden nach ersten Diskussionen, die in der ersten Phase rückläufiger Bevölkerungszahlen in den 1980er Jahren noch weitgehend nur unter den Fachleuten stattfanden, nach der Wende zum 21. Jh. auch in Rheinland-Pfalz zu einem politischen Großthema auf allen politischen und administrativen Ebenen. Prognosen und Szenarien versuchten jetzt, die weitere Entwicklung bis auf die lokale Ebene abzuschätzen und politische Prioritäten und Strategien für die notwendigen Anpassungen im Bereich der Infrastrukturen, der staatlichen Organisation, der sozialen Sicherungssysteme und der Zuwanderungspolitik zu entwerfen.

Altersstruktur der Bevölkerung in den heute zu Rheinland-Pfalz gehörenden Gebieten 1871 und 2009

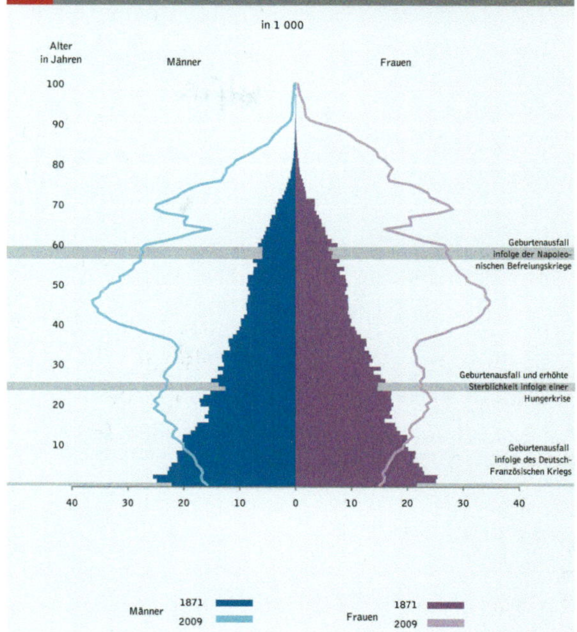

Die Lebenserwartung, ohnehin seit dem 19. Jh. im Steigen begriffen, erhöhte sich seit den Nachkriegsjahren in einem beispiellosen Tempo. Um 1950 hatte ein neugeborener Junge in Westdeutschland noch eine Lebenserwartung von 64,6 Jahren, während sechs Jahrzehnte später (2009) die männliche Lebenserwartung schon bei 77,2 Jahren lag. Die Lebenserwartung der Frauen stieg im gleichen Zeitraum von 68,5 Jahren auf 82,1 Jahre. Im Jahr der Reichsgründung 1871 konnte ein neugeborener Junge durchschnittlich lediglich mit 35,6 Lebensjahren rechnen, ein Mädchen mit 38,5 Jahren. Die Lebensperspektive hat sich also in 140 Jahren verdoppelt. Die hauptsächlichen Ursachen dafür liegen vor allem in der weiter zurückgehenden Säuglingssterblichkeit, der Verbesserung der hygienisch-sanitären Verhältnisse, den durch das Gesundheitssystem immer weiter ausgebauten und breiteren Massen verfügbaren medizinischen Leistungen und der Verbesserung des materiellen Wohlstands.[27] Gleichzeitig stieg aber auch die Lebenserwartung der Erwachsenen. Ein Mann hatte 1950 beim Eintritt in den Ruhestand noch eine Lebenserwartung von 12,8 Jahren. 60 Jahre später hatte sich die Lebenserwartung der Männer dieses Alters um über vier Jahre erhöht, die der Frauen sogar um beinahe sieben Jahre auf weitere 20,4 Jahre. 80-jährige Frauen hatten im Jahr 2010 durchschnittlich noch fast neun Jahre vor sich, drei Jahre mehr als ihre Altersgenossinnen um 1950.[28]

Lebenserwartung bei der Geburt 1949/51–2008/10[1]

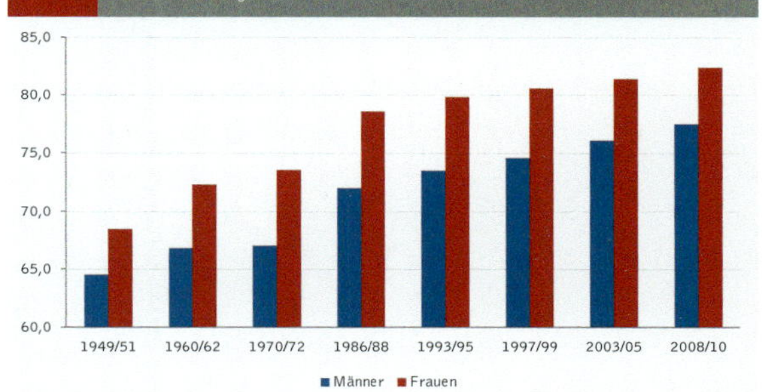

(Statistisches Landesamt Rheinland-Pfalz, Bad Ems)

Die Säuglingssterblichkeit, d. h. der Anteil der Lebendgeborenen, die im ersten Lebensjahr versterben, ist in Rheinland-Pfalz – etwas über dem Bundesdurchschnitt liegend – auf 0,4 % im Jahr 2009 zurückgegangen. In der ersten Hälfte des 19. Jhs. lag sie um ein Vielfaches höher, in Bayern z. B. bei 28,4 % (1821–1830) bzw. sogar bei 32,6 % (1861–1870) oder in der preußischen Rheinprovinz bei 15,1 % (1819–1833) und

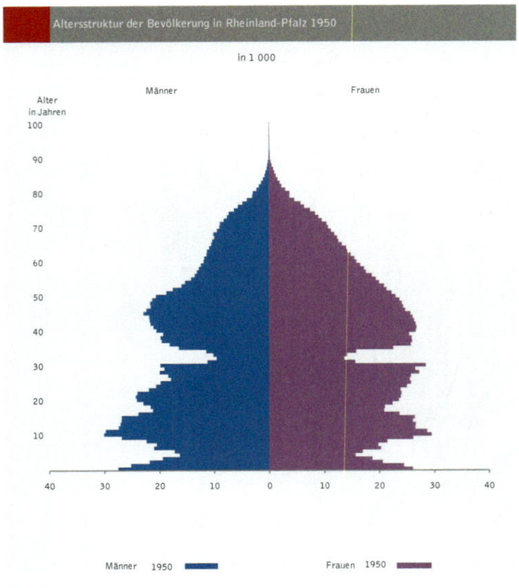

(Statistisches Landesamt Rheinland-Pfalz, Bad Ems)

17,1 % (1864–1870).[29] Und noch 1901 starben im Deutschen Reich 207 von 1.000 Lebendgeborenen im Verlauf des ersten Lebensjahres.[30] Unter den schwierigen Ernährungsbedingungen und der schlechten medizinischen Versorgung nach der Gründung des Landes Rheinland-Pfalz starb 1948 hier noch nahezu jeder zehnte Säugling. Mit der Besserung der allgemeinen Lage war es fünf Jahre später nur noch jeder 20. und 1970 jeder 40. Säugling. Die Verbesserung der prä- und postnatalen medizinischen Versorgung und die Zunahme der stationären Entbindungen ließ die Überlebenschancen der Neugeborenen in den nächsten Jahrzehnten noch einmal ganz erheblich ansteigen.

Die Intensivierung der medizinischen Versorgung der Schwangeren und ihrer Betreuung durch Hebammen, verbunden mit einer Verbesserung der Lebens- und Wohnbedingungen, ließ auch den Anteil der Totgeburten an allen Geburten, der 1871 noch 4,6 % betragen hatte, schon bis zur Wende zum 20. Jh. stark zurückgehen, bevor der Erste Weltkrieg und seine Folgen für einige Jahre ein erneutes leichtes Ansteigen zur Folge hatten. Vor dem Zweiten Weltkrieg gab es jedoch im Vergleich zur Reichsgründungszeit nur noch halb so viele Totgeburten (2,1 %). Dieser Wert, der auch noch in den ersten Jahren von Rheinland-Pfalz an der Tagesordnung war, wurde bis 1970 halbiert und sank bis zum Jahr 2009 sogar auf nur noch 0,4 %.

Im Ergebnis bewirkten beide Entwicklungen in anderthalb Jahrhunderten eine vollständige Umwälzung des familienbiografischen Alltags, zu dem in der vorindustriellen Zeit eine hohe Zahl von Fehl- und Totgeburten und eine heute unvorstellbar hohe Sterblichkeit von Säuglingen und Kleinkindern sowie in der Konsequenz zum Ausgleich dieser Verluste eine sehr hohe Anzahl von Geburten pro Frau gehörten.

Diese tief greifenden Veränderungen in der privaten und gesellschaftlichen Lebensweise hatten neben den Wanderungsbewegungen nicht nur gravierende Folgen für die lange Zeit zahlenmäßig wachsende und in etwa seit der Wende zum 21. Jh. zurückgehende und mittel- und langfristig erheblich schrumpfende Bevölkerung. Der Schrumpfungsprozess erhält seine politische, soziale und ökonomische Sprengkraft, weil er mit einem »demografischen Alterungsprozess« der Bevölkerung einhergeht: Es gibt weniger junge Menschen und immer mehr ältere.

Der Vergleich der »Bevölkerungspyramide« zu unterschiedlichen Zeitpunkten belegt nicht nur das Ausmaß dieser Verschiebung, sondern auch, dass diese Entwicklung schon seit langem im Gange ist. Die »Bevölkerungspyramide« im Gebiet von Rheinland-Pfalz von 1871 zeigt noch die idealtypische Pyramidenform mit einer breiten Basis von Neugeborenen und Kindern, einer stetigen Verjüngung bei den mittleren Altersgruppen und einer schmalen Spitze von alten und hochbetagten Menschen. Lediglich die geburtenschwachen Jahrgänge der Auswanderungsjahre nach 1850 führten hier zu einer kleinen Einbuchtung.

Die Bevölkerungspyramide von 1925 weist demgegenüber schon ganz erhebliche Abweichungen auf. Als langfristig wirkende Folgen des Ersten Weltkriegs waren zum einen die Kriegs-Geburtsjahrgänge nur ganz schwach besetzt, zum anderen führten die Kriegsverluste in den Soldatenjahrgängen zu einer Einbuchtung bei den Männern zwischen 25 und 40 Jahren. Noch wichtiger war im Hinblick auf den Trend zum demografischen Alterungsprozess, dass der Fuß dieser Pyramide wegen der zurückgehenden Geburtenraten schon schmaler ausfiel als die Breite der Vorkriegsgeburtsjahrgänge. Diese demografisch nicht rückholbaren Effekte waren auch in der Bevölkerungspyramide von 1950 neben den Folgen der militärischen und zivilen Verluste des Zweiten Weltkriegs ablesbar, die sich in den Jahrgängen mit starkem Frauenüberschuss zeigten. Lag 1870 das sog. Modalalter, das am häufigsten besetzte Altersjahr, bei 3 Jahren, hatte es sich 1950 bereits auf das 10. Lebensjahr verschoben. Bis zum Jahr 2009 sollte es sich in der Pyramide nach oben auf das 46. Lebensjahr durchgeschoben haben. Der durchschnittliche Rheinland-Pfälzer war – gemessen im sog. Medianalter – im Jahr 1950 32 Jahre alt. Rd. 60 Jahre später ist der Bevölkerungsdurchschnitt mit 42 Jahren zehn Jahre älter.

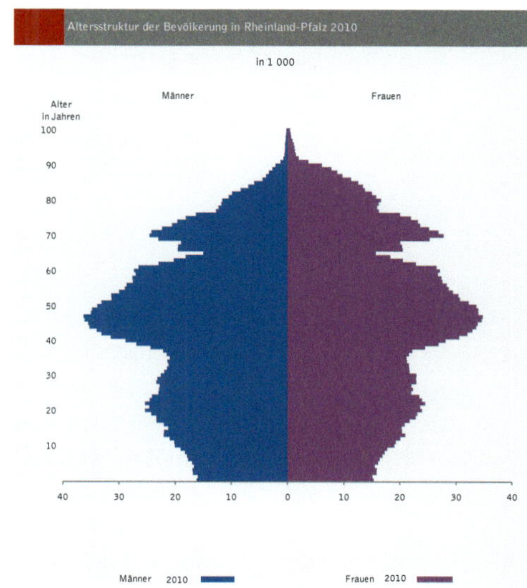

Die Bevölkerungspyramide des Jahres 2010, in der sowohl die allgemeine Geschichte des 20. Jhs. in ihren Auswirkungen auf das Leben der Menschen als auch die zuvor beschriebenen Veränderungen der Lebenschancen und -formen und der Einstellungen ablesbar sind, veranschaulicht den seit längerem in Gang befindlichen Alterungsprozess. Die Zahl der unter 20-Jährigen, die sich im Gefolge des Babybooms und der Zuwanderung der 1950er wieder erhöht hatte, war seit den 1970er Jahren um fast 30 Prozentpunkte zurückgegangen und lag schließlich zwölf Prozentpunkte unter dem Anteil von 1950. Im gleichen Zeitraum verdoppelte sich die Zahl der über 65-jährigen Menschen. Kamen im Jahr 1950 auf einen älteren noch drei junge Menschen, war es 2009 nur noch ein unter 20-Jähriger. Der Anteil der gesamten Mittelgruppe der Menschen im erwerbsfähigen Alter zwischen 20 und 65 Jahren lag zwar – über Ausschläge nach unten und oben hinweg – nach sechs Jahrzehnten wieder auf dem Ausgangswert (59 %). Innerhalb dieser für die wirtschaftliche Leistungsfähigkeit und die Finanzierung der sozialen Sicherungssysteme wichtigen Gruppe sank aber als Vorbote der weiteren Entwicklung gerade der Anteil der innovativen Jahrgänge zwischen 20 und 35 Jahren (17 %) schon deutlich unter den Wert von 1950. In den Anfängen des Landes und zu Beginn des »Wirtschaftswunders« kam in einer anderen Betrachtung auf sechs »Erwerbsfähige« nur ein nicht mehr Erwerbstätiger, während es 2010 schon etwa zwei waren. Nur in Niedersachsen und Schleswig-Holstein war der Anteil der Be-

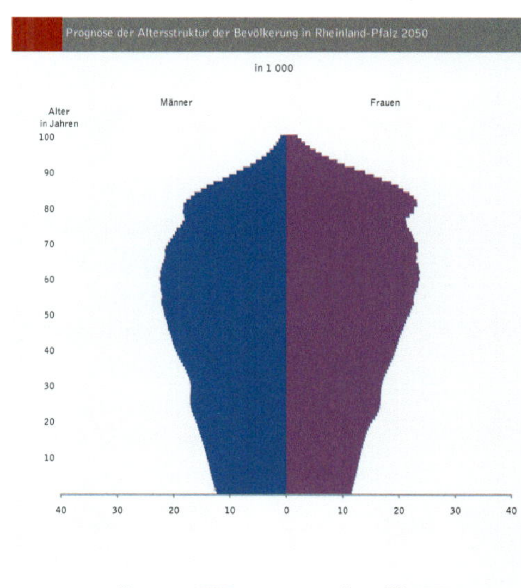

(Statistisches Landesamt Rheinland-Pfalz, Bad Ems)

völkerung im erwerbsfähigen Alter noch geringer. Die durch die gegenwärtige Situation vorgeprägte Entwicklung wird, wenn nicht durch Zuwanderung noch beeinflusst, dazu führen, dass im Jahr 2030 der am höchsten besetzte Altersjahrgang nicht mehr, wie noch bei der Reichsgründung, im dritten Lebensjahr liegen wird, sondern bei den 65-Jährigen.

Menschen in Bewegung: Auswanderung, Zuwanderung, Binnenwanderung

Neben den Geburten und Sterbefällen, den Determinanten der natürlichen Bevölkerungsbewegung und der altersmäßigen Zusammensetzung der Bevölkerung, sind Wanderungsbewegungen der ausschlaggebende Faktor für die quantitative Entwicklung der Bevölkerung und ihre räumliche Verteilung. Im Gegensatz zur natürlichen Bevölkerungsentwicklung, die sich – mit Ausnahme von Ernährungskrisen, Bürgerkriegen und Kriegen – meist nur in längeren Phasen verändert, schwankten die Wanderungsbewegungen über 200 Jahre hinweg neben länger wirksamen Trends nicht nur unter dem Einfluss der gleichen Faktoren, sondern noch stärker in Reaktion auf politische Rahmenbedingungen und wirtschaftliche Konjunkturen im Heimat- und im Zielgebiet. Wanderungsgewinne und -verluste selbst wiederum beeinflussten die natürliche Bevölkerungsbewegung. Im Gegensatz zu den früheren Jahrhunderten, in denen es für die Mehrzahl der Einwohner auch innerhalb der einzelnen Territorien meist keine Freizügigkeit und Ansiedlungsfreiheit gab, sowohl Binnen- als auch Auswanderung scharf reglementiert wurden, beschränkte man im 19. Jh. im staatlichen Interesse an Wehrpflichtigen, Steuerzahlungen und Besiedlung und Nutzung der räumlichen Ressourcen lediglich die Aus- und Zuwanderung über die Staatsgrenzen hinweg, ohne allerdings des Problems der »illegalen« Auswanderungen je ganz Herr zu werden.

»Die industrielle Gesellschaft entstand in der Wanderung«,[31] denn die schon beschriebenen teilweise dramatischen regionalen Veränderungen der Siedlungs- und Bevölkerungsstrukturen und die Großprozesse der Verstädterung und später der »Suburbanisierung« sind nur durch die gewaltigen Ströme der wirtschaftlich und sozial motivierten Binnenwanderung zu verstehen, deren Radius durch die zunehmende verkehrsmäßige Erschließung des Landes immer weiter wuchs. Nach und nach wurden immer mehr Menschen in Bewegung gesetzt,[32] die zudem vielfach weiterwanderten oder mit sich veränderndem sozialen Status und Wohnbedürfnissen in den Zuwanderungsstädten umzogen. Die individuelle Mobilität erhöhte sich seit dem Ausbau des vor allem ab den 1850er Jahren dichter werdenden Eisenbahnnetzes, dann über Lokal- und Straßenbahnen, die Massenverbreitung des Fahrrads, später des Motorrads und der »Kraftpost-Omnibuslinien«. Dabei erhöhte sich kontinuierlich von Verkehrsmittel zu Verkehrsmittel die Reichweite der Arbeitnehmer und ermöglichte in immer größerem Umfang das tägliche Pendeln zum Arbeitsplatz und damit das Verbleiben am Wohnort bzw. den Umzug in das Umfeld der Städte mit ihrem Arbeitsplatzangebot.

Der Zweite Weltkrieg und seine Folgen sollten dann aber noch ganz andere Wanderungsströme in Gang setzen. Neben den kriegsbedingten unfreiwilligen Migrationen der ansässigen Bevölkerung durch die Räumung der Grenzgebiete und die Evakuierungen aus den vom Luftkrieg besonders betroffenen städtischen Industriezentren war es zunächst die immer größer werdende Anzahl von in der Industrie und der Landwirtschaft eingesetzten Zwangsarbeiterinnen und Zwangsarbeitern (»Fremd-« oder »Ostarbeitern«), KZ-Häftlingen und Kriegsgefangenen und dann – in Rheinland-Pfalz durch die Franzosen bis 1949/50 verzögert – die große Welle der deutschen Flüchtlinge und Vertriebenen aus den Ostgebieten und der Flüchtlinge aus der SBZ bzw. der DDR, die das Gesicht vieler Städte und Gemeinden veränderten. Mit der Anwerbung der »Gastarbeiter« aus Südeuropa seit dem Höhepunkt des »Wirtschaftswunders« sollte dann – entgegen der ursprünglichen Erwartung, es handele sich nur um zeitlich befristete Aufenthalte – eine lang andauernde neue Form der Zuwanderung einsetzen, zu der ab Ende der 1980er Jahre mit dem Fall der Mauer und des »Eisernen Vorhangs« für einige Jahre eine intensive innerdeutsche Zuwanderung aus Ostdeutschland und ein Zustrom von deutschstämmigen »Spätaussiedlern« hinzukam. Die Größe und Dauer dieser Wanderungswellen und damit auch ihrer quantitativen und qualitativen, ökonomischen, sozialen und soziokulturellen Auswirkungen auf die Bevölkerung und deren Verteilung und Zusammensetzung waren jeweils sehr unterschiedlich.

Die Auswanderung als soziales Ventil in der Pauperismuskrise

Schon vor und auch während der »Franzosenzeit« bis 1815 war die Auswanderung ein bekanntes Phänomen, jetzt aber im Gegensatz zu früher, als die religiösen Konflikte bzw. die fehlende Freiheit der Religionsausübung ein starkes Motiv für individuelle und gruppenbezogene Auswanderungsbewegungen gewesen waren, durch soziale und wirtschaftliche Notlagen angetrieben. Neben den Schwaben stellten die Pfälzer in der ersten Hälfte des 19. Jhs. das Hauptkontingent der deutschen überseeischen Auswanderung. Sie war zeitweise so stark, dass Beobachter von einem regelrechten »Auswanderungsfieber« sprachen.[33] Eine erste große Welle der Auswanderungen entstand als Reaktion auf die Getreide-Missernten und die damit verbundenen Hungerkrisen von 1815 und 1816, dem »Jahr ohne Sommer«. Es wird geschätzt, dass in der Folge 1816/17 etwa 15.000 Menschen aus der Pfalz, Baden und dem Elsass nach Nordamerika und noch einmal 15.000 nach Russland ausgewandert sind.[34] Die Auswanderungswelle ebbte zwar nach den guten Ernten der nächsten Jahre und mit den sinkenden Getreidepreisen wieder ab, die Auswanderung blieb aber vor allem für die krisenempfindlichen Schichten der Kleinbauern, Tagelöhner und gewerblichen Arbeiter immer eine letzte Lebens- und Rettungsperspektive, so dass z. B. einige Jahre später die intensive Werbung für die Auswanderung in das 1822 neu gegründete Kaiserreich Brasilien im Hunsrück und in der Pfalz auf fruchtbaren Boden fiel. Bis 1830, mit einem Höhepunkt um 1827, nahmen bis zu 10.000 Menschen aus dem Hunsrück und vor allem der Nordwestpfalz die zwölfwöchige Schifffahrt nach Südbrasilien auf sich. Aus Rheinhessen und den anderen Provinzen von Hessen-Darmstadt waren es zwischen 1824 und 1826 ebenfalls rd. 10.000 Menschen, die dem Ruf nach Brasilien folgten. Nach einem Stopp der Anwerbung führte die Wiederaufnahme der offiziellen Brasilien-Werbung ab 1845/46 für einige Jahre zu einem Auswanderungsstrom in das südamerikanische Land. Die Konjunkturen der Brasilien-Auswanderung sind regional und subregional, oft abhängig von der Anwerbepolitik und den Agenten, sehr unterschiedlich verlaufen. Schon seit den 1860er Jahren rückläufig, verlor die Auswanderung aus dem Hunsrück nach Brasilien ab den 1870er Jahren nahezu völlig an Bedeutung.[35]

Die durch die Zoll-, Handels und Steuerpolitik der bayerischen Regierung verschärfte Absatzkrise der pfälzischen Winzer am Haardtrand gehörte zu den sozioökonomischen Triebfedern des politischen Protests, der ins Hambacher Fest von 1832 mündete. Diese

Krise führte zu großer Arbeitslosigkeit, Zwangsversteigerungen und einer Flut von Verurteilungen wegen sog. »Holzfrevels«, der auch später noch im Gegensatz zum rechtsrheinischen Bayern ein pfälzisches Massenphänomen blieb;[36] ein Massenphänomen, das auch zum Überlebenskampf der unteren Schichten in der Eifel gehörte. Die allgemeine Verarmung der Pfalz, die die Region für die nächsten zweieinhalb Jahrzehnte prägte, ergriff zunehmend auch den bäuerlichen und gewerblichen Mittelstand, so dass das Gefühl der Perspektivlosigkeit in der eigenen Heimat sich immer weiter verbreitete. Die Pfalz war bis in die 1850er Jahre das Armenhaus Bayerns. »Amerika« wurde zum Zauberwort, indem sich alle Hoffnungen bündelten, und blieb bis Ende der 1860er Jahre für über 90 % der Auswanderer das große Ziel.[37] Die Zahlen für die Pfalz zeigen ab 1832/33 einen ganz erheblichen Anstieg der Auswanderung auf vorher nicht erreichte Zahlen. Jeweils zwischen 6.000 und 9.000 Menschen verließen damals mit Genehmigung jährlich die Pfalz.[38] Auch wenn die Zahl der illegalen Auswanderer nicht immer und überall so hoch gewesen sein mag, wie z. B. in der Pfalz in den Jahren 1850/51, als von 6.460 Auswanderern allein über 70 % illegal ausreisten, oder wie im Kreis Bitburg, wo in verschiedenen Jahren bis zu zwei Drittel ungenehmigt ausreisten,[39] dürften die wirklichen Zahlen deutlich höher anzusetzen sein als die der offiziellen Statistik.[40] Wie groß der Bevölkerungsdruck teilweise war, und wie stark sich der Aderlass durch die Auswanderung auswirkte, zeigen z. B. das nordpfälzische Göllheim, das zwischen 1815 und 1835 ein äußerst starkes Bevölkerungswachstum zu verzeichnen hatte (von 1.137 auf 1.708 Einwohner), und zwischen 1844 und 1862 dann über 400 Einwohner durch Auswanderung in die Vereinigten Staaten verlor, oder das westpfälzische Höheinöd, für das zwischen 1825 und 1900 bei einer Bevölkerung von etwa 800 Personen insgesamt über 900 Auswanderer belegt sind.[41]

In ähnlicher Weise wurde auch in den preußischen Regierungsbezirken Trier und Koblenz, aus denen etwa zwei Drittel der Auswanderer der Rheinprovinz stammten, neben der Vermeidung des preußischen Militärdienstes die Auswanderung aus wirtschaftlichen Gründen zum Hauptmotiv. Die Rolle der Realteilung und ihrer Folgen, vor allem der kleiner werdenden landwirtschaftlichen Erwerbsgrundlage und damit verbunden der »Landhunger« der nachgeborenen Bauernsöhne,[42] war eher indirekt. Sie wirkte als Verstärkung der Folgen der steigenden Preise für die Existenzsicherung bei stagnierenden Einkommen und fehlenden zusätzlichen Erwerbsmöglichkeiten. Gebiete mit »Stockerbenrecht«, also dem ungeteilten Übergang des Erbes auf das erstgeborene Kind, wie Bitburg und Daun mit ihren allerdings schlechteren natürlichen Gegebenheiten, wiesen z. B. in den 1850er Jahren ähnlich hohe Auswanderungszahlen wie Kreise mit Realteilung auf. Und zudem verzeichneten auch Städte in den großen Auswanderungswellen eine starke überseeische Abwanderung.[43]

Nach der Auswanderungswelle in den Jahren nach 1832 blieb die Zahl der Auswanderer auf einem höheren Niveau als in den 1820er Jahren, um dann als Folge der katastrophalen »Hungerkrise« durch Ernteausfälle und vor allem die Vernichtung der Kartoffelernten durch die Kartoffelfäule in den Jahren zwischen 1845 und 1847 auf ein bis dahin nicht gekanntes Ausmaß anzusteigen (1846: 10.237 Auswanderer; 1849: 13.762 Auswanderer).[44] Nicht nur z. B. in Berlin (»Kartoffelrevolution« 1847), sondern auch in kleineren Gemeinden, wie dem pfälzischen Rodalben, kam es in dieser Krise zu Hungerrevolten. Der jährliche Wanderungsverlust in der Pfalz lag in den 1840er Jahren durchschnittlich bei 0,8 % der Bevölkerung und absorbierte so jeweils zwischen einem

Drittel und der Hälfte des Geburtenüberschusses, so dass das Bevölkerungswachstum im Saldo nur noch die Hälfte der Werte der 1820er Jahre erreichte. In der Massenwelle der Auswanderung, die nach den Jahren der Hungerkrise und der gescheiterten Revolution von 1848/49 einsetzte und wegen der Hungersnot von 1853/54 bis etwa 1855 anhielt, verließen jedes Jahr zwischen 14.000 und 22.000 Menschen die Pfalz. Da der Wanderungsverlust den Geburtenüberschuss in diesen Jahren bei weitem – zum Teil um das Dreifache – überstieg, fiel die Einwohnerzahl der Pfalz bis 1855 sogar auf den Stand von Anfang der 1840er Jahre zurück. Im Großherzogtum Hessen-Darmstadt und in Rheinhessen vollzog sich die Entwicklung – etwas früher, schon 1846/47, einsetzend – in Ausmaß und Verlauf parallel. Auch hier übertraf der Wanderungsverlust zwischen 1852 und 1855 den Geburtenüberschuss um das Doppelte. Bei den Auswanderern handelte es sich in erster Linie, wie z. B. für das Jahr 1850 belegt ist, um Bauern (25 %), Tagelöhner (33 %) und Handwerker (rd. 42 %). In manchen Gemeinden finanzierten die Bessergestellten den Dorfarmen sogar die Überfahrt nach Amerika, um sich dauerhaft von der Last der Unterstützung dieser Personen zu befreien.[45] In dieser Phase schlug neben den wirtschaftlichen Faktoren aber auch die Flucht vieler an der Revolution und dem pfälzisch-badischen Aufstand von 1849 Beteiligten, vor allem in die Schweiz und nach Amerika, deutlich zu Buche.

Bei dieser zweiten oder dritten Auswanderungswelle spielte schon, wie die zahlreichen Auswandererbriefe in die Heimat zeigen, die Sogwirkung der Erfahrungen der in Amerika und Brasilien ansässig gewordenen Verwandten und früheren Mitbewohner eine große Rolle (»Pull«-Faktor), so dass Auswanderung sich oft in Form der Kettenwanderung in die Gebiete und Gemeinden vollzog, in denen Verwandte und Bekannte sich niedergelassen hatten.

Mit der allmählichen wirtschaftlichen Besserung, aber auch wegen des amerikanischen Bürgerkriegs, gingen die Auswandererzahlen zunächst zurück. Die Aussicht auf Landerwerb durch den amerikanischen »Homestead-Act« ließ dann von der zweiten Hälfte der 1860er Jahre bis zum Einsetzen der Wirtschaftskrise in Amerika um 1873/74 die Zahlen noch einmal hochschnellen, so dass der Wanderungsverlust zwischen 1867 und 1871 wieder über dem Geburtenüberschuss lag.

In der preußischen Rheinprovinz spielte die Auswanderung nur in den beiden strukturschwachen südlichen Regierungsbezirken eine wesentliche Rolle. Zwischen 1844 und 1871 wanderten aus dem Regierungsbezirk Trier ungefähr 40.000 bis 60.000 und aus dem Regierungsbezirk Koblenz rd. 38.000 Menschen aus.[46] Im Hunsrück setzte die Massenauswanderung erst mit der Hungerkrise von 1845/46 ein und erreichte in den Jahren zwischen 1851 und 1854 sowie im Jahr 1856 ihren Höhepunkt. Im Gegensatz zu den anderen Gebie-

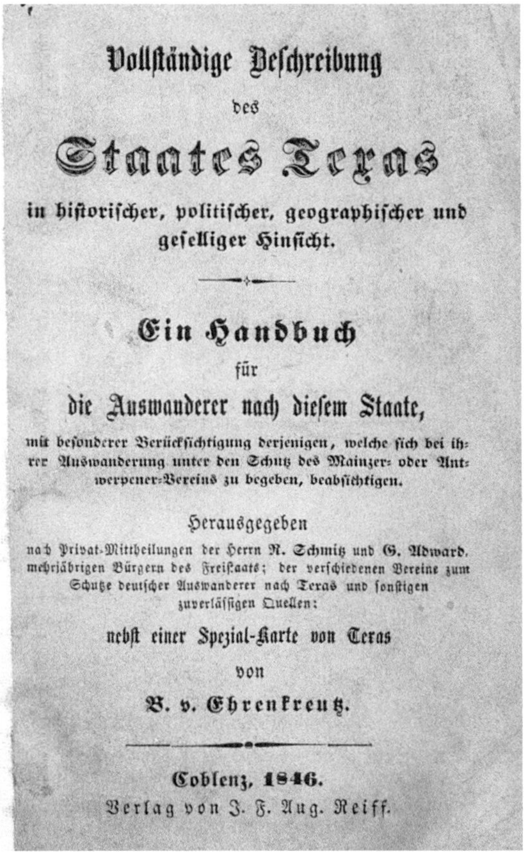
Vollständige Beschreibung
des
Staates Texas
in historischer, politischer, geographischer und geselliger Hinsicht.

Ein Handbuch
für
die Auswanderer nach diesem Staate,
mit besonderer Berücksichtigung derjenigen, welche sich bei ihrer Auswanderung unter den Schutz des Mainzer- oder Antwerpener-Vereins zu begeben, beabsichtigen.

Herausgegeben
nach Privat-Mittheilungen der Herrn R. Schmitz und G. Adward, mehrjährigen Bürgern des Freistaats; der verschiedenen Vereine zum Schutze deutscher Auswanderer nach Texas und sonstigen zuverlässigen Quellen:
nebst einer Spezial-Karte von Texas
von
B. v. Ehrenkreutz.

Coblenz, 1846.
Verlag von J. F. Aug. Reiff.

Werbung für die Auswanderung nach Texas, 1846 (dilibri Rheinland-Pfalz) ten war hier und im Regierungsbezirk Koblenz ab den 1860er Jahren Auswanderung kein Massenphänomen mehr. Kamen in den Jahren 1852 bis 1855 auf dem Höhepunkt noch 15,4 Auswanderer auf 1.000 Einwohner (Regierungsbezirk Koblenz: 5,99), waren es in den 1860er Jahren nur noch maximal 1,78 (im Zeitraum 1867–1871).[47] Auf Grund der zeitweise intensiven Aktivitäten des »Mainzer Adelsvereins« in diesem Gebiet verschob sich – als regionale Besonderheit – die Zielrichtung der Auswanderung aus dem nassauischen Westerwald-Gebiet Mitte der 1840er Jahre kurzzeitig zunächst nach Texas, um danach wieder die »klassischen« Ziele in Nordamerika anzusteuern. Aus dem Herzogtum Nassau insgesamt erreichte die Auswanderung ebenfalls 1854 mit 3.000 legalen Auswanderungen den Höhepunkt.[48]

Die zunehmende Industrialisierung in der Pfalz und Rheinhessen bot dann für die Not leidende bzw. krisenanfällige Landbevölkerung in den nahe gelegenen wachsenden Städten oder über das Wochen- oder Monatspendeln eine Perspektive auf Verbesserung ihrer Situation ohne den großen, meist unumkehrbaren Schritt der Auswanderung. Nach einem kurzzeitigen Anstieg in der ersten Hälfte der 1880er Jahre, als sich Deutschland in einer Agrarkrise und die USA in einer Hochkonjunktur befanden, ging deshalb die Zahl der Auswanderer aus dem Gebiet von Rheinland-Pfalz bis zum Ausbruch des Ersten Weltkriegs auf wenige 100 pro Jahr zurück. Seit den 1870er Jahren hatten die ostelbischen Gebiete die traditionellen Auswanderungsgebiete des deutschen Südwestens als Hauptquelle der Auswanderung abgelöst. Zwischen 1890 und 1900 lag der Wanderungsverlust z. B. in der Pfalz – bei einem Geburtenüberschuss von 1,6 % – nur noch bei rd. 0,3 %.[49] Hatte die Pfalz im Zeitraum zwischen 1834 und 1871 nach Schätzungen noch nahezu drei Viertel ihres Geburtenüberschusses durch die Wanderungsverluste verloren, so war es im letzten Jahrzehnt des 19. Jhs. nur noch rd. ein Fünftel. Um 1895 war dann – auch auf das ganze Deutsche Reich bezogen – die Periode der Massenauswanderung des 19. Jhs. abgeschlossen.[50]

Auswandererhallen der Hapag-Amerikalinie, Hamburg (Bundesarchiv Berlin)

Handelte es sich bis Ende der 1850er Jahre überwiegend um Auswanderung im Familienverbund, meist einhergehend mit dem Verkauf von Haus und Grundbesitz zur Finanzierung der Ausreise und der Schiffspassage, trat danach die Einzelwanderung vor allem männlicher Personen im Alter zwischen 21 und 50 Jahren in den Vordergrund bzw. auch die Stufenauswanderung von Familien in mehreren Schritten. Der Anteil der Kinder bei der Auswanderung ging insgesamt stark zurück, und die Kopfzahl der auswandernden – meist jüngeren – Familien nahm stark ab. Die soziale Zusammensetzung verschob sich im gleichen Zeitraum von Arbeitern und Knechten aus der Landwirtschaft, wo immer noch die Familienauswanderung dominierte, hin zu Arbeitern aus Handwerk und Industrie und zu einem gewissen Grad auch Angestellten aus dem Dienstleistungsbereich.[51]

Erst nach dem Ersten Weltkrieg trieb die Nachkriegsdauerkrise in Deutschland in den 1920er Jahren – mit dem Höhepunkt in der Pfalz 1929 – wieder eine größere Anzahl von Menschen zur Auswanderung. Dabei waren dann – u. a. wegen Beschränkungen der US-Einwanderungspolitik – die südamerikanischen Länder Brasilien und Argentinien noch einmal kurzzeitig die Schwerpunkte der Auswanderung aus der südlichen Rheinprovinz.[52] Die Auswanderung aus der Pfalz lag – im Verhältnis zur Einwohnerzahl – erstmals wieder nach Jahrzehnten von 1926 bis 1934 deutlich über dem Reichsdurchschnitt. Dazu trugen zweifellos die besonders schwierige wirtschaftliche Situation durch die neue Grenzlage nach dem Verlust von Elsass und Lothringen, die französische Besatzung, der Ruhrkampf 1923 und die Abtretung der Saarpfalz an das völkerbundsverwaltete Saargebiet erheblich bei.[53]

Die politisch motivierte Emigration vor allem von Sozialdemokraten, Kommunisten und Gewerkschaftern sowie von Intellektuellen und Künstlern nach der NS-»Machtergreifung« 1933 zunächst in das Saargebiet und insbesondere in die Nachbarländer ist nicht genauer zu beziffern, erreichte aber gegenüber der Gesamtauswanderung wohl keine statistische Relevanz. Das Ausmaß der jüdischen Emigration vor und nach 1933 aus den Gebieten des heutigen Rheinland-Pfalz ist nicht erfasst und lässt sich wegen der zeitgleichen Abwanderung aus den ländlichen Gemeinden und den Klein- und Mittelstädten in die größeren Städte Badens, Hessens und der nördlichen Rheinprovinz auch nicht zuverlässig aus dem Rückgang der jüdischen Bevölkerung erschließen. Im Jahr 1925 betrug die jüdische Einwohnerschaft noch etwas über 25.000 Personen. Bei der nächsten Volkszählung im Jahr 1933, nach der NS-»Machtergreifung«, waren es schon rd. 4.000 weniger. Im Jahr nach dem Novemberpogrom von 1938 wurden mit 7.131 rd. 14.000 Juden weniger gezählt. Es ist zu vermuten, dass einem erheblichen Teil von ihnen trotz aller Schwierigkeiten und Hindernisse nach all den Jahren der Ausgrenzung, Diskriminierung und Verfolgung noch rechtzeitig die Ausreise nach Übersee oder aber ins europäische Ausland gelang, von wo jedoch viele von ihnen nach der deutschen Eroberung dieser Länder in die Vernichtungslager im Osten deportiert wurden. Im Oktober 1940 wurden in der Pfalz dann – vor den Deportationen von 1941/42 in den anderen Regionen – mit rd. 825 jüdischen Menschen der überwiegende Rest der noch verbliebenen jüdischen Bevölkerung in das unbesetzte Frankreich deportiert. Mit der Vertreibung und dem Völkermord an den jüdischen Bürgerinnen und Bürgern verloren die Regionen des heutigen Rheinland-Pfalz 1 % der Bevölkerung (von 1925).

Vom Auswanderungs- zum Zuwanderungsland

Die Abwanderung nach Übersee sollte auch nach 1945 trotz der katastrophalen Lebensbedingungen der ersten Nachkriegsjahre nie mehr die Bedeutung des 19. Jhs. oder der späten 1920er Jahre erreichen. Von einer im 19. Jh. lange Jahrzehnte hindurch in besonderer Weise durch Auswanderung geprägten Region Deutschlands wandelte sich das neue Bundesland Rheinland-Pfalz in verschiedenen Stufen zum Zuwanderungsland, dessen jährliche Wanderungsgewinne sich bis zum Jahr 2005 auf fast 1 Mio. Menschen summierten. Die Zahl der statistisch erfassten »Fortzüge« ins Ausland betrug zwischen 1951 und 1995 zwar immer noch beachtliche 845.000, aber noch nicht einmal ein Viertel davon (191.000) hatte das außereuropäische Ausland zum Ziel. Für die nahezu 73.000 Auswanderer ins außereuropäische Ausland in den zwei Jahrzehnten bis 1970 blieben überwiegend die Vereinigten Staaten das Ziel,[54] bevor – meist auch als Rückwanderung – seit den 1970er Jahren Asien und ab den 1990er Jahren auch afrikanische Staaten als Zielgebiete an Bedeutung gewannen. Im Jahr 2009 gingen so von den insgesamt 31.300 ins Ausland Abwandernden nur rd. 2.300 in die Vereinigten Staaten.[55] Dagegen gewann – immer auch in Reaktion auf die Phasen der deutschen Ausländerpolitik und die wirtschaftliche Konjunktur – die Rückwanderung von Immigranten in ihre Heimatländer als die andere Seite der seit Ende der 1950er Jahre verstärkt einsetzenden Zuwanderung aus dem Ausland größere Bedeutung am Auswanderungsgeschehen. So standen z. B. den zwischen 1963 und 1995 eingewanderten 126.000 türkischen Staatsbürgern im selben Zeitraum 74.000 gegenüber, die in die Türkei zurückkehrten.[56]

Zuwanderung spielte auch im Bevölkerungsgeschehen des 19. Jhs. mit der zunehmenden Mobilisierung der Menschen, der fortschreitenden verkehrsmäßigen Erschließung und der besseren Verfügbarkeit von Massentransportmitteln eine Rolle. Allerdings zeigt das Beispiel der Pfalz, dass selbst in Jahren mit vergleichsweise hohen Zuwandererzahlen – überwiegend aus Staaten des Deutschen Bundes – mit rd. 1.000 Personen meist nur ein oder zwei Zehntel der Auswandererzahlen erreicht wurden. Im Spitzenjahr der pfälzischen Auswanderung, 1855, kamen auf 21.897 offiziell Ausgewanderte lediglich 659 Zugewanderte.[57] Die Wanderungsbilanz war auch im Kaiserreich immer deutlich negativ. Zu verschiedenen Zeitpunkten bis 1910 waren jeweils immer zwischen 13.000 und 25.000 Personen mehr aus der Pfalz abgewandert als zugewandert. Auch in der Weimarer Republik wurde z. B. 1925 immer noch ein Wanderungsverlust von 20.579 und 1933 von 15.139 verzeichnet. Erst für 1939 ist ein Wanderungsgewinn von 16.337 ausgewiesen.[58]

Zuwanderung aus anderen deutschen Staaten des Deutschen Bundes bzw. später des Deutschen Reiches, im engeren heutigen Sinne Binnenwanderung, gehörte also zwar immer – vor allem seit der Jahrhundertmitte – zum Erscheinungsbild einer sich auch im Gebiet des heutigen Rheinland-Pfalz mobilisierenden, zunehmend urbanisierenden und industrialisierenden Gesellschaft, prägte aber genauso wenig wie die Zuwanderung aus außerdeutschen Staaten das allgemeine Bewusstsein und die alltägliche Erfahrung. Letztere gewann im Westen Deutschlands – im Gegensatz zu Ostelbien mit seinen großen Gütern – erst schrittweise mit dem steigenden Arbeitskräftebedarf der wachsenden Industrie an Bedeutung. Im gesamten Deutschen Reich vervierfachte sich zwar der Anteil der ausländischen Bevölkerung zwischen 1871 und 1910, blieb aber mit 1,9 % (1910) immer noch von eher untergeordneter Bedeutung. Allerdings zeigen diese Zahlen im Kontrast zu dem scharfen Rückgang der überseeischen Auswanderung, dass Deutschland schon vor dem Ersten Weltkrieg auch zum »Arbeitseinfuhrland« wurde.[59] Für Speyer ist z. B. belegt, dass zwischen 1881 und 1914 zwei Drittel der Zugewanderten (nahezu 3.600 Personen) von außerhalb der Pfalz und Bayerns kamen und nur ein Drittel aus dem europäischen Ausland, in erster Linie Polen aus Österreich-Ungarn und Russland sowie Italiener. Von diesen kehrten allerdings, bedingt durch ihren eingeschränkten Aufenthalts- und Arbeitsstatus, im gleichen Zeitraum 70 bis 80 % wieder in ihre Heimatländer zurück.[60] Selbst in einer nur durch Zuzug ungeheuer schnell wachsenden Industriestadt wie Ludwigshafen stammten im Jahr 1907 immerhin beinahe drei Viertel der Bevölkerung aus der Pfalz.[61] Und 1910 verzeichnete die dortige städtische Armenpflege unter 2.600 unterstützten Personen lediglich 3 % »Ausländer«.[62]

Konzentrierte sich die freiwillige Zuwanderung ausländischer Arbeitskräfte vor 1914 überwiegend auf die Ballungszentren und die Industriestädte, so konfrontierte der Erste Weltkrieg mit seinem massenhaften Einsatz von Kriegsgefangenen und Zwangsverpflichteten in der Landwirtschaft auch die ländlichen Gebiete von Rheinland-Pfalz in großem Umfang mit Menschen fremder Nationalität und anderer kultureller Prägung. Daneben brach natürlich auch die Mobilisierung von über 80 % aller erwachsenen Männer traditionelle Strukturen und Erfahrungen auf. Bei Kriegsende 1918 waren überall im Reich insgesamt rd. 2,5 Mio. Menschen aus dem »feindlichen Ausland« beschäftigt, überwiegend Kriegsgefangene, aber auch 1 Mio. zivile ausländische Arbeitskräfte, meist zwangsverpflichtet und beim Einsatz in der Industrie in Lagern untergebracht und strikten Beschränkungen unterworfen.[63] Auch wenn für das Gebiet des heutigen Rheinland-Pfalz keine genaueren Zahlen vorliegen, vermitteln z. B. die Zahlen zum »Ausländer-Einsatz« bei der BASF in Ludwigshafen und im neuen Werk in Oppau eine Ahnung vom Gesamtumfang. Dort waren bei Kriegsende 1918 rd. 900 Kriegsgefangene und 600 belgische Zivilarbeiter beschäftigt.[64]

Nach der Rückführung bzw. Weiterwanderung der Kriegsgefangenen und Zivilarbeiter und nach einem kurzen Zustrom von 150.000 Ausgewiesenen bzw. »freiwillig« Ausgereisten aus dem – wieder an Frankreich gefallenen – Elsass und Lothringen spielte die Zuwanderung aus dem Ausland wie insgesamt im Deutschen Reich keine nennenswerte Rolle. Auf Reichsebene bestand in den 1920er Jahren fast die Hälfte der Einwanderer aus Deutschen, die aus dem Ausland nach Deutschland zurückwanderten. Bis 1933 ging so die Zahl der Ausländer in Deutschland von 1,3 Mio. (1910) auf rd. 760.000 zurück.[65] Im selben Zeitraum verminderte sich die Zahl der ausländischen Arbeitskräfte, die während der 1920er Jahre 200.000 bis 300.000 betragen hatte, auf nur noch 100.000 während des Tiefpunkts der Weltwirtschaftskrise. Da es sich dabei überwiegend um Polen handelte, die in der ostelbischen und sächsischen Landwirtschaft und im Bergbau eingesetzt wurden, dürfte im Gebiet von Rheinland-Pfalz nur ein ganz kleiner Bruchteil gearbeitet haben. Auch mit dem Wiederanstieg der ausländischen Beschäftigung in Deutschland im Gefolge des zunehmenden Arbeitskräftemangels in den 1930er Jahren auf rd. 450.000 in den Jahren 1938/39 änderte sich an dieser regionalen Verteilung wenig.

Erst der Zweite Weltkrieg mit seinen Millionen Kriegsgefangenen und Zwangsarbeitern brachte, eingeleitet im November und Dezember 1939 durch die erste Zuweisung polnischer Kriegsgefangener, auch dem Südwesten Deutschlands für einige Jahre, mit wachsender Tendenz, eine gewaltige Zwangszuwanderung. Wenn im Oktober 1944 im Reichsgebiet rd. 2 Mio. Kriegsgefangene im Arbeitseinsatz waren, und rd. 6 Mio. zivile ausländische Beschäftigte (überwiegend Zwangsarbeiter) gezählt wurden, würde das bedeuten, den damaligen Bevölkerungsanteil der rheinland-pfälzischen Gebiete von etwas über 4 % an der Reichsbevölkerung als Maßstab genommen, dass in diesem Raum über 300.000 »Ausländer« im Zwangseinsatz gewesen sind. Bei Berücksichtigung des geringeren Besatzes mit Kriegsindustrie und der kleinteiligeren landwirtschaftlichen Struktur kann immer noch von mindestens 200.000 Personen ausgegangen werden, was einem Anteil von ganz deutlich über 10 % an der anwesenden, nicht im Militäreinsatz befindlichen Bevölkerung und von etwa einem Viertel der Beschäftigten entsprochen haben dürfte.[66]

NS-Lagersystem auf dem Gebiet des heutigen Rheinland-Pfalz

- Lager- und Haftstätten der Justiz und der Polizei
- „Umerziehungslager"
- Kriegsgefangenen-Stammlager
- Zwangsarbeitslager für Juden
- Konzentrations- und Außenlager

Vorlage: Landeszentrale für politische Bildung, Verfolgung 2008, S. 244
Kartographie: Landesamt für Vermessung und Geobasisinformation Rheinland-Pfalz

Im Gau Westmark allein waren vor dem Höhepunkt der Zwangsarbeit im Oktober 1942 über 70.000 »fremdländische Arbeiter und Arbeiterinnen« im Einsatz.[67] Ihre Zahl erhöhte sich bis Februar 1944 auf 129.000 (darunter 37.000 Kriegsgefangene). In der Pfalz allein waren etwas später, im Juni 1944, knapp 50.000 Zwangsarbeiter beschäftigt, die sich fast zu gleichen Teilen auf die Stadt- und Landkreise verteilten.[68] In den pfälzischen Werken der BASF stieg im Verlauf des Krieges bis 1944 der Anteil ausländischer, in Lagern untergebrachter Arbeiter von einem Viertel auf ein Drittel der Beschäftigten (11.781 im Januar 1944). Während es sich bei den französischen (2.272 im Jahr 1943) und den italienischen (1.137) Zwangsarbeitern um Männer handelte, waren die meisten der »Ostarbeiter« (z. B. 2.511 aus Russland) Frauen. Im Herbst 1944 kamen dann noch zwangsweise über 2.000 italienische Kriegsinternierte hinzu. Insgesamt waren im Dezember 1943 allein im Stadtgebiet von Ludwigshafen über 21.000 zivile Ausländer polizeilich gemeldet. Im Vergleich zu anderen Teilen des Gaues Westmark waren hier zudem relativ wenige sowjetische Kriegsgefangene und keine KZ-Häftlinge eingesetzt. Unter Einrechnung der über 6.000 im Stadtgebiet beschäftigten Kriegsgefangenen erreichte der Ausländeranteil in Ludwigshafen im Dezember 1943 einen Anteil von 19 %, der sich wegen der Evakuierungen der deutschen Bevölkerung bis zum Juni 1944 wohl auf über 30 % erhöhte. Im Sommer 1943 waren in den pfälzischen Industriestädten Kaiserslautern rd. 2.500, in Frankenthal 2.100, in Speyer 1.900 und in Zweibrücken 1.600 Ausländer registriert. Hier handelte es sich im Vergleich zum Zwangsarbeitereinsatz in den landwirtschaftlichen Gebieten neben den »Ostarbeitern« (36 %) um einen hohen Anteil von »Westarbeitern«, insbesondere Franzosen (31 %). Die Franzosen stellten z. B. 1943/44 unter den in Ludwigshafen eingesetzten Kriegsgefangenen (wie die Italiener) über ein Drittel.[69]

In welchem Umfang auch KZ-Häftlinge aus dem SS-Sonderlager/KZ Hinzert und dem KZ Natzweiler-Struthof (Elsass) und seinen vielen Außenlagern im Arbeitseinsatz waren, lässt sich nicht sicher feststellen. In Hinzert, wo zwischen 1939 und 1945 über 14.000 Menschen, in großem Umfang Widerstandskämpfer aus den besetzten westlichen Nachbarstaaten, aber auch osteuropäische Zwangsarbeiter, kürzer oder länger inhaftiert waren, wurden diese in einem System von 29 Außenlagern zur Zwangsarbeit herangezogen.

Im und nach dem Zusammenbruch des »Dritten Reiches« entfie en nicht alle rechtlichen Beschränkungen für die ehemaligen Zwangsarbeiterinnen und Zwangsarbeiter und Kriegsgefangenen, und die meisten mussten weiterhin in Baracken und Lagern leben. Sie waren nunmehr aber im Umfeld der Gemeinden und Städte viel präsenter und wur-

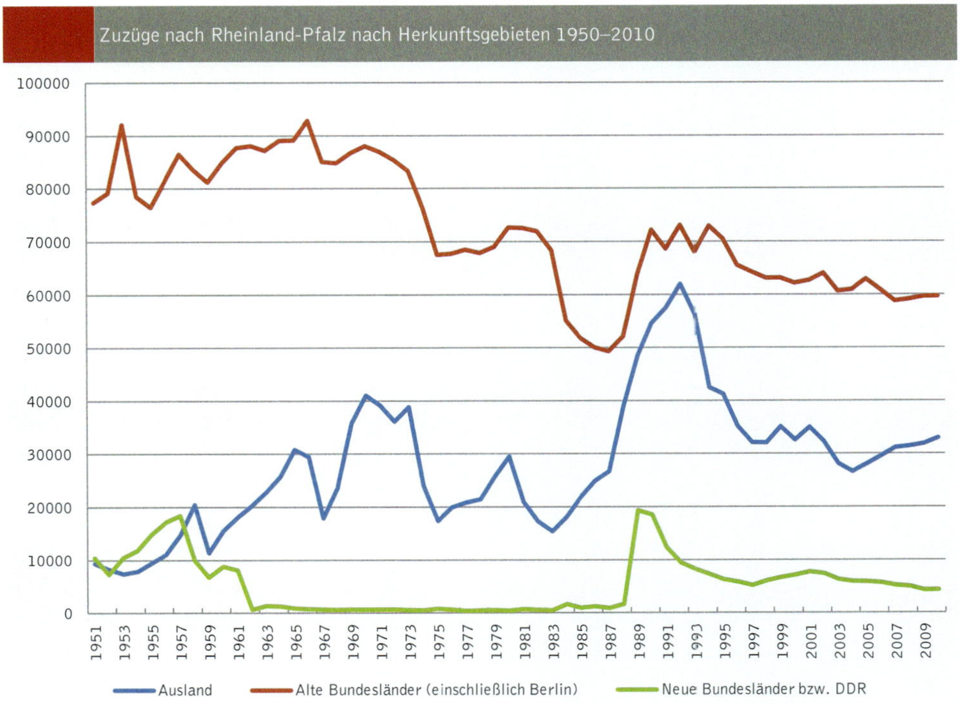

(Statistisches Landesamt Rheinland-Pfalz, Bad Ems)

den vielfach wegen der an einigen Orten vorkommenden Racheakte und Raubzüge als Drohung und Gefahr wahrgenommen. Auch wenn die große Masse der nach Kriegsende in Deutschland befindlichen 10–12 Mio. »Displaced Persons« (DP) freiwillig oder unfreiwillig schon 1945 in ihre Heimatländer zurückgeführt werden konnte, waren Ende 1946 in den drei Westzonen immer noch ca. 1 Mio. DPs anwesend, deren Zahl sich erst langsam durch die speziellen Auswanderungsprogramme deutlich verringerte. Im linksrheinischen Gebiet ergab sich eine besondere Situation dadurch, dass gegen Kriegsende bereits größere Kontingente der Zwangsarbeiter unter Bewachung nach Osten über den Rhein evakuiert worden waren. Im Frühsommer 1945 waren aber allein in den von den Amerikanern eingerichteten Sammellagern im Bereich der Pfalz und Rheinhessens rd. 25.000 DPs registriert, jeweils über 6.000 bzw. 7.000 davon in den Lagern in Kaiserslautern, Zweibrücken und Neustadt. Die Mehrzahl von ihnen stammten aus der Sowjetunion und in geringerem Umfang aus Polen und Italien.[70]

Die damals meist als »Fremdarbeiter« bezeichneten Ausländer waren ein Jahrzehnt vor der ersten Anwerbung ausländischer Arbeitnehmer in der Bundesrepublik Deutschland die erste große Ausländer-Erfahrung der deutschen Bevölkerung auch im Gebiet von Rheinland-Pfalz. Die Bevölkerung sollte fortan während der nächsten Jahrzehnte in unterschiedlich zusammengesetzten Migrationsströmen in Bewegung bleiben.

Bei dem nächsten großen Zustrom von Kriegsflüchtlingen und Vertriebenen aus den Ostgebieten und aus Mittel- und Südosteuropa nach 1945 und dem bald einsetzenden Zustrom von Flüchtlingen aus der SBZ bzw. später der DDR handelte es sich zwar nicht um eine Zuwanderung von »Ausländern«, er wurde aber – nicht nur wegen der damit verbundenen Einquartierungen, Einschränkungen, Wohnungsnot und erschwerten Versorgungslage – weitgehend als negativ und als Bedrohung gewohnter Strukturen und Lebensformen wahrgenommen. Der berühmte und umstrittene Brief des späteren kurzzeitigen Ministerpräsidenten Wilhelm Boden, in dem er vor der Aufnahme von protestantischen Heimatvertriebenen in katholischen Gebieten und vor ohnehin angeblich eher militaristisch und nationalistisch eingestellten Ostdeutschen gewarnt hatte, war nur ein Beispiel für eine offenkundig weit verbreitete Form von Inländer-Xenophobie. Nachdem die französische Blockadepolitik gegen die Aufnahme schrittweise nicht mehr zu halten war, und ohnehin – mehr oder minder illegal – eine solche Zuwanderung bereits eingesetzt hatte, waren im September 1950 schon über 150.000 solcher Kriegsfolgen-Zuwanderer in Rheinland-Pfalz, was einem Bevölkerungsanteil von 5,1 % entsprach. Das Land »erlebte und bewältigte [...] in dieser Phase – anfangs höchst unwillig – eine der größten Zuwanderungsbewegungen seiner Geschichte«: Über 262.000 im Jahr 1955 stieg die Zahl der Vertriebenen und Flüchtlinge in Rheinland-Pfalz bis 1960 auf 480.000.[71]

Rheinland-Pfalz war damit zwar – noch – kein Einwanderungs-, aber schon ein Zuwanderungsland geworden. Insgesamt gingen zwischen 1950 und 2006 in Folge der verschiedenen Wanderungsströme 78 % des Bevölkerungszuwachses des Landes Rheinland-Pfalz auf die Außenwanderungsüberschüsse zurück.[72] Nur in acht Jahren übertrafen die Abwanderungen über die Landesgrenzen die Zuwanderungen. Im langfristigen Durchschnitt gab es seit 1950 jährlich 109.000 Zuzüge und 92.000 Fortzüge, was einen durchschnittlichen jährlichen Wanderungsüberschuss von 17.000 Personen zur Folge hatte, der sich insgesamt dann auf etwas weniger als 1 Mio. summiert hat.[73]

Ankunft Vertriebener auf dem Bahnhof in Bendorf, um 1950 (Landeshauptarchiv Koblenz)

Selbst wenn die Hochphasen der Zuwanderung zwischen 1950 und 1953 sowie zwischen 1989 und 1993 außer Betracht gelassen werden, betrug der jährliche Überschuss durchschnittlich immer noch rd. 10.000 Personen. Wie umfassend diese Veränderung und Umwälzung der rheinland-pfälzischen Bevölkerung durch diese Außenwanderungen waren, wird daraus erkennbar, dass bis zum Jahr 2009 insgesamt 6,3 Mio. Menschen nach Rheinland-Pfalz für kürzere oder längere Zeit zugezogen sind, während gleichzeitig etwa 5,4 Mio. Menschen das Land verließen. Der allergrößte Teil entfiel, im allgemeinen Bewusstsein und der öffentlichen Debatte kaum wahrgenommen, auf die innerdeutschen Wanderungsbewegungen. Von diesen Wanderungsbewegungen spielte sich dann wiederum auch der Hauptteil mit rd. 2,8 Mio. Zu- und Abwanderungen und einem

Ausländische Bevölkerung in Rheinland-Pfalz 1960–2004

Jahr	Gesamtbevölkerung	Ausländische Bevölkerung	Ausländeranteil in %
1960	3 397 533	31 233	0,9
1970	3 645 437	101 100	2,8
1980	3 642 482	162 848	4,5
1990	3 763 510	205 458	5,5
1995	3 977 919	291 426	7,3
1996	4 000 567	299 299	7,5
1997	4 017 828	300 352	7,5
1998	4 024 969	299 165	7,4
1999	4 030 773	301 461	7,5
2000	4 034 557	297 076	7,4
2001	4 049 066	297 262	7,3
2002	4 057 727	295 626	7,3
2003	4 058 682	294 462	7,3
2004	4 061 105	289 499	7,1

Aufgrund einer Registerbereinigung des Ausländerzentralregisters ist die Anzahl und der Anteil der ausländischen Bevölkerung im Jahr 2004 nur bedingt mit der jeweiligen Vorjahrszahl vergleichbar.

(Landesregierung Rheinland-Pfalz, Zuwanderungs- und Integrationsbericht 2008, S. 64)

minimalen Zuwanderungsüberschuss mit den umliegenden Bundesländern Nordrhein-Westfalen, Hessen und Baden-Württemberg ab. Der Großteil dieser innerdeutschen Zuwanderung vollzog sich ohne größere soziale und soziokulturelle Integrationsprobleme.

Nachdem im Jahrzehnt bis 1961 rd. 125.000 Flüchtlinge aus der DDR zugezogen waren, gab es erst ab 1989 bis 1993/94 mit insgesamt über 83.000 Personen schubartig nach dem Fall der Mauer wieder einen starken Zustrom aus Ostdeutschland. Die Unterbringung z. B. der jeweils rd. 19.000 ostdeutschen Übersiedler 1989/90, der höchsten Zahlen in der Geschichte des Landes, warf kurzzeitig erhebliche, auch politische Probleme auf. Mit einem Wanderungsgewinn von rd. 100.000 Personen zwischen 1989 und 2009 trug Ostdeutschland, auch wenn Rheinland-Pfalz nicht zu den Hauptzielgebieten der Ost-West-Abwanderung gehörte, in diesen zwei Jahrzehnten ganz erheblich zum Wachstum und, da es sich überwiegend um jüngere Menschen handelte, zu einer leichten Verjüngung der Bevölkerung bei.

Seit Ende der 1980er Jahre nahm im Zusammenhang mit den politischen Veränderungen in Osteuropa die Zahl der »Aussiedler« bzw. »Spätaussiedler« aus den ehemals deutschen Ostgebieten bzw. aus den »volksdeutschen« Gruppen in Südosteuropa stark zu. Dazu gehörten auch deren Familienangehörige, die auf Grund der rechtlichen Regelungen im Bundesvertriebenengesetz als Deutsche eingestuft wurden. Von etwas über 1.000 Aussiedlern, die 1985 nach Rheinland-Pfalz kamen, stiegen die Zahlen über 8.000 im Jahr 1988 auf 19.000 (1989) und 21.000 (1990), um dann vor allem auf Grund der 1993 und 2001 eingeführten politischen und rechtlichen Zuzugsrestriktionen kontinuierlich wieder bis auf 2.800 im Jahr 2004 zu sinken. Insgesamt kamen zwischen 1983 und 2010 etwas über 160.000 Spätaussiedler vor allem aus Russland, der Ukraine und aus Kasachstan ins Land. Da sie in großem Umfang in Rheinland-Pfalz auf Dauer wohnhaft blieben, leisteten sie einen bedeutenden Beitrag vor allem zu den Wanderungsgewinnen der 1990er Jahre. In einigen Regionen, insbesondere dort, wo, wie im Hunsrück, die Spätaussiedler in eher strukturschwachen Gemeinden mit aufgegebenen Liegenschaften und Wohngebieten der alliierten Streitkräfte angesiedelt wurden, kam es dadurch zu massiven Integrationsproblemen.

Exkurs: Die Bedeutung des Militärs und der Stationierungsstreitkräfte für Rheinland-Pfalz

Bis zum Zweiten Weltkrieg hatte das Militär für die Bevölkerungs-, Siedlungs- und Wirtschaftsentwicklung einer Reihe von Städten und Gemeinden, insbesondere auch wegen der Einschränkung ihrer Wachstums- und Entwicklungsmöglichkeiten, eine ganz erhebliche Bedeutung. Das gilt insbesondere bis zum Ende des Ersten Weltkriegs für die Festungsstädte Mainz, Koblenz, Landau und Germersheim. Die Garnison Germersheim umfasste 1850 immerhin rd. 4.500 Mann bei einer fast gleich großen Einwohnerschaft und um 1900 immer noch rd. 2.300 Soldaten bei knapp 6.000 Einwohnern. Die Friedensbesatzung der Festung Landau war in der ersten Hälfte des 19. Jhs. auf 2.300 Soldaten festgelegt worden bei einer zivilen Einwohnerschaft von rd. 6.000 Personen. In der Bundesfestung Mainz war eine Friedensbesatzung von 7.000 preußischen und österreichischen Soldaten vorgesehen, was um 1871 immerhin einem Zehntel der zivilen Bevölkerung entsprach. Nach der französischen Juli-Revolution 1830 wurde die Besatzung, die im Kriegsfall auf 20.000 aufgestockt werden sollte, vorübergehend auf 14.000 Mann erhöht, was erhebliche Spannungen mit der Bevölkerung zur Folge hatte. Nach dem Ersten Weltkrieg und der Besetzung des Rheinlands durch die Franzosen wurden diese militärischen Einrichtungen in großem Umfang von den Besatzungstruppen genutzt, bevor mit Hitlers Einmarsch in das eigentlich demilitarisierte linksrheinische Gebiet, der wieder eingeführten allgemeinen Wehrpflicht und dem Bau der Westwallanlagen eine – erneute – Militarisierung vieler Gebiete erfolgte.

Ein prägender Aspekt der Bevölkerungsgeschichte von Rheinland-Pfalz nach 1950, der sich jedoch nicht in der offiziellen Statistik der »Einwohner« widerspiegelt, sind die hier in großem Umfang stationierten amerikanischen, französischen und kanadischen Militärangehörigen mitsamt ihren Familienangehörigen und den Zivilbeschäftigten ihrer Nationalität. Die Stationierung hatte gewaltige Auswirkungen auf die Siedlungs- und Wirtschaftsentwicklung und den Ausbau der Infrastruktur insbesondere eher ländlicher Bereiche in der Westpfalz, dem Hunsrück und der Eifel. In den Anfangsjahren wurde sie begleitet von heftigen Protesten der betroffenen Gemeinden und Städte, weil erhebliche Flächen für den Bau der Flughäfen, Kasernen und Wohnviertel in Anspruch genommen und der Nutzung durch die einheimische Bevölkerung entzogen wurden. Der damit aber gleichzeitig verbundene große Arbeitskräftebedarf, erst in der Bau- und dann in der Betriebsphase, bewirkte eine wirtschaftliche Stabilisierung dieser Regionen. Mit dem Auszug vieler Soldatenfamilien aus den geschlossenen Housing-Areas in die umliegenden Gemeinden entwickelten viele dieser Gemeinden eine Größenordnung, die sich in der offiziellen Statistik nicht niederschlug, aber im Moment der Truppenabzüge ab den 1990er Jahren als großes Konversionsproblem plötzlich auf der politischen Agenda der Landes- und Regionalpolitik stand.

»Kaiserslautern American«, Internetseite der US-Amerikanischen Gemeinde in Kaiserslautern, 2011

Mitte der 1950er Jahre entsprach die Zahl von rd. 90.000 amerikanischen Soldaten immerhin rd. 3 % der rheinland-pfälzischen Bevölkerung. Mit dem späteren Nachzug von Familienangehörigen und US-Zivilbeschäftigten hat sich dann dieser – inoffizielle – Anteil noch weiter deutlich erhöht. Selbst nach der Aufgabe einer ganzen Reihe von Flughäfen und sonstiger militärischer Einrichtungen und Standorte waren im Jahr 2009 in der Stadt Kaiserslautern und in Ramstein und Landstuhl noch 16.000 amerikanische Soldatinnen und Soldaten sowie rd. 17.700 Familienangehörige und rd. 6.000 amerikanische Zivilbeschäftige wohnhaft. Damit kam im Gesamtgebiet von Stadt und Landkreis auf fünf »einheimische« Einwohner ein US-Bürger. In und um Baumholder lag das Verhältnis bei ca. 9.200 US-Amerikanern etwa 9:1. Vor einem weiteren Abzug von 600 Soldaten mit ihren Familienangehörigen lebten auf der Air Base Spangdahlem – als drittem verbliebenen Standort in Rheinland-Pfalz – rd. 8.750 US-Amerikanerinnen und Amerikaner, denen in der umliegenden Verbandsgemeinde Speicher lediglich 7.900 »Einheimische« gegenüberstanden.[74]

Von der Zuwanderungs- zur Einwanderungsgesellschaft

Mit dem Beginn der Anwerbung von »Gastarbeitern« aus Südeuropa seit Mitte der 1950er Jahre, durch die der Arbeitskräftebedarf des Booms der Wirtschaftswunderjahre gedeckt werden sollte, wurde – zunächst noch parallel zur innerdeutschen Zuwanderung – eine außerdeutsche Zuwanderung von historisch einzigartigem Umfang in Gang gesetzt, in deren Verlauf in den nächsten fünf Jahrzehnten (bis 2005) insgesamt über 1,8 Mio. Menschen aus dem Ausland nach Rheinland-Pfalz zogen. Auch wenn von ihnen rd. 1,2 Mio. wieder abwanderten, blieb unter dem Strich ein Wanderungsgewinn von fast 580.000 Personen,[75] der sich regional sehr unterschiedlich auf die Städte, Gemeinden und Landkreise des Landes verteilte. Nach den Anwerbeabkommen vor allem mit Italien (1955), Spanien und Griechenland (1960), der Türkei (1961), Portugal (1964) und Jugoslawien (1968) kam es bis zum Anwerbestopp 1973 zu einem starken Zustrom und – entgegen den mit dem »Gastarbeiter«-Status ursprünglich verbundenen Erwartungen – gleichzeitig auch schon zu einer Verstetigung des Aufenthalts und zur Nachholung der Familienangehörigen. Mit der nach 1973 einsetzenden restriktiveren Ausländerpolitik und der Förderung der Rückkehr in die Heimatländer folgte eine Phase, in der zwar die Zahl der ausländischen Arbeitnehmer zurückging, die Gesamtzahl der Ausländer wegen dieses Nachzugs jedoch auf einem Niveau von 160.000–170.000 fast gleich blieb, von denen über 70 % aus den Anwerbeländern stammten. Aus dem amtlich organisierten Import von Arbeitskräften war, wenn auch noch lange geleugnet, Einwanderung geworden.[76] Das zeigte sich auch daran, dass im Laufe der Zeit aus einer männlich dominierten Zuwanderung ein leichter Frauenüberschuss in der ausländischen Bevölkerung in Rheinland-Pfalz wurde. Für den Großteil der Zuwanderer aus dem europäischen Ausland veränderten sich durch die Gewährung der Freizügigkeit für EU-Ausländer die rechtlichen Rahmenbedingungen, so dass die Zuzugsbeschränkungen nur noch für Nicht-EU-Ausländer griffen. Von besonderer Bedeutung insbesondere für die Sonderkulturen-Landwirtschaft im Land war und ist die temporäre Zuwanderung von Saisonarbeitskräften insbesondere aus Polen, Rumänien, Bulgarien und Ungarn, die nach 2005 rund die Hälfte des ausländischen Zuzugs stellten.

Auch wenn schon ab Mitte der 1980er Jahre nach dem Tiefpunkt von 1983 (1.043 Asylsuchende) zunehmend Flüchtlinge und Asylsuchende aus von Katastrophen, Kriegen und Bürgerkriegen heimgesuchten Ländern nach Rheinland-Pfalz kamen, brachten erst die politischen Umbrüche nach dem Fall des Sowjetsystem in Osteuropa und der Zerfall Jugoslawiens – parallel zur Zuwanderung aus Ostdeutschland und zur Zuwanderung der Spätaussiedler – eine regelrechte Welle von Flüchtlingen und Asylsuchenden. Zwischen 1990 und 1993 wurden Rheinland-Pfalz mit einem Höhepunkt 1992 (rd. 24.000 Asylsuchende) insgesamt rd. 65.000 Asylbewerber zugewiesen, bevor die Grundgesetzänderung zum Asylrecht und verschärfte Einreisekontrollen einen kontinuierlichen Rückgang bewirkten. Schwankten die jährlichen Zugänge an Asylbewerbern bis zum Jahr 2000 immer zwischen 4.000 und 6.000, sanken sie kontinuierlich bis zum Jahr 2007 auf nur noch etwas mehr als 900. Auch bei dem nachfolgenden leichten Wiederanstieg (2010 auf 2.037) wurden die früheren Zahlen nie mehr erreicht. Aus der ursprünglich befristeten Aufnahme von Bürgerkriegsflüchtlingen aus Bosnien-Herzegowina und später dem Kosovo entwickelte sich bis Ende des ersten Jahrzehnts des 21. Jhs. andauernd eine schwierige Duldungssituation für mehrere Tausend Menschen, deren rechtlich anstehende Ausreise nicht erzwungen wurde.

Die zusammenlaufenden Migrationswellen in der ersten Hälfte der 1990er Jahre führten bis 1995/96 gegenüber 1980 zu einer Verdopplung der Zahl der Ausländer in Rheinland-Pfalz auf rd. 300.000 bzw. zu einer Verzehnfachung gegenüber 1960. Der ausländische Anteil an der Gesamtbevölkerung stabilisierte sich ab diesem Zeitpunkt durch eine geringere Zuwanderungsrate, verstärkte Rückwanderung und Einbürgerungen bei etwas über 7 %. Ihre Verteilung über Rheinland-Pfalz spiegelt das wirtschaftliche und siedlungsgeografische Ost-West- und Süd-Nord-Strukturgefälle des Landes, denn zum einen zogen 60 % von ihnen nach Rheinhessen und in die Pfalz und nur 8 % in die Region Trier, und zum anderen lebte knapp die Hälfte von ihnen in den kreisfreien Städten, deren Anteil an der Gesamtbevölkerung ansonsten nur 25 % ausmachte. Das große Industriezentrum Ludwigshafen zog die meisten ausländischen Zuwanderer an. Ihr Anteil an der dortigen Wohnbevölkerung stieg – befördert auch durch die Abwanderung von Teilen der deutschen Mittelschicht ins Umland – so bis auf über 21 %. Er lag damit deutlich höher als in Mainz mit immerhin auch rd. 18 %. Nur die anderen Städte an der südlichen Rheinschiene Frankenthal (13 %), Speyer und Worms (etwas über 11 %) sowie Koblenz (10 %) verzeichneten noch zweistellige Ausländeranteile, während in den strukturschwachen Kreisen Südwestpfalz (2,7 %), Daun (3,1 %), Bitburg-Prüm (3,8 %) und Trier-Saarburg (3,7 %) die ausländische Bevölkerung mit Werten unter 4 % keine nennenswerte Bedeutung hatte.[77]

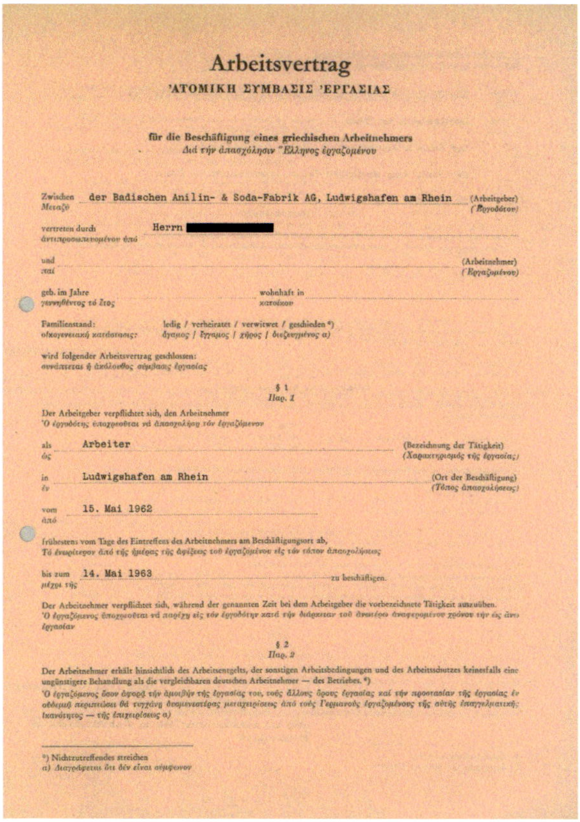

Arbeitsvertrag
'ΑΤΟΜΙΚΗ ΣΥΜΒΑΣΙΣ 'ΕΡΓΑΣΙΑΣ

für die Beschäftigung eines griechischen Arbeitnehmers
Διά τήν άπασχόλησιν Έλληνος έργαζομένου

Zwischen / *Μεταξύ* der Badischen Anilin- & Soda-Fabrik AG, Ludwigshafen am Rhein (Arbeitgeber) / *(Έργοδότου)*

vertreten durch / *άντιπροσωπευομένου άπό* Herrn [redacted]

und / *καί* (Arbeitnehmer) / *(Έργαζομένου)*

geb. im Jahre / *γεννηθέντος τό έτος* wohnhaft in / *κατοίκου*

Familienstand: / *οίκογενειακή κατάστασις:* ledig / verheiratet / verwitwet / geschieden *) / *άγαμος / έγγαμος / χήρος / διεζευγμένος α)*

wird folgender Arbeitsvertrag geschlossen:
συνάπτεται ή άκόλουθος σύμβασις έργασίας

§ 1
Παρ. 1

Der Arbeitgeber verpflichtet sich, den Arbeitnehmer
'Ο έργοδότης ύποχρεούται νά άπασχολήση τόν έργαζόμενον

als / *ώς* Arbeiter (Bezeichnung der Tätigkeit) / *(Χαρακτηρισμός τής έργασίας)*

in / *έν* Ludwigshafen am Rhein (Ort der Beschäftigung) / *(Τόπος άπασχολήσεως)*

vom / *άπό* 15. Mai 1962

frühestens vom Tage des Eintreffens des Arbeitnehmers am Beschäftigungsort ab,
Τό ένωρίτερον άπό τής ήμέρας τής άφίξεως τού έργαζομένου είς τόν τόπον άπασχολήσεως

bis zum / *μέχρι τής* 14. Mai 1963 zu beschäftigen.

Der Arbeitnehmer verpflichtet sich, während der genannten Zeit bei dem Arbeitgeber die vorbezeichnete Tätigkeit auszuüben.
'Ο έργαζόμενος ύποχρεούται νά παρέχη είς τόν έργοδότην κατά τήν διάρκειαν τού άνωτέρω άναφερομένου χρόνου τήν ώς άνω έργασίαν

§ 2
Παρ. 2

Der Arbeitnehmer erhält hinsichtlich des Arbeitsentgelts, der sonstigen Arbeitsbedingungen und des Arbeitsschutzes keinesfalls eine ungünstigere Behandlung als die vergleichbaren deutschen Arbeitnehmer — des Betriebes. *)
'Ο έργαζόμενος όσον άφορά τήν άμοιβήν τής έργασίας του, τούς άλλους όρους έργασίας καί τήν προστασίαν τής έργασίας έν ούδεμιά περιπτώσει θά τυγχάνη δυσμενεστέρας μεταχειρίσεως άπό τούς Γερμανούς έργαζομένους τής αύτής έπαγγελματικής ίκανότητος — τής έπιχειρήσεως α)

*) Nichtzutreffendes streichen
α) Διαγράφεται ότι δέν είναι σύμφωνον

Arbeitsvertrag eines Gastarbeiters der BASF, 1963 (BASF Unternehmensarchiv Ludwigshafen am Rhein)

Nahezu 80 % der ausländischen Bevölkerung kamen, die Türkei einbezogen, aus einem europäischen Land gegenüber 13 % aus einem asiatischen Land (vor allem Vietnam und Irak) und jeweils 4 % aus Amerika und Afrika. Unter den 176 Herkunftsländern stellte die Türkei das größte Kontingent (rd. 75.000), mit deutlichem Abstand gefolgt von Jugoslawien und seinen Nachfolgestaaten (ca. 38.000), Italien (rd. 30.000) und Polen (rd. 14.000). Die meisten türkischstämmigen Menschen wohnten dabei in Ludwigshafen (11.000) und in Mainz (etwa 7.000). Auf Grund der ganz besonderen Anwerbungsgeschichte der örtlichen Industrie stellten daneben aber z. B. in Kaiserslautern die Portugiesen lange Zeit mit rd. 1.000 Personen die stärkste Ausländergruppe vor den Zivilamerikanern und den Türken.

Klassifikation der Bevölkerung 2006 nach dem Migrationsstatus

Geburtsland / Staatsangehörig.	Ausland		Deutschland		Insgesamt	
	1 000	Anteil in %	1 000	Anteil in %	1 000	Anteil in %
Nicht deutsch	I Zugewanderte Ausländer		II Nicht zugewanderte Ausländer		Ausländer	
	238	5,9	77	1,9	315	7,8
Deutsch	III Zugewanderte Deutsche		IV Nicht zugewanderte Deutsche		Deutsche	
			ohne Migrationshintergund		ohne Migrationshintergund	
			3 352	82,7	3 352	82,7
			mit Migrationshintergrund		mit Migrationshintergrund	
			136	3,4	388	9,6
	252	6,2	3 488	86,0	3 740	92,2
Insgesamt	Zugewanderte		Nicht zugewanderte		Gesamtbevölkerung	
	490	12,1	3 565	87,9	4 055	100

(Schomaker u. a., Migrationshintergrund 2008, S. 750)

Wird, um die Bedeutung und das Ausmaß der Zuwanderung aus dem Ausland abzuschätzen, auf den Anteil der Menschen mit »Migrationshintergrund« abgehoben, also der Menschen mit eigener oder familienbiografischer Migrationserfahrung, ergibt sich nach 65 Jahren Bestand des Landes, dass (2010) über 730.000 Einwohner von Rheinland-Pfalz in der einen oder anderen Weise einen solchen »Migrationshintergrund« haben. Ihr unter dem Bundesdurchschnitt (19,3 %) liegender Anteil von 18,2 % macht die lange Nachwirkung der restriktiven Politik zur Aufnahme von Flüchtlingen und Vertriebenen bis 1950 deutlich und zum anderen die Bedeutung des vergleichsweise unterdurchschnittlichen Besatzes mit Arbeitsplätzen. Unmittelbare eigene Migrationserfahrung hatten – fast gleich verteilt auf Deutsche und Ausländer – rd. 485.000 Menschen. Im Saldo von Zu- und Wegzügen ganz unterschiedlicher Natur ergab sich bis 1995 der größte Nettozuwachs aus Polen (61.400), dem ehemaligen Jugoslawien (55.500), aus der Türkei (52.000) und der ehemaligen Sowjetunion bzw. ihren Nachfolgestaaten (50.300). Während in der Vorderpfalz nach dem Mikrozensus von 2008 über 24 % der Bevölkerung und in Rheinhessen über 22 % einen Migrationshintergrund hatten, waren es im Raum Koblenz nur knapp 17 %, im Naheraum knapp 14 % und in der Region Trier sogar nur 12 %. Bis auf die Vorderpfalz und Rheinhessen handelt es sich in den anderen Teilen des Landes in der Mehrzahl um Deutsche, wohingegen bundesweit unter den »Menschen mit Migrationshintergrund im engeren Sinne« die Ausländer dominieren. Während bei der Bevölkerung ohne Migrationshintergrund der durchschnittliche Haushalt 2,07 Personen umfasste, waren es bei der ausländischen Migrationsbevölkerung 2,43 und bei der deutschen sogar 2,64 Personen.[78] Das deutet neben der ungleichen regionalen Verteilung von sozialen und soziokulturellen Integrationsproblemen darauf hin, dass dieses Teilsegment der Zuwanderung, das ja die innerdeutsche und die innerrheinland-pfälzische Binnenwanderung noch nicht berücksichtigt, eine schwer erfassbare und sehr unterschiedliche Bedeutung für die regionalen gesellschaftlichen und politischen Kulturen im Land hat.

Die industrielle Gesellschaft entsteht in der Wanderung: Binnenwanderer und Arbeitspendler

In seinem bekannten Buch über »Die Pfälzer« stellte Wilhelm Heinrich Riehl 1857 fest: »Das ruhige Festsitzen eingeborenen Volks ist hier auf dem Lande schon kaum mehr allgemeiner als in der Stadt.«[79] Damit meinte er nicht nur die große Welle der Auswanderungen nach Amerika in diesen Jahren und den »steten Durchzug fremden Volkes durch unseren Gau«, sondern auch die Bewegung von den Dörfern in die erst langsam und dann schnell wachsenden Städte. Auf dem Höhepunkt der Hochindustrialisierungsphase, knapp vier Jahrzehnte später, erreichten auch die Befürchtungen über die gesellschaftlichen Auflösungsprozesse in Folge der großen Bevölkerungsverschiebungen in die Städte und vor allem die Großstädte ebenfalls einen Höhepunkt. Der berühmte Volkswirt Gustav Schmoller fragte 1889 besorgt, ob die »hausierende Vagabundage der ganzen arbeitenden Bevölkerung, ein Durcheinanderschütteln der Menschen von Ort zu Ort, von Geschäft zu Geschäft, wie es selbst die Nomaden nicht kannten«, die soziale Quintessenz des Industrialisierungsprozesses sei.[80]

Vor allem die Binnenwanderung, die größte Massenbewegung in der deutschen Geschichte, ließ – wenn auch meist nur eindimensional als Abwanderung vom Land in die Stadt, als »Landflucht«, wahrgenommen – die ehedem kleinen Städte und Städtchen überhaupt erst anwachsen, insbesondere wenn sie gleichzeitig von der Industrialisierung erfasst wurden. Die Binnenwanderung und die mit ihr verbundene Urbanisierung waren sowohl quantitativ als auch qualitativ »bedeutsame Phänomene mit gesamtgesellschaftlicher Relevanz«.[81] Denn die nicht statistisch erfassten Wanderungsprozesse zwischen den Stichdaten der Bevölkerungszählungen übertrafen die reinen Wanderungsgewinne bei weitem und verweisen auf die Größe der damit verbundenen sozialen Problemlagen und Integrationsaufgaben. Sie waren »eine entscheidende Voraussetzung für die Bewusstseinsbildung wie für die Organisationsbereitschaft und -fähigkeit ökonomischer, sozialer und politischer Gruppeninteressen im Industriezeitalter – nicht zuletzt deshalb, weil sie die überkommenen, vorwiegend dörflich-agrarisch-kleingewerblich geprägten Lebensformen« aufbrachen.[82] Diese allgemeine Feststellung gilt, obwohl es auch, wie einige Studien zeigen, ein »Rückfluten breiter Bevölkerungsströme von den größeren Städten aufs Land oder in Landstädte« gab.[83]

Der natürliche Bevölkerungsüberschuss der schließlich ansässigen, größer gewordenen städtischen Bevölkerung wirkte im weiteren Verlauf als Verstärkung. Zwischen 1815 und 1950 wuchs die Bevölkerung der Stadtkreise im Gebiet des heutigen Rheinland-Pfalz um 453 %, die der Landkreise dagegen nur um 118 %.[84] In der Pfalz resultierten zwei Drittel des Bevölkerungszuwachses zwischen 1871 und 1905 aus dem Wachstum der Einwohnerschaft von 8 Städten, die auch in der nächsten Periode bis 1939 über die Hälfte des Zuwachses verbuchten.[85] Dabei ging der Wanderungszuwachs der Städte stets aus dem Saldo eines viel größeren Umschlags von Zu- und Wegzügen hervor, weil Binnenwanderung auf der individuellen Ebene in der Hochindustrialisierungsphase aus einer Vielzahl von Ortswechseln bestand, bevor es zur Sesshaftigkeit kam.

Diese regionalen Verschiebungen in der Bevölkerungsverteilung im 19. Jh. in die sich rasch entwickelnden Städte gingen neben dem unterschiedlichen Umfang der Auswanderung vor allem auf den Saldo der Binnenwanderung in der Region bzw. in dem jeweiligen Staat bzw. Landesteil zurück. Im Gegensatz dazu wurde in der zweiten Hälfte des 20. Jhs. die Zuwanderung von außerhalb des Landes zum bestimmenden Faktor. Im

Jahr 1907 waren 47 % der im Deutschen Reich lebenden Bevölkerung »Binnenwanderer«, sie lebten also nicht mehr an ihrem Geburtsort. Der Begriff der »Binnenwanderung« im Sinne der Wanderungen innerhalb der Landesgrenzen hatte dabei über die Veränderungen der staatlichen Strukturen seit 1800 hinweg wechselnde Bedeutung und ist deswegen statistisch für die Zeit vor 1948 nur schwer zu fassen.

Welche Bedeutung und welchen Umfang schon in der ersten Hälfte des 19. Jhs. die regionale Wanderung über die Gemeindegrenzen hatte, belegt das Beispiel der Stadt Speyer. Von den 5.827 Einwohnern im Jahr 1815 war jeder Dritte nicht in Speyer geboren und über 400 waren sogar erst seit 1814 zugezogen. 62 % des Bevölkerungszuwachses der Stadt zwischen 1819 und 1843 gingen auf den Zuzug von außen, die viel beschriebene »Landflucht«, zurück. Die meisten der Zuziehenden nach Speyer stammten sowohl im Vormärz als auch noch am Ende des 19. Jhs. aus dem Nahbereich. Zwischen 1890 und 1900 kam die Hälfte der neuen Einwohner aus der Pfalz, hierbei vor allem aus dem Speyerer Umland, und weitere 11 % aus dem rechtsrheinischen nordbadischen Vorland von Speyer.[86] Da sich die regionale Nahwanderung nach 1870 vor allem auf Ludwigshafen und Kaiserslautern ausrichtete, reduzierte sich der Binnenwanderungsgewinn Speyers, wie auch in anderen eher durch Verwaltungsfunktionen geprägten Städten, in den folgenden Jahrzehnten erheblich, und der Geburtenüberschuss stellte in der Folge 75 % des Bevölkerungswachstums.[87]

Die Mobilität stieg großflächig an. Im Durchschnitt speiste sich das Bevölkerungswachstum der deutschen Städte zwischen 1871 und 1910 zu rd. 40 % aus der Binnenwanderung.[88] Die Industriestadt Ludwigshafen, die von 2.296 im Jahr 1855 bis 1905 auf 72.286 Einwohner anwuchs, generierte ihr Wachstum bis zur Jahrhundertwende in erster Linie aus dem Wanderungsgewinn, bevor dann der Geburtenüberschuss den Großteil der weiteren Zunahme lieferte.[89] Der Geburtenüberschuss fiel wegen des jungen Alters der zuvor Zugewanderten hier besonders hoch aus. Hinter den Wanderungsgewinnen stand jedoch ein gewaltiges Kommen und Gehen, das in den 1890er Jahren – weit über dem Durchschnitt anderer deutscher Städte[90] – ein jährliches Volumen von rd. 50 % und zwischen 1905 und 1913 noch von über einem Drittel der ortsanwesenden Bevölkerung hatte.[91] Im Jahr 1884 wurde beispielsweise festgestellt, dass der monatliche Zuwachs von 180 Einwohnern das Ergebnis von 440 Zu- und 260 Wegzügen war. Die vielfach beklagte »Unstetigkeit« der Bevölkerung zeigte sich auch in den Folgejahren. Zwischen 1889 und 1894 standen jährlich den 8.000–9.000 neu angemeldeten Einwohnern immer zwischen 7.000 und 8.000 Wegzüge gegenüber. Auch in der gegenüberliegenden Großstadt Mannheim belief sich die Summe der Zu- und Wegzüge zwischen 1900 und 1912 jährlich auf rd. 30 % der Einwohnerschaft.[92] Die Bedeutung der zuvor nennenswerten saisonalen Arbeitszuwanderung der Bauhandwerker und -arbeiter im Frühjahr und Sommer und der Kleinbauern und Landarbeiter im Winter ging dabei zunehmend zurück.

Im Jahr 1870 waren nur 4 % der Heiratenden auch in Ludwigshafen geboren, und noch 1910 waren rd. 75 % der Heiratenden auswärts geboren, über 40 % von ihnen im vorderpfälzischen Umland. Neben der regionalen Nahwanderung, zu der auch die 8 % Zuwanderer aus Nordbaden zu zählen sind, gab es jedoch auch einen nennenswerten Zuzug aus dem rechtsrheinischen Bayern und aus Württemberg. Um 1910 war Ludwigshafen zu 70 % von in der Rheinpfalz Geborenen bevölkert, von denen nur ein kleiner Teil aus der Westpfalz stammte, weil dort die Nahwanderung sich auf die Städte Kaiserslautern und Pirmasens und auf das Saarrevier ausrichtete.[93] Die Zuwanderer – auf der Suche nach Arbeit – kamen meist nicht im Familienverbund und waren vor allem im produktiven und reproduktionsfreudigsten Alter, was dann im Vergleich zum ländlichen Umfeld hohe Heirats-, Geborenen- und Geburtenüberschussziffern zur Folge hatte. Unter den Nahwanderern waren die Frauen deutlich stärker vertreten als unter den Zuwanderern von nördlich der Mainlinie.[94] Neben diesem großen Menschenumschlag über die Stadtgrenze gab es in allen wachsenden Industriestädten eine große innerstädtische Mobilität. Im Ludwigshafener Stadtteil Nord galt ein durchschnittlicher Wohnungswechsel alle zwei Jahre als normal. Im Stadtteil Friesenheim wohnten 1912 nur noch ca. 12 % der Einwohner in der Wohnung, in der sie 1901 gelebt hatten.[95] Die Verhältnisse in den anderen rasch expandierenden pfälzischen Industriestädten wie Kaiserslautern, Pirmasens und Frankenthal dürften sich davon nicht wesentlich unterschieden haben. Dass sich die Wanderungsverluste einer Gruppe pfälzischer Bezirksämter im Jahr 1900 fast mit den Wanderungsgewinnen der anderen ausglichen, verweist ebenfalls auf die vorrangige Bedeutung der regionalen Binnen- und Nahwanderung.[96]

Gegen Ende des 19. Jhs. entwickelte sich eine neue stationäre Form der Binnenwanderung, die tägliche oder wöchentliche »Wanderung« zwischen Wohnort und Arbeitsplatz, bei der die Notwendigkeit eines dauerhaften Ortswechsels entfiel. Diese Pendelwanderung ermöglichte es den Arbeitern die Arbeit in den neuen Industrien in der Stadt mit dem Nebenerwerb im dörflich-agrarischen Umfeld zu kombinieren. Dörfliche und städtische Lebensformen vermischten und überlagerten sich. Nach und nach verlagerte sich damit auch ein Teil des industriellen Bevölkerungswachstums von den Städten in die umliegenden »Arbeiterdörfer«, was wiederum den sozialen Druck in den Städten vor allem bei der Wohnungsversorgung und den Wohnverhältnissen verringerte.[97]

Mit dem Ausbau des öffentlichen Nahverkehrs, zusätzlich zu dem der regionalen und überregionalen Eisenbahnlinien und der Nebenlinien, später mit der massenhaften Verbreitung des Fahrrads, entfiel zunehmend die Notwendigkeit, in die unmittelbare Nähe des Arbeitsplatzes umzusiedeln, wo überdies die Wohnverhältnisse schlecht und die Mieten teuer waren. Seit den 1890er Jahren wurde so z. B. vor allem ausgerichtet auf die Arbeitsplätze in Ludwigshafen das Umland mit mehreren Lokalbahnen und der Rhein-

Schichtwechsel am Haupttor der BASF in Ludwigshafen, 1925 (BASF Unternehmensarchiv Ludwigshafen am Rhein)

Haardt-Bahn erschlossen. Allein die kleine Lokalbahn Ludwigshafen-Frankenthal-Großkarlbach beförderte im Jahr 1913 fast 600.000 Pendler, und die ebenfalls 1890 eröffnete Lokalbahn Ludwigshafen-Meckenheim sogar 1,2 Mio. Pendler. Auch Kaiserslautern (Lautertalbahn), Neustadt und Speyer (z. B. Gäubahn), Worms und Mainz (z. B. Rheinhessenbahn) wurden so für Tagespendler erreichbar. Insgesamt stieg die jährliche Personenbeförderung der pfälzischen Bahnen von 4,4 Mio. (1878) auf 26,9 Mio. (2009).

Das Pendeln aus Gemeinden außerhalb Ludwigshafens nahm so z. B. in der BASF-Belegschaft immer größere Ausmaße an. Der Anteil der Auswärtigen stieg von 28 % um die Jahrhundertwende auf 40 % im letzten Vorkriegsjahr und auf 60 % Mitte der 1920er Jahre. Die BASF-Pendler kamen aus 440 Gemeinden. Etwa ein Drittel der gesamten Ludwigshafener Fabrikarbeiterschaft, d. h. zwischen 6.000–7.000 Personen, pendelte in der Vorkriegszeit täglich ein. Bis zum Ersten Weltkrieg kam es zu einer markanten Fluktuationsberuhigung, denn parallel zum Abklingen der Zuwanderungswelle in die Industriestädte verstetigte sich auch die Beschäftigung in den großen Industriebetrieben. Verließen noch um 1900 etwa 75 % der bei der BASF in Ludwigshafen Neueingestellten den Betrieb bereits im ersten Jahr wieder, waren es 1913 nur noch 33 %.[98] Wenn auch vor allem auf den Nahbereich der umliegenden Städte und Gemeinden konzentriert, wurde Mobilität so schon in der ersten Hälfte des 20. Jhs. bei gleichzeitiger dauerhafterer Verankerung am Wohnort zum Bestand des (werk)täglichen Lebens in den industrialisierten Regionen.

Auch für das Gebiet des heutigen Rheinland-Pfalz – die Entwicklung der Einwohnerzahl der Städte und Städtchen deutet darauf hin – dürfte für die Zwischenkriegszeit die allgemeine Feststellung zutreffen, dass der starke Trend zur Binnenwanderung, in erster Linie in die Städte, scharf abbrach. Nach den Krisenjahren und der wirtschaftlichen Erholung ab 1924 erreichte das Volumen der Binnenwanderung nur noch die Hälfte der Vorkriegswerte, um dann in Zeiten der Massenarbeitslosigkeit in der Weltwirtschaftskrise weiter auf nur noch ein Drittel abzusinken. Selbst 1939, auf dem Höhepunkt der rüstungswirtschaftlich getriebenen Konjunktur, erreichte die Binnenwanderung insgesamt nicht einmal mehr ganz zwei Drittel der Zeit vor 1914 bzw. vielfach nur die Werte der frühen 1850er Jahre. Der Erste Weltkrieg markierte für das Wanderungsverhalten der Bevölkerung sowohl über die Gemeindegrenzen hinaus als auch innerhalb der Städte und Gemeinden einen tief greifenden dauerhaften Wandel zur höheren Stetigkeit bzw. Sesshaftigkeit gegenüber der Hochindustrialisierungsphase. In den deutschen Städten über 50.000 Einwohner sank die innerörtliche Mobilität in den 1920er und 1930er Jahren auf weniger als die Hälfte der Vorkriegswerte.[99]

Bevor die Massenmotorisierung das tägliche Pendeln zum Arbeitsplatz individualisierte, trat der »Kraftpost«-Verkehr neben die Eisenbahn, die Lokalbahnen und die Straßenbahn. Bestanden vor dem Ersten Weltkrieg in der Pfalz 13 Kraftpostlinien, stieg ihre Zahl ab 1924 rasch bis auf 85 Linien im Jahr 1939. Schwerpunkt waren die »Arbeiterlinien«, die in der Westpfalz um 1930 täglich mit allein schon zehn Linien und 40 Omnibussen die Arbeiter zu den Betrieben der Schuhindustrie in Pirmasens brachten.[100] Trotzdem blieb bis weit in die Weimarer Zeit hinein das Fahrrad das meistverwendete Fahrzeug, weil es zu vertretbaren Kosten die Reichweite des »kleinen Mannes« gegenüber den Fußmärschen deutlich erhöhte.

Gleichzeitig setzte mit zunehmender Massenmotorisierung, wenn auch zunächst langsam, ein Trend zur Individualisierung der Pendlerverkehre ein. Beispielsweise in der Pfalz verdreißigfachte sich die Zahl der Automobile (16.706) und Motorräder (20.401) zwischen 1914 und 1938. Diese Zahl war nach den Verlusten und Beschränkungen der Kriegs- und Nachkriegszeit auch in etwa der Stand von 1950. Das Motorrad und das Moped wurden in den 1950er Jahren für die Arbeiterpendler rasch zum wichtigsten Verkehrsmittel. Bis 1955 verdreifachte sich der Bestand an Motorrädern in der Pfalz auf rd. 65.000, um von da an aber bis 1961 schon hinter den Bestand an PKW zurückzufallen. Der wachsende Lebensstandard führte innerhalb weniger Jahre zur Massenmotorisierung. In den zehn Jahren zwischen 1955 und 1965 verfünffachte sich die Zahl der PKW in der Pfalz von 40.000 auf über 200.000, überschritt weitere zehn Jahre später die Zahl von 400.000. Wie groß die Dynamik dieses Prozesses war, ist daraus ersichtlich, dass es bis zur nächsten Verdopplung auf über 800.000 (im Jahr 2000) nur fünfzehn Jahre dauerte. Kam 1950 ein PKW auf 80 Einwohner der Pfalz, war es 50 Jahre später ein PKW auf 1,8 Einwohner.[101]

Zwei Jahre nach Kriegsende, nach Jahren der Einschränkungen und Beschlagnahmen für die Wehrmacht und in Zeiten der Requisitionen durch die französische Besatzungsmacht und des Treibstoffmangels, waren bei der Gründung des Landes im Jahr 1947 nur 10.696 PKW und 11.248 Motorräder in Betrieb, d. h. auf 137 Einwohner kam ein motorisiertes Fortbewegungsmittel. In einer bemerkenswerten Entwicklung seit der Währungsreform 1948 verdreifachte sich die Zahl der PKW (35.123) und versiebenfachte sich fast die Zahl der zugelassenen Motorräder (72.391) bis Ende 1950.[102] Ende des Jahres 2010 waren dann in Rheinland-Pfalz über 2,5 Mio. Personenkraftwagen registriert. Damit hatte das Land bezogen auf die Einwohnerzahl knapp hinter dem Saarland den zweithöchsten PKW-Besatz, weil in einem in großen Regionen vergleichsweise dünn besiedelten Land die Menschen für viele alltägliche Verrichtungen, für den Weg zur Arbeitsstätte, zum Einkaufen oder zu Freizeiteinrichtungen auf das eigene Auto angewiesen sind. Entsprechend war der Motorisierungsgrad (PKW/1.000 Ew.) in den ländlichen Gebieten wie z. B. dem Kreis Bitburg-Prüm (638), der Südwestpfalz (639) oder der Südlichen Weinstraße (636) deutlich höher als in den Städten (z. B. Ludwigshafen: 485).

Welche Bedeutung das eigene Kraftfahrzeug für die Existenz der Menschen im Land hat, zeigt die Pendlerstatistik. Im Jahr 2008 mussten mit zunehmender Tendenz seit den 1990er Jahren rd. 860.000 Rheinland-Pfälzer, über 51 % der Erwerbstätigen, eine Strecke von mehr als 10 km zu ihrem Arbeitsplatz zurücklegen, über zwei Drittel von ihnen taten das als »Selbstfahrer« mit dem PKW. Bei über 105.000 Personen lag der Arbeitsplatz sogar mehr als 50 km vom Wohnort entfernt. In starker Abhängigkeit von den Ballungsräumen und Großstädten mit ihrem qualifizierten Arbeitsplatzangebot mussten in 17 von 24 Landkreisen, aber auch in den Städten Speyer, Landau und Worms, über die Hälfte der Arbeitnehmer täglich mehr als 20 km zum Arbeitsplatz fahren. Vor allem die Arbeitnehmer im weiteren Einzugsbereich des Rhein-Main-Gebietes bzw. des Rhein-Neckar-Raums, im Landkreis Alzey-Worms, im Rhein-Lahn-Kreis, im Rhein-Hunsrück-Kreis und im Donnersbergkreis hatten die größte Distanz zwischen Arbeits- und Wohnort in Kauf zu nehmen.[103] Seit den 1990er Jahren hat sich dabei nicht nur die Zahl der in die benachbarten Bundesländer pendelnden Arbeitnehmer stark erhöht, sondern auch die Zahl der aus dem nordwestlichen Rheinland-Pfalz

Erwerbstätige nach der Entfernung zur Arbeitsstätte 2008

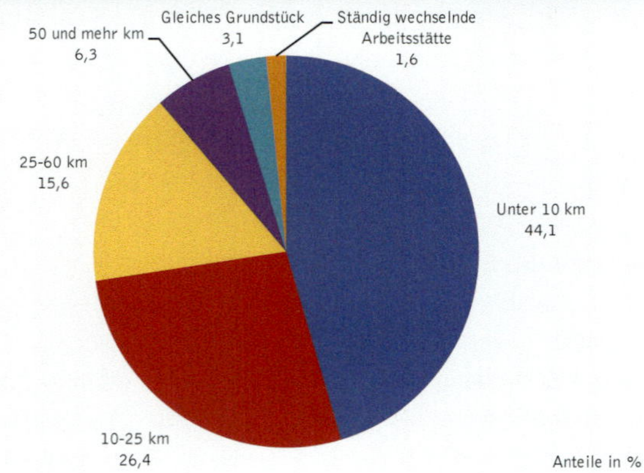

(Statistisches Landesamt Rheinland-Pfalz, Bad Ems, Pressemitteilung v. 29.4.2009)

ins Ausland zu Arbeitsplätzen in Luxemburg Fahrenden. Betrug ihre Zahl noch 1993 lediglich 5.600,[104] so hatte sie sich 17 Jahre später beinahe auf 25.400 verfünffacht.[105] Der Luxemburger Arbeitsmarkt und die Qualität der Luxemburger Arbeitsplätze trug so ganz erheblich zur wirtschaftlichen Entwicklung und Stabilisierung einer ehedem strukturschwachen rheinland-pfälzischen Region bei.

Die Binnenwanderung innerhalb des Landes blieb lange Jahrzehnte auf dem niedrigeren Niveau der Zwischenkriegszeit. Jährlich zogen immer zwischen 104.000 (1950) und maximal 138.000 (1983) Personen, also etwa 3,5 % der Einwohnerschaft, innerhalb des Landes um. Mit der stagnierenden Bevölkerungsentwicklung und schwierigeren wirtschaftlichen Verhältnissen Mitte der 1980er Jahre ging die Binnenwanderung auf das Niveau der ganz frühen 1950er Jahre zurück, um dann ab Ende der 1980er Jahre im Zusammenhang mit dem Zuzug aus Ostdeutschland und Osteuropa, vielfach verbunden mit Weiterwanderungen nach der Erstaufnahme, wieder auf ein noch höheres Niveau (1994: 166.139) anzusteigen. In diesem Umfang von etwas über 150.000 innerhalb des Landes Umziehenden, also beinahe 4 % der Einwohnerschaft, bewegen sich die Binnenwanderungen auch noch im Jahr 2009, wenn auch seit dem Jahr 2000 mit leicht sinkender Tendenz. Diese Zahlen summierten sich in 60 Jahren des Landes auf rd. 7,6 Mio. Umzüge über die Gemeindegrenzen hinweg, so dass der starke Einfluss der Binnenwanderung auf die regionalen Bevölkerungsverschiebungen und auf die Zusammensetzung der ortsansässigen Bevölkerung deutlich erkennbar wird.[106] Über die ganzen Jahrzehnte hinweg lag die Binnenwanderung, mit Ausnahme der Zuzugswelle von 1989 bis 1992, immer zum Teil deutlich über den Zuzügen von außerhalb des Landes. Hatten die Städte lange Jahre von der regionalen Zuwanderung profitiert, verloren sie, die Großstädte Mainz, Ludwigshafen, Trier und Koblenz in besonderer Weise, in den 1990er Jahren dann im Binnenwanderungssaldo relativ stark an die Landkreise. Im Jahr 1994 zogen rd. 23.500 Personen aus den Landkreisen in die kreisfreien Städte, während gleichzeitig von dort 27.800 ins Umland abwanderten.

Über den Umfang der innerörtlichen Mobilität gibt es keine zusammenhängenden Untersuchungen und Zahlen. Mit starken lokalen Unterschieden dürfte sie aber, wie das Beispiel Ludwigshafen belegt, immer auf einem hohen Niveau bei nicht ganz zwei Dritteln des Umfangs der Zu- und Abwanderung gelegen haben. In Ludwigshafen zogen im Jahr 1980 etwas über 11.200 Menschen und im Jahr 2009 etwas über 11.100 Menschen innerhalb der Stadt um – meist innerhalb des Stadtteils oder in benachbarte Stadtteile – bei einer Außenwanderung von über 18.300 (1980) und 17.400 (2009).

Insgesamt machte in dieser Industriestadt die Bevölkerungsumschichtung durch die innerörtliche und die regionale Nahwanderung zusammen seit den 1980er Jahren jahresdurchschnittlich immer mehr als 11 % der Einwohnerschaft aus.[107]

Von der konfessionellen Hegemonie zur säkularen Gesellschaft: Die regionale Verteilung von katholischer und evangelischer Bevölkerung

Die Religionszugehörigkeit hatte zu Beginn des beschriebenen Modernisierungsprozesses für die meisten Menschen – noch – eine nahezu alle Lebensbereiche, Lebensformen und Einstellungen prägende Kraft. Die unterschiedlichen regionalen politischen Kulturen im Land und die daraus resultierenden Konflikte, wesentliche politische Einstellungen und Verhaltensmuster und das Parteiensystem vor und nach der Gründung des neuen Landes haben ihre Ursachen in der regionalen Verteilung von Katholiken und Protestanten im Land. Deswegen muss zumindest auf der Ebene der formalen Religionszugehörigkeit zu den beiden großen christlichen Kirchen nach Veränderungen dieser wesentlichen Rahmenbedingung gefragt werden.

An der Konfessionsstruktur, wie sie sich durch die wechselvolle Geschichte der Landesherrschaften und ihrer jeweiligen konfessionellen Vorgaben seit dem 16. Jh. herausgebildet hatte, änderte sich von den größeren Regionen bis zu der Ebene der Gemeinden über mehr als anderthalb Jahrhunderte kaum etwas, über alle Phasen unterschiedlicher Bevölkerungsentwicklungen, Zu- und Abwanderungen hinweg. Die 1815/16 geschaffenen territorialen Zugehörigkeiten schufen zwar veränderte kirchenpolitische Rahmenbedingungen, ließen aber die Religionszugehörigkeit und -ausübung der neuen Untertanen unangetastet. Vor allem im ländlichen Raum und im ländlichen Umfeld der Städte spiegelte sich in der Religionszugehörigkeit die kleinteilige territoriale Struktur der Epoche vor 1790.

Für die Zeit vor 1871 liegen zwar keine Gesamtzahlen vor, doch lassen die regionalen Daten für die Pfalz und Rheinhessen zu unterschiedlichen Zeitpunkten zwischen 1840 bzw. 1828 und 1871 darauf schließen, dass sich bis zur Reichsgründung an der Konfessionsverteilung nichts bzw. sehr wenig geändert hatte. Nach wie vor gehörten 53 % der pfälzischen Bevölkerung der evangelischen Kirche an, und der Anteil der Katholiken war lediglich um 1 % auf etwas über 43 % gestiegen. In Rheinhessen stieg zwischen 1828 und 1871 der Katholikenanteil lediglich um Prozentstellen hinter dem Komma auf 48,8 %, und der der Evangelischen ging minimal in ähnlicher Größenordnung auf 46,5 % zurück. In umgekehrter Reihenfolge, aber mit einem Zuwachs in ähnlicher Höhe, wies das Fürstentum Birkenfeld nach wie vor eine starke evangelische Dominanz auf (78,3 %).

Im Jahr 1871 stellten die Katholiken im Gesamtgebiet des späteren Rheinland-Pfalz mit 60 % eine klare Mehrheit der Bevölkerung gegenüber der evangelischen (37,7 %) und der jüdischen Bevölkerung (1,9 %). Ursächlich dafür war die katholische Monostruktur im Regierungsbezirk Trier (90,3 %), wo der Katholikenanteil – mit Ausnahme von Bernkastel – in allen Kreisen bei 98 und 99 % lag. Aber auch im Regierungsbezirk Koblenz mit einer etwas differenzierteren Religionslandschaft lag der Katholikenanteil bei 70,2 %. Lediglich an der Nahe im ehemals kurpfälzischen Bereich um Kreuznach (54,4 %) und dem ehemals pfalz-zweibrückener, seit 1815 hessen-homburgischen Meisenheim

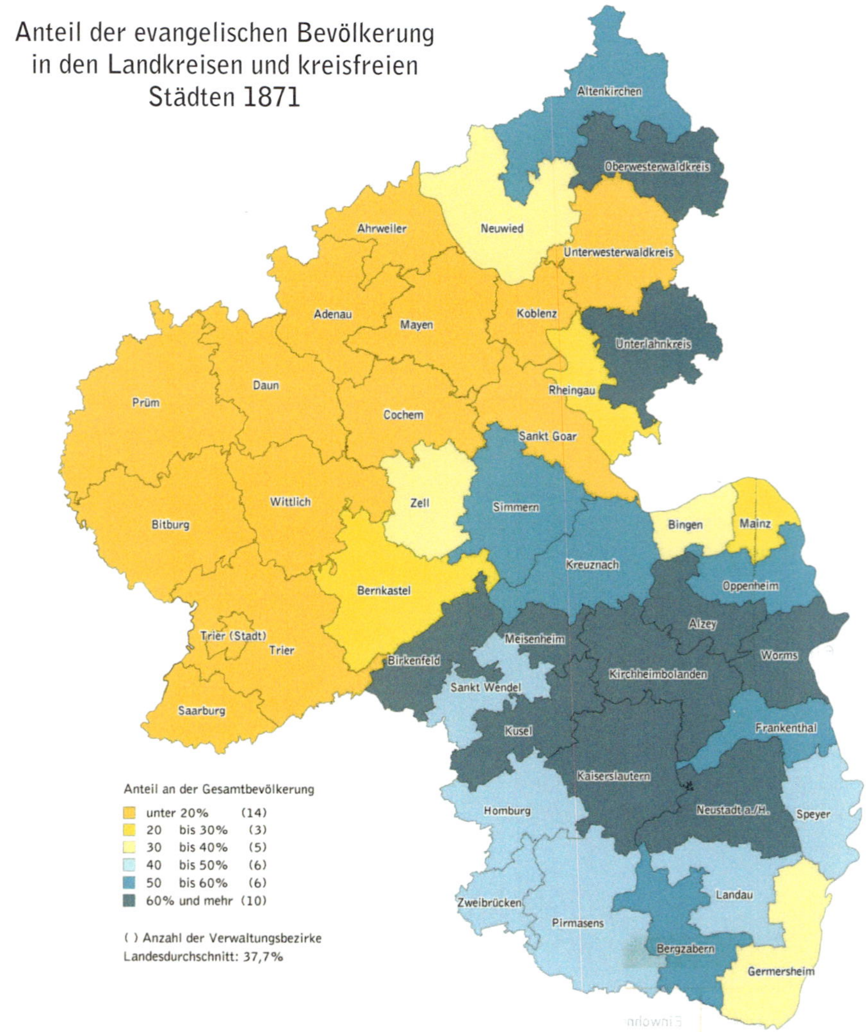

(Statistisches Landesamt Rheinland-Pfalz, Bad Ems)

(82,6 %), auf dem Hunsrück im ehemals kurpfälzischen Kreis Simmern (59,5 %), an der unteren Lahn (69,9 %), im Oberwesterwald (63,5 %) sowie im Kreis Altenkirchen (52,2 %) gab es evangelische Bevölkerungsmehrheiten, deren verschiedene – zuvor teilweise tief zerstrittene – Richtungen sich in den Jahren nach 1815 zur Union zusammenfanden. Ihnen standen an der Ahr, in der Eifel, an der Mosel und am Rhein, also in den ehemals kurtrierischen und kurkölnischen Gebieten, homogene katholische Gebiete mit Anteilen von bis zu 99 % gegenüber (z. B. Adenau: 99,7 %; Cochem: 98,1 %; Mayen: 97 %).

Sieben Jahrzehnte später, im Jahr 1939, hatte sich der Katholikenanteil im Gesamtgebiet lediglich um nicht einmal ein ganzes Prozent auf 59,2 % verringert und der Anteil der evangelischen Bevölkerung sich um 0,6 % sich auf 38,3 % erhöht. Während sich im Norden in den Regierungsbezirken Trier und Koblenz der Anteil der Katholiken leicht um etwas über 1% erhöht hatte, war er in der Pfalz gleich geblieben (lediglich: – 0,1 %). In Rheinhessen hatte der Rückgang des katholischen Anteils um 1 % zur Folge, dass es mit 48,1 % erstmals eine knappe evangelische Mehrheit gab. Weder die Verstädterung, noch die regional sehr ungleich verteilte Ab- und Zuwanderung oder ein gegebenenfalls zwischen den Konfessionen unterschiedliches generatives Verhalten hatten im Saldo irgendetwas an der Konfessionsstruktur im Land verändert. Selbst in den stark gewachsenen, traditionellen städtischen Zentren wie Koblenz und Trier bewegten sich die Veränderungen in diesem geringfügigen Rahmen.

Erst mit dem Zuzug der Heimatvertriebenen und der DDR-Flüchtlinge ab 1949 und dem allgemeinen Säkularisierungstrend kam es anfänglich langsam und dann ab 1989 mit dem erneuten starken Zuzug aus den ostdeutschen Bundesländern und Ost- und Südosteuropa immer schneller zu tief greifenden Veränderungen. Die großen Strukturen der Konfessionsverteilung zwischen Katholiken und Evangelischen blieben zwar auch noch im ersten Jahrzehnt des 21. Jhs. erhalten, allerdings auf einem vergleichsweise dramatisch abgesenkten Niveau. Rheinland-Pfalz war jetzt nicht mehr ein »katholisches Land«, sondern lediglich immer noch – oder auch nur noch – ein Land mit einer sehr relativen katholischen Mehrheit. Gehörten im Jahr 1970 noch 96 % der Bevölkerung einer der beiden großen christlichen Kirchen an, waren es im Jahr 1987 nur noch knapp 92 %, ein Wert, der aber immer noch deutlich über dem Bundesdurchschnitt von 84,5 % lag.[108] 21 Jahre später (2008) hatten die Zuwanderungswelle nach 1989 und die veränderten Werteorientierungen quantitativ und qualitativ eine Art »Kulturrevolution« bewirkt. Nunmehr war der Anteil der Mitglieder der beiden großen Kirchen an der Gesamtbevölkerung von Rheinland-Pfalz, der bis 1999 schon um weitere elf Prozentpunkte eingebrochen war, insgesamt um 15 Prozentpunkte auf nur noch 76,3 %

Religionsstruktur in Rheinland-Pfalz 2009

ehem. Regierungsbezirk (Rb) / Kreisfreie Stadt (St)	Einwohner insgesamt	darunter mit Religionsbekenntnis					
		römisch-katholisch	evangelisch	jüdisch	römisch-katholisch	evangelisch	jüdisch
		Anzahl			in %		
Rb Koblenz	1 501 242	726 481	444 503	992	48,7	29,8	0,07
Koblenz, St	106 756	56 886	20 442	626	53,4	19,2	0,59
Rb Trier	519 234	388 920	55 716	32	75,7	10,8	0,01
Trier, St	103 463	67 975	13 208	7	65,0	12,6	0,01
Rb Rheinhessen-Pfalz	2 007 594	704 361	741 016	442	35,1	36,9	0,02
Frankenthal (Pfalz), St	46 458	14 610	15 144	20	31,2	32,3	0,04
Kaiserslautern, St	97 880	28 862	39 974	33	29,1	40,3	0,03
Landau i.d. Pfalz, St	43 013	16 805	15 496	-	39,1	36,0	-
Ludwigshafen a.Rh., St	158 511	46 596	43 087	9	28,5	26,4	0,01
Mainz, St	196 819	74 830	47 031	250	37,8	23,8	0,13
Neustadt a.d.W., St	53 527	18 611	21 217	5	34,8	39,6	0,01
Pirmasens, St	41 790	12 906	20 285	-	31,6	49,7	-
Speyer, St	49 715	18 122	15 235	29	36,4	30,6	0,06
Worms, St	81 977	23 266	31 222	34	28,4	38,2	0,04
Zweibrücken, St	34 408	9 586	17 371	1	28,1	51,0	0,00
Rheinland-Pfalz	4 028 070	1 819 762	1 241 235	1 466	45,4	30,9	0,04

Die Gesamtbevölkerung laut Melderegister weicht von dem Ergebnis der Bevölkerungsfortschribung zum 31.12.2009 ab. Gebietsstand 31.12.2010. Die Gliederung in Regierungsbezirke wurde im Jahr 2000 aufgehoben, zur besseren Vergleichbarkeit ausgewiesen.

(Statistisches Landesamt Rheinland-Pfalz, Bad Ems)

zurückgegangen. Im ehemaligen Regierungsbezirk Rheinhessen-Pfalz waren im Jahr 2009 nur noch 67 % und in der Großstadt Ludwigshafen sogar nur noch 55 % Mitglied in einer der beiden großen christlichen Kirchen.

Der Rückgang traf beide großen Konfessionen – aber nicht in derselben Dimension. Für die katholische Kirche und ihre Bistümer im Land bedeutete er in noch stärkerem Maße als für die evangelischen Kirchen auch einen Verlust an politisch- und gesellschaftlich-kultureller Hegemonie. Von rd. 60 % zu Beginn des Landes über 55 % (1970) und 49 % (1999) sank der katholische Anteil an der Bevölkerung auf nur noch rd. 45,4 % im Jahr 2009. Dabei fiel der Rückgang insbesondere in den »klassischen« katholischen Regionen besonders stark aus. Im ehemaligen Regierungsbezirk Trier sank ihr Anteil um über 16 % auf noch 75,7 % (2009) und im ehemaligen Regierungsbezirk Koblenz um 14,2 % auf noch 48,7 %. Die Verluste traten nicht nur in großen Städten wie Koblenz (– 27,3 %) und Trier (– 23,3 %) auf, sondern auch in eher ländlichen Regionen wie dem Kreis Daun (– 20,6 %) oder in zuwanderungsstarken Kreisen wie Ahrweiler (– 26,3 %) oder Germersheim (– 20,6 %).

Bei den evangelischen Landeskirchen, die durch den Zuzug der Vertriebenen und der Flüchtlinge aus den protestantischen Ostgebieten zunächst einen leichten Zuwachs von 40,1 % (1950) auf 41,5 % (1961) verbuchen konnten, wirkte sich der Säkularisierungstrend früher aus. Sie verloren allein zwischen 1970 und 1987 rd. 114.000 Mitglieder, während es bei der katholischen Kirche »nur« 54.000 waren. Sie profitierten dann auch nicht von der Zuwanderung der 1990er Jahre, weil ein großer Teil der Zuwanderer aus der DDR oder den anderen ehemaligen kommunistischen Staaten »entchristlicht« war, und so sank in diesen beiden Jahrzehnten ihr Bevölkerungsanteil schon über 33 % (1999) auf zuletzt 30,9 % (2009). Die größten Verluste traten dabei, wie bei der katholischen Kirche, nicht nur in größeren, ehemals evangelisch dominierten Städten, wie Worms (– 29,5 %), Frankenthal (– 27,2 %) oder Ludwigshafen (– 26,3 %) und in etwas geringerem Ausmaß in den anderen Städten auf, sondern auch in zuwanderungsschwachen ehemaligen Hochburgen wie dem Kreis Birkenfeld (– 20,7 %) oder Kusel (– 17,6 %).

Bei der regionalen Konfessionsstruktur kam es auf langfristig absinkendem Niveau gegenüber der historisch gewachsenen Verteilung zu keinen nennenswerten Veränderungen, weil mit Ausnahme der 1950er Jahre die Entwicklung bei beiden großen Kirchen in etwa gleich verlief. Noch 1970 und 1987 gab es jeweils 80 Verbandsgemeinden im Land, in erster Linie in dem traditionellen breiten Streifen im Nordwesten, die einen Katholikenanteil von über zwei Dritteln hatten. Im gleichen Zeitraum war die Zahl solcher konfessioneller »Hochburgen« auf der evangelischen Seite von 48 auf 25 zurückgegangen. Im Jahr 1987 gab es – mit rückläufiger Tendenz – immer noch 25 Verbandsgemeinden mit über 90 % Katholikenanteil, aber keine mit einer solchen evangelischen Mehrheit.[109]

Dominanz und Hegemonie von Katholiken und Protestanten bedeutete aber zu keinem Zeitpunkt, dass religiöse Minderheiten keine Rolle gespielt hätten. Das Verhältnis der Mehrheitsgesellschaft zu ihnen, die Debatten um ihre rechtliche und soziale Stellung und die Auseinandersetzung um eingeforderte Integration oder gar Assimilation waren Dauerbestandteil des gesellschaftlichen und politischen Diskurses. Vor allem die jüdische Bevölkerung, auf deren Geschichte an anderer Stelle in diesem Band ausführlich eingegangen wird, hatte als größte religiöse Minderheit bis zur nationalsozialistischen Machteroberung in einigen Gemeinden und Städten und in einigen Teilen des gesellschaftlichen, wirtschaftlichen und kulturellen Lebens eine Bedeutung, die über den zahlenmäßigen Anteil an der Bevölkerung hinausging. Erst die Reichsverfassung von 1871 schuf in allen Teilen des heutigen Rheinland-Pfalz einen gleichen rechtlichen Rahmen, denn trotz der ursprünglichen rechtlichen Gleichstellung der Juden durch den napoleonischen »Code civil« hatte das kaiserliche Dekret vom 17. März 1808 wieder erhebliche Einschränkungen der Freizügigkeit und der Gewerbefreiheit für die Juden zur Folge gehabt.

Zur Zeit der Reichsgründung stellte die Bevölkerung jüdischen Glaubens mit 34.816 Personen 1,9 % der Gesamtbevölkerung. In den folgenden Jahrzehnten nahm ihre Zahl in absoluten Zahlen kontinuierlich auf 21.432 Personen im Jahr 1933 (0,75 %) ab. 1939 erfasste die Volkszählung dann nach Jahren gewaltsamer antisemitischer NS-Ausgrenzungspolitik, Terror und Vertreibung insgesamt nur noch 7.131 Menschen jüdischen Glaubens, also nur noch etwa ein Fünftel der jüdischen Bevölkerung von 1871, in der Pfalz sogar nur etwa noch ein Zehntel.

Im Jahr der Reichsgründung wies Rheinhessen mit 3,7 % den höchsten Anteil an jüdischer Bevölkerung auf, gefolgt von der Pfalz mit 2 % (1825: 2,6 %). Am Ende stand mit einem Anteil von nur 1 % der Raum Trier, wo 1871 im Kreis Prüm 13 und im Kreis Daun jeweils lediglich eine Person jüdischen Glaubens registriert waren. In Rheinhessen lag der jüdische Anteil in allen Kreisen dagegen über 3 %, im Bereich Mainz sogar über 4 %.

In der Pfalz lagen mit Werten über 2,7 % die höchsten Anteile im Kreis Frankenthal (mit 3,6 %), am Haardtrand in der Südpfalz und vor allem in der Stadt Landau. Dort kam es nach einem kurzen Absinken nach 1825 (6 %) in den folgenden Jahrzehnten entgegen dem allgemeinen Trend – wohl durch den Zuzug von »Landjuden« in die Stadt – zu einem allmählichen erneuten Anstieg auf 5 % im Jahr 1925. Im Jahr 1933 hatte Landau immerhin noch 3,6 % jüdischer Bevölkerung. Allerdings war die jüdische Bevölkerung auch in der Pfalz immer schon sehr ungleich verteilt. In der Vorderpfalz gab es in der ersten Hälfte des 19. Jhs. in mehr als der Hälfte der Orte jüdische Einwohner, in der Westpfalz dagegen noch nicht einmal in einem Viertel. Im Jahr 1825 hatte die Gemeinde Ingenheim in der Nähe von Landau mit rd. einem Drittel jüdischer Einwohner den höchsten Anteil im Land. Daneben gab es aber auch 36 weitere Orte mit mehr als 10 %.[110] Hundert Jahre später hatte sich die jüdische Bevölkerung der Pfalz nicht nur zahlenmäßig um rd. 4.000 Personen verringert, sondern hatte sich auch in Folge der bürgerlichen Gleichstellung stärker in den größeren Orten und den Städten konzentriert. Auf dem Land mussten sich deshalb viele Synagogengemeinden zusammenschließen. Nur noch in 130 Orten der Pfalz, das waren 103 weniger als noch 100 Jahre zuvor, gab es jüdische Einwohner. Im Oktober 1940, zum Zeitpunkt der Deportationsaktion nach Gurs, waren es sogar nur noch 91 Orte. Nach 1890 hatten nur noch die beiden größten, rasch wachsenden Städte der Pfalz, Ludwigshafen und Kaiserslautern eine Zunahme der jüdischen Bevölkerung verzeichnet.

Nach kleinen Anfängen mit wenigen zurückgekehrten Holocaust-Überlebenden mit Schwerpunkten in Landau, Neustadt und Kaiserslautern lebten um 1960 erst wieder rd. 600 Personen jüdischer Religionszugehörigkeit in der Pfalz, deren Zahl auf Grund des hohen Altersdurchschnitts jedoch bis Anfang der 1990er Jahre auf unter 100 Personen absackte, bevor auch hier wieder ein Anstieg auf 562 Mitglieder (2005) erfolgte. Diese Zuwanderung osteuropäischer Juden stärkte die fünf regionalen jüdischen Gemeinden in Rheinland-Pfalz, die im Jahr 2008 insgesamt rd. 3.295 Mitglieder zählten, wobei die jüdische Gemeinde in Mainz mit über 1.000 und die Koblenzer Gemeinde mit rd. 950 Mitgliedern die Schwerpunkte bildeten.

Als Folge des nationalsozialistischen Völkermordes an den Juden ist die jüdische Bevölkerung trotz des Wachstums der letzten zwei Jahrzehnte nach dem Zusammenbruch der Sowjetunion auf Grund besonderer Zuwanderungskontingente auf ein Zehntel ihrer Stärke von 1871 abgesunken. Selbst wenn ein fast gleich großer Anteil nicht praktizierender Juden hinzugerechnet wird, stellen jetzt die Muslime nach den Katholiken und den Protestanten mit Abstand die drittstärkste Religionsgruppe im Land.

Pfälzische Juden am 22. Oktober 1940 in Ludwigshafen während der Deportationsaktion (Stadtarchiv Ludwigshafen)

Gab es bis zum Einsetzen der Arbeitsmigration aus dem ehemaligen Jugoslawien und der Türkei anfangs der 1960er Jahre nur vereinzelt Menschen islamischen Glaubens in Rheinland-Pfalz, so stieg deren Anzahl bis auf rd. 100.000 im Jahr 2008,[111] was einem Anteil von etwa 2,5 % an der Bevölkerung des Landes entspricht. Damit liegt der muslimische Anteil in Rheinland-Pfalz deutlich unter dem bundesdeutschen Durchschnitt von 4 bis 5 %.

200 Jahre Bevölkerungsbewegung in Rheinland-Pfalz: Umbruch und Kontinuität

Die beschriebenen enormen Veränderungen der Bevölkerungsverteilung, der Bevölkerungszusammensetzung, der Bevölkerungsweise und der demografischen Strukturen und die massenhaften – wenn auch z. T. lange Zeit unmerklich ablaufenden – Wanderungsbewegungen waren zugleich Begleiterscheinung, Ergebnis und Motor vieler tiefgreifender sozialer, ökonomischer, soziokultureller Wandlungs- und Modernisierungsprozesse im Verlauf der beiden Jahrhunderte seit 1815. Sie veränderten nicht nur das äußere Gesicht des Landes durch die Verstädterung und eine latente Urbanisierung der dörflichen Strukturen in der Fläche, sondern beförderten auch das Entstehen neuer ökonomischer, sozialer und alltagskultureller Lebensformen[112] und -stile sowie das Aufbrechen seit langer Zeit tradierter Denk- und Verhaltensweisen. Insofern war auch die Binnenwanderung ein »wichtiges Teilstück des langwierigen und schwierigen Umorientierungsprozesses hin zu städtisch-industriell geprägten Produktions-, Gesellschafts- und Lebensformen« und in einer späteren Modernisierungsphase hin zu den Lebensformen und -verhaltensweisen der Dienstleistungs-

und Wissensgesellschaft. Die Massenauswanderungen des 19. Jhs. trugen auf der anderen Seite lange Zeit sozial und ökonomisch entlastend zur Stabilisierung traditioneller dörflich-agrarischer Lebens- und Wirtschaftsweisen bei. Die aufrecht erhaltenen vielfältigen Verbindungen zur alten Heimat brachen aber dort nach und nach den eng begrenzten »Horizont« der Zurückgebliebenen auf, auch das ein indirekter Beitrag zur schrittweisen Modernisierung des Landes.

Nicht zuletzt die großen Kriege des 20. Jhs. rissen – neben und zusätzlich zu den weiter ablaufenden Wanderungsbewegungen – viele Menschen für Jahre aus noch bestehenden engen sozialen und familiären Zusammenhängen, trugen auf Umwegen so ebenfalls zum Aufbrechen dieser Strukturen bei. Wirklich erst mit der Massenmotorisierung konnten dann diese großen Teile der Bevölkerung in Rheinland-Pfalz, die »Menschen in Bewegung«, moderne Lebens- und Arbeitsweisen mit dem Leben in den nunmehr ebenfalls gewandelten Kleinstädten und Dörfern in der Fläche dauerhaft verbinden. Der sozial und ökonomisch schwer, soziokulturell aber einfacher zu bewältigende Zustrom der Deutschen, die als Vertriebene und Flüchtlinge ins Land kamen, und deren Integration fanden keine Entsprechung im Umgang mit den seit Ende der 1950er Jahre zuwandernden ausländischen Arbeitnehmern und später deren Familienangehörigen, deren Integration erst nach Jahrzehnten auf die politisch-gesellschaftliche Agenda gesetzt wurde. Dieser Umgang war kollektiv-mental stark vorbelastet durch die Wahrnehmung und den Umgang mit den Menschen, die während des Zweiten Weltkriegs zu Hunderttausenden als Zwangsarbeiter (»Fremdarbeiter«) und Kriegsgefangene bis in den tiefsten Winkeln des Landes eingesetzt worden waren.

Der Übergang zur postindustriellen Bevö kerungsweise mit der Konsequenz einer schrumpfenden und alternden Bevölkerung wurde ebenso erst spät als gesamtgesellschaftliche Priorität erkannt, als klar wurde, dass dadurch – von den administrativen Strukturen im Land über die Finanzierung der sozialen Sicherungssysteme bis zur politischen und gesellschaftlichen Kultur – alles Gewordene in Frage gestellt wird.

Viele dieser Prozesse sind in den Regionen des heutigen Rheinland-Pfalz abgemilderter als in vielen anderen Teilen Deutschlands und mit vielen durch regionale Strukturen geprägten oder beeinflussten Besonderheiten abgelaufen. Der Rahmen zahlreicher demografischer und sozio-ökonomischer und -kultureller Grundstrukturen ist, vorgegeben durch die physisch-geografischen Gegebenheiten und die besondere politische Geschichte, über alle Wandlungsprozesse hinweg erhalten geblieben. Unter der Oberfläche dieser Strukturen oder auch neben ihnen hat sich allerdings das Leben und das Lebensumfeld der Menschen – ob im Dorf oder in der Stadt – grundlegend gewandelt.

1 Soweit nicht jeweils angegeben beruhen die nachfolgenden Zahlenangaben auf eigenen Berechnungen, die sich insbesondere auf Zahlen(reihen) des Statistischen Landesamtes (siehe Bd. Historische Statistik), auf die beiden 1954 und 1982 veröffentlichten Zahlenreihen zur Bevölkerung der Gemeinden in Rheinland-Pfalz (STATISTISCHES LANDESAMT RHEINLAND-PFALZ, Bevölkerung 1815–1950 1954; STATISTISCHES LANDESAMT RHEINLAND-PFALZ, Bevölkerung 1815–1980 1982), die Untersuchungen zur Pfalz von Alter und Beeger (ALTER, Bevölkerung 1964; BEEGER, Bevölkerungsentwicklung 1983), die Zeitreihen der GESIS-Datenbanken zur historischen Statistik Deutschlands (URL: http://www.gesis.org/unser-angebot/daten-analysieren/daten-historische-sozialf/zeitreihen [30.11.2011]) sowie periodische Veröffentlichungen und Pressemitteilungen des Statistischen Landesamtes Rheinland-Pfalz stützen.

2 Vgl. Tabelle in BEEGER, Bevölkerungsentwicklung 1983, S. 12.
3 FISCHER/KRENGEL/WIETOG, Materialien 1982, S. 21.
4 STATISTISCHES LANDESAMT RHEINLAND-PFALZ, Bevölkerung 1815–1950 1954, S. 13.
5 ALTER, Bevölkerung 1964, S. 184 ff.
6 Siehe die Tabellen bei PLETSCH, Bevölkerungsentwicklung 2010, S. 47 ff.
7 Zu diesen Zusammenhängen siehe z. B. den »Physikatsbericht« des Frankenthaler Kantonsarztes Bettinger aus dem Jahr 1861 in SCHMIDT, Kantonsärzte 2006, S. 140 f.
8 Zur Bevölkerungsentwicklung Landaus siehe ARNOLD, Bevölkerungs- und Sozialgeschichte 1965, besonders Schaubild S. 183.
9 Schätzung nach den Angaben von ALTER, Bevölkerung 1964, S. 189; vgl. auch MARSCHALCK, Bevölkerungsgeschichte 1984, S. 148 (Tab. 1.6).
10 PETZINA/ABELSHAUSER/FAUST, Sozialgeschichtliches Arbeitsbuch III 1978, S. 27.
11 MARSCHALCK, Bevölkerungsgeschichte 1984, S. 149 (Tab. 1.7).
12 ALTER, Bevölkerung 1964, S. 189.
13 MARSCHALCK, Bevölkerungsgeschichte 1984, S. 155 (Tab. 2.6).
14 STATISTISCHES LANDESAMT RHEINLAND-PFALZ, Amtliches Gemeindeverzeichnis 2006, S. 21.
15 Beschreibung des Modells nach HRADIL, Sozialstruktur 2004, S. 38 ff.
16 RETTINGER, Bevölkerung 2010, S. 225.
17 PLETSCH, Bevölkerungsentwicklung 2010, S. 12 und S. 48 (Tab. 7).
18 HEINZ, Auswanderung 1993, S. 73 (Tab. 6) und S. 74 (Tab. 9).
19 Vgl. ICKLER, Bevölkerung 1997, S. 465 ff., und DERS., Bevölkerung 2007, S. 230 ff. sowie STATISTISCHES LANDESAMT RHEINLAND-PFALZ, Jahrbuch 2010, S. 46 ff.
20 WEHLER, Gesellschaftsgeschichte Bd. 5 2008, S. 37.
21 STATISTISCHES LANDESAMT RHEINLAND-PFALZ, Jahrbuch 2010, S. 48; Zahlen für die Pfalz im 19. Jh. bei HEINZ, Auswanderung 1993, S. 76, und DERS., »Bleibe im Lande...« 1989, S. 192.
22 GESIS, Grunddaten der Bevölkerung Deutschlands 1871–1939, Tabelle C1.03b Bayern links des Rheins.
23 HRADIL, »Single«- und »Erlebnisgesellschaft« 2000, S. 87.
24 STATISTISCHE ÄMTER DES BUNDES UND DER LÄNDER, Demographischer Wandel 2011, S. 30 ff.
25 HOHORST/KOCKA/RITTER, Sozialgeschichtliches Arbeitsbuch II, S. 36 (Tab. 8a).
26 HRADIL, »Single«- und »Erlebnisgesellschaft« 2000, S. 90.
27 Zu den Lebensbedingungen in der Pfalz um die Mitte des 19. Jhs. vgl. die einzigartige Quelle der »Physikatsberichte« abgedruckt in SCHMIDT, Kantonsärzte 2006, S. 1 ff., und DERS., Volksgesundheit 2011, S. 79 ff.
28 Zahlen aus STATISTISCHES LANDESAMT RHEINLAND-PFALZ, Sterbetafel 2008/2010, S. 4 ff., und HOHORST/KOCKA/RITTER, Sozialgeschichtliches Arbeitsbuch II 1975, S. 33 f.
29 FISCHER/KRENGEL/WIETOG, Materialien 1982, S. 33.
30 HOHORST/KOCKA/RITTER, Sozialgeschichtliches Arbeitsbuch II 1975, S. 36.
31 KÖLLMANN, Bevölkerungsentwicklung 1974, S. 141. Zitiert nach LANGEWIESCHE, Mobilität 1981, S. 70.
32 Vgl dazu auch BERES, Auswanderung 2001, S. 32 ff.
33 Wilhelm Heinrich Riehl zitiert in BURGDÖRFER, Wanderungen 1972, S. 305.
34 Zur Auswanderungswelle 1816/17 aus dem Westerwald siehe BARTOLOSCH, Auswanderung 2002, S. 97 f.
35 BERES, Auswanderung 2001, S. 45, und SCHMAHL, Auswanderung 2000, S. 72 ff.
36 Allgemein: GREWE, Holzfrevel 1996, S. 271 ff.; zum »Holz-« oder »Forstfrevel« als einem schon seit der napoleonischen Zeit weit verbreitetem Phänomen am Beispiel der Gemeinde Albersweiler siehe ARNOLD, Bevölkerungs- und Sozialgeschichte 1965, S. 173.
37 HEINZ, Auswanderung 1993, S. 69 f., und DERS., »Bleibe im Lande ... « 1989, S. 171 ff.
38 Vgl. Tabelle bei PAUL, Auswanderungen 1981, S. 232, und HEINZ, Auswanderung 1993, S. 69 (Tab 1).
39 PAUL, Auswanderung 2001, S. 384; MERGEN, Eifel 1973, S. 110 ff.
40 BERES, Auswanderung 2001, S. 35, schätzt für die Bürgermeisterei Kastellaun den Anteil der illegalen Ausreisen für den Gesamtzeitraum 1822–1871 auf 30 %.
41 Ebenda.
42 BURGDÖRFER, Wanderungen 1972, S. 300.
43 Für das Beispiel der Stadt Speyer vgl. FENSKE, Speyer 1983, S. 202 f.
44 Zahlenangaben nach PAUL, Auswanderungen 1981, S. 232 und HEINZ, »Bleibe im Lande...« 1989, S. 165 ff. Zahlen für die Auswanderung aus Rheinhessen: SCHMAHL, Auswanderung 2000, 64 ff.
45 BERES, Auswanderung 2001, S. 48; PAUL, Auswanderung 2001, S. 384.
46 SCHELLACK, Nordamerika-Auswanderung 2002, S. 40 f.
47 BERES, Auswanderung 2001, S. 29 ff.
48 BARTOLOSCH, Auswanderung 2002, S. 99.
49 Zahlen nach HEINZ, Auswanderung 1993, S. 73 (Tab. 6).

50 BURGDÖRFER, Wanderungen 1972, S. 285; MÖNCKMEIER, Überseeische Auswanderung 1912, S. 92 f. (Tab. X) und S. 86 ff. (Tab. VIII).
51 BURGDÖRFER, Wanderungen 1972, S. 312 f.
52 Ebenda, S. 295 ff.; BICKELMANN, Überseeauswanderung 1980, S. 165.
53 BICKELMANN, Überseeauswanderung 1980, S. 144.
54 Die tatsächlichen Zahlen dürften im Hinblick auf die amerikanische Einwanderungsstatistik höher gelegen haben. Vgl. FENSKE, Auswanderung 1978, S. 218.
55 Vgl. Tabelle in STATISTISCHES LANDESAMT RHEINLAND-PFALZ, Bevölkerungsvorgänge 2009 2010, S. 39.
56 ICKLER, Bevölkerung im Wandel 1997, S. 473 ff.
57 Tabelle bei PAUL, Roland, Auswanderungen 1981, S. 232.
58 Angaben nach BESSER, Grunddaten Bevölkerungsstatistik (GESIS).
59 BADE/OLTMER, Normalfall Migration 2004, S. 11.
60 FENSKE, Speyer 1983, S. 221.
61 WEIDNER, Wahlen Ludwigshafen 1984, S. 106 f.; BREUNIG, Verhältnisse 1976, S. 50.
62 BREUNIG, Verhältnisse 1976, S. 53.
63 OLTMER, Migration 2010, S. 35 ff.
64 Vgl. ABELSHAUSER, BASF 2002, S. 184 f.
65 MARSCHALCK, Bevölkerungsgeschichte 1982, S. 70 und S. 179 (Tab. 5.3).
66 OLTMER, Migration 2010, S. 43.
67 Zitiert in ZIMMERMANN, »Ostarbeiter« 2001, S. 75.
68 SCHARF, Zwangsarbeit 2004, S. 81.
69 Ebenda, S. 79 ff.
70 WÜNSCHEL, Wiederaufbau 1987, S. 1670.
71 HAMBURGER/KOEPF, Migration 2010, S. 94.
72 STATISTISCHES LANDESAMT RHEINLAND-PFALZ, Rheinland-Pfalz 2050 2007, S. 27 f.
73 Ebenda, S. 28 ff. und ICKLER, Bevölkerung 2007, S. 231.
74 Zu den Amerikanern in Rheinland-Pfalz siehe ROTHENBERGER, Amerikaner 2010 und DERS., Amerikaner in der Pfalz 2011. Zahlen zu den einzelnen Standorten in der Pfalz siehe ebenda, S. 325.
75 ICKLER, Bevölkerung 1997, S. 475, und DERS., Bevölkerung 2007, S. 232.
76 HAMBURGER/KOEPF, Migration 2010, S. 96.
77 FUCHS, Ausländische Bevölkerung 2003, S. 160 ff.
78 FEIN, Migrationshintergrund 2007, S. 856 und STATISTISCHE ÄMTER DES BUNDES UND DER LÄNDER, Bevölkerung nach Migrationsstatus 2010, S. 24 ff. und 152 ff.
79 RIEHL, Pfälzer, S. 327.
80 Zitiert nach LANGEWIESCHE, Wanderungsbewegungen 1977, S. 1.
81 HIPPEL, Wirtschafts- und Sozialgeschichte 1992, S. 635.
82 HIPPEL, Binnenwanderung 1984, S. 28.
83 LANGEWIESCHE, Wanderungen 1977, S. 5.
84 STATISTISCHES LANDESAMT RHEINLAND-PFALZ, Bevölkerung 1815–1950 1954, S. 12.
85 ALTER, Bevölkerung Pfalz 1964, S. 188 ff.
86 FENSKE, Speyer 1983, S. 128 ff.
87 Ebenda, S. 221.
88 MARSCHALCK, Bevölkerung 1982, S. 51.
89 BREUNIG, Verhältnisse 1976, S. 43.
90 LANGEWIESCHE, Mobilität 1981, S. 77 (Abb. 3).
91 HIPPEL, Binnenwanderung 1984, S. 30.
92 HIPPEL, Wirtschafts- und Sozialgeschichte 1992, S. 637.
93 HIPPEL, Herkunft Bevölkerung 1981, S. 63 (Tab. 2).
94 Ebenda, S. 43 f.; vgl. auch WEIDNER, Wahlen Ludwigshafen 1984, S. 94 ff.
95 WEIDNER, Wahlen Ludwigshafen 1984, S. 99.
96 BREUNIG, Verhältnisse 1976, S. 52. Umfassend zu den Elementen und den vielfältigen Auswirkungen der deutschen Binnenwanderung und der innerstädtischen Mobilität sowie ihrer unterschiedlichen Phasen für den komplexen Prozess der Verstädterung: HOCHSTADT, Mobility 1999, vor allem S. 255 ff. zu den theoretischen Erklärungsansätzen.
97 Diese Aspekte der Pendelwanderung sind analysiert bei HIPPEL, Wirtschafts- und Sozialgeschichte 1992, S. 639 f.
98 SCHIFFMANN, Revolution 1983, S. 75 ff., 83 ff. und 463 f.
99 LANGEWIESCHE, Mobilität 1981, S. 74 ff.
100 ROTHENBERGER, Kraftfahrzeugverkehr 2000, S. 380 f.; DERS., Auto und Motorrad 1999, S. 538 ff.
101 DERS., Automobil und Straße 2002, S. 132 ff. und DERS., Kraftfahrzeugverkehr 2000, S. 345 ff.
102 PLAPPERT, Verkehr 1997, S. 241.

103 Pressemitteilung Statistisches Landesamt vom 13.8.2008.

104 GEBAUER, Pendlerverflechtung 1993, S. 241.

105 STATISTISCHES AMT DER GROẞREGION, Grenzüberschreitende Berufspendler 2005-2010. URL: http://www.granderegion.lu/eportal/pages/StatTemplate.aspx?view=stat&id=755 [25.11.2011].

106 ICKLER, Bevölkerung 1997, S. 476 f.; STATISTISCHES LANDESAMT RHEINLAND-PFALZ, Statistisches Jahrbuch 2010, S. 56.

107 Angaben und Berechnungen nach: STADT LUDWIGSHAFEN A. RH., Statistischer Bericht 2010.

108 SCHÄFERS, Gesellschaftlicher Wandel 1995, S. 169 (Tab. 12).

109 STATISTISCHES LANDESAMT RHEINLAND-PFALZ, Rheinland-Pfalz vor der Wahl 2001, S. 77 ff.

110 ALTER, Bevölkerung 1964, S. 190.

111 LANDESREGIERUNG RHEINLAND-PFALZ, Zuwanderungs- und Integrationsbericht 2008, S. 73.

112 HIPPEL, Binnenwanderung 1984, S. 28.

Öffentlichkeit und Gesellschaft: Parteien, Gewerkschaften, Medien

Von Dieter Schiffmann, Gerhard Nestler und Klaus J. Becker

1. Entstehung und Entwicklung des Parteiensystems

Von Gerhard Nestler

1.1. Erste Ansätze

Der Preß- und Vaterlandsverein

Wie in anderen Teilen Deutschlands, so lassen sich auch am Ober- und Mittelrhein die frühesten parteipolitischen Ansätze bis in die Zeit des Vormärz zurückverfolgen. Ein erstes Beispiel ist der Deutsche Vaterlandsverein zur Unterstützung der freien Presse, der am 29. Januar 1832 in Zweibrücken gegründet wurde. Sein Ziel war es, die Verbreitung liberaler Zeitungen und Zeitschriften zu unterstützen und gleichzeitig der liberalen Oppositionsbewegung, die bislang nur sehr lose strukturiert war und sich fast ausschließlich auf die Arbeit im bayerischen Landtag konzentriert hatte, ein festeres organisatorisches Fundament zu geben. Innerhalb weniger Wochen gelang es dem Verein im gesamten Deutschen Bund 116 Ortsgruppen mit mehr als 5.000 Mitgliedern zu gründen. Seinen Schwerpunkt hatte er in der Pfalz, wo mehr als 60 Ortsgruppen bestanden. Aber auch in den rheinhessischen Städten Alzey, Mainz, Wörrstadt und Worms sowie in Birkenfeld, Meisenheim, Rüdesheim und St. Goarshausen existierten lokale Organisationen des Vereins. An seiner Spitze stand zunächst ein provisorisches Zentralkomitee mit Sitz in Zweibrücken, das später durch ein endgültiges Führungsgremium mit Sitz in Frankfurt ersetzt wurde. Von den Mitgliedern lassen sich ca. 20 % der Oberschicht, ungefähr 30 % der Mittelschicht und immerhin 50 % dem Kleinbürgertum und der Unterschicht zurechnen. Der Preß- und Vaterlandsverein, wie er schon von den Zeitgenossen in der Regel genannt wurde, besaß also eine sehr breite soziale Basis und erreichte erstmals Gruppen der Bevölkerung, die sich politisch bisher kaum engagiert hatten, unter dem Eindruck der politischen und ökonomischen Krise, die die bayerische Pfalz und andere Gebiete des Deutschen Bundes Anfang der 1830er Jahre erfasst hatte, nun aber mehr und mehr politisiert wurden.

Es war kein Zufall, dass der Preß- und Vaterlandsverein gerade in der Pfalz gegründet wurde und dort auch organisatorisch am stärksten verankert war. Zum einen war die Erinnerungen an die vergleichsweise fortschrittliche Gesetzgebung während der französischen Zeit im Bewusstsein der Bevölkerung noch sehr präsent, zum anderen hatte die von vielen als ungerecht empfundene Wirtschafts- und Zollpolitik der bayerischen

Regierung die liberale Oppositionsbewegung nicht unwesentlich gestärkt. Zudem hatten in der Pfalz die Polenvereine, die zu Beginn der 1830er Jahre den Freiheitskampf der östlichen Nachbarn gegen die Fremdherrschaft des Zaren unterstützten, eine »politische Infrastruktur geschaffen, die politisches Denken, Organisationsfähigkeit, Erfahrung in der Handhabbarkeit politischer Aktionsformen und soziale Mobilisierbarkeit für politische Zwecke«[1] stark förderte.

Der Höhepunkt in der politischen Arbeit des Preß- und Vaterlandsvereins war das Hambacher Fest am 27. Mai 1832, das zwar nicht direkt vom Verein organisiert wurde, in dessen Vorbereitung aber zahlreiche Vereinsmitglieder involviert waren und dessen politische Inhalte in großen Teilen denen des Vereins entsprachen. Als aber die Staaten des Deutschen Bundes im Juni 1832 als Reaktion auf die Hambacher Ereignisse die Presse-, Vereins- und Versammlungsfreiheit noch weiter einschränkten, war auch dem Preß- und Vaterlandsverein der Boden für seine Arbeit weitgehend entzogen. Im Herbst lassen sich die letzten Vereinsmitteilungen in der Presse nachweisen, danach scheint er seine Aktivitäten endgültig eingestellt zu haben.

Die Forschung ist sich einig darin, dass der Preß- und Vaterlandsverein noch keine Partei im modernen Sinne war. Man sieht in ihm eher die »Vorform einer politischen Partei«,[2] ein »Bindeglied« zwischen den Aufklärungsgesellschaften des späten 18. Jhs. und den politischen Parteien, die in der zweiten Hälfte des 19. Jhs. entstanden. In den Organisationsstrukturen und der konkreten politischen Arbeit des Vereins waren aber durchaus Elemente vorhanden, die auch moderne politische Parteien charakterisieren. So verfügte er mit seinen Ortsgruppen und Filialkomitees über lokale Organisationsstrukturen, seine Mitglieder bezahlten Beiträge, er beteiligte sich mit seinen Publikationen und Festen am Prozess der Informationsvermittlung und öffentlichen Meinungsbildung und versuchte über die Mobilisierung der Bevölkerung und ihre Partizipation auch ganz konkret seine politischen Ziele durchzusetzen.

Das Vereinswesen in der Revolution von 1848/49

Nach Ausbruch der Revolution von 1848, mit der auch das seit 1832 bestehende Parteienverbot aufgehoben wurde, entstanden in rascher Folge in fast allen rheinischen und pfälzischen Städten neue politische Vereine, die häufig aus politischen Klubs und Wahlkomitees hervorgingen und in denen sich nun zum ersten Mal auch auf organisatorischer Ebene und außerhalb der Parlamente die gesamte Spannbreite der politischen und ideologischen Strömungen der deutschen Gesellschaft widerspiegelte. Dabei lief der Entstehungsprozess der Vereine in der Regel nach einem ähnlichen Schema ab. In den meisten Städten wurden im Frühjahr 1848 zunächst liberal-demokratische Volks- oder Bürgervereine gegründet, in denen sich das ganze bürgerliche Spektrum der Stadt organisierte. Unterschiedliche Meinungen über die anzustrebende Staatsform – Republik oder konstitutionelle Monarchie – führten aber rasch zum Bruch der ursprünglichen Organisationseinheit von Liberalen und Demokraten, zur Spaltung der Volks- und Bürgervereine und zur Gründung Demokratischer Vereine, in denen sich die Anhänger der Republik zusammenfanden. Im Laufe des Frühjahrs und Sommers entstanden schließlich in vielen Städten auch noch Arbeitervereine und die katholischen Piusvereine.

Ausnahmen bildeten Trier und Mainz. So wurde in Trier Ende Mai 1848 zunächst ein Demokratischer Verein gegründet, von dem sich im Lauf des Sommers erst ein Arbeiterverein und dann im September nach internen Auseinandersetzungen über das Verhältnis von Kirche und Staat ein Demokratischer Katholikenverein abspaltete. Obwohl bereits im April im Vorfeld der Wahl zur Nationalversammlung getrennte Wahlkomitees der Demokraten und Konstitutionellen miteinander konkurrierten und sich so schon zu diesem Zeitpunkt die Bildung von rivalisierenden politischen Organisationen abzeichnete, gelang es den Liberalen nach mehreren vergeblichen Versuchen erst im Winter 1848/49 einen eigenen Verein ins Leben zu rufen. In Mainz entstand zunächst im April und Mai ein katholischer Piusverein, kurz danach ein Demokratischer Verein und im Juli schließlich ein liberal-konstitutioneller Bürgerverein.

Die einzelnen Vereine gaben sich in der Regel Statuten und ein Programm, wählten Vorstände und Ausschüsse und erhoben Mitgliedsbeiträge. Ihr Organisationsgrad variierte, war im Allgemeinen aber recht hoch. Im pfälzischen Frankenthal, so notierte der Bürgermeister der Stadt, war im Mai 1848 »fast jeder gebildete Bewohner der Stadt und der Umgebung« Mitglied des Volksvereins.

Während die Demokratischen Vereine in der Regel für die republikanische Staatsform und die uneingeschränkte verfassunggebende Gewalt des Parlaments eintraten, sich in Fragen des Regierungssystems aber auch häufig kompromissbereit zeigten, plädierten die liberalen Volks- und Bürgervereine für eine konstitutionelle Monarchie und eine auf die Legislative beschränkte Volksvertretung. »Für wahres Volkswohl und Freiheit«, so heißt es in einem Programmentwurf des liberalen Bürgervereins in Kreuznach, sorgten nicht die »social-republikanischen«, sondern allein die »constitutionell-monarchischen Bestrebungen«.[3] Allerdings vertraten die konstitutionellen Vereine in einzelnen Fragen durchaus recht unterschiedliche Positionen. Dies hängt wohl vor allem damit zusammen, dass der Übergang zwischen dem liberal-konstitutionellen und dem konservativen Spektrum in vielen Städten fließend war und die politische Position einzelner Vereine davon abhing, wo die Mehrheit der Vereinsmitglieder politisch zu verorten war. Der fließende Übergang zwischen Konstitutionellen und Konservativen erklärt wohl auch, warum sich konservative Vereine, wie sie vor allem in den östlichen Regierungsbezirken von Preußen in großer Zahl entstanden, in der Pfalz, in Rheinhessen und in den Regierungsbezirken Trier und Koblenz bis auf eine Ausnahme bislang nicht nachweisen lassen. Lediglich in Kreuznach bildete sich im Juli 1848 neben dem liberalen Bürgerverein und dem Demokratischen Verein ein Konstitutioneller Bürgerverein, der sich organisatorisch und programmatisch dem einige Wochen zuvor in Dortmund gegründeten konservativen Konstitutionellen Gesamtverein für Rheinland und Westfalen anschloss.

Wie die Demokratischen Vereine traten auch die Arbeitervereine für die Republik und volle politische Partizipation ein, forderten gleichzeitig aber auch grundlegende soziale Reformen und die »möglichste Verbesserung des materiellen, geistigen und sittlichen Zustandes der arbeitenden Klassen«, wie es in einem Flugblatt des Mainzer Arbeitervereins hieß. Einige der Arbeitervereine – so beispielsweise in Neustadt a. d. H. – waren auf Initiative der lokalen Demokratischen Vereine gegründet worden, hatten sich dann aber unter dem Einfluss frühsozialistischer Ideen mehr und mehr radikalisiert. Eine wichtige Rolle spielten dabei Politiker, wie der Uhrmacher Josef Valentin Weber und der Theologe Heinrich Hochdörfer in Neustadt, die schon vor 1848 Kontakte zur frühsozialistischen Bewegung gehabt hatten und diese Gedanken nun in die Programmatik und Politik der Arbeitervereine einbrachten.

Mit den Piusvereinen betrat schließlich zum ersten Mal eine katholische Organisation die politische Bühne. Sie verstanden sich zwar in erster Linie als Vertreter der katholischen Kirche und ihrer Interessen, beschränkten sich aber nicht allein auf kirchenpolitische Ziele. In politischen Fragen standen die meisten Pius-Vereine den liberalen Bürgervereinen nahe. So befürwortete der Pius-Verein in Trier eine »gemäßigte Demokratie« und plädierte für eine Monarchie, in der der »vernünftige Volkswille«[4] die politischen Geschicke bestimme. In Mainz waren zahlreiche Anhänger des Piusvereins zugleich auch Mitglieder im liberalen Bürgerverein. Differenzen entstanden erst, als der Bürgerverein gemeinsam mit dem Demokratischen Verein im Dezember 1848 die Umwandlung der Mainzer Pfarrschulen in Kommunalschulen durchsetzte.

Die Vereine der Revolutionszeit von 1848/49 lassen sich aber nicht nur bestimmten politischen Strömungen, sondern in der Regel auch konkreten sozialen Schichten zuordnen. Die Mitglieder der Arbeitervereine rekrutierten sich vor allem aus der Unterschicht und dem untersten Segment der Mittelschicht. In einem Verzeichnis des Neustadter Arbeitervereins werden neben Schuhmachern, Schneidern, Maurern und anderen Kleinsthandwerkern zahlreiche Tagelöhner, Arbeiter und Hilfsarbeiter aufgeführt, die beim Eisenbahnbau, in der Tuchindustrie des Neustadter Tals oder in der örtlichen Kleinindustrie beschäftigt waren. In den Demokratischen Vereinen und den Piusvereinen dominierte das handwerkliche Kleinbürgertum mit offenen Übergängen zu unterbürgerlichen Schichten, und in den Bürger- und Volksvereinen war das Besitz und Bildungsbürgertum überdurchschnittlich vertreten.

Ziel der Vereine war die Mobilisierung, Organisierung und politische Bildung der Bevölkerung. Sie organisierten öffentliche Versammlungen, publizierten Presseartikel und Flugblätter und formulierten Petitionen. In den Mitgliederversammlungen wurde über allgemeine politische Themen referiert oder über lokale Angelegenheiten diskutiert. Einige Vereine gaben eigene Zeitungen heraus – so der Demokratische Verein in Kreuznach (»Der Demokrat«) und der Arbeiterverein in Neustadt (»Der Pfälzer Volksmann«); andere eröffneten eigene Lesesäle, in denen lokale und häufig auch regionale und überregionale Zeitungen auslagen.

Das Vereinswesen der Revolutionsjahre war fast ausschließlich eine urbane Erscheinung. Zentren waren die großen Städte Mainz, Koblenz, Trier, Kaiserslautern und die größeren Städte von Landau bis Andernach. In ländlichen Regionen gelang es den Vereinen dagegen fast überhaupt nicht organisatorisch Fuß zu fassen. Eine Ausnahme bildete nur Rheinhessen, wo seit Mai 1848 in 22 kleineren Gemeinden Pius-Vereine gegründet wurden, die sich als Filialvereine dem Mainzer Hauptverein anschlossen. Feste regionale Organisationsstrukturen mit institutionalisierten Verbindungen und hierarchisch geordneten Gremien entwickelten aber weder die Pius- noch die anderen Vereine.

Das Ende der Revolution bedeutete auch das Ende der Vereinsstrukturen, wie sie sich im Laufe des Jahres 1848 entwickelt hatten. Die Volks- und Bürgervereine, die Demokratischen Vereine und die Arbeitervereine wurden verboten. Nur wenige von ihnen konnten ihre Tätigkeit unter neuem Namen fortführen – so der Arbeiterverein in Mainz als Arbeiterbildungsverein. Lediglich die Pius-Vereine existierten bis Mitte der 1850er Jahre weiter, stellten dann aber ihre Tätigkeit ebenfalls ein. Trotzdem aber waren die politischen Vereine der Revolutionszeit ein weiterer wichtiger Schritt auf dem Weg zum Parteiensystem, wie es sich dann nach 1861 zu entwickeln begann. Was Jürgen Herres über die Pius-Vereine schreibt, gilt in gleichem Maße auch für die anderen: »Sie wiesen eine breite Mitgliedschaft auf, die auf einer Satzung beruhend organisiert war. Sie wirkten als Informationszentralen und Multiplikatoren politischer Ideen, mobilisierten breite Bevölkerungsgruppen für politische Forderungen und nahmen politische Bildungsaufgaben in einem recht umfassenden Sinne wahr«[5] – alles Punkte, die auch für die Organisation und Tätigkeit der späteren politischen Parteien gelten. Vergleicht man zudem die politische und soziale Struktur des Vereinswesens von 1848/49 mit der des in den 1860er und 1870er Jahren entstehenden deutschen Parteiensystems, so sind die Kontinuitätslinien unübersehbar.

1.2. Im Kaiserreich

Die Gründung der Parteien

In den Jahren zwischen 1861 und 1876 entstand in Deutschland ein Fünfparteiensystem, das in seiner Grundstruktur bis zum Ende des Kaiserreichs und in modifizierter Form auch darüber hinaus Bestand hatte. Es setzte sich aus der Deutsch-Konservativen Partei, der katholischen Zentrumspartei, der Nationalliberalen Partei, der linksliberalen Fortschrittspartei und den Sozialdemokraten zusammen und basierte auf den großen politischen Strömungen, die seit dem späten 18. Jh. die politische Diskussion bestimmt hatten: dem Liberalismus, der sich schon früh in zwei Flügel gespalten hatte, dem Konservatismus, dem Sozialismus und dem politischen Katholizismus. Die politische Struktur des Kaiserreichs mit dem Reichstag als zentralem nationalen Parlament führte in den folgenden Jahren dazu, dass sich das entstandene Parteiensystem weiter verfestigte. Allerdings hatten die unterschiedlichen politischen, wirtschaftlichen und konfessionellen Rahmenbedingungen und Einflüsse in den einzelnen Regionen des Reiches zur Folge, dass es zu Sonderentwicklungen kam und regionale Parteiensysteme mitunter vom allgemeinen Fünfparteienschema abwichen.

Programmatisch unterschieden sich die Parteien deutlich. Während die Nationalliberale Partei die Politik Bismarcks und seiner Nachfolger fast uneingeschränkt billigte und nach und nach zur »nationalistischen Partei von Wirtschaftsinteressen«[6] degenerierte, die frühere Vorstellungen von einem liberalen Verfassungsstaat mit einer Machtbalance zwischen Krone und Parlament weitgehend über Bord warf, setzten sich die Linksliberalen für eine weitere Parlamentarisierung des politischen Systems mit Verantwortlichkeit des Kanzlers und Budgetrecht der Volksvertretung ein. Die Deutsch-Konservativen bekannten sich zwar ebenfalls zur Reichsgründung, lehnten aber das allgemeine Wahlrecht und liberale Verfassungsvorstellungen ab und entwickelten sich rasch zur »aristokratische[n] Standespartei des Grundbesitzes und des Landjunkertums«[7]. Das Zentrum vertrat in erster Linie die Interessen der Katholiken und der katholischen Kirche und wurde so nach der Gründung des Kaiserreichs, das von Anfang an unter der Vorherrschaft des preußischen Protestantismus stand, zum Sammelbecken der katholischen Minorität im Land. Allerdings führte die große soziale Spannbreite, die die Partei charakterisierte, auch zu erheblichen innerparteilichen Spannungen. So einig sich der katholische Arbeiter aus Ludwigshafen, der katholische Unternehmer aus Trier, der katholische Winzer von der Mosel, der katholische Beamte aus Koblenz, der katholische Handwerker aus Mainz und der katholische Bauer aus dem Westerwald in kulturpolitischen und religiösen Fragen auch waren, so tief waren doch mitunter die Gräben, die sie in wirtschafts- und sozialpolitischer Hinsicht trennten. Die Sozialdemokraten schließlich lehnten das kapitalistische Gesellschaftsmodell, auf dem das Kaiserreich basierte, grundsätzlich ab und wollten es durch eine sozialistische Ordnung ersetzen, arbeiteten aber von Anfang an in allen politischen Gremien, in denen sie vertreten waren, konstruktiv am Ausbau des Parlamentarismus und der Verbesserung der sozialen Lage der Arbeiterschaft mit.

Wie in anderen Regionen des Deutschen Reiches dauerte es auch im Gebiet des heutigen Rheinland-Pfalz längere Zeit, bis sich nach der Gründung der nationalen Parteiorganisationen lokale und regionale Parteistrukturen entwickelten. Vor allem die liberalen und konservativen Parteizirkel verzichteten lange auf festere organisatorische Zusammenschlüsse und beschränkten sich in der Regel darauf, vor den Wahlen Kandidaten zu nominieren, Wahlaufrufe in der Presse zu veröffentlichen und die ein oder andere öffentliche Versammlung zu organisieren.

Die pfälzischen Nationalliberalen, deren Politik von Franz Armand Buhl aus Deidesheim, Ludwig Andreas Jordan, ebenfalls aus Deidesheim, Albert Bürklin aus Wachenheim und einigen anderen Weingutsbesitzern bestimmt wurde, riefen zwar Ende der 1870er Jahre erste Wahlkreisvereine ins Leben, weitere Initiativen, der Partei eine breitere organisatorische Basis zu geben, verliefen aber immer wieder im Sande. Lähmend wirkte vor allem die lange Zeit dominierende Stellung der Partei in der Pfalz, die festere organisatorische Strukturen zunächst als nicht notwendig erscheinen ließ. Erst als diese Dominanz Anfang der 1890er Jahre bröckelte, wurden eine zentrale Parteileitung, Kreisvorstände und Kreisausschüsse eingerichtet.

Auch in den Regierungsbezirken Koblenz und Trier ging die Organisation der Nationalliberalen bis zur Jahrhundertwende über die Bildung von Wahlkomitees, die sich in der Regel vor den Wahlen in einer öffentlichen Parteiversammlung konstituierten und danach wieder auflösten, kaum hinaus. Organisationen bestanden vor 1900 lediglich in Trier und in Kreuznach. Als aber deutlich wurde, dass die bisherige Praxis Wahlerfolge immer schwieriger machte, beschloss man, die Organisationsstrukturen der Partei weiter auszubauen und durch die Gründung von Kreisvereinen und Ortsgruppen auf eine breitere Basis zu stellen. 1912 hatte die Nationalliberale Partei im Regierungsbezirk Koblenz 37 Ortsgruppen, 17 in den heute zu Rheinland-Pfalz gehörenden Teilen von Hessen-Nassau und 34 in Rheinhessen, wo der ehemalige Demokrat Ludwig Bamberger (siehe Kasten) lange Zeit eine wichtige Rolle spielte. Am besten organisiert war sie in der Pfalz, wo 85 Ortsgruppen existierten, in allen sechs Reichstagswahlkreisen Wahlkreisvorstände und Wahlkreisausschüsse bestanden und ein Zentralvorstand mit einem engeren und einem erweiterten Landesausschuss gewählt wurde. Zwei Jahre später hatte die Partei in der Pfalz 12.800 Mitglieder und war damit »auf dem Weg von der reinen Honoratiorenpartei hin zu einer modernen Massenpartei ein beträchtliches Stück vorangekommen«.[8] Lediglich im Regierungsbezirk Trier, der seit jeher zu den Diasporagebieten der Nationalliberalen gehörte, stagnierte der Ausbau der Parteiorganisation auch weiterhin.

Ludwig Bamberger (1823–1899)

Der liberale Journalist zählte zu den führenden Köpfen der 1848er Revolution in Mainz und war Mitglied des Frankfurter Vorparlaments. Nach der Niederschlagung des badisch-pfälzischen Aufstands 1849 floh er ins Ausland und wurde in Abwesenheit zum Tode verurteilt. Nach seiner Rückkehr und Amnestierung wurde er 1868 Mitglied des Zollparlaments und war von 1871–1893 Abgeordneter des Wahlkreises Bingen-Alzey im Reichstag. Als finanzpolitischer Berater Bismarcks war er an der Gründung der Deutschen Reichsbank sowie an der Schaffung der deutschen Reichswährung maßgeblich beteiligt.

(Hessisches Staatsarchiv Darmstadt)

Im Gegensatz zur allgemeinen Entwicklung im Reich gelang es den Nationalliberalen am Rhein und an der Mosel zunächst, das gesamte liberale Spektrum der Region in die Partei zu integrieren. Nach der Reichsgründung, die von allen liberalen Gruppierungen begrüßt wurde, war »liberalen Tendenzen außerhalb der Nationalliberalen Partei die Grundlage zunächst genommen«.[9] Auch die demokratische Deutsche Volkspartei, die vor 1870 in einigen pfälzischen Städten Ortsgruppen gegründet hatte, stellte nach der Reichsgründung ihre politischen Aktivitäten ein. Allerdings wurde sehr schnell deutlich, dass es den Nationalliberalen kaum gelingen würde, die ideologischen Differenzen zwischen den einzelnen Gruppen auszugleichen und die verschiedenen Parteiflügel längerfristig in einer Organisation zusammenzuhalten. In der Pfalz setzte der Spaltungsprozess Anfang der 1880er Jahre ein, als zunächst die Deutsche Volkspartei wieder gegründet wurde. Ein paar Monate später verließen auch die Vertreter des linken Flügels der Nationalliberalen die Partei und gründeten die Deutsche Fortschrittspartei der Pfalz, die sich 1884 nach dem Zusammenschluss mit den sog. Sezessionisten – 28 Abgeordneten, die 1880 die nationalliberalen Fraktionen im preußischen Landtag und Reichstag verlassen hatten – in Deutschfreisinnige Partei umbenannte und sich 1893 nach der erneuten Spaltung des Linksliberalismus der neuen Freisinnigen Volkspartei anschloss. Keiner der beiden Parteien gelang es aber, in den folgenden Jahren nennenswerte Organisationsstrukturen aufzubauen. So hatte die Freisinnige Volkspartei 1894 lediglich neun Ortsgruppen in der Pfalz, die zwischen den Wahlen kaum politisch aktiv wurden. Als es im März 1910 schließlich in Berlin zur Einigung aller linksliberalen Parteien und zur Gründung der Fortschrittlichen Volkspartei kam, schlossen sich auch die Deutsche Volkspartei und die Freisinnige Volkspartei der Pfalz zusammen und gründeten am 24. April in Neustadt einen pfälzischen Regionalverband der neuen Partei.

In den anderen Regionen des heutigen Rheinland-Pfalz gelang es den linksliberalen Parteien nur in Ansätzen, organisatorisch Fuß zu fassen. So wurden für den Wahlkreis

Kreuznach-Simmern erst 1884 und für Koblenz-St. Goar sogar erst 1912 eigene Wahlkreisorganisationen des Freisinns bzw. der Fortschrittlichen Volkspartei gegründet.

Ähnlich rudimentär war auch die Organisation der Konservativen. In der Pfalz wurde zwar im Januar 1876 ein Zentralkomitee der Deutsch-Konservativen Partei ins Leben gerufen, das anfangs die Bezeichnung Freikonservative Partei trug und personell und ideologisch aufs Engste mit dem protestantisch-orthodoxen Flügel der unierten pfälzischen Kirche verflochten war. Allerdings gelang es dem Komitee nie, weiterführende Parteistrukturen zu etablieren. Spätestens seit Mitte der 1880er Jahre näherte es sich immer mehr der Nationalliberalen Partei an, verlor nach und nach jegliche politische Bedeutung und trat nach 1890 nicht mehr in Erscheinung. Im Regierungsbezirk Koblenz besaßen die Deutsch-Konservativen lediglich in den Wahlkreisen Kreuznach-Simmern und Neuwied Ansätze organisatorischer Strukturen. Versuche, in Koblenz Fuß zu fassen, scheiterten dagegen kläglich. Zu einer Versammlung, in der am 7. Oktober 1910 ein deutsch-konservativer Kreisverein ins Leben gerufen werden sollte, erschienen lediglich zwölf Personen. Allerdings stand der 1892 gegründete Hunsrücker Bauernverein der Partei nahe und unterstützte bei den Wahlen regelmäßig die deutsch-konservativen Kandidaten. Im Regierungsbezirk Trier arbeiteten die Konservativen schon seit Ausbruch des Kulturkampfes mit den Nationalliberalen in gouvernementalen Wahlkomitees zusammen und verzichteten gänzlich auf die Gründung eigener Parteiorganisationen.

Ebenfalls dem konservativen Spektrum zuzuordnen ist der 1893 in Berlin gegründete Bund der Landwirte, der sich im Frühjahr 1894 in der Pfalz und kurz nach der Jahrhundertwende auch in den zum Regierungsbezirk Koblenz gehörenden Kreisen Altenkirchen, Neuwied, Kreuznach und Simmern ausbreitete und zahlreiche Ortsgruppen gründete. Im Regierungsbezirk Trier bestand zwar ebenfalls eine Organisation des Bundes, er fand unter den überwiegend katholischen Bauern der Region allerdings kaum Resonanz. In der Pfalz hatte der Bund dagegen bereits 1898 fast 5.500 Mitglieder. Ihre Zahl stagnierte dann aber, weil viele pfälzische Landwirte nach wie vor die Nationalliberalen als Vertreter ihrer politischen Interessen ansahen. Die antisemitische Christlich-Soziale Partei scheint dagegen lediglich im Kreis Altenkirchen organisatorisch verankert gewesen zu sein, wo sie 1907 einen Kreisverein gründete.

Ähnlich wie die Anhänger der liberalen und konservativen Parteien hatten auch die katholischen Honoratioren der Region zunächst vor den Wahlen lokale Wahlkomitees gebildet, die sich nach Abschluss der Wahlkämpfe wieder auflösten, um sich dann vor der nächsten Wahl erneut zu konstituieren. Die Mitglieder dieser Wahlkomitees rekrutierten sich meist aus den katholischen und kirchlichen Vereinen, Casinos und Bürgergesellschaften. Der Beginn des Kulturkampfes, der auch an Rhein und Mosel zu massiven Eingriffen in die kirchliche Freiheit führte, schien es nun aber notwendig zu machen, dem politischen Katholizismus eine festere organisatorische Basis zu geben. So wurde in Mainz im Januar 1873 eine Katholische Volkspartei gegründet, deren Ziel es war, die bürgerlichen Rechte »mit allen gesetzlichen und sittlich erlaubten Mitteln« zu wahren und Recht und Freiheit »auf politischem und religiösem Gebiet« zu verteidigen.[10] In den folgenden Jahren gelang es der Partei, in der der Domkapitular Christoph Moufang die dominierende Persönlichkeit war, in den katholischen Dörfern des Kreises Mainz und in Oppenheim weitere Ortsgruppen zu bilden. Im Februar 1887 nahm sie den Namen Zentrumspartei an.

Sechs Jahre nach der Gründung der Katholischen Volkspartei gab sich das Zentrum auch in den Regierungsbezirken Trier und Koblenz festere Organisationsformen. Ein »Central-Comité für die Rheinprovinz« hatte sich bereits 1873 in Köln konstituiert. Auf seine Initiative hin wurden seit 1879 ein Vertrauensmännersystem für die einzelnen Städte und Gemeinden aufgebaut und Landkreis- und Wahlkreiskomitees gebildet. Allerdings schrieb Karl Trimborn noch 1894 in einem Brief an seinen Parteifreund Karl Bachem, dass den Komitees die »breite Unterlage« fehle, die notwendig sei, um ihnen »die allseitige Anerkennung als legale Vertretung der gesamten Zentrumswählerschaft«[11] zu sichern.[12] Als aber 1909 in Trier ein Zentrumsverein mit eingeschriebenen Mitgliedern ins Leben gerufen wurde, stieß dies auf heftigen Widerstand der Parteiführung in Köln, die für die Beibehaltung des Komiteesystems plädierte, da ihrer Meinung nach in der Partei nicht nur Mitglieder, sondern die »gesamte Zentrumswählerschaft« repräsentiert sein müsse.

In der Pfalz wurde das Zentrum im Dezember 1881 auf Initiative des Verlegers Eugen Jäger aus Speyer, des Weingutsbesitzers Julius Siben aus Deidesheim und des Pfarrers Franz Xaver Schädler aus Oggersheim gegründet. Konkreter Anlass waren die Stimmenverluste bei der einige Wochen zuvor durchgeführten Reichstagswahl, die zu einem nicht unerheblichen Teil auf die fehlende Parteiorganisation zurückgeführt wurden. Der weitere Ausbau der Partei verlief aber äußerst schleppend. Erst im Dezember 1902 und im Januar 1903 wurden in den beiden vorderpfälzischen Wahlkreisen Neustadt-Landau und Ludwigshafen-Speyer nach dem Vorbild anderer Zentrumsbezirke Vertrauensmännersysteme und Wahlkreisausschüsse eingerichtet. Auch in der Parteiführung selbst gab es unterschiedliche Meinungen über die Notwendigkeit einer gut organisierten Partei. Während Eugen Jäger massiv für den weiteren Ausbau der Organisationsstrukturen plädierte, war Julius Siben, der Parteivorsitzende, der Meinung, dass es nicht auf »straffe Organisation, sondern auf die innerliche Durchdringung des Volkes mit den bewährten Grundsätzen des Centrums«[13] ankomme. Nach langen Diskussionen und mehreren Anläufen wurde schließlich im September 1910 ein neues Organisationsstatut beschlossen, das den Aufbau der Partei nach Landtagswahlkreisen, die Bildung eines weiteren und eines engeren Ausschusses als höchste Gremien neben dem Parteivorstand vorsah.

Die Sozialdemokraten hatten ihre ersten Hochburgen in den rheinhessischen und vorderpfälzischen Städten, wo im Verlauf der Industriellen Revolution seit Mitte des 19. Jhs. ein nicht unbedeutendes Industrieproletariat entstanden war, bei dem sozialistische Ideen immer mehr Resonanz fanden. In Mainz hatte sich bereits im Mai 1863 eine vom Arbeiterbildungsverein der Stadt einberufene Versammlung, in der Ferdinand Lassalle vor über 800 Zuhörern sprach, mit großer Mehrheit für die Gründung des Allgemeinen Deutschen Arbeitervereins (ADAV) ausgesprochen. Ein Jahr später, im August 1864, wurde dann eine Ortsgruppe des ADAV ins Leben gerufen, die im Februar 1865 einen ersten Arbeitertag für den Maingau ausrichtete und für die Wahlen zum Zollparlament im März 1868 einen eigenen Kandidaten aufstellte. Ein Jahr zuvor hatte sich in der Stadt eine kleine Sektion der Internationalen Arbeiter-Assoziation gebildet, deren Mitglieder zunächst noch im Arbeiterbildungsverein organisiert waren, 1868 aber einen Sozialdemokratischen Arbeiterverein gründeten und mit einem »Manifest der sozialdemokratischen Partei« an die Öffentlichkeit traten. Nach der Bildung der Sozialdemokratischen Arbeiterpartei durch August Bebel und Wilhelm Liebknecht im August

1869 schlossen sich sowohl der Sozialdemokratische Arbeiterverein als auch die meisten Mitglieder des ADAV der neuen Partei an, die 1870 bereits über 100 Mitglieder hatte und von 1873 bis 1874 mit der »Süddeutschen Volksstimme« und dann von 1874 bis 1875 mit der »Neuen Mainzer Zeitung« für kurze Zeit auch eigene Zeitungen herausgab, über Mainz hinaus aber nur wenig Resonanz fand. Selbst in Worms, wo es zahlreiche Lederfabriken gab, gewann die Sozialdemokratische Arbeiterpartei erst in der zweiten Hälfte der 1870er Jahre an Bedeutung. Die Lassalleaner spielten dagegen in Mainz nur noch eine untergeordnete Rolle. Bereits ein Jahr vor der offiziellen Vereinigung der beiden sozialdemokratischen Parteien zur Sozialistischen Arbeiterpartei in Gotha 1875 beschlossen sie im Februar 1874 ihre Auflösung und traten geschlossen der Sozialdemokratischen Arbeiterpartei bei.

In der Pfalz konnte der ADAV Anfang der 1870er Jahre Fuß fassen. Eine erste Ortsgruppe, die Handwerksburschen 1864 nach einem Besuch Ferdinand Lassalles in Neustadt gegründet hatten, war von der Polizei nach wenigen Wochen wieder aufgelöst worden. Nach einem Streik der Spinnereiarbeiter, den sie geschickt für ihre politischen Ziele nutzten, konnten lassalleanische Wanderagitatoren 1871 in Oggersheim aber erneut eine Parteiorganisation aufbauen, die diesmal Bestand hatte. Von Oggersheim breitete sich die Bewegung dann über die ganze Vorderpfalz aus: Noch im gleichen Jahr wurden Ortsgruppen in Mutterstadt und Ludwigshafen gegründet, 1872 in Frankenthal, Speyer und Lambrecht, wo ebenfalls ein Streik als Katalysator wirkte.

1873 trat auch die Sozialdemokratische Arbeiterpartei zum ersten Mal in der Pfalz auf. Im Gegensatz zu den Lassalleanern gelang es ihr aber lediglich in Kaiserslautern eine lokale Organisation zu bilden. Während also in Mainz zunächst die Eisenacher dominierten, war es in der Pfalz der ADAV. Die Vereinigung der beiden Parteien, ein erster badisch-pfälzischer Arbeitertag, der im April 1876 in Neustadt stattfand, und die Herausgabe einer ersten eigenen Zeitung, des »Pfälzisch-Badischen Volksblattes«, das seit 1877 erschien, gaben der Partei neue Impulse und führten zur Gründung weiterer Ortsgruppen und damit zu einer weiteren Konsolidierung der Parteiorganisation.

Im Gegensatz zu Rheinhessen und zur Pfalz blieben Hessen-Nassau und die Regierungsbezirke Koblenz und Trier für die Sozialdemokratie lange Zeit Diaspora. »Im Kreise Koblenz«, so berichtete beispielsweise der Regierungspräsident am 18. Juli 1878, nur wenige Monate vor Inkrafttreten des Sozialistengesetzes, an die Regierung nach Berlin, »kann von einer sozialdemokratischen Bewegung gegenwärtig nicht die Rede sein. Innerhalb der Ackerbau treibenden Bevölkerung haben die Lehren und Tendenzen der Sozialdemokratie bis jetzt noch nicht Platz gegriffen«.[14]

Das »Gesetz wider die gemeingefährlichen Bestrebungen der Sozialdemokratie« vom 21. Oktober 1878, durch das alle sozialdemokratischen Organisationen und Vereine aufgelöst wurden, behinderte zwar die Arbeit der Partei nicht unwesentlich, konnte aber ihren weiteren Aufstieg in der Pfalz und Rheinhessen, trotz aller Repressionen, Überwachungen und Verbote, nicht verhindern. Zahlreiche Flugblattaktionen, die massenhafte Verteilung illegaler Zeitungen, illegale Parteikonferenzen und spektakuläre Aktionen, wie das Hissen einer roten Fahne zum 50-jährigen Jubiläum des Hambacher Festes 1882 auf dem Hambacher Schloss, zeigen deutlich, dass die Sozialdemokraten längst zu einer bedeutenden sozialen und politischen Bewegung geworden waren. Um das Verbot sozialdemokratischer Organisationen zu umgehen, wurden seit Mitte der 1880er Jahre sog. »Wahlvereine zur Erzielung volkstümlicher Wahlen für Reichs-, Landtags- und Gemeinderatswahlen« gegründet. Im September 1889 konnten die pfälzischen Sozialdemokraten trotz des nach wie vor bestehenden Verbotes in Neustadt sogar einen weiteren Arbeitertag veranstalten, bei dem die anwesenden 150 Delegierten die Auflösung der bisher bestehenden Verbindung mit den badischen Sozialdemokraten und ihre Konstituierung als eigenständige Parteiorganisation beschlossen. An der Spitze der Partei stand der Tapezierer Franz Josef Ehrhart (siehe Kasten) aus dem südpfälzischen Eschbach.

Franz Josef Ehrhart (1853–1908)

Der gelernte Tapezierer war zunächst in Baden und dann in der Pfalz für die SPD tätig und half beim Aufbau der Parteiorganisation. Von 1877 bis 1880 wirkte Erhart im Ausland und war u. a. in London Sekretär des »Kommunistischen Arbeiterbildungsvereins« und Mitbegründer der Zeitung »Freiheit«. 1884 zog er nach Ludwigshafen, wurde dort 1889 als erster Sozialdemokrat in den Stadtrat gewählt und führte ab 1891 den neu gegründeten SPD-Bezirk Pfalz. 1893 wurde er Abgeordneter des bayerischen Landtags und 1898 des Reichstags. 1895 gründete er die »Pfälzische Post«, die sich zu einer der auflagenstärksten Zeitungen in der Pfalz entwickelte. Erhardt, der in der SPD zu den Reformisten gehörte, wurde zum einflussreichsten pfälzischen Sozialdemokraten seiner Zeit, was ihm die Bezeichnung »roter Pfalzgraf« einbrachte.

(Stadtarchiv Ludwigshafen)

Nach dem Auslaufen des Sozialistengesetzes im September 1890 gelang es den Sozialdemokraten, die seit ihrer Wiedergründung im Oktober des gleichen Jahres offiziell den Namen Sozialdemokratische Partei Deutschlands (SPD) trugen, auch in den Regierungsbezirken Koblenz und Trier Fuß zu fassen. Der weitere Ausbau der Parteiorganisation verlief aber äußerst schleppend und stieß auf zahlreiche Widerstände. Häufig ist vom »Terrorismus«[15] der politischen Gegner die Rede, wenn nach den Gründen für die Stagnation der Partei gefragt wurde. So wies Jakob Alscheid am 14. Februar 1897 auf der Parteikonferenz der oberrheinischen Kreise in Neuwied darauf hin, dass die Partei in Koblenz »schon Jahre lang [...] nicht mehr im Besitz eines Lokals« sei. »Militär, Geistlichkeit und Arbeitgeber arbeiteten gemeinsam, um ihnen auch den letzten Winkel abspenstig zu machen«.[16] Vor allem auf dem Lande hatte die Partei große Schwierigkeiten. Die Mitgliederzahlen blieben nach wie vor bescheiden – im Wahlkreisverein Neuwied waren es 1907 gerade einmal 30, in Mayen-Ahrweiler 1914 nur 43 – und die Kreise Daun-Prüm-Bitburg und Adenau-Cochem-Zell wiesen »nicht eine Spur von Organisation«[17] auf.

Noch größere Probleme hatte die SPD im Westerwald, einer Region, die nach wie vor größtenteils agrarisch geprägt war und relativ isoliert und weit entfernt von den nächsten städtischen Zentren lag. Lediglich in den größeren Gemeinden, in denen es Ansätze industrieller Entwicklung gab, konnte sie nach der Jahrhundertwende einige wenige Ortsvereine gründen, so in Marienberg, in Höhr, wo sich mehrere Steingut- und Tabakfabriken angesiedelt hatten, und in Wirges, wo es eine große Glasfabrik mit über 900 Arbeitern gab, die zum Teil von auswärts in den Westerwald gekommen waren und aller Wahrscheinlichkeit nach auch sozialdemokratisches Gedankengut mitgebracht hatten.

In der Pfalz und in Rheinhessen mit den Industriezentren Ludwigshafen, Kaiserslautern, Frankenthal, Worms und Mainz, wo Eduard David (siehe Kasten) seit 1896 eine wichtige Rolle spielte, waren die Jahre nach dem Auslaufen des Sozialistengesetzes dagegen »Jahre des steten Aufstiegs«.[18] Um die Jahrhundertwende hatte die pfälzische SPD, die seit dem Würzburger Parteitag von 1898 einer von drei Gauverbänden der bayerischen Landespartei war, 36 Ortsgruppen mit fast 2.500 Mitgliedern. 1914 waren es 143 Ortsgruppen mit über 12.000 Mitgliedern. Vergleicht man diese Zahlen mit jenen in den preußischen und nassauischen Kreisen, so wird sehr schnell deutlich, wie groß die Unterschiede im Organisationsaufbau der Partei in den verschiedenen Regionen vor 1914 waren.

Dr. Eduard David (1863–1930)

Wegen seines Engagements für die SPD wurde der Gymnasiallehrer David 1894 aus dem Staatsdienst entlassen. 1896 kam er nach Mainz und wurde Redakteur der sozialdemokratischen »Mainzer Volkszeitung«, zugleich zog er als Nachrücker in den hessischen Landtag ein, dem er bis 1908 angehörte. Ab 1897 war er Parteisekretär der SPD im Großherzogtum Hessen. Von 1903 bis 1918 (Wahlkreis Mainz-Oppenheim) sowie von 1920 bis 1930 war er Mitglied des Reichstages. Im Oktober 1918 wurde er Unterstaatssekretär im Auswärtigen Amt, 1919 Mitglied der Deutschen Nationalversammlung, der er als erster Präsident vorstand. 1919 war er Reichsinnenminister, von 1921 bis 1927 fungierte er als Vertreter des Reiches in Darmstadt.

(Bundesarchiv Koblenz)

Hochburgen und Diaspora

Wie überall in Deutschland war das Kräfteverhältnis der Parteien innerhalb des bestehenden Parteiensystems auch in den Regionen zwischen Westerwald, Eifel und Pfalz ganz unterschiedlich ausgeprägt. Zurückzuführen ist dies in erster Linie auf die unterschiedlichen politischen, wirtschaftlichen und konfessionellen Strukturen, die innerhalb der einzelnen Regionen herrschten (und zum Teil bis heute herrschen). Bester Gradmesser für dieses Kräfteverhältnis und die Entwicklungs- und Veränderungsprozesse in der Binnenstruktur des Parteiensystems sind die zwölf Reichstagswahlen, die zwischen 1871 und 1912 stattfanden. Gewählt wurde nach dem allgemeinen, gleichen und direkten Wahlrecht. Wahlberechtigt waren alle Männer ab 25 Jahren. Die Abgeordneten wurden in 382 Wahlkreisen direkt, d.h. ohne die Zwischeninstanz von Wahlmännern, gewählt. Im Gegensatz zu den Landtags- und Kommunalwahlen, die nach wie vor bestimmten Einschränkungen unterlagen – in Preußen galt beispielsweise bei Landtagswahlen das Dreiklassenwahlrecht –, spiegeln die Reichstagswahlen daher relativ präzise die politischen Kräfteverhältnisse in den einzelnen Wahlkreisen und Kontinuitäten bzw. Veränderungen wider (siehe hierzu auch: Bd. Historische Statistik).

Insgesamt gesehen wurde die Entwicklung des Parteiensystems im Gebiet des heutigen Bundeslandes Rheinland-Pfalz im Kaiserreich von fünf Entwicklungstendenzen geprägt:

1. Von der starken Stellung der Nationalliberalen, die ihre Hochburgen vor allem in der Pfalz, in Rheinhessen und im Hunsrück hatten – in Wahlkreisen also, die einen großen protestantischen Bevölkerungsanteil aufwiesen, stark landwirtschaftlich geprägt waren und in denen es, von wenigen Ausnahmen abgesehen, nur kleinere oder mittelgroße Städte gab. Gewählt wurden sie vor allem von protestantischen Winzern und Bauern, den Mitgliedern der alten und neuen städtischen Mittelschichten und den Vertretern der sich in den wenigen größeren Städten bildenden industriellen Elite. In der Pfalz dominierten sie bis in die 1890er Jahre und gewannen lange Zeit alle sechs Wahlkreise. Allerdings belastete der Interessenantagonismus zwischen dem agrarisch-ländlichen und dem industriell-städtischen Flügel die Einheit der Partei immer mehr. Als ihr nach der Gründung des Bundes der Landwirte im Jahr 1893 zahlreiche Bauern den Rücken kehrten, büßte sie ihre dominierende Stellung ein und konnte 1912 nur noch zwei der sechs pfälzischen Mandate erobern. Während sich 1893 noch über 50 % der pfälzischen Wähler für die Nationalliberalen entschieden hatten, waren es 1912 nur noch 26 %. In den Wahlkreisen Kreuznach-Simmern und Heppenheim-Worms-Wimpfen, der allerdings auch große rechtsrheinische Gebiete umfasste, die heute nicht zu Rheinland-Pfalz gehören, gewannen sie dagegen bis 1912 in regelmäßiger Reihenfolge das Reichstagsmandat. Völlig ohne Bedeutung blieben sie dagegen in den stark katholisch dominierten Wahlkreisen.

2. Im Gegensatz zu den Nationalliberalen blieben die Linksliberalen in fast allen Wahlkreisen eine relativ unbedeutende Größe. Nennenswerte Ergebnisse erreichten sie in der Regel nur, wenn sie Wahlbündnisse mit anderen Parteien abschlossen. Ergebnisse wie jene im Wahlkreis Bingen-Alzey, wo sie das Reichstagsmandat erstmals 1881 gewannen und dann bis 1903 verteidigten, waren allerdings eine absolute Ausnahme und hingen wohl in erster Linie damit zusammen, dass der überaus populäre Reichstagsabgeordnete Ludwig Bamberger von den Nationalliberalen zunächst zur Liberalen Vereinigung und dann zur Deutschfreisinnigen Partei, bzw. zur Freisinnigen Volkspartei, wechselte.

3. Auch die Konservativen fanden kaum größere Resonanz. Zweistellige Wahlergebnisse gelangen ihnen ebenfalls nur in Form von Wahlbündnissen mit den Nationalliberalen. Ein etwas größeres Wählerpotential hatten sie lediglich im Westerwald, wo zunächst die Deutschkonservative Partei und nach der Jahrhundertwende auch

die Christlich-Soziale Partei immer wieder beachtliche Erfolge erzielten und im nassauischen Wahlkreis 5 und im Wahlkreis Wetzlar-Altenkirchen mehrere Male das Reichstagsmandat erobern konnten. Erst dem Bund der Landwirte gelang es, auch in der Pfalz, in Rheinhessen und im Hunsrück zahlreiche Wähler, die bislang für die Nationalliberalen gestimmt hatten, für sich zu gewinnen.

4. Auffällig ist die Dominanz und Konstanz der Zentrumspartei in den mehrheitlich katholisch und ländlich geprägten Wahlkreisen. Je höher der Anteil der Katholiken an der Gesamtbevölkerung eines Wahlkreises war, desto höher war auch der Prozentsatz der Wähler, die sich für das Zentrum entschieden. Ihre unbestrittenen Hochburgen hatte die Partei daher auch in den Regierungsbezirken Trier und Koblenz und im nassauischen Wahlkreis 3 (Braubach, Montabaur), wo sie von 1871 bis 1912 fast alle Wahlen für sich entscheiden konnte – in einigen Wahlkreisen häufig sogar mit Ergebnissen, die bei über 80 % und 90 % lagen. Die tiefe Religiosität und Traditionsverbundenheit der überwiegend ländlichen Bevölkerung in diesen Wahlkreisen war der ideale Nährboden für die Politik der Partei. Überdurchschnittlich erfolgreich war sie aber auch in den katholischen Wahlkreisen Rheinhessens und der Pfalz. Große Aufmerksamkeit riefen dabei vor allem die Wahlsiege in der Pfalz hervor, da sie Ergebnis eines nicht unumstrittenen und von allerlei Mythen umrankten Wahlbündnisses waren, das die pfälzische Zentrumspartei mit der SPD für die Landtagswahlen von 1899 und 1906 abgeschlossen hatte und das 1907 für die Reichstagswahlen erneuert wurde. Es bestimmte, dass das Zentrum bei der Stichwahl im Wahlkreis Kaiserslautern-Kirchheimbolanden den sozialdemokratischen Kandidaten unterstützen sollte, während die SPD im Gegenzug ihren Wählern bei den Stichwahlen in den Wahlkreisen Pirmasens-Zweibrücken und Bergzabern-Zweibrücken riet, für das Zentrum zu stimmen.

5. Nachhaltigen Einfluss auf das Parteiensystem hatte schließlich der rasante Aufstieg der SPD, der allerdings in den einzelnen Regionen in ganz unterschiedlicher Intensität und in unterschiedlichem Ausmaße ablief. Ihre frühen Hochburgen hatten die Sozialdemokraten in Rheinhessen und in der Pfalz – dort, wo sie auch organisatorisch am stärksten verankert waren. Im Wahlkreis Mainz-Oppenheim erreichten sie bereits bei der Reichstagswahl von 1878, der letzten vor Inkrafttreten des Sozialistengesetzes, 17,6 %. Drei Jahre später, bei der Wahl von 1881, wurden sie mit 37,3 % erstmals stärkste Partei im Wahlkreis und gewannen in der Stichwahl auch das Mandat. Da Wilhelm Liebknecht, der Kandidat der Partei, aber die Wahl im Wahlkreis Offenbach-Dieburg annahm, den er ebenfalls gewonnen hatte, musste noch einmal gewählt werden. Die SPD, für die diesmal mit August Bebel erneut einer der bekannten Parteiführer kandidierte, erreichte zwar mit 32,5 % wieder ein hervorragendes Ergebnis, musste sich in der Stichwahl dann aber dem gemeinsamen Kandidaten der liberalen Parteien geschlagen geben. 1890 wurde der Wahlkreis ein zweites Mal gewonnen, bis zur Ersatzwahl von 1896 verteidigt und dann von 1903 bis 1912 erneut erobert – 1912 gleich im ersten Wahlgang mit der absoluten Mehrheit von 50,2 %.

In der Pfalz hatte die SPD ihren Schwerpunkt zunächst im Wahlkreis Ludwigshafen-Speyer, in dem mit Ludwigshafen und Frankenthal zwei der wichtigsten pfälzischen Industriestädte lagen, in dem sich aber auch viele ländliche Gemeinden befanden, deren Bewohner immer häufiger als Arbeiter in die Fabriken der nahegelegenen Städte pendelten und ihre Höfe nur noch im Nebenerwerb betrieben. 1898 gewann sie den Wahlkreis erstmals und behielt ihn bis zum Ende des Kaiserreichs. Als 1909 im Wahlkreis Landau-Neustadt eine Ersatzwahl stattfand, kam kurzfristig ein zweites Mandat hinzu. Allerdings war von Anfang an klar, dass der Sieg in diesem fast ausschließlich ländlich geprägten Wahlkreis nur den äußerst günstigen Umständen – niedrige Wahlbeteiligung, Unterstützung durch Zentrum und Bund der Landwirte – zu verdanken war, und das Mandat längerfristig nicht würde gehalten werden können. 1912 verlor man es denn auch wieder, gewann aber aufgrund eines Wahlbündnisses mit den Nationalliberalen und der Fortschrittlichen Volkspartei erstmals den Wahlkreis Kaiserslautern-Kirchheimbolanden. Wie im Wahlkreis Mainz-Oppenheim war die SPD 1912 auch in der Pfalz zur stärksten politischen Kraft geworden, für die sich in den sechs pfälzischen Wahlkreisen insgesamt knapp ein Drittel aller Wähler entschied. Im Wahlkreis Ludwigshafen-Speyer waren es 50,9 %.

In den erbitterten Diskussionen über den künftigen Kurs der SPD, die um die Jahrhundertwende einsetzten, standen sowohl die pfälzischen als auch die rheinhessischen Sozialdemokraten von Anfang an auf Seiten der Revisionisten und Reformisten. Diese plädierten im Gegensatz zu den Parteilinken und dem sog. marxistischem Zentrum dafür, den Kapitalismus durch soziale Reformen zu überwinden und die bisherige klassenkämpferische Programmatik der Partei entsprechend zu korrigieren. Hauptgrund für die reformistische Haltung der pfälzischen und rheinhessischen SPD war ohne Zweifel ihre starke politische Verankerung auf kommunaler Ebene, wo sie in den Stadt- und Gemeinderäten seit Jahren konstruktiv mitarbeiteten und so immer stärker in das politische System des Kaiserreichs integriert wurden. 1889, noch vor dem Ende des Sozialistengesetzes, waren zum ersten Mal Sozialdemokraten in die Stadträte von Ludwigshafen und Mainz gewählt worden. Knapp 20 Jahre später, in der Wahlperiode 1909/14, war die Partei in 66 pfälzischen Gemeindeparlamenten vertreten und stellte über 290 Räte, zwei Bürgermeister, elf Erste Adjunkte – unter anderem in den wichtigen Städten Ludwigshafen und Kaiserslautern – und acht Zweite Adjunkte.

Im Gegensatz zur Pfalz und zu Rheinhessen war die SPD in den beiden preußischen Regierungsbezirken und in den nassauischen Wahlkreisen weit weniger erfolgreich. Ganz besonders schwach schnitt sie in den vorwiegend ländlichen und katholischen Wahlkreisen ab: Im Wahlkreis Kreuznach-Simmern erreichte sie 1912 nur 6,3 %, in Adenau-Cochem-Zell nur 2,5 %, in Trier-Stadt und -Land 4,5 %, in Prüm-Daun-Bitburg 0,8 % und in Wittlich-Bernkastel gar nur 0,6 %. »Zahlreiche Kreise in der Eifel und an der Mosel«, so hatte das Sozialdemokratische Organisationskomitee für die Obere Rheinprovinz in seinem Jahresbericht bereits 1903 geschrieben, »haben nur wenig oder gar keine Industrie, und schon daraus ergibt sich dort die Schwäche der sozialdemokratischen Bewegung, die ja bis heute noch immer eine Bewegung der Industriearbeiter ist [...]. Die wenigen Andersdenkenden wagen sich nicht hervor, zumal der Ortsgeistliche, der fast stets selber ein Bauernsohn ist und daher die Bedürfnisse der landwirtschaftlichen Bevölkerung kennt, auch den wirtschaftlichen Interessen seiner Herde zu dienen weiß, sei es als Leiter der Ortsgruppe des Bauernvereins, als Geschäftsführer einer Einkaufs- oder Verkaufsgenossenschaft oder eines Viehzuchtvereins«.[19]

1.3. In der Weimarer Republik

Kontinuität und Neuansätze

Den Zusammenbruch des Kaiserreiches, die Novemberrevolution und die staatliche Neuordnung überstanden die etablierten politischen Parteien ohne große Veränderungen. Die Linksliberalen gründeten die Deutsche Demokratische Partei (DDP), die Nationalliberalen die Deutsche Volkspartei (DVP) und die Konservativen die Deutschnationale Volkspartei (DNVP). Das Zentrum nannte sich zeitweise Christliche Volkspartei (CVP), nahm aber nach kurzer Zeit den alten Namen wieder an, die Sozialdemokraten arbeiteten unter ihrer traditionellen Bezeichnung weiter. Durch die Gründung der radikalen Flügelparteien – der Unabhängigen Sozialdemokratischen Partei Deutschlands (USPD) bzw. der Kommunistischen Partei Deutschlands (KPD) und der Nationalsozialistischen Deutschen Arbeiterpartei (NSDAP) – wurde das traditionelle Fünfparteiensystem, das sich im Kaiserreich herausgebildet hatte, zunächst zu einem Siebenparteiensystem erweitert.

NSDAP, KPD und die meisten USPD-Anhänger lehnten das parlamentarische Regierungssystem der Weimarer Republik grundsätzlich ab. Mit Abstrichen gilt dies auch für die DNVP. Die DVP stand ihm zunächst äußerst kritisch gegenüber, näherte sich ihm Mitte der 1920er Jahre unter der Führung von Gustav Stresemann dann an, ging in den Krisenjahren aber wieder deutlich auf Distanz. Im Gegensatz dazu waren SPD, Zentrum und DDP zuverlässige und stabile Stützen der jungen parlamentarischen Republik. Allerdings wurden Anfang der 1930er Jahre auch im politischen Katholizismus vermehrt Stimmen laut, die die »formale Zahlendemokratie von Weimar« und einen »übersteigerten Parlamentarismus«, der sich selbst matt setze, kritisierten.[20]

In den ersten Jahren nach Gründung der Republik wurde die Entwicklung der Parteien durch die restriktive Besatzungspolitik der französischen Militäradministrationen und die separatistischen Bewegungen massiv behindert. Trotzdem gelang es aber vor allem der SPD und dem politischen Katholizismus, ihre Organisationen rasch wieder zu beleben und weiter auszubauen. In der Pfalz hatten die Sozialdemokraten bereits im Herbst 1919 ihren Organisationsgrad von 1914 nicht nur wieder erreicht, sondern sogar weit überschritten. 1922 hatte die pfälzische SPD 291 Ortsgruppen und weit über 21.000 Mitglieder. In den folgenden Jahren flachte der Aufschwung unter dem Einfluss von Inflation, überdurchschnittlich hoher Arbeitslosigkeit und passivem Widerstand etwas ab, nach 1927 wies die Mitgliederentwicklung aber wieder deutlich nach oben. Dagegen blieben die Regierungsbezirke Trier und Koblenz auch in den Jahren der Weimarer Republik weiterhin Diaspora. So besaß der Kreisverband Koblenz, der den weitaus größten Teil des Regierungsbezirks umfasste, 1921 lediglich etwas mehr als 3.800 Mitglieder. Noch weitaus schlechter war der Organisationsgrad der Partei allerdings in Hessen-Nassau. Im Unterlahnkreis hatte sie 1929 nur 553 Mitglieder, im Unterwesterwaldkreis lediglich 27.

Einen Sonderfall stellt die Entwicklung des politischen Katholizismus in der Pfalz dar. Dort hatte sich die Zentrumspartei nach einer äußerst kontrovers geführten innerparteilichen Diskussion Ende November 1918 der neugegründeten Bayerischen Volkspartei (BVP) angeschlossen. Allerdings gab es in der Partei von Anfang an ganz große Meinungsunterschiede über die Bedeutung dieses Schrittes. Während eine zentrumsfreundliche Gruppe die neue BVP nicht nur programmatisch, sondern auch organisatorisch als Teil der großen Zentrumspartei verstand und die Namensänderung lediglich als Zugeständnis an die bayerische Sonderstellung im Reich und innerhalb des politischen Katholizismus wertete, strebten ihre Gegenspieler über kurz oder lang die völlige organisatorische und politische Loslösung vom Zentrum an, dem man vorwarf, »seine früheren klaren Grundsätze verdunkelt«[21] zu haben. Als die Partei in den darauffolgenden Jahren immer stärker unter den Einfluss der konservativen BVP-Anhänger geriet, entschlossen sich die Zentrumssympathisanten um den Ludwigshafener Lehrer und Reichstagsabgeordneten Hermann Hofmann im Frühjahr 1924, die Partei zu verlassen und die pfälzische Zentrumspartei wiederzugründen. Nach jahrelangen erbitterten Auseinandersetzungen zwischen den beiden Parteien wurde 1927 mit dem sog. Regensburger Abkommen zwar ein Burgfrieden geschlossen – man trat von nun an bei Wahlen mit gemeinsamen Listen an und bildete auf regionaler und kommunaler Ebene gemeinsame Fraktionen –, eine Wiedervereinigung, wie sie vor allem jüngere Parteimitglieder auf beiden Seiten wünschten, kam aber bis 1933 nicht zustande. Im Selbstverständnis der BVP gehörte die Pfalz als bayerischer Regierungsbezirk ausschließlich zum eigenen Einflussbereich, in den das Zentrum 1924 mit der Wiedergründung einer pfälzischen Landespartei quasi »widerrechtlich« eingedrungen. Eine Einigung der beiden pfälzischen Organisationen war für sie daher nur denkbar, wenn sich das Zentrum wieder aus der Pfalz zurückziehen, seine regionalen und lokalen Organisationen an die BVP anschließen und damit den Status quo vom Frühjahr 1924 wieder herstellen würde. Im Gegensatz dazu stand für das pfälzische Zentrum von vornherein fest, dass die angestrebte Einigung nur »in der einen und einigen großen Zentrumspartei unter der alten Fahne«[22] möglich sein werde. Beide Vorstellungen aber waren nur sehr schwer in Einklang zu bringen.

Auch die liberalen und konservativen Parteien versuchten nach der Revolution von 1918 ihre Organisationen auszubauen und zu modernisieren, hatten damit aber nur bedingt Erfolg. Die DDP – für die anderen Parteien liegen keine Zahlen vor – besaß zwar Mitte der 1920er Jahre im Untersuchungsgebiet mehr als 90 Ortsgruppen, die meisten von ihnen waren aber völlig unbedeutende Organisationen. Über die Hälfte von ihnen lag in der Pfalz und in Rheinhessen. Der Wahlkreis Koblenz-Trier blieb auch in der Weimarer Republik ein Sorgenkind der Linksliberalen. 1926 wurden lediglich 800 Mitglieder gezählt. Nur Niederbayern war mit 700 Mitgliedern noch schlechter organisiert. Erschwert wurde der Ausbau der Organisation zudem durch die ständige Geldnot der Parteien, die zum Teil katastrophale Formen annahm. Die pfälzische DVP hatte 1925 über 13.000 Mark Schulden, was die politische und organisatorische Arbeit »in außergewöhnlichem Ausmaß« beeinträchtigte, wie der Generalsekretär der Partei in einem Schreiben notierte.[23]

Noch fast völlig unerforscht sind bislang die regionalen Organisationsstrukturen der DNVP und der kleineren bürgerlichen Parteien, die seit Mitte der 1920er Jahre in großer Zahl entstanden. In der Pfalz hatten die Deutschnationalen 1918 auf die Gründung eines eigenen Landesverbandes verzichtet, nachdem sich der Bund der Landwirte der Deutschen Volkspartei angeschlossen hatte. Im November 1924 gründeten Vertreter des Christlichen Landarbeiterverbandes und des Evangelischen Bundes der Pfalz eine Christlich-Nationale Volkspartei, die bei den einige Wochen später stattfinden Reichstagswahlen eine Listenverbindung mit der DNVP einging, sich kurz darauf aber wieder auflöste. Erst 1927 gelang es den Deutschnationalen schließlich, auch in der Pfalz einen Landesverband aufzubauen. Sie blieben aber bis zum Ende der Weimarer Republik eine unbedeutende Splitterpartei. Im Wahlkreis Koblenz und Trier wurden zwar bereits 1919 mehrere Ortsgruppen und ein Wahlkreisverein gegründet, zu einem systematischen Ausbau der Organisation scheint es aber nur im Kreis Altenkirchen gekommen zu sein.

Zu den prägenden Elementen des Weimarer Parteiensystems gehört die Spaltung der sozialistischen Arbeiterbewegung in einen gemäßigten und einen radikalen Flügel, der zunächst durch die USPD und dann durch die KPD repräsentiert wurde. Erste Ansätze dieser Spaltung waren bereits während des Ersten Weltkrieges erkennbar, als sich innerhalb der SPD eine oppositionelle Gruppe gegen die Burgfriedenspolitik der Parteiführung und die Bewilligung der Kriegskredite durch die Reichstagsfraktion bildete. Im April 1917 gründeten Anhänger der Opposition in Gotha die USPD, der es kurze Zeit später gelang, auch in der Pfalz Fuß zu fassen. Die neue Partei blieb allerdings lange Zeit ohne große Bedeutung. Erst als sich nach der Revolution immer mehr Sozialdemokraten enttäuscht über das Ausbleiben grundlegender sozialer Veränderungen von ihrer Partei abwandten und sich der Opposition anschlossen, wurde die USPD zur Massenbewegung. Im August 1919 verfügte die Partei in der Pfalz über 25 Ortsgruppen mit ca. 2.500 Mitgliedern, im Juni 1920 waren es 90 Ortsgruppen mit ca. 10.000 Mitgliedern. Vor allem in den Industriestädten war die USPD, die sich längst von einer Antikriegspartei zu einer »proletarischen Protestpartei«[24] gewandelt hatte, zu einer mehr als ernsthaften Konkurrenz für die SPD geworden.

Im Regierungsbezirk Koblenz entstanden die ersten USPD-Organisationen im Sommer und Herbst 1919. Ähnlich wie die pfälzischen Ortsgruppen hatten auch sie regen Zulauf. So stieg allein die Mitgliederzahl der Ortsgruppe Koblenz zwischen Februar und Juli 1920 von 350 auf 800. Während die Pfalz einen eigenen Parteibezirk bildete und die rheinhessischen Organisationen, die noch völlig unerforscht sind, Teil des Bezirks Frankfurt am Main waren, gehörten die Ortsgruppen des Wahlkreises Koblenz-Trier zum Bezirk Mittelrhein, der seinen Sitz in Köln hatte.

Größter Streitpunkt innerhalb der Partei war das Verhältnis zur III. Internationale. Als eine Mehrheit der Delegierten auf dem Parteitag in Halle im Oktober 1920 den Anschluss der USPD an die Internationale und die Annahme der 21 Bedingungen der Komintern beschloss, kam es zur Spaltung. Die Befürworter des Anschlusses, die auch in den Bezirken Pfalz, Mittelrhein und Frankfurt am Main in der Mehrheit waren, verließen die Partei und traten der im Jahr zuvor entstandenen KPD bei. Die Anschlussgegner führten die USPD zunächst fort, beschlossen aber 1922 unter dem Eindruck der immer stärker werdenden antirepublikanischen und antidemokratischen Tendenzen im Reich, die Partei wieder mit der SPD zu vereinigen. Eine kleine Gruppe um Georg Ledebour und Theodor Liebknecht, die versuchte die USPD auch nach dem Wiedervereinigungsparteitag weiterzuführen, blieb völlig bedeutungslos. Sie fand im Gebiet des heutigen Rheinland-Pfalz lediglich in Pirmasens einige wenige Anhänger.

Die KPD war am 1. Januar 1919 in Berlin von Mitgliedern des Spartakusbundes und der Internationalen Kommunisten Deutschlands gegründet worden. Bereits einige Wochen später entstanden erste Ortsgruppen in Speyer, Ludwigshafen, Frankenthal,

Kaiserslautern und Pirmasens, die allerdings zunächst noch völlig bedeutungslos blieben und erst nach dem Zusammenschluss mit dem linken Flügel der USPD Mitglieder in größerer Zahl gewannen. Im Herbst 1919 und im Frühjahr 1920 gelang es der KPD auch in Kreuznach und im Regierungsbezirk Koblenz Fuß zu fassen, wo Ortsgruppen in Neuwied, Horchheim, Mayen, Andernach und Koblenz ins Leben gerufen wurden.

Die weitere Entwicklung der Partei verlief zunächst äußerst schleppend. Der Unterbezirk Koblenz, so beklagte sich der dortige Parteisekretär Adolf Benscheid noch im Frühjahr 1929, »sei ein steiniger Boden für die Partei«.[25] In der Pfalz gelang es zwar eine ganze Reihe weiterer Ortsgruppen zu gründen, die Zahl der Mitglieder aber ging kontinuierlich zurück. Im Dezember 1928 waren es von ehemals 4.000 nur noch 1.070. Erst mit Ausbruch der Weltwirtschaftskrise und der in ihrem Verlauf dramatisch steigenden Arbeitslosigkeit und Verelendung großer Teile der Arbeiterschaft gewann die KPD wieder stärker an Zuspruch. Die Pfälzer konnten die Zahl ihrer Mitglieder bis Ende 1929 verdoppeln, und im Unterbezirk Koblenz wurden zwischen 1930 und 1932 mindestens 27 neue Ortsgruppen gegründet. Ende 1932 waren es insgesamt 65, in denen zwischen 1.500 und 2.000 Mitglieder organisiert waren – nicht zuletzt auch das Ergebnis einer intensiven Propagandatätigkeit unter den zahlreichen Erwerbslosen. Selbst in den Winzerorten an Rhein und Mosel, in der Eifel und im Westerwald gelang es der KPD Ortsgruppen aufzubauen, wenn auch die Akzeptanz unter der ländlichen Bevölkerung nach wie vor gering blieb.

Erschwert wurde die organisatorische Konsolidierung der KPD lange Zeit durch die zahlreichen Umstrukturierungen der Parteiorganisationen und durch zahlreiche innerparteiliche Auseinandersetzungen zwischen rechten, linken und ultralinken Fraktionen über den Kurs und die Strategie der Partei. Während die Orts- und Betriebsgruppen in Rheinhessen und im Regierungsbezirk Koblenz die offizielle Parteilinie in der Regel unterstützten, dominierten in der Pfalz von Anfang an die Parteilinken. 1925 schloss sich der Bezirk der »Weddinger Opposition« an, die ultralinke und trotzkistische Ideen vertrat und die zeitweise diskutierte Zusammenarbeit mit den Sozialdemokraten kategorisch ablehnte. Zwar versuchte die Berliner Parteiführung immer wieder, die offizielle Parteilinie auch in der pfälzischen Provinz durchzusetzen. Im Gegensatz zu anderen Parteibezirken gelang es ihr hier aber lange Zeit kaum, den Einfluss der ultralinken Funktionäre zurückzudrängen. Noch im April 1928 verabschiedeten die Pfälzer auf einem außerordentlichen Bezirksparteitag in Kaiserslautern eine Resolution, in der sie sich mit großer Mehrheit zu ihren ultralinken Positionen bekannten. Erst durch den Ausschluss führender »Weddinger« einige Wochen später konnte das Berliner Zentralkomitee die pfälzische KPD schließlich wieder auf Kurs bringen. Die ideologischen Differenzen verloren weiter an Brisanz, als Komintern und Berliner KPD-Führung kurz darauf wieder eine Wende nach links vollzogen und der Kampf gegen die Sozialdemokraten und die »rechte Gefahr in der Partei« einmal mehr zum zentralen Punkt der Parteipropaganda wurde.

Die kleinen kommunistischen Gruppen, die sich im Laufe der innerparteilichen Auseinandersetzungen von der KPD abgespalten hatten, blieben wie überall im Reich auch im Gebiet des heutigen Rheinland-Pfalz fast ohne jegliche Bedeutung und Einfluss. Die 1920 gegründete linke Kommunistische Arbeiterpartei Deutschlands besaß lediglich eine kleine Ortsgruppe in Koblenz, die 1928 entstandene rechtskommunistische KPD-

DIE ENTWICKLUNG DES PARTEIENSYSTEMS AUF DEM GEBIET VON RHEINLAND-PFALZ

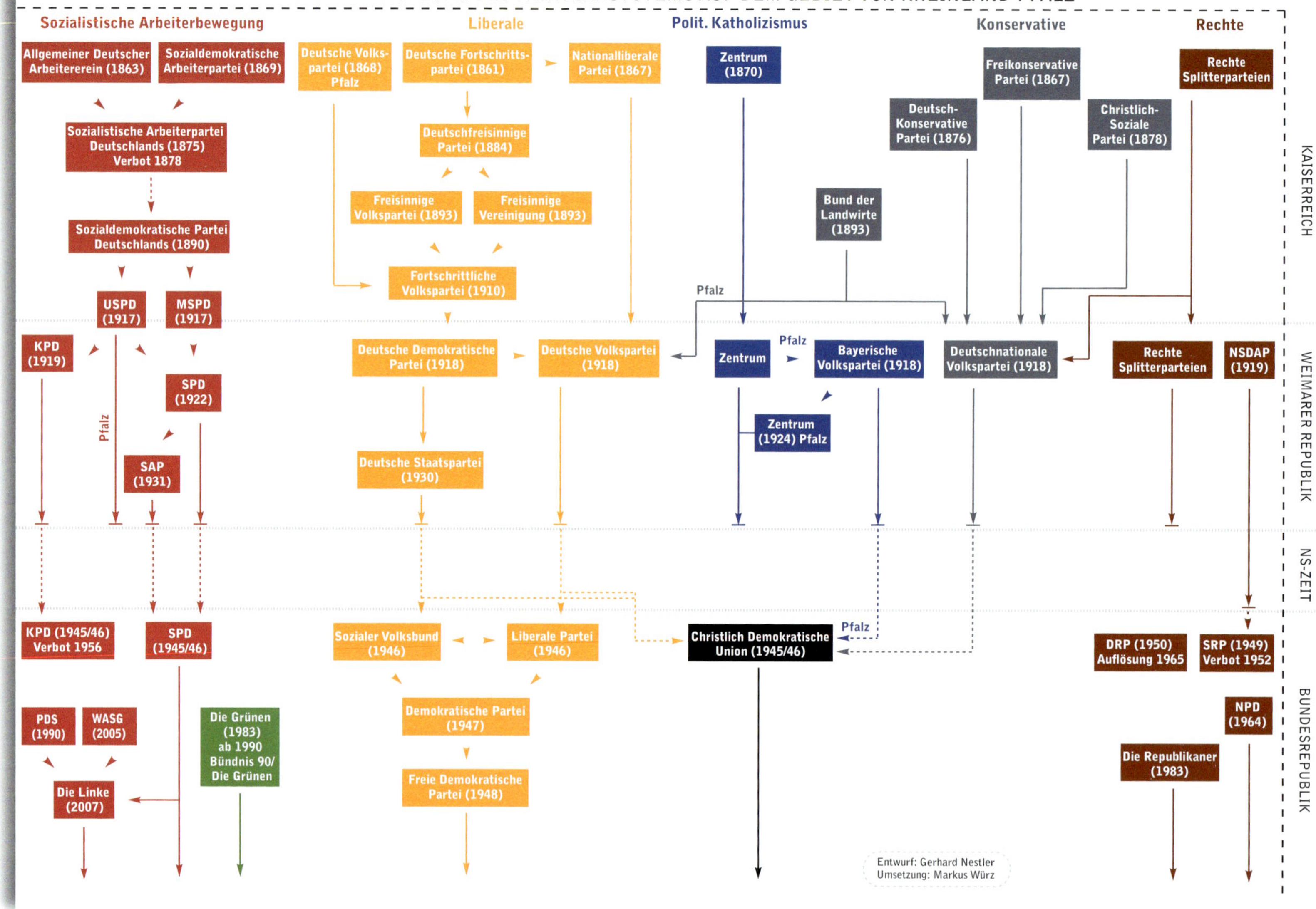

Opposition je eine in Koblenz und Trier, der Leninbund, in dem sich ebenfalls 1928 die Anhänger Grigori Sinowjews organisiert hatten, eine in Speyer und die 1930 ins Leben gerufene Vereinigte Linke Opposition der KPD, in der sich 1930 die Anhänger Trotzkis zusammengeschlossen hatten, Ortsgruppen in Ludwigshafen, Kaiserslautern und Neustadt.

Auch der Versuch, mit der Sozialistischen Arbeiterpartei (SAP) eine dritte sozialistische Kraft zwischen SPD und KPD zu etablieren, blieb ohne große Resonanz. Die Partei war 1931 von linken Sozialdemokraten gegründet worden, die die SPD wegen ihrer Tolerierung der Regierung Brüning verlassen hatten. In der Pfalz gelang es ihr lediglich acht Ortsgruppen zu gründen, im Regierungsbezirk Koblenz existierte nur in Vallendar eine eigene Parteiorganisation, für Rheinhessen ist ihre Entwicklung noch völlig unerforscht.

Ähnlich wie bei der KPD verlief auch die Entwicklung der Nationalsozialisten von einer unbedeutenden Splitterpartei zur Massenbewegung in den verschiedenen Teilen des heutigen Bundeslandes Rheinland-Pfalz zeitlich differenziert und mit unterschiedlicher Intensität ab. Die NSDAP, die 1919 in München gegründet wurde, war eine der zahlreichen völkischen, nationalistischen, antisemitischen und antidemokratischen Splitterparteien, die in Deutschland und vor allem in Bayern als Reaktion auf die deutsche Niederlage im Weltkrieg, das Ende der Monarchie, die demokratische Umwälzung und die Gründung der Republik entstanden. Einer breiteren Öffentlichkeit wurde sie erst bekannt, als ihr im September 1919 der berufslose Soldat Adolf Hitler beitrat und nach und nach die Führung an sich riss. In der Pfalz entstand die erste Ortsgruppe im Frühjahr 1921 in Odernheim am Glan. Sie blieb allerdings lange Zeit die einzige in ländlichem Umfeld, und es ist bis heute unklar, warum gerade in dem kleinen nordpfälzischen Dörfchen NS-Gedankengut so früh auf positive Resonanz stieß. Hans Fenske hat darauf hingewiesen, dass es in der Konstituierungsphase häufig persönliche Kontakte zu Münchener Parteiaktivisten waren, die zu Ortsgruppengründungen führten. Die weitere Entwicklung der pfälzischen NSDAP konzentrierte sich dann zunächst ausschließlich auf die Städte. Im Herbst 1922 entstanden nationalsozialistische Ortsgruppen in Ludwigshafen, Zweibrücken, Pirmasens und Frankenthal, Anfang 1923 in Landau. Ein halbes Jahr zuvor, im Sommer 1922, war in Worms auch die erste rheinhessische Ortsgruppe gegründet worden.

Das Verbot der NSDAP durch die Interalliierte Rheinlandkommission im Juli 1923 hemmte die weitere Entwicklung der Partei zwar nicht unwesentlich, konnte sie aber nie völlig unterbinden. Nach Aufhebung des Verbots Ende März 1925 wurden nicht nur die aufgelösten Ortsgruppen sofort reorganisiert, sondern in kürzester Zeit auch zahlreiche neue ins Leben gerufen. An der Gautagung der pfälzischen NSDAP von 1926 nahmen bereits 26 Ortsgruppen teil. Anfang 1930 hatte die pfälzische NSDAP 135 Ortsgruppen mit über 2.800 Mitgliedern, 1932 sogar 224. An der Spitze der Partei stand seit 1926 der Lehrer Josef Bürckel (siehe Kasten), der zum linken, »sozialistischen« Flügel der NSDAP zählte und häufig als »roter Gauleiter« charakterisiert wurde.

Auch in Rheinhessen gelang es der NSDAP nach Aufhebung des Parteiverbots stärker Fuß zu fassen. Am 7. Oktober 1925 entstand eine Ortsgruppe in Mainz, drei Tage später wurde die 1923 aufgelöste Ortsgruppe in Worms wiedergegründet. Während in Mainz

Josef Bürckel (1895–1944)

Der Lehrer Bürckel trat bereits 1921 in die NSDAP ein. Ab 1926 war er Leiter des NSDAP-Gaus Rheinpfalz. Im Auftrag von Hitler organisierte Bürckel 1935/36 als Reichskommissar die Wiedereingliederung des Saargebietes in das Deutsche Reich und erweiterte so seinen Parteigau (nun: »Saarpfalz«). 1938–1940 war Bürckel Reichskommissar für den »Anschluss« Österreichs an das Deutsche Reich und ab 1939/40 zugleich Leiter des Reichsgaus Wien und Reichsstatthalter der »Ostmark«. Nach der Niederlage Frankreichs wurde Bürckel Chef der Zivilverwaltung im besetzen Lothringen und gliederte auch dieses Gebiet seinem Parteigau im Westen ein (ab 1941 Gau »Westmark«). Der »rote Gauleiter«, wie Bürckel wegen seiner ideologischen Nähe zu Gregor Strasser auch genannt wurde, gehörte zu den mächtigsten NS-»Gaufürsten« im »Dritten Reich«.

(Bayerische Staatsbibliothek München Fotoarchiv Hoffmann)

interne Streitigkeiten den weiteren Ausbau lange Zeit lähmten – 1932 übernahm Werner Best, der spätere »Theoretiker, Organisator und Personalchef der Gestapo«[26], die Kreisleitung –, entwickelte die Wormser Gruppe in den folgenden Jahren unter Führung von Claus Selzner und in enger Kooperation mit den nahen pfälzischen Ortsgruppen eine starke Propagandatätigkeit, die zur Gründung weiterer lokaler Organisationen führte.

Seit 1927 konnte die NSDAP auch in verstärktem Maße Bauern und Landwirte mobilisieren, die der Partei wegen ihrer »sozialistischen« und städtischen Orientierung bislang äußerst skeptisch gegenübergestanden hatten, in ihr nun nach Ausbruch der großen Agrarkrise aber mehr und mehr eine politische Alternative sahen. Dies führte dazu, dass die NSDAP ihre Propaganda stärker auf die neue bäuerliche Klientel ausrichtete und die bislang vernachlässigten ländlichen Regionen mit einer wahren Flut von Versammlungen überschwemmte.

Im Gegensatz dazu verlief die Entwicklung der Partei in Hessen-Nassau und in den Regierungsbezirken Koblenz und Trier äußerst schleppend. Erst mit Beginn der Weltwirtschaftskrise Ende der 1920er Jahre gelang es den Nationalsozialisten unter der Führung von Gustav Simon im Rheinland der Partei auch in ihren bisherigen Diasporagebieten eine breitere Grundlage zu geben. 1931 hatte sie im Bezirk Koblenz immerhin mehr als 7.500 Mitglieder, im Bezirk Trier über 2.000 und im Bezirk Birkenfeld über 1.000. Einige Regionen – insbesondere die Eifelkreise Bitburg, Daun und Prüm – aber waren nach wie vor kaum, andere – wie der Unterwesterwaldkreis und der Oberwesterwaldkreis – nur sehr schlecht erfasst.

Die Entwicklung des Parteiensystems 1919–1933

Analysiert man die Entwicklung der Parteien zwischen 1919 und 1933, so lassen sich erneut eindeutige Tendenzen und Charakteristika feststellen, die zum Teil auch schon für die Zeit des Kaiserreiches galten und somit längerfristige und grundlegende Verhaltensmuster widerspiegeln, zum Teil aber auch Veränderungen in der politischen Landschaft und im Parteiensystem der Region dokumentieren:

1. Nach wie vor war der politische Katholizismus relativ stabil. Er verlor zwar bis 1933 prozentual in fast allen Kreisen, war aber am Ende der Weimarer Republik noch immer ein wichtiger Faktor des regionalen Parteiensystems (siehe hierzu auch: Bd. Historische Statistik). Wie im Kaiserreich war das Zentrum und in der Pfalz auch die BVP umso erfolgreicher, je höher der Anteil der Katholiken an der Bevölkerung war. Seine Hochburgen befanden sich wie zuvor in den Regierungsbezirken Koblenz und Trier. Beide bildeten einen gemeinsamen Reichstagswahlkreis, der von dem Geistlichen Ludwig Kaas, seit 1928 Reichsvorsitzender der Zentrumspartei, vertreten wurde. Dort lagen die Wahlergebnisse zeitweise immer noch über der Zweidrittelmehrheit, teilweise sogar noch über 80 %, so in den Kreisen St. Goar, Cochem, Zell, Trier, Saarburg, Bernkastel und Bitburg. Allerdings waren in diesen Kreisen meist auch die Verluste höher als in anderen Regionen. Ein exemplarischer Vergleich zwischen den Ergebnissen des Landkreises und der Stadt Bitburg macht deutlich, dass es bäuerlichen Interessenparteien und später der NSDAP vor allem auf dem Land gelungen ist, in das katholische Milieu einzudringen und dem Zentrum Wähler abspenstig zu machen.
2. Relativ stabil blieb über den Zeitraum von 1919 bis 1933 auch die sozialistische Arbeiterbewegung – auch wenn die bei den Wahlen zur Nationalversammlung erzielten Ergebnisse von SPD und USPD nur selten wieder erreicht wurden und vor allem in der Pfalz, im Landkreis Mainz – beides traditionelle Hochburgen der Sozialdemokraten – und im Unterlahnkreis deutliche Verluste zu verzeichnen waren.

Ludwig Kaas (1881–1952)

Ludwig Kaas gehörte zu den bedeutendsten Zentrumspolitikern der Weimarer Republik. Wegen seiner Rolle beim Zustandekommen des Reichskonkordats im Frühjahr 1933 ist er allerdings bis heute umstritten. In Trier geboren, studierte Kaas in Rom Theologie. Er wurde 1906 zum Priester geweiht und 1921 zum Päpstlichen Hausprälaten ernannt. Seit 1920 war er Berater des päpstlichen Nuntius Erzbischof Eugenio Pacelli, des späteren Papstes Pius XII. Ein Jahr zuvor war er als Vertreter des Reichstagswahlkreises Koblenz-Trier in die Nationalversammlung eingezogen. Dem Reichstag gehörte er von 1920 bis 1933 an. 1928 wurde er zum Vorsitzenden seiner Partei gewählt. Seit 1933 lebte er in Rom, wo er 1936 zum Leiter der Bauhütte von St. Peter aufstieg. Kaas starb am 25. April 1952.

(Bistumsarchiv Trier)

Nicht zu übersehen sind auch Verschiebungen innerhalb des sozialistischen Blocks – zunächst zugunsten der radikaleren USPD und dann zugunsten der KPD, die in einigen Städten und Kreisen die SPD sogar als stärkste Arbeiterpartei ablöste, so 1924 in Ludwigshafen, Speyer, Pirmasens, Andernach, Vallendar, Bendorf und in den pfälzischen Bezirksämtern Speyer und Neustadt und 1930 und 1932 in den Landkreisen Mayen und Koblenz-Land, was vor allem auf die schlechte wirtschaftliche Lage und die hohe Erwerbslosigkeit in der Pfalz und im mittelrheinischen Becken zurückzuführen ist.

3. Dramatisch waren die Verluste der nationalliberalen DVP, die in ihren Hochburgen in der Pfalz, in Rheinhessen und im Unterlahnkreis 1920 und 1924 noch Ergebnisse weit über 20 % erreichte – in den Landkreisen Alzey und Worms war sie 1920 sogar stärkste Partei –, seit 1928 aber mehr und mehr zur unbedeutenden Splitterpartei herabsank.
4. Ebenso erging es der linksliberalen DDP, die insgesamt – wie schon der Linksliberalismus im Kaiserreich – relativ bedeutungslos blieb und lediglich in den rheinhessischen Landkreisen Alzey, Bingen, Oppenheim und in den Landkreisen Kreuznach, Simmern und Birkenfeld überdurchschnittliche Ergebnisse erzielte, aber auch dort spätestens 1932 zur »quantité négligeable« geworden war.
5. Ähnlich bedeutungslos blieb die konservative DNVP, die ihre wenigen Hochburgen in Hessen-Nassau – vor allem im Oberwesterwaldkreis – hatte und ebenso wie DVP und DDP am Ende der Weimarer Republik von der politischen Landkarte fast völlig verschwunden war.
6. Seit Mitte der 1920er Jahre spaltete sich das bürgerlich-bäuerlich-protestantische Lager immer mehr. Neben DVP, DDP und DNVP traten zahlreiche neue Parteien. Sie blieben fast immer Episode und hatten nur geringe Erfolge, waren aber Indiz dafür, dass die Bindung der bürgerlichen Wähler an die traditionellen politischen Kräfte immer mehr nachließ und diese aus Unzufriedenheit über deren Politik nach Alternativen Ausschau hielten. Größere regionale Bedeutung erreichten aber lediglich der Hessische Bauernbund und die Christlich-Nationale Bauern- und Landvolk-Partei, die es 1924 bzw. 1928 in Rheinhessen und im Westerwald auf Ergebnisse bis zu 25 % brachten, aber nie in der Lage waren, diese zu stabilisieren, und bald wieder von der politischen Bühne verschwanden.
7. Nutznießer dieses Spaltungs- und Erosionsprozesses im bürgerlich-bäuerlich-protestantischen Lager war die NSDAP, die seit 1930 in allen Regionen des heutigen Rheinland-Pfalz urplötzlich von einer unbedeutenden kleinen Splitterpartei zur Massenbewegung wurde. Ihre Hochburgen hatte sie in der Pfalz, wo sie schon 1924 in Pirmasens und Zweibrücken zur stärksten Partei geworden war, in Rheinhessen, im Kreis St. Goarshausen, im Oberwesterwaldkreis und im Unterlahnkreis, wo sie bei allen Wahlen seit 1930, teilweise schon seit 1928, jeweils deutlich über dem Reichsdurchschnitt lag. In den Kreisen Alzey, Oppenheim und im Unterlahnkreis erzielte sie sogar bereits 1932 Mehrheiten von über 50 %. Schwächer schnitt sie dagegen in den vorwiegend katholischen Kreisen der Regierungsbezirke Koblenz und Trier, in den katholischen Bezirksämtern der Pfalz und in den größeren Industriestädten und ihren Einzugsgebieten ab, in denen die sozialistische Arbeiterbewegung organisatorisch stark vertreten war.

Es waren vor allem protestantische kleinbürgerliche und bäuerliche Wähler, die ihren alten Parteien – sie hatten in der Regel liberal gewählt – den Rücken kehrten und sich in immer größerem Maße der NSDAP zuwandten. Überall dort, wo die liberalen Parteien 1919, 1920 und 1924 überdurchschnittliche Wahlerfolge zu verzeichnen hatten, war seit 1930 auch die NSDAP überdurchschnittlich erfolgreich. Nach dem Ende des Krieges war das linke Rheinufer in eine ökonomisch besonders schwierige Lage geraten. Die Präsenz der fremden Besatzungstruppen, die zeitweilige Isolierung vom Reich, der Verlust der Absatzmärkte im Elsass und in Lothringen sowie die neue Grenze zum Saargebiet hatten traditionelle Wirtschaftsbeziehungen zerrissen und Umstellungsmaßnahmen erfordert, die die ohnehin schwache ökonomische Infrastruktur der Region erheblich belasteten und vor allem die wirtschaftlich strukturschwachen Gebiete in große Bedrängnis brachten. Auch an dem partiellen wirtschaftlichen Aufschwung des Reiches Mitte der 1920er Jahre hatte die Region nur in bescheidenem Maße Anteil. Dagegen wurde sie durch die 1927 einsetzende Agrarkrise und die große Weltwirtschaftskrise mit voller Wucht getroffen. Da die alten Parteien ganz offensichtlich nicht in der Lage waren, die Probleme zu lösen, liefen vor allem die bürgerlichen und bäuerlichen Wähler, aber auch bisherige Nichtwähler und Neuwähler, in Scharen zu den Nationalsozialisten über.

Ein nicht zu unterschätzender Faktor für den Erfolg der NSDAP war zudem die Erfahrung der fast zwölfjährigen Besetzung durch französische Truppen, die den Menschen die Niederlage von 1918 tagtäglich und drastisch vor Augen führte. Die von vielen als besondere Demütigung empfundene Stationierung farbiger Truppen, Übergriffe französischer Militärs gegen die Bevölkerung und die separatistischen Putschversuche in den Jahren 1919 und 1923, die von den Franzosen offen gefördert wurden, provozierten vor allem im Bürgertum – aber nicht nur dort – nationalistische und chauvinistische Ressentiments, die die Nationalsozialisten geschickt für ihre politischen Ziele ausnutzten.

1.4. Widerstand

1933 wurde die Weimarer Republik von einer totalitären Einparteienherrschaft abgelöst. SPD und KPD wurden verboten, die anderen Parteien lösten sich unter dem Druck der NSDAP mehr oder weniger freiwillig auf, um einem Verbot zu entgehen. Zwar waren die Rahmenbedingungen für aktiven Widerstand gegen das NS-Regime aufgrund der weitgehend ländlich und kleinstädtisch geprägten Regionen auf dem linken Rheinufer und im Westerwald alles andere als günstig. Trotzdem gelang es aber sowohl den Sozialdemokraten als auch den Kommunisten und der SAP, bereits wenige Wochen nach der »Machtergreifung« der Nationalsozialisten erste Widerstandsgruppen zu gründen. So entstanden im Frühjahr und Sommer 1933 in rascher Folge illegale KPD-Zellen in der Vorderpfalz, im Raum Kaiserslautern-Kirchheimbolanden, in Worms, Trier, Koblenz, Wirges und im Kreis Neuwied. Sie waren Teil einer zentralistisch aufgebauten Organisationsstruktur mit Betriebszellen, lokalen Gruppen, Unterbezirksleitungen und Bezirksleitungen. Ihre Aufgabe sollte es sein, den Erosionsprozess des kapitalistischen Wirtschaftssystems, der nun schon seit 1929 anhielt und sehr bald auch zum Zusammenbruch des »Hitler-Faschismus« führen werde, durch intensive Propagandaarbeit weiter zu beschleunigen und die Bevölkerung ideologisch auf die Zeit danach vorzubereiten.

In der Realität erwies sich die illegale Arbeit aber weitaus schwieriger als ursprünglich erwartet. So musste beispielsweise die pfälzische Bezirksleitung in einem Bericht an die illegale KPD-Zentrale in Berlin offen eingestehen, dass die Arbeit in den Unterbezirken Kaiserslautern, Pirmasens und Kusel »sehr schlecht« sei und zu den Zellen in Kirchheimbolanden und Landau überhaupt keine Verbindung mehr bestehe. »Verhältnismäßig gute Arbeit« würde nur in Ludwigshafen geleistet. Zwei Jahre später hieß es dann lapidar: Zur Lage in der Pfalz gebe es »nur wenig zu berichten«.[27]

Die ersten sozialdemokratischen Widerstandsgruppen entstanden im Sommer 1933 in Frankenthal, Ludwigshafen und Worms, weitere wurden wenig später in Mainz, Landau, Pirmasens und Speyer gebildet. Sie schmuggelten illegale Schriften aus dem Saargebiet und dem Elsass in die Pfalz und Rheinhessen, verteilten Flugblätter, diskutierten über die aktuelle politische Lage und kassierten teilweise sogar Mitgliedsbeiträge. Unterstützt wurde ihre Arbeit von Grenzsekretariaten, die die Exil-SPD (Sopade) überall in den deutschen Nachbarländern eingerichtet hatte. Illegale SAP-Gruppen entstanden in Mainz, Bad Ems, Koblenz, Trier, Worms, Ludwigshafen, Speyer und Kaiserslautern. Sie waren in Dreierzellen aufgeteilt, die völlig unabhängig voneinander arbeiteten.

Anfang 1934 nahmen die Vertrauensleute der pfälzischen SPD-Gruppen Verbindung zueinander auf und verabredeten ein gemeinsames Treffen. Es fand am 6. Mai 1934 am Asselstein, einem Felsmassiv im Pfälzer Wald, statt. Man beschloss die illegale Arbeit stärker zu vernetzen, die Pfalz in Unterbezirke einzuteilen und neue illegale Gruppen zu gründen. Genau diese Beschlüsse aber zeigen deutlich das Dilemma, in dem die illegalen Gruppen steckten. Solange sie sich nach außen strikt abschotteten, blieben sie in der Regel unentdeckt, hatten aber auch keine große Wirkung. Je mehr sie jedoch ihre Agitation verstärkten, verbotene Flugblätter und Zeitschriften verteilten und um neue Mitglieder und Sympathisanten warben, desto größer wurde die Gefahr, entdeckt zu werden. Vor allem die äußerst offensive, immer auf Außenwirkung bedachte und von einem äußerst riskanten revolutionären Aktionismus geprägte Arbeit der KPD machte es der Polizei relativ leicht, illegale Gruppen aufzudecken. So konnte sie um die Jahreswende 1933/34 die KPD-Zellen in Pirmasens und Landau, 1935 die in Ludwigshafen und Speyer und 1936 jene im Regierungsbezirk Koblenz-Trier zerschlagen.

Im Sommer 1934 war die Polizei auch der sozialdemokratischen Widerstandsgruppe in Ludwigshafen auf die Spur gekommen. Es gelang ihr nach und nach die gesamten Organisationsstrukturen der illegalen SPD in der Chemiestadt und ihre Verbindungen zu den anderen Gruppen in der Pfalz und in Rheinhessen aufzudecken. Ende September wurden die meisten Teilnehmer des Asselsteiner Treffens festgenommen, wegen Vorbereitung zum Hochverrat angeklagt und im Mai des folgenden Jahres vom Obersten Landgericht München zu mehrjährigen Zuchthausstrafen verurteilt. Durch ihre Verhaftung wurde die illegale Arbeit der SPD in der Region fast völlig lahmgelegt.

Auch die KPD hatte ihre Hoffnung auf den baldigen Zusammenbruch des NS-Regimes und den Beginn einer neuen Revolution längst aufgegeben. An die Stelle der aufwendigen Agitation mit illegalen Zeitschriften und Flugblättern, die die Tätigkeit der Partei in den ersten Jahren nach der »Machtergreifung« der NSDAP geprägt hatte, war längst die Kleinarbeit in den Betrieben und Arbeitervierteln der Städte getreten. Länger als die sozialdemokratischen und kommunistischen Widerstandsgruppen konnten sich die illegalen Organisationen der SAP halten. Da sie sich fast völlig auf interne Diskussionen konzentrierten und nur in Ausnahmefällen mit illegalen Aktionen an die Öffentlichkeit traten, gerieten sie erst relativ spät ins Visier der Gestapo; die SAP-Gruppen in Kaiserslautern, Ludwigshafen und Speyer sogar erst im September und Oktober 1938.

1.5. Die Zeit nach 1945

Wiedergründungen und Neugründungen

Nach dem Ende des nationalsozialistischen Regimes erhielt das deutsche Parteiensystem eine neue Gestalt. Zwar wurden SPD und KPD in alter Form, mit traditionellem Namen und in »lineare[r] Fortsetzung«[28] ihrer Weimarer Organisationen wiedergegründet. Mit der Entstehung der Freien Demokratischen Partei (FDP) konnte aber erstmals die Spaltung des Liberalismus in einen nationalliberalen und einen linksliberalen Flügel überwunden werden, und mit der Christlich-Demokratischen Union (CDU) wurde eine völlig neue Partei geschaffen, in der zunächst zwar ehemalige Zentrums- und BVP-Politiker die dominierende Rolle spielten, in der sich aber auch zahlreiche liberale und konservative Kräfte aus der DDP, DVP, DNVP und den zahlreichen bürgerlichen Kleinstparteien der Weimarer Republik wiederfanden. So wurde aus dem Fünfparteiensystem des Kaiserreichs, das nach 1918 zu einem Siebenparteiensystem angewachsen war, zunächst ein neues Vierparteiensystem mit einer sozialdemokratischen, einer kommunistischen, einer liberalen und einer konservativ-liberalen-christlich-demokratischen Partei. Nicht unwesentlich war dabei, dass die Besatzungsbehörden immer wieder regelnd in den Entstehungsprozess von CDU und FDP eingriffen und so die von vielen zwar gewünschte, aber keineswegs selbstverständliche Konzentration des bürgerlichen Lagers auf zwei Parteien forcierten.

Die im Potsdamer Abkommen vom 2. August 1945 in Aussicht gestellte Wiederzulassung von politischen Parteien setzte in der französischen Zone allerdings später ein als in den anderen Teilen des besetzten Deutschland. Grund war die Befürchtung der Franzosen, dass sich die entstehenden politischen Parteien über kurz oder lang auf nationaler Ebene organisieren würden und dies unweigerlich zur Bildung eines deutschen Zentralstaates führen würde, den man auf französischer Seite aus sicherheitspolitischen und strategischen Gründen aber kategorisch ablehnte. Als sich in Paris jedoch die Erkenntnis durchsetzte, dass die Besatzungsbehörden bei ihren Aufgaben auf zuverlässige deutsche Kräfte angewiesen waren und die Bildung politischer Organisationen längerfristig ohnehin nicht zu verhindern wäre, wurden die Landesgouverneure im November 1945 angewiesen, demokratische und antinazistische Parteien auf der jeweils höchsten Verwaltungsebene zuzulassen und diesen auch die Gründung von lokalen Organisationen zu gestatten, dabei aber einen strikten Aufbau von oben nach unten vorzuschreiben. Ortsgruppen und Kreis- oder Bezirksorganisationen mussten sich also als Untergliederungen der Landes- bzw. Provinzialparteien gründen. Einzelheiten wurden in einer am 13. Dezember 1945 veröffentlichten Direktive festgelegt.

Sozialdemokraten und Kommunisten hatten bereits unmittelbar nach der Besetzung des linken Rheinufers im Frühjahr 1945 begonnen, ihre alten Organisationen wiederzubeleben. Zwar waren die illegalen Widerstandsgruppen von SPD und KPD schon Jahre zuvor von der Gestapo zerschlagen worden, Teile des sozialdemokratischen und kommunistischen Milieus aber waren auch bei Kriegsende noch relativ intakt und bildeten so die Basis für den Wiederaufbau der beiden Parteien. In den pfälzischen Städten Ludwigshafen, Kaiserslautern und Frankenthal kam es schon im März und April 1945 zu ersten Reorganisationsansätzen, in Mainz im Juni. Im Oktober 1945 fand in Elmstein im Pfälzer Wald eine erste Bezirkskonferenz der bis dahin existierenden acht pfälzischen Ortsvereine statt. Im November folgten ähnliche Konferenzen in Koblenz und in Mainz. In Elmstein wurde ein provisorischer Bezirksvorstand für die Pfalz, in Mainz ein vorläufiger Arbeitsausschuss für Rheinhessen gewählt.

Am 16. Januar 1946 wurde die SPD in der Provinz Rheinland-Hessen-Nassau offiziell zugelassen, drei Wochen später, am 6. Februar 1946, auch im Regierungsbezirk Hessen-Pfalz. Die Bezeichnung »Deutschland« durfte sie im Namen allerdings nicht tragen, hieß also Sozialdemokratische Partei Rheinland-Hessen-Nassau und Sozialdemokratische Partei Hessen-Pfalz. Im April fanden in Kaiserslautern und Alzey erste Bezirks- und in Koblenz und Trier erste Unterbezirksparteitage statt. Da aber für den Regierungsbezirk Hessen-Pfalz nur eine Parteiorganisation genehmigt worden war, mussten sich die pfälzische und die rheinhessische SPD am 1. Juli zu einer gemeinsamen Organisation zusammenschließen, trennten sich jedoch vier Monate später bereits wieder, nachdem mit Wirkung vom 1. November Rheinhessen aus dem Oberregierungspräsidium Hessen-Pfalz ausgegliedert und dem Oberregierungspräsidium Rheinland-Hessen-Nassau angeschlossen worden war. Rheinhessen blieb danach aber eigenständiger Parteibezirk und wurde nicht in den SPD-Bezirk Rheinland-Hessen-Nassau integriert. Mit den ersten Bezirks- und Unterbezirksparteitagen wurde die Rekonstruktionsphase der SPD weitgehend abgeschlossen und »das Parteileben wieder in normale Bahnen gelenkt«.[29] Sie war bestimmt worden von großer Kontinuität, die sowohl personell als auch organisatorisch und programmatisch-ideologisch an die Weimarer Republik anknüpfte.

Die weitere Entwicklung der Partei verlief zunächst äußerst positiv. Ende 1946 hatte die SPD in Rheinhessen 94 Ortsvereine mit über 4.000 Mitgliedern, in Rheinland-Hessen-Nassau 244 Ortsvereine mit mehr als 8.000 Mitgliedern und in der Pfalz 330 Ortsvereine mit über 20.000 Mitgliedern. Die Zahlen stiegen bis Mitte 1948 stetig weiter an, brachen danach aber stark ein, was wohl zum einen auf den demografischen Faktor zurückzuführen ist – die Partei hatte überdurchschnittlich viele ältere Mitglieder –, zum anderen aber auch auf die zahlreichen Austritte neuer und jüngerer Mitglieder, die in der Partei keine Perspektiven mehr für sich, ihre politischen Vorstellungen und ihre Karrierepläne sahen.

Ähnlich wie die Sozialdemokraten begannen auch die Kommunisten unmittelbar nach Kriegsende ihre Partei wieder aufzubauen. Bereits im Mai 1945 fand in Ludwigshafen eine erste, noch illegale Konferenz statt, bei der der alte Bezirk Pfalz wiedergegründet wurde. Im September 1945 hatte die pfälzische KPD bereits wieder über 2.000 eingeschriebene Mitglieder, die in 118 »Wohngebietsgruppen«, wie es in einem Organisationsbericht nach Ost-Berlin hieß, organisiert waren. In Rheinhessen, das zunächst wieder dem alten KPD-Bezirk Hessen-Frankfurt zugeordnet wurde, waren es zum gleichen Zeitpunkt 35 Ortsgruppen mit 550 Mitgliedern.

Im Winter 1945/46 beschloss die KPD-Führung in Ost-Berlin, die Organisationsstrukturen der Partei auf dem linken Rheinufer völlig neu zu strukturieren, da klar war, dass die Franzosen keine Partei zulassen würden, deren Leitung ihren Sitz außerhalb ihrer Besatzungszone hatte. Nach der Gründung des Landes Groß-Hessen durch die amerikanischen Besatzungsbehörden wurde im Dezember 1945 zunächst der Unterbezirk Rheinhessen vom Bezirk Hessen-Frankfurt abgetrennt und dem Bezirk Pfalz zugeteilt. Anfang Januar 1946 wurden dann Trier und Koblenz aus dem Bezirk Mittelrhein ausgegliedert und gemeinsam mit den Kreisen Ober- und Unterwesterwald, Unterlahn und St. Goarshausen zum neuen KPD-Bezirk Rheinland-Hessen-Nassau zusammengefasst. Einige Tage später, am 16. Januar, erhielt die KPD die offizielle Zulassung für das Gebiet des Oberpräsidiums Rheinland-Hessen-Nassau; in Hessen-Pfalz wurde sie am 4. Februar genehmigt. Wie die SPD durfte aber auch die KPD die Bezeichnung »Deutschland« nicht im Namen führen. Die beiden Parteien trugen daher die Bezeichnung Kommunistische Partei Rheinland-Hessen-Nassau und Kommunistische Partei Hessen-Pfalz. Mit ihrem Zusammenschluss zur KPD Rheinland-Pfalz unter der Führung von Herbert Müller aus Ludwigshafen im Januar 1947 – das »D« im Namen war nun gestattet – war der organisatorische Wiederaufbau der Partei abgeschlossen. Sie hatte zu diesem Zeitpunkt ca. 20.000 Mitglieder – über 14.000 davon in der Pfalz und in Rheinhessen –, die in weit über 400 Ortsgruppen organisiert waren.

Im Gegensatz zu SPD und KPD war der Gründungsprozess der CDU vielschichtiger und komplizierter, da anfangs unterschiedliche Parteikonzepte und Gründungszirkel miteinander konkurrierten, und sich die Idee einer interkonfessionellen Union erst allmählich durchsetzen konnte. Vor allem in konfessionell gemischten Regionen befürchteten viele ehemalige Zentrumsanhänger, dass die Interessen der Katholiken in einer überkonfessionellen Organisation nur ungenügend vertreten werden könnten, und traten daher mit Nachdruck für die Wiedergründung ihrer alten Partei ein. In den überwiegend katholisch geprägten Gebieten, in denen nicht mit einem allzu großen Zustrom protestantischer Kräfte zu rechnen war, und die Dominanz der Katholiken unangetastet bleiben würde, lief die Diskussion über die politische Zukunft des bürgerlichen Lagers dagegen sehr früh auf die Bildung einer neuen überkonfessionellen Partei hinaus. So entstand in Koblenz bereits im Frühjahr 1945 ein Unionskreis, der im Herbst bei der Militärregierung Anträge zur Genehmigung einer Christlich-Demokratischen Partei (CDP) für den Regierungsbezirk Koblenz einreichte. In Trier, wo auch Bischof Franz Rudolf Bornewasser die Bildung einer überkonfessionellen Partei befürwortete, wurde die CDP im September gegründet und Anfang Dezember zugelassen. Die Genehmigung für Koblenz und die Provinz Rheinland-Hessen-Nassau folgte im Januar. Widerstand gegen die Gründung einer überkonfessionellen Partei gab es lediglich in der konfessionell stärker gemischten Region um Bad Kreuznach, wo im November 1945 die Zentrumspartei wiedergegründet werden sollte, von den Franzosen, die nur eine christliche Partei zulassen wollten, aber keine Genehmigung erteilt wurde.

Auf sehr viel mehr Skepsis stießen die Anhänger des Unionsgedankens in der Pfalz und in Rheinhessen. Vor allem in Speyer, Kaiserslautern, Ludwigshafen und Oppenheim existierten starke Gruppen, die für die Wiedergründung des Zentrums eintraten und die Bildung einer überkonfessionellen Partei strikt ablehnten. Da die Franzosen aber deutlich zu verstehen gaben, dass sie auch hier nur eine christliche Partei zulassen würden, kam es im Januar 1946 in Neustadt zu einer gemeinsamen Konferenz der pfälzischen Parteigruppen, in der nach erbitterten Diskussionen schließlich die Bildung einer Christlich-Demokratischen Union beschlossen wurde. In Rheinhessen hatten dagegen ehemalige Zentrumsanhänger im September 1945 eine Christlich-Demokratisch-Soziale Volkspartei (CDSV) gegründet. Sie verstand sich zwar ebenfalls als überkonfessionelle Partei, sah sich aber vor allem in der Tradition der christlichen Gewerkschaftsbewegung und betrachtete die Aufnahme ehemaliger DVP-, DDP- und DNVP-Anhänger in die neue CDU mit großer Skepsis. Da die Franzosen aber auf einer gemeinsame Parteiorganisation für Hessen-Pfalz bestanden, mussten sich beide Parteien zusammenschließen. Dass dies erst nach wochenlangen Diskussionen und auf massiven Druck der Franzosen gelang, zeigt, wie unterschiedlich die politischen Konzepte waren, an denen sie sich orientierten. Am 5. März 1946 wurde die CDU Hessen-Pfalz schließlich offiziell genehmigt. In Rheinhessen und in der Pfalz, so bilanziert Anne Martin, war für viele die CDU nur »zweite Wahl«. »Man akzeptierte sie aufgrund der äußeren Gegebenheiten, nicht aus innerer Überzeugung oder gar Enthusiasmus für die so häufig beschworene neue Gemeinsamkeit mit den Protestanten«.[30]

Nach der Gründung von Rheinland-Pfalz schlossen sich Anfang 1947 die CDU Hessen-Pfalz und die CDP Rheinland-Hessen-Nassau zur CDU Rheinland-Pfalz zusammen. Allerdings war diese Vereinigung noch komplizierter als der Zusammenschluss der Pfälzer mit den Rheinhessen, da der »Hyperföderalismus der Koblenzer«[31] mit Peter Altmeier, Wilhelm Boden und Adolf Süsterhenn an der Spitze vor allem bei den pfälzischen Christdemokraten große Bedenken auslöste. Viele befürchteten, dass die Parteifreunde aus dem Norden des Landes »Wegbereiter eines Pufferstaates zwischen Deutschland und Frankreich«[32] werden könnten, so wie ihn die Separatisten nach dem Ersten Weltkrieg angestrebt hatten. Dass sie zunächst auf Beibehaltung des Namens CDP bestanden und sich damit bewusst von der restlichen CDU abgrenzten, schien diese Befürchtung zu bestätigen. Erst als die Koblenzer in der Namensfrage einlenkten – sie hatten

Dr. h. c. Peter Altmeier (1899–1977)

Der kaufmännische Angestellte war von 1929–1933 für das Zentrum Mitglied im Koblenzer Stadtrat. Nach der Selbstauflösung der Partei 1933 legte er sein Mandat nieder, da er einen Übertritt zur NSDAP-Fraktion ablehnte. 1945/46 war er Mitbegründer der CDP und gehörte als Vorsitzender der CDP/CDU-Fraktion der »Beratenden Landesversammlung« an. 1946 wurde er von der französischen Besatzungsbehörde zum Regierungspräsidenten in Montabaur ernannt. Von 1947–1969 war er Ministerpräsident und in Personalunion zeitweise auch Minister für Wirtschaft und Verkehr sowie Innenminister von Rheinland-Pfalz. Die rheinland-pfälzische CDU führte er als Landesvorsitzender bis 1966. 1971 schied er aus dem Landtag aus.

(Bildagentur Landeshauptarchiv Koblenz/Gustav Rittstieg)

erkannt, dass die Partei keineswegs von der zentralistischen Berliner CDU dominiert wurde, kam es zu einer Einigung. Vorsitzender war bis 1966 Peter Altmeier (siehe Kasten).

Ähnlich schwierig war der Entstehungsprozess der FDP, in dessen Verlauf ebenfalls unterschiedliche politische Traditionen und Parteikonzepte aufeinanderstießen und so eine gradlinige Entwicklung erschwerten. Erste Impulse gingen von der Pfalz aus, wo im Frühjahr 1946 der Soziale Volksbund (SV) gegründet wurde, der sich nicht nur dem Namen nach am Christlich-Sozialen Volksdienst (CSVD) der Weimarer Republik orientierte. Ursprünglich sollte die neue Partei Christlich-Sozialer Volksbund heißen, was die Traditionslinie zum CSVD noch deutlicher zum Ausdruck gebracht hätte. Ein erster Antrag auf Genehmigung wurde von den Franzosen aber mit dem Hinweis abgelehnt, dass nur eine christliche Partei zugelassen würde. Erst als man den Begriff »Christlich« aus dem Parteinamen strich, gaben die Besatzungsbehörden ihren Widerstand auf und ließen die neue Partei am 11. Mai 1946 schließlich offiziell zu. Der Soziale Volksdienst, der zunächst lediglich im Raum Kaiserslautern Fuß fassen konnte, verstand sich als Partei des politischen Protestantismus und somit als Gegengewicht zur CDU, in der viele zu diesem Zeitpunkt noch eine rein katholische Partei sahen. Er ist damit im Grunde nur bedingt der »Reihe der liberalen Parteigründungen« zuzuordnen. Sein politischer Charakter veränderte sich erst, als sich ihm im Herbst 1946 Gruppen aus der Vorderpfalz anschlossen, die stärker in der liberalen Tradition verankert waren als die Westpfälzer und ursprünglich eine Liberale Partei hatten gründen wollen, von den Franzosen dafür aber keine Genehmigung erhalten hatten. Einige Wochen zuvor, im August 1946, war auch in Rheinhessen eine Bezirksorganisation des Sozialen Volksbundes entstanden, die freilich lange Zeit nur auf dem Papier bestand.

Ein zweiter Gründerzirkel existierte in Trier, wo im September 1946 die Liberale Partei Rheinland-Pfalz (LP) lizenziert wurde. Der Lizenzierungsantrag war bereits im Januar eingereicht worden, von den Franzosen, die lange Zeit ein Dreiparteiensystem favorisierten und die Kontakte der Trierer zur Liberal-Demokratischen Partei in Berlin mit Argwohn betrachteten, aber monatelang ignoriert worden. Im Gegensatz zu den Gründern des Sozialen Volksdienstes kamen die meisten Initiatoren der LP aus dem linksliberalen Lager. Zwar wurden Ende Oktober 1946 Bezirksverbände für Trier und Koblenz-Montabaur gegründet, die Mitgliederzahl blieb aber aufgrund der Konfessions- und Sozialstruktur der Region wie schon in der Weimarer Republik relativ gering.

Noch komplizierter wurde die Situation, als sich im Oktober 1946 in Mainz eine Gruppe ehemaliger Linksliberaler der LP anschloss und kurze Zeit später eine Bezirksorganisation für Rheinhessen gründete, so dass in der Region zwischen Worms und Mainz von nun an zwei liberale Parteien nebeneinander existierten. Da dieses Konkurrenzverhältnis von beiden Parteien sehr bald als unhaltbar empfunden wurde, einigte man sich im November darauf, dass sich der Soziale Volksdienst aus Rheinhessen zurückzog und die LP im Gegenzug auf eine eigenständige Organisation in der Pfalz verzichtete. Im April 1947 beschloss eine gemeinsame Vertretertagung der beiden Parteien schließlich den Zusammenschluss von LP und SV zur Demokratischen Partei Rheinland-Pfalz, die dann später in der FDP aufging.

Das rheinland-pfälzische Parteiensystem seit 1947

Die weitere Entwicklung der politischen Parteien in Rheinland-Pfalz ist erst in Ansätzen erforscht. Auffallend ist, dass der für andere Bundesländer typische Organisationsvorteil der SPD gegenüber der Union für Rheinland-Pfalz lange Zeit nicht galt. Während die CDU bereits seit 1947 über einen zentralen Landesverband verfügte, behielten in der SPD die drei traditionellen Parteibezirke Pfalz, Rheinhessen und Rheinland-Hessen-Nassau zunächst ihre Eigenständigkeit. Zwar wurde der 1947 gebildete gemeinsame Landesausschuss 1959 in einen Landesvorstand mit den drei Bezirkschefs als gleichberechtigten Vorsitzenden umgewandelt und 1966 mit dem Mainzer Oberbürgermeister Jockel Fuchs erstmals ein gemeinsamer Landesvorsitzender gewählt, Vorstand und Vorsitzende aber blieben nach wie vor ohne großen Einfluss und hatten wenig mehr als koordinierende Funktion. Erst unter Wilhelm Dröscher und Hugo Brandt gelang es, den Einfluss der Landespartei zu vergrößern. 1971 wurde eine Landessatzung beschlossen, 1977 erstmals eine allerdings personell schwach besetzte Landesgeschäftsstelle eingerichtet und erst 2002 gaben die Bezirksverbände schließlich ihre Eigenständigkeit auf und verschmolzen zum Landesverband Rheinland-Pfalz mit den drei Regionalverbänden Pfalz, Rheinhessen und Rheinland.

Die CDU hatte nach der Übernahme des Parteivorsitzes durch Helmut Kohl Mitte der 1960er Jahre ihre Parteiorganisation systematisch weiter ausgebaut und verfügte in den folgenden vier Jahrzehnten daher über eine äußerst effiziente parteiorganisatorische Infrastruktur[33] mit einer Landesgeschäftsstelle, Bezirks- und Kreisgeschäftsstellen und professionell geschultem Personal. Diesen Organisationsvorteil konnte die SPD erst nach Bildung des Landesverbandes teilweise ausgleichen. Im Gegensatz zu CDU und SPD verfügen weder die FDP, die als »professionelle Fraktionspartei«[34] und »moderne Honoratiorenpartei«[35] charakterisiert wird und deren Landesverband in die vier Bezirksverbände Koblenz, Eifel-Hunsrück, Rheinhessen-Vorderpfalz und Pfalz unterteilt ist, noch die Grünen, die anfangs sehr stark in der Friedensbewegung verwurzelt waren und die momentan in 34 Kreisverbänden und über 100 Ortsverbänden organisiert sind, über vergleichbare Parteistrukturen. Allerdings ist unübersehbar, dass die Mitgliederzahlen der beiden großen Parteien in den letzten Jahren stark rückläufig sind und damit auch die Parteiorganisationen an Bedeutung und Schlagkraft eingebüßt haben. Ursache ist zum einen die Individualisierung der Gesellschaft, die zu einer »Flucht aus formalen Organisationen«[36] führt. Zum anderen aber auch eine zunehmende Skepsis in der Bevölkerung gegenüber der Politik und den politischen Parteien, die sie gestalten. So hatten die Christdemokraten 1990 78.000 Mitglieder, die Sozialdemokraten ca. 73.000. 2007 waren es noch ca. 51.000 bzw. 45.000. Die FDP kam 2008 auf ca. 5.000, die Grünen 2009 auf ca. 2.300 Mitglieder.

Betrachtet man die Struktur des rheinland-pfälzischen Parteiensystems seit 1947 – als Gradmesser können nun im Gegensatz zur Zeit vor 1933, als die Region verschiedenen Ländern angehörte, die Landtagswahlen herangezogen werden – so werden vier Aspekte deutlich (siehe hierzu auch: Bd. Historische Statistik):

1. Die lange Dominanz der CDU, die über Jahre die Politik im Land beherrschte, seit Mitte der 1980er Jahre aber deutlich an Zustimmung einbüßte und ihre Stellung als stärkste politische Kraft an die SPD verlor. Mit Ausnahme der Landtagswahl von 1951 erreichten die Christdemokraten stets deutlich mehr als 40 % der Wäh-

lerstimmen, konnten 1971 erstmals auch die absolute Mehrheit der Stimmen auf sich vereinigen und diese über 16 Jahre behaupten. Die Gründe für die jahrzehntelange Führungsrolle der CDU sieht die Forschung zum einen in der Sozial-, Wirtschafts- und Konfessionsstruktur des Landes mit seinem überdurchschnittlichen Katholikenanteil, der Dominanz ländlicher Regionen, dem hohen Prozentsatz mittelständischer Berufsgruppen am Erwerbsleben und dem dadurch bedingten »Fortbestehen eines ländlich-katholischen Milieus in weiten Teilen des Landes«[37]; zum anderen aber auch in dem bereits erwähnten »höhere[n] Grad an Professionalität der Organisationsstruktur«,[38] den die SPD erst in den letzten Jahren ausgleichen konnte. Zwar war die CDU lange Zeit fast ausschließlich eine »katholische Milieupartei«,[39] die nach wie vor dem »Katholizismus der Zentrumspartei verhaftet«[40] war und ihre größten Erfolge in den überwiegend katholischen, vor 1933 vom Zentrum dominierten Regionen des Landes feierte. Als aber Mitte der 1960er Jahre eine junge Politikergeneration um Helmut Kohl die alte konservativ-katholische Parteiführung ablöste und im Bildungswesen, in der Verwaltung und zahlreichen anderen Bereichen Reformen initiierte und damit einen seit langem notwendigen Modernisierungsprozess in Gang setzte, gelang es ihr in immer stärkerem Maße auch bislang fernstehende protestantische Wählerkreise für sich zu gewinnen. Probleme in der Wirtschafts- und Agrarpolitik des Landes, die sinkende Popularität der CDU-geführten Bundesregierung und die allgemeinen sozio-ökonomischen und sozio-kulturellen Veränderungen der 1970er und 1980er Jahre, die u. a. in einer Erosion der traditionellen Bindungen zwischen Katholiken und Union resultierten, führten dann aber 1987 erstmals wieder zu einem deutlichen Rückgang der CDU-Wählerstimmen. Dies wiederum löste parteiinterne Auseinandersetzungen aus, die sich zu einer massiven Führungskrise entwickelten, zum Teil alte Aversionen zwischen den Parteibezirken wieder zum Vorschein brachten und 1988 im Rücktritt von Ministerpräsident Bernhard Vogel gipfelten. 1991 rutschte die CDU erstmals seit vierzig Jahren wieder unter die 40-Prozent-Marke und musste die Regierungsmacht, die sie seit Gründung des Landes zunächst in einem Allparteienkabinett und dann entweder allein oder in einer Koalition mit der FDP innehatte, an die SPD abgeben. Sie konnte sie bis heute nicht zurückgewinnen.

2. Bis 1987 lag die rheinland-pfälzische SPD in der Wählergunst stets mehr oder weniger deutlich hinter der CDU – ebenfalls das Resultat der Sozial-, Wirtschafts- und Konfessionsstruktur des Landes, die die Christdemokraten grundsätzlich begünstigte. Kaack und Sarcinelli sprachen noch 1986 von einer »schon fast traditionell zu nennende[n] politische[n] Rollenverteilung zwischen den beiden größten Parteien«[41] – die CDU als geborene Regierungspartei auf der einen, die SPD als chancenlose Oppositionspartei auf der anderen Seite. Und das, obwohl die Partei spätestens seit dem Godesberger Programm von 1959 auch in der öffentlichen Diskussion als pragmatische und reformorientierte Volkspartei wahrgenommen wurde, die sich zur sozialen Marktwirtschaft bekannte und nicht länger marxistisch-ideologischen Vorstellungen anhing. Erst bei den Landtagswahlen von 1991 veränderte sich diese scheinbar auf ewig festgeschriebene Rollenverteilung: Erstmals wurden die Sozialdemokraten stärkste Partei im Land und stellten mit Rudolf Scharping auch den Ministerpräsidenten. Neben der Schwäche der CDU, auf die bereits hingewiesen wurde, war es vor allem Scharpings Strategie, die Partei durch mehr Bürgernähe und wirtschaftspolitische Kompetenz auch für Mittelständler, Handwerker, Landwirte und Winzer attraktiv zu machen, die zum Erfolg führte und ihr auch au-

ßerhalb ihrer traditionellen Hochburgen in der Pfalz und Rheinhessen Wähler brachte. Sein Nachfolger Kurt Beck, der sehr schnell in die Figur des Landesvaters hineinwuchs und sich durch Bodenständigkeit, Tatkraft und allgegenwärtige Präsenz im Land auszeichnet, konnte bei den folgenden Landtagswahlen den Stimmenanteil der SPD nicht nur stabilisieren, sondern sogar noch deutlich weiter ausbauen.

3. Die FDP, die seit 1983 von Rainer Brüderle geführt wurde, war bis 2011 unangefochten die dritte politische Kraft im Lande, die auch in den 1990er Jahren, als die Partei in zahlreichen anderen Bundesländern an den Sperrklauseln scheiterte, relativ stabil blieb. Sie bildete von 1951 bis 1971 und von 1987 bis 1991 mit der CDU christlich-liberale und dann – was ihre »koalitionspolitische Flexibilität«[42] deutlich macht und sie von anderen Landesverbänden der Partei unterscheidet – von 1991 bis 2006 mit der SPD sozialliberale Regierungskoalitionen. Bündnis 90/Die Grünen mussten sich dagegen meist mit unterdurchschnittlichen Wahlergebnissen zufriedengeben und blieben bis 2011 »permanente Oppositionspartei«[43]. Ihnen schien im ländlich geprägten Rheinland-Pfalz die breite soziale Basis für bessere Ergebnisse zu fehlen. Zwar waren sie seit 1987 vier Wahlperioden lang ununterbrochen im Landtag vertreten, scheiterten 2006 aber an der Fünf-Prozent-Hürde. 2011 konnten sie mit dem bis dahin besten Wahlergebnis ihrer Geschichte von 15,4 % in den Landtag zurückkehren, die Freien Demokraten, die mit nur 4,2 % ein weiteres Mal an der Sperrklausel scheiterten, erstmals als dritte Kraft im Land ablösen und gemeinsam mit der SPD eine rot-grüne Regierung bilden.
4. Sonstige Parteien spielten in Rheinland-Pfalz keine nennenswerte Rolle. Die KPD verlor vor dem Hintergrund der allgemeinen politischen Situation der 1950er Jahre und aufgrund parteiinterner Auseinandersetzungen rasch an Bedeutung, scheiterte bereits 1951 an der Fünf-Prozent-Klausel und hatte zum Zeitpunkt ihres Verbotes fünf Jahre später gerade noch einmal knapp 4.000 ihrer ehemals über 20.000 Mitglieder. Lediglich der rechtsradikalen Deutschen Reichspartei (DRP) und der Nationaldemokratischen Partei Deutschlands (NPD) gelang noch der Sprung in den Landtag. Die DRP erreichte 1959 5,1 %, die NPD 1967 im Verlauf der ersten größeren wirtschaftlichen Krise der Nachkriegszeit 6,9 %. Beide konnten diese Erfolge aber nicht wiederholen. Der Bund der Heimatvertriebenen und Entrechteten (BHE), dem wegen der relativ geringen Anzahl an Vertriebenen in Rheinland-Pfalz die soziale Basis weitgehend fehlte, und die Deutsche Partei (DP), die als norddeutsche Regionalpartei kaum Resonanz fand, blieben ebenso bedeutungslos wie die Nachfolgeorganisation der KPD, die 1968 gegründete Deutsche Kommunistische Partei (DKP), oder die Republikaner. Die politische Landschaft in Rheinland-Pfalz war daher bis in die 1980er Jahre durch ein Dreiparteiensystem aus CDU, SPD und FDP geprägt, das sich nach Gründung der Grünen zu einem Vierparteiensystem entwickelte. Der Linken, die innerparteilich chronisch zerstritten ist, gelang es auch 2011 nicht in den Landtag einzuziehen. Ihr Vorläufer, die Wahlalternative – Arbeit und soziale Gerechtigkeit (WASG), war 2006 ebenfalls gescheitert. Ob sich die Linke in Rheinland-Pfalz längerfristig als stabiler politischer Faktor etablieren kann, und sich so aus dem regionalen Vierparteien- ein Fünfparteiensystem entwickelt, bleibt abzuwarten.

2. Gewerkschaften

Von Klaus J.Becker

2.1. Die Traditionslinien

Die Frühgeschichte der Arbeiter- und Gewerkschaftsbewegung ist verknüpft mit der Industriellen Revolution in Deutschland: Zwar entstand bereits 1784 die erste mechanische Baumwollspinnerei in Ratingen; den industriellen Durchbruch ermöglichte aber erst 1834 der Deutsche Zollverein, der ein zusammenhängendes Wirtschaftsgebiet schuf, das den deutschen Unternehmen schlagartig neue Absatzmärkte und Wachstumschancen eröffnete, aber auch Konkurrenzdruck erzeugte; schon ein Jahr später verkehrte die erste Dampfeisenbahn zwischen Nürnberg und Fürth und war ab sofort der Führungssektor der Industriellen Revolution in Deutschland.[44] Bereits 1844 erfolgte in Schlesien mit dem Weberaufstand die erste größere proletarische Erhebung, die sich gegen Lohnkürzungen und weit über jedes erträgliche Maß hinausgehende Arbeitszeitverlängerungen wandte. Entsprechend verkündete zu Beginn des Jahres 1848 der gebürtige Trierer Karl Marx im »Kommunistischen Manifest« einen langanhaltenden Klassenkampf zwischen den Besitzern der neuen industriellen Produktionsmittel, der Bourgeoisie, und den modernen Lohnarbeitern, den Proletariern, die nach seiner Auffassung nichts als ihre Ketten zu verlieren, aber durch die kommunistische Revolution eine Welt zu gewinnen hätten.[45] Tatsächlich beteiligten sich diese modernen Lohnarbeiter 1848/49 in der »Deutschen Revolution« gerade im Rheinland und der Pfalz aktiv am Kampf des Bürgertums um eine Demokratisierung Deutschlands und schufen sich erste eigene Organisationszusammenhänge. Der Sieg der reaktionären Kräfte 1849 brachte dann aber nicht nur deren Verbote mit sich, sondern auch erfolglose Streiks in den 1850er Jahren. Beides verstärkte jedoch anschließend das erneute Streben der noch jungen Arbeiterbewegung nach organisatorischen Zusammenschlüssen in eigenen Arbeitervereinen. Ausdruck fand dies 1863 in dem von Ferdinand Lassalle gegründeten reformbürgerlichen Allgemeinen Deutschen Arbeiterverein (ADAV), der sich 1868 eine gewerkschaftliche Organisation gab. Dies war eine Abwehrreaktion auf den wesentlich radikaleren Vereinstag der Deutschen Arbeitervereine (VDAV), der 1868 ebenfalls zur Gründung von Gewerksgenossenschaften aufrief und für den der »Eisenacher« August Bebel bereits ein Musterstatut entwickelte, dem die gewerkschaftlichen Organisationen im Wesentlichen noch heute folgen.[46]

Gewerkschaftliche Anfänge im heutigen Rheinland-Pfalz

Ausgangspunkt der Industrialisierung im heutigen Rheinland-Pfalz war die »Rheinschiene« von Mainz bis Wörth. Die Rheinbegradigung ab 1817 und die eisenbahntechnische Erschließung ab 1845 schufen die Voraussetzungen für eine dynamische Wirtschaftsentwicklung, die rasch eine bemerkenswerte Anzahl von Beschäftigten ohne eigene Produktionsmittel hervorbrachte. Organisierten Widerstand gegen deren anfangs erdrückende Arbeitszeiten gab es erstmals 1871 im pfälzischen Oggersheim, wo 600 Arbeiter einer mechanischen Spinnerei durch einen achttägigen Streik eine Reduktion der täglichen Arbeitszeit von 15 auf zwölf Stunden erreichten. Hingegen blieb ein vom

23. Mai bis zum 16. Juli 1872 andauernder Weber-Streik in Lambrecht ohne einen arbeitspolitischen Erfolg. Solches Aufbegehren beantworteten die Arbeitgeber seit dem Beginn der wirtschaftlichen Depression 1873 mit dem Vorantreiben der Kartellierung und dem Zusammenschluss in Unternehmerverbänden. Dem setzte wiederum die sozialdemokratische Gewerkschaftsbewegung am 28./29. Mai 1875 in Gotha ihren organisationspolitischen Zusammenschluss entgegen; zugleich erkannte sie das Primat der kurz zuvor gegründeten Einheitspartei aus »Lassalleanern« und »Eisenachern« an. Allerdings vollzogen die beruflichen Fachverbände den Zusammenschluss vielfach sehr widerwillig, und das Sozialistengesetz vom 19. Oktober 1878 unterbrach den organisatorischen Aufbau jäh.[47]

2.2. Der organisatorische Durchbruch

Die Auflösung sämtlicher sozialdemokratisch orientierter Organisationen der Arbeiterbewegung durch das Sozialistengesetz wurde ab 1880 durch lokale Neugründungen teilweise kompensiert. Nach dem Auslaufen des Gesetzes am 30. September 1890 war der Weg frei zu einem neuerlichen reichsweiten Zusammenschluss, der sich am 16./17. November 1890 in Berlin auf der Vorständekonferenz der sozialdemokratisch orientierten Gewerkschaften vollzog. Sie selbst bezeichneten sich nun als »Freie Gewerkschaften« und beschlossen die Gründung der »Generalkommission der Gewerkschaften Deutschlands« als zukünftiges koordinierendes Organ. Die beabsichtigte Zentralisation der Freien Gewerkschaftsbewegung in einem Dachverband wurde jedoch durch die Aufsplitterung der Einzelgewerkschaften in Berufs-, Berufsgruppen- und die neu entstandenen Industrieverbände bis 1914 behindert. Gegenüber der SPD betonten die Freien Gewerkschaften die politische Selbständigkeit. Dies wurde von Seiten der Partei jedoch erst 1906 mit dem Mannheimer Abkommen endgültig bestätigt.[48]

Ludwigshafen am Rhein als Beispiel

Geschildert wird im Folgenden der organisatorische Durchbruch im Untersuchungsgebiet am Beispiel des Gemeindebetriebsarbeiter-Verbandes in Ludwigshafen am Rhein: Die heutige Chemiestadt war ursprünglich nur ein kleiner Handelsplatz. Bald nach der Gemeindegründung 1853 nahm sie jedoch den Charakter einer Industriestadt an, in der der Arbeiterbewegung schon vor 1918 gestalterischer Einfluss zugebilligt wurde. Dort fand am 25. Oktober 1897 eine gut besuchte Besprechung der Gas- und anderen städtischen Arbeiter statt. Zunächst wurde beschlossen, eine Petition an die Stadtverwaltung einzureichen, welche anstelle der bisherigen 14-tägigen Lohnzahlung die achttägige verlangte. Die anwesenden Kollegen unterschrieben sämtlich das Gesuch. Daraufhin wurde von einigen Rednern auf den Zweck der Organisation hingewiesen, worauf ca. 30 Anwesende dem Verband der Gasarbeiter beitraten. Zusammen mit den bisher in Mannheim organisierten Kollegen hatte der Zentralverband damit in Ludwigshafen schon ungefähr 50 Mitglieder aufzuweisen, so dass eine Verwaltungsstelle gegründet werden konnte. Da nicht nur in Ludwigshafen die Organisation bereits weit über die Gasarbeiter hinausging, firmierte der Zentralverband ab 1898 als »Gemeindebetriebsarbeiter-Verband«. Dass die Ludwigshafener Mitglieder des Gemeindebetriebsarbeiter-Verbandes sich aber keineswegs nur auf den eigenen Organisationsaufbau beschränken wollten, machten sie auf einer Versammlung am 7. Dezember 1898 deutlich, als sie von der Direktion der städtischen

Gasanstalt nicht nur eine Lohnerhöhung um 10 %, sondern auch ein Bad für die körperliche Reinigung forderten. Bei der Mitgliederversammlung der Ludwigshafener Filiale am 25. Juli 1902 wurde moniert, dass zwar sämtliche Gasarbeiter organisiert seien, die sonstigen städtischen Arbeiter aber noch immer abseits stünden.[49] Unterstützt wurde der Ludwigshafener Gemeindebetriebsarbeiter-Verband von der sozialdemokratischen Fraktion im Stadtrat, die u. a. 1905 die Bildung eines ersten 15-köpfigen Arbeiterausschusses für alle städtischen Betriebe erreichen konnte. In diesem alle zwei Jahre neu zu wählenden Gremium hatte der Gemeindebetriebsarbeiter-Verband von Anfang an die absolute Mehrheit und erreichte u. a. bereits 1906, dass die städtischen Arbeiter jährlich zur bereits traditionellen Demonstration der Arbeiterbewegung am 1. Mai unbezahlten Urlaub nehmen konnten.[50]

Von Vorteil für den Gemeindebetriebsarbeiter-Verband war, dass sich im gemischtkonfessionellen Ludwigshafen zunächst weder Filialen der liberalen Hirsch-Dunkerschen Gewerkvereine noch der Christlichen Gewerkschaften gebildet hatten. Letztere hatten zwar am 21./22. Mai 1899 in Mainz ihren ersten zentralen Kongress durchgeführt, aber ihr Einfluss blieb im Untersuchungsgebiet marginal und auf wenige katholische Hochburgen, wie Hauenstein, beschränkt. Dort, wo ihnen die Organisation der katholischen Arbeiter allerdings gelungen war, z. B. im heutigen Landkreis Altenkirchen, zeigten sich die Christlichen Gewerkschaften durchaus auch arbeitskampfbereit, so 1906 bei dem Streik der Bergarbeiter auf der Kruppschen Eisensteingrube Glücksbrunnen bei Wingendorf.[51] Hingegen boten die katholisch geprägten preußischen Regierungsbezirke Koblenz und Trier den christlichen Gewerkschaften nur wenig Spielraum, da sie bis 1918 nur begrenzt von der Industrialisierung erfasst wurden.

Die insbesondere in Ludwigshafen erreichten Erfolge waren beispielhaft für die ganze Freie Gewerkschaftsbewegung und trugen wesentlich dazu bei, das heutige Rheinland-Pfalz zu einem Kerngebiet des reformistischen Flügels innerhalb der SPD zu entwickeln. In der Freien Gewerkschaftsbewegung hatte die reformorientierte Parteiströmung bereits lange vor 1914 eine deutliche Majorität, weshalb die Opposition innerhalb von SPD und Gewerkschaften gegen die Burgfriedenspolitik zwischen Parteiführung und Generalkommission einerseits und dem wilhelminischen Kaiserreich andererseits im Untersuchungsgebiet bis 1918 kaum Anhänger fand. Damit war die bisher erreichte Teilhabe aus gewerkschaftlicher Sicht abgesichert.

2.3. Die gesamtgesellschaftliche Anerkennung

Mit der Novemberrevolution 1918 ging in Deutschland die politische Macht zwar kurzzeitig auf die Arbeiterbewegung über, aber die Arbeiter- und Soldatenräte beschränkten sich auf eine Regulierung des Übergangs von der parlamentarischen Monarchie zur Demokratie. Gleichzeitig erreichten die Gewerkschaften mit dem Novemberabkommen (ZAG-Abkommen/Stinnes-Legien-Abkommen) nicht nur ihre Anerkennung als berufene Vertreter der Arbeiterschaft durch die Arbeitgeberverbände bei der Regelung der Lohn- und Arbeitsbedingungen, sondern darüber hinaus auch als Partner bei der gemeinsamen Lösung aller die Industrie und das Gewerbe Deutschlands berührenden wirtschafts- und sozialpolitischen Fragen sowie aller sie betreffenden Gesetzgebungs- und Verwaltungsangelegenheiten. Die so ausgehandelten Tarifverträge wurden durch die

Zentralarbeitsgemeinschaft zwischen Arbeitgeber- und Arbeitnehmerverbänden garantiert. Unmittelbarer Ausdruck des Abkommens waren die Einführung des Acht-Stunden-Tages und nachfolgend ein sprunghafter Mitgliederanstieg in den Freien Gewerkschaften, die zur Jahreswende 1919/20 die Sieben-Millionen-Grenze überschritten. Die deutliche Reduzierung der Kernarbeitszeit ermöglichte der Arbeiterbewegung einen signifikanten Ausbau ihres eigenständigen Kulturansatzes, der vom Arbeitersport über Gesang und Theater bis zum Aufbau eines eigenen Freizeittourismus durch die Naturfreunde reichte.

Zuvor hatte das Ergebnis der Wahlen zur Nationalversammlung am 19. Januar 1919 unterstrichen, dass eine deutliche Mehrheit der Arbeiterbewegung sich zur parlamentarischen Demokratie bekannte. Die Anhänger der Rätebewegung gingen in Opposition zu ihr, was die endgültige Spaltung der Arbeiterbewegung in eine sozialdemokratische Mehrheit und eine als USPD sozialistische sowie als KPD kommunistische Opposition unvermeidlich machte. Alle drei Strömungen verblieben jedoch gewerkschaftspolitisch zunächst unter dem Dach des im Juni 1919 in Nachfolge der Generalkommission gegründeten Allgemeinen Deutschen Gewerkschaftsbundes (ADGB), der gegenüber den drei Parteien seine politische Neutralität erklärte – das Mannheimer Abkommen war bereits im Frühjahr 1919 von den Freien Gewerkschaften aufgekündigt worden.

Kampf um die gewerkschaftliche Vorherrschaft

Außer in Koblenz und Mainz wurden am Abend des 9. November 1918 auch in allen größeren Städten der Pfalz Arbeiter- und Soldatenräte improvisiert. Auf diese konnte die USPD lediglich in Pirmasens einen maßgeblichen Einfluss ausüben, obwohl sie in München mit Kurt Eisner den Ministerpräsidenten stellte. Dessen Regierung wiederum veranlasste über die spontan gebildeten örtlichen Arbeiter- und Soldatenräte in der Pfalz die Wahl eines ihnen übergeordneten Vollzugs- und Arbeitsausschusses, der von Vertretern der MSPD dominiert wurde. In der Pfalz beschloss die Vertreterversammlung der Arbeiter-, Soldaten- und Bauernräte beim Eintreffen der französischen Besatzungsmacht am 21. November 1918 ihre Selbstauflösung als »revolutionäres Organ«. Entsprechend wandten sich auch die Arbeiter- und Soldatenräte in Ludwigshafen, Bad Dürkheim und Speyer gegen das »unverantwortliche Treiben der Spartakusgruppe«.[52] Folglich sprach sich am 1. Dezember 1918 in Neustadt a. d. H. die pfälzische Delegiertenversammlung zum Ersten Allgemeinen Kongress der Arbeiter- und Soldatenräte vom 16. bis 20. Dezember 1918 in Berlin – gegen die Stimmen der drei Vertreter der USPD – für die Einberufung der Nationalversammlung aus. Da die Pfalz bis zum 11. Dezember 1918 bereits vollständig von französischen Truppen besetzt wurde, war entsprechend den eigenen Beschlüssen die Rätebewegung in der Pfalz bereits vor dem Zusammentreten des Reichsrätekongresses beendet.

Das Auftreten der neuen Besatzungsmacht wirkte keineswegs nur befriedend, denn die französischen Besatzungsbehörden zeigten deutliche Sympathien für den rheinländischen und pfälzischen Separatismus, der aber bei den Gewerkschaften auf eine eindeutige Ablehnung stieß. Zur Aufrechterhaltung der gewerkschaftlichen Handlungsfähigkeit in den Besatzungszonen wurde deshalb eigens ein verbandsübergreifender »Gewerkschaftsausschuss für die besetzten Gebiete« gegründet, dem zwischen 1926 und 1930 der Mainzer ADGB-Ortsausschussvorsitzende, Wilhelm Thomas, vorstand.[53] Zudem griff die Besatzungsmacht immer wieder ordnend bei spontanen und teilweise gewaltsamen Protestaktionen insbesondere aus den Kreisen der nicht gewerkschaftlich organisierten Arbeiterschaft ein – betroffen hiervon war vor allem Ludwigshafen.[54]

Hier sollte zwischen 1922 und 1924 auch die Richtungsentscheidung innerhalb der ADGB-Gewerkschaften im Untersuchungsgebiet fallen: Im März 1922 konnte die KPD gemeinsam mit der USPD bei den Betriebsratswahlen in der Badischen Anilin- und Sodafabrik (BASF) die Mehrheit der vorderen Plätze auf der gewerkschaftlichen Liste erobern, nachdem sie sich in den vorausgegangenen Monaten in der Vertrauensleuteorganisation eine organisatorische Stütze aufgebaut hatte. Entsprechend wurden mehrere prominente Kommunisten in den Betriebsrat gewählt. Auch gelang es der KPD und der USPD im Mai 1922 gemeinsam, in Ludwigshafen bei den Wahlen zum Kongress des Fabrikarbeiterverbandes (FAV) ihre Kandidaten gegen die Vertreter der MSPD durchzusetzen. Allerdings scheiterten im Juni 1922 die Kandidaten der KPD bei den Ludwigshafener Delegiertenwahlen zum 11. Kongress des ADGB. Im Sommer 1922 trat jedoch ein weiteres BASF-Betriebsratsmitglied von der USPD zur KPD über. Damit war die Spitze der BASF-Arbeitnehmervertretung in kommunistischer Hand. Daraufhin initiierte die KPD eine Lohnerhöhungskampagne unter der Ludwigshafener Arbeiterschaft, die durch einen Reichsbetriebsrätekongress unterstützt werden sollte. Dieser wurde allerdings von den Gewerkschaftsorganisationen abgelehnt. Dennoch wurden drei KPD-Betriebsratsmitglieder auf einer von 8.000 Personen besuchten Versammlung der BASF-Arbeiter als Delegierte zu diesem am 23. November 1922 in Berlin tagenden Reichsbetriebsrätekongress gewählt, obwohl nicht nur die Gewerkschaftsführung für diesen Fall mit deren Ausschluss, sondern auch die Unternehmensleitung mit der Entlassung der Delegierten gedroht hatte. Tatsächlich wurde den drei Betriebsratsmitgliedern nach ihrer Rückkehr am 27. November 1922 die fristlose Kündigung mitgeteilt. Daraufhin ließ sich die Mehrheit der BASF-Belegschaft von ihren Vertrauensleuten – gegen den Willen der Gewerkschaftsführungen – zu einem Solidaritätsstreik bewegen, der unter der Führung einer kommunistisch dominierten Zentralstreikleitung auf weitere Ludwigshafener Betriebe ausgedehnt wurde und bis zum 20. Dezember 1922 andauerte. Trotz ihres langen Ausharrens erreichten die Arbeiter nicht nur nicht die Rücknahme der Entlassung der drei kommunistischen Betriebsratsmitglieder, sondern sie mussten bei ihrer Wiedereinstellung sogar deutlich schlechtere Arbeitsverträge akzeptieren. Der von der KPD initiierte politische Massenstreik in der BASF endete zwar mit einer deutlichen Niederlage für die Arbeiterschaft zum Ende des Jahres 1922, veranschaulicht aber auch, dass es der Partei gelungen war, innerhalb kurzer Zeit ihren Einfluss auf wesentliche Teile der gewerkschaftlich organisierten Arbeiterschaft auszudehnen.[55]

Zu Beginn des Jahres 1923 gelang es der KPD, wesentliche Positionen innerhalb des Ludwigshafener Fabrikarbeiterverbandes zu besetzen. Da jedoch der Hauptvorstand des FAV die Genannten wegen ihrer Rolle im vorangegangen BASF-Streik ausschloss, diese aber wiederum von der Geschäftsführung nicht zurücktraten, war eine Spaltung des FAV in Ludwigshafen unvermeidlich geworden. Sie fand ihren Abschluss in der Bildung eines prokommunistischen »Industrieverbandes der chemischen Industrie«. Entsprechend standen sich bei den Betriebsratswahlen vom 26. bis 29. Januar 1923 in der BASF die Liste des FAV und die des Industrieverbandes konkurrierend gegenüber, wobei der Industrieverband mit 2.996 Stimmen dem FAV mit 5.792 Stimmen deutlich un-

Spontane Arbeiterdemonstration in Ludwigshafen, 1920 (Stadtarchiv Ludwigshafen)

terlag. Allerdings gilt es zu berücksichtigen, dass neben den kommunistischen Betriebsratsmitgliedern auch rd. 1.300 weitere Arbeiter wegen ihres Engagements im vorangegangen Streik von der Werksleitung nicht wieder eingestellt worden waren und nahezu die Hälfte der BASF-Arbeiter sich nicht an der Wahl beteiligt hatte. Die gewerkschaftliche Machtentscheidung fiel deshalb erst ein Jahr später: Als die Direktion der BASF am 28. Februar 1924 für die Arbeiter der Normalschicht ab dem 3. März 1924 den Neun-Stunden-Tag einführte, forderte der Industrieverband am 3. März 1924 die Arbeiter auf, die Arbeitsplätze wie bisher nach acht Stunden zu verlassen. Nach zwei Tagen folgten bereits zwei Drittel der Arbeiterbelegschaft in der BASF dieser Aufforderung, worauf die Direktion am 6. März 1924 die gesamte Arbeiterbelegschaft aussperrte und mit Hilfe der Polizei das Werksgelände räumen ließ. Dies führte zu einer massiven Auseinandersetzung zwischen Arbeitern und Polizei, in deren Verlauf fünf Arbeiter getötet wurden. Eine Folge davon war ein Massenzulauf zum Industrieverband, der bis zur Aufgabe des Streiks am 9. Mai 1924 dessen alleinige Leitung innehatte. Nach der Wiederaufnahme der Arbeit verweigerte die Direktion 300 Aktivisten des Industrieverbandes, der während des Streiks seine Mitgliedszahl von 3.000 auf 10.000 hatte steigern können, die Wiedereinstellung. Davon unbeeindruckt stimmten bei den Betriebsratswahlen im Juni 1924 noch einmal zwei Drittel der Anilinarbeiter für den Industrieverband, der insgesamt 8.506 Stimmen gegenüber 10.076 Stimmen für die Gemeinschaftsliste aus FAV, Christlicher Gewerkschaft und Angestelltenverbänden erhielt. Allerdings ging der Stimmenanteil des Industrieverbandes bei den anschließenden Betriebsratswahlen unter den Arbeitern gegenüber 1924 von 69,5 % auf 38,5 % zurück, so dass nach dieser Wahl die KPD nur noch im Besitz von drei Betriebsratsmandaten in der BASF war, während sie im Jahr 1924 dort noch über neun verfügt hatte. Auch die Mitgliederzahl des Industrieverbandes war von 2.700 im Februar 1925 auf 992 im August 1925 zurückgegangen. Insofern war dessen Selbstauflösung am 13. Oktober 1925 konsequent.[56]

2.4. Stagnation und Verbot

Da diese Richtungsentscheidung aber auch mit der Beibehaltung des Neun-Stunden-Tages durch die Arbeitgeber verbunden war, gingen die Gewerkschaften im Untersuchungsgebiet trotz der Rückkehr der Kommunisten in die Organisation deutlich geschwächt in die »Goldenen Jahre« der Weimarer Republik. Die Durchsetzung der »Herr-im-Haus-Politik« durch die Direktion der BASF fand auch anderenorts Nachahmer: So war z. B. den 5.700 Beschäftigten der Wormser Lederindustrie ein arbeitspolitisches Engagement am Arbeitsplatz nicht möglich.[57] Außerdem ging die KPD bereits ab 1928 wieder zu einer systematischen Fraktionsarbeit innerhalb des ADGB über. Als der ADGB dies erneut mit Ausschlüssen beantworte, trat die KPD im März 1929 bei den Betriebsratswahlen in der BASF wieder mit einer eigenen »Liste für betriebliche und Gewerkschaftseinheit« an, die jedoch nur 19,8 % der Arbeiterstimmen gewinnen konnte. Bei der Reichseisenbahn des Direktionsbezirks Ludwigshafen erhielt die Liste der »Revolutionären Opposition« im Mai 1929 sogar nur 128 von 5.846 Stimmen. Trotzdem forcierte die KPD anschließend den Aufbau der Revolutionären Gewerkschaftsopposition (RGO) als kommunistische Sondergewerkschaft neben dem ADGB; ein angesichts der einsetzenden Weltwirtschaftskrise aussichtsloses Unterfangen, das am 30. November und 1. Dezember 1929 in Berlin seinen konstituierenden Abschluss fand. Diesem Vorbild folgend, versuchten anschließend die Nationalsozialisten mit ihrer Betriebszellenorganisation (NSBO) dem ADGB eine rechte Konkurrenz entgegenzustellen. Sie war bis 1933 aber im Untersuchungsgebiet genauso einflusslos wie die RGO in den Regierungsbezirken Koblenz und Trier.[58] Selbst bei den Betriebsratswahlen in der BASF im März 1930 sank der Stimmenanteil für die kommunistische Liste auf 17,9 %, um dann im März 1931 unter den Arbeitern der BASF auf nur 23,8 % zu steigen.

Angesichts dieser Spaltung und dramatischer Mitgliederverluste durch die Weltwirtschaftskrise verfolgten die gewerkschaftlich organisierten Arbeiter die Machtübergabe an die Nationalsozialisten wie gelähmt. Zwar wurde ein Aufruf des Zentralkomitees der KPD zum Generalstreik auch im Untersuchungsgebiet unter der sozialdemokratischen Arbeiterschaft verbreitet; er blieb jedoch durch das Fehlen der notwendigen Voraussetzungen für eine sofortige gemeinsame Aktion nach der langen heftigen Feindschaft zwischen den beiden Strömungen folgenlos. Vereinzelte Versuche innerbetrieblichen Widerstandes wurden zwischen März und April 1933 von den Nationalsozialisten schnell zerschlagen. Zuvor hatte sich die Arbeiterbewegung bei den im März 1933 angelaufenen Betriebsratswahlen den neuen Herrschern verweigert. Als reichsweit in 1.387 Betrieben nur 11,7 % aller Betriebsrätemandate auf die NSBO entfallen waren, unterbrach die Regierung die Wahlen mit dem Gesetz über die Betriebsvertretungen vom 4. April 1933 zunächst bis zum September 1933, ohne sie dann fortzusetzen. In Ludwigshafen errang die NSBO lediglich bei der Firma Giulini einen Anerkennungserfolg mit vier Sitzen gegenüber sieben einer Einheitsliste aus ADGB, RGO und Christlichen Gewerkschaften. Mit dem Gesetz vom 4. April 1933 wurden die Arbeitgeber ermächtigt, Betriebsangehörige bei »Verdacht staatsfeindlicher Tätigkeit« zu entlassen. Dennoch erzwang die Belegschaft im Zeiss-Metallwerk in Bad Kreuznach durch einen Streik die Freilassung ihrer zuvor verhafteten Betriebsräte. Dafür führte ein von der KPD initiierter Streik in der Eisenbahnwerkstätte Trier-West zur Besetzung des Werkes durch Bahn- und Schutzpolizei. Die Mitglieder des Betriebsrates wurden verhaftet, Löhne reduziert und Feierschichten durchgesetzt.[59]

Allerdings war spätestens seit den gescheiterten Betriebsratswahlen innerhalb der NSDAP-Führung ohnehin die Entscheidung gefallen, die Gewerkschaften am 2. Mai 1933 aufzulösen. Diese Entwicklung verkennend, versuchte die ADGB-Führung, die eigenen Organisationen durch ein Entgegenkommen gegenüber der NSDAP zu retten und bot im April 1933 an, sich in den Dienst des neuen Staates zu stellen. Gleichzeitig distanzierte sich der Vorsitzende Theodor Leipart von der SPD und erklärte den ADGB für parteipolitisch neutral. Höhepunkt dieser Strategie war der Aufruf des Bundesvorstandes zur Teilnahme am »Feiertag der nationalen Arbeit«, zu dem die NS-Führung den 1. Mai 1933 umdeuten wollte. Der Dank des Regimes für die ADGB-Aufforderung, sich »allerorts an den von der Regierung veranlassten Feiern zu beteiligen«,[60] erfolgte am nächsten Morgen: Um zehn Uhr besetzten SA- und SS-Kommandos auch im Untersuchungsgebiet die Gewerkschaftshäuser und verhafteten die Mitarbeiter des ADGB. Das Gewerkschaftsvermögen wurde konfisziert, die Gewerkschaftspresse nun im Sinne der Herrschenden redigiert. Am 10. Mai 1933 wurde die Deutsche Arbeitsfront (DAF) anstelle des ADGB und der kleineren Verbände außerhalb des ADGB propagiert. Organisiert in einem Gau Koblenz-Trier und einem Gau Pfalz, wurde die DAF bereits 1934 in eine analog zur NSDAP zentralistisch aufgebaute Propagandaorganisation umgestaltet. Als rein formaler Zusammenschluss von Arbeitgebern und Arbeitnehmern – ohne Streikrecht – wurde ihr tatsächlicher Wirkungskreis durch das Arbeitsordnungsgesetz vom 20. Januar 1934, das alle entscheidenden Regelungsfunktionen zwischen Arbeitgebern und Arbeitnehmern den »Reichstreuhändern der Arbeit« zusprach und die Tarifautonomie aufhob, weiter eingeschränkt.[61] Ein tatsächliches gewerkschaftliches Engagement war im Untersuchungsgebiet aber schon spätestens seit dem 2. Mai 1933 nicht mehr möglich gewesen und konnte nach erheblicher Verfolgung erst Ende März 1945 wieder aufgenommen werden.[62]

2.5. Der Neubeginn im besatzungsrechtlichen Rahmen

Ausgehend von der Eroberung Prüms am 12. Februar 1945 war das linksrheinische Gebiet des heutigen Bundeslandes Rheinland-Pfalz bis Ende März 1945 von amerikanischen Truppen besetzt. Seit Anfang April 1945 galt dies auch für den rechtsrheinischen Teil des späteren Regierungsbezirkes Koblenz. Die Mehrheit der späteren rheinland-pfälzischen Bevölkerung nahm diesen Vorgang als Besetzung wahr, und auch die Alliierten verstanden sich als Eroberer, für die seit 1933 verfolgten Gewerkschafter war dies jedoch ein Akt der Befreiung.

Der FDGB in Ludwigshafen als lokaler Vorreiter

Geprägt von zwölf Jahren gemeinsam erlittener Verfolgung trafen sich schon im März 1945 in Ludwigshafen einige Alt-Gewerkschafter regelmäßig, um partei- und konfessionsübergreifend über den einzuschlagenden Weg zu einer neuen Einheitsgewerkschaft zu beraten. Ein aus diesem Gründerkreis gebildetes vierköpfiges Komitee, dem zwei Sozialdemokraten, ein Kommunist und ein Zentrums-Mitglied angehörten, unterbreitete dem amerikanischen Stadtkommandanten Anfang Mai 1945 ein Gründungsgesuch für einen

Ludwigshafener Gewerkschaftsbund samt Satzung und Organisationsplan. Nach Überprüfung der Mitglieder des Gründungskreises erlaubte die Militärregierung nach wenigen Tagen die Bildung des Gewerkschaftsbundes. Sofort nach Erhalt des Zulassungsbescheides bemühte sich das Organisationskomitee um eine Verknüpfung der betrieblichen und lokalen Ebene. So veranlasste man in einer Großzahl der Betriebe die Bildung von Betriebsvertretungen, wobei die gewählten Vertreter gleichzeitig auch als Gewerkschaftsdelegierte fungierten. Für den Bereich des öffentlichen Dienstes einigte sich das Organisationskomitee am 4. Mai 1945 mit der Militärregierung auf die Bildung eines Gesamt-Betriebsausschusses, in dem Arbeiter, Angestellte und Beamte paritätisch vertreten sein sollten. Am 22. Mai 1945 traten 62 Gewerkschaftsdelegierte und das Organisationskomitee zusammen, um offiziell den »Freien Deutschen Gewerkschaftsbund – Ortsausschuss Ludwigshafen« (FDGB) zu gründen. Der Gewerkschaftsbund war konzipiert als zentralistische Einheitsgewerkschaft, in der alle Arbeiter, Angestellten und Beamten unabhängig von ihrer politischen Überzeugung gemeinsam organisiert sein sollten. Als jedoch am 10. Juli 1945 das linke Rheinufer von den Amerikanern als Besatzungszone an die Franzosen abgetreten wurde, hatte dies zunächst ein Handlungs- und Betätigungsverbot für den FDGB zur Folge. Am 23. Juli 1945 wurde von der französischen Militärregierung das Verbot aber wieder aufgehoben.[63]

Die Konstituierung der Gewerkschaften auf Landesebene

Erst am 8. Mai 1946 gestattete die französische Militärregierung die Gründung von über die Lokalebene hinausgehenden regionalen Gewerkschaftsorganisationen für die Oberpräsidien Hessen-Pfalz und Rheinland-Hessen-Nassau. Noch vor deren Konstituierung verkündete die Militärregierung jedoch mit der Verordnung Nr. 57 vom 30. August 1946 die »Schaffung eines rhein-pfälzischen Landes«, bestehend aus der Pfalz und den Regierungsbezirken Trier, Koblenz, Mainz und Montabaur mit Mainz als Hauptstadt. Daraufhin konzentrierte man sich auf die Bildung von gewerkschaftlichen Landesverbänden für ganz Rheinland-Pfalz, die ihren Abschluss mit der Gründung von insgesamt 17 rheinland-pfälzischen Branchengewerkschaften fand. SPD und KPD stellten je acht gewerkschaftliche Landesvorsitzende, lediglich ein Landesvorsitzender gehörte der CDU an. Allerdings wurden die mitgliederstärkeren Branchen – bis auf den Metallarbeiterverband und den Landesverband Bau – von Sozialdemokraten geführt. Den Abschluss des gewerkschaftlichen Zentralisationsprozesses bildete der erste Bundestag der Gewerkschaften in Rheinland-Pfalz, der am 2./3. Mai 1947 in Mainz zusammentrat. 180 Delegierte konstituierten dort den Allgemeinen Gewerkschaftsbund (AGB). Zum ersten Vorsitzenden wurde Adolf Ludwig (SPD) gewählt. Sein Stellvertreter, Michael Hennen, gehörte zwar der KPD an, trat aber nach kurzer Zeit zur SPD über, so dass die SPD zehn von insgesamt 13 Sitzen im Bundesvorstand innehatte; lediglich zwei Mandate gingen an die KPD und eines an einen CDU-Vertreter.[64]

Dass diese Verteilung durchaus dem Meinungsbild unter den rheinland-pfälzischen Arbeitnehmern entsprach, machten die ersten allgemeinen Betriebsratswahlen in Rheinland-Pfalz im Oktober 1947 deutlich, die einen eindeutigen Sieg der Sozialdemokraten ergaben. Lediglich 8 % der Mandate gingen an Kommunisten. In ihrer Hochburg Pfalz war der KPD-Anteil gegenüber den im Sommer 1945 ernannten Betriebsvertretungen von 20 % auf 14 % zurückgegangen. In Ludwigshafen bekannten sich in den zwölf größten Unternehmen von 169 gewählten Betriebsratsmitgliedern zwar noch 60

Adolf Ludwig (1892–1962) – Erster rheinland-pfälzischer Gewerkschaftsvorsitzender

Der gelernte Schuhmacher war seit 1908 Vorsitzender der Sozialistischen Arbeiterjugend in Pirmasens. 1910 wurde er Mitglied der SPD und engagierte sich in der Schuhmachergewerkschaft. Er wurde Mitglied der USPD und war 1918 Vorsitzender des Arbeiter- und Soldatenrats in Pirmasens. Von 1919 bis 1933 war er Geschäftsführer des dortigen Schuhmacherverbandes. 1919 kandidierte er für die USPD zur Nationalversammlung. Von 1920 bis 1930 war er ehrenamtlicher Bürgermeister in Pirmasens, ab 1922 wieder als Mitglied der SPD. 1932 wurde er in den bayerischen Landtag gewählt. Nachdem er mehrfach verhaftet worden war, emigrierte er 1933 nach Frankreich, wo er in der internationalen Gewerkschaftsbewegung und der Exil-SPD aktiv blieb. 1945 kehrte er nach Deutschland zurück und war führend tätig beim Wiederaufbau der pfälzischen SPD sowie der Gewerkschaft Schuh und Leder. 1945 wurde er provisorischer pfälzischer Bezirksvorsitzender der SPD, 1946/47 war er 1. Vorsitzender der SPD Hessen-Pfalz gemeinsam mit Franz Bögler. Er gehörte der »Beratenden Landesversammlung« an und war von 1947 bis 1949 rheinland-pfälzischer Landtagsabgeordneter. 1947 wurde er Landesvorsitzender des Allgemeinen Gewerkschaftsbundes, der 1949 im DGB aufging. Das Amt des DGB-Landesvorsitzenden übte er bis 1958 aus. Von 1949 bis 1961, sowie noch einmal kurzzeitig 1962, gehörte er dem Deutschen Bundestag an.

(Stadtarchiv Ludwigshafen)

(35,5 %) zur KPD, darunter allerdings nur vier in der BASF. Damit war verbunden, dass in dem größten rheinland-pfälzischen Unternehmen die bisherige kommunistische Führung des Arbeiterrates unter dem Vorsitz des KPD-Stadtrates Bernhard Hamm nun an die SPD mit Ernst Lorenz an der Spitze überging. Einen letzten Umkehrungsversuch dieser Entwicklung unternahm die KPD am 28. und 29. Mai 1948 auf dem zweiten Bundeskongress des AGB in Mainz, als die KPD gegen das Führungsteam Ludwig/Hennen aussichtslose Gegenkandidaten ins Rennen schickte. Die Delegierten straften das kommunistische Ansinnen ab, indem sie nur noch ein KPD-Mitglied in den Bundesvorstand wählten. Abschluss der Neukonstituierung der Gewerkschaften in Rheinland-Pfalz war die Integration der Strukturen der Einzelgewerkschaften und des AGB in die des Deutschen Gewerkschaftsbundes (DGB), der sich vom 12. bis 14. Oktober 1949 in München konstituierte.

Während die Gewerkschafter im Rahmen des Einheitsgewerkschaftsprinzips also an ihre sozialpolitischen Traditionslinien anknüpfen konnten, verlor sich der eigenständige

Kulturansatz der Arbeiterbewegung nach 1945 nahezu vollständig. Nach dem zwölfjährigen Organisationsverbot gestattete die Besatzungsmacht nur gesellschaftlich übergreifende Vereine und Verbände, was aber z. B. zum nachhaltigen Verlust des eigenständigen Sportkulturansatzes des Arbeitersportes führte, der das Massenerlebnis und die Hebung der Durchschnittsleistung vor den individuellen Erfolg gesetzt hatte.

Auf der rheinland-pfälzischen Arbeitgeberseite hatte man nicht die organisatorischen Rückstände von zwölf Jahren Verbot aufzuholen; die eigene Interessenvertretung war auch unter dem NS-Regime möglich gewesen. Trotzdem setzten die Arbeitgeber 1945 mit dem Wiederaufbau der Industrie- und Handelskammern auf Traditionslinien aus der Weimarer Republik. Anschließend schuf man sich parallel zum Aufbau der Gewerkschaften eigene Fachverbände, denen sich eine überfachliche Zusammenarbeit anschloss und ihren Abschluss in einer Vereinigung der industriellen Fachverbände als Gegenstück zum AGB fand. Wesentlich früher als bei den Arbeitnehmern gelang diesem die Vernetzung über das neue Bundesland hinaus. Bereits 1947 wurde eine Arbeitsgemeinschaft der Arbeitgeber der Westzone gebildet, aus der 1948 das Zentralsekretariat der Arbeitgeber des Vereinigten Wirtschaftsgebietes wurde. Im November 1950 entstand schließlich die Bundesvereinigung der Deutschen Arbeitgeberverbände (BDA).

2.6. Die rheinland-pfälzischen Arbeitnehmervertretungen zwischen 1949 und 1989

Gewerkschaften und Kalter Krieg

Den sich nicht nur in Rheinland-Pfalz, wo die Partei 1947 den größten gewerkschaftlichen Einfluss aller kommunistischen Landesorganisationen in den drei westlichen Besatzungszonen besessen hatte, dramatisch vollziehenden Machtverlust versuchte die KPD durch eine deutliche Radikalisierung ihrer Gewerkschaftspolitik zu kompensieren. Ziel war, die Gewerkschaften »auf den Boden des Klassenkampfes zu führen«.[65] Der DGB nahm die Herausforderung an. Auf der Sitzung des Bundesvorstandes am 6. März 1950 sprach der Vorsitzende Hans Böckler von einem »gewerkschaftszersetzenden« Handeln der Kommunistischen Partei und kündigte entsprechende Abwehrmaßnahmen an.[66] Konkret forderte der DGB Landesbezirksvorstand Rheinland-Pfalz seine Mitglieder zur Abwahl der vier noch amtierenden kommunistischen Einzelgewerkschaftsvorsitzenden Baumgärtner, Binder, Ohler und Bub sowie des Ortskartellvorsitzenden von Neustadt, Breyer, auf. Als erstes traf es den Vorsitzenden der Gewerkschaft Holz, Karl Bub, der Anfang September 1950 von der DGB-Bundesleitung abgesetzt wurde. Anschließend wurde auch Karl Breyer suspendiert. Unbeeindruckt forderte die KPD den Vorsitzenden der IG Bau in Rheinland-Pfalz, den Wormser Hugo Binder, im September 1950 zu Streikmaßnahmen auf. Binder weigerte sich unter Verweis darauf, dass die Arbeiter nicht kampfbereit seien. Die unmittelbare Folge war sein Ausschluss aus der KPD. Fritz Baumgärtner kapitulierte vor dem innerparteilichen Druck am 18. Februar 1951 und verließ von sich aus die KPD. Im Oktober 1951 folgte ihm schließlich auch Heinrich Ohler.

Zuvor hatte die KPD auf ihrem ersten westdeutschen Parteitag das Vorgehen des DGB heftig kritisiert, woraufhin dieser samt seiner Einzelgewerkschaften von ihren hauptamtlichen kommunistischen Mitarbeitern mittels einer zur Unterschrift vorgelegten Erklärung (Revers) eine Distanzierung von der Gewerkschaftskritik des KPD-Parteitages verlangten.[67] Bei deren Nichtunterzeichnung drohte den Betroffenen die Entlassung, bei Unterzeichnung der Ausschluss aus der KPD. Daraufhin wurde z. B. der bei der Ludwigshafener Straßenbahn beschäftigte Betriebsratsvorsitzende August Fend im Oktober 1951 aus der Gewerkschaft Öffentliche Dienste, Transport und Verkehr (ÖTV) ausgeschlossen,[68] 1952 der DGB-Kreisausschussvorsitzende im Oberwesterwald, Hermann Kempf, wegen seiner Parteiaktivitäten entlassen und noch am 18. Juni 1953 der erste Bevollmächtigte der Verwaltungsstelle Neustadt der IG Metall, Richard Häußler, wegen seiner Zugehörigkeit zur KPD mit einem Funktionsentzug belegt. Im September 1953 wurde auch noch gegen den Mitarbeiter der dortigen Verwaltungsstelle, Franz Lambert, wegen seiner Aktivitäten für die KPD ein Ausschlussverfahren eingeleitet.[69]

Die KPD kehrte daraufhin zu ihrer »RGO-Strategie« zurück und konnte damit bei den rheinland-pfälzischen Betriebsratswahlen im Mai 1953 noch einmal erstaunliche Erfolge verbuchen: u. a. bei den Stadtwerken in Mainz, bei der Straßenbahn und den Mittelbetrieben in Ludwigshafen. In der BASF konnte sie über eine »Betriebliche Einheitsliste« acht Betriebsratsmandate erringen. Wer von den Gewählten – z. B. bei den Stadtwerken Mainz – allerdings noch ein DGB-Mitgliedsbuch hatte, wurde nun ebenfalls vom Gewerkschaftsbann getroffen. Daraufhin kapitulierte die KPD und forderte ihre verbliebenen Gewerkschaftsfunktionäre auf, das gegen sie gerichtete Revers des DGB zu unterzeichnen. Nun wurden Kommunisten bei den nachfolgenden Betriebsratswahlen 1955 wieder auf den DGB-Listen akzeptiert und konnten außerhalb der BASF auch wieder Mandate, z. B. bei der Firma Pfaff in Kaiserslautern sowie bei der Straßenbahn und den Mittelbetrieben in Ludwigshafen, erringen. Daraufhin leiteten ihre Arbeitgeber eine eigene Entlassungsrunde ein, indem man missliebige KPD-Betriebsratsmitglieder wegen »Störung des Betriebsfriedens und Werksspionage« von ihren Arbeitsplätzen entfernte. Im Gegensatz zu 1922 erfolgte jedoch keine Solidarisierung der Belegschaft mit den Gemaßregelten.[70] Auch nach dem KPD-Verbot 1956 blieben DGB-Listen in Rheinland-Pfalz für Kommunisten offen – dies wurde insbesondere von der CDU nahestehenden Gewerkschaftern kritisiert. Allerdings verließ nur eine Minderheit von ihnen die Einheitsgewerkschaft und ging den Weg der Neukonstituierung der Christlichen Gewerkschaftsbewegung, die nachfolgend nur begrenzten Einfluss in Ludwigshafener Mittelbetrieben und in katholischen Hochburgen, wie z. B. im pfälzischen Hettenleidelheim, erreichen konnte. Deshalb suchte sie in der BASF das Bündnis mit der Deutschen Angestelltengewerkschaft (DAG), die sich nach ihrer Konstituierung 1949 nicht dem DGB angeschlossen hatte und nun gemeinsam mit dem Beamtenbund bei den großen öffentlichen Verwaltungen, z. B. in Mainz und Koblenz, konkurrierend zum DGB auftrat.

Wirtschaftswunder und die Forderung nach mehr Demokratie

Mit der Abwehr des Linksradikalismus stellte sich der DGB auf den Boden des Grundgesetzes, wenn auch seine Zielvorstellungen noch ein deutliches Mehr an Demokratie umfassten: So wurden zwar im Betriebsverfassungsgesetz vom 14. November 1952 das Informations-, Konsultations- und Mitbestimmungsrecht des Betriebsrats festgeschrieben – insbesondere die Mitbestimmungsfrage außerhalb des in Rheinland-Pfalz nur wenig bedeutsamen Montanbereichs ging aber den Gewerkschaften nicht weit genug. Proteststreiks hiergegen blieben erfolglos. Bei der Bundestagswahl 1953 bezog der DGB deshalb noch einmal eindeutig Position und forderte vergeblich zur Wahl eines

»besseren Bundestags« auf. Auch in der Ablehnung der Wiederbewaffnung und der Stationierung von Atomwaffen fand der DGB nicht die Mehrheit der Bevölkerung hinter sich. Danach konzentrierten sich die Gewerkschaften auf ihr ureigenstes Tätigkeitsfeld: Die Tarif- und Sozialpolitik, mit der sie für die große Mehrheit der Arbeitnehmer rasch einen wachsenden Anteil am Volkseinkommen sichern und auch die Frage der wöchentlichen Arbeitszeit unter dem Motto »Samstags gehört Vati mir« thematisieren konnten. Nicht nur symbolisch geschah dies unter dem Dach des DGB, so z. B. ab dem 26. März 1954 im neuen DGB-Haus in der Ludwigshafener Ludwigstraße, das neben dem DGB-Kreisausschuss auch zehn DGB-Einzelgewerkschaften, der Bezirksleitung der IG Chemie-Papier-Keramik (IG CPK) und vier weiteren gewerkschaftlichen Einrichtungen Platz bot. Die Einzelgewerkschaften waren durchaus bereit, mit Traditionen zu brechen: So beschloss zum Beispiel schon 1957 in Ludwigshafen die dort dominierende IG CPK nicht mehr am traditionellen Demonstrationszug am 1. Mai teilzunehmen; erst 1961 gaben die anderen Einzelgewerkschaften diesen auf. Aber auch in der Frage der Notstandsgesetze zeigten sich die Einzelgewerkschaften gespalten.

Mit der erstmaligen Wahl eines Sozialdemokraten zum Bundeskanzler standen die Gewerkschaften vor einem weiteren Interessenkonflikt. Auf der einen Seite gab es die Erwartung vieler Mitglieder auf einen nun spürbaren ökonomischen sowie sozialpolitischen Fortschritt, und auf der anderen Seite wollte man mit Willy Brandt »einen der ihren« stützen. Aber auch die Arbeitgeber, z. B. in der Chemieindustrie, glaubten einer offensiveren Tarifpolitik entschiedener entgegentreten zu müssen. Bis 1974 gelang dieser allseitige Spagat sehr erfolgreich: Am 8. Januar 1972 wurde z. B. die 40-Stunden-Woche im öffentlichen Dienst zum 1. Oktober 1974 festgelegt. Durch Warnstreiks sowie mit Demonstrationszügen auf dem Werksgelände im April und Mai 1973 erzwang die IG CPK in Ludwigshafen mit einer Lohnerhöhung von 10,6 % einen Tarifabschluss, der deutlich über den anderen Bezirksabschlüssen zwischen Gewerkschaft und Arbeitgebern lag. Am 13. September 1973 wurde das 13. Monatsgehalt für die Beschäftigten im öffentlichen Dienst erreicht.

Die Erfolgsbilanz endete aber schlagartig im Oktober 1973 mit dem israelisch-arabischen Krieg und der nachfolgenden Ölkrise, die eine weltweite Rezession zur Folge hatte. In der Bundesrepublik stieg die Inflationsrate auf 8 %, der die ÖTV eine Lohn- und Gehaltsforderung von 15 % entgegenstellte, die wiederum die Bundesregierung mit einer Lohnleitlinie von 10 % beantwortete. Nach vier gescheiterten Verhandlungsrunden standen die Zeichen auf Streik: Am 5. Februar 1974 zogen über 1.000 ÖTV-Mitglieder von Ludwigshafen über die Rheinbrücke zu einer Protestkundgebung nach Mannheim. Gleichzeitig blieben Busse und Straßenbahnen für zwei Stunden im Depot. Gestreikt wurde dann ab dem 11. Februar 1974: In Ludwigshafen beteiligten sich u. a. der städtische Bauhof und der städtische Fuhrpark sowie die Verkehrsbetriebe, in Frankenthal der Bauhof und die Müllabfuhr sowie in Speyer die Müllabfuhr und die Standortverwaltung der Bundeswehr. Sympathiebekundungen der Bevölkerung während des Streiks waren die Regel, und so waren bereits am 13. Februar 1974 11 % mehr Lohn – mindestens aber 170 DM – durchgesetzt. Die Gewerkschaft ÖTV hatte die Interessen ihrer Mitglieder erfolgreich gewahrt. Allerdings war die Position von Bundeskanzler Brandt sichtlich angeschlagen, der den Abschluss mit »schwersten Bedenken gesamtwirtschaftlicher Art« kommentierte.[71]

Solidaritätsbekundung der BASF-Belegschaft für Bundeskanzler Willy Brandt anlässlich seines Besuchs in Ludwigshafen, 1973 (Stadtarchiv Ludwigshafen)

Dem nachfolgenden wirtschaftlichen Rückgang des Jahres 1975 folgte kein wirtschaftlicher Aufschwung, weshalb die Arbeitgeber verstärkt auf Rationalisierungen setzten, während auf Gewerkschaftsseite kaum Bereitschaft zum Arbeitskampf zu finden war. Mehr Mobilisierung erreichte zu diesem Zeitpunkt die »Friedensbewegung«, in deren Rahmen der schon seit 1965 amtierende DGB-Landesvorsitzende, Julius Lehbach, sich vor allem für die Entfernung des im pfälzischen Fischbach gelagerten amerikanischen Giftgases einsetzte. Der zeitgleich aufgedeckte »Neue-Heimat-Skandal« 1982 schadete allerdings dem gewerkschaftlichen Ansehen. Entsprechend rückte nun statt Tariferhöhungen die Verringerung der Lebensarbeitszeit und der täglichen Arbeitszeit mit dem langfristigen Ziel einer 35-Stunden-Woche in den Fokus der Gewerkschaftsarbeit. Erklärte Strategie der Gewerkschaften war dabei, durch Schwerpunktstreiks in ausgewählten Zuliefererbetrieben ganze Industriezweige lahmzulegen und zugleich die eigene Streikkasse durch die geringe Zahl der Streikenden zu schonen. Die Arbeitgeber reagierten auf diese Strategie mit umfangreichen »kalten« Aussperrungen der Betriebe, die mangels Vorprodukten nicht mehr arbeiten konnten. Die von diesen Aussperrungen betroffenen Mitarbeiter erhielten im Regelfall aufgrund des Arbeitsförderungsgesetzes (AFG) während der Aussperrung Arbeitslosengeld. Damit war die Neutralität der Bundesanstalt für Arbeit nach Meinung der seit 1982 von dem Rheinland-Pfälzer Helmut Kohl geführten Bundesregierung gefährdet. Aufgrund dessen wurde gegen den erbitterten Widerstand der Gewerkschaften 1986 vom Bundestag durch das »Gesetz zur Sicherung der Neutralität der Bundesanstalt für Arbeit bei Arbeitskämpfen« der § 116 AFG neu gefasst.

Ein Jahr zuvor war mit der Einführung der 38,5-Stunden-Woche in der Metallindustrie – z. B. an den Automobilherstellungsorten Kaiserslautern und Wörth – zwar der Einstieg in die 35-Stunden-Woche erreicht worden; fast zeitgleich trat auch das »Beschäftigungsförderungsgesetz« in Kraft, das Beschränkungen für Leiharbeit aufhob und befristete Arbeitsverhältnisse bis zu 18 (seit 1996 bis zu 24) Monaten in der Industrie erlaubt, die zuvor nur aus besonderem Grund, wie Vertretung für Schwangere oder Wehrpflichtige, zulässig waren. Auch die ÖTV erreichte im Februar 1988 mit massiven Warnstreiks – an ihnen beteiligten sich in Ludwigshafen 1.200 städtische Mitarbeiter, 200 Mitarbeiter der Verkehrsbetriebe und 450 Bedienstete der Technischen Werke – den Einstieg in 35-Stunden-Woche. Zum 1. April 1988 betrug die wöchentliche Arbeitszeit 39 Stunden und zum 1. April 1990 nur noch 38,5 Stunden. Hierfür musste allerdings ein Lohnverzicht in Kauf genommen werden, was sich sehr nachteilig auswirkte, da die Teuerung weitaus höher war als der finanzielle Abschluss. Der sich anschließende und auch die Filialen in Rheinland-Pfalz betreffende coop-Skandal schwächte vor allem die dort stark organisierte Gewerkschaft Nahrung, Genuss, Gaststätten (NGG), schadete aber auch dem Gesamtruf des DGB. Hingegen war die Einführung des »Langen Donnerstags« am 5. Oktober 1989 als Einstieg in die Lockerung des Ladenschlussgesetzes aus gewerkschaftlicher Sicht insbesondere eine schwere Niederlage für die Gewerkschaft Handel, Banken und Versicherungen (HBV).

2.7. Die Gewerkschaften in Rheinland-Pfalz im vereinten Deutschland

Die deutsche Einheit stellte auch die Gewerkschaften in Rheinland-Pfalz vor neue organisatorische Aufgaben. Da der Apparat des ostdeutschen FDGB lediglich als »Transmissionsriemen« für die Politik der SED gedient hatte, musste die Gewerkschaftsorganisation in den fünf neuen Ländern völlig neu aufgebaut werden.[72] Zahlreiche rheinland-pfälzische Gewerkschaftsfunktionäre leisteten dazu vor Ort einen Beitrag. Verbunden war damit auch ein Kostendruck, der die Einzelgewerkschaften u.a. zum Auszug aus dem DGB-eigenen Gebäude in Ludwigshafen veranlasste.

Mehr Unterstützung als von der christlich-liberalen Bundesregierung erhofften sich die rheinland-pfälzischen Gewerkschaften ab dem 21. Mai 1991 durch den neuen sozialdemokratischen Ministerpräsidenten Rudolf Scharping, denn er war nach 44-jähriger CDU-Regierungszeit der erste Sozialdemokrat in diesem Amt. Allerdings betonte der ÖTV-Landevorsitzende Herbert Wenger, dass seine Gewerkschaft sich auch bei einer nun SPD-geführten Landesregierung nicht scheuen würde, mit gewerkschaftlichen Forderungen an sie heranzutreten. Zum gleichen Zeitpunkt reduzierte sich für die Mitarbeiter des Einzelhandels die Arbeitszeit auf 37,5 Wochenstunden.

Am 26. Oktober 1994 wurde Kurt Beck rheinland-pfälzischer Ministerpräsident. Bereits 1968 war er der Gewerkschaft ÖTV beigetreten und hatte seit 1972 als freigestellter Personalrats- und Bezirkspersonalratsvorsitzender gewirkt. Zwar hatten damit die rheinland-pfälzischen Gewerkschaften »einen der ihren« auf höchster Ebene als Ansprechpartner. Allein damit waren allerdings nicht die strukturellen Probleme des DGB und der Einzelgewerkschaften zu lösen. Seit 1991 hatten sie einen dramatischen Mitgliederrückgang zu verzeichnen. Davon war auch die IG Metall betroffen, obwohl seit 1995 in der westdeutschen Metallindustrie, tarifvertraglich auch in der Stahl-, Elektro-, Druck- sowie holz- und papierverarbeitenden Industrie vereinbart, die 35-Stunden-Woche galt. Eine gewerkschaftliche Neuorganisation war damit auch in Rheinland-Pfalz unvermeidlich: Die Vorreiterfunktion übernahm die IG CPK, die sich 1997 mit den im Bundesland nur schwach organisierten Verbänden der IG Bergbau und Energie (IGBE) und der Gewerkschaft Leder (GL) zur drittgrößten Gewerkschaft im DGB, der IG Bergbau, Chemie, Energie (IG BCE), zusammenschloss. Der neue Landesbezirk umfasste auch das Saarland und nahm seinen Sitz in Mainz.

Zeitgleich begannen die DGB-Gewerkschaften ÖTV, IG Medien, HBV, Deutsche Post-Gewerkschaft (DPG) und Gewerkschaft Erziehung und Wissenschaft (GEW) – die sich dann allerdings nicht am weiteren Neustrukturierungsprozess beteiligte – sowie die bisher mit diesen Gewerkschaften konkurrierende DAG mit der Neustrukturierung der gewerkschaftlichen Interessensvertretung im Dienstleistungsbereich. Ihren Abschluss fand sie am 26. April 2001 in Mainz mit der Konstituierung eines Landesbezirks der Vereinigten Dienstleistungsgewerkschaft (ver.di). Die neue Dienstleistungsgewerkschaft umfasste zu diesem Zeitpunkt rd. 117.000 Mitglieder und nahm ihren Sitz in Mainz.

Zum Landesbezirksleiter wurde Uwe Klemens – ehemals HBV – gewählt. Der ehemalige Landesgeschäftsführer der ÖTV, Dietmar Muscheid, wurde einer seiner vier Stellvertreter. Am 8. Dezember 2001 wurde er als Nachfolger Dieter Kretschmers zum DGB-Landesvorsitzenden Rheinland-Pfalz gewählt; am 16. Februar 2002 erfolgte seine Wahl zum Vorsitzenden des DGB Bezirk West, der die DGB-Landesverbände Rheinland-Pfalz und Saarland umfasst. Mit der Bildung des DGB Bezirk West war die Neustrukturierung der Gewerkschaftsebene in Rheinland-Pfalz abgeschlossen. Der DGB Bezirk West ruht auf den tragenden Säulen IG BCE, ver.di, IG Metall, IG Bauen-Agrar-Umwelt (IG BAU), GEW, NGG, Gewerkschaft der Polizei (GdP) sowie die Eisenbahn- und Verkehrsgewerkschaft (EVG). Allerdings liegt die eigentliche gewerkschaftspolitische Macht nicht mehr beim DGB, sondern bei seinen Einzelgewerkschaften. Diese zeigen sich inzwischen politisch »unpragmatisch« – so war auch die Regierung Schröder keinesfalls von gewerkschaftlicher Kritik ausgenommen. Teile der gewerkschaftsorientierten Kritiker schlossen sich über die WASG der Linken an. Für sie sitzt Alexander Ulrich, 2. Bevollmächtigter der IG Metall in Kaiserslautern, seit 2005 im Bundestag.

Neustrukturierung und gesellschaftspolitische Offenheit der DGB-Gewerkschaften konnten aber bisher ihren seit 1991 anhaltenden Mitgliederverlust nicht bremsen. Arbeitnehmer zweifeln zunehmend an den Möglichkeiten der Gewerkschaften, zur Verbesserung ihrer Arbeits- und Lebensverhältnisse beitragen zu können. Arbeitslos gewordene Arbeitnehmer treten häufig aus ihrer Gewerkschaft aus. Gleichzeitig ist die Gewerkschaftsbindung bei Arbeitnehmern gering, die in neuen Beschäftigungsbereichen, wie im IT-Bereich, in Teilzeit oder im Niedriglohnsektor, tätig sind. Außerdem ist seit Mitte der 1990er Jahre die Wochenarbeitszeit in vielen Bereichen – meist unter dem Stichwort »Rücknahme der Arbeitszeitverkürzung« – wieder deutlich angestiegen. Hinzu kommt die Konkurrenz durch den beitragsgünstigeren DBB Beamtenbund und Tarifunion sowie die schlagkräftigeren Funktionseliten. Ihnen allen gegenüber stehen seit 1990 die BDA als gesamtdeutscher Arbeiternehmerverband und auf Landesebene die Landesvereinigung Unternehmerverbände Rheinland-Pfalz, aber auch z. B. der Kommunale Arbeitgeberverband Rheinland-Pfalz, beide mit Sitz in Mainz.

3. Öffentliche Meinung und Medien

3.1. Presse

Von Gerhard Nestler

Die Anfänge Im Gebiet des heutigen Bundeslandes Rheinland-Pfalz erschienen die frühesten bekannten Zeitungen in der Mitte und in der zweiten Hälfte des 18. Jhs. Sie waren auf die größeren Städte und Residenzen Koblenz, Mainz, Neuwied, Speyer, Trier, Worms und Zweibrücken konzentriert und entstanden häufig auf Initiative der Landesherren, die sie als bewusstes Herrschaftsinstrument und Einnahmequelle benutzten. Die Blätter, die überall einer mehr oder weniger strengen Zensur unterlagen, durchweg »systemkonform und monarchiefreundlich«[73] waren und den »obrigkeitlich gelenkten Journalismus des Absolutismus«[74] verkörperten, erschienen meist ein- oder zweimal in der Woche und hatten einen Umfang von nur wenigen Seiten. Veröffentlicht wurden vor allem landesherrliche Verordnungen, amtliche Bekanntmachungen, Geburts- und Sterbestatistiken, die Fruchtmarktpreise, in den Hafenstädten die Namen der angekommen Schiffe und ihre Ladungen, private Anzeigen, Bücher- und Lotterieanzeigen, Berichte aus den Hauptstädten Europas, Historisches, Moralisches und Belehrendes. Kommunale Nachrichten und politische Meinungsäußerungen fehlten völlig.

Die Auflagen waren in der Regel recht niedrig. So wurden beispielsweise vom »Gnädigst privilegirten Koblenzer Intelligenzblatt«, das seit 1779 herausgegeben wurde, lediglich 250 bis 350 Exemplare gedruckt, vom »Allgemeinen Churfürstlich-Trierischen Intelligenzblatt auf höchste Anordnung« nur knapp 300, von den »Churmayntzischen wöchentlichen Frage- und Anzeigungs-Nachrichten« 1.200. Zahlreiche Zeitungen erschienen nur wenige Monate, so unter anderen das Speyerer »Kundschaftsblättel«, das wegen seiner »einfältigen« Artikel und seiner Angriffe auf bekannte Persönlichkeiten der Domstadt nur wenig Verbreitung fand und nach kurzer Zeit wieder einging.

Eine Sonderstellung nahmen die »Politische[n] Gespräche der Todten« ein – und dies nicht nur wegen des etwas ungewöhnlichen Namens. Das Blatt wurde von 1786 bis 1795 in Neuwied und danach in Frankfurt herausgegeben, hatte eine Auflage von bis zu 3.000 Exemplaren, erschien zeitweise täglich und wurde selbst in Wien gelesen. Im Gegensatz zu den anderen Zeitungen war es ausgesprochen politisch und machte mit »Dialoge[n] zwischen Figuren aus der Sagenwelt oder längst vergangener Geschichte [...] Gegenpropaganda zur heraufdämmernden Revolution in Frankreich«.[75]

Französische Revolution und napoleonische Zeit

Nach Ausbruch der Revolution und der zeitweisen Besetzung des linken Rheinufers durch französische Truppen während der Revolutionskriege veränderte sich die Presselandschaft grundlegend. Die Aufhebung der Zensur und die Herstellung der Pressefreiheit führten in einigen Städten zu einem »Aufblühen der Publizistik«[76] und zur Gründung mehrerer neuer Blätter, die sich offen in den »Dienst der freiheitlichen Ideen der Revolution«[77] stellten und in ihren Artikeln immer wieder die Missstände des Ancien Régime anprangerten. In Neuwied erschien das Journal »Drunter und Drüber. Oder: Wie geht's in der Welt zu?«, in Mainz erschienen der »Bürgerfreund«, der »Patriot«, »Der fränkische Republikaner«, die von Georg Forster herausgegebene »Neue Mainzer Zeitung« und »Der kosmopolitische Beobachter«. Alle Ende 1792, Anfang 1793 erstmals publiziert, standen sie für den »Übergang vom bloß korrespondierenden« Journalismus der Ära vor der Revolution zu einem »schriftstellerischen«[78] Journalismus, in dem politische Nachrichten, Analysen und Meinungsäußerungen an Bedeutung stark zunahmen. Bei der Bevölkerung stießen sie allerdings meist auf wenig Interesse, so dass sie alle nach kurzer Zeit ihr Erscheinen wieder einstellen mussten: Der Erfolg des »Bürgerfreunds« sei »verzweifelt gering«, so hatte sein Herausgeber einige Wochen vor Ende des Blattes eingestanden.[79]

Nach dem endgültigen Sieg der Revolution und der Eingliederung des linken Rheinufers in den französischen Machtbereich – zunächst seit 1796 als besetztes Gebiet, danach seit 1801 auch staatsrechtlich – entstanden in Koblenz, Mainz, Speyer und Trier zahlreiche weitere Zeitungen, die neben den allgemeinen Anzeigen, Bekanntmachungen, Preistabellen und Verordnungen und Erlassen der neuen Verwaltung ausführliche Berichte über die Ereignisse in Frankreich veröffentlichten und so zwangsläufig zum

»politischen Sprachrohr«[80] der französischen Regierung wurden. Sie unterstanden erneut der Zensur, durften seit 1806 nur noch Nachrichten und Artikel aus dem Pariser »Moniteur« übernehmen und mussten seit 1809 zweisprachig erscheinen. Zeitungen wie »Das Rothe Blatt« und »Der Rübezahl«, die 1798/99 von Joseph Görres in Koblenz herausgegeben wurden und Maßnahmen der französischen Verwaltung kritisch kommentierten, wurden schnell verboten.

Im Vormärz

Mit dem Zusammenbruch der napoleonischen Herrschaft und der staatlichen Neuordnung des linken Rheinufers veränderte sich die Presselandschaft der Region erneut. Zum einen nahm die Zahl der Zeitungen weiter zu – in den urbanen Zentren Mainz, Koblenz, Trier, Worms und Speyer erschienen teilweise bis zu drei oder vier Blätter gleichzeitig –, zum anderen wurden nun auch in zahlreichen kleineren Städten erstmals Zeitungen veröffentlicht: 1814 zunächst in Frankenthal und in den Jahren danach in Altenkirchen, Alzey, Bergzabern, Bingen, Birkenfeld, Cochem, Dürkheim, Germersheim, Grünstadt, Kirchheimbolanden, Kusel, Landau, Neustadt, Simmern und Wittlich.

Ähnlich wie ihre Vorläufer im 18. Jh. und nach der Jahrhundertwende waren sie auch in den 1820er, 1830er und frühen 1840er relativ bescheidene Provinzblätter. Sie standen seit den Karlsbader Beschlüssen von 1819 erneut unter strenger Zensur, erschienen ein-, zwei- oder höchstens dreimal pro Woche, umfassten meist nur vier Seiten, waren zwischen 17 x 21 cm und 20 x 28 cm groß und hatten in der Regel einen »sehr dürftigen Textteil«.[81] Dieser setzte sich nach wie vor fast ausschließlich aus amtlichen Bekanntmachungen, Ankündigungen, Standesamtsnachrichten, Kauf- und Dienstgesuchen, Versteigerungsanzeigen, Marktberichten, Preistabellen sowie Erzählungen, Gedichten, Anekdoten, Rätseln und Theaterkritiken zusammen. Hinzu kamen »farblose Berichte« über politische Neuigkeiten aus dem In- und Ausland.

Ausnahmen waren nur der in Koblenz erscheinende »Rheinische Merkur«, in dem Görres vehement für eine »allgemeine deutsche Nationalrepräsentation« und die Wiederherstellung der Kaiserwürde des Hauses Habsburg stritt, und die »Mainzer Zeitung«, die sich, so Görres, durch »die Eigentümlichkeit ihres Urteils und freie Ansicht«[82] auszeichnete und immer wieder den Anschluss Rheinhessens an das als rückständig geltende Großherzogtum Hessen-Darmstadt kritisierte. Während der »Rheinische Merkur« bereits im Januar 1816 verboten wurde, stellte die »Mainzer Zeitung« im November 1822 ihr Erscheinen ein, nachdem sie immer mehr Probleme mit der Zensur bekommen hatte.

Nach der französischen Julirevolution von 1830, die auch in Deutschland breiten Widerhall fand, entstanden vor allem in der Pfalz wieder eine ganze Reihe neuer Zeitungen und Zeitschriften. Die meisten von ihnen gerieten allerdings sehr schnell in Konflikt mit den Behörden und wurden wieder verboten, da ihre Verleger und Redakteure offener als die anderen Zeitungen Partei für die liberale Opposition ergriffen und dies in ihren Artikeln und Berichten auch deutlich zum Ausdruck brachten. Dies gilt für die »Deutsche Tribüne« von Johann Georg August Wirth, den »Westboten« von Philipp Jakob Siebenpfeiffer, den »Rheinbayerischen Volksfreund« und den »Bürgerfreund« von Johann Heinrich Hochdörfer ebenso wie für den »Rheinbayerischen Anzeiger« von Johann

Philipp Michael Kohlhepp, den »Liberalen aus dem Westrich« von Ernst Grosse und das »Hessische Volksblatt« von Ernst Emil Hoffmann. Auffallend ist, dass sich mit der Ausnahme Kohlhepps kein Buchdrucker mehr unter den Verlegern und Redakteuren dieser Blätter befand. Wirth und Siebenpfeiffer hatten Jura studiert, Grosse Theologie und Philosophie, Hochdörfer war Pfarrer und Hoffmann Abgeordneter im hessischen Landtag. Dies ist ein deutliches Indiz dafür, dass sich die enge Verknüpfung von Herstellung und Inhalt, Druck und Redaktion, die die frühere Geschichte der Zeitungen geprägt hatte, langsam auflöste. Es ist auch ein Zeichen für die zunehmende Politisierung der Presse. Zeitungen wurden nun nicht mehr ausschließlich hergestellt, um Geld zu verdienen, sondern dienten mehr und mehr als Forum für politische Ideen.

Während der Revolution von 1848/49

Trotz der strengen Zensur, die nach den politischen Turbulenzen von 1832/33 durch die Wiener Schlussakte vom 14. Mai 1834 erneut bestätigt wurde, verstummten auch in den 1830er und frühen 1840er Jahren die kritischen Stimmen in den Zeitungen des linken Rheinufers nicht ganz. Vor allem in der »Neuen Mainzer Zeitung«, die seit 1838 nur noch »Mainzer Zeitung« hieß, der »Trierischen Zeitung« und der »Neuen Speyerer Zeitung« waren liberale Tendenzen unübersehbar – sicherlich auch ein Grund, warum es allen drei Blättern gelang, über den lokalen Rahmen hinaus im gesamten Rheinland und im Süden und Südwesten Deutschlands Leser zu finden. Als die Zensur dann in den 1840er Jahren wieder vielfach gelockert wurde und nach Ausbruch der Revolution im März 1848 schließlich ganz fiel, wurden erneut zahlreiche neue Zeitungen gegründet – nicht nur in den größeren städtischen Zentren, sondern, wie schon in der Zeit nach 1814, verstärkt auch in kleinen Städten wie Altenkirchen, Ems, Hachenburg, Kreuznach, Oppenheim oder Sobernheim. Lediglich in der Pfalz blieb die Presselandschaft zunächst unverändert. Dort gab es bei Ausbruch der Revolution 17 periodisch erscheinende Zeitungen, der kleine bayerische Regierungsbezirk verfügte damit über eine Pressestruktur, die im Verhältnis zu anderen Regionen Bayerns und Deutschlands überdurchschnittlich gut entwickelt war – ein Umstand, auf den wenig später auch Regierungspräsident von Hohe verwies. In der Pfalz, so schrieb er, seien »Localblätter in weit mehr als genügender Zahl«[83] vorhanden. Dies mag auch erklären, warum nach der Beseitigung der Zensurbestimmungen in der Pfalz im Gegensatz zu den anderen Regionen des heutigen Landes Rheinland-Pfalz zunächst keine neuen Zeitungen gegründet wurden. Erst im Oktober 1848 erschien mit dem »Grenzwächter von Bergzabern« wieder ein neues Blatt.

Gleichzeitig scheinen auch die Auflagen der Zeitungen nach dem Fall der Zensur in die Höhe geschnellt zu sein. Darauf deutet u. a. eine Notiz des Kaiserslauterer »Boten für Stadt und Land« vom Oktober 1848 hin, in der es hieß, dass die Zahl der Abonnenten des Blattes »in letzter Zeit sich äußerst bedeutend vermehrt« habe. Der Landauer »Eilbote« soll 1848 eine Auflage von 1.800 und der »Pfälzer Volksmann« sogar eine von 6.000 Exemplaren gehabt haben.

Die meisten Zeitungen, die bei Ausbruch der Revolution im Frühjahr 1848 erschienen oder in ihrem weiteren Verlauf noch gegründet wurden, lassen sich dem liberalen und demokratischen Teil des politischen Spektrums jener Jahre zuordnen. Sie veröffentlichten bereitwillig die Aufrufe, Anzeigen und Versammlungsberichte der liberalen und demokratischen Vereine, druckten zahllose Gedichte ab, in denen Freiheit und Einheit besungen wurden, publizierten immer wieder Aufsätze und Erörterungen liberaler Politiker und unterstützten bei den Wahlen in aller Offenheit die Kandidatur liberaler Politiker. Einige Blätter machten schon mit ihrem Namen deutlich, wo sie politisch standen – so das »Trier'sche Volksblatt« und die »Cochemer Volkszeitung«, die sich im Untertitel als »Organ der Demokratie« bezeichneten, die in Koblenz erscheinenden »Leuchtkugeln aus dem Lager der sozialen Demokratie« oder die »Demokratischen Flugblätter«, die in Trier herausgegeben wurden.

Georg Friedrich Kolb (1808–1884), Herausgeber der »Neuen Speyerer Zeitung« (Historisches Museum der Pfalz Speyer)

Auch zeitgenössische Beobachter haben immer wieder auf das Engagement der Zeitungen für die liberale Bewegung hingewiesen. So berichtete der pfälzische Regierungspräsident Zenetti Ende 1849 rückblickend an die bayerische Staatsregierung, dass das »Kaiserslauterer Wochenblatt«, der Kaiserslauterer »Bote für Stadt und Land«, das »Zweibrücker Wochenblatt«, der »Grenzwächter von Bergzabern« und das »Edenkobener Wochenblatt«, »gänzlich unter dem Einfluss der demokratischen Partei« gestanden hätten. Der »Neuen Speyerer Zeitung« warf er »Parteinahme zu Gunsten der Linken, das gehässige Herabziehen jeder anderen politischen Haltung und charakterlose[n] Republikanismus« vor, das »Pirmasenser Wochenblatt« habe stets nur solche Artikel aufgenommen, die im »Sinne der Bewegung geschrieben waren«, und auch der Germersheimer »Pfalzbote«, so eine andere Quelle, habe stets eine »aufreizende und regierungsfeindliche Sprache« geführt. Lediglich das »Frankenthaler Wochenblatt«, der Landauer »Eilbote« und das »Landauer Wochenblatt« hätten »auf die Zeitbewegung« keine Einfluss ausgeübt und seien daher »von ungefährlichem Charakter« gewesen.

Bildeten die liberalen Zeitungen auf dem linken Rheinufer und im Westerwald in ihrer Berichterstattung zunächst eine einheitliche geschlossene Front, in der es nur wenig politische Differenzen gab, so setzte nach Ausbruch der Revolution ein Differenzierungsprozess ein, der, ähnlich zur allgemeinen Entwicklung der liberalen Bewegung, zur Bildung eines radikalen, demokratischen und eines gemäßigt-liberalen, konstitutionellen Flügels führte. »Wir verhehlen nicht«, schrieb beispielsweise das »Volksblatt für Stadt und Land« aus Neuwied, »daß wir jenen großartigen Umschwung mit Freude begrüßen ohne den damit verbundenen Irrungen das Wort zu reden. Wir werden festhalten an den Grundlagen der konstitutionellen Monarchie«.[84] Im Gegensatz dazu wurde in den radikaleren Blättern, zu denen unter anderen die »Trierische Zeitung«, das »Trierische Volksblatt«, die Wormser »Neue Zeit«, der Kreuznacher »Demokrat«, die »Mainzer Zeitung«, das »Mainzer Tageblatt« und der Kaiserslauterer »Bote für Stadt und Land« gehörten, der Ruf nach der Republik laut, da ihrer Meinung nach Freiheit und Demokratie und eine monarchische Staatsspitze unvereinbar bleiben mussten.

Auch im politischen Katholizismus gab es in den 1830er und 1840er Jahren erste tastende Versuche, eigene Zeitungen zu gründen, die die spezifischen Interessen der Kirche und der katholischen Laien in der Öffentlichkeit zu Gehör bringen sollten. Die weitreichenden Säkularisierungstendenzen der nachrevolutionären Gesellschaft, der immer offener artikulierte Totalitätsanspruch des Staates und die modernistische und in weiten Teilen kirchenfeindliche Haltung des liberalen Bürgertums hatten in der Kirchenführung nicht nur Besorgnis und Unruhe ausgelöst, sondern zugleich auch zu einer Neubesinnung und Politisierung geführt. Verstärkt suchte die Kirche nun nach Mitteln und Wegen, ihre Position in der Gesellschaft wieder zu stärken und sich neue Gestaltungs- und Einflussmöglichkeiten zu schaffen.

Die Aufhebung der Zensur machte es 1848 schließlich möglich, die Pläne in die Tat umzusetzen. Am 1. Juni 1848 erschien in Koblenz die erste Ausgabe des »Katholischen Kirchen- und Volksblattes«, fünf Tage später das »Mainzer Journal« und im August in Trier der »Katholische Volksbote für Stadt und Land«, der vor allem unter der Landbevölkerung große Resonanz fand und seit dem 1. Januar 1849 täglich erscheinen konnte. Alle drei Blätter verstanden sich als Sprachrohr der katholischen Bevölkerung und ihrer kultur- und kirchenpolitischen Interessen. Ihr Hauptziel war, wie es das »Mainzer Journal« formulierte, »die Verteidigung der religiösen Freiheit, der vollkommenen Unabhängigkeit und Selbständigkeit der Kirche«.[85]

Konservativ und staatstreu waren das »Trierische Intelligenzblatt«, das 1845 erstmals veröffentlicht wurde, die Trierer »Saar- und Moselzeitung«, die seit Juli 1848 erschien, die Trierer »Constitutionellen Blätter« – alle drei von Friedrich Lintz herausgegeben –, das »Organ der Publicität« in Bergzabern, das »Wochenblatt für die Landkommissariatsbezirke Bergzabern und Germersheim« und der »Bote aus den Vogesen«, der in Annweiler erschien. Der sich erstmals formierenden Arbeiterbewegung standen das »Trierische Volksblatt«, die »Trierische Zeitung«, die »Trompete von Speyer« und der in Neustadt herausgegebene »Pfälzer Volksmann« nahe. In der »Trierischen Zeitung«, zu deren Mitarbeitern Eduard Meyen, ein Freund von Karl Marx, gehörte, wurden schon Mitte der 1840er Jahre frühsozialistische Ideen veröffentlicht. Die »Trompete von Speyer« publizierte am 31. März 1849 »Zehn Gebote der Arbeiter«, und der »Pfälzer Volksmann« druckte am 7. Juni einen längeren Abschnitt aus der »Lage der arbeitenden Klasse in England« von Friedrich Engels ab und schloss seine Nachbemerkung mit den Worten: »Kein Heil außer dem Sozialismus«.[86]

Das Ende der Revolution veränderte die Struktur der Presselandschaft auf dem linken Rheinufer und im Westerwald allerdings erneut. Die Meinungsvielfalt, die seit März 1848 entstanden war und den politischen Diskurs und die kritische Öffentlichkeit der Region geprägt hatte, fiel sehr schnell wieder den Repressionsmaßnahmen und neuen Zensurgesetzen der Regierungen in München, Berlin und Darmstadt zum Opfer. Zahlreiche Zeitungen wurden verboten, andere vom Postversand ausgeschlossen und damit wirtschaftlich hart getroffen, wieder andere passten sich der neuen Situation an, so dass aus dem Pressepluralismus der Revolutionszeit rasch wieder eine weitgehend konformistische und stagnierende Einheitspresse wurde, in der die Berichterstattung über Politik nur eine untergeordnete Rolle spielte und kritische Meinungsäußerungen völlig fehlten.

Aufschwung und Differenzierung im Kaiserreich

Erst die Veränderungen der politischen, ökonomischen und technischen Rahmenbedingungen Anfang der 1860er Jahre führten zu neuem Aufschwung und lösten eine »Gründerwelle auf breiter Front«[87] aus, die mehrere Jahrzehnte anhielt und erst nach der Jahrhundertwende wieder an Schwung verlor. Eine unvollständige Zeitungsliste verzeichnet zwischen 1850 und 1910 über 80 Neugründungen.[88] Bereits 1873 erschienen in der relativ kleinen und überschaubaren Pfalz 31 Zeitungen. Ursachen waren die »Durchsetzung der Gewerbefreiheit, [die] wachsende Bedeutung von Parlamentarismus und Parteien, die Reichsgründung 1871, das vergleichsweise liberale Reichspressegesetz von 1874, [das] Aufblühen von Industrie und Handel, [die] wachsende Mobilität und [der] damit verbundene höhere Informationsbedarf der Gesellschaft« sowie die Einführung von Schnellpressen und Rotations- und Setzmaschinen, die auch die Herstellung von höheren Auflagen in kurzer Zeit möglich machten.[89] Dies führte zu einer extrem dezentralisierten Pressestruktur und einem enorm dichten Netz von Publikationsorten, woran sich bis zum Ende der Weimarer Republik kaum etwas änderte.

Im ersten Jahrzehnt nach der Jahrhundertwende existierten in den größeren Städten der Region in der Regel drei bis vier, manchmal auch noch mehr regelmäßig erscheinende Zeitungen nebeneinander. Aber auch in kleineren Städten wie Adenau, Ahrweiler, Alsenz, Andernach, Annweiler, Baumholder, Bendorf, Betzdorf, Boppard, Daun, Diez, Dürkheim, Edenkoben, St. Goarshausen, Haßloch, Höhr, Ingelheim, Idar, Kirn, Lambrecht, Landstuhl, Lauterecken, Mayen, Meisenheim, Montabaur, Mutterstadt, Nierstein, Oberstein, Oggersheim, Oppau, Oberlahnstein, Oppenheim, Osthofen, Remagen, Rockenhausen, Saarburg, Schifferstadt, Sinzig, Traben-Trarbach, Waldmohr, Wissen und Zell erschienen zu diesem Zeitpunkt eigene Blätter – mitunter sogar zwei.

Die Auflagenhöhe der einzelnen Zeitungen variierte natürlich beträchtlich. So wurden beispielsweise von der »Kuseler Zeitung«, dem »Edenkobener Wochenblatt« oder dem »Pfälzischen Tageblatt« aus Kaiserslautern 1873 lediglich 500 Exemplare gedruckt, während der »Landauer Anzeiger« und das »Nordpfälzische Wochenblatt« aus Kirchheimbolanden, damals die auflagenstärksten Blätter in der Pfalz, Auflagen von jeweils 4.000 und der »Landauer Eilbote« und der »Speyerer Anzeiger« immerhin noch von 3.860 bzw. 3.600 hatten. Die »Wormser Zeitung« hatte 1888 eine Auflage von 6.600, und bei den größeren Zeitungen in Mainz, Koblenz und Trier dürfte sie noch höher gelegen haben.

Charakteristisch für die Presselandschaft des Kaiserreichs ist die erneut einsetzende politische Differenzierung, die, wie schon 1848/49, das parteipolitische Spektrum der Region widerspiegelt. Die weitaus meisten Blätter standen der Nationalliberalen Partei nahe. Auch jene, die sich selbst als politisch neutral bezeichneten, hatten in der Regel eine bürgerlich-nationalliberale Tendenz. Zur linksliberalen Fortschrittspartei bekannten sich die »Neue Wormser Zeitung«, die »Trierische Volkszeitung«, der »Alzeyer Beobachter«, die »Pfälzische Volkszeitung« aus Kaiserslautern und die »Neuesten Nachrichten« aus Oberstein.

Von den katholischen Blättern hatte nur das »Mainzer Journal« überlebt. Nach Ausbruch des Kulturkampfes entschlossen sich daher einige Trierer Honoratioren – unter ihnen der bekannte Kaplan Georg Friedrich Dasbach –, erneut eine katholische Zeitung ins Leben zu rufen. Sie erhielt den Titel »Mosel-Zeitung« und erschien am 1. April 1873 zum ersten Mal, stieß aber auf wenig Resonanz und wurde bereits im September des folgenden Jahres wieder eingestellt. Auch ihre Nachfolgerin, die »Neue Mosel-Zeitung«, existierte nur kurze Zeit. Erst mit der Gründung der »Trierischen Landeszeitung« durch Dasbach im Herbst 1875 gelang der Durchbruch. Auch wenn die Auflage des Blattes mit wenig mehr als 1.300 Exemplaren lange Zeit recht bescheiden blieb, entwickelte sich die »Trierische Landeszeitung« doch rasch zu einem wichtigen »Kampforgan« der Zentrumspartei, das eine »sehr scharfe Sprache im Kampf mit dem preußischen Staat führte«.[90]

1877 entstand in Linz mit der »Rhein- und Wied-Zeitung« eine zweite Zentrumszeitung. Als sie 1879 in finanzielle Schieflage geriet, kaufte sie Dasbach, sanierte sie und machte sie als verantwortlicher Verleger und Herausgeber zu einer der bedeutendsten Zeitungen im Bereich Neuwied, Ahrweiler, Koblenz und Mayen. Mit großem kaufmännischem Geschick baute er in den folgenden Jahren sein kleines katholisches Presseimperium weiter aus: 1883 gründete er den »Sinziger Volksfreund«, 1895 den »Trierischen Volksboten« und die »Saarburger Volkszeitung«, preisgünstige Blätter, mit denen er erfolgreich um Leserschichten warb, denen das Abonnement der »Trierischen Landeszeitung« zu teuer war.

Vor allem in den katholisch dominierten Regierungsbezirken Trier und Koblenz bekannten sich während des Kulturkampfes und in den folgenden Jahren nach und nach zahlreiche Zeitungen zur Zentrumspartei. In Rheinhessen waren es die »Wormser Nachrichten«, in der Pfalz die »Pfälzer Zeitung« aus Speyer, der Landauer »Rheinpfälzer« und der »Pfälzer Volksbote« aus Kaiserslautern. Wie im Fall der »Kreuznacher Zeitung«, die sich im Besitz des Vorsitzenden der örtlichen Zentrumspartei befand, gab es häufig enge personelle Verflechtungen zwischen den Zeitungen einerseits und den Parteiorganisationen andererseits.

Die erste sozialdemokratische Parteizeitung – die »Süddeutsche Volksstimme« – wurde 1873 in Mainz herausgegeben. Das Blatt, das anfangs dreimal wöchentlich erschien und von 1874 bis 1875 von Wilhelm Blos geleitet wurde, hatte aber von Anfang an große finanzielle Probleme und musste bereits im Mai 1877 sein Erscheinen wieder einstellen. Im selben Jahr erschien in Mannheim das »Pfälzisch-Badische Volksblatt«, das ebenfalls nur einige Monate existierte und 1878 nach Verabschiedung des »Gesetzes gegen die gemeingefährlichen Bestrebungen der Sozialdemokratie« verboten wurde. Wenig besser erging es dem »Rheinischen Volksblatt«, der »Kleinen Zeitung« und der »Hessischen Volkszeitung«, die in den 1880er Jahren in Mainz herausgegeben wurden, und der »Pfälzischen Freien Presse«, die 1886 zunächst in Kaiserslautern und dann ab 1888 in Ludwigshafen erschien. Von den Behörden immer wieder beschlagnahmt, verschwanden auch sie nach jeweils wenigen Ausgaben wieder von der Bildfläche.

Erst als die staatlichen Repressionen nach dem Ende des Sozialistengesetzes nachließen, gelang es den Sozialdemokraten mit der »Mainzer Volkszeitung«, die seit 1890 erschien, und der »Pfälzischen Post«, die seit 1895 in Ludwigshafen herausgegeben wurde, dauerhaft eigene Parteizeitungen zu etablieren. Die »Volkszeitung« wurde seit 1896/97 von Eduard David geleitet und war für die Reichstagswahlkreise Mainz-Oppenheim, Bingen-Alzey, Wiesbaden und später auch Darmstadt/Groß-Gerau und

Worms-Heppenheim zuständig. Die Herausgabe der »Pfälzischen Post« war auf dem 5. Pfälzischen Arbeitertag, der im Mai 1894 in Pirmasens stattfand, beschlossen worden. Sie löste die pfälzische Ausgabe der Mannheimer »Volkstimme« ab, die seit 1892 erschienen war, und entwickelte sich rasch zu einer der auflagenstärksten Zeitungen in der Pfalz. Kurz nach der Jahrhundertwende hatte sie bereits über 12.000 Abonnenten, 1912 waren es mehr als 20.000.

In der Weimarer Republik

In der Weimarer Republik stieg die Zahl der Zeitungen erneut an. 1932 erschienen auf dem Gebiet des heutigen Bundeslandes Rheinland-Pfalz insgesamt 195 Zeitungen, von denen rd. ein Drittel erst nach dem Ersten Weltkrieg gegründet worden war. Allein in Ludwigshafen konnten die Leser zwischen sieben Tageszeitungen wählen, in Worms zwischen sechs und in Trier, Koblenz, Kreuznach, Mainz und Kaiserslautern zwischen fünf. 29 der Blätter hatten 1932 eine Auflage von über 10.000 Exemplaren. Die größte war der »Mainzer Anzeiger« mit 47.500, gefolgt vom »Koblenzer General-Anzeiger« mit 38.000, der »Trierischen Landeszeitung« mit 28.300 und der »Pfälzischen Rundschau« aus Ludwigshafen mit 27.000. Bei über 50 % der Zeitungen aber lag die Auflage nach wie vor unter 3.000.

Von den 195 Zeitungen standen 38 den beiden katholischen Parteien Zentrum und Bayerischer Volkpartei (BVP) nahe, acht der SPD, drei der KPD, drei der linksliberalen DDP, elf der NSDAP, eine bezeichnete sich als »liberal«, vier als »bürgerlich«, 27 als »national« und 100 als »parteilos«. Zu Recht aber weist Stephan Pieroth darauf hin, dass auch die meisten Blätter, die sich parteilos einstuften, eher eine »konservativnationale Grundtendenz« aufwiesen und damit in deutlicher Distanz zur Weimarer Demokratie standen.[91] Die Tendenzangaben verdeutlichen aber auch die Veränderungen in der Parteienstruktur der Region. In den ersten Jahren der Republik hatten sich noch zahlreiche Zeitungen offen zur Deutschen Volkspartei (DVP) bekannt, die in der Pfalz, in Rheinhessen und im Unterlahnkreis 1920 und 1924 noch Wahlergebnisse von weit über 20 % erreichte. So zählte beispielsweise Wolfgang Hanstein noch 1928 in einer statistischen Untersuchung 21 der 66 in der Pfalz damals erscheinenden Zeitungen zur DVP. Nach 1930 distanzierten sich aber viele von ihnen von der Partei, die mittlerweile zur unbedeutenden Splitterpartei herabgesunken war, und brachten dies durch Tendenzangaben wie »national«, »bürgerlich« oder »parteilos« zum Ausdruck, so die »Wormser Zeitung«, das »Frankenthaler Tageblatt«, die »Pfälzische Presse« in Kaiserslautern, der »Landauer Anzeiger«, die »Pfälzische Rundschau« und zahlreiche andere – vor allem in der Pfalz, einer der früheren Hochburgen der DVP.

Die meisten Zentrumszeitungen erschienen in den katholisch geprägten Regierungsbezirken Koblenz und Trier: In der Region Koblenz standen 14 von 47 Zeitungen dem politischen Katholizismus nahe, im Bereich Trier neun von 17 und damit mehr als die Hälfte. Als sich das pfälzische Zentrum 1918 der neugegründeten BVP anschloss, schwenkten die drei pfälzischen Zentrumszeitungen »Der Rheinpfälzer« in Landau, die »Pfälzer Zeitung« in Speyer und der »Pfälzer Volksbote« in Kaiserslautern auf BVP-Kurs über. Innerhalb der pfälzischen BVP existierte allerdings auch weiterhin eine starke Zentrumsgruppe, die die neue Partei nicht nur programmatisch, sondern auch organisatorisch als Teil des Zentrums verstand und die Namensänderung lediglich als Zugeständnis an die bayerische Sonderstellung im Reich und innerhalb des politischen

Katholizismus wertete. Um der Zentrumsidee wieder mehr Gewicht zu verleihen und den Zentrumsanhängern ein Sprachrohr zu geben, gründeten sie 1922 in Ludwigshafen die »Neue Pfälzische Landeszeitung« und verpflichteten das Blatt ausdrücklich auf die Grundsätze der Zentrumspartei.

Auch die Zahl der SPD-nahen Zeitungen stieg in der Weimarer Republik an. Erstmals wurden jetzt die Regierungsbezirke Trier und Koblenz, lange Zeit Diasporagebiete der Partei, erfasst. So wurde seit dem August 1919 in Trier die »Volkswacht« herausgegeben, im Dezember 1919 entstand in Koblenz die »Rheinische Warte«, im Januar 1920 wurde der »Nahetal-Bote« in Oberstein, ursprünglich ein nationalliberales Blatt, von der Partei übernommen, im Mai 1920 erschien die erste Ausgabe der Wormser »Volkswacht«, und im Januar 1921 kam mit der in Kaiserslautern verlegten »Pfälzischen Freien Presse« auch in der Pfalz ein zweites SPD-Organ auf den Markt. Versuche, eine eigene Zeitung für die Westpfalz zu gründen, hatte es bereits vor 1914 gegeben, sie waren nach Ausbruch des Ersten Weltkrieges aber erst einmal ad acta gelegt worden. 1919 brachte auch die pfälzische USPD mit der »Tribüne« eine eigene Zeitung heraus. Sie wurde 1920 in »Pfälzische Volkswacht« umgetauft und erschien bis zur Vereinigung der Rest-USPD mit der SPD im Herbst 1922. Wie beim Zentrum und der BVP waren auch bei der SPD und der USPD die Verbindungen zwischen den Zeitungen und den Parteiorganisationen äußerst eng. Redakteure und Vertreter der Presse hatten in der Regel Sitz und Stimme in den Parteivorständen und verfügten aufgrund ihrer Stellung meist über großen Einfluss in der Partei. Umgekehrt saßen in den Verlagsgremien der Zeitungen meist Mitglieder, Funktionäre und Abgeordnete der Parteien.

In den ersten Jahren nach Gründung der Republik wurde die Arbeit der Presse durch die restriktive Besatzungspolitik der französischen Militäradministrationen massiv behindert. Bereits wenige Tage nach Einmarsch der Besatzungstruppen wurde eine Polizeiverordnung erlassen, die die Presse unter strenge Vorzensur stellte. Zeitungen durften nur gedruckt, veröffentlicht und verteilt werden, wenn die Genehmigung – »Autorisée à paraître« – der zuständigen Militärdienststellen vorlag. Wie streng die Zensur gehandhabt wurde, konnten die Leser an den zahlreichen leeren Spalten in den Zeitungen erkennen. So wurde beispielsweise von der »Speyerer Zeitung« vom 24. März 1919 drei Viertel des gesamten Inhalts vom zuständigen Kreisdelegierten gestrichen, und die Ausgabe vom 9. April 1919 enthielt auf Seite eins lediglich den Zeitungskopf – alles andere war der Zensur zum Opfer gefallen.

Im Rheinlandabkommen vom 10. Januar 1920 wurde die Freiheit der Presse in den besetzten Gebieten von den Besatzungsbehörden zwar grundsätzlich garantiert, in einer Zusatzverordnung wurde aber ausdrücklich darauf hingewiesen, dass die »öffentliche Ordnung« und die »Sicherheit oder das Ansehen der Rheinland-Kommission oder der Besatzungstruppen« in keinster Weise beeinträchtigt werden dürften. Die Kreisdelegierten der Rheinlandkommission erhielten das Recht, die in ihrem Zuständigkeitsbereich erscheinenden Tageszeitungen nach eigenem Ermessen auf die Dauer von bis zu drei Tagen zu verbieten, die Koblenzer Zentralbehörde konnte sogar Verbote für drei Monate aussprechen. Eine weitere Verordnung, am 15. September 1921 veröffentlicht, verpflichtete Herausgeber und Redakteure der Zeitungen, jederzeit amtliche Mitteilungen der Besatzungsbehörden zu veröffentlichen.

Eine statistische Untersuchung zeigt, dass in der Pfalz zwischen 1920 und 1924 von der Rheinlandkommission 41 und von den Kreis- und Bezirksdelegierten 146 Zeitungsverbote ausgesprochen wurden. Höhepunkt war das Krisenjahr 1923, in das allein 161 der insgesamt 187 Verbote fallen. Wegen Übertretung der Zensuranordnungen wurden zudem zahlreiche Redakteure, Herausgeber und Verleger aus dem besetzten Gebiet ausgewiesen oder vor Gericht gestellt und zu hohen Geld- oder Haftstrafen verurteilt. Die Folge war, dass, wie Eduard David am 6. April 1923 in einem Bericht an die Reichsregierung feststellte, in vielen Zeitungen aus Angst vor Repressalien zeitweise nur noch »neutraler Stoff« oder Meldungen französischer Agenturen abgedruckt wurden.[92]

Mitte der 1920er Jahre gelang es auch der KPD und der NSDAP eigene Presseorgane zu gründen. 1924 erschien in Ludwigshafen das erste Exemplar der kommunistischen »Arbeiter-Zeitung«. Sie war eine Nebenausgabe des Mannheimer KPD-Blattes gleichen Namens und für die Pfalz, Rheinhessen und das Nahegebiet zuständig. Als die Pfalz 1926 wieder den Status eines eigenen KPD-Bezirks erhielt und die rheinhessischen Ortsgruppen mit dem Bezirk Hessen-Frankfurt vereinigt wurden, wo sie gemeinsam mit der Bergstraße einen eigenen Unterbezirk Rheinhessen bildeten, wurde das Verbreitungsgebiet der »Arbeiter-Zeitung« auf die Pfalz beschränkt. Zwei Jahre später wurde in Koblenz mit der »Volksstimme« eine zweite KPD-Zeitung im rheinisch-pfälzischen Raum herausgegeben, 1931 folgte in Trier das »Volks-Echo«, beides Nebenausgaben der in Köln erscheinenden »Sozialistischen Republik«. Der Erfolg der drei Blätter war allerdings äußerst mäßig – nicht zuletzt auch, weil zahlreiche Mitglieder und Anhänger der KPD arbeitslos waren und sich keine Zeitungen leisten konnten.

Das erste nationalsozialistische Blatt im rheinisch-pfälzischen Raum war der »Eisenhammer«, der ab 1926 einmal wöchentlich als Organ der pfälzischen NSDAP erschien und vor allem mit seinen antisemitischen Hasstiraden und den Angriffen gegen Politiker der etablierten Parteien auf sich aufmerksam machte. 1927 versuchte die pfälzische Parteiführung erstmals eine Tageszeitung zu veröffentlichen. Sie trug den Titel »Werktag« und erschien in Lambrecht, musste aber nach nur wenigen Ausgaben auf Druck der NSDAP-Reichsleitung wieder eingestellt werden, da man in München keine Konkurrenz für den »Völkischen Beobachter« zulassen wollte. In Rheinhessen erschien ab April 1927 in Worms die NS-Wochenzeitung »Die Faust«, deren aggressiver Ton ihr zahlreiche Verbote und bis Jahresende 1927 bereits 15 Beleidigungsklagen einbrachte. 1930 gelang es der NSDAP dann im gesamten Bereich des heutigen Rheinland-Pfalz Fuß zu fassen und weitere Zeitungen zu gründen. Zunächst entstand im Februar 1930 mit dem »Pirmasenser Beobachter« doch noch ein zweites NS-Organ in der Pfalz – in einer Stadt, die gemeinsam mit Zweibrücken zu den frühen Hochburgen der Partei gehörte. Einige Monate später, im Oktober 1930, wurden beide durch die »NSZ-Rheinfront« ersetzt. Während der »Pirmasenser Beobachter« als Nebenausgabe der »NSZ« weitergeführt wurde, stellte der »Eisenhammer« sein Erscheinen ein. Die »NSZ« wurde zunächst in Haßloch, danach in Kaiserslautern und schließlich seit Ende 1932 in Neustadt gedruckt.

Im Juni 1930 erschien die erste Ausgabe des »Koblenzer Nationalblattes«, im Dezember im Kreis Altenkirchen die »Volkswacht für Sieg und Westerwald«. Beide wurden von Robert Ley, dem Gauleiter des NSDAP-Gaues Rheinland, herausgegeben. Ebenfalls 1930 schwenkten die »Hessische Landes-Zeitung« und mit ihr ihre rheinhessischen Nebenausgaben – die »Wormser Tageszeitung«, die »Mainzer Tageszeitung« und der »Rhein- und Hesse-Bauer« – sowie die »Rheinhessischen Volksblätter« aus Alzey und die »Niersteiner Warte«, die den Mantel der »Hessischen Landes-Zeitung« übernahmen, auf NSDAP-Linie über. Seit 1931 erschien im Verlag der »Niersteiner Warte« auch noch die »Rhein-Warte« mit dem Untertitel »Nationalsozialistische Tageszeitung für Mittel-Rheinhessen«. Sie wurde 1932 mit der »Niersteiner Warte« zur »Niersteiner Rhein-Warte« vereinigt.

Die Weltwirtschaftskrise, die das linke Rheinufer aufgrund seiner relativ schwachen ökonomischen Infrastruktur noch stärker traf als andere Gebiete des Deutschen Reiches, ging auch an der Presse nicht spurlos vorüber. Zahlreiche Zeitungsverlage gerieten nach 1929 in große wirtschaftliche Schwierigkeiten. So musste, um nur einige Beispiele zu nennen, der Verlag des »Dürkheimer Tageb atts« bereits 1929 Insolvenz anmelden, das »Frankenthaler Tageblatt« war seit 1930 zahlungsunfähig, die Finanzprobleme, die den »Pfälzer Volksboten« in Kaiserslautern schon seit Jahren plagten, wurden immer gravierender, und auch der Verlag der »Pfälzischen Post« in Ludwigshafen schrieb Jahr für Jahr rote Zahlen. Diese Probleme hatten ihre Ursache aber nicht nur in der wirtschaftlichen Krise der späten 1920er und frühen 1930er Jahre. Sie waren auch Ausdruck einer grundsätzlichen strukturellen Krise: Die Zahl der Zeitungen war viel zu hoch, die Auflagen vieler Blätter waren entsprechend niedrig und ihre redaktionellen Möglichkeiten, ihre Konkurrenzfähigkeit und ihre Wirtschaftlichkeit oft nicht ausreichend. Dies gilt anfangs auch für die NS-Zeitungen – die »NSZ-Rheinfront« soll 1931 über 100.000 Mark Schulden gehabt haben. Als die NS-Blätter nach der »Machtergreifung« aber vom Staats- und Parteiapparat massiv und mit allen Mitteln unterstützt wurden, konnten sie ihre finanziellen Probleme rasch überwinden.

Die NS-Zeit

Die Entwicklung der rheinisch-pfälzischen Presse während der NS-Zeit war geprägt von politischen Verboten, ideologischer Gleichschaltung und einem ökonomischen Verdrängungs- und Konzentrationsprozess, an dessen Ende riesige NS-Zeitungsimperien standen, die die Presselandschaft der Region nicht nur ideologisch, sondern auch wirtschaftlich beherrschten. Eine erste Grundlage zur Ausschaltung gegnerischer Blätter schuf die sog. Reichstagsbrandverordnung vom 28. Februar 1933, die unter anderem die Meinungs- und Pressefreiheit aufhob und zum Verbot aller kommunistischen Zeitungen und der ersten sozialdemokratischen Blätter in Trier, Koblenz, Mayen und Birkenfeld führte. In den folgenden Wochen wurden dann nach und nach auch die anderen SPD-Organe zur Zielscheibe nationalsozialistischer Angriffe. Die »Pfälzische Post« stellte ihr Erscheinen am 10. März ein, nachdem die Polizei das Verlagsgebäude durchsucht und eine Gruppe von SA-Männern vor dem Haus Posten bezogen hatte. Drei Tage später, am 13. März, stürmte ein SS-Trupp in Kaiserslautern das Verlagshaus der »Pfälzischen Freien Presse« und verwüstete die Druckerei. Am gleichen Tag wurde die »Mainzer Volkszeitung« – wie die gesamte sozialdemokratische Presse in Hessen – für die Dauer von zwei Wochen verboten. Das Blatt konnte danach zwar wieder erscheinen, war in seiner Berichterstattung aber völlig eingeschränkt. Als am 2. Mai sämtliche SPD- und Gewerkschaftshäuser besetzt wurden, gab es endgültig auf. Das beschlagnahmte Vermögen von SPD und Gewerkschaften wurde konfisziert, an die NS-Gauleiter übertragen und durch das »Gesetz über die Einbeziehung volks- und staatsfeindlichen Vermögens« vom 14. Juli, erlassen nach dem Verbot der SPD, mit einem »Schleier der Legalität«[93] versehen.

Mit der »Anordnung zur Wahrung der Unabhängigkeit des Zeitungsverlagswesens« vom 24. April 1935, das die Ausrichtung von Presseorganen auf einen »konfessionell, beruflich oder interessenmäßig bestimmten« Leserkreis verbot, wurde Mitte der 1930er Jahre auch den zahlreichen katholischen Zeitungen, die vor allem in den Regierungsbezirken Koblenz und Trier einen politisch und wirtschaftlich bedeutenden Faktor darstellten, die Existenzgrundlage entzogen. Die Konsequenz war, dass in den folgenden beiden Jahren fast alle katholischen Blätter von der Bildfläche verschwanden oder von NS-nahen Verlagen übernommen wurden, unter ihnen die großen Flaggschiffe des politischen Katholizismus, das »Mainzer Journal«, die »Koblenzer Volkszeitung«, die »Trierische Landeszeitung«, die »Rhein- und Wied-Zeitung« in Neuwied und die »Neue Pfälzische Landeszeitung« in Ludwigshafen.

Die starke Konkurrenz der NS-Zeitungen und -Verlage, die nicht nur vom Staats- und Parteiapparat massiv unterstützt und bevorzugt wurden, sondern z.T. auch mit terroristischen Methoden um Leser und Marktanteile kämpften, führte in den Jahren bis zum Ausbruch des Zweiten Weltkrieges dazu, dass auch zahlreiche bürgerliche Blätter kapitulieren mussten und ihr Erscheinen einstellten. So schrumpfte beispielsweise die Auflage des »Trierischen Volksfreundes« innerhalb von nur eineinhalb Jahren von 23.130 im Januar 1934 auf 13.400 im dritten Quartal 1935. Stephan Pieroth hat errechnet, dass sich die Zahl der Zeitungen im Untersuchungsgebiet zwischen 1933 und 1939 um fast die Hälfte von 190 auf 97 verringert hat – ein Prozess, der auch nach Ausbruch des Krieges weiter anhielt. Nutznießer dieses Schrumpfungsprozesses waren die großen NS-Blätter, die immer mehr expandierten und seit Mitte der 1930er Jahre zahlreiche Bezirksausgaben gründeten. Im Herbst 1944 gab es nur noch 26 Zeitungsverlage, über 80 % des Marktanteils konzentrierte sich auf die vier Riesen »Koblenzer Nationalblatt«, »Mainzer Anzeiger«, »NSZ-Westmark«, wie die »NSZ-Rheinfront« seit 1940 hieß, und »NAZ – Neue Abendzeitung für den Gau Westmark«, die ehemalige »Pfälzische Rundschau« aus Ludwigshafen, die schon im Oktober 1933 von ihrem Verleger nicht ganz freiwillig in ein Verlagskonsortium eingebracht wurde, in dem die NSDAP die absolute Mehrheit der Anteile hielt. Allein die »NSZ-Westmark« hatte im Mai 1944 eine Auflage von 412.000 Exemplaren. Sie war damit die drittgrößte Zeitung im »Großdeutschen Reich« und ein »Pressegigant, wie es ihn in dieser Region noch nie gegeben hatte«.[94]

In der Nachkriegszeit

Mit dem Zusammenbruch des NS-Regimes und der Besetzung des linken Rheinufers durch amerikanische Truppen im März 1945 mussten alle Zeitungen ihr Erscheinen einstellen. Eine »Periode der Stille«, wie Hansmartin Schwarzmaier einmal geschrieben hat?[95] Nicht ganz! Schon kurz nach Einmarsch der Amerikaner konnten in einigen Städten und Landkreisen Mitteilungsblätter erscheinen, in denen die Stadtverwaltungen und die Militärbehörden amtliche Bekanntmachungen veröffentlichten, so bereits Ende März in Andernach, im April in Mainz, Worms und Trier, im Mai in Ludwigshafen und Kaiserslautern, im Juni in Frankenthal und Altenkirchen und im Juli in Koblenz. Ihre Herausgabe war Teil eines Dreistufenplans, den die Amerikaner im Sommer 1944 für die Zeit nach Kriegsende entwickelt hatten: In der ersten Phase Verbot aller bestehenden Zeitungen, in der zweiten Duldung von Mitteilungsblättern und in der dritten schließlich die Wiederzulassung von neutralen und überparteilichen Tageszeitungen.

Als die Franzosen im Juli die Amerikaner als Besatzungsmacht auf dem linken Rheinufer ablösten, übernahmen sie mangels detaillierter eigener Konzepte in großen Teilen auch deren Pressepolitik, betrieben die Herausgabe von überparteilichen großen Regionalzeitungen nun aber mit allem Nachdruck und ließen als erstes Blatt Anfang August in Bad Ems, dem Hauptquartier ihrer Militärregierung, den »Mittelrhein-Kurier« zu, der zunächst dreimal in der Woche mit einer Auflage von 220.000 Exemplaren erschien und sehr bald Bezirksausgaben für Neuwied, den Westerwald, Koblenz, Mayen, Trier/Cochem und Bad Kreuznach herausgab. Im September folgte mit einer Startauflage von 52.000 Exemplaren in Neustadt a.d.W. »Die Rheinpfalz«, im Oktober in Kaiserslautern die »Pfälzische Volkszeitung« und in Mainz der »Neue Mainzer Anzeiger«, im März 1946 in Koblenz der »Rheinische Merkur« und im April 1946 in Trier die »Trierische Volkszeitung« und in Koblenz die »Rhein-Zeitung«. Die »Pfälzische Volkszeitung« und der »Mittelrhein-Kurier« mussten ihr Erscheinen allerdings bald wieder einstellen, der »Kurier« bereits im April 1946, nachdem die »Rhein-Zeitung« auf den Markt gekommen war, die »Volkszeitung« im Mai 1947, nachdem die Franzosen dem Blatt das Papierkontingent gestrichen hatten, um es für die geplanten neuen Parteizeitungen zu verwenden. Ihre Abonnenten wurden von der »Rheinpfalz« übernommen, die damit ihr Vertriebsgebiet auf die ganze Pfalz ausdehnte.

NEUER Mainzer Anzeiger

Freitag, den 26. Oktober 1945

Kürzung der Pensionen

Am Anfang

Die Volksabstimmung in Frankreich

Wieder eine freie Presse

Wieder Gewerkschaften

Veröffentlichungen

Erste Ausgabe des »Neuen Mainzer Anzeigers«, 26. Oktober 1945 (Bibliotheken der Stadt Mainz – Wissenschaftliche Stadtbibliothek)

Im Gegensatz zu den Amerikanern, die in ihren Presserichtlinien eine Lizenzerteilung nur an eine Gruppe von Herausgebern vorgesehen hatten, die den Meinungspluralismus der deutschen Gesellschaft repräsentieren sollten, vergaben die Franzosen Lizenzen nur an Einzelpersonen, schrieben aber eine Zusammensetzung der Redaktion aus Vertretern der verschiedenen politischen Richtungen vor. Die Zeitungen unterlagen einer strengen Vorzensur, die von einem französischen Presseoffizier ausgeübt wurde, und waren verpflichtet, die französische Nachrichtenagentur Rheina (Rheinische Nachrichtenagentur), später Südena (Südwestdeutsche Nachrichtenagentur) zu abonnieren. Darüber hinaus hatten die Besatzungsbehörden mit dem Entzug oder der Reduzierung von Papierkontingenten bei unliebsamer Berichterstattung ein Instrument zur Hand, das äußerst disziplinierend wirkte.

Im Frühjahr 1947 revidierten die Franzosen ihre Pressepolitik und ersetzten die Vorzensur durch eine Nachzensur. Darüber hinaus gestatteten sie den politischen Parteien jetzt, Zeitungsverlage zu gründen und eigene Zeitungen zu veröffentlichen – eine Entscheidung, auf die deren Vertreter immer wieder gedrängt hatten. Bereits im Mai erschien daraufhin in Neuwied die erste Ausgabe von »Der Westen«. Das Blatt, das im Untertitel die Bezeichnung »Organ der Christlich Demokratischen Union« trug, wurde zweimal wöchentlich herausgegeben und war ein »loyaler, aber recht farbloser Sachverwalter der Koblenzer CDU-Landespolitik«[96]. Im Juli folgten die »Rheinisch Pfälzische Rundschau« der FDP, die in Bad Kreuznach herauskam und den rechten Flügel der Liberalen vertrat, und »Die Freiheit« der SPD, die in Mainz erschien, im August schließlich das KPD-Blatt »Neues Leben«, dessen Redaktion ihren Sitz im pfälzischen Lambrecht hatte. Es stellte sich aber sehr schnell heraus, dass die neuen Zeitungen gegen die etablierte Konkurrenz ohne große Chancen waren. Einer der Gründe war ohne Zweifel die fehlende Lokalberichterstattung, ein zweiter die geringe Papierzuteilung durch die Besatzungsbehörden. Als nach der Währungsreform auch noch die Preise stiegen, wanderten die Leser in Scharen ab. Der »Westen« und die »Rundschau« mussten daher bereits 1949 aus finanziellen Gründen ihr Erscheinen wieder einstellen. Die CDU-Zeitung, ursprünglich mit einer Auflage von 100.000 gestartet, brachte im April 1949 gerade noch 31.000 Exemplare auf den Markt. Auch die »Freiheit« taumelte »von einer Finanzkrise in die nächste«.[97] Das Blatt wurde 1951 aber von der Frankfurter Union Druckerei und Verlagsanstalt, die sich im Besitz der SPD und der Gewerkschaften befand, als Tochtergesellschaft übernommen und konnte so noch bis 1966 erscheinen. »Neues Leben«, das im Juli 1949 gerade noch eine Auflage von 9.000 Exemplaren hatte, wurde 1950 verboten, weil in einem Artikel das Vorgehen der britischen Besatzungsbehörden gegen einen Redakteur der Detmolder KPD-Zeitung »Volksecho« scharf kritisiert worden war.

Expansion und Konzentration

Im Herbst 1949 fiel die Lizenzpflicht für Zeitungen. Sie wurde mit dem Gesetz Nr. 5 der Alliierten Hohen Kommission vom 23. September aufgehoben. Zeitungen konnten von nun an ohne besondere Formalitäten herausgegeben werden. Daraufhin erschienen in Rheinland-Pfalz innerhalb von wenigen Monaten 41 neue Zeitungen, 34 allein bis zur Jahreswende 1949/50. Die meisten von ihnen waren traditionelle Blätter und Heimatzeitungen, die bereits vor 1945 existiert hatten und nun erneut auf den Markt drängten. Da sie sich häufig keine Redaktion leisten konnten, die den allgemeinen Teil der Zeitung, den »Mantel«, hätte produzieren können, beschränkten sich viele von ihnen auf den Lokalteil und bezogen den »Mantel« von größeren Blättern oder von sog. Redaktionsgemeinschaften wie dem »Zeitungsdienst der Heimatpresse« oder der »Zentralredaktion süddeutscher Heimatzeitungen«. Ähnlich wie die Parteizeitungen waren aber auch sie nicht in der Lage, die marktbeherrschende Position der vier großen Lizenzzeitungen zu gefährden. Mit dem »Vorderpfälzer Tageblatt« in Landau und der »Trierischen Landeszeitung« hatten lediglich zwei von ihnen über 20.000 Bezieher. Zwar büßten die Großen bis Mitte 1951 einen Teil ihres Umsatzes ein, beherrschten aber nach wie vor über 70 % des rheinland-pfälzischen Zeitungsmarktes.

Da sich zudem sehr bald herausstellte, dass viele der kleinen Zeitungen nicht konkurrenzfähig waren – dies galt für die technische Ausstattung ebenso wie für die redaktionelle

Arbeit – und den Wettbewerbsvorsprung, den die großen Zeitungen durch ihre frühe Lizenzierung besaßen, nicht ausgleichen konnten, setzte bereits in der ersten Hälfte der 1950er Jahre wieder ein Konzentrationsprozess ein, der in mehreren Phasen verlief und schließlich nach und nach zum fast völligen Verschwinden der seit 1949 wiedergegründeten Lokal- und Heimatzeitungen führte. Die auflagenstarken Zeitungen, so fassen Hans Mathias Kepplinger und Rainer Mathes zusammen, »besaßen gegenüber den Kleinzeitungen auf mehreren Gebieten Wettbewerbsvorteile, die sich gegenseitig verstärkten: Hohe Auflagen ermöglichen, bezogen auf die Leserzahl der Zeitung, relativ niedrige Werbepreise, dies begünstigt hohe Anzeigeneinnahmen, dies erlaubt bessere redaktionelle Leistungen, die wiederum zu einer höheren Auflage führen. Man spricht hier auch von einer ›Anzeigen-Auflagen-Spirale‹«.[98]

Die Freiheit
ORGAN DER SOZIALDEMOKRATISCHEN PARTEI
Nr. 1 MAINZ, 11. Juli 1947 30 Pfg.

Der Weg der Sozialdemokratie
Von Dr. Kurt Schumacher, Hannover

Wir grüßen „Die Freiheit"

Die Gesellschafter des SPD-Verlages „Die Freiheit"
Die SPD-Bezirke in Rheinland-Pfalz

Unsere Meinung:

Wird Krupp abmontiert?

S. Grumbach und Dr. Schumacher in Nürnberg

Europa – mit oder ohne Deutschland?
Der amerikanische Hilfsplan – seine Gegner und seine Freunde

Englischer Besuch in der französischen Zone

Deutschland vertreten durch Zonenbefehlshaber

15 Staaten in Paris

Erste Ausgabe der SPD-Zeitung »Die Freiheit«, 11. Juli 1947 (Bibliotheken der Stadt Mainz – Wissenschaftliche Stadtbibliothek)

Bereits Ende März 1950 wurde in Koblenz die CDU-nahe »Rheinische Landeszeitung« wieder eingestellt. Sie war von ihrem Herausgeber ursprünglich als Nachfolgerin des einige Monate zuvor aufgegebenen »Westens« gedacht, konnte sich aber ebenso wenig auf dem Markt etablieren wie ihr Vorgänger. Mit ihr wurden auch die »Cochemer Zeitung« und der »Rhein-Wied-Spiegel« aus Neuwied, die den Mantel von der »Rheinischen Landeszeitung« bezogen hatten, aufgegeben. Der Ludwigshafener »General-Anzeiger« fusionierte im gleichen Jahr mit der »Pfälzer Abendzeitung«. Bis Ende der 1950er Jahre verschwand eine ganze Reihe weiterer Zeitungen von der publizistischen Bildfläche, so unter anderem die »Neuwieder Zeitung«, der »Alzeyer Beobachter« oder die »Ingelheimer Zeitung«. Mitte der 1960er und Anfang der 1970er Jahre folgte dann eine weitere Konzentrationswelle, in deren Verlauf die »Frankenthaler Zeitung«, das »Pfälzer Tageblatt«, die »Trierische Landeszeitung« und weitere Blätter aufgegeben wurden. Hatte es im Juni 1951 in Rheinland-Pfalz noch 18 sog. Publizistische Einheiten mit insgesamt 96 Ausgaben gegeben – Publizistische Einheiten sind Zeitungen, die sowohl den allgemeinen Teil als auch den Lokalteil selbst produzieren, Ausgaben sind die einzelnen Lokalausgaben einer publizistischen Einheit oder andere Zeitungen, die den Mantel der entsprechenden Einheit übernehmen –, so waren es 1966 noch 15 publizistische Einheiten mit 77 Ausgaben, 1969 13 Einheiten mit 63 Ausgaben und 1990 elf Einheiten mit 57 Ausgaben. Gleichzeitig stieg der Marktanteil der großen Vier kontinuierlich an. 1951 betrug er knapp 73 %, 1966 fast 83 % und 1990 schließlich über 90 %. Der »Trierische Volksfreund«, die Koblenzer »Rhein-Zeitung«, die Mainzer »Allgemeine Zeitung« und die Ludwigshafener »Rheinpfalz« beherrschen bis heute die Presselandschaft in Rheinland-Pfalz – nicht zuletzt das Ergebnis der französischen Lizenzierungspolitik, die ihnen einen Wettbewerbsvorsprung verschaffte, den die anderen, später gegründeten Zeitung nicht mehr ausgleichen konnten.

3.2. Rundfunk

Von Dieter Schiffmann

Die »neuen Massenmedien«

Die Presse war für rd. anderthalb Jahrhunderte und mit immer größerer Reichweite das Leitmedium für den politischen und kulturellen öffentlichen Diskurs, für die Informationsbeschaffung und die Meinungsbildung zunächst des Bürgertums als sozialer Schicht und Klasse sowie auch derjenigen, die als »Staatsbürger« an der politischen Willensbildung beteiligt werden wollten. Schon in der Zeit der Weimarer Republik hatte sie mit etwa einer Zeitung pro Haushalt ihre maximale Marktdurchdringung erreicht. Mit der Massenverbreitung der Empfangsgeräte trat spätestens seit den 1950er Jahren zunächst der Hörfunk, das »Radio«, und dann ab den 1960er Jahren das Fernsehen an ihre Seite, um sie schließlich zumindest als »das Medium des 20. Jahrhunderts«, als ein nicht mehr wegzudenkender Teil des öffentlichen wie privaten Lebens, in dieser Leitfunktion abzulösen. Die Unaufhaltbarkeit und Allgegenwart der unkörperlich von einem Sender über Funkwellen potenziell an jeden, über soziale, intellektuelle und staatliche Grenzen hinweg verbreiteten Programme und Inhalte machte sie in einer rasanten Entwicklung zu wirklichen »Massenmedien«.[99]

Dieser Prozess vollzog sich zum einen in enger Abhängigkeit von der technischen Entwicklung der Sende- und Empfangsgeräte, die eine immer größere Reichweite und eine immer intensivere Nutzung der ständig wachsenden Anzahl und Vielfalt von Programmangeboten ermöglichte, und zum anderen in enger Abhängigkeit von den durch Staat und Politik gesetzten rechtlichen, organisatorischen, wirtschaftlichen und publizistischen Rahmenbedingungen. Gleichzeitig trat von vornherein neben den Einfluss auf die politische Meinungsbildung die große Bedeutung für die kulturelle Verständigung der Gesellschaft, die Ausprägung einer »Massenkultur« und – insbesondere in einem Land mit so großer Vielfalt regionaler Traditionen und Prägungen wie Rheinland-Pfalz – eine integrative Funktion im Hinblick auf das Zusammenwachsen in einem neuen staatlichen Gebilde. Dieser letzte Aspekt der Funktionen von Rundfunk und Fernsehen gilt umso mehr, als die rheinland-pfälzische Presselandschaft bis heute ohne landesweite Zeitung regional strukturiert geblieben ist.

Der Rundfunk bis 1945

Die Geschichte des Rundfunks in den Gebieten des heutigen Rheinland-Pfalz war bis 1945 dadurch gekennzeichnet, dass keine der seit 1922 gegründeten Rundfunkgesellschaften hier ihren Sitz hatte und dass durch die topografischen Gegebenheiten des überwiegend durch Hügel- und Mittelgebirgslandschaften gekennzeichneten Landes große Teile erst spät mit steigender Senderleistung für den Rundfunkempfang erschlossen werden konnten. Dieses Problem der Rundfunkversorgung des Landes in der Fläche blieb allerdings auch in der Geschichte des Landes ein »Dauerbrenner«, solange für Radio und Fernsehen nur die terrestrische Verbreitung zur Verfügung stand. Hinzu kam, dass am Anfang, in den 1920er Jahren, die französische Besatzungsmacht zunächst keine Sender in ihrem linksrheinischen Gebiet lizenzierte und keine deutschen Sendeanlagen installieren ließ.

Auch wenn es bis 1945 keine eigenständige Rundfunkprogramm- und Sendergeschichte in Rheinland-Pfalz gegeben hat, die Geschichte der wenigen nur einige Jahre von hier aus sendenden Sendestationen weitgehend ebenso unerforscht ist wie die Entwicklung und Struktur der regionalen Hörerschaft und die Wahrnehmung und die Wirkungen der Rundfunkprogramme in der rheinland-pfälzischen Provinz, ist ein Blick auf die organisatorische und programmliche Entwicklung des Rundfunks seit der ersten offiziellen Sendung am 29. Oktober 1923 angebracht, da 1945 auch für den Rundfunk und seine Hörerschaft nur bedingt eine »Stunde Null« bedeutete.

In der Gründungsphase des deutschen Rundfunksystems nach 1922[100] und bis zur Errichtung von Großsendern mit Leistungen von dann zwischen 60 und 100 kW war der Rundfunk über die Mittelwelle wegen der schwachen Sendeleistungen zuallererst eine Einrichtung für großstädtische Räume. 1927 wurden nur rd. 1,5 % der Fläche des Deutschen Reiches mit Rundfunk versorgt, was allerdings wegen der Lage der Sender rd. 30 % der Bevölkerung entsprach.[101] Die Gesamtteilnehmerzahl stieg dabei unaufhaltsam von einer halben Million nach wenigen Monaten Sendebetrieb im Herbst 1924 über 1 Mio. im Jahr 1926 auf 2 Mio. Anfang 1928 und – trotz Massenarbeitslosigkeit und Wirtschaftskrise – mehr als 4 Mio. Ende 1932.

Im Jahr 1934 konnten dann – zumindest theoretisch – sieben von zehn Deutschen Rundfunkprogramme empfangen. Der (Bodenwellen-)Empfang mit den billigeren Detektorengeräten war dabei allerdings kompliziert und schlecht in der Qualität, während der wesentlich bessere (Raumwellen-)Empfang mit den Röhrenempfängern am Anfang wegen der höheren Gerätepreise sehr kostspielig war und auch nur über Kopfhörer funktionierte. Erst allmählich – mit technischen Verbesserungen und Vereinfachungen und Preissenkungen durch die Massenproduktion – wurde das »Radio« zum fast alltäglichen Gebrauchsgegenstand und wegen der dann eingebauten Lautsprecher zum sozialen Medium für Familie, Freundeskreis und Gruppe. Wegen der geringen Empfangsreichweite preiswerter Röhrengeräte war bis in die 1930er Jahre hinein Rundfunk in der Fläche außerhalb der Ballungsräume aber nach wie vor ein Privileg sozial besser gestellter Schichten. Der von den Nationalsozialisten 1933 bewusst zur Massenverbreitung des Rundfunks auf den Markt gebrachte »Volksempfänger« kostete in den Anfangsjahren immerhin auch noch 76 RM bei durchschnittlichen Monatseinkommen in Arbeiterhaushalten von rd. 250 RM. Auch die von Anfang – bis 1970 (!) – gültige monatliche Rundfunkgebühr von zwei RM trug vor diesem Hintergrund zur sozialen Spreizung der Rundfunknutzung bei. Zudem hatte um 1930 die Hälfte der deutschen

Haushalte, und das natürlich vor allem in den ländlichen Bereichen, noch keinen Stromanschluss, weshalb man auf kurzlebige und teure Batterien für die Rundfunkempfangsgeräte angewiesen war. So waren 1929 im Bereich des Südwestdeutschen Rundfunks (Frankfurt am Main) in und rund um Frankfurt 84.000 Teilnehmer registriert, in der Pfalz im Postbezirk Speyer jedoch nur 17.000 und im Bezirk Trier sogar nur rd. 5.000.[102]

Zu den grundlegenden Festlegungen der Gründungsphase des deutschen Rundfunksystems gehörte, neben der Ausnahme vom Verfassungsgebot der Pressefreiheit, der ganz erheblichen politischen Reglementierung und dem weitgehenden institutionellen und ökonomischem Einfluss der Reichspost bzw. des Reichspostministeriums und des Reichsinnenministeriums, vor allem die Mischung aus Zentralisierung und Dezentralisierung, mit regionalen Rundfunkgesellschaften, die – regional zugeschnitten – das »unpolitische« Wort-, Musik- und Kulturprogramm lieferten, und zentralen Programmzulieferungen durch die Reichsrundfunkgesellschaft, an der sie wiederum selbst zu 49 % beteiligt waren.

Für das Gebiet des heutigen Rheinland-Pfalz bedeutsam war die Gründung der »Südwestdeutschen Rundfunk AG« (SWR) in Frankfurt ab 7. Dezember 1923 (Sendebetrieb ab 1. April 1924) und der »Süddeutschen Rundfunk AG« (SÜRAG) in Stuttgart am 3. März 1924 (Sendebetrieb ab 11. Mai 1924). Wegen der Weigerung der französischen Besatzungsmacht musste die »Westdeutsche Funkstunde AG« (Gründung am 15. September 1924) ihren Sendebetrieb am 10. Oktober 1924 zunächst in Münster statt in Köln aufnehmen. Als »Westdeutsche Rundfunk AG« konnte sie erst nach dem Abzug der Franzosen aus diesem Teil des Rheinlands nach Köln übersiedeln.[103] Die Mittelwellen-Programme dieser regionalen Rundfunkgesellschaften waren in unterschiedlichen Teilen des heutigen Rheinland-Pfalz in unterschiedlicher Qualität empfangbar, später mit verstärkter Leistung der Großsender auch theoretisch flächendeckend. In der Pfalz kam ab 24. Februar 1927 nach Zulassung durch die französische Besatzungsmacht der »Pfalzsender« in Kaiserslautern hinzu, der auf Grund der Zugehörigkeit zum Freistaat Bayern das Programm der »Deutschen Stunde in Bayern, Gesellschaft für drahtlose Belehrung und Unterhaltung mbH« aus München (gegr. am 18. September 1922, Sendebetrieb ab 30. März 1924) auszustrahlen hatte, bis er 1934 dem SWR-Funkhaus in Frankfurt unterstellt wurde.[104] Nachdem am 4. Dezember 1935 der »Reichssender Saarbrücken« in dem seit dem 1. März 1935 wieder zum Deutschen Reich gehörenden Saargebiet offiziell in Betrieb gegangen war, wurde ihm der Kaiserslauterer »Pfalzsender« angegliedert, nicht zuletzt weil auch auf der Ebene der Organisation der NSDAP das Saargebiet mit dem Gau Pfalz zum neuen Gau »Saarpfalz« zusammengeschlossen worden war. Bereits ein Jahr später wurde dieser Nebensender als »Pfälzer Sendestelle« von Kaiserslautern nach Mannheim verlegt und bis zur Schließung bei Kriegsbeginn der SÜRAG in Stuttgart zugeordnet. In Trier wurde 1932 eine Sendestelle des SWR-Funkhauses Frankfurt errichtet, die 1936 nach Koblenz verlegt wurde und von dort bis zur Schließung im September 1939 sendete.

Über die Anfangsjahre der Radioprogramme hinweg stand ein stark volksbildnerischer Impetus im Vordergrund, bot sich der Rundfunk doch an, über alle sozialen, intellektuellen und topografischen Zugangsschranken hinweg eine unbegrenzte Zahl von Menschen erreichen zu können. »Der Hörfunk wurde primär als Kulturfaktor begriffen, als

Träger jener Kultur, die sich emphatisch über die Niederungen des Politischen erhob und sich eines fast religiösen, rein Geistigen teilhaftig wusste.«[105] Die Macher betonten daher immer die Möglichkeit, »geistige Güter gleichzeitig Ungezählten zu übermitteln«.[106] Darüber hinaus wurde damit auch ein integrativer Anspruch kombiniert, in der »geistig verbundenen Hörergemeinde« »Trennendes zu beseitigen, Gemeinschaftssinn und Staatsgedanken zu kräftigen und letzten Endes der ersehnten Volksgemeinschaft die Wege [zu] ebnen«[107]. Der Rundfunk in der Weimarer Republik nahm zuweilen, wie Kritiker feststellten, »den Charakter einer ästhetischen Erziehungsdiktatur« an.[108] Mit zunehmender Orientierung an Hörerwünschen und -gewohnheiten und der Erkenntnis, dass nicht nur der »nach geistiger Nahrung hungernde Teil der Menschheit sich in Massen zum Radio drängt«[109], sondern auch dauerhaft oder vorübergehend »bildungsunlustige Hörer«,[110] verschoben sich jedoch allmählich die Gewichte von den Wortanteilen hin zu immer mehr Musikanteilen, zu mehr leichter Unterhaltung, Service- und Zielgruppenprogrammen. Aktuelle und vor allem politische Berichterstattung hatte z. B. 1929 einen Programmanteil von etwas über 10 % und fand in großen Teilen während der abendlichen Hauptsendezeit zwischen 20 und 22 Uhr überhaupt nicht statt. In starker Konkurrenz zu allen anderen wichtigen Freizeitbeschäftigungen wurde das Radio vor allem am Abend bis Ende der 1950er Jahre zum klassischen Leitmedium mit Einschaltquoten (1931) in dieser Zeit von über 30 % der angemeldeten Teilnehmer.

Die große Staatsnähe der Rundfunkorganisation und der regionalen Rundfunkgesellschaften mit hohem Staatsanteil und politischen Überwachungsausschüssen wandelte sich zwischen Juli und November 1932 durch die Rundfunkreform des Präsidialkabinetts des Reichskanzlers Franz von Papen zur völligen Verstaatlichung des Rundfunks, als der Einfluss der Länder de facto weitgehend zurückgedrängt und die privaten Anteileigner zu Gunsten des Reichs und der Länder ganz aus den Sendegesellschaften gedrängt wurden. Die Reichsregierung erhielt in großem Umfang Möglichkeiten zur Selbstdarstellung eingeräumt und über die Rundfunkkommissare und Staatskommissare sowie über die staatlich besetzten Programmbeiräte weitgehenden Einfluss auf Inhalte und Personen der Sender. Das war eine »wichtige Stufe auf dem Weg zum nationalsozialistischen Staatsrundfunk«, auf der der Reichspropagandaleiter der NSDAP, Joseph Goebbels, bereits im Wahlkampf nach der Ernennung Hitlers zum Reichskanzler am 30. Januar 1933 mit einer bis dahin beispiellosen Radio-Propagandawelle aufbaute.

Mit der Bündelung der Rundfunkkompetenzen des Reiches beim neu geschaffenen Reichsministerium für Volksaufklärung und Propaganda ab März 1933, der Entfernung aller Gegner aus den Leitungs- und Programmfunktionen und der Ausschaltung der Länder aus der Reichsrundfunkgesellschaft und 1934 aus den regionalen Rundfunkgesellschaften, die ab 1. April nur noch als »Reichssender« fungierten, wurde der Rundfunk zum entscheidenden Propagandainstrument der Nationalsozialisten.[111] Die Einrichtung einer Rundfunkkammer bei der Reichskulturkammer mit Zwangsmitgliedschaft im September 1933 sorgte für eine dauerhafte personelle Gleichschaltung des Rundfunkpersonals, aus dem ohnehin alle Juden schon 1933 verdrängt worden waren.

Nach einer Phase propagandistischen Dauerfeuers von breit inszenierten medialen Großereignissen und permanenter, ganz alltäglicher, platter, politischer Propaganda in der »Machtergreifungsphase« bis 1934, die offenkundig beim Hörer-Publikum nach und nach Überdruss erzeugte, wollten die Nationalsozialisten mit einer stärkeren Betonung künstlerischer Inhalte sich dem eher (bildungs-)bürgerlichen Publikum als Wahrer deutscher Kultur andienen. Nachdem klar wurde, dass zu den besten Sendezeiten damit nur eine Minderheit der Teilnehmer zu erreichen war, folgte auf Jahre hinaus eine immer stärkere Orientierung des Programms auf Unterhaltung und gehobene Unterhaltungsmusik, vor allem mit immer stärkerer Reduzierung des Vortragswesens bei Beibehaltung des Anteils des »aktuellen Worts«, der Nachrichten und des Zeitfunks.[112] Gleichzeitig wurden alle Werke jüdischer Komponisten, Schriftsteller und Intellektueller aus dem Programm entfernt. Den Nachrichten kam im Rahmen dieses über weite Strecken vordergründig unpolitischen Unterhaltungsprogramms die Aufgabe zu, den politischen Rahmen und die politisch-ideologische Richtung zu weisen.

Mit Kriegsbeginn wurden am 1. September 1939 mit der »Verordnung über außerordentliche Rundfunkmaßnahmen« das Abhören von sog. »Feindsendern« und die Verbreitung von Nachrichten dieser Sender unter schwere Strafandrohungen gestellt. Trotz dieses Verbots, das im Verlauf des Krieges viele Menschen das Leben kosten sollte, waren sich die NS-Rundfunkmacher dauernd der »Konkurrenz« der Auslandssender bewusst. Der erste wichtige rundfunkpolitische Einschnitt der Kriegszeit war, dass am 9. Juni 1940 die Programme der regionalen Reichssender zu Gunsten des von Berlin gelieferten Gemeinschaftsprogramms abgeschaltet wurden. Dieses Programm bestand über den Tag hinweg zu zwei Dritteln aus Konzerten und anderer Musik. Das Wortprogramm am Vorabend wurde völlig auf den Krieg ausgerichtet. Angesichts negativer Rückmeldungen und erlahmenden Hörerinteresses – vor dem Hintergrund auch der sich verschärfenden Kriegslage nach dem Überfall auf die Sowjetunion – wurde das Programm im Herbst 1941 auf heitere und leichte Inhalte umgestellt. Als dann, um dem Musikangebot der BBC bei jüngeren Hörern entgegenzuwirken, auch deutscher Swing vermehrt gesendet wurde, meldete der SD Verstörung und erhebliche Kritik »aus der Hörerschaft ländlicher Gebiete«[113]. Insgesamt vollzog sich im Krieg ein Funktionswandel des Rundfunks. Das Kulturradio-Modell erwies sich als Verpackung für die Propaganda als zu sperrig und zu wenig massenattraktiv und wurde deshalb auf kleine programmliche Nischen zurückgedrängt. Dem Radio wuchs »im Zusammenspiel von politischen Interessen und Hörerwünschen« immer mehr die Rolle zu, vor allem leicht verdauliche, musikalische »Schallkulisse« zu liefern.[114]

Es gibt erhebliche Zweifel daran, ob und wie weit es den Nationalsozialisten gelang, über die gleichgeschalteten Massenmedien, und vor allem den Rundfunk, die Stimmung in der Bevölkerung im Krieg in ihrem Sinn zu manipulieren. Selbst in einem ganz weit reichend gleichgeschalteten Massenkommunikationssystem war es nicht möglich, den Informations- und Interpretationsfluss zu monopolisieren, wie die Stimmungsberichte des SD belegen. Im Konflikt zur Propaganda stehende Alltagserfahrungen und die primäre Kommunikation der Menschen am Arbeitsplatz mit den eigenen Angehörigen an der Front und auf Heimaturlaub bewirkten, dass in der Kollision der Propaganda-Massenmedien mit der Realität des Kriegsalltags bei großen Teilen der Bevölkerung die Massenmedien unterlagen.[115]

Rundfunk in Rheinland-Pfalz: Die Anfänge

Auch nach der deutschen Kapitulation am 8. Mai 1945 war der Äther über Deutschland insgesamt und auch über dem französisch besetzten Gebiet des späteren Rheinland-Pfalz trotz der Zerstörung vieler Sendeanlagen und des schon während des Vormarschs 1944 von den Alliierten erlassenen Verbots deutscher Rundfunksender, das nun umfassend wirksam wurde, nicht rundfunkfrei. Die auf Deutschland gerichteten Auslandsprogramme wurden ebenso weiter gesendet wie die Truppenprogramme der alliierten Armeen, und bald folgten unter Leitung der Militärregierung ab Mai und Juni 1945 die deutschen Programme der Sender der amerikanischen Besatzungszone in München, Stuttgart und Frankfurt. Und schließlich kassierte die Reichspost auch weiterhin bei den angemeldeten Teilnehmern Rundfunkgebühren ein.

Sendeturm von »Radio Koblenz« (SWR/Hanns Tschira)

Die Alliierten maßen dem Rundfunk, wie die frühen Erlasse zeigen, angesichts seiner bisherigen Rolle als Instrument der NS-Propaganda eine wichtige Funktion in der politischen, ideologischen und kulturellen Umerziehung bei. Sie betrachteten ihn aber auch, ganz pragmatisch, als effektivstes und flächendeckendes Instrument zur Kommunikation mit der deutschen Bevölkerung.[116] Personalauswahl und Zensur durch die Kontrolloffiziere galten dabei als notwendige Maßnahmen zur Sicherung dieses Auftrags. Im Verlauf der weiteren, in den einzelnen Westzonen unterschiedlich ablaufenden Entwicklung – an deren Ende die Zulassung von deutschen Parteien, die Bildung von Ländern mit demokratisch legitimierten Regierungen und Parlamenten und schließlich die Bildung eines westdeutschen Teilstaats auf dem Weg zur vollen Souveränität standen – veränderte sich auch die Rolle der Besatzungsmächte für den Rundfunk im Nachkriegsdeutschland.

Der Nordteil der französischen Besatzungszone gehörte schon vor 1945 zu den rundfunktechnisch eher schlecht ausgestatteten Regionen mit unterdurchschnittlichen Teilnehmerzahlen, bevor die Endphase des Krieges in Bezug auf sendetechnische Anlagen mit der Abschaltung der Sender in Koblenz und Saarbrücken und der Teilsprengung des Senders in Kaiserslautern im März 1945 endgültig »tabula rasa« machte.[117] Da auch im Süden der Zone kein funktionsfähiger Großsender zur Verfügung stand, gestaltete sich der von General Charles de Gaulle im Juni 1945 verfügte Rundfunkaufbau[118] für die französische Militärregierung viel schwieriger als für Amerikaner und Briten.[119] Das bedeutete eine deutliche Verzögerung gegenüber den anderen beiden westlichen Zonen und mit der Errichtung von »Radio Koblenz« als erstem und dazu noch – mit Lizenz der Besatzungsmacht – privat betriebenem Rundfunksender der französischen Zone einen organisatorischen Umweg. Unter Nutzung des erhalten gebliebenen Sendemastes des Mittelwellensenders Koblenz und mit von den Amerikanern zur Verfügung gestellter Sendetechnik ging »Radio Koblenz« des Verlegers Anton Tilman Veit nach improvisierter Vorbereitung im Sommer dann am 14. Oktober 1945 offiziell auf Sendung. Dabei deckten sich die Erwartungen der deutschen Seite, die der Oberpräsident von Rheinland-Hessen-Nassau und spätere erste Ministerpräsident von Rheinland-Pfalz, Wilhelm Boden, beim Sendebeginn formulierte, keineswegs mit den Erwartungen der Franzosen. Nach Boden sollte der Sender »die noch abseits Stehenden rufen, die Ermüdeten und Ermatteten wecken, Wortführer der Bereiten sein«.[120] Mit dem zu diesem Zweck gegründeten Philharmonischen Orchester, einem Funk-Chor und – auf ihre politische Zuverlässigkeit überprüften – Rundfunkfachleuten wurde überwiegend ein Live-Programm mit vielen Musiksendungen und Hörspielen, aber auch mit Sendungen voll »rheinischer Heiterkeit und stimmungsvollem Humor«[121] produziert und gesendet. Nicht wegen der vielfältigen personellen und Zensur-Querelen mit den Kontrolloffizieren und finanziellen Ungereimtheiten, sondern weil die Koblenzer Bestrebungen auf die dauerhafte Etablierung einer eigenständigen Rundfunkanstalt hinausliefen und damit den Plänen der Baden-Badener Militärregierung zum Aufbau einer auf die Zentrale in Baden-Baden ausgerichteten Senderkette entgegenstanden, kam dann schon nach einem halben Jahr das Ende für das eigenständige »Radio Koblenz«, als der Südwestfunk am 31. März 1946 seinen Sendebetrieb aufnahm.

Mit der Bildung der »Section Radio« innerhalb der Informationsabteilung der französischen Militärverwaltung an deren Sitz in Baden-Baden nahmen die französischen Pläne für eine Rundfunkanstalt für die gesamte eigene Zone ab Herbst 1945 Gestalt an, auch wenn es in der Folgezeit noch Konflikte mit den lokalen Rundfunkoffizieren geben sollte. Der schließlich nach intensiven französischen Vorarbeiten am 31. März 1946 von Baden-Baden aus auf Sendung gehende »Südwestfunk« (SWF) wurde nach den Richtlinien für die »Section Radio« mit einer Zentrale am Sitz der Militärverwaltung und Regionalstudios in den einzelnen Großregionen der Besatzungszone aufgebaut. Neben Zulieferungen im künstlerischen, bildenden und unterhaltenden Bereich des Gesamtprogramms sollten die Regionalstudios auch reine Regionalsendungen ausstrahlen können. Der SWF war für zweieinhalb Jahre ein Sender der französischen Militärverwaltung, bevor er am 30. Oktober 1948 durch die französischen Ordonnanzen Nr. 187, 188 und wenig später die Verordnung Nr. 198 als Anstalt des öffentlichen Rechts mit einem Monopol für den Rundfunk in der französischen Zone und der Übernahme der Sendeanlagen von der Post auf eine neue, eigenständige Grundlage gestellt wurde.[122] Die Finanzierung sollte durch den Anspruch auf die nach wie vor von der Post einzuziehenden Rundfunkgebühren aller Teilnehmer im Sendegebiet sichergestellt werden. Mit der verordneten Staatsferne und der Weisungsunabhängigkeit des aus Vertretern des gesellschaftlichen Lebens zusammengesetzten Rundfunkrats und des Verwaltungsrats wurde richtungweisend bis heute das Modell der bereits früher in der britischen und der amerikanischen Zone eingerichteten Rundfunkanstalten weitgehend übernommen. Bis zur Abschaffung der Genehmigungsvorbehalte des französischen Oberkommandos und der Zensur durch die Besatzungsmacht sollte es, trotz der Gründung der Bundesrepublik im Mai 1949, der Etablierung der Gremien des SWF und der Wahl seines ersten Intendanten, Friedrich Bischoff, im Juni und Juli 1949, noch bis zum April 1952 dauern.

Da mittlerweile auch in den territorial unverbundenen Nord- und Südteilen der französischen Besatzungszone im Mai 1947 drei neue, auf einer demokratischen Legitimation durch die deutsche Bevölkerung aufgebaute Länder geschaffen worden waren, ergaben sich von vornherein Konflikte und Debatten, die erst nahezu 50 Jahre später mit der Schaffung des »Südwestrundfunks« durch den Zusammenschluss von SWF und

»Süddeutschem Rundfunk« (SDR) weitgehend ausgeräumt werden konnten. Das Sendegebiet des SWF entsprach weder den politischen Gegebenheiten mit den Ländern Rheinland-Pfalz, Südwürttemberg-Hohenzollern und (Süd-)Baden noch den sendetechnischen Erfordernissen und stand auch finanziell auf schwachen Beinen. Geprägt durch die staatsnahe Tradition des Rundfunks in der Weimarer Republik, aber auch geleitet von dem Wunsch nach unmittelbarer Einflussnahme auf dieses wichtige Massenmedium, wollte die deutsche Politik in den Ländern des Sendegebiets den direkten und indirekten Staatseinfluss auf Personal und Inhalte verstärken. Über das Ziel einer Lösung des SWF aus französischer Bevormundung durch einen Staatsvertrag der Länder hinaus begleitete dieses Verlangen den SWF kontinuierlich, wenn auch mit wechselnder Intensität, über die nächsten Jahrzehnte. Der Umfang der inhaltlich-programmlichen Präsenz, insbesondere des neu geschaffenen, um seine Akzeptanz und seinen Fortbestand ringenden Landes Rheinland-Pfalz, dessen größte Stadt, Mainz, zwar von den Franzosen als künftiger Sitz des Senders verordnet worden war, letztlich aber nur Standort des rheinland-pfälzischen Landesstudios wurde, sollte ebenfalls über Jahrzehnte hinweg zum Dauerstreitthema nicht nur zwischen den Regionalstudios und der Baden-Badener Zentrale und in den SWF-Gremien, sondern auch in allen Staatsvertragsverhandlungen der beteiligten Länder werden. Obwohl Rheinland-Pfalz die meisten Hörer des SWR stellte, kam aber angesichts des vergleichsweise niedrigen Gebührenaufkommens im Land ein eigenständiger, vom SWF gelöster Landessender realistischer Weise nie in Betracht.

Der Abschluss des ersten SWF-Staatsvertrags zwischen Rheinland-Pfalz und den schon im Übergang zum »Südweststaat« Baden-Württemberg befindlichen Ländern Baden und Südwürttemberg-Hohenzollern war letztlich Ergebnis eines langwierigen Ringens der rheinland-pfälzischen Landesregierung unter Peter Altmeier mit den beiden anderen Landesregierungen, der Intendanz und den Gremien des SWF und mit dem französischen Hochkommissar, der sich – nach Jahren französischer Zensur – ebenfalls zum Vorkämpfer für die Unabhängigkeit des Rundfunks vom Staatseinfluss machte.[123] Mit seinem Inkrafttreten am 1. Mai 1952 löste er den SWF weitgehend aus französischer Hand. Neben der Durchsetzung des Prinzips, dass der Rundfunk zur Kultur- und damit Regelungshoheit der Länder gehörte, bewirkte der politische Druck aus Rheinland-Pfalz gegen erhebliche Widerstände – nicht nur aus dem Sender – insbesondere einen starken politischen Einfluss in den Personalentscheidungen über die Zusammensetzung des Verwaltungsrats. Genauso wichtig für den staatlichen Einfluss war das Beanstandungsrecht der Landesregierungen über den Haushalt und die allgemeine Staatsaufsicht, nach Ansicht des SWF-Intendanten Bischoff »Staatsrundfunk in seiner krassesten Form«[124]. Im Wesentlichen aber behielt der SWF doch die rechtliche und organisatorische Gestalt der französischen Gründungsordonnanzen, auch wenn deren Gültigkeit in Konsequenz des Staatsvertrags am 8. Mai 1952 endgültig aufgehoben wurde. Der SWF war nun eine selbstverwaltete Zwei-Länder-Anstalt unter Staatsaufsicht.

Nachdem schon 1947 die Idee des Baus eines SWF-Rundfunkhauses in Mainz verworfen worden war,[125] spielten die Regionalstudios im Land – neben den fortwährenden Debatten um die Gewichtung von Rheinland-Pfalz im Hauptprogramm – eine wichtige Rolle. Sie sollten nach der Geschäftsordnung des SWF vom 1. Januar 1948 »die besonderen politischen und kulturpolitischen Interessen ihrer Heimat [...] wahren und im

Bereich der Musik, Dichtung, der Unterhaltung sowie der Reportage das Wesen ihres Sendebereiches lebendig [...] werden lassen«.[126] Der Kampf mit Baden-Baden um die Ausweitung der Möglichkeiten des Regionalprogramms hin zu einem Vollprogramm, aber auch politische Konflikte mit der französischen Zensur führten in den Anfangsjahren im Regionalstudio Koblenz dazu, dass bis 1950 acht Studioleiter verschlissen wurden. Im Regionalstudio Kaiserslautern, das am 9. Juli 1946 seinen Sendebetrieb aufnahm und ab dem 27. Juli sein eigenes Pfalz-Programm sendete, führte das gute Verhältnis zwischen dem französischen Kontrolloffizier und dem Studioleiter zu einer kontinuierlicheren Personal- und Programmentwicklung als »Stimme der pfälzischen Heimat«.[127] Beginnend mit einer eigenen Programmstrecke von nur einer Stunde wurde das Kaiserslauterer Regionalprogramm in den nächsten Jahren bald auf drei bis dreieinhalb Stunden ausgeweitet, während gleichzeitig auch die Mitarbeiterzahl rasch von 40 auf 70 Personen stieg. Hatte das private »Radio Koblenz« 1946 am Ende 125 Mitarbeiter gehabt, wurde der Mitarbeiterstamm des Regionalstudios Koblenz schnell auf nur noch 41 abgesenkt, ehe mit wachsendem Programmumfang von drei auf viereinhalb Stunden auch die Zahl des Personals in den nächsten Jahren auf nahezu 100 angehoben wurde.[128] Trotz aller Klagen über die schlechte Behandlung von Rheinland-Pfalz, seiner Politik und seiner Regionen durch die Zentrale des SWF in Baden-Baden hatte das rheinland-pfälzische Gebiet im Rundfunk so viel programmliche Präsenz wie noch nie zuvor in der Geschichte dieses Massenmediums.

Mit dem Beschluss des rheinland-pfälzischen Landtags vom 16. Mai 1950, den Sitz von Landesregierung und Landtag nach Mainz als Landeshauptstadt zu verlegen, stand auch eine Neuorganisation der Landespräsenz des SWF auf der Tagesordnung, zumal durch den beschlossenen teuren Aufbau eines neuen, über Ultrakurzwelle verbreiteten Programms erheblicher finanzieller Druck bestand. Nach kontroversen Debatten in den SWF-Gremien, Auseinandersetzungen mit der rheinland-pfälzischen Landesregierung und heftigen Reaktionen aus den Regionen[129] kam es zur Gründung des neuen »Landesstudios Rheinland-Pfalz« in der Landeshauptstadt Mainz, das am 1. September 1951 erst provisorisch und dann ab dem 1. April 1952 aus dem ehemaligen kurfürstlichen Zeughaus »Zum Sautanz« – in unmittelbarer Nähe von Landtag und Staatskanzlei – seinen Sendebetrieb aufnahm. Das Studio Koblenz wurde zu einer regionalen Zweigstelle abgestuft, und das Studio in Kaiserslautern war fortan überwiegend durch die Zulieferungen des hier weiterhin angesiedelten, seit 1946 bestehenden und jetzt durch Musiker des aufgelösten Koblenzer Orchesters vergrößerten Rundfunkorchesters programmlich präsent. Anfang Oktober 1951 kam noch eine weitere Zweigstelle in Trier hinzu.

Die Schaffung des zweiten (UKW-)Programms im Dezember 1952 brachte auch fast eine Verdoppelung der wöchentlichen Sendezeit aus dem rheinland-pfälzischen Landesstudio auf nunmehr 30 Stunden, was einem Anteil von 12 % am Gesamtprogramm des SWF entsprach. Auch wenn der Umfang des Landesprogramms von der rheinland-pfälzischen Politik kontinuierlich als unzureichend bemängelt wurde, trugen die Sendungen aus Mainz, die einen wesentlichen Schwerpunkt im Bereich der Information über die Landes- und Kommunalpolitik hatten, ganz stark zum Zusammenwachsen des neuen Landes bei. Mit seinen regionalen Kultursendungen half der SWF, »dass das Land begann, sich als eine Kulturlandschaft zu begreifen«.[130] Seine Ausrichtung auf das ganze Land, sein Anspruch, »Stimme der Heimat«[131] für alle Landschaften des Landes zu sein, stand im Gegensatz zu den regional und lokal ausgerichteten Tageszeitungen. Dass die Landesregierung für lange Jahrzehnte das Privileg genoss, mit einer eigenen Sendung »Stimme der Landesregierung« unmittelbar zu den rheinland-pfälzischen Hörerinnen und Hörern zu sprechen, machte das Medium natürlich für die Landespolitik besonders interessant und kontrovers.

»Rheinsender« in Wolfsheim (SWR)

Die Empfangssituation der Mittelwellensender war allerdings am Tag wegen der geringen Sendeleistung vor allem des Senders in Kaiserslautern und auch desjenigen in Koblenz in vielen Teilen des Landes schlecht, bis mit einer großen Kraftanstrengung der Besatzungsmacht und des SWF ab März 1950 der 120-kW-starke »Rheinsender« im rheinhessischen Wolfsheim (zwischen Wörrstadt und Sprendlingen) die Besitzer eines Radioapparats im gesamten Rheinland-Pfalz sowie einem Teil Nordbadens und Hessens in guter Qualität auch am Tag versorgen konnte. Nicht zuletzt wegen des schlechten SWF-Empfangs wurden z. B. in der Pfalz bis dahin Nachbarsender, wie vor allem der Stuttgarter Sender, fast mehr als der SWF gehört. Erst Ende des darauf folgenden Jahres konnte dann mit der Inbetriebnahme einer UKW-Kette, die, in Anpassung an die technischen Notwendigkeiten durch die Topografie des Landes, noch schrittweise kleinteilig weiter ausgebaut wurde, die Übertragungsqualität deutlich gesteigert werden.

Der Anteil der Hörer betrug nach Schätzungen auf der Grundlage der angemeldeten Haushalte 1946 erst etwas über 40 % und im Mai 1949 bei der Gründung der Bundesrepublik auch erst 60 %, nicht zuletzt wegen der geringen Produktionszahlen und der Reparationsleistungen.[132] Unter denen, die Zugang zu einem Radio hatten, nahm der Stellenwert des Rundfunks als Informationsmedium ebenso rasch zu wie die Radio-Nutzungshäufigkeit und -dauer. Wie schon in der Weimarer Republik und im »Dritten Reich« gehörte der Abend in den Haushalten mit Empfangsgerät jetzt dem Rundfunk, wenn über 90 % »Radio« hörten.[133]

Vom Südwestfunk zum Südwestrundfunk

Mit dem neuen Landesstudio in Mainz, der Aufnahme des UKW-Programms im Dezember 1951, dem Staatsvertrag von 1952, der eine Laufzeit von zehn Jahren hatte, und dem Zusammenschluss mit den anderen westdeutschen Rundfunksendern zur »Arbeitsgemeinschaft der öffentlich-rechtlichen Rundfunkanstalten der Bundesrepublik Deutschland« (ARD) am 5. August 1950 waren die Rahmenbedingungen auch für den SWF als gebührenfinanzierte öffentlich-rechtliche Anstalt für die nächsten Jahre gesetzt.[134] Die wesentlichen Programmerweiterungen und -veränderungen mit der Entwicklung der Ultrakurzwelle zur Leitwelle, auf der der SWF schließlich auch sein erstes und später – ab 1964 – noch ein drittes Hörfunkprogramm verbreitete, waren dann eng verbunden mit der technischen Entwicklung bei den Sende- und Empfangsgeräten. Dazu zählte die Einführung der Stereofonie.

Während mit den zusätzlichen Programmen, die am Anfang, wenn auch meist zeitversetzt, als alle denkbaren Inhalte abdeckende Mischprogramme überwiegend »more of the same« sendeten, sich allmählich die Tendenz zur Abgrenzung und Ausdifferenzierung der jeweiligen Programmschwerpunkte, der Musikfarben und der angesprochenen Zielgruppen durchsetzte, veränderte sich auch die Radio-Nutzung. Die Hörerschaft differenzierte sich zunehmend exklusiver nach den Vorlieben für bestimmte Musikrichtungen, einem bestimmten Verhältnis von Musik, Information und Bildung und einer bestimmten Form der Präsentation dieser Inhalte aus. Hinzu kam, dass auch die benachbarten Rundfunksender in ähnlicher Weise die Zahl ihrer ausgestrahlten Programme und deren Inhalte weiterentwickelten, so dass vor Ort – unterschiedlich je nach Region und Empfangssituation – in Rheinland-Pfalz in den 1970er Jahren schon z.T. mehr als zehn Programme empfangen werden konnten. Die Massenproduktion der Rundfunkgeräte sowie die zunehmende Mobilität der batteriebetriebenen Transistorgeräte machten das Radio zum allgegenwärtigen Begleitmedium. Hatten Ende der 1960er Jahre noch 72 % der als Teilnehmer angemeldeten Haushalte nur ein Radiogerät, waren es 20 Jahre später nur noch 16 %. Das Radio wurde auch zum Medium für die Jugend, die auf eigene Hörmöglichkeiten drängte, mit der Folge, dass Ende der 1980er Jahre in mehr als der Hälfte der Haushalte drei oder mehr Radiogeräte vorhanden waren. Mit der großen Welle der Massenmotorisierung der 1960er Jahre und den immer erschwinglicheren Preisen der Autoradios sowie dem Wegfall der speziellen Rundfunkgebühr dafür wurden zusätzlich auch die Autofahrer als Zielgruppe entdeckt und mit Programmen angesprochen, die permanente unterhaltsame Musik mit Verkehrsdurchsagen verbanden.

Die Ausdifferenzierung der Programme und der Hörerschaft und die sich tiefgreifend verändernde Nutzung des Mediums Hörfunk waren vor allem, aber nicht allein, dem neuen Konkurrenzmedium Fernsehen geschuldet, das den Hörfunk als Leitmedium am Abend und am Wochenende bald nach seiner Einführung ablöste. Sie war auch Folge der seit den 1960er Jahren einsetzenden gesellschaftlichen Ausdifferenzierung. Die Menschen widmeten zudem die größten Teile ihrer weiter wachsenden »Freizeit« dem Fernsehen. Der Hörfunk wurde als fest etablierter Bestandteil des alltäglichen Tagesablaufs der meisten Menschen immer mehr Medium des Nebenbei-Hörens von Musik, Unterhaltung und aktueller Information. In den Anfängen nach dem Krieg hatte er für die Menschen noch eine zentrale Funktion für »Information, Orientierung, Hilfestellung bei der Suche nach Verhaltensmodellen, Identifikation mit anderen, Zusammengehörigkeitsgefühl und soziale Unterhaltung, Wirklichkeitsflucht, Entspannung und emotionaler Entlastung« gehabt.[135]

Die hohen Kosten des Aufbaus der Infrastruktur und die Kosten für die Programmproduktion des neuen, immer beliebter werdenden Fernsehens, das zudem nach dem Willen vor allem der Politik auch regionale Programmanteile aufweisen sollte, ließen das Thema der Finanzierung der Sender bzw. die Höhe der als erforderlich erachteten Gebührenerhöhung und auch die Frage des Finanzausgleichs zwischen großen und kleinen Sendern bis in die Gegenwart zum medienpolitischen Dauerstreitthema zwischen Sendern und der Politik werden.[136] Seit dem ersten Rundfunkgebühren-Staatsvertrag zwischen den Ländern 1968 und der ersten Gebührenerhöhung seit den 1920er Jahren mit 50 Pfennigen beim Hörfunk und einer Mark »Fernsehgebühr« wurde die Abfolge der Verhandlungen über die »Rundfunkgebühren-Änderungsstaatsverträge« zur Kampffläche zwischen christdemokratischen und sozialdemokratischen Ministerpräsidenten. Dabei ging es in vielen Runden nicht nur um die Bestimmung und Ausgestaltung des Programmauftrags des öffentlich-rechtlichen Rundfunks – später auch in Konkurrenz zu den werbefinanzierten Privatsendern –, sondern vielfach um politische Disziplinierung der Sender- und Programmverantwortlichen. Die 1975 staatsvertraglich erfolgte Einrichtung der formal unabhängigen Kommission zur Ermittlung des Finanzbedarfs der Rundfunkanstalten, deren Geschäftsstelle bei der rheinland-pfälzischen Staatskanzlei angesiedelt wurde, hat über die Jahrzehnte hinweg auf diesen fast schon routinemäßigen Streit nur moderierend wirken können, weil letztlich immer eine Einigung aller Ministerpräsidenten und die Ratifzierungszustimmung aller Landtage erforderlich waren.

Ein wichtiger Akteur der Medienpolitik sollte in der Geschichte der Bundesrepublik auch das Bundesverfassungsgericht mit seinen Rundfunkurteilen werden. Mit dem Urteil vom 28. Februar 1961 zu Adenauers »Deutschland-Fernsehen GmbH«, dem Urteil von 1971 zur Mehrwertsteuer und dem Urteil von 1981 zum saarländischen Rundfunkgesetz setzte das Verfassungsgericht der staatlichen Einflussnahme einen engen Rahmen und stärkte so die Rundfunkfreiheit. Der Mainzer Landesregierung wuchs seit den Verhandlungen der Länder über Adenauers Fernsehpläne und seit der Etablierung des Zweiten Deutschen Fernsehens (ZDF) in Mainz unter den Ländern eine koordinierende Funktion zu, die mit der bis in die Gegenwart geltenden Funktion des jeweiligen Ministerpräsidenten als Vorsitzender der Rundfunkkommission der Länder dann institutionalisiert wurde.

In ähnlicher Weise, wenn auch mit anderer politischer Schwerpunktsetzung, waren die Verhandlungen über die Verlängerung des SWF-Staatsvertrags zwischen Rheinland-Pfalz und dem 1952 gebildeten Baden-Württemberg immer in erster Linie politische Verhandlungen, weil die Frage, in welchem Umfang der SWF mit Einrichtungen, Personal und vor allem landesbezogenem Radio- und Fernsehprogramm in Rheinland-Pfalz präsent sein sollte, aus Sicht der Landesregierung für das weitere Zusammenwachsen des Landes einen besonders hohen Stellenwert hatte.

Die Verhandlungen über eine etwaige Verlängerung des SWF-Staatsvertrags fielen ab Mitte der 1950er Jahre in eine Phase, die geprägt war vom Kampf gegen die Fernsehpläne der Bundesregierung unter Konrad Adenauer, den Aufbau der Produktions- und Sendeinfrastruktur des neuen Mediums Fernsehen, die Länder-Neuordnungsdebatten

SWR-Redakteure bei der Arbeit (Stadtarchiv Mainz)

mit begleitenden Volksbegehren und der Wiedereingliederung des Saarlandes. Keiner der z. T. nur als Druckmittel diskutierten Rundfunk-Neuordnungspläne, weder der »Südwestblock« von SWF, Süddeutschem Rundfunk und Hessischem Rundfunk, noch eine Drei-Länder-Anstalt durch Fusion des Saarländischen Rundfunks mit dem SWF oder eine neue Zwei-Länder-Anstalt für Rheinland-Pfalz und das Saarland, konnte sich durchsetzen. Im damit verbundenen Kampf mit der Baden-Badener SWF-Zentrale um den Sitz des neu zu bauenden Fernsehstudios des SWF konnte das Land Rheinland-Pfalz als Kompensation für den Fernsehstandort Baden-Baden lediglich erreichen, dass die Fernsehberichterstattung aus Rheinland-Pfalz, vor allem mit einer eigenen Abendschau, erheblich verstärkt werden sollte.[137] Für die letztliche Kompromissbereitschaft von Ministerpräsident Altmeier war neben dem politischen Wohlverhalten des Intendanten Bischoff[138] wohl auch die Absicht maßgebend, gegenüber dem Bund keinen Zweifel an der Rundfunkhoheit der Länder aufkommen zu lassen. Mit der Verlängerung des Staatsvertrags wurde festgelegt, dass eine Kündigung frühestens in zehn Jahren möglich sein sollte.

Trotz dieser Verlängerung des SWF-Staatsvertrags gingen in den 1960er Jahren zwischen den drei Rundfunkanstalten und den drei Landesregierungen die Debatten um eine Neuordnung der Rundfunklandschaft im Südwesten weiter, weil die Struktur- und Finanzierungsprobleme weiter bestanden. Auch die 1968 zur Vermittlung einvernehmlich einberufene unabhängige (Michel-)»Kommission zur Untersuchung der rundfunkpolitischen Entwicklung im südwestdeutschen Raum« konnte nach aufwändigen Untersuchungsarbeiten 1970 lediglich eine knappe Mehrheitsempfehlung für eine Zwei-Senderlösung für Baden-Württemberg einerseits und einer Zwei-Länderanstalt für Rheinland-Pfalz und Saarland andererseits präsentieren und damit den Streit nicht wirklich schlichten. Eine wichtige und etwaige rheinland-pfälzische Trennungswünsche dämpfende Feststellung in dem Bericht war jedoch, dass das rheinland-pfälzische Gebührenaufkommen keine eigene Landesrundfunkanstalt finanzieren könne. Auch die Vorstellungen von Ministerpräsident Altmeier und seinem Nachfolger Helmut Kohl für eine das Saarland umfassende Drei-Länderanstalt hatten sich nicht durchsetzen können. Am Ende blieb nichts anderes, als aus finanziellen Gründen eine engere Kooperation der drei südwestdeutschen Anstalten im Hörfunk- und im Fernsehbereich zu vereinbaren und – auf Druck der baden-württembergischen Landesregierung – eine jährliche Kündigungsmöglichkeiten in den Staatsvertrag aufzunehmen.[139]

Seit Mitte der 1970er Jahre bestimmte dann das Thema der neuen Verbreitungswege für Hörfunk und Fernsehen über Satellit und vor allem Breitbandkabel und die damit verbundene Möglichkeit, die Frequenzenge bei der analogen terrestrischen Verbreitung zu überwinden und zusätzliche (private) Programmanbieter zulassen zu können, die medienpolitische Debatte. Die Senderneuordnung im Südwesten wurde von den Landesregierungen nicht mehr mit der Intensität früherer Jahre verfolgt. Der öffentlich-rechtliche Rundfunk geriet eher durch Auseinandersetzungen über seine vermeintliche einseitige, linke politische Ausrichtung ins Visier der CDU-geführten Landesregierungen, auch wenn beim Südwestfunk seit 1977 mit Willibald Hilf der bisherige Chef der Mainzer Staatskanzlei und enge Vertraute des CDU-Vorsitzenden und Ministerpräsidenten Helmut Kohl als Intendant amtierte.

Erst mit der heftigen Kritik von Ministerpräsident Bernhard Vogel in seiner Regierungserklärung von 1983 an der unzureichenden Darstellung im SWF-Gesamtprogramm und den zu geringen originären rheinland-pfälzischen Programmstrecken sowie seiner Forderung nach einer Neuordnung der Rundfunkstruktur geriet das Thema wieder in eine breitere Öffentlichkeit. Während Vogel seine Initiative nach schnell realisierten Zusagen des SWF über mehr überregionale Sendeplätze für das Landesstudio in Mainz und eine ARD-Aktuell-Redaktion Mainz nicht weiter verfolgte, kam der nächste Neuordnungsvorstoß von Vogels potenziellem Rivalen, dem CDU-Fraktionsvorsitzenden im rheinland-pfälzischen Landtag, Hans-Otto Wilhelm. Wilhelm plädierte für eine Fusion zur Drei-Länderanstalt, ohne jedoch vor allem auch auf der baden-württembergischen oder saarländischen Seite nennenswerte Resonanz zu finden.

Mit der Ankündigung einer Neuorganisationsinitiative durch den baden-württembergischen CDU-Ministerpräsidenten Lothar Späth im Juni 1988 und seine mit Ministerpräsident Vogel gemeinsam verkündete Zielrichtung für eine Fusion von SWF und SDR begann ein nahezu zweijähriges Ringen. In großen Teilen der rheinland-pfälzischen Öffentlichkeit wurde dieser Vorstoß jedoch als »akute Bedrohung rheinland-pfälzischer und regionaler Interessen« gewertet.[140] Der aus dem Vorstoß entstandene Konflikt innerhalb der Landespolitik in beiden Ländern und zwischen der Politik und den Sendern und der Öffentlichkeit ging im März 1990 mit der Zustimmung der beiden Landesregierungen zu dem mittlerweile zwischen den beiden Anstalten ausgehandelten »Kooperationsvertrag« zu Ende. In ihm wurden Kosteneinsparungen durch weitere Programmübernahmen im Hörfunk, aber auch die Schaffung je eines vierten Landesprogramms im Hörfunk und eines aus-führlicheren Landesprogramms im Fernsehprogramm »Südwest 3« zwischen SDR und SWF vereinbart.

Unabgestimmt mit den beiden Sendern und ihren Gremien, mit überzogenen Erwartungen an Synergieeffekte verknüpft, verbunden gleichzeitig mit der Drohung einer Verweigerungshaltung bei der anstehenden Rundfunkgebühren-Erhöhungsrunde und begleitet von heftigen badisch-württembergischen Debatten um den möglichen Sitz der fusionierten Anstalt, konnte sich dieser politische Vorstoß nicht durchsetzen. Späth war zudem in Rheinland-Pfalz durch den Rücktritt von Ministerpräsident Vogel im November 1988 ein wichtiger Partner abhandengekommen. Die späte Einschaltung des Beratungsunternehmens McKinsey und Mängel seines Gutachtens konnten dem Fusionsprojekt nicht mehr zum Erfolg verhelfen. Die Abstufung von Stuttgart und die Aufstufung von Mainz zu Landesfunkhäusern waren vor allem auch in der CDU nicht mehrheitsfähig. Dass schon vier Jahre (zum 31. Dezember 1994) später die erste Möglichkeit zur Kündigung der Kooperationsvereinbarung gegeben sein sollte, hielt die Rundfunkstrukturdiskussion auf der medienpolitischen Tagesordnung.

Parteiübergreifend, über die Kontroversen zur konkreten Ausgestaltung hinweg, war und blieb in der rheinland-pfälzischen Landespolitik auch nach dem Regierungswechsel 1991 zu einer sozialliberalen Landesregierung die Sicherung eines »Mehr aus Rheinland-Pfalz« im Hörfunk und Fernsehen zentrales Kriterium. Der weitere Ausbau des

Landesstudios Mainz und der Berichterstattung über das politische, gesellschaftliche und kulturelle Leben im Land und seinen Regionen war der wichtigste Bewertungsmaßstab für alle organisatorischen Neuordnungspläne. Diese Pläne gerieten rasch, vor allem durch Entwicklungen von außen, auf die Tagesordnung, zum einen dadurch, dass der öffentlich-rechtliche Rundfunk durch die sich etablierende private Konkurrenz zunehmend in seiner Hörer- und Zuschauerakzeptanz unter Druck geriet, und zum anderen dadurch, dass gleichzeitig bei einer stagnierenden Zahl von Gebührenpflichtigen, aber steigenden Produktionskosten die finanzielle Leistungsfähigkeit der kleineren ARD-Sender durch CSU- und CDU-geführte Länder zum Dauerthema aller Verhandlungen über den Rundfunkgebühren-Staatsvertrag gemacht wurde. Überdies hatten sich SWF und SDR verpflichtet, den beiden Landtagen 1995 einen Bericht zur Überprüfung der Umsetzung der Kooperationsvereinbarung vorzulegen. Hinzu kamen Bedenken, ob Brüssel das Modell der Gebührenfinanzierung des öffentlich-rechtlichen Rundfunks langfristig noch als mit den Binnenmarktregeln der Europäischen Union kompatibel akzeptieren würde.

Auf die Fusionsforderungen und gegenüber der auf eine noch engere Kooperation insistierenden baden-württembergischen Debatte des Jahres 1994 reagierte der rheinland-pfälzische Ministerpräsident Beck zunächst mit dem Vorschlag, eine Vier-Länder-Anstalt unter Einschluss Hessens in Erwägung zu ziehen.[141] Aber gleichzeitig formulierte er hohe rheinland-pfälzische Maßstäbe für die Feststellung, ob die verstärkte Kooperation ein Erfolgsweg sei. Wenig später, im März 1995, konkretisierte er in einer Ideenskizze den stufenweisen Weg zu einer solchen Vier-Länderanstalt, bei der natürlich Mainz im geografischen Zentrum gelegen und nicht mehr, wie in einer Zweierlösung, allein einem mehr als doppelt so großen Partner, Baden-Württemberg, gegenübergestanden hätte. Auf seine Initiative hin einigten sich die Ministerpräsidenten auf ihrer Konferenz in Bad Neuenahr im Oktober 1995 darauf, dass bis spätestens Mitte 1999 eine Novellierung des ARD-Staatsvertrags erfolgen sollte.

Um gegenüber diesem Druck aus der Politik die Initiative im weiteren Reformprozess behalten oder wieder erringen zu können, legten die beiden Intendanten am 14. August 1996 nach vorherigen, sehr kontroversen SWF- und SDR-Papieren ein gemeinsames Grundsatzpapier für die Zukunft des öffentlich-rechtlichen Rundfunks in Baden-Württemberg und Rheinland-Pfalz vor, das auf eine Zwei-Länder-Anstalt durch die Fusion von SWF und SDR hinauslief.[142] Wichtig war im Hinblick auf die Erwartungshaltung der beiden Länder auf mehr Regionalität, dass auch zwei Landesfunkhäuser mit Landesfunkhausdirektoren und zwei Landesausschüsse innerhalb des Rundfunkrats vorgesehen waren. Die beiden Intendanten schlugen darüber hinaus für den Hörfunk neben einer gemeinsamen Pop-Welle und einem gemeinsamen Kulturprogramm für Rheinland-Pfalz und Baden-Württemberg je zwei landesbezogene Programme vor. Im Fernsehprogramm S3 sollte zudem der jeweilige Landesanteil am Programm von 15 auf 30 % gesteigert werden.

Damit war der Rahmen für die im Oktober 1996 beginnenden Verhandlungen der beiden Landesregierungen abgesteckt, deren Wunsch nach Stärkung der Landesidentität, nach mehr landes- und regionalspezifischen Programmen und einer stärkeren Rolle in der ARD in den Eckpunkten des Papiers aufgenommen worden war. Hinzu kam das rheinland-pfälzische Interesse an einer personellen und wirtschaftlichen Stärkung des Standorts Mainz, an dem zu diesem Zeitpunkt lediglich 387 von 2.389 SWF-Planstellen angesiedelt waren. Nach intensiven Verhandlungsrunden der Landesregierungen konnte dann nach nur acht Monaten im April 1997 ein Staatsvertragsentwurf über die Fusion von SWF und SDR zum länderübergreifenden »Südwestrundfunk« (SWR) vorgelegt und am 31. Mai 1997 nach einigen Korrekturen unterzeichnet werden. Damit wurde ein jahrzehntelanges Ringen um die Überwindung der durch die französische Besatzung vorgegebenen Anomalie des Südwestfunksendegebiets und das Fehlen eines das Land abdeckenden Senders für Baden-Württemberg zum Abschluss gebracht. Der neue »Südwestrundfunk« nahm am 30. August 1998 seine Tätigkeit auf.

In großem Umfang konnte Ministerpräsident Beck die rheinland-pfälzischen Interessen in der neuen Zwei-Länder-Anstalt durchsetzen. Rheinland-Pfalz erhielt in den SWR-Gremien eine über das Gebührenaufkommen hinausgehende personelle Vertretung, und in Mainz wurden nicht nur der Direktor des neuen Landessenders Rheinland-Pfalz angesiedelt, sondern auch das Justiziariat und ein erheblicher Teil der Redaktion Innenpolitik. Insgesamt erreichte Beck über eine gemeinsame Protokollerklärung, dass 130 Arbeitsplätze des fusionierten Senders aus Baden-Württemberg nach Mainz verlagert werden sollten. Im Programm des SWR sollte Rheinland-Pfalz stärker denn je vertreten sein: mit den beiden rheinland-pfälzischen Landes-Hörfunkprogrammen SWR1 und SWR4 und einem eigenständigen Anteil von 30 % Landesprogramm im – auch über Satellit ausgestrahlten – »Südwest Fernsehen«.[143] Die angestrebte verstärkte Präsenz des fusionierten Senders in Rheinland-Pfalz hat zu einem Ausbau der Berichterstattung aus den Regionen geführt, wo der Landessender mittlerweile mit Studios in Koblenz, Ludwigshafen-Mannheim, Kaiserslautern und Trier sowie mit Regionalbüros in Idar-Oberstein, Worms, Landau, Bad Neuenahr-Ahrweiler, Betzdorf, Gerolstein und Traben-Trarbach vertreten ist. In einem Prozess der Selbstfindung und Anpassung an die sich weiter wandelnden Hör- und Sehgewohnheiten wurden nach 1998 die neuen Landesprogramme bzw. Landesstrecken im Südwestfernsehen weiter entwickelt, um höhere Einschaltquoten zu erzielen. 13 Jahre nach der Fusion erreichten im Jahr 2011 so allein die beiden rheinland-pfälzischen Landes-Hörfunk-Programme im Schnitt täglich fast 1 Mio. Hörer im Land.[144] Bis in die Gegenwart hat der Staatsvertrag aber den programmlichen Rahmen abgesteckt, auch wenn insbesondere die Frage der Einhaltung des rheinland-pfälzischen 30-Prozentanteils im Südwestfernsehen immer wieder Gegenstand von Debatten blieb.

3.3 Fernsehen

Von Dieter Schiffmann

Fernsehen in Rheinland-Pfalz

»Ende der 1940er, Anfang der 1950er Jahre hörte das Volk Radio, und wenn es Bilder haben wollte, ging es mit wachsender Begeisterung ins Kino.«[145] Vier Monate nach dem offiziellen Start des von den in der ARD zusammengeschlossenen Rundfunkanstalten gemeinsam veranstalteten Fernsehprogramms in Deutschland (1. November 1954) und über zwei Jahre nach dem Beginn des regelmäßigen Fernsehprogramms des Nordwestdeutschen Rundfunks waren im gesamten Sendegebiet des Südwestfunks erst 11.328 Fernsehgeräte angemeldet, für die jeweils eine »Fernsehgebühr« von 5 DM gezahlt werden musste. Das waren gerade einmal 3.500 mehr als beim Programmstart. Ob die amerikanischen Erfahrungen mit einer seit Ende der 1940er Jahre sprunghaft ansteigenden Nachfrage nach »Fernsehen« sich auch in Deutschland wiederholen würden, war zu diesem Zeitpunkt noch keineswegs klar, auch wenn die ARD-Sender bereits seit 1950 schrittweise die notwendigen organisatorischen und technischen Voraussetzungen für ein sich aus Zulieferungen der einzelnen Sender zusammensetzendes »Gemeinschaftsprogramm« geschaffen hatten.

Der Südwestfunk, der schon seit 1953 Fernsehsendungen ausstrahlte und mit der Übertragung des »Großen Preises von Deutschland« vom Nürburgring im August 1954 eine erste große Sport-Live-Übertragung präsentierte, hatte auf Grund des Fernsehvertrages zunächst 10 % und später 9 % des Programms aus eigener Produktion zuzuliefern.[146] Die hohen Programm- und Verbreitungskosten des Fernsehens im Vergleich zum Hörfunk zwangen zu dieser Zusammenarbeit und ließen Forderungen nach regionalen Programmen lange Zeit erst gar nicht aufkommen. Regionalen Besonderheiten gewidmete Sendungen, wie z. B. die seit 1955 ausgestrahlten Übertragungen der großen Mainzer Karnevalssitzung »Mainz wie es singt und lacht«, prägten aber zunehmend stärker die Selbst- und die Außenwahrnehmung des heterogenen neuen Landes. Nachdem der SWF seit 1955 zusammen mit dem SDR und dem Hessischen Rundfunk wochentags ein gemeinsames Fernsehregionalprogramm vor dem abendlichen Hauptprogramm sendete, gewannen auch die Information und die Berichterstattung aus und über Rheinland-Pfalz in dem neuen Medium der bewegten Bilder aus der kleinen und großen Welt deutlich an Raum. Die jährlich 400 bis 500 Filmbeiträge aus dem Land, die ab 1960 in einem neuen Fernsehstudio im Landessender im Mainzer »Sautanz« produziert und von Baden-Baden aus gesendet wurden, erfüllten jedoch nicht die Erwartungen der rheinland-pfälzischen Politik und Öffentlichkeit, die – im Zusammenhang mit der anstehenden Verlängerung des Staatsvertrags – zunehmend selbstbewusster eine eigene rheinland-pfälzische »Abendschau« forderten.[147] Es dauerte bis 1964, ehe die Gremien des SWF je eine gesonderte »Abendschau« für Rheinland-Pfalz und Baden-Württemberg auf den Weg brachten. Mit dem Umzug der neuen größeren Landes-Fernsehredaktion aus dem »Sautanz« in zunächst provisorische Gebäude auf dem Mainzer Hartenberg, wohin nach zahlreichen Neubauten 1978 der gesamte Landessender umziehen sollte, waren die Voraussetzungen erfüllt, damit am 3. Januar 1966 eine 25-minütige Abendschau, der »Blick ins Land«, starten konnte mit Berichten, Interviews und Reportagen aus Politik, Kultur, Wirtschaft und Sport des Landes und einer zehnminütigen Landes-Nachrichtensendung vor der Hauptsendezeit. Das regionale Programmvolumen aus Rheinland-Pfalz im Ersten Fernsehprogramm betrug so bis in die 1980er Jahr jährlich über 11.000 Minuten.

Als ebenfalls nach langen Debatten, einem »Kleinkrieg zwischen SWF und Mainzer Staatskanzlei«[148] und unter dem Druck des 1963 in Mainz gestarteten ZDF im April 1969 »Südwest 3«, das gemeinsame Dritte Fernsehprogramm von SWF, SDR und Saarländischem Rundfunk, auf Sendung ging, bot sich dem Landesstudio in Mainz die Möglichkeit jeweils donnerstags einen ganzen »Regionaltag« aus und für Rheinland-Pfalz zu gestalten. Die vorwiegende Bildungsorientierung von »Südwest 3«, das ab 1971 als volles Wochenprogramm mit schließlich über 200.000 Sendeminuten ausgestrahlt wurde, erwies sich bald als Handicap für eine zufriedenstellende Zuschauerresonanz und wurde im Sinne einer stärkeren Popularisierung umgestaltet. Im Jahr 1978 konnten weitere Fortschritte bei der Regionalisierung bzw. der Präsentation rheinland-pfälzischer Inhalte im SWF-Fernsehprogramm durch die Einführung eines zweiten »Regionaltags« in »Südwest 3« neben dem weiterhin gesendeten »Blick ins Land« im Vorabendprogramm des Ersten Fernsehprogramms eine stärkere Sichtbarkeit von Rheinland-Pfalz erreicht werden. Neben dem politischen Geschehen im Land widmete sich die Fernsehredaktion des Mainzer Landesstudios dabei immer auch einem breiten Spektrum von Themen aus der Kultur, dem kirchlichen Leben, dem Brauchtum und den regionalen und landschaftlichen Besonderheiten. Mit der Programmreform in »Südwest 3« von 1986 wurden die »Regionaltage« dann abgeschafft und von der viertelstündigen Nachrichtensendung »Neues um Neun« und der einstündigen »Abendschau« aus Mainz abgelöst, die aus dem Ersten Programm hierher verlegt wurde. Hinzu kam, wichtig für eine größere Akzeptanz, die wöchentliche rheinland-pfälzische Sportsendung »Flutlicht«.

Mit dem Staatsvertrag über die Fusion von SWF und SDR zum »Südwestrundfunk« (SWR) erteilte die Politik dem neuen Sender nicht nur den Auftrag zur Schaffung von je zwei Landeshörfunkprogrammen in den Staatsvertragsländern, sondern auch zur Ausstrahlung von zwei Landesfernsehprogrammen und einer festen Quote von je 30 % Anteil am Gesamtprogramm im Fernsehen. Mit zwei aktuellen Nachrichtensendungen am Beginn und am Ende und der einstündigen »Landesschau Rheinland-Pfalz« dazwischen sowie einer weiteren viertelstündigen Nachrichtensendung am späteren Abend wird dieser Auftrag seit 1998 umgesetzt, bewusst mit dem Ziel, zur »Identifikation der Menschen mit ihrem Bundesland« beizutragen.[149] Der durchschnittliche Marktanteil des SWR-Fernsehens beträgt allerdings über ein Jahrzehnt nach der Fusion nur rd. 6,5 % der Zuschauer.

Die immer umfänglicheren Sendezeiten des Ersten, des später hinzukommenden Zweiten Fernsehprogramms und schließlich der Dritten Regionalprogramme, der Start des Farbfernsehens im August 1967, die immer bessere terrestrische Sende-Abdeckung des

SWR-Funkhaus in Mainz (SWR/Peter Hollenbach)

topografisch schwierigen Landes mit einer großen Anzahl von teuren Fernseh-Umsetzern, die Übertragung von – vorwiegend sportlichen – Großereignissen und die durch Massenproduktion immer billiger werdenden Fernsehgeräte machten auch im Sendegebiet des SWF das Fernsehen zum Erfolgsmedium. Vier Jahre nach dem Start waren zwar erst 100.000 Geräte registriert, doch in den nächsten acht Jahren verzehnfachte sich ihre Anzahl rasch auf über 1 Mio., und weitere acht Jahre später waren es über 2 Mio. Fernsehteilnehmer. Da nunmehr eine gewisse Sättigung erreicht war, wuchs diese Zahl bis Mitte der 1980er Jahre nur noch langsam auf rd. 2,5 Mio. Geräte, von denen knapp 1,4 Mio. in Rheinland-Pfalz angemeldet waren. Damit hatte vor dem Start des Privatfernsehens Mitte der 1980er Jahre nahezu jeder Haushalt zumindest einen Fernseher, und durchschnittlich 70 % der Rheinland-Pfälzer schalteten jeden Tag ihr Gerät ein und verbrachten im Schnitt 2 Stunden und 17 Minuten vor dem Bildschirm. Auch wenn die durchschnittliche Sehzeit von »Südwest 3« in diesem Zeitbudget nur 14 Minuten betrug, erreichte das regionale Dritte in Rheinland-Pfalz immerhin 30 % der Zuschauer.[150] Das Fernsehen veränderte noch stärker als zuvor der Hörfunk das alltägliche Leben im häuslichen, familiären Bereich, indem in den Haushalten mit Fernsehgerät seit den 1960er Jahren über 40 % der – wachsenden – Freizeit vor dem Bildschirm verbracht wurden. Für lange Zeit blieb ab 1970 die durchschnittliche Sehdauer in Haushalten mit Fernsehgerät bei rd. zwei Stunden, was etwa einer Verdoppelung gegenüber den frühen 1960er Jahren entsprach.[151] Das Fernsehen als vor allem abendliche Hauptfreizeitbeschäftigung reduzierte die Zeit, die fortan noch für die anderen Medien, für

Das ZDF-Gelände in Mainz-Lerchenberg, 1999 (Bildagentur Landeshauptarchiv Koblenz/Alfons Rath)

Zeitunglesen, Radiohören, aber auch den Kinobesuch aufgewendet wurde. Seit immer mehr Fernsehgeräte in einem Haushalt vorhanden waren und bevor die neueren Medien Einzug hielten, nahm dabei vor allem der Umfang der Fernsehnutzung durch Kinder und Jugendliche erheblich zu.[152] Mit der fast vollständigen Haushaltsabdeckung entsprach dann auch bald die Fernsehzuschauerschaft der allgemeinen Bevölkerungszusammensetzung, das anfängliche Stadt-Land-Gefälle verschwand. Gerade in einem eher ländlich strukturierten Land wie Rheinland-Pfalz bewirkte das Fernsehen, aufbauend auf den Effekten des Hörfunks, eine Art kultureller Revolution. Denn neben dem allgemeinen gesellschaftlichen Integrationseffekt kam dem Fernsehen »eine wesentliche Rolle beim Ausgleich des Stadt-Land-Gegensatzes« zu. Als »ein letztlich urbanes Medium hat das Fernsehen mit zur mentalen Verstädterung« beigetragen und auch gravierende Auswirkungen auf die Vereinheitlichung der Sprache gehabt.[153] Die durch das noch begrenzte Programm des öffentlich-rechtlichen Fernsehens verursachte Entwicklung kultureller Angleichung und Vereinheitlichung bewirkte bis zur Einführung des Privatfernsehens »eine gemeinsame kommunikative Basis für die Gesellschaft, wie sie bis dahin nicht (auch nicht durch den Hörfunk) gegeben war.«[154]

Zweites Deutsches Fernsehen in Mainz

Zu dieser bis 1985 gültigen öffentlich-rechtlichen »Fernsehlandschaft« in Rheinland-Pfalz gehört auch das Zweite Deutsche Fernsehen (ZDF), das am Ende einer vorausgegangenen, jahrelangen heftigen Auseinandersetzung in den 1950er Jahren über die Frage, wie eine Erweiterung des gerade begonnenen Fernsehangebots organisiert werden sollte, seinen Sendebetrieb am 1. April 1963 mit dem offiziellen Sitz in der rheinland-pfälzischen Landeshauptstadt Mainz aufnahm. Mit seinen frühen Bemühungen um ein Bundesrundfunkgesetz, das den Rundfunk wie in Weimar mit dominierendem politischen Einfluss zentral und nicht föderalistisch organisieren wollte, scheiterte Bundeskanzler Konrad Adenauer noch. Die dann für zusätzliche Programme verfügbaren weiteren Frequenzbänder ermöglichten ihm aber einen neuen Anlauf in dem besonders attraktiven neuen Medium. Nach dem Beschluss der damals mit absoluter Mehrheit regierenden CDU/CSU im Bundestag im Jahr 1958 zum Aufbau eines zentral veranstalteten, von den bisherigen Anstalten unabhängigen zweiten Fernsehprogramms formierten die Länder unter Führung des rheinland-pfälzischen Ministerpräsidenten Peter Altmeier eine parteiübergreifende Abwehrfront. Trotz seiner vielfachen Drohungen gegenüber Adenauer, dass die Länder notfalls das Bundesverfassungsgericht einschalten würden, gründete Bundeskanzler Adenauer mit Bundesjustizminister Fritz Schäffer am 25. Juli 1960 die privatrechtliche »Deutschland-Fernsehen-GmbH«, die sich ihrerseits zur Programmproduktion der von der Industrie und den Verlegern gegründeten »Freies Fernsehen GmbH« bedienen sollte. Nach einer Klage von SPD-geführten Ländern dagegen erließ das Bundesverfassungsgericht zunächst eine einstweilige Verfügung und am 28. Februar 1961 ein für die Sicherung des öffentlich-rechtlichen Rundfunks auf Jahrzehnte richtungsweisendes »Rundfunkurteil«. Es konstatierte, Adenauers Projekt sei ein Verstoß gegen die grundgesetzlich garantierte Rundfunkfreiheit, definierte den Rundfunk als besonders schützenswerten Faktor der öffentlichen Meinungsbildung und zog dem staatlichen Einfluss ganz enge Grenzen. Das Verfassungsgericht schloss private Rundfunkveranstalter nicht grundsätzlich aus, gab dem öffentlich-rechtlichen Rundfunk aber, solange Frequenzknappheit herrschte, den Vorrang.

Am 6. Juni 1961 schlossen die Länder den Staatsvertrag über die Gründung des ZDF als einer neuen öffentlich-rechtlichen Anstalt, die sich aus einem Anteil an den Fernsehgebühren und stärker als die ARD aus Werbung finanzieren sollte. Mainz wurde zum Sitz bestimmt, auch wenn noch für Jahre viele Einrichtungen des ZDF auf der anderen Rheinseite, in Eschborn und Wiesbaden, untergebracht waren, bevor sie schrittweise erst zwanzig Jahre später mit der Eröffnung des Sendezentrums auf dem Mainzer Lerchenberg alle zusammengeführt wurden. Neben der medialen Aufwertung der Landeshauptstadt hatte die Ansiedlung des ZDF in Mainz mit seinen später rd. 3.000 Beschäftigten auch bedeutende wirtschaftliche Effekte. Der rheinland-pfälzische Einfluss dokumentierte sich auch in den Personalentscheidungen. Der frühere Vorsitzende des SWF-Rundfunkrats und Mainzer Philosophie-Professor Karl Holzamer wurde erster Intendant und Ministerpräsident Peter Altmeier Vorsitzender des mächtigen ZDF-Verwaltungsrats, wie nach ihm mit nur einer Ausnahme alle nachfolgenden rheinland-pfälzischen Ministerpräsidenten. Seit den Auseinandersetzungen um Adenauers »Deutschland-Fernseh-GmbH« spielt Rheinland-Pfalz bei der Koordinierung der Medienpolitik der Länder eine wichtige Rolle, indem der jeweilige Ministerpräsident Vorsitzender der Rundfunkkommission der Länder ist und mit seiner Staatskanzlei insbesondere die Verhandlungen über die Rundfunk- und Rundfunkgebühren-Staatsverträge zu organisieren hat.[155]

Rheinland-Pfalz und der »medienpolitische Urknall«

Mit der technischen Entwicklung der neuen Programmverbreitungsmöglichkeiten über Kabel- und Satellitentechnologie in den 1970er Jahren deutete sich die Möglichkeit an, die Beschränkungen zu überwinden, die das Bundesverfassungsgericht in seinem Urteil von 1961 der Einführung privaten Rundfunks und Fernsehens wegen der Frequenzengpässe bei der terrestrischen Verbreitung gezogen hatte. Hinzu kam in den heftigen politischen Auseinandersetzungen der späten 1960er und der 1970er Jahre, dass die CDU große Teile der Journalisten und der Programme des öffentlich-rechtlichen Rundfunks als politische Gegner ansah und von privatem, von Industrie und Verlegern veranstaltetem Hörfunk und Fernsehen eine politisch freundlichere Begleitung erhoffte. Nachdem Ende 1975 eine Kommission der sozialliberalen Bundesregierung im Hinblick auf die Breitbandverkabelung der Bundesrepublik die Durchführung von auf fünf Jahre begrenzten »Pilotprojekten« empfohlen hatte, schlugen die Länder, auf Initiative des rheinland-pfälzischen Ministerpräsidenten Bernhard Vogel, 1978 die Durchführung von vier »Pilotprojekten« dieser Art vor, von denen eines länderübergreifend und unter Beteiligung privater Anbieter in Mannheim und Ludwigshafen stattfinden sollte. Gleichzeitig wurden der Bundesrepublik international fünf Satelliten-Fernsehkanäle zugeteilt, die ebenfalls Platz für zusätzliche Anbieter boten.

Die rheinland-pfälzische Landesregierung legte im Mai 1980 dann einen Gesetzentwurf über die Durchführung eines solchen Breitbandkabel-Versuchsprojekts vor, das später, nach dem Ausstieg von Baden-Württemberg, auf Ludwigshafen reduziert wurde. Während Ministerpräsident Vogel den Systemwechsel zu einem dualen System von öffentlich-rechtlichen und privaten Anbietern mit Argumenten gegen mangelnde Wirtschaftlichkeit und zu viel politischem Einfluss in den Rundfunkanstalten und für mehr Konkurrenz und Vielfalt begründete, lehnten die Sozialdemokraten die Zulassung privater Veranstalter wegen der Gefahr der Zerschlagung der öffentlich-rechtlichen Anstalten ab. Nach dem Beschluss über das Gesetz sollte es noch drei Jahre dauern, bis am 1. Januar 1984 die Anstalt für Kabelkommunikation (AKK) den Sendebetrieb im noch schwach verkabelten Versuchsgebiet in und um Ludwigshafen aufnahm. Ein Ereignis, das im Rückblick als »medienpolitischer Urknall im Medienlabor« bezeichnet wurde und eine neue Ära der Rundfunkgeschichte in Deutschland einleitete,[156] denn jetzt hatten auf die teilnehmenden Haushalte auf einmal 22 Fernseh- und 23 Hörfunkprogramme zur Auswahl.

Noch wichtiger als diese Vervielfachung der Programmangebote war jedoch, dass zum ersten Mal neben einer großen Anzahl öffentlich-rechtlicher terrestrischer und Satellitenprogramme auch Fernseh- und Hörfunkprogramme privater Veranstalter zu empfangen waren, darunter auch der Ersten Privaten Fernsehgesellschaft, hinter der die regionale Tageszeitung »Die Rheinpfalz« stand. Als Konzession an die politischen Kräfte, die vor allem eine Verflachung der Programme durch die werbefinanzierten Privatprogramme fürchteten, wurde ein von zahlreichen Vereinen und Verbänden veranstalteter, stark kulturell ausgerichteter »Bürgerservice« ebenso zugelassen wie ein Offener Kanal (OK), in dem jedermann die Möglichkeit haben sollte, kostenlos Fernsehsendungen anzubieten. Aus dem »Bürgerservice« wurde ab 1990 in den Kabelnetzen der »K3 Kulturkanal Rheinland-Pfalz«, der Ende 2010 seinen Betrieb einstellte. Aus dem »Jedermann-Fernsehen« des OK entwickelte sich später unter dem Dach der »Landeszentrale für private Rundfunkveranstalter« (LPR), der AKK-Nachfolgeeinrichtung, und finanziert aus deren Anteil an den Rundfunk- und Fernsehgebühren – dem sog. »Kabelgroschen« – ein ganzes Netz von (Ende 2011) 24 lokalen Initiativen in Rheinland-Pfalz, die in den einzelnen regionalen und lokalen Kabelnetzen OK-Hörfunk- und Fernsehprogramme produzieren bzw. Sendemöglichkeiten für jedermann anbieten. Hörfunk und Fernsehen sollten dadurch von nur rezipierten zu aktiv gestalteten Medien werden.

Noch während der Pilotphase des Kabelprojekts, an das zum Schluss ca. 65.000 Haushalte angeschlossen waren, vergab die AKK eine Lizenz an den privaten Fernsehsender SAT.1 zur Nutzung des sog. »Westbeams« auf dem Rundfunksatelliten ECS1. Damit war endgültig – nicht rückholbar – der Weg zu einer dualen Rundfunkordnung beschritten. Um diese Lizenz zu erhalten, musste SAT.1 einen Teil seiner Organisation in Rheinland-Pfalz, in Mainz in der Nähe des ZDF, ansiedeln, was der Sender später schrittweise wieder rückgängig machte, auch wenn er nach wie vor mit rheinland-pfälzischer Zulassung sendet. Schon vor dem offiziellen Ende des – angeblichen – Versuchsprojekts wurden die geschaffenen Fakten zu Gunsten eines dauerhaften Nebeneinanders von öffentlich-rechtlichem und privatem Rundfunk durch das im Juni 1986 verabschiedete, neue rheinland-pfälzische Rundfunkgesetz festgeschrieben. Die neu geschaffene LPR, deren Versammlung, ähnlich wie die Rundfunkräte der Landesrundfunkanstalten, in einer Mischung aus Politik und gesellschaftlichen Gruppen zusammengesetzt war, bekam die Aufgabe, über die Nutzung freier Frequenzen, Satellitenkapazitäten und Kabelkanäle zu entscheiden und die lizenzierten Programme im Hinblick auf die Einhaltung von Jugendschutzbestimmungen und der die Werbung begrenzenden Grundsätze zu kontrollieren. Die AKK, in die in den Aufbaujahren weit über 20 Mio. Mark investiert worden waren, wurde zur rein privatwirtschaftlich organisierten Sendezentrale umgewandelt und musste später vom Land unter erheblichen Kosten und heftigen politischen Auseinandersetzungen über die Verantwortlichkeiten abgewickelt werden.

Im Hörfunk ging, beginnend mit der erstmaligen Ausschreibung einer landesweiten Frequenz für private Veranstalter im Oktober 1985, über den Zwischenschritt einer Aufteilung der Frequenz auf drei Anbieterverbünde unter dem Programm-Namen »Radio4« schließlich die »Rheinland-pfälzische Rundfunk GmbH« (RPR), an der insbesondere die großen rheinland-pfälzischen Zeitungsverlage beteiligt waren und sind, ab 1990 als alleiniger Betreiber der landesweiten UKW-Kette hervor. Mit festen Vorgaben für den Wortanteil des Programms und für die Regionalität der Informationen sollte RPR angesichts des Fehlens eines solchen Angebots vom SWR das Radio im und für das Land werden. Im Jahr 1991 erhielt RPR auch die Lizenz für eine zweite landesweite private Hörfunk-Kette »RPR Zwei«, die sich im Gegensatz zu »RPR1« an Geschmack und Interessen älterer Hörer orientieren sollte. Nachdem sich dieses Konzept nicht durchgesetzt hatte, wurde die zweite Hörfunkkette in Rheinland-Pfalz an das jugendorientierte Programm »bigFM« vergeben, an dem auch wiederum RPR maßgeblich beteiligt war und ist. In einer seit 1997 aufgebauten dritten, jedoch nicht flächendeckend empfangbaren Hörfunkkette sendete zunächst »Rockland Radio« allein, bevor hier zusätzlich ab 2007 »Lokalradio Rheinland-Pfalz« in zahlreichen Orten und Regionen von Daun bis in die Südpfalz lokale Radioprogramme senden konnte. In Mainz und Ludwigshafen mit ihrem großen Anteil an türkischstämmiger Bevölkerung wird überdies das türkischsprachige Programm »Metropol FM« gesendet. Nach wenigen Jahren hat sich so durch die zusätzlichen Anbieter im Land, aber auch durch die vielfach höheren Kapazitäten der neuen Übertragungswege im Hörfunk das Umfeld völlig verändert, in dem sich die öffentlich-rechtlichen Programme, besonders auch die landesbezogenen Programme des SWR, durchzusetzen haben. Um sich zu behaupten bzw. wieder mehr Reichweite zu generieren, mussten diese Programme sich nicht zuletzt in einem gewissen Maß an die breitenwirksamen Formate des Privatradios anpassen.

Im Fernsehbereich hat sich das Angebot seit dem Beginn des Ludwigshafener Projekts ebenfalls vervielfacht, auch wenn nach dem Abzug von SAT.1 aus Mainz keiner der großen privaten, nationalen Anbieter mehr seinen Sitz im Land hat. Die Erweiterung der Fernsehszene in Rheinland-Pfalz fand dagegen im Bereich regionaler privater Anbieter statt. Neben dem auf Grund des Rundfunkstaatsvertrags und der Lizenzauflagen für SAT.1 in Mainz produzierten regionalen Nachrichten-Fensterprogramm entstanden im Norden des Landes regionale Fernsehprogramme für Teile des Westerwalds, die Region Koblenz und den Bereich an Ahr und Rhein. Als Nachfolger des K3 Kulturkanals wird darüber hinaus in den Ballungsräumen des Landes mit »gutenberg.tv« ein auf Informationen zu Kultur und Wissenschaft ausgerichtetes privates Fernsehprogramm ausgestrahlt.

Die Erwartungen an die Kabeltechnologie erfüllten sich nur teilweise. Die technischen Probleme und die hohen Kosten des Ausbaus der Breitbandkabel-Netze der Post sowie die Probleme bei der Zuleitung in die Häuser und Wohnanlagen führten nur zu einer sehr allmählichen Erschließung größerer Flächen. Die gleichzeitig immer größere quantitative und qualitative Leistungsfähigkeit der Kommunikationssatelliten und die Überall-Empfangbarkeit der Satellitensignale führte dazu, dass schon Ende der 1990er Jahre weit über ein Drittel der Haushalte ein Satellitenempfangsgerät hatten. Große Teile von Rheinland-Pfalz konnten nur über diese Technologie an der Vervielfachung der Programmangebote teilhaben. Da sich diese Entwicklung bereits während der Laufzeit des Ludwigshafener Versuchsprojekts abzeichnete, entstand nach langem Ringen zwischen den Landesregierungen schließlich im April 1987 der »Staatsvertrag über die Neuordnung des Rundfunkwesens«, der im Wesentlichen, über zahlreiche Detailänderungen der folgenden Jahrzehnte hinweg, den Ordnungsrahmen für den privaten Rundfunk absteckte. Nach dem Modell der bereits in Rheinland-Pfalz installierten LPR wurden nunmehr die Landesmedienanstalten als Anstalten des öffentlichen Rechts zu den entscheidenden Lizenz- und Aufsichtsgremien für die privaten Programme.

Angesichts der im Verlauf der Jahre zunehmenden Konzentrationsprozesse im nationalen Medienmarkt und der Versuche der Veranstalter die Länder gegeneinander auszuspielen, wurde dieses föderale Modell zwar formal beibehalten, schrittweise aber durch immer engere Abstimmung und Gemeinschaftsgremien abgelöst. Mit dem rheinland-pfälzischen Landesmediengesetz vom 4. Februar 2005, das erstmals in einem einzigen Gesetz Rundfunk und Presse regelte, wurde in der Konsequenz dieser Entwicklung an Stelle der LPR die »Landeszentrale für Medien und Kommunikation« (LMK) geschaffen, die zwar Aufgaben der LPR beibehielt, nunmehr aber stärker als zuvor Aufgaben zur generellen Förderung der Medienkompetenz erhielt.[157]

1 FOERSTER, Rahmen 2002, S. 216.
2 DIES., Kultur 2005, S. 213.
3 SCHWINDT, Bad Kreuznach 1984, S. 55.
4 HERRES, Städtische Gesellschaft 1996, S. 304.
5 DERS., Politischer Katholizismus 1999, S. 69.
6 ROSTOCK, Liberale Parteien 1979, S. 63.
7 PUHLE, Konservative Parteien, 1979, S. 58.
8 BRÄUNCHE, Parteien 1982, S. 109.
9 Ebenda, S. 113.
10 Zitiert nach NEUBACH, Zentrumspartei 2001/2002, S. 310.
11 Zitiert nach LEPPER, Volk 1998, S. 44.
12 Zitiert nach ebenda, S. 48.
13 Zitiert nach ebenda, S. 155.
14 FRANZEN, Geschichte 2003, S. 11.
15 BERS, Sozialdemokratische Partei 1973, S. 75.
16 Ebenda, S. 62.
17 Ebenda, S. 55.
18 FENSKE, Jahre 1999, S. 197–217.
19 DRESSEL, Wahlen 1962, S. 223.
20 Zitiert nach NESTLER, Zentrumspartei 2010, S. 270.
21 Zitiert nach DERS., Novemberrevolution 2001, S. 306.
22 Zitiert nach DERS., Zentrumspartei 2010, S. 287.
23 RICHTER, Deutsche Volkspartei 2002, S. 386.
24 HERMANN, USPD 1999, S. 334.
25 BERS, Regionalgliederung 1981, S. 111.
26 DAMS/STOLLE, Gestapo 2008, S. 51.
27 Zitiert nach BRAUN, Widerstand 1997, S. 403 f.
28 FALTER, Parteien und Wahlen 2010, S. 135.
29 So der pfälzische Parteivorsitzende Franz Bögler, zitiert nach KEIM, Errichtung 2004, S. 380.
30 MARTIN, Entstehung 1995, S. 85.
31 DIES., Anfänge 2004, S. 354.
32 Zitiert nach ebenda. S. 355.
33 KAACK/SARCINELLI, Parteien 1986, S. 137, 140.
34 JUN/HÖHNE, Parteiensystem 2008, S. 362.
35 HÖHNE/CRONQVIST, FDP und Bündnis 90/Die Grünen 2010, S. 171.
36 FALTER, Parteien und Wahlen 2010, S. 143.

37 ARZHEIMER, Wahlen 2000, S. 242.
38 JUN/HÖHNE, Parteiensystem 2008, S. 347.
39 ARZHEIMER, Wahlen 2000, S. 249.
40 Ebenda, S. 245.
41 KAACK/SARCINELLI, Parteien 1986, S. 134.
42 HÖHNE/CRONQVIST, FDP und Bündnis 90/Die Grünen 2010, S. 169.
43 Ebenda.
44 BUCHHEIM, Revolutionen 1994, S. 98 ff.
45 MARX/ENGELS, Manifest 1848, S. 23.
46 TENFELDE, Entstehung 1987, S. 15 ff.
47 SCHNEIDER, Geschichte 1898, S. 49 ff.
48 IG METALL, 100 Jahre 2006, S. 11.
49 NELL, 100 Jahre 1997, S. 7 ff.
50 BREUNIG, Verhältnisse 1990, S. 408 ff.
51 NEUSER, Gewerkschaften 1985, S. 27 ff.
52 HERMANN, Geschichte 1989, S. 115 ff.
53 RUCK, Gewerkschaften 1985, S. 110 ff.
54 BRAUN, Großstadt 2003, S. 8 ff.
55 SCHIFFMANN, Revolution 1983, S. 253 f.
56 BRAUN, Schichtwechsel 1994, S. 81 ff.
57 BECKER, Links 1998, S. 227.
58 BERS, I. Kongress 1982, S. 3 ff.
59 BECKER, KPD 2001, S. 59.
60 FURTWÄNGLER, ÖTV 1955, S. 591.
61 MAIER, Organisationshandbuch 2009, S. 74 f.
62 BECKER, Unterdrückung 2011, S. 11.
63 SEIDL, Wiederentstehung 1990, S. 136 ff
64 LATTARD, Gewerkschaften 1988, S. 175 f.
65 STARITZ, KPD 1984, S. 1729.
66 KAISER, Gewerkschaftsbund 1996, S. 50 ff.
67 DÖRRICH, Industriegewerkschaft 1991, S. 137 ff.
68 BECKER, 100 Jahre 2000, S. 68.
69 DIETRICH, Geschichte 1991, S. 201.
70 SCHNEIDER, Schicksal 1996, S. 20.
71 BECKER, Geschichte 2001, S. 56 ff.
72 HILDEBRANDT, Gewerkschaften 2010, S. 28 ff.
73 WILKE/FÖRSTER, Absolutismus und Republik 1993, S. 187.
74 Ebenda, S. 171.
75 KAMPMANN, Neuwieder Zeitungsmacher 1998, S. 14.
76 WILKE/FÖRSTER, Absolutismus und Republik 1993, S. 175.
77 KERSTING, Mainzer Presse 1962, S. 41.
78 WILKE/FÖRSTER, Absolutismus und Republik 1993, S. 177.
79 ZEITIN, Mainzer Presse 1935, S. 31.
80 FRANZ/LÜCKING, Trierer Zeitungen 1995, S. 47.
81 Zitiert nach NESTLER, Pfälzische Presse 2000, S. 72.
82 Zitiert nach KERSTING, Mainzer Presse 1962, S. 44.
83 Dieses und die folgenden Zitate nach NESTLER, Pfälzische Presse 2000, S. 79 ff.
84 Zitiert nach KAMPMANN, Neuwieder Zeitungsmacher 1998, S. 48.
85 Zitiert nach WIESEOTTE, Mainzer Journal 1948, S. 270.
86 Zitiert nach NESTLER, Pfälzische Presse 2000, S. 102.
87 PIEROTH, Parteien und Presse 1994, S. 41.
88 Vom Verfasser auf der Basis der vorhandenen, aber lückenhaften Literatur zusammengestellt.
89 PIEROTH, Parteien und Presse 1994, S. 41.
90 ZENZ, Trierische Zeitungen 1952, S. 76.
91 PIEROTH, Parteien und Presse 1994, S. 47
92 Zitiert nach SÜß, Rheinhessen 1988, S. 192.
93 PIEROTH, Parteien und Presse 1994, S. 112.
94 Ebenda, S. 127.
95 Zitiert nach ROST, Zeitungen 1987, S. 128.

96 PIEROTH, Neuaufbau der Presse 2004, S. 209.
97 DERS., Sozialdemokratische Presse 1999, S. 652.
98 KEPPLINGER/MATHES, Massenmedien 1986, S. 557.
99 ARD/ZDF-ARBEITSGRUPPE MARKETING, Rundfunk 1997, S. 19.
100 Zur Geschichte des Rundfunks in der Weimarer Republik, den einzelnen regionalen Rundfunkgesellschaften und der Rolle der Reichsrundfunkgesellschaft siehe umfassend LERG, Rundfunkpolitik 1980 und DUSSEL, Rundfunkgeschichte 2004, S. 19 ff.
101 DUSSEL, Rundfunkgeschichte 2004, S. 41.
102 FÜHRER, Massenkultur 1996, S. 771; ROSS, Geteilte Kultur 2011, S. 532 ff.
103 DUSSEL, Rundfunkgeschichte 2004, S. 28 ff.
104 FRITZE, Südwestfunk 1992, S. 37.
105 DUSSEL, Rundfunkgeschichte 2004, S. 51 und DERS., Deutsches Radio 2001, S. 120 ff.
106 So der »Vater des deutschen Rundfunks«, der Staatssekretär im Reichspostministerium, Hans Bredow, zitiert nach BAUERNFEIND, Tonspuren 2011 (Folge 1).
107 Hans Bredow, 1924, zitiert nach SCHUMACHER, Radio 1997, S. 467 f.
108 FÜHRER, Massenkultur 1996, S. 777.
109 Bredow, zitiert nach BAUERNFEIND, Tonspuren 2011 (Folge 1).
110 DUSSEL, Deutsches Radio 2001, S. 122.
111 Umfassend zur NS-Rundfunkpolitik im Dienst der Propaganda SARKOWICZ, Radio 2010, S. 205 ff. sowie international vergleichend BÖSCH, Medien im Nationalsozialismus 2011, S. 519 ff.
112 BÖSCH, Medien im Nationalsozialismus 2011, S. 125 ff.
113 Zitiert in ebenda, S. 129.
114 Ebenda.
115 DUSSEL, Rundfunkgeschichte 2004, S. 118f.
116 KAHLENBERG, Stimme 1996, S. 587.
117 Ebenda, S. 588 f. und HEYEN/KAHLENBERG, Südwestfunk 1986, S. 11.
118 Abgedruckt in FRIEDRICH, Besatzungsmacht 1991 S. 255.
119 Zur Entstehungsgeschichte und den Anfängen des Südwestfunks siehe ausführlich FRIEDRICH, Besatzungsmacht 1991; FRITZE, Südwestfunk 1992; KAHLENBERG, Stimme 1996, S. 589 ff.; ANTHES, Kilo-Hertz, S. 315 ff.; HEYEN/KAHLENBERG, Südwestfunk, S. 11 ff.
120 Zitiert nach ANTHES, Kilo-Hertz 1984, S. 317.
121 Ebenda, S. 318.
122 Abgedruckt in FRIEDRICH, Besatzungsmacht 1991, S. 256 ff.
123 Ausführlich FRITZE, Südwestfunk 1992, S. 51 ff.
124 Zitiert nach Ebenda, S. 54.
125 FRIEDRICH, Besatzungsmacht 1991, S. 82.
126 Zitiert nach Ebenda, S. 152.
127 Zitiert in HEYEN/KAHLENBERG, Südwestfunk 1986, S. 152.
128 KAHLENBERG, Stimme 1996, S. 595 ff.
129 Ebenda, S. 600 ff.
130 Ebenda, S. 607.
131 So Studioleiter Felsberg beim Richtfest am 21.8.1951. Zitiert in Ebenda, 1996, S. 601.
132 FRIEDRICH, Besatzungsmacht 1991, S. 187 ff.
133 Ebenda, S. 192.
134 Dazu: FRITZE, Südwestfunk 1992, S. 245 ff.
135 KLINGLER, Hörfunk 1999, S. 127. Allgemein zu diesen Entwicklungstendenzen im Radio siehe DUSSEL, Rundfunkgeschichte 2004, S. 214 ff.
136 Zur Finanzierungsfrage allgemein: DUSSEL, Rundfunk 2004, S. 200 ff.
137 Zu diesen Verhandlungen siehe FRITZE, Südwestfunk 1991, S. 77 ff.
138 Siehe den Brief Bischoffs an Altmeier vom 20.2.1959, in dem er um eine regelmäßige Unterredung nachsuchte, um die Wünsche und Anregungen des Ministerpräsidenten entgegennehmen zu dürfen. Zitiert in FRITZE, Südwestfunk 1991, S. 107.
139 Zu den Etappen der Rundfunkreform im Südwesten siehe ausführlich STENERT, Reform 2004, S. 51 ff.
140 TENSCHER, Massenmedien 2000, S. 525.
141 STENERT, Reform 2004, S. 143.
142 Ebenda, S. 253.
143 Vgl. ausführlich Ebenda, S. 300 ff. und 382 f. Zur Bewertung WILKE, Medienpolitische Tradition 2008, S. 575.
144 URL: http://www.swr.de/unternehmen/presse/pm-unternehmen-2011-swr3-meistgehoert/-/id=4224/nid=4224/did=8310982/1ad57fq/index.html [02.12.2011].

145 DUSSEL, Rundfunkgeschichte 2004, S. 227.

146 Zur Entwicklung des Fernsehens im Südwestfunk in Rheinland-Pfalz siehe HEYEN/KAHLENBERG, Südwestfunk1986, S. 95 ff. und S. 156 ff.; WILKE/FUNKE, Massenkommunikation 1987, S. 29 ff.

147 WILKE, Massenkommunikation 1997, S. 358.

148 DUSSEL, Rundfunkgeschichte 2004, S. 239.

149 SCHIFFMANN, Tradition 2010, S. 63.

150 WILKE/FUNKE, Massenkommunikation 1987, S. 34.

151 Zahlen nach DUSSEL, Rundfunkgeschichte 2004, S. 223.

152 KIEFER, Medienrezeption 1999, S. 101 ff.

153 HICKETHIER, Rezeptionsgeschichte 1999, S. 134.

154 Ebenda, S. 135.

155 Zur Geschichte der Entstehung des ZDF siehe DUSSEL, Rundfunkgeschichte 2004, S. 227 ff. und FRITZE, Südwestfunk 1992, S. 203 ff.

156 Zur Geschichte des »Pilotprojekts« Ludwigshafen und der Einführung des dualen Rundfunksystems siehe kurzgefasst WILKE, Medienpolitische Traditionen 2010, S. 567 ff.; WILKE/FUNKE, Massenkommunikation 1987, S. 41 ff. und DUSSEL, Rundfunkgeschichte 2004, S. 243 ff.

157 GVBl. 2005, S. 23 ff.

Alltagskultur im Wandel: Volkskundliche Perspektiven

Von Christina Niem, Thomas Schneider, Elke Schwedt, Michael Simon, Jens Stöcker und Ludger Tekampe[1]

1. Einführung

»Fragen eines lesenden Arbeiters« nannte Bertolt Brecht sein Gedicht, in dem er den Beitrag der »kleinen Leute« am Gang der Weltgeschichte thematisierte und die Fokussierung der Geschichtsschreibung auf die sog. Großen einer Zeit kritisch hinterfragte. Seine Zeilen erinnern an all jene Namenlosen, deren Ängste und Hoffnungen, Leiden und Freuden, Opfer und Taten für gewöhnlich im Schatten der historischen Überlieferung dem Vergessen anheimfallen, obwohl sie doch in jeder Zeit die Mehrheit darstellen. Jene Wissenschaft, die sich mit der Geschichte und Gegenwart des Lebens breiter Kreise der Bevölkerung auseinandersetzt, ist die Volkskunde, die seit gut einem halben Jahrhundert als akademische Disziplin im Bundesland Rheinland-Pfalz an der Mainzer Johannes Gutenberg-Universität gelehrt wird. Die folgenden Ausführungen fassen unter acht ausgewählten thematischen Schwerpunkten wesentliche Ergebnisse zusammen, die von Vertreterinnen und Vertretern dieser Wissenschaft über die Entwicklung der Volks- oder Alltagskultur während der letzten 200 Jahre im Raum des heutigen Bundeslandes Rheinland-Pfalz erarbeitet worden sind.

Die besonderen Schwierigkeiten dieses Unterfangens sind bereits angedeutet, denn das Leben und der Alltag des sog. Volkes blieben oft genug von den Chronisten unbeobachtet oder wurden einseitig politisch instrumentalisiert. »Volk« als wissenschaftliche Beschreibungskategorie ist ein recht problematischer Begriff, der auf eine historische Konstruktion mit unterschiedlichen Bedeutungsinhalten verweist. Während die Aufklärer seit dem 18. Jh. das in ihren Augen rückständige und im Aberglauben verfangene Volk durch die Macht des Wissens »erleuchten« wollten, neigte man in der darauf folgenden Epoche der Romantik zur Idealisierung »volkstümlicher« Überlieferungen, die man als unverkünstelte und autochthone Schöpfungen aus einer mythologisierten Vergangenheit verstand. Durch die Verbindung des Volksgedankens mit dem Nationen-, Rasse- oder Klassenbegriff entwickelten sich im 19. und 20. Jh. dezidiert chauvinistische, völkische oder proletarische Konnotationen, die in der wissenschaftlichen Forschung dazu geführt haben, den Volksbegriff nicht mehr unhinterfragt zu benutzen und ihn ggf. durch Umschreibungen unter Hinweis auf spezifizierte soziale Gruppen zu ersetzen.

Dazu tritt für die alltagshistorische Forschung die große Schwierigkeit, dass es ihr in der Regel schon nach wenigen Generationen schwerfällt, ein Bild davon zu zeichnen, wie es etwa vor 50 Jahren tatsächlich war. Die heute noch lebenden Zeitzeugen tragen gefärbte Erinnerungen an ihre einstige Jugend mit sich, die damals Alten sind schon lange tot. Die überlieferten Quellen sind selektiert oder tendenziell und bedürfen der kritischen Nachfragen durch die Wissenschaft, die ständig der Gefahr ausgesetzt ist, die Vergangenheit vordergründig nach heutigen Maßstäben zu beurteilen und damit chronozentrisch zu argumentieren. Hinzu kommt eine Wesensart des Forschungsgegenstandes, der aufgrund seiner Alltäglichkeit und Selbstverständlichkeit durchwegs wenig Aufmerksamkeit auf sich zieht. Wer was glaubt und denkt, warum wie arbeitet, welche Feste feiert und Bräuche pflegt, welche Moden und Traditionen befolgt oder sich für was wann im Leben entscheidet, folgt auf der sozialen Ebene zeit- und kulturspezifischen Vorstellungs- und Handlungsmustern, die ihm oder ihr sozusagen »in Fleisch und Blut« übergegangen sind, ohne dass sie ständig hinterfragt oder thematisiert werden. Um unsere Vorfahren in ihrer Zeit zu verstehen, müssen wir aber genau diesen Weg gehen, der im Folgenden an ausgewählten Beispielen des Alltagslebens beschritten werden soll.[2]

2. Zum Wandel der Festkultur

Rituale, Bräuche und Feste strukturieren die Alltagswelt der Menschen. Und sie bieten Identifikationsmöglichkeiten auch und vielleicht besonders in einer globalen Welt. In Rheinland-Pfalz ist das wichtigste Fest sicher der Karneval, liebevoll die fünfte Jahreszeit genannt. Besonders stolz ist man in Mainz auf dieses Fest. Das Image einer humorvollen Hochburg der Narretei, weit über die Grenzen bekannt und Hunderttausende zum Rosenmontagszug anziehend, verdankt die Stadt wohl nicht zuletzt den Medien. Schon 1955 wurde die Veranstaltung »Mainz wie es singt und lacht« im Fernsehen übertragen; diese Sendung ist trotz mancher Veränderungen ein Quotenhit geblieben.

Geschichte des Karnevals

Das Fest Karneval oder Fastnacht hat eine wechselvolle Geschichte, die ein Exempel bieten kann für den Wandel der Festkultur im Modernisierungsprozess. Dabei ist die Bezeichnung Fastnacht im deutschsprachigen Raum die ältere[3], belegt schon im frühen 13. Jh. Gemeint ist der Vorabend oder die Zeit vor der österlichen Fastenzeit. Diese wurde früher sehr streng eingehalten, und so galt es, noch einmal das reichhaltige Essen und Trinken zu genießen, die Vorräte aufzubrauchen. Weitere Festelemente kamen hinzu: das Tanzen natürlich, die Spiele und Umzüge, das Einsammeln (Heischen) von Gaben, die Masken und Vermummungen. Fastnacht, gefeiert im höfischen, städtischen, später auch ländlichen Bereich, bot Freiräume, wurde zur »verkehrten, der spielerischen Gegenwelt«[4], in welcher der »Traum von sozialer Gleichheit«[5] für kurze Zeit nahe schien. Ein Beispiel dafür sind die »Königreiche«, bezeugt für Speyer und Umgebung und für den kurfürstlichen Hof von Mainz vom 15. bis 18. Jh., bei denen die Ämter, auch das des Königs, durch Lose verteilt wurden. 1775 wurde dieses Fest durch Kurfürst Friedrich Karl von Erthal verboten.[6] Ein anderer Erlass aus Mainz untersagte allgemein alle »Mummereyen, Schwelgereyen und andere oppiche Leichtfertigkeiten«.[7] Auch der Trierer Erzbischof Clemens Wenzeslaus verbot »wenige Jahre vor dem Ende der kurfürstlichen Herrlichkeit [...] die ›schändlichen, unehrbaren versteckten Larven‹«.[8]

Einen entscheidenden Einschnitt in der Geschichte des Festes brachten nicht die französische Herrschaft oder die Befreiungskriege, nicht die Errichtung der Preußischen Rheinprovinz nach dem Wiener Kongress: Die Initiativen kamen von den städtischen, wirtschaftlichen und geistigen Eliten, konkret aus Köln von der »Olympischen Gesellschaft«, einer Vereinigung von Künstlern, Wissenschaftlern und Interessierten um Ferdinand Franz Wallraf. Sie brachten die Idee auf, das etwas wilde närrische Straßentreiben durch einen wohlgeordneten Umzug zu ersetzen. So heißt es im Programm: »Der in ganz Teutschland einstens so berühmte kölnische Carneval soll durch das Zusammenwirken mehrerer Verehrer alter Volkstümlichkeit in diesem Jahre durch einen allgemeinen Maskenzug erneuert und gefeiert werden.«[9] Dieser Zug lief 1823 erstmals durch die Stadt, im Mittelpunkt der »Held Carneval« im Prunkwagen und die »Roten Funken«, die ehemaligen Stadtsoldaten.

Auftritt des Prinzen Karneval

Diese neue Festform erregte Aufsehen und verbreitete sich erstaunlich schnell den Rhein entlang auch im heutigen Rheinland-Pfalz. Schon 1823 gab es in Koblenz ein Treffen »gutbürgerlicher Herren«[10] in Sachen Karneval. Hier wurde »Momus«, der Gott des Spottes und der Satire, inthronisiert, ein Umzug mit 70 Nummern zog durch die Stadt. Ein »Prinz« soll schon 1830 im Karneval in Speyer aufgetreten sein, 1838 feierte er seinen Einzug in Mainz, wo ein Jahr zuvor der Umzug »Krähwinkler Landsturm« stattgefunden hatte. 1838 wurde der Mainzer Carneval-Verein (MCV) gegründet, auch hier von angesehenen Bürgern der Stadt. Einige Jahre vorher, 1833, hatte sich in Bingen ein »Narren-Comité« gebildet,[11] vier Jahre später die »Jocus-Gesellschaft«. Weitere Stationen des Karnevals waren 1838 Kaiserslautern, 1840 Worms und Neustadt, 1845 Alzey, 1846 Bad Kreuznach, 1847 Trier.

Bis 1848 waren die Festelemente nahezu fixiert. Der Umzug mit dem Prinzen und seiner Garde, mit Mo-

Ausbreitung des bürgerlichen Karnevals (Umfrage 1984/85)

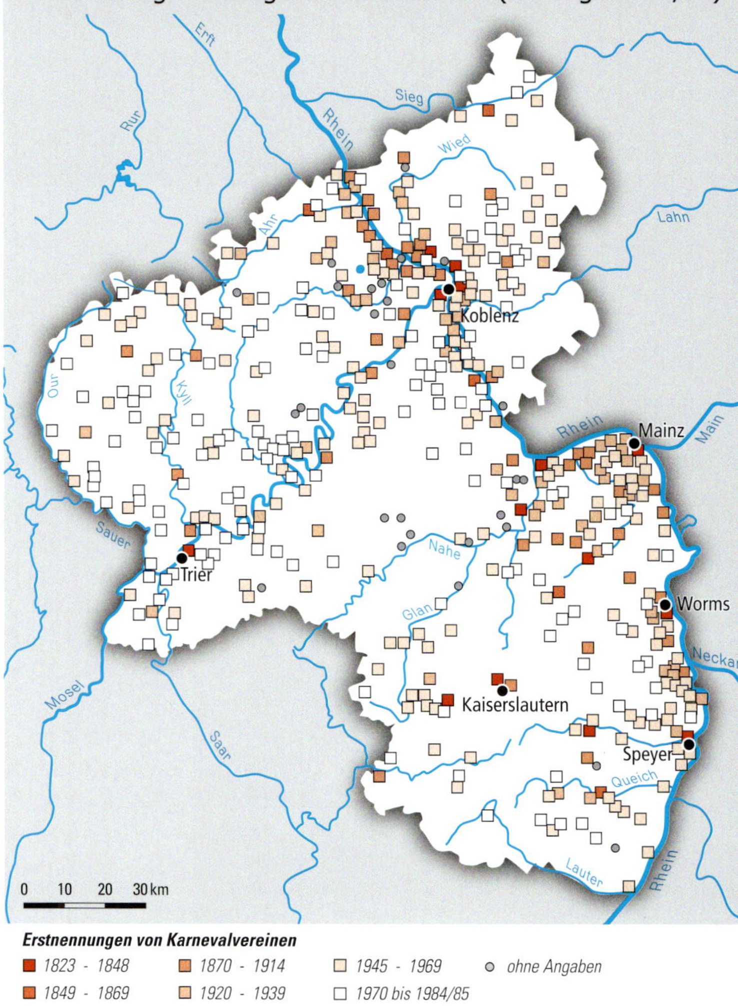

Vorlage: Hildegard Frieß-Reimann, Elke Schwedt
Kartographie: Landesamt für Vermessung und Geobasisinformation Rheinland-Pfalz

Rosenmontagszug in Mainz, 1975 (Elke Schwedt)

tivwagen und Musikgruppen stand im Mittelpunkt. Daneben gab es Maskenbälle und die Generalversammlungen der Veranstalter. Sie wurden, wie Joseph Klersch schreibt, zu »lustige[n] Turniere[n] des Geistes«[12] mit Reden und Liedern, Vorbilder für die noch heute beliebten Sitzungen. Träger des Festes waren zunächst die Komitees, später die Karnevalsvereine oder -gesellschaften. Vertreten waren hier neben den gehobenen Kreisen schon früh breitere soziale Schichten, die sog. »gesellschaftliche Mitte«. Das ist zumindest bis in die 1970er Jahre so geblieben, wie seinerzeit die Ergebnisse einer repräsentativen Befragung Mainzer Bürger zeigten.[13]

Aus der politischen Gegenwelt zur Stütze des Staates

Während Umzüge, Bälle und Sitzungen das Karnevalsfest bis heute prägen, haben sich seine Inhalte immer wieder verändert. Der eher von der Romantik beeinflusste Kölner Karneval gewann vor allem im Mainz des Vormärz eine politisch-literarische Ausrichtung. Journalisten und Politiker wie Ludwig Bamberger und Ludwig Kalisch engagierten sich in den 1840er Jahren in der Mainzer Fastnacht. Höhepunkt war die Verbrennung der Zensur, einer Puppe, im Jahre 1846 vor dem Theater. Auch in Trier kam es zu einer Politisierung des Karnevals. »Wer klaget noch, dass Freiheit, Gleichheit fehle? Er komm' und schaue unser Narrenreich [...]«,[14] heißt es in einem Karnevalslied. Und Andreas Tont, von Beruf Zigarrenfabrikant und erster Karnevalsprinz, warb für »Proletarier-Cigarren mit hervorragend demokratischen Geschmack, die den Hang zur Anarchie befördern«.[15]

Verbote und Einschränkungen zügelten die Gesellschaft und das Fest in der Folgezeit. Aber es blieb, und es breitete sich weiter am Rhein aus. 1858 wurde in Andernach, 1860 in St. Goar, 1863 in Ahrweiler, 1867 in Ludwigshafen eine Karnevalsgesellschaft gegründet. Nun erreichte der Karneval auch ländliche Zentren, Beispiele sind Kirchheimbolanden in der Pfalz 1859, Prüm in der Eifel 1882 und Montabaur im Westerwald 1887. In diesem Zeitraum veränderten sich die karnevalistischen Inhalte stark. »Aus der politischen Gegenwelt«, so schreibt Herbert Schwedt, »wurde eine Stütze des Staates.«[16] Typisch für diesen Zeitraum ist die Gründung zahlreicher Garden in prachtvollen Uniformen. Waren die Kölner Funken im ersten Karnevalszug von 1823 vor allem Erinnerung an die reichsstädtische Vergangenheit gewesen, so kann die Mainzer Ranzengarde mit ihren dicken Bäuchen ganz sicher als eine Parodie auf das preußische Militär gelten. Bei den Garden der 1870er und 1880er Jahre jedoch sind die militärischen Zeremonien nicht immer als Persiflage zu deuten.

Karneval in der NS- und Nachkriegszeit

Viel Anpassung und wenig – oder nur versteckter – Widerstand kennzeichnen den Karneval in der NS-Zeit. Über die Organisation »Kraft durch Freude« und die Gründung des Bundes Deutscher Karneval (BDK) 1937 versuchte der Staat die Vereinnahmung als »Fest der

Die Wiederbelebung der Mainzer Fastnacht bald nach dem Zweiten Weltkrieg traf angesichts von Hunger, Elend und Not in der Bevölkerung auf keine ungeteilte Zustimmung, wie dieses Plakat dokumentiert (Stadtarchiv Mainz)

Volksgemeinschaft«. Das Horst-Wessel-Lied und »Sieg-Heil« hörte man auf den Sitzungen, Motivwagen mit Judenhetze tauchten auch im Mainzer Rosenmontagszug auf.[17] Die Büttenredner feierten das »Dritte Reich«, es gab aber auch kritische Stimmen. Immer wieder zitiert wird der populäre Redner Seppl Glückert. Als er 1938 in der Ausstrahlung einer Sitzung im Reichssender Frankfurt das Konzentrationslager Dachau erwähnte, wurde die Übertragung abgebrochen.

Nach dem Zweiten Weltkrieg – Mainz lag in Trümmern – ging die Anregung zur Wiederaufnahme der Fastnacht vom französischen Stadtkommandanten aus.[18] Schon 1946 veranstaltete man den legendären »Mainzer Abend«, 1947 bereits Fastnachtssitzungen. Doch es gab auch Gegenstimmen. Alexander Link veröffentlichte ein Plakat, auf dem ein Kriegsgefangener hinter Stacheldraht abgebildet ist; die Aufschrift lautet: »Und Du feierst Karneval?«[19]

Eine großflächige Ausbreitung erreichte der Karneval in den Jahrzehnten nach dem Zweiten Weltkrieg. Die Zahl der Neugründungen von Vereinen und Gesellschaften war größer als in allen vorangegangenen Perioden, das ergaben Umfragen aus den Jahren 1984/85.[20] Nun erreichte das Fest auch die ländlichen, vor allem die katholischen Regionen von Westerwald, Eifel, Hunsrück und Pfalz. Der weitere Ausbreitungsprozess erfasste sogar die evangelischen Gebiete.

Spricht man von der Ausbreitung oder Diffusion des modernisierten Karnevals aus städtischen oder urbanisierten in ländliche Gebiete, dann bleibt die Frage, was vor der Neuerung auf dem Lande gefeiert wurde. Sind es Formen des alten Festes vor der Reform? Tatsächlich fanden sich bei der erwähnten Umfrage in den 1980er Jahren auch informelle Formen der Fastnacht, beispielsweise das Heischen der verkleideten Kinder, also das Sammeln von Geld und Süßigkeiten in den Häusern mit – nach Landschaften – ganz unterschiedlichen Fastnachtsversen. Selten geworden waren schon damals Stroh-Vermummungen, die »Strohbären«, die von Jugendlichen durchs Dorf geführt wurden, wobei man Eier und Speck sammelte. Damals fand sich dieser Brauch beispielsweise in Pomster in der Eifel und Wirschweiler im Hunsrück. Die Internetrecherche 2011 ergab zudem Belege in den Eifelgemeinden Kopp, Mötsch und Kripp.[21] Auch das Heischen der Frauen am Weiberdonnerstag in der Eifel muss hier erwähnt werden.

Jahresfeuer

Der Veränderungsprozess im Festkomplex Karneval/Fastnacht ist vielleicht unzulässig vereinfacht charakterisiert, wenn man schreibt, dass die Entwicklung von »wilden« zu »geordneten« oder von »informellen« zu »organisierten« Veranstaltungen verlief. Dass sich diese Tendenz aber auch in anderen Zusammenhängen andeutet, sollen einige Beispiele aus der reichen Festkultur von Rheinland-Pfalz zeigen. Da sind zunächst die sog. »Jahresfeuer«. Das sind große Feuer, meist an exponierten Stellen, die an festgelegten Terminen entzündet werden. Sie sind in großen Teilen von Rheinland-Pfalz verbreitet: Im Westen der Eifel gibt es die »Fastenfeuer«, auch »Hütt- oder Burgfeuer«, am 1. Sonntag nach Aschermittwoch, an der Nahe und im Hunsrück die »Maifeuer« am Vorabend des 1. Mai, am Rhein mit Teilen von Eifel, Hunsrück und Westerwald sowie in der Pfalz die »Martinsfeuer« am 11. November.[22] Diese Beschreibung suggeriert statische Verhältnisse. In Wirklichkeit gab es auch hier große Veränderungen. Am Beispiel der Martinsfeuer soll das gezeigt werden. Erwähnt sind diese Feuer

Martinsumzug in Schöneberg, Kreis Bad Kreuznach, 1986 (Elke Schwedt)

schon seit dem 16. Jh., Belege finden sich in den Niederlanden und im Gebiet des Niederrheins, im 19. Jh. dann links und rechts des Rheins bis zur Mosel. Erst nach dem Zweiten Weltkrieg breitete sich der Martinsbrauch in weiten Teilen von Rheinland-Pfalz aus. Beschreibungen des 19. und frühen 20. Jhs. zeichnen das Bild eines ungeregelten Kinder- und Jugendbrauchs außerhalb der Kontrolle der Erwachsenen. Vom Betteln der Kinder wird berichtet, von Rivalitäten unter den Jugendlichen um das größte Feuer. Da konnte es dann auch Schlägereien und blutige Nasen geben, wie ein Koblenzer Martinslied belegt.[23] Es ist nicht verwunderlich, dass auch hier Reformversuche einsetzten. Soweit bekannt, wurden erste organisierte Martinszüge 1867 in Dülken, 1890 in Düsseldorf durchgeführt, schon in den 1890er Jahren mit Martin als Ritter oder Bischof. 1909 organisierte in Koblenz ein »Komitee aus Bürgerkreisen«[24] den Zug der Kinder mit Fackeln und Laternen zum Feuer, Musikgruppen waren dabei, Festordner und neu verfasste Martinslieder. Heute reitet fast überall der Heilige den Laternenzügen der Kinder voraus. Kindergärten, Kirchen, Gemeinden, Vereine – oft die Freiwillige Feuerwehr – organisieren Zug und Feuer und das Beschenken der Kinder.

Neben Frühlingsbräuchen, etwa dem »Stabaus« oder »Sommertag« in Rheinhessen und der Pfalz, erfuhren auch einige Maskenbräuche der Weihnachtszeit ähnliche Veränderungen. Der mildtätige Nikolaus, heute in Gefahr vom Allerweltsweihnachtsmann verdrängt zu werden, war nicht immer ein schön gekleideter Bischof. Als »alter Mann vermummt«[25] kam er früher in die Westerwälder Stuben. Seine wilden Vorfahren in der Pfalz hießen »Pelznickel«[26] und begleiteten das weißgekleidete Christkind,[27] das im Kleinicher Land auf dem Hunsrück noch in den 1980er Jahren mit dem wilden »Stabbeklos« von Haus zu Haus zog. Die Sternsinger schließlich, die heute (und seit den 1950er Jahren) als Könige für karitative Zwecke sammeln, waren im 19. Jh. oft arme Buben, die in einfachen weißen Hemden und Papiermützen Brot für ihre hungernden Familien erbettelten.

Stabaus-Umzug in Dienheim, Kreis Mainz-Bingen, 1973 (Elke Schwedt)

Mit den vorangegangenen Beobachtungen zum Wandel der Bräuche stehen weitere Veränderungen in Beziehung: Moderne Festbräuche verlaufen nicht nur organisierter und geordneter, sondern sie müssen jetzt auch ästhetisch und pädagogisch sinnvoll sein.

Kirchweihfeste

Neben dem Karneval darf ein zweites großes Fest, das in Rheinland-Pfalz weit verbreitet ist, nicht unerwähnt bleiben, und zwar die Kirchweih. Erwähnt findet man sie unter den kirchlichen Feiertagen schon 813 auf der Mainzer Synode. Viele Verbote und Einschränkungen durch die Obrigkeiten folgten durch die Jahrhunderte. Die unterschiedlichen Namen des Festes deuten bereits eine räumliche Gliederung an: »Kirmes« in der Eifel, im westlichen Hunsrück und im Westerwald; »Kerb« im Vorderhunsrück, an der Nahe und in Rheinhessen; »Kerwe« in der Pfalz.

Dabei gibt es große Unterschiede in den Formen des Feierns.[29] Die Kirmes als kirchlich geprägtes Familien- und Verwandtschaftsfest ist typisch für die Eifel, auch wenn heute nicht mehr mehrere Tage gefeiert wird, oft, wie Matthias Zender schon 1978 schrieb, »nur ein Nachmittagskaffee«[30] blieb. Ein Fest der Jugend mit reichen Brauchformen findet sich besonders im Westerwald und in der Westpfalz. Hier wird die Kirmes aus- und begraben, Bäume mit prächtigen riesigen Eierkronen werden im Koblenzer Raum und im Westerwald aufgestellt, riesige Sträuße in der Westpfalz an den Gasthäusern aufgehängt, dazu Tänze, Umzüge und Kirchweihpredigten veranstaltet. Manchmal sind

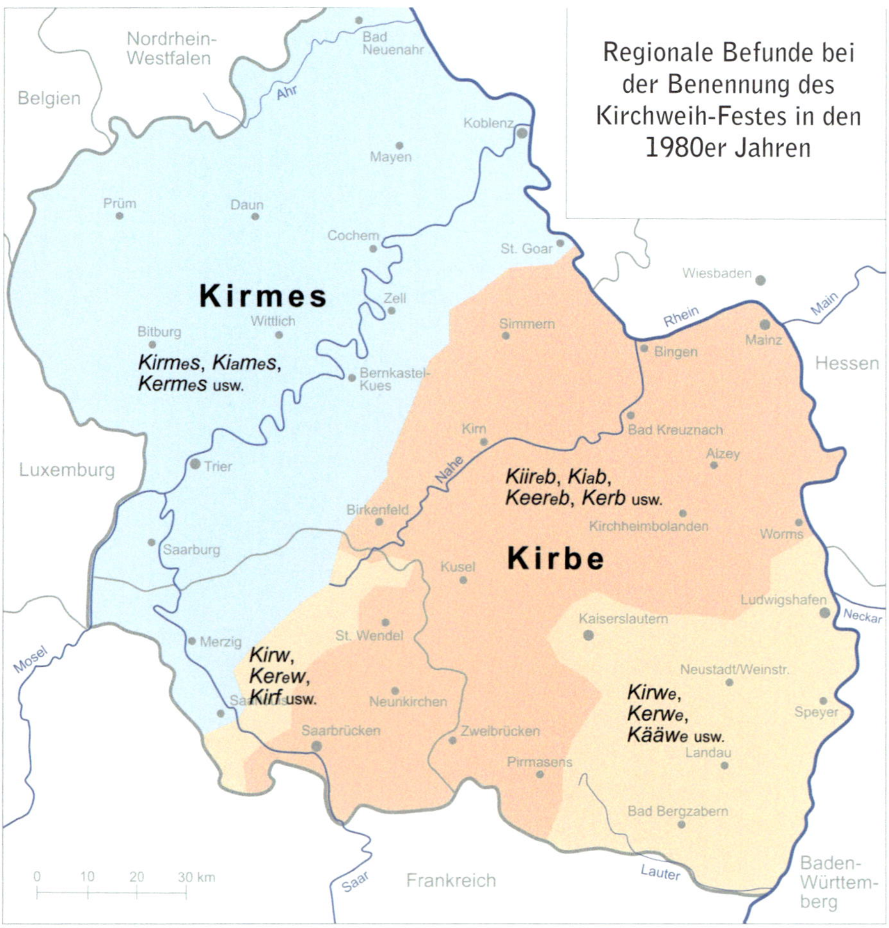

Karthographie: Brenda, Dialektatlas 2008, S. 182

Die abgebildete Wortkarte visualisiert einen charakteristischen Befund für den westmitteldeutschen Sprachraum, zu dem das Bundesland Rheinland-Pfalz gehört, indem sie die Sprachgrenze zwischen den moselfränkischen und den rheinfränkischen Dialekten andeutet. Diese sind vor allem das Ergebnis lautsprachlicher Entwicklungen, die zu einer starken Binnendifferenzierung des westlichen Mitteldeutschen im sog. Rheinischen Fächer geführt haben.[28]

heute Vereine, im Koblenzer Raum die Kirmesgesellschaften, beteiligt. Zu Erosionen der Kirchweihfeste kam es vor allem in Regionen, in denen sich Konkurrenzen entwickelten. Das waren beispielsweise die Junggesellen- und Schützenfeste im östlichen Teil der Eifel und die Weinfeste an Ahr, Rhein, Mosel, Nahe und in der Vorderpfalz. Frühe Weinfeste – als ältestes gilt das Winzerfest in Winningen an der Mosel aus der Mitte des 19. Jhs. – breiteten sich seit den 1920er Jahren aus, besonders viele wurden nach dem Zweiten Weltkrieg initiiert.

Moderne Festbräuche

Zur Konkurrenz für das Kirchweihfest wurde auch eine Reihe von neuen Festen wie die Wald-, Brunnen-, Dorf-, Straßen- und Nachbarschaftsfeste, organisiert von Gemeindeverwaltungen, Vereinen, der Freiwilligen Feuerwehr, manchmal auch von kleinen Gruppen. Nach den Ergebnissen der erwähnten Mainzer Umfrage von 1984/85 entstanden wenige vor dem Ersten und Zweiten Weltkrieg, die meisten sogar erst nach 1970, in einer Zeit, in der die fehlende tägliche Kommunikation wohl zunehmend als Defizit empfunden wurde. Vielleicht entsprechen diese neuen Feste neben Märkten aller Art und Massen-Events am ehesten heutigen Bedürfnissen. Sie sind organisiert und doch relativ offen für individuelle Ausgestaltungen. Musik, Essen und Trinken, marktähnliche Angebote, ungezwungene Kommunikation werden geboten. Gleichzeitig gibt es – wenn manchmal auch nur durch den Namen des Festes – die Möglichkeit zur Identifikation mit dem eigenen Ort.

Nicht unerwähnt bleiben sollen schließlich neueste Festformen, die überlokal, gepusht durch die Medien, die Konsumindustrie und das Internet, in kurzer Zeit rasante Verbreitung erfahren haben. Ein Beispiel bietet das »Halloween-Fest« am Vorabend von Allerheiligen. Der irisch-amerikanische Brauch erreichte in den 1990er Jahren über Frankreich auch Deutschland. Kennzeichnend sind groteske Masken, Gruselparties, Heischebräuche der Kinder, sogar Umzüge, beispielsweise die abendliche »Halloween-City-Parade« in Kaiserslautern. Dass die moderne Vermarktung solcher Bräuche gerne unter dem Vorzeichen erfolgt, es handele sich dabei eigentlich um »uralte« Überlieferungen, ist eine, von der Forschung immer wieder nachgewiesene, populäre Beglaubigungsstrategie, deren nachdrückliche Verwendung freilich den historischen Gehalt dieser »erfundenen Traditionen« keineswegs erhöht. Die Wandelbarkeit der Alltagskultur in der Zeit, von der eben am Beispiel der Feste und Bräuche die Rede war, korrespondiert mit den räumlichen Disparitäten.

3. Regionale Disparitäten und Mentalitäten

Schon ein flüchtiger Blick auf eine Karte von Rheinland-Pfalz offenbart, dass sich dieses Bundesland aus sehr unterschiedlichen Landschaftsformationen zusammensetzt: die Rheinischen Schiefergebirge Hunsrück, Eifel und Westerwald, die Täler von Mosel und Mittelrhein, Rheinhessen und die Vorderpfalz, die Westpfalz und der Pfälzerwald. Alle diese Landschaften sind in sich wiederum gegliedert und unterscheiden sich nach ihrer Territorial- und Konfessionsgeschichte sowie nach ihrer spezifischen Wirtschafts- und Sozialhistorie. Es existieren somit mehrere regionale Kulturen unterschiedlicher Ausprägung, für deren Verständnis einige Prämissen zu beachten sind. Diese Regionalkulturen sind historisch-prozesshaft und keineswegs statisch aufzufassen, und sie sind weniger an starr abgegrenzte Räume gebunden, sondern vielmehr an Individuen und Gruppen, die mit diesen Kulturen, Räumen und Grenzen zu tun haben. Regionalkultur und Alltagshandeln kommen freilich nicht ohne Raumbezüge aus, doch sind diese im Zeichen gesteigerter Mobilität sowohl veränderlich als auch im Zuge der kulturellen Globalisierung immer weniger einheitlich. Im selben Ort können heute Menschen nebeneinander wohnen, die sich in ihren Raumbezügen und ihren kognitiven Karten, ihren »mental maps«, grundlegend voneinander unterscheiden, indem die einen eher kosmopolitisch und die anderen mehr lokal orientiert sind. Die Frage nach ihrer räumlichen Identifikation werden sie jeweils ganz anders beantworten, wobei der Stellenwert der verschiedenen Binnenräume (Ort, Gegend, Region etc.) nicht selbstbestimmt, sondern durch äußere Faktoren mitbestimmt ist.[31] Anhand zweier Beispiele – der Westeifel und der Vorderpfalz – sollen diese Prämissen konkretisiert werden.

Zu den Unterschieden zwischen Westeifel und Vorderpfalz

H. Bausinger weist darauf hin, dass »in jüngster Zeit besonders interessante Regionalforschungen dependenztheoretisch angelegt gewesen [sind], das heißt, sie gingen davon aus, daß in unserer Gesellschaft Vibrationen in der Peripherie auf explosiven Bewegungen und dynamischen Entwicklungen in zentralen ökonomischen, politisch-sozialen Feldern beruhen«.[32] Dieser theoretische Ansatz liegt auch verschiedenen Regionalstudien der Mainzer Volkskunde zugrunde. Die erzielten Forschungsergebnisse verweisen auf nach wie vor konstatierbare horizontale Disparitäten, räumliche Unterschiede, die regionale Bewusstseinslagen prägen. Diese Unterschiede haben sich nach 1950 deutlich abgemildert, gleichwohl bleiben sie erkennbar. Unterschiedliche Bewusstseinslagen oder Mentalitäten sind Produkte kollektiver historischer Erfahrungen, sie kommen in sozioökonomischen Fakten wie auch in Formen der gegenwärtigen Alltagskultur zum Ausdruck. Einkommen und Lebensweise korrelieren bekanntlich stark miteinander, und diesbezügliche Zusammenhänge mit mentalen Prägungen dürfen vermutet werden.[33]

Augenfällige Disparitäten lassen sich bezüglich der Einkommensverteilung der beiden Vergleichslandschaften feststellen: Im Jahr 1986 lagen die Durchschnittseinkommen im Landkreis Bad Dürkheim um 12,3 % über dem Landesdurchschnitt von 39.000 DM, im Kreis Ludwigshafen sogar um 16 %.[34] In den Eifellandkreisen Bitburg-Prüm und Daun hingegen lagen sie um jeweils 12 % darunter. Der ökonomische Abstand zwischen Ludwigshafen und Daun betrug somit 28 %. Dieser Befund gewinnt an Brisanz, wenn die historische Stabilität dieser Ungleichheit in den Blick genommen wird. Die Eifel ist ein natürlicher Ungunstraum mit kurzen Vegetationsperioden, hohen Niederschlagsmengen und geringen Bodengüten. Die klimatischen Verhältnisse sind nach dem Bedeutungsverlust der Landwirtschaft zudem einer nachhaltigen Entwicklung des Tourismus abträglich. Für die Vorderpfalz trifft – kurz gesagt – das Gegenteil zu. Die natürlichen Gegebenheiten führten zu unterschiedlichen Siedlungsstrukturen: kleine und kleinste Dörfer und Städte in der Eifel, eine hohe Siedlungsdichte in der Vorderpfalz.

Unterschiedlich verlief auch die Einführung von Neuerungen, was sich an der Verkehrserschließung ablesen lässt: Während die erste Eisenbahnlinie in der Pfalz – vom neugegründeten Ludwigshafen nach Neustadt – im Jahr 1847 eröffnete und zwei Jahre später die Strecke ins – heute – saarländische Bexbach dazukam, beklagte eine Denkschrift von 1857 die Eifeler Verkehrsverhältnisse und führte aus, dass »keine einzige Landstraße der Preußischen Monarchie [...] an so zahlreichen normalwidrigen Beschaffenheiten«[35] leide. Als schließlich im Jahr 1871 – vornehmlich aus militärisch-strategischen Gründen – die Eisenbahnstrecke Köln–Trier durch die Eifel gebaut wurde, konnte sie nur gegen erhebliche Widerstände der Bevölkerung durchgesetzt werden. Wegen des Funkenflugs mussten die Strohdächer umgedeckt werden – die gab es in der Pfalz schon seit dem 18. Jh. nur noch vereinzelt. Zudem stemmte sich der Klerus, größtenteils selbst aus der Eifel stammend, gegen die Öffnung nach außen, da ein rapider Sittenverfall befürchtet wurde.

Die Zentren an Rhein und Mosel waren von der mittleren und westlichen Eifel an sich gar nicht so weit entfernt, sie zu erreichen war jedoch schwierig. Die periphere Lage der Eifel wurde vor allem durch mangelhafte Verkehrsverhältnisse bewirkt, welche die Mobilität behinderten, und zwar die der Einheimischen wie die der Fremden. Das Resultat war ein selbstgenügsames Dasein, welchem nur wenige Impulse von außen zugeführt wurden.[36] Auch in dieser Hinsicht stellt sich unsere Vergleichslandschaft Vorderpfalz als privilegiert heraus. Topographisch verkehrsgünstig am Rhein gelegen, jenem großen »Transportband nicht nur von Gütern, sondern auch von Menschen und deren Ideen«, erreichten und verbreiteten sich dort ökonomische und kulturelle Neuerungen früh und rasch. Diese Regelhaftigkeit kultureller Prozesse im Raum wurde bereits in den 1920er Jahren beschrieben.[37]

Konfessionelle Mentalitätsunterschiede

Zieht man die Konfessionsgeschichte der beiden Vergleichslandschaften heran, so lässt sich ebenfalls Erhellendes erkennen. Die Bevölkerung der Vorderpfalz war seit dem 18. Jh. mit unterschiedlichen konfessionellen Verhältnissen vertraut. Nicht wenige Dörfer waren gemischt-konfessionell, und vielerorts lebten neben Katholiken und Protestanten auch Juden und Mennoniten. Anders dagegen die Verhältnisse in der Eifel: Von wenigen protestantischen Hüttenherren im Norden abgesehen, war sie immer ein geschlossenes katholisches Gebiet. Ein »mächtiger volksfrommer Katholizismus« bildete die Grundlage eines »religiös fundierten Fortschrittsskeptizismus«[38], der sich, durch kirchliche Doktrin unterfüttert, »zu einem förmlichen Pathos der Unwandelbarkeit verdichten konnte«[39]. Diese Grundhaltung stellte die Tradition unbedingt über die Neuerung, die Beharrung über den Wandel. Die Bedingung, unter welcher diese traditionelle Lebenswelt existieren konnte (und erträglich war), bestand darin, sie als die einzig mögliche Welt schlechthin zu verstehen, indem ihr Willkürlichkeitscharakter ausgeblendet und der Wille zur Veränderung der Welt zugunsten der Aufrechterhaltung des Status quo favorisiert wurde. Diese Disposition macht es verständlicher, warum Modernisierungstendenzen konsequent bekämpft wurden, was im Falle der Eisenbahnstrecke bis zur versuchten Verlegung eines Friedhofs reichte, um den Bau zu behindern. Anderwärts – und natürlich auch in der Vorderpfalz – wurde der Anbruch des Eisenbahnzeitalters freudig begrüßt.

Interessantes zeigt auch ein Blick auf die historischen Unterschiede des Stellenwerts der Schulbildung. Bei W. H. Riehl heißt es dazu über »die Pfälzer« um die Mitte des 19. Jhs.: »Die Moral steht ihnen über der Dogmatik, und beide über dem Kirchenregiment, wohl auch die Schule über der Kirche.«[40] Daraus lässt sich ein deutlich säkularisiertes und modernes Verhältnis zu Fragen von Schulbildung und deren Wertschätzung erkennen, im Gegensatz zu den Verhältnissen in der Eifel, wo sich der allgemeine Schulbesuch im 19. Jh. eher zögerlich durchsetzte und höhere Schulbildung vor allem dazu diente, den Beruf des Geistlichen ergreifen zu können: Die entsprechenden Bewerber- und Weihezahlen sorgten für das Wort von der »Eiflia sacra«. Pfarrer blieben bis weit in das 20. Jh. hinein die unumstrittenen Autoritäten in den Eifeldörfern, und J. Nosbüsch konstatiert noch für die 1940er Jahre ein Eifler Bildungsdefizit gegenüber anderen Landschaften.

Es lassen sich also mentale Dispositionen ausmachen, die dazu angetan waren, in der Eifel Modernisierung so wirksam zu verhindern, dass von einer »gesamtkulturellen Rückständigkeit« ihrer Bewohner gesprochen werden kann. J. Nosbüsch schreibt 1998: »Daß die Eifel, zumal in ihrem mittleren und westlichen Teil, bis an die Schwelle unserer Tage Entwicklungsland gewesen ist, unterliegt in der landeskundlichen Forschung kaum einem Zweifel.«[41] Anders als in vergleichbaren Mittelgebirgslandschaften, die im 19. Jh. ebenfalls von Pauperisierungsprozessen gekennzeichnet waren, sind in der Eifel kaum Strategien aus der Not zu erkennen – der religiös genährte Fatalismus ließ solche Vorstellungen nicht zu.

»Restraum-Mentalitäten«

Die beschleunigte Modernisierung, die seit den 1950er Jahren auch die Landschaften der Eifel ergriff, vermochte eine Annäherung der Lebensverhältnisse in den Regionen herbeizuführen. Gleichwohl wurden nach dem Ende der Wirtschaftswunderjahre längst überwunden geglaubte Grenzen und Differenzen wieder sichtbar, indem sich etwa ab den 1970er Jahren strukturschwache Regionen abzeichneten, die durch starke Abwanderung gekennzeichnet waren: Der Landkreis Bitburg-Prüm und die Stadt Trier waren massiv davon betroffen, die Vorderpfalz blieb von dieser negativen demographischen Entwicklung unberührt.[42] Über mehrere Jahre durchgeführte Untersuchungen der Mainzer Volkskunde in den Abwanderungsregionen des Bundeslandes zeigten die qualitativen Auswirkungen der Abwanderung für die Menschen in den betroffenen Regionen. Von der Abwanderung waren vornehmlich kleinere Orte betroffen, und eine unmittelbare Folge der Bevölkerungsabnahme bestand aus spürbaren Reduktionen der lokalen Versorgung: Lebensmittelgeschäfte und Tankstellen schlossen, Kindergärten und Schulen ebenfalls, die kirchliche und medizinische Betreuung wurde ausgedünnt. Durch die Kommunalreform und die Einrichtung von Verbandsgemeinden war die Verwaltung zwar effizienter, aber auch bürgerferner geworden. Verschärfend trat hinzu, dass die Abwanderung selektiv erfolgte. Der Arbeitsplatzmangel veranlasste vor allem junge Menschen, die Region zu verlassen, je qualifizierter die Ausbildung, desto sicherer ihr Weggang. Daraus resultierte gewöhnlich die Destabilisierung alter Institutionen des dörflichen Lebens wie Nachbarschaften und Vereine, eine beschleunigte Erosion des sozialen und kulturellen Lebens, der Bräuche, der Kommunikation. Die Grundstimmung der Zurückgebliebenen verdüsterte sich, ihr Vertrauen in die Zukunft schwand, und dafür wuchs eine »Restraum-Mentalität«: »Die Jugendlichen bekommen das Gefühl, versagt zu haben, wenn sie nicht abwandern.«[43]

Diese Befunde aus den frühen 1980er Jahren wurden im Rahmen einer interdisziplinären Studie präzisiert, die vom rheinland-pfälzischen Ministerium für Wissenschaft und Weiterbildung zu Beginn der 1990er Jahre gefördert wurde. Vor allem die »Zukunft kleiner Gemeinden in Rheinland-Pfalz« stellte sich als prekär dar: Abwanderung und demographischer Wandel hatten in vielen Klein- und Kleinstgemeinden zu problematischen demographischen Strukturen geführt, bei denen die Anteile der Kinder und Jugendlichen signifikant unter dem Landesdurchschnitt lagen, die Anteile der Senioren bedenklich darüber. Ein Interviewpartner aus einer Eifelgemeinde schloss seine Ausführungen im Jahr 1993 sogar vollkommen resignierend mit der Bemerkung: »Wir würden lieber nach Luxemburg gehören.«[44] Gleichwohl wurden auch positive Ansätze festgestellt, wie etwa die Aktivierung früher vernachlässigter endogener Potenziale – etwa das erheblich selbstbewusstere Auftreten von Frauen. Es deutete sich ein Bewusstseinswandel an, der auch eine wachsende kritische Distanz gegenüber denjenigen erkennen ließ, die das Leben in den peripheren Landschaften von »oben« und von »außen« zu bestimmen versuchten. In der Tat hat sich der demografische Negativtrend inzwischen mancherorts, wie im Eifelkreis Bitburg-Prüm, gedreht: Im Jahr 2009 waren die Abwanderungsverluste nicht nur wieder ausgeglichen, sondern es lebten sogar knapp eintausend Menschen mehr dort als im Jahr 1970.[45] Solche Zu- und Abwanderungen begleiten allerorts den Lauf der Geschichte. Aber sie vollziehen sich nicht nur innerhalb überschaubarer Regionen, sondern führen die Menschen immer wieder in ganz ferne und fremde Länder.

4. Von der Abwanderungsregion zum Einwanderungsland

Aus den Mittelgebirgsregionen mit ihren »Ungunsträumen« wanderten seit dem 18. Jh. zahlreiche Menschen ab; ihre Gründe waren ökonomischer, religiöser, politischer wie auch individueller Natur. Ziele waren Südosteuropa mit den nach den Türkenkriegen leergefallenen Gebieten des Habsburger Reichs, Südamerika und hier besonders Brasilien und vor allem Nordamerika.

Auswanderer auf dem Rhein. Darstellung in der Illustrierten »Gartenlaube«, 1864 (Rheinisches Bildarchiv Köln)

Dieses wichtige Kapitel in der Geschichte von Rheinland-Pfalz findet sich an anderer Stelle dieses Handbuchs ausführlich erörtert. Hier sei auf einige volkskundliche Aspekte verwiesen, die in neueren Veröffentlichungen und Ausstellungen thematisiert worden sind. Solche Studien liegen aus allen Regionen des Bundeslandes vor, beispielsweise »Vom Westerwald nach Amerika«[46] oder von Rheinhessen nach Wisconsin.[47] Die Auswanderungsgeschichte aus der Pfalz wird schwerpunktmäßig am »Institut für Pfälzische Geschichte und Volkskunde« in Kaiserslautern untersucht und dokumentiert.[48] Einen Überblick über »300 Jahre Massenauswanderung« aus den Regionen des heutigen Rheinland-Pfalz bot 2009 die Ausstellung »Aufbruch nach Amerika« im Theodor-Zink-Museum in Kaiserslautern.[49]

Auswanderungsagenten im 19. Jh.

Im Zuge dieser Massenbewegung des 19. Jhs. entstand der Beruf des Auswanderungsagenten: »Mittels großformatiger, auffälliger Anzeigen, welche die Agenten im ‚Pirmasenser Wochenblatt' schalteten, machten sie auf ihr Geschäft aufmerksam.«[50] Aus der besonders von Ungunst und Armut betroffenen Westpfalz rund um Pirmasens wanderten viele Menschen aus, die sich von rosigen Versprechungen angelockt fühlten und sich mit der Bitte um Hilfe an Auswanderungsagenten wandten. Das waren häufig Kaufleute, die nebenberuflich den Emigrationswilligen mit Rat und Tat zur Seite standen, beim Ausfüllen von Formularen ebenso halfen wie bei der Buchung der Passage auf dem Auswandererschiff. Das Berufsbild des Agenten wandelte sich allmählich vom anfangs wenig angesehenen Werber zum anerkannten Organisator, der einen weitgehend reibungslosen Ablauf der massenhaften Auswanderung aus dem Gebiet ermöglichte.

Rückwanderungen aus den USA

Aber »Amerika ist kein Schlaraffenland« – so lautete das Urteil vieler Emigranten, und nicht wenige traten die Rückwanderung an, wie der Pfälzer Julius Dauber: »Das Leben hier in Knights Ferry ist mir ganz verleidet. Das Geschäft bringt's halt so mit sich. Eine Wirthschaft hier in den Minen ist härter für mich, denn Stein klopfen.«[51] Zwei Wochen nach diesem Tagebucheintrag vom 5. Mai 1857 machte Dauber sich auf den Rückweg in seine Heimat, aus der er mit Anfang zwanzig vier Jahre zuvor nach Kalifornien ausgewandert war. Nach einigen gescheiterten Unternehmungen hatte er sich zuletzt als Wirt bei den Goldminen östlich von Stockton versucht. Enttäuschte Erwartungen waren sein Motiv, in die Pfalz zurückzukehren. Gescheiterte Integration oder Akkulturation, zu geringe Verdienstmöglichkeiten, extremes Klima, die Verjährung von Dienstpflichten beim Militär, aber auch veränderte politische oder wirtschaftliche Bedingungen in der alten Heimat waren Auslöser solcher Rückwanderungen. »Heimweh« wurde am häufigsten als Grund in den amtlichen Papieren angegeben – wahrscheinlich, weil dies von den Behörden eher akzeptiert wurde als andere Beweggründe. Die Remigranten bemühten sich sehr um eine rasche Integration, um ihre Wiederkehr nicht als Scheitern erscheinen zu lassen.[52]

Zuzüge

Die Gebiete des heutigen Bundeslandes Rheinland-Pfalz waren aber immer auch Einwanderungsland und wurden dies verstärkt im 20. Jh. im Zuge von Vertreibungen, Arbeitsmigration und Militärstationierung, um drei wichtige Stichworte zu nennen. Nach dem Zweiten Weltkrieg entwickelte sich das Bundesland zu einem bedeutenden Standort der amerikanischen, französischen und kanadischen Streitkräfte im Kalten Krieg. Neben dem militärisch-strategischen Aspekt hatte die Stationierung wirtschaftliche Auswirkungen auf das Leben der ansässigen Bevölkerung. Anhand von drei Beispielen, nämlich der Stationierung US-amerikanischer Soldaten in und um Kaiserslautern, anhand ihrer Präsenz im ländlichen Raum sowie der Zuwanderung von Spätaussiedlern in der jüngsten Vergangenheit, soll die alltägliche Lebenswelt von Einheimischen und Fremden genauer betrachtet werden.

K-Town

Die amerikanische Geschichte Kaiserslauterns beginnt 1950 mit dem Wandel der amerikanischen Militärmission in Europa in Folge des Koreakriegs. Um die notwendige Basis für die Stationierung von US-Truppen zu errichten, wurden etwa 20.000 ha beansprucht und binnen kürzester Zeit mehrere Milliarden DM in die damals etwa 50.000 Einwohner zählende Stadt und ihr Umland investiert. Kaiserslautern erlebte den Aufbau ganzer Siedlungen mit kompletter Infrastruktur samt Shopping-Center, Kinos, Clubs, Bars, Sportstätten, Kirchen und Rundfunkstationen für die Amerikaner unmittelbar neben dem kriegszerstörten Zentrum. Durch zwei vierspurige Ost-West-Achsen, welche die neu entstandenen Wohnsiedlungen der Amerikaner mit den Militärdepots, den Flughäfen und dem 2.000 ha großen Munitionslager Miesau verbanden, erhielt Kaiserslautern eine dem historischen Stadtplan und der bestehenden Bebauung konträr verlaufende neue Ausrichtung. Schon vor Ankunft der Amerikaner brachten etwa 10.000 Bauarbeiter aus dem gesamten Bundesgebiet eine bis dahin unbekannte Kaufkraft in die Stadt. Die Militärgemeinde selbst bot eine Fülle gut bezahlter Arbeitsplätze und überschwemmte Kaiserslautern mit zahlungskräftigen Soldaten und Zivilangestellten. Durch den Mangel an Dienstwohnungen und Freizeitangeboten waren die Angehörigen der US-Streitkräfte zunehmend in den deutschen Gemeinden präsent.[53] In ihrer Freizeit engagierten sie sich für den Wiederaufbau von Schulen, Kirchen und Kindergärten. Um sich für die Unterstützung und Spendenfreudigkeit der amerikanischen Soldaten zu revanchieren, riefen Bürgermeister und Geistliche der deutschen Gemeinden dazu auf, amerikanische Soldaten zu besonderen Anlässen und Festtagen in die deutschen Familien einzuladen.

Das regelmäßige, stets aber nur punktuelle Zusammentreffen von Deutschen und Amerikanern hatte unmittelbare Folgen für beide Gruppen, und der Kontakt mit amerikanischen Konsumgütern trug im Umkreis der Militärgemeinden zu ganz spezifischen Amerikabildern unter den Deutschen bei. Als »little America« blieben die Militärstützpunkte aber immer Teil der amerikanischen Gesellschaft, was nicht zuletzt daran abzulesen ist, dass sich soziale Phänomene wie die »Rassenunruhen« und die Bürgerrechtsbewegung in den USA unmittelbar auf die Militärgemeinden in Deutschland auswirkten. Noch in den 1950er Jahren waren die amerikanischen Truppen streng nach schwarzen und weißen Einheiten gegliedert. Amerikanische Bürgerrechtler wiesen darauf hin, dass man während des Zweiten Weltkrieges in Deutschland gegen Rassismus und Diskriminierung gekämpft habe, in Amerika jedoch damit immer noch konfrontiert sei.[54] Afroamerikaner empfanden daher ihre Stationierung in Deutschland oft als Befreiung, denn viele von ihnen erfuhren hier außerhalb ihrer Kasernen eine Freiheit, die in den USA noch keinen Rechtsstatus hatte.

Die Begegnungen zwischen Deutschen und US-Amerikanern waren noch lange nach dem Zweiten Weltkrieg nicht frei von rassistischen Untertönen. Karikatur aus »Die Rheinpfalz« vom 2. Juli 1952

„Barbara, Barbara, fahr nicht erst nac
Afrika, denn ein kleines Negerlein kriegs
du auch am Rhein . . . ist der neue un
beliebte Text eines alten Schlagers in ge
wissen Lokalen.

»Bimbo -City«

In Deutschland wirkten allerdings Vorurteile gegenüber afroamerikanischen Soldaten in ähnlicher Weise wie der amerikanische Rassismus. Den Höhepunkt dieser Ablehnung stellte ab 1955 die »Steinstraßen-Affäre«[55] in Kaiserslautern dar. In der Steinstraße hatte sich mit Ankunft der GIs in Kaiserslautern eine Vergnügungsmeile mit Tanzbars und Bordellen etabliert. Bundesweite Berichte über »Bimbo-City« oder das »Klein Harlem« in Kaiserslautern[56] riefen Moralschützer aus der gesamten Republik auf den Plan.[57]

Als 1957 die Forderung geäußert wurde, die gesamte Kaiserslauterer Innenstadt »zum Schutz der deutschen Moral für Afroamerikaner zu sperren«, zwang dies die Stadtregierung zu einer öffentlichen Stellungnahme und die Militärregierung zu einer Reaktion mit Konsequenzen für beide Seiten: Die Innenstadt wurde für das gesamte US-amerikanische Militär gesperrt.[58] In der Folge kam es zu einer ausführlichen bundesweiten Berichterstattung mit negativen Folgen für das Image von Kaiserslautern.[59] Daneben hatte die »Steinstraßen-Affäre« grundlegende Auswirkungen auf die amerikanische Stationierungspolitik in Deutschland, die nun die Soldaten nicht mehr alleine, sondern zur »Stärkung der Moral« mit ihren Familien hierher versetzte.[60] Das daraus resultierende Anwachsen der Militärgemeinden bewog viele amerikanische Familien, sich auch außerhalb der Basen anzusiedeln. Ende der 1950er Jahre setzte daher ein Bauboom auf deutscher Seite ein. Die Vermietung von Wohnraum an Amerikaner, die hohe Mietzuschüsse durch die Militärverwaltung bekamen, ermöglichte die Finanzierung von Eigenheimen im großen Stil und trug seinerzeit nicht zuletzt zum aufblühenden Wohlstand hierzulande bei.

Segregations-tendenzen

Eine deutliche Zäsur erfuhr das deutsch-amerikanische Zusammenleben, als Anfang der 1970er Jahre der Dollarkurs fiel. Die Amerikaner zogen sich auf ihre Militärbasen zurück, so dass in Kaiserslautern und im Umland in kurzer Zeit die amerikanischen Mieter und Konsumenten ausblieben. Zudem wandelte sich durch den Vietnamkrieg das deutsch-amerikanische Verhältnis. Mit den ersten politisch motivierten Terroranschlägen auf das amerikanische Militär setzte ein Abschottungsprozess nach außen ein, der sich nach Ausbruch des Golfkriegs und noch mehr nach dem 11. September 2001 und mit den darauf folgenden Kriegen in Afghanistan und im Irak verstärkte. Auf deutscher Seite trugen neben der Kritik am Vietnamkrieg vor allem die heftigen Proteste gegen den NATO-Doppelbeschluss von 1979 zur Abkühlung der Beziehungen bei. Dessen Umsetzung verschärfte in den 1980er Jahren die nukleare Bedrohung in Mitteleuropa und formierte eine starke Friedensbewegung, die nicht zuletzt die politische Kultur der Bundesrepublik nachhaltig veränderte. In Rheinland-Pfalz fand diese Protestkultur vor allem auf dem Hunsrück im Umkreis der amerikanischen Raketenstellungen einen überregional beachteten Schwerpunkt mit großen Demonstrationsveranstaltungen, Dauermahnwachen und der Anlage eines sog. Friedensackers bei der Gemeinde Bell, auf dem 96,4 m hohe Holzkreuze – für jeden stationierten Marschflugkörper eines – aufgestellt wurden.

Es waren also eine ganze Reihe von Gründen, die ab den 1970er Jahren die Segregationstendenzen förderten und dazu führten, dass die amerikanischen Streitkräfte bis heute in ihren autarken Wohngebieten mit großem Aufwand einen Mikrokosmos amerikanischen Lebens unterhalten: Der Dollar ist nach wie vor die gängige Währung, und das amerikanische Bank- und Postwesen sind Standard. Eigene Rundfunk- und Fernsehsender und die Zeitungen »Stars & Stripes« und »Kaiserslautern American« machen die Militärgemeinde von der deutschen Presse unabhängig. Das Zusammenleben von Deutschen und Amerikanern ist so zu einem Nebeneinander geworden. Begegnungen finden vorwiegend in den militärischen Einrichtungen statt – ein Drittel der dort Beschäftigten sind Deutsche. Für die Amerikaner bedeutet diese Entwicklung, dass sie Kaiserslautern als Stadt allenfalls noch aus dem touristischen Blickwinkel heraus wahrnehmen.

Air Base Spangdahlem

Nicht sehr viel anders stellt sich die Situation der amerikanischen Truppen in den ländlichen Stationierungsgebieten dar, wie bei einer Untersuchung des Eifelortes Binsfeld zu Beginn des 21. Jhs. herauskam.[61] Die Geschichte der benachbarten Air Base Spangdahlem begann 1951 mit dem Bau eines Flugplatzes durch französische Besatzungstruppen. Wenig später folgte die Stationierung amerikanischer Einheiten. Obschon der Stützpunkt eine komplette Infrastruktur bot, ergaben sich auch hier zahlreiche Kontakte: Bauunternehmer und Handwerker führten Aufträge auf der »Base« aus, deutsche Zivilangestellte wurden beschäftigt, Einheimische und Fremde begegneten einander als Vermieter und Mieter, in Geschäften, Gaststätten und Diskotheken, bei Festen, im Straßenverkehr, und es wurden auch deutsch-amerikanische Ehen geschlossen.

Jede Seite hatte die Möglichkeit, Lebensstile, spezifische Güter und Genussmittel kennenzulernen. Beeinflusst wurde die Intensität des Miteinanders vor allem durch das Sprachvermögen und die Stationierungsdauer. Amerikaner besorgten ihren deutschen Bekannten Konsumgüter. In den 1950er Jahren waren dies vor allem Lebens- und Genussmittel wie Schokolade, Kaffee, Whiskey oder Zigaretten, an denen es damals noch fehlte. Auf der »Base« waren sie zu haben bzw. wesentlich billiger als in deutschen Geschäften: »Die waren erstens günstig, Jeans und T-Shirts und so ein Kram, das war alles günstig und gut.« Dies sei eine »finanzielle Überlegung« gewesen, so ein Zeitzeuge in seiner Erinnerung: »Weil bei uns daheim das Geld ziemlich knapp war, da war die Jeans im Grunde genommen die Hose. Die hat gehalten bis zum Gehtnichtmehr.«[62] So entstand die paradoxe Situation, dass in Binsfeld aus Gründen der Sparsamkeit Jeans getragen wurden, während sie im Rest der Republik den einen als begehrtes modisches Objekt galten oder von anderen als Symbol der um sich greifenden Amerikanisierung abgelehnt wurden.

Ein solcher Kulturtransfer war auch auf anderen Gebieten zu beobachten. In dieser Zeit sei der »Grundstein« gelegt worden, wie eine Zeitzeugin meinte, »dass ich verschiedenes Amerikanisches faszinierend gefunden habe und wie gesagt, bis zum heutigen Tag, siehe Erdnussbutter, liebe; oder eiskalte Getränke aus dem Kühlschrank. Und das ist eine Unart, die ich da übernommen habe.«[63] Die Aneignung amerikanischer Vorlieben kollidierte in der jungen Bundesrepublik noch ganz entschieden mit erlernten Werthaltungen. So fand in der abgelegenen Südeifel durch die Nähe zum Stützpunkt eine Amerikanisierung der Alltagskultur und Lebensweise statt, die sich qualitativ von den Amerikanisierungstendenzen in der übrigen Republik unterschied. Dort gaben in »Millionen Familien« das Tragen von »Nietenhosen« (Jeans) oder das Hören amerikanischer Musik Anlass zu »alltäglichen Auseinandersetzungen«, »Jugendliche zu kritisieren, ihnen Vorschriften zu machen oder sie gar zu bestrafen«[64], bis die voranschreitende Globalisierung solche Unterschiede immer mehr verwischte.

Die Zuwanderung der Spätaussiedler

Der Grund für die Stationierung der Amerikaner lag im beginnenden Ost-West-Konflikt. Dessen Beilegung wirkte sich abermals auf unsere Regionen aus, was z. B. rund um den Flughafen Hahn im Hunsrück deutlich wird: Hier können sog. »glokale« Prozesse beobachtet werden, nämlich Veränderungen, die Menschen auf lokaler Ebene erleben, die aber Folgen des globalen Wandels sind, in diesem Fall das Ende des Kalten Krieges, der Abzug der amerikanischen Streitkräfte sowie die Ansiedlung von Spätaussiedlern aus den GUS-Staaten in den 1990er Jahren. Der Abzug der amerikanischen Truppen und die Konversion des Stützpunkts in eine zivile Nutzung bedeuteten für die Flughafenorte Sohren und Büchenbeuren einen Wandel, der zum einen mehr Arbeitsplätze als zuvor brachte, aber auch neue »Fremde«: Die amerikanischen Streitkräfte wurden komplett durch eine andere Gruppe ersetzt, als russlanddeutsche Spätaussiedler ab 1993 die frei gewordenen Häuser und Wohnungen bezogen. Im Vergleich zu den »bekannten Fremden«, den Amerikanern, an die man sich in der Region nach den Erkenntnissen einer aktuellen Untersuchung vor allem als »reich, modern und mobil«[65] erinnert, findet das Anderssein der Aussiedler eine gegenteilige, eher negative Bewertung. Allerdings bietet die günstige wirtschaftliche Entwicklung um den Flughafen Hahn herum eine besondere Situation, durch die »das Zusammenleben zwischen Einheimischen und russlanddeutschen Aussiedlern zunehmend alltäglicher wird und den Charakter der Irritation«[66] verliert.

Deutschland ist im 20. Jh. ein Einwanderungsland geworden. Das gilt auch für die ehemaligen Auswanderungsgebiete des heutigen Bundeslandes Rheinland-Pfalz. Den Arbeitsmigranten aus der europäischen Peripherie, die zum wirtschaftlichen Aufstieg Deutschlands nach dem Zweiten Weltkrieg beitrugen, folgten ab den 1980er Jahren vor allem die Spätaussiedler, die aus ökonomischen, aber auch religiösen Gründen kamen, wie beispielsweise die im rheinhessischen Guntersblum ansässige russische Pfingstgemeinde.[67] Die wirtschaftliche Anziehungskraft einzelner Regionen hat sich seither behauptet und zeigt sich nicht zuletzt im landwirtschaftlichen Einsatz ausländischer Arbeitskräfte, die mittlerweile saisonal einpendeln und im Weinbau oder auf den Erdbeer- und Spargelfeldern in der Vorderpfalz und in Rheinhessen aushelfen.[68]

Kulturelle Hybridisierungstendenzen

Das Zusammenleben von Menschen aus aller Herren Länder ist somit hierzulande zur Realität geworden. Bedeutet Kulturkontakt aber auch stets Kulturkonflikt? Keineswegs, denn nach Phasen der Segregation und des misstrauischen Umgangs finden sich überall auch Formen der Anpassung, des gegenseitigen Austauschs und der Ausbildung neuer, transnationaler Lebenswelten. Die Gemeinschaft der in Mainz lebenden Italiener zeigt zum Beispiel ein eigenes Profil, in das sowohl die Traditionen aus dem Herkunftsland gehören als auch Übernahmen aus der Kultur des Einwanderungslandes, sodass sich Mischformen und damit eine spezifische Identität herausgebildet haben, die der »Mainzer Italianità«.[69] Ähnliche Entwicklungen deuten sich auch bei anderen, länger ansässigen Migrationsgruppen an. Gerade im öffentlichen Bereich haben sie nach zwei oder drei Generationen enorme Anpassungsleistungen erreicht, ohne im Privaten mitgebrachte Traditionen völlig aufzugeben, wie etwa bei einer Einzelstudie über den muslimischen Hennaabend hierzulande gezeigt werden konnte.[70] Innerhalb weniger Generationen ist damit an die Stelle eines staatlich propagierten Kulturchauvinismus die kulturelle Hybridisierung alltäglicher Lebenswelten getreten, die ohne den Beitrag der vielen Zuwanderer nach dem Zweiten Weltkrieg nicht zu verstehen wäre. Dass allerdings das Leben breiter Kreise der Bevölkerung auch davor keineswegs statisch verlaufen ist, sondern im Zuge der Industrialisierung und der erschütternden Kriege und Krisen von enormen Umbrüchen im 19. und 20. Jh. begleitet war, soll in den beiden folgenden Abschnitten genauer thematisiert werden.

5. Wandel der Arbeitswelten

Gemessen an den Möglichkeiten, welche seit der Zeit der Hochindustrialisierung im zweiten Drittel des 19. Jhs. verfügbar waren, setzten sich Technisierung und Mechanisierung der Landwirtschaft in vielen Regionen des heutigen Rheinland-Pfalz nur zögerlich durch. Noch bis in die Zwischenkriegszeit wurden die Produktivität und das Tempo landwirtschaftlicher Arbeit keineswegs durch Maschinen, sondern weithin von der Leistungsfähigkeit von Mensch und Tier bestimmt: Der Mechanisierungsgrad war eher gering, der Motorisierungsgrad eine zu vernachlässigende Größe. Im Jahr 1949 hatte statistisch gesehen weniger als einer von 60 landwirtschaftlichen Betrieben im gesamten Bundesland einen Traktor, 1952 wurden landesweit 77 Mähdrescher gezählt. Dagegen dienten rd. 88.000 Pferde und knapp 220.000 Arbeitskühe als Zugtiere.[71] Hinzu trat eine Besonderheit der rheinland-pfälzischen Agrarstruktur. Schon um die Wende vom 19. zum 20. Jh. trug der südliche Teil der preußischen Rheinlande den bezeichnenden, aber wenig schmeichelhaften Beinamen »Zwergwirtschaftswinkel«, und die Merkmale, die zu diesem Verdikt geführt hatten, bestanden auch nach 1945 weiter: das Vorherrschen von Klein- und Kleinstbetrieben, die oft genug auf niedrigstem ökonomischen Niveau verharrten und vornehmlich für die Subsistenz, den Eigenbedarf, produzierten. Verschärfend trat eine ausgeprägte Flurzersplitterung hinzu, die durch das dominierende Erbrecht der Realteilung ausgelöst und beständig reproduziert wurde. Besonders stark davon betroffen waren Gegenden mit überwiegend katholischem Bevölkerungsanteil.

Auf dem Weg zum Dorf ohne Bauern

Der endgültige Einbruch der »Moderne« in das dörfliche Wirtschaftsleben machte sich vielerorts erst in den 1950er Jahren bemerkbar. Das Vordringen des Marktes, verbunden mit den Prozessen der Technisierung und Kapitalisierung der Landwirtschaft, bewirkten einen geradezu sprunghaft verlaufenden Wandel. Betroffen waren von diesen rapid auftretenden Veränderungen viele Menschen: Mehr als ein Drittel (36 %) der Erwerbsbevölkerung arbeitete zu Beginn der 1950er Jahre noch im Agrarsektor.[72] Zaghafte Technisierungstendenzen der Landwirtschaft hatten sich bereits in der Zwischenkriegszeit abzuzeichnen begonnen, doch setzte die Entwicklung mit einer bis zu diesem Zeitpunkt nicht gekannten Geschwindigkeit und Dynamik nach der Währungsreform 1948 ein. Verlief die Diffusion neuer Landmaschinen vor dem Zweiten Weltkrieg regional noch äußerst asynchron, so breitete sich in den Jahren nach 1950 moderne Landtechnik quasi flächendeckend in allen Regionen der alten Bundesrepublik aus. Mithilfe staatlicher Subventionsmittel aus dem »Grünen Plan« machten sich nicht mehr nur landwirtschaftliche Großbetriebe, sondern gerade klein- und mittelbäuerliche Betriebe daran, wahre »Fuhrparks« anzuschaffen. Die Folgen zeigten sich umgehend. Bei der landwirtschaftlichen Erhebung von 1960 zählte der Landkreis Simmern, in dem zehn Jahre zuvor landwirtschaftliche Maschinen und Traktoren kaum anzutreffen waren, zu den Kreisen mit der höchsten Traktorenquote in Rheinland-Pfalz. Eine ähnliche Entwicklung war bei der Durchsetzung des maschinellen Mähdruschverfahrens zu beobachten: Bereits Ende der 1960er Jahre wurden in Rheinland-Pfalz über 14.000 Mähdrescher gezählt. Die Viehzählungen aus dieser Zeit berücksichtigten Arbeitsrinder überhaupt nicht mehr, auch Pferde waren in der Landwirtschaft selten geworden.[73]

Kapitalisierung, Abwanderung, Strukturwandel in den 1960ern

Die Abwanderung vor allem der familienfremden Arbeitskräfte aus der Landwirtschaft in den 1950er und 1960er Jahren bedeutete einen weiteren Faktor, der für die schnelle Rationalisierung verantwortlich war. Allerdings bestand hierbei eine Wechselwirkung: Zwang zunächst die Abwanderung aus den ländlichen Gebieten zur Mechanisierung, so führten später der Strukturwandel in der Landwirtschaft und der erreichte Stand der

»Kleggen« des Getreides mit der Mähmaschine, Monzingen, 1941 (Kreismedienzentrum Bad Kreuznach)

Rationalisierung zur Abwanderung. Dies bedeutete, dass die ehemals im Agrarsektor Beschäftigten einen tatsächlichen Ortswechsel vornahmen oder unter Beibehaltung ihres Wohnsitzes in einen anderen Wirtschaftssektor wechselten. Häufig anzutreffen war auch die Variante, dass die Landwirtschaft von den Frauen weitergeführt wurde, während die Männer der Familie tagsüber einem gewerblichen Beruf nachgingen und nur noch nach Feierabend oder am Wochenende mithalfen. Festzuhalten bleibt aber, dass die Zahl der ständigen Arbeitskräfte in der Landwirtschaft bereits in den 1950er Jahren abzunehmen begann. Der Strukturwandel in der Landwirtschaft setzte dann im Verlauf der 1960er Jahre ein: Menschliche Arbeitskraft wurde in zunehmendem Maße durch Kapital ersetzt, der erhöhte Kapitaleinsatz bedingte eine Ausweitung der bewirtschafteten Fläche. Da diese aber andererseits nicht beliebig ausgedehnt werden konnte, mussten vor allem kleinere Betriebe aus Gründen der Rentabilität aufgegeben werden – die Anzahl der Bauern in den Dörfern sank rapide.

Wie grundlegend sich die landwirtschaftliche Arbeit durch den Maschineneinsatz veränderte, lässt sich am Beispiel der Getreideernte verdeutlichen: Dieselbe Getreidemenge, die einst in reiner Handarbeit mit Sense und Dreschflegel in 150 Stunden geerntet wurde, konnte nun im vollautomatischen Verfahren mit dem Mähdrescher in einer Stunde eingebracht werden. Dieser Fortschritt hatte seinen Preis: Mit rd. 250.000 Euro Investitionskosten pro Arbeitsplatz ist die Landwirtschaft heute einer der kapitalintensivsten Wirtschaftszweige überhaupt. Zugleich bedeutete der erhöhte Kapitaleinsatz einen drastischen Rückgang von Arbeitsplätzen: Im Jahr 2009 waren weniger als 3 % der rheinland-pfälzischen Erwerbsbevölkerung im Agrarsektor beschäftigt.[74] Auch für die Landfrauenvereine konnte diese Entwicklung nicht folgenlos bleiben: Bäuerinnen sind dort seit den 1980er Jahren in der Minderheit.

Marginalisierung der Landwirtschaft

Die Veränderungen der ländlichen Arbeitswelt bewirkten, dass aus Bauern zunächst Landwirte und schließlich Agrarunternehmer wurden, deren Betriebe im Dorf kaum mehr Platz fanden, sondern als Aussiedlerhöfe außerhalb der Ortschaften neu errichtet wurden. Für diejenigen, die der Marktlogik des »Wachsens oder Weichens« nicht folgen konnten oder wollten, bedeutete dies den Weg in die Marginalität: Der buchstäbliche »Stallgeruch« wandelte sich zum Stigma der Peinlichkeit – in der Moderne durfte man nicht mehr nach Pferd oder Kuh riechen –, das Fahren mit Tieren – auch mit Pferden, ehedem Ausweis bäuerlichen Sozialprestiges – geriet zum sichtbaren Zeichen der ökonomischen Rückständigkeit, und in die Bezeichnung »Bauer« mischte sich tendenziell ein abschätziger Unterton.[75]

Wandel des Arbeitslebens im Weinbau

Die soeben in groben Zügen beschriebenen Veränderungen in der Landwirtschaft lassen sich am Beispiel des Weinbaus detaillierter in den Blick nehmen. Die endgültige Abschaffung der Leibeigenschaft, die regional bereits vor 1792 erfolgt war, kündete zwar vom Aufbruch in eine neue Zeit, führte aber nicht unmittelbar zu einer gerechteren Verteilung des Bodens. Vielerorts erwarb im Gefolge der Französischen Revolution das Großbürgertum die alten kirchlichen und landesherrschaftlichen Weinberge. Bei der herrschenden Zersplitterung des Weinbergsbesitzes kam den größeren Weingütern eine Vorreiterrolle im Hinblick auf rationellere Anbaumethoden und einen intensivierten Qualitätsweinbau zu. Orte wie Deidesheim, Wachenheim, Neustadt, Bernkastel, Bacharach und Oppenheim festigten ihren Ruf als Zentren des Qualitätsweinbaus. In dem durch Zollschranken eingeengten Deutschland war es Anfang des 19. Jhs. nicht leicht, Absatzmärkte für den heimischen Wein zu finden, eine Entwicklung, gegen die pfälzische Winzer auch auf dem Hambacher Fest von 1832 mit einer schwarzen Trauerfahne (Aufschrift: »Die Weinbauren müssen trauren«) protestierten. Die preußischen Winzer von der Mosel dagegen mussten die Zollfreiheit fürchten, denn ihr Weinabsatz sank ab 1828.[76]

Neben solchen zollpolitisch bedingten Absatzkrisen wirkten sich die in der ersten Hälfte des 19. Jhs. häufig widrigen Witterungsverhältnisse negativ auf den Weinertrag aus. Für den mehrheitlichen Kleinbesitz im Weinbau blieb der Broterwerb bis in die jüngste Vergangenheit unsicher und krisenanfällig. Das Erbrecht, das durchweg auf Realteilung ausgerichtet war, führte zur Bildung immer kleinerer wirtschaftlicher Einheiten, die vielfach am Rande des Existenzminimums arbeiteten. Staatliche Reglementierungsversuche blieben wirkungslos. Karl Marx hat dies am Beispiel der Moselwinzer für die Zeit um 1843 skizziert: »[Der Winzer] begehrt Hülfe und nicht Rat. Eine Beschränkung der Parzellierung des Grundbesitzes aber widerstreitet seinem angeerbten Rechtsbewußtsein; er erblickt darin den Vorschlag, seiner physischen Armut noch die rechtliche Armut hinzuzufügen, denn in jeder Verletzung der gesetzlichen Gleichheit erblickt er einen Notzustand des Rechts. [...] Der Moselaner verlangt also, daß, wenn er die ihm durch die Natur und die Sitte angewiesene Arbeit vollbringt, der Staat ihm die Atmosphäre verschaffe, in welcher er wachsen, gedeihen, leben kann.«[77]

Dass gerade der kleinparzellierte Weinbau ein besonders hohes Arbeitsethos erforderte, war schon 1833 dem badischen Pharmazeuten und Weinbaupionier Bronner in der damals bayerischen Pfalz aufgefallen. Für die Weinbaugemeinde Rhodt unter Rietburg schilderte er eindringlich den harten Arbeitsalltag der kleinen Winzer und ihre Abhängigkeit von den größeren Weingutsbesitzern: »Ich kann nicht umhin, hier die Leistungen der arbeitenden Klasse in Bezug auf den Weinbau zu schildern, die bewundernswerth sind; zwar liegt es außer meinem Zwecke, Karakterschilderungen einzuflechten, allein ich glaube hier eine Ausnahme machen zu dürfen. Rhodt ist ein Ort, der sehr viele wohlhabende Leute, dagegen auch wieder viele wenig Bemittelte hat, so daß der Mittelstand fast ganz fehlt, indem beynahe keine Gewerbetreibende Klasse da ist. Die Einwohner theilen sich also in Weingewinnende und Weinbauende. An Ersteren wird eine seltene Gastfreundschaft belobt; sie verbergen nicht ängstlich den Segen und die Spende des Schöpfers, sondern freuen sich, auch Andere mit ihrem Labetrunk erquicken zu können. Letztere, die arbeitende Klasse, legt dagegen eine selthene Thätigkeit an den Tag. Wenn man bedenkt, daß in dem Orte nur wenige Wagen und Pferde sind, daß alles, was nach Rhodt und aus Rhodt geführt wird [...] durch den Druckkarch [= Schubkarren] oder durch aufgebürdete Last auf dem Rücken fortgebracht werden muß [...] so muß man staunen. [...] wenn man erwägt, daß aller Dünger auf der großen Gemarkung durch ihre Druckkarche in die Weinberge gebracht wird, – was sie oft bey der Nacht im Mondscheine thun, um bey Tage in den anderen Arbeiten nicht zurücke zu stehen; daß sogar im Herbst alle gequetschten Trauben (Trester) auf ihren Druckkarchen, in Zubern, die 1 Ohm [= 150 Liter] fassen, nach Hause geführt werden, so staunt man über diese menschliche Kraft, die solche Lasten bestehen kann. Wer dieß nicht selbst sieht, der möchte fast glauben, hier allein wohne noch die alte teutsche Kraft; aber nur der Wille,

Der pfälzische Künstler Heinrich Strieffler (1872–1949) hat sich Zeit seines Lebens mit der Darstellung der Arbeiten im Weinberg beschäftigt. Der Schwerpunkt seiner künstlerischen Tätigkeit lag in der Pfalz, aber auch aus Rheinhessen und vom Mittelrhein sind Bilder von ihm bekannt. Seine lithografischen Arbeiten sind sehr stark durch vorangehende fotografische Studien beeinflusst. Einerseits finden sich bei Strieffler durchaus genaue Schilderungen der Weinbergsarbeiten aus der Zeit vor der Mechanisierung des Weinbaus, andererseits sind gerade die Lithografien von einem romantisierenden Blick auf das vermeintlich heitere Winzerleben geprägt (Historisches Museum der Pfalz Speyer)

Thätigkeit und Gewohntseyn von Jugend an, leistet das Unbegreifliche. [...] Bey allem diesem bleibt der arme Mann doch immer arm.«[78]

Die ab der Mitte des 19. Jhs. vielfach diskutierten und auch angewendeten Methoden der Weinverbesserung, z. B. durch Nasszuckerung[79], halfen manchem Winzer durch witterungsbedingte Krisenjahre, fanden aber nicht überall Anklang, weil viele darin eine Weinverfälschung sahen. Zum Ende des 19. Jhs. bildeten zudem die immer mehr aufkommenden »Kunstweine« eine ernste Bedrohung für die Winzerschaft. In der Pfalz und an der Mosel wurden Verbände gegründet, die sich der ausschließlichen Produktion natürlich vergorener Weine verschrieben. Zahlreiche Kleinwinzer, die in den inzwischen gegründeten Winzervereinen und Winzergenossenschaften organisiert waren, machten sich ebenfalls den Naturweingedanken zu eigen.[80]

Der aus Nordamerika stammende Mehltau und besonders die Reblaus führten ab Ende des 19. Jhs. zu schwersten Schädigungen im heimischen Weinbau. Gegen die Reblaus konnte man sich erst durch eine neue Pfropftechnik schützen, indem auf eine resistente »Amerikanerrebe« eine einheimische Rebe aufgepfropft wurde. Neben diesem durch die Natur aufgezwungenen Wandel begann sich seit dem letzten Viertel des 19. Jhs. im Weinbau ein steigender Arbeitskräftemangel bemerkbar zu machen, da viele Tagelöhner es mittlerweile vorzogen, in den neu entstandenen Industrien zu arbeiten. Dies hatte einen ersten nachhaltigen Rationalisierungsschub hauptsächlich in der Kelter- und Kellertechnik zur Folge. Hölzerne Pressen wurden durch eiserne ersetzt, die verschleißfreier, kleiner und leichter zu bedienen waren. In den Weinkellern hielten Pumpen und Filter Einzug – Investitionen, die zuerst einmal nur auf größeren Gütern möglich waren. Bis zum Ende des Zweiten Weltkrieges veränderte sich die eigentliche Arbeit im Weinberg dagegen kaum, der Mechanisierungsgrad blieb gering. Die Jahre nach dem Zweiten Weltkrieg brachten durch die neuerliche Besatzungszeit Abgabeverpflichtungen und Absatzhemmnisse, andererseits galt bis zur Währungsreform Wein als beliebtes Tauschobjekt auf dem Schwarzmarkt. Mit dem rasanten wirtschaftlichen Aufstieg in den 1950er Jahren änderte sich auch die Arbeit im Weinbau radikal. Ein immer größer werdender Arbeitskräftemangel und der Zwang zur Rationalisierung brachten die endgültige Wende zur mechanisierten Landwirtschaft. Im Weinbau wurden verstärkt Traktoren eingesetzt, die hölzernen Keltern verschwanden endgültig im Museum, und die schwer zu reinigenden und aufwendig in Stand zu haltenden Holzfässer mussten immer häufiger Keramik-, Stahl- und Plastiktanks weichen. Vorläufiger Endpunkt dieser Entwicklung scheint der Traubenvollernter zu sein, mit dem mittlerweile weit über 60 % der bestockten Fläche in Rheinland-Pfalz abgeerntet werden.

Nach wie vor schwierig sind Bewirtschaftung und Weinlese in den Steillagen an Mosel, Ahr und Mittelrhein. Lange Zeit hatte sich die Arbeit im Weinberg, im Kelterhaus und im Keller kaum verändert, nun haben die letzten Jahrzehnte mehr Veränderungen gebracht als all die Jahrhunderte davor. Gegenüber der Zeit nach dem Zweiten Weltkrieg hat sich die Zahl der Beschäftigten im Weinbau sehr stark vermindert. Während es um 1950 ca. 45.000 Weinbaubetriebe[81] im Vollerwerb gab, die ca. 33.000 Hektar bewirtschafteten, gibt es heute in Rheinland-Pfalz, bei einer Gesamtrebfläche von ca. 62.000 Hektar, nur noch etwa 12.000 Weinbaubetriebe.[82] Dennoch ist der Weinbau ein landschaftsbestimmendes Element an den Hängen des Pfälzerwaldes, am Rhein, an der Mosel und der Ahr geblieben.

Herbst des alten Handwerks

Die beschriebene Entwicklung der Landwirtschaft stürzte auch ehedem wichtige dörfliche Handwerker wie die Schmiede in eine turbulente Phase der Transformation. Die Ausübung ihres Handwerks beruhte auf einer langen Tradition. Schon vor dem Beginn der Neuzeit waren Schmiede in fast jedem Dorf anzutreffen und verkörperten den »technischen Dienst«, der die Funktionsfähigkeit der Wirtschaftseinheit »Dorf« sicherstellte. Mit dem Einsetzen des Strukturwandels in der Landwirtschaft und der rapiden Abnahme der landwirtschaftlichen Betriebe ab den 1960er Jahren verloren auch die Dorfschmiede ihre Basis. Die zahlenmäßige Entwicklung der Schmiede-Innung der Kreishandwerkerschaft Rhein-Hunsrück kann dies beispielhaft verdeutlichen:

Jahr	Anzahl der Betriebe
1953	118
1960	81
1970	59
1980	36

Die Ratschläge, die den Dorfschmieden in dieser Transformationsphase gegeben wurden, verzögerten bestenfalls das Aussterben dieses Handwerkszweiges. Für die eigentliche Tätigkeit der Schmiede, die Warmbearbeitung von Stahl, das Schmieden, war schon zu Beginn der 1960er Jahre kaum mehr Bedarf. Für etwa ein Jahrzehnt bot die Betriebsumstellung auf den Bereich des Handels mit Agrarmaschinen einigen wenigen Schmieden neue Existenzmöglichkeiten. Der Bestand des Betriebs blieb aber nur dann gesichert, wenn der negative Trend der Landwirtschaft frühzeitig genug erkannt und die Bindung an diesen schrumpfenden Sektor gelöst wurde. Die Anpassungsschwierigkeiten älterer Schmiede waren nicht zuletzt auf die Tatsache zurückzuführen, dass sie im Rahmen einer vorindustriellen und vorkapitalistischen Kultur sozialisiert worden waren. Ihre Motivation war weniger die Gewinnmaximierung als vielmehr das standesgemäße

Einkommen, weniger der Wettbewerb als die Zusammenarbeit, weniger der technische Fortschritt als das Aufrechterhalten der Tradition. Der Selektionsprozess der Marktwirtschaft nahm mit der Zeit strengere Züge an. Diejenigen Dorfschmiede, denen es gelang, die »Pleitewellen« zwischen 1955 und 1980 zu überstehen, zahlten einen hohen Preis für das Überleben als selbständige Handwerker, denn die Akzeleration der Lebensverhältnisse brachte permanente Hektik anstatt saisonal bedingter Phasen der Mehrarbeit, nervlichen Stress gepaart mit körperlicher Anstrengung, das Gefühl, austauschbar zu sein, und der deutlich gestiegenen Prosperität stand der Verlust einer wirtschaftlichen Absicherung im lokalen Rahmen gegenüber.[83]

Strategien aus der Not: Wanderhändler, Artisten und Musikanten

Der demographische Druck und die daraus erwachsenden Probleme der Existenzsicherung ließen im Übergang zum 19. Jh. neue Formen der Produktion und des Verkaufs entstehen: die Hausindustrie bzw. die Heimarbeit und den Wanderhandel. Beide hingen anfangs noch eng zusammen, da die Produkte aus hausindustrieller Fertigung durch den Hausierhandel vertrieben wurden. Vor allem in Mittelgebirgsregionen wie dem Pfälzerwald, der Eifel, dem Westerwald und dem Hunsrück trafen eine Reihe von Faktoren aufeinander, die ein Auskommen der steigenden Bevölkerung immer schwieriger machten: eine abgelegene, verkehrsferne Lage in einem klimatisch wie topographischen Ungunstraum, karge Böden sowie spärliche Arbeitsmöglichkeiten in erreichbarer Nähe außerhalb der schlecht entwickelten Landwirtschaft. Die Aufnahme des Wanderhandels stellte im 19. Jh. für die Bewohner dieser Gebiete eine wirtschaftlich sinnvolle Alternative zur Aus- oder Abwanderung dar. Die volkswirtschaftliche Bedeutung des mobilen Handels erhöhte sich mit fortschreitender Industrialisierung, als die Wanderhändler dazu übergingen, ihr Sortiment aus seriell produzierten Fabrikwaren zusammenzustellen: »Das Hausieren als agrarökonomischer Ausweg von Lebensmittelknappheit wird in der zweiten Hälfte des 19. Jahrhunderts zu einem Wirtschaftsfaktor bei der Industrialisierung auf der Distributionsebene.«[84]

Dass es sich bei dem Wanderhandel um ein Phänomen mit erheblicher Verbreitung handelte, beweisen die Ergebnisse der »Enquête zur Untersuchung des Wanderhandels«, die im Jahr 1895 vom »Verein für Socialpolitik« in Auftrag gegeben worden war. Vor allem für den Westerwald sowie für das Gebiet der bayerischen Rheinpfalz machte die »Enquête« Schwerpunktregionen aus, in denen sog. »Hausierdörfer« anzutreffen waren und denen eigene Berichte gewidmet wurden. Im Fall der pfälzischen Regionen handelte es sich um den Kanton Grünstadt im nördlichen Bezirksamt Frankenthal, namentlich die Orte Carlsberg, Altleiningen, Hertlingshausen, Hettenleidelheim, Tiefenthal und Wattenheim, und die im Bezirksamt Bergzabern gelegenen Gemeinden Ramberg, Dernbach, Silz, Stein, Gossersweiler, Münchweiler, Waldhambach und Waldrohrbach sowie die Gemeinde Bundenthal im Bezirksamt Pirmasens.[85] Ihr Sortiment bestand aus Bürsten (Ramberg), Textilien (Carlsberg und Hertlingshausen), Bildern (Silz), Kurzwaren u. v. m.

Im Jahre 1908 erhob das Königlich Bayerische Statistische Landesamt weitere, ausführlichere Daten zum Wandergewerbe in den sog. »Hausiergemeinden«, wobei auch die Musikantengemeinden Berücksichtigung fanden.[86] Diese Wandermusikanten aus den Dörfern des heutigen Landkreises Kusel sowie die »Artisten in Alsenborn«[87] zählten zu den bekanntesten der mobilen Gewerbe in der Pfalz am Übergang vom 19. zum

Akrobatik in der Arena Schramm, ca. 1910, Studioaufnahme zu Werbezwecken. Originalfoto: A. Bernheim, Mülhausen i. Elsass (Privatarchiv Schramm)

20. Jh. Aus den nördlichen Landesteilen sind ebenfalls Beispiele für den Wanderhandel bekannt, etwa die Steinguthändler, zu denen der Eifeler »Volksdichter« Peter Zirbes zählte, oder die sog. »Musfallskrämer« aus dem Eifelort Neroth, die mit Ratten- und Mausefallen handelten. Allen diesen mobilen Händlern und Dienstleistern war gemein, dass sie eine ausgesprochen moderne, am »Geist des Kapitalismus« orientierte Wirtschafts- und Lebensführung, Flexibilität und Mobilität, Selbstkontrolle und Selbstdisziplinierung praktizierten und in ihren Heimatorten und -regionen häufig »als Innovatoren, als Neuerer, als Agenten der Modernisierung«[88] auftraten.

Bis weit in das 20. Jh. hinein gehörte der Besuch von Hausierern vielerorts zum Rhythmus des Jahres, und vor allem in verkehrsferneren Dörfern wurde ihr Kommen manchmal regelrecht erwartet, um mit neuesten Erzeugnissen, etwa der Textilproduktion, bekanntgemacht zu werden. Ab den 1950er Jahren änderten sich die Bedingungen für diese spezifische Wirtschafts- und Distributionsform schnell und gründlich: Steigende individuelle Mobilität sowie ein expandierender Versandhandel entzogen dem Hausierhandel die Grundlage, und Ende der 1960er Jahre gehörte er endgültig der Vergangenheit an. Im 21. Jh. sind Pfälzer Wandermusikanten, Alsenborner Artisten sowie Ramberger Bürstenbinder und -händler sowohl musealisiert als auch Teil der lokalen Folklore.

Das Aufkommen der Fabrikarbeit

Für das Gebiet des heutigen Rheinland-Pfalz wird gemeinhin von einer verspäteten Industrialisierung gesprochen. Nicht zuletzt die Grenzlage hat lange Zeit den Blick für die wirtschaftlichen Möglichkeiten verstellt. Bezeichnend ist, dass der Eisenbahnbau nur langsam in Gang kam. Bereits Ende der 1870er Jahre hatte jedoch zumindest das pfälzische Eisenbahnnetz eine Schienendichte erreicht, die »weit über dem Reichsdurchschnitt lag«[89] – ein Indiz dafür, dass nach der anfänglich schleppenden Industrialisierung viele linksrheinische Gebiete spätestens nach 1871 erheblich aufgeholt hatten. So reduzierte sich in der Pfalz von 1868 an bis 1907 der Anteil der in der Landwirtschaft beschäftigten Erwerbspersonen von etwa 68 % auf 39 %, und von 1875 bis 1907 erhöhte sich der Anteil der in der gewerblichen Wirtschaft Beschäftigten von etwa 88.000 auf knapp 202.000.[90]

Während sich weite Teile der kleinbäuerlichen Landwirtschaft im Hinblick auf Arbeitsmittel und Arbeitsorganisation bis zur Mitte des 20. Jhs. kaum veränderten, brachte die Arbeit in der Industrie weitreichende Veränderungen für die dort beschäftigten Menschen, die sich nunmehr dem Fabrikreglement und dem Diktat der Maschinen unterzuordnen hatten. Fabrikarbeit war in der Regel Tätigkeit mit den eigenen Händen, zumeist unter Einsatz körperlicher Kraft. Im Gegensatz etwa zum althergebrachten Handwerk wurde in der Fabrik der Anteil selbständiger Arbeit zunächst auf ein Minimum reduziert. Die Fabrikarbeiter mussten sich einem starren Reglement unterwerfen, in dem man Pausen z. B. nicht mehr selbst wählen konnte und in dem die Uhr und der Gang der Maschinen zu den wahren Fabrikherren erhoben wurden. Im Extremfall erschien das Leben des Fabrikarbeiters als ein durch die industrielle Arbeit völlig eingeschränktes Leben, das der Sozialdemokrat Friedrich Stampfer im Jahre 1908 drastisch so beschrieben hat: »Wilhelm Schulze wurde am soundsovielten des Jahres soundsoviel geboren. Er besuchte die Volksschule, wurde Arbeiter, diente beim x-schen Regiment, heiratete später, hatte Kinder und starb. Das ist die Lebensgeschichte von Millionen. Geboren in Not und Unwissenheit, gelebt in Not und Unwissenheit, gestorben in Unwissenheit und Not. Vom vierzehnten Lebensjahr an ein Tag gleich dem anderen. Um sechs Uhr morgens aufgestanden, um sieben in die Werkstatt, zwischen zwölf und eins eine karge Mahlzeit, zwischen sechs und sieben zurück in ein unfreundliches Heim. Die Ereignisse des Lebens: Soundsooft, soundsoviele Wochen krank gewesen, soundsooft, soundsoviele Wochen arbeitslos, schließlich ein paar Urlaube, um zu heiraten, zu taufen und zu begraben.«[91] Die Monotonie, die Freud- und Ausweglosigkeit empfand die Arbeiterschaft als ein gemeinsam erlebtes Schicksal. Fortschritte beim Arbeitsschutz mussten mühsam erkämpft werden. 1877 beklagte sich Ferdinand Weidemann über die Arbeitsbedingungen in der größten chemischen Fabrik Ludwigshafens, der BASF, die er eine »Knochenfabrik« nannte. Man solle sich nur die »Schrecken erregenden Gestalten ansehen, sie sind roth, blau und grün angestrichen; wäre möglich, diese armen Geschöpfe auch noch schwarz anzustreichen, man würde sich nicht scheuen, steckt man sie doch in Räume, die von den Herren Directoren nicht betreten werden, fürchtens, die Gesundheit nehme Schaden.«[92]

Weit über die eigentliche Arbeitszeit hinaus regierte die Fabrik in das Leben der Arbeiter hinein. Leben und Arbeiten wurden zu getrennten Sphären. Neben dem Moment der Unterordnung und Unfreiheit in der Fabrikarbeit entwickelte sich aber auch ein neues Bewusstsein bezüglich der Notwendigkeit organisatorischer Kooperation und im Hinblick auf den Willen zur Teilhabe an der politischen Macht. Die gemeinsame Arbeit und der allmählich einsetzende Kampf um bessere Arbeits- und Lebensbedingungen führten schließlich zur Herausbildung einer eigenen Arbeiterkultur, in der das Bemühen um kollektive Absicherung, das Streben nach Gleichheit und das Einfordern von Teilhabe am kulturellen Leben zu bestimmenden Faktoren wurden. Dies führte über die Gründung von Arbeiterbildungsvereinen[93] und von Gewerkschaften schließlich zur Gründung der SPD als einer ausgesprochenen Arbeiterpartei. Ihre organisatorische Blütezeit erlebte die Arbeiterkultur zwischen 1890 und 1933.

Die Schleppschifffahrt auf dem Rhein – eine Episode der industrialisierten Flussschifffahrt

Wichtigste Voraussetzung für die Industrialisierung war die Nutzung der Dampfkraft, die selbstverständlich auch auf dem Wasser zum Einsatz kam und am Rhein die Episode der einst stolzen Schleppzüge einläutete. Im Zuge der Industrialisierung waren Großschifffahrtsgesellschaften entstanden, die das Transportwesen auf dieser wichtigen Wasserverkehrsstraße an sich zogen. Für rd. 100 Jahre, beginnend etwa in der Mitte des 19. Jhs., prägten die von Dampfschiffen gezogenen Schleppzüge den Güterverkehr auf dem Rhein. Bis zu acht Schiffe bildeten dabei aneinander gehängt Schleppzüge von bis zu 1.000 m Länge und transportierten Massengüter wie Kohle, Getreide, Erze oder Holz. Da sie mit dieser Länge auf der kurvigen, durch starke Strömungen und felsige Hindernisse erschwerten Strecke auf dem Mittelrhein »bergauf« (also stromaufwärts) zwischen St. Goar und Bingen nicht manövrierfähig waren, musste ein Teil der Schleppzüge an der großen Schiffsreede in Salzig zurückgelassen und in einer weiteren Fahrt des Schleppboots nach Bingen nachgeholt werden. Je nach Wasserstand ankerten mitunter gleichzeitig 300 Schleppschiffe in Salzig und warteten auf ihre Weiterfahrt nach Bingen. Über Jahrzehnte hinweg war

Schaufelraddampfer mit Schleppkahn vor der Kulisse von Mainz. Solche Schleppzüge prägten 100 Jahre lang den Güterverkehr auf dem Rhein (Postkarte aus dem Besitz von Michael Simon)

die Schleppschifffahrt aufgrund der schlechten Erwerbslage am Mittelrhein der wichtigste Erwerbszweig. Im Jahr 1938 gingen von 28 Jungen, die in Boppard ihre Schulzeit beendeten, 21 »aufs Wasser«, um Matrosen, Schiffsführer, Lotsen oder Schauermänner zu werden. Bis nach dem Zweiten Weltkrieg blieb die Binnenschifffahrt auf dem Rhein durch die Schleppzüge geprägt.[94]

In den 1950er Jahren wurden zwei Veränderungen wirksam, die binnen weniger Jahre den Niedergang der Schleppschifffahrt herbeiführten. Der vermehrte Einsatz von Dieselmotoren kam in den 1950er Jahren in Gang, und man rüstete nun auch Schleppkähne damit aus, die so zu Selbstfahrern wurden. Vor allem die kleinbetrieblich organisierten Binnenschiffer, die Partikuliere, wie die Privatschiffer fachsprachlich heißen, die ihre Schiffe ebenfalls mit Dieselmotoren bestückten, konnten von dieser Entwicklung profitieren.[95] Von entscheidender Tragweite erwies sich jedoch die Umstellung auf die Schubschifffahrt, die sich gegen Ende der 1950er Jahre nach amerikanischem Vorbild entwickelte und sich binnen kurzer Zeit u. a. aufgrund der höheren Ladekapazitäten gegenüber der Schleppschifffahrt durchsetzen konnte. Noch im Jahr 1958 fanden rd. 24.000 Beschäftigte im fahrenden Personal der Binnenschifffahrt ihr Auskommen, im Jahr 2000 war ihre Zahl auf rd. 6.300 geschrumpft.[96]

Frauenarbeit im Wandel

Bei der Fokussierung auf landwirtschaftliche, handwerkliche und industrielle Erwerbsarbeit wird oft übersehen, dass auch Frauen in wechselnder Intensität in allen Bereichen tätig waren und sind. Das bis in die 1960er Jahre gültige gesellschaftliche Leitbild der Frau als Hausfrau und Mutter war häufig mehr ideologisches Konstrukt als gelebte Wirklichkeit bzw. beschränkte sich vornehmlich auf kleinere, zumeist bürgerliche Kreise. Spätestens seit Ende des 19. Jhs. mussten viele Frauen in der Eifel, in der Westpfalz und im nördlichen Westerwald neben Hausarbeit und Kinderversorgung auch noch die kleine Nebenerwerbslandwirtschaft bewältigen, während die Männer unter der Woche als Industriearbeiter oder Bauhandwerker zum Unterhalt der Familie beitrugen.[97] Ungezählt sind die Frauen, die als Mägde und

Dienstmädchen tätig waren.[98] Während des Ersten und Zweiten Weltkrieges arbeiteten Frauen in der Industrie, u. a. auch in den als typisch erachteten Männerberufen.

Nach dem letzten Krieg schien sich dann noch einmal das Geschlechterverhältnis in den alten Rollenmustern einzupendeln, wenn auch nur für kurze Zeit. Ab den 1960er Jahren vollzogen sich in großen Schritten rasche Veränderungen, welche die gesellschaftliche, rechtliche, politische und wirtschaftliche Stellung der Frauen maßgeblich wandelten. Auch daheim und in den Familien griff der Wandel, der nicht zuletzt mit der Elektrifizierung und Technisierung der Haushalte zu einer allgemeinen Erleichterung bei der Hausarbeit führte. Inwieweit dabei allerdings Zeitersparnis von erweiterten Hygienevorstellungen und neuen Erwartungen an einen perfekten Haushalt aufgezehrt wurde, kann hier nur angedeutet werden. Die aktuellen Gender-Debatten zeigen, dass sich das Verhältnis der Geschlechter seither in einem andauernden Aushandlungsprozess befindet.

Wie schon erwähnt, ist gerade im 20. Jh. die Frage, welche Rolle der Frau in der Gesellschaft zukommt, durch die schrecklichen Kriege und Krisen der ersten Jahrhunderthälfte maßgeblich beeinflusst worden. Der wachsende Abstand zu diesen Jahren lässt inzwischen manche von einem zweiten Dreißigjährigen Krieg in der Neuzeit sprechen. Mit dieser Umschreibung versucht man nicht zuletzt, den massiven Auswirkungen dieser Ereignisse auf das Alltagsleben breiter Kreise der Bevölkerung Rechnung zu tragen. Sie sind, wie im folgenden Abschnitt ausgeführt werden soll, zu allen Zeiten die Hauptleidtragenden von Krieg und Gewalt, aber aus ihren Reihen stammen auch, wie nicht verschwiegen werden darf, die Täter.

Bei der Kartoffelernte im frühen 20. Jh. (Landschaftsmuseum Westerwald, Bestand Valentin Altmann)

6. Not-, Kriegs- und Krisenzeiten

Als am 18. Mai 1807 der 18-jährige Barbier Jakob Klaus aus dem pfälzischen Haßloch (das damals zu Frankreich gehörte) zur französischen Armee eingezogen wurde, waren ihm die Ambitionen des großen Napoleon einerlei, und er wäre gewiss lieber in der heimischen Barbierstube geblieben. Aber er war zu arm, um sich einen Ersatzmann für den Kriegsdienst kaufen zu können. Also wanderte er nach Mainz zur Musterung, mit seinem Regiment marschierte er von dort nach Venlo, weiter nach Maastricht und schließlich über Paris nach Madrid, wo er Ende 1807 ankam und mit seinem Regiment im Spanischen Unabhängigkeitskrieg fechten musste. Von Haßloch aus war er bis dahin also schon mehr als 2.000 km zu Fuß unterwegs. Solche Märsche und die damit verbundenen Kriegshandlungen schildert er in seinen Erinnerungen, die er 1815 – zwei Jahre nach seiner Entlassung aus der Armee – niederschrieb, als unabwendbares und unbeeinflussbares Schicksal.[99]

In den Erinnerungen rheinhessischer Männer an den Zweiten Weltkrieg, die Mitte der 1980er Jahre mündlich erfragt wurden, sah diese Erfahrung der Ohnmacht im Kriege ähnlich aus. Die Erfahrung des »Von Ort zu Ort In-Marsch-Gesetzt-Werdens«[100] äußerte sich dort ebenfalls im Topos des fremdbestimmten dauernden Verlegtwerdens. In einer komplexen Erinnerungserzählung, die die Jahre 1941 bis 1945 abdeckte, lauteten die entsprechenden Ohnmachtsformeln beispielhaft: »Ich wurde eingezogen [...] kam in Stellung [...] da lagen wir bis Mai [...] dann wurden wir nach Leningrad verfrachtet [...] dann in eine andere Stellung verlegt [...] wir mußten zurück [...] wurden weiterverfrachtet [...] wieder Stellung bezogen [...] wir wurden auf LKW's verladen [...] dann wieder verladen und nach Hannover gebracht.«[101]

Bei der Verfolgung der großen historischen Linien wird den kriegerischen Auseinandersetzungen nicht selten ein besonderes Augenmerk geschenkt, weil sich dort historische Wendepunkte abzeichnen. Wenig Beachtung findet jedoch häufig das Schicksal der Menschen, die zum Spielball der Mächtigen im militärischen Kampf um Grenzen, Ideologien und wirtschaftliche Vorteile geworden sind. Von 1802 bis 1945 erlebten die Menschen auf dem Gebiet des heutigen Rheinland-Pfalz immer wieder Bedrückungen durch Aushebungen, Besatzung, Aufrüstung und Kriegsfolgen, so dass über weite Strecken der Geschichte Krieg

Vom Dezember 1918 bis zum Januar 1923 beteiligten sich amerikanische Truppen an der Besetzung der linksrheinischen Gebiete und einiger rechtsrheinischer Brückenköpfe. Das Bild zeigt amerikanische Soldaten in Niederelbert im Westerwald (Landschaftsmuseum Westerwald, Bestand Valentin Altmann)

als Alltag wahrgenommen wurde. Die getöteten Soldaten, die ermordeten Zivilisten und die Opfer des Bombenkrieges können ihre Stimme nicht mehr erheben. Jedem Schreiben über den Krieg als Alltag wohnt insofern eine Asymmetrie inne, weil nur Überlebende jener Ereignisse und Nachgeborene einen solchen Alltag rekonstruieren.

Unter Napoleons Fahnen

Die französische Republik und schließlich der französische Kaiser benötigten bis 1814 gewaltige Mittel für ihre Militärausgaben. Die Plünderungen der berüchtigten »Ausleerungskommissionen« wirkten noch über die Jahrhundertwende vom 18. zum 19. Jh. nach. Bald wollte man nicht nur Steuern, sondern auch Soldaten. In Frankreich war die allgemeine Wehrpflicht 1793 eingeführt worden, ab 1802 galt sie auch in den linksrheinischen Verwaltungsbezirken, die zu Frankreich gehörten. So kam es, dass einige tausend Männer aus der Pfalz, dem Hunsrück, aus Rheinhessen, aus der Eifel und dem Rheinland in der »Grande Armée« Napoleons in den europäischen Kriegen Anfang des 19. Jhs. kämpfen mussten. Viele davon ließen ihr Leben auf den Schlachtfeldern. Einige der Davongekommenen gründeten Veteranenvereine, die zum Teil noch bis in die 1860er Jahre hinein wirkten und vielfach ein verklärendes Andenken an die napoleonische Zeit pflegten, während doch die Realität der Feldzüge für die beteiligten Soldaten von grausamer Gleichgültigkeit gegenüber dem Wert des menschlichen Lebens war. Wenn auch die großen Schlachten nicht am Rhein geschlagen wurden, holte der Krieg doch auch diese Gegenden ein. So wurde der Dom in Speyer – 1794 von französischen Truppen geplündert und beraubt und seitdem wiederholt als Militärmagazin genutzt – im Jahre 1805 nach den Schlachten von Ulm und Austerlitz in ein riesiges Lazarett und Gefangenenlager für mehr als 6.000 Menschen verwandelt.

Zu denen, die ihre Heimat verlassen mussten, um als Soldat in Napoleons Armee zu dienen, gehörte der bereits erwähnte Jakob Klaus aus Haßloch, der mehr als viereinhalb Jahre auf der iberischen Halbinsel als einfacher Soldat in Kriegsdiensten stand. In seinen hinterlassenen Lebenserinnerungen berichtet er von Kriegsgräueln, die den drastischen Darstellungen Francisco de Goyas in seinem zeitgenössischen grafischen Werk »Desastres de la guerra« (Schrecken des Krieges) in nichts nachstehen. Über die Belagerung der spanischen Stadt Lérida im Jahre 1810 schreibt der pfälzisch-französische Soldat, dass, nachdem die Befestigungsanlagen überwunden waren, die Stadt geplündert wurde: »Die Stadt war jetzt den Franzosen freigegeben. Da wurde gleich geplündert, geraubt und gebrannt.«[102]

Nach der entscheidenden Niederlage Napoleons in der Völkerschlacht bei Leipzig im Jahre 1813 waren in der zurückflutenden französischen Armee Seuchen ausgebrochen. Wieder wurde der Speyerer Dom ein großes Lazarett, in dem »Noth, Krankheit und Elend« herrschten und wo viele »den Tod fanden, der sie in den Schlachten verschont hatte«.[103] Der nachmalige Bischof von Speyer und Kardinal von Köln, Johannes Geissel, der als Zeitzeugen den Mediziner Ehrmann anführt, berichtet davon, wie aufopfernd sich die städtische Zivilbevölkerung um die Verletzten kümmerte. »Die Menschenfreundlichkeit, womit die Speyerer, Männer, Frauen, Greise, sogar Kinder, trotz der offenbarsten Gefahr der Ansteckung, den kranken Kriegern mit allem beisprangen, verdient der Nachwelt überliefert zu werden. Man sah Mädchen von 10 bis 12 Jahren, welche den zu Gerippen ausgemergelten Soldaten Flinte und Schnappsack nachtrugen.«[104]

Die Gebiete am Rhein erlebten dann von 1815 bis 1870 im Vergleich zu der vorangegangenen Epoche und den Schrecknissen in der ersten Hälfte des 20. Jhs. friedlichere Jahre, die sich freilich in das kollektive Gedächtnis auch als eine Zeit großer materieller Not und episodischer Hungerkrisen einprägten. Der deutsch-französische Krieg von 1870/71 mit dem Sieg bei Sedan wurde in der Folgezeit heroisiert, das Schlachtfeld zum »Feld der Ehre« stilisiert.

Erster Weltkrieg

Seit 1871 geriet Deutschland zunehmend unter den Einfluss eines deutschnationalen Militarismus preußischer Prägung, dem das neu entstandene Reich ja seine Einigung verdankte. Zum Ende des 19. Jhs. war die industrielle Potenz mit militärischer Macht identisch geworden.[105] Der Anspruch der herrschenden Kreise auf Weltgeltung Deutschlands führte zusammen mit Militarismus, einem unkontrollierten Wettrüsten und dem Verfolgen imperialistischer Ziele wesentlich zum Ausbruch des Ersten Weltkrieges. Die Gebiete am Rhein wurden zwar nicht, wie befürchtet, selbst zum Kriegsschauplatz, aber auch hier waren die Auswirkungen des Krieges unmittelbar zu spüren. Die vielfach kolportierte Begeisterung für den Kriegseintritt 1914 war auf dem Lande geringer als in den Städten. Auch die Zahl der Kriegsfreiwilligen lag, nach den heute zugänglichen Erhebungen, erheblich unter den damals publizierten Zahlen. Als die Grausamkeit der Grabenkämpfe, des Artilleriefeuers und des Gaskrieges zumindest ansatzweise von den Fronten zur Heimat durchdrang, sank auch hier die anfängliche Euphorie. Im September 1914 publizierte die »Sobernheimer Zeitung« die Eindrücke eines Frontsoldaten: »Die erste Schlacht. So grausig hätte ich mir die Folgen des Krieges nicht vorgestellt. Wer vermöchte den entsetzlichen Anblick eines Schlachtfeldes erschöpfend zu beschreiben?«[106] 1916 schrieb ein Hunsrücker in die Heimat: »Wann wird der elende Krieg mit seinem Morden und Blutvergießen ein Ende nehmen?«[107] Wirtschaftliche Schwierigkeiten machten sich breit, die Ernährungslage wurde ab 1917 zunehmend prekär, die Sterblichkeitsrate der Zivilbevölkerung stieg erheblich. Allein aus der Pfalz verloren 20.000 Soldaten ihr Leben an der Front, 30.000 wurden verwundet. Die durch das unvorstellbare Grauen des industrialisierten Krieges hervorgerufenen psychischen Verwüstungen waren erheblich.

Krieg unterm Hakenkreuz

Der mit der Niederlage des Jahres 1918 verknüpfte Vertrag von Versailles wurde in weiten Teilen der Bevölkerung als demütigend empfunden. Die temporäre Besetzung der linksrheinischen Gebiete bis 1930 brachte dort zusätzliche Belastungen. Nicht zuletzt wegen der ideologisch hochaufgeladenen Propaganda gegen die »Schmach von Versailles« hatte die radikale NSDAP mit ihrem Führer Adolf Hitler in weiten Teilen des heutigen Rheinland-Pfalz, besonders in den ländlichen protestantischen Gebieten, schon früh eine breite Anhängerschaft. Der Anteil der NSDAP-Wähler lag hier seit 1930 über dem Durchschnitt im Reich.

Die ideologische Überhöhung des Krieges und die Planung von Angriffskriegen waren von Beginn an zentrale Bestandteile der NS-Ideologie, das hätten auch die Wähler wissen können. Hitler hielt den Krieg für einen wichtigen Schritt auf dem Weg zur »nationalsozialistischen Volksgemeinschaft«, denn der Krieg führe zur »Auslese der Besseren und Härteren«.[108] Als er 1939 den Zweiten Weltkrieg entfesselte, lief die Mobilisierungsmaschinerie gleich auf vollen Touren. Ehemalige Soldaten erinnerten sich später oft daran, dass man unter Zwang gehandelt, es keinen Ausweg gegeben oder man halt einfach mitgemacht habe. Hauptsachen, wie das Töten im Krieg, wurden dabei in biographischen Erzählungen leicht zu Nebensachen umgedeutet oder in Verdrängung gehalten.[109] Wie schon die Soldaten der napoleonischen Heere verstand man sein Soldatenleben im Nachhinein als »verlorene Jahre«. Mit dem im Krieg Erlebten und Erlittenen und dem Wissen um das Leid, das man anderen zugefügt hatte, fühlte sich wohl die Mehrzahl der Soldaten nach dem Krieg allein gelassen. Die in der Nachkriegszeit oft kolportierte Floskel von den Männern, die häufig vom Krieg erzählen würden, war oberflächlich und durch die Realität nicht gedeckt. Das im Krieg Erlebte war eben kein populärer Erzählstoff. Die »Wehrmachtsausstellung«[110] des Hamburger Instituts für Sozialforschung, die in Rheinland-Pfalz allerdings nur in Koblenz zu sehen war, hat ab 1995 zu einer breit angelegten, über Fachkreise weit hinausgehenden Diskussion über die Rolle deutscher Soldaten im Zweiten Weltkrieg geführt. In diesem Zusammenhang ist auch noch einmal die Verstrickung der Wehrmacht in den Prozess der Vernichtung des europäischen Judentums deutlich geworden.

Das nationalsozialistische Deutschland ging im Inferno des von ihm entfesselten Weltkriegs unter. Wie anderswo in Deutschland waren im heutigen Rheinland-Pfalz am Ende des Zweiten Weltkrieges zerbombte Städte, zerstörte Dörfer und Tausende von Toten und Verletzten zu beklagen. Das Leid der Zivilbevölkerung im Bombenkrieg und in den zerstörten Städten und Dörfern hat vielfach erst nach Jahrzehnten einen Widerhall in der Forschung und der breiteren Öffentlichkeit gefunden.[111]

Ebenso ist an die nach 1945 aus dem Osten kommenden Flüchtlinge und Vertriebenen zu erinnern, auch sie Opfer des Krieges, und auch ihr Schicksal wurde in den ersten Nachkriegsjahrzehnten in der Öffentlichkeit lange verschwiegen bzw. allenfalls aus politisch-ideologischen Gründen im Ost-West-Konflikt thematisiert. Umso wichtiger ist es, dass die Erinnerungen an diese problematischen Zeiten inzwischen vermehrt Beachtung finden und von der Wissenschaft in Gesprächen mit den noch lebenden Zeitzeugen aufgezeichnet werden. Solche Berichte erlauben es, bescheidene Einblicke in Lebensverhältnisse zu nehmen, die nach mehr als 65 Jahren Frieden in der Gegenwart weit entrückt zu sein scheinen. Dieser Eindruck gilt auch im Hinblick auf die materiellen Zeugnisse aus der Alltagswelt unserer Vorfahren, die nach unseren heutigen Maßstäben ein recht bescheidenes Leben führten. Essen, Wohnen und Kleiden erfolgten bei ihnen in vielerlei Hinsicht nicht nach den Regeln einer modernen Konsumgesellschaft, sondern waren eher durch knappe Ressourcen und die Erfordernisse einer Arbeits- und weniger einer Freizeitgesellschaft bestimmt, wie nun zu zeigen sein wird.

Blick auf das kriegszerstörte Worms im Jahr 1950 (Stadtarchiv Worms)

7. Konsumwelten

Wohnen auf dem Land

Vieles von dem, was wir heute mit Grundbedürfnissen des Wohnens in Verbindung bringen, ist erst in den letzten 100 Jahren langsam zum selbstverständlichen Standard geworden. Elektrizität, Wasserversorgung, Zentralheizung und vieles mehr – das sind Annehmlichkeiten, zu denen ein in der Land- oder Forstwirtschaft arbeitender Tagelöhner um 1900 keinen Zugang hatte. Bis in die Mitte des 20. Jhs. hinein waren die Landschaften zwischen Lauter und Sieg, Mosel und Rhein durch die Land- und Forstwirtschaft geprägt. Die Haus- und Dorfformen richteten sich nach bäuerlichen Bedürfnissen und der vorherrschenden Bewirtschaftungsform von Acker- und Grasland oder Sonderkulturen. Die traditionellen Bauernhäuser in Rheinland-Pfalz ähnelten sich in allen Regionen in ihrer Grundform, bei der »sich alle Räume des Hauses und seine Zubehörseiten zum Hof vor der Traufseite öffnen, ganz gleich, wie sich Haus oder Gehöft ändern, drehen oder wenden«.[112]

Eine Ausnahme bildeten lediglich die Winzerhäuser, die eigene, den städtischen Bauformen verwandte Architekturmuster entwickelten. Die verwendeten Baumaterialien waren landschaftsgebunden und orientierten sich an den vor Ort zugänglichen Ressourcen.[113]

Die rheinland-pfälzischen Freilichtmuseen in Sobernheim, Konz und Hachenburg vermitteln eine lebhafte Vorstellung von den Wohnformen des 19. Jhs. und den unterschiedlichen Hauslandschaften und Dorfformen in Rheinland-Pfalz, auch wenn die museale Präsentation immer mit der Gefahr der unbeabsichtigten Idealisierung und Romantisierung rechnen muss, denn den harten Arbeits- und Lebensalltag einer bäuerlichen Haushaltung im 19. Jh. kann man nur schwer vermitteln. Immerhin gewinnt der Besucher im Freilichtmuseum eine Vorstellung alter Haus- und Dorfstrukturen, die heute vor Ort kaum noch auszumachen sind.

Mit der Mechanisierung der Landwirtschaft ab den 1950er Jahren und dem beständigen Rückgang der bäuerlichen Betriebe hat sich das Bild der Dörfer gewandelt. Viele Bauernhöfe wurden an den Ortsrand verlegt, Flächen zusammengelegt, die Fluren bereinigt. In der aufgeräumten Landschaft ist das Bauernhaus funktionslos geworden. Alte landwirtschaftliche Gebäude im Ortskern blieben z. T. jahrelang ungenutzt, wurden von Zugezogenen entdeckt und für Wohnzwecke umgebaut. Die sog. Dorferneuerung beschränkte sich allzu oft »auf Verschönerungsmaßnahmen des Straßenbelags«.[114] An den Rändern der in der Nähe von wirtschaftlichen Kernzonen liegenden Dörfer entstanden Neubaugebiete, die, um es vorsichtig zu formulieren, gelegentlich mit einer formenreichen Architektur überraschen, und »es gibt den nackten Bahnhofsweg mit dem alleinstehenden Haus und seinen Brandgiebeln, Häuserwüsten, wild gezackte Baulücken, amorphe Eigenheimbereiche bis hin zu Dauercampingplätzen«.[115]

Die Baugruppe Pfalz-Rheinhessen mit den Häusern Neuburg, Dierbach, Medard und Wöllstein im Rheinland-Pfälzischen Freilichtmuseum Bad Sobernheim (Freilichtmuseum Bad Sobernheim)

Man mag beklagen, dass das Dorf »der neue Stadtrand«[116] geworden ist und nimmermüder Heimwerkergeist im Verbund mit dem unerschöpflichen Angebot der Baumärkte manches dörfliche Wohnhaus in wunderliche Projekte menschlicher Vorstellung von einem schöneren Leben verwandelt hat. In einer globalisierten Welt sind individualisierte Vorstellungen von Schönheit und Komfort und politisch-gesellschaftliche Vorgaben im Hinblick auf Energieeffizienz kaum durch den Verweis auf überkommene Wertvorstellungen bäuerlicher Lebenswelten nachzuregulieren, schon deshalb nicht, weil auch dem Land Rheinland-Pfalz längst die Bauern abhanden gekommen sind.

Kleidung und »Tracht«

In einigen Teilen des Landes wurde bis zur Mitte des 19. Jhs. Kleidung getragen, die gemeinhin mit dem Begriff »Tracht« belegt ist. Dazu gibt es aus den verschiedenen Regionen zahlreiche Einzelbelege, es fehlen allerdings belastbare Aussagen über die tatsächliche Verbreitung solcher Kleidungsformen. Wenn es auch regional unterschiedliches Kleidungsverhalten gab und sich solche Eigenheiten stellenweise bis ins 19. Jh. halten konnten, so waren doch Pfalz, Westerwald, Eifel und Hunsrück weit davon entfernt, einheitliche »Trachtenlandschaften« darzustellen. Allenfalls kann man von einem vereinzelt auftretenden Phänomen sprechen.

Das Interesse an der »Tracht« entwickelte sich erst um 1900, als eigentlich alle Reste traditionellen Kleidungsverhaltens längst verschwunden waren. Nicht auf dem Lande, sondern in den Städten wurden Trachtenvereine gegründet. In den ersten Trachtenvereinen, die viel mit dem sich entwickelnden Fremdenverkehr zu tun hatten, wurde bäuerliches Leben als heile Welt inszeniert. Der Begriff Tracht stand für die rückwärtsgewandte Vorstellung einer in langen Traditionen verankerten bäuerlichen Kleidung, die von allen Mitgliedern einer regional begrenzten Bevölkerungsgruppe getragen und – so die landläufige Vorstellung – auch noch selbst hergestellt wurde. In dem romantisierenden Vers »Selbst gesponnen, selbst gemacht ist die schönste Bauerntracht« schwingt die Sehnsucht nach einer intakten und überschaubaren ländlichen Welt mit. Die Herstellung von Kleidung war auch schon Anfang des 19. Jhs. ein arbeitsteiliger Prozess, in dem es nicht zuletzt darauf ankam, zu welchem Preis Kleidung produziert werden konnte. Die Vorstellung von der bäuerlichen Spinnstube als Keimzelle eines gefestigten, gesunden Bauerntums ist da schon eher als bürgerliche Versponnenheit zu sehen. Mode gilt gegenüber der Tracht als Inbegriff der Schnelllebigkeit und des permanenten Wechsels von Geschmack und Stil. Bei genauerer Betrachtung lassen sich für die Zeit bis um 1850 mannigfaltige Belege finden, dass selbst die vermeintlich festgefügte Tracht modischem Wandel unterlag. Kleidung im Allgemeinen ist immer auch ein Zeichen- und Symbolsystem, mit dem die Trägerinnen und Träger direkt oder indirekt über ihre soziale und ökonomische Stellung Auskunft geben.

Als der nachmalige Friedensrichter von Simmern, Johann Nikolaus Becker, Ende des 18. Jhs. die Gegenden um Donnersberg, Rhein und Mosel bereiste, schrieb er über das Bekleidungsverhalten, dass die Moselbewohner meist blaues Tuch tragen würden, während die Hunsrücker Kittel aus weißem Leinen benutzten. Die große Mehrheit der Bevölkerung kleide sich aber funktional – nach der jeweiligen Mode. 1847 stellte der Reiseschriftsteller Ernst Förster noch einmal unumwunden fest: »In der Tracht folgt man in Deutschland der von Paris ausgehenden Mode, und man thut wohl, nicht zu weit davon abzuweichen, wenn man nicht, namentlich [...] am Rhein, von der Strassenjugend verhöhnt seyn will.«[117] Bis heute ist Paris neben anderen Metropolen ein wichtiger Ort der Modewelt geblieben. Allerdings hat sich das Bekleidungsverhalten inzwischen auch am Angebot global agierender Modemultis ausgerichtet.

Hunsrücker Nahrungsgewohnheiten einst

Der Wandel des Essverhaltens breiter Teile der Bevölkerung setzte verstärkt in den 1960er Jahren ein. Möglicherweise noch wichtiger als die zahlreichen Einflüsse aus der internationalen Küche war dafür die Technisierung der Haushalte, die »neue Ernährungsstile«[118] schuf. Ein kleinräumiger Blick zurück in die Vergangenheit kann die Veränderungen in einen größeren Kontext stellen. In einer Studie zu den »Hunsrücker Nahrungsgewohnheiten« konnte zunächst nachgewiesen werden, dass sich das Ernährungsverhalten von der Frühen Neuzeit bis ins 18. Jh. kaum änderte. Die Masse der Bevölkerung ernährte sich hauptsächlich von Getreideprodukten und verzehrte so gut wie kein Fleisch, ein Genuss, der dem Adel und einem begüterten Stadtbürgertum vorbehalten blieb. Typische Getreidearten in den Mittelgebirgsregionen waren Roggen und Hafer. Sie bildeten die Grundlage der Ernährung, die durch frische und getrocknete Früchte, Gemüse – Kohl bzw. Sauerkraut (konserviert durch Salz) –, Hülsenfrüchte, Milch- und Eierspeisen ergänzt wurde. Der »Brei- und Musstandard«[119] wurde erst durch eine markante (Not-) Neuerung erweitert: durch die Einführung der Kartoffel bzw. deren Umnutzung von der Zierpflanze zum Nahrungsmittel. Im Hunsrück wurde die »Grumbeere« – sprachliche Varianten der »Grundbirne« finden sich in vielen Mundarten – um 1738 erstmals erwähnt, als der Rheinböller Pfarrer brieflich den ihm zustehenden Zehnt auf die »Grundbiren« einforderte.[120]

Unterschieden werden muss für frühere Zeiten zudem zwischen dem Ernährungsangebot in fruchtbareren, wohlhabenderen Landschaften und den kargen Mittelgebirgsregionen. In einer französischen Quelle aus dem Jahr 1803 über das Département de Rhin-et-Moselle wurde dies hervorgehoben: »les liqueurs fortes, et un mauvais café pris sans sucre« würden die Rhein- und Moselanwohner konsumieren, Luxusgüter in allerdings mediokrer Qualität, die der Präfekt Philippe Boucqueau in den Höhengebieten gar nicht vorgefunden hatte.[121]

In der zweiten Hälfte des 19. Jhs. veränderten die Folgen der Agrarrevolution das Mahlzeitensystem: Höhere Erträge in der Landwirtschaft wurden durch den Fruchtwechsel sowie den Einsatz von Kunstdünger erzielt, die entstehende Lebensmittelindustrie (»Liebigs Fleischextrakt«) brachte billige Surrogate und Kolonialwaren wie Reis auf den Markt. Der anfangs nur bei festlichen Mahlzeiten konsumierte Kaffee hielt allmählich Einzug in Hunsrücker Haushalte. Zunächst ersetzten Kaffee und Brot am Sonntagmorgen die einst übliche Hafermehlsuppe, um im 20. Jh. täglich morgens und nachmittags konsumiert zu werden, wie die Erhebungen für den »Atlas der deutschen Volkskunde« aus den frühen 1930er Jahren ergaben.

Selbstversorgung

Zeitzeugen, die im nördlich von Simmern gelegenen Pleizenhausen befragt wurden, sagten aus, dass es luxuriöse Speisen nur an Sonn- und Feiertagen gab. So berichtete eine Interviewte vom ersten Speiseeisgenuss ihres Lebens, der anlässlich einer Fahrt zum »Heiligen Rock« nach Trier erfolgt und unvergesslich geblieben sei, denn »ma hot gemänt, das wär in Daach wie im Hiemel. Do hon eich mit meiner Freundin das erste Eis kaaft. Mer wußte jo erst garnit, wie mer das esse sollte, awer das Eis war gut!«[122]

Bis in die 1950er Jahre blieb das alte Mahlzeitensystem auch in Pleizenhausen durch die Selbstversorgung geprägt. Die eigene Landwirtschaft lieferte Getreide als Grundlage für das selbst gebackene Brot, in eigener Tierhaltung wurden Milch und Eier produziert, die meisten Haushalte mästeten ein Schwein, dessen Fleisch nach der Hausschlachtung verarbeitet wurde.[123] In Nutzgärten angebautes Gemüse und Obst verzehrte man frisch oder machte es ein. Eigenproduktion dominierte, zugekauft wurden Zucker, Reis, Suppennudeln, Gewürze sowie sackweise Salz, besonders zum Konservieren. Ein gravierender Wandel setzte dann in der Nachkriegszeit ein. Indiz für den Rückgang der Selbstversorgung war in vielen Dörfern der Abriss des Backhauses: in Pleizenhausen 1957. Brot kauften die meisten nun beim Bäcker. Auch Kühlschränke in privaten Haushalten sowie die neuen Gemeinschaftsgefrieranlagen bewirkten Veränderungen: Es wurde weniger geräuchert, neue Zubereitungsarten für Fleisch und damit größere Vielfalt waren die Folge. Überdies stieg der Fleischkonsum an, ein Indikator für die verbesserte wirtschaftliche Situation.

Die Internationalisierung der heimischen Küche

Vor dem Hintergrund heutiger Ernährungsgewohnheiten lesen sich die lebensgeschichtlichen Erinnerungen an den ersten Speiseeisgenuss wie der Bericht aus einer fernen Welt, die doch nur wenige Jahrzehnte zurückliegt. Einschneidende Veränderungen haben sie zur Vergangenheit werden lassen: ein durch die zunehmende Globalisierung bestimmtes Lebensmittelangebot, die Verbreitung auswärtiger Küchen in Deutschland, ermöglicht durch einen sukzessive verbesserten Lebensstandard, ein durch Auslands- und Fernreisen gewecktes Interesse, das mit dem einsetzenden Massentourismus einherging, und nicht zuletzt neue technische Entwicklungen der Lebensmittelindustrie.[124] Inzwischen gibt es überall griechische, türkische, italienische, portugiesische bis hin zu asiatischen Läden. Anfangs hielten sie ihr Warenangebot vor allem für die eigenen Landsleute bereit, die sich mit dem Erwerb vertrauter Produkte in der Ferne ein Stück Heimat leisteten. Inzwischen werden sie aber auch gerne von Deutschen und anderen aufgesucht[125] – wie etwa »Como Lario da Bruno«, das erste italienische Restaurant in Mainz, das am 1. März 1962 öffnete und noch heute besteht.

Die erste Pizza in Mainz

In der Erinnerung von Bruno Bellini war sein Restaurant überhaupt das erste ausländische in der Landeshauptstadt. Der damals 25-Jährige sah sich zunächst vielen Problemen gegenüber, angefangen mit der Zimmersuche, denn an einen jungen Italiener wollte niemand vermieten. So bewohnte er zusammen mit seinen fünf Mitarbeitern zwei Zimmer über der Gaststätte. Auch war es nicht einfach, eine Ausschankerlaubnis zu erhalten, wie sich Bellini fast 40 Jahre später erinnerte, denn der zuständige Beamte verweigerte diese zunächst mit dem Argument, was ihm »denn überhaupt einfallen würde, als Ausländer nach Deutschland zu kommen und dann meinen eigenen Laden aufmachen zu wollen«.[126]

Lebensmittel für die italienische Küche wurden damals nirgends angeboten: »Wir hatten also weder Parmesan-Käse noch Balsamico-Essig. Auch Rucola kannte hier keiner. Das gab es einfach nicht zu kaufen. Wenn ein Kollege so etwas aus Italien mitbrachte, war das hier immer wie ein Fest. Aber die Deutschen kannten es ja nicht und waren deshalb auch sehr skeptisch diesen Dingen gegenüber. Wir haben es dann meist selbst gegessen.« So konnten diese Zutaten notgedrungen nicht verwendet werden, daher gab es zur Pasta »halt guten deutschen Käse. Eigentlich schon eine Beleidigung«. Mit den Jahren wuchs jedoch das Interesse der Mainzer: »Wir waren so etwas wie die italienischen Botschafter des Essens. Wir haben nach und nach Nahrungsmittel nach Deutschland gebracht, die heute für die Deutschen alltäglich sind.« Natürlich mussten auch die Begriffe auf der Speisekarte erläutert werden, die damals »teilweise komplett unbekannt« waren. Kulturtransfer und Kulturkontakt gingen Hand in Hand, verliefen jedoch zögerlich. Anfangs »waren die Leute doch sehr vorsichtig. Sie kannten die Pizza und die ganze italienische Kultur, die wir hier vertreten, gar nicht.« Die ersten Gäste, meinte Bellini, wollten ein Stück Italien erleben, und das bot er zunächst exklusiv: »Damals gab es ja noch nicht mal Tiefkühlpizza. Die Pizza hat man nur bei uns bekommen.«

Regionale Spezialitäten heute

Diese Situation hat sich mittlerweile grundlegend verändert. Eine Reaktion auf die Vielzahl internationaler Gerichte, die heute daheim und beim Essen außer Haus den Speisezettel bereichern, ist in der jüngeren Vergangenheit in der Wiederbelebung regionaler Küchen zu erkennen. Alte Kartoffelgerichte wie der Westerwälder »Dippekuchen«, der einst im eintönigen Mahlzeitensystem für Abwechslung sorgte, kommen wieder zu neuen Ehren. Allerdings sind mit dem Konsum jetzt neue Werthaltungen verbunden: Wer »Schaales« oder »Gerabbde Plätzjer« verzehrt, ist möglicherweise Verfechter des »Buy local«-Grundsatzes oder wendet sich bewusst gegen die industrielle Nahrungsmittelproduktion. Derartige alltagskulturelle Historisierungstendenzen verdeutlichen inzwischen den Zusammenhang von Esskultur und Lebensstil, sie sind aber längst keine Anzeichen mehr für ein eingeschränktes Nahrungsangebot wie früher.

Sport

Ein weiterer Bereich, in den mit steigendem Wohlstand und der Expansion der Freizeitkultur der Konsum Einzug hielt, ist der des Sports, der heutzutage durch seine mediale Präsenz und die aktive Teilhabe einen Großteil der Bevölkerung anspricht. Große Sportevents dienen zudem repräsentativen Zwecken: Firmen mieten teure VIP-Logen, Politiker besuchen bevorzugt Fußballspiele, meistens aus populistischen Beweggründen. Dabei stellt die Verbindung von Sport und Politik nichts Neues dar: Die Turnbewegung des frühen 19. Jhs. verdankt ihre Entstehung der Dualität körperlicher Ertüchtigung auf der einen und politischer Bestrebungen auf der anderen Seite. Friedrich Ludwig Jahn, der Begründer der deutschen Turnbewegung, wollte den Prozess einer politischen Einigung der deutschen Territorien vorantreiben. Er nahm an den Befreiungskriegen gegen das napoleonische Heer teil und publizierte 1816 das Werk »Deutsche Turnkunst«, mit dem er zum einen das Turnen etablierte und zum anderen seine Form der Leibesübungen in den Dienst der Volkserziehung und der Idee einer Stärkung des Nationalgefühls stellte, wie er es schon zuvor in seiner Schrift »Deutsches Volkstum« angestrebt hatte.[127]

Turnerbewegung

Nach 1815 formierte sich in den Staaten des Deutschen Bundes eine Nationalbewegung, die sich vor allem gegen die Verweigerung liberaler Grundrechte auflehnte. Diese »bürgerliche, national-freiheitliche Opposition«[128] organisierte sich in Sänger-, Schützen- und Turnvereinen. Die politischen Aktivitäten der freiheitlich gesinnten Turner führten 1819 im Zuge der Demagogenverfolgung zum Verbot der Turnbewegung; Jahn selbst wurde des Hochverrats angeklagt und zu Festungshaft verurteilt. Die Turnsperre und damit das Verbot von politisch agierenden Turnvereinen auf dem Gebiet des Deutschen Bundes galt bis 1842.

Zu den wenigen nicht verbotenen Vereinen zählte der heute noch bestehende »Mainzer Turnverein 1817 e.V.«, der auf die Gründung der durch Jahns Aktivitäten angeregten »Ersten Mainzer Turngemeinde« zurückgeht. Der Mainzer Turnverein ist damit der zweitälteste nach der ein Jahr zuvor gegründeten »Hamburger Turnerschaft«. Jahns Turnplatz auf der Hasenheide in Berlin soll Vorbild für die Einrichtung eines Turnplatzes am Bruchweg in Mainz zu Beginn der 1830er Jahre gewesen sein.[129]

Im Rahmen der nationalen und liberalen Bestrebungen im Vormärz sowie während der Revolutionsjahre 1848/49 kam den Turn-, Sänger- und Schützenvereinen große Bedeutung zu. Dies traf auch auf die bayerische Rheinpfalz sowie auf Rheinhessen zu. Aktives Engagement von Turnern in der Demokratiebewegung zeigte sich beim Zweiten Turntag, der Anfang Juli 1848 in Hanau stattfand und von Abgeordneten der Frankfurter Nationalversammlung besucht wurde, unter ihnen »Turnvater« Jahn. Vorsitzender dieses Turntages war der Mainzer Publizist Ludwig Bamberger, der selbst nicht turnte, wegen seiner Rolle als politischer Agitator jedoch als »Maulturner« bezeichnet wurde. Wäh-

Wandgemälde von Edeltraud Sießl zur Erinnerung an die »Volkskämpfer« von 1849 in Kirchheimbolanden (Christina Niem)

rend dieser Veranstaltung spaltete sich die Turnbewegung in den liberalen, einer konstitutionellen Monarchie anhängenden »Deutschen Turnerbund« und den »Demokratischen Turnerbund«. Letzterem trat auch die »Turngemeinde Bretzenheim« bei, die sich – »unzufrieden mit der demokratischen Entwicklung«[130] – zusammen mit anderen Mainzer Turnern im Frühjahr 1849 bewaffnete. Mehr als 1.000 Freiwillige aus Rheinhessen marschierten nach Kirchheimbolanden, das seit 1816 zur bayerischen Rheinpfalz gehörte. Sie schlossen sich dem pfälzischen Freikorps an und kämpften hier im Juni 1849 gegen das einrückende preußische Militär. Dieser pfälzische Aufstand war eng mit den badischen Erhebungen verknüpft. Anlass für die Auflehnung war die Nichtanerkennung der von der Nationalversammlung verabschiedeten Reichsverfassung durch die bayerische Regierung. Sie führte zu einer Separierungsbewegung im gesamten Südwesten. Der von den radikalisierten Turnern mitgetragene Aufstand scheiterte am Ende blutig.[131]

In der Reaktionszeit nach der bürgerlich-liberalen Revolution verlor die Turnbewegung an Bedeutung und büßte ihren politischen Einfluss ein. Nach der Reichsgründung 1871 entwickelte sie nationalistische und militaristische Tendenzen, zugleich bildete sich nach Aufhebung der repressiven Sozialistengesetze die Arbeiterturnbewegung heraus. Die mit fortschreitender Industrialisierung angewachsene Arbeiterschaft hatte sich politisch organisiert und bildete eigene Lebensformen heraus, die auch im Bereich der Freizeitorganisation erkennbar wurden. Um sich von den bürgerlichen Turnern abzugrenzen, gründeten Arbeiter separate Vereine. In der Phase der Hochindustrialisierung gegen Ende des 19. Jhs. entstanden neben Turn- nun auch Sportvereine mit eigenem Selbstverständnis: Der bürgerliche Sport stellte den Individualismus, das Konkurrenzdenken, den Leistungsvergleich in den Mittelpunkt, während im Arbeitersport Prinzipien wie Gemeinsamkeit und Kameradschaft hervorgehoben wurden, Werte, die etwa in Benennungen wie »Arbeiterradfahrer-Bund ›Solidarität‹« zum Ausdruck kamen. Eine klassenbewusste Distinktion zwischen Bürgertum und Proletariat wurde demnach auch auf dem Feld des Sports aktiv betrieben.[132]

»English sports«

Konkurrenz gab es nicht nur zwischen Bürgern und Arbeitern, sondern auch zwischen Turnern und Sportlern. »English sports«[133], wie z. B. das Rudern, hielten im Deutschen Reich Einzug: 1877 wurde der »Coblenzer Ruderclub« gegründet, 1878 Ruder-Vereine in Ludwigshafen und Mainz, 1883 Rudergesellschaften in Neuwied, Speyer, Trier und Worms. Als Freizeit- und Wettkampfsportart gewann zudem der Radsport an Beliebtheit. Für ihn wurden besonders ab dem Beginn des 20. Jhs. eigene Velodrome errichtet, in denen die populären Sechstagerennen stattfanden.

Zu den Sportarten, die aus Großbritannien übernommen wurden und in der Gesellschaft des deutschen Kaiserreichs zunehmend Verbreitung fanden, zählten auch Pferderennen, Tennis und Fußball – letzterer entwickelte sich bald zu einem Männersport für viele. In den 1920er Jahren stieg der Fußball zum klassischen Zuschauersport auf, anfangs noch ganz im Zeichen des Amateurismus. Dieser Ballsport war zunächst ein Sport des mittelständischen bis gehobenen Bürgertums. Dies gilt auch für den 1. FC Kaiserslautern (FCK), der 1931 aus mehreren Fusionen von Vorgängervereinen entstand.[134] Aufsehen erregte besonders der Lauterer Spieler Fritz Walter, der von Reichstrainer Sepp Herberger im Juli 1940 für die Reichsauswahl nominiert wurde und als Soldat in der Militärelf »Rote Jäger« spielte. Der Name »Rote Teufel« für die Spieler vom Betzenberg

Die fünf FCK-Spieler der deutschen Nationalmannschaft bei der Weltmeisterschaft von 1954, in Bronze gegossen vor dem Fritz-Walter-Stadion in Kaiserslautern (Wikimedia Commons)

hat also militärhistorische Wurzeln.[135] Fritz Walter und einige seiner FCK-Kameraden gelten bis heute als legendär, da sie der deutschen Nationalmannschaft unter Sepp Herberger angehörten und 1954 mit dem Gewinn der Fußball-Weltmeisterschaft zum »Wunder von Bern« beitrugen, das für die kollektive Identitätsstiftung der jungen Bundesrepublik eine wichtige Rolle spielte und neun Jahre nach dem Ende des Zweiten Weltkriegs das Wir-sind-wieder-wer-Gefühl beflügelte. Auf nationaler Ebene feierte der Verein seine größten Erfolge in den 1950er und 1990er Jahren des 20. Jhs.

Fußball steht heute für vieles. Er bildet eine Projektionsfläche für politische und gesellschaftliche Entwicklungen, er ist Wirtschaftsfaktor und vor allem ein Alltagsphänomen, dem verschiedene Bedeutungen zukommen: Er integriert und spaltet, regt zur Kommunikation an und stiftet regionale und lokale Identitäten. Erfolgreiche Bundesligavereine wie der 1. FSV Mainz 05 und der FCK gehören derzeit zu den Aushängeschildern des Sports in Rheinland-Pfalz, aber auch weniger erfolgreiche Clubs wie Eintracht Trier oder TUS Koblenz sowie einst bekannte Größen wie Wormatia Worms oder der SV Alsenborn müssen an dieser Stelle genannt werden. Die Bedeutung dieser Vereine besteht nämlich nicht zuletzt in der Wirkung, die sie auf die Anziehungskraft der vielen anderen, kleineren Turn- und Sportvereine in den Stadtteilen, Kleinstädten und Dörfern ausüben. Hier wird Breitensport und Jugendförderung betrieben und vor allem auch der Erhalt des kulturellen Lebens auf lokaler Ebene gesichert.

8. Alltagskultur und Medialisierung

Unsere Lebensführung heute ist in vielerlei Hinsicht medienvermittelt, wir beobachten geradezu eine »Medialität des Alltags«.[136] Der Verlauf dieser Medialisierung, wie sie bald nach der Erfindung des Letterndrucks ihren Anfang nahm, soll hier anhand einschlägiger Beispiele aus Rheinland-Pfalz beleuchtet werden.

Die Auffassung, wonach der größte Teil der Bevölkerung kaum alphabetisiert war und wir daher bis um 1900 ein »Volk ohne Buch« gewesen seien, hat der Volkskundler Rudolf Schenda widerlegt: Er stellte fest, dass zwar Bücher in den wenig gebildeten Schichten europäischer Länder bis ins 19. Jh. ein rares Gut gewesen sind, weit verbreitet waren jedoch seit der Neuzeit populäre Lesestoffe wie Flugblätter, Heftchen, Volkskalender, billige Volksbüchlein und Traktate. Kolporteure zogen über das Land und vertrieben Einzelblätter und Broschüren, Bilder und Schriften, die von vielen konsumiert wurden.[137]

W.O. von Horn

Mit den verstärkten Bildungsbemühungen seit der Spätaufklärung erwarben im 19. Jh. mehr und mehr Menschen Lese- und Schreibkenntnisse und partizipierten an gedruckten Bildungs- und Unterhaltungsangeboten. Erzählungen für das Volk boten Aufklärer, Pfarrer und Pädagogen. Zu ihnen gehörte etwa auch der Geistliche Wilhelm Oertel, der sich nach seinem Geburtsort auf dem Hunsrück W. O. von Horn nannte.[138] Er zählte zu den populärsten deutschsprachigen Jugend- und Volksschriftstellern der Zeit und veröffentlichte ab 1846 in seinem Volkskalender »Die Spinnstube« moralische Erzählungen. Diese und andere populäre Lesestoffe waren Ideenträger, Medien, die zeitgenössische Auffassungen transportierten: Bei den schreibenden Geistlichen trat die unterhaltende Funktion dieser Schriften hinter der Vermittlung von Werten wie Frömmigkeit und Religiosität zurück. Bei dem Protestanten Oertel, der in den Tagen der Okkupation durch die Grande Armée auf dem Hunsrück geboren worden war, finden sich auch häufig Ressentiments gegenüber Franzosen. Dazu passend wurden von ihm die Befreiungskriege und ihre militärischen Führer glorifiziert.

Nanny Lambrecht

Ebenfalls vom Hunsrück stammte die Autorin Nanny Lambrecht. Aufgewachsen in Kirchberg, unterrichtete sie von 1889 bis 1902 als Volksschullehrerin in Malmédy in der preußischen Rheinprovinz. Ihren Beruf gab sie zugunsten des Schreibens auf. Sie etablierte sich auf dem katholischen Buch- und Zeitschriftenmarkt, lebte bis zum Ende des Ersten Weltkriegs in Aachen, danach in Bad Honnef.

Neben dem Hunsrück gehörte die Eifel zu ihren literarischen Landschaften: Mit dem Novellenband »Was im Venn geschah ...« (1905) wurde sie im Rheinland bekannt. Ihre frühen Werke wie der Eifelroman »Das Haus im Moor« (1906) können partiell unter dem Begriff der Heimatkunst subsumiert werden. In »Die Statuendame! Roman einer Ehe und eines Volkes« (1908) fand Lambrecht zu ihren maßgebenden Sujets: Emanzipation der Frau, »Soziale Frage« und Engagement gegenüber Benachteiligten – in diesem Fall die wallonische Minderheit in Preußen.

Überregionale Bekanntheit erlangte Lambrecht mit »Armsünderin. Roman aus dem Hunsrück« (1909), in welchem sie die Selbstgerechtigkeit einer dörflichen Gesellschaft sowie das Versagen des katholischen Klerus geißelte. Zu einer endgültigen Abkehr vom katholischen Buchmarkt führten Romane, in denen Lambrecht für die Geburtenkontrolle eintrat. Ihre Werke sind weniger literarisch als vielmehr sozialgeschichtlich bedeutsam. Mit Hunsrück, Eifel und preußischer Wallonie fokussierte sie Regionen, die politisch wie literarisch marginalisiert waren und in denen ihr Werk heute der Vermittlung regionaler Identität dient.[139]

Clara Viebig

Eine überregional auch heute noch wesentlich bekanntere »Dichterin der Eifel«, wie sie sich selbst nannte, war Clara Viebig, eine der meistgelesenen Schriftstellerinnen der Jahrhundertwende. Die aus Trier stammende Tochter eines Oberregierungsrates publizierte 1897 mit »Kinder der Eifel« einen ersten Novellenband. Der Roman »Das Weiberdorf« (1900) trug Viebig den Vorwurf ein, sie diskreditiere die Eifel und ihre Bewohner. Dabei schilderte sie lediglich Alltagsrealität,[140] nämlich den Zwang zur Arbeitsmigration. Das »Weiberdorf« war von Männern weitgehend verlassen, da sie den größten Teil des Jahres an den Industriestandorten im Ruhrgebiet arbeiteten. Außer Frauen, Kindern und Alten hält sich als einziger »Mann« der hinkende Pit im Dorf auf, der im Roman das Interesse zahlreicher »Weiber« auf sich zieht. Orientiert an den naturalistischen Schriften von Émile Zola, scheute Viebig sich weder, soziales Elend noch das Thema der Sexualität zu verarbeiten. In der katholischen Eifel kam es zum Eklat, insbesondere, da im Vorabdruck das reale Vorbild des »Weiberdorfs« genannt wurde: Eisenschmitt in der Vulkaneifel. Dieser Tabubruch der Autorin erregte in der prüden wilhelminischen Gesellschaft großes Aufsehen und führte zu zahlreichen Neu-Auflagen des Romans, der diese als »Preußisch Sibirien« charakterisierte Mittelgebirgsregion bekannt machte.

Das »Weiberdorf« Eisenschmitt im heutigen Landkreis Bernkastel-Wittlich unterhält ein Clara-Viebig-Zentrum und nutzt die einst abgelehnte Dichterin zur touristischen Eigenwerbung. Dass heute ein Brunnen vor der Kirche steht, der neben Motiven aus der Ortsgeschichte auch solche aus Viebigs »Weiberdorf« zeigt, hätten sich die in ihrem sittlichen Empfinden damals tief verletzten katholischen Einwohner wohl nicht träumen lassen.

Während W. O. von Horn im Sinne eines Spätaufklärers moralisch aufgeladene Unterhaltungsliteratur angeboten hatte, ging es den beiden Schriftstellerinnen neben der unterhaltenden Funktion auch um soziale und gesellschaftliche Fragen. Mit der Situierung ihrer mundartlich eingefärbten Erzählungen in heimatlichen Regionen bedienten sie den Publikumsgeschmack, der eine »Heimatkunstbewegung« entstehen ließ, zu der weitere Autorinnen und Autoren ganz unterschiedlicher literarischer Qualität zählten: Für die Pfalz Anna Croissant-Rust, für Rheinhessen Heinrich Bechtolsheimer, Wilhelm Holzamer und Carl Zuckmayer, dessen Werke nicht nur aus literaturwissenschaftlicher, sondern auch aus volkskundlicher Sicht gedeutet werden können, wie am Beispiel der in Mainz spielenden »Fastnachtsbeichte« gezeigt worden ist.[141] Weitere Schriftstellerinnen und Schriftsteller aus rheinland-pfälzischen Regionen werden im Kapitel »Künste und Kultur« in diesem Handbuch behandelt.

Kinogeschichte

Lesestoffe stellten freilich nur einen Teil des Unterhaltungsangebots dar, das sich seit der Mitte des 19. Jhs. ausweitete. Das Versprechen des »grenzenlosen Vergnügens«, der »Aufstieg der Massenkultur«[142], begann gleichwohl in den Metropolen und größeren Städten und verbreitete sich nur allmählich in den ländlichen Gebieten. Die Kinogeschichte ist dafür ein treffendes Beispiel. Bevor es feste Lichtspieltheater gab, präsentierten Schausteller Filme als Attraktionen auf Jahrmärkten und Rummelplätzen. Sie blieben auf dem Land lange Zeit die einzigen Anbieter von Wochenschau- und Kinofilmen, wie zum Beispiel der Belgier Ernst Thys, der 1911 Elisabeth Wimmer heiratete, die zu einer der Alsenborner Artistenfamilien gehörte. Das pfälzische Alsenborn war vor allem als Artistendorf berühmt, in dem eine große Zahl von Zirkuskünstlern wohnte. Thys betrieb ein Sommervarieté und ab Ende der 1920er Jahre im Winter ein Wanderkino, das in Wirtshaussälen Filme zeigte. 1937 erhielt der Unternehmer von der Reichsfilmkammer eine Spielerlaubnis und bot alle drei Wochen in der Alsenborner Turnhalle Filmvorführungen an. Die Halle besaß »die notwendigen Einrichtungen für ein Lichtspieltheater und bot Platz für 400 Besucher«.[143] Bis Mitte der 1950er Jahre führte die Familie auch in den umliegenden Gemeinden Filme vor.

Ein festes Lichtspielhaus betrieb ab 1923 im rheinhessischen Flonheim die Familie Frank. Die neue Kinokultur – im ländlichen Raum breiteten sich Kinos nach dem Ersten Weltkrieg aus, z. B. ab 1919 in Simmern auf dem Hunsrück – veränderte das Freizeitverhalten der Menschen. Die Bedeutung des Flonheimer Kinos in den Jahren nach dem Zweiten Weltkrieg konnte mit Hilfe einer Zeitzeugenbefragung dokumentiert werden. Danach war dieses Kino nicht nur ein Ort, den man wegen der gezeigten Filme frequentierte. Vielmehr wurde er von beiden Geschlechtern während der prüden Adenauer-Zeit auch gerne aufgesucht, um sich im abgedunkelten Kinosaal einmal etwas näherzukommen. Besucher nahmen das Freizeitangebot sogar wahr, ohne zu wissen, welcher Film gerade lief, wie eine Interviewte rückblickend bekannte: »Wir sind von Wallertheim hierhergelaufen ins Kino. Also eine ganze Herde junger Mädchen.« Die sieben Kilometer legten sie zurück, ohne zu wissen, was eigentlich gezeigt wurde, ob »noch einmal die Zarah Leander kommt oder ›Die Frau meiner Träume‹ mit der Marika Rökk«.[144] Das Landkino Frank litt ab den 1960er Jahren unter einem Rückgang der Besucherzahlen. Zum einen erwarben immer mehr Privathaushalte Fernsehgeräte, zum anderen orientierten sich die jugendlichen

Das Mainzelmännchen auf der Pyramide des Mainzer Weihnachtsmarktes be egt die große Bedeutung, die diese Kunstfigur in der Außen- und Selbstwahrnehmung der Stadt inzwischen einnimmt (Sandra Keßler)

Kinobesucher aufgrund der steigenden Mobilität aus dem Dorf weg in die Städte, um dortige Freizeitangebote wahrzunehmen.

Die gesellschaftliche Bedeutung der immer weiter expandierenden Medienlandschaft, in die seit jüngster Zeit natürlich auch das Internet gehört, lässt sich beispielhaft an ihren Galionsfiguren und zahllosen Stars ablesen, die in breiten Kreisen der Bevölkerung teilweise eine geradezu kultische Verehrung genießen. Eher harmlos, aber doch bezeichnend für die Wirkmacht medial vermittelter Bilder und Inhalte, ist die Popularität von Anton, Berti, Conni, Det, Edi und Fritzchen, die als Mainzelmännchen seit April 1963 die Zuschauer des »Zweiten Deutschen Fernsehens« unterhalten. Ihr Name verweist auf ein interessantes Stück deutscher Fernsehgeschichte: Bei den Vorbereitungen für den Programmstart des neuen Senders, dessen Sitz in Mainz-Lerchenberg angesiedelt worden war, griff man auch auf die Berliner Filmstudios zurück. Die dort beschäftigten Mitarbeiter gingen angeblich so emsig ans Werk, dass sie von ihren Berliner Kollegen in Anlehnung an die aus der Sage bekannten Heinzelmännchen »Mainzelmännchen« genannt wurden. Der Maler und Bühnenbildner Wolf Gerlach ließ sich durch diese Wortneuschöpfung inspirieren und kreierte daraufhin die bekannten Trickfilmfiguren, die als »Pausenclowns« zwischen den ausgestrahlten Werbespots schnell zu Lieblingen des rasch wachsenden Fernsehpublikums wurden und sich mittlerweile in das kollektive Mediengedächtnis unserer Gesellschaft eingebrannt haben.[145] Das Beispiel der Mainzelmännchen zeigt auch, dass im modernen Medienzeitalter klassische Motive und Formen des Austauschs durchaus fortbestehen und sich in vielfältiger Weise mit den neuen Möglichkeiten verschränken. Gerade bei Erzählungen, Märchen und Sagen lassen sich solche Wechselwirkungen gut studieren. Die Verschriftlichung der einst mündlich tradierten Stoffe trug oft zu ihrer weiteren Verbreitung bei. Sie wurden vorgelesen, nacherzählt, variiert, später vielleicht abermals aufgezeichnet und neu veröffentlicht. Obwohl bereits die Brüder Grimm um 1800 meinten, die vom Aussterben bedrohte mündliche Erzählkultur retten zu müssen, hat sich diese selbst in ihren traditionellen Formen bis heute erhalten und auch weiterentwickelt.

Sagenlandschaft Mittelrhein

Der Mittelrhein mit seinen zahlreichen Burgen und Ruinen provozierte geradezu eine blühende Sagenlandschaft, die schon früh das romantisch inspirierte Interesse der Sammler weckte: W. O. von Horn veröffentlichte 1867 ein Rheinbuch, das fünf Jahre später sogar in englischer Sprache erschien. In ihm beschrieb er die Geschichte von Burgen, Klöstern, Städten und Dörfern zwischen Worms und Köln, erzählte die lokalen Sagen und erklärte ihren Ursprung. Selbstverständlich behandelte er auch »Die Lorelay bei St. Goarshausen«: »Wer kennt nicht die schöne Heine'sche Ballade?«, fragte der Autor und verwies darauf, dass Heinrich Heine sich mit seiner Dichtung auf eine Sage der Rheinschiffer bezogen hätte. Er führte aus, der markante Felsen (»Lay«) mit seiner Umgebung trage »den Ausdruck des Wilden, Schauerlichen, Geheimnißvollen, daß man leicht begreift, wie die Sage hier gedeihen mußte, und das vielfache Unglück, das hier die Schifffahrt in früheren Tagen erlitt, bot der Sage ungesucht seine Hand. [...] Bald aber bemächtigte sich die dichtende Einbildungskraft des Volkes der Schiffersage.«[146] Dass Clemens Brentano der »eigentliche Schöpfer der Sagengestalt war, wies Horn weit von sich, ›im Munde des Volkes‹ sei die Sage entstanden«.[147]

Buchumschlag des Werkes »Der Rhein. Geschichte und Sagen seiner Burgen, Abteien, Klöster und Städte« von W. O. von Horn, 1893

»Have you ever heard of the Morbach Monster?«

Diese Einschätzung markiert das Interesse gebildeter Bürger an der »Volkspoesie«, die bei näherem Hinsehen in Wahrheit keine vom »Volk« produzierte »Kunst« gewesen ist. Traditionelle Sagen sind nach dem Vorbild der Brüder Grimm in zahlreichen Sammlungen zugänglich gemacht und in vielen Publikationen interpretiert worden. Das Genre ist jedoch nicht ausgestorben: Auch heute entstehen »moderne Sagen« und verbreiten sich dank Internet mit großer Geschwindigkeit. Ein Beispiel dafür ist das Morbach-Monster, ein sagenhafter Bericht über ein werwolfartiges Wesen. Die Erzählung entstand Ende der 1980er Jahre unter US-amerikanischen Soldaten, die im Hunsrück stationiert waren. Die moderne Sage enthält die typischen Merkmale ihrer Gattung wie genaue Orts- und Zeitangaben und den Anspruch, tatsächlich geschehen zu sein: »I was stationed at Hahn Air Base, Germany, from May 1986 to August 1989 as a security policeman, and it was my group that witnessed the Morbach Werewolf.«[148] Wie die traditionellen (Werwolf-)Sagen wurde auch diese Erzählung mündlich, in höherem Maße aber schriftlich verbreitet, jedoch nicht auf Einblattdrucken, in Kalendern oder in Zeitungen wie früher, sondern über das Internet. Sagenhafte Geschichten vollziehen also einen Medienwechsel, ohne sich strukturell zu verändern. Die Gattung ist nicht ausgestorben, in modernisierter Form besteht sie weiter und erfüllt die gleichen Funktionen wie vor 200 Jahren: Sie bietet Erklärungen für Unerklärliches, sie dient generell der Lebensbewältigung, sie trägt zur Unterhaltung bei und erlaubt auch die ironische Distanzierung von der erzählten Begebenheit: »Have you ever heard ...«. Trotz solcher Kontinuitäten wäre es allerdings kurzsichtig, die großen Veränderungen der Alltagskultur zu übersehen, die sich mit der Ausbreitung der Massenmedien vollzogen haben, wie am Beispiel der einst blühenden Laienmusik zu sehen ist.

Gesang- und Musikvereine

Man hört und liest es immer wieder, so 2011 in einem Artikel der Bad Kreuznacher Rundschau: Vom »Sterben der Chöre und Gesangvereine«[149] ist die Rede, 50 % der Gruppierungen im Kreisverband seien bedroht. Nachwuchssorgen haben auch andere Vereine, wenn vielleicht auch geringere, wie beispielsweise die Musikvereine. Unpopulär sind hier die sog. »dicke-Backen«-Musik und das Marschieren bei Umzügen. Zahlenmaterial zu den Gründungsjahren von Musik- und Gesangvereinen, erhoben für den Geschichtlichen Atlas der Rheinlande in den Jahren 1996 bis 1998, kann diese Aussagen stützen.[150] Während im 19. Jh. und in den 1920er Jahren sehr viele Gesangvereine gegründet wurden, finden sich nach einem kleinen Anwachsen in den 1950er Jahren später nur wenige Belege. Bei den Musikvereinen ist eine ähnliche Abnahme seit den 1970er Jahren festzustellen. Die Gründe für diese Entwicklung sind offensichtlich: Sie liegen neben allgemeinen gesellschaftlichen Modernisierungsprozessen wohl vor allem in dem geänderten Freizeitverhalten und der Bedeutung der allgegenwärtigen Medienkultur.

Doch es gibt, wenn auch zahlenmäßig in geringerem Umfang, eine gegenläufige Entwicklung. Zu nennen sind junge, moderne, zuweilen überlokale und temporäre Chöre, in denen oft Frauen aktiv sind. Sie nennen sich beispielsweise »Coro Crescendo« wie in Roxheim, »Project Vocal« wie in Bernkastel-Kues, »Gospelchor Grenzenlos« wie in Bad Kreuznach. Bei den instrumentalen Gruppierungen haben etwa Bläserquartette, Fanfarenzüge und Guggenmusiken besonderen Zulauf. Das sind Versuche, durch »selbstgemachte Kultur«, ohne die Zwänge und das starre Konzept des Vereins, jenseits der Massenkultur etwas Eigenes zu schaffen. Ob allerdings die Generation der »Digital Natives«[151] zwischen virtuellen Welten und Massen-Events auch für das Laienmusizieren zu begeistern sein wird, muss die Zukunft zeigen.

Bürgerliche Wurzeln der Laienmusik

Ein kurzer Blick in die mehr als 200-jährige Geschichte der Laienmusik und ihrer Organisationen soll die Bedeutung dieses Kulturgutes in Erinnerung bringen. Die Wurzeln unserer Musik- und Gesangvereine liegen im 18. Jh., im bürgerlichen Liebhaber-Musizieren jenseits der Höfe und Kirchen. »Keine Kunst«, so heißt es im Jahre 1800 in der Allgemeinen Musikalischen Zeitung, »selbst die Mahlerei nicht, zählt so viele Liebhaber [...] als die Musik.«[152] Die Liebhaber-Vereinigungen, zahlreich auch im Rheinland belegt, nannten sich beispielsweise »Collegia Musica« oder »Liebhaber-Concert«. In Trier gab es 1802 die »Gesellschaft von Musikfreunden«, in Mainz 1816 das »Musicalische Museum«. In Koblenz gründete 1808 der Jurist Joseph Andreas Anschütz aus Liebhabern und Resten der kurfürstlichen Hofkapelle das »Musik-Institut« mit einer Singschule, genehmigt vom französischen Präfekten; es besteht noch heute.[153] Einige alte musikalische Vereinigungen im Rheinland und in der Pfalz tragen den Namen »Singverein«, waren also vereinsmäßig organisiert wie beispielsweise derjenige in Krefeld (1802/1826) oder Kleve (1809). Die 1801 gegründete Meigener Singgesellschaft hatte ein »Vereinsgesetz« und sonntäglich feste Treffen, Ziel war u. a. »einen belebenden Einfluß auf Geist und Herz aus[zu]üben [...] den Volksgesang zu veredeln«.[154] Diese frühen gemischten Chöre hatten oft höhere Ziele, sie führten Chorwerke auf. Damit sind Zusammenhänge mit der bedeutenden Chorbewegung in England angedeutet, wo im 18. Jh. große Chor-Festivals stattfanden, auf denen beispielsweise Oratorien von Händel aufgeführt wurden. So schreibt Justus Thibaut in seinem Kapitel über Singvereine 1825: »[Z]u Beginn des 19. Jahrhunderts entstehen solche Vereine an manchen Orten, zuerst in England, dann auch in Deutschland.«[155] Singvereine gab es auch im Gebiet des heutigen Rheinland-Pfalz; 1846 fand sogar ein »Wettgesang rheinhessischer Singvereine« in Mainz statt. Ein solcher Singverein entstand 1822 in Linz am Rhein. Er heißt heute Männergesangverein und ist der älteste noch bestehende Laienchor des Landes. Auch die Singvereine von Annweiler (1834), (Ludwigshafen-) Oggersheim (1842) und Neustadt-Hambach (1845) existieren noch.[156]

Liedertafel, Liederkranz und MGV

Zahlreicher und zurückgehend auf das berühmte Berliner Vorbild aus dem Jahre 1809[157] sind die »Liedertafeln«, exklusive Männergesellschaften aus den sozialen Eliten der Städte. Die Mainzer Liedertafel wurde 1831 auf Anregung eines Tenors vom Stadttheater gegründet, »eine Männergesangsrunde, die an einer festlichen Abendtafel bürgerliche Tafelmusik betrieb«.[158] Schon 1824 gab es eine Liedertafel in Koblenz, 1835 dann in Trier, 1836 in Dürkheim, 1847 in Speyer. Auch die »Liederkranz«-Bewegung des Südwestens – der Stuttgarter Liederkranz wurde 1824 gegründet – hatte Einfluss in unserem Raum, ebenso das Schweizer Laienchorwesen um Hans Georg Nägeli. In Rheinhessen und in der Pfalz sind mehrere Liederkränze belegt, beispielsweise der in Deidesheim von 1845. Zu dieser Zeit, den 1840er Jahren, erfolgte eine vierte, wohl die erfolgreichste Gründungswelle, die der »Männergesangvereine« (MGV), eine für breitere Gesellschaftsschichten offenere Form, allerdings unter Ausschluss von Frauen. Ihr großes Vorbild war der Kölner MGV von 1842. Auf dem Gebiet des heutigen Bundeslandes Rheinland-Pfalz wurden Männergesangvereine in vielen größeren und kleineren Städten gegründet, beispielsweise 1842 in Nastätten, 1843 in Bitburg und Idar-Oberstein. Und sie finden sich in den Erneuerungszonen des Landes, in denen sich städtisch-bürgerliche Formen früher ausbreiteten als in ländlichen Gebieten: im Koblenzer und Mainzer Raum, in Rheinhessen und in der Vorderpfalz. Bis 1848 waren das mehr als 100 Gründungen. Später, besonders in den 1860er bis 1880er Jahren, sollten es über 500 werden. Zu dieser Zeit fanden große Sängerfeste statt mit Tausenden von Sängern in eigens aus Holz gebauten riesigen Sängerhallen.[159] Solche Feste gab es aber schon früher, ein berühmtes Beispiel bilden die Niederrheinischen Musikfeste seit 1818. Der pfälzische Central-Musikverein (oder Rheinbairischer Musikverein) veranstaltete Feste in der Pfalz. Bei dem ersten Musikfest 1827 in Kaiserslautern wurde von ca. 200 Sängern und Instrumentalisten die »Schöpfung« von Joseph Haydn aufgeführt. 1830 fanden sich beim Musikfest in Speyer schon 261 Sänger und 151 Instrumentalisten zusammen. Zu den Gründungsvätern dieses Vereins gehörte der bekannte Journalist Philipp Jakob Siebenpfeiffer. Meistens aber waren es Lehrer, welche als Initiatoren belegt sind. Sie hatten »Residenzpflicht« und konnten als Chorleiter »ihr geringes Gehalt ein wenig aufbessern«.[160]

Musik mit politischem Unterton

Wie im Karneval und bei den Turnvereinen erhielt die Musikbewegung bald politische Züge. Vor allem nach der Rheinkrise 1840, als Forderungen nach dem Rhein als Grenze Frankreichs Empörung hervorriefen, gewannen patriotische Lieder an Beliebtheit. Im Rheinland und in der Pfalz waren neben nationalen Tönen auch solche mit demokratischen Tendenzen zu hören. Möglicherweise wirkte hier das Ideengut der französischen Zeit vor 1813 nach.[161] Beim Hambacher Fest im Jahre 1832 zog »die wogende Menschenmenge [...] unter dem Klang von zahlreichen Instrumenten und dem Erklingen von Freiheit atmendem Gesange den Berg hinauf«.[162] Ein Chor von 300 Sängern trat auf, man sang »Frischauf Patrioten, den Berg hinauf! Wir pflanzen die Freiheit, das Vaterland auf«.[163] Eines der größten Freiheitsfeste fand 1848 auf dem Paulsberg bei Lieser an der Mosel statt. Eine Zeitungsnotiz berichtet von »Democraten in Schaaren [...] mit Musikchören und Liedertafeln«.[164] Und so gab es auch »Democratische Gesangvereine«, beispielsweise in Trier und in Bernkastel. Letzterer besteht als MGV heute noch. Es ist nicht verwunderlich, dass 1851 eine Anfrage aus dem Berliner Innenministerium die Landräte der Rheinprovinz mit der kritischen Beobachtung erreichte: »Es ist wiederholt die Wahrnehmung gemacht worden, daß einzelne[n] [...] Gesangvereinen die Förderung demokratischer Tendenzen zum Grunde liegt.«[165]

Politische »Instrumentalisierungen«

Der weiteren Geschichte der Sängerbewegung können hier nur Stichworte gelten. Die nationale Orientierung verstärkte sich, Klenke spricht von »nationalreligiösen« Ideen.[166] Einer der Höhepunkte war 1883 die Einweihung des Niederwalddenkmals mit zahlreichen Gesangvereinen in Anwesenheit des Kaisers.[167] Zu erwähnen ist aber auch die Arbeitersängerbewegung des späten 19. Jhs. mit ihren großen »Volkschören«, beispielsweise in Mainz von 1881. In den Gebieten des heutigen Bundeslandes Rheinland-Pfalz wurden bis 1914 in fast allen Landschaften zahlreiche Gesangvereine gegründet, nur die katholische Eifel zeigt weniger Belege, hier entstanden einige erst in den 1920er Jahren. In der NS-Zeit wurden auch die Gesangvereine gleichgeschaltet, jüdische Mitglieder wurden ausgeschlossen, beliebte Lieder jüdischer Komponisten durften nicht mehr gesungen werden. Hiergegen gab es manchmal leisen Widerstand, besonders wenn kleine Chöre sich zusammenschließen mussten. Probleme mit der Partei hatten besonders katholische Gesangvereine. Sie wurden gezwungen, den Namen »Cäcilia« abzulegen, durften – wie der MGV Kobern-Gondorf – nicht mehr in der Kirche singen. Auch die Musikvereine gerieten ins Blickfeld der Nationalsozialisten; manche weigerten sich, in SA-Kapellen aufzugehen. Da schrumpfte zuweilen die Mitgliederzahl, wie bei dem Eifeler Musikverein Mettendorf. Die Musikkapelle in Bleialf löste sich ganz auf. Hier ist der Hinweis zu ergänzen, dass die katholische Bevölkerung des Wahlkreises Trier-Koblenz sogar noch bei der Reichstagswahl am 5. März 1933 mehrheitlich nicht die NSDAP wählte.[168]

Blasmusik

Die Blasmusik, wie sie von den heutigen Musikvereinen gepflegt wird, hat eine andere Geschichte als die der Gesangvereine. Während die Spuren der Singbewegung – wie erwähnt – nach England führen, finden sich frühe Vorbilder der Bläserchöre in Frankreich, beispielsweise im Musikkorps der Nationalgarde von 1789[169], das bei großen patriotischen Feiern auftrat, sowie in Militärblasorchestern und ihren »Burgerlijke[n] Varianten«[170] etwa in den Niederlanden. So ist es sicherlich kein Zufall, dass der älteste und heute noch bestehende Musikverein in Neuerburg in der Westeifel 1821 von zwei französischen Militärmusikern mitgegründet wurde. Schwer zu erklären ist, warum in der Rheinprovinz im 19. Jh. im Vergleich zu den vielen Gesangvereinen relativ wenige Blaskapellen gegründet wurden, sieht man von den Landsturmkapellen nach 1813 und den Bürgergarden in Mainz, Trier oder Wittlich um 1848 ab. Liebten die »Mußpreußen«[171] die – preußische – Militärmusik nicht? Jedenfalls gab es zwar Musikvereine in den letzten Jahrzehnten des 19. und Anfang des 20. Jhs., die große Gründungswelle erfolgte aber erst in den 1920er Jahren zwischen Inflation und Weltwirtschaftskrise. Das hatte bestimmte Gründe. Zum einen war es den Bewohnern in ländlichen Gemeinden nun eher möglich, Bargeld zur Anschaffung von Instrumenten aufzubringen. Zum anderen standen nun Dirigenten zur Verfügung. Nach dem Versailler Vertrag 1918 wurde nämlich das Militär und damit die Zahl der Militärkapellen reduziert, im entmilitarisierten Rheinland gab es 1918 bis 1936 »keine aktive Militärkapelle« mehr.[172] Die nun arbeitslosen Militärmusiker wurden Gründer und Dirigenten von Blaskapellen, wie aus zahlreichen Belegen hervorgeht. Jetzt breiteten sich die Musikvereine von Westen her in der Eifel, an der Mosel und der Saar, am Rhein und in Teilen des Westerwalds aus. Gegründet wurden sie vorwiegend in katholischen Gemeinden, wo Musikkapellen bei Prozessionen und Wallfahrten gebraucht wurden. Es finden sich in dieser Zeit aber auch Musikvereine in evangelischen Gebieten, und zwar an der Nahe und in der Westpfalz. Hier liegt eine Besonderheit vor. In den Notzeiten der ersten Hälfte des 19. Jhs. hatte sich ein besonderer Nebenerwerb entwickelt. Mit kleinen Musikkapellen zog man durch die umliegenden Orte, dann nach Frankreich, später durch die ganze Welt, von China bis Russland, von Südafrika bis Amerika. Nach Schätzungen waren die »Landmusikanten«[173] in der Blütezeit (1850 bis 1914) zu mehreren Tausend aus 60 bis 100 Orten unterwegs. Sie spielten Tanz-, Marsch-, sogar moderne und sinfonische Musik. Ein Pfälzer, Georg Drumm, komponierte den berühmten amerikanischen Marsch »Hail America«, ein anderer gründete das Bostoner Symphonieorchester. Das Wandermusikantentum endete, als Radio und Schallplatten den Musikmarkt eroberten.

Musikfestivals

»Selbstgemachte Kultur« im Spannungsfeld der Massenkultur – das betrifft auch andere Musizierformen, die hier wenigstens noch erwähnt werden sollen. Kirchenchöre gehören beispielsweise dazu, Trommler und Pfeiffer, Posaunenchöre und Fanfarenzüge. Zudem wären auch die vielen Amateurbands der Folk-, Rock- und Popszene zu nennen, über die sich eine Brücke zu den neuen und alternativen Formen des Musizierens im Rahmen von Festivals schlagen lässt. Ein Beispiel dafür sind die legendären Konzerte auf der Burg Waldeck 1964 bis 1969, die als erste Open-Air-Festivals in Deutschland gelten. Mitorganisatoren waren u. a. die Folksänger Hein und Oss Kröher aus der Südpfalz. Binnen weniger Jahren entwickelte sich das Waldeck-Festival zum bundesrepublikanischen Zentrum der Folk- und Protestsong-Szene, bis sich im Zuge der radikalisierten Studentenbewegung um 1968 der Slogan durchsetzte: »Stellt die Gitarren in die Ecke und diskutiert.«[174]

Im Jahr 1972 wurde in Ingelheim das Vorbild der Waldeck-Konzerte wieder aufgegriffen und ein Folkfestival organisiert, das sich in den Folgejahren mit einer deutlich weniger politisierten Ausrichtung etablierte. Der alternativ-politische Akzent fand sich dagegen im Programm des Mainzer Open Ohr-Festivals wieder, das 1975 begründet wurde. Viele der kritisch-alternativen Künstler, die bei dieser Veranstaltung auf dem Gelände des katholischen Jugendwerks Don Bosco am Fort Gonsenheim auftraten, waren schon auf den Waldeck-Festivals als Interpreten dabei gewesen. Im darauf folgenden Jahr 1976 wurde das Festival auf das Gelände der Mainzer Zitadelle verlegt, wo es seither alljährlich am Pfingstwochenende als mittlerweile generationenübergreifende Familienveranstaltung der »Alternativkultur« mit 5.000 bis 6.000 Besuchern stattfindet.

Zu »Mega-Events« der modernen Massenkultur haben sich zudem das Festival »Rock am Ring« sowie der große Freiluft-Rave im Rahmen des Festivals »Nature One« entwickelt. Der Name des ersten Festivals leitet sich von seinem Veranstaltungsort ab, dem Nürburgring in der Nähe des Eifel-Städtchens Adenau, wo dieses inzwischen größte deutsche Rock-Festival seit 1985 stattfindet. Superlative kennzeichnen die Veranstaltung, bei der an drei Tagen im Frühsommer über 80 Rock- und Popbands auf zeitweise

In den enorm politisierten 1960er und 1970er Jahren avancierte Rheinland-Pfalz zum Hort der alternativ-politischen Musikkultur. Der Anfang dieser Entwicklung datiert in das Jahr 1964, als auf der Burg Waldeck im Hunsrück das erste »Chanson Folklore International«-Festival von der »Studentische[n] Arbeitsgemeinschaft Burg Waldeck« ins Leben gerufen wurde. Binnen fünf Jahren (1964–1969) entwickelte sich das Waldeck-Festival zum bundesrepublikanischen Zentrum der Folk- und Protestsong-Szene (Mainzer Kabarettarchiv)

bis zu vier Bühnen vor 80.000 bis 90.000 Fans auftreten. Ein weiteres Kennzeichen ist das notorisch schlechte Wetter, das in diesen Tagen für gewöhnlich herrscht, der Popularität des Festivals aber erstaunlicherweise nichts anhaben kann.

Seit 1995 bietet Rheinland-Pfalz auch den Anhängern der elektronischen Tanzmusik eine regelmäßige Zusammenkunft: Auf dem Gelände der ehemaligen US-Raketenbasis »Wueschheim Air Station« zwischen Kastellaun und Hasselbach im Hunsrück wird seither alljährlich Anfang August das dreitägige Festival »Nature One« organisiert, das europaweit zu den größten Ereignissen dieses Musikgenres zählt. Die Zahl der Rave-Begeisterten hat sich seit dem Gründungsjahr vervierfacht. Bis zu 60.000 Fans besuchen das Festival, welches freilich auch bei Polizei und Zoll einen gewissen Ruf genießt: Die Zahl der festgestellten Verstöße gegen das Betäubungsmittelgesetz hat bereits wiederholt Forderungen laut werden lassen, die Genehmigung für »Nature One« künftig nicht mehr zu erteilen.

Laien- und Amateurtheater

Eng verwoben mit der zuvor thematisierten Laienmusik ist das Laienschauspiel. Gesangvereine traten etwa häufig als Ausrichter von Theateraufführungen hervor. So dichtete und komponierte der städtische Musikdirektor und Leiter von Gesangvereinen in Kreuznach, August Bungert, ein Festspiel, mit dem er einen Aspekt örtlicher Reformationsgeschichte aufgriff. Das Stück bildete 1889 ein Element der mehrtägigen Feierlichkeiten um die Enthüllung eines Sickingen-Hutten-Denkmals unterhalb der nahe bei Kreuznach gelegenen Ebernburg. Bungerts Spiel kann als Höhepunkt wilhelminischer Festkultur der Stadt gelten: »In einem eigens dazu errichteten Festspielhaus im Kurviertel erlebte sein Werk viele Aufführungen unter begeisterter Mitwirkung hiesiger Laienschauspieler, Statisten und Sänger.«[175]

Sowohl in Städten als auch auf dem Land führten Laien Theaterstücke auf. Vereinskultur, Heimatpflege und Geschichtsbewusstsein waren auf diesem Gebiet miteinander verwoben. Aufführungen fanden in Dorfgasthäusern und Sälen sowie unter freiem Himmel statt: Die Anzahl von Spielstätten für das Sommertheater, von Natur-, Wald- und Freilichtbühnen, die ab 1900 allein im Rheinland eingerichtet worden sind, ist beeindruckend.[176]

Einen politisch motivierten Schub gab es in den 1930er Jahren durch die Einrichtung von Thingspielplätzen, als die Nationalsozialisten versuchten, mit dem Thingspiel eine eigene Laientheaterform zu etablieren und als Instrument der Propaganda zu nutzen. In Mainz wurde ein entsprechendes Areal zur Inszenierung von Feiern zum 1. Mai und zur Sonnenwende geschaffen.[177] Der in unserer Region wohl bekannteste Thingspielplatz ist die 1934 eingerichtete Freilichtbühne auf dem Loreley-Felsen.

Laientheater konnte jedoch während des »Dritten Reiches« durchaus zu gegenkulturellen Veranstaltungen mit regimekritischem Charakter führen, wie ein Blick über die Grenze unseres Bundeslandes zeigt: Im hessen-nassauischen Niederbrechen wurden 1935 vom »MGV Frohsinn« erstmals Passionsspiele aufgeführt, die – so heißt es in der unveröffentlichten Theatergeschichte des Ortes – »eine symbolische Bedeutung« erlangten, welche »über Niederbrechen hinaus ging«.[178]

In der Zeit nach dem Zweiten Weltkrieg war auch der Hunger nach Unterhaltung groß, die Aufführungen sowohl professioneller Theater als auch von Laiendarstellern waren gleichermaßen gefragt. Gespielt wurde selbst »im berüchtigten Kriegsgefangenenlager Bretzenheim/Nahe«, dessen alliierter Kommandant dem Lager-Ensemble »Die Optimisten« Auftritte in Bad Kreuznach erlaubte, nachdem die Mitglieder ehrenwörtlich versichert hatten, »nicht zu flüchten« und »um Mitternacht wieder im Lager«[179] zu sein. Die erspielten Erträge wurden u. a. in die Verbesserung der sanitären Anlagen investiert.

Besonders aktiv waren in der Nachkriegszeit Theaterabteilungen der Gesang- und Sportvereine; die Beispiele reichen von Kyllburg in der Westeifel über das pfälzische Edenkoben bis Marienberg im Westerwald, wobei stets improvisiert werden musste: mit dem Fahrrad zur Kommandantur, um die Spielerlaubnis einzuholen, neue Texte wurden verfasst, da die alten verbrannt waren, zum Beheizen eines Saales wurde gar »Braunkohle aus einem alten, aufgelassenen Stollen«[180] gefördert. Der Dorftheaterboom hielt bis zum Ende der 1950er Jahre an.

Amateurtheater Bad Kreuznach

Die weitere Entwicklung lässt sich am Beispiel des Laienschauspiels in der Stadt Kreuznach skizzieren, das Ende der 1990er Jahre in einem Projekt genauer erforscht wurde: Neben einer regen Schultheaterszene hatte sich hier in den 1960er Jahren ein Amateurtheater herausgebildet: die Volkshochschul-Theatergruppe, heute »art vor ort«, von Beginn an geleitet von der Schauspielerin Inge Rossbach. Mit den ersten Inszenierungen kam dieser Laienspielkreis seinem Anspruch nach, vor allem Jugendtheater zu machen, d. h. Märchen, Stücke für Jugendliche, aber auch Klassiker aufzuführen. Regisseurin und Ensemble verstanden ihr Spielen damals als Gegenpol zu einer als bedrohlich empfundenen, sich ständig weiter technisierenden Welt. Mit ihrem Laienspiel stemmten sie sich gegen das Gefühl der Entfremdung und standen damit auch in der Tradition der Laienspielbewegung der Zwischenkriegszeit, die in ähnlicher Weise auf Modernisierungsängste reagiert hatte.

Um die Jahrtausendwende strebte die Amateurtheatergruppe in ihren Inszenierungen eine bewusste Distanzierung von aufwendigen Kinoproduktionen und virtuellen Angeboten wie PC-Spielen an. Diese Abkehr vom passiven Konsum professioneller Unterhaltungsangebote und die Hinwendung zu aktiver Selbstgestaltung können als ein Indiz gesellschaftlicher Neuorientierung verstanden werden, auch im Umgang mit den Massenmedien. Solche Tendenzen spiegeln auf lokaler Ebene kulturkritische Betrachtungen wider, die sich seinerzeit gegen die »Erlebnisgesellschaft«[181] und Auswirkungen der beschleunigten Globalisierung richteten. Wichtig war der Theatergruppe stattdessen einen Beitrag zur Stadt- und Regionalkultur zu leisten. Sie führte Mundartstücke und historische Spiele auf, die z. B. die Ursprünge des Kreuznacher Jahrmarkts[182] in der napoleonischen Zeit behandelten.

Eine Besonderheit darf in diesem Zusammenhang nicht unerwähnt bleiben: Gertrud Bredel, die im Ensemble der VHS-Theatergruppe schon mehr als 100 Rollen verkörpert hatte, wurde von dem Filmregisseur Edgar Reitz für seine elfteilige Chronik »Heimat« entdeckt. Bredel war eine von 159 Laiendarstellern und spielte die Rolle der Großmutter der Familie Simon, Katharina, »die Katt«. Sowohl die Figur als auch ihre Darstellerin sind wohl jedem, der »Heimat 1« gesehen hat, im Gedächtnis geblieben.

9. Die Medikalisierung der Alltagskultur

Der letzte Teil dieses Beitrages handelt von jenen tiefgreifenden Veränderungen des täglichen Lebens, die sich für weite Kreise unserer Gesellschaft mit der Verwissenschaftlichung des Weltbildes seit der Aufklärungszeit ergeben haben. Gleichzeitig verweist diese Entwicklung auf den Rückgang der kirchlich-religiösen Bindungen, die einst von eminentem Einfluss auf das Alltagsleben der Menschen hierzulande waren. Da diese Aspekte allerdings an einer anderen Stelle des Handbuchs eigens thematisiert werden, brauchen sie uns hier im Detail nicht zu beschäftigen. Stattdessen mag uns ein episodischer Rückblick in das Frühjahr des Jahres 1790 als Ausgangspunkt für die weiteren Überlegungen dienen. In jenen Tagen bestieg der erst seit kurzem in Mainz wirkende Oberbibliothekar Georg Forster ein Rheinschiff, um eine ausgedehnte Reise nach Brabant, Flandern, Holland, England und Frankreich zu unternehmen. In seiner Begleitung befand sich der junge Naturforscher Alexander von Humboldt, seine Ehefrau Therese hatte er dagegen daheim gelassen. Ihre ehelichen Beziehungen standen gerade nicht zum Besten und sollten auch wenig später in die Brüche gehen, nachdem die frustrierte Gattin des berühmten Weltumseglers Trost beim sächsischen Hausfreund Huber gefunden hatte.[183] Über seine Reise verfasste Forster ein aufschlussreiches Werk im Stil der Aufklärung, dem die folgende Passage über seine Zwischenstopps am Mittelrhein entnommen ist:

Ansichten vom Rhein

»In Bacharach und Kaub, wo wir ausstiegen und auf einer bedeckten Galerie längs der ganzen Stadtmauer hin an einer Reihe ärmlicher, verfallener Wohnungen fortwanderten, vermehrten die Unthätigkeit und die Armuth der Einwohner das Widrige jenes Eindrucks. Wir lächelten, als zu Bacharach ein Invalide sich an unsere Jacht rudern ließ, um auf diese Manier zu betteln; es war aber entweder noch lächerlicher, oder, wenn man eben in einer ernsthaften Stimmung ist, empörender, daß zu St. Goar ein Armenvogt noch ehe wir ausstiegen, mit einer Sparbüchse an das Schiff trat und sie uns hinhielt, wobei er uns benachrichtigte: das Straßenbetteln sei zu Gunsten der Reisenden von Obrigkeitswegen verboten. Seltsam, daß dieser privilegierte Bettler hier die Vorüberschiffenden, die nicht einmal aussteigen wollen, belästigen darf, damit sie nicht auf den möglichen Fall des Aussteigens beunruhigt werden!«[184]

Eindrücke wie die hier geschilderten mögen uns Wohlstandsbürger von heute an Reiseerlebnisse aus fernen, aber sehr viel ärmeren Ländern erinnern, in denen die Masse der Menschen bis zur Gegenwart hin kaum Zugang zu funktionierenden Sozialversicherungssystemen oder einer modernen medizinischen Krankenversorgung hat. Auch in unseren Breiten herrschten noch vor wenigen Generationen vergleichbare Zustände, die für die meisten Kranken und Schwachen der Gesellschaft ein großes Elend bedeuteten. Forster als sensiblem Beobachter der damaligen Verhältnisse fielen sie sofort ins Auge: Arme, Kranke, Krüppel, Witwen oder Waisen, die von der Mildtätigkeit ihrer Mitmenschen abhängig waren, und über die – in Vertretung der Obrigkeit – mehr oder weniger streng der Armenvogt wachte. Im Unterschied zu heute war die Hinfälligkeit der menschlichen Existenz noch ein fester Bestandteil der damaligen Alltagswelt, und wahrscheinlich würden wir uns sehr erschrecken, wenn wir dem berühmten Forster auf einer Zeitreise persönlich begegnen könnten. Sein Erscheinungsbild ist uns aus den Beschreibungen seiner Ehefrau überliefert: »Forster's Persönlichkeit vermehrte das Interesse, das seine unerhörte Eigenschaft eines Weltumseglers einflößte; nicht weil er hübsch war – seine ursprünglich regelmäßigen Züge waren durch die Kinderblattern eingeschrumpft und mit Narben bedeckt; der heftige Scorbut, den er auf seiner Seereise erlitten, und von dem die Masse seiner Säfte auf immer angesteckt war, hatte das Weiße seiner Augen gefärbt und seine Zähne gänzlich verdorben; aber sobald er durch das Gespräch belebt ward, erhielten seine Züge den mannigfachsten Ausdruck, und kaum sah ich je ein Gesicht, das durch den Geist und die Empfindung einer größeren Verschönerung, und eben auch des Gegentheils, fähig gewesen wäre.«[185]

»Media vita in morte sumus« – »Mitten im Leben sind wir vom Tod umgeben«

Als Georg Forster im Januar 1794 in Paris starb, wohin er als Abgeordneter des Nationalkonvents gereist war, um sich für den Anschluss der Mainzer Republik an das revolutionäre Frankreich einzusetzen, war er noch nicht einmal 40 Jahre alt. Aus unserer heutigen Perspektive stand er zu diesem Zeitpunkt eigentlich in den besten Jahren seines Lebens; dabei hatte er statistisch das Durchschnittsalter seiner Zeitgenossen bereits um mehrere Jahre überschritten.[186] Schwere Krankheiten hatten ihn im Leben gezeichnet, die für viele andere in seiner Zeit noch den sicheren Tod bedeuteten. Die Schulmedizin stand solchen Herausforderungen im Übergang zur Moderne noch weitgehend hilflos gegenüber. Der englische Arzt Edward Jenner experimentierte zwar gerade mit einer Flüssigkeit aus Kuhpocken herum und schuf auf diesem Wege die Grundlagen für die erste Schutzimpfung gegen eine der »schrecklichsten und verbreitetsten Seuchen«[187] der Menschheit, von der eben auch Georg Forster in jungen Jahren befallen worden war, aber eine nach modernen Anschauungen gültige Erklärung hätte der Arzt für sein Tun nicht geben können. Die damalige Medizin beruhte noch immer ganz wesentlich auf der antiken Säftelehre, die auch Therese Huber bemühte, um die immerwährende Gefährlichkeit der Skorbuterkrankung ihres Mannes für seine Gesundheit zu erläutern. Nur langsam wuchs im Laufe des 19. Jhs. das ärztliche Wissen um die menschliche Existenz und ihre Bedrohungen.

Kampf gegen den Aberglauben

Deutlicher als wissenschaftlich fundierte Erklärungen für das Auftreten und den Umgang mit Krankheiten erkannte man in der Aufklärungszeit zunächst und vor allem den allerorts verbreiteten und gefährlichen Irr- und Aberglauben, der das menschliche Leid anscheinend noch sehr viel mehr vergrößerte. Aufgeklärte Bildungsbürger wie Forster, die freilich am Ausgang des 18. Jhs. nur eine ganz kleine Gruppe bildeten, entwickelten geradezu einen missionarischen Eifer, um ihre Mitmenschen aus ihrer »selbstverschuldeten Unmündigkeit« (I. Kant) zu befreien. Deren zweifelhaftes Wissen um Krankheit und Gesundheit wurde kurzerhand als »Volksmedizin« diskreditiert, das den akademischen Erkenntnissen entgegenstand. Da sich diese im Laufe der Zeit aber ständig erweiterten und veränderten, stellt der Bereich der sog. Volksmedizin eigentlich keine fest umrissene Kategorie dar, sondern vereint eine changierende Auswahl an Vorstellungen und Praktiken.[188] Dass es gleichwohl gute Gründe gab, an ihnen festzuhalten, obwohl aufkeimende Vernunftsfragen einer Bildungselite dagegen sprachen, erläutert Dieter Zenglein im Zusammenhang mit der Edition eines »volkstümlichen« Kurierbuches aus Schönenberg (Westrich) aus dem Jahr 1826 wie folgt: »In der Zeit um 1820 steckte das uns heute so selbstverständliche System der ärztlichen Versorgung noch in den Kinderschuhen. In unserer ländlich-agrarischen Westpfalz gab es auf den Dörfern kaum Ärzte. Und wenn es sie gab, waren sie so teuer, daß vor allem die zahlreichen Kleinbauern nicht die Mittel hatten, bei Erkrankungen von Menschen oder Vieh einen Arzt zu holen. Ärztliche Hilfe wurde nur in ganz schweren Fällen und bei gefährlichen Krankheiten in Anspruch genommen. So blieb den Leuten nichts anderes übrig, als sich selbst zu helfen. Man setzte sein Vertrauen in die seit Jahrhunderten von Generation zu Generation überlieferten und bewährten Hausmittel.«[189]

Die volksmedizinischen Sammlungen für das Gebiet des heutigen Bundeslandes Rheinland-Pfalz belegen ein ganzes Arsenal an traditionellen Heilverfahren, mit denen sich die Menschen früherer Generationen im Krankheitsfall zu helfen versuchten. Neben dem aus der Erfahrung gewonnenen Heilkräuterwissen und einfachen medizinischen Praktiken waren es vor allem symbolische oder kirchlich-religiöse Handlungen, die durch heilkundige Laien Anwendung fanden. Manches davon, das uns heute besonders merkwürdig oder geradezu ekelig erscheint, wie zum Beispiel Behandlungsversuche mit Kot und Urin,[190] stellte noch zu Beginn des 18. Jhs. approbiertes Ärztewissen dar und überdauerte lediglich als veraltete Praktik oder »gesunkenes Kulturgut« den Wandel der medizinischen Lehrmeinungen im Volksleben.[191]

Das Besprechen von Krankheiten

Einen großen Rückhalt im Alltag breiter Kreise der Bevölkerung genoss etwa das Besprechen von Krankheiten, das noch im 20. Jh. nachweisbar ist, wie die Umfragen des Atlas der deutschen Volkskunde aus der Zeit um 1933 belegen.[192] Bei dieser Praktik werden von einer kundigen Person bestimmte Wörter, Sprüche oder Gebete, unter Umständen in Verbindung mit gezielten Handlungen, aufgesagt, um Kranke von allen möglichen Leiden zu befreien. Nachweisbare Erfolge bei solchen Heilversuchen werden heutzutage gerne mit der Hinwendung des »Therapeuten« zum Patienten und seiner suggestiven Wirkung auf ihn erklärt. Nach traditionellem Verständnis beruht der Erfolg dagegen eher auf der dem Heiler innewohnenden »Kraft«, mit der er gezielt gegen die vermeintlichen Krankheitsursachen wie Verwünschungen oder böse Blicke anzugehen vermag. Dem ganzen Komplex unterliegt also ein magischer Denkansatz, der in der aufziehenden Moderne unter den Vertretern der Schulmedizin natürlich als finsterer Aberglaube verschrien war. Umso bemerkenswerter sind die reichsweiten Unterschiede in der Zwischenkriegszeit, die sich bei der Kartierung aller Hinweise zum Besprechen feststellen lassen und die unseren Untersuchungsraum wie den gesamten Westen des ehemaligen Deutschen Reiches als vergleichsweise »aufgeklärt« und »modern« erscheinen lassen. Eine genauere Beschäftigung mit der Befundlage zeigt zudem, dass die fragliche Praktik tatsächlich auch hier einst weit verbreitet war, aber offenbar eher aufgegeben wurde als zum Beispiel östlich der Elbe. Einzelne Antworten können die damalige Situation illustrieren. Aus Eitelborn im Westerwald schrieb eine Berichterstatterin auf die Frage, ob es an ihrem Ort üblich sei, gewisse Gebrechen und Krankheiten zu besprechen: »Die alte Heilweise des Besprechens oder Sympathiebrauchens, hier kurz ›Brauche‹ genannt, ist noch bekannt und hie und da noch angewandt, stirbt aber in der heutigen Generation aus. Es ist noch eine Frau im Dorf, die man bei Mundfäule um Hilfe angeht.«[193] Oberlehrer Johann Kling aus Rödersheim berichtete auf dieselbe Frage: »War früher üblich bei Geschwüren am Augenlid (vor 1910 noch), Ohrenklamm.«[194] Und aus dem

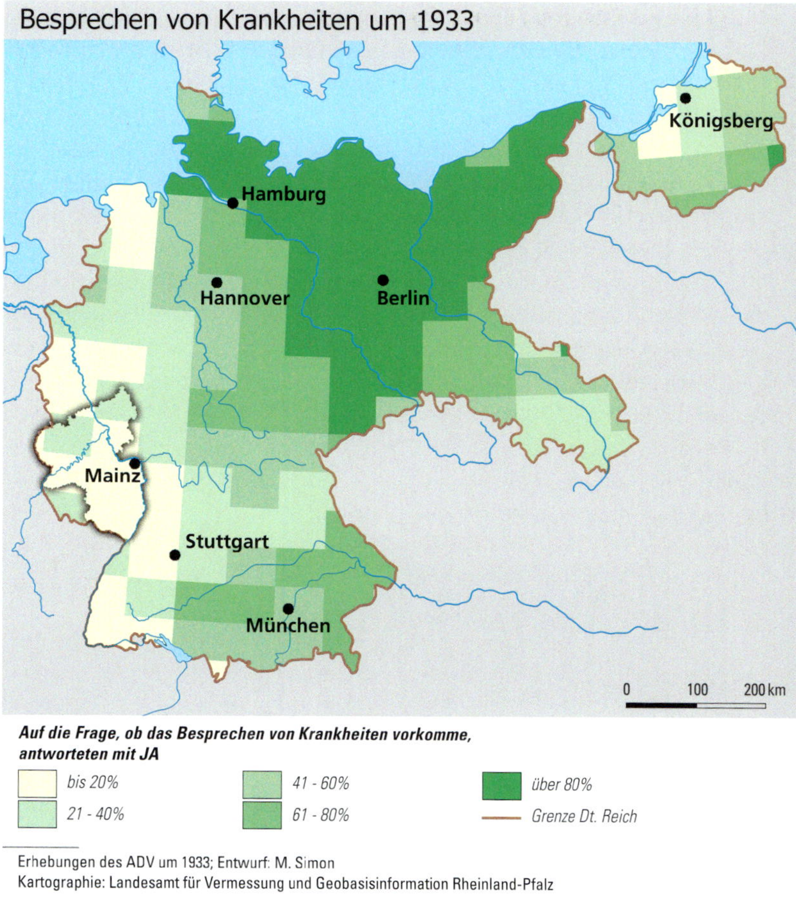

etwas weiter südöstlich gelegenen Schifferstadt hieß es: »Statt besprechen sagt man hier ›gebrauchen‹. Seit 40 Jahren nicht mehr.«[195]

Teure Ärzte

Die Hintergründe dieser bemerkenswerten räumlichen Befundlage können an dieser Stelle nicht im Detail erörtert werden. Für unsere Zwecke reicht es festzuhalten, dass noch in der ersten Hälfte des 20. Jhs. für viele der Gang zum Arzt eine absolute Ausnahmesituation dar-stellte und sich allenfalls auf größte Notfälle beschränkte. Bei einer Erhebung einschlägiger Kindheitserinnerungen aus dem frühen 20. Jh. erzählte man der Forscherin aus einem Ort im benachbarten Hessischen: »Wer ist denn bei den Arzt gegangen?! Die Leute haben sich alle selbst Tee gekocht, haben Umschläge gemacht, das haben sie alles selbst gemacht. Ein Arzt kam selten.«[196] Diese Zurückhaltung war keineswegs der Verhaftung im überkommenen Aberglauben oder einer Skepsis gegenüber »neumodischen Ansichten« geschuldet, sondern hatte vor der Einführung flächendeckender Sozialversicherungssysteme ganz praktische Gründe. Ärzte waren teuer und konnten nicht von jedem bezahlt werden. So erklärt sich auch, was Alfred Schrick in seinen Kindheits- und Jugenderinnerungen aus dem nordpfälzischen Alsenz für die Jahre vor der »Machtergreifung« berichtet: »Im Ort war es üblich, bei Unglücksfällen oder Krankheit zunächst den Apotheker, die Diakonissenschwester oder einen Rotkreuz-Sanitäter (es gab deren mehrere) anzusprechen. Erst wenn diese nicht helfen konnten, ging man zum Arzt.«[197]

»Lehmpastor« Felke

Wohltätige Bürger der damaligen Zeit gaben sich viel Mühe, die Segnungen der modernen Medizin in der Bevölkerung zu verbreiten, wie man etwa einem Hinweis in der Autobiografie von Carl Zuckmayer entnehmen kann, der über seine Mutter schrieb: »Als erste in dieser Gegend richtete meine Mutter [geb. 1869] mit ihren kaum zwanzig Jahren eine Gesundheitsberatung, besonders für die weiblichen Angestellten des Betriebs, und eine freiwillige Krankenversicherung ein, und die vielen Jahre hindurch, die mein Vater noch selbständig die Fabrik leitete, kannte sie wohl jedes Einzelschicksal, jede einzelne Person unter der immer mehr zunehmenden Arbeiterschaft.«[198]

Postkarte aus Sobernheim mit dem »Lehmpastor« Felke (Postkarte aus dem Besitz von Michael Simon)

Gleichwohl zogen die schulmedizinischen Behandlungsangebote schon in dieser Zeit größter Fortschritte – erinnert sei zum Beispiel an die Entdeckung des Erregers der Jahrhundertkrankheit Tuberkulose 1882 durch Robert Koch oder den Nachweis der X-Strahlen durch Wilhelm Konrad Röntgen 1895 – massive Kritik auf sich und provozierten die Entwicklung alternativer Heilverfahren, die von ihren Befürwortern als »natürlicher« erachtet wurden. Häufig waren es charismatische Persönlichkeiten, die mit ihren scheinbar revolutionären Erkenntnissen eine betuchte Klientel berieten, sich aber auch aus sozialer Verantwortung heraus Patienten aus dem einfachen Volk zuwandten. Als Musterbeispiel aus der Region kann »Lehmpastor« Emanuel Felke gelten, dessen Wirken noch heute in Bad Sobernheim eine Vielzahl von Spuren hinterlassen hat. Seine Heilmethode entwickelte er nach eigenem Bekunden aus den Anschauungen der

Homöopathie, die er mit der Anwendung der Naturheilmittel Licht, Luft, Wasser und Lehm verband. Ausgangspunkt der Felke-Bewegung war Repelen am Niederrhein, wo der an medizinischen Fragen interessierte Theologe zunächst als evangelischer Pfarrer wirkte. 1907 gründete einer seiner dankbaren Patienten in Sobernheim einen weiteren »Felke-Jungborn« und legte damit den Grundstein für den bis heute anhaltenden Kurbetrieb.[199]

Medikalisierung

Die weiteren Entwicklungen im 20. Jh. beförderten den Ausbau eines schulmedizinischen Systems, das nicht nur zu einer immer umfassenderen Versorgung breiter Kreise der Bevölkerung führte, sondern auch zu einer steten Ausweitung des medizinischen Zuständigkeitsbereichs, was für gewöhnlich mit dem Begriff der Medikalisierung umschrieben wird. Gemeint ist damit die zunehmende Übernahme von Verantwortung für Lebensbereiche, die früher nicht der ärztlichen Autorität unterstanden, wie zum Beispiel das Geburtsgeschehen – das vor der Zeit der Klinikgeburten in der Hand von Hebammen lag – oder unterschiedlichste Fragen einer angemessenen Lebensführung. Diese Ausweitung hat das Gesundheitswesen in der Gegenwart zu einem bedeutenden Wirtschaftsfaktor werden lassen, der inzwischen in einer Stadt wie Mainz einen Branchenschwerpunkt darstellt.[200] Für den Einzelnen bedeuten die großen gesellschaftlichen Anstrengungen und Investitionen in diesem Bereich zumindest in statistischer Hinsicht eine enorm gestiegene Lebenserwartung, die heute schon nah an die »natürliche« Grenze des menschlichen Daseins herangerückt ist und noch vor wenigen Generationen undenkbar erschien. Mit diesen Veränderungen im Zuge der Modernisierung unserer Lebenswelten haben sich zwar auch die früher gültigen Lebensgewissheiten aufgelöst und in einer immer komplexer erscheinenden Welt leiden viele an den damit verbundenen Unwägbarkeiten. Dafür ist aber das individuelle Leben sehr viel stabiler und zu einer festen Größe geworden, mit der man – wissenschaftlich begründet –

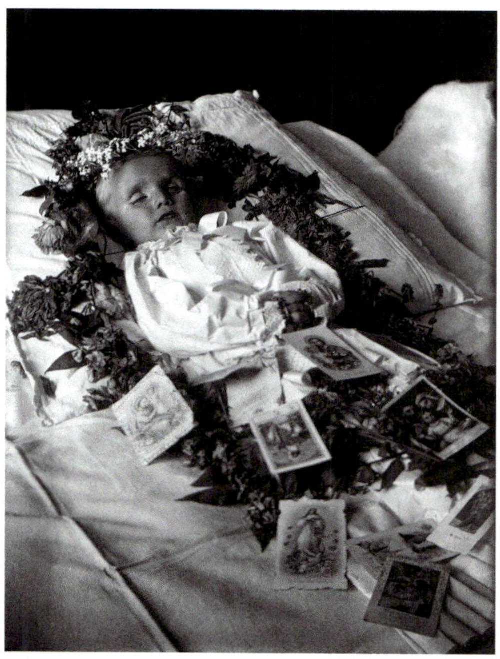

Im Nachlass des Laienfotografen Valentin Altmann aus Niederelbert/Westerwald finden sich neben den klassischen Familienbildern auch mehrere Aufnahmen von aufgebahrten Kindern. Sie erinnern uns an die Allgegenwart des Todes noch vor wenigen Generationen und an einen deutlich anderen Umgang mit diesem Thema als heute, da solche Bilder befremdlich, wenn nicht verstörend wirken (Landschaftsmuseum Westerwald, Bestand Valentin Altmann)

rechnen darf und die das Selbstbewusstsein des modernen Menschen in seiner Lebensgestaltung zunehmend bestimmt. Im Rückblick erkennen wir damit die Gegenwart als das Ergebnis einer langjährigen Entwicklung, von der gleichwohl zu sagen bleibt, dass sie nur im Augenblick abgeschlossen zu sein scheint, da sie selbstverständlich weiterlaufen wird. Ob sich also unter den wandelnden Vorzeichen der Zukunft unsere heutigen Deutungsangebote behaupten werden, muss der historischen Forschung von morgen überlassen bleiben.

Für uns heute erschließt sich das Alltagsleben der letzten zwei Jahrhunderte auf jeden Fall eher aus der Betrachtung des Wandels als aus der Fokussierung auf das Fortbestehen vermeintlich uralter Traditionen, die landläufig immer noch gerne mit Fragen zur Alltagskultur und »volkskundlichen Perspektiven« in Verbindung gebracht werden. Dass sich diese ältere Auffassung in Anbetracht der zusammengetragenen Erkenntnisse schwerlich aufrechterhalten lässt, sollte durch die vorangegangene Darstellung deutlich geworden sein und in Übereinstimmung mit der in der Einführung formulierten Zielstellung ausgeführt werden.

1 Der vorliegende Beitrag ist das Ergebnis einer Zusammenarbeit, bei der sich die Verantwortlichkeit für die einzelnen Textabschnitte wie folgt verteilt: Christina Niem (Ab- und Einwanderung, Wandel der Nahrungsgewohnheiten, Turnen und Sport, Sagen, Laientheater und »Volksschriftsteller«), Thomas Schneider (regionale Disparitäten und Mentalitäten, Wandel der Arbeitswelt), Elke Schwedt (Einführung, Wandel der Festkultur, Laienmusik), Michael Simon (Einführung, Medikalisierung, Gesamtredaktion), Jens Stöcker (K-Town) und Ludger Tekampe (Wandel der Arbeitswelt, Haus, Wohnen, Kleidung, Not- und Kriegszeiten).

2 Zum Gang der Forschungen über das »Volk« in den Gebieten des heutigen Bundeslandes Rheinland-Pfalz vgl. SCHWEDT, Geschichte 1995.

3 Das Wort Karneval fand erst im 17. Jh., möglicherweise durch den berühmten venezianischen Karneval, Eingang ins Deutsche.

4 SCHWEDT, Karneval 2001, S. 438.

5 GLEICHEN-RUSSWURM, Karneval 1922, S. 6.

6 KEIM, Karneval 1981.

7 SCHENK, Fassenacht 1986.

8 SCHWEDT, Bräuche 1989, S. 55.

9 KLERSCH, Fastnacht 1961, S. 86.

10 BUSLAU, Fasenacht 1976, S. 25.

11 FRIESS-REIMANN, Fastnacht 1988, S. 42.

12 KLERSCH, Fastnacht 1961, S. 113.

13 SCHWEDT, Analyse 1977.

14 ZENZ, Andreas Tont 1979, S. 11.

15 Ebenda.

16 SCHWEDT, Karneval 2001, S. 445.

17 BRODHAECKER, Menschen 1999, Abb. 40.

18 KEIM, Karneval 1981, S. 216.

19 LINK, Schrottelzeit 1990, Abb. 44.

20 FRIESS-REIMANN, Karneval 1989, Karte XI.5 des Geschichtlichen Atlas der Rheinlande.

21 URL: http://www.sehnsucht-eifel.de/tag/strohbar [15.01.2011].

22 Karte XI.3 des Geschichtlichen Atlas der Rheinlande; SCHWEDT/SCHWEDT, Jahresfeuer 1989.

23 SCHWEDT, Bräuche 1989, S. 118.

24 WEHRHAN, Martinsfeier 1910, S. 245.

25 SCHEIDT-LÄMKE, Volkskunde 1956, S. 299.

26 Kurios erscheint, dass eben der Pelznickel Vorlage für den amerikanischen Santa Claus, unseren Weihnachtsmann, wurde, gezeichnet vom aus der Pfalz ausgewanderten Thomas Nast.

27 BECKER, Pfalz 1913, S. 460.
28 Karte bei DRENDA, Dialektatlas 2008, S. 182 (Abdruck mit freundlicher Genehmigung des Franz Steiner Verlages, Stuttgart); vgl. BELLMANN, Technik 1997.
29 Karte XI.4 des Geschichtlichen Atlas der Rheinlande. SCHWEDT/SCHWEDT, Jahresfeuer 1989.
30 ZENDER, Eifel 1978, S. 229.
31 Vgl. SCHWEDT, Disparitäten 1998; BAUSINGER, Kulturen 1996; SIMON, Kulturforschung 2001; JOHLER, Glokalisierung 2008; SCHNEIDER, Mobilität 2003.
32 BAUSINGER, Kulturen 1996, S. 20.
33 Vgl. SCHWEDT, Unterschiede 1997, S. 437 f.
34 Vgl. STATISTISCHES LANDESAMT RHEINLAND-PFALZ, Kreisfreie Städte 1991, S. 20 f.
35 DOERING-MANTEUFFEL, Eifel 1995, S. 85 f.
36 Vgl. NOSBÜSCH, Entwicklungsland 1998, S. 9, 16–22.
37 Vgl. SCHWEDT, Unterschiede 1998, S. 36.
38 DOERING-MANTEUFFEL, Eifel 1995, S. 238.
39 NOSBÜSCH, Entwicklungsland 1998, S. 6.
40 RIEHL, Pfälzer 1857, S. 401.
41 NOSBÜSCH, Entwicklungsland 1998, S 2.
42 Vgl. BAHN, Infrastruktur 1984.
43 SCHWEDT, Abwanderung 1984, S. 65.
44 NIEM/SCHNEIDER, Zukunft 1995, S. 26.
45 Vgl. STATISTISCHES LANDESAMT RHEINLAND-PFALZ, Statistisches Jahrbuch 2010, S. 32.
46 BARTOLOSCH/NEUTSCH/ROTH, Auswanderung 1996.
47 Siehe SCHMAHL, Verpflanzt 2000.
48 URL: http://www.pfalzgeschichte.de [04.08.2011].
49 JOCHEM/STÖCKER, Aufbruch 2009.
50 SCHUTTPELZ, Auswanderung 2003, S. 47.
51 PAUL, Amerika 1995, S. 121.
52 Siehe FOLZ, Rückwanderung 1992.
53 HÖHN, Amis 2008, S. 85 ff.
54 KREMP/TUNALI/TÖNNESMANN, Amerikaner 2008, S. 12 f.; HÖHN, Amis 2008, S. 35 ff.
55 HÖHN, Amis 2008, S. 314 ff.
56 BUNTE, 19. September 1955 »SOS aus Kaiserslautern«; Hamburger Abendblatt, 10. Dezember 1955: »Ein Zahltag in der Westpfalz«.
57 HÖHN, Amis 2008, S. 314 ff.
58 Weser Kurier, 26. September 1957: »Moral ist teuer«; Kassler Zeitung, 26. September 1957: »Kaiserslautern löscht rote Laternen aus«.
59 Der Spiegel, 9. Oktober 1957: »Die Schatten der NATO«; Nr. 31, 1963: »Heimstätte auf verfluchter Erde?«.
60 LEUTERER, Militärgemeinden 2008, S. 39.
61 SCHOMMER, Binsfeld 2005.
62 Ebenda, S. 260.
63 Ebenda, S. 261.
64 MAASE, Amerikanisierung 1996, S. 300.
65 ZINN-THOMAS, Fremde 2010, S. 160.
66 Ebenda, S. 251.
67 Siehe SCHNEIDER, Charisma 2002 und Pfingstgemeinde, S. 2 ff.
68 Siehe HÄNLE, Spargelanbau 2005.
69 Siehe DINGELDEIN, Mainzer Italianità 2005.
70 Siehe ERSÖZ, Hennaabend 2008.
71 Vgl. Verwendung von Schleppern 1954, S. 7; STATISTISCHES LANDESAMT RHEINLAND-PFALZ, Betriebsverhältnisse 1963, S. 47 ff.; STATISTISCHES LANDESAMT RHEINLAND-PFALZ, Landwirtschaft 1951, S. 44 f.; STATISTISCHES LANDESAMT RHEINLAND-PFALZ, Statistisches Jahrbuch 1951, S. 61.
72 Vgl. STATISTISCHES LANDESAMT RHEINLAND-PFALZ, Gemeindestatistik 1952, S. XVIII.
73 Vgl. STATISTISCHES LANDESAMT RHEINLAND-PFALZ, Betriebsverhältnisse 1963, S. 42; STATISTISCHES LANDESAMT RHEINLAND-PFALZ, Landwirtschaft 1971, S. 19 f.
74 Vgl. STATISTISCHES LANDESAMT RHEINLAND-PFALZ, Statistisches Jahrbuch 2010, S. 154.
75 Vgl. SCHWEDT, Roßbauer 1986, S. 460.
76 MONZ, Karl Marx 1973, S. 46 ff.
77 CHRISTOFFEL, Mosel und Wein 2003, S. 195. Christoffel zitiert Karl Marx aus der Rheinischen Zeitung, Januar 1843.
78 BRONNER, Weinbau am Rheine 1833, S. 26 ff.

79 Vgl. dazu GALL, Praktische Anleitung 1834. Mit Kommentaren aus heutiger Sicht: GALL, Nothstand 1993.
80 Vgl. für die Pfalz z. B. TEKAMPE/KNECHT, 100 Jahre Wein.Kultur.Erbe 2008, S. 31 ff.
81 Viele davon Mischbetriebe mit Viehhaltung und Getreideanbau. Vgl. dazu KIESGEN, Lage und Probleme 1949. S. 77.
82 Vgl. STATISTISCHES LANDESAMT RHEINLAND-PFALZ, Statistischer Streifzug 2007, S. 28 und 72.
83 Vgl. SCHNEIDER, Dorfschmiede 1994, S. 146.
84 GLASS, Wanderhändler 1987, S. 153.
85 Vgl. Untersuchungen 1989, S. 359–412.
86 Vgl. DECKER, Wandergewerbe 1908, S. 165–196.
87 GRASMÜCK, Artisten 1993.
88 SCHNEIDER, Arbeitsmigration 2005, S. 52.
89 DÖHN, Verkehrswesen 1981, S. 265. Die Eisenbahninfrastruktur sah allerdings in der Eifel wesentlich schlechter aus. Vgl. dazu DOERING-MANTEUFFEL, Eifel 1995, S. 95 ff.
90 KERMANN, Industrialisierung der Pfalz 1981, S. 280; DÖHN, Verkehrswesen 1981, S. 238.
91 RUPPERT, Brod allein 1986, S. 11.
92 BREUNIG, Soziale Verhältnisse 1990, S. 89 f.
93 Vgl. beispielhaft BROO, Arbeiter- und Volksbildungsbewegung 1989.
94 Vgl. UHLENBRUCK, Schleppschifffahrt 2004.
95 Vgl. STEPPAT, Schifferfrauen 1987.
96 Vgl. UHLENBRUCK, Schleppschifffahrt 2004, S. 262 f.
97 Für die Eifel vgl. etwa DOERING-MANTEUFFEL, Eifel 1995, S. 207 ff., die sich hier mit dem realen Hintergrund von Clara Viebigs Roman »Das Weiberdorf« auseinandersetzt.
98 Dazu exemplarisch KOCKA, Arbeitsverhältnisse 1990, S. 109 ff.
99 Die im Gemeindearchiv Haßloch überlieferte Lebensgeschichte hat Joachim Kermann ediert. KERMANN, Pfälzer 1989.
100 LEHMANN, Erzählstruktur und Lebenslauf 1983, S. 125 ff.
101 TEKAMPE, Kriegserzählungen 1989, S. 178.
102 KERMANN, Pfälzer unter Napoleons Fahnen 1989, S. 92.
103 GEISSEL, Kaiserdom 1876, S. 490 f.
104 Ebenda, S. 490 (Anm. 6).
105 OSTERHAMMEL, Verwandlung der Welt 2009, S. 1288. Hier über die Effizienzsteigerung des militärischen Apparates zum Ende des 19. Jhs.
106 FRECKMANN, Quellenlage 1994, S. 12.
107 SCHELLACK, Unteroffizier Gustav Walber 1994, S. 63.
108 TEKAMPE, Kriegserzählungen 1989, S. 33 ff.
109 Beispielhaft dazu: LEHMANN, Erzählstruktur und Lebenslauf 1983; TEKAMPE, Kriegserzählungen 1989; LÖFFLER, Zurechtgerückt 1999.
110 Die Ausstellung lief in zwei Fassungen von 1995 bis 2004 und erreichte insgesamt über 1,2 Mio. Besucher. Ausstellungskatalog: HAMBURGER INSTITUT FÜR SOZIALFORSCHUNG, Verbrechen 2002. Aktuelle Informationen unter URL: http://www.verbrechen-der-wehrmacht.de. [04.08.2011]. Ausstellungsleiter der ersten Ausstellungsfassung (1995–1999) war der aus Wissen an der Sieg (Kreis Altenkirchen) stammende Historiker Hannes Heer.
111 Für Mainz siehe dazu etwa LINK, »Schrottelzeit« 1990; SACHS, Mainzer Erinnerungen 1994.
112 BENDERMACHER, Dorfformen 1981, S. 10.
113 FRECKMANN, Hausforschung 2002.
114 KERKHOFF, Stadt, Land – im Fluss 2010, S. 14.
115 BENDERMACHER, Dorfformen 1981, S. 8.
116 KERKHOFF, Stadt, Land – im Fluss 2010, S. 15.
117 FÖRSTER, Handbuch für Reisende in Deutschland 1847, S. 7.
118 HIRSCHFELDER/PORTZ, Tütensuppe 2005, S. 133.
119 TEUTEBERG/WIEGELMANN, Nahrungsgewohnheiten 1972, S. 47.
120 SCHNEIDER, Nahrungsgewohnheiten 1997, S. 42.
121 Ebenda, S. 53.
122 Ebenda, S. 131.
123 Vgl. HEIZMANN, Rheinische Mahlzeit 1994, S. 51 f.
124 RIPPER, Internationalisierung 2010.
125 DINGELDEIN, Mainzer Italianità 2005.
126 Interview mit Bruno Bellini 2004, hier auch die folgenden Zitate.
127 Vgl. ZAHN, »Turnvater« 2003.
128 DÜDING, Oppositionsfeste 1988, S. 166.
129 RÖSCH, Sport 1998, S. 988.
130 Ebenda, S. 992.

131 BRAUN, Geschichte 1986, S. 63 ff.
132 Vgl. TEICHLER/HAUCK, Illustrierte Geschichte 1987.
133 Vgl. EISENBERG, »English Sports« 1999.
134 HERZOG, »Betze« 2006, S. 26 f.
135 Ebenda, S. 190 ff.
136 SIMON u. a., Bilder 2007.
137 SCHENDA, Volk 1977.
138 NIEM, Horn 1999.
139 Siehe NIEM, Lambrecht 1993.
140 Siehe NEFT, Viebigs Eifelwerke 1998.
141 SIMON, Fastnachtsbeichte 2005/2006.
142 MAASE, Vergnügen 1997.
143 GRASMÜCK, Artisten 1993, S. 141.
144 GREGORIUS, Kino 2007, S. 49.
145 WDR 5: Erlebte Geschichte, Sendung vom 04.05.2008: Wolf Gerlach, Vater der Mainzelmännchen, vgl. URL: http://www.podcast.de/podcast/8917/archiv/?seite=10 [03.08.2011].
146 HORN, Rhein 1867, S. 288 f.
147 NIEM, Loreley 2002, S. 41.
148 BURGARD, Monster 2008, S. 47.
149 Kreuznacher Rundschau, 20.01.2011.
150 SCHWEDT, Gesang- und Musikvereine 2002.
151 Die Zeit, 18.11.2010.
152 SALMEN, Konzert 1988, S. 109.
153 Vgl. URL: http://www.musik-institut.de [03.02.2011].
154 Zitiert nach ALF, Geschichte 1987, S. 30.
155 Zitiert nach SCHWEDT, Gesang- und Musikvereine 2002, S. 11.
156 Vgl. auch den Gesangverein Geinsheim von 1791.
157 Entstanden aus der Berliner Singakademie, gegründet 1791.
158 URL: http://www.mainzer-singakademie.de [03.02.2011].
159 SALMEN, Konzert 1988, Abb. 99.
160 FRIESS-REIMANN, Männergesangverein 1999, S. 106.
161 KISSENER, Vom Alten Reich in die neue Zeit (in diesem Band).
162 STRAUSS, Pfälzischer Sängerbund 1985, S. 16.
163 MOERSCH, Geschichte 1987, S. 477.
164 Zitiert nach ROTH, Volksversammlung 1988, S. 310.
165 LHA Koblenz, Bestand 442, Nr. 6387.
166 KLENKE, Gesangverein 2001, S. 400.
167 Vgl. MISPAGEL, Dampferparaden 2004.
168 Vgl. NESTLER, Parteiensystem (in diesem Band).
169 SUPPAN, Blasmusik 1983, S. 96.
170 NIJSTEN/MEUWISSEN/FRUSCH, Blaasmuziek 1989, S. 15.
171 MALETZ, Untersuchungen 1969, S. 25.
172 DEGELE, Militärmusik 1937, S. 162.
173 SCHNEIDER, Musikantentum 1984, S. 76.
174 Vgl. WEBER, Open Ohr Festival 2004.
175 REISEK, Betrachtungen 1996.
176 Siehe BUCK/VOGELSANG, Theater 1989.
177 Siehe KRONSBEIN/SOSA Y FINK, Thingplatz 2007.
178 Theater im Dorf 1980, S. 16.
179 SCHWEDT, Leben 1996, S. 43.
180 Ebenda, S. 44.
181 Siehe SCHULZE, Erlebnis-Gesellschaft 1992.
182 Siehe STEINBRECHER, Kreuznacher Jahrmarkt 2007.
183 PRINZ, Lebensgeschichte 2008, S. 173 und 186 f.
184 FORSTER, Ansichten 1843, S. 7.
185 HUBER, Forster's Briefwechsel 1829, S. 61 f.
186 IMHOF, Gewonnene Jahre 1981, S. 80 f.
187 WOLFF, Verehrt 2001, S. 54.
188 SIMON, Laienätiologien 2008, S. 42.

189 ZENGLEIN, Heilmittel 1982, S. 161.
190 Ebenda, S. 163.
191 LUX, Paullini 2007.
192 Vgl. zum Thema SIMON, »Volksmedizin« 2003, Kapitel IV.
193 Atlas der Deutschen Volkskunde, Signatur 138-9-12ab.
194 Ebenda, Signatur 160-6-23bl.
195 Ebenda, Signatur 161-7-7c.
196 BRANDT, Kindheit 1998, S. 86.
197 SCHRICK, Damals 2002, S. 128.
198 ZUCKMAYER, Als wär's ein Stück von mir 2002, S. 161.
199 Vgl. JÜTTE, Geschichte 1996, S. 140 ff.
200 Vgl. KISSENER, Vom Alten Reich in die neue Zeit (in diesem Band).

Glaube, Religion, Kirchen

Von Monika Storm und Gabriele Stüber in Verbindung mit Hermann-Josef Braun, Anja Ostrowitzki, Gary Waltner, Wilhelm Kreutz und Jörn Thielmann[1]

1. Die großen christlichen Kirchen

Von Hermann-Josef Braun, Anja Ostrowitzki, Monika Storm und Gabriele Stüber

Territoriale Ausgangslage

Die politischen, gesellschaftlichen und wirtschaftlichen Veränderungen gegen Ende des 18. Jhs., die zur Auflösung des Alten Reichs und seiner Ordnung führten, zogen auch für die christlichen Kirchen schwerwiegende Konsequenzen nach sich.

Die französische Expansionspolitik führte im linksrheinischen Gebiet des deutschen Reichs bereits am Ende des 18. Jhs. zu einer Zerschlagung der bestehenden Ordnung und zu einer Angleichung an die politischen und gesellschaftlichen Verhältnisse in Frankreich. Dieser Zustand wurde durch den Frieden von Lunéville vom 9. Februar 1801 völkerrechtlich sanktioniert. Der Rhein wurde zur Staatsgrenze, und das linksrheinische Rheinland gehörte zu Frankreich. Schon zuvor war das eroberte Gebiet in Departements eingeteilt worden. Mit dem Anschluss an Frankreich wurde in diesen Gebieten die Säkularisation durchgeführt. Bis auf das Eigentum der Pfarreien wurden alle geistlichen Güter veräußert. Mit dem Konkordat vom 15. Juli 1801 stellte Napoleon einen Ausgleich mit der katholischen Kirche her und beendete die durch die Revolution ausgelöste kirchenfeindliche Ära. Die kirchlichen Sprengelgrenzen wurden den staatlichen Verwaltungsgrenzen angeglichen. Mainz und Trier verloren den Status von Erzbistümern und erhielten gänzlich neue Gebietszuschnitte. Mainz wurde deckungsgleich mit dem Departement Donnersberg und Trier mit dem der Saar. Das neu geschaffene Bistum Aachen erstreckte sich über die beiden Departements Rur und Rhein und Mosel. Das neue Bistum Lüttich umfasste die Departements Urt (Ourthe) und Wälder, wozu große Teile der Eifel zählten. Die genannten neuen Bistümer gehörten zur Kirchenprovinz Mecheln (Malines). Während die Bischöfe in den rechtsrheinischen Gebieten in ihrem geistlichen Amt verblieben, wurden im linksrheinischen, nunmehr zu Frankreich gehörenden Gebiet französische Bischöfe eingesetzt.

Mit Haupt- (paroisses) und Hilfspfarreien (succursales) wurde eine völlig neue Pfarrstruktur geschaffen. Allerdings gelang der französischen Verwaltung keine befriedigende Finanzierung der katholischen Kirche. Die 1801 geschaffene Ordnung hatte nur während der französischen Herrschaft Bestand. Dennoch zog diese relativ kurze Zeitspanne langfristige Veränderungen nach sich. Die Säkularisation der geistlichen Güter blieb bestehen, das Reichskirchensystem war obsolet geworden, und die Führungspositionen innerhalb des Klerus standen für alle Volksschichten offen.

Die evangelische Kirche gliederte sich in die beiden Konfessionen der Lutheraner und der Reformierten. Seit der Reformation war der Landesherr Summepiskopus und hatte somit die oberste Gestaltungsmacht für die Protestanten seines Herrschaftsgebiets. Für jedes Territorium existierte eine Kirchenordnung, in der die Einzelheiten des jeweiligen Bekenntnisses geregelt waren. Mit Beginn der französischen Verwaltung wurden die landeskirchlichen Strukturen und damit die bestehenden kirchlichen Bindungen zerschlagen. Die »Articles organiques des cultes protestants« vom 8. April 1802 waren dazu bestimmt, das reformierte und das lutherische Kirchenwesen in den neuen Gebietsteilen Frankreichs zu regeln. Die Organischen Artikel stellten den gesamten evangelischen Kultus unter die Aufsicht staatlicher Behörden. Die Reformierten erhielten Predigerstellen, Lokalkonsistorien und Synoden. Die lutherische Kirche baute sich auf nach Predigerstellen, Lokalkonsistorien, Inspektionen und Generalkonsistorien. Zukünftige lutherische Pfarrer mussten in Straßburg studieren, reformierte dagegen in Genf.

Die territoriale Neuordnung auf dem Wiener Kongress hatte auch für die Kirchen erhebliche Auswirkungen. Nach den Veränderungen der Landesgrenzen hatten folgende Territorien Anteil am Gebiet des späteren Rheinland-Pfalz: Königreich Preußen (Regierungsbezirke Trier und Koblenz), Herzogtum Nassau (Regierungsbezirk Montabaur), Königreich Bayern (Regierungsbezirk Pfalz), Großherzogtum Hessen (Regierungsbezirk Rheinhessen) sowie das Großherzogtum Oldenburg (Fürstentum Birkenfeld, seit 1937 preußisch), Herzogtum Sachsen-Coburg-Gotha (Fürstentum Lichtenberg, seit 1834 preußisch) und Landgrafschaft Hessen-Homburg (Oberamt Meisenheim, seit 1866 preußisch). Der Landesherr wurde im evangelischen Bereich wiederum Summepiskopus. Im Sinne des ungebrochenen Gottesgnadentums war es das Anliegen der Regenten, die staatlichen und kirchlichen Verwaltungsgrenzen ihres Gebiets in Übereinstimmung zu bringen.

Auf katholischer Seite wurden im Anschluss an den Wiener Kongress vollkommen neue Bistumsgrenzen gezogen. Die erste Neuordnung erfolgte durch das Konkordat vom 24. Oktober 1817 zwischen dem Heiligen Stuhl und dem Königreich Bayern. Alle nachfolgenden Regelungen basierten auf Zirkumskriptionsbullen aus den 1820er Jahren. Diese waren einseitig abgefasste päpstliche Urkunden, die aber im Einverständnis mit der jeweiligen Landesregierung verkündet worden waren. Das Konkordat und die Zirkumskriptionsbullen regelten neben den Gebietseinteilungen auch die Gliederung nach Kirchenprovinzen mit ihren jeweiligen Bistümern, die Zusammensetzung der Domkapitel und die Einrichtung der Priesterseminare als Ausbildungsstätten sowie die Gehälter der Bischöfe und der Angehörigen der Domkapitel. Diese neu geschaffene kirchliche Ordnung hat bis heute Bestand.[2]

Die großen Staaten wie die Königreiche Preußen und Bayern gliederten sich in mehrere Bistümer, die ihrerseits zu Kirchenprovinzen zusammengefasst wurden. So gehörten zum Königreich Bayern zwei Kirchenprovinzen mit acht Bistümern. Eines davon war Speyer (Kirchenprovinz Bamberg), das 1817 neu entstanden und aus dem früheren Mainzer Bistum herausgelöst worden war. Im Unterschied zum früheren Fürstbistum Speyer des Alten Reichs blieb es auf das linksrheinische Gebiet beschränkt und umfasste in etwa den heutigen Landesteil Pfalz sowie den Saarpfalz-Kreis im östlichen Teil des Saarlandes mit St. Ingbert und Homburg. Im Bereich der deutschen Mittelstaaten entstanden Landesbistümer, die den Grenzen eines Gesamtterritoriums entsprachen, beispielsweise Mainz für das Großherzogtum Hessen oder Limburg für das Herzogtum Nassau (Bulle vom 16. August 1821). Die Neuordnung der Diözesen und Kirchenprovinzen in Preußen regelte die Bulle vom 16. Juli 1821. Sie schuf das Erzbistum Köln und das Bistum Trier, das zur Kölner Kirchenprovinz kam.

Die Veränderungen der Territorialgrenzen hatten zwangsläufig auch zu einer Durchmischung der Konfessionen geführt. Die Landesherren drängten mit der Bildung der neuen Territorien zu einer Vereinheitlichung der evangelischen Konfessionen, die zunächst noch in Lutheraner und Reformierte aufgeteilt waren.[3] In vielen Gebieten hatte die französische Besatzungszeit zu einer Rückbesinnung auf gemeinsame protestantische Wurzeln geführt. Impulse zu einer Überwindung der innerprotestantischen Konfessionsgrenzen und damit zu einer Kirchenunion gingen von der Obrigkeit, aber auch von der Gemeindeebene aus. Die erste Union in Deutschland entstand im Sommer 1817 im Herzogtum Nassau. In Idstein beschlossen die entsandten lutherischen und reformierten Synodalen in einer Generalsynode die Vereinigung zu einer evangelisch-christlichen Kirche der Nassauischen Union. Im gleichen Jahr kam auch in Preußen eine Union zustande. Das Gebiet der späteren Rheinprovinz zerfiel 1815 zunächst in die beiden Provinzen Jülich-Kleve-Berg (Hauptstadt Köln) und Großherzogtum Niederrhein (Hauptstadt Koblenz) mit jeweils einem eigenen (Ober-)Konsistorium (seit 1815 in Düsseldorf für Jülich-Kleve-Berg, seit 1816 in Köln und in Koblenz für die Provinz Niederrhein). Der preußische König verfügte 1817 eine Union des lutherischen und des reformierten Bekenntnisses zur Evangelischen Kirche in Preußen. Die Verwaltung der Kirche erfolgte durch die Konsistorien. Nach der Bildung der Rheinprovinz 1822 erlangte das Koblenzer Konsistorium ab 1826 die Zuständigkeit für die gesamte Rheinprovinz. An ihrer Spitze stand seit 1828 der Generalsuperintendent, der bis 1877 zugleich Leiter des Konsistoriums war. Danach wurde das Amt des Konsistorialpräsidenten eingeführt. Den Präses als Vorsitzenden der Synode gab es in der Rheinprovinz seit 1835. Als 1834 das Fürstentum Lichtenberg und 1866 die Herrschaft Meisenheim an Preußen fielen, wurden die Gebiete auch kirchlich der Rheinprovinz angeschlossen. 1850 wurde in Berlin ein Evangelischer Oberkirchenrat unter der Bezeichnung Oberkonsistorium als oberste Kirchenbehörde für die Evangelische Landeskirche in Preußen errichtet.

In Rheinhessen bestanden 1816 105 evangelische Pfarrstellen, von denen 52 lutherisch und 53 reformiert waren. Eine Vereinigung sollte nach dem Willen der großherzoglichen Regierung nur dann erfolgen, wenn alle Gemeindeglieder dies wünschten. Nach einem längeren Abstimmungsprozess kam 1822 die Vereinigung der lutherischen und reformierten Kirche in Rheinhessen zustande. Mit dem Kirchenrat in Mainz erhielt sie eine kirchliche Oberbehörde, die zunächst der Regierungspräsident Ludwig Freiherr von Lichtenberg leitete. So entstand die Vereinte evangelisch-christliche Kirche in Rheinhessen. In den beiden anderen hessischen Provinzen Starkenburg und Oberhessen verlief die Union schleppend von Gemeinde zu Gemeinde und wurde bis heute nicht flächendeckend umgesetzt. Es blieb hier lediglich bei Lokalunionen.

Nachdem die Pfalz an Bayern gefallen war, wurde 1816 in Speyer ein Generalkonsistorium geschaffen, das Ende 1817 die Bezeichnung Protestantisches Konsistorium für den Rheinkreis erhielt. Es war dem Oberkonsistorium in München unterstellt. Mit der gemeinsamen Kirchenbehörde war die Verwaltungsunion als erster Schritt zur Bekenntnisunion vollzogen. In der Folge kam es auf Ortsebene zu konfessionellen Zusammenschlüssen (Lokalunionen). Diese Unionen wurden vom bayerischen König Maximilian I. 1818 genehmigt, der gleichzeitig eine Abstimmung im gesamten Kirchengebiet, die sog. Hausväterbefragung, eine Volksabstimmung auf Gemeindeebene, verfügte. Das Ergebnis war eine überwältigende Mehrheit für die Union. Im August 1818 tagte die Synode in Kaiserslautern und legte das Fundament einer Unionskirche, die sich protestantisch-evangelisch-christliche Kirche nannte und im Oktober 1818 die landesherrliche Bestätigung erhielt. Dem Konsistorium in Speyer wurde der Auftrag erteilt, die Einführung der Union in den Gemeinden durchzuführen, die am 29. November 1818 in der Masse feierlich vollzogen wurde. Allerdings gab es auch vereinzelte Widerstände und zähe Verhandlungen über die Formulierung der Bekenntnisgrundlagen. Die Einführung des Katechismus 1823 erfolgte nur unter der Bedingung einer künftigen Verbesserung. Erst 1853 wurde die »Confessio Augustana Variata« von 1540 als Bekenntnisgrundlage der Unionskirche festgelegt. Der neue Katechismus setzte sich aus dem Heidelberger Katechismus und dem Kleinen Katechismus von Martin Luther zusammen. Dagegen war ein gemeinsames Gesangbuch bereits 1823 eingeführt worden.

Als letzte Landeskirche im Untersuchungsgebiet vollzog die Birkenfelder Kirche 1843 die Union der beiden protestantischen Bekenntnisse.

Die Kirchen im Vormärz und in der Revolution 1848/49

Die Zerschlagung der geistlichen Fürstentümer im Zuge von Französischer Revolution und Säkularisation veränderte die politische und kirchliche Ordnung in unserem Raum von Grund auf. Eine Rückkehr zur alten Reichskirche wurde auch auf dem Wiener Kongress nicht mehr umgesetzt. An die Stelle des Regiments der Kurfürsterzbischöfe trat in Mainz und Trier eine weltliche Obrigkeit, die noch nicht einmal die Konfession mit der Mehrheit ihrer neuen Untertanen teilte. Vergleichbares geschah – nur unter umgekehrten Vorzeichen – in der 1816 neu formierten linksrheinischen Pfalz: Dort unterstand eine mehrheitlich protestantische Bevölkerung dem katholischen König Maximilian I. von Bayern. Die Neu- bzw. Reorganisation der Kirchen in den ersten Jahrzehnten nach dem Wiener Kongress trug dazu bei, das Verhältnis von Geistlichkeit und Gläubigen gegenüber der weltlichen Obrigkeit sowie zwischen den Konfessionen neu zu definieren.

In der zweiten Hälfte des 18. Jhs. lässt sich allgemein eine Abkehr vom konfessionellen Einheitsgedanken beobachten. Doch erst unter der französischen Herrschaft waren die Voraussetzungen für eine öffentliche Glaubensausübung und die Errichtung evangelischer Gemeinden in den ehemaligen Kurstaaten Mainz und Trier gegeben. Mit dem Wiener Kongress fielen die kurtrierischen Gebiete an das Königreich Preußen bzw. der rechtsrheinische Teil ging an das Herzogtum Nassau. Rheinhessen wurde dem Großherzogtum Hessen zugeschlagen. Die evangelischen Diasporagemeinden profitierten naturgemäß von diesem Wechsel zu einem protestantischen Landesherrn, der ja zugleich auch oberster Repräsentant seiner Kirche war. Friedrich Wilhelm III. stellte 1818 der evangelischen Koblenzer Zivil- und Militärgemeinde die ehemalige Stiftskirche St. Florin zur Verfügung, während sein Sohn Friedrich Wilhelm IV. 1856 die restaurierte Konstantinbasilika »auf ewige Zeiten« der evangelischen Gemeinde in Trier übertrug. Die bestehenden Strukturen wurden gestärkt, neue Gemeinden entstanden. Die Anstellung von Seelsorgern, die Gewinnung von geeigneten Kirchen- und Gemeinderäumen und die

Errichtung von Schulen schufen wichtige Voraussetzungen für ein florierendes Gemeindeleben. Lange Zeit dominierten Angehörige von Militär und Verwaltung die protestantischen Gemeinden in der Rheinprovinz. Von der in der Mainzer Bundesfestung stationierten preußisch-evangelischen Garnison gingen ebenfalls wichtige Impulse für das Gemeindeleben aus.

Bei aller grundsätzlichen Akzeptanz der Stellung des preußischen Königs als Summepiskopus erklärten sich die evangelischen Gemeinden der Rheinprovinz nicht mit allen Maßnahmen ihres Kirchenoberhaupts einverstanden. Widerstand löste vor allem die von Friedrich Wilhelm III. erarbeitete neue Agende zur Vereinheitlichung der gottesdienstlichen Liturgie im gesamten preußischen Königreich aus. Bereits 1817 hatte der König die Vereinigung der reformierten und lutherischen Gemeinden zu einer »unierten« verfügt. Mit der Einführung der Agende sollte die Entwicklung von der Verwaltungszur Bekenntnisunion vorangetrieben werden. Eine Reihe von Ortsgemeinden, darunter auch die Koblenzer, sprach sich gegen die neue, eher lutherisch ausgerichtete Agende aus. Außerdem wurde bemängelt, dass die Agende ohne Synodalbeschluss auf dem Verordnungsweg in Kraft gesetzt worden war. Erst nach der Einführung der rheinisch-westfälischen Kirchenordnung von 1835, mit der erstmals in einer evangelischen Landeskirche presbyterial-synodale Leitungsorgane in Ergänzung zum landesherrlichen Kirchenregiment eingeführt wurden, war der Weg frei für das Inkrafttreten der inzwischen modifizierten Agende. Ein weiterer Streitpunkt zwischen dem Berliner Kirchenregiment und den Rheinlanden blieb das Recht der freien Pfarrerwahl durch die Gemeinden, wie es z. B. die Zweite Rheinische Provinzialsynode 1838 zum Missfallen des preußischen Königs forderte.[4]

In der Pfalz waren mit der offiziellen Kirchenunion die Richtungskämpfe im Protestantismus keineswegs beendet. Spannungen gab es insbesondere zwischen dem eher konservativ geprägten Münchener Oberkonsistorium und dem Konsistorium in Speyer sowie der in ihrer Mehrheit dem Liberalismus zuneigenden Pfarrerschaft. Dem Sembacher Pfarrer Johann Heinrich Hochdörfer trug seine Rede beim Hambacher Fest nicht nur eine zweijährige Haftstrafe, sondern auch seine Amtsenthebung ein. Hochdörfer war nicht der einzige Pfälzer Theologe, der sich für das liberale Ideengut des Vormärz begeisterte. Das von der Frankfurter Zentralkommission 1838 vorgelegte »Schwarze Buch« listete alleine acht protestantische Pfarrer und Vikare sowie neun Theologiestudenten aus der Pfalz auf, die »revolutionärer Umtriebe« beschuldigt wurden. Eine Pfarrstelle erhielt nur noch derjenige, dem das Speyerer Konsistorium um Konsistorialrat Isaak Rust Loyalität zu Krone und Verfassung attestierte.[5]

Trotz Kritik an der konkreten Ausgestaltung des landesherrlichen Kirchenregiments wurde das Staatskirchentum im Protestantismus nicht grundsätzlich in Frage gestellt. Dagegen durchzog das Bestreben der katholischen Kirche, sich davon frei zu machen, das gesamte 19. Jh. Nach dem Ende der Franzosenzeit vergingen meist mehrere Jahre, bis für die Leitung der neu formierten Bistümer von beiden Seiten akzeptierte Kompromisskandidaten gefunden worden waren. Als letzter Bischofsstuhl wurde 1830 Mainz besetzt. Angesichts der staatlichen Dominanz wäre jedoch ohne eine Zusammenarbeit mit dem Staat auch im katholischen Bereich ein Neuaufbau kirchlicher Strukturen unmöglich gewesen. So sahen sich etwa die preußischen Bischöfe veranlasst, eine Geheimkonvention mit dem König einzugehen, in der sie die preußische Regelung von konfessionellen Mischehen akzeptierten.[6] Danach folgten die Kinder der Konfession des Vaters, was dem katholischen Kirchenrecht widersprach, wonach bei konfessionsverschiedenen Ehen nur eine katholische Kindererziehung in Frage kam. Unmittelbar vor seinem Tod widerrief der Trierer Bischof Joseph von Hommer in einem Schreiben an Papst Gregor XVI. dieses Nachgeben gegenüber dem staatlichen Druck und setzte dadurch die Kurie über die bislang geheim gehaltene Konvention in Kenntnis. Die Haltung des Trierer Bischofs bestärkte den Kölner Erzbischof Clemens August Droste zu Vischering in seinem Bestreben, sich aus der staatlichen Vorgabe zu befreien. Dies löste den Kölner Kirchenstreit (1837–1841) aus und zog die Inhaftierung des Erzbischofs nach sich, was wiederum zu Polarisierungen im gesamten Deutschen Bund führte.[7] Ein markantes Zeugnis dieser Ereignisse ist die flammende, gegen Preußen gerichtete und für die Freiheit der katholischen Kirche plädierende Streitschrift »Athanasius« von Joseph Görres.[8]

Am Kölner Kirchenstreit lassen sich zwei weitere Entwicklungstendenzen des 19. Jhs. aufzeigen. Nach dem Tod Bischof von Hommers dauerte es wegen der staatlichen Einflussnahme sechs Jahre bis zur Neubesetzung des Trierer Bischofsstuhls 1842. Bischof Wilhelm Arnoldi stammte aus einfachen Verhältnissen und repräsentierte einen neuen Typus kirchlicher Führungskräfte. Diese verdankten ihre Berufung nicht adliger Herkunft, sondern ihrer innerkirchlich bewiesenen Fähigkeiten sowie dem Vertrauen Roms. Die aus dem Volk erwachsene Führungselite war fest in der katholischen Bevölkerung verankert und konnte im Bedarfsfall auch Massen mobilisieren. Im Unterschied zur ersten Bischofsgeneration nach 1820 zeichnete sie eine größere Eigenständigkeit gegenüber den Kontroll- und Eingriffsmöglichkeiten des Staats aus.

Mainz entwickelte sich in dieser Zeit zu einem der Zentren der kirchlich-katholischen Erneuerung in Deutschland. Die sog. Mainzer Theologenschule bekämpfte die Aufklärung, die revolutionären Tendenzen sowie das Staatskirchentum und trat für eine Stärkung der päpstlichen Zentralgewalt ein.[9] Publizistisch verfochten die Mainzer ihre ultramontanistischen Auffassungen in der Zeitschrift »Der Katholik«, die im katholischen Bürgertum deutschlandweit verbreitet war. Nikolaus von Weis, einer der Initiatoren dieser Zeitungsgründung, etablierte nach seiner Erhebung zum Bischof von Speyer die Kirchenzeitung »Der Pilger« – die älteste noch heute in Deutschland existierenden Bistumszeitung.

Im Spätsommer 1844 ließ Bischof Arnoldi den »Heiligen Rock« ausstellen.[10] Mehr als eine halbe Million Gläubige pilgerten nach Trier. Zahlreiche Bischöfe, insbesondere aus dem Rheinland und Westfalen, aber auch aus dem Benelux-Raum nahmen an den Feierlichkeiten teil. Die Wallfahrt wurde zu einer Demonstration des universalen Charakters der katholischen Kirche und zur größten Massenbewegung im Vormärz. Sie war aber zugleich Ausgangspunkt einer deutschlandweiten Gegenbewegung, die von dem suspendierten schlesischen Priester Johannes Ronge angeführt wurde. Sein offener Brief an den Trierer Bischof, worin er gegen die Wallfahrt polemisierte und sie auf das schärfste als Götzenfest verurteilte, wurde von der Presse in ganz Deutschland verbreitet. Damit rief Ronge die sog. deutsch-katholische Bewegung ins Leben, die starken Widerhall im südwestdeutschen Raum fand, namentlich in Rheinhessen und der heutigen Pfalz. Bereits 1845 entstanden etwa in Neustadt a. d. H. und in Worms erste deutschkatholische Gemeinden, wobei die Neustadter Gründung nicht nur die

»Heilig-Rock«-Ausstellung 1844 (Stadtmuseum Trier)

erste in der Pfalz, sondern im gesamten Königreich Bayern war. Der Deutschkatholizismus verband sich mit der freiprotestantischen Bewegung (z. B. den Lichtfreunden) und verschmolz im Laufe der Zeit zum Bund Freireligiöser Gemeinden Deutschlands (Gründung Juni 1859).[11]

Zahlreiche Deutschkatholiken beteiligten sich aktiv an der Revolution von 1848.[12] Die unierte Kirche der Pfalz nutzte die Gunst der Stunde, um sich durch Beschluss einer außerordentlichen Generalsynode in Speyer am 24. Oktober 1848 vom ungeliebten Oberkonsistorium in München zu lösen, und unterstand fortan dem Staatsministerium für Kirchen- und Schulangelegenheiten.

Während ein Großteil der protestantischen Pfarrerschaft in der Pfalz – anders als die meisten ihrer katholischen Amtsbrüder – offen mit der Revolution sympathisierte, waren es in den Regionen, die einem protestantischen Landesherren unterstanden, vor allem katholische Geistliche, die sich für das demokratische Gedankengut begeisterten. Besonders in den preußischen Rheinlanden zeigte sich das unterschiedliche Staatsverständnis der beiden Konfessionen sehr deutlich. Die Protestanten nahmen die Haltung der Frankfurter Nationalversammlung zum Verhältnis von Staat und Kirche mit Skepsis auf, dagegen häuften sich die Petitionen katholischer Gemeinden (Boppard, Mayen, Salzig usw.) mit der Forderung nach Unabhängigkeit der Kirchen und Religionsgemeinschaften vom Staat sowie dem Erhalt der kirchlichen Schulaufsicht. Die öffentliche Feier der Katholiken zur Wahl des Erzherzogs Johann zum Reichsverweser wurde von den Koblenzer Protestanten mit großem Befremden aufgenommen. Aufsehen erregte auch der Trierer Seminarprofessor und spätere Bischof Matthias Eberhard mit seiner Predigt bei der Trauerfeier für die Märzgefallenen.

Das Scheitern der Revolution bedeutete keineswegs das Ende der Diskussion um das rechte Verhältnis zwischen Kirche und Staat, wie etwa der sog. Nassauische Kirchenstreit[13] um den Modus der Pfarrbesetzung der Jahre 1853 bis 1861 belegt. Verändert hatte sich indes das Selbstverständnis der Gemeindeglieder. Einzelpersönlichkeiten wie auch ganze Gruppen suchten nach neuen Wegen des kirchlichen und sozialen Engagements. Kirchliches und religiöses Leben begannen sich noch stärker auszudifferenzieren. Gerade in den gemischtkonfessionellen Gebieten lässt sich eine deutliche Rückbesinnung auf die eigene Konfession beobachten. Verstärkt wurden diese Tendenzen durch den sich anbahnenden, tief greifenden sozialen und wirtschaftlichen Wandel, der die Gegensätze zwischen Stadt und Land sowie zwischen agrarisch und industriell geprägten Regionen (z. B. im Bistum Trier) noch vertiefte.[14] So vervierfachte sich beispielsweise die Zahl der in der Stadt Trier lebenden Protestanten im Zeitraum zwischen 1828 und 1861 (1828: 729; 1861: 3.262), während etwa im Kreis Wittlich unverändert nur 49 Protestanten lebten.[15]

Kirchliche Vereine und Verbände

Die im Zuge des revolutionären Aufbruchs 1848 gewährte Vereinigungsfreiheit führte zu einer Welle von Vereinsbildungen auch in den Kirchen.[16] Im Verein konnten sich engagierte Christen beider Konfessionen mit ganz unterschiedlichen Zielrichtungen entfalten, ihren Glauben in der Welt – und außerhalb des Gottesdiensts – leben und sich als eine gesellschaftsformende Kraft erfahren. Die Vereinsziele unterstützten oder ergänzten den amtskirchlichen Auftrag.

Kirchliche Vereine lassen sich formal je nach Zweckbindung und Zielgruppe in sechs Kategorien fassen.[17] Die große Bandbreite kirchlicher Vereine folgt bis heute diesem Raster, wobei es naturgemäß Überschneidungen gibt:

- sozial-karitative Vereine (insbesondere im Bereich von Caritas und Diakonie)
- missionarische Vereine (Innere und Äußere Mission, Bibelverein)
- Berufsverbände und geistliche Gemeinschaften (Pfarrerverein, katholischer Lehrerverein, Johanniter)
- kirchen- und gesellschaftspolitische Vereine (Piusverein, Volksverein für das katholische Deutschland, Protestantenverein, Evangelischer Verein, Bonifatiusverein, Gustav-Adolf-Verein)
- Kultur-, Bildungs- und Wissenschaftsvereine (Gesang-, Geschichts-, Predigerverein)
- Frauen-, Männer-, Jugendvereine.

Während das katholische Vereinswesen zum Teil auf der Tradition der gemeinschaftsbildenden Bruderschaften beruhte, erwuchs das protestantische Engagement an der Seite der Amtskirche aus den Strukturen von Pietismus und Erweckungsbewegung. Zu Beginn des 19. Jhs. standen einzelne Gründungen wie die Basler Mission (1815), die einen starken Einfluss auf die Bildung von Zweigvereinen im südwestdeutschen Raum ausübte. Im Hungerjahr 1817 wurde auf Initiative des Publizisten Joseph Görres in Koblenz ein Hilfsverein gegründet, da die staatlichen Behörden angesichts der allgemeinen Notlage versagten. Der Verein führte später die Bezeichnung Katholischer Frauenverein, richtete eine Suppenküche ein und war in der Armen- und Hauskrankenpflege tätig. Hieran wird die Stoßrichtung kirchlicher Vereine augenfällig. Sie reagierten auf gesellschaftliche Erfordernisse und übernahmen als kirchliche »Vorfeldorganisationen« Sonderaufgaben, die die Amtskirche aufgrund ihrer komplexen Struktur nicht zu bewältigen vermochte.

Das Epochenjahr 1848 war in kirchlichem Zusammenhang durch zwei Großveranstaltungen geprägt, von denen nachhaltige Impulse zu Vereinsgründungen größeren Maßstabs ausgingen. In Wittenberg rief Johann Hinrich Wichern zur Gründung der Inneren Mission auf, die im Centralausschuss organisatorische Gestalt gewann. Schnell kam es zur Bildung von Regionalausschüssen – wie dem Rheinischen Provinzialausschuss im Juni 1849 –, die wiederum als Dachverband für die bisher unverbunden nebeneinander bestehenden örtlichen Vereine wirken sollten.[18] 1850 erfolgte die Gründung des Evangelischen Vereins für Innere Mission in Nassau. Die erste deutsche Bischofskonferenz verabschiedete in Würzburg eine Denkschrift mit Leitlinien zur kirchlichen Freiheit, in der auch zur Gründung von Vereinen aufgerufen wurde.[19] Im Oktober 1848 fand in Mainz der erste deutsche Katholikentag statt.[20] In diesem Umfeld entstanden die ersten, nach dem amtierenden Papst benannten Pius-Vereine für religiöse Freiheit. Sie schlossen sich noch 1848 zum Katholischen Verein Deutschlands als Dachverband aller deutschen Katholikenvereine zusammen und entwickelten sich als solider Unterbau einer nationalkatholischen Partei.[21] 1849 wurde der Piusverein in Montabaur gegründet. Der Mainzer Bischof Wilhelm Emmanuel Freiherr von Ketteler erkannte die zukunftsweisende Bedeutung von Vereinen und förderte deren Gründung. Er selbst rief 1856 den ersten deutschen Mütterverein ins Leben, der 1872 auch in der Diözese Speyer Fuß fasste.

Angesichts der tiefen Eingriffe des Staats in die inneren Angelegenheiten der Kirchen boten Vereine einen Freiraum, der vor allem im Zeichen des Kulturkampfs zur Ausprägung eines dezidierten katholischen Profils genutzt wurde. Der Stärkung des konfessionellen Bewusstseins dienten die Gründung von Standesvereinen wie des bayerischen katholischen Lehrervereins oder auch studentischer Verbindungen. Lesevereine (Borromäusvereine), wie der 1863 in Koblenz gegründete, waren der »Verbreitung guter Literatur« verpflichtet. Jünglingsvereine sollten die männliche Jugend kirchlich einbinden. Insgesamt wurden die Vereine als ein Bollwerk gegen das Vordringen der Sozialdemokratie und zur Festigung von Sittlichkeit und Glaubensgrundsätzen verstanden. Im Bereich der Armenfürsorge und Krankenpflege bildeten sich besonders viele Vereine mit einem hohen Frauenanteil aus.

Vereine dienten auch der konfessionellen Profilierung. 1863 wurde in Frankfurt am Main der Protestantenverein als Organisation des protestantischen Liberalismus gegründet, der nicht von ungefähr in der Pfalz schon seit 1858 wirkte. Im Mai 1869 fand ein vielbeachteter Protestantentag in Worms statt. 1890 entstand in Köln mit dem Volksverein für das katholische Deutschland die Zentralorganisation des deutschen Katholizismus, der vor allem mit sozialreformerischen Fragen und Themen der Volksbildung hervortrat. Der Evangelische Bund wirkte ab 1886 als der größte evangelische Interessenverband im Kaiserreich in antikatholischer und antisozialistischer Ausrichtung. Der 1849 auf dem Regensburger Katholikentag ins Leben gerufene Bonifatiusverein kümmerte sich um die Förderung katholischer Minderheiten in der Diaspora. Der Gustav-Adolf-Verein wandte sich seit 1832 den protestantischen Minderheiten zu. Er entwickelte eine große Popularität insbesondere in der Pfalz und stärkte das protestantische Zusammengehörigkeitsgefühl mit einer zeittypischen antikatholischen Frontbildung. Alle genannten Großvereine bildeten Lokal- und Regionalvereine im Bereich des heutigen Rheinland-Pfalz aus. Dabei war die Verdichtung der Vereine in der preußischen Rheinprovinz mit ihrer stark wachsenden Industrie höher als etwa in der Pfalz, wo aufgrund der eher ländlichen Struktur nicht die ganze Bandbreite an Vereinstypen erreicht wurde. Die Gründungen erfassten auch die Zunft der Rheinschiffer, wie der Schifferverein vom Hl. Matthias in Niederlahnstein von 1889 belegt.

Musikverein beim Umzug zum Gustav-Adolf-Fest am 27. Juli 1932 in Speyer (Zentralarchiv der Ev. Kirche der Pfalz)

Die Amtskirchen taten sich durchaus nicht leicht mit den Aktivitäten der vielfach von Laien getragenen Vereine. Nach katholischem Verständnis äußert sich in den Vereinen das Laienapostolat, das die Arbeit der Geistlichen ergänzt. Im Protestantismus etablierte sich die Auffassung, Vereine seien eine wesentliche Lebensäußerung von Kirche. Insgesamt erwiesen sich die kirchlichen Vereine und Verbände schon bald als Motoren einer kirchlichen Einheitsbewegung über die Landesgrenzen hinaus. Im katholischen Bereich trugen die Vereine maßgeblich zur Bildung eines konfessionellen Milieus bei, in dem sich die Gläubigen gleichsam von der Wiege bis zur Bahre bewegen konnten.

Im letzten Viertel des 19. Jhs. setzte eine zunehmende Politisierung des kirchlichen Vereinswesens ein. Diese Entwicklung ist vor allem auf die Verschlechterung der sozialen Lage breiter Bevölkerungsschichten zurückzuführen. Zugleich eröffneten sich hierdurch auch neue Felder kirchlicher Sozialfürsorge.

Die Kirchen und die »Soziale Frage«

In der ersten Hälfte des 19. Jhs. wuchs die Bevölkerung rasch an. Da die herkömmlichen Wirtschaftszweige Handwerk und Landwirtschaft durch Gewerbefreiheit und Realteilungen an ihre Wachstumsgrenzen stießen, die Industrialisierung aber noch nicht weit gediehen war, kam es zu einer Verarmung weiter Bevölkerungskreise insbesondere auf dem Lande. Viele Menschen hofften, durch die Auswanderung nach Amerika ihr Schicksal zum Besseren zu wenden. Infolge des zunehmenden industriellen Wachstums seit der Jahrhundertmitte fanden mehr Menschen Arbeit in den Fabriken, und es setzte ein starker Zuzug in die Städte ein. Mit der Industriearbeiterschaft entstand ein neuer gesellschaftlicher Stand, der in der Regel in armseligen Verhältnissen lebte. Die gesellschaftliche Integration dieser Schicht und der Umgang mit der dramatischen Massenarmut, kurz die Lösung der »Sozialen Frage«, stellten Staat und Kirchen vor große Herausforderungen.[22]

Die traditionellen Formen der Armenfürsorge konnten dieser neuen Art der Armut nicht wirksam begegnen. Da die Hilfe für Kranke und Bedürftige ein Kerngebot christlicher Nächstenliebe ist, gingen von staatlicher Seite Impulse aus, durch die Förderung von Armen- und Krankenpflegevereinen private Hilfsquellen zu aktivieren. Dabei waren die Grenzen zwischen kirchlichen und bürgerlichen Initiativen fließend.

1840 gründete Anna Weißebach in Trier gemeinsam mit 13 Frauen aus angesehenen Familien den ersten Elisabethverein für Armen- und Krankenpflege. Der nach der heiligen Elisabeth von Thüringen benannte Verein nahm sich auch verwahrloster Kinder, Jugendlicher und Waisen an.[23] Ab 1841 entstanden Elisabethvereine im Bistum Speyer, in größerer Anzahl auch im Bistum Limburg. Infolge des ersten Katholikentags in Mainz 1848 bildeten sich hier St. Vincentius- und Elisabethvereine. Das rasch erzeugte Netzwerk sozial-karitativer Vereine professionalisierte sich im Zusammenwirken mit den Ordensgemeinschaften.[24]

In seinem »ABC der Armenpflege« schilderte der evangelische Pfarrer Hieronymus Hofer 1858 die Lage des Armenwesens in und um Dürkheim anhand konkreter Beispiele. Hofer rechnete vor, wieviel besser das bisher den Armen gegebene Geld in einer organisierten Form der Armenpflege verwendet werden könnte. Sein modern anmutender Ansatz forderte ein Zusammenwirken von Staat, Kirche und freiwilliger Armenpflege und setzte vor allem auf vorbeugende Maßnahmen und Hilfe zur Selbsthilfe durch Sparkassen, Hilfskassen und Sparvereine. An eine konsequente Umsetzung derartiger Vorschläge war jedoch nicht zu denken.

Hieronymus Hofer: Grundsätze des Armenwesens

»1. Man kann das Elend erleichtern oder man kann es verhindern. *Die zweite Art, die vorbeugende, ist die, welche das Übel an der Wurzel angreift und die Quellen des Elends verstopft.*
2. Das Hauptaugenmerk ist auf die sittliche Verkommenheit zu richten. Sittliches und leibliches Elend bedingen sich gegenseitig. *Ohne Sittlichkeit, ohne Glaube, ohne Gebet, ohne Religion ist und bleibt der Mensch ein dürftiger.*
3. Wohltätigkeitsanstalten sind nur die Form, nichts als der Anfang. *Die Kraft, ohne welche auch die vortrefflichste Maschine zur Bewältigung des Elends Nichts leistet, ist die Liebe, die tätige Liebe, die einsichtsvolle Liebe, die nachhaltige Liebe. Es genügt nicht, einem Armen Geld hinzuwerfen, wie man einen Knochen hinwirft einem Hunde. Die Hilfe muß durch Personen geleistet werden von Hingebung und Begeisterung, welche den Armen lieben und achten, indem sie ihm zur Hilfe kommen.*«

Aus: Hieronymus Hofer: Das ABC der Armenpflege. Dürkheim 1858, S. 44–49 (Auszug mit Paraphrasierungen, wörtliche Zitate sind kursiv gesetzt)

Über Jahrhunderte stand dem Einzelnen die Großfamilie in Krankheit und Alter zur Seite. Massenarmut, Auswanderung und Landflucht führten im Rahmen eines gesellschaftlichen Wandlungsprozesses zur Auflösung der überkommenen Familienstrukturen. Die vorhandenen Einrichtungen reichten zur Versorgung von Kranken außerhalb der Familie jedoch nicht aus. In Mainz kam es 1850 zur Gründung eines Hospitals mit 40 Betten, das – benannt nach seinen ursprünglichen Trägervereinen – als Vinzenz- und Elisbethkrankenhaus noch heute besteht.

1836 gründeten Friederike und Theodor Fliedner in Kaiserswerth bei Düsseldorf das erste Diakonissenmutterhaus in Deutschland. Evangelischen Frauen bot sich hier im Rahmen einer schwesterlichen Dienstgemeinschaft die Möglichkeit beruflicher Ausbildung in der Kinder- und Krankenpflege. 1859 entstand nach Kaiserswerther Vorbild die Diakonissenanstalt in Speyer. Auf der Grundlage örtlicher Krankenpflegevereine bildeten sich Stationen, in die Diakonissen zur Betreuung von Kranken und Kindern entsandt wurden. In der preußischen Rheinprovinz wurde 1889 in Sobernheim nach Kaiserswerth das zweite Diakonissenmutterhaus gegründet. Wegen der schnellen Ausweitung der Arbeit wurde die Einrichtung 1900 nach Kreuznach verlegt, wo sie als Diakonie-Anstalten Kreuznach bis heute tätig ist.

Nach dem Vorbild des »Rauhen Hauses« von Johann Hinrich Wichern in Hamburg entwickelten sich auch in unserem Raum Rettungshäuser für arme, verwahrloste Kinder und Waisenkinder. Aus dem Kreis um Pfarrer Johannes Schiller und der Inneren Mission in der Pfalz wurden die Rettungshäuser in Haßloch (1850) und bei Rockenhausen (1854) sowie das Waisenhaus in Pirmasens (1857) gegründet. Rettungshäuser entstanden auch bei Simmern (Auf dem Schmiedel, 1851) und in Jugenheim (1852).[25] Der evangelische Kaplan Burchardi und Dorflehrer Reichard gründeten 1850 in Hömberg bei Nassau ein »Rettungshaus für verwahrloste streunende Buben«. Nach christlichem Verständnis galt die Rettung Leib und Seele, wobei die Fürsorgetätigkeit der Inneren Mission zur Integration der jungen Menschen in die Gesellschaft führen sollte. Die sozialen Missstände waren indessen durch christliche Erziehung nicht zu beheben. Die in den Anstalten vermittelten Werte wie Gehorsam, Demut und Anerkennung der Autoritäten vermochten keine neuen Antworten auf die drängenden Zeitprobleme zu geben.

Am Beispiel der sich rasant entwickelnden Industriestadt Ludwigshafen wird die enge Verflechtung von diakonischen Einrichtungen und Vereinen greifbar. Dekan Ferdinand Stepp gründete 1898 einen evangelischen Arbeiterverein und einen evangelischen Frauen- und Jungfrauenverein, aus dem 1924 mit der Vorsitzenden Berta Steinbrenner die evangelische Frauenarbeit in der Pfalz hervorgehen sollte. Mit Hilfe der BASF baute Stepp überdies eine Diakonissenstation zu einem Zentrum für Kindergartenarbeit und Krankenpflege aus.

Das Engagement einzelner Persönlichkeiten erzeugte Organisationsformen, die über die enge Region hinauswirkten. Der überzeugte evangelische Christ Friedrich Wilhelm Raiffeisen gründete 1864 in Heddesdorf bei Neuwied einen Darlehenskassenverein als genossenschaftliche Selbsthilfe für die notleidende Landbevölkerung. Als Interessenvertretung gegenüber dem Bund der Landwirte rief der evangelische Pfarrer Richard Oertel 1892 den ebenfalls genossenschaftlich organisierten Hunsrücker Bauernverein ins Leben. Der vom Kölner Domvikar Adolf Kolping gegründete katholische Gesellenverein sollte Wandergesellen in eigenen Versammlungshäusern gegen den erstarkenden Kommunismus schützen. Bereits 1851 griff Bischof Ketteler Kolpings Anliegen auf und rief in Mainz einen solchen Gesellenverein ins Leben. In der Diözese Speyer erfolgte 1860 die Gründung der ersten Kolpingvereine. 1862 entstand ein katholischer Gesellenverein in Montabaur. In Mainz bot seit 1894 das Katholische Lehrlingsheim Unterkunft, Fortbildung und Erholung für diese Zielgruppe. Auf evangelischer Seite dienten »Herbergen zur Heimat« wie in Kaiserslautern, Koblenz oder Worms als Versammlungs- und Unterkunftsort für Durchreisende, Handwerksgehilfen und Fabrikarbeiter.

Gruppe vor dem Katholischen Lehrlingshaus Mainz in der Breidenbacherstraße 12, 1921 (Dom- und Diözesanarchiv Mainz)

Bischof Ketteler in Mainz öffnete die Kirche für die brennenden gesellschaftlichen und insbesondere sozialen Probleme der Zeit und beteiligte kirchliche Einrichtungen aktiv an deren Lösung.[26] Anstelle der von ihm abgelehnten Wirtschaftsordnung des Liberalismus, die vom sog. freien Spiel der Kräfte ausgeht, setzte er auf christliche Lösungen, die auf Kooperations- und Verteilungsmodellen fußten. Gleichwohl scheute er sich nicht davor, Kontakte zur Arbeiterbewegung um Ferdinand Lassalle zu knüpfen. Die vielgestaltigen sozialpolitischen Initiativen Kettelers gewannen Gewicht und Einfluss sowohl auf die spätere Sozialgesetzgebung im Reichstag als auch auf die erste päpstliche Sozialenzyklika »Rerum novarum« von Papst Leo XIII. aus dem Jahr 1891.

Im Zusammenhang mit den zahlreichen Formen des karitativen Handelns entwickelte sich in der katholischen Kirche eine eigene Soziallehre, die das Elend der Arbeiterschaft als benachteiligter Klasse in den gesellschaftlichen Verhältnissen begründet sah und nicht auf persönliche Verfehlungen zurückführte. Folgerichtig kam es in beiden Konfessionen seit den 1880er Jahren zur Gründung von Arbeitervereinen und einer christlichen Gewerkschaftsbewegung. In der Pfalz bestanden 1898 19 katholische Arbeitervereine mit etwa 3.000 Mitgliedern. Bis 1918 bildeten sich 58 evangelische pfälzische Arbeitervereine vor allem im Raum Homburg mit 2.800 Mitgliedern. Der katholischen Zentrumspartei gelang es, die katholische Arbeiterschaft an sich zu binden und sich als politische Plattform des katholischen Milieus insgesamt zu erweisen. Bischof Ketteler war nicht nur 1848/49 Abgeordneter der Frankfurter Nationalversammlung, sondern auch 1871 im beginnenden Kulturkampf Reichstagsabgeordneter für das Zentrum. Einer der führenden Vertreter der Katholischen Soziallehre war im 20. Jh. der in Trier gebürtige Jesuitenpater Oswald von Nell-Breuning.

Beide Konfessionen traten jedoch nicht als politische Kämpfer für eine Lösung der »Sozialen Frage« auf. Das Bestreben ging vielmehr dahin, die Not durch christliches Handeln zu lindern. Damit wurde das unzulängliche Sozialsystem erhalten und zugleich die Gesellschaft, die diese Probleme mit verursacht hatte und sich zunehmend als unfähig erwies, sie zu lösen. Der in den Arbeitervereinen zum Ausdruck kommende soziale Protestantismus etwa war seinem Bestreben nach konservativ und suchte die Arbeiterschaft gegen Kommunismus und Sozialdemokratie in das bestehende Gesellschaftssystem von »Kaiser und Reich« einzubinden. Den katholischen Arbeitervereinen und Gewerkschaften ging es im Verbund mit dem katholischen Vereinswesen insgesamt um die Festigung des katholischen Milieus in einem vom Kulturkampf geprägten antikatholischen Umfeld.

Die wachsende Bedeutung und Professionalisierung sozial-karitativer Tätigkeit in beiden Konfessionen hatte zur Folge, dass sich neben der Kirchengemeinde ein Diakonat entwickelte und zunehmend verselbstständigte. Schon Zeitgenossen erkannten die Gefahr, dass die Kirchengemeinde sich dadurch ihrer Verantwortung für die sozialen Belange weitgehend entziehen konnte. Ungeachtet dessen ist die Leistung der Kirchen für die sozial Schwachen in der sich rasant entwickelnden Industriegesellschaft eine für die damaligen Verhältnisse gewaltige Leistung mit Pioniercharakter. Die bis heute gültigen Strukturen dieser Tätigkeit haben ihre Wurzeln im 19. Jh.

Kirchliche Gruppierungen und innerkirchliche Konfliktfelder

Die geistesgeschichtlichen und politischen Strömungen des bewegten 19. Jhs. fanden ihren Niederschlag auch in der christlichen Kirche beider Konfessionen. Die sich daraus ergebenden Konfliktfelder und Brennpunkte belegen das Spannungsfeld, in das Protestantismus und Katholizismus durch den starken, mit einer greifbaren Säkularisierung einhergehenden Modernisierungsschub gerieten. Kirchliche Vereine und soziales Engagement beider Konfessionen bezeugen das Bemühen, auf die Herausforderungen der neuen Zeit tragfähige Antworten zu finden. Insofern hatte der gesellschaftliche Umformungsprozess, der durch die Industrialisierung in Gang gesetzt worden war, nachhaltige Auswirkungen auf das kirchliche Handeln. Scheinbar innerkirchliche Auseinandersetzungen waren immer auch ein Reflex auf außerkirchliche Gegebenheiten.

Im Gefolge des Wiener Kongresses wurde die Dominanz des Staats gegenüber den christlichen Kirchen festgelegt. Das Bestreben der katholischen Kirche, sich aus dem System des Staatskirchentums zu befreien, um kirchliche Angelegenheiten eigenständig zu regeln, lässt sich durch das gesamte 19. Jh. verfolgen. Auch in den evangelischen Kirchen kam es zu mitunter scharfen Auseinandersetzungen mit der neuen Obrigkeit.

Die Revolution von 1848 nährte bei vielen Bischöfen die Hoffnung auf eine Einheit der gesamten Nation und verband sich mit dem Wunsch nach einem Ende der staatlichen Bevormundung der Kirche. Diese nationalkirchlich geprägte Stimmung, die sich aber nicht gegen Rom richtete, führte im Herbst 1848 zur ersten deutschen Bischofskonferenz in Würzburg. Durch die Ereignisse des Jahres 1848 wurde der Geistliche Wilhelm von Ketteler einer breiteren Öffentlichkeit bekannt, der ab 1850 als Bischof von Mainz zu einer der prägenden Gestalten innerhalb des deutschen Episkopats im 19. Jh. wurde, und wie kaum ein anderer Bischof das Freiheitsstreben der Kirche repräsentierte. So verlegte er auf eigene Faust das Studium der angehenden Kleriker, das seit 1830 auf staatlichen Druck an der Landesuniversität in Gießen durchgeführt werden musste, zurück in das Priesterseminar nach Mainz, das er als »Tridentinisches Seminar« voll ausbaute.[27]

Das sich nach dem Kulturkampf neu formierende kirchliche Leben wurde durch die Industrialisierung vor neue Herausforderungen gestellt. Danach traten sich im Katholizismus zwei Richtungen gegenüber. Die eine Seite verlangte nach einer Öffnung gegenüber modernen Zeitströmungen, um Einfluss auf Staat, Gesellschaft und Welt nehmen zu können. Demgegenüber glaubte die andere Seite, sich genau dagegen abschließen zu müssen. Die gegensätzlichen Vorstellungen eskalierten im sog. Gewerkschaftsstreit. Dabei ging es erstens um die Frage der Zugehörigkeit katholischer Arbeiter zu bekenntnismäßig gemischten Organisationen zwecks Wahrnehmung der eigenen wirtschaftlichen Interessen. Kontroverse Auffassungen bestanden zweitens über die Leitungsbefugnis der Kirche gegenüber solchen Organisationen. Der dritte Konfliktpunkt tangierte die Austragung von Arbeitskämpfen durch die konzentrierte Macht der Organisationen insbesondere durch Streiks. Zwar lagen die Zentren der modernen Schwerindustrie außerhalb des Untersuchungsgebiets, aber die Bischöfe gehörten dennoch zu den Protagonisten des Streits um eine adäquate Vertretung der Interessen der Arbeiter.

Nach der Aufhebung des Sozialistengesetzes 1890 bildeten sich 1894 die ersten christlichen Gewerkschaften, die von Anfang an interkonfessionell ausgerichtet waren. Da einige Bischöfe für die katholischen Gewerkschaftsmitglieder eine Gefährdung ihres Glaubens befürchteten, förderten sie nachdrücklich konfessionelle Arbeitervereine. Nach dem Hauptsitz der jeweiligen Richtung bzw. der Protagonisten der Auseinandersetzung sprach man von der Mönchengladbacher-Kölner Richtung für die christlichen Gewerkschaften und von der Berlin-Trierer Richtung für die konfessionell geprägte Arbeitervertretung. Insbesondere der Trierer Bischof Michael Felix Korum setzte sich vehement gegen die Majorität der deutschen Bischöfe für die Bildung berufsspezifischer Standesvertretungen innerhalb der katholischen Arbeitervereine ein. Dieser innerkirchliche Streit kam erst im Ersten Weltkrieg zum Erliegen, als andere Probleme in den Vordergrund rückten. Die Fuldaer Bischofskonferenz von 1919 beendete dann auch formal den Streit und fasste den Beschluss, nur noch die christlichen Gewerkschaften als Träger gewerkschaftlicher Arbeit zu unterstützen.[28]

Weiten Teilen der protestantischen Gebiete war gemeinsam, dass sie in einer Randlage zum jeweiligen Herrschaftszentrum lagen. Die Pfalz war seit 1816 eine Art »Nebenstaat« Bayerns und bis 1848 kirchlich dem lutherischen Oberkonsistorium in München nachgeordnet. Die ungleich größere Rheinprovinz wurde seit 1822/26 von einem Oberpräsidium und Konsistorium in Koblenz regiert und lag fernab von Berlin. Anders als in der Pfalz und in Nassau mussten sich die zahlreichen Gebietsteile hier erst noch zu einem protestantischen Gemeinwesen formieren. Dieser konfliktreiche Weg vollzog sich in dreifacher Frontstellung: die Abgrenzung zum traditionell starken katholischen Rheinland, die Auseinandersetzung mit und allmähliche Annäherung an Preußen und die Harmonisierung der protestantischen Gebiete mit ihrer je eigenen Tradition wie der calvinistisch geprägte Norden und der eher lutherische Süden.

Die Zersplitterung manifestierte sich im Rheinland etwa in der Vielzahl der Katechismen. Während die Pfalz 1821 den Unionskatechismus in Kraft setzte, Nassau 1831 folgte, gab es 1835 noch 43 Katechismen im Rheinland. Erst 1859 kam es hier zu einem Unionskatechismus, der aber nicht obligatorisch eingeführt wurde.

Durch die Ausrichtung der Kräfte auf Berlin bzw. Rom waren die Gegensätze der kirchlichen Gruppierungen im Rheinland insgesamt gemildert. Obenan stand das Bemühen um den Dialog, wobei die synodale Gesprächstradition das Aufbrechen schroffer Gegensätze verhinderte. Eine wichtige Rolle in diesem Prozess spielten die über die rheinischen Grenzen hinaus wirkenden theologischen Fakultäten der Bonner Universität mit Persönlichkeiten wie Isaak Dorner, Albrecht Ritschl, Richard Rothe und Karl Immanuel Nitzsch. Die hier praktizierte, positiv verstandene Vermittlungstheologie trug wesentlich zu einer Entspannung des Klimas bei. Auch die Bonner Pfarrkonferenz bot ein Forum für den Austausch unterschiedlicher Meinungen.[29]

Im Gegensatz zur Rheinprovinz wurde die protestantische Pfalz wiederholt zum Schauplatz eines verbissenen Kampfs kirchenpolitischer Gruppierungen. War die Union 1818 noch einhellig ins Werk gesetzt worden, so brachen spätestens im Umfeld des Hambacher Fests 1832 die Gegensätze zwischen liberalen und konservativen Kräften auf. Wie Pfarrer Ludwig Karl Klöckner aus Luthersbrunn, der durch eine Predigt über »die freie Presse als Wort und Ruf Gottes an die Menschen« das Fest mit vorbereitet hatte, sympathisierten zahlreiche protestantische Pfarrer nicht nur in der Pfalz mit den Ideen des politischen Liberalismus. Mit der Berufung des konservativen Erlanger Theologieprofessors Isaak Rust 1833 zum Ersten Geistlichen Rat des Konsistoriums in Speyer sollte die Ordnung im Sinne der bayerischen Staatsregierung wiederhergestellt werden. Rusts forsches Vorgehen trug indessen maßgeblich zur Polarisierung der kirchlichen Gruppierungen bei. Bald galt er in kirchlichen Kreisen als Vertreter der bayerischen Reaktion.

Gegen Rust formierte sich eine Allianz des kirchlichen und politischen Liberalismus. Ihr Sprachrohr war die von Georg Friedrich Kolb herausgegebene »Neue Speyerer Zeitung«, in der die bayerische Staatsregierung der Verletzung der Glaubens- und Gewissensfreiheit bezichtigt wurde. Es gelang der Zeitschrift, die Mehrheit der pfälzischen Protestanten für die Verteidigung der »fortschrittlichen« Kirchenunion gegen »reaktionäre bayerische Übergriffe« zu gewinnen und dadurch die politische Auseinandersetzung auf den kirchlichen Raum auszudehnen. Eine besondere Bedeutung in der Auseinandersetzung zwischen den Liberalen und den von ihnen als Orthodoxe diskreditierten Vertretern der Erweckungsbewegung kam den Publikationen des Ingenheimer Pfarrers Friedrich Theodor Frantz zu, der u. a. das 1844 gegründete »Protestantische Kirchenblatt für die bayerische Pfalz« herausgab. Infolge seiner dort veröffentlichten Artikel wurde Frantz zeitweise vom Dienst suspendiert, was einen erbitterten Flugschriftenkampf auslöste. Als konservatives Gegengewicht erschien ab 1846 die von Pfarrer Johann Christoph Lippert in Speyer gegründete Zeitschrift »Evangelium und Kirche«, die 1849 unter dem Titel »Evangelischer Kirchenbote« fortgeführt wurde und bis heute als kirchliche Gebietspresse der Pfalz erscheint. Um die kirchenpolitischen Auseinandersetzungen zu entschärfen, versetzte die bayerische Staatsregierung Konsistorialrat Rust Ende 1846 nach München. Die Konflikte waren dadurch nicht beigelegt und brachen immer wieder auf, wie etwa im Gesangbuchstreit der Jahre 1857 bis 1861.[30]

Kulturkampf und protestantischer Nationalismus

Die katholische Kirche orientierte sich in der zweiten Hälfte des 19. Jhs. mehr und mehr nach Rom. Nach dem Verlust seiner politischen Macht war das Papsttum bestrebt, seine Autorität innerkirchlich zu steigern. Am 18. Juli 1870 erhob das (Erste) Vatikanische Konzil die Unfehlbarkeit des Papstes zum Glaubenssatz.[31] Viele deutsche Bischöfe, darunter der Mainzer Bischof Ketteler und der Trierer Bischof Eberhard, lehnten diese dogmatische Fixierung der päpstlichen Unfehlbarkeit in Glaubens- und Sittenfragen ab. Dabei nahmen sie nicht so sehr am Inhalt als vielmehr an Form und Zeitpunkt der Verkündigung Anstoß. Sie befanden sich gegenüber der großen Zahl italienischer Konzilsteilnehmer jedoch in der Minderheit. Die beiden blieben der entscheidenden Abstimmung daher fern, beugten sich dann aber der Entscheidung. In Deutschland, so auch in Koblenz und anderen mittelrheinischen Städten, protestierten Laien gemeinsam mit Theologieprofessoren, hier der Universität Bonn, gegen die neuen Dogmen. Sie nannten ihre Bewegung altkatholisch, weil sie ihre Reformanliegen als Bewahrung der althergebrachten katholischen Lehre verstanden.[32] Nachdem die unbeugsamen Unfehlbarkeitsgegner aus der katholischen Kirche ausgeschlossen worden waren, bildeten die exkommunizierten Gläubigen eine eigene altkatholische Kirche. Am zweiten Weihnachtstag 1871 feierte der ehemalige katholische Priester Peter Kühn in Kaiserslautern den ersten altkatholischen Gottesdienst in der Pfalz.[33] Im Bistum Trier entstanden altkatholische Gemeinden in Koblenz, Boppard und (Idar-)Oberstein.

Politisch verschärfte das Papstdogma den Konflikt, in dem sich die katholische Kirche und säkulare liberale Bewegungen in vielen europäischen Staaten gegenüberstanden. Im protestantisch geprägten Preußen bzw. Kaiserreich ging die Regierung hart gegen die katholische Minderheit vor. Reichskanzler Bismarck hielt die Katholiken für die gefährlichsten Gegner der nationalen Konsolidierung nach der Reichsgründung. So wurde die Rheinprovinz als Hochburg des politischen Katholizismus einer der wichtigsten Schauplätze des sog. Kulturkampfs.[34] Die Waffe des Staats waren neue Gesetze, die darauf zielten, den Einfluss der katholischen Kirche auf öffentliche Angelegenheiten zu beseitigen. Sie unterwarfen die Kirche einer umfassenden staatlichen Aufsicht. Das galt für die Ausbildung und Ernennung von Geistlichen ebenso wie für die Elementarschulen und die Schulbehörden. Politische Stellungnahmen von der Kanzel herab wurden verboten. Klerus und katholische Bevölkerung reagierten mit zivilem Ungehorsam, ignorierten die Gesetze und lösten damit neue Repressionen aus.

Maßgeblichen Anteil am Widerstand hatten katholische Vereine, so der Mainzer Pius-Verein mit seinen Ortsgruppen, und die katholische Presse, etwa das neue Trierer »Sanct-Paulinus-Blatt«. In Trier schloss der Staat das Priesterseminar und nahm Bischof Eberhard in Haft. Viele Gemeinden mussten ohne Seelsorger auskommen. Priester wurden wegen illegaler klerikaler Betätigung polizeilich verfolgt, katholische Vereine überwacht, Ordensleute ausgewiesen und Kircheneigentum beschlagnahmt. Bischofsämter konnten nicht besetzt werden: Während der Bischofsstuhl in Trier nach Bischof Eberhards Tod fünf Jahre unbesetzt blieb, waren die Katholiken im Bistum Mainz nach Kettelers Tod infolge des Kulturkampfs im Großherzogtum Hessen-Darmstadt sogar neun Jahre ohne Bischof. Der Limburger Bischof Peter Joseph Blum floh nach Böhmen, um das Bistum aus dem Exil durch Briefe und Kuriere zu leiten.[35] Als sich abzeichnete, dass die antikatholische Kampagne nicht zur gewünschten Neutralisierung des Katholizismus als politischer Kraft führen würde, sondern ihn im Gegenteil sogar stärkte, nutzte Bismarck den Pontifikatswechsel von Pius IX. auf Leo XIII., um die Beilegung des Kulturkampfs einzuleiten. Den formellen Schlussstrich zogen die Friedensgesetze von 1886/87.

In der Vorstellung vieler Protestanten waren protestantische Konfession und Nationalidee eng miteinander verflochten. Das gilt besonders nach der Reichsgründung von 1871, war die nationale Einigung doch unter den protestantischen preußischen Hohenzollern verwirklicht worden. Dem entsprach ein Geschichtsbild, das die Reformation als Unabhängigkeitserklärung der deutschen Nation von Rom deutete. Anlässlich seines 400. Geburtstags wurde der Reformator Martin Luther 1883 als deutscher Nationalheld gefeiert. In der Rheinpfalz zeugen das Wormser Lutherdenkmal und die nach langer Bauzeit 1904 eingeweihte Gedächtniskirche der Protestation in Speyer davon, welche prägende Kraft der nationalprotestantische Zeitgeist – häufig auch mit antikatholischem Affekt – entfaltete.[36] Der deutsche Protestantismus wandte sich seinen historischen Anfängen zu, um daraus identitätsstiftende Kraft zu schöpfen. Öffentliche Bautätigkeit wie in Speyer bot ein geeignetes Mittel zur konfessionellen Selbstdarstellung. Der Standort in Konkurrenz zum katholischen Dom war gezielt gewählt. Beide Bauvorhaben wurden von Bauvereinen initiiert. Der Bauverein Gedächtniskirche begleitete das Bauvorhaben über die Zeitspanne eines halben Jahrhunderts und sammelte Spenden unter den evangelischen Christen Deutschlands, Europas und der USA. Entscheidend für den Baufortschritt in Speyer war aber die Förderung durch Kaiser Wilhelm II.

Einen Höhepunkt erreichte die Verknüpfung von Nationalismus und protestantischem Christentum 1914, als die Mehrzahl der deutschen Protestanten den Krieg bejubelte. In nationalreligiöser Deutung erschien er als heilsgeschichtliches Ereignis und gottgewollter Kampf für den deutschen Großmachtstatus.[37]

Äußere Mission

Im 19. Jh. entfaltete die Christenheit eine neue missionarische Dynamik, die nicht nur die Entwicklung der Missionsländer, sondern auch die deutsche Gesellschaft nachhaltig beeinflusste.[38] Den Anstoß dazu gab die protestantische Erweckungsbewegung. Nicht die Landeskirchen, sondern freie Missionsgesellschaften traten als entsendende Instanz hervor: bereits im 18. Jh. die Herrnhuter Mission, die Basler Mission (1815), die Berliner Missionsgesellschaft (1824) oder die Rheinische Mission (1829)[39] mit Sitz in Barmen. Während in den pietistisch verwurzelten Missionsgesellschaften entsprechend konservative Glaubensüberzeugungen vorherrschten, engagierten sich theologisch liberal eingestellte Protestanten im Allgemeinen evangelisch-protestantischen Missionsverein (1884), der sich in Japan und China betätigte. An seiner Gründung waren auch drei Pfälzer Pfarrer beteiligt.[40]

Die Missionsgesellschaften unterhielten Seminare, in denen sie Missionare und ledige Missionarinnen[41] ausbildeten, und koordinierten deren Einsatz. Auf katholischer Seite stellten Orden und Kongregationen mit missionarischer Ausrichtung das Personal. In Deutschland kam es erst am Ende des 19. Jhs., nach dem Kulturkampf und dem Eintritt des Deutschen Reichs in den Kreis der Kolonialmächte, zur Gründung von katholischen Missionshäusern. Ab 1889 förderte die Reichsregierung, die sich der überkonfessionellen Antisklavereibewegung angeschlossen hatte, gezielt die christliche Mission in den neuen Kolonien. Auf dem Koblenzer Katholikentag 1890 plädierte der Vorsitzende der Zentrumspartei Ludwig Windthorst erfolgreich für die Zulassung katholischer Missionsseminare. Damals waren die Katholiken bestrebt, den Vorsprung der Protestanten auf dem Gebiet der Mission einzuholen. Im heutigen Rheinland-Pfalz richteten die Franziskanerinnen der Buße und der christlichen Liebe 1890 ihr Mutterhaus in Nonnenwerth bei Rolandseck ein. Seit 1894 bildeten die Weißen Väter ihre deutschen Missionare in Trier aus. Die Pallottiner, deren Missionsgebiet in der deutschen Kolonie Kamerun lag, errichteten 1893 in Ehrenbreitstein und 1900 in Vallendar Knabenschulen zur Erziehung des Ordensnachwuchses.[42] Als der verantwortliche Ordensmann beim Oberpräsidenten um staatliche Erlaubnis nachsuchte, begleiteten ihn zwei Kameruner Jungen, die in Ehrenbreitstein die Volksschule besuchten. Eindrucksvoller ließ sich der Erfolg der Missionierung den damaligen Zeitgenossen kaum demonstrieren.

Opferbüchse der Liebenzeller Mission, sog. Nickneger (Missionsarchiv der Liebenzeller Mission Bad Liebenzell)

Das frühe Interesse der Protestanten an der »Heidenmission« fand in den zahlreichen örtlichen Missionsvereinen Ausdruck, die neben den Missionsgesellschaften entstanden: Erwähnt seien die Vereine von Nassau, Kreuznach, Koblenz oder der Wiedische Missionsverein, die alle ihre Leistungen der Rheinischen Mission zuwandten. Der Verein für äußere und innere Mission in der Provinz Rheinhessen unterstützte die Missionsbestrebungen aus Basel und der Brüdergemeine in Neuwied. Erst der Einsatz der vielen Missionsvereine ermöglichte die Finanzierung der auswärtigen Mission: Studien, Reisen nach Übersee, Heimfahrten und der Betrieb der Missionsstationen waren kostenaufwendig. Die Unterstützervereine sammelten Spenden bei ihren Mitgliedern, organisierten Missionskollekten und Vorträge und vertrieben Missionspublizistik mit Berichten aus den Missionsstationen. Diese Periodika ebenso wie Missionsfeste, bei denen Missionare sprachen, trugen den Missionsgedanken in die breite Bevölkerung: In der Oppenheimer Katharinenkirche feierte man 1848 das erste Missionsfest im Großherzogtum Hessen. Solche Feste fanden dann immer häufiger statt, so etwa 1850 in Alzey, 1851 in Nierstein oder 1854 in Worms.[43]

Auch die Gelder für die katholische Mission beschaffte hauptsächlich das Netzwerk der katholischen Missionsvereine. Im Rheinland engagierte sich seit den 1840er Jahren besonders der Franziskus-Xaverius-Verein, in der Pfalz der Ludwig-Missionsverein. Den zentralen Sitz im heutigen Rheinland-Pfalz hatten seit 1893 der Verein katholischer Frauen und Jungfrauen für die Mission der Weißen Väter beim Missionshaus in Trier und die Missionsvereinigung katholischer Frauen und Jungfrauen in (Koblenz-)Pfaffendorf.[44] Der Kindheit-Jesu-Verein, der beinahe in jeder Pfarrei vertreten war, wollte vor allem Kinder zu Spenden und zum Gebet für die Mission anhalten. Die Methoden zur Mobilisierung des Kirchenvolks glichen den protestantischen. Missionszeitschriften, wie der in Trier verlegte »Afrikabote« der Weißen Väter, und Missionskalender erschienen in für damalige Verhältnisse enorm hoher Auflage.

Missionsvereine in allen Städten und vielen Dörfern zeugen von dem hohen Stellenwert, der der Mission in der Gesellschaft des 19. Jhs. zukam. Die Aktivitäten der Missionsbewegung und deren starke mediale Präsenz vernetzten die hiesige Gesellschaft sowohl mit den überseeischen Missionsgebieten als auch mit Missionsbegeisterten anderer Nationen. Auf diese Weise schufen die christlichen Missionsvereine eine Öffentlichkeit mit einem nicht zu unterschätzenden globalen Horizont. Der Erste Weltkrieg und das Ende der deutschen Kolonien 1919 führten eine Neuorientierung der Arbeit herbei. Die Mission löste sich aus politischen Bezügen und erschien nicht länger als Teil des Kolonialismus. Im Laufe des 20. Jhs. brachte die missionarische Bewegung humanitäre Hilfswerke hervor, die heute an der Spitze der nichtstaatlichen Entwicklungszusammenarbeit stehen.

Klöster und Ordensgemeinschaften im 19. Jh.

Im Zuge der Säkularisation 1802/03 wurden fast alle, meist jahrhundertealten Klöster aufgelöst. Die Welschnonnen in Trier oder die Englischen Fräulein in Mainz entgingen den Klosteraufhebungen einzig, weil sie öffentliche Mädchenschulen betrieben. Nach diesem Kahlschlag erhielt das religiöse Leben im Lauf des 19. Jhs. eine unerwartete Dynamik, die auch einen enormen Aufschwung der Ordensgemeinschaften mit sich brachte. Dabei verlangten Bistumsleitungen und staatliche Regierungen von den Ordensleuten die Übernahme gesellschaftlich nützlicher Aufgaben, also ihren Einsatz in Krankenpflege, Caritas, Unterricht und Seelsorge.[45]

Bischof Charles Mannay von Trier holte 1811 Barmherzige Schwestern vom Hl. Karl Borromäus aus Nancy in seine Stadt. Auf Bitten des Koblenzer Caritaskreises bezogen sie 1826 ein Haus beim Bürgerhospital. Clemens Brentano trug mit seiner Schrift über die Barmherzigen Schwestern[46] zur weiteren Ausbreitung des Ordens bei, der sich 1845 in Andernach, danach an vielen Orten, schwerpunktmäßig im Bistum Trier, niederließ. Für die preußische Bürokratie irritierend war, dass die Borromäerinnen keine Klostergründungen vornahmen, sondern einen Vertrag mit einem Träger schlossen. Gegen Wohnung, Kost und Kleidergeld leisteten sie Krankenpflege oder betreuten Waisenhäuser. Alle Niederlassungen blieben vom Mutterhaus abhängig. Die neue Struktur gewann Vorbildcharakter für die vielfältigen neugegründeten religiösen Gemeinschaften.

Zunächst siedelten sich aber vor allem die alten Orden wieder an. König Ludwig I., ein Förderer der Klosterrestauration, verpflichtete die Schwestern von St. Magdalena in Speyer, die ihr säkularisiertes Kloster zurückgekauft hatten, Schulunterricht anzubieten, obwohl sie einem kontemplativen Orden angehörten. Anfangs übernahmen angestellte Lehrerinnen diese Aufgabe. Erst als Bischof Johannes von Geissel 1837 zusätzlich Dominikanerinnen aus Augsburg kommen ließ, war der Konvent in der Lage, sich selbst in der Mädchenbildung zu betätigen. 1837/38 errichteten die Ursulinen, ein alter Schulorden, auf dem Kalvarienberg in Ahrweiler eine Niederlassung, zu der später u. a. Filialen in Trier und Boppard gehörten. Das von Ludwig I. gegen den Willen der pfälzischen Liberalen und Protestanten 1845 gegründete Minoritenkloster Oggersheim bei Ludwigshafen entwickelte sich rasch zu einem wichtigen Seelsorgezentrum für die Vorderpfalz.

Seit der Jahrhundertmitte formierten sich auch die Orden mit Seelsorgeauftrag neu: Die Jesuiten wirkten in Koblenz und Trier. 1863 errichtete der Orden in der ehemaligen Benediktinerabtei Laach sein Studienhaus, das den Namen Maria Laach erhielt. Die dort herausgegebene Schriftenreihe »Stimmen aus Maria Laach«, seit 1871 Kulturzeitschrift, existiert als »Stimmen der Zeit« bis heute. Wegen ihrer erfolgreichen Volksmissionen berief Bischof Arnoldi die Redemptoristen 1851 nach Trier. In Kamp-Bornhofen führten sie die Wallfahrt zu neuer Blüte. Die 1839 bis 1843 erbaute, von Nazarenern ausgemalte Wallfahrtskirche in Remagen betreuten seit 1857 die Franziskaner der Sächsischen Provinz vom Hl. Kreuz. Die Kapuziner übernahmen 1861 ein Kloster in Ehrenbreitstein.

Ab 1850 schnellten die Gründungszahlen in die Höhe, besonders in Preußen, denn die Verfassung von 1848/50 erklärte die Vereinigungsfreiheit der Religionsgemeinschaften. Für den starken Anstieg waren jedoch nicht die klassischen Orden, sondern viele neue ordensähnliche Genossenschaften, sog. Kongregationen, verantwortlich. Da es sich überwiegend um Frauenkongregationen handelte, ist die Epoche sogar als »Frauenkongregationsfrühling« bezeichnet worden.[47] Der sozial-karitative Schwerpunkt der Frauenkongregationen ermöglichte in der Verbindung von religiösen und beruflichen Interessen einen Lebensentwurf, der eine Teilnahme am kirchlichen und gesellschaftlichen Leben bot, die weit über die Möglichkeiten verheirateter Frauen hinausging. Eine Entsprechung findet sich in der protestantischen Bewegung der Diakonissen. Die einzelnen Niederlassungen unterstanden dem Mutterhaus, das auch den Nachwuchs ausbildete und einen effizienten und flexiblen Einsatz der Mitglieder gewährleistete. Es eröffneten sich vielfältige Arbeitsfelder, besonders hervorzuheben sind die Professionalisierung der Krankenpflege und der Beitrag zur Durchführung der allgemeinen Schulpflicht.

Die Gründungen verliefen nach ähnlichem Muster: Fromme junge Frauen verschrieben sich, überzeugt von ihrem göttlichen Auftrag, mit einigen Gefährtinnen einer sozialen Aufgabe, ein Geistlicher leistete Beistand. Hatte sich eine Gemeinschaft gefestigt, strebte sie nach kirchenrechtlicher Anerkennung. Dazu benötigte sie eine Regel, Konstitutionen, eine Ordenstracht, eine verantwortliche Oberin, einen Namen, ein Patrozinium und ein Noviziat.

Im Westerwald liegen die Wurzeln bedeutender Männer- und Frauenkongregationen. 1850 gründete Maria (Katharina) Kasper aus Dernbach die Kongregation der Armen Dienstmägde Jesu Christi, 1863 folgte Rosa (Margaretha) Flesch aus Waldbreitbach mit der Gründung der Franziskaner-Terziarier-Schwestern. Drei Männerkongregationen widmeten sich der Krankenpflege: die Barmherzigen Brüder von Maria Hilf (Peter Friedhofen, 1850), die Barmherzigen Brüder von Montabaur (Peter Lötschert, 1861) und die Franziskanerbrüder vom Hl. Kreuz (Peter Wirth, 1862). Daneben stehen Gründungen, die konkreten Zwecken dienten: Bischof Ketteler errichtete mit Schwestern der Göttlichen Vorsehung 1851 das Institut der Mainzer Schul- und Krankenschwestern. In der Pfalz verbreitet waren die krankenpflegenden Mallersdorfer Franziskanerinnen, deren Entstehung um 1855 der Pirmasenser Pfarrer Paul Joseph Nardini anstieß. Pfarrer Johannes Baptist Kraus holte für soziale Aufgaben und zur Betreuung seiner Wallfahrtsanlage 1868 Dominikanerinnen aus der Schweiz nach Arenberg bei Koblenz. Ganz vereinzelt gab es kontemplative Gründungen mit strenger Klausur, so in Trier das erste deutsche Kloster des Instituts der Benediktinerinnen von der Ewigen Anbetung (1854) und die Kapuzinerinnen von der Ewigen Anbetung in Mainz (1860).

Die Kulturkampfgesetze brachten in Preußen die Aufhebung zahlreicher Klöster, Ordensleute wurden ausgewiesen. Zuerst mussten 1872 Jesuiten und Redemptoristen weichen. 1875 folgte das Verbot sämtlicher Orden und Kongregationen mit Ausnahme der krankenpflegenden. Jede Schultätigkeit war ihnen untersagt. Viele Gemeinschaften ließen sich daraufhin im grenznahen Ausland nieder: Aus Trier z. B. zogen die Benediktinerinnen nach Luxemburg, die Welschnonnen nach Belgien und die Ursulinen in die Niederlande. Für das Mutterhaus von Kalvarienberg-Ahrweiler fanden die Ursulinen einen diplomatischen Weg, das Internat zu erhalten, indem sie der Einrichtung nach außen hin einen weltlichen Charakter gaben. Andere, etwa die Nonnenwerther Franziskanerinnen, schlossen ihre Schulen und konzentrierten sich auf die Krankenpflege, um der Auflösung zu entgehen.

Zwischen 1880 und 1887 wurden diese Gesetze schrittweise zurückgenommen, u.a. weil der Staat auf das breit angelegte karitative Engagement der Frauenkongregationen nicht verzichten konnte. Allein das Verbot des Jesuitenordens galt bis 1917. Die Ordensleute kehrten zurück und nahmen ihre Arbeit wieder auf. Vom Einsatz in den Volksschulen dauerhaft ausgeschlossen, verlegten die Kongregationen ihren Schwerpunkt auf die höhere und berufliche Bildung. Die Mitgliederzahlen stiegen rasch wieder an: Kloster Arenberg etwa entwickelte sich unter der Priorin Cherubine Willimann zu einer deutschlandweit tätigen Kongregation (Dominikanerinnen von der Hl. Katharina von Siena) mit dem Arbeitsfeld der Armen-, Kranken- und Waisenpflege.[48] Knapp ein Jahrhundert nach der Säkularisation knüpften die monastischen Orden an ihre mittelalterliche Tradition an: Benediktinermönche aus Beuron besiedelten 1892 die Abtei Maria Laach. Kaiser Wilhelm II. förderte die Gründung und trug großzügig zur Ausstattung der Klosterkirche bei. 1888 wurde die Zisterzienserabtei Marienstatt im Westerwald von Mönchen aus Mehrerau bei Bregenz neu besiedelt.

Frömmigkeit

Der Begriff Frömmigkeit umfasst die Lebensgestaltung aus dem christlichen Glauben heraus, und zwar sowohl die gottesdienstliche Praxis als auch die im Alltagsleben verankerte Ausübung von Religion.[49] Bis in die frühen 1960er Jahre prägten die Kirchen, zumindest in dörflichen Gebieten mit konfessionell geschlossener Bevölkerung, die Wertvorstellungen und das Verhalten ihrer Mitglieder nachhaltig. Seit die konservativen Wertorientierungen und Institutionen immer stärker in Frage gestellt werden, erfahren die protestantischen Landeskirchen und die katholischen Bistümer einen fortschreitenden Abbruch traditioneller Kirchlichkeit. Wenn überhaupt, nehmen die meisten Kirchenmitglieder heute nicht mehr regelmäßig am kirchlichen Leben teil. Ablesbar ist der grundlegende kulturelle Wandel u.a. am Rückgang des Gottesdienstbesuchs. Während etwa im Bistum Trier 1930 zwei Drittel der Katholiken die Sonntagsmesse mitfeierten, waren es 2009 nur noch 12,2 %. Der allgemeine Trend erfasste Trier später als die anderen deutschen Bistümer. Lag dort 1969 der Anteil der regelmäßigen Gottesdienstbesucher mit 49,9 % noch deutlich über dem Durchschnitt, war er im Bistum Mainz 1970 bereits auf 28 % gesunken. Der Protestantismus kennt keine förmliche Pflicht zum Kirchgang, hatte im 19. Jh. allerdings auch eine auf die regelmäßige Teilnahme an Gottesdiensten und kirchlichen Festen orientierte Frömmigkeit hervorgebracht.[50] Insofern sind die Zahlen, die beispielsweise die Evangelische Kirche im Rheinland ermittelt hat, nicht einfach mit der katholischen Quote vergleichbar, aber ebenfalls ein Symptom für die Auflösung der Kirchenbindung. In der ersten

Hälfte der 1950er Jahre betrug der Anteil der Gemeindeglieder in den »normalen« Sonntagsgottesdiensten ca. 7 %, in den 1960er Jahren um 5 %, seit den 1970er Jahren liegt er bei ca. 3 %.

Ungeachtet konfessioneller Unterschiede wurde der christliche Glaube bis vor wenigen Jahrzehnten im gemeinsamen Gebet und der Beschäftigung mit religiösen Inhalten in der Familie verwirklicht und weitergegeben. Einen Zugang zu solch privater Frömmigkeit gewähren religiöses Schrifttum, wie es etwa der Evangelische Verein für die protestantische Pfalz[51] im 19. Jh. in hoher Auflage verbreitete, oder erhaltene Bilder, an denen sich der Glaube festmachte.[52] Seitdem moderne drucktechnische Verfahren eine massenhafte und damit preisgünstige Produktion ermöglichen, wurden gerahmte Wandbilder in den Wohnräumen populär. Zu den beliebtesten Motiven gehörten religiöse Bilder, die auch der Protestantismus als ein Medium der Verkündigung und der Andacht akzeptierte. Während katholische Haushalte Heiligen- und Mariendarstellungen bevorzugten, fand sich Jesus als Guter Hirte besonders in protestantischen Häusern. Konfessionsübergreifend nachgefragt waren Schutzengelbilder bis in die zweite Hälfte des 20. Jh. In die gute Stube hängte man seit der Mitte des 19. Jhs. auch gedruckte Schmuckblätter zur Erinnerung an Kommunion und Konfirmation. Mit dem Lutherjubiläum 1883 begann die Vermarktung des Reformators, dessen Porträt als Wandbild, in Gestalt von Spieluhren oder auf Gebrauchsporzellan in evangelischen Familien präsent war.[53] In der Pfalz genoss der schwedische König Gustav II. Adolf besondere Verehrung, weil er im Dreißigjährigen Krieg zunächst siegreich gegen die katholische Besatzung der Kurpfalz gekämpft hatte. Daher waren dort Reproduktionen von Historiengemälden beliebt, die den Schwedenkönig als Vorbild protestantischer Glaubensfestigkeit darstellten.

Im 19. Jh. hatte die katholische Kirche besonders Frömmigkeitsübungen gefördert, die Emotionen und Sinne ansprachen. Das gilt für Prozessionen und Wallfahrten ebenso wie für Kreuzweg, Rosenkranz und andere Andachten. Sie gehörten bis Anfang der 1960er Jahre zum selbstverständlichen Erfahrungsschatz der Gläubigen. Scharen von Pilgern strömten 1844 (mehr als 500.000)[54] und 1891 (1,9 Mio.) nach Trier, um die kostbarste Reliquie der Domkirche, die Tunika Christi, zu sehen. 1933 kamen 2 Mio. Menschen zur Verehrung des »Heiligen Rocks«. Die Reliquienschau von 1959, die beinahe 1,8 Mio. Besucher anzog, war die letzte große katholische Selbstdarstellung in Deutschland vor dem Zweiten Vatikanischen Konzil. Auch die »Heilig-Rock«-Wallfahrt 1996 lässt sich als Großveranstaltung bezeichnen. Dennoch verweist die signifikant niedrigere Teilnehmerzahl (ca. 700.000) bei größerer Mobilität auf ein nachlassendes Interesse. Die nächste »Heilig-Rock«-Wallfahrt ist für 2012 – 500 Jahre nach der ersten Ausstellung – geplant.

Das Pilgern hat im ausgehenden 20. Jh. wieder eine gewisse Popularität gewonnen. Weithin bekannte Ziele im Land sind der Marienwallfahrtsort Klausen in der Eifel und das Apostelgrab in St. Matthias/Trier. Zugleich ist – auch unter Protestanten – eine neue Begeisterung für den Jakobsweg zu beobachten. Ausgewiesene Routen führen von Speyer zum Kloster Hornbach, von Bingen nach Worms und von Koblenz nach Trier. Nicht nur das Wallfahren, auch Bräuche wie das Sternsingen werden inzwischen vielerorts ökumenisch betrieben und mit neuen Inhalten gefüllt. Kinder ziehen als Heilige Drei Könige verkleidet von Haus zu Haus und sammeln Spenden zugunsten von Hilfsprojekten für Gleichaltrige in Entwicklungsländern. Sie folgen dabei einem alten Bettelbrauch, den das Kindermissionswerk 1958 neu belebt und in die zentral gesteuerte karitative »Sternsinger-Aktion« überführt hat. Auch die Laternenumzüge der Kinder am Gedenktag des Heiligen Martin von Tours, die seit der Mitte des 19. Jhs. in katholischen Gebieten Brauch sind,[55] werden heute ganz selbstverständlich auch von evangelischen Kindergärten veranstaltet.

Eine andere Gelegenheit, die den Glaubensvollzug öffentlich in Erscheinung treten lässt, sind Katholiken- und Kirchentage, die Menschen in ihrem Glauben stärken und sie ermutigen wollen, Verantwortung in Kirche und Gesellschaft zu übernehmen. Für die innerkirchliche Erneuerung nach dem Zweiten Weltkrieg war der deutsche Katholikentag 1948 wegweisend, der anlässlich des 100-jährigen Jubiläums wieder am Gründungsort der Katholikentage in Mainz stattfand. 1958 gab es in Kaiserslautern den ersten protestantischen Kirchentag für die Pfalz. In jüngerer Vergangenheit haben solche religiösen Ereignisse gerade auch junge Leute erreicht, deren Altersgruppe kirchlichen Ritualen sonst wenig Bedeutung zumisst. Aus diesem Grund veranstaltet die Evangelische Kirche in Hessen und Nassau (EKHN) eigene Jugendkirchentage: Der erste auf rheinland-pfälzischem Boden fand 2010 in Mainz statt.

Die Kirchen während der Wilhelminischen Epoche

Trotz der offiziellen Beilegung des Kulturkampfs wurde das katholische Rheinland weiterhin von antipreußischen und antiprotestantischen Kräften dominiert. In den protestantischen Kirchen regte sich hingegen kaum Kritik am landesherrlichen Kirchenregiment. Immerhin hatte der preußische König nach der Annexion des Herzogtums Nassau von der Eingliederung der Nassauischen Landeskirche in die Evangelische Landeskirche in Preußen abgesehen. Die 1867 geschaffene Evangelische Kirche des Konsistorialbezirks Wiesbaden (ab 1922: Evangelische Landeskirche in Nassau) blieb bis zum 1933 erfolgten Beitritt zur Evangelischen Kirche Hessen-Nassau selbständig. Gleichwohl griff die »Kirchengemeinde- und Synodal-Ordnung für die evangelischen Gemeinden im Amtsbezirk des Consistoriums zu Wiesbaden« von 1877 die presbyterial-synodalen Elemente der rheinisch-westfälischen Kirchenordnung von 1835 auf.[56]

Die Auswirkungen des Kulturkampfs hatten auch die evangelischen Kirchen zu spüren bekommen. Die Zivilehe, die in den linksrheinischen Gebieten bereits mit dem Inkrafttreten des »Code civil« eingeführt worden war, wurde nun im gesamten Reich und damit auch in den rechtsrheinischen Gebieten verbindlich. Diese Maßnahme Bismarcks galt ebenso wie die Aufhebung der geistlichen Schulaufsicht für beide Konfessionen gleichermaßen, beides hatte auch nach Ende des Kulturkampfs Bestand. Die konfessionellen Spannungen, die sich unter dem nationalen Hochgefühl von 1871 deutlich abgeschwächt hatten, traten nun wieder zu Tage. Die Zeit bis zum Ausbruch des Ersten Weltkriegs war im evangelischen wie im katholischen Bereich eine Phase der stärkeren Orientierung nach Innen, in der Fragen der Seelsorge und der Gestaltung des Gemeindelebens in den Mittelpunkt rückten.

Der rasante Bevölkerungsanstieg in der zweiten Hälfte des 19. Jhs. führte zur Entstehung neuer Gemeinden. Vielerorts wurden Kirchen gebaut oder bestehende saniert: So konnten etwa die beiden evangelischen Kirchengemeinden in Mainz und Koblenz 1903 und 1904 die Fertigstellung einer Christuskirche begehen, während in den katholischen Bistümern Herz-Jesu-Kirchen (Koblenz 1903, Mainz-Mombach 1911, Mayen 1912) oder Marienkirchen (Neustadt 1862, Kaiserslautern 1892) errichtet wurden. Ebenso wurden die niedergebrannte Rochuskapelle bei Bingen (1895) wieder aufgebaut und die Sanierungsarbeiten an den Fundamenten des Mainzer Doms, die allerdings aufgrund des Materialmangels während des Ersten Weltkriegs unterbrochen werden mussten, aufgenommen. Diese Bauten zeugen ebenso wie die für 1891 anberaumte »Heilig-Rock«-Wallfahrt oder die kirchlichen Wochenzeitungen (u. a. 1874: Trier: »Paulinus«, Koblenz: »Evangelisches Sonntagsblatt für Coblenz«) vom Selbstbewusstsein der Kirchen im Kaiserreich.

Während sich der gegenseitige Umgang der Amtskirchen beider Konfessionen im Kaiserreich eher als ein Gegen-, bestenfalls als ein Nebeneinander beschreiben lässt, berührten sich die Lebenswelten der Gläubigen bei allen religiösen und sozialen Unterschieden zumindest im Berufsalltag auf vielfältige Weise. In Militär, Verwaltung und Wirtschaftsleben begegneten sie sich zwangsläufig. So siedelten sich Ende des 19. Jhs. in der überwiegend katholischen Gemeinde Metternich (heute Koblenz) evangelische Ziegelarbeiter aus dem Fürstentum Lippe-Detmold an.[57] Im sog. Trierer Schulstreit unternahm der Trierer Bischof Michael Felix Korum den letztlich erfolglosen Versuch, Mädchen aus katholischen Elternhäusern den Besuch paritätisch besetzter höherer Schulen zu untersagen.

Das Konfessionsgrenzen überwindende Engagement vieler Protestanten in einem der Unterstützungsvereine für die Fertigstellung des Kölner Doms, wie etwa dem 1841 in Koblenz von August Reichensperger gegründeten Dombau-Hilfsverein oder dem 1842 zugelassenen Bayerischen Kölner Dom-Bau-Verein, hatte allerdings einen eher nationalen als religiösen Hintergrund.[58] Die Begeisterung für Kaiser und Reich war es auch, die Protestanten und Katholiken zu Beginn des Ersten Weltkriegs einte. Vertreter beider Konfessionen fanden sich schnell bereit, den Kriegsausbruch theologisch zu rechtfertigen und, wie der evangelische Koblenzer Pfarrer Rudolf Weber, zum Kampf »für Gott selber und sein Reich, für seine Sache und Ehre in unserem Volk« aufzurufen.[59] Allgemein herrschte in der Geistlichkeit die Überzeugung vor, dass die allgemeine Not und die Sorge um die Soldaten im Felde die Demut der Gläubigen und deren Empfänglichkeit für religiöse Einflüsse befördere.[60] Bereits am 9. August 1914 wurde angesichts der zu erwartenden militärischen Auseinandersetzungen in den evangelischen Kirchen ein außerordentlicher Buß- und Bettag begangen.[61]

Gefallenen-gedächtnis, 1915 (Zentralarchiv der Ev. Kirche der Pfalz)

Benediktiner des Klosters Maria Laach in der Zeit des Ersten Weltkriegs (Archiv der Benediktinerabtei Maria Laach)

Im gleichen Monat wurde im Pfortenbau der Klosters Maria Laach ein Lazarett eingerichtet.[62] Einer der wichtigsten Vertreter der Liturgischen Bewegung, der in Mainz aufgewachsene Romano Guardini, leistete neben seiner Tätigkeit als Kaplan seinen Militärdienst als Krankenpfleger ab, während zwei seiner Brüder für Italien in den Krieg zogen. Die pastorale Fürsorge galt jedoch nicht nur den Angehörigen in den Heimatgemeinden, sondern auch den Soldaten im Feld. Daher reiste der Speyerer Bischof und Feldpropst der bayerischen Armee, Michael von Faulhaber, nicht nur mehrfach an die Front, sondern veranlasste auch die wöchentliche Übersendung von Predigtheften an die Militärgeistlichen.[63]

Als im Herbst 1917 das 400-jährige Reformationsjubiläum begangen wurde, gab es nur noch wenige Glocken, welche die Gläubigen zu Gottesdiensten und Festveranstaltungen rufen konnten. Bereits im Frühjahr 1917 waren die Gemeinden zur Abgabe von Metallgegenständen aufgerufen worden: Allein im Regierungsbezirk Pfalz musste mehr als die Hälfte der 2.213 erfassten Kirchenglocken abgegeben werden. Auf diese Weise verlor etwa die protestantische Gemeinde Mechtersheim (heute Römerberg) in der Pfalz neben zwei Glocken auch ihre Stummorgel. Zwei der Glocken der Remagener Friedenskirche, die aus im Deutsch-Französischen Krieg erbeuteten Geschützen gegossen waren, wurden ebenfalls beschlagnahmt. Auch das erst 1906 gestiftete Geläut der katholischen Kirche St. Bartholomäus in Nieder-Saulheim wurde größtenteils eingeschmolzen. Doch alle diese Opfer konnten die Niederlage nicht aufhalten. Die neue Friedensordnung sollte die Kirchen vor neue Herausforderungen stellen.

Die Kirchen in der Weimarer Republik

Nach dem Ende des Kaiserreichs musste das Verhältnis der beiden großen christlichen Kirchen zum Staat neu definiert werden. Die evangelischen Kirchen hatten ihren »königlichen Bischof«[64] verloren. Dies bedeutete zwar nicht das Ende der Landeskirchen, aber es galt, die bestehende kirchliche Rechtsordnung und Organisation vor dem Hintergrund der geänderten politischen und staatsrechtlichen Rahmenbedingungen neu zu fassen. Die Beratungen über die Weimarer Reichsverfassung hatten einen Kompromiss zwischen den Forderungen nach strikter Trennung von Kirche und Staat und den bislang gültigen Grundsätzen des deutschen Staatskirchenrechts erbracht. Als Körperschaften des öffentlichen Rechts wurde den Kirchen die Möglichkeit zur freien Entfaltung im öffentlichen Raum zugestanden. Konkret wurden den beiden Großkirchen das Recht zum Einzug von Kirchensteuern,[65] die Garantie der kirchlichen Vermögensrechte, der Fortbestand staatlicher Vermögensleistungen an die Kirchen, die Beibehaltung der kirchlichen Feiertage, die Seelsorge bei der Reichswehr und in den Strafanstalten, die Erteilung des Religionsunterrichts an öffentlichen Schulen sowie der Fortbestand der theologischen Fakultäten garantiert. Diese Bestimmungen sollten später auch in das Grundgesetz Eingang finden.[66]

Als erste protestantische Kirche in unserem Raum vollzog die Vereinigte Protestantisch-Evangelisch-Christliche Kirche der Pfalz 1920 die Abkehr vom landesherrlichen Kirchenregiment im Kirchenrecht nach. Mit Wirkung zum 1. Januar 1921 wurde das Konsistorium in Speyer aufgelöst. Die Leitung der Kirche liegt seither in den Händen des Kirchenpräsidenten, der dem Landeskirchenamt vorsteht. Zum ersten Kirchenpräsidenten wurde der bisherige Konsistorialdirektor Karl Fleischmann gewählt.[67] 1922 gab sich die Nassauische Kirche eine neue Ordnung. Unterdessen hatte man sich auch im Rheinland unter der Führung von Präses Walther Wolff[68] und Generalsuperintendent Viktor Klingemann an die Erarbeitung einer neuen Kirchenverfassung begeben. 1923 konnte die »Kirchenordnung für die evangelischen Gemeinden der Provinz Westfalen und der Rheinprovinz« verabschiedet werden.[69] Ein neues Element war die Errichtung eines Provinzialkirchenrats, der sich sowohl aus Mitgliedern der Synode als auch des Konsistoriums rekrutierte. Dieser Rat unter Leitung des Präses war als presbyterial-synodales Gegenwicht zum Konsistorium konzipiert. Überlegungen zur Abschaffung des Amtes des Generalsuperintendenten stießen vor allem im südlichen Teil der Rheinprovinz auf Ablehnung – war doch Koblenz Sitz der Generalsuperintendentur.

Für die Verfasstheit der katholischen Kirche hatte das Ende der Monarchie aufgrund ihres Selbstverständnisses als Weltkirche nicht so tief greifende Auswirkungen wie für die protestantischen Landeskirchen. Gleichwohl gab es eine Reihe von Punkten, die zwischen katholischer Kirche und Staat geregelt werden mussten, wie etwa die Zukunft der Konfessionsschulen oder die Mitwirkung des Staats bei den Bischofsernennungen. Die Schulfrage blieb bis zum Ende der Weimarer Republik ungelöst. Die Frage der Einbindung der neuen demokratisch legitimierten Staatsgewalt beim Wechsel an der Spitze eines Bistums stellte sich in Mainz bereits 1921 nach dem Tod von Bischof Georg Heinrich Kirstein. Nach längeren Verhandlungen nahm der Volksstaat Hessen Abstand von der bislang geübten Praxis und verzichtete auf die Leistung des bischöflichen Treueids durch Bischof Ludwig Maria Hugo.[70] Die Inthronisation von Bischof Franz Rudolf Bornewasser konnte im Mai 1922 erst erfolgen, nachdem der preußische Ministerpräsident Otto Braun die Entscheidung des Trierer Domkapitels anerkannt hatte.[71] Diese Praxis fand dann auch Eingang in die 1924 und 1929 vom Heiligen Stuhl mit den Ländern Bayern und Preußen geschlossenen Konkordate. Mit dem Abschluss des Preußenkonkordats wurde die Zugehörigkeit des Bistums Limburg zur oberrheinischen Kirchenprovinz (Metropolitansitz: Freiburg im Breisgau) aufgehoben, Limburg ist seither Suffraganbistum der rheinischen Kirchenprovinz (Metropolitansitz: Köln).

Nach Abschluss der Konkordate wurde auch von Seiten der evangelischen Landeskirchen der Ruf nach Abschluss eines Staatsvertrags laut. Dies war eine für den Protestantismus neue Entwicklung, hatte es doch zu Zeiten des Summepiskopats solcher Regelungen nicht bedurft. Schon vom November 1924 datiert der Vertrag zwischen dem bayerischen Staat und der pfälzischen Landeskirche, der Kirchenvertrag zwischen dem Freistaat Preußen und den Evangelischen Landeskirchen stammt aus dem Jahr 1931. In die Zeit der Weimarer Republik fällt auch die Konstituierung der ersten Gesamtkörperschaft des deutschen Protestantismus und somit aller 28 deutschen Landeskirchen – des Deutschen Evangelischen Kirchenbundes (DEKB).

Auch wenn die staatskirchenrechtlichen Entscheidungen der Weimarer Republik bis auf den heutigen Tag von Bedeutung sind, wurde das Leben der Gläubigen doch von anderen Fragen und Problemen dominiert. Die Besetzung der Rheinlande als Folge des verlorenen Weltkriegs bestimmte auch den kirchlichen Alltag. Zivilbevölkerung wie Kirchengemeinden waren von Einquartierungen betroffen. So unterhielten die amerikanischen Besatzungstruppen monatelang im Saal der evangelischen Kirchengemeinde in Koblenz ein Varieté-Theater oder beschlagnahmten Räume in kirchlichen Schulen. Die pfälzischen Seminaristen besuchten während der französischen Besatzungszeit das Mainzer Priesterseminar, da ihnen der Zugang zu rechtsrheinischen Universitäten verwehrt war.

Die evangelische Kirche suchte in dieser Zeit ganz bewusst den Weg in die Öffentlichkeit. 1924 war Köln Schauplatz des ersten Rheinischen Kirchentags mit rd. 30.000 Teilnehmern. Mit der Entscheidung für die katholische Metropole im Rheinland sollte nicht nur das wieder erstarkende protestantische Selbstbewusstsein, sondern auch der Zusammenhalt der rheinischen Provinzialkirche ungeachtet der alliierten Besatzung demonstriert werden. An Pfingsten 1929 kamen unter den Augen der französischen Besatzungsmacht zehntausende Menschen in Speyer zusammen, um an die Speyerer Protestation von 1529 u. a. mit einem großen Festumzug zu erinnern. Nach der Räumung des Rheinlands am 30. Juni 1930 fand der Dritte Rheinische Kirchentag im Herbst 1930 im nach wie vor unter französischer Kontrolle stehenden Saarbrücken statt.

Protestationsfeier in Speyer, 1929 (Zentralarchiv der Ev. Kirche der Pfalz)

Auch die Bischöfe von Trier und Speyer hielten trotz aller Schwierigkeiten etwa bei der Nachbesetzung von Pfarrstellen treu zu ihren Diözesanen im Saargebiet. Die von französischer Seite ins Spiel gebrachten Überlegungen zur Schaffung eines eigenen Saarbistums stießen beim deutschen Episkopat auf wenig Gegenliebe. Nach dem Ende des Zweiten Weltkriegs sollte diese Debatte abermals geführt werden.[72] Eine ebenso klare Absage erteilten der Trierer Bischof Korum und sein Nachfolger Bornewasser sowie ihr Speyerer Amtsbruder Ludwig Sebastian allen Bestrebungen zur Gründung eines Rhein- bzw. Pfalzstaats. Auch der Kölner Erzbischof Felix von Hartmann sowie der Mainzer Bischof Hugo waren dieser Überzeugung. Der Limburger Bischof Augustin Kilian sprach sich indes 1919 für einen Anschluss von Nassau an einen rheinisch-westfälischen Volksstaat aus, ohne aber für eine generelle Abkehr vom Reichsverband zu plädieren. Dass sich der hohe Klerus im Rheinland und in der Pfalz für einen Verbleib beim Reich aussprach, war nicht allein Ausdruck einer nationalen Gesinnung, sondern erklärt sich auch aus der Konfessionsverteilung im Reich. Ein Ausscheiden, insbesondere der Rheinlande, aus dem Reichsver-

bund hätte das konfessionelle Ungleichgewicht noch weiter zum Nachteil der Katholiken verschoben. Dagegen gab es im niederen Klerus, eingedenk der Erfahrungen des Kulturkampfs, durchaus Sympathien für die Autonomiebestrebungen im Rheinland respektive der Pfalz. Separatistischen Tendenzen versagten die Geistlichen jedoch in aller Regel ihre Unterstützung. Einer der führenden Köpfe dieser »Föderalisten« war der aus Trier stammende Zentrumspolitiker und Hochschullehrer Prälat Ludwig Kaas. Die protestantischen Kirchenvertreter, namentlich im Rheinland, sprachen sich klar gegen eine Neugliederung des Reichs aus, befürchteten sie doch bei einer Abkehr von Preußen eine Verschärfung der Diasporasituation.[73]

1925, als der 1.000-jährigen Zugehörigkeit der Rheinlande zum Deutschen Reich gedacht wurde, entstand in Rengsdorf das protestantische Rüstzeitheim »Hermann von Wied«. 1930 wurde in Düsseldorf das erste Predigerseminar der rheinischen Kirche eröffnet. Auch in den anderen evangelischen Landeskirchen zeichnete sich die Zeit der Weimarer Republik durch die Erprobung neuer kirchlicher Strategien und Arbeitsweisen aus. Überall ließ sich die gezielte Ansprache von Zielgruppen (Frauen, Jugend, Studenten, Arbeiter) beobachten, etwa durch die Schaffung von Sozial- oder Jugendpfarrämtern. 1929 betonte der soziale Ausschuss der rheinischen Provinzialsynode die zentrale Bedeutung der sozialen Arbeit für eine Kirche, welche die Nöte und Fragen ihrer Zeit verstehen wolle.[74] Ähnliche Wege beschritt auch die katholische Kirche, erinnert sei hier nur an die Anfänge der Trierer Jugendseelsorge unter den Kaplänen Peter Anheier und Johannes Müller. Beim Besuch des päpstlichen Nuntius Eugenio Pacelli, des späteren Papstes Pius XII., wurde ihm Anheier 1927 als der »Don Bosco von Trier« vorgestellt.[75] Auf diese Weise suchten die Kirchen ihren Platz in einer zunehmend offeneren Gesellschaft zu behaupten und den Säkularisierungstendenzen der 1920er Jahre zu begegnen.[76]

Antworten auf die Herausforderungen der Moderne wollten auch die Vertreter der in beiden Großkirchen anzutreffenden Liturgischen Bewegung geben, die auf eine Erneuerung und Vertiefung der Liturgie unter den Gläubigen abzielte. Eines der wichtigsten Zentren dieser Bewegung war die Abtei Maria Laach unter ihrem Abt Ildefons Herwegen. Romano Guardinis schmale Schrift vom »Geist der Liturgie«, die 1918 als erster Band der Laacher Schriftenreihe »Ecclesia orans« erschien, gehörte zu den meistgelesenen Schriften des deutschen Katholizismus in dieser Zeit.[77]

In der Krise am Ende der Weimarer Republik fanden vor allem zwei Gruppen im Protestantismus Gehör, die gänzlich andere Konzepte von Kirche verfolgten. Während die religiösen Sozialisten die wahre Volkskirche als Kirche von unten her definierten, trat die 1932 gegründete Kirchenpartei »Deutsche Christen« für das Führerprinzip, die Schaffung einer deutschen Einheitskirche anstelle der Landeskirchen und die »Rassenreinheit« als Voraussetzung für die Kirchenzugehörigkeit ein. Bei der Synodalwahl in der pfälzischen Landeskirche 1927 hatte die religiös-sozialistische Bewegung um die Pfarrer Georg Valentin Wambsganß, August Kopp und Georg Oswald Damian immerhin 11,7 % der Stimmen erringen können. Die religiösen Sozialisten scheiterten jedoch mit ihrem Versuch, Sitz und Stimme in der pfälzischen Kirchenregierung zu erlangen, ebenso wie im Jahr zuvor mit ihrem öffentlichen Aufruf zur entschädigungslosen Enteignung der Fürsten. In den Jahren nach 1930 warnten die Anhänger des religiösen Sozialismus eindringlich vor der Politik der NSDAP und distanzierten sich deutlich von den Positionen der Deutschen Christen. Dies konnte aber nicht verhindern, dass die Deutschen Christen rasch Fuß fassten und 1932 bei den Kirchenwahlen in der Altpreußischen Union, der auch die rheinische Provinzialkirche angehörte, fast ein Drittel der Stimmen auf sich vereinten.[78] Einer der Gründe für die Erfolge dieser neuen Gruppierung war die große Distanz protestantischer Kreise zur Demokratie von Weimar und ihr Festhalten an obrigkeitsstaatlichen Vorstellungen. Dagegen wussten die Vertreter der katholischen Kirche die freiheitlichen Entwicklungsmöglichkeiten der Demokratie in der Regel sehr viel mehr zu schätzen. Gleichwohl war auch die katholische Kirche uneins darüber, wie dem aufkommenden Nationalsozialismus zu begegnen sei. Die wenigsten Bischöfe waren, bei aller Distanz zu den neuen politischen Kräften, geneigt, dem Beispiel der Mainzer Bistumsleitung um Bischof Hugo und Generalvikar Philipp Jakob Mayer zu folgen und die Unvereinbarkeit von Katholizismus und Zugehörigkeit zur NSDAP zu bekennen.[79]

Die Kirchen in der Zeit des Nationalsozialismus

Anders als die katholische Kirche, die den Aufstieg der Nationalsozialisten eher distanziert, wenn nicht gar ablehnend beobachtete, machte die Mehrheit der protestantischen Pfarrerschaft und Gemeindeglieder keinen Hehl aus ihrer Begeisterung für die neue politische Ordnung. So begrüßten etwa die Teilnehmer der Koblenzer Kreissynode im Frühjahr 1933 »als Deutsche und als evangelische Christen, als Kinder unseres Vaterlandes und als Glieder unserer Kirche [...] den Durchbruch, den Sieg dieser nationalen Erhebung«.[80] Unter dem Eindruck des verlorenen Weltkriegs, der sozialen und wirtschaftlichen Umwälzungen der 1920er Jahre und der sich verschärfenden politischen und innerkirchlichen Kontroversen erschien vielen Protestanten die nationalsozialistische Bewegung und das von ihr vertretene »Führerprinzip« als die Antwort auf die seit längerem beklagten Säkularisierungstendenzen der Gesellschaft. Zudem bezog man mit der Unterstützung des neuen Regimes auch offen gegen den politischen Katholizismus Position. Diese konfessionelle Frontstellung wird ganz besonders in der Pfalz deutlich. Während die protestantisch geprägte Gemeinde Darstein bereits 1930 – als erste Gemeinde reichsweit – geschlossen für die NSDAP votierte, gaben im katholischen Nachbarort Hauenstein noch im März 1933 fast 93 % der Wähler ihre Stimme der Zentrumspartei bzw. der Bayerischen Volkspartei.[81]

Die von den Deutschen Christen erhobene Forderung nach einer Reichskirche stieß beim protestantischen Kirchenvolk und den Leitungsgremien der Landeskirchen anfänglich durchaus auf Zustimmung und führte zu einer Neubelebung der schon seit längerem geführten Reformdiskussion. Am 11. Juli 1933 trat die Verfassung der Deutschen Evangelischen Kirche (DEK) in Kraft, welche an die Stelle des Deutschen Evangelischen Kirchenbundes trat. In der Pfalz beendeten der Protestantenverein und die Positive Vereinigung ihre Tätigkeit und legten ihren Mitgliedern den Eintritt bei den Deutschen Christen nahe. Damit war auch hier, wie in vielen anderen Gesellschaftsbereichen, der erste Schritt auf dem Weg zur kirchlichen Selbstgleichschaltung getan. Unter dem Einfluss des langjährigen NSDAP-Mitglieds und späteren Landesbischofs Ludwig Diehl[82] wurde für die für den 23. Juli 1933 reichsweit anberaumten Kirchenwahlen in der Pfalz – anders als etwa in der rheinischen Provinzialkirche – nur noch eine Einheitsliste mit politisch opportunen Kandidaten aufgestellt. Am Ende bot sich aber in allen Landeskirchen ein ähnliches Bild: Die Deutschen Christen dominierten den Großteil der kirchlichen Gremien. Nicht durchzusetzen vermochten sie sich in Westfalen – der Heimatkirche des als zukünftigem Reichsbischof designierten Leiters der Betheler Anstalten, Friedrich von Bodelschwingh. Bodelschwingh war der Enkel Ernst von Bodelschwinghs, Oberpräsident der Rheinprovinz in den Jahren 1834–1842 und prominentes Mitglied der Koblenzer Kirchengemeinde.

St. Georgspfadfinder mit Klerus und SA vor dem »Domstein« am Trierer Dom, 1933 (Stadtarchiv Trier)

Eine »Schlüsselfigur der nationalsozialistischen Kirchenpolitik«[83] in unserem Raum war der Pfarrerssohn und Wiesbadener Landgerichtsrat August Jäger, der am 24. Juni 1933 vom preußischen Kultusminister zum Staatskommissar für die preußischen kirchlichen Angelegenheiten ernannt wurde. Zu Jägers ersten Amtshandlungen gehörten die Auflösung aller kirchlichen Körperschaften und die Besetzung kirchlicher Schlüsselpositionen mit Anhängern der Deutschen Christen. Bodelschwingh trat noch am gleichen Tag von seiner Kandidatur zurück. Auf der ersten Deutschen Nationalsynode am 27. September 1933 in Wittenberg wurde Pfarrer Ludwig Müller, Mitbegründer der Deutschen Christen und Hitlers Vertrauensmann in Kirchenfragen, zum neuen Reichsbischof gewählt. Erst wenige Wochen zuvor war Müller auf der Zehnten Preußischen Generalsynode (5./6. September 1933) zum Landesbischof berufen worden. Auf dieser auch als »braune Synode« bezeichneten Versammlung hatte sich die Mehrheit der Delegierten für die Übernahme des Arierparagraphen in das kirchliche Dienstrecht ausgesprochen.

Im September 1933 trat auch das Reichskonkordat mit dem Heiligen Stuhl in Kraft.[84] Inhalte dieses Vertrags waren die Zusicherung der Bekenntnisfreiheit, die Unterschutzstellung des kirchlichen Eigentums und der Bekenntnisschulen. Im Gegenzug wurde die Betätigung von Geistlichen und Ordensleuten in politischen Parteien untersagt. Kirchliche Gruppierungen sollten ausschließlich religiöse, kulturelle und karitative Aufgaben übernehmen. Das damit einhergehende Ende der Zentrumspartei und der Bayerischen Volkspartei beraubte viele katholische Wähler ihrer politischen Heimat. Dies war der Preis, den die katholische Kirche entrichten musste, um ihre eigene kulturelle Identität zu bewahren und der NS-Weltanschauung keinen Raum in Kult und Lehre einräumen zu müssen. Aus diesem Grund lehnte der Speyerer Bischof Ludwig Sebastian als einziger Bischof die Abhaltung eines Dankgottesdiensts anlässlich des Konkordatsabschlusses ab. Ende Oktober 1933 kamen rd. 10.000 Gläubige in Mainz zusammen, um ungeachtet aller NS-Agitation den dritten internationalen Christkönigskongress zu begehen und so den Gedanken von der Königsherrschaft Gottes in die Gesellschaft zu tragen. Auch der 57. Todestag Bischof Kettelers wurde im darauffolgenden Jahr demonstrativ mit einer großen Jubiläumsveranstaltung in Mainz begangen. Insgesamt erwies sich das katholische Milieu bei allen Anpassungstendenzen doch als so stabil, dass sich keine den Deutschen Christen vergleichbare Gruppierung herausbilden konnte.[85]

Unter dem Einfluss der Deutschen Christen kam es nicht nur auf Reichs-, sondern auch auf Landesebene zu grundlegenden organisatorischen Veränderungen. In Hessen votierten am 12. September 1933 die drei südlichen evangelischen Landeskirchen (Nassau, Frankfurt und Hessen-Darmstadt) für die Vereinigung zur Evangelischen Landeskirche von Nassau-Hessen. Die neue Landeskirche war alles andere als ein homogenes Gebilde, wie die Bischofswahl auf der ersten gemeinsamen Synode in Mainz am 28. November 1933 erweisen sollte. Die Synodalen schlugen Reichsbischof Müller den Prälaten Wilhelm Diehl und den Pfarrer der Wiesbadener Marktkirche Ernst Ludwig Dietrich als Kandidaten für das Bischofsamt vor. Bischof Müller ließ Diehl in den Ruhestand versetzen und ernannte Dietrich, den gerade einmal 36-jährigen Anhänger der Deutschen Christen, zum Landesbischof. Maßgeblichen Anteil an dieser Entwicklung hatte wiederum Staatskommissar Jäger. Wie schon im Falle des Reichskonkordats hatten es die Anhänger der NS-Ideologie verstanden, Entwicklungen aus der Weimarer Republik aufzugreifen und in ihrem Sinne umzudeuten. Die Aufnahmeverhandlungen der Birkenfelder Landeskirche – der kleinsten Landeskirche im Reich – mit der Altpreußische Union gelangten bezeichnenderweise nach mehr als einem Jahrzehnt 1934 zum Abschluss.[86] In diesem Jahr siedelte auch das Rheinische Konsistorium von Koblenz nach Düsseldorf über. Begründet wurde dieser Schritt u. a. damit, dass der überwiegende Teil der Gemeindeglieder im Nordteil der Rheinprovinz lebte.[87]

Unterdessen hatte sich auch die innerkirchliche Opposition gegen die Deutschen Christen und die von ihnen theologisch vertretenen Positionen zu formieren begonnen. Bereits im Sommer 1933 waren erste Pfarrerbruderschaften entstanden, so auch am Mittelrhein, im Hunsrück und in Hessen-Nassau, 1934 folgte die Pfalz unter Vorsitz des späteren Kirchenpräsidenten Hans Stempel. Die Gruppe um den Braubacher Pfarrer Karl Amborn stand in Kontakt mit Martin Niemöller vom Pfarrernotbund, der im September 1933 entstandenen reichsweiten Sammelbewegung aller bekenntnistreuen Pfarrer und Theologen. Bekenntnischarakter hatten auch viele Treffen und Synoden, wie etwa die Zusammenkunft von rd. 300 Presbytern aus dem Mosel- und Hunsrückraum im Januar 1934 in Büchenbeuren/Hunsrück. Diese Oppositionsbewegung wurde nicht nur von der Geistlichkeit, sondern auch von den Gemeindegliedern mitgetragen. Den Ulmer Bekenntnistag (22. April 1934), der den Beginn der Bekennenden Kirche markiert, besuchten auch Vertreter des Pfarrernotbunds Nassau-Hessen. Auf der Barmer Synode (Mai 1934), an der u. a. auch Pfarrer Hermann Lutze aus Kleinich für den Hunsrücker Pfarrernotbund teilnahm, grenzten sich die Vertreter unierter, lutherischer und reformierter Gemeinden in einer Erklärung klar von der nationalsozialistischen Weltanschauung ab. Die von dem Schweizer Theologen Karl Barth erarbeiteten Thesen gehören bis heute zu den Bekenntnisschriften des deutschen Protestantismus. Eine Reihe von Gemeinden aus unserem Untersuchungsgebiet schloss sich in den folgenden Monaten der Bekennenden Kirche an. Nach der zweiten Bekenntnissynode in Dahlem (Oktober 1934) begann die Bekennende Kirche in den Landeskirchen, deren Vorsteher den Deutschen Christen angehörten und die daher als »zerstörte Kirchen« galten, Parallelstrukturen in Form von Bruderräten und -synoden zu den von den Deutschen Christen dominierten kirchlichen Leitungsgremien aufzubauen. Sämtliche evangelische Landeskirchen in unserem Untersuchungsgebiet müssen diesen »zerstörten« Kirchen zugerechnet werden. So wurde etwa Pfarrer Friedrich Langensiepen aus dem Hunsrückdorf Gödenroth in den Brüderrat der rheinischen Landeskirche berufen.[88]

Während die Auseinandersetzung mit der NS-Weltanschauung die protestantischen Landeskirchen bis ins Innerste entzweite, schwand in der katholischen Kirche die »Konkordatseuphorie«[89] sehr schnell und machte angesichts der immer massiver werdenden Repressalien gegenüber katholischen Vereinen, Einrichtungen und Schulen, aber auch einzelnen Geistlichen oder Ordensleuten großer Ernüchterung Platz. Die Maßnahmen des NS-Regimes zielten offenkundig auf eine Entkirchlichung und letztlich auch Entchristlichung der Gesellschaft ab. Doch gerade viele katholische Gläubige begegneten der nationalsozialistischen Kirchenpolitik mit offenkundiger Ablehnung und praktizierten ihren Glauben weiterhin in aller Öffentlichkeit. So kam es anlässlich der Firmungsreise des Trierer Bischofs Bornewasser im Mai 1935 in Bad Kreuznach zu einer unangekündigten Prozession mit rd. 900 Teilnehmern.[90] Partei und Staat war das Protestpotenzial, das diesen Glaubenskundgebungen innewohnte, durchaus bewusst. Umso größer war das Befremden, als man noch 1939 feststellen musste, dass an der Andernacher Fronleichnamsprozession zahlreiche »Parteigenossen und BdM-Mädchen« teilnahmen.[91]

Zum offenen politischen Widerstand konnten sich jedoch weder die Vertreter des katholischen Episkopats, wie etwa der Mainzer Bischof Dr. Albert Stohr, noch die der Bekennenden Kirche durchringen. Die Bereitschaft, gemäß dem apostolischen Auftrag als »Kirche in der Welt« die Verfolgung von Juden, gesellschaftlichen Minderheiten und politischen Gegnern in aller Öffentlichkeit anzuprangern, fehlte bei der Mehrzahl der kirchlichen Entscheidungsträger. Meist waren es einzelne Priester, Pfarrer, Ordensleute, aber auch Gläubige, die gegen das Unrechtsregime Stellung bezogen und nach Abhilfe trachteten. Viele Unbeugsame bezahlten ihre Kritik und ihr Eintreten für die Entrechteten mit Haft oder gar dem Tod, so etwa der pfälzische Kapuzinerpater Ingbert Naab, der erste in Dachau inhaftierte »reichsdeutsche« Priester Friedrich Seitz aus der westpfälzischen Gemeinde Schallodenbach, der katholische Schullehrer Anton Knab aus Wöllstein/Rheinhessen, der evangelische Pfarrer Paul Schneider aus Dickenschied/Hunsrück oder die Winninger Pfarrerstochter Elisabeth Müller.[92]

Pfarrer Paul Schneider (1897–1939)

»Kameraden, hört mich. Hier spricht Pfarrer Paul Schneider. Hier wird gefoltert und gemordet. So spricht der Herr: ›Ich bin die Auferstehung und das Leben!‹ «

(KZ Buchenwald 1938)
Zitiert nach Ökumenisches Heiligenlexikon, URL: http://www. heiligenlexikon.de [06.02.2012]

Mit dem Ausbruch des Zweiten Weltkriegs schwächte sich der Kirchenkampf in der evangelischen Kirche ab. Das nationale Element einte – ähnlich wie schon im Ersten Weltkrieg – die widerstreitenden Gruppierungen. Wieder wurden Pfarrer, Priester und Ordensgeistliche eingezogen. Die Einrichtungen von Caritas und Diakonie litten zunehmend unter akutem Personalmangel, der durch den Einsatz ausländischer Zwangsarbeiter aufgefangen werden sollte. Fremdarbeiter wurden vor allem in den Bereichen

Landwirtschaft und Hauswirtschaft eingesetzt, so z. B. im evangelischen Krankenhaus Simmern/Hunsrück, im Krankenhaus der Barmherzigen Brüder in Trier oder im Kloster Marienstatt im Westerwald.[93]

Zeitgleich zu den ersten Kriegshandlungen hatte Hitler den Befehl zur Tötung unheilbar Kranker und Behinderter erteilt.[94] Ein Großteil dieser Patienten lebte in konfessionellen Heil- und Pflegeeinrichtungen. Nur in vergleichsweise wenigen Fällen gelang es, wie im St. Vinzenzhaus in Schönecken/Eifel, den Abtransport der mit dem Tode bedrohten Pfleglinge zu verhindern oder sie rechtzeitig nach Hause zu entlassen. Aus der Heilerziehungs- und Pflegeanstalt Scheuern wurden nicht nur die eigenen Pfleglinge abtransportiert, sondern die Anstalt diente zugleich als sog. »Zwischenanstalt« für die Transporte zur Tötungsanstalt Hadamar. Der Versuch des nationalsozialistischen Regimes, diese Aktion geheim zu halten, scheiterte nicht zuletzt am Protest einiger katholischer Bischöfe, so auch des Trierer Bischofs Bornewasser und seines Mainzer Amtsbruders Stohr. Doch trotz der offiziellen Einstellung des »Euthanasie«-Programms wurden die Tötungsaktionen bis zum Kriegsende faktisch weitergeführt.

Die Auseinandersetzung mit dem Nationalsozialismus in den ersten Nachkriegsjahren

Das Ende des Zweiten Weltkriegs und der Zusammenbruch der nationalsozialistischen Herrschaft bedeuteten für die Kirchen das Ende einer Zeit der Bedrückung, Verfolgung und staatlichen Einflussnahme auf viele Arbeitsfelder. Vor allem Caritas und Diakonie waren zahlreichen Einschränkungen bis hin zur Beschlagnahme ihrer Gebäude ausgesetzt gewesen.

Die französische Besatzungsmacht forderte, dass die Kirchen ihre Geistlichen einem Entnazifizierungsverfahren unterzögen, gestand ihnen allerdings zu, dies in eigener Regie vorzunehmen.[95] Das Verfahren wurde dadurch erschwert, dass die Kirchengrenzen nicht mit den politischen Grenzen übereinstimmten. Die Verwaltungssitze der Bistümer Limburg, Köln und Mainz sowie die der evangelischen Kirche im Rheinland – mit Sitz in Düsseldorf – und der evangelischen Kirche von Nassau – mit Sitz in Wiesbaden – befanden sich außerhalb der Kompetenz des Oberpräsidiums Rheinland-Hessen Nassau.

Die Entnazifizierung vollzog sich in den Bistümern Limburg, Köln, Trier, Mainz und Speyer unspektakulär. Kardinal Joseph Frings (Köln) hatte die Linie vorgegeben, an die sich auch die anderen Bistümer hielten. Er wies eine externe Beteiligung an der Überprüfung der Geistlichen zurück, die allein Sache der katholischen Kirche sei. Im Bistum Mainz etwa wurde ein Ausschuss aus Geistlichen und Laien gebildet, der die Pfarrer überprüfte und die französische Militärregierung über das Ergebnis – allerdings ohne Aktenvorlage – unterrichtete. Bei etwaigen Beanstandungen sollte zwischen Bischöflichem Ordinariat und Militärregierung verhandelt werden. Das Verfahren in Mainz war dem Vorgehen in Trier – unter Bischof Franz Rudolf Bornewasser –, Limburg – unter Bischof Anton Hilfrich – und Speyer – unter Bischof Joseph Wendel – vergleichbar. Im Bistum Trier wurden 19 Geistliche mit einer engeren Verbindung zum Nationalsozialismus gemeldet. Davon galt nur ein Fall als strittig. Im Bistum Limburg war keiner der 104 im Bezirk Montabaur tätigen Priester belastet. Im Bistum Speyer waren lediglich zwei Pfarrer betroffen, galten aber als noch tragbar. Bereits im Frühjahr 1947 waren die Verfahren in den Bistümern abgeschlossen.

Auszug aus dem gemeinsamen Hirtenbrief der deutschen Bischöfe

(Fulda, 23.08.1945)

»Furchtbares ist schon vor dem Kriege in Deutschland und während des Krieges durch Deutsche in den besetzten Ländern geschehen. Wir beklagen es zutiefst: Viele Deutsche, auch aus unseren Reihen, haben sich von den falschen Lehren des Nationalsozialismus betören lassen; sind bei den Verbrechen gegen menschliche Freiheit und menschliche Würde gleichgültig geblieben; viele leisteten durch ihre Haltung den Verbrechen Vorschub, viele sind selber Verbrecher geworden. Schwere Verantwortung trifft jene, die aufgrund ihrer Stellung wissen konnten, was bei uns vorging, die durch ihren Einfluß solche Verbrechen hätten hindern können, und es nicht getan haben, ja diese Verbrechen ermöglicht und sich dadurch mit den Verbrechern solidarisch erklärt haben.«

Zitiert nach GRUBER, Katholische Kirche 2006, S. 207.

In den drei evangelischen Landeskirchen erwies sich die politische Säuberung der Pfarrerschaft hingegen als langwieriger. Die Militärregierung griff stärker ein und behielt sich die letzte Entscheidung vor. In der Auseinandersetzung zwischen Kirchenleitungen und französischen Stellen zeigte sich, dass die Kirchen die geistliche Haltung ihrer Pfarrer zum Bewertungsmaßstab machten, während die Besatzungsmacht die politische Dimension des Handelns zur Richtschnur nahm.

In der Evangelischen Kirche der Rheinprovinz wurde die alte Kirchenführung durch Persönlichkeiten aus der Bekennenden Kirche abgelöst. Der spätere Präses Heinrich Held wurde Mitglied der Kirchenleitung, die die Geschäfte bis zum Zusammentreten einer neuen Synode wahrnahm. Zum bevollmächtigten Vertreter in der französischen Zone wurde im November 1945 Karl Sachsse, Superintendent von Koblenz, berufen. Zunächst wurden NS-belastete Pfarrer durch eine kirchliche Spruchkammer überprüft. Bis Ende Februar 1946 erfolgte die Suspendierung von neun Pfarrern, die den Deutschen Christen angehört hatten. Das französische Hauptquartier in Baden-Baden war indessen mit dem Gang des Verfahrens nicht einverstanden und forderte im März 1946 eine systematische Entnazifizierung, die sich bis März 1948 hinzog. Von 214 Geistlichen hatten nur 13 keiner NS-Organisation angehört, 89 Pfarrer waren politisch stärker belastet, 46 Mitglied der NSDAP, 27 hatten sich den Deutschen Christen angeschlossen. Die verhängten Strafen bestanden in Gehaltskürzungen, Versetzungen oder gänzlicher Entfernung aus dem Kirchendienst. Der Trierer Superintendent wurde seiner Funktion enthoben, durfte aber weiterhin als Pfarrer wirken. Bis auf vier Fälle billigte die Militärregierung die Vorschläge des kirchlichen Überprüfungsausschusses.

Präses Rudolf Harney auf der Synode der Evangelischen Kirche im Rheinland

(Velbert, 16.– 20.09.1946)

»Unsere Kirche ist so zerstört, äußerlich und innerlich, daß sie sich nicht mit einigen Schönheitsreparaturen zufriedengeben kann; sie muß Schutt beseitigen und Trümmer hinwegräumen und dann an einen Neuaufbau herangehen. [...] Der Weg der Deutschen Christen war ein unkirchlicher Irrweg, von dem wir uns eindeutig und endgültig scheiden.«

Zitiert nach Verhandlungen der 44. Außerordentlichen Tagung der Rheinischen Provinzialsynode in Velbert. 1. Tagung vom 16. bis 20. September 1946. Essen 1948, S. 17.

Auch in der Nassauischen Kirche übernahmen Persönlichkeiten der Bekennenden Kirche die Leitung. Im Juli 1945 wurde ein Ausschuss zur Überprüfung der Geistlichen eingerichtet. Landesbischof Dietrich wurde ebenso wie fünf Dekane, die die alte Kirchenleitung unterstützt hatten, des Amtes enthoben. Sein Titel wurde ihm aberkannt. Die französischen Stellen griffen in den Prozess zunächst nicht ein, weil sie den anstehenden Zusammenschluss der hessischen Teilkirchen – Darmstadt, Nassau und Frankfurt – zur EKHN abwarteten, der schließlich unter der Leitung Martin Niemöllers im Herbst 1947 erfolgte. Mit Superintendent Reinhard Becker aus Albig ernannte die Kirchenleitung einen Entnazifizierungsbeauftragten für das französische Besatzungsgebiet. Insgesamt war der Anteil schwer belasteter Pfarrer in Nassau gering. 10 % der Pfarrerschaft waren bereits in der ersten Phase entlassen oder suspendiert worden. Im November 1948 bilanzierte Kirchenpräsident Niemöller vor der Synode, dass eine große Anzahl von Pfarrern wieder in ihr Amt eingesetzt worden sei. Um ein einheitliches Vorgehen gegen belastete Pfarrer der drei ehemaligen Teilkirchen zu gewährleisten, verabschiedete die Synode ein entsprechendes Gesetz, das aber angesichts des Abschlusses der staatlichen Entnazifizierung keine praktische Bedeutung mehr erlangte.

Innerhalb der französischen Zone war der Anteil NS-belasteter Pfarrer in der pfälzischen Kirche am stärksten. Schon der Neuanfang auf der Leitungsebene gestaltete sich zäh. Landesbischof Ludwig Diehl, Träger des goldenen Parteiabzeichens, wurde im Frühjahr 1945 noch von der amerikanischen Militärregierung abgesetzt. Sein Vertreter Hans Stichter[96] trat die Nachfolge an, auch der bisherige Oberkirchenrat Eugen Roland blieb im Amt. Die Franzosen waren mit dieser personellen Kontinuität nicht einverstanden und versagten Stichter und Roland die Reisegenehmigung zur wichtigen Kirchenführerkonferenz in Treysa Anfang Mai 1946. Als auch die inzwischen entstandene Evangelische Kirche in Deutschland (EKD) eine Lösung des Personalproblems forderte und die pfälzische Kirche in die Isolation zu geraten drohte, gab der Landeskirchenrat unter Leitung des späteren Kirchenpräsidenten Hans Stempel – der dem gemäßigten Flügel der Bekennenden Kirche angehörte – im August 1946 schließlich die Ruhestandsversetzung von Stichter und Roland bekannt.

Die Entnazifizierung der pfälzischen Geistlichen wurde seit Herbst 1945 betrieben. Auch hier kam es durch die Militärregierung, die mit den anfänglichen Ergebnissen nicht einverstanden war, zu einem mehrstufigen Prozess. Bis auf 60 noch in Gefangenschaft befindliche Pfarrer wurden 250 Fälle überprüft. Ende 1948 erhielt die Landessynode den Abschlussbericht, wonach 53 Pfarrer Mitglied der NSDAP, fünf bei der SA und zwei bei der SS gewesen waren. 18 Geistliche hatten Ämter im NS-Staat bekleidet. Es kam u. a. zu fünf Entlassungen ohne Pension, zu acht Suspendierungen auch aus leitenden Ämtern und elf Versetzungen. Landesbischof Ludwig Diehl wurde Ende April 1949 als Mitläufer eingestuft. Neben einer Geldbuße von 200 DM verlor er alle Ansprüche aus seinem Bischofsamt und durfte bis zu seinem Ruhestand als Pfarrer in Mackenbach tätig sein. Seine politischen Aktivitäten vor 1934 kritisierte die Spruchkammer, während seine bischöfliche Tätigkeit als durchaus segensreich für die Landeskirche bezeichnet wurde. Kirchenpräsident Stempel bewertete die Entnazifizierung zu Recht als ein sehr mildes Verfahren, das er auf die letztlich doch entgegenkommende Haltung der Militärbehörden zurückführte.

In der Tat spiegelt die Entnazifizierung in den evangelischen Landeskirchen den gesamtgesellschaftlichen Prozess nicht nur in der französischen Zone wider. Der zunächst bekundete Wille zum Neuanfang erwies sich als nicht durchsetzungsfähig. Die verhängten Strafmaße wurden durch Berufungsverfahren bis hin zu weitgreifenden Amnestierungen zurückgenommen, weil für den Wiederaufbau Deutschlands, insbesondere vor dem Hintergrund des sich zuspitzenden Ost-West-Konflikts, alle Kräfte benötigt wurden.

Mit dem Stuttgarter Schuldbekenntnis formulierte die EKD im November 1945 deutschlandweit ihre Mitverantwortung am NS-Unrechtsstaat, gegen den sie nicht rechtzeitig und eindeutig Stellung bezogen habe. Im »Darmstädter Wort« des Bruderrates der EKD wurde das Stuttgarter Schuldbekenntnis im August 1947 konkretisiert. Beide Verlautbarungen wurden in den Landeskirchen unterschiedlich mitgetragen. Das Darmstädter Wort galt vielen als Selbstdemütigung der Kirche und ist bis heute weitgehend vergessen.[97]

»Darmstädter Wort« vom 8. August 1947

»Punkt 2: Wir sind in die Irre gegangen, als wir begannen, den Traum einer besonderen deutschen Sendung zu träumen, als ob am deutschen Wesen die Welt genesen könne. Dadurch haben wir dem schrankenlosen Gebrauch der politischen Macht den Weg bereitet und unsere Nation auf den Thron Gottes gesetzt. [...]«

URL: http://www.ekhn.de/inhalt/download/Standpunkt/geschichte/07 darmstaedter wort lga.pdf [03.02.2012]

Gemeinsam gegen die Nachkriegsnot

Die vielzitierte »Stunde der Kirche«[98] unmittelbar nach Kriegsende war auch eine Stunde von Caritas und Diakonie, zumal die Menschen des geistlichen Zuspruchs ebenso dringend bedurften wie materieller Zuwendungen. Da die Kirchen im Vergleich zu den staatlichen Stellen trotz nationalsozialistischer Eingliederungsversuche und materieller Kriegsverluste organisatorisch relativ intakt geblieben waren, konnten – und durften – sie zunächst als einzige Institutionen auch zonenübergreifend arbeiten. Hinzu kam, dass die Kirchen vom Ausland als Anwälte der Menschen in Deutschland angesehen wurden.[99]

Im August 1945 entstand das Hilfswerk der Evangelischen Kirche in Deutschland mit Sitz in Stuttgart. Bald bildeten sich entsprechende Hilfswerke in den evangelischen Landeskirchen bis hin zur Gemeindeebene. Die Caritas griff auf ihre bewährten Strukturen zurück. Die durch Kirchen und Bistümer laufenden Grenzen der Besatzungszonen erforderten besondere Verwaltungsstrukturen. Der Großteil der rheinischen Landeskirche lag auf dem Gebiet der britischen Zone. Daher wirkte Kirchenrat Karl Sachsse in den Regierungsbezirken Koblenz und Trier als Verbindungsmann zwischen dem Kirchenamt in Düsseldorf, den französischen Besatzungsbehörden und den staatlichen Stellen. Der Bogen seiner Tätigkeit spannte sich von der Betreuung heimatloser Ausländer über die Beschaffung von Baumaterial bis zur Zusammenarbeit mit Wohlfahrtsverbänden.

Kirchliche Nothilfe war zunächst vor allem eine deutsche Selbsthilfe, wie etwa die Durchführung von Kollekten und Sachsammlungen, die zur gezielten Unterstützung Bedürftiger eingesetzt wurden. Fast in jeder Kirchengemeinde fanden sich Ehrenamtliche, vor allem Frauen, die diese Arbeit mittrugen, wie z. B. Kinder- und Altenspeisungen oder die Ausgabe von Kleidung. Von Juni bis Dezember 1945 gab allein die Caritas in Mainz 246.187 Essensportionen aus und verteilte 4.228 Stück Kleidung. Die Arbeit

Blick auf die Rückseite der zerstörten Karmeliterkirche, Koblenz 1946, (Stadtarchiv Koblenz, Foto: Karl Stiebel. Mit freundlicher Genehmigung von Helke Stiebel)

stand unter dem biblischen Leitwort »Einer trage des anderen Last« (Galater 6,2).[100]

Zielgruppen waren vor allem Kinder, Jugendliche, alte Menschen, Heimkehrer, Kriegsgefangene und Flüchtlinge. In Caritas-Volksküchen wie im Heilig-Geist-Hospital in Bingen wurden Heimkehrer und Obdachlose versorgt. In Ludwigshafen und Homburg bestanden Suppenküchen für alte Menschen. In Speyer wurde von der Caritas zusätzlich eine Milchküche für Säuglinge und kranke Kinder betrieben. Caritas, Evangelisches Hilfswerk und das Rote Kreuz arbeiteten beim Aufbau eines Suchdienstes zusammen, wie etwa in Mainz, um verstreute Familien wieder zusammenzuführen. Daneben stand das Bemühen, durch stationäre Einrichtungen, wie etwa Heime für gefährdete Mädchen, der Verwahrlosung der Jugend entgegenzuwirken. 1947 entstand mit dem evangelischen Heinrich-Egli-Haus in Mainz auch ein Heim für Nichtsesshafte.

Die katholischen Bistümer in Rheinland-Pfalz

Vorlage: Sekretariat der Deutschen Bischofskonferenz
Kartographie: Landesamt für Vermessung und Geobasisinformation Rheinland-Pfalz

Innere Mission und Caritas unterhielten Bahnhofsmissionen etwa in Koblenz, Mainz, Worms, Gau-Algesheim, Neustadt und Kaiserslautern. Nach der Währungsreform, deren Folgen sich zunächst negativ auf die Hilfstätigkeit auswirkten, setzten die Kirchen sich verstärkt für die Verbesserung der Wohnungslage ein und errichteten eigene Siedlungswerke. Ab 1950 vermittelten die kirchlichen Hilfswerke auch Adoptionen von Waisen und unehelichen Kindern. Allmählich bildete sich eine Rechtsberatung für Sozialversicherungs- und Fürsorgeangelegenheiten heraus.

Eine besondere Notlage herrschte in den Gefangenenlagern wie etwa Koblenz-Lützel, Bad Kreuznach, Bretzenheim, Dietersheim oder Sobernheim. Durch Sammlungen in den Kirchengemeinden konnten Lebensmittellieferungen, die mit Einverständnis der französischen Lagerverwaltung erfolgten, die Situation lindern. Schon die ersten Lager in der Endphase des Kriegs und den ersten Nachkriegsmonaten (Rheinwiesenlager) hatten durch die Vermittlung ortsansässiger Pfarrer kirchliche Unterstützung erhalten, soweit dies möglich war. Der Mainzer Bischof Stohr besuchte im Mai 1947 eine Reihe von Lagern deutscher Kriegsgefangener in Frankreich und sprach ihnen in einem Hirtenbrief Trost zu. Er setzte sich bei der Besatzungsmacht für eine baldige Heimkehr der Gefangenen ein. Der pfälzische Kirchenpräsident Hans Stempel nahm sich gemein-

Die evangelischen Landeskirchen in Rheinland-Pfalz

Vorlage: Evangelische Kirche der Pfalz
Kartographie: Landesamt für Vermessung und Geobasisinformation Rheinland-Pfalz

sam mit Pfarrer Theodor Friedrich der kriegsverurteilten Soldaten in den Gefängnissen von Frankreich und den Beneluxstaaten an.

Seit Ende 1946 öffnete die französische Besatzungsmacht ihre Zone für Auslandsspenden, die vor allem aus den USA und der Schweiz nach Deutschland flossen. Die kleinen Gemeinschaften der Mennoniten und Quäker leisteten im Vergleich zu der Anzahl ihrer Mitglieder eine unverhältnismäßig große Hilfe. Neben der materiellen Bedeutung dieser Zuwendungen, die Evangelisches Hilfswerk, Caritas und andere Wohlfahrtseinrichtungen verteilten, vermittelten die Gaben vielen Deutschen das Gefühl, trotz der Kriegsschuld und der Kriegsverbrechen nicht aus der Weltgemeinschaft ausgestoßen zu sein. Insbesondere die Speisungen für Schul- und Kleinkinder, die etwa in der Pfalz in den großen Städten und in 135 Gemeinden durchgeführt wurden, wertete die Bevölkerung als eine erste Geste der Versöhnung. »Otto Normalverbraucher« – wie der Volksmund den auf die amtliche Zuteilung angewiesenen Menschen bezeichnete – erhielt in dieser Zeit Lebensmittel von oft kaum mehr als 1.000 Kalorien pro Tag. Das katholische Jugendwerk Fort Gonsenheim bei Mainz konnte ebenso wie das Evangelische Hilfswerk der pfälzischen Landeskirche im Sommer 1947 dank der Auslandsspenden Kindererholungen durchführen.

Seit Beginn der 1950er Jahre wandelte sich die Arbeit der kirchlichen Hilfsorganisationen. Aus der Nothilfe im Nachkriegsalltag und der Verteilung von Auslandsspenden entwickelte sich allmählich eine Hilfe aus eigenen Mitteln, die sich den Menschen in der DDR und der Dritten Welt zuwandte – eine Form des Dankes für erfahrene Unterstützung. Zwischen den Landeskirchen West und Ost erwuchsen Partnerschaften. So unterstützte die EKHN die Evangelische Kirche der Kirchenprovinz Sachsen, die Pfalz die Evangelische Landeskirche Anhalts und die Evangelische Kirche im Rheinland die Evangelische Kirche Berlin-Brandenburg.

Kirchlicher Wiederaufbau und Zusammenarbeit mit dem neuen Bundesland Rheinland-Pfalz

Unter dem Stichwort Wiederaufbau ging es ganz praktisch um die Beseitigung der Kriegsschäden oder den Neubau zerstörter Kirchen. Auf der anderen Seite galt es, kirchliche Strukturen wiederherzustellen und sie an die Erfordernisse der Gegenwart anzupassen. In der Seelsorge stand die Betreuung der unter der Nachkriegsnot leidenden einheimischen wie Flüchtlingsbevölkerung sowie die Betreuung von Kriegsgefangenen und Heimkehrern im Vordergrund. Der in der Zeit des Nationalsozialismus von Staats wegen betriebenen Entkirchlichung musste von kirchlicher Seite begegnet werden. Glaubenszuversicht vermittelnde Impulse setzten etwa der Mainzer Katholikentag im September 1948 oder der erste pfälzische Kirchentag in Kaiserslautern im September 1958.

Mit der allmählichen Rückkehr der Pfarrer aus der Kriegsgefangenschaft und der Einstellung von Flüchtlingspfarrern, der Neuregelung des Religionsunterrichts und der Wiederbelebung der Arbeit mit Kindern, Jugendlichen, Frauen und Männern verlief das Gemeindeleben bald wieder in geregelten Bahnen. Trotz anfänglich erheblichen Papiermangels erschienen Gemeindeblätter und die kirchliche Gebietspresse wie etwa »Der christliche Pilger« (Bistum Speyer, November 1945), »Der Evangelische Kirchenbote« (Speyer, Oktober 1945) und »Kirchliche Nachrichten für das Bistum Mainz« (Juni 1945; ab 1947 »Glaube und Leben«).

Eröffnung des Katholikentags auf dem Liebfrauenplatz in Mainz (1. September 1948) mit Repräsentanten von Kirche, Stadt, Land, frz. Militär und Universität (Dom- und Diözesanarchiv Mainz)

1. Pfälzischer Kirchentag in Kaiserslautern, September 1958 (Zentralarchiv der Ev. Kirche der Pfalz)

Schon kurz nach der Übernahme ihrer Zone forcierte die Besatzungsmacht Frankreich die Gründung einer Universität. Die Standortentscheidung fiel zugunsten von Mainz. Von Beginn an unterstützte der Mainzer Bischof Stohr das Projekt, da er einen neuen Weg der Priesterausbildung beschreiten wollte. Das Theologiestudium der Priesteramtskandidaten wurde im Mai 1946 mit ausdrücklicher römischer Genehmigung vom Priesterseminar an die neue Universität Mainz verlegt. Stohr, früher selbst als Seminarprofessor an der Theologenausbildung beteiligt, wollte das Theologiestudium in direktem Kontakt und Austausch mit anderen Fächern organisiert wissen.[101] Pfälzische, hessische und rheinische Landeskirche beteiligten sich an der Gründung der Evangelisch-Theologischen Fakultät an der Universität Mainz, da die Ausbildung des theologischen Nachwuchses angesichts des Pfarrermangels oben auf der Tagesordnung stand.

Die Versorgung mit Pfarrern war auch deshalb wichtig, weil mit dem Zustrom von Flüchtlingen erheblich mehr Gemeindeglieder in beiden Konfessionen zu versorgen waren. Die französische Besatzungsmacht, die ihre Zone zunächst hermetisch gegen die Aufnahme von Flüchtlingen abgeriegelt hatte, gab diesen Widerstand 1949 auf, so dass bis 1955 in mehreren Wellen insgesamt 262.000 Menschen in Rheinland-Pfalz neu angesiedelt wurden. Im Zusammenhang mit dem allgemeinen Bevölkerungswachstum, vor allem in den Städten, führte dies auch zu einem Ausbau der Pfarrstrukturen beider Kirchen, d.h. zur Neueinrichtung von Seelsorgestellen und damit auch zum Neubau bzw. zur Erweiterung von Kirchen.

Die baulichen Aktivitäten erstreckten sich aber nicht nur auf kirchliche Gebäude. Schon seit 1945 führte Bischof Stohr Verhandlungen zur Schaffung eines Siedlungswerks. Damit sollten vor allem junge Familien in ihrem Streben nach einem Eigenheim unterstützt werden. Aber erst 1948 gelang die Gründung einer gemeinsamen bis heute bestehenden Siedlungsgenossenschaft der drei Bistümer Limburg, Fulda und Mainz (Gemeinnütziges Siedlungswerk). Eine vergleichbare Einrichtung mit gleicher Zielsetzung schuf Bischof Joseph Wendel 1949 in Speyer als Gemeinnütziges Siedlungs- und Wohnungswerk der Diözese.[102] In der Pfalz wirkten das Siedlungswerk des Bistums Speyer, das Evangelische Siedlungswerk des Hilfswerks und die Arbeiterwohlfahrt in der Arbeitsgemeinschaft pfälzischer Siedlungsträger zusammen.

Der durch die Flüchtlinge erzeugte Bevölkerungswandel wirkte sich auch auf die Gemeindezusammensetzung und praktizierte Frömmigkeitsformen aus. In den evangelischen Landeskirchen wurde 1954 EKD-weit ein neues Gesangbuch auch deshalb eingeführt, um den Flüchtlingen Teile ihres Liedguts zu erhalten.[103]

Sehr bald nach Kriegsende, vor allem aber nach der Währungsreform, begann die Instandsetzung der Kirchen. Die Finanzierung von Wiederaufbau bzw. Neubau wurde durch das Landesgesetz vom 19. Januar 1950 über die Erhebung von Kirchensteuern im Lande Rheinland-Pfalz wesentlich erleichtert. Fast alle zerstörten Kirchen und kirchlichen Gebäude konnten erneuert werden. Zu Beginn der 1950er Jahre wurden beispielsweise bis zu 70 % der Kirchensteuereinnahmen im Bistum Speyer für den Wiederaufbau verwendet.[104] Lediglich in den größeren Städten mit einem dichten Pfarrnetz wurden nicht mehr alle Kirchen instand gesetzt. So wurde in Mainz die gotische Kirche St. Christoph als Ruine gesichert, um ein Mahnmal für den Frieden zu gewinnen.[105] In Ludwigshafen ließ man den Turm der zerstörten Lutherkirche als Mahnmal stehen, während ansonsten auch die evangelischen Kirchengebäude nach Möglichkeit instand gesetzt wurden, wie etwa die Karlskirche in Zweibrücken (Wiederaufbau 1964–1970), die Dreifaltigkeitskirche in Worms (Wiederaufbau 1955–1959) oder die Christuskirche in Koblenz (Wiederaufbau 1951–1954).

Verfassung für Rheinland-Pfalz, Vorspruch:

»Im Bewusstsein der Verantwortung vor Gott, dem Urgrund des Rechts und Schöpfer aller menschlichen Gemeinschaft, [...] hat sich das Volk von Rheinland-Pfalz diese Verfassung gegeben.«

GVBL 14(1971), S. 211.

Nach protestantischem Verständnis baut sich Kirche von der Gemeinde her auf. Insofern machten sich die Landeskirchen daran, die zunächst berufenen provisorischen Kirchenleitungen durch gewählte Körperschaften auf der Grundlage neuer Wahlordnungen zu ersetzen. Ausgehend von den Wahlen auf Gemeindeebene (Presbyteriumswahlen) und den daraus hervorgegangenen Bezirkssynoden tagten ab November 1948 mit den gewählten Landessynoden die gesetzgebenden Organe wieder. Die jeweiligen Kirchenleitungen waren nunmehr legitime Ansprechpartner für die Landesregierung von Rheinland-Pfalz. Das Grundgesetz der Bundesrepublik Deutschland garantiert in Art. 140 im Anschluss an die einschlägigen Bestimmungen der Weimarer Reichsverfassung die Religionsfreiheit. Die Verfassung für Rheinland-Pfalz sichert den Kirchen ihren Geltungsbereich und die eigenverantwortliche Regelung ihrer Angelegenheiten zu (Art. 41). Der im März 1962 unterzeichnete Staatsvertrag mit dem Land Rheinland-Pfalz regelt u. a. die Erhebung von Kirchensteuern, die Gewährung von Staatsleistungen – d.h. die finanziellen Zuwendungen des Landes an die Kirchen –, das Mitspracherecht bei der theologischen Lehrstuhlbesetzung an der Universität Mainz sowie die Erteilung von Religionsunterricht als ordentliches Lehrfach an allen Schularten.[106]

In der Nachkriegszeit bestanden von Anfang an drei schwerwiegende Konfliktbereiche zwischen katholischer Kirche und staatlicher Obrigkeit. Dies waren die möglichst schnelle Freilassung der Kriegsgefangenen, die Wiedereinführung der Bekenntnisschule sowie die konfessionell gegliederte Ausbildung der Lehrer. Der Schulbetrieb, der im September 1945 anlief, war zunächst an den Vorgaben des laizistischen französischen Modells orientiert. Um den Charakter der Elementarschule wurde lange Jahre erbittert gerungen. Zusammen mit der Wahl zum ersten Landtag fanden am 18. Mai 1947 zugleich ein Volksentscheid über die Verfassung sowie eine Abstimmung über die Schulartikel statt. Im Vorfeld veröffentlichten die katholischen Bischöfe des Landes ein gemeinsames Hirtenwort und forderten die Gläubigen mit Nachdruck auf, für das Verfassungswerk einzutreten, da hierin zentrale christliche Forderungen verwirklicht seien, und der Regelung der Schulfrage zuzustimmen. Die Abstimmung über die Schulart ergab eine gespaltene Mehrheit im Norden und Westen des Landes für diese gewünschte Position, während die südlichen Landesteile die Bekenntnisschule ablehnten und eine sog. Christliche Simultanschule propagierten.[107] Die Auseinandersetzungen um den Charakter im Elementarschulwesen wurden bis weit in die 1950er Jahre mit heftigem Einsatz geführt[108] und ebbten letztlich erst mit der Verabschiedung des Schulgesetzes von 1970 ab.

Einen Konfliktpunkt zwischen katholischer Kirche und französischer Besatzungsmacht, deren Verhältnis zunächst von einem Höchstmaß an gegenseitigem Misstrauen geprägt war, bildete die allgemeine Verwaltung der Bistümer. Frankreich hatte bereits nach dem Ersten Weltkrieg versucht, das Saargebiet kirchlich aus den Diözesen Speyer und Trier herauszulösen, und unternahm nun einen neuerlichen Vorstoß zur Gründung eines sog. Saarbistums, was indessen auf entschiedene Ablehnung der betroffenen Kirchenleitungen stieß. Das Referendum vom 23. Oktober 1955, in dem das europäische Saarstatut mit mehr als zwei Dritteln der Stimmen abgelehnt wurde, markierte auch den Schlusspunkt zur Schaffung eines Saarbistums.

Allmählich überwogen die Kräfte, die für eine wirkliche Aussöhnung zwischen Deutschland und Frankreich eintraten. Ministerpräsident Peter Altmeier suchte dabei die Zusammenarbeit mit unterschiedlichen gesellschaftlichen Institutionen, namentlich mit den Kirchen. 1952/1953 wurde die Speyerer Friedenskirche errichtet, die das Patrozinium von Bernhard von Clairvaux trägt und gemeinsam durch deutsche und französische Katholiken finanziert wurde. Seit ihrer Einweihung 1953, bei der ca. 40.000 Gäste anwesend waren, darunter auch 1.000 französische Soldaten, stellt diese Kirche ein frühes Zeichen der Versöhnungsbereitschaft dar.[109] Eine weichenstellende Initiative zur Aussöhnung zwischen Deutschland und Frankreich ging von der pfälzischen Landeskirche aus. Der auf Betreiben von Kirchenpräsident Hans Stempel und dem französischen Pfarrer Marcel Sturm im März 1950 gegründete Deutsch-Französische Bruderrat führte bis 1964 Kirchenvertreter beider Nationen und bedeutende französische Persönlichkeiten aus Politik und Wirtschaft zu jährlichen Tagungen zusammen und bildete ein Diskussionsforum für Themen wie Europapolitik, Ost-West-Konflikt oder die Aufgabe christlicher Jugendarbeit.[110]

Die Bistümer nach den Impulsen des Zweiten Vatikanums

Das Zweite Vatikanische Konzil[111] stellt für die katholische Kirche im 20. Jh. das zentrale Ereignis dar, das weit über die innerkirchlichen Grenzen hinaus Bedeutung erlangte. Es wurde in vier Sitzungsperioden zwischen dem 11. Oktober 1962 und dem 8. Dezember 1965 im Petersdom in Rom abgehalten.

Im Vorfeld hatte Papst Johannes XXIII. den Charakter des Konzils als pastorales Ereignis für die Gesamtkirche im Übergang zu einem neuen Zeitalter beschrieben. Es hatte nicht den Zweck, die Einheit zwischen den christlichen Kirchen herbeizuführen; es war ein pastorales Konzil, ohne neue Dogmen und Verurteilungen mit dem Episkopat in der Protagonistenrolle. Alle rheinland-pfälzischen Bistümer waren durch ihre Diözesan- und Weihbischöfe als Konzilsväter vertreten.

Als sichtbare Frucht wurde eine Liturgiereform angestoßen, die die bislang geübte Praxis veränderte und im Wesentlichen durch die seit dem Beginn des 20. Jhs. in Deutschland greifbare Liturgische Bewegung vorangetrieben wurde (Romano Guardini, Mainz; Ludwig Wolker, München), die sich ihrerseits eng mit der katholischen Jugendbewegung (Quickborn, Bund Neudeutschland) verband. Der Grundgedanke der Reform war, die Gemeinde aktiv am Gottesdienst zu beteiligen. Ein Mittel hierzu war die Integration der Muttersprache in die Liturgie, die sehr schnell zu einer Aufgabe des zuvor üblichen Lateins führte. Die Stellung der Laien wurde aufgewertet. Auf den unterschiedlichen Ebenen des kirchlichen Lebens entstanden Gremien der gemeinsamen Mitverantwortung (Diözese: Priesterrat und Pastoralrat; Pfarrei: Pfarrgemeinderat). In der Kirche formierten sich neue pastorale Berufe (Gemeindereferent/-in; Pastoralreferent/-in), und es wurde das ständige Diakonat eingeführt, das verheirateten berufstätigen Männern Einsatzmöglichkeiten in der Seelsorge bot und das Amt des Diakons in seiner bisherigen Form als eine Station auf dem Weg zur Priesterweihe aufwertete. Für die seit dem Ende der 1950er Jahre vor allem in den Städten angesiedelten ausländischen Arbeitnehmer entstanden ausländische katholische Gemeinden, die von Priestern der jeweiligen Muttersprache geleitet werden, so etwa auch die spanischsprachige Katholische Gemeinde in Mainz.

Am 1. Adventssonntag 1969 wurde ein neuer Messritus eingeführt, der die bisherige Tridentinische Messe aus dem 16. Jh. ablöste. Wichtige Impulse waren hierbei vom Liturgischen Institut in Trier ausgegangen, das 1947 durch die Deutsche Bischofskonferenz gegründet worden war und sich der Erneuerung des gottesdienstlichen Lebens im Geiste der Liturgischen Bewegung verpflichtet fühlte. 1975 erschien das »Gotteslob«, das erste für den gesamten deutschsprachigen Raum gültige Gebet- und Gesangbuch, das im Anhang regionale Besonderheiten auf diözesaner Ebene berücksichtigte.

Die durch das Konzil hervorgerufenen Veränderungen führten vielfach zu Verunsicherungen und enttäuschten Hoffnungen. So gelang es beispielsweise nicht, wie von vielen erhofft, den Tendenzen zur Entkirchlichung des öffentlichen Lebens Einhalt zu gebieten. Die Bestrebungen zur Erneuerung der Kirche fanden keine ungeteilte Zustimmung. Seit dem Ende der 1960er Jahre galt die Diözese Limburg innerhalb des deutschen Katholizismus als progressiv, was vor allem auf die besondere Entwicklung ihrer Synodalstruktur zurückzuführen ist. Diese Besonderheit eskalierte 1973 im sog. Bafile-Konflikt.[112] Der päpstliche Nuntius in Deutschland, Corrado Bafile, hatte in einem Schreiben an Kardinalstaatssekretär Jean Villot die Amtsenthebung des Limburger Bischofs Wilhelm Kempf und die Auflösung der diözesanen Räte gefordert. Beides unterblieb zwar, da sich bald herausstellte, dass die Forderungen auf fehlerhaften Voraussetzungen beruhten; es blieben jedoch Unsicherheiten und Verletzungen.

Der neue Zeitgeist nach dem Konzil, der viele Traditionen in Frage stellte, wird exemplarisch deutlich an der Rezeption der Enzyklika »Humanae vitae« des Papstes Paul VI. vom 25. Juli 1968, die sich mit theologischen Aussagen über die eheliche Liebe, die verantwortete Elternschaft und das Wesen des ehelichen Akts auseinandersetzt. In der öffentlichen Kritik wurden die theologischen Aussagen kaum wahrgenommen, stattdessen aber mit großer Enttäuschung registriert, dass der Papst die Pille als sittlich unerlaubten Weg der Empfängnisverhütung ausschloss. Die Enzyklika wurde damit zwar nicht zur Ursache für die nachkonziliare Autoritätskrise der Kirche, sie bildete aber einen wichtigen Anlass hierfür. Darüber konnte auch der glanzvolle Rahmen der Deutschlandbesuche, in deren Zusammenhang Papst Johannes Paul II. 1980 Mainz und 1987 Speyer besuchte, nicht hinwegtäuschen.

Frauen in den Kirchen

Auf die säkulare Frauenbewegung und Abwendung von Teilen der Arbeiterschaft und des Bürgertums von den Kirchen reagierten beide Konfessionen mit der Gründung eigener Frauenorganisationen. Der Deutsche Evangelische Frauenbund (1899) und der Katholische Deutsche Frauenbund (1903) sollten die Frauenfrage unter christlichen Vorzeichen aufnehmen. Die Verbände wuchsen rasch, 1907 wurde der erste pfälzische Zweigverein des Katholischen Frauenbunds in der jungen Industriestadt Ludwigshafen gegründet. Sie lehnten die Emanzipationsforderungen der liberalen und sozialistischen Frauenbewegung ab und hielten an traditionellen Rollenzuschreibungen fest. Trotzdem brachten die christlichen Frauenvereine über das religiös motivierte ehrenamtliche Engagement von Frauen für Sozialfürsorge und Frauenbildung mit der Zeit emanzipatorische Anliegen in Kirchen und Gesellschaft ein.[113] In der pfälzischen Landeskirche besteht die Frauenarbeit seit 1924.[114]

Seit 1933 wurde die Tätigkeit der Frauenvereine durch das NS-Regime unterdrückt. Nach Kriegsende organisierten sich die konfessionellen Frauenverbände wieder neu. Neben den Katholischen Frauenbund trat die Katholische Frauengemeinschaft Deutschlands (kfd), im Bistum Speyer besteht sie seit 1960. Der Sozialdienst katholischer Frauen e. V. mit seinen Ortsvereinen, in dem ehrenamtliche und berufliche Mitarbeiterinnen tätig sind, richtet seine soziale Arbeit auf Konfliktsituationen, von denen Frauen besonders betroffen sind, und in denen Frauen in besonderer Weise helfen können. Ende der 1960er Jahre begannen die kirchlichen Frauenorganisationen für die Gleichberechtigung von Frau und Mann in Ehe, Familie und Gesellschaft einzutreten. Im Kontext der feministischen Theologie wird auf katholischer Seite seit den 1980er Jahren auch die Zulassung von Frauen zum Diakonat und Priesteramt diskutiert. Die evangelischen Landeskirchen haben Frauenreferate und Gleichstellungsstellen eingerichtet, so 1992 in der Evangelischen Kirche im Rheinland, 1995 in der Pfalz.

Das Pfarramt für Frauen ist eines der großen Themen des Protestantismus im 20. Jh. Mit dem Frauenstudium kam bald die Frage nach beruflichen Perspektiven für akademisch ausgebildete Theologinnen auf. Seit 1927 konnten sie in der Evangelischen Kirche der Altpreußischen Union, der auch die Rheinprovinz angehörte, als Vikarinnen angestellt werden. Deren Befugnisse beschränkten sich vor allem auf die Verkündigung und Seelsorge bei Kindern und Frauen, während der Gemeindegottesdienst, die Sakramentsverwaltung und die Kasualien den Pfarrern vorbehalten blieben. Anders als die Pfarrer mussten Vikarinnen ehelos leben. Obwohl viele Vikarinnen im Zweiten Weltkrieg die abwesenden Pfarrer vertreten hatten, blieb ihnen das Pfarramt nach dem Krieg weiter verschlossen. Erst 1958, in der Folge des bundesrepublikanischen Gleichberechtigungsgesetzes, leitete die Evangelische Kirche der Pfalz als eine der ersten Landeskirchen in Deutschland die Gleichstellung von Frauen im geistlichen Amt ein. Sie gestand unverheirateten Theologinnen die Ordination zu.[115] Die EKHN zog 1959 nach, im Rheinland können Frauen seit 1963 Gemeindepfarrstellen übernehmen. Die rechtlichen Regelungen von Ausbildung, Ordination, Amtsbezeichnung und Amtstracht, Aufhebung der Zölibatsklausel und Besoldung variierten von Landeskirche zu Landeskirche. Die pfälzische Landeskirche stellte Pfarrerinnen und Pfarrer 1968 endgültig gleich. Der Anteil der Pfarrerinnen ist seitdem ständig im Steigen begriffen, wenngleich Frauen in Leitungsämtern der evangelischen Kirchen trotz des Beschlusses, Gremien paritätisch, mindestens jedoch mit einem Frauenanteil von 40 % zu besetzen, nach wie vor unterrepräsentiert sind.

Das Erscheinungsbild der Frauen in den evangelischen Landeskirchen ist vielfältig. Sie begegnen als Pfarrerinnen, Diakonissen, diakonische Schwestern, Pfarrfrauen oder Ehrenamtliche auf gemeindlicher und übergemeindlicher Ebene. Im Bereich ehrenamtlicher Tätigkeit ist der Frauenanteil traditionell höher als der der Männer. Frauen treten außerdem in weitaus geringerem Maße aus der Kirche aus. Auch in der katholischen Kirche sind Frauen, vor allem der mittleren und älteren Generation, in viel stärkerem Maß kirchlich-religiös gebunden als Männer. Während die amtlich verfasste Kirche von Männern bestimmt bleibt, tragen gerade die ehrenamtlich aktiven Frauen das Gemeindeleben, stellen Frauen die Mehrheit der Gottesdienstbesucher und dominieren die Kurse der katholischen Bildungswerke. Seit 1927 engagieren sich jährlich am ersten Freitag im März Frauen auf Gemeindeebene bei der Durchführung des ökumenischen Weltgebetstages, der größten ökumenischen Basisbewegung von Frauen.

Klöster und Ordensgemeinschaften im 20. Jh.

Die politischen und staatsrechtlichen Veränderungen im und nach dem Ersten Weltkrieg wirkten sich auch auf die religiösen Gemeinschaften aus.[116] Deutsche Missionare wurden aus den ehemaligen deutschen »Schutzgebieten« und den Kolonien der alliierten Siegermächte ausgewiesen. Die Ordensprovinzen mussten an die neuen Staatsgrenzen angepasst werden. Daher verlegten die Franziskanerinnen von der Hl. Familie ihr Mutterhaus von Löwen (Belgien) nach Mayen (Eifel). Die Kreuzschwestern, deren Mutterhaus im französischen Straßburg lag, errichteten ein Mutterhaus auf dem Rochusberg bei Bingen. Mit der Weimarer Reichsverfassung fielen alle gesetzlichen Beschränkungen für die Ansiedlung und das Wirken der Orden und Kongregationen. Vermögensrechtlich verbesserte sich die Situation der religiösen Gemeinschaften dadurch, dass sie den Status eines e. V. oder einer GmbH annehmen durften. In der Zwischenkriegszeit erlebten die Klöster und Orden, tätige wie beschauliche, nochmals ein starkes Wachstum. Damals wurden die Zisterzienserabtei Himmerod in der Eifel und die Benediktinerabtei St. Matthias in Trier wieder besiedelt. Aus der Arbeit des Pallotiners Josef Kentenich entstand in Vallendar 1914 die Schönstatt-Bewegung, die eine marianische Frömmigkeit eigener Art pflegt. In mehr als 60 Ländern gibt es heute ihre Kapellen, die exakt der Originalkapelle in Vallendar-Schönstatt nachgebaut sind.

Die Abtei Maria Laach unter Abt Ildefons Herwegen wirkte als ein Zentrum der Liturgischen Bewegung. Abt und Konvent waren damals so rechtskonservativ-nationalistisch eingestellt, dass sie das Hitler-Regime 1933 begeistert begrüßten. Erst 1934 distanzierte sich die Abtei von den Nationalsozialisten.[117] Auch in der Schönstatt-Bewegung gab es anfangs starke Sympathien für den Nationalsozialismus. Das NS-Regime bekämpfte die Orden seit 1935 gezielt. Sie wurden von der Geheimen Staatspolizei überwacht und 1936/37 mit Prozessen überzogen. Eine der Maßnahmen zur systematischen Diffamierung der Orden war die Anklage wegen Devisenvergehen oder Verstößen gegen den Antihomosexuellenparagraphen 175 StGB. International verbreitete Gemeinschaften boten wegen der komplizierten Devisengesetze leichte Angriffsfläche. Im Zeichen der Entkonfessionalisierung des öffentlichen Lebens strebte das NS-Regime das Erziehungsmonopol an: Schulen in kirchlicher Trägerschaft, wie das Lyceum der Englischen Fräulein in Mainz, wurden geschlossen, Ordensfrauen aus der Kinderbetreuung verdrängt. Die Oberin der Binger Borromäerinnen wandte die Aufhebung ihrer Niederlassung ab, indem sie die Schwestern im Spital der Wehrmacht arbeiten ließ. Damit konnten die Schwestern ihr Waisenhaus erhalten. Einen Höhepunkt des nationalsozialistischen Kampfs gegen die Kirchen bildete der »Klostersturm« von 1941, in dem mehr als 300 Klöster und kirchliche Einrichtungen aufgelöst wurden, darunter auch die Abtei St. Matthias in Trier.[118]

Nach dem Zweiten Weltkrieg konnten sich die Orden und Kongregationen zwar frei entfalten, aber verloren seit den 1950er Jahren allmählich an Bedeutung. Sinkende Mitgliederzahlen führten zum Rückzug aus verschiedenen Arbeitsbereichen. Das Zweite Vatikanische Konzil strebte eine zeitgemäße Erneuerung des Ordenslebens an. Für die Öffentlichkeit sichtbar wurden die nachfolgenden Reformen vor allem an den vereinfachten Ordenstrachten – die Vinzentinerinnen verzichteten auf ihre Flügelhauben – und den gelockerten Klausurbestimmungen. Die geringere Kirchenbindung der Bevölkerung, der Geburtenrückgang und die veränderte Stellung der Frau in der Gesellschaft lösten seit Ende der 1970er Jahre die anhaltende Nachwuchskrise der Orden aus, in deren Folge bereits viele Ordensniederlassungen aufgelöst wurden. Den stärksten Rückgang verzeichnen die tätigen Gemeinschaften der Frauen. Die Waldbreitbacher Franziskanerinnen unter ihrer Generaloberin Basina Kloos reagierten auf die Situation, indem sie 1988 ihre gesamten Sozialeinrichtungen unter dem Dach der Marienhaus GmbH Waldbreitbach zusammenfassten. Diese bildet heute einen der großen christlichen Träger sozialer Einrichtungen in Deutschland und will das christliche Anliegen der Rosa Flesch unter veränderten Umständen erhalten. Verglichen mit den tätigen Orden ist der Rückgang bei den monastischen Orden, die das Gebet in den Mittelpunkt des Lebens stellen, etwas geringer. Während die Mönchsklöster Maria Laach oder St. Matthias im Land eine gewisse Bekanntheit genießen, werden die kleinen kontemplativen Nonnenklöster, wie der Karmel in Hauenstein, das Benediktinerinnenkloster in Trier-Kürenz oder das Kloster der Klarissen-Kapuzinerinnen in Koblenz-Pfaffendorf, überörtlich kaum wahrgenommen.[119]

Kirche als Partnerin und Kritikerin des Staats und als Mahnerin der Gesellschaft

Nach dem Abklingen der Nachkriegsnot und dem allmählichen Wiederaufbau kirchlicher Strukturen mussten vor allem die evangelischen Kirchen in einem schmerzhaften Prozess erkennen, dass die selbstverständliche Rolle des Pfarrers und die Zielvorstellungen einer alle Lebensbereiche umspannenden Volkskirche nicht länger unangefochten waren.[120] Zwar ging es den Kirchengemeinden im Wirtschaftswunder der jungen Bundesrepublik finanziell gut. Allein in der EKHN lagen die Kirchensteuereinnahmen 1960 33 % über denen des Vorjahres. Gleichwohl war die kirchliche Bindung rückläufig. Es drängte sich die Frage auf – so Kirchenpräsident Martin Niemöller 1962 vor der Landessynode der EKHN –, wie die Frohe Botschaft zu den Sorgen und Nöten der Menschen, die unter der Wohlstandsoberfläche schwelten, in Beziehung gesetzt werden könne. Entsprechend lassen sich volksmissionarische Bemühungen erkennen wie etwa die Durchführung von Evangelischen Wochen 1956 in der EKHN oder 1963 in der Pfalz.

Im Verhältnis zwischen staatlicher Verwaltung und kirchlichen Stellen herrschte weit über ein Jahrzehnt nach der Gründung des Landes Rheinland-Pfalz ein größtmögliches Einvernehmen bei der Planung und Umsetzung gemeinsamer Vorhaben. Immerhin hatte es die Landesverwaltung mit fünf katholischen Bistümern und drei evangelischen Landeskirchen gleichzeitig zu tun. Im Verlauf der 1960er Jahre machten sich immer stärker Abstimmungsprobleme bemerkbar. Mit dem Katholischen Büro (1968) und dem Evangelischen Büro (1973) schufen sich Bistümer und Landeskirchen am Sitz der Landesregierung in Mainz Einrichtungen, die den Abstimmungsprozess erleichtern und die kirchlichen Interessen schon im Vorfeld etwa von Gesetzesvorhaben wahrnehmen.[122] Mit Elisabeth Meyer-Bothling wirkte zudem eine Vertreterin der Inneren Mission und später des Diakonischen Werks Rheinland von 1950 bis 1976 bei der Landesregierung in Mainz.[123] Katholisches und Evangelisches Büro in Mainz regeln bis heute in umfassendem Sinne die Zusammenarbeit von Staat und Kirche. Mit dieser Intention zur Koordinierung wurde gleichsam ein Beitrag zur Überwindung der quer zu den staatlichen Strukturen liegenden Diözesan- und landeskirchlichen Gliederung des Retortenlandes Rheinland-Pfalz geleistet.[124]

1970 konnten die jahrelangen Querelen um die staatlichen Konfessionsschulen durch eine Änderung der Landesverfassung gelöst werden. Bereits 1969 war die Aufhebung der konfessionellen Lehrerausbildung ausgehandelt worden. Das Privatschulgesetz vom 4. September 1970 ermöglichte es den Kirchen, Konfessionsschulen nach ihren Vorstellungen zu etablieren. Das 1970 verabschiedete Fachhochschulgesetz bildete die Rechtsgrundlage für die Errichtung der Katholischen Fachhochschule für Sozialarbeit, Sozialpädagogik und Praktische Theologie in Mainz und die Evangelische Fachhochschule Ludwigshafen.[125] In gemeinsamer Trägerschaft der fünf rheinland-pfälzischen Diözesen entstand 1971 in Mainz das Institut für Lehrerfort- und -weiterbildung (ILF). Es bildete das Pendant zum damaligen Staatlichen Institut für Lehrerfort- und -weiterbildung des Landes Rheinland-Pfalz (SIL) mit Sitz in Speyer. Auf evangelischer Seite wurde es ergänzt durch das 1972 geschaffene Erziehungswissenschaftliche Fort- und Weiterbildungsinstitut der evangelischen Kirchen in Rheinland-Pfalz (EFWI) in Landau.

Antrittsbesuch des Bundespräsidenten Theodor Heuss in Rheinland-Pfalz, Basilius Ebel, Abt von Maria Laach, und August Wolters, Präsident des Landtags Rheinland-Pfalz (Mitte) im Gespräch mit dem Bundespräsidenten, Koblenz, 1950 (Archiv des Landtags Rheinland-Pfalz, Foto: Karl Stiebel. Mit freundlicher Genehmigung von Helke Stiebel)

Die Regelungen des Schulwesens flossen in den am 15. Mai 1973 geschlossenen Staatskirchenvertrag zwischen dem Heiligen Stuhl und dem Land Rheinland-Pfalz ein. Fragen der Rechtsstellung und Vermögensverwaltung der katholischen Kirche wurden im Staatsvertrag vom 18. September 1975 mit den betroffenen Bistümern geregelt. Bereits im März 1962 war der Staatsvertrag des Landes Rheinland-Pfalz mit den drei evangelischen Landeskirchen unterzeichnet und von den drei Landessynoden im November des gleichen Jahres ratifiziert worden. Das rheinland-pfälzische Denkmalschutz- und -pflegegesetz vom 23. März 1978 ist singulär in Deutschland, da es die kirchliche Denkmalpflegekompetenz voll anerkennt und ihr somit einen fachlich autarken Bereich ohne staatliche Einflussnahme zubilligt.

Kirche ist stets auch in der Welt und bei den ihr anvertrauten Menschen. Aufgrund dieses aus dem Evangelium Jesu Christi abgeleiteten Auftrags nehmen die Kirchen beider Konfessionen zu gesellschaftspolitischen Fragen Stellung, sind gleichsam ein kulturelles und soziales Gewissen der Gesellschaft. Konflikte zwischen evangelischen Landeskirchen und dem Staat im weiteren Sinne entzündeten sich etwa an der Frage der deutschen Wiederbewaffnung, gegen die die Kirchen 1954 EKD-weit Stellung bezogen. In der Auseinandersetzung über den Einsatz von Atomwaffen verliefen die Fronten nicht nur zwischen Staat und Kirchen, sondern 1957 auch innerhalb der Kirche. Insbesondere die Kirchliche Bruderschaft im Rheinland bezog kritisch Stellung zu den zeitgenössischen Kontroversen wie Entnazifizierung, Wiederbewaffnung und Militärseelsorge und nahm in der Kontinuität der Bekennenden Kirche eine Wächterfunktion wahr. Einen Schwerpunkt in der Arbeit der Bruderschaft bildeten die Anerkennung der Kriegsdienstverweigerer. In der pfälzischen Landeskirche wirkte die Kirchlich-Theologische Arbeitsgemeinschaft (KTA) in gleicher Weise. In der EKHN bestand seit Juli 1960 beim Landesjugendpfarramt eine Beratungsstelle für Kriegsdienstverweigerer, in der pfälzischen Landeskirche nahm sich die Arbeitsstelle Friedensdienst dieser Gruppe an.

Weitere markante Konfliktpunkte in der Auseinandersetzung zwischen Kirchen und Staat waren die NATO-Sicherheitspolitik und das »US-amerikanische Waffenlager Rheinland-Pfalz« in den 1980er Jahren. Besonders bekannt wurde Pfarrer August Dahl aus Bell im Hunsrück (»Rakete-August«), der gegen die Aufstellung von US-Atomraketen im Hunsrück eintrat. Die Demonstrationen gegen die Erweiterung des Frankfurter Flughafens durch die »Startbahn West« fanden in den Jahren 1980 bis 1987 bundesweit Beachtung und wirkten auch auf die EKHN zurück, in deren Sprengel Frankfurt liegt.[126]

Das Sozialstaatsprinzip, das sich seit Ende der 1960er Jahre stetig ausweitete, zog einen grundlegend neuen Ansatz in der Sozial- und Wirtschaftspolitik nach sich. Die Umsetzung dieses Prinzips führte zu einem breiten, planvollen Ausbau von Kindergärten, Altenheimen, Krankenhäusern, Sportstätten und weiteren sozialen Einrichtungen. Der Ausbau des Sozialstaats bot den Kirchen die Möglichkeit, mit ihren Einrichtungen und Aktivitäten in die Öffentlichkeit hineinzuwirken. Besonders deutlich wird dies an den kirchlichen Sozialorganisationen von Caritasverband auf katholischer und Diakonie auf evangelischer Seite.[127]

Seit Beginn der 1970er Jahre wurde das Konzept ökumenischer Sozialstationen zwischen dem Diakonischen Werk und dem Caritasverband realisiert. Die Sozialstationen stellen eine Antwort dar auf den einschneidenden Rückgang der als Gemeindekrankenschwestern in der ambulanten Pflege tätigen Ordensschwestern und Diakonissen. Die neuen Sozialstationen sollten diesen Mangel beseitigen und für eine bestimmte Region die Funktion einer Zentrale für ambulante Pflegedienste (Kranken-, Alten- und Familienpflege) übernehmen. Nach der ersten Sozialstation in Worms (1970) entstanden in rascher Folge weitere Stationen, so 1971 in Böhl-Iggelheim und 1972 in Lahnstein.

Neben den klassischen Arbeitsfeldern der kirchlichen Sozialarbeit, wie der stationären Altenhilfe in Alten- und Pflegeheimen, den Kindertageseinrichtungen, dem Gesundheitswesen, in welchem sich durch das Krankenhausreformgesetz von 1973 die innere Struktur und Organisation der kirchlichen Krankenhäuser (ca. 45 % aller Krankenhäuser

Friedensgebet vor dem Haupteingangstor der Wueschheim Air Station (Pydna) mit Pfarrer August Dahl (2. v. l.), 1983 (Archiv Dahl)

des Landes befinden sich in katholischer, 12,4 % in evangelischer Trägerschaft) veränderten, wuchs das kirchliche Engagement vor allem bei den Beratungsstellen. Sie umfassten sehr bald alle Lebensbereiche und reichten von der allgemeinen Lebensberatung oder dem allgemeinen sozialen Dienst über Erziehungs-, Ehe- und Familienberatung, der Drogen- und Suchtberatung, der Ausländersozialberatung oder der Beratung für wohnsitzlose Menschen bis zur Schwangeren- und Schwangerenkonfliktberatung.[128]

Im Zusammenhang mit dem geplanten Organtransplantationsgesetz zu Beginn der 1990er Jahre gelang es den evangelischen Kirchen, die Aufhebung dieses vom Landtag bereits verabschiedeten Gesetzes durchzusetzen. Weniger erfolgreich waren die Bemühungen, als es 1995 um die Streichung des Buß- und Bettages zugunsten des Arbeitgeberanteils an der Pflegeversicherung ging. Stets aktuell bleibt die Debatte um die Ladenöffnungszeiten und den Sonntagsschutz. Seit den 1980er Jahren ist die »Bewahrung der Schöpfung« ein mit Nachdruck vertretenes kirchliches Anliegen, das den Umweltschutz theologisch fundiert. In der EKHN setzen sich die Arbeitskreise »Frauen für den Frieden« und »Für Frieden und Abrüstung« seit 1977 für die Friedensarbeit ein. In der pfälzischen Landeskirche besteht seit 1982 die Initiative »Frauen wagen Frieden«.

Die Evangelische Kirche im Rheinland beschritt als erste Landeskirche den Weg zur Aussöhnung mit dem jüdischen Volk, als die Synode im Januar 1980 einen Beschluss zur Erneuerung des Verhältnisses zwischen Christen und Juden fasste. Im April 1980 riefen die deutschen Bischöfe in der »Erklärung über das Verhältnis der Kirche zum Judentum« zum christlich-jüdischen Dialog auf. Die Kirchen beider Konfessionen erwiesen sich auch als Vorreiter in der Integration von Ausländern, die seit den 1960er Jahren als Gastarbeiter aus Südeuropa und der Türkei nach Deutschland kamen.[129] In Ludwigshafen betrieben Dekanat und Diakonie schon 1962 ein Griechenzentrum mit Kindergarten und organisierten Sprachkurse. Die Kirchen beteiligten sich dort auch am »Tag des ausländischen Arbeitnehmers«, der in den 1970er Jahren durchgeführt wurde. Während die Integrationsarbeit bei Griechen, Italienern, Portugiesen und Spaniern relativ bald gelang, taten sich die Türken trotz kirchlicher Bemühungen – etwa durch Beschäftigung türkischer Mitarbeitender als Betreuer oder Übersetzungshelfer – schwer und entwickelten als Muslime gar eine Ghettomentalität.[130] Kirchenpräsident Peter Steinacker (EKHN) war mit seiner frühen Aufforderung zum Dialog mit dem Islam seit Ende der 1990er Jahre der gesellschaftlichen Diskussion weit voraus.[131]

Aus den Kirchen beider Konfessionen gingen Persönlichkeiten hervor, die über die Grenzen des Landes Rheinland-Pfalz hinaus wirkten und wirken. Dazu gehören etwa der 1973 zum Kardinal erhobene Mainzer Bischof Hermann Volk oder sein Nachfolger Karl Kardinal Lehmann[132] (seit 1983 Bischof von Mainz, von 1987 bis 2008 Vorsitzender der Deutschen Bischofskonferenz), der als einflussreiche Integrationsfigur im deutschen Katholizismus und Hoffnungsträger für eine gedeihliche Entwicklung innerhalb der katholischen Kirche und für eine Annäherung der christlichen Konfessionen gilt.

Einer der führenden Vertreter der Bekennenden Kirche war der Präsident der EKHN, Martin Niemöller, der unter anderem als Präsident der Deutschen Friedensgesellschaft und als Präsident der Vollversammlung des Ökumenischen Rates der Kirchen wirkte. Manfred Kock, Präses der Evangelischen Kirche im Rheinland, war von 1997 bis 2003

Ratsvorsitzender der EKD. Dieses Amt nimmt seit 2010 Nikolaus Schneider wahr, der ebenfalls Präses der rheinischen Kirche ist.

Gemeinsame Arbeitsfelder beider Kirchen

Wichtige Antriebskraft zahlreicher ökumenischer Gesprächs- und Gebetskreise war die im Vergleich zu den früher vorherrschenden konfessionellen Gegensätzen wachsende Überzeugung, dass eine Einigung der Kirchen Voraussetzung für die Glaubwürdigkeit ihrer Botschaft an die Welt sei.[133] Im Bistum Mainz führte dieses Bewusstsein schon im Mai 1945 zu einem Treffen der hessischen Kirchenleitungen im evangelischen Pfarrhaus zu Roßdorf bei Darmstadt. Diese ursprünglich als Verständigungskonferenz bezeichneten Treffen der evangelischen Landeskirchen und katholischen Bistümer finden bis heute statt.

Ein ideeller Vorläufer des intensiven Gedankenaustauschs beider Konfessionen war ein Gesprächskreis engagierter Christen in Offenbach, dessen Mitglieder sich nach der gastgebenden Familie als »Dachkreis« bezeichneten. Der Dachkreis initiierte regelmäßige Treffen – die Braunshardter Konferenz, benannt nach dem Tagungsort Schloss Braunshardt – unter Leitung des Mainzer Bischofs Stohr. Etliche Teilnehmer konvertierten allerdings zum Katholizismus, so dass es im Laufe der Zeit immer schwieriger wurde, die Konferenz konfessionell ausgewogen zu besetzen. Aus dem Dachkreis und der Braunshardter Konferenz erwuchs die Konversion des evangelischen Pfarrers Rudolf Goethe, der als erster evangelischer Pfarrer unter Beibehaltung seiner Ehe am 22. Dezember 1951 von Bischof Stohr in Mainz zum katholischen Priester geweiht wurde.[134] Diese Priesterweihe erregte weltweites Echo in den damaligen Medien und wurde als Sensation empfunden.

Im Rahmen des Zweiten Vatikanischen Konzils führte das Ökumenismus-Dekret von 1964[135] zu einer Neubewertung der konfessionellen Zusammenarbeit. Die Wiederherstellung der Einheit aller Christen wird darin als Hauptaufgabe der Ökumene formuliert. Die praktische Umsetzung dieses Zieles aber unterschied sich elementar von der vorkonziliaren Zeit, in der man im Katholizismus die Einheit aller Christen nur durch eine Rückkehr zur katholischen Kirche verwirklicht sah. Das Ökumenismus-Dekret des Konzils legte die Grundlage für den offiziellen Dialog Roms mit den nicht römisch-katholischen Kirchen, wodurch seit der Mitte der 1960er Jahre zunächst noch zögerlich, dann aber in immer stärkerem Maße sehr unterschiedliche Formen der Zusammenarbeit zustande kamen. So wurde 1976 in Frankenthal-Pilgerpfad (Pfalz) ein ökumenisches Gemeindezentrum eingeweiht. Im Bistum Mainz existiert seit 1980 ein weiteres ökumenisches Gemeindezentrum in Darmstadt-Kranichstein. Die Feier der katholischen Liturgie in deutscher Sprache ermöglichte es zudem, ökumenische Wortgottesdienste zum festen Bestandteil des spirituellen Lebens vieler Gemeinden werden zu lassen.[136]

Eine weitere zentrale Quelle der ökumenischen Arbeit war auf protestantischer Seite die in Analogie zum Ökumenischen Rat der Kirchen in Genf 1948 als deutsches Begegnungsforum gegründete Arbeitsgemeinschaft Christlicher Kirchen (ACK). Die bundesweit tätige Arbeitsgemeinschaft hat ihren Sitz in Frankfurt am Main. Die ACK war zunächst fast ausschließlich eine innerreformatorische Einrichtung.[137] Zu den Gründungsmitgliedern der ACK zählen die Gliedkirchen der EKD, die Freikirchen sowie die

Altkatholische Kirche. Nach ihrem eigenen Selbstverständnis bestehen ihre Hauptaufgaben im gegenseitigen Informationsaustausch, in der Unterstützung der Zusammenarbeit der Kirchen auf allen Ebenen, in der Förderung des theologischen Dialogs und der Vermittlung bei Meinungsverschiedenheiten. Nach mehrjähriger Vorbereitung durch einen Beobachterstatus erwarben 1974 die katholische Kirche und die griechisch-orthodoxe Metropolie in Deutschland die Vollmitgliedschaft. Eine der regionalen Arbeitsgemeinschaften ist die ACK-Südwest, die sich 1975 bildete und den größten Teil der Bundesländer Rheinland-Pfalz und Saarland, außer Rheinhessen, umfasst. Rheinhessen gehörte zur ebenfalls 1975 gegründeten ACK Rhein-Main. 2007 fusionierte sie mit der ACK in Nordhessen zur ACK Hessen-Rheinhessen.

Sichtbare Zeichen für die sich allmählich durchsetzende Entspannung im Verhältnis der christlichen Konfessionen waren beispielsweise 1977 die erste Predigt eines pfälzischen Kirchenpräsidenten, Heinrich Kron, im Dom zu Speyer und die erstmalige Benutzung der Kanzel in der Gedächtniskirche der Protestation 1980 durch einen katholischen Bischof, Friedrich Wetter.[138]

Konfessionsentwicklung in ausgewählten Städten von Rheinland-Pfalz 1871-2009

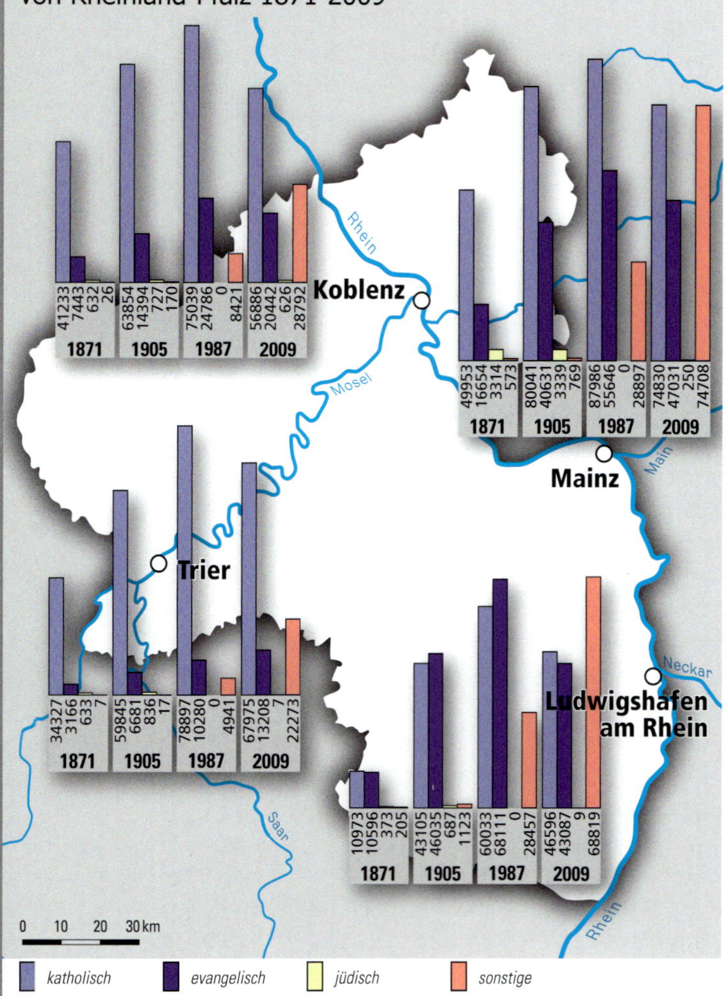

Daten: Statistisches Landesamte Rheinland-Pfalz
Kartographie: Landesamt für Vermessung und Geobasisinformation Rheinland-Pfalz

Die Ökumenearbeit beschränkte sich nicht nur auf äußerliche Signale, sondern brachte auch konkrete Erleichterungen für das Alltagsleben der Menschen. Dies gilt in besonderer Weise für konfessionsverschiedene Ehepaare und Familien. 1971[139] und erneut 1995[140] wurde eine Ordnung für die gemeinsame Feier der kirchlichen Trauung herausgegeben. Einen weiteren wichtigen Pfeiler der Zusammenarbeit stellt die seit 1973 ökumenisch organisierte Telefonseelsorge dar.

Seit Jahrzehnten wird um eine Annäherung in den Lehraussagen gerungen, ohne dass hier ein entscheidender Durchbruch gelungen wäre. Immerhin stellte die Landessynode der evangelischen Kirche der Pfalz 1994 fest, dass die Verwerfungsaussagen der reformatorischen Bekenntnisschriften über die katholische Rechtfertigungs-, Mess- und Papstamtslehre auf die römisch-katholische Kirche heute nicht mehr zutreffen. Auf der gleichen Linie liegt die »Gemeinsame Erklärung zur Rechtsfertigungslehre«, die am Reformationstag 1999 in der evangelisch-lutherischen St. Anna Kirche in Augsburg feierlich vom Präsidenten des Lutherischen Weltbundes und dem Präsidenten des Päpstlichen Rates zur Förderung der Einheit der Christen unterzeichnet wurde. Damit fiel ein seit Jahrhunderten bestehendes Hindernis zwischen den Kirchen der Reformation und dem Katholizismus zumindest in seinen Grundzügen. Inhaltlich geht es bei der Rechtfertigungslehre um die Frage, was geschehen muss, damit das Verhältnis zwischen Mensch und Gott, das durch die Sünden des Menschen belastet worden ist, wieder in Ordnung gebracht werden kann.[141] Nach protestantischer Überzeugung ist der gläubige Mensch allein durch die Gnade Gottes gerechtfertigt und nicht durch fromme Taten.

Unmittelbar an die »Gemeinsame Erklärung« schloss sich vor allem von evangelischer Seite der Wunsch nach einer Eucharistie- bzw. Abendmahlgemeinschaft an.[142] Gemäß dem Selbstverständnis der katholischen Seite setzt die Eucharistiegemeinschaft aber die Kirchengemeinschaft zwingend voraus. Nach dem katholischen Kirchenrecht ist die offene Kommunion verboten, d.h. das Austeilen der Kommunion an Nicht-Katholiken. Daher war auch der katholische Priester Gotthold Hasenhüttl, der am Rande des Ökumenischen Kirchentages 2003 in Berlin einen als »Abendmahlsgottesdienst nach katholischem Ritus« bezeichneten Gottesdienst gehalten hatte, wobei er explizit auch Protestanten und Nicht-Katholiken zur Kommunion einlud, noch im gleichen Jahr vom zuständigen Trierer Bischof Reinhard Marx vom Priesteramt suspendiert worden.

Kurzfristige Ergebnisse sind im Bereich der Ökumene somit nicht zu erwarten. In der Langfristperspektive ist durchaus feststellbar, dass man sich auch in der grundlegenden theologischen Auseinandersetzung aufeinander zubewegt.[143] Angesichts der Bedeutungs- und Akzeptanzkrise, in denen sich die Kirchen vielfach wiederfinden, stellt sich die Frage nach dem ökumenischen Miteinander noch einmal ganz neu. In der EKHN formulierte die »Nassauer Erklärung« 2006 die Notwendigkeit, mit bleibenden Differenzen ökumenisch leben zu lernen. In einer Ökumene der Profile verbindet beide Konfessionen die Feststellung, »christlich aus gutem Grund« zu sein. Das Ökumenemodell einer »versöhnten Verschiedenheit« könnte sich auch über den kirchlichen Rahmen hinaus als ein zukunftstaugliches Gesellschaftsmodell erweisen, da es das eigene Profil mit dem Respekt für den anderen verbindet und das brückenbildende Gespräch einfordert. Es bleibt abzuwarten, inwieweit die Kirchen ihre Kompetenz im Dialog mit dem Islam gesellschaftsförderlich werden einbringen können.

Das Profil der Kirchen angesichts gesellschaftspolitischer Herausforderungen und Umbrüche

Angesichts fortschreitender Säkularisierung seit Mitte der 1960er Jahre sind die Kirchen beider Konfessionen dazu aufgerufen, nach dem Grad ihrer gesellschaftlichen Akzeptanz zu fragen und immer wieder deutlich zu machen, was sie als Volkskirchen für die Gesellschaft leisten.[144] Insgesamt hat der Abbruch traditioneller Kirchlichkeit nach und nach zu einer Öffnung des kirchlichen Raumes auch für außerkirchliche Themen geführt.[145] Dabei mischen sich die Kirchen in die aktuellen Debatten um Globalisierung, Gentechnologie, Armut, Hartz-IV-Sätze oder Umweltschutz auch deshalb ein, weil ihnen als Anwalt der Schwachen und aus ihrem christlichen Bekenntnis heraus hierzu eine Verpflichtung erwächst. So sind etwa die ersten Armutsberichte auf Drängen der Kirchen vorgelegt worden. Suppenküchen oder Tafeln, wo Bedürftige unentgeltlich speisen können, entstanden – wie in Ludwigshafen oder Mainz – auf kirchliche Initiative. Die Einmischung der Kirchen in den gesellschaftlichen Diskussionsprozess wird vor allem an den Denkschriften der EKD deutlich, die von den Landeskirchen mit formuliert und mitgetragen werden, wie etwa die sog. »Wirtschaftsdenkschrift« (1991), die Denkschrift zur »Zukunft unseres demokratischen Gemeinwesens« (2006) oder die »Friedensdenkschrift« (2007). Sie sind wesentliche Standortbestimmungen im Geiste evangelischer Freiheit und Verantwortung. Das Eintreten für den Feiertagsschutz führt nicht nur die Kirchen zusammen (»Menschen brauchen den Sonntag«, 1999), sondern ließ in Rheinland-Pfalz die »Allianz für den freien Sonntag« entstehen, an der sich die Kirchen und die Gewerkschaft Verdi beteiligen (2010).

In einer zunehmend materiell orientierten, sinnentleerten Welt stellt sich die Frage nach der Religion neu. Deshalb treibt viele Menschen ein wieder erwachtes Interesse an religiösen Fragen um. Für die Kirchen beider Konfessionen geht es in dieser Konstellation um die Frage, wie der kirchliche Auftrag zeitgemäß, aber nicht am äußeren Zeitgeschmack orientiert, authentisch wahrgenommen werden kann. In den evangelischen Landeskirchen hat sich für diese neue Herausforderung der Begriff der missionarischen Volkskirche ausgeformt. Zahlreiche Gemeinden bemühen sich etwa um neue Angebote wie Gospelgottesdienste oder Gottesdienste zu anderen als den bisher üblichen Zeiten. Der pfälzische Kirchenpräsident Christian Schad betont in diesem Zusammenhang die Notwendigkeit einer volkskirchlichen Orientierung an den unterschiedlichen Lebenswelten der Menschen und die Offenheit für unterschiedliche Frömmigkeits- und Bindungsformen in der Kirche.[146] Auch die Evangelische Kirche im Rheinland hat 2010 auf ihrer Landessynode den Anspruch, missionarisch Volkskirche zu sein, bekräftigt und eine Anregung für die Überprüfung kirchlicher Handlungsfelder formuliert. Es geht um nicht weniger, als angesichts des sichtbaren Traditionsabbruchs Möglichkeiten eines Traditionsanschlusses zu schaffen. Mit den Kernbereichen Erziehung und Bildung, Wortverkündigung und Diakonie hat die Kirche ihren Platz auch in der säkularen Gesellschaft und wirkt als wichtiger Integrationsfaktor.[147]

Gerade Caritas und Diakonie befinden sich unter den Bedingungen des Sozialmarkts in einer harten Bewährungsprobe. Kirchliche Krankenhäuser, Pflegedienste und andere diakonische Einrichtungen ringen angesichts des Diktats der Pflegesätze und des Kostendrucks um ihr christliches Profil. Will die Kirche hier glaubwürdig bleiben, muss sie beweisen, dass sie die Zuwendung zum einzelnen Menschen nicht vernachlässigt.

Die Diskussion über die gesellschaftspolitische und immer auch theologische Standortbestimmung wird von den Kirchen in einer Zeit geführt, die von einem Rückgang an Kirchensteuereinnahmen und Gemeindegliedern bei gleichzeitigem Anstieg von Personal- und Sachkosten geprägt ist. Überdies wird die Frage der Erhebung von Kirchensteuern wie der Staatsleistungen von gesellschaftlichen Gruppen oder manchen Parteivertretern immer wieder grundsätzlich aufgeworfen. Die Kluft zwischen Einnahmen und Ausgaben zwingt zu einer Reorganisation kirchlicher Strukturen. Dabei geht es einerseits um Einsparungen, andererseits um die Bündelung von Kräften und um die Benennung von unverzichtbaren und möglicherweise verzichtbaren Aufgaben. Das ist ein mitunter schmerzvoller Prozess. »Der Mantel muss dem kleiner gewordenen Körper angepasst werden«, mit diesem Bild beschrieb Präses Nikolaus Schneider 2006 vor der Landessynode der Evangelischen Kirche im Rheinland die Notwendigkeit von Sparmaßnahmen.

In Rheinland-Pfalz gehören die konfessionellen Träger im Bereich der Erwachsenenbildung mit 33,7 % (18, 7% kath., 15 % ev.) nach den Volkshochschulen mit 43 % zu den wichtigen und gefragten Anbietern.[148] Diese Quote rührt auch daher, dass die kirchliche Bindung in Rheinland-Pfalz mit 83 % Kirchenmitgliedschaft im Vergleich zum Bundesdurchschnitt mit 63% sehr hoch ist (Stand 2006: 43 % kath., 40 % ev.). Das Fehlen großstädtischer Ballungszentren, die in der Regel die stärksten Austrittsquoten zu verzeichnen haben, und das Vorherrschen kleiner und mittlerer Städte sowie vieler Dörfer sorgen für diese aus kirchlicher Sicht noch positive Bilanz, die allerdings über die Gesamtproblematik der Situation nicht hinwegtäuschen sollte. Dies wird etwa an den Phasen von Kirchenaustritten in den Bistümern deutlich.[149] Offenbar treten die Austrittswellen im Zusammenhang mit ökonomischen Krisen bzw. Steuerreformen auf. Dieser Prozess begann mit der ersten deutschen Wirtschaftskrise der Nachkriegszeit 1966/67, wurde dann manifest in der Ölkrise 1973/74 und führte zu einem erneuten großen Ausschlagen mit der Einführung des Solidaritätszuschlages 1991 bzw. 1993. In der gesamten Entwicklung blieben die Austrittszahlen der katholischen Kirche niedriger als die der evangelischen Landeskirchen. Dies änderte sich erstmals 2010, als der Skandal der Missbrauchsfälle in der katholischen Kirche bekannt wurde und in der Folge zu einem erheblichen Anstieg der Austrittszahlen führte. Das Phänomen merklich erhöhter Austrittszahlen in wirtschaftlich schwierigen Zeiten deutet darauf, dass der Kirchenaustritt in der Regel am Ende eines bereits länger dauernden Entfremdungsprozesses steht und die Einsparung der Kirchensteuer das Entscheidungsmoment bildet.

Auch in Rheinland-Pfalz bestehen die kirchlichen Strukturprobleme in ihrer Kombination von Austritten, demografischem Wandel und Mitgliederverlusten durch Binnenmigration insbesondere in den größeren Städten (siehe hierzu auch: Bd. Historische Statistik). Doch trotz des dadurch bedingten kontinuierlichen Mitgliederschwunds steigt die Zahl der Menschen an, die sich ehrenamtlich engagieren, zum Beispiel für die evangelische Kirche. Von 100 Kirchenmitgliedern sind vier Personen ehrenamtlich für ihre Kirche tätig.

Zahl der Kirchenmitglieder, bezogen auf die evangelischen Landeskirchen insgesamt (auch außerhalb von Rheinland-Pfalz), und Zahl der Ehrenamtlichen, Stichtag 31.12.2009.

Landeskirche	Rheinland	Hessen-Nassau	Ev. Kirche der Pfalz
Gemeindeglieder	2.824.127	1.731.883	582.096
Ehrenamtliche	116.314	64.794	20.950
darunter Frauen	82.752	44.295	14.294
Frauen in %	71,1	68,4	68,2

(EKD)

Neben der innerkirchlichen Verwaltungsreform ist die Frage einer kirchlichen Struktur- und Gebietsreform zu beachten. Über allen diesen Reformversuchen aber steht die Leitfrage: Was muss auf der Grundlage der vorhandenen Personal- und Finanzressourcen heute getan und notfalls verändert werden, damit die Kirchen beider Konfessionen als Institutionen leistungsfähig bleiben und als Arbeitgeber Tausender Mitarbeiter verlässlich und motivierend wirken? Bereits auf dem Weg in das dritte Jahrtausend begingen die Kirchen das Jahr 2000 als einen existenziellen Meilenstein. Mit Millenniumsfeiern – wie in Speyer mit dem Ökumenischen Christfest am Pfingstsonntag – erinnerten sie sich und ihre Mitglieder an die Wurzel ihrer Herkunft. Im Hinblick auf das 500. Reformationsjubiläum 2017 befinden sich die EKD und ihre Gliedkirchen in einem besonderen Prozess der Selbstvergewisserung (Lutherdekade) durch Rückbesinnung auf die protestantischen Grundwerte, die sie zeitgemäß und nachvollziehbar vermitteln wollen.

Kirche – wohin? Kirchenpräsident Christian Schad, Evangelische Kirche der Pfalz (Protestantische Landeskirche) auf dem Parlamentarischen Abend im Mainzer Landtag, 25. Juni 2009 [Auszug]:

»Perspektive 5: Kirche sein in der Nähe der Menschen
Nach wie vor sind die Kirchengemeinden der Wurzelgrund protestantischer Identität: »Pflanzstätte(n) evangelischen Glaubens und Lebens«, wie unsere Kirchenverfassung sagt – im Miteinander der Generationen und der unterschiedlichen Art der Beteiligung.
Nicht Zentralisierung, nicht Rückzug aus der Fläche, sondern: die Erhaltung und Stärkung lokaler Präsenzformen des Christlichen sind für mich daher das Gebot der Stunde.
Um die Aufgaben, die sich hier stellen, allerdings sinnvoll erfüllen zu können, dürfen Gemeinden keine abgeschotteten Inseln sein. Neben einem stabilen Basisangebot vor Ort sind ein vernetztes Miteinander und gemeinsam erarbeitete Schwerpunkte angemessen, um zielgruppenorientiert und milieuverknüpfend Kirche gestalten zu können.«

Quelle: Öffentlichkeitsarbeit der Evangelischen Kirche der Pfalz (Protestantische Landeskirche), unveröffentlichtes Manuskript

Freilich gilt es dabei angemessen wahrzunehmen, dass unser Raum schon im 19. Jh. und erst recht in jüngster Zeit nicht alleine von den großen christlichen Kirchen geprägt wurde, sondern immer schon auch von religiösen Minderheiten, die bedeutsame Spuren hinterließen und eigene Prägungen hervorgebracht haben. So weist das Land mit den auf das Mittelalter zurückgehenden Zentren jüdischen Gemeindelebens in Mainz, Worms und Speyer auch bedeutende Stätten jüdischer Kultur auf. Bereits im 16. Jh. fasste die Täuferbewegung Fuß in unserem Raum, bis heute zeugen Mennonitengemeinden, die durch Zuzug aus den Nachfolgestaaten der Sowjetunion stark angewachsen sind, von dieser Tradition. Seit den 1960er Jahren strömten im Zuge der Arbeitsmigration Gastarbeiter und später ihre Familien nach Deutschland. In Rheinland-Pfalz leben daher neben Italienern und Griechen vor allem Türken und damit Muslime in zahlrei-

Ökumenischer Gottesdienst im Dom zu Speyer, 23. Januar 2011. Am Altar (v.l.n.r.) Erzpriester Radu Constantin Miron (Ökumenebeauftragter der orthodoxen Bischofskonferenz Deutschland), Karl-Heinz Wiesemann (Bischof von Speyer), Christian Schad (Präsident der Evangelischen Kirche der Pfalz, Protestantische Landeskirche), Regina Claas (Generalsekretärin des Bundes evangelisch-freikirchlicher Gemeinden in Deutschland) (Klaus Landry, Speyer)

chen Städten und Dörfern. Von diesen starken religiösen Minderheiten soll im Folgenden in der durch den Überblickscharakter dieses Werkes bedingten Kürze die Rede sein, ohne zu verkennen, dass es in Rheinland-Pfalz auch noch viele weitere kleine religiöse Gemeinschaften wie etwa die Zeugen Jehovas oder Adventisten gibt.

2. Jüdische Gemeinden im 19. und 20. Jahrhundert

Von Wilhelm Kreutz

Zur Rechtsstellung der Juden im 19. und frühen 20. Jh.

»Am Anfang war Napoleon.« Diese programmatische Aussage, mit der Thomas Nipperdey sein Standardwerk über die deutsche Geschichte des 19. Jhs. einleitete, könnte er geradezu mit Blick auf die Entwicklung der jüdischen Gemeinden der vier »deutschen« Départements Mont Tonnerre (Donnersberg), Rhin-et-Moselle (Rhein-und-Mosel), Sarre (Saar) und Roer (Rur) formuliert haben. Denn die Gesetzgebung des französischen Kaisers griff in das Alltagsleben kaum einer anderen gesellschaftlichen Gruppe so stark ein wie in jenes der linksrheinischen Juden.[150]

Auf der einen Seite brachte ihnen die endgültige Eingliederung der rheinischen Lande ins französische Verfassungs- und Rechtssystem nach dem Frieden von Lunéville (1801) die vollständige Emanzipation, die Frankreichs Juden bereits seit November 1791 erlangt hatten. Diese rechtliche Gleichstellung war nur der unspektakuläre administrative Vollzug des Anschlusses an Frankreich. Es handelte sich keineswegs um einen revolutionären Akt, wie die Zertrümmerung der Ghettotore von Mainz im Jahr 1798 oder eine vom Pathos der Menschheitsbeglückung durchdrungene Deklaration der französischen Republik, die zwar ab 1797 den Leibzoll aufgehoben, aber die rechtliche Ausnahmestellung der Minderheit nicht beseitigt hatte.

Mitgliederzahlen jüdischer Gemeinden im Verhältnis zur Bevölkerung 1871

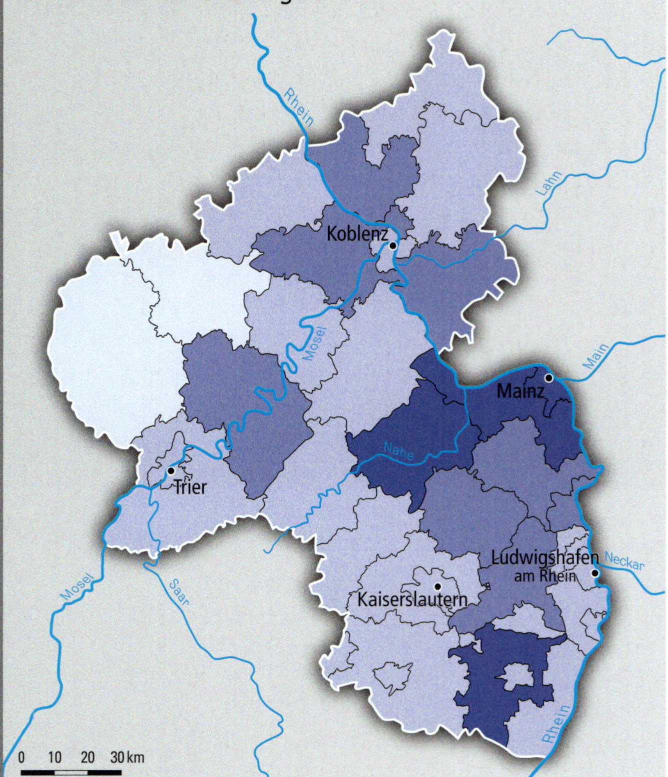

Relative Anzahl der Mitglieder 1871 bezogen auf die heutigen Landkreise und kreisfreien Städte in Rheinland-Pfalz

(Angaben in %)

<= 0,5 *>0,5 - 3,0* *>3,0 - 6,0* *>6,0 - 9,0*

Daten: Statistisches Landesamte Rheinland-Pfalz
Kartographie: Landesamt für Vermessung und Geobasisinformation Rheinland-Pfalz

Auf der anderen Seite schränkten die Judendekrete der Jahre 1806 und 1808 einen erheblichen Teil der gerade gewährten Rechte für die Dauer von zehn Jahren wieder ein. Nachdem ein kaiserliches Dekret bereits 1806 in den acht elsass-lothringischen und rheinisch-pfälzischen Departements das Aussetzen aller unrechtmäßigen Schuldforderungen jüdischer Gläubiger für ein Jahr angeordnet hatte, erklärte ein weiteres am 17. März 1808 alle Kreditverträge mit Minderjährigen, Ehefrauen und Soldaten, die ohne Zustimmung von Eltern, Ehemann oder vorgesetztem Offizier abgeschlossen worden waren, ebenso für ungültig wie jene mit einem Zinssatz von mehr als 10 %. Alle anderen Kreditverträge wurden auf den Zinsfuß von 5 % reduziert. Zudem wurden jüdische Gläubiger verpflichtet, die Rechtmäßigkeit ihrer Geldforderungen nachzuweisen. Alle Juden, die weiterhin Geld- oder Handelsgeschäften nachgehen wollten, waren gehalten, jährliche Moralitätspatente vorzulegen, in denen ihnen sowohl der Rabbiner als auch der Bürgermeister (Maire) tadelloses Geschäftsgebaren bescheinigen mussten. Dass in der Landwirtschaft oder im Handwerk tätige Juden von dieser Zwangsmaßnahme ausgenommen blieben, sollte die Attraktivität dieser »produktiven« Berufe erhöhen und die nachwachsende Generation zur beruf lichen Umorientierung veranlassen.

Da die deutschen Regenten, die nach dem Wiener Kongress von den linksrheinischen Territorien Besitz ergriffen, im Gegensatz zu Ludwig XVIII. das napoleonische »décret infâme« erneuerten, blieb es in »Rheinpreußen«, Rheinhessen, »Rheinbayern«, in den Fürstentümern Birkenfeld und Lichtenberg, im hessen-homburgischen Oberamt Meisenheim und in den nördlichen Teilen des Herzogtums Nassau drei Jahrzehnte länger in Geltung als in Frankreich selbst: De facto wurde es in Rheinhessen 1845, in der preußischen Rheinprovinz, zu der seit 1834 auch das bis dahin sachsen-coburgische Fürstentum Lichtenberg gehörte, 1847 im Zuge der neuen Juderverordnung, im hessen-homburgischen Oberamt Meisenheim und in Nassau 1848, im Fürstentum Birkenfeld 1849 und in der Pfalz 1851 aufgehoben, obwohl viele Bürgermeister das »schändliche Dekret« kaum noch anwendeten, weil sein erzieherisches Ziel, jüdische Schulabgänger zum Erlernen »produktiver« Berufe zu veranlassen, selbst mit Zwang nicht zu erreichen war.

Trotz aller Schikanen blieben die Juden in ihren angestammten Berufen, allen voran im Kreditgeschäft und im Handel. Doch die Aufhebung des napoleonischen Dekrets beendete die rechtliche Zurücksetzung der Juden noch nicht ganz. Ihre völlige rechtliche und politische Gleichstellung erreichten sie in Rheinhessen am 7. August 1848 als Ergebnis der Märzrevolution desselben Jahres; in der Pfalz verschwanden die letzten Restriktionen, das Verbot der Ehe zwischen Juden und Christen sowie die Aufhebung des Judeneids, erst 1868 bzw. 1869; im preußischen Rheinland endete die gesetzliche Minderstellung am 3. Juli 1869 mit der Novellierung der Gesetze des im Frühjahr neu gegründeten Norddeutschen Bundes, die 1871 im gesamten Deutschen Kaiserreich Gesetzeskraft erlangten, und die erst die nationalsozialistischen Ausnahmegesetze außer Kraft setzen sollten.

Die Kultusorganisation im 19. und frühen 20. Jh.

Neben dem am 20. Juli 1808 publizierten Dekret zur Namensänderung, das alle Juden – entgegen ihrer Tradition – zur Annahme fester Familiennamen zwang, zeitigte das mit dem »schändlichen Dekret« am 17. März 1808 erlassene Dekret zur Neuorganisation des jüdischen Kultus ebenso weitreichende Folgen wie das Erstgenannte. Allerdings entsprach die Neugliederung der Gemeinden, Rabbinate und »Konsistorien« weitaus mehr den Beschlüssen der auf Geheiß Napoleons in Paris 1806/07 versammelten jüdischen Notabeln und Rabbiner. Neben das bis heute bestehende »Zentralkonsistorium« in Paris traten bis 1815 die für die jüdische Selbstverwaltung wie für deren staatliche Aufsicht zuständigen Konsistorien der einzelnen Départements, von denen jene von Trier und Mainz – wenngleich unter anderem Namen – bis zum Exodus des deutschen Judentums im »Dritten Reich« Bestand hatten. Nur im bayerischen Rheinkreis fehlte nach dem Ende der napoleonischen Ära bis zur Gründung des »Verbands der israelitischen Kultusgemeinden in der Pfalz« im Jahr 1917 ein organisatorischer Zusammenschluss aller jüdischen Gemeinden.

Zur Bevölkerungsentwicklung der Juden bis 1933

Zu Beginn der 1820er Jahre lebten in den linksrheinischen Regionen des heutigen Rheinland-Pfalz knapp 30.000 Juden, die meisten in der bayerischen Rheinpfalz (1823: 12.269) und Rheinhessen (1822: 7.020), gefolgt von den preußischen Regierungsbezirken Koblenz (1817: 5.791) und Trier (1817: 3.057) sowie dem oldenburgischen Fürstentum Birkenfeld (1820: 600 bis 700), dem hessen-homburgischen Oberamt Meisenheim (1820: 500 bis 600) und dem sachsen-coburgischen Fürstentum Lichtenberg (1820: rd. 100).

In den nächsten Jahren ließen eine höhere Geburtenrate und eine geringere Sterblichkeit den Geburtenüberschuss der Juden kurzzeitig überproportional anwachsen und erhöhten vorübergehend ihren prozentualen Bevölkerungsanteil, bevor die Verhältnisse sich umkehrten und trotz weiter steigender Gesamtzahlen der Minderheit ihr relativer Anteil absank. Dieser demografische Vorgang war in den Gemeinden zwischen Westerwald und Eifel im Norden sowie der französischen Grenze im Westen und Süden viel stärker ausgeprägt und früher beendet als in den übrigen Staaten des Deutschen Bundes bzw. des Deutschen Reichs. Im Gegensatz zur deutsch-jüdischen Minorität insgesamt, die bis zur Jahrhundertwende anwuchs und erst in der Reichsgründungsphase ihr prozen-

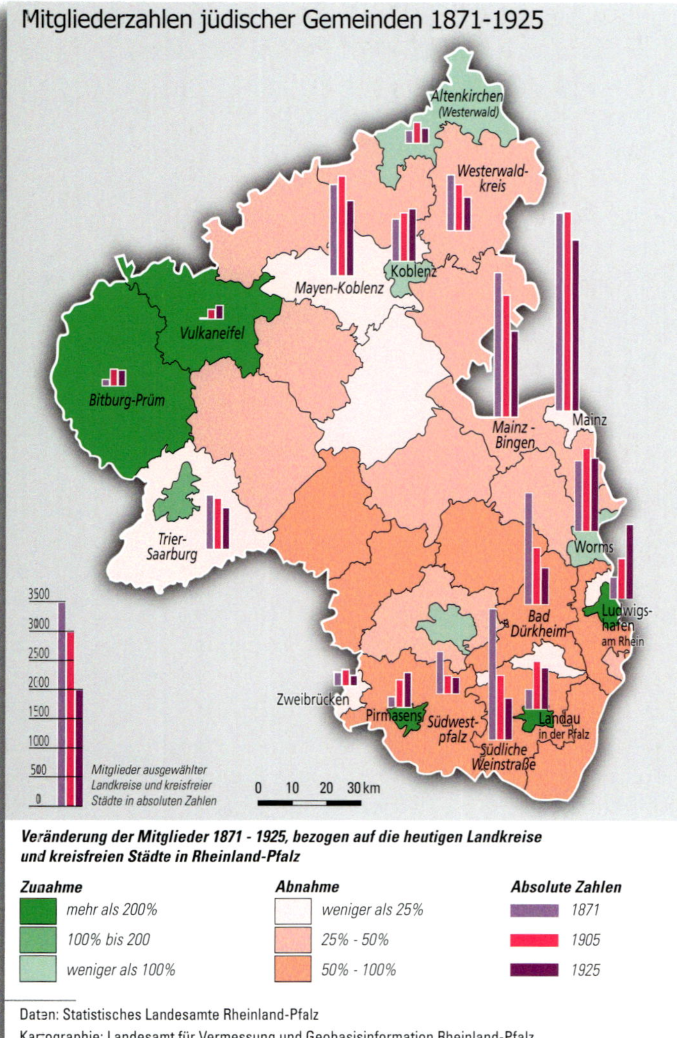

tuales Maximum erreichte, erlangte die jüdische Bevölkerung der Pfalz ihr Maximum von 2,7 % bereits 1834 und nahm nach 1854 nicht nur relativ, sondern auch absolut ab: 1895 lebten hier weniger Juden als 1818. Ähnlich, freilich mit einer Verzögerung von etwa zwanzig Jahren und weniger scharf ausgeprägt, verlief die Entwicklung in Rheinhessen. Hier erreichten die jüdischen Einwohner ihr relatives Maximum von 4,41 % 1846; danach sank ihr Anteil prozentual und nach 1860 absolut.

Dieser Trend setzte sich auch im Kaiserreich und in der Weimarer Republik fort (siehe Karten). Die Gesamtzahl der jüdischen Bevölkerung sank von 35.554 (1871) über 31.162 (1905) auf 25.469 (1925) und lag in den frühen 1930er Jahren, noch vor Beginn der politisch erzwungenen Auswanderung, weit unter jener der frühen 1820er Jahre. Ihr prozentualer Anteil an der Gesamtbevölkerung verringerte sich in jenem Zeitraum sogar um mehr als die Hälfte.

Dieser Bevölkerungsrückgang ist aber nur zum Teil mit den natürlichen Faktoren – einer sinkenden Geburten- und einer in den überalternden Gemeinden steigenden Sterblichkeitsrate – zu erklären; vielmehr spiegelt er zudem die hohen Wanderungsverluste jener Jahrzehnte wider. So verließen in den wirtschaftlichen Krisenjahren der Vor- und Nachmärzjahre – wie im Übrigen auch viele nichtjüdische Familien – Hunderte jüdischer Familien ihre südwestdeutsche Heimat, um in Amerika ihr Glück zu suchen. Rechnet man hinzu, dass eine beträchtliche Zahl zudem in die ab 1860 rasch wachsenden Großstädte jenseits des Rheins, allen voran Frankfurt und Mannheim, abwanderte, gewinnt der Bevölkerungsrückgang noch schärfere Kontur, auch wenn genauere Zahlen fehlen.

Im Gegensatz hierzu lässt sich die seit 1797 in Gang gekommene Binnenwanderung der Juden genauer verfolgen. Mehr und mehr Juden verließen ihre angestammten Dörfer, in denen sie seit den Verfolgungen des Mittelalters Zuflucht gefunden und wo ihnen meist niederadelige Landesherren gegen entsprechendes Entgelt »Schutz« gewährt hatten. Damit verschwand die für die südwestdeutschen Landjuden charakteristische, allein politischen Gesichtspunkten folgende Verteilung ihrer Gemeinden. So lebten in der linksrheinischen Kurpfalz, im Herzogtum Zweibrücken und dem Hochstift Speyer, den größten und bevölkerungsreichsten Territorien der späteren Pfalz, vergleichsweise wenige Juden. Nur knapp ein Viertel der rheinpfälzischen Juden entstammte diesen Territorien, demgegenüber aber mehr als ein Viertel allein den weitaus kleineren leiningischen Territorien und gar 37 % den niederadeligen Klein- und Kleinstterritorien. In den preußischen Regierungsbezirken Trier und Koblenz lebten 1817 86,9 % bzw. 79,5 % der jüdischen Bevölkerung auf dem Land. Es verwundert daher nicht, dass sie nach Aufhebung aller Sondergesetze ihre Dörfer verließen und in wirtschaftlich attraktivere Gemeinden entlang der Eisenbahnlinien oder in die wenigen (Industrie-)Städte zogen, wie die Karte eindrucksvoll widerspiegelt. Den überproportional hohen Verlusten der süd- und westpfälzischen Kreise entsprechen die Zugewinne von Pirmasens, Kaiserslautern, Landau und nicht zuletzt von Ludwigshafen, dessen jüdische Gemeinde binnen weniger Jahre zur größten der Pfalz avancierte.

Keinen so großen Schwankungen ausgesetzt war die Entwicklung in Rheinhessen, wo mit Worms, Bingen und Mainz schon zu Beginn des 19. Jhs. städtische Gemeinden bestanden und bereits 1824 20 % der Juden in Gemeinden über 10.000 Einwohner lebten. Vor allem die jüdische Gemeinde von Mainz überragte durch ihre Größe und ihren Reichtum alle anderen und zog im gesamten 19. Jh. viele Juden des Umlands an. Der Verstädterungsprozess ist auch in den damals zu Preußen und Oldenburg gehörenden Landesteilen zu beobachten, wie der Anstieg der jüdischen Bevölkerung von Trier und Koblenz belegt. Bemerkenswert sind in diesem Kontext die vergleichsweise geringen Verluste des Kreises Bad Kreuznach, weil die Dorfjuden, die in der Frühen Neuzeit hier Zuflucht gefunden hatten, im 19. Jh. in die Landstädte der Region strömten.

Demgegenüber scheinen die beiden Eifelkreise und der Kreis Altenkirchen dem generellen Trend zu widersprechen, doch ihre Ausnahmestellung verdanken sie allein der perspektivischen Verzerrung der Statistik: In allen drei Kreisen lebten 1925 – trotz exorbitanter relativer Zuwächse – mit einem Bevölkerungsanteil von 0,2 bis 0,3 % noch immer die wenigsten Juden.

Insgesamt bleibt festzuhalten, dass ungeachtet der natürlichen Bevölkerungs- und der Migrationsverluste sowie der Urbanisierungstendenz die jüdischen Gemeinden des deutschen Südwestens dennoch weitaus ländlicher und damit in sozialer – nicht religiöser – Hinsicht konservativer geprägt waren als ihre Glaubensgenossen im Deutschen Reich bzw. der Weimarer Republik.

Zur Berufsentwicklung der Juden

Dieser Sozialkonservativismus wird durch den Blick auf die Berufsstruktur bestätigt. Ins Auge springt hierbei die bis ins Kaiserreich fortdauernde Konzentration im Kreditgeschäft und in den Handelsberufen, die in der Vergangenheit zu – wenig erfolgreichen – »Erziehungsgesetzen« des Staates und »Produktivierungskampagnen« der jüdischen Gemeinden selbst geführt hatte. Diese Konstellation lieferte seit dem ausgehenden 19. Jh. dem rassischen Antisemitismus überdies sein wichtigstes Argument, schien doch gerade die Kontinuität ihrer Berufsstruktur ein Beweis für die unveränderlichen, weil angeborenen negativen Charaktereigenschaften der Juden zu sein.

Die wahren Gründe, warum die Juden landwirtschaftliche und handwerkliche Berufe auch nach Aufhebung aller Beschränkungen mieden, liegen demgegenüber auf der Hand: Denn warum sollten sie angesichts der wiederkehrenden Krisen von Landwirtschaft und Handwerk sowie der Auswanderung von Zehntausenden in diesen Berufen Tätigen ihre Geschäfte aufgeben, zumal sie im deutschen Südwesten lebenswichtige Funktionen erfüllten? Sie sicherten den Export landwirtschaftlicher Erzeugnisse, sie versorgten die abgelegensten Dörfer mit Vieh oder Fertigwaren, und sie gaben den Kleinbauern Kredit. Zudem waren sie für den allmählich in Gang kommenden Industrialisierungs- und Urbanisierungsprozess unentbehrlich, weil die Konsumwünsche der wachsenden städtischen Bevölkerung nicht nur zunahmen, sondern sich immer weiter ausdifferenzierten. So spezialisierten sich die zu Beginn des 19. Jhs. noch mobilen (Alt-)Kleiderhändler, die nach und nach stehende Ladengeschäfte eröffneten, nach der Jahrhundertmitte, um nur ein Beispiel zu nennen, auf den Verkauf von Damen- und Herrenoberbekleidung, Miederwaren und Unterwäsche, Schuhe und Lederwaren, Hüte, Krawatten oder Kurzwaren.

Überdies begannen die Juden, da sie die Wünsche ihrer Kunden sehr gut kannten, in enger Rückbindung an den (Groß-)Handel mit der eigenen Produktion etwa von (Panama-)Hüten, Mieder- oder Kurzwaren. Ebenso engagierten sie sich – neben dem Tabakhandel – beim Aufbau von Zigarrenfabriken, die nur geringe Investitionen erforderten. Nicht übersehen werden darf dabei zumindest in der ersten Hälfte des 19. Jhs. das starke Nord-Süd-Gefälle, d. h. die großen Vermögensunterschiede, die zwischen den reichen städtischen und ländlichen Gemeinden Rheinhessens und den armen Dorfjuden der Hinterpfalz, des Hunsrücks oder der Eifel bestanden.

Bemerkenswert ist, wie wenig Juden sich am tief in die Wirtschaft der Region einschneidenden Industrialisierungsprozess beteiligten. Unternehmer wie der Steinbacher Isidor Dreyfus, der die Diamant- und Edelsteinindustrie von Idar und Oberstein begründete, blieben die Ausnahme. Darüber können auch einzelne Schuhfabriken in Pirmasens und Speyer oder lederverarbeitende Betriebe nicht hinwegtäuschen.

Ebenso wenig darf die nach der Gründerkrise des Kaiserreichs verstärkte Hinwendung der Juden zu akademischen Berufen ignoriert werden, auch wenn diese links des Rheins nicht so starke Kontur gewann wie in den städtischen Zentren des Reichs. Dennoch spiegelt gerade die Berufsstruktur von Mainz oder Ludwighafen mit ihrer Vielzahl von Ärzten, Rechtsanwälten, Chemikern oder Gymnasiallehrern wider, dass den Juden auch in Südwestdeutschland der Eintritt ins Bildungsbürgertum gelang, wenngleich das Fehlen von Hochschulen und Universitäten hier sicherlich negativ zu Buche schlug.

Die Verfolgung und Vernichtung jüdischen Lebens zwischen Mosel, Rhein und Lauter

Mit der Machtübertragung vom 30. Januar 1933 und der nationalsozialistischen Gleichschaltung begann die gesellschaftliche Ausgrenzung der Juden: Das »Gesetz zur Wiederherstellung des Berufsbeamtentums«, die Gründung der Reichskulturkammer sowie das Schriftleitergesetz zeigten, dass der antisemitischen Hetze der Vorjahre nun Taten folgten. Und die Nürnberger Rassegesetze von 1935 sowie das Novemberpogrom von 1938 belehrten all jene eines Besseren, die geglaubt hatten, jüdisches Leben sei in Deutschland trotz aller Diskriminierungen und Demütigungen noch möglich.

In der Nacht vom 9. auf den 10. November brannten auch in Rheinpreußen, in Rheinhessen und in der Rheinpfalz die Synagogen. Jüdische Geschäfte und Wohnungen wurden geplündert, Menschen misshandelt und zahllose Männer in Konzentrationslager eingesperrt, aus denen man sie nur entließ, wenn sie sich bereit erklärten zu emigrieren und damit zugleich der Konfiszierung ihres Vermögens zuzustimmen. Die Ausplünderung der deutschen Juden begann mit der 1938 vorangetriebenen Arisierung jüdischer Geschäfte und Betriebe, fand in der infamen »Sühnezahlung« für die Zerstörungen der Pogromnacht ihre Fortsetzung und gipfelte in der »Reichsfluchtsteuer«, die alle zur Auswanderung Gezwungenen ihrer letzten Ersparnisse beraubte.

Den ersten Schritt zur Vernichtung der südwestdeutschen Juden machte der pfälzische Gauleiter Josef Bürckel, der ab dem 22. Oktober 1940 826 der ca. 900 noch in der Pfalz lebenden Juden – 1933 waren es noch 6.487 gewesen – zusammen mit denen des Saargaus und Badens in mehreren Sonderzügen ins südfranzösische »Camp de Gurs« deportieren ließ. Den Strapazen der mehrtägigen Fahrt, den katastrophalen sanitären Verhältnissen und dem Hunger waren viele der meist alten und kranken Deportierten nicht gewachsen. Doch Gurs war nur die erste Station ihrer »Reise ohne Wiederkehr«, die sie ab 1942 über das Sammellager Drancy bei Paris in die Todesfabriken der Nazis, die Gaskammern von Majdanek oder Auschwitz, führte.

Ein ähnlicher Leidensweg war den rheinpreußischen und rheinhessischen Juden beschieden, obgleich er erst ein Jahr später begann. Von den 1933 rd. 1.700 im Trierer Raum ansässigen Juden gelang es rd. 1.000 sich dem Zugriff der Nationalsozialisten zu entziehen. Die Vernichtung der restlichen Juden begann am 16. Oktober 1941 mit dem Transport ins Ghetto von Lodz, das aber ebenso wie später Theresienstadt nur eine Zwischenstation auf dem Weg der Trierer Juden in die Vernichtungslager von Belzec, Chelmno, Treblinka oder Auschwitz war. Nachdem bereits 1941 erste Juden aus Koblenz deportiert worden waren, leitete der am 22. März 1942 abgehende Transport von 337 Juden ins polnische Zwischenlager Izbica, dem noch sechs weitere folgen sollten, die Vernichtung der rheinpreußischen Juden ein.

Ebenfalls im Frühjahr 1942 deportierten die Nationalsozialisten Tausende rheinhessischer Juden in die Ghettos des Distrikts Lublin, allen voran das Ghetto von Piaski, von denen die meisten am 22. Juni 1942 in Sobibor den Tod fanden. Am Bahnhof von Worms, der alten jüdischen Metropole Rheinhessens, begann von März bis September 1942 zudem für über 3.000 Juden, darunter rd. 1.450 aus Mainz, die Deportation in den Osten, die – letztmals am 10. Februar 1943 – über die polnischen Ghettos oder Theresienstadt in die Gaskammern von Treblinka oder Auschwitz führte.

Der Neubeginn jüdischen Lebens nach dem Zweiten Weltkrieg

Unmittelbar nach dem Krieg begannen die wenigen Überlebenden der Vernichtung der europäischen Juden in Rheinland-Pfalz neue Gemeinden zu gründen. 1948 zählte die wiedererstandene Mainzer Gemeinde 80, 1970 rd. 120 meist ältere Personen. Durch den Zuzug von jüdischen Emigranten aus den Nachfolgestaaten der Sowjetunion stieg die Zahl der jüdischen Gemeindemitglieder bis 2005 stark an, und im September 2010 konnte endlich die neue Mainzer Synagoge glanzvoll eingeweiht werden.

Religiöser und organisatorischer Mittelpunkt der kleinen Kultusgemeinde der Pfalz war ab 1953 Neustadt a. d. W., wo man einen Betsaal, ein jüdisches Altenheim und eine Synagoge einrichtete, die aber Ende der 1980er Jahre ihre Pforten schlossen. Lange war die 1965 eingeweihte Kaiserslauterer Synagoge die einzige der Pfalz. 1960 lebten hier wieder 600 Juden, deren Zahl freilich bis 1992 auf 72 absank, bevor die Zuwanderung der Juden aus der ehemaligen Sowjetunion auch hier die Fortdauer jüdischen Lebens sicherte. Am 9. November 2011 konnte die neue Synagoge in Speyer eingeweiht werden.

In Trier gründeten einige Mitglieder der Vorkriegsgemeinde mit in Deutschland verbliebenen »Displaced Persons« eine neue Gemeinde, die 1956/57 eine neue Synagoge ihr eigen nennen konnte. In den 1980er Jahren gehörten ihr noch rd. 80 Personen an, bevor die Zuwanderer aus dem Osten das Aussterben der Gemeinde verhinderten. Ähnliches gilt für Koblenz, wo die wieder begründete Gemeinde am Ende der alten Bundesrepublik rd. 100 Mitglieder hatte. In Bad Kreuznach zählte die kleine Gemeinde in den 1960er Jahren zwar 150 Mitglieder; ihre Zahl sank jedoch in den nächsten beiden Jahrzehnten auf 15 ab, bevor die Zuwanderer aus der ehemaligen Sowjetunion die Mitgliederzahl sprunghaft ansteigen ließen. 2002 konnte die Kultusgemeinde für die Kreise Bad Kreuznach und Birkenfeld in einer ehemaligen Kapelle der amerikanischen Streitkräfte eine neue Synagoge einrichten.

Die neue Synagoge in Mainz (Manuel Herz Architekten)

Am 3. Dezember 1999 vereinte ein Staatsvertrag, dem der Landtag am 8. März 2000 Gesetzeskraft verlieh, die jüdischen Gemeinden zum Landesverband der Jüdischen Gemeinden von Rheinland-Pfalz. Ihm gehören – in Anlehnung an die Struktur des 19. Jhs. – die Kultusgemeinden von Bad Kreuznach und Birkenfeld, Trier, Koblenz, Mainz sowie der Pfalz an. Mit knapp 3.300 Mitgliedern (Stand: 2010) zählt er zu den kleineren Verbänden des Zentralrats der Juden in Deutschland, aber die religiösen und sozialen Probleme, die aus dem Nebeneinander der Minderheit der alten und der erdrückenden Mehrheit der neuen Gemeindemitglieder erwuchsen, waren und sind hier ebenso drängend wie in anderen Gemeinden der Bundesrepublik. Dennoch bleibt das Wiederaufblühen der ältesten Gemeinden des aschkenasischen Judentums an Rhein und Mosel ein nicht zu überschätzendes »Geschenk« der Geschichte.

3. Mennonitische Gemeinden

Von Gary Waltner

Die Zeit der Anpassung und Gemeindeerneuerungen einschließlich der Vertreibung der Mennoniten aus dem Osten (1800–1950)

Die Mennonitengemeinden in Rheinland-Pfalz gehen auf die Täuferbewegung zurück, die ihren Anfang 1525 in Zürich nahm. Die theologischen Kernpunkte ihrer Lehre sind die Verweigerung des Militärdiensts, der Eidesleistung und der Taufe von Kindern. Die weltlichen Obrigkeiten verfolgten die Täufer, da deren Überzeugungen gegen die staatliche und kirchliche Ordnung verstießen. Auch in der damaligen Kurpfalz fand die neue Lehre große Akzeptanz unter der Bevölkerung. In den Städten Bergzabern, Landau, Worms und Alzey bildeten sich große Gemeinden. Die heutigen Mennonitengemeinden Monsheim (früher Kriegsheim) und Obersülzen gehen auf das 16. Jh. zurück. Nach dem Dreißigjährigen Krieg erhielten Mennoniten – der Name geht auf den friesischen Gemeindeältesten Menno Simons zurück – die Erlaubnis, sich in der verwüsteten und menschenleeren Kurpfalz anzusiedeln. So entstanden Mennonitengemeinschaften im Branchweilerhof bei Neustadt, dem Weierhof bei Kirchheimbolanden, dem Kühbörncheshof bei Kaiserslautern oder in Friedelsheim bei Dürkheim.[151]

Als die linksrheinische Kurpfalz unter Napoleon besetzt wurde, erhielten alle Bürger, einschließlich der Mennoniten, volles Bürgerrecht. Die neuen Rechte, die auch mit neuen Pflichten – wie zum Beispiel Wehrdienst oder Feldhut – verbunden waren, stellten die Mennoniten, die bis zu diesem Zeitpunkt durch kurfürstliche Privilegien davon befreit waren, vor Gewissensfragen. 1803 und 1805 wurden zwei große Kirchenkonvente in Ibersheim abgehalten, die über die Frage des Militärdiensts berieten, für dessen Verweigerung von Staats wegen keine Gewissensgründe galten. Man musste entweder einen Ersatzmann stellen – was eine große finanzielle Bürde bedeutete – oder selbst Wehrdienst leisten – oder auswandern. Schließlich einigten sich die Kirchenkonvente der Mennoniten darauf, dass jeder seinem Gewissen folgen solle. Daraufhin leisteten einige Mennoniten Militärdienst, einige wanderten nach Amerika aus, und andere, die es sich leisten konnten, stellten einen Ersatzmann. Um die Gemeinden zu erneuern, wurde überdies beschlossen, ein neues Formularbuch für kirchliche Handlungen herauszugeben, das in der Form eines einheitlichen Amtshandlungsbuches die bis dahin geübte individuelle Praxis eines jeden Predigers ablösen sollte.

Mit den neuen Grenzen, die durch den Wiener Kongress gezogen wurden, fiel ein Teil der linksrheinischen pfälzischen Gemeinden Hessen bzw. Bayern zu. In Rheinhessen wurde den mennonitischen Wehrpflichtigen anstelle des Militärdienstes mit der Waffe ein »Traindienst« – eine Art Versorgungsdienst – erlaubt. Allmählich rückten die Mennoniten in ganz Deutschland von dem Prinzip der Wehrlosigkeit ab, so dass im Ersten Weltkrieg die meisten und im Zweiten Weltkrieg alle Mennoniten Wehrdienst leisteten.

Das 19. Jh. brachte auch andere Änderungen in den Gemeinden. Mennoniten betätigten sich zunehmend politisch und entsandten mit Hermann von Beckerath aus Krefeld einen Vertreter in die Paulskirche. Jakob Finger von der Gemeinde Monsheim war großherzoglich-hessischer Staatsminister in Darmstadt. Auch das althergebrachte Laienpredigertum wurde ab 1830 mit der Anstellung von ausgebildeten und bezahlten Theologen verdrängt. Durch geschulte Prediger und interessierte Laien wurden Gemeindeverbände organisiert wie zum Beispiel die Konferenz der pfälzisch-hessischen Mennonitengemeinden im Jahr 1824 oder die Konferenz der süddeutschen Mennoniten 1886. Auch monatlich erscheinende mennonitische Zeitschriften wie die »Mennonitischen Blätter« (1854) oder das »Gemeindeblatt der Mennoniten« (1870) wurden ins Leben gerufen. Die Zeit der Aufklärung gab auch den Anstoß für höhere Schulbildung. Auf dem Weierhof wurde 1867 eine Realschule nach dem Prinzip der Zellerschen Lehranstalt in Beuggen bei Basel und den Schulen der Brüdergemeine gegründet. Der Versuch, ein Predigerseminar anzugliedern, scheiterte jedoch. Junge mennonitische Bauernsöhne bekamen die Möglichkeit, höhere Schulen zu besuchen, und übten andere als die traditionellen Berufe in Landwirtschaft und Handwerk aus. Bis 1914 waren die Mennoniten in die Gesellschaft völlig integriert.

Nach dem Ende des Zweiten Weltkriegs und der Vertreibung der Deutschen – und damit auch der Mennoniten – aus den ehem. deutschen Ostgebieten kamen neue Mitglieder und wiederum Veränderungen in die bestehenden Mennonitengemeinden im neuen Bundesland Rheinland-Pfalz. Die Gemeinden wuchsen, und die Prediger aus den Ostgebieten gestalteten den Gemeindedienst häufig mit. Die fast ausgestorbene Mennonitengemeinde in Neuwied wurde durch die Flüchtlinge und Rückwanderer aus Paraguay zu neuem Leben erweckt. In Enkenbach entstand eine neue Gemeinde durch Flüchtlinge aus Westpreußen. Die Nachkriegshilfe der amerikanischen Mennoniten brachte auch erneuertes Interesse für die Mission, für Hilfswerke und für eine Wiederentdeckung der Kriegsdienstverweigerung.

Bereits 1857 gaben die Mennoniten in Westpreußen ein »Namens-Verzeichnis« aller deutschsprachigen Mennoniten in Europa heraus. Innerhalb der Grenzen des heutigen Landes Rheinland-Pfalz wurden 18 Gemeinden mit 2.139 Mitgliedern gezählt. In dem 1892 erstmals veröffentlichten »Christlichen Gemeindekalender«, in dem die Gemeinden, ihre Ältesten und Prediger sowie die Mitgliederzahl zu finden sind, werden 18 Gemeinden mit 2.005 Mitgliedern genannt, für 1914 sind es 19 Gemeinden mit 2.608 Mitgliedern. 1951 weist der »Mennonitische Gemeinde-Kalender«, das Nachfolgeblatt des Gemeindekalenders nach dem Zweiten Weltkrieg, 18 Gemeinden mit 3.464 Mitgliedern aus. Die trotz der Verluste beider Weltkriege höhere Mitgliederzahl spiegelt den Zuzug der Flüchtlinge aus dem Osten wider, die in Rheinland-Pfalz aufgenommen wurden.

Eine veränderte mennonitische Landschaft seit 1950: Mennoniten aus der ehemaligen Sowjetunion

Mit dem Rückzug der deutschen Wehrmacht aus der Ukraine kamen viele deutschsprachige Mennoniten nach Deutschland. Die Mehrheit wanderte weiter nach Paraguay oder nach Nordamerika, viele Mennoniten wurden nach Sibirien deportiert, wodurch Familien auseinandergerissen wurden. Im Zuge der Politik der Bundesregierung begann zuerst eine mühsame Zusammenführung dieser lange Jahre getrennten Familien. Viele fanden eine neue Heimat in Neuwied und wurden in der dortigen Gemeinde aufgenommen. Als aber das kleine Rinnsal der Aussiedler in den 1970er und 1980er Jahren zu einem größeren Strom anschwoll, wurde von den alteingesessenen Mennoniten in Deutschland unter Leitung von Hans von Niessen ein Aussiedlerbetreuungsdienst eingerichtet. Mit der wachsenden Zahl der Aussiedler organisierten sich die russlanddeutschen Mennoniten in eigenen Gemeinden und Gemeindeverbänden, anstatt sich den bestehenden Gemeinden anzuschließen. Dort konnten sie ihre überkommenen Gemeindestrukturen und Frömmigkeitsformen sowie ihre kulturellen Eigenheiten bewahren.

Diese Gemeinden gründeten ihre eigenen Hilfs- und Missionsorganisationen und richten ihre Haupttätigkeit nach Osten aus. Unter den Gemeinden der Russlanddeutschen gibt es zwei verschiedene Gruppen, die sich bereits in Russland gebildet hatten. Die zahlenmäßig stärkere Gemeinschaft der »kirchlichen« Mennoniten praktiziert die »Besprengungstaufe«, wobei der amtierende Älteste das Haupt des Täuflings mit Wasser benetzt. Die Mennoniten-Brüdergemeinde praktiziert die Taufe durch Untertauchen in einem See, Fluss oder in einem Taufbecken. In Orten mit größeren russlanddeutschen Gemeinden wird in Absprache mit dem Kultusministerium ein eigener Religionsunterricht abgehalten. Als Grundlage dient ein Lehrplan, der von der Mennoniten-Brüdergemeinde in Frankenthal ausgearbeitet wurde.

Russlanddeutsche Mennoniten bilden aktive Gemeinden mit wöchentlichen Bibelstunden, Gebetsstunden, Jugend- und Gemeindechören. Die Kinder- und Jugendarbeit wird auf Gemeindeebene organisiert und durchgeführt. Am Samstagabend finden die Wochenschlussgottesdienste, an den Sonntagen regelmäßig die Hauptgottesdienste statt, die gut besucht sind. Der Sonntagsgottesdienst hat meistens weitaus mehr Besucher als Mitglieder in der Gemeinde. Die Gemeinden unterhalten auch ihre eigene Bibelschule. Der Unterricht ist für alle Gemeindemitglieder offen, wird aber meistens von Jugendlichen besucht. Der Lehrplan sieht Unterricht über Kirchengeschichte, Täufergeschichte und Bibelkunde vor, der von einem Lehrer aus der Gemeinde oder auswärtigen Brüdern erteilt wird. Oft werden Fahrten zu Täuferstätten in den Niederlanden oder in der Schweiz angeboten. Der Predigtdienst wird hauptsächlich von Laienbrüdern ausgeführt, die aus der Gemeinde gewählt werden. Gute Bibelkenntnisse sind eine Vor-aussetzung für diesen Dienst, der wie alle Gemeindedienste ehrenamtlich erfolgt.

Mennoniten-Brüdergemeinde Frankenthal: Kurz vor dem Beginn des Gottesdienstes im Haus Nord, April 2011 (Foto: privat)

Die Gemeinden errichten Kirchen, die sie Bethaus nennen, in Eigenleistung. Den Bethäusern sind Sonntagsschulräume, Küchen mit Speisesaal, Jugend- und Tagungsräume mit moderner technischer Ausstattung angeschlossen. Die meisten der Gemeindemitglieder haben ein Handwerk erlernt, und alle tragen finanziell und in ihrer Freizeit durch Eigenleistung zur Errichtung und Erhaltung ihrer Gebäude bei. Die Gemeinden zeichnet ein starkes Zusammengehörigkeitsgefühl aus. Nach dem Mennonitischen Jahrbuch 2010 bestanden 18 Mennonitengemeinden, die sich über die Jahrzehnte erhalten haben. Während die Zahl der Gemeinden sich nur geringfügig geändert hat, ist die Mitgliederzahl stets gesunken. Sie fiel von 2.876 Mennoniten im Jahre 1990 auf 2.423 im Jahre 2000 und betrug 2010 2.071. Nach Auskunft von Hans von Niessen, dem langjährigen Leiter des mennonitischen Umsiedlerbetreuungsdiensts, gibt es in 19 Umsiedlergemeinden in Rheinland-Pfalz im Jahre 2011 insgesamt 4.417 Mitglieder, womit in Rheinland-Pfalz insgesamt 6.488 Mennoniten leben.

4. Muslime in Rheinland-Pfalz

Von Jörn Thielmann

Momentaufnahme 1: Muslimische Spuren vor Gründung des Landes

Vor Gründung des Landes im Jahr 1946 gab es nur sehr vereinzelt muslimische Präsenz auf dem heutigen Territorium. Ein paar arabische Händler reisten im Mittelalter auf dem Rhein bis nach Köln und kamen so durch unser Land. Auch mögen sich hier und da Kriegsgefangene aus den Türkenkriegen an Herrscherhöfen befunden haben. Verlässliche Quellen gibt es jedoch nicht. So lassen sich erst für die Zeit nach dem Ersten Weltkrieg unter den französischen Besatzungssoldaten Muslime aus Nordafrika und dem Senegal nachweisen, die ihre eigene kleine Moschee im französischen Soldatenlager in Gonsenheim hatten und auch ihre letzte Ruhestätte auf den französischen Kriegsgräberfeldern in Mainz fanden, wo ihre charakteristischen Grabsteine bis heute zu sehen sind.

Momentaufnahme 2: Die Arbeitsmigration aus der Türkei, Nordafrika und dem Balkan seit den 1960er Jahren

Nach dem Zweiten Weltkrieg wiederholte sich die französische Besatzung, und erneut waren auch muslimische Soldaten unter den französischen Truppen. Aber erst die massive Arbeitsmigration der 1960er Jahre – durch Anwerbeabkommen mit der Türkei 1961, Marokko 1963, Tunesien 1965 und Jugoslawien 1968 – brachte Muslime in nennenswerter Zahl nach Rheinland-Pfalz. Die meisten von ihnen siedelten sich da an, wo es arbeitsnachfragende Industrien gab, also in den größeren und kleineren Städten wie Mainz, Ludwigshafen, Landau, Pirmasens, Koblenz oder Bad Kreuznach. Mittlerweile leben Muslime aber auch in Dörfern, so dass sie nahezu überall in Rheinland-Pfalz in kleinerer oder größerer Zahl zu finden sind. Folgt man den Daten aus der Studie »Muslimisches Leben in Deutschland«, leben 4 % der Muslime in Deutschland in Rheinland-Pfalz.[152] Legt man den mittleren Wert der Gesamtzahl der Muslime in Deutschland von 4.055.129 zugrunde, lässt sich die Anzahl der Muslime in Rheinland-Pfalz auf 162.205 beziffern.[153] Zieht man die Bevölkerungszahl von 4.039.000 des Mikrozensus 2008 für Rheinland-Pfalz heran, sind rd. 4 % der in Rheinland-Pfalz lebenden Personen Muslime. Dieser Anteil liegt leicht unter dem Bundesdurchschnitt von 5 %.[154]

Momentaufnahme 3: Das Beispiel Bad Kreuznach – Muslimisches Leben in einer Kleinstadt

Zwar stellen auch in Rheinland-Pfalz Muslime aus der Türkei die größte Gruppe, aber Muslime kommen aus vielen Nationen und von allen Kontinenten, wie das Beispiel Bad Kreuznach zeigt. In der Kreisstadt mit ca. 44.000 Einwohnern leben zwischen 3.300 und 3.500 Muslime aus 27 Nationen. Türkeistämmige machen rd. 2.700 Personen aus, ein Drittel davon Kinder. Knapp 1.000 Muslime sind eingebürgert. Im Verlauf der letzten 40 Jahre ist in Bad Kreuznach ein vielfältiges Geflecht von Vereinen und Geschäften, Arztpraxen und Anwaltskanzleien sowie Gewerbebetrieben entstanden, die intensiv mit der Stadtgesellschaft verbunden sind. Auf dem städtischen Friedhof gibt es seit 1996 ein muslimisches Gräberfeld. Die meisten erwachsenen Muslime werden allerdings immer noch in ihren Herkunftsländern beerdigt. Sichtbar wird eine große Vielfalt unterschiedlicher islamischer Traditionen, die sich in der deutschen Diaspora begegnen. So ist hier – wie auch andernorts in Rheinland-Pfalz und Deutschland – ein diversifiziertes und pluralistisches islamisches Feld entstanden, das vielfältige Beziehungen und Verflechtungen mit seiner nicht-muslimischen Umwelt hat.

1969 initiierte ein türkischer Arzt die Gründung des Türkischen Arbeitervereins Bad Kreuznach und Umgebung. Zunächst ging es nur darum, einen Raum für Begegnung und Solidarität zwischen den meist männlichen Arbeitern zu schaffen. In der ersten Zeit gab es keinen Gebetsraum und auch keine religiösen Angebote. Das erste kollektive Gebet wurde anlässlich des Opferfests (ʿīd al-fitr) am Ende des Ramadan 1968 in der katholischen Heiligkreuz-Kirche abgehalten – völlig undenkbar heute, aber damals normal in Bad Kreuznach und anderenorts und kirchenrechtlich möglich. Der Islam war in seinen religiösen Inhalten wenig bekannt, aber auch nicht negativ belegt, sondern wurde eher als ein anderer Glaube an den einen Gott gesehen. So verstanden ihn ja auch die Dokumente des Zweiten Vatikanums. 1972 konnten zwei Kellerräume in einem heruntergekommenen Haus in der unmittelbaren Nachbarschaft des Vereinslokals als Gebetsraum gemietet werden, die bis 1979 genutzt wurden. Dies war der erste muslimische Gebetsraum in Bad Kreuznach. 1977 wurde in den Sommerferien ein »hoca« aus der Türkei angestellt, der den Kindern Religionsunterricht erteilte. Der Anwerbestopp 1973 hatte zum Nachzug der Familien geführt, und es entstand das Bedürfnis nach gemeinsamer religiöser Praxis und nach Unterweisung für die Kinder. Aber erst 1981 war der Arbeiterverein in der Lage, einen festen »hoca« ganzjährig einzustellen. Die Kosten dafür wurden zunächst selbst aufgebracht; als der Verein 1983/84 der vom türkischen Staat gegründeten Türkisch-Islamischen Union der Anstalt für Religion (DITIB) beitrat, übernahm DITIB, und damit der türkische Staat, die Kosten. Nach dem 1988 erfolgten Kauf einer ehemaligen Möbelfabrik in Innenstadtlage, die in Eigenarbeit umgebaut wurde, verfügt der Verein heute über einen großen Gebetsraum, eine Teestube samt Friseur sowie Versammlungs- und Jugendräume. Auch der Imam findet seine Dienstwohnung hier. Die Aktivitäten sind vielfältig, der Verein ist gut in die städtische Gesellschaft integriert und nimmt rege an interkulturellen und interreligiösen Aktivitäten teil. Obwohl nur etwa 350 Muslime Vereinsmitglieder sind, kommen zu den zwei großen Festen – das Fest des Fastenbrechens (arab. ʿīd al-fitr/türk. şeker bayramı) und das Opferfest (arab. ʿīd al-adhhā/türk. kurbân bayramı) – bis zu 1.000 Gläubige zu den Gebeten.

Typische Arbeitermoschee: Gebetsnische (mihrab) und Kanzel (minbar) in einer Mainzer Moschee (Jörn Thielmann)

Die Islamische Revolution im Iran 1979 schlug ihre Wellen bis nach Bad Kreuznach. Zum einen wurden auf einmal iranische schiitische Kinder in den sunnitischen türkischen Religionsunterricht im Arbeiterverein geschickt, obwohl es zwischen diesen zwei muslimischen Strömungen sonst tiefgreifende Differenzen gibt. Zum anderen entstand durch den damals neuen »mufti« der Milli Görüş-Bewegung, Cemaleddin Kaplan, eine Dynamik in der türkischen Community in Deutschland, die auch Bad Kreuznach ergriff. Eine Gruppe um den damaligen Vereinsbeauftragten für religiöse Angelegenheiten spaltete sich ab und schloss sich Milli Görüş an. So entstand der zweite muslimische Verein, der Islamische Verein der in Bad Kreuznach und Umgebung wohnenden türkischen Arbeitnehmer/ehemaliger Kalifatsstaat (ICCB), der Kaplan folgte und als lokale Filiale des sog. Kalifatsstaats im Dezember 2001 verboten wurde. Die Moschee besteht jedoch weiter. Zu unterstreichen ist aber, dass die allermeisten Mitglieder und Besucher dieser Moschee nicht radikal, sondern nur traditionell-konservativ orientiert waren.

Aus einem ehemaligen arabischen Kulturverein heraus wurde im Frühjahr 2000 eine weitere Moschee gegründet, die anders als die beiden älteren supranational ist und vor allem arabische, afrikanische und asiatische Muslime anzieht und sich Al-Hijra Islamischer Verein nennt. Die meisten Besucher sind allerdings junge arabisch-stämmige Männer. Basis dieser recht frommen Moschee ist eine geteilte Auffassung des Islam. Geschwisterlichkeit im Umgang ist ein hoher Wert für sie. Aufgrund der sehr beschränkten Mittel wirken die Räume in einer ehemaligen Druckerei sehr ärmlich. Die Moschee nimmt nicht am städtischen Leben teil und ist recht isoliert.

Neben einer kleinen schiitischen Gemeinde, die aber trotz eigener Räume kein regelmäßiges religiöses Gemeindeleben aufweist, gibt es noch eine Gruppe der Ahmadiyya Muslim Jamaat, die seit 1995 jedes Jahr zu Pfingsten auf dem Bad Kreuznacher Jahrmarktsgelände ein großes europäisches Jugendtreffen veranstaltet. Diese von anderen Muslimen oft als häretisch angesehene, aus dem Indo-Pakistanischen stammende Gruppe verfügt seit 2008 über ein Vereinslokal in einem Randstadtteil. Zur Stadtgesellschaft bestehen gute Kontakte – so traf sich die Frauengruppe dieser Gemeinschaft jahrelang in Räumen eines Bürgernetzwerks. Beim großen Pfingsttreffen gibt es immer einen Empfang durch den Oberbürgermeister.

Der bekenntnisorientierte islamische Religionsunterricht als Modellprojekt in Ludwigshafen, Mainz und Worms

Seit langem gibt es intensive Diskussionen über die Einführung eines bekenntnisorientierten islamischen Religionsunterrichts an allgemeinbildenden öffentlichen Schulen, auch in Rheinland-Pfalz. Da bislang keine islamische Organisation als Religionsgemeinschaft im Sinn von Art. 7 Abs. 3 GG, der die Fragen des Religionsunterrichts regelt, anerkannt ist, musste die Landesregierung einen anderen Weg wählen. In Ludwigshafen-Pfingstweide, einem Stadtteil mit einem großen muslimischen Bevölkerungsanteil, formte sich aus einem Christlich-Islamischen Gesprächskreis und der türkischen Frauenbildungsstätte IGRA eine Initiative zur Erprobung »Islamischer Religionsunterricht in deutscher Sprache«, der das Kultusministerium entsprach. So konnte im Herbst 2003 der Unterricht nach einem vom Land entwickelten Teilrahmenplan an der Grundschule Ludwigshafen-Pfingstweide aufgenommen werden. Nach einer positiven Evaluation wurde der Versuch 2008 auf die Grundschule Mainz-Lerchenberg ausgeweitet. Hier organisierte das Kultusministerium in Zusammenarbeit mit der Mainzer Universität einen Runden Tisch aller islamischen Vereine in Mainz, um die Akzeptanz des Angebots zu sichern. Danach wurde eine geeignete Grundschule ermittelt und der dortige Elternwille abgefragt. Dieses Verfahren ist auch als »Erlanger Modell« bekannt und hat sich bundesweit bewährt. Im Schuljahr 2010/2011 kam die Ernst-Ludwig-Grundschule in Worms hinzu. Außerdem gibt es seit Herbst 2009 an neun weiterführenden Schulen in Ludwigshafen das Angebot eines bekenntnisorientierten islamischen Religionsunterrichts. Lehrer können mit Unterstützung des Landes ein Erweiterungsstudium in islamischer Theologie und Religionspädagogik an der Pädagogischen Hochschule Karlsruhe absolvieren. Damit will das Kultusministerium die Ausweitung des erfolgreichen Modells ermöglichen.

Eine muslimische Bildungsinitiative: Der Mainzer Al Nur Kindergarten

Aber auch muslimische Vereine sind aktiv, um Bildung – und damit gesellschaftliche Teilhabe und Integration – zu fördern. Nach jahrelangem kommunalpolitischem Streit konnte im Februar 2009 in Mainz der erste muslimische Kindergarten in Rheinland-Pfalz die Türen öffnen. Unterstützt von Pädagogen der Universitäten Mainz und Landau, hat der Mainzer Arab Nil-Rhein Verein e. V. ein Konzept entwickelt, das etliche Elemente der Waldorf- und Montessori-Pädagogik integriert. Ein wissenschaftlicher Beirat begleitet den Aufbau. Als Ziele werden neben der reformpädagogisch orientierten allgemeinen Förderung der Kinder die Förderung der deutschen Sprache und die Integration, die Förderung der jeweiligen Muttersprachen (meist Türkisch oder Arabisch) sowie eine islamisch-geprägte ethisch-moralische Erziehung genannt.

In bald 50 Jahren hat sich in Rheinland-Pfalz der Islam in seiner Vielfalt und Unterschiedlichkeit als Teil des Landes und seiner Bevölkerung etabliert. Viele Muslime fühlen sich tief mit ihrer rheinland-pfälzischen Heimat verbunden, auch wenn »Weck, Worscht un Woi« nicht ihre Leibspeisen sind.

1 Dieser Beitrag wurde von einem Autorenteam erarbeitet, wobei sich die Verantwortlichkeit folgendermaßen verteilt: Hermann-Josef Braun (Ausgangslage, Gruppierungen, Kirchlicher Wiederaufbau, Vatikanum, Kirche als Partnerin, Arbeitsfelder, Profil der Kirche), Anja Ostrowitzki (Kulturkampf, Äußere Mission, Klöster 19. und 20. Jh., Frömmigkeit, Frauen), Monika Storm (Vormärz, Wilhelminische Epoche, Weimarer Republik, NS-Zeit, Gesamtredaktion), Gabriele Stüber (Vereine und Verbände, Soziale Frage, Gruppierungen, Entnazifizierung, Nachkriegsnot, Kirchlicher Wiederaufbau, Kirche als Partnerin, Profil der Kirche, Gesamtredaktion), Gary Waltner (Mennoniten), Wilhelm Kreutz (Juden) und Jörn Thielmann (Muslime).

2 Unser gemeinsamer Weg 1977; SCHATZ, Geschichte 1983; JÜRGENSMEIER, Mainz 1988; CRONE/KLOFT/HEFELE, Limburg Bd. 3 und 4 1996–1997; AMMERICH, Wiedererrichtung 2000, S. 203 ff.; PERSCH/SCHNEIDER, Trier Bd. 4 und 5 2000-2004; AMMERICH, Speyer 2001; JÜRGENSMEIER, Handbuch 2002; SCHARFENECKER, Name 2002; WEBER/CASEL, Trier 2003.

3 STEITZ, Geschichte 1977; SCHERING, Kirchengeschichte 1989; DIENST, Geschichte 1992; SCHUNK, Revolution 1992; HEIDERICH, Geschichte 1998, S. 126 ff.; STÜBER u. a., Zeitbilder 1999; CONRAD u. a., Evangelisch am Rhein 2007; SCHMIDT, Glaube 2007.

4 METZING, Gemeinde 2003, S. 29 ff.; WEITENHAGEN, 19. Jahrhundert 2007, S. 74 ff.

5 BENRATH, Pfalz 1996, S. 329 f.; SCHWARTZ u. a., Protestantisch 1993, S. 51.

6 WOLFF, Mischehenstreit 2000.

7 ELTEN/OEPEN, Erzbischöfe 1995.

8 HEGEL, Erzbistum 1987, S. 461 ff.

9 LENHART, Theologenschule 1956.

10 SCHNEIDER, Heilig-Rock-Wallfahrten 2000, S. 567 ff.
11 HOLZEM, Kirchenreform 1994.
12 Vgl. SCHERER, Kirche 2000; FURTWÄNGLER, Kirche 2000; BAHN, Deutschkatholizismus 2000.; WARNECKE, Revolutionen 2003, S. 51 ff.; SCHEIDGEN, Katholizismus 2008.
13 SCHATZ, Geschichte 1983, S. 149 ff.
14 SCHNEIDER, Katholiken 2000, S. 350 ff.
15 SCHNEIDER, Raum 2000, S. 30 f.
16 HÄUSLER, Vereinswesen 2002; HEIM, Piusverein 1989; RIVINIUS, Bistum 2002; STAMER, Kirchengeschichte 1964, S. 287 ff.; FREESE, Rolle 1999; FRIEDRICH, Vereinswesen 2007; BORGGREFE, Diaspora 1998.
17 Nach HÄUSLER, Vereinswesen 2002, S. 647 ff.
18 FREESE, Rolle 1999, besonders S. 232 f.
19 RIVINIUS, Bistum 2002, besonders S. 1044 ff., 1088.
20 ROMMEL, Geschichte 1998.
21 HEIM, Piusverein 1989, besonders S. 210.
22 HÖROLDT, Provinzialausschuss 1999; KUHN/STÜBER, Wurzeln 2004, bes. S. 18 ff. Vgl. auch HÖROLDT, Festschrift Elisabethenverein 1998; STÖCKER, Rettungshaus 2010.
23 Festschrift Elisabethenverein 1998.
24 Vgl. hierzu auch den Abschnitt »Klöster und Ordensgemeinschaften«.
25 Vgl. STÖCKER, Rettungshaus 2010; GUNKEL, Missions-Verein 2004.
26 ISERLOH, von Ketteler 1977–2001; KISSENER, Ketteler 2008.
27 SCHARFENECKER, Fakultät 1998.
28 SAND, Arbeiterfrage 2004.
29 Vgl. hierzu insgesamt WEITENHAGEN, 19. Jahrhundert 2007; MÜHLHAUPT, Kirchengeschichte 1970, S. 280 ff.; ROSENKRANZ, Geschichte 1975, S. 102 ff.; GILLMANN, Kirche 1954.
30 Vgl. hierzu STÜBER u. a. Zeitbilder 1999, S. 74 ff.
31 RIVINIUS, Bistum 2002, S. 1118 ff.; STEINRUCK, Vatikanisches Konzil 2000.
32 RING, Katholisch 2008, S. 5 ff.
33 FRIEDEL, Kühn 1959.
34 CLARK, Preußen 2007, S. 648 ff.; STEINRUCK, Kulturkampf 2000.
35 SCHATZ, Geschichte 1983, S. 181 ff.
36 STÜBER/KUHN, Gedächtniskirche 2004; REUTER, Lutherdenkmal 2004.
37 BECKER, Euphorien 2005.
38 Zum Thema allgemein HABERMAS, Mission 2008, mit Literatur.
39 MENZEL, Mission 1978.
40 Vgl. hierzu STÜBER, Liberalismus 2009.
41 Zu Missionarinnen vgl. BOETZINGER, Chinesen 2004.
42 LEUGERS, Unternehmensgeschichte 2004.
43 RÖMHELD, Sache 1915; GUNKEL, Missions-Verein 2004.
44 ARENS, Handbuch 1920, S. 282 f.
45 GATZ, Klöster 2006, mit Literatur; SCHAFFER, Ordensentwicklung 2008.
46 BRENTANO, Barmherzige Schwestern 1831.
47 MEIWES, Arbeiterinnen 2000, S. 24.
48 MEUTHER, Cherubine 2005.
49 EGLER, Frömmigkeit 2002; SCHNEIDER, Leben 2004; KAMINSKY, Kirche 2008; EVANGELISCHE KIRCHE IM RHEINLAND, Statistik 2010; SEKRETARIAT DER DEUTSCHEN BISCHOFSKONFERENZ, Statistische Daten 2009.
50 HÖLSCHER, Geschichte 2005, S. 181 f.
51 Ebenda, S. 268.
52 STÜBER/KUHN, Volksfrömmigkeit 2003.
53 KUHN/STÜBER, Lutherbilder 2002, S. 298.
54 SCHNEIDER, Heilig-Rock-Wallfahrten 2000, S. 574 zur Reduzierung der Gesamtpilgerzahl, die seit der Wallfahrt mit 1 Mio. Teilnehmern angegeben wurde.
55 WOLF, Sankt Martin 2010.
56 ROGGE/RUHBACH, Geschichte 1994, S. 165 ff.
57 KREUSER, Zeitungsstreit 2003.
58 PILGER, Zentral-Dombauverein 2004.
59 Evangelisches Sonntagsblatt Nr. 32 vom 9.8.1914, zitiert nach WARNECKE, Revolutionen 2003, S. 67. Vgl. allgemein BECKER, Religion 2004.
60 So der Kölner Kardinal Felix von Hartmann, vgl. SCHEIDGEN, Bischöfe 1991, S. 61.
61 GRUCH, Gemeinde 1991, S. 16; STÜBER u. a., Zeitbilder 1999, S. 100.

62 SANDNER/SCHUMACHER, Maria Laach 2009, S.8.
63 SCHLEIDGEN, Bischöfe, S.197.
64 DRYANDER, Kaiser [1919], S.5.
65 Im Großherzogtum Hessen bestand seit dem Kulturkampf die Möglichkeit zur Erhebung von Kirchensteuern; im Bistum Mainz erfolgte die Einführung zum 1. Januar 1900.
66 Vgl. u.a. WALL/MUCKEL, Kirchenrecht 2009, S.48f., 62ff.
67 STÜBER u.a., Zeitbilder 1999, S.102; HANS, Fleischmann 2008, S.14f.
68 SCHLÖSSER-KOST, Wolff 2007.
69 DANIELSMEYER, Entstehung 1983.
70 BRAUN, Bistum 2002, S.1148ff.
71 HEYEN, Bornewasser 1996, S.173.
72 HÜSER, Saarkatholiken 2004.
73 SCHLEMMER, Rheinstaatsbestrebungen 2007, S.226ff., 598ff.
74 Verhandlungen Rheinische Provinzialsynode 1929, S.166.
75 FEILZER, Jugendpastoral 2004, S.419.
76 SCHLÖSSER-KOST, Gruppen 2007.
77 SCHMIDT-LAUBER, Bewegung 1997.
78 STÜBER u.a., Zeitbilder 1999, S.104; SCHMIDT, Glaube 2007, S.173.
79 BRAUN, Bistum 2002, S.1199ff.
80 SCHNEIDER, Gemeinde 2003, S.95.
81 FANDEL, Konfession 1997; DEBUS, Kreuz 2000.
82 PICKER, Diehl 2008, S.55.
83 SCHOLDER, Kirchen 1977, S.444.
84 BRECHENMACHER, Reichskonkordat 2007.
85 Vgl. u.a. STASIEWSKI/VOLK, Akten deutscher Bischöfe 1968–1985; THOMAS, Kirche 1992; ALBERT, Benediktinerabtei 2004; HUMMEL/KISSENER, Katholiken 2010.
86 HEIDERICH, Geschichte 1998, S.225ff.
87 BOBERACH, Koblenz 2003, S.277.
88 Vgl. u.a. HOFMANN [u.a.], Dokumentation 1974–1996; NORDEN, Kirchenkampf 2003; DEETERS, Widersprechen 2005.
89 PILVOUSEK, Kirche 2007, S.295; vgl. auch SCHOLDER, Kirchen 1985.
90 BROMMER, Bistum Trier 2009, S.177 (Nr. 37).
91 Ebenda, S.554 (Nr. 232).
92 Vgl. u.a. HEHL, Priester 1998; MOLL, Zeugen 2006; SCHULTZE/KURSCHAT, Märtyrer 2006.
93 KAMINSKY, Dienen 2002; RICHHARDT, Zwangsarbeit 2003; HUMMEL/KÖSTERS, Zwangsarbeit 2008.
94 Vgl. u.a. KAMINSKY, Zwangssterilisation 1995; HEIME SCHEUERN, Dokumentation 2000; MONZ, Diözesan-Caritas-Verband 2004, S.458f.
95 Vgl. hierzu insgesamt BAGINSKI, Kirchenpolitik 2001; MÖHLER, Entnazifizierung 1992; VOLLNHALS, Kirche und Entnazifizierung 1989.
96 LANDGRAF, Stichter 2008, S.97ff.
97 Vgl. hierzu PROLINGHEUER, Schuld der Kirche 1987.
98 Das Wort wurde geprägt vom bayerischen Landesbischof Hans Meiser in seinem Rundschreiben an die Pfarrerschaft vom 22.1.1945, abgedruckt in: MEISER/MEISER, Hans Meiser 1982, S.171.
99 Vgl. zur Thematik insgesamt ROTHENBERGER, Hungerjahre 1980; STÜBER, Stunde 1997; BECKER, Beginn 1990; MOHR, Hilfe 1999; BAGINSKI Gnade 2002.
100 Zur Caritasarbeit vgl. etwa Diözesanarchiv Limburg, Berichte des Caritasverbandes (Sign. 359 B/1); Archiv des Bistums Speyer, Bischöfliches Archiv, Nr. A-XVI-42; Stadtdekanat Ludwigshafen, Nr. 4331; Kirchliche Nachrichten für das Bistum Mainz 1946–1948; Jahrbuch für das Bistum Mainz 2 (1947), Teil 1. Mainz 1947.
101 Einzelheiten zur Konzeption und Umsetzung BRAUN, Bischof 2006.
102 AMMERICH, Bistum 2001, S.28.
103 Vgl. BENRATH, Kirchen 1986, besonders S.486ff.
104 GATZ, Wendel 1983, S.804.
105 BAUMERICH, Spur Bd. 2 2003, S.160ff.
106 Vgl. STÜBER, Ebrecht 2008, besonders S.165.
107 KISSENER, Geschichte 2006, S.153f.
108 Im Detail hierzu RÖDEL, Streit 2010.
109 KISSENER, Geschichte 2006, S.201 sowie DERS., Denkmal 2008.
110 BAGINSKI, Stempel 2008, besonders S.120f.
111 ALBERIGO/WASSILOWSKY/WITTSTADT, Geschichte 1997–2009; WOLF/ARNOLD, Länder 2000; BRECHTER u.a., Konzil 1966–1968; VOLK, Schöpfung 1987.

112 SCHATZ, Geschichte 1983, S. 339 ff., 349 f.
113 SOHN-KRONTHALER/SOHN, Frauen 2008; BUSCH, 100 Jahre 1999; DREWEELO-MERKEL/PUCHERT, 100 Jahre 2007.
114 FEIGK, Wachsen 1999.
115 SCHLARB, Weg 2008.
116 GATZ, Klöster 2006, mit Literatur; SCHAFFER, Ordensentwicklung 2008.
117 ALBERT, Benediktinerabtei 2004.
118 MERTENS, Klostersturm 2006; WILHELM, Liturgie 2008, S. 129.
119 VERSCHÖNERUNGSVEREIN PFAFFENDORF, Stern 2009.
120 Für die Darstellung wurden primär folgende Titel und Quellen herangezogen: AMMERICH, Bistümer 1997; SCHUMACHER, Kirchen 1997; FIGURA, Bistum 2002; RIES, Bistum 2004; KAMINSKY, Kirche 2007; Kursorische Durchsicht der Synodalprotokolle der drei evangelischen Landeskirchen: Verhandlungen der 2. bis 49. Rheinischen Landessynode 1951–2000; Verhandlungen der Kirchensynode der Evangelischen Kirche in Hessen und Nassau 1950–2000; Verhandlungen der Landessynode der Vereinigten Protestantisch-Evangelisch-Christlichen Kirche der Pfalz bis 1. Tagung 1978, ab 2. Tagung 1978 der Evangelischen Kirche der Pfalz (Protestantische Landeskirche) 1950–2000; ZASP, Abt. 158 (Dokumentation, Presseausschnittsammlung).
121 Vgl. Wortprotokoll der 6. ordentlichen Tagung der 2. Synode der EKHN vom 8. bis 11.1.1962 in Frankfurt am Main, S. 17, 23.
122 RIES, Gründung 1978; DERS., Anfang 1998.
123 FLESCH, Meyer-Bothling 2001.
124 KISSENER, Geschichte 2006, S. 157.
125 RIES, Gründungsgeschichte 1979.
126 URL: http://www.evangelisch.de/themen/gesellschaft/startbahn-west-wer-nicht-kaempft-hat-schon-verloren6146 [15.2.2011].
127 JUNGLAS/RUPP, Auftrag 1998; MARZI/RIES, Caritas 2006.
128 Zum Rückzug der katholischen Beratungsstellen aus der Schwangerenkonfliktberatung vgl. BECKMANN, Streit 2000.
129 Vgl. u. a. NACKE/EBERHARDT, Kirche 2011.
130 Aus Respekt und in Kenntnis des Islam als Religion überließ die protestantische Kirche in Ludwigshafen die Hauptintegrationsarbeit der Arbeiterwohlfahrt, die aber auch auf Probleme stieß. Auskunft von Dekan i. R. Friedhelm Borggrefe, 14. Februar 2011.
131 Vgl. STEINACKER, Absolutheitsanspruch 2006, S. 154 f.
132 Eine umfangreiche Lebensbeschreibung bei DECKERS, Kardinal 2002.
133 Vgl. VOSS, Una Sancta 2009, Sp. 373; HOLTMANN, Konfrontation 2004, S. 491.
134 Persönlicher Konversionsbericht GOETHE, Tür 1955.
135 »Unitatis Redintegratio« vom 21.11.1964. Kommentar und Text bei FEINER, Decretum, S. 40–126.
136 RAEM, Bewegung 1994; SCHAD, Kirchenspaltung 1999, S. 130.
137 URBAN, Arbeitsgemeinschaft 2009, Sp. 930.
138 SCHAD, Kirchenspaltung 1999.
139 Trauung 1971.
140 DEUTSCHE BISCHOFSKONFERENZ/RAT DER EVANGELISCHEN KIRCHE IN DEUTSCHLAND, Feier 1995.
141 LÜNING/MIGGELBRINK/URBAN, Erklärung 1999.
142 Einzelheiten bei HELL/LIES, Amt 2004.
143 Eine Darstellung des aktuellen Sachstands in der Münchener Dissertation (2007) von KOSLOWSKI, Einheit 2009.
144 Vgl. zu diesem Beitrag vor allem HÖRNER, Integrationsleistung 2010; KAMINSKY, Kirche 2008; jeweils aktuelle Informationen unter URLs: http://www.ekir.de (Internetseiten der Evangelischen Kirche im Rheinland); http://www.evkirchepfalz.de (Internetseiten der Evangelischen Kirche der Pfalz, Protestantische Landeskirche); http//www.ekhn.de (Internetseiten der Evangelischen Kirche in Hessen und Nassau) [30.11.2011].
145 SCHMITTHENNER, Prozess 1998; NACKE, Orientierung 2009; DERS., Glaube 2011.
146 Kirche – wohin? Ansprache auf dem Parlamentarischen Abend im Mainzer Landtag am 25. Juni 2009, vgl. Zitatkasten.
147 HÖRNER, Kirche 2010, S. 421 f.
148 Ebenda, S. 422 mit Anm. 25.
149 Vgl. SEKRETARIAT DER DEUTSCHEN BISCHOFSKONFERENZ, Handbuch 2007, S. 222.
150 Zur Geschichte der Juden auf dem Gebiet von Rheinland-Pfalz siehe BARKAI, Minderheit 1988; BREUER, Juden 1991; KASPER-HOLTE, Kultus 1997; KREUTZ, Entwicklung 1988; DERS., Juden, 1992; LANDESARCHIVVERWALTUNG RHEINLAND-PFALZ/LANDESARCHIV SAARBRÜCKEN, Dokumentation 1972–1987; REUTER, Juden 1987; ROHDE, Juden 2007; SCHMELZ, Jüdische Bevölkerung 1996; SCHÜTZ, Juden 1978; TOURY, Eintritt 1977; DERS., Politische Geschichte 1977.
151 Zur Geschichte der Mennoniten siehe HEGE, Täufer 2008; MÜLLER, Täufer 1895; HEIN, Täuferbewegung 1972/73.
152 HAUG u. a., Muslimisches Leben 2009, S. 107.
153 Ebenda, S. 81.
154 Vgl. STATISTISCHE ÄMTER, Migrationsstatus regional 2010, S. 24.

Bildung und Wissenschaft

Von Monika Storm

1. Erziehung und Bildung[1]

Anders als es die Geschichtsschreibung des 19. Jhs. gerne darstellte, waren gerade die geistlichen Kurstaaten am Rhein gegen Ende des Ancien Régime auf dem Gebiet von Bildung und Erziehung wie auch bei der Ausbildung von Pädagogen aufgeklärt-fortschrittlich und führten manch zukunftsweisende Reform durch.[2] Gleichwohl wurde im Zuge der Säkularisation und der Intensivierung moderner Staatlichkeit die Forderung immer lauter, Kirche und Staat voneinander zu trennen und dabei das Schulwesen, jahrhundertelang ein zentraler Aufgabenbereich der Kirche, ganz in die staatliche Aufsicht und Administration zu überführen. Der Reichsdeputationshauptschluß 1803, durch den Klöster und Stifte ihre wirtschaftliche Basis verloren und folglich als Schulträger ausschieden, ist in dieser Hinsicht eine wesentliche Zäsur für die Bildungsgeschichte. Ebenso einschneidend dürfte gerade für unseren Raum aber auch der laizistisch-französische Einfluss gewesen sein, der mit dem Anschluss des linksrheinischen Deutschland seit dem ausgehenden 18. Jh. hier maßgeblich geworden ist. In den Gebieten unter französischer Verwaltung traten an die Stelle der Pfarrschulen Primärschulen, der Religionsunterricht wurde durch Unterricht in »Moral civique« ersetzt. Letztgenannte Maßnahme wurde allerdings nach dem Konkordat von 1801 wieder rückgängig gemacht. Zur Einführung einer allgemeinen Schulpflicht kam es jedoch nicht. Die erste 1807 in Koblenz errichtete Lehrerbildungsanstalt wurde bereits 1813 wieder geschlossen, da das Schulgebäude zum Militärlazarett umfunktioniert werden musste.

Nach dem Abzug der Franzosen war es an den neuen Landesherren, die Impulse der Bildungsreformen aufzugreifen und in neue Bahnen zu lenken. Gerade die führenden Köpfe der preußischen Reformen, allen voran Unterrichtsminister Wilhelm von Humboldt, setzten das neuhumanistische Ideal der allgemeinen Menschenbildung allen überkommenen ständischen Bildungsschranken entgegen. Garant dieses neuen Bildungsmodells sollte der Staat sein, indem er Schulaufsicht und Lehrerausbildung an sich zog. Nicht ohne Grund kündigte König Friedrich Wilhelm III. in seinem »an die Einwohner der mit der preußischen Monarchie vereinigten Rheinländer« gerichteten Aufruf an, dass er die schulischen Anstalten des öffentlichen Rechts für die Kinder seiner neuen Untertanen wiederherstellen würde, da sie unter »den Bedrückungen der vorigen Regierung so sehr vernachlässigt« worden seien. Zudem wollte er Bildungsanstalten für Geistliche und Lehrer errichten.[3]

Die Entwicklung der Allgemeinbildenden Schulen im 19. Jh.

Eine solche Forderung nach Allgemeinbildenden Schulen, womöglich mit durchgängiger Schulpflicht, ist alt: Sie lässt sich bis in das Zeitalter der Reformation, genauer gesagt bis zu Luthers Schrift »An die Ratsherren aller Städte deutschen Landes, dass sie christliche Schulen aufrichten und halten sollen« (1524), zurückverfolgen. Gleichwohl konnte die allgemeine Schulpflicht in den rheinischen Territorien nicht flächendeckend durchgesetzt werden. Gerade im ländlichen Raum, insbesondere in der Eifel, konnten oder wollten viele Eltern ihre Kinder gar nicht oder nur in den Wintermonaten zur Schule schicken.[4]

Für die preußische Regierung war die Vereinheitlichung des Bildungswesens nun ein wesentlicher Faktor bei der Integration des Rheinlands in den preußischen Gesamtstaat. Aus diesem Grund sollte das Bildungssystem im Sinne des Humboldtschen dreigliedrigen öffentlichen Schulsystems (Volks-/Elementarschule, Gymnasium, Universität) weiterentwickelt werden. Als aber an der Spree die Kräfte der Restauration immer mehr die Oberhand gewannen, verschärften sich die Spannungen zwischen der preußischen Staatsregierung in Berlin und den liberalen Kräften im Rheinland. Als Beleg dafür mag die Diskussion um den 1819 vorgelegten Entwurf eines allgemeinen Schulgesetzes dienen. Die Stellungnahme, welche der Oberpräsident des Großherzogtums Niederrhein nach Berlin übermitteln ließ, entsprach in großen Teilen einem Gutachten der Trierer Bezirksregierung zu diesem Thema. Während die im Schulgesetz vorgenommene Definition von Schule als Grundlage der gesamten Nationalerziehung und die Festlegung von Sittlichkeit und Religion als den grundlegenden Bildungsprinzipien

Neuses Bilder ABC Buch für Kinder, ca. 1850 (Bibliotheken der Stadt Mainz/Wissenschaftliche Stadtbibliothek)

noch konsensfähig waren, lehnten die Trierer Gutachter das im Gesetzentwurf explizit festgeschriebene Mitspracherecht der Kirche im Schulbereich, insbesondere bei der Bestellung von Lehrern und Schulinspektoren, mit Bestimmtheit ab – sahen sie doch das Risiko, »unser aufgeklärtes Zeitalter in die Finsterniß des Mittelalters zurückzuführen«.[5] Stattdessen plädierten die rheinischen Anhänger der Schulreform für die Einführung von Simultanschulen anstelle von Konfessionsschulen und für die Schaffung einer Mittelschule als Verbindungsglied zwischen Volksschule und Gymnasium. Vor Augen dürfte ihnen dabei besonders das Beispiel von Nassau gestanden haben, wo mit dem Schuledikt vom 24. März 1817 die christliche Simultanschule zur Regelschule erklärt worden war. Dieses Schulmodell fand auch in der Pfalz und in Rheinhessen Anklang. So kam es bereits 1821 auf Betreiben von Friedrich Wilhelm Hesse, dem für das Schulwesen zuständigen Regierungsrat bei der Provinzialregierung in Mainz, zur Gründung der ersten rheinhessischen Gemeinschaftsschule im Dorf Mölsheim (heute: Verbandsgemeinde Monsheim).[6]

Die Forderungen der Befürworter einer Schulreform verhallten jedoch ungehört, und das umstrittene preußische Schulgesetz sollte nie in Kraft treten. Vielmehr blieb die 1815 eingeführte geistliche Schulaufsicht im Elementarschulbereich bis auf Weiteres bestehen. Vor Ort lag sie in den Händen des jeweiligen Ortsgeistlichen, der nicht nur den Religionsunterricht zu erteilen hatte, sondern auch für die Schulorganisation verantwortlich war. Vor allem aber hatte er auf Lehrinhalte und -methoden zu achten und musste darüber der Bezirksregierung Rechenschaft ablegen. Das Mitspracherecht der Gemeinden in Schulsachen wurde in den Städten durch die Schuldeputationen, auf dem Land durch die Schulvorstände wahrgenommen. Bei den Bezirksregierungen wurden Kirchen- und Schulkommissionen unter dem Vorsitz je eines evangelischen und eines katholischen Schulrats eingerichtet. Diese Schulräte waren gegenüber den regionalen Schulinspektoren weisungsberechtigt. Beide Funktionen wurden in der Regel von Geistlichen ausgeübt. Bei der Schulaufsicht über das höhere Schulwesen wurde der Oberpräsident zunächst von der Kirchenverwaltung (Konsistorium) unterstützt, ehe diese Aufgabe ab 1825 das vom Konsistorium losgelöste Provinzialschulkollegium übernahm.

Das Festhalten an der geistlichen Schulaufsicht auf mittlerer und unterer Ebene darf aber nicht darüber hinwegtäuschen, dass Bildung und Erziehung inzwischen eindeutig als Auftrag des Staats verstanden wurden. Dies gilt nicht nur für die preußische Rheinprovinz, sondern für unser gesamtes Untersuchungsgebiet. Anders als in Preußen entstanden jedoch im Zuge der am Beginn des 19. Jhs. einsetzenden Ausdifferenzierung der Schuladministration im Königreich Bayern und im Großherzogtum Hessen keine eigenständigen Kultusministerien. Die Zuständigkeit für Schul- und Unterrichtssachen lag in beiden Ländern (zunächst) beim jeweiligen Innenministerium. Nach der Märzrevolution wurde dann auch in Bayern 1849 mit Friedrich von Ringelmann erstmals ein Minister des Innern für Kirchen- und Schulangelegenheiten vereidigt.

Der Besuch einer höheren Schule war lange Zeit das Privileg einer zahlenmäßig kleinen Gruppe. Das Gros der Schülerinnen und Schüler sammelte bis weit in das 20. Jh. seine Schulerfahrungen in der Volksschule, die im Süden unseres Landes auch als Elementarschule bezeichnet werden konnte. Träger der Volksschule waren die Gemeinden, welche für Raum und Ausstattung aufzukommen hatten. Das meist kärgliche Lehrergehalt wurde großenteils über das von den Eltern aufzubringende Schulgeld bestritten. Gerade Kinder aus sozial schwachen Familien blieben daher oft der Schule fern. Wohltätige Vereine, geistliche Gemeinschaften, aber auch Kommunen versuchten durch die Errichtung von Armenfreischulen diesem Umstand zu begegnen. So entstand bereits 1819 in Koblenz auf Initiative des Koblenzer Frauenvereins eine Freischule für arme Mädchen.

Doch was wurde in den Volksschulen gelehrt? Während in Bayern bereits 1804 ein Elementarschulplan vorgelegt worden war und das 1817 in Nassau erlassene Schuledikt Lehrpläne aller Schulformen beinhaltet hatte, wurde mit dem Entwurf des Schulgesetzes von 1819 zum ersten Mal der Versuch unternommen, die Lehrinhalte für das preußische Königreich in seiner Gesamtheit verbindlich zu machen.[7] Zu den Fächern, die für die Allgemeinbildung des Menschen als unabdingbar angesehen wurden, gehörten Religion, Lesen und Schreiben, Form- und Maßverhältnislehre mit Zeichnen, Zahlenlehre und praktisches Rechnen, Realien (Naturkunde, Erdbeschreibung und Geschichte), Gesang, Schönschreiben, Leibesübungen und Handarbeiten. Dieser Fächerkanon hob sich quantitativ und qualitativ deutlich vom Lehrangebot der östlichen preußischen Provinzen ab. Der preußische König ließ deshalb auch die verantwortlichen Stellen im Rheinland wissen, den Ausbau des Volksschulwesens nicht weiter zu forcieren, »damit nicht aus dem gemeinen Mann verbildete Halbwisser, ganz ihrer künftigen Bestimmung entgegen, hervorgingen«.[8] Friedrich Wilhelm III. stand mit dieser Haltung nicht alleine dar: 1833 äußerte sich der bayerische König Ludwig I. dahingehend, dass die Elementarbildung das »wirksamste Mittel« sei, um »den bösen Geist der Zeit zu bannen und in den folgenden Generationen wenigstens jenen patriarchalischen Sinn, jene Zufriedenheit, Treue wieder herbeizuführen, bei welcher allein wahres Volksglück bestehen« könne.[9] Selbst Friedrich Wilhelms Sohn, der als »Romantiker auf dem Thron« apostrophierte Friedrich Wilhelm IV., erließ eine Kabinettsordre, in der es unmissverständlich heißt, dass »Verstandesbildung [...] nicht als die Hauptsache über eine gesunde und den Verhältnissen des Volkslebens angemessene Bildung der Gesinnung und Zuverlässigkeit des Charakters gestellt werden« dürfe.[10]

Nicht nur die Anforderungen an die Schüler veränderten sich, auch im Bereich der Lehrerbildung lässt sich eine allmähliche Professionalisierung beobachten. Anders als bei den Gymnasiallehrern wurde zwar keine akademische Ausbildung vorausgesetzt, aber der Besuch eines Lehrerseminars, das an die Stelle der Normalschule getreten war, wurde immer mehr zur Voraussetzung, um hauptberuflich Elementarunterricht erteilen zu dürfen.[11] In der Regel folgte die Seminarausbildung konfessionell getrennt. Während die neue Obrigkeit in der Pfalz und in der Rheinprovinz schon unmittelbar nach der Herrschaftsübernahme Lehrerseminare errichten ließ [Pfalz: 1817 Kaiserslautern, 1838 Speyer; Rheinprovinz: 1814 Koblenz (bis 1822), 1816 Trier (bis 1841), 1819 Neuwied], mussten sich in Rheinhessen die angehenden Volksschullehrer über den Rhein nach Bensheim oder Friedberg begeben. Dies änderte sich erst, als die hessische Staatsregierung 1877 die Gründung eines dritten Lehrerseminars in Alzey beschloss, um den wachsenden Lehrerbedarf in der zweiten Hälfte des 19. Jhs. abdecken zu können.[12]

Mit der steigenden Qualifikation veränderte sich auch das Selbstverständnis der Lehrerschaft. Immer vernehmlicher artikulierten einzelne Lehrer bildungs- und standespolitische, aber auch allgemeinpolitische Forderungen. Nicht zuletzt die rückschrittliche

Dietrich Wilhelm Landfermann (1800–1882) (Stadtarchiv Koblenz)

Volksschulpolitik der 1830 und 1840er Jahre geriet in den Fokus der Kritik, aber auch die Forderung nach Aufhebung der geistlichen Schulaufsicht. Vielerorts kam es zur Gründung von Lehrervereinen, so etwa 1842 in Koblenz und Ehrenbreitstein. Die Koblenzer Lehrerschaft stand mit ihrer Kritik nicht allein, sondern fand Unterstützung in der Person des Provinzialschulrats Dietrich Wilhelm Landfermann. Auf dessen Initiative hin trat zeitgleich mit der Frankfurter Nationalversammlung am 18. und 19. Mai 1848 in St. Goar eine Lehrerversammlung zusammen. Die Ergebnisse der Beratungen wurden in einer Denkschrift zusammengefasst, die u. a. der Paulskirchenversammlung zugeleitet wurde. Neben den konkreten Forderungen, etwa nach Abschaffung der geistlichen Schulaufsicht oder einer Reduzierung der Klassenmesszahl (Anzahl der Schulkinder pro Klasse) auf 80 Schulkinder, ist es vor allem die Grundüberzeugung, dass die Erziehung des Menschen zum »selbständig und aktiv mitarbeitenden Bürger« nur bei einem partnerschaftlichen Miteinander aller Schulbeteiligten und Berücksichtigung der individuellen Lernentwicklung des Kindes gelingen kann, die diese Schrift zu einem bemerkenswerten Dokument schulreformerischer und freiheitlich demokratischer Vorstellungen machen.[13]

Das Scheitern der Revolution bedeutete auch einen herben Rückschlag für alle bildungsreformerischen Bestrebungen. Zu den Kennzeichen der fast überall Raum greifenden reaktionären Bildungspolitik zählen u. a. die Beschränkung der Lehrinhalte aus Furcht vor einer »Überbildung« breiter Bevölkerungsschichten und eine deutliche Rekonfessionalisierung des Bildungswesens – beides Maßnahmen, von denen man sich eine gesellschaftsstabilisierende Wirkung erhoffte. Ihren Ausdruck fand diese Haltung u. a. in der nach dem federführenden Referenten im Berliner Kultusministerium benannten »Stiehlschen Regulative« von 1854,[14] in der u. a. die einklassige Elementarschule zur Regelschule erhoben und die religiöse Fundierung des Unterrichts festgeschrieben wurde. Bildungsprogrammatisch bedeuteten derartige Bestimmungen einen deutlichen Rückschritt, aber man darf nicht verkennen, dass sie auch ein Stück die Bildungsrealität, insbesondere im ländlichen Raum und in der Lehrerausbildung, reflektierten.[15]

Es fällt auf, dass das höhere Schulwesen in den bildungspolitischen Debatten des Vormärz und der Revolution von 1848 gegenüber der Frage nach der Ausgestaltung des Elementarschulwesens deutlich in den Hintergrund trat. Dies hängt damit zusammen, dass dieser Bereich des Schulwesens bereits zu Beginn des 19. Jhs. eine grundlegende Neustrukturierung erfahren hatte. Diese Neuerung ist auf das Engste mit dem Namen Wilhelm vom Humboldt und seinem Wirken als Leiter der Sektion für Kultus und Unterricht im preußischen Innenministerium verbunden. Auftrag der höheren Schulen sollte nach seinen Vorstellungen die Hinführung zu einer allgemeinen Studierfähigkeit sein. Dieses Angebot richtete sich daher nicht mehr nur an angehende Theologen, sondern auch an den Beamtennachwuchs oder zukünftige Mediziner und Kaufleute. Im

Gymnasiallehrplan trat der Religionsunterricht hinter der Vermittlung von Sprachen und Realien zurück. Der Lehrkörper bestand nicht mehr primär aus Theologen, sondern aus Absolventen eines Gymnasiallehrerstudiums. Nicht nur zahlenmäßig, sondern auch in ihrem Selbstverständnis hoben sich die Gymnasiallehrer deutlich von der großen Masse der Volksschullehrer ab, wobei bei letztgenannter Gruppe noch zwischen den Lehrern auf dem Lande und in der Stadt differenziert wurde.

Das höhere Schulwesen hatte seinen Platz ebenfalls in der Stadt. So gab es etwa Mitte des 19. Jhs. im gesamten Großherzogtum Hessen sechs Gymnasien, davon zwei in rheinhessischen Kommunen (Mainz, Worms).[16] In dem Teil der preußischen Rheinprovinz, der heute zu Rheinland-Pfalz gehört, existierten 1826 Gymnasien in Trier, Münstereifel, Koblenz und Kreuznach.[17] In der Pfalz bestand bereits 1817 ein ausdifferenziertes Angebot an weiterführenden Schulen: in Kaiserslautern, Frankenthal und Landau je ein Progymnasium, das Gymnasium in Zweibrücken sowie die Königliche Studienanstalt in Speyer. Letztere umfasste eine Lateinschule, ein Progymnasium, ein Gymnasium und eine Lyzealklasse.[18] Zu diesem Zeitpunkt (1818) wurde in der Pfalz die Ablegung einer staatlichen Prüfung zur verbindlichen Voraussetzung für den Besuch einer Hochschule. Die preußische Reifeprüfungsordnung wurde ebenfalls 1818/19 auf die Rheinprovinz ausgedehnt. Hessen-Darmstadt und Nassau führten das Maturitätsexamen 1824 respektive 1830 ein.[19]

Das Bildungsangebot der Gymnasien erreichte nur eine vergleichsweise kleine Bevölkerungsgruppe: 1850 z. B. besuchten in der gesamten Rheinprovinz, die immerhin von Bingen bis nach Kleve am Niederrhein reichte, lediglich 4.362 Schüler ein Gymnasium.[20] Das Profil der Schulformen, die sich der Vermittlung von Realien verschrieben hatten, kam hingegen sehr viel mehr den Bildungsbedürfnissen des aufstrebenden Bürgertums entgegen, weshalb dieser Sekundarschulbereich im 19. Jh. einen deutlichen Aufschwung nahm.[21] Allerdings unternahmen die staatlichen Stellen zunächst kaum Anstrengungen, um diese Bedürfnisse durch ein adäquates Angebot zu befriedigen. Das Bürgertum sah sich vielmehr gezwungen, selbst Schulen zu gründen, wollte es gut ausgebildete Nachwuchskräfte für Handwerk und Gewerbe finden. So entstanden wie in Mainz, wo 1831 im ehemaligen Welschnonnenkloster die städtische Realschule eröffnet wurde (heute: Kurfürstliches Gymnasium am Schloss),[22] vielerorts Bürgerschulen und Gewerbeschulen. Zielgruppe des Lehrangebots der Bürgerschulen waren »die dem höheren Gewerbestande gewidmeten jungen Leute«,[23] während sich die Gewerbeschulen mehr an den Bedürfnissen des Handwerkerstandes orientieren sollten. Allerdings führte das trotz der allmählich einsetzenden kommunalen und staatlichen Förderung vergleichsweise hohe Schulgeld dazu, dass die breite Masse der angehenden Handwerker keine Gewerbeschule besuchen konnte. Im Laufe des 19. Jhs. schritt die Ausdifferenzierung des realistischen Bildungswesens voran: Neben den Mittelschulen, zu denen die Realschule im engeren Sinne sowie Handels- und Gewerbeschulen zählten, entwickelten sich mit Realgymnasien und Oberrealschulen realistische Schulformen, an denen der Zugang zur Hochschule erworben werden konnte, und die damit in Konkurrenz zum Gymnasium humanistischer Prägung traten.

Mädchenbildung

Die Bildungsangebote der Gymnasien richteten sich im 19. Jh. ausschließlich an die Jungen. Doch in den Städten waren seit dem ausgehenden 18. Jh. immer mehr Bildungsinstitute für Mädchen in privater, kirchlicher oder kommunaler Trägerschaft entstanden, deren Lehrangebote über die in den Volkschulen vermittelte Elementarbildung hinausgingen. Das 1780 als »Philanthropin für protestantische junge Frauenzimmer« gegründete Karolinen-Gymnasium in Frankenthal nimmt für sich in Anspruch, die älteste öffentliche höhere Mädchenschule in unserem Bundesland zu sein.[24] Die Mädchenbildung war auch ein wichtiges Betätigungsfeld geistlicher Gemeinschaften, allen voran der sog. Schulorden, wie etwa die Ursulinen (ab 1838 auf dem Calvarienberg bei Ahrweiler), die Englischen Fräulein (ab 1752 in Mainz, 1864 in Bingen, 1896 in Landau) oder die Dillinger Franziskanerinnen (ab 1907 in Kaiserslautern). Zum Ruf Speyers als »Schulstadt« trug nicht zuletzt das an Mädchen und junge Frauen gerichtete Bildungsangebot der Dominikanerinnen von St. Magdalena bei, welches die Schwestern im Laufe des 19. Jhs. immer weiter ausbauten: Neben der Mädchenvolksschule entstanden eine höhere Töchterschule mit angeschlossenem Internat (1839), eine Lehrerinnenausbildungsanstalt (1841), eine Frauenarbeitsschule (1885) sowie eine Handelsschule (1911).[25] Die im KZ Auschwitz ermorderte Ordensschwester und Philosophin Edith Stein war nach ihrer Konversion zwischen 1923 und 1931 als Lehrerin am Mädchenlyzeum und an der Lehrerinnenausbildungsanstalt bei den Speyerer Dominikanerinnen tätig, weshalb die beiden Mädchenschulen in Speyer heute ihren Namen tragen.

Turnhalle der Mädchen-Anstalt Neuwied, um 1907 (Kreismedienzentrum Neuwied)

Evangelische Gemeinden engagierten sich ebenfalls im Bereich der Mädchenbildung, so etwa in Koblenz, wo 1835 von der seit 1818 bestehenden evangelischen Elementarschule, in der Jungen und Mädchen gemeinsam unterrichtet wurden, die Höhere evangelische Stadtschule für Knaben und Mädchen abgetrennt wurde. 1876 wurde die Knabenabteilung aufgelöst und stattdessen das seit 1856 bestehende Institut für Lehrerinnenbildung zur Lehrerinnenbildungsanstalt ausgebaut. Den Absolventinnen der Mädchenschule eröffnete sich die Möglichkeit, vor dem Königlichen Provinzialschulkollegium das Examen »zur Ertheilung der Qualifikation des Unterrichts an höheren Mädchenschulen, respektive zur selbständigen Leitung solcher Schulen oder zu Gouvernantenstellen abzulegen«.[26] Der Lehrerinnenberuf war eine der wenigen, wenn nicht gar die einzige berufliche Perspektive, die sich jungen Frauen aus bürgerlichen Kreisen im 19. Jh. eröffnete.

Kulturkampf

Nicht nur im Bereich der Mädchenerziehung, sondern im gesamten Bildungssektor waren die Einflusssphären von Kirche und Staat auf vielfältige Weise miteinander verwoben. Nachdem bereits 1848 dieses Zusammenwirken kritisch hinterfragt worden war, stellte sich diese Frage im Kulturkampf – wenn auch unter anderen Vorzeichen – aufs Neue. Maßnahmen wie das Schulaufsichtsgesetz vom 11. März 1872, in dem die Schulaufsicht als Aufgabe des Staates festgeschrieben wurde, der Erlass zum Ausschluss von Ordensmitgliedern aus dem preußischen Schuldienst, die Bestimmung, wonach Religionsunterricht nur von staatlich anerkannten Lehrern zu erteilen sei, sowie die Förderung von Simultanschulen anstelle von Konfessionsschulen zeugen von der antikatholischen Einstellung der preußischen Regierung. So mussten etwa die Trierer Welschnonnen, die wegen ihres Bildungsangebots als einzige Ordensgemeinschaft der Moselstadt (ähnlich wie die Englischen Fräulein in Mainz) während der napoleonischen Herrschaft der Säkularisation entgangen waren, nun die preußische Rheinprovinz verlassen. Ab 1878 dienten dann die Klostergebäude als Domizil für die städtische Mädchenschule, aus der das heutige Auguste Victoria-Gymnasium hervorgegangen ist.

Obwohl auch nach der Reichsgründung von 1871 die Zuständigkeit für das Schulwesen bei den Ländern verblieben war, orientierte sich die Regierung von Hessen-Darmstadt an den Positionen Berlins und spitzte deren kulturkämpferische Haltung teilweise noch stärker zu. Besonders hervorzuheben ist in diesem Kontext das Volksschulgesetz von 1874, das die Simultan-(oder Kommunal-)schule zur Regelschule machte, während die Rahmenbedingungen für Konfessionsschulen bewusst erschwert wurden. Diese schulpolitische Grundsatzentscheidung sollte sich als überaus wirkungsvoll erweisen: Bis 1877/1878 stieg der Anteil der Simultanschulen bis auf 87 % an, wobei er in Rheinhessen nur bei etwa 75 % lag.[27] Einer der einflussreichsten Kritiker des Simultanschulwesens war der Mainzer Bischof Wilhelm Emmanuel Freiherr von Ketteler.[28]

An der Pfalz, obwohl zu Bayern gehörig, ging der Kulturkampf keineswegs spurlos vorbei. So versuchte der Speyerer Stadtrat, der die schulischen Aktivitäten der Dominikanerinnen schon seit langem durch Gehaltsentzug oder die Beschlagnahmung des Schulmobiliars zu hintertreiben suchte, die Gunst der Stunde zu nutzen und verfügte 1873 die Aufhebung der Klosterschule. Allerdings gelang es dem bischöflichen Ordinariat durch Intervention in München diese Entscheidung mit Hinweis darauf, dass die Einrichtung der Klosterschule ausdrücklich auf Weisung des bayerischen Königs Ludwig I. geschehen sei, 1875 rückgängig zu machen.[29]

Nach der Beilegung des Kulturkampfs wurde am Anspruch auf die Ausübung der Schulaufsicht durch pädagogische Fachkräfte im Auftrag des Staats festgehalten. In der Realität waren die staatlichen Stellen jedoch noch weit davon entfernt, diesen Anspruch auch flächendeckend durchsetzen zu können. Während im Bereich der Elementarbildung die Simultanschule in der preußischen Rheinprovinz immer noch auf massive Vorbehalte seitens der Gläubigen stieß und rd. 90 % der Schülerinnen und Schüler Konfessionsschulen besuchten, hat der Kulturkampf der Simultanschule im Großherzogtum Hessen und in der Pfalz endgültig zum Durchbruch verholfen. Die rechtliche Sonderstellung des Rheinkreises innerhalb des bayerischen Königreichs eröffnete den Weg zur Einführung der Simultanschule, obwohl die Kammer der Reichsräte (abweichend vom Votum der Abgeordnetenkammer) den Gesetzentwurf der bayerischen Regierung zur Schaffung von Simultanschulen in Bayern die Zustimmung versagt hatte. So wurde 1870 mit Zustimmung der Mehrheit aller volljährigen selbständigen männlichen Einwohner in Ludwigshafen nach dem Vorbild von Städten wie Landau, Neustadt, Dürkheim und Kaiserslautern eine Simultanschule errichtet, die katholischen, evangelischen und jüdischen Schülern offenstand. Wie auch in den Konfessionsschulen erfolgte die Beschulung in den unteren Klassen koedukativ, während die oberen Klassen nach Geschlechtern getrennt unterrichtet wurden. Einer der Vorteile des Simultanschulwesens war das Absinken der Klassengrößen trotz weiterhin steigender Schülerzahlen, in Ludwigshafen etwa von 140/150 Schülern auf 90 Schüler innerhalb weniger Jahre.[30]

Schlagworte wie Veränderung, Verwandlung, Weg in die Moderne fallen immer wieder, wenn es gilt das sog. lange 19. Jh. zu charakterisieren. Im Bildungs- und Erziehungswesen war diese Zeitspanne sicherlich eine Zeit der Veränderungen und des Aufbruchs, auch wenn die Entwicklungen im städtischen und im ländlichen Raum nicht immer parallel verlaufen sind. Nicht nur Schulformen, Lerninhalte und Schulstrukturen wandelten sich von Grund auf, sondern auch die bildungspolitischen Zielsetzungen. Bildung und Erziehung wurden nun primär als öffentlicher Auftrag verstanden, weshalb Staat und Kommunen die Prärogative in diesem Bereich für sich beanspruchten und daran gingen, diesen Sektor in einem bislang nicht gekanntem Maß rechtlich und administrativ auszugestalten. Im Umkehrschluss bedeutete dies aber auch, dass Staat und Kommunen zu den Instanzen wurden, die in erster Linie für die Schaffung der materiellen Voraussetzungen eines funktionierenden Bildungswesens zu sorgen hatten. In diesen Kontext gehören u. a. die Diskussionen um die Lehrerbesoldung, die Erhebung von Schulgeldern oder die Entwicklung von Schulbauprogrammen. Ohne solche Bauvorhaben, wie etwa im Kreis Koblenz unter dem Bauinspektor Johann Claudius von Lassaulx,[31] in Mainz[32] oder in Ludwigshafen, wo reichsweit die erste Volksschule im sog. Pavillonsystem errichtet wurde,[33] wäre angesichts der beständig steigenden Schülerzahlen die Aufrechterhaltung einer soliden Schulinfrastruktur nicht möglich gewesen.

Berufliche Bildung

Zugleich wuchs das gesellschaftliche Bewusstsein dafür, dass Bildung und Erziehung unabdingbare Voraussetzungen für die aktive Teilhabe am gesellschaftlichen, politischen und wirtschaftlichen Leben sind. Dies führte einerseits zu der bereits oben beschriebenen Ausdifferenzierung des Schulwesens, in deren Zusammenhang auch die seit Ende des 19. Jhs. aufkommenden speziellen Bildungsangebote für Behinderte,[34] wie z. B. der 1899 in Ludwigshafen angebotene Sprachheilkurs für »Stotterer und Stammler«[35] oder die im selben Jahr in Neuwied gegründete evangelische Provinzial-Blindenanstalt der Rheinprovinz einzuordnen sind. Andererseits lässt sich auch die Entstehung völlig neuer Schulformen insbesondere im Bereich der beruflichen Bildung beobachten. Die Aus- und Fortbildung von Handwerkern, Büroangestellten und Arbeitern lag zunächst außerhalb der staatlichen Interessensphäre. Technische oder kaufmännische Vollzeitschulen, aber auch Teilzeitschulen in Form von Fortbildungs- oder Sonntagsschulen entstanden zumeist auf private oder kirchliche Initiative, so etwa die 1846 vom Gewerbeverein für das Herzogtum Nassau in Montabaur gegründete Gewerbeschule, in der Lehrlinge am Abend in den Fächern Zeichnen, deutsche Sprache, Geschäftsaufsätze, Recht- und Schönschreiben, Rechnen und Geometrie für Bauhandwerker unterrichtet wurden, aus der später die Berufsschule Montabaur hervorgegangen ist.[36] Auf Betreiben des Großherzoglichen Gewerbevereins unter seinem

Vorsitzenden, dem Fabrikanten Carl Deninger, wurde 1841 in Mainz eine Sonntagsschule für Handwerker errichtet.[37] 1875 rief in Ludwigshafen der Arbeiter-Bildungsverein eine berufliche Fortbildungsschule ins Leben, die 1886 vom bayerischen Staat übernommen wurde. Der Besuch dieser Schule war anfangs noch freigestellt. 1887 entstand in Ludwigshafen auch eine Fortbildungseinrichtung für Mädchen, wobei zunächst nur der Besuch des Handarbeitsunterrichts obligatorisch war. Daneben eröffneten auch einzelne Firmen, wie etwa die Maschinenfabrik der Gebrüder Sulzer, eigene Lehrwerkstätten oder andere Fortbildungseinrichtungen. Es entstanden eine Reihe spezieller Fachschulen, insbesondere in den Bereichen Kunstgewerbe, Textilwesen oder Landwirtschaft, wie z. B. 1874 die Kreisbaugewerkschule in Kaiserslautern, die sich in eine Bauschule und die Abteilung für Kunstgewerbe, Gewerbe und Industrie untergliederte,[38] 1876 die Landwirtschaftsschule in Bitburg oder 1879 die Fachschule für Keramik in Höhr(-Grenzhausen), die 1957 in die »Staatliche Ingenieurschule für Keramik« und eine »Werkschule für Keramik« umgewandelt wurde. Angebote im Bereich der kaufmännischen Bildung entstanden ebenfalls in dieser Zeit. So gründete die Großherzogliche Handelskammer 1907 in Mainz eine Handelslehranstalt, in der die einjährige höhere Handelsschulabteilung der Großherzoglichen Oberrealschule, der einjährigen Handelsabteilung der Frauenarbeitsschule und der dreijährigen Fortbildungsschule der Handelskammer vereinigt wurden.[39] Im Laufe der Jahrzehnte entwickelte sich so eine breite Palette an Angeboten zur beruflichen Bildung. Einige davon wandelten sich – wie bereits oben beschrieben – im Laufe der Jahre zu Einrichtungen der realistischen Bildung. Andere fanden ihren festen Platz in der dualen Berufsausbildung und erlangten den Status einer staatlichen Schule. Andere wieder wurden zu Vorläufern der heutigen Fachhochschulen.[40]

Die Entwicklung der Allgemeinbildenden Schulen im 20. Jh.

Die Neuerungen, welche die Weimarer Republik mit sich brachte, fielen im Bereich des Schulwesens noch vergleichsweise moderat aus.[41] Fragen des Bildungs- und Erziehungswesens wurden nach wie vor primär auf der Ebene der Länder geregelt. Eine der wichtigsten Änderungen auf Reichsebene war die Einführung der Grundschule durch das Reichsgrundschulgesetz von 1920, das alle Kinder zum Besuch der vierjährigen Grundschule verpflichtete. Damit war das Ende des Zeitalters der privaten Vorschulen und des Privatunterrichts eingeläutet. Zugleich bedeutete dies für Absolventen des Gymnasiums die Verlängerung des Schulbesuchs um ein Jahr – eine Regelung, die in Rheinland-Pfalz bis auf den heutigen Tag Gültigkeit hat.

Die Forderung der Sozialdemokraten nach Errichtung der achtjährigen Einheitsschule war hingegen nicht mehrheitsfähig gewesen. Allerdings gelang ihnen die Festschreibung der Simultanschule in Art. 146 Abs. 2 der Weimarer Verfassung als Regelschule. Allerdings hatte die Zentrumsfraktion durchgesetzt, dass auf Wunsch der Eltern auch Bekenntnisschulen unterhalten werden konnten – mit der Folge, dass sich die Schulstrukturen in unserem Untersuchungsgebiet nicht grundlegend veränderten: Während in den Rheinlanden weiterhin das Gros der Schüler eine Konfessionsschule besuchte, prägten die Simultanschulen die Bildungslandschaften in Nassau, Rheinhessen und der Pfalz. Weitere wichtige Schulbestimmungen der Weimarer Reichsverfassung waren die Ausdehnung der Schulpflicht bis zum 18. Lebensjahr, was den Besuch der Fortbildungsschulen (später: Berufsschulen) für alle Volksschulabsolventen implizierte, die Einfüh-

Ansicht eines Klassenzimmers der Hohenfelder Schule in Koblenz, 1928 (Landeshauptarchiv Koblenz)

rung von Staatsbürgerkunde und Arbeitsunterricht als Schulfächer, die endgültige Abkehr von der geistlichen Schulaufsicht und die Reform der Volksschullehrerbildung. Bayern beschritt den Weg der Akademisierung zunächst nicht, sondern hielt an den Präparandenanstalten und Seminaren als Ausbildungsstätten für angehende Lehrer fest. Die erste pädagogische Akademie in Preußen entstand 1926 in Bonn, während der Volksstaat Hessen bereits im Vorjahr eine völlige Neustrukturierung der Volksschullehrerbildung vorgenommen hatte: Die angehenden Lehrer absolvierten neben einem viersemestrigen Universitätsstudium eine praktische Ausbildung an einem der pädagogischen Institute in Darmstadt oder Mainz.[42]

Bereits 1933 wurden diese pädagogischen Institute und Akademien in Hochschulen für Lehrerbildung umbenannt, an denen auch Fächer wie Vererbungslehre, Rassen- und Volkskunde, Wehrwissenschaft und Grenzlandkunde gelehrt wurden.[43] Unmittelbar nach der »Machtergreifung« hatten der zunächst für das Unterrichtswesen zuständige Reichsinnenminister Wilhelm Frick, ein gebürtiger Pfälzer, und seine Amtskollegen auf Länderebene mit der ideologischen Überformung der Unterrichtsfächer und -gegenstände begonnen, wozu etwa auch die besondere Berücksichtigung der germanischen Frühgeschichte im Geschichtsunterricht gehörte. Gleichwohl stand hinter all diesen Maßnahmen kein umfassendes schulpolitisches Grundkonzept. Dieses Fehlen ist u.a. mit dem deutlich höheren Stellenwert der außerschulischen Erziehung im Nationalsozialismus zu erklären. Trotzdem lassen sich in aller Kürze einige Grundzüge der nationalsozialistischen Schulpolitik benennen: Organisatorisch setzte das Regime auf die »Verreichlichung« der bildungspolitischen Zuständigkeiten. So verloren die Länder durch das »Gesetz zur Neuordnung des Reiches« vom Januar 1934 ihre Zuständigkeiten auf bildungspolitischem Gebiet, erhielten sie dann jedoch als eine Art Auftragsverwaltung des Reichs zurück. Zwei Monate später, im März 1934, verlor der Reichsinnenminister seine Kompetenzen auf diesem Gebiet, die nunmehr auf das neu gebildete Reichsministerium für Wissenschaft, Erziehung und Volksbildung, dessen Leitung der preußische NS-Kultusminister Bernhard Rust übernahm, übertragen wurden. Wenn auch der Ländereinfluss in der Schulpolitik so nicht gänzlich gebrochen werden konnte, war fortan doch eine steigende zentrale Einflussnahme auf schulpolitische Entscheidungen festzustellen.[44] Parallel zu diesen Entwicklungen vollzog sich ein Kampf gegen den »Bildungspluralismus«, der durch die reichsweite Vereinheitlichung der Schulstrukturen, der Überprüfung der Beamten in Unterrichtsbehörden und Schulen und Zentralisierung der schulpolitischen Zuständigkeiten gewonnen werden sollte. So wurden etwa die höheren Schulen auf zwei Formen reduziert: das humanistische Gymnasium und die Deutsche Oberschule. Das Realprogymnasium in Simmern wurde zu Ostern 1938 unter dem Namen Hunsrückschule in eine solche Deutsche Oberschule umgeformt. Ein weiteres Element war die planmäßige Zurückdrängung der kirchlichen Mitwirkung im Schulbereich. Obgleich den Bekenntnisschulen im Reichskonkordat von 1933 Bestandsschutz eingeräumt worden war, übten die Nationalsozialisten im Laufe der Jahre mit unzähligen offenen oder verdeckten Aktionen Druck auf Eltern- und Lehrerschaft aus, der letztendlich dazu führte, dass bis 1941 alle Bekenntnisschulen umgewandelt oder aufgelöst wurden.[45] So gingen in Koblenz auf Anordnung des Oberbürgermeisters vom 11. November 1937 mit sofortiger Wirkung alle evangelischen und katholischen Volksschulen in der Gemeinschaftsschule auf,[46] während die Schule der Englischen Fräulein in Bingen 1939 und die Ursulinenschule (heute: Angela-Merici-Gymnasium) in Trier im darauffolgenden Jahr von den Nationalsozialisten geschlossen wurden. In Ergänzung dazu unternahm das Regime viele Anstrengungen, um die Schule zu einem Ort nationalsozialistischer Agitation und Sozialisation zu machen. Lehrer wurden, sofern sie nicht freiwillig dem NS-Lehrerbund beitraten, in diese NS-Organisation gezwungen, Schüler wurden mit allen Mitteln gedrängt, in die »Hitlerjugend« (HJ) einzutreten. Im südpfälzischen Germersheim z. B. hatte man es im April 1935 bereits dahin gebracht, dass 73 % aller katholischen und 100 % der evangelischen Volksschüler der HJ beigetreten waren. Etwas mehr als ein Jahr später gab es der offiziellen Statistik zufolge gar keinen Volksschüler in Germersheim mehr, der nicht der HJ angehörte. Parallel dazu wurde der »Hitlergruß« verpflichtend, der nationalsozialistische Feiertagskalender fand Beachtung, und in der Germersheimer Bezirksberufsschule verdrängte man sogar »rassisch« unliebsame Schüler, indem die Schulleitung eine Art »Ariernachweis« verlangte.[47] Hinzu kamen eigene Erziehungsanstalten, die eine besondere nationalsozialistische Prägung hatten und einer rassistisch motivierten Eliteschulung dienen sollten: die »Adolf-Hitler-Schulen« und die »Nationalpolitischen Erziehungsanstalten« (NPEA/Napola). Letztere knüpften an die Idee der alten Kadettenanstalten an, was gerade in der NPEA Oranienstein in Diez, wo sich bis zum Ende des Ersten Weltkriegs schon eine preußische Kadettenanstalt befunden hatte, sichtbar wird. Im pfälzischen Bolanden am Donnersberg dauerte es Jahre, bis es der dortigen ehemals mennonitischen Schule am Weierhof gelang, den Status einer Nationalpolitischen Erziehungsanstalt zu erreichen. Gauleiter Bürckel hatte die Internatsschule 1936 als Gauschule in die Trägerschaft des Kreisverbands Pfalz überführt und wirkte auf eine nationalsozialistische Umgestaltung hin, die im Oktober 1941 schließlich zur Anerkennung als Nationalpolitische Erziehungsanstalt führte. Am Eingang der Schule stand der Wahlspruch: »Nichts kann uns rauben Liebe und Glauben zu unserem Land. Es zu erhalten und zu gestalten sind wir gesandt«.[48]

Mit dem Zusammenbruch des NS-Regimes kam der reguläre Schulunterricht endgültig zum Erliegen, wobei der Begriff »regulär« eigentlich irreführend ist, da die Kriegsgeschehnisse in vielen Teilen Deutschlands schon weit vor dem 8. Mai 1945 einen geordneten Schulalltag in weite Ferne hatten rücken lassen. Lehrermangel und Unterrichtsausfall gehörten schon seit längerem zu den Begleiterscheinungen des Kriegs. Kinderlandverschickungen oder die Heranziehung der Jugendlichen für Arbeits- oder Kriegseinsätze (»Flakhelfer«, »Volkssturm«) führten letztlich alle Vorstellungen von einem geordneten Schulwesen ad absurdum.

Dies sollte sich nach Kriegsende sehr rasch ändern. Bereits auf der am 15. Mai 1945 in Koblenz stattfindenden Zusammenkunft der Bischöfe aus Aachen, Köln, Trier, Limburg, Mainz und Speyer wurde die Wiederherstellung der in den 1930er Jahren aufgelösten Konfessionsschulen gefordert. Bildungspolitik war nicht nur ein Thema, das Parteien und Kirchen interessierte, sondern war auch für die französische Besatzungsmacht ein Politikfeld von essentieller Bedeutung. Ihre Entschlossenheit zu einem bildungspolitischen Neuanfang demonstrierten die französischen Verantwortlichen durch die Schließung der Schulen unmittelbar nach der Neustrukturierung der Besatzungszonen und der Entfernung der Angehörigen des NS-Lehrerbundes und anderer Anhänger der nationalsozialistischen Ideologie aus dem Lehrkörper. Als die Schulen aufgrund der Ordonnanz Nr. 1 am 17. September 1945 ihre Arbeit wieder aufnahmen, taten sie dies mit dem Auftrag, ihren Beitrag zur Reedukation, zur Umerziehung, zur Demokratie zu leisten.[49]

Schulpolitik in Rheinland-Pfalz

Die unterschiedlichen Bildungstraditionen zwischen Eifel und Pfälzerwald lebten nach dem Ende des nationalsozialistischen Regimes wieder auf. Die Beratende Landesverfassung, die mit der Erarbeitung einer Verfassung für das 1946 gegründete »rhein-pfälzische Land« beauftragt worden war, stand deshalb vor der Herausforderung einen tragfähigen Kompromiss zu erarbeiten, der nicht nur die verschiedenen Traditionslinien der einzelnen Landesteile zu einem funktionsfähigen Ganzen zusammenführen sollte, sondern zudem noch die kulturpolitischen Vorstellungen der Besatzungsmacht zu berücksichtigen hatte. Besonders kontrovers wurden die Fragen der Lehrerbildung und des Volksschulwesens diskutiert, die Mittelschule und das Gymnasium blieben in diesen Diskussionen meist außen vor, da es sich bei diesen im Regelfall bereits um Simultanschulen handelte. Während die Militärregierung einem laizistischen Schulsystem zuneigte, trat die CDU/CDP für die Mitwirkung der Kirchen im Bildungswesen ein. Eingedenk der Erfahrungen mit der nationalsozialistischen Diktatur sollte dem Staat nach den Vorstellungen der CDU/CDP kein Erziehungsmonopol eingeräumt werden, stattdessen trat die CDU/CDP für das Primat des Elternrechts ein. Die SPD sprach sich im Gegensatz dazu für die christliche Simultanschule aus – eine Forderung, der sich auch die liberalen Parteien anschlossen. Für die KPD kam dagegen nur eine weltanschaulich neutrale Schule in Betracht. Die CDU lenkte insofern ein, als sie eine Gleichstellung von Bekenntnis- und christlicher Simultanschule konzedierte. Die konfessionell getrennte Lehrerbildung aufzugeben, war sie indes nicht bereit. Um die Verfassungsberatungen zu einem Ende zu bringen, dachte die französische Militärregierung daran, die Schulartikel aus der Verfassung herauszunehmen und sie zu einem späteren Zeitpunkt per Gesetz zu regeln. Schließlich verständigten sich die Fraktionen darauf, bei der geplanten Volksabstimmung den Abschnitt der Verfassung, der mit den Worten »Schule, Bildung und Kulturpflege« überschrieben war, gesondert zur Abstimmung zu stellen. Die Volksabstimmung am 18. Mai 1847 erbrachte eine knappe Mehrheit für die Annahme der Schulartikel (52,4 %). Während sich die Wähler in den nördlichen Regierungsbezirken Koblenz, Trier und Montabaur – also

Titelblatt des Spiegel Nr. 20 (1967): Konflikt zwischen Staat und Kirche. Ende der Konfessionsschule? (SPIEGEL-Verlag Rudolf Augstein GmbH & Co. KG)

jenen Gebieten, in denen die Bekenntnisschule bis 1933 die Regelschule gewesen war – eindeutig für die Schulartikel ausgesprochen hatten, erwiesen sich diese Verfassungsbestimmungen in den Landesteilen, wo die Simultanschule schon seit dem 19. Jh. ihren festen Platz in der Bildungslandschaft gefunden hatte (Rheinhessen und Pfalz), als nicht mehrheitsfähig.[50]

Das Ergebnis der Volksabstimmung ließ bereits erste Zweifel an der Tragfähigkeit des Schulkompromisses aufkommen. Diese Befürchtungen sollten sich in den nächsten Jahren bewahrheiten, als in der Pfalz und Rheinhessen Maßnahmen zur Rekonfessionalisierung des Volksschulwesens z.T. gegen Proteste aus den Reihen von SPD und FDP und der Eltern ergriffen wurden. Der Fastenhirtenbrief des Mainzer Bischofs Albert Stohr vom Februar 1952, der stark auf den Gedanken des freiheitlichen Elternrechts und der Verantwortung vor Gott abhob, stand am Anfang einer Antragsaktion in katholischen Gemeinden Rheinhessens, die auf eine Umwandlung der bestehenden Gemeinschaftsschulen in Bekenntnisschulen abzielte. Diese Aktion führte nicht nur vor Ort zu heftigen Kontroversen, sondern sollte auch wiederholt den Landtag bis hin zu einem Untersuchungsausschuss beschäftigen und die Zusammenarbeit der seit 1951 regierenden Koalition von CDU und FDP auf den Prüfstand stellen. Zur Entspannung der Situation trug im Januar 1955 die Verabschiedung des Volksschulgesetzes mit den Stimmen von CDU und FDP bei.[51]

Die schulpolitischen Kontroversen ebbten bis zum Ende der 1950er Jahre allmählich ab. Mitte der 1960er Jahre setzte in der bundesdeutschen Öffentlichkeit eine lebhafte Diskussion über die Bedeutung von Bildung für Individuum und Gesellschaft und die Rolle des Staats in diesem Kontext ein. Ein Auftrag, der an die Politik formuliert wurde, war die aktive Bildungsplanung.[52] Um Bund und Länder dabei zu unterstützen, wurde auf Anregung der Kultusministerkonferenz der Deutsche Bildungsrat 1965 ins Leben gerufen – das Jahr, in dem auch Georg Picht mit seinem Buch über die »deutsche Bildungskatastrophe« die breite Öffentlichkeit für dieses Politikfeld sensibilisierte und Ralf Dahrendorf unter der Überschrift »Bildung ist Bürgerrecht« zu einer aktiven Bildungspolitik aufrief. In Rheinland-Pfalz fielen diese bildungspolitischen Debatten mit dem sich anbahnenden Wechsel von Ministerpräsident Altmeier zu Helmut Kohl zusammen. Noch in der Ära Altmeier wurde am 28. Februar 1967 der Antrag aller Fraktionen eingebracht, in Art. 29 der Landesverfassung für Rheinland-Pfalz die christliche Simultanschule der Bekenntnisschule voranzusetzen.[53] Das Aus für die Bekenntnisschulen in staatlicher Trägerschaft kam im Sommer 1970, als das Prinzip der christlichen Simultanschule auf Grund-, Haupt- und Sonderschulen ausgedehnt wurde.[54] Als Kompensation diente das Privatschulgesetz von 1970, dessen Verabschiedung insbesondere im kirchlichen Bereich einen regelrechten Gründungsboom auslöste. Die bekenntnisgebundene Lehrerausbildung war bereits 1969 aufgegeben worden, wofür die Landesregierung wiederum die Einrichtung konfessioneller Institute für Lehrerfort- und -weiterbildung (ILF Mainz und EFWI Landau) ermöglichte.[55] Kultusminister Bernhard

Vogel trieb in diesen Jahren – unterstützt vom Fraktionsvorsitzenden und späteren Ministerpräsidenten Kohl – die Modernisierung des Bildungssektors in Richtung eines gestuften, aber gleichwohl durchlässigen Schulsystems weiter voran. Ein wichtiger Meilenstein war dabei das Landesgesetz über die öffentlichen Grund-, Haupt- und Sonderschulen vom Mai 1968.[56] An die Stelle der zahlreichen Zwergschulen traten zumindest einzügig organisierte Grundschulen. Mit der Hauptschule entstand eine neue Schulform, deren Besuch zur »Berufsreife« qualifizieren sollte. Die Sonderschulen (heute: Förderschulen) wurden nicht mehr als Teil des Volksschulwesens begriffen, sondern bekamen den Charakter einer eigenständigen Schulform.

Besonders dynamisch verlief die Entwicklung im Bereich der Realschulen, die in den Anfangsjahren unseres Bundeslandes kaum in Erscheinung traten. Während es 1950 gerade einmal elf Realschulen in Rheinland-Pfalz gab, ist deren Bedeutung kontinuierlich gewachsen (1960: 38; 1968: 74; 1985: 107; 2004: 117). Ein Hauptgrund dafür ist sicherlich der Umstand, dass die Realschule den Zugang sowohl zu berufsbezogenen Ausbildungsgängen als auch zu den Hochschulen eröffnet. Diese Möglichkeiten wurden gerade in den letzten Jahren durch das Konzept der nur in Rheinland-Pfalz anzutreffenden Realschule Plus und deren mögliche Erweiterung durch die Angliederung einer Fachoberschule kontinuierlich ausgebaut. Mit der Einführung dieses neuen Realschultyps ist die schrittweise Abschaffung der 1968 ins Leben gerufenen Hauptschule sowie der Realschule alten Typs verbunden.[57]

Die Reform des Gymnasialwesens nach dem Vorbild der französischen Oberschulen hatte schon 1946 auf der Agenda der französischen Militärregierung gestanden. Diese hatte sich jedoch mit ihren Forderungen etwa nach einer Reduzierung des altsprachlichen Unterrichts, der Einführung des Zentralabiturs oder der Schaffung einer dreiklassigen Förderstufe nicht durchsetzen können. Immerhin konnte ab 1950 das Abitur nicht nur an altsprachlichen, sondern auch an neusprachlichen und mathematisch-naturwissenschaftlichen Gymnasien abgelegt werden. Eine der wichtigsten schulpoltischen Grundsatzentscheidungen im Bereich der gymnasialen Bildung war die Übereinkunft der Kultusministerkonferenz aus dem Jahr 1972 über die Schaffung einer einheitlichen Oberstufe mit Pflicht- und Wahlkursen. Die Einführung dieser Oberstufe erfolgte in Rheinland-Pfalz im Jahr 1975, nachdem diese Unterrichtsform am Mainzer Willigis-Gymnasium erprobt worden war, woher sich auch der Name »MSS« (Mainzer Studienstufe) ableitet. Diese unterscheidet sich von den Modellen der anderen Bundesländer insbesondere durch die Verpflichtung, drei (statt zwei) Leistungskurse zu belegen – ein Umstand, an dem auch sozialdemokratisch geführte Landesregierungen festgehalten haben.

Eine der schulpolitischen Veränderungen, die unter der von Rudolf Scharping geführten Landesregierung auf den Weg gebracht wurden, war die Einführung der Integrierten Gesamtschule (IGS) als Regelschule im März 1992.[58] Die erste IGS war mit dem Beginn des Schuljahrs 1973/74 im Rahmen eines Schulversuchs in Kaiserslautern eröffnet worden.

Frühkindliche Erziehung

Ein typisches Zeichen der Moderne ist im Bereich der Bildung deren permanente Ausweitung, und zwar sowohl in die vorschulischen wie in die nachschulischen Lebensabschnitte. Das Prinzip des »lebenslangen Lernens« wird von Philosophen und Pädagogen nicht erst seit dem von der UNESCO ausgerufenen »Internationalen Jahr der Erziehung« (1970) oder dem 2001 von der Europäischen Kommission artikulierten Anspruch auf Schaffung eines »Europäischen Raums des Lebenslangen Lernens« vertreten. Allerdings sind der ökonomische und demografische Wandel, auf den die EU-Kommission in ihrer Erklärung abhebt, Faktoren, die bereits im 19. Jh. die Genese von frühkindlicher Erziehung und Erwachsenenbildung mitbestimmt haben.

Als älteste Form der frühkindlichen Erziehung in Deutschland gilt die Kinderbewahranstalt, die sich bis ins 18. Jh. zurückverfolgen lässt.[59] Einen deutlichen Aufschwung nahm diese Form der Kinderbetreuung in der ersten Hälfte des 19. Jhs. Mit Blick auf die Kinder der Arbeiterschaft wurden z. B. 1839 in Koblenz und Mainz Anstalten gegründet, die sich die »Aufsicht, Pflege und Erziehung des Tages über derjenigen Kinder vom 2. bis zum vollendeten 6. Lebensjahr« zur Aufgabe gesetzt hatten.[60] Hatten sich derartige Anstalten primär als Einrichtungen der Armenfürsorge verstanden, so trat allmählich der pädagogische Auftrag deutlicher in den Vordergrund. Die Vorbereitung auf die Schule war ein wesentliches Element der sog. Kleinkinderschule, von denen das Fürstentum Birkenfeld 1835 bereits zwei vorweisen konnte, während die erste pfälzische Kleinkinderschule 1837 in Landau gegründet wurde. Seit der Übernahme der städtischen Kinderbewahranstalt 1869 wurden in der Diakonissenanstalt in Speyer auch evangelische Kleinkinderschullehrerinnen ausgebildet, doch auch die Katholiken entdeckten das Feld der außerfamiliären Kindererziehung nach anfänglichem Zögern als Arbeitsfeld, so dass die Zahl der katholischen Bewahranstalten etwa in den Bischofsstädten Speyer und Mainz im Zeitraum zwischen 1837 und 1917 kontinuierlich anstieg.[61] Ausgangs des 19. Jhs. lassen sich auch die ersten Betreuungsangebote für Schulkinder nachweisen, wie in Ludwigshafen, wo ein Verein mit Unterstützung der BASF und der Kommune zunächst 1890 einen Knabenhort und 1902 einen Mädchenhort einrichtete.[62]

Bis auf den heutigen Tag sind die Kirchen die wichtigsten freien Träger von Kinderbetreuungseinrichtungen. Selbst die Nationalsozialisten scheiterten mit ihrem Vorhaben, die Kindergärten »gleichzuschalten« und in die Trägerschaft der Nationalsozialistischen Volkswohlfahrt (NSV) zu überführen. Nach dem Zweiten Weltkrieg war in der Regel die Familie der Ort der frühkindlichen Erziehung, der Kindergarten wurde wieder primär als Fürsorgeeinrichtung aufgefasst. Einen Wandel in der Wahrnehmung der pädagogischen Angebote der Kindertagesstätten setzte erst mit den bildungspolitischen Diskussionen der 1960er Jahre ein. Die Bedeutung der frühkindlichen Erziehung für den weiteren Bildungsweg rückte nun in das allgemeine Bewusstsein. Heiner Geißler (CDU), Sozialminister im Kabinett Kohl, zog daraus die Konsequenz, nicht nur die Anzahl der Kindergartenplätze auszubauen, sondern auch die Ausbildung der Erzieher zu reformieren. Zu diesem Zweck brachte er im Sommer 1970 das bundesweit erste Kindergartengesetz auf den Weg.[63] Die Durchsetzung des Rechtsanspruchs auf einen Kindergartenplatz, den der Landtag im Februar 1991 beschlossen hat,[64] der inzwischen auch auf die unter Dreijährigen ausgeweitet worden ist,[65] kann daher als die konsequente Fortführung dieses bildungspolitischen Neuanfangs im Bereich der frühkindlichen Er-

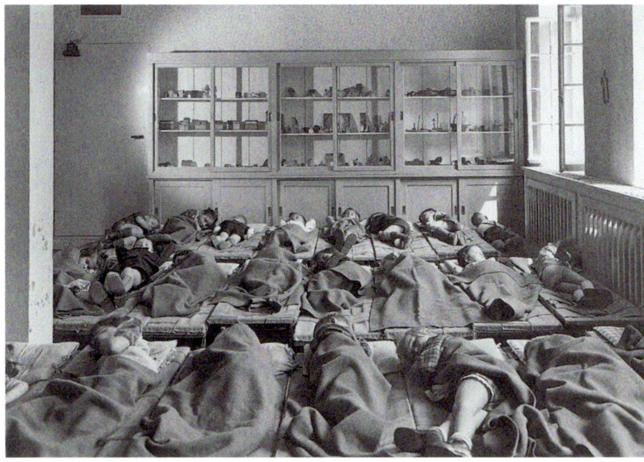

Mittagsruhe im Kindergarten der Schuhfabrik Rheinberger in Pirmasens (Stadtarchiv Pirmasens)

ziehung verstanden werden. Angesichts der anhaltenden bildungspolitischen Debatte über die Schlussfolgerungen, die aus den PISA-Studien zu ziehen sind, aber auch der familien- und frauenpolitischen Kontroversen um das Thema Kinderbetreuung dürfte das Interesse an diesem bildungspolitischen und pädagogischen Handlungsfeld nicht so schnell erlahmen.

Erwachsenenbildung

Dagegen ist es um das Thema Erwachsenenbildung respektive Fort- und Weiterbildung vergleichsweise ruhig geworden. Wie in vielen anderen pädagogischen Handlungsfeldern lassen sich erste Ansätze bereits bis in die Zeit der Aufklärung zurückverfolgen.[66] Neben Lesegesellschaften und Bildungsvereinen, deren Mitglieder zumeist aus dem bürgerlichen Milieu stammten, waren es vor allem die Arbeiter- und Handwerkerbildungsvereine, wie z. B. der 1873 gegründete Arbeiterfortbildungsverein Haßloch, oder die kirchlichen Jünglings- oder Gesellenvereine, wie etwa der 1894 gegründete Christliche Jünglingsverein Pfuhl (Westerwaldkreis), die sich seit der Mitte des 19. Jhs. für die Entwicklung von Fort- und Weiterbildungsangeboten einsetzten. 1871 entstand in Berlin die Gesellschaft für Verbreitung für Volksbildung u. a. auf Initiative des Biebricher Fabrikanten Fritz Kalle. Diese verschiedenen Bildungsangebote entstanden vielfach als Reaktion auf die sich verändernden sozialen und beruflichen Anforderungen. Die Vermittlungswege ähnelten häufig einander: Vorträge, Errichtung von Bibliotheken, Abend- oder Sonntagsschulen, volkstümliche Hochschulkurse. Mit den Volkshochschulen entstand zu Beginn des 20. Jhs. eine neue Form der Erwachsenenbildung. Zu den frühesten Volksschulgründungen reichsweit gehörten die Einrichtungen in Ludwigshafen (1902) und Kaiserslautern (1904). Die Bestimmung der Weimarer Reichsverfassung in Art. 148 über die Förderung des Bildungswesens, in dem die Volkshochschulen eigens erwähnt wurden, gab der Volkshochschulbewegung neuen Auftrieb, besonders die Kommunen nahmen aktiv Anteil an der Institutionalisierung der Volksbildung. Zu den Gründungen dieser Jahre gehört auch die Volkshochschule in Mainz (1919). Die Vielfalt der Angebote im Bereich der Erwachsenenbildung erschwerte zunächst die vom NS-System angestrebte Gleichschaltung und Neuformierung. Doch durch die Schaffung des Deutschen Volksbildungswerks – zunächst unter dem Dach der NS-Gemeinschaft »Kraft durch Freude« – ging die

Mehrzahl der Einrichtungen der Erwachsenenbildung ihrer Autonomie verlustig und konnte sich vielfach einer ideologischen Vereinnahmung nicht erwehren. Umso wichtiger war es nach dem Zusammenbruch des nationalsozialistischen Systems auch im Bereich der Erwachsenenbildung einen Neuanfang zu suchen. Bereits in den Kriegsgefangenenlagern wurden Kurse in Staatsbürgerkunde angeboten, zudem setzte sich die Militärregierung sehr erfolgreich für die Gründung neuer Volkshochschulen ein. Zu den Nachkriegsgründungen zählen u. a. die Einrichtungen in Bitburg, Andernach und Bingen. Bereits im November 1948 wurde in Worms der Landesverband der Volksschulen in Rheinland-Pfalz ins Leben gerufen. Aber auch andere Bildungsträger, insbesondere die Kirchen, Kammern und Gewerkschaften oder auch der Landessportbund nahmen sich dieses Bildungsbereichs an. Ähnlich wie im Bereich der Volkshochschulen formierten sich auch bei diesen Trägern Dachorganisationen und Arbeitsgemeinschaften, so etwa die Katholische Erwachsenenbildung Rheinland-Pfalz – Landesarbeitsgemeinschaft e.V. – (KEB) oder die Evangelische Landesarbeitsgemeinschaft für Erwachsenenbildung in Rheinland-Pfalz e.V.(ELAG). Unterstützt wird die Arbeit der verschiedenen Bildungsträger durch das Land Rheinland-Pfalz. Als wichtige Weichenstellungen in diesem Bereich sind das Weiterbildungsgesetz von 1975, das Bildungsfreistellungsgesetz von 1993 sowie die Novellierung des Weiterbildungsgesetzes von 1995 zu nennen.[67] Der bundesweit erste Minister für Weiterbildung war ab 1996 Jürgen Zöllner. Die Aktivitäten des Landes im Bereich der Weiterbildung konzentrieren sich auf die Förderung von Modellprojekten, wobei das Ministerium vom Landesbeirat für Weiterbildung beraten wird.[68] Beratendes Mitglied dieses Beirats ist auch die Landeszentrale für politische Bildung, die aus dem 1955 gegründeten Institut für Staatsbürgerliche Bildung hervorgegangen ist. Träger dieses Instituts waren der Bürgerkundliche Arbeitskreis Rheinland-Pfalz e.V. und der Verband der Volkshochschulen gewesen. Auf Anordnung der Landesregierung erfolgte zum 1. Januar 1974 die Umwandlung dieses Instituts zur Landeszentrale, deren Aufgaben 1994 neu strukturiert wurden. Arbeitsschwerpunkte sind seither die Zusammenarbeit mit anderen Bildungseinrichtungen, die gezielte Ansprache von Multiplikatoren sowie die Gedenkstättenarbeit.[69]

Fazit Die ersten Regierungen des neu gegründeten Landes Rheinland-Pfalz standen vor der Herausforderung, unterschiedliche Bildungstraditionen und -konzepte nicht nur der verschiedenen Vorgängerterritorien, sondern auch der französischen Militärregierung in eine tragfähige bildungspolitische Konzeption einfließen zu lassen. In der Rückschau ist zu konstatieren, dass dies u. a. deshalb gelungen ist, weil mit beiden großen christlichen Kirchen, die lange Zeit die wichtigsten Träger von allgemeinbildenden Schulangeboten in unserem Raum gewesen sind, tragfähige und zukunftsweisende Lösungen erarbeitet werden konnten. Damit hat Rheinland-Pfalz nicht nur ein wichtiges landespolitisches Themenfeld gestaltet, sondern auch bundesweit wichtige Impulse für die bildungspolitische Diskussion etwa im Bereich der frühkindlichen Erziehung oder in der Frage zur Zukunft der weiterführenden allgemeinbildenden Schulen gegeben.

2. Hochschulen und Wissenschaft

Entwicklung des Hochschulwesens im 19. Jh.

1836 notierte der Romantiker Friedrich Blaul bei seiner Reise durch die Pfalz: »Ein Gelehrter, ein Schriftsteller, ein Dichter, ein Künstler wird durchschnittlich für einen überspannten Toren, für einen unnützen Menschen gehalten, und im gelindesten Falle als ein armer Teufel bezeichnet. Hat einer gar das Unglück, den Doktorgrad in einer anderen als der Arzneiwissenschaft zu besitzen, so dient ihm diese Würde so wenig zur Empfehlung als ein Adelsdiplom, ja er darf darauf zählen, der Gegenstand des Spottes für die zu werden, welche sich für Gebildete halten, ohne es zu sein.«[70]

Blauls Beobachtung ist durchaus zutreffend, denn der Landstrich zwischen Westerwald und Pfälzerwald war seit den Tagen Napoleons von der wissenschaftlichen Landkarte Deutschlands verschwunden: Der von der französischen Direktorialregierung mit der administrativen Neuordnung des besetzten linken Rheinufers beauftragte Regierungskommissar François Joseph Rudler hatte 1798 die Schließung aller Universitäten in seinem Zuständigkeitsbereich verfügt. Alle Versuche, nach dem Ende der Franzosenherrschaft die Aufhebung der Universitäten in Köln, Mainz und Trier – alles Gründungen des Mittelalters (Köln 1388, Trier 1473, Mainz 1476/77) – rückgängig zu machen, blieben im 19. Jh. ohne Erfolg. Auch die 1806 in Koblenz gegründete Rechtsschule (École de droit) wurde bereits 1816 wieder aufgelöst, obwohl von dieser Einrichtung wichtige Impulse zur Weitergeltung des »Code civil« als sog. Rheinisches Recht ausgegangen waren. Lediglich der vom Kölner Kurfürsten Maximilian Friedrich 1777 gegründeten, von den Vorstellungen der Aufklärung geprägten und 1786 zur Universität erhobenen Akademie in Bonn war nach dem Wiener Kongress ein Neuanfang beschieden.

Nach der Eingliederung Rheinhessens in das Großherzogtum Hessen-Darmstadt war von einer Wiederbegründung der Mainzer Universität nicht die Rede. Im Gegenteil: Selbst die Medizinschule, die als einzige akademische Einrichtung in Mainz die Franzosenherrschaft überdauert hatte, stellte 1822 ihr Unterrichtsangebot ein.[71] Lediglich die Hebammenlehranstalt, deren Wurzeln bis in das ausgehende 15. Jh. zurückreichen, blieb bestehen und wurde zur zentralen Ausbildungsstätte für das gesamte Großherzogtum. Nach der Wiederbegründung der Mainzer Universität im Jahr 1946 wurde die Schule der Universitätsklinik angegliedert.

Die Mainzer Medizinstudenten des 19. Jhs. mussten, wie alle anderen angehenden Akademiker aus dem Großherzogtum, an der hessischen Landesuniversität Ludoviciana in Gießen studieren.[72] 1830 verlor das Mainzer Priesterseminar (1804 von Bischof Colmar wiederbegründet) seine Funktion als Ort der wissenschaftlichen Ausbildung der Priesteramtskandidaten an die eigens errichtete katholische Fakultät der Gießener Universität.[73] Bischof Ketteler ging jedoch nach seinem Amtsantritt 1850 entschlossen daran, diesen Eingriff in die kirchliche Autonomie rückgängig zu machen und die wissenschaftliche Priesterausbildung wieder an den Rhein zurückzuholen, vor allem weil die Gießener Ausbildung zahlreiche Missstände im Klerus zur Folge gehabt hatte.[74]

Welch guten Ruf diese »Zweite Mainzer Theologenschule« weit über die Grenzen des Mainzer Bistums hinaus genoss, belegt ein Blick in die Liste der Seminaristen, unter denen mit Paul Leopold Haffner und Heinrich Brück gleich zwei zukünftige Inhaber des Mainzer Bischofsstuhls zu finden sind. Während des Kulturkampfs musste das Seminar nach Eichstätt ausweichen. Erst 1887 konnte die Priesterausbildung in Mainz wieder aufgenommen werden. Mit der Wiedereröffnung der Mainzer Universität im Mai 1946 ging die Aufgabe der wissenschaftlichen Priesterausbildung an die Hochschule über. Das Priesterseminar, das sich fortan auf die pastorale Ausbildung der Seminaristen konzentrierte, gilt deshalb neben der Hebammenanstalt und dem Universitätsfonds als drittes Bindeglied zwischen der alten und der neuen Mainzer Universität.[75]

So wie die Rheinhessen bis zur Wiederbegründung der Mainzer Universität zum Studium ihre engere Heimat verlassen mussten, war auch für die pfälzischen Studierenden das Studium an einer der bayerischen Landesuniversitäten (Landshut bzw. ab 1826 München, Würzburg, Erlangen) Voraussetzung für die Zulassung zum Staatsdienst, womit den Hochschulen eine wichtige Rolle bei der Integration der neu erworbenen Provinzen zukam.[76] Ein gutes Beispiel dafür ist etwa der Werdegang des späteren pfälzischen Regierungspräsidenten Friedrich von Chlingensperg: Der in Winnweiler geborene Jurist studierte in Würzburg und München. Seine Laufbahn im bayerischen Staatsdienst führte ihn u. a. nach Frankenthal, Speyer, Griesbach im Rottal, Augsburg, Landau und München. Chlingenspergs Eintreten für den Verbleib der Pfalz bei Bayern führte schließlich 1923 zu seiner Abschiebung durch die französische Besatzungsmacht.[77] Die akademischen Beziehungen zwischen München und der Pfalz haben bis auf den heutigen Tag Bestand, denn die Stiftung Maximilianeum, die auf eine Initiative König Maximilians II. aus dem Jahr 1852 zurückgeht, ermöglicht noch immer hochbegabten Abiturienten aus Bayern und der linksrheinischen Pfalz ein Studium in München.

Nach dem Anfall der linksrheinischen Pfalz an Bayern stand die Regierung in München vor der Notwendigkeit, rasch eine Ausbildungsstätte für den protestantischen Pfarrernachwuchs finden zu müssen. Heidelberg, da inzwischen zum Großherzogtum Baden gehörig, kam dafür nicht mehr in Frage. An den bayerischen Universitäten selbst gab es wiederum keinen Lehrstuhl für reformierte Theologie. Aus diesem Grund wurde 1818 ein außerordentlicher reformierter Lehrstuhl an der lutherischen Fakultät in Erlangen etabliert, der 1847 den Rang eines ordentlichen Ordinariats außerhalb der Fakultät erhielt.[78] Die traditionell enge Bindung zwischen der protestantischen bayerischen Landesuniversität Erlangen und der Pfalz begann sich erst mit der Entstehung des Landes Rheinland-Pfalz und der »Wiedereröffnung« der Mainzer Universität im Mai 1946, die zur Überraschung vieler sofort eine evangelisch-theologische Fakultät erhielt, aufzulösen.

Hochschulen in Rheinland-Pfalz

Trotz des Universitätensterbens im linksrheinischen Deutschland um 1800 blieb die Erinnerung an die akademischen Traditionen in unserem Raum das ganze 19. und 20. Jh. lebendig. So wurde 1927 die 450-Jahrfeier der Universität Mainz mit einer Veranstaltung im Kurfürstlichen Schloss begangen.[80] Es gab zu dieser Zeit in Mainz durchaus Stimmen, welche die Ausgestaltung des 1925 eröffneten Pädagogischen Instituts[81] und des Priesterseminars zu einer vollwertigen Philosophischen respektive Theologischen Fakultät sowie des Stadtkrankenhauses zu einer Medizinischen Akademie forderten.

War unter den Rahmenbedingungen der Weimarer Republik an die Realisierung dieser Pläne zunächst nicht zu denken gewesen, so bot sich überraschenderweise unmittelbar nach dem Ende des Zweiten Weltkriegs die Möglichkeit zur Wiedereröffnung der Mainzer Universität.[82] Als erste Überlegungen für die Errichtung einer Hochschule im Nordteil der französischen Besatzungszone bekannt wurden, wollte man auch in Trier die Gunst der Stunde nutzen, um sich als Universitätsstandort im Länderdreieck Belgien/Luxemburg-Frankreich-Deutschland zu etablieren. Der Besuch General Charles de Gaulles in der Moselstadt gab diesen Hoffnungen zusätzlichen Auftrieb, woraufhin der Trierer Regierungspräsident Wilhelm Steinlein ein eigenes Sekretariat unter der Leitung des Kulturdezernenten Aloys Fery mit der organisatorischen und inhaltlichen Vorbereitung der Gründung der »Kaiser Konstantin-Universität« beauftragte.[83]

Die Entscheidung der Kultur- und Erziehungsabteilung der französischen Militärregierung (Direction de l'Éducation Publique) unter ihrem Leiter Raymond Schmittlein[84] fiel im Januar 1946 jedoch auf Mainz als Standort der neuen Landesuniversität. In einem Memorandum vom 25. Februar 1946 legte General Schmittlein dar, warum Mainz der Vorzug gegenüber den Städten Speyer und Trier als Sitz der neu zu gründenden linksrheinischen Universität gebühre. Neben den kulturellen Vorzügen ist es vor allem die geistige Atmosphäre, die er mit den Worten »une atmosphère intellectuelle que nous essaierons de rendre francophile, sinon française« (frankophil, wenn nicht gar französisch) umschreibt – also genau die richtige Atmosphäre für die Ausbildung der zukünftigen Eliten.[85]

Dem für die französische Kulturpolitik im besetzten Deutschland maßgebenden Leitgedanken der »Umerziehung« waren auch die am 27. Februar 1946 veröffentlichten Statuten der Universität Mainz, die der Gründungsrektor der Universität Josef Schmid erarbeitet hatte, verpflichtet.[86] Die neue Hochschule sollte vor allem die Entwicklung der Charakteranlagen und der intellektuellen Fähigkeiten befördern, »indem sie die Wertschätzung der Freiheit, die Achtung vor dem Geistigen, Verständnis und Mitgefühl für die Mitmenschen und alle sittlichen Werte vermittelt«. Außerdem erhielt sie den Auftrag, »die Kenntnis und das Verständnis für die geistigen und kulturellen Errungenschaften der anderen Länder, die gegenseitige Achtung der Völker voreinander und das Gefühl für die Verbundenheit der Menschheit weiter fort[zu]bilden.«[87]

Mit 75 ordentlichen Professoren und rd. 2.000 Studierenden – darunter ein Drittel Frauen – nahm die nach Johannes Gutenberg benannte Universität gerade einmal zwölf Monate nach Kriegsende – am 22. Mai 1946 – ihren Lehrbetrieb auf.[88] Auch wenn in diesem Zusammenhang immer wieder auf die Kontinuität mit der 1798 untergegangenen alten Mainzer Universität abgehoben wurde, so war der französischen Besatzungsmacht ebenso wie den auf deutscher Seite an der Gründung beteiligten Persönlichkeiten daran gelegen, deutliche Zeichen für einen Neuanfang zu setzen. Die Mainzer Universität war von Anfang an als Volluniversität mit sechs Fakultäten (heute: zehn Fachbereiche sowie die Hochschule für Musik Mainz und die Kunsthochschule Mainz) als den Trägern akademischer Lehre und Forschung konzipiert. Die Fakultäten wurden auf dem Gelände einer ehemaligen Flakkaserne vor den Toren der Stadt sowie im ehemaligen städtischen Krankenhaus (heutige Universitätsmedizin)[89] konzentriert – das Konzept der Campusuniversität sollte stilbildend für alle nachfolgenden rheinland-pfälzischen Universitätsgründungen werden. Vorbildcharakter hatte auch die Einführung des Studium generale, welches zunächst als akademisches Propädeutikum geplant war, sich aber sehr rasch zu einem dem interdisziplinären Austausch verpflichteten Angebot für alle Studierenden, Universitätsangehörigen und Interessierten ausweitete.

In den nächsten Monaten kam es unter der Ägide Schmittleins und seiner Vertreterin Irène Giron[90] noch zu zwei weiteren Universitätsgründungen links des Rheins: Den Anfang machte im Wintersemester 1946/47 die Hochschule für Dolmetscher und Übersetzer in Germersheim,[91] ehe Ende Mai die »École Supérieure d'Administration«/ Höhere Verwaltungsakademie (heute: Deutsche Hochschule für Verwaltungswissenschaften (DHV)) in Speyer ihre Tore öffnete.[92] Mit diesen beiden Einrichtungen sollten ganz bewusst neue Wege bei der Ausbildung des Verwaltungsnachwuchses beschritten werden. Erklärtes Ziel Schmittleins war es, diese Einrichtungen allen Bewerbern zu öffnen und auf diese Weise das Juristenmonopol in der Verwaltung zu brechen.[93] Nach dem Übergang der Kulturhoheit an die Länder gab es deshalb auf deutscher Seite Überlegungen, die Hochschulen in Speyer und Germersheim wieder aufzulösen.[94] Die Regierung Altmeier nahm davon schließlich Abstand – allerdings um den Preis, dass der eigentliche Charakter dieser neuen Sonderausbildungswege verloren ging und man diese beiden Bildungsangebote wieder in das bestehende System einpasste: Die Dolmetscherhochschule wurde der Mainzer Universität angegliedert,[95] während die Verwaltungshochschule in die juristische Referendarsausbildung integriert wurde. Zudem gelang es Rheinland-Pfalz die Verwaltungshochschule in die gemeinsame Trägerschaft von Bund und Ländern zu überführen. Als erstes Land trat Bayern dem Staatsvertrag bei, das Saarland schon vor seiner offiziellen Zugehörigkeit zur Bundesrepublik, nach der Wiedervereinigung folgten auch alle neuen Bundesländer diesem Beispiel.[96]

Vom bildungspolitischen Aufbruch der 1960er Jahre profitierte auch die rheinland-pfälzische Hochschullandschaft. Schon in seiner ersten Regierungserklärung im Mai 1969 bekundete Ministerpräsident Kohl die Absicht, eine zweite Landesuniversität zu errichten.[97] Um einen regionalen Proporz bemüht, brachte Kultusminister Bernhard Vogel den Gedanken einer Doppeluniversität nach französischem Vorbild (Tours und Orléans) auf. Bereits zum Wintersemester 1970/71 nahm die Universität Trier-Kaiserslautern den Betrieb auf, 1975 erfolgte die Aufspaltung in zwei eigenständige Hochschulen. Der Schwerpunkt des Lehrangebots am pfälzischen Universitätsstandort lag von Anfang an bei den Natur- und Ingenieurwissenschaften, während die Geisteswissenschaften in Trier angesiedelt wurden. Diese Aufteilung kam nicht von ungefähr: In der Moselmetropole existierte seit 1950 die aus der Hochschule des Bischöflichen Priesterseminars hervorgegangene Theologische Fakultät Trier. Durch einen bereits 1970 geschlossenen Kooperationsvertrag sind Fakultät und Universität eng miteinander verbunden.[98] Ähnlich wie in Mainz bildet somit auch in Trier die Ausbildung des Diözesanklerus am Priesterseminar die Klammer zwischen alter und neuer Universität. Allerdings ging man in Trier nicht so weit dieser Kontinuität auch rechtlich Ausdruck zu verleihen, während der Gründungsakt der Johannes Gutenberg-Universität ganz offiziell als »Wiedereröffnung« deklariert worden war. 1977 konnte daher in Mainz

Besuch der neuen Universität in Kaiserslautern durch das Landeskabinett am 9. Dezember 1970 (Landeshauptarchiv Koblenz)

Eröffnungsrede von Kultusministerin Hanna-Renate Laurien in einer gemeinsamen Sitzung von Landtag, Landesregierung und Senat der Mainzer Universität im Plenarssal des Landtags anlässlich der Festlichkeiten zum 500-jährigen Bestehen der Universität Mainz, Juni 1977 (Landeshauptarchiv Koblenz)

das 500-jährige Universitätsjubiläum u.a. mit einer großen Feier auf dem Platz vor dem Dom und einer Sondermarke der Deutschen Bundespost begangen werden.

Damit ging im Übrigen ein unruhiges Jahrzehnt für die rheinland-pfälzischen Hochschulen zu Ende.[99] Wenn auch Rheinland-Pfalz mit seiner zu dieser Zeit überschaubaren Hochschullandschaft, gleichwohl geografischen Nähe zum »68er-Zentrum« Frankfurt, nicht so sehr im Fokus der Studentenproteste stand, gab es dennoch eine Reihe von Protestaktionen. So ist etwa die Sitzblockade vor der Mainzer Universität mit abschließender Kundgebung in der Mainzer Innenstadt am Tag der 3. Lesung der Notstandsgesetze im Deutschen Bundestag (27. Mai 1968) noch in vielfacher Erinnerung. Während solche Proteste moderater ausfielen als andernorts, gewann der Teil der Protestbewegung, der vor allem auf die Verbesserung der Studienbedingungen vor Ort und eine grundlegende Hochschulreform abzielte, in unserem Raum deutlich an Zulauf. Themen wie die Abschaffung des konfessionellen Schulwesens oder die Reform der Ingenieursausbildung waren nicht nur innerhalb der Studentenschaft konsensfähig, sondern stießen auch bei den Hochschulleitungen und der veröffentlichten Meinung auf Akzeptanz.

Als die Regierung Kohl mit der Umsetzung ihrer bildungspolitischen Reformvorschläge begann, ebbten aber diese Proteste ab. Das rheinland-pfälzische Hochschulgesetz in seinen Fassungen von 1970 und 1976 bedeutete das Ende der althergebrachten »Ordinarienuniversität«: Die Gliederung in Fakultäten wurde zugunsten einer Neugliederung in Fachbereiche aufgegeben und eine abgestufte Mitwirkung der universitären Gruppen eingeführt. Der rasante Anstieg der Studierendenzahlen seit dem Beginn der 1970er

Jahre stellte dann die Hochschulleitung vor neue Herausforderungen. Auch aktuell ist Mainz mit rd. 36.000 Studierenden die größte rheinland-pfälzische Universität und gehört damit zu den zehn größten Hochschulen in der Bundesrepublik.[100]

1990 entstand mit der Universität Koblenz-Landau abermals eine Doppeluniversität in Rheinland-Pfalz. Deren Vorläuferinstitution war die 1969 gegründete Erziehungswissenschaftliche Hochschule Rheinland-Pfalz (EWH) mit den Abteilungen Koblenz, Landau und Worms (1978 aufgelöst). Diese hatte ihrerseits die sechs im Land bestehenden konfessionell und nach Geschlecht getrennten Pädagogischen Hochschulen (Kaiserslautern, Koblenz, Landau, Neuwied, Trier und Worms) abgelöst. Dies erklärt auch, warum der Lehrerbildung und den Erziehungswissenschaften im Lehrangebot dieser zu den jüngsten Universitätsgründungen in den alten Bundesländern zählenden Hochschule besonders breiter Raum eingeräumt wird. Keine andere rheinland-pfälzische Universität bietet außer der Universität Koblenz-Landau Lehramtsstudiengänge für alle Schularten an. Zu den weiteren Schwerpunkten des Lehr- und Forschungsangebots gehören die Themenfelder Informatik, Politik und Kommunikation sowie Umwelt.

Im Sommer 2011 wurde zwischen der Universität Koblenz-Landau und der Philosophisch-Theologischen Hochschule Vallendar (PTHV) eine Kooperationsvereinbarung geschlossen. Die Wurzeln dieser wissenschaftlichen Hochschule in freier Trägerschaft reichen bis in das Jahr 1896 zurück, als die Pallotiner in Koblenz-Ehrenbreitstein eine Ausbildungsstätte für Missionare einrichteten. Diese Aufgabe übernahm von 1897 bis 1945 ein Missionshaus in Limburg. Nach dem Zweiten Weltkrieg erfolgte die Verlagerung nach Vallendar. Die Beschränkung des Lehrbetriebs auf den eigenen Ordensnachwuchs wurde in den 1960er Jahren aufgegeben, ehe die Hochschule 1979 die staatliche Anerkennung erlangte.[101]

In Vallendar hat mit der WHU-Otto Beisheim School of Management seit 1988 eine weitere privat finanzierte wissenschaftliche Hochschule ihren Sitz. Die Wirtschaftshochschule war 1984 auf Betreiben der Koblenzer Industrie- und Handelskammer als »Elite-Hochschule zur Vorbereitung von Führungskräftenachwuchs für die Wirtschaft« gegründet und vom rheinland-pfälzischen Kultusministerium anerkannt worden.[102]

Dem Prinzip der Praxisorientierung fühlt sich nicht nur die WHU verpflichtet, sondern auch die rheinland-pfälzischen Fachhochschule(n). 1970 als ein Ergebnis der u. a. durch Georg Pichts und Ralf Dahrendorfs Veröffentlichungen ausgelösten Diskussion über das bundesdeutsche Bildungswesen entstanden, sollte die Fachhochschule mit ihren zunächst sieben Abteilungen (Bingen, Kaiserslautern, Koblenz, Mainz I und II, Ludwigshafen/Worms, Trier) an zehn Standorten zur Verwissenschaftlichung der beruflichen Bildung beitragen. Die Fachhochschule führte die Arbeit der Staatlichen Ingenieurschulen, der Werkkunstschulen und der Höheren Wirtschaftsfachschulen fort.[103] 1996 wurden die einzelnen Abteilungen in selbständige Fachhochschulen umgewandelt. Nach dem Vorbild der meisten anderen EWG-Staaten trat die Fachhochschule an die Stelle der Ingenieurschulen und vergleichbarer Ausbildungseinrichtungen (z. B. Höhere Wirtschaftsschule), Voraussetzung für den Besuch einer solchen Fachhochschule wurde die Fachhochschulreife. So entwickelte sich etwa die Fachhochschule Trier aus der Baugewerkeschule und der Werkkunstschule – beides Einrichtungen, die im 19. Jh. gegründet worden waren. Für die Ausbildung von Landes- bzw. Bundesbeamten wurden weitere

Fachhochschulen eingerichtet: 1976 die Fachhochschule der Deutschen Bundesbank auf Schloss Hachenburg, 1981 die Fachhochschule für öffentliche Verwaltung Rheinland-Pfalz in Mayen (Fachbereich Verwaltung) respektive am Flughafen Hahn (Fachbereich Polizei) sowie die Fachhochschule für Finanzen in Edenkoben. Von den beiden 1971/72 entstandenen Fachhochschulen in kirchlicher Trägerschaft existiert nur noch die Katholische Fachhochschule in Mainz [Gründung 1972, Träger: [Erz-]Diözesen Köln, Limburg, Mainz, Speyer und Trier]. Die aus der Evangelischen Schule für kirchlichen und sozialen Dienst hervorgegangene Evangelische Fachhochschule ist 2008 mit der staatlichen Fachhochschule Ludwigshafen fusioniert worden.

Die beständig steigenden Studierendenzahlen (WS 2010/11: 113.069)[104] und die Umsetzung des Bologna-Prozesses stellen die rheinland-pfälzischen Hochschulen vor neue Herausforderungen. Durch die Einführung eines Studienkontenmodells zum Wintersemester 2004/05 konnte im Gegensatz zu vielen anderen Bundesländern ein kostenfreies Erststudium an den staatlichen rheinland-pfälzischen Hochschulen ermöglicht werden. Eine stärkere Ausdifferenzierung der Studienangebote, wie z. B. des Diplomstudiengangs »Marketing Ostasien« an der Fachhochschule Ludwigshafen, Computervisualistik an der Universität Koblenz-Landau oder der Errichtung der bundesweit ersten pflegewissenschaftlichen Fakultät an der PTHV im Jahr 2007, und die Kooperation mit anderen Studien- und Forschungseinrichtungen, wie etwa die Science Alliance Kaiserslautern e.V., tragen dazu bei, dass die rheinland-pfälzischen Hochschulen ihren Platz in der bundesdeutschen Forschungslandschaft behaupten können.

Vielfältig sind die Wissenschaftseinrichtungen in Mainz, unter denen eine Reihe von Forschungsinstituten herausragt: so etwa das erste deutsche Helmholtz-Institut oder das Institut für Europäische Geschichte (1950 aus den von Raymond Schmittlein initiierten internationalen Speyerer Historikertreffen hervorgegangen).[105] Besondere Bedeutung hat zudem die Akademie der Wissenschaften und der Literatur Mainz, eine am 9. Juli 1949 in Worms ins Leben gerufene Einrichtung, die von Alfred Döblin angeregt und von in den Westen übergesiedelten Wissenschaftlern der Preußischen Akademie der Wissenschaften und der Preußischen Akademie der Künste unterstützt wurde. Alle diese Institute haben sich 2008 mit den Hochschulen, den Max-Planck-Instituten und den forschenden Unternehmen der Region zur Mainzer Wissenschaftsallianz zusammengeschlossen. Diese Allianz hatte maßgeblichen Anteil daran, dass der Stifterverband für die deutsche Wissenschaft die rheinland-pfälzische Landeshauptstadt zur Stadt der Wissenschaften 2011 bestimmte. Die Aufnahme des Instituts für Europäische Geschichte zum Jahr 2012 in die Wissenschaftsgemeinschaft Gottfried Wilhelm Leibniz (WGL), ein Zusammenschluss führender außeruniversitärer Forschungsinstitute und Serviceeinrichtungen, ist ein weiterer Beleg für die Attraktivität der rheinland-pfälzischen Hochschul- und Wissenschaftslandschaft, die innerhalb nur weniger Jahrzehnte mitten im Herzen Europas entstanden ist. Nicht ohne Grund hat daher auch die Europäische Rechtsakademie, zu deren Stiftern mittlerweile 23 EU-Staaten gehören, ihren Sitz in Trier.

3. Museen, Bibliotheken, Archive[106]

Museen Als eine der wichtigsten Wurzeln der heutigen Museumslandschaft[107] in Deutschland gelten die Kunst- und Wunderkammern des 16. und 17. Jhs., wie sie etwa auf Burg Eltz zu finden ist.[108] Allerdings waren solche Sammlungen der Öffentlichkeit im Allgemeinen nicht zugänglich. Dagegen hatten die in den Domschatzkammern verwahrten kirchlichen Kunstschätze ihren festen Platz im liturgischen Leben. Der überaus bedeutsame Mainzer Kirchenschatz wurde jedoch unter dem letzten Mainzer Erzbischof Karl Theodor von Dalberg verkauft respektive eingeschmolzen. Restbestände des alten Mainzer Domschatzes finden sich heute im Speyerer Domschatz, der seinerseits seine ältesten Stücke durch die Säkularisation verloren hat. Dagegen wurde das wertvollste Stück der Trierer Domschatzkammer – der »Heilige Rock« – vor den Franzosen zunächst auf die Festung Ehrenbreitstein, von dort über Würzburg, Bamberg und Böhmen nach Augsburg in Sicherheit gebracht. Im Gepäck der Adeligen, die ebenso wie die Kurfürsten rechts des Rheins Zuflucht vor den herannahenden Revolutionstruppen suchten, wurden zahlreiche Gemälde, Münzen und andere Kunstgüter außer Landes gebracht. Vielfach kehrten diese geflüchteten Objekte nicht mehr an ihren angestammten Platz zurück.[109]

Das Ende des Ancien Régime markiert auch im Museumswesen einen deutlichen Funktionswandel: War zuvor der Zugang zu den Kunst- und Wunderkammern im Allgemeinen dem Adel vorbehalten, so wurde dieser Anspruch auf Exklusivität zugunsten des Konzepts, das Museum als eine allgemein zugängliche Bildungsstätte aufzufassen, aufgegeben. So verdankt die Stadt Mainz eines ihrer wichtigsten Museen einer »Schenkung Napoleons«: Auf Befehl des französischen Innenministers Jean-Antoine Chaptal erhielt Mainz, wie weitere 14 Departement-Hauptstädte, 1803 ein Konvolut jener Kunstwerke, welche die französischen Kunstkommissare während der napoleonischen Eroberungsfeldzüge beschlagnahmt hatten.[110] Mainz sollte so zum »kulturellen Vorposten der französischen Republik« werden.[111] An dieses Legat war die Bedingung geknüpft, die Bilder öffentlich auszustellen, um so die Kunstproduktion vor Ort zu befördern. Hierdurch wurden diese Stücke zu Museumsobjekten und gingen so ihres ursprünglichen Kontextes verlustig. Dieser Funktionswandel wird insbesondere bei der Umwidmung von religiösen Kunstwerken zu Museumsgut deutlich.[112]

Die 36 Gemälde, die nach einem schwierigen und kostspieligen Transport (eine der Transportkisten musste aus der Mosel gefischt werden) an den Rhein gelangt waren, bildeten den Grundstock der städtischen Gemäldegalerie (heute: Landesmuseum Mainz), die damit zu den ältesten Museen Deutschlands gehört.[113] Die Stadt selbst steuerte Kunstwerke aus säkularisiertem Kirchengut bei. Dank der Stiftungen Mainzer Bürger und der Zusammenlegung mit dem städtischen Kupferstichkabinett wuchs die Sammlung so schnell, dass mit dem ehemaligen kurfürstlichen Marstall 1937 bereits das vierte Domizil der Galerie bezogen wurde. Im Gegensatz zu den Räumlichkeiten des Museums entgingen die ausgelagerten Museumsbestände größtenteils der Zerstörung im Zweiten Weltkrieg. Eine weitere Aufwertung und Neuakzentuierung erfuhr die Sammlung in der Nachkriegszeit durch Schenkungen seitens der französischen Militärregierung, da auch die Museen fester Bestandteil des bildungs- und kulturpolitischen

Konzepts der französischen Militärregierung zur Umerziehung der deutschen Zivilbevölkerung waren.[114]

Kehren wir zurück an die Wende vom 18. zum 19. Jh.: Der gesellschaftliche Umbruch jener Jahre blieb nicht ohne Auswirkungen auf Kunstproduktion und -besitz. Nach adligem Vorbild begann das aufstrebende Bürgertum nun seinerseits Kunstwerke und Artefakte zu sammeln.[115] Doch nicht nur einzelne Persönlichkeiten traten als Kunstmäzene hervor, sondern es formierten sich auch zahlreiche Kunst- und Altertumsvereine, die im Laufe der Jahre mitunter sehr umfangreiche und qualitativ hochwertige Sammlungen aufbauten. Häufig existierten solche Sammlungen über lange Zeit parallel zu den kommunalen Museen, mitunter mit diesen unter einem Dach vereint, aber rechtlich selbstständig. Um eine adäquate Präsentation und fachliche Betreuung dieser Bestände zu ermöglichen, kam es seit dem ausgehenden 19. Jh. vielerorts zu einer Übernahme dieser Sammlungen durch die Kommune. In Koblenz wurden etwa 1921 die Bestände des 1883 gegründeten Museumsvereins mit der städtischen Gemäldegalerie vereinigt, ein Schritt, den bereits 1910 der Mainzer Altertumsverein sowie die Rheinische Naturforschende Gesellschaft[116] getan hatten, als sie ihre umfangreichen Sammlungen der Stadt Mainz übergaben.

Mit einem Legat eines bürgerlichen Privatsammlers nahm die Geschichte des heutigen Mittelrhein-Museums Koblenz ihren Anfang: Pastor Joseph Gregor Lang – Priester, Schriftsteller und Pädagoge in einer Person – vermachte seine beachtliche Sammlung testamentarisch seiner Heimatstadt.[117] Allerdings war die Schenkung an die Bedingung geknüpft, diese »in einem dazu geeigneten, von der Stadtverwaltung unentgeltlich zu beschaffenden Lokal zum Unterricht angehender Künstler sowie zum Vergnügen des Publikums aufzubewahren«.[118] Männern wie Pastor Lang, Joseph Benzino, Wilhelm Hack, Theodor Zink oder Ehepaaren wie Cornelius Wilhelm und Sophie von Heyl oder Irene und Peter Ludwig verdanken viele Museen in unserer Region wenn nicht immer ihre Existenz, so doch bedeutende Teile ihrer Sammlungen.

Als Reflex auf die gescheiterte Revolution von 1848 entstanden in Deutschland mehrere historische Museen mit der Intention, am Gedanken der Einheit des deutschen Kulturraums zumindest auf diese Weise festzuhalten. So fiel 1852 auf der Versammlung »deutscher Geschichts- und Alterthumsforscher« in Dresden nicht nur die Entscheidung für die Gründung eines »Germanischen Museums« in Nürnberg (heute: Germanisches Nationalmuseum), sondern auch für die Errichtung eines »Centralmuseums für römische und germanische Altertümer« in Mainz. Das Zentralmuseum zählt damit zu den ältesten archäologischen Museen Deutschlands.[119]

Die archäologische Sammlung einer der ältesten wissenschaftlichen Vereinigungen in Deutschland, der 1801 von 15 Trierer Bürgern gegründeten »Gesellschaft für nützliche Forschungen«, bildete den Grundstock des 1877 eröffneten Trierer Provinzialmuseums (heute: Landesmuseum Trier). Dieses Museum war eines von zwei Provinzialmuseen in der preußischen Rheinprovinz, deren Errichtung der Preußische Landtag 1874 beschlossen hatte. Während sich der Zuständigkeitsbereich des Provinzialmuseums in Bonn auf die Regierungsbezirke Aachen, Düsseldorf, Köln und Koblenz erstreckte, ließ die Fülle der Denkmäler und Funde im Moselraum eine Konzentration des Sammlungsauftrags auf den Regierungsbezirk Trier geboten erscheinen. Zeitgleich mit der Eröffnung des Trierer Museums setzte eine systematische Grabungstätigkeit ein, die so erfolgreich war, dass schon 1879 der Antrag auf Errichtung eines Museumsneubaus gestellt werden musste.[120]

So wie das Trierer Provinzialmuseum anfänglich im Friedrich-Wilhelm-Gymnasium untergebracht gewesen war, fand auch das 1869 vom Historischen Verein der Pfalz gegründete Historische Museum der Pfalz seinen Platz zunächst im Speyerer Realgymnasium, was typisch für die enge Verknüpfung von Museum und Bildungsauftrag in der öffentlichen Meinung war. Diese pädagogischen Konzepte zielten sowohl auf die Beförderung der regionalen Identität als auch des Nationalstolzes ab. Zeittypisch war auch die Konzeption des Historischen Museums als Mehrspartenhaus. Da im Museum neben den Sammlungen des Bayerischen Rheinkreises auch die der Stadt Speyer Eingang gefunden hatten, fehlte sehr bald der Raum, um diese Sammlungen adäquat präsentieren zu können. Der 1910 bezogene Museumsbau am Speyerer Domplatz war eines der letzten Bauvorhaben des bekannten Münchener Architekten Gabriel von Seidl, auf dessen Entwürfe u. a. das Bayerische Nationalmuseum, das Künstlerhaus und die Villen der Künstler Friedrich August von Kaulbach und Franz von Lenbach in München zurückgehen.

Historisches Museum Speyer: Saal der deutschen Kaiserzeit, vor 1914 (Historisches Museum der Pfalz Speyer)

Mit den (Kunst-)Gewerbemuseen etablierte sich in der Mitte des 19. Jhs. ein neuer Museumstyp, der sich den Bedürfnissen von Handwerk und industriellem Gewerbe verpflichtet fühlte. Daher wurden dem 1874 in Kaiserslautern gegründeten Kunstgewerbemuseum auch eine Bibliothek und eine Gewerbeschule angegliedert.[121] Seit der Übereignung der Gemäldesammlung des aus Landstuhl gebürtigen königlich-bayerischen Hofrats Joseph Benzino veränderte sich das Sammlungsprofil des Kaiserslauterer Museums von Grund auf.[122] Das Gewerbemuseum entwickelte sich immer mehr in Richtung einer Gemäldegalerie, so dass sich die heutige Pfalzgalerie (seit 1927 in Trägerschaft des Kreistags respektive Bezirkverbands der Pfalz) vor allem der Pflege und Präsentation von Plastik, Malerei und Grafik verpflichtet fühlt. Die Wurzeln des 1973 eröffneten »Deutschen Edelsteinmuseums« reichen ebenfalls bis in das 19. Jh. zurück, als der oldenburgische Gewerberat 1859 eine Verkaufsausstellung für Industrieprodukte in Idar initiierte. Mit dem Bezug der »Neuen Gewerbehalle« 1897 wandelte sich der Charakter dieser Präsentation hin zu einer reinen, nichtkommerziellen Leistungsschau.

Die Geschichte der meisten großen Museen in Deutschland lässt sich bis in das 19. Jh. zurückverfolgen, so auch im Gebiet des heutigen Rheinland-Pfalz. Mit dem Ersten Weltkrieg endete diese erste Phase der Museumsgründungen. Es passt daher ins Bild, dass sich im Jahr 1900 Mainzer Bürger zusammentaten, um anlässlich des 500. Geburtstags von Johannes Gutenberg ein Weltmuseum der Druckkunst in der Domstadt einzurichten. Das Museum befand sich zunächst unter einem Dach mit der Stadtbibliothek, ehe es 1933 endlich eigene Räumlichkeiten beziehen konnte.[123]

Typisch für das 20. Jh. ist eine sehr viel stärkere Ausdifferenzierung der Museumslandschaft, so auch in unserem Untersuchungsraum. Es entstanden nur noch an sehr wenigen Orten Groß- oder Mehrspartenmuseen, so etwa das primär technisch ausgerichtete Landesmuseum in Koblenz (Gründung: 1954). Dafür traten in der Fläche neben die großen Kultureinrichtungen zahlreiche mittlere und kleinere Häuser, die nahezu alle Museumssparten repräsentieren:[124]

- Museen mit volkskundlichem, heimatkundlichem oder regionalgeschichtlichem Sammlungsschwerpunkt [Stadtmuseum in Zweibrücken (1926), Roentgen-Museum Neuwied (Kreismuseum Neuwied, 1928), Hunsrückmuseum in Simmern (1921), Rheinland-Pfälzisches Freilichtmuseum Bad Sobernheim (1972), Volkskunde- und Freilichtmuseum Roscheider Hof in Konz (1976) u. a.],
- Kunstmuseen [z. B. Wilhelm-Hack-Museum (1979), Ludwig Museum Koblenz (1992)] und kirchliche Museen [(z. B. Dom- und Diözesanmuseum Mainz (1925)],
- Schloss- und Burgmuseen (z. B. Marksburg, Trifels, Stolzenfels, Bürresheim),
- naturkundliche Museen [Pfalzmuseum für Naturkunde-Pollichia-Museum (1983), Vulkanmuseum »Lava-Dome« in Mendig (2005) u. a.],
- naturwissenschaftliche und technische Museen [z. B. Technik Museum in Speyer (1991), Rheinisches Eisenkunstguss-Museum in Bendorf-Sayn (2000)],
- historische und archäologische Museen [Pellenz-Museum in Nickenich (1981), Museum bei der Kaiserpfalz Ingelheim (1999) u. a.],
- kulturgeschichtliche Spezialmuseen [z. B. Keramikmuseum Westerwald in Höhr-Grenzhausen, Deutsches Schuhmuseum in Hauenstein, Westpfälzer Musikantenmuseum Mackenbach, orgel ART museum Rhein-Nahe in Windesheim, Auswanderer-Museum Oberalben].

Jüngeren Datums sind zeitgeschichtlich orientierte Einrichtungen wie das NS-Dokumentationszentrum in der Gedenkstätte KZ Osthofen (seit 1994), das Westwallmuseum Bad Bergzabern (seit 1998) oder das Ramsteiner »Dokumentations- und Ausstellungszentrum zur Geschichte der US-Amerikaner in Rheinland-Pfalz« (gegr. 2007). Hinzu kommen weitere Gedenkstätten im Land, wie das Hambacher Schloss, das Blücher-Museum in Kaub, das Karl-Marx-Haus in Trier oder das Ernst-Bloch-Zentrum in Ludwigshafen – alles Einrichtungen, die sich die museale Aufbereitung der Erinnerung an Ereignisse, Entwicklungen und Persönlichkeiten aus unserer Region zum Ziel gesetzt haben.

Die politischen Entwicklungen des 20. Jhs. machten auch an den Toren der Museen nicht halt. Wie in allen anderen Lebensbereichen sahen sich auch die Museen einer Inanspruchnahme durch die nationalsozialistische Ideologie ausgesetzt. So forderte die Pfälzische Gesellschaft zur Förderung der Wissenschaften die Errichtung einer Abteilung für Rassenkunde im Historischen Museum der Pfalz.[125] Der Direktor des Mainzer Naturhistorischen Museums war u. a. Mitglied der »Nationalsozialistischen Kommission für rheinische Volksbodenforschung«.[126] In Mainz hatten die Nationalsozialisten bereits

1933 die Schließung des erst wenige Jahre zuvor bei der Hauptsynagoge eröffneten »Museums jüdischer Altertümer« verfügt.[127] Nur ein Teil der Sammlung konnte vor den Exzessen der Reichspogromnacht gerettet werden. Die Beschlagnahmungen im Rahmen der 1937 einsetzenden Aktion »Entartete Kunst« hinterließen ebenfalls tiefe Spuren in den Kunstsammlungen: Die Gemäldegalerie Mainz verlor etwa Arbeiten von Dix, Klee und Marc, das Gewerbemuseum Kaiserslautern Werke von Feininger, Pechstein und anderen von den Nationalsozialisten geächteten Künstlern.[128]

Die Kriegsjahre blieben nicht ohne Folgen für die Museumslandschaft zwischen Eifel und Pfälzerwald. Als Zweibrücken 1945 in Schutt und Asche versank, war auch das Schicksal des Stadtmuseums und seiner Sammlung besiegelt. Das Historische Museum der Pfalz verlor den wertvollsten Teil seiner nach Germersheim ausgelagerten Sammlungen durch Diebstahl.[129] Das Koblenzer Mittelrhein-Museum hatte ebenfalls den Verlust bedeutender Kunstobjekte durch Bombardements und Diebstähle zu beklagen.

Die Beseitigung der Kriegsschäden nahm gut mehr als zwei Jahrzehnte in Anspruch. Man schrieb bereits das Jahr 1962, als anlässlich der 2000-Jahr-Feier der Stadt Mainz der neu gestaltete Museumskomplex von Gemäldegalerie und Altertumsmuseum in der Golden-Ross-Kaserne, das Naturhistorische Museum sowie das Gutenberg-Museum feierlich wiedereröffnet wurden.

Ist im »Museumsführer Rheinland-Pfalz« aus dem Jahre 1984 noch von »rund 220« Museen die Rede, so versteht sich der 1992 gegründete Museumsverband Rheinland-Pfalz heute als Interessenvertretung von mehr als 430 rheinland-pfälzischen Museen und Gedenkstätten.[130] Setzt man diese Zahl in Relation zu den Angaben für große Flächenländer wie etwa Bayern oder Baden-Württemberg (Museumsbericht 2004: Baden-Württemberg 1.032; Bayern: 1.082; Rheinland-Pfalz: 383), so wird die Dichte der rheinland-pfälzischen Museumslandschaft rasch deutlich.[131] Hingegen ist die Zahl der Museumsbesucher laut dem von Institut für Museumskunde und dem Statistischen Bundesamt erarbeiteten Museumsbericht 2004 im Zeitraum zwischen 1990 und 2002 leicht rückläufig. Ein Ende des Museumsbooms ist gleichwohl nicht abzusehen, denn jedes Jahr öffnen weitere Häuser ihre Pforten, wie z. B. 2010 das Steinskulpturenmuseum in Bad Münster und das Jüdische Museum SchPIRA in Speyer.[132] Die Vielfalt der Präsentationsformen wächst stetig: Bestes Beispiel ist dafür das Ende 2009 frei geschaltete online-Migrationsmuseum »Lebenswege«.[133]

Nicht jeder Eröffnung wird allerdings eine so große öffentliche Aufmerksamkeit zuteil wie der des vom amerikanischen Architekten Richard Meier entworfenen Arp Museums oberhalb des Bahnhofs Rolandseck. Die meisten Besuche verzeichnen allerdings nicht die Museen in staatlicher, sondern die in kommunaler oder privater Trägerschaft (Vereine, Gesellschaften oder Genossenschaften).[134] Das museale Angebot in Rheinland-Pfalz (vor allem im volks- und heimatkundlichen Bereich) wird größtenteils von freien und ehrenamtlichen Kräften getragen. So konnte etwa die Dokumentationsstätte Regierungsbunker Bad Neuenahr-Ahrweiler 2006 nur eröffnet werden, weil der örtliche Heimatverein anstelle der Kommune die Trägerschaft des neuen Museums übernahm. Kein anderes Bundesland hat einen höheren Anteil ehrenamtlich geleiteter Museen (2002: 61,4 %).[135] Hier begegnet uns wieder eine der Grundkonstanten der Museumsgeschichte unseres Raumes: Nur dank des vielfältigen Engagements Einzelner oder ganzer Gruppen sind in den letzten zwei Jahrhunderten Aufbau, Unterhalt und Weiterentwicklung eines breit gefächerten Angebots an Sammlungen und Museen möglich gewesen – ein Angebot, das aus dem kulturellen Leben unseres Landes nicht mehr wegzudenken ist.

Bibliotheken

Betrachtet man die Bibliothekslandschaft[136] des ausgehenden Alten Reiches, so dominierten Kloster- und Stiftsbibliotheken, Gelehrten-, Verwaltungs- und Hofbibliotheken. Im Zeitalter der Aufklärung öffneten die Kurfürsterzbischöfe die Universitätsbibliotheken in Mainz und Trier für das Publikum.[137] Der letzte Trierer Kurfürst Clemens Wenzeslaus ließ zu Beginn der 1780er Jahre in Koblenz eine öffentliche Bibliothek errichten, die jedoch schon während der französischen Herrschaft verloren ging.[138] In dieser Zeit schlossen sich in Mainz, Trier und Koblenz Vertreter des Bildungsbürgertums zu Lesegesellschaften zusammen.[139] Infolge der Aufhebung der Klöster und Stifte sowie der Schließung der beiden Landesuniversitäten waren ausgangs des 18. Jhs. große Bücherbestände ihrer Zweckbestimmung beraubt und drohten in alle Winde zerstreut zu werden. Alleine in Mainz waren dies mehr als 50.000 Bände, denn dort waren bereits in kurfürstlicher Zeit die Büchersammlungen der Jesuiten und der Kartause der Universitätsbibliothek eingegliedert worden. Nachdem die Franzosen die Herrschaft an Rhein und Mosel übernommen hatten, wurden die Bestände der einstigen Universitätsbibliotheken von den Zentral- bzw. Sekundärschulen beansprucht.[140] In Trier etwa kümmerte sich der Direktor der Sekundärschule Johann Hugo Wyttenbach persönlich um die Bibliothek. 1803 verfügte die französische Regierung die Übernahme dieser Bibliotheken durch die Kommunen. Diese hatten sowohl für die Unterbringung der Bibliothek als auch die Bestellung eines Bibliothekars zu sorgen. Ein wesentlicher Grund für die Neuorganisation des Bibliothekswesens dürfte die große Anzahl von Werken aus den aufgelösten Klöstern und Stiften,[141] unter denen sich auch eine große Zahl an Handschriften und Frühdrucken befanden, gewesen sein, die nun der Unterbringung und vor allem der Katalogisierung bedurften. Wie umfangreich die Bestände trotz aller Entfremdungen von Bibliotheksgut durch Übergriffe der Revolutionsarmee bzw. Abgaben an die französische Nationalbibliothek waren, erweist ein Blick in das Antwortschreiben Wyttenbachs vom Dezember 1812 auf eine Umfrage des französischen Innenministeriums zu den Bibliotheken in den einzelnen Departements. Wyttenbachs Aufstellung zufolge wies der Bestand der Trierer Stadtbibliothek in den Gebieten Theologie und Geschichte zu diesem Zeitpunkt nahezu 37.000 bzw. 11.000 Bände auf, gefolgt von 6.900 Titeln aus dem Bereich Gesetzgebung. An den Bestand der Mainzer Bibliothek, seit Spätsommer 1805 ebenfalls unter städtischer Obhut, reichte die Trierer Bibliothek allerdings mit ihren knapp 71.000 Bänden nicht heran. Mit nahezu 86.000 Werken konnte die Mainzer Stadtbibliothek den Rang als die fünftgrößte Bibliothek Frankreichs für sich beanspruchen.

In der Pfalz entstand dagegen zunächst keine vergleichbare, öffentliche wissenschaftliche Bibliothek. Die wertvolle Büchersammlung der Herzöge von Pfalz-Birkenfeld-Zweibrücken sowie die Gebrauchsbibliothek der fürstlichen Rentkammer entgingen der Beschlagnahmung durch die Franzosen nur, weil der Direktor des ehemaligen Fürstlichen Gymnasiums sie als Eigentum der Schule deklarierte. Nach dem Übergang Zweibrückens an das Königreich Bayern wurde die seit 1806 de facto bestehende Vereinigung der Fürsten- mit der Schulbibliothek 1816 auch rechtlich nachvollzogen.[142] Erst 1988 wurde aus der Bibliotheca Bipontina in Zweibrücken eine Einrichtung des Landes Rheinland-Pfalz. Die »Lyceal-Bibliothek« am humanistischen Gymnasium in Speyer erlangte zwar 1840 von der bayerischen Regierung das Pflichtexemplarrecht, ihr Wirkungsradius blieb aber aufgrund des Fehlens von hauptamtlichem Bibliothekspersonal beschränkt.

Schulbibliotheken waren in vielen Fällen Kristallisationspunkte für die Errichtung respektive Unterhaltung einer öffentlichen Bibliothek. So ordnete die Koblenzer Stadtverwaltung 1843 die Zusammenlegung der erst vor wenigen Jahren ins Leben gerufenen Stadtbibliothek mit der Gymnasialbibliothek an. Der Gründung der Stadtbibliothek war ein Aufruf des Oberbürgermeisters an die Koblenzer Bürgerschaft mit der Bitte um Bücherspenden vorausgegangen. Unter den Spendern finden sich bekannte Namen: Pastor Joseph Gregor Lang, der mit seiner Bildersammlung überdies die Grundlage für die Entstehung der städtischen Gemäldegalerie, des heutigen Mittelrhein-Museums, schuf, aber auch die gebürtigen Koblenzer Joseph Görres und Clemens Brentano.

Im 19. Jh. wuchs die Zahl der wissenschaftlichen Bibliotheken sprunghaft. Häufig waren es Heimat- oder Museumsvereine, die Literatur zu Geschichte, Landes- und Naturkunde, aber auch Fachliteratur aus den Bereichen Handwerk und Gewerbe sammelten, wie etwa der 1856 ins Leben gerufene Antiquarisch-Historische Verein für Nahe und Hunsrück oder der 1874 gegründete Verein zur Gründung eines pfälzischen Gewerbemuseums. Solche Bibliotheken spiegeln deutlich die Sammlungsschwerpunkte des Vereins in seiner Gesamtheit, aber auch die Interessengebiete einzelner Mitglieder wider, die ihre Privatbibliotheken und -sammlungen dem Verein stifteten. Allerdings war es für nahezu alle Bibliotheken schwierig, diese Sammlungen fortzuführen, da sie nur in den seltensten Fällen über einen festen Erwerbungsetat verfügten – ganz zu schweigen von hauptamtlichen Fachpersonal und eigenen Räumlichkeiten. Mitunter waren solche Bibliotheken in den Privathäusern der Vorstandsmitglieder, in günstigeren Fällen im Museum oder einem Schulgebäude untergebracht. Die Zugänglichkeit solcher Spezialbibliotheken war unterschiedlich geregelt; während etwa die Pfalzbibliothek in Kaiserslautern von Anbeginn an der Öffentlichkeit zugänglich war, standen andere Bücherbestände nur den jeweiligen Vereinsmitgliedern zur Verfügung.

Stadtbibliothek Koblenz, im Vordergrund deren Leiter Dr. Hans Bellinghausen, 1938 (Stadtarchiv Koblenz)

Seit der Mitte des 19. Jhs. lässt sich ein stetig steigendes Bedürfnis nach literarischen Erzeugnissen jeglicher Art feststellen. Der Buchhandel und gewerbliche Leihbüchereien profitierten von diesem »Leseboom«. Die nicht-kommerzielle Versorgung breiter Bevölkerungsschichten mit Literatur war dagegen der Auftrag der so genannten Volksbüchereien. Die Gründung solcher dem Gedanken der Volksbildung verpflichteten Einrichtungen erfolgte zumeist auf private Initiative. Es waren vor allem kirchliche Vereine, wie etwa der 1845 in Bonn gegründete Borromäusverein, Arbeiterbildungsvereine bzw. bürgerlich-liberale Volksbildungsvereine, die solche Volksbüchereien oder Lesehallen ins Leben riefen, so etwa 1870 in Neustadt, 1903 in Zweibrücken und 1911 in (Mainz) Weisenau. Auch

Unternehmen wie die BASF (1901) richteten für die Arbeiter Werksbüchereien ein. In vielen Fällen übernahmen Städte und Gemeinden im weiteren Verlauf die auf privater Basis entstandenen Einrichtungen und überführten sie in öffentliche Bibliotheken, so etwa in Worms oder Koblenz, wo 1901 bzw. 1918 die Büchersammlungen des Volksbibliotheksvereins respektive der von der Firma Deinhard gestifteten Volksbücherei und Lesehalle zum Grundstock der kommunalen Volksbücherei wurden.[143] Einer 1909/10 im Auftrag des bayerischen Unterrichtsministeriums durchgeführten Umfrage zufolge gab es zu diesem Zeitpunkt in der Pfalz insgesamt 205 Bibliotheken, darunter 35 Gemeinde- oder Distriktbibliotheken, 86 Pfarr- respektive Büchereien konfessioneller Vereine, 80 Vereinsbüchereien (darunter zahlreiche Arbeiterbildungsvereins- und Gewerkschaftsbibliotheken)[144] und vier Privatbibliotheken.[145]

Nach dem Ersten Weltkrieg lässt sich eine deutliche Intensivierung der kommunalen und staatlichen Bemühungen um das Volksbüchereiwesen beobachten. Der Teilhabe an Bildung wurde in einem demokratisch verfassten Gemeinwesen eine ungleich höhere Bedeutung beigemessen. Außerdem sollte neben den zahlreichen kirchlich geprägten Büchereien ein nichtkonfessionelles Bibliotheksangebot etabliert werden. In den linksrheinischen Gebieten unter französischer Besatzung waren die Regierungen zudem bemüht, den kulturpolitischen Offerten der Franzosen ein eigenständiges, dem »deutschen Charakter« verpflichtetes Programm entgegenzusetzen. So erhielt die Stadt Mainz vom Staatssekretariat für die besetzten Gebiete im Reichsinnenministerium 300.000 Mark zur Förderung der »volkstümlichen Abteilung« der Stadtbibliothek und der Schaffung einer Volkslesehalle.[146] Mit der Gründung der Pfälzischen Landesbibliothek im Februar 1921 erfolgte auch in der Pfalz die längst überfällige Errichtung einer öffentlichen wissenschaftlichen Bibliothek.[147] In diesen zeithistorischen Kontext gehört außerdem die Errichtung der pfälzischen Beratungsstellen in Speyer und Kaiserslautern durch den Pfälzischen Verband für freie Volksbildung (1921) sowie der Staatlichen Volksbüchereistelle für die Regierungsbezirke Köln, Koblenz und Trier durch die preußische Regierung (1923). Eine der Hauptaufgaben der Büchereistellen sollte die Verbesserung der Literaturversorgung im ländlichen Raum sein. Neben zahlreichen neben- oder ehrenamtlich geführten Dorf- und Gemeindebüchereien organisierte seit 1925 die Stadtbibliothek Worms als erste deutsche Bibliothek die Literaturversorgung des Umlands mittels eines Bücherautos.[148]

Unter dem NS-Regime wurden die Volksbüchereistellen und die ihnen angeschlossenen Bibliotheken in einem bis dahin noch nicht gekannten Maß politisch instrumentalisiert. Alle »undeutsche« Literatur, womit insbesondere die Werke jüdischer, pazifistischer oder marxistischer Autoren gemeint waren, sollte durch »nationale Literatur«, wie etwa Hitlers »Mein Kampf« oder Alfred Rosenbergs »Mythus des 20. Jahrhunderts«, ersetzt werden. Vielerorts kam es zu öffentlichen Verbrennungen der ausgesonderten Bücher, so auch in Edenkoben, Bad Kreuznach, Kaiserslautern, Landau, Speyer oder Worms. Dem Direktor der Mainzer Stadtbibliothek Aloys Ruppel gelang es, die gefährdeten Bestände der Stadtbibliothek vor der Vernichtung zu retten, indem er sie mit dem Vermerk »Zur Zeit nicht ausleihbar« versehen und auf dem Dachboden einlagern ließ.[149] So waren es vor allem Bücher aus Privatbesitz, die am 23. Juni 1933 in der Gutenbergstadt von der NS-Studentenschaft öffentlich verbrannt wurden. Die Teile der jüdischen Gemeindebibliotheken, die vor der Vernichtung gerettet werden konnten, befinden sich heute als Depositum der jüdischen Gemeinde Mainz an der Johannes Gutenberg-Universität.[150]

Während die Gemeindebüchereien in den Grenzgebieten zu Frankreich, so auch in den Bezirken Germersheim und Bergzabern, als Elemente des »geistigen deutschen Kulturwall[s]«[151] von den nationalsozialistischen Kräften gezielt gefördert wurden, zog das Verbot der sozialdemokratischen Organisationen auch das Ende der Arbeiterbibliotheken in unserem Raum nach sich. Die kirchlichen, insbesondere die katholischen Bibliotheken konnten sich zwar behaupten, sahen sich aber in ihrer Arbeit immer wieder massiven Behinderungen ausgesetzt: Zunächst wurden die nichtreligiösen Buchbestände der kirchlichen Büchereien der staatlichen Kontrolle unterstellt, im nächsten Schritt wurde Lehrern die nebenamtliche Leitung von konfessionellen Bibliotheken verboten, ehe mit dem 1. Januar 1941 die Ausleihe weltlicher Bücher durch kirchliche Bibliotheken überhaupt untersagt wurde.[152]

Der Zweite Weltkrieg hinterließ auch in den Bibliotheken eine Spur der Verwüstung. Die Schäden an Gebäuden, Katalogen und Sammlungen waren trotz der Auslagerung wertvoller Bibliotheksbestände immens. Der französischen Militärregierung war jedoch daran gelegen, dass die Bibliotheken ihre Tätigkeit wieder aufnahmen und so ihren Beitrag zum Demokratisierungsprozess leisteten. Voraussetzung war allerdings eine »Säuberung« der Büchereibestände von NS-Literatur.[153] Maßgeblichen Anteil an der Reorganisation des öffentlichen Bibliothekswesens in Rheinland-Pfalz hatten die Pfälzische Landesbüchereistelle in Kaiserslautern (seit 1951 Staatliche Büchereistelle für die Pfalz in Neustadt) und die vom Kultusministerium ins Leben gerufene Staatliche Landesfachstelle für Büchereiwesen Rheinland-Pfalz mit Sitz in Koblenz.[154] In Anlehnung an die staatlichen Strukturen gründeten die Kirchen ebenfalls Büchereifachstellen, so etwa 1963 im Bistum Limburg. Im Zuge der Ausdifferenzierung der rheinland-pfälzischen Hochschullandschaft entstanden weitere Bibliotheken. Mit der landesweiten Einführung der Mainzer Studienstufe 1975 ging der Auf- respektive Ausbau der Schulbibliotheken im Gymnasialbereich einher.[155] Ziel der 2004 erfolgten Zusammenlegung der Bibliotheca Bipontina, der Pfälzischen Landesbibliothek[157] (1974 war die Trägerschaft vom Bezirksverband Pfalz auf das Land übergegangen) und der erst 1987 in Koblenz gegründeten Rheinischen Landesbibliothek zum Landesbibliothekszentrum war die Schaffung einer »bibliothekarischen Dienstleistungseinrichtung« und eines »Kompetenzzentrums für alle Fragen der Medien- und Informationsvermittlung«.[158]

Die öffentlichen, kirchlichen[159] und wissenschaftlichen Bibliotheken in Rheinland-Pfalz sind – ungeachtet von Erwerbungsetat, Raum- und Personalausstattung[160] – wichtige und kompetente Ansprechpartner für Fragen der Leseförderung und der Informations- und Medienkompetenz und versuchen durch eine Ausweitung und bessere Vernetzung ihrer Angebote, wie etwa die Erstellung der Rheinland-pfälzischen Bibliographie seit 1991,[161] die Schaffung des Lieferservices LITexpress,[162] des Onleihe-Verbunds Rheinland-Pfalz[163] oder des rheinland-pfälzischen Digitalisierungsportals,[164] die Versorgung der rheinland-pfälzischen Bevölkerung mit Medien und Informationen auch in der Fläche zu gewährleisten. Trotz aller dieser Veränderungen ist für die rheinland-pfälzische Bibliothekslandschaft nach wie vor das große neben- und ehrenamtliche Engagement charakteristisch, denn der aktuellen Deutschen Bibliotheksstatistik zufolge wird nur etwa jede zehnte rheinland-pfälzische Bibliothek hauptamtlich geleitet.[165]

Archive

Ebenso wie die beiden anderen großen Kulturinstitutionen Museum und Bibliothek erfuhren auch die Archive[166] im Zusammenhang mit den Umwälzungen der Französischen Revolution eine grundlegende Neubestimmung ihres Auftrags, was u. a. in dem von der französischen Nationalversammlung verabschiedeten Archivgesetz von 1794 zum Ausdruck kommt.[167] Zuvor waren Akten, Urkunden und Amtsbücher primär wegen ihres Beweiswerts in den Registraturen aufbewahrt worden. Da mit der Zerschlagung der alten Verwaltungsstrukturen große Mengen an Schriftgut herrenlos und damit auch scheinbar funktionslos wurden, waren sie vielfach einer willkürlichen Vernichtung preisgegeben. So stellte sich auch 1798 die Situation nach dem Anfall der linksrheinischen Gebiete an Frankreich dar.[168] Nach dem Vertrag von Lunéville 1801 entstanden am Sitz der Präfekten Departementalarchive, die primär für die Übernahme der Altregistraturen der Präfektur und der übrigen Verwaltungseinrichtungen (mit Ausnahme der Justiz) im Department zuständig waren – so in Trier (Saar-Departement), Koblenz (Rhein-Mosel-Departement) und Mainz (Departement Donnersberg).[169] Das Schriftgut des Ancien Régime gelangte in diese Verwaltungsarchive, sofern es noch für die laufende Verwaltung, insbesondere für die Klärung früherer Rechtsverhältnisse, von Bedeutung war. Diese Definition von Archiv war nicht allzu revolutionär, unterschied sie sich doch kaum von dem Konzept der Behördenarchive der untergegangenen Herrschaftssysteme. Raum fanden die Departementalarchive in von den Franzosen als Nationalgut beschlagnahmten Liegenschaften, wie etwa dem Schönborner Hof in Mainz oder dem nach Plänen von Balthasar Neumann errichteten Dikasterialgebäude am Fuße des Ehrenbreitsteins. In der Regel war dort ein Archivar tätig, der zeitweilig von Hilfskräften bei Aussonderungs- und Kassationsarbeiten unterstützt wurde. Meist übernahmen Juristen, wie z. B. der frühere Syndikus der Trierer Landstände Peter Ernst von Lassaulx, oder ehemalige Geistliche die nominelle Leitung der Archive. Die Fachaufsicht lag bei den »Archives Nationales«, deren Leiter Armand-Gaston Camus sogar eigens eine Inspektionsreise an den Rhein unternahm.[170]

Der Teil der Überlieferung des Ancien Régime, dem keine rechtliche, jedoch eine kulturelle und wissenschaftliche Bedeutung beigemessen wurde, sollte seinen Platz nicht in den Archiven, sondern in den Bibliotheken finden. Dieser Konzeption von Kulturgut folgend sah Napoleon von einer Abgabe des Archivs der untergegangenen Universität Mainz an das Departementalarchiv des Donnersbergkreises ab und übereignete es gemeinsam mit der Universitätsbibliothek der Stadt Mainz.

Es war aber keineswegs so, dass die gesamte Schriftgutüberlieferung im Rheinland in die Hände der heranrückenden französischen Revolutionstruppen gefallen war. So waren die verschiedenen Mainzer Archive zusammen mit der kurmainzischen Hofkapelle, Mobiliar und der Silberkammer im Oktober 1792 auf einem Schiff in Sicherheit gebracht worden. Dies sollte der Beginn einer langen Odyssee werden, die nach Stationen in Bonn, Köln, Arnheim und Utrecht in Aschaffenburg ein vorläufiges Ende zu haben schien. Der Reichsdeputationshauptschluß sah indes eine Aufteilung der Kurmainzer Akten unter den Nachfolgestaaten des Kurmainzer Territoriums vor. Diese Aussonderungsaktion zog sich über viele Monate hin, es flossen stattliche Bestechungsgelder, und selbst vor Handgreiflichkeiten scheinen die Abgesandten jener Staaten, welche die Rechtsnachfolge von Kurmainz angetreten hatten, nicht zurückgescheut zu haben. Kein Wunder, dass so die überlieferte Ordnung der Bestände zunichte gemacht wurde, weshalb heute die Kurmainzer Archivalien über 15 Archive zerstreut sind, wobei die umfangreichsten Bestände in Wien und Würzburg zu finden sind.[171]

Die Archive des Domstifts sowie des Hochstifts Speyer wurden ebenfalls aus der Bischofsstadt verbracht.[172] Im Zuge der Säkularisation fielen die rechtsrheinischen Gebiete des Speyerer Bistums an die Markgrafschaft Baden und mit ihnen auch das nach Bruchsal geflüchtete bischöfliche Regierungsarchiv. Es gelangte von dort aus wie die nach Wien verbrachten Archivalien des Domkapitels in das 1803 gegründete Generallandesarchiv in Karlsruhe. Ein Teil der Speyerer Archivalien (mit linksrheinischem Bezug) sollte ebenso wie der Großteil der pfalz-zweibrückischen Überlieferung wieder die Reise über den Rhein in Richtung Westen antreten, denn in Speyer war 1817 am Sitz der bayerischen Kreisregierung im Zuge der Angleichung der Verwaltungsorganisation ein für die Überlieferung[173] der bayerischen Behörden im Rheinkreis zuständiges Kreisarchiv errichtet worden.[174] Während die nach Speyer zurückgekehrten Akten dort bis zum heutigen Tag verblieben sind, wurden die Urkunden aus der Zeit bis 1400 an das Königlich Bayerische Allgemeine Reichsarchiv nach München (heute: Bayerisches Hauptstaatsarchiv) eingezogen, wo sie Eingang in den Bestand »Rheinpfälzer Urkunden« fanden.[175]

Dagegen fanden in das Archiv des 1817 wieder begründeten Bistums Speyer keine Archivalien aus der Zeit vor der Säkularisation Eingang – ein Schicksal, das es mit dem Mainzer Dom- und Diözesanarchiv teilt, während das Trierer Bistumsarchiv eine bis in das Mittelalter zurückreichende Überlieferung vorzuweisen hat. Allerdings stammt die Überlieferung des Trierer Bistumsarchivs vornehmlich aus der Registratur des Generalvikars, während die Unterlagen des Hochstifts und des Domkapitels im heutigen Landeshauptarchiv verwahrt werden. Dieses war 1832 als eines der beiden Provinzialarchive der preußischen Rheinprovinz im Zuge des Ausbaus der preußischen Archivverwaltung gegründet worden.[176] Während das Provinzialarchiv in Düsseldorf für die Regierungsbezirke Aachen, Düsseldorf und Köln zuständig sein sollte, übernahm das Koblenzer Archiv die Aufgaben der nach dem Wiener Kongress errichteten Regierungsarchive in Koblenz und Trier.[177] Der primäre Auftrag dieser Regierungsarchive war die Ordnung und Erschließung des jüngeren Verwaltungsschriftguts, insbesondere der französischen Zeit gewesen. Die Sicherung und Erfassung der Unterlagen aus der Zeit des Alten Reiches, sofern sie für die laufende Verwaltung ohne Bedeutung waren, war dagegen nachrangig gewesen. Mit der Errichtung der Provinzialarchive wurde nun endgültig der Schritt vom reinen Verwaltungsarchiv hin zum historischen Archiv getan. Maßgeblichen Anteil an dieser Entwicklung hatten Persönlichkeiten wie Theodor Joseph Lacomblet, der erste Leiter des Düsseldorfer Provinzialarchivs, oder Wilhelm Arnold Günther. Der Prämonstratensermönch Günther hatte bis zur Säkularisation das Archiv seines Klosters Rommersdorf betreut. Auf Fürsprache des Freiherrn vom Stein war er mit der Leitung des Koblenzer Regierungsarchivs betraut worden. Seine Karriere als Archivar endete jedoch 1826 mit der Berufung zum Generalvikar des Bistums Trier, der 1834 die Erhebung zum Weihbischof folgte. Sowohl Lacomblet[178] als auch Günther[179] machten sich mit der Veröffentlichung umfangreicher Urkundensammlungen (»Urkundenbuch zur Geschichte des Niederrheins« respektive »Codex diplomaticus Rheno-Mosellanus«) um die Geschichte des Rheinlandes verdient und eröffneten damit der regional- und lokalhistorischen Forschung den Zugang zu wichtigen Quellen. Dagegen gilt der erste Leiter des Koblenzer Provinzialarchivs, Karl August Graf von Reisach, als schillernde Persönlichkeit, dem nachgesagt wurde, dass er »in jeder Hinsicht für sein Amt ungeeignet« gewesen sei. So ist es nicht verwunderlich, dass der für Berlin auch als Spitzel tätige Graf 1839 wegen finanzieller Machenschaften und Amtsmissbrauchs in den vorläufigen Ruhestand versetzt wurde.[180]

Die Veränderungen der Archivsprengel des Koblenzer Provinzialarchivs (ab 1861 Staatsarchiv) sowie des Speyerer Kreisarchivs (ab 1921 Staatsarchiv) bis zum Ende des Zweiten Weltkriegs können an dieser Stelle nicht im Einzelnen nachvollzogen werden. Zu den wichtigsten Veränderungen gehört sicherlich, dass mit dem Zeitpunkt, da die ehemals preußischen respektive bayerischen Teile des späteren Saarlandes unter das Mandat des Völkerbundes gestellt wurden, die archivische Zuständigkeit der Staatsarchive in Koblenz und Speyer für diese Gebiete faktisch endete.[181] Nach dem Ausscheiden des Kreises Wetzlar aus der Rheinprovinz im Jahre 1932 erfolgte 1937 die Abgabe der Akten des nunmehr zur Provinz Hessen-Nassau gehörigen Kreises an das Staatsarchiv in Wiesbaden.

Anders als nach dem Ende der Napoleonischen Kriege nahm man nach dem Zweiten Weltkrieg weitgehend Abstand vom Prinzip der Archivfolge, weshalb etwa wichtige Teile der Überlieferung zu Rheinhessen im Staatsarchiv Darmstadt, dem nach 1816 für die zum Großherzogtum respektive dem Volksstaat Hessen gehörige Provinz Rheinhessen zuständigen Archiv, verblieben sind.

Innenansicht des teilweise zerstörten Archivdepots in der Festung Ehrenbreitstein in Koblenz, April 1945 (Landeshauptarchiv Koblenz)

Mit der Bildung des Landes Rheinland-Pfalz war auch eine grundlegende Neuorganisation des staatlichen Archivwesens in unserem Raum verbunden. In Koblenz wurde die Landesarchivverwaltung errichtet, der die beiden Staatsarchive in Koblenz (heute: Landeshauptarchiv) und Speyer (heute: Landesarchiv) unterstehen. Die während des Zweiten Weltkriegs ausgelagerten Bestände des Koblenzer Staatsarchivs kehrten von der Festung Ehrenbreitsein nicht mehr in ihr altes Domizil im Deutschordenshaus zurück, sondern hielten in dem 1956 fertig gestellten Archivzweckbau in der Karmeliterstraße Einzug.[182] 1986 wurde mit dem Neubau des Bundesarchivs in Koblenz ein weiterer Archivzweckbau eingeweiht.[183] Die räumliche Nähe zur damaligen Bundeshauptstadt Bonn hatte u. a. 1952 den Ausschlag für die Errichtung des Bundesarchivs in der Rhein-Mosel-Stadt gegeben.[184]

Wie vielgestaltig die Archivlandschaft in Rheinland-Pfalz und im Saarland ist, erweist ein Blick auf das von der Landesarchivverwaltung Rheinland-Pfalz und dem Landesarchiv des Saarlandes betriebene Internetportal »Archive im Südwesten«.[185] Die zahlenmäßig größte Gruppe ist sicherlich die der Kommunalarchive, deren Bestände gerade in den größeren Städten oft bis ins Mittelalter zurückreichen. So kann sich etwa das Stadtarchiv Speyer rühmen, das Archiv mit der ältesten und geschlossensten Überlieferung der Pfalz zu sein. Allerdings zeugten gerade die Schicksale der Archive von den Wechselfällen der Geschichte unseres Raumes: So büsste die Stadt Worms einen Teil ihrer Archivalien und die laufende Registratur während der Zerstörung der Stadt im Pfälzischen Erbfolgekrieg 1689 ein.[186] Die Wirren der Revolutions- und der Napoleonischen Kriege trugen noch das Ihre dazu bei, um den Ordnungszustand der Archive und Altregistraturen nachhaltig zu stören. Die Stadt Landau verlor 1794 große Teile ihres Archivs bei einem Brand. Im 19. Jh. wurden nur in den seltensten Fällen Fachkräfte mit der Ordnung und Erschließung der kommunalen Archive betraut. Häufig nahmen sich Lehrer, Geistliche oder Gelehrte dieser Aufgabe an, wie etwa der Baseler Privatdozent für Geschichte Dr. Heinrich Boos, der zwischen 1881 und 1884 auf »Werkvertragsbasis« die Neuordnung und Verzeichnung des sog. »Reichsstädtischen Archivs« der Stadt Worms vornahm. Vielfach versahen auch der Leiter des städtischen Museums oder der städtische Bibliothekar die Aufgabe des Stadtarchivars in Personalunion, wie etwa in der Stadt Mainz in den Jahren zwischen 1805 und 1919.[187]

Ebenso wie bei den Kommunalarchiven kommt im Bereich der kirchlichen Archivpflege dem ehrenamtlichen Engagement seit jeher eine große Bedeutung zu. Fachlich unterstützt werden solche Archivpfleger und -pflegerinnen von staatlicher Seite durch die Landesarchivverwaltung bzw. von kirchlicher Seite durch die hauptamtlich besetzten Kirchen- bzw. Bistumsarchive.

Um das Bild der rheinland-pfälzischen Archivlandschaft zu komplettieren, sei noch auf die anderen im Land anzutreffenden Archivtypen hingewiesen. Zu dieser Landschaft gehören Haus- und Familienarchive wie das Archiv der Fürsten zu Wied, Firmenarchive wie das Unternehmensarchiv der BASF, das Parlamentsarchiv des Landtags Rheinland-Pfalz oder auch die Archive der öffentlich-rechtlichen Rundfunk- und Fernsehanstalten des SWR und des ZDF in Mainz oder aber die Pressearchive der verschiedenen, in Rheinland-Pfalz ansässigen Zeitungs- und Presseverlage. Als einzige der staatlichen Hochschulen unterhält die Johannes Gutenberg-Universität Mainz ein fachlich besetztes Archiv. Hinzu kommen weitere Spezialarchive wie z. B. das Deutsche Kabarettarchiv, das 2011 sein 50-jähriges Bestehen begehen konnte.

Das französische Archivgesetz von 1794 gilt gemeinhin als der Beginn der modernen Archivgeschichte. Seither haben sich die Archive – so auch in unserer Region – vom reinen Behördenarchiv hin zu modernen Dienstleistern für Verwaltung und Forschung, aber auch für alle Bürgerinnen und Bürgern mit Bildungs- und Informationswünschen entwickelt.

Fazit Die Französische Revolution hat gerade im Bereich der Kulturinstitutionen, die sich dem Sammeln, Bewahren und Erschließen verschrieben haben, einen Prozess in Gang gesetzt, der deren klassischen Aufgabenkanon um eine wichtige dritte Komponente erweitert hat. Den öffentlichen Zugang zu den in Sammlungen, Archiven und Bibliotheken verwahrten Objekten, Medien und Informationen zu ermöglichen und zu gewährleisten, ist zu einer der wichtigsten, wenn nicht gar der zentralen Aufgabe dieser Kultureinrichtungen in einem demokratisch verfassten Gemeinwesen geworden. Ein Kennzeichen der rheinland-pfälzischen Kulturlandschaft ist das ungewöhnlich große zivilgesellschaftliche Engagement für Museen, Bibliotheken und Archive.

1 Vgl. allgemein Handbuch der deutschen Bildungsgeschichte Bde. 3–6 1987–1998.
2 MATHY, Residenz 1999, S. 291 ff.
3 SCHAAF, Schule 2006.
4 FLECK, Gelehrtenschulen 2003, S. 221 ff.; HÄRTER, Bildung 2010, S. 110 f.
5 Zitiert nach SCHAAF, Schule 2006, S. 52.
6 SCHLUPP, Schule 2000, S. 41 ff.
7 FRIEDERICH, Schulwesen 1987, S. 132 f.
8 SCHAAF, Schule 2006, S. 53.
9 Zitiert nach REBLE, Schulwesen 1975, S. 964.
10 Zitiert nach OTTWEILER, Landfermann 2006, S. 133.
11 DÜWELL, Schul- und Hochschulwesen 1979, S. 473 ff.; TENORTH, Lehrerberuf 1987, S. 250 ff; KESPER-BIERMANN, Schulwesen 2010, S. 25 ff.
12 BERLET, Lehrerbildung 1987, S. 485 ff.
13 OTTWEILER, Landfermann 2006, S. 141 ff. Zur pfälzischen Lehrerbewegung vgl. GEMBRIES, Lehrerschaft 2007.
14 KRUEGER, Stiehl 1970.
15 TENORTH, Lehrerberuf 1987, S. 264 ff.
16 KESPER-BIERMANN, Schulwesen 2010, S. 9 f.; OTTWEILER, Landfermann 2006, S. 145.
17 DÜWELL, Schul- und Hochschulwesen 1979, S. 488.
18 MÖLLER, Schulwesen 2005, S. 264.
19 Ebenda; DÜWELL, Schul- und Hochschulwesen 1979, S. 487; KESPER-BIERMANN, Schulwesen 2010, S. 10.
20 DÜWELL, Schul- und Hochschulwesen 1979, S. 488.
21 Zum Realschulwesen vgl. allgemein GREINERT, Bildung 2003.
22 GYMNASIUM AM KURFÜRSTLICHEN SCHLOSS MAINZ, Festschrift 2006, S. 53.
23 SCHAAF, Funktionen 1978, S. 308.
24 URL: http://www.karolinen-gymnasium-ft.de/index.php?id=30 [18.11.2011].
25 MÖLLER, Schulwesen 2005, S. 268.
26 GUHR, Hilda-Gymnasium 2010, S. 26 ff. (Zitat S. 28).
27 KESPER-BIERMANN, Schulwesen 2010, S. 17.
28 SCHLUPP, Schule 2000, S. 87 ff.
29 MÖLLER, Schulwesen 2005, S. 268; MENDE, Wurzeln [o. J.], S. 2.
30 BREUNIG, Handelsplatz 2003, S. 330 f.; HIPPEL, Reichsgründung 2003, S. 617.
31 LIESSEM, Schulbauten 2008.
32 SCHERF, Lernen 1999, S. 742.
33 HIPPEL, Reichsgründung 2003, S. 617.
34 Vgl. allgemein ELLGER-RÜTTGARDT, Geschichte 2008, S. 131 ff.
35 HIPPEL, Reichsgründung 2003, S. 619.
36 BERUFSBILDENDE SCHULE MONTABAUR, 140 Jahre 1986, S. 13 ff.
37 Vgl. GREULICH, Akademie 2002, S. 28 ff.
38 RASP, Gewerbemuseum 1995, S. 160 ff.
39 Gustav-Stresemann-Wirtschaftsschule 2007, S. 135.
40 Vgl. etwa GREULICH, Akademie 2002.
41 KONRAD, Geschichte 2007, S. 86 ff.
42 DÜWELL, Schul- und Hochschulwesen 1979, S. 516; KREEL, Institut 1984; KESPER-BIERMANN, Schulwesen 2010, S. 43.
43 EILERS, Schulpolitik 1963, S. 6.
44 ZYMEK, Schulen 1989, S. 191 f.
45 RÖDEL, Streit 2012.
46 BOOMS, Geschichte 2003.
47 KISSENER, Germersheim im 20. Jahrhundert 2008, S. 45; NORDBLOM, Schulen 2008, S. 162 ff.
48 LA Speyer, T 21, Nr. 15, 16, 27, 257; H 13, Nr. 2789. Siehe auch SCHMITT, Erziehungsanstalten 2005.
49 RUGE-SCHATZ, Umerziehung 1977.
50 LÖHR, Diskussion 1974; DÜWELL, Schul- und Hochschulwesen 1979, S. 537 ff.; MÜLLER, Schule 1984; SCHAAF, Schulpolitik 1997, S. 315 ff.; KISSENER, Rheinland-Pfalz 2006, S. 67; RÖDEL, Streit 2012.
51 GVBl. 1955, Nr. 1, S. 1. Vgl. RÖDEL, Streit 2012.
52 SCHAAF, Schulpolitik 1997, S. 326 ff.
53 LT-Drs. 5/II/728.
54 LT-Drs. 6/1706.
55 LT-Drs. 6/815.
56 LT-Drs. 6/333.

57 LT-Drs. 15/2514.
58 LT-Drs. 12/710.
59 Vgl. allgemein zur Geschichte der frühkindlichen Erziehung KONRAD, Kindergarten 2004.
60 SCHÜTZ, Provinzialhauptstadt 1999, S. 387; GUHR, Hilda-Gymnasium 2010, S. 28.
61 KRIEG, Kleinkindererziehung 1987, S. 150.
62 HIPPEL, Reichsgründung 2003, S. 620 f.
63 LT-Drs. 6/1734. Vgl. KISSENER, Rheinland-Pfalz 2006, S. 140.
64 LT-Drs. 11/4571.
65 LT-Drs. 15/773.
66 Vgl. allgemein OLBRICH, Geschichte 2001.
67 LT-Drs. 7/3375, 12/2130 und 12/6931.
68 HAMBURGER/BECHBERGER-DERSCHIEDT, Bildungs- und Wissenschaftsstandort 2010, S. 495.
69 URL: http://www.politische-bildung-rlp.de/geschichte.html [30.11.2011].
70 Zitiert nach KISSENER, Napoleon 2009, S. 55.
71 MALLMANN, Juristenausbildung 1987.
72 Vgl. u. a. WERNER, Universität 1982 und MORAW, Geschichte 1990.
73 SCHARFENECKER, Fakultät 1998.
74 RIVINIUS, Bistum 2002, S. 1073 ff.
75 HINKEL, Jesuiten 2005.
76 BOEHM, Bildungswesen 1975, S. 1001; TURNER, Universitäten 1987, S. 236.
77 LIEBLER, Stammland 2008, S. 107 ff.
78 HAAS, Theologie 2000.
79 Die Formulierung stammt vom Kultusminister der Separatistenregierung Dorten, Franz Theodor Klingelschmitt, zitiert nach MATHY, Wiedereröffnung 1966, S. 32.
80 DERS., Hochschulgedanken 1966.
81 KREEL, Institut 1984.
82 Zur rheinland-pfälzischen Hochschulentwicklung allgemein vgl. u. a. DÜWELL, Bildung 1986 und SCHAAF, Schulpolitik 1997, S. 332 ff.
83 SIMON, Universität 1982.
84 DEFRANCE, Politique 1994, S. 61 ff. und DIES., Schmittlein 2005.
85 Zitiert nach BROMMER, Quellen 1985, S. 155. Vgl. DEFRANCE, Schmittlein 2005, S. 22.
86 MATHY, Schmid 2005.
87 Präambel der Statuten 4 b und c; zitiert nach MATHY, Wiedereröffnung 1966, S. 105.
88 Die Reden anlässlich der Eröffnung sind abgedruckt bei MATHY, Wiedereröffnung 1966, S. 111. Allgemein zur Entwicklung der Mainzer Universität seit 1946 vgl. DUMONT, Landeshaupt- und Universitätsstadt 1999, S. 518 ff.; MATHY, Hohe Schule 1999, S. 717 ff. Zur ersten Professorengeneration in Mainz siehe KISSENER, Kontinuität 2005.
89 RÖRIG/DUMONT, Universitätsklinikum 1996.
90 SCHUNCK, Giron 2005.
91 SCHUNCK, Dokumente 1997, S. 11 ff.; NORDBLOM, Schule 2008, S. 191 ff.
92 DEFRANCE, Politique 1994, S. 74 ff. u. ö.
93 SCHUNCK, Dokumente 1997, S. 42 ff.
94 DERS., Giron 2005, S. 41 f.
95 DERS., Dokumente 1997, S. 142 ff.
96 MORSEY, Hochschule 1997, S. 13 ff. und FISCH, Hochschule 2007 [http://www.hfv speyer.de/sfisch/Stefan_Fisch_60_Jahre_DHV.pdf (22.10.2011)].
97 LT-PlPr. 6/37; vgl. die Rede Bernhard Vogels anlässlich des 25-jährigen Jubiläums der Universität Trier, abgedruckt in: DER PRÄSIDENT DER UNIVERSITÄT TRIER, Jahre 1996, S. 32 ff. Vgl. auch das Memorandum der Landesregierung Rheinland-Pfalz zur Gründung einer zweiten Universität vom Juli 1969, abgedruckt in: MINISTERIUM FÜR UNTERRICHT UND KULTUS, Universitätsgründung 1971, S. 1 ff. (Nr. 1) und MORKEL, Erinnerung 1995, S. 13 ff.
98 MINISTERIUM FÜR UNTERRICHT UND KULTUS, Universitätsgründung 1971, S. 92 f. (Nr. 14); DER PRÄSIDENT DER UNIVERSITÄT TRIER, Jahre 1996, S. 69 ff.
99 KISSENER, »1968« 2009.
100 Stand: Wintersemester 2011/2012.
101 URL: http://www.pthv.de/hochschule-campus/profil-geschichte/ [24.10.2011].
102 URL: http://www.whu.edu/whu/wir-ueber-uns/geschichte-der-whu/ [24.10.2011].
103 GREULICH, Akademie 2002, S. 57 ff.
104 Pressemeldung des Statistischen Landesamts Rheinland-Pfalz vom 8.11.2011.
105 SCHULZE/DEFRANCE, Gründung 1992.
106 Vgl. allgemein GROTE, Museen 1987; KAHLENBERG, Sonderbereiche 1987.

107 Vgl. allgemein VIEREGG, Geschichte 2008; zu Rheinland-Pfalz siehe KAHL, Museen 1964, BRAUKSIEPE/NEUGEBAUER, Museumsführer 1984 sowie URL: http://museen.rlp.de/museen-in-rlp/museumsverzeichnis.html [1.11.2011].
108 Ihre heutige Form hat die Schatzkammer auf Burg Eltz allerdings erst in den Jahren zwischen 1975 bis 1981 gefunden; siehe BRAUKSIEPE/NEUGEBAUER, Museumsführer 1984, S. 239.
109 Vgl. u. a. FRANKHÄUSER, Gemäldesammlungen 2003, S. 6 ff.
110 PAAS/MERTENS, Beutekunst 2003.
111 THATE, Décret 2003, S. 187 ff.
112 VIEREGG, Geschichte 2008, S. 44.
113 THATE, Bildertransport 2003, S. 195 ff.; DIES., Gründung 2003, S. 322; PAAS/THATE, Gemäldegalerie 2005, S. 151 ff.
114 Zur französischen Kulturpolitik vgl. DEFRANCE, Politique 1994.
115 Vgl. u. a. LANDSCHULZ, Kunstbesitz 2003, S. 24 ff und SPIES VON BÜLLESHEIM/KRAMP, Gemäldegalerie 2005, S. 20 ff.
116 Vgl. die Beiträge in Rheinische Naturforschende Gesellschaft 1984 und WÜRZ, Gesellschaft 2009.
117 KRAMP, Gemüßgarten 2005.
118 Zitiert nach SPIES VON BÜLLESHEIM/KRAMP, Gemäldegalerie 2005, S. 19.
119 VIEREGG, Geschichte 2008, S. 136.
120 REUSCH, Landesmuseum 1964.
121 RASP, Gewerbemuseum 1995.
122 BUHLMANN, Gemäldesammlung 2002.
123 HANEBUTT-BENZ, Gutenberg-Museum 2005.
124 In Anlehnung an die vom Institut für Museumskunde verwendete Klassifikation, die sich an der UNESCO-Klassifikation orientiert, vgl. STATISTISCHE ÄMTER DES BUNDES UND DER LÄNDER/INSTITUT FÜR MUSEUMSKUNDE, Museumsbericht 2005, S. 20 f. Die Jahreszahlen in Klammern geben das Gründungs- bzw. Eröffnungsjahr an.
125 HOPPE, Kultur 2002, S. 126.
126 WÜRZ, Schmidtgen 2009, S. 170.
127 HOPPE, Kultur 2002, S. 112 ff.
128 Vgl. das Inventar »Entartete Kunst«, das an der FU Berlin erarbeitet wird: URL: http://www.geschkult.fu-berlin.de/e/db_entart_kunst/datenbank/index.html [1.12.2011].
129 TEKAMPE, Zufall 2010, S. 93 f.
130 BRAUKSIEPE/NEUGEBAUER, Museumsführer 1984, S. 6 und URL: http://museen.rlp.de/de/wir-ueber-uns/der-verband.html [2.11.11].
131 STATISTISCHE ÄMTER DES BUNDES UND DER LÄNDER/INSTITUT FÜR MUSEUMSKUNDE, Museumsbericht 2005, S. 16.
132 KIRCHBERG, Funktionen 2005, S. 15 ff.
133 URL: http://lebenswege.rlp.de/ [4.11.11].
134 STATISTISCHE ÄMTER DES BUNDES UND DER LÄNDER/INSTITUT FÜR MUSEUMSKUNDE, Museumsbericht 2005, S. 74 f.
135 Ebenda, S. 95.
136 Vgl. die Beiträge von Harthausen, Berz, Wellmer-Brenneke, Franz in HAGENAU, Regionalbibliotheken 2000 sowie die Darstellungen zur Bestandsgeschichte der einzelnen rheinland-pfälzischen Bibliotheken im DUGALL, Buchbestände 1993.
137 Zu Mainz vgl. u. a. BUSCH, Bibliotheca 1963 und OTTERMANN/FLIEDNER, Stadtbibliothek 2005; zu Trier FRANZ, Armaria 1985 und NOLDEN/FRANZ, Stadtbibliothek 1998.
138 Zur Koblenzer Bibliotheksgeschichte vgl. u. a. KERBER, Bibliothek 1992.
139 Vgl. u. a. GROSS, Lesegesellschaft 1985 und TILGNER, Lesegesellschaften 2001.
140 STEIN, Archivorganisation 2005, S. 110 f.
141 Die Bibliotheken der Priesterseminare in Mainz (Martinus-Bibliothek, gegr. 1662) und Trier (gegr. 1773) sowie die Trierer Dombibliothek sind einige der wenigen Bibliotheken in kirchlicher Trägerschaft in unserem Untersuchungsgebiet, die auf eine nahezu ungebrochene Traditionslinie seit dem Alten Reich zurückblicken können.
142 SVENSSON, Geschichte 2002, S. 170 ff.
143 Vgl. JOHANNES, Büchereien 1991, S. 113 und KERBER, Bibliothek 1992.
144 Vgl. KEIM, Arbeiterbibliotheken.
145 WAGNER, Bibliotheken 1996, S. 21.
146 SÜSS, Rheinhessen 1988, S. 141 und WAGNER, Bibliotheken 1996, S. 24.
147 WAGNER, Bibliotheken 1996, S. 24.
148 Ebenda, S. 31 ff.; PAWLACK, Büchereistelle 1973; REUTER, Büchereistelle 1973; JOHANNES, Autobücherei 1991.
149 SCHÜTZ, Ruppel 2005, S. 82.
150 LEHNHARDT, Bibliothek 2009.
151 Vgl. auch im Folgenden WAGNER, Bibliotheken 1996, S. 98 ff. (Zitat S. 98).
152 WAGNER, Bibliotheken 1996, S. 105 ff.

153 MOMBERT, Kulturpolitik 1993, S. 359 ff.
154 LANDESBÜCHEREISTELLE, Jahre 1999, S. 6 ff.
155 Schulbibliothek 1978.
156 Zur Geschichte der Pfälzischen Landesbibliothek vgl. insbesondere Pfälzische Landesbibliothek 1971; RUPPERT, Landesbibliothek 1995 und HARTHAUSEN, Landesbibliothek 2000.
157 Vgl. u. a. BERZ, Landesbibliothek 1998. Es handelt sich dabei um die einzige originäre Neugründung einer Landesbibliothek durch ein deutsches Bundesland, vgl. SYRÉ, Typ 2000, S. 22.
158 Vgl. Rundschreiben des Ministeriums für Wissenschaft, Weiterbildung, Forschung und Kultur vom 19.7.2004. In: Gemeinsames Amtsblatt MBFJ/MWWFK 10/2004, S. 335.
159 So ist die Bibliothek des Klosters Maria Laach die größte rheinland-pfälzische Bibliothek in privater Trägerschaft.
160 Vgl. auch die Antwort des Ministeriums für Wissenschaft, Weiterbildung, Forschung und Kultur auf die Große Anfrage der FDP vom 27.12.2004 (LT-Drs. 15/3733) sowie die jährlich in der vom Landesbibliothekszentrum Rheinland-Pfalz herausgegebenen Zeitschrift »bibliotheken heute« veröffentlichten Landesstatistiken, zuletzt in: bibliotheken heute 7 (2011), S. 61–75.
161 URL: www.rlp.de [8.9.2011]. Vgl. HOLZER, Bibliographie 2005 und JENDRAL, Bibliographie 2010.
162 URL: www.lit-express.de [8.9.2011].
163 URL: www.onleihe-rlp.de [8.9.2011].
164 URL: www.dilibri.de [8.9.2011]. Vgl. KOELGES/SCHACKMANN, Digitalisierungsportal 2010.
165 Bibliotheksstatistik 2010: URL: www.hbz-nrw.de/angebote/dbs/ [8.9.2011].
166 Zur Archivgeschichte allgemein vgl. REININGHAUS, Archivgeschichte 2008. Eine regionale Archivgeschichte unseres Untersuchungsraumes steht bislang noch aus.
167 STEIN, Archivorganisation 2005, S. 101 f.
168 Ebenda, S. 110 ff.
169 Für Trier und Koblenz vgl. SCHNELLING, Archive 1991, für Mainz STEIN, Archive 1982 und RÖDEL, Anfänge 1993.
170 STEIN, Archive 2003.
171 SCHWERSMANN, Kurmainz 2005.
172 ANDERMANN, Kestenburg 2005.
173 WARMBRUNN, Spätblüte 2005, S. 97 f.
174 RÖDEL, Anfänge 1993.
175 JAROSCHKA, Hauptstaatsarchiv 1987, S. 213 und DERS., Neuorganisation 2005, S. 213.
176 WEISER, Geschichte 2000.
177 FLACH, Urkunden 1982.
178 HÖMIG, Lacomblet 1982.
179 ELTESTER, Günther 1879 und THOMAS, Günther 1957.
180 RUMMEL, Haufen 2005, S. 137 ff. (Zitat S. 138).
181 HERRMANN, Auswirkungen 1984.
182 WEISS, Kulturgüter 2000 und SCHMIDT, Neubau 1957.
183 STAATSBAUAMT KOBLENZ-NORD, Bundesarchiv 1987.
184 KAHLENBERG, Entwicklung 1972, S. 105 ff.
185 URL: http://www.lha-rlp.de/index.php?id=593 [5.11.2011].
186 BÖNNEN, Stadtarchiv 1998.
187 DOBRAS, Stadtarchiv 2005, S. 135 f.

Künste und Kultur

Von Elke Steinwand und Monika Storm[1]

1. Kunst, Kultur und Zeit – Epochen künstlerischer Betätigung

»[...] man muss sich zurückflüchten zu den alten Göttern«
(Anselm Feuerbach, 1846)[2]

Klassizismus

Maler, Bildhauer und Architekten wandten sich seit dem Ende des 18. Jhs. von dem überladenen und verspielten Formenrepertoire der Barock- und Rokoko-Kunst ab. Sie griffen nun auf eine klare, der Antike entlehnte Formensprache zurück, wie sie der Aufklärer Johann Joachim Winckelmann Mitte des 18. Jhs. in seiner einflussreichen Kunsttheorie gefordert hatte. Dies war nicht als Aufforderung zum bloßen Kopieren gemeint, sondern dazu, sich die wesentlichen ästhetischen und moralischen Qualitäten der Antike anzueignen, die er in der berühmten Wendung »edle Einfalt, stille Größe« beschrieb. Mitte des 19. Jhs. bürgerte sich für diese Stilrichtung in Deutschland der Begriff »Klassizismus« ein.[3] Einer der für Deutschland bedeutendsten Vertreter dieser Kunstauffassung ist der in Speyer geborene Maler Anselm Feuerbach. Sein Vater war Archäologieprofessor, Feuerbach selbst schrieb, ihm sei die »Klassizität mit der Muttermilch eingetränkt«[4]. Während seiner gesamten künstlerischen Laufbahn beschäftigte er sich immer wieder mit der griechischen und römischen Antike, aber auch mit der italienischen Renaissance.[5] Dem Klassizismus werden z. B. auch die Bildhauer der ersten und zweiten Generation der Kreuznacher Bildhauerfamilie Cauer zugerechnet sowie der Mainzer Portrait- und Landschaftsmaler Johann Caspar Schneider.[6] Im Werk seines Mainzer Kollegen Johann Jacob Hoch lässt sich eine für ihn charakteristische Vermischung von klassizistischen mit romantischen Bildmotiven beobachten.[7] Klassizistische Architektur finden wir in unserem Raum beispielsweise in den Bauten des auch in Rheinhessen wirkenden großherzoglich-hessischen Architekten Georg Moller aus Darmstadt,[8] dem ehemaligen Rathaus in Dürkheim[9] und dem ehemaligen kurtrierischen Residenzschloss in Koblenz sowie Teilen der dortigen Festungsarchitektur wie den Portalen und dem großen Hof des (Ober-)Ehrenbreitsteins.[10]

> »Der Maler soll nicht nur malen, was er vor sich sieht, sondern auch, was er in sich sieht.«
>
> (Caspar David Friedrich)[11]

Romantik

Als Gegenströmung zu diesem rückwärtsgewandten, nach der Antike und Griechenland hin orientierten Klassizismus stellten die Vertreter der Romantik in den bildenden Künsten, der Literatur, aber auch der Musik das Individuum in den Mittelpunkt ihres Schaffens. Die Künstler beschäftigten sich nun mit der Seelenlage, den subjektiven Gefühlen, Ängsten und Hoffnungen des Einzelnen. »Ein Bild muss nicht erfunden, sondern empfunden sein,« forderte Caspar David Friedrich, der Wegbereiter der romantischen Malerei in Deutschland.[12] So schloss bereits das Wesen der Romantik die Entwicklung einer einheitlichen Stilrichtung aus. Kunsthistoriker sprechen vielmehr von »Romantiken« oder einer »Anzahl individueller Stile«.[13] Im Zuge der romantischen Strömungen rückte nicht das antike Idealbild, sondern die individuelle Geschichte in den Fokus künstlerischen Schaffens – und mithin wurden auch Themen wie das Volkstümliche, heimatliche Landschaften oder auch die Volksdichtung darstellungswürdig. Ziel dieser Kunstauffassung war das Wecken von erhabenen Gefühlen beim Betrachter. Oder, wie es der Kreuznacher Bildhauer Emil Cauer der Ältere in seinen »Betrachtungen über Kunst« im Jahr 1856 formulierte: »Eins aber tut allen Zweigen und Richtungen der Kunst jeder Zeit not, wenn die Kunst ihren heiligen Beruf erfüllen soll: wenn sie in Scherz und Ernst, in Freude und Schmerz die Seele belebt und erhebt und auf ein Höheres, Unvergängliches hinleitet, und in diesem Sinn ist alle wahre Kunst religiös.«[14]

> »In welchem Style sollen wir bauen?«
>
> (Heinrich Hübsch, 1828)[15]

Baukunst der Romantik und des Historismus

Was als Erweiterung der künstlerischen Motive begann, führte in der Baukunst bald zu Ratlosigkeit. Baumeister und Architekten standen nach dem plötzlichen Niedergang des von Napoleon eingeführten »Empirestils« ab 1820 vor neuen Herausforderungen; hatten sie doch weit mehr als die bildenden Künstler die konkreten Vorstellungen des jeweiligen Bauherren umzusetzen – und deren romantische Ideen- und Vorstellungswelt war keineswegs einheitlich. »In welchem Style sollen wir bauen?«, brachte ein Buchtitel des Kritikers Heinrich Hübsch im Jahr 1828 die Ratlosigkeit in der Baukunst auf den Punkt. Fortan stand die gesamte Palette historischer Stile zur Verfügung. So griffen die Baumeister auf die Formensprache der unterschiedlichsten vorangegangenen Epochen zurück. Dieses Nebeneinander von Neuromanik, Neugotik etc. sollte für das 19. Jh. kennzeichnend werden und wird unter dem Oberbegriff Historismus zusammengefasst. Ein Beispiel für die um sich greifende Begeisterung für das Mittelalter in der Baukunst ist die 1843 im neugotischen Stil vollendete Apollinaris-Kirche in Remagen auf dem Grundriss eines griechischen Kreuzes – ein neugotisches Gesamtkunstwerk, bei dem Architektur, Malerei, Plastik, Hochaltar, Kirchenbänke und die übrige Ausstattung nach mittelalterlichem Vorbild harmonisch aufeinander abgestimmt wurden. Das Gebäude gilt als der bedeutendste Kirchenbau des Architekten Ernst Friedrich Zwirner, der auch die Dombauhütte in Köln leitete.[16]

»[…] zarte, dem Ideal sich zuneigende Formenbildung«
(Franz Kugler, 1854)[17]

Nazarenische Kunst als Verbindung von Klassizismus und Romantik

Im Innenraum der St.-Apollinaris-Kirche schufen vier Maler eines der bedeutendsten Bildprogramme der nachmittelalterlichen Freskenkunst in Deutschland. Insgesamt entstanden binnen zwölf Jahren 69 Gemälde mit rd. 580 Einzelfiguren in drei Bildzyklen. Die Qualität der Fresken wurde von den Zeitgenossen gerühmt: »In der Kreuzigungsszene ist es von grossartiger Wirkung, wie die Masse des Volkes durch den ausserordentlichen Moment gemeinsam bewegt und erschüttert wird: ich entsinne mich nicht, Aehnliches gesehen zu haben«[18], so der zeitgenössische Kunstkritiker und Historiker Franz Kugler. Mit der Ausmalung der Wandflächen war Friedrich Wilhelm von Schadow beauftragt, der Direktor der Düsseldorfer Kunstakademie. Er und seine Schüler gehörten der Strömung der sog. »nazarenischen Kunst« an. Sie berief sich auf die klassische Tradition: Gegenstand der Kunst ist nicht die Wirklichkeit selbst, sondern ihre ideale, geläuterte Form. Gewählt wurden daher nur Themen aus Religion, Mythologie, Literatur oder Geschichte.[19] Die Vertreter dieser Stilrichtung wollten die christliche Kunst im Sinne der Romantik wiederbeleben. Ziel war es, mit ihren Werken beim Betrachter tief religiöses Empfinden auszulösen. Zugleich aber strebten Schadow und seine Schule nach einer besonders »naturgemäßen« Ausführung des Werkes – und bahnten damit ungewollt in Deutschland dem Realismus den Weg. Schadow vergab den Auftrag an seine vier Schüler Ernst Deger aus Hildesheim, Andreas Müller und dessen Bruder Karl Müller aus Ahrweiler sowie Franz Ittenbach aus Königswinter. Zur selben Zeit erhielt auch der Speyerer Dom eine Ausmalung im nazarenischen Stil durch den Münchener Maler Johann Schraudolph und seine Mitarbeiter.[20]

Neugotischer Chor der St.-Apollinaris-Kirche in Remagen mit einem Fresko von Ernst Deger: Christus als Weltenrichter (Roland Hockling)

»ein echtes Kunstwerk […], das jeden Firlefanz verschmähend, nur in seiner eigenen Tiefe, Würde und Lieblichkeit ruht«
(Adalbert Stifter)[21]

Realismus

In der zweiten Hälfte des 19. Jhs. befreiten sich die Darstellungen zunehmend von den Vorgaben der Antike, und die Strömung des Realismus gewann in den bildenden Künsten die Oberhand, aber auch in Literatur und Theater. Themen der Gegenwart wie Fabriken, das Arbeiter- und Bauernmilieu etc. wurden jetzt darstellungswürdig. In der Malerei erfreuten sich Genreszenen zunehmender Beliebtheit. »Ein echtes Kunstwerk [...]. Ich verdanke dem ungestörten Genusse dieses Bildes einige der schönsten Stunden meines Lebens«[22], rühmt beispielsweise der Schriftsteller Adalbert Stifter in einem Brief die realistische Darstellungsweise des in Pirmasens geborenen Biedermaier-Malers Heinrich Bürkel. Gegenstand des Lobes ist dessen Bild »Felsenweg am Achensee mit Figurenstaffage«. Mit realistischer Genauigkeit hielt Bürkel in Genreszenen die Handwerker, Landschaften und Landbevölkerung seiner Umgebung fest: den Schmied, den Köhler, die Heuernte, die Arbeit im Steinbruch, aber auch das Ausruhen, sei es bei der Rast während der Feldarbeit oder im Wirtshaus nach Feierabend.[23]

Stilkunst um 1900

In den bildenden Künsten, in Literatur und Musik existierten in der Zeit um die Wende vom 19. zum 20. Jh. sehr viele Richtungen nebeneinander, so dass es nicht mehr möglich war, die verschiedenen Strömungen unter einem einzigen kunst-, literatur- oder musikhistorischen Epochenbegriff zu fassen: Realismus und Naturalismus, Symbolismus, Dekadenzliteratur, Impressionismus, Jugendstil und Neuromantik, um nur einige von ihnen zu nennen. Es hat sich daher eingebürgert, von »Stilkunst« um 1900 zu sprechen. Gleichzeitig blieben die »Neo«-Stile im Kaiserreich bis zum Ersten Weltkrieg beliebt. Ein Beispiel hierfür ist das im neostaufischen Stil – einer Spielart der Neoromanik – erbaute ehemalige preußische Regierungsgebäude in Koblenz (Planung: Geheimer Oberbaurat Paul Kieschke, 1906). In die Planung dieses Regierungsgebäudes hatte Kaiser Wilhelm II. selbst eingegriffen; es zählt zu den Hauptwerken der Neoromanik in Deutschland.[24] Eine Besonderheit in unserem Raum stellt außerdem die »Nibelungenarchitektur« in Worms dar – eine Verbindung aus spätromanischen und frühgotischen Bauelementen, teilweise in Verbindung mit Elementen des Jugendstils.

Kaiser Wilhelm II. in einer Ansprache anlässlich eines Besuches des neuen Wormser Spiel- und Festhauses im Jahr 1889

»Das Nibelungenlied allein schon ist die Perle aller deutschen Dichtungen, und seine Klänge umwebten und umschweben den Namen der Stadt Worms. Sage und Geschichte haben hier gleich mächtig und groß auf die religiöse und moralische Stärkung des Volkes eingewirkt.«

Zitiert nach EHRISMANN, Nibelungenlied 2005, S. 838.

Entfacht von der Wiederentdeckung des Nibelungenliedes in der Zeit der Romantik und befeuert vom Erfolg von Richard Wagners »Ring der Nibelungen« (Einer der musikalischen Antipoden Wagners, der Komponist Friedrich August Bungert, lebte seit 1894 in Leutesdorf am Rhein.), stand die Nibelungensage als »nationales und identitätsstiftendes Thema« politisch für die deutsche Einheit.[25] Was lag näher, die Stadt der burgundischen Prinzessin Kriemhild, einen der Hauptschauplätze des 2379-strophigen Epos, als »Nibelungenstadt« zu vermarkten?[26] In der Folgezeit benannte man auch

Straßen nach den Nibelungengestalten. Die »Nibelungenarchitektur« ist zum Teil bis heute an einigen Arkadengängen, dem Wasserturm (1890), der Neusatzschule (1891), der Nibelungenschule (1900) und der einer mittelalterlichen Ritterburg nachempfundenen Ernst-Ludwig-Brücke über den Rhein (1900) sichtbar. Die Ruine des Hauptgebäudes dieser architektonischen Richtung, das »Cornelianum« (1910), ein »Volkshaus«, geplant von dem bedeutenden Jugendstil-Architekten Theodor Fischer und gestiftet vom Lederindustriellen Freiherr Cornelius Wilhelm von Heyl, wurde, obwohl nur teilweise zerstört, nach dem Zweiten Weltkrieg abgerissen.

Die klassische Moderne

Als »klassische Moderne« wird in der darstellenden Kunst in Europa die Epoche von etwa 1880 bis etwa 1960 bezeichnet. Sie bewegte sich im Spannungsfeld zwischen zwei Polen: der reinen ungegenständlichen Form der abstrakten Kunst und einer überscharfen Realitätsnähe, wie sie in der darstellenden Kunst im Surrealismus und der neuen Sachlichkeit der 1920er Jahre zu finden ist.[27] Gegen Ende des 19. Jhs. hatte sich auch in Deutschland die Plein-Air-Malerei durchgesetzt. In der Malerei des Impressionismus löste sich die realistische Darstellungsweise auf, die Farbe bekam Qualität des Lichts. Die Kunstmetropole Paris zog viele Künstler auch aus unserem Raum an, wie z. B. Friedrich Karl Ströher, Hans Purrmann, Max Slevogt oder Emy Roeder, die sich auf Reisen in die französische Hauptstadt mit der zeitgenössischen Avantgarde-Malerei von Cézanne, Monet, Matisse etc. vertraut machten. Umgekehrt wurde im deutschen Pavillon anlässlich der Weltausstellung im Jahr 1900 zeitgenössische deutsche Kunst ausgestellt, aus unserem Raum wurden z. B. das Gemälde »Scheherezade erzählt« von Max Slevogt[28] gezeigt, »12 künstlerische Photographien« von Nicola Perscheid[29] und die Bronzeplastik »Telemachos« von Ludwig Cauer[30]. Als Bildgegenstände darstellungswürdig wurden in der Folgezeit auch zuvor »hässlich« empfundene Seiten der Gegenwart mit ihren Fabriken, Maschinenhallen etc. So hielt etwa der Expressionist Christoph Kröwerath die BASF-Anlagen in vielen seiner Bilder fest.[31] Der Expressionismus zielte darauf ab, im Betrachter eine Gefühlslage zu erzeugen – ein Ziel, das zur selben Zeit die Kubisten wie Pablo Picasso und George Braque verfolgten. In unserem Raum fand die expressionistische Stilrichtung große Verbreitung, u. a. bei Friedrich Karl Ströher, Emy Roeder, Albert Weisgerber und im Spätwerk von Max Slevogt, um nur einige zu nennen. Beide Strömungen, Expressionismus und Kubismus, ebneten den Weg zur Abstraktion. Die Fragmentierung des Sichtbaren oder die völlige Loslösung vom Gegenständlichen in die Abstraktion wurde von den bildenden Künstlern in unserem Raum vor dem Zweiten Weltkrieg allerdings eher selten vollzogen. Mit dem Schriftsteller und Dramaturgen Hugo Ball aus Pirmasens stammt jedoch der Mitbegründer der für damalige Verhältnisse provozierenden Dada-Bewegung und Schöpfer abstrakter Lautgedichte aus unserer Gegend.[32]

Zur Geschichte der klassischen Moderne gehört auch deren elementare Unterbrechung nach 1933. Denn die Nationalsozialisten setzen alles daran, die stattgefundenen Entwicklungen rückgängig zu machen. So wurden im Zuge der nationalsozialistischen Beschlagnahmeaktion »Entartete Kunst« aus deutschen Museen mehr als 15.000 Kunstwerke entfernt, in einer Wanderausstellung zur »Abschreckung« verhöhnt, devisenbringend verkauft oder verbrannt.[33] Für welche Museen und Arbeiten aus dem Gebiet des heutigen Rheinland-Pfalz dies zutrifft, ist bislang nicht zusammenhängend erforscht.[34] Vieles gilt bis heute als verschollen. Das »Dritte Reich« riss nicht nur in das kulturelle Gedächtnis der verschiedenen Landesteile tiefe Narben, sondern nivellierte und zerstörte in ihrem geistigen Leben auch die Kunst- und Kulturlandschaft. Die Künstlerinnen und Künstler fanden sich wieder zwischen Emigration und Anpassung, Kunstvereine wurden aufgelöst oder gleichgeschaltet. So wandten sich beispielsweise viele Mitglieder der Arbeitsgemeinschaft Pfälzer Kunst der Landschaftsmalerei zu; auch der Fotograf August Sander schuf, da die Nationalsozialisten seine erste Publikation »Antlitz der Zeit« 1934 beschlagnahmt hatten, während dieser Zeit zahlreiche Landschaftsaufnahmen von Rhein und Siebengebirge.[35] Andere Künstler bevorzugten unverfängliche Genres, so wurden z. B. an der Handwerkerschule Trier auffällig viele Grabmäler geschaffen, oder sie wandten sich wie die Schriftstellerin Elisabeth Langgässer aus Alzey religiösen Themen zu.

Nach dem Zweiten Weltkrieg kam es zu einer Rückbesinnung auf die Vorkriegsmoderne. Es bestand ein immenser Nachholbedarf nach Kultur und Kunst. Nur wenige hiesige bildende Künstler setzten sich in ihrem Werk mit den vorangegangen zwölf Schreckensjahren auseinander, wie z. B. Will Sohl, Heinz Lohmar, Johann Baptist Lenz oder Fritz Zollnhofer[36] – anders die Schriftsteller, wie im Kapitel »Auseinandersetzung mit der Gegenwart« zu zeigen sein wird. In Rheinland-Pfalz wurde auch nach dem Ende der nationalsozialistischen Diktatur die Debatte um abstrakte Kunst heftig weitergeführt. So konnte beispielsweise der Leiter der Mainzer städtischen Gemäldegalerie Fritz Arens eine für März 1951 anberaumte Ausstellung des Malers und Grafikers Hubert Berke nicht durchsetzen. »Als man die Bilder holen wollte, verlangte Oberbürgermeister Stein, gleichzeitig Kulturdezernent der Stadt Mainz, Auskunft darüber, ob es sich um abstrakte Kunst handle. Als die Ausstellungsleitung es bejahte, verbot der Kultur-Oberbürgermeister kurzerhand die Ausstellung und ließ sie absagen.«[37] Dennoch vertraten Maler wie Alo Altripp, Edvard Frank oder Werner Gilles Positionen der gegenstandslosen Malerei.[38] In Koblenz bot die »Arbeitsgemeinschaft bildender Künstler am Mittelrhein« (akm) seit 1948 ein Forum für die Vertreter der abstrakten Kunst. Seit den 1950er Jahren stellten dort unter dem Motto »form + farbe« z. B. Künstler wie Max Rupp, Otto Buhr und Antonie Becker aus,[39] in der Pfalz formierte sich um Otto Schmidt-Groß 1949 die »neue pfälzische Gruppe.« Eine umfassende Darstellung der Kultur in Rheinland-Pfalz im Nachkriegsjahrzehnt findet sich in der gleichnamigen Veröffentlichung der Kommission des Landtages für die Geschichte des Landes Rheinland-Pfalz.[40]

Postmoderne

In der sog. Postmoderne setzte sich im ganzen westlichen Kulturraum ein spielerisch-destruktiver Umgang mit den Stilrichtungen der Kunstgeschichte durch – so auch in Rheinland-Pfalz. Die bildende Kunst hatte sich nach dem Zweiten Weltkrieg weiter internationalisiert und neue Wege beschritten. Wiederum existierten und existieren eine Vielzahl künstlerischer Richtungen nebeneinander: Action Painting, Informel, Farbfeldmalerei, Pop Art, Konzeptuelle Kunst, Neosurrealismus und Neorealismus, um nur einige von ihnen zu nennen.[41] Die zeitgenössischen Positionen der Gegenwartskunst in unserem Land im Einzelnen darzustellen, würde den Rahmen sprengen. Es sei daher auf die zahlreichen Ausstellungen zur Gegenwartskunst in Museen wie dem Wilhelm-Hack-Museum Ludwigshafen, dem Arp-Museum Rolandseck, dem Künstlerhaus Schloss Balmoral, dem Landtag Rheinland-Pfalz, der Kunsthalle Mainz und der vielen Kunstvereine im Land verwiesen.

Auseinandersetzung mit der Gegenwart am Beispiel der Literatur

Hatten Realismus und Naturalismus in der zweiten Hälfte des 19. Jhs. einer unverblümten Beschreibung der Gegenwart in Kunst und Literatur den Weg geebnet, so setzte sich dies im 20. Jh. fort. Ein Beispiel hierfür sind die beiden für die Literatur des 20. Jhs. bedeutendsten Schriftsteller aus dem heutigen Rheinland-Pfalz, die Mainzerin Anna Seghers und Carl Zuckmayer aus dem rheinhessischen Nackenheim. Beide setzten sich in ihren Werken mit der politischen Situation in ihrer Heimat nach der »Machtergreifung« auseinander. Netty Reiling, alias Anna Seghers, wuchs in Mainz als Tochter eines jüdischen Kunsthistorikers und Antiquitätenhändlers auf.

Anna Seghers über Mainz

»In dieser Stadt, in der ich meine Kindheit verbrachte, empfing ich was Goethe den Originaleindruck nennt: den ersten Eindruck, den ein Mensch von einem Teil der Wirklichkeit in sich aufnimmt, ob es der Fluss ist, oder der Wald, die Sterne, die Menschen. Ich habe versucht in vielen meiner Bücher festzuhalten, was ich hier erfuhr und erlebte.«

Zitiert nach BERKESSEL, Seghers 2003, S. 3.

Seghers lebte bereits im französischen Exil, als sie die Jahre unmittelbar vor und nach der Machtübernahme Hitlers aufgriff. In »Kopflohn« (1933) stellte sie dar, wie die NS-Ideologie langsam in das fiktive rheinhessische Dorf Oberweilerbach vordringt. »Das siebte Kreuz« erschien im Jahr 1942 und gehört zu den wenigen deutschen Widerstandsromanen, die auch im Ausland ein breites Echo fanden. Der Roman beginnt mit der Flucht von sieben Häftlingen aus dem Konzentrationslager Westhofen – tatsächlich existierte in Osthofen ein KZ. Doch nur einem von ihnen – dem Mechaniker Georg Heisler – gelingt es, sich zu retten. Eine Nacht verbringt er im Mainzer Dom, bevor er auf einem Rheinschiff seinen Häschern entkommt.

Schon mit den Komödien »Der fröhliche Weinberg« (uraufgeführt in Berlin 1925) und »Hauptmann von Köpenick« (1931) war Carl Zuckmayer in den Jahren vor der nationalsozialistischen Machtübernahme ein gefeierter Theaterautor, der die Erneuerung des Volkstheaterstücks eingeläutet hatte sowie Träger des Kleist-Preises war.[42] Den Stoff für seine Schauspiele lieferten ihm die heimatlichen Winzerdörfer Rheinhessens. Ähnlich wie bei Thomas Mann und Bertolt Brecht, mit dem er befreundet war, bestand zwischen Schriftsteller und Geburtsort jedoch ein zwiespältiges Verhältnis, das bis nach dem Zweiten Weltkrieg bestehen bleiben sollte. So erhob der Mainzer Bischof 1926 öffentlich Bedenken gegen die dortige Erstaufführung von »Der fröhliche Weinberg«, er befürchtete eine »unzweideutige Förderung des Verfalls der öffentlichen Sittlichkeit«. Zudem sah er »das rheinhessische Volk in seinen typischen Vertretern vor der breiten Öffentlichkeit in einer Weise dargestellt, daß sich anständige Menschen mit einem Gefühl des Abscheues und Ekels von ihm abwenden müssten.«[43] Auch Teile der Einwohnerschaft Nackenheims fühlten sich diffamiert. Schließlich sah Zuckmayer sich rassistischen Anfeindungen ausgesetzt, als bei der Mainzer Erstaufführung Transparente mit antisemitischen Parolen entrollt wurden – Zuckmayer galt der nationalsozialistischen Rassenideologie zufolge als sog. »Halbjude«. Den an die Macht drängenden Nationalsozialisten konnte die Satire auf die deutsche Obrigkeitsgläubigkeit des Drehbuchautors von Emil Jannings »Der blaue Engel« nicht gefallen. 1933 emigrierte Zuckmayer nach Österreich, später über die Schweiz in die USA, wo er als Drehbuchautor in Hollywood und Dozent in New York tätig war. 1943/44 erstellte er für den amerikanischen Geheimdienst ein Dossier über die politische Einstellung deutscher und österreichischer Künstler, das 2002 aus dem Nachlass des Schriftstellers veröffentlicht wurde.[44] In seinen Nachkriegsdramen »Des Teufels General« (1946), »Das kalte Licht« (1955), »Der Rattenfänger« (1975) sowie »Der Gesang vom Feuerofen« (1950) setzte Zuckmayer sich mit der nationalsozialistischen Vergangenheit in Deutschland auseinander.

In der deutschen Nachkriegszeit griffen Schriftsteller wie der in Schweich an der Mosel aufgewachsene Stefan Andres das Zeitgeschehen auf, aber auch zahlreiche neu gegründete Kabarettensembles. Dabei nahmen sie eine anti-nationalsozialistische und pazifistische Grundhaltung ein. Für diese junge Generation von Kleinkünstlern stellte das Kabarett eine »explizit politische Kunst«[45] dar. Im Mainz der Nachkriegszeit begann Hanns Dieter Hüsch ab 1949, sich mit scharfer Beobachtungsgabe, die in seinen typischen »Hüsch-Stil« münden sollte, mit genauen und liebevollen Alltagsbeobachtungen und satirischen Kommentaren zur Tagespolitik als Kabarettist zu etablieren. Insgesamt schuf er über 70 Kabarettprogramme. Sein Publikum fesselte er zudem als Moderator, Schauspieler, Regisseur, Kinderbuchautor, Stückeschreiber und Synchronsprecher. Mit seinen skurrilen Figuren, etwa »Hagenbuch« oder »Ditz Atrops« nahm er die Gegenwart aufs Korn: »Jedes Jahrzehnt seit den 1950er Jahren hatte ›seinen‹ Hüsch.«[46] Er lebte mehr als 40 Jahre in Mainz und stand in enger Verbindung zur Szene um das Forumtheater »Unterhaus«.

2. Kunst, Kultur und Raum

2.1. Orte künstlerischer Inspiration

> »Diese Gegend ist so vielfältig beschrieben,
> abgebildet und dargestellt [...].«[47]
> (Karl Simrock, 1851)

Rhein-romantik

Wie keine andere deutsche Landschaft wurde das Mittelrheintal zwischen Koblenz und Mainz, diese »Hauptstraße der gebildeten Welt«[48] (Karl Simrock), seit Beginn des 19. Jhs. von Schriftstellern und Dichtern besungen, von Malern, Kupfer- und Stahlstechern und später auch Fotografen im Bild festgehalten – und nicht zuletzt von Kunstsinnigen mitgestaltet, die sich im Zuge der Mittelalterbegeisterung in der ersten Hälfte des 19. Jhs. daran machten, die verfallenen Burgen und Schlösser an den Ufern entlang des Stroms wieder aufzubauen. Gleichzeitig besaß das Mittelrheintal mit Koblenz, der Hauptstadt der preußischen Rheinprovinz, in der nach 1815 wichtige Behörden ihren Sitz nahmen, ein kulturelles Zentrum, das zahlreichen ansässigen Künstlern Lohn und Brot bot.[49] Die wohl bekanntesten auswärtigen Vertreter der Rheinromantik sind William Turner, der Rhein und Mosel in den Jahren 1824 und 1839 bereiste und seine Eindrücke in Skizzenbüchern ebenso festhielt wie der französische Dichter und Staatsmann Victor Hugo. »Ich finde mich bereit und willig, die höchste Wette einzugehen, dass, bey der Reise durch ganz Europa, wenn es auf eine Gallerie der mannigfachsten und herrlichsten Naturansichten ankommt, kein entzückenderer Weg erfunden werden könne, als der auf dem linken Rheinufer von Bonn bis Mainz«,[50] befand im Jahr 1827 der Reiseschriftsteller und Dichter Friedrich von Matthisson. Er ist damit ein zeittypischer Vertreter einer neuen, subjektiven und stark emotional gefärbten Betrachtungsweise der nun in ihrer Rauheit und Wildheit als einmalig empfundenen Landschaft am Rhein – der Rheinromantik.

Freilich waren Rheindarstellungen zu Beginn des 19. Jhs. nichts Neues, hatten doch auf der Fahrt zu den Kunststätten Italiens bereits im 17. Jh. holländische Landschaftsmaler das Rheintal bereist.[51] Etliche von ihnen, z. B. der Barockmaler Roelant Savery, hielten ihre Reiseeindrücke mit dem Pinsel fest und schufen erste realtopografische Darstellungen dieser Landschaft. Auch der Kupferstecher Matthäus Merian hatte bereits Mitte des 17. Jhs. mit seinen Ansichten rheinischer Städte eine Darstellungstradition geschaffen, die bis hinein ins 19. Jh. stilbildend blieb und als Druckgrafik vielfach Verbreitung fand. Zu Beginn des 19. Jhs. waren es dann englische Lithografen, die auf ihrem Weg nach Italien Ansichten der Rheinufer mit der Kunst des Steindrucks vervielfältigten.[52]

Ab wann aber spricht man von Rheinromantik? Als ihre Geburtsstunde gilt das Jahr 1802. Damals formulierte der Schriftsteller und Philosoph Friedrich Schlegel ein neues Landschaftsideal: »Für mich sind nur die Gegenden schön, welche man gewöhnlich rauh und wild nennt.«[53] Damit war das Mittelrheintal eine geradezu ideale Verkörperung der romantischen Landschaft. Zudem schienen die rd. 40 Burgruinen zwischen Bingen und Koblenz die Reisenden in eine Zeit zurückzuversetzen, die im Gegensatz zur Gegenwart von den Vertretern der Romantik als ursprüngliches Ideal empfunden wurde: das Mittelalter. Dies bewog auch die Dichterfreunde Achim von Armin und Clemens Brentano noch im gleichen Jahr, 1802, aufzubrechen, um den Strom zwischen Bingen und Koblenz zu Fuß und zu Schiff zu bereisen. Ihr Interesse galt neben der Erkundung der Landschaft auch den Sagen und Märchen, die ihnen unterwegs erzählt wurden. Teile ihrer »alten deutschen Lieder« veröffentlichten sie 1806 unter dem Titel »Des Knaben Wunderhorn«, dem Sprachrohr der Frühromantik.

Clemens Brentano, in (Koblenz-)Ehrenbreitstein geboren, gilt als einer der bedeutendsten Schriftsteller der deutschen Romantik. Am Rhein verbrachte er nicht nur seine Jugend, sondern prägte mit seinen literarischen Texten auch das Bild von der Rheinlandschaft entscheidend mit. In seinem »Märchen vom Rhein« verklärte er die Landschaft des Mittelrheintals zum Hort der Dichtung schlechthin und stellte es als Ziel romantischer Sehnsucht dar. Bereits 1801 hatte er seinen Roman »Godwi oder das steinerne Bild der Mutter« veröffentlicht. Darin schuf er die weltberühmt gewordene literarische Figur der Lore Lay. In einer 25-strophigen Ballade schildert er das Schicksal des schönen Mädchens, das von seinem Geliebten verlassen wurde. Die unglücklich Liebende stürzte nun ihrerseits die Männer, die sie umschwärmten, ins Verderben.[54]

Karl Herrmann: Die Lorelei (Rhein-Museum Koblenz; Foto: Andreas Linsenmann)

»Zu Bacharach am Rheine
Wohnt eine Zauberin,
Sie war so schön und feine
Und riß viel Herzen hin.

Und brachte viel zuschanden
Der Männer rings umher,
Aus ihren Liebesbanden
War keine Rettung mehr
[...].«

(Clemens Brentano, 1801)

Mit seiner Ballade goss Brentano die lokale Sage der die Schiffer in den Untergang lockenden Schönen auf dem Felsen in eine wirkungsmächtige Form. Auch der Dichter Heinrich Heine nahm das Motiv auf: in dem bekannten und von etlichen Komponisten – etwa Friedrich Silcher – vertonten Gedicht »Die Lore-Lay«. Der Mythos der Loreley wirkt bis in die Gegenwart nach. Zu erwähnen sind hier etwa die Freilichtbühne und das im Jahr 2000 eröffnete Besucherzentrum Loreley in St. Goarshausen.[55] Aber auch der Rhein selbst hat nichts von seiner Ausstrahlungskraft auf Künstler verloren, wie etwa die Arbeiten von Andreas Bruchhäuser belegen.[56]

Im Zuge der Mittelalterbegeisterung wuchs auch das architektonische Interesse an den »romantischen« Burgruinen entlang des Mittelrheintals. Im Laufe des 19. Jhs. wurden sie Zug um Zug renoviert und wieder aufgebaut. So erwarb z. B. im Jahr 1823 Prinz Friedrich Ludwig von Preußen die einstige Zollburg des Mainzer Erzbistums, Burg Rheinstein, seit dem 17. Jh. eine Ruine. Der preußische Prinz ließ diese Burg im Sinne der Rheinromantik von den namhaften Baumeistern Johann Claudius von Lassaulx, Friedrich Schinkel und Wilhelm Kuhn wieder aufbauen. Doch nicht nur das. In seinem Tagebuch bemerkt Matthisson 1828 über einen Besuch bei Graf Hake: »Während des jedesmaligen Aufenthalts werden auch die Bewohner, bis auf die Dienerschaft, im Kostüm des Mittelalters gekleidet seyn, die Täuschung zu vollenden.«[57] Als Gegenstück ließ Friedrich Ludwig das nahe gelegene »Schweizerhaus« errichten, dessen traditionelle Holzbauweise von der zweiten Ideallandschaft romantischer Sehnsucht zeugte – der Schweiz.[58] Was die Malerei betrifft, seien exemplarisch die Rheinlandschaften der drei Koblenzer Biedermeier-Maler Konrad Zick, Johann Baptist Bachta und Johannes Jakob Diezler genannt.[59]

> »Zwischen Rhein und Mosel, emporgereckt von den Armen
> beider Ströme, eine versteinerte vulkanische Woge,
> so hebt die Eifel ihr Hochland unter der Glocke des Himmels.«
>
> (Clara Viebig, 1927)[60]

Literaturlandschaft Eifel

Zwischen der Rheinromantik des 19. Jhs. und der Zeit nach dem Ersten Weltkrieg, in der sich u. a. mit den bereits erwähnten Werken Carl Zuckmayers und Anna Seghers Rheinhessen zum literarischen Schauplatz entwickelte, gewann die Eifel als Literaturlandschaft an Bedeutung. War die Eifelgegend bereits seit den 1830er Jahren des 19. Jhs. ein bevorzugter Bildgegenstand der Düsseldorfer Landschaftsmaler um Johann Wilhelm Schirmer, so ist es das Verdienst der Schriftstellerin Clara Viebig, den armen Eifeler Bauern, den Hügeln, Maaren und Tälern und den harten Lebensbedingungen der Winzer im Moseltal um die Wende vom 19. zum 20. Jh. ein literarisches Denkmal gesetzt zu haben. Auch im Hunsrück lässt sich zur selben Zeit eine Tendenz zur Heimatdichtung erkennen, z. B. in den Werken von Jakob Kneip, der später den »Bund rheinischer Dichter« mitbegründen sollte.[61] Der Name der in Trier geborenen Autorin Clara Viebig jedoch wurde vom zeitgenössischen Publikum und den Kritikern wegen der realistischen und naturalistischen Darstellungsweise ihrer Stoffe, zu der sie durch die Lektüre der Romane des französischen Schriftstellers Emile Zola angeregt worden war, in einem Atemzug mit Theodor Fontane und Gerhart Hauptmann genannt. Die Ideen für ihre frühen Romane und Erzählungen bezog Viebig aus der Gegend, »der ich das Höchste, das Schönste, das Größte verdanke«. Mit den Novellen »Kinder der Eifel« und dem Roman »Rheinlandstöchter« hatte sie im Jahr 1897 den literarischen Durchbruch erzielt. Gleichzeitig klangen hier Themen an, die ihr literarisches Schaffen fortan durchweben sollten: Es sind eindringliche Texte, die von existenzieller Not handeln, Gesellschaftskritik üben und starke, nach Selbstbestimmung strebende Frauengestalten aufweisen. Nicht selten fühlten sich die in unmittelbarer Sprache und großer Direktheit Dargestellten verunglimpft – wie etwa die Bewohner der Eifelgemeinde Eisenschmitt, die sich als Schauplatz des Romans »Das Weiberdorf« (1899) wiederfanden und erwirkten, dass der Ortsname in »Eisendorf« geändert wurde. Der Skandal um den Roman, dessen Figuren Eifler Platt sprechen, und der wegen der als zu freizügig empfundenen Schilderung weiblicher Sexualität auch von der katholischen Kirche scharf angegriffen wurde, verhalf seiner Schöpferin jedoch zu großer Popularität. Fortan erschien fast jedes Jahr ein Erfolgsroman von Clara Viebig – bis durch den Tod ihres Ehemanns, des jüdischen Verlegers Theodor Cohn im Jahr 1936, ihre Werke in Vergessenheit gerieten.[62] Heute hat die Eifel ihren Ruf als Literaturlandschaft wiedererlangt. Dies ist nicht nur das Verdienst des Eifel Literatur-Festivals,[63] sondern auch dasjenige des Autors Michael Preute alias Jacques Berndorf, der mit einer Auflage von 4 Mio. Büchern der meistgelesene Krimiautor Deutschlands ist. In »Deutschlands Krimilandschaft Nr. 1« wirken zurzeit etwa 50 Autorinnen und Autoren, seit sechs Jahren findet hier das Krimifestival »Tatort Eifel« statt.[64]

Der mediterrane Charme der Pfalz

Zu Beginn des 20. Jhs. beobachteten Kunsthistoriker, dass der südliche Landesteil des heutigen Rheinland-Pfalz an Bedeutung gewann – zunächst als Ort künstlerischer Inspiration.[65] Hatte die zu Bayern gehörende Pfalz in Sachen Kunst und Kunstausbildung im 19. Jh. noch als Provinz ohne eigene künstlerische Ausbildungsstätten und -möglichkeiten gegolten, so wendete sich dieser Nachteil nach dem Ersten Weltkrieg in einen Vorteil. Zahlreiche bildende Künstlerinnnen und Künstler kehrten nach ihrer Ausbildung an bedeutenden Akademien und Schulen in Berlin, München oder Karlsruhe wieder in ihre Heimat zurück. Bereits in den Jahren vor Ausbruch des Ersten Weltkriegs waren wichtige Impulse von einigen Künstlern ausgegangen, die in der Pfalz geboren wurden. Zu nennen sind Maler wie Julius Exter, Albert Haueisen, Philipp Helmer, Josef Höffler, Friedrich Ferdinand Koch, Siegfried von Leth oder Hans Purrmann.[66] Etliche von ihnen kehrten nach dem Ersten Weltkrieg in die Pfalz zurück. Auch erwarb z. B. der Wahlpfälzer Maler Max Slevogt im Jahr 1914 hier das Landgut »Neukastel«.

Max Slevogt: Kleine Weinlese, 1913 (Villa Ludwigshöhe, GDKE Rheinland-Pfalz)

Landschaftsmalern wie ihm bot zum einen die Pfälzer Landschaft mit ihren Lichtverhältnissen für die neue impressionistische und später expressionistische Stilrichtung eine Vielzahl reizvoller Motive. Zum anderen lag die Rückkehr der Künstler auch im wachsenden Selbstbewusstsein der Region und in ihrer bewussten Emanzipation vom Münchner Kunstbetrieb begründet: Als französisch besetztes Gebiet genoss die Pfalz nun besondere Aufmerksamkeit im Deutschen Reich und wurde finanziell unterstützt, um sie an Deutschland zu binden. Dennoch beklagte der Direktor des Pfälzischen Gewerbemuseums Hermann Graf im Jahr 1927: »Noch keine pfälzische Stadt hat eine städtische Galerie oder einen ständigen repräsentablen Ausstellungsraum, überall aber stehen Konzertsäle und Turnhallen tage- und wochenlang leer.«[67] Eine Ausnahme bildete der Aufbau einer regionalen Kunstförderung in den 1920er Jahren in Kaiserslautern.[68] Hermann Graf gelang es dort, mit seiner modernen Auffassung des Museums als Volksbildungsstätte das Kunstleben in der Pfalz unter dem Dach der im Jahr 1922 neu geschaffenen »Arbeitsgemeinschaft Pfälzer Kunst« – kurz APK – zu vernetzen und zudem sein Museum zu einer Plattform für die junge zeitgenössische Kunst auszubauen. Ziel der Arbeitsgemeinschaft war es, »alle mit künstlerischen Fragen sich beschäftigenden Vereine, Stellen und Persönlichkeiten, sowie alle Kunstfreunde der Pfalz zum Zwecke des Schutzes und der Sammlung alter bodenständiger Kunst, zur Belebung und Förderung der heutigen bildenden Kunst und zum wirtschaftlichen Selbstschutz der Künstler zusammenschließen, ohne die innere Arbeit der angeschlossenen Verbände einzuengen.«[69] Um ihren Mitgliedern Verdienstmöglichkeiten zu schaffen, entfaltete die APK eine rege Ausstellungstätigkeit. Allein 20 Verkaufsausstellungen fanden binnen eines Jahres 1925/26 statt, neun davon in Städten außerhalb der Pfalz.[70] Doch währte diese Blütezeit der Pfälzer Kunst kaum zehn Jahre. Nach 1945 knüpfte die »Arbeitsgemeinschaft Pfälzer Künstler« an die Tradition der 1920er Jahre an. Heute gilt die Pfalz als »Toskana Deutschlands«, als bevorzugtes Domizil unter Künstlerinnen und Künstlern. So hatten laut einer vom

Kultusministerium des Landes herausgegebenen Übersicht aus dem Jahr 1990 von den 46 Vereinigungen bildender Künstler und Kunstvereine im Land mehr als 40 % ihren Sitz in der Pfalz.[71] Im Jahr 2009 gehörten der APK rd. 170 Mitglieder an.[72]

Kunst und Kultur jenseits der großen Metropolen

Das Fehlen traditionsreicher künstlerischer Zentren erwies sich in dem neu geschaffenen Bindestrichland Rheinland-Pfalz nach dem Zweiten Weltkrieg auch in der Musik- und freien Kulturszene als Vorteil. Es entwickelten sich in den Aufbruchsjahren ab Mitte der 1960er Jahre des

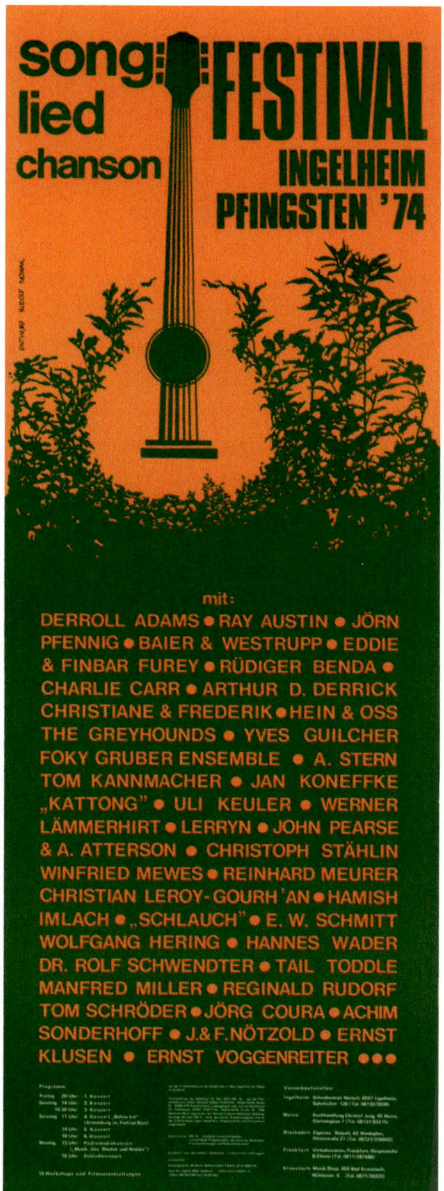

Plakate für das Eurofolk Festival Ingelheim 1974 und 1975 (Eurofolkfestival Ingelheim, Erwin Schwarz)

20. Jhs. auf dem Lande, in der »Provinz« auch in anderen Landesteilen Orte künstlerischen Wirkens, die ihre eigene Strahlkraft entfalteten. Zu nennen sind hier die großen Folklore- und Liedermacherfestivals der 1960er Jahre auf Burg Waldeck im Hunsrück, wo Reinhard Mey, Franz-Josef Degenhardt, Hannes Wader und Hanns Dieter Hüsch ihre Karrieren begannen. So waren im Jahr 1966 fast 40 Sängerinnen und Sänger auf der Waldeck zu hören. Anfang der 1970er Jahre wurde dann in dieser Tradition das »Eurofolk Festival Ingelheim« in Rheinhessen aus der Taufe gehoben, im Jahr 1974 das »Open Ohr Festival Mainz«. Kulturstätten wie das Haus Felsenkeller in Altenkirchen, die Kulturfabrik in Koblenz, die Tuchfabrik in Trier oder Bell-Vue in Bell/Hunsrück entstanden.[73] Im Jahr 1991 richtete die Landesregierung mit der Stiftung Rheinland-Pfalz für Kultur eine Institution ein, die mit dem Künstlerhaus Schloss Balmoral bei Bad Ems, dem Haus für Literatur in Edenkoben, der 1986 gegründeten Villa Musica in Mainz oder dem Kahnweilerhaus in Rockenhausen fortan für Malerei, Musik, Literatur und bildende Kunst eine Heimstatt bot.[74]

2.2. Die Gestaltung des Raums

Architektur

Überregional bekannte Bauwerke des Klassizismus sind in Rheinland-Pfalz ebenso rar wie solche vorangegangener Epochen, etwa der Renaissance, des Barock oder Rokoko. Die Kriege des 17. Jhs., die Französische Revolution und die napoleonische Säkularisierung haben vor allem in den Städten tiefe Spuren hinterlassen. So kam vielerorts in der französischen Zeit bis 1815 die Bautätigkeit weitgehend zum Erliegen. Nicht nur die traditionellen Bauherren – Kurfürsten und Adel – fielen als Auftraggeber aus, sondern infolge der Säkularisation auch Kirchen und Klöster. Oftmals konnten nicht einmal die Kriegsschäden an Kirchen, Pfarrhäusern und Schulen behoben werden.[75] In Mainz erwog die französische Verwaltung ebenso wie in Speyer den Abriss des Domes, was in beiden Fällen durch die Intervention des Mainzer Bischofs Colmar verhindert werden konnte. So war ab 1815 ein immenser Nachholbedarf zu verzeichnen. Besonders Schulhäuser und Kirchen mussten für die schnell wachsende Bevölkerung neu gebaut oder erweitert werden. In Speyer wurden große Teile der Stadtbefestigung abgerissen und als Baumaterial verkauft.[76] In Koblenz entwarf und baute Bauinspektor Johann Claudius von Lassaulx in den 32 Jahren seiner Amtszeit in und um die Hauptstadt der neu geschaffenen Rheinprovinz rd. 25 Kirchen und über 40 Schulhäuser im klassizistischen Stil.[77] Auf dem Lande wirkte die Lassaulx-Schulhausarchitektur mit ihren Rundbögen und dem zweifarbig gefassten Mauerwerk das 19. Jh. hindurch stilbildend. Zudem wurde Koblenz nun zum Mittelpunkt eines der größten Festungssysteme Europas. Auf dem Ehrenbreitstein errichteten preußische Militäringenieure mit Hilfe Tiroler Bauarbeiter eine weitläufige Zitadelle, die bis heute das Stadtbild beherrscht, aber die städtebauliche Entwicklung hemmte.[78] In einer ähnlichen Lage befand sich die Bundes- bzw. Reichsfestung Mainz, die ebenfalls bis 1872 zwischen einem Festungsring und dem Rhein eingeschlossen blieb. Erst Stadtbaumeister Eduard Kreyßig erwirkte, dass mit dem Konzept der Mainzer Neustadt sich die Fläche der Stadt verdoppeln konnte.[79] In Ludwigshafen wurde zur selben Zeit der gründerzeitliche Stadtteil Hemshof gebaut, in Landau die Ringstraßen.

Zu den seit jeher bestehenden Bauaufgaben zählten auch Repräsentationsbauten wie z. B. das für König Ludwig I. errichtete Sommerschloss Villa Ludwigshöhe (1845–

1852) bei Edenkoben.[80] Hinzu traten im 19. Jh. eine Vielzahl völlig neuer öffentlicher Bauaufgaben wie Theater (das heutige Mainzer Staatstheater nach Plänen von Georg Moller 1833,[81] das städtische »Gesellschaftshaus« in Ludwigshafen 1882, das Wormser »Spiel- und Festhaus« 1889 von Otto March[82]), Bibliotheken (Koblenz 1832), Gerichtsgebäude, Bahnhöfe (Speyer 1847, Worms 1853, Rheinischer Bahnhof Koblenz 1859, Hauptbahnhof in Mainz 1884 von Philipp Berdellé), Markthallen und Festsäle (Kaiserslauterer Fruchthalle 1846 von August von Voit), Industriearchitektur (Sayner Hütte 1830),[83] Gaswerke (Bingen 1857,[84] Speyer 1860, Ludwigshafen 1871), Wassertürme (Speyer 1883), Elektrizitätswerke (Kaiserslautern 1894, Pirmasens 1896, Bingen 1898, Ludwigshafen 1901[85]), aber auch Volksbäder (z. B. Ludwigshafen 1897, Koblenzer Hallenbad Kastorpfaffengasse 1901) und private Bauaufgaben wie Fabriken sowie der Synagogenbau (z. B. Speyer 1820 von August von Voit, Mainzer Hauptsynagoge 1912 von Willy Graf), um nur einige zu nennen.

Was das 20. Jh. betrifft, blühte die Baukultur oftmals im Verborgenen, z.B. in der Jugendstil-Bäderarchitektur in Bad Münster am Stein, dem Kur- und Bäderhaus in Bad Kreuznach (1913) oder dem Kurtheater in Bad Ems (1913).[86] Auch in Landau wurde eine Jugendstil-Festhalle (1907) errichtet. Jugendstil-Architektur findet sich zudem z.T. noch bis heute an Kauf- und Geschäftshäusern in unserem Raum, z. B. an den Fassaden einiger Geschäftshäuser in der Koblenzer Firmungsstraße.[87] In Ludwigshafen wurden Ende der 1920er Jahre die beiden größten Lichtspielhäuser der Region eröffnet: 1928 das Filmtheater »Rheingold« mit 1.200 Plätzen und im Jahr 1929 der Pfalzbau (1.400 Plätze).[88] Entworfen wurden sie u. a. von dem Architekten Karl Latteyer, dessen Büro zu den größten im südwestdeutschen Raum gehörte und überregionale Ausstrahlung besaß.

Nach dem Zweiten Weltkrieg lagen die größeren Städte in Trümmern. Koblenz war zu 85 % zerstört, Mainz zu 80 %, Ludwigshafen zu 84 %, Kaiserslautern zu 60 %, Worms zu 65 % und Trier zu 41 %. Im Nachkriegsjahrzehnt stand oftmals der rasche Wiederaufbau mit dem vorhandenen – vielerorts sehr knappen – Baumaterial im Vordergrund. Später entstanden in Koblenz das Landeshauptarchiv (1954), das Hauptjustizgebäude und das Verwaltungsgebäude der Sport-Toto-GmbH, in Mainz das Rathaus (1973) von Arne Jacobsen und das Abgeordnetenhaus (1998) von Heinz Mohl. Auch Kaiserslautern und Ludwigshafen legten sich neue Rathäuser zu: Die Kaiserslauterer Hochhausarchitektur stammt von Roland Ostertag (1968); das Rathaus-Center in Ludwigshafen (1978) von Ernst van Dorp und K. Schmidt verbindet die Stadtverwaltung mit Einkaufspassagen und war »das gewaltigste Rathaus-Center in der Bundesrepublik«[89]. Bereits 1957 hatte Ludwigshafen mit dem Friedrich-Engelhorn-Haus der BASF ein Wahrzeichen erhalten, das damals der Presse als »Symbol des Aufbauwillens«, »höchstes Haus Deutschlands« oder »Industrie-Walhall in Ludwigshafen«[90] galt.

Architektonische Kleinodien trifft man – wie so oft in Rheinland-Pfalz – in den Regionen an. So stellte z. B. in Bad Neuenahr-Ahrweiler die Politik auf der Grundlage von Architekturwettbewerben die Weichen zugunsten moderner Architekturformen. »Ob Schulen, Kindergärten, Wohnanlagen oder Einfamilienhäuser, manchmal auch privatwirtschaftliche Gebäude, sogar Läden, Hotels und Werkseingänge: Das Städtchen kann sich sehen lassen«,[91] würdigte dies ein von der Stiftung Baukultur herausgegebener Architekturführer im Jahr 2005. Auch einer der wichtigsten Vertreter des modernen

Kirchenbaus im 20. Jh., Rudolf Schwarz, hat in Rheinland-Pfalz gewirkt. Er erbaute z. B. die Pfarrkirche St.-Albertus-Magnus in Andernach (1954) und gestaltete die Liebfrauenkirche in Trier um.[92] Nach den Plänen von Dominikus Böhm wurden u. a. die Pfarrkirchen St. Elisabeth in Koblenz-Rauental und St. Veit in Mayen errichtet. Eine sinnfällige Verbindung von Architektur, Raum und einem regenerativen Energiekonzept bietet seit 2002 das Biosphärenhaus bei Fischbach. Als besonders eindrückliche Architektur ist das Dokumentationshaus an der Gedenkstätte des SS-Sonderlagers und späteren Konzentrationslagers Hinzert zu nennen. Es entstand 2005 in Zusammenarbeit zwischen dem Architekturbüro Wandel, Hoefer, Lorch und Hirsch mit dem Landschaftsplaner Gillich Heckel. Mit der neuen Synagoge in Mainz (2010) schuf Manuel Herz einen Bau von höchster Qualität, der international Beachtung fand.[93]

Umformung des Naturraums zum Kulturraum

Zu Beginn des 21. Jhs. gewann das obere Mittelrheintal mit seiner Ernennung zum UNESCO-Welterbe im Jahr 2002 einen neuen Status als europäische Kulturlandschaft. »Die Landschaft weist einen außergewöhnlichen Reichtum an kulturellen Zeugnissen und Assoziationen historischer wie auch künstlerischer Art auf«,[94] begründete die UNESCO-Kommission u. a. ihre Entscheidung. Eine besondere Verbindung von Natur und Kultur lässt sich im waldreichen Rheinland-Pfalz seit den 1980er Jahren in der Zunahme der Land Art-Projekte beobachten wie z. B. dem Projekt »im TAL« nahe Hasselbach im Westerwald (seit 1986), dem »Skulpturenufer Remagen« (2000) oder dem »Skulpturenweg Reckenthal« (seit 2009) bei Montabaur. Eine Besonderheit sind in diesem Zusammenhang Kunstprojekte auf ehemaligen Militärgeländen wie z. B. das Kunstprojekt in den früheren Munitionsdepots im Ober-Olmer Wald bei Mainz (1996) oder das »Kunstprojekt B05« in den Bunkeranlagen im Stadtwald von Montabaur (seit 2010). Nicht zuletzt galt die vielbesuchte Bundesgartenschau in Koblenz im Jahr 2011 als eine gelungene Verbindung von Natur- und Kulturraum. Mit Hilfe einer Seilbahn war es gelungen, die Koblenzer Innenstadt mit der Festung Ehrenbreitstein über den Rhein hinweg zu einer erlebbaren Einheit zusammenzufügen. »Mit dieser Bundesgartenschau ist ein Kunstwerk entstanden«,[95] befand der damalige Bundespräsident Christian Wulff anlässlich der Eröffnung.

3. Kunst, Kultur und Form

Die Formen und Stilmittel künstlerischen Gestaltens weisen auf dem Gebiet des heutigen Rheinland-Pfalz einige charakteristische Besonderheiten auf. So erfreuen sich über unseren gesamten Untersuchungszeitraum hinweg »bürgerliche Genres« wie die Landschaftsmalerei, Portraits und Stillleben konstanter Beliebtheit. Dies mag der Tatsache geschuldet sein, dass es in erster Linie bürgerliche Kreise sowie kommunale und staatliche Auftraggeber waren, die die bildende Kunst im Land beförderten. Der Adel oder die Landesherren griffen im 19. Jh. bei ihrer Auftragsvergabe zumeist auf die künstlerischen Kreise in den jeweiligen Hauptstädten Berlin, Darmstadt und München zurück. Als Auftraggeber in unserem Raum spielten sie mit Ausnahme einiger Aktivitäten im Umfeld der Rheinromantik daher eher eine untergeordnete Rolle.

Landschaftsmalerei

Bereits zu Beginn des 19. Jhs. genoss die Landschaftsmalerei im heute nördlichen Rheinland-Pfalz einen hohen Stellenwert. Ihren Ausgangspunkt nahm sie von der Düsseldorfer Kunstakademie. Dort gründete im Jahr 1827 der Jülicher Maler Johann Wilhelm Schirmer mit seinem Freund Carl Friedrich Lessing und dem aus Simmern im Hunsrück stammenden Johann Adolf Lasinsky einen zunächst außerhalb der Akademie tätigen »Landschaftlichen Componierverein«.[96] Weit vor der französischen Plein-Air-Malerei führten die Maler auf ihren Exkursionen Freilichtstudien durch mit dem Ziel, den »lokalen Naturcharakter« zu erfassen, wie ihn Alexander von Humboldt als das Zusammenspiel von Natur, lokalen Farben, Horizontlinien, Umrissen der Berge, Beleuchtung und »Luftbläue« beschrieben hatte.[97]

Anna von Kalckrheuth, Tochter des Bildhauers Emil Cauer d.Ä., über den Landschaftsmaler Johann Wilhelm Schirmer

»Seinen Studienkasten trug er selbst, auch die Staffelei und alles Nötige«

Zitiert nach TESCH, Cauer 1977, S. 28.

Die Gruppe bereiste verschiedene Orte in der Eifel, die Studien wurden im Atelier ausgearbeitet. Eine effektvolle Lichtführung war charakteristisch für die Bilder, die so geschätzt wurden, dass man Schirmer bald als Lehrer der frisch gegründeten Landschaftsklasse an der Düsseldorfer Akademie fest anstellte. Später etablierte er dort als Professor die Landschaft als festen Bestandteil der Ausbildung. 1855 ging er nach Karlsruhe, um als Gründungsdirektor die Großherzogliche Kunstschule aufzubauen, die wiederum in unseren Raum ausstrahlte. In Düsseldorf aber entwickelte sich die realistische Landschaftsmalerei in der zweiten Hälfte des 19. Jhs. zu der wichtigsten Bildgattung. Die Eifelmalerei erlebte an der Wende zum 20. Jh. mit der nächsten Generation der Eifelmaler wie Fritz von Wille und Wilhelm Degode ihre zweite Blütezeit.[98] Ihre Arbeiten erinnern mit ihrem expressiven Gestus und dem pastosen Farbauftrag mitunter an den französischen Spätimpressionismus. Im 20. Jh. wurde die Pfalz von den Landschaftsmalern entdeckt.

Das Portrait

Das mit Beginn des 19. Jhs. aufstrebende Bürgertum trachtete danach, seiner neu errungenen gesellschaftlichen Stellung auch in Bildnissen Sichtbarkeit und Dauerhaftigkeit zu verleihen. Die Nachfrage nach Portraitmalerei und -büsten stieg enorm an. In Deutschland, aber auch in Frankreich, beobachten Kunsthistoriker für diese Zeit daher eine »regelrechte Portraitschwemme«.[99] Dies ist auch in unserem Raum zu beobachten. So wirkten allein in Koblenz in der ersten Hälfte des 19. Jhs. rd. 15 Maler als Portraitisten, die gefragtesten unter ihnen waren Simon Meister und Johann Heinrich Richter, deren Auftraggeber vor allem das Bürgertum war, aber auch der Adel und der preußische Hof.[100] In Speyer arbeitete z. B. Joseph Kellerhoven als sehr gefragter Portraitist.[101] Mit Aufkommen der Fotografie konnte dieses Bedürfnis für die breite Masse erschwinglich befriedigt werden. Dennoch blieb das gemalte großformatige Portrait als Auftragsarbeit beliebt – ließen sich damit doch Geld, Macht und Einfluss dokumentieren.

3.1. Medieneinsatz

Lithografie und Stahlstich

Zu Beginn des 19. Jhs. waren es vor allem Lithografen, die die Kunst des Steindrucks nutzten, den Senefelder 1799 erfunden hatte, um z. B. vielfältige Rheinansichten zu schaffen.[102] An der Verbreitung des Stahlstichs in Deutschland hatte der auf Schloss Birkenfeld geborene Carl Ludwig Frommel wesentlichen Anteil. Er betrieb ab 1824 in Karlsruhe ein Atelier für Stahlstiche – das erste seiner Art in Deutschland.[103] Der Stahlstich hatte den Vorzug, nahezu unbegrenzt reproduzierbar zu sein, so dass hohe Auflagen erzielt werden konnten. Hergestellt wurden diese Arbeiten nicht mehr für adelige Auftraggeber, sondern zunehmend ausgerichtet auf ein bürgerliches Publikum und dessen Geschmack.

Fotografie

Kurz nach der Entdeckung der Fotografie kamen bereits die Fotografen an den Rhein. Im Jahr 1846 entstanden die ersten erhaltenen fotografischen Aufnahmen in Koblenz. Die dortige Landessammlung zur Geschichte der Fotografie in Rheinland-Pfalz verwahrt die älteste bekannte Fotografie. Zu sehen sind rd. 20 quer zum Strom vertäute Kähne der Schiffsbrücke zwischen Koblenz und Ehrenbreitstein. Die Aufnahme stammt von dem englischen Fotopionier William Henry Fox Talbot und datiert vom Oktober 1846.[104] Eine der frühesten Architekturfotografien zeigt eine Südwestansicht des Mainzer Doms, aufgenommen von dem Frankfurter Hermann Emden um das Jahr 1858. Das Foto wurde von Victor von Zabern in Mainz veröffentlicht.[105]

Die erste erhaltene Fotografie des Rheines: Schiffsbrücke zwischen Ehrenbreitstein und Koblenz, Oktober 1846 (National Media Museum Bradford)

Mit Nicola Perscheid aus Moselweis sowie den Brüdern Theodor und Jacob Hilsdorf aus Bingen stammten aus unserem Raum auch drei bedeutende Kunstfotografen, die die unterschiedlichen fotografischen Verfahren um die Jahrhundertwende ausgelotet haben und von denen Portraitfotografien vieler Persönlichkeiten aus wilhelminischer Zeit erhalten sind.[106] Mit seinem auf rd. 600 Fotografien angelegten künstlerischen Lebenswerk »Menschen des 20. Jahrhunderts« erlangte der aus Herdorf stammende und in Trier ausgebildete Fotograf August Sander Weltruhm. Er unternahm den Versuch, über 40 Jahre hinweg einen dokumentarischen Querschnitt durch alle Gesellschaftsschichten, Berufs- und Altersgruppen seiner Zeit zu schaffen. Viele der Portraitierten waren Westerwälder Bauern, in denen der ab 1910 in Köln lebende Sander einen neuen Kundenstamm gefunden hatte. In Abgrenzung zum kommerziellen Atelier-Stil nannte er die von ihm entwickelte sachlich-realistische Portrait-Fotografie »exakte Photographie«. Damit nahm er inhaltlich die »Neue Sachlichkeit« bereits vorweg, die für die entsprechende Richtung in der Malerei Mitte der 1920er Jahre eingeführt wurde.[107] »Nichts schien mir geeigneter zu sein, als durch die Photographie in absoluter Naturtreue ein Zeitbild unserer Zeit zu geben«,[108] schrieb Sander im Jahr 1927. Nach dem Zweiten Weltkrieg wurde Sander international bekannt, seine Menschenbilder, die z. B. im Museum of Modern Art in New York ausgestellt wurden, beeinflussten viele spätere Fotografen. Die letzten beiden Jahrzehnte seines Lebens verbrachte August Sander in Kuchhausen im Westerwald.[109] Der Anstoß zu einer neuen und freien künstlerischen Fotografie in Deutschland nach dem Zusammenbruch des »Dritten Reiches« ging im Jahr 1949 von Rheinland-Pfalz aus, wo sich u. a. Wolfgang Reisewitz, Toni Schneiders und Otto Steinert in Neustadt a. d. W. zu einer Sezession namens »fotoform« zusammenschlossen, die mit ihrem Ansatz »subjektive fotografie« bis in die 1960er Jahre Bestand hatte.[110]

Film

In den 1920er Jahren des 20. Jhs. erfreute sich der Film wachsender Beliebtheit; das Publikum strömte in die Stummfilme Charlie Chaplins, die Wochenschauen und zu abendfüllenden Kulturfilmen. Auch in kleinen Städten unseres Raums eröffneten Kinos. So betrieben z. B. die Eltern von Fritz Wunderlich, beide Kapellmeister, in Kusel ein Kino und begleiteten in der Stummfilmzeit ihr Programm musikalisch.[111] Reichsweit kam es zu einem rasanten Ausbau der Lichtspielhäuser – im Jahr 1930 waren es in Deutschland mehr als 5.000. In Ludwigshafen wurden z. B. um 1931 die ersten Tonfilme gezeigt.[112] »Die damaligen Stars Hans Albers, Brigitte Helm, Willy Fritsch, Lilian Harvey, Brigitte Horney, Heinrich George, Emil Jannings und Oscar Kallweiß begeisterten das Ludwigshafener Publikum. Die Filmvorführungen wurden oft durch eine Bühnenschau eingeleitet, bei der Artisten, Humoristen und Orchester auftraten.«[113] Einer der Stars der damaligen Kinoszene war der in Ludwigshafen geborene Wilhelm (William) Dieterle. Unter Max Reinhardt in Berlin gehörte er zu den bedeutendsten Bühnenschauspielern und machte später als Filmschauspieler und Hollywood-Regisseur eine Traumkarriere. Heute zählt Regisseur Edgar Reitz zu den herausragenden Filmkünstlern aus Rheinland-Pfalz. In der Trilogie »Heimat« zeigte Reitz, dass der Mittelpunkt der Welt auch jenseits der großen Metropolen liegen kann – im fiktiven Hunsrückdorf Schabbach. Der erste Teil des Heimat-Zyklus (1984) verschaffte dem Autor und Regisseur einen weltweiten Erfolg und Anerkennung. Das 54-stündige Mammutwerk verfolgt das Schicksal einer Gruppe von Menschen um die Familie Simon von 1919 bis zur Jahrtausendwende in einem breiten Erzählstrom über 30 Folgen hinweg.[114] Der international bekannte Schauspieler Mario Adorf verlebte seine Kindheit in Mayen in der Eifel und studierte an der Mainzer Universität, ehe er eine Schauspielausbildung an der renommierten Otto-Falckenberg-Schule in München begann. Seit dem Jahr 2005 hat das »Festival des deutschen Films« in Ludwigshafen mit dem Wettbewerb um den »Filmkunstpreis« ein Forum für den deutschen Autorenfilm geschaffen, das sich zunehmender Beliebtheit erfreut.

3.2. Formen des Kulturlebens

Theater Im Zeitalter der Aufklärung entstanden in unserem Untersuchungsgebiet gleich mehrere bedeutende Theaterbauten: das kurfürstliche Komödienhaus in Mainz (1766/67),[115] das Hoftheater Zweibrücken (1775), das Neuwieder Nationaltheater (1777)[116] oder das vom Kurtrierischen Hofrat Franz Joseph Schmitz errichtete Theater in Koblenz (1787)[117] – letzteres ein frühes Beispiel einer sog. Public Private Partnership im kulturellen Bereich. Während der Mainzer Republik nutzten die Jakobiner ganz bewusst die Möglichkeiten des Theaters zur politisch-republikanischen Erziehung.[118] Allerdings musste dieses »National-Bürgertheater« nach gerade einmal sechs Monaten seine Pforten für immer schließen. Dafür entstand in Trier auf Befehl Napoleons ein Schauspielhaus, aus dem das heutige Trierer Dreispartenhaus hervorgegangen ist.[119] Das gestiegene Interesse des Bürgertums an kulturellen Angeboten führte zur Übernahme bestehender Häuser durch die kommunale Hand oder die Gründung neuer Spielstätten, so wurde 1862 vom Mühlenbesitzer Andreas Müller (genannt »Spittelmüller«) das erste feste Theater in Kaiserslautern gegründet. Das hieraus hervorgegangene Pfalztheater ist heute das einzige pfälzische Theater mit einem festen Ensemble.[120] An diesem Haus begann auch die Karriere der Sopranistin Erika Köth. In Worms nahm 1889 das »Spiel- und Festhaus« seinen Betrieb auf.[121]

Dort, wo Kommunen kein eigenes Theater unterhalten konnten, schlossen Gastspiele anderer Häuser, professionelle Wandertheater, aber auch Amateurtheater diese Lücke; so boten etwa in Lahnstein der Katholische Gesellenverein oder der Jünglingsverein »Theatralische Abendunterhaltungen« an.[122] Außerdem wurden und werden Busfahrten zu Vorführungen in den größeren Städten unseres Bundeslandes oder in angrenzenden Großstädten in Nordrhein-Westfalen, Hessen, Saarland oder Baden-Württemberg angeboten. Um durch Gruppen-Buchungen breiteren Bevölkerungsschichten einen kostengünstigeren Zugang zum Angebot der Theater und Schauspielhäuser zu ermöglichen, entstanden seit dem Ende des 19. Jhs. Volksbühnen oder Theatergemeinden. Die Mainzer Volksbühne konnte z. B. 2011 ihr 90-jähriges Bestehen begehen. Im Kontext der nationalsozialistischen Kulturpolitik entstand im nördlichen Landesteil das »Westmark-Landestheater« (ab 1940 Landestheater Moselland), das an mehr als 100 Spielorten, darunter auch in Lazaretten, und vor Wehrmachtseinheiten auftrat.[123] Zu dem Ensemble gehörte seit 1940 auch eine Handpuppen- und Marionettenbühne.[124] Zum 1. September 1944 wurden alle Theater in Deutschland geschlossen. Der ehemalige Intendant des Landestheaters Moselland gründete nach dem Krieg abermals eine Wanderbühne, die in der Provinz Rheinland-Hessen-Nassau auftrat. Daraus entstand dann schließlich die Landesbühne Rheinland-Pfalz, die ihren Sitz in Neuwied hat.[125] In den Jahrzehnten seit der Gründung unseres Bundeslandes hat sich die Theaterlandschaft inhaltlich und räumlich weiter aufgefächert. Freie Theater und Amateurtheater haben ihren festen

Platz im kulturellen Angebot unseres Landes. Zudem bereichern zahlreiche Theaterfestivals die Szene, wie z. B. seit 1988 die Burgfestspiele in Mayen, seit 1990 die Karl-May-Festspiele auf der Freilichtbühne Mörschied (Landkreis Birkenfeld) oder seit 2005 die Festspiele Ludwigshafen. 1985 gründete die Theaterwerkstatt e.V. auf privater Basis in Mainz eine Schauspielschule.[126]

Von der Westpfalz in alle Welt – Pfälzer Wandermusikanten

Sie spielten in den berühmtesten Seebädern Europas, vor Zirkus- ebenso wie vor Konzertpublikum und vor deutschstämmigen Auswanderern in aller Welt. Mit den »Pfälzer Wandermusikanten« hat die Westpfalz im 19. Jh. eine für unseren Raum einzigartige Form des Kulturlebens hervorgebracht. Erstmals belegt sind Berufe wie »Musigand, musicus oder musicien« in den Landkommissariaten Kirchheim-Bolanden, Kaiserslautern, Kusel und Homburg in den Personenstandsakten, die durch die französische Revolutionsgesetzgebung im Jahre 1798 eingeführt wurden.[127] »Pfälzer« war wie »Böhmen« eine allgemeine Berufsbezeichnung für Zirkuskapellen. Nach 1830 verließen jeweils im Frühjahr Kapellen von 6 bis 14 Mann regelmäßig die Dörfer, um zunächst im benachbarten Frankreich, in der Schweiz, Holland, England, Irland, Skandinavien und Russland zu musizieren. Ab der Jahrhundertmitte weiteten sich die Touren nach Nord- und Südamerika, Südafrika, China, Australien und Neuseeland aus. In der Blütezeit um 1900 waren schätzungsweise 2.500 Musikanten unterwegs.[128] Die »Auswanderer auf Zeit« verfügten zumeist über ein Repertoire von rd. 300 Einzelstücken von Tanzmusik wie Märschen und Walzern über Polka bis hin zum amerikanischen Modetänzen wie Two Step, Quick Step, Volksliedern und zeitgenössischen Opernpotpourris. »Die Pfälzer Musikanten wurden wohl zu den besten PR-Trägern für die damals moderne europäische Opernmusik in der gesamten zivilisierten Welt«.[129] In einer Zeit, in der es noch keine Tonträger gab, trugen sie in Amerika wesentlich zur Verbreitung von Vorformen des Jazz bei und waren somit »an der Festigung einer eigenständigen amerikanischen Musiktradition beteiligt.«[130] So stammt der Zeremonienmarsch des Weißen Hauses »Hail America« von Georg Drumm aus Erdesbach, der als einer der besten Theaterkapellmeister und Arrangeure am Broadway galt. Wie er erhielten zahlreiche Wandermusikanten feste Engagements an bedeutenden amerikanischen Orchestern wie z. B. bei den Bostoner und den New Yorker Philharmonikern.[131] Bis zum Niedergang des Wandermusikantentums mit dem Ersten Weltkrieg brachte das Pfälzer Wandermusikantentum rd. 30 Komponisten hervor.[132]

Vom »Woodstock« im Hunsrück zum Kultursommer – Festivals

Seit Mitte der 1960er Jahre zeigte und zeigt sich die kulturelle Vielfalt in Rheinland-Pfalz besonders in einer vielgestaltigen Festivallandschaft, die sich seit dem ersten Open-Air Konzert auf deutschem Boden im Jahr 1965 auf Burg Waldeck, dem »›Woodstock‹ im Hunsrück«,[133] besonders im ländlichen Raum entwickelt hat. Ein frühes Festival, das im wahrsten Sinne »auf der grünen Wiese« stattgefunden hat, war z. B. das »2. British Rock Meeting« auf der Insel Grün bei Germersheim von 1972. Mehr als 70.000 Besucher strömten zu dem Festival, um Bands wie Pink Floyd, Status Quo, Spencer Davis Group, Uriah Heep, The Kinks oder Wishbone Ash zu hören.[134] Wie ungewohnt der Umgang mit dem neuen Phänomen der Pop-Massenveranstaltungen auch für die Behörden war, zeigt sich darin, dass die Stadt Germersheim das Festival aufgrund fehlender Genehmigungen zunächst verbot. Später erteilte die Stadt unter dem Eindruck des Ansturms auf den Kartenvorverkauf dann doch die Erlaubnis für das Konzert.[135] Heute verzeichnen die Festivalkalender allein für U-Musik jährlich etwa hundert Veranstaltungen im Land – von Rock, Pop, Folk und Jazz bis hin zu Metal, Techno, House und anderen Richtungen elektronischer Musik.[136] Publikumsmagnete mit über 50.000 Besuchern sind dabei »Rock am Ring« (seit 1985) sowie das größte Festival für elektronische Musik in Deutschland, »Nature One«, auf der ehemaligen Raketenbasis Pydna bei Kastellaun (seit 1995)[137] und das »RPR1 Rheinland-Pfalz Open Air« in der Landeshauptstadt Mainz. Im Jahr 1965 wurde in Kaiserslautern das »Nato-Musikfestival« ins Leben gerufen.

Bürgermeister Walter Sommer anlässlich des ersten Nato-Musikfestivals in Kaiserslautern 1965

»So wie die einzelnen Musikkorps im Auftreten und im Spiel ihre nationalen Besonderheiten herausheben, sich alsdann aber vereinigen zu einem gewaltigen Gleichklang, so werden auch die verbündeten Völker ihr Eigendasein einordnen in das gemeinsame Bekenntnis für Freiheit, Menschlichkeit und Frieden.«

Zitiert nach URL: http://www.airn.nato.int/nmf/NMFDEU/ [9.12.2011].

Das völkerverbindende Moment wurde auch bei der Gründung von anderen Festivals betont, wie z. B. bei dem seit 1980 bestehenden Jacques-Offenbach-Festival Bad Ems[138] und dem 1990 gegründeten deutsch-französischen Musikfestival »Euroclassic« in Zweibrücken. Demgegenüber entstanden zahlreiche Festivals mit regionaler Färbung, etwa der seit 1952 stattfindende »Pfälzische Mundartdichterwettstreit« in Bockenheim a. d. W. Im Jahr 1992 rief die damalige Landesregierung mit dem »Kultursommer« eine Institution ins Leben, die sich zum Ziel setzte, Kulturveranstaltungen in den Regionen gezielt zu fördern. Künstlerinnen und Künstler sind seither unter jährlich wechselnden Mottos aufgerufen, sich sparten- und genreübergreifend zusammenzufinden und gemeinsame Projekte auf die Beine zu stellen. So entstanden im Rahmen des Kultursommers beispielsweise 1994 das Eifel-Literatur-Festival, die derzeit größte Literaturveranstaltung in Rheinland-Pfalz,[139] oder das Internationale Straßentheaterfestival Ludwigshafen.

Ausbildungsstätten

Ausbildungsstätten für bildende Künstler, die auf eine bruchlose Tradition über mehrere Jahrhunderte hinweg zurückblicken könnten wie etwa die »Akademie der Bildenden Künste in Nürnberg« (gegr. 1662) oder die »Hochschule für Grafik und Buchkunst« (gegr. 1764) in Leipzig, sucht man im Raum des heutigen Rheinland-Pfalz vergebens. Vielmehr brachte die wechselvolle Geschichte der einzelnen Gebietsteile auch Brüche in der Ausbildung von Künstlern und (Kunst-) Handwerkern mit sich.

Betrachtet man die künstlerischen Ausbildungsstätten des ausgehenden Alten Reiches in unserem Raum, so dominierten die Kunst- und Gewerbeschulen. Sie sollten die Ausbildung von Handwerkern gewährleisten, besonders des Bauwesens. Zu Beginn des 19. Jhs. waren durch die neuen Machtverhältnisse die bestehenden künstlerischen Ausbildungsstätten, wie z. B. die Mainzer »Bau- und Zeichnungsakademie« und die »Zeichnungsschule« der dortigen kurfürstlichen Universität, zerschlagen worden.[140] Fortan übernahmen private Zeichenschulen deren Aufgaben, wie sie z. B. in Koblenz, Trier und Mainz bestanden. Zur weiteren Ausbildung orientierten sich die angehenden Künstler aus dem Koblenzer Raum vorzugsweise nach Düsseldorf – die dortige Akademie galt zur damaligen Zeit als wichtigste Ausbildungsstätte Europas, sogar Studenten aus Übersee waren dort eingeschrieben.[141] Für die südlichen Landesteile lag das Städelsche Kunstinstitut in Frankfurt in der Nähe, Künstler aus dem Pfälzer Raum wandten sich oftmals den Kunstakademien in München oder – ab Mitte des 19. Jhs. – Karlsruhe zu. An dieser Konstellation änderte sich bis in das frühe 20. Jh. wenig.

Allerdings kam es im 19. Jh. in unserem Raum zu einer Professionalisierung der Handwerker- und Kunsthandwerkerausbildung durch zahlreiche Schulgründungen, so z. B. mit der »königlichen Provinzialgewerbeschule« in Trier (1830), der Gewerbeschule in Mainz (1841) und der »Pfälzischen kunstgewerblichen Fachschule« in Kaiserslautern (1874). Zum Teil ergaben sich hierbei Schnittmengen mit den Akademien, was sich z. B. an der Mainzer Kunst- und Gewerbeschule beobachten lässt. Deren Lehrplan wurde in den 1920er Jahren unter der Leitung des Architekten Arno Koernig um christliche Kunst, Kirchenarchitektur und Buchkunst erweitert, und namhafte Lehrer wie Otto Arpke wurden berufen. Linientreue Leiter überführten ab 1933 die Kunstgewerbeschule in die »Hessische Staatsschule für Kunst und Handwerk«[142] bzw. in die »Adolf-Hitler-Bauschule«.[143]

Auch nach dem Krieg konnte man sich in dem neu geschaffenen Bundesland zunächst nicht dazu durchringen, eine Kunstakademie zu schaffen. Zwar erwog man unter dem Einfluss der Kulturpolitik in der französisch besetzten Zone in Mainz in den Jahren 1947/48 die Gründung einer solchen Ausbildungsstätte. Der Plan wurde jedoch in der zerstörten Stadt fallengelassen, weil man sich nach der Eröffnung der Universität nicht in der Lage sah, den Zuzug weiterer Studierender zu verkraften.[144] So blieb es bei der »Staatlichen Bau- und Kunstschule« (1946), später »Staatsbau- und Landeskunstschule«, die sich in der Kunsterzieherausbildung unter dem Dach der Universität ab den 1960er Jahren bundesweit einen Namen machte. Erst im Jahr 2001 schuf man mit der »Akademie für Bildende Künste« als Fachbereich der Mainzer Johannes Gutenberg-Universität erstmals seit dem 18. Jh. wieder eine Kunstakademie mit staatlichem Auftrag in unserem Raum.[145]

Werkkunstschule Trier

So bleibt die Werkkunstschule Trier, heute ein Teil der Fachhochschule, diejenige künstlerische Ausbildungsstätte auf rheinland-pfälzischen Boden, die auf die längste zusammenhängende Tradition zurückblicken kann – auf mehr als 100 Jahre, in denen die Schule freilich zehn verschiedene Namen trug. Hervorgegangen ist sie aus einer von der preußischen Regierung im Jahr 1900 in Trier eingerichteten »Gewerblichen Fortbildungs- und Gewerbeschule«. Weil die Schülerzahlen rapide stiegen, wurden bald für Maler, Lithografen, Bildhauer und Modelleure spezielle

Begründung des Trierer Regierungspräsidenten für die Einrichtung der Modeklasse, 1921

»Die Bestrebung will, daß die deutsche Frau kein importiertes Kleid nach fremdem Geschmack und fremder Form, sondern nach ihrer Eigenart, ihren persönlichen Wünschen und ihrem Körperbau trage.«

Zitiert nach SCHULTE, Werkkunstschule 2003, S. 49.

Fachklassen geschaffen. Eine Besonderheit ist die Gründung einer Modeklasse im Jahr 1922 – die erste im Rheinland, deren Ziel es war, im französisch besetzten rheinischen Gebiet »eine rein deutsche Mode zu schaffen«[146].

Blick in die Modeklasse der Werkkunstschule Trier, um 1925 (Stadtarchiv Trier, Fotosammlung Bätz)

Zwischen 1930 und 1934 trug die Kunstgewerbeschule unter Leitung von Heinrich Dieckmann den Untertitel »Trierer Werkschule für christliche Kunst«, knüpfte eng an die Ideen des Deutschen Werkbunds an und genoss international einen exzellenten Ruf. Ihre Arbeiten wurden z. B. in Chicago, Rom und Rotterdam ausgestellt. Unter dem Einfluss der nationalsozialistischen Kultur- und Bildungspolitik verschob sich der Ausbildungsschwerpunkt nach 1933: Die gestalterische und kunstgewerbliche Ausrichtung wurde unterbunden, Schüler ohne abgeschlossene handwerkliche Ausbildung wurden nicht mehr aufgenommen.[147] Dennoch blieb Trier beliebt: Viele Schüler aus Nord- und Westdeutschland setzten während des Zweiten Weltkriegs ihre Ausbildung dort fort, da die Schule als einzige weit und breit bis zu den Bombenangriffen von 1945 unbeschädigt geblieben war.

Nach Ende des Zweiten Weltkriegs eröffnete die französische Militärregierung die Schule 1946 wieder offiziell. Heinrich Dieckmann wurde nach zwölfjähriger Unterbrechung wieder als Direktor eingesetzt.[148] Mit ihren vier Abteilungen Bildhauerei, Malerei und Grafik, Innenarchitektur sowie Textil bot die Werkschule in den 1950er Jahren in Rheinland-Pfalz als einzige umfassende Ausbildungsmöglichkeiten und war entsprechend gefragt. Im Jahr 1959 ging sie in die »Werkkunstschule Trier« über (bis 1965)[149] und wurde 1965 verstaatlicht. Mit der Eröffnung der Fachhochschule Rheinland-Pfalz, Abteilung Trier, ging sie im Jahr 1971 in dieser auf.

4. Kunst, Kultur und Mensch

4.1. Lebenswege einzelner »rheinland-pfälzischer« Künstlerinnen und Künstler

Aufgrund der heterogenen Geschichte der einzelnen Gebietsteile konnte es vor der Gründung unseres Bundeslandes keine typisch »rheinland-pfälzische« Kunst und ebenso wenig »rheinland-pfälzische« Künstler geben. »Rheinland-pfälzisch« kann aber im Sinne Helmut Friedels als »regionaler Humus« verstanden werden, als Nährboden, »auf dem das künstlerische Schaffen erwächst oder von dem es in vielfältiger Weise durchdrungen wird, sei es kontinuierlich oder in einzelnen, manchmal kurzfristigen Schaffensphasen während eines Künstlerlebens«.[150] Exemplarisch für die Vielzahl von Kunst- und Kulturschaffenden, auf die dies zutrifft, sollen im folgenden die Lebenswege einiger bekannter und weniger bekannter bildender Künstler und ihre Beziehungen zu den Kunstströmungen ihrer Zeit dargestellt werden.

Anselm Feuerbach (1829–1880)

Feuerbach knüpfte in seinem Werk an die Tradition der Historienmalerei an. Die idealisierten Frauengestalten seiner Hauptschaffensperiode waren z. B. Iphigenie, Medea oder Hafis. Vor ebenfalls idealisierten Landschaften in Szene gesetzt, wirken sie hoheitsvoll und in sich gekehrt, fast statuarisch. Die Farben sind abgedunkelt und wie erloschen. Zugleich war Feuerbach einer der großen Portraitmaler seiner Zeit. Bei seinen Zeitgenossen in der gründerzeitlichen Gesellschaft mit ihrem unbedingten Glauben an Fortschritt und Veränderung galt der Maler jedoch zeitweise als überholt. Der Mangel an öffentlicher Anerkennung machte ihm zu schaffen. Nachdem Feuerbach 1856 nach Rom übergesiedelt war und von 1873 bis 1876 eine Professur für Historienmalerei an der Wiener Akademie innehatte, starb er 1880 mit 51 Jahren vereinsamt in Venedig.[151]

Anselm Feuerbach: Hafis am Brunnen, 1866
(Museum Pfalzgalerie Kaiserslautern)

»Für 35 Pfennig am Tag verdingten wir uns«[152]

Die »Wörther Malschule« um Heinrich von Zügel

»Wir trieben das Vieh zum Einstellplatz, wuschen Pinsel aus und zogen die Leinwand auf. Nicht selten standen wir, Kühe und Pferde haltend, stundenlang am Altrhein, wenn es das Motiv erforderte«, erinnerte sich ein Jugendlicher, der für die Wörther Malschule des Tiermalers Heinrich von Zügel die vierbeinigen Motive im Zaum hielt. Im Jahr 1894 hatte Heinrich von Zügel, der in jenem Jahr als Professor für Tiermalerei an der Karlsruher Kunstakademie lehrte, das nördlich von Karlsruhe gelegene Fischerdorf Wörth am Rhein entdeckt. Auch als er im Folgejahr an die Münchener Kunstakademie berufen wurde, führte er bis 1920 jährlich im Sommersemester die Malkurse in Wörth weiter, mit Ausnahme der Zeit des Ersten Weltkriegs.[153] Obwohl Zügels Wörther Malschule eine Randnotiz der Kunstgeschichte blieb, hat er auf die Malerei in Deutschland gewissen Einfluss ausgeübt: Zum einen blieben viele seiner Schüler der Tiermalerei verhaftet, wie z. B. der später in Dresden lehrende Emanuel Hegenbarth, der dem Expressionismus nahe stehende Tier- und Landschaftsmaler Otto Dill aus Neustadt a. d. W. oder der Illustrator Eugen Osswald, der besonders für den Mainzer Verlag Joseph Scholz eine Vielzahl an Kinderbüchern, Märchenbüchern, aber auch Fibeln und Spiele bebilderte. Darunter befinden sich auch bekannte Titel wie das Bärenbuch »Familie Mutz« von Ina Seidel. Zum anderen gründeten Zügel-Schüler wie Max Bergmann, Julius Paul Junghanns oder Willy Tiedjen jeweils eigene Malschulen, in denen die Ausbildung in den Sommermonaten mit Freilichtmalerei nach dem Vorbild der Wörther Malschule verlief.

Max Slevogt (1868–1932)

Max Slevogt zählt mit Max Liebermann und Lovis Corinth zu den drei großen Malern des deutschen Impressionismus. Der in Landshut geborene Maler erhielt seine Ausbildung an der Münchener Akademie und fuhr seit 1885 regelmäßig nach Neukastel in der Pfalz. Im Jahr 1892 schloss er sich der neu gegründeten »Münchener Sezession« an.[154] Mit für damalige Zeiten gewagten Bildern (Danae, Tanz der Salome, Die Ringerschule) sorgte er für Skandale, die ihm den Beinamen »Slevogt der Schreckliche« einbrachten. Dennoch wurde er einer der begehrtesten Portraitmaler der höheren Gesellschaft. Durch seine Heirat mit der Malerin Antonie Finkler aus Godramstein wurde er im Jahr 1898 endgültig in der Pfalz heimisch, wo er alljährlich die Sommermonate verbrachte. Die italienisch anmutende ländliche Idylle der Pfalz fing er in impressionistischen Landschaftsbildern ein, die ihm internationale Anerkennung verschafften. Ein großer Teil seines Lebenswerks entstand in seiner Pfälzer Wahlheimat. 1914 erwarb er den Familienbesitz seiner Frau, das Landgut Neukastel bei Leinsweiler, den heutigen »Slevogthof«. Dort schuf er Wand- und Deckenfresken, die noch heute erhalten sind. Sein letztes großes Werk befand sich in der Friedenskirche in Ludwigshafen. Für die dortige 100 qm große Altarrückwand hatte er mit zeitgenössischen Figuren das beeindruckende Fresko einer Golgatha-Darstellung gestaltet, das im Zweiten Weltkrieg zerstört wurde. Eine Rekonstruktion auf LKW-Plane wurde im Jahr 2011 vom Förderkreis der Friedenskirche erstmals wieder am Originalort öffentlich zugänglich gemacht.[155]

»Nach vielen Reisen und Wählen zwischen Berlin und meiner Heimat habe ich mich nun für den Hunsrück entschieden«

Friedrich Karl Ströher (1876–1925)

In einem Brief an einen Freund schrieb Friedrich Karl Ströher im Jahr 1921: »Nach vielen Reisen und Wählen zwischen Berlin und meiner Heimat habe ich mich nun für den Hunsrück entschieden und finde, dass des Künstlers Kraft in der Heimat liegt. Dazu dienten also die vielen Reisen, dass sie mich dieses erkennen ließen.«[156] Nach mehr als zwei Jahrzehnten des Wanderlebens zwischen Zürich, Berlin, Paris und vielen anderen Orten in ganz Europa kehrte der Maler zurück in seinen Geburtsort, nach Irmenach. In seinem Werk hat Friedrich Karl Ströher wesentliche Entwicklungen der zeitgenössischen Malerei vom Spätimpressionismus über den Pointilismus bis hin zum Expressionismus mitvollzogen. Als Jugendlicher war er bei seinem älteren Bruder in eine einjährige Maler- und Anstreicherlehre gegangen und arbeitete anschließend als »Stubenmaler« in Bernkastel. Nach einer Fortbildung zum »Dekorationsmaler« und Wanderjahren durch halb Europa besuchte der 20-Jährige in den Wintermonaten in Zürich die Kunstgewerbeschule. »Dort wurde ich erst zum denkenden Menschen«, erinnerte er sich rückblickend. In Paris kam er in den Museen und der Weltausstellung von 1900 mit den Kunstströmungen seiner Zeit in Berührung und sah u. a. Bilder von Cézanne, Monet, Pissarro und Renoir. Die nachhaltigste Wirkung auf ihn hatten jedoch die französische Plein-Air-Malerei und damit die Landschaftsmalerei. Im Jahr 1901 stellte er erstmals in der »Berliner Sezession« aus – zusammen mit Leistikow, Corinth, Liebermann und Slevogt. Seine großen Aquarelle und Holzschnitte der letzten Lebensjahre zeigen die Stationen des bäuerlichen Lebens: Säende und pflügende Bauern, der Schnitter und die Garbenbinderin, Korngaben und Kornkästen, beladene Erntewagen.

Friedrich Karl Ströher: Selbstportrait mit blauer Jacke, 1916 (Hunsrück-Museum Simmern)

»Portami i colori!« – »Bring mir die Farben!«

Hans Purrmann (1889–1966)

Seine letzten Worte waren: »Portami i colori!« – »Bring mir die Farben!«[157] Zeitlebens war die Farbpalette des in Speyer geborenen Malers Hans Purrmann leuchtend und kraftvoll, seine Motive »dekorativ« – im französischen, wertschätzenden Sinne des Wortes. Seine Landschaften, Stillleben und Portraits verbinden französische und deutsche Einflüsse des Impressionismus, Cézannes, der französischen »Fauves« eines Henri Matisse und des deutschen Expressionismus. Als Hans Purrmann im Jahr 1966 86-jährig starb, lag ein Lebensweg hinter ihm, der typisch war für einen aus dem Gebiet des heutigen Rheinland-Pfalz stammenden Maler seiner Generation: Er führte von Speyer in die Kunstmetropolen Europas, unter den Nationalsozialisten ins Exil. Purrmann gelangte nach dem Zweiten Weltkrieg

Hans Purrmann: Allegorie der Kunst und Wissenschaft. Triptychon 1932, Kreistagssaal Speyer (Stadt Speyer, Foto: Klaus Venus)

in Deutschland zu später Ehre. Zunächst absolvierte er eine Ausbildung als Stubenmaler im väterlichen Malergeschäft in Speyer, später studierte er in den Wintermonaten an der Karlsruher Kunstgewerbeschule, dann nahm er an der Akademie der Bildenden Künste in München ein Studium auf. Er stellte in der Münchener und später der Berliner Sezession aus und lebte ein Jahrzehnt lang in Paris, wo er Henri Matisse kennenlernte, mit dem ihn eine lebenslange Freundschaft verband. Zu Beginn des Ersten Weltkriegs siedelte er nach Beilstein bei Heilbronn über, an den Familiensitz seiner Frau, der Malerin Mathilde Vollmoeller-Purrmann. Bis 1935 arbeitete er abwechselnd in Berlin, Langenargen am Bodensee und in Rom. In seiner pfälzischen Heimat hatte Purrmann zunächst wenig Fürsprecher. So nahm er im Jahr 1929 vergeblich an einem Wettbewerb zur Ausgestaltung der zentralen Gedenkstätte der Gefallenen im Ersten Weltkrieg in der Pfalz teil, der Heilig-Rochus-Kapelle in Hohenecken bei Kaiserslautern. 1931 erreichte ihn schließlich ein Auftrag aus seiner Heimatstadt: Er malte die Stirnseite des Tagungssaales im Speyerer Rathaus mit dem Triptychon »Allegorie der Kunst und Wissenschaft« aus. Das verhalten moderne Gemälde hatte in Berlin Anerkennung gefunden, in Speyer aber wurde es Ziel nationalsozialistischer Propaganda. Eine Gruppe von Künstlern aus dem »Kampfbund« und der »Notgemeinschaft Pfälzer Künstler« forderte die Beseitigung des Bildes.[158] Schließlich überdauerte es mithilfe einer List, zugenagelt und abgedeckt mit Hakenkreuzfahnen, die Zeit des Nationalsozialismus. Purrmann selbst übersiedelte 1935 als Leiter des deutschen Künstlerhauses »Villa Romana« nach Florenz. Seine Bilder galten ab 1937 in Deutschland als »entartet« und wurden aus öffentlichen Kunstsammlungen, u. a. aus Kaiserslautern, entfernt. 1943 flüchtete er in die Schweiz, wo er in Montagnola wohnte und sich u. a. mit Hermann Hesse anfreundete. Ab den 1950er Jahren wurde Purrmann in Deutschland rehabilitiert, sein Werk in zahlreichen Ausstellungen gezeigt, und dem Künstler wurden zahlreiche hohe deutsche, französische und italienische Ehrungen und Auszeichnungen zuteil: u. a. die Ehrenbürgerschaft der Stadt Speyer (1950), der Orden Pour le Mérite, der Kunstpreis Rheinland-Pfalz (1957 zusammen mit Carl Zuckmayer), das Große Verdienstkreuz mit Stern des Verdienstordens der Bundesrepublik Deutschland (1964). Als Purrmann im Jahr 1966 starb, hinterließ der ungemein produktive Maler ein Werk von rd. 1.500 Bildern, rd. 450 Aquarellen und Gouachen sowie zahlreiche Zeichnungen.

Emy Roeder (1890–1971)

Im Jahr 2010 wurden bei Baggerarbeiten vor dem roten Rathaus in Berlin aus dem Schutt Fragmente von elf modernen Skulpturen geborgen, darunter die Terrakottaplastik eines expressionistischen Frauenkopfes mit riesigen Augen. Den madonnenhaften Ausdruck der Gestalt verstärkte ein um ihr Haupt modelliertes Tuch, an Lippen und Wangen fanden sich noch Spuren von Ruß. Es war das Haupt der lange verloren geglaubten Skulptur »Schwangere« der Bildhauerin Emy Roeder von 1918, die die Nationalsozialisten für ihre Propagandaaktion »Entartete Kunst« im Jahr 1937 beschlagnahmt hatten. Die Plastik »kann als eine der eindrucksvollsten expressionistischen Frauendarstellungen in der Bildhauerei gelten.«[159] Die in Würzburg geborene Bildhauerin Emy Roeder zählt heute zu den bedeutendsten Vertretern einer figürlichen Plastik der Moderne und war eine der wenigen Frauen überhaupt, die es schafften, sich in den 1920er Jahren des 20. Jhs. in der Kunstmetropole Berlin einen Namen zu machen. Nach Ausbildungsstationen in Würzburg, an der Kunstakademie München und bei Bernhard Hoetger in Darmstadt war sie in Berlin Meisterschülerin von Hugo Lederer, knüpfte Kontakte zu den Künstlern der »Brücke« und nahm an Ausstellungen der Sezession und der Novembergruppe teil. Im Jahr 1936 erhielt sie den Villa-Romana-Preis, blieb in Italien und wurde 1944 interniert. 1949 kehrte sie nach Deutschland zurück. Die letzten beiden Jahrzehnte ihres Lebens wohnte sie in ihrer Wahlheimat Mainz, wo sie an der Landeskunstschule einen Lehrauftrag innehatte und am Kulturleben der Stadt rege Anteil nahm. In ihrer Mainzer Zeit schuf sie Bronzebüsten von Hans Purrmann, Erich Heckel und Karl Schmidt-Rottluff. Emy Roeder erhielt u. a. den Kunstpreis des Landes Rheinland-Pfalz (1956) und den Kunstpreis der Stadt Mainz (1962).[160]

Emy Roeder: Selbstbildnis, Bronze, 1964 (Museum im Kulturspeicher Würzburg)

Michael Croissant (1928–2002)

Er begann mit Tierplastiken aus Bronze, formte abstrakte Gips- und Betonköpfe, fügte ab den 1970er Jahren mit dem Schweißgerät Eisen- und später Stahlplatten zu liegenden und stehenden Figuren oder Büsten zusammen und schuf ab Ende der 1980er Jahre aus Bronzeplatten Köpfe, Figuren und Torsi. Immer aber galt der menschlichen Gestalt das Hauptinteresse des Bildhauers Michael Croissant aus Landau.

Michael Croissant über seine Berufswahl

»Mein Vater war Maler, zwei meiner Onkels waren Maler [...]. Die Konkurrenz mit diesen vielen Malern wollte ich nicht eingehen, wahrscheinlich bin ich deswegen Bildhauer geworden.«

Zitiert nach MÜLLER, Croissant 1982. S. 61.

Heute zählt Michael Croissant unter denjenigen Bildhauern, die sich in der zweiten Hälfte des 20. Jhs. mit der menschlichen Gestalt auseinandergesetzt haben, zu den bedeutendsten. Beeinflusst von Henry Moore und den Münchner Lehrern, die auch gelegentlich als die »Münchner Archaiker« bezeichnet wurden,[161] reduzierte Croissant in seinen Plastiken die Form des menschlichen Körpers auf wenige Linien und geschlossene Volumen. Seine Arbeiten vollziehen damit allgemeine Entwicklungen der Bildhauerei in Deutschland und Europa nach dem Zweiten Weltkrieg mit und gehen mitunter in das Informel über. Michael Croissant entstammte einer traditionsreichen Landauer Künstlerfamilie. Nach Kriegsende folgte er seinem Onkel Eugen nach München, um Bildhauerei zu studieren. Er setzte damit in der vor 1945 bayerischen Pfalz die seit über hundert Jahren bestehende Traditionslinie fort, in der sich Künstler aus dem südlichen Teil unseres heutigen Bundeslandes in Richtung der bayerischen Landeshauptstadt orientierten. Croissant fand in München eine neue Heimat und wohnte dort – unterbrochen von einer 20-jährigen Lehrtätigkeit an der Städelschule in Frankfurt – bis zu seinem Lebensende. Zeitlebens blieb der Bildhauer aber seinen pfälzischen Wurzeln verbunden.[162] In Kaiserslautern hatte er an der Meisterschule eine erste handwerkliche Ausbildung absolviert, von der Stadt Landau erhielt er den ersten öffentlichen Auftrag – allerdings führte die moderne Formensprache der Bronzeplastik »Der Gute Hirte« (1958) vor dem städtischen Krankenhaus zu massiven Protesten, so dass Hans Purrmann sich gezwungen sah, sich als Fürsprecher einzuschalten.[163] Croissant erhielt u. a. den Kunstpreis Rheinland-Pfalz (1978).

4.2. Formen künstlerischer Zusammenarbeit

Im aufstrebenden Bürgertum der ersten Hälfte des 19. Jhs. fand der Künstlerberuf enormen Zulauf. Beispielsweise stieg an der Düsseldorfer Kunstakademie die Schülerzahl allein in drei Jahren ab 1833 von 218 auf 327 Schüler.[164] In der Folge mussten neue Absatzwege für die Kunstproduktion gefunden werden. Eine der wichtigsten Neuerungen der Zeit waren die Kunstvereine, in denen sich Künstler, Kunstfreunde und Kritiker zusammenschlossen.

Art. 1 der »Grundgesetze des Vereins für Kunst und Literatur« in Mainz

»Es gehört demnach zum Zwecke dieser Gesellschaft, Künstler aller Art zu Kunsterzeugnissen zu ermuntern, und die Erzeugnisse eines jeden bildenden Künstlers, jedes Erfinders, Mechanikers und Fabrikanten, so wie des weiter strebenden Handwerkers zur allgemeinen Ansicht und Anerkennung zu bringen, und ihnen ächte Würdigung und Wertschätzung zu verschaffen.«

Zitiert nach LANDSCHULZ, Mainzer Maler 1977, S. 17.

Mit seinem Gründungsdatum vom Januar 1824 gehört der Mainzer Kunstverein nach Nürnberg, Hamburg und Karlsruhe zu den ältesten derartigen Zusammenschlüssen auf deutschem Gebiet. Fortan veranstaltete er über ein Jahrhundert lang Ausstellungen ortsansässiger Künstler sowie Vorträge über Kunst, Literatur und Naturwissenschaften.[165] Seine Existenz ist in Mainz bis ins Jahr 1932 nachweisbar.[166] In Koblenz veranstaltete mangels eines eigenen Kunstvereins ab 1837 der »Kunstverein für die Rheinlande und Westfalen« mit Sitz in Düsseldorf verschiedene Ausstellungen,[167] später übernahm der von Julius Wegeler 1883 gegründete »Verein für Kunst, Kunstgewerbe und Altertum« diese Aufgabe.[168] Schon im Jahr 1867 war mit dem »Pfälzischen Kunstverein« mit Sitz in Speyer die erste Organisation dieser Art in der Pfalz gegründet worden.[169] Im Jahr 1884 folgte der Kunst- und Gewerbeverein Trier, später der Eifelverein (1888). Hinzu traten im Jahr 1909 der »Verein Pfälzischer Künstler und Kunstfreunde« sowie seit 1912 der »Verein für bildende Kunst Ludwigshafen am Rhein«, der mangels geeigneter Räumlichkeiten zum Teil in Turnhallen oder der Blumenhalle ausstellte.

Nach dem Ersten Weltkrieg bildeten sich überall in Deutschland Künstlergruppen und Künstlerverbände nach dem Vorbild der Kunstzentren wie Düsseldorf, Dresden und Berlin, die in regem Austausch miteinander standen und sich in Ausstellungen gemeinsam der Öffentlichkeit präsentierten. Im Gebiet des heute nördlichen Rheinland-Pfalz ist hier der 1921 gegründete »Künstlerbund Westmark« zu nennen, in dem sich unter der Leitung von Heinrich Gesemann und Friedrich Karl Ströher von Trier über Kreuznach, Simmern bis Koblenz ganz unterschiedliche Künstler zusammengeschlossen hatten,[170] die Koblenzer Künstlergemeinschaft »Das Boot« um Hanns Sprung und Robert Gerstenkorn[171] sowie die Trierer Künstlergilde (1920 bis Ende 1930er Jahre) unter ihrem Präsidenten August Trümper[172]. Die Geschichte der bereits erwähnten Arbeitsgemeinschaft Pfälzer Künstler APK im »Dritten Reich« wirft ein Schlaglicht auf die Lage der modernen Kunst in unserem Raum in dieser Zeit. Wie weite Teile der Bevölkerung fanden sich Anfang der 1930er Jahre auch viele Pfälzer Künstler in einer materiellen Notlage wieder. Sie engagierten sich in der »Notgemeinschaft Pfälzer Kunst«, die kurz nach ihrer Gründung von den Nationalsozialisten gleichgeschaltet wurde. In der Folgezeit wurden etliche missliebige Künstler als »entartet« ausgeschlossen. Aus den Museen in Mannheim und München wurden z. B. Werke von APK-Mitgliedern wie Otto Ditscher, Ludwig Herthel, Ludwig Waldschmidt, Karl Dillinger, Eugen Croissant, Fritz Grewenig, Albert Haueisen und Friedrich Urschbach entfernt und zum Teil vernichtet.[173]

Nach dem Zweiten Weltkrieg entstanden wie überall in Deutschland auch in Rheinland-Pfalz vielfätige Künstlervereinigungen, die einen Neuanfang ermöglichen sollten. So zum Beispiel die »Pfälzische Sezession« (1946), der »Berufsverband Bildender Künstler« (1948), die »Vereinigung Pfälzischer Kunstfreunde« (1949)[174] und die »Arbeitsgemeinschaft Bildender Künstler am Mittelrhein« (Koblenz, 1948)[175]. Bis in jüngere Zeit kam und kommt es zur Gründung neuer Kunstvereine durch die Bürgerschaft, beispielhaft seien genannt der »Kunstverein Villa Streccius e. V.« in Landau (1980), derzeit der zweitgrößte Kunstverein im Land,[176] oder der Essenheimer Kunstverein (1988). Heute haben sich unter dem Dach der Arbeitsgemeinschaft der Deutschen Kunstvereine die zehn Kunstvereine aus Mainz, Essenheim, Bad Kreuznach, Trier, Worms, Frankenthal, Ludwigshafen, Speyer, Zweibrücken und Landau zu einem kulturpolitischen Netzwerk zusammengeschlossen.[177]

4.3. »Rheinland-pfälzische« Kulturschaffende im überregionalen und internationalen Kontext

Henriette Sontag und Sabine Heinefetter

Die Sopranistin Henriette Sontag wurde in Koblenz als Tochter einer durchreisenden Schauspielerfamilie geboren. Sie trat in fast allen Hauptstädten Europas auf sowie in Nordamerika und gelangte als »europäische Nachtigall« und als »Sängerin des Biedermeier« zu internationaler Berühmtheit. Ihre Heirat mit Graf Rossi unterbrach ihre Karriere, die sie aber wegen finanzieller Schwierigkeiten bald wieder aufnahm. Auf einer Gastspielreise erkrankte sie 1854 in Mexico City an Cholera und starb. In ihrer Geburtsstadt Koblenz war sie drei Jahre zuvor zum ersten und einzigen Male aufgetreten.[178]

Aus einer kinderreichen Mainzer Sängerfamilie stammte Sabine Heinefetter, deren Weg von Mainz an die großen Opernhäuser Europas führte. Sie übernahm u. a. 1832 die weibliche Hauptrolle bei der Uraufführung von Donizettis »Liebestrank« in Mailand. Ungeachtet ihrer großen internationalen Erfolge kehrte sie aber zu jährlichen Gastspielen an den Rhein zurück.[179]

Die Bildhauerfamilie Cauer

Dass es im 19. Jh. möglich war, außerhalb der etablierten Kunstmetropolen eine Existenz als Künstler von internationalem Wirkungskreis aufzubauen, zeigt die Geschichte der Kreuznacher Bildhauerfamilie Cauer.[180] Begründet wurde die Bildhauerdynastie von Emil Cauer dem Älteren. Nach einer Ausbildung an den Akademien in Berlin und München richtete er in dem aufstrebenden Kurstädtchen Kreuznach im Jahr 1832 ein Bildhaueratelier ein. Emil Cauer entwickelte eine eigenständige Form von Kleinplastiken, mit denen er in der Biedermeierzeit auf eine Marktlücke stieß: Im Geiste der Spätromantik gestaltete er volksnahe und traditionelle Motive sowie historische Gestalten, auch mit regionalen Bezügen, wie Hedwig von Flörsheim, Sickingen, Hutten, Melanchthon, aber auch Grimmsche Märchenfiguren. Die Söhne Carl und Robert Cauer (der Ältere) traten alsbald in die Fußstapfen des Vaters. Als Carl im Jahr 1842 eine robuste Modelliermasse erfand, die sog. »Cauermasse«, florierte das Familienunternehmen. Denn die neue Gussmasse bot eine be-

Erinnerungen eines Besuchers an die Kreuznacher Cauer-Ateliers

»In drei Räumen arbeiteten die Marmorbildhauer, welche nach den Modellen der Brüder ausführten; oben im zweiten Stock saßen die Gipsgießer, welche die Formen herstellten und sie ausgossen; dann gab es noch besondere Räume für die Terrakottaarbeiten, die in einem großen Ofen gebrannt wurden. Ferner war da ein besonderer Packraum, der den sehr verständlichen Namen »Wickelstube« führte [...]. Denn die Figuren aus Gips und gebrannter Erde mussten sorgfältig verpackt werden, wobei das Heu eine Hauptrolle spielte.«[181]

zahlbare Alternative zur teuren Bronze und zum zerbrechlichen Gips für jedermann.[182] Robert Cauer d. Ä. galt als der »Volksbildhauer« unter den Cauer-Brüdern. Er setzte die Serie der Märchenfiguren seines Vaters fort und ergänzte sie um Figuren aus der Literatur wie z. B. Hermann und Dorothea. Durch die Konzentration auf die Kleinplastik erfüllte die Cauersche Werkstatt ein Bedürfnis der Biedermeierzeit, die eigenen vier Wände nach persönlichem Geschmack auszuschmücken. In dem Kurort stiegen in der zweiten Hälfte des 19. Jhs. wohlsituierte Bürger ab, aber auch zahlungskräftige Vertreter des Hochadels. Es entstanden als Auftragsarbeiten kleinformatige Portraitbüsten und Statuetten für verschiedene europäische Fürstenhäuser z. B. von Fürst Metternich (1859), aber auch Monumentalplastiken wie z. B. das Schillerdenkmal in Mannheim von Carl Cauer. Die Entwürfe der Gipsmodelle standen den Kunden in drei großen Ausstellungsräumen im Kreuznacher Stammhaus jederzeit zur Verfügung. Der Herstellungsprozess dort verlief arbeitsteilig und kann sich mit anderen großen Meisterbetrieben der Zeit messen, wie z. B. den Ateliers der Berliner Bildhauer Christian Daniel Rauch, Albert Wolff oder Reinhold Begas.

Grabmal der Familie Schott auf dem Mainzer Hauptfriedhof von Robert Cauer d. Ä: Muse der Musik (Elke Steinwand)

Die Figuren hatten mitunter weite Wege zurückzulegen. Aufträge kamen aus Berlin, Wien, Budapest, Moskau, London, Amsterdam, Paris, aus Russland und den USA.[183] Im Jahr 1870 wurde in Rom ein Atelier eingerichtet, das später von Roberts Sohn Stanislaus Cauer übernommen wurde, 1891 eines in Kassel. Eine Sonderstellung im Werk Robert Cauers d. Ä. nimmt die »Muse der Musik« ein, eine allegorische Gestalt mit Lyra, die er für das Grabmal des Musikverlegers Franz Philipp Schott und dessen Ehefrau Betty schuf.[184]

In der dritten Generation führten insgesamt sechs Söhne an verschiedenen Orten in Europa die Bildhauertradition fort. Zu ihr gehörte auch Ludwig Cauer, der 1921 in Kreuznach die »Vereinigung bildender Künstler von Nahegau mit dem Sitz Kreuznach« mitbegründete, die sich wiederum der »Künstlervereinigung Westmark« anschloss. Er versuchte auch ein Cauer-Museum in Kreuznach aufzubauen, doch wurden während des Zweiten Weltkriegs die Schauräume am Stammsitz der Familie und die darin befindlichen Werke vollständig zerstört. In der vierten Generation setzte mit Hanna Cauer erstmals eine Frau die Bildhauertradition fort. Die Arbeiten der zwölf Bildhauer aus vier Cauer-Generationen jedoch überdauern in Parks und auf Friedhöfen, an Kurhäusern, Kirchen- und Bahnhofsportalen, in Schulen, Museen, Schlössern und Trinkhallen, auf Denkmalsockeln und über Brunnenstuben in ganz Europa die Zeiten. Ein Teilnachlass befindet sich heute im Schlossparkmuseum Bad Kreuznach.[185]

Thomas Nast (1840–1902)

Seine Sprache war sein Zeichenstift. Als der sechsjährige Thomas Nast aus Landau in der Pfalz mit seiner Mutter im Jahr 1846 mit dem Auswandererschiff im Hafen von New York anlegte, verstand er kein Wort Englisch – aber er konnte zeichnen und verschaffte sich so Gehör. Mit Fünfzehn erhielt er eine erste feste Anstellung als Zeichner. Und so wurde aus dem Einwandererkind aus der Pfalz in wenigen Jahren der einflussreichste Karikaturist Amerikas. Für Mark Twain war er der »Mann, der als einzelner den Vereinigten Staaten die größten Dienste geleistet hat.«[186] Nast war ein glühender Republikaner. Mit seinen satirischen Holzschnitten schuf er gewissermaßen »gezeichnete Leitartikel«[187], in denen er vorbehaltlos Partei für die Unionisten ergriff, aber auch unmoralisches Verhalten anprangerte. Oft verfremdete er die politischen Akteure zu Tieren wie Geiern, Tigern, Nashörnern oder Löwen mit menschlichem Antlitz. Im Einwanderungsland USA erreichte seine Bildersprache auch diejenigen breiten Bevölkerungsschichten, deren Englischkenntnisse bruchstückhaft waren. Auf diese Weise verhalf er während des nordamerikanischen Bürgerkriegs Präsident Abraham Lincoln im Jahr 1864 zur Wiederwahl. Nast wurde ein wahrer

Thomas Nast in einem Brief an seine Frau Sarah

»Die Macht, die ich hier habe, erschreckt mich ein wenig.«

Zitiert nach GLESSGEN, Nast 1977, S. 1.

»Präsidentenmacher« und sollte im Laufe seiner Karriere ein halbes Dutzend Präsidenten unterstützen, alle republikanisch – bis auf den letzten. Die Auflagen der Wochenzeitung, bei der er unter Vertrag stand, »Harper's Weekly Journal of Civilization«, stiegen stetig. Mit Anfang Dreißig, auf dem Gipfel seines Ruhms und politischen Einflusses, »verdiente er fast so viel, wie der Präsident Gehalt bekam.«[188]

Thomas Nast: Santa Claus (Archiv und Museum Landau in der Pfalz)

Heute haben sich etliche der Nastschen Schöpfungen von ihrem Urheber gelöst und weltweit Verbreitung gefunden: so zum Beispiel die Symbole der beiden großen Parteien der USA, der Esel für die Demokratische Partei und der Elefant für die Republikaner ebenso wie das Dollarzeichen. Hinzu kommt eine Figur, die er aus dem sackbeladenen bärtigen »Belzenickel« seiner Pfälzischen Heimat entwickelte: der Santa Claus.[189]

Mit dieser Kindheitserinnerung verpflanzte Nast ein Stück deutsche Biedermeiergemütlichkeit in die neue Welt; seit 1931 verwendet sie die Firma Coca-Cola weltweit in ihrer Werbung.[190] Nachdem Nast jedoch 1884 mit S. G. Cleveland erstmals die Wahl eines Demokraten befördert hatte, begann sein Stern zu sinken. Auch wollte er sich mit dem im Zeitungswesen neu eingeführten Druckverfahren, das auf Tuschezeichnungen beruhte, nicht anfreunden. Nach mehreren gescheiterten Versuchen, als Verleger selbst Fuß zu fassen, starb Nast 1902 als amerikanischer Generalkonsul in Ecuador. Er hatte in über 3.000 Karikaturen amerikanische Zeitgeschichte geschrieben.

Fritz Wunderlich (1930–1966)

Er zählt zu den größten lyrischen Tenören des 20. Jhs. und entstammte einer in Kusel ansässigen Musikerfamilie. Der Vater von Fritz Wunderlich war Cellist und Kapellmeister aus Thüringen, die Mutter Violinistin. Als Witwe schlug sich die Mutter mit zwei Kindern ab Mitte der 1930er Jahre in Kusel als Musiklehrerin durch. Nach dem Ende des Zweiten Weltkriegs war der Nachholbedarf an kulturellen Veranstaltungen in der Bevölkerung groß – so auch in der Westpfalz. Der Sohn unterstützte die Mutter bei Tanzmusiken auf dem Akkordeon, mit Waldhorn und Trompete, trat als Schlagersänger auf »Kermessen« und in den Offizierskasinos der französischen Besatzungsmacht auf.[191] Wunderlich studierte ab 1948 an der Pädagogischen Lehrerakademie in Kusel, der ersten derartigen Ausbildungsstätte in der Pfalz. Um Geld zu verdienen, machte er abends und nachts weiter Tanzmusik und gründete eine eigene Band. Die stimmlichen Qualitäten des jungen Mannes fielen seinem Kuseler Lehrer, Professor Dr. Joseph Müller-Blattau, auf, er empfahl ihn 1950 zur Ausbildung an die Staatliche Hochschule für Musik nach Freiburg, wo Wunderlich bis 1955 blieb. Als Meisterschüler der Sängerin Margarethe von Winterfeldt finanzierte Wunderlich seinen Lebensunterhalt weiterhin mit Unterhaltungsmusik; von Heimweh geplagt dichtete und komponierte er das »Pfälzer Heimatlied«, das als »Kuseler Nationalhymne« bekannt ist. Erste Rundfunkaufnahmen mit Unterhaltungsmusik beim SWF entstanden Ende 1953. Im Jahr 1954 sang Wunderlich bei einer Hochschulaufführung erstmals den Tamino in Mozarts Zauberflöte vor 2.000 Zuschauern, woraufhin er Mitte 1955 für fünf Jahre als lyrischer Tenor an die Württembergische Staatsoper nach Stuttgart verpflichtet wurde. Dort gelang ihm mit einer Krankheitsvertretung in der Rolle des Taminos über Nacht der künstlerische Durchbruch. Seine strahlende Stimme über zwei Oktaven hinweg und die von vielen Zeitgenossen gerühmte Stilsicherheit bei einer musikalischen Bandbreite von Unterhaltungsmusik über Operetten und Oratorien bis hin zu Liedern und Opernliteratur fanden große Anerkennung. Die Salzburger Festspiele 1959 brachten den internationalen Erfolg. Gastspiele führten ihn nach Aix-en-Provence, Edinburgh und Brüssel. 1960 wechselte Wunderlich an die Bayerische Staatsoper nach München und wurde in den darauffolgenden Jahren zum vielgefragten Medienstar. 1963 ging er ein Engagement in Wien ein. Auf dem Gipfel seines Ruhms, wenige Tage vor seinem geplanten Debut an der Metropolitan Opera in New York, erlag Wunderlich kurz vor seinem 36. Geburtstag den Folgen eines tragischen Treppensturzes.

4.4. Mäzene und Künstler

Mäzenatentum, Schenkungen und private Sammlungstätigkeit bürgerlicher Kreise bildeten auf dem Gebiet des heutigen Rheinland-Pfalz im 19. und 20. Jh. vielfach den Grundstock für Sammlungen und Kulturinstitutionen verschiedenster Art – private gleichermaßen wie öffentliche. Für das 19. Jh. ist im Koblenzer Raum vor allem die Familie Wegeler zu nennen, auf deren großzügige Unterstützung unter anderem der Bau der städtischen Festhalle vor dem Mainzer Tor in Koblenz (1901) und die Einrichtung einer

Volksbibliothek (1907) zurückgehen und die das Musik-Institut finanziell unterstützte.[192] Im 20. Jh. nahm Peter Ludwig diese Rolle ein. Der in Koblenz geborene Kunstsammler überließ der Stadt im Jahr 1992 Werke der französischen Kunst nach 1945 als Schenkungen und Dauerleihgaben, die seither im »Ludwig Museum im Deutschherrenhaus« gezeigt werden.[193] In Koblenz geboren wurde auch der zweite in unserem Raum bedeutende Kunstsammler, Wilhelm Hack. Er sammelte mittelalterliche Kunstwerke, aber auch Vor- und Frühgeschichte der Untermosel und frühe abstrakte Maler des Konstruktivismus wie Mondrian, Malewitsch und Kupka. Seine Sammlung befindet sich seit 1979 im Ludwigshafener Museum, das seinen Namen trägt.[194]

In Mainz ist Betty Schott zu nennen, die nach ihrer Heirat mit dem Musikverleger Franz Philipp Schott 1844 zu den ersten Mäzeninnen gehörte, die Komponisten förderte. Zum Dank wurden ihr Kompositionen gewidmet – so z. B. das »Albumblatt für Frau Betty Schott« von Richard Wagner, für dessen Werke sie sich bei ihrem Mann besonders eingesetzt hat.[195] Der städtischen Galerie in Mainz, dem heutigen Landesmuseum, schenkte Justizrat Adolph M. Laské im Jahr 1903 seine Grafiksammlung mit rd. 13.400 Blättern aus dem 16. bis 19. Jh.[196] Das Historische Museum der Stadt Speyer entstand aus der Sammlung von Eduard Heydenreich. An Privatsammlungen sei der Heylshof in Worms genannt, Stammsitz des Lacklederfabrikanten Cornelius Wilhelm von Heyl. Das 1884 errichtete Gebäude bietet die seltene Möglichkeit, eine bedeutende Privatsammlung des 19. Jhs. am originalen Ort zu erleben.[197] Doch sammelten Freiherr von Heyl und seine Frau nicht nur Gemälde, sondern unterstützen als Mäzene auch das Wormser Stadtarchiv.[198] Auch eine Vielzahl von Kirchenbauten wurden durch private Geldgeber erst möglich: So beteiligte sich z. B. der in die USA ausgewanderte Erbauer der Nord-Pazifik-Bahn, Heinrich Hilgard-Villard aus Speyer, am Bau der evangelischen Gedächtniskirche in seiner Heimatstadt.[199] Der Schriftsteller Joseph Breitbach legte testamentarisch am 24. Oktober 1977 fest, einen Preis für deutschsprachige Schriftsteller zu stiften. Die Statuten, die er für die Vergabe des Preises festgelegt hat, sehen ausdrücklich die Förderung junger Schriftsteller vor. Heute ist der Joseph-Breitbach-Preis der höchstdotierte Literaturpreis im deutschen Sprachraum.[200]

Joseph Breitbach (Isolde Ohlbaum)

5. Kunst, Kultur und Gesellschaft

Die gesellschaftlichen Veränderungen im Gefolge der Französischen Revolution beeinflussten auch die Rahmenbedingungen des kulturellen und künstlerischen Schaffens. Als Förderer und Mäzene traten nicht mehr in erster Linie Adelige und Kleriker auf, sondern das Bürgertum und seine Lebenswelt wurden zum neuen Bezugsrahmen für Kunst und Kultur. Daran konnte auch das Erstarken der Kräfte der Restauration in den

Jahren nach dem Wiener Kongress nichts ändern. Im Gegenteil: Nachdem das Bürgertum mit seinen Forderungen nach politischer Mitsprache und Freiheitsrechten zunächst gescheitert war, suchte es nach Kompensationen auf anderen Gebieten. Neben der Wirtschaft wurden Kunst sowie Wissenschaft und Bildung zu den Lebenswelten, in denen der bürgerliche Gestaltungswille Betätigungsfelder suchte und fand. Die Prägekraft der bürgerlichen Wertvorstellungen ist so groß gewesen, dass man für die Kultur der Moderne – also die Zeitspanne zwischen Spätaufklärung und der Nachkriegsgesellschaft des 20. Jhs. – auch den Begriff der Kultur des Bürgertums verwendet.[201]

Formen und Möglichkeiten der Teilhabe an Kultur

Der Ort, an dem sich die Begegnung mit Kunst und Kultur vollzog, war im 19. Jh. primär die Stadt. Nach dem Ende der alten Ständegesellschaft begannen sich neue gesellschaftliche Strukturen zu etablieren. Angesehene Vertreter des Bürgertums organisierten sich in Vereinen.[202] Überall entstanden Lese-, Kunst-, Gesangs- oder Schützenvereine, wie etwa der Trierer Musikverein »zur Förderung der Instrumentalmusik« (1831), die Liedertafeln in Mainz (1831) und Neustadt (1867) oder die Altertumsvereine in Mainz (1844) und Lahnstein (1880).[203] Meist beließen es die darin organisierten Bürger nicht bei der Förderung von Kunst, Kultur und Wissenschaft, sondern betätigten sich selbst aktiv musikalisch, künstlerisch oder wissenschaftlich. Als Dilettant bezeichnet zu werden, war keine Beleidigung, sondern brachte zum Ausdruck, dass sich jemand aus Liebhaberei einer Sache zuwandte. Es war zugleich aber mehr als bloße Unterhaltung, denn die Beschäftigung mit Kunst und Wissenschaft galt als Ausweis von Bildung, die wiederum als Kennzeichen der bürgerlichen Kultur gewertet wurde und den Bürger von den Angehörigen der unterbürgerlichen Schichten abgrenzte. Oft gingen kulturelles und (gesellschafts-)politisches Engagement Hand in Hand, was sich an den Lebenswegen von Frauen und Männern wie der Schriftstellerin Kathinka Zitz-Halein, die 1849 zu den Gründungsmitgliedern des Frauenhilfsvereins »Humania« gehörte, dem Juristen August Reichensperger, der u.a. der Frankfurter Nationalversammlung und dem Preußischen Abgeordnetenhaus angehörte, und der auch zu den Gründungsmitgliedern des Kölner Dombauvereins zählte, oder dem Direktor der pfälzischen Ludwigsbahnen und Kunstmäzen Albert von Jäger ablesen lässt. Kulturschaffende nutzten aber auch zu allen Zeiten die Möglichkeiten, um mit ihrem Werk zu politischen und sozialen Fragen der Zeit Stellung zu beziehen; so verlegte Victor von Zabern die politische Dichtung Ferdinand Freiligraths.[204] Philipp Jakob Siebenpfeiffer, einer der Initiatoren des Hambacher Festes und Mitbegründer des »Central-Musikvereins der Pfalz«, arbeitete nicht nur journalistisch, sondern tat sich auch als Dichter hervor.

Kultur als Identifikationsangebot

Die Säkularisation und die Vereinbarungen auf dem Wiener Kongress haben dem Raum zwischen Eifel und Pfälzerwald eine völlig neue politische Struktur verliehen. Mit den fremden Landesherren hielten neue politische, kirchliche und kulturelle Vorstellungsmuster Einzug. Manche kulturellen Traditionslinien rissen ab, andere konnten auch unter den veränderten Vorzeichen fortgeführt werden, wie etwa das 1808 ins Leben gerufene Musik-Institut Koblenz,[205] an dem u.a. zwischen 1865 und 1867 Max Bruch als Musikdirektor wirkte und am 24. April 1866 dort sein berühmtes Violinkonzert zur Aufführung brachte.[206] Aber es gab auch neue Impulse für das Geistesleben. So lud der General Neidhardt von Gneisenau an seine Tafel nicht nur Militärangehörige wie den Major Wilhelm von Scharnhorst oder den Oberst Carl von Clausewitz, sondern auch führende zivile Vertreter des kulturellen Lebens der Stadt wie den Herausgeber des »Rheinischen Merkur« Joseph Görres, den Dichter Max von Schenkendorf oder Johannes Schulze, den Herausgeber der Werke von Hegel und Winckelmann.[207] Allerdings arbeitete man in Berlin ganz bewusst auf die Auflösung dieses argwöhnisch als »Wallensteins Lager am Rhein« bezeichneten Zirkels hin.

Auszug aus der Partitur des 1. Violinkonzertes von Max Bruch (C. F. Peters Ltd & Co. KG, Frankfurt am Main)

Die Einschätzung des Geheimrats von Goethe, der im Sommer 1814 in Koblenz weilte, dass es in der Mittelrheinmetropole als zukünftigem Regierungssitz nicht an »vorzüglichen Männern« fehlen werde, »deren Aufmerksamkeit gar manches entdecken und versammeln« werde,[208] trifft daher nur bedingt zu. Einerseits lässt sich gerade im 19. Jh. ein großes bürgerschaftliches Engagement im Kultur- und Kunstsektor registrieren und eine intensive Sammlungstätigkeit in unserem Raum beobachten, die auch Ausdruck einer regionalen Identität gerade gegenüber den neuen politischen Machthabern war. Andererseits war das politische Klima der Entwicklung eines blühenden kulturellen und künstlerischen Lebens oft abträglich. Zudem war das Fehlen großer urbaner Zentren und künstlerischer und wissenschaftlicher Ausbildungsstätten der Entwicklung von Kunst und Kultur auf überregionalem Niveau nicht eben förderlich. Begabte Künstler und Architekten verließen oft ihre Heimat, um andernorts ihr Glück zu suchen, wie etwa der in München tätige und aus Koblenz gebürtige Architekt Friedrich Gärtner oder der Maler Anselm Feuerbach. Andere wie der Gartenarchitekt Peter Joseph Lenné kehrten zumindest zeitweilig in ihre Heimatregion zurück.[209]

Kunst und Kultur waren neben der Religion die Lebensbereiche, die um Antwort angegangen wurden, wenn es galt, für Einzelne oder ganze Gesellschaftsgruppen Deutungsmuster für den rasanten politischen, wirtschaftlichen und gesellschaftlichen Wandel des 19. Jhs. zu finden. Die Kunstform der Romantik und die mit ihr einhergehende Idealisierung des »Heiligen Römischen Reiches Deutscher Nation« bot ein Identifikationsmuster, das über die Konfessionsgrenzen hinweg Akzeptanz erfuhr und auch von den Herrschern aufgegriffen wurde. Die Bemühungen um die Fertigstellung des Kölner Doms, der Wiederaufbau zahlreicher Rheinburgen oder die Ausmalung des Speyerer Doms waren kulturpolitische Maßnahmen, die von weiten Teilen des Bürgertums ideell und z.T. auch finanziell mitgetragen wurden. Nicht nur Vereine wie die »Deutsche Burgenvereinigung«, die 1899 die Marksburg bei Braubach übernommen hatte, engagierten sich für den Erhalt des mittelalterlichen Kulturerbes, sondern auch vermögende Einzelpersonen oder Familien, wie der Berliner Kaufmann Louis Ravené, der 1868 die Ruine der Reichsburg Cochem erwarb, oder die Betreiber der Rheinböller Hütte, die Familie Kirsch-Puricelli, welche zwischen 1899 und 1902 die Burg Reichenstein (bei Trechtingshausen) zur Unterbringung ihrer umfangreichen Sammlungen wiederaufbauen ließ.

Wichtige Etappen auf dem Weg zur nationalen Einigung waren die Kriege von 1866 und 1871. Hinter diesen Geschehnissen traten die regionalen Identitäten in den Hintergrund, der nationale Auftrag der »Wacht am Rhein« überlagerte alles andere. Auch die Kunst stellte sich in den Dienst der nationalen Sache, wovon nicht zuletzt eine Fülle von Denkmälern aus dem letzten Drittel des 19. Jhs. zeugt. Zu den bekanntesten zählen

Zerstörtes Kaiser-Wilhelm-Denkmal am Deutschen Eck in Koblenz 1946 (Stadtarchiv Koblenz)

sicherlich das Niederwalddenkmal bei Rüdesheim (errichtet 1877–1883) und das Kaiser-Wilhelm-Denkmal (Fertigstellung 1897) am Zusammenfluss von Rhein und Mosel in Koblenz.[210] Daneben gibt es aber noch eine Reihe weiterer Erinnerungsorte wie z. B. das Germaniadenkmal für die Gefallenen der Kriege von 1866 und 1870/71 in Oberwesel (Einweihung 1895). 1898 schrieb die Deutsche Studentenschaft einen Wettbewerb für die Gestaltung eines Netzes von Feuersäulen zu Ehren des verstorbenen Reichskanzlers Otto von Bismarck aus. Den Wettbewerb gewann der Eltviller Architekt Wilhelm Kreis, auf dessen Pläne auch das Völkerschlachtdenkmal in Leipzig zurückgeht, mit seinem Modell »Götterdämmerung«. Dieser Entwurf wurde reichsweit mehr als 40 Mal realisiert, auf dem Gebiet des heutigen Rheinland-Pfalz alleine an sechs Orten: Landau (1899/1900), Sargenroth im Hunsrück (1900–1902), Bad Ems (1900/1901), Kirn (1900/1901), Idar-Oberstein (1907) und modifiziert in Ingelheim (1902–1912).[211] Der älteste Bismarckturm in unserem Untersuchungsgebiet war bereits 1895 in Bad Bergzabern errichtet worden.

Mitglieder des Denkmalausschusses begutachten das Denkmalmodell für Joseph Görres im Atelier des Künstlers Richard Langer in Düsseldorf, April 1927 (Landeshauptarchiv Koblenz)

Ausdruck der kulturellen Identität waren auch die zahlreichen Denkmäler für bedeutende historische Persönlichkeiten, die seit dem 19. Jh. errichtet wurden.[212] In der Regel waren es bedeutende Männer des Geisteslebens, der Kirche oder der Wissenschaft, die auf diese Weise geehrt wurden. Meist ging die Initiative zur Errichtung eines solchen Monuments von einem Denkmalverein aus, so auch im Falle des von Ernst Rietschel entworfenen Lutherdenkmals in Worms (1868)[213], des Schillerdenkmals in Mainz (1862)[214] oder des Denkmals auf dem Nassauer Burgberg für den Freiherrn vom Stein (1872).[215] Als Inbegriff des bürgerlichen Denkmals gilt jedoch das Gutenberg-Denkmal des dänischen Bildhauers Bertel Thorvaldsen, das mit Spenden aus ganz Europa durch die Casino-Gesellschaft und den Verein der Freunde für Kunst und Literatur in Auftrag gegeben worden war und 1837 in Mainz enthüllt wurde. Dagegen konnte sich die preußische Regierung mit den Plänen zur Errichtung eines Denkmals zu Ehren des 1848 verstorbenen Joseph Görres nicht anfreunden. Aber der streitbare Publizist sollte unter veränderten Vorzeichen doch noch zu seinem Denkmal kommen. Zu Beginn der 1920er Jahre unternahm der damalige Koblenzer Oberbürgermeister Karl Russell abermals einen Vorstoß in diese Richtung. Dieses Mal fiel der Vorschlag in Berlin auf fruchtbaren Boden, da man mit diesem Projekt die Zugehörigkeit der besetzten Rheinlande zum Reich demonstrieren konnte. So ließen es sich Reichspräsident Friedrich Ebert und Reichskanzler Wilhelm Marx nicht nehmen, Mitglied im Denkmalausschuss zu werden. Die französische Militärregierung verfolgte das Vorhaben zwar mit deutlicher Distanz, erhob aber keine generellen Einwände, so dass am 15. September 1926 anlässlich des 50-jährigen Bestehens der Görres-Gesellschaft der Grundstein für das vom Düsseldorfer Bildhauer Richard Langer entworfene Denkmal gelegt werden konnte.[216]

Kunst und sozialer Wandel

Eines der großen Themen vor allem des ausgehenden 19. Jhs. war der Städtebau. Das ungebrochene Bevölkerungswachstum, der fortdauernde Zuzug in die Städte im Gefolge der Industrialisierung und die Schaffung einer modernen Verkehrsinfrastruktur (Eisenbahn!) verlangten nach neuen städtebaulichen Konzepten. Vielfach setzten mächtige Festungsanlagen wie in Germersheim oder Koblenz der Stadtentwicklung enge Grenzen. In Städten, wo es wie in Landau oder Mainz zur Schleifung resp. Umbau der Festungsanlagen kam, konnten flächenmäßig große Neubaugebiete ausgewiesen werden. Der Bau der Mainzer Neustadt unter dem Stadtbaumeister Eduard Kreyßig – angeregt von den Maßnahmen des Barons Haussmann in Paris – zählt neben den Ringbebauungen in Wien und Köln zu den größten städtebaulichen Erweiterungsmaßnahmen im deutschsprachigen Raum.[217] Innovativ war auch das Konzept der Gartenstadt Ludwigshafen. 1909 schlossen sich Fabrikarbeiter und Handwerker zu einer Baugenossenschaft mit dem Ziel zusammen, »größere Grundstücke in der Umgebung der Stadt zu erwerben, dieselben zu erschließen und auf denselben den Mitgliedern gesunde, schöne und billige Einfamilienhäuser in Gärten gelegen, zu erbauen«. Des Weiteren sollte die »Genossenschaft dazu dienen, eine Verbilligung, Verbesserung und Geschmacksbildung im Wohnungswesen herbeizuführen«.[218]

An der Grundstruktur des Kultur- und Kunstsektors änderte sich zu Beginn des 20. Jhs. wenig. Der Raum zwischen Eifel und Pfälzerwald zeichnete sich weiterhin eher durch Breitenkultur denn durch Hochkultur aus. Allerdings setzte in dieser Zeit auch der Niedergang des für die Westpfalz so typischen Wandermusikantenwesens ein.

Kultur und Diktatur

Nach 1933 legte sich auch über den Bereich der Kultur der lange Schatten des Nationalsozialismus.[219] Die Kunst- und Kulturvereine entgingen ebenso wenig der Gleichschaltung wie alle anderen Vereine, in Frankenthal etwa ging der Volksbildungsverein im »Kampfbund für Deutsche Kultur« auf.[220] Alle Kulturschaffenden und Angehörige der ihnen nahe stehenden Berufssparten (Kunsthändler, Restauratoren etc.) hatten die Aufnahme in die Reichskulturkammer zu beantragen, wollten sie weiterhin künstlerisch tätig sein. Zu den Künstlern, deren Werke verboten wurden, gehörten u. a. der Maler Hans Purrmann oder die Schriftsteller Anna Seghers, Carl Zuckmayer und Joseph Breitbach. Die Schriftstellerin Elisabeth Langgässer wurde als »Halbjüdin« aus der Reichsschrifttumskammer ausgeschlossen. Obwohl mit Schreibverbot belegt, arbeitete Langgässer an ihrem Roman »Das unauslösliche Siegel«, der u. a. ihren Ruf als eine der führenden Vertreterinnen der deutschen Nachkriegsliteratur begründen sollte. Unter den zahlreichen Künstlern und Intellektuellen, die das Deutsche Reich in diesen Jahren verließen, waren auch Carl Zuckmayer oder der aus Ludwigshafen gebürtige Philosoph Ernst Bloch.

Die wissenschaftliche Einordnung und Aufarbeitung des künstlerischen und kulturellen Lebens und dessen Beeinflussung durch Staat und Partei stehen erst am Anfang, wie z. B. die Diskussion um die Ausstellung anlässlich des 100. Geburtstages des Wittlicher Bildhauers Hanns Scherl im Jahr 2010 oder die Lebensgeschichte des aus Braubach am Rhein stammenden und international gefeierten Baritons Heinrich Schlusnus zeigen, der einerseits einem jüdischem Kapellmeister in seiner Wohnung Unterschlupf bot und andererseits auf der Hochzeitsfeier von Hermann Göring auftrat.

»Über-Lebensmittel« Kultur

Umso größer war nach den langen Jahren der Diktatur und des Krieges der Hunger nach Kultur.[221] Trotz – oder vielleicht wegen – der großen materiellen Not wurden zumindest in den Städten rasch erste Anstrengungen unternommen, um wieder ein erstes Kulturangebot auf die Beine zu stellen. So bildete sich etwa mitten im zerbombten Mainz des Jahres 1945 ein Kulturbund mit dem Ziel, in naher Zukunft wieder Musik- und Theateraufführungen zu ermöglichen. Auch im nahen Worms entstand eine Spielgruppe, die erstmals am 15. Oktober 1945 auftrat.[222] Eine Gruppe junger Studenten der Johannes Gutenberg-Universität unternahm den Versuch zur Wiederbelebung des politisch-satirischen Kabaretts, unter ihnen auch Rudolf Jürgen Bartsch und Hanns Dieter Hüsch.[223] Mit dem 1966 gegründeten Mainzer »Unterhaus« sollte das Kabarett auf Dauer einen festen Platz im Kulturleben der Landeshauptstadt und weit darüber hinaus finden. Der seit 1972 vom Unterhaus verliehene Deutsche Kleinkunstpreis zählt zu den wichtigsten Kulturpreisen in den Sparten Kabarett, Chanson und Kleinkunst. In der Nachbarschaft des Unterhauses befindet sich das Deutsche Kabarettarchiv, das aus der Privatsammlung von Reinhard Hippen hervorgegangen ist. Verbunden werden beide Einrichtungen durch die »Sterne der Satire« – Bronzetafeln, mit denen an Persönlichkeiten wie Hugo Ball erinnert wird, die sich um das Genre Kabarett verdient gemacht haben.

Ein Land voller Kultur

Das Unterhaus ist eine der unzähligen Einrichtungen und Initiativen im Kulturbereich, die von Privatpersonen oder Vereinen bzw. Stiftungen (z.T. mit Unterstützung durch das Land resp. die Kommunen, aber auch durch Sponsoren) getragen werden. Überall im Land ist in den letzten sechs Jahrzehnten ein bunter Strauß an alternativen und ergänzenden Kulturangeboten entstanden.[224] Soziokulturelle Zentren, wie die Kulturfabriken in Worms und Koblenz oder die Tuchfabrik in Trier, finden sich darunter ebenso wie freie Theater (z. B. das Theater Chawwerusch in Herxheim bei Landau oder das Kinder- und Jugendtheater Speyer) oder soziokulturelle Arbeitsgemeinschaften, Werkstätten und Ateliers. Das Angebot dieser Einrichtungen ist ebenso bunt und vielfältig wie ihre Träger und reicht von Angeboten für Einzelpersonen und Kleingruppen bis hin zu ganzen Festivals. Weit über die Grenzen von Rheinland-Pfalz hinaus bekannt geworden sind etwa das Open Ohr-Festival in Mainz, das Lott-Festival bei Raversbeuren im Hunsrück, das Gauklerfest in Koblenz, das Mosel Musikfestival oder palatia jazz. Im Sommer 1997 fand das Festival »Grenzenlos Kultur« statt, das als eines der nachhaltigsten Projekte im Bereich Kunst und Behinderung gilt.[225]

Festivals wie das Mainzer Open Ohr-Festival[226] sind Ausdruck eines gewandelten Kulturverständnisses. Kultur und Leben, aber vor allem Kultur und Politik werden nicht mehr als getrennte Bereiche verstanden. Kultur ist nicht mehr das Erhabene und Feierliche, sondern Kultur ist ein Teil des Alltags geworden. Dies bedeutet aber wiederum, dass Kultur überall ihren Platz hat und nicht mehr an bestimmte urbane Zentren gebunden ist. Ein solcher Kulturbegriff ist gerade in einem Flächenland wie Rheinland-Pfalz besonders attraktiv und lässt auch Raum für »Pro-Winzkinos« und »Kulturscheunen«, wie etwa in Simmern im Hunsrück oder im pfälzischen Minfeld. Verbindendes Element zwischen dem Kulturbegriff des 19. und des 20. Jhs. ist der hohe Stellenwert des zivilgesellschaftlichen Engagements in diesem Bereich. Durch die Ausweitung des Kulturbegriffs in der beschriebenen Form kann dieses Engagement eine viel größere Integrationskraft entfalten als im sog. bürgerlichen Zeitalter, da es das Land oder die Region zur Gänze als Kulturraum begreift, den es zu gestalten gilt – ein Angebot, das sich an alle Rheinland-Pfälzerinnen und Rheinland-Pfälzer unabhängig von ihrer Herkunft richtet.

6. Kunst, Kultur und Wirtschaft

Zwischen Kunst und Wirtschaft bestehen seit jeher vielfältige Wechselbeziehungen. Der Kreis derjenigen, die künstlerische und kulturelle Angebote und Dienstleistungen oder Kunstobjekte nachfragen, hat sich seit den Tagen der Französischen Revolution kontinuierlich ausgeweitet. Um diese steigende Nachfrage bedienen zu können, hat eine Kommerzialisierung der Kunst eingesetzt. Zugleich ist immer deutlicher geworden, welch wichtigen Standortfaktoren Kunst und Kultur auch in unserem Raum geworden sind.[227]

Kunst und Tourismus

Künstler und Literaten hatten mit ihren Arbeiten maßgeblichen Anteil an der Entdeckung der Täler von Rhein und Mosel als touristische Ziele.[228] Die Aufhebung der Kontinentalsperre 1813 und die Weiterentwicklung der Verkehrsmittel eröffneten den Reisenden die Möglichkeit, das künstlerische Bild mit der Realität abzugleichen. Spätestens als im Jahr 1827 mit der »Concordia« und der »Friedrich Wilhelm« die ersten beiden Dampfschiffe der »Preußisch-Rheinischen Dampfschiffahrtsgesellschaft« zwischen Köln und Mainz den Linienverkehr aufnahmen, kam das Reisen auf dem Strom endgültig in Mode.

> »Tausende von Reisenden pilgern jährlich an den Rhein.«
>
> Adelheid von Stolterfoth, zitiert nach EUSKIRCHEN, Literatur 2002, S. 374.

Allein im ersten Betriebsjahr unternahmen über 33.000 Passagiere diese Dampferfahrt, verkürzte sich doch die Reisedauer flussabwärts von zwei bis drei Tagen auf neun Stunden, in die Gegenrichtung auf 18 Stunden.

Damit kam auch die Nachfrage nach bildlichen Darstellungen des Mittelrheintals aller Art in Schwung; in der Region erblühte eine vielgestaltige Andenkenindustrie. Hierbei stellten die faltbaren, sog. »Rheinpanoramen« eine besondere Bildgattung dar. Im Jahr 1822 erschien mit der Lithografie »Das Rheintal von der Mündung der Nahe bis zur Mündung der Mosel« erstmals ein Ausschnitt des Rheintals aus der Vogelperspektive – eine Idee der Frankfurter Künstlerin Elisabeth von Adlerflycht, die großes Aufsehen erregte.

Etwa zur selben Zeit, am 1. Juli 1827, eröffnete der Verleger Karl Baedeker in Koblenz eine Verlagsbuchhandlung. Die zweite und von Karl Baedeker persönlich überarbeitete Auflage der »Rheinreise von Mainz bis Cöln, Handbuch für Schnellreisende« des Historikers J. A. Klein, die 1835 auf den Markt kam, legte den Grundstein für den Erfolg der (ab 1846 im roten Einband erscheinenden) Baedeker-Reiseführer.[229] So heißt es in der englischen Übersetzung des Librettos zu Jacques Offenbachs Operette »Pariser Leben«: »Kings and governments may err, but never Mr. Baedeker.« (Könige und Regierungen mögen irren, aber niemals Herr Baedeker.)

In der Einleitung zu seiner Reisebeschreibung »Das malerische und romantische Rheinland« (1838–1840) kam Karl Simrock auch auf die Auswirkungen dieser fruchtbaren Verbindung von Rheinromantik, Rheintourismus und Kommerz zu sprechen: »Reisebücher, Karten, Panoramen, malerische und plastische Darstellungen einzelner Gegenden wie größerer Strecken, Sagensammlungen in Werken und Prosa, und tausende andere

Elisabeth von Adlerflycht: Das Rheintal von Bingen bis Koblenz, Aquarell, 1811 (Historisches Museum Frankfurt am Main, Foto: Horst Ziegenfusz)

Reisebehelfe sind in allen Kunst- und Buchläden in solcher Fülle zu Kauf, dass zwischen Mainz und Köln kaum ein Haus, kaum ein Baum gefunden wird, der nicht schon eine Feder oder einen Grabstichel in Bewegung gesetzt hätte. Diese Gegend ist so vielfältig beschrieben, abgebildert und dargestellt, daß man zuletzt das Postgeld schonen und sie mit gleichem Genuß in seinen vier Wänden bereisen kann.«[230]

Kunst und technische Innovation

In Simrocks Resümee klingt bereits der hohe Stellenwert an, den der Kunstgenuss in den eigenen vier Wänden für das Bürgertum seit der Zeit des Biedermeiers gewann. Die neuen technischen Möglichkeiten, wie etwa Flachdruck-Lithografie, Stahlstich, Fotografie, Offsetdruck, aber auch die Erfindung des Grammofons,[231] eröffneten breiteren Bevölkerungsschichten die Möglichkeit, Kunstobjekte und Gebrauchskunst als Originale oder Reproduktionen zu erwerben und so die Begegnung mit Kunst und Kultur, wie sie etwa bei Reisen oder beim Besuch von Museen oder Konzerten stattfinden konnte, im häuslichen Umfeld zu wiederholen oder gänzlich zu ersetzen. Auf dieses steigende Bedürfnis an Partizipationsmöglichkeiten an Kunst und Kultur wurde durchaus gesamtgesellschaftlich und auch ökonomisch reagiert, was sich u. a. mit der Entstehung der Kunstgewerbeschulen oder der Entstehung kommerzieller Leihbibliotheken belegen lässt.

Dieser Trend zur Ökonomisierung der Kunst blieb nun seinerseits nicht ohne Auswirkungen auf das Selbstverständnis der Künstler bzw. den Begriff der Kunst selbst. Besonders bekannt geworden sind die Ausführungen Walter Benjamins aus dem Jahr 1936, der betonte, dass sich der Charakter des Kunstwerks im Zeitalter der Reproduzierbarkeit dahingehend verändere, dass nicht mehr die Einzigartigkeit, sondern die Zugänglichkeit zu dessen Kennzeichen geworden sei.[232] Die Künstler und Kunsthandwerker erschlossen sich so neue Kundenkreise, aber auch neue künstlerische Ausdrucksformen, wie z. B. den Eisenkunstguss. In der Eisengießerei in Sayn wurden besonders zwischen 1818 und 1865 neben Kanonen, Kanonenkugeln und Maschinenteilen auch Neujahrsplaketten, Leuchter, Schreibzeug oder Briefbeschwerer gefertigt. Ein Überblick über die ganze Produktpalette bieten u. a. die erhaltenen Musterbücher. Leiter der Kunstgussabteilung in den Jahren 1842 bis 1865 war Wilhelm Samuel Weigelt. Nach seiner Lehre in Sayn hatte er sich in Köln und Mainz zum Bildhauer ausbilden lassen, ehe er ab 1838 die Münchener Akademie der Künste besuchte. Der Kreuzweg im Park von Schloss Sayn geht ebenso wie die Wendeltreppe der Kapelle in Schloss Stolzenfels auf seine Entwürfe zurück.[233] Weitere Beispiele für diese Verbindung von Kunst und Konsum sind z. B. die Art-Déco-Schmuckstücke aus dem Kunststoff Galalith der Firma Jacob Bengel, zu deren Hauptabsatzmärkten das benachbarte Frankreich gehörte.[234] Auch Georg Michael Pfaff baute Musikinstrumente, ehe er sich der Nähmaschinenproduktion zuwandte.

Wechselbeziehungen zwischen Kunst und Wirtschaft ergaben sich auch im Bereich der Architektur: Neben der vom Ingenieur Carl Ludwig Althans 1824 bis 1830 erbauten Sayner Gießhalle[235] gibt es Produktionsstätten, technische Denkmäler oder Arbeitersiedlungen von hohem künstlerischem Wert auf dem Boden des heutigen Rheinland-Pfalz, wie etwa das nach Entwürfen des Darmstädter Architekten Eugen Seibert während des Ersten Weltkriegs errichtete neo-barocke »Industrieschloss« Amalienhöhe Waldalgesheim, die seit 1927 nach Plänen von Markus Sternheim entstehende Ebertsiedlung in Ludwigshafen[236] – eines der wichtigsten Beispiele des »Neuen Bauens« – oder das von Peter Neufert Anfang der 1950er Jahre entworfene Verwaltungsgebäude der Schott AG in Mainz. Dieses Thema hat nichts an Aktualität verloren, wie etwa die von Friedrich Ernst von Garnier farbig gestalteten Industriebauten in Andernach (Rasselstein) und Bad Kreuznach (Michelin) oder das Gas-Kraftwerk in Mainz belegen. 2005 zeichnete Wirtschaftsminister Hans-Artur Bauckhage Garniers Arbeiten mit der Wirtschaftsmedaille des Landes Rheinland-Pfalz aus.

Standortfaktor Kunst und Kultur

Gerade in den letzten Jahren haben Öffentlichkeit und Politik die marktwirtschaftliche Bedeutung von Kunst und Kultur verstärkt in den Blick genommen. Angesichts des Wandels von der Industrie- zur Dienstleistungs- und Wissensgesellschaft geht es dabei nicht mehr primär um die industrielle oder halbindustrielle Fertigung von Kunstobjekten, sondern um die Betrachtung der Akteure des Kultursektors, die »überwiegend erwerbswirtschaftlich orientiert sind und sich mit der Schaffung, Produktion, Verteilung und/oder medialen Verbreitung von kulturellen/medialen Gütern und Dienstleistungen befassen«.[237] Einer Potenzialstudie der Zukunftsinitiative Rheinland-Pfalz (ZIRP) zufolge, erwirtschaftet die Kultur- und Kreativwirtschaft in unserem Bundesland ein Vielfaches der von öffentlicher Seite aufgebrachten Kulturausgaben.[238] Damit eingerechnet ist noch nicht der Beitrag, den etwa Maßnahmen zu Erhalt und Entwicklung der Weltkulturerbestätten [Dom zu Speyer (seit 1981), Römische Monumente, Dom und Liebfrauenkirche in Trier (seit 1986), Oberes Mittelrheintal (seit 2002), Obergermanisch-Rätischer Limes (seit 2005)], große Ausstellungsprojekte [z. B. Salier-Ausstellung (1992), Konstantin-Ausstellung (2007)], Festspiele (z. B. Nibelungen-Festspiele, Mosel Musikfestival) oder Kulturkonzepte (Kultursommer, Internationale Tage Ingelheim der Firma Boehringer) indirekt zur Wertschöpfung beitragen.[239] In diesem Zusammenhang wird immer wieder auf die wachsende Bedeutung des Kulturtourismus verwiesen, dessen Anfänge sich wiederum bis in das ausgehende 18. Jh. zurückverfolgen lassen.

7. Kunst, Kultur und Staat

Kunst als Legitimation von Herrschaft

Mit der napoleonischen Herrschaft setzte eine Neubestimmung des Verhältnisses von Staat und Kultur ein. Napoleon nutzte die Kunst nicht nur als Mittel der Selbstdarstellung und Selbstinszenierung und der Zerstreuung, sondern sah darin auch ein wichtiges Identifikationsangebot für die Bürgerinnen und Bürger seines Imperiums. Mainz, die Hauptstadt des Departements »Mont Tonnerre«, sollte zur napoleonischen Residenzstadt ausgebaut werden.[240] Mit diesem Vorhaben konnte auch die daniederliegende Wirtschaft gestärkt werden, der mit dem kurfürstlichen Hof ein wichtiger Auftraggeber verloren gegangen war. Zugleich sollte damit die Stellung der Stadt Mainz als französischer Vorposten am Rhein – nicht zuletzt in kultureller Hinsicht – betont werden. Deshalb war auch die Schaffung einer Gemäldesammlung, einer Bibliothek und eines Theaters Teil dieser Neukonzeption. Die Pläne für einen Theaterneubau nach dem Vorbild des »Großen Kaiserlichen Theaters« in St. Petersburg konnten zwar nicht mehr realisiert werden,[241] aber immerhin wurden mit der Schenkung von mehr als 30 Gemälden als Grundstock für die spätere Gemäldegalerie und der Übertragung der Bestände der Universitätsbibliothek an die Stadt wichtige kulturelle Weichenstellungen getroffen. Aber auch andernorts hat Napoleon wichtige kulturpolitische Maßnahmen ergriffen, so etwa in Trier, wo er den Rückbau aller kirchlichen Einbauten in der Porta Nigra befahl.[242]

Nach dem Wiener Kongress legten die neuen Landesherren vor allem auf die administrative Eingliederung der neu erworbenen Landesteile Wert. Lediglich dem Bereich der Bildung wurde noch besondere Beachtung geschenkt, da auf die Loyalität der angehenden Staatsbürger zu König und Vaterland Wert gelegt wurde. Kulturelle Aktivitäten vornehmlich des städtischen Bürgertums wurden geduldet, sofern sie als politisch unverdächtig gewertet wurden, andernfalls war die Obrigkeit schnell mit einem Verbot zur Hand, wie etwa im Falle der 1833 geplanten Lesegesellschaft der Mainzer Ärzteschaft.[243] Die Stadtväter, die in der Regel einem oder mehreren solcher Vereine oder Gesellschaften angehörten, wussten durchaus um das politische Potenzial von Maßnahmen im Kultursektor. Nicht nur mit der Errichtung der Denkmäler für Gutenberg und Schiller unterstrich das Mainzer Bürgertum seine national-liberale Gesinnung, sondern auch die Eröffnung des von Georg Moller entworfenen Theaterbaus im Jahr 1833 war Ausdruck dieses bürgerlichen Selbstbewusstseins – immerhin leistete man sich einen hochmodernen Neubau für 1.500 Zuschauer, dessen Baukosten in etwa dem Jahresetat der Stadt entsprachen.[244]

Mit Ludwig I. von Bayern und Friedrich Wilhelm IV. von Preußen bestiegen zwei Monarchen den Thron, die für Kunst und Kultur sehr viel mehr empfänglich waren. So nahmen sie die Räume links des Rheins nicht nur als Staatsgebiet wahr, sondern waren sich auch deren Bedeutung als Kulturlandschaft bewusst. Noch als Kronprinz hatte Friedrich Wilhelm 1823 die Ruine der Burg Stolzenfels von der Stadt Koblenz zum Geschenk erhalten. Zwei der renommiertesten preußischen Architekten – Friedrich Schinkel und Friedrich August Stüler – erhielten den Auftrag zum Wiederaufbau der Ruine im neugotischen Stil, die Gartenanlagen konzipierte Peter Joseph Lenné. Der preußische König war einer der wichtigsten Fürsprecher des Weiterbaus des Kölner Doms – ein Vorhaben, mit dem er gerade bei der mehrheitlich katholischen Bevölkerung der südlichen Rheinprovinz auf große Zustimmung und Unterstützung stieß, und mit dem er sich die Sympathien der Rheinländer weit über den Tag hinaus sicherte.[245] Als dritte wichtige Großbaumaßnahme Friedrich Wilhelms IV. in der preußischen Rheinprovinz ist der Wiederaufbau der Trierer Konstantinbasilika zu nennen.[246] Der bayerische König beauftragte 1843 den Architekten Gärtner mit dem Entwurf der Sommervilla Ludwigshöhe unweit des pfälzischen Edenkoben im Stile des Historismus.

Identitätsstiftung als Auftrag von Denkmalpflege

Diese Hinwendung zum Historismus war aber nicht nur Ausdruck eines bestimmten Kunst-, sondern auch Ausdruck eines restaurativen Staatsverständnisses. So heißt es beim späteren bayerischen Innenminister Eduard von Schenk, dass »die Historie ein spezifisches Gegengewicht wider revolutionäre Neuerung und wider ungeduldiges Experimentieren sey – wer seinen Sinn ernst und würdig auf die Vergangenheit richte, sey nicht zu fürchten in der Gegenwart.«[247] Aus diesem Grund ordnete der bayerische König Ende Mai 1827 im sog. Colombella-Erlass (benannt nach dem Ausstellungsort des Reskripts) die Erhaltung der Denkmäler, das Studium der vaterländischen Geschichte und deren Verbreitung an, weshalb dieser Kabinettsbefehl als die Geburtsurkunde der amtlichen Denkmalpflege und der historischen Vereine in Bayern gilt.[248]

Unter dem Eindruck der Verluste von Bau- und Kunstwerken im Zeitalter der Säkularisation und der napoleonischen Kriege hatte der hessische Großherzog Ludwig I. bereits 1818 auf Drängen Georg Mollers, auf den u. a. die Pläne für die Rekonstruktion der Kuppel über dem Vierungsturm des Mainzer Doms zurückgehen, die erste Denkmalschutzordnung in Deutschland erlassen. Moller stellte diese Verordnung an den Anfang seines dreibändigen Werkes »Denkmäler deutscher Baukunst«. Ein erstes Ergebnis dieser Verordnung war ein in den 1820er Jahren von den Bau-, Kirchen- und Schulbehörden erstelltes Denkmalverzeichnis, das jedoch nicht überliefert ist.[249] Allerdings erschöpfte sich darin auch schon weitgehend die Wirkung dieser Verordnung, da weder Gelder noch eine Infrastruktur für denkmalpflegerische Maßnahmen zur Verfügung gestellt wurden.

In Preußen nahm die Institutionalisierung der Denkmalpflege 1843 ihren Anfang mit der Ernennung des Architekten und Kunsthistorikers Ferdinand von Quast durch König Friedrich Wilhelm IV. zum ersten »Konservator der Denkmäler für den ganzen Umfang der Monarchie«. Im Rheinland betreute er u. a. die Restaurierung der Liebfrauenkirche in Trier.[250] Ein knappes halbes Jahrhundert später (1891) wurden für die einzelnen preußischen Provinzen Konservatoren bestellt. Bereits 1882 waren in Preußen, aber auch in Hessen-Darmstadt die Arbeiten für die Inventarisation der Bau- und Kunstdenkmäler aufgenommen worden. Bei der erst 1891 begonnenen Inventarisation im Herzogtum Oldenburg wurden die Exklaven Birkenfeld und Lübeck ausgespart.[251] In Bayern war das groß angelegte Inventarisationsprojekt seit 1887 aufgenommen worden, allerdings sollte der erste Band zum Regierungsbezirk Pfalz erst 1926 erscheinen.

Auch nach der Reichsgründung verblieb die Zuständigkeit für die Bereiche Kulturpolitik und Denkmalpflege bei den Ländern. Bayern sowie die preußischen Provinzen der Rheinlande und Westfalens wendeten vergleichsweise hohe Summen für den Bereich der Denkmalpflege auf.[252] Nachdem bislang vor allem die Kulturgüter von nationaler Bedeutung und im städtischen Umfeld im Mittelpunkt des Interesses gestanden hatten, wurde durch die Arbeiten an den Inventaren der Bau- und Kunstdenkmäler der Blick auch auf den kulturellen Reichtum des ländlichen Raumes gelenkt. Häufig konnten historische Vereine und Gesellschaften für die Mitarbeit an diesen Projekten gewonnen werden, z. B. im Rheinland die »Gesellschaft für rheinische Geschichtskunde«,[253] so dass diesen Vorhaben auch ein identitätsstiftender Charakter zugesprochen werden kann. Die staatlichen Maßnahmen begegneten sich zudem oft auch mit den Aktivitäten der Ende des 19. Jhs. aufkommenden Heimatbewegung, der es gerade um die Bewahrung der regionalen Identitäten ging.[254] Zu dieser Richtung wird etwa auch die Gartenstadt-Bewegung, so wie sie uns in Ludwigshafen begegnet, zugerechnet.

»Kultur als Stärkung der Widerstandskraft gegen französische Einflüsse«

Die Folgen des Ersten Weltkriegs, die wirtschaftlich schwierigen Verhältnisse und die sich zunehmend destabilisierende politische Lage waren sicherlich nicht dazu angetan, blühende kulturelle Landschaften hervorzubringen. Aber die schwierigen politischen und wirtschaftlichen Verhältnisse hielten die Politiker nicht davon ab, sich kulturpolitisch zu betätigen. So betrieb die Stadt Koblenz das Theater ab 1920 in eigener Regie. 1923 kam es allerdings wegen der von der Besatzungsmacht verhängten Ausgangssperre zu Beeinträchtigungen des Spielbetriebs, und in den Jahren 1926 und 1930 drohte angesichts leerer städtischer Kassen die Schließung des Musentempels.[255] Doch nicht nur in Koblenz setzte man alles daran, die Kulturinstitute über diese schwierigen Zeiten hinüber zu retten. So wurde in Mainz kein Geringerer als der erste Präsident der Weimarer Nationalversammlung und Gesandte des Reiches in Hessen Eduard David 1926 damit beauftragt, bei der Reichsregierung einen Zuschuss von 361.000 Mark für die Kultureinrichtungen zu beantragen. Bestimmt waren diese Gelder für den Ausbau der städtischen Musikschule und den Betrieb des Theaters. Als Argumente für die Gewährung des Zuschusses wurden von David die »Stärkung der Widerstandskraft gegen französische Einflüsse« und die »gemeinsame nationale Stimmungskräftigung« ins Feld geführt.[256]

Bereits im Jahr zuvor war mit großem nationalem Pathos die sog. Jahrtausendfeier der Zugehörigkeit des Rheinlandes zum Reich mit unzähligen Feierlichkeiten, Veranstaltungen und Ausstellungen begangen worden.[257] Koblenz war nicht nur Ort eines der drei zentralen Festakte in der Rheinprovinz gewesen, sondern richtete auch die Reichsausstellung »Deutscher Wein« aus, während in Mainz aus diesem Anlass eine Ausstellung mit Kunstwerken aus der kurfürstlichen Zeit gezeigt wurde.

Kultur im Dienste des Staates

Leider erwies sich die Stimme der Kultur als nicht so wirkkräftig, als dass sie die Widerstandskräfte breiter Bevölkerungskreise gegen das nationalsozialistische Gedankengut hätte wecken können. Gleichwohl wusste das NS-Regime um die Ausdrucks- und Widerstandskraft von Kunst und setzte alles daran, mit einer Vielzahl von Maßnahmen auch diesen Lebensbereich unter seine Kontrolle zu bekommen und zu organisieren. Zu diesem Zweck wurde bereits im September 1933 die Reichskulturkammer ins Leben gerufen, ohne deren Anerkennung kein Kunstschaffender mehr arbeiten durfte. Dem aus Büdesheim (bei Bingen) stammenden Stefan George bot Joseph Goebbels die Präsidentschaft der Akademie für deutsche Dichtung an, was der Schriftsteller jedoch ebenso ablehnte wie alle Ehrungen zu seinem 65. Geburtstag.

Kein Kultursektor konnte sich der staatlichen Einflussnahme entziehen. So verschwanden nicht nur die »undeutschen« Bücher aus den Bibliotheken, sondern auch die Stücke missliebiger oder jüdischer Autoren von den Spielplänen der Theater, in Mainz etwa die Oper »Der Templer und die Jüdin« von Heinrich Marschner oder Jacques Offenbachs »Hoffmanns Erzählungen«,[258] oder als »entartete Kunst« diffamierte Kunstwerke aus den Museen und Galerien.

Die Aktivitäten des NS-Regimes im Kultursektor beschränkten sich nicht darauf, das gesamte künstlerische Leben den ideologischen Vorgaben des Nationalsozialismus zu unterwerfen, sondern kulturelle Angebote wurden auch gezielt zur Konsolidierung und Stabilisierung des politischen Systems herangezogen. Kulturelle Freizeitangebote wurden zur Vermittlung der nationalsozialistischen Weltanschauung und zur Ablenkung von den Alltagssorgen, nicht zuletzt auch in den Tagen des Zweiten Weltkrieges, herangezogen. Gauleiter Simon ließ daher die Koblenzer wissen: »Mehr als Kameradschaftsabende bei Wein und Bier vermag ein gemeinsamer Genuß hoher geistiger Güter den Gemeinschaftsgedanken zu stärken.«[259] So bot etwa in Frankenthal die Nationalsozialistische Kulturgemeinde, an deren Stelle später das KdF-Amt »Feierabend« trat, ein breites Angebot an Theateraufführungen, Konzerten, Varietéveranstaltungen und Vorträgen. Zur Ausrichtung von Thingspielen und politischen Kundgebungen wurden im ganzen Reich Thingplätze errichtet, so auch auf der Loreley und vor dem kurfürstlichen Schloss in Koblenz.[260] In der Spielzeit 1940/41 machten alleine in Frankenthal mehr als 37.000 Personen von diesem Angebot Gebrauch.[261] Mit fortschreitendem Kriegsgeschehen fanden sich immer mehr Komödien und Lustspiele auf den Spielplänen der Bühnen im Lande, ehe die Theater am 1. September 1944 den Spielbetrieb einstellen mussten.

Französische Kulturpolitik im Dienste der demokratischen Umerziehung

Anders als nach dem Ersten Weltkrieg setzte die französische Militärregierung die Kulturpolitik als ein wichtiges Instrument zur Demokratisierung der deutschen Bevölkerung ein. Im zerbombten Nachkriegsdeutschland sollte die Kultur zum Nährboden der neuen demokratischen Gesellschaftsordnung werden. In der Forschung wird seit längerem darüber diskutiert, ob die Kulturpolitik ein eigenständiger Bereich der französischen Besatzungspolitik oder integraler Bestandteil der Sicherheitspolitik gewesen sei.[262] Es gab nahezu keinen Bereich des Kultursektors, dem die Franzosen nicht ihre Aufmerksamkeit zuwandten. Es gab Gastspiele französischer Theater- und Musikensembles, es wurden Volkshochschulen und französische Kulturinstitute in Mainz und Trier gegründet.[263] In Mainz wurden bereits in den ersten Monaten nach Kriegsende gleich drei viel beachtete und gut besuchte Ausstellungen (1945/46 »Befreite Kunst«, 1946 »Moderne französische Graphik« und »Moderne französische Malerei«) gezeigt. Von Mainz aus traten diese Ausstellungen die Reise durch die drei westdeutschen Besatzungszonen an.[264] Im Auftrag der französischen Militärregierung gab der Schriftsteller Alfred Döblin die Zeitschrift »Das Goldene Tor. Monatsschrift für Literatur und Kunst« heraus. Auch die Zeitschriften »Lancelot« und »Antares« hatten sich die Begegnung mit der französischen Kultur zur Aufgabe gemacht. Die Redaktion von »Lancelot« war zeitweilig in Koblenz bzw. Neuwied ansässig, während »Antares« vom Verein zur Förderung des deutsch-französischen Kulturaustausches in Mainz herausgegeben wurde.[265] Dies sind nur einige Beispiele, die belegen, welch wichtige Rolle der französischen Besatzungszone und damit auch dem heutigen Rheinland-Pfalz beim Kulturtransfer zwischen Frankreich und Deutschland in den ersten Nachkriegsjahren zukam.

Kulturpolitik unter demokratischen Vorzeichen

Die Pflege und Förderung des künstlerischen und kulturellen Schaffens gehört gemäß Art. 40 Abs. 1 der am 18. Mai 1947 durch Volksentscheid in Kraft getretenen Verfassung für Rheinland-Pfalz zu den Aufgaben von Land und Kommunen.[266] Doch angesichts der drängenden wirtschaftlichen, sozialen und politischen Probleme, die es zu lösen galt, begnügten sich die ersten rheinland-pfälzischen Landesregierungen damit, rechtliche, finanzielle und institutionelle Rahmenbedingungen zu definieren. Wichtigstes Element der staatlichen Kunstförderung war lange Zeit der Ankauf von Werken bildender Künstler durch die rheinland-pfälzische Landesregierung.[267] Unter dem Eindruck der materiellen und ideellen Notlage vieler Kunstschaffender in der Nachkriegszeit griff die Kulturstaatssekretärin Dr. Mathilde Gantenberg einen Vorschlag des Kreuznacher Bildhauers Ludwig Thormaehlen auf und sorgte für die Schaffung einer Künstlersiedlung in Koblenz-Asterstein. Im Frühjahr 1950 konnten die ersten Atelierwohnungen, darunter zwei Ateliers für Stipendiaten, bezogen werden. Heijo Hangen, Johann Georg Müller und Michael Croissant gehörten u. a. zum Kreis der Stipendiaten.[268] Allerdings endete die Vergabe der Stipendien durch das Land bereits 1958, aber die Wohngemeinschaft im Künstlerhaus blieb weiterhin bestehen. Aktive Kulturpolitik blieb danach weitgehend eine Angelegenheit der Kommunen, allerdings wäre diese ohne die Bezuschussung seitens des Landes kaum möglich gewesen.[269]

Mitte der 1960er Jahre begann sich ein Wandel in der Kulturpolitik des Landes abzuzeichnen. Die Gründe dafür sind vielfältiger Natur: Vertreter einer jüngeren Politikergeneration strebten an die Macht, die Kulturlandschaft selbst befand sich im Um- respektive Aufbruch und mit ihr weite Teile der Gesellschaft.[270] Andererseits hatte die erste Wirtschaftskrise in der Geschichte der jungen Bundesrepublik den Fragen nach Finanzierungsmodellen, Strukturen, aber vor allem nach dem Auftrag und dem Stellenwert von Kunst und Kultur in der Demokratie eine neue Aktualität verliehen. So wurde etwa im rheinland-pfälzischen Landtag lebhaft über Strukturreformen und Neuordnungen der Theater- und Orchesterlandschaft diskutiert – eine Diskussion, die 2003 unter veränderten politischen Vorzeichen erneut geführt werden sollte. Argumente, die bei diesen Diskussionen immer wieder ins Feld geführt wurden, waren insbesondere die Sicherung eines flächendeckenden kulturellen, qualitativ und quantitativ hochwertigen Angebotes und die Bedeutung des Kulturangebots für die Identität des Landes. Zur Förderung dieser Landesidentität wurde 1974 beim Landtag die Kommission für die Geschichte des Landes Rheinland-Pfalz ins Leben gerufen. Ursprünglich hatte diese Kommission unter dem Dach des Kultusministeriums angesiedelt werden sollen, doch im Laufe der parlamentarischen Beratung kristallisierte sich die bis heute gültige Organisationsform heraus.[271]

Die Gründung der Landtagskommission für die Geschichte war bei weitem nicht die einzige kulturpolitische Aktivität der Regierungen Kohl und Vogel: Angefangen bei der Übernahme der Orchester in Koblenz und Ludwigshafen als Staatsorchester in den Jahren 1973 und 1974, über die Stiftung des von Marc Chagall entworfenen Mittelfensters in St. Stephan zu Mainz (Einweihung 1978), zog sich ein Band vielfältiger Maßnahmen durch die 1970er und 1980er Jahre: der Erlass des ersten rheinland-pfälzischen Denkmalschutzgesetzes 1978,[272] die Stiftung der Zuckmayer-Medaille 1979, die Organisation des ersten Rheinland-Pfalz-Tages 1984, die Gründung der Villa Musica 1986 und des Künstlerhauses Edenkoben 1987. Die Auslobung von Preisen für künstlerische Leistungen ist eine Form des kulturpolitischen Engagements, welche die rheinland-pfälzischen Landesregierungen schon seit vielen Jahren pflegte. Zu den ältesten Preisen gehören die nach dem Mainzer Komponisten benannte Peter-Cornelius-Plakette (seit 1951) und die höchste künstlerische Auszeichnung im Land, der Kunstpreis des Landes Rheinland-Pfalz, der seit dem Jahr 1956 verliehen wird. Erster Kunstpreisträger war der aus Bernkastel stammende Komponist und Kirchenmusiker Hermann

Rheinland-Pfalz als Kulturland, Bundesgartenschau Koblenz, 2011 (Monika Storm)

Schroeder.[273] Unter den Preisträgern finden sich so bekannte Namen wie Georg Meistermann (1975),[274] der u. a. bedeutende Glasfenster in Wittlich und ein 160 qm großes Freskowandbild für das ZDF-Sendezentrum in Mainz entworfen hat, oder der in der Pfalz lebende deutsch-syrische Erzähler Rafik Schami (2003).

Der sozialliberalen Koalition gingen diese Maßnahmen noch nicht weit genug. Bereits in seiner ersten Regierungserklärung am 5. Juni 1991 kündigte Ministerpräsident Scharping ein Aktionsprogramm zur Förderung des Kulturstandorts Rheinland-Pfalz an.[275] Dabei rückten die nichtstaatlichen Akteure im Kulturbereich sehr viel stärker als bislang in den Blick der Landespolitik und wurden u. a. zu einem wichtigen Partner beim Kultursommer, der 1992 von der Ministerin für Bildung und Kultur Rose Götte zum ersten Mal ausgerufen wurde. Träger dieses alle Kultursparten und alle Regionen des Landes umfassenden Angebots ist seit 1994 ein eingetragener Verein, dessen Gründungskapital von der 1991 ins Leben gerufenen Stiftung Rheinland-Pfalz für Kultur zur Verfügung gestellt worden ist.[276] Bei dem 1995 eröffneten Künstlerhaus Schloss Balmoral in Bad Ems handelt es sich ebenfalls um ein Projekt der rheinland-pfälzischen Kulturstiftung. Aber auch im staatlichen Kulturbereich gab es wichtige Neuerungen, insbesondere die Zusammenführung der Landesdenkmalpflege, der Landesarchäologie, der Verwaltung Burgen, Schlösser und Altertümer sowie der drei Landesmuseen in Koblenz, Mainz und Trier seit 2007 unter dem Dach der Generaldirektion Kulturelles Erbe Rheinland-Pfalz(GDKE).

Die Bedeutung von Rheinland-Pfalz als kulturellem Kernland in Europa zu unterstreichen, ist eines der wichtigen Anliegen, welches die rheinland-pfälzische Kulturpolitik seit vielen Jahrzehnten verfolgt. Die kulturelle Identität des Landes besteht dabei gerade in der regionalen Vielfalt der Angebote, die ihrerseits wiederum historisch zu erklären sind. Die verschiedenen Landesregierungen haben ungeachtet ihrer politischen Verortung nicht versucht, diese regionalen Prägungen zugunsten zentralstaatlicher Lösungen, wie sie z. B. im Orchesterbereich denkbar gewesen wären, aufzugeben. So bestehen neben der in Ludwigshafen ansässigen Deutschen Staatsphilharmonie Rheinland-Pfalz, die aus dem 1919 von einem Orchesterverein in Landau gegründeten »Landes-Sinfonie-Orchester für Pfalz und Saarland« hervorgegangen ist, die Rheinische Philharmonie in Koblenz und das Staatsorchester Mainz, deren musikalische Tradition bis zu den fürstbischöflichen Kapellen der Barockzeit in Trier und Mainz zurückreicht. Daneben haben noch eine Vielzahl renommierter Klangkörper ihren Sitz in Rheinland-Pfalz, angefangen vom Kurpfälzischen Kammerorchester (mit Sitz in Ludwigshafen) über die Deutsche Radio Philharmonie Saarbrücken Kaiserslautern (2007 durch den Zusammenschluss des Rundfunk-Sinfonieorchesters Saarbrücken und des 1951 von Emmerich Smola gegründeten Rundfunkorchesters Kaiserslautern) bis hin zum Landesjugendorchester und dem JugendBlasOrchester Rheinland-Pfalz. Träger des letztgenannten Orchesters ist der Landesmusikrat, der Dachverband für das Musikleben in Rheinland-Pfalz, der sich die Förderung der professionellen Musikszene ebenso zum Ziel gesetzt hat wie des Laienmusizierens.

Zugleich ist gerade in den letzten Jahren das Bewusstsein für Kultur als Standortfaktor gewachsen. Vor allem aber wird Kultur inzwischen als »Lebensmittel für alle«[277] begriffen – dies ist der Punkt, an dem sich zivilgesellschaftliches Engagement und staatliche und kommunale Kulturpolitik begegnen. Daher rührt auch die verfassungsmäßige Verpflichtung von Land und Kommunen – ungeachtet aller finanzpolitischen Sachzwänge – zur Förderung von Kunst und Kultur.

1 Die Abschnitte Zeit, Raum, Form und Mensch wurden von Elke Steinwand erarbeitet, die Abschnitte Mensch und Gesellschaft sowie die Gesamtkonzeption von Monika Storm. Der Abschnitt Wirtschaft stammt von beiden Autorinnen.
2 KERN, Briefe 1911, S. 93.
3 Anders im französischen Sprachraum, wo diese Epoche »Néo-Classicisme« genannt wird. Vgl. HONOUR/FLEMING, Weltgeschichte 1989, S. 488 ff.
4 KUPPER, Vermächtnis 1992, S. 24.
5 HOFMANN, Verhältnis 2002, S. 57 ff.
6 Vgl. BÖRSCH-SUPAN, Deutsche Malerei 1988, S. 169.
7 LANDSCHULZ, Mainzer Maler 1977, S. 33 f.
8 Vgl. FRÖLICH/SPERLICH, Moller 1959, S. 262, 293 ff. sowie KARTMANN, Moller 2004.
9 JÖCKLE, Architektur 2002, S. 364, Abb. S. 365.
10 LIESSEM, Bauten 1993, S. 417 sowie DERS., Klassizistische Großfestung 1989, S. 66.
11 EBERLEIN, Bekenntnisse 2000, S. 193.
12 HINZ, Briefe 1968, S. 93.
13 HONOUR/FLEMING, Weltgeschichte 1989, S. 496 f.
14 CAUER, Betrachtungen 1856, S. 157.
15 HÜBSCH, In welchem Style 1828.
16 Vgl. CUSTODIS/PAULY, Apollinariskirche 2008, o. S.
17 Zitiert nach CUSTODIS/PAULY, Apollinariskirche 2008, o. S. »Es ist die Tradition [...] in ihrer edelsten Erscheinung, was diesen Arbeiten zu Grunde liegt. [...] Im Ganzen der Composition herrscht ein schöner leichter Ton, eine zarte, dem Ideal sich zuneigende Formenbildung«, resümiert Kugler.
18 KUGLER, Kleine Schriften 1854, S. 512.
19 LEITMEYER, Feuerbach 2002, S. 15.
20 Vgl. JÖCKLE, Pfälzische Malerei 2002, S. 326.

21 Zitiert nach BLUM, Edgar, URL: http://www.heinrich-buerkel.de/Buerkel1.pdf [12.12.2011] und in: Pirmasenser Zeitung, 9.3.2002.
22 Ebenda.
23 Vgl. BÜHLER, Bürkel 1989.
24 LIESSEM, Bauten 1993, S. 431 f.
25 Ebenda.
26 REUTER, Sprung 2005, S. 534.
27 SCHNEEDE, Klassische Moderne 2009, S. 7.
28 PAAS/KRISCHKE, Max Slevogt Katalog 2009, S. 16.
29 WELTAUSSTELLUNG, Katalog 1900, S. 91.
30 Ebenda, S. 134.
31 BUHLMANN, Kunst und Architektur 1999, S. 256.
32 Vgl. BALL-HENNINGS, Hugo Ball 1930.
33 Vgl. WEMHOFF/BERTRAM, Skulpturenfund 2011, S. 7.
34 Vgl. CHRISTMANN, Moderne 1999, S. 469.
35 LANDESMUSEUM KOBLENZ, Rheinromantik 2002, S. 11, Abb. S. 185.
36 Vgl. hierzu SETZER, Keller 2008, S. 11.
37 ANONYM, Notizbuch 1950, S. 131.
38 Vgl. hierzu JÖCKLE, Situation 2008, S. 20.
39 Vgl. AHRENS, 60 Jahre AKM 2008, S. 234.
40 HEYEN/KEIM, Identität 1996.
41 Vgl. THOMAS, Stilgeschichte 1999, S. 191 ff.
42 BECKER, Zuckmayer 1984.
43 Zitiert nach BOPP/STAUDER, Zuckmayer 1998, S. 24.
44 ZUCKMAYER, Geheimreport 2002.
45 Vgl. DEUTSCHES KABARETTARCHIV, Ausstellung o. J., Tafel 81 sowie URL: http://www.kabarettarchiv.de/AusstellungPDF/Ausstellung_4.pdf [5.1.2012].
46 Vgl. SCHMUDE/BRUNSWICK, Hüsch 2005.
47 SIMROCK, Rheinland 1975, S. 3.
48 Ebenda.
49 HEITGER, Koblenzer Maler 1982, S. 61.
50 MATTHISSON, Schriften 1829, S. 95.
51 CEPL-KAUFMANN/JOHANNING, Mythos 2003.
52 Vgl. SCHMANDT, Rheinromantik 2002, S. 7 ff.
53 Zitiert nach ebenda, S. 12.
54 AREND, Loreley 2003, S. 19 ff.
55 Vgl. hierzu allgemein KRAMP/SCHMANDT, Loreley 2004.
56 Vgl. u. a. BRUCHHÄUSER, Koblenz 2011, S. 160.
57 MATTHISSON, Nachlass 1832, S. 55 f.
58 FRECKMANN, Rheinromantik 1993, S. 181 f.
59 Vgl. HEITGER, Koblenzer Maler 1982.
60 VIEBIG, Eifelbilder 2010, S. 88.
61 Vgl. DELSEIT, Wolfgang: Jakob Kneip (1881-1958), URL: http://www.literatur-archiv-nrw.de/lesesaal/Essays/Jakob_Kneip__1881_1958_/seite_1.html [10.1.2012].
62 Vgl. URL: http://www.clara-viebig-gesellschaft.de/wanderausstellung.html [23.10.2011].
63 LINDEN, Berndorf 2011.
64 URL: http://www.eifelkrimi-wanderweg.de/index.php?option=com_content&view=article&id=1&Itemid=3 [2.12.2011].
65 Vgl. u. a. CHRISTMANN, Zeit 1999, S. 14 ff.
66 Vgl. ebenda, Zeit 1999, S. 14 ff.
67 GRAF, Gedanken 1927.
68 Vgl. CHRISTMANN, Moderne 1999, S. 466 ff.
69 Zitiert nach DIEHL, Geburtstag 2002, S. 7.
70 Ebenda, S. 9.
71 Ausgezählt nach den Angaben in: KULTUSMINISTERIUM RHEINLAND-PFALZ, Vereinigungen 1990, S. 7 ff.
72 Vgl. Kunstportal Pfalz: URL: http://www.kunstportal-pfalz.de/portal_standard_seiten.php?ID_gal=5&hauptnavigation=portal&na_col=profil [18.7.2011].
73 Vgl. HÄRTEL, Kunst 2006, S. 122.
74 Vgl. Statement Rudolf Scharping anlässlich des 15jährigen Bestehens des Künstlerhauses Schloß Balmoral: http://www.balmoral.de/Kuenstlerfest-/statements/rudolf-scharping/index.html [7.2.2012]

75 SCHWIEGER, Lassaulx 1968, S. 11 f.
76 KLOTZ, Stadtgeschichte 1971, S. 152 f.
77 LIESSEM, Schulbauten 2008, S. 208.
78 DERS., Bauten 1993, S. 413 f.
79 GLATZ, Kreyßig 2010, S. 155 f.
80 Vgl. JÖCKLE, Architektur 2002, S. 366.
81 FRÖLICH/SPERLICH, Moller 1959, S. 293 ff.
82 REUTER, Sprung 2005, S. 511.
83 ERGGELET, Sayner Hütte 1999.
84 Angaben zu Bingen vgl. SCHMANDT, Prominenz 2001, S. 7 ff.
85 HIPPEL, Reichsgründung 2003, S. 561.
86 STEINWAND, Architektur 2006, S. 148.
87 LIESSEM, Bauten 1993, S. 429.
88 BRAUN, Ludwigshafen 2003, S. 136.
89 DAMUS, Rathaus 1988, S. 258.
90 Zitiert nach LEYDECKER/SANTIFALLER, Architekturführer 2005, S. 355.
91 Ebenda, S. 16 f.
92 Ebenda, S. 25.
93 Vgl. HOLLENSTEIN, Gemeindezentrum 2010.
94 URL: http://www.unesco.de/947.html?&L=0 [10.12.2011].
95 URL: http://www.buga2011.de/web/de/aktuelles/aktuelles_detail.php?id=1161 [10.12.2011].
96 DÜHR/HENSCHEL, Eifel 2010, S. 250.
97 HUMBOLDT, Physiognomik 1987, S. 181.
98 Vgl. DÜHR/HENSCHEL, Eifel 2010, S. 19.
99 BEYER, Porträt 2002, S. 291.
100 HEITGER, Koblenzer Maler 1982, S. 99 ff.
101 KLOTZ, Speyer 1971, S. 167.
102 Vgl. hierzu allgemein IMIELA, Stein- und Offsetdruck 1993.
103 Vgl. STAATLICHE KUNSTHALLE KARLSRUHE, Frommel 1989.
104 LANDESMUSEUM KOBLENZ, Rheinromantik 2002, S. 11, Abb. S. 84.
105 Vgl. ebenda, S. 12.
106 Vgl. ROLAND, Photographie 1989.
107 SCHMANDT, Prominenz 2001, S. 45.
108 SANDER, August: »Erläuterung zu meiner Ausstellung im Kölnischen Kunstverein«, November 1927. Das Originaldokument befindet sich im Agfa Foto-Historama im Museum Ludwig, Köln. Zitiert nach SANDER, Menschen 2002, S. 52.
109 Vgl. LANDESMUSEUM KOBLENZ, Rheinromantik 2002, S. 185.
110 TEKAMPE, Sehen 2001.
111 PFISTER, Wunderlich 2010, S. 21.
112 BRAUN, Ludwigshafen 2003, S. 136.
113 BAUM, Bilder 2003, S. 26.
114 KOEBNER/KOCH, Reitz 2008, S. 7 f.
115 WALZ, Geschichte 2004.
116 URL: http://www.schlosstheater-neuwied.de/kontakt/theatergeschichte.htm [11.12.2011].
117 BOCKIUS, Jahre 1987.
118 STEINER, Theater 1989, S. 55 ff.
119 GÜNTHER/REVERCHON, Theater 2007.
120 KEDDIGKEIT, Geschichte 2007, S. 125 und URL: http://www.pfalztheater.de/ueber-uns/das-pfalztheater-kl [11.12.2011].
121 REUTER, Spiel- und Festhaus 1987/91.
122 KUHN, Leben 1999, S. 758.
123 BOCKIUS, Jahre 1987, S. 170, 175 ff.
124 Vgl. URL: http://kulturserver-nrw.de/home/wps/labbe_buehne.html [12.12.2011].
125 Vgl. die offizielle Homepage des Landestheaters, URL: http://www.schlosstheaterneuwied.de/kontakt/theatergeschichte.htm sowie das Theaterportal »Theaterkopmass«, URL: http://www.theaterkompass.at/index.php?id=138&teasesingle=27 [12.12.2011].
126 URL: http://www.schauspielschule-mainz.de/index.php?option=com_content&view=category&layout=blog&id=4&Itemid=7 [12.12.2011].
127 ENGEL, Wandermusikantentum 1985; FUHRMANN, Kuckucksruf 2000; URL: http://www.essweiler.de/geschichte/musikanten/paul_engel/musikanten.html [19.11.2011].
128 Ebenda.

129 ENGEL, Wandermusikantentum 1985, S. 163.
130 Ebenda, S. 161.
131 Ebenda, S. 163.
132 Ebenda, S. 171.
133 DUPIUS, Waldeck-Festival 2004.
134 LUDWIG, Acker 2002.
135 Vgl. URL: http://www.germersheim.de/kultur/popfestival/inselgruen.html [11.1.2012].
136 Vgl. URL: http://www.festivalhopper.de/festivals/bundesland/rheinland-pfalz [9.12.2011].
137 Vgl. Rhein-Zeitung, 5.8.2011, URL: http://www.rhein-zeitung.de/regionales/hunsrueck_artikel,-Nature-One-55000-Raver-erwartet-_arid,285699.html [9.12.2011].
138 Vgl. URL: http://www.jacquesoffenbach.de/geschichte.html [9.12.2011].
139 Vgl. GAUCH, Festival 2010, S. 24 f.
140 Vgl. HELLMANN, Kunstschulen 2004, S. 11 ff.
141 HEITGER, Koblenzer Maler 1982, S. 99.
142 HELLMANN, Kunstschulen 2004, S. 109.
143 SCHERF, Fachhochschule 2010, S. 367.
144 Vgl. HELLMANN, Kunstschulen 2004, S. 117.
145 Vgl. ebenda, S. 165.
146 Schreiben des Regierungspräsidenten an den Minister für Handel und Gewerbe vom 21.12.1921. GStA PK Berlin, I HA Rep. 120, E X 2, Nr. 43, Bd. 4. Zitiert nach SCHULTE, Werkkunstschule 2003. S. 49.
147 Vgl. SCHULTE, Werkkunstschule 2003, S. 21 ff.
148 Vgl. ebenda, S. 94.
149 Ebenda, S. 121.
150 JÖCKLE, Pfälzische Malerei 2002, S. 308.
151 HOFMANN, Verhältnis 2002, S. 57 ff.
152 FÖLL, Modellbub 1966, S. 123.
153 Vgl. FEILEN, Zügel 1993.
154 PAAS/KRISCHKE, Slevogt 2009, S. 9 ff.
155 Vgl. Mannheimer Morgen, Kulturseite vom 13.3.2011.
156 FREUNDESKREIS/HUNSRÜCK-MUSEUM, Ströher 2004, S. 271.
157 Zitiert nach LENZ/BILLETTER, Purrmann 2008, S. 62. Zu den biografischen Angaben ebenda, S. 37 ff.
158 Vgl. FELLBACH-STEIN, Kunstpolitik 2001, S. 102 und 270.
159 WEMHOFF/BERTRAM, Skulpturenfund 2011, S. 24.
160 WEBER, Reduktion 1996, S. 401 f.
161 GABLER/OHNESORGE, Croissant 2003, S. 87 ff.
162 Ebenda, S. 7.
163 Ebenda, S. 16.
164 BÖRSCH-SUPAN, Malerei 1988, S. 253.
165 Vgl. HOCH-GIMBER, Malerfamilie 2010, S. 19.
166 Der letzte vorliegende Nachweis über die Existenz des Vereins stammt aus dem Jahr 1932 (Zeitungsbericht über eine Ausstellung des Vereins für Kunst und Literatur). Zeitpunkt und Umstände der Auflösung sind bislang unerforscht.
167 HEITGER, Koblenzer Maler 1982, S. 87.
168 DENZER, Kulturleben 1993, S. 493.
169 Vgl. JÖCKLE, Künstler 1997, S. 345 ff.
170 SCHELLACK, Geleit 2007, S. 3 f.
171 URL: http://www.eifel-und-kunst.de/homepage/kulturtraeger/017_das_boot.htm [11.12.2011].
172 SCHULTE, Trümper 2007, S. 32.
173 Vgl. CHRISTMANN, Moderne 1999, S. 469.
174 Vgl. DENZER, Kulturleben 1993, S. 511.
175 Vgl. APK, ARBEITSGEMEINSCHAFT PFÄLZER KÜNSTLER, Jubiläumsausstellung 2002, S. 16.176 JÖCKLE/SETZER, Kunststiftung 2005, S. 6.
177 Vgl. URL: http://www.kunstvereine.de/web/index.php?id=48 [11.12.2011].
178 Vgl. SCHMIDT, Musik 1993, S. 555.
179 WALZ, Geschichte 2004, S. 29 ff.
180 Vgl. TESCH, Cauer 1977.
181 SCHMIDT, Karl Eugen, »Kölnische Zeitung«, 1928. Zitiert nach TESCH, Cauer 1977, S. 57.
182 MASA, Cauer 1988, S. 17.
183 MASA, Cauer 1988, S. 20.
184 Ebenda, S. 61.

185 HUNSRÜCK-MUSEUM SIMMERN u.a., Rheinprovinz 2007, S. 8 f.
186 BLINN, Nast 1977, S. 34.
187 MARX, Nast 1977, S. 136.
188 BLINN, Nast 1977, S. 67.
189 Ebenda, S. 34 f.
190 MARTIN, Santa Claus 2002, S. 88 sowie HELLMANN, Claudia, URL: http://nbn-resolving.de/urn/resolver.pl?urn=urn:nbn:de:bvb:19-54017 [11.10.2011].
191 Vgl. für die biografischen Angaben PFISTER, Wunderlich 2010, S. 26 ff.
192 SCHMIDT, Musik 1993, S. 494.
193 DENZER, Kulturleben 1993, S. 509.
194 BREMME, Museen 1995, S. 141 ff.
195 KRÖMER/THEIS-KRÖMER, Ort 2008, S. 241.
196 Vgl. URL: http://www.landesmuseum mainz.de/enid/0,23778d5f7472636964092d09383137/Ausstellungsarchiv/Von_Duerer_bis_Liebermann_2__7__-_3ss_7__3_7d.html [6.12.2011].
197 BÜRGEL, Gemäldesammlung 1992, S. 51 ff.
198 REUTER, Sprung 2005, S. 483.
199 KLOTZ, Speyer 1971, S. 171.
200 STIFTUNG JOSEPH BREITBACH/AKADEMIE DER WISSENSCHAFTEN UND DER LITERATUR MAINZ, Breitbach 1998, S. 12 f. und URL: http://www.joseph-breitbach-preis.de/akademie/index.shtml [7.11.2011].
201 SCHULZ, Lebenswelt 2005, S. 1.
202 Vgl. u.a. KURZ, Leben 2010, S. 123 f., 129 ff.
203 HÄNSLER, Gemeinschaftsleben 1975, S. 718; BERETHS, Musikchronik I 1978, S. 91; SCHÜTZ, Provinzialhauptstadt 1999, S. 390; KUHN, Leben 1999, S. 753.
204 HÜBEL, Stadtansichten 1999, S. 1192.
205 BAUR, Bürgerinitiative 2008, S. 33 ff.
206 SCHMIDT, Musik-Institut 1983, S. 186; BAUR, Bruch 1996, S. 53 ff.
207 DENZER, Kulturleben 1993, S. 479 ff.
208 Ebenda, S. 481 f.
209 HABROCK-HENRICH/HOMBACH/SCHMUTZLER, Lenné 2010.
210 Vgl. u.a. LAUMANN-KLEINEBERG, Denkmäler 1989.
211 SEELE, Lexikon 2005.
212 Vgl. zuletzt KURZ, Leben 2010, S. 161 ff.
213 REUTER, Reaktion 2005, S. 472 ff.; SPILLE/BÖCHER, Baugeschichte 2005, S. 781 f.
214 SCHÜTZ, Provinzialhauptstadt 1999, S. 417.
215 URL: http://www.lwl.org/westfaelische-geschichte/portal/Internet/input_felder/langDatensatz_ebene4.php?urlID=756&url_tabelle=tab_websegmente [9.12.2011].
216 JOHN, Schatten 1997.
217 HILGER, Geschichte 1979, S. 719 f.; GLATZ, Stadtplanung 1999, S. 1145 ff. Zu Kreyßig vgl. u.a. GLATZ, Kreyßig 2010.
218 Vgl. u.a. HIPPEL, Reichsgründung 2003, S. 553 f.
219 Vgl. u.a. KURZ, Leben 2010, S. 128 f.
220 GRAICHEN, Leben 2004, S. 256.
221 HEYEN/KEIM, Identität 1996; SCHILDT/SIEGFRIED, Kulturgeschichte 2009, S. 28.
222 DUMONT, Landeshaupt- und Universitätsstadt 1999, S. 523; ZIBELL, Worms 2005, S. 634. Vgl. allgemein FISCHER-LICHTE, Stunde 1996.
223 HIPPEN, Kabarett 1996.
224 Vgl. dazu die nahezu 2.000 Einträge umfassende Übersicht über die Kultureinrichtungen auf der Homepage Kulturland RLP, URL: http://www.kulturland.rlp.de [8.12.2011].
225 URL: http://www.grenzenlos-kultur.de/wir.php [14.1.2012].
226 SCHILDT/SIEGFRIED, Kulturgeschichte 2009, S. 344.
227 Vgl. u.a. GOTTSCHALK, Kulturökonomik 2006; GUERY, Geschichte 2009, 252 ff.
228 DÜHR/HÜTTEL, Bilde 1996.
229 MÜLLER, Baedeker 2010, S. 68.
230 SIMROCK, Rheinland 1975.
231 KRAUS, Kultur 2008, S. 2.
232 BENJAMIN, Kunstwerk 2010.
233 FRIEDHOFEN, Eisenhüttenwesen 2006, S. 31 ff.
234 WEBER, Art Déco 2002.
235 CUSTODIS, Bauentwicklung 2002.
236 GAG LUDWIGSHAFEN, Ebertsiedlung 2009.

237 DEUTSCHER BUNDESTAG, Schlussbericht 2007, S. 340.
238 ZUKUNFTSINITIATIVE, Kultur- und Kreativwirtschaft 2008, S. 31.
239 ZUKUNFTSINITIATIVE, Land 2010.
240 GLATZ, Stadtplanung 1999, S. 1137 ff.
241 WALZ, Geschichte 2004, S. 25 f.
242 HILGER, Geschichte 1979, S. 707.
243 SCHÜTZ, Provinzialhauptstadt, S. 391.
244 WALZ, Geschichte 2004, S. 37 ff.
245 JANSSEN, Geschichte 1997, S. 329.
246 WERQUET, Historismus 2010.
247 Zitiert nach BÜTTNER, Cornelius 1999, S. 54 A. 309.
248 Digitalisat dieses Erlasses unter URL: http://www.uni-regensburg.de/Fakultaeten/phil_Fak_III/Geschichte/Alte_G/roemer/kapitel4/k4h1_col.htm [7.12.2011].
249 WEISS, Moller 2004, S. 60.
250 WESNER, von Quast 2007, S. 26.
251 SPEITKAMP, Verwaltung 1996, S. 210.
252 Ebenda, S. 190.
253 Ebenda, S. 203.
254 Ebenda, S. 190 ff. Zur Heimatbewegung allgemein vgl. KLUETING, Antimodernismus 1991.
255 DENZER, Kulturleben 1993, S. 499.
256 Zitiert nach SCHÜTZ, Weltkrieg 1999, S. 487.
257 Vgl. allg. CEPL-KAUFMANN, Jahrtausendfeiern 2009.
258 WALZ, Geschichte, 2004, S. 162 ff. Vgl. allgemein zur Bedeutung der Musik im »Dritten Reich« STIFTUNG NEUHARDENBERG, »Dritte Reich« 2004 und LINSENMANN, Konzepte 2010.
259 Zitiert nach BOCKIUS, Jahre 1987, S. 166.
260 CUSTODIS, Thingstätte 2005; KURZ, Leben 2010, S. 181; ZORBACH, Führer 2001.
261 GRAICHEN, Leben 2004, S. 257.
262 DEFRANCE/PFEIL, Nachkriegsgeschichte 2011, S. 155 ff.
263 Vgl. u. a. DEFRANCE, Politique 1994 und LINSENMANN, Konzepte 2010.
264 REICHEL, Humanismus 1997, S. 220.
265 TEUBNER-SCHOEBEL, Bücher 1996, S. 252 ff.
266 In der Fassung von 1947 werden die Kommunen noch nicht genannt.
267 GUBE, Künstlersiedlung 1987, S. 11.
268 HEYEN, Künstlerhaus 1987.
269 MINDEN, Kulturförderung 2011.
270 SCHILDT/SIEGFRIED, Kulturgeschichte 2009, S. 179 ff.
271 LT-Drs. 7/2109.
272 Dies war auch der Beginn der Arbeiten an der Denkmaltopografie Rheinland-Pfalz, vgl. HUYER/KRIENKE/WEBER, 25 Jahre 2010.
273 BECKER/SCHEPPING, Schröder 2008.
274 Vgl. u. a. OELLERS, Glas 1996, S. 428 ff.
275 LT- PlPr. 11/2, S. 35.
276 Vgl. HARDECK, Kulturszene 2010, S. 112 ff.
277 HÄRTEL, Kunst 2006, S. 120.

ANHANG

Abkürzungsverzeichnis

A	Autobahn
Abb.	Abbildung
Abs.	Absatz
ACK	Arbeitsgemeinschaft Christlicher Kirchen
ADAV	Allgemeiner Deutscher Arbeiterverein
ADD	Aufsichts- und Dienstleistungsdirektion
ADGB	Allgemeiner Deutscher Gewerkschaftsbund
AdR	Ausschuss der Regionen bei der Europäischen Union
AFG	Arbeiterförderungsgesetz
AG	Aktiengesellschaft
AGB	Allgemeiner Gewerkschaftsbund
AKK	Anstalt für Kabelkommunikation
akm	Arbeitsgemeinschaft bildender Künstler am Mittelrhein
Anm.	Anmerkung
APK	Arbeitsgemeinschaft Pfälzer Kunst bzw. Arbeitsgemeinschaft Pfälzer Künstler
ARD	Arbeitsgemeinschaft der öffentlich-rechtlichen Rundfunkanstalten der Bundesrepublik Deutschland
Art.	Artikel
BASF	Badische Anilin- und Soda-Fabrik
BBC	British Broadcasting Company
BDA	Bundesvereinigung der Deutschen Arbeitergeberverbände
BDK	Bund Deutscher Karneval
BDM	Bund Deutscher Mädel
BGBl.	Bundesgesetzblatt
BHE	Bund der Heimatvertriebenen und Entrechteten
Bl.	Blatt
BUND	Bund für Umwelt und Naturschutz Deutschland
BVP	Bayerische Volkspartei
BWB	Bundesamt für Wehrtechnik und Beschaffung Deutschland
bzw.	beziehungsweise
ca.	circa
CDP	Christlich Demokratische Partei
CDSV	Christlich-Demokratisch-Soziale Volkspartei
CDU	Christlich Demokratische Union
cm	Zentimeter
CSVD	Christlich-Sozialer Volksdienst
CVP	Christliche Volkspartei
d.h.	das heißt
d. i.	das ist
DAF	Deutsche Arbeitsfront
DAG	Deutsche Angestelltengewerkschaft
DDP	Deutsche Demokratische Partei
DDR	Deutsche Demokratische Republik
DEK	Deutsche Evangelische Kirche

DEKB	Deutscher Evangelischer Kirchenbund
Ders.	Derselbe
DGB	Deutscher Gewerkschaftsbund
Dies.	Dieselbe
DITIB	Türkisch-Islamische Union der Anstalt für Religion
DKP	Deutsche Kommunistische Partei
DM	Deutsche Mark
DNVP	Deutschnationale Volkspartei
DP	Deutsche Partei
DP	Displaced Persons
DPG	Deutsche Post-Gewerkschaft
Dr.	Doktor
DRP	Deutsche Reichspartei
DVP	Deutsche Volkspartei
e.V.	eingetragener Verein
EFWI	Erziehungswissenschaftliches Fort- und Weiterbildungsinstitut der evangelischen Kirchen in Rheinland-Pfalz
EG	Europäische Gemeinschaft
EKD	Evangelische Kirche in Deutschland
EKHN	Evangelische Kirche in Hessen und Nassau
ERA	Europäische Rechtsakademie Trier
etc.	et cetera
EU	Europäische Union
ev.	evangelisch
EVG	Eisenbahn- und Verkehrsgewerkschaft
Ew.	Einwohner
EWG	Europäische Wirtschaftsgemeinschaft
EWH	Erziehungswissenschaftliche Hochschule Rheinland-Pfalz
FAV	Fabrikarbeiterverband
FCK	1. FC Kaiserslautern
FDGB	Freier Deutscher Gewerkschaftsbund
FDP	Freie Demokratische Partei
FH	Fachhochschule
FU Berlin	Freie Universität Berlin
GdP	Gewerkschaft der Polizei
gegr.	gegründet
Gestapo	Geheime Staatspolizei
GDKE	Generaldirektion Kulturelles Erbe Rheinland-Pfalz
GEW	Gewerkschaft Erziehung und Wissenschaft
GG	Grundgesetz
GL	Gewerkschaft Leder
GmbH	Gesellschaft mit beschränkter Haftung
GStPK Berlin	Geheimes Staatsarchiv Preußischer Kulturbesitz Berlin
GUS	Gemeinschaft Unabhängiger Staaten
GVBl.	Gesetz- und Verordnungsblatt für das Land Rheinland-Pfalz
h.c.	honoris causa
ha	Hektar
HBV	Gewerkschaft Handel, Banken und Versicherung
HJ	Hitlerjugend
Hl.	Heilige/r
ICCB	Islamischer Verein der in Bad Kreuznach und Umgebung wohnenden türkischen Arbeitnehmer/ehemaliger Kalifatsstaat
IG BAU	IG Bauen-Agrar-Umwelt
IG CPK	IG Chemie-Papier-Keramik

IG	Industrie Gewerkschaft
IG	Interessengemeinschaft
IGBE	IG Bergbau und Energie
IGS	Integrierte Gesamtschule
IHK	Industrie- und Handelskammer
ILF	Institut für Lehrerfort- und -weiterbildung
INFO-BEST	Informations- und Beratungsstelle für grenzübergreifende Fragen
IPR	Interregionaler Parlamentarier-Rat
ISK	Internationaler Sozialistischer Kampfbund
IT	Informationstechnik
Jh.	Jahrhundert
jr.	junior
k.	königlich
k. k.	kaiserlich-königlich
kath.	katholisch
KdF	»Kraft durch Freude«
kfd	Katholische Frauengemeinschaft Deutschlands
kg	Kilogramm
km	Kilometer
KPD	Kommunistische Partei Deutschlands
KSB	Klein, Schanzlin & Becker
KTA	Kirchlich-Theologische Arbeitsgemeinschaft
kW	Kilowatt
kWh	Kilowattstunde
KZ	Konzentrationslager
LA	Landesarchiv
LHA	Landeshauptarchiv
LKW	Lastkraftwagen
LMK	Landeszentrale für Medien und Kommunikation
LP	Liberale Partei Rheinland-Pfalz
LPR	Landeszentrale für private Rundfunkveranstalter
LT-Drs.	Landtag Rheinland-Pfalz, Drucksache
LT-PlPr.	Landtag Rheinland-Pfalz, Plenarprotokoll
LT-V.	Landtag Rheinland-Pfalz, Vorlage
m	Meter
MCV	Mainzer Carneval-Verein
MGV	Männergesangsverein
Mio.	Million
Mrd.	Milliarden
MSPD	Mehrheitssozialdemokratische Partei Deutschlands
MSS	Mainzer Studienstufe
MW	Megawatt
N. N.	Normal-Null
NATO	Nord Atlantic Treaty Organization
NGG	Gewerkschaft Nahrung, Genuss, Gaststätten
NPD	Nationaldemokratische Partei Deutschlands
NPEA	Nationalpolitische Erziehungsanstalt
NS	nationalsozialistisch
NSBO	Nationalsozialistische Betriebszellenorganisation
NSDAP	Nationalsozialistische Deutsche Arbeiterpartei
NSV	Nationalsozialistische Volkswohlfahrt
OK	Offener Kanal
OPEC	Organization of the Petroleum Exporting Countries
ÖTV	Gewerkschaft Öffentliche Dienste, Transport und Verkehr

PC	Personal Computer
Pfd.	Pfund
PISA	Programme for International Student Assessment
PTHV	Philosophisch-Theologische Hochschule Vallendar
qkm	Quadratkilometer
RAF	Rote Armee Fraktion
rd.	rund
RGBl.	Reichsgesetzblatt
RGO	Revolutionäre Gewerkschaftsopposition
RGO	Rheinische Gemeindeordnung
RM	Reichsmark
RPR	Rheinland-pfälzische Rundfunk GmbH
RWE	Rheinisch-Westfälische Elektrizitätswerk AG
S.	Seite
SA	Sturmabteilung (der NSDAP)
SAP	Sozialistische Arbeiterpartei
SBZ	Sowjetisch-Besetzte Zone
SD	Sicherheitsdienst (der NSDAP)
SDR	Süddeutscher Rundfunk
SE	Societas Europaea
SED	Sozialistische Einheitspartei Deutschlands
SGD	Struktur- und Genehmigungsdirektion
SIL	Staatliches Institut für Lehrerfort- und -weiterbildung des Landes Rheinland-Pfalz
Slg.	Sammlung
Sopade	Sozialdemokratische Partei Deutschlands (1933–1945)
SPD	Sozialdemokratische Partei Deutschlands
SS	Schutzstaffel (der NSDAP)
St.	Sankt
Stalag	Stammlager
Stapo	Staatspolizei
StGB	Strafgesetzbuch
SÜRAG	Süddeutsche Rundfunk AG
SV	Sozialer Volksdienst
SWF	Südwestfunk
SWR	Südwestdeutsche Rundfunk AG
SWR	Südwestrundfunk
t	Tonne
TMO	Trinationale Metropolregion Oberrhein
TU	Technische Universität
u. a.	unter anderem
u. ä.	und ähnlich
u. ö.	und öfter
u. v. m.	und vieles mehr
UKW	Ultrakurzwelle
UNESCO	United Nations Educational, Scientific and Cultural Organization
US	United States
USA	United States of America
USPD	Unabhängige Sozialdemokratische Partei Deutschlands
usw.	und so weiter
VDAV	Vereinstag der Deutschen Arbeitervereine
Ver.di	Vereinigte Dienstleistungsgewerkschaft
Verf.	Verfasser
vgl.	vergleiche

VHS	Volkshochschule
VIP	Very Important Person
WASG	Wahlalternative – Arbeit und soziale Gerechtigkeit
WGL	Wissenschaftsgemeinschaft Gottfried Wilhelm Leibniz
z. B.	zum Beispiel
z. T.	zum Teil
ZASP	Zentralarchiv der Evangelischen Kirche der Pfalz Speyer
ZDF	Zweites Deutsches Fernsehen
ZIRP	Zukunftsinitiative Rheinland-Pfalz
Ztr.	Zentner

Auswahlbibliografie

(Mehrere Titel einer Autorin/eines Autors sind nach Erscheinungsjahr sortiert.)

ABELSHAUSER, Werner: Wirtschaft und Besatzungspolitik in der französischen Zone 1945–1949. In: Scherf, Claus/Schröder, Hans-Jürgen (Hrsg.): Die Deutschlandpolitik Frankreichs und die französische Zone 1945–1949. Wiesbaden 1983 (Veröffentlichungen des Instituts für Europäische Geschichte Mainz, Abteilung Universalgeschichte, 14), S. 111–139.

ABELSHAUSER, Werner (Hrsg.): Die BASF. Eine Unternehmensgeschichte. München 2002.

ABELSHAUSER, Werner: Deutsche Wirtschaftsgeschichte seit 1945. Bonn 2005 (Schriftenreihe, 460).

AHRENS, Georg (Red.): 60 Jahre AKM/Arbeitsgemeinschaft Bildender Künstler am Mittelrhein. Koblenz 2008.

ALBERIGO, Giuseppe/WASSILOWSKY, Günther/WITTSTADT, Klaus (Hrsg.): Geschichte des Zweiten Vatikanischen Konzils (1959–1965). Bd. 1: Die katholische Kirche auf dem Weg in ein neues Zeitalter. Die Ankündigung und Vorbereitung des Zweiten Vatikanischen Konzils (Januar 1959 bis Oktober 1962); Bd. 2: Das Konzil auf dem Weg zu sich selbst. Erste Sitzungsperiode und Intersessio (Oktober 1962 – September 1963); Bd. 3: Das mündige Konzil. Zweite Sitzungsperiode und Intersessio (September 1963 – September 1964); Bd. 4: Die Kirche als Gemeinschaft (September 1964 – September 1965); Bd. 5: Ein Konzil des Übergangs. (September–Dezember 1965). Mainz und Leuven 1997–2009.

ALBERT, Marcel: Die Benediktinerabtei Maria Laach und der Nationalsozialismus. Paderborn u. a. 2004 (Veröffentlichungen der Kommission für Zeitgeschichte, Reihe B, Forschungen, 95).

ALF, Julius: Geschichte und Bedeutung der Niederrheinischen Musikfeste in der ersten Hälfte des 19. Jahrhunderts. Düsseldorf 1987 [Nachdruck d. A. Düsseldorf 1940].

AL-HAMARNEH, Ala/THIELMANN, Jörn (Hrsg.): Islam and Muslims in Germany. Leiden 2008 (Muslim Minorities, 7).

Alte Bräuche – Frohe Feste zwischen Flensburg und Oberstdorf, Aachen und Bayreuth. Ostfildern 1984.

ALTER, Willi (Hrsg.): Pfalzatlas, Textband 1. Speyer 1964.

ALTER, Willi: Die Bevölkerung der Pfalz im Jahre 1825. Die Bevölkerung der Pfalz im Jahre 1961. Bevölkerungsveränderungen 1825–1961. In: Ders. (Hrsg.): Pfalzatlas, Textband 1. Speyer 1964, S. 165–192.

ALTER, Willi: Die Zeit der Französischen Revolution und Napoleons. Vorbemerkungen des Herausgebers. In: Ders. (Hrsg.): Pfalzatlas, Textband 3. Speyer 1981, S. 1456–1457.

ALTMAYER, Sibylle: Interessenvertretung und Unternehmertum. Zur Geschichte des Verbandes der Pfälzischen Industrie. Neustadt an der Weinstraße 1994.

ALTMAYER-WEIL, Sibylle: Der »Verband Pfälzischer Industrieller« und die französische Besatzungsmacht. In: Kreutz, Wilhelm/Scherer, Karl (Hrsg.): Die Pfalz unter französischer Besetzung (1918/19–1930) Kaiserslautern 1999. (Beiträge zur pfälzischen Geschichte, 15), S. 229–242.

ALY, Götz: Hitlers Volksstaat. Raub, Rassenkrieg und nationaler Sozialismus. Bonn 2005 (Schriftenreihe, 487).

AMBROSIUS, Gerold: Von Kriegswirtschaft zu Kriegswirtschaft. In: North, Michael (Hrsg.): Deutsche Wirtschaftsgeschichte. Ein Jahrtausend im Überblick. München ²2005, S. 287–355.

AMELN, Fritz von: Die historische Entwicklung des rheinischen Landbürgermeisters. Diss. jur. Köln 1933.

AMMERICH, Hans (Hrsg.): Lebensbilder der Bischöfe von Speyer seit der Wiedererrichtung des Bistums Speyer 1817/21. Festgabe Bischof Dr. Anton Schlembach. Speyer 1992.

AMMERICH, Hans: Alte Bistümer – Neues Land. Zum Verhältnis von katholischer Kirche und Staat. In: Borck, Heinz-Günther (Hrsg.): Beiträge zu 50 Jahren Geschichte des Landes Rheinland-Pfalz. Koblenz 1997 (Veröffentlichungen der Landesarchivverwaltung Rheinland-Pfalz, 73), S. 369–384.

AMMERICH, Hans: Die Wiedererrichtung des Bistums Speyer 1817/1821. In: Ders.: Das Bayerische Konkordat 1817. Weißenhorn 2000, S. 203–230.

AMMERICH, Hans: Das Bistum Speyer und seine Geschichte. Heft 4: Das 19. und 20. Jahrhundert. Kehl 2001.

AMMERICH, Hans: Das Bistum Speyer von der Römerzeit bis zur Gegenwart. Annweiler 2011 (Schriften des Diözesan-Archivs Speyer, 42).

AMOS, Heike: Der »Beratende Finanzausschuss für die Französische Besatzungszone«. Aspekte seiner Tätigkeit 1946 bis 1948/49. Speyer 2005 (Speyerer Forschungsberichte, 239).

ANDERMANN, Kurt: Kestenburg – Speyer – Bruchsal. Zur Geschichte der Archive von Hochstift und Domstift Speyer. In: Rödel, Volker (Hrsg.): Umbruch und Aufbruch. Das Archivwesen nach 1800 in Süddeutschland und im Rheinland. Stuttgart 2005 (Werkhefte der Staatlichen Archivverwaltung Baden-Württemberg, Serie A, 20), S. 45–56.

ANDERS, Karl: Stein für Stein. Die Leute von Bau-Steine-Erden und ihre Gewerkschaften 1869 bis 1969. Hannover 1969.

ANGELOW, Jürgen: Der Deutsche Bund. Darmstadt 2003 (Geschichte kompakt).

ANGELOW, Jürgen: Von Königgrätz nach Wien. Die Sicherheitspolitik des Deutschen Bundes im europäischen Gleichgewicht (1815–1866). München 1996 (Beiträge zur Militärgeschichte, 52).

ANGERMUND, Ralph: Deutsche Richterschaft 1919–1945. Frankfurt am Main 1990.

ANONYM: Aus dem Notizbuch der Redaktion. In: Das Kunstwerk 4 (1950), S. 124–131.

ANTHES, Hans Werner: »Kilo-Hertz mit Herz«. Die Anfänge des Rundfunks in Rheinland-Pfalz. In: Heyen, Franz-Josef (Hrsg.): Rheinland-Pfalz entsteht. Beiträge zu den Anfängen des Landes Rheinland-Pfalz in Koblenz 1945–1951. Boppard 1984 (Veröffentlichungen der Kommission des Landtages für die Geschichte des Landes Rheinland-Pfalz, 5), S. 315–328.

ANTHES, Werner: Der Südwestrundfunk in Rheinland-Pfalz. In: Heyen, Franz-Josef/Kahlenberg, Friedrich P. (Hrsg.): Südwestrundfunk. Vier Jahrzehnte Rundfunk im Südwesten. Düsseldorf 1986, S. 150–160.

APK, ARBEITSGEMEINSCHAFT PFÄLZER KÜNSTLER (Hrsg.): Jubiläumsausstellung apk 1922–2002. Kaiserslautern 2002.

APPLEGATE, Celia: Zwischen Heimat und Nation. Die pfälzische Identität im 19. und 20. Jahrhundert. Kaiserslautern 2007.

ARBEITSKREIS OFFENER KANÄLE UND BÜRGERRUNDFUNK DER LANDESMEDIENANSTALTEN (AKOK) (Hrsg.): Bürgermedien in Deutschland. Halle 2000.

ARD/ZDF-ARBEITSGRUPPE MARKETING (Hrsg.): Was Sie über Rundfunk wissen sollten. Materialien zum Verständnis eines Mediums. Berlin 1997.

AREND, Helga: Die Loreley – Entwicklung einer literarischen Gestalt zu einem internationalen Mythos. In: Hermes, Liesel/Hirschen, Andrea/Meissner, Iris (Hrsg.): Gender und Interkulturalität. Ausgewählte Beiträge der 3. Fachtagung Frauen-/Gender-Forschung in Rheinland-Pfalz. Tübingen 2002, S. 19–28.

ARENS, Bernard: Handbuch der katholischen Missionen. Freiburg im Breisgau 1920.

ARENZ-MORCH, Angelika: Wegen »wehrkraftzersetzender Äußerungen« hingerichtet. Das Schicksal der Wormserin Elisabeth Groß und der Nachfolgeprozess gegen ihren Denunzianten. In: Mainzer Geschichtsblätter 12 (2000), S. 146–160.

ARNIM, Hans-Hubert von: Die neue Gemeindeverfassung von Rheinland-Pfalz. In: Böhret, Carl/Nowack, Mathias (Hrsg.): Gesellschaftlich denken – kommunal handeln. Festschrift Christian Roßkopf. Speyer 1995, S. 69–85.

ARNOLD, Hermann: Versuch einer Bevölkerungs- u. Sozialgeschichte des Landauer Gebiets unter besonderer Berücksichtigung der sozialen Grundschicht. In: Mitteilungen des Historischen Vereins der Pfalz 63 (1965), S. 165–184.

ARZHEIMER, Kai: 50 Jahre Wahlen in Rheinland-Pfalz. In: Sarcinelli, Ulrich u.a. (Hrsg.): Politische Kultur in Rheinland-Pfalz. Mainz 2000, S. 229–254.

AUBIN, Hermann/FRINGS, Theodor/MÜLLER, Josef: Kulturströmungen und Kulturprovinzen in den Rheinlanden. Darmstadt 1966 [Nachdruck d. A. Bonn 1926].

AUFERMANN, Jörg/SCHARF, Wilfried/SCHLIE, Otto (Hrsg.): Fernsehen und Hörfunk für die Demokratie. Ein Handbuch über den Rundfunk in der Bundesrepublik Deutschland. Opladen 1979.

BADE, Klaus J./OLTMER, Jochen: Normalfall Migration. Bonn 2004.

BADER, Gerhard/CRAMER, Johannes/WINTER, Bettina: »Verlegt nach Hadamar«. Die Geschichte einer NS-»Euthanasie«-Anstalt. Kassel 1991 (Historische Schriftenreihe des Landeswohlfahrtsverbandes Hessen, Kataloge, 2).

BADER, Manfred: Von der 48er Revolution bis zum Ende des Zweiten Weltkrieges. In: Ders./Ritter, Albert/Schwarz, Albert: Wörth am Rhein. Ortschronik, Bd. 2. Wörth am Rhein 1983, S. 1275–1482.

BÄR, Max: Die Behördenverfassung der Rheinprovinz seit 1815. Bonn 1919 (Publikationen der Gesellschaft für Rheinische Geschichtskunde, 35).

BAGINSKI, Christophe: Frankreichs Kirchenpolitik im besetzten Deutschland 1945–1949. Mainz 2001 (Quellen und Abhandlungen zur mittelrheinschen Kirchengeschichte, 87).

BAGINSKI, Christophe: Gnade den Bekehrten! Evangelische Kirche und deutsche Kriegsverurteilte in Frankreich 1944–1962. Speyer 2002 (Veröffentlichungen des Vereins für Pfälzische Kirchengeschichte, 22).

BAGINSKI, Christophe: Hans Stempel (1894–1970), Kirchenpräsident 1946/48–1964. In: Hans, Friedhelm/Stüber, Gabriele (Hrsg.): Pfälzische Kirchen- und Synodalpräsidenten seit 1920. Karlsruhe 2008, S. 107–132.

BAHN, Peter: Deutschkatholizismus und Revolutionsbewegung in der Pfalz. In: Fenske, Hans/Kermann, Joachim/Scherer, Karl (Hrsg.): Die Pfalz und die Revolution 1848/49, Bd. 2. Kaiserslautern 2000 (Beiträge zur pfälzischen Geschichte, 16,2), S. 179–191.

BAHN, Peter: Infrastruktur, Abwanderung und lokale Identität in Landgemeinden der Westeifel. In: Schwedt, Herbert (Hrsg.): Migration und Dorfkultur. Untersuchungen in Abwanderungsregionen des Landes Rheinland-Pfalz. Stuttgart 1984 (Mainzer Studien zur Sprach- und Volksforschung, 7), S. 69–190.

BAJOHR, Frank/WILDT, Michael (Hrsg.): Volksgemeinschaft. Neue Forschungen zur Gesellschaft des Nationalsozialismus. Frankfurt am Main 2009.

BALDES, Heinrich: Die hundertjährige Geschichte des Fürstentums Birkenfeld. Zur Jahrhundertfeier 1917. Birkenfeld 1921.

BALL-HENNINGS, Emmy: Hugo Ball. Sein Leben in Briefen und Gedichten. Berlin 1930.

BAMBERGER, Heinz Georg/KEMPF, Johannes: Zur Geschichte und Vorgeschichte des Oberlandesgerichts Koblenz. In: Ministerium der Justiz Rheinland-Pfalz (Hrsg.): 50 Jahre Oberlandesgericht und Generalstaatsanwaltschaft. Koblenz 1996 (Schriftenreihe des Ministeriums der Justiz, 5), S. 21–61.

BARKAI, Avraham: Jüdische Minderheit und Industrialisierung. Demographie, Berufe und Einkommen der Juden in Westdeutschland 1850–1914. Tübingen 1988.

BARTOLOSCH, Thomas A./NEUTSCH, Cornelius/ROTH, Karl Jürgen (Hrsg.): Vom Westerwald nach Amerika. Auswanderung im 19. Jahrhundert. Hachenburg 1996.

BARTOLOSCH, Thomas A.: Auswanderung aus dem Westerwald im 18. und 19. Jahrhundert. Ein Überblick. In: Kremp, Werner/Paul, Roland (Hrsg.): Die Auswanderung nach Nordamerika aus den Regionen des heutigen Rheinland-Pfalz. Trier 2002 (Atlantische Texte, 16), S. 88–101.

BASSERMANN-JORDAN, Friedrich von: Geschichte des Weinbaus, 2 Bde. Bd. 1: Landau ^{4}1991; Bd. 2: Neustadt ^{4}1975 [Neuauflage d. A. Frankfurt am Main ^{2}1923].

BAUER, Alfred: Ländliche Gesellschaft und Agrarwirtschaft im Hunsrück zwischen Tradition und Innovation (1870–1914). Trier 2009 (Trierer Historische Forschungen, 64).

BAUERNFEIND, Wolfgang: Tonspuren – eine deutsche Rundfunkgeschichte. 6 Folgen. Manuskript Südwestrundfunk/SWR2 Wissen-Manuskriptdienst. Baden-Baden 2011.

BAUM, Herbert: Lebende Bilder in unserer Stadt. Ein Jahrhundert Ludwigshafener Kinogeschichten. Ludwigshafen 2003.

BAUMANN, Kurt: Das pfälzische Appellationsgericht in der Zeit von 1815–1871. Die pfälzische Justiz im Kampf um den modernen Rechtsstaatsgedanken. In: Ders.: Von Geschichte und Menschen in der Pfalz. Ausgewählte Aufsätze, hrsg. von Kurt Andermann. Speyer 1984, S. 227–299.

BAUMERICH, Andreas: Die lebendige Spur. Vom Umgang mit gotischer Sakralarchitektur in Deutschland nach 1945. 2 Bde. Köln 2003 (Kölner Architekturstudien, 78).

BAUMGART, Winfried: Voraussetzungen und Wesen der rheinland-pfälzischen Verfassung. In: Klaas, Helmut (Bearb.): Die Entstehung der Verfassung von Rheinland-Pfalz. Eine Dokumentation. Boppard 1978 (Veröffentlichungen der Kommission des Landtages für die Geschichte des Landes Rheinland-Pfalz, 1), S. 1–32.

BAUR, Uwe: Max Bruch und Koblenz (1865–1867). Eine Dokumentation. Mainz 1996.

BAUR, Uwe: Bürgerinitiative Musik. 250 Jahre öffentliches Musikleben in Koblenz. Koblenz 2008.

BAUS, Martin: Die Revolution von 1848/49 und die Saarpfalz. In: Ries, Klaus (Hrsg.): Revolution an der Grenze. 1848/49 als nationales und regionales Ereignis. St. Ingbert 1999 (Schriftenreihe Geschichte, Politik und Gesellschaft der Stiftung Demokratie Saarland, 4), S. 191–229.

BAUS, Martin: Die Verfassungsbewegung von 1849. Voraussetzungen und Verlauf des revolutionären Aufstandes im saarpfälzischen Raum. In: Herrmann, Hans-Walter (Hrsg.): Zwischen demokratischem Aufbegehren und industrieller Revolution. August Ferdinand Culmann (1804–1891). Sigmaringen 1993 (Schriften der Siebenpfeiffer-Stiftung, 2), S. 147–161.

BAUSCH, Hans: Der Rundfunk im Kräftespiel der Weimarer Republik 1923–1933. Tübingen 1955.

BAUSCH, Hans: Rundfunkpolitik nach 1945. Teil 1: 1945–1962. München 1980.

BAUSINGER, Hermann: Kulturen – Räume – Grenzen. In: Frieß-Reimann, Hildegard/Schellack, Fritz (Hrsg.): Kulturen, Räume, Grenzen. Interdisziplinäres Kolloquium zum 60. Geburtstag von Herbert Schwedt. Mainz 1996 (Studien zur Volkskultur in Rheinland-Pfalz, 19), S. 7–24.

BAYER, Gerd: 90 Jahre Telefonieren im Zeller Raum. In: Jahrbuch für den Kreis Cochem-Zell 1991, S. 58–60.

BAYERLEIN, Peter: Schinderhannes-Chronik. Von Mielen bis Mainz. Mainz-Kostheim 2003.

DER BEAUFTRAGTE FÜR DEN VIERJAHRESPLAN/DER GENERALBEVOLLMÄCHTIGTE FÜR DEN ARBEITSEINSATZ (Hrsg.): Der Arbeitseinsatz im Großdeutschen Reich 11/12 (1944).

BECHTOLSHEIMER, Heinrich/DIETERICH, Julius Reinhard/STRECKER, Kurt: Beiträge zur rheinhessischen Geschichte. Festschrift der Provinz Rheinhessen zur Hundertjahrfeier 1816–1916. Mainz 1916.

BECHTOLSHEIMER, Heinrich: Rheinhessen zur Zeit der Franzosenherrschaft 1792–1814. Worms 1905.

BECK, Kurt: Ein Sozialdemokrat. Die Autobiografie. München 2008.

BECK, Ludwig: Die Einführung des englischen Flammofenfrischens in Deutschland durch Heinrich Wilhelm Remy & Co. auf dem Rasselstein bei Neuwied. In: Beiträge zur Geschichte der Technik und Industrie 3 (1911), S. 86–130.

BECKER, Albert: Die Wiedererstehung der Pfalz. Zweibrücken 1916.

BECKER, Albert: Die Speyerer Regierung vor hundert Jahren. In: Mitteilungen des Historischen Vereins der Pfalz 37/38 (1918), S. 1–51.

BECKER, Albert: Pfälzer Volkskunde. Frankfurt am Main 1979 [Nachdruck d. A. Bonn und Leipzig 1925] (Volkskunde rheinischer Landschaften).

BECKER, Annette: Religion. In: Hirschfeld, Gerhard/Krumeich, Gerd/Renz, Irina (Hrsg.): Enzyklopädie Erster Weltkrieg. Paderborn u. a. ²2004, S. 192–197.

BECKER, August: Die Pfalz und die Pfälzer. Neustadt an der Haardt ²1913 [Nachdruck d. A. Leipzig 1858].

BECKER, B.: Actenmäßige Geschichte der Räuberbanden an den beyden Ufern des Rheins. 2 Teile. Köln 1804.

BECKER, Elsbeth: Der Beginn einer neuen Phase der Liebestätigkeit der Evangelischen Kirche der Rheinprovinz nach dem Ende des Zweiten Weltkrieges von 1945 bis 1948. Diss. Berlin 1990.

BECKER, Frank: Protestantische Euphorien. 1870/71, 1914 und 1933. In: Gailus, Manfred/Lehmann, Hartmut (Hrsg.): Nationalprotestantische Mentalitäten, Konturen, Entwicklungslinien

und Umbrüche eines Weltbildes. Göttingen 2005 (Veröffentlichungen des Max-Planck-Instituts für Geschichte, 214), S. 19–44.
BECKER, Jochen: Carl Zuckmayer und seine Heimaten. Ein biographischer Essay. Mainz 1984.
BECKER, Josef (Hrsg.): Bismarcks spanische »Diversion« 1870 und der preußisch-deutsche Reichsgründungskrieg. Quellen zur Vor- und Nachgeschichte der Hohenzollern-Kandidatur für den Thron in Madrid 1866–1932. 3 Bde. Paderborn 2011.
BECKER, Klaus J.: Links von der SPD. Ein Beitrag zur Geschichte der Arbeiterbewegung in Worms. In: Der Wormsgau 17 (1998), S. 224–238.
BECKER, Klaus J.: 100 Jahre ÖTV-Kreisverwaltung Ludwigshafen, Speyer, Frankenthal. Bd. 2: Eine Dokumentation vom 24. März 1945 bis 7. November 1997. Ludwigshafen 2000.
BECKER, Klaus J.: »Es ist gut, daß es in Deutschland Gewerkschaften gibt.« Geschichte der ÖTV-Kreisverwaltung Ludwigshafen-Speyer-Frankenthal. Ludwigshafen 2001.
BECKER, Klaus J.: Die KPD in Rheinland-Pfalz 1946–1956. Koblenz 2001 (Veröffentlichungen der Kommission des Landtages für die Geschichte des Landes Rheinland-Pfalz, 22).
BECKER, Klaus J.: Demokratische Konsolidierung und Wirtschaftswunder. Leben in Ludwigshafen 1948–1965. In: Mörz, Stefan/Ders. (Hrsg.): Geschichte der Stadt Ludwigshafen am Rhein. Bd. 2: Vom Ende des Ersten Weltkrieges bis zur Gegenwart. Ludwigshafen 2003, S. 504–652.
BECKER, Klaus J.: Zwischen ultralinker Parteiopposition und titoistischer Verfemung. Die pfälzische KPD 1919–1956. In: Mitteilungen des Historischen Vereins der Pfalz 103 (2005), S. 343–376.
BECKER, Klaus J.: Anpassung, innere Verweigerung, offener Widerstand, Repression. Der kommunistische Widerstand gegen die nationalsozialistische Diktatur und dessen Zerschlagung in der Pfalz anhand neu zugänglicher Archivalien. In: Mitteilungen des Historischen Vereins der Pfalz 108 (2010), S. 313–333.
BECKER, Klaus J.: Zwischen Unterdrückung, Selbstaufgabe und Verbot: Die Ludwigshafener und vorderpfälzische Arbeiterbewegung in den Krisenjahren 1932/33. Eine lokalpolitische Studie. In: Ders. (Hrsg.): Das Ende der freien Arbeiterbewegung. Ludwigshafen 2011, S. 1–17.
BECKER, Peter/SCHEPPING, Wilhelm (Hrsg.): Hermann Schröder. Komponist – Lehrer – Interpret. Bericht über die Tagung der Arbeitsgemeinschaft für Rheinische Musikgeschichte und der Hermann-Schroeder-Gesellschaft in Köln am 19. Juni 2004. Berlin [u. a.] 2008 (Beiträge zur rheinischen Musikgeschichte, 170).
BECKER, Susan: Eine pfälzische »Sonderkrise« aufgrund struktureller Schwäche oder exogener Faktoren? Die Pfalz in der Weltwirtschaftskrise. In: Nestler, Gerhard/Schaupp, Stefan/Ziegler, Hannes: Vom Scheitern der Demokratie. Die Pfalz am Ende der Weimarer Republik. Karlsruhe 2010, S. 69–96.
BECKER, Winfried: Der Kulturkampf in Preussen und in Bayern. Eine vergleichende Betrachtung. In: Zedler, Jörg (Hrsg.): Der Heilige Stuhl in den internationalen Beziehungen 1870–1939. München 2010 (Spreti-Studien, 2), S. 51–91.
BECKER-HUBERTI, Manfred: Lexikon der Bräuche und Feste. Freiburg im Breisgau u. a. 2001.
BECKMANN, Rainer: Der Streit um den Beratungsschein. Würzburg 2000.
BEEGER, Helmut/WENNER, Hellmut: Die Bevölkerungsentwicklung der Pfalz seit 1815/23. In: Geiger, Michael/Preuß, Günter/Rothenberger, Karl-Heinz (Hrsg.): Pfälzische Landeskunde. Beiträge zur Geographie, Biologie, Volkskunde und Geschichte, Bd. 1. Landau 1981, S. 101–128.
BEEGER, Helmut/WENNER, Hellmut: Die Bevölkerungsentwicklung der Pfalz seit 1815/23. Teil 1: 1815/23–1939; Teil 2: 1939–1980. In: Stimme der Pfalz 34 (1983), Heft 1, S. 10–13 und 35 (1984), Heft 3, S. 15–18.
BELLMANN, Günter: Zur Technik und Aussagefähigkeit zweidimensionaler Dialekterhebung und Dialektkartographie am Beispiel des Mittelrheinischen Sprachatlasses. In: Stickel, Gerhard (Hrsg.): Varietäten des Deutschen. Regional- und Umgangssprachen. Berlin und New York 1997 (Jahrbuch des Instituts für deutsche Sprache 1996), S. 271–290.
BENDER, Gerhard R.: Gegen »zentrümliche Verhetzung« – für den Führer. Aspekte der nationalsozialistischen Machtergreifung im Kreis Altenkirchen. In: Beiträge zur Wirtschafts-, Sozial- und Zeitgeschichte des Kreises Altenkirchen. Altenkirchen 1985 (Betrifft: Heimat, 1), S. 78–88.

BENDERMACHER, Justinus: Dorfformen in Rheinland-Pfalz. Köln 1981.
BENJAMIN, Walter: Das Kunstwerk im Zeitalter seiner technischen Reproduzierbarkeit. Drei Studien zur Kunstsoziologie. Nachdruck. Frankfurt am Main 2010.
BENRATH, Gustav Adolf: Die evangelischen Kirchen. In: Haungs, Peter (Hrsg.): 40 Jahre Rheinland-Pfalz. Eine politische Landeskunde. Mainz 1986, S. 477–498.
BENRATH, Gustav Adolf: Pfalz I. In: Müller, Gerhard (Hrsg.): Theologische Realenzyklopädie, Bd. 26. Berlin und New York 1996, S. 323–334.
BERAN, Barbara/TRITSCHLER, Rosa: Gestricktes Leben. Die Teppiche von Kampagna. Annweiler 2008.
BERES, Eric: Auswanderung aus dem Hunsrück 1815–1871. Strukturen, Ursachen und Folgen am Beispiel der ehemaligen Bürgermeisterei Kastellaun. Dommershausen/Kastellaun 2001 (Kastellaun in der Geschichte, 7).
BERETHS, Gustav: Musikchronik der Stadt Trier. Teil 1: Das Konzert und Musikleben; Teil 2: Das Musiktheater. Mainz 1978 und 1983.
BERGER, Helge/SPOERER, Mark: Nicht Ideen, sondern Hunger? Wirtschaftliche Entwicklungen in Vormärz und Revolution 1848 in Deutschland und Europa. In: Langewiesche, Dieter (Hrsg.): Demokratiebewegung und Revolution 1847 bis 1849. Internationale Aspekte und europäische Verbindungen. Karlsruhe 1998, S. 140–184.
BERGHOLZ, Thomas: Die Entstehung der allgemeinen Schulpflicht. Reformation als Evangelisation und Alphabetisierung Deutschlands. In: Bandini, Ditte/Kronauer, Ulrich (Hrsg.): Früchte vom Baum des Wissens. 100 Jahre Heidelberger Akademie der Wissenschaften. Heidelberg 2009, S. 171–177.
BERKESSEL, Hans: Anna Seghers – Mainzer Weltliteratur. Mainz 2003 (Blätter zum Land, 4/2003).
BERLET, Eduard: Lehrerbildung in Hessen-Darmstadt (1770–1918). Vorgeschichte und Geschichte der großherzoglichen Seminare in Bensheim, Friedberg, Alzey und Darmstadt, hrsg. von Fleck, Peter. Darmstadt, Marburg 1987 (Quellen und Forschungen zur hessischen Geschichte, 68).
BERS, Günter (Hrsg.): Der Erste Kongress der Revolutionären Gewerkschafts-Opposition (RGO) im Bezirk Mittelrhein (Raum Aachen-Köln-Koblenz) im Jahre 1930. Reinbek bei Hamburg 1982. (Die Arbeiterbewegung in den Rheinlanden, 17).
BERS, Günter: Der Bezirk Mittelrhein/Saar der Kommunistischen Partei Deutschlands (KPD) im Jahr 1922. Wentdorf bei Hamburg 1975.
BERS, Günter: Die sozialdemokratische Partei im Agitationsbezirk Obere Rheinprovinz 1897–1918. Teil 1: 1897–1905. Köln 1973.
BERS, Günter: Eine Regionalgliederung der KPD. Der Bezirk Mittelrhein und seine Parteitage in den Jahren 1927/1929. Reinbek bei Hamburg 1981.
BERUFSBILDENDE SCHULE MONTABAUR (Hrsg.): 140 Jahre Berufsbildende Schule Montabaur. Montabaur 1986.
BERZ, Ernst-Ludwig: Rheinische Landesbibliothek Koblenz. In: Hagenau, Bernd (Hrsg.): Regionalbibliotheken in Deutschland mit einem Ausblick auf Österreich und die Schweiz. Frankfurt am Main 2000 (Zeitschrift für Bibliothekswesen und Bibliographie, Sonderheft, 78), S. 321–323.
BERZ, Ernst-Ludwig: Rheinische Landesbibliothek. Die ersten zehn Jahre (1987–1997). In: Gernot, Gabel u. a. (Hrsg.): De officio bibliothecarii – Beiträge zur Bibliothekspraxis. Festschrift Hans Limburg. Köln 1998, S. 116–131.
BESSER, Christoph: Deutsche Überseewanderungen von 1683 bis 1945. GESIS Köln, Studiennummer ZA8272. URL: http://www.histat.gesis.org/ViewProject.php?ID_Projekt=1727D1EBAE3C448094E67B6BB42EAFB1 [22.02.2012].
BESSER, Christoph: Grunddaten der Bevölkerungsstatistik Deutschlands von 1871 bis 1939. GESIS Köln, Studiennummer ZA8295. URL: http://www.histat.gesis.org/ViewProject.php?ID_Projekt=785C5814083B068FC722B3ACB8328249 [22.02.2012].
BEST, Heinrich/WEEGE, Wilhelm: Biographisches Handbuch der Abgeordneten der Frankfurter Nationalversammlung 1848/49. Düsseldorf 1996 (Handbücher zur Geschichte des Parlamentarismus und der politischen Parteien, 8).

BEYER, Andreas: Das Porträt in der Malerei. München 2002.
BICKEL, Heribert: Der Verfassungsgerichtshof. In: Haungs, Peter (Hrsg.): 40 Jahre Rheinland-Pfalz. Eine politische Landeskunde. Mainz 1986, S. 441–456.
BICKELMANN, Hartmut: Deutsche Überseeauswanderung in der Weimarer Zeit. Wiesbaden 1980.
BINDING, Karl: Der Versuch der Reichsgründung durch die Paulskirche. Schutterwald in Baden 1998 [Nachdruck d. A. Leipzig 1892].
BISCHOF, Erwin: Rheinischer Separatismus 1918–1924. Hans Adam Dortens Rheinstaatbestrebungen. Bern 1969.
BISCHOF, Hans Helmut: Die Rechtsprechung des Oberlandesgerichts in Entschädigungssachen. In: Ministerium der Justiz Rheinland-Pfalz (Hrsg.): 50 Jahre Oberlandesgericht und Generalstaatsanwaltschaft. Koblenz 1996 (Schriftenreihe des Ministeriums der Justiz, 5), S. 323–342.
BLACHETTA, Petra: Auf- und Abstieg der Wormser Lederindustriellen Heyl. In: Bönnen, Gerold/Werner, Ferdinand (Hrsg.): Die Wormser Industriellenfamilie von Heyl. Öffentliches und privates Wirken zwischen Bürgertum und Adel. Worms 2010, S. 339–354.
BLAICH, Fritz: Grenzlandpolitik im Westen 1926–1936. Die »Westhilfe« zwischen Reichspolitik und Länderinteressen. Stuttgart 1978 (Schriftenreihe der Vierteljahrshefte für Zeitgeschichte, 36).
BLANNING, Timothy W. C.: The French Revolution in Germany. Occupation and Resistance in the Rhineland 1792–1802. Oxford 1983.
BLAUL, Friedrich: Träume und Schäume vom Rhein. Kaiserslautern [3]1910.
BLINN, Hans: Thomas Nast – der Vater der politischen Karikatur. In: Glessgen, Willi (Red.): Thomas Nast. Ein Landauer, der amerikanische Geschichte zeichnete und machte. Landau 1977, S. 34–81.
BLOMMEN, Heinz: Anfänge und Entwicklung des Männerchorwesens am Niederrhein. Köln 1960 (Beiträge zur rheinischen Musikgeschichte, 42).
BOBERACH, Heinz: Koblenz als Zentrum für das evangelische Rheinland. Das Konsistorium 1816–1934. In: Dröge, Markus u. a. (Hrsg.): Pragmatisch, preußisch, protestantisch… Die Evangelische Gemeinde Koblenz im Spannungsfeld von rheinischem Katholizismus und preußischer Kirchenpolitik. Bonn 2003 (Schriftenreihe des Vereins für Rheinische Kirchengeschichte, 161), S. 269–277.
BOBERACH, Heinz: Presse und Revolution 1848/49 im Rheinland. In: Lennartz, Stephan (Hrsg.): Revolution im Rheinland. Bielefeld 1998, S. 47–61.
BOBERACH, Heinz: Wahlrechtsfragen im Vormärz. Die Wahlrechtsanschauung im Rheinland 1815–1849 und die Entstehung des Dreiklassenwahlrechts. Düsseldorf 1959.
BOCK, Oliver: Kathinka Zitz-Halein. Leben und Werk. Hamburg 2010.
BOCKIUS, Fritz: 200 Jahre Theater Koblenz 1787–1987. Koblenz 1987.
BOEHM, Laetitia: Das akademische Bildungswesen in seiner organisatorischen Entwicklung (1800–1920). In: Spindler, Max (Hrsg.): Handbuch der Bayerischen Geschichte. Bd. 4: Das neue Bayern 1800–1970, Teil 2. München 1975, S. 995–1033.
BÖHME, Helmut: Prolegomena zu einer Sozial- und Wirtschaftsgeschichte Deutschlands im 19. und 20. Jahrhundert. Frankfurt am Main 1968.
BÖHN, Georg-Friedrich: Wiederaufbau der Verwaltung. In: Heyen, Franz-Josef (Hrsg.): Rheinland-Pfalz entsteht. Beiträge zu den Anfängen des Landes Rheinland-Pfalz in Koblenz 1945–1951. Boppard 1984 (Veröffentlichungen der Kommission des Landtages für die Geschichte des Landes Rheinland-Pfalz, 5), S. 1–30.
BÖNNEN, Gerold (Bearb.): Das Stadtarchiv Worms und seine Bestände. Koblenz 1998 (Veröffentlichungen der Landesarchivverwaltung Rheinland-Pfalz, 79).
BÖNNEN, Gerold (Hrsg.): Geschichte der Stadt Worms. Stuttgart 2005.
BÖNNEN, Gerold: Von der Blüte in den Abgrund: Worms vom Ersten bis zum Zweiten Weltkrieg (1914–1945). In: Ders. (Hrsg.): Geschichte der Stadt Worms. Stuttgart 2005, S. 545–606.
BÖNNEN, Gerold: Die Familie Heyl und ihr Wirken (ca. 1850 bis 1980). In: Ders./Werner, Ferdinand (Hrsg.): Die Wormser Industriellenfamilie von Heyl. Öffentliches und privates Wirken zwischen Bürgertum und Adel. Worms 2010, S. 35–186.
BÖRSCH-SUPAN, Helmut: Die Deutsche Malerei von Anton Graff bis Hans von Marées, 1760–1870. München 1988.

BOETZINGER, Vera: »Den Chinesen ein Chinese werden«. Die deutsche protestantische Frauenmission in China 1842–1952. Stuttgart 2004 (Missionsgeschichtliches Archiv, 11).
BOOMS, Renate: Kurze Geschichte der evangelischen Schulen in Koblenz. In: Dröge, Markus u. a. (Hrsg.): Pragmatisch, preußisch, protestantisch... Die Evangelische Gemeinde Koblenz im Spannungsfeld von rheinischem Katholizismus und preußischer Kirchenpolitik. Bonn 2003 (Schriftenreihe des Vereins für Rheinische Kirchengeschichte, 161), S. 279–296.
BOPP, Ursula/STAUDER, Frieder: Carl Zuckmayer und Nackenheim. Nackenheim 1998. (Nackenheimer heimatkundliche Schriftenreihe, 17).
BORCK, Heinz-Günther (Hrsg.): Beiträge zu 50 Jahren Geschichte des Landes Rheinland-Pfalz. Koblenz 1997 (Veröffentlichungen der Landesarchivverwaltung Rheinland-Pfalz, 73).
BORCK, Heinz-Günther (Hrsg.): 50 Jahre Rittersturzkonferenz 1948–1998. Die Stunde der Ministerpräsidenten. Koblenz 1998.
BORCK, Heinz-Günther (Hrsg.): 200 Jahre Code civil im Rheinland. Koblenz 2005 (Veröffentlichungen der Landesarchivverwaltung Rheinland-Pfalz, 104).
BORGARDS, Walter: Der Eichelisprozess. In: Kerth, Johannes/Falk, Theo (Hrsg.): 100 Jahre Justizgebäude. 100 Jahre Justiz im Gebäude. Landau o. J. [1993], S. 315–326.
BORGGREFE, Friedhelm: Unterwegs zur Diaspora. 1848–1998. 150 Jahre Gustav-Adolf-Werk der Pfalz. Ein Kapitel kirchlicher Vereinsgeschichte. Leipzig 1998.
BORMANN, K. Th. F./DANIELS, A. v. (Hrsg.): Handbuch der für die Königlich Preußischen Rheinprovinzen verkündeten Gesetze, Verordnungen und Regierungsbeschlüsse aus der Zeit der Fremdherrschaft, Bd. 4. Köln 1836.
BORSDORF, Ulrich (Hrsg.): Geschichte der deutschen Gewerkschaften von den Anfängen bis 1945. Köln 1987.
BOURDIEU, Pierre: Die zwei Gesichter der Arbeit. Interdependenzen von Zeit- und Wirtschaftsstrukturen am Beispiel einer Ethnologie der algerischen Übergangsgesellschaft. Aus dem Französischen übersetzt und mit einem Nachwort von Franz Schultheis. Konstanz 2000 (Éditions discours, 25).
BRÄUNCHE, Ernst-Otto: Die Reichstagswahlen 1919–1930. Die politischen Parteien der Pfalz und ihre Wähler. In: Kreutz, Willy/Scherer, Karl (Hrsg.): Die Pfalz unter französischer Besetzung (1918/19–1930). Kaiserslautern 1999 (Beiträge zur pfälzischen Geschichte, 15), S. 77–103.
BRÄUNCHE, Ernst-Otto: Parteien und Reichstagswahlen in der Rheinpfalz von der Reichsgründung 1871 bis zum Ausbruch des Ersten Weltkrieges 1914. Eine regionale partei- und wahlhistorische Untersuchung im Vorfeld der Demokratie. Speyer 1982 (Veröffentlichungen der Pfälzischen Gesellschaft zur Förderung der Wissenschaften in Speyer, 68).
BRÄUTIGAM, Petra: Mittelständische Unternehmer im Nationalsozialismus. Wirtschaftliche Entwicklung und soziale Verhaltensweisen in der Schuh- und Lederindustrie Badens und Württembergs. München 1997 (Nationalsozialismus und Nachkriegszeit in Südwestdeutschland, 6).
BRANDT, H. Peter: Der Landesteil Birkenfeld. In: Eckhardt, Albrecht/Schmidt, Heinrich (Hrsg.): Geschichte des Landes Oldenburg. Ein Handbuch. Oldenburg 1987, S. 591–635.
BRANDT, H. Peter: Von der oldenburgischen Provinz zum preußischen Landkreis Birkenfeld. Idar-Oberstein 1987.
BRANDT, Hugo: Geschichte der SPD in Rheinhessen. Worms 1991.
BRANDT, Sibylle: Kindheit 1900–1925 in Taunusstein. Alltäglich erlebte Kindheit auf dem Lande. Mainz 1998 (Studien zur Volkskultur in Rheinland-Pfalz, 23).
BRAUBACH, Max: Kleine Geschichte der Universität Bonn. Mit einem Aufsatz von Konrad Repgen, hrsg. von Raymund Kottje. Bonn 1994.
BRAUKSIEPE, Bernd/NEUGEBAUER, Anton: Museumsführer Rheinland-Pfalz, hrsg. vom Kultusministerium Rheinland-Pfalz. o. O. [Stuttgart] 1984.
BRAUN, Gerhard: Die Volksbank – 140 Jahre leistungsstarker Partner in der Region. In: Gemeinnützige Baugenossenschaft Speyer (GBS) (Hrsg.): Eugen Jäger und die deutsche Genossenschaftsbewegung. Speyer 2004 (Schriftenreihe der Gemeinnützigen Baugenossenschaft Speyer [GBS], 1), S. 97–105.

BRAUN, Günter: »Speck oder Sozialisierung?« Gewerkschaftlicher Wiederaufbau im Schatten der Not. In: Nestler, Gerhard/Ziegler, Hannes (Hrsg.): Die Pfalz in der Nachkriegszeit. Wiederaufbau und demokratischer Neubeginn (1945–1954). Kaiserslautern 2004. (Beiträge zur pfälzischen Geschichte, 22), S. 176–199.

BRAUN, Günter: Aufbau und Entwicklung der IG Chemie-Papier-Keramik. Ein Beitrag zur Reorganisation der deutschen Gewerkschaften 1945–1950. Diss. Mannheim 1991.

BRAUN, Günter: Eine Großstadt wird korrigiert. – Ludwigshafen in der Weimarer Republik 1919-1933. In: Mörz, Stefan/Becker, Klaus J. (Hrsg.): Geschichte der Stadt Ludwigshafen am Rhein. Bd. 2: Vom Ende des Ersten Weltkrieges bis zur Gegenwart. Ludwigshafen 2003, S. 1–182.

BRAUN, Günter: Schichtwechsel. Arbeit und Gewerkschaft in der Chemiestadt Ludwigshafen. Mannheim 1994.

BRAUN, Günter: Sozialdemokratischer und kommunistischer Widerstand in der Pfalz. Illegale Organisationsansätze und politische Traditionswahrung der Arbeiterparteien. In: Nestler, Gerhard/Ziegler, Hannes (Hrsg.): Die Pfalz unterm Hakenkreuz. Eine deutsche Provinz während der nationalsozialistischen Terrorherrschaft. Landau ^{2}1997, S. 377–411.

BRAUN, Harald: Geschichte des Turnens in Rheinhessen. Ein Beitrag zur wechselseitigen Beeinflussung von Politik und Turnen. Bd. 1: 1811–1850. Alzey 1986.

BRAUN, Hermann-Josef: Das Bistum von 1886 bis zum Ende des Zweiten Weltkrieges. In: Jürgensmeier, Friedhelm (Hrsg.): Handbuch der Mainzer Kirchengeschichte. Bd. 3: Neuzeit und Moderne, Teil 2. Würzburg 2002 (Beiträge zur Mainzer Kirchengeschichte, 6), S. 1142–1260.

BRAUN, Hermann-Josef: Bischof Albert Stohr (1890–1961) und die Gründung der Johannes Gutenberg-Universität. In: Kißener, Michael/Mathy, Helmut (Hrsg.): Ut omnes unum sint. Teil 2: Gründungspersönlichkeiten der Johannes Gutenberg-Universität. Stuttgart 2006 (Beiträge zur Geschichte der Johannes Gutenberg-Universität Mainz N.F., 3), S. 33–61.

BRAUN, Hermann-Josef: Die Eisenproduktion links des Rheins im Wandel der Zeit. In: Felten, Franz J. (Hrsg.): Wirtschaft an Rhein und Mosel. Von den Römern bis ins 19. Jahrhundert. Stuttgart 2010 (Mainzer Vorträge, 14), S. 57–90.

BRECHENMACHER, Thomas (Hrsg.): Das Reichskonkordat 1933. Forschungsstand, Kontroversen, Dokumente. Paderborn u. a. 2007 (Veröffentlichungen der Kommission für Zeitgeschichte, Reihe B, Forschungen, 109).

BRECHTER, Heinrich Suso u. a. (Hrsg.): Das Zweite Vatikanische Konzil. Konstitutionen, Dekrete und Erklärungen (lateinisch und deutsch), 3 Teile. Freiburg 1966–1968 (Supplementband des Lexikons für Theologie und Kirche, hrsg. von Josef Höfer und Karl Rahner).

BREMME, Hans Joachim (Hrsg.): Die großen Museen im Rhein-Neckar-Dreieck. Heidelberg 1995.

BRENTANO, Clemens: Die Barmherzigen Schwestern in Bezug auf Armen- und Krankenpflege. Koblenz 1831.

BRESGEN, Franz: [Notstand der Winzer in Rheinpreußen 1848], Neuwied o J. (URL: http://edocs.ub.uni-frankfurt.de/volltexte/2006/6833/ [8.9.2011]).

BREUILLY, JOHN: Urbanization and Social Transformation 1800–1914. In: Ogilvie, Sheilagh/Overy, Richard J. (Hrsg.): Germany: A New Social and Economic History. Vol. 3: Since 1800. London 2003, S. 192–226.

BREUNIG, Willi: Soziale Verhältnisse der Arbeiterschaft und sozialistische Arbeiterbewegung in Ludwigshafen am Rhein 1869–1919. Ludwigshafen 1976 (Veröffentlichungen des Stadtarchivs Ludwigshafen am Rhein, 5).

BREUNIG, Willi: Vom Handelsplatz zum Industriestandort. Gründung und Entwicklung Ludwigshafens 1843–1870. In: Mörz, Stefan/Becker, Klaus Jürgen (Hrsg.): Geschichte der Stadt Ludwigshafen. Bd. 1: Von den Anfängen bis zum Ende des Ersten Weltkrieges. Ludwigshafen 2003, S. 266–363.

BRILMAYER, Karl Johann: Rheinhessen in Vergangenheit und Gegenwart. Geschichte der bestehenden und ausgegangenen Städte, Flecken, Dörfer, Weiler und Höfe, Kloster und Burgen der Provinz Rheinhessen nebst einer Einleitung. Gießen 1905.

BRODHAECKER, Michael: Menschen zwischen Hoffnung und Verzweiflung. Der Alltag jüdischer Mitmenschen in Rheinhessen, Mainz und Worms während des »Dritten Reiches«. Mainz 1999 (Studien zur Volkskultur in Rheinland-Pfalz, 26).

BROICHER, Claus W.: Die Förderung des ländlichen Raumes in Rheinland-Pfalz. In: Sekretariat der ASG in Zusammenarbeit mit dem Ministerium für Landwirtschaft, Weinbau und Forsten des Landes Rheinland-Pfalz (Hrsg.): Rheinland-Pfalz. Strukturwandel im Land der Reben und Wälder. Göttingen, Mainz 1968 (Agrarsoziale Gesellschaft Göttingen, Materialsammlung, 16), S. 9–16.

BROMMER, Peter: Der Regierungsbezirk Koblenz in den geheimen Lageberichten von 1945 bis 1948. In: Jahrbuch für westdeutsche Landesgeschichte 8 (1982), S. 199–225.

BROMMER, Peter: Die Entstehung der Verfassung. In: Heyen, Franz-Josef (Hrsg.): Rheinland-Pfalz entsteht. Beiträge zu den Anfängen des Landes Rheinland-Pfalz in Koblenz 1945–1951. Boppard 1984 (Veröffentlichungen der Kommission des Landtages für die Geschichte des Landes Rheinland-Pfalz, 5), S. 59–78.

BROMMER, Peter (Bearb.): Quellen zur Geschichte von Rheinland-Pfalz während der französischen Besatzung. März 1945 bis August 1949. Mainz 1985 (Veröffentlichungen der Kommission des Landtages für die Geschichte des Landes Rheinland-Pfalz, 6).

BROMMER, Peter: Die rheinland-pfälzische Landesregierung unter Ministerpräsident Dr. Wilhelm Boden im Spiegel der Ministerratsprotokolle. In: Jahrbuch für westdeutsche Landesgeschichte 20 (1994), S. 485–561.

BROMMER, Peter: Aspekte der französischen Besatzungsmacht in Rheinland-Pfalz 1945–1949. In: Koops, Tilman/Vogt, Martin (Hrsg.): Das Rheinland in zwei Nachkriegszeiten 1919–1939 und 1945–1949. Koblenz 1995, S. 129–143.

BROMMER, Peter: Das Bistum Trier im Nationalsozialismus aus der Sicht von Partei und Staat. Quellenpublikation. Mainz 2009 (Quellen und Abhandlungen zur mittelrheinischen Kirchengeschichte, 126).

BROO, Hanno: Arbeiter und Volksbildungsbewegung in Mainz. Mainz 1989 (Studien zur Volkskultur in Rheinland-Pfalz, 7).

BROSZAT, Martin: Der Staat Hitlers. Grundlegung und Entwicklung seiner inneren Verfassung. München [7]1978.

BROWNING, Christopher R.: Ganz normale Männer. Das Reserve-Polizeibataillon 101 und die »Endlösung« in Polen. Hamburg [5]2002.

BRUCHHÄUSER, Andreas: Koblenz. Ein Maler sieht die Stadt an Rhein und Mosel. Mit Texten von Dieter Gube. Darmstadt, Mainz 2011.

BRÜCHERT, Hedwig/MATHEUS, Michael (Hrsg.): Zwangsarbeit in Rheinland-Pfalz während des Zweiten Weltkriegs. Stuttgart 2002 (Geschichtliche Landeskunde, 57).

BRUER, Albert A.: Geschichte der Juden in Preußen (1750–1820). Frankfurt am Main u.a. 1991.

BRÜNE, Lothar/WEILER, Jakob: Remagen im März 1945. In: Jahrbuch für westdeutsche Landesgeschichte 21 (1995), S. 503–540.

BRUNN, Denis: Deux générations d'entreprises allemandes en Lorraine avant et après la seconde guerre mondiale. In: L'économie, l'argent et les hommes. Les relations franco-allemandes de 1871 à nos jours. Colloque des 10–11 mai 2007 sous la direction scientifique de Jean-François Eck, Stefan Martens, Sylvain Schirmann. Paris 2009 (Histoire économique et financière de la France), S. 145–167.

BRUSNIAK, Friedhelm/KLENKE, Dietmar (Hrsg.): »Heil deutschem Wort und Sang!«. Nationalidentität und Gesangskultur in der deutschen Geschichte. Augsburg 1995.

BUBLIES-GODAU, Birgit: »Son cœur était profondément allemand, mais sa science était européenne et sa philosophie vraiment cosmopolite...«. Die Biographie Jakob Venedeys (1805–1871) als Beitrag zur deutschen Demokratie- und Liberalismusforschung. In: Jahrbuch zur Liberalismusforschung 15 (2003), S. 91–118.

BUCHHAUPT, Siegfried: Umlandversorgung und Energiepolitik im Raum Mainz-Wiesbaden: Das Ausgreifen des städtischen Elektrizitätswerkes Mainz in die Region. In: Böhme, Helmut/Schott, Dieter (Hrsg.): Wege regionaler Elektrifizierung in der Rhein-Main-Neckar-Region. Geschichte und Gegenwart. Darmstadt 1993, S. 41–56.

BUCHHEIM, Christoph: Die Errichtung der Bank deutscher Länder und die Währungsreform in Westdeutschland. In: Deutsche Bundesbank (Hrsg.): Fünfzig Jahre Deutsche Mark. Notenbank und Währung in Deutschland seit 1948. München 1998, S. 91–138.

BUCHHEIM, Christoph: Industrielle Revolutionen. Langfristige Wirtschaftsentwicklung in Großbritannien, Europa und in Übersee. München 1994.

BUCK, Elmar/VOGELSANG, Bernd: Theater seit dem 18. Jahrhundert. Köln 1989 (Geschichtlicher Atlas der Rheinlande, Beihefte, XII.2).

BÜHLER, Hans-Peter: Heinrich Bürkel. Mit Werkverzeichnis der Gemälde. München 1989.

BÜRGEL, Judith: »Da wir beide Liebhaberei an Antiquitäten besaßen« – Die Gemäldesammlung von Cornelius Wilhelm und Sophie von Heyl. In: Stiftung Kunsthaus Heylshof (Hrsg.): Kritischer Katalog der Gemäldesammlung. Worms 1992, S. 51–71.

BÜRO DES PRÄSIDIUMS DES NATIONALRATES DER NATIONALEN FRONT DES DEMOKRATISCHEN DEUTSCHLAND (Hrsg.): Pulverfass Rheinland-Pfalz. o. O. 1954.

BÜTTNER, Winfried: Mainzer Polizeigeschichte. Von den Anfängen bis zur Gegenwart. Alzey 1996.

BUHLMANN, Britta E. (Hrsg.): »Es kommt eine neue Zeit!« Kunst und Architektur der zwanziger Jahre in der Pfalz. Köln 1999.

BUNDESMINISTER DER JUSTIZ (Hrsg.): Im Namen des Deutschen Volkes. Justiz und Nationalsozialismus. Köln 1989.

BUNDESMINISTER FÜR VERTRIEBENE, FLÜCHTLINGE UND KRIEGSGESCHÄDIGTE (Hrsg.): Dokumente deutscher Kriegsschäden. Evakuierte, Kriegssachgeschädigte, Währungsgeschädigte. Die geschichtliche und rechtliche Entwicklung. Bd. 3: Die kriegsgeschädigte Wirtschaft. Industrie, Handel und Gewerbe, Landwirtschaft. Bonn 1962.

BUNDESMINISTERIUM DER JUSTIZ (Hrsg.): Vom Reichsjustizamt zum Bundesministerium der Justiz. Festschrift zum 100jährigen Gründungstag des Reichsjustizamtes am 1. Januar 1877. Köln 1977.

BURBACH, Brigitte: Das Pressewesen im Kreis. In: Der Landkreis Altenkirchen im 20. Jahrhundert. Altenkirchen 1992, S. 421–425.

BURG, Peter: Kommunalreformen im Kontext historischen Wandels. Die napoleonischen und die modernen Gemeindezusammenlegungen im Vergleich. In: Jahrbuch für westdeutsche Landesgeschichte 8 (1982), S. 251–283.

BURG, Peter: Verwaltung in der Modernisierung. Französische und preußische Regionalverwaltung vom Ancien Régime zum Revolutionszeitalter. Paderborn 1994 (Forschungen zur Regionalgeschichte, 15).

BURGARD, Matthias: Das Monster von Morbach. Eine moderne Sage des Internetzeitalters. Mainz 2008 (Mainzer Beiträge zur Kulturanthropologie/Volkskunde, 2).

BURGDÖRFER, Friedrich: Die Wanderungen über die deutschen Reichsgrenzen im letzten Jahrhundert. In: Köllmann, Wolfgang/Marschalck, Peter (Hrsg.): Bevölkerungsgeschichte. Köln 1972 (Neue Wissenschaftliche Bibliothek, 54), S. 281–322.

BURHOP, Carsten: Wirtschaftsgeschichte des Kaiserreichs 1871–1918. Göttingen 2011.

BURKHARDT, Irene: Das Verhältnis von Wirtschaft und Verwaltung in Bayern während der Anfänge der Industrialisierung (1834–1868). Berlin 2001 (Schriften zur Wirtschafts- und Sozialgeschichte, 64).

BURLEIGH, Michael: Tod und Erlösung. Euthanasie in Deutschland 1900–1945. Zürich 2002.

BUSCH, Christine (Hrsg.): 100 Jahre Evangelische Frauenhilfe in Deutschland. Einblicke in ihre Geschichte. Düsseldorf 1999 (Schriften des Archivs der Evangelischen Kirche im Rheinland, 23).

BUSCH, Jürgen (Hrsg.): De bibliotheca Moguntina. Festschrift der Stadtbibliothek zum fünfzigjährigen Bestehen ihres Gebäudes Rheinallee 3 3/10 am 7. November 1962 (Veröffentlichungen der Stadtbibliothek und der Städtischen Volksbüchereien Mainz, 28).

BUSLAU, Dieter: 2000 Jahre Fasenacht in Koblenz. Koblenz 1976.

CAMBEIS-GLENZ, Annette: 50 Jahre Verwaltungsgericht Neustadt a.d. Weinstraße. In: Meyer, Karl-Friedrich (Hrsg.): 50 Jahre Verfassungs- und Verwaltungsgerichtsbarkeit in Rheinland-

Pfalz, Bd. 1. Frankfurt am Main 1997 (Schriftenreihe des Ministeriums der Justiz, 7), S. 167–186.
CAUER, Emil (der Ältere): Betrachtungen über Kunst, 1856. In: Tesch, Anne: Die Bildhauerfamilie Cauer. Bad Kreuznach ²1977, S. 149–157.
CENTRALBUREAU DER NATIONALLIBERALEN PARTEI (Bearb.): Organisationshandbuch der nationalliberalen Partei 1912/3. Berlin 1913.
CEPL-KAUFMANN, Gertrude (Hrsg.): Jahrtausendfeiern und Befreiungsfeiern im Rheinland. Zur politischen Festkultur 1925 und 1930. Essen 2009 (Düsseldorfer Schriften zur neueren Landesgeschichte und zur Geschichte Nordrhein-Westfalens, 71).
CEPL-KAUFMANN, Gertrude/JOHANNING, Antje: Mythos Rhein. Zur Kulturgeschichte eines Stromes. Darmstadt 2003.
CHARLIER, Christoph: Die Staatskanzlei als politisches Führungsinstrument. In: Sarcinelli, Ulrich u. a. (Hrsg.): Politik in Rheinland-Pfalz. Gesellschaft, Staat und Demokratie. Wiesbaden 2010, S. 355–371.
CHRISTMANN, Daniela: Die Moderne in der Pfalz. Künstlerische Beiträge, Künstlervereinigungen und Kunstförderung in den zwanziger Jahren. Heidelberg 1999.
CHRISTMANN, Daniela (Bearb.): »Es kommt eine neue Zeit«. Kunst und Architektur der zwanziger Jahre in der Pfalz. Ausstellungskatalog. Kaiserslautern 1999.
CLARK, Christopher: Preußen. Aufstieg und Niedergang 1600–1947. München ⁵2007.
CLEMENS, Gabriele B.: Der »Moselkönig« Matthias Josef Hayn. Eine wirtschaftsbürgerliche Karriere in napoleonischer Zeit. In: Burgard, Friedhelm/Cluse, Christoph/Haverkamp, Alfred (Hrsg.): Liber amicorum necnon et amicarum für Alfred Heit. Beiträge zur mittelalterlichen Geschichte und geschichtlichen Landeskunde. Trier 1996 (Trierer historische Forschungen, 28), S. 129–141.
CLEMENS, Gabriele B.: Immobilienhändler und Spekulanten. Die sozial- und wirtschaftsgeschichtliche Bedeutung der Großverkäufer bei den Nationalgüterversteigerungen in den rheinischen Departements (1803–1813). Boppard 1995 (Forschungen zur deutschen Sozialgeschichte, 8).
CLEMENS, Gabriele B.: Trier unter dem Hammer – die Nationalgüterverkäufe. In: Dühr, Elisabeth/Lehnert-Leven Christl (Hrsg.): Unter der Trikolore. Trier in Frankreich – Napoleon in Trier 1794–1814, Bd. 1. Trier 2004, S. 383–394.
CLEMENS, Gabriele/CLEMENS, Lukas: Geschichte der Stadt Trier. München 2007.
CLEMENS, Lukas/FRANZ, Norbert: Geschichte von Rheinland-Pfalz. München 2010.
CONDRAU, Flurin: Die Industrialisierung in Deutschland. Darmstadt 2005 (Kontroversen um die Geschichte).
CONRAD, Hermann: Preußen und das französische Recht in den Rheinlanden. In: Wolffram, Josef/Klein, Adolf (Hrsg.): Recht und Rechtspflege in den Rheinlanden 1819–1969. Festschrift zum 150jährigen Bestehen des Oberlandesgerichts Köln. Köln 1969, S. 78–112.
CONRAD, Joachim u. a. (Hrsg.): Evangelisch am Rhein. Werden und Wesen einer Landeskirche. Düsseldorf 2007 (Schriften des Archivs der Evangelischen Kirche im Rheinland, 35).
CROISSANT, Hans-Jürgen: Die Entwicklung des privaten Rundfunks in Rheinland-Pfalz. Politische und rechtliche Grundstrukturen. Diss. Mainz 1991.
CRONE, Marie-Luise/KLOFT, Matthias Theodor/HEFELE, Gabriel: Limburg. Geschichte des Bistums. Bd. 3: Kirche und Staatsherrschaft; Bd. 4: Aufbruch in eine neue Zeit. Straßburg 1996–1997.
CROON, Gustav: Der rheinische Provinziallandtag bis zum Jahre 1874. Düsseldorf 1918.
CUSTODIS, Paul-Georg: Die Bauentwicklung der Sayner Hütte. In: Förderkreis Abtei Sayn (Hrsg.): Sayner Hütte. Koblenz 2002, S. 11–68.
CUSTODIS, Paul-Georg: »die Wellen verschlingen am Ende Schiffer und Kahn«. Die Loreley in der NS-Zeit. In: Kramp, Mario/Schmandt, Matthias (Hrsg.): Die Loreley. Ein Fels im Rhein. Ein deutscher Traum. Mainz 2004, S. 140–147.
CUSTODIS, Paul-Georg: Die Thingstätte auf der Loreley. In: Rheinische Heimatpflege 42 (2005), S. 10–27.
CUSTODIS, Paul-Georg/PAULY, Stephan: Die Apollinariskirche in Remagen. Köln 2008 (Rheinische Kunststätten, 503).

DAMUS, Martin: Das Rathaus. Architektur- und Sozialgeschichte von der Gründerzeit zur Postmoderne. Schwerpunkt: Rathausbau 1945–1986 in der Bundesrepublik Deutschland. Berlin 1988.

DAMS, Carsten/STOLLE, Michael: Die Gestapo. Herrschaft und Terror im Dritten Reich. München 2008.

DANIELSMEYER, Werner: Die Entstehung der Kirchenordnung für die evangelischen Gemeinden der Provinz Westfalen und der Rheinprovinz am 06.11.1923. In: Jahrbuch für Westfälische Kirchengeschichte 76 (1983), S. 92–191.

DASBACH, Georg-Friedrich (Hrsg.): Die Rheinische Landgemeinde-Ordnung vom 23. Juli 1845 und das Gemeinde-Verfassungsgesetz vom 15. Mai 1856 nebst den durch neuere Gesetze, namentlich durch die Kreisordnung vom 30. Mai 1887 und das Kommunalabgabengesetz vom 14. Juli 1883 herbeigeführten Änderungen. Neu bearbeitet von Matthias Binz. Trier [6]1914.

DAUTH, Ursula: Es gab immer was zu tun. Die Geschichte von Hornbach. Neustadt 2007.

DEBUS, Karl-Heinz: Zwischen Kreuz und Hakenkreuz. Die Rolle der christlichen Kirchen zwischen Anpassung und Widerstand im NS-Staat am Beispiel der Pfalz. In: Meyer, Hans-Georg/Berkessel, Hans (Hrsg.): Die Zeit des Nationalsozialismus in Rheinland-Pfalz. Bd. 1: »Eine nationalsozialistische Revolution ist eine gründliche Angelegenheit«. Mainz 2000, S. 182–207.

DECKER, Rudolf: Das Wandergewerbe in Bayern im Jahre 1908. In: Zeitschrift des Bayerischen Statistischen Landesamtes 42 (1910), S. 165–196.

DECKERS, Daniel: Der Kardinal. Karl Lehmann. Eine Biographie. München 2002.

DEETERS, Hermann: Widersprechen und Widerstehen. Johannes Graeber, Wolfgang Knuth und die evangelischen Gemeinden im Kirchenkreis Wied von 1933 bis 1945. Bonn 2005 (Schriftenreihe des Vereins für Rheinische Kirchengeschichte, 168).

DEFRANCE, Corine: La politique culturelle de la France sur la rive gauche du Rhin 1945–1955. Strasbourg 1994.

DEFRANCE, Corine: Raymond Schmittlein (1904–1974). Leben und Werk eines französischen Gründungsvaters der Universität Mainz. In: Kißener, Michael/Mathy, Helmut (Hrsg.): Ut omnes unum sint (Teil 1). Gründungspersönlichkeiten der Johannes Gutenberg-Universität. Stuttgart 2005 (Beiträge zur Geschichte der Johannes Gutenberg-Universität Mainz N.F., 2), S. 11–30.

DEFRANCE, Corine/PFEIL, Ulrich: Eine Nachkriegsgeschichte in Europa 1945 bis 1963. Darmstadt 2011 (Deutsch-Französische Geschichte, 10).

DEGELE, Ludwig: Die Militärmusik. Wolfenbüttel 1937.

DEGREIF, Dieter: »Der Tag der Vereinigung ... eine joyeuse entrée«. Der Anschluß »Rheinhessens« an das hessische Großherzogtum 1816. In: Archiv für hessische Geschichte und Altertumskunde 51 (1993), S. 117–141.

DEISEROTH, Dieter: Die Legalitäts-Legende. Vom Reichstagsbrand zum NS-Regime. In: Blätter für deutsche und internationale Politik 53 (2008), Heft 2, S. 91–102.

DEISSNER, Vera: Die Frauen im westpfälzischen Wandermusikantengewerbe. In: Volkskunde in Rheinland-Pfalz 6 (1991), Heft 2, S. 46–55.

DEISSNER, Vera: Die Volkskunde und ihre Methoden. Mainz 1997 (Studien zur Volkskultur in Rheinland-Pfalz, 21).

DENSBORN, Walter u.a.: Musik. Blaskapellen, Mandolinenorchester, Spielmanns- und Fanfarenzüge im Kreis Bernkastel-Wittlich. Bernkastel-Kues 1994.

DENZER, Heinrich: Kulturleben. In: Energieversorgung Mittelrhein GmbH (Hrsg.): Geschichte der Stadt Koblenz. Bd. 2: Von der französischen Stadt bis zur Gegenwart. Stuttgart 1993, S. 479–516.

DEPPE, Frank/FÜLBERTH, Georg/HARRER, Jürgen (Hrsg.): Geschichte der deutschen Gewerkschaftsbewegung. Köln 1978.

DERESER, Fritz: Der Landrath der Pfalz im 19. Jahrhundert. Speyer o.J. [1957].

DERESER, Fritz: Der Landrat der Pfalz im Vormärz. Diss. phil. Mainz 1954.

DESCH, Rudolf: Der Chorgesang im Naheland. In: Naheland-Kalender 1952, S. 141–142.

D ESTER, Karl: Neuwied als Zeitungsstadt. In: Heimat-Blatt und Geschichtschronik für die ehemals Wied'schen und Nassauischen Lande, für Westerwald, Eifel und Mittelrhein 1926, S. 49.

DEUTSCHE BISCHOFSKONFERENZ/RAT DER EVANGELISCHEN KIRCHE IN DEUTSCHLAND (Hrsg.): Gemeinsame Feier der kirchlichen Trauung. Ordnung der kirchlichen Trauung für konfessionsverschiedene Paare unter Beteiligung der zur Trauung Berechtigten beider Kirchen. Leipzig 1995.

DEUTSCHE DEMOKRATISCHE PARTEI: Organisationshandbuch der DDP. Berlin 1926.

DEUTSCHER BUNDESTAG: Schlussbericht der Enquete-Kommission »Kultur in Deutschland« vom 11.12.2007. Deutscher Bundestag, Drucksache 16/7000.

DEUTSCHES KABARETTARCHIV (Hrsg.): Wir sind wieder wer. Aber wer? Ausstellung 100 Jahre deutsches Kabarett, Kabarett im kalten Krieg (1946–1966). Mainz o. J.

DIEHL, Wolfgang: Zum 80. Geburtstag der APK. Historische Aspekte. In: APK, Arbeitsgemeinschaft Pfälzer Künstler (Hrsg.): Jubiläumsausstellung apk 1922–2002. Kaiserslautern 2002, S. xx–xx.

DIENER, G. Walter[/BORN, Willy]: Hunsrücker Volkskunde. Würzburg [3]1984 (Volkskunde rheinischer Landschaften).

DIENST, Karl: Kleine Geschichte der Evangelischen Kirche in Hessen-Nassau. Frankfurt 1992 (Schönberger Hefte, Sonderband, 12).

DIERL, Florian u. a. (Hrsg.): Ordnung und Vernichtung. Die Polizei im NS-Staat. Dresden 2011.

DIETLEIN, Johannes/THIEL, Markus: Verwaltungsreform in Rheinland-Pfalz. Ein Beitrag zur Debatte um die Verbandsgemeindeverfassung. Bodenheim 2006 (Schriftenreihe des Gemeinde- und Städtebundes Rheinland-Pfalz, 15), S. 19–26.

DIETRICH, Werner A.: »In der Einigkeit liegt die Kraft«. Geschichte der Arbeiterbewegung in der Region Neustadt/Südpfalz. Neustadt an der Weinstraße 1991.

DIETRICH, Werner A.: Anfänge gewerkschaftlicher Organisierung im Lambrechter Tal. Ursprünge, Entwicklung, Stabilisierung und erste Erfolge. Neustadt an der Weinstraße 1990.

DIETZ, Wolfgang: Der Landkreis Neuwied. Neuwied [2]1996.

DIETZ-LENSSEN, Matthias: Die Hafenstadt Mainz. Von der römischen Flottenstation bis zur »Mainzer Akte«. In: Stadtwerke Mainz (Hrsg.): Hafenchronik 1887–2007. Eine Sonderpublikation der Stadtwerke Mainz AG zum 120-jährigen Jubiläum des Mainzer Zoll- und Binnenhafens im Juni 2007. Mainz 2007, S. 8–19.

DILLER Ansgar: Rundfunk und Fernsehen in Deutschland. Texte zur Rundfunkpolitik von der Weimarer Republik bis zur Gegenwart. Stuttgart 1985.

DILLER, Ansgar: Rundfunkpolitik im Dritten Reich. München 1980.

DINGELDEIN, Diane: Mainzer »Italianità«. Anmerkungen zur kulturellen Identität von Italienern in Mainz. In: Volkskunde in Rheinland-Pfalz 19 (2005), Heft 2, S. 78–94.

DIREKTION DER NASSAUISCHEN LANDESBANK (Hrsg.): 110 Jahre Nassauische Landesbank 1840–1950. Wiesbaden 1950.

DIRKS, Heinz-Peter: Geschichte des Landgerichtsbezirks Trier. In: Ministerium der Justiz Rheinland-Pfalz (Hrsg.): 50 Jahre Oberlandesgericht und Generalstaatsanwaltschaft. Koblenz 1996 (Schriftenreihe des Ministeriums der Justiz, 5), S. 145–161.

DIRKS, Maria: Chronik des Landgerichts Koblenz. In: Landgericht Koblenz/Landeskundliche Arbeitsgemeinschaft im Regierungsbezirk Koblenz (Hrsg.): 150 Jahre Landgericht Koblenz. Boppard 1970 (Veröffentlichung der Landeskundlichen Arbeitsgemeinschaft im Regierungsbezirk Koblenz, 9), S. 13-57.

DISTEL, Joachim: Die Errichtung des westdeutschen Zentralbanksystems mit der Bank deutscher Länder. Tübingen 2003 (Beiträge zur Rechtsgeschichte des 20. Jahrhunderts).

DITTRICH, Werner: Die Entwicklung des Staatsrats und der Präfekturräte als Verwaltungsgerichte in Frankreich bis zur Verwaltungs- und Finanzreform des Jahres 1926. Leipzig 1937.

DOEBERL, Michael: Ein Jahrhundert bayerischen Verfassungslebens. München 1918.

DOBRAS, Wolfgang: Das Stadtarchiv. In: Ottermann, Annelen/Fliedner, Stephan (Hrsg.): 200 Jahre Stadtbibliothek Mainz. Wiesbaden 2005 (Veröffentlichungen der Bibliotheken der Stadt Mainz, 52), S. 135–138.

DOBRAS, Wolfgang: Napoleon und Napoleonkult im Spiegel der Medaillen. In: Schütz, Friedrich (Hrsg.): Von Blau-Weiß-Rot zu Schwarz-Rot-Gold. Mainz vom Beginn der Napoleonischen Herrschaft 1798 bis zur Revolution von 1848. Mainz 1998 (Beiträge zur Geschichte der Stadt Mainz, 32), S. 31–62.

DOERING-MANTEUFFEL, Sabine: Die Eifel. Geschichte einer Landschaft. Frankfurt am Main 1995.

DÖHN, Hans: Die Entwicklung des Verkehrswesens in der Pfalz. In: Geiger, Michael/Preuß, Günter/Rothenberger, Karl-Heinz (Hrsg.): Pfälzische Landeskunde. Beiträge zu Geographie, Biologie, Volkskunde und Geschichte, Bd. 3. Landau 1981, S. 244–265.

DÖHN, Hans: Eisenbahnpolitik und Eisenbahnbau in Rheinhessen 1835–1914. Diss. phil. Mainz 1957.

DÖRICH, Walter/SCHÖNHOVEN, Klaus: Die Industriegewerkschaft Metall in der frühen Bundesrepublik. Köln 1991 (Quellen zur Geschichte der deutschen Gewerkschaftsbewegung im 20. Jahrhundert, 10).

DÖRING, Alois: Rheinische Bräuche durch das Jahr. Köln 2006.

DÖRNER, Bernward: »Heimtücke«. Das Gesetz als Waffe. Paderborn 1998.

DÖRRSCHUCK, Kai: Die Folgen der US-Truppenstationierung in Rheinland-Pfalz in den 1950er Jahren. Der Fall Bad Kreuznach. Staatsexamensarbeit Mainz 2006.

DORFEY, Beate: Die Teilung der Rheinprovinz und die Versuche zu ihrer Wiedervereinigung (1945–1956). Das Rheinland zwischen Tradition und Neuorientierung. Köln 1993 (Landschaftsverband Rheinland, 8).

DORFEY, Beate: Stationen, Determinanten und Ausmaß der Konsolidierung des Landes. In: Borck, Heinz-Günther (Hrsg.): Beiträge zu 50 Jahren Geschichte des Landes Rheinland-Pfalz. Koblenz 1997 (Veröffentlichungen der Landesarchivverwaltung Rheinland-Pfalz, 73), S. 89–113.

DORFEY, Beate: Krieg und Frieden 1944–1946. Überblick über die Ereignisse an Rhein und Mosel vor 60 Jahren. In: Borck, Heinz-Günther (Hrsg.): Vor 60 Jahren. Krieg und Frieden an Rhein und Mosel 1944–1946. Koblenz 2005 (Veröffentlichungen der Landesarchivverwaltung Rheinland-Pfalz, 105), S. 21–33.

DOTZAUER, Winfried: Der historische Raum des Bundeslandes Rheinland-Pfalz von 1500–1815. Die fürstliche Politik für Reich und Land, ihre Krisen und Zusammenbrüche. Frankfurt am Main u. a. 1993 (Europäische Hochschulschriften, Reihe 3, Geschichte und ihre Hilfswissenschaften, 538).

DOWE, Dieter: Aktion und Organisation. Arbeiterbewegung, sozialistische und kommunistische Bewegung in der preußischen Rheinprovinz 1820–1852. Hannover 1970 (Schriftenreihe des Forschungsinstituts der Friedrich-Ebert-Stiftung, 78).

DRENDA, Georg: Kleiner linksrheinischer Dialektatlas. Sprache in Rheinland-Pfalz und im Saarland. Stuttgart 2008.

DRESSEL, Hilmar: Die politischen Wahlen in der Stadt Trier und in den Eifel- und Moselkreisen des Regierungsbezirks Trier 1888–1913. Diss. phil. Bonn 1962.

DRESSLER, Josef: Geschichte der Trierer Gerichte von 1794 bis 1813. Trier 1957.

DREWELLO-MERKEL, Christiane/PUCHERT, Sylvia (Hrsg.): 100 Jahre ... auf gutem Kurs. Evangelische Frauen in Hessen und Nassau und ihre Geschichte. Darmstadt 2007.

DREYER, Malu (Hrsg.): Wegmarken. Sechs Jahrzehnte Sozialpolitik in Rheinland-Pfalz. Baden-Baden 2007 (Dialog Sozial, 5).

DRIESS, Kurt: Die rechtliche Stellung des Steuer- und Gemeinde-Einnehmers der Pfalz im Verhältnis zu Reich, Land und Gemeinde. Diss. jur. Würzburg 1930.

DRÖGE, Markus u. a. (Hrsg.): Pragmatisch, preußisch, protestantisch... Die Evangelische Gemeinde Koblenz im Spannungsfeld von rheinischem Katholizismus und preußischer Kirchenpolitik. Bonn 2003 (Schriftenreihe des Vereins für Rheinische Kirchengeschichte, 161).

DRYANDER, Ernst von: Der Kaiser. Berlin o. J. [1919].

DUCHHARDT, Heinz: Toleranz im Großherzogtum Hessen-Darmstadt (1815–1848). In: Frank, Isnard W. (Hrsg.): Toleranz am Mittelrhein. Mainz 1984 (Quellen und Abhandlungen zur mittelrheinischen Kirchengeschichte, 50), S. 95–118.

DÜDING, Dieter: Organisierter gesellschaftlicher Nationalismus in Deutschland (1808–1847). Bedeutung und Funktion der Turner- und Sängervereine für die deutsche Nationalbewegung. München 1984 (Studien zur Geschichte des neunzehnten Jahrhunderts, 13).

DÜHR, Elisabeth (Hrsg.): »Der schlimmste Punkt in der Provinz«. Demokratische Revolution 1848/49 in Trier und Umgebung. Trier 1998.

DÜHR, Elisabeth/HENSCHEL, Dorothée (Hrsg.): Raue Schönheit. Eifel und Ardennen im Blick der Künstler. Ausstellungskatalog. Trier 2010.
DÜHR, Elisabeth/HIRSCHMANN, Frank G./LEHNERT-LEVEN, Christl (Hrsg.): Stadtgeschichte im Stadtmuseum. Trier 2007.
DÜHR, Elisabeth / HÜTTEL, Richard (Hrsg.): Im Bilde reisen. Moselansichten von William Turner bis August Sander. Trier 1996.
DÜHR, Elisabeth/LEHNERT-LEVEN, Christl (Hrsg.): Unter der Trikolore. Trier in Frankreich – Frankreich in Trier. 2 Bde. Trier 2004.
DÜLZ, Sigurd/WEIS, Karl-Heinz: Wirtschaft und Finanzwesen. In: Institut für staatsbürgerliche Bildung (Hrsg.): Rheinland Pfalz. Heute und Morgen. Mainz 1970, S. 213–296.
DÜWELL, Kurt: Das Schul- und Hochschulwesen der Rheinlande. In: Petri, Franz/Droege, Georg (Hrsg.): Rheinische Geschichte in drei Bänden. Bd. 3: Wirtschaft und Kultur im 19. und 20. Jahrhundert. Düsseldorf 1979, S. 465–552.
DÜWELL, Kurt: Bildung und Wissenschaften. In: Haungs, Peter (Hrsg.): 40 Jahre Rheinland-Pfalz. Eine politische Landeskunde. Mainz 1986, S. 289–324.
DÜWELL, Kurt: Trier und sein Umland in der Schlussphase des Zweiten Weltkriegs. In: Ders./Matheus, Michael (Hrsg.): Kriegsende und Neubeginn. Westdeutschland und Luxemburg zwischen 1944 und 1947. Stuttgart 1997 (Geschichtliche Landeskunde, 46), S. 97–106.
DUFRAISSE, Roger: L'influence de la domination française sur l'économie du Palatinat. In: L'Allemagne à l'époque napoléonienne. Questions d'histoire, politique, économique et sociale. Études de Roger Dufraisse. Bonn, Berlin 1992 (Pariser historische Studien, 34), S. 105–192.
DUGALL, Berndt (Hrsg.): Handbuch der historischen Buchbestände in Deutschland. Bd. 6: Hessen: M–Z, Rheinland-Pfalz: A–Z. Hildesheim u. a. 1993.
DUMONT, Franz/SCHERF, Ferdinand/SCHÜTZ, Friedrich (Hrsg.): Mainz. Die Geschichte der Stadt. Mainz ²1999.
DUMONT, Franz/SCHÜTTE, Ludwig: Die Zeit der Französischen Revolution und Napoleons. In: Alter, Willi (Hrsg.): Pfalzatlas, Textband 3. Speyer 1981, S. 1458–1470.
DUMONT, Franz: Die Mainzer Republik von 1792/93. Studien zur Revolutionierung in Rheinhessen und der Pfalz. Alzey ²1993 (Alzeyer Geschichtsblätter, Sonderheft, 9).
DUMONT, Franz: Landeshaupt- und Universitätsstadt (1945/46–1997). In: Ders./Scherf, Ferdinand/Schütz, Friedrich (Hrsg.): Mainz. Die Geschichte der Stadt. Mainz ²1999, S. 513–575.
DUPUIS, Werner: Hunsrück hatte sein »Woodstock«. Erstes Open-Air-Konzert in Deutschland fand im Hunsrück statt – Liedermacher, Folk und Kleinkunst beim Waldeck-Festival. In: Rhein-Zeitung, Ausg. J. vom 25.05.2004, S. 22.
DUSSEL, Konrad: Kontinuität und Wandel des Rundfunks: Hörfunkprogramme zur Mittagszeit von den 20er bis zu den 60er Jahren. In: Rundfunk und Geschichte 21 (1995), S. 201–209.
DUSSEL, Konrad: Die Politiker und das öffentlich-rechtliche Fernsehen: NDR und SWF in den fünfziger und sechziger Jahren. In: Rundfunk und Fernsehen 44 (1996), S. 86–101.
DUSSEL, Konrad: Deutsches Radio, deutsche Kultur. Hörfunkprogramme als Indikatoren. In: Archiv für Sozialgeschichte 41 (2001), S. 119–144.
DUSSEL, Konrad: Deutsche Rundfunkgeschichte. Konstanz ²2004.

EBENAU, Michael/KUFFLER, Alfred: »Es gilt dem Kampf.« Dokumente zur Geschichte der Arbeiterbewegung in Frankenthal 1832–1949. Kösching 1984.
EBERLEIN, Kurt Karl (Hrsg.): Caspar David Friedrich: Bekenntnisse. Bremen 2010 (Nachdruck).
ECKEL, Marianne: Die politische Presse Hessens 1830–1850. Würzburg-Aumühle 1938.
ECKER, Diana: Das Mainzer Dom-Museum. Geschichte und Geschichten. Mainz 2008.
ECKHARDT, Albrecht: Arbeiterbewegung und Sozialdemokratie im Großherzogtum Hessen 1860–1900. In: Archiv für Hessische Geschichte und Altertumskunde N.F. 34 (1976), S. 171–493.
EGER, Wolfgang (Red.): Geschichte der Stadt Speyer, 3 Bde. Stuttgart ²1983 (Bd. 1 und 2), 1989 (Bd. 3).
EGLER, Anna: Frömmigkeit im 19. und 20. Jahrhundert. In: Jürgensmeier, Friedhelm (Hrsg.): Handbuch der Mainzer Kirchengeschichte. Bd. 3: Neuzeit und Moderne, Teil 2. Würzburg 2002 (Beiträge zur Mainzer Kirchengeschichte, 6), S. 1462–1532.

EHRISMANN, Otfrid: Worms und das »Nibelungenlied«. In: Bönnen, Gerold (Hrsg.): Geschichte der Stadt Worms. Stuttgart 2005, S. 824–849.

EICHLER, Volker/HEINEMANN, Christiane (Bearb.): Herzogtum Nassau 1806–1866. Politik, Wirtschaft, Kultur. Wiesbaden 1981 (Veröffentlichungen der Historischen Kommission für Nassau, 32).

EILERS, Rolf: Die nationalsozialistische Schulpolitik. Eine Studie zur Funktion der Erziehung im totalitären Staat. Köln, Opladen 1963 (Staat und Politik, 4).

EISENBERG, Christiane: »English Sports« und Deutsche Bürger. Eine Gesellschaftsgeschichte 1800–1939. Paderborn u. a. 1999.

EISENHAMMER, Dieter/BARZEN, Dagmar: Mitten in Europa: Der Einfluss der regionalen Partnerschaften auf die politische Kultur in Rheinland-Pfalz. In: Sarcinelli, Ulrich u. a. (Hrsg.): Politische Kultur in Rheinland-Pfalz. Mainz 2000, S. 577–588.

EISENHARDT, Thilo: Klimaschwankungen im Rhein-Main-Gebiet seit 1880. Bad Godesberg 1968 (Forschungen zur deutschen Landeskunde, 165).

ELBEN, Otto: Der volksthümliche deutsche Männergesang. Geschichte und Stellung im Leben der Nation. Tübingen ^{2}1887.

ELLGER-RÜTTGARDT, Luise: Geschichte der Sonderpädagogik. Eine Einführung. München [u. a.] 2008.

ELTEN, Josef van /OEPEN, Joachim (Bearb.): Kölner Erzbischöfe im Konflikt mit dem preußischen Staat. Clemens August Freiherr Droste zu Vischering († 1845), Paulus Kardinal Melchers († 1895). Köln 1995.

ELTESTER, Leopold von: Wilhelm Arnold Günther. In: Historische Kommision bei der Bayerischen Akademie der Wissenschaften (Hrsg): Allgemeine Deutsche Biographie, Bd. 10. Leipzig 1879, S. 177.

ELZER, Herbert: In Distanz zu Adenauers Saarabkommen vom 23.10.1954. Die rheinland-pfälzische CDU als unbeugsame Verfechterin einer »deutschen Saar«. In: Jahrbuch für westdeutsche Landesgeschichte 24 (1998), S. 456–544.

EMMERICHS, Simone/FELDMANN, Romy: Rheinland-Pfalz – Ein Ländervergleich in Zahlen. Teil 1: Bevölkerung. In: Statistische Monatshefte Rheinland-Pfalz 63 (2010), Heft 8, S. 635–644.

EMMERICHS, Simone u. a.: Rheinland-Pfalz – Ein Ländervergleich in Zahlen, Teil 2. In: Statistische Monatshefte Rheinland-Pfalz 63 (2010), Heft 9, S. 732–743.

EMMERICHS, Simone u. a.: Rheinland-Pfalz – Ein Ländervergleich in Zahlen. Teil 3: Ausgewählte Aspekte aus den Bereichen »Umwelt«, »Verkehr«, »Wirtschaft« und »Arbeitsmarkt«. In: Statistische Monatshefte Rheinland-Pfalz 63 (2010), Heft 10, S. 819–832.

EMMERICHS, Simone: Struktur und Entwicklung des produzierenden Gewerbes in Rheinland-Pfalz 1991 bis 2002. In: Statistische Monatshefte Rheinland-Pfalz 58 (2005), S. 749–759.

ENERGIEVERSORGUNG MITTELRHEIN GMBH (Hrsg.): Geschichte der Stadt Koblenz. Bd. 2: Von der französischen Stadt bis zur Gegenwart. Stuttgart 1993.

ENGEL, Paul: Das Westpfälzer Wandermusikantentum im Lichte musikwissenschaftlicher Untersuchung. In: Landkreis Kusel (Hrsg.): Zum Beispiel: Der Landkreis Kusel. Landau 1985, S. 157–177.

ENGELBRECHT, Jörg: Grundzüge der französischen Verwaltungspolitik auf dem linken Rheinufer 1794–1814. In: Dipper, Christof/Schieder, Wolfgang/Schulze, Reiner (Hrsg.): Napoleonische Herrschaft in Deutschland und Italien – Verwaltung und Justiz. Berlin 1995 (Schriften zur Europäischen Rechts- und Verfassungsgeschichte, 16), S. 79–91.

ENGELI, Christian/HAUS, Wolfgang (Bearb.): Quellen zum modernen Gemeindeverfassungsrecht in Deutschland. Stuttgart 1975 (Schriften des Deutschen Instituts für Urbanistik, 45).

ENGELI, Christian: Neuanfänge der Verwaltung nach 1945. In: Püttner, Günther (Hrsg.): Handbuch der kommunalen Wissenschaft und Praxis, Bd. 1. Berlin 1981, S. 114–132.

ENGELMANN, Bernt: Rechtsverfall, Justizterror und das schwere Erbe. Zur Geschichte der deutschen Strafjustiz 1919 bis heute. Köln 1989 (Die unsichtbare Tradition, 2).

ERBACHER, Angela/HÖROLDT, Ulrike: Erbgesundheitsgerichtsbarkeit. In: Ministerium der Justiz Rheinland-Pfalz (Hrsg.): Justiz im Dritten Reich. Justizverwaltung, Rechtsprechung und Strafvollzug auf dem Gebiet des heutigen Landes Rheinland-Pfalz, Teil 2. Frankfurt am Main 1995 (Schriftenreihe des Ministeriums der Justiz, 3), S. 1141–1394.

ERBAR, Ralph: Dr. Heinrich Claß (1868–1953) – ein Wegbereiter des Nationalsozialismus? In: Meyer, Hans-Georg/Berkessel, Hans (Hrsg.): Die Zeit des Nationalsozialismus in Rheinland-Pfalz. Bd. 1: »Eine nationalsozialistische Revolution ist eine gründliche Angelegenheit«. Mainz 2000, S. 41–49.

ERDMANN, Karl Dietrich (Hrsg.): Kurt Riezler. Tagebücher, Aufsätze, Dokumente. Göttingen 1972.

ERGGELET, Kathrin: Die Sayner Hütte bei Koblenz (1828–1830) – ein Beitrag zur Eisenhüttenarchitektur im frühen 19. Jahrhundert. Göttingen 1999.

ERHARD, Christian D. (Hrsg.): Napoleons I Kaisers der Franzosen, Königs von Italien und Protectors des Rheinbundes Handelsgesetzbuch. Nach der neuesten officiellen Ausgabe verdeutscht mit einer Einleitung und einigen erklärenden Anmerkungen auch einem vollständigen Sachregister. Dessau, Leipzig ²1808.

ERKENS, Marcel: Die französische Friedensgerichtsbarkeit 1789–1814. In: Dipper, Christof (Hrsg.): Rechtskultur, Rechtswissenschaft, Rechtsberufe im 19. Jahrhundert. Professionalisierung und Verrechtlichung in Deutschland und Italien. Berlin 2000 (Schriften zur europäischen Rechts- und Verfassungsgeschichte, 35), S. 51–62.

ERKENS, Marcel: Die französische Friedensgerichtsbarkeit 1789–1814 unter besonderer Berücksichtigung der vier rheinischen Departements. Köln 1994.

ERKER, Paul: »NS-Wirtschaftsaufschwung« in Bayern? Das Siebert-Programm und die nationalsozialistische Wirtschaftspolitik (1933–1939). In: Rumschöttel, Hermann/Ziegler, Walter (Hrsg.): Staat und Gaue in der NS-Zeit. Bayern 1933–1945. München 2004 (Zeitschrift für bayerische Landesgeschichte, Beiheft, Reihe B, 21), S. 245–294.

ERSÖZ, Esra: Der Hennaabend. Ein Übergangsritus im Migrationskontext. Magisterarbeit FB 05 Mainz 2008.

EULITZ, Walter: Der Zollgrenzdienst. Seine Geschichte vom Beginn des 19. Jahrhunderts bis zur Gegenwart. Bonn 1968 (Schriftenreihe des Bundesministeriums der Finanzen, 6).

EUSKIRCHEN, Claudia: Das 19. Jahrhundert. In: Landesamt für Denkmalpflege Rheinland-Pfalz (Hrsg.): Das Rheintal von Bingen und Rüdesheim bis Koblenz. Eine europäische Kulturlandschaft, Bd. 1. Mainz ²2002, S. 134–153.

EUSKIRCHEN, Claudia: Literatur. In: Landesamt für Denkmalpflege Rheinland-Pfalz (Hrsg.): Das Rheintal von Bingen und Rüdesheim bis Koblenz. Eine europäische Kulturlandschaft, Bd. 1. Mainz ²2002, S. 369–393.

EVANGELISCHE KIRCHE IM RHEINLAND: Statistik zur Synode 2010, Heft D, S. 8 (Entwicklung des Gottesdienstbesuchs). URL: http://www.ekir.de/www/downloads/syn2010d.pdf [15.9.2011].

EVANGELISCHES ERWACHSENENBILDUNGSWERK RHEINLAND-SÜD E. V. (Hrsg.): Kompass der Moschee- und Begegnungsvereine in Rheinland-Pfalz/Nord. Simmern 2004.

FABER, Karl-Georg: Die kommunale Selbstverwaltung in der Rheinprovinz im 19. Jahrhundert. In: Rheinische Vierteljahrsblätter 30 (1965), S. 131–151.

FABER, Karl-Georg: Die rheinischen Institutionen. In: Bärmann, Johannes (Hrsg.): Hambacher Gespräche 1962. Wiesbaden 1964 (Geschichtliche Landeskunde, 1), S. 20–40.

FABER, Karl-Georg: Die Rheinlande zwischen Restauration und Revolution. Probleme der rheinischen Geschichte von 1814 bis 1848 im Spiegel der zeitgenössischen Publizistik. Wiesbaden 1966.

FABER, Karl-Georg: Die südlichen Rheinlande von 1816 bis 1956. In: Petri, Franz/Droege, Georg (Hrsg.): Rheinische Geschichte in drei Bänden, Bd. 2. Düsseldorf ³1980, S. 367–474.

FABER, Karl-Georg: Recht und Verfassung. Die politische Funktion des rheinischen Rechts im 19. Jahrhundert. Köln 1970.

FABER, Rolf: Recht und Gericht. In: Eichler, Volker/Heinemann, Christiane (Bearb.): Herzogtum Nassau 1806–1866. Politik, Wirtschaft, Kultur. Wiesbaden 1981 (Veröffentlichungen der Historischen Kommission für Nassau, 32), S. 97–104.

FABRICIUS, Wilhelm: Die Karte von 1789. Einteilung und Entwicklung der Territorien von 1600 bis 1794. Bonn 1898 (Publikationen der Gesellschaft für Rheinische Geschichtskunde, 12, 2).

FALTER, Jürgen W.: Parteien und Wahlen in Rheinland-Pfalz. In: Sarcinelli, Ulrich u. a. (Hrsg.): Politik in Rheinland-Pfalz. Gesellschaft, Staat und Demokratie. Wiesbaden 2010, S. 135–146.

FANDEL, Thomas: Katholische und evangelische Pfarrer in der Pfalz im »Dritten Reich«. In: Geistliche und Gestapo. Klerus zwischen Staatsallmacht und kirchlicher Hierarchie. Münster 2005 (Anpassung, Selbstbehauptung, Widerstand, 23), S. 93–112.

FANDEL, Thomas: Konfession und Nationalsozialismus. Evangelische und katholische Pfarrer in der Pfalz 1930–1939. Paderborn 1997 (Veröffentlichungen der Kommission für Zeitgeschichte, Reihe B, Forschungen, 76).

FASSBENDER, Martin: F. W. Raiffeisen in seinem Leben, Denken und Wirken. Berlin 1902.

FAUCK, Siegfried: Geschichte der Stadt Ludwigshafen a. Rh. in Daten. Speyer 1972.

FAUL, Erwin/GELLNER, Winand: Neue Medien. In: Haungs, Peter (Hrsg.): 40 Jahre Rheinland-Pfalz. Eine politische Landeskunde. Mainz 1986, S. 575–616.

FAUL, Erwin: Die Fernsehprogramme im dualen Rundfunksystem. Berlin, Offenbach 1988.

FAUL, Helmut: Der »Donnersberger Musikverein«: Einer der ältesten Vereine im Donnersbergkreis. In: Donnersberg-Jahrbuch 1984, S. 125–127.

FAULSTICH, Werner: Filmgeschichte. Paderborn 2005.

FEHN, Klaus: Das Land und seine Bevölkerung. In: Spindler, Max/Kraus, Andreas/Schmid, Alois (Hrsg.): Handbuch der Bayerischen Geschichte. Bd. 4: Das neue Bayern von 1800 bis zur Gegenwart. Teil 2: Die innere und kulturelle Entwicklung. München ^{2}2007, S. 3–71.

FEHRENBACH, Elisabeth: Traditionale Gesellschaft und revolutionäres Recht. Die Einführung des Code Napoléon in den Rheinbundstaaten. Göttingen 1974 (Kritische Studien zur Geschichtswissenschaft, 13).

FEIGK, Monika (Hrsg.): Wachsen wie ein Baum. Lebensbilder aus der evangelischen Frauenarbeit in der Pfalz. Zum 75. Jubiläum der Evangelischen Frauenarbeit Pfalz. Speyer 1999.

FEILEN, Elisabeth: Heinrich von Zügel und das Malerdorf Wörth am Rhein (1894–1920). Diss. Saarbrücken 1993.

FEIN, Hans-Peter: Menschen mit Migrationshintergrund. In: Statistische Monatshefte Rheinland-Pfalz 60 (2007), Heft 12, S. 853–859.

FEINER, Johannes: Decretum de oecumenismo / Dekret über den Ökumenismus. In: Brechter, Heinrich Suso u. a. (Hrsg.): Das Zweite Vatikanische Konzil. Konstitutionen, Dekrete und Erklärungen (lateinisch und deutsch), Teil 2. Freiburg ^{2}1967 (Supplementband des Lexikons für Theologie und Kirche, hrsg. von Josef Höfer und Karl Rahner), S. 40–126.

FEILZER, Heinz: Jugendpastoral: Seelsorge an und mit jungen Menschen. In: Schneider, Bernhard/Persch, Martin (Hrsg.): Geschichte des Bistums Trier. Bd. 5: Beharrung und Erneuerung 1881–1981. Trier 2004 (Veröffentlichungen des Bistumsarchivs Trier, 39), S. 414–443.

FELLBACH-STEIN, Ariane: Kunstpolitik in der Pfalz 1920–1945. Kaiserslautern 2001.

FELTEN, Franz J. (Hrsg.): Frankreich am Rhein – vom Mittelalter bis heute. Stuttgart 2009 (Mainzer Vorträge, 13).

FENSKE, Hans: Die deutsche Auswanderung. In: Mitteilungen des Historischen Vereins der Pfalz 76 (1978), S. 183–220.

FENSKE, Hans: Speyer im 19. Jahrhundert. In: Stadt Speyer (Hrsg.): Geschichte der Stadt Speyer, Bd. 2. Speyer ^{2}1983, S. 115–290.

FENSKE, Hans: Aufmarsch unterm Hakenkreuz. Die pfälzischen Nationalsozialisten bis zum 30. Januar 1933. In: Nestler, Gerhard/Ziegler, Hannes (Hrsg.): Die Pfalz unterm Hakenkreuz. Eine deutsche Provinz während der nationalsozialistischen Terrorherrschaft. Landau ^{2}1997, S. 11–36.

FENSKE, Hans (Hrsg.): Die Pfalz und Bayern 1816–1956. Speyer 1998 (Veröffentlichungen der Pfälzischen Gesellschaft zur Förderung der Wissenschaften in Speyer, 94).

FENSKE, Hans: Anmerkungen zur Stellung der Pfälzer gegenüber Bayern 1816–1849. In: Pfälzer Heimat 49 (1998), S. 33–46.

FENSKE, Hans: Jahre des steten Aufstiegs. Die pfälzische Sozialdemokratie 1900–1914. In: Geis, Manfred/Nestler, Gerhard (Hrsg.): Die pfälzische Sozialdemokratie. Beiträge zu ihrer Geschichte von den Anfängen bis 1948/49. Edenkoben 1999, S. 197–220.

FENSKE, Hans: Konstitutionelle Monarchie und frühe Republik. In: Rothenberger, Karl-Heinz u. a. (Hrsg.): Pfälzische Geschichte, Bd. 2. Kaiserslautern 2001, S. 1–49.

FENSKE, Hans: Regierungsbezirk oder Provinz mit Sonderrechten? Das Ringen um den Status der Pfalz 1945–1947. In: Nestler, Gerhard/Ziegler, Hannes (Hrsg.): Die Pfalz in der Nachkriegszeit. Wiederaufbau und demokratischer Neubeginn (1945–1947). Kaiserslautern 2004 (Beiträge zur pfälzischen Geschichte, 22), S. 77–98.

FENSKE, Hans: Rheinbayern 1816–1832. Die schwierige Provinz am Rhein. In: Kermann, Joachim/Nestler, Gerhard/Schiffmann, Dieter (Hrsg.): Freiheit, Einheit und Europa. Das Hambacher Fest von 1832. Ursachen, Ziele und Wirkungen. Ludwigshafen 2006, S. 47–84.

Festschrift 100 Jahre St. Elisabethenverein Mutterstadt e.V. 1898–1998. Mutterstadt 1998.

FEUDEL, Willi: Zum 100jährigen Jubiläum des Telefons in Bayern. In: Archiv für Postgeschichte in Bayern 1983, S. 1–19.

FIGURA, Franz Michael: Das Bistum von der Nachkriegszeit bis zur Gegenwart (1945–2000). In: Jürgensmeier, Friedhelm (Hrsg.): Handbuch der Mainzer Kirchengeschichte. Bd. 3: Neuzeit und Moderne, Teil 2. Würzburg 2002 (Beiträge zur Mainzer Kirchengeschichte, 6), S. 1261–1312.

FIRNHABER: Hessische Eisenbahnen. In: Röll, Viktor von (Hrsg.): Enzyklopädie des Eisenbahnwesens, Bd. 6. Berlin, Wien 1914, S. 187–189 (URL: http://www.zeno.org/nid/20011416025 [10.10.2011]).

FISCH, Stefan: 60 Jahre Deutsche Hochschule für Verwaltungswissenschaften Speyer 2007 [URL: http://www.hfv-speyer.de/sfisch/Stefan_Fisch_60_Jahre_DHV.pdf (22.10.2011)].

FISCHER, Gert: Wirtschaftliche Strukturen am Vorabend der Industrialisierung. Der Regierungsbezirk Trier 1820–1850. Köln, Wien 1990 (Rheinisches Archiv, 125).

FISCHER, Heinz: Regionalkunde Rheinland-Pfalz und Saarland. München 1981.

FISCHER, Heinz: Rheinland-Pfalz und Saarland. Eine geographische Landeskunde. Darmstadt 1989 (Wissenschaftliche Länderkunden, 8).

FISCHER, Thomas: Bundesländer und Bundesrat. In: Schmidt, Siegmar/Hellmann, Gunther/Wolf, Reinhard (Hrsg.): Handbuch zur deutschen Außenpolitik. Wiesbaden 2007, S. 192–202.

FISCHER, Wolfram/KRENGEL, Jochen/WIETOG, Jutta: Materialien zur Statistik des Deutschen Bundes 1815–1870. München 1982 (Sozialgeschichtliches Arbeitsbuch, 1).

FISCHER-LICHTE, Erika: »Stunde Null« oder Die Lust, Theater zu spielen. Theater für die Region. In: Heyen, Franz-Josef/Keim, Anton M. (Hrsg.): Auf der Suche nach neuer Identität. Kultur in Rheinland-Pfalz im Nachkriegsjahrzehnt. Mainz 1996 (Veröffentlichungen der Kommission des Landtages für die Geschichte des Landes Rheinland-Pfalz, 20), S. 121–184.

FLACH, Dietmar: Urkunden und Akten. Die Provinzialarchive in Düsseldorf und Koblenz. In: Heyen, Franz-Josef/Janssen, Wilhelm (Red.): Zeugnisse rheinischer Geschichte. Urkunden, Akten und Bilder aus der Geschichte der Rheinlande. Neuss 1982 (Veröffentlichungen der Staatlichen Archive des Landes Nordrhein-Westfalen, Reihe C, Quellen und Forschungen, 11), S. 377–379.

FLECHSIG, Norbert P. (Hrsg.): SWR-Staatsvertrag. Kommentar, der Staatsvertrag über die öffentlich-rechtliche Rundfunkanstalt »Südwestrundfunk« (SWR) mit je einem Landessender für Baden-Württemberg und Rheinland-Pfalz. Baden-Baden 1997.

FLECK, Andrea: Die Gelehrtenschulen in den Rheinlanden 1500 bis 1814. Diss. phil. Trier 2003.

FLECK, Udo: Diebe – Räuber – Mörder. Studie zur kollektiven Delinquenz rheinischer Räuberbanden an der Wende vom 18. zum 19. Jahrhundert. Diss. phil. Trier 2003 (URL: http://ubt.opus.hbz-nrw.de/volltexte/2007/399/ [14.9.2011]).

FLECK, Udo: »Die Geißeln der Menscheit« – Die Bande des »Schinderhannes« Johannes Bückler. In: Unrecht und Recht. Kriminalität und Gesellschaft im Wandel von 1500–2000. Koblenz 2002 (Veröffentlichungen der Landesarchivverwaltung Rheinland-Pfalz, 98), S. 340–359.

FLESCH, Stefan: Elisabeth Meyer-Bothling (1916–1996). In: Brüchert, Hedwig (Hrsg.): Rheinland-Pfälzerinnen. Frauen in Politik, Gesellschaft, Wirtschaft und Kultur in den Anfangsjahren des Landes Rheinland-Pfalz. Mainz 2001 (Veröffentlichungen der Kommission des Landtages für die Geschichte des Landes Rheinland-Pfalz, 23), S. 295–297.

FÖLL, August: Ehemaliger Modellbub der Zügelschule Karlsruhe-Wörth. In: Die Pfalz am Rhein 39 (1966), S. 123.

FOERSTER, Cornelia: Der deutsche Preß- und Vaterlandsverein im Rahmen des frühen politischen Vereinswesens. In: Reinalter, Helmut (Hrsg.): Die Anfänge des Liberalismus und der Demokratie in Deutschland und Österreich 1830–1848/49. Frankfurt am Main 2002 (Schriftenreihe der Internationalen Forschungsstelle Demokratische Bewegungen in Mitteleuropa 1770–1850, 32), S. 213–228.

FOERSTER, Cornelia: Der Preß- und Vaterlandsverein von 1832/33. Sozialstruktur und Organisationsformen der bürgerlichen Bewegung in der Zeit das Hambacher Festes. Trier 1982 (Trierer historische Forschungen, 3).

FOERSTER, Cornelia: Der Preß- und Vaterlandsverein von 1832/33. Zur politischen Kultur des Vormärz. In: Reinalter, Helmut (Hrsg.): Politische Vereine, Gesellschaften und Parteien in Zentraleuropa 1815–1848/49. Frankfurt am Main 2005 (Schriftenreihe der Internationalen Forschungsstelle Demokratische Bewegungen in Mitteleuropa 1770–1850, 38), S. 199–215.

FOHRMANN, Ulrich: Trierer Kulturkampfpublizistik im Bismarckreich. Leben und Werk des Preßkaplans Georg Friedrich Dasbach. Trier 1977.

FOLZ, Winfried: Pfälzer Rückwanderer aus Nordamerika. Schicksale, Motive, Reintegration. Mainz 1992 (Studien zur Volkskultur in Rheinland-Pfalz, 13).

FONTANESI, Joseph (Hrsg.): Kurze Vorstellung der Industrie in denen drey Haupt-Staedten und sämtlichen Ober-Aemteren der Churfürstlichen Pfalz rücksichtlich auf die Manufacturen, die Gewerbschaften und die Handlung. Frankenthal 1775.

FORSTER, Georg: Georg Forster's sämtliche Schriften, hrsg. von dessen Tochter. Bd. 3: Ansichten vom Niederrhein, von Brabant, Flandern, Holland, England und Frankreich, im April, Mai und Junius 1790. Leipzig 1843.

FRÄNKEL, Ludwig Julius: Zitz, Kath. und Franz in: Historische Kommissionen bei der Bayerischen Akademie der Wissenschaften (Hrsg.): Allgemeine Deutsche Biographie, Bd. 45. Leipzig 1900. S. 373–379.

FRANCKE, Ernst: Die Schuhmacherei in Bayern. Ein Beitrag zur Kenntnis unserer gewerblichen Betriebsformen. Stuttgart 1893 (Münchener Volkswirtschaftliche Studien, 1).

FRANKHÄUSER, Gernot: »Ich weis auch wirklich zu kauffen« – Mainzer Gemäldesammlungen im 18. Jahrhundert. In: Paas, Sigrun/Mertens, Sabine (Hrsg.): Beutekunst unter Napoleon. Die »Französische Schenkung« an Mainz 1803. Mainz 2003, S. 6–18.

FRANZ, Eckhart G./KALLENBERG, Fritz/FLECK, Peter: Großherzogtum Hessen (1800) 1806–1918. In: Heinemeyer, Walter (Hrsg.): Handbuch der hessischen Geschichte. Bd. 4, Teil 2: Hessen im Deutschen Bund und im neuen Deutschen Reich (1806) 1815–1918. Marburg 2003 (Veröffentlichungen der Historischen Kommission für Hessen 63,4), S. 667–884.

FRANZ, Eckhart G.: Volksstaat Hessen 1918–1945. In: Heinemeyer, Walter (Hrsg.): Handbuch der hessischen Geschichte. Bd. 4, Teil 2: Hessen im Deutschen Bund und im neuen Deutschen Reich (1806) 1815–1918. Marburg 2003 (Veröffentlichungen der Historischen Kommission für Hessen 63,4), S. 885–933.

FRANZ, Gunther/LÜCKING, Hermann: 250 Jahre Trierer Zeitungen. Trier 1995.

FRANZ, Gunther: Armaria Trevirensia. Beiträge zur Trierer Bibliotheksgeschichte. Wiesbaden ²1985 (Bibliotheca Trevirensis, 1).

FRANZ, Gunther: Stadtbibliothek Trier. In: Hagenau, Bernd (Hrsg.): Regionalbibliotheken in Deutschland mit einem Ausblick auf Österreich und die Schweiz. Frankfurt am Main 2000 (Zeitschrift für Bibliothekswesen und Bibliographie, Sonderheft, 78), S. 330–337.

FRANZ, Heinrich: Maire und Bürgermeister. Ein rechtsvergleichender Beitrag zum ehemals rheinischen, zum französischen und zum geltenden deutschen Gemeindeverfassungsrecht. Düren 1938.

FRANZ, Norbert/KNAUFF, Michael: Gemeindeverfassungen und gesellschaftliche Verhältnisse ausgewählter Landgemeinden zwischen Maas und Rhein im 19. Jahrhundert – eine Skizze. In: Franz, Norbert/Grewe, Bernd-Stefan/Knauff, Michael (Hrsg.): Landgemeinden im Übergang zum modernen Staat. Vergleichende Mikrostudien im linksrheinischen Raum. Mainz 1999 (Trierer Historische Forschungen, 36), S. 21–42.

FRANZ, Willy: Vom Amtsblatt zur Tageszeitung. Zur Entwicklung des Zeitungswesens im Landkreis Birkenfeld. In: Heimatkalender des Landkreises Birkenfeld 12 (1967), S. 138–153.

FRANZEN, Fritz: Im Spiegel der Geschichte. Die Koblenzer SPD von ihren Anfängen bis 1933. Koblenz 2003.

FRECKMANN, Klaus: Landwirtschaftliche Umfragen der napoleonischen Zeit und ihre Bedeutung für die Kulturraumforschung Pfalz und Rheinland. In: Zeitschrift für Agrargeschichte und Agrarsoziologie 37 (1989), S. 126–167.

FRECKMANN, Klaus: Die Rheinromantik und ihr architektonischer Ausdruck. Marginalien zur »Villa Sachsen«, zum »Schweizerhaus« und zum Schloß Waldthausen. In: Grossmann, Ulrich G. (Hrsg.): Hausforschung und Wirtschaftsgeschichte in Rheinland-Pfalz. Marburg 1993 (Jahrbuch für Hausforschung, 41), S. 177–192.

FRECKMANN, Klaus: Zur Quellenlage. Sobernheim und Umgebung als Beispiel. In: Ders./Schellack, Fritz (Hrsg.): »Der König ruft...«. Militär und Krieg im ländlichen Raum (1870–1918). Sobernheim 1994 (Schriftenreihe des Freilichtmuseums Sobernheim, 15), S. 7–16.

FRECKMANN, Klaus: Hausformen, Bauweisen und Nutzungsarten vom Mittelalter bis in die Neuzeit. Köln 2002 (Geschichtlicher Atlas der Rheinlande, Beihefte, XI.6–XI.7).

FRECKMANN, Klaus/SCHELLACK, Fritz (Hrsg.): »Der König ruft...«. Militär und Krieg im ländlichen Raum (1870–1918). Sobernheim 1994 (Schriftenreihe des Freilichtmuseums Sobernheim, 15).

FREESE, Ursula: Die Rolle der Vereine und Verbände innerhalb des Rheinischen Provinzialausschusses. In: Witschke, Reinhard (Hrsg.): Diakonie bewegt. 150 Jahre Innere Mission und Diakonie im Rheinland. Köln 1999, S. 231–243.

FREITAG, Willy: Die Entwicklung der Kaiserslauterer Textilindustrie seit dem 18. Jahrhundert. Saarbrücken 1963 (Veröffentlichungen des Instituts für Landeskunde des Saarlandes, 8).

FRENZEL, Walter: Die historischen Wälder der Pfalz. In: Alter, Willi (Hrsg.): Pfalzatlas, Textband 1. Speyer 1964, S. 265–276.

FREUNDESKREIS DES WERKES VON KARL STRÖHER E.V./HUNSRÜCK-MUSEUM SIMMERN (Hrsg.): Lebenserinnerungen des Malers Friedrich Karl Ströher (1876–1925). Simmern 2004.

FREY, Klaus: Fünf Jahrzehnte Verfassungsrechtsprechung in Rheinland-Pfalz. In: Meyer, Karl-Friedrich (Hrsg.): 50 Jahre Verfassungs- und Verwaltungsgerichtsbarkeit in Rheinland-Pfalz, Bd. 1. Frankfurt am Main 1997 (Schriftenreihe des Ministeriums der Justiz, 7), S. 355–394.

FRIE, Ewald: Die Provinzialverbände Rheinlands und Westfalens in Preußen und dem Reich 1920–1932. In: Mölich, Georg/Pohl, Meinhard/Veltzke, Veit (Hrsg.): Preußens schwieriger Westen. Rheinisch-preußische Beziehungen, Konflikte und Wechselwirkungen. Duisburg 2003, S. 374–388.

FRIEDEL, Heinz: Peter Kühn (1844–92). Der erste altkatholische Pfarrer in der Pfalz. In: Archiv für mittelrheinische Kirchengeschichte 11 (1959), S. 226–242.

FRIEDHOFEN, Barbara: Das Eisenhüttenwesen in Bendorf und die »Königlich-Preußische Eisengießerei zu Sayner Hütte bei Ehrenbreitstein«. In: Dies./Debowska, Elzbieta/Bartel, Elisabeth: Europäischer Eisenkunstguss. Die Königlich-Preußischen Eisengießereien. Gliwice – Berlin – Sayn. Koblenz 2006, S. 14–63.

FRIEDMAN, Tuviah: Der Personal-Akt des SS-Obergruppenführers Theo Eicke. Haifa 1994.

FRIEDRICH, Norbert: Evangelisches Vereinswesen im Rheinland. In: Conrad, Joachim u. a. (Hrsg.): Evangelisch am Rhein. Werden und Wesen einer Landeskirche. Düsseldorf 2007 (Schriften des Archivs der Evangelischen Kirche im Rheinland, 35), S. 204–206.

FRIEDRICH, Sabine: Rundfunk und Besatzungsmacht. Organisation, Programm und Hörer des Südwestfunks 1945–1949. Baden-Baden 1991 (Südwestfunk-Schriftenreihe, Rundfunkgeschichte, 1).

FRIESS-REIMANN, Hildegard: Der Siegeszug des Prinzen Karneval. Die Ausbreitung einer bürgerlichen Festform unter besonderer Berücksichtigung von Rheinhessen. Mainz 1988 (Studien zur Volkskultur in Rheinland-Pfalz, 3).

FRIESS-REIMANN, Hildegard: Der organisierte Karneval seit der Reform in Köln 1823. Köln 1989 (Geschichtlicher Atlas der Rheinlande, Beihefte, XI.5).

FRIESS-REIMANN, Hildegard: Frauen im Weinbau. In: Rheinisches Jahrbuch für Volkskunde 29 (1991/1992), S. 179–188.

FRIESS-REIMANN, Hildegard: Vom Männergesangverein zum Sängerkreis. In: Dies./Niem, Christina/Schneider, Thomas (Hrsg.): Skizzen aus der Mainzer Volkskunde. Festgabe Herbert Schwedt. Mainz 1999 (Studien zur Volkskultur in Rheinland-Pfalz, 25), S. 103–115.

FRITZE, Ralf: Der Südwestrundfunk in der Ära Adenauer. Die Entwicklung der Rundfunkanstalt von 1949 bis 1965 unter politischem Aspekt. Baden-Baden 1992 (Südwestfunk-Schriftenreihe, Rundfunkgeschichte, 2).

FRÖLICH, Marie/SPERLICH, Hans-Günther: Georg Moller. Baumeister der Romantik. Darmstadt 1959.

FROHN, Christina: Der organisierte Narr. Karneval in Aachen, Düsseldorf und Köln. Marburg 2000.

FUCHS, Daniela: Ausländische Bevölkerung in Rheinland-Pfalz. In: Statistische Monatshefte Rheinland-Pfalz 56 (2003), Heft 10, S. 160–164.

FUCHS, Konrad: Neue Verkehrswege zu Wasser und zu Land. In: Eichler, Volker (Bearb.): Herzogtum Nassau 1806–1866. Politik, Kultur, Wirtschaft. Wiesbaden 1981 (Veröffentlichungen der Historischen Kommission für Nassau, 32), S. 161–171.

FUCHS, Konrad: Die wirtschafts- und sozialpolitische Entwicklung im Herzogtum Nassau 1815 bis 1866. In: Jahrbücher des Nassauischen Vereins für Naturkunde 107 (1984), S. 5–23.

FUCHS, Konrad: Die Erschließung des Landes durch die Eisenbahn. In: Lau, Dieter/Heyen, Franz-Josef (Hrsg.): Vor-Zeiten. Geschichte in Rheinland-Pfalz, Bd. 2. Mainz 1986, S. 177–196.

FUCHS, Peter/SCHWERING, Max-Leo/ZÖLLER, Klaus: Kölner Karneval. Seine Geschichte, seine Eigenart, seine Akteure. Köln ^{2}1984.

FÜHRER, Karl Christian: Auf dem Weg zur »Massenkultur«? Kino und Rundfunk in der Weimarer Republik. In: Historische Zeitschrift 262 (1996), S. 739–781.

FUHRMANN, Marliese: Kuckucksruf und Nachtigall. Die Pfälzer Wandermusikanten. Blieskastel 2000.

FURTWÄNGLER, Franz Josef: ÖTV. Die Geschichte einer Gewerkschaft. Stuttgart 1959.

FURTWÄNGLER, Martin: Die Katholische Kirche und die Revolution 1848/49 in der Pfalz. In: Fenske, Hans/Kermann, Joachim/Scherer, Karl (Hrsg.): Die Pfalz und die Revolution 1848/49, Bd. 2. Kaiserslautern 2000 (Beiträge zur pfälzischen Geschichte, 16,2), S. 151–177.

FURTWÄNGLER, Martin: So viel Anfang war nie. Die Verfassungen der Länder Baden, Württemberg-Baden und Württemberg-Hohenzollern. In: Zeitschrift für die Geschichte des Oberrheins 158 (2010), S. 479–501.

GABLER, Josephine/OHNESORGE, Birk (Hrsg.): Der Bildhauer Michael Croissant (1928–2002). Katalogbuch zur gleichnamigen Ausstellung. Berlin 2003.

GABRIEL, Oskar W.: Die kommunale Selbstverwaltung. In: Haungs, Peter (Hrsg.): 40 Jahre Rheinland-Pfalz. Eine politische Landeskunde. Mainz 1986, S. 383–416.

GAG Ludwigshafen am Rhein (Hrsg.): Die Ebertsiedlung: Bauen, Wohnen, Leben. Von den 20er-Jahren bis morgen in Ludwigshafen am Rhein. Ludwigshafen 2009.

GALL, Ludwig: Der Nothstand der Winzer und seine Ursachen. Gestern und heute. Trier 1993 [Nachdruck d. A. Trier 1854].

GALL, Ludwig: Praktische Anleitung, sehr gute Mittelweine selbst aus unreifen Trauben und vortrefflichen Nachwein aus den Trestern zu erzeugen. Trier 1854.

GALLE, Ulrich: Der Bürgerbeauftragte – eine Idee setzt sich durch. In: Borck, Heinz-Günther (Hrsg.): Beiträge zu 50 Jahren Geschichte des Landes Rheinland-Pfalz. Koblenz 1997 (Veröffentlichungen der Landesarchivverwaltung Rheinland-Pfalz, 73), S. 219–234.

GATZ, Erwin: Wendel, Joseph (1901–1960). In: Ders. (Hrsg.): Die Bischöfe der deutschsprachigen Länder 1785/1803 bis 1945. Ein biographisches Lexikon. Berlin 1983, S. 803–807.

GATZ, Erwin (Hrsg.): Caritas und soziale Dienste. Freiburg im Breisgau u.a. 1997 (Geschichte des kirchlichen Lebens in den deutschsprachigen Ländern seit dem Ende des 18. Jahrhunderts, 5).

GATZ, Erwin (Hrsg.): Klöster und Ordensgemeinschaften. Freiburg im Breisgau u.a. 2006 (Geschichte des kirchlichen Lebens in den deutschsprachigen Ländern seit dem Ende des 18. Jahrhunderts, 7).

GAUCH, Sigfrid: Wie das Festival begann. In: Festival-Journal. Die Zeitschrift des Eifel-Literatur-Festivals 1 (2010), S. 24–25.
GAUSMANN, Frank: Die wirtschaftliche Entwicklung. In: Kißener, Michael (Hrsg.): Germersheim im 20. Jahrhundert. Wege einer Festungsstadt in die Mitte Europas. Ubstadt-Weiher u. a. 2008, S. 86–116.
GEBAUER, Jochen: Die Pendlerverflechtung der Großregion Saar-Lor-Lux-Trier/Westpfalz. In: Statistische Monatshefte Rheinland-Pfalz 46 (1993), Heft 11, S. 239–243.
GEHM, Matthias/FELTES, Christine: Die Einkommensbesteuerung in der bayerischen Rheinpfalz während der Revolution von 1848/49. In: Mitteilungen des Historischen Vereins der Pfalz 106 (2008), S. 457–496.
GEHM, Matthias: Das Einkommensteuergesetz von 1848. Ein frühes Zeugnis für das Bemühen um Steuergerechtigkeit im Königreich Bayern. In: Zeitschrift für bayerische Landesgeschichte 70 (2007), S. 793–852.
GEIGER, Michael (Hrsg.): Geographie der Pfalz. Landau 2010.
GEIS, Manfred/NESTLER, Gerhard (Hrsg.): Die pfälzische Sozialdemokratie. Beiträge zu ihrer Geschichte von den Anfängen bis 1948/49. Edenkoben 1999.
GEISSEL, Johannes von: Der Kaiserdom zu Speyer. Mit besonderer Rücksichtnahme auf die Geschichte der Bischöfe von Speyer. Köln ^{2}1876 (Schriften und Reden von Johannes Cardinal von Geissel, Erzbischof von Köln, 4).
GELLATELY, Robert: Hingeschaut und Weggesehen. Hitler und sein Volk. München 2002.
GEMBRIES, Helmut: Die pfälzische Lehrerschaft in der Revolution 1848/49. In: Jahrbuch der Hambach-Gesellschaft 15 (2007), S. 45–61.
GEMBRIES, Helmut: Verwaltung und Politik in der besetzten Pfalz zur Zeit der Weimarer Republik. Kaiserslautern 1992 (Beiträge zur pfälzischen Geschichte, 4).
Georg Forsters Werke. Sämtliche Schriften, Tagebücher, Briefe, Bd. 10, hrsg. von der Akademie der Wissenschaften der DDR. Berlin 1990.
GERHOLD, Wilhelm: Unter dem Sozialistengesetz. In: Geis, Manfred/Nestler, Gerhard (Hrsg.): Die pfälzische Sozialdemokratie. Beiträge zu ihrer Geschichte von den Anfängen bis 1948/49. Edenkoben 1999, S. 108–110.
GERTEN, Erich: Musikvereine im Kreis Bitburg-Prüm. Eifeler Blasmusik in Geschichte und Gegenwart. Bernkastel-Kues 1989.
GEYER, Martin M.: Die Sprache des Rechts, die Sprache des Antisemitismus: »Wucher« und soziale Ordnungsvorstellungen im Kaiserreich und der Weimarer Republik. In: Dipper, Christof/Klinkhammer, Lutz/Nützenadel, Alexander (Hrsg.): Europäische Sozialgeschichte. Festschrift Wolfgang Schieder. Berlin 2000 (Historische Forschungen, 68), S. 413–429.
GILLMANN, Ernst (Hrsg.): Unsere Kirche im rheinischen Oberland. Simmern 1954.
GINZLER, Hildegard: Die »Musfallskrämer« aus der Eifel. Die Entwicklung des Drahtgewerbes in Neroth als Beispiel für Selbsthilfe in einer Mittelgebirgsregion. Mainz 1986 (Studien zur Volkskultur in Rheinland-Pfalz, 1).
GLASS, Christian: Von Haus zu Haus. Wanderhändler in Württemberg. In: Beiträge zur Volkskunde in Baden-Württemberg 2 (1987), S. 133–162.
GLATZ, Joachim: Stadtplanung, Architektur und Kunst im 19. und 20. Jahrhundert. In: Dumont, Franz/Scherf, Ferdinand/Schütz, Friedrich (Hrsg.): Mainz. Die Geschichte der Stadt. Mainz ^{2}1999, S. 1137–1170.
GLATZ, Joachim: Eduard Kreyßig (1830–1897). In: Dumont, Franz/Scherf, Ferdinand: Mainz – Menschen, Bauten, Ereignisse. Eine Stadtgeschichte. Mainz 2010, S. 155–156.
GLEBER, Peter: Zwischen gestern und morgen, Film und Kino im Nachkriegsjahrzehnt. In: Heyen, Franz-Josef / Keim, Anton M. (Hrsg.): Auf der Suche nach neuer Identität. Kultur in Rheinland-Pfalz im Nachkriegsjahrzehnt. Mainz 1996 (Veröffentlichungen der Kommission des Landtages für die Geschichte des Landes Rheinland-Pfalz, 20), S. 451-520.
GLEBER, Peter: »Schon immer ein Kernstück der Sozialdemokratischen Partei Deutschlands«. Der SPD-Bezirk Pfalz in den sechziger Jahren. Mainz 2003 (Veröffentlichungen der Kommission des Landtages für die Geschichte des Landes Rheinland-Pfalz, 25).

GLESSGEN, Willi (Red.): Thomas Nast. Ein Landauer, der amerikanische Geschichte zeichnete und machte. Landau 1977.

GLEICHEN-RUSSWURM, Alexander von: Der Karneval. München 1922.

GOEBEL, Erwin: Die pfälzische Presse im Abwehrkampf der Pfalz gegen Franzosen und Separatisten 1918–1924. Ludwigshafen 1931.

GÖRING, Hermann: Strukturwandlungen im Huf- und Wagenschmiedehandwerk. Göttingen 1965 (Göttinger handwerkswirtschaftliche Studien, 8).

GOETERS, J. F. Gerhard/ROGGE, Joachim (Hrsg.): Die Geschichte der Evangelischen Kirche der Union. Ein Handbuch. 3 Bde. Leipzig 1992–1999.

GOETHE, Rudolf: Die offene Tür. In: Hardt, Karl (Hrsg.): Bekenntnis zur katholischen Kirche. Würzburg 1955, S. 115–165.

GÖTSCHMANN, Dirk: Wirtschaftsgeschichte Bayerns. 19. und 20. Jahrhundert. Regensburg 2010.

GÖTZ, Gustav: Rechtsprechung der Strafsenate. In: Ministerium der Justiz Rheinland-Pfalz (Hrsg.): 50 Jahre Oberlandesgericht und Generalstaatsanwaltschaft. Koblenz 1996 (Schriftenreihe des Ministeriums der Justiz, 5), S. 311–322.

GÖTZELMANN, Arnd: Die soziale Frage. In: Gäbler, Ulrich (Hrsg.): Pietismus im neunzehnten und zwanzigsten Jahrhundert. Göttingen 2000 (Geschichte des Pietismus, 3), S. 272–307.

GOLECKI, Anton: Vom Ersten Weltkrieg bis zum Ende der Weimarer Republik. In: Energieversorgung Mittelrhein GmbH (Hrsg.): Geschichte der Stadt Koblenz. Bd. 2: Von der französischen Stadt bis zur Gegenwart. Stuttgart 1993, S. 119–169.

GOMBRICH, Ernst H.: Die Geschichte der Kunst. Berlin 162001.

GOTTSCHALK, Ingrid: Kulturökonomik. Probleme, Fragestellungen und Antworten. Wiesbaden 2006.

GRÄBER, Gerhard/SPINDLER, Matthias: Revolverrepublik am Rhein. Die Pfalz und ihre Separatisten. Bd. 1: November 1918 – November 1923. Landau 1992.

GRÄBER, Gerhard/SPINDLER, Matthias: Die Pfalzbefreier. Volkes Zorn und Staatsgewalt im bewaffneten Kampf gegen den pfälzischen Separatismus. Ludwigshafen 2005.

GRAF, Hermann: Gedanken zur Pfälzischen Kunstpolitik. In: »Moderne« Kunstszene. Festschrift zum 15jährigen Bestehen des Vereins für Bildende Kunst Ludwigshafen 1927, S. xx–xx.

GRAICHEN, Jessica: »Wo das Leben pulst und die Arbeit braust ...«. Der »Betreute Feierabend«. In: Nestler, Gerhard (Hrsg.): Frankenthal unterm Hakenkreuz. Eine pfälzische Stadt in der NS-Zeit. Ludwigshafen 2004, S. 253–261.

GRASMÜCK, Gisela: Artisten in Alsenborn: von Mitbürgern und Außenseitern. Sozialhistorische Mikroanalyse einer mobilen Bevölkerungsgruppe. Mainz 1993 (Studien zur Volkskultur in Rheinland-Pfalz, 15).

GRAUMANN, Sabine: Französische Verwaltung am Niederrhein. Das Roerdepartement 1798–1814. Essen 1990 (Düsseldorfer Schriften zur Neueren Landesgeschichte und zur Geschichte Nordrhein-Westfalens, 27).

GREGORIUS, Saskia: Kino in der Nachkriegszeit in der Provinz. In: Volkskunde in Rheinland-Pfalz 21 (2007), S. 45–56.

GREINERT, Wolf-Dietrich: Realistische Bildung in Deutschland. Ihre Geschichte und ihre aktuelle Bedeutung. Baltmannsweiler 2003.

GREULICH, Andreas: Von der Kurfürstlichen Akademie zur University of Applied Sciences. Die Fachhochschule Mainz im Spiegel ihrer Geschichte. Heidelberg 2002.

GREWE, Bernd-Stefan: »Darum treibt hier Not und Verzweiflung zum Holzfrevel«. Ein Beitrag zur Sozial-, Wirtschafts- und Umweltgeschichte der Pfalz 1816–1860. In: Mitteilungen des Historischen Vereins der Pfalz 94 (1996), S. 271–295.

GREWE, Bernd-Stefan: Der versperrte Wald. Ressourcenmangel in der bayerischen Pfalz (1914–1870). Köln u. a. 2004 (Umwelthistorische Forschungen, 1).

GREWE, Bernd-Stefan: »Um größerem Unheil und wirklicher Holznoth zuvorzukommen«. Die bayerische Forstpolitik in der Pfalz und ihre politischen und sozioökonomischen Folgen. In: Konersmann, Frank/Ammerich, Hans (Hrsg.): Historische Regionalforschung im Aufbruch. Studien zur Geschichte des Herzogtums Pfalz-Zweibrücken. Speyer 2010, S. 339–353.

GRILLI, Antonio: Die französische Justizorganisation am linken Rheinufer 1797–1803. Frankfurt am Main 1999 (Rechtshistorische Reihe, 190).
GRIMM, Christoph/CAESAR, Peter (Hrsg.): Verfassung für Rheinland-Pfalz. Kommentar. Baden-Baden 2001.
GROSS, Guido: Von der Lesegesellschaft 1783 zur Trierischen Leihbibliothek 1819. Bildungsstreben des Bürgertums in Trier vom Ausgang der kurfürstlichen bis zum Beginn der preußischen Zeit. In: Franz, Gunther (Hrsg.): Armaria Trevirensia. Beiträge zur Trierer Bibliotheksgeschichte. Wiesbaden [2]1985 (Bibliotheca Trevirensis, 1), S. 78–91.
GROSSER, Dieter: Keil oder Klammer? Ökonomie und Integration. In: Weidenfeld, Werner (Hrsg.): Die Identität Europas. Bonn 1985 (Schriftenreihe der Bundeszentrale für politische Bildung, 225), S. 132–151.
GROSSER, Manfred/SACK, Detlef/SCHROEDER, Wolfgang: Die Industrie- und Handelskammers im politischen System Deutschlands. In: Schroeder, Wolfgang/Weßels, Bernhard (Hrsg.): Handbuch Arbeitgeber- und Wirtschaftsverbände in Deutschland. Ein Handbuch. Wiesbaden 2010, S. 66–84.
GROSZ, Peter M.: Pfalz D.XII. Berkhamstedt 1993.
GROTE, Andreas: Museen. In: Jeserich, Kurt G. A./Pohl, Hans/Unruh, Georg-Christoph von (Hrsg.): Deutsche Verwaltungsgeschichte. Bd. 5: Die Bundesrepublik Deutschland. Stuttgart 1987, S. 699–705.
GRUBER, Hubert: Katholische Kirche und Nationalsozialismus 1930–1945. Ein Bericht in Quellen. Paderborn u. a. 2006.
GRUCH, Jochen: Evangelische Gemeinde Koblenz 1903–1966. Koblenz 1991.
GRUCHMANN, Lothar: Justiz im Dritten Reich. Anpassung und Unterwerfung in der Ära Gürtner. München [3]2001 (Quellen und Darstellungen zur Zeitgeschichte, 28).
GUBE, Dieter: Die Künstlersiedlung auf dem Asterstein. Aus den Anfängen der Künstlerhilfe und Kunstförderung in Rheinland-Pfalz. In: Heyen, Franz-Josef (Hrsg.): Das Künstlerhaus auf dem Asterstein zu Koblenz. Dokumentation und Ausstellung. Koblenz 1987, S. 9–26.
GUBE, Dieter: Peter Josef Kentenich. Gründer der »Schönstattbewegung«, Widerstandskämpfer und Überlebender des KZ Dachau. In: Meyer, Hans-Georg/Berkessel, Hans (Hrsg.): Die Zeit des Nationalsozialismus in Rheinland-Pfalz. Bd. 1: »Eine nationalsozialistische Revolution ist eine gründliche Angelegenheit«. Mainz 2000, S. 461-467.
GÜNTHER, Rudolf/REVERCHON, Alexander (Hrsg.): Das Theater der Stadt Trier 1945–1995. Gesammelte Aufsätze von Claus Zander. Trier 2007.
GUERY, Michael: Geschichte der Künste von der Antike bis zur Gegenwart. Berlin 2009.
GÜSS, Ernst Friedrich Peter: Die Kurpfälzische Regierung und das Täufertum bis zum Dreißigjährigen Krieg. Stuttgart 1960 (Veröffentlichungen der Kommission für Geschichtliche Landeskunde in Baden-Württemberg, Reihe B, Forschungen, 12).
GUHR, Katja (Red.): 175 Jahre Hilda-Gymnasium Koblenz. Koblenz 2010.
GUNINNANE, Timothy W.: Population and the Economy in Germany 1800–1990. In: Ogilvie, Sheilagh/Overy, Richard J. (Hrsg.): Germany: A New Social and Economic History. Vol. 3: Since 1800. London 2003, S. 35–70.
GUNKEL, Hermann: Vom Missions-Verein zur Rheinhessen-Diakonie. Die Entwicklung von Pfarrer Franz Joseph Helferich (1806–1881) und seinem rheinhessischen Missions-Verein zum Rettungshaus in Jugenheim (1852–1929) und dem Rheinhessen-Verbund der Nieder-Ramstädter Diakonie. Darmstadt und Kassel 2004 (Quellen und Studien zur hessischen Kirchengeschichte, 11).
Gustav-Stresemann-Wirtschaftsschule Mainz 1907–2007. Öffentliche Handelslehranstalt. Mainz o. J. [2007].
GYMNASIUM AM KURFÜRSTLICHEN SCHLOSS MAINZ (Hrsg.): Festschrift 175 Jahre Schlossgymnasium Mainz. Mainz 2006.

H[UBER], Th[erese] (Hrsg.): Johann Georg Forster's Briefwechsel. Nebst einigen Nachrichten von seinem Leben. Leipzig 1829.

HAAN, Heiner (Bearb.): Hauptstaat – Nebenstaat. Briefe und Akten zum Anschluss der Pfalz an Bayern 1815/17. Koblenz 1977.

HAAS, Karl Eduard: Reformierte Theologie in Erlangen, neu herausgegeben, bearbeitet und ergänzt von Freudenberg, Matthias. Nürnberg 2000.

HAAS, Ulrich: Agrarwesen, Handel und Gewerbe. In: Dühr, Elisabeth/Lehnert-Leven Christl (Hrsg.): Unter der Trikolore. Trier in Frankreich – Napoleon in Trier 1794–1814, Bd. 1. Trier 2004, S. 581–591.

HAASIS, Hellmut G.: Morgenröte der Republik. Die linksrheinischen deutschen Demokraten 1789–1849. Frankfurt am Main u. a. 1984.

HABERMAS, Rebekka: Mission im 19. Jahrhundert – Globale Netze des Religiösen. In: Historische Zeitschrift 287 (2008), S. 629–679.

HABROCK-HENRICH, Petra/HOMBACH, Rita/SCHMUTZLER, Brigitte (Hrsg.): Peter Joseph Lenné. Eine Gartenreise im Rheinland. Regensburg 2011.

HÄBEL, Hans-Joachim: Land- und Forstwirtschaft. In: Eichler, Volker/Heinemann, Christiane (Bearb.): Herzogtum Nassau 1806–1866. Politik, Wirtschaft, Kultur. Wiesbaden 1981 (Veröffentlichungen der Historischen Kommission für Nassau, 32), S. 173–185.

HÄNLE, Nina: Spargelanbau und Saisonarbeit im hessischen Ried. In: Volkskunde in Rheinland-Pfalz 19 (2005), Heft 2, S. 95–105.

HÄNSLER, Werner: Gemeinschaftsleben vom Vormärz bis zum 2. Weltkrieg. Streiflichter poltischer, gesellschaftlicher und kultureller Arbeit in Neustadt. In: Neustadt an der Weinstraße. Beiträge zur Geschichte einer pfälzischen Stadt. Neustadt an der Weinstraße 1975, S. 711–729.

HÄRTEL, Roland: Kunst und Kultur in Rheinland-Pfalz. In: Rheinland-Pfalz – deutsches Kernland. Heidelberg ^{4}o. J. [2006], S. 120–125.

HÄRTER, Karl: Bildung und Schule in der Ordnungsgesetzgebung rheinischer Territorien und Städte. In: Rutz, Andreas (Hrsg.): Das Rheinland als Schul- und Bildungslandschaft (1250–1750). Köln [u. a.] 2010 (Beiträge zur historischen Bildungsforschung, 39), S. 79–118.

HÄUSLER, Michael: Vereinswesen. Kirchliche Vereine I. In: Theologische Realenzyklopädie, Bd. 34. Berlin und New York 2002, S. 639–654.

HACHMANN, Udo: Ein Vergleich zwischen der geltenden rheinischen Bürgermeisterverfassung und dem französischen Kommunalverfassungsrecht. Diss. jur. Münster 1969.

HAGENAU, Bernd (Hrsg.): Regionalbibliotheken in Deutschland mit einem Ausblick auf Österreich und die Schweiz. Frankfurt am Main 2000 (Zeitschrift für Bibliothekswesen und Bibliographie, Sonderheft, 78).

HAGER, Bernhard: Der Übergang zum Staatsbahnsystem im Herzogtum Nassau 1858. In: Nassauische Annalen 120 (2009), S. 393–411.

HAHN, Hans-Werner: Wirtschaftliche Integration im 19. Jahrhundert. Die hessischen Staaten und der Deutsche Zollverein. Göttingen 1982 (Kritische Studien zur Geschichtswissenschaft, 52).

HAHN, Hans-Werner: Geschichte des Deutschen Zollvereins. Göttingen 1984.

HAHN, Hans-Werner: Der Deutsche Zollverein und die Revolution von 1848/49 unter besonderer Berücksichtigung der pfälzischen Situation. In: Jahrbuch zur Geschichte von Stadt und Landkreis Kaiserslautern 22/23 (1984/85), S. 59–71.

HAHN, Hans-Werner: Wirtschaft und Verkehr. In: Speitkamp, Winfried (Hrsg.): Handbuch der hessischen Geschichte. Bd. 1: Bevölkerung, Wirtschaft und Staat in Hessen 1806–1945. Marburg 2010 (Veröffentlichungen der Historischen Kommission für Hessen, 63), S. 73–249.

HAHN, Hans-Werner: Die industrielle Revolution in Deutschland. München 2011 (Enzyklopädie Deutscher Geschichte, 49).

HAHN, Helmut: Der Einfluß der Konfessionen auf die Bevölkerungs- und Sozialgeographie des Hunsrücks. Bonn 1953 (Bonner Geographische Arbeiten, 4).

HALBERSTADT, Gerhard: Die Angestellten und ihre Gewerkschaft. Stationen einer bewegten Geschichte. Freiburg im Breisgau 1991.

HALMES, Gregor: Neue Impulse für eine strategische Partnerschaft? Zur Zusammenarbeit deutscher Länder mit französischen Regionen und Départemens. In: Siedentopf, Heinrich/Speer, Benedikt (Hrsg.) in Zusammenarbeit mit Dorandeu, Renaud: Deutschland und Frankreich in der europäischen

Integration: »Motor« oder »Blockierer«?/L'Allemagne et la France dans l'intégration européenne: »moteur« ou »frein«? Berlin 2011 (Schriftenreihe der Hochschule Speyer, 2010), S. 82–99.
HAMANN, Harald: Die Rundfunkstaatsverträge. In: Knothe, Matthias/Potthast, Peter (Hrsg.): Das Wunder von Mainz – Rundfunk als gestaltete Freiheit. Baden-Baden 2009 (Hamburger Schriften zum Medien-, Urheber- und Telekommunikationsrecht, 2), S. 123–137.
Hambacher Fest 1832–1982. Freiheit und Einheit – Deutschland und Europa. Katalog zur Ausstellung des Landes Rheinland-Pfalz zum 150jährigen Jubiläum des Hambacher Festes im Hambacher Schloss. Neustadt an der Weinstraße 1982.
HAMBURGER INSTITUT FÜR SOZIALFORSCHUNG (Hrsg.): Verbrechen der Wehrmacht. Dimensionen des Vernichtungskrieges 1941–1944. Hamburg 2002.
HAMBURGER, Franz u. a.: Migration. Geschichte(n), Formen, Perspektiven. Mainz 1997.
HAMBURGER, Franz/BECHBERGER-DERSCHEIDT, Frieder: Bildungs- und Wissenschaftsstandort Rheinland-Pfalz. In: Sarcinelli, Ulrich u. a. (Hrsg.): Politik in Rheinland-Pfalz. Gesellschaft, Staat und Demokratie. Wiesbaden 2010, S. 471–496.
HAMBURGER, Franz/KOEPF, Thomas: Migration und Integration: Rheinland-Pfalz als Einwanderungsland. In: Sarcinelli, Ulrich u. a. (Hrsg.): Politik in Rheinland-Pfalz. Gesellschaft, Staat und Demokratie. Wiesbaden 2010, S. 91–113.
HAMMER, Robert Ernst: Zeitungsgeschichte am Mittelrhein. In: Heimatjahrbuch Landkreis Mainz-Bingen 22 (1978), S. 60–66.
Handbuch der deutschen Bildungsgeschichte. Bd. 3: JEISMANN, Karl-Ernst/LUNDGREEN, Peter (Hrsg.): 1800–1870. Von der Neuordnung Deutschlands bis zur Gründung des Deutschen Reiches; Bd. 4: BERG, Christa (Hrsg.): 1870–1918. Von der Reichsgründung bis zum Ende des Ersten Weltkriegs; Bd. 5: LANGEWIESCHE, Dieter/TENORTH, Heinz-Elmar (Hrsg.): 1918–1945. Die Weimarer Republik und die nationalsozialistische Diktatur; Bd. 6: FÜHR, Christoph/FURCK, Carl-Ludwig (Hrsg.): 1945 bis zur Gegenwart. Teil 1: Bundesrepublik Deutschland; Teil 2: Deutsche Demokratische Republik und neue Bundesländer. München 1987–1998.
HANEBUTT-BENZ, Eva-Maria: Das Gutenberg-Museum in der Stadtbibliothek. In: Ottermann, Annelen/Fliedner, Stephan (Hrsg.): 200 Jahre Stadtbibliothek Mainz. Wiesbaden 2005 (Veröffentlichungen der Bibliotheken der Stadt Mainz, 52), S. 143–148.
HANKE, Eckard: »Vergangenheit, die nicht vergehen will«. Kriegsverbrechen der deutschen Wehrmacht am Beispiel des Falles von Lehnigk-Emden/Ochtendung und juristische Verfolgung in der Nachkriegszeit. In: Meyer, Hans-Georg/Berkessel, Hans (Hrsg.): Die Zeit des Nationalsozialismus in Rheinland-Pfalz. Bd. 3: »Unser Ziel – die Ewigkeit Deutschlands«. Mainz 2001, S. 228–233.
HANNERZ, Ulf: Cosmopolitans and Locals in the World Culture. In: Theory and Culture 7 (1990), S. 237–251.
HANNOVER, Heinrich/HANNOVER-DRÜCK, Elisabeth: Politische Justiz 1918–1933. Frankfurt am Main 1966.
HANS, Friedhelm: Karl Heinrich Fleischmann (1867–1954). Konsistorialdirektor und Kirchenpräsident 1915–1930. In: Hans, Friedhelm/Stüber, Gabriele (Hrsg.): Pfälzische Kirchen- und Synodalpräsidenten seit 1920. Karlsruhe 2008 (Veröffentlichungen des Vereins für Pfälzische Kirchengeschichte, 27), S. 11–32.
HANS, Ludwig: 175 Jahre Festung Germersheim. Germersheim 2009.
HANSEN, Josef: Quellen zur Geschichte der Rheinlande im Zeitalter der französischen Revolution, Bd. 4. Bonn 1938.
HANSEN, Joseph (Hrsg.): Die Rheinprovinz 1815–1915. Hundert Jahre preußischer Herrschaft am Rhein, Bd. 1. Bonn 1917.
HANSEN, Joseph: Preußen und das Rheinland 1815–1915. Hundert Jahre politischen Lebens am Rhein. Köln 1990 [Nachdruck d. A. Bonn 1918].
HANSTEIN, Wolfgang: Das rheinpfälzische Zeitungswesen. Eine statistische Untersuchung. In: Mitteilungen des Vereins Südwestdeutscher Zeitungsverleger 20 (1928), S. 18–23.
HARDECK, Jürgen: Rheinland-pfälzische Erfolgsstory: Freie Kulturszene im Land und Kultursommer Rheinland-Pfalz. In: Zukunftsinitiative Rheinland-Pfalz (Hrsg.): Land der Möglichkeiten.

Kunst-, Kultur- und Kreativwirtschaft in Rheinland-Pfalz. Idar-Oberstein 2010 (Dokumentationen der ZIRP, 6), S. 112–118.

HARTHAUSEN, Hartmut: Pfälzische Landesbibliothek Speyer. In: Hagenau, Bernd (Hrsg.): Regionalbibliotheken in Deutschland mit einem Ausblick auf Österreich und die Schweiz. Frankfurt am Main 2000 (Zeitschrift für Bibliothekswesen und Bibliographie, Sonderheft, 78), S. 338–343.

HARTHAUSEN, Hartmut: Rheinland-Pfalz. In: Hagenau, Bernd (Hrsg.): Regionalbibliotheken in Deutschland mit einem Ausblick auf Österreich und die Schweiz. Frankfurt am Main 2000 (Zeitschrift für Bibliothekswesen und Bibliographie, Sonderheft, 78), S. 318–320.

HARTMANN, Peter Claus: Bayerns Weg in die Gegenwart. Vom Stammesherzogtum zum Freistaat heute. Regensburg [2]2004.

HARTMANN, Peter Claus: Kleine Mainzer Stadtgeschichte. Regensburg 2005.

HAUG, Sonja/MÜSSIG, Stephanie/STICHS, Anja: Muslimisches Leben in Deutschland. Nürnberg 2009 (BAMF Forschungsbericht, 6).

HAUNGS, Peter (Hrsg.): 40 Jahre Rheinland-Pfalz. Eine politische Landeskunde. Mainz 1986.

HAUNGS, Peter: Regierung und Opposition. In: Ders. (Hrsg.): 40 Jahre Rheinland-Pfalz. Eine politische Landeskunde. Mainz 1986, S. 173–220.

HEGE, Christian: Die Täufer in der Kurpfalz. Frankfurt am Main 1908.

HEGEL, Eduard: Das Erzbistum Köln zwischen der Restauration des 19. Jahrhunderts und der Restauration des 20. Jahrhunderts 1815–1962. Köln 1987 (Geschichte des Erzbistums Köln, 5).

HEHL, Ulrich von (Bearb.): Priester unter Hitlers Terror. Eine biographische und statistische Erhebung. 2 Bde. Paderborn [4]1998 (Veröffentlichungen der Kommission für Zeitgeschichte, Reihe A, Quellen, 37).

HEIDERICH, Freimut: Geschichte der evangelischen Kirche im oldenburgischen Fürstentum und Landesteil Birkenfeld. Organisation und Verwaltung von 1817 bis zum Ende der Birkenfelder Landeskirche 1934. Birkenfeld und Düsseldorf 1998 (Mitteilungen des Vereins für Heimatkunde im Landkreis Birkenfeld e.V., Sonderheft, 63; Schriften des Archivs der Evangelischen Kirche im Rheinland, 19).

HEIDRICH, Hermann: Feuer und Eisen. Zur Geschichte des Schmiedehandwerks in Franken. Rothenburg ob der Tauber 1990 (Schriften und Kataloge des Fränkischen Freilandmuseums, 12).

HEIL, Peter: »Gemeinden sind wichtiger als Staaten«. Idee und Wirklichkeit des kommunalen Neuanfangs in Rheinland-Pfalz 1945–1957. Mainz 1997 (Veröffentlichungen der Kommission des Landtages für die Geschichte des Landes Rheinland-Pfalz, 21).

HEIL, Peter: Staat und Kommunen 1945–1974. Von der Integration zur Modernisierung der Verwaltung. In: Borck, Heinz-Günther (Hrsg.): Beiträge zu 50 Jahren Geschichte des Landes Rheinland-Pfalz. Koblenz 1997 (Veröffentlichungen der Landesarchivverwaltung Rheinland-Pfalz, 73), S. 115–137.

HEIM, Claudia: Wirtschaft und Industrie. In: Ein Land gewinnt Profil. 50 Jahre Rheinland-Pfalz. o. O. [Mainz] 1997, S. 112–119.

HEIM, Ortwin: Der Mainzer Piusverein als organisatorischer Träger des politischen Katholizismus in der Revolution von 1848/49. Masch. Manuskript. Mainz 1989.

HEIME SCHEUERN (Hrsg.): »Vergiss mich nicht und komm ...« Eine Dokumentation anlässlich der Einweihung des Denkmals »... Damit wir nicht vergessen« für die Opfer der nationalsozialistischen Euthanasieverbrechen am 19. November 2000 in den Heimen Scheuern. Nassau 2000.

HEIMES, Ernst: Das Außenlager des KZ Natzweiler in Cochem/Mosel mit seinen Lagern in Bruttig und Treis. In: Meyer, Hans-Georg/Berkessel, Hans (Hrsg.): Die Zeit des Nationalsozialismus in Rheinland-Pfalz. Bd. 2: »Für die Außenwelt seid ihr tot!«. Mainz 2000, S. 268–275.

HEIN, Dieter: Zwischen liberaler Milieupartei und nationaler Sammlungsbewegung. Gründung, Entwicklung und Struktur der Freien Demokratischen Partei 1945–1949. Düsseldorf 1985 (Beiträge zur Geschichte des Parlamentarismus und der politischen Parteien, 76).

HEIN, Gerhard: Die Täuferbewegung im mittelrheinischen Raum von der Reformation bis zum Dreißigjährigen Krieg. In: Ebernburg-Hefte 6/7 (1972/1973), S. 97–115 und in: Blätter für pfälzische Kirchengeschichte und religiöse Volkskunde 40 (1973), S. 288–306.

HEINZ, Andreas: Das Bistum Trier und das Zweite Vatikanische Konzil. In: Schneider, Bernhard/ Persch, Martin (Hrsg.): Geschichte des Bistums Trier. Bd. 5: Beharrung und Erneuerung 1881–1981. Trier 2004 (Veröffentlichungen des Bistumsarchivs Trier, 39), S. 731–747.

HEINZ, Hans-Joachim: NSDAP und Verwaltung in der Pfalz. Allgemeine innere Verwaltung und kommunale Selbstverwaltung im Spannungsfeld nationalsozialistischer Herrschaftspraxis 1933–1939. Ein Beitrag zur zeitgeschichtlichen Landeskunde. Mainz 1994 (Geschichte im Kontext, 1).

HEINZ, Joachim: »Bleibe im Lande und nähre dich redlich!« Zur Geschichte der pfälzischen Auswanderung vom Ende des 17. bis zum Ausgang des 19. Jahrhunderts. Kaiserslautern 1989 (Beiträge zur pfälzischen Geschichte, 1).

HEINZ, Joachim: Der Einfluss der Auswanderung auf die Bevölkerungsentwicklung der bayerischen Rheinpfalz im 19. Jahrhundert. In: Pfälzer Heimat 44 (1993), S. 68–80.

HEINZ, Karl: 150 Jahre Bezirksverband Pfalz 1816–1966. Eine Dokumentation. Neustadt an der Weinstraße 1966.

HEITGER, Elisabeth: Die Koblenzer Maler und ihre Werke in der ersten Hälfte des 19. Jahrhunderts. Bonn 1982.

HEITMANN, Dagmar: Armenpflege in Mainz in der Weimarer Zeit. Mainz 1993 (Mainzer kleine Schriften zur Volkskultur, 5).

HEIZMANN, Berthold: Die rheinische Mahlzeit. Zum Wandel der Nahrungskultur im Spiegel lokaler Berichte. Köln 1994 (Beiträge zur rheinischen Volkskunde, 7).

HELL, Silvia/LIES, Lothar (Hrsg.): Amt und Eucharistiegemeinschaft. Ökumenische Perspektiven und Probleme. Innsbruck 2004.

HELLMANN, Ulrich: Kunstschulen in Mainz seit 1757. Die Geschichte zu einer 250-Jahr-Feier der Akademiegründung. Mainz 2004.

HELLRIEGEL, Ludwig (Hrsg.): Widerstehen und Verfolgung in den Pfarreien des Bistums Mainz 1933–1945. Bd. 1: Rheinhessen; Teil 1: Dekanate Mainz-Stadt, Mainz-Land und Alzey. Mainz [2]1993; Teil 2: Dekanate Bingen, Gau-Bickelheim, Oppenheim, Worms. Mainz 1990.

HELLRIEGEL, Ludwig: Vor 50 Jahren: Haftbefehl gegen Bischof Dr. Albert Stohr. Warnung durch den Gestapobeamten Otto Pfeiffer und Flucht nach Engelstadt. In: Heimatjahrbuch Landkreis Mainz-Bingen 38 (1994), S. 105–113.

HEMPEL, Michaela: Presse. In: 50 Jahre Rheinland-Pfalz. Ein Land gewinnt Profil. Mainz 1997, S. 149–150.

HENN, Karl Heinz: Vor 150 Jahren: »Ingelheim, freilich der radikalste Ort in der Provinz!«. In: Heimatjahrbuch Landkreis Mainz-Bingen 43 (1999), S. 119–122.

HENNIG, Joachim: 2000 Jahre Koblenz – fast 200 Jahre Verwaltungsrechtsschutz in Rheinland-Pfalz. Frankfurt am Main 1994 (Schriftenreihe des Ministeriums der Justiz, 2).

HENNIG, Joachim: Dr. Ernst Biesten (1884–1953). Demokrat in vier Epochen. Frankfurt am Main 1996 (Schriftenreihe des Ministeriums der Justiz, 4).

HENNIG, Joachim: 50 Jahre Oberverwaltungsgericht Rheinland-Pfalz in Koblenz. In: Meyer, Karl-Friedrich (Hrsg.): 50 Jahre Verfassungs- und Verwaltungsgerichtsbarkeit in Rheinland-Pfalz, Bd. 1. Frankfurt am Main 1997 (Schriftenreihe des Ministeriums der Justiz, 7), S. 91–122.

HENNIG, Joachim: Die Zeit des Nationalsozialismus. In: Hoffbauer, Frank/Rummel, Walter (Hrsg.): Winningen – »ein feine wolgezogene gemein«. Beiträge zur Ortsgeschichte von den Ursprüngen bis in die Gegenwart. Winningen 2007, S. 115–196.

HENNIG, Joachim: Die Anfänge der linksrheinischen Verwaltungsgerichtsbarkeit. In: Zeitschrift für Landes- und Kommunalrecht Hessen/Rheinland-Pfalz/Saarland 2008, S. 401–406.

HENNIG, Joachim: Das »verrückte« Kernkraftwerk am Rhein. Das AKW Mülheim-Kärlich im Spiegel der Rechtsprechung und der Presse. In: Jahrbuch für westdeutsche Landesgeschichte 37 (2011), S. 525–612.

HERBERT, Karl: Durch Höhen und Tiefen. Eine Geschichte der Evangelischen Kirche in Hessen und Nassau. Frankfurt am Main 1997.

HERBERT, Ulrich: Best. Biographische Studien über Radikalismus, Weltanschauung und Vernunft, 1903–1989. Bonn 1996.

HERBERT, Ulrich: Geschichte der Ausländerpolitik in Deutschland. Saisonarbeiter, Zwangsarbeiter, Gastarbeiter, Flüchtlinge. München 2001.

HERGET, Winfried (Hrsg.): Amerika in Rheinland-Pfalz: Beiträge zu einem halben Jahrhundert deutsch-amerikanischer Nachbarschaft. Trier 1996.

HERGET, Winfried/KREMP, Werner/RÖDEL, Walter G. (Hrsg.): Nachbar Amerika. 50 Jahre Amerikaner in Rheinland-Pfalz. Trier 1995.

HERMANN, Alfred: Die Geschichte der pfälzischen USPD. Neustadt an der Weinstraße 1989.

HERRE, Franz: Deutsche und Franzosen. Der lange Weg zur Freundschaft. Bergisch-Gladbach 1983.

HERRES, Jürgen: Freiheit und Kirchlichkeit. Katholische Vereine 1848/49 in Mainz, Köln und Trier. Magisterarbeit FB 3 Trier 1987.

HERRES, Jürgen: Das preußische Koblenz. In: Energieversorgung Mittelrhein GmbH (Hrsg.): Geschichte der Stadt Koblenz. Bd. 2: Von der französischen Stadt bis zur Gegenwart. Stuttgart 1993, S. 49–118.

HERRES, Jürgen: Städtische Gesellschaft und katholische Vereine im Rheinland 1840–1870. Essen 1996.

HERRES, Jürgen: Vereinsbildung und Gesellschaftsreform. Die Anfänge politischer Parteien in Trier 1848–1851. In: Dühr, Elisabeth (Hrsg.): »Der schlimmste Punkt in der Provinz«. Demokratische Revolution 1848/49 in Trier und Umgebung. Trier 1998, S. 459–498.

HERRES, Jürgen: Politischer Katholizismus im Rheinland 1848/49. In: Gesellschaft für Rheinische Geschichtskunde (Hrsg.): Politische Strömungen und Gruppierungen am Rhein 1848/49. Düsseldorf 1999 (Publikationen der Gesellschaft für Rheinische Geschichtskunde, Vorträge, 31), S. 39–70.

HERRMANN, Hans-Walter: Die Auswirkungen jüngerer Staats- und Landesgrenzen auf die Archivarbeit aufgezeigt an den LändernRheinland-Pfalz und Saarland. In: Der Archivar 37 (1984), S. 19–30.

HERRMANN, Hans-Walter: Die Freimachung der Roten Zone 1939/40. In: Zeitschrift für die Geschichte der Saargegend 32 (1984), S. 64–89.

HERRMANN, Klaus: Pflügen, Säen, Ernten. Landarbeit und Landtechnik in der Geschichte. München 1985 (Kulturgeschichte der Naturwissenschaften und der Technik).

HERTEL, Christoph Ludwig: Über die Rechts- und Gerichtsverfassung der zum Regierungs-Bezirke Koblenz gehörigen, ostrheinischen Landestheile. Erster Teil, welcher die Rechtsverfassung enthält. Koblenz 1829.

HERZOG, Markwart: Der »Betze« unterm Hakenkreuz. Der 1. FC Kaiserslautern in der Zeit des Nationalsozialismus. Göttingen 2006.

HERZOG, Roman: Jahre der Politik. Die Erinnerungen. München 2007.

HESS, Hans: Die Entwicklung der Kommunalverfassung in der linksrheinischen Pfalz. In: Kirchgässner, Bernhard/Schadt, Jörg (Hrsg.): Kommunale Selbstverwaltung – Idee und Wirklichkeit. Sigmaringen 1983, S. 151–162.

HESS, Hans: Westwallbau, Räumung und Wiederbesiedlung in den Grenzgemeinden des ehemaligen Landkreises Bergzabern. In: Zeitschrift für die Geschichte der Saargegend 32 (1984), S. 90–106.

HESS, Hermann O.: Strukturwandlungen der Pfälzischen Industrie unter der Einwirkung der südwestlichen Gebietsverluste des Deutschen Reichs. Speyer am Rhein 1933 (Veröffentlichungen der Pfälzischen Gesellschaft zur Förderung der Wissenschaften, 23).

HESSE, Werner: Hier Wittelsbach, hier Pfalz. Die Geschichte der pfälzischen Wittelsbacher von 1214–1803. Landau in der Pfalz ^{3}1989.

HEUBERGER, Frank W.: Entwicklungszusammenarbeit der Bürger. Die Partnerschaft zwischen Rheinland-Pfalz und Ruanda. In: Sarcinelli, Ulrich u. a. (Hrsg.): Politische Kultur in Rheinland-Pfalz. Mainz 2000, S. 399–412.

HEUER, Kai/KLOPHAUS: Richard: Regionalökonomische Bedeutung und Perspektiven des Flughafens Frankfurt-Hahn. Wissenschaftliche Forschungsstudie im Auftrag der Flughafen Frankfurt-Hahn GmbH. Birkenfeld 2007.

HEYEN, Franz-Josef (Hrsg.): Zwischen Rhein und Mosel. Der Kreis St. Goar. Boppard 1966.

HEYEN, Franz-Josef (Hrsg.): Territorien-Ploetz. Freiburg 1981.

HEYEN, Franz-Josef (Hrsg.): Vor-Zeiten. Geschichte in Rheinland-Pfalz. 5 Bde. Mainz 1985–1989.
HEYEN, Franz-Josef (Hrsg.): Das Künstlerhaus auf dem Asterstein zu Koblenz. Dokumentation und Ausstellung. Koblenz 1987.
HEYEN, Franz-Josef: Franz Rudolf Bornewasser (1922–1951). In: Persch, Martin/Embach, Michael: Die Bischöfe von Trier seit 1802. Festgabe Bischof Dr. Hermann Josef Spital. Trier 1996 (Veröffentlichungen des Bistumsarchivs Trier, 30), S. 169–188.
HEYEN, FRANZ-JOSEF: Dr. Helmut Kohl. In: Ziegler, Hannes (Hrsg.): Politiker in Rheinland-Pfalz: Unsere Ministerpräsidenten. Annweiler 2003, S. 55–70.
HEYEN, Franz-Josef/KAHLENBERG, Friedrich P. (Hrsg.): Südwestrundfunk. Vier Jahrzehnte Rundfunk im Südwesten. Düsseldorf 1986.
HEYEN, Franz-Josef/KEIM, Anton M.: Auf der Suche nach neuer Identität. Kultur in Rheinland-Pfalz im Nachkriegsjahrzehnt. Mainz 1996 (Veröffentlichungen der Kommission des Landtages für die Geschichte des Landes Rheinland-Pfalz, 20).
HICKETHIER, Knut: Rezeptionsgeschichte des Fernsehens. In: Klingler, Walter/Roters, Gunnar/Gerhards, Maria (Hrsg.): Medienrezeption seit 1945. Forschungsbilanz und Perspektiven. Baden-Baden [2]1999 (Schriftenreihe Forum Medienrezeption, 1), S. 129–142.
HICKETHIER, Knut: Geschichte des deutschen Fernsehens. Stuttgart 1998.
HILDEBRAND, Klaus: Globalisierung 1900. Alte Staatenwelt und neue Weltpolitik an der Wende vom 19. zum 20. Jahrhundert. In: Historisches Kolleg (Hrsg.): Jahrbuch des Historischen Kollegs 2006, S. 3–31.
HILDEBRANDT, Jens: Gewerkschaften im geteilten Deutschland. Die Beziehungen zwischen DGB und FDGB vom Kalten Krieg bis zur Neuen Ostpolitik 1955 bis 1969. St. Ingbert 2010 (Mannheimer historische Forschungen, 31).
HILGER, Hans Peter: Geschichte der bildenden Kunst im Rheinland seit 1815. In: Petri, Franz/Droege, Georg (Hrsg.): Rheinische Geschichte in drei Bänden. Bd. 3: Wirtschaft und Kultur im 19. und 20. Jahrhundert. Düsseldorf 1979, S. 697–757.
HILLER, Jürgen: Konversionspolitik als landespolitische Herausforderung. In: Sarcinelli, Ulrich u. a. (Hrsg.): Politik in Rheinland-Pfalz. Gesellschaft, Staat und Demokratie. Wiesbaden 2010, S. 530–555.
HIMMIGHÖFER, Traudel/LANDGRAF, Michael/STÜBER, Gabriele: Pfälzische Kirchengeschichte multimedial (CD-ROM). Ubstadt-Weiher 2003 (Veröffentlichungen des Vereins für Pfälzische Kirchengeschichte, Neue Medien, 1).
HINKEL, Helmut: Jesuiten – Bartholomiten – Weltpriester. Kurze Geschichte des Mainzer Priesterseminars. In: Ders. (Hrsg.): Das Seminar. 200 Jahre Mainzer Priesterseminar. Mainz 2005, S. 93–117.
HINZ, Sigrid (Hrsg.): Caspar David Friedrich in Briefen und Bekenntnissen. Berlin 1968.
HIPPEL, Wolfgang von: Regionale und soziale Herkunft der Bevölkerung einer Industriestadt. Untersuchungen zu Ludwigshafen a. Rh. 1867–1914. In: Conze, Werner/Engelhardt, Ulrich (Hrsg.): Arbeiter im Industrialisierungsprozeß. Herkunft, Lage und Verhalten. Stuttgart 1981 (Industrielle Welt, 29), S. 51–69.
HIPPEL, Wolfgang von: Stadtentwicklung und Stadtteilbildung in einer Industrieansiedlung des 19. Jahrhunderts: Ludwigshafen a. Rh. 1853–1914. In: Teuteberg, Hans J. (Hrsg.): Urbanisierung im 19. und 20. Jahrhundert. Köln 1983, S. 339–371.
HIPPEL, Wolfgang von: Binnenwanderung und Verstädterung. Zur Herkunft der Bevölkerung von Ludwigshafen und Mannheim im Zeichen der Industrialisierung. In: Rhein-Neckar-Raum an der Schwelle des Industrie-Zeitalters. Mannheim 1984 (Südwestdeutsche Schriften, 1), S. 27–47; ebenfalls abgedruckt in: Mitteilungen der Gesellschaft der Freunde der Universität Mannheim e. V. 1 (1984), S. 5–15.
HIPPEL, Wolfgang von: Wirtschafts- und Sozialgeschichte 1800 bis 1918. In: Schwarzmaier, Hansmartin (Hrsg.): Handbuch der baden-württembergischen Geschichte. Bd. 3: Vom Ende des Alten Reiches bis zum Ende der Monarchien. Stuttgart 1992, S. 477–784.
HIPPEL, Wolfgang von: Auf dem Weg zum Weltunternehmen. In: Abelshauser, Werner (Hrsg.): Die BASF. Eine Unternehmensgeschichte. München 2002, S. 17–116.

HIPPEL, Wolfgang von: Zwischen kleindeutscher Reichsgründung und Weltkriegs-Katastrophe. Ludwigshafen zur Zeit des Zweiten Deutschen Kaiserreichs 1870/71–1914. In: Mörz, Stefan/Becker, Klaus Jürgen (Hrsg.):Geschichte der Stadt Ludwigshafen. Bd. 1: Von den Anfängen bis zum Ende des Ersten Weltkrieges. Ludwigshafen 2003, S. 365–771.

HIPPEL, Wolfgang von: Ludwigshafen um 1900. Eine Industriestadt vor 100 Jahren. Eine Dokumentation. 2 Bde. Ludwigshafen 2009 (Veröffentlichungen des Stadtarchivs Ludwigshafen, 37, 1 und 2).

HIPPEN, Reinhard: Wir sind so frei. Kabarett in Rheinland-Pfalz. In: Heyen, Franz-Josef/Keim, Anton M. (Hrsg.): Auf der Suche nach neuer Identität. Kultur in Rheinland-Pfalz im Nachkriegsjahrzehnt. Mainz 1996 (Veröffentlichungen der Kommission des Landtages für die Geschichte des Landes Rheinland-Pfalz, 20), S. 185–224.

HIRSCHFELDER, Gunther/PORTZ, Tanja: Von der Brot- und Breispeise zur Tütensuppe und Tiefkühlpizza. Der Wandel des Lebensmittelsortiments seit 1850. In: Lummel, Peter/Deak, Alexandra (Hrsg.): Einkaufen! Eine Geschichte des täglichen Bedarfs. Berlin 2005 (Arbeit und Leben auf dem Lande, 10), S. 129–144.

HISTORISCHER VEREIN ZWEIBRÜCKEN (Hrsg.): Zweibrücken. 600 Jahre Stadt 1352–1952. Zweibrücken 1952.

HOCH-GIMBER, Miriam: Die Mainzer Malerfamilie Hoch. Frankfurt am Main 2010.

HÖHER, Peter: Heimat und Fremde. Wanderhändler des oberen Sauerlandes. Münster 1985 (Beiträge zur Volkskultur in Nordwestdeutschland, 81).

HÖHN, Maria: GIs and Fräuleins. The German-American Encounter in 1950s West Germany. Chapel Hill 2002.

HÖHN, Maria: Amis, Cadillacs und »Negerliebchen«. GIs im Nachkriegsdeutschland. Berlin 2008.

HÖHN, Maria: Bild und Wahrnehmung der GIs in der BRD 1945–1989. In: Kremp, Werner/Tunali, Martina/Tönnesmann, Wolfgang (Hrsg.): Amerikaner in Rheinland-Pfalz – Alltagskulturelle Begegnungen. Kaiserslautern 2008 (Atlantische Texte, 29), S. 127–146.

HÖHNE, Benjamin/CRONQUIST, Lasse: FDP und Bündnis 90/Die Grünen. Divergierende Ausgangsbedingungen, Entwicklungs- und Durchsetzungschancen im Landesparteienwettbewerb. In: Sarcinelli, Ulrich u. a. (Hrsg.): Politik in Rheinland-Pfalz. Gesellschaft, Staat und Demokratie. Wiesbaden 2010, S. 164–181.

HÖHNE, Hans-Dieter: 100 Jahre ÖTV, Kreisverwaltung Mainz. Die Anfänge der Gemeindearbeiter-Bewegung in Mainz 1897–1990. Mainz 1997.

HÖLSCHER, Lucian: Geschichte der protestantischen Frömmigkeit in Deutschland. München 2005.

HOEMIG, Herbert: Theodor Joseph Lacomblet. In: Historische Kommission bei der Bayerischen Akademie der Wissenschaften (Hrsg.): Neue Deutsche Biographie, Bd. 13. Berlin 1982, S. 380–381.

HÖRNER, Volker: Zur Integrationsleistung weltanschaulicher Organisationen: Die evangelische Kirche in Rheinland-Pfalz. In: Sarcinelli, Ulrich u. a. (Hrsg.): Politik in Rheinland-Pfalz. Gesellschaft, Staat und Demokratie. Wiesbaden 2010, S. 414–430.

HÖROLDT, Dietrich: Der Rheinische Provinzialausschuss für Innere Mission im Zeitalter von Hochindustrialisierung und Urbanisierung (1871–1914). In: Witschke, Reinhard (Hrsg.): Diakonie bewegt. 150 Jahre Innere Mission und Diakonie im Rheinland. Köln 1999, S. 25–58.

HOFER, Hieronymus: Das ABC der Armenpflege. Dürkheim 1858.

HOFFMANN, Arnold: »Die Vorteile der elektrischen Beleuchtung genießen …«. Das RWE und die flächendeckende Stromversorgung der Eifel. In: Arbeitskreis Eifeler Museen (AEM) (Hrsg.): »Der Strom kommt!« Die Elektrifizierung im Eifel- und Moselraum. Meckenheim 1996, S. 131–172.

HOFFMANN, Dieter: »… wir sind doch Deutsche«. Zur Geschichte und Schicksal der Landjuden in Rheinhessen. Alzey 1992 (Alzeyer Geschichtsblätter, Sonderheft, 14).

HOFFMANN, Dieter: Framersheim: Eine Keimzelle der Bewegung. In: Kißener, Michael (Hrsg.): Rheinhessische Wege in den Nationalsozialismus. Studien zu rheinhessischen Landgemeinden von der Weimarer Republik bis zum Ende der NS-Diktatur. Worms 2010, S. 123–159.

HOFFMANN, Klaus Dietrich: Die Geschichte des Verwaltungsgerichts in Mainz, des ältesten Verwaltungsgerichts Deutschlands. In: Festgabe Curt Englaender. o. O. o. J. [Mainz 1962], S. 1–17.

HOFFMANN, Klaus Dietrich: Die Geschichte der Provinzial- und Bezirksregierung für Rheinhessen 12.7.1816 – 1.10.1968. Mainz 1977.
HOFFMANN, Klaus Dietrich: Die Geschichte der Provinz und des Regierungsbezirks Rheinhessen 1816–1985. Alzey 1985.
HOFFMANN, Wilhelm: Rheinhessische Volkskunde. Frankfurt am Main 1980 [Nachdruck d. A. Bonn und Köln 1932] (Volkskunde rheinischer Landschaften).
HOFFMANN-MARTINOT, Vincent: Zentralisierung und Dezentralisierung. In: Kimmel, Adolf/ Utterwedde, Henrik (Hrsg.): Länderbericht Frankreich. Geschichte, Politik, Wirtschaft und Gesellschaft. Wiesbaden [2]2005, S. 323–342.
HOFMANN, Manfred: Das Pressewesen unserer Heimat. In: Rhein-Lahnfreund 19 (1970), S. 93–97.
HOFMANN, Martin [u. a.]: Dokumentation zum Kirchenkampf in Hessen und Nassau. 9 Bde. Darmstadt 1974–1996.
HOFMANN, Mira: Feuerbachs Verhältnis zur antiken Kunst. In: Historisches Museum der Pfalz (Hrsg.): Anselm Feuerbach. Ausstellungskatalog. Speyer 2002, S. 57–62.
HOFSTETTER, Albert: Les Tribuneaux du Gouvernement Militaire en Zone Français en Allemagne. Freiburg im Breisgau 1947.
HOHLS, Rüdiger/KAELBLE, Hartmut (Hrsg.): Die regionale Erwerbsstruktur im Deutschen Reich und in der Bundesrepublik 1895–1970. St. Katharinen 1989 (Quellen und Forschungen zur historischen Statistik von Deutschland, 9).
HOHORST, Gerd/KOCKA, Jürgen/RITTER, Gerhard A.: Sozialgeschichtliches Arbeitsbuch II. Materialien zur Statistik des Kaiserreichs 1870–1914. München 1975.
HOLLENSTEIN, Roman: Licht der Diaspora. Das jüdische Gemeindezentrum von Manuel Herz in Mainz setzt neue Massstäbe in der Synagogenarchitektur. In: Neue Zürcher Zeitung vom 18.9.2010.
HOLSCHBACH, Heinrich: Volkskunde des Kreises Altenkirchen. Elberfeld 1929 (Beiträge zur rheinischen und westfälischen Volkskunde in Einzeldarstellungen, 5).
HOLTMANN, Wilhelm: Von der Konfrontation zum Miteinander. Zur geschichtlichen Entwicklung der evangelischen Kirche im Rheinland und zum Verhältnis von Katholiken und Protestanten. In: Schneider, Bernhard/Persch, Martin (Hrsg.): Geschichte des Bistums Trier. Bd. 5: Beharrung und Erneuerung 1881–1981. Trier 2004 (Veröffentlichungen des Bistumsarchivs Trier, 39), S. 491–505.
HOLTZ, Karl: Der Ahrkreis und seine Zeitungen. Eine zeitungsgeschichtliche Heimatschau. In: Heimatjahrbuch für den Kreis Ahrweiler 1955, S. 75–79.
HOLZEM, Andreas: Kirchenreform und Sektenstiftung. Deutschkatholiken, Reformkatholiken und Ultramontane am Oberrhein 1844–1866. Paderborn 1994 (Veröffentlichungen der Kommission für Zeitgeschichte, Reihe B, Forschungen, 65).
HOLZER, Ingrid: Die Rheinland-Pfälzische Bibliographie. In: Ottermann, Annelen/Fliedner, Stephan (Hrsg.): 200 Jahre Stadtbibliothek Mainz. Wiesbaden 2005 (Veröffentlichungen der Bibliotheken der Stadt Mainz, 52), S. 257–261.
HONOUR, Hugh/FLEMING, John: Weltgeschichte der Kunst. [3]1989.
HOPPE, Jens: Jüdische Geschichte und Kultur in Museen. Zur nichtjüdischen Museologie des Jüdischen in Deutschland. Münster u. a. 2002.
HORN, W. O. von: Der Rhein. Seine Geschichte und seine Sagen. Eltville am Rhein 1978 [Faksimile-Druck d. A. Wiesbaden [3]1881, erstmals erschienen als Horn, W. O. von: Der Rhein. Geschichten und Sagen seiner Burgen, Abteien, Klöster und Städte. Wiesbaden 1867].
HRADIL, Stefan: Auf dem Weg zur »Single-« und »Erlebnisgesellschaft«? Die Sozialstruktur des Landes Rheinland-Pfalz. In: Sarcinelli, Ulrich u. a. (Hrsg.): Politische Kultur in Rheinland-Pfalz. Mainz 2000, S. 75–94.
HRADIL, Stefan: Die Sozialstruktur Deutschlands im internationalen Vergleich. Wiesbaden 2004.
HRBEK, Rudolf/WEYAND, Sabine: Betrifft: Das Europa der Regionen. München 1994.
HUBER, Ernst Rudolf: Deutsche Verfassungsgeschichte seit 1789. Bd. 2: Der Kampf um Einheit und Freiheit 1830–1850. Stuttgart u. a. [2]1960.
HUBER, Ernst-Rudolf (Hrsg.): Dokumente zur deutschen Verfassungsgeschichte. Bd. 1: Deutsche Verfassungsdokumente 1803–1850. Stuttgart 1961.

HUDEMANN, Rainer: Anfänge der Wiedergutmachung. Französische Besatzungszone 1945–1950. In: Geschichte und Gesellschaft 13 (1987), S. 181–216.
HUDEMANN, Rainer: Sozialpolitik im deutschen Südwesten zwischen Tradition und Neuordnung 1945–1953. Sozialversicherung und Kriegsopferversorgung im Rahmen französischer Besatzungspolitik. Mainz 1988 (Veröffentlichungen der Kommission des Landtages für die Geschichte des Landes Rheinland-Pfalz, 10).
HUDEMANN, Rainer: Landesgründung und Verfassungsgebung im Spannungsfeld von Besatzungsmacht und deutscher Politik. In: Borck, Heinz-Günther (Hrsg.): Beiträge zu 50 Jahren Geschichte des Landes Rheinland-Pfalz. Koblenz 1997 (Veröffentlichungen der Landesarchivverwaltung Rheinland-Pfalz, 73), S. 61–88.
HUDEMANN, Rainer: Mariannes und Michels Erbfreundschaft? Deutschland und Frankreich seit 1945. Trier 2005 (Gesprächskreis Politik und Geschichte im Karl-Marx-Haus, 3).
HUDEMANN-SIMON, Calixte: Zur staatlichen Gesundheitspolitik in den Rheinlanden während der französischen Zeit. In: Dipper, Christof/Schieder, Wolfgang/Schulze, Reiner (Hrsg.): Napoleonische Herrschaft in Deutschland und Italien – Verwaltung und Justiz. Berlin 1995 (Schriften zur Europäischen Rechts- und Verfassungsgeschichte, 16), S. 121–140.
HÜBEL, Marlene: »Über all dem der Dom ...«. Literarische Stadtansichten von Mainz. In: Dumont, Franz/Scherf, Ferdinand/Schütz, Friedrich (Hrsg.): Mainz. Die Geschichte der Stadt. Mainz ^{2}1999, S. 1173–1203.
HÜBSCH, Heinrich: In welchem Style sollen wir bauen? Karlsruhe 1828.
HÜBSCHEN, Christian/KREFT-KETTERMANN, Helga (Bearb.): Entwicklung des Eisenbahnnetzes bis 1935/39. Köln 1996 (Geschichtlicher Atlas der Rheinlande, Beihefte, VII.5).
HÜLS, Elisabeth: Johann Georg August Wirth (1798–1848). Ein politisches Leben im Vormärz. Düsseldorf 2004 (Beiträge zur Geschichte des Parlamentarismus und der politischen Parteien, 139).
HÜSER, Dietmar: Frankreichs »doppelte Deutschlandpolitik«. Dynamik aus der Defensive – Planen, Entscheiden, Umsetzen in gesellschaftlichen und wirtschaftlichen, innen- und außenpolitischen Krisenzeiten 1944–1950. Berlin 1996 (Dokumente und Schriften der Europäischen Akademie Otzenhausen, 77).
HÜSER, Judith: Saarkatholiken auf dem Sonderweg? Kirche und Konfession, Nation und Europa in einem deutsch-französischen Grenzland (1919–1959). In: Schneider, Bernhard/Persch, Martin (Hrsg.): Geschichte des Bistums Trier. Bd. 5: Beharrung und Erneuerung 1881–1981. Trier 2004 (Veröffentlichungen des Bistumsarchivs Trier, 39), S. 671–697.
HÜTTENBERGER, Peter: Methoden und Ziele der französischen Besatzungspolitik nach dem Ersten Weltkrieg in der Pfalz. In: Blätter für deutsche Landesgeschichte 108 (1972), S. 105–121.
HUMBOLDT, Alexander von: Idee zu einer Physiognomik der Gewächse. In: Ders.: Ansichten der Natur. Darmstadt 1987.
HUMMEL, Karl-Joseph/KISSENER, Michael (Hrsg.): Die Katholiken und das Dritte Reich. Kontroversen und Debatten. Paderborn u. a. ^{2}2010.
HUMMEL, Karl-Joseph/KÖSTERS, Christoph (Hrsg.): Zwangsarbeit und katholische Kirche 1939–1945. Eine Dokumentation. Geschichte und Erinnerung, Entschädigung und Versöhnung Paderborn u. a. 2008 (Veröffentlichungen der Kommission für Zeitgeschichte, Reihe B, Forschungen, 110).
HUNSRÜCK-MUSEUM SIMMERN u.a (Hrsg.): »Von innerer Überzeugung beseelt«. Künstlerischer Aufbruch in der südlichen Rheinprovinz nach dem Ersten Weltkrieg. Begleitbroschüre zur Ausstellung. Bad Kreuznach 2007.
HUYER, Michael: Historische Brücken in Rheinland-Pfalz. Mainz 2002 (Blätter zum Land, 2/2002).
HUYER, Michael/KRIENKE, Dieter/WEBER, Ulrike: 25 Jahre Denkmaltopografie Rheinland-Pfalz – Eine Erfolgsgeschichte. In: Die Denkmalpflege 10 (2010), S. 32–40.

ICKLER, Günter/KOLLMAR, Helmut: Die Bevölkerung im Wandel. In: Borck, Heinz-Günther (Hrsg.): Beiträge zu 50 Jahren Geschichte des Landes Rheinland-Pfalz. Koblenz 1997 (Veröffentlichungen der Landesarchivverwaltung Rheinland-Pfalz, 73), S. 453–498.
ICKLER, Günter: Bevölkerung im Wandel. Bevölkerungsentwicklung seit 1946. In: Statistische Monatshefte Rheinland-Pfalz 60 (2007), Heft 4, S. 230–236.

IG METALL MANNHEIM/SOZIALDEMOKRATISCHER BILDUNGSVEREIN MANNHEIM (Hrsg.): 100 Jahre Mannheimer Abkommen. Zur Geschichte von SPD und Gewerkschaften. Mannheim 2006.
ILLERT, Friedrich Maria: Die Geschichte der Wormser Presse mit kulturhistorischen Fragmenten. Worms 1913.
IMHOF, Arthur E.: Die gewonnenen Jahre. Von der Zunahme unserer Lebensspanne seit 300 Jahren oder von der Notwendigkeit einer neuen Einstellung zu Leben und Sterben. Ein historischer Essay. München 1981.
IMIELA, Hans-Jürgen: Geschichte der Druckverfahren. Teil 4: Stein- und Offsetdruck. Stuttgart. 1993.
INSTITUT FÜR STAATSBÜRGERLICHE BILDUNG IN RHEINLAND-PFALZ (Hrsg.): Rheinland-Pfalz 1947–1962. Dokumente der Zeit. Mainz ^{2}1962.
Interview mit Bruno Bellini, geführt von Fabian Koba im Rahmen des Proseminars »Alltagskultur in der Bunderepublik Deutschland« im Wintersemester 2003/04, unveröff. Manuskript, archiviert an der Abteilung Kulturanthropologie/Volkskunde, Deutsches Institut, Johannes Gutenberg-Universität Mainz.
ISERLOH, Erwin (Hrsg.): Wilhelm Emmanuel Freiherr von Ketteler. Sämtliche Werke und Briefe. 11 Bde. Mainz 1977–2001.

JACHMICH, Gabriele: Der Gründungs- und Entfaltungsprozeß von Sparkassen in den verschiedenen Regionen Hessens (1819 bis zur Reichsgründung). In: Bankhistorisches Archiv 23 (1995), S. 3–19.
JÄGER, Wolfgang: Staatsbildung und Reformpolitik. Politische Modernisierung im Herzogtum Nassau zwischen Französischer Revolution und Restauration. Wiesbaden 1993 (Veröffentlichungen der Historischen Kommission für Nassau, 50).
JANSEN, Günther (Hrsg.): Großherzog Nicolaus Friedrich Peter von Oldenburg. Erinnerungen aus den Jahren 1864–1900. Oldenburg, Leipzig 1903.
JANSSEN, Wilhelm: Kleine rheinische Geschichte. Düsseldorf 1997.
JANSSEN, Wilhelm (Hrsg.): Politische Strömungen und Gruppierungen am Rhein 1848/49. Düsseldorf 1999 (Publikationen der Gesellschaft für rheinische Geschichtskunde, Vorträge, 31).
JANTA, Leonhard/KLEEMANN, Kurt: »Es ist gut, daß Schluß ist.« Das Kriegsende 1918 im Kreis Ahrweiler. In: Heimatjahrbuch des Kreises Ahrweiler 55 (1998), S. 107–112.
JANTA, Leonhard/POPPELREUTER, Helmut: »...das Elend übersteigt jeden Begriff...«. Ahr-Hochwasser am 12./13. Juni 1910 forderte 52 Menschenleben. In: Heimatjahrbuch Kreis Ahrweiler 2010, S. 169–176.
JAROSCHKA, Walter: Das Bayerische Hauptstaatsarchiv in München. Zur Geschichte und Struktur seiner pfälzischen Bestände. In: Debus, Karl Heinz (Hrsg.): Das Landesarchiv Speyer. Festschrift zur Übergabe des Neubaues. Koblenz 1987 (Veröffentlichungen der Landesarchivverwaltung Rheinland-Pfalz, 40), S. 209–216.
JAROSCHKA, Walter: Die Neuorganisation des bayerischen Archivwesens in den ersten Jahrzehnten des 19. Jahrhunderts und die Einbeziehung der Pfalz: der Antagonismus von Zentralisation und Regionalisierung. Mit einem Ausblick bis zur Gegenwart. In: Rödel, Volker (Hrsg.): Umbruch und Aufbruch. Das Archivwesen nach 1800 in Süddeutschland und im Rheinland. Stuttgart 2005 (Werkhefte der Staatlichen Archivverwaltung Baden-Württemberg, Serie A, 20), S. 199–214.
JARREN, Volker: Schmuggel und Schmuggelbekämpfung in den preußischen Westprovinzen 1818–1854. Paderborn 1992 (Forschungen zur Regionalgeschichte, 4).
JAUCH, Dieter/KROMKA, Franz: Zur Machtstruktur ehemals bäuerlicher Gemeinden Westdeutschlands. In: Zeitschrift für Agrargeschichte und Agrarsoziologie 29 (1981), S. 83–97.
JENDRAL, Lars: Die Rheinland-Pfälzische Bibliographie im Wandel eines Berufslebens. In: Fliedner, Stephan u.a.: Erlesenes aus Rheinhessen. Bücher, Schreiber, Bibliotheken. Ingelheim 2010.
JENTJENS, Oliver: Die Amerikaner kommen! Einmarsch amerikanischer Besatzungstruppen in den Raum des heutigen Landkreises Bernkastel-Wittlich im Winter 1918. In: Jahrbuch für den Kreis Bernkastel-Wittlich 1996, S. 106–108.

JENTJENS, Oliver: Die Heimat im Krieg! Jahreswende 1916/17. In: Jahrbuch für den Kreis Bernkastel-Wittlich 2002, S. 179–181.
JOCHEM, Marlene/STÖCKER, Jens (Red.): Aufbruch nach Amerika. 300 Jahre Massenauswanderung aus Rheinland-Pfalz. Kaiserslautern 2009 (Schriftenreihe des Theodor-Zink-Museums, 17).
JÖCKLE, Clemens: »Künstler... aufzumuntern und zu unterstützen«: Die Geschichte des Pfälzischen Kunstvereins 1867–1920. In: Mitteilungen des Historischen Vereins der Pfalz 95 (1997), S. 345–400.
JÖCKLE, Clemens: Pfälzische Malerei im 19. und 20. Jahrhundert. In: Rothenberger, Karl-Heinz u. a. (Hrsg.): Pfälzische Geschichte, Bd. 2. Kaiserslautern [2]2002, S. 307–361.
JÖCKLE, Clemens: Architektur in der Pfalz in bayerischer Zeit 1816–1945. In: Rothenberger, Karl-Heinz u. a. (Hrsg.): Pfälzische Geschichte, Bd. 2. Kaiserslautern [2]2002, S. 363–376.
JÖCKLE, Clemens: Die Situation der Malerei in der Pfalz nach 1945 – ein Überblick. In: Setzer, Heinz/Ders. (Hrsg.): Vom Keller ans Licht. Aufbruch und Neuorientierung in der pfälzischen Kunst nach 1945. Katalog zur gleichnamigen Ausstellung. Landau 2008, S. 19–23.
JÖCKLE, Clemens u. a. (Hrsg.): Koch & Co. Die Kunststiftung der Stadt Landau in der Pfalz. Landau 2005.
JOHANNES, Detlev: 90 Jahre Öffentliche Büchereien Worms und »Bestseller« damals. In: Die Bücherei 35 (1991), S. 113.
JOHANNES, Detlev: Die erste Autobücherei Deutschlands fuhr in Rheinland-Pfalz. In: Die Bücherei 35 (1991), S. 111–113.
JOHLER, Reinhard: Glokalisierung. Ein Konzept für die kulturwissenschaftliche Zukunft? In: Volkskunde in Rheinland-Pfalz 23 (2008), S. 124–138.
JOHN, Christoph: Im Schatten Kaiser Wilhelms. Das Koblenzer Denkmal für Joseph Görres und seine Vorgeschichte. In: Koblenzer Beiträge zur Geschichte und Kultur N. F. 7 (1997), S. 163–192.
JOHN, Herwig: Der Rundfunk in Südwestdeutschland in der Zeit vor und nach dem Zusammenbruch des Jahres 1945. In: Schwarzmaier, Hansmartin (Hrsg.): Landesgeschichte und Zeitgeschichte. Karlsruhe 1980 (Oberrheinische Studien, 5), S. 153–177.
JOHNSON, Jeffrey Allan: Die Macht der Synthese (1900–1925). In: Abelshauser, Werner (Hrsg.): Die BASF. Eine Unternehmensgeschichte. München 2002, S. 117–219.
JONKER, Gerdien: Eine Wellenlänge zu Gott. Der »Verband der Islamischen Kulturzentren« in Europa. Bielefeld 2002.
JUDT, Tony: Die Geschichte Europas seit dem Zweiten Weltkrieg. Bonn 2006 (Schriftenreihe, 548).
JÜRGENSMEIER, Friedhelm: Das Bistum Mainz. Von der Römerzeit bis zum II. Vatikanischen Konzil. Frankfurt 1988 (Beiträge zur Mainzer Kirchengeschichte, 2).
JÜRGENSMEIER, Friedhelm (Hrsg.): Handbuch der Mainzer Kirchengeschichte. Bd. 3: Neuzeit und Moderne, Teil 2. Würzburg 2002 (Beiträge zur Mainzer Kirchengeschichte, 6).
JÜTTE, Robert: Geschichte der Alternativen Medizin. Von der Volksmedizin zu den unkonventionellen Therapien von heute. München 1996.
JUN, Uwe/HÖHNE, Benjamin: Das Parteiensystem in Rheinland-Pfalz, in: Jun, Uwe/Haas, Melanie/Niedermayer, Oskar (Hrsg.): Parteien und Parteiensysteme in den deutschen Ländern. Wiesbaden 2008, S. 341–367.
JUNG, Dieter u. a.: Islamischer Religionsunterricht in der Grundschule Ludwigshafen-Pfingstweide. In: Glasze, Georg/Thielmann, Jörn (Hrsg.): »Orient« versus »Okzident«? Zum Verhältnis von Kultur und Raum in einer globalisierten Welt. Mainz 2006 (Mainzer Kontaktstudium Geographie, 10), S. 87–92.
JUNGBLUTH, Uli: 1848. Westerwald und Altenkirchen. Montabaur 1999.
JUNGBLUTH, Uli: Zur Nazifizierung der Deutschen. Machtergreifung im Westerwald. Höhr-Grenzhausen 1993.
JUNGLAS, Mario/RUPP, Paul: Auftrag und Funktion der Caritas im gesellschafts- und sozialpolitischen System in Rheinland-Pfalz. In: Nacke, Bernhard (Hrsg.): Kirche in Staat und Gesellschaft. Grundlegungen – Erfahrungen – Perspektiven. Mainz 1998, S. 59–69.
JUSTIZMINISTERIUM RHEINLAND-PFALZ (Hrsg.): Justiz im Dritten Reich. NS-Sondergerichtsverfahren in Rheinland-Pfalz. Eine Dokumentation. 3 Teile. Frankfurt am Main 1994 (Schriftenreihe des Ministeriums der Justiz, 1).

KAACK, Heino/SARCINELLI, Ulrich: Parteien und Wahlen. In: Haungs, Peter (Hrsg.): 40 Jahre Rheinland-Pfalz. Eine politische Landeskunde. Mainz 1986, S. 131–170.

KÄDING, Emil: Beiträge zur preußischen Finanzpolitik in den Rheinlanden während der Jahre 1815–1840. Bonn 1913 (Studien zur rheinischen Geschichte, 8).

KÄSS, Ludwig: Die Organisation der allgemeinen Staatsverwaltung auf dem linken Rheinufer durch die Franzosen während der Besetzung 1792 bis zum Frieden von Lunéville (1801). Mainz 1929.

KAHL, Günther: Museen in Rheinland-Pfalz. In: Lebendiges Rheinland-Pfalz 1 (1964), S. 102–107.

KAHLENBERG, Christoph: »Stimme der Heimat«. Hörfunk in Rheinland-Pfalz. In: Heyen, Franz-Josef/Keim, Anton M. (Hrsg.): Auf der Suche nach neuer Identität. Kultur in Rheinland-Pfalz im Nachkriegsjahrzehnt. Mainz 1996 (Veröffentlichungen der Kommission des Landtages für die Geschichte des Landes Rheinland-Pfalz, 20), S. 587–608.

KAHLENBERG, Friedrich P.: Die Berichte Eduard Davids als Reichsvertreter in Hessen 1921–1927. Wiesbaden 1970 (Geschichtliche Landeskunde, 6).

KAHLENBERG, Friedrich P.: Deutsche Archive in West und Ost. Zur Entwicklung des Staatlichen Archivwesens seit 1945. Düsseldorf 1972 (Mannheimer Schriften zur Politik und Zeitgeschichte, 4).

KAHLENBERG, Friedrich P.: Sonderbereiche der Kulturverwaltung. In: Jeserich, Kurt G. A./Pohl, Hans/Unruh, Georg-Christoph von (Hrsg.): Deutsche Verwaltungsgeschichte. Bd. 5: Die Bundesrepublik Deutschland. Stuttgart 1987, S. 720–759.

KAISER WILHELM I.: Briefe aus den Kriegsjahren 1870/71. Leipzig o. J. [1915].

KAISER, Josef: »Ich kenne nichts als meine Arbeit.« Der Sozialdemokrat Adolf Ludwig und der Aufbau der Gewerkschaften in der Pfalz 1945–1949. In: Geis, Manfred / Nestler, Gerhard (Hrsg.): Die pfälzische Sozialdemokratie. Edenkoben 1999, S. 671–676.

KAISER, Josef: Der Deutsche Gewerkschaftsbund 1949 bis 1956. Köln 1996 (Quellen zur Geschichte der deutschen Gewerkschaftsbewegung im 20. Jahrhundert, 11).

KAMINSKY, Uwe: Die Evangelische Kirche im Rheinland 1918 bis 1989. Eine Übersicht. In: Conrad, Joachim u. a. (Hrsg.): Evangelisch am Rhein. Werden und Wesen einer Landeskirche. Düsseldorf 2007 (Schriften des Archivs der Evangelischen Kirche im Rheinland, 35), S. 96–120.

KAMINSKY, Uwe: Dienen unter Zwang. Studien zu ausländischen Arbeitskräften in Evangelischer Kirche und Diakonie während des Zweiten Weltkriegs. Bonn [2]2002 (Schriftenreihe des Vereins für Rheinische Kirchengeschichte, 155).

KAMINSKY, Uwe: Kirche in der Öffentlichkeit – Die Transformation der Evangelischen Kirche im Rheinland (1948–1989). Bonn 2008 (Schriftenreihe des Vereins für Rheinische Kirchengeschichte, 173).

KAMINSKY, Uwe: Zwangssterilisation und »Euthanasie« im Rheinland. Evangelische Erziehungsanstalten sowie Heil- und Pflegeanstalten 1933–1945. Köln 1995 (Schriftenreihe des Vereins für rheinische Kirchengeschichte, 116).

KAMPMANN, Helmut: Die Neuwieder Zeitungsmacher. Presse-Chronik aus drei Jahrhunderten. Neuwied 1998.

KAMPMANN, Helmut: Es stand in der Zeitung. Nachkriegspresse im Koblenzer Raum von 1945 bis 1949. In: Franz-Josef Heyen (Hrsg.): Rheinland-Pfalz entsteht. Beiträge zu den Anfängen des Landes Rheinland-Pfalz in Koblenz 1945–1951. Boppard 1984 (Veröffentlichungen der Kommission des Landtages für die Geschichte des Landes Rheinland-Pfalz, 5), S. 297–314.

KAMPMANN, Helmut: Koblenzer Pressechronik. 80 Zeitungen aus drei Jahrhunderten. Koblenz 1988.

KAMPMANN, Helmut: Viel neue Zeitung. Zwei Jahrzehnte Pressegeschichte. In: Heyen, Franz-Josef/Keim, Anton M. (Hrsg.): Auf der Suche nach neuer Identität. Kultur in Rheinland-Pfalz im Nachkriegsjahrzehnt. Mainz 1996 (Veröffentlichungen der Kommission des Landtages für die Geschichte des Landes Rheinland-Pfalz, 20), S. 521–586.

KARTENABTEILUNG DER STAATSBIBLIOTHEK ZU BERLIN PREUSSISCHER KULTURBESITZ (Hrsg.): Flüsse im Herzen Europas. Rhein-Elbe-Donau. Berlin 1993 (Ausstellungskataloge der Staatsbibliothek zu Berlin, Preußischer Kulturbesitz N.F., 6).

KARTMANN, Norbert (Hrsg.): Georg Moller. Symposium aus Anlass seines 150. Todestages. Wiesbaden 2004 (Hessische Schriften zum Föderalismus und Landesparlamentarismus, 10).

KASPER-HOLTKOTTE, Cilli: Jüdischer Kultus in napoleonischer Zeit. Aufbau und Organisation der Konsistorialbezirke Krefeld, Koblenz/Bonn, Mainz und Trier. Wien u.a. 1997 (Aschkenas. Zeitschrift für Geschichte und Kultur der Juden, Beiheft, 2).

KASPER-HOLTKOTTE, Cilli: Juden im Aufbruch. Zur Sozialgeschichte einer Minderheit im Saar-Mosel-Raum um 1800. Hannover 1996.

KASTNER, Dieter (Bearb.): Der Rheinische Provinziallandtag und die Emanzipation der Juden im Rheinland 1825–1845. Eine Dokumentation. Köln 1988.

KAUFFMANN, Judith: Pressefreiheit – Wunsch oder Wirklichkeit? Die pfälzische Presse seit dem Zweiten Weltkrieg. In: Die Pfalz am Rhein 55 (1982), S. 223–231.

KAUFHOLD, Karl Heinrich: Deutschland 1650–1850. In: Mieck, Ilja (Hrsg.): Handbuch der Europäischen Wirtschafts- und Sozialgeschichte. Bd. 4: Europäische Wirtschafts- und Sozialgeschichte von der Mitte des 17. Jahrhunderts bis zur Mitte des 19. Jahrhunderts. Stuttgart 1993, S. 523–588.

KEDDIGKEIT, Jürgen (Hrsg.): Feste und Festbräuche in der Pfalz. Kaiserslautern 1992.

KEDDIGKEIT, Jürgen: Kleine Geschichte der Stadt Kaiserslautern. Karlsruhe 2007.

KEHREIN, Joseph: Volkssprache und Volkssitte im Herzogthum Nassau. 2 Bde. Bonn 1862 und 1872.

KEIL, Hartmut/ZILIEN, Felix: Der deutsche Wein 1930 bis 1945. Eine historische Betrachtung. Dienheim am Rhein 2010.

KEIM, Anton Maria: »Michel und Marianne« in der Bütt oder: Fastnacht und Franzosen. Die Erbfeindschaft im Spiegel eines Volksfests. In: Mainz. Vierteljahrshefte für Kultur, Politik, Wirtschaft, Geschichte 18 (1998), Heft 1, S. 18–20.

KEIM, Anton Maria: 11mal politischer Karneval. Weltgeschichte aus der Bütt. Mainz ^{2}1981.

KEIM, Eris: »Aller Anfang fällt schwer.« Erinnerungen, Dokumente, Biographien zum 100jährigen Bestehen der modernen Metallarbeiter- und sozialdemokratischen Bewegung in Kaiserslautern. Mertesheim 1991.

KEIM, Eris: Errichtung in Weimarer Traditionen. Die pfälzische Sozialdemokratie. In: Nestler, Gerhard/Ziegler, Hannes (Hrsg.): Die Pfalz in der Nachkriegszeit. Wiederaufbau und demokratischer Neubeginn (1945–1954). Kaiserslautern 2004 (Beiträge zur pfälzischen Geschichte, 22), S. 357–385.

KEIM, Eris J.: Arbeiterbibliotheken in der Pfalz. Zur sozialdemokratischen Bildungs- und Kulturbewegung bis 1933. In: Keddigkeit, Jürgen/Stöcker, Jens/Thon, Alexander (Hrsg.): Vestigiis Historiae Palatinae. Festschrift Karl Scherer. Kaiserslautern 2002 (Beiträge zur pfälzischen Geschichte, 20), S. 183–196.

KEINEMANN, Friedrich: Das Kölner Ereignis, sein Widerhall in der Rheinprovinz und in Westfalen. Münster 1974 (Veröffentlichungen der Historischen Kommission für Westfalen, 22; Geschichtliche Arbeiten zur westfälischen Landesforschung, 14).

KELLENBENZ, Hermann: Wirtschafts- und Sozialentwicklung der nördlichen Rheinlande seit 1815. In: Petri, Franz/Droege, Georg (Hrsg.): Rheinische Geschichte in drei Bänden. Bd. 3: Wirtschaft und Kultur im 19. und 20. Jahrhundert. Düsseldorf 1979, S. 1–192.

KELLER, Kathrin: »Blut und Boden«. Die pfälzische Landwirtschaft im Zeichen der Kriegsvorbereitung. In: Nestler, Gerhard/Ziegler, Hannes (Hrsg.): Die Pfalz unterm Hakenkreuz. Eine deutsche Provinz während der nationalsozialistischen Terrorherrschaft. Landau 1993, S. 185–196.

KEMP, Wolfgang: Julius Frank, jüdischer Reichsbannermann aus Worms – eines der ersten Opfer des NS-Terrors. In: Meyer, Hans-Georg/Berkessel, Hans (Hrsg.): Die Zeit des Nationalsozialismus in Rheinland-Pfalz. Bd. 1: »Eine nationalsozialistische Revolution ist eine gründliche Angelegenheit«. Mainz 2000, S. 114–119.

KEPPLINGER, Hans Mathias/MATHES, Rainer: Massenmedien. In: Haungs, Peter (Hrsg.): 40 Jahre Rheinland-Pfalz. Eine politische Landeskunde. Mainz 1986, S. 549–573.

KERBER, Dieter: Eine Bibliothek von Bürgern für Bürger. Ein Beitrag zur Geschichte der Stadtbibliothek Koblenz. In: Gose, Walther/Kerber, Dieter (Bearb.): Buch und Bild. Kostbarkeiten der Stadtbibliothek aus sieben Jahrhunderten. Koblenz 1992, S. 1–41.

KERFIN, Julia: Die »Anti-AKW-Bewegung« der 1970er und 1980er Jahre und der Beispielfall Rheinland-Pfalz. Staatsexamensarbeit FB 16 Mainz 2005.

KERKHOF, Stefanie van de: Die Industrialisierung der lothringisch-luxemburgischen Minette-Region. In: Toni Pierenkemper (Hrsg.): Die Industrialisierung europäischer Montanregionen im 19. Jahrhundert. Stuttgart 2002 (Regionale Industrialisierung, 3), S. 225–275.

KERKHOFF, Ulrich: Stadt, Land – im Fluss. Wirtschaftsgeschichte und Strukturwandel auf dem Lande. In: Baudenkmäler in Rheinland-Pfalz 61–63 (2010), S. 12–21.

KERKHOFF-HADER, Bärbel: Handwerk im Dorf. Selbstversorgung in vorindustrieller Zeit. In: Museum. Rheinisches Freilichtmuseum Kommern. Landesmuseum für Volkskunde. Braunschweig 1979.

KERMANN, Joachim/KRÜGER, Hans-Jürgen: Separatismus im rheinisch-pfälzischen Raum. Koblenz 1989 (Dokumente zur Geschichte; Ausstellungskataloge der Landesarchivverwaltung Rheinland-Pfalz).

KERMANN, Joachim/NESTLER, Gerhard/SCHIFFMANN, Dieter (Hrsg.): Freiheit, Einheit und Europa. Das Hambacher Fest von 1832. Ursachen, Ziele und Wirkungen. Ludwigshafen 2006.

KERMANN, Joachim: Die Manufakturen im Rheinland 1750–1833. Bonn 1972 (Rheinisches Archiv, 82).

KERMANN, Joachim: Die gesundheitliche, soziale und wirtschaftliche Lage der pfälzischen Landbevölkerung in der Mitte des 19. Jahrhunderts nach den Berichten der Kantonsärzte und des Kreismedizinalrates. In: Mitteilungen des Historischen Vereins der Pfalz 74 (1976), S. 101–129.

KERMANN, Joachim: Die Industrialisierung der Pfalz im 19. Jahrhundert. In: Geiger, Michael/Preuß, Günter/Rothenberger, Karl-Heinz (Hrsg.): Pfälzische Landeskunde. Beiträge zur Geographie, Biologie, Volkskunde und Geschichte, Bd. 3. Landau 1981, S. 280–304.

KERMANN, Joachim: Pfälzer unter Napoleons Fahnen. Veteranen erinnern sich. Erlebnisberichte anläßlich der 200. Wiederkehr der Französischen Revolution. Neustadt an der Weinstraße 1989 (Sonderdrucke des Historischen Vereins der Pfalz, Ortsgruppe Neustadt).

KERMANN, Joachim: Kriegsausbruch und Räumung der »Roten Zone« im Gau Saarpfalz (September 1939) – Zeitgenössische Stimmungsberichte aus dem Justizbereich. In: Mitteilungen des Historischen Vereins der Pfalz 97 (1999), S. 555–650.

KERMANN, Joachim: Der Massenprozess gegen die Teilnehmer an der pfälzischen Revolution von 1849 im Jahre 1851. In: Jahrbuch für westdeutsche Landesgeschichte 28 (2002), S. 415–498.

KERMANN, Joachim: Wirtschaft und Verkehr im 19. Jahrhundert. In: Rothenberger, Karl-Heinz u.a. (Hrsg.): Pfälzische Geschichte, Bd. 2. Kaiserslautern [3]2011 (Beiträge zur pfälzischen Geschichte, 18,2), S. 151–173.

KERN, Eduard: Geschichte des Gerichtsverfassungsrechts. München 1954.

KERN, Guido Joseph/UHDE-BERNAYS, Hermann (Hrsg.): Anselm Feuerbachs Briefe an seine Mutter, Bd. 1. Berlin 1911.

KERSTEN, Eike-Christian: Mainz – die geteilte Stadt. Diss. phil. Mainz 2010.

KERSTING, Hans: Die Geburt der freien Mainzer Presse. Zwischen Revolution und Restauration. In: Jahrbuch der Vereinigung »Freunde der Universität Mainz« 11 (1962), S. 40–50.

KERSTING, Hans: Die Mainzer Zeitung unter Leitung von Johannes Michael Weitzel (1814–1816). Mainz 1953.

KERTELS, Werner: Bruttoinlandsprodukt in den kreisfreien Städten und Landkreisen 2009. In: Statistische Monatshefte Rheinland-Pfalz 64 (2011), Heft 9, S. 801–810.

KESPER-BIERMANN, Sylvia: Schulwesen. In: Speitkamp, Winfried (Hrsg.): Handbuch der hessischen Geschichte. Bd. 2: Bildung, Kunst und Kultur in Hessen 1806–1945. Marburg 2010 (Veröffentlichungen der Historischen Kommission für Hessen, 63), S. 1–45.

KIEFER, Marie Luise: Tendenzen und Wandlungen in der Presse-, Hörfunk- und Fernsehrezeption seit 1964. In: Klingler, Walter/Roters, Gunnar/Gerhards, Maria (Hrsg.): Medienrezeption seit 1945. Forschungsbilanz und Perspektiven. Baden-Baden [2]1999 (Schriftenreihe Forum Medienrezeption, 1), S. 93–106.

KIESGEN, Karl: Lage und Probleme der deutschen Weinwirtschaft nach dem 2. Weltkrieg. In: Zeitschrift für handelswissenschaftliche Forschung N.F. 1 (1949), S. 76–91.

KIMPEL, Willi: 1000 Jahre Kaub am Rhein – die kleine Stadt mit großer Geschichte. Kaub [2]1990.

KINKEL, Gottfried: Die Ahr. Eine romantische Wanderung vom Rheintal in die Hohe Eifel. Köln [2]1999 [Nachdruck d. A. Bonn 1849].

KIRCHBERG, Volker: Gesellschaftliche Funktionen von Museen. Makro-, meso- und mikrosoziologische Perspektiven. Wiesbaden 2005 (Berliner Schriften zur Museumskunde, 20).

KIRCHHOF, Paul: Matthias Erzberger, seine Bedeutung als Finanzreformer für unsere Gegenwart. In: Palmer, Christoph/Schnabel, Thomas (Hrsg.): Matthias Erzberger 1875–1921. Patriot und Visionär. Stuttgart 2007, S. 79–118.

KIRSCH, Hans: Sicherheit und Ordnung betreffend. Geschichte der Polizei in Kaiserslautern und der Pfalz 1276–2006. Kaiserslautern 2007.

KISSENER, Michael: »Preußisches Probierländle«? Über die Eigenart des badischen Kulturkampfes. In: Historisches Jahrbuch 122 (2002), S. 235–262.

KISSENER, Michael: Das Amtsgericht in der Zeit des Nationalsozialismus. In: Roth, Andreas (Hrsg.): 125 Jahre Amtsgerichte im heutigen Rheinland-Pfalz. Vergangenheit – Gegenwart – Zukunft. München 2004, S. 19–35.

KISSENER, Michael: Das Dritte Reich. Darmstadt 2005 (Kontroversen um die Geschichte).

KISSENER, Michael/MATHY, Helmut (Hrsg.): Ut omnes unum sint (Teil 1 und 2). Gründungspersönlichkeiten der Johannes Gutenberg-Universität. Stuttgart 2005 und 2006 (Beiträge zur Geschichte der Universität Mainz N.F., 2 und 3).

KISSENER, Michael: Kontinuität oder Wandel? Die erste Professorengeneration der Johannes Gutenberg-Universität Mainz. In: Ders./Mathy, Helmut (Hrsg.): Ut omnes unum sint (Teil 1). Gründungspersönlichkeiten der Johannes Gutenberg-Universität. Stuttgart 2005 (Beiträge zur Geschichte der Johannes Gutenberg-Universität Mainz N.F., 2), S. 97–123.

KISSENER, Michael: Bischof Wilhelm Emmanuel von Ketteler (1811–1877). Bischof der Moderne. In: Felten, Franz J. (Hrsg.): Mainzer (Erz-)Bischöfe in ihrer Zeit. Stuttgart 2008 (Mainzer Vorträge, 12), S. 123–141.

KISSENER, Michael: Ein »ragendes Denkmal« des christlichen Abendlandes. Der Bau der Speyerer Friedenskirche 1953–1954. In: Jahrbuch für Europäische Geschichte 9 (2008), S. 93–106.

KISSENER, Michael: Kleine Geschichte des Landes Rheinland-Pfalz 1945–2005. Leinfelden-Echterdingen [2]2008.

KISSENER, Michael: Germersheim im 20. Jahrhundert. In: Ders. (Hrsg.): Germersheim im 20. Jahrhundert. Wege einer Festungsstadt in die Mitte Europas. Ubstadt-Weiher 2008, S. 11–85.

KISSENER, Michael: Von Napoleon zur Postmoderne: Die Pfalz zwischen 1800 und 2000. In: Pfälzer Heimat 60 (2009), S. 50–55.

KISSENER, Michael: Wie Völker hassen lernen. Deutsche und Franzosen im 19. Jahrhundert. In: Felten, Franz J. (Hrsg.): Frankreich am Rhein – vom Mittelalter bis heute. Stuttgart 2009 (Mainzer Vorträge, 13), S. 181–198.

KISSENER, Michael: »1968« in Rheinland-Pfalz. Probleme und Erträge einer historischen Spurensuche. In: Jahrbuch für westdeutsche Landesgeschichte 35 (2009), S. 559–608.

KISSENER, Michael (Hrsg.): Rheinhessische Wege in den Nationalsozialismus. Studien zu rheinhessischen Landgemeinden von der Weimarer Republik bis zum Ende der NS-Diktatur. Worms 2010.

KISSENER, Michael: Unter Aufsicht. Die Firma Boehringer Ingelheim 1936–1944 im Spiegel der Werkszeitung. In: Meyer, Hans-Georg/Klausing, Caroline (Hrsg.): Freudige Gefolgschaft und bedingungslose Einordnung ...? Der Nationalsozialismus in Ingelheim. Ingelheim 2011, S. 311–342.

KLAAS, Helmut (Bearb.): Die Entstehung der Verfassung für Rheinland-Pfalz. Eine Dokumentation. Boppard 1978 (Veröffentlichungen der Kommission des Landtages für die Geschichte des Landes Rheinland-Pfalz, 1).

KLEIN, Adolf: Die rheinische Justiz und der rechtsstaatliche Gedanke in Deutschland. In: Wolffram, Josef/Ders. (Hrsg.): Recht und Rechtspflege in den Rheinlanden 1819–1969. Festschrift zum 150jährigen Bestehen des Oberlandesgerichts Köln. Köln 1969, S. 113–126.

KLEIN, Adolf: Hardenbergs letzte Reform. Die Gründungsgeschichte des Rheinischen Appellationsgerichtshofes. In: Laum, Dieter/Ders./Strauch, Dieter (Hrsg.): Rheinische Justiz. Geschichte und Gegenwart. 175 Jahre Oberlandesgericht Köln. Köln 1994, S. 9–55.

KLEIN, Karl Heinrich: Die Hausierdörfer des Bezirksamts Frankenthal (Pfalz). In: Untersuchungen über die Lage des Hausiergewerbes in Deutschland, Bd. 1. Vaduz 1989 [Nachdruck d. A. Leipzig 1898] (Schriften des Vereins für Sozialpolitik, 77), S. 359–389.

KLEIN, Matthias: Rheinland-Pfalz als »Bürgermeisterdemokratie«? Eine Untersuchung zum landespolitischen Regierungsstil am Beispiel des Ministerpräsidenten Kurt Beck. In: Sarcinelli, Ulrich u. a. (Hrsg.): Politik in Rheinland-Pfalz. Gesellschaft, Staat und Demokratie. Wiesbaden 2010, S. 308–331.

KLEIN, Michael: Leben, Werk und Nachwirkung des Genossenschaftsgründers Friedrich Wilhelm Raiffeisen (1818–1888). Dargestellt im Zusammenhang mit dem deutschen sozialen Protestantismus. Köln 1997 (Schriftenreihe des Vereins für Rheinische Kirchengeschichte, 122).

KLEIN, Rainer: Entwicklungen im Güterverkehr. In: Statistische Monatshefte Rheinland-Pfalz 55 (2002), Heft 2, S. 21–26.

KLEIN, Rainer: Außenhandel mit Wein. USA wichtigstes Abnehmerland, Italien bedeutendstes Herkunftsland. In: Statistische Monatshefte Rheinland-Pfalz 61 (2008), Heft 9, S. 680–685.

KLEIN, Thomas: Die Hessen als Reichstagswähler. Tabellenwerk zur politischen Landesgeschichte 1867–1933. Bd. 1: Provinz Hessen-Nassau und Waldeck-Pyrmont 1867–1918. Marburg 1989 (Veröffentlichungen der Historischen Kommission für Hessen, 51,1).

KLEIN, Thomas: Die Hessen als Reichstagswähler. Tabellenwerk zur politischen Landesgeschichte 1867–1933. Bd. 2: Provinz Hessen-Nassau und Waldeck-Pyrmont 1919–1933. Teil 2: Regierungsbezirk Wiesbaden. Marburg 1993 (Veröffentlichungen der Historischen Kommission für Hessen, 51,2/2).

KLEIN, Thomas: Die Hessen als Reichstagswähler. Tabellenwerk zur politischen Landesgeschichte 1867–1933. Bd. 3: Großherzogtum/Volksstaat Hessen 1867–1933. Marburg 1995 (Veröffentlichungen der Historischen Kommission für Hessen, 51,3).

KLEIN, Walther: Der Napoleonkult in der Pfalz. Diss. phil. München 1934.

KLENKE, Dietmar: Der Gesangverein. In: François, Etienne/Schulze, Hagen: Deutsche Erinnerungsorte, Bd. 3. München 2001, S. 392–407.

KLENKE, Dietmar: Der singende »deutsche Mann«. Gesangvereine und deutsches Nationalbewußtsein von Napoleon bis Hitler. Münster u. a. 1998.

KLERSCH, Joseph: Die Kölnische Fastnacht. Von ihren Anfängen bis zur Gegenwart. Köln 1961.

KLINGE, Erich: Geschichte der Anwaltschaft im derzeitigen Bezirk des Landgerichts Koblenz von der Beendigung der Französischen Revolution bis zum Ende des Zweiten Weltkrieges. In: Rechtsanwaltskammer für den Oberlandesgerichtsbezirk Koblenz (Hrsg.): Geschichte der Rechtsanwaltschaft im Oberlandesgerichtsbezirk Koblenz. Festschrift zum 50jährigen Bestehen der Rechtsanwaltskammer Koblenz. Neuwied 1996, S. 1–79.

KLINGER, Walter/LERSCH, Edgar (Hrsg.): Regionalisierung im Rundfunk. Eine Bilanz der Entwicklung seit 1975. Konstanz 2001 (Jahrbuch Medien und Geschichte 2001).

KLINGLER, Walter/ROTERS, Gunnar/GERHARDS, Maria (Hrsg.): Medienrezeption seit 1945. Forschungsbilanz und Perspektiven. Baden-Baden [2]1999 (Schriftenreihe Forum Medienrezeption, 1).

KLINGLER, Walter: Radio Koblenz, eine Episode des Nachkriegsrundfunks. Koblenz 1984 (Veröffentlichungen des Landesmuseums Koblenz, B, 22).

KLINGLER, Walter: Hörfunk und Hörfunknutzung seit 1945. In: Ders./Roters, Gunnar/Gerhards, Maria (Hrsg.): Medienrezeption seit 1945. Forschungsbilanz und Perspektiven. Baden-Baden [2]1999 (Schriftenreihe Forum Medienrezeption, 1), S. 117–128.

KLINKHAMMER, Lutz: Die Zivilisierung der Affekte. Kriminalitätsbekämpfung im Rheinland und in Piemont unter französischer Herrschaft 1798–1814. In: Historisches Kolleg (Hrsg.): Jahrbuch des Historischen Kollegs 1998, S. 119–161.

KLOPP, Eberhard: Ein Rückblick auf die Geschichte der Arbeiterbewegung und frühen Sozialdemokratie in Trier. Trier 1980.

KLOPP, Eberhard: Geschichte der Trierer Arbeiterbewegung. Ein deutsches Beispiel. Bd. 1: Marxismus, Klerikalismus und Sozialdemokratie. Von den Anfängen im Vormärz bis zur Novemberrevolution 1918. Trier 1986.

KLOTZ, Fritz: Speyer. Kleine Stadtgeschichte. Speyer 1971 (Beiträge zur Speyerer Stadtgeschichte, 2).

KLOTZ, Heinrich: Geschichte der deutschen Kunst. Bd. 3: Neuzeit und Moderne 1750–2000. München 2000.

KLOTZ, Heinrich: Von der Urhütte zum Wolkenkratzer. Geschichte der Architektur. München [2]1995.

KLUETING, Edeltraud (Hrsg.): Antimodernismus und Reform. Zur Geschichte der deutschen Heimatbewegung. Darmstadt 1991.

KNEMEYER, Franz-Ludwig: Regierungs- und Verwaltungsreformen in Deutschland zu Beginn des 19. Jahrhunderts. Köln 1970.

KNIPPING, Franz/WEISENFELS, Ernst (Hrsg.): Eine ungewöhnliche Geschichte. Deutschland-Frankreich seit 1870. Bonn 1988.

KNORTZ, Heike: Wirtschaftsgeschichte der Weimarer Republik. Eine Einführung in Ökonomie und Gesellschaft der ersten deutschen Republik. Göttingen 2010.

KNOTHE, Hermann: Die Gemeindegesetzgebung der französischen Revolution. Borna-Leipzig 1910.

KOCH, Bernhard: Der christliche Gewerkschaftsbund. Düsseldorf 1978.

KOCH, Friedrich-Karl: Die historischen Grundlagen der Verwaltungsrechtspflege in Frankreich und deren Einfluss auf die Anfänge der Verwaltungsgerichtsbarkeit in Bayern. Diss. jur. Würzburg 1980.

KOCKA, Jürgen: Arbeitsverhältnisse und Arbeiterexistenzen. Grundlagen der Klassenbildung im 19. Jahrhundert. Bonn 1999 (Geschichte der Arbeiter und der Arbeiterbewegung in Deutschland seit dem Ende des 18. Jahrhunderts, 2).

KOEBNER, Thomas/KOCH, Michelle: Edgar Reitz erzählt. München 2008.

KÖHLER, Manfred H.W./DIPPER, Christof (Hrsg.): Einheit vor Freiheit? Die hessischen Landtage in der Zeit der Reichseinigung 1862–1875. Darmstadt 2010 (Politische und parlamentarische Geschichte des Landes Hessen, 36).

KÖLLMANN, Wolfgang: Zur Bevölkerungsentwicklung ausgewählter deutscher Großstädte in der Hochindustrialisierungsperiode. In: Ders./Marschalck, Peter (Hrsg.): Bevölkerungsgeschichte. Köln 1972 (Neue Wissenschaftliche Bibliothek, 54), S. 259–274.

KÖNIG, Jürgen: Der Hunsrück in der französischen Zeit (1789/94–1814). Unter besonderer Berücksichtigung der drei Kantone Simmern – Kirchberg – Kastellaun. Mainz 1995 (Schriftenreihe des Hunsrücker Geschichtsvereins, 23).

KOHL, Helmut: Erinnerungen 1930–1982. München 2004.

KOLB, Georg Friedrich: Statistisch-topographische Schilderung von Rheinbayern, Bd. 1. Speyer 1831.

KOLLER, Christian: »Afrika am Rhein«. Zivilbevölkerung und Kolonialtruppen im rheinischen Besatzungsgebiet der 1920er Jahre. In: Kronenbitter, Günther (Hrsg.): Besatzung. Funktion und Gestalt militärischer Fremdherrschaft von der Antike bis zum 20. Jahrhundert. Paderborn u.a. 2006 (Krieg in der Geschichte, 28), S. 105–117.

KOLLNIG, Karl: Wandlungen im Bevölkerungsbild des pfälzischen Oberrheingebietes. Heidelberg 1952 (Heidelberger Veröffentlichungen, 2).

KOLTES, Manfred: Das Rheinland zwischen Frankreich und Preußen. Studien zu Kontinuität und Wandel am Beginn der preußischen Herrschaft 1814–1822. Köln 1992.

KONERSMANN, Frank: Bauernkaufleute auf Produkt- und Faktormärkten. Akteure, Konstellationen und Entwicklungen in der Pfalz und in Rheinhessen (1760–1880). In: Zeitschrift für Agrargeschichte und Agrarsoziologie 52 (2004), S. 23–43.

KONERSMANN, Frank: Das Gästebuch der mennonitischen Bauernfamilie David Möllinger senior 1781–181. Eine historisch-kritische Edition. Alzey 2009 (Alzeyer Geschichtsblätter, Sonderheft, 22).

KONRAD, Franz-Michael: Der Kindergarten. Seine Geschichte von den Anfängen bis in die Gegenwart. Freiburg im Breisgau 2004.

KONRAD, Franz-Michael: Geschichte der Schule. Von der Antike bis zur Gegenwart. München 2007.

KOOPS, Tilman/VOGT, Martin (Hrsg.): Das Rheinland in zwei Nachkriegszeiten 1919–1930 und 1945–1949. Koblenz 1995.

KORFF, Gottfried: Halloween in Europa. In: Zeitschrift für Volkskunde 97 (2001), S. 177–189.

KOSLOWSKI, Jutta: Die Einheit der Kirche in der ökumenischen Diskussion. Zielvorstellungen kirchlicher Einheit im katholisch-evangelischen Dialog. Münster 2008 (Studien zur systematischen Theologie und Ethik, 52).

KOTTJE, Raymund u. a.: Ökumenische Kirchengeschichte. Bd. 3: Von der Französischen Revolution bis 1989. Darmstadt 2007.

KRABBE, Wolfgang R.: Die Tendenz zur autoritären Kommunalverfassung: Preußen, Deutschland und das Rheinland 1920–1935. In: Wensky, Margot (Hrsg.): Preußen und die rheinischen Städte. Köln 1994, S. 75–94.

KRACH, Tilmann: Die Verfolgung und Ermordung der Mainzer Anwälte jüdischer Herkunft. In: Mainzer Geschichtsblätter 12 (2000), S. 7–26.

KRAFT, Andrea (Bearb.): Herrschaften im Bereich der Pfalz, Rheinhessens und der angrenzenden Territorien im Jahr 1798. Koblenz [2]2008.

KRAMP, Mario: Vom »Gemüßgarten« zum Florinsmarkt. 170 Jahre Mittelrhein-Museum. In: Ders. (Hrsg.): Eine Gemäldegalerie für Koblenz. 170 Jahre Mittelrhein-Museum, 250. Geburtstag des Stifters Joseph Gregor Lang. Koblenz 2005, S. 7–9.

KRAMP, Mario/SCHMANDT, Matthias (Hrsg.): Die Loreley: Ein Fels am Rhein, ein deutscher Traum. Ausstellungskatalog. Mainz 2004.

KRAUS, Andreas: Die Regierungszeit Ludwigs I. (1825–1848). In: Spindler, Max/Ders./Schmid, Alois (Hrsg.): Handbuch der Bayerischen Geschichte. Bd. 4: Das neue Bayern von 1800 bis zur Gegenwart. Teil 1: Staat und Politik. München [2]2003, S. 127–234.

KRAUS, Hans-Christof: Kultur, Bildung und Wissenschaft im 19. Jahrhundert. München 2008 (Enzyklopädie Deutscher Geschichte, 83).

KRAUS, Stefan/RUMMEL, Walter: Stätten nationalsozialistischer Zwangsherrschaft. Bonn 2007 (Geschichtlicher Atlas der Rheinlande, Beihefte, V.13).

KRAUS, Theodor: Die Raiffeisen'schen Darlehnskassenvereine in der Rheinprovinz. Heft 1: Statistik und Beschreibung. Bonn 1876.

KRAUS, Theodor: Gründung und Organisation der ländlichen Darlehnskassen-Vereine (System Raiffeisen). Neuwied am Rhein 1895 (Raiffeisen-Bibliothek).

KREEL, Annerose: Das pädagogische Institut Mainz 1925–1933. Ein Beitrag zur psychologischen und pädagogischen Ausbildung des Volksschullehrers. Diplomarbeit Mainz 1984.

KREISVERWALTUNG ALTENKIRCHEN (Hrsg.): »Mobilmachung und Brotration«. Der Erste Weltkrieg im Kreis Altenkirchen in Foto- und Textdokumenten. Altenkirchen 1987 (Betrifft: Heimat, 5).

KREMP, Werner (Hrsg.): Die Auswanderung nach Nordamerika aus den Regionen des heutigen Rheinland-Pfalz. Trier 2002 (Atlantische Texte, 16).

KREMP, Werner/TUNALI, Martina/TÖNNESMANN, Wolfgang (Hrsg.): Amerikaner in Rheinland-Pfalz – alltagskulturelle Begegnungen. Trier 2008 (Atlantische Texte, 29).

KREMP, Werner: Nachbar Amerika: Amerikaner in Rheinland-Pfalz. Mainz 2009 (Blätter zum Land, 2/2009).

KREUSER, Kerstin (Red.): »Er legt mit seinem Gelde Minen in ganz katholische Gemeinden«. Der Zeitungsstreit um den Bau der Zieglerkirche in Metternich (Oktober 1897). In: Dröge, Markus u. a. (Hrsg.): Pragmatisch, preußisch, protestantisch ... Die Evangelische Gemeinde Koblenz im Spannungsfeld von rheinischem Katholizismus und preußischer Kirchenpolitik. Bonn 2003 (Schriftenreihe des Vereins für Rheinische Kirchengeschichte, 161), S. 432–445.

KREUTZ, Wilhelm/SCHERER, Karl (Hrsg.): Die Pfalz unter französischer Besatzung (1918/19–1930) Kaiserslautern 1999 (Beiträge zur pfälzischen Geschichte, 15).

KREUTZ, Wilhelm: Die Entwicklung der Berufs- und Sozialstruktur der pfälzischen Juden (1818–1945). In: Kuby, Alfred H. (Hrsg.): Juden in der Provinz. Beiträge zur Geschichte der Juden in der Pfalz zwischen Emanzipation und Vernichtung. Neustadt an der Weinstraße 1988, S. 9–32.

KREUTZ, Wilhelm: Die pfälzischen Juden der napoleonischen Ära. Bevölkerungsentwicklung, regionale Ausbreitung und Sozialstruktur. In: Kuby, Alfred H. (Hrsg.): Pfälzisches Judentum gestern und heute. Beiträge zur Regionalgeschichte des 19. und 20. Jahrhunderts. Neustadt an der Weinstraße 1992, S. 33–84.

KREUTZ, Wilhelm: Zur politischen Entwicklung der bayerischen und badischen Pfalz vom Ende der napoleonischen Herrschaft bis zur Gründung der Bundesländer Rheinland-Pfalz und Baden-Württemberg. In: Schweickert, Alexander (Hrsg.): Kurpfalz. Stuttgart u. a. 1997 (Schriften zur politischen Landeskunde Baden-Württembergs, 25), S. 51–98.

KRIEG, Elsbeth: Katholische Kleinkindererziehung im 19. Jahrhundert. Frankfurt am Main [u. a.] 1987.

KRIER, Émile: Gustav Simon 1900–1945. In: Gesellschaft für rheinische Geschichtskunde (Hrsg.): Rheinische Lebensbilder, Bd. 16. Bonn 1997, S. 255–285.

KRÖMER, Rupert/THEIS-KRÖMER, Sabine (Hrsg.): Ort der Stille. Von der Kraft der Endlichkeit. 2000 Jahre heiliges Tal. 200 Jahre Mainzer Aureus. Mainz [3]2008.

KRONSBEIN, Esther/SOSA Y FINK, Amilcar: Gab es einen Thingplatz in Mainz? In: Volkskunde in Rheinland-Pfalz 21 (2007), S. 125–144.

KROPAT, Wolf-Arno: Das Ende des Herzogtums (1850–1866). In: Eichler, Volker/Heinemann, Christiane (Bearb.): Herzogtum Nassau 1806–1866. Politik, Wirtschaft, Kultur. Wiesbaden 1981 (Veröffentlichungen der Historischen Kommission für Nassau, 32), S. 37–52.

KRUEGER, Bernhard: Stiehl und seine Regulative. Ein Beitrag zur preußischen Schulgeschichte. Weinheim 1970.

KRUMEICH, Gerd: Nahe am großen Krieg – Rheinpreußen und die Pfalz 1914. Mainz 2004 (Schriftenreihe des Landtages Rheinland-Pfalz, 24).

KÜHN, Stefanie: Die Volksgemeinschaft feiert und festigt sich. Nationalsozialistische Feiertage. In: Nestler, Gerhard (Hrsg.): Frankenthal unterm Hakenkreuz. Eine pfälzische Stadt in der NS-Zeit. Ludwigshafen 2004, S. 127–138.

KÜHNE, Jörg-Detlef: Die Reichsverfassung der Paulskirche. Neuwied 1998.

KÜPPERS, Heinrich: Adenauer und Altmeier im Fernsehstreit 1958–1961. In: Vierteljahrshefte für Zeitgeschichte 35 (1987), S. 625–659.

KÜPPERS, Heinrich: Staatsaufbau zwischen Bruch und Moderne. Geschichte des Landes Rheinland-Pfalz 1946–1955. Mainz 1990 (Veröffentlichungen der Kommission des Landtages für die Geschichte des Landes Rheinland-Pfalz, 14).

KÜSTERMANN, Werner (Hrsg.): 150 Jahre Heilbad Bad Kreuznach. Eine Dokumentation seiner Geschichte und seines Bestandes 1817–1967. Bad Kreuznach 1968.

KUGLER, Franz: Kleine Schriften und Studien zur Kunstgeschichte. Teil 3: Kleine Schriften über neuere Kunst und deren Angelegenheiten. Stuttgart 1854.

KUHN, Andreas/STÜBER, Gabriele: Lutherbilder in fünf Jahrhunderten. In: Blätter für pfälzische Kirchengeschichte und religiöse Volkskunde 69 (2002), S. 293–304.

KUHN, Andreas/STÜBER, Gabriele: Wie alles begann. Die Wurzeln der Inneren Mission im 19. Jahrhundert. In: Liebe und Versorgung im Mittelpunkt. Festschrift anlässlich des 100jährigen Jubiläums des Landesvereins für Innere Mission in der Pfalz. Bad Dürkheim 2004, S. 18–41.

KUHN, Hans G.: Kulturelles Leben in Lahnstein. In: Seibert, Hubertus (Hrsg.): Vom Kurfürstlichen Ort zur großen kreisangehörigen Stadt. Die Geschichte Lahnsteins im 19. und 20. Jahrhundert. Lahnstein 1999, S. 753–781.

KUHN, Robert: Die Hunsrücker Zeitung 1843–1915. Diss. phil. München 1959.

KUKATZKI, Bernhard: Schifferstädter Wirtschaftsgeschichte im Spiegel von Zeitungsanzeigen. Schifferstadt 1995.

KULTUSMINISTERIUM RHEINLAND-PFALZ (Hrsg.): Vereinigungen bildender Künstler und Kunstvereine. Redaktion: Goldmann, Bernd. Mainz 1990.

KUNZ, Peter: Vom Ausfaut zum Notar. In: Debus, Karl-Heinz (Hrsg.): Das Landesarchiv Speyer. Festschrift zur Übergabe des Neubaues. Koblenz 1987 (Veröffentlichungen der Landesarchivverwaltung Rheinland-Pfalz, 40), S. 167–171.

KUPFER, Friedel-Wulf: Blinden- und Sehbehindertenbildung in Neuwied seit 100 Jahren. Die alte Blindenschule 1899–1981. o. O. 1998.

KUPPER, Daniel (Hrsg.): Anselm Feuerbachs »Vermächtnis«. Die originalen Aufzeichnungen. Berlin 1992.

KURZ, Gerhard: Kulturelles Leben und Literatur. In: Speitkamp, Winfried (Hrsg.): Handbuch der hessischen Geschichte. Bd. 2: Bildung, Kunst und Kultur in Hessen 1806-1945. Marburg 2010 (Veröffentlichungen der Historischen Kommission für Hessen, 63), S. 97–243.

KUSCH, Katrin: Die Wiedergründung der SPD in Rheinland-Pfalz nach dem Zweiten Weltkrieg (1945–1951). Mainz 1989 (Veröffentlichungen der Kommission des Landtages für die Geschichte des Landes Rheinland-Pfalz, 12).

LADEMACHER, Horst: Die nördlichen Rheinlande von der Rheinprovinz bis zur Bildung des Landschaftsverbandes Rheinland (1815–1953). In: Petri, Franz/Droege, Georg (Hrsg.): Rheinische Geschichte in drei Bänden, Bd. 2. Düsseldorf [3]1980, S. 475–866.

LADWIG-WINTERS, Simone: Anwalt ohne Recht. Das Schicksal jüdischer Rechtsanwälte in Berlin nach 1933. Berlin 1998.

LAMPING, Rudolf: Verschuldung des Landes und Auswirkungen auf den Haushalt. In: Statistische Monatshefte Rheinland-Pfalz 54 (2001), Heft 6, S. 141–146.

LAMPING, Rudolf: Öffentliche Finanzen im Wandel. Einnahmen und Ausgaben des Landes sowie der Kommunen im Zeitablauf. In: Statistische Monatshefte Rheinland-Pfalz 60 (2007), Heft 4, S. 256–261.

Land und Leute. Nr. 24. Im Krugbäckerland. In: Die Gartenlaube (1867), Heft 7, S. 108–111 (URL: http://de.wikisource.org/w/ index.php?title=Seite:Die_Gartenlaube_(1867)_111.jpg&oldid=1615727 [28.7.2011]).

LANDESAMT FÜR DENKMALPFLEGE RHEINLAND-PFALZ (Hrsg.): Das Rheintal von Bingen und Rüdesheim bis Koblenz. Eine europäische Kulturlandschaft, Bd. 1. Mainz [2]2002.

LANDESARCHIVVERWALTUNG RHEINLAND-PFALZ in Verbindung mit dem LANDESARCHIV SAARBRÜCKEN (Hrsg.): Dokumentation zur Geschichte der jüdischen Bevölkerung in Rheinland-Pfalz und dem Saarland von 1800 bis 1945. 9 Bde. Koblenz 1972–1987 (Veröffentlichungen der Landesarchivverwaltung Rheinland-Pfalz, 12–20).

LANDESBANK RHEINLAND-PFALZ (Hrsg.): Lebendiges Rheinland-Pfalz. Zeitschrift für Wirtschaft, Wissenschaft und Kultur 1 (1964) bis 36 (1999).

LANDESBANK RHEINLAND-PFALZ (Hrsg.): Zweitausend und Fünfzig Jahre Rheinland-Pfalz. Ein Land mit Perspektive. Mainz 1997.

LANDESBÜCHEREISTELLE RHEINLAND-PFALZ (Hrsg.): 50 Jahre Landesbüchereistelle Rheinland-Pfalz – 50 Jahre Förderung des öffentlichen Bibliothekswesens in Rheinland-Pfalz 1949-1999. Koblenz o. J. [1999].

LANDESMUSEUM KOBLENZ (Hrsg.): Was heißt hier Rheinromantik? Bilder aus der Landessammlung zur Geschichte der Fotografie in Rheinland-Pfalz. Begleitpublikation zur gleichnamigen Sonderausstellung des Landesmuseums Koblenz. Koblenz 2002.

LANDESREGIERUNG RHEINLAND-PFALZ: Zuwanderungs- und Integrationsbericht der Landesregierung Rheinland-Pfalz 2007–2008. Mainz 2008.

60 Jahre Landesvertretung Rheinland-Pfalz. o. O. 2009.

LANDESZENTRALE FÜR POLITISCHE BILDUNG RHEINLAND-PFALZ (Hrsg.): »Etwas Kredit hatten wir immer ...«. Ministerpräsidenten erzählen. Mainz [2]1998.

LANDESZENTRALE FÜR POLITISCHE BILDUNG RHEINLAND-PFALZ (Hrsg.): Rheinland-Pfalz. Unser Land im Überblick. Mainz 2007.

LANDESZENTRALE FÜR POLITISCHE BILDUNG RHEINLAND-PFALZ (Hrsg.): Rheinland-Pfalz ist 60. Vorträge zu den Etappen rheinland-pfälzischer Zeitgeschichte 1947–2007. Mainz 2007.

LANDESZENTRALE FÜR POLITISCHE BILDUNG RHEINLAND-PFALZ (Hrsg.): Der 30. Januar in der Pfalz, in Rheinhessen und in Koblenz-Trier. Die Ereignisse um den Zeitpunkt der Machtübertragung an Hitler in den Regionen des heutigen Rheinland-Pfalz. Mainz 2008 (Gedenkarbeit in Rheinland-Pfalz, 3).

LANDESZENTRALE FÜR POLITISCHE BILDUNG RHEINLAND-PFALZ (Hrsg.): Verfolgung und Widerstand in Rheinland-Pfalz 1933–1945. Bd. 1: Gedenkstätte KZ Osthofen. Mainz 2008.

LANDESZENTRALE FÜR PRIVATE RUNDFUNKVERANSTALTER (LPR) RHEINLAND-PFALZ: Abschlussbericht an die Landesregierung gemäß § 39 Landesrundfunkgesetz Rheinland-Pfalz. Ludwigshafen 1991 (LPR-Schriftenreihe, 5).

LANDESZENTRALE FÜR PRIVATE RUNDFUNKVERANSTALTER (LPR) Rheinland-Pfalz (Hrsg.): Strukturatlas Rundfunkversorgung Rheinland-Pfalz. Sachstand der Rundfunkversorgung und Entwicklungsperspektiven. Künftige Entwicklung der Rundfunkversorgung über Kabel und Satellit. Ludwigshafen 1991 (LPR-Schriftenreihe, 4).

LANDESZENTRALE FÜR PRIVATE RUNDFUNKVERANSTALTER (LPR): Festschrift 10 Jahre Landeszentrale für Private Rundfunkveranstalter (LPR) Rheinland-Pfalz 1987–1997. Ludwigshafen 1997.

LANDGRAF, Michael: D. Hans Stichter (1877–1948), Landesbischof 1945–1946. In: Hans, Friedhelm/Stüber, Gabriele (Hrsg.): Pfälzische Kirchen- und Synodalpräsidenten seit 1920. Karlsruhe 2008 (Veröffentlichungen des Vereins für Pfälzische Kirchengeschichte, 27), S. 90–106.

LANDSBERG, Ernst: Die Gutachten der rheinischen Immediat-Justiz-Kommission und der Kampf um die rheinische Rechts- und Gerichtsverfassung 1814–1819. Bonn 1914 (Publikationen der Gesellschaft für Rheinische Geschichtskunde, 16).

LANDSCHULZ, Marlene: Mainzer Maler aus der ersten Hälfte des 19. Jahrhunderts. Die Meister und ihre Werke. Mainz 1977.

LANDSCHULZ, Marlene: Bürgerlicher Kunstbesitz in Mainz um 1800. In: Paas, Sigrun/Mertens, Sabine (Hrsg.): Beutekunst unter Napoleon. Die »Französische Schenkung« an Mainz 1803. Mainz 2003, S. 24–29.

LANDTAG RHEINLAND-PFALZ und LANDESZENTRALE FÜR POLITISCHE BILDUNG RHEINLAND-PFALZ (Hrsg.): 40 Jahre Landtag Rheinland-Pfalz. Parteien – Wahlen – Parlament. Ein politisches Lese- und Bilderbuch von Doris M. Peckhaus und Robert Hess. Mainz 1987.

LANG, Dieter: Die Justiz in der Stunde Null. In: Roth, Andreas (Hrsg.): 125 Jahre Amtsgerichte im heutigen Rheinland-Pfalz. Vergangenheit – Gegenwart – Zukunft. München 2004, S. 37–43.

LANGEWIESCHE, Dieter: Wanderungsbewegungen in der Hochindustrialisierungsperiode. Regionale, interstädtische und innerstädtische Mobilität in Deutschland 1880–1914. In: Vierteljahrschrift für Sozial- und Wirtschaftsgeschichte 64 (1977), S. 1–40.

LANGEWIESCHE, Dieter: Mobilität in deutschen Mittel- und Großstädten. Aspekte der Binnenwanderung im 19. und 20. Jahrhundert, in: Conze, Werner/Engelhardt, Ulrich (Hrsg.): Arbeiter im Industrialisierungsprozeß. Herkunft, Lage und Verhalten. Stuttgart 1981 (Industrielle Welt, 29), S. 70–93.

LANGEWIESCHE, Dieter: »Staat« und »Kommune«. Zum Wandel der Staatsaufgaben im 19. Jahrhundert. In: Historische Zeitschrift 248 (1989), S. 621–635.

LATTARD, Alain: Gewerkschaften und Arbeitgeber in Rheinland-Pfalz unter französischer Besatzung 1945–1949. Mainz 1988 (Veröffentlichungen der Kommission des Landtages für die Geschichte des Landes Rheinland-Pfalz, 11).

LAUER, Wilhelm/FRANKENBERG, Peter: Zur Rekonstruktion des Klimas im Bereich der Rheinpfalz seit Mitte des 16. Jahrhunderts mit Hilfe von Zeitreihen der Weinquantität und Weinqualität. Stuttgart u. a. 1986 (Paläoklimaforschung, 2).

LAUMANN-KLEINEBERG, Antje: Denkmäler des 19. Jahrhunderts im Widerstreit: Drei Fallstudien zur Diskussion zwischen Auftraggebern, Planern und öffentlichen Kritikern. Frankfurt am Main [u. a.] 1989 (Europäische Hochschulschriften, Reihe 28, Kunstgeschichte, 82).

LAUTER, Anna-Monika: Sicherheit und Reparationen. Die französische Öffentlichkeit, der Rhein und die Ruhr (1919–1923). Essen 2006 (Düsseldorfer Schriften zur Neueren Landesgeschichte und zur Geschichte Nordrhein-Westfalens, 74).

LEHMANN, Albrecht: Erzählstruktur und Lebenslauf. Autobiographische Untersuchungen. New York und Frankfurt am Main 1983.

LEHNHARDT, Andreas: Die Jüdische Bibliothek an der Johannes Gutenberg-Universität Mainz 1938–2008. Eine Dokumentation. Stuttgart 2009 (Beiträge zur Geschichte der Universität Mainz N.F., 8).

LEITMEYER, Wolfgang: Anselm Feuerbach – Ein Leben. In: Historisches Museum der Pfalz (Hrsg.): Anselm Feuerbach. Ausstellungskatalog. Speyer 2002, S. 13–30.

LENGER, Friedrich: Die Erinnerung an die Völkerschlacht bei Leipzig im Jubiläumsjahr 1863. In: Hettling, Manfred (Hrsg.): Figuren und Strukturen. Festschrift Hartmut Zwahr. München 2002, S. 24–41.

LENGER, Friedrich: Städtisches Bürgertum und kommunale Selbstverwaltung im 19. Jahrhundert: Die größeren Städte der preußischen Westprovinzen und Bayerns im Vergleich. In: Sicken, Bernhard (Hrsg): Stadt und Militär 1815–1914. Wirtschaftliche Impulse, infrastrukturelle Beziehungen, sicherheitspolitische Aspekte. Paderborn 1998 (Forschungen zur Regionalgeschichte, 25), S. 27–59.

LENHARDT, Ludwig: Die erste Mainzer Theologenschule des 19. Jahrhunderts (1805–1830). Die elsässische Theologenkolonie in Mainz. Ein kirchen- und geistesgeschichtlicher Durchblick. Mainz 1956.

LENNARTZ, Stephan/MÖLICH, Georg (Hrsg.): Revolution im Rheinland. Veränderungen der politischen Kultur 1848/49. Bielefeld 1998 (Bensberger Protokolle, 99).

LENZ, Christian/BILLETTER, Felix: Hans Purrmann. Aquarelle und Gouachen. Werkverzeichnis. Ostfildern 2008.

LEPPER, Herbert: Volk, Kirche und Vaterland. Wahlaufrufe, Aufrufe, Satzungen und Statuten des Zentrums 1870–1933. Düsseldorf 1998 (Handbücher zur Geschichte des Parlamentarismus und der politischen Parteien, 9).

LERG, Winfried B./STEININGER, Rolf (Hrsg.): Rundfunk und Politik 1923–1973. Berlin 1975.

LERG, Winfried B.: Rundfunkpolitik in der Weimarer Republik. München 1980.

LERNER, Franz: Wirtschafts- und Sozialgeschichte des Nassauer Raumes 1816–1964. Wiesbaden 1965.

LEUERER, Thomas: Amerikanische Militärgemeinden in Deutschland: der Idealtypus militärischer Präsenz jenseits des Mutterlandes? Versuch einer typologischen Einordnung. In: Kremp, Werner/Tunali, Martina/Tönnesmann, Wolfgang (Hrsg.): Amerikaner in Rheinland-Pfalz – alltagskulturelle Begegnungen. Trier 2008 (Atlantische Texte, 29), S. 37–52.

LEUGERS, Antonia: Eine geistliche Unternehmensgeschichte. Die Limburger Pallottiner-Provinz 1892–1932. St. Ottilien 2004 (Pallottinische Studien zu Kirche und Welt, 7).

LEY, Richard: Die Verfassung – Grundzüge sowie Entwicklung und Änderungen. In: Borck, Heinz-Günther (Hrsg.): Beiträge zu 50 Jahren Geschichte des Landes Rheinland-Pfalz. Koblenz 1997 (Veröffentlichungen der Landesarchivverwaltung Rheinland-Pfalz, 73), S. 139–172.

LEYDECKER Karin/SANTIFALLER, Enrico: Baustelle Heimat. Architekturführer Rheinland-Pfalz 1945–2005. Regensburg 2005.

LIBOWITZKY, Hans: Die wirtschaftliche Entwicklung seit 1950. In: Statistische Monatshefte 53 (2000), Heft 1, S. 8–13.

LICHTER, Jörg: Landwirtschaft und Landwirtschaftskammer in der Rheinprovinz am Vorabend des Ersten Weltkriegs. Köln 1993 (Wirtschafts- und Rechtsgeschichte, 26).

LIEBLER, Annemarie: Im Stammland von Raute und Panther. Geschichte der Regierung von Niederbayern. München 2008.

LIESSEM, Udo: Die Reste der Klassizistischen Großfestung Koblenz. Anmerkungen zur Bedeutung der Militärarchitektur unter kunsthistorischen und denkmalpflegerischen Aspekten. In: Neumann, Hartwig/Ders.: Die klassizistische Großfestung Koblenz. Eine Festung im Wandel der Zeit: preußische Bastion, Spionageobjekt, Kulturdenkmal. Koblenz 1989 (Architectura militaris, 2), S. 63–78.

LIESSEM, Udo: Bauten des 19. Jahrhunderts. In: Energieversorgung Mittelrhein GmbH (Hrsg.): Geschichte der Stadt Koblenz. Bd. 2: Von der französischen Stadt bis zur Gegenwart. Stuttgart 1993, S. 409–450.

LIESSEM, Udo: Die Schulbauten von J. C. von Lassaulx (1781–1848) im preußischen Regierungsbezirk Koblenz. Koblenz 2008 (Mittelrheinische Hefte, 22).

LILIENTHAL, Volker: Der Lockruf der Landesfürsten. Standortpolitik als Konzept deutscher Medienförderung. In: Knothe, Matthias/Potthast, Peter (Hrsg.): Das Wunder von Mainz – Rundfunk als gestaltete Freiheit. Baden-Baden 2009 (Hamburger Schriften zum Medien-, Urheber- und Telekommunikationsrecht, 2), S. 51–62.

LILL, Rudolf (Hrsg.): Der Kulturkampf. Paderborn u.a. 1997 (Beiträge zur Katholizismusforschung, Reihe A, Quellentexte zur Geschichte des Katholizismus, 10).

LINDEN, Fritz-Peter: Jacques Berndorf – Von der Eifel aus betrachtet. Hillesheim 2011.

LINK, Alexander: »Schrottelzeit«. Nachkriegsalltag in Mainz. Ein Beitrag zur subjektorientierten Betrachtung lokaler Vergangenheit. Mainz 1990 (Studien zur Volkskultur in Rheinland-Pfalz, 8).

LINSENMANN, Andreas: Musik als politischer Faktor. Konzepte, Intentionen und Praxis französischer Umerziehungs- und Kulturpolitik in Deutschland 1945–1949/50. Tübingen 2010 (edition lendemains, 19).

LINSMAYER, Ludwig (Hrsg.): Der 13. Januar. Die Saar im Brennpunkt der Geschichte. Saarbrücken 2005 (Echolot. Historische Beiträge des Landesarchivs Saarbrücken, 1).

LINSMAYER, Ludwig (Hrsg.): Die Geburt des Saarlandes. Zur Dramaturgie eines Sonderweges Saarbrücken 2006 (Echolot. Historische Beiträge des Landesarchivs Saarbrücken, 3).

LISTL, Joseph: Die Konkordate und Kirchenverträge in der Bundesrepublik Deutschland, Bd. 2. Berlin 1987.

LÖFFLER, Klara: Zurechtgerückt. Der Zweite Weltkrieg als biographischer Stoff. Berlin 1999.

LÖHR, Hermann-Joseph: Die kulturpolitische Diskussion in der beratenden Landesversammlung von Rheinland-Pfalz. Dezember 1946 – Mai 1947. Mainz 1974.

LÖSCH, August: Bevölkerungswellen und Wechsellagen im Deutschen Reich von 1871 bis 1910. GESIS Köln, Studiennummer ZA8270. URL: http://www.histat.gesis.org/ViewProject.php?ID_Projekt=EEA5C24F11EF0151BBEBCE4FCAF9B965 [22.02.2012].

LONGEN, Nicole K.: Fronarbeiten zur Finanzierung von Infrastruktur: Der Ausbau des Straßennetzes im Kurtrierer Raum, 1716–1841. In: Dienel, Hans-Liudger/Schiedt, Hans-Ulrich (Hrsg.): Die moderne Straße. Planung, Bau und Verkehr vom 18. bis zum 20. Jahrhundert. Frankfurt am Main, New York 2010, S. 23–48.

LONGUEVILLE, Hans-Peter de: Das Neustadter Bankwesen unter besonderer Berücksichtigung des 19. Jahrhunderts. In: Stadt Neustadt an der Weinstraße (Hrsg.), Westrich, Klaus-Peter (Bearb.): Neustadt an der Weinstraße. Beiträge zur Geschichte einer pfälzischen Stadt. Neustadt 1975, S. 551–584.

LORIG, Wolfgang H.: Verwaltungs- und Kommunalreform in Rheinland-Pfalz. In: Sarcinelli, Ulrich u. a. (Hrsg.): Politik in Rheinland-Pfalz. Gesellschaft, Staat und Demokratie. Wiesbaden 2010, S. 497–529.

LUCKEMEYER, Ludwig: Die Deutsche Demokratische Partei von der Revolution bis zur Nationalversammlung 1918–1919. Diss. phil. Gießen 1975.

LUDMANN-OBIER, Marie-France: Die Kontrolle der chemischen Industrie in der französischen Besatzungszone 1945–1949. Mainz 1989 (Veröffentlichungen der Kommission des Landtages für die Geschichte des Landes Rheinland-Pfalz, 13).

LUDWIG, Hans: Ein Acker wird zum Nabel der Pop-Welt: Obrigkeit mit Festival einfach überrumpelt. In: Die Rheinpfalz, Ludwigshafen/Pfälzer Tageblatt, Nr. 64 vom 16.3.2002.

LÜBBERS, Peter: Die Schuhindustrie in Rheinland-Pfalz 1950 bis 2000. In: Statistische Monatshefte Rheinland-Pfalz 54 (2001), Heft 8, S. 190–197.

LÜNING, Peter/MIGGELBRINK, Ralf/URBAN, Hans Jörg: Gerechtfertigt durch Gott – die gemeinsame lutherisch/katholische Erklärung. Eine Lese- und Arbeitshilfe. Paderborn 1999.

LUIG, Ulrich: Leben im Dorf. In: Ermert, Karl/Jarre, Jan (Hrsg.): Leben im Dorf. Perspektiven einer tragfähigen Dorfentwicklung unter sozialen, ökonomischen und kulturellen Aspekten. Loccumer Landwirtschaftstagung 1985. Rehburg-Loccum ²1986 (Loccumer Protokolle 5/1985), S. 187–201.

LUX, Anne-Christin: Christian Franz Paullini und die »Dreckapotheke«. In: Volkskunde in Rheinland-Pfalz 21 (2007), S. 57–66.

LUXBACHER, Claudia (Bearb.): Die Gemäldesammlung von Hofrat Joseph Benzino 1819–1893, bearb. von Claudia Luxbacher. Kaiserslautern 2002.

LUZ-Y-GRAF, Guillermo: 1848/49 in Trier und Umgebung. Revolution und Revolutionskultur einer Stadt und ihres Umlandes. In: Dühr, Elisabeth (Hrsg.): »Der schlimmste Punkt in der Provinz«. Demokratische Revolution 1848/49 in Trier und Umgebung. Trier 1998, S. 239–364.

MAASE, Kaspar: Grenzenloses Vergnügen. Der Aufstieg der Massenkultur 1850–1970. Frankfurt am Main 1997.

MACK, Hans-Joachim: Das Kriegsende in Rheinland-Pfalz. Kämpfe und Besetzung 1945. Mainz 2001 (Veröffentlichungen der Kommission des Landtages für die Geschichte des Landes Rheinland-Pfalz, 24).

MAHLERWEIN, Gunter: Bürger auf dem Land? Zur Vorgeschichte der rheinhessischen Landwirtschaftlichen Kränzchen. In: Alzeyer Geschichtsblätter 33 (2001), S. 50–66.

MAHLERWEIN, Gunter: Die Herren im Dorf. Bäuerliche Oberschicht und ländliche Elitenbildung in Rheinhessen 1700–1850. Mainz 2001 (Veröffentlichungen des Instituts für Europäische Geschichte Mainz, Abteilung für Universalgeschichte, 189; Historische Beiträge zur Elitenbildung, 2).

MAHLERWEIN, Gunter: Gebremste »Machtergreifung«. Alsheim vor dem 30. Januar 1933 und in der Frühzeit des »Dritten Reiches«. In: Kißener, Michael (Hrsg.): Rheinhessische Wege in den Nationalsozialismus. Studien zu rheinhessischen Landgemeinden von der Weimarer Republik bis zum Ende der NS-Diktatur. Worms 2010, S. 61–90.

MAIER, Franz: Biographisches Organisationshandbuch der NSDAP und ihrer Gliederungen im Gebiet des heutigen Landes Rheinland-Pfalz. Mainz ^{2}2009 (Veröffentlichungen der Kommission des Landtages für die Geschichte des Landes Rheinland-Pfalz, 28).

MALANIMA, Paolo: Europäische Wirtschaftsgeschichte 10.–19. Jahrhundert. Wien u. a. 2010.

MALETZ, Hermann: Untersuchungen zum ländlichen Chorwesen des Aachen-Dürener Raumes im 19. Jahrhundert. Köln 1969 (Beiträge zur rheinischen Musikgeschichte, 78).

MALLMANN, Klaus-Michael: Die Türöffner der »Endlösung«. Zur Genesis des Genozids. In: Paul, Gerhard/Ders. (Hrsg.): Die Gestapo im Zweiten Weltkrieg. »Heimatfront« und besetztes Europa. Darmstadt 2000, S. 437–463.

MALLMANN, Luitwin: Französische Juristenausbildung im Rheinland 1794–1814. Die Rechtsschule von Koblenz. Köln 1987 (Studien zur Geschichte der Universität zu Köln, 5).

MANZ, Mathias: Stagnation und Aufschwung in der französischen Besatzungszone 1945–1948. Ostfildern 1985 (Beiträge zur südwestdeutschen Wirtschafts- und Sozialgeschichte, 2).

MARCOWITZ, Reiner: Von »Erbfeindschaft« zu »Erbfreundschaft« durch »Europäisierung«? Deutsch- französische Beziehungen 1870/71–1957/58. In: Siedentopf, Heinrich/Speer, Benedikt (Hrsg.) in Zusammenarbeit mit Dorandeu, Renaud: Deutschland und Frankreich in der europäischen Integration: »Motor« oder »Blockierer«?/L'Allemagne et la France dans l'intégration européenne: »moteur« ou »frein«? Berlin 2011 (Schriftenreihe der Hochschule Speyer, 2010), S. 19–37.

MARSCHALCK, Peter: Bevölkerungsgeschichte Deutschlands im 19. und 20. Jahrhundert. Frankfurt am Main 1984.

MARTIN, Anne: Die Entstehung der CDU in Rheinland-Pfalz. Mainz 1995 (Veröffentlichungen der Kommission des Landtages für die Geschichte des Landes Rheinland-Pfalz, 19).

MARTIN, Anne: Bernhard Vogel. In: Ziegler, Hannes (Hrsg.): Politiker in Rheinland-Pfalz: Unsere Ministerpräsidenten. Annweiler 2003, S. 71–86.

MARTIN, Anne: Pfälzische Landestreue – Koblenzer Dominanz? Die Anfänge der CDU in der Pfalz. In: Nestler, Gerhard/Ziegler, Hannes (Hrsg.): Die Pfalz in der Nachkriegszeit. Wiederaufbau und demokratischer Neubeginn (1945–1947). Kaiserslautern 2004 (Beiträge zur pfälzischen Geschichte, 22), S. 345–356.

MARTIN, Michael: Gesellschaftlicher Wandel. In: Rothenberger, Karl-Heinz (Hrsg.): Pfälzische Geschichte, Bd. 1. Kaiserslautern 2001, S. 353–359.

MARTIN, Michael: Pfalz und Frankreich. Vom Krieg zum Frieden. Leinfeld-Echterdingen 2008.

MARTIN, Michael: Santa Claus aus der Pfalz. Weihnachtsmann und Dollar-Zeichen; wie der Karikaturist Thomas Nast aus Landau Amerikas Corporate Identity prägte. In: Die Zeit, Nr. 50 vom 5.12.2002, S. 88.

MARTIN, Michael: Kleine Geschichte der Stadt Landau. Karlsruhe 2006.

MARWEDE-DENGG, Claudia: Rundfunk und Rundfunkpolitik in Bayern 1922–1934. Altendorf 1981.

MARX, Henry: Thomas Nast heute. In: Glessgen, Willi (Red.): Thomas Nast. Ein Landauer, der amerikanische Geschichte zeichnete und machte. Landau 1977, S. 134–137.

MARX, Karl/ENGELS, Friedrich: Der Briefwechsel. Bd. 4: Die Briefe aus den Jahren 1868–1883. München 1983 [Nachdruck d. A. Berlin 1931].

MARX, Karl/ENGELS, Friedrich: Manifest der Kommunistischen Partei. London 1848 (Originalgetreue Reproduktion der Erstausgabe Ost-Berlin 1965).

MARZI, Werner/RIES, Roland (Hrsg.): Caritas im Bistum Trier. Eine Geschichte des Heilens und Helfens. Trier 2006.

MASA, Elke: Die Bildhauerfamilie Cauer im 19. und 20. Jahrhundert. Berlin 1988.

MATHÉUS, Jacob: Das Hausiergewerbe der Bewohner von Bundenthal (Pfalz.) In: Untersuchungen über die Lage des Hausiergewerbes in Deutschland, Bd. 1. Vaduz 1989 [Nachdruck d. A. Leipzig 1898] (Schriften des Vereins für Sozialpolitik, 77), S. 397–412.

MATHY, Helmut (Bearb.): Die Wiedereröffnung der Mainzer Universität 1945/46. Dokumente, Berichte, Aufzeichnungen, Erinnerungen. Mainz 1966.

MATHY, Helmut: Zum Mainzer Hochschulgedanken in der Weimarer Republik. In: Mainzer Almanach 1966, S. 96–111.

MATHY, Helmut: Die gewisse Beständigkeit beim territorialen »Seelenschacher«. Neue Ordnung auf dem Wiener Kongress. In: Lau, Dieter/Heyen, Franz-Josef (Hrsg.): Vor-Zeiten. Geschichte in Rheinland-Pfalz, Bd. 2. Mainz 1986, S. 135–156.

MATHY, Helmut: Die Trikolore weht auf dem Deutschhaus. Betrachtungen zum Verhältnis zwischen Frankreich und den Rheinlanden von 1918 bis 1930. In: Landtag Rheinland-Pfalz (Hrsg.): Die erste Adresse des Landes Rheinland-Pfalz. Geschichte des Deutschhauses in Mainz. Mainz 1990, S. 171–186.

MATHY, Helmut: Revolutionär und populär. Der napoleonische Präfekt Jeanbon St. André (1802–1813). In: Schütz, Friedrich (Hrsg.): Von Blau-Weiß-Rot zu Schwarz-Rot-Gold. Mainz vom Beginn der Napoleonischen Herrschaft 1798 bis zur Revolution von 1848. Mainz 1998 (Beiträge zur Geschichte der Stadt Mainz, 32), S. 39–50.

MATHY, Helmut: Die Residenz in Barock und Aufklärung. (1648–1792). In: Dumont, Franz/Scherf, Ferdinand/Schütz, Friedrich (Hrsg.): Mainz. Die Geschichte der Stadt. Mainz ²1999, S. 269–314.

MATHY, Helmut: Von der kurfürstlichen Hohen Schule zur Johannes Gutenberg-Universität. In: Dumont, Franz/Scherf, Ferdinand/Schütz, Friedrich (Hrsg.): Mainz. Die Geschichte der Stadt. Mainz ²1999, S. 703–732.

MATHY, Helmut: Josef Schmid (1898–1978). Der umstrittene Gründungsrektor der Johannes Gutenberg-Universität 1945–1947. In: Kißener, Michael/Ders. (Hrsg.): Ut omnes unum sint (Teil 1). Gründungspersönlichkeiten der Johannes Gutenberg-Universität. Stuttgart 2005 (Beiträge zur Geschichte der Johannes Gutenberg-Universität Mainz N.F., 2), S. 57–79.

MATTHISSON, Friedrich von: Schriften, Bd. 8. Zürich 1829.

MATTHISSON, Friedrich von: Literarischer Nachlass nebst einer Auswahl von Briefen seiner Freunde, Bd. 1. Berlin 1832.

MATZERATH, Horst: Nationalsozialismus und kommunale Selbstverwaltung. Stuttgart 1970 (Schriftenreihe des Vereins für Kommunalwissenschaften e.V. Berlin, 29).

MATZERATH, Horst: Die Zeit des Nationalsozialismus. In: Püttner, Günther (Hrsg.): Handbuch der kommunalen Wissenschaft und Praxis, Bd. 1. Berlin 1981, S. 101–113.

MAURER, Heinrich J.: Vor 150 Jahren. Pressefreiheit in Bingen. Am Sonntag, 26. März 1848, erschien zum ersten Mal der »Binger Volks-Bote«. In: Mainz-Bingen Heimat-Jahrbuch 42 (1998), S. 164–166.

MDG MEDIEN-DIENSTLEISTUNG GMBH (Hrsg.): Religiöse und kirchliche Orientierungen in den Sinus-Milieus 2005. München 2006.

MEIER, Ernst von: Französische Einflüsse auf die Staats- und Rechtsentwicklung Preußens im 19. Jahrhundert, Bd. 1. Leipzig 1907.

MEINZER, Lothar: Ludwigshafen am Rhein und die Pfalz in den ersten Jahren des Dritten Reiches. Ludwigshafen ²1991 (Veröffentlichung des Stadtarchivs Ludwigshafen am Rhein, 9).

MEINZER, Lothar: Von der Dauerkrise in die Staatskonjunktur. Die pfälzische Industrie in der Zwischenkriegszeit. In: Nestler, Gerhard/Ziegler, Hannes (Hrsg.): Die Pfalz unterm Hakenkreuz. Eine deutsche Provinz während der nationalsozialistischen Terrorherrschaft. Landau 1993, S. 161–184.

MEISER, Fritz/MEISER, Gertrude (Hrsg.): Hans Meiser. Kirche, Kampf und Christusglaube. Anfechtungen und Antworten eines Lutheraners. München 1982.

MEIWES, Relinde: »Arbeiterinnen des Herrn«. Katholische Frauenkongregationen im 19. Jahrhundert. Frankfurt am Main und New York 2000.

MENDE, Theresia: Die Wurzeln des Edith-Stein-Gymnasiums – eine rund 700-jährige Erziehungsarbeit im Kloster St. Magdalena Speyer. Speyer o. J. [URL: http://www.esg-speyer.de/fileadmin/user_upload/esg/PDFs/Information/ESG_Wurzeln.pdf (19.11.2011)].

MENTZEL, Rolf: Bergbau und Hüttenwesen. In: Eichler, Volker/Heinemann, Christiane (Bearb.): Herzogtum Nassau 1806–1866. Politik, Wirtschaft, Kultur. Wiesbaden 1981 (Veröffentlichungen der Historischen Kommission für Nassau, 32), S. 147–159.

MENZEL, Gustav: Die Rheinische Mission. Wuppertal 1978.

MERGEN, Josef: Von der Eifel nach Nordamerika. In: Heimatjahrbuch des Landkreises Daun 1 (1973), S. 99–131.

MERTENS, Annette: Himmlers Klostersturm. Der Angriff auf katholische Einrichtungen im Zweiten Weltkrieg und die Wiedergutmachung nach 1945. Paderborn 2006 (Veröffentlichungen der Kommission für Zeitgeschichte, Reihe B, Forschungen, 108).

MESSERSCHMIDT, Manfred: Die Wehrmachtsjustiz 1933–1945. Paderborn 2005.

METZING, Andreas: Aus Rheinländern werden Preußen. Die Evangelische Gemeinde Koblenz 1815–1848. In: Dröge, Markus u. a. (Hrsg.): Pragmatisch, preußisch, protestantisch... Die Evangelische Gemeinde Koblenz im Spannungsfeld von rheinischem Katholizismus und preußischer Kirchenpolitik. Bonn 2003 (Schriftenreihe des Vereins für Rheinische Kirchengeschichte, 161), S. 29–49.

MEUTHER, Ralf: Cherubine Willimann. Dominikanische Ordensgründerin während der Reichsgründung und des sozialen Fortschritts. Hamburg 2005 (Schriftenreihe Studien zur Kirchengeschichte, 5).

MEYER, Hans-Georg/BERKESSEL, Hans (Hrsg.): Die Zeit des Nationalsozialismus in Rheinland-Pfalz. Bd. 1: »Eine nationalsozialistische Revolution ist eine gründliche Angelegenheit«. Mainz 2000.

MEYER, Hans-Georg/BERKESSEL, Hans (Hrsg.): Die Zeit des Nationalsozialismus in Rheinland-Pfalz. Bd. 2: »Für die Außenwelt seid ihr tot!«. Mainz 2000.

MEYER, Hans-Georg/BERKESSEL, Hans (Hrsg.): Die Zeit des Nationalsozialismus in Rheinland-Pfalz. Bd. 3: »Unser Ziel – die Ewigkeit Deutschlands«. Mainz 2001

MEYER, Hans-Georg: Sie sind mitten unter uns. Zur Geschichte der Juden in Ingelheim. Ingelheim 1998.

MEYER, Hans-Georg/KLAUSING, Caroline: »Freudige Gefolgschaft und bedingungslose Einordung«? Der Nationalsozialismus in Ingelheim. Ingelheim am Rhein 2011.

MEYER, Hans-Georg: Vom Nationalsozialisten zum Helden der letzten Stunde – der Fall Hermann Berndes in Ingelheim. In: Ders./Berkessel, Hans (Hrsg.): Die Zeit des Nationalsozialismus in Rheinland-Pfalz. Bd. 3: »Unser Ziel – die Ewigkeit Deutschlands«. Mainz 2001, S. 161–180.

MEYER, Karl-Friedrich (Hrsg.): 50 Jahre Verfassungs- und Verwaltungsgerichtsbarkeit in Rheinland-Pfalz, Bd. 1. Frankfurt am Main 1997 (Schriftenreihe des Ministeriums der Justiz, 7).

MEYER, Karl-Friedrich: 50 Jahre Verfassungsgerichtsbarkeit in Rheinland-Pfalz. In: Ders. (Hrsg.): 50 Jahre Verfassungs- und Verwaltungsgerichtsbarkeit in Rheinland-Pfalz, Bd. 1. Frankfurt am Main 1997 (Schriftenreihe des Ministeriums der Justiz, 7), S. 19–50.

MEYER, Karl-Friedrich/FREY, Klaus: 50 Jahre Verfassungsgerichtsbarkeit. In: Borck, Heinz-Günther (Hrsg.): Beiträge zu 50 Jahren Geschichte des Landes Rheinland-Pfalz. Koblenz 1997 (Veröffentlichungen der Landesarchivverwaltung Rheinland-Pfalz, 73), S. 173–199.

MICHELS, Jürgen/SEELINGER, Peter: Luftfahrtgeschichte rund um Speyer. Zweibrücken 1998.

MIELKE, Siegfried: Organisatorischer Aufbau der Gewerkschaften 1945–1949. Köln 1987 (Quellen zur Geschichte der deutschen Gewerkschaftsbewegung im 20. Jahrhundert, 6).

MILKEREIT, Gertrud: Wirtschafts- und Sozialentwicklung der südlichen Rheinlande seit 1815. In: Petri, Franz/Droege, Georg (Hrsg.): Rheinische Geschichte in drei Bänden. Bd. 3: Wirtschaft und Kultur im 19. und 20. Jahrhundert. Düsseldorf 1979, S. 193–328.

MINDEN, Monika: Die Kulturförderung des Landes Rheinland-Pfalz am Beispiel der Musik 1947–1991. Wissenschaftliche Prüfungsarbeit FB 07 Mainz 2011.

MINISTERIUM DER JUSTIZ RHEINLAND-PFALZ (Hrsg.): Justiz im Dritten Reich. Justizverwaltung, Rechtsprechung und Strafvollzug auf dem Gebiet des heutigen Landes Rheinland-Pfalz. 2 Teile. Frankfurt am Main 1995 (Schriftenreihe des Ministeriums der Justiz, 3).

MINISTERIUM DES INNERN UND FÜR SPORT (Hrsg.): »Befehl ist Befehl!« Eine Ausstellung über die Polizei in der NS-Zeit mit Schwerpunkt auf dem Gebiet des heutigen Rheinland-Pfalz. Dokumentation. Mainz ²2005.

MINISTERIUM DES INNERN UND FÜR SPORT (Hrsg.): Die Reform und Neuorganisation der Landesverwaltung Rheinland-Pfalz. Mainz 2000.

MINISTERIUM DES INNERN UND FÜR SPORT RHEINLAND-PFALZ (Hrsg.): Landesentwicklungsprogramm Rheinland-Pfalz (LEP IV). Mainz 2008.

MINISTERIUM FÜR INNERES UND WIRTSCHAFT, MINISTERIUM FÜR LANDWIRTSCHAFT, WEINBAU UND FORSTEN (Hrsg.): Denkschrift des Landes Rheinland-Pfalz zu dem Antrag der Landesregierung auf Anerkennung der Roten Zone und des Oberwesterwaldes als Notstandsgebiet. Mainz 1950.

MINISTERIUM FÜR LANDWIRTSCHAFT, WEINBAU UND FORSTEN (Hrsg.): Rheinland-Pfalz, seine Land-, Wein und Forstwirtschaft. Ein Querschnitt durch die agrarwirtschaftlichen Verhältnisse des Landes. Mainz 1952.

MINISTERIUM FÜR UMWELT, FORSTEN, VERBRAUCHERSCHUTZ RHEINLAND-PFALZ (Hrsg.): Klimabericht Rheinland-Pfalz 2007. Mainz 2007.

MINISTERIUM FÜR UNTERRICHT UND KULTUS (Hrsg.): Universitätsgründung Trier-Kaiserslautern. Neustadt an der Weinstraße 1971.

MINISTERIUM FÜR WIRTSCHAFT, VERKEHR, LANDWIRTSCHAFT UND WEINBAU RHEINLAND-PFALZ (Hrsg.): »Wir in Rheinland- Pfalz«. 60 Jahre Wirtschaft – eine Erfolgsgeschichte! Mainz 2007.

MISPAGEL, Rosemarie: Dampferparaden und Ehrenjungfrauen. Die Mainzer Beiträge zu den Feierlichkeiten anlässlich von Grundsteinlegung und Einweihung der »Germania« auf dem Niederwald. In: Volkskunde in Rheinland-Pfalz 19 (2004), Heft 1, S. 19–66.

MÖHLER, Rainer: Entnazifizierung in Rheinland-Pfalz und im Saarland unter französischer Besatzung von 1945 bis 1952. Mainz 1992 (Veröffentlichungen der Kommission des Landtages für die Geschichte des Landes Rheinland-Pfalz, 17).

MÖHLER, Rainer: Entnazifizierung in Rheinland-Pfalz unter französischer Besatzung. In: Meyer, Hans-Georg/Berkessel, Hans (Hrsg.): Die Zeit des Nationalsozialismus in Rheinland-Pfalz. Bd. 3: »Unser Ziel – die Ewigkeit Deutschlands«. Mainz 2001, S. 217–227.

MÖHLER, Rainer: »Politische Christenverfolgung« in der Pfalz? Französische Entnazifizierungspolitik und der Verlauf der politischen Säuberung. In: Nestler, Gerhard/Ziegler, Hannes (Hrsg.): Die Pfalz in der Nachkriegszeit. Wiederaufbau und demokratischer Neubeginn (1945–1947). Kaiserslautern 2004 (Beiträge zur pfälzischen Geschichte, 22), S. 123–148.

MÖLLER, Horst: Parlamentarismus in Preußen 1919–1932. Bonn 1985.

MÖLLER, Lenelotte: Das Schulwesen der bayerischen Rheinpfalz 1816–1918. In: Amann, Konrad u. a. (Hrsg.): Bayern und Europa. Festschrift Peter Claus Hartmann. Frankfurt am Main u. a. 2005, S. 257–271.

MÖLLER, Lenelotte: Bildungs- und Schulwesen in der Pfalz im 19. und 20. Jahrhundert. In: Rothenberger, Karl-Heinz u. a. (Hrsg.): Pfälzische Geschichte, Bd 2. Kaiserslautern ³2011 (Beiträge zur pfälzischen Geschichte, 18,2).

MÖNCKMEIER, Wilhelm: Die deutsche überseeische Auswanderung. Ein Beitrag zur deutschen Wanderungsgeschichte. Jena 1912.

MOERSCH, Karl: Geschichte der Pfalz. Von den Anfängen bis ins 19. Jahrhundert. Landau 1987.

MÖRZ, Stefan/BECKER, Klaus Jürgen (Hrsg.): Geschichte der Stadt Ludwigshafen am Rhein. Bd. 1: Von den Anfängen bis zum Ende des Ersten Weltkrieges; Bd. 2: Vom Ende des Ersten Weltkrieges bis zur Gegenwart. Ludwigshafen 2003.

MÖRZ, Stefan: Die Presse der pfälzischen Sozialdemokratie bis zum Ende des Ersten Weltkrieges. In: Geis, Manfred/Nestler, Gerhard (Hrsg.): Die pfälzische Sozialdemokratie. Beiträge zu ihrer Geschichte von den Anfängen bis 1948/49. Edenkoben 1999, S. 253–263.

MOHR, Arno: Die Entstehung der Verfassung für Rheinland-Pfalz. Frankfurt am Main 1987 (Verfassungspolitik. Heidelberger Studien zur Entstehung von Verfassungen nach 1945, 3).

MOHR, Rudolf: Organisierte Hilfe im Chaos. Rheinischer Provinzialausschuss und Hilfswerk in der Zeit von 1945–1963 und die Fusion von Innerer Mission und Hilfswerk. In: Witschke, Reinhard (Hrsg.): Diakonie bewegt. 150 Jahre Innere Mission und Diakonie im Rheinland. Köln 1999, S. 129–161.

MOHR-SEVERIN, Brunhilde: Zur Arbeiterbewegung im Raum Koblenz-Mayen-Andernach 1919–1933 und ihren sozialökonomischen Voraussetzungen. In: Jahrbuch für westdeutsche Landesgeschichte 10 (1984), S. 215–250.

MOLITOR, Hansgeorg: Vom Untertan zum Administré. Studien zur französischen Herrschaft und zum Verhalten der Bevölkerung im Rhein-Mosel-Raum von den Revolutionskriegen bis zum Ende der napoleonischen Zeit. Wiesbaden 1980 (Veröffentlichungen des Instituts für Europäische Geschichte Mainz, Abteilung Universalgeschichte, 22,2).

MOLL, Helmut (Hrsg.): Zeugen für Christus. Das deutsche Martyrologium des 20. Jahrhunderts. 2 Bde. Paderborn u.a. ^{4}2006.

MOMBERT, Monique: Französische Kulturpolitik in der FBZ unter Einbeziehung der Bibliotheksentwicklung. In: Vodosek, Peter/Leonhard, Joachim-Felix (Hrsg.): Die Entwicklung des Bibliothekswesens in Deutschland 1945–1968. Wiesbaden 1993 (Wolfenbütteler Schriften zur Geschichte des Buchwesens, 19), S. 353–368.

MOMMSEN, Hans: Beamtentum im Dritten Reich. Mit ausgewählten Quellen zur nationalsozialistischen Beamtenpolitik. Stuttgart 1966 (Schriftenreihe der Vierteljahrshefte für Zeitgeschichte, 13).

MONSHAUSEN, Theo: Politische Wahlen im Regierungsbezirk Koblenz 1880–1897. Diss. phil. Bonn 1968.

MONZ, Heinz: Karl Marx. Grundlagen der Entwicklung zu Leben und Werk. Trier 1973.

MONZ, Heinz: Die Verbindung des Mainzer Paul Stumpf zu Karl Marx und Friedrich Engels. Zugleich ein Beitrag zur Geschichte der Mainzer Arbeiterbewegung. Darmstadt 1986 (Hessische Beiträge zur Geschichte der Arbeiterbewegung, 5).

MONZ, Heinz: Die postalischen Verhältnisse in Trier in den Jahren 1794 bis 1816. In: Dühr, Elisabeth/Lehnert-Leven Christl (Hrsg.): Unter der Trikolore. Trier in Frankreich – Napoleon in Trier 1794–1814, Bd. 1. Trier 2004, S. 599–614.

MONZ, Heinz: Diözesan-Caritas-Verband Trier – Gründung und Bewährung. Caritas in der Zeit der Unterdrückung und des Krieges (1933 bis 1945). In: Persch, Martin/Schneider, Bernhard (Hrsg.): Geschichte des Bistums Trier. Bd. 5: Beharrung und Erneuerung 1881–1981. Trier 2004 (Veröffentlichungen des Bistumsarchivs Trier, 39), S. 452–460.

MORAW, Peter: Kleine Geschichte der Universität Gießen von den Anfängen bis zur Gegenwart. Gießen ^{2}1990.

MORKEL, Arndt: Erinnerung an die Universität. Vierow 1995 (Abhandlungen zum Studenten- und Hochschulwesen, 6).

MORSEY, Rudolf: 50 Jahre Hochschule für Verwaltungswissenschaften Speyer (1947–1997). In: Lüder, Klaus (Hrsg.): Staat und Verwaltung. Fünfzig Jahre Hochschule für Verwaltungswissenschaften Speyer. Berlin 1997 (Schriftenreihe der Hochschule Speyer, 122), S. 13–50.

MOSER, Hans: Wilhelm Heinrich Riehl und die Volkskunde. In: Jahrbuch für Volkskunde N.F. 1 (1976), S. 9–66.

MÜHLHAUPT, Erwin: Rheinische Kirchengeschichte von den Anfängen bis 1945. Düsseldorf 1970.

MÜLLER, Ernst: Geschichte der bernischen Täufer. Frauenfeld 1895.

MÜLLER, Guido/PLICHTA, Vanessa: Zwischen Rhein und Donau. Abendländisches Denken zwischen deutsch-französischen Verständigungsinitiativen und konservativ-katholischen Integrationsmodellen 1923–1956. In: Journal of European Integration History 5 (1999), Nr. 2, S. 17–47.

MÜLLER, Hans-Joachim (Hrsg.): Butzbacher Künstlerinterviews 3 [u.a. Michael Croissant]. o.O. 1982 (Hessische Beiträge zur deutschen Literatur).

MÜLLER, Josef: Volkskunde. In: Aubin, Hermann/Frings, Theodor/Ders.: Kulturströmungen und Kulturprovinzen in den Rheinlanden. Darmstadt 1966 [Nachdruck d. A. Bonn 1926], S. 190–231.

MÜLLER, Jürgen: Von der alten Stadt zur neuen Munizipalität. Die Auswirkungen der französischen Revolution in den linksrheinischen Städten Speyer und Koblenz. Koblenz 1990.

MÜLLER, Jürgen: Personeller Umbruch im Rheinland. Die linksrheinischen Kommunalverwaltungen in der Revolutionszeit (1792–1799). In: Francia 24 (1997), S. 121–136.

MÜLLER, Jürgen: 1798 – Das Jahr des Umbruchs im Rheinland. In: Rheinische Vierteljahrsblätter 62 (1998), S. 205–237.

MÜLLER, Michael P.: Frankreich und die Rheinlandbesetzung 1936. Die Reaktion von Diplomaten, Politikern und Militärs. In: Geschichte im Westen 1 (1986), S.15–30.

MÜLLER, Michael: Karneval und Politik. Zum Verhältnis zwischen Narren und Obrigkeit am Rhein im 19. Jahrhundert. Koblenz 1983 (Mittelrheinische Hefte, 9).

MÜLLER, Michael: Die Schule im Spannungsfeld der Weltanschauungen. In: Heyen, Franz-Josef (Hrsg.): Rheinland-Pfalz entsteht. Beiträge zu den Anfängen des Landes Rheinland-Pfalz in Koblenz 1945–1951. Boppard 1984 (Veröffentlichungen der Kommission des Landtages für die Geschichte des Landes Rheinland-Pfalz, 5), S. 347–364.

MÜLLER, Michael: Die Stadt Trier unter französischer Herrschaft (1794–1814). In: Düwell, Kurt/Irsigler, Franz (Hrsg.): 2000 Jahre Trier. Bd. 3: Trier in der Neuzeit. Trier 1988, S. 377–398.

MÜLLER, Susanne: Baedeker. Eine andere Mediengeschichte. In: Seefeldt, Jürgen (Red.): Verleger und Verlagshaus Baedeker in Koblenz. Zum 150. Todestag von Karl Baedeker. Koblenz 2010 (Schriften des Landesbibliothekszentrums Rheinland-Pfalz, 7), S. 68–93.

MÜLLER, Wolfgang: Landaus Weg in die Französische Revolution. In: Mitteilungen des Historischen Vereins der Pfalz 86 (1988), S. 143–182.

MÜLLER-WERTH, Herbert: Nassauische Zeitungen des Jahres 1848. In: Nassauische Annalen 60 (1943), S. 103–148.

MUSALL, Hans: Die Rheinniederung zwischen Karlsruhe und Speyer. In: Alter, Willi (Hrsg.): Pfalzatlas, Textband 1. Speyer 1964, S. 383–392.

MUSALL, Heinz: Militärkartographie und Landeskarten. Die kartographische Darstellung des Rheins vom 16. bis zum Ende des 19. Jahrhunderts. In: Kartenabteilung der Staatsbibliothek zu Berlin Preußischer Kulturbesitz (Hrsg.): Flüsse im Herzen Europas. Rhein-Elbe-Donau. Berlin 1993 (Ausstellungskataloge der Staatsbibliothek zu Berlin, Preußischer Kulturbesitz N.F., 6), S. 19–28.

MUSSET, Alfred de: Poésies complètes. Paris 1957.

MUTERT, Susanne: Die bayerischen Gewerkschaften im 19. Jahrhundert von den Anfängen bis zum Ende des Sozialistengesetzes (1868/69–1890). Essen 1997.

NACKE, Bernhard/EBERHARDT, Hans-Jürgen (Hrsg.): Kirche im Feld von Migration und Integration. Ein Bericht über ihr Handeln in Rheinland-Pfalz. Erkelenz 2011.

NACKE, Bernhard (Hrsg.): Orientierung und Innovation, Beiträge der Kirche für Staat und Gesellschaft. Freiburg im Breisgau u.a. 2009.

NACKE, Bernhard (Hrsg.): Glaube und Kirche an der Schnittstelle zu Staats und Gesellschaft. Erkelenz 2011.

NAPP-ZINN, Anton Felix: Rheinschiffahrt 1913–1925. Ihre wirtschaftliche Entwicklung unter dem Einfluss von Weltkrieg und Kriegsfolgen. Berlin 1925.

NAPP-ZINN, Anton Felix: Ein Jahrhundert Rheinverkehr. Von der Rheinschiffahrtsakte 1831 bis zum Beginn des 2. Weltkrieges 1939. In: Ders./Oppenheim, Michael (Hrsg.): Kultur und Wirtschaft im Rheinischen Raum. Festschrift Christan Eckert. Mainz 1949, S. 281–294.

NATHAN, Helene: Preussens Verfassung und Verwaltung im Urteile rheinischer Achtundvierziger. Bonn 1912 (Studien zur Rheinischen Geschichte, 3).

NEES, Albin: Die erste Gemeinsame Synode der Bistümer in der Bundesrepublik Deutschland (1971–1975). Ihre innere Rechtsordnung und ihre Stellung in der Verfassung der katholischen

Kirche. Paderborn 1978 (Rechts- und Staatswissenschaftliche Veröffentlichungen der Görres-Gesellschaft N. F., 28).
NEFF, Christian: Möllinger, David (1709–1786). In: Global Anabaptist Mennonite Encyclopedia Online 1957 (URL: http://www.gameo.org/encyclopedia/contents/M6516.html [8.9.2011]).
NEFT, Maria-Regina: Clara Viebigs Eifelwerke (1897–1914). Imagination und Realität bei der Darstellung einer Landschaft und ihrer Bewohner. Münster u. a. 1998 (Bonner kleine Reihe zur Alltagskultur, 4).
NELL, Ludwig/SEIB, Kurt/HOFMANN, Bruno: 100 Jahre ÖTV-Kreisverwaltung Ludwigshafen-Speyer-Frankenthal. Bd. 1: Eine Dokumentation vom 25. Oktober 1897 bis 18. Februar 1933. Ludwigshafen 1997.
NESTLER, Gerhard/ZIEGLER, Hannes (Hrsg.): Die Pfalz in der Nachkriegszeit. Wiederaufbau und demokratischer Neubeginn (1945–1947). Kaiserslautern 2004 (Beiträge zur pfälzischen Geschichte, 22).
NESTLER, Gerhard: Adolf Ludwig und der Wiederaufbau der pfälzischen Arbeiterbewegung nach dem 2. Weltkrieg. Eine Dokumentation. In: Mitteilungen des Historischen Vereins der Pfalz 92 (1994), S. 419–449.
NESTLER, Gerhard: »Das Signal von Kaiserslautern«. Die Auseinandersetzung zwischen Nationalsozialisten und Pfalzwacht am 20. Februar 1933. In: Jahrbuch zur Geschichte von Stadt und Landkreis Kaiserslautern 36/37 (1998/99), S. 181–190.
NESTLER, Gerhard (Hrsg.): Frankenthal unterm Hakenkreuz. Eine pfälzische Stadt in der NS-Zeit. Ludwigshafen 2004.
NESTLER, Gerhard: »Für Republik, Demokratie, Sozialismus«. Zur Geschichte der pfälzischen SPD in der Weimarer Republik von 1918 bis 1929. In: Geis, Manfred/Ders. (Hrsg.): Die pfälzische Sozialdemokratie. Beiträge zu ihrer Geschichte von den Anfängen bis 1948/49. Edenkoben 1999, S. 288–328.
NESTLER, Gerhard: Der politische Katholizismus der Pfalz zwischen Novemberrevolution und Nationalversammlung. In: Mitteilungen des Historischen Vereins der Pfalz 99 (2001), S. 293–322.
NESTLER, Gerhard: Die pfälzische Presse in den Revolutionsjahren 1848/49. In: Fenske, Hans/Kermann, Joachim/Scherer, Karl (Hrsg.): Die Pfalz und die Revolution 1848/49, Bd. 2. Kaiserslautern 2000 (Beiträge zur pfälzischen Geschichte, 16,2), S. 63–104.
NESTLER, Gerhard: Die pfälzische Zentrumspartei in den Jahren 1930–1932. In: Ders./Schaupp, Stefan/Ziegler, Hannes (Hrsg.): Vom Scheitern der Demokratie. Die Pfalz am Ende der Weimarer Republik. Karlsruhe 2010, S. 263–298.
NEU, Peter: Eisenindustrie in der Eifel. Aufstieg, Blüte und Niedergang. Köln, Bonn 1989 (Werken und Wohnen. Volkskundliche Untersuchungen im Rheinland, 16).
NEUBACH, Helmut: Aufnahme, Eingliederung und Leistung der Vertriebenen. In: Borck, Heinz-Günther (Hrsg.): Beiträge zu 50 Jahren Geschichte des Landes Rheinland-Pfalz. Koblenz 1997 (Veröffentlichungen der Landesarchivverwaltung Rheinland-Pfalz, 73), S. 499–533.
NEUBACH, Helmut: Zur Geschichte der Zentrumspartei in Mainz während des Kaiserreichs. In: Mainzer Zeitschrift 96/97 (2001/2002), S. 309–314.
NEUGEBAUER, Anton: Die Revolution 1848/49. Mainz 1999 (Blätter zum Land, 3/1999).
NEUMANN, Hans-Rudolf: Mainz. In: Ders. (Hrsg.): Historische Festungen im Südwesten der Bundesrepublik Deutschland. Stuttgart 1995, S. 59–71.
NEUSER, Andreas/Schwarz, Franz (Hrsg.): Wirtschaftliche Interessen selbst in die Hand nehmen. Weiselstein 1985.
NICHTWEISS, Barbara: Vom Kirchenfürsten zum Bettelbub. Das heutige Bistum Mainz entsteht. 1792 – 1802 – 1830. Mainz 2002.
NIEDERMAYER, Oskar: Parteienentwicklung in Deutschland: Rheinland-Pfalz im Vergleich. In: Sarcinelli, Ulrich u. a. (Hrsg.): Politische Kultur in Rheinland-Pfalz. Mainz 2000, S. 213–227.
NIEM, Christina/SCHNEIDER, Thomas (Hrsg.): Zukunft kleiner Gemeinden in Rheinland-Pfalz. Ergebnisse eines interdisziplinären Forschungsprojekts. Mainz 1995 (Studien zur Volkskultur in Rheinland-Pfalz, 18).

NIEM, Christina/SCHNEIDER, Thomas: Einleitung: Projektskizze und Vorgehensweise. In: Dies. (Hrsg.): Zukunft kleiner Gemeinden in Rheinland-Pfalz. Ergebnisse eines interdisziplinären Forschungsprojekts. Mainz 1995 (Studien zur Volkskultur in Rheinland-Pfalz, 18), S. 5–17.

NIEM, Christina: Nanny Lambrecht. 1868–1942. Eine unangepaßte Schriftstellerin. Soziales Engagement und literarische Erneuerung in der katholischen Kontroverse. Mainz 1993 (Studien zur Volkskultur in Rheinland-Pfalz, 16).

NIEM, Christina: W. O. von Horn – ein moralischer Erzähler und Kalendermacher vom Mittelrhein. In: Rheinisch-Westfälische Zeitschrift für Volkskunde 44 (1999), S. 143–154.

NIEM, Christina: Zur Kultur des Amateurtheaterspielens. Das Beispiel der VHS-Theatergruppe Bad Kreuznach. In: Frieß-Reimann, Hildegard/Dies./Schneider, Thomas (Hrsg.): Skizzen aus der Mainzer Volkskunde. Festgabe Herbert Schwedt. Mainz 1999 (Studien zur Volkskultur in Rheinland-Pfalz, 25), S. 227–238.

NIEM, Christina: Loreley und Mäuseturm – Sagen am Mittelrhein. In: Landesmuseum Koblenz (Hrsg.): Der Geist der Romantik in der Architektur. Gebaute Träume am Mittelrhein. Regensburg 2002, S. 40–49.

NIES, Hans: Blüchers Rheinübergang bei Kaub. Einquartierungen auch im Nachbardorf Lorchhausen. In: Heimatjahrbuch des Rheingau-Taunus-Kreises 44 (1993), S. 177–179.

NIJSTEN, Monique/MEUWISSEN, Jos/FRUSCH, Jos: Blaasmuziek in Limburg. Thorn 1989.

NIPPERDEY, Thomas: Deutsche Geschichte 1800–1866. Bürgerwelt und starker Staat. München [2]1984.

NITSCHKE, Wolf: Junker, Pietist, Politiker – Hans Hugo v. Kleist-Retzow. In: Kraus, Hans-Christof (Hrsg.): Konservative Politiker in Deutschland. Eine Auswahl biographischer Porträts aus zwei Jahrhunderten. Berlin 1995.

NÖTHER, Gerd: Der Pfälzer Sängerbund im Dritten Reich und seine Wiedergründung nach dem Zweiten Weltkrieg. Kaiserslautern 1989.

NOLD, K.: Die Elektrizitätsversorgung im Jahre 1966 und ihre Entwicklung seit 1950. In: Statistische Monatshefte Rheinland-Pfalz 21 (1968), S. 140–150.

NOLDEN, Reiner (Bearb.): Trier vergißt nicht. Gedenkbuch für die Juden aus Trier und dem Trierer Land. Trier 2010.

NOLDEN, Reiner/FRANZ, Gunther: 200 Jahre Stadtbibliothek Trier. Trier 1998.

NOLTE, Paul: Repräsentation und Grundbesitz. Die kreisständische Verfassung Preußens im 19. Jahrhundert. In: Tenfelde, Klaus/Wehler, Hans-Ulrich (Hrsg.): Wege zur Geschichte des Bürgertums. Göttingen 1994, S. 78–101.

NORDBLOM, Pia/WICZLINSKI, Verena von: Die Sprache des Nachbarn im französischen und (west-)deutschen Schulunterricht seit 1945 – Sonderfall Grenzregionen? In: Prettenthaler-Ziegerhofer, Anita/Kißener, Michael/Kusber, Jan (Hrsg.): Zwischenräume. Grenznahe Beziehungen in Europa seit den 1970er Jahren. Innsbruck 2011, S. 83–116.

NORDBLOM, Pia: Schulen und Universität. In: Kißener, Michael (Hrsg.): Germersheim im 20. Jahrhundert. Wege einer Festungsstadt in die Mitte Europas. Ubstadt-Weiher 2008, S. 155–206.

NORDBLOM, Pia: Der Stadt zum Wohle, der Stadt zum Wehe... Die Festung Germersheim – eine historische Spurenlese. In: Pfälzer Heimat 61 (2010), S. 66–71.

NORDEN, Günther van: Politischer Kirchenkampf – Die rheinische Provinzialkirche 1934–1939. Bonn 2003 (Schriftenreihe des Vereins für Rheinische Kirchengeschichte, 159).

NORTH, Michael: Von der atlantischen Handelsexpansion bis zu den Agrarreformen (1450–1815). In: Ders. (Hrsg.): Deutsche Wirtschaftsgeschichte. Ein Jahrtausend im Überblick. München [2]2005, S. 112–196.

NOSBÜSCH, Johannes: Die Eifel als Entwicklungsland. In: Volkskunde in Rheinland-Pfalz 13 (1998), Heft 2, S. 2–31.

OELLERS, Adam C.: Glas und Licht. In: Heyen, Franz-Josef/Keim, Anton M. (Hrsg.): Auf der Suche nach neuer Identität. Kultur in Rheinland-Pfalz im Nachkriegsjahrzehnt. Mainz 1996 (Veröffentlichungen der Kommission des Landtages für die Geschichte des Landes Rheinland-Pfalz 20), S. 417–450.

OGILVIE, Sheilagh/OVERY, Richard J. (Hrsg.): Germany: A New Social and Economic History. Vol. 3: Since 1800. London 2003.

OKUNLOLA, Suzah: »Dem Volk dienen«. Ein Lesebuch zur Geschichte der Polizei Rheinland-Pfalz 1945–2008. Mit einer Einführung von Walter Rummel. Koblenz 2009 (Veröffentlichungen der Landesarchivverwaltung Rheinland-Pfalz, 109).

OLBRICH, Josef unter Mitarbeit von SIEBERT, Host: Geschichte der Erwachsenenbildung in Deutschland. Opladen 2001.

OLTMER, Jochen: Migration im 19. und 20. Jahrhundert. München 2010 (Enzyklopädie Deutscher Geschichte, 86).

ORTLEPP, Rainer: Die französische Verwaltungsorganisation in den besetzten linksrheinischen Gebieten 1797–1814 unter besonderer Berücksichtigung des Departements Donnersberg. In: Gerlich, Alois (Hrsg.): Vom Alten Reich zu neuer Staatlichkeit. Kontinuität und Wandel im Gefolge der Französischen Revolution am Mittelrhein. Wiesbaden 1982 (Geschichtliche Landeskunde, 22), S. 132–151.

ORY, Stefan/SURA, Rainer (Hrsg.): Der Urknall im Medienlabor. Das Kabelpilotprojekt Ludwigshafen. Berlin 1987.

OSMOND, Jonathan: Die »freie Bauernschaft« und der Separatismus: Bauernpolitik, bürgerliche Parteien und französische Besatzung in der Pfalz. In: Kreutz, Wilhelm/Scherer, Karl (Hrsg.): Die Pfalz unter französischer Besatzung (1918/19–1930). Kaiserslautern 1999 (Beiträge zur pfälzischen Geschichte, 15), S. 123–143.

OSTERHAMMEL, Jürgen: Die Verwandlung der Welt. Eine Geschichte des 19. Jahrhunderts. München 2009.

OTTERMANN, Annelen/FLIEDNER, Stephan (Hrsg.): 200 Jahre Stadtbibliothek Mainz. Wiesbaden 2005 (Veröffentlichungen der Bibliotheken der Stadt Mainz, 52).

OTTWEILER, Ottwilm: Dietrich Wilhelm Landfermann (1800–1882). Provinzialschulrat in Koblenz – ein mutiger Schulreformer in reaktionärer Zeit. In: Koblenzer Beiträge zur Geschichte und Kultur N.F. 14 (2006), S. 131–150.

PAAS, Sigrun/KRISCHKE; Roland: Max Slevogt in der Pfalz. Katalog der Max Slevogt-Galerie in der Villa Ludwigshöhe bei Edenkoben. Berlin, München ²2009.

PAAS, Sigrun/MERTENS, Sabine (Hrsg.): Beutekunst unter Napoleon. Die »Französische Schenkung« an Mainz 1803. Mainz 2003.

PAAS, Sigrun/THATE, Heidrun: Die Gemäldegalerie in der Stadtbibliothek. In: Ottermann, Annelen/Fliedner, Stephan (Hrsg.): 200 Jahre Stadtbibliothek Mainz. Wiesbaden 2005 (Veröffentlichungen der Stadt Mainz, 52), S. 149–155.

PARKER, SEBASTIAN: Die Marburger Konferenz. Fusionspläne und Zusammenarbeit hessischer evangelischer Landeskirchen im 20. Jahrhundert. Darmstadt und Kassel 2008.

PARRY, Clive (Hrsg. und Bearb.): The Consolidated Treaty Series, Bde. 78–81 und 85. New York 1969.

PASQUAY, Otto: Untersuchungen über das Hausiergewerbe im Bezirksamt Bergzabern. In: Untersuchungen über die Lage des Hausiergewerbes in Deutschland, Bd. 1. Vaduz 1989 [Nachdruck d. A. Leipzig 1898] (Schriften des Vereins für Sozialpolitik, 77), S. 391–396.

PAUL, Roland: Auswanderungen aus der Pfalz vom 18. Jahrhundert bis zur Mitte des 20. Jahrhunderts. In: Geiger, Michael/Preuß, Günter/Rothenberger, Karl-Heinz (Hrsg.): Pfälzische Landeskunde. Beiträge zur Geographie, Biologie, Volkskunde und Geschichte, Bd. 3. Landau 1981, S. 221–243.

PAUL, Roland: Streiflichter zur Geschichte der pfälzischen Auswanderung im 19. Jahrhundert. In: Stimme der Pfalz 34 (1983), Heft 3, S. 8–9 und 35 (1984), Heft 1, S. 6–8.

PAUL, Roland: Auswanderung aus der Pfalz vom 19. bis zur Mitte des 20. Jahrhunderts. In: Ders./ Scherer, Karl (Hrsg.): Pfälzer in Amerika/Palatines in America. Kaiserslautern 1995 (Schriften zur Wanderungsgeschichte der Pfälzer, 40), S. 64–82.

PAUL, Roland: »Amerika ist freilich kein Schlaraffenland ...« In: Ders. (Hrsg.): Pfälzer in Amerika/ Paltines in America. Kaiserslautern 1995 (Schriften zur Wanderungsgeschichte der Pfälzer, 40), S. 105–120.

PAUL, Roland: Auswanderung aus der Pfalz vom 17. bis zum 20. Jahrhundert. In: Rothenberger, Karl-Heinz u. a. (Hrsg.): Pfälzische Geschichte, Bd. 1. Kaiserslautern ²2002, S. 373–387.

PAUL, Roland: Vom Sozialen Volksbund zur F. D. P.-Pfalz. Die Entwicklung der liberalen Parteien nach 1945. In: Nestler, Gerhard/Ziegler, Hannes (Hrsg.): Die Pfalz in der Nachkriegszeit. Wiederaufbau und demokratischer Neubeginn (1945–1947). Kaiserslautern 2004 (Beiträge zur pfälzischen Geschichte, 22), S. 387–400.

PAUL, Roland: Die Deportation aus der Pfalz nach Gurs. In: Bräunche, Ernst-Otto (Hrsg.): Geschichte und Erinnerungskultur: 22. Oktober 1940 – die Deportation der badischen und saarpfälzischen Juden in das Lager Gurs. Karlsruhe 2010, S. 25–34.

PAUL-LÜTZELER, Beate: Die Erschließung der Eifel durch die Eisenbahn. Bereits 1841 wurde die Strecke Köln–Düren–Aachen eröffnet. In: Jahrbuch des Kreises Euskirchen 1987, S. 32–37.

PAWLACK, Erna: Die Staatliche Büchereistelle – ein Schwerpunkt im Bibliothekswesen. In: Staatliche Büchereistelle Köln in Verbindung mit dem Kultusministerium Nordrhein-Westfalen Düsseldorf (Hrsg.): Einst Dorfbücherei – heute Bibliothekssystem. Festschrift zum 50jährigen Bestehen der Staatlichen Büchereistelle Köln. Köln 1973, S. 6–12.

PENDARIES, Yveline: Les procès de Rastatt (1946–1954). Le jugement des crimes de guerre en zone française d'occupation en Allemagne. Bern 1995.

PENKA, Thomas: »Geisteszerstäuber« Rundfunk. Sozialgeschichte des Südfunkprogramms in der Weimarer Republik. Potsdam 1999.

PERREY, Hans-Joachim: Zwischen Krieg, Wiederaufbau und Demontagen. Die BASF 1939 bis 1952/53. Ludwigshafen 2009 (Veröffentlichungen des Stadtarchivs Ludwigshafen am Rhein, 38).

PERSCH, Martin/EMBACH, Michael: Die Bischöfe von Trier seit 1802. Festgabe Bischof Dr. Hermann Josef Spital. Trier 1996 (Veröffentlichungen des Bistumsarchivs Trier, 30).

PERSCH, Martin/SCHNEIDER, Bernhard (Hrsg.): Geschichte des Bistums Trier. Bd. 4: Auf dem Weg in die Moderne 1802–1880; Bd. 5: Beharrung und Erneuerung 1881–1981. Trier 2000–2004 (Veröffentlichungen des Bistumsarchivs Trier, 38 und 39).

PERTHES, Clemens Theodor: Politische Zustände und Personen in Deutschland zur Zeit der französischen Herrschaft. Das südliche und westliche Deutschland. Gotha ²1862.

PESCH, Dieter: Das Martinsbrauchtum im Rheinland. Diss. phil. Münster 1969.

PETERS, Hans: Grenzen der kommunalen Selbstverwaltung. Berlin 1926.

PETRI, Franz/DROEGE, Georg (Hrsg.): Rheinische Geschichte in drei Bänden. Bd. 2. Düsseldorf ³1980; Bd. 3: Wirtschaft und Kultur im 19. und 20. Jahrhundert. Düsseldorf 1979.

PETZINA, Dietmar/ABELSHAUSER, Werner/FAUST, Anselm: Sozialgeschichtliches Arbeitsbuch III. Materialien zur Statistik des Deutschen Reiches 1914–1945. München 1978.

Die Pfälzische Landesbibliothek 1921–1971. Aus Geschichte und Gegenwart. Speyer 1971 (Pfälzische Arbeiten zum Buch- und Bibliothekswesen und zur Bibliographie, 7).

Pfingstgemeinde in Guntersblum. In: Volkskunde in Rheinland-Pfalz 6 (1992), Heft 2, S. 2–45.

PFISTER, Werner: Fritz Wunderlich. Eine Biografie. Mainz 2010.

PHILIPPSEN, Hans-Eric: Die Entwicklung der Arbeitsgerichtsbarkeit in der Nachkriegszeit: Beispiel Rheinland-Pfalz. In: Schmidt, Klaus (Hrsg.): Arbeitsrecht und Arbeitsgerichtsbarkeit. Bilanz und Perspektiven an der Schwelle zum Jahr 2000. Festschrift zum 50-jährigen Bestehen der Arbeitsgerichtsbarkeit in Rheinland-Pfalz. Neuwied 1994, S. 693–707.

PICKER, Hanns-Christoph: Ludwig Diehl (1894–1982), NS-»Landesbischof« zwischen Kirchenleitung und Regimetreue 1934–1945. In: Hans, Friedhelm/Stüber, Gabriele (Hrsg.): Pfälzische Kirchen- und Synodalpräsidenten seit 1920. Karlsruhe 2008 (Veröffentlichungen des Vereins für Pfälzische Kirchengeschichte, 27), S. 51–89.

PIERENKEMPER, Toni: Strukturwandlungen im System deutscher Montanregionen im 19. Jahrhundert. Saarregion, Oberschlesien und das Ruhrgebiet im Wachstumsprozeß. In: Wysocki, Josef (Hrsg.): Wirtschaftliche Integration und Wandel von Raumstrukturen im 19. und 20. Jahrhundert. Berlin 1994 (Schriften des Vereins für Socialpolitik N. F., 232), S. 7–37.

PIEROTH, Stephan: Parteien und Presse in Rheinland-Pfalz 1945–1971. Mainz 1994 (Veröffentlichungen der Kommission des Landtages für die Geschichte des Landes Rheinland-Pfalz, 18).

PIEROTH, Stephan: Sozialdemokratische Presse. In: Geis, Manfred/Nestler, Gerhard (Hrsg.): Die pfälzische Sozialdemokratie. Beiträge zu ihrer Geschichte von den Anfängen bis 1948/49. Edenkoben 1999, S. 416–424.

PIEROTH, Stephan: Sozialdemokratische Presse in der Pfalz nach dem Zweiten Weltkrieg. In: Geis, Manfred/Nestler, Gerhard (Hrsg.): Die pfälzische Sozialdemokratie. Beiträge zu ihrer Geschichte von den Anfängen bis 1948/49. Edenkoben 1999, S. 647–653.

PIEROTH, Stephan: »Schluß mit den Goebbels-Zeitungen«. Der Neuaufbau der Presse in der Pfalz nach 1945. In: Nestler, Gerhard/Ziegler, Hannes (Hrsg.): Die Pfalz in der Nachkriegszeit. Wiederaufbau und demokratischer Neubeginn (1945–1947). Kaiserslautern 2004 (Beiträge zur pfälzischen Geschichte, 22), S. 200–220.

PIGOTT, Stuart/DURST, Andreas/HEINZELMANN, Ursula: Wein spricht deutsch. Weine, Winzer, Weinlandschaften. Frankfurt am Main 2007.

PILGER, Kathrin: Der Kölner Zentral-Dombauverein im 19. Jahrhundert. Konstituierung des Bürgertums durch formale Organisation. Köln 2004 (Kölner Schriften zu Geschichte und Kultur, 26).

PILVOUSEK, Josef: Die katholische Kirche vom Ersten Weltkrieg bis zur Gegenwart. In: Kottje, Raymund u. a. (Hrsg.): Ökumenische Kirchengeschichte. Bd. 3: Von der Französischen Revolution bis 1989. Darmstadt 2007, S. 271–349.

PLAPPERT, Rainer: Verkehr und Verkehrspolitik. In: Borck, Heinz-Günther (Hrsg.): Beiträge zur 50 Jahren Geschichte des Landes Rheinland-Pfalz. Koblenz 1997 (Veröffentlichungen der Landesarchivverwaltung Rheinland-Pfalz, 73), S. 235–291.

PLENGE, Johann: Westerwalder Hausierer und Landganger. In: Untersuchungen uber die Lage des Hausiergewerbes in Deutschland, Bd. 2. Vaduz 1989 [Nachdruck d. A. Leipzig 1898] (Schriften des Vereins fur Sozialpolitik, 78).

PLETSCH, Alfred: Bevölkerungsentwicklung und Urbanisierung. In: Speitkamp, Winfried (Hrsg.): Handbuch der hessischen Geschichte. Bd. 1: Bevölkerung, Wirtschaft und Staat in Hessen 1806–1945. Marburg 2010 (Veröffentlichungen der Historischen Kommission für Hessen, 63), S. 1–72.

POHL, Erich (Hrsg.): Reportagen aus Bismarcks Reich. Berichte reisender Franzosen 1874–1876. Stuttgart 1989.

POHL, Hans: Die Bedeutung der Sparkassen für die wirtschaftliche Entwicklung bis zur Währungsreform unter besonderer Berücksichtigung der Region Hessen. In: Bankhistorisches Archiv 21 (1995), S. 107–150.

POMMERIN, Rainer/MARCOWITZ, Reiner (Hrsg.): Quellen zu den deutsch-französischen Beziehungen 1815–1919. Darmstadt 1997 (Freiherr vom Stein-Gedächtnisausgabe, D, Quellen zu den Beziehungen Deutschlands zu seinen Nachbarn im 19. und 20. Jahrhundert, 5).

POPPRITZ, Johannes: Die Anfänge der Verwaltungsgerichtsbarkeit. In: Archiv des öffentlichen Rechts N.F. 33 (1943), S. 158–221 und 34 (1944), S. 3–40.

POTT, Rosemarie: Die wirtschaftliche Entwicklung der Stadt Mainz unter dem Großherzogtum Hessen 1815–1914. Diss. phil. Mainz 1968.

DER PRÄSIDENT DER UNIVERSITÄT TRIER (Hrsg.): 25 Jahre Universität Trier. Reden zum Jubiläum. Trier o. J. [1996].

DER PRÄSIDENT DES LANDTAGS RHEINLAND-PFALZ (Hrsg.): Verfassungsreform. Der Weg zur neuen Landesverfassung vom 18. Mai 2000. Mainz 2000 (Schriftenreihe des Landtags Rheinland-Pfalz, 9).

DER PRÄSIDENT DES LANDTAGS RHEINLAND-PFALZ (Hrsg.): Auswanderung nach Amerika. Mainz 2009 (Schriftenreihe des Landtags Rheinland-Pfalz, 43).

DER PRÄSIDENT DES LANDTAGS RHEINLAND-PFALZ: Die Präsidenten des Landtags 1946–2006. Biographische Skizzen aus sechs Jahrzehnten rheinland-pfälzischer Parlamentsgeschichte. Mainz 2006 (Schriftenreihe des Landtags Rheinland-Pfalz, 31).

DER PRÄSIDENT DES LANDTAGES RHEINLAND-PFALZ (Hrsg.): Parlamentarismus in der Französischen Republik und dem Empire. Mainz 2012.

PRESSESTELLE DER STAATSKANZLEI (Hrsg.): Rheinland-Pfalz. Heute und Morgen. Mainz 1985.

PRINZ, Alois: Die Lebensgeschichte des Georg Forster. Das Paradies ist nirgendwo. Frankfurt am Main und Leipzig 2008.

PRINZ, Dieter/CHRISTIAN, Markus: Territoriale Veränderungen seit 1792. In: Ortsgemeinde Grumbach (Hrsg.): Kleine Geschichte des Ortes Grumbach. Grumbach 2008.

PROLINGHEUER, Hans: Wir sind in die Irre gegangen. Die Schuld der Kirche unterm Hakenkreuz nach dem Bekenntnis des »Darmstädter Wortes« von 1947. Köln 1987.

PRÜSSE, Nicole: Die Entstehung des ZDF. Teil 2: Konsolidierung, Durchsetzung und Modernisierung 1967–1977. Mainz 1997.

PUHLE, Hans-Jürgen: Konservative Parteien. In: Schlagen, Walter (Hrsg.): Die deutschen Parteien im Überblick. Königsstein im Taunus 1979, S. 55–62.

PÜTZ, Albert: Das SS-Sonderlager/KZ Hinzert 1940–1945. Eine juristische Dokumentation. Teil 1: Frankfurt am Main 1998 (Schriftenreihe des Ministeriums der Justiz Rheinland-Pfalz, 6); Teil 2: Frankfurt am Main 2001 (Schriftenreihe des Ministeriums der Justiz Rheinland-Pfalz, 8).

QUANTE, Peter: Veränderungen in der westdeutschen Landwirtschaft zwischen 1949 und 1960. In: Zeitschrift für Agrargeschichte und Agrarsoziologie 10 (1962), S. 71–92.

RAEM, Heinz-Albert: Die ökumenische Bewegung. In: Gatz, Erwin (Hrsg.): Katholiken in der Minderheit. Diaspora – ökumenische Bewegung – Missionsgedanke. Freiburg im Breisgau 1994 (Geschichte des kirchlichen Lebens in den deutschsprachigen Ländern seit dem Ende des 18. Jahrhunderts, 3), S. 145–212.

RAIFFEISEN, F. W.: Die Darlehenskassen-Vereine als Mittel zur Abhilfe der Noth der ländlichen Bevölkerung sowie auch der städtischen Handwerker und Arbeiter. Praktische Anleitung zur Bildung solcher Vereine, gestützt auf sechzehnjährige Erfahrung als Gründer derselben. Neuwied 1866 (URL: publikationen.ub.uni-frankfurt.de/Volltexte/2005/13205/pdf/raiffeisen.pdf [25.7.2011]).

RAITHEL, Thomas/STRENGE, Irene: Die Reichstagsbrandverordnung. Grundlegung der Diktatur mit den Instrumenten des Weimarer Ausnahmezustandes. In: Vierteljahrshefte für Zeitgeschichte 48 (2000), S. 413–460.

RALL, Hans: Die politische Entwicklung von 1848 bis zur Reichsgründung 1871. In: Spindler, Max (Hrsg.): Handbuch der Bayerischen Geschichte. Bd. 4: Das neue Bayern 1800–1970, Teil 1. München 1974, S. 224–282.

RAPHAEL, Lutz: Staat im Dorf. Transformationen lokaler Herrschaft zwischen 1750 und 1850: Französische und westdeutsche Erfahrungen in vergleichender Perspektive. In: Zeitschrift für Agrargeschichte und Agrarsoziologie 51 (2003), Heft 1, S. 43–61.

RAPP, Susanne: Wiederaufbau und Neubeginn des Jenaer Glaswerkes Schott & Genossen in Mainz. »Corporate Identity« in den Nachkriegsjahren. Diss. phil. Mainz 1999.

RASP, Ute-Konstanze: Das Gewerbemuseum und die Königlichen Kreisbaugewerkschulen und Kunstgewerblichen Fachschulen Kaiserslautern, 1874–1918. Diss. Bonn 1995.

RASSELSTEIN-AKTIENGESELLSCHAFT (Hrsg.): Rasselstein. 225 Jahre Erfahrung mit Blech. Werkstoff mit Zukunft, 1760–1985 Rasselstein Aktiengesellschaft. Neuwied 1985.

RATH, Jochen: Rückerstattung. In: Rummel, Walter/Ders. (Bearb.): »Dem Reich verfallen« – »den Berechtigten zurückzuerstatten«. Enteignung und Rückerstattung jüdischen Vermögens im Gebiet des heutigen Rheinland-Pfalz 1938–1953. Koblenz 2001 (Veröffentlichungen der Landesarchivverwaltung Rheinland-Pfalz, 96), S. 227–303.

RAUSCH, Jakob (Hrsg.): Geschichte des Kreises Altenkirchen. Liechtenstein 1983 [Nachdruck d. A. Betzdorf/Sieg 1921].

RAUSCHER, Manfred: Die Idar-Obersteiner Tagespresse im Wandel der Zeit. In: Mitteilungen des Vereins für Heimatkunde im Landkreis Birkenfeld 81 (2007), S. 115–121.

REBENTISCH, Dieter: Die Selbstverwaltung in der Weimarer Republik. In: Püttner, Günther (Hrsg.): Handbuch der kommunalen Wissenschaft und Praxis, Bd. 1. Berlin 1981, S. 86–100.

REBLE, Albert: Das Schulwesen. In: Spindler, Max (Hrsg.): Handbuch der bayerischen Geschichte. Bd. 4: Das neue Bayern 1800–1970, Teil 2. München 1975, S. 949–990.

REICHEL, Edward: Humanismus à la française 1945 bis 1960: Frankreichs Kultur im Nachkriegsdeutschland – Ost und West. In: Hölz, Karl u. a. (Hrsg.): Sinn und Sinnverständnis. Festschrift Ludwig Schrader. Berlin 1997, S. 211–224.

REICHRATH, Hans L.: Ludwig Diehl 1894–1982. Kreuz und Hakenkreuz im Leben eines Pfälzer Pfarrers und Landesbischofs. Speyer [2]1996.

REININGHAUS, Wilfried: Archivgeschichte. Umrisse einer untergründigen Subdisziplin. In: Der Archivar 61 (2008), S. 352–360.

REISEK, J. Julius: »Und die Nachtigall soll Schiedsrichter sein!« Betrachtungen über die Kreuznacher Gesangs- und Festkultur im 19. Jahrhundert. In: Bad Kreuznacher Heimatblätter. Beilage zum Öffentlichen Anzeiger Bad Kreuznach 1996, Nr. 11.

RENNER, Katharina: Wie Regionen in Brüssel Politik machen. Die Interessenartikulation von Rheinland-Pfalz und Katalonien auf europäischer Ebene. In: Kleinfeld, Ralf (Hrsg.): Muster regionaler Politikgestaltung in Europa. Osnabrück 2006, S. 99–130.

RESMINI, Bertram: Lager der Besatzungsmächte in Rheinland-Pfalz. Kriegsgefangene, Internierte und Verschleppte im Rheinland nach dem Zweiten Weltkrieg. In: Jahrbuch für westdeutsche Landesgeschichte 19 (1993), S. 601–621.

RETTINGER, Elmar: Die Bevölkerung der Stadt Mainz – Ein Überblick. In: Dumont, Franz/Scherf, Ferdinand (Hrsg.): Mainz – Menschen, Bauten, Ereignisse. Eine Stadtgeschichte . Mainz 2010, S. 221–230.

RETTINGER, Elmar: Die Umgebung der Stadt Mainz und ihre Bevölkerung vom 17. bis 19. Jahrhundert. Ein historisch-demographischer Beitrag zur Sozialgeschichte ländlicher Regionen. Stuttgart 2002 (Geschichtliche Landeskunde, 53).

REUSCH, Wilhelm: Das Rheinische Landesmuseum in Trier. In: Lebendiges Rheinland-Pfalz 1 (1964), S. 108–113.

REUTER, Fritz: Warmaisa. 1000 Jahre Juden in Worms. Frankfurt am Main [2]1987.

REUTER, Fritz: Ein Spiel- und Festhaus für die Bürger. In: Der Wormsgau 15 (1987/91), S. 59–70.

REUTER, Fritz: Das Lutherdenkmal in Worms und die Protestations-Gedächtniskirche in Speyer. Zwei Denkmäler des Weltprotestantismus. In: Böcher, Otto (Hrsg.): Hundert Jahre Gedächtniskirche der Protestation zu Speyer. 1904–2004. Ubstadt-Weiher 2004 (Blätter für pfälzische Kirchengeschichte und religiöse Volkskunde, 71), S. 197–210.

REUTER, Fritz: Zwischen Reaktion und hessischer Städteordnung (1852–1874). In: Bönnen, Gerold (Hrsg.): Geschichte der Stadt Worms. Stuttgart 2005, S. 441–478.

REUTER, Fritz: Der Sprung in die Moderne. Das »Neue Worms« (1874–1914). In: Bönnen, Gerold (Hrsg.): Geschichte der Stadt Worms. Stuttgart 2005, S. 479–544.

REUTER, Rudolf: Die Staatliche Büchereistelle Köln 1923–1945. In: Staatliche Büchereistelle Köln in Verbindung mit dem Kultusministerium Nordrhein-Westfalen Düsseldorf (Hrsg.): Einst Dorfbücherei – heute Bibliothekssystem. Festschrift zum 50jährigen Bestehen der Staatlichen Büchereistelle Köln. Köln 1973, S. 13–17.

RHEINISCH-WESTFÄLISCHES WIRTSCHAFTSARCHIV (Hrsg.): Beiträge zur Geschichte der Moselkanalisierung. Köln 1967 (Schriften zur Rheinisch-Westfälischen Wirtschaftsgeschichte, 14).

150 Jahre Rheinische Naturforschende Gesellschaft und 75 Jahre Naturhistorisches Museum Mainz. In: Lebendiges Rheinland-Pfalz 21 (1984), S. 117–141.

Rheinland-Pfalz in Brüssel. Die Vertretung des Landes Rheinland-Pfalz bei der Europäischen Union [Broschüre] o. O. o. J.

Rheinland-Pfalz. Deutsches Kernland. Heidelberg [3]2001 und [4]o. J. [2006].

Rhein-Neckar-Raum an der Schwelle des Industrie-Zeitalters. Mannheim 1984 (Südwestdeutsche Schriften, 1).

RIBHEGGE, Wilhelm: Preußen in Westen. Kampf um den Parlamentarismus in Rheinland und Westfalen 1789–1947. Münster 2008.

RICHHARDT, Dirk: Zwangsarbeit im Bereich von evangelischer Kirche und Diakonie in Hessen. Darmstadt und Kassel 2003 (Quellen und Studien zur hessischen Kirchengeschichte, 8).

RICHTER, Klaus: Neuwied a. Rh., gegründet 1653. Die Geschichte der Stadt im Spiegel ihrer Architektur. Koblenz 2003.

RICHTER, Ludwig: Die Deutsche Volkspartei 1918–1933. Düsseldorf 2002 (Beiträge zur Geschichte des Parlamentarismus und der politischen Parteien, 134).

RIEHL, Wilhelm Heinrich: Die Pfälzer. Ein rheinisches Volksbild. Ludwigshafen a. Rh. o. J. [Neuausgabe d. A. Stuttgart 1857).

RIEHL, Wilhelm Heinrich: Vom Deutschen Land und Volke. Eine Auswahl. Sondheim 1975 [Nachdruck d. A. Jena 1922].

RIES, Roland: Die Gründung des Katholischen Büros Mainz vor 10 Jahren. In: Katholisches Büro Mainz (Hrsg.): Kirche und Staat als Partner. 10 Jahre Katholisches Büro Mainz – Kommissariat der Bischöfe Rheinland-Pfalz 1968–1978. Mainz o. J. [1978], S. 20–31.

RIES, Roland: Die Gründungsgeschichte der Katholischen Fachhochschule für Sozialarbeit, Sozialpädagogik und Praktische Theologie in Mainz. In: Jungnitz, Ingobert (Hrsg.): Neues Jahrbuch für das Bistum Mainz 1978. Beiträge zur Zeitgeschichte der Diözese. Mainz o. J. [1979], S. 51–62.

RIES, Roland: Der Anfang des Katholischen Büros Mainz vor 30 Jahren. Erfahrungen für morgen? In: Nacke, Bernhard (Hrsg.): Kirche in Staat und Gesellschaft. Grundlegungen – Erfahrungen – Perspektiven. Mainz 1998, S. 51–58.

RIES, Roland: Das Bistum Trier in den Bundesländern Rheinland-Pfalz und Saarland. In: Persch, Martin/Schneider, Bernhard (Hrsg.): Geschichte des Bistums Trier. Bd. 5: Beharrung und Erneuerung 1881–1981. Trier 2004 (Veröffentlichungen des Bistumsarchivs Trier, 39), S. 698–719.

RING, Klaus: Die Elektrifizierung im Eifel- und Moselraum. Bestandsaufnahme und Forschungsbericht. In: Arbeitskreis Eifeler Museen (AEM) (Hrsg.): »Der Strom kommt!« Die Elektrifizierung im Eifel- und Moselraum. Meckenheim 1996, S. 11–14.

RING, Matthias: »Katholisch und deutsch«. Die alt-katholische Kirche Deutschlands und der Nationalsozialismus. Bonn 2008 (Geschichte und Theologie des Alt-Katholizismus, Reihe B, Darstellungen und Studien, 3).

RIPPER, Tobias: »Als die deutsche Küche exotischer wurde.« Zur Internationalisierung der Nahrungsgewohnheiten nach dem Zweiten Weltkrieg. Magisterarbeit FB 05 Mainz 2010.

RIVINIUS, Karl Josef: Das Bistum von der Säkularisation bis zum Kulturkampf. In: Jürgensmeier, Friedhelm (Hrsg.): Handbuch der Mainzer Kirchengeschichte. Bd. 3: Neuzeit und Moderne, Teil 2. Würzburg 2002, S. 907–1141.

RIVINIUS, Karl Josef: Zur Genese der Kulturkampfgesetzgebung im Großherzogtum Hessen und ihre Revision in der Berichterstattung der preußischen Gesandten am Hof zu Darmstadt. In: Fleckenstein, Gisela (Hrsg.): Kirchengeschichte. Alte und neue Wege. Festschrift Christoph Weber, Bd. 2. Frankfurt am Main u. a. 2008, S. 597–642.

RÖDDER, Andreas: Moderne-Postmoderne-Zweite Moderne. Deutungskategorien für die Geschichte der Bundesrepublik in den siebziger und achtziger Jahren. In: Raithel, Thomas/Ders./Wirsching, Andreas: Auf dem Weg in eine neue Moderne? Die Bundesrepublik Deutschland in den siebziger und achtziger Jahren. München 2009, S. 181–201.

RÖDEL, Eva: Der Streit um die Konfessionsschule. Der »Schulkampf« in Rheinhessen und seine Folgen 1952–1955. Diss. phil. Mainz 2010.

RÖDEL, Volker: Die Anfänge des Landesarchivs Speyer. In: Archivalische Zeitschrift 78 (1993), S. 191–256.

RÖDEL, Volker: Die Entnazifizierung im Nordteil der französischen Zone. In: Heyen, Franz-Josef (Hrsg.): Rheinland-Pfalz entsteht. Beiträge zu den Anfängen des Landes Rheinland-Pfalz in Koblenz 1945–1951. Boppard 1984 (Veröffentlichungen der Kommission des Landtages für die Geschichte des Landes Rheinland-Pfalz, 5), S. 261–282.

RÖDEL, Volker: Die Zeit der Französischen Revolution und Napoleons. II.: Die Pfalz in der Zeit der Zugehörigkeit zu Frankreich (1799/1801–1813). In: Alter, Willi (Hrsg.): Pfalzatlas, Textband 3. Speyer 1981, S. 1471–1475.

RÖMHELD, Wilhelm: Die Sache der evangelischen Heidenmission im Großherzogtum Hessen in ihrer geschichtlichen Entwicklung. Darmstadt 1915.

RÖRIG, Reinhold/DUMONT, Franz (Hrsg.): 50 Jahre Universitätsklinikum Mainz 1946–1996. Vom Städtischen Krankenhaus zum Krankenhaus der Maximalversorgung. Mainz 1996.

RÖRIG, Reinhold: Idee und Entwicklung der rheinischen Bürgermeistereiverfassung. Diss. jur. Mainz 1956.

RÖSCH, Heinz-Egon: Sport in Mainz. In: Dumont, Franz/Scherf, Ferdinand/Schütz, Friedrich (Hrsg.): Mainz. Die Geschichte der Stadt. Mainz 1998, S. 982–1020.
RÖSLER, Johann Baptist: Der Bürgerbeauftragte und seine politische Funktion. In: Deutsche Verwaltungspraxis 38 (1987), Heft 4, S. 161–164.
ROGGE, Joachim/RUHBACH, Gerhard (Hrsg.): Die Geschichte der Evangelischen Kirche der Union. Ein Handbuch. Bd. 2: Die Verselbständigung der Kirche unter dem königlichen Summepiskopat (1850–1918). Leipzig 1994.
ROHDE, Matthias: Juden in Rheinhessen. Studien zur wirtschaftlichen und sozialen Lage in der ersten Hälfte des 19. Jahrhunderts. Tönning u.a. 2007.
ROLAND, Berthold (Hrsg.): Nicola Perscheid, Theodor und Jacob Hilsdorf, August Sander. Der rheinland-pfälzische Beitrag zur Geschichte der Photographie. Katalog zur gleichnamigen Ausstellung. Mainz 1989.
ROLEF, Georg: Die rheinische Landgemeindeverfassung seit der französischen Zeit. Berlin 1912/13.
ROMEYK, Horst: Die politischen Wahlen im Regierungsbezirk Koblenz 1898 bis 1918. Diss. phil. Bonn 1968.
ROMMEL, Martina: Kleine Geschichte der Mainzer Katholikentage 1848–1948. In: Dies./Lehmann, Karl: Stationen der Hoffnung. Katholikentage in Mainz 1848–1998. Mainz 1998 (Mainzer Perspektiven. Aus der Geschichte des Bistums, 2), S. 13–147.
ROMMEL, Martina: Zwischen Ancien Régime und Industriezeitalter. Elemente der Kontinuität und Diskontinuität in der demographischen Entwicklung von Worms (1750–1875). In: Matheus, Michael (Hrsg.): Landesgeschichte und historische Demographie. Stuttgart 2000 (Geschichtliche Landeskunde, 50), S. 27–46
ROSENAU, Renate: Die Alzeyer Landes-, Heil- und Pflegeanstalt in der Zeit des Nationalsozialismus. In: Rheinhessen-Fachklinik Alzey (Hrsg.): 100 Jahre Rheinhessen-Fachklinik Alzey. Alzey 2008, S. 67–100.
ROSENBERGER, Wilfried (Bearb.): Beschreibung rheinland-pfälzischer Bergamtsbezirke. Bd. 3: Bergamtsbezirk Bad Kreuznach. Bad Marienberg 1971.
ROSENKRANZ, Albert: Kurze Geschichte der Evangelischen Kirche im Rheinland bis 1945. Neunkirchen-Vluyn [2]1975.
ROSENOW, Kerstin: Von der Konsolidierung zur Erneuerung – Eine organisationssoziologische Analyse der Türkisch Islamischen Union der Anstalt für Religion e.V. (DITIB). In: Pries, Ludger/Sezgin, Zeynep (Hrsg.): Jenseits von »Identität oder Integration« – Grenzen überspannende Migrantenorganisationen. Wiesbaden 2010, S. 169–200.
ROST, Klaus: Die programmierte Sitzung. Narren im Fernsehen. Diss. phil. Mainz 1978.
ROST, Klaus: Zeitungen erscheinen wieder. In: 1945–1947. Zwischen Trümmern und Aufbruch. Zur Entstehung von Rheinland-Pfalz. Mainz 1987, S. 27–131.
ROSTOCK, Michael: Liberale Parteien. In: Schlagen, Walter (Hrsg.): Die deutschen Parteien im Überblick. Königsstein im Taunus 1979, S. 63–69.
ROTH, Andreas: Entstehung, Etablierung und erste Reformen – die Amtsgerichte von 1879 bis 1933. In: Ders. (Hrsg.): 125 Jahre Amtsgerichte im heutigen Rheinland-Pfalz. Vergangenheit – Gegenwart – Zukunft. München 2004, S. 3–17.
ROTH, Hans-Peter: Die Volksversammlung auf dem Paulsberg bei Lieser im Revolutionsjahr 1848. In: Jahrbuch für den Kreis Bernkastel-Wittlich 1988, S. 310–314.
ROTH, Hugo: Die Mainzer Presse von der Mainzer Revolution 1792 bis zum Ende der zweiten französischen Herrschaft 1814. Darmstadt 1930.
ROTHENBERGER, Karl-Heinz: Die Hungerjahre nach dem Zweiten Weltkrieg. Ernährungs- und Landwirtschaft in Rheinland-Pfalz 1945–1950. Boppard 1980 (Veröffentlichungen der Kommission des Landtages für die Geschichte des Landes Rheinland-Pfalz, 3).
ROTHENBERGER, Karl-Heinz: Strom für alle. Die Elektrifizierung der Pfalz 1882–1928 und die Gründung der »Pfalzwerke AG« 1912. Kaiserslautern 1991 (Beiträge zur Pfälzischen Geschichte, 3).
ROTHENBERGER, Karl-Heinz: Geschichte der pfälzischen Gasindustrie. Landau 1996 (Landauer Universitätsschriften, Geschichte, 3).

ROTHENBERGER, Karl-Heinz: Die Dampfmaschine in der Pfalz (1833–1966). Künstliche Energie und Industrialisierung. In: Mitteilungen des Historischen Vereins der Pfalz 95 (1997), S. 293–344.

ROTHENBERGER, Karl-Heinz: Auto und Motorrad. Der Kraftfahrzeugverkehr in der Pfalz von den Anfängen bis zum Ersten Weltkrieg. In: Mitteilungen des Historischen Vereins der Pfalz 97 (1999), S. 505–554.

ROTHENBERGER, Karl-Heinz: Kraftfahrzeugverkehr in der Pfalz. Die 1920er und 1930er Jahre als Wegbereiter der Massenmotorisierung. In: Mitteilungen des Historischen Vereins der Pfalz 98 (2000), S. 345–383.

ROTHENBERGER, Karl-Heinz: Wirtschaftliche Krise, technischer Fortschritt und Modernisierung des Lebens in der ersten Hälfte des 20. Jahrhunderts. In: Ders. u.a. (Hrsg.): Pfälzische Geschichte, Bd. 2. Kaiserslautern 2001, S. 153–173.

ROTHENBERGER, Karl-Heinz: Autobahnbau in der Pfalz nach dem Zweiten Weltkrieg. In: Mitteilungen des Historischen Vereins der Pfalz 100 (2002), S. 533–559.

ROTHENBERGER, Karl-Heinz: Automobil und Straße. Kraftfahrzeugverkehr in der Pfalz von den Anfängen bis zur Massenmotorisierung. In: Pfälzer Heimat 53 (2002), S. 132–140.

ROTHENBERGER, Karl-Heinz: Hungerjahre. Die pfälzische Nachkriegsgesellschaft als Zwei-Klassen-Gesellschaft. In: Nestler, Gerhard/Ziegler, Hannes (Hrsg.): Die Pfalz in der Nachkriegszeit. Wiederaufbau und demokratischer Neubeginn (1945–1947). Kaiserslautern 2004 (Beiträge zur pfälzischen Geschichte, 22), S. 31–53.

ROTHENBERGER, Karl-Heinz: Grundzüge der amerikanischen Militärpräsenz in Rheinland-Pfalz 1950–2000. In: Mitteilungen des Historischen Vereins der Pfalz 106 (2008), S. 525–571.

ROTHENBERGER, Karl-Heinz: Die Amerikaner in der Pfalz und in Rheinhessen (1950–2010). Große Politik, Militär, Ziviles. Kaiserslautern 2010 (Beiträge zur pfälzischen Geschichte, 24).

ROTHENBERGER, Karl-Heinz u.a. (Hrsg.): Pfälzische Geschichte. 2 Bde. Kaiserslautern ³2011 (Beiträge zur pfälzischen Geschichte, 18,1 und 2).

ROTHENBERGER, Karl-Heinz: Die Amerikaner in der Pfalz. In: Ders. u.a. (Hrsg.): Pfälzische Geschichte, Bd. 1. Kaiserslautern ³2011 (Beiträge zur pfälzischen Geschichte, 18,1), S. 322–326.

ROTHENBERGER, Karl-Heinz: Wirtschaftliche Krise, technischer Fortschritt und Modernisierung des Lebens in der ersten Hälfte des 20. Jahrhunderts. In: Ders. u.a. (Hrsg.): Pfälzische Geschichte, Bd. 2. Kaiserslautern ³2011 (Beiträge zur pfälzischen Geschichte, 18,2), S. 175–194.

RÖTTJER, Julia: Der Fall Rouzier. Germersheim 2009 (Schriftenreihe zur Geschichte der Stadt Germersheim, 3).

ROWE, Michael: From Reich to State. The Rhineland in the Revolutionary Age, 1780–1830. Cambridge 2003.

RUCK, Michael: Die Gewerkschaften in den Anfangsjahren der Republik 1919 bis 1923. Köln 1985. (Quellen zur Geschichte der deutschen Gewerkschaftsbewegung im 20. Jahrhundert, 2).

RUCKERT, Frederic: Zwangssterilisationen im Dritten Reich 1933 bis 1945. Das Schicksal der Opfer am Beispiel der Frauenklinik des Städtischen Krankenhauses und der Hebammenanstalt Mainz. Mainz 2012 (Beiträge zur Geschichte der Johannes Gutenberg-Universität Mainz N.F.,10).

RÜSCHENSCHMIDT, Heinz: Die Verwaltungsreform des Landes Rheinland-Pfalz unter besonderer Berücksichtigung der Territorialreform auf der Ebene der Kreise und Gemeinden. Diss. phil. Trier 1975.

RUGE-SCHATZ, Angelika: Umerziehung und Schulpolitik in der französischen Besatzungszone 1945–1949. Frankfurt am Main [u.a.] 1977 (Sozialwissenschaftliche Studien, 1).

RUMETSCH, Rudolf: Die Entwicklung der kommunalen Selbstverwaltung in Rheinland-Pfalz. In: Deutsche Verwaltungspraxis 38 (1987), Heft 4, S. 112–120.

RUMMEL, Walter: Gegen Bürokratie, Steuerlast und Bevormundung. Anliegen und Aktionen der ländlichen Bevölkerung der Rheinprovinz während der Revolution 1848/49. In: Lennartz, Stephan/Mölich, Georg (Hrsg.): Revolution im Rheinland. Veränderungen der politischen Kultur 1848/49. Bielefeld 1998 (Bensberger Protokolle, 99), S. 109–162.

RUMMEL, Walter: Frömmigkeit im Rheinland. Zwischen Spätantike und Moderne. In: Engelbrecht, Jörg (Hrsg.): Rheingold. Menschen und Mentalitäten im Rheinland. Eine Landeskunde. Köln u.a. 2003, S. 147–233.

RUMMEL, Walter: »...dieser allgemeine und endliche Sieg der bürgerlichen Freiheit...«. Das Nachwirken der französischen Herrschaft im preußischen Rheinland des 19. Jahrhunderts. In: Dühr, Elisabeth/Lehnert-Leven, Christl (Hrsg.): Unter der Trikolore. Trier in Frankreich – Frankreich in Trier, Bd. 2. Trier 2004, S. 895–911.

RUMMEL, Walter: Ein Haufen von Schutt und Bausteinen. Die Anfänge des preußischen Provinzialarchivs Koblenz zwischen Geheimpolizei und Korruption, Blendwerk und Tagwerk. In: Rödel, Volker (Hrsg.): Umbruch und Aufbruch. Das Archivwesen nach 1800 in Süddeutschland und im Rheinland. Stuttgart 2005 (Werkhefte der Staatlichen Archivverwaltung Baden-Württemberg, Serie A, 20), S. 131–173.

RUMMEL, Walter (Bearb.): Die Protokolle des Ministerrats von Rheinland-Pfalz. Provisorische Regierung Boden und Erste Regierung Altmeier, 1.–109. Ministerratssitzung (2.12.1946–29.12.1948). Mainz und Koblenz 2007 (Veröffentlichungen der Kommission des Landtages für die Geschichte des Landes Rheinland-Pfalz, 27; Veröffentlichungen der Landesarchivverwaltung Rheinland-Pfalz, Sonderreihe Ministerratsprotokolle, 1).

RUMMEL, Walter: Taxes and other Burdens. State-Building in the Prussian Rhine Province 1815–1850. In: Nützennadel, Alexander/Strupp, Christoph (Hrsg.): Taxation, State, and Civil Society in Germany and the United States from the 18th to the 20th Century. Baden-Baden 2007, S. 141–152.

RUMMEL, Walter: Bilder des Unrechts. In: Unsere Archive. Mitteilungen aus den rheinland-pfälzischen und saarländischen Archiven 54 (2009), S. 24–30.

RUMMEL, Walter: Regionen im Nationalsozialismus. Ein Forschungsbericht aus rheinland-pfälzischer Sicht. In: Kißener, Michael (Hrsg.): Rheinhessische Wege in den Nationalsozialismus. Studien zu rheinhessischen Landgemeinden von der Weimarer Republik bis zum Ende der NS-Diktatur. Worms 2010, S. 9–59.

Der Rundfunk in Rheinland-Pfalz. In: Wirtschaftliche Lage des Rundfunks in Deutschland 7 (2006/07), S. 261–276.

RUPPERT, Karsten: Die Pfälzische Landesbibliothek vom Ende des Zweiten Weltkrieges bis zum Übergang an das Land Rheinland-Pfalz (1945–1974). Speyer 1995 (Pfälzische Arbeiten zum Buch- und Bibliothekswesen und zur Bibliographie, 17).

RUPPERT, Karsten: Die politischen Vereine der Pfalz in der Revolution von 1848/49. In: Fenske, Hans/Kermann, Joachim/Scherer, Karl (Hrsg.): Die Pfalz und die Revolution 1848/49, Bd. 2. Kaiserslautern 2000 (Beiträge zur pfälzischen Geschichte, 16,2), S. 57–243.

RUPPERT, Wolfgang: »Und wär' es nur das Brod allein...«. In: Ders. (Hrsg.): Die Arbeiter. Lebensformen, Alltag und Kultur von der Frühindustrialisierung bis zum »Wirtschaftswunder«. München 1986, S. 11–19.

RUPPS, Martin: Der lange Weg zum gemeinsamen Haus. Weshalb SDR und SWF doch noch zusammenfanden. In: Doppelpfeil 2003, Heft 5, S. 12–16.

RUTTMANN, Ulrike: Wunschbild – Schreckbild – Trugbild. Rezeption und Instrumentalisierung Frankreichs in der Deutschen Revolution von 1848/49. Stuttgart 2001 (Frankfurter Historische Abhandlungen, 42).

SACHS, Birgit: Mainzer Erinnerungen: Frauen und Kinder in der Nachkriegszeit. Mainz 1994 (Mainzer Kleine Schriften zur Volkskultur, 6).

SAGNAC, Philippe: Le Rhin français pendant la Révolution et l'Empire. Paris 1917.

SALMEN, Walter: Das Konzert. Eine Kulturgeschichte. München 1988.

SALZMANN, Heinrich/SCHUNCK, Egon: Das Selbstverwaltungsgesetz für Rheinland-Pfalz vom 27. September 1948. Kommentar. St. Goar 1951.

SALZMANN, Heinrich/SCHUNCK, Egon: Das Selbstverwaltungsgesetz für Rheinland-Pfalz in der Neufassung vom 5. Oktober 1954 (GVBl. S. 117). Siegburg ²1955.

SAND, Joachim: »Arbeiterfrage« und Gewerkschaftsstreit. In: Persch, Martin/Schneider, Bernhard (Hrsg.): Geschichte des Bistums Trier. Bd. 5: Beharrung und Erneuerung 1881–1981. Trier 2004 (Veröffentlichungen des Bistumsarchivs Trier, 39), S. 592–610.

SANDER, August: Menschen des 20. Jahrhunderts. [darin: VII. Die letzten Menschen]. Ein Kulturwerk in Lichtbildern eingeteilt in sieben Gruppen, hrsg. von Die Photographische Sammlung/SK Stiftung Kultur. München u. a. 2002.

SANDER, Hartmut: Die politischen Wahlen im Regierungsbezirk Koblenz 1918 bis 1924. Diss. phil. Bonn 1972.

SANDNER, Basilius/SCHUMACHER, Karl-Heinz: Maria Laach im Ersten und Zweiten Weltkrieg. Erfurt 2009.

SANGIORGIO, Camillo: Die Einwirkungen der französischen Pressepolitik und Kulturpropaganda auf das Zeitungswesen in Mainz während der Besatzungsjahre 1918 bis 1930. Würzburg 1939.

SARCINELLI, Ulrich: Rheinland-Pfalz unter den sozialliberalen Regierungen Rudolf Scharping und Kurt Beck. In: Landeszentrale für Politische Bildung Rheinland-Pfalz (Hrsg.): Rheinland-Pfalz ist 60. Vorträge zu den Etappen rheinland-pfälzischer Zeitgeschichte 1947–2007. Mainz 2007, S. 41–59.

SARCINELLI, Ulrich u. a. (Hrsg.): Politische Kultur in Rheinland-Pfalz. Mainz, München 2000.

SARCINELLI, Ulrich u. a. (Hrsg.): Politik in Rheinland-Pfalz. Gesellschaft, Staat und Demokratie. Wiesbaden 2010.

SARHOLZ, Hans-Jürgen: Geschichte der Stadt Bad Ems. Bad Ems 1994.

SARHOLZ, Hans-Jürgen: Die Emser Depesche. Bad Ems ²1995.

SARHOLZ, Hans-Jürgen: Der Kaiser kommt nicht mehr ... Bad Ems vor 100 Jahren. Bad Ems 2009.

SARTORIS, Herbert: Juden in Trier. In: Zuche, Thomas (Hrsg.): StattFührer. Trier im Nationalsozialismus. Trier ²1997, S. 44–54.

SARTORIUS, Otto: Der Weinbau in der Pfalz. In: Alter, Willi (Hrsg.): Pfalzatlas, Textband 1. Speyer 1964, S. 260–264.

SCHAAB, Meinrad: Geschichte der Kurpfalz. 2 Bde. Stuttgart u. a. 1988–1999.

SCHAAF, Erwin: Sozioökonomische Funktionen der Volksschule und Gewerbeschule im Raum Trier-Koblenz vom aufgeklärten Absolutismus bis zur Mitte des 19. Jahrhunderts. In: Jahrbuch für westdeutsche Landesgeschichte 4 (1978), S. 281–312.

SCHAAF, Erwin: Schulpolitik, Schule und Hochschule. In: Borck, Heinz-Günther (Hrsg.): Beiträge zu 50 Jahren Geschichte des Landes Rheinland-Pfalz. Koblenz 1997 (Veröffentlichungen der Landesarchivverwaltung Rheinland-Pfalz, 73), S. 315–344.

SCHAAF, Erwin: Schule und Schulpolitik an Rhein und Mosel zwischen Reform und Reaktion in der ersten Hälfte des 19. Jahrhunderts. In: Koblenzer Beiträge zur Geschichte und Kultur N. F. 14 (2006), S. 45–58.

SCHAD, Christian: Die Kirchenspaltung überwinden – protestantisch-katholische Ökumene. In: Stüber, Gabriele u. a. (Red.): Zeitbilder aus der Geschichte der protestantischen Kirche in der Pfalz von der Reformation bis in die Gegenwart. Speyer 1999, S. 128–130.

SCHÄFER, Helmuth: Geschichte der Stadt Pirmasens. Gudensberg-Gleichen 2000.

SCHÄFER, Markus: Datenhandbuch zur Geschichte des Landtags Rheinland-Pfalz 1947–2003. Mainz 2005 (Veröffentlichungen der Kommission des Landtages für die Geschichte des Landes Rheinland-Pfalz, 26).

SCHÄFERS, Bernhard: Gesellschaftlicher Wandel in Deutschland. Ein Studienbuch zur Sozialstruktur und Sozialgeschichte. Stuttgart ⁶1995.

SCHAFFER, Wolfgang: Ordensentwicklung seit dem 19. Jahrhundert. Bonn 2008 (Geschichtlicher Atlas der Rheinlande, Beihefte, IX.5).

SCHARF, Eginhard: Justiz und politische Polizei. In: Ministerium der Justiz Rheinland-Pfalz (Hrsg.): Justiz im Dritten Reich. Justizverwaltung, Rechtsprechung und Strafvollzug auf dem Gebiet des heutigen Landes Rheinland-Pfalz, Teil 2. Frankfurt am Main 1995 (Schriftenreihe des Ministeriums der Justiz, 3), S. 623–755.

SCHARF, Eginhard: Strafvollzug in der Pfalz unter besonderer Berücksichtigung der JVA Zweibrücken. In: Ministerium der Justiz Rheinland-Pfalz (Hrsg.): Justiz im Dritten Reich. Justizverwaltung, Rechtsprechung und Strafvollzug auf dem Gebiet des heutigen Landes Rheinland-Pfalz, Teil 2. Frankfurt am Main 1995 (Schriftenreihe des Ministeriums der Justiz, 3), S. 757–849.

SCHARF, Eginhard: Die Erforschung der Zwangsarbeit in der Pfalz am Beispiel der Städte Ludwigshafen und Frankenthal – Probleme, Erfahrungen und erste Ergebnisse. In: Brüchert, Hedwig/Matheus, Michael (Hrsg.): Zwangsarbeit in Rheinland-Pfalz während des Zweiten Weltkriegs. Stuttgart 2004 (Geschichtliche Landeskunde, 57), S. 79–88.

SCHARF, Eginhard: »Man machte mit uns, was man wollte«. Ausländische Zwangsarbeiter in Ludwigshafen am Rhein 1939–1945. Heidelberg u. a. 2004 (Veröffentlichungen des Stadtarchivs Ludwigshafen am Rhein, 33).

SCHARF, Hans-Wolfgang: Eisenbahn-Rheinbrücken in Deutschland. Freiburg 2003.

SCHARFENECKER, Uwe: Die Katholisch-Theologische Fakultät Gießen 1830–1859. Ereignisse, Strukturen, Personen. Paderborn 1998 (Veröffentlichungen der Kommission für Zeitgeschichte, Reihe B, Forschungen, 81).

SCHARFENECKER, Uwe: War es nur der Name, der blieb? Das Bistum Mainz am Übergang von der französischen zur hessischen Zeit (1814–1830). In: Rödel, Walter G./Schwerdtfeger, Regina E. (Hrsg.): Zerfall und Wiederbeginn. Vom Erzbistum zum Bistum Mainz (1792/97–1830). Ein Vergleich. Festschrift Friedhelm Jürgensmeier. Würzburg 2002 (Beiträge zur Mainzer Kirchengeschichte, 7), S. 365–392.

SCHATZ, Klaus: Geschichte des Bistums Limburg. Mainz 1983 (Quellen und Abhandlungen zur mittelrheinischen Kirchengeschichte, 48).

SCHEIBE, Mark Andreas: Die Strafjustiz in Mainz und Frankfurt/Main 1796–1803 unter besonderer Berücksichtigung des Verfahrens gegen den Serienstraftäter Johannes Bückler, genannt Schinderhannes 1802/03. Kelkheim 2009.

SCHEIBE, Max: Schinderhannes – Nichtsnutz, Pferdedieb, Räuberhauptmann? – Forschungsbericht Stand März 2008. Kelkheim [4]2008.

SCHEID, Franz-Josef/HÄRINGER, Georg/HORN, Hans: Beseitigung der Kriegsfolgen auf der Rheinstrecke von Lauterburg bis zur niederländischen Grenze. In: Wasser- und Schiffahrtsdirektion Duisburg (Hrsg.): Der Rhein. Ausbau, Verkehr, Verwaltung. Duisburg 1951, S. 443–462.

SCHEIDGEN, Hermann-Josef: Deutsche Bischöfe im Ersten Weltkrieg. Die Mitglieder der Fuldaer Bischofskonferenz und ihre Ordinariate 1914–1918. Köln u. a. 1991 (Bonner Beiträge zur Kirchengeschichte, 18).

SCHEIDGEN, Hermann-Josef: Der deutsche Katholizismus in der Revolution von 1848/49. Episkopat – Klerus – Laien – Vereine. Köln u. a. 2008 (Bonner Beiträge zur Kirchengeschichte, 27).

SCHEIDT-LÄMKE, Dora: Volkskunde. In: Nassauische Kulturstiftung (Hrsg.): Heimatbuch des Regierungsbezirks Montabaur. Marienberg 1956, S. 250–331.

SCHELLACK, Fritz: Fotochronik Mengerschied. Fotografische Skizze eines Hunsrückdorfes vom Ende des Zweiten Weltkrieges bis zur Schwelle des 21. Jahrhunderts. Simmern 1998.

SCHELLACK, Fritz: Lautzenhausen. Geschichte und Entwicklung einer Hunsrückgemeinde am Tor zum Flugplatz Hahn. Lautzenhausen 1998 (Schriftenreihe des Hunsrücker Geschichtsvereins, 29).

SCHELLACK, Fritz: Die Nordamerika-Auswanderung aus Eifel und Hunsrück. In: Kremp, Werner/Paul, Roland (Hrsg.): Die Auswanderung nach Nordamerika aus den Regionen des heutigen Rheinland-Pfalz. Trier 2002 (Atlantische Texte, 16), S. 37–48.

SCHELLACK, Fritz: Zum Geleit. In: Hunsrück-Museum Simmern u. a. (Hrsg.): »Von innerer Überzeugung beseelt«. Künstlerischer Aufbruch in der südlichen Rheinprovinz nach dem Ersten Weltkrieg. Begleitbroschüre zur Ausstellung. Bad Kreuznach 2007, S. 3–5.

SCHELLACK, Gustav: Unteroffizier Gustav Walber – ein Soldat im Ersten Weltkrieg. In: Freckmann, Klaus/Schellack, Fritz (Hrsg.): »Der König ruft ...«. Militär und Krieg im ländlichen Raum (1870–1918). Sobernheim 1994 (Schriftenreihe des Freilichtmuseums Sobernheim, 15), S. 59–69.

SCHELLACK, Gustav: Die Entwicklung des Chorgesangs auf dem Hunsrück. In: 75 Jahre Chorgesang. Vergangenheit und Gegenwart. Hunsrücker Sängerbund 1920–1949, Sängerkreis Hunsrück 1949–1995. Simmern o. J. [1995].

SCHENDA, Rudolf: Volk ohne Buch. Studien zur Sozialgeschichte der populären Lesestoffe 1770–1910. Frankfurt am Main 1970 (Studien zur Philosophie und Literatur des neunzehnten Jahrhunderts, 5).

SCHENK, Günter: Fassenacht in Mainz. Kulturgeschichte eines Volksfestes. Stuttgart 1986.

SCHEPUA, Michael: »Der Gau Pfalz marschiert«. Der Weg der NSDAP von der Splittergruppe zur Staatspartei (1921–1933). In: Jahrbuch zur Geschichte von Stadt und Landkreis Kaiserslautern 34/35 (1996/97), S. 41–74.

SCHEPUA, Michael: Nationalsozialismus in der pfälzischen Provinz. Herrschaftspraxis und Alltagsleben in den Gemeinden des heutigen Landkreises Ludwigshafen 1933–1945. Mannheim 2000 (Mannheimer Historische Forschungen, 20).

SCHERER, Karl/LINDE, Otfried/PAUL, Roland: Die Heil- und Pflegeanstalt Klingenmünster 1933–1945. Psychiatrie im Nationalsozialismus. Kaiserslautern 1998 (Beiträge zur pfälzischen Geschichte, 14).

SCHERER, Karl: Der Bezirksverband Pfalz. In: Geißler, Karl Friedrich (Hrsg.): Das große Pfalzbuch. Landau [7]1995, S. 303–308.

SCHERER, Karl: Die unierte Kirche der Pfalz in den Revolutionsjahren 1848/49. In: Fenske, Hans/Kermann, Joachim/Ders. (Hrsg.): Die Pfalz und die Revolution 1848/49, Bd. 2. Kaiserslautern 2000 (Beiträge zur pfälzischen Geschichte, 16,2), S. 105–150.

SCHERF, Ferdinand/HENSEL-GROBE, Meike/DUMONT, Franz: Rabanus-Maurus-Gymanasium Mainz. Die Geschichte der Schule. Rudpolding, Mainz 2007.

SCHERF, Ferdinand: Lernen in Mainzer Schulen. In: Dumont, Franz/Ders./Schütz, Friedrich (Hrsg.): Mainz. Die Geschichte der Stadt. Mainz [2]1999, S. 733–769.

SCHERF, Ferdinand: Forschungs- und praxisorientiert: Zur Geschichte der Fachhochschule Mainz. In: Dumont, Franz/Ders.: Mainz – Menschen, Bauten, Ereignisse. Eine Stadtgeschichte. Mainz 2010. S. 366–369.

SCHERING, Ernst: Hessische Kirchengeschichte in Grundzügen. Frankfurt o. J. [1989] (Schönberger Hefte, Sonderheft, 9).

SCHIEDER, Wolfgang (Hrsg.), datentechnisch aufbereitet von Manfred Koltes: Säkularisation und Mediatisierung in den vier rheinischen Departements 1803–1813. Edition des Datenmaterials der zu veräußernden Nationalgüter. Teil 1: Einführung und Register. Boppard 1991 (Forschungen zur deutschen Sozialgeschichte, 5).

SCHIELE, Otto H. (Hrsg.): Die Goldene Mitte II. Eine Schrift aus Anlaß des 125-jährigen Firmenjubiläums von KSB unter Einbeziehung von Teilen des Buches »Die Golde Mitte« von Gert Klass sowie weiterer fremder und eigener Texte. Frankenthal 1996.

SCHIERBAUM, Hansjürgen: Die politischen Wahlen in den Eifel- und Moselkreisen des Regierungsbezirks Trier 1849–1867. Düsseldorf 1960 (Beiträge zur Geschichte des Parlamentarismus und der politischen Parteien, 19).

SCHIFFAUER, Werner: Die Gottesmänner. Türkische Islamisten in Deutschland. Eine Studie zur Herstellung religiöser Evidenz. Frankfurt am Main 2000.

SCHIFFAUER, Werner: Nach dem Islamismus. Die Islamische Gemeinschaft Milli Görüs. Eine Ethnographie. Berlin 2010.

SCHIFFMANN, Dieter/BERKESSEL, Hans/ARENZ-MORCH, Angelika (Hrsg.): Widerstand gegen den Nationalsozialismus auf dem Gebiet des heutigen Rheinland-Pfalz. Mainz 2011.

SCHIFFMANN, Dieter: Von der Revolution zum Neunstundentag. Arbeit und Konflikt bei BASF 1918–1924. Frankfurt und New York 1983.

SCHIFFMANN, Dieter: Traditionen und Wirkungen regionaler politischer Kultur. In: Sarcinelli, Ulrich u. a. (Hrsg.): Politik in Rheinland-Pfalz. Gesellschaft, Staat und Demokratie. Wiesbaden 2010, S. 31–74.

SCHILDT, Axel: Hegemon der häuslichen Freizeit: Rundfunk in den 1950er Jahren. In: Ders./Sywottek, Arnold (Hrsg.): Modernisierung im Wiederaufbau. Die westdeutsche Gesellschaft der 1950er Jahre. Bonn 1993, S. 458–476.

SCHILDT, Axel: Der Beginn des Fernsehzeitalters: Ein neues Massenmedium setzt sich durch. In: Ders./Sywottek, Arnold (Hrsg.): Modernisierung im Wiederaufbau. Die westdeutsche Gesellschaft der 1950er Jahre. Bonn 1993, S. 477–492.

SCHILDT, Axel/SIEGFRIED, Detlef: Deutsche Kulturgeschichte. Die Bundesrepublik 1945 bis zur Gegenwart. München 2009.

SCHINDELKA, Martina: Zur Situation von Frauen. In: Niem, Christina/Schneider, Thomas (Hrsg.): Zukunft kleiner Gemeinden in Rheinland-Pfalz. Ergebnisse eines interdisziplinären Forschungsprojekts. Mainz 1995 (Studien zur Volkskultur in Rheinland-Pfalz, 18), S. 87–100.

SCHINELLER, Werner: Die Regierungspräsidenten der Pfalz. Festgabe Hans Keller. Speyer 1980.

SCHIRMANN, Sylvain: Franco-German Relations 1918–45. In: Germond, Carine/Türk, Henning (Hrsg.): A History of Franco-German Relations in Europe. From »Hereditary Enemies« to Partners. New York 2008, S. 75–88.

SCHLARB, Cornelia: Auf dem Weg zur Gleichstellung – Frauen im geistlichen Amt im Bereich der EKD. In: Pfälzisches Pfarrerblatt. Organ des Vereins Pfälzischer Pfarrerinnen und Pfarrer 98 (2008), S. 392–396.

SCHLEINDL, Angelika: Der Boykott jüdischer Geschäfte am 1. April 1933 am Beispiel der Stadt Wittlich. In: Meyer, Hans-Georg/Berkessel, Hans (Hrsg.): Die Zeit des Nationalsozialismus in Rheinland-Pfalz. Bd. 1: »Eine nationalsozialistische Revolution ist eine gründliche Angelegenheit«. Mainz 2000, S. 253–260.

SCHLEMMER, Martin: »Los von Berlin«. Die Rheinstaatbestrebungen nach dem Ersten Weltkrieg. Köln 2007 (Rheinisches Archiv, 152).

SCHLESIER, Stephanie: Vereinendes und Trennendes. Grenzen und ihre Wahrnehmung in Lothringen und preußischer Rheinprovinz 1815–1914. In: François, Etienne/Seifarth, Jürgen/Struck, Bernhard (Hrsg.): Die Grenze als Raum, Erfahrung und Konstruktion. Deutschland, Frankreich und Polen vom 17. bis zum 20. Jahrhundert. Frankfurt am Main, New York 2007, S. 135–161.

SCHLEYER, Hanns-Eberhard: Eine Vorreiterrolle in der Medienpolitik mit Folgen: Das neue rheinland-pfälzische Rundfunkgesetz. In: Rummel, Alois (Hrsg.): Die Medienpolitik bewegt sich doch. Mainz 1987, S. 113–117.

SCHLÖGEL, Alexander: Die Ölkrisen der 1970er/80er Jahre und die Auswirkungen auf Rheinland-Pfalz. Magisterarbeit FB 07 Mainz 2009.

SCHLÖSSER-KOST, Kordula: Walther Wolff (1870–1931). Kirche und Wirklichkeit. In: Conrad, Joachim u. a. (Hrsg.): Evangelisch am Rhein. Werden und Wesen einer Landeskirche. Düsseldorf 2007 (Schriften des Archivs der Evangelischen Kirche im Rheinland, 35), S. 157–160.

SCHLÖSSER-KOST, Kordula: Gesellschaftliche Gruppen im Blickfeld der Kirche 1918–1933. In: CONRAD, Joachim u. a. (Hrsg.): Evangelisch am Rhein. Werden und Wesen einer Landeskirche. Düsseldorf 2007 (Schriften des Archivs der Evangelischen Kirche im Rheinland, 35), S. 217–221.

SCHLUPP, Klaus: Schule, Kirche und Staat im 19. Jahrhundert. Die katholische Volksschule im Bistum Mainz und Großherzogtum Hessen-Darmstadt von 1816 bis 1876. Diss. theol. Osnabrück 2000.

SCHMAHL, Helmut: Verpflanzt, aber nicht entwurzelt. Die Auswanderung aus Hessen-Darmstadt (Provinz Rheinhessen) nach Wisconsin im 19. Jahrhundert. Frankfurt am Main u. a. 2000 (Mainzer Studien zur Neueren Geschichte, 1).

SCHMANDT, Matthias: Prominenz in Bildern. Die Brüder Hilsdorf in der Geschichte der Fotografie. Begleitpublikation zur Ausstellung im Historischen Museum am Strom – Hildegard von Bingen. Bingen 2001 (Binger Museumshefte, 1).

SCHMANDT, Matthias (Hrsg.): Rheinromantik. Bilder von Bingen 1780–1880. Bingen 2002 (Binger Museumshefte, 2).

SCHMELZ, Uziel O.: Die jüdische Bevölkerung Hessens. Von der Mitte des 19. Jahrhunderts bis 1933. Tübingen 1996 (Schriftenreihe wissenschaftlicher Abhandlungen des Leo-Baeck-Instituts, 51).

SCHMIDT, Aloys: Der Neubau des Staatsarchivs Koblenz. In: Archivalische Zeitschrift 53 (1957), S. 85–96.

SCHMIDT, Franz (Bearb.): Die Sonderberichte der pfälzischen Kantonsärzte von 1861. Neustadt an der Weinstraße 2006 (Veröffentlichungen der Stiftung zur Förderung der pfälzischen Geschichtsforschung, Reihe A, Pfälzische Geschichtsquellen, 5).

SCHMIDT, Franz: Gesundheit und Volksgesundheit im 19 Jahrhundert. In: Rothenberger, Karl-Heinz u. a. (Hrsg.): Pfälzische Geschichte, Bd. 1. Kaiserslautern ^{3}2011 (Beiträge zur pfälzischen Geschichte, 18,1), S. 79–85.

SCHMIDT, Hans: Musik-Institut Koblenz. Koblenz 1983.
SCHMIDT, Hans: Musik im Wandel der Zeiten. In: Energieversorgung Mittelrhein GmbH (Hrsg.): Geschichte der Stadt Koblenz. Bd. 2: Von der französischen Stadt bis zur Gegenwart. Stuttgart 1993, S. 542–555.
SCHMIDT, Klaus: Glaube, Macht und Freiheitskämpfe. 500 Jahre Protestanten im Rheinland. Köln 2007.
SCHMIDT, Rudolf (Hrsg.): Rheinberger arbeitet wieder in der Heimat am Westwall. Ein Versuch, mit Worten und Bildern ein ereignisreiches Jahr einer großen Zeit in Erinnerung zu halten. o. O. [Frankfurt am Main] 1940.
SCHMIDT-LAUBER, Hans-Christoph: Liturgische Bewegung. In: Kasper, Walter (Hrsg.): Lexikon für Theologie und Kirche, Bd. 6. Freiburg u. a. 1997, Sp. 992–994.
SCHMIEDJELL, Richard: Regional Governance. Raumordnung in Salzburg. Einkaufszentren 1975 bis 2005. Wien u. a. 2007 (Wissenschaftliche Schriftenreihe des Zentrums für Zukunftsstudien Salzburg, 9).
SCHMILLEN, Franz-Josef: Revolution und Rätebewegung 1918/19 im Rheinland. Frankfurt am Main 1980.
SCHMITT, Claudia: »Für den Wasserkraftbesitzer ... die billigste Lichtquelle«. Frühe Elektrizitätswerke in Wassermühlen. In: Arbeitskreis Eifeler Museen (AEM) (Hrsg.): »Der Strom kommt!«. Die Elektrifizierung im Eifel- und Moselraum. Meckenheim 1996, S. 39–58.
SCHMITT, Dieter/LÜTTINGHAUS, Gerhard/SCHIFFER, Hans-Wilhelm: Entwicklungstendenzen der Energiewirtschaft in Rheinland-Pfalz. München 1977 (Aktuelle Fragen der Energiewirtschaft, 12).
SCHMITT, Friedrich: Die wirtschaftliche Entwicklung des Kreises Kreuznach seit 1815. In: Becker, Kurt (Hrsg.): Heimatchronik des Kreises Kreuznach. Köln 1966 (Heimatchroniken der Städte und Kreise des Bundesgebietes, 30).
SCHMITT, Jonathan: Die Nationalpolitischen Erziehungsanstalten und die »NPEA am Donnersberg in Weierhof bei Marnheim«. Staatsexamensarbeit FB 07 Mainz 2005.
SCHMITTHENNER, Ulrich: Der konziliare Prozess. Gemeinsam für Gerechtigkeit, Frieden und Bewahrung der Schöpfung. Ein Kompendium. Idstein 1998 (Schriftenreihe Probleme des Friedens 1998/1–2).
SCHMITZ, Kurt: Der Rheinische Provinziallandtag (1875–1933). Neustadt an der Aisch 1967 (Bergische Forschungen, 6).
SCHMUDE, Jürgen/BRUNSWICK, Wilhelm: »Untersteht euch – es wird nix gemacht!«. Hanns Dieter Hüsch zum 80. Moers 2005.
SCHNABEL, Franz: Deutsche Geschichte im neunzehnten Jahrhundert. Die moderne Technik und die deutsche Industrie. Freiburg im Breisgau u. a. 1965.
SCHNECKENBURGER, Max: Die Wacht am Rhein. Leipzig 1871.
SCHNEEDE, Uwe M.: Die Kunst der klassischen Moderne. München 2009.
SCHNEIDER, Bernhard: Raum, Wirtschaft und Bevölkerung. In: Persch, Martin/Ders. (Hrsg.): Geschichte des Bistums Trier. Bd. 4: Auf dem Weg in die Moderne 1802–1880. Trier 2000 (Veröffentlichungen des Bistumsarchivs Trier, 38), S. 23–36.
SCHNEIDER, Bernhard: Katholiken und Seelsorge im Umbruch von der traditionalen zur modernen Lebenswelt. In: Persch, Martin/Ders. (Hrsg.): Geschichte des Bistums Trier. Bd. 4: Auf dem Weg in die Moderne 1802–1880. Trier 2000 (Veröffentlichungen des Bistumsarchivs Trier, 38), S. 275–367.
SCHNEIDER, Bernhard: Die Heilig-Rock-Wallfahrten von 1810 und 1844. In: Persch, Martin/Ders. (Hrsg.): Geschichte des Bistums Trier. Bd. 4: Auf dem Weg in die Moderne 1802–1880. Trier 2000 (Veröffentlichungen des Bistumsarchivs Trier, 38), S. 567–579.
SCHNEIDER, Bernhard: Kirchliches Leben, Frömmigkeit und Seelsorge im gesellschaftlichen Wandel. In: Persch, Martin/Ders. (Hrsg.): Geschichte des Bistums Trier. Bd. 5: Beharrung und Erneuerung 1881–1981. Trier 2004 (Veröffentlichungen des Bistumsarchivs Trier, 39), S. 263–387.
SCHNEIDER, Clemens: Volks- und Blasmusik am Rhein und auf dem Hunsrück. Argenthal 1994.
SCHNEIDER, Dorothea: Hunsrücker Nahrungsgewohnheiten. Mainz 1997 (Mainzer kleine Schriften zur Volkskultur, 12).

SCHNEIDER, Erich: Die Anfänge der sozialistischen Arbeiterbewegung in der Rheinpfalz 1864–1899. Diss.phil. Mainz 1956.

SCHNEIDER, Erich: Die Rheinpfalz bei Kriegsausbruch 1870. Eine Provinz im Blickpunkt der deutschen Öffentlichkeit. In: Mitteilungen des historischen Vereins der Pfalz 82 (1984), S. 279–327.

SCHNEIDER, Erich (Hrsg.): Die Entdeckung der Pfalz. Reisebilder zwischen 1789 und der Mitte des 19. Jahrhunderts. Landau 1992.

SCHNEIDER, Margarete: Paul Schneider. Der Prediger von Buchenwald. Holzgerlingen ^{3}2010.

SCHNEIDER, Michael: Kleine Geschichte der Gewerkschaften. Bonn 1989.

SCHNEIDER, Thomas Martin: »Unsere Gemeinde bedarf heute eines Pfarrers, der durch seine Bewährung in der NSDAP Zugang hat zu den Herzen der SA...«. Die Evangelische Gemeinde Koblenz im »Dritten Reich«. In: Dröge, Markus u.a. (Hrsg.): Pragmatisch, preußisch, protestantisch... Die Evangelische Gemeinde Koblenz im Spannungsfeld von rheinischem Katholizismus und preußischer Kirchenpolitik. Bonn 2003 (Schriftenreihe des Vereins für Rheinische Kirchengeschichte, 161), S. 95–122.

SCHNEIDER, Thomas: Vom Ende der Dorfschmiede. Wirtschaftliche und soziale Veränderungen im Hunsrück-Nahe-Raum dargestellt am Beispiel des ländlichen Schmiedehandwerks. Mainz 1994 (Mainzer kleine Schriften zur Volkskultur, 7).

SCHNEIDER, Thomas: Problemfeld Infrastruktur. In: Niem, Christina/Ders. (Hrsg.): Zukunft kleiner Gemeinden in Rheinland-Pfalz. Ergebnisse eines interdisziplinären Forschungsprojekts. Mainz 1995 (Studien zur Volkskultur in Rheinland-Pfalz, 18), S. 48–72.

SCHNEIDER, Thomas: Charisma im Alltag – Anmerkungen zum Spaltungsprozess einer Pfingstgemeinde. In: Volkskunde in Rheinland-Pfalz 17 (2002), Heft 2, S. 59–84.

SCHNEIDER, Thomas: Mobilität zwischen Rhein, Nahe und Hunsrück. Historische Fotos – neu interpretiert. In: Volkskunde in Rheinland-Pfalz 18 (2003), Heft 1, S. 55–81.

SCHNEIDER, Thomas: Arbeitsmigration und Modernisierung. Pfälzer Hausierer an der Schwelle zum 20. Jahrhundert. In: Volkskunde in Rheinland-Pfalz 19 (2005), Heft 2, S. 37–52.

SCHNEIDER, Ute: Vom Notabelnamt zur Amtsprofession. Herkunft, Karrieren und Rechtsalltag rheinischer Friedensrichter im 19. Jahrhundert. In: Dipper, Christof (Hrsg.): Rechtskultur, Rechtswissenschaft, Rechtsberufe im 19. Jahrhundert. Professionalisierung und Verrechtlichung in Deutschland und Italien. Berlin 2000 (Schriften zur europäischen Rechts- und Verfassungsgeschichte, 35), S. 63–86.

SCHNEIDER, Volker: Gauleiter Gustav Simon, der »Moselgau« und das ehemalige SS-Sonderlager/KZ Hinzert. In: Meyer, Hans-Georg/Berkessel, Hans (Hrsg.): Die Zeit des Nationalsozialismus in Rheinland-Pfalz. Bd. 2: »Für die Außenwelt seid Ihr tot!«. Mainz 2000, S. 276–397.

SCHNEIDER, Werner: Das westpfälzische Musikantentum, seine Entstehung, seine Eigenart und seine Auswirkung auf die Entwicklung meines Heimatortes Jettenbach. In: Westricher Heimatblätter 15 (1984), S. 72–116.

SCHNEIDER, Wolfgang: »Ich wechsele meine politische Auffassung nicht wie mein Hemd«. Das besondere Schicksal des Kommunisten August Fend. Altrip 1996.

SCHNELLING, Ingeborg: Die Archive der kurtrierischen Verwaltungsbehörden 1768–1832. Die Auswirkungen der französischen Besetzung sowie der Säkularisation auf das Archivwesen im Kurfürstentum Trier. Trier 1991.

SCHÖBER, Peter: Die Wirtschaftsmentalität der westdeutschen Handwerker. Köln und Opladen 1968 (Abhandlungen zur Mittelstandsforschung, 33).

SCHÖLZEL, Stephan: Die Pressepolitik in der französischen Besatzungszone 1945–1949. Mainz 1986 (Veröffentlichungen der Kommission des Landtages für die Geschichte des Landes Rheinland-Pfalz, 8).

SCHÖLZEL, Stephan: Pressepolitik in der Französischen Zone. In: Knipping, Franz/Le Rider, Jaques (Hrsg.): Frankreichs Kulturpolitik in Deutschland 1945–1950. Tübingen 1987, S. 193–206.

SCHÖNCKE, Manfred: »Ein fröhliches Jahr in Bonn«? Was wir über Karl Marx' erstes Studienjahr wissen. In: Beiträge zur Marx-Engels-Forschung N.F. 1994, S. 239–255.

SCHOLDER, Klaus: Die Kirchen und das Dritte Reich. Bd. 1: Vorgeschichte und Zeit der Illusionen 1918–1934. Frankfurt u.a. 1977; Bd. 2: Das Jahr der Ernüchterung 1934: Barmen und Rom. Berlin 1985.

SCHOMAKER, Christine/WEIL, Stefan/BÖCKMANN, Ludwig: Bevölkerung mit Migrationshintergrund in Rheinland-Pfalz. Ergebnisse des Mikrozensus 2006. In: Statistische Monatshefte Rheinland-Pfalz 61 (2008), Heft 10, S. 747–755.

SCHOMMER, Martina: Binsfeld und die Base. Eine Gemeindestudie über den Alltag mit Amerikanern. Münster 2005 (Europäische Ethnologie, 6).

SCHRADIN, Walther: Diakonie und Gesellschaft. Zur Geschichte des Hessischen Landesvereins für Innere Mission vom 19. bis ins 21. Jahrhundert. Darmstadt u. a. 2005.

Als die Schranken fielen. Der deutsche Zollverein. Berlin-Dahlem 1984.

SCHRAUTH, Hans-Jürgen: Vom Besatzer zum Beschützer. Der Wandel der Militärstrategie der USA und die Präsenz amerikanischer Streitkräfte in Deutschland 1945–1953. Neuried 1994 (Politische Wissenschaft und Zeitgeschichte, 4).

SCHREMMER, Eckhart: Die Wirtschaft Bayerns. Vom hohen Mittelalter bis zum Beginn der Industrialisierung. Bergbau, Gewerbe, Handel. München 1970.

SCHRICK, Alfred: Damals. Kindheits- und Jugenderinnerungen an das Alsenzer Bahnhofsviertel und drumherum (1919–1933). Mainz ^{2}2002.

SCHRÖTER, Harm G.: Von der Teilung zur Wiedervereinigung (1945–2004). In: North, Michael (Hrsg.): Deutsche Wirtschaftsgeschichte. Ein Jahrtausend im Überblick. München ^{2}2005, S. 356–426.

SCHUBERT, Hans: Die preußische Regierung in Koblenz. Ihre Entwicklung und ihr Wirken 1816–1918. Bonn 1925.

SCHUBERT, Werner: Die deutsche Gerichtsverfassung (1869–1877). Entstehung und Quellen. Frankfurt am Main 1981 (Ius Commune, Sonderhefte, 16).

SCHÜLER, Winfried (Bearb.): Geld im Herzogtum Nassau 1806–1866. Wiesbaden 1978.

SCHÜLER, Winfried: Das Herzogtum Nassau 1803–1866. In: Heinemeyer, Walter (Hrsg.): Handbuch der hessischen Geschichte. Bd. 4, Teil 2: Hessen im Deutschen Bund und im neuen Deutschen Reich (1806) 1815–1918. Marburg 2003 (Veröffentlichungen der Historischen Kommission für Hessen 63,4), S. 421–607; auch separat veröffentlicht unter DERS.: Das Herzogtum Nassau 1806–1866. Deutsche Geschichte im Kleinformat. Wiesbaden 2006 (Veröffentlichungen der Historischen Kommission für Nassau, 75).

SCHÜTTE, Wolfgang: Der deutsche Nachkriegsrundfunk und die Gründung der Rundfunkanstalten. Eine Chronik. In: Lerg, Winfried B./Steiniger, Rolf (Hrsg.): Rundfunk und Politik 1923–1973. Berlin 1975, S. 217–241.

SCHÜTZ, Friedrich (Hrsg.): Juden in Mainz. Mainz 1978.

SCHÜTZ, Friedrich (Koord.): Deutsche Jakobiner. Mainzer Republik und Cisrhenanen 1792–1798. 3 Teile. Mainz ^{2}1982.

SCHÜTZ, Friedrich: »Le siège de ce Land est fixé à Mayence«. Mainz auf dem Weg zur Hauptstadt des Landes Rheinland-Pfalz. Mainz 1996.

SCHÜTZ, Friedrich: Provinzialhauptstadt und Festung des Deutschen Bundes (1814/16–1866). In: Dumont, Franz/Scherf, Ferdinand/Ders. (Hrsg.): Mainz. Die Geschichte der Stadt. Mainz ^{2}1999, S. 375–426.

SCHÜTZ, Friedrich: Vom Ersten zum Zweiten Weltkrieg. In: Dumont, Franz/Scherf, Ferdinand/Ders. (Hrsg.): Mainz. Die Geschichte der Stadt. Mainz ^{2}1999, S. 475–512.

SCHÜTZ, Friedrich: Aloys Ruppel – Leiter von Stadtbibliothek, Stadtarchiv und Gutenberg-Museum. In: Ottermann, Annelen/Fliedner, Stephan (Hrsg.): 200 Jahre Stadtbibliothek Mainz. Wiesbaden 2005 (Veröffentlichungen der Bibliotheken der Stadt Mainz, 52), S. 73–87.

SCHÜTZ, Rüdiger: Preußen und die Rheinlande. Studien zur preußischen Integrationspolitik im Vormärz. Wiesbaden 1978.

SCHÜTZ, Rudolf: Die Polizei in Rheinland-Pfalz. In: Deutsche Verwaltungspraxis 38 (1987), Heft 4, S. 127–134.

SCHULTE, Bärbel (Hrsg.): »Zur Formveredelung und Geschmackserziehung« – Chronik der Werkkunstschule Trier. Katalog-Handbuch zur gleichnamigen Ausstellung. Trier 2003.

SCHULTE, Bärbel: August Trümper. In: Hunsrück-Museum Simmern u. a. (Hrsg.): »Von innerer Überzeugung beseelt«. Künstlerischer Aufbruch in der südlichen Rheinprovinz nach dem Ersten Weltkrieg. Begleitbroschüre zur Ausstellung. Bad Kreuznach 2007, S.32–33.

SCHULZ, Andreas: Lebenswelt und Kultur des Bürgertums im 19. und 20. Jahrhundert. München 2005 (Enzyklopädie Deutscher Geschichte, 75).
SCHULTZE, Harald/KURSCHAT, Andreas (Hrsg.): »Ihr Ende schaut an...« Evangelische Märtyrer des 20. Jahrhunderts. Leipzig ²2008.
SCHULZE, Gerhard: Die Erlebnis-Gesellschaft. Kultursoziologie der Gegenwart. Frankfurt am Main u. a. 1992.
SCHULZE, Winfried/DEFRANCE, Corine: Die Gründung des Instituts für Europäische Geschichte Mainz. Mainz 1992 (Veröffentlichungen des Instituts für Europäische Geschichte Mainz, Abteilung Abendländische Religionsgeschichte, Abteilung Universalgeschichte, Beiheft, 36).
SCHUMACHER, Renate: Radio als Medium und Faktor des aktuellen Geschehens. In: Leonhard, Joachim Felix (Hrsg.): Programmgeschichte des Hörfunks in der Weimarer Republik, Bd. 1. München 1997, S. 423–621.
SCHUMACHER, Wolfgang: Evangelische Kirchen. In: Borck, Heinz-Günther (Hrsg.): Beiträge zu 50 Jahren Geschichte des Landes Rheinland-Pfalz. Koblenz 1997 (Veröffentlichungen der Landesarchivverwaltung Rheinland-Pfalz, 73), S. 385–398.
SCHUNCK, Peter: Dokumente zur Geschichte der Dolmetscherschule Germersheim aus den Jahren 1946–1949. Germersheim, Mainz 1997 (Schriften der Johannes Gutenberg-Universität, 7).
SCHUNCK, Peter: Irène Giron (1910–1988) und die Gründung der Mainzer Universität. In: Kißener, Michael/Mathy, Helmut (Hrsg.): Ut omnes unum sint (Teil 1). Gründungspersönlichkeiten der Johannes Gutenberg-Universität. Stuttgart 2005 (Beiträge zur Geschichte der Johannes Gutenberg-Universität Mainz N.F., 2), S. 31–42.
SCHUNK, Erich: Französische Revolution und pfälzischer Protestantismus. St. Ingbert 1992 (Saarbrücker Hochschulschriften, 19).
SCHUTTPELZ, Barbara: Die Auswanderung aus Pirmasens und Umgebung nach Nordamerika im 19. und zu Beginn des 20. Jahrhunderts unter besonderer Berücksichtigung der Rolle und Arbeitsweise von Auswanderungsagenturen und -agenten. In: Volkskunde in Rheinland-Pfalz 18 (2003), Heft 1, S. 44–47.
Die zentrale Schulbibliothek (Theorie, Praxis, Beispiele). Mainz 1978 (Berichte der Projektgruppe Mainzer Studienstufe, 13).
SCHWABACH-ALBRECHT, Susanne: Im Namen Friedrich Schillers. 150 Jahre Deutsche Schillerstiftung – Schillerfeiern. Düsseldorf 2005.
SCHWARTZ, Werner u. a. (Hrsg.): Protestantisch – Evangelisch – Christlich. Werden und Profil unserer pfälzischen Kirche. Kaiserslautern 1993.
SCHWARZ, Christina: Die Landfrauenbewegung in Deutschland. Mainz 1990 (Studien zur Volkskultur in Rheinland-Pfalz, 9).
SCHWARZ, Uwe: Die Rheinpanoramen. Ausdruck der Rheinromantik und Reiselust im 19. Jahrhundert. In: Kartenabteilung der Staatsbibliothek zu Berlin Preußischer Kulturbesitz (Hrsg.): Flüsse im Herzen Europas. Rhein-Elbe-Donau. Berlin 1993 (Ausstellungskataloge der Staatsbibliothek zu Berlin, Preußischer Kulturbesitz N. F., 6), S. 29–38.
SCHWARZKOPF, Dietrich (Hrsg.): Rundfunkpolitik in Deutschland. Wettbewerb und Öffentlichkeit, Bd. 1. München 1999.
SCHWARZMÜLLER, Theo/GARTHE, Michael (Hrsg.): Die Pfalz im 20. Jahrhundert. Ludwigshafen 1999.
SCHWARZMÜLLER, Theo: Vom Aufstieg und Niedergang der pfälzischen Schuhindustrie. In: Stimme der Pfalz 49 (1998), Heft 4, S. 16–17.
SCHWARZMÜLLER, Theo: Hauenstein gegen Hitler. Die Geschichte einer konfessionellen Lebenswelt. Kaiserslautern 2007.
SCHWEDT, Elke/SCHWEDT, Herbert: Gesang- und Musikvereine 1800–2000. Zur Geschichte und Verbreitung laienmusikalischer Vereinigungen. Köln 2002 (Geschichtlicher Atlas der Rheinlande, Beihefte, XI.8–XI.10).
SCHWEDT, Elke: Zur Geschichte der Volkskunde in Rheinland-Pfalz. In: Dies. (Hrsg.): Volkskundlerinnen und Volkskundler in und aus Rheinland-Pfalz. Bio-bibliographisches Verzeichnis. Mainz 1995 (Mainzer kleine Schriften zur Volkskultur, 10), S. 1–18.

SCHWEDT, Elke: Gesangvereine in Rheinland-Pfalz. In: Volkskunde in Rheinland-Pfalz 11 (1996), Heft 2, S. 2–10.

SCHWEDT, Herbert/SCHWEDT, Elke: Bräuche zwischen Saar und Sieg. Zum Wandel der Festkultur in Rheinland-Pfalz und im Saarland. Mainz 1989 (Studien zur Volkskultur in Rheinland-Pfalz, 5).

SCHWEDT, Herbert/SCHWEDT, Elke: Jahresfeuer, Kirchweih und Schützenfest. Köln 1989 (Geschichtlicher Atlas der Rheinlande, Beihefte, XI.3–XI.4).

SCHWEDT, Herbert/SCHWEDT, Elke: Joseph S., Roßbauer. Zur Geschichte einer Marginalisierung. In: Jeggle, Utz u. a. (Hrsg.): Volkskultur in der Moderne. Probleme und Perspektiven der empirischen Kulturforschung. Reinbek 1986, S. 460–468.

SCHWEDT, Herbert/SCHWEDT, Elke: Leben in Trümmern. Alltag, Bräuche, Feste – Zur Volkskultur. In: Heyen, Franz-Josef/Keim, Anton M. (Hrsg.): Auf der Suche nach neuer Identität. Kultur in Rheinland-Pfalz im Nachkriegsjahrzehnt. Mainz 1996 (Veröffentlichungen der Kommission des Landtages für die Geschichte des Landes Rheinland-Pfalz, 20), S. 1–64.

SCHWEDT, Herbert/SCHWEDT, Elke: Vereine und regionale Disparitäten. Zur Ausbreitung von Gesang- und Musikvereinen in Rheinland-Pfalz. In: Becker, Siegfried u. a. (Hrsg.): Volkskundliche Tableaus. Festschrift Martin Scharfe. Münster u. a. 2001, S. 107–116.

SCHWEDT, Herbert (Hrsg.): Analyse eines Stadtfestes. Die Mainzer Fastnacht. Mainz 1977 (Mainzer Studien zur Sprach- und Volksforschung, 1).

SCHWEDT, Herbert: Wenn das Vertrauen in die Zukunft schwindet. In: Das Ende des alten Dorfes? Stuttgart u. a. 1980, S. 43–51.

SCHWEDT, Herbert: Abwanderung und Dorfkultur. In: Ders. (Hrsg.): Migration und Dorfkultur. Untersuchungen in Abwanderungsregionen des Landes Rheinland-Pfalz. Stuttgart 1984 (Mainzer Studien zur Sprach- und Volksforschung, 7), S. 3–68.

SCHWEDT, Herbert (Hrsg.): Brauchforschung regional. Untersuchungen in Rheinland-Pfalz und im Saarland. Stuttgart 1989 (Mainzer Studien zur Sprach- und Volksforschung, 14).

SCHWEDT, Herbert: Bestandsaufnahme, Perspektiven. In: Niem, Christina/Schneider, Thomas (Hrsg.): Zukunft kleiner Gemeinden in Rheinland-Pfalz. Ergebnisse eines interdisziplinären Forschungsprojekts. Mainz 1995 (Studien zur Volkskultur in Rheinland-Pfalz, 18), S. 144–149.

SCHWEDT, Herbert: Horizontale Disparitäten – Modernisierung und Mentalität. In: Mohrmann, Ruth-E./Rodekamp, Volker/Sauermann, Dietmar (Hrsg.): Volkskunde im Spannungsfeld zwischen Universität und Museum. Festschrift Hinrich Siuts. Münster u. a. 1997 (Beiträge zur Volkskultur in Nordwestdeutschland, 95), S. 435–445.

SCHWEDT, Herbert: Feine Unterschiede. Ausdrucksformen regionalen Bewußtseins am Beispiel von Rheinland-Pfalz. In: Volkskunde in Rheinland-Pfalz 13 (1998), Heft 2, S. 32–49.

SCHWEDT, Herbert: Karneval. In: François, Etienne/Schulze, Hagen: Deutsche Erinnerungsorte, Bd. 3. München 2001, S. 436–450.

SCHWERSMANN, Aloys: Von Kurmainz zu neuen Staatlichkeiten. Die Kurmainzer Archive zwischen Französischer Revolution und Moderne. In: Rödel, Volker (Hrsg.): Umbruch und Aufbruch. Das Archivwesen nach 1800 in Süddeutschland und im Rheinland. Stuttgart 2005 (Werkhefte der Staatlichen Archivverwaltung Baden-Württemberg, Serie A, 20), S. 13–44.

SCHWERZ, J[ohann] N[epomuk]: Beobachtungen über den Ackerbau der Pfälzer. Berlin 1816.

SCHWERZ, Johann Nepomuk von: Beiträge zur Kenntniß der Landwirtschaft in der Gebirgsgegend des Hunsrücken. In: Möglinsche Annalen der Landwirtschaft 27 (1831), S. 1–62.

SCHWERZ, Johann Nepomuk: Beschreibung der Landwirthschaft in Westfalen und Rheinpreußen, 2 Teile. Stuttgart 1836. http://edocs.ub.uni-frankfurt.de/volltexte/2006/3248 [29.7.2010].

SCHWIEGER, Franz: Johann Claudius von Lassaulx 1781–1848, Architekt und Denkmalpfleger in Koblenz. Neuss 1968.

SCHWINDT, Helmut: Bad Kreuznach in der Revolution 1848/49. Bad Kreuznach 1984 (Heimatkundliche Schriftenreihe des Landkreises Bad Kreuznach, 17).

SCHWINDT, Helmut: Arbeiterbewegung und Industrialisierung in Stadt und Landkreis Bad Kreuznach 1848–1918. Bad Kreuznach 1999 (Heimatkundliche Schriftenreihe des Landkreises Bad Kreuznach, 30).

SCHWINDT, Helmut: Die kommunistische Bewegung in Stadt und Landkreis Kreuznach (1918/20–1933). Bad Kreuznach 2004 (Heimatkundliche Schriftenreihe des Landkreises Bad Kreuznach, 33).

SEBEKE, Christian: »Wir müssen Brücken bauen von Mensch zu Mensch«. Die Partnerschaft Rheinland-Pfalz – Burgund als regionales Annäherungsmodell (1953–1969). In: Defrance, Corine/Kißener, Michael/Nordblom, Pia (Hrsg.): Wege der Verständigung zwischen Deutschen und Franzosen nach 1945. Zivilgesellschaftliche Annäherungen. Tübingen 2010 (editions lendemains, 7), S. 311–326.

SEELE, Sieglinde: Lexikon der Bismarck-Denkmäler. Petersberg 2005.

SEHLING, Emil (Begr.): Die evangelischen Kirchenordnungen des XVI. Jahrhunderts. Bd. 18: Rheinland-Pfalz I. Herzogtum Pfalz-Zweibrücken, die Grafschaften Pfalz-Veldenz, Sponheim, Sickingen, Manderscheid, Oberstein, Falkenstein und Hohenfels-Reipoltskirchen, bearbeitet von Thomas Bergholz. Tübingen 2006.

SEIBERT, Hubertus: Zur Geschichte der Arbeiterbewegung im Großraum Koblenz in der Weimarer Republik (1920–1933). In: Jahrbuch für westdeutsche Landesgeschichte 10 (1984), S. 179–214.

SEIDL, Michael: Wiederentstehung und Entwicklung der Gewerkschaften in Mannheim und Ludwigshafen von 1945 bis 1949. Neustadt an der Weinstraße 1990.

SEKRETARIAT DER DEUTSCHEN BISCHOFSKONFERENZ (Hrsg.): Kirchliches Handbuch. Statistisches Jahrbuch der Bistümer im Bereich der Deutschen Bischofskonferenz. Bd. 38: 2003 und 2004. Rheinbreitbach 2007.

SEKRETARIAT DER DEUTSCHEN BISCHOFSKONFERENZ (Hrsg.): Katholische Kirche in Deutschland. Statistische Daten. Bonn 2009.

SELLMANN, Martin: Der Weg der neuzeitlichen Verwaltungsgerichtsbarkeit – ihre Vorstufen und dogmatischen Grundlagen. In: Külz, Helmut R./Naumann, Richard (Hrsg.): Staatsbürger und Staatsgewalt. Verwaltungsrecht und Verwaltungsgerichtsbarkeit in Geschichte und Gegenwart, Bd. 1. Karlsruhe 1963, S. 25–86.

SENSCH, Jürgen: Geschichte der deutschen Bevölkerung seit 1815. GESIS Köln, Studiennummer ZA8171. URL: http://www.histat.gesis.org/ViewProject.php?ID_Projekt=4851C4B78822CEB7737B25E8743775B8 [22.02.2012].

SETZER, Heinz: Vom Keller ans Licht – Aufbruch und Neuorientierung in der pfälzischen Kunst nach 1945. In: Ders./Jöckle, Clemens (Hrsg.): Vom Keller ans Licht. Aufbruch und Neuorientierung in der pfälzischen Kunst nach 1945. Katalog zur gleichnamigen Ausstellung. Landau 2008, S. 11–18.

SEYFERTH, Alexander: Die Heimatfront 1870/71. Wirtschaft und Gesellschaft im deutsch-französischen Krieg. München 2007 (Krieg in der Geschichte, 35).

SIEBLER, Michael: Mit Menschen für Menschen. Aus der Geschichte des forschenden Pharmaunternehmens Boehringer Ingelheim. Ingelheim 2010.

SIEDENTOPF, Heinrich: Verwaltungsreform. In: Haungs, Peter (Hrsg.): 40 Jahre Rheinland-Pfalz. Eine politische Landeskunde. Mainz 1986, S. 365–382.

SIEGERT, Rosemarie: Steuerpolitik und Gesellschaft. Vergleichende Untersuchungen zu Preußen und Baden 1815–1848. Berlin 2001.

SIEMANN, Wolfram: Vom Staatenbund zum Nationalstaat. Deutschland 1806–1871. München 1995 (Neue Deutsche Geschichte, 7).

SIMMERT, Johannes (Bearb.): Die nationalsozialistische Judenverfolgung in Rheinland-Pfalz 1933 bis 1945; HERRMANN, Hans-Walter: Das Schicksal der Juden im Saarland 1920 bis 1945. Koblenz 1974 (Veröffentlichungen der Landesarchivverwaltung Rheinland-Pfalz, 17).

SIMON, Bernhard: Neue Universität in Trier. In: Heyen, Franz-Josef/Janssen, Wilhelm (Red.): Zeugnisse rheinischer Geschichte. Urkunden, Akten und Bilder aus der Geschichte der Rheinlande. Neuss 1982 (Veröffentlichungen der Staatlichen Archive des Landes Nordrhein-Westfalen, Reihe C, Quellen und Forschungen, 11), S. 397–400.

SIMON, Mathias: Manuel des Conseils de Préfecture. 2 Bde. Koblenz 1810–1811.

SIMON, Michael u. a. (Hrsg.): Bilder. Bücher. Bytes. Zur Medialität des Alltags. Münster u. a. 2009 (Mainzer Beiträge zur Kulturanthropologie/Volkskunde, 3).

SIMON, Michael: Kulturforschung im Raum. In: Volkskunde in Rheinland-Pfalz 16 (2001), Heft 2, S. 63–78.
SIMON, Michael: »Volksmedizin« im frühen 20. Jahrhundert. Zum Quellenwert des Atlas der deutschen Volkskunde. Mainz 2003 (Studien zur Volkskultur, 28).
SIMON, Michael: Die Fastnachtsbeichte – volkskundliche Lesarten zum närrischen Treiben am Vorabend des Ersten Weltkrieges. In: Zuckmayer-Jahrbuch 8 (2005/2006), S. 399–413.
SIMON, Michael: Laienätiologien und die Popularisierung medizinischer Diskurse – zwei sinnvolle Konzepte der Medikalkulturforschung? In: Bricolage 5 (2008), S. 39–52.
SIMROCK, Karl: Das malerische und romantische Rheinland. Hildesheim [u. a.] 1975 [Nachdruck d. A. Leipzig o. J. [um 1840]].
SMETS, Josef: Freiheit, Gleichheit, Brüderlichkeit? Untersuchungen zum Verhalten der linksrheinischen Bevölkerung gegenüber der französischen Herrschaft 1794–1814. In: Rheinische Vierteljahrsblätter 59 (1995), S. 79–122.
SMETS, Josef: Von der »Dorfidylle« zur preußischen Nation. Sozialdisziplinierung der linksrheinischen Bevölkerung durch die Franzosen am Beispiel der allgemeinen Wehrpflicht (1802–1814). In: Historische Zeitschrift 262 (1996), S. 695–738.
SMETS, Josef: Les pays rhénans (1794–1814). Le comportement des Rhénans face à l'occupation francaise. Bern u. a. 1997.
SOHN-KRONTHALER, Michaela/SOHN, Andreas: Frauen in der Kirche. In: Gatz, Erwin (Hrsg.): Laien in der Kirche. Freiburg im Breisgau u. a. 2008 (Geschichte des kirchlichen Lebens in den deutschsprachigen Ländern seit dem Ende des 18. Jahrhunderts, 8), S. 483–519.
SOMMER, Hermann: Zur Kur nach Ems. Ein Beitrag zur Geschichte der Badereise von 1830 bis 1914. Stuttgart 1999 (Geschichtliche Landeskunde, 48).
SOUTOU, Georges-Henri: La politique française à l'égard de la Rhenanie 1944–1947. In: Hüttenberger, Peter/Molitor, Hansgeorg (Hrsg.): Franzosen und Deutsche am Rhein. 1789–1819 – 1945. Essen 1989 (Düsseldorfer Schriften zur Neueren Landesgeschichte und zur Geschichte Nordrhein-Westfalens, 23), S. 47–66.
SPECK, Christian: Bibliographie zur Musikgeschichte der Pfalz. Bad Honnef o. J. [2003] (Musik der Pfalz, 2).
SPEITKAMP, Winfried: Die Verwaltung der Geschichte. Denkmalpflege und Staat in Deutschland 1871–1933. Göttingen 1996 (Kritische Studien zur Geschichtswissenschaft, 114).
SPERBER, Jonathan: Rhineland Radicals. The Democratic Movement and the Revolution of 1848–1849. Princeton, N. J. 1991.
SPIES VON BÜLLESHEIM, Verena/KRAMP, Mario: Eine Gemäldegalerie für Koblenz. Zum 250. Geburtstag des Stifters Joseph Gregor Lang. Ein Beitrag zur Frühgeschichte bürgerlicher Museen in Deutschland. In: Ders. (Hrsg.): Eine Gemäldegalerie für Koblenz. 170 Jahre Mittelrhein-Museum, 250. Geburtstag des Stifters Joseph Gregor Lang. Koblenz 2005, S. 11–27.
SPIESS, Pirmin/WEINTZ, Karl Richard (Hrsg.): Der bayerische Hochverratsprozess 1850/51 in Zweibrücken nach französischem Recht. Nachdruck der wichtigsten zeitgenössischen Dokumente überwiegend in Privatbesitz. Neustadt an der Weinstraße 2006.
SPIESS, Pirmin: Kleine Geschichte der Stadt Neustadt (an der Weinstraße). Karlsruhe 2009.
SPILLE, Irene/BÖCHER, Otto: Baugeschichte und Baudenkmäler. In: Bönnen, Gerold (Hrsg.): Geschichte der Stadt Worms. Stuttgart 2005, S. 735–792.
SPINDLER, Max: Die Regierungszeit Ludwigs I. (1825–1848). In: Ders. (Hrsg.): Handbuch der bayerischen Geschichte. Bd. 4: Das neue Bayern 1800–1970. München 1974, S. 87–223.
SPOERER, Mark: The Political Economy of Taxation in Ninetheenth-Century Germany. In: Nützennadel, Alexander/Strupp, Christoph (Hrsg.): Taxation, State, and Civil Society in Germany and the United States from the 18th to the 20th Century. Baden-Baden 2007, S. 51–65.
SPOO, Hans Hermann: Das Bankgewerbe in Neuwied am Rhein im 19. und 20. Jahrhundert. Köln 1999 (Schriften zur rheinisch-westfälischen Wirtschaftsgeschichte, 39).
SPRINGER, Max: Die Franzosenherrschaft in der Pfalz 1792–1814 (Departement Donnersberg). Berlin, Leipzig 1926.
SPRINGORUM, Ulrich: Entstehung und Aufbau der Verwaltung in Rheinland-Pfalz nach dem 2. Weltkrieg (1945–1947). Berlin 1982 (Schriftenreihe der Hochschule Speyer, 88).

SPUHLER, Ludwig: Der Bergbau in der Pfalz. In: Alter, Willi (Hrsg.): Pfalzatlas, Textband 1. Speyer 1964, S. 117–148.
SPULER-STEGEMANN, Ursula: Muslime in Deutschland. Informationen und Klärungen. Freiburg im Breisgau u.a. 2002.
STAATLICHE KUNSTHALLE KARLSRUHE (Hrsg.): Ausstellungskatalog Carl Ludwig Frommel 1789–1863, zum 200. Geburtstag. Aquarelle, Zeichnungen und Druckgraphik aus dem Kupferstichkabinett der Staatlichen Kunsthalle Karlsruhe. Karlsruhe 1989.
STAATSBAUAMT KOBLENZ-NORD (Hrsg.): Bundesarchiv: Dokumentation zum Neubau Bundesarchiv in Koblenz. Koblenz 1987.
STAATSKANZLEI (Hrsg.): 6 Jahre Aufbau in Rheinland-Pfalz, Mainz 1953.
STAATSKANZLEI RHEINLAND-PFALZ (Hrsg.): Verwaltungsvereinfachung in Rheinland-Pfalz, Bd. 1. Mainz 1966.
STAATSKANZLEI RHEINLAND-PFALZ (Hrsg.): Landesentwicklungsprogramm Rheinland-Pfalz, Bd. 1. Mainz 1968.
STAATSKANZLEI RHEINLAND-PFALZ (Hrsg.): Landesentwicklungsprogramm Rheinland-Pfalz. Mainz 1980.
STAATSKANZLEI RHEINLAND-PFALZ (Hrsg.): Landesentwicklungsprogramm III Rheinland-Pfalz. Mainz 1995.
STADT LUDWIGSHAFEN AM RHEIN (Hrsg.): Statistischer Bericht 2010. Entwicklung von Bevölkerung, Wohnungsbautätigkeit, Beschäftigung und Arbeitslosigkeit im Jahr 2009. Ludwigshafen 2010 (Informationen zur Stadtentwicklung, 6/2010)
STADTVERWALTUNG NEUWIED (Hrsg.): 1653–1963. 300 Jahre Neuwied. Ein Stadt- und Heimatbuch. Neuwied 1953.
STAMER, Ludwig: Kirchengeschichte der Pfalz. Teil 4: 1801–1918. Speyer 1964.
STANG, Joachim: Die Deutsche Demokratische Partei in Preußen 1918–1933. Düsseldorf 1994 (Beiträge zur Geschichte des Parlamentarismus und der politischen Parteien, 101).
STARITZ, Dietrich: Die Kommunistische Partei Deutschlands. In: Stöss, Richard (Hrsg.): Parteienhandbuch. Opladen 1984, S. 1663–1809.
STASIEWSKI, Bernhard/VOLK, Ludwig (Bearb.): Akten deutscher Bischöfe über die Lage der Kirche 1933–1945, 6 Teile. Mainz 1968–1985 (Veröffentlichungen der Kommission für Zeitgeschichte, Reihe A, Quellen, 5, 20, 25, 30, 34 und 38).
STATISTISCHE ÄMTER DES BUNDES UND DER LÄNDER/INSTITUT FÜR MUSEUMSKUNDE (Hrsg.): Museumsbericht 2004. Wiesbaden 2005.
STATISTISCHE ÄMTER DES BUNDES UND DER LÄNDER: Bevölkerung nach Migrationsstatus regional. Ergebnisse des Mikrozensus 2008. Wiesbaden 2010.
STATISTISCHE ÄMTER DES BUNDES UND DER LÄNDER (Hrsg.): Demographischer Wandel in Deutschland. Heft 1/2011: Bevölkerungs- und Haushaltsentwicklung im Bund und in den Ländern. Wiesbaden 2011.
STATISTISCHES LANDESAMT RHEINLAND-PFALZ (Hrsg.): Statistisches Jahrbuch für Rheinland-Pfalz 1950. Bad Ems 1951.
STATISTISCHES LANDESAMT RHEINLAND-PFALZ (Hrsg.): Landwirtschaft von Rheinland-Pfalz. Eine Strukturuntersuchung nach den Ergebnissen der landwirtschaftlichen Betriebszählung vom 22. Mai 1949 und anderer agrarstatistischer Erhebungen. Bad Ems 1951 (Statistik von Rheinland-Pfalz, 27).
STATISTISCHES LANDESAMT RHEINLAND-PFALZ (Hrsg.): Gemeindestatistik von Rheinland-Pfalz. Ergebnisse der Volks-, Berufs-, Wohnungszählung und der nichtlandwirtschaftlichen Arbeitsstättenzählung 1950 sowie der landwirtschaftlichen Erhebungen 1949/50. Bad Ems 1952 (Statistik des Landes Rheinland-Pfalz, 21).
STATISTISCHES LANDESAMT RHEINLAND-PFALZ: Die Bevölkerung der Gemeinden in Rheinland-Pfalz 1815–1950. Bad Ems 1954 (Statistik von Rheinland-Pfalz, 34).
STATISTISCHES LANDESAMT RHEINLAND-PFALZ (Hrsg.): Die Betriebsverhältnisse in der Land- und Forstwirtschaft in Rheinland-Pfalz im Jahre 1960. Teil 1: Betriebe, Besitzverhältnisse, Bodennutzung, Viehhaltung. Bad Ems 1963 (Statistik des Landes Rheinland-Pfalz, 119).

STATISTISCHES LANDESAMT RHEINLAND-PFALZ (Hrsg.): Statistisches Jahrbuch für Rheinland-Pfalz 1970. Bad Ems 1971.
STATISTISCHES LANDESAMT RHEINLAND-PFALZ (Hrsg.): Die Landwirtschaft in Rheinland-Pfalz 1970. Bad Ems 1971 (Statistik von Rheinland-Pfalz, 240).
STATISTISCHES LANDESAMT RHEINLAND-PFALZ (Hrsg.): Bevölkerung der Gemeinden in Rheinland-Pfalz 1815-1980. Bad Ems 1982 (Statistik von Rheinland-Pfalz, 299).
STATISTISCHES LANDESAMT RHEINLAND-PFALZ (Hrsg.): Rheinland-Pfalz – seine kreisfreien Städte und Landkreise. Bad Ems 1991.
STATISTISCHES LANDESAMT RHEINLAND-PFALZ (Hrsg.): Amtliches Gemeindeverzeichnis 2006. Bad Ems 2006 (Statistische Bände, 393).
STATISTISCHES LANDESAMT RHEINLAND-PFALZ (Hrsg.): 60 Jahre Rheinland-Pfalz. Ein statistischer Streifzug durch sechs Jahrzehnte 1947-2007. Bad Ems 2007.
STATISTISCHES LANDESAMT RHEINLAND-PFALZ (Hrsg.): Rheinland-Pfalz 2050. Zweite regionalisierte Bevölkerungsvorausberechnung (Basisjahr 2006). Bad Ems 2007 (Statistische Analysen, 7/2007).
STATISTISCHES LANDESAMT RHEINLAND-PFALZ (Hrsg.): Bevölkerungsvorgänge 2009. Bad Ems 2010 (Statistische Berichte).
STATISTISCHES LANDESAMT RHEINLAND-PFALZ (Hrsg.): Rheinland-Pfalz. Ein Ländervergleich in Zahlen. Bad Ems 2010 (Statistische Analysen, 18/2010).
STATISTISCHES LANDESAMT RHEINLAND-PFALZ (Hrsg.): Statistisches Jahrbuch Rheinland-Pfalz 2010. Bad Ems 2010.
STATISTISCHES LANDESAMT RHEINLAND-PFALZ (Hrsg.): Die Wirtschaft in Rheinland-Pfalz. Bad Ems 2011 (Statistische Analysen, 21/2011).
STATISTISCHES LANDESAMT RHEINLAND-PFALZ (Hrsg.): Abgekürzte Sterbetafel 2008/2010. Bad Ems 2011 (Statistische Berichte).
STATISTISCHES LANDESAMT RHEINLAND-PFALZ (Hrsg.): Rheinland-Pfalz vor der Wahl 2001. Bad Ems 2001.
STATISTISCHES LANDESAMT RHEINLAND-PFALZ (Hrsg.): Bevölkerung und Erwerbstätigkeit 2010. Ergebnisse des Mikrozensus. Bad Ems 2011 (Statistische Berichte).
STEEGMANNS, Christoph: Die finanziellen Folgen der Rheinland- und Ruhrbesetzung 1918–1930. Stuttgart 1999 (Beiträge zur Wirtschafts- und Sozialgeschichte, 89).
STEIL, Hans Willi: Die politischen Wahlen in der Stadt Trier und den Eifel- und Moselkreisen des Regierungsbezirks Trier 1867–1887. Diss. phil. Bonn 1961.
STEIN, Wolfgang Hans (Bearb.): Untertan, Citoyen, Staatsbürger. Die Auswirkungen der französischen Revolution auf den rheinisch-pfälzischen Raum. Koblenz 1981 (Dokumente zur Geschichte).
STEIN, Wolfgang Hans: Die Einwirkungen des französischen Notariats auf die freiwillige Gerichtsbarkeit im Westen des Reiches. In: Schuler, Peter-Johannes (Hrsg.): Tradition und Gegenwart. Festschrift zum 175jährigen Bestehen eines badischen Notarstandes. Karlsruhe 1981, S. 143–150.
STEIN, Wolfgang Hans: Die Archive des Departements Donnersberg. Eine Möglichkeit, die Methoden der französischen Sozialgeschichte für die deutsche Landesgeschichte nutzbar zu machen. In: Gerlich, Alois (Hrsg.): Vom Alten Reich zu neuer Staatlichkeit. Kontinuität und Wandel im Gefolge der Französischen Revolution am Mittelrhein. Wiesbaden 1982 (Geschichtliche Landeskunde, 22), S. 152–177.
STEIN, Wolfgang Hans: Die gelehrte Gesellschaft. Von der kameralistisch-naturwissenschaftlichen Akademie zum historischen Verein. In: Heyen, Franz-Josef/Janssen, Wilhelm (Red.): Zeugnisse rheinischer Geschichte. Urkunden, Akten und Bilder aus der Geschichte der Rheinlande. Neuss 1982 (Veröffentlichungen der Staatlichen Archive des Landes Nordrhein-Westfalen, Reihe C, Quellen und Forschungen, 11), S. 365–367.
STEIN, Wolfgang Hans: Französisches Scheidungsrecht im katholischen Rheinland (1798–1803) – eine unbemerkte Revolution. In: Spieß, Pirmin (Hrsg.): Palatia Historica. Festschrift Ludwig Anton Doll. Mainz 1994 (Quellen und Abhandlungen zur mittelrheinischen Kirchengeschichte, 75), S. 463–488.

STEIN, Wolfgang Hans: Die Organisation der Gerichte in der Zeit des Dritten Reiches im Gebiet des nördlichen Teiles von Rheinland-Pfalz (Landgerichtsbezirke Koblenz und Trier). In: Ministerium der Justiz Rheinland-Pfalz (Hrsg.): Justiz im Dritten Reich. Justizverwaltung, Rechtsprechung und Strafvollzug auf dem Gebiet des heutigen Landes Rheinland-Pfalz, Teil 1. Frankfurt am Main 1995 (Schriftenreihe des Ministeriums der Justiz, 3), S. 63–79.

STEIN, Wolfgang Hans: Von rheinischen Richtern. Die Justizjuristen der Landgerichtsbezirke Koblenz und Trier im Nationalsozialismus. In: Ministerium der Justiz Rheinland-Pfalz (Hrsg.): Justiz im Dritten Reich. Justizverwaltung, Rechtsprechung und Strafvollzug auf dem Gebiet des heutigen Landes Rheinland-Pfalz, Teil 1. Frankfurt am Main 1995 (Schriftenreihe des Ministeriums der Justiz, 3), S. 195–336.

STEIN, Wolfgang Hans: Die Tierärzte im Saar-Departement. Französische Elitenbildung und Professionalisierung. In: Zeitschrift für die Geschichte der Saargegend 44 (1996), S. 148–173.

STEIN, Wolfgang Hans: Französische Epoche. In: Landesbank Rheinland-Pfalz (Hrsg.): Zweitausend und Fünfzig Jahre Rheinland-Pfalz. Ein Land mit Perspektive. Mainz 1997, S. 55–60.

STEIN, Wolfgang Hans: Polizeiüberwachung und politische Opposition im Saar-Departement unter dem Direktorium 1798–1800. In: Rheinische Vierteljahrsblätter 64 (2000), S. 208–265.

STEIN, Wolfgang Hans: Die Archive der rheinischen und belgischen Departements und die Inspektionsreise des Direktors des französischen Nationalarchivs Camus im Jahre 1802. In: Jahrbuch für westdeutsche Landesgeschichte 29 (2003), S. 173–270.

STEIN, Wolfgang Hans: Die napoleonischen Spezialgerichte. In: Stadt Mainz (Hrsg.): Schinderhannes. Prozess und Urteil 1803. Mainz 2003 (Beiträge zur Geschichte der Stadt Mainz, 33), S. 17–24.

STEIN, Wolfgang Hans: Die französische Archivorganisation auf dem linken Rheinufer. Verwaltungs- und Kulturkompetenz zwischen Peripherie und Zentrum. In: Rödel, Volker (Hrsg.): Umbruch und Aufbruch. Das Archivwesen nach 1800 in Süddeutschland und im Rheinland. Stuttgart 2005 (Werkhefte der Staatlichen Archivverwaltung Baden-Württemberg, Serie A, 20), S. 101–118.

STEINACKER, Peter: Absolutheitsanspruch und Toleranz. Systematisch-theologische Beiträge zur Begegnung der Religionen. Frankfurt am Main 2006.

STEINBACH, Franz: Die Veränderungen der Agrarverhältnisse im 18. Jahrhundert unter der Fremdherrschaft und im 19. Jahrhundert. In: Schulte, Aloys (Hrsg.): Tausend Jahre deutscher Geschichte und deutscher Kultur am Rhein. Düsseldorf 1925, S. 454–463.

STEINBICKER, Christina: Zwischen »Postkutschenzeit« und »Technokratie«. Modernisierungsprozesse in der Verwaltungsreform in Rheinland-Pfalz 1965–1974. Münster 2009.

STEINBRECHER, Andrea: Der Bad Kreuznacher Jahrmarkt. In: Volkskunde in Rheinland-Pfalz 21 (2007), S. 82–88.

STEINBRECHER, Marc: Der Aufbau der Verwaltung in der Südpfalz nach dem Zweiten Weltkrieg (1945–1948). Ländlicher Raum im Spannungsfeld von administrativer Reorganisation und französischer Besatzungsherrschaft. Diss. phil. Mainz 2011.

STEINER, Gerhard: Das Theater der deutschen Jakobiner. Berlin 1989.

STEINRUCK, Josef: Das Bistum Trier und das Erste Vatikanische Konzil. In: Persch, Martin/Schneider, Bernhard (Hrsg.): Geschichte des Bistums Trier. Bd. 4: Auf dem Weg in die Moderne 1802–1880. Trier 2000 (Veröffentlichungen des Bistumsarchivs Trier, 38), S. 591–607.

STEINRUCK, Josef: Das Bistum Trier im Kulturkampf. In: Persch, Martin/Schneider, Bernhard (Hrsg.): Geschichte des Bistums Trier. Bd. 4: Auf dem Weg in die Moderne 1802–1880. Trier 2000 (Veröffentlichungen des Bistumsarchivs Trier, 38), S. 609–636.

STEINWAND, Elke: Architektur in Rheinland-Pfalz. In: Rheinland-Pfalz – deutsches Kernland. Heidelberg ^{4}o. J. [2006], S. 142–149.

STEITZ, Heinrich: Geschichte der Evangelischen Kirche in Hessen und Nassau. Marburg 1977.

STENERT, Ute: Die Gründung des Südwestrundfunks – ein rundfunkpolitisches Lehrstück? In: Communicatio socialis 37 (2004), S. 261–276.

STENERT, Ute: Reform im Südwesten. Die Entstehung des Südwestrundfunks. Baden-Baden 2004 (SWR-Schriftenreihe, Medienpolitik, 3).

Stenographische Berichte des Landtags Rheinland-Pfalz, 7. Wahlperiode, 2. Sitzung, 19. Mai 1971.

STEPHAN, Werner J.: Die Entstehung der Provinzialstände in Preußen 1823. Berlin 1914.
STEPPAT, Stephanie: Schifferfrauen auf dem Rhein. Mainz 1987 (Studien zur Volkskultur in Rheinland-Pfalz, 2).
STIENS, Gerhard: Regionale Entwicklung und Regionalbewußtsein. In: Ziele und Wege zur Entwicklung dünn besiedelter ländlicher Regionen. Bonn 1983 (Bundesforschungsanstalt für Landeskunde und Raumordnung. Seminare, Symposien, Arbeitspapiere, 10), S. 16.1–16.2.
STIFTUNG HAMBACHER SCHLOSS (Hrsg.): Hinauf, hinauf zum Schloss! Das Hambacher Fest 1832. Neustadt an der Weinstraße 2008.
STIFTUNG JOSEPH BREITBACH/AKADEMIE DER WISSENSCHAFTEN UND DER LITERATUR MAINZ (Hrsg.): Stiftung Joseph Breitbach. Eine Stiftung stellt sich und ihren Stifter vor. Mainz 1998.
STIFTUNG SCHLOSS NEUHARDENBERG (Hrsg.): Das »Dritte Reich« und die Musik. Berlin 2006.
STÖCKER, Jens: Das Rettungshaus – ein Lebenszeichen. Die Konstitution der Rettungshausbewegung in der bayerischen Pfalz. Heidelberg 2010 (Veröffentlichungen des Diakoniewissenschaftlichen Instituts an der Universität Heidelberg, 39).
STÖTZER, Thorsten: Gastarbeiter in der Welt von Gestern. Ausländische Arbeitskräfte beim Bau der Nassauischen Kleinbahn 1898 bis 1903. Bad Ems 2002 (Bad Emser Hefte, 224).
STOKES, Raymond: Von der I.G. Farbenindustrie AG bis zur Neugründung der BASF (1925–1952). In: Abelshauser, Werner (Hrsg.): Die BASF. Eine Unternehmensgeschichte. München 2002, S. 221–358.
STOLL, Christoph: Mächtig in Wort und Werk. Bischof Wilhelm Emmanuel von Ketteler. Mit einer Sammlung ausgewählter Texte Bischof Kettelers. Mainz 1997 (Mainzer Perspektiven aus der Geschichte des Bistums, 1).
STORM, Monika: Dr. Carl Ludwig Wagner. In: Ziegler, Hannes (Hrsg.): Politiker in Rheinland-Pfalz: Unsere Ministerpräsidenten. Annweiler 2003, S. 87–102.
STRAUCH, Dieter: Rheinische Gerichte in zwei Jahrhunderten. Die Entwicklung der ordentlichen Gerichtsbarkeit in der Rheinprovinz und ihren Nachfolgestaaten von 1798 bis 2005. Düsseldorf 2007 (Publikationen der Gesellschaft für Rheinische Geschichtskunde, 76).
STRAUSS, Emil: 125 Jahre Pfälzischer Sängerbund. 1860–1985. Essingen 1985.
STRUCK, Wolf-Heino: Die Gründung des Herzogtums Nassau. In: Eichler, Volker/Heinemann, Christiane (Bearb.): Herzogtum Nassau 1806–1866. Politik, Wirtschaft, Kultur. Wiesbaden 1981 (Veröffentlichungen der Historischen Kommission für Nassau, 32), S. 1–17.
STRUCK, Wolf-Heino: Vormärz im Herzogtum Nassau und Hambacher Fest. In: Hambach 1832. Anstöße und Folgen. Wiesbaden 1984 (Geschichtliche Landeskunde, 24), S. 131–163.
STÜBER, Gabriele u. a. (Red.): Zeitbilder aus der Geschichte der protestantischen Kirche in der Pfalz von der Reformation bis in die Gegenwart. Speyer 1999.
STÜBER, Gabriele/KUHN, Andreas: Volksfrömmigkeit oder Wie Glaube sich an Bildern festmacht. In: Roland, Oliver (Hrsg.): Kirche im Dialog. Wissenschaft, Kunst, Medien. Mannheim 2003 (Anthologie für Religion, 3,2), S. 87–110.
STÜBER, Gabriele/KUHN, Andreas: Die Gedächtniskirche der Protestation – Ausdruck deutschen Zeitgeistes und protestantischer Erinnerungskultur zwischen 1856 und 1904. In: Böcher, Otto (Hrsg.): Hundert Jahre Gedächtniskirche der Protestation zu Speyer 1904–2004. Ubstadt-Weiher 2004 (Blätter für pfälzische Kirchengeschichte und religiöse Volkskunde, 71), S. 169–196.
STÜBER, Gabriele: Die Stunde der Diakonie – Kirchliche Nothilfe nach dem Zweiten Weltkrieg. In: Wünschel, Hans-Jürgen (Hrsg.): Rheinland-Pfalz – Beiträge zur Geschichte eines neuen Landes. Landau 1997, S. 181–205.
STÜBER, Gabriele: Walter Erich Ebrecht (1910–1978), Kirchenpräsident 1969–1975. In: Hans, Friedhelm/Dies. (Hrsg.): Pfälzische Kirchen- und Synodalpräsidenten seit 1920. Karlsruhe 2008 (Veröffentlichungen des Vereins für Pfälzische Kirchengeschichte, 27), S. 159–175.
STÜBER, Gabriele: Liberalismus und Mission am Beispiel der Ostasienmission 1884–1900. In: Blätter für pfälzische Kirchengeschichte und religiöse Volkskunde 76 (2009), S. 151–171.
STÜRMER, Vera: Die pfälzische SPD in der Endphase der Weimarer Republik. In: Dies./Hundinger, Ralf: »Wir kommen wieder.« Ende und Wiederaufbau der pfälzischen SPD 1929–1933 und 1945–1947. Mannheim 1995 (Südwestdeutsche Schriften, 17), S. 3-15.

STURM, Heinz: Die pfälzischen Eisenbahnen. Ludwigshafen 2005 [Neuauflage d. A. Ludwigshafen 1967] (Veröffentlichungen der Pfälzischen Gesellschaft zur Förderung der Wissenschaften, 53).

SUDROW, Anne: Der Schuh im Nationalsozialismus. Eine Produktgeschichte im deutsch-britisch-amerikanischen Vergleich. Göttingen 2010.

SÜDWESTRUNDFUNK (Hrsg.): Lebensraum Kultur. Der Südwestrundfunk als Kultur- und Wirtschaftsfaktor. Baden-Baden 2000.

SÜSS, Edgar: Die Pfälzer im »schwarzen Buch«. Ein personengeschichtlicher Beitrag zur Geschichte des Hambacher Festes, des frühen pfälzischen und deutschen Liberalismus. Heidelberg 1956 (Heidelberger Veröffentlichungen zur Landesgeschichte und Landeskunde, 3).

SÜSS, Martin: Rheinhessen unter französischer Besatzung. Vom Waffenstillstand im November 1918 bis zum Ende der Separatistenunruhen im Februar 1924. Stuttgart 1988 (Geschichtliche Landeskunde, 31).

SÜSTERHENN, Adolf/SCHÄFER, Hans: Kommentar der Verfassung für Rheinland-Pfalz mit Berücksichtigung des Grundgesetzes für die Bundesrepublik Deutschland. Koblenz 1950.

SUKSTORF, Lothar: Die Problematik der Logistik im deutschen Heer während des deutsch-französischen Krieges 1870/71. Frankfurt am Main 1994.

SUPPAN, Wolfgang: Blasmusik in Baden. Geschichte und Gegenwart einer traditionsreichen Blasmusiklandschaft. Freiburg im Breisgau 1983.

SVENSSON, Lars G.: Die Geschichte der Bibliotheca Bipontina. Mit einem Katalog der Handschriften. Kaiserslautern 2002 (Beiträge zur pfälzische Geschichte, 21).

SYBEL, Heinrich von: Die politischen Parteien der Rheinprovinz in ihrem Verhältnis zur preußischen Verfassung. Düsseldorf 1847.

SYRÉ, Ludger: Typ und Typologie von Regionalbibliotheken. In: Hagenau, Bernd (Hrsg.): Regionalbibliotheken in Deutschland mit einem Ausblick auf Österreich und die Schweiz. Frankfurt am Main 2000 (Zeitschrift für Bibliothekswesen und Bibliographie, Sonderheft, 78), S. 13–35.

TEICHLER, Hans-Joachim/HAUK, Gerhard (Hrsg.): Illustrierte Geschichte des Arbeitersports. Berlin und Bonn 1987.

TEKAMPE, Ludger/KNECHT, Markus (Hrsg.): Wein.Kultur.Erbe. 100 Jahre VDP Pfalz. Landau 2008.

TEKAMPE, Ludger: Kriegserzählungen. Eine Studie zur Vergegenwärtigung des Zweiten Weltkrieges. Mainz 1989 (Studien zur Volkskultur in Rheinland-Pfalz, 6).

TEKAMPE, Ludger: Seit 2000 Jahren: Weinbau in der Pfalz. In: Ders./Knecht, Markus (Hrsg.): Wein.Kultur.Erbe. 100 Jahre VDP Pfalz. Landau 2008.

TEKAMPE, Ludger: Zufall und Entscheidung. Geschichte der Sammlungen des Historischen Museums der Pfalz. In: Schmitt-Sperber, Ulrike/Heeg, Laura/Ders.: 100 Jahre Schatzhaus der Pfalz. Rückblicke auf Architektur und Sammlungen des Historischen Museums der Pfalz. Speyer 2010, S. 79–102.

TEKAMPE, Ludger (Hrsg.): Neues Sehen: Fotografien von Wolfgang Reisewitz. Katalog zur gleichnamigen Ausstellung im Historischen Museum der Pfalz, Speyer. Heidelberg 2001.

TEMPEL, Christoph: Kurze Beschreibung der Geschichte des Westwallbaus in den Jahren 1939–1945. In: Wir bauen des Reiches Sicherheit. Mythos und Realität des Westwalls 1938–1945. Berlin 1992, S. 9–31.

TENFELDE, Klaus: Die Entstehung der deutschen Gewerkschaften. In: Borsdorf, Ulrich (Hrsg.): Geschichte der deutschen Gewerkschaften. Köln 1987.

TENSCHER, Jens: Massenmedien und politische Kultur in Rheinland-Pfalz. In: Sarcinelli, Ulrich u.a. (Hrsg.): Politische Kultur in Rheinland-Pfalz. Mainz 2000, S. 515–535.

TESCH, Anne: Die Bildhauerfamilie Cauer. Bad Kreuznach ^{2}1977.

TEUBNER-SCHOEBEL, Sabine: Bücher und kulturelle Zeitschriften. Von Dichtern und Literaten, Zensoren und Sponsoren. In: Heyen, Franz-Josef/Keim, Anton M. (Hrsg.): Auf der Suche nach neuer Identität. Kultur in Rheinland-Pfalz im Nachkriegsjahrzehnt. Mainz 1996 (Veröffentlichungen der Kommission des Landtages für die Geschichte des Landes Rheinland-Pfalz, 20), S. 225–272.

TEUTEBERG, Hans Jürgen/WIEGELMANN, Günter: Der Wandel der Nahrungsgewohnheiten unter dem Einfluß der Industrialisierung. Göttingen 1972 (Studien zum Wandel von Gesellschaft und Bildung im neunzehnten Jahrhundert, 3).
THALMANN, Heinrich: Die Pfalz im Ersten Weltkrieg. Der ehemalige bayerische Regierungskreis bis zur Besetzung Anfang Dezember 1918. Kaiserslautern 1990 (Beiträge zur pfälzischen Geschichte, 2).
THAMER, Hans-Ulrich: Verführung und Gewalt. Deutschland 1933–1945. München 2004.
THATE, Heidrun: Das Décret Chaptal. In: Paas, Sigrun/Mertens, Sabine (Hrsg.): Beutekunst unter Napoleon. Die »Französische Schenkung« an Mainz 1803. Mainz 2003, S. 187–190.
THATE, Heidrun: Der Mainzer Bildertransport. In: Paas, Sigrun/Mertens, Sabine (Hrsg.): Beutekunst unter Napoleon. Die »Französische Schenkung« an Mainz 1803. Mainz 2003, S. 195–200.
THATE, Heidrun: Die Gründung der Gemäldegalerie. In: Paas, Sigrun/Mertens, Sabine (Hrsg.): Beutekunst unter Napoleon. Die »Französische Schenkung« an Mainz 1803. Mainz 2003, S. 322–327.
Theater im Dorf. Niederbrechen 1912–1980. Unveröff. Manuskript Niederbrechen 1980.
THÉOFILAKIS, Fabien: »Vergesst die deutschen Kriegsgefangenen nicht«. Die deutsche Gesellschaft, die französische Besatzungsherrschaft und die christlichen Kirchen (1945–1948). In: Francia 35 (2008), S. 453–484.
THIELMANN, Jörn: The Shaping of Islamic Fields in Europe – A Case Study in South-West Germany. In: Nökel, Sigrid/Tezcan, Levent (Hrsg.): Islam and the New Europe. Continuities, Changes, Confrontations. Bielefeld 2005 (Yearbook of the Sociology of Islam, 6), S. 152–177.
THIELMANN, Jörn: Islamische Felder in Deutschland: Genese, Strukturen und Akteure am Beispiel einer Fallstudie. In: Bundschuh, Stephan/Jagusch, Birgit (Hrsg.): Islamfeindlichkeit – Aspekte, Stimmen, Gegenstrategien. Düsseldorf 2007, S. 29–33.
THIELMANN, Jörn: Von der Vollbeschäftigung bis zur Islamischen Revolution und darüber hinaus: Muslime in der Pfalz. In: Mitteilungen des Historischen Vereins der Pfalz 109 (2011), S. 309–316.
THIEME, Günter: Regionale Unterschiede der agrarstrukturellen Entwicklung. Untersuchungen im Vorderwesterwald. Bonn 1975 (Arbeiten zur rheinischen Landeskunde, 38).
THIEME, Werner/PRILLWITZ, Günther: Durchführung und Ergebnisse der kommunalen Gebietsreform. Baden-Baden 1981 (Die kommunale Gebietsreform, 12).
THIMME, Paul: Straßenbau und Straßenpolitik in Deutschland zur Zeit der Gründung des Zollvereins 1825–1835. Stuttgart 1931 (Vierteljahrschrift für Sozial- und Wirtschaftsgeschichte, Beihefte, 21).
THOMAS, Alois: Wilhelm Arnold Günther 1763–1843. Staatsarchivar in Koblenz, Generalvikar und Weihbischof in Trier. Trier 1957.
THOMAS, Alois: Kirche unter dem Hakenkreuz. Erinnerungen und Dokumente. Trier 1992 (Veröffentlichungen des Bistumsarchivs Trier, 27).
THOMAS, Karin: Stilgeschichte der bildenden Kunst im 20. Jahrhundert bis heute. Köln [10]1999.
THOMES, Paul: Sparkassen beiderseits der Grenze: Die bayerische Pfalz und das preußische Saarrevier. In: Zeitschrift für bayerische Sparkassengeschichte 1988, Heft 2, S. 71–94.
THOMES, Paul: Sparkassen und Kreditgenossenschaften in der bayerischen Pfalz und im preußischen Regierungsbezirk Trier bis zum Ersten Weltkrieg. In: Zeitschrift für bayerische Sparkassengeschichte 1988, Heft 2, S. 95–113.
THOMES, Paul: Sparkassen und regionale Wirtschaftsentwicklung 1900–1945. In: Bankhistorisches Archiv. Zeitschrift zur Bankengeschichte 21 (1995), S. 29–46.
THOMES, Paul (Bearb.): Sparkassen und Banken im nördlichen Rheinland 1789 bis 1913. Bonn 2007 (Geschichtlicher Atlas der Rheinlande, Beihefte, VII.16).
THREUTER, Christina: Westwall. Bild und Mythos. Petersberg 2009.
THUL, Ewald J.: Justiz in der Stunde Null – ein Stimmungsbild. In: Ministerium der Justiz Rheinland-Pfalz (Hrsg.): 50 Jahre Oberlandesgericht und Generalstaatsanwaltschaft. Koblenz 1996 (Schriftenreihe des Ministeriums der Justiz, 5), S. 89–105.
TILGNER, Hilmar: Lesegesellschaften an Mosel und Mittelrhein im Zeitalter des aufgeklärten Absolutismus. Ein Beitrag zur Sozialgeschichte der Aufklärung im Kurfürstentum Trier. Stuttgart 2001 (Geschichtliche Landeskunde, 52).

TILLY, Richard H.: Vom Zollverein zum Industriestaat. Die wirtschaftlich-soziale Entwicklung Deutschlands 1834 bis 1914. München 1990 (Deutsche Geschichte der neuesten Zeit vom 19. Jahrhundert bis zur Gegenwart).

TIPPACH, Thomas: Koblenz als preußische Garnison- und Festungsstadt. Wirtschaft, Infrastruktur und Städtebau. Köln u. a. 2000 (Städteforschung, Reihe A, Darstellungen, 53).

TÖNSMANN, Frank: Wasserkraftanlagen in Mittelalter und Neuzeit. In: Eckholt, Martin/Löber, Ulrich/Ders. (Hrsg.): Geschichte der Wasserkraftnutzung. Koblenz 1985 (Veröffentlichungen des Landesmuseums Koblenz. Staatliche Sammlung technischer Kulturdenkmäler, B, 13), S. 23–44.

TOLKSDORF, Ulrich: Volksleben in den Ermländersiedlungen der Eifel. Marburg 1967 (Schriftenreihe der Kommission für Ostdeutsche Volkskunde e.V., 4).

TOOZE, Adam: Ökonomie der Zerstörung. Die Geschichte der Wirtschaft im Nationalsozialismus. Bonn 2007 (Schriftenreihe, 663).

TORUNSKY, Vera (Bearb.): Die Abgeordneten der Rheinischen Provinziallandtage und Landesversammlungen. Ein biographisches Handbuch, Bd. 1. Köln 1998 (Rheinprovinz, 12).

TOURY, Jacob: Der Eintritt der Juden ins deutsche Bürgertum. In: Liebeschütz, Hans/Paucker, Arnold (Hrsg.): Das Judentum in der deutschen Umwelt 1800–1850. Studien zur Frühgeschichte der Emanzipation. Tübingen 1977 (Schriftenreihe wissenschaftlicher Abhandlungen des Leo-Baeck-Instituts, 35), S. 139–242.

TOURY, Jacob: Soziale und politische Geschichte der Juden in Deutschland 1847-1871. Zwischen Revolution, Reaktion und Emanzipation. Düsseldorf 1977 (Schriftenreihe des Instituts für Deutsche Geschichte der Universität Tel Aviv, 2).

TRANSIER, Werner: Zur Geschichte des fälzischen Judentums vom Mittelalter bis heute. In: Rothenberger, Karl-Heinz u. a. (Hrsg.): Pfälzische Geschichte, Bd. 1. Kaiserslautern ^{2}2002, S. 365–371.

Trauung konfessionsverschiedener Paare bei Beteiligung beider Pfarrer. In: Kirchliches Amtsblatt für die Diözese Mainz 113 (1971), Nr. 63, S. 24.

TROSSBACH, Werner/ZIMMERMANN, Clemens: Die Geschichte des Dorfes. Von den Anfängen im Frankenreich zur bundesdeutschen Gegenwart. Stuttgart 2006.

TUCKERMANN, Walther: Landeskunde Rheinprovinz. In: Hansen, Joseph (Hrsg.): Die Rheinprovinz 1815–1915. Hundert Jahre preußischer Herrschaft am Rhein, Bd. 1. Bonn 1917, S. 57–86.

TÜTTENBERG, Hanns Paul: Zur Geschichte des Landgerichts Mainz. In: Ministerium der Justiz Rheinland-Pfalz (Hrsg.): 50 Jahre Oberlandesgericht und Generalstaatsanwaltschaft. Koblenz 1996 (Schriftenreihe des Ministeriums der Justiz, 5), S. 163–178.

TURNER, R. Steven: Universitäten. In: Jeismann, Karl Ernst/Lundgreen, Peter (Hrsg.): Handbuch der deutschen Bildungsgeschichte. Bd. 3: 1800–1870. Von der Neuordnung Deutschlands bis zur Gründung des Deutschen Reiches. München 1987, S. 221–249.

UHLENBRUCK, Kurt: Die Schleppschiffahrt auf der Gebirgsstrecke des Mittelrheins. Eine volkskundliche Untersuchung. Mainz 2004 (Studien zur Volkskultur in Rheinland-Pfalz, 29).

ULLMANN, Hans-Peter: Interessensverbände in Deutschland. Frankfurt am Main 1988.

ULLMANN, Hans-Peter: Kriegswirtschaft. In: Hirschfeld, Gerhard/Krumeich, Gerd/Renz, Irina (Hrsg.) in Verbindung mit Markus Pöhlmann: Enzyklopädie Erster Weltkrieg. Paderborn. München u. a. 2009, S. 220–232.

ULRICH, Axel: Politischer Widerstand gegen das »Dritte Reich« im Rhein-Main-Gebiet. Wiesbaden 2005.

UNRUH, Georg-Christoph von: Staat und kommunale Selbstverwaltung 1867–1918. In: Jeserich, Kurt G. A./Pohl, Hans/Ders. (Hrsg.): Deutsche Verwaltungsgeschichte. Bd. 3: Das Deutsche Reich bis zum Ende der Monarchie. Stuttgart 1984, S. 560–644.

UNRUH, Georg-Christoph von: Die kommunale Selbstverwaltung. Recht und Realität. In: Aus Politik und Zeitgeschichte B 30–31 (1989), S. 3–13.

Untersuchungen über die Lage des Hausiergewerbes in Deutschland. Bd. 1. Vaduz 1989 [Nachdruck d. A. Leipzig 1898] (Schriften des Vereins für Sozialpolitik, 77).

URBAN, Hans Jörg: Arbeitsgemeinschaft christlicher Kirchen (in Deutschland). In: Kasper, Walter (Hrsg.): Lexikon für Theologie und Kirche, Bd. 1. Freiburg [3]2009, Sp. 930–931.

Verfassung für Rheinland-Pfalz vom 18. Mai 1947. In: Grundgesetz und Landesverfassung. Grundgesetz für die Bundesrepublik Deutschland und Verfassung für Rheinland-Pfalz. Mainz [6]1976.

Die Verhältnisse der Landarbeiter in Deutschland. Bd. 2: Die Verhältnisse der Landarbeiter in Hohenzollern, im Reg.-Bezirk Wiesbaden, in Thüringen, Bayern, in dem Grossherzogtum Hessen, Reg.-Bezirk Kassel, Königreich Sachsen, in den Provinzen Schleswig-Holstein, Sachsen und Hannover südl. Teil, in den Herzogtümern Braunschweig und Anhalt, in der Rheinprovinz und im Fürstentum Birkenfeld. Leipzig 1892 (Schriften des Vereins für Socialpolitik, 54).

Verhandlungen der 2. bis 49. Rheinischen Landessynode. Mülheim an der Ruhr 1951–2000.

Verhandlungen der Kirchensynode der Evangelischen Kirche in Hessen und Nassau. Wiesbaden 1950–1959; Mainz 1959–2000.

Verhandlungen der Landessynode der Vereinigten Protestantisch-Evangelisch-Christlichen Kirche der Pfalz bis 1. Tagung 1978, ab 2. Tagung 1978 der Evangelischen Kirche der Pfalz (Protestantische Landeskirche). Grünstadt 1950–1968; Speyer 1969–2000.

Verhandlungen der vierzigsten Rheinischen Provinzialsynode in ihrer Tagung vom 12. bis 24. September 1929 zu Neuwied. Neuwied 1929.

VERSCHÖNERUNGSVEREIN PFAFFENDORF VVV 1879 e.V. (Hrsg.): Sie folgten dem Stern – die Gründerinnen des Klosters Bethlehem: Maria Ignatia von Hertling mit Paula und Maria Reinhard. Koblenz 2009.

Verwaltungsgrenzen in der Bundesrepublik Deutschland seit Beginn des 19. Jahrhunderts. Hannover 1977 (Veröffentlichungen der Akademie für Raumforschung und Landesplanung, Forschungs- und Sitzungsberichte, 110).

Die Verwendung von Schleppern, Bodenfräsen und Mähdreschern in der Land- und Forstwirtschaft. Ergebnisse der Schleppererhebung vom Mai 1953. Stuttgart und Köln 1954 (Statistik der Bundesrepublik Deutschland, 94).

VEY, Anno: Das Attentat in Nieder-Ingelheim 1849 auf den späteren deutschen Kaiser Wilhelm I. In: Heimatjahrbuch Mainz-Bingen 43 (1999), S. 123–125.

VEY, Anno: Ingelheim während der Kriegsjahre 1939–1945. Ingelheim 2009.

VICK, Brian E.: Defining Germany: The 1848 Frankfurt Parliamentarians and National Identity. Cambridge, Mass. 2002.

VIEBIG, Clara: Eifelbilder. Zuerst in: Wegweiser Kalender. Berlin 1927. Erneut abgedruckt in: Arentz, Christel/Kämmereit, Peter (Hrsg.): Clara Viebig. Ein langes Leben für die Literatur. Dokumentation zum 150. Geburtstag. Zell/Mosel 2010.

VIEREGG, Hildegard: Geschichte des Museums. Eine Einführung. München 2008.

VOGEL, Bernhard: Rundfunklandschaft im Umbruch. In: Breitling, Rupert/Gellner, Winand (Hrsg.): Machiavellismus, Parteien und Wahlen, Medien und Politik. Gerlingen 1988, S. 110–123.

VOGEL, Ludwin: Deutschland, Frankreich und die Mosel. Europäische Integrationspolitik in den Montan-Regionen Ruhr, Lothringen, Luxemburg und der Saar. Essen 2001 (Düsseldorfer Schriften zur Neueren Landesgeschichte und zur Geschichte Nordrhein-Westfalens, 57).

VOLK, Hermann: Ihr seid eine neue Schöpfung. Nachdenkliches über Kirche, Konzil und Ökumene. Freiburg im Breisgau 1987.

VOLZ, Günther: Der bayerische Rheinkreis um 1830. In: Alter, Willi (Hrsg.): Pfalzatlas, Textband 3. Speyer 1981, S. 1679–1693.

VOLLNHALS, Clemens: Evangelische Kirche und Entnazifizierung 1945–1949. Die Last der nationalsozialistischen Vergangenheit. München 1989 (Studien zur Zeitgeschichte, 36).

VOSS, Gerhard: Una Sancta. In: Kasper, Walter (Hrsg.): Lexikon für Theologie und Kirche, Bd. 10. Freiburg im Breisgau [3]2009, Sp. 373–374.

VOSS, Ingrid/VOSS, Jürgen: Die »Revue Rhénane« als Instrument der französischen Kulturpolitik am Rhein (1920–1930). In: Archiv für Kulturgeschichte 64 (1982), S. 403–451.

WACKER, Reinhold: Das Land an Mosel und Saar mit Eifel und Hunsrück. Strukturen und Entwicklungen 1815–1990. Trier 1991.

WADLE, Elmar (Hrsg.): Philipp Jakob Siebenpfeiffer und seine Zeit im Blickfeld der Rechtsgeschichte. Sigmaringen 1991 (Schriften der Siebenpfeiffer-Stiftung, 1).

WADLE, Elmar/SAUDER, Gerhard (Hrsg.): Georg Friedrich Rebmann (1768–1824). Autor, Jakobiner, Richter. Sigmaringen 1997 (Schriften der Siebenpfeiffer-Stiftung, 4).

WAGNER, Edgar: »Packt an! Habt Zuversicht!«. Über die Entstehung des Landes Rheinland-Pfalz und seinen Beitrag zur Gründung der Bundesrepublik Deutschland. Mainz 2007 (Schriftenreihe des Landtages Rheinland-Pfalz, 35).

WAGNER, Elisabeth: Revolution, Religiosität und Kirchen im Rheinland um 1800. In: Hüttenberger, Peter/Molitor, Hansgeorg (Hrsg.): Franzosen und Deutsche am Rhein. 1789 – 1819 – 1945. Essen 1989 (Düsseldorfer Schriften zur Neueren Landesgeschichte und zur Geschichte Nordrhein-Westfalens, 23), S. 267–288.

WAGNER, Michael: Öffentliche Bibliotheken und Bibliothekspolitik in der Pfalz (1921–1996). 75 Jahre Staatliche Büchereistelle Rheinhessen-Pfalz. Kaiserslautern 1996 (Beiträge zur pfälzischen Geschichte, 13).

WAGNER, Michael: Hauenstein und die deutsche Schuhindustrie. Ein historischer Überblick. Hauenstein 1997 (Schriftenreihe des Museums für Schuhproduktion und Industriegeschichte Hauenstein, 1).

WAGNER, Patrick: Bauern, Junker und Beamte. Lokale Herrschaft und Partizipation im Ostelbien des 19. Jahrhunderts. Göttingen 2005 (Moderne Zeit. Neue Forschungen zur Gesellschafts- und Kulturgeschichte des 19. und 20. Jahrhunderts, 9).

WAGNER, Stefan: Die Staatliche Grund- und Gebäudesteuer in der preußischen Rheinprovinz von 1815 bis 1895. Entwicklung von Steuerrecht, -aufkommen und -belastung. Köln 1980.

WALL, Heinrich de/MUCKEL, Stefan: Kirchenrecht. Ein Studienbuch. München 2009.

WALTER, Richard: »Die ihr Ohr am Volke haben«. Geschichte und Bedeutung der Heimatpresse im Landkreis Bad Kreuznach. In: Naheland-Kalender 1974, S. 69–72.

WALTER, Rolf: Wirtschaftsgeschichte. Vom Merkantilismus bis zur Gegenwart. Köln u. a. ^{5}2011.

WALZ, Ernst: Die »Regierung Heimerich« in Neustadt a. d. W. vom 10.5.1945 bis 8.7.1945. In: Hermann Heimerich: Ehrenbürger der Stadt Mannheim, Oberbürgermeister der Stadt Mannheim von 1928 bis 1933 und von 1949 bis 1955. Frankfurt am Main o. J. [1960], S. 59–70.

WALZ, Günter: Die Geschichte des Theaters in Mainz. Ein Rückblick auf 2000 Jahre Bühnengeschehen. Mainz 2004.

WARMBRUNN, Paul: Rechtsanwälte im Nationalsozialismus. Anpassung, Widerstand und Verfolgung, aufgezeigt am Beispiel des OLG-Bezirks Zweibrücken. In: Spieß, Pirmin (Hrsg.): Palatia Historica. Festschrift Ludwig Anton Doll. Mainz 1994 (Quellen und Abhandlungen zur mittelrheinischen Kirchengeschichte, 75), S. 595–626.

WARMBRUNN, Paul: Die Organisation der Gerichte in der Zeit des Dritten Reiches im Gebiet des südlichen Teils von Rheinland-Pfalz (Pfalz und Rheinhessen). In: Ministerium der Justiz Rheinland-Pfalz (Hrsg.): Justiz im Dritten Reich. Justizverwaltung, Rechtsprechung und Strafvollzug auf dem Gebiet des heutigen Landes Rheinland-Pfalz, Teil 1. Frankfurt am Main 1995 (Schriftenreihe des Ministeriums der Justiz, 3), S. 35–61.

WARMBRUNN, Paul: Personalprofil der Richter und der Staatsanwälte in der Pfalz und in Rheinhessen im Dritten Reich. In: Ministerium der Justiz Rheinland-Pfalz (Hrsg.): Justiz im Dritten Reich. Justizverwaltung, Rechtsprechung und Strafvollzug auf dem Gebiet des heutigen Landes Rheinland-Pfalz, Teil 1. Frankfurt am Main 1995 (Schriftenreihe des Ministeriums der Justiz, 3), S. 81–194.

WARMBRUNN, Paul: Strafgerichtsbarkeit in der Pfalz und in Rheinhessen im Dritten Reich. In: Ministerium der Justiz Rheinland-Pfalz (Hrsg.): Justiz im Dritten Reich. Justizverwaltung, Rechtsprechung und Strafvollzug auf dem Gebiet des heutigen Landes Rheinland-Pfalz, Teil 1. Frankfurt am Main 1995 (Schriftenreihe des Ministeriums der Justiz, 3), S. 337–500.

WARMBRUNN, Paul: Wiederaufbau der Justiz nach Kriegsende. In: Borck, Heinz-Günther (Hrsg.): Beiträge zu 50 Jahren Geschichte des Landes Rheinland-Pfalz. Koblenz 1997 (Veröffentlichungen der Landesarchivverwaltung Rheinland-Pfalz, 73), S. 201–218.

WARMBRUNN, Paul: »Die schreckliche, die rechtlose Zeit ist zu Ende!« Zum Wiederaufbau der Justiz. In: Nestler, Gerhard/Ziegler, Hannes (Hrsg.): Die Pfalz in der Nachkriegszeit. Wiederaufbau und demokratischer Neubeginn (1945–1947). Kaiserslautern 2004 (Beiträge zur pfälzischen Geschichte, 22), S. 149–176.

WARMBRUNN, Paul: Spätblüte von Archivwesen und Rechtsgelehrsamkeit in einem historisch bedeutsamen Kleinterritorium. Das Wirken von Johann Heinrich und Georg August Bachmann in Pfalz-Zweibrücken in der Endphase des Ancien Régime und in der Übergangszeit. In: Rödel, Volker (Hrsg.): Umbruch und Aufbruch. Das Archivwesen nach 1800 in Süddeutschland und im Rheinland. Stuttgart 2005 (Werkhefte der Staatlichen Archivverwaltung Baden-Württemberg, Serie A, 20), S. 77–99.

WARMBRUNN, Paul: Der Assisenprozess in Landau 1833 vor dem Hintergrund der Geltung des französischen Rechts und der »Rheinischen Institutionen« in der Pfalz. In: Schlechter, Armin (Hrsg.): Kämpfer für Freiheit und Demokratie. Johann Georg August Wirth. Neustadt an der Weinstraße 2010, S. 37–51.

WARNECKE, Hans: Zwischen zwei Revolutionen. Die Evangelische Gemeinde Koblenz 1848–1918. In: Dröge, Markus u. a. (Hrsg.): Pragmatisch, preußisch, protestantisch... Die Evangelische Gemeinde Koblenz im Spannungsfeld von rheinischem Katholizismus und preußischer Kirchenpolitik. Bonn 2003 (Schriftenreihe des Vereins für Rheinische Kirchengeschichte, 161), S. 51–70.

WASSENBERG, Birte: Die Entwicklungsgeschichte der grenzüberschreitenden Zusammenarbeit am Oberrhein seit 1963. In: Prettenthaler-Ziegerhofer, Anita/Kißener, Michael/Kusber, Jan (Hrsg.): Zwischenräume. Grenznahe Beziehungen in Europa seit den 1970er Jahren. Innsbruck 2011, S. 25–84.

WEBER, Christianne (Hrsg.): Art Déco Schmuck – Jacob Bengel. Stuttgart 2002.

WEBER, Eberhard: Die Mainzer Zentraluntersuchungskommission. Karlsruhe 1970 (Studien und Quellen zur Geschichte des deutschen Verfassungsrechts, Reihe A, Studien, 8).

WEBER, Hermann: 100 Jahre Industriegewerkschaft Chemie-Papier-Keramik. Von den Verbänden der ungelernten Fabrikarbeiter, der Glas- und Porzellanarbeiter zur modernen Gewerkschaftsorganisation. Köln 1990.

WEBER, Max: Die protestantische Ethik und der Geist des Kapitalismus. In: Ders.: Die protestantische Ethik I. Eine Aufsatzsammlung, hrsg. von Johannes Winckelmann. Gütersloh [8]1991.

WEBER, Uta: Das Open Ohr Festival – Wandel und Kontinuität eines alternativen Festes. Magisterarbeit FB 13 Mainz 2004.

WEBER, Wilhelm: Reduktion und Abstraktion. Neue Wege in der bildenden Kunst. In: Heyen, Franz-Josef/Keim, Anton M. (Hrsg.): Auf der Suche nach neuer Identität. Kultur in Rheinland-Pfalz im Nachkriegsjahrzehnt. Mainz 1996 (Veröffentlichungen der Kommission des Landtages für die Geschichte des Landes Rheinland-Pfalz 20), S. 339–416.

WEBER, Winfried/CASEL, Hans (Red.): Geschichte des Bistums Trier. Straßburg 2003.

WEBER-BROSAMER, Bernhard: »Die Weltordnung will weder Stillstand noch Rückschritt«. Zur Einführung der Dampfschifffahrt auf dem Rhein und ihren wirtschaftspolitischen Auswirkungen. In: Looz-Corswarem, Clemens von/Mölich, Georg (Hrsg.): Der Rhein als Verkehrsweg. Politik, Recht und Wirtschaft seit dem 18. Jahrhundert. Bottrop 2007 (Schriftenreihe der Niederrhein-Akademie/Academie Nederrihn, 7), S. 93–116.

WEBER-KELLERMANN, Ingeborg: Saure Wochen, frohe Feste. Fest und Alltag in der Sprache der Bräuche. München und Luzern 1985.

Unser gemeinsamer Weg. 150 Jahre Bistum Limburg. Frankfurt 1977.

WEHLER, Hans-Ulrich: Deutsche Gesellschaftsgeschichte. Bd. 1: Vom Feudalismus des Alten Reiches bis zur defensiven Modernisierung der Reformära 1700–1815; Bd. 2: Von der Reformära bis zur industriellen und politischen »Deutschen Doppelrevolution« 1815–1845/49; Bd. 3: Von der »Deutschen Doppelrevolution« bis zum Beginn des Ersten Weltkriegs 1849–1914; Bd. 4: Vom Beginn des Ersten Weltkriegs bis zur Gründung der beiden deutschen Staaten 1914–1949; Bd. 5: Bundesrepublik und DDR 1949–1990. München 1989–2008.

WEHMEIER, Klaus: Die Geschichte des ZDF. Teil 1: Entstehung und Entwicklung 1961–1966. Mainz 1979.

WEHRHAN, K: Die Martinsfeier in Coblenz. In: Zeitschrift für rheinische und westfälische Volkskunde 7 (1910), S. 244–249.

WEIDMANN, Werner: Die Eisenwerke Gienanth. In: Pfalzatlas, Textband 4. Speyer 1994, S. 1888–1906.
WEIDMANN, Werner: Die pfälzische Industrie und ihre Märkte zwischen 1919 und 1945 auf dem Hintergrund der Kapitalbereitstellung und der Quantifizierung der Arbeit. Die Pfalz in den politischen und wirtschaftlichen Umbrüchen und Wechsellagen seit 1918. In: Jahrbuch zur Geschichte von Stadt und Landkreis Kaiserlautern 34/35 (1996/97), S. 75–162.
WEIDMANN, Werner: Das Schulwesen in der ersten bayerischen Zeit (1816–1840) und der schulpolitische Umschwung seit Hambach. In: Ders.: Schul-, Medizin- und Wirtschaftsgeschichte der Pfalz, Bd. 2. Otterbach 2000, S. 164–211.
WEIDMANN, Werner: Die Landwirtschaft zwischen 1850 und 1875. In: Ders.: Schul-, Medizin- und Wirtschaftsgeschichte der Pfalz, Bd. 2. Otterbach 2000, S. 483–513.
WEIDMANN, Werner: Schwerpunkte wirtschaftlicher Entwicklung seit 1816. In: Ders.: Schul-, Medizin- und Wirtschaftsgeschichte der Pfalz, Bd. 2. Otterbach 2000, S. 303–323.
WEIDERMANN, Volker: Das Buch der verbrannten Bücher. Köln 2008.
WEIDNER, Rolf: Wahlen und soziale Strukturen in Ludwigshafen am Rhein 1871–1914. Ludwigshafen 1984.
WEILER, Heinrich: Vorrevolutionäre Justizverhältnisse im Bezirk der heutigen Landgerichte Zweibrücken und Kaiserslautern, ihre Veränderung unter französischer Herrschaft und der pfälzische Anschluss an Bayern. Frankfurt am Main 1989.
WEIS, Eberhard: Die Begründung des modernen bayerischen Staates unter König Max I. (1799–1825). In: Spindler, Max (Hrsg.): Handbuch der Bayerischen Geschichte. Bd. 4: Das neue Bayern 1800–1970, Teil 1. München 1974, S. 3–86.
WEISE, Nils: Eicke. Eine SS-Karriere. Diss. phil. Würzburg 2011.
WEISER, Johanna: Geschichte der preußischen Archivverwaltung und ihrer Leiter von den Anfängen unter Staatskanzler von Hardenberg bis zur Auflösung im Jahre 1945. Köln u. a. 2000.
WEISS, Erich (Bearb.): Ländliche Bodenordnung 1821 bis 1990. Köln 1992 (Geschichtlicher Atlas der Rheinlande, Beihefte, VII.4).
WEISS, Gert: Georg Moller als Bauforscher und Denkmalpfleger. In: Kartmann, Norbert (Hrsg.): Georg Moller – Symposium aus Anlass seines 50. Todestages. Wiesbaden 2004 (Hessische Schriften zum Föderalismus und Landesparlamentarismus, 10), S. 35–66.
WEISS, Petra: Die Bergung von Kulturgütern auf der Festung Ehrenbreitstein. In: Jahrbuch für westdeutsche Landesgeschichte 26 (2000), S. 421–452.
WEISWEILER, Wilhelm: Geschichte des rheinischen Notariats. Bd. 1: Die französische Zeit. Essen 1916.
WEITENHAGEN, Holger: Das 19. Jahrhundert – Die Zeit mit Preußen 1815 bis 1918. In: Conrad, Joachim u. a. (Hrsg.): Evangelisch am Rhein. Werden und Wesen einer Landeskirche. Düsseldorf 2007 (Schriften des Archivs der Evangelischen Kirche im Rheinland, 35), S. 74–95.
WEITZEL, Jürgen: 100 Jahre Verwaltungsgerichtsbarkeit in Hessen. In: Deutsches Verwaltungsblatt 90 (1975), S. 869–873.
WEITZEL, Kurt: Konfessionelle Parteien in Rheinhessen 1862–1933. In: Archiv für Hessische Geschichte und Altertumskunde N.F. 41 (1983), S. 151–196.
WEITZEL, Kurt: Vom Chaos zur Demokratie. Die Entstehung der Parteien in Rheinland-Pfalz 1945–1947. Mainz 1989.
WELLMER-BRENNECKE, Geesche: Stadtbibliothek Mainz. In: Hagenau, Bernd (Hrsg.): Regionalbibliotheken in Deutschland mit einem Ausblick auf Österreich und die Schweiz. Frankfurt am Main 2000 (Zeitschrift für Bibliothekswesen und Bibliographie, Sonderheft, 78), S. 324–329.
WELTAUSSTELLUNG in Paris 1900: Amtlicher Katalog der Ausstellung des Deutschen Reichs. Berlin 1900.
WELZEL, Horst: Rundfunkpolitik in Südwestdeutschland 1945–1952. Zu den Auseinandersetzungen um Struktur und Verfassung des Südwestrundfunks. Diss. phil. Hannover 1976.
WEMHOFF, Matthias/BERTRAM, Marion (Red.): Der Berliner Skulpturenfund: »Entartete Kunst« im Bombenschutt. Berlin ^{2}2011.

WENGER, Klaus: Rundfunkpolitik in der Französischen Besatzungszone. Die Anfänge des Südwestfunks. In: Knipping, Franz/Le Rider, Jacques (Hrsg.): Frankreichs Kulturpolitik in Deutschland 1945–1950. Tübingen 1987, S. 207–220.

WENTZCKE, Paul/KLÖTZER, Wolfgang (Bearb.): Deutscher Liberalismus im Vormärz. Heinrich von Gagern, Briefe und Reden 1815–1848. Göttingen u. a. 1959.

WERNER, Norbert (Hrsg.): 375 Jahre Universität Gießen 1607–1982. Geschichte und Gegenwart. Gießen 1982.

WERNHER, Wilhelm: Johann Wilhelm Wernher. Sein Leben und seine Tätigkeit. Zweibrücken 1891.

WERNZ-KAISER, Heike: Museum der Stadt Bad Neuenahr-Ahrweiler. Adenau 1993.

WERQUET, Jan: Historismus und Repräsentation. Die Baupolitik Friedrich Wilhelms IV. in der preußischen Rheinprovinz. Berlin [u. a.] 2010.

WESNER, Nicole: Ferdinand von Quast – Leben und Werke. In: Zum 200. Geburtstag von Ferdinand von Quast 1807–1877. Erster preußischer Konservator der Kunstdenkmäler. Berlin 2008 (Arbeitshefte des Brandenburgischen Landesamtes für Denkmalpflege und Archäologischen Landesmuseums, 18), S. 23–30.

WESSEL, Horst A.: Die Verbreitung des Telephons bis zur Gegenwart. In: Teuteberg, Hans-Jürgen/Neutsch, Cornelius (Hrsg.): Vom Flügeltelegraphen zum Internet. Geschichte der modernen Telekommunikation. Stuttgart 1998 (Vierteljahrschrift für Sozial- und Wirtschaftsgeschichte, Beihefte, 147), S. 67–112.

WETTENGEL, Michael: Die Revolution von 1848/49 im Rhein-Main-Raum. Politische Vereine und Revolutionsalltag im Großherzogtum Hessen, Herzogtum Nassau und in der Freien Stadt Frankfurt. Wiesbaden 1989 (Veröffentlichungen der Historischen Kommission für Nassau, 49).

WETTSTEIN, Lothar: Josef Bürckel. Gauleiter, Reichsstatthalter, Krisenmanager Adolf Hitlers. Norderstedt ²2010.

WIESEOTTE, Hermann: Das Mainzer Journal des Jahres 1848 als Organ der mittelrheinischen katholischen Bewegung. In: Idee, Gestalt und Gestalter des ersten deutschen Katholikentages in Mainz 1848. Mainz 1948, S. 268–283.

WIGGER, Iris: Die »Schwarze Schmach« am Rhein. Rassistische Diskriminierung zwischen Geschlecht, Klasse, Nation und Rasse. Münster 2007.

WILD, Adolf: Eine respektable publizistische Produktion: Die Mainzer Journalistik im Vormärz und in den Revolutionsjahren. In: Mainz. Vierteljahrshefte für Kultur, Politik, Wirtschaft, Geschichte 19 (1999), Heft 2, S. 125–129.

WILHELM, Jakobus C. Wilhelm: Ausräumen – Umräumen – Einräumen. Liturgie im Kunstdenkmal: Zur Innengestaltung der Abtei- und Pfarrkirche St. Eucharius – St. Matthias in Trier im 19. und 20. Jahrhundert. Mainz 2008 (Quellen und Abhandlungen zur mittelrheinischen Kirchengeschichte, 123).

WILKE, Jürgen/FÖRSTER, Frank: Journalismus zwischen Absolutismus und Republik. Die Mainzer Presse 1792/93. In: Goethe. Die Belagerung von Mainz. Mainz 1993, S. 170–197.

WILKE, Jürgen/FUNKE Agata: Massenkommunikation in Rheinland-Pfalz. Frankfurt am Main 1987.

WILKE, Jürgen: Massenmedien. In: Borck, Heinz-Günther (Hrsg.): Beiträge zu 50 Jahren Geschichte des Landes Rheinland-Pfalz. Koblenz 1997 (Veröffentlichungen der Landesarchivverwaltung Rheinland-Pfalz, 73), S. 345–368.

WILKE, Jürgen: Mediengeschichte der Bundesrepublik Deutschland. Bonn 1999.

WILKE, Jürgen: Ordnung und Neugestaltung der Medien in Deutschland. In: Althaus, Dieter u. a. (Hrsg.): Mut. Hoffnung, Zuversicht. Festschrift Bernhard Vogel. Paderborn u. a. 2007, S. 185–196.

WILKE, Jürgen: Rheinland-Pfalz: Medienpolitische Tradition und Perspektiven. In: Sarcinelli, Ulrich u. a. (Hrsg.): Politik in Rheinland-Pfalz. Gesellschaft, Staat und Demokratie. Wiesbaden 2010, S. 565–580.

WILKE, Tobias: »Wir wollen sein ein einzig Volk von Brüdern«. Die »Kriegssäule« von Mainz – eine Hilfsaktion im Ersten Weltkrieg. In: Mainz. Vierteljahrshefte für Kultur, Politik, Wirtschaft, Geschichte 19 (1999), Heft 1, S. 94–98 und Heft 2, S. 74–78.

WILLER, Jakob: Hinweise zum Einsatz der Organisation Todt. In: Alter, Willi (Hrsg.): Pfalzatlas, Textband 3. Speyer 1981, S. 1273–1275.

WINTER-TARVAINEN, Annette: Weinbaukrise und preußischer Staat: Preußische Zoll- und Steuerpolitik in ihren Auswirkungen auf die soziale Situation der Moselwinzer im 19. Jahrhundert. Trier 1992 (Trierer Historische Forschungen, 18).
WIRMINGHAUS, Alexander: Das Verkehrswesen. In: Hansen, Joseph (Hrsg.): Die Rheinprovinz 1815–1915. Hundert Jahre preußischer Herrschaft am Rhein, Bd. 1. Bonn 1917, S. 561–610.
WIRTH, Eva: Koblenz oder Mainz? Die rheinland-pfälzische Hauptstadtfrage. In: Der Präsident des Landtages Rheinland-Pfalz (Hrsg.): »... dass diese Entscheidung sich auswirken möge zum Wohl von Volk und Land«. 60 Jahre Hauptstadtbeschluss des Landtages. Mainz 2010 (Schriftenreihe des Landtags Rheinland-Pfalz, 47), S. 65–140.
WIRTH, Johann Georg August: Das Nationalfest der Deutschen zu Hambach. Neustadt an der Weinstraße 1981 [Nachdruck d. A. Neustadt 1832].
WISSING, Gerhard: 40 Jahre Sozialgerichtsbarkeit in Rheinland-Pfalz. In: Ders./Umbach, Dieter C. (Hrsg.): 40 Jahre Landessozialgerichtsbarkeit. Festschrift zum 40jährigen Bestehen der Sozialgerichtsbarkeit in Rheinland-Pfalz. Stuttgart 1994, S. 1–38.
WITSCHKE, Reinhard (Hrsg.): Diakonie bewegt. 150 Jahre Innere Mission und Diakonie im Rheinland. Köln 1999.
WITTELSBERGER, Elke: In Freud und Leid zum Lied bereit? Das Oberwesterwälder Chorwesen im Wandel der Zeit. Diss. phil. Mainz 2001.
WOLF, Helga Maria: Das neue Brauchbuch. Wien 2000.
WOLF, HUBERT/ARNOLD, Claus (Hrsg.): Die deutschsprachigen Länder und das II. Vatikanum. Paderborn 2000 (Programm und Wirkungsgeschichte des II. Vatikanums, 4).
WOLF, Hubert: Sankt Martin I. In: Markschies, Christoph/Ders. (Hrsg.): Erinnerungsorte des Christentums. München 2010, S. 668–678.
WOLFANGER, Dieter: Die nationalsozialistische Politik in Lothringen 1940–1945. Saarbrücken 1977.
WOLFANGER, Dieter: Populist und Machtpolitiker, Josef Bürckel: Vom Gauleiter der Pfalz zum Chef der Zivilverwaltung in Lothringen. In: Nestler, Gerhard/Ziegler, Hannes (Hrsg.): Die Pfalz unterm Hakenkreuz. Eine deutsche Provinz während der nationalsozialistischen Terrorherrschaft. Landau ^{2}1997, S. 63–86.
WOLFF, Eberhard: Verehrt – verflucht – verwertet. Die Bedeutung der Tiere für die menschliche Gesundheit. Zürich 2001.
WOLFF, Norbert: Mischehenstreit und »Trierer Wirren«. In: Persch, Martin/Schneider, Bernhard (Hrsg.): Geschichte des Bistums Trier. Bd. 4: Auf dem Weg in die Moderne 1802–1880. Trier 2000 (Veröffentlichungen des Bistumsarchivs Trier, 38), S. 505–530.
WOLFRUM, Edgar: Die französische Politik im besetzten Deutschland. Neue Forschungen, alte Klischées, vernachlässigte Fragen. In: Hochstuhl, Kurt (Hrsg.): Deutsche und Franzosen im zusammenwachsenden Europa 1945–2000. Stuttgart 2003 (Werkhefte der staatlichen Archivverwaltung in Baden-Württemberg, A 18), S. 61–72.
WOLLENWEBER, Jörg: »Preßfreiheit!« Die Zeitungsgeschichte des Kreises Altenkirchen. In: Beiträge zur Wirtschafts-, Sozial- und Zeitgeschichte Kreises Altenkirchen 1 (1985), S. 94–103.
WREDE, Adam: Eifeler Volkskunde. Bonn ^{3}1960 [Nachdruck d. A. Leipzig 1919] (Volkskunde rheinischer Landschaften, 1).
WÜLLENWEBER, Hans: Sondergerichte im Dritten Reich. Vergessene Verbrechen der Justiz. Frankfurt am Main 1990.
WÜNSCHEL, Hans-Jürgen: Die Teilungspläne der Alliierten und die Forderung Frankreichs nach Abtrennung des linken Rheinufers 1943–1947. In: Jahrbuch für westdeutsche Landesgeschichte 5 (1979), S. 357–372.
WÜNSCHEL, Hans-Jürgen (Bearb.): Quellen zum Neubeginn der Verwaltung im rheinisch-pfälzischen Raum unter der Kontrolle der amerikanischen Militärregierung April bis Juni 1945. Mainz 1987 (Veröffentlichung der Kommission des Landtages für die Geschichte des Landes Rheinland-Pfalz, 7).
WÜNSCHEL, Hans-Jürgen: Wiederaufbau der staatlichen Organisation und des politischen Lebens 1945–1946. In: Alter, Willi (Hrsg.): Pfalzatlas, Textband 3. Speyer 1987, S. 1659–1678 (Karte Nr. 128).

WÜNSCHEL, Hans-Jürgen (Hrsg.): Reinland-Pfalz. Beiträge zur Geschichte eines neuen Landes. Landau 1997 (Landauer Universitätsschriften, 4).

WÜNSCHEL, Hans-Jürgen: Der Bezirkstag: Das Pfälzische Parlament. In: Rothenberger, Karl-Heinz u. a. (Hrsg.): Pfälzische Geschichte, Bd. 2. Kaiserslautern ²2002, S. 294–295.

WÜNSCHEL, Hans-Jürgen: »Noch drei Tage, dann ist die Pfalz weg vom Reich ... «. Der pfälzische Neoseparatismus nach dem Zweiten Weltkrieg. In: Nestler, Gerhard/Ziegler, Hannes (Hrsg.): Die Pfalz in der Nachkriegszeit. Wiederaufbau und demokratischer Neubeginn (1945–1947). Kaiserslautern 2004 (Beiträge zur pfälzischen Geschichte, 22), S. 99–122.

WÜRZ, Markus: 175 Jahre Rheinische Naturforschende Gesellschaft und 100 Jahre Naturhistorisches Museum Mainz. In: Mainzer naturwissenschaftliches Archiv 47 (2009), S. 35–88.

WÜRZ, Markus: Otto Schmidtgen (*1879–† 1938). In: Mainzer naturwissenschaftliches Archiv 47 (2009), S. 165–171.

WÜRZ, Markus: »Gruß aus Hitlerhausen (z. Zt. noch Stadecken genannt)« – Die »Burg« der NS-Bewegung im nördlichen Rheinhessen. In: Kißener, Michael (Hrsg.): Rheinhessische Wege in den Nationalsozialismus. Studien zu rheinhessischen Landgemeinden von der Weimarer Republik bis zum Ende der NS-Diktatur. Worms 2010, S. 235–260.

WÜRZ, Markus: »Kampfzeit unter französischen Bajonetten«. Die NSDAP in Rheinhessen in der Weimarer Republik. Stuttgart 2012 (Geschichtliche Landeskunde).

WYGODZINSKI, Walter: Die rheinische Landwirtschaft. In: Hansen, Joseph (Hrsg.): Die Rheinprovinz 1815–1915. Hundert Jahre preußischer Herrschaft am Rhein, Bd. 1. Bonn 1917, S. 250–300.

WYSOCKI, Josef: Die pfälzische Wirtschaft von den Gründerjahren bis zum Ausbruch des Ersten Weltkrieges. In: Beiträge zur pfälzischen Wirtschaftsgeschichte. Speyer 1968 (Veröffentlichungen der Pfälzischen Gesellschaft zur Förderung der Wissenschaften in Speyer, 58), S. 211–251.

WYSOCKI, Josef: Zwischen zwei Weltkriegen, wirtschaftliche Probleme der Pfalz 1918–1939. In: Beiträge zur pfälzischen Wirtschaftsgeschichte. Speyer 1968 (Veröffentlichungen der Pfälzischen Gesellschaft zur Förderung der Wissenschaften in Speyer, 58), S. 255–294.

WYSOCKI, Josef: Die Kommunalfinanzen in Erzbergers Reformkonzept: Finanzzuweisungen statt eigener Steuern. In: Hansmeyer, Karl-Heinrich (Hrsg.): Kommunale Finanzpolitik seit der Weimarer Republik. Stuttgart 1973, S. 35–59.

ZAHN, Simone: »Turnvater«, »Volkstumsideologe« oder »gescheiterter Vorläufer« des Faches Volkskunde? Einblicke in Leben und Werk Friedrich Ludwig Jahns (1778–1852). In: Volkskunde in Rheinland-Pfalz 18 (2003), Heft 2, S. 74–118.

ZAUNERT, Paul (Hrsg.): Freiligraths Werke, Bd. 2. Leipzig, Wien o. J. [1912].

ZEIGER, Ivo: Die religiös-sittliche Lage und die Aufgabe der Deutschen Katholiken. In: Generalsekretariat des Zentralkomitees der Katholiken Deutschlands (Hrsg.): Der Christ in der Not der Zeit. Der 72. Deutsche Katholikentag vom 1. bis 5. September 1948 in Mainz. Paderborn 1949, S. 24–39.

ZEITIN, Josef: Die Entwicklung der Mainzer Presse. Borna 1935.

Das Zeitungswesen der Pfalz vor 60 Jahren. In: Aus heimatlichen Gauen 10 (1934), Nr. 35 (Beilage).

ZEITZ, Bruno: Der Justizsenat Ehrenbreitstein. In: Ministerium der Justiz Rheinland-Pfalz (Hrsg.): 50 Jahre Oberlandesgericht und Generalstaatsanwaltschaft. Koblenz 1996 (Schriftenreihe des Ministeriums der Justiz, 5), S. 109–124.

ZENDER, Matthias: Die Eifel zwischen Tradition und Neuerung. In: Die Eifel 73 (1978), S. 223–229.

ZENDER, Matthias: Das Volksleben in den Rheinlanden seit 1815. In: Petri, Franz/Droege, Georg (Hrsg.): Rheinische Geschichte in drei Bänden. Bd. 3: Wirtschaft und Kultur im 19. und 20. Jahrhundert. Düsseldorf 1979, S. 759–875.

ZENDER, Matthias: Die Termine der Jahresfeuer in Europa. Erläuterungen zur Verbreitungskarte. Göttingen 1980 (Forschungen zum Ethnologischen Atlas Europas und seiner Nachbarländer, 1).

ZENGLEIN, Dieter: Heilmittel und -bräuche im Westrich vor 150 Jahren. In: Westricher Heimatblätter 13 (1982), S. 161–185.

ZENZ, Emil: Trierische Zeitungen. Ein Beitrag zur Trierer Zeitungsgeschichte. Trier 1952.
ZENZ, Emil: Geschichte der Stadt Trier in der ersten Hälfte des 20. Jahrhundert. Bd. 2: 1914–1927. Trier 1971.
ZENZ, Emil: Andreas Tont. Karnevalist und Revolutionär. Trier o. J. [1979].
ZENZ, Emil: Geschichte der Stadt Trier im 19. Jahrhundert. Bd. 1: Vom Beginn der französischen Herrschaft bis zum Ende der Revolution von 1848 (1794–1850). Trier 1979.
ZIBELL, Stephanie: Jakob Sprenger (1884–1945). NS-Gauleiter und Reichsstatthalter in Hessen. Darmstadt 1999 (Quellen und Forschungen zur hessischen Geschichte, 121).
ZIBELL, Stephanie: Worms von 1945 bis zur Gegenwart. In: Bönnen, Gerold (Hrsg.): Geschichte der Stadt Worms. Stuttgart 2005, S. 607–649.
ZIEG, Peter: Nassau und der preußisch-herzogliche hessische Zollverein vom 14. Februar 1829. Ein Beitrag zur nassauischen Wirtschafts- und Sozialgeschichte. In: Nassauische Annalen 98 (1987), S. 199–203.
ZIEGLER, Dieter: Kommerzielle oder militärische Interessen, Partikularismus oder Raumplanung? Bestimmungsfaktoren für die Entwicklung des Eisenbahnnetzes in Deutschland im 19. Jahrhundert. In: Wysocki, Josef (Hrsg.): Wirtschaftliche Integration und Wandel von Raumstrukturen im 19. und 20. Jahrhundert. Berlin 1994 (Schriften des Vereins für Socialpolitik N.F., 232), S. 39–63.
ZIEGLER, Hannes: Pfälzer Geschichte. Von den Anfängen bis in die Gegenwart. Ludwigshafen 2008.
ZIEGLER, Hannes (Hrsg.): Politiker in Rheinland-Pfalz: Unsere Ministerpräsidenten. Annweiler 2003.
ZIEGLER, Hans: Das Justizwesen der Pfalz im 19. Jahrhundert. Mit einem Verzeichnis der an den Gerichten und bei den Staatsanwaltschaften tätig gewesenen Juristen. In: Mitteilungen des Historischen Vereins der Pfalz 86 (1988), S. 183–345.
ZIEGLER, Hans: Das Friedensgericht/Amtsgericht Landau 1791–1991. In: Kerth, Johannes (Hrsg.): 200 Jahre Friedensgericht/Amtsgericht Landau 1791–1991. Landau 1991, S. 31–49.
ZIEHEN, Wolfgang: Wald und Steppe in Rheinhessen – Ein Beitrag zur Geschichte der Naturlandschaft. Mainz 1968 (Forschungen zur deutschen Landeskunde, 196).
ZIMMER, Frank: Diktatur und Krieg – Bacharach von 1933–1945. In: Wagner, Friedrich-Ludwig (Hrsg.): Bacharach und die Geschichte der Viertälerorte Bacharach, Steeg, Diebach und Manubach. Bacharach 1996, S. 187–195.
ZIMMERMANN, Clemens: Kommunikationsmedien in der ländlichen Gesellschaft, Telegraf und Telefon 1850–1930. In: Rösner, Werner (Hrsg.): Kommunikation in der ländlichen Gesellschaft vom Mittelalter bis zur Moderne. Göttingen 2000 (Veröffentlichungen des Max-Plack-Instituts für Geschichte, 156), S. 365–385.
ZIMMERMANN, Inge: »Ostarbeiter« in Kaiserslautern im Spiegel von Zeitzeugenerinnerungen. In: Meyer, Hans-Georg/Berkessel, Hans (Hrsg.): Die Zeit des Nationalsozialismus in Rheinland-Pfalz. Bd. 3: »Unser Ziel – die Ewigkeit Deutschlands«. Mainz 2001, S. 72–78.
ZINK, Albert: Die Pfalz am Rhein. Saarbrücken 1943 (Heimatkunde des Gaues Westmark, 3).
ZINN-THOMAS, Sabine: Fremde vor Ort. Selbstbild und regionale Identität in Integrationsprozessen. Eine Studie im Hunsrück. Bielefeld 2010 (Kultur und soziale Praxis).
ZOLK, Josef: Joseph Höffner – der Kardinal aus dem Westerwald. Mainz 2004 (Blätter zum Land, 1/2004).
ZORBACH, Dirk: Führer unser... Die nationalsozialistische Propaganda als Ersatzreligion am Beispiel der Feste und Feiern in Koblenz. In: Jahrbuch für westdeutsche Landesgeschichte 27 (2001), S. 310–372.
ZSCHOCKE, Rainer: Die Kulturlandschaft des Hunsrücks und seiner Randlandschaften in der Gegenwart und in ihrer historischen Entwicklung. Wiesbaden 1970 (Kölner Geographische Arbeiten, 24).
ZUCHE, Christoph/ZUCHE, Thomas: Rundgang durch Trier in der NS-Zeit. In: Zuche, Thomas (Hrsg.): StattFührer. Trier im Nationalsozialismus. Trier ^{2}1997, S. 11–27.
ZUCKMAYER, Carl: Als wär's ein Stück von mir. Horen der Freundschaft. Frankfurt am Main ^{31}2002.

ZUCKMAYER, Carl: Geheimreport, herausgegeben von Nickel, Günther und Schrön, Johanna. Göttingen 2002.

ZUKUNFTSINITIATIVE RHEINLAND-PFALZ (Hrsg.): Kultur- und Kreativwirtschaft in Rheinland-Pfalz. Potenzialstudien. Mainz 2008 (Projektstudien der ZIRP, 2).

ZUKUNFTSINITIATIVE RHEINLAND-PFALZ (Hrsg.): Land der Möglichkeiten. Kunst-, Kultur- und Kreativwirtschaft in Rheinland-Pfalz. Idar-Oberstein 2010 (Dokumentationen der ZIRP, 6).

ZWISSLER, Tilbert: Spuren des französischen Rechtseinflusses in der kommunalen Verwaltung der Pfalz seit der Besetzung durch die Franzosen (1800) bis zum Inkrafttreten der pfälzischen Gemeindeordnung im Jahre 1869. Diss. jur. Würzburg 1956.

ZYMEK, Bernd: Schulen, Hochschulen, Lehrer. In: Langewiesche, Dieter / Tenorth, Heinz-Elmar (Hrsg.): Handbuch der deutschen Bildungsgeschichte. Bd. 5: 1918–1945. Die Weimarer Republik und die nationalsozialistische Diktatur. München 1989, S. 155–208.

Personenregister

Das Personenregister verzeichnet jeweils die bürgerlichen Namen der Genannten. Es umfasst all diejenigen Personen, die in direkter Form im Text erwähnt werden. Indirekte Nennungen (z. B. »der Mainzer Bischof in den Jahren des Nationalsozialismus«) wurden dann im Register aufgenommen, wenn der Name der Person zu erschließen war (hier: »Albert Stohr«).

Vertreter von Herrschaftshäusern zur Zeit ihrer Regentschaft werden nach dem Vornamen ausgewiesen (z. B. »Wilhelm II. von Preußen, Deutscher Kaiser«).

Ortsregister

Das Ortsregister wurde für die Orte im Gebiet des heutigen Rheinland-Pfalz auf der Grundlage des amtlichen Gemeindeverzeichnisses von Rheinland-Pfalz von 2006 erstellt. Vormals selbständige Gemeinden wurden daher ihrer heutigen Zugehörigkeit zugeordnet. Querverweise erlauben ihre Erschließung.

Das Ortsverzeichnis listet nur direkte Nennungen auf. Ortsnamen in den Karten sind nicht erfasst.

Verzeichnis der Autorinnen und Autoren

Dr. Klaus J. Becker,
geb. 1963 in Bockenheim an der Weinstraße; 1989–1994 Studium der Wirtschafts- und Sozialgeschichte, der Neueren Geschichte sowie der Politischen Wissenschaft an der Universität Mannheim; 1994 Magister Artium; 1999 Promotion; 1999-2006 Wiss. Angestellter im Stadtarchiv Ludwigshafen; seit 2007 dort stellv. Archivleiter; Forschungsschwerpunkte: Geschichte der Arbeiterbewegung in der Pfalz und Rheinland-Pfalz, Regionale Zeitgeschichte.

Dr. Hermann-Josef Braun,
geb. 1953 in Hirschfeld (Hunsrück); 1973–1975 Wehrdienst; 1975–1981 Studium der Geschichte und Romanistik in Trier und Poitiers; Abschluss 1. Staatsexamen; Stipendium der Gerda-Henkel-Stiftung, Düsseldorf; Wiss. Mitarbeiter am FB III (Geschichte) der Universität Trier; 1985 Promotion; 1984–1986 Archivschule Marburg; Abschluss 2. Staatsexamen; 1986–1988 Bistumsarchiv Trier; seit 1988 Leiter des Dom- und Diözesanarchivs Mainz; seit 1994 Schriftführer des Instituts für Geschichtliche Landeskunde an der Universität Mainz; 1995–1998 Vorsitzender der Bundeskonferenz der kirchlichen Archive in Deutschland; landeskundliche Veröffentlichungen zur Wirtschafts- und Sozialgeschichte, zur Mainzer Kirchengeschichte sowie zu archivbezogenen Sachproblemen.

Joachim Hennig,
geb. 1948 in Meldorf/Dithmarschen; 1968–1973 Studium der Rechtswissenschaften in Mainz und Berlin; 1973 1. juristisches Staatsexamen in Berlin; 1977 2. juristisches Staatsexamen in Koblenz; ab 1977 Richter in Rheinland-Pfalz; 1980 Richter am Verwaltungsgericht Koblenz; 1987 Richter am Oberverwaltungsgericht Rheinland-Pfalz in Koblenz; Leiter von Referendararbeitsgemeinschaften und Prüfer im juristischen Staatsexamen; Veröffentlichungen zur regionalen juristischen Zeitgeschichte; ab 1997 auch in der Gedenkarbeit engagiert; Autor, Ausstellungsmacher, Filmemacher, Tagungsleiter; Träger des Kulturpreises der Stadt Koblenz 2008.

Prof. Dr. Friedrich P. Kahlenberg,
geb. 1935 in Mainz; 1956–1962 Studium der Geschichte, Germanistik und Ev. Theologie an der Johannes Gutenberg-Universität Mainz; 1962 Promotion und Staatsexamen; ab 1962 im Bundesarchiv, 1989–1999 als dessen Präsident; ab 1967 Lehrbeauftragter, ab 1973 Honorarprofessor an der Universität Mannheim; seit 1996 im Wiss. Beirat der Kommission des Landtages für die Geschichte von Rheinland-Pfalz.

Prof. Dr. Michael Kißener,
geb. 1960 in Bonn; 1982–1987 Studium der Geschichte, Germanistik und Pädagogik an der Rheinischen Friedrich-Wilhelms-Universität Bonn; 1987 Staatsexamen SI/II; 1991 Promotion; 1991/92 Volontär, dann Projektleiter im RAABE-Fachverlag für Wissenschaftsinformation; 1992–2002 Geschäftsführer der Forschungsstelle »Widerstand gegen den Nationalsozialismus im deutschen Südwesten« an der Universität Karlsruhe; 2002 Habilitation an der Universität Karlsruhe; seit 2002 Univ.-Prof. für Zeitgeschichte an der Johannes Gutenberg-Universität Mainz; Forschungsschwerpunkte: Europäische Rechtsgeschichte, Nationalsozialismus und Widerstand, Regionale Zeitgeschichte.

PD Dr. Wilhelm Kreutz,
geb. 1950 in Beindersheim/Pfalz; 1970–1976 Studium der Germanistik, Geschichte und Politischen Wissenschaften an der Universität Mannheim; 1976 Staatsexamen; 1982 Promotion; 1992 Habilitation; seit 1992 Privatdozent für Neuere und Neueste Geschichte der Universität Mannheim; 1978–2000 Wiss. Mitarbeiter der Universitäten Mannheim und Darmstadt; 1993–1995 Vertreter der C 4-Professur für Geschichte der Neuesten Zeit an der Universität Rostock; seit 2002 im Schuldienst des Landes Baden-Württemberg; seit 2008 Fachberater für Geschichte; Forschungsschwerpunkte: Geschichte Südwestdeutschlands zwischen Aufklärung und Revolution (1848/49), deutsch-französische Beziehungen nach dem Ersten Weltkrieg, deutsch-jüdische Geschichte, Geschichte im Film.

Dr. Andreas Linsenmann,
geb. 1973 in Rottweil a.N.; Studium der Diplom-Gesangspädagogik an der Musikhochschule Karlsruhe; künstlerisches Aufbaustudium an der Schola Cantorum der Musikakademie der Stadt Basel, zugleich Studium der Musikwissenschaft sowie der Neueren und Neuesten Geschichte an der Universität Karlsruhe; 2001 Diplom; 2003 Magister; seit 2007 Wiss. Mitarbeiter am Historischen Seminar der Johannes Gutenberg-Universität Mainz (Arbeitsbereich Zeitgeschichte); 2009 Promotion; Forschungsschwerpunkte: Kulturgeschichte, deutsch-französische Beziehungen, Kirchen-, Religions- und Konfessionsgeschichte.

Dr. Franz Maier,
geb. 1960 in München; 1980–1986 Studium der Geschichte und Germanistik an der Ludwig-Maximilians-Universität München; 1986 Magister Artium; 1989 Promotion; 1990 Praktikum am Generallandesarchiv Karlsruhe; 1991–1993 Ausbildung für den höheren Archivdienst (Referendariat) am Hauptstaatsarchiv Stuttgart und an der Archivschule Marburg; 1993–1994 Angestellter am Landeshauptarchiv Koblenz (Projekt »Justiz im Dritten Reich«); seit 1994 Archivar am Landesarchiv Speyer; Forschungsschwerpunkte: Mittelalterliche Regionalgeschichte, Dreißigjähriger Krieg, Nationalsozialismus.

Gerhard Nestler,
geb. 1952 in Pillnach/Bayern; Studium der Anglistik, Politischen Wissenschaft und Zeitgeschichte an der Universität Mannheim; nach dem Examen Wiss. Assistent an der sozialwissenschaftlichen Fakultät der Universität Mannheim, seit 1988 Wiss. Mitarbeiter; seit 1991 Leiter des Stadtarchivs Frankenthal (Pfalz); Forschungsschwerpunkte: Pfälzische und rheinland-pfälzische Geschichte des 19. und 20. Jahrhunderts

Dr. Christina Niem,
geb. 1963; Studium der Germanistik, Geschichte und Volkskunde an den Universitäten Trier und Mainz; 1993 Promotion; anschließend Forschungs- und Lehrtätigkeit im Studiengang Kulturanthropologie/Volkskunde an der Johannes Gutenberg-Universität Mainz; hier seit 2011 Lehrkraft für besondere Aufgaben im Institut für Film-, Theater- und empirische Kulturwissenschaft, Fach Kulturanthropologie/Volkskunde, mit den Arbeitsschwerpunkten Geschichte und Methoden des Faches, Erzählkultur und Medialität, regionale Kulturforschung; Habilitationsprojekt: Eugen Diederichs und die Volkskunde. Ein Verleger und seine Bedeutung für die Wissenschaftsentwicklung.

Dr. Pia Nordblom,
geb. 1961; Studium der Geschichte, Politikwissenschaft und Philosophie an den Universitäten Heidelberg und Mainz; Promotion 1995; 1995–2003 Lehrbeauftragte/Wiss. Mitarbeiterin am Historischen Seminar der Universität Heidelberg; seit 2003 Wiss. Mitarbeiterin am Historischen Seminar der Johannes Gutenberg-Universität Mainz (Arbeitsbereich Zeitgeschichte); seit 2007 Koordination der Arbeitsstelle »Handbuch der Geschichte des Landes Rheinland-Pfalz«; Forschungs- und Arbeitsschwerpunkte: Regionale Zeitgeschichte, Kulturgeschichte, Nationalsozialismus.

Dr. Anja Ostrowitzki,
geb. 1963 in Bielefeld; 1982–1989 Studium der Geschichte und Germanistik an der Rheinischen Friedrich-Wilhelms-Universität Bonn und in Bordeaux; Staatsexamen; 1989–1993 Wiss. Mitarbeiterin am Historischen Seminar Bonn; 1993 Promotion; 1993–1995 Archivreferendariat in Münster; 1995 Staatsexamen; 1995 Landesarchiv Magdeburg; seit 1996 Landeshauptarchiv Koblenz, seit 2010 Leiterin Abteilung Historisches Archiv, Nichtstaatliches Archivgut, Sammlungen; seit 1998 Lehraufträge für Geschichte an der Universität Koblenz-Landau; Forschungsschwerpunkte: Kirchengeschichte, rheinische Landesgeschichte.

Dr. Walter Rummel,
geb. 1958 in Trier; Studium der Fächer Geschichte und Politikwissenschaft an der Universität Trier und der Yale-University (USA); 1989 Promotion an der Universität Trier mit einer sozialgeschichtlichen Untersuchung zu den sponheimischen und kurtrierischen Hexenverfolgungen; 1989–1991 Ausbildung zum wissenschaftlichen Archivar; 1991–2007 Archivar am Landeshauptarchiv Koblenz; 1997 (Fall Term) Visiting Fellow am All Souls College Oxford; seit 2007 Leiter des Landesarchivs Speyer; seit 2008 Lehrbeauftragter an der Universität Mainz; Veröffentlichungen zur frühneuzeitlichen Hexenverfolgung, zur Revolution 1848 im Rheinland, zur NS-Judenverfolgung und NS-Zwangsarbeiterpolitik, zur Entstehung von Rheinland-Pfalz sowie zu archivfachlichen Themen.

Dr. Dieter Schiffmann,
geb. 1948; Studium der Geschichte, Politikwissenschaften und Geografie; 1973/74 Wiss. Angestellter am Seminar für Alte Geschichte und 1974–1987 am Lehrstuhl für Politische Wissenschaft und Zeitgeschichte der Universität Mannheim; 1981 Promotion; 1987–2005 Mitglied des Landtags Rheinland-Pfalz; seit 2005 Direktor der Landeszentrale für politische Bildung; Lehrbeauftragter an der Johannes Gutenberg-Universität Mainz und an der Universität Koblenz-Landau; Forschungs- und Arbeitsschwerpunkte: Historische Grundlagen der Politik, deutsche und regionale Zeitgeschichte, Sozialgeschichte, Geschichts- und Erinnerungskultur.

Dr. Thomas Schneider,
geb. 1955 in Aalen; 1980 Meisterprüfung im Schlosserhandwerk; 1986–1992 Studium der Kulturanthropologie/Volkskunde, Ethnologie und Amerikanistik an der Johannes Gutenberg-Universität Mainz; 1993 Magisterabschluss; 1999 Promotion; seit 1993 Wiss. Mitarbeiter im Fach Kulturanthropologie/Volkskunde an der Johannes Gutenberg-Universität Mainz; seit 2008 Studienberater für alle Studiengänge der Kulturanthropologie/Volkskunde; Forschungsschwerpunkte: Brauch- und Ritualforschung, ökonomische Anthropologie, Phänomene der Massenkultur.

Dr. Elke Schwedt,
geb. 1939 in Stettin; 1960–1962 Studium der Kunstgeschichte, Archäologie und Germanistik in Hamburg; 1962–1969 Studium der Volkskunde, Kunstgeschichte und Archäologie in Tübingen; 1970 Promotion; 1978–1994 Lektorin am Dartmouth-College/USA, Studienprogramm Mainz; daneben und danach freie wissenschaftliche Tätigkeit; Forschungsschwerpunkte: Volkskultur im ländlichen Raum, Laienkunst, Bräuche und Feste.

Prof. Dr. Michael Simon,
geb. 1956 in Wolfenbüttel; 1976–1984 Studium der Fächer Ethnologie, Volkskunde und Allgemeine Sprachwissenschaft an der Westfälischen Wilhelms-Universität Münster; 1984 Magisterexamen; 1988 Promotion; 1988–1997 Wiss. Mitarbeiter bzw. Assistent an der Universität Münster; 1997 Habilitation ebd.; 1997–2000 Leiter des Bereichs Volkskunde am Institut für Sächsische Geschichte und Volkskunde in Dresden; 1998 Umhabilitation an die Universität Leipzig; seit 2000 Univ.-Prof. für Kulturanthropologie/Volkskunde an der Johannes Gutenberg-Universität Mainz; Forschungsschwerpunkte: Fachgeschichte, Regionalkulturforschung, Medikale Anthropologie, Katastrophenforschung.

Elke Steinwand M.A.,
geb. 1971 in Stuttgart; 1991–1997 Studium der Germanistik, Kunstgeschichte und Romanistik an der Eberhard-Karls-Universität Tübingen und der Université d'Aix-Marseille III; 1997 Magister Artium und Maîtrise; Volontärin, dann Wiss. Mitarbeiterin am Heinrich-und-Thomas-Mann-Zentrum Buddenbrookhaus in Lübeck; 2001–2003 Wiss. Mitarbeiterin am Haus der Geschichte Baden-Württemberg in Stuttgart; seit 2003 Referentin für Öffentlichkeitsarbeit beim Landtag Rheinland-Pfalz; Publikationen zur regionalen Kunstgeschichte und regionalen Zeitgeschichte.

Dr. Jens Stöcker,
geb. 1973; 1993–2000 Studium der Kunstgeschichte, klassischen Archäologie und Europäischen Ethnologie in Berlin, Freiburg und Mainz; Magister Artium in Kunstgeschichte; Promotion in Kulturanthropologie/Volkskunde; Volontär am Institut für pfälzische Geschichte und Volkskunde; freier Mitarbeiter an der staatl. Kunsthalle Karlsruhe; Wiss. Mitarbeiter am Institut für Diakoniewissenschaften der Universität Heidelberg; seit 2008 Wiss. Mitarbeiter und Leiter der städtischen Museen Kaiserslautern.

Dr. Monika Storm,
geb. 1964 in Koblenz; 1983–1994 Studium der Geschichte, Ev. Theologie, Historischen Hilfswissenschaften und Archivkunde an der Universität Bonn; 1990 1. Staatsexamen; 1994 Promotion; 1990–1994 Wiss. Mitarbeiterin Universität Bonn; 1994–1996 Archivreferendariat; 1996 2. Staatsexamen; 1996–1999 Stellvertretende Dezernatsleiterin Landeshauptarchiv Magdeburg; seit 1999 Leiterin des Referates WD 5-1 »Archiv, Parlamentsdokumentation, Bibliothek« des Landtags Rheinland-Pfalz; Geschäftsführerin der Kommission des Landtages für die Geschichte des Landes Rheinland-Pfalz; Lehrbeauftragte an den Universitäten Koblenz-Landau und Mainz; Forschungsschwerpunkte: Kirchengeschichte, Landesgeschichte Rheinland-Pfalz, Frauengeschichte, Parlamentsgeschichte.

Dr. Gabriele Stüber,
geb. 1956 in Lübeck; 1975–1983 Studium der Geschichte, Osteuropäischen Geschichte, Germanistik an der Christian-Albrecht-Universität Kiel; 1980 Staatsexamen; 1983 Promotion; 1983/1984 Forschungsstipendium Kanada; 1978–1981 Teilnahme an Tagungen im Zuge der dt.-poln. Schulbuchkonferenz; 1978–1987 Dozentin am Lektorat Deutsch für Ausländer an der Universität Kiel; 1984–1987 Wiss. Angestellte der Univ. Kiel; 1987–1989 Ausbildung zur Archivarin; 1989–1992 Leiterin des Nordelbischen Kirchenarchivs Kiel; seit August 1992 Leiterin des Zentralarchivs der Ev. Kirche der Pfalz Speyer; Publikationen v. a. zur Wirtschafts- und Sozialgeschichte nach dem Zweiten Weltkrieg, Volksfrömmigkeit und Diakoniegeschichte.

Dr. Ludger Tekampe,
geb. 1957 in Bocholt; 1980–1986 Studium der Volkskunde, Ethnologie und Kunstgeschichte an der Johannes Gutenberg-Universität Mainz; 1988 Promotion; seit April 1987 Wiss. Mitarbeiter am Historischen Museum der Pfalz in Speyer; heute dort Sammlungsleiter Kulturanthropologie/Volkskunde; 1990–1993 Lehrbeauftragter an der Universität Mainz, seit 2003 in unregelmäßigen Abständen an der Universität Heidelberg; Forschungs- und Arbeitsschwerpunkte: Alltags- und Arbeitskulturen, Weinbau und Weinkultur, regionale Kunstgeschichte und Sachvolkskunde des 16. bis 20. Jahrhunderts, Museologie.

Dr. Jörn Thielmann,
geb 1966 in Essen; 1985–1991 Studium der Orientalischen Philologie, Semitistik, Islamwissenschaften, Philosophie und Rechtswissenschaften an der Julius-Maximilians-Universität Würzburg und der Ruhr-Universität Bochum; 2001 Promotion; 1998–1999 Research Assistant an der London School of Economics and Political Science; 2001–2002 Generalsekretär des First World Congress for Middle Eastern Studies (WOCMES 1, Mainz); 2003–2008 Leiter des Kompetenzzentrums Orient-Okzident Mainz (KOOM); seit Januar 2009 Geschäftsführer des Erlanger Zentrums für Islam und Recht in Europa EZIRE an der Friedrich-Alexander-Universität Erlangen-Nürnberg; Arbeitsschwerpunkte: u. a. Islam in Deutschland.

Gary J. Waltner MA,
geb. 1938 in Freeman, Süddakota, USA; 1962 Bachelor Abschluss am Bethel College in Kansas; 1962–1965 Zivildienstleistender am Gymnasium Weierhof; 1967 Anstellung als Lehrer an der Weierhof Elementary School (Department of Defense Dependent Schools), ab 1976 dort Schulrektor; 1975 MA-Abschluss in Pädagogik und Geschichte an der University of South Dakota; 1992–1997 Schulleiter an der Dexheim Elementary School; seit 1973 ehrenamtlicher Leiter der Mennonitischen Forschungsstelle auf dem Weierhof.

Dr. Markus Würz,
geb. 1980 in Heidelberg; 2000–2005 Studium der Fächer Politikwissenschaft und Mittlere und Neuere Geschichte in Mainz; 2005 Magister Artium; 2006–2007 Wiss. Mitarbeiter am Institut für Geschichtliche Landeskunde an der Universität Mainz e.V.; 2010 Promotion; seit 2009 Wiss. Mitarbeiter am Historischen Seminar der Johannes Gutenberg-Universität Mainz (Arbeitsbereich Zeitgeschichte), Arbeitsstelle »Handbuch der Geschichte des Landes Rheinland-Pfalz«; Forschungs- und Arbeitsschwerpunkte: Weimarer Republik, Nationalsozialismus, Regionale Zeitgeschichte.

Rheinland-Pfalz in bewegten Bildern

Von Markus Würz mit freundlicher Unterstützung des Südwestrundfunks (SWR)
Technische Umsetzung: Thomas Schmidl, Framefloor, Köln

1940–1949

- 7. März 1945: Eroberung der Brücke von Remagen
- 23. März 1945: Rheinüberquerung bei Oppenheim
- Juni 1945: Französische Militärregierung
- 22. Mai 1946: Gründung der Mainzer Universität
- 1946: Bilder der französischen Besatzung: Schiffskontrolle auf dem Rhein und das Einwanderungsamt »Office National d Immigration« in Germersheim
- August/September 1946: Ein »rhein-pfälzisches« Land entsteht
- Mai 1947: Adolf Süsterhenn – »Vater der rheinland-pfälzischen Verfassung«
- 9. Juli 1947: Regierungserklärung von Ministerpräsident Peter Altmeier
- 1947: Ministerpräsident Peter Altmeier
- 1948: Wiederaufbau der BASF in Ludwigshafen und Tankwagen-explosion am 6. August

1950–1959

- 30. Juni 1951: 1. FC Kaiserslautern erstmals Deutscher Fußball-meister
- 16. Februar 1953: Rosenmontagszug in Mainz
- April 1956: Volksbegehren in Rheinland-Pfalz
- 1957: Streifzug durch Rheinland-Pfalz anlässlich des zehnjährigen Bestehens des Landes
- November 1959: Protestkundgebung der ÖTV

1960–1969

- Juni 1962: Partnerschaft zwischen Rheinland-Pfalz und Burgund
- Mai 1963: Die Lyrikerin Martha Saalfeld
- Februar 1964: Reportage über einen Hausfrauen-Lehrgang
- März 1965: Proteste gegen die geplante Territorialreform der Landesregierung
- 1965: Liturgischer Kongress in Mainz
- September 1965: Der Unternehmer Max Kuna – ein Vertriebener in Rheinland-Pfalz
- November 1965. Lagerung radioaktiver Abfälle auf der Festung Ehrenbreitstein
- Dezember 1966: Ausbau der Verkehrsinfrastruktur – am Beispiel der Bundesstraße 9
- Juli 1967: Interview mit Peter Altmeier über seine 20-jährige Amtszeit
- Mai 1969: Dr. Helmut Kohl wird Ministerpräsident

1970–1979

- 1970: Sitzung des ersten Kabinetts Kohl
- 1970: Einführung der Sozialstationen
- Mai 1971: SPD-Politiker Wilhelm Dröscher
- 1975: Volksbefragung in Rheinland-Pfalz über die Ausgliederung von Gebietsteilen
- 1975: Baubeginn des Atomkraftwerks Mülheim-Kärlich
- Mai 1976: Dr. Bernhard Vogel wird Ministerpräsident
- 1. August 1976: Unfall von Niki Lauda auf dem Nürburgring – der Nürburgring als Wirtschaftsfaktor
- 23. Mai 1978: Staatsbesuch der britischen Königin Elizabeth II.

1980–1989

- November 1980: Deutschlandbesuch von Papst Johannes Paul II.
- 1982: Beginn der Partnerschaft zwischen Rheinland-Pfalz und Ruanda
- 1. Januar 1984: Start des Kabelpilotprojekts Ludwigshafen
- 5. Mai 1985: Umstrittener Besuch von US-Präsident Reagan und Bundeskanzler Kohl in Bitburg
- Oktober 1986: Große Demonstration der Friedensbewegung im Hunsrück
- 22. September 1987: Mainzer Bischof Lehmann wird Vorsitzender der Deutschen Bischofskonferenz
- 28. August 1988: Flugtag-Unglück von Ramstein
- 11. November 1988: CDU-Parteitag in Koblenz: Rücktritt von Ministerpräsident Vogel
- Oktober 1989: Ankunft von DDR-Flüchtlingen in Ahrweiler

1990–heute

- 21. Mai 1991: Rudolf Scharping wird Ministerpräsident
- 1993: Die Grenzstation Wasserbillig 1972, 1982 und 1992
- Oktober 1994: Kurt Beck wird Ministerpräsident
- Oktober 1994: Deutsche Staatsphilharmonie Rheinland-Pfalz
- 1996: Konversion in Rheinland-Pfalz – der ehemalige Militärflug-platz Hahn/Hunsrück
- 1. August 1998: Sendebeginn des Südwestrundfunks (SWR)
- Juni 2005: 20 Jahre Rock am Ring
- März 2006: SPD erreicht bei Landtagswahl absolute Mehrheit
- 3. September 2010: Eröffnung der neuen Synagoge in Mainz
- 9. September 2010: Fastenbrechen in der Eyüp-Sultan-Moschee in Wittlich
- Mai 2011: Erste rot-grüne Koalition in Rheinland-Pfalz

Kommission des Landtages für die Geschichte
des Landes Rheinland-Pfalz

Kreuz – Rad – Löwe

Rheinland-Pfalz.
Ein Land und seine Geschichte

Mainz
2012

Kreuz – Rad – Löwe

Rheinland-Pfalz.
Ein Land und seine Geschichte

Band 3

Historische Statistik

Herausgegeben vom
Statistischen Landesamt Rheinland-Pfalz

bearbeitet von Diane Dammers
unter Mitwirkung von Markus Würz

Bibliografische Information der Deutschen Nationalbibliothek
Die Deutsche Nationalbibliothek verzeichnet diese Publikation in der Deutschen Nationalbibliografie;
detaillierte bibliografische Daten sind im Internet über <http://dnb.d-nb.de> abrufbar.

Weitere Publikationen aus unserem Programm finden Sie unter: www.zabern.de

Für die deutsche Ausgabe

ISBN: 978-3-8053-4291-9

Gestaltung: TypoGraphik Anette Klinge, Gelnhausen
Lithos: Das Reprohaus & digitale Medien GmbH, Rödermark
Umschlaggestaltung: Stefan Dumont, Mainz, Berlin
Druck: aprinta druck GmbH, Wemding

Printed on fade resistant and archival quality paper
(PH 7 neutral) · tcf

Die Herausgabe des Bandes wurde vom
Landtag Rheinland-Pfalz
und der
Staatskanzlei Rheinland-Pfalz
gefördert.

Grußwort des Landtagspräsidenten

Beim Betreten des Plenarsaals des rheinland-pfälzischen Landtags fällt der Blick der Besucherinnen und Besucher auf die Hambacher Fahne und das Landeswappen an der Stirnseite des Raumes. Wappen und Flagge symbolisieren nicht nur die Hoheit des Staates, sondern zugleich auch die historischen Wurzeln unseres Landes. Unser Bundesland kann in diesem Jahr seinen 65. Geburtstag begehen, denn am 18. Mai 1947 haben die Pfälzer, Rheinhessen und Rheinländer in einer Volksabstimmung für die Annahme der Verfassung für Rheinland-Pfalz votiert. Sie alle brachten ein reiches historisches Erbe als »Mitgift« in die von der französischen Besatzungsmacht verfügte neue Lebensgemeinschaft ein. Inzwischen ist trotz aller Verschiedenheit der Partner aus dieser »Zwangsehe« eine stabile, belastbare und vertrauensvolle Beziehung erwachsen.

Daher ist es nun auch an der Zeit, den vielen verdienstvollen Darstellungen einzelner Landesteile eine historische Gesamtdarstellung unseres Raumes zur Seite zu stellen und um eine spezifisch »rheinland-pfälzische« Perspektive zu ergänzen. Dabei sollen die regionalen Unterschiede keineswegs nivelliert, sondern in vergleichender Perspektive betrachtet und analysiert werden.

Als Vorsitzender der Kommission des Landtages für die Geschichte des Landes Rheinland-Pfalz freue ich mich ganz besonders, dass der Gedanke einer solchen Gesamtdarstellung in den Reihen der Kommission erwachsen ist. Nachdem der Landtag im Jahr 2003 den Auftrag der Kommission ausdrücklich auf die Vorgeschichte unseres Bundeslandes erweitert hatte, nahmen in den nächsten Jahren die Planungen für ein solches Großprojekt Gestalt an. Auch die Staatskanzlei erklärte sich dankenswerterweise zur finanziellen Förderung des Vorhabens bereit.

Doch ohne die wissenschaftliche und personelle Unterstützung seitens der Johannes Gutenberg-Universität wäre eine Realisierung dieses ambitionierten Vorhabens kaum möglich gewesen. Hervorzuheben sind auch die Kooperationen mit dem Landesbibliothekszentrum, dem Statistischen Landesamt und dem Landesamt für Vermessung und Geobasisinformation sowie dem SWR, durch die das Projekt in der vorliegenden Form realisiert werden konnte. Aber es sei an dieser Stelle auch all den »stillen« Helfern in Archiven, Bibliotheken, Wissenschaftseinrichtungen usw. gedankt, die zum Gelingen dieses Werkes beigetragen haben. Ein ganz besonderer Dank gebührt jedoch den Autorinnen und Autoren, die (Frei)Zeit und Kraft für dieses Projekt aufgewandt haben, um uns allen mit ihren Beiträgen die Geschichte unseres Raumes nahe zu bringen. Nicht unerwähnt bleiben soll der unermüdliche Einsatz der Herausgeber, welche die vielen Einzelteile zu einem großen Ganzen zusammengefügt haben. Von ihrer Fachkompetenz und Souveränität hat das Projekt in allen Phasen profitiert. Die Fäden des gesamten Projekts liefen in der Handbucharbeitsstelle am Lehrstuhl von Prof. Dr. Kißener an der Johannes Gutenberg-Universität zusammen. Dr. Nordblom und Dr. Würz sei an dieser Stelle ausdrücklich für ihr Engagement und ihre Ausdauer gedankt. Auch die Mithilfe der vielen studentischen und wissenschaftlichen Hilfskräfte soll nicht unerwähnt bleiben.

Charakteristisch für unser Handbuchprojekt ist die Zusammenarbeit von Forschern verschiedener Fachrichtungen und Altersstufen. So verdanken wir Stefan Dumont, einem jungen Historiker am Institut für Geschichtliche Landeskunde an der Universität Mainz, sowohl die Anregung zum Titel unseres Handbuchs als auch die Gestaltung des Covers.

Ich wünsche »Kreuz – Rad – Löwe« zahlreiche und vor allem interessierte Leserinnen und Leser. Die Geschichte unseres Landes mitten im Herzen Europas ist eine spannende, auch wenn noch längst nicht alle Kapitel dieser Geschichte geschrieben sind. Diese Darstellung soll Lust machen, sich intensiver mit der Geschichte unseres Landes zu befassen – eine Einladung keineswegs nur an das Fachpublikum, sondern an alle Rheinland-Pfälzerinnen und Rheinland-Pfälzer!

Mainz im März 2012

Joachim Mertes
Präsident des Landtags Rheinland-Pfalz

Grußwort des Ministerpräsidenten

Der Bischof von Speyer ist Mitglied der Bayrischen Bischofskonferenz, sein Bistum Teil des Bamberger Metropolitanbezirks, so wie Trier zur Kölner Kirchenprovinz zählt. Die evangelischen Christen in Rheinhessen gehören zur Evangelischen Kirche in Hessen und Nassau, ebenso die im Taunus und im Westerwald. Dort ist auch die Nassauische Sparkasse präsent. Zum Geschäftsgebiet der Bayern-Versicherung gehört die Pfalz, so wie die »Provinzial Rheinland« auch die ehemaligen Regierungsbezirke Koblenz und Trier abdeckt. Der Rheinische Verein für Denkmalpflege und Landschaftsschutz hat sein Arbeitsgebiet in der ganzen ehemaligen preußischen Rheinprovinz. Es gibt sie also noch, die alten Bindungen aus der Zeit der politischen Neugliederung infolge des Wiener Kongresses. Aber es sind nur noch vereinzelte historische Reminiszenzen. In 65 Jahren ist Rheinland-Pfalz zu einer politischen Einheit zusammengewachsen. Es ist auch ein selbstverständliches Gefühl der Zusammengehörigkeit, ein Landesbewusstsein entstanden. Versuche, das Land zu zerschlagen, scheiterten schon 1956, der Volksentscheid von 1975 bestätigte eindrucksvoll das »Ja« zu Rheinland-Pfalz. Die Rheinland-Pfalz-Tage, die wechselnd in allen Landesteilen stattfinden, sind Sinnbilder für die inzwischen gewachsene Identifikation der Bürgerinnen und Bürger mit ihrem Land.

Als der Kommunalpolitiker Joseph Decku 1948 das Landeswappen entwarf, griff er nicht auf den preußischen Adler, die Löwen von Hessen und Nassau und die bayerischen Rauten zurück, sondern auf die kurrheinischen Symbole Trierer Kreuz, Mainzer Rad und Pfälzer Löwe. Damit machte er deutlich: Das »Land aus der Retorte« hat weit in die Geschichte zurückreichende Wurzeln. Zum Selbstverständnis und Selbstbewusstsein jeder Region gehört die historische Rückbindung. Bislang gab es zwar u. a. eine mehrbändige »Rheinische« und eine zweibändige »Pfälzische Geschichte«, aber keinen umfassenden Überblick über die Geschichte des gesamten rheinland-pfälzischen Raums von den Anfängen menschlicher Präsenz im Rheintal im Paläolithikum bis ins 21. Jh., der alle Aspekte der politischen, der Wirtschafts-, Technik-, Kultur- und Bevölkerungsgeschichte darstellt. Mit dem von der Kommission des Landtages für die Geschichte des Landes Rheinland-Pfalz herausgegebenen »Handbuch« liegt nun diese lang erwartete Publikation vor.

Ich danke der Kommission, insbesondere ihrem Vorsitzenden, Herrn Landtagspräsidenten Joachim Mertes und seinem Stellvertreter, Herrn Prof. Dr. Michael Kißener, für die Initiative, mein Dank gilt auch den Autorinnen und Autoren und den Koordinatorinnen und Koordinatoren des Unternehmens für ihre Mitwirkung und ihre Beiträge. Es ist ein wissenschaftlich fundiertes Werk entstanden, das sich aber bewusst an eine breite interessierte Öffentlichkeit wendet. Die Staatskanzlei hat die Hälfte der Kosten dieser Publikation übernommen. Damit kann das Handbuch zu einem leserfreundlichen Preis veräußert und so »Kreuz – Rad – Löwe« zu einem »Hausbuch« für die rheinland-pfälzischen Familien werden. Ich wünsche mir, dass die Publikation dazu beiträgt, aus der Kenntnis der Geschichte heraus unsere Gegenwart besser verstehen zu können. Ich hoffe, dass auch auf Grund historischer Erfahrungen die richtigen Entscheidungen für eine weiterhin gedeihliche Entwicklung unseres Landes getroffen werden.

Kurt Beck
Ministerpräsident von Rheinland-Pfalz

Vorwort des Herausgebers

Am 30. August 1946 wurde durch Verordnung der französischen Militärregierung aus den Provinzen Rheinland-Hessen-Nassau und Hessen-Pfalz das Land Rheinland-Pfalz gebildet. Seine demokratische Legitimation erhielt das neu gegründete Land mit der Annahme der Verfassung und der Wahl des ersten Landtags am 18. Mai 1947. Noch vor der Landesgründung wurde bereits eine statistische Infrastruktur geschaffen: Im Juni 1945 bzw. zu Beginn des Jahres 1946 wurden in den beiden Provinzen statistische Ämter eingerichtet, die per Erlass der provisorischen Landesregierung im Januar 1947 zum Statistischen Landesamt Rheinland-Pfalz vereint wurden. Somit dienen die Daten des Statistischen Landesamts bereits seit der Landesgründung als Entscheidungsgrundlage für die rheinland-pfälzische Politik, Verwaltung und Wirtschaft sowie zur Information der Bürgerinnen und Bürger dieses Landes. Dass die amtliche Statistik zugleich die Datenbasis für landeshistorische Forschungen bilden kann, zeigt der dritte Band von »Kreuz – Rad – Löwe. Rheinland-Pfalz. Ein Land und seine Geschichte«.

Als sich die Initiatoren des Handbuchprojekts mit der Bitte an das Statistische Landesamt wandten, statistisches Material für die Publikation bereitzustellen, entstand daraus die Idee, einen eigenen Band zur historischen Statistik des rheinland-pfälzischen Raumes zu erstellen. Für das Statistische Landesamt eröffnete dieses Projekt einerseits die Möglichkeit, eigene Datenbestände aus den ersten Jahrzehnten seines Bestehens digital aufzubereiten, die bislang nur in Papierform vorlagen. Andererseits wurden für das Projekt erstmals Statistiken aus der Zeit vor der Landesgründung ausgewertet, die das historische Datenangebot des Statistischen Landesamts erweitern. Dieser Teil des Projekts war eine neuartige Herausforderung und macht die Besonderheit des Bandes zur historischen Statistik aus. Die territoriale Vielfalt auf dem Gebiet des heutigen Bundeslandes Rheinland-Pfalz hatte zur Konsequenz, dass die Daten aus den Veröffentlichungen der statistischen Ämter verschiedener Staaten zusammengestellt werden mussten. Zu diesem Zweck wurden mehr als 1 000 Bände historischer Statistiken gesichtet, um daraus Merkmale auszuwählen, zu denen lange Datenreihen gebildet werden konnten.

Auf diese Weise konnten Datenreihen gewonnen werden, die die Bevölkerungsentwicklung in den heute zu Rheinland-Pfalz gehörenden Gebieten in den vergangenen 140 Jahren darstellen. Damit kann das Thema »Demografischer Wandel«, das bereits seit vielen Jahren ein Schwerpunktthema des Statistischen Landesamts ist, nicht nur für Gegenwart und Zukunft, sondern auch für die Vergangenheit untersucht werden. Erstmals ist es möglich, die gegenwärtige Altersstruktur der Bevölkerung von Rheinland-Pfalz mit der Struktur auf rheinland-pfälzischem Gebiet im Jahr 1871 zu vergleichen. Während die grafische Darstellung der Altersstruktur der Bevölkerung im Jahr 1871 noch einer Pyramidenform glich, wurde diese Gestalt in den folgenden Jahrzehnten immer stärker verändert. Während zunächst vor allem Geburtenausfälle und vorzeitige Sterblichkeit infolge von Kriegen und ökonomischen Krisen die Bevölkerungsentwicklung prägten, waren es in den letzten Jahrzehnten die rückläufige Geburtenrate und die kräftige Zunahme der Lebenserwartung, die den Altersaufbau der Bevölkerung zunehmend beeinflussten. So gab es im Jahr 1871 auf heutigem rheinland-pfälzischem Gebiet mehr Kinder unter zehn Jahren als heute, obwohl die Bevölkerung damals noch nicht einmal halb so groß war.

Zum Gelingen dieses Projekts haben im Statistischen Landesamt viele Mitarbeiterinnen und Mitarbeiter beigetragen, insbesondere die Leiterin dieses Projekts, Frau Diane Dammers, die diese Aufgabe mit großem persönlichen Engagement und mit Freude wahrgenommen hat. Allen gilt an dieser Stelle mein ausdrücklicher Dank. Ein Dank gebührt überdies dem Landtag Rheinland-Pfalz und der Staatskanzlei Rheinland-Pfalz für die finanzielle Unterstützung bei der Durchführung der umfangreichen Datenerfassungsarbeiten. Besonders hervorheben möchte ich außerdem die hervorragende Zusammenarbeit mit der Kommission des Landtages für die Geschichte des Landes Rheinland-Pfalz, insbesondere mit ihrer Geschäftsführerin, Frau Dr. Monika Storm, sowie den Herausgebern von Band II, Prof. Dr. Michael Kißener und Prof. Dr. Friedrich P. Kahlenberg. Eine maßgebliche Unterstützung erfuhr das Projekt darüber hinaus durch Frau Dr. Pia Nordblom und Herrn Dr. Markus Würz von der Handbucharbeitsstelle. Herr Dr. Würz hat den Band zur historischen Statistik um ein Kapitel bereichert, das einen Überblick über die geistlichen und weltlichen Herrscher in den rheinland-pfälzischen Vorgängerstaaten sowie über die Mitglieder der rheinland-pfälzischen Regierungen seit der Landesgründung bietet.

Liebe Leserinnen und Leser, ich möchte Sie nun zu einem Streifzug durch 140 Jahre Geschichte des rheinland-pfälzischen Raumes aus der Perspektive der amtlichen Statistik einladen. Ich hoffe, dass das angebotene Material Ihnen manche Überraschung bietet und als Anregung zu weitergehenden Forschungen dienen wird.

Jörg Berres
Präsident des Statistischen Landesamts Rheinland-Pfalz

INHALT

I. EINFÜHRUNG

Die heute zu Rheinland-Pfalz gehörenden Gebiete können auf eine wechselvolle Geschichte zurückblicken. Dies gilt nicht nur für Politik, Wirtschaft oder Kultur, sondern auch für die amtliche Statistik, die Gegenstand dieses dritten Bandes zur rheinland-pfälzischen Landesgeschichte ist. Ziel des Bandes ist es, mit Hilfe möglichst lange in die Vergangenheit zurückreichender Zahlenreihen die Geschichte des Landes aus einem neuen Blickwinkel zu beleuchten und damit eine Ergänzung zu den ersten beiden Bänden zur rheinland-pfälzischen Landesgeschichte zu liefern. Dabei wird dem Leser zunächst mit Hilfe von kurzen Tabellen, zahlreichen Grafiken sowie Karten ein möglichst umfassender Blick auf die Landesentwicklung eröffnet. Daten zu Themen wie Demografie, Bildung, Gesundheit, Umwelt und Wirtschaft zeichnen ein detailliertes Porträt der rheinland-pfälzischen Gesellschaft seit der Landesgründung. Wo dies trotz wechselnder administrativer Zuständigkeiten, kriegsbedingter Datenlücken und territorialer Veränderungen infolge von Gebietsabtretungen möglich war, erstreckt sich diese zahlenmäßige Darstellung der Landesgeschichte auch auf Informationen aus der Zeit vor der Landesgründung.

Darüber hinaus soll dieser Band zu weiteren landeshistorischen Forschungen anregen, indem er weiterführendes Arbeitsmaterial zur rheinland-pfälzischen Landesgeschichte bereitstellt. Diesem Zweck dienen in erster Linie die in Kapitel III des Bandes präsentierten Materialien. Dort werden zu ausgewählten Fragestellungen statistische Daten aus der Zeit von der Gründung des Deutschen Reiches im Jahr 1871 bis zur Gegenwart in regionalen Untergliederungen abgebildet. Abgerundet wird das Datenangebot durch mehrere Personenverzeichnisse. Zum einen werden die Bischöfe bzw. Kirchenpräsidenten aufgeführt, deren Wirkungsbereich sich auf heute zu Rheinland-Pfalz gehörende Gebiete erstreckt. Zum anderen werden die weltlichen Herrscher aufgelistet, die auf dem heutigen rheinland-pfälzischen Gebiet bis zum Ende des Kaiserreiches regiert haben. Eine weitere Übersicht nennt die Mitglieder aller Kabinette seit der Gründung des Landes Rheinland-Pfalz. Überdies werden die Wahlergebnisse der auf heute zu Rheinland-Pfalz gehörendem Gebiet liegenden Wahlbezirke aus den Jahren 1871 bis 1933 dargestellt.

Aufgrund der großen Materialfülle war es nicht möglich, alle historischen Statistikdaten, die für diesen Band rekonstruiert wurden, in die Printausgabe aufzunehmen. Daher werden die Daten zur natürlichen Bevölkerungsbewegung in Kapitel II lediglich summarisch für alle heute zu Rheinland-Pfalz gehörenden Gebiete ausgewiesen. Die Daten der historischen Kreise können der beiliegenden CD entnommen werden. Um dem Datennutzer die Durchführung eigener Berechnungen auf der Basis der in diesem Band präsentierten Daten zu erleichtern, enthält die CD auch die übrigen Tabellen aus Kapitel III des Buches. Damit der Leser die Möglichkeiten und Grenzen des Datenmaterials einschätzen kann, werden im Folgenden zunächst die Auswirkungen der wechselvollen Geschichte der heute zu Rheinland-Pfalz gehörenden Gebiete auf die amtliche Statistik und darauf aufbauend die bei der Rekonstruktion der Daten angewendeten Methoden skizziert.

1871 gehörten die rheinland-pfälzischen Gebiete noch zu vier Staaten

Rheinland-Pfalz ist ein typisches »Nachkriegsbundesland«, eine territoriale Kunstschöpfung, die nach dem Ende des Zweiten Weltkriegs entstanden ist und Gebiete unterschiedlicher Herrschaftsbereiche miteinander vereint.[1] Nach dem Wiener Kongress gehörte das heutige rheinland-pfälzische Territorium noch zu sieben verschiedenen Herrschaftsgebieten unterschiedlicher Größe. Im Jahr 1834 wurde das Fürstentum Lichtenberg vom Herzogtum Sachsen-Coburg an das Königreich Preußen abgetreten und als Kreis St. Wendel in den Regierungsbezirk Trier eingegliedert. Im Jahr 1866 wurde das zur Landgrafschaft Hessen-Homburg gehörende Oberamt Meisenheim Teil des preußischen Regierungsbezirks Koblenz. Im gleichen Jahr fiel auch das Herzogtum Nassau an Preußen und wurde zur Provinz Hessen-Nassau.[2] Damit waren zum Zeitpunkt der Gründung des Deutschen Reiches noch vier Vorgängerstaaten auf dem Gebiet des heutigen Rheinland-Pfalz verblieben. Der Norden von Rheinland-Pfalz gehörte zum Königreich Preußen. Im Nordwesten lagen die preußischen Regierungsbezirke Koblenz und Trier, die beide Teil der Rheinprovinz waren. Im Nordosten erstreckte sich der Regierungsbezirk Wiesbaden der preußischen Provinz Hessen-Nassau. Auf dem Gebiet des heutigen Landkreises Birkenfeld lag das zum Großherzogtum Oldenburg gehörende Fürstentum Birkenfeld, das 1937 dem Regierungsbezirk Koblenz einverleibt wurde. Der dritte Vorgängerstaat war das Großherzogtum Hessen, zu dem die Provinz Rheinhessen gehörte. Im Süden des späteren Bundeslandes Rheinland-Pfalz lag der seit Anfang des 19. Jahrhunderts zum Königreich Bayern gehörende Regierungsbezirk Pfalz.

Alle Vorgängerstaaten besaßen eigene statistische Zentralbehörden

Konsequenz dieser territorialen Vielfalt war unter anderem eine große Heterogenität der amtlichen Statistik, die die Rekonstruktion historischer Statistikdaten für das rheinland-pfälzische Gebiet erschwert. Jeder Vorgängerstaat besaß eine eigenständige amtliche Statistik, die sich im Verlauf des 19. Jahrhunderts immer stärker ausdifferenzierte. Alle Staaten schufen eigene statistische Zentralbehörden, die zunächst weitgehend unabhängig voneinander agierten. Den Anfang machte das Königreich Preußen mit der Errichtung des Königlich Preußischen Statistischen Bureaus im Jahr 1805. Es folgte das Königreich Bayern, wo im Jahre 1808 zum ersten Mal eine statistische Zentralstelle ihre Arbeit aufnahm. Die dauerhafte Etablierung eines statistischen Amtes gelang dort allerdings erst mit der Einrichtung des Königlich Bayerischen Statistischen Bureaus im Jahr 1833. Die statistische Zentralbehörde des Großherzogtums Oldenburg wurde im Jahr 1855 gegründet. Im Jahr 1861 wurde schließlich im Großherzogtum Hessen die Großherzoglich Hessische Zentralstelle für die Landesstatistik errichtet.

Der Deutsche Zollverein förderte die Vereinheitlichung der Statistik

Die Konsequenzen aus der Ämtervielfalt waren unterschiedliche Erhebungsmethoden, voneinander abweichende Erhebungsgegenstände und divergierende Erhebungszeitpunkte. Erste Tendenzen zu einer staatenübergreifenden Vereinheitlichung gab es in der Bevölkerungsstatistik. Mit der Gründung des Deutschen Zollvereins im Jahr 1833 ergab sich in diesem Bereich die Notwendigkeit einer aufeinander abgestimmten Vorgehensweise, da die Einnahmen des Zollvereins anhand der Bevölkerungszahlen auf die Mitgliedstaaten verteilt werden sollten. Dies führte dazu, dass in den Mitgliedstaaten des Zollvereins ab 1834 in dreijährlichen Abständen gleichzeitig der Bevölkerungsstand ermittelt wurde.[3] Im Laufe der Zeit gingen vom Zollverein weitere Impulse zu einer Vereinheitlichung der amtlichen Statistik aus. So wurde im Jahr 1869 die »Kommission zur weiteren Ausbildung der Statistik des Zollvereins« gegründet, deren Aufgabe es war, »Vorschläge darüber zu machen, in welcher Weise den der Zollvereinsstatistik zur Zeit anklebenden Mängeln abzuhelfen und in welchen Richtungen derselben, mit Einschluß der Volkszählungen, eine weitere Ausbildung zu geben sein möchte«.[4] Die Umsetzung der Ergebnisse dieser Kommission wurde jedoch durch die Gründung des Deutschen Reiches verhindert. Von einer einheitlichen amtlichen Statistik konnte also vor der Reichsgründung noch nicht die Rede sein. Erst im Laufe der 1870er-Jahre gelang es, aufbauend auf den Vorschlägen der Kommission zur weiteren Ausbildung der Statistik des Zollvereins, ein einheitliches statistisches Programm für das Deutsche Reich zu entwickeln. Aus diesem Grund wird in diesem Band das Jahr 1871 als Ausgangspunkt für die Rekonstruktion statistischer Daten über das heute zu Rheinland-Pfalz gehörende Gebiet gewählt.

Vielfalt der statistischen Ämter bedeutet große Quellenvielfalt

Die Vielfalt der statistischen Zentralbehörden schlug sich in einer ebenso vielfältigen Quellenlage nieder. Die statistischen Ämter aller Vorgängerstaaten, zu denen die heutigen rheinland-pfälzischen Gebiete gehörten, besaßen eigene Veröffentlichungsreihen, in denen sie die Ergebnisse der amtlichen Statistik präsentierten. Im Jahr 1859 erschien die erste Ausgabe der »Preußischen Statistik«, der Veröffentlichungsreihe des Königlich Preußischen Statistischen Bureaus. Die Bände dieser Reihe, die in unregelmäßiger Folge, aber mindestens einmal pro Jahr erschienen, stellten in der Regel die Ergebnisse einer statistischen Erhebung sehr ausführlich und regional tief gegliedert dar. Später wurde das Datenangebot um die »Zeitschrift des Königlich Preußischen Statistischen Bureaus« ergänzt, die mehrmals pro Jahr erschien und einen Überblick über aktuelle Ergebnisse verschiedener Statistiken gab. Die Statistikbehörde des Großherzogtums Oldenburg veröffentlichte statistische Daten ab 1857 in der Reihe »Statistische Nachrichten über das Grossherzogthum Oldenburg«. Während die Bände dieser Reihe zunächst in der Regel einmal jährlich erschienen, wurden die Abstände zur Jahrhundertwende immer größer. Das großherzoglich-hessische Veröffentlichungsprogramm hatte einen ähnlichen Aufbau wie das preußische. Umfangreichere Analysen zu einzelnen Statistiken wurden in der Reihe »Beiträge zur Statistik des Großherzogthums Hessen« publiziert, deren erster Band 1862 erschien. Zur kurzfristigen Veröffentlichung von statistischen Ergebnissen aus dem gesamten Erhebungsspektrum wurden wenige Jahre später ergänzend die »Mittheilungen der Grossherzoglich Hessischen Centralstelle für die Landesstatistik« ins Leben gerufen. Die Veröffentlichungsreihe des Königlich Bayerischen Statistischen Bureaus, die »Beiträge zur Statistik des Königreichs Bayern«, erschien zum ersten Mal im Jahr 1850. Im Jahr 1869 wurde mit der Gründung der »Zeitschrift des Königlich Bayerischen Statistischen Bureaus« auch in Bayern ein Veröffentlichungsformat für die kurzfristige Publikation aktueller statistischer Daten geschaffen. Diese zwischen 1850 und 1870 entstandene Struktur der Veröffentlichungen der statistischen Ämter hatte bis in die Weimarer Republik und teilweise sogar darüber hinaus Bestand.

Hinzu kam nach der Reichsgründung die Veröffentlichungsreihe des Statistischen Reichsamts, die »Statistik des Deutschen Reichs«, deren erster Band im Jahr 1873 erschien. Analog zu den Zeitschriften der anderen statistischen Ämter wurden zeitgleich die »Vierteljahreshefte zur Statistik des Deutschen Reichs« geschaffen, die zunächst in die Reihe »Statistik des Deutschen Reichs« integriert wurden und nach einigen Unterbrechungen ab 1892 als eigenständige Reihe erschienen.

Statistische Ämter hatten unterschiedliche Veröffentlichungsschwerpunkte

Trotz der ähnlichen Grundstruktur der Veröffentlichungen der statistischen Ämter, die zumeist über eine Veröffentlichungsreihe zur ausführlichen Darstellung ausgewählter Sta tistiken sowie über eine Zeitschrift zur kurzfristigen Publikation aktueller Ergebnisse verfügten, unterschied sich das Veröffentlichungsangebot der Statistikbehörden erheblich. Dies lässt sich allein an der Zahl der publizierten Bände erkennen: Die nach der Zahl der Bände umfangreichste Veröffentlichungsreihe war die »Statistik des Deutschen Reichs«, die 1944 nach über 600 Bänden zum letzten Mal erschien. Die preußische Veröffentlichungsreihe hatte einen Umfang von mehr als 300 Bänden, als sie im Jahr 1934 eingestellt wurde. Die hessische Veröffentlichungsreihe, die in der Weimarer Republik zunächst umbenannt und später aufgegeben wurde, umfasste 67 Bände. Die Veröffentlichungsreihe, in der die statistischen Daten über das Großherzogtum Oldenburg publiziert wurden, wies mit 29 Bänden den geringsten Umfang auf.

Die großen Unterschiede in der Anzahl der veröffentlichten Bände weisen bereits darauf hin, dass nicht in allen Veröffentlichungsreihen das volle inhaltliche Spektrum der amtlichen Statistik behandelt wurde. Auch war die Periodizität unterschiedlich, mit der Ergebnisse einer bestimmten Statistik veröffentlicht wurden. In der Reihe »Preußische Statistik« wurde nach Möglichkeit zu ausgewählten Statistiken jedes Jahr ein nach gleichem Schema gestalteter Band veröffentlicht. Dies war beispielsweise bei der Statistik der Bevölkerungsbewegung, der Todesursachenstatistik und der Erntestatistik der Fall. Hinzu kamen Bände anlässlich in mehrjährigem Turnus durchgeführter Großzählungen, wie z. B. Volks- oder Gewerbezählungen. Die »Beiträge zur Statistik des Königreichs Bayern« wiesen zwar ein noch breiteres inhaltliches Spektrum auf, allerdings erschienen die Bände zu den einzelnen Statistiken weniger regelmäßig, sodass zur Rekonstruktion lückenloser Zeitreihen die Zeitschrift des Amtes besser geeignet ist. Einzelne Bände der Veröffentlichungsreihe beschäftigten sich mit Spezialfragen, die über die Wiedergabe von Ergebnissen der amtlichen Statistik hinausgingen (z. B. Bd. 106: Die Verelendung des Mittelstandes). Die »Beiträge zur Statistik des Großherzogthums Hessen« beinhalteten trotz geringerer Bandzahl eine recht große inhaltliche Vielfalt, da die Bände in der Regel in drei bis vier Teile untergliedert waren, die sich mit verschiedenen Statistiken beschäftigten. Dabei wurden ausgewählte Statistikbereiche möglichst jedes Jahr nach gleichem Schema behandelt. Auffällig ist in der hessischen Veröffentlichungsreihe ein höherer Anteil von Themen, die in einem unmittelbaren Zusammenhang mit der Staatsverwaltung standen, so z. B. Statistiken aus den Bereichen Rechtspflege, Staatsfinanzen und Forstverwaltung. Die oldenburgische Veröffentlichungsreihe konzentrierte sich auf bevölkerungs- und agrarstatistische Themen. Vereinzelt wurden auch andere Statistikbereiche dargestellt, jedoch nicht kontinuierlich, was Langfristvergleiche erschwert. In den Anfangsjahren hatte entsprechend der geografischen Lage die Schifffahrt einen hohen Stellenwert innerhalb der Veröffentlichungen. Die Reihe »Statistik des Deutschen Reichs« behandelte zunächst nur ausgewählte Themen. Regelmäßig erschienen Bände zu Statistiken mit grenzüberschreitendem Charakter, wie Außenhandel und Schiffsverkehr. Darüber hinaus wurden dort ab der Gewerbezählung 1875 in der Regel die Ergebnisse der in mehrjährigen Abständen stattfindenden Großzählungen veröffentlicht. In den 1880er-Jahren wurde das Themenspektrum vor allem um sozialstatistische Inhalte ergänzt. Nach der Jahrhundertwende nahm die Themenvielfalt weiter zu, so wurden ab 1907 jährlich die Ergebnisse der Statistik der Bevölkerungsbewegung publiziert.

Unterschiedliche Veröffentlichungsschwerpunkte schränken Merkmalsauswahl ein

Ziel dieses Bandes ist es, zu möglichst vielen statistischen Merkmalen lange Zeitreihen auch für die Jahre vor der Gründung des Bundeslandes Rheinland-Pfalz anzubieten. Um Merkmale zu identifizieren, bei denen die Bildung langer Reihen möglich ist, wurden zunächst die oben genannten Veröffentlichungen der statistischen Ämter gesichtet. Nimmt man die Veröffentlichungsreihen und die Zeitschriften der Ämter zusammen, sind dies mehr als 1 000 Bände. In einigen Fällen wurden weitere Veröffentlichungen der statistischen Ämter, die außerhalb der genannten Reihen erschienen sind, hinzugezogen. Dies gilt z. B. für die oldenburgischen und preußischen Gemeindeverzeichnisse. Im Zweiten Weltkrieg wurde die Veröffentlichungstätigkeit der statistischen Ämter stark reduziert und kam später vollständig zum Erliegen, sodass hier eine Datenlücke unvermeidlich ist. Auf die Auswertung von Archivmaterial musste angesichts der großen Vielfalt der veröffentlichten Statistiken leider verzichtet werden.

Die Unterschiede in der Veröffentlichungspraxis schränken die Zahl der Merkmale ein, für die lange statistische Zahlenreihen rekonstruiert werden können. Besonders geeignet sind Daten aus den Bereichen der Bevölkerungsstatistik und der Agrarstatistik, die in den Veröffentlichungen aller statistischen Ämter einen hohen Stellenwert hatten und daher auch in diesem Band im Mittelpunkt stehen. Andere Statistikbereiche, wie z. B. die Bildungs- oder die Finanzstatistik, sind in den Veröffentlichungen der verschiedenen statistischen Ämter so uneinheitlich dargestellt, dass eine Gegenüberstellung nicht sinnvoll ist. Auch eine Einbeziehung der Wirtschaftsstatistiken war innerhalb des gesteckten zeitlichen Rahmens nicht möglich. Hier hätte neben der Heterogenität der Veröffentlichungen der verschiedenen Statistikbehörden gleichzeitig das Problem der sich von Zählung zu Zählung verändernden Wirtschaftszweigsystematiken gelöst werden müssen.[5]

Gemeindedaten zur Bevölkerung dienten als Ausgangspunkt der Datenrekonstruktion

Aus diesen Gründen wurden Bevölkerungsdaten als Ausgangspunkt für die Bildung langer Zahlenreihen aus der Zeit vor der Landesgründung gewählt. Die Datengrundlage bildeten Bevölkerungszahlen der historischen Gemeinden, die sich auf dem Gebiet des heutigen Bundeslandes Rheinland-Pfalz befanden. Diese wurden den Gemeindeverzeichnissen entnommen, die die statistischen Ämter der Vorgängerstaaten häufig anlässlich der Volkszählungen veröffentlichten. Für die erste Volkszählung im Deutschen Reich, die 1871 stattfand, liegen die Bevölkerungszahlen des Königreichs Bayern, des Großherzogtums Hessen, des Fürstentums Birkenfeld und des Königreichs Preußen vollständig auf Gemeindeebene vor. Im 19. Jahrhundert war die Zahl der Gemeinden deutlich größer als heute. Während es in Rheinland-Pfalz derzeit 2 258 Gemeinden gibt, waren es auf dem gleichen Gebiet im Jahr 1871 noch mehr als 3 000.

Historische Gemeinden wurden anhand heutiger Gemarkungsnamen lokalisiert

In einem ersten Schritt wurde anhand der Gemeindeverzeichnisse ermittelt, welche historischen Gemeinden auf dem Gebiet des heutigen Bundeslandes Rheinland-Pfalz lagen. Um die historischen Gemeinden heutigen Gebietseinheiten zuzuordnen, wurden die Gemeindebezeichnungen aus der Bevölkerungsstatistik von 1871 zuerst mit einer aktuellen Liste der rheinland-pfälzischen Gemarkungen verglichen. Vielfach finden sich historische Gemeindebezeichnungen in den heutigen Gemarkungsnamen wieder. Dadurch konnte ein großer Teil der heute nicht mehr existierenden Gemeinden Gemarkungen zugeordnet werden. Zugleich wurde damit geklärt, zu welchen Gemeinden und Kreisen diese historischen Gemeinden in der Gegenwart gehören. Historische Gemeinden, die sich nicht auf diesem Wege lokalisieren ließen, wurden anhand von Landkarten, Wohnplatzverzeichnissen und Internet-Recherchen identifiziert. Auf diese Methoden musste unter anderem zurückgegriffen werden, wenn Gemeinden ihren Namen völlig verändert haben, so z. B. die Gemeinde Kotzenroth im Landkreis Altenkirchen, die 1963 in Rosenheim umbenannt wurde. Ergebnis dieses Arbeitsschrittes war eine Datenbank mit allen im Jahr 1871 existierenden Gemeinden, die auf dem Gebiet des heutigen Rheinland-Pfalz lagen. Zu jeder dieser historischen Gemeinden wurden folgende Daten festgehalten: heutige Kreiszugehörigkeit, heutige Gemeindezugehörigkeit, historische Kreiszugehörigkeit und Bevölkerungszahl.

Gemeindeergebnisse weiterer Volkszählungen wurden erfasst

In einem nächsten Schritt wurde die Datenbank um die Bevölkerungsdaten weiterer Volkszählungen ergänzt. Es wurden die Gemeindeergebnisse der Volkszählungen von 1875, 1880, 1885, 1890, 1895, 1900, 1905, 1910, 1919, 1925, 1933 und 1939 erfasst, soweit diese für die einzelnen Landesteile vorlagen. Zusätzlich zur Bevölkerungszahl wurde vermerkt, zu welcher historischen Gebietseinheit (Kreise, im Königreich Bayern Bezirksämter) eine Gemeinde zum jeweiligen Volkszählungszeitpunkt gehörte. Durch Addition der Bevölkerungszahlen der einzelnen Gemeinden konnte die Gesamtbevölkerung der heute zu Rheinland-Pfalz gehörenden Gebiete ermittelt werden. Da die heutige Gemeinde- und Kreiszugehörigkeit jeder historischen Gemeinde bekannt ist, können die Ergebnisse der Volkszählungen nicht nur für das Bundesland insgesamt, sondern auch für die Landkreise und kreisfreien Städte in ihren gegenwärtigen Grenzen dargestellt werden (Tabelle T85).

Zuordnung der historischen Gemeinden zu Kreisen diente als Grundlage für Karten

Die auf diesem Wege gewonnenen Informationen über die Zugehörigkeit der historischen Gemeinden zu historischen Landkreisen wurden genutzt, um die Verwaltungsgliederung zu verschiedenen Zeitpunkten kartografisch abzubilden. Über die Daten zur Kreiszugehörigkeit der historischen Gemeinden konnte indirekt ermittelt werden, zu welchen historischen Kreisen die heutigen Gemeinden gehörten. Mit Hilfe dieser Informationen konnten die historischen Kreisgrenzen in eine Karte der heutigen Gemeinden eingezeichnet werden. Diese Methode führt im Detail allerdings dann zu Unschärfen, wenn eine heutige Gemeinde sich aus mehreren historischen Gemeinden zusammensetzt, die unterschiedlichen historischen Kreisen angehörten. Diese Konstellationen traten jedoch nicht sehr häufig auf und fallen angesichts des Kartenmaßstabs 1:1 065 000 kaum ins Gewicht. Bedingt durch die Datenquelle, beruhen die Karten jeweils auf dem Gebietsstand, der den Volkszählungsveröffentlichungen zugrunde lag. Die Karten K1 und K2 zeigen die Verwaltungsbezirksgrenzen der Jahre 1871 und 1925, die auf die geschilderte Weise rekonstruiert wurden.

Bei fehlenden Gemeindedaten wurden Berechnungsschlüssel verwendet

Die Volkszählungsergebnisse der Jahre 1875, 1880, 1890, 1900, 1910 und 1919 sind für die preußischen Landesteile nicht auf Gemeindeebene veröffentlicht worden, sodass eine genaue Umrechnung auf die heute zu Rheinland-Pfalz gehörenden Gebiete hier nicht möglich war. Um auch zu diesen Zeitpunkten die Bevölkerung der heute zu Rheinland-Pfalz gehörenden Gebiete näherungsweise bestimmen zu können, wurden die Bevölkerungszahlen derjenigen historischen Kreise, die heute nur teilweise zu Rheinland-Pfalz gehören, mit Hilfe von Berechnungsschlüsseln an das rheinland-pfälzische Gebiet angepasst. Um die Berechnungsmethoden, die den in diesem Band enthaltenen Daten zugrunde liegen, für den Datennutzer nachvollziehbar zu machen, wird das Konzept der Berechnungsschlüssel im Folgenden erläutert.

Vorgehensweise bei der Ermittlung der Berechnungsschlüssel

Die Ergebnisse der Volkszählungen von 1871, 1885, 1895, 1905, 1925, 1933 und 1939 liegen für alle Landesteile auf Gemeindeebene vor. Gleichzeitig ist auch die Gesamtbevölkerung der historischen Kreise bzw. Bezirksämter bekannt. Anhand dieser Daten wurden für alle historischen Kreise, deren Gebiet heute nur zum Teil zu Rheinland-Pfalz gehört, Berechnungsschlüssel gebildet. Zu diesem Zweck wurde zunächst anhand der Gemeindedaten die Summe der Bevölkerung derjenigen Gemeinden des historischen Kreises ermittelt, die heute Teil von Rheinland-Pfalz sind. Diese Summe wurde durch die Gesamtbevölkerung des historischen Kreises geteilt. Auf diese Weise wurde der Anteil an der Gesamtbevölkerung des historischen Kreises berechnet, der auf die heute zu Rheinland-Pfalz gehörenden Gebiete entfiel. Beispielsweise wurden im Kreis Saarburg im Jahr 1871 insgesamt 30 193 Personen gezählt, 15 418 weibliche und 14 775 männliche. Davon lebten 10 850 weibliche Personen und 10 280 männliche in den Gemeinden des damaligen Kreises Saarburg, die heute auf rheinland-pfälzischem Gebiet liegen, was einem Anteil von 70,37 Prozent bei den weiblichen und 69,58 Prozent bei den männlichen Personen entspricht.

K 1 Die heute zu Rheinland-Pfalz gehörenden Gebiete 1871 nach der administrativen Zugehörigkeit

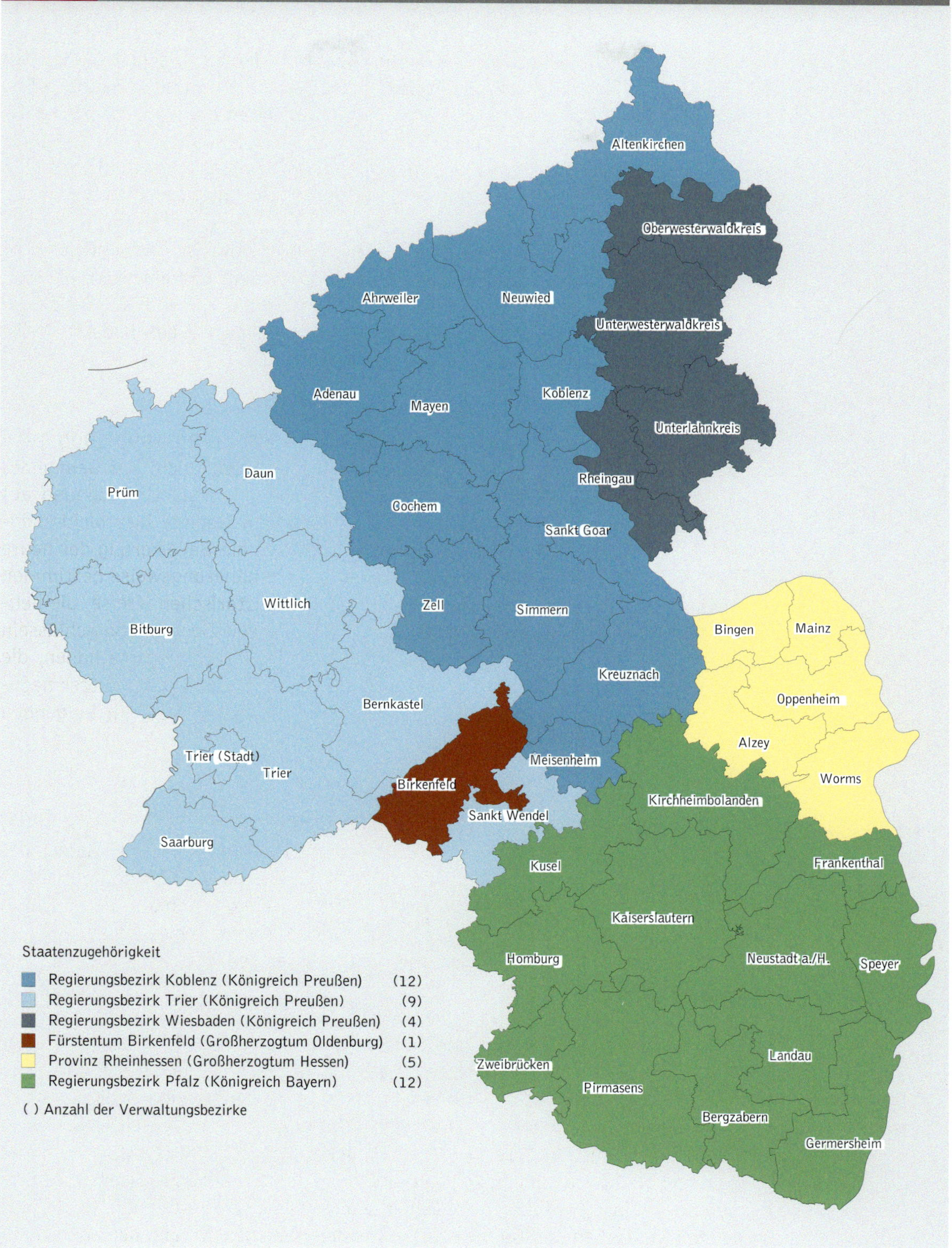

K 2 Die heute zu Rheinland-Pfalz gehörenden Gebiete 1925 nach der administrativen Zugehörigkeit

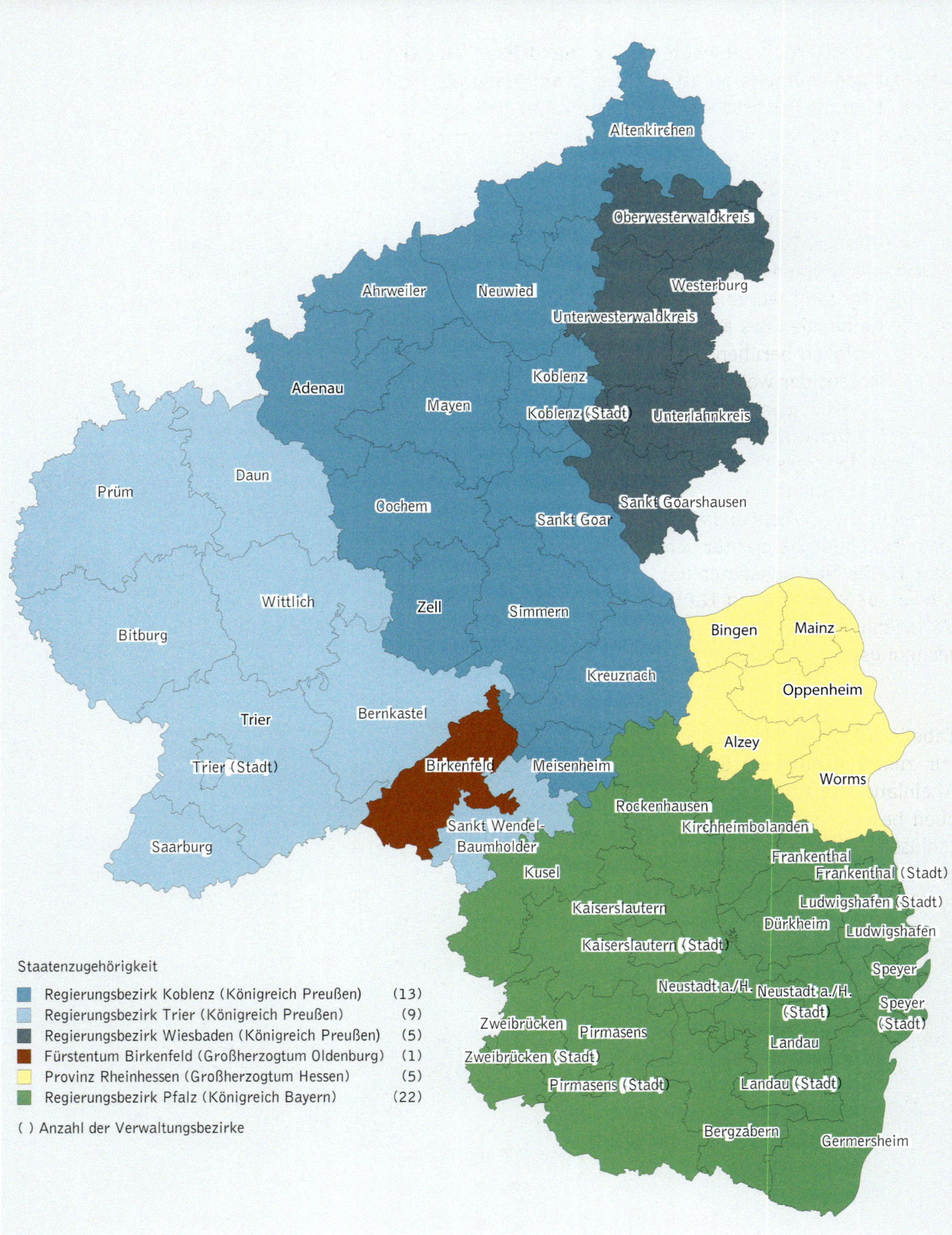

Nimmt man die Bevölkerung weiblichen und männlichen Geschlechts zusammen, ergibt sich ein Anteil von 69,98 Prozent.

Anwendung der Berechnungsschlüssel

Um die Bevölkerung der heute zu Rheinland-Pfalz gehörenden Gebiete zu den Zeitpunkten zu ermitteln, an denen die preußischen Volkszählungsergebnisse nur auf Kreisebene vorliegen, wurden die Bevölkerungszahlen der historischen Kreise, deren Gebiet heute nur zum Teil zu Rheinland-Pfalz gehört, mit den zugehörigen Berechnungsschlüsseln multipliziert. Die Vorgehensweise sei erneut am Beispiel des Kreises Saarburg erläutert. In den Quellen liegen keine Informationen zur Bevölkerung der Gemeinden des Kreises Saarburg im Jahr 1875 vor. Bekannt ist allerdings, dass bei dieser Volkszählung im gesamten Kreis Saarburg 15 364 weibliche und 15 004 männliche Personen gezählt wurden. Es wird unterstellt, dass die Verteilung der Bevölkerung auf die Gemeinden des Kreises seit der Volkszählung von 1871 unverändert geblieben ist. Folglich beruhen die Berechnungen auf der Annahme, dass sich weiterhin 70,37 Prozent der weiblichen bzw. 69,58 Prozent der männlichen Bevölkerung des Kreises Saarburg in dem heute zu Rheinland-Pfalz gehörenden Gebiet befanden. Durch Multiplikation der Bevölkerungszahl des gesamten Kreises Saarburg von 1875 mit den Berechnungsschlüsseln 0,7037 bzw. 0,6958 ergibt sich, dass auf den heute zu Rheinland-Pfalz gehörenden Kreisteil 10 812 Frauen und 10 439 Männer entfielen. Die Berechnungsschlüssel wurden in der Regel bis zur nächsten Volkszählung verwendet, bei der für den jeweiligen Kreis Daten auf Gemeindeebene vorliegen. Da z. B. Bevölkerungsdaten auf Gemeindeebene für die preußischen Landesteile erst wieder zur Volkszählung 1885 verfügbar waren, wurden die Bevölkerungszahlen zur Volkszählung 1880 ebenfalls auf der Basis der für das Jahr 1871 ermittelten Berechnungsschlüssel bestimmt.

Allmähliche Veränderungen der Berechnungsschlüssel im Zeitverlauf durch Entwicklungsunterschiede innerhalb der Kreise

Tabelle T1 zeigt die historischen Kreise, deren Flächen nur zum Teil auf dem Gebiet des heutigen Bundeslandes Rheinland-Pfalz lagen, mit den zugehörigen, nach dem oben beschriebenen Verfahren gewonnenen Berechnungsschlüsseln. Aus Gründen der Übersichtlichkeit wurde in der Abbildung auf eine Aufgliederung der Berechnungsschlüssel nach Geschlecht verzichtet. Für die größeren Gebietseinheiten, Regierungsbezirke bzw. Provinzen, wurden auf die gleiche Weise Berechnungsschlüssel gebildet wie für die Kreise. Normalerweise verändern sich die Berechnungsschlüssel nur allmählich. So ist beispielsweise eine kontinuierliche Verringerung des Berechnungsschlüssels des Bezirksamts Homburg im Zeitverlauf zu beobachten, was bedeutet, dass der Bevölkerungsanteil der heute zu Rheinland-Pfalz gehörenden Gemeinden an der Gesamtbevölkerung des Kreises mit der Zeit rückläufig war. Begründet ist dies vermutlich in der ausstrahlenden Wirkung der schwerindustriellen Saarregion, die im westlichen, heute zum Saarland gehörenden Teil des Kreises stärker gewesen sein dürfte als weiter östlich.

T 1 Berechnungsschlüssel zu den Verwaltungsbezirken, die nicht vollständig in das heutige Bundesland Rheinland-Pfalz eingegangen sind 1871–1939[1]

Regierungsbezirk (RB)/ Fürstentum/Provinz Kreisfreie Stadt (St.) Landkreis (LK)	1871	1875	1880	1885	1890	1895	1900
RB Koblenz	0,9191	0,9185	0,9191	0,9193	0,9195	0,9198	0,9208
Birkenfeld, LK	.	.	.	.	.	.	.
RB Trier	0,5426	0,5225	0,5140	0,4964	0,4743	0,4528	0,4258
Saarburg, LK	0,6998	.	.	0,7162	.	0,7186	.
Sankt Wendel, LK	0,5073	.	.	0,4948	.	0,4678	.
Sankt Wendel-Baumholder, LK	.	.	.	.	.	.	.
Trier, LK	0,9206	.	.	0,9292	.	0,9225	.
RB Wiesbaden	0,2596	0,2485	0,2403	0,2197	0,2061	0,1947	0,1831
Oberwesterwaldkreis	0,9970	.	.	1,0000	.	1,0000	.
Rheingaukreis	0,5043	.	.	.	.	.	.
Unterlahnkreis	0,7284	.	.	1,0000	.	1,0000	.
Fürstentum Birkenfeld	0,7874	0,7918	0,7916	0,8006	0,8004	0,7909	0,8092
Provinz Rheinhessen	0,9684	0,9651	0,9644	0,9638	0,9625	0,9612	0,9597
Mainz, St.	.	.	.	.	.	.	.
Mainz, LK	0,9095	0,9032	0,9022	0,9028	0,9018	0,9000	0,8985
Worms, LK	1,0000	1,0000	1,0000	1,0000	1,0000	1,0000	1,0000
RB Pfalz	0,9207	0,9209	0,9205	0,9215	0,9210	0,9184	0,9172
Homburg, LK	0,7131	0,7121	0,7024	0,6980	0,6819	0,6679	0,6337
Kusel, LK	0,9553	0,9566	0,9568	0,9547	0,9540	0,9538	0,9556
Zweibrücken, LK	0,4259	0,4304	0,4365	0,4347	0,4320	0,4289	0,4385

Regierungsbezirk (RB)/ Fürstentum/Provinz Kreisfreie Stadt (St.) Landkreis (LK)	1905	1910	1919	1925	1933	1939
RB Koblenz	0,9198	0,9175	0,9102	0,9111	1,0000	0,9796
Birkenfeld, LK	.	.	.	.	.	0,8106
RB Trier	0,4075	0,3934	0,9004	0,8973	0,8971	0,9100
Saarburg, LK	0,7217	.	.	.	.	.
Sankt Wendel, LK	0,4624	.	.	.	.	.
Sankt Wendel-Baumholder, LK	.	.	.	0,8277	0,8245	.
Trier, LK	0,9326	.	.	0,9229	0,9225	0,9314
RB Wiesbaden	0,1690	0,1604	0,1605	0,1564	0,1495	0,1487
Oberwesterwaldkreis	1,0000	.	.	1,0000	1,0000	1,0000
Rheingaukreis	.	.	.	.	.	.
Unterlahnkreis	1,0000	.	.	1,0000	1,0000	1,0000
Fürstentum Birkenfeld	0,8168	0,8214	0,8049	0,8019	0,8060	.
Provinz Rheinhessen	0,9577	0,9590	0,9490	0,9544	0,9265	0,8550
Mainz, St.	.	.	.	.	.	0,7870
Mainz, LK	0,8967	0,9012	0,8869	0,8842	0,8237	1,0000
Worms, LK	1,0000	1,0000	1,0000	1,0000	1,0000	0,5542
RB Pfalz	0,9142	0,9100	0,9063	0,9943	0,9941	0,9956
Homburg, LK	0,6097	0,5880	0,5810	.	.	.
Kusel, LK	0,9546	0,9533	0,9473	0,9606	0,9580	0,9580
Zweibrücken, LK	0,8334	0,8382	0,7651	0,9237	0,9116	0,9371

1 In den Jahren 1875, 1880, 1890, 1900, 1910 und 1919 konnten für die zum Königreich Preußen gehörenden Kreise keine Berechnungsschlüssel gebildet werden, da die Bevölkerungszahlen nicht auf Gemeindeebene vorliegen. Bei einigen Kreisen konnten nicht zu allen Volkszählungszeitpunkten Berechnungsschlüssel gebildet werden, da sie zwischenzeitlich neu geschaffen oder aufgelöst wurden. Eine Ausnahme ist der Rheingaukreis, der 1886 geteilt wurde und anschließend nur noch Gebiete umfasste, die heute zum Bundesland Hessen gehören.

Plötzliche Sprünge der Berechnungsschlüssel infolge von territorialen Veränderungen

Deutliche Sprünge in den Berechnungsschlüsseln weisen auf territoriale Veränderungen hin, die Tabelle T2 zu entnehmen sind. Die starke Erhöhung des Berechnungsschlüssels des Bezirksamtes Kusel im Jahr 1925 ist durch die Eingliederung von Gemeinden aus dem aufgelösten Bezirksamt Homburg zu erklären. Der sprunghafte Anstieg beim Bezirksamt Zweibrücken im Jahr 1905 ist in der Ausgliederung des Bezirksamtes Sankt Ingbert begründet, während die Zunahme im Jahr 1925 auf Abtretungen an das Saargebiet nach dem Ersten Weltkrieg und die gleichzeitige Ausgliederung der Stadt Zweibrücken zurückzuführen ist. Die Verringerung des für das Jahr 1933 ermittelten Berechnungsschlüssels des Landkreises Mainz ist umgekehrt durch Gebietszugewinne auf der rechten Rheinseite zu erklären, die nach dem Zweiten Weltkrieg Teil Hessens wurden. Bezogen auf das Jahr 1939 änderte sich der Berechnungsschlüssel erneut durch die Ausgliederung der kreisfreien Stadt Mainz. Auch der Landkreis Worms verzeichnete in den 1930er-Jahren Gebietszugewinne auf der rechten Rheinseite, die zu einer Änderung des Berechnungsschlüssels führten. Ein deutlicher Anstieg des Berechnungsschlüssels für den Regierungsbezirk Koblenz ergab sich im Jahr 1933 durch die im Vorjahr erfolgte Abgabe des Kreises Wetzlar an den Regierungsbezirk Wiesbaden. Der für das Jahr 1939 ermittelte Schlüssel veränderte sich erneut durch den Hinzugewinn des aus dem gleichnamigen Fürstentum hervorgegangenen Kreises Birkenfeld, dessen Gebiet heute zum Teil zum Saarland gehört. Im Regierungsbezirk Trier ist zwar die Entwicklung der Berechnungsschlüssel auf Kreisebene wenig auffällig, dafür ist aber auf Regierungsbezirksebene ein starker Sprung zu erkennen. Diese plötzliche Veränderung ist durch die Abgabe der Kreise Merzig, Saarlouis, Ottweiler, Saarbrücken sowie der kreisfreien Stadt Saarbrücken an das Saargebiet nach dem Ersten Weltkrieg zu erklären. Die Kreiseinteilung des Regierungsbezirks Wiesbaden änderte sich im Jahr 1886 deutlich, was sich ebenfalls auf die Berechnungsschlüssel auswirkte. Aus dem später zu Rheinland-Pfalz gehörenden Teil des Rheingaukreises, den Ämtern Braubach und Sankt Goarshausen, wurde der Kreis Sankt Goarshausen gebildet. Aus dem Unterlahnkreis wurde das Amt Limburg als Kreis Limburg ausgegliedert. Der Oberwesterwaldkreis gab die Gemeinde Rückershausen an den Oberlahnkreis ab. Bei einer Betrachtung des Berechnungsschlüssels des gesamten Regierungsbezirks Wiesbaden fällt der im Zeitverlauf deutlich sinkende Anteil der heute zu Rheinland-Pfalz gehörenden Gemeinden an der Gesamtbevölkerung des Regierungsbezirks auf. Dies ist durch die besondere Entwicklungsdynamik der großen Städte Wiesbaden und insbesondere Frankfurt am Main zu erklären. Sie wiesen ein wesentlich stärkeres Bevölkerungswachstum auf als die eher ländlich geprägten Gebiete des Regierungsbezirks, die später Teil von Rheinland-Pfalz wurden.

Mainz: Eingemeindung rechtsrheinischer Stadtteile hatte Auswirkungen auf die Berechnungsschlüssel

Die Eingemeindung rechtsrheinischer Stadtteile, die später nicht in das Bundesland Rheinland-Pfalz eingingen, macht bei der Rekonstruktion der Mainzer Bevölkerungszahl und der Ermittlung der Berechnungsschlüssel ein besonderes Vorgehen erforderlich. Um die Berechnungsschlüssel nach der geschilderten Methode ermitteln zu können, muss die Bevölkerung der heute auf rheinland-pfälzischem Gebiet liegenden Gemeinden eines Kreises aus den Quellen zu ersehen sein. Dies ist bei der Stadt Mainz nicht der Fall. Im Jahr

1908 wurden der rechtsrheinische Stadtteil Kastel mit Amöneburg nach Mainz eingemeindet. Im Jahr 1913 kam Kostheim hinzu. Es folgten im Jahr 1930 Ginsheim-Gustavsburg und Bischofsheim. Welche Bevölkerung auf diese Stadtteile nach ihrer Eingemeindung entfiel, geht aus den zeitgenössischen Gemeindeverzeichnissen nicht hervor, da nur noch die Bevölkerungssumme von Mainz insgesamt ausgewiesen wurde.

Um die Bevölkerung des heute zu Rheinland-Pfalz gehörenden Teils der Stadt Mainz berechnen zu können, musste die auf die rechtsrheinischen Stadtteile entfallende Bevölkerung zu den jeweiligen Volkszählungszeitpunkten ermittelt werden. Hierbei konnte auf das in den 1960er-Jahren entstandene Historische Gemeindeverzeichnis für Hessen[6] zurückgegriffen werden, das Angaben zur Bevölkerung der Gemeinden Kastel mit Amöneburg, Kostheim, Ginsheim-Gustavsburg und Bischofsheim zu den Volkszählungen von 1910, 1925 und 1939 enthält. Auf dieser Grundlage wurde die Bevölkerung der Stadtteile für die Volkszählungen der Jahre 1919 und 1933 geschätzt. Dies geschah unter der Annahme, dass die Bevölkerung der Stadtteile zwischen den Volkszählungszeitpunkten jeweils mit einer konstanten jährlichen Wachstumsrate zugenommen hat. Die Bevölkerungszahlen der rechtsrheinischen Stadtteile wurden anschließend von der Gesamtbevölkerungszahl der Stadt Mainz subtrahiert. Die auf diese Weise ermittelte Bevölkerungszahl des heute zu Rheinland-Pfalz gehörenden Teils der Stadt Mainz wurde anschließend durch die Gesamtbevölkerungszahl von Mainz dividiert, um den Berechnungsschlüssel zu ermitteln.

Anwendung der Berechnungsschlüssel auf weitere Merkmale

Die Berechnungsschlüssel dienten nicht nur dazu, die Gesamtbevölkerung der heute zu Rheinland-Pfalz gehörenden Gebiete trotz fehlender Gemeindeergebnisse zu ermitteln. Ihr wichtigster Zweck war es, bei Merkmalen, zu denen nur Angaben für die historischen Kreise insgesamt vorliegen, eine Umrechnung auf das heutige rheinland-pfälzische Territorium zu ermöglichen. Dies war notwendig, da nur zur Gesamtzahl der Bevölkerung und zum Merkmal Geschlecht flächendeckend Gemeindedaten vorliegen. Als Beispiel sei hier die Anzahl der Familienhaushalte genannt. Es wird unterstellt, dass sich die Zahl der Haushalte genau so auf die Gemeinden eines Kreises verteilt wie die Bevölkerung. Die daraus abgeleiteten Schlussfolgerungen werden wieder am Beispiel des Kreises Saarburg verdeutlicht. Im Jahr 1871 gehörten 69,98 Prozent der Bevölkerung des Kreises Saarburg zu Gemeinden auf heutigem rheinland-pfälzischen Gebiet. Geht man nun davon aus, dass die Haushalte die gleiche Verteilung wie die Gesamtbevölkerung aufwiesen, so folgt daraus, dass auch 69,98 Prozent der Haushalte des Kreises Saarburg auf die heute zu Rheinland-Pfalz gehörenden Gemeinden entfielen. Damit lässt sich die Zahl der Haushalte in den heute zu Rheinland-Pfalz gehörenden Gemeinden des Kreises Saarburg im Jahr 1871 auf 4 117 beziffern. Dieser Zusammenhang mit der Verteilung der Gesamtbevölkerung wurde ebenfalls bei der Altersstruktur der Bevölkerung, bei der Differenzierung der Bevölkerung nach Familienstand, bei der konfessionellen Struktur, bei der natürlichen Bevölkerungsbewegung sowie bei der Zahl der Wohngebäude unterstellt. Mit Hilfe der Berechnungsschlüssel konnten auch diese Daten an den Gebietsstand des heutigen Bundeslandes Rheinland-Pfalz angepasst werden. Bei den historischen Agrarstatistiken bot sich diese Umrechnungsmöglichkeit nicht, da hier eine Anpassung anhand der Bevölkerungsverteilung innerhalb der Kreise nicht sinnvoll ist. Aus diesem Grund wurden bei der Agrarstatistik aus der Zeit vor der Landesgründung nur die historischen Gebietseinheiten ohne Umrechnung auf die heute zu Rheinland-Pfalz gehörenden Gebiete dargestellt.

Arbeit mit den Daten zu den historischen Gebietseinheiten

Die mit Hilfe der geschilderten Methode für die heute zu Rheinland-Pfalz gehörenden Gebiete ermittelten Zahlen stellen die vor der Landesgründung tatsächlich gegebenen Verhältnisse nur näherungsweise dar. Innerhalb der Kreise bestehende strukturelle Unterschiede, z. B. zwischen größeren kreisangehörigen Städten und dem Umland, werden über die Berechnungsschlüssel nicht abgebildet. Eine weitere Folge der Verwendung von Berechnungsschlüsseln sind kleinere Abweichungen zwischen den in den Tabellen ausgewiesenen Ergebnissen der einzelnen Kreise und den in den Tabellen enthaltenen Gesamtsummen, die durch Addition aller Kreiszahlen ermittelt wurden. Diese geringfügigen Differenzen lassen sich darauf zurückführen, dass bei der Summation der Kreisergebnisse ungerundete Werte verwendet wurden. Wenn man die in den Tabellen abgedruckten Werte ohne Nachkommastellen addiert, ergibt sich einigen Fällen ein geringfügig abweichender Wert.

Eingemeindungen in kreisfreie Städte haben Auswirkungen auf die Ergebnisse

Insbesondere im Umfeld der Städte ergaben sich zahlreiche kleinere Gebietsveränderungen durch Eingemeindungen, die in Tabelle T2 nicht aufgeführt sind. Solange die Städte kreisangehörig sind, hat dies keine Auswirkungen auf die in Kapitel III dargestellten Ergebnisse der historischen Gebietseinheiten. Werden Gemeinden in eine kreisfreie Stadt eingemeindet, ist ein Vergleich der Daten der kreisfreien Stadt und des umliegenden Landkreises mit den Werten der Vorjahre nicht mehr sinnvoll. Dies ist bei der Arbeit mit den Daten für die Stadt und den Landkreis Trier im gesamten Bearbeitungszeitraum, für die Stadt und den Landkreis Koblenz ab 1887, für die Städte und Landkreise Mainz und Worms ab 1938, für die Stadt Landau in der Pfalz und den Landkreis Landau ab 1910 sowie für die übrigen kreisfreien Städte der Pfalz ab 1920 zu berücksichtigen.

Quellen basieren auf unterschiedlichen Gebietsständen

Der in den historischen Quellen verwendete Gebietsstand stimmte nicht unbedingt mit dem Stand zum Zeitpunkt der statistischen Erhebung überein. Die Gemeindeverzeichnisse, auf denen die Bevölkerungszahlen und die Berechnungsschlüssel basieren, erschienen in der Regel erst mehrere Jahre nach der Volkszählung. Dabei wurden territoriale Veränderungen, die zwischen dem Volkszählungszeitpunkt und der Veröffentlichung stattfanden, meist schon berücksichtigt. Beispielsweise beruhte das preußische Gemeindeverzeichnis zur Volkszählung von 1885 bereits auf dem Gebietsstand von 1886, der im Regierungsbezirk Wiesbaden deutlich vom Stand der Vorjahre abwich. Die Ergebnisse der Volkszählung von 1885 wurden jedoch nicht nur im Gemeindeverzeichnis, sondern auch in anderen Quellen veröffentlicht, denen teilweise noch der ursprüngliche Gebietsstand zugrunde lag. Vergleicht man die Bevölkerungsdaten aus den unterschiedlichen Quellen miteinander, kommt es gelegentlich zu Differenzen. Um Ergebnisunterschiede zwischen den in diesem Band präsentierten Tabellen so gering wie möglich zu halten, wurden im Zweifelsfall stets die Ergebnisse laut Gemeindeverzeichnis verwendet, da dort neben der Gesamtzahl der Bevölkerung häufig auch die ebenfalls benötigten Angaben zu Geschlecht, Familienstand oder Religionsbekenntnis gemacht wurden. In den Fällen, in denen diese Angaben nur aus unterschiedlichen Quellen zusammengestellt werden konnten, mussten vereinzelte Ergebnisdifferenzen zwischen den Tabellen dieses Bandes hingenommen werden. Nähere Informationen hierzu enthalten die Vorbemerkungen in Kapitel III.1.

Ausgliederungen von Landkreisen und kreisfreien Städten veränderten die Verwaltungsstruktur

Die Veränderungen der Verwaltungsstrukturen in den heutigen rheinland-pfälzischen Gebieten zeichnen sich durch mehrere Entwicklungslinien aus.[7] Im späten 19. Jahrhundert und zu Beginn des 20. Jahrhunderts wurden mehrere neue Landkreise aus Teilen bereits bestehender Kreise geschaffen. Auf preußischem Gebiet wurde z. B. im Jahr 1886 der Kreis Westerburg gegründet, der sich aus Gemeinden des Ober- und Unterwesterwaldkreises zusammensetzte. Im bayerischen Regierungsbezirk Pfalz entstand im Jahr 1902 u. a. der Kreis Dürkheim aus Gemeinden des bereits bestehenden Kreises Neustadt an der Haardt. In den 1930er-Jahren war eine Gegenbewegung zu erkennen, die die genannten Gründungen rückgängig machte und darüber hinaus zu weiteren Zusammenlegungen von Landkreisen führte. Zugleich wurden in den ersten Jahrzehnten des 20. Jahrhunderts vermehrt große kreisangehörige Städte administrativ verselbstständigt. Im bayerischen Landesteil wurde zunächst im Jahr 1910 die Stadt Landau ausgegliedert, im Jahr 1920 folgten die übrigen kreisfreien Städte der Region, die zu dieser Zeit als »kreisunmittelbar« bezeichnet wurden. Im hessischen Landesteil fand die gleich gerichtete Entwicklung fast zwei Jahrzehnte später statt – Mainz und Worms wurden 1938 aus den gleichnamigen Landkreisen herausgelöst. Die kreisfreien Städte auf preußischem Gebiet, Koblenz und Trier, wurden bereits im 19. Jahrhundert vom Umland getrennt verwaltet.

Gebietsabtretungen prägten die Verwaltungsstruktur im 20. Jahrhundert

Darüber hinaus wurde die Verwaltungsstruktur geprägt durch die Gebietsabtretungen an das Saargebiet, das nach dem Ende des Ersten Weltkriegs infolge des Versailler Vertrages vom Deutschen Reich abgetrennt wurde. Davon betroffen war der preußische Regierungsbezirk Trier sowie der bayerische Regierungsbezirk Pfalz. Der Regierungsbezirk Trier verlor die Kreise Merzig, Ottweiler, Saarbrücken, Saarlouis, die kreisfreie Stadt Saarbrücken sowie Teile des Kreises Sankt Wendel. Die verbleibenden Teile des Kreises Sankt Wendel wurden zum Kreis Sankt Wendel-Baumholder. Der Regierungsbezirk Pfalz musste das Bezirksamt Sankt Ingbert und die kreisunmittelbare Stadt Sankt Ingbert sowie Teile der Bezirksämter Homburg, Kusel und Zweibrücken abgeben. Infolgedessen wurde das Bezirksamt Homburg aufgelöst und die verbleibenden Gemeinden auf die Kreise Kaiserslautern, Kusel und Zweibrücken aufgeteilt. Weitere Gebietsabtretungen erfolgten nach dem Zweiten Weltkrieg. Dies betraf erneut die Regierungsbezirke Trier und Pfalz sowie zusätzlich den Kreis Birkenfeld des Regierungsbezirks Koblenz. Darüber hinaus wurden die rechtsrheinischen Gebiete der früheren Provinz

Rheinhessen – die rechtsrheinischen Stadtteile von Mainz sowie die zum Landkreis Worms gehörenden rechtsrheinischen Gemeinden – der amerikanischen Besatzungszone zugeteilt. Sie wurden später Teil des Bundeslandes Hessen.

Um 1970 erhielt die Kreisgliederung ihre heutige Gestalt

Nach der Landesgründung änderte sich an der Verwaltungsbezirkseinteilung zunächst nur wenig. Einige Kreise, die in der unmittelbaren Nachkriegszeit umbenannt worden waren, nahmen ihre ursprünglichen Namen wieder an. Außerdem wurde der Landkreis St. Goarshausen in Loreleykreis umbenannt. Ende der 1960er-Jahre wurde dann eine tiefgreifende Reform der Verwaltungsbezirkseinteilung eingeleitet, an deren Ende die heutige Kreisgliederung stand. Wesentliches Kennzeichen dieser Phase der Strukturveränderungen war die Zusammenlegung von Verwaltungsbezirken. Am Anfang stand die Verringerung der Zahl der Regierungsbezirke im Jahr 1968. Durch Eingliederung des Regierungsbezirks Montabaur in den Regierungsbezirk Koblenz und Vereinigung der Regierungsbezirke Rheinhessen und Pfalz zum Regierungsbezirk Rheinhessen-Pfalz ging die Zahl der Regierungsbezirke von fünf auf drei zurück. In den Folgejahren wurden dann zahlreiche Landkreise zusammengelegt. Dieser Konsolidierungsprozess endete im Jahr 1974 mit der Vereinigung des Oberwesterwaldkreises und des Unterwesterwaldkreises zum Westerwaldkreis. Durch diese Reformen reduzierte sich die Zahl der Landkreise von 39 auf 24. Die Zahl der kreisfreien Städte blieb unverändert. Einen Überblick über größere Veränderungen der Verwaltungsstruktur bietet Tabelle T3.

Eingeschränkte Vergleichbarkeit der Daten durch Verwaltungsreform

Im Zuge der Gebietsstrukturreformen der späten 1960er- und frühen 1970er-Jahre wurden die Ergebnisse älterer statistischer Erhebungen nur in Ausnahmefällen auf die neue Gebietsstruktur umgerechnet. Daher können in Kapitel III nur für ausgewählte Merkmale auf Kreisebene durchgehende Zahlenreihen von der Landesgründung bis zur Gegenwart angeboten werden. Möglich ist dies bei der Gesamtbevölkerung und der Bevölkerungsdichte, bei den Anbauflächen ausgewählter Feldfrüchte sowie bei den Viehbeständen. Bei den übrigen Merkmalen können die Kreisergebnisse nur in zwei getrennten Tabellen für die Zeit bis und nach 1970 ausgewiesen werden.

Im Jahr 2000 wurden die Regierungsbezirke aufgelöst

Im Jahr 2000 gab es erneut eine grundlegende Veränderung in der Verwaltungsbezirkseinteilung. Die Einteilung in Regierungsbezirke, die die Verwaltung in den früher zur preußischen Rheinprovinz gehörenden Landesteilen und dem bayerischen Landesteil seit der ersten Hälfte des 19. Jahrhunderts sowie in den ehemals nassauischen Gebieten seit den 1860er-Jahren geprägt hatte, wurde aufgehoben. Da es in diesem Band darum geht, die landeshistorische Entwicklung im Zeitverlauf darzustellen und die Regierungsbezirke dabei einen wichtigen Bezugspunkt bilden, wurden in den Tabellen des Kapitels III auch aktuelle statistische Ergebnisse nach Regierungsbezirken gegliedert dargestellt, obwohl diese Gliederungsebene in der amtlichen Statistik nicht mehr üblich ist.

K 3 Die rheinland-pfälzischen kreisfreien Städte und Landkreise nach der Zugehörigkeit zu den ehemaligen Regierungsbezirken

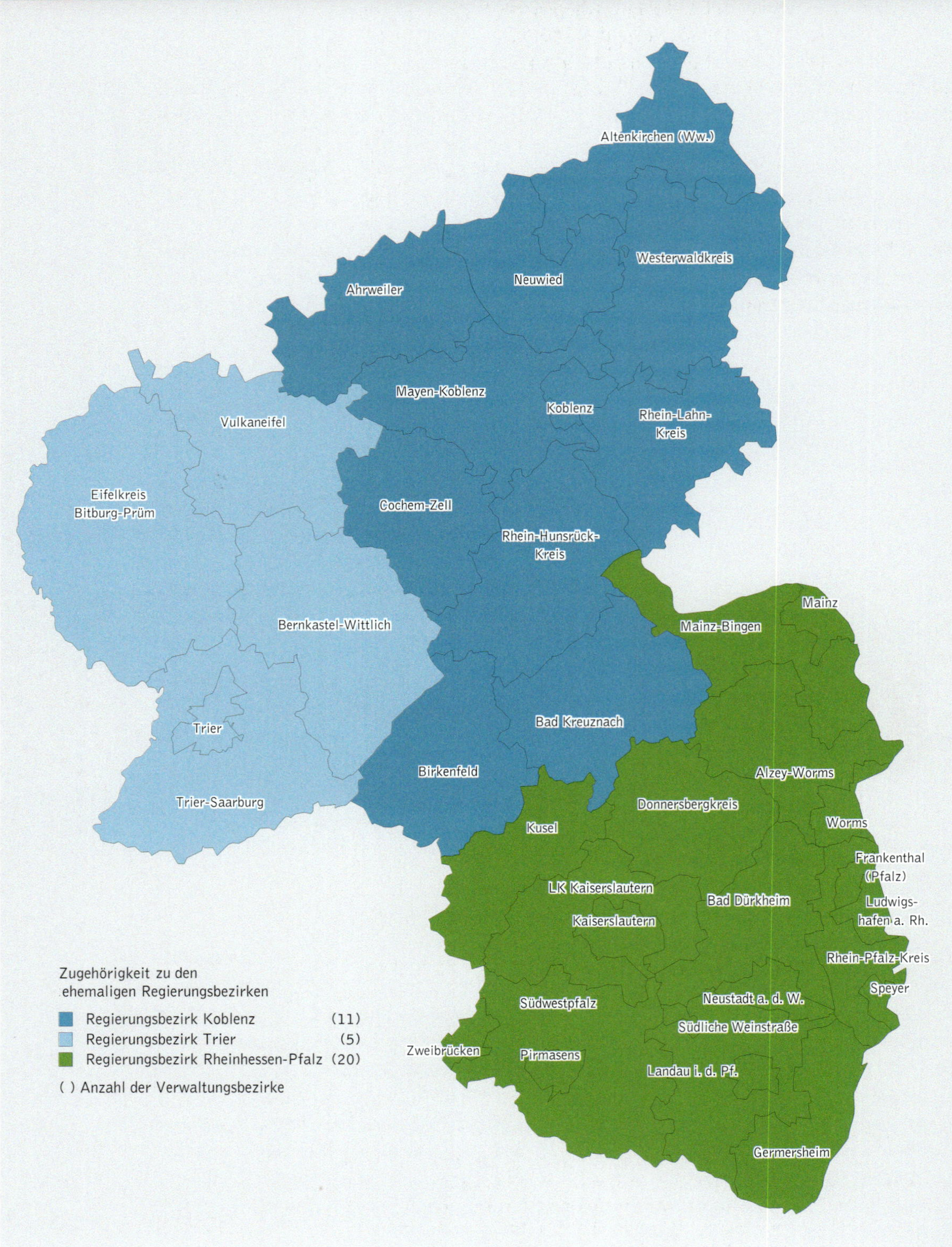

Ergebnisse des Jahres 2010 liegen noch nicht bei allen Statistiken vor

Die in diesem Band präsentierten Zeitreihen enden jeweils mit den aktuellsten Ergebnissen, die zum Zeitpunkt des Redaktionsschlusses im Statistischen Landesamt Rheinland-Pfalz vorlagen. In vielen Statistikbereichen sind dies die Daten des Jahres 2010, in manchen die des Jahres 2009. Um den Vergleich zwischen den unterschiedlichen Tabellen zu erleichtern, wurden in allen Tabellen, in denen bereits die Werte von 2010 ausgewiesen sind, zusätzlich die Daten von 2009 abgebildet. Wo dies möglich war, wurden den Zahlenreihen ab der Landesgründung Fünfjahresschritte zugrunde gelegt. Von diesem Prinzip musste immer dann abgewichen werden, wenn Daten nur in mehrjährigen, zum Teil unregelmäßigen Abständen erhoben wurden. Dies war beispielsweise bei den Volkszählungen und in der Landwirtschaftsstatistik der Fall. Bei einigen im Zusammenhang mit der Volkszählung erhobenen Merkmalen stammen die aktuellsten Daten daher aus dem Jahr 1987. Eine Aktualisierung wird erst dann möglich, wenn die Ergebnisse des Zensus 2011 vorliegen.

1 KISSENER, Geschichte 2006, S. 8.
2 LÖFFLER, Verwaltungsgliederung 1982, S. 18 ff.
3 STATISTISCHES BUNDESAMT, Bevölkerung 1972, S. 89.
4 BArch R1401 (Reichskanzleramt)/1591.
5 Daten zur Erwerbsstruktur in den heute zu Rheinland-Pfalz gehörenden Gebieten finden sich in HOHLS/KAELBLE, Erwerbsstruktur 1989, S. 130.
6 HESSISCHES STATISTISCHES LANDESAMT, Gemeindeverzeichnis 1968.
7 Die Informationen zu den preußischen Regierungsbezirken, zu Rheinhessen und zum östlichen Teil der Pfalz vor der Gründung des Bundeslandes Rheinland-Pfalz wurden überwiegend entnommen aus LÖFFLER, Verwaltungsgliederung 1982. Die Angaben zum westlichen Teil der Pfalz basieren auf einer Auswertung der auf Seite 21 beschriebenen Datenbank der heute zu Rheinland-Pfalz gehörenden historischen Gemeinden und der bayerischen Gemeindeverzeichnisse.

T 2 Veränderungen der Verwaltungsbezirke, die heute vollständig oder zum Teil zu Rheinland-Pfalz gehören, 1871–1946[1]

Regierungsbezirk (RB)/ Fürstentum/Provinz Kreisfreie Stadt (St.) Landkreis (LK)	Jahr	Ereignis
Regierungsbezirk Koblenz (Königreich Preußen)		
Adenau, LK	1932	Auflösung des Landkreises; 57 Gemeinden wurden in den Landkreis Ahrweiler und 50 Gemeinden in den Landkreis Mayen eingegliedert
Ahrweiler, LK	1932	Eingliederung von 57 Gemeinden aus dem aufgelösten Landkreis Adenau
Bad Kreuznach, LK	1932	Eingliederung des aufgelösten Landkreises Meisenheim
Birkenfeld, LK	1937	Übergang des Fürstentums Birkenfeld von Oldenburg an Preußen; Neubildung des Landkreises Birkenfeld aus dem ehemaligen Fürstentum Birkenfeld und dem Landkreis St. Wendel-Baumholder
	1946	Abgabe von 17 Gemeinden und einem Ortsteil an das Saargebiet
Koblenz, St.	1887	Ausgliederung der kreisfreien Stadt Koblenz aus dem Landkreis Koblenz
Mayen, LK	1932	Eingliederung von 50 Gemeinden aus dem aufgelösten Landkreis Adenau
Meisenheim, LK	1932	Auflösung des Landkreises; Eingliederung aller Gemeinden in den Landkreis Bad Kreuznach
Regierungsbezirk Trier (Königreich Preußen)		
Saarburg, LK	1946	Eingliederung von zwölf Gemeinden aus dem Landkreis Trier; Übergang in die Verwaltung des Saargebiets
St. Wendel, LK	1920	Übergang eines Kreisteils an das Saargebiet; Umbenennung des verbleibenden Teils in Landkreis St. Wendel-Baumholder
St. Wendel-Baumholder, LK	1920	Neubildung des Landkreises aus einem Teil des Landkreises St. Wendel
	1937	Auflösung des Landkreises; Eingliederung aller Gemeinden in den Landkreis Birkenfeld (RB Koblenz)
Trier, LK	1888	Eingliederung von neun Gemeinden aus dem Stadtkreis Trier
	1946	Abgabe von neun Gemeinden an den Landkreis Wadern und von zwölf Gemeinden an den Landkreis Saarburg
Regierungsbezirk Wiesbaden (Königreich Preußen)		
Diez, LK	1946	Umbenennung des Unterlahnkreises in Landkreis Diez
Montabaur, LK	1946	Umbenennung des Unterwesterwaldkreises in Landkreis Montabaur
Oberwesterwaldkreis, LK	1886	Abgabe des Amtes Rennerod an den neu gebildeten Landkreis Westerburg
	1932	Eingliederung des Amtes Rennerod aus dem aufgelösten Landkreis Westerburg
	1946	Umbenennung des Oberwesterwaldkreises in Landkreis Westerburg
Rheingaukreis, LK	1886	Abgabe der Ämter Braubach und St. Goarshausen an den neu gebildeten Landkreis St. Goarshausen
St. Goarshausen, LK	1886	Neubildung des Landkreises aus den Ämtern Braubach und St. Goarshausen aus dem Rheingaukreis und einem Teil des Amtes Nastätten aus dem Unterlahnkreis

1 Vereinfachte Darstellung. Veränderungen bereits bestehender Verwaltungsbezirke wurden nur dann abgebildet, wenn mehr als fünf Gemeinden betroffen waren oder sich die Änderungen auf mehr als zwei Kreise auswirkten. Die Informationen zu den preußischen Regierungsbezirken, zu Rheinhessen und zum östlichen Teil der Pfalz wurden entnommen aus Löffler, Verwaltungsgliederung 1982, S. 18ff. Die übrigen Angaben basieren auf einer im Vorfeld dieser Veröffentlichung angelegten Datenbank mit den Kreiszugehörigkeiten der historischen Gemeinden.

T 2 noch: Veränderungen der Verwaltungsbezirke, die heute vollständig oder zum Teil zu Rheinland-Pfalz gehören, 1871–1946[1]

Regierungsbezirk (RB)/ Fürstentum/Provinz Kreisfreie Stadt (St.) Landkreis (LK)	Jahr	Ereignis
		noch: Regierungsbezirk Wiesbaden (Königreich Preußen)
Unterlahnkreis, LK	1886	Abgabe eines Teiles des Amtes Nastätten an den neu gebildeten Landkreis St. Goarshausen; Abgabe des Amtes Limburg
	1946	Umbenennung des Unterlahnkreises in Landkreis Diez
Unterwesterwaldkreis, LK	1886	Abgabe des Amtes Wallmerod an den neu gebildeten Landkreis Westerburg
	1932	Eingliederung des Amtes Wallmerod aus dem aufgelösten Landkreis Westerburg
	1946	Umbenennung des Unterwesterwaldkreises in Landkreis Montabaur
Westerburg, LK	1886	Neubildung des Landkreises aus dem Amt Rennerod aus dem Oberwesterwaldkreis und dem Amt Wallmerod aus dem Unterwesterwaldkreis
	1932	Auflösung des Landkreises; ein Teil der Gemeinden wurde in den Oberwesterwaldkreis und ein Teil in den Unterwesterwaldkreis eingegliedert
	1946	Umbenennung des Oberwesterwaldkreises in Landkreis Westerburg
		Fürstentum Birkenfeld (Großherzogtum Oldenburg)
	1937	Übergang des Fürstentums Birkenfeld von Oldenburg an Preußen; Neubildung des Landkreises Birkenfeld aus dem ehemaligen Fürstentum Birkenfeld und dem Landkreis St. Wendel-Baumholder
		Provinz Rheinhessen (Großherzogtum Hessen)
Alzey, LK	1938	Eingliederung des westlichen Teils des aufgelösten Landkreises Oppenheim und von vier Gemeinden des Landkreises Worms; Abgabe von 13 Gemeinden an den Landkreis Bingen
Bingen, LK	1938	Eingliederung von 13 Gemeinden aus dem Landkreis Alzey und einer Gemeinde aus dem aufgelösten Landkreis Oppenheim
Mainz, St.	1938	Ausgliederung der kreisfreien Stadt Mainz aus dem Landkreis Mainz
	1945	Abgabe der rechtsrheinischen Gebiete
Mainz, LK	1938	Eingliederung von 23 Gemeinden aus dem aufgelösten Landkreis Oppenheim
Oppenheim, LK	1938	Auflösung des Landkreises; der westliche Teil gelangt zum Landkreis Alzey, der östliche Teil zum Landkreis Mainz und eine Gemeinde zum Landkreis Bingen
Worms, St.	1938	Ausgliederung der kreisfreien Stadt Worms aus dem Landkreis Worms
Worms, LK	1938	Eingliederung von rechtsrheinischen Gemeinden aus dem aufgelösten Landkreis Bensheim; Abgabe von vier Gemeinden an den Landkreis Alzey
	1945	Abgabe der rechtsrheinischen Gebiete
		Regierungsbezirk Pfalz (Königreich Bayern)
Dürkheim, LK	1902	Neubildung des Kreises aus 22 Gemeinden des Landkreises Neustadt an der Haardt
	1931	Auflösung des Landkreises; Eingliederung der Gemeinden in den Landkreis Neustadt an der Haardt

1 Vereinfachte Darstellung. Veränderungen bereits bestehender Verwaltungsbezirke wurden nur dann abgebildet, wenn mehr als fünf Gemeinden betroffen waren oder sich die Änderungen auf mehr als zwei Kreise auswirkten. Die Informationen zu den preußischen Regierungsbezirken, zu Rheinhessen und zum östlichen Teil der Pfalz wurden entnommen aus Löffler, Verwaltungsgliederung 1982, S. 18ff. Die übrigen Angaben basieren auf einer im Vorfeld dieser Veröffentlichung angelegten Datenbank mit den Kreiszugehörigkeiten der historischen Gemeinden.

T 2 noch: Veränderungen der Verwaltungsbezirke, die heute vollständig oder zum Teil zu Rheinland-Pfalz gehören, 1871–1946[1]

Regierungsbezirk (RB)/ Fürstentum/Provinz Kreisfreie Stadt (St.) Landkreis (LK)	Jahr	Ereignis
noch: Regierungsbezirk Pfalz (Königreich Bayern)		
Frankenthal, St.	1920	Ausgliederung der Stadt Frankenthal aus dem Landkreis Frankenthal
Homburg, LK	1920	Auflösung des Landkreises; 31 Gemeinden wurden in den Landkreis Kaiserslautern, 21 Gemeinden in den Landkreis Kusel, 13 Gemeinden in den Landkreis Zweibrücken und elf Gemeinden ins Saargebiet eingegliedert
Kaiserslautern, St.	1920	Ausgliederung der kreisfreien Stadt Kaiserslautern aus dem Landkreis Kaiserslautern
Kaiserslautern, LK	1900	Abgabe von 21 Gemeinden an den neu gebildeten Landkreis Rockenhausen
	1920	Eingliederung von 31 Gemeinden aus dem aufgelösten Landkreis Homburg
Kirchheimbolanden, LK	1900	Abgabe von 44 Gemeinden an den neu gebildeten Landkreis Rockenhausen
Kusel, LK	1920	Eingliederung von 21 Gemeinden aus dem aufgelösten Landkreis Homburg
Landau in der Pfalz, St.	1910	Ausgliederung der kreisfreien Stadt Landau in der Pfalz aus dem Landkreis Landau
Landau, LK	1940	Eingliederung der Stadt Landau in der Pfalz in den Landkreis Landau
Ludwigshafen, St.	1920	Ausgliederung der Stadt Ludwigshafen aus dem Landkreis Ludwigshafen
Ludwigshafen, LK	1886	Neugründung des Landkreises Ludwigshafen aus 18 Gemeinden des Landkreises Speyer
Neustadt an der Haardt, St.	1920	Ausgliederung der Stadt Neustadt an der Haardt aus dem Landkreis Neustadt an der Haardt
Neustadt an der Haardt, LK	1902	Abgabe von 22 Gemeinden an den neu gebildeten Landkreis Dürkheim
	1931	Eingliederung des aufgelösten Landkreises Dürkheim
Pirmasens, St.	1920	Ausgliederung der Stadt Pirmasens aus dem Landkreis Pirmasens
Rockenhausen, LK	1900	Neubildung des Kreises aus 21 Gemeinden des Landkreises Kaiserslautern und 44 Gemeinden des Landkreises Kirchheimbolanden
Speyer, St.	1920	Ausgliederung der Stadt Speyer aus dem Landkreis Speyer
Speyer, LK	1886	Abgabe von 18 Gemeinden an den neu gebildeten Landkreis Ludwigshafen
Zweibrücken, St.	1920	Ausgliederung der Stadt Zweibrücken aus dem Landkreis Zweibrücken
Zweibrücken, LK	1902	Abgabe des Amtsgerichts Sankt Ingbert und von Teilen des Amtsgerichts Blieskastel an den neu gegründeten Landkreis Sankt Ingbert
	1920	Eingliederung von 13 Gemeinden aus dem aufgelösten Landkreis Homburg; Abgabe von 15 Gemeinden an das Saargebiet

1 Vereinfachte Darstellung. Veränderungen bereits bestehender Verwaltungsbezirke wurden nur dann abgebildet, wenn mehr als fünf Gemeinden betroffen waren oder sich die Änderungen auf mehr als zwei Kreise auswirkten. Die Informationen zu den preußischen Regierungsbezirken, zu Rheinhessen und zum östlichen Teil der Pfalz wurden entnommen aus Löffler, Verwaltungsgliederung 1982, S. 18ff. Die übrigen Angaben basieren auf einer im Vorfeld dieser Veröffentlichung angelegten Datenbank mit den Kreiszugehörigkeiten der historischen Gemeinden.

T 3 Veränderungen der rheinland-pfälzischen Verwaltungsbezirke 1947–2010[1]

Regierungsbezirk (RB) Kreisfreie Stadt (St.) Landkreis (LK)	Jahr	Ereignis
		Regierungsbezirk Koblenz
RB Koblenz	1968	Neubildung des Regierungsbezirks Koblenz aus den Regierungsbezirken Koblenz und Montabaur
	2000	Auflösung des Regierungsbezirks Koblenz
RB Montabaur	1968	Zusammenschluss des Regierungsbezirks Montabaur mit dem Regierungsbezirk Koblenz
Ahrweiler, LK	1970	Eingliederung von zwölf Gemeinden aus dem Landkreis Mayen-Koblenz; Abgabe einer Gemeinde an den Landkreis Daun
Bad Kreuznach, LK	1969	Eingliederung von elf Gemeinden aus dem aufgelösten Landkreis Rockenhausen, acht Gemeinden aus dem aufgelösten Landkreis Bingen, fünf Gemeinden aus dem Landkreis Kusel, vier Gemeinden aus dem aufgelösten Landkreis Alzey und einer Gemeinde aus dem Landkreis Birkenfeld; Abgabe von vier Gemeinden an den Landkreis Mainz-Bingen und zwei Gemeinden an den Landkreis Kusel
	1970	Eingliederung von fünf Gemeinden aus dem Rhein-Hunsrück-Kreis; Abgabe einer Gemeinde an den Landkreis Mainz-Bingen
Birkenfeld, LK	1947	Abgabe von sieben Gemeinden an das Saargebiet
	1969	Eingliederung von 20 Gemeinden aus dem aufgelösten Landkreis Bernkastel und einer Gemeinde aus dem aufgelösten Landkreis Trier; Abgabe von 19 Gemeinden an den Landkreis Kusel und einer Gemeinde an den Landkreis Bad Kreuznach
Cochem, LK	1969	Auflösung des Landkreises; Zusammenschluss mit dem Hauptteil des aufgelösten Landkreises Zell zum Landkreis Cochem-Zell
Cochem-Zell, LK	1969	Neubildung des Landkreises aus dem aufgelösten Landkreis Cochem und dem Hauptteil des aufgelösten Landkreises Zell
Daun, LK	1970	Eingliederung von 28 Gemeinden aus dem Landkreis Mayen-Koblenz, 15 Gemeinden aus dem Landkreis Bitburg-Prüm und einer Gemeinde aus dem Landkreis Ahrweiler
	2007	Umbenennung des Landkreises Daun in Landkreis Vulkaneifel
Diez, LK	1949	Umbenennung des Landkreises Diez in Unterlahnkreis
Koblenz, St.	1970	Eingliederung von sechs Gemeinden und einem Gemeindeteil aus dem Landkreis Mayen-Koblenz
Koblenz, LK	1969	Eingliederung von 14 Gemeinden aus dem aufgelösten Landkreis St. Goar und fünf Gemeinden aus dem Landkreis Mayen; Abgabe von zwei Gemeinden und einem Gemeindeteil an die kreisfreie Stadt Koblenz
	1970	Auflösung des Landkreises; Zusammenschluss mit dem aufgelösten Landkreis Mayen zum Landkreis Mayen-Koblenz
Loreleykreis, LK	1962	Umbenennung des Landkreises St. Goarshausen in Loreleykreis
	1969	Auflösung des Landkreises; Zusammenschluss mit dem Unterlahnkreis zum Rhein-Lahn-Kreis

1 Vereinfachte Darstellung. Veränderungen der Verwaltungsbezirke wurden nur dann abgebildet, wenn innerhalb eines Jahres in einem Kreis mehr als fünf Gemeinden betroffen waren oder sich die Änderungen auf mehr als zwei Kreise auswirkten. Eine genauere, nach den gesetzlichen Grundlagen und dem Zeitpunkt des Inkrafttretens differenzierte Aufstellung der Veränderungen der Verwaltungsbezirke für die Zeit ab 1968 findet sich in: Statistisches Landesamt Rheinland-Pfalz, Gemeindeverzeichnis 2006, S. 157-167. Informationen für die Zeit vor 1968 wurden entnommen aus: Löffler, Verwaltungsgliederung 1982.

T 3 noch: Veränderungen der rheinland-pfälzischen Verwaltungsbezirke 1947–2010[1]

Regierungsbezirk (RB) Kreisfreie Stadt (St.) Landkreis (LK)	Jahr	Ereignis
		noch: Regierungsbezirk Koblenz
Mayen-Koblenz, LK	1970	Neubildung des Landkreises aus den aufgelösten Landkreisen Mayen und Koblenz; Abgabe von 28 Gemeinden an den Landkreis Daun, zwölf Gemeinden an den Landkreis Ahrweiler, sechs Gemeinden und einem Gemeindeteil an die kreisfreie Stadt Koblenz und vier Gemeinden an den Rhein-Hunsrück-Kreis
Oberwesterwaldkreis, LK	1949	Umbenennung des Landkreises Westerburg in Oberwesterwaldkreis
	1974	Auflösung des Landkreises; Zusammenschluss mit dem Unterwesterwaldkreis zum Westerwaldkreis
Rhein-Hunsrück-Kreis, LK	1969	Neubildung des Landkreises aus dem aufgelösten Landkreis Simmern und dem Hauptteil des aufgelösten Landkreises St. Goar; Eingliederung von 16 Gemeinden aus dem aufgelösten Landkreis Zell und zwei Gemeinden aus dem Landkreis Bernkastel
	1970	Eingliederung von vier Gemeinden aus dem Landkreis Mayen-Koblenz und einer Gemeinde aus dem Landkreis Cochem-Zell; Abgabe von fünf Gemeinden an den Landkreis Bad Kreuznach und drei Gemeinden an den Landkreis Bernkastel-Wittlich
Rhein-Lahn-Kreis, LK	1969	Neubildung des Landkreises aus dem aufgelösten Loreleykreis und dem aufgelösten Unterlahnkreis
Simmern, LK	1969	Auflösung des Landkreises; Zusammenschluss mit dem Hauptteil des aufgelösten Landkreises St. Goar zum Rhein-Hunsrück-Kreis
St. Goar, LK	1969	Auflösung des Landkreises; 14 Gemeinden wurden in den Landkreis Koblenz und acht Gemeinden in den Landkreis Mainz-Bingen eingegliedert; Zusammenschluss des Hauptteils mit dem aufgelösten Landkreis Simmern zum Rhein-Hunsrück-Kreis
St. Goarshausen, LK	1962	Umbenennung des Landkreises St. Goarshausen in Loreleykreis
Unterlahnkreis, LK	1949	Umbenennung des Landkreises Diez in Unterlahnkreis
	1969	Auflösung des Landkreises; Zusammenschluss mit dem Loreleykreis zum Rhein-Lahn-Kreis
Unterwesterwaldkreis, LK	1949	Umbenennung des Landkreises Montabaur in Unterwesterwaldkreis
	1974	Auflösung des Landkreises; Zusammenschluss mit dem Oberwesterwaldkreis zum Westerwaldkreis
Vulkaneifel, LK	2007	Umbenennung des Landkreises Daun in Landkreis Vulkaneifel
Westerburg, LK	1949	Umbenennung des Landkreises Westerburg in Oberwesterwaldkreis
Westerwaldkreis, LK	1974	Neubildung des Landkreises aus dem aufgelösten Ober- und Unterwesterwaldkreis

1 Vereinfachte Darstellung. Veränderungen der Verwaltungsbezirke wurden nur dann abgebildet, wenn innerhalb eines Jahres in einem Kreis mehr als fünf Gemeinden betroffen waren oder sich die Änderungen auf mehr als zwei Kreise auswirkten. Eine genauere, nach den gesetzlichen Grundlagen und dem Zeitpunkt des Inkrafttretens differenzierte Aufstellung der Veränderungen der Verwaltungsbezirke für die Zeit ab 1968 findet sich in: Statistisches Landesamt Rheinland-Pfalz, Gemeindeverzeichnis 2006, S. 157-167. Informationen für die Zeit vor 1968 wurden entnommen aus: Löffler, Verwaltungsgliederung 1982.

T 3 noch: Veränderungen der rheinland-pfälzischen Verwaltungsbezirke 1947–2010 [1]

Regierungsbezirk (RB) Kreisfreie Stadt (St.) Landkreis (LK)	Jahr	Ereignis
		Regierungsbezirk Trier
RB Trier	2000	Auflösung des Regierungsbezirks Trier
Bernkastel, LK	1969	Auflösung des Landkreises; 20 Gemeinden wurden in den Landkreis Birkenfeld und zwei Gemeinden in den Rhein-Hunsrück-Kreis eingegliedert; Zusammenschluss des Hauptteils mit dem Landkreis Wittlich zum Landkreis Bernkastel-Wittlich
Bernkastel-Wittlich, LK	1970	Neubildung des Landkreises aus dem Hauptteil des aufgelösten Landkreises Bernkastel und dem aufgelösten Landkreis Wittlich; Eingliederung von einer Stadt und vier Gemeinden aus dem aufgelösten Landkreis Zell, vier Gemeinden aus dem Landkreis Trier-Saarburg und drei Gemeinden aus dem Rhein-Hunsrück-Kreis; Abgabe von fünf Gemeinden an den Landkreis Bitburg-Prüm
Bitburg, LK	1970	Auflösung des Landkreises; Zusammenschluss mit dem Landkreis Prüm zum Landkreis Bitburg-Prüm
Bitburg-Prüm, LK	1970	Neubildung des Landkreises aus den aufgelösten Landkreisen Bitburg und Prüm; Eingliederung von fünf Gemeinden aus dem Landkreis Bernkastel-Wittlich und drei Gemeinden aus dem Landkreis Trier-Saarburg; Abgabe von 15 Gemeinden an den Landkreis Daun
	2007	Umbenennung des Landkreises Bitburg-Prüm in Eifelkreis Bitburg-Prüm
Eifelkreis Bitburg-Prüm, LK	2007	Umbenennung des Landkreises Bitburg-Prüm in Eifelkreis Bitburg-Prüm
Prüm, LK	1970	Auflösung des Landkreises; Zusammenschluss mit dem aufgelösten Landkreis Bitburg zum Landkreis Bitburg-Prüm
Saarburg, LK	1947	Rückkehr von 62 Gemeinden als Landkreis Saarburg aus dem Saargebiet
	1969	Auflösung des Landkreises; Zusammenschluss mit dem Hauptteil des aufgelösten Landkreises Trier zum Landkreis Trier-Saarburg
Trier, St.	1969	Eingliederung von acht Gemeinden und zwei Gemeindeteilen aus dem Landkreis Trier-Saarburg
Trier, LK	1969	Auflösung des Landkreises; zwei Gemeinden wurden in den Landkreis Bitburg und eine Gemeinde in den Landkreis Birkenfeld eingegliedert; Zusammenschluss des Hauptteils mit dem aufgelösten Landkreis Saarburg zum Landkreis Trier-Saarburg
Trier-Saarburg, LK	1969	Neubildung des Landkreises aus dem Hauptteil des Landkreises Trier und dem Landkreis Saarburg; Abgabe von acht Gemeinden und zwei Gemeindeteilen an die kreisfreie Stadt Trier
	1970	Eingliederung eines Gemeindeteils aus dem Landkreis Birkenfeld; Abgabe von vier Gemeinden an den Landkreis Bernkastel-Wittlich und drei Gemeinden an den Landkreis Bitburg-Prüm
Wittlich, LK	1969	Auflösung des Landkreises; Zusammenschluss mit dem Hauptteil des aufgelösten Landkreises Bernkastel zum Landkreis Bernkastel-Wittlich

1 Vereinfachte Darstellung. Veränderungen der Verwaltungsbezirke wurden nur dann abgebildet, wenn innerhalb eines Jahres in einem Kreis mehr als fünf Gemeinden betroffen waren oder sich die Änderungen auf mehr als zwei Kreise auswirkten. Eine genauere, nach den gesetzlichen Grundlagen und dem Zeitpunkt des Inkrafttretens differenzierte Aufstellung der Veränderungen der Verwaltungsbezirke für die Zeit ab 1968 findet sich in: Statistisches Landesamt Rheinland-Pfalz, Gemeindeverzeichnis 2006, S. 157-167. Informationen für die Zeit vor 1968 wurden entnommen aus: Löffler, Verwaltungsgliederung 1982.

T 3 noch: Veränderungen der rheinland-pfälzischen Verwaltungsbezirke 1947–2010[1]

Regierungsbezirk (RB) Kreisfreie Stadt (St.) Landkreis (LK)	Jahr	Ereignis
		noch: Regierungsbezirk Trier
Zell, LK	1969	Auflösung des Landkreises; 16 Gemeinden wurden in den Rhein-Hunsrück-Kreis sowie eine Stadt und vier Gemeinden in den Landkreis Bernkastel-Wittlich eingegliedert; Zusammenschluss des Hauptteils mit dem aufgelösten Landkreis Cochem zum Landkreis Cochem-Zell
		Regierungsbezirk Rheinhessen-Pfalz
RB Pfalz	1968	Zusammenschluss mit dem Regierungsbezirk Rheinhessen zum Regierungsbezirk Rheinhessen-Pfalz
RB Rheinhessen	1968	Zusammenschluss mit dem Regierungsbezirk Pfalz zum Regierungsbezirk Rheinhessen-Pfalz
RB Rheinhessen-Pfalz	1968	Neubildung des Regierungsbezirks Rheinhessen-Pfalz aus den Regierungsbezirken Rheinhessen und Pfalz
	2000	Auflösung des Regierungsbezirks Rheinhessen-Pfalz
Alzey, LK	1969	Auflösung des Landkreises; vier Gemeinden wurden in den Landkreis Bad Kreuznach eingegliedert; Zusammenschluss des Hauptteils mit dem Landkreis Worms zum Landkreis Alzey-Worms
Alzey-Worms, LK	1969	Neubildung des Kreises aus dem Hauptteil des aufgelösten Landkreises Alzey und dem aufgelösten Landkreis Worms; Eingliederung einer Gemeinde aus dem aufgelösten Landkreis Kirchheimbolanden; Abgabe von sechs Gemeinden und einem Gemeindeteil an die kreisfreie Stadt Worms
Bad Dürkheim, LK	1969	Neubildung des Landkreises aus den Hauptteilen der aufgelösten Landkreise Frankenthal und Neustadt a. d. Weinstraße; Abgabe von sieben Gemeinden an die kreisfreie Stadt Neustadt an der Weinstraße; Eingliederung einer Gemeinde aus dem Donnersbergkreis
Bergzabern, LK	1969	Auflösung des Landkreises; sechs Gemeinden wurden in den Landkreis Pirmasens eingegliedert; Zusammenschluss des Hauptteils mit dem aufgelösten Landkreis Landau in der Pfalz zum Landkreis Landau-Bad Bergzabern
Bingen, LK	1969	Auflösung des Landkreises; acht Gemeinden wurden in den Landkreis Bad Kreuznach eingegliedert; Zusammenschluss des Hauptteils mit dem aufgelösten Landkreis Mainz zum Landkreis Mainz-Bingen
Donnersbergkreis, LK	1969	Neubildung des Landkreises aus den Hauptteilen der aufgelösten Landkreise Kirchheimbolanden und Rockenhausen; Abgabe einer Gemeinde an den Landkreis Bad Dürkheim und einer Gemeinde an den Landkreis Kaiserslautern
Frankenthal, LK	1969	Auflösung des Landkreises; neun Gemeinden wurden in den Landkreis Ludwigshafen und eine Gemeinde in die kreisfreie Stadt Frankenthal eingegliedert; Zusammenschluss des Hauptteils mit dem Hauptteil des aufgelösten Landkreises Neustadt an der Weinstraße zum Landkreis Bad Dürkheim

1 Vereinfachte Darstellung. Veränderungen der Verwaltungsbezirke wurden nur dann abgebildet, wenn innerhalb eines Jahres in einem Kreis mehr als fünf Gemeinden betroffen waren oder sich die Änderungen auf mehr als zwei Kreise auswirkten. Eine genauere, nach den gesetzlichen Grundlagen und dem Zeitpunkt des Inkrafttretens differenzierte Aufstellung der Veränderungen der Verwaltungsbezirke für die Zeit ab 1968 findet sich in: Statistisches Landesamt Rheinland-Pfalz, Gemeindeverzeichnis 2006, S. 157-167. Informationen für die Zeit vor 1968 wurden entnommen aus: Löffler, Verwaltungsgliederung 1982.

T 3 noch: Veränderungen der rheinland-pfälzischen Verwaltungsbezirke 1947–2010[1]

Regierungsbezirk (RB) Kreisfreie Stadt (St.) Landkreis (LK)	Jahr	Ereignis
		noch: Regierungsbezirk Rheinhessen-Pfalz
Kaiserslautern, St.	1969	Eingliederung von sieben Gemeinden aus dem Landkreis Kaiserslautern
Kaiserslautern, LK	1969	Eingliederung von drei Gemeinden aus dem Landkreis Kusel und einer Gemeinde aus dem Donnersbergkreis; Abgabe von sieben Gemeinden an die kreisfreie Stadt Kaiserslautern und vier Gemeinden an den Landkreis Kusel
	1972	Eingliederung von drei Gemeinden aus dem aufgelösten Landkreis Zweibrücken, einer Gemeinde aus dem Donnersbergkreis, einer Gemeinde aus dem Landkreis Kusel und einer Gemeinde aus dem Landkreis Pirmasens; Abgabe von einer Gemeinde an den Landkreis Pirmasens
Kirchheimbolanden, LK	1969	Auflösung des Landkreises; eine Gemeinde wurde in den Landkreis Alzey-Worms eingegliedert; Zusammenschluss des Hauptteils mit dem Hauptteil des aufgelösten Landkreises Rockenhausen zum Donnersbergkreis
Kusel, LK	1947	Abgabe von sechs Gemeinden an das Saargebiet
	1969	Eingliederung von 19 Gemeinden aus dem Landkreis Birkenfeld, vier Gemeinden aus dem Landkreis Kaiserslautern und zwei Gemeinden aus dem Landkreis Bad Kreuznach; Abgabe von fünf Gemeinden an den Landkreis Bad Kreuznach und drei Gemeinden an den Landkreis Kaiserslautern
Landau in der Pfalz, St.	1972	Eingliederung von sechs Gemeinden aus dem Landkreis Landau-Bad Bergzabern
Landau in der Pfalz, LK	1969	Auflösung des Landkreises; Zusammenschluss mit dem Hauptteil des aufgelösten Landkreises Bergzabern zum Landkreis Landau-Bad Bergzabern
Landau-Bad Bergzabern, LK	1969	Neubildung des Landkreises aus dem aufgelösten Landkreis Landau in der Pfalz und dem Hauptteil des aufgelösten Landkreises Bergzabern
	1972	Abgabe von sechs Gemeinden an die kreisfreie Stadt Landau in der Pfalz
	1977	Umbenennung des Landkreises Landau-Bad Bergzabern in Landkreis Südliche Weinstraße
Ludwigshafen am Rhein, LK	1969	Auflösung des Landkreises; Zusammenschluss mit dem aufgelösten Landkreis Speyer zum Landkreis Ludwigshafen
Ludwigshafen, LK	1969	Neubildung des Landkreises aus den aufgelösten Landkreisen Ludwigshafen am Rhein und Speyer; Eingliederung von neun Gemeinden aus dem aufgelösten Landkreis Frankenthal und zwei Gemeinden aus dem aufgelösten Landkreis Neustadt an der Weinstraße
	2004	Umbenennung des Landkreises Ludwigshafen in Rhein-Pfalz-Kreis
Mainz, St.	1969	Eingliederung von sechs Gemeinden und einem Gemeindeteil aus dem Landkreis Mainz-Bingen
Mainz, LK	1969	Auflösung des Landkreises; Zusammenschluss mit dem Hauptteil des aufgelösten Landkreises Bingen zum Landkreis Mainz-Bingen

1 Vereinfachte Darstellung. Veränderungen der Verwaltungsbezirke wurden nur dann abgebildet, wenn innerhalb eines Jahres in einem Kreis mehr als fünf Gemeinden betroffen waren oder sich die Änderungen auf mehr als zwei Kreise auswirkten. Eine genauere, nach den gesetzlichen Grundlagen und dem Zeitpunkt des Inkrafttretens differenzierte Aufstellung der Veränderungen der Verwaltungsbezirke für die Zeit ab 1968 findet sich in: Statistisches Landesamt Rheinland-Pfalz, Gemeindeverzeichnis 2006, S. 157-167. Informationen für die Zeit vor 1968 wurden entnommen aus: Löffler, Verwaltungsgliederung 1982.

T 3 noch: Veränderungen der rheinland-pfälzischen Verwaltungsbezirke 1947–2010[1]

Regierungsbezirk (RB) Kreisfreie Stadt (St.) Landkreis (LK)	Jahr	Ereignis
		noch:Regierungsbezirk Rheinhessen-Pfalz
Mainz-Bingen, LK	1969	Neubildung des Landkreises aus dem aufgelösten Landkreis Mainz und dem Hauptteil des aufgelösten Landkreises Bingen; Eingliederung von acht Gemeinden des aufgelösten Landkreises St. Goar und vier Gemeinden des Landkreises Bad Kreuznach; Abgabe von sechs Gemeinden und einem Gemeindeteil an die kreisfreie Stadt Mainz
Neustadt a. d. Weinstr., St.	1969	Eingliederung von sieben Gemeinden aus dem Landkreis Bad Dürkheim
Neustadt a. d. Weinstr., LK	1950	Umbenennung von Neustadt an der Haardt in Neustadt an der Weinstraße
	1969	Auflösung des Landkreises; zwei Gemeinden wurden in den Landkreis Ludwigshafen eingegliedert; Zusammenschluss des Hauptteils mit dem Hauptteil des aufgelösten Landkreises Frankenthal zum Landkreis Bad Dürkheim
Pirmasens, LK	1969	Eingliederung von sechs Gemeinden aus dem aufgelösten Landkreis Bergzabern; Abgabe von vier Gemeinden und einem Gemeindeteil an die kreisfreie Stadt Pirmasens und zwei Gemeinden an den Landkreis Zweibrücken
	1972	Eingliederung von 27 Gemeinden aus dem aufgelösten Landkreis Zweibrücken und einer Gemeinde aus dem Landkreis Kaiserslautern; Abgabe von zwei Gemeinden an die kreisfreie Stadt Pirmasens und einer Gemeinde an den Landkreis Kaiserslautern
	1997	Umbenennung des Landkreises Pirmasens in Landkreis Südwestpfalz
Rockenhausen, LK	1969	Auflösung des Landkreises; elf Gemeinden wurden in den Landkreis Bad Kreuznach eingegliedert; Zusammenschluss des Hauptteils mit dem Hauptteil des aufgelösten Landkreises Kirchheimbolanden zum Donnersbergkreis
Rhein-Pfalz-Kreis, LK	2004	Umbenennung des Landkreises Ludwigshafen in Rhein-Pfalz-Kreis
Speyer, LK	1969	Auflösung des Landkreises; Zusammenschluss mit dem aufgelösten Landkreis Ludwigshafen am Rhein zum Landkreis Ludwigshafen
Südliche Weinstraße, LK	1977	Umbenennung des Landkreises Landau-Bad Bergzabern in Landkreis Südliche Weinstraße
Südwestpfalz, LK	1997	Umbennung des Landkreises Pirmasens in Landkreis Südwestpfalz
Worms, St.	1969	Eingliederung von sechs Gemeinden und einem Gemeindeteil aus dem Landkreis Alzey-Worms
Worms, LK	1969	Auflösung des Landkreises; Zusammenschluss mit dem Hauptteil des aufgelösten Landkreises Alzey zum Landkreis Alzey-Worms
Zweibrücken, LK	1972	Auflösung des Landkreises; 27 Gemeinden wurden in den Landkreis Pirmasens, fünf Gemeinden in die kreisfreie Stadt Zweibrücken und drei Gemeinden in den Landkreis Kaiserslautern eingegliedert

1 Vereinfachte Darstellung. Veränderungen der Verwaltungsbezirke wurden nur dann abgebildet, wenn innerhalb eines Jahres in einem Kreis mehr als fünf Gemeinden betroffen waren oder sich die Änderungen auf mehr als zwei Kreise auswirkten. Eine genauere, nach den gesetzlichen Grundlagen und dem Zeitpunkt des Inkrafttretens differenzierte Aufstellung der Veränderungen der Verwaltungsbezirke für die Zeit ab 1968 findet sich in: Statistisches Landesamt Rheinland-Pfalz, Gemeindeverzeichnis 2006, S. 157-167. Informationen für die Zeit vor 1968 wurden entnommen aus: Löffler, Verwaltungsgliederung 1982.

II. RHEINLAND-PFALZ – EIN LAND UND SEINE GESCHICHTE IN ZAHLEN

II.1. Bevölkerung und Bevölkerungsbewegung

II.1.1. Bevölkerung

T 4 Bevölkerung und Bevölkerungsdichte in den heute zu Rheinland-Pfalz gehörenden Gebieten 1871–2009[1]

Jahr[2]	Bevölkerung				Bevölkerung je km²
	insgesamt	weiblich		männlich	
	Anzahl		%	Anzahl	
1871	1 832 368	929 275	50,7	903 093	92
1875	1 885 950	951 512	50,5	934 438	95
1880	1 987 163	998 520	50,2	988 644	100
1885	2 029 893	1 022 061	50,4	1 007 832	102
1890	2 093 740	1 054 896	50,4	1 038 844	105
1895	2 170 168	1 093 298	50,4	1 076 870	109
1900	2 303 043	1 156 798	50,2	1 146 245	116
1905	2 435 072	1 222 995	50,2	1 212 077	123
1910	2 543 624	1 278 525	50,3	1 265 100	128
1919	2 565 337	.	.	.	129
1925	2 691 510	1 381 644	51,3	1 309 866	136
1933	2 841 105	.	.	.	143
1939	2 960 440	.	.	.	149
1946	2 753 569	1 529 965	55,6	1 223 604	139
1950	3 004 752	1 603 856	53,4	1 400 896	151
1955	3 304 875	1 742 101	52,7	1 562 774	166
1961	3 417 116	1 803 330	52,8	1 613 786	172
1965	3 581 993	1 881 986	52,5	1 700 007	180
1970	3 645 437	1 907 225	52,3	1 738 212	184
1975	3 665 777	1 915 954	52,3	1 749 823	185
1980	3 642 482	1 901 345	52,2	1 741 137	183
1985	3 615 049	1 883 644	52,1	1 731 405	182
1990	3 763 510	1 938 182	51,5	1 825 328	190
1995	3 977 919	2 034 018	51,1	1 943 901	200
2000	4 034 557	2 057 743	51,0	1 976 814	203
2005	4 058 843	2 068 595	51,0	1 990 248	204
2009	4 012 675	2 042 010	50,9	1 970 665	202

1 Werte bis 1939 auf die heute zu Rheinland-Pfalz gehörenden Gebiete umgerechnet. Dadurch kommt es vereinzelt zu Rundungsdifferenzen. – 2 1871–1950, 1961, 1970 Volkszählungen, übrige Jahre Bevölkerungsfortschreibung zum 31.12. des jeweiligen Jahres.

G 1 Bevölkerung in den heute zu Rheinland-Pfalz gehörenden Gebieten 1871–2009[1]

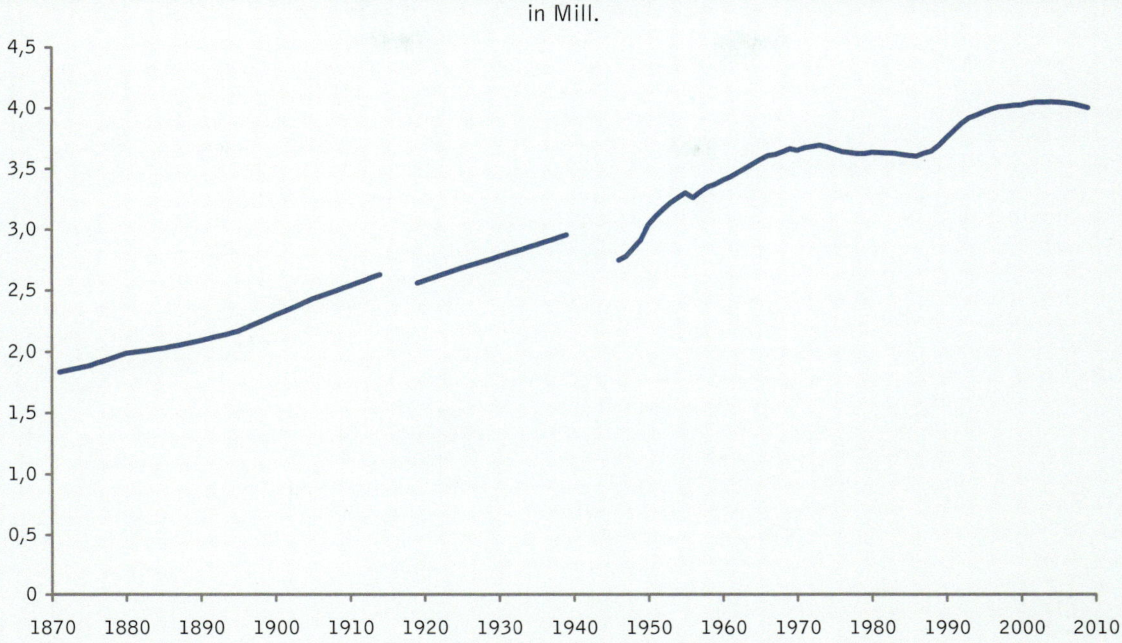

1 1871–1946 Volkszählungen, ab 1947 Bevölkerungsfortschreibung zum 31.12. des jeweiligen Jahres.

G 2 Durchschnittliche jährliche Wachstumsraten der Bevölkerung[1] in Rheinland-Pfalz[2] und dem Deutschen Reich/der Bundesrepublik Deutschland[3] 1872–2009

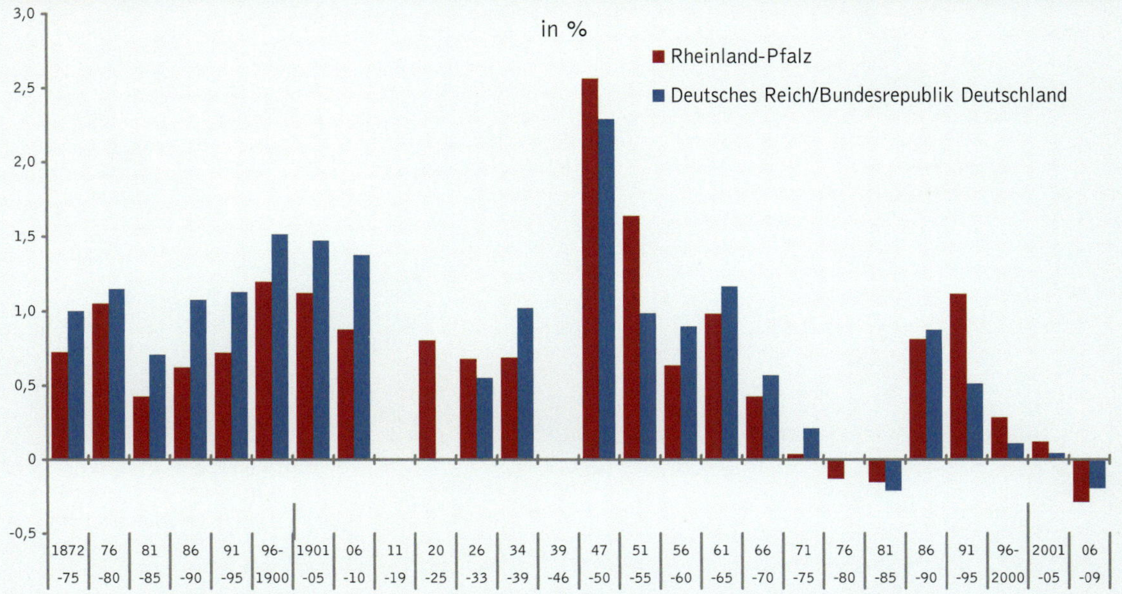

1 Bis 1946 beziehen sich die Berechnungen auf den Bevölkerungsstand am Tag der Volkszählung, danach auf die Ergebnisse der Bevölkerungsfortschreibung zum 31.12. des jeweiligen Jahres. – 2 Werte bis 1939 auf die heute zu Rheinland-Pfalz gehörenden Gebiete umgerechnet. – 3 Bis 1939 Deutsches Reich und ab 1949 Bundesrepublik Deutschland auf dem jeweiligen Gebietsstand; Volkszählungsergebnisse 1946 auf späteres Bundesgebiet umgerechnet; Quelle: Eigene Berechnungen auf der Grundlage von Statistisches Bundesamt, Bevölkerung 1972, S. 90 (1871–1946), Statistisches Bundesamt, Jahrbuch 1991, S. 64 (1950–1965).

K 4 Bevölkerungsdichte 1871 in den rheinland-pfälzischen kreisfreien Städten und Landkreisen (Gebietsstand 31.12.2010)

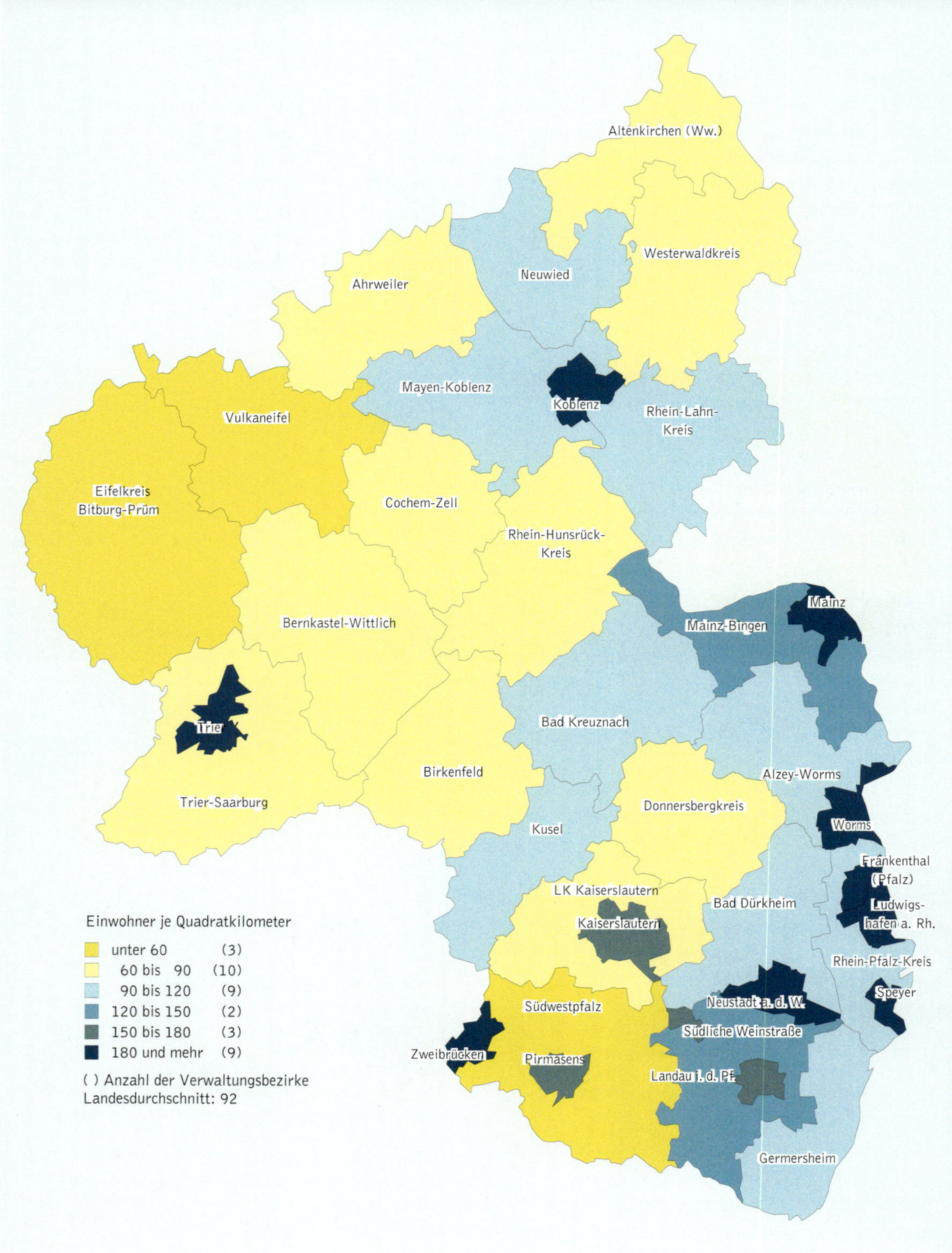

K 5 Bevölkerungsdichte 2009 in den rheinland-pfälzischen kreisfreien Städten und Landkreisen (Gebietsstand 31.12.2010)

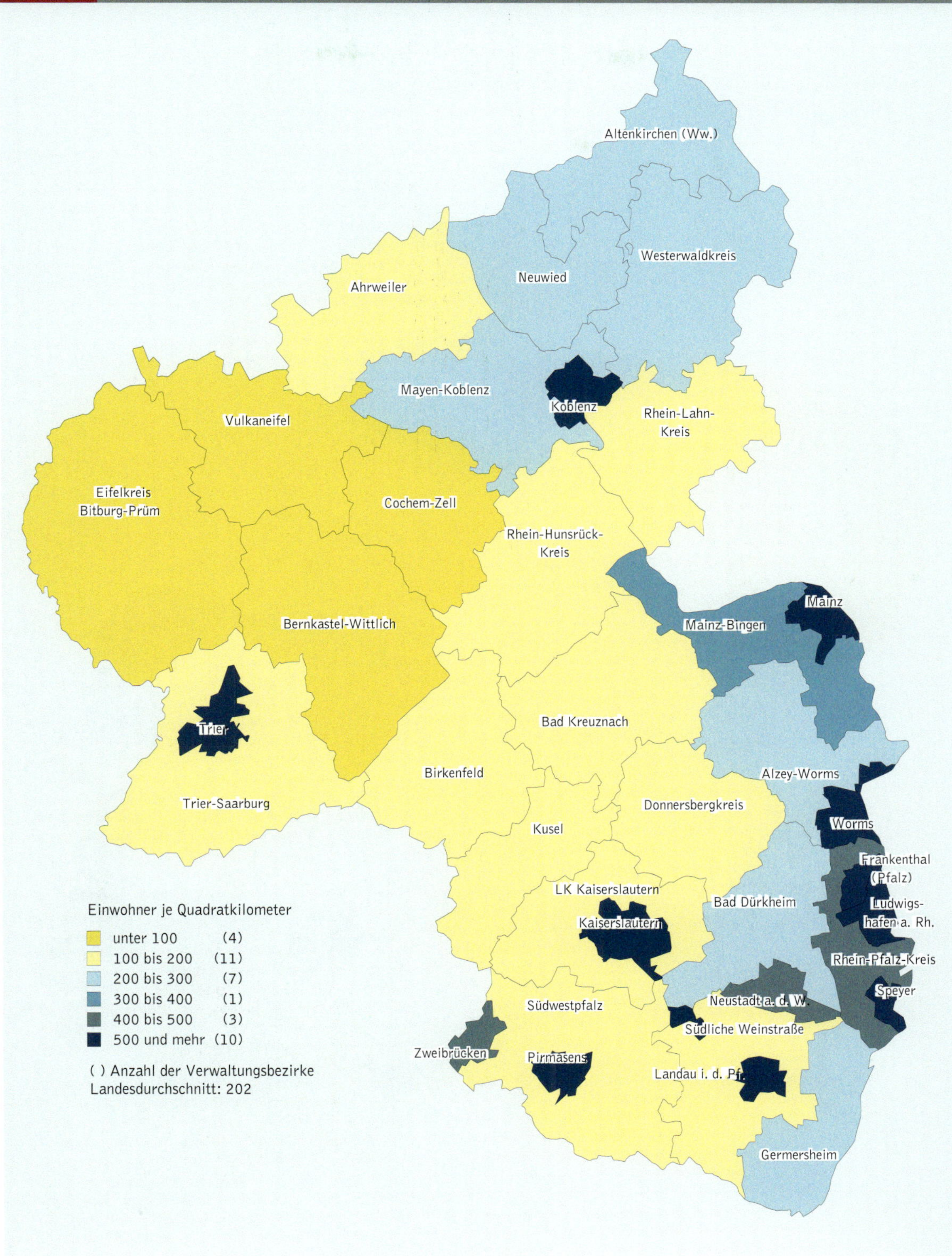

K 6 Bevölkerungsentwicklung 1871–2009 in den rheinland-pfälzischen kreisfreien Städten und Landkreisen (Gebietsstand 31.12.2010)

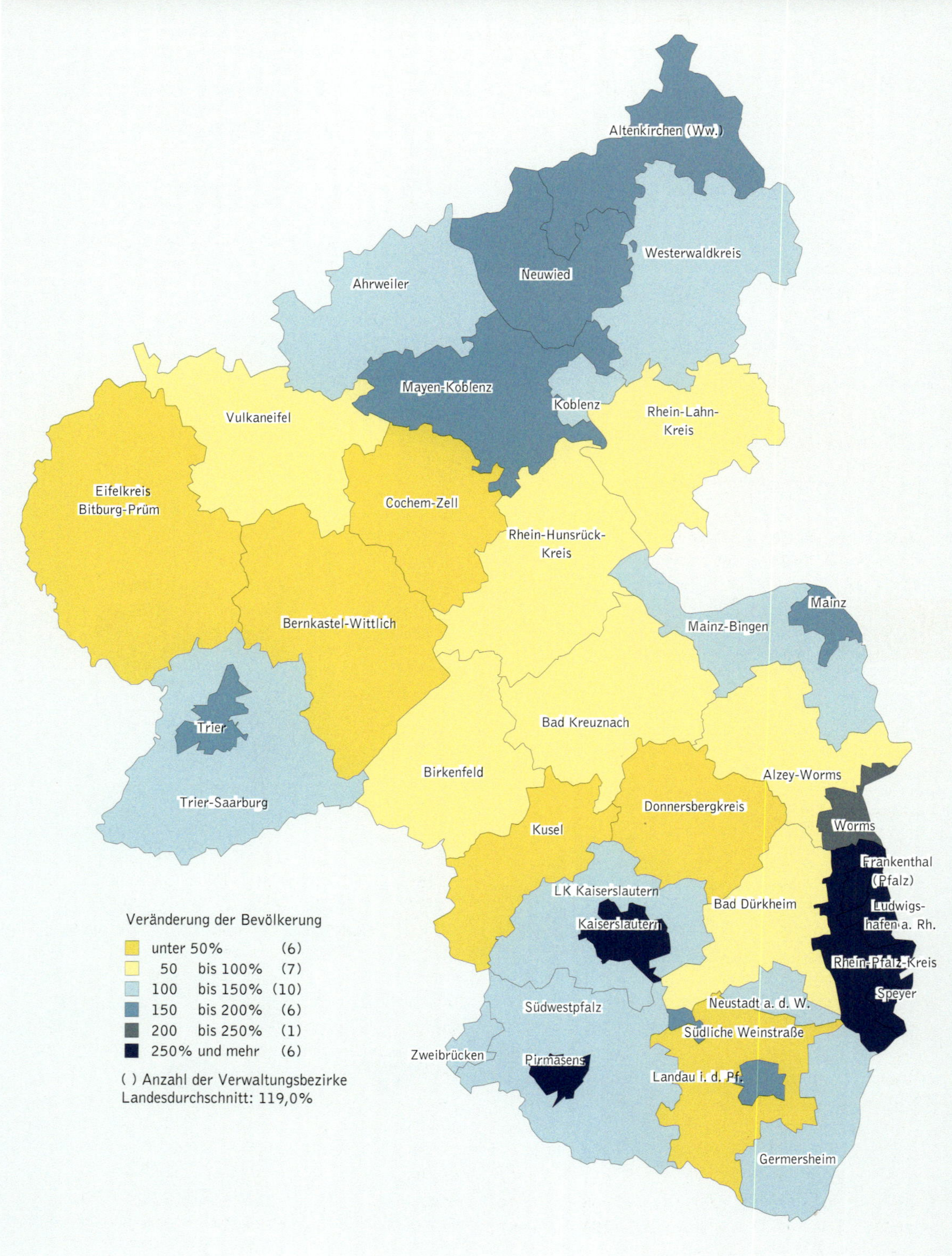

T 5 Bevölkerung in den heute zu Rheinland-Pfalz gehörenden Gebieten 1871–2009 nach Altersgruppen

Jahr[1]	Insgesamt[2]	Davon im Alter von ... Jahren							
		unter 6	6–15	15–30	30–45	45–60	60–65	65–75	75 und älter
	Anzahl								
1871	1 831 562	280 171	361 086	471 745	338 246	239 693	59 366	65 659	15 596
1900	2 303 060	362 418	448 439	626 780	414 125	282 014	67 626	75 967	25 690
1925	2 691 510	338 719	409 093	781 705	512 692	412 454	90 136	109 981	36 730
1946	2 753 569	232 456	448 867	579 257	604 739	506 836	125 245	188 647	67 522
1950	3 004 752	250 068	457 164	692 365	608 116	583 730	131 706	200 864	80 739
1955	3 304 875	337 262	396 345	783 151	632 357	685 277	152 878	214 926	102 679
1961	3 417 116	354 537	466 146	715 793	646 893	684 636	189 744	241 590	117 777
1965	3 581 993	386 445	509 936	730 523	713 167	612 817	214 703	283 753	130 649
1970	3 645 437	349 174	548 120	705 396	750 180	601 919	219 415	325 022	146 211
1975	3 665 777	237 787	558 449	780 217	730 374	620 502	200 816	361 016	176 616
1980	3 642 482	209 599	444 040	866 732	717 478	687 509	146 912	354 463	215 749
1985	3 615 049	217 702	331 193	890 410	683 720	732 376	213 080	295 835	250 733
1990	3 763 510	246 611	343 111	818 505	805 810	729 623	222 572	322 584	274 694
1995	3 977 919	262 149	396 140	746 527	948 910	748 185	220 714	391 414	263 880
2000	4 034 557	241 962	415 358	666 176	987 877	746 372	274 416	395 737	306 659
2005	4 058 843	213 166	389 524	695 358	907 354	844 653	210 172	447 618	350 998
2009	4 012 675	195 630	353 816	699 538	793 687	931 865	208 903	454 438	374 798

1 1871–1950, 1961, 1970 Volkszählungen, übrige Jahre Bevölkerungsfortschreibung zum 31.12. – 2 Vgl. Vorbemerkungen in Kap. III.1.

T 6 Frauen in den heute zu Rheinland-Pfalz gehörenden Gebieten 1871–2009 nach Altersgruppen

Jahr[1]	Insgesamt[2]	Davon im Alter von ... Jahren							
		unter 6	6–15	15–30	30–45	45–60	60–65	65–75	75 und älter
	Anzahl								
1871	928 944	139 896	180 255	242 686	172 062	123 441	30 014	32 696	7 894
1900	1 156 799	179 963	223 376	310 924	208 739	145 097	35 175	39 706	13 820
1925	1 381 644	166 347	201 877	401 366	278 583	209 445	46 330	57 649	20 047
1946	1 529 965	114 125	220 831	345 042	362 291	282 838	68 373	99 261	37 204
1950	1 603 856	122 335	224 727	364 895	345 069	319 048	74 438	109 131	44 213
1955	1 742 101	164 023	194 675	384 594	358 829	371 142	88 873	122 617	57 348
1961	1 803 330	172 613	227 433	349 508	352 424	382 147	106 578	144 021	68 606
1965	1 881 986	188 901	248 085	355 939	368 645	351 949	118 610	169 429	80 428
1970	1 907 225	170 295	267 279	343 009	366 980	348 735	126 492	190 222	94 213
1975	1 915 954	116 029	272 343	378 775	354 927	342 369	119 194	215 936	116 381
1980	1 901 345	102 144	216 600	419 428	351 315	361 895	88 587	218 896	142 480
1985	1 883 644	106 199	161 973	430 872	334 774	366 953	127 144	185 552	170 177
1990	1 938 182	120 261	166 872	395 872	390 731	359 090	116 077	199 215	190 064
1995	2 034 018	127 769	192 890	362 477	459 120	368 327	111 881	226 797	184 757
2000	2 057 743	117 780	202 711	326 712	479 862	367 283	139 052	213 065	211 278
2005	2 068 595	103 378	190 068	343 420	445 193	416 502	106 433	235 685	227 916
2009	2 042 010	94 862	172 186	343 913	393 553	460 613	104 724	238 453	233 706

1 1871–1950, 1961, 1970 Volkszählungen; übrige Jahre Bevölkerungsfortschreibung zum 31.12. – 2 Vgl. Vorbemerkungen in Kap. III.1.

G 3 Altersstruktur der Bevölkerung in den heute zu Rheinland-Pfalz gehörenden Gebieten 1871 und 2009

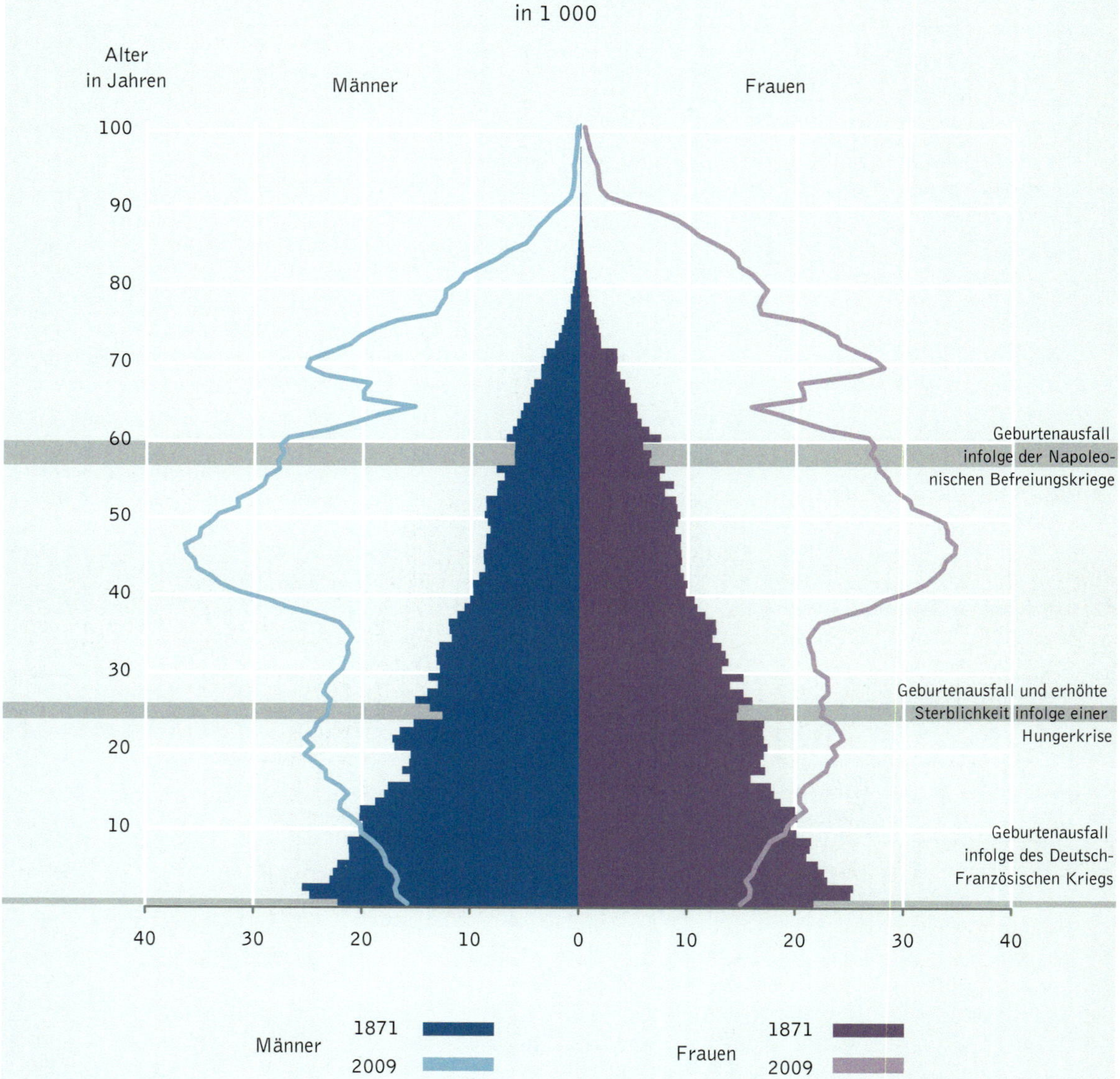

G 4 Altersstruktur der Bevölkerung in den heute zu Rheinland-Pfalz gehörenden Gebieten 1925 und 2009

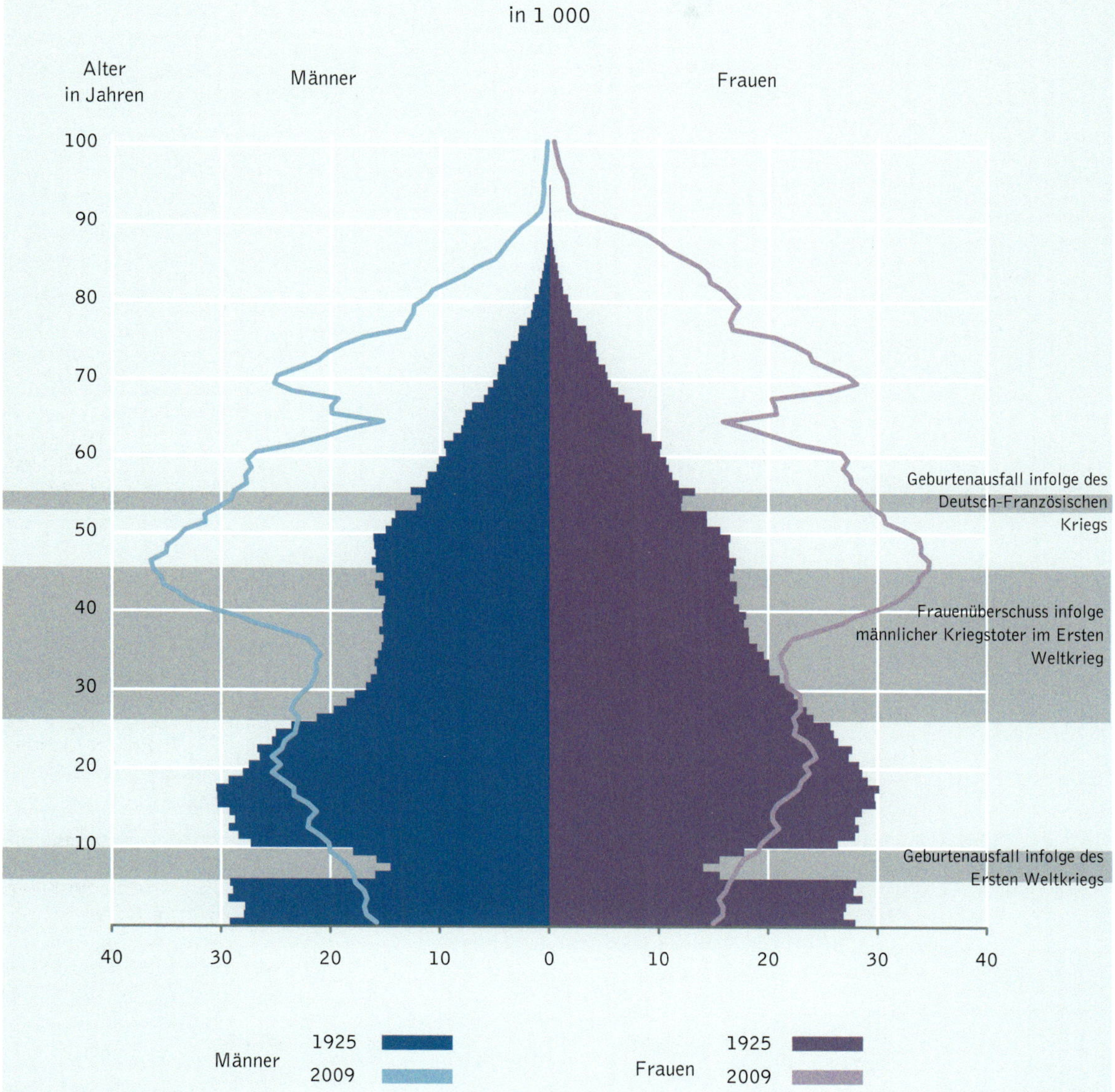

G 5 Altersstruktur der Bevölkerung in Rheinland-Pfalz 1970 und 2009

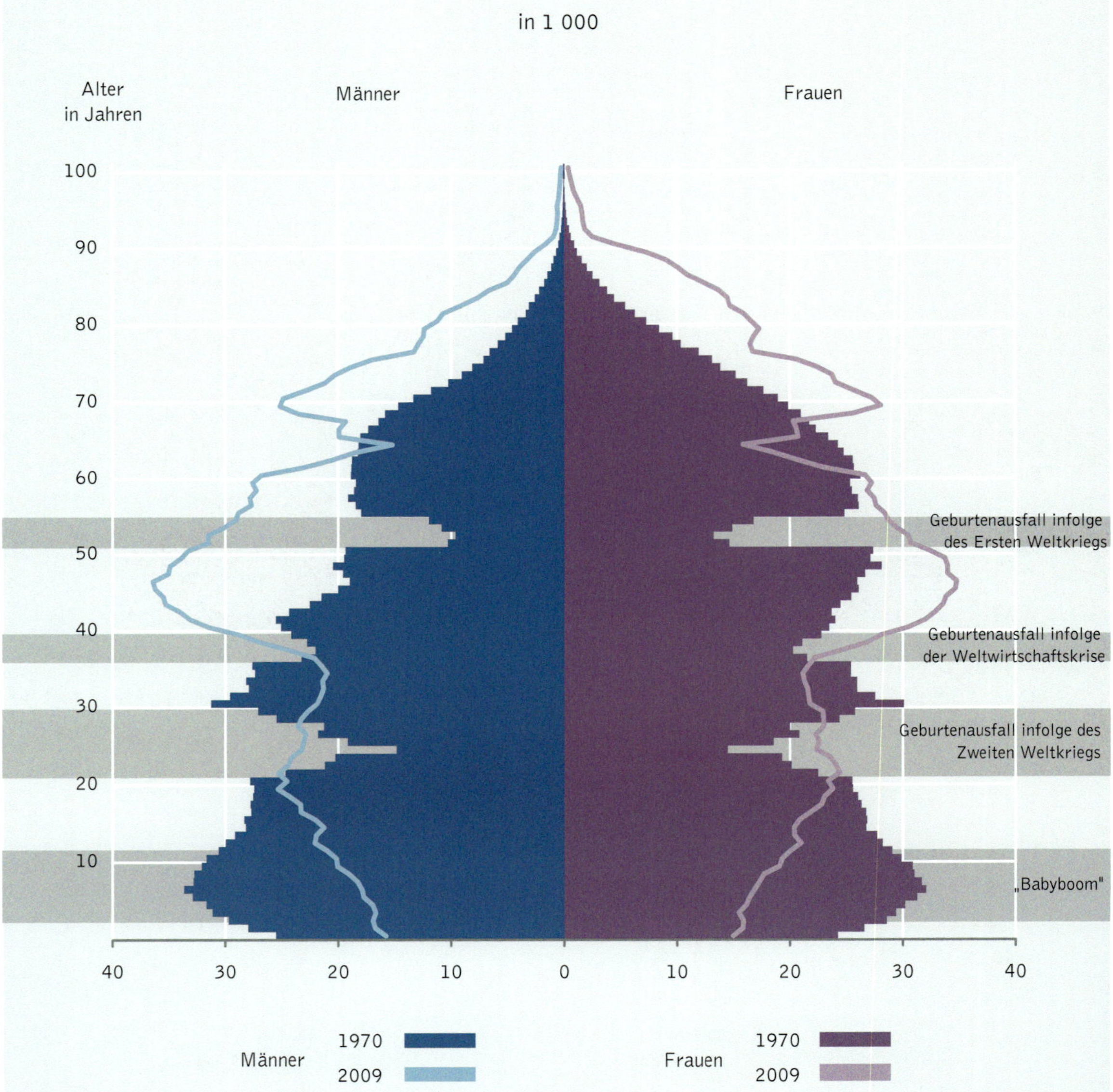

G 6 Altersstruktur der Bevölkerung in Rheinland-Pfalz 2009

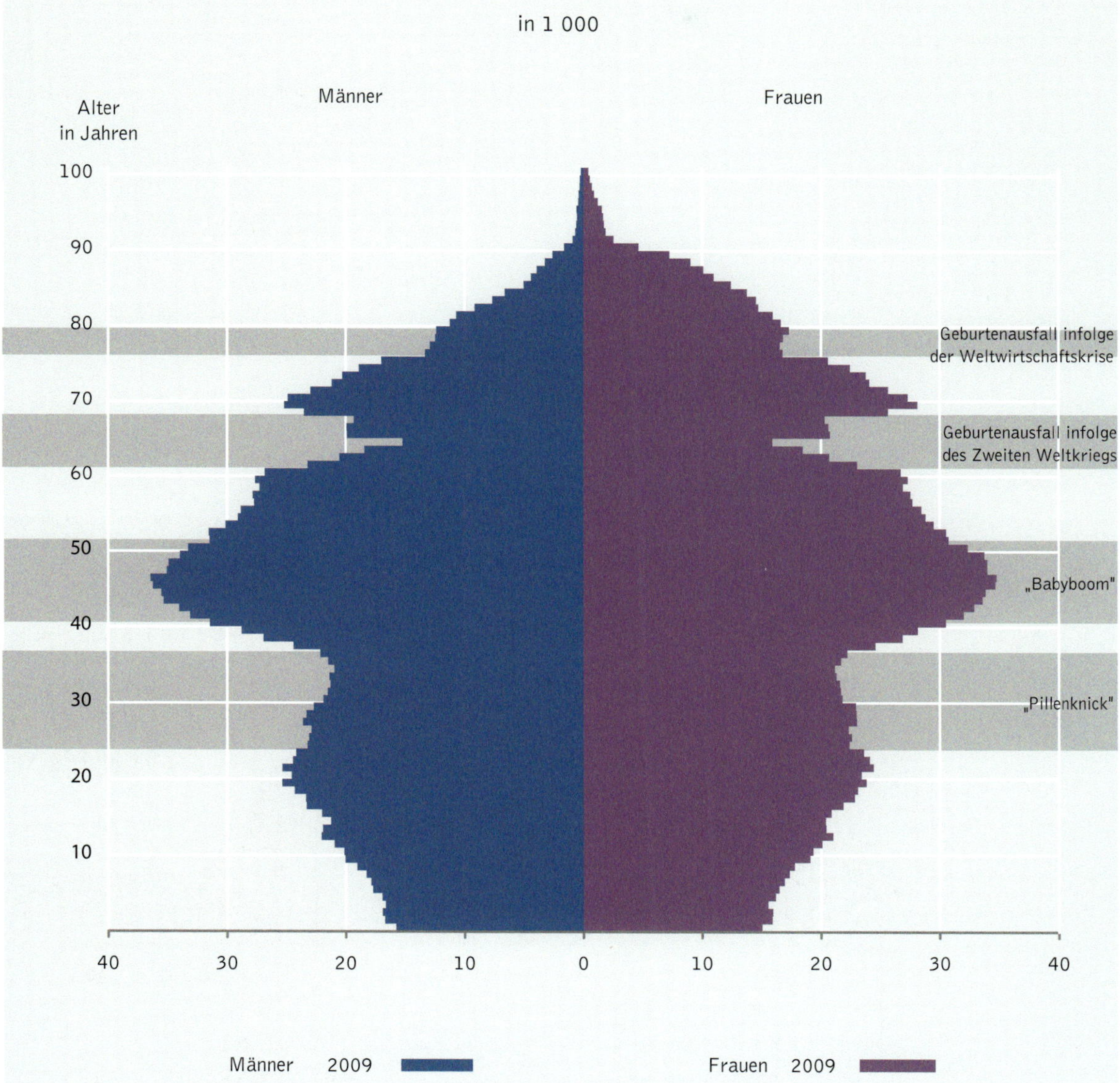

T 7 Bevölkerung in den heute zu Rheinland-Pfalz gehörenden Gebieten 1875–2009 nach Familienstand

Jahr[1]	Insgesamt[2]	Familienstand							
		ledig	verheiratet	verwitwet[3]	geschieden[3]	ledig	verheiratet	verwitwet	geschieden
	Anzahl					%			
1875	1 885 947	1 144 127	622 856	118 964		60,7	33,0	6,3	
1880	1 987 163	1 212 826	648 701	125 636		61,0	32,6	6,3	
1885	2 031 997	1 249 406	652 228	130 363		61,5	32,1	6,4	
1890	2 093 740	1 289 154	673 440	131 146		61,6	32,2	6,3	
1895	2 170 168	1 334 408	699 181	136 578		61,5	32,2	6,3	
1900	2 303 043	1 405 430	762 172	135 441		61,0	33,1	5,9	
1905	2 435 035	1 482 244	808 867	143 924		60,9	33,2	5,9	
1910	2 543 608	1 532 291	869 688	138 658	2 972	60,2	34,2	5,5	0,1
1925	2 691 510	1 489 100	1 040 940	155 935	5 535	55,3	38,7	5,8	0,2
1933	2 841 105	1 494 141	1 171 913	164 767	10 284	52,6	41,2	5,8	0,4
1946	2 753 569	1 320 342	1 195 423	221 957	15 847	48,0	43,4	8,1	0,6
1950	3 004 752	1 378 073	1 353 576	248 641	24 462	45,9	45,0	8,3	0,8
1961	3 417 061	1 434 779	1 659 849	286 281	36 152	42,0	48,6	8,4	1,1
1965	3 530 000	1 466 000	1 726 000	300 000	38 000	41,5	48,9	8,5	1,1
1970	3 645 437	1 490 543	1 802 186	306 864	45 844	40,9	49,4	8,4	1,3
1975	3 665 777	1 433 983	1 841 439	318 329	72 026	39,1	50,2	8,7	2,0
1980	3 642 482	1 385 849	1 844 651	324 674	87 308	38,0	50,6	8,9	2,4
1985	3 615 049	1 349 682	1 823 982	325 476	115 909	37,3	50,5	9,0	3,2
1990	3 763 510	1 390 313	1 899 855	326 468	146 874	36,9	50,5	8,7	3,9
1995	3 977 919	1 497 542	1 975 084	322 888	182 405	37,6	49,7	8,1	4,6
2000	4 034 557	1 529 383	1 975 516	308 281	221 377	37,9	49,0	7,6	5,5
2005	4 058 843	1 575 746	1 892 481	297 780	292 836	38,8	46,6	7,3	7,2
2009	4 012 675	1 577 238	1 806 939	289 594	338 904	39,3	45,0	7,2	8,4

1 1875–1961, 1970 Volkszählungen, 1965 Mikrozensus, übrige Jahre Bevölkerungsfortschreibung zum 31.12. des jeweiligen Jahres. – 2 Die Bevölkerungssummen in dieser Tabelle weichen teilweise von den an anderer Stelle genannten Bevölkerungszahlen ab. Vgl. Vorbemerkungen in Kapitel III.1. – 3 1875–1905 Verwitwete und Geschiedene zusammengefasst.

G 7 Bevölkerung in den heute zu Rheinland-Pfalz gehörenden Gebieten 1875–2009 nach Familienstand[1]

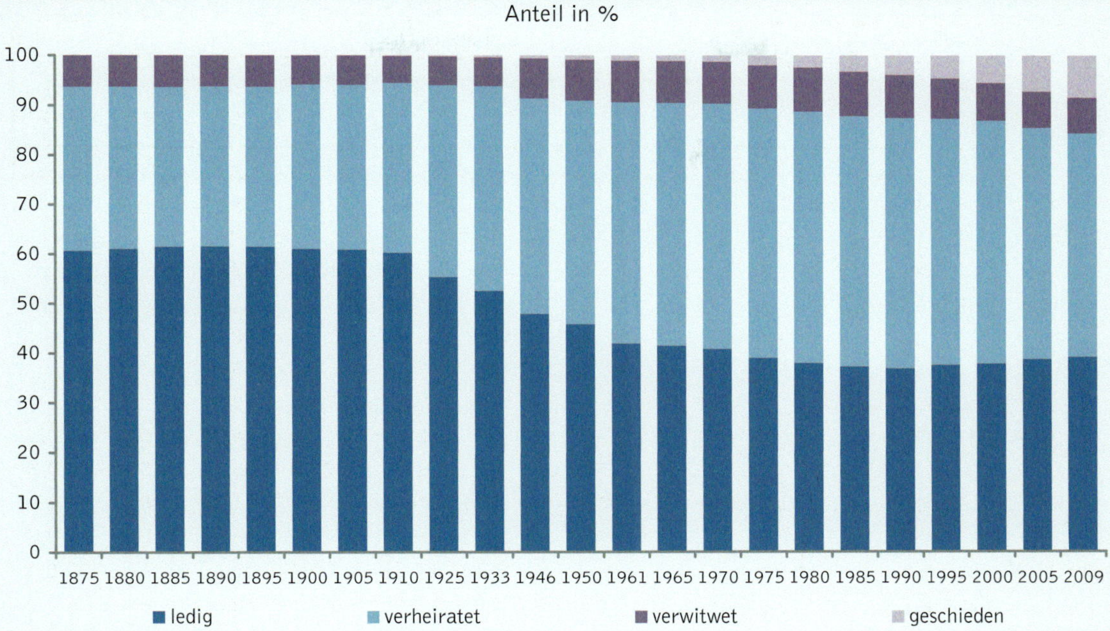

1 1875–1905: Verwitwete und Geschiedene sind zusammengefasst.

T 8 Frauen 1946–2009 nach Familienstand

Jahr[1]	Insgesamt	Familienstand							
		ledig	verheiratet	verwitwet	geschieden	ledig	verheiratet	verwitwet	geschieden
	Anzahl					%			
1946	1 529 965	710 184	638 552	171 033	10 196	46,4	41,7	11,2	0,7
1950	1 603 856	704 609	686 615	196 746	15 886	43,9	42,8	12,3	1,0
1961	1 803 330	707 278	835 983	236 069	23 975	39,2	46,4	13,1	1,3
1965	1 871 000	714 000	877 000	253 000	27 000	38,2	46,9	13,5	1,4
1970	1 907 225	716 639	903 021	258 220	29 345	37,6	47,3	13,5	1,5
1975	1 915 954	678 264	925 883	269 611	42 196	35,4	48,3	14,1	2,2
1980	1 901 345	645 458	930 572	275 810	49 505	33,9	48,9	14,5	2,6
1985	1 883 644	621 141	922 975	276 229	63 299	33,0	49,0	14,7	3,4
1990	1 938 182	633 397	947 675	277 006	80 104	32,7	48,9	14,3	4,1
1995	2 034 018	678 676	985 117	272 281	97 944	33,4	48,4	13,4	4,8
2000	2 057 743	696 226	985 501	259 036	116 980	33,8	47,9	12,6	5,7
2005	2 068 595	722 317	949 054	243 597	153 627	34,9	45,9	11,8	7,4
2009	2 042 010	723 073	908 848	232 496	177 593	35,4	44,5	11,4	8,7

1 1946, 1950, 1961, 1970 Volkszählungen, 1965 Mikrozensus; übrige Jahre Bevölkerungsfortschreibung zum 31.12. des jeweiligen Jahres.

T 9 Familien mit Kindern unter 18 Jahren 1961–2010

Jahr[1]	Insgesamt	Davon mit ... in der Familie lebenden Kindern				Kinder
		1	2	3	4 und mehr	
	1 000					
1961	502,5	246,7	158,7	62,3	34,9	910,9
1970	536,9	230,2	180,5	78,3	47,9	1053,0
1975	515,6	232,2	188,4	62,0	33,0	947,2
1980	502,8	245,9	182,3	52,6	22,0	866,2
1985	445,2	246,9	153,2	36,6	8,5	698,4
1990	429,5	234,6	151,0	32,8	11,1	683,6
1995	445,3	217,9	169,8	45,8	11,8	746,5
2000	449,0	229,5	166,6	41,8	11,1	735,8
2005	452,6	229,2	171,8	42,0	-9,6	741,0
2009	416,1	214,7	156,2	35,2	10,0	677,1
2010	401,4	205,8	151,6	33,9	10,0	654,2

1 1961, 1970 Volkszählungen, übrige Jahre Mikrozensus.

G 8 Familien mit Kindern unter 18 Jahren 1961–2010 nach der Kinderzahl

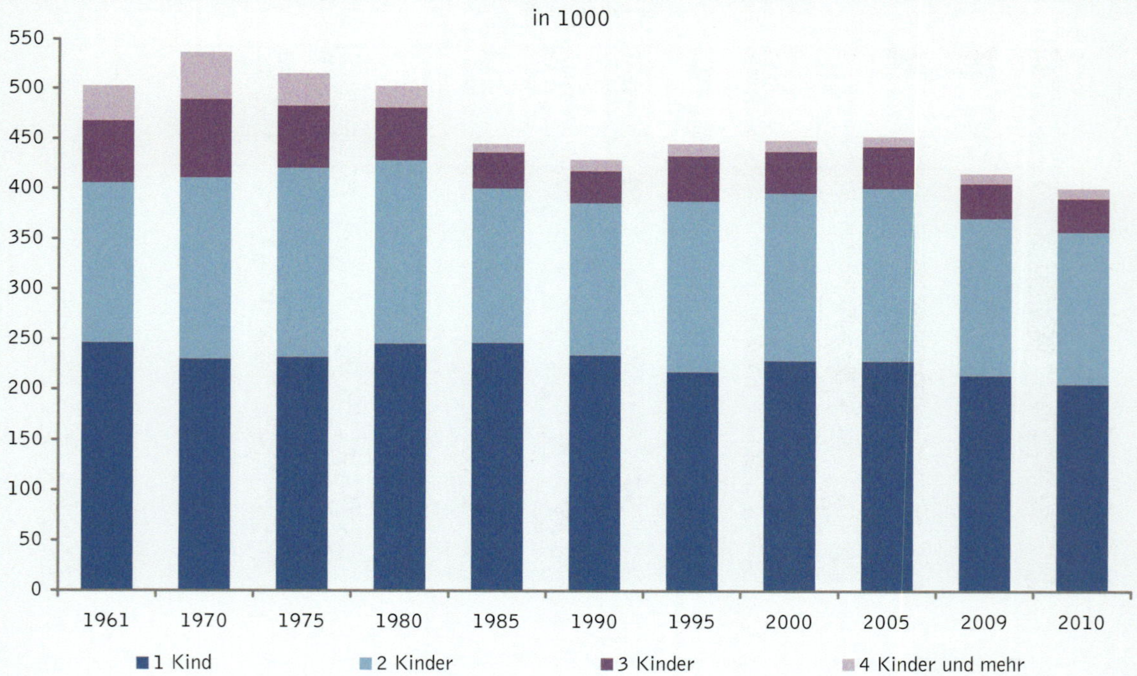

T 10 Bevölkerung in den heute zu Rheinland-Pfalz gehörenden Gebieten 1871–2009 nach ausgewähltem Religionsbekenntnis

Jahr[1]	Insgesamt	Darunter mit Religionsbekenntnis					
		katholisch	evangelisch	jüdisch	katholisch	evangelisch	jüdisch
	Anzahl				%		
1871	1 832 368	1 100 853	690 607	34 816	60,1	37,7	1,90
1880	1 987 163	1 186 166	754 104	35 409	59,7	37,9	1,78
1890	2 093 719	1 227 964	820 774	33 461	58,6	39,2	1,60
1895	2 165 313	1 272 753	849 008	32 220	58,8	39,2	1,49
1900	2 303 043	1 350 622	905 510	31 561	58,6	39,3	1,37
1905	2 435 072	1 425 102	966 286	30 623	58,5	39,7	1,26
1910	2 543 620	1 487 477	1 012 547	28 857	58,5	39,8	1,13
1925	2 691 510	1 578 371	1 062 567	25 045	58,6	39,5	0,93
1933	2 841 105	1 659 904	1 125 858	21 434	58,4	39,6	0,75
1939	2 873 381	1 656 516	1 071 367	7 131	57,7	37,3	0,25
1950	3 004 752	1 734 425	1 205 954	387	57,7	40,1	0,01
1961	3 417 116	1 921 008	1 417 000	744	56,2	41,5	0,02
1970	3 645 437	2 031 700	1 483 190	.	55,7	40,7	.
1987	3 630 823	1 977 800	1 369 155	.	54,5	37,7	.
2009	4 028 070	1 819 762	1 241 235	1 466	45,2	30,8	0,04

1 1871–1987 Volkszählungen, 2009 Melderegister. Die Bevölkerungssummen in dieser Tabelle weichen teilweise von den an anderer Stelle genannten Bevölkerungszahlen ab. Vgl. Vorbemerkungen in Kapitel III.1.

G 9 Bevölkerung in den heute zu Rheinland-Pfalz gehörenden Gebieten 1871–2009 nach ausgewähltem Religionsbekenntnis

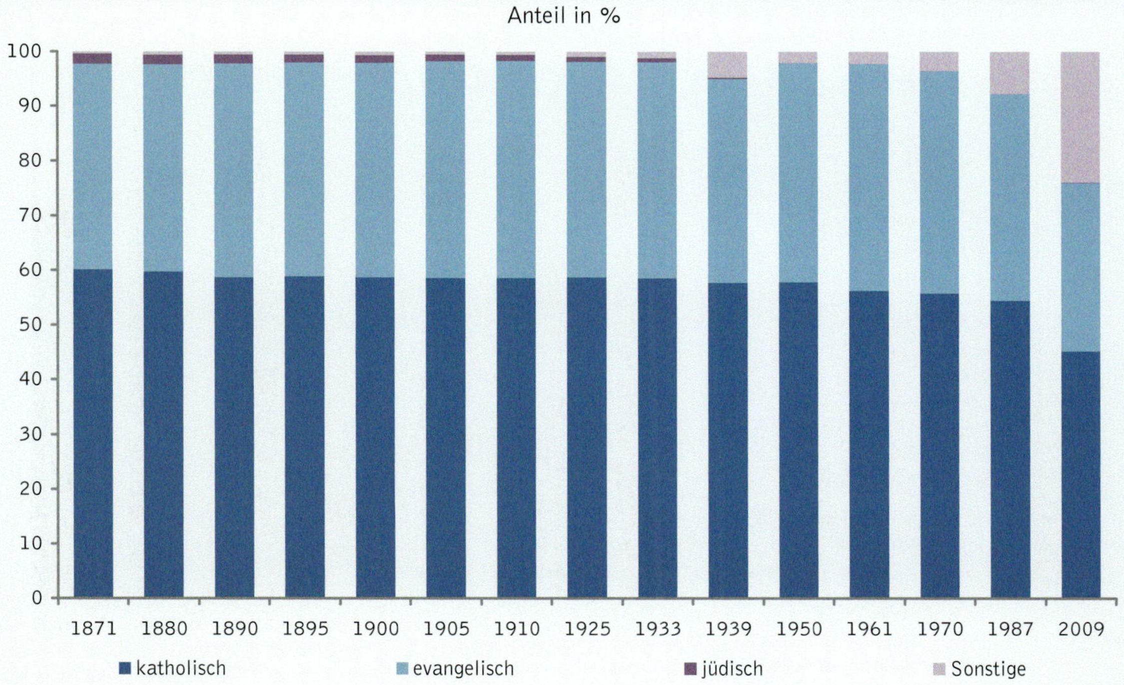

K 7 Bevölkerung mit katholischem Bekenntnis in den heute zu Rheinland-Pfalz gehörenden Gebieten 1871

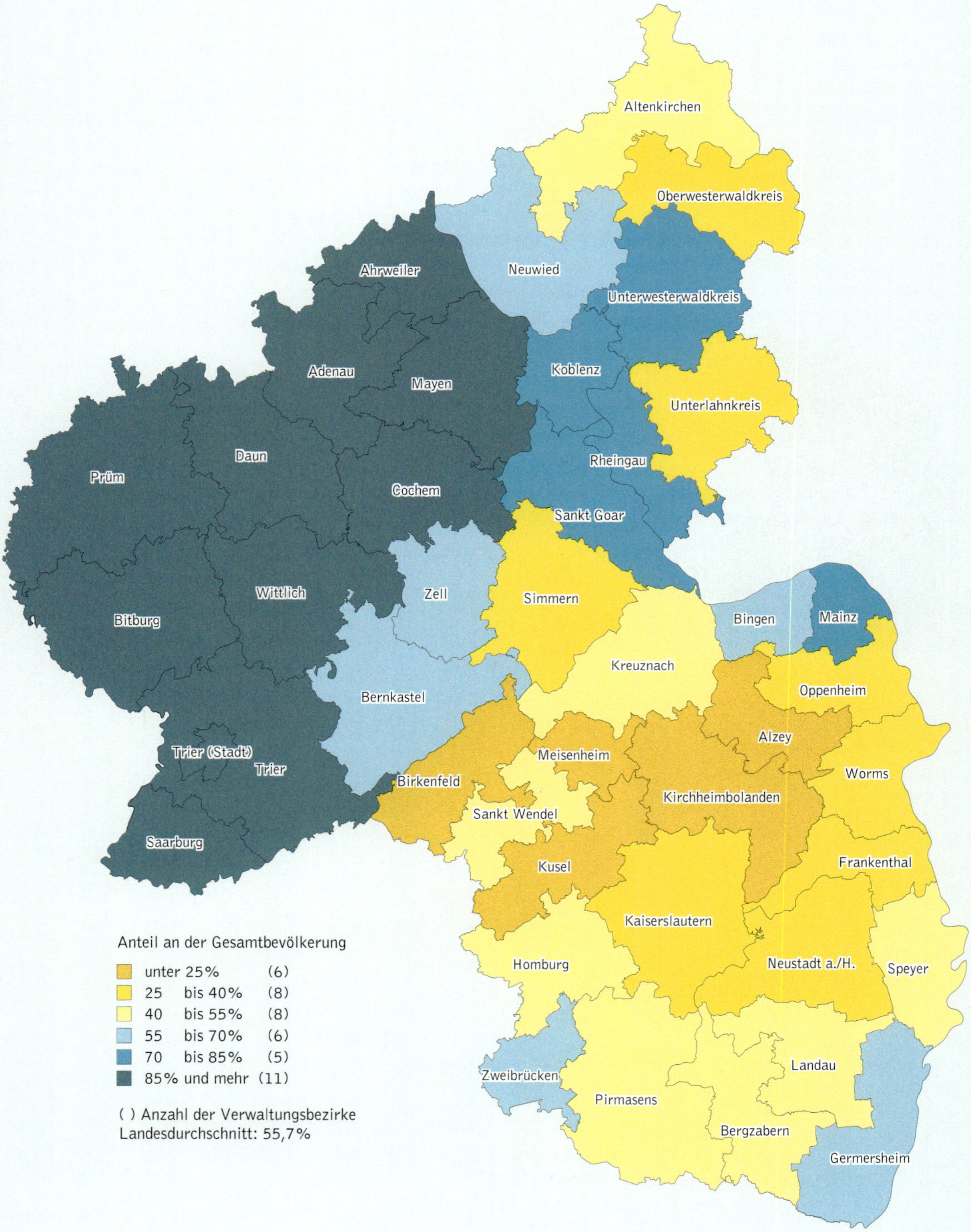

K 8 Bevölkerung mit katholischem Bekenntnis 2009 in den rheinland-pfälzischen kreisfreien Städten und Landkreisen[1]

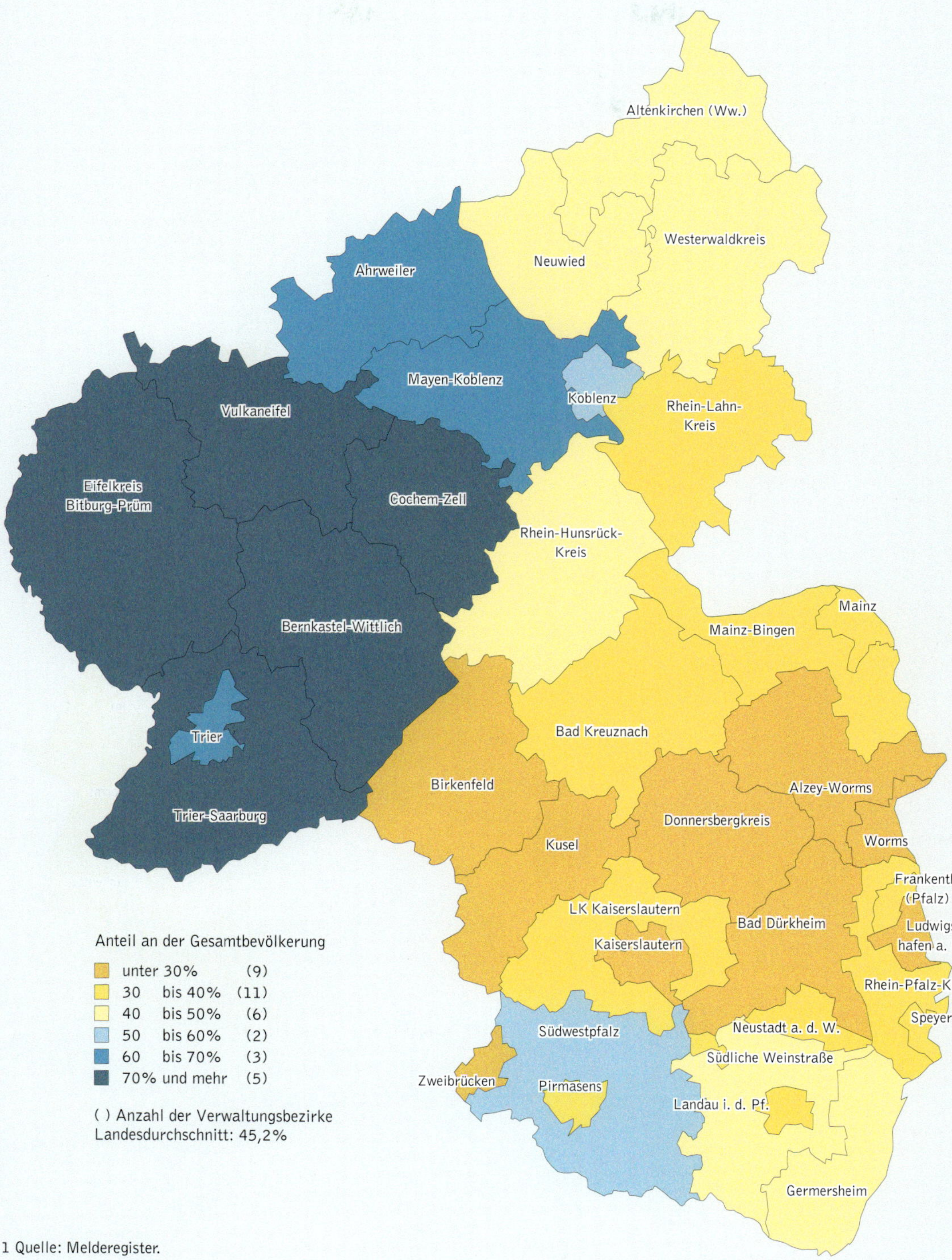

1 Quelle: Melderegister.

K 9 Bevölkerung mit evangelischem Bekenntnis in den heute zu Rheinland-Pfalz gehörenden Gebieten 1871

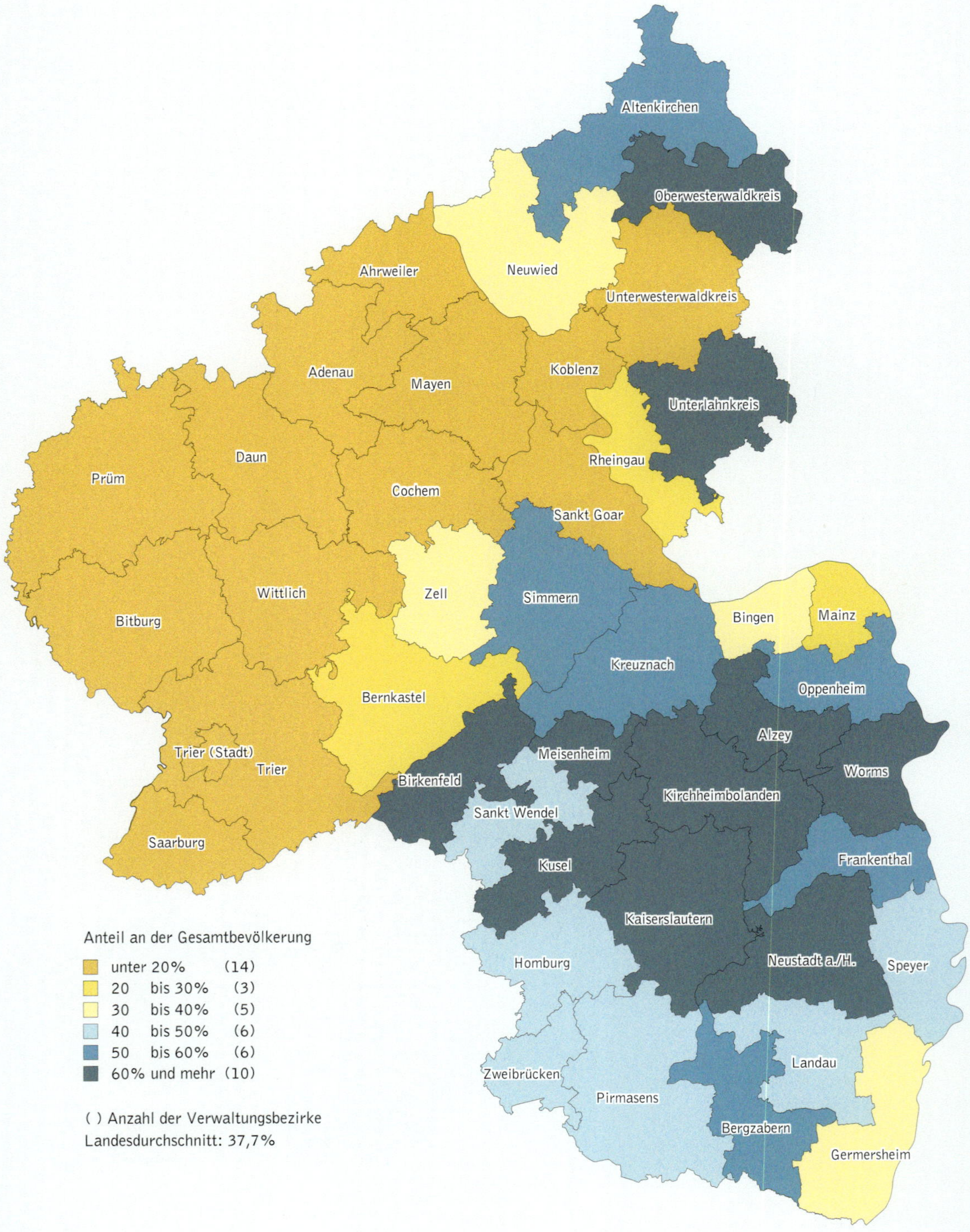

K 10 Bevölkerung mit evangelischem Bekenntnis 2009 in den rheinland-pfälzischen kreisfreien Städten und Landkreisen[1]

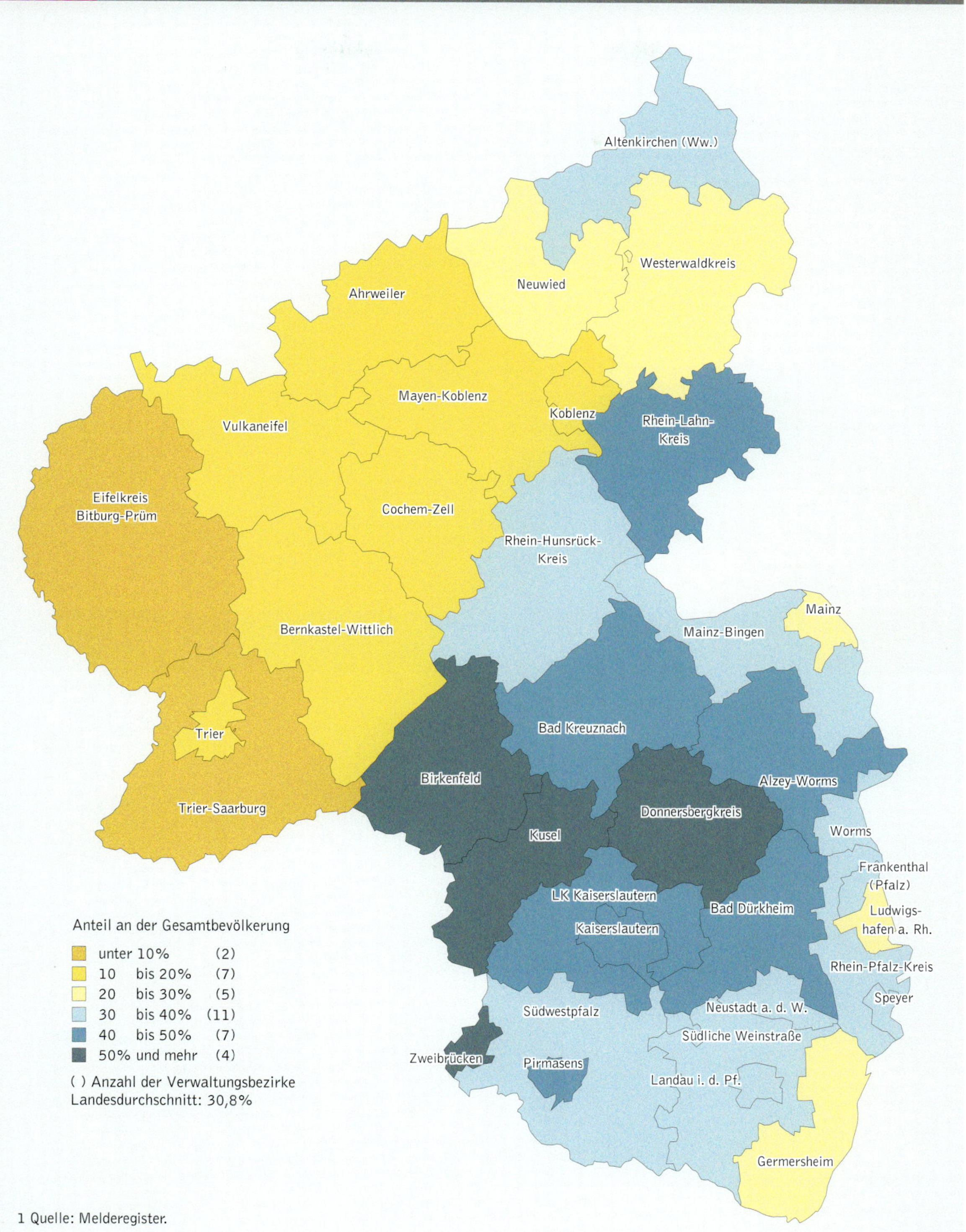

1 Quelle: Melderegister.

T 11 Ausländerinnen und Ausländer 1951–2010 nach ausgewählter Staatsangehörigkeit

Jahr	Insgesamt	Darunter mit der Staatsangehörigkeit von					
		Frankreich	Griechenland	Italien	Gebiet des ehemaligen Jugoslawien	Spanien	Türkei
	Anzahl						
1951	16 494	2 224	54	1 265	536	104	5
1955	25 170	2 866	91	1 509	673	166	83
1960	31 233	3 101	446	5 419	1 150	497	150
1965	66 742	4 142	4 993	18 119	3 219	6 729	4 704
1970	101 100	5 652	7 382	21 600	13 805	7 694	14 163
1975	150 177	7 125	8 288	26 667	19 848	8 089	37 205
1980	162 848	7 155	6 525	27 554	17 099	5 374	51 926
1985	161 711	7 594	6 573	24 893	16 619	4 661	48 710
1990	205 458	8 294	7 438	25 847	19 311	4 106	59 932
1995	291 426	8 955	8 859	28 814	54 143	4 236	75 090
2000	297 076	8 577	8 761	30 292	41 991	4 073	78 200
2005	292 175	7 923	7 685	27 751	37 121	3 847	71 332
2009	288 614	7 842	6 723	26 280	33 041	3 671	66 503
2010	289 023	7 718	6 622	26 293	32 917	3 683	65 007

Quelle: Ausländerzentralregister

G 10 Ausländerinnen und Ausländer 1951–2010 nach ausgewählter Staatsangehörigkeit

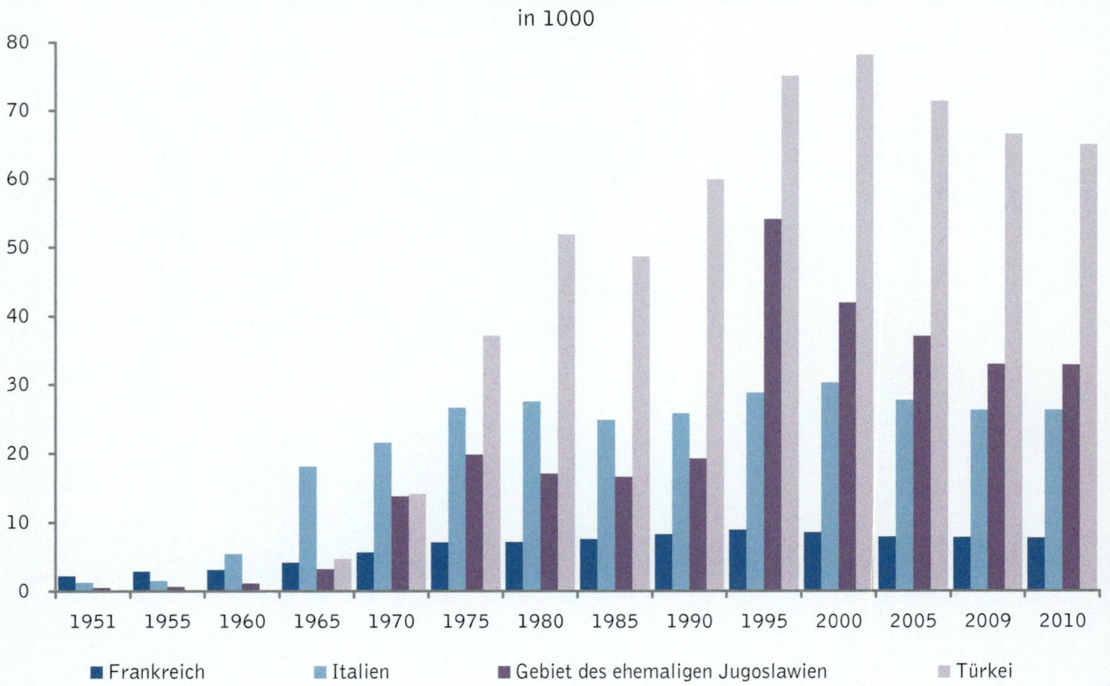

T 12 Ausländerinnen und Ausländer 1970–2010 nach Altersgruppen

Jahr	Insgesamt	Personen im Alter von ... Jahren: unter 6	6–15	15–30	30–45	45–60	60–65	65 und älter
	Anzahl							
1970	92 513	9 907	9 086	32 546	27 956	9 555	1 284	2 179
1975	150 177	13 597	16 929	50 460	48 020	15 664	2 013	3 494
1980	162 848	14 674	23 007	46 849	52 160	19 701	2 166	4 291
1985	161 711	12 215	22 008	44 648	49 573	24 311	3 859	5 097
1990	205 458	15 907	24 168	62 270	59 019	32 366	4 625	7 103
1995	291 426	24 517	33 635	89 471	80 996	45 579	6 822	10 406
2000	297 076	21 227	35 609	81 114	86 995	49 481	9 762	12 888
2005	292 175	9 444	32 703	75 070	92 249	53 141	11 402	18 166
2009	288 614	7 203	23 579	68 340	93 774	58 545	14 364	22 809
2010	289 023	6 906	21 588	66 753	94 287	60 271	15 099	24 119

Quelle: Ausländerzentralregister

G 11 Ausländerinnen und Ausländer 1970–2010 nach Altersgruppen

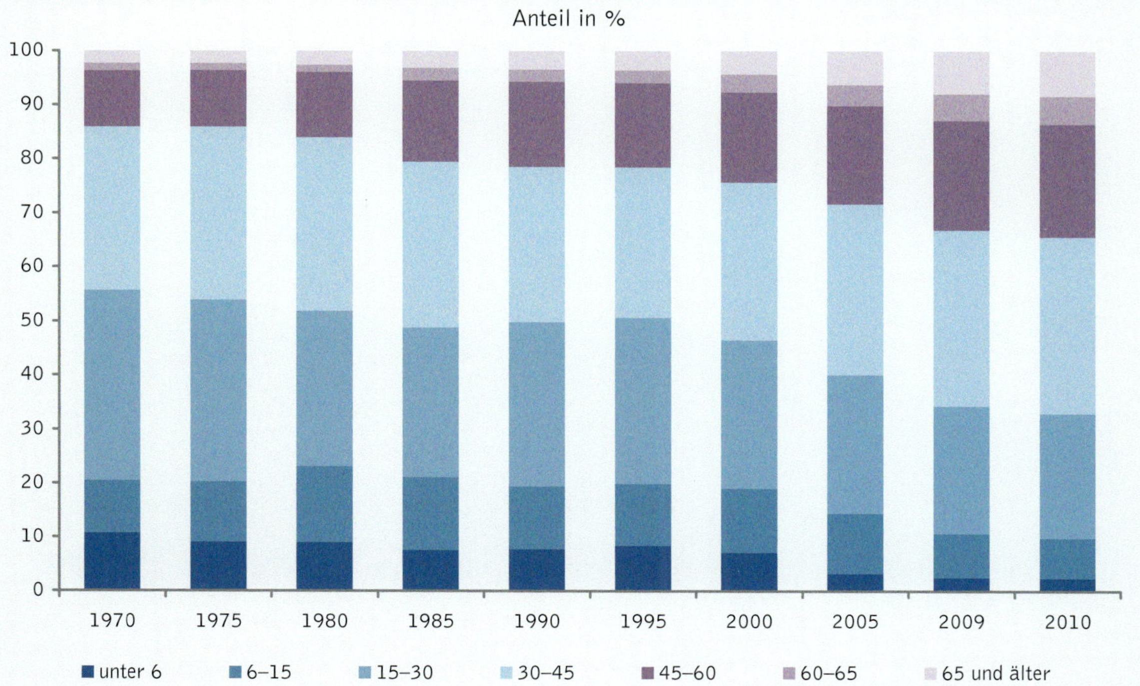

II.1.2. Bevölkerungsbewegung

T 13 Natürliche Bevölkerungsbewegung in den heute zu Rheinland-Pfalz gehörenden Gebieten 1871–2009

Jahr	Geborene				Gestorbene		Ehe-schließungen	Ehe-scheidungen
	insgesamt	lebend		tot	insgesamt	darunter < 1 Jahr		
		zusammen	darunter Eltern nicht miteinander verheiratet[1]	zusammen				
	Anzahl							
1871	61 513	58 551	3 541	2 962	54 318	.	12 733	.
1872	72 597	69 285	3 375	3 312	45 866	.	17 282	.
1873	73 177	69 624	3 354	3 553	45 833	.	16 393	.
1874	74 508	71 013	3 212	3 495	45 840	.	15 761	.
1875	75 921	72 210	3 293	3 711	48 807	.	15 159	.
1876	77 822	74 250	3 084	3 572	45 662	.	15 674	.
1877	75 817	72 490	3 178	3 327	46 855	.	14 386	.
1878	75 350	71 930	2 980	3 420	46 072	.	14 110	.
1879	75 808	72 487	3 041	3 321	45 132	.	13 513	.
1880	73 252	70 170	3 005	3 082	47 423	.	13 490	.
1881	73 201	70 059	3 138	3 142	47 900	.	13 615	.
1882	72 640	69 540	3 141	3 100	47 134	.	13 645	.
1883	71 106	68 154	2 966	2 952	44 751	.	13 484	.
1884	72 497	69 487	3 274	3 010	45 564	.	14 051	.
1885	71 579	68 436	3 174	3 143	47 755	.	14 139	.
1886	72 162	69 313	3 226	2 849	45 301	.	14 500	.
1887	72 171	69 276	3 231	2 895	43 642	.	14 310	.
1888	.	.	.	.	.	.	.	.
1889	.	.	.	.	.	.	.	.
1890	70 153	67 598	3 171	2 555	47 951	.	14 947	.
1891	75 825	73 033	3 559	2 792	45 159	.	15 664	.
1892	72 484	69 941	3 322	2 543	47 490	.	15 690	.
1893	75 454	72 868	3 506	2 586	49 119	.	15 783	.
1894	73 092	70 588	3 554	2 504	43 558	.	15 775	.
1895	74 947	72 339	3 452	2 608	43 657	.	15 738	.
1896	75 927	73 325	3 708	2 602	42 779	.	16 778	.
1897	77 874	75 321	3 773	2 553	43 447	.	17 351	.
1898	78 953	76 387	3 843	2 566	43 254	.	17 948	.
1899	80 480	77 921	3 785	2 559	43 543	.	18 925	.
1900	81 543	79 006	3 886	2 537	45 808	.	18 789	.
1901	83 467	80 887	3 786	2 580	42 747	.	18 724	.
1902	83 711	81 076	3 613	2 635	44 784	.	18 207	.
1903	82 243	79 770	3 484	2 473	44 981	.	18 225	.
1904	83 684	81 243	3 479	2 441	44 343	12 928	18 988	.
1905	82 115	79 806	3 514	2 309	44 782	12 529	18 947	.
1906	81 829	79 485	3 514	2 344	42 636	12 200	18 795	.
1907	81 162	78 897	3 529	2 265	41 059	10 897	19 133	.
1908	81 375	79 029	3 638	2 346	43 055	11 313	18 542	.
1909	79 536	77 277	3 628	2 259	41 043	10 481	18 060	.
1910	77 067	74 812	3 569	2 255	39 475	9 632	17 883	.
1911	73 836	71 679	3 392	2 157	42 135	11 194	18 010	.
1912	73 375	71 328	3 526	2 047	38 455	8 444	18 548	.
1913	71 794	69 732	3 683	2 062	37 887	8 433	18 173	.
1914	72 445	70 350	3 881	2 095	44 261	8 849	15 571	.
1915	56 573	54 934	3 494	1 639	50 980	8 010	9 452	.
1916	42 383	41 100	2 415	1 283	49 312	5 529	9 324	.

1 1871–1938 inklusive totgeborene Kinder, deren Eltern nicht miteinander verheiratet sind, ab 1946 nur Lebendgeborene.

T 13 noch: Natürliche Bevölkerungsbewegung in den heute zu Rheinland-Pfalz gehörenden Gebieten 1871–2009

Jahr	Geborene				Gestorbene		Ehe-schließungen	Ehe-scheidungen
	insgesamt	lebend		tot	insgesamt	darunter < 1 Jahr		
		zusammen	darunter Eltern nicht miteinander verheiratet[1]	zusammen				
	Anzahl							
1917	38 374	37 213	2 465	1 161	51 007	5 121	11 498	.
1918	39 082	37 867	2 881	1 215	63 325	5 269	13 537	.
1919	55 294	53 533	4 577	1 761	40 741	6 017	32 188	.
1920	71 003	68 773	5 557	2 230	37 938	7 643	37 803	.
1921	72 048	69 803	3 660	2 245	37 019	7 692	32 138	.
1922	68 972	66 871	4 157	2 101	37 298	6 826	29 115	.
1923	65 589	63 632	3 480	1 957	36 232	6 862	24 395	.
1924	64 347	62 337	3 645	2 010	32 188	5 605	18 961	.
1925	64 237	62 245	3 774	1 992	32 952	5 839	20 359	.
1926	60 833	59 089	3 672	1 744	31 525	5 141	20 006	.
1927	57 607	55 974	3 340	1 633	32 439	4 567	21 894	.
1928	57 543	56 030	3 422	1 513	31 375	4 247	22 965	.
1929	55 661	54 231	3 249	1 430	33 860	2 785	23 372	.
1930	54 435	52 954	3 139	1 481	30 366	3 893	21 886	.
1931	50 139	48 772	2 894	1 367	30 600	3 448	20 609	.
1932	47 593	46 346	2 643	1 247	29 703	3 281	20 234	.
1933	46 694	45 442	2 659	1 252	30 506	3 068	26 707	.
1934	55 602	54 187	2 525	1 415	29 897	3 248	28 163	.
1935	58 052	56 624	2 473	1 428	32 934	3 589	25 706	.
1936	57 935	56 510	2 459	1 425	32 139	3 408	23 906	.
1937	57 091	55 796	2 249	1 295	33 419	3 539	24 086	.
1938	58 979	57 674	2 549	1 305	33 225	3 446	24 122	.
1939	.	.	.	.	.	.	.	.
1940	.	.	.	.	.	.	.	.
1941	.	.	.	.	.	.	.	.
1942	.	.	.	.	.	.	.	.
1943	.	.	.	.	.	.	.	.
1944	.	.	.	.	.	.	.	.
1945	.	.	.	.	.	.	.	.
1946	39 595	38 818	5 022 .	777	35 848	3 338	21 197	1 511
1947	42 124	41 212	3 671 .	912	35 635	3 964	26 952	2 652
1948	47 454	46 312	3 671 .	1 142	32 885	3 610	29 833	3 270
1949	55 743	54 565	3 875 .	1 178	31 887	3 356	31 456	3 353
1950	57 293	56 147	4 242 .	1 146	31 958	2 950	32 617	3 319
1951	57 699	56 558	4 327 .	1 141	33 978	3 075	31 835	2 373
1952	58 467	57 304	4 212 .	1 163	33 695	2 953	30 156	2 203
1953	59 546	58 399	4 194 .	1 147	36 538	2 746	29 135	2 249
1954	61 494	60 322	4 365 .	1 172	34 497	2 706	27 660	2 133
1955	61 450	60 259	3 840 .	1 191	35 685	2 522	29 160	2 197
1956	63 836	62 771	3 704 .	1 065	37 706	2 747	29 990	2 129
1957	65 795	64 722	3 516 .	1 073	37 604	2 419	30 070	2 162
1958	62 480	61 473	3 463 .	1 007	36 168	2 402	30 810	2 243
1959	65 011	64 011	3 402 .	1 000	37 104	2 569	31 941	2 221
1960	65 274	64 251	3 350 .	1 023	39 533	2 369	31 924	2 270
1961	67 640	66 744	3 343 .	896	38 037	2 291	31 866	2 263
1962	67 084	66 185	3 001 .	899	39 345	2 132	31 312	2 375

1 1871–1938 inklusive totgeborene Kinder, deren Eltern nicht miteinander verheiratet sind, ab 1946 nur Lebendgeborene.

T13 noch: Natürliche Bevölkerungsbewegung in den heute zu Rheinland-Pfalz gehörenden Gebieten 1871–2009

Jahr	Geborene				Gestorbene		Eheschließungen	Ehescheidungen
	insgesamt	lebend		tot	insgesamt	darunter < 1 Jahr		
		zusammen	darunter Eltern nicht miteinander verheiratet[1]	zusammen				
	Anzahl							
1963	68 729	67 768	2 894	. 961	41 065	1 938	29 830	2 442
1964	68 204	67 323	2 676	. 881	38 529	1 826	29 062	2 667
1965	65 274	64 480	2 521	. 794	40 145	1 546	27 642	2 850
1966	65 023	64 249	2 440	. 774	40 758	1 550	26 844	2 736
1967	61 794	61 090	2 311	. 704	41 041	1 503	27 875	3 114
1968	59 202	58 532	2 442	. 670	44 219	1 410	25 695	3 345
1969	54 581	53 987	2 357	. 594	44 430	1 371	26 998	3 652
1970	49 220	48 706	2 331	. 514	43 694	1 241	27 665	3 989
1971	46 531	46 049	2 314	. 482	44 001	1 052	27 077	4 362
1972	41 477	41 035	2 239	. 442	43 914	989	26 444	4 675
1973	37 341	37 000	2 121	. 341	44 186	911	25 641	5 028
1974	36 188	35 885	2 083	. 303	43 487	805	24 444	5 427
1975	34 653	34 377	1 963	. 276	44 943	737	25 674	6 357
1976	34 795	34 544	1 949	. 251	44 706	664	24 199	6 120
1977	34 336	34 129	1 913	. 207	41 941	541	23 720	4 786
1978	34 577	34 346	2 026	. 231	44 029	608	21 613	2 137
1979	35 004	34 805	2 054	. 199	43 108	436	22 756	5 413
1980	37 456	37 253	2 409	. 203	43 576	478	23 268	5 579
1981	37 601	37 402	2 436	. 199	44 269	422	22 710	6 172
1982	37 303	37 132	2 662	. 171	43 567	408	23 002	6 965
1983	35 601	35 422	2 651	. 179	44 459	390	23 317	6 747
1984	35 643	35 504	2 599	. 139	42 890	366	23 016	7 266
1985	35 047	34 899	2 682	. 148	42 587	348	22 971	7 215
1986	37 331	37 181	2 912	. 150	43 214	327	22 814	7 354
1987	37 908	37 778	2 817	. 130	42 016	343	23 905	7 516
1988	39 987	39 850	3 225	. 137	41 882	329	24 899	7 463
1989	39 797	39 650	3 275	. 147	42 536	305	24 261	7 467
1990	42 871	42 732	3 705	. 139	43 811	345	25 164	7 329
1991	42 448	42 311	3 822	. 137	43 560	289	24 796	8 132
1992	42 873	42 722	4 164	. 151	42 635	284	24 626	7 589
1993	42 431	42 291	4 159	. 140	43 871	258	24 006	8 555
1994	40 730	40 539	4 311	. 191	42 857	222	23 182	9 003
1995	39 880	39 684	4 322	. 196	42 993	220	22 922	9 040
1996	41 097	40 926	4 824	. 171	43 752	203	22 741	9 385
1997	41 827	41 677	5 102	. 150	43 211	217	22 509	10 015
1998	39 813	39 639	5 533	. 174	42 708	169	21 763	10 148
1999	38 361	38 190	6 097	. 171	42 524	176	22 641	9 860
2000	37 912	37 826	6 442	. 86	42 088	192	22 129	10 416
2001	35 839	35 781	6 410	. 58	42 222	155	20 608	10 301
2002	34 791	34 741	6 687	. 50	42 669	159	20 800	11 187
2003	34 156	34 083	6 885	. 73	43 933	166	20 123	11 567
2004	33 519	33 421	6 867	. 98	41 563	139	21 039	11 298
2005	32 649	32 592	7 327	. 57	42 784	124	20 265	10 653
2006	31 806	31 755	7 337	. 51	41 973	138	20 003	10 078
2007	32 592	32 536	7 781	. 56	42 165	150	19 542	10 324
2008	32 265	32 223	8 161	. 42	42 932	99	20 059	10 273
2009	30 956	30 881	8 125	. 75	43 903	124	19 867	10 609

1 1871–1938 inklusive totgeborene Kinder, deren Eltern nicht miteinander verheiratet sind, ab 1946 nur Lebendgeborene.

T 14 Lebendgeborene 1947–2009 nach dem Alter der Mutter[1]

Jahr	Insgesamt	Davon im Alter von ... Jahren						
		15–20	20–25	25–30	30–35	35–40	40–45	45–50
	Anzahl							
1947[2]	41 212	1 713	11 066	11 781	8 280	6 123	2 106	140
1950	56 147	1 888	13 295	19 300	10 542	7 885	3 081	156
1955	60 259	2 853	15 543	19 005	14 574	5 692	2 323	267
1960	64 251	3 043	20 464	18 913	12 611	7 220	1 806	179
1965	64 480	3 601	17 690	22 858	11 846	6 212	2 131	136
1970	48 706	5 059	15 108	12 235	10 264	4 491	1 416	126
1975	34 377	3 237	11 451	10 894	5 043	2 912	776	54
1980	37 253	2 738	11 731	13 949	6 512	1 793	489	35
1985	34 899	1 342	9 522	13 884	7 639	2 130	349	29
1990	42 732	1 230	8 693	17 663	11 169	3 440	515	20
1995	39 684	1 037	6 115	14 392	13 118	4 334	655	28
2000	37 826	1 128	5 944	10 634	13 161	5 989	934	32
2005	32 592	947	5 154	9 199	9 717	6 234	1 287	52
2009	30 881	831	4 453	8 840	9 756	5 458	1 450	87

1 Berechnet als Differenz zwischen dem Geburtsjahr des Kindes und dem Geburtsjahr der Mutter. – 2 Angaben geschätzt.

T 15 Gestorbene 1947–2009 nach Altersgruppen

Jahr	Insgesamt	Davon im Alter von ... Jahren							
		unter 1[1]	1–5	5–15	15–30	30–45	45–60	60–70	70 und älter
	Anzahl								
1947	35 635	3 964	577	638	1 607	2 470	4 648	6 529	15 202
1950	31 958	2 950	381	405	1 069	1 721	4 779	6 304	14 349
1955	35 685	2 522	342	237	1 006	1 434	5 365	6 695	18 084
1960	39 533	2 369	310	262	977	1 388	5 807	8 037	20 383
1965	40 145	1 545	287	269	820	1 506	5 011	9 439	21 268
1970	43 694	1 241	253	300	822	1 595	4 480	10 395	24 608
1975	44 943	737	122	241	839	1 588	4 143	9 383	27 890
1980	43 576	478	94	124	832	1 336	4 640	6 789	29 283
1985	42 587	348	65	71	623	1 081	4 330	5 776	30 293
1990	43 811	345	57	57	548	1 059	4 138	7 130	30 477
1995	42 993	220	53	58	455	1 244	3 954	6 718	30 291
2000	42 088	192	43	46	377	1 125	3 480	6 410	30 415
2005	42 784	124	32	51	280	894	3 469	6 024	31 910
2009	43 903	124	28	36	270	713	3 643	5 163	33 926

1 Ohne Totgeborene.

G 12 Lebendgeborene und Gestorbene in den heute zu Rheinland-Pfalz gehörenden Gebieten 1871–2009[1]

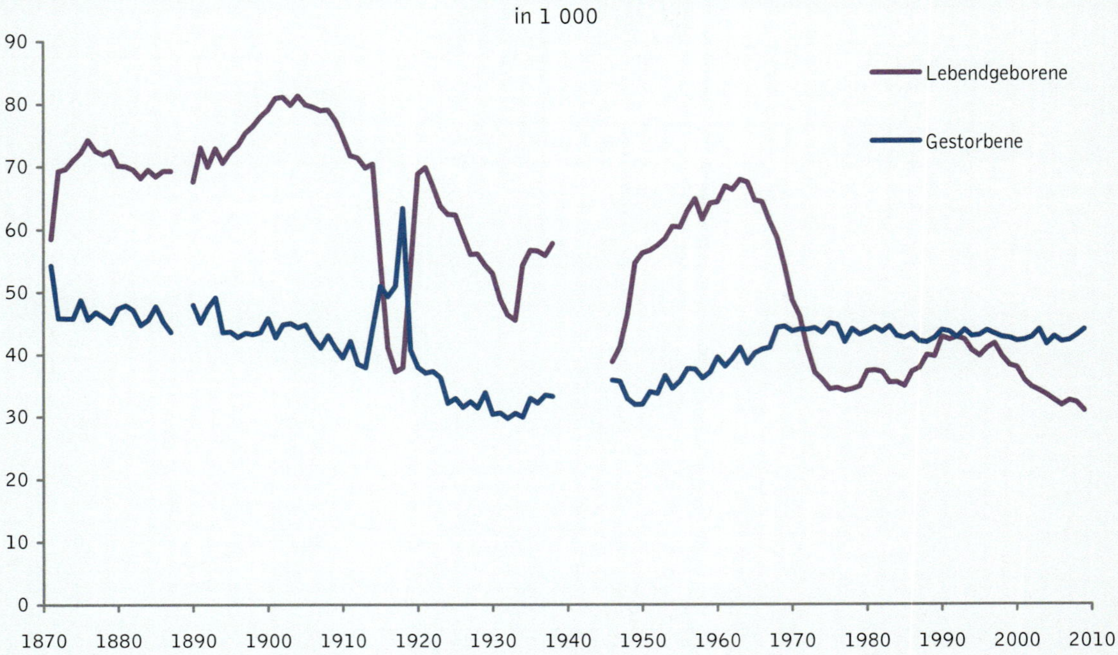

1 1888 und 1889 keine Angabe, da Daten für das Fürstentum Birkenfeld fehlen.

G 13 Geborene, deren Eltern nicht miteinander verheiratet sind, in den heute zu Rheinland-Pfalz gehörenden Gebieten 1871–2009[1]

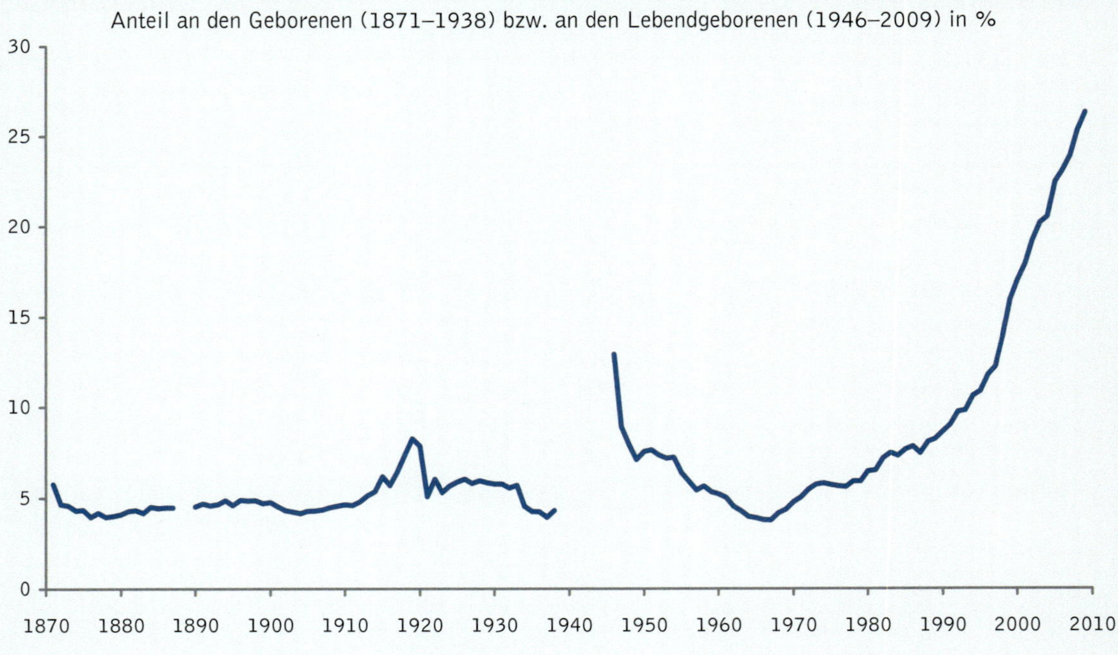

1 1888 und 1889 keine Angabe, da Daten für das Fürstentum Birkenfeld fehlen.

G 14 Totgeborene in den heute zu Rheinland-Pfalz gehörenden Gebieten 1871–2009 [1]

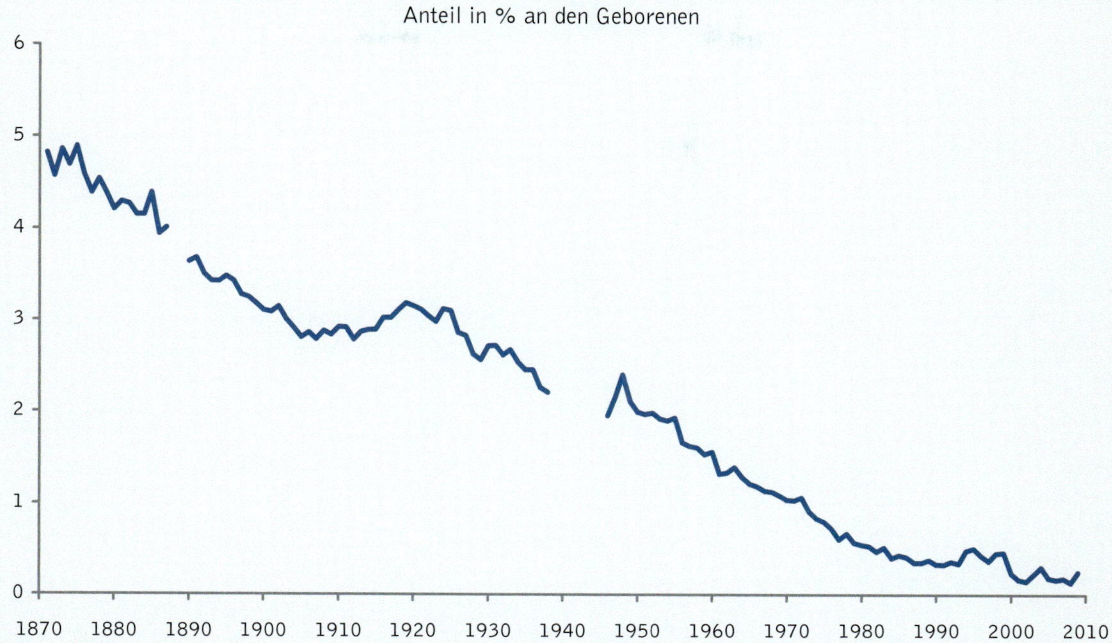

1 1888 und 1889 keine Angabe, da Daten für das Fürstentum Birkenfeld fehlen.

G 15 Gestorbene Säuglinge in den heute zu Rheinland-Pfalz gehörenden Gebieten 1904–2009

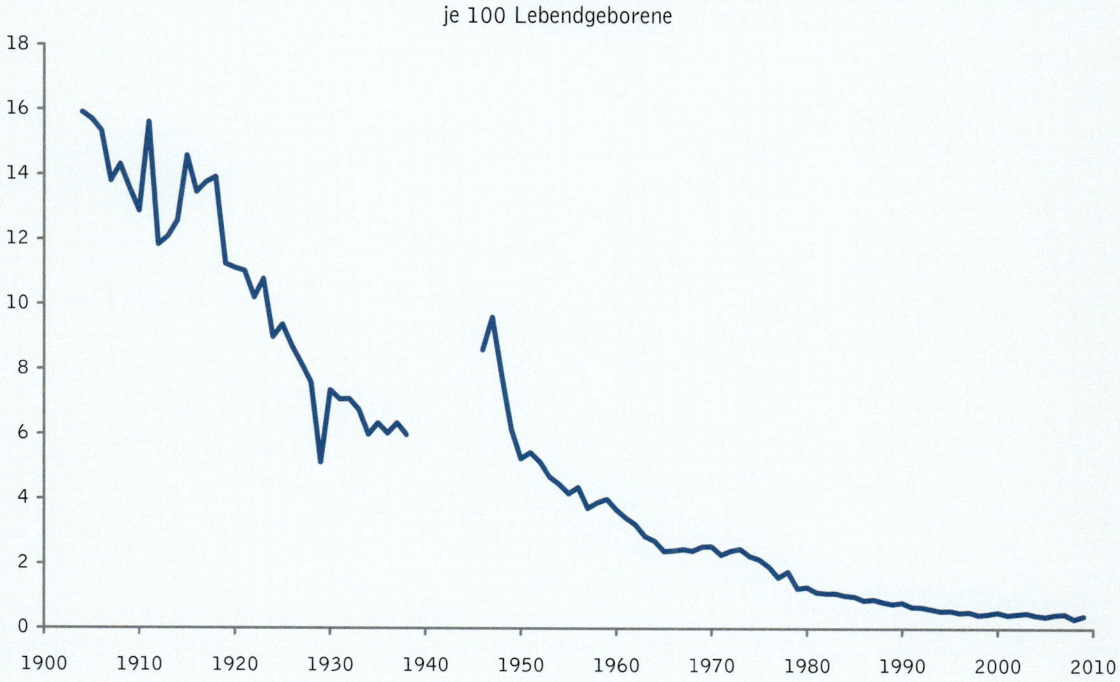

G 16 Eheschließungen in den heute zu Rheinland-Pfalz gehörenden Gebieten 1871–2009 [1]

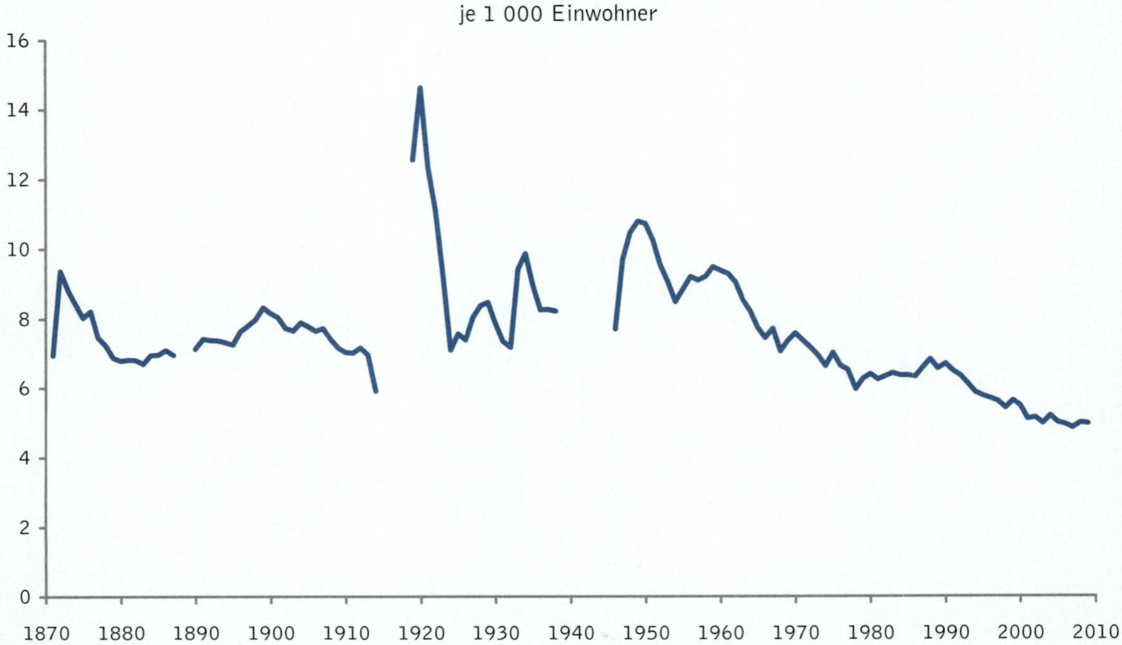

1 1888 und 1889 keine Angabe, da Daten für das Fürstentum Birkenfeld fehlen.

G 17 Eheschließungen und Ehescheidungen 1947–2009

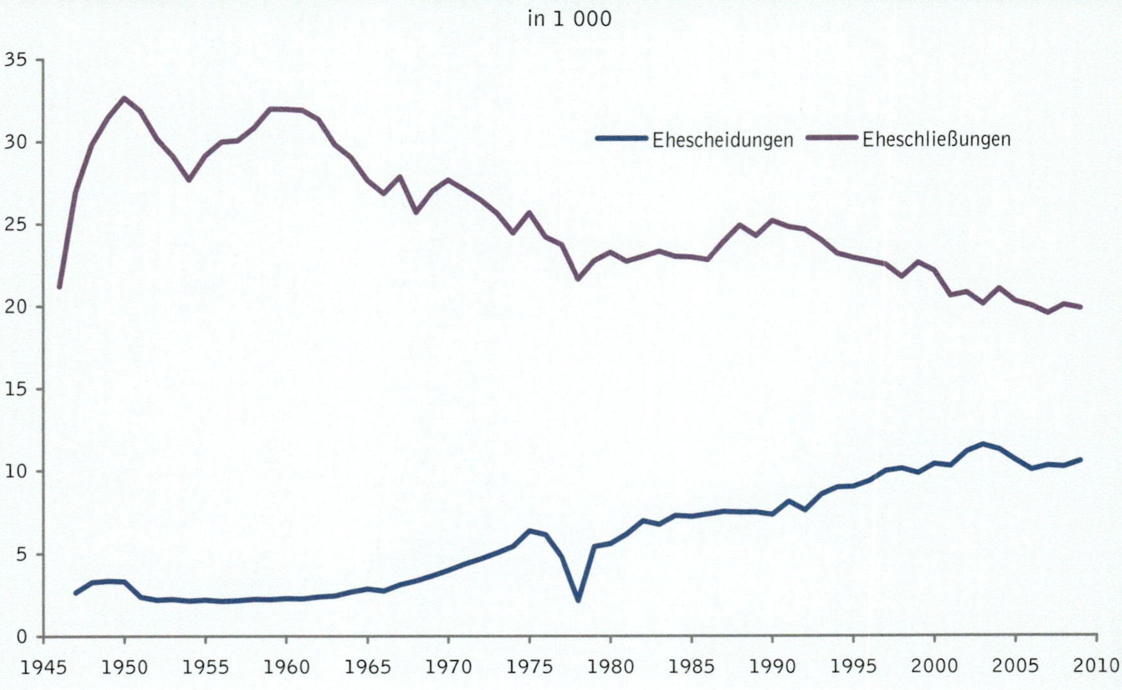

K 11 Überschuss der Lebendgeborenen bzw. der Gestorbenen in den heute zu Rheinland-Pfalz gehörenden Gebieten 1876

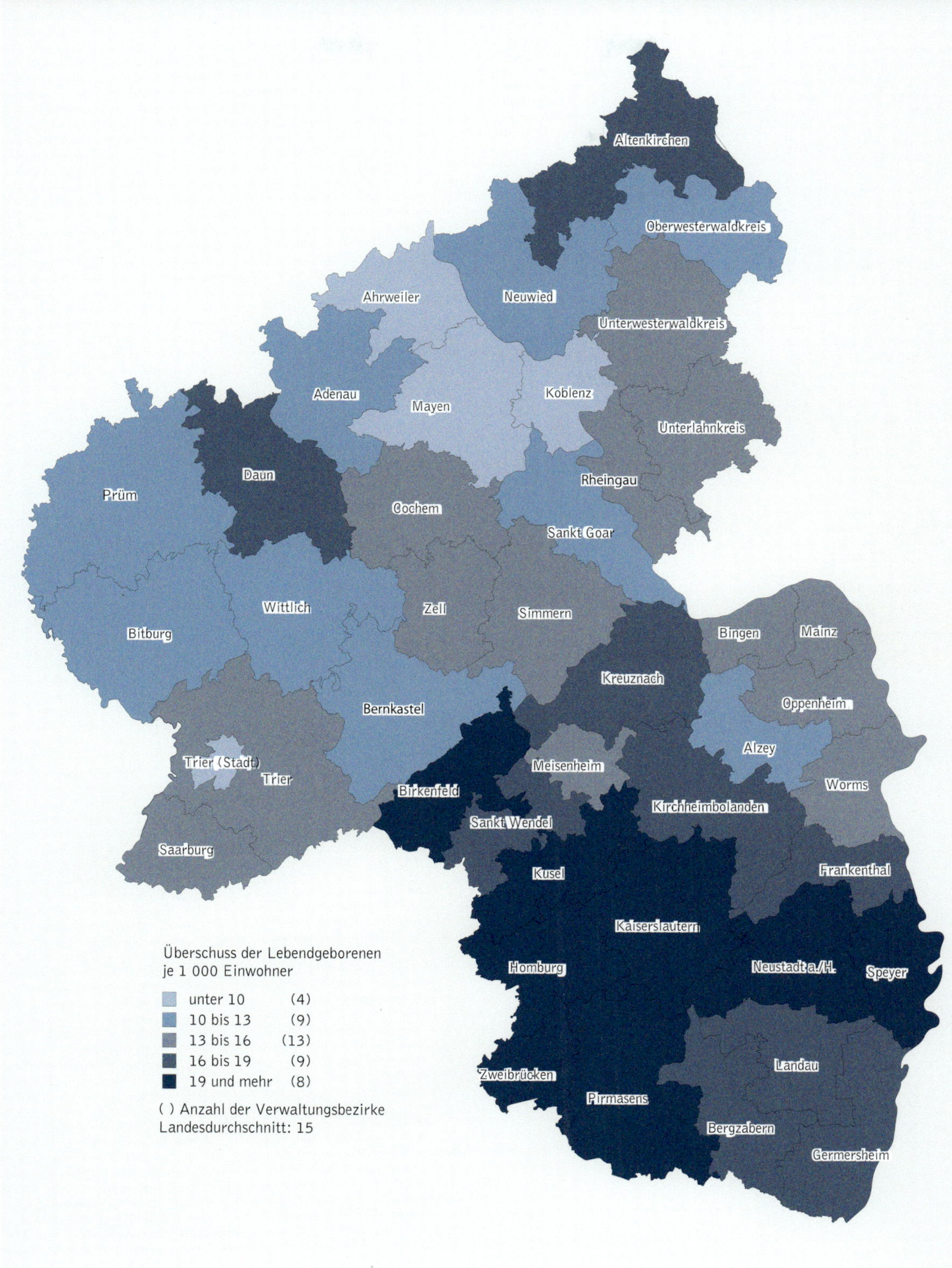

K 12 Überschuss der Lebendgeborenen bzw. der Gestorbenen 2009 in den rheinland-pfälzischen kreisfreien Städten und Landkreisen

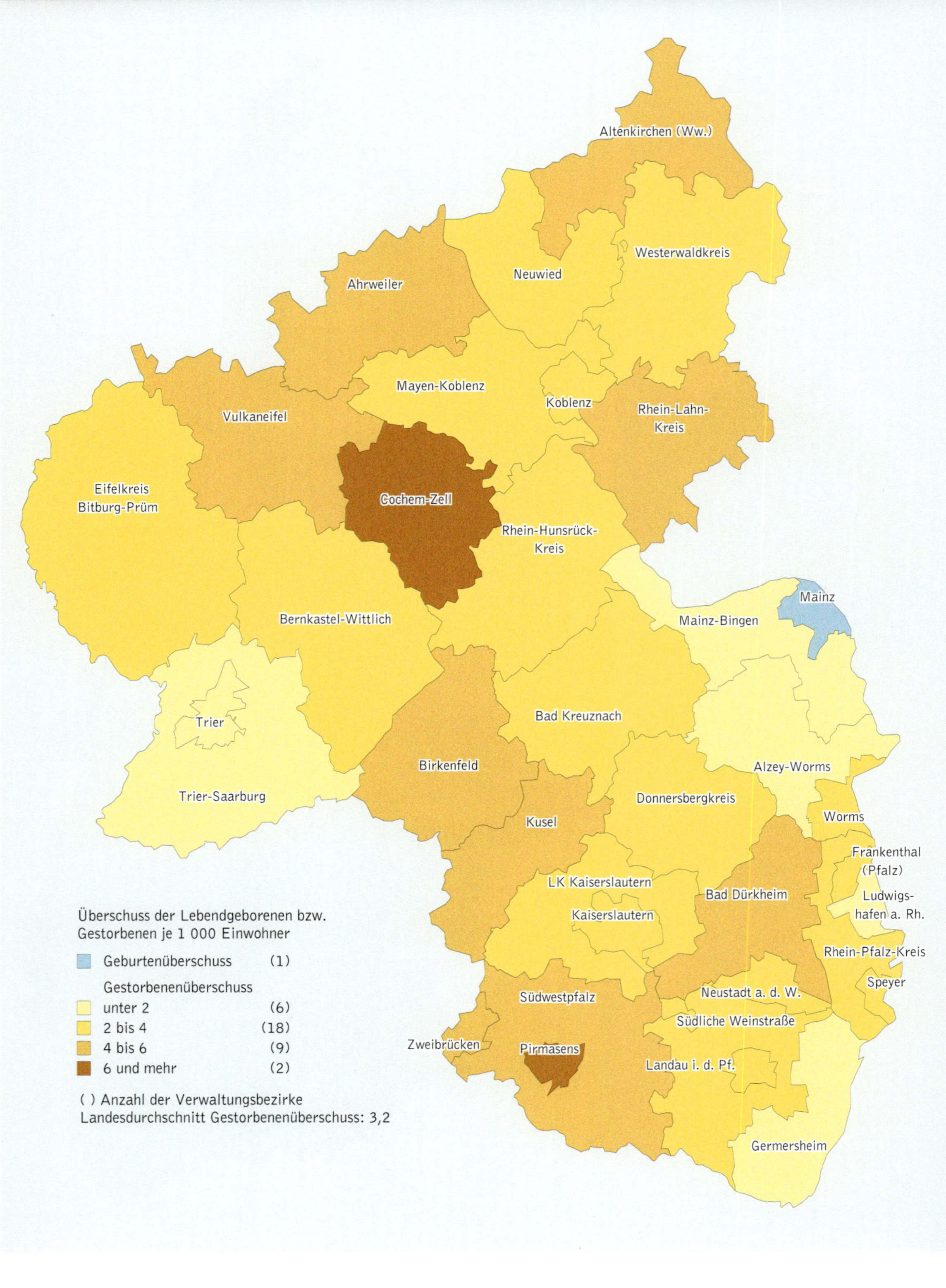

K 13 Geborene, deren Eltern nicht miteinander verheiratet sind, in den heute zu Rheinland-Pfalz gehörenden Gebieten 1876

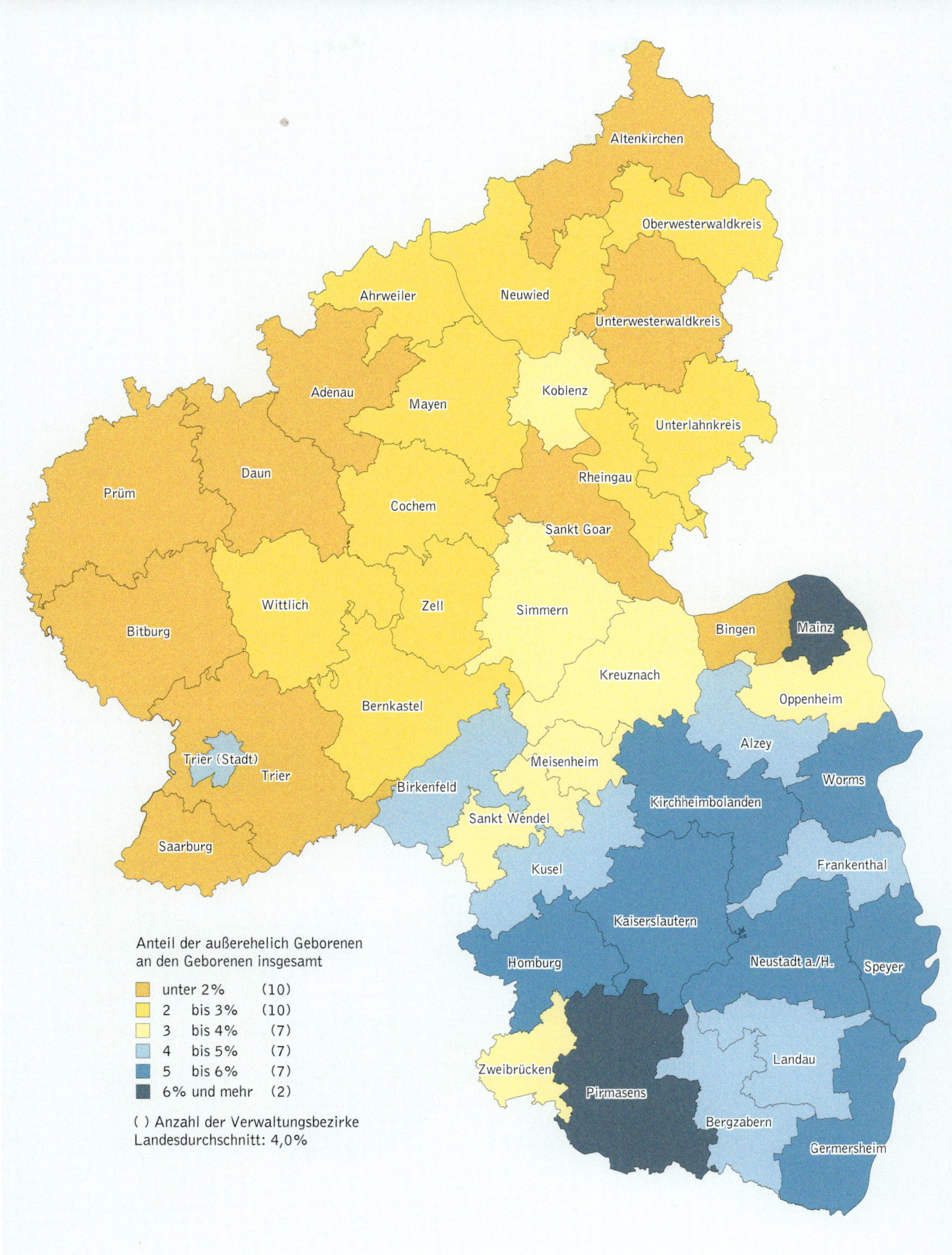

K 14 Geborene, deren Eltern nicht miteinander verheiratet sind, 2009 in den rheinland-pfälzischen kreisfreien Städten und Landkreisen

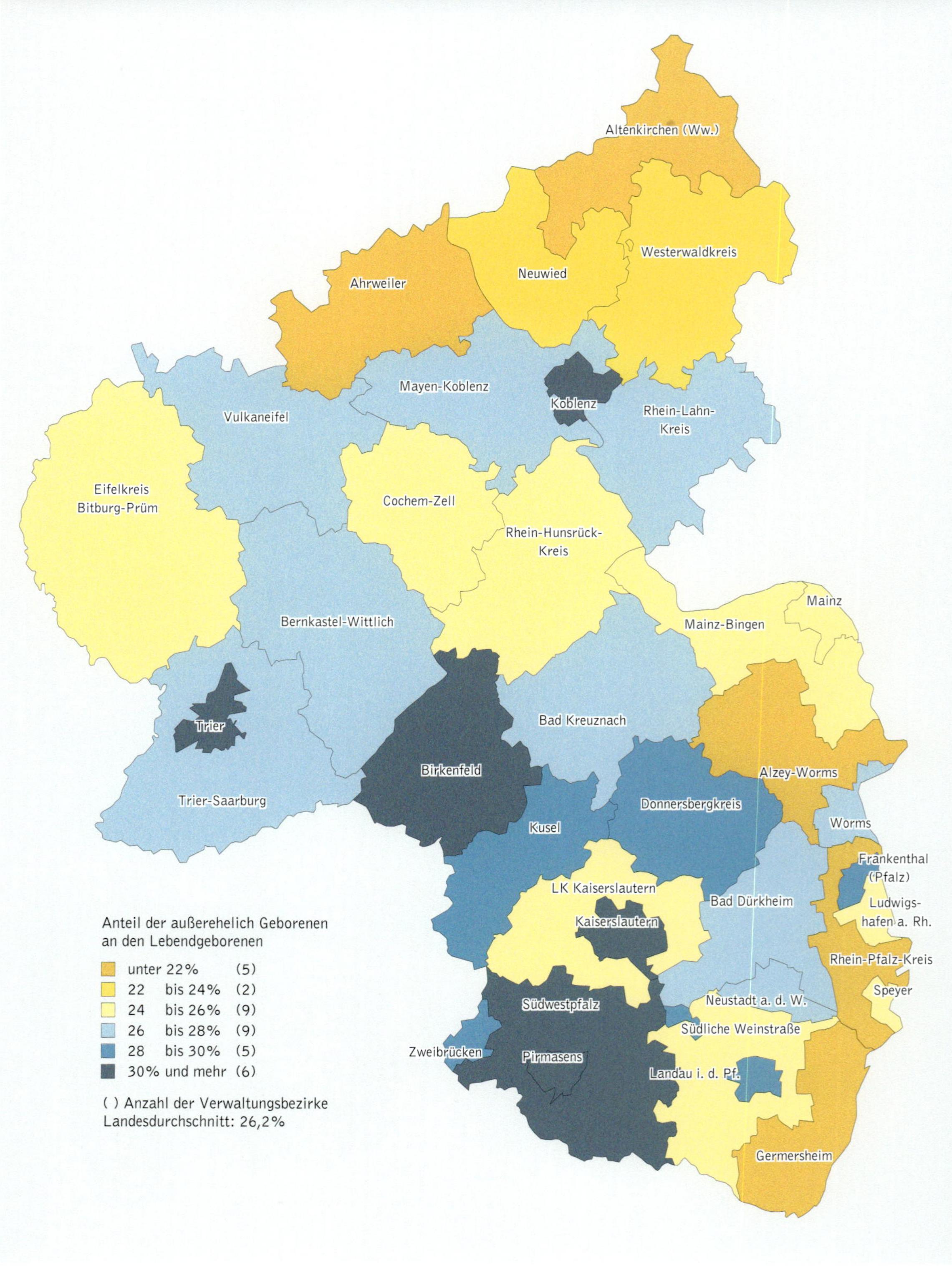

K 15 Gestorbene Säuglinge in den heute zu Rheinland-Pfalz gehörenden Gebieten 1905

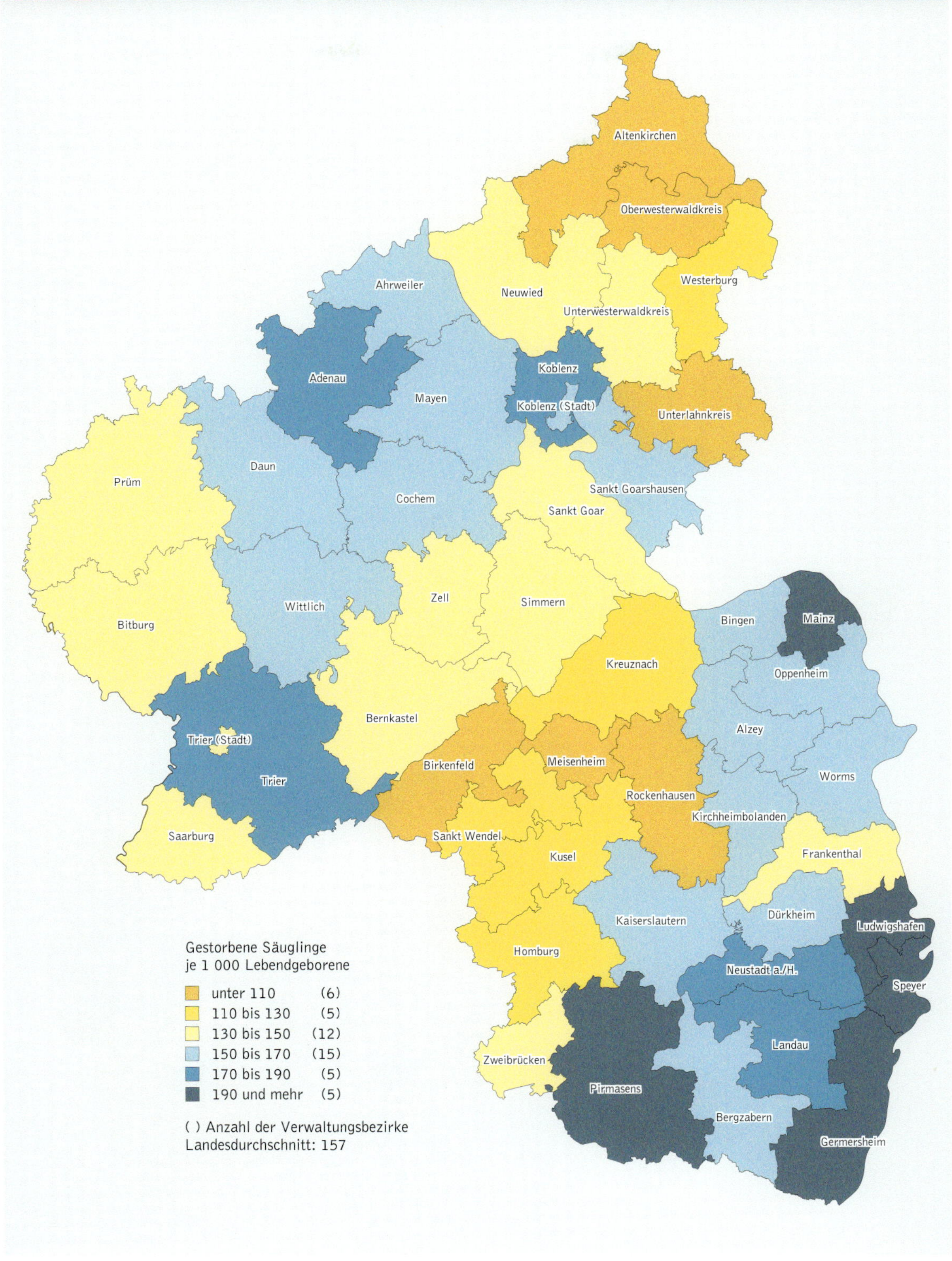

K 16 Gestorbene Säuglinge 1970–1972 in den rheinland-pfälzischen kreisfreien Städten und Landkreisen

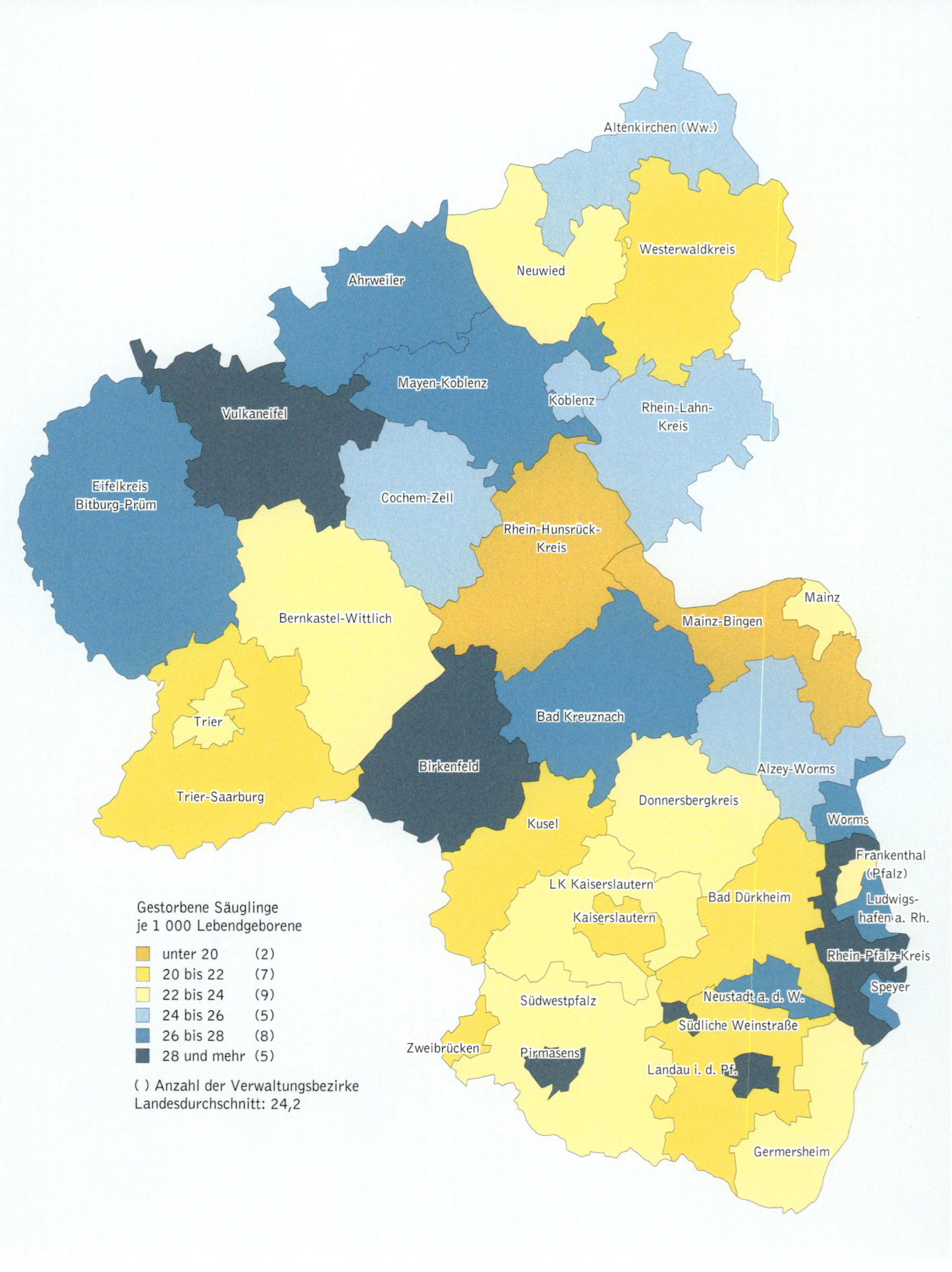

K 17 Gestorbene Säuglinge 2007–2009 in den rheinland-pfälzischen kreisfreien Städten und Landkreisen

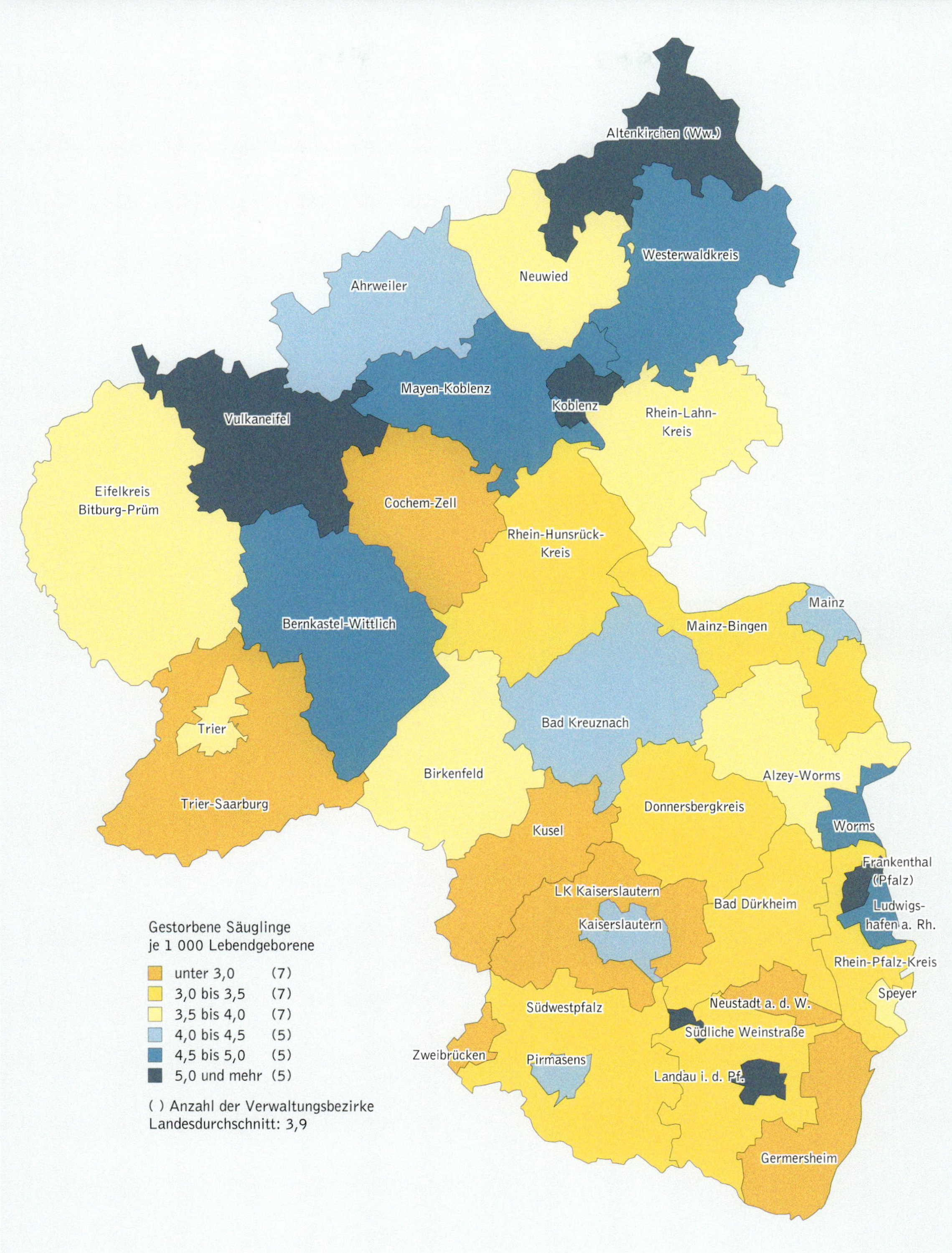

T 16 Wanderungen über die Landesgrenze 1950–2009

Jahr	Zuzüge über die Landesgrenze			Fortzüge über die Landesgrenze		
	insgesamt	darunter in das Ausland[1]		insgesamt	darunter in das Ausland[1]	
		zusammen	Ausländer		zusammen	Ausländer
	Anzahl					
1950	160 144	.	.	45 219	.	.
1955	101 330	9 470	4 939	87 888	8 312	2 513
1960	109 356	15 084	10 974	101 410	10 423	4 846
1965	121 000	30 299	26 617	108 883	20 020	15 608
1970	129 860	40 802	37 192	109 011	20 167	16 630
1975	86 262	17 057	13 982	97 985	25 549	22 388
1980	102 613	28 560	24 352	87 003	16 380	12 913
1985	75 804	21 879	17 619	77 052	17 884	13 672
1990	147 870	54 661	44 656	84 942	30 716	26 412
1995	123 371	41 239	34 023	93 716	25 123	19 578
2000	108 973	32 599	27 096	100 927	25 665	20 015
2005	100 168	28 046	23 742	92 313	24 876	18 552
2009	95 871	31 872	24 458	98 684	31 301	21 559

1 1955–1985: ohne Berlin (Ost), damalige DDR und ehemalige deutsche Ostgebiete.

G 18 Wanderungen über die Landesgrenze 1950–2009

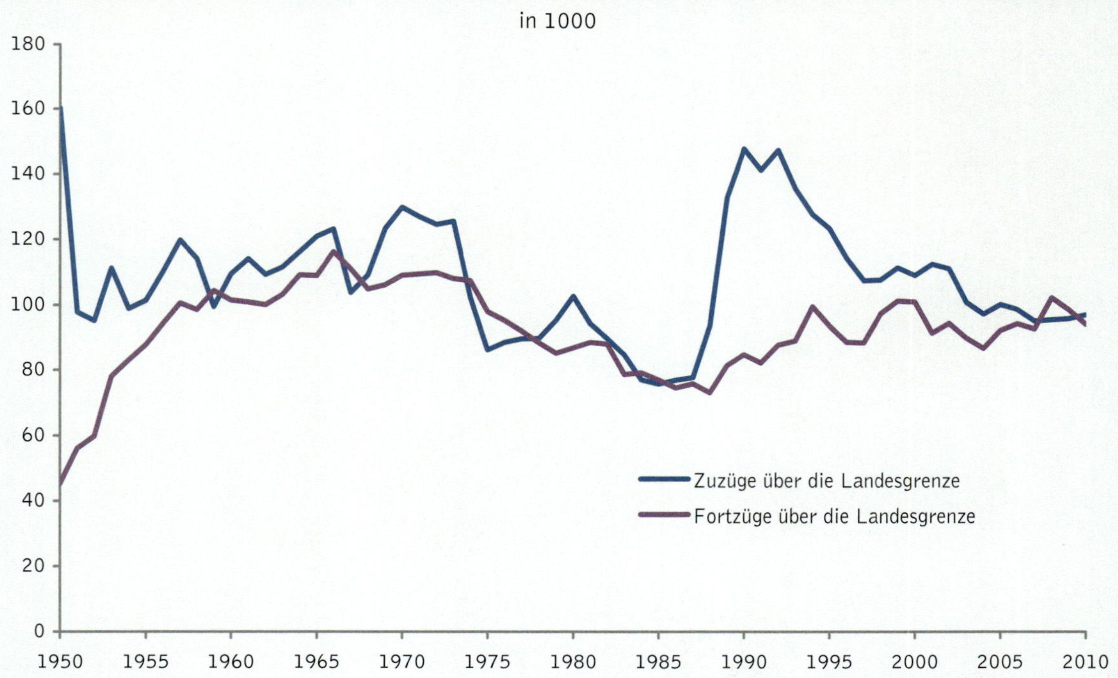

II.2. Haushalte und Wohnen

T 17 Haushalte und Wohngebäude in den heute zu Rheinland-Pfalz gehörenden Gebieten 1871–2010

Jahr[1]	Haushalte		Einwohner je Haushalt	Wohngebäude	Einwohner je Wohngebäude
	insgesamt	darunter Einpersonenhaushalte			
	1 000		Anzahl	1 000	Anzahl
1871	391,5	.	4,7	.	.
1875	403,2	.	4,7	.	.
1880	416,4	.	4,8	320,4	6,2
1885	423,3	.	4,8	326,9	6,2
1890	436,8	.	4,8	333,0	6,3
1895	448,9	.	4,8	340,0	6,4
1900	479,4	.	4,8	353,8	6,5
1905	508,9	.	4,8	.	.
1910	533,6	.	4,8	380,6	6,7
1925	626,3	.	4,3	.	.
1933	696,6	43,9	4,1	.	.
1939	788,9	57,1	3,8	.	.
1950	921,7	130,8	3,3	466,9	6,4
1961	1 100,8	185,8	3,1	582,6	5,9
1965	1 172,0	229,3	3,1	647,1	5,5
1970	1 218,9	238,0	3,0	701,6	5,2
1975	1 306,8	286,2	2,8	770,9	4,8
1980	1 359,9	328,0	2,7	841,8	4,3
1985	1 487,5	413,6	2,4	900,5	2,3
1990	1 593,3	481,1	2,4	927,8	4,1
1995	1 757,5	574,1	2,3	986,7	4,0
2000	1 834,3	616,2	2,2	1 045,6	3,9
2005	1 872,1	664,4	2,2	1 096,5	3,7
2009	1 888,7	677,0	2,1	1 128,2	3,6
2010	1 892,9	680,1	.	1 133,1	.

1 Haushalte: 1871–1961, 1970 Volkszählungen, übrige Jahre Mikrozensus. Wohngebäude: 1871–1961, 1970 Gebäude- und Wohnungszählungen, übrige Jahre Fortschreibung des Gebäude- und Wohnungsbestandes.

G 19 Durchschnittliche Personenzahl je Haushalt in den heute zu Rheinland-Pfalz gehörenden Gebieten 1871–2009

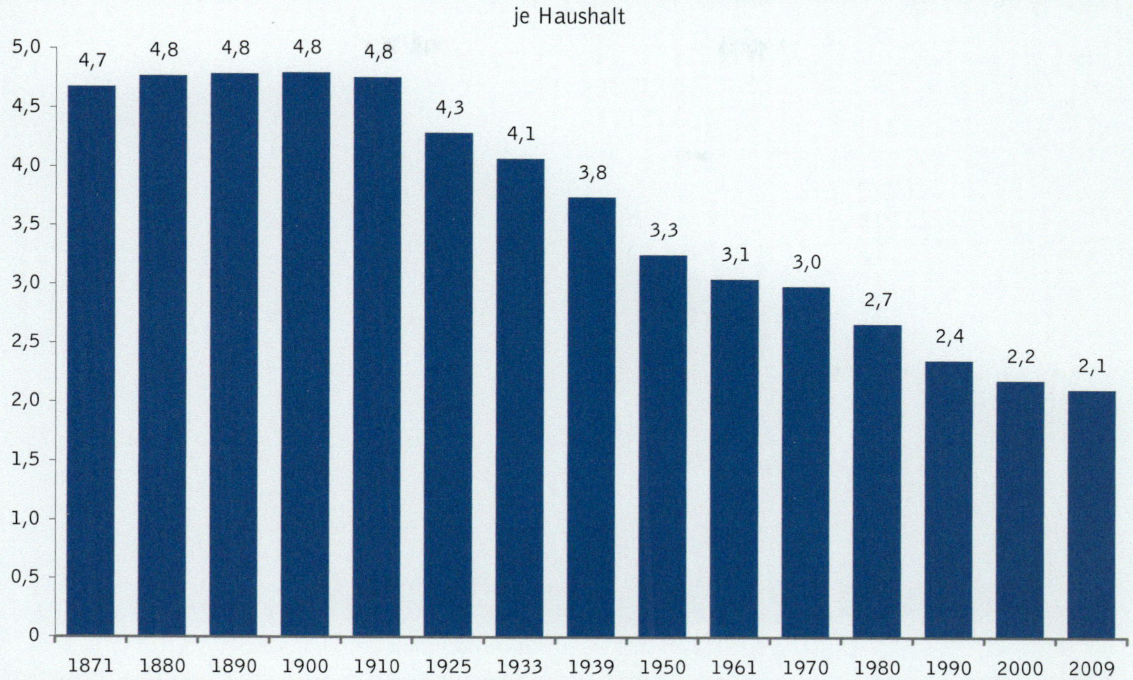

G 20 Durchschnittliche Personenzahl je Wohngebäude in den heute zu Rheinland-Pfalz gehörenden Gebieten 1880–2009

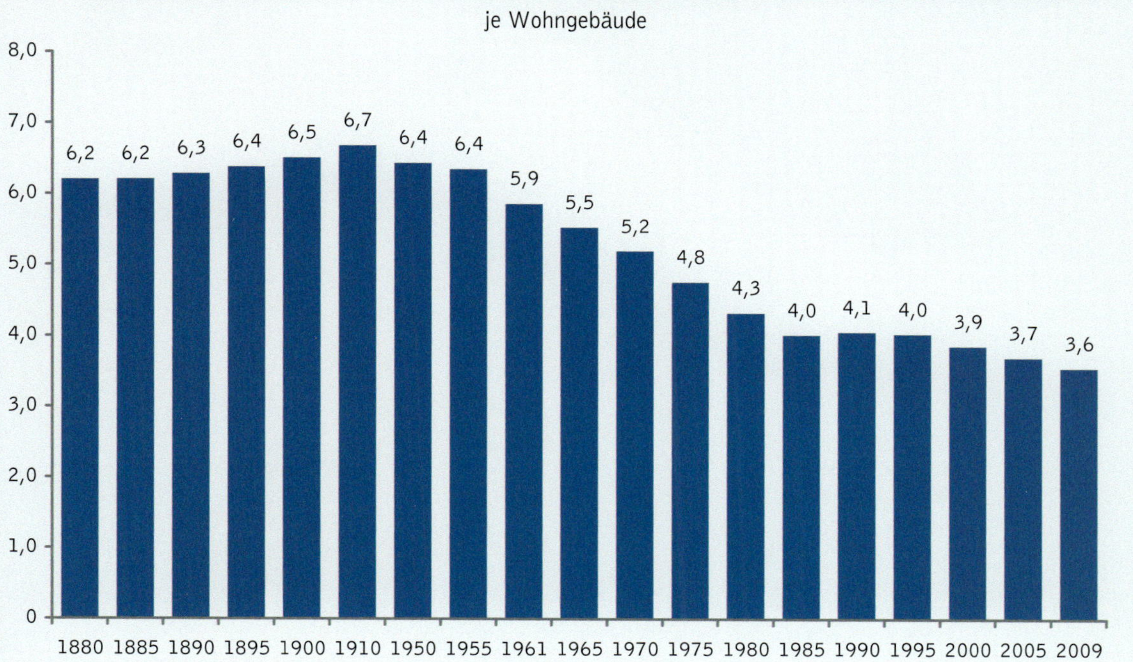

K 18 Wohngebäude in den heute zu Rheinland-Pfalz gehörenden Gebieten 1880

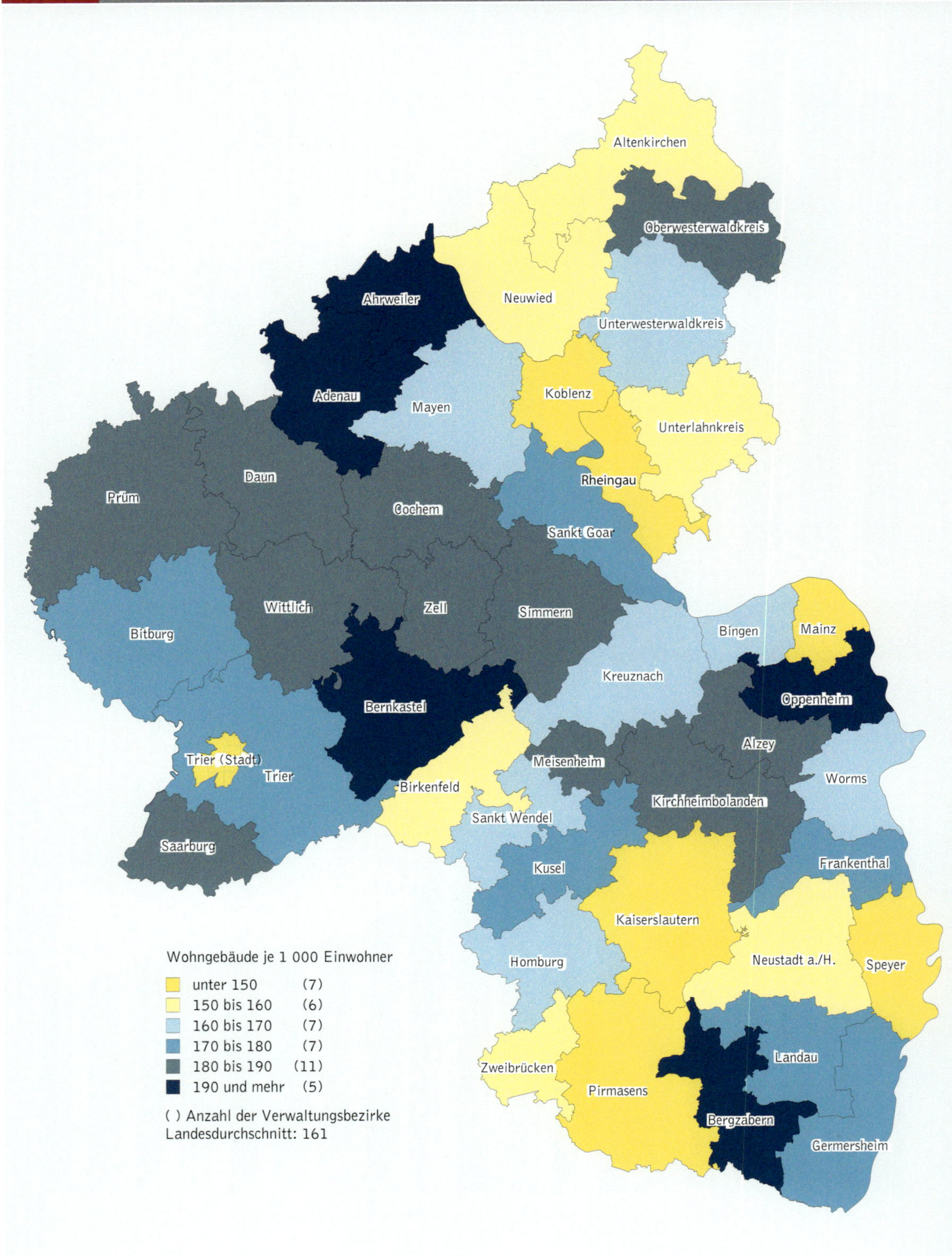

K 19 Wohngebäude 2009 in den rheinland-pfälzischen kreisfreien Städten und Landkreisen

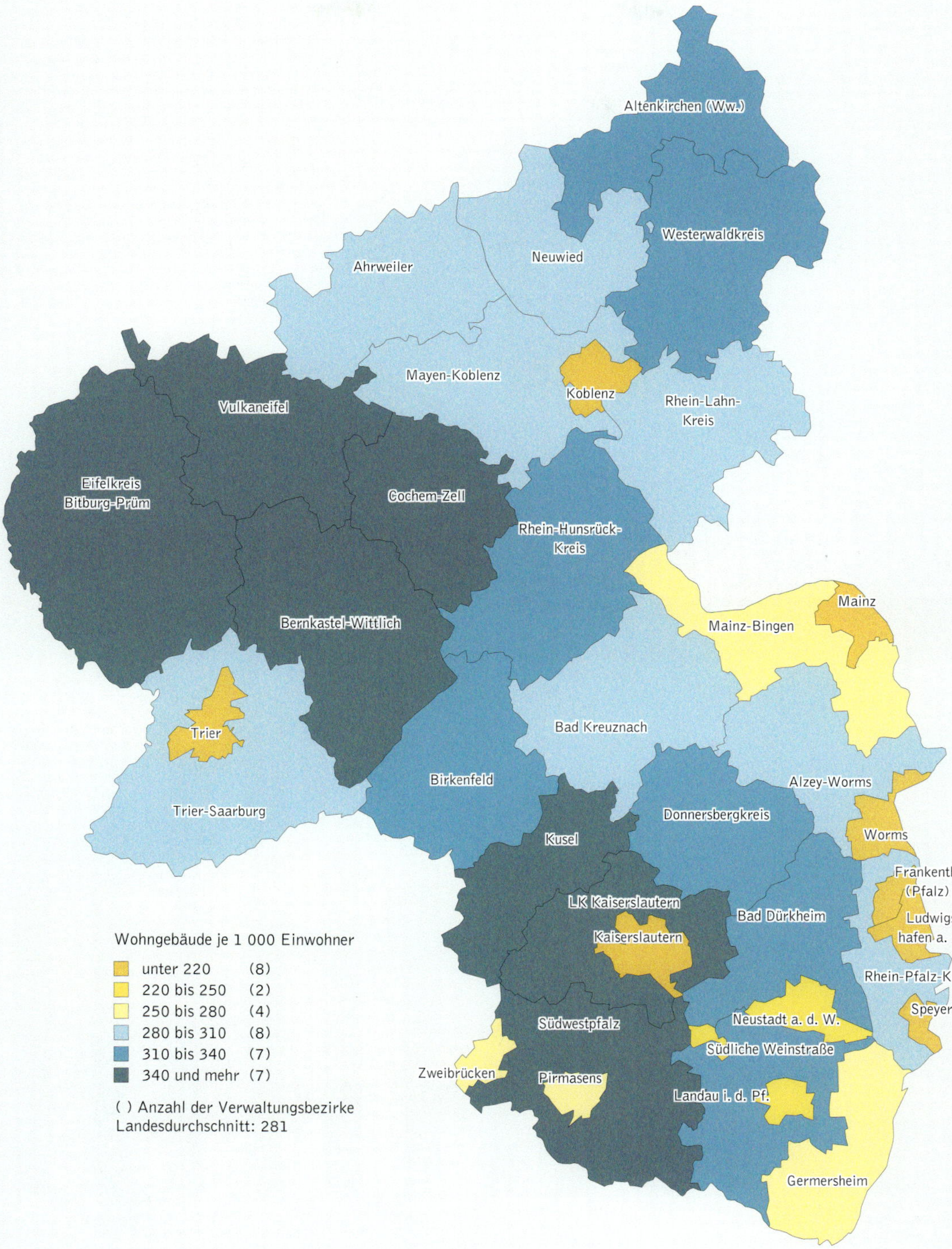

T 18 Privathaushalte 1950–2010 nach Haushaltsgröße

Jahr[1]	Insgesamt	Davon mit ... Person(en)				
		1	2	3	4	5 und mehr
	1 000					
1950	921,7	130,8	219,5	225,1	170,3	176,0
1961	1 117,8	181,6	278,0	257,5	200,3	200,4
1965	1 172,0	229,3	312,0	254,6	192,8	183,3
1970	1 216,8	237,2	319,7	246,7	209,4	203,8
1975	1 306,8	286,2	380,4	257,8	217,6	164,8
1980	1 359,9	328,0	395,7	271,2	220,9	144,1
1985	1 487,5	413,6	459,2	287,7	222,0	105,0
1990	1 593,3	481,1	494,1	300,8	231,8	85,5
2000	1 834,3	616,2	619,8	292,0	220,6	85,8
2005	1 872,1	664,4	626,9	278,2	222,1	80,4
2009	1 888,7	677,0	669,9	259,1	210,3	72,4
2010	1 892,9	680,1	683,1	254,5	204,6	70,6

1 1950, 1961, 1970 Volkszählungen; übrige Jahre Mikrozensus. 1961 und 1970 weicht die Zahl der Haushalte von der an anderer Stelle genannten Gesamtzahl der Haushalte ab. Die dieser Tabelle zugrunde liegende Haushalts- und Familienstatistik wurde aus einer zehnprozentigen Stichprobe aus dem Gesamtmaterial der Volkszählungen gewonnen. Die daraus hochgerechnete Anzahl der Haushalte stimmte nicht mit der bei den Volkszählungen ursprünglich ermittelten Anzahl der Privathaushalte überein.

G 21 Privathaushalte 1950–2010 nach Haushaltsgröße

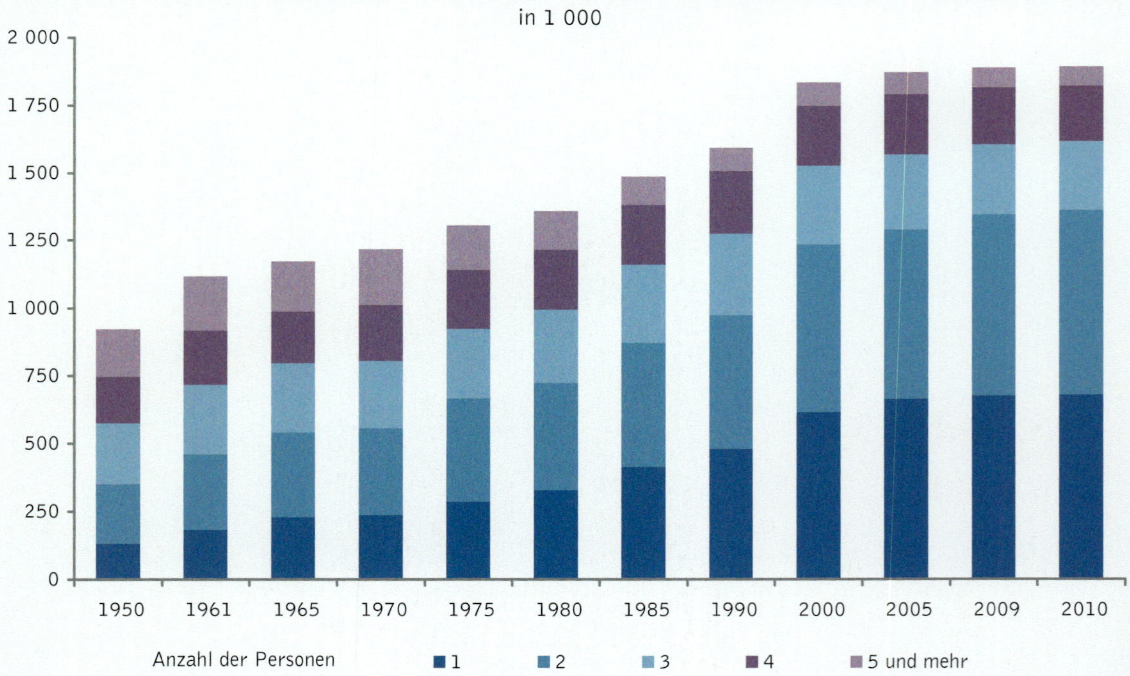

T 19 Bestand an Wohngebäuden und Wohnungen 1950–2010

Jahr	Wohngebäude	Wohnungen in Wohn- und Nichtwohngebäuden insgesamt	davon mit ... Räumen (einschließlich Küche) 1 und 2	3	4	5 und 6	7 und mehr	Räume
	Anzahl							
1950	466 868	702 643	114 632	192 131	173 189	174 340	48 351	2 806 406
1955	520 407	838 680	125 665	253 745	208 795	197 675	52 800	3 320 727
1960	582 571	977 638	155 966	289 514	247 507	225 224	59 427	3 836 346
1965	647 143	1 153 977	88 762	275 582	326 008	342 865	120 760	5 189 136
1970	701 568	1 221 686	93 696	285 691	345 207	367 901	129 191	5 427 142
1975	770 887	1 375 103	109 407	306 222	384 184	428 089	147 201	6 136 776
1980	841 750	1 495 429	119 816	320 646	406 791	483 541	164 635	6 725 032
1985	900 527	1 608 294	134 698	337 791	427 241	527 963	180 601	7 244 501
1990	927 777	1 560 850	93 511	263 767	397 062	551 797	254 713	7 508 500
1995	986 747	1 695 062	107 055	287 437	429 774	596 776	274 020	8 126 909
2000	1 045 648	1 819 080	118 014	307 464	455 324	641 090	297 188	8 734 459
2005	1 096 534	1 899 824	123 066	315 223	466 243	675 936	319 356	9 180 836
2009	1 128 173	1 946 962	126 397	319 251	471 812	696 082	333 420	9 449 447
2010	1 133 100	1 954 775	126 924	320 234	472 826	699 218	335 573	9 492 784

G 22 Wohnräume 1950–2009

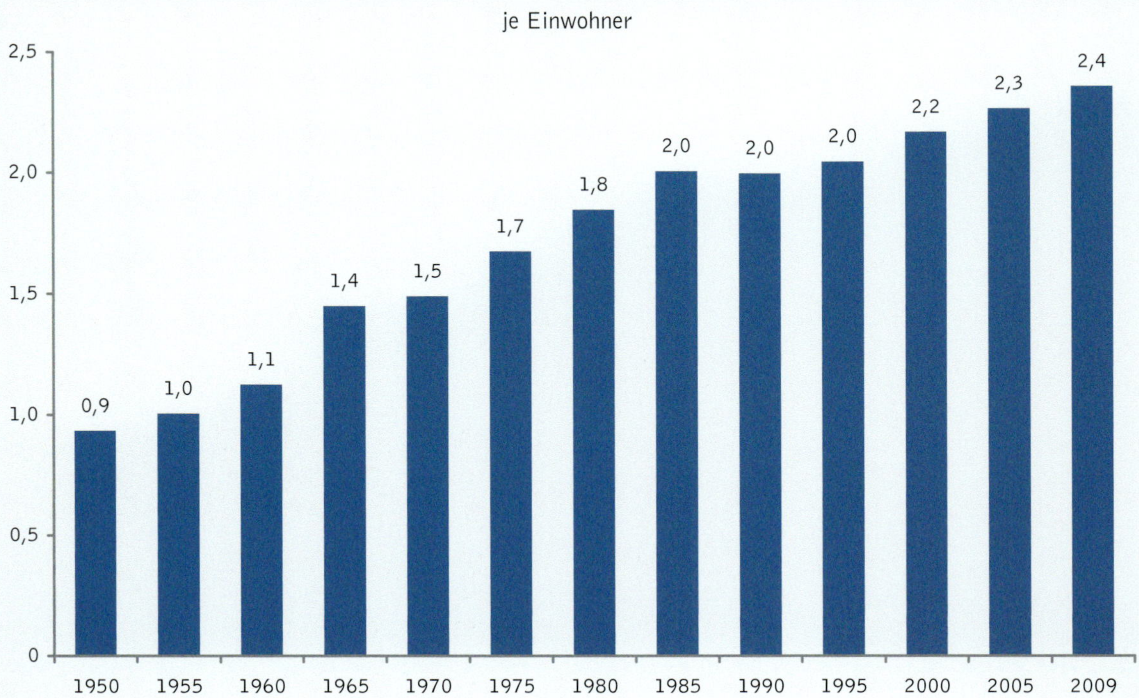

II.3. Bildung

T 20 Allgemeinbildende Schulen 1950–2010 nach Schularten

Jahr	Insgesamt	Grund-schulen[1]	Haupt-schulen[1]	Förder-schulen	Schulen mit mehreren Bildungs-gängen[1 2]	Real-schulen	Gymnasien	Freie Waldorf-schulen	Kollegs und Abend-gymnasien
	Anzahl								
1950	3 197	3 036		32	-	12	117	-	-
1955	3 350	3 157		50	-	26	117	-	-
1960	3 395	3 185		49	-	38	122	-	1
1965	3 291	3 030		76	-	59	123	-	3
1970	2 369	2 019		134	-	84	128	-	4
1975	1 671	1 073	436	163	2	100	135	-	3
1980	1 596	975	315	157	3	104	139	2	3
1985	1 597	976	310	154	3	107	137	3	3
1990	1 584	971	309	151	4	108	135	4	3
1995	1 617	977	306	147	31	110	137	6	3
2000	1 663	986	268	145	96	116	138	6	3
2005	1 620	989	190	141	117	117	141	6	3
2009	1 590	983	125	139	164	83	146	8	3
2010	1 557	976	61	138	231	33	146	9	4

1 Durch organisatorisch verbundene Schulen kommt es zu Doppelzählungen. – 2 Duale Oberschulen, regionale Schulen, Realschulen plus und integrierte Gesamtschulen.

T 21 Schülerinnen und Schüler an allgemeinbildenden Schulen 1950–2010 nach Schularten[1]

Jahr	Insgesamt	Grund-schulen[2]	Haupt-schulen[2]	Förder-schulen	Schulen mit mehreren Bildungs-gängen[2, 3]	Real-schulen	Gymnasien	Freie Waldorf-schulen	Kollegs und Abend-gymnasien
	Anzahl								
1950	445 957	165 612	233 683	3 872	-	2 538	40 252	-	-
1955	385 758	167 219	159 645	3 977	-	6 027	48 890	-	-
1960	431 979	222 258	144 224	4 464	-	9 575	51 317	-	141
1965	486 396	236 669	156 082	7 388	-	17 312	68 507	-	438
1970	567 884	252 524	174 188	12 625	-	37 056	90 760	-	731
1975	606 223	237 904	171 792	18 680	1 357	59 929	115 947	-	614
1980	526 854	163 571	145 451	18 094	2 904	68 924	126 845	270	795
1985	405 319	135 251	93 788	13 198	3 291	54 883	103 552	755	601
1990	394 900	155 754	79 053	12 112	3 896	47 686	94 552	1 226	621
1995	453 496	179 199	79 943	13 772	13 437	60 878	104 106	1 711	450
2000	487 473	183 005	65 034	16 498	39 532	68 207	112 555	2 133	509
2005	486 967	169 106	43 798	17 272	57 775	68 953	127 024	2 297	742
2009	459 302	150 969	23 272	15 545	81 636	46 143	138 652	2 416	669
2010	450 464	145 693	9 403	15 099	122 517	15 679	138 882	2 434	757

1 Ohne angeschlossene Schul- bzw. Förderschulkindergärten und ohne Sekundarstufe II. – 2 Einschließlich organisatorisch verbundener Schulen. – 3 Duale Oberschulen, regionale Schulen, Realschulen plus und integrierte Gesamtschulen.

T 22 Schülerinnen und Schüler an allgemeinbildenden Schulen 1950–2010 nach Schularten [1]

Jahr	Insgesamt	Grund- und Hauptschulen[2]	Förderschulen	Realschulen	Realschulen plus[2]	Gymnasien	Duale Oberschulen	Regionale Schulen[2]	Integrierte Gesamtschulen	Freie Waldorfschulen
	Anzahl je Klasse									
1950	43,0	45,7	25,0	30,6	-	29,1	-	-	-	-
1955	36,5	37,6	21,2	36,3	-	32,0	-	-	-	-
1960	38,2	40,2	20,5	34,6	-	30,1	-	-	-	-
1965	36,9	38,6	19,8	35,7	-	32,0	-	-	-	-
1970	34,8	34,6	15,5	32,7	-	34,3	-	-	-	-
1975	31,9	31,0	13,5	33,0	-	34,0	-	-	32,7	-
1980	28,4	25,8	12,1	32,2	-	32,4	-	-	29,9	30,0
1985	24,3	21,6	9,5	27,2	-	27,3	-	-	28,0	31,5
1990	22,1	22,3	9,3	24,9	-	25,3	-	-	26,4	31,3
1995	22,7	22,7	9,7	26,1	-	26,0	-	25,7	27,8	31,3
2000	22,7	22,4	10,0	26,4	-	26,5	23,9	24,7	27,1	30,3
2005	22,4	21,8	9,8	26,1	-	26,8	22,8	23,2	27,2	31,2
2009	22,0	20,8	9,6	26,0	22,3	27,1	-	-	26,3	27,3
2010	21,8	20,5	9,6	26,2	22,6	27,1	-	-	26,1	26,7

1 Ohne angeschlossene Schul- bzw. Förderschulkindergärten und ohne Sekundarstufe II. – 2 Einschl. organisatorisch verbundener Schulen.

G 23 Schülerinnen und Schüler an allgemeinbildenden Schulen 1950–2010

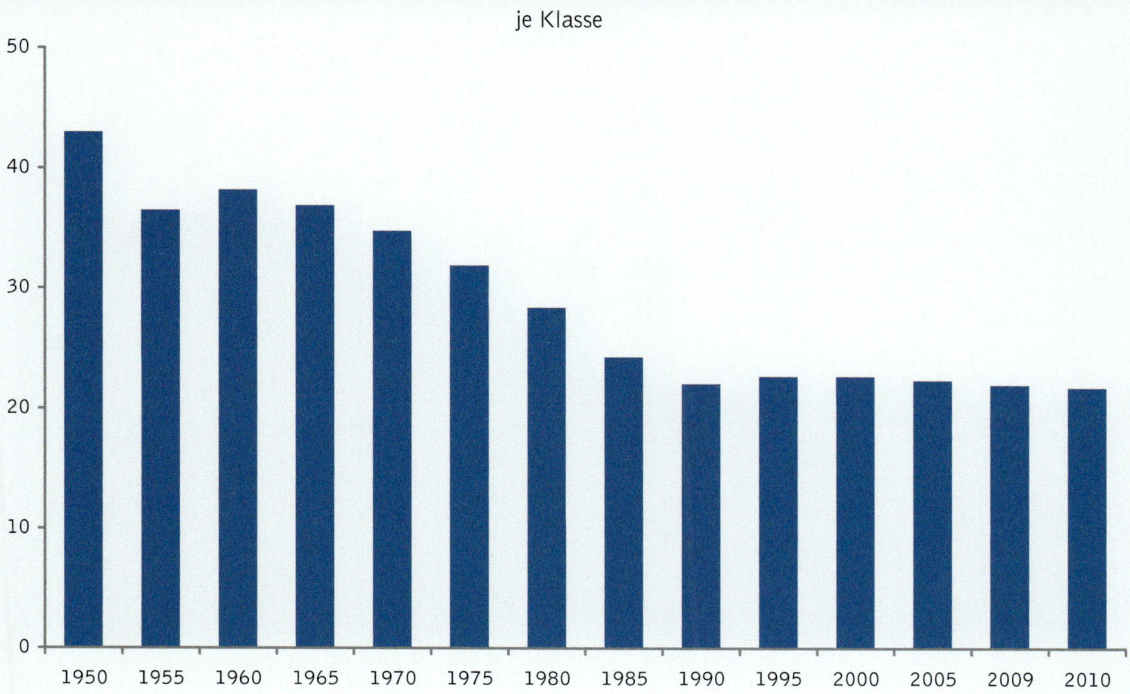

T 23 Hauptamtliche/hauptberufliche Lehrkräfte an allgemeinbildenden Schulen 1950–2010 nach Schularten

Jahr	Insgesamt	Grund- und Hauptschulen[1 2]	Förderschulen[2]	Schulen mit mehreren Bildungsgängen[1 3]	Realschulen	Gymnasien	Freie Waldorfschulen	Kollegs und Abendgymnasien
	Anzahl							
1950	10 455	8 330	146	-	81	1 898	-	-
1955	11 407	8 810	204	-	181	2 212	-	-
1960	12 371	9 332	226	-	350	2 463	-	.
1965	14 226	10 358	374	-	641	2 853	-	.
1970	20 506	13 732	984	-	1 521	4 218	-	51
1975	26 193	16 356	1 902	78	2 382	5 417	-	58
1980	28 399	15 890	2 460	205	3 176	6 597	14	57
1985	27 858	14 651	2 698	244	3 159	6 990	54	62
1990	28 035	14 507	2 741	342	3 137	7 147	96	65
1995	30 402	15 283	3 133	1 008	3 496	7 277	143	62
2000	32 692	14 604	3 687	2 688	3 781	7 745	166	53
2005	36 113	13 892	4 624	4 323	4 125	8 894	190	78
2009	37 538	12 736	4 879	6 852	3 010	9 773	215	73
2010	38 257	11 635	4 949	10 298	1 068	9 995	221	91

1 Einschließlich organisatorisch verbundener Schulen. – 2 Einschließlich pädagogischer Fachkräfte. – 3 Duale Oberschulen, regionale Schulen, Realschulen plus sowie integrierte Gesamtschulen.

G 24 Hauptamtliche/hauptberufliche Lehrkräfte an allgemeinbildenden Schulen 1950–2010

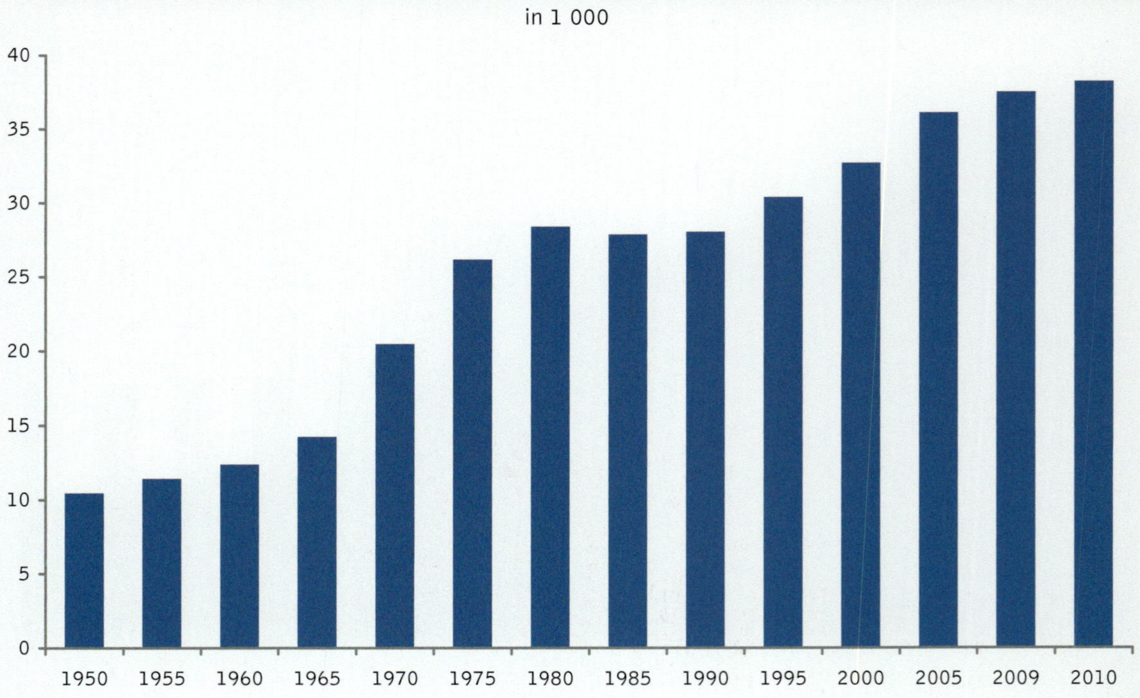

T 24 Entlassene aus allgemeinbildenden Schulen 1970–2010 nach Abschlussarten

Jahr	Insgesamt[1]	Abschlussart				
		ohne Hauptschulabschluss	mit Hauptschulabschluss	Sekundarabschluss I	Fachhochschulreife[2]	Abitur
	Anzahl					
1970	.	.	.	6 638	.	5 830
1975	45 782	7 470	21 648	10 185	.	6 483
1980	62 403	6 710	32 518	14 692	.	8 483
1985	54 990	4 432	24 272	15 190	.	11 096
1990	38 094	3 500	13 799	10 883	.	9 912
1995	39 075	3 734	13 793	12 761	.	8 787
1996	40 523	3 873	14 513	13 116	.	9 021
1997	41 164	3 908	13 791	14 139	.	9 326
1998	42 581	4 129	13 994	15 362	.	9 096
1999	42 533	3 932	13 570	15 253	.	9 778
2000	44 198	4 284	13 697	16 036	.	10 181
2005	46 692	3 487	14 119	17 736	516	10 834
2009	45 768	3 076	10 250	18 570	812	13 060
2010	44 369	2 565	9 163	18 246	713	13 682

1 Ohne Nichtschülerprüfungen. – 2 Schulischer Teil.

G 25 Abiturientenquote 1950–2010 nach Geschlecht

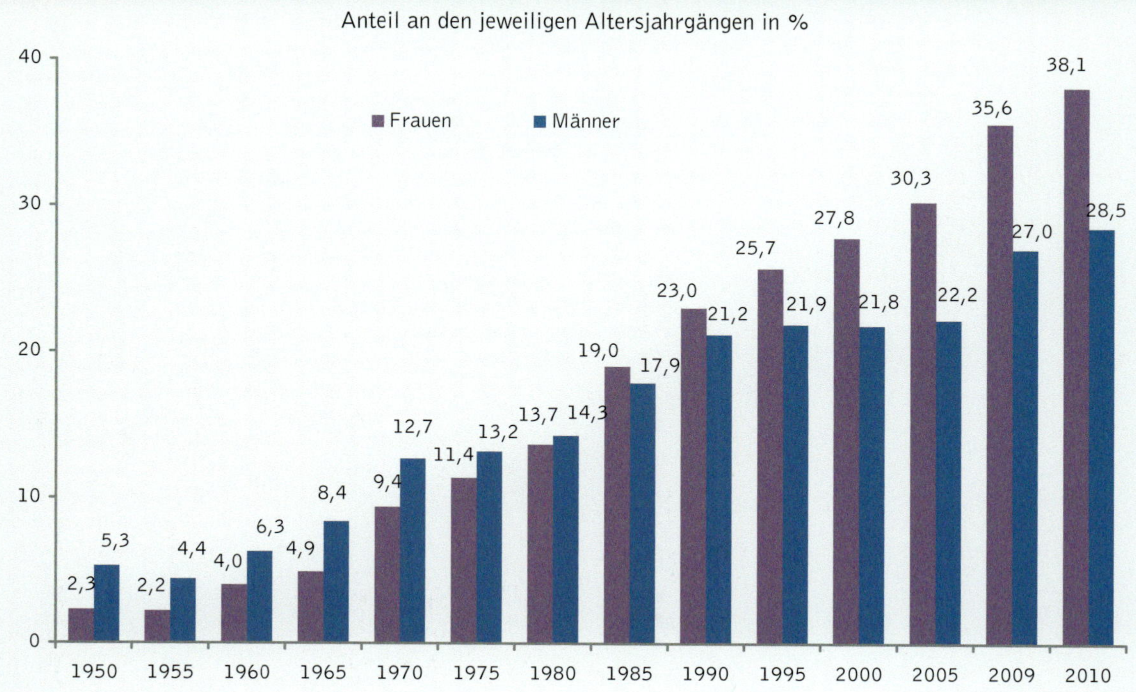

T 25 Schülerinnen und Schüler sowie Lehrkräfte an berufsbildenden Schulen und Schülerinnen und Schüler an Schulen des Gesundheitswesens 1950–2010

Jahr	Insgesamt	Schülerinnen und Schüler						Haupt-amtliche/-berufliche Lehrkräfte	Schüler an Schulen des Gesund-heitsw.
		Berufs-schulen	Berufsfach-schulen	Berufs-aufbau-schulen[1]	Fachober-schulen[2]	Berufliche Gymnasien	Fach-schulen		
	Anzahl								
1950	111 998	103 418	4 115	-	-	-	4 465	1 167	-
1955	159 448	146 015	7 884	255	-	-	5 294	1 780	1 071
1960	117 014	103 796	6 644	1 855	-	-	4 719	1 926	1 435
1965	143 423	126 161	9 915	2 522	-	130	4 695	2 102	1 974
1970	141 386	116 921	12 764	3 521	1 856	776	5 548	2 531	4 069
1975	134 912	102 398	16 362	3 546	5 047	1 765	5 792	3 190	6 099
1980	163 024	129 427	19 335	2 198	3 129	2 160	6 775	4 222	6 344
1985	157 012	124 217	19 490	1 022	3 186	2 082	7 015	4 882	7 233
1990	119 439	89 845	13 679	925	4 109	2 500	8 381	4 642	5 696
1995	112 809	79 442	15 633	273	2 952	3 435	11 074	4 833	5 946
2000	123 538	89 228	17 182	-	2 515	4 558	10 055	4 989	6 335
2005	126 833	79 143	26 208	1 785	2 593	6 030	11 074	5 496	5 987
2009	132 420	84 320	24 313	2 426	2 791	7 572	10 998	5 777	7 262
2010	129 098	81 145	22 928	2 403	2 655	8 447	11 520	5 879	7 587

1 Einschließlich duale Berufsoberschulen. – 2 Einschließlich Berufsoberschulen.

T 26 Auszubildende 1950–2009 nach Ausbildungsbereichen

Jahr[1]	Insgesamt	Industrie und Handel[2]	Handwerk	Land-wirtschaft	Öffentlicher Dienst[3]	Hauswirt-schaft	Freie Berufe
	Anzahl						
1950	.	-	32 582	.	.	.	.
1955	.	37 907	36 641	1 405	.	.	.
1960	.	36 470	26 535	1 148	.	.	.
1965	.	42 709	32 290	3 276	.	.	.
1970	.	46 269	33 286	3 081	.	.	.
1975	83 043	36 284	34 975	2 161	2 134	1 021	6 468
1980	109 343	47 491	47 527	3 354	2 840	892	7 239
1985	110 672	50 199	43 890	3 904	3 954	878	7 847
1990	83 316	39 852	29 825	1 832	3 215	833	7 759
1995	71 034	29 350	29 538	1 214	2 191	814	7 927
2000	80 269	37 605	30 439	1 666	2 151	932	7 476
2005	74 537	36 753	26 147	1 915	2 108	804	6 810
2009	78 644	42 095	25 780	2 052	1 955	798	5 964

1 Stand: 31.12. – 2 Einschließlich Banken, Versicherungen, Gast- und Verkehrsgewerbe. – 3 Ohne diejenigen Auszubildenden des öffentlichen Dienstes, deren Ausbildungsberufe nach dem Berufsbildungsgesetz bei anderen Stellen (Kammern) registriert werden und ohne Beamtenanwärterinnen/Beamtenanwärter.

T 27 Studierende in den Wintersemestern 1950/51–2010/11 nach Hochschularten

Winter-semester	Studierende insgesamt	Studierende darunter Frauen	Davon an Uni-versitäten	Theol. Hoch-schulen	Erziehungs-wissensch. Hochsch.[1]	Sonstige wissensch. Hochsch.	Fach-hoch-schulen	Verwal-tungsfach-hochsch.
	Anzahl							
1950/51	5 788	1 552	4 931	243	614	-	-	-
1955/56	4 163	1 329	3 324	195	644	-	-	-
1960/61	7 397	2 673	5 618	219	1 560	-	-	-
1965/66	9 526	3 121	7 440	169	1 917	-	-	-
1970/71	16 319	6 453	11 943	193	4 183	-	-	-
1975/76	36 143	13 765	22 705	216	4 863	-	8 359	-
1980/81	42 220	16 678	29 916	429	2 686	307	8 882	-
1985/86	59 933	23 716	38 920	369	2 474	580	15 390	2 200
1990/91	72 545	29 202	49 493	273	-	703	19 327	2 749
1995/96	80 691	35 190	55 816	267	-	677	21 946	1 985
2000/01	82 008	39 595	55 581	404	-	909	23 328	1 786
2005/06	101 845	50 770	68 226	427	-	878	30 502	1 812
2009/10	109 478	55 438	72 914	636	-	942	32 787	2 199
2010/11	113 069	57 405	75 538	647	-	1 025	33 512	2 347

1 Wintersemester 1950/51 bis Sommersemester 1969: pädagogische Hochschulen.

G 26 Studierende in den Wintersemestern 1950/51–2010/11

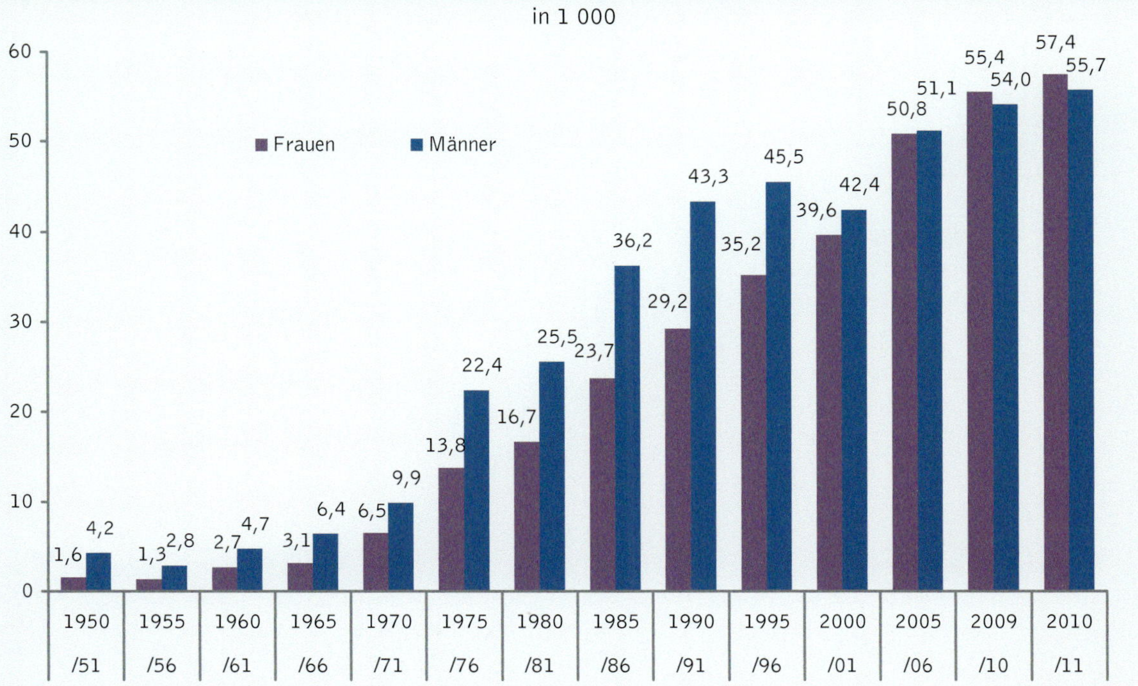

T 28 Studierende in den Wintersemestern 1980/81–2010/11 nach Fächergruppen

Winter-semester	Insgesamt	Sprach- u. Kultur-wissen-schaften	Sport	Rechts-, Wirt-schafts- u. Sozialw.	Mathema-tik, Natur-wissen-schaften	Human-medizin/ Gesund-heitsw.	Agrar-, Forst- u. Ernäh-rungsw.	Ingenieur-wissen-schaften	Kunst, Kunst-wissen-schaft
	Anzahl								
1980/81	42 220	12 566	753	9 851	6 839	3 680	394	6 543	1 594
1985/86	59 933	14 145	653	16 509	10 092	4 216	577	11 597	2 144
1990/91	72 545	15 788	478	21 781	13 032	4 331	421	14 266	2 448
1995/96	80 691	20 258	576	25 118	13 651	3 905	315	13 979	2 889
2000/01	82 008	21 132	934	28 063	13 509	3 579	192	11 411	3 188
2005/06	101 845	26 126	1 428	33 369	18 945	5 319	252	12 925	3 481
2009/10	109 478	27 273	1 662	34 681	21 068	5 225	309	15 713	3 547
2010/11	113 069	27 936	1 769	36 297	21 713	5 221	357	16 129	3 647

T 29 Studienanfängerinnen und Studienanfänger in den Studienjahren 1960–2010 nach Hochschularten

Studien-jahr[1]	Insgesamt	darunter Frauen	Wissenschaftliche Hochschulen				Fachhochschulen	
			Uni-versitäten	Theol. Hoch-schulen	Erziehungs-wissensch. Hochsch.[2]	Sonstige wissensch. Hochsch.	Fach-hoch-schulen	Verwal-tungsfach-hochsch.
	Anzahl							
1960	1 338	468	1 289	49	-	-	-	-
1965	1 374	451	1 341	33	.	-	-	-
1970	3 831	1 904	2 541	29	1 261	-	-	-
1975	7 945	3 233	4 433	59	741	-	2 712	-
1980	8 159	3 515	5 040	79	546	4	2 490	-
1985	9 551	3 970	5 169	48	400	36	3 240	658
1990	13 533	5 541	8 629	55	133	79	3 764	873
1995	11 874	6 049	7 575	35	-	53	3 753	458
2000	14 652	7 596	8 775	47	-	96	5 110	624
2005	17 535	8 931	10 796	52	-	106	6 068	513
2009	20 842	10 926	12 510	61	-	194	7 389	688
2010	22 161	11 667	13 498	81	-	205	7 664	713

1 Studienjahr: Sommersemester und darauffolgendes Wintersemester. – 2 Studienjahr 1960 bis 1969: pädagogische Hochschulen.

II.4. Gesundheit

T 30 Ärztinnen und Ärzte, Zahnärztinnen und Zahnärzte sowie öffentliche Apotheken 1950–2010

Jahr	Ärztinnen und Ärzte						Freipraktizierende Zahnärztinnen/-ärzte	Öffentliche Apotheken
	insgesamt	weiblich	männlich	in freier Praxis	im Krankenhaus	in sonstigen Bereichen		
	Anzahl							
1950	3 300	.	.	2 266	761	199	1 272	.
1955	3 635	.	.	2 418	961	256	1 580	.
1960	4 076	558	3 518	2 741	952	383	1 561	.
1965	4 552	705	3 847	2 889	1 184	479	1 400	.
1970	4 890	842	4 048	2 804	1 559	527	1 439	.
1975	6 086	1 158	4 928	3 040	2 426	620	1 413	834
1980	7 485	1 585	5 900	3 489	3 215	781	1 418	987
1985	9 001	2 028	6 973	3 892	4 223	886	1 481	1 092
1990	9 704	2 527	7 177	4 318	4 124	1 262	1 735	1 113
1995	12 316	3 693	8 623	5 186	5 565	1 565	1 948	1 135
2000	13 444	4 323	9 121	5 770	5 940	1 734	2 127	1 157
2005	14 557	5 134	9 423	6 474	6 593	1 490	2 249	1 146
2009	15 467	6 006	9 461	6 619	7 144	1 704	2 229	1 119
2010	15 796	6 224	9 572	6 634	7 376	1 786	2 213	1 121

G 27 Ärztinnen und Ärzte, Zahnärztinnen und Zahnärzte 1950–2010

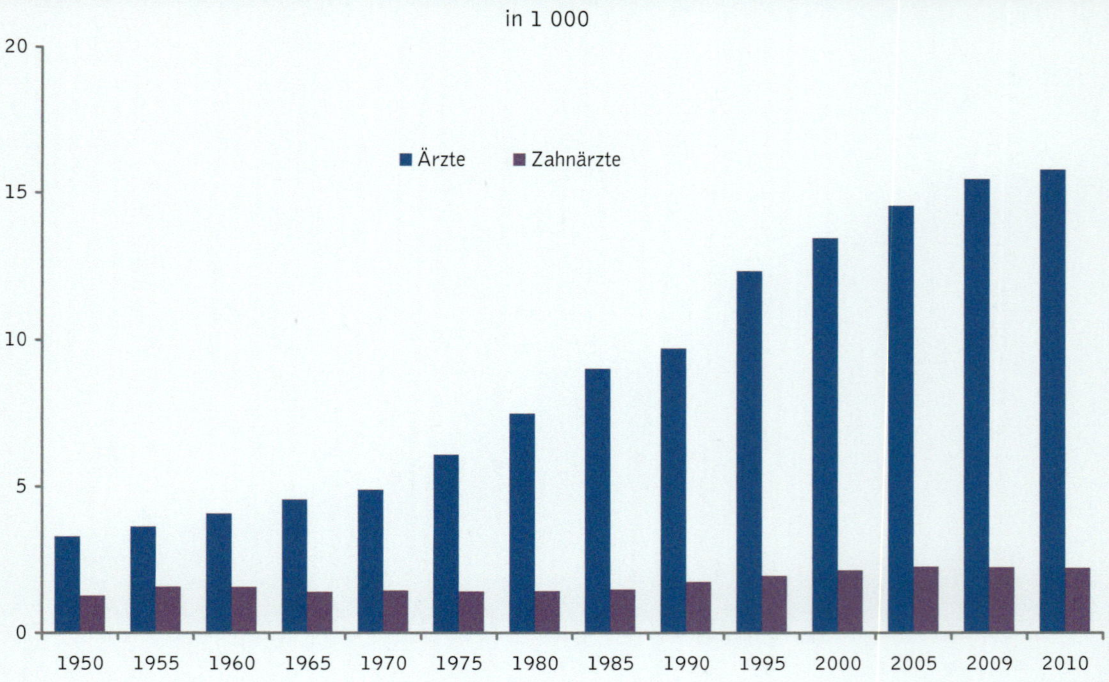

T 31 Einwohner je Ärztin/Arzt, je Zahnärztin/Zahnarzt sowie je öffentliche Apotheke 1950–2009

Jahr	Einwohner je Ärztin/Arzt				Einwohner je Zahnärztin/ Zahnarzt	Einwohner je öffentliche Apotheke
	insgesamt	in freier Praxis	im Krankenhaus	in sonstigen Bereichen		
	Anzahl					
1950	911	1 326	3 948	15 099	2 362	.
1955	909	1 367	3 439	12 910	2 092	.
1960	837	1 244	3 583	8 906	2 185	.
1965	787	1 240	3 025	7 478	2 559	.
1970	745	1 300	2 338	6 917	2 533	.
1975	602	1 206	1 511	5 913	2 594	4 395
1980	487	1 044	1 133	4 664	2 569	3 690
1985	402	929	856	4 080	2 441	3 310
1990	388	872	913	2 982	2 169	3 381
1995	323	767	715	2 542	2 042	3 505
2000	300	699	679	2 327	1 897	3 487
2005	279	627	616	2 724	1 805	3 542
2009	262	613	568	2 382	1 821	3 627

G 28 Einwohner je Ärztin/Arzt bzw. Zahnärztin/Zahnarzt 1950–2009

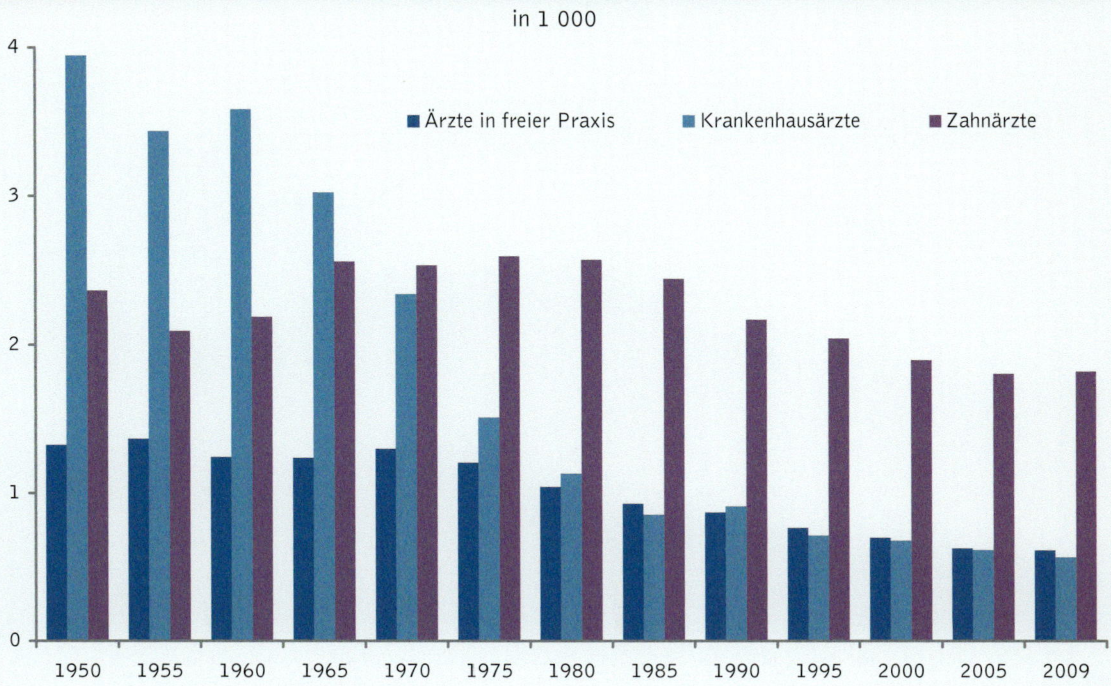

T 32 Krankenhäuser, Vorsorge- und Rehabilitationseinrichtungen 1950–2009 nach Trägern

Jahr[1]	Insgesamt		Trägerschaft					
			öffentliche Träger		freigemeinnützige Träger		private Träger	
	Anzahl	Betten	Anzahl	Betten	Anzahl	Betten	Anzahl	Betten
1950	227	28 565	74	12 745	120	14 303	33	1 517
1955	230	31 832	59	12 506	133	17 874	38	1 452
1960	244	36 506	63	14 365	131	19 334	50	2 807
1965	241	39 591	61	15 842	123	19 899	57	3 850
1970	229	42 364	62	17 904	110	20 272	57	4 188
1975	227	44 873	62	18 660	99	19 770	66	6 443
1980	206	42 875	57	18 039	83	18 014	66	6 822
1985	202	42 185	51	16 353	81	18 169	70	7 663
1990	189	37 522	47	14 188	75	15 972	67	7 362
1995	191	38 164	38	12 165	83	17 830	70	8 169
2000	189	35 693	34	11 056	87	17 081	68	7 556
2005	163	33 732	30	10 172	74	16 648	59	6 912
2009	160	33 570	28	10 152	76	16 554	56	6 864

1 Stand: 30.6.

G 29 Betten in Krankenhäusern, Vorsorge- und Rehabilitationseinrichtungen 1950–2009

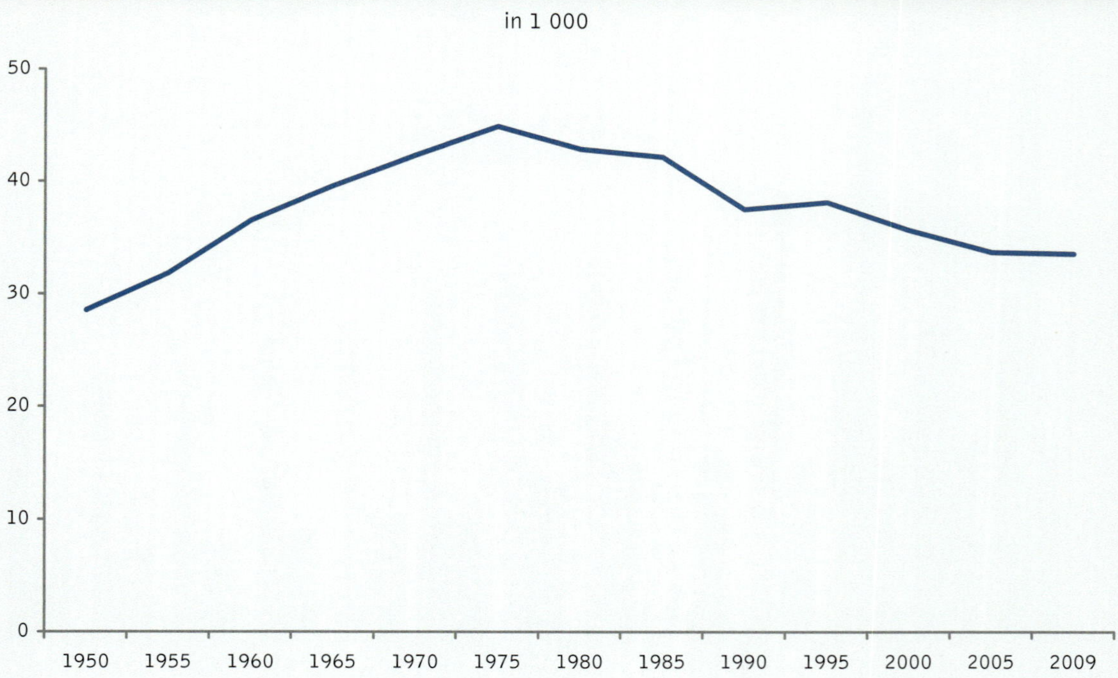

T 33 Gestorbene 1950–2009 nach ausgewählten Todesursachen

Jahr	Insgesamt	Darunter mit Todesursache					
		bösartige Neubildung	Erkrankung des			Unfall	Selbstmord
			Herz-Kreislauf-Systems	Atmungssystems	Verdauungssystems		
	Anzahl						
1950	31 958	4 755	12 267	2 951	1 863	1 429	411
1955	35 685	5 658	13 390	2 699	1 743	1 885	466
1960	39 533	6 631	15 671	3 559	2 117	1 908	558
1965	40 145	7 679	16 841	2 631	2 532	2 024	614
1970	43 694	8 455	19 317	3 662	2 440	2 374	661
1975	44 943	9 205	22 764	2 872	2 551	1 980	737
1980	43 576	9 807	24 039	1 874	2 194	1 522	769
1985	42 587	10 067	23 356	2 418	1 775	1 033	792
1990	43 811	10 420	22 368	2 330	1 861	1 057	585
1995	42 993	10 510	21 099	2 577	1 568	799	582
2000	42 088	10 575	19 479	2 936	1 744	765	547
2005	42 784	10 746	18 993	3 836	1 973	790	546
2009	43 903	11 176	18 567	3 519	2 089	739	430

G 30 Gestorbene durch Unfall 1950–2009

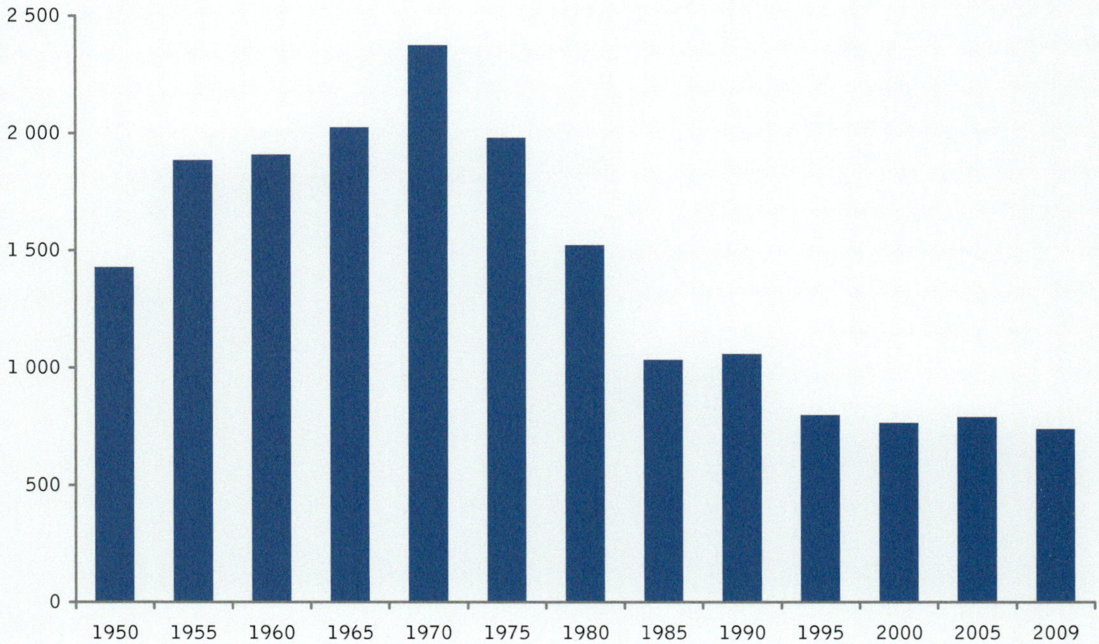

II.5. Umwelt und Verkehr

T 34 Öffentliche Abwasserbeseitigung 1963–2007

Jahr	Kläranlagen		Anschlussgrad der Bevölkerung an		
	insgesamt	darunter mit biologischer Behandlung	Kanalisation	Kanalisation und Kläranlagen	Kanalisation und biologische Kläranlagen
	Anzahl		%		
1963	473	104	67,0	28,2	8,6
1969	763	330	76,5	47,7	21,8
1975	935	511	87,7	67,1	41,0
1979	1 004	539	90,2	74,0	56,6
1983	1 031	633	92,3	80,3	70,0
1987	999	692	94,2	85,8	81,0
1991	981	741	95,9	89,9	86,5
1995	918	752	97,0	94,1	92,4
1998	845	754	97,7	96,3	95,7
2001	809	753	98,5	97,8	97,4
2004	777	757	98,9	98,7	98,5
2007	776	768	99,2	99,0	99,0

G 31 Anschlussgrad der Bevölkerung an die Kanalisation 1963–2007

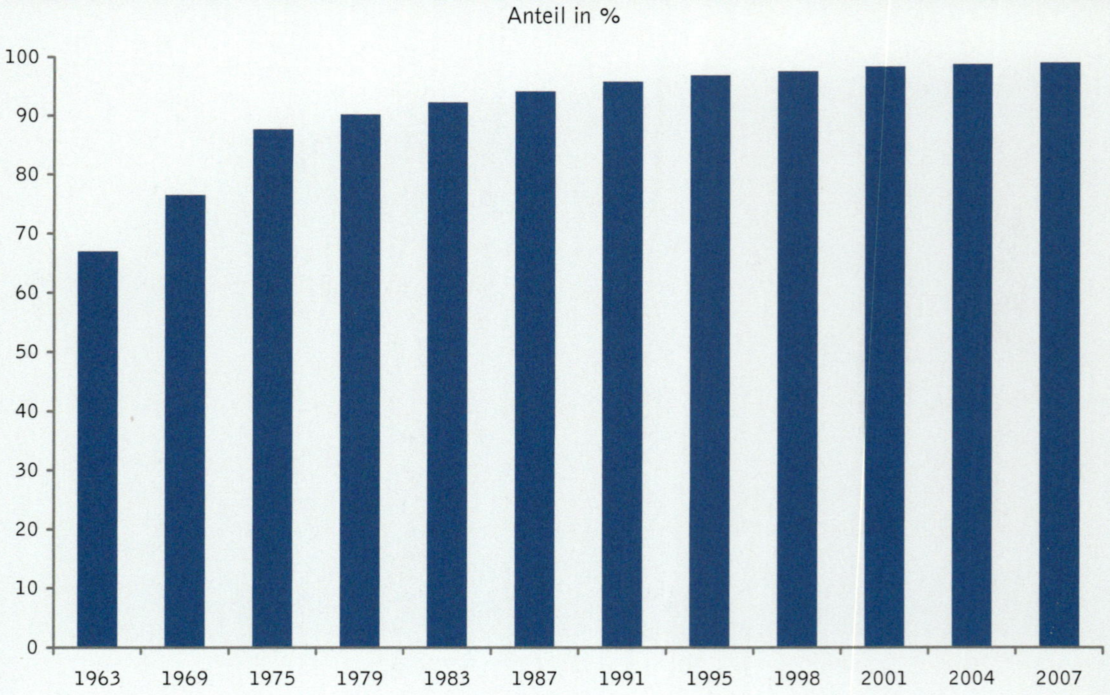

T 35 Wassergewinnung der öffentlichen Wasserversorgung und Wasserbezug der Letztverbraucher 1957–2007[1]

Jahr	Wassergewinnung				Wasserbezug der Letztverbraucher			
	insgesamt	Grund wasser	Quell wasser	Oberflächen-wasser	insgesamt	Haushalte[2] zusammen	Haushalte[2] je versorgtem Einwohner	Gew.Unternehmen und Sonstige
	Mill. m³						Liter/Tag	Mill. m³
1957	146,2	82,3	60,1	3,8	133,3	.	.	.
1963	192,7	129,3	58,2	5,2	158,8	.	.	.
1969	219,1	208,7		10,3	181,6	.	.	.
1975	235,5	153,2	53,7	28,6	213,7	.	.	.
1979	247,3	158,8	55,1	33,3	224,4	176,0	133,1	48,4
1983	258,8	173,5	53,8	31,5	235,1	188,8	142,7	46,3
1987	246,9	172,3	45,5	29,1	228,8	185,4	140,3	43,4
1991	261,4	200,5	40,2	20,7	245,5	192,4	138,3	53,1
1995	249,4	189,3	41,2	18,9	233,6	188,0	129,6	45,6
1998	246,3	187,5	38,9	19,9	232,2	186,6	127,3	45,6
2001	245,8	175,0	41,0	29,8	232,7	183,7	124,5	49,0
2004	242,1	173,0	35,5	33,6	229,3	179,9	121,6	49,3
2007	234,5	165,4	34,6	34,5	221,0	174,5	118,3	46,5

1 Die regionale Zuordnung erfolgt bei der Gewinnung nach dem Standort der Anlage und beim Wasserbezug nach dem Wohnort der Letztverbraucher. – 2 Einschließlich Kleingewerbe.

G 32 Wasserbezug der Letztverbraucher 1979–2007 nach Art der Letztverbraucher

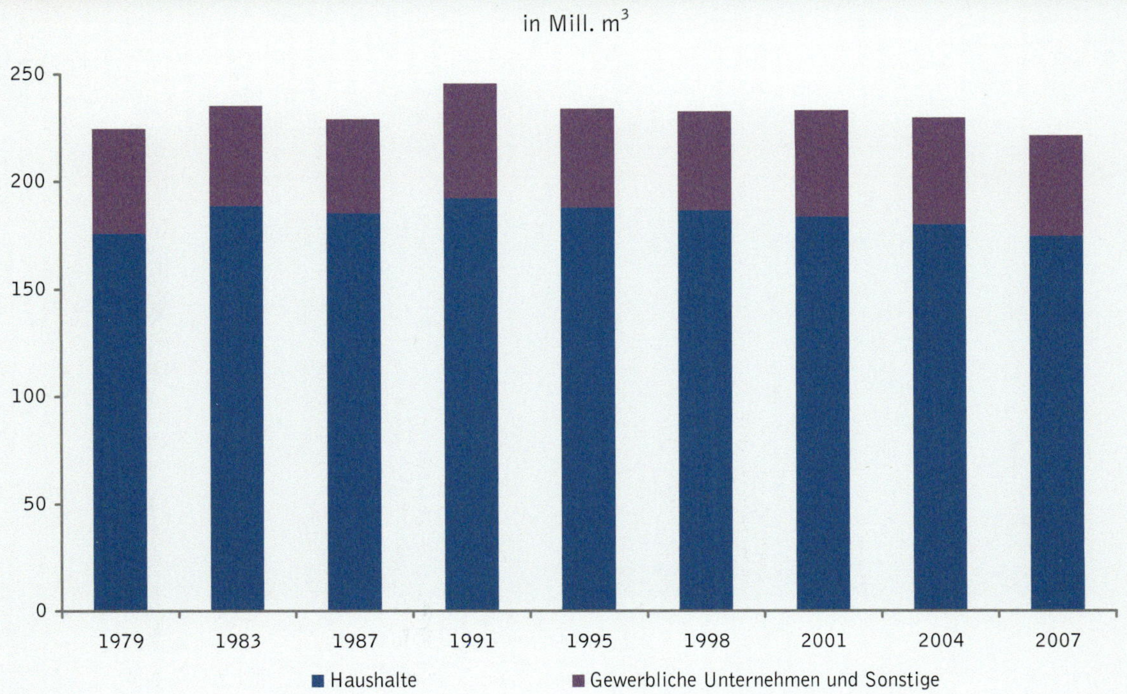

T 36 Nutzung der Bodenfläche 1980–2010 nach Nutzungsarten

Jahr	Bodenfläche insgesamt	Darunter mit Nutzungsart				
		Siedlungs- und Verkehrsfläche	Landwirtschaftsfläche	Waldfläche	Wasserfläche	Flächen anderer Nutzung
	1 000 ha					
1980	1 985	203	954	771	24	29
1984	1 985	228	915	782	25	30
1988	1 985	243	884	797	26	31
1992	1 985	250	869	805	27	31
1996	1 985	258	862	806	27	30
2000	1 985	266	850	810	27	30
2001	1 985	268	848	810	27	30
2005	1 985	277	845	825	27	8
2009	1 985	282	832	832	27	8
2010	1 985	282	832	833	27	8

T 37 Siedlungs- und Verkehrsfläche 1980–2010 nach Nutzungsarten

Jahr	Siedlungs- und Verkehrsfläche insgesamt	Darunter mit Nutzungsart				
		Gebäude- und Freifläche	Betriebsfläche ohne Abbauland	Erholungsfläche	Verkehrsfläche	Friedhof
	1 000 ha					
1980	203	91	4	8	100	.
1984	228	105	4	11	108	.
1988	243	95	5	26	115	2
1992	250	98	5	29	116	2
1996	258	103	5	29	118	2
2000	266	108	6	30	120	2
2005	277	115	6	32	123	2
2009	282	117	6	34	123	2
2010	282	117	6	34	123	2

T 38 Bestand an Kraftfahrzeugen und Anhängern 1950–2010

Jahr	Personenkraftwagen insgesamt	Personenkraftwagen je 1 000 Einwohner	Krafträder	Kraftomnibusse	Lastkraftwagen	Zugmaschinen	Kraftfahrzeuganhänger
	Anzahl						
1950	35 123	12	72 391	701	23 058	9 464	12 076
1955	86 369	26	170 204	1 208	37 389	27 950	19 356
1960	227 342	68	136 861	1 499	37 860	64 402	20 495
1965	504 434	141	56 543	1 922	50 796	95 597	28 288
1970	778 495	213	16 976	2 563	57 747	121 139	36 390
1975	1 048 111	284	15 226	3 707	63 508	132 817	53 371
1980	1 387 616	382	43 051	4 726	74 987	139 649	76 844
1985	1 586 497	438	91 548	4 833	77 922	145 720	107 514
1990	1 863 792	509	85 285	5 472	81 426	145 223	137 608
1995	2 075 440	529	121 155	5 344	95 482	140 144	190 571
2000	2 231 627	554	184 665	5 638	116 025	136 538	241 416
2005	2 389 094	589	221 389	5 359	123 885	136 538	288 505
2009	2 195 226	543	211 508	4 699	111 889	134 116	311 354
2010	2 223 696	552	217 637	4 830	114 475	135 775	320 761

G 33 Pkw-Bestand 1950–2010

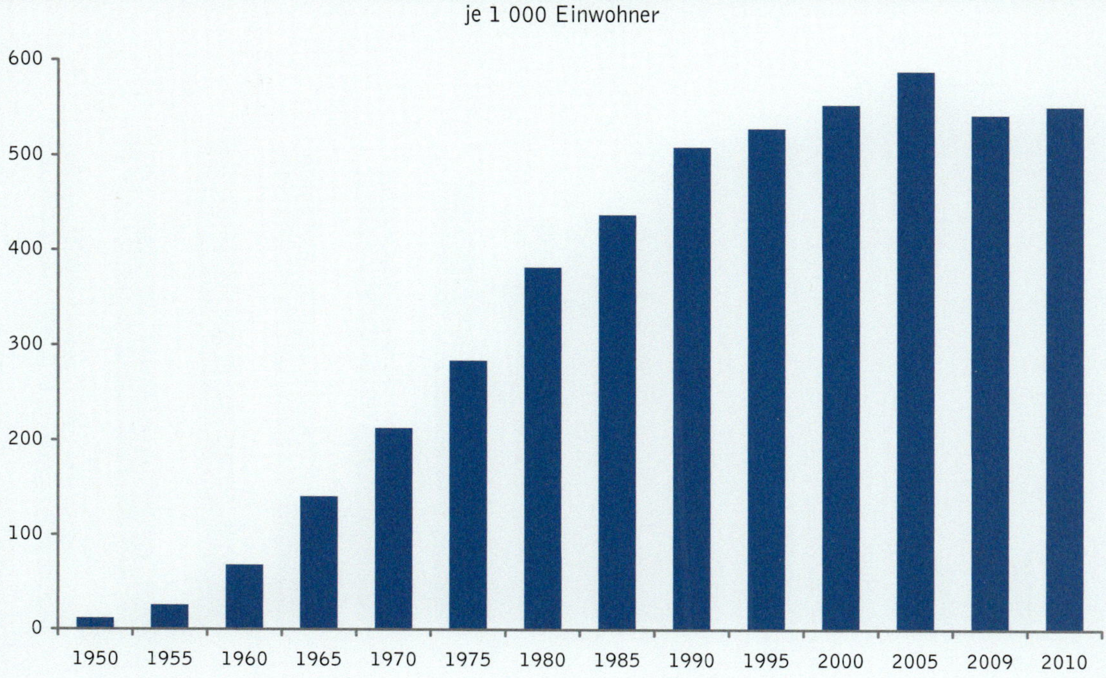

T 39 Straßen des überörtlichen Verkehrs 1971–2010

Jahr	Insgesamt	Bundes-autobahnen	Bundesstraßen	Landesstraßen	Kreisstraßen
	km				
1971	18 215	300	3 365	6 814	7 736
1975	18 498	468	3 326	6 884	7 821
1980	18 664	645	3 248	6 910	7 861
1985	18 566	729	3 188	6 990	7 659
1990	18 406	790	3 228	6 976	7 412
1995	18 397	816	3 062	7 132	7 387
2000	18 407	839	3 018	7 186	7 364
2005	18 427	869	2 969	7 197	7 392
2009	18 450	872	2 948	7 221	7 409
2010	18 438	872	2 951	7 226	7 389

G 34 Länge des Autobahnnetzes 1955–2010

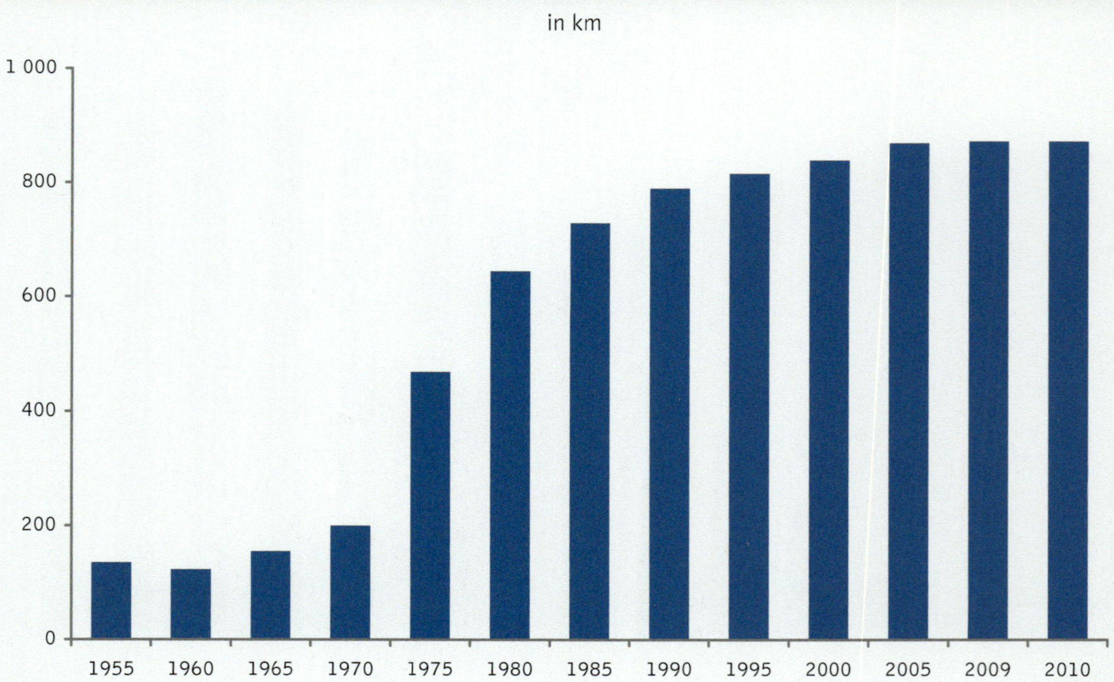

T 40 Straßenverkehrsunfälle und verunglückte Personen 1950–2010

Jahr	Unfälle			Verunglückte Personen			
	insgesamt	mit Personenschaden	mit nur Sachschaden	insgesamt	Getötete	Schwerverletzte	Leichtverletzte
	Anzahl						
1950	12 143	6 509	5 634	8 159	453	7 706	
1955	33 522	16 878	16 644	22 915	895	9 088	12 932
1960	56 450	20 861	35 589	29 101	1 021	9 272	18 808
1965	68 356	19 099	49 257	27 592	998	8 892	17 702
1970	88 793	22 461	66 332	33 851	1 209	11 092	21 550
1975	82 873	20 709	62 164	29 840	954	9 091	19 795
1980	110 846	23 174	87 672	32 110	840	10 020	21 250
1985	120 580	19 559	101 021	26 312	524	7 909	17 879
1990	125 596	19 207	106 389	26 330	528	6 896	18 906
1995	111 274	17 953	93 321	24 298	429	5 929	17 940
2000	124 609	18 934	105 675	25 503	362	5 491	19 650
2005	123 920	17 156	106 764	22 774	286	4 338	18 150
2009	125 074	15 512	109 562	20 412	223	3 752	16 437
2010	131 303	14 746	116 557	19 397	205	3 485	15 707

G 35 Verunglückte Personen 1955–2010

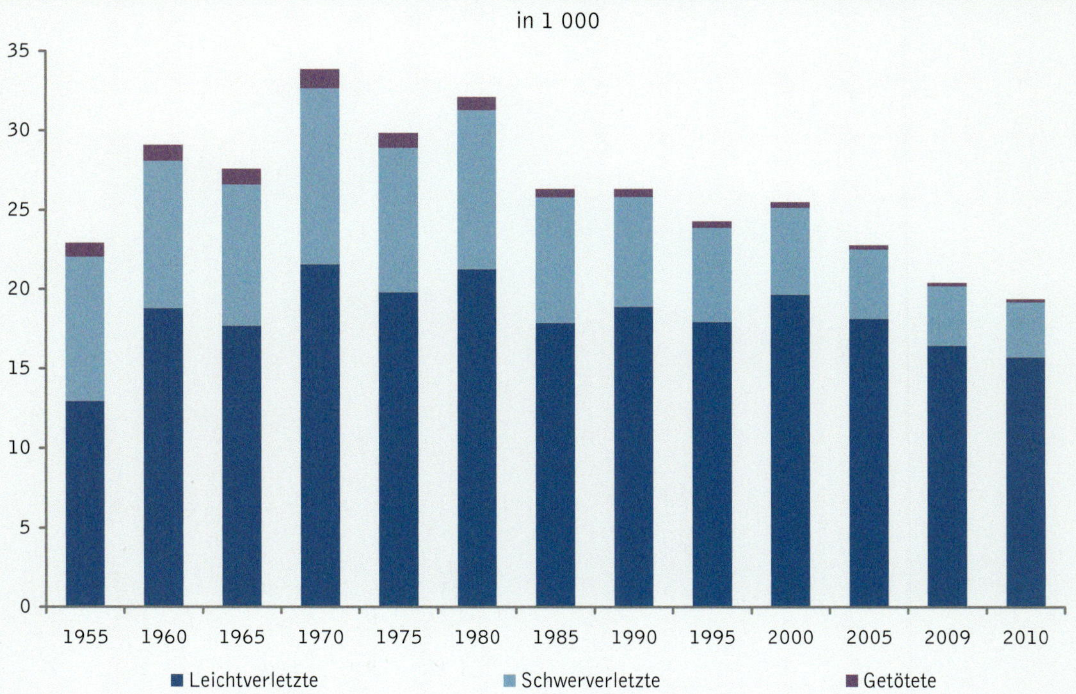

II.6. Erwerbstätigkeit und Arbeitsmarkt

T 41 Erwerbspersonen am Wohnort 1950–2010 nach Altersgruppen

Jahr[1]	Insgesamt	Davon im Alter von ... Jahren							
		unter 20	20–25	25–30	30–40	40–50	50–60	60–65	65 und älter
	1 000								
1950	1 485,6	224,4	190,0	157,2	236,0	317,2	221,9	65,7	73,1
1961	1 630,3	194,9	222,0	168,2	332,2	256,2	294,8	90,7	71,2
1965	1 598,8	187,3	152,4	187,7	330,7	273,0	277,2	107,5	83,0
1970	1 527,1	186,3	161,0	158,8	357,4	320,3	207,5	84,2	51,7
1975	1 572,2	177,2	207,2	150,6	384,6	320,6	226,2	69,4	36,4
1980	1 612,2	179,1	211,2	191,3	340,4	369,1	268,4	28,4	24,3
1985	1 685,3	142,5	239,6	210,9	380,7	379,6	273,8	42,2	16,0
1990	1 804,9	95,6	231,8	243,8	449,7	381,0	335,5	50,7	16,8
1995	1 848,9	66,8	164,8	245,0	521,0	435,2	350,7	48,3	17,0
2000	1 935,5	73,8	158,7	184,5	556,6	526,0	351,8	63,6	20,8
2005	1 979,6	76,8	172,2	167,9	477,3	586,0	395,0	74,7	29,4
2009	2 021,7	85,4	162,1	187,2	407,9	606,5	455,7	76,8	40,0
2010	2 031,5	77,1	162,4	194,1	402,3	594,3	471,2	94,3	36,1

1 1950, 1961, 1970 Volkszählungen; übrige Jahre Mikrozensus.

G 36 Erwerbspersonen am Wohnort 1950–2010

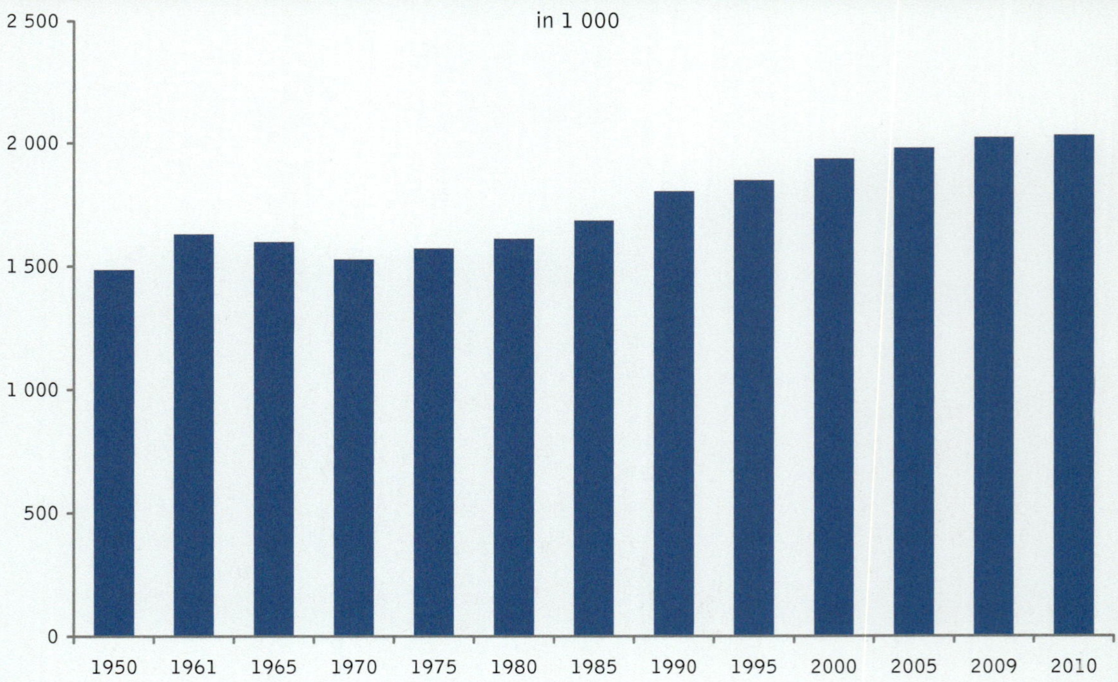

T 42 Weibliche Erwerbspersonen am Wohnort 1950–2010 nach Altersgruppen

Jahr[1]	Insgesamt	Davon im Alter von ... Jahren							
		unter 20	20–25	25–30	30–40	40–50	50–60	60–65	65 und älter
	1 000								
1950	587,0	101,5	81,4	66,7	86,4	109,0	84,7	26,0	31,3
1961	609,4	92,8	90,8	52,3	114,4	99,4	102,1	29,4	28,1
1965	587,2	84,1	63,7	63,1	100,8	108,6	103,0	32,7	31,2
1970	524,7	88,1	63,8	49,1	98,0	110,3	71,9	23,4	20,0
1975	557,4	68,6	91,0	56,4	117,0	101,4	84,0	22,2	16,8
1980	579,2	77,0	93,2	73,6	110,9	117,2	89,8	7,1	10,4
1985	635,0	63,0	110,0	87,0	139,1	130,3	86,0	13,9	6,0
1990	710,8	41,9	110,5	104,3	180,2	141,5	111,1	14,9	6,5
1995	746,5	27,4	79,4	104,9	209,4	178,7	125,9	13,4	7,4
2000	822,2	32,5	68,6	82,0	240,3	232,3	139,6	20,0	6,8
2005	875,1	33,7	77,5	72,9	209,6	270,1	171,6	26,7	13,0
2009	907,0	35,5	77,7	89,8	183,7	278,2	200,6	26,2	15,3
2010	920,6	34,2	77,0	91,5	184,2	276,7	208,9	34,1	13,9

1 1950, 1961, 1970 Volkszählungen; übrige Jahre Mikrozensus.

G 37 Erwerbsbeteiligung 1950–2010 nach Geschlecht

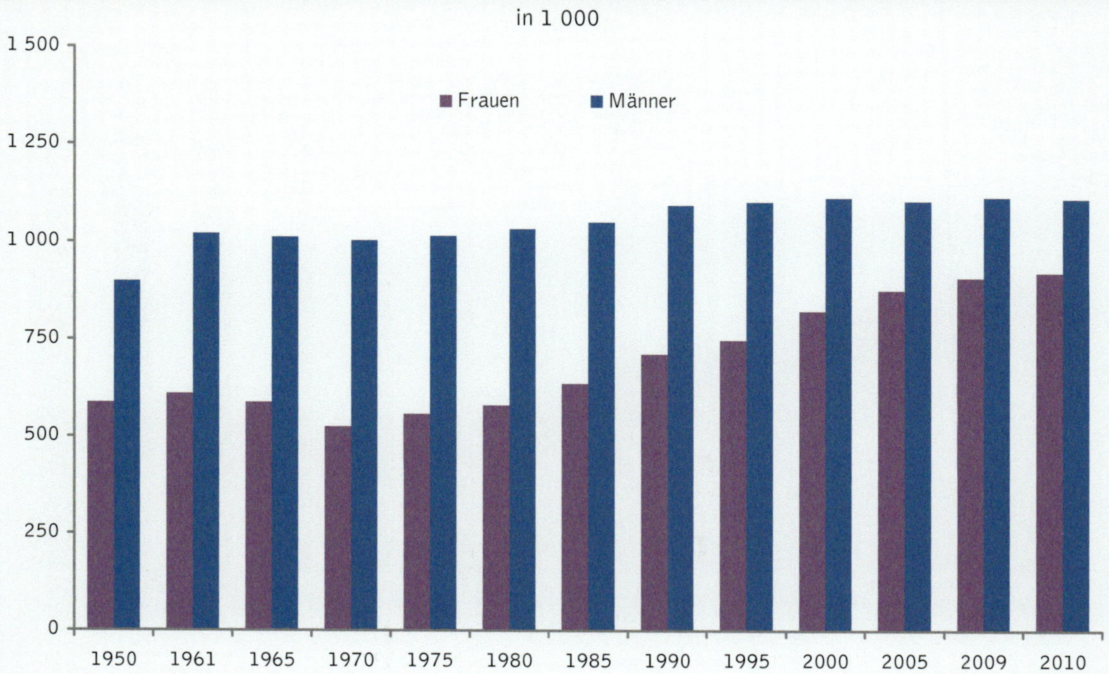

T 43 Erwerbstätige[1] 1950–2010 nach Stellung im Beruf

Jahr[2]	Insgesamt	Selbstständige	Mithelfende Familien-angehörige	Abhängig Beschäftigte			
				zusammen	Beamte	Angestellte[3]	Arbeiter[4]
	1 000						
1950	1 485,6	263,8	392,3	829,4	54,6	179,1	595,7
1961	1 630,3	255,9	252,8	1 120,9	95,8	317,0	708,1
1965	1 596,1	236,5	231,1	1 128,5	103,4	343,2	681,9
1970	1 523,1	171,7	127,1	1 224,4	122,2	414,9	687,3
1975	1 520,0	148,8	86,4	1 284,8	150,8	480,4	653,6
1980	1 571,5	143,9	63,4	1 364,2	148,7	558,8	656,7
1985	1 552,9	145,6	50,0	1 357,3	158,5	592,0	606,8
1990	1 701,8	153,4	37,8	1 510,6	154,9	675,9	679,8
1995	1 707,4	161,3	20,5	1 525,5	139,7	733,6	652,2
2000	1 808,6	183,0	17,5	1 608,1	130,1	834,8	643,2
2005	1 802,0	197,7	25,6	1 578,7	130,5	919,1	529,1
2009	1 900,4	198,6	15,0	1 686,7	124,1	1 076,8	485,8
2010	1 920,2	195,6	12,9	1 711,8	124,7	1 139,2	447,9

1 1950, 1961 Erwerbspersonen. – 2 1950, 1961, 1970 Volkszählungen; übrige Jahre Mikrozensus. – 3 Einschließlich kaufm./techn. Auszubildende. – 4 Einschließlich gew. Auszubildende.

G 38 Erwerbstätige 1950–2010 nach Stellung im Beruf

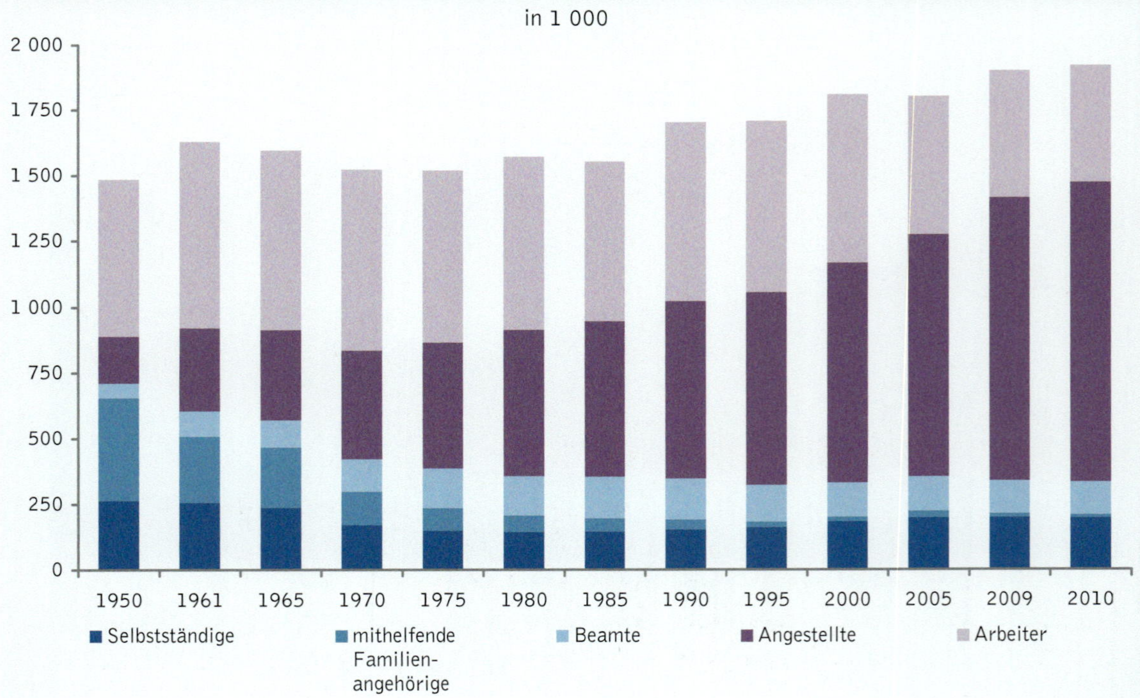

T 44 Erwerbstätige[1] 1950–2010 nach Wirtschaftsbereichen

Jahr[2]	Insgesamt	Wirtschaftbereiche						
		Land- und Forstwirtschaft	verarbeitendes Gewerbe[3]	Baugewerbe	Handel und Gastgewerbe	Verkehr u. Nachrichtenüberm.	Kreditinstitute u. Versicherungen	Dienstleistungen, öff. Verw. o. ä.[4]
	1 000							
1950	1 485,6	536,1	407,2	109,2	107,4	78,6	10,9	217,2
1961	1 630,3	352,0	548,9	133,4	171,3	84,0	20,5	320,2
1965	1 596,1	314,8	529,8	123,5	187,8	84,5	23,9	331,8
1970	1 523,1	163,7	575,9	124,0	178,9	78,5	31,6	370,5
1975	1 520,0	116,0	562,6	118,8	186,4	95,8	33,2	407,2
1980	1 571,5	99,7	574,9	115,7	184,7	84,1	41,5	470,9
1985	1 552,9	90,8	526,8	111,4	182,7	81,5	49,2	510,5
1990	1 701,7	70,4	563,4	128,4	204,4	84,4	51,2	599,5
1995	1 707,3	54,9	494,4	145,7	277,4	93,0	59,4	582,5
2000	1 808,7	54,9	472,2	151,6	326,2	92,3	64,0	647,5
2005	1 802,0	48,5	418,6	124,9	336,4	88,5	69,3	715,9
2009	1 900,4	40,0	421,2	136,5	333,8	140,2	62,7	766,1
2010	1 920,2	39,3	411,5	134,9	335,4	143,0	64,8	791,3

1 1950, 1961 Erwerbspersonen. Erwerbslose wurden anhand der letzten ausgeübten Tätigkeit eingeordnet. 1950 knapp 19 000 Personen ohne Angabe der Wirtschaftszweigzugehörigkeit. – 2 1950, 1961, 1970 Volkszählungen; übrige Jahre Mikrozensus. – 3 Einschließlich Bergbau, Energie- und Wasserversorgung. – 4 Einschließlich Grundstücks- und Wohnungswesen, Vermietung, wirtschaftl. Dienstleistungen.

G 39 Erwerbstätige 1950–2010 nach Wirtschaftsbereichen

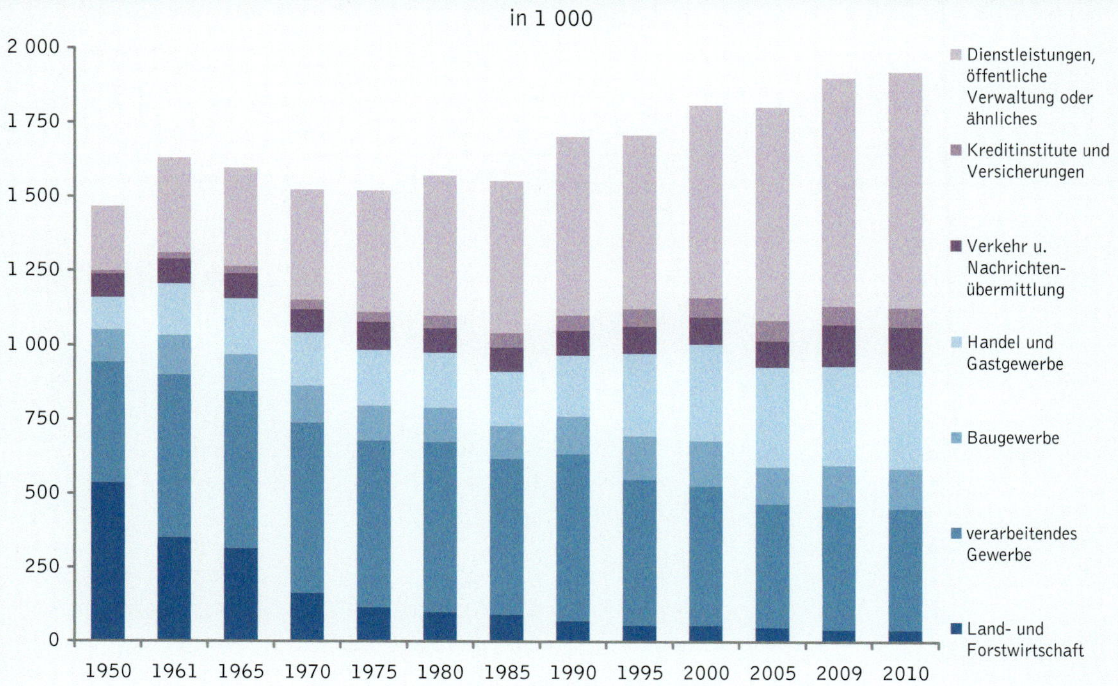

T 45 Weibliche Erwerbstätige[1] 1950–2010 nach Stellung im Beruf

Jahr[2]	Insgesamt	Selbständige	mithelfende Familien-angehörige	Abhängig Beschäftigte			
				zusammen	Beamte	Angestellte[3]	Arbeiter[4]
	1 000						
1950	587,0	52,0	310,0	225,0	(5,0)	74,0	146,0
1961	609,0	63,9	208,4	333,0	(8,0)	150,5	174,7
1965	587,0	51,0	193,0	343,0	(9,0)	159,0	175,0
1970	546,0	47,0	136,0	363,0	12,0	183,0	168,0
1975	539,0	33,0	74,0	431,0	18,0	247,0	166,0
1980	556,0	30,1	57,2	468,7	22,0	289,0	157,8
1985	565,1	34,2	42,1	488,8	27,0	314,0	148,0
1990	656,1	38,5	31,9	585,7	27,4	371,7	186,6
1995	684,4	39,3	18,6	626,5	32,3	415,5	178,7
2000	768,3	49,9	13,3	705,1	36,6	481,4	187,1
2005	796,0	58,3	19,8	718,1	42,1	517,6	158,4
2009	855,2	60,3	11,1	783,8	40,9	602,1	140,8
2010	872,6	60,3	- 9,4	802,8	42,8	629,7	130,3

1 1950, 1961 Erwerbspersonen. Erwerbslose wurden anhand der letzten ausgeübten Tätigkeit eingeordnet. – 2 1950, 1961, 1970 Volkszählungen; übrige Jahre Mikrozensus. – 3 Einschließlich kaufmännische/technische Auszubildende. – 4 Einschließlich gewerbliche Auszubildende.

T 46 Weibliche Erwerbstätige[1] 1950–2010 nach Wirtschaftsbereichen

Jahr[2]	Insgesamt	Wirtschaftbereiche						
		Land- und Forstwirtschaft	verarbeitendes Gewerbe[3]	Baugewerbe	Handel und Gastgewerbe	Verkehr u. Nachrichtenüberm.	Kreditinstitute u. Versicherungen	Dienstleistungen, öff. Verw. o. ä.[4]
	1 000							
1950	587,0	317,8	90,7	/	48,9	(5,7)	/	110,1
1961	609,4	202,5	147,7	/	88,7	(9,3)	(8,4)	148,8
1965	586,6	178,1	140,9	/	94,2	10,3	10,9	147,7
1970	523,5	79,2	157,2	(6,1)	92,2	11,4	13,4	164,1
1975	538,8	61,6	141,6	(6,6)	102,8	16,4	15,6	194,2
1980	556,0	51,2	137,0	(5,9)	104,7	16,0	20,4	220,8
1985	565,1	39,8	126,0	(9,1)	98,6	17,1	23,1	251,4
1990	656,1	28,3	139,6	11,5	122,1	19,8	24,1	310,7
1995	684,4	19,6	123,6	16,9	151,6	26,9	29,7	316,0
2000	768,3	17,9	120,3	19,1	180,9	26,4	31,2	372,6
2005	796,0	15,7	113,0	15,1	181,2	24,4	32,9	413,6
2009	855,2	14,4	111,7	15,7	182,3	43,7	31,6	455,7
2010	872,6	14,8	106,2	16,6	181,7	40,3	34,2	478,8

1 1950, 1961 Erwerbspersonen. Erwerbslose wurden anhand der letzten ausgeübten Tätigkeit eingeordnet. – 2 1950, 1961, 1970 Volkszählungen; übrige Jahre Mikrozensus. – 3 Einschließlich Bergbau, Energie- und Wasserversorgung. – 4 Einschließlich Grundstücks- und Wohnungswesen, Vermietung, wirtschaftliche Dienstleistungen.

T 47 Sozialversicherungspflichtig Beschäftigte am Arbeitsort 1980–2010 nach Altersgruppen

Jahr[1]	Insgesamt	Davon im Alter von ... Jahren						
		unter 20	20–25	25–30	30–50	50–60	60–65	65 und älter
	Anzahl							
1980	1 103 023	135 863	167 526	140 285	465 503	170 542	18 252	5 052
1985	1 080 102	106 852	173 764	145 152	461 084	170 198	19 925	3 127
1990	1 165 059	72 041	171 298	180 411	513 280	203 482	21 297	3 250
1995	1 175 565	51 806	118 058	175 561	608 626	197 438	20 416	3 660
2000	1 191 307	52 956	109 385	130 445	681 077	185 854	27 303	4 287
2005	1 148 747	45 001	104 380	111 239	635 758	216 429	30 908	5 032
2009	1 201 046	44 369	109 615	119 932	609 719	268 198	42 675	6 538
2010	1 217 744	41 875	111 638	122 297	606 682	279 780	48 892	6 580

1 Stand: 30.6.

T 48 Sozialversicherungspflichtig Beschäftigte am Arbeitsort 1977–2010 nach Wirtschaftsbereichen

Jahr[1]	Insgesamt	Wirtschaftsbereiche			
		Land- und Forstwirtschaft	produzierendes Gewerbe	Handel, Gastgewerbe und Verkehr	sonstige Bereiche
	Anzahl				
1977	1 030 091	15 808	536 877	177 166	300 240
1980	1 103 023	16 843	568 631	189 779	327 770
1985	1 080 102	18 073	522 659	181 458	357 912
1990	1 165 059	16 356	554 175	196 463	398 065
1995	1 175 565	13 715	508 077	206 608	447 165
2000	1 191 312	13 696	453 173	268 070	455 916
2005	1 148 747	13 238	398 924	258 223	478 104
2009	1 201 046	10 829	404 238	264 458	521 348
2010	1 217 744	11 181	401 551	264 842	539 964

1 Stand: 30.6.

T 49 Arbeitslose, Arbeitslosenquoten, Kurzarbeiter und offene Stellen 1950–2010

Jahr[1]	Arbeitslose				Arbeits-losen-quote[2]	Arbeits-losen-quote[3]	Kurz-arbeiter	Offene Stellen
	insgesamt		darunter Frauen					
	absolut	je 1 000 Einwohner	absolut	Anteil				
	Anzahl			%			Anzahl	
1950	65 114	21,7	12 655	19,4	8,1	.	.	.
1955	47 345	14,7	10 066	21,3	4,7	.	1 649	7 315
1960	15 225	4,5	3 472	22,8	1,3	.	676	19 738
1965	8 506	2,4	1 604	18,9	0,7	.	100	27 493
1970	9 567	2,6	2 969	31,0	0,8	.	1 268	33 284
1975	66 512	18,1	23 853	35,9	5,1	.	33 266	11 190
1980	50 144	13,8	26 136	52,1	3,8	.	8 558	15 683
1985	124 495	34,4	54 817	44,0	8,6	.	13 751	4 919
1990	93 064	24,7	47 412	50,9	6,3	.	4 227	13 956
1995	134 223	33,7	57 775	43,0	8,5	7,6	6 192	22 629
2000	138 370	34,3	63 818	46,1	8,1	7,3	2 446	23 290
2005	178 511	44,0	82 712	46,3	9,9	8,8	5 613	10 889
2009	127 213	31,7	57 737	45,4	6,8	6,1	46 248	13 243
2010	119 933	29,9	55 198	46,0	6,4	5,7	.	17 048

1 Jahresdurchschnitt. – 2 Arbeitslose in Prozent der abhängigen Erwerbspersonen. – 3 Arbeitslose in Prozent aller zivilen Erwerbspersonen.
Quelle: Regionaldirektion Rheinland-Pfalz-Saarland der Bundesagentur für Arbeit

G 40 Arbeitslose 1950–2010

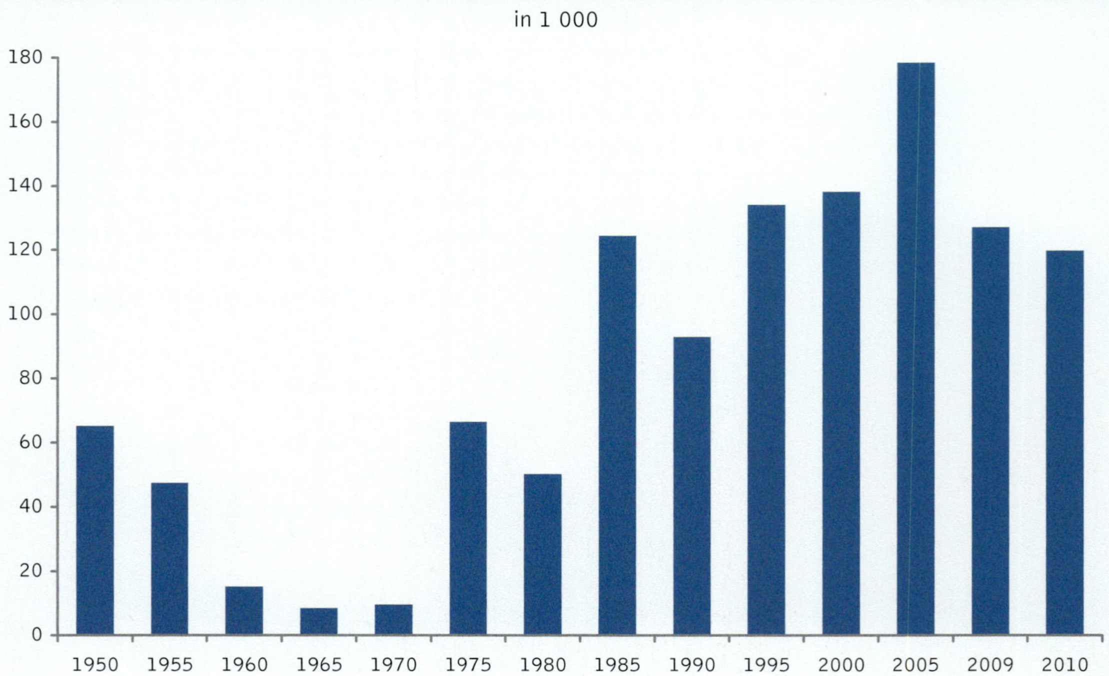

T 50 Durchschnittliche Bruttojahresverdienste 1975–2006[1]

Jahr	Produzierendes Gewerbe						Handel, Kredit- und Versicherungsgewerbe		
	Arbeiterinnen und Arbeiter			Angestellte					
	insgesamt	Frauen	Männer	insgesamt	Frauen	Männer	insgesamt	Frauen	Männer
	EUR								
1975	11 355	8 030	12 294	15 918	11 450	17 897	10 033	8 880	13 843
1980	15 911	11 343	17 153	22 480	16 328	25 067	14 168	12 621	19 147
1985	19 233	13 517	20 416	28 357	20 013	31 238	18 148	15 641	22 838
1990	23 961	16 760	25 194	34 913	24 973	38 327	22 742	19 578	28 215
1995	29 363	20 934	30 438	41 635	30 663	45 492	29 477	25 019	34 060
2000	31 838	23 721	32 780	46 495	35 100	50 311	33 974	29 139	38 559
2005	34 916	26 077	35 838	53 072	41 298	56 907	39 055	33 103	43 117
2006	35 817	26 711	36 746	54 793	42 404	58 849	40 337	34 228	44 449

1 Aufgrund konzeptioneller Änderungen der Verdienststatistik ab 2007 ist eine Fortführung der Zeitreihe nicht möglich.

G 41 Durchschnittliche Bruttojahresverdienste 1975–2006

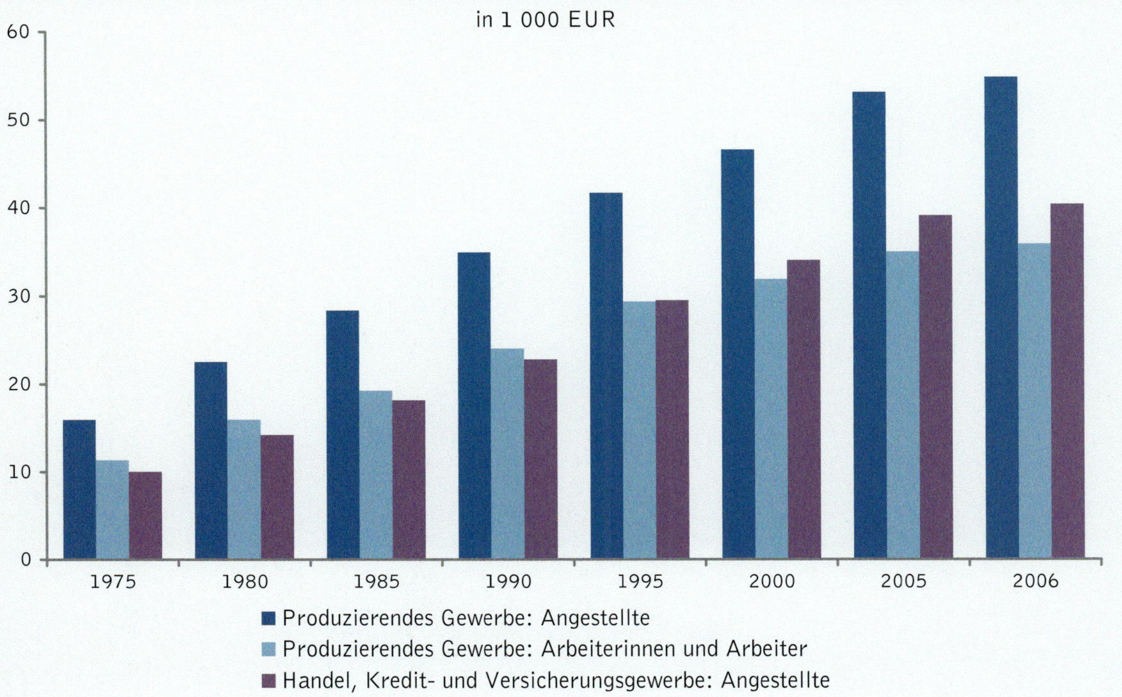

II.7. Wertschöpfung, Außenhandel, Preise

T 51 Bruttoinlandsprodukt 1991–2010

Jahr	Bruttoinlandsprodukt				Bruttoinlandsprodukt je Erwerbstätigen			
	in jeweiligen Preisen		in Vorjahrespreisen		in jeweiligen Preisen		in Vorjahrespreisen	
	Mrd. EUR	Messzahl 1991 = 100	Veränderung zum Vorjahr in %	Messzahl 1991 = 100	EUR	Messzahl 1991 = 100	Veränderung zum Vorjahr in %	Messzahl 1991 = 100
1991	73,1	100	.	100	43 749	100	.	100
1995	83,0	113,5	1,5	100,7	49 817	113,9	1,1	101,1
2000	91,0	124,5	2,8	108,9	51 604	118,0	0,6	103,2
2001	91,1	124,5	- 1,2	107,7	51 345	117,4	- 1,7	101,5
2002	93,4	127,7	1,2	108,9	52 500	120,0	0,9	102,4
2003	94,0	128,5	- 0,4	108,5	53 113	121,4	0,1	102,5
2004	96,7	132,3	2,3	111,0	54 240	124,0	1,5	104,1
2005	96,9	132,5	- 0,2	110,8	54 322	124,2	- 0,3	103,8
2006	100,3	137,2	3,2	114,3	55 831	127,6	2,5	106,3
2007	104,3	142,6	1,6	116,1	57 010	130,3	- 0,2	106,2
2008	105,7	144,5	0,5	116,7	56 954	130,2	- 1,0	105,1
2009	102,1	139,6	- 4,3	111,7	55 121	126,0	- 4,1	100,8
2010	107,6	147,2	4,8	117,1	57 739	132,0	4,1	105,0

G 42 Bruttoinlandsprodukt in jeweiligen Preisen 1991–2010

Messzahl: 1991 = 100

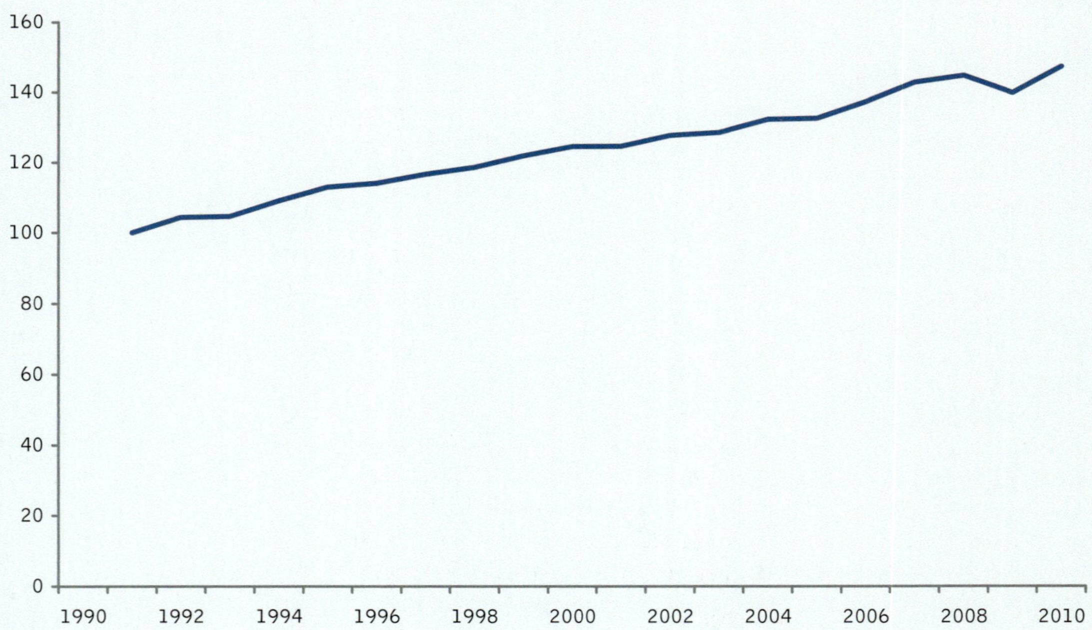

T 52 Bruttowertschöpfung 1950–2010 nach Wirtschaftsbereichen

Jahr	Insgesamt	Land- und Forstwirtschaft; Fischerei	Produzierendes Gewerbe	Dienstleistungsbereiche	Land- und Forstwirtschaft; Fischerei	Produzierendes Gewerbe	Dienstleistungsbereiche
	Mill. EUR				%		
1950	.	.	.	.	14,4	46,5	39,1
1955	.	.	.	.	10,8	50,8	38,5
1960	.	.	.	.	8,6	51,1	40,3
1965	.	.	.	.	6,5	51,9	41,7
1970	17 799	993	8 602	8 204	5,0	48,6	46,4
1975	27 136	1 211	11 664	14 262	3,9	43,0	53,2
1980	38 593	1 249	16 112	21 232	2,7	42,1	55,2
1985	48 748	1 623	19 597	27 528	2,8	40,1	57,0
1990	62 372	1 447	25 059	35 866	2,3	40,3	57,4
1995	75 057	1 396	26 095	47 565	1,9	34,8	63,4
2000	81 930	1 358	27 109	53 463	1,7	33,1	65,3
2005	87 467	1 213	27 796	58 458	1,4	31,8	66,8
2009	91 158	1 295	25 838	64 026	1,4	28,3	70,2
2010	96 478	1 413	29 588	65 477	1,5	30,7	67,9

G 43 Bruttowertschöpfung 1950–2010 nach Wirtschaftsbereichen

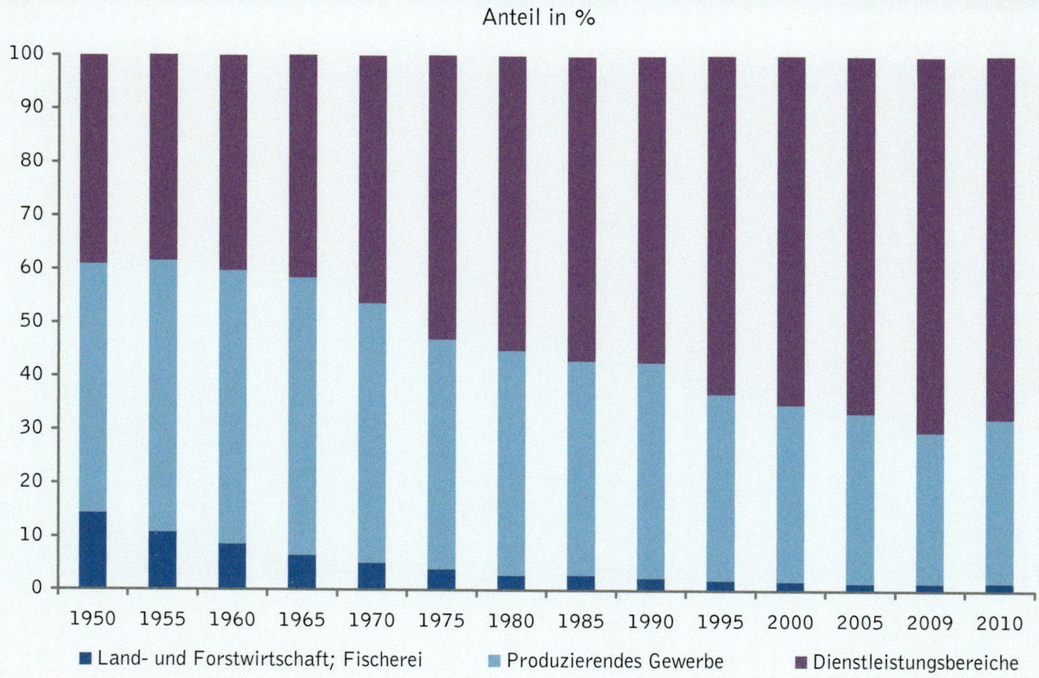

T 53 Verfügbares Einkommen der privaten Haushalte 1991–2009

Jahr	Verfügbares Einkommen der privaten Haushalte			Verfügbares Einkommen der privaten Haushalte je Einwohner		
	Mrd. EUR	Veränderung zum Vorjahr in %	Messzahl 1991 = 100	EUR	Veränderung zum Vorjahr in %	Messzahl 1991 = 100
1991	48,3	.	100	12 756	.	100
1995	56,4	2,7	116,6	14 222	2,0	111,5
2000	63,0	3,6	130,4	15 639	3,5	122,6
2005	69,9	1,9	144,6	17 220	1,9	135,0
2009	74,9	- 0,5	155,0	18 637	0,0	146,1

G 44 Verfügbares Einkommen der privaten Haushalte je Einwohner 1991–2009

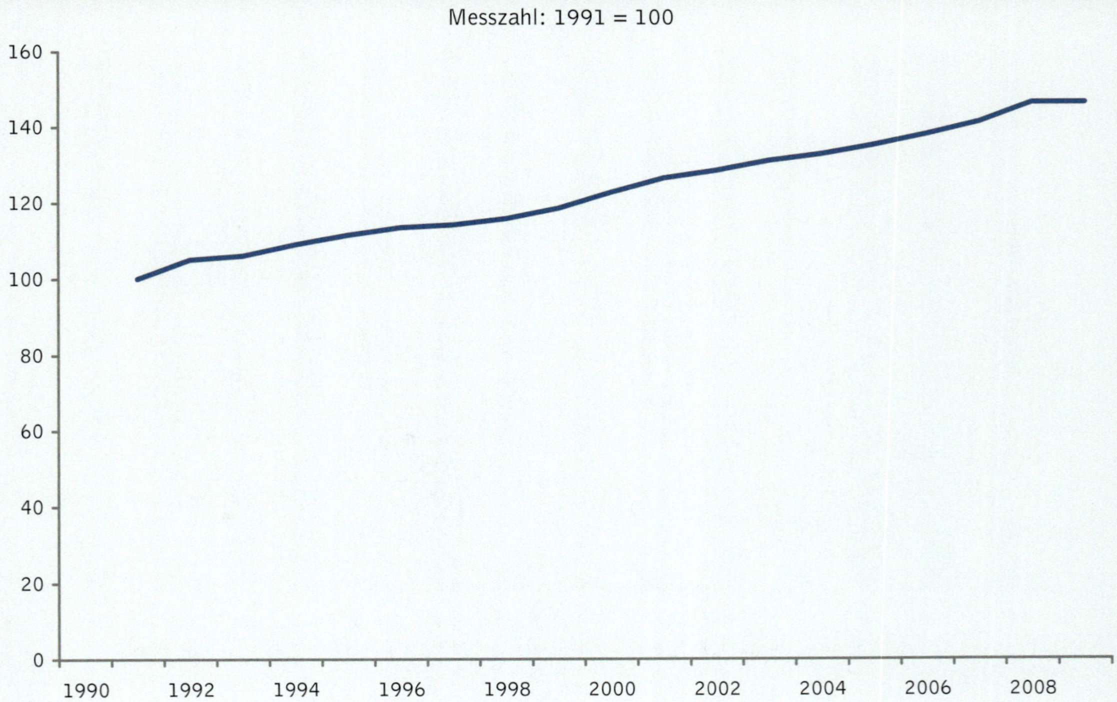

T 54 Ausfuhr und Einfuhr 1950–2010 nach ausgewählten Warengruppen

Jahr	Ausfuhr insgesamt	Ausfuhr darunter Ernährungswirtschaft	Ausfuhr darunter Rohstoffe, Halbwaren	Ausfuhr darunter Fertigwaren	Einfuhr insgesamt	Einfuhr darunter Ernährungswirtschaft	Einfuhr darunter Rohstoffe, Halbwaren	Einfuhr darunter Fertigwaren
	Mill. EUR							
1950	220	6	53	161	.	.	.	.
1955	637	20	139	478	.	.	.	.
1960	1 088	32	171	884	.	.	.	.
1965	1 609	48	176	1 385	.	.	.	.
1970	3 474	116	241	3 118	2 399	381	764	1 254
1975	6 955	286	457	6 213	4 221	700	1 707	1 815
1980	11 084	635	707	9 743	8 665	1 030	3 715	3 920
1985	15 692	1 097	1 239	13 356	10 262	1 208	3 854	5 200
1990	18 487	1 048	869	16 569	12 553	1 269	2 627	8 657
1995	20 226	1 045	1 014	18 167	14 701	1 307	2 025	11 369
2000	24 526	1 217	1 120	22 189	18 303	1 582	3 190	13 531
2005	33 981	2 217	1 501	29 717	20 798	2 021	3 441	14 711
2009	34 616	3 186	1 549	29 457	21 706	2 476	3 118	14 970
2010	40 636	3 357	2 011	34 043	27 491	2 536	4 544	18 458

G 45 Ausfuhr 1950 und 2010 nach Warengruppen

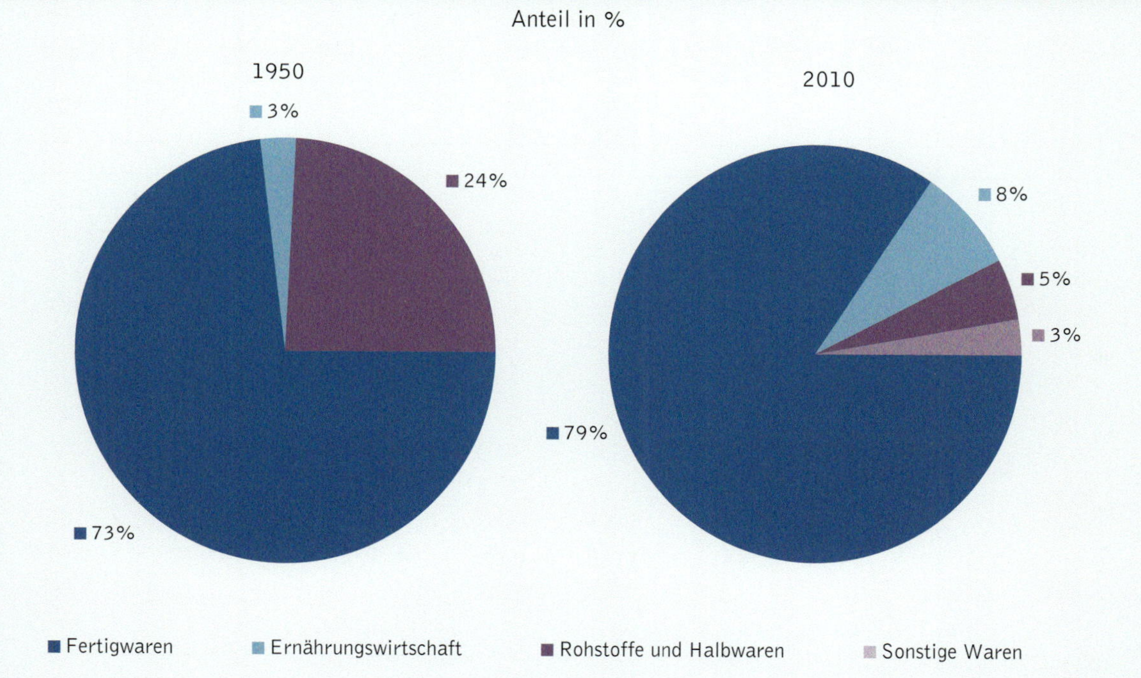

T 55 Außenhandel mit den wichtigsten Handelspartnern 1950–2010

Jahr	Ausfuhr					Einfuhr				
	insgesamt	darunter				insgesamt	darunter			
		Frankreich	USA	Großbritannien	Italien		Frankreich	Niederlande	Belgien[1]	Italien
	Mill. EUR									
1950	220	25	15	8	8	.	.	.	.	.
1955	637	42	65	34	36	.	.	.	.	.
1960	1 088	71	62	73	90	.	.	.	.	.
1965	1 609	166	93	106	123	.	.	.	.	.
1970	3 474	509	194	140	292	2 399	534	228	244	297
1975	6 955	887	261	315	449	4 221	649	535	533	374
1980	11 084	1 536	428	707	943	8 665	1 222	902	1 096	664
1985	15 692	1 926	1 050	1 384	1 320	10 262	1 215	1 469	1 066	922
1990	18 487	2 737	1 118	1 748	1 678	12 553	1 732	1 301	1 375	1 195
1995	20 226	3 705	1 308	1 882	1 529	14 701	2 906	1 326	1 505	1 206
2000	24 526	3 365	1 926	1 823	1 943	18 303	2 550	2 508	1 745	1 183
2005	33 981	4 276	2 836	2 691	2 396	20 798	2 766	2 620	2 232	1 341
2009	34 616	3 853	3 558	2 204	2 536	21 706	2 301	1 942	2 161	1 320
2010	40 636	4 488	3 454	2 439	2 961	27 491	2 704	2 785	2 898	1 669

1 Bis 1995 einschließlich Luxemburg.

T 56 Verbraucherpreisindex für Deutschland 1991–2010 nach ausgewählten Gütern und Dienstleistungsgruppen

Jahr[1]	Gesamtindex	Nahrung, alkoholfreie Getränke	Alkoholhaltige Getränke, Tabak	Bekleidung und Schuhe	Wohnung, Heizung usw.	Möbel und Hausrat	Gesundheitspflege	Verkehr	Nachrichtenübermittlung
	2005=100								
1991	75,9	89,6	64,9	92,6	65,5	89,2	65,3	66,8	130,5
1992	79,8	91,5	68,2	95,1	71,3	91,5	67,7	70,5	133,7
1993	83,3	91,9	70,8	97,8	77,1	93,7	69,5	73,7	135,3
1994	85,6	93,4	71,6	99,2	80,2	95,3	71,9	76,4	136,3
1995	87,1	94,3	72,0	99,9	82,7	96,3	72,6	77,7	135,8
1996	88,3	94,9	72,6	100,6	84,7	97,0	73,8	79,5	137,1
1997	90,0	96,3	73,9	101,1	86,9	97,4	79,0	81,1	132,9
1998	90,9	97,2	75,3	101,5	87,7	98,1	83,1	81,3	132,2
1999	91,4	96,0	76,3	101,8	88,8	98,4	80,4	83,6	119,8
2000	92,7	95,3	77,5	101,9	91,3	98,4	80,6	87,9	106,6
2005	100,0	100,0	100,0	100,0	100,0	100,0	100,0	100,0	100,0
2009	107,0	110,9	111,3	102,8	108,9	104,2	104,0	108,3	89,8
2010	108,2	112,5	113,0	103,7	110,1	104,6	104,7	112,1	88,0

1 Jahresdurchschnitt.

T 57 Kaufwerte für Bauland 1962–2009

Jahr	Kaufwert je Quadratmeter	Baureifes Land		Rohbauland		Industrieland	
		Fläche	Kaufwert je Quadratmeter	Fläche	Kaufwert je Quadratmeter	Fläche	Kaufwert je Quadratmeter
	EUR	1 000 m²	EUR	1 000 m²	EUR	1 000 m²	EUR
1962	4	6 273	6	6 475	4	2 201	3
1965	6	7 131	8	5 695	6	2 012	3
1970	9	7 181	11	3 946	8	2 298	5
1975	14	6 884	17	2 768	12	953	9
1980	23	8 630	30	3 676	17	1 904	10
1985	22	4 645	39	1 838	14	2 374	13
1990	28	7 777	50	1 774	19	5 610	19
1995	31	7 520	56	5 181	18	3 282	25
2000	47	5 882	80	4 961	21	3 017	29
2005	75	4 782	97	639	16	1 614	34
2009	83	3 065	109	242	25	1 457	38

G 46 Kaufwerte baureifer Grundstücke 1962–2009

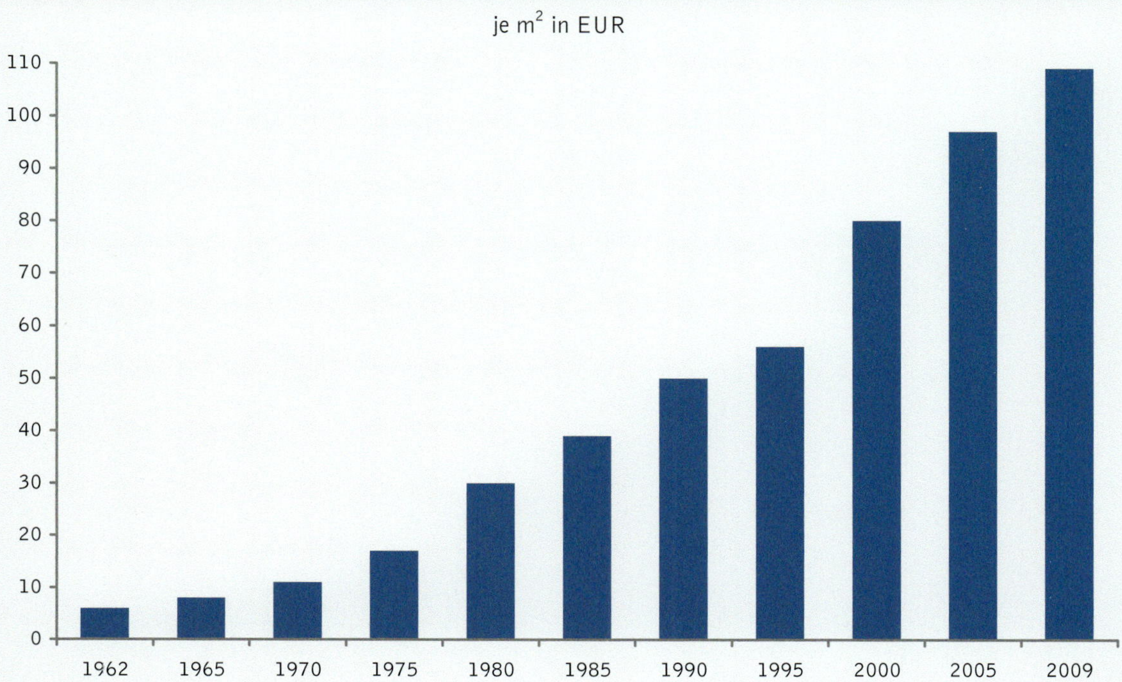

II.8. Wirtschaftsbereiche

II.8.1. Landwirtschaft

T 58 Landwirtschaftlich genutzte Bodenfläche 1950–2010 nach Nutzungsarten[1]

Jahr	Insgesamt	Darunter Nutzungsarten			
		Ackerland	Dauergrünland	Rebfläche	Obstanlagen
	ha				
1950	953 054	616 126	261 537	41 232	8 038
1955	981 988	636 287	263 503	48 980	9 055
1960	969 933	617 211	268 816	52 228	9 273
1965	964 828	577 059	298 552	56 734	10 954
1970	912 027	541 000	276 132	60 788	11 735
1975	871 479	512 456	260 073	66 850	10 073
1979	765 684	446 209	243 751	65 473	6 944
1983	735 201	427 780	230 272	67 629	6 646
1987	720 285	421 248	223 202	67 026	6 304
1991	716 588	415 811	224 678	67 558	6 234
1995	720 692	400 757	244 554	66 565	6 422
1999	715 831	398 938	242 762	65 910	6 335
2003	706 537	390 592	243 907	64 508	5 996
2007	715 356	396 099	248 909	63 413	5 389
2009	704 846	396 194	238 440	63 274	5 416
2010	705 223	401 788	233 327	63 350	5 278

1 Vergleichbarkeit aufgrund mehrfacher methodischer Änderungen eingeschränkt.

G 47 Landwirtschaftlich genutzte Bodenfläche 1950–2010 nach Nutzungsarten

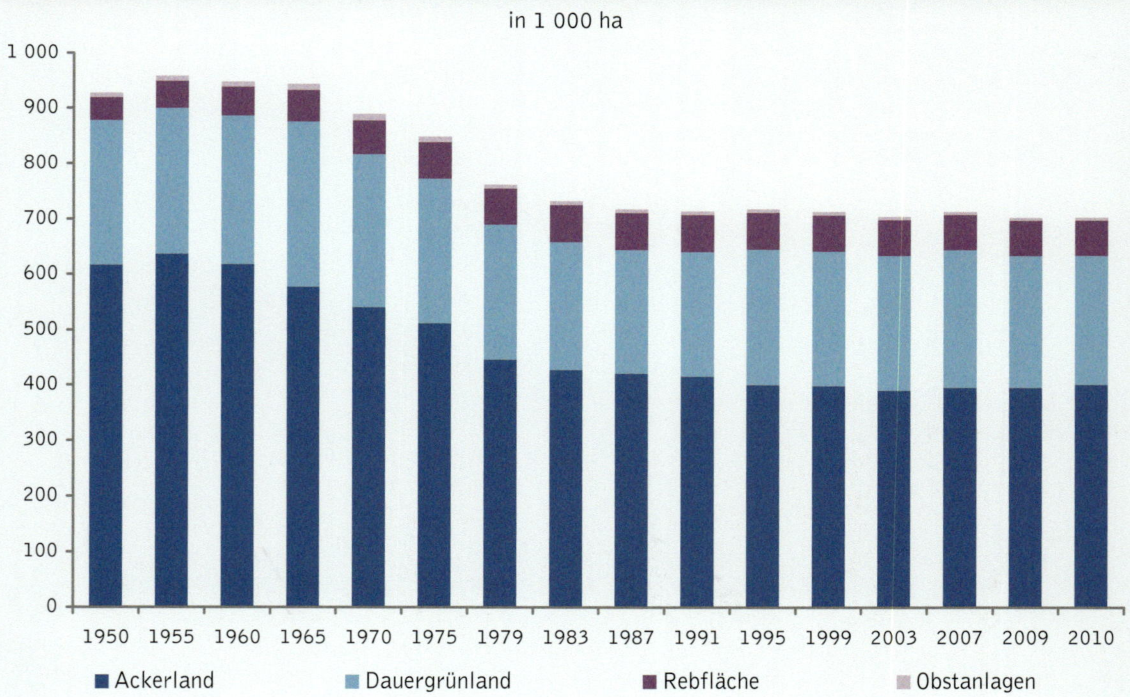

T 59 Landwirtschaftliche Betriebe 1949–2010 nach Größenklassen der landwirtschaftlich genutzten Fläche[1]

Jahr	Insgesamt	Davon mit einer landwirtschaftlich genutzten Fläche von ... Hektar						
		unter 5	5–10	10–20	20–50	50–100	100–200	über 200
	Anzahl							
1949	211 017	152 478	42 240	13 795	2 194	245	62	3
1960	168 128	109 866	35 355	19 476	3 147	240	39	5
1971	106 358	57 961	20 035	18 596	9 296	402	60	8
1975	86 627	44 506	15 855	14 666	10 715	793	.	.
1979	74 792	36 841	13 148	12 514	11 021	1 166	83	19
1983	67 528	33 542	11 044	10 916	10 373	1 526	109	18
1987	60 415	29 752	9 389	9 340	9 745	1 981	187	21
1991	51 506	24 824	7 638	7 426	8 557	2 639	391	31
1995	43 694	21 072	6 242	5 651	6 743	3 112	820	54
1999	35 475	15 357	5 307	4 949	5 462	3 165	1 134	101
2003	29 330	11 965	4 193	4 380	4 175	3 013	1 405	199
2007	25 529	9 568	3 746	3 871	3 650	2 820	1 575	299
2009[2]	23 800	8 600	3 400	3 800	3 500	2 700	1 600	300
2010	20 564	5 494	3 331	3 719	3 411	2 629	1 624	356

1 Vergleichbarkeit aufgrund mehrfach geänderter unterer Erfassungsgrenzen eingeschränkt. – 2 Stichprobenerhebung; Ergebnis der Hochrechnung auf 100 gerundet.

G 48 Landwirtschaftliche Betriebe 1949–2010 nach Größenklassen der landwirtschaftlich genutzten Fläche

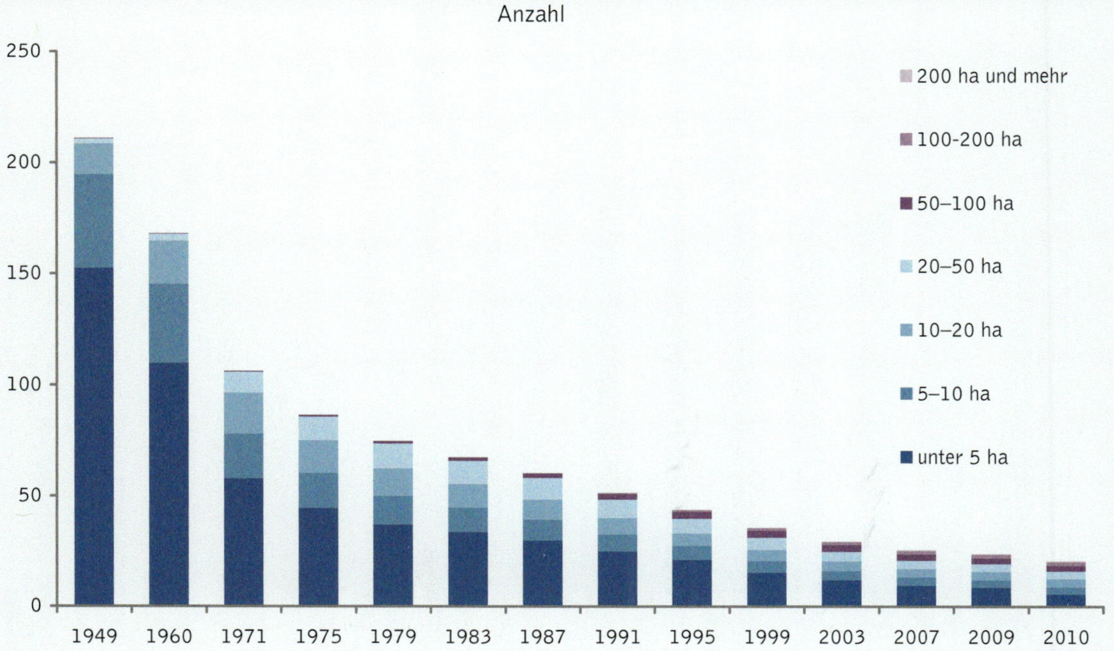

T 60 Viehhalter und ausgewählte Viehbestände 1950–2010[1]

Jahr	Viehhalter	Ausgewählte Viehbestände						
		Pferde	Rinder		Schweine		Schafe	Legehennen
			insgesamt	darunter Milchkühe	insgesamt	darunter Zuchtsauen		
	1 000							
1950	357,6	87,8	678,2	366,0	628,1	44,1	79,3	2 574,6
1955	315,7	68,9	672,1	345,6	732,5	43,0	48,3	3 189,1
1960	256,0	50,6	733,9	334,6	711,3	51,9	53,3	3 321,5
1965	182,4	27,1	739,2	298,4	721,8	55,6	41,3	3 638,8
1970	127,0	16,6	725,7	265,8	827,4	76,5	55,2	4 011,9
1975	65,7	20,2	674,8	238,7	677,0	72,9	77,6	3 169,7
1980	53,3	21,3	672,9	234,6	695,2	77,9	99,7	2 006,8
1985	.	.	631,8	220,0	666,9	79,6	101,2	1 793,0
1990	30,2	21,3	542,3	180,4	509,6	58,6	144,2	1 343,5
1995	.	.	489,5	148,5	396,8	42,0	138,5	.
1999	15,0	22,0	457,2	136,4	379,3	38,6	144,9	916,5
2003	12,3	23,4	410,5	126,6	340,8	30,9	130,2	723,8
2007	10,5	25,2	382,8	117,3	297,6	26,6	114,6	656,5
2009	.	.	384,1	118,4	268,5	21,9	100,9	.
2010	8,1	19,6	377,1	118,2	243,4	19,3	89,2	749,8

1 Vergleichbarkeit aufgrund mehrfach geänderter unterer Erfassungsgrenzen und Erhebungsstichtage eingeschränkt.

G 49 Ausgewählte Viehbestände 1950–2010

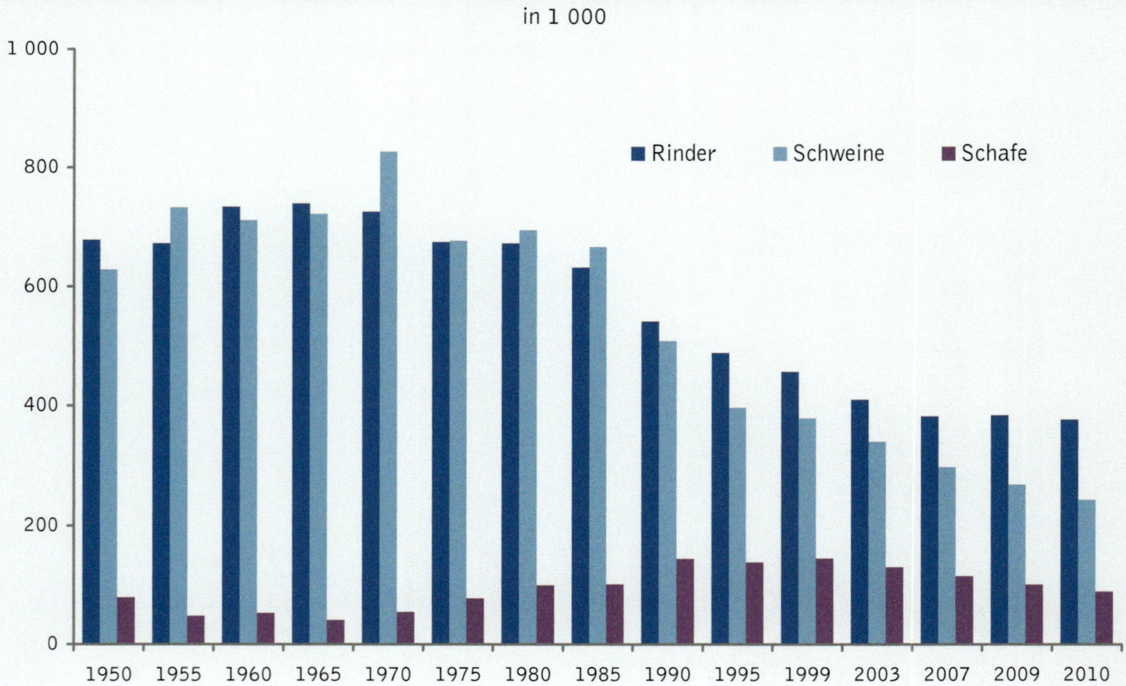

T 61 Schlachtmenge und Milcherzeugung 1950–2010

Jahr	Schlachtmenge						Milcherzeugung	
	insgesamt	Rinder	Kälber	Schweine	Schafe	Pferde	insgesamt	je Kuh
	t							kg
1950	92 807	30 651	4 148	54 859	776	2 231	636 505	1 787
1955	139 031	42 779	5 369	88 564	260	1 856	762 477	2 150
1960	156 370	52 164	4 776	97 397	199	1 757	906 494	2 780
1965	161 784	55 235	3 507	101 678	150	1 194	986 307	3 262
1970	168 910	67 283	1 881	99 132	153	458	995 474	3 528
1975	153 870	59 703	914	92 595	321	335	919 094	3 796
1980	174 141	61 736	446	110 747	844	367	960 979	4 075
1985	171 353	57 035	367	112 610	1 016	320	946 376	4 225
1990	177 043	57 433	308	117 461	1 531	302	831 663	4 470
1995	151 100	41 090	347	108 544	864	246	804 266	5 373
2000	142 011	34 553	321	105 547	1 234	339	775 297	5 870
2005	129 343	32 852	200	95 028	1 074	177	797 417	6 531
2009	126 293	29 185	160	96 344	583	167	788 366	6 688
2010	126 704	28 295	147	97 727	516	149	.	.

G 50 Milcherzeugung je Kuh 1950–2009

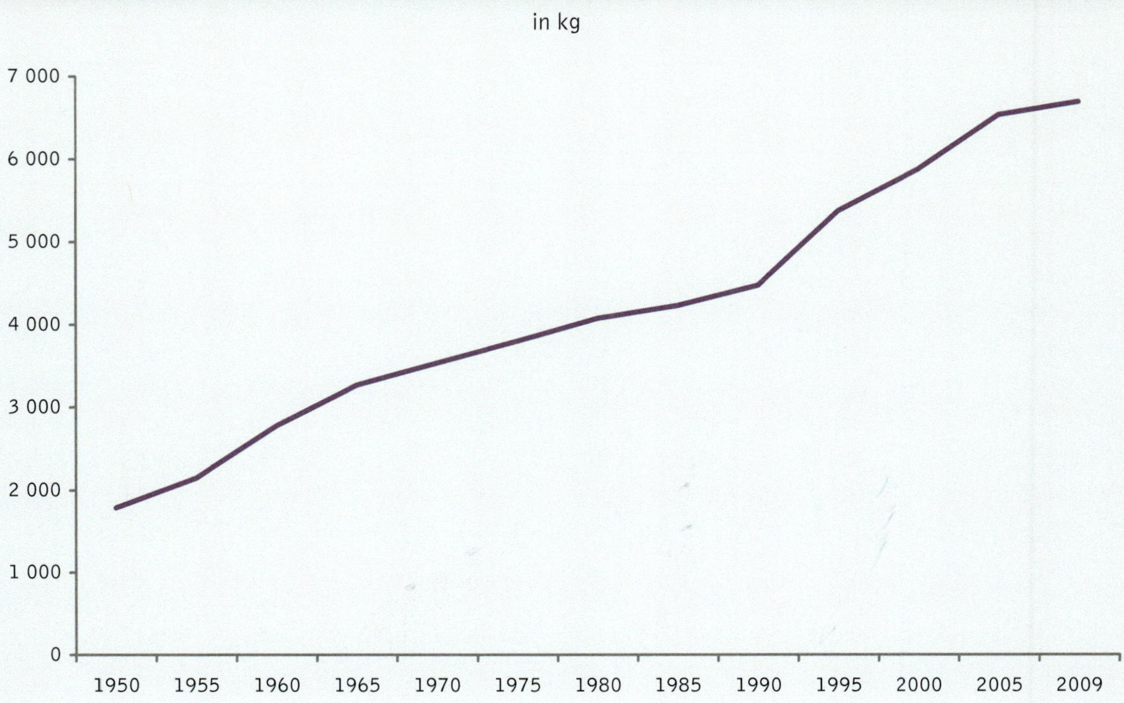

T 62 Betriebe mit Weinbau 1957–2010 nach Anbaugebieten[1]

Jahr	Insgesamt	Ahr	Mittelrhein	Mosel	Nahe	Rheinhessen	Pfalz
	Anzahl						
1957	41 724	669	1 274	10 035	4 082	13 115	12 549
1979	28 595	357	635	8 598	1 858	8 969	8 178
1989	23 229	336	490	7 302	1 359	7 014	6 728
1995	18 525	321	382	5 921	1 077	5 498	5 326
1999	16 065	273	303	5 109	922	4 705	4 753
2001	14 676	268	257	4 581	827	4 254	4 489
2003	13 020	268	222	4 001	754	3 762	4 013
2005	11 972	267	192	3 647	698	3 498	3 670
2007	11 037	245	172	3 379	656	3 219	3 366
2010	9 382	175	149	2 673	579	2 865	2 941

1 Vergleichbarkeit aufgrund mehrfach geänderter unterer Erfassungsgrenzen eingeschränkt.

T 63 Bestockte Rebfläche 1964–2010 nach ausgewählten Sorten

Jahr	Weißweinrebsorten						Rotweinrebsorten		
	Riesling	Müller-Thurgau	Silvaner, Grüner	Kerner	Ruländer	Burgunder, Weißer	Dornfelder	Spätburgunder, Blauer	Portugieser, Blauer
	ha								
1964	12 853	10 821	15 918	3	223	201	-	206	4 618
1970	13 645	14 522	14 860	71	860	332	-	259	4 392
1975	13 184	16 790	11 563	1 646	1 214	420	-	329	3 439
1979	13 100	16 116	7 911	3 880	1 351	445	98	432	2 515
1984	13 324	16 079	6 142	5 436	1 250	436	443	663	2 806
1985	13 585	15 936	5 964	5 623	1 194	437	515	720	2 805
1989	14 584	15 435	5 835	6 173	830	439	1 037	1 268	3 832
1995	15 890	14 630	5 511	6 093	887	937	1 653	1 903	4 128
1999	15 390	13 072	4 956	5 573	1 036	1 243	3 383	2 485	4 505
2000	15 212	12 595	4 811	5 335	1 110	1 346	3 949	2 753	4 642
2005	14 446	8 663	3 701	3 399	2 319	1 856	7 626	3 867	4 446
2009	16 291	8 481	3 560	2 848	2 543	2 322	7 348	3 909	3 860
2010	16 262	8 457	3 542	2 756	2 606	2 430	7 301	3 943	3 765

T 64 Ertragsrebfläche 1871–2010 nach Anbaugebieten (Durchschnittswerte)

Jahr[1]	Insgesamt	Ahr	Mittelrhein	Mosel	Nahe	Rheinhessen	Pfalz
	ha						
1871–1880	.	.	.	.	.	9 350	.
1881–1890	.	.	.	11 048	.	9 962	12 535
1891–1900	.	.	.	.	.	11 168	12 996
1901–1910	.	.	.	.	.	12 740	15 363
1911–1920	40 451	648	2 079	7 521	2 884	12 776	14 544
1921–1930	42 653	573	1 877	7 953	2 926	13 594	15 631
1931–1940	44 126	616	1 787	8 284	2 852	14 414	16 175
1941–1950	37 807	528	1 454	8 247	2 458	11 971	13 150
1951–1960	39 994	528	1 231	8 035	3 481	13 095	13 625
1961–1970	48 391	545	1 076	9 751	3 937	16 036	17 044
1971–1980	57 111	462	837	11 451	4 230	19 976	20 156
1981–1990	60 118	387	720	11 824	4 228	22 444	20 515
1991–2000	64 883	493	601	11 804	4 441	25 134	22 410
2001–2010	62 021	525	446	9 010	4 069	25 352	22 618

1 Quelle 1871–1971: Eigene Berechnungen auf der Grundlage von Kalinke, Wein- und Getränkemarkt 1985, Seite 299ff.

G 51 Ertragsrebfläche 1910–2010 (Jahreswerte)

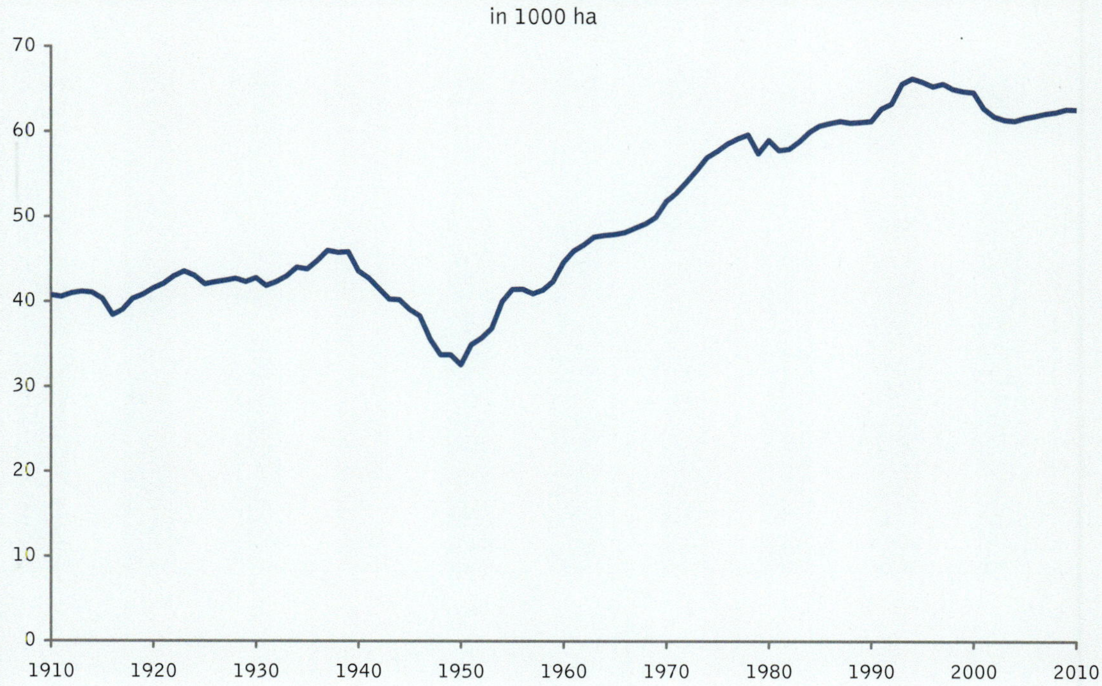

T 65 Weinmosternte 1871–2010 nach Anbaugebieten (Durchschnittswerte)

Jahr[1]	Insgesamt	Ahr	Mittelrhein	Mosel	Nahe	Rheinhessen	Pfalz
	hl						
1871–1880	.	.	.	.	.	191 469	268 944
1881–1890	.	.	.	199 955	.	258 156	327 960
1891–1900	.	.	.	.	.	267 073	430 516
1901–1910	.	.	.	.	.	282 172	478 367
1911–1920	1 212 171	12 920	30 435	302 288	52 971	355 007	458 551
1921–1930	1 218 645	9 638	31 632	279 928	60 604	334 034	502 808
1931–1940	1 922 023	23 346	58 170	487 099	98 056	562 413	692 939
1941–1950	1 288 305	14 088	36 736	354 495	71 876	362 108	449 001
1951–1960	2 613 277	21 971	52 296	583 456	173 107	764 519	1 017 928
1961–1970	4 309 741	32 427	67 613	909 672	292 367	1 345 174	1 662 488
1971–1980	5 658 067	37 079	62 042	1 160 946	340 316	1 838 653	2 219 031
1981–1990	6 818 414	32 736	63 030	1 476 529	407 955	2 361 120	2 477 044
1991–2000	6 938 752	42 698	49 023	1 321 517	405 226	2 623 454	2 496 833
2001–2010	6 066 630	40 392	29 972	875 462	339 886	2 540 431	2 240 487

1 Quelle 1871–1971: Eigene Berechnungen auf der Grundlage von Kalinke, Wein- und Getränkemarkt 1985, Seite 340ff.

G 52 Weinmosternte 1910–2010 nach Anbaugebieten

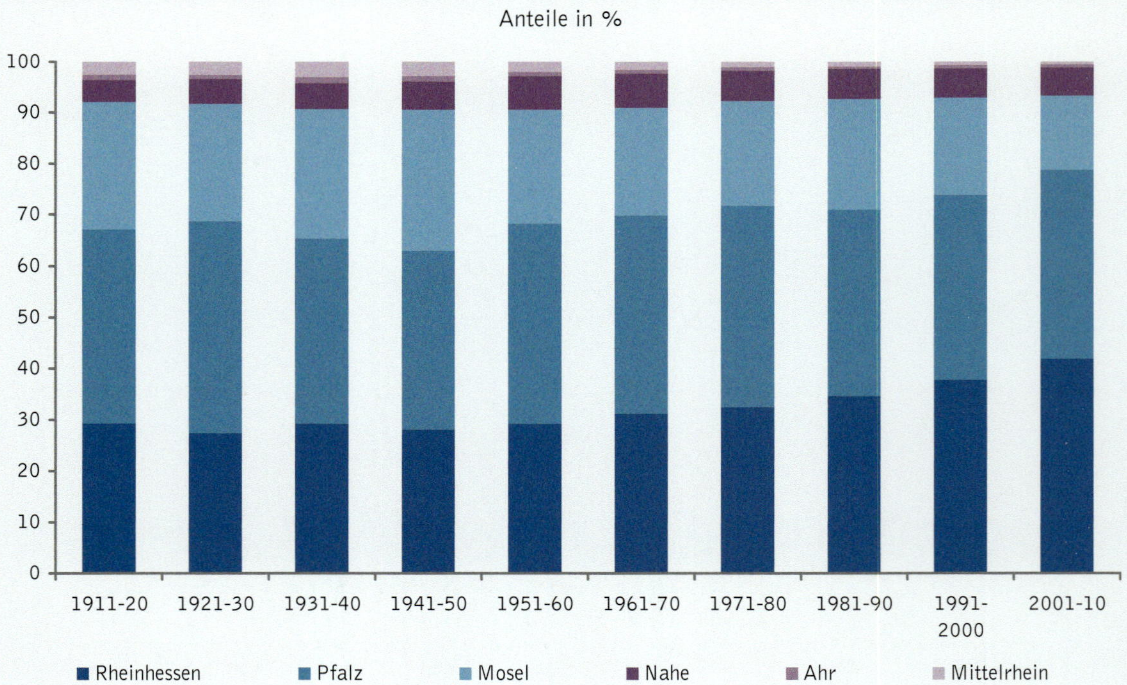

T 66 Weinmosternte pro Hektar 1871–2010 nach Anbaugebieten (Durchschnittswerte)

Jahr[1]	Insgesamt	Ahr	Mittelrhein	Mosel	Nahe	Rheinhessen	Pfalz
	hl je ha						
1871–1880	.	.	.	.	.	20	.
1881–1890	.	.	.	18	.	26	26
1891–1900	.	.	.	.	.	24	33
1901–1910	.	.	.	.	.	22	31
1911–1920	30	20	15	40	18	28	32
1921–1930	29	17	17	35	21	25	32
1931–1940	44	38	33	59	34	39	43
1941–1950	34	27	25	43	29	30	34
1951–1960	65	42	42	73	50	58	75
1961–1970	89	60	63	93	74	84	98
1971–1980	99	80	74	101	80	92	110
1981–1990	113	85	88	125	96	105	121
1991–2000	107	87	82	112	91	104	111
2001–2010	98	77	67	97	84	100	99

1 Quelle 1871–1971: Eigene Berechnungen auf der Grundlage von Kalinke, Wein- und Getränkemarkt 1985, Seite 340ff.

G 53 Weinmosternte pro Hektar 1910–2010 (Jahreswerte)

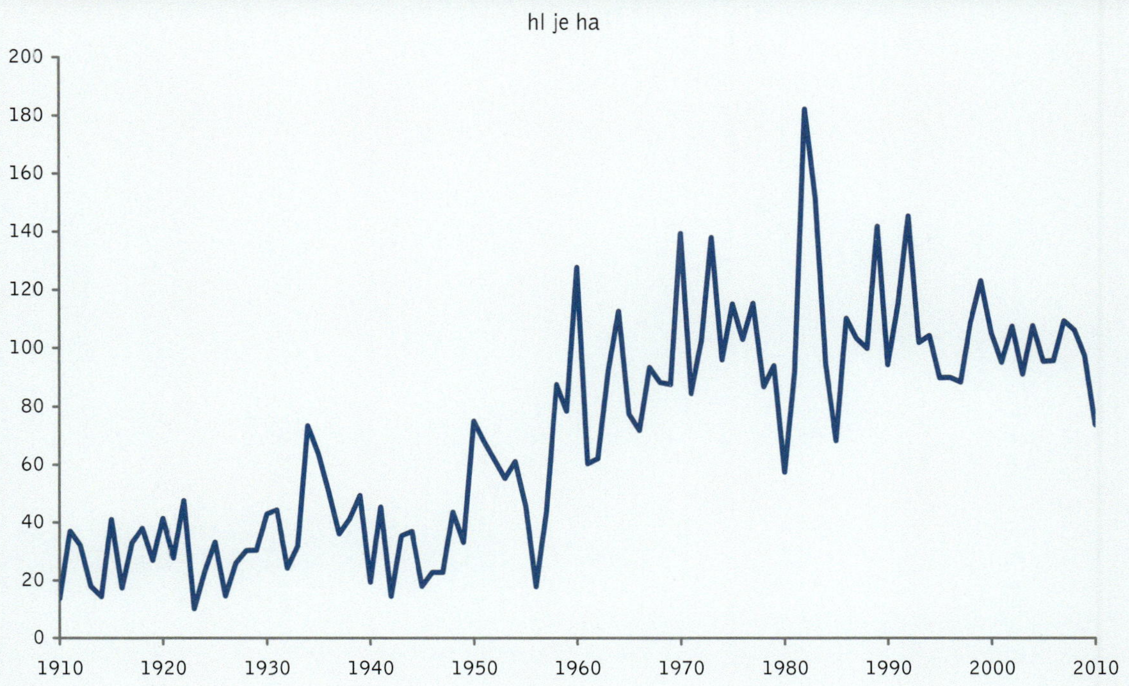

II.8.2. Verarbeitendes Gewerbe

T 67 Eckdaten des verarbeitenden Gewerbes sowie des Bergbaus und der Gewinnung von Steinen und Erden 1950–2010[1]

Jahr[2]	Betriebe	Beschäftigte	Geleistete Arbeitsstunden	Bruttolöhne und -gehälter	Umsatz insgesamt	Umsatz darunter Auslandsumsatz	Investitionen
	Anzahl		1 000	Mill. EUR			
1950	2 576	227 140	435 308	346	2 008	227	.
1955	3 217	319 601	.	.	4 326	638	.
1960	3 127	369 191	613 964	1 137	6 444	1 089	.
1965	3 479	398 924	.	.	9 679	1 622	.
1970	3 296	425 140	606 166	3 113	16 159	3 529	1 301
1975	2 968	389 848	483 983	4 708	24 697	7 180	1 040
1980	2 899	396 860	481 620	6 637	36 786	11 147	1 777
1985	2 655	364 026	424 058	7 624	42 188	15 453	1 622
1990	2 614	385 894	422 355	9 869	52 476	19 224	3 005
1995	2 239	325 598	337 071	10 330	54 934	21 563	2 655
2000	2 303	305 086	307 912	10 621	61 277	24 869	2 583
2005	2 106	275 021	420 900	10 559	69 478	32 567	2 037
2009	2 186	275 119	-	11 108	66 582	31 018	2 258
2010	2 196	275 006	-	11 157	78 879	39 576	...

1 Betriebe von Unternehmen mit 20 und mehr Beschäftigten. – 2 Ab 1995 ist die Vergleichbarkeit der Zahlen aufgrund mehrfach wechselnder Wirtschaftszweigsystematiken eingeschränkt; ab 1997 Erweiterung des Berichtskreises um Betriebe aus der Handwerkszählung 1995.

G 54 Betriebe im verarbeitenden Gewerbe sowie im Bergbau und der Gewinnung von Steinen und Erden 1950–2010

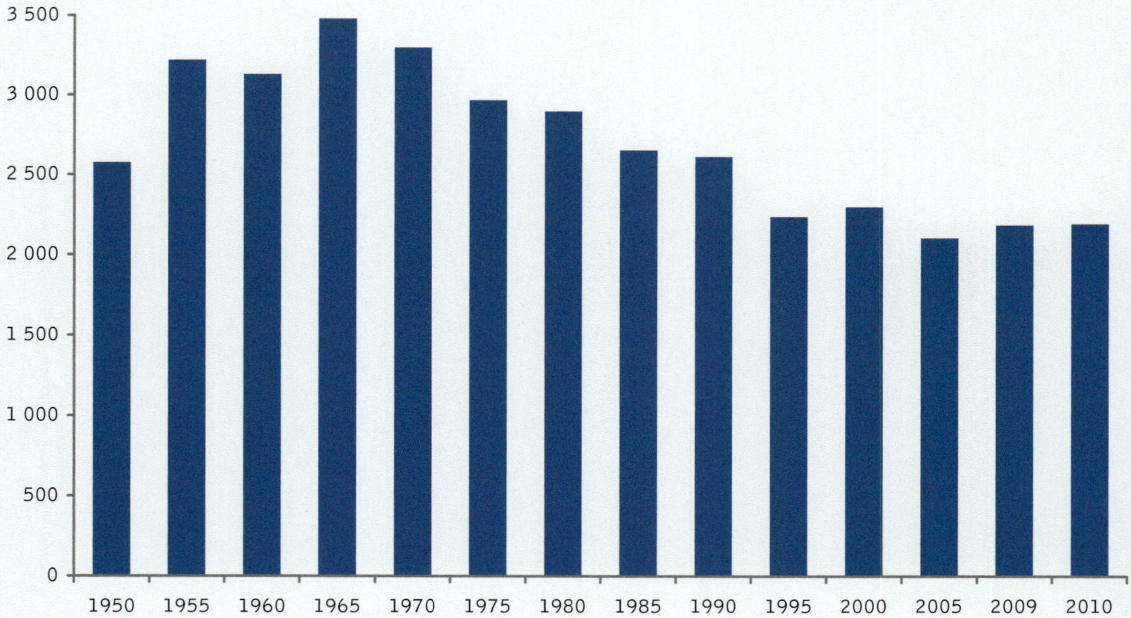

T 68 Ausgewählte Kennziffern des verarbeitenden Gewerbes sowie des Bergbaus und der Gewinnung von Steinen und Erden 1950–2010[1]

Jahr[2]	Beschäftigte je Betrieb	Bruttolöhne und -gehälter	Geleistete Arbeitsstunden	Umsatz
		je Beschäftigten		
	Anzahl	EUR	Stunden	EUR
1950	88	1 524	.	8 842
1955	99	.	.	13 534
1960	118	3 080	.	17 456
1965	115	.	.	24 262
1970	129	7 321	1 894	38 008
1975	131	12 077	1 738	63 351
1980	137	16 723	1 709	92 694
1985	137	20 945	1 684	115 892
1990	148	25 573	1 606	135 985
1995	145	31 726	1 585	168 717
2000	132	34 813	1 582	200 851
2005	131	38 392	1 530	252 629
2009	126	40 377	-	242 012
2010	125	40 569	-	286 828

1 Betriebe von Unternehmen mit 20 und mehr Beschäftigten. – 2 Ab 1995 ist die Vergleichbarkeit der Zahlen aufgrund mehrfach wechselnder Wirtschaftszweigsystematiken eingeschränkt; ab 1997 Erweiterung des Berichtskreises um Betriebe aus der Handwerkszählung 1995.

G 55 Beschäftigte im verarbeitenden Gewerbe sowie im Bergbau und in der Gewinnung von Steinen und Erden 1950–2010

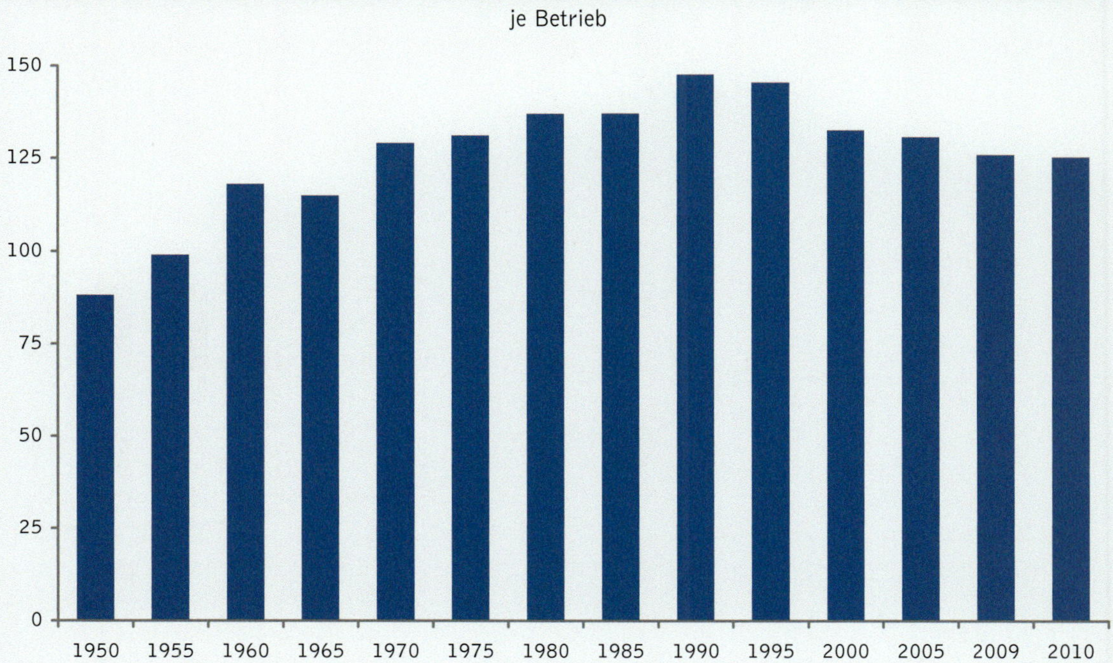

T 69 Beschäftigte nach ausgewählten Wirtschaftszweigen des verarbeitenden Gewerbes 1950–2010[1]

Jahr	Herstellung von Schuhen	Herstellung von chemischen Erzeugnissen[2]	Herstellung von Gummi- und Kunststoffwaren	Maschinenbau[3]	Fahrzeugbau[4]
	Anzahl				
1950	21 116	37 985	2 763	25 359	2 265
1955	29 651	49 544	.	.	.
1960	32 439	68 246	10 390	39 265	10 760
1965	32 271	71 132	.	.	.
1970	31 578	73 277	18 350	51 982	35 893
1975	20 558	74 071	19 499	48 784	37 490
1980	20 534	72 269	22 159	50 639	45 677
1985	17 016	71 132	21 033	46 558	46 092
1990	10 739	80 203	24 743	52 983	49 682
1995	7 088	68 825	23 087	41 806	33 471
2000	5 004	63 700	23 288	37 739	29 855
2005	2 676	55 464	21 674	34 509	29 399
2009	2 441	54 005	22 304	39 297	29 993
2010	2 349	53 608	23 387	39 083	29 198

1 Betriebe von Unternehmen mit 20 und mehr Beschäftigten. – 2 Einschließlich Herstellung von pharmazeutischen Erzeugnissen. – 3 Einschließlich Herstellung von Büromaschinen, DV-Geräten und -Einrichtungen. – 4 Aufgrund organisatorischer Veränderungen bei einem Unternehmen sind die Ergebnisse ab 1990 nicht mit den Vorjahren vergleichbar.

G 56 Beschäftigte nach ausgewählten Wirtschaftszweigen des verarbeitenden Gewerbes 1950–2010

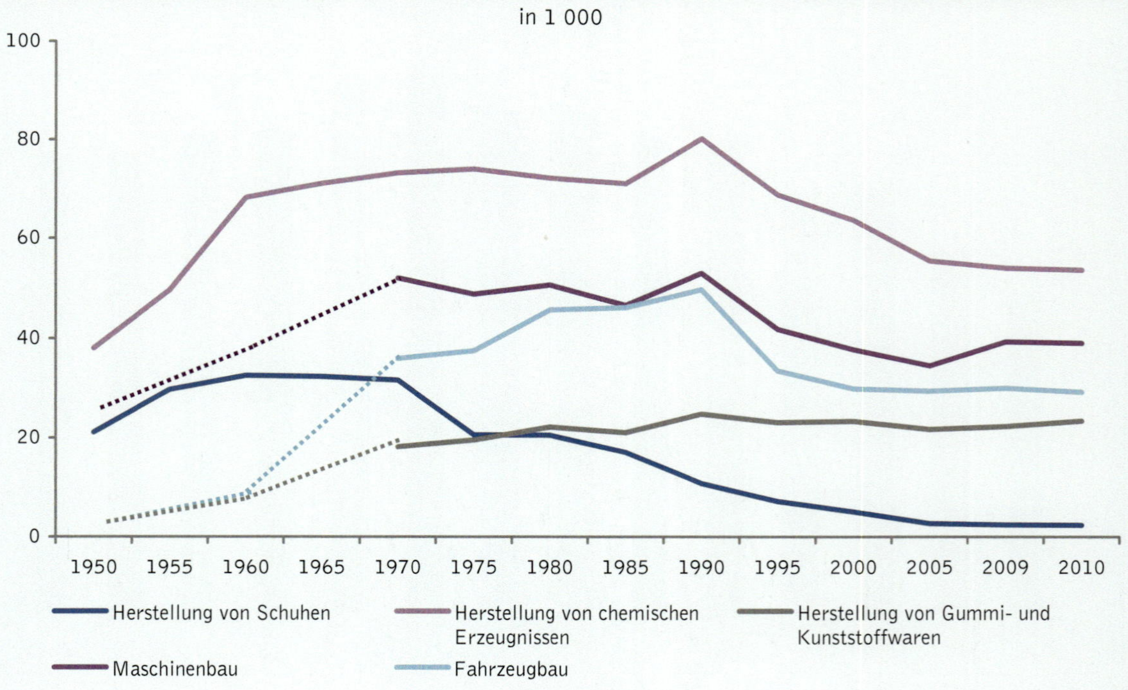

T 70 Umsatz nach ausgewählten Wirtschaftszweigen des verarbeitenden Gewerbes 1950–2010[1]

Jahr	Herstellung von Schuhen	Herstellung von chemischen Erzeugnissen[2]	Herstellung von Gummi- und Kunststoffwaren	Maschinenbau[3]	Fahrzeugbau[4]
	1 000 EUR				
1950	169 148	444 859	18 450	152 990	10 339
1955	240 818	1 059 908	.	.	.
1960	343 745	1 906 432	168 987	466 968	85 382
1965	508 735	2 664 342	.	.	.
1970	639 634	3 816 524	545 647	1 691 525	2 067 801
1975	636 989	5 869 610	1 019 115	2 228 935	4 038 877
1980	840 099	8 437 829	1 596 515	3 435 415	6 306 270
1985	970 483	13 059 130	1 980 409	3 521 234	6 291 698
1990	771 531	14 947 671	2 910 758	4 442 135	8 961 819
1995	666 475	15 618 661	3 212 268	.	8 088 934
2000	556 379	18 624 326	3 733 871	5 565 568	8 775 494
2005	415 773	21 895 061	4 138 464	6 274 106	11 061 133
2009	.	21 532 119	4 154 335	7 076 493	.
2010	397 545	.	4 820 750	7 649 698	.

1 Betriebe von Unternehmen mit 20 und mehr Beschäftigten. – 2 Einschließlich Herstellung von pharmazeutischen Erzeugnissen. – 3 Einschließlich Herstellung von Büromaschinen, DV-Geräten und -Einrichtungen. – 4 Aufgrund organisatorischer Veränderungen bei einem Unternehmen sind die Ergebnisse ab 1990 nicht mit den Vorjahren vergleichbar.

G 57 Exportquote im verarbeitenden Gewerbe sowie im Bergbau und der Gewinnung von Steinen und Erden 1950–2010

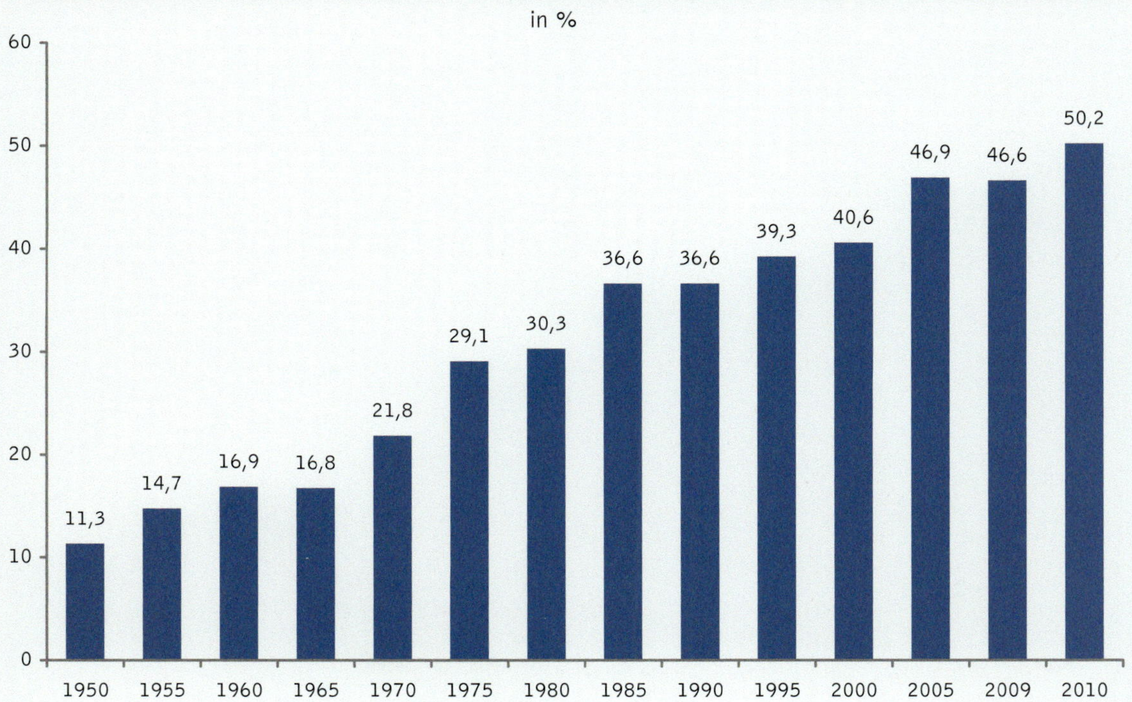

II.8.3. Baugewerbe

T 71 Eckdaten des Bauhauptgewerbes 1950–2010[1]

Jahr[2]	Betriebe	Beschäftigte	Geleistete Arbeitsstunden	Bruttolöhne und -gehälter	Baugewerblicher Umsatz im Vorjahr
	Anzahl		1 000	Mill. EUR	
1950	4 378	55 378	102 006	64	.
1955	4 458	87 670	155 630	149	.
1960	4 136	83 573	146 598	221	571
1965	4 733	103 264	167 929	464	1 282
1970	4 573	91 315	154 459	611	1 406
1975	4 052	71 593	117 348	800	2 169
1980	3 896	76 020	112 944	1 093	2 928
1985	3 814	64 766	82 763	1 020	3 426
1990	3 774	62 601	84 919	1 302	3 865
1995	3 713	58 052	71 047	1 471	4 756
2000	3 896	47 430	59 870	1 224	4 580
2005	3 731	36 626	41 225	947	3 841
2009	3 832	36 885	41 748	992	4 315
2010	3 767	38 286	42 140	1 018	4 270

1 Alle Betriebe. – 2 Ab 1996 ist die Vergleichbarkeit der Zahlen aufgrund mehrfach wechselnder Wirtschaftszweigsystematiken eingeschränkt.

G 58 Beschäftigte im Bauhauptgewerbe 1950–2010

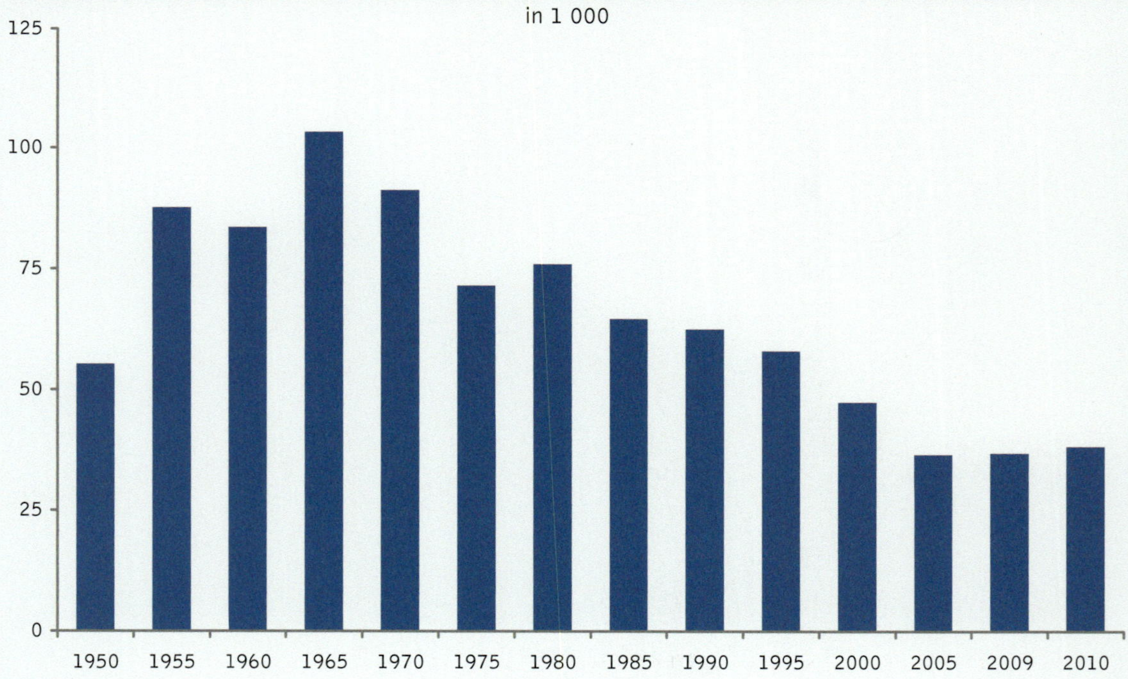

T 72 Baufertigstellungen im Wohnbau 1950–2010 (Errichtung neuer Gebäude)

Jahr	Wohngebäude	Wohnungen	Wohnfläche	Veranschlagte Baukosten
	Anzahl		1 000 m²	1 000 EUR
1950	5 091	9 895	610	55 995
1955	12 027	25 102	1 547	216 529
1960	13 318	26 299	1 965	344 995
1965	15 327	27 099	2 358	641 736
1970	11 992	22 173	2 069	682 988
1975	12 670	24 235	2 355	1 205 457
1980	15 421	23 126	2 448	1 781 545
1985	10 637	19 608	1 887	1 810 016
1990	9 172	15 250	1 545	1 579 630
1995	12 845	30 467	2 874	3 338 420
2000	12 557	20 180	2 348	5 761 043
2005	9 414	12 773	1 649	2 075 601
2009	5 730	8 129	1 050	1 409 489
2010	4 717	6 833	880	1 179 684

G 59 Fertigstellung neuer Wohngebäude und Wohnungen 1950–2010

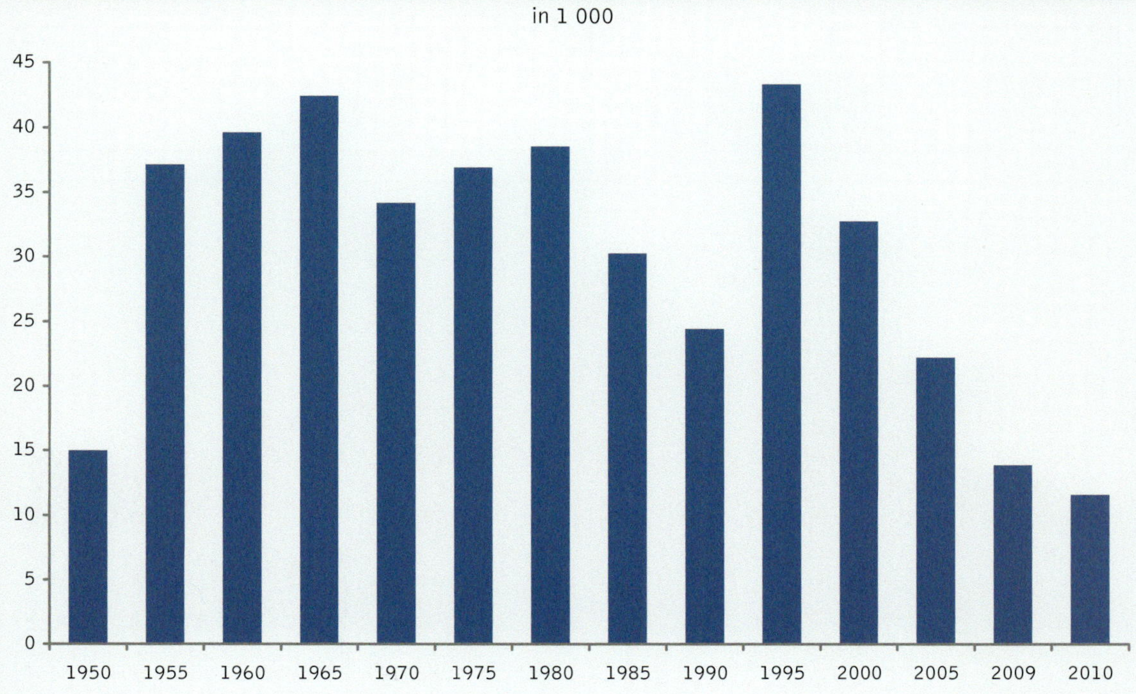

T 73 Baufertigstellungen im Wohnbau 1950–2010 (Baumaßnahmen an bestehenden Gebäuden)

Jahr	Wohngebäude	Wohnungen	Wohnfläche	Veranschlagte Baukosten
	Anzahl		1 000 m²	1 000 EUR
1950	.	2 423	136	6 841
1955	.	4 036	227	19 693
1960	.	4 551	232	35 028
1965	.	4 546	233	52 810
1970	.	1 727	218	66 062
1975	.	2 166	244	104 282
1980	3 205	1 305	196	129 729
1985	3 113	1 455	201	170 528
1990	3 350	1 656	217	201 324
1995	5 295	3 701	419	447 902
2000	4 558	2 033	301	352 515
2005	3 850	1 560	237	313 035
2009	2 934	1 095	179	263 032
2010	2 397	980	150	220 580

T 74 Baufertigstellungen im Nichtwohnbau 1950–2010 nach Gebäudearten (Errichtung neuer Gebäude)

Jahr	Insgesamt	Anstaltsgebäude	Büro- und Verwaltungsgebäude	Landwirtschaftliche Betriebsgebäude	Nichtlandwirtschaftl. Betriebsgebäude	Sonstige Nichtwohngebäude	Veranschlagte Baukosten
	Anzahl						1 000 EUR
1950	2 599	.	.	.	.	.	22 989
1955	5 789	.	.	.	.	.	88 021
1960	5 327	105	88	2 049	2 035	1 050	172 160
1965	3 658	154	107	1 102	1 701	594	327 917
1970	2 999	90	136	865	1 428	480	438 662
1975	2 584	129	134	669	1 239	413	752 145
1980	2 611	47	137	704	1 333	390	769 293
1985	2 045	20	95	720	968	242	684 298
1990	1 883	22	131	429	1 087	214	885 124
1995	1 802	16	161	394	1 011	220	1 118 320
2000	2 071	16	195	493	1 197	170	1 926 513
2005	1 406	15	108	370	798	115	684 800
2009	1 348	17	112	325	793	101	1 015 124
2010	1 189	20	76	292	691	110	914 440

II.8.4. Tourismus

T 75 Betten, Gäste und Übernachtungen im Tourismus 1950–2010

Jahr	Betten		Gäste			Übernachtungen von Gästen		
	insgesamt	dar. Hotels und Hotels garnis	insgesamt	aus dem Inland	aus dem Ausland	insgesamt	aus dem Inland	aus dem Ausland
	1 000							
1950	35	14	1 337	1 221	116	4 023	3 815	208
1955	50	20	2 350	1 856	494	7 404	6 575	829
1960	64	25	2 702	2 132	570	10 806	9 773	1 033
1965	70	29	3 151	2 523	628	11 562	10 345	1 217
1970	95	40	3 527	2 786	741	12 657	10 958	1 699
1975	135	51	4 044	3 317	727	15 355	13 345	2 010
1980	164	58	4 866	3 968	898	18 195	15 335	2 860
1985	181	70	5 292	3 934	1 358	18 690	14 494	4 196
1990	180	71	6 188	4 725	1 463	21 089	16 456	4 633
1995	184	74	6 115	4 874	1 241	21 297	17 333	3 963
2000	190	79	7 245	5 770	1 475	22 439	18 041	4 398
2005	194	82	7 353	5 802	1 552	21 110	16 726	4 384
2009	192	81	7 716	5 973	1 743	21 415	16 439	4 976
2010	192	81	7 886	6 082	1 804	21 701	16 660	5 041

G 60 Gäste 1950–2010 nach Herkunft

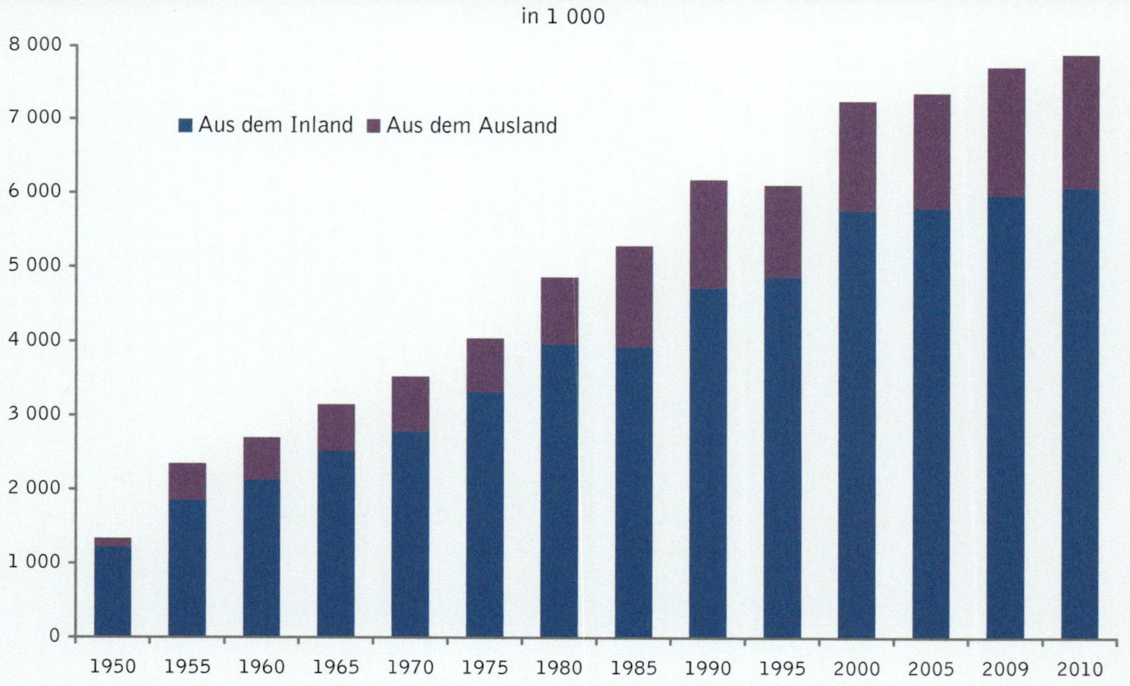

T 76 Übernachtungen 1950–2010 nach Fremdenverkehrsgebieten[1]

Jahr	Insgesamt	Rheintal	Rhein-hessen	Eifel/Ahr	Mosel/Saar	Hunsrück/ Nahe/ Glan	Wester-wald/ Lahn/ Taunus	Pfalz
	1 000							
1950	4 023	794	229	653	693	241	922	491
1955	7 404	1 459	378	1 199	1 429	459	1 569	911
1960	10 806	2 032	497	1 718	2 032	973	2 063	1 491
1965	11 562	2 208	520	2 012	2 220	1 122	1 942	1 538
1970	12 657	2 114	646	2 493	2 291	1 354	1 759	2 000
1975	15 355	2 173	691	3 144	3 331	1 848	1 933	2 235
1980	18 195	2 259	841	3 826	3 887	2 258	2 001	3 123
1985	18 690	2 014	895	4 075	4 080	2 339	1 954	3 333
1990	21 089	2 289	1 095	4 366	4 803	2 601	2 155	3 780
1995	21 297	2 129	951	4 724	5 105	2 603	1 962	3 823
2000	22 439	2 211	1 279	4 568	5 847	2 426	1 846	4 262
2005	21 110	1 980	1 229	4 259	5 727	2 271	1 545	4 098
2009	21 415	1 912	1 226	4 052	6 398	2 365	1 508	3 954
2010	21 701	1 947	1 325	4 111	6 391	2 390	1 502	4 035

1 Seit 2009 gilt eine neue Einteilung in neun Tourismusregionen. Zur Sicherstellung der Vergleichbarkeit mit früheren Jahren wurde hier die frühere Gliegerung in sieben Fremdenverkehrsgebiete verwendet.

G 61 Übernachtungen 1950–2010 nach Fremdenverkehrsgebieten

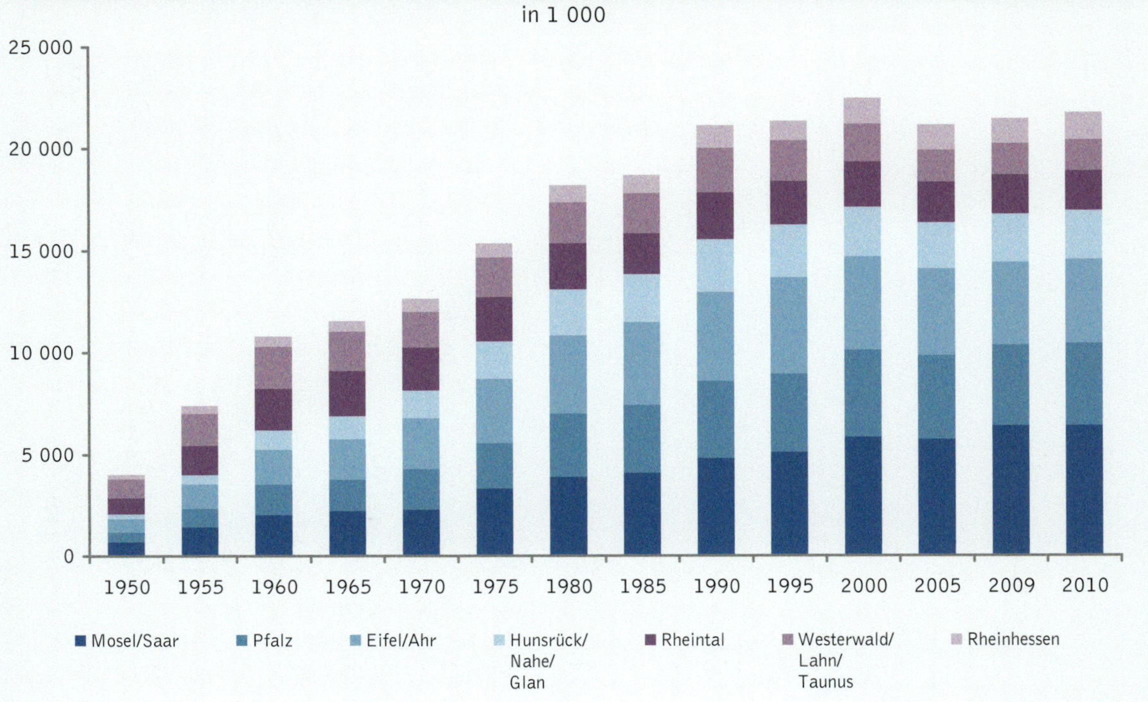

II.9. Gesellschaft und Staat

T 77 Bundestagswahlen 1949–2009

Jahr	Wahlbeteiligung	Stimmen		Von den gültigen Stimmen entfielen auf[1]					
		ungültig	gültig	CDU	SPD	FDP	GRÜNE	DIE LINKE[2]	sonstige Parteien
	%								
1949	79,6	5,4	94,6	49,0	28,6	15,8	-	-	6,6
1953	86,0	3,7	96,3	52,1	27,2	12,1	-	-	8,6
1957	88,3	3,9	96,1	53,7	30,4	9,8	-	-	6,1
1961	88,2	4,8	95,2	48,9	33,5	13,2	-	-	4,4
1965	88,0	2,8	97,2	49,3	36,7	10,2	-	-	3,8
1969	87,0	2,0	98,0	47,8	40,1	6,3	-	-	5,8
1972	91,6	1,1	98,9	45,9	44,9	8,1	-	-	1,1
1976	91,5	0,8	99,2	49,9	41,7	7,6	-	-	0,9
1980	89,9	1,2	98,8	45,6	42,8	9,8	1,4	-	0,5
1983	90,4	1,8	98,2	49,6	38,4	7,0	4,5	-	0,5
1987	86,7	1,3	98,7	45,1	37,1	9,1	7,5	-	1,3
1990	81,7	1,4	98,6	45,6	36,1	10,4	4,0	0,2	3,6
1994	82,3	1,2	98,8	43,8	39,4	6,9	6,2	0,6	3,1
1998	83,9	1,5	98,5	39,1	41,3	7,1	6,1	1,0	5,4
2002	80,0	1,6	98,4	40,2	38,2	9,3	7,9	1,0	3,3
2005	78,7	2,1	97,9	36,9	34,6	11,7	7,3	5,6	3,9
2009	72,0	1,8	98,2	35,0	23,8	16,6	9,7	9,4	5,6

1 Parteien nach den Ergebnissen der letzten Bundestagswahl sortiert. – 2 Bis 2002: PDS.

G 62 Wahlbeteiligung bei Bundestagswahlen 1949–2009

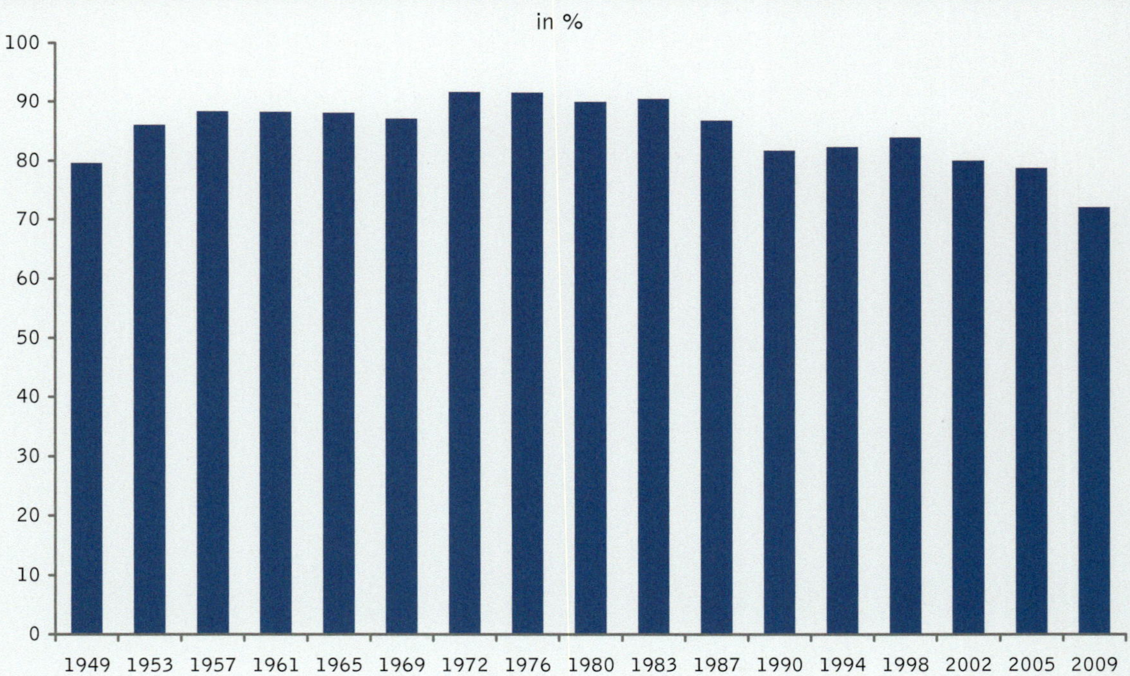

T 78 Landtagswahlen 1947–2011

Jahr	Wahlbeteiligung	Stimmen ungültig	Stimmen gültig	Von den gültigen Stimmen entfielen auf[1] SPD	CDU	GRÜNE	FDP	sonstige Parteien
	%							
1947	77,9	10,6	89,4	34,3	47,2	-	9,8	8,7
1951	74,8	5,0	95,0	34,0	39,2	-	16,7	10,1
1955	76,0	3,1	96,9	31,7	46,8	-	12,7	8,8
1959	77,2	2,1	97,9	34,9	48,4	-	9,7	7,0
1963	75,5	1,8	98,2	40,7	44,4	-	10,1	4,8
1967	78,5	1,5	98,5	36,8	46,7	-	8,3	8,2
1971	79,4	1,3	98,7	40,5	50,0	-	5,9	3,5
1975	80,8	1,0	99,0	38,5	53,9	-	5,6	1,9
1979	81,4	1,2	98,8	42,3	50,1	-	6,4	1,2
1983	90,4	1,0	99,0	39,6	51,9	4,5	3,5	0,5
1987	77,0	1,3	98,7	38,8	45,1	5,9	7,3	2,9
1991	73,9	1,8	98,2	44,8	38,7	6,5	6,9	3,2
1996	70,8	2,4	97,6	39,8	38,7	6,9	8,9	5,7
2001	62,1	2,5	97,5	44,7	35,3	5,2	7,8	6,9
2006	58,2	2,1	97,9	45,6	32,8	4,6	8,0	9,0
2011	61,8	2,1	97,9	35,7	35,2	15,4	4,2	9,4

1 Parteien nach den Ergebnissen der letzten Landtagswahl sortiert.

G 63 Landtagswahlen 1947–2011

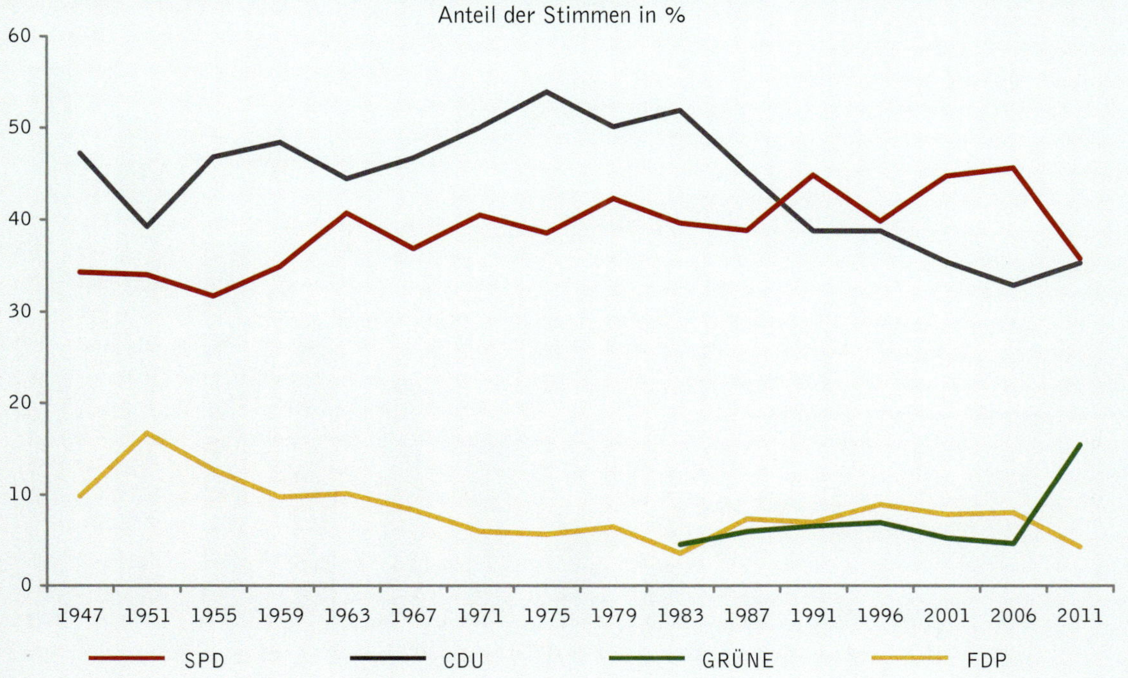

T 79 Schulden des Landes, der Gemeinden und der Gemeindeverbände 1955–2009

Jahr	Schulden des Landes und der Gemeinden/ Gemeindeverbände	Schulden des Landes		Schulden der Gemeinden/Gemeindeverbände		Schulden der kommunalen Eigen-betriebe
		insgesamt	je Einwohner	insgesamt	je Einwohner	
	Mill. EUR		EUR	Mill. EUR	EUR	Mill. EUR
1955	786	600	183	186	57	25
1960	1 146	774	228	372	110	73
1965	1 710	831	233	879	246	176
1970	3 318	1 386	378	1 931	526	291
1975	5 731	2 798	761	2 932	797	357
1980	8 037	4 931	1 355	3 106	854	681
1985	12 221	8 502	2 349	3 719	1 028	972
1990	14 744	11 225	3 008	3 520	943	2 159
1995	18 645	14 557	3 674	4 089	1 032	3 121
2000	23 215	18 924	4 698	4 291	1 065	3 901
2005	29 863	25 099	6 183	4 764	1 174	3 944
2009	32 325	27 352	6 806	4 973	1 237	3 896

G 64 Schulden des Landes 1955–2009

je Einwohner in EUR

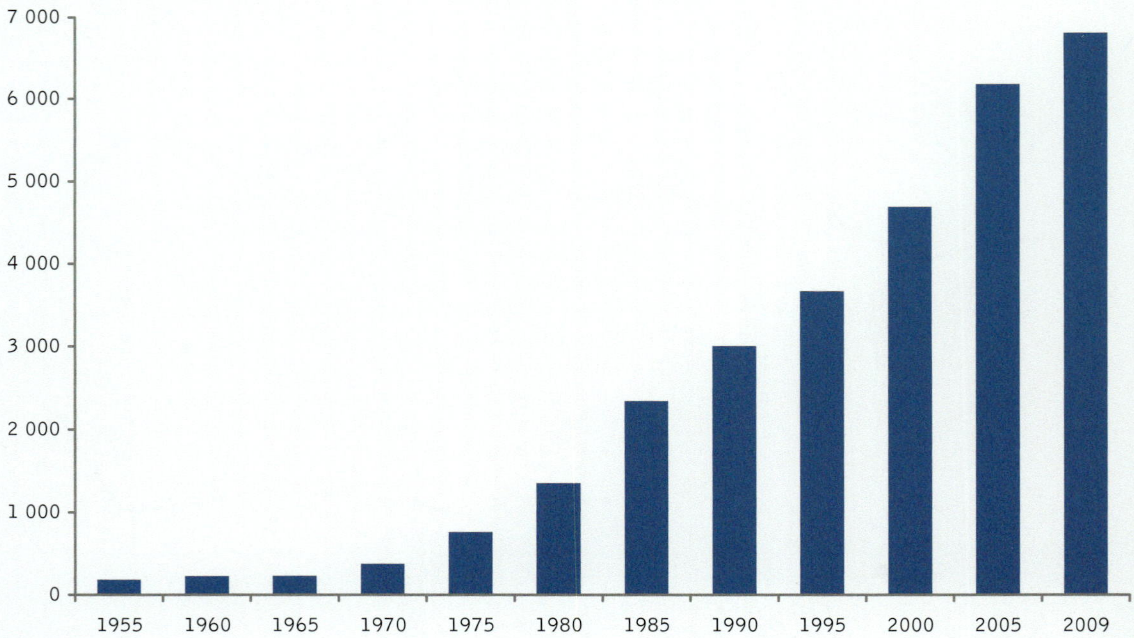

T 80 Vollzeit- und teilzeitbeschäftigtes Personal des Landes, der Gemeinden und der Gemeindeverbände 1950–2010[1]

Jahr	Vollzeitbeschäftigtes Personal					Teilzeitbeschäftigtes Personal
	insgesamt	Land	Gemeinden und Gemeindeverbände	Beamte und Richter	Arbeitnehmer	
	Anzahl					
1950	74 149	40 053	34 096	27 167	46 982	.
1955	81 565	48 483	33 082	32 850	48 715	.
1960	87 107	50 845	36 262	36 401	50 706	5 032
1965	98 411	60 138	38 273	41 076	57 335	7 403
1970	113 495	72 124	41 371	48 085	65 410	9 830
1975	130 174	83 014	47 160	57 430	72 744	19 443
1980	135 326	85 803	49 523	61 683	73 643	25 849
1985	134 898	84 502	50 396	62 078	72 820	31 225
1990	133 665	82 193	51 472	61 319	72 346	39 135
1995	132 141	83 546	48 595	64 504	67 637	40 416
2000	109 496	68 262	41 234	58 960	50 536	45 111
2005	104 687	66 934	37 753	57 750	46 937	51 843
2009	103 881	65 607	38 274	57 592	46 289	54 998
2010	104 561	66 209	38 352	58 176	46 385	57 077

1 Beschäftigte des Kernhaushaltes und der Sonderrechnungen.

G 65 Vollzeitbeschäftigtes Personal des Landes, der Gemeinden und der Gemeindeverbände 1950–2010

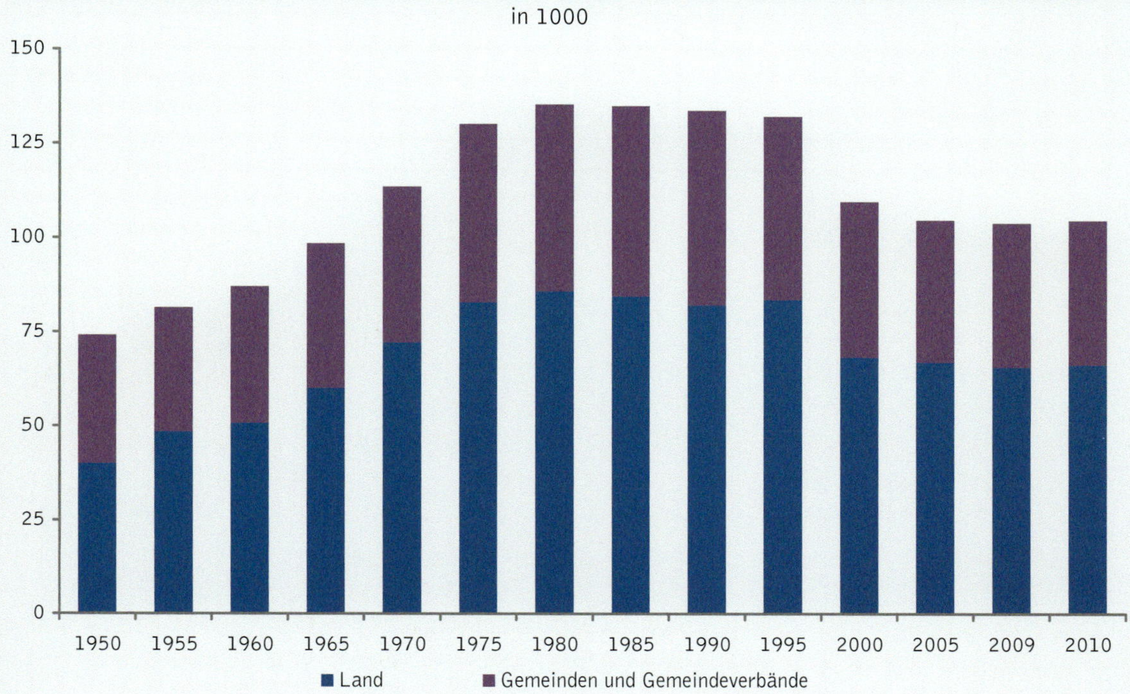

T 81 Sozialhilfe 1950–2009

Jahr	Sozialhilfeempfängerinnen und -empfänger insgesamt[1]	außerh. v. Einrichtungen	in Einrichtungen	Hilfe zum Lebensunterhalt	Grundsicherung[2]	Hilfen nach Kap. 5 bis 9 SGB XII	Bruttoausgaben insgesamt[1]	Hilfe zum Lebensunterhalt	Grundsicherung[2]	Hilfen nach Kap. 5 bis 9 SGB XII
	Anzahl						1 000 EUR			
1950	67 965	51 836	16 129	.	-	.	24 931	.	-	.
1955	60 740	45 028	15 712	.	-	.	26 382	.	-	.
1960	58 938	44 936	14 002	.	-	.	22 053	.	-	.
1965	66 190	49 200	18 925	36 151	-	42 248	47 558	17 533	-	30 025
1970	69 352	52 546	18 390	34 935	-	45 731	79 671	26 707	-	52 964
1975	103 496	80 621	24 955	58 315	-	58 366	189 695	68 193	-	121 502
1980	99 110	77 731	26 504	61 024	-	53 785	289 601	98 704	-	190 896
1985	136 560	108 143	29 101	95 514	-	53 419	475 907	167 986	-	307 921
1990	175 255	142 308	33 886	127 499	-	71 348	759 091	288 260	-	470 831
1995	161 702	136 905	24 874	122 211	-	39 491	1 173 864	424 832	-	749 032
2000	142 394	113 951	28 598	102 336	-	40 058	1 011 454	360 492	-	650 963
2005[3]	69 607	32 079	37 912	6 236	30 325	33 046	965 794	33 122	140 723	791 948
2009	86 436	38 861	48 613	11 814	34 265	40 357	1 109 960	40 691	172 703	896 566

1 1950–1990 ohne Mehrfachzählungen. – 2 Grundsicherung im Alter und bei Erwerbsminderung. – 3 Der erhebliche Rückgang der Empfängerzahlen ist durch die Einführung der Grundsicherung für Arbeitsuchende ("Hartz IV") begründet.

T 82 Wohngeldempfängerinnen und Wohngeldempfänger sowie Wohngeldleistungen 1965–2009

Jahr[1]	Wohngeld insgesamt: Empfängerinnen/Empfänger	Gezahlter Betrag	Anspruch je Fall[1]	Mietzuschuss: Empfängerinnen/Empfänger	Gezahlter Betrag	Anspruch je Fall[1]	Lastenzuschuss: Empfängerinnen/Empfänger	Gezahlter Betrag	Anspruch je Fall[1]
	Anzahl	1 000 EUR	EUR	Anzahl	1 000 EUR	EUR	Anzahl	1 000 EUR	EUR
1965	12 329	2 769	.	11 394	2 414	.	935	355	.
1970	35 009	11 050	.	32 243	9 548	.	2 766	1 502	.
1975	68 292	33 772	36	63 231	29 985	35	5 061	3 787	48
1980	64 339	38 731	42	59 479	35 217	42	4 860	3 515	45
1985	70 695	53 813	58	63 923	48 397	57	6 772	5 417	60
1990	82 965	80 934	76	73 760	73 075	77	9 205	7 860	69
1995	92 094	117 657	103	85 785	111 111	105	6 309	6 546	77
2000	81 654	117 987	108	76 381	111 587	111	5 273	6 400	90
2005[2]	30 679	51 135	102	25 684	42 934	98	4 995	8 201	121
2009	40 404	60 472	131	34 880	50 674	127	5 524	9 798	156

1 Ab 2005 nur für reine Wohngeldhaushalte. – 2 Der erhebliche Rückgang der Empfängerzahlen ist durch die Einführung der Grundsicherung für Arbeitsuchende ("Hartz IV") begründet. Einschließlich wohngeldrechtliche Teilhaushalte.

T 83 Straftaten und abgeurteilte Personen 1950–2009

Jahr	Straftaten		Abgeurteilte Personen[1]				
	bekannt gewordene Straftaten	aufgeklärte Straftaten	insgesamt	Verurteilte			
				zusammen	Erwachsene[2]	Heranwachsende[3]	Jugendliche[4]
	Anzahl						
1950	59 786	45 208	20 676	17 078	13 756	2 345	977
1955	89 384	69 952	42 089	36 565	29 602	4 703	2 260
1960	103 130	74 441	43 357	37 720	29 913	5 565	2 242
1965	86 417	49 748	38 797	34 010	27 775	3 715	2 520
1970	107 861	56 803	42 759	37 730	28 941	5 250	3 539
1975	139 807	65 285	45 068	38 805	29 263	5 858	3 684
1980	182 234	85 436	51 275	42 437	30 307	6 450	5 680
1985	192 023	95 550	54 256	45 424	34 974	6 157	4 293
1990	202 766	103 735	47 518	39 847	33 986	4 099	1 762
1995	250 040	128 771	46 684	41 033	35 413	3 742	1 878
2000	270 202	159 149	45 376	38 834	31 441	4 494	2 899
2005	297 780	182 503	49 969	43 528	35 598	4 646	3 284
2009	283 162	176 402	49 617	41 778	34 559	4 230	2 989

1 Verfahren können mit Freispruch, Einstellung oder Verurteilung enden. – 2 21 Jahre und älter. – 3 Im Alter von 18–21 Jahren. – 4 Im Alter von 14–18 Jahren.

T 84 Verurteilungen 1950–2009 nach Straftatengruppen

Jahr	Insgesamt	Davon Verurteilungen wegen					
		Straftaten gegen d. sexuelle Selbstb.	anderer Straftaten gegen die Person[1]	Diebstahl und Unterschlagung	anderer Vermögensdelikte[2]	Straftaten im Straßenverkehr	sonstiger Straftaten
	Anzahl						
1950	17 078	441	.	4 279	1 922	.	.
1955	36 565	1 049	4 275	5 614	4 201	15 099	6 327
1960	37 720	912	4 601	5 588	4 933	15 313	6 373
1965	34 010	677	3 750	5 279	3 562	15 292	5 450
1970	37 730	454	3 173	8 405	3 501	16 799	5 398
1975	38 805	404	3 262	8 187	3 543	17 782	5 627
1980	42 437	361	3 577	8 609	3 887	19 790	6 213
1985	45 424	328	3 845	10 506	6 142	17 163	7 440
1990	39 847	353	3 788	8 056	6 055	14 696	6 899
1995	41 033	381	3 957	8 079	7 050	14 586	6 980
2000	38 834	363	4 681	6 956	7 453	12 084	7 297
2005	43 528	477	5 981	6 915	10 051	12 191	7 913
2009	41 778	461	5 906	6 403	10 342	11 061	7 340

1 Hauptsächlich Körperverletzung. – 2 Hauptsächlich Betrug und Urkundenfälschung.

III. WEITERFÜHRENDES ARBEITSMATERIAL ZUR LANDESHISTORISCHEN FORSCHUNG

III.1. Bevölkerung

In Kapitel III werden zu ausgewählten Merkmalen historische statistische Daten in regionalen Untergliederungen präsentiert. Die Angaben zur Gesamtbevölkerung und zur Bevölkerungsdichte, die am Anfang dieses Kapitels stehen, konnten für die Zeit vor der Gründung des Bundeslandes Rheinland-Pfalz anhand der für die einzelnen Gemeinden vorliegenden Volkszählungsergebnisse auf die Gebiete der heutigen kreisfreien Städte und Landkreise umgerechnet werden. Bei den übrigen Merkmalen war dies nicht möglich, da die erforderlichen Daten in den historischen Quellen nicht auf Gemeindeebene veröffentlicht wurden. Die Angaben zur Bevölkerung nach Altersjahren, Familienstand und Konfession lagen in der Regel maximal auf Kreisebene vor. Daher orientieren sich diese Tabellen an den historischen Gebietseinteilungen, die den jeweiligen Datenquellen zugrunde lagen. Die im Zeitverlauf eingetretenen Veränderungen der historischen Verwaltungsbezirkseinteilungen, die bei der Arbeit mit diesen Tabellen berücksichtigt werden müssen, wurden in Kapitel I beschrieben.

Die Tabellen weisen die Ergebnisse der historischen Gebiete und der rheinland-pfälzischen Gebietsteile nach

Die Tabellen sind wie folgt aufgebaut: Erstens sind die ursprünglichen, aus den Quellen entnommenen Daten der historischen Verwaltungsbezirke dargestellt. Mit Ausnahme des Fürstentums Birkenfeld, in dem dies aufgrund seiner geringen Größe nicht sinnvoll erscheint, werden zwei Verwaltungsbezirksebenen abgebildet. Zweitens sind zu allen Verwaltungseinheiten, die nicht vollständig auf dem Gebiet des heutigen Bundeslandes Rheinland-Pfalz lagen, in einer separaten Zeile (»darunter Rheinland-Pfalz«) die auf den rheinland-pfälzischen Gebietsteil entfallenden Ergebnisse angegeben. Durch Addition aller heute zu Rheinland-Pfalz gehörenden Gebietsteile ergibt sich die jeweils in der letzten Zeile der Tabellen ausgewiesene Landessumme.

Auch die Ergebnisse der ersten Volkszählungen im Bundesland Rheinland-Pfalz, die 1950 und 1961 stattfanden, liegen – abgesehen von der reinen Personenzahl – nur in der den historischen Quellen zugrunde liegenden Verwaltungsbezirkseinteilung vor. Daher sind die Daten zur rheinland-pfälzischen Bevölkerung nach Familienstand und Religionsbekenntnis jeweils auf zwei separate Tabellen mit Ergebnissen vor 1970 und ab 1970 aufgeteilt. Analog zur Zeit vor der Landesgründung werden hier ebenfalls zwei Verwaltungsbezirksebenen, die kreisfreien Städte bzw. Landkreise sowie die Regierungsbezirke, dargestellt. Um längerfristige Vergleiche zu vereinfachen, ist in den Tabellen zu den Jahren 1950 und 1961 neben der zeitgenössischen Einteilung in fünf Regierungsbezirke auch die 1968 eingeführte Gliederung in drei Regierungsbezirke abgebildet. Aus Gründen der Vergleichbarkeit wurde in den Tabellen die Regierungsbezirksgliederung auch für die Zeit nach deren Auflösung im Jahr 2000 beibehalten.

Angaben zur rheinland-pfälzischen Gesamtbevölkerung, die den Zeitraum vor der Landesgründung betreffen, kann der Datennutzer den Tabellen T4 und T85 entnehmen. In den Jahren 1871, 1885, 1895, 1905, 1925 und 1939 waren aus allen Vorgängerstaaten Bevölkerungszahlen auf Gemeindeebene vorhanden, so dass die Bevölkerungszahlen der heute zu Rheinland-Pfalz gehörenden Gebiete annähernd gemeindescharf ermittelt werden konnten. Die Angaben zur rheinland-pfälzischen Gesamtbevölkerung in diesen Jahren sind dementsprechend als relativ zuverlässig einzustufen. In den übrigen Jahren wurde die Bevölkerung anhand der in Kapitel I beschriebenen Bevölkerungsschlüssel geschätzt.

Gelegentlich waren Differenzen zwischen den Bevölkerungszahlen zu verzeichnen

Angaben zur Gesamtbevölkerung kommen auch in den Tabellen zur Bevölkerung nach Altersjahren, nach Familienstand und nach ausgewähltem Religionsbekenntnis vor. In Kapitel I wurde bereits darauf hingewiesen, dass die bevölkerungsstatistischen Daten häufig aus unterschiedlichen Quellen gewonnen werden mussten. Deren Angaben zur Gesamtbevölkerung weichen insbesondere für die Zeit vor der Landesgründung gelegentlich voneinander ab. Diese Differenzen schlugen sich zum Teil auch in den Tabellen zur Bevölkerung nach Alter, Familienstand und Religionsbekenntnis nieder. Im Folgenden wird ein Überblick über die Abweichungen der Bevölkerungszahlen in diesen Tabellen von den in den Tabellen T4 und T85 präsentierten Zahlen und über die Ursachen dieser Differenzen gegeben, soweit sie über kleine, vereinzelt auftretende Rundungsdifferenzen hinausgehen. Da sich dieser Band möglichst nah an den historischen Quellen orientiert, wurde darauf verzichtet, diese Differenzen auf dem Wege der Normierung herauszurechnen. Sollte die weitere Verwendung der Daten dies erforderlich machen, kann der Datennutzer die Berechnungen selbst anhand der auf der beiliegenden CD bereitgestellten Tabellen vornehmen.

Bevölkerung nach Alter (Tabellen T5 und T6 sowie T88 bis T90): Bezogen auf das Jahr 1871 kommt es in den Angaben zu den Regierungsbezirken Wiesbaden und Pfalz zu quellenbedingten Abweichungen von den an anderer Stelle genannten Bevölkerungszahlen hinsichtlich der Anzahl der weiblichen und männlichen Personen. Die Differenzen zu Tabelle T4 wirken sich jedoch nur minimal auf die Bevölkerungssumme aus. Mit Blick auf das Jahr 1900 treten erneut geringe Abweichungen auf, da die Zahl der männlichen Personen im Fürstentum Birkenfeld in der Quelle zur Bevölkerung nach Altersjahren etwas höher ist als im Gemeindeverzeichnis, auf dem die an anderer Stelle dargestellten Bevölkerungszahlen beruhen. Darüber hinaus weichen die Angaben zur Bevölkerung nach Altersgruppen in den Tabellen T5 und T6 bezogen auf das Jahr 1871 von der Gesamtbevölkerung laut Tabelle T4 ab, weil bei der Darstellung nach Altersgruppen Personen ohne Altersangabe nicht berücksichtigt werden konnten.

Bevölkerung nach Familienstand (Tabellen T7 sowie T92 und T93): Die Bevölkerungssumme in Tabelle T7 für das Jahr 1875 unterscheidet sich leicht von der an anderer Stelle ausgewiesenen Gesamtbevölkerungszahl, da im Regierungsbezirk Pfalz eine geringe Zahl von Personen nicht berücksichtigt ist, deren Familienstand bei der Zählung unermittelt blieb. Gleiches gilt für die Jahre 1905 und 1910. Auch nach der Landesgründung, bei der Volkszählung von 1961, gab es noch vereinzelt Personen mit unermitteltem Familienstand, die eine Abweichung von der an anderer Stelle ausgewiesenen Gesamtbevölkerungszahl verursachten.

Für das Jahr 1885 ergab sich eine größere Differenz durch unterschiedliche Gebietsstände der historischen Quellen. Während das Gemeindeverzeichnis, auf dem die Bevölkerungsangaben in den Tabellen T4 und T85 beruhen, bereits den Gebietsstand von 1886 abbildete, basierten die Daten in der Quelle zum Familienstand noch auf der Verwaltungsbezirkseinteilung von 1885. Dies hatte zwei Konsequenzen: Zum einen wurde in den beiden Quellen für den Regierungsbezirk Wiesbaden eine unterschiedliche Bevölkerungssumme angegeben. Zum anderen konnten die anhand des Gemeindeverzeichnisses zur Volkszählung von 1885 gewonnenen Berechnungsschlüssel nicht zur Umrechnung der Bevölkerung nach Familienstand auf die heute zu Rheinland-Pfalz gehörenden Gebiete verwendet werden. Vielmehr musste auf die Berechnungsschlüssel, die auf dem Bevölkerungsstand von 1871 beruhten, zurückgegriffen werden. Das hatte neben der oben genannten Differenz bezüglich des Regierungsbezirks Wiesbaden auch eine geringe Abweichung beim Regierungsbezirk Trier zur Folge.

Bevölkerung nach ausgewähltem Religionsbekenntnis (Tabellen T10, T95 bis T97): In Tabelle T10 ergibt sich für das Jahr 1890 im Hinblick auf die Gesamtbevölkerung des Regierungsbezirks Trier und somit auch hinsichtlich der Bevölkerungssumme der heute zu Rheinland-Pfalz gehörenden Gebiete ein anderer Wert als in Tabelle T4. Dies ist auf die Berechnungsschlüssel zurückzuführen. Die Bevölkerung der heute zu Rheinland-Pfalz gehörenden Gebiete musste für das Jahr 1890 bezüglich der zum Königreich Preußen zu zählenden Verwaltungsbezirke mit Hilfe von Berechnungsschlüsseln ermittelt werden, da die Bevölkerungszahlen nur auf der Kreisebene vorlagen. Dabei wurden die geschlechtsspezifischen Berechnungsschlüssel verwendet, die anhand der Gemeindedaten der Volkszählung von 1885 ermittelt wurden (siehe Erläuterungen in Kapitel I). Da die Angaben zur Konfession nicht nach Geschlecht differenziert vorliegen, musste hier der allgemeine Berechnungsschlüssel ohne Geschlechterdifferenzierung verwendet werden, was bei den Bevölkerungssummen zu geringfügig abweichenden Ergebnissen führt. Der gleiche Effekt tritt auch für das Jahr 1910 auf.

Die für das Jahr 1895 ermittelte Bevölkerungssumme weicht in den Tabellen zum Religionsbekenntnis um knapp 5 000 Personen von der an anderer Stelle angegebenen rheinland-pfälzischen Gesamtbevölkerungszahl ab. Dies ist auf Differenzen zwischen den Quellen zurückzuführen. Aus ungeklärten Gründen wurde die Bevölkerung von Rheinhessen in der Quelle zum Religionsbekenntnis deutlich niedriger angegeben als in der Gemeindeliste, auf der die Angaben zur Gesamtbevölkerung der heute zu Rheinland-Pfalz gehörenden Gebiete beruhen.

Für das Jahr 1939 differiert die Gesamtbevölkerungszahl in den Tabellen zum Religionsbekenntnis um fast 90 000 Personen von der an anderer Stelle genannten Bevölkerungssumme der zum heutigen Rheinland-Pfalz gehörenden Gebiete. Dies ist auf unterschiedliche Bevölkerungsdefinitionen zurückzuführen. Während sich die Angaben zur Bevölkerung in den historischen Quellen dieser Zeit üblicherweise auf die Wohnbevölkerung beziehen, basieren die Angaben zum Religionsbekenntnis im Jahr 1939 auf dem Konzept der »ständigen Bevölkerung«. Zur ständigen Bevölkerung zählte die Wohnbevölkerung ohne beim Militär und im Reichsarbeitsdienst tätige Personen. Gerade in Rheinland-Pfalz war der Unterschied zwischen ständiger Bevölkerung und Wohnbevölkerung von Bedeutung, da sich in den westlichen Grenzkreisen verhältnismäßig große militärische Stützpunkte befanden.

Auch die Bevölkerungssumme des Jahres 2009, die sich aus den Angaben zur Bevölkerung nach Religionsbekenntnis ermitteln lässt, weicht von der an anderer Stelle genannten rheinland-pfälzischen Gesamtbevölkerungszahl ab. Dies ist auf Differenzen, die zwischen den herangezogenen Quellen bestehen, zurückzuführen. Während die Angaben zur rheinland-pfälzischen Gesamtbevölkerung der Bevölkerungsfortschreibung zum 31.12.2009 entnommen sind, beruhen die Zahlen zur Religionszugehörigkeit auf den Daten des Melderegisters.

Der Bevölkerungsbegriff veränderte sich im Zeitverlauf

Unterschiedliche Begriffsdefinitionen sind ein Phänomen, das bei der Arbeit mit langen Zeitreihen grundsätzlich zu beachten ist und das zu Einschränkungen hinsichtlich der Vergleichbarkeit führen kann. Bei der Interpretation der Bevölkerungszahlen ist zu berücksichtigen, dass sich in den 1920er-Jahren die Bevölkerungsdefinition geändert hat, die den Daten zugrunde liegt. Vom Beginn des betrachteten Zeitraums bis zur Volkszählung von 1919 wurde die »ortsanwesende Bevölkerung« erfasst. Die ortsanwesende Bevölkerung umfasste alle Personen, die sich am Zählungsstichtag im Zählungsgebiet aufhielten. 1925 wurde erstmals die »Wohnbevölkerung« erhoben. Zur Wohnbevölkerung gehörten alle Personen, die am Stichtag im Zählungsgebiet ihren ständigen Wohnsitz hatten, einschließlich der vorübergehend abwesenden Personen und ohne die nur vorübergehend Anwesenden. Personen, die mehrere Wohnsitze hatten, wurden an dem Ort gezählt, an dem sie sich am Zählungsstichtag aufhielten. Eine Ausnahme bildeten Untermieter, die stets an ihrem Arbeits- bzw. Studienort zur Wohnbevölkerung gezählt wurden. Nicht zur Bevölkerung gehörten hingegen Angehörige ausländischer Streitkräfte sowie ausländischer diplomatischer und konsularischer Vertretungen mit ihren Familienangehörigen. Diese Bevölkerungsdefinition wurde mit geringen Abweichungen bei allen darauf folgenden Volkszählungen beibehalten. [1]

Die Angaben zur Bevölkerung, die sich auf die Zeit nach der Volkszählung von 1987 beziehen, stammen aus der Bevölkerungsfortschreibung zum 31.12. des jeweiligen Jahres. Der Bevölkerungsfortschreibung liegt die Bevölkerung am Ort der alleinigen bzw. Hauptwohnung nach dem Melderechtsrahmengesetz zugrunde. Danach ist die Hauptwohnung die vorwiegend benutzte Wohnung der Einwohnerin bzw. des Einwohners. Hauptwohnung einer verheirateten Person, die nicht dauernd getrennt von ihrer Familie lebt, ist die vorwiegend benutzte Wohnung der Familie. In Zweifelsfällen ist die vorwiegend benutzte Wohnung dort, wo der Schwerpunkt der Lebensbeziehungen der Person liegt. Die Angehörigen ausländischer Streitkräfte sowie ausländischer diplomatischer und konsularischer Vertretungen mit ihren Familienangehörigen zählen auch nach dieser Definition nicht zur Bevölkerung.

Die der Darstellung der Bevölkerung nach dem Religionsbekenntnis zugrunde liegenden Definitionen änderten sich ebenfalls im Zeitverlauf. In den meisten regional tief gegliederten Quellen ist die Bevölkerung nach der Religion nur sehr grob untergliedert in Personen mit katholischem, evangelischem, sonstigem christlichen und jüdischem Bekenntnis. Erst im Laufe der Zeit kamen sonstige nicht christliche Konfessionen, Konfessionslose und Personen ohne Religionsangabe als weitere Kategorien hinzu. Daher wurden in diesem Band nur die Personen katholischen, evangelischen und jüdischen Bekenntnisses gesondert ausgewiesen. Die heute übliche Unterscheidung zwischen der offiziellen Zugehörigkeit zu einer Religionsgemeinschaft und dem religiösen Bekenntnis ist aus den historischen Quellen nicht ersichtlich.

Beim Religionsbekenntnis unterschieden sich die Veröffentlichungen der statistischen Ämter

Bezüglich der ersten Jahrzehnte nach der Reichsgründung bestanden noch deutliche Unterschiede bei der Zuordnung der einzelnen Religionsgemeinschaften zu den genannten Kategorien zwischen den Veröffentlichungen der verschiedenen statistischen Ämter. Beispielsweise zählten in der Veröffentlichung des Königlich Preußischen Statistischen Bureaus zur Volkszählung von 1871 die Reformierten zu den Evangelischen, während sie in der Veröffentlichung des Königlich Bayerischen Statistischen Bureaus den sonstigen Konfessionen zugeordnet wurden. Erst nach der Jahrhundertwende wurden die Reformierten auch im Königreich Bayern zu den Evangelischen gerechnet. Hingegen zählten die Anglikaner in den bayerischen Veröffentlichungen auch noch im Jahr 1910 zu den »sonstigen« Glaubensgemeinschaften, während sie gemäß dem Verzeichnis der Religionsbekenntnisse, das der Reichsstatistik zugrunde lag, zu den Evangelischen zu rechnen waren.

Die Angaben zum Religionsbekenntnis lagen in der Reichsstatistik häufig nicht in hinreichend tiefer regionaler Gliederung vor. Daher musste auf die Veröffentlichungen der statistischen Ämter der Einzelstaaten zurückgegriffen werden. Unschärfen waren daher nicht zu vermeiden. Da die Unterschiede in der Zuordnung recht kleine Religionsgemeinschaften betrafen – z.B. gab es im gesamten Regierungsbezirk Pfalz im Jahr 1871 nur 59 Reformierte – sind die Auswirkungen auf die Ergebnisse gering.

Weiterhin ist bei der Interpretation der Angaben zur Bevölkerung nach dem Religionsbekenntnis zu berücksichtigen, dass bei der Umrechnung auf die heute zu Rheinland-Pfalz gehörenden Gebiete mit Hilfe der Berechnungsschlüssel unterstellt wird, dass der Anteil der Glaubensrichtungen an der Gesamtbevölkerung im jeweiligen Kreis überall identisch ist. Dies kann insbesondere bei kleinen Religionsgemeinschaften zu Abweichungen von den tatsächlichen Verhältnissen führen, wenn sich diese Gruppen in einzelnen Orten konzentrieren. In der vorliegenden Darstellung betrifft dies insbesondere die Personen jüdischen Bekenntnisses. Möchte ein Datennutzer hierzu genauere Angaben für einzelne Kreise erhalten, kann er die Gemeindeverzeichnisse ergänzend heranziehen, die in einigen Vorgängerstaaten und zu einigen Volkszählungszeitpunkten Daten zum Religionsbekenntnis auf Gemeindeebene enthalten. Da diese Angaben nicht zu allen Zeitpunkten und für alle Vorgängerstaaten erhältlich waren, wurden diese Informationen hier nicht verwendet.

1 STATISTISCHES BUNDESAMT, Bevölkerung 1972, S. 89. Dort sind darüber hinaus genaue Zuordnungsregeln für verschiedene Bevölkerungsgruppen genannt.

T 85 Bevölkerung 1871–2009[1] nach Verwaltungsbezirken[2]

Regierungsbezirk (RB) Kreisfreie Stadt (St.) Landkreis (LK)	1871	1885	1895	1905	1925	1933
	Anzahl					
RB Koblenz	718 732	787 240	821 098	902 698	986 307	1 039 624
Koblenz, St.	49 334	56 211	63 367	79 145	84 893	93 676
Ahrweiler, LK	51 417	55 984	58 508	63 914	71 122	75 580
Altenkirchen (Ww.), LK	48 588	60 948	62 444	72 370	86 483	89 496
Bad Kreuznach, LK	87 339	96 056	100 380	106 108	109 924	114 487
Birkenfeld, LK	50 590	54 139	56 102	61 195	71 226	75 426
Cochem-Zell, LK	51 810	55 274	57 086	59 606	58 891	60 834
Mayen-Koblenz, LK	82 436	94 792	103 345	116 329	128 363	136 111
Neuwied, LK	68 467	74 893	78 677	88 418	100 442	107 347
Rhein-Hunsrück-Kreis, LK	65 324	66 052	65 723	68 285	70 759	73 310
Rhein-Lahn-Kreis, LK	78 787	82 978	84 653	90 049	93 464	98 056
Westerwaldkreis, LK	84 640	89 913	90 813	97 279	110 740	115 301
RB Trier	302 955	317 408	330 737	362 770	405 250	424 171
Trier, St.	38 133	47 397	56 340	67 379	81 401	90 386
Bernkastel-Wittlich, LK	79 921	82 153	83 310	92 243	96 795	100 633
Eifelkreis Bitburg-Prüm, LK	78 199	77 681	75 693	79 103	84 846	86 296
Trier-Saarburg, LK	69 352	72 002	75 650	82 462	95 166	97 738
Vulkaneifel, LK	37 350	38 175	39 744	41 583	47 042	49 118
RB Rheinhessen-Pfalz	810 681	925 245	1 018 333	1 169 604	1 299 953	1 377 310
Frankenthal (Pfalz), St.	9 818	14 281	18 076	22 411	25 996	27 529
Kaiserslautern, St.	22 415	36 891	46 982	59 402	67 563	71 565
Landau i. d. Pfalz, St.	14 468	17 176	21 779	25 958	23 831	26 120
Ludwigshafen a. Rh., St.	22 147	40 623	59 183	90 950	129 275	139 862
Mainz, St.	70 494	88 015	102 602	124 780	121 850	132 216
Neustadt a. d. Weinstr., St.	24 182	27 861	30 459	33 416	36 080	38 290
Pirmasens, St.	10 851	17 628	27 730	37 763	47 398	51 963
Speyer, St.	13 223	16 238	19 044	21 856	25 609	27 718
Worms, St.	26 861	36 508	45 715	58 193	64 522	69 841
Zweibrücken, St.	14 462	17 699	20 112	25 352	29 198	31 054
Alzey-Worms, LK	68 799	72 276	73 767	76 573	80 756	83 422
Bad Dürkheim, LK	66 817	68 642	68 560	73 186	80 075	85 727
Donnersbergkreis, LK	53 331	54 506	54 241	55 396	56 131	56 537
Germersheim, LK	51 581	52 298	51 526	54 439	56 663	59 743
Kaiserslautern, LK	46 350	50 505	52 858	55 187	63 800	64 757
Kusel, LK	52 843	55 401	57 432	61 688	67 412	68 996
Mainz-Bingen, LK	80 919	89 619	95 261	102 626	108 497	113 753
Rhein-Pfalz-Kreis, LK	36 264	40 543	42 420	49 992	61 620	67 679
Südliche Weinstraße, LK	77 447	79 331	79 009	81 300	82 473	83 527
Südwestpfalz, LK	47 409	49 204	51 577	59 136	71 204	77 011
Rheinland-Pfalz	1 832 368	2 029 893	2 170 168	2 435 072	2 691 510	2 841 105

1 1871–1987 Volkszählungen; 2009 Bevölkerungsfortschreibung zum 31.12. – 2 Gebietsstand 31.12.2010.

T 85 noch: Bevölkerung 1871–2009[1] nach Verwaltungsbezirken[2]

Regierungsbezirk (RB) Kreisfreie Stadt (St.) Landkreis (LK)	1939	1950[3]	1961	1970	1987	2009
	Anzahl					
RB Koblenz	1 058 885	1 127 122	1 256 115	1 354 269	1 351 830	1 490 711
Koblenz, St.	103 505	80 841	116 094	119 434	108 246	106 445
Ahrweiler, LK	73 995	82 996	92 757	103 862	111 232	128 063
Altenkirchen (Ww.), LK	90 595	101 099	112 396	121 181	120 757	132 873
Bad Kreuznach, LK	115 785	127 059	136 734	147 360	144 966	155 842
Birkenfeld, LK	77 017	77 952	91 686	93 619	85 484	84 201
Cochem-Zell, LK	60 512	63 073	63 917	65 998	60 530	63 884
Mayen-Koblenz, LK	138 048	154 133	172 361	186 974	188 282	211 079
Neuwied, LK	110 058	121 265	134 684	148 202	156 332	181 492
Rhein-Hunsrück-Kreis, LK	73 443	80 372	81 686	87 450	89 554	102 878
Rhein-Lahn-Kreis, LK	98 947	110 739	116 061	120 183	115 758	124 474
Westerwaldkreis, LK	116 980	127 593	137 739	160 006	170 689	199 480
RB Trier	456 909	436 004	465 066	482 412	472 427	513 794
Trier, St.	102 859	90 777	105 735	103 724	94 118	104 587
Bernkastel-Wittlich, LK	102 245	106 309	107 309	109 983	106 492	111 543
Eifelkreis Bitburg-Prüm, LK	99 318	87 643	90 893	93 396	89 478	94 394
Trier-Saarburg, LK	102 810	100 393	109 191	118 355	125 299	141 481
Vulkaneifel, LK	49 677	50 882	51 938	56 954	57 040	61 789
RB Rheinhessen-Pfalz	1 444 646	1 441 658	1 695 935	1 808 756	1 806 566	2 008 170
Frankenthal (Pfalz), St.	28 562	27 114	35 732	40 898	44 717	46 874
Kaiserslautern, St.	80 207	73 160	99 309	99 617	97 326	99 275
Landau i. d. Pfalz, St.	32 263	30 634	36 060	38 644	36 057	42 994
Ludwigshafen a. Rh., St.	145 876	125 439	167 576	178 298	156 601	163 340
Mainz, St.	137 484	103 508	151 907	172 195	172 529	197 778
Neustadt a. d. Weinstr., St.	42 086	45 547	52 275	51 781	50 120	53 525
Pirmasens, St.	56 850	49 676	60 932	57 773	47 997	40 808
Speyer, St.	30 058	31 841	38 485	41 763	44 034	49 811
Worms, St.	69 507	64 473	75 306	76 697	73 635	81 784
Zweibrücken, St.	35 582	30 651	38 092	38 251	33 373	34 109
Alzey-Worms, LK	80 359	94 516	92 937	96 304	99 619	124 758
Bad Dürkheim, LK	85 833	97 629	108 276	114 782	120 129	133 052
Donnersbergkreis, LK	54 782	61 840	64 181	66 957	66 756	76 571
Germersheim, LK	66 252	66 635	76 693	91 680	103 294	124 982
Kaiserslautern, LK	69 502	76 855	92 000	96 314	95 129	106 149
Kusel, LK	68 495	73 610	77 844	79 040	75 028	73 306
Mainz-Bingen, LK	114 728	131 018	137 924	151 274	163 836	201 583
Rhein-Pfalz-Kreis, LK	72 362	84 163	100 027	115 136	129 795	148 733
Südliche Weinstraße, LK	88 077	90 657	95 653	98 206	97 348	109 133
Südwestpfalz, LK	85 781	82 692	94 726	103 146	99 243	99 605
Rheinland-Pfalz	2 960 440	3 004 784	3 417 116	3 645 437	3 630 823	4 012 675

1 1871–1987 Volkszählungen; 2009 Bevölkerungsfortschreibung zum 31.12. – 2 Gebietsstand 31.12.2010. Die Gliederung in Regierungsbezirke wurde im Jahr 2000 aufgehoben, zur besseren Vergleichbarkeit sind sie hier dennoch ausgewiesen. – 3 Die Bevölkerungssumme von Rheinland-Pfalz weicht in dieser Tabelle leicht von der an anderer Stelle genannten Bevölkerungszahl ab. Ursache sind Differenzen zwischen den Quellen.

T 86 Bevölkerungsdichte (Einwohner je km²) 1871–2009[1] nach Verwaltungsbezirken[2]

Regierungsbezirk (RB) Kreisfreie Stadt (St.) Landkreis (LK)	1871	1885	1895	1905	1925	1933
	Anzahl					
RB Koblenz	89	98	102	112	122	129
Koblenz, St.	470	535	603	753	808	892
Ahrweiler, LK	65	71	74	81	90	96
Altenkirchen (Ww.), LK	76	95	97	113	135	139
Bad Kreuznach, LK	101	111	116	123	127	133
Birkenfeld, LK	65	70	72	79	92	97
Cochem-Zell, LK	72	77	79	83	82	84
Mayen-Koblenz, LK	101	116	126	142	157	167
Neuwied, LK	109	119	126	141	160	171
Rhein-Hunsrück-Kreis, LK	68	69	68	71	73	76
Rhein-Lahn-Kreis, LK	101	106	108	115	119	125
Westerwaldkreis, LK	86	91	92	98	112	117
RB Trier	62	64	67	74	82	86
Trier, St.	326	405	481	575	695	772
Bernkastel-Wittlich, LK	68	70	71	78	82	85
Eifelkreis Bitburg-Prüm, LK	48	48	47	49	52	53
Trier-Saarburg, LK	64	66	69	76	87	90
Vulkaneifel, LK	41	42	44	46	52	54
RB Rheinhessen-Pfalz	118	135	149	171	190	201
Frankenthal (Pfalz), St.	224	326	413	512	594	629
Kaiserslautern, St.	160	264	336	425	484	512
Landau i. d. Pfalz, St.	174	207	263	313	287	315
Ludwigshafen a. Rh., St.	286	524	763	1 173	1 667	1 803
Mainz, St.	721	900	1 050	1 277	1 247	1 353
Neustadt a. d. Weinstr., St.	207	238	260	285	308	327
Pirmasens, St.	177	287	452	615	772	847
Speyer, St.	310	381	447	513	601	651
Worms, St.	247	336	420	535	593	642
Zweibrücken, St.	205	251	285	359	413	440
Alzey-Worms, LK	117	123	125	130	137	142
Bad Dürkheim, LK	112	115	115	123	135	144
Donnersbergkreis, LK	83	84	84	86	87	88
Germersheim, LK	111	113	111	118	122	129
Kaiserslautern, LK	72	79	83	86	100	101
Kusel, LK	92	97	100	108	118	120
Mainz-Bingen, LK	134	148	157	169	179	188
Rhein-Pfalz-Kreis, LK	119	133	139	164	202	222
Südliche Weinstraße, LK	121	124	123	127	129	131
Südwestpfalz, LK	50	52	54	62	75	81
Rheinland-Pfalz	92	102	109	123	136	143

1 1871–1987 Volkszählungen; 2009 Bevölkerungsfortschreibung zum 31.12. – 2 Gebietsstand 31.12.2010.

T 86 noch: Bevölkerungsdichte (Einwohner je km²) 1871–2009[1] nach Verwaltungsbezirken[2]

Regierungsbezirk (RB) Kreisfreie Stadt (St.) Landkreis (LK)	1939	1950	1961	1970	1987	2009
	Anzahl					
RB Koblenz	131	140	156	168	167	185
Koblenz, St.	985	770	1 105	1 137	1 030	1 013
Ahrweiler, LK	94	105	118	132	141	163
Altenkirchen (Ww.), LK	141	157	175	189	188	207
Bad Kreuznach, LK	134	147	158	171	168	180
Birkenfeld, LK	99	100	118	121	110	108
Cochem-Zell, LK	84	88	89	92	84	89
Mayen-Koblenz, LK	169	189	211	229	230	258
Neuwied, LK	176	193	215	236	249	290
Rhein-Hunsrück-Kreis, LK	76	83	85	91	93	107
Rhein-Lahn-Kreis, LK	126	142	148	154	148	159
Westerwaldkreis, LK	118	129	139	162	173	202
RB Trier	93	89	94	98	96	104
Trier, St.	878	775	903	886	804	893
Bernkastel-Wittlich, LK	87	90	91	93	90	95
Eifelkreis Bitburg-Prüm, LK	61	54	56	57	55	58
Trier-Saarburg, LK	94	92	100	108	115	130
Vulkaneifel, LK	55	56	57	63	63	68
RB Rheinhessen-Pfalz	211	210	248	264	264	293
Frankenthal (Pfalz), St.	653	620	817	935	1 022	1 071
Kaiserslautern, St.	574	524	711	713	697	711
Landau i. d. Pfalz, St.	389	369	435	466	435	518
Ludwigshafen a. Rh., St.	1 881	1 618	2 161	2 299	2 019	2 106
Mainz, St.	1 407	1 059	1 554	1 762	1 765	2 023
Neustadt a. d. Weinstr., St.	359	389	446	442	428	457
Pirmasens, St.	926	809	993	941	782	665
Speyer, St.	706	748	904	980	1 034	1 169
Worms, St.	639	593	693	705	677	752
Zweibrücken, St.	504	434	539	541	472	483
Alzey-Worms, LK	137	161	158	164	169	212
Bad Dürkheim, LK	144	164	182	193	202	224
Donnersbergkreis, LK	85	96	99	104	103	119
Germersheim, LK	143	144	166	198	223	270
Kaiserslautern, LK	109	120	144	151	149	166
Kusel, LK	119	128	136	138	131	128
Mainz-Bingen, LK	189	216	228	250	270	333
Rhein-Pfalz-Kreis, LK	237	276	328	378	426	488
Südliche Weinstraße, LK	138	142	149	153	152	171
Südwestpfalz, LK	90	87	99	108	104	104
Rheinland-Pfalz	149	151	172	184	183	202

1 1871–1987 Volkszählungen; 2009 Bevölkerungsfortschreibung zum 31.12. – 2 Gebietsstand 31.12.2010. Die Gliederung in Regierungsbezirke wurde im Jahr 2000 aufgehoben, zur besseren Vergleichbarkeit sind sie hier dennoch ausgewiesen.

T 87 Bevölkerung in den heute zu Rheinland-Pfalz gehörenden Gebieten 1871–1946 nach historischen Verwaltungsbezirken

Regierungsbezirk (RB)/ Fürstentum/Provinz Kreisfreie Stadt (St.) Landkreis (LK)	1871	1875	1880	1885	1890	1895	1900
	Anzahl						
RB Koblenz	555 194	571 559	604 052	616 554	633 638	650 558	682 454
darunter Rheinland-Pfalz	510 281	524 973	555 185	566 785	582 601	598 412	628 379
Adenau, LK	20 965	21 247	21 772	21 515	21 928	22 182	22 291
Ahrweiler, LK	33 629	34 388	35 837	37 571	38 215	39 379	40 830
Altenkirchen, LK	48 276	52 018	56 884	60 601	61 556	62 078	67 580
Birkenfeld, LK	.	.	.	.	.	.	.
darunter Rheinland-Pfalz	.	.	.	.	.	.	.
Cochem, LK	34 841	36 508	38 101	37 815	37 981	39 041	39 646
Koblenz, St.	.	.	.	31 669	32 664	39 639	45 147
Koblenz, LK	74 802	77 151	83 162	54 755	58 011	56 476	60 563
Kreuznach, LK	60 771	63 009	67 115	69 090	71 916	74 556	77 849
Mayen, LK	53 288	53 652	58 879	60 687	63 938	66 901	70 884
Meisenheim, LK	13 530	13 462	13 777	13 607	13 419	13 631	13 737
Neuwied, LK	68 194	70 827	73 448	74 620	77 350	78 412	82 838
Sankt Goar, LK	37 274	37 692	39 395	38 973	39 055	39 403	39 424
Simmern, LK	35 621	35 757	36 124	35 601	35 773	35 172	35 240
Zell, LK	29 090	29 262	30 691	30 281	30 795	31 542	32 350
RB Trier	591 562	615 111	651 548	675 225	711 998	768 451	840 696
darunter Rheinland-Pfalz	320 972	321 394	334 867	335 164	337 686	347 984	357 933
Bernkastel, LK	44 138	43 490	44 820	44 389	43 603	44 536	46 282
Bitburg, LK	44 543	43 537	44 585	43 494	42 777	43 321	43 486
Daun, LK	26 692	27 011	27 475	27 305	27 482	28 571	28 803
Prüm, LK	34 911	35 377	35 485	35 519	33 860	33 753	33 545
Saarburg, LK	30 193	30 368	31 286	30 946	31 278	31 830	32 401
darunter Rheinland-Pfalz	21 130	21 251	21 893	22 164	22 402	22 872	23 283
Sankt Wendel, LK	42 876	43 495	45 685	45 594	47 356	49 155	49 186
darunter Rheinland-Pfalz	21 751	22 070	23 185	22 561	23 433	22 997	23 010
St. Wendel-Baumholder, LK	.	.	.	.	.	.	.
darunter Rheinland-Pfalz	.	.	.	.	.	.	.
Trier, St.	31 869	32 972	37 431	33 019	36 166	40 026	43 506
Trier, LK	64 012	63 165	66 181	73 949	75 778	79 741	83 495
darunter Rheinland-Pfalz	58 931	58 151	60 931	68 713	70 411	73 558	77 022
Wittlich, LK	37 007	37 535	39 061	38 000	37 552	38 350	38 997
RB Wiesbaden	633 011	679 012	731 425	791 255	843 438	906 295	1007 839
darunter Rheinland-Pfalz	164 339	168 763	175 743	173 848	173 843	176 471	184 517
Oberwesterwaldkreis, LK	34 906	36 165	36 020	23 526	23 562	23 842	24 380
darunter Rheinland-Pfalz	34 800	36 055	35 911	23 526	23 562	23 842	24 380
Rheingaukreis, LK	55 951	57 671	61 077	.	.	.	.
darunter Rheinland-Pfalz	28 218	29 083	30 803	.	.	.	.
Sankt Goarshausen, LK	.	.	.	38 022	38 175	39 819	42 282
Unterlahnkreis, LK	67 948	69 396	72 954	43 765	43 764	43 691	44 359
darunter Rheinland-Pfalz	49 496	50 551	53 144	43 765	43 764	43 691	44 359
Unterwesterwaldkreis, LK	51 825	53 074	55 886	39 371	39 738	40 739	45 377
Westerburg, LK	.	.	.	29 164	28 604	28 380	28 119

T 87 noch: Bevölkerung in den heute zu Rheinland-Pfalz gehörenden Gebieten 1871–1946 nach historischen Verwaltungsbezirken

Regierungsbezirk (RB)/ Fürstentum/Provinz Kreisfreie Stadt (St.) Landkreis (LK)	1871	1875	1880	1885	1890	1895	1900
	Anzahl						
Fürstentum Birkenfeld	36 128	37 093	38 685	39 693	41 242	42 248	43 406
darunter Rheinland-Pfalz	28 447	29 369	30 622	31 777	33 011	33 414	35 126
Provinz Rheinhessen	249 951	260 012	277 152	291 189	307 329	322 934	348 334
darunter Rheinland-Pfalz	242 045	250 942	267 297	280 643	295 808	310 392	334 288
Alzey, LK	35 854	35 636	37 437	38 022	38 760	39 414	39 745
Bingen, LK	31 800	32 940	35 285	35 885	37 131	38 299	40 457
Mainz, St.	.	.	.	.	.	.	.
darunter Rheinland-Pfalz	.	.	.	.	.	.	.
Mainz, LK	87 357	93 728	100 755	108 443	117 298	125 481	138 360
darunter Rheinland-Pfalz	79 451	84 658	90 900	97 897	105 777	112 939	124 314
Oppenheim, LK	41 626	41 853	43 406	44 452	44 990	45 577	46 379
Worms, St.	.	.	.	.	.	.	.
Worms, LK	53 314	55 855	60 269	64 387	69 150	74 163	83 393
darunter Rheinland-Pfalz	53 314	55 855	60 269	64 387	69 150	74 163	83 393
RB Pfalz	615 035	641 254	677 281	696 375	728 339	765 991	831 678
darunter Rheinland-Pfalz	566 284	590 509	623 449	641 676	670 769	703 495	762 800
Bergzabern, LK	38 218	38 788	39 281	38 444	37 081	37 467	37 925
Dürkheim, LK	.	.	.	.	.	.	.
Frankenthal, St.	.	.	.	.	.	.	.
Frankenthal, LK	44 368	45 058	47 700	50 364	52 309	54 814	60 734
Germersheim, LK	52 286	53 546	54 884	53 066	52 459	52 248	52 796
Homburg, LK	47 815	49 520	52 535	52 899	54 726	57 966	62 565
darunter Rheinland-Pfalz	34 095	35 263	36 899	36 926	37 318	38 718	39 649
Kaiserslautern, St.	.	.	.	.	.	.	.
Kaiserslautern, LK	59 219	65 145	69 868	75 241	81 644	86 378	82 413
Kirchheimbolanden, LK	50 050	49 888	51 589	51 418	51 095	51 645	25 786
Kusel, LK	39 713	40 399	42 420	41 954	41 985	42 868	43 590
darunter Rheinland-Pfalz	37 937	38 645	40 588	40 055	40 052	40 888	41 655
Landau i. d. Pfalz, St.	.	.	.	.	.	.	.
Landau, LK	56 888	58 083	60 656	61 439	63 192	66 754	69 899
Ludwigshafen a. Rh., St.	.	.	.	.	.	.	.
Ludwigshafen a. Rh., LK	.	.	.	51 923	61 478	70 297	90 474
Neustadt an der Haardt, St.	.	.	.	.	.	.	.
Neustadt an der Haardt, LK	67 127	67 873	71 353	72 813	74 824	76 047	79 462
Pirmasens, St.	.	.	.	.	.	.	.
Pirmasens, LK	42 097	45 220	48 200	50 383	57 360	62 460	71 072
Rockenhausen, LK	.	.	.	.	.	.	38 614
Speyer, St.	.	.	.	.	.	.	.
Speyer, LK	59 328	66 755	74 268	31 282	32 886	34 787	37 938
Zweibrücken, St.	.	.	.	.	.	.	.
Zweibrücken, LK	57 926	60 979	64 527	65 149	67 300	72 260	78 410
darunter Rheinland-Pfalz	24 671	26 245	28 163	28 322	29 071	30 992	34 383
Rheinland-Pfalz	1 832 368	1 885 950	1 987 163	2 029 893	2 093 718	2 170 168	2 303 043

T 87 noch: Bevölkerung in den heute zu Rheinland-Pfalz gehörenden Gebieten 1871–1946 nach historischen Verwaltungsbezirken

Regierungsbezirk (RB)/ Fürstentum/Provinz Kreisfreie Stadt (St.) Landkreis (LK)	1905	1910	1919	1925	1933	1939	1946[1]
	Anzahl						
RB Koblenz	723 676	753 301	771 036	792 574	762 968	871 624	X
darunter Rheinland-Pfalz	665 634	691 189	701 792	722 110	762 968	853 820	X
Adenau, LK	23 365	26 322	24 885	25 153	.	.	.
Ahrweiler, LK	43 060	45 181	47 246	48 827	67 031	65 952	66 432
Altenkirchen, LK	71 994	76 958	83 105	86 033	89 068	90 168	92 886
Birkenfeld, LK	.	.	.	.	.	93 984	71 965
darunter Rheinland-Pfalz	.	.	.	.	.	76 180	71 965
Cochem, LK	40 636	41 537	43 377	40 783	41 996	41 366	40 952
Koblenz, St.	53 897	56 487	56 676	58 322	81 883	91 098	52 414
Koblenz, LK	62 106	63 619	64 217	68 457	56 093	58 262	61 002
Kreuznach, LK	81 389	82 871	84 761	86 111	104 387	106 010	103 980
Mayen, LK	76 303	80 765	78 834	82 680	99 422	99 354	100 897
Meisenheim, LK	13 911	13 772	13 297	13 534	.	.	.
Neuwied, LK	88 148	92 793	94 295	100 116	107 016	109 745	109 875
Sankt Goar, LK	41 116	41 173	41 407	42 828	44 943	44 040	45 919
Simmern, LK	35 780	36 156	37 103	36 970	37 683	38 044	38 497
Zell, LK	33 929	33 555	32 589	32 296	33 446	33 601	33 931
RB Trier	931 016	1 009 134	447 966	474 873	497 622	495 730	X
darunter Rheinland-Pfalz	379 398	396 960	403 329	426 112	446 393	451 105	X
Bernkastel, LK	48 311	49 110	48 799	50 447	52 062	52 269	51 666
Bitburg, LK	45 553	47 200	48 251	49 454	49 873	56 753	48 654
Daun, LK	29 883	32 881	33 152	34 531	36 149	36 017	37 029
Prüm, LK	35 270	36 312	37 763	37 106	38 318	44 936	35 654
Saarburg, LK	33 686	34 411	35 998	37 862	38 880	41 812	37 104
darunter Rheinland-Pfalz	24 311	24 834	25 830	27 169	27 546	30 277	37 104
Sankt Wendel, LK	51 624	55 025	.	.	.	.	.
darunter Rheinland-Pfalz	23 872	25 451	.	.	.	.	.
St. Wendel-Baumholder, LK	.	.	28 005	32 455	34 505	.	.
darunter Rheinland-Pfalz	.	.	23 181	26 864	28 448	.	.
Trier, St.	46 709	49 112	53 248	68 469	76 692	88 150	63 420
Trier, LK	89 399	94 594	95 520	93 266	96 545	99 579	74 420
darunter Rheinland-Pfalz	83 376	88 219	88 153	86 072	89 060	92 743	74 420
Wittlich, LK	42 113	43 841	44 952	46 000	48 245	49 960	48 261
RB Wiesbaden	1 114 819	1 212 968	1 229 607	1 314 254	1 435 936	1 461 425	X
darunter Rheinland-Pfalz	188 427	194 501	197 401	205 568	214 709	217 243	X
Oberwesterwaldkreis, LK	25 642	27 343	29 938	31 457	58 569	58 560	59 221
darunter Rheinland-Pfalz	25 642	27 343	29 938	31 457	58 569	58 560	59 221
Rheingaukreis, LK	.	.	.	.	.	.	.
darunter Rheinland-Pfalz	.	.	.	.	.	.	.
Sankt Goarshausen, LK	43 401	44 758	44 079	45 496	48 384	49 854	48 264
Unterlahnkreis, LK	45 558	46 089	44 799	46 805	48 471	47 846	49 828
darunter Rheinland-Pfalz	45 558	46 089	44 799	46 805	48 471	47 846	49 828
Unterwesterwaldkreis, LK	45 858	47 442	48 059	49 696	59 285	60 983	62 692
Westerburg, LK	27 968	28 869	30 526	32 114	.	.	.

1 Die für die Stadt- und Landkreise angegebene Bevölkerung beinhaltet nur die Wohnbevölkerung der Gemeinden ohne Insassen von Kriegsgefangenen- und Internierungslagern, deren Zahlen in der Gesamtsumme für Rheinland-Pfalz enthalten sind.

T 87 noch: Bevölkerung in den heute zu Rheinland-Pfalz gehörenden Gebieten 1871–1946 nach historischen Verwaltungsbezirken

Regierungsbezirk (RB)/ Fürstentum/Provinz Kreisfreie Stadt (St.) Landkreis (LK)	1905	1910	1919	1925	1933	1939	1946[1]
	Anzahl						
Fürstentum Birkenfeld[2]	46 484	50 496	51 263	55 649	58 543	X	X
darunter Rheinland-Pfalz	37 966	41 475	41 262	44 624	47 187	X	X
Provinz Rheinhessen	369 424	382 438	370 621	384 168	420 916	459 759	X
darunter Rheinland-Pfalz	353 783	366 765	353 867	366 646	389 959	393 096	X
Alzey, LK	40 565	40 957	40 615	42 262	43 951	53 393	58 687
Bingen, LK	42 282	42 648	42 164	44 966	47 821	59 622	61 668
Mainz, St.	.	.	.	.	.	158 533	75 020
darunter Rheinland-Pfalz	.	.	.	.	.	124 764	75 020
Mainz, LK	151 377	158 668	148 162	151 359	175 632	55 637	63 404
darunter Rheinland-Pfalz	135 736	142 995	131 408	133 837	144 675	55 637	63 404
Oppenheim, LK	46 979	46 890	46 585	48 270	49 568	.	.
Worms, St.	.	.	.	.	.	58 781	47 074
Worms, LK	88 221	93 275	93 095	97 311	103 944	73 793	43 432
darunter Rheinland-Pfalz	88 221	93 275	93 095	97 311	103 944	40 899	43 432
RB Pfalz	885 833	937 085	957 348	931 755	985 681	1 049 786	X
darunter Rheinland-Pfalz	809 864	852 734	867 686	926 450	979 889	1 045 176	X
Bergzabern, LK	39 257	39 330	38 286	40 003	40 615	44 537	39 165
Dürkheim, LK	28 893	29 110	30 287	31 189	.	.	.
Frankenthal, St.	.	.	22 868	24 647	26 080	27 023	22 780
Frankenthal, LK	64 491	67 658	47 857	51 609	56 188	44 331	46 185
Germersheim, LK	55 183	56 958	54 736	57 437	60 518	67 025	63 118
Homburg, LK	67 384	74 849	79 700	.	.	.	.
darunter Rheinland-Pfalz	41 087	44 013	46 307	.	.	.	.
Kaiserslautern, St.	.	.	55 707	59 336	62 619	70 713	55 932
Kaiserslautern, LK	87 633	91 573	36 007	67 375	70 260	74 342	75 415
Kirchheimbolanden, LK	26 742	27 480	27 620	28 773	29 450	28 827	31 966
Kusel, LK	45 835	46 730	44 982	65 453	66 780	67 414	65 662
darunter Rheinland-Pfalz	43 752	44 550	42 611	62 874	63 978	64 583	65 662
Landau i. d. Pfalz, St.	.	17 767	13 857	14 486	16 736	.	.
Landau, LK	71 681	54 024	57 222	55 633	56 332	79 818	75 635
Ludwigshafen a. Rh., St.	.	.	90 721	101 869	107 344	144 425	106 556
Ludwigshafen a. Rh., LK	103 641	118 130	37 528	40 346	46 551	30 573	31 331
Neustadt an der Haardt, St.	.	.	19 333	20 726	22 238	24 488	23 946
Neustadt an der Haardt, LK	52 235	53 578	34 658	37 082	72 766	75 979	77 837
Pirmasens, St.	.	.	39 612	42 996	47 221	50 401	37 859
Pirmasens, LK	78 217	86 981	49 562	54 506	59 805	69 112	61 364
Rockenhausen, LK	38 768	38 429	36 845	37 395	37 166	35 687	39 235
Speyer, St.	.	.	23 326	25 609	27 718	30 058	28 047
Speyer, LK	40 713	43 322	22 292	23 761	24 725	26 042	26 793
Zweibrücken, St.	.	.	14 586	15 783	20 759	30 714	23 099
Zweibrücken, LK	45 079	47 519	33 796	35 741	33 810	28 277	26 578
darunter Rheinland-Pfalz	37 571	39 831	25 858	33 015	30 820	26 498	26 578
Rheinland-Pfalz	2 435 072	2 543 624	2 565 337	2 691 510	2 841 105	2 960 440	2 753 569

1 Die für die Stadt- und Landkreise angegebene Bevölkerung beinhaltet nur die Wohnbevölkerung der Gemeinden ohne Insassen von Kriegsgefangenen- und Internierungslagern, deren Zahlen in der Gesamtsumme für Rheinland-Pfalz enthalten sind. – 2 Ab 1939 siehe Landkreis Birkenfeld im Regierungsbezirk Koblenz.

T 88 Bevölkerung in den heute zu Rheinland-Pfalz gehörenden Gebieten 1871 nach Altersjahren

Alter in Jahren	Regierungsbezirk Koblenz				Regierungsbezirk Trier			
	insgesamt		darunter Rheinland-Pfalz		insgesamt		darunter Rheinland-Pfalz	
	zusammen	darunter weiblich	zusammen	darunter weiblich	zusammen	darunter weiblich	zusammen	darunter weiblich
	Anzahl							
0–1	12 573	6 234	11 556	5 732	14 044	6 956	7 620	3 815
1–2	14 726	7 487	13 535	6 884	16 736	8 326	9 081	4 566
2–3	14 821	7 325	13 622	6 735	16 870	8 361	9 153	4 585
3–4	13 746	6 900	12 634	6 344	15 742	7 863	8 541	4 312
4–5	13 290	6 636	12 215	6 101	15 564	7 814	8 445	4 285
5–6	13 244	6 644	12 173	6 109	15 303	7 631	8 303	4 185
6–7	12 933	6 432	11 887	5 914	14 299	7 159	7 758	3 926
7–8	13 107	6 553	12 047	6 025	14 613	7 273	7 929	3 989
8–9	13 036	6 566	11 981	6 037	14 600	7 287	7 922	3 996
9–10	12 626	6 223	11 605	5 721	13 648	6 822	7 405	3 741
10–11	12 402	6 128	11 399	5 634	13 289	6 519	7 210	3 575
11–12	12 604	6 254	11 584	5 750	13 628	6 866	7 394	3 766
12–13	12 373	6 125	11 372	5 631	13 923	6 894	7 554	3 781
13–14	11 618	5 721	10 678	5 260	12 340	6 126	6 695	3 360
14–15	11 091	5 645	10 194	5 190	11 711	5 808	6 354	3 185
15–16	10 692	5 386	9 827	4 952	11 318	5 541	6 141	3 039
16–17	9 434	4 899	8 671	4 504	9 998	4 884	5 425	2 679
17–18	10 133	5 336	9 313	4 906	11 061	5 548	6 002	3 043
18–19	9 560	4 982	8 787	4 580	10 292	5 216	5 584	2 861
19–20	9 543	5 042	8 771	4 636	10 600	5 420	5 751	2 972
20–21	9 830	4 931	9 035	4 534	10 390	5 270	5 637	2 890
21–22	10 499	5 077	9 650	4 668	10 412	5 347	5 649	2 932
22–23	9 857	4 890	9 060	4 496	10 274	5 185	5 575	2 844
23–24	9 452	4 876	8 687	4 483	10 386	5 394	5 635	2 958
24–25	8 187	4 206	7 525	3 867	8 895	4 533	4 826	2 486
25–26	8 517	4 462	7 828	4 102	8 646	4 386	4 691	2 405
26–27	8 964	4 610	8 239	4 238	9 601	4 669	5 209	2 561
27–28	8 665	4 579	7 964	4 210	9 526	4 912	5 169	2 694
28–29	7 995	4 185	7 348	3 848	8 459	4 245	4 590	2 328
29–30	8 452	4 460	7 768	4 101	9 072	4 602	4 922	2 524
30–31	7 459	3 816	6 856	3 508	8 146	3 991	4 420	2 189
31–32	8 037	4 110	7 387	3 779	8 461	4 332	4 591	2 376
32–33	7 929	4 090	7 288	3 760	8 288	4 034	4 497	2 212
33–34	7 652	3 858	7 033	3 547	8 056	3 965	4 371	2 175
34–35	7 206	3 634	6 623	3 341	7 435	3 793	4 034	2 080
35–36	7 439	3 915	6 837	3 599	7 734	3 863	4 196	2 119
36–37	7 591	3 875	6 977	3 563	7 843	3 926	4 255	2 153
37–38	7 169	3 579	6 589	3 291	6 971	3 499	3 782	1 919
38–39	6 740	3 436	6 195	3 159	7 008	3 399	3 802	1 864
39–40	6 523	3 370	5 995	3 098	6 669	3 285	3 618	1 802
40–41	6 286	3 081	5 777	2 833	6 254	3 060	3 393	1 678
41–42	6 301	3 208	5 791	2 949	6 641	3 180	3 603	1 744
42–43	5 918	3 015	5 439	2 772	6 151	3 040	3 337	1 667
43–44	5 786	2 898	5 318	2 664	6 185	3 107	3 356	1 704
44–45	5 883	3 020	5 407	2 777	6 209	3 075	3 369	1 686
45–46	5 948	3 005	5 467	2 763	6 217	3 122	3 373	1 712
46–47	5 805	2 945	5 335	2 708	5 899	2 965	3 201	1 626

T 88 noch: Bevölkerung in den heute zu Rheinland-Pfalz gehörenden Gebieten 1871 nach Altersjahren

Alter in Jahren	Regierungsbezirk Koblenz				Regierungsbezirk Trier			
	insgesamt		darunter Rheinland-Pfalz		insgesamt		darunter Rheinland-Pfalz	
	zusammen	darunter weiblich	zusammen	darunter weiblich	zusammen	darunter weiblich	zusammen	darunter weiblich
	Anzahl							
47–48	5 833	2 959	5 361	2 721	5 832	2 949	3 164	1 617
48–49	5 452	2 781	5 011	2 557	5 487	2 824	2 977	1 549
49–50	5 719	2 876	5 256	2 644	5 605	2 853	3 041	1 565
50–51	5 527	2 754	5 080	2 532	5 687	2 843	3 086	1 559
51–52	5 470	2 709	5 027	2 491	5 453	2 766	2 959	1 517
52–53	5 428	2 665	4 989	2 450	5 338	2 640	2 896	1 448
53–54	4 716	2 323	4 334	2 136	4 700	2 361	2 550	1 295
54–55	4 864	2 490	4 471	2 289	5 121	2 716	2 779	1 490
55–56	4 253	2 059	3 909	1 893	4 380	2 182	2 377	1 197
56–57	4 792	2 361	4 404	2 171	4 576	2 243	2 483	1 230
57–58	3 931	1 988	3 613	1 828	3 772	1 875	2 047	1 028
58–59	3 935	2 001	3 617	1 840	3 927	1 975	2 131	1 083
59–60	3 547	1 656	3 260	1 523	3 539	1 722	1 920	944
60–61	4 362	2 188	4 009	2 012	4 234	2 075	2 297	1 138
61–62	3 613	1 819	3 321	1 672	4 174	2 057	2 265	1 128
62–63	3 521	1 687	3 236	1 551	3 259	1 568	1 768	860
63–64	3 404	1 604	3 129	1 475	3 030	1 445	1 644	792
64–65	3 324	1 618	3 055	1 488	2 934	1 433	1 592	786
65–66	2 828	1 326	2 599	1 219	2 732	1 358	1 482	745
66–67	2 591	1 221	2 381	1 123	2 688	1 292	1 458	709
67–68	2 596	1 206	2 386	1 109	2 609	1 289	1 416	707
68–69	2 106	989	1 936	909	2 020	1 006	1 096	552
69–70	1 999	947	1 837	871	2 061	938	1 118	514
70–71	2 009	968	1 846	890	2 041	1 084	1 107	594
71–72	1 762	893	1 619	821	1 978	1 037	1 073	569
72–73	1 203	482	1 106	443	1 203	556	653	305
73–74	1 114	514	1 024	473	1 183	583	642	320
74–75	1 016	497	934	457	1 088	518	590	284
75–76	789	374	725	344	1 010	453	548	248
76–77	701	319	644	293	861	406	467	223
77–78	549	270	505	248	656	331	356	182
78–79	551	233	506	214	508	212	276	116
79–80	399	187	367	172	428	218	232	120
80–81	291	154	267	142	345	205	187	112
81–82	270	133	248	122	325	155	176	85
82–83	180	79	165	73	201	111	109	61
83–84	170	88	156	81	181	92	98	50
84–85	116	65	107	60	138	65	75	36
85–86	107	60	98	55	136	67	74	37
86–87	69	41	63	38	95	52	52	29
87–88	76	36	70	33	86	56	47	31
88–89	38	19	35	17	45	26	24	14
89–90	29	18	27	17	36	18	20	10
90 und älter	68	38	62	35	103	61	56	33
ohne Angabe	234	120	215	110	350	120	190	66
Insgesamt	555 194	279 464	510 281	256 941	591 562	295 329	320 972	161 967

T 88 noch: Bevölkerung in den heute zu Rheinland-Pfalz gehörenden Gebieten 1871 nach Altersjahren

Alter in Jahren	Regierungsbezirk Wiesbaden				Fürstentum Birkenfeld			
	insgesamt		darunter Rheinland-Pfalz		insgesamt		darunter Rheinland-Pfalz	
	zusammen	darunter weiblich	zusammen	darunter weiblich	zusammen	darunter weiblich	zusammen	darunter weiblich
	Anzahl							
0–1	15 496	7 599	4 023	1 952	880	432	693	340
1–2	16 944	8 409	4 399	2 160	1 047	513	824	404
2–3	17 049	8 468	4 426	2 175	1 090	532	858	419
3–4	15 388	7 676	3 995	1 971	953	485	750	382
4–5	15 215	7 566	3 950	1 943	952	503	750	396
5–6	15 059	7 382	3 910	1 896	869	432	684	340
6–7	14 195	7 140	3 685	1 834	867	417	683	328
7–8	14 423	7 168	3 744	1 841	869	432	684	340
8–9	14 116	7 137	3 665	1 833	957	474	754	373
9–10	13 471	6 754	3 497	1 735	848	422	668	332
10–11	12 553	6 123	3 259	1 573	890	460	701	362
11–12	13 015	6 325	3 379	1 624	851	433	670	341
12–13	13 101	6 492	3 401	1 667	853	427	672	336
13–14	12 519	6 090	3 250	1 564	815	404	642	318
14–15	11 552	5 778	2 999	1 484	716	349	564	275
15–16	11 246	5 641	2 920	1 449	741	378	583	298
16–17	10 412	5 190	2 703	1 333	644	313	507	246
17–18	11 312	5 804	2 937	1 491	666	362	524	285
18–19	11 337	5 802	2 943	1 490	626	329	493	259
19–20	11 673	6 012	3 030	1 544	661	368	520	290
20–21	11 954	6 375	3 103	1 637	610	362	480	285
21–22	11 208	5 989	2 910	1 538	526	331	414	261
22–23	11 003	5 932	2 857	1 524	571	357	450	281
23–24	11 152	6 248	2 895	1 605	546	315	430	248
24–25	9 645	5 432	2 504	1 395	508	290	400	228
25–26	10 574	5 605	2 745	1 440	530	269	417	212
26–27	11 173	5 917	2 901	1 520	560	275	441	217
27–28	10 057	5 257	2 611	1 350	516	273	406	215
28–29	10 022	5 266	2 602	1 352	447	227	352	179
29–30	10 914	5 734	2 833	1 473	522	296	411	233
30–31	9 679	4 986	2 513	1 281	489	236	385	186
31–32	10 203	5 205	2 649	1 337	499	222	393	175
32–33	9 772	5 023	2 537	1 290	499	241	393	190
33–34	9 823	5 059	2 550	1 299	455	221	358	174
34–35	8 772	4 411	2 277	1 133	419	205	330	161
35–36	9 298	4 835	2 414	1 242	480	232	378	183
36–37	8 875	4 622	2 304	1 187	472	245	372	193
37–38	8 433	4 213	2 189	1 082	455	232	358	183
38–39	7 835	3 994	2 034	1 026	426	218	335	172
39–40	7 673	3 883	1 992	997	398	203	313	160
40–41	7 022	3 534	1 823	908	403	206	317	162
41–42	7 112	3 604	1 846	926	393	208	309	164
42–43	6 784	3 379	1 761	868	401	212	316	167
43–44	6 518	3 404	1 692	874	345	176	272	139
44–45	6 757	3 456	1 754	888	400	199	315	157
45–46	6 320	3 289	1 641	845	349	193	275	152
46–47	6 547	3 392	1 700	871	388	212	306	167

T 88 noch: Bevölkerung in den heute zu Rheinland-Pfalz gehörenden Gebieten 1871 nach Altersjahren

Alter in Jahren	Regierungsbezirk Wiesbaden				Fürstentum Birkenfeld			
	insgesamt		darunter Rheinland-Pfalz		insgesamt		darunter Rheinland-Pfalz	
	zusammen	darunter weiblich	zusammen	darunter weiblich	zusammen	darunter weiblich	zusammen	darunter weiblich
	Anzahl							
47–48	6 430	3 347	1 669	860	358	169	282	133
48–49	6 361	3 236	1 651	831	354	181	279	143
49–50	6 031	3 041	1 566	781	354	194	279	153
50–51	6 230	3 114	1 617	800	353	185	278	146
51–52	6 090	3 116	1 581	800	363	176	286	139
52–53	5 984	3 042	1 554	781	349	168	275	132
53–54	4 975	2 456	1 292	631	259	120	204	94
54–55	5 146	2 670	1 336	686	306	182	241	143
55–56	4 969	2 511	1 290	645	273	147	215	116
56–57	5 337	2 651	1 386	681	290	141	228	111
57–58	3 907	2 018	1 014	518	255	134	201	106
58–59	4 225	2 112	1 097	542	256	124	202	98
59–60	4 211	2 137	1 093	549	225	109	177	86
60–61	4 681	2 403	1 215	617	261	127	206	100
61–62	4 209	2 130	1 093	547	269	132	212	104
62–63	3 914	1 975	1 016	507	194	86	153	68
63–64	3 821	1 890	992	485	224	116	176	91
64–65	3 650	1 857	948	477	190	89	150	70
65–66	3 201	1 678	831	431	163	73	128	57
66–67	3 116	1 611	809	414	181	101	143	80
67–68	2 755	1 352	715	347	173	92	136	72
68–69	2 481	1 258	644	323	161	82	127	65
69–70	2 428	1 146	630	294	141	66	111	52
70–71	2 202	1 103	572	283	120	52	94	41
71–72	2 032	1 044	528	268	134	56	106	44
72–73	1 497	666	389	171	89	45	70	35
73–74	1 211	574	314	147	71	37	56	29
74–75	1 185	546	308	140	67	38	53	30
75–76	967	461	251	118	51	29	40	23
76–77	748	369	194	95	51	22	40	17
77–78	680	342	177	88	34	18	27	14
78–79	495	247	129	63	29	19	23	15
79–80	495	229	129	59	19	10	15	8
80–81	379	177	98	45	25	13	20	10
81–82	296	135	77	35	19	12	15	9
82–83	189	94	49	24	15	6	12	5
83–84	183	94	48	24	14	6	11	5
84–85	141	58	37	15	8	4	6	3
85–86	101	55	26	14	2	1	2	1
86–87	74	44	19	11	8	3	6	2
87–88	56	30	15	8	7	3	6	2
88–89	34	16	9	4	-	-	-	-
89–90	30	12	8	3	2	1	2	1
90 und älter	70	33	18	8	9	5	7	4
ohne Angabe	590	207	153	53	-	-	-	-
Insgesamt	633 008	321 887	164 338	82 670	36 128	18 495	28 447	14 563

T 88 noch: Bevölkerung in den heute zu Rheinland-Pfalz gehörenden Gebieten 1871 nach Altersjahren

Alter in Jahren	Provinz Rheinhessen				Regierungsbezirk Pfalz			
	insgesamt		darunter Rheinland-Pfalz		insgesamt		darunter Rheinland-Pfalz	
	zusammen	darunter weiblich	zusammen	darunter weiblich	zusammen	darunter weiblich	zusammen	darunter weiblich
	Anzahl							
0–1	5 750	2 823	5 568	2 745	15 675	7 741	14 433	7 130
1–2	6 147	3 081	5 953	2 996	17 516	8 780	16 128	8 087
2–3	6 201	3 069	6 005	2 984	18 234	9 177	16 789	8 453
3–4	5 437	2 693	5 265	2 619	15 974	7 947	14 708	7 320
4–5	5 631	2 797	5 453	2 720	15 714	7 849	14 468	7 229
5–6	5 500	2 754	5 326	2 678	15 132	7 497	13 933	6 905
6–7	5 136	2 526	4 974	2 456	14 305	7 115	13 171	6 553
7–8	5 138	2 585	4 975	2 514	14 268	7 206	13 137	6 637
8–9	5 026	2 517	4 867	2 448	14 708	7 342	13 542	6 762
9–10	4 734	2 286	4 584	2 223	13 635	6 894	12 554	6 350
10–11	4 746	2 366	4 596	2 301	13 369	6 634	12 309	6 110
11–12	4 781	2 404	4 630	2 338	13 839	6 909	12 742	6 364
12–13	4 574	2 310	4 429	2 246	13 790	6 845	12 697	6 305
13–14	4 400	2 173	4 261	2 113	12 903	6 531	11 880	6 015
14–15	4 463	2 227	4 322	2 166	12 517	6 201	11 525	5 712
15–16	4 461	2 293	4 320	2 230	12 539	6 281	11 545	5 785
16–17	4 353	2 174	4 215	2 114	10 782	5 419	9 927	4 991
17–18	4 700	2 392	4 551	2 326	11 033	5 587	10 158	5 146
18–19	4 722	2 402	4 573	2 336	10 897	5 680	10 033	5 232
19–20	4 981	2 537	4 823	2 467	10 507	5 578	9 674	5 138
20–21	5 820	2 475	5 636	2 407	11 438	6 129	10 531	5 645
21–22	6 067	2 418	5 875	2 351	10 606	5 768	9 765	5 313
22–23	5 952	2 411	5 764	2 344	10 637	5 945	9 794	5 476
23–24	5 504	2 462	5 330	2 394	10 181	5 871	9 374	5 408
24–25	4 610	2 236	4 464	2 174	8 081	4 794	7 440	4 416
25–26	4 353	2 201	4 215	2 140	9 346	4 801	8 605	4 422
26–27	4 630	2 373	4 484	2 307	10 708	5 605	9 859	5 163
27–28	4 094	2 024	3 965	1 968	9 828	5 136	9 049	4 731
28–29	3 843	1 941	3 721	1 887	9 026	4 677	8 311	4 308
29–30	4 178	2 132	4 046	2 073	9 893	5 188	9 109	4 778
30–31	3 582	1 761	3 469	1 712	9 086	4 644	8 366	4 277
31–32	3 714	1 910	3 597	1 857	8 972	4 578	8 261	4 217
32–33	3 813	1 918	3 692	1 865	8 999	4 526	8 286	4 169
33–34	3 724	1 859	3 606	1 808	8 787	4 432	8 090	4 082
34–35	3 499	1 756	3 388	1 708	8 024	4 160	7 388	3 832
35–36	3 462	1 733	3 352	1 685	8 076	4 129	7 436	3 803
36–37	3 462	1 760	3 352	1 711	7 990	4 081	7 357	3 759
37–38	3 262	1 681	3 159	1 635	7 383	3 807	6 798	3 507
38–39	2 957	1 513	2 863	1 471	6 748	3 434	6 213	3 163
39–40	2 901	1 475	2 809	1 434	6 456	3 374	5 944	3 108
40–41	2 559	1 268	2 478	1 233	6 300	3 253	5 801	2 996
41–42	2 742	1 389	2 655	1 351	6 035	3 063	5 557	2 821
42–43	2 564	1 313	2 483	1 277	5 951	3 089	5 479	2 845
43–44	2 317	1 239	2 244	1 205	5 546	2 935	5 106	2 703
44–45	2 316	1 201	2 243	1 168	5 599	2 987	5 155	2 751
45–46	2 293	1 205	2 220	1 172	5 678	2 972	5 228	2 737
46–47	2 317	1 228	2 244	1 194	5 552	2 963	5 112	2 729

T 88 noch: Bevölkerung in den heute zu Rheinland-Pfalz gehörenden Gebieten 1871 nach Altersjahren

Alter in Jahren	Provinz Rheinhessen				Regierungsbezirk Pfalz			
	insgesamt		darunter Rheinland-Pfalz		insgesamt		darunter Rheinland-Pfalz	
	zusammen	darunter weiblich	zusammen	darunter weiblich	zusammen	darunter weiblich	zusammen	darunter weiblich
	Anzahl							
47–48	2 395	1 243	2 319	1 209	5 579	3 055	5 137	2 814
48–49	2 165	1 080	2 097	1 050	5 420	2 900	4 990	2 671
49–50	2 371	1 224	2 296	1 190	5 518	2 946	5 081	2 713
50–51	2 286	1 186	2 214	1 153	6 231	3 335	5 737	3 072
51–52	2 458	1 272	2 380	1 237	5 797	3 040	5 337	2 800
52–53	2 383	1 236	2 308	1 202	5 901	3 091	5 433	2 847
53–54	2 182	1 141	2 113	1 110	5 352	2 783	4 928	2 563
54–55	2 227	1 190	2 157	1 157	5 664	3 134	5 215	2 887
55–56	1 957	1 088	1 895	1 058	4 968	2 655	4 574	2 445
56–57	2 298	1 192	2 225	1 159	5 187	2 697	4 776	2 484
57–58	1 606	834	1 555	811	4 302	2 308	3 961	2 126
58–59	1 657	871	1 605	847	4 247	2 340	3 910	2 155
59–60	1 600	777	1 549	756	4 079	2 118	3 756	1 951
60–61	1 942	1 090	1 881	1 060	4 988	2 747	4 593	2 530
61–62	1 879	985	1 820	958	4 164	2 136	3 834	1 967
62–63	1 653	833	1 601	810	3 985	2 024	3 669	1 864
63–64	1 511	796	1 463	774	3 601	1 805	3 316	1 663
64–65	1 588	783	1 538	761	3 451	1 800	3 177	1 658
65–66	1 357	717	1 314	697	3 181	1 661	2 929	1 530
66–67	1 216	612	1 178	595	3 390	1 788	3 121	1 647
67–68	1 145	576	1 109	560	2 845	1 461	2 619	1 346
68–69	1 128	585	1 092	569	2 581	1 374	2 376	1 266
69–70	1 086	545	1 052	530	2 413	1 217	2 222	1 121
70–71	1 062	568	1 028	552	2 280	1 166	2 099	1 074
71–72	1 010	541	978	526	2 370	1 277	2 182	1 176
72–73	612	280	593	272	1 525	707	1 404	651
73–74	542	277	525	269	1 368	657	1 260	605
74–75	514	263	498	256	1 098	560	1 011	516
75–76	439	224	425	218	1 010	517	930	476
76–77	390	201	378	195	851	447	784	412
77–78	257	148	249	144	585	337	539	310
78–79	240	126	232	123	477	232	439	214
79–80	264	130	256	126	414	217	381	200
80–81	199	95	193	92	375	181	345	167
81–82	158	87	153	85	329	195	303	180
82–83	135	71	131	69	242	133	223	123
83–84	111	56	107	54	197	109	181	100
84–85	100	67	97	65	187	101	172	93
85–86	74	41	72	40	147	74	135	68
86–87	55	32	53	31	106	60	98	55
87–88	50	23	48	22	65	38	60	35
88–89	28	16	27	16	69	38	64	35
89–90	21	11	20	11	32	16	29	15
90 und älter	48	23	46	22	75	36	69	33
ohne Angabe	136	38	132	37	126	51	116	47
Insgesamt	249 951	124 465	242 045	121 029	615 035	317 118	566 284	292 087

T 88 noch: Bevölkerung in den heute zu Rheinland-Pfalz gehörenden Gebieten 1871 nach Altersjahren

Alter in Jahren	Rheinland-Pfalz				
	insgesamt	weiblich	männlich	weiblich	männlich
	Anzahl			%	
0–1	43 893	21 713	22 180	49,5	50,5
1–2	49 920	25 096	24 823	50,3	49,7
2–3	50 853	25 351	25 503	49,9	50,1
3–4	45 894	22 948	22 946	50,0	50,0
4–5	45 282	22 675	22 607	50,1	49,9
5–6	44 330	22 113	22 217	49,9	50,1
6–7	42 158	21 012	21 146	49,8	50,2
7–8	42 517	21 346	21 172	50,2	49,8
8–9	42 731	21 449	21 281	50,2	49,8
9–10	40 313	20 102	20 211	49,9	50,1
10–11	39 474	19 555	19 919	49,5	50,5
11–12	40 402	20 182	20 220	50,0	50,0
12–13	40 126	19 967	20 159	49,8	50,2
13–14	37 407	18 630	18 777	49,8	50,2
14–15	35 957	18 011	17 946	50,1	49,9
15–16	35 336	17 752	17 584	50,2	49,8
16–17	31 448	15 867	15 580	50,5	49,5
17–18	33 486	17 196	16 290	51,4	48,6
18–19	32 414	16 758	15 657	51,7	48,3
19–20	32 573	17 047	15 526	52,3	47,7
20–21	34 419	17 398	17 021	50,5	49,5
21–22	34 259	17 063	17 196	49,8	50,2
22–23	33 492	16 964	16 528	50,7	49,3
23–24	32 349	17 096	15 254	52,8	47,2
24–25	27 158	14 566	12 591	53,6	46,4
25–26	28 502	14 721	13 781	51,7	48,3
26–27	31 130	16 005	15 125	51,4	48,6
27–28	29 164	15 168	13 997	52,0	48,0
28–29	26 923	13 902	13 021	51,6	48,4
29–30	29 090	15 182	13 908	52,2	47,8
30–31	26 006	13 153	12 853	50,6	49,4
31–32	26 878	13 740	13 138	51,1	48,9
32–33	26 691	13 486	13 205	50,5	49,5
33–34	26 008	13 085	12 923	50,3	49,7
34–35	24 042	12 255	11 787	51,0	49,0
35–36	24 613	12 631	11 983	51,3	48,7
36–37	24 617	12 566	12 051	51,0	49,0
37–38	22 877	11 615	11 261	50,8	49,2
38–39	21 442	10 855	10 588	50,6	49,4
39–40	20 673	10 599	10 074	51,3	48,7
40–41	19 589	9 810	9 779	50,1	49,9
41–42	19 761	9 955	9 806	50,4	49,6
42–43	18 816	9 596	9 220	51,0	49,0
43–44	17 988	9 289	8 699	51,6	48,4
44–45	18 243	9 426	8 817	51,7	48,3
45–46	18 204	9 381	8 824	51,5	48,5
46–47	17 897	9 295	8 602	51,9	48,1

T 88 noch: Bevölkerung in den heute zu Rheinland-Pfalz gehörenden Gebieten 1871 nach Altersjahren

Alter in Jahren	Rheinland-Pfalz				
	insgesamt	weiblich	männlich	weiblich	männlich
	Anzahl			%	
47–48	17 933	9 353	8 580	52,2	47,8
48–49	17 006	8 801	8 206	51,7	48,3
49–50	17 520	9 046	8 474	51,6	48,4
50–51	18 013	9 262	8 751	51,4	48,6
51–52	17 572	8 983	8 588	51,1	48,9
52–53	17 455	8 861	8 594	50,8	49,2
53–54	15 422	7 829	7 593	50,8	49,2
54–55	16 200	8 652	7 548	53,4	46,6
55–56	14 261	7 354	6 907	51,6	48,4
56–57	15 503	7 836	7 667	50,5	49,5
57–58	12 391	6 417	5 974	51,8	48,2
58–59	12 562	6 565	5 996	52,3	47,7
59–60	11 755	5 808	5 947	49,4	50,6
60–61	14 201	7 457	6 744	52,5	47,5
61–62	12 544	6 377	6 167	50,8	49,2
62–63	11 443	5 660	5 782	49,5	50,5
63–64	10 720	5 281	5 439	49,3	50,7
64–65	10 459	5 240	5 219	50,1	49,9
65–66	9 284	4 679	4 604	50,4	49,6
66–67	9 089	4 566	4 523	50,2	49,8
67–68	8 381	4 141	4 240	49,4	50,6
68–69	7 271	3 683	3 588	50,7	49,3
69–70	6 970	3 382	3 587	48,5	51,5
70–71	6 749	3 435	3 314	50,9	49,1
71–72	6 487	3 404	3 083	52,5	47,5
72–73	4 214	1 878	2 336	44,6	55,4
73–74	3 821	1 843	1 977	48,2	51,8
74–75	3 393	1 683	1 711	49,6	50,4
75–76	2 919	1 428	1 492	48,9	51,1
76–77	2 507	1 235	1 272	49,3	50,7
77–78	1 852	986	865	53,3	46,7
78–79	1 605	745	859	46,4	53,6
79–80	1 379	684	695	49,6	50,4
80–81	1 111	569	542	51,2	48,8
81–82	972	516	457	53,0	47,0
82–83	689	354	335	51,4	48,6
83–84	602	315	287	52,3	47,7
84–85	494	272	222	55,0	45,0
85–86	407	215	192	52,8	47,2
86–87	291	166	125	57,1	42,9
87–88	245	131	114	53,6	46,4
88–89	159	86	72	54,4	45,6
89–90	105	56	50	52,9	47,1
90 und älter	259	136	123	52,6	47,4
ohne Angabe	806	313	492	38,9	61,1
Insgesamt[1]	1 832 367	929 257	903 111	50,7	49,3

1 Die Bevölkerungssumme weicht leicht von der an anderer Stelle angegebenen Gesamtbevölkerung ab. Vgl. Vorbemerkungen zu III.1.

T 89 Bevölkerung in den heute zu Rheinland-Pfalz gehörenden Gebieten 1900 nach Altersjahren

Alter in Jahren	Regierungsbezirk Koblenz				Regierungsbezirk Trier			
	insgesamt		darunter Rheinland-Pfalz		insgesamt		darunter Rheinland-Pfalz	
	zusammen	darunter weiblich	zusammen	darunter weiblich	zusammen	darunter weiblich	zusammen	darunter weiblich
	Anzahl							
0–1	18 129	8 903	16 693	8 190	25 561	12 673	10 883	5 491
1–2	18 016	8 935	16 588	8 220	24 892	12 575	10 598	5 449
2–3	17 769	8 856	16 361	8 147	24 976	12 344	10 634	5 349
3–4	17 601	8 678	16 206	7 983	23 923	11 803	10 185	5 114
4–5	16 766	8 386	15 438	7 715	23 342	11 548	9 938	5 004
5–6	16 659	8 282	15 339	7 619	22 280	11 131	9 486	4 823
6–7	16 110	7 965	14 834	7 328	21 324	10 465	9 079	4 535
7–8	16 181	8 006	14 899	7 365	21 335	10 506	9 084	4 552
8–9	15 489	7 692	14 262	7 076	20 015	9 861	8 522	4 273
9–10	15 645	7 806	14 405	7 181	19 713	9 837	8 393	4 263
10–11	14 655	7 409	13 494	6 816	18 305	9 051	7 794	3 922
11–12	14 735	7 352	13 567	6 764	18 164	9 049	7 733	3 921
12–13	14 465	7 210	13 319	6 633	17 728	8 822	7 548	3 823
13–14	14 623	7 256	13 464	6 675	18 100	8 977	7 706	3 890
14–15	14 257	7 157	13 127	6 584	17 740	8 740	7 553	3 787
15–16	13 838	6 886	12 742	6 335	16 932	8 317	7 209	3 604
16–17	13 606	6 723	12 528	6 185	16 928	8 226	7 207	3 564
17–18	12 990	6 495	11 961	5 975	16 213	7 895	6 903	3 421
18–19	12 904	6 456	11 882	5 939	16 395	7 949	6 980	3 444
19–20	12 446	6 185	11 460	5 690	16 213	7 934	6 903	3 438
20–21	11 683	5 942	10 757	5 466	15 951	7 411	6 791	3 211
21–22	11 632	5 943	10 710	5 467	16 257	7 576	6 922	3 283
22–23	11 550	5 758	10 635	5 297	15 867	7 226	6 756	3 131
23–24	11 505	5 792	10 593	5 328	14 665	6 950	6 244	3 012
24–25	11 580	5 839	10 662	5 372	14 922	7 237	6 353	3 136
25–26	11 040	5 562	10 165	5 117	14 249	6 926	6 067	3 001
26–27	10 471	5 312	9 641	4 887	13 426	6 563	5 716	2 844
27–28	10 061	5 118	9 264	4 708	12 747	6 185	5 427	2 680
28–29	10 108	5 107	9 307	4 698	13 284	6 435	5 656	2 788
29–30	7 543	3 789	6 945	3 486	9 615	4 600	4 094	1 993
30–31	9 291	4 830	8 555	4 443	11 658	5 693	4 963	2 467
31–32	9 160	4 627	8 434	4 257	11 401	5 558	4 854	2 408
32–33	8 963	4 596	8 253	4 228	11 009	5 452	4 687	2 362
33–34	8 492	4 306	7 819	3 961	10 589	5 251	4 508	2 275
34–35	8 735	4 528	8 043	4 166	10 626	5 239	4 524	2 270
35–36	8 466	4 336	7 795	3 989	10 148	4 998	4 321	2 166
36–37	8 777	4 420	8 082	4 066	10 464	5 059	4 455	2 192
37–38	8 647	4 434	7 962	4 079	10 172	5 034	4 331	2 181
38–39	8 241	4 109	7 588	3 780	9 399	4 610	4 002	1 998
39–40	7 970	3 973	7 338	3 655	9 051	4 413	3 854	1 912
40–41	8 289	4 170	7 632	3 836	9 296	4 665	3 958	2 021
41–42	8 155	4 131	7 509	3 800	9 452	4 727	4 024	2 048
42–43	7 484	3 759	6 891	3 458	8 274	4 135	3 523	1 792
43–44	7 139	3 591	6 573	3 304	7 878	3 914	3 354	1 696
44–45	6 891	3 488	6 345	3 209	7 692	3 669	3 275	1 590
45–46	6 287	3 184	5 789	2 929	6 678	3 269	2 843	1 417
46–47	6 865	3 559	6 321	3 274	7 492	3 763	3 190	1 631

T 89 noch: Bevölkerung in den heute zu Rheinland-Pfalz gehörenden Gebieten 1900 nach Altersjahren

Alter in Jahren	Regierungsbezirk Koblenz				Regierungsbezirk Trier			
	insgesamt		darunter Rheinland-Pfalz		insgesamt		darunter Rheinland-Pfalz	
	zusammen	darunter weiblich	zusammen	darunter weiblich	zusammen	darunter weiblich	zusammen	darunter weiblich
	Anzahl							
47–48	6 492	3 276	5 978	3 014	6 836	3 371	2 910	1 461
48–49	6 624	3 364	6 099	3 095	7 330	3 688	3 121	1 598
49–50	6 246	3 092	5 751	2 845	6 762	3 289	2 879	1 425
50–51	6 673	3 416	6 144	3 143	7 268	3 678	3 094	1 594
51–52	6 207	3 186	5 715	2 931	6 818	3 295	2 903	1 428
52–53	6 139	3 220	5 653	2 962	6 952	3 593	2 960	1 557
53–54	5 377	2 720	4 951	2 502	5 809	2 838	2 473	1 230
54–55	5 592	2 812	5 149	2 587	5 606	2 847	2 387	1 234
55–56	5 868	2 990	5 403	2 751	6 028	2 938	2 566	1 273
56–57	5 704	2 935	5 252	2 700	6 205	3 181	2 642	1 378
57–58	5 041	2 604	4 642	2 396	5 305	2 650	2 259	1 148
58–59	5 294	2 737	4 875	2 518	5 761	2 896	2 453	1 255
59–60	4 417	2 220	4 067	2 042	4 626	2 213	1 970	959
60–61	4 848	2 495	4 464	2 295	5 094	2 592	2 169	1 123
61–62	4 592	2 368	4 228	2 178	4 657	2 271	1 983	984
62–63	4 427	2 233	4 076	2 054	4 384	2 148	1 867	931
63–64	3 874	1 952	3 567	1 796	3 961	2 059	1 686	892
64–65	3 946	2 043	3 633	1 879	4 057	2 059	1 727	892
65–66	3 762	1 870	3 464	1 720	3 852	1 963	1 640	851
66–67	3 497	1 714	3 220	1 577	3 505	1 798	1 492	779
67–68	3 100	1 536	2 854	1 413	3 299	1 610	1 405	698
68–69	2 856	1 484	2 630	1 365	2 906	1 492	1 237	647
69–70	2 517	1 216	2 318	1 119	2 332	1 110	993	481
70–71	2 535	1 275	2 334	1 173	2 638	1 327	1 123	575
71–72	1 943	1 007	1 789	926	2 122	1 055	903	457
72–73	1 838	913	1 692	840	2 071	1 072	882	465
73–74	1 673	831	1 540	764	1 814	909	772	394
74–75	1 561	769	1 437	707	1 710	898	728	389
75–76	1 370	699	1 261	643	1 551	806	660	349
76–77	1 248	624	1 149	574	1 415	742	602	322
77–78	983	525	905	483	1 067	546	454	237
78–79	955	473	879	435	977	514	416	223
79–80	752	357	692	328	737	395	314	171
80–81	668	354	615	326	727	385	310	167
81–82	528	244	486	224	534	283	227	123
82–83	365	170	336	156	416	209	177	91
83–84	283	154	261	142	325	168	138	73
84–85	216	107	199	98	225	127	96	55
85–86	167	85	154	78	187	97	80	42
86–87	94	44	87	40	121	69	52	30
87–88	97	44	89	40	123	55	52	24
88–89	49	24	45	22	81	51	34	22
89–90	44	25	41	23	66	37	28	16
90 und älter	83	38	76	35	95	46	40	20
Insgesamt	682 454	343 086	628 379	315 627	840 696	413 631	357 933	179 234

T 89 noch: Bevölkerung in den heute zu Rheinland-Pfalz gehörenden Gebieten 1900 nach Altersjahren

Alter in Jahren	Regierungsbezirk Wiesbaden				Fürstentum Birkenfeld			
	insgesamt		darunter Rheinland-Pfalz		insgesamt		darunter Rheinland-Pfalz	
	zusammen	darunter weiblich	zusammen	darunter weiblich	zusammen	darunter weiblich	zusammen	darunter weiblich
	Anzahl							
0–1	25 713	12 772	4 708	2 299	1 400	709	1 133	572
1–2	24 904	12 206	4 559	2 197	1 202	569	973	459
2–3	24 542	11 975	4 493	2 156	1 366	649	1 105	524
3–4	23 602	11 614	4 321	2 091	1 148	565	929	456
4–5	22 991	11 402	4 209	2 053	1 203	570	974	460
5–6	22 247	11 139	4 073	2 005	1 125	541	910	437
6–7	21 483	10 729	3 933	1 931	1 127	564	912	455
7–8	21 323	10 646	3 904	1 916	1 089	519	881	419
8–9	20 173	10 000	3 693	1 800	1 045	509	846	411
9–10	20 290	10 048	3 715	1 809	1 015	484	821	391
10–11	18 982	9 490	3 475	1 708	1 015	505	821	407
11–12	18 904	9 239	3 461	1 663	984	486	796	392
12–13	18 388	9 199	3 367	1 656	1 021	522	826	421
13–14	18 027	8 870	3 300	1 597	1 023	514	828	415
14–15	17 943	8 962	3 285	1 613	916	465	741	375
15–16	17 956	8 909	3 287	1 604	968	489	783	395
16–17	18 745	9 557	3 432	1 720	931	499	753	403
17–18	18 795	9 424	3 441	1 697	878	460	711	371
18–19	20 331	10 203	3 722	1 837	891	494	721	399
19–20	20 823	10 272	3 812	1 849	778	433	630	349
20–21	19 732	10 539	3 613	1 897	642	388	520	313
21–22	19 554	10 936	3 580	1 969	651	409	527	330
22–23	19 488	10 915	3 568	1 965	601	389	486	314
23–24	20 772	11 019	3 803	1 984	651	362	527	292
24–25	21 428	11 006	3 923	1 981	761	404	616	326
25–26	20 673	10 756	3 785	1 936	680	364	550	294
26–27	19 776	10 110	3 621	1 820	619	319	501	257
27–28	18 372	9 411	3 364	1 694	643	325	520	262
28–29	18 180	9 170	3 328	1 651	572	303	463	244
29–30	15 279	7 691	2 797	1 385	497	248	402	200
30–31	16 945	8 573	3 102	1 543	578	291	468	235
31–32	16 602	8 491	3 040	1 529	570	292	461	236
32–33	15 194	7 817	2 782	1 407	532	264	431	213
33–34	14 820	7 436	2 713	1 339	498	259	403	209
34–35	14 958	7 587	2 739	1 366	492	253	398	204
35–36	14 067	7 167	2 575	1 290	485	245	392	198
36–37	14 077	7 156	2 577	1 288	484	251	392	203
37–38	13 394	6 983	2 452	1 257	510	260	413	210
38–39	12 673	6 581	2 320	1 185	472	239	382	193
39–40	11 597	5 877	2 123	1 058	483	254	391	205
40–41	11 902	6 035	2 179	1 086	493	263	399	212
41–42	12 144	6 282	2 223	1 131	472	237	382	191
42–43	11 214	5 733	2 053	1 032	490	238	397	192
43–44	10 517	5 367	1 925	966	376	180	304	145
44–45	10 068	5 243	1 843	944	458	247	371	199
45–46	8 844	4 492	1 619	809	371	185	300	149
46–47	9 616	5 087	1 761	916	412	235	333	190

T 89 noch: Bevölkerung in den heute zu Rheinland-Pfalz gehörenden Gebieten 1900 nach Altersjahren

Alter in Jahren	Regierungsbezirk Wiesbaden				Fürstentum Birkenfeld			
	insgesamt		darunter Rheinland-Pfalz		insgesamt		darunter Rheinland-Pfalz	
	zusammen	darunter weiblich	zusammen	darunter weiblich	zusammen	darunter weiblich	zusammen	darunter weiblich
	Anzahl							
47–48	9 402	4 805	1 721	865	372	181	301	146
48–49	9 469	4 923	1 734	886	398	207	322	167
49–50	9 701	5 031	1 776	906	406	215	329	173
50–51	9 399	4 920	1 721	886	370	195	299	157
51–52	8 914	4 548	1 632	819	401	213	325	172
52–53	9 039	4 858	1 655	875	352	182	285	147
53–54	7 609	3 955	1 393	712	325	170	263	137
54–55	7 824	4 104	1 432	739	300	147	243	119
55–56	8 267	4 408	1 514	794	344	182	278	147
56–57	7 309	3 818	1 338	687	308	171	249	138
57–58	7 040	3 605	1 289	649	274	134	222	108
58–59	7 529	3 969	1 378	714	326	185	264	149
59–60	6 342	3 273	1 161	589	259	141	210	114
60–61	6 810	3 630	1 247	653	280	128	227	103
61–62	6 243	3 268	1 143	588	251	121	203	98
62–63	6 169	3 257	1 129	586	243	133	197	107
63–64	5 304	2 777	971	500	216	111	175	90
64–65	5 409	2 936	990	529	229	126	185	102
65–66	4 900	2 654	897	478	241	130	195	105
66–67	4 368	2 280	800	410	182	101	147	81
67–68	3 916	2 075	717	374	165	89	134	72
68–69	3 692	1 957	676	352	178	89	144	72
69–70	3 070	1 622	562	292	154	79	125	64
70–71	3 019	1 592	553	287	145	85	117	69
71–72	2 558	1 329	468	239	144	85	117	69
72–73	2 318	1 224	424	220	104	58	84	47
73–74	2 220	1 178	406	212	139	71	112	57
74–75	1 901	1 024	348	184	102	55	83	44
75–76	1 836	1 007	336	181	131	80	106	65
76–77	1 514	854	277	154	80	42	65	34
77–78	1 355	746	248	134	81	44	66	36
78–79	1 089	583	199	105	54	31	44	25
79–80	888	459	163	83	62	33	50	27
80–81	832	457	152	82	45	18	36	15
81–82	672	327	123	59	39	21	32	17
82–83	466	247	85	44	31	8	25	6
83–84	384	190	70	34	20	8	16	6
84–85	277	146	51	26	14	7	11	6
85–86	249	126	46	23	13	8	11	6
86–87	144	73	26	13	6	2	5	2
87–88	103	53	19	10	6	3	5	2
88–89	85	43	16	8	3	1	2	1
89–90	60	35	11	6	4	2	3	2
90 und älter	96	52	18	9	11	1	9	1
Insgesamt	1 007 839	514 534	184 517	92 626	43 426	22 343	35 142	18 028

T 89 noch: Bevölkerung in den heute zu Rheinland-Pfalz gehörenden Gebieten 1900 nach Altersjahren

Alter in Jahren	Provinz Rheinhessen				Regierungsbezirk Pfalz			
	insgesamt		darunter Rheinland-Pfalz		insgesamt		darunter Rheinland-Pfalz	
	zusammen	darunter weiblich	zusammen	darunter weiblich	zusammen	darunter weiblich	zusammen	darunter weiblich
	Anzahl							
0–1	8 797	4 224	8 442	4 065	24 549	12 128	22 516	11 128
1–2	8 424	4 146	8 084	3 990	24 009	11 955	22 021	10 969
2–3	8 274	4 126	7 940	3 971	23 305	11 701	21 375	10 736
3–4	7 726	3 796	7 414	3 653	22 631	11 141	20 757	10 222
4–5	7 645	3 761	7 337	3 620	21 402	10 724	19 630	9 839
5–6	7 519	3 748	7 216	3 607	20 632	10 189	18 923	9 349
6–7	7 068	3 610	6 783	3 474	19 809	9 849	18 168	9 037
7–8	7 093	3 549	6 807	3 416	19 776	9 791	18 138	8 983
8–9	6 896	3 332	6 618	3 207	18 743	9 246	17 191	8 483
9–10	7 057	3 536	6 772	3 403	19 281	9 586	17 684	8 795
10–11	6 609	3 300	6 343	3 176	17 682	8 706	16 218	7 988
11–12	6 308	3 197	6 054	3 077	17 952	8 922	16 465	8 186
12–13	6 553	3 306	6 289	3 182	17 692	8 804	16 227	8 078
13–14	6 302	3 159	6 048	3 040	17 653	8 693	16 191	7 976
14–15	6 481	3 290	6 220	3 166	17 239	8 654	15 811	7 940
15–16	6 348	3 267	6 092	3 144	16 748	8 339	15 361	7 651
16–17	6 364	3 334	6 107	3 209	16 569	8 189	15 197	7 514
17–18	6 567	3 276	6 302	3 153	16 577	8 337	15 204	7 649
18–19	7 075	3 453	6 790	3 323	16 717	8 396	15 333	7 703
19–20	7 091	3 348	6 805	3 222	16 166	8 027	14 827	7 365
20–21	8 167	3 501	7 838	3 369	15 639	7 918	14 344	7 265
21–22	8 778	3 561	8 424	3 427	15 570	7 959	14 281	7 303
22–23	8 563	3 535	8 218	3 402	15 648	7 943	14 352	7 288
23–24	7 687	3 366	7 377	3 240	15 294	7 732	14 027	7 094
24–25	6 836	3 324	6 560	3 199	15 933	7 893	14 613	7 242
25–26	6 723	3 328	6 452	3 203	15 446	7 686	14 167	7 052
26–27	6 362	3 272	6 105	3 149	14 643	7 243	13 430	6 646
27–28	6 447	3 201	6 187	3 081	13 928	6 881	12 775	6 313
28–29	6 160	3 088	5 912	2 972	13 873	6 872	12 724	6 305
29–30	5 028	2 476	4 825	2 383	10 851	5 250	9 952	4 817
30–31	5 572	2 795	5 347	2 690	12 464	6 177	11 432	5 667
31–32	5 364	2 735	5 148	2 632	12 176	6 086	11 168	5 584
32–33	4 883	2 483	4 686	2 390	10 871	5 388	9 971	4 944
33–34	4 853	2 407	4 657	2 317	10 641	5 235	9 760	4 803
34–35	4 917	2 516	4 719	2 421	10 298	5 077	9 445	4 658
35–36	4 595	2 276	4 410	2 190	9 507	4 738	8 720	4 347
36–37	4 576	2 325	4 391	2 238	9 763	4 936	8 954	4 529
37–38	4 407	2 189	4 229	2 107	9 486	4 797	8 700	4 401
38–39	4 120	2 026	3 954	1 950	8 816	4 449	8 086	4 082
39–40	3 938	1 933	3 779	1 860	8 225	4 098	7 544	3 760
40–41	3 957	1 993	3 797	1 918	8 632	4 379	7 917	4 018
41–42	3 851	1 981	3 696	1 907	8 570	4 275	7 860	3 922
42–43	3 606	1 786	3 461	1 719	7 915	4 122	7 259	3 782
43–44	3 406	1 746	3 269	1 680	7 805	3 945	7 159	3 620
44–45	3 433	1 791	3 295	1 724	7 882	4 143	7 229	3 801
45–46	3 093	1 554	2 968	1 496	6 663	3 384	6 111	3 105
46–47	3 358	1 773	3 223	1 706	7 028	3 620	6 446	3 321

T 89 noch: Bevölkerung in den heute zu Rheinland-Pfalz gehörenden Gebieten 1900 nach Altersjahren

Alter in Jahren	Provinz Rheinhessen				Regierungsbezirk Pfalz			
	insgesamt		darunter Rheinland-Pfalz		insgesamt		darunter Rheinland-Pfalz	
	zusammen	darunter weiblich	zusammen	darunter weiblich	zusammen	darunter weiblich	zusammen	darunter weiblich
	Anzahl							
47–48	3 247	1 620	3 116	1 559	6 768	3 406	6 207	3 125
48–49	3 309	1 709	3 176	1 645	6 906	3 657	6 334	3 355
49–50	3 139	1 571	3 012	1 512	7 298	3 793	6 694	3 480
50–51	3 134	1 635	3 008	1 574	7 271	3 744	6 669	3 435
51–52	3 058	1 599	2 935	1 539	7 409	3 751	6 795	3 442
52–53	3 130	1 651	3 004	1 589	7 471	3 959	6 852	3 632
53–54	2 638	1 364	2 532	1 313	5 754	2 956	5 277	2 712
54–55	2 757	1 457	2 646	1 402	6 099	3 183	5 594	2 920
55–56	2 850	1 524	2 735	1 467	7 023	3 742	6 441	3 433
56–57	2 579	1 346	2 475	1 295	6 278	3 345	5 758	3 069
57–58	2 351	1 260	2 256	1 213	5 540	2 880	5 081	2 642
58–59	2 540	1 382	2 438	1 330	6 222	3 281	5 707	3 010
59–60	2 074	1 056	1 990	1 016	5 174	2 643	4 745	2 425
60–61	2 250	1 224	2 159	1 178	5 372	2 792	4 927	2 562
61–62	2 225	1 211	2 135	1 165	5 012	2 591	4 597	2 377
62–63	2 058	1 107	1 975	1 065	4 994	2 574	4 580	2 362
63–64	1 986	1 068	1 906	1 028	4 279	2 286	3 925	2 097
64–65	1 860	1 002	1 785	964	4 107	2 173	3 767	1 994
65–66	1 830	981	1 756	944	3 842	2 071	3 524	1 900
66–67	1 630	883	1 564	850	3 602	1 957	3 304	1 796
67–68	1 448	811	1 390	781	2 964	1 566	2 719	1 437
68–69	1 388	769	1 332	740	2 776	1 483	2 546	1 361
69–70	1 111	597	1 066	575	2 417	1 254	2 217	1 151
70–71	1 136	648	1 090	624	2 395	1 291	2 197	1 185
71–72	955	505	916	486	2 070	1 097	1 899	1 007
72–73	871	493	836	474	1 862	1 041	1 708	955
73–74	754	427	724	411	1 656	917	1 519	841
74–75	679	371	652	357	1 572	834	1 442	765
75–76	680	386	653	371	1 407	805	1 290	739
76–77	608	345	583	332	1 312	744	1 203	683
77–78	521	280	500	269	1 056	617	969	566
78–79	478	265	459	255	932	537	855	493
79–80	417	221	400	213	825	445	757	408
80–81	407	217	391	209	733	411	672	377
81–82	309	168	297	162	663	372	608	341
82–83	257	143	247	138	476	271	437	249
83–84	204	119	196	115	418	264	383	242
84–85	154	92	148	89	286	146	262	134
85–86	138	65	132	63	230	117	211	107
86–87	69	36	66	35	173	107	159	98
87–88	66	38	63	37	92	59	84	54
88–89	53	24	51	23	81	53	74	49
89–90	38	20	36	19	58	28	53	26
90 und älter	71	40	68	38	104	59	95	54
Insgesamt	348 334	173 449	334 288	166 932	831 678	418 905	762 800	384 352

T 89 noch: Bevölkerung in den heute zu Rheinland-Pfalz gehörenden Gebieten 1900 nach Altersjahren

Alter in Jahren	Rheinland-Pfalz				
	insgesamt	weiblich	männlich	weiblich	männlich
	Anzahl			%	
0–1	64 377	31 746	32 631	49,3	50,7
1–2	62 832	31 284	31 547	49,8	50,2
2–3	61 913	30 882	31 031	49,9	50,1
3–4	59 816	29 520	30 296	49,4	50,6
4–5	57 528	28 690	28 837	49,9	50,1
5–6	55 952	27 840	28 112	49,8	50,2
6–7	53 711	26 760	26 951	49,8	50,2
7–8	53 715	26 652	27 063	49,6	50,4
8–9	51 133	25 250	25 882	49,4	50,6
9–10	51 795	25 842	25 954	49,9	50,1
10–11	48 146	24 018	24 128	49,9	50,1
11–12	48 082	24 003	24 079	49,9	50,1
12–13	47 578	23 792	23 785	50,0	50,0
13–14	47 541	23 593	23 948	49,6	50,4
14–15	46 739	23 466	23 273	50,2	49,8
15–16	45 476	22 733	22 744	50,0	50,0
16–17	45 224	22 595	22 629	50,0	50,0
17–18	44 521	22 266	22 255	50,0	50,0
18–19	45 426	22 646	22 780	49,9	50,1
19–20	44 437	21 914	22 524	49,3	50,7
20–21	43 849	21 522	22 327	49,1	50,9
21–22	44 426	21 779	22 648	49,0	51,0
22–23	43 995	21 397	22 598	48,6	51,4
23–24	42 562	20 949	21 613	49,2	50,8
24–25	42 726	21 256	21 470	49,7	50,3
25–26	41 183	20 603	20 580	50,0	50,0
26–27	39 015	19 603	19 412	50,2	49,8
27–28	37 535	18 739	18 796	49,9	50,1
28–29	37 389	18 659	18 730	49,9	50,1
29–30	29 015	14 264	14 751	49,2	50,8
30–31	33 867	17 046	16 821	50,3	49,7
31–32	33 104	16 645	16 458	50,3	49,7
32–33	30 809	15 544	15 265	50,5	49,5
33–34	29 862	14 904	14 958	49,9	50,1
34–35	29 868	15 085	14 783	50,5	49,5
35–36	28 213	14 180	14 033	50,3	49,7
36–37	28 851	14 516	14 335	50,3	49,7
37–38	28 087	14 235	13 851	50,7	49,3
38–39	26 331	13 187	13 143	50,1	49,9
39–40	25 029	12 451	12 578	49,7	50,3
40–41	25 884	13 092	12 792	50,6	49,4
41–42	25 695	13 000	12 696	50,6	49,4
42–43	23 584	11 975	11 610	50,8	49,2
43–44	22 585	11 411	11 174	50,5	49,5
44–45	22 356	11 467	10 889	51,3	48,7
45–46	19 631	9 904	9 727	50,5	49,5
46–47	21 274	11 038	10 236	51,9	48,1

T 89 noch: Bevölkerung in den heute zu Rheinland-Pfalz gehörenden Gebieten 1900 nach Altersjahren

Alter in Jahren	Rheinland-Pfalz				
	insgesamt	weiblich	männlich	weiblich	männlich
	Anzahl			%	
47–48	20 234	10 170	10 064	50,3	49,7
48–49	20 786	10 746	10 040	51,7	48,3
49–50	20 440	10 341	10 099	50,6	49,4
50–51	20 936	10 788	10 148	51,5	48,5
51–52	20 304	10 330	9 974	50,9	49,1
52–53	20 410	10 762	9 648	52,7	47,3
53–54	16 889	8 606	8 283	51,0	49,0
54–55	17 452	9 001	8 451	51,6	48,4
55–56	18 937	9 864	9 073	52,1	47,9
56–57	17 716	9 268	8 448	52,3	47,7
57–58	15 749	8 156	7 593	51,8	48,2
58–59	17 115	8 977	8 137	52,5	47,5
59–60	14 142	7 146	6 997	50,5	49,5
60–61	15 193	7 915	7 278	52,1	47,9
61–62	14 289	7 391	6 898	51,7	48,3
62–63	13 824	7 106	6 718	51,4	48,6
63–64	12 232	6 403	5 829	52,3	47,7
64–65	12 088	6 360	5 728	52,6	47,4
65–66	11 477	5 998	5 479	52,3	47,7
66–67	10 528	5 493	5 035	52,2	47,8
67–68	9 217	4 773	4 444	51,8	48,2
68–69	8 566	4 537	4 029	53,0	47,0
69–70	7 280	3 681	3 599	50,6	49,4
70–71	7 415	3 911	3 503	52,8	47,2
71–72	6 093	3 184	2 909	52,3	47,7
72–73	5 627	3 001	2 626	53,3	46,7
73–74	5 074	2 680	2 394	52,8	47,2
74–75	4 690	2 448	2 243	52,2	47,8
75–76	4 307	2 348	1 959	54,5	45,5
76–77	3 881	2 098	1 783	54,1	45,9
77–78	3 142	1 725	1 417	54,9	45,1
78–79	2 852	1 536	1 317	53,8	46,2
79–80	2 376	1 230	1 147	51,8	48,2
80–81	2 177	1 175	1 001	54,0	46,0
81–82	1 773	926	847	52,2	47,8
82–83	1 307	684	623	52,3	47,7
83–84	1 065	612	453	57,5	42,5
84–85	767	408	359	53,2	46,8
85–86	633	319	314	50,4	49,6
86–87	394	218	176	55,3	44,7
87–88	313	167	146	53,3	46,7
88–89	223	124	98	55,8	44,2
89–90	173	92	81	53,3	46,7
90 und älter	307	158	149	51,4	48,6
Insgesamt[1]	2 303 060	1 156 799	1 146 261	50,2	49,8

1 Die Bevölkerungssumme von Rheinland-Pfalz weicht in dieser Tabelle leicht von der an anderer Stelle angegebenen Gesamtbevölkerung ab. Ursache sind Differenzen zwischen den Quellen. Vgl. Vorbemerkungen zu III.1.

T 90 Bevölkerung in den heute zu Rheinland-Pfalz gehörenden Gebieten 1925 nach Altersjahren

Alter in Jahren	Regierungsbezirk Koblenz				Regierungsbezirk Trier			
	insgesamt		darunter Rheinland-Pfalz		insgesamt		darunter Rheinland-Pfalz	
	zusammen	darunter weiblich	zusammen	darunter weiblich	zusammen	darunter weiblich	zusammen	darunter weiblich
	Anzahl							
0–1	17 309	8 389	15 770	7 650	12 005	5 829	10 772	5 234
1–2	16 468	7 949	15 004	7 249	11 271	5 492	10 114	4 931
2–3	16 674	8 177	15 192	7 457	11 328	5 643	10 165	5 067
3–4	17 719	8 712	16 144	7 945	11 854	5 826	10 637	5 231
4–5	17 066	8 331	15 549	7 597	11 040	5 524	9 906	4 960
5–6	17 594	8 502	16 030	7 753	10 527	5 136	9 446	4 611
6–7	9 287	4 604	8 461	4 198	6 043	3 004	5 422	2 697
7–8	8 560	4 244	7 799	3 870	5 404	2 677	4 849	2 404
8–9	9 587	4 686	8 735	4 273	6 428	3 251	5 768	2 919
9–10	10 999	5 509	10 021	5 024	7 240	3 624	6 497	3 254
10–11	16 205	8 017	14 764	7 311	10 684	5 216	9 587	4 683
11–12	17 043	8 511	15 528	7 761	11 078	5 531	9 940	4 966
12–13	17 477	8 634	15 923	7 873	11 243	5 544	10 089	4 978
13–14	16 932	8 408	15 427	7 667	10 991	5 414	9 862	4 861
14–15	17 161	8 350	15 635	7 614	10 916	5 383	9 795	4 833
15–16	17 819	8 850	16 235	8 070	11 189	5 474	10 040	4 915
16–17	17 554	8 652	15 993	7 890	10 896	5 333	9 777	4 788
17–18	17 543	8 727	15 983	7 958	10 662	5 224	9 567	4 690
18–19	16 943	8 463	15 437	7 718	10 262	5 032	9 208	4 518
19–20	16 393	8 308	14 936	7 576	9 687	4 805	8 692	4 314
20–21	15 929	8 160	14 513	7 441	9 433	4 744	8 464	4 259
21–22	15 275	7 637	13 917	6 964	9 031	4 556	8 104	4 091
22–23	15 520	7 914	14 140	7 217	9 771	4 837	8 768	4 343
23–24	14 416	7 383	13 134	6 733	8 504	4 316	7 631	3 875
24–25	14 284	7 358	13 014	6 710	8 309	4 208	7 456	3 778
25–26	13 994	7 334	12 750	6 688	8 058	4 194	7 231	3 766
26–27	12 914	6 912	11 766	6 303	7 349	3 916	6 594	3 516
27–28	12 333	6 773	11 237	6 176	7 025	3 797	6 304	3 409
28–29	11 917	6 686	10 858	6 097	6 816	3 787	6 116	3 400
29–30	11 663	6 523	10 626	5 948	6 663	3 650	5 979	3 277
30–31	11 413	6 511	10 398	5 937	6 356	3 608	5 703	3 239
31–32	10 981	6 173	10 005	5 629	6 204	3 517	5 567	3 158
32–33	10 644	5 974	9 698	5 448	5 936	3 310	5 326	2 972
33–34	10 494	5 862	9 561	5 346	5 792	3 207	5 197	2 879
34–35	10 350	5 788	9 430	5 278	5 678	3 137	5 095	2 817
35–36	10 161	5 646	9 258	5 149	5 622	3 115	5 045	2 797
36–37	9 789	5 360	8 919	4 888	5 499	3 029	4 934	2 720
37–38	9 839	5 334	8 964	4 864	5 542	2 977	4 973	2 673
38–39	9 770	5 185	8 901	4 728	5 481	2 946	4 918	2 645
39–40	9 844	5 379	8 969	4 905	5 435	2 865	4 877	2 572
40–41	9 453	5 022	8 613	4 580	5 390	2 866	4 837	2 573
41–42	9 202	4 883	8 384	4 453	5 132	2 652	4 605	2 381
42–43	9 487	4 888	8 644	4 457	5 282	2 730	4 740	2 451
43–44	9 553	4 976	8 704	4 538	5 596	2 809	5 021	2 522
44–45	8 889	4 728	8 099	4 312	5 033	2 597	4 516	2 332
45–46	9 373	4 866	8 540	4 437	5 402	2 771	4 847	2 488
46–47	9 257	4 749	8 434	4 331	5 284	2 676	4 741	2 403

T 90 noch: Bevölkerung in den heute zu Rheinland-Pfalz gehörenden Gebieten 1925 nach Altersjahren

Alter in Jahren	Regierungsbezirk Koblenz				Regierungsbezirk Trier			
	insgesamt		darunter Rheinland-Pfalz		insgesamt		darunter Rheinland-Pfalz	
	zusammen	darunter weiblich	zusammen	darunter weiblich	zusammen	darunter weiblich	zusammen	darunter weiblich
	Anzahl							
47–48	9 167	4 724	8 352	4 308	4 983	2 520	4 471	2 263
48–49	9 500	4 836	8 655	4 410	5 101	2 540	4 577	2 281
49–50	9 178	4 718	8 362	4 302	5 202	2 630	4 668	2 361
50–51	8 618	4 447	7 852	4 055	4 590	2 267	4 119	2 035
51–52	8 234	4 132	7 502	3 768	4 493	2 228	4 032	2 000
52–53	8 063	4 147	7 346	3 782	4 463	2 212	4 005	1 986
53–54	6 678	3 317	6 084	3 025	3 767	1 839	3 380	1 651
54–55	6 767	3 512	6 165	3 203	3 800	1 899	3 410	1 705
55–56	7 375	3 805	6 719	3 470	4 436	2 156	3 981	1 936
56–57	6 834	3 516	6 226	3 206	3 807	1 933	3 416	1 736
57–58	6 732	3 404	6 133	3 104	3 772	1 896	3 385	1 702
58–59	6 313	3 324	5 752	3 031	3 670	1 913	3 293	1 718
59–60	6 327	3 296	5 764	3 006	3 559	1 769	3 194	1 588
60–61	6 181	3 168	5 631	2 889	3 446	1 781	3 092	1 599
61–62	6 155	3 185	5 608	2 904	3 651	1 776	3 276	1 595
62–63	5 771	2 969	5 258	2 707	3 306	1 684	2 967	1 512
63–64	5 256	2 633	4 789	2 401	3 008	1 499	2 699	1 346
64–65	5 332	2 713	4 858	2 474	2 943	1 499	2 641	1 346
65–66	5 123	2 684	4 668	2 448	3 013	1 493	2 704	1 340
66–67	4 735	2 412	4 314	2 200	2 640	1 281	2 369	1 150
67–68	4 132	2 180	3 765	1 988	2 313	1 196	2 075	1 074
68–69	3 635	1 875	3 312	1 710	2 148	1 074	1 927	964
69–70	3 368	1 742	3 069	1 589	1 903	930	1 708	835
70–71	3 087	1 663	2 813	1 517	1 876	949	1 683	852
71–72	3 122	1 614	2 844	1 472	1 699	867	1 525	778
72–73	2 531	1 340	2 306	1 222	1 574	784	1 412	704
73–74	2 292	1 190	2 088	1 085	1 416	733	1 271	658
74–75	2 423	1 278	2 208	1 165	1 398	741	1 254	665
75–76	1 832	998	1 669	910	1 073	540	963	485
76–77	1 808	951	1 647	867	1 091	553	979	497
77–78	1 301	700	1 185	638	879	451	789	405
78–79	1 094	572	997	522	628	321	564	288
79–80	965	527	879	481	589	299	529	268
80–81	877	452	799	412	554	303	497	272
81–82	642	352	585	321	388	204	348	183
82–83	560	302	510	275	337	171	302	154
83–84	395	198	360	181	251	111	225	100
84–85	332	176	302	160	219	110	197	99
85–86	232	111	211	101	159	84	143	75
86–87	169	96	154	88	102	57	92	51
87–88	117	58	107	53	75	35	67	31
88–89	90	53	82	48	52	27	47	24
89–90	54	26	49	24	49	34	44	31
90 und älter	100	52	91	47	79	46	71	41
Insgesamt	792 574	407 475	722 110	371 582	474 873	241 214	426 112	216 575

T 90 noch: Bevölkerung in den heute zu Rheinland-Pfalz gehörenden Gebieten 1925 nach Altersjahren

Alter in Jahren	Regierungsbezirk Wiesbaden				Fürstentum Birkenfeld			
	insgesamt		darunter Rheinland-Pfalz		insgesamt		darunter Rheinland-Pfalz	
	zusammen	darunter weiblich	zusammen	darunter weiblich	zusammen	darunter weiblich	zusammen	darunter weiblich
	Anzahl							
0–1	21 441	10 556	3 379	1 616	1 381	654	1 107	527
1–2	20 084	9 838	3 165	1 506	1 289	622	1 034	501
2–3	20 875	10 304	3 289	1 578	1 291	653	1 035	526
3–4	22 447	10 949	3 537	1 677	1 336	679	1 071	547
4–5	23 404	11 536	3 688	1 766	1 277	614	1 024	494
5–6	23 734	11 634	3 740	1 781	1 249	600	1 002	483
6–7	13 110	6 430	2 066	985	630	320	505	258
7–8	11 662	5 775	1 838	884	608	298	488	240
8–9	12 191	6 084	1 921	932	694	350	557	282
9–10	14 365	7 095	2 264	1 086	703	363	564	292
10–11	21 818	10 752	3 438	1 646	1 211	546	971	440
11–12	23 241	11 618	3 662	1 779	1 248	603	1 001	486
12–13	23 562	11 614	3 713	1 778	1 340	665	1 075	535
13–14	23 686	11 780	3 732	1 804	1 334	679	1 070	547
14–15	25 080	12 282	3 952	1 881	1 347	694	1 080	559
15–16	25 790	12 786	4 064	1 958	1 358	632	1 089	509
16–17	26 835	13 277	4 229	2 033	1 304	615	1 046	495
17–18	27 351	13 822	4 310	2 117	1 395	686	1 119	552
18–19	27 348	13 995	4 309	2 143	1 269	616	1 018	496
19–20	27 029	13 858	4 259	2 122	1 240	617	994	497
20–21	26 773	13 962	4 219	2 138	1 185	606	950	488
21–22	25 924	13 467	4 085	2 062	1 245	613	998	494
22–23	28 017	14 263	4 415	2 184	1 086	572	871	461
23–24	26 104	13 730	4 113	2 102	1 066	570	855	459
24–25	25 422	13 271	4 006	2 032	1 136	595	911	479
25–26	25 318	13 172	3 989	2 017	1 027	533	824	429
26–27	22 947	12 414	3 616	1 901	987	479	791	386
27–28	22 314	12 319	3 516	1 886	894	468	717	377
28–29	21 399	11 888	3 372	1 820	821	458	658	369
29–30	20 906	11 975	3 294	1 834	804	422	645	340
30–31	20 833	12 056	3 283	1 846	818	456	656	367
31–32	20 056	11 517	3 160	1 764	764	390	613	314
32–33	19 357	11 034	3 050	1 690	708	384	568	309
33–34	19 333	10 976	3 046	1 681	707	388	567	312
34–35	19 030	10 793	2 999	1 653	695	367	557	296
35–36	19 306	10 821	3 042	1 657	692	373	555	300
36–37	18 646	10 335	2 938	1 583	651	342	522	275
37–38	18 500	10 241	2 915	1 568	694	388	557	312
38–39	18 294	9 924	2 883	1 520	641	333	514	268
39–40	18 847	10 179	2 970	1 559	670	361	537	291
40–41	18 900	10 132	2 978	1 551	646	347	518	279
41–42	18 108	9 610	2 853	1 472	631	306	506	246
42–43	18 049	9 503	2 844	1 455	634	325	508	262
43–44	18 265	9 547	2 878	1 462	601	300	482	242
44–45	18 055	9 319	2 845	1 427	522	283	419	228
45–46	18 748	9 660	2 954	1 479	531	274	426	221
46–47	18 649	9 700	2 939	1 485	576	287	462	231

T 90 noch: Bevölkerung in den heute zu Rheinland-Pfalz gehörenden Gebieten 1925 nach Altersjahren

Alter in Jahren	Regierungsbezirk Wiesbaden				Fürstentum Birkenfeld			
	insgesamt		darunter Rheinland-Pfalz		insgesamt		darunter Rheinland-Pfalz	
	zusammen	darunter weiblich	zusammen	darunter weiblich	zusammen	darunter weiblich	zusammen	darunter weiblich
	Anzahl							
47–48	18 301	9 434	2 884	1 445	553	274	443	221
48–49	18 300	9 266	2 884	1 419	550	281	441	226
49–50	17 991	9 276	2 835	1 420	602	328	483	264
50–51	17 057	8 815	2 688	1 350	503	260	403	209
51–52	15 995	8 238	2 520	1 261	515	245	413	197
52–53	15 250	7 737	2 403	1 185	516	266	414	214
53–54	13 502	6 791	2 128	1 040	389	211	312	170
54–55	13 171	6 652	2 075	1 019	431	216	346	174
55–56	14 095	7 168	2 221	1 098	470	228	377	184
56–57	12 525	6 527	1 974	999	412	204	330	164
57–58	11 815	5 938	1 862	909	435	226	349	182
58–59	11 511	5 851	1 814	896	359	166	288	134
59–60	10 831	5 621	1 707	861	345	181	277	146
60–61	10 152	5 341	1 600	818	334	179	268	144
61–62	10 012	5 313	1 578	814	365	188	293	151
62–63	9 045	4 792	1 425	734	355	188	285	151
63–64	8 043	4 216	1 267	646	345	177	277	143
64–65	7 922	4 236	1 248	649	301	156	241	126
65–66	7 506	4 030	1 183	617	334	173	268	139
66–67	7 277	3 887	1 147	595	314	160	252	129
67–68	6 249	3 444	985	527	228	118	183	95
68–69	5 616	3 071	885	470	248	126	199	101
69–70	4 913	2 702	774	414	227	120	182	97
70–71	4 535	2 490	715	381	216	116	173	93
71–72	4 392	2 437	692	373	197	109	158	88
72–73	3 853	2 136	607	327	157	94	126	76
73–74	3 808	2 135	600	327	163	75	131	60
74–75	3 540	1 992	558	305	136	71	109	57
75–76	2 743	1 553	432	238	137	81	110	65
76–77	2 736	1 577	431	241	103	58	83	47
77–78	2 009	1 142	317	175	81	41	65	33
78–79	1 639	950	258	145	68	40	55	32
79–80	1 513	845	238	129	53	26	42	21
80–81	1 353	795	213	122	77	48	62	39
81–82	917	513	144	79	33	19	26	15
82–83	880	524	139	80	43	24	34	19
83–84	685	400	108	61	33	19	26	15
84–85	508	293	80	45	25	14	20	11
85–86	360	197	57	30	21	9	17	7
86–87	259	149	41	23	17	10	14	8
87–88	197	109	31	17	8	4	6	3
88–89	142	91	22	14	4	4	3	3
89–90	92	49	14	8	3	1	2	1
90 und älter	180	115	28	18	7	6	6	5
Insgesamt	1 304 573	680 631	205 568	104 222	55 649	28 266	44 624	22 760

T 90 noch: Bevölkerung in den heute zu Rheinland-Pfalz gehörenden Gebieten 1925 nach Altersjahren

Alter in Jahren	Provinz Rheinhessen				Regierungsbezirk Pfalz			
	insgesamt		darunter Rheinland-Pfalz		insgesamt		darunter Rheinland-Pfalz	
	zusammen	darunter weiblich	zusammen	darunter weiblich	zusammen	darunter weiblich	zusammen	darunter weiblich
	Anzahl							
0–1	6 951	3 439	6 634	3 299	19 617	9 690	19 505	9 636
1–2	6 551	3 212	6 252	3 081	19 356	9 681	19 246	9 627
2–3	6 628	3 270	6 326	3 137	19 006	9 382	18 898	9 330
3–4	7 067	3 434	6 745	3 294	19 920	9 952	19 807	9 896
4–5	7 202	3 488	6 874	3 346	19 739	9 666	19 627	9 612
5–6	7 673	3 765	7 323	3 612	19 781	9 846	19 668	9 791
6–7	3 942	1 969	3 762	1 889	11 320	5 554	11 256	5 523
7–8	3 439	1 644	3 282	1 577	10 367	5 093	10 308	5 065
8–9	3 708	1 813	3 539	1 739	10 866	5 406	10 804	5 376
9–10	4 609	2 313	4 399	2 219	12 058	5 934	11 989	5 901
10–11	6 536	3 254	6 238	3 121	18 755	9 192	18 648	9 141
11–12	7 042	3 435	6 721	3 295	19 612	9 680	19 500	9 626
12–13	6 981	3 396	6 663	3 258	20 214	9 896	20 099	9 841
13–14	7 093	3 517	6 769	3 374	19 901	9 727	19 788	9 673
14–15	7 489	3 728	7 147	3 576	20 277	10 141	20 162	10 084
15–16	7 992	3 976	7 627	3 814	21 199	10 606	21 078	10 547
16–17	8 034	4 132	7 668	3 964	21 483	10 593	21 361	10 534
17–18	8 450	4 278	8 065	4 104	21 654	10 753	21 531	10 693
18–19	8 408	4 235	8 025	4 062	20 512	10 197	20 395	10 140
19–20	8 013	4 129	7 648	3 961	20 179	10 158	20 064	10 101
20–21	8 009	4 025	7 644	3 861	20 072	10 150	19 958	10 093
21–22	7 638	3 966	7 290	3 804	19 507	9 966	19 396	9 910
22–23	7 593	3 937	7 247	3 777	19 024	9 719	18 916	9 665
23–24	7 548	3 901	7 204	3 742	18 884	9 508	18 776	9 455
24–25	7 496	3 864	7 154	3 706	18 521	9 342	18 416	9 290
25–26	7 189	3 829	6 861	3 673	17 679	9 142	17 578	9 091
26–27	6 730	3 666	6 423	3 517	16 293	8 545	16 200	8 497
27–28	6 433	3 534	6 140	3 390	15 398	8 313	15 310	8 267
28–29	6 052	3 406	5 776	3 267	14 706	7 952	14 622	7 908
29–30	5 931	3 360	5 660	3 223	14 004	7 744	13 924	7 701
30–31	5 826	3 359	5 560	3 222	13 206	7 374	13 131	7 333
31–32	5 409	3 119	5 162	2 992	12 913	7 205	12 839	7 165
32–33	5 282	3 016	5 041	2 893	12 242	6 798	12 172	6 760
33–34	5 579	3 118	5 325	2 991	12 432	6 896	12 361	6 858
34–35	5 453	3 055	5 204	2 930	12 065	6 653	11 996	6 616
35–36	5 027	2 782	4 798	2 669	11 651	6 415	11 585	6 379
36–37	5 039	2 796	4 809	2 682	11 335	6 110	11 270	6 076
37–38	5 164	2 808	4 928	2 694	11 465	6 106	11 400	6 072
38–39	4 850	2 678	4 629	2 569	11 238	6 058	11 174	6 024
39–40	4 935	2 709	4 710	2 599	11 249	6 055	11 185	6 021
40–41	4 856	2 645	4 635	2 537	10 964	5 826	10 902	5 794
41–42	4 653	2 578	4 441	2 473	11 114	5 829	11 051	5 796
42–43	4 855	2 596	4 634	2 490	11 426	6 021	11 361	5 987
43–44	4 890	2 601	4 667	2 495	11 363	5 894	11 298	5 861
44–45	4 864	2 594	4 642	2 488	11 219	5 719	11 155	5 687
45–46	4 973	2 590	4 746	2 484	11 224	5 735	11 160	5 703
46–47	5 280	2 717	5 039	2 606	11 692	5 993	11 625	5 960

T 90 noch: Bevölkerung in den heute zu Rheinland-Pfalz gehörenden Gebieten 1925 nach Altersjahren

Alter in Jahren	Provinz Rheinhessen				Regierungsbezirk Pfalz			
	insgesamt		darunter Rheinland-Pfalz		insgesamt		darunter Rheinland-Pfalz	
	zusammen	darunter weiblich	zusammen	darunter weiblich	zusammen	darunter weiblich	zusammen	darunter weiblich
	Anzahl							
47–48	5 151	2 663	4 916	2 554	11 280	5 638	11 216	5 607
48–49	4 970	2 479	4 743	2 378	11 151	5 665	11 088	5 633
49–50	5 006	2 551	4 778	2 447	11 571	5 759	11 505	5 727
50–51	4 931	2 592	4 706	2 486	10 843	5 491	10 781	5 460
51–52	4 711	2 438	4 496	2 339	9 898	4 852	9 842	4 825
52–53	4 616	2 392	4 405	2 294	9 936	4 934	9 879	4 906
53–54	4 090	2 076	3 903	1 991	8 449	4 180	8 401	4 157
54–55	3 902	1 988	3 724	1 907	8 202	4 145	8 155	4 122
55–56	4 070	2 140	3 884	2 053	8 844	4 585	8 794	4 559
56–57	3 684	1 907	3 516	1 829	7 686	3 886	7 642	3 864
57–58	3 538	1 786	3 377	1 713	7 258	3 622	7 217	3 602
58–59	3 405	1 794	3 250	1 721	6 824	3 407	6 785	3 388
59–60	3 452	1 781	3 295	1 708	6 552	3 345	6 515	3 326
60–61	3 062	1 551	2 922	1 488	6 076	3 177	6 041	3 159
61–62	3 158	1 636	3 014	1 569	6 130	3 211	6 095	3 193
62–63	2 780	1 447	2 653	1 388	5 519	2 812	5 488	2 796
63–64	2 592	1 326	2 474	1 272	4 981	2 596	4 953	2 582
64–65	2 480	1 289	2 367	1 236	4 861	2 513	4 833	2 499
65–66	2 470	1 314	2 357	1 260	4 891	2 567	4 863	2 553
66–67	2 228	1 175	2 126	1 127	4 408	2 332	4 383	2 319
67–68	1 902	1 038	1 815	996	4 000	2 130	3 977	2 118
68–69	1 836	965	1 752	926	3 816	2 064	3 794	2 052
69–70	1 698	889	1 621	853	3 392	1 791	3 373	1 781
70–71	1 566	882	1 495	846	3 180	1 576	3 162	1 567
71–72	1 557	845	1 486	811	3 070	1 547	3 053	1 538
72–73	1 411	805	1 347	772	2 681	1 353	2 666	1 345
73–74	1 245	719	1 188	690	2 688	1 433	2 673	1 425
74–75	1 200	684	1 145	656	2 489	1 332	2 475	1 325
75–76	970	552	926	529	2 165	1 158	2 153	1 152
76–77	957	553	913	530	2 051	1 121	2 039	1 115
77–78	767	455	732	436	1 468	808	1 460	803
78–79	577	338	551	324	1 214	645	1 207	641
79–80	571	320	545	307	1 191	664	1 184	660
80–81	498	294	475	282	1 002	531	996	528
81–82	361	217	345	208	720	372	716	370
82–83	335	199	320	191	662	381	658	379
83–84	269	161	257	154	514	286	511	284
84–85	215	138	205	132	413	225	411	224
85–86	162	92	155	88	307	172	305	171
86–87	116	86	111	82	216	124	215	123
87–88	87	53	83	51	136	81	135	81
88–89	62	34	59	33	106	60	105	60
89–90	72	43	69	41	73	48	73	48
90 und älter	76	49	73	47	139	88	138	88
Insgesamt	384 168	200 412	366 646	192 243	931 755	476 922	926 450	474 262

T 90 noch: Bevölkerung in den heute zu Rheinland-Pfalz gehörenden Gebieten 1925 nach Altersjahren

Alter in Jahren	Rheinland-Pfalz				
	insgesamt	weiblich	männlich	weiblich	männlich
	Anzahl			%	
0–1	57 170	27 961	29 209	48,9	51,1
1–2	54 816	26 895	27 921	49,1	50,9
2–3	54 907	27 093	27 814	49,3	50,7
3–4	57 944	28 589	29 354	49,3	50,7
4–5	56 670	27 776	28 894	49,0	51,0
5–6	57 212	28 032	29 180	49,0	51,0
6–7	31 475	15 550	15 925	49,4	50,6
7–8	28 564	14 040	14 525	49,2	50,8
8–9	31 324	15 521	15 803	49,5	50,5
9–10	35 736	17 776	17 960	49,7	50,3
10–11	53 649	26 342	27 307	49,1	50,9
11–12	56 354	27 913	28 441	49,5	50,5
12–13	57 563	28 263	29 300	49,1	50,9
13–14	56 651	27 925	28 726	49,3	50,7
14–15	57 776	28 548	29 229	49,4	50,6
15–16	60 137	29 813	30 324	49,6	50,4
16–17	60 078	29 704	30 374	49,4	50,6
17–18	60 576	30 114	30 462	49,7	50,3
18–19	58 392	29 077	29 315	49,8	50,2
19–20	56 594	28 571	28 023	50,5	49,5
20–21	55 746	28 281	27 465	50,7	49,3
21–22	53 789	27 325	26 464	50,8	49,2
22–23	54 359	27 646	26 713	50,9	49,1
23–24	51 712	26 366	25 346	51,0	49,0
24–25	50 956	25 996	24 960	51,0	49,0
25–26	49 235	25 664	23 571	52,1	47,9
26–27	45 389	24 120	21 269	53,1	46,9
27–28	43 220	23 505	19 714	54,4	45,6
28–29	41 400	22 861	18 538	55,2	44,8
29–30	40 123	22 323	17 800	55,6	44,4
30–31	38 726	21 945	16 780	56,7	43,3
31–32	37 341	21 021	16 320	56,3	43,7
32–33	35 851	20 072	15 779	56,0	44,0
33–34	36 053	20 067	15 986	55,7	44,3
34–35	35 277	19 589	15 687	55,5	44,5
35–36	34 278	18 951	15 327	55,3	44,7
36–37	33 390	18 223	15 167	54,6	45,4
37–38	33 734	18 183	15 551	53,9	46,1
38–39	33 018	17 754	15 263	53,8	46,2
39–40	33 247	17 947	15 300	54,0	46,0
40–41	32 481	17 314	15 166	53,3	46,7
41–42	31 840	16 821	15 019	52,8	47,2
42–43	32 730	17 103	15 627	52,3	47,7
43–44	33 051	17 119	15 931	51,8	48,2
44–45	31 678	16 473	15 204	52,0	48,0
45–46	32 675	16 813	15 862	51,5	48,5
46–47	33 240	17 016	16 225	51,2	48,8

T 90 noch: Bevölkerung in den heute zu Rheinland-Pfalz gehörenden Gebieten 1925 nach Altersjahren

Alter in Jahren	Rheinland-Pfalz				
	insgesamt	weiblich	männlich	weiblich	männlich
	Anzahl			%	
47–48	32 283	16 397	15 886	50,8	49,2
48–49	32 389	16 347	16 042	50,5	49,5
49–50	32 631	16 522	16 109	50,6	49,4
50–51	30 550	15 597	14 953	51,1	48,9
51–52	28 805	14 391	14 414	50,0	50,0
52–53	28 454	14 368	14 087	50,5	49,5
53–54	24 210	12 034	12 176	49,7	50,3
54–55	23 877	12 129	11 748	50,8	49,2
55–56	25 977	13 299	12 679	51,2	48,8
56–57	23 105	11 799	11 305	51,1	48,9
57–58	22 323	11 213	11 111	50,2	49,8
58–59	21 183	10 887	10 296	51,4	48,6
59–60	20 751	10 635	10 116	51,3	48,7
60–61	19 554	10 097	9 457	51,6	48,4
61–62	19 862	10 226	9 636	51,5	48,5
62–63	18 075	9 289	8 786	51,4	48,6
63–64	16 458	8 389	8 069	51,0	49,0
64–65	16 188	8 330	7 858	51,5	48,5
65–66	16 042	8 358	7 684	52,1	47,9
66–67	14 590	7 520	7 070	51,5	48,5
67–68	12 799	6 798	6 001	53,1	46,9
68–69	11 868	6 224	5 644	52,4	47,6
69–70	10 724	5 568	5 157	51,9	48,1
70–71	10 040	5 257	4 783	52,4	47,6
71–72	9 757	5 060	4 696	51,9	48,1
72–73	8 463	4 446	4 017	52,5	47,5
73–74	7 950	4 245	3 704	53,4	46,6
74–75	7 748	4 174	3 575	53,9	46,1
75–76	6 252	3 379	2 873	54,0	46,0
76–77	6 092	3 297	2 795	54,1	45,9
77–78	4 547	2 491	2 056	54,8	45,2
78–79	3 630	1 953	1 677	53,8	46,2
79–80	3 418	1 867	1 551	54,6	45,4
80–81	3 042	1 655	1 388	54,4	45,6
81–82	2 165	1 176	988	54,3	45,7
82–83	1 963	1 098	865	55,9	44,1
83–84	1 487	796	692	53,5	46,5
84–85	1 215	672	543	55,3	44,7
85–86	887	473	414	53,3	46,7
86–87	626	375	250	60,0	40,0
87–88	430	236	194	54,8	45,2
88–89	319	182	137	57,1	42,9
89–90	251	152	100	60,3	39,7
90 und älter	407	246	161	60,4	39,6
Insgesamt	2 691 510	1 381 644	1 309 866	51,3	48,7

T 91 Bevölkerung 1950–2009 nach Altersjahren

Alter in Jahren	1950		1961	
	insgesamt	darunter weiblich	insgesamt	darunter weiblich
	Anzahl			
0–1	53 611	26 055	63 224	31 044
1–2	49 664	24 419	61 351	29 768
2–3	42 436	20 582	59 420	28 916
3–4	38 170	18 692	58 092	28 115
4–5	31 936	15 633	56 932	27 757
5–6	34 251	16 954	55 518	27 013
6–7	41 308	20 254	54 794	26 621
7–8	40 346	19 783	54 889	26 797
8–9	43 834	21 411	54 877	26 790
9–10	53 051	26 132	54 719	26 674
10–11	59 567	29 436	54 956	26 678
11–12	58 429	28 617	56 499	27 599
12–13	53 945	26 491	50 067	24 475
13–14	53 717	26 563	43 925	21 475
14–15	52 967	26 040	41 420	20 324
15–16	53 286	26 378	31 016	15 323
16–17	47 498	23 590	39 692	19 490
17–18	42 103	20 841	45 076	21 942
18–19	42 642	20 975	42 601	20 711
19–20	45 338	22 361	50 002	24 540
20–21	47 694	23 520	53 284	26 198
21–22	48 187	23 841	60 848	29 908
22–23	48 045	23 985	56 343	27 515
23–24	45 807	23 809	52 707	25 891
24–25	45 661	24 978	52 490	25 615
25–26	45 585	25 720	51 339	25 102
26–27	43 478	25 512	52 029	25 230
27–28	44 180	25 718	43 852	21 193
28–29	47 214	27 188	41 425	20 041
29–30	45 647	26 479	43 089	20 809
30–31	48 269	28 382	46 352	22 670
31–32	26 866	15 601	48 537	23 574
32–33	23 208	13 609	49 357	24 171
33–34	24 322	14 142	48 159	23 836
34–35	27 215	15 753	47 298	24 673
35–36	39 007	22 489	47 163	25 670
36–37	43 875	25 679	46 336	26 175
37–38	45 567	25 921	45 559	26 439
38–39	45 710	25 839	46 974	26 963
39–40	44 743	25 378	49 505	28 596
40–41	47 183	26 594	47 670	27 693
41–42	47 859	26 734	48 460	28 220
42–43	48 228	26 581	25 699	15 025
43–44	48 125	26 315	23 344	13 460
44–45	47 939	26 052	26 480	15 259
45–46	48 595	25 656	29 785	17 260
46–47	47 069	24 651	44 256	25 486

T 91 noch: Bevölkerung 1950–2009 nach Altersjahren

Alter in Jahren	1950 insgesamt	1950 darunter weiblich	1961 insgesamt	1961 darunter weiblich
	Anzahl			
47-48	45 972	24 308	46 489	26 957
48–49	45 806	24 063	47 522	26 956
49–50	45 014	23 644	46 629	26 485
50–51	43 618	22 927	46 602	26 469
51–52	41 017	22 237	48 685	27 662
52–53	38 888	21 303	48 668	27 282
53–54	36 887	20 857	48 907	27 292
54–55	35 288	19 973	47 667	26 362
55–56	33 597	19 380	47 664	25 981
56–57	32 193	18 645	47 410	25 559
57–58	30 765	17 600	45 701	24 560
58–59	30 049	17 260	44 541	24 075
59–60	28 972	16 544	44 110	23 761
60–61	27 790	15 877	42 584	23 128
61–62	27 285	15 491	40 728	22 330
62–63	26 190	14 834	38 056	21 383
63–64	25 523	14 227	35 187	20 179
64–65	24 918	14 009	33 189	19 558
65–66	23 776	13 235	31 259	18 452
66–67	22 944	12 592	29 229	17 525
67–68	22 354	12 371	28 267	16 933
68–69	21 990	11 855	25 825	15 376
69–70	20 698	11 215	25 061	15 023
70–71	19 716	10 674	23 321	13 923
71–72	19 299	10 367	21 616	13 000
72–73	17 795	9 534	20 353	12 190
73–74	16 605	8 941	19 166	11 315
74–75	15 687	8 347	17 493	10 284
75–76	13 789	7 428	16 317	9 636
76–77	12 008	6 348	14 726	8 674
77–78	10 546	5 704	13 310	7 701
78–79	8 603	4 576	12 225	7 107
79–80	6 769	3 694	11 116	6 350
80–81	6 661	3 697	9 464	5 465
81–82	5 202	2 906	8 166	4 740
82–83	4 071	2 228	7 183	4 177
83–84	3 382	1 896	5 850	3 422
84–85	2 627	1 502	4 876	2 820
85–86	2 007	1 193	3 987	2 294
86–87	1 580	926	2 988	1 703
87–88	1 198	757	2 270	1 270
88–89	781	447	1 670	1 016
89–90	529	314	1 069	630
90 und älter	986	597	2 560	1 601
Insgesamt	3 004 752	1 603 856	3 417 116	1 803 330

T 91 noch: Bevölkerung 1950–2009 nach Altersjahren

Alter in Jahren	1970		1987	
	insgesamt	darunter weiblich	insgesamt	darunter weiblich
	Anzahl			
0–1	49 749	24 228	37 261	18 345
1–2	54 572	26 595	35 066	17 198
2–3	58 284	28 580	35 331	17 075
3–4	60 534	29 406	35 331	17 280
4–5	61 878	30 213	36 662	17 802
5–6	64 157	31 273	36 833	17 714
6–7	65 704	32 061	37 174	18 162
7–8	64 488	31 673	35 986	17 722
8–9	63 778	31 024	34 165	16 609
9–10	62 962	30 881	34 515	16 739
10–11	61 528	29 867	33 993	16 402
11–12	59 657	29 063	33 661	16 394
12–13	58 170	28 207	34 561	16 897
13–14	56 893	27 742	35 544	17 358
14–15	54 940	26 761	38 469	18 785
15–16	55 169	26 841	43 794	21 306
16–17	54 458	26 751	47 413	23 203
17–18	54 111	26 334	51 764	25 200
18–19	53 585	26 037	56 362	27 496
19–20	53 050	25 593	59 517	29 169
20–21	53 351	25 533	60 627	29 270
21–22	47 152	22 476	61 288	29 626
22–23	41 317	20 126	62 748	30 345
23–24	39 551	19 297	63 619	30 748
24–25	29 347	14 502	62 298	30 186
25–26	37 705	18 556	61 019	29 532
26–27	42 603	20 819	59 459	29 050
27–28	41 256	19 999	58 245	28 404
28–29	49 856	24 374	56 299	27 495
29–30	52 885	25 771	54 987	26 465
30–31	61 344	30 087	53 951	26 370
31–32	57 141	27 552	52 702	25 900
32–33	53 884	25 959	51 919	25 327
33–34	54 109	25 954	51 338	25 425
34–35	52 765	25 398	52 068	25 395
35–36	53 020	25 402	51 755	25 348
36–37	44 786	21 498	52 141	25 289
37–38	42 302	20 266	53 846	26 166
38–39	43 868	21 081	48 877	23 706
39–40	46 952	22 766	43 424	21 044
40–41	48 543	23 466	41 718	20 131
41–42	49 537	23 998	30 637	14 971
42–43	48 052	23 681	39 582	19 354
43–44	46 986	24 454	44 543	21 641
44–45	46 891	25 418	43 110	20 963
45–46	46 109	26 095	51 245	24 971
46–47	44 957	25 973	53 834	26 335

T 91 noch: Bevölkerung 1950–2009 nach Altersjahren

Alter in Jahren	1970		1987	
	insgesamt	darunter weiblich	insgesamt	darunter weiblich
	Anzahl			
47–48	46 233	26 663	62 007	30 506
48–49	48 590	28 137	57 596	27 886
49–50	46 623	27 140	54 182	26 430
50–51	46 737	27 386	54 038	26 326
51–52	24 948	14 640	52 366	25 558
52–53	22 832	13 221	52 204	25 453
53–54	25 784	14 907	43 782	21 420
54–55	28 769	16 796	41 085	20 201
55–56	42 798	24 821	42 269	20 818
56–57	44 565	26 111	45 013	22 450
57–58	45 154	26 040	46 100	23 047
58–59	44 072	25 483	46 973	23 551
59–60	43 748	25 322	45 295	23 096
60–61	45 146	26 276	44 147	23 724
61–62	44 488	25 658	43 696	24 562
62–63	44 329	25 564	42 447	24 851
63–64	43 016	24 752	40 941	24 596
64–65	42 436	24 242	41 848	25 201
65–66	41 416	23 389	43 500	26 410
66–67	39 653	22 312	40 839	25 035
67–68	38 158	21 728	39 869	24 615
68–69	36 824	20 977	20 924	12 966
69–70	34 534	19 864	18 656	11 551
70–71	32 298	18 951	20 884	13 007
71–72	29 453	17 680	22 563	14 281
72–73	26 490	16 250	32 796	20 657
73–74	24 244	15 226	32 878	21 086
74–75	21 952	13 845	31 892	20 459
75–76	20 224	13 110	29 532	19 147
76–77	18 491	11 930	27 896	18 190
77–78	16 194	10 347	27 149	17 980
78–79	14 805	9 625	25 094	16 816
79–80	13 006	8 424	23 310	15 796
80–81	11 364	7 298	20 755	14 125
81–82	9 654	6 296	18 718	12 776
82–83	8 532	5 442	16 363	11 314
83–84	7 018	4 463	14 093	9 799
84–85	6 020	3 847	12 069	8 508
85–86	4 900	3 165	10 247	7 224
86–87	3 974	2 531	8 437	6 087
87–88	3 132	2 030	6 709	4 865
88–89	2 492	1 585	5 057	3 832
89–90	1 836	1 165	3 930	2 993
90 und älter	4 569	2 955	9 993	7 721
Insgesamt	3 645 437	1 907 225	3 630 823	1 883 229

T 91 noch: Bevölkerung 1950–2009 nach Altersjahren

Alter in Jahren	2009				
	insgesamt	weiblich	männlich	weiblich	männlich
	Anzahl			%	
0–1	30 793	15 004	15 789	48,7	51,3
1–2	32 583	15 860	16 723	48,7	51,3
2–3	32 825	15 904	16 921	48,5	51,5
3–4	32 171	15 506	16 665	48,2	51,8
4–5	33 097	16 150	16 947	48,8	51,2
5–6	34 161	16 438	17 723	48,1	51,9
6–7	34 769	16 879	17 890	48,5	51,5
7–8	35 588	17 306	18 282	48,6	51,4
8–9	36 784	17 734	19 050	48,2	51,8
9–10	39 125	19 069	20 056	48,7	51,3
10–11	39 472	19 327	20 145	49,0	51,0
11–12	41 035	20 075	20 960	48,9	51,1
12–13	43 046	20 991	22 055	48,8	51,2
13–14	42 362	20 422	21 940	48,2	51,8
14–15	41 635	20 383	21 252	49,0	51,0
15–16	42 867	20 850	22 017	48,6	51,4
16–17	45 154	21 845	23 309	48,4	51,6
17–18	46 160	22 806	23 354	49,4	50,6
18–19	47 378	23 070	24 308	48,7	51,3
19–20	49 136	23 795	25 341	48,4	51,6
20–21	47 932	23 378	24 554	48,8	51,2
21–22	49 727	24 401	25 326	49,1	50,9
22–23	48 508	24 065	24 443	49,6	50,4
23–24	47 746	23 578	24 168	49,4	50,6
24–25	45 593	22 368	23 225	49,1	50,9
25–26	45 670	22 574	23 096	49,4	50,6
26–27	45 198	22 306	22 892	49,4	50,6
27–28	46 587	22 989	23 598	49,3	50,7
28–29	46 266	22 968	23 298	49,6	50,4
29–30	45 616	22 920	22 696	50,2	49,8
30–31	43 665	21 777	21 888	49,9	50,1
31–32	43 173	21 647	21 526	50,1	49,9
32–33	42 867	21 578	21 289	50,3	49,7
33–34	42 650	21 273	21 377	49,9	50,1
34–35	42 117	21 153	20 964	50,2	49,8
35–36	43 142	21 660	21 482	50,2	49,8
36–37	44 352	22 202	22 150	50,1	49,9
37–38	48 933	24 548	24 385	50,2	49,8
38–39	53 733	26 834	26 899	49,9	50,1
39–40	56 896	28 116	28 780	49,4	50,6
40–41	61 929	30 497	31 432	49,2	50,8
41–42	65 097	31 992	33 105	49,1	50,9
42–43	66 891	32 871	34 020	49,1	50,9
43–44	68 902	33 583	35 319	48,7	51,3
44–45	69 340	33 822	35 518	48,8	51,2
45–46	70 878	34 654	36 224	48,9	51,1
46–47	71 178	34 756	36 422	48,8	51,2

T 91 noch: Bevölkerung 1950–2009 nach Altersjahren

Alter in Jahren	2009				
	insgesamt	weiblich	männlich	weiblich	männlich
	Anzahl			%	
47–48	69 040	33 974	35 066	49,2	50,8
48–49	68 885	33 977	34 908	49,3	50,7
49–50	67 680	33 726	33 954	49,8	50,2
50–51	65 609	32 336	33 273	49,3	50,7
51–52	62 190	30 725	31 465	49,4	50,6
52–53	62 032	30 510	31 522	49,2	50,8
53–54	59 603	29 472	30 131	49,4	50,6
54–55	57 874	28 782	29 092	49,7	50,3
55–56	57 249	28 414	28 835	49,6	50,4
56–57	55 360	27 662	27 698	50,0	50,0
57–58	55 311	27 493	27 818	49,7	50,3
58–59	54 109	26 866	27 243	49,7	50,3
59–60	54 867	27 266	27 601	49,7	50,3
60–61	53 482	26 679	26 803	49,9	50,1
61–62	46 211	23 017	23 194	49,8	50,2
62–63	41 220	20 679	20 541	50,2	49,8
63–64	36 904	18 468	18 436	50,0	50,0
64–65	31 086	15 881	15 205	51,1	48,9
65–66	40 647	20 749	19 898	51,0	49,0
66–67	40 531	20 612	19 919	50,9	49,1
67–68	39 637	20 304	19 333	51,2	48,8
68–69	49 107	25 612	23 495	52,2	47,8
69–70	53 243	28 087	25 156	52,8	47,2
70–71	52 126	27 265	24 861	52,3	47,7
71–72	48 583	25 619	22 964	52,7	47,3
72–73	45 217	24 047	21 170	53,2	46,8
73–74	44 033	23 742	20 291	53,9	46,1
74–75	41 314	22 416	18 898	54,3	45,7
75–76	37 565	20 578	16 987	54,8	45,2
76–77	30 058	16 743	13 315	55,7	44,3
77–78	29 425	16 511	12 914	56,1	43,9
78–79	29 279	16 813	12 466	57,4	42,6
79–80	29 683	17 303	12 380	58,3	41,7
80–81	27 813	16 586	11 227	59,6	40,4
81–82	26 608	15 912	10 696	59,8	40,2
82–83	23 861	14 702	9 159	61,6	38,4
83–84	22 172	14 501	7 671	65,4	34,6
84–85	20 355	13 723	6 632	67,4	32,6
85–86	17 402	12 392	5 010	71,2	28,8
86–87	15 349	10 951	4 398	71,3	28,7
87–88	13 986	10 073	3 913	72,0	28,0
88–89	12 222	8 996	3 226	73,6	26,4
89–90	9 815	7 227	2 588	73,6	26,4
90 und älter	29 205	20 695	8 510	70,9	29,1
Insgesamt	4 012 675	2 042 010	1 970 665	50,9	49,1

T 92 Bevölkerung in den heute zu Rheinland-Pfalz gehörenden Gebieten 1885–1925 nach Familienstand und historischen Verwaltungsbezirken

Regierungbezirk (RB)/ Fürstentum/Provinz Kreisfreie Stadt (St.) Landkreis (LK)	1885[1]				
	insgesamt	ledig	verheiratet	verwitwet	geschieden
	Anzahl				
RB Koblenz	616 554	380 525	195 766	40 011	252
darunter Rheinland-Pfalz	566 785	352 109	178 121	36 334	221
Adenau, LK	21 515	13 483	6 594	1 434	4
Ahrweiler, LK	37 571	24 116	11 064	2 382	9
Altenkirchen, LK	60 601	38 550	18 483	3 559	9
Birkenfeld, LK	.	.	.	.	.
darunter Rheinland-Pfalz	.	.	.	.	.
Cochem, LK	37 815	23 617	11 833	2 356	9
Koblenz, St.	.	.	.	.	.
Koblenz, LK	86 424	56 542	24 874	4 930	78
Kreuznach, LK	69 090	41 914	22 540	4 601	35
Mayen, LK	60 687	37 876	18 976	3 814	21
Meisenheim, LK	13 607	7 556	5 016	1 029	6
Neuwied, LK	74 620	46 358	23 302	4 933	27
Sankt Goar, LK	38 973	23 651	12 601	2 709	12
Simmern, LK	35 601	20 620	12 446	2 529	6
Zell, LK	30 281	17 826	10 392	2 058	5
RB Trier	675 225	425 359	209 967	39 752	147
darunter Rheinland-Pfalz	335 116	211 406	102 069	21 576	66
Bernkastel, LK	44 389	26 210	14 941	3 230	8
Bitburg, LK	43 494	27 946	12 648	2 896	4
Daun, LK	27 305	16 931	8 609	1 765	-
Prüm, LK	35 519	22 657	10 649	2 209	4
Saarburg, LK	30 946	19 276	9 552	2 112	6
darunter Rheinland-Pfalz	22 164	13 806	6 841	1 513	4
Sankt Wendel, LK	45 594	27 681	15 044	2 853	16
darunter Rheinland-Pfalz	22 561	13 697	7 444	1 412	8
St. Wendel-Baumholder, LK	.	.	.	.	.
darunter Rheinland-Pfalz	.	.	.	.	.
Trier, St.	40 397	27 511	10 549	2 309	28
Trier, LK	66 571	42 311	20 099	4 155	6
darunter Rheinland-Pfalz	61 287	38 953	18 504	3 825	6
Wittlich, LK	38 000	23 695	11 884	2 417	4
RB Wiesbaden	765 180	465 210	249 525	49 552	893
darunter Rheinland-Pfalz	176 000	106 445	57 374	12 115	66
Oberwesterwaldkreis, LK	36 616	21 618	12 281	2 705	12
darunter Rheinland-Pfalz	36 505	21 552	12 244	2 697	12
Rheingaukreis, LK	63 120	38 883	20 295	3 915	27
darunter Rheinland-Pfalz	31 834	19 610	10 235	1 974	14
Sankt Goarshausen, LK	.	.	.	.	.
Unterlahnkreis, LK	71 538	42 160	24 303	5 040	35
darunter Rheinland-Pfalz	52 111	30 711	17 703	3 671	25
Unterwesterwaldkreis, LK	55 551	34 572	17 192	3 772	15
Westerburg, LK	.	.	.	.	.

1 Die Bevölkerungssummen weichen in dieser Tabelle von der an anderer Stelle angegebenen Gesamtbevölkerung ab. Ursache sind Differenzen zwischen den Quellen infolge unterschiedlicher Gebietsstände. Vgl. Vorbemerkungen zu III.1.

T 92 noch: Bevölkerung in den heute zu Rheinland-Pfalz gehörenden Gebieten 1885–1925 nach Familienstand und historischen Verwaltungsbezirken

Regierungbezirk (RB)/ Fürstentum/Provinz Kreisfreie Stadt (St.) Landkreis (LK)	1885[1]				
	insgesamt	ledig	verheiratet	verwitwet[2]	geschieden[2]
	Anzahl				
Fürstentum Birkenfeld	39 693	23 751	13 167	2 775	
darunter Rheinland-Pfalz	31 777	19 014	10 541	2 222	
Provinz Rheinhessen	291 189	177 744	95 621	17 824	
darunter Rheinland-Pfalz	280 643	171 021	92 382	17 240	
Alzey, LK	38 022	22 540	12 915	2 567	
Bingen, LK	35 885	22 107	11 546	2 232	
Mainz, St.	.	.	.	.	
darunter Rheinland-Pfalz	.	.	.	.	
Mainz, LK	108 443	69 136	33 305	6 002	
darunter Rheinland-Pfalz	97 897	62 413	30 066	5 418	
Oppenheim, LK	44 452	25 782	15 642	3 028	
Worms, St.	.	.	.	.	
Worms, LK	64 387	38 179	22 213	3 995	
darunter Rheinland-Pfalz	64 387	38 179	22 213	3 995	
RB Pfalz	696 375	423 653	228 803	43 491	428
darunter Rheinland-Pfalz	641 676	389 411	211 741	40 120	405
Bergzabern, LK	38 444	22 667	13 027	2 721	29
Dürkheim, LK	.	.	.	.	.
Frankenthal, St.	.	.	.	.	.
Frankenthal, LK	50 364	30 715	16 393	3 212	44
Germersheim, LK	53 066	32 018	17 544	3 480	24
Homburg, LK	52 899	33 230	16 455	3 199	15
darunter Rheinland-Pfalz	36 926	23 196	11 486	2 233	10
Kaiserslautern, St.	.	.	.	.	.
Kaiserslautern, LK	75 241	47 029	23 745	4 402	65
Kirchheimbolanden, LK	51 418	30 009	17 921	3 462	26
Kusel, LK	41 954	24 423	14 730	2 784	17
darunter Rheinland-Pfalz	40 055	23 318	14 063	2 658	16
Landau i. d. Pfalz, St.	.	.	.	.	.
Landau, LK	61 439	36 911	20 256	4 225	47
Ludwigshafen a. Rh., St.	.	.	.	.	.
Ludwigshafen a. Rh., LK	51 923	31 252	18 053	2 589	29
Neustadt an der Haardt, St.	.	.	.	.	.
Neustadt an der Haardt, LK	72 813	43 552	24 307	4 889	65
Pirmasens, St.	.	.	.	.	.
Pirmasens, LK	50 383	31 402	16 262	2 692	27
Rockenhausen, LK	.	.	.	.	.
Speyer, St.	.	.	.	.	.
Speyer, LK	31 282	19 575	9 895	1 804	8
Zweibrücken, St.	.	.	.	.	.
Zweibrücken, LK	65 149	40 870	20 215	4 032	32
darunter Rheinland-Pfalz	28 322	17 767	8 788	1 753	14
Rheinland-Pfalz	2 031 997	1 249 406	652 228	130 363	

1 Die Bevölkerungssummen weichen in dieser Tabelle von der an anderer Stelle angegebenen Gesamtbevölkerung ab. Ursache sind Differenzen zwischen den Quellen infolge unterschiedlicher Gebietsstände. Vgl. Vorbemerkungen zu III.1. – 2 Provinz Rheinhessen, Fürstentum Birkenfeld sowie Rheinland-Pfalz insgesamt: verwitwet und geschieden zusammengefasst.

T 92 noch: Bevölkerung in den heute zu Rheinland-Pfalz gehörenden Gebieten 1885–1925 nach Familienstand und historischen Verwaltungsbezirken

Regierungbezirk (RB)/ Fürstentum/Provinz Kreisfreie Stadt (St.) Landkreis (LK)	1905				
	insgesamt	ledig	verheiratet	verwitwet	geschieden
	Anzahl				
RB Koblenz	723 676	445 193	235 098	43 001	384
darunter Rheinland-Pfalz	665 634	412 539	213 734	39 010	351
Adenau, LK	23 365	14 960	6 828	1 570	7
Ahrweiler, LK	43 060	27 927	12 767	2 356	10
Altenkirchen, LK	71 994	45 365	22 447	4 160	22
Birkenfeld, LK	.	.	.	.	.
darunter Rheinland-Pfalz	.	.	.	.	.
Cochem, LK	40 636	25 452	12 641	2 536	7
Koblenz, St.	53 897	34 647	16 675	2 499	76
Koblenz, LK	62 106	39 174	19 562	3 343	27
Kreuznach, LK	81 389	49 113	27 346	4 851	79
Mayen, LK	76 303	48 058	24 023	4 191	31
Meisenheim, LK	13 911	7 777	5 132	993	9
Neuwied, LK	88 148	53 909	29 157	5 037	45
Sankt Goar, LK	41 116	25 456	13 007	2 636	17
Simmern, LK	35 780	20 694	12 512	2 559	15
Zell, LK	33 929	20 007	11 637	2 279	6
RB Trier	931 016	592 599	291 429	46 515	473
darunter Rheinland-Pfalz	379 398	244 022	112 645	22 597	135
Bernkastel, LK	48 311	29 166	15 891	3 236	18
Bitburg, LK	45 553	29 424	13 236	2 887	6
Daun, LK	29 883	18 984	9 057	1 838	4
Prüm, LK	35 270	22 923	10 083	2 260	4
Saarburg, LK	33 686	21 770	9 753	2 149	14
darunter Rheinland-Pfalz	24 311	15 711	7 039	1 551	10
Sankt Wendel, LK	51 624	31 607	16 800	3 201	16
darunter Rheinland-Pfalz	23 872	14 616	7 769	1 480	7
St. Wendel-Baumholder, LK	.	.	.	.	.
darunter Rheinland-Pfalz	.	.	.	.	.
Trier, St.	46 709	32 152	12 358	2 153	46
Trier, LK	89 399	57 968	26 445	4 966	20
darunter Rheinland-Pfalz	83 376	54 063	24 663	4 631	19
Wittlich, LK	42 113	26 983	12 549	2 560	21
RB Wiesbaden	1 114 819	655 769	392 892	64 291	1 867
darunter Rheinland-Pfalz	188 427	110 470	64 688	13 183	86
Oberwesterwaldkreis, LK	25 642	15 151	8 596	1 886	9
darunter Rheinland-Pfalz	25 642	15 151	8 596	1 886	9
Rheingaukreis, LK	.	.	.	.	.
darunter Rheinland-Pfalz	.	.	.	.	.
Sankt Goarshausen, LK	43 401	24 657	15 752	2 972	20
Unterlahnkreis, LK	45 558	26 226	16 055	3 238	39
darunter Rheinland-Pfalz	45 558	26 226	16 055	3 238	39
Unterwesterwaldkreis, LK	45 858	27 893	15 063	2 888	14
Westerburg, LK	27 968	16 543	9 222	2 199	4

T 92 noch: Bevölkerung in den heute zu Rheinland-Pfalz gehörenden Gebieten 1885–1925 nach Familienstand und historischen Verwaltungsbezirken

Regierungbezirk (RB)/ Fürstentum/Provinz Kreisfreie Stadt (St.) Landkreis (LK)	1905[1]				
	insgesamt	ledig	verheiratet	verwitwet[2]	geschieden[2]
	Anzahl				
Fürstentum Birkenfeld	46 484	28 157	15 263	3 064	
darunter Rheinland-Pfalz	37 966	22 997	12 466	2 503	
Provinz Rheinhessen	369 424	218 466	129 510	21 448	
darunter Rheinland-Pfalz	353 783	209 010	124 136	20 638	
Alzey, LK	40 565	23 281	14 538	2 746	
Bingen, LK	42 282	25 370	14 364	2 548	
Mainz, St.	.	.	.	.	
darunter Rheinland-Pfalz	.	.	.	.	
Mainz, LK	151 377	91 522	52 012	7 843	
darunter Rheinland-Pfalz	135 736	82 066	46 638	7 033	
Oppenheim, LK	46 979	26 714	17 001	3 264	
Worms, St.	.	.	.	.	
Worms, LK	88 221	51 579	31 595	5 047	
darunter Rheinland-Pfalz	88 221	51 579	31 595	5 047	
RB Pfalz	885 793	530 244	306 056	48 529	964
darunter Rheinland-Pfalz	809 826	483 207	281 198	44 499	922
Bergzabern, LK	39 256	22 548	13 902	2 754	52
Dürkheim, LK	28 893	16 199	10 650	2 012	32
Frankenthal, St.	.	.	.	.	.
Frankenthal, LK	64 488	38 705	22 326	3 384	73
Germersheim, LK	55 182	32 774	18 953	3 410	45
Homburg, LK	67 382	41 570	22 284	3 491	37
darunter Rheinland-Pfalz	41 086	25 347	13 588	2 129	23
Kaiserslautern, St.	.	.	.	.	.
Kaiserslautern, LK	87 628	53 454	29 527	4 520	127
Kirchheimbolanden, LK	26 742	15 462	9 560	1 692	28
Kusel, LK	45 833	25 957	16 817	3 019	40
darunter Rheinland-Pfalz	43 750	24 777	16 053	2 882	38
Landau i. d. Pfalz, St.	.	.	.	.	.
Landau, LK	71 674	43 218	23 971	4 415	70
Ludwigshafen a. Rh., St.	.	.	.	.	.
Ludwigshafen a. Rh., LK	103 639	61 520	37 944	4 023	152
Neustadt an der Haardt, St.	.	.	.	.	.
Neustadt an der Haardt, LK	52 232	30 226	18 868	3 063	75
Pirmasens, St.	.	.	.	.	.
Pirmasens, LK	78 211	48 847	25 888	3 393	83
Rockenhausen, LK	38 768	21 820	14 220	2 703	25
Speyer, St.	.	.	.	.	.
Speyer, LK	40 713	25 096	13 412	2 152	53
Zweibrücken, St.	.	.	.	.	.
Zweibrücken, LK	45 071	27 852	14 802	2 361	56
darunter Rheinland-Pfalz	37 564	23 213	12 337	1 968	47
Rheinland-Pfalz	2 435 035	1 482 244	808 867	143 924	

1 Die Bevölkerungssummen weichen in dieser Tabelle leicht von der an anderer Stelle angegebenen Gesamtbevölkerung ab. Die Differenz ist auf Personen ohne Angabe zum Familienstand im Regierungsbezirk Pfalz zurückzuführen. Vgl. Vorbemerkungen zu III.1. – 2 Provinz Rheinhessen, Fürstentum Birkenfeld sowie Rheinland-Pfalz insgesamt: verwitwet und geschieden zusammengefasst.

T 92 noch: Bevölkerung in den heute zu Rheinland-Pfalz gehörenden Gebieten 1885–1925 nach Familienstand und historischen Verwaltungsbezirken

Regierungbezirk (RB)/ Fürstentum/Provinz Kreisfreie Stadt (St.) Landkreis (LK)	1925				
	insgesamt	ledig	verheiratet	verwitwet	geschieden
	Anzahl				
RB Koblenz	792 574	448 242	296 298	47 014	1 020
darunter Rheinland-Pfalz	722 110	408 391	269 956	42 834	929
Adenau, LK	.	.	.	.	.
Ahrweiler, LK	.	.	.	.	.
Altenkirchen, LK	.	.	.	.	.
Birkenfeld, LK	.	.	.	.	.
darunter Rheinland-Pfalz	.	.	.	.	.
Cochem, LK	.	.	.	.	.
Koblenz, St.	.	.	.	.	.
Koblenz, LK	.	.	.	.	.
Kreuznach, LK	.	.	.	.	.
Mayen, LK	.	.	.	.	.
Meisenheim, LK	.	.	.	.	.
Neuwied, LK	.	.	.	.	.
Sankt Goar, LK	.	.	.	.	.
Simmern, LK	.	.	.	.	.
Zell, LK	.	.	.	.	.
RB Trier	474 873	291 071	157 473	26 019	310
darunter Rheinland-Pfalz	426 112	261 183	141 303	23 347	278
Bernkastel, LK	.	.	.	.	.
Bitburg, LK	.	.	.	.	.
Daun, LK	.	.	.	.	.
Prüm, LK	.	.	.	.	.
Saarburg, LK	.	.	.	.	.
darunter Rheinland-Pfalz	.	.	.	.	.
Sankt Wendel, LK	.	.	.	.	.
darunter Rheinland-Pfalz	.	.	.	.	.
St. Wendel-Baumholder, LK	.	.	.	.	.
darunter Rheinland-Pfalz	.	.	.	.	.
Trier, St.	.	.	.	.	.
Trier, LK	.	.	.	.	.
darunter Rheinland-Pfalz	.	.	.	.	.
Wittlich, LK	.	.	.	.	.
RB Wiesbaden	1 304 573	667 157	550 500	80 356	6 560
darunter Rheinland-Pfalz	205 568	105 127	86 745	12 662	1 034
Oberwesterwaldkreis, LK	.	.	.	.	.
darunter Rheinland-Pfalz	.	.	.	.	.
Rheingaukreis, LK	.	.	.	.	.
darunter Rheinland-Pfalz	.	.	.	.	.
Sankt Goarshausen, LK	.	.	.	.	.
Unterlahnkreis, LK	.	.	.	.	.
darunter Rheinland-Pfalz	.	.	.	.	.
Unterwesterwaldkreis, LK	.	.	.	.	.
Westerburg, LK	.	.	.	.	.

T 92 noch: Bevölkerung in den heute zu Rheinland-Pfalz gehörenden Gebieten 1885–1925 nach Familienstand und historischen Verwaltungsbezirken

Regierungbezirk (RB)/ Fürstentum/Provinz Kreisfreie Stadt (St.) Landkreis (LK)	1925				
	insgesamt	ledig	verheiratet	verwitwet	geschieden
	Anzahl				
Fürstentum Birkenfeld	55 649	31 386	20 907	3 288	68
darunter Rheinland-Pfalz	44 624	25 168	16 765	2 637	55
Provinz Rheinhessen	384 168	199 427	159 901	23 618	1 222
darunter Rheinland-Pfalz	366 646	190 600	152 337	22 572	1 137
Alzey, LK	42 262	22 659	16 684	2 836	83
Bingen, LK	44 966	24 273	17 851	2 757	85
Mainz, St.	.	.	.	.	.
darunter Rheinland-Pfalz	.	.	.	.	.
Mainz, LK	151 359	76 247	65 342	9 034	736
darunter Rheinland-Pfalz	133 837	67 420	57 778	7 988	651
Oppenheim, LK	48 270	25 297	19 649	3 269	55
Worms, St.	.	.	.	.	.
Worms, LK	97 311	50 951	40 375	5 722	263
darunter Rheinland-Pfalz	97 311	50 951	40 375	5 722	263
RB Pfalz	931 755	501 542	375 903	52 203	2 107
darunter Rheinland-Pfalz	926 450	498 631	373 835	51 883	2 102
Bergzabern, LK	40 003	21 755	15 437	2 756	55
Dürkheim, LK	31 189	16 279	12 758	2 081	71
Frankenthal, St.	24 647	13 147	10 184	1 223	93
Frankenthal, LK	51 609	27 796	20 926	2 796	91
Germersheim, LK	57 437	31 912	21 919	3 550	56
Homburg, LK	.	.	.	.	.
darunter Rheinland-Pfalz	.	.	.	.	.
Kaiserslautern, St.	59 336	30 948	25 026	3 093	269
Kaiserslautern, LK	67 375	38 224	25 189	3 915	47
Kirchheimbolanden, LK	28 773	15 547	11 379	1 804	43
Kusel, LK	65 453	35 034	26 080	4 286	53
darunter Rheinland-Pfalz	62 874	33 654	25 052	4 117	51
Landau i. d. Pfalz, St.	14 486	7 557	5 917	940	72
Landau, LK	55 633	29 712	22 076	3 760	85
Ludwigshafen a. Rh., St.	101 869	52 332	45 063	4 017	457
Ludwigshafen a. Rh., LK	40 346	21 191	17 162	1 911	82
Neustadt an der Haardt, St.	20 726	10 534	8 940	1 147	105
Neustadt an der Haardt, LK	37 082	19 689	15 079	2 256	58
Pirmasens, St.	42 996	23 372	17 635	1 856	133
Pirmasens, LK	54 506	32 025	19 707	2 736	38
Rockenhausen, LK	37 395	19 124	15 365	2 863	43
Speyer, St.	25 609	13 891	10 326	1 284	108
Speyer, LK	23 761	13 139	9 490	1 102	30
Zweibrücken, St.	15 783	8 260	6 602	840	81
Zweibrücken, LK	35 741	20 074	13 643	1 987	37
darunter Rheinland-Pfalz	33 015	18 543	12 602	1 835	34
Rheinland-Pfalz	2 691 510	1 489 100	1 040 940	155 935	5 535

T 93 Bevölkerung 1961 nach Familienstand und historischen Verwaltungsbezirken[1]

Regierungsbezirk (RB) Kreisfreie Stadt (St.) Landkreis (LK)	1961[2]				
	insgesamt	ledig	verheiratet	verwitwet	geschieden
	Anzahl				
RB Koblenz	1 267 615	535 539	613 274	107 759	11 043
RB Koblenz (bis 1968)	1 012 177	431 296	487 122	84 644	9 115
Koblenz, St.	99 233	42 959	46 812	7 699	1 763
Ahrweiler, LK	83 437	36 509	39 465	6 788	675
Altenkirchen (Ww.), LK	111 877	47 794	54 592	8 941	550
Birkenfeld, LK	90 559	37 079	45 121	7 461	898
Cochem, LK	44 665	20 986	19 727	3 756	196
Koblenz, LK	76 193	32 001	37 529	6 051	612
Kreuznach, LK	125 365	51 944	60 633	11 282	1 506
Mayen, LK	120 313	52 592	57 287	9 544	890
Neuwied, LK	134 321	54 113	67 237	11 688	1 283
Sankt Goar, LK	49 963	21 939	23 162	4 574	288
Simmern, LK	40 415	17 865	18 773	3 572	205
Zell (Mosel), LK	35 836	15 515	16 784	3 288	249
RB Montabaur (bis 1968)	255 438	104 243	126 152	23 115	1 928
Oberwesterwaldkreis , LK	65 682	27 059	32 611	5 733	279
St. Goarshausen, LK	56 684	22 597	28 229	5 391	467
Unterlahnkreis, LK	57 828	22 856	28 540	5 727	705
Unterwesterwaldkreis, LK	75 244	31 731	36 772	6 264	477
RB Trier	459 278	215 946	204 794	35 773	2 765
Trier, St.	87 141	39 315	39 233	7 275	1 318
Bernkastel, LK	55 120	24 837	25 244	4 782	257
Bitburg, LK	54 752	26 780	23 758	3 995	219
Daun, LK	39 066	17 974	17 815	3 132	145
Prüm, LK	37 949	18 926	16 099	2 821	103
Saarburg, LK	44 817	21 620	19 709	3 324	164
Trier, LK	88 237	41 623	39 925	6 334	355
Wittlich, LK	52 196	24 871	23 011	4 110	204
RB Rheinhessen-Pfalz	1 690 168	683 294	841 781	142 749	22 344
RB Rheinhessen (bis 1968)	449 197	181 414	222 389	38 981	6 413
Mainz, St.	134 375	53 733	66 629	11 171	2 842
Worms, St.	62 392	23 966	31 539	5 761	1 126
Alzey, LK	61 842	25 902	29 630	5 671	639
Bingen, LK	72 551	30 234	35 379	6 151	787
Mainz, LK	70 172	28 398	35 217	5 926	631
Worms, LK	47 865	19 181	23 995	4 301	388
RB Pfalz (bis 1968)	1 240 971	501 880	619 392	103 768	15 931
Frankenthal (Pfalz), St.	33 949	13 000	17 736	2 626	587
Kaiserslautern, St.	86 259	33 803	43 003	7 311	2 142
Landau i. d. Pfalz, St.	28 725	12 564	13 003	2 688	470
Ludwigshafen a. Rh., St.	165 759	62 209	87 591	12 991	2 968
Neustadt a.d.Weinstr. St.	31 567	12 605	15 463	2 857	642
Pirmasens, St.	53 164	20 378	26 785	4 728	1 273
Speyer, St.	38 485	16 184	18 466	3 087	748
Zweibrücken, St.	32 924	13 097	16 269	2 945	613
Bergzabern, LK	47 405	21 044	21 652	4 192	517
Frankenthal (Pfalz), LK	56 439	22 363	28 876	4 632	568
Germersheim, LK	77 527	33 406	37 634	5 964	523
Kaiserslautern, LK	98 652	41 245	48 634	7 838	935
Kirchheimbolanden, LK	34 859	14 459	16 912	3 161	327
Kusel, LK	74 172	29 596	37 309	6 706	561
Landau i. d. Pfalz, LK	60 202	25 803	28 509	5 453	437
Ludwigshafen a. Rh., LK	42 963	16 210	23 086	3 291	376
Neustadt a.d.Weinstr., LK	96 217	38 431	48 131	8 661	994
Pirmasens, LK	76 877	32 989	37 503	5 847	538
Rockenhausen, LK	40 618	16 415	20 045	3 882	276
Speyer, LK	34 883	13 746	18 231	2 644	262
Zweibrücken, LK	29 325	12 333	14 554	2 264	174
Rheinland-Pfalz	3 417 061	1 434 779	1 659 849	286 281	36 152

1 Bis zum Jahr 1968 bestand Rheinland-Pfalz aus fünf Regierungsbezirken, danach aus drei. Zur besseren Vergleichbarkeit mit späteren Zeiträumen sind hier beide Regierungsbezirksgliederungen dargestellt. – 2 Die Bevölkerungssummen weichen hier aufgrund von Personen ohne Angabe des Familienstands leicht von der an anderer Stelle angegebenen Gesamtbevölkerung ab. Vgl. Vorbemerkungen zu III.1.

T 94 Bevölkerung 1970–2009 nach Familienstand und Verwaltungsbezirken[1]

Regierungsbezirk (RB) Kreisfreie Stadt (St.) Landkreis (LK)	1970				
	insgesamt	ledig	verheiratet	verwitwet	geschieden
	Anzahl				
RB Koblenz	1 354 269	555 692	669 278	114 902	14 397
Koblenz, St.	119 434	48 562	58 963	9 689	2 220
Ahrweiler, LK	103 862	42 992	51 216	8 602	1 052
Altenkirchen (Ww.), LK	121 181	50 326	60 078	9 924	853
Bad Kreuznach, LK	147 360	59 777	72 248	13 269	2 066
Birkenfeld, LK	93 619	37 732	46 732	8 010	1 145
Cochem-Zell, LK	65 998	29 713	30 421	5 548	316
Mayen-Koblenz, LK	186 974	78 177	92 182	14 837	1 778
Neuwied, LK	148 202	57 942	75 773	12 773	1 714
Rhein-Hunsrück-Kreis, LK	87 450	37 580	41 683	7 537	650
Rhein-Lahn-Kreis, LK	120 183	46 498	60 464	11 774	1 447
Westerwaldkreis, LK	160 006	66 393	79 518	12 939	1 156
RB Trier	482 412	219 480	220 578	38 853	3 501
Trier, St.	103 724	44 508	48 165	9 335	1 716
Bernkastel-Wittlich, LK	109 983	49 279	50 512	9 562	630
Eifelkreis Bitburg-Prüm, LK	93 396	44 362	41 660	6 954	420
Trier-Saarburg, LK	118 355	55 377	53 990	8 511	477
Vulkaneifel, LK[2]	56 954	25 954	26 251	4 491	258
RB Rheinhessen-Pfalz	1 808 756	715 371	912 330	153 109	27 946
Frankenthal (Pfalz), St.	40 898	15 227	21 614	3 206	851
Kaiserslautern, St.	99 617	37 055	50 801	8 988	2 773
Landau i. d. Pfalz, St.	38 644	16 095	18 202	3 615	732
Ludwigshafen a. Rh., St.	178 298	65 296	94 273	14 651	4 078
Mainz, St.	172 195	68 229	85 910	13 908	4 148
Neustadt a. d. Weinstr., St.	51 781	20 187	25 869	4 850	875
Pirmasens, St.	57 773	21 463	29 273	5 665	1 372
Speyer, St.	41 763	16 852	20 647	3 444	820
Worms, St.	76 697	28 849	39 303	7 190	1 355
Zweibrücken, St.	38 251	14 647	19 407	3 478	719
Alzey-Worms, LK	96 304	39 119	47 374	8 745	1 066
Bad Dürkheim, LK	114 782	44 843	58 412	10 102	1 425
Donnersbergkreis, LK	66 957	27 306	32 911	6 077	663
Germersheim, LK	91 680	39 054	45 360	6 465	801
Kaiserslautern, LK	96 314	39 769	47 657	7 827	1 061
Kusel, LK	79 040	31 383	39 730	7 315	612
Mainz-Bingen, LK	151 274	60 683	76 342	12 535	1 714
Rhein-Pfalz-Kreis, LK[3]	115 136	43 720	61 533	8 792	1 091
Südliche Weinstraße, LK[4]	98 206	41 826	46 779	8 587	1 014
Südwestpfalz, LK[5]	103 146	43 768	50 933	7 669	776
Rheinland-Pfalz	3 645 437	1 490 543	1 802 186	306 864	45 844

1 Gebietsstand 31.12.2010. – 2 Ehemalig LK Daun. – 3 Ehemalig LK Ludwigshafen. – 4 Ehemalig LK Landau-Bad Bergzabern. – 5 Ehemalig LK Pirmasens.

T 94 noch: Bevölkerung 1970–2009 nach Familienstand und Verwaltungsbezirken[1]

Regierungsbezirk (RB) Kreisfreie Stadt (St.) Landkreis (LK)	1987				
	insgesamt	ledig	verheiratet	verwitwet	geschieden
	Anzahl				
RB Koblenz	1 460 076	494 720	690 977	124 420	41 713
Koblenz, St.	108 246	40 209	51 870	10 341	5 826
Ahrweiler, LK	231 989	40 552	56 750	10 394	3 536
Altenkirchen (Ww.), LK	265 723	43 954	62 912	10 983	2 908
Bad Kreuznach, LK	230 450	53 986	72 451	13 918	4 611
Birkenfeld, LK	146 014	30 371	43 970	8 416	2 727
Cochem-Zell, LK	248 812	23 285	30 672	5 556	1 017
Mayen-Koblenz, LK	344 614	68 948	97 102	16 293	5 939
Neuwied, LK	245 886	55 039	81 386	14 428	5 479
Rhein-Hunsrück-Kreis, LK	205 312	33 841	45 723	7 988	2 002
Rhein-Lahn-Kreis, LK	286 447	41 454	59 196	11 566	3 542
Westerwaldkreis, LK	643 116	63 081	88 945	14 537	4 126
RB Trier	566 545	187 851	231 462	41 451	11 663
Trier, St.	94 118	38 421	42 218	9 063	4 416
Bernkastel-Wittlich, LK	195 970	41 191	53 133	9 962	2 206
Eifelkreis Bitburg-Prüm, LK	214 777	36 442	43 718	7 748	1 570
Trier-Saarburg, LK	182 339	49 810	63 219	9 813	2 457
Vulkaneifel, LK[2]	57 040	21 987	29 174	4 865	1 014
RB Rheinhessen-Pfalz	1 851 283	664 013	916 493	161 318	64 742
Frankenthal (Pfalz), St.	142 043	15 804	23 105	3 948	1 860
Kaiserslautern, St.	133 383	36 330	45 941	9 534	5 521
Landau i. d. Pfalz, St.	192 658	13 890	16 687	3 759	1 721
Ludwigshafen a. Rh., St.	329 130	56 580	77 567	14 752	7 702
Mainz, St.	222 649	69 855	79 658	14 137	8 879
Neustadt a. d. Weinstr., St.	98 117	18 028	24 974	5 218	1 900
Pirmasens, St.	92 031	16 580	23 242	5 477	2 698
Speyer, St.	117 669	16 487	21 232	4 005	2 310
Worms, St.	107 008	26 425	36 794	7 308	3 108
Zweibrücken, St.	33 373	11 313	17 037	3 472	1 551
Alzey-Worms, LK	219 748	36 679	51 915	8 525	2 500
Bad Dürkheim, LK	186 885	42 264	63 156	11 171	3 538
Donnersbergkreis, LK	170 050	24 645	34 112	6 163	1 836
Germersheim, LK	198 423	39 881	53 146	7 552	2 715
Kaiserslautern, LK	170 157	33 877	49 975	8 724	2 553
Kusel, LK	238 864	26 308	39 911	7 243	1 566
Mainz-Bingen, LK	293 631	61 608	84 297	13 195	4 736
Rhein-Pfalz-Kreis, LK[3]	227 143	44 554	71 628	10 178	3 435
Südliche Weinstraße, LK[4]	196 591	36 655	49 666	8 595	2 432
Südwestpfalz, LK[5]	99 243	36 250	52 450	8 362	2 181
Rheinland-Pfalz	3 630 823	1 346 584	1 838 932	327 189	118 118

1 Gebietsstand 31.12.2010. – 2 Ehemalig LK Daun. – 3 Ehemalig LK Ludwigshafen. – 4 Ehemalig LK Landau-Bad Bergzabern. – 5 Ehemalig LK Pirmasens.

T 94 noch: Bevölkerung 1970–2009 nach Familienstand und Verwaltungsbezirken[1]

Regierungsbezirk (RB) Kreisfreie Stadt (St.) Landkreis (LK)	2009				
	insgesamt	ledig	verheiratet	verwitwet	geschieden
	Anzahl				
RB Koblenz	1 490 711	566 744	685 237	111 330	127 400
Koblenz, St.	106 445	45 125	44 350	8 268	8 702
Ahrweiler, LK	128 063	48 128	58 829	10 125	10 981
Altenkirchen (Ww.), LK	132 873	49 757	62 473	10 033	10 610
Bad Kreuznach, LK	155 842	59 913	70 125	11 851	13 953
Birkenfeld, LK	84 201	31 113	38 038	7 289	7 761
Cochem-Zell, LK	63 884	23 413	30 929	4 754	4 788
Mayen-Koblenz, LK	211 079	79 833	97 328	15 137	18 781
Neuwied, LK	181 492	68 499	83 388	13 909	15 696
Rhein-Hunsrück-Kreis, LK	102 878	39 415	47 593	7 370	8 500
Rhein-Lahn-Kreis, LK	124 474	46 971	56 076	9 365	12 062
Westerwaldkreis, LK	199 480	74 577	96 108	13 229	15 566
RB Trier	513 794	212 203	223 595	36 012	41 984
Trier, St.	104 587	53 210	37 575	7 035	6 767
Bernkastel-Wittlich, LK	111 543	42 814	50 821	8 261	9 647
Eifelkreis Bitburg-Prüm, LK	94 394	37 305	42 208	6 579	8 302
Trier-Saarburg, LK	141 481	55 392	64 241	9 456	12 392
Vulkaneifel, LK[2]	61 789	23 482	28 750	4 681	4 876
RB Rheinhessen-Pfalz	2 008 170	798 291	898 107	142 252	169 520
Frankenthal (Pfalz), St.	46 874	17 692	21 543	3 860	3 779
Kaiserslautern, St.	99 275	44 213	38 527	7 590	8 945
Landau i. d. Pfalz, St.	42 994	19 015	17 323	3 102	3 554
Ludwigshafen a. Rh., St.	163 340	70 142	67 363	11 706	14 129
Mainz, St.	197 778	99 325	71 513	10 991	15 949
Neustadt a. d. Weinstr., St.	53 525	20 363	24 575	4 339	4 248
Pirmasens, St.	40 808	14 885	17 509	4 150	4 264
Speyer, St.	49 811	20 201	22 103	3 669	3 838
Worms, St.	81 784	32 908	34 559	6 163	8 154
Zweibrücken, St.	34 109	12 669	15 192	2 828	3 420
Alzey-Worms, LK	124 758	47 538	58 603	8 150	10 467
Bad Dürkheim, LK	133 052	47 875	63 604	10 383	11 190
Donnersbergkreis, LK	76 571	29 274	35 117	5 433	6 747
Germersheim, LK	124 982	49 782	57 454	8 198	9 548
Kaiserslautern, LK	106 149	39 718	49 196	7 853	9 382
Kusel, LK	73 306	25 736	36 244	5 750	5 576
Mainz-Bingen, LK	201 583	78 546	93 300	12 317	17 420
Rhein-Pfalz-Kreis, LK[3]	148 733	53 272	72 338	10 789	12 334
Südliche Weinstraße, LK[4]	109 133	40 603	51 987	7 574	8 969
Südwestpfalz, LK[5]	99 605	34 534	50 057	7 407	7 607
Rheinland-Pfalz	4 012 675	1 577 238	1 806 939	289 594	338 904

1 Gebietsstand 31.12.2010. Die Gliederung in Regierungsbezirke wurde im Jahr 2000 aufgehoben, zur besseren Vergleichbarkeit sind sie hier dennoch ausgewiesen. – 2 Ehemalig LK Daun. – 3 Ehemalig LK Ludwigshafen. – 4 Ehemalig LK Landau-Bad Bergzabern. – 5 Ehemalig LK Pirmasens.

T 95 Bevölkerung in den heute zu Rheinland-Pfalz gehörenden Gebieten 1871–1939 nach ausgewähltem Religionsbekenntnis und historischen Verwaltungsbezirken

Regierungsbezirk (RB)/ Fürstentum/Provinz Kreisfreie Stadt (St.) Landkreis (LK)	1871						
	insgesamt	darunter mit Religionsbekenntnis					
		katholisch	evangelisch	jüdisch	katholisch	evangelisch	jüdisch
		Anzahl			%		
RB Koblenz	555 194	359 748	185 521	8 713	64,8	33,4	1,6
darunter Rheinland-Pfalz	510 281	358 251	143 304	8 011	70,2	28,1	1,6
Adenau, LK	20 965	20 896	54	15	99,7	0,3	0,1
Ahrweiler, LK	33 629	32 265	843	516	95,9	2,5	1,5
Altenkirchen, LK	48 276	22 782	25 220	217	47,2	52,2	0,4
Birkenfeld, LK	.	.	.	.	.	.	.
darunter Rheinland-Pfalz	.	.	.	.	.	.	.
Cochem, LK	34 841	34 187	131	513	98,1	0,4	1,5
Koblenz, St.	.	.	.	.	.	.	.
Koblenz, LK	74 802	63 227	10 320	1 209	84,5	13,8	1,6
Kreuznach, LK	60 771	26 023	33 047	1 584	42,8	54,4	2,6
Mayen, LK	53 288	51 659	622	976	96,9	1,2	1,8
Meisenheim, LK	13 530	1 959	11 181	377	14,5	82,6	2,8
Neuwied, LK	68 194	41 648	24 784	1 349	61,1	36,3	2,0
Sankt Goar, LK	37 274	30 275	6 581	411	81,2	17,7	1,1
Simmern, LK	35 621	13 865	21 193	552	38,9	59,5	1,5
Zell, LK	29 090	19 465	9 328	292	66,9	32,1	1,0
RB Trier	591 562	493 482	91 781	5 996	83,4	15,5	1,0
darunter Rheinland-Pfalz	320 972	289 743	27 808	3 321	90,3	8,7	1,0
Bernkastel, LK	44 138	30 401	12 869	867	68,9	29,2	2,0
Bitburg, LK	44 543	44 216	217	90	99,3	0,5	0,2
Daun, LK	26 692	26 621	70	1	99,7	0,3	0,0
Prüm, LK	34 911	34 709	167	13	99,4	0,5	0,0
Saarburg, LK	30 193	29 763	121	309	98,6	0,4	1,0
darunter Rheinland-Pfalz	21 130	20 829	85	216	98,6	0,4	1,0
Sankt Wendel, LK	42 876	22 005	20 397	468	51,3	47,6	1,1
darunter Rheinland-Pfalz	21 751	11 163	10 347	237	51,3	47,6	1,1
St. Wendel-Baumholder, LK	.	.	.	.	.	.	.
darunter Rheinland-Pfalz	.	.	.	.	.	.	.
Trier, St.	31 869	28 129	3 100	633	88,3	9,7	2,0
Trier, LK	64 012	62 269	903	827	97,3	1,4	1,3
darunter Rheinland-Pfalz	58 931	57 326	831	761	97,3	1,4	1,3
Wittlich, LK	37 007	36 348	122	502	98,2	0,3	1,4
RB Wiesbaden	633 011	245 051	367 057	18 360	38,7	58,0	2,9
darunter Rheinland-Pfalz	164 339	90 523	71 594	2 150	55,1	43,6	1,3
Oberwesterwaldkreis, LK	34 906	12 384	22 175	341	35,5	63,5	1,0
darunter Rheinland-Pfalz	34 800	12 346	22 108	340	35,5	63,5	1,0
Rheingaukreis, LK	55 951	40 424	14 912	531	72,2	26,7	0,9
darunter Rheinland-Pfalz	28 218	20 387	7 521	268	72,2	26,7	0,9
Sankt Goarshausen, LK	.	.	.	.	.	.	.
Unterlahnkreis, LK	67 948	19 096	47 517	1 310	28,1	69,9	1,9
darunter Rheinland-Pfalz	49 496	13 910	34 613	954	28,1	69,9	1,9
Unterwesterwaldkreis, LK	51 825	43 879	7 352	588	84,7	14,2	1,1
Westerburg, LK	.	.	.	.	.	.	.

T 95 noch: Bevölkerung in den heute zu Rheinland-Pfalz gehörenden Gebieten 1871–1939 nach ausgewähltem Religionsbekenntnis und historischen Verwaltungsbezirken

Regierungsbezirk (RB)/ Fürstentum/Provinz Kreisfreie Stadt (St.) Landkreis (LK)	1871						
	insgesamt	darunter mit Religionsbekenntnis					
		katholisch	evangelisch	jüdisch	katholisch	evangelisch	jüdisch
		Anzahl			%		
Fürstentum Birkenfeld	36 128	7 184	28 295	640	19,9	78,3	1,8
darunter Rheinland-Pfalz	28 447	5 657	22 279	504	19,9	78,3	1,8
Provinz Rheinhessen	249 951	122 058	116 213	9 138	48,8	46,5	3,7
darunter Rheinland-Pfalz	242 045	116 424	114 348	8 810	48,1	47,2	3,6
Alzey, LK	35 854	8 909	25 448	1 256	24,8	71,0	3,5
Bingen, LK	31 800	18 575	11 703	1 099	58,4	36,8	3,5
Mainz, St.	.	.	.	.	.	.	.
darunter Rheinland-Pfalz	.	.	.	.	.	.	.
Mainz, LK	87 357	62 254	20 605	3 628	71,3	23,6	4,2
darunter Rheinland-Pfalz	79 451	56 620	18 740	3 300	71,3	23,6	4,2
Oppenheim, LK	41 626	15 175	24 841	1 326	36,5	59,7	3,2
Worms, St.	.	.	.	.	.	.	.
Worms, LK	53 314	17 145	33 616	1 829	32,2	63,1	3,4
darunter Rheinland-Pfalz	53 314	17 145	33 616	1 829	32,2	63,1	3,4
RB Pfalz	615 035	266 534	333 121	12 466	43,3	54,2	2,0
darunter Rheinland-Pfalz	566 284	240 256	311 273	12 020	42,4	55,0	2,1
Bergzabern, LK	38 218	16 760	20 259	1 062	43,9	53,0	2,8
Dürkheim, LK	.	.	.	.	.	.	.
Frankenthal, St.	.	.	.	.	.	.	.
Frankenthal, LK	44 368	16 522	25 800	1 606	37,2	58,2	3,6
Germersheim, LK	52 286	33 077	18 132	1 069	63,3	34,7	2,0
Homburg, LK	47 815	23 606	23 669	499	49,4	49,5	1,0
darunter Rheinland-Pfalz	34 095	16 833	16 877	356	49,4	49,5	1,0
Kaiserslautern, St.	.	.	.	.	.	.	.
Kaiserslautern, LK	59 219	19 785	37 484	1 234	33,4	63,3	2,1
Kirchheimbolanden, LK	50 050	10 474	37 940	1 091	20,9	75,8	2,2
Kusel, LK	39 713	4 588	34 764	329	11,6	87,5	0,8
darunter Rheinland-Pfalz	37 937	4 383	33 209	314	11,6	87,5	0,8
Landau i. d. Pfalz, St.	.	.	.	.	.	.	.
Landau, LK	56 888	29 797	25 500	1 554	52,4	44,8	2,7
Ludwigshafen a. Rh., St.	.	.	.	.	.	.	.
Ludwigshafen a. Rh., LK	.	.	.	.	.	.	.
Neustadt an der Haardt, St.	.	.	.	.	.	.	.
Neustadt an der Haardt, LK	67 127	24 626	40 840	1 389	36,7	60,8	2,1
Pirmasens, St.	.	.	.	.	.	.	.
Pirmasens, LK	42 097	21 398	19 747	852	50,8	46,9	2,0
Rockenhausen, LK	.	.	.	.	.	.	.
Speyer, St.	.	.	.	.	.	.	.
Speyer, LK	59 328	32 284	25 468	1 280	54,4	42,9	2,2
Zweibrücken, St.	.	.	.	.	.	.	.
Zweibrücken, LK	57 926	33 617	23 518	501	58,0	40,6	0,9
darunter Rheinland-Pfalz	24 671	14 318	10 016	213	58,0	40,6	0,9
Rheinland-Pfalz	1 832 368	1 100 853	690 607	34 816	60,1	37,7	1,9

T 95 noch: Bevölkerung in den heute zu Rheinland-Pfalz gehörenden Gebieten 1871–1939 nach ausgewähltem Religionsbekenntnis und historischen Verwaltungsbezirken

Regierungsbezirk (RB)/ Fürstentum/Provinz Kreisfreie Stadt (St.) Landkreis (LK)	1885						
	insgesamt	darunter mit Religionsbekenntnis					
		katholisch	evangelisch	jüdisch	katholisch	evangelisch	jüdisch
		Anzahl			%		
RB Koblenz	616 554	396 388	209 139	9 268	64,3	33,9	1,5
darunter Rheinland-Pfalz	566 785	394 459	162 529	8 430	69,6	28,7	1,5
Adenau, LK	21 515	21 422	84	9	99,6	0,4	0,0
Ahrweiler, LK	37 571	35 922	1 191	445	95,6	3,2	1,2
Altenkirchen, LK	60 601	29 475	30 606	361	48,6	50,5	0,6
Birkenfeld, LK	.	.	.	.	.	.	.
darunter Rheinland-Pfalz	.	.	.	.	.	.	.
Cochem, LK	37 815	36 931	368	515	97,7	1,0	1,4
Koblenz, St.	.	.	.	.	.	.	.
Koblenz, LK	86 424	71 567	13 372	1 387	82,8	15,5	1,6
Kreuznach, LK	69 090	29 252	37 840	1 716	42,3	54,8	2,5
Mayen, LK	60 687	58 407	1 183	1 056	96,2	1,9	1,7
Meisenheim, LK	13 607	1 999	11 292	312	14,7	83,0	2,3
Neuwied, LK	74 620	44 354	28 409	1 332	59,4	38,1	1,8
Sankt Goar, LK	38 973	31 188	7 248	457	80,0	18,6	1,2
Simmern, LK	35 601	13 753	21 113	572	38,6	59,3	1,6
Zell, LK	30 281	20 189	9 823	268	66,7	32,4	0,9
RB Trier	675 225	551 521	116 945	6 534	81,7	17,3	1,0
darunter Rheinland-Pfalz	335 164	301 615	29 864	3 596	90,0	8,9	1,1
Bernkastel, LK	44 389	31 003	12 529	837	69,8	28,2	1,9
Bitburg, LK	43 494	43 177	145	165	99,3	0,3	0,4
Daun, LK	27 305	27 150	130	24	99,4	0,5	0,1
Prüm, LK	35 519	35 147	338	32	99,0	1,0	0,1
Saarburg, LK	30 946	30 411	190	327	98,3	0,6	1,1
darunter Rheinland-Pfalz	22 164	21 781	136	234	98,3	0,6	1,1
Sankt Wendel, LK	45 594	23 492	21 669	427	51,5	47,5	0,9
darunter Rheinland-Pfalz	22 561	11 624	10 722	211	51,5	47,5	0,9
St. Wendel-Baumholder, LK	.	.	.	.	.	.	.
darunter Rheinland-Pfalz	.	.	.	.	.	.	.
Trier, St.	33 019	27 486	4 671	852	83,2	14,1	2,6
Trier, LK	73 949	72 043	1 103	792	97,4	1,5	1,1
darunter Rheinland-Pfalz	68 713	66 942	1 025	736	97,4	1,5	1,1
Wittlich, LK	38 000	37 305	168	505	98,2	0,4	1,3
RB Wiesbaden	791 255	300 748	461 883	24 246	38,0	58,4	3,1
darunter Rheinland-Pfalz	173 848	84 634	86 893	2 205	48,7	50,0	1,3
Oberwesterwaldkreis, LK	23 526	7 054	16 306	106	30,0	69,3	0,5
darunter Rheinland-Pfalz	23 526	7 054	16 306	106	30,0	69,3	0,5
Rheingaukreis, LK	.	.	.	.	.	.	.
darunter Rheinland-Pfalz	.	.	.	.	.	.	.
Sankt Goarshausen, LK	38 022	16 957	20 489	540	44,6	53,9	1,4
Unterlahnkreis, LK	43 765	7 815	35 146	793	17,9	80,3	1,8
darunter Rheinland-Pfalz	43 765	7 815	35 146	793	17,9	80,3	1,8
Unterwesterwaldkreis, LK	39 371	31 459	7 438	473	79,9	18,9	1,2
Westerburg, LK	29 164	21 349	7 514	293	73,2	25,8	1,0

T 95 noch: Bevölkerung in den heute zu Rheinland-Pfalz gehörenden Gebieten 1871–1939 nach ausgewähltem Religionsbekenntnis und historischen Verwaltungsbezirken

Regierungsbezirk (RB)/ Fürstentum/Provinz Kreisfreie Stadt (St.) Landkreis (LK)	1885[1]						
	insgesamt	darunter mit Religionsbekenntnis					
		katholisch	evangelisch	jüdisch	katholisch	evangelisch	jüdisch
		Anzahl			%		
Fürstentum Birkenfeld	.	.	.	.	.	.	.
darunter Rheinland-Pfalz	.	.	.	.	.	.	.
Provinz Rheinhessen	291 189	142 314	133 470	9 160	48,9	45,8	3,1
darunter Rheinland-Pfalz	280 643	135 089	130 598	8 794	48,1	46,5	3,1
Alzey, LK	38 022	9 196	25 639	1 131	24,2	67,4	3,0
Bingen, LK	35 885	20 989	13 372	1 094	58,5	37,3	3,0
Mainz, St.	.	.	.	.	.	.	.
darunter Rheinland-Pfalz	.	.	.	.	.	.	.
Mainz, LK	108 443	74 297	29 529	3 768	68,5	27,2	3,5
darunter Rheinland-Pfalz	97 897	67 072	26 657	3 402	68,5	27,2	3,5
Oppenheim, LK	44 452	16 557	26 153	1 194	37,2	58,8	2,7
Worms, St.	.	.	.	.	.	.	.
Worms, LK	64 387	21 275	38 777	1 973	33,0	60,2	3,1
darunter Rheinland-Pfalz	64 387	21 275	38 777	1 973	33,0	60,2	3,1
RB Pfalz	696 375	300 843	381 114	11 526	43,2	54,7	1,7
darunter Rheinland-Pfalz	641 676	271 754	356 142	11 046	42,4	55,5	1,7
Bergzabern, LK	38 444	17 002	20 463	855	44,2	53,2	2,2
Dürkheim, LK	.	.	.	.	.	.	.
Frankenthal, St.	.	.	.	.	.	.	.
Frankenthal, LK	50 364	19 302	29 430	1 230	38,3	58,4	2,4
Germersheim, LK	53 066	32 754	19 430	864	61,7	36,6	1,6
Homburg, LK	52 899	26 537	25 757	554	50,2	48,7	1,0
darunter Rheinland-Pfalz	36 926	18 524	17 980	387	50,2	48,7	1,0
Kaiserslautern, St.	.	.	.	.	.	.	.
Kaiserslautern, LK	75 241	25 268	47 910	1 268	33,6	63,7	1,7
Kirchheimbolanden, LK	51 418	10 437	39 482	1 002	20,3	76,8	1,9
Kusel, LK	41 954	4 564	37 075	286	10,9	88,4	0,7
darunter Rheinland-Pfalz	40 055	4 357	35 397	273	10,9	88,4	0,7
Landau i. d. Pfalz, St.	.	.	.	.	.	.	.
Landau, LK	61 439	31 923	28 046	1 419	52,0	45,6	2,3
Ludwigshafen a. Rh., St.	.	.	.	.	.	.	.
Ludwigshafen a. Rh., LK	51 923	23 364	27 589	727	45,0	53,1	1,4
Neustadt an der Haardt, St.	.	.	.	.	.	.	.
Neustadt an der Haardt, LK	72 813	26 405	44 806	1 410	36,3	61,5	1,9
Pirmasens, St.	.	.	.	.	.	.	.
Pirmasens, LK	50 383	24 383	25 085	761	48,4	49,8	1,5
Rockenhausen, LK	.	.	.	.	.	.	.
Speyer, St.	.	.	.	.	.	.	.
Speyer, LK	31 282	21 985	8 591	619	70,3	27,5	2,0
Zweibrücken, St.	.	.	.	.	.	.	.
Zweibrücken, LK	65 149	36 919	27 450	531	56,7	42,1	0,8
darunter Rheinland-Pfalz	28 322	16 050	11 933	231	56,7	42,1	0,8
Rheinland-Pfalz	.	.	.	.	.	.	.

1 Im Jahr 1885 liegen zum Fürstentum Birkenfeld keine Angaben vor, daher konnte kein Gesamtergebnis für die heute zu Rheinland-Pfalz gehörenden Gebiete ausgewiesen werden.

T 95 noch: Bevölkerung in den heute zu Rheinland-Pfalz gehörenden Gebieten 1871–1939 nach ausgewähltem Religionsbekenntnis und historischen Verwaltungsbezirken

Regierungsbezirk (RB)/ Fürstentum/Provinz Kreisfreie Stadt (St.) Landkreis (LK)	1905						
	insgesamt	darunter mit Religionsbekenntnis					
		katholisch	evangelisch	jüdisch	katholisch	evangelisch	jüdisch
		Anzahl			%		
RB Koblenz	723 676	472 378	239 998	8 348	65,3	33,2	1,2
darunter Rheinland-Pfalz	665 634	469 886	185 625	7 689	70,6	27,9	1,2
Adenau, LK	23 365	23 162	190	10	99,1	0,8	0,0
Ahrweiler, LK	43 060	40 890	1 745	409	95,0	4,1	0,9
Altenkirchen, LK	71 994	36 520	34 375	358	50,7	47,7	0,5
Birkenfeld, LK	.	.	.	.	.	.	.
darunter Rheinland-Pfalz	.	.	.	.	.	.	.
Cochem, LK	40 636	39 856	356	423	98,1	0,9	1,0
Koblenz, St.	53 897	41 426	11 691	638	76,9	21,7	1,2
Koblenz, LK	62 106	54 300	6 973	786	87,4	11,2	1,3
Kreuznach, LK	81 389	35 940	43 529	1 568	44,2	53,5	1,9
Mayen, LK	76 303	73 143	2 152	979	95,9	2,8	1,3
Meisenheim, LK	13 911	2 052	11 645	211	14,8	83,7	1,5
Neuwied, LK	88 148	53 131	33 227	1 064	60,3	37,7	1,2
Sankt Goar, LK	41 116	33 140	7 426	388	80,6	18,1	0,9
Simmern, LK	35 780	14 020	20 947	611	39,2	58,5	1,7
Zell, LK	33 929	22 306	11 369	244	65,7	33,5	0,7
RB Trier	931 016	740 952	182 618	6 948	79,6	19,6	0,7
darunter Rheinland-Pfalz	379 398	342 305	33 629	3 390	90,2	8,9	0,9
Bernkastel, LK	48 311	34 275	13 303	726	70,9	27,5	1,5
Bitburg, LK	45 553	45 026	282	242	98,8	0,6	0,5
Daun, LK	29 883	29 545	283	55	98,9	0,9	0,2
Prüm, LK	35 270	34 937	315	16	99,1	0,9	0,0
Saarburg, LK	33 686	33 080	239	365	98,2	0,7	1,1
darunter Rheinland-Pfalz	24 311	23 874	172	263	98,2	0,7	1,1
Sankt Wendel, LK	51 624	27 633	23 656	322	53,5	45,8	0,6
darunter Rheinland-Pfalz	23 872	12 778	10 939	149	53,5	45,8	0,6
St. Wendel-Baumholder, LK	.	.	.	.	.	.	.
darunter Rheinland-Pfalz	.	.	.	.	.	.	.
Trier, St.	46 709	40 152	5 779	761	86,0	12,4	1,6
Trier, LK	89 399	86 467	2 127	785	96,7	2,4	0,9
darunter Rheinland-Pfalz	83 376	80 642	1 984	732	96,7	2,4	0,9
Wittlich, LK	42 113	41 077	572	446	97,5	1,4	1,1
RB Wiesbaden	1 114 819	426 544	646 244	32 521	38,3	58,0	2,9
darunter Rheinland-Pfalz	188 427	94 330	91 829	1 934	50,1	48,7	1,0
Oberwesterwaldkreis, LK	25 642	7 975	17 360	168	31,1	67,7	0,7
darunter Rheinland-Pfalz	25 642	7 975	17 360	168	31,1	67,7	0,7
Rheingaukreis, LK	.	.	.	.	.	.	.
darunter Rheinland-Pfalz	.	.	.	.	.	.	.
Sankt Goarshausen, LK	43 401	20 879	22 027	455	48,1	50,8	1,0
Unterlahnkreis, LK	45 558	8 240	36 577	710	18,1	80,3	1,6
darunter Rheinland-Pfalz	45 558	8 240	36 577	710	18,1	80,3	1,6
Unterwesterwaldkreis, LK	45 858	36 627	8 837	372	79,9	19,3	0,8
Westerburg, LK	27 968	20 609	7 028	229	73,7	25,1	0,8

T 95 noch: Bevölkerung in den heute zu Rheinland-Pfalz gehörenden Gebieten 1871–1939 nach ausgewähltem Religionsbekenntnis und historischen Verwaltungsbezirken

Regierungsbezirk (RB)/ Fürstentum/Provinz Kreisfreie Stadt (St.) Landkreis (LK)	1905						
	insgesamt	darunter mit Religionsbekenntnis					
		katholisch	evangelisch	jüdisch	katholisch	evangelisch	jüdisch
		Anzahl			%		
Fürstentum Birkenfeld	46 484	8 717	37 047	543	18,8	79,7	1,2
darunter Rheinland-Pfalz	37 966	7 120	30 258	443	18,8	79,7	1,2
Provinz Rheinhessen	369 424	180 704	175 389	8 293	48,9	47,5	2,2
darunter Rheinland-Pfalz	353 783	170 477	170 449	7 926	48,2	48,2	2,2
Alzey, LK	40 565	9 991	28 284	907	24,6	69,7	2,2
Bingen, LK	42 282	25 018	15 797	1 070	59,2	37,4	2,5
Mainz, St.	.	.	.	.	.	.	.
darunter Rheinland-Pfalz	.	.	.	.	.	.	.
Mainz, LK	151 377	98 980	47 806	3 553	65,4	31,6	2,3
darunter Rheinland-Pfalz	135 736	88 753	42 866	3 186	65,4	31,6	2,3
Oppenheim, LK	46 979	17 279	28 407	908	36,8	60,5	1,9
Worms, St.	.	.	.	.	.	.	.
Worms, LK	88 221	29 436	55 095	1 855	33,4	62,5	2,1
darunter Rheinland-Pfalz	88 221	29 436	55 095	1 855	33,4	62,5	2,1
RB Pfalz	885 833	391 200	479 694	9 606	44,2	54,2	1,1
darunter Rheinland-Pfalz	809 864	340 985	454 495	9 240	42,1	56,1	1,1
Bergzabern, LK	39 257	18 166	20 440	489	46,3	52,1	1,2
Dürkheim, LK	28 893	9 673	18 638	429	33,5	64,5	1,5
Frankenthal, St.	.	.	.	.	.	.	.
Frankenthal, LK	64 491	24 844	38 147	903	38,5	59,2	1,4
Germersheim, LK	55 183	34 706	19 822	620	62,9	35,9	1,1
Homburg, LK	67 384	34 700	32 180	409	51,5	47,8	0,6
darunter Rheinland-Pfalz	41 087	21 158	19 622	249	51,5	47,8	0,6
Kaiserslautern, St.	.	.	.	.	.	.	.
Kaiserslautern, LK	87 633	29 512	56 391	894	33,7	64,3	1,0
Kirchheimbolanden, LK	26 742	6 509	19 479	279	24,3	72,8	1,0
Kusel, LK	45 835	5 091	40 470	206	11,1	88,3	0,4
darunter Rheinland-Pfalz	43 752	4 860	38 631	197	11,1	88,3	0,4
Landau i. d. Pfalz, St.	.	.	.	.	.	.	.
Landau, LK	71 681	38 048	32 013	1 495	53,1	44,7	2,1
Ludwigshafen a. Rh., St.	.	.	.	.	.	.	.
Ludwigshafen a. Rh., LK	103 641	46 517	55 049	909	44,9	53,1	0,9
Neustadt an der Haardt, St.	.	.	.	.	.	.	.
Neustadt an der Haardt, LK	52 235	20 646	30 837	610	39,5	59,0	1,2
Pirmasens, St.	.	.	.	.	.	.	.
Pirmasens, LK	78 217	37 195	39 719	798	47,6	50,8	1,0
Rockenhausen, LK	38 768	8 042	29 813	552	20,7	76,9	1,4
Speyer, St.	.	.	.	.	.	.	.
Speyer, LK	40 713	28 888	11 140	562	71,0	27,4	1,4
Zweibrücken, St.	.	.	.	.	.	.	.
Zweibrücken, LK	45 079	14 663	29 701	305	32,5	65,9	0,7
darunter Rheinland-Pfalz	37 571	12 221	24 754	254	32,5	65,9	0,7
Rheinland-Pfalz	2 435 072	1 425 102	966 286	30 623	58,5	39,7	1,3

T 95 noch: Bevölkerung in den heute zu Rheinland-Pfalz gehörenden Gebieten 1871–1939 nach ausgewähltem Religionsbekenntnis und historischen Verwaltungsbezirken

Regierungsbezirk (RB)/ Fürstentum/Provinz Kreisfreie Stadt (St.) Landkreis (LK)	1925						
	insgesamt	darunter mit Religionsbekenntnis					
		katholisch	evangelisch	jüdisch	katholisch	evangelisch	jüdisch
		Anzahl			%		
RB Koblenz	792 574	518 539	263 171	6 674	65,4	33,2	0,8
darunter Rheinland-Pfalz	722 110	515 314	197 169	6 171	71,4	27,3	0,9
Adenau, LK	25 153	24 896	249	5	99,0	1,0	0,0
Ahrweiler, LK	48 827	45 468	2 520	382	93,1	5,2	0,8
Altenkirchen, LK	86 033	45 918	39 389	260	53,4	45,8	0,3
Birkenfeld, LK	.	.	.	.	.	.	.
darunter Rheinland-Pfalz	.	.	.	.	.	.	.
Cochem, LK	40 783	40 003	482	295	98,1	1,2	0,7
Koblenz, St.	58 322	46 239	11 114	709	79,3	19,1	1,2
Koblenz, LK	68 457	60 442	7 056	585	88,3	10,3	0,9
Kreuznach, LK	86 111	38 348	46 280	1 270	44,5	53,7	1,5
Mayen, LK	82 680	78 856	2 578	751	95,4	3,1	0,9
Meisenheim, LK	13 534	2 102	11 299	131	15,5	83,5	1,0
Neuwied, LK	100 116	61 178	37 171	870	61,1	37,1	0,9
Sankt Goar, LK	42 828	35 118	7 281	310	82,0	17,0	0,7
Simmern, LK	36 970	15 126	21 293	429	40,9	57,6	1,2
Zell, LK	32 296	21 620	10 457	174	66,9	32,4	0,5
RB Trier	474 873	424 199	46 585	3 023	89,3	9,8	0,6
darunter Rheinland-Pfalz	426 112	379 889	42 339	2 867	89,2	9,9	0,7
Bernkastel, LK	50 447	35 716	14 193	481	70,8	28,1	1,0
Bitburg, LK	49 454	48 716	428	221	98,5	0,9	0,4
Daun, LK	34 531	34 086	361	79	98,7	1,0	0,2
Prüm, LK	37 106	36 600	425	27	98,6	1,1	0,1
Saarburg, LK	37 862	37 018	554	285	97,8	1,5	0,8
darunter Rheinland-Pfalz	27 169	26 563	398	205	97,8	1,5	0,8
Sankt Wendel, LK	.	.	.	.	.	.	.
darunter Rheinland-Pfalz	.	.	.	.	.	.	.
St. Wendel-Baumholder, LK	32 455	10 715	21 576	125	33,0	66,5	0,4
darunter Rheinland-Pfalz	26 864	8 869	17 859	103	33,0	66,5	0,4
Trier, St.	68 469	60 784	6 166	832	88,8	9,0	1,2
Trier, LK	93 266	90 470	2 119	595	97,0	2,3	0,6
darunter Rheinland-Pfalz	86 072	83 492	1 956	549	97,0	2,3	0,6
Wittlich, LK	46 000	45 063	554	370	98,0	1,2	0,8
RB Wiesbaden	1 314 254	495 773	756 005	37 792	37,7	57,5	2,9
darunter Rheinland-Pfalz	205 568	104 358	98 610	1 463	50,8	48,0	0,7
Oberwesterwaldkreis, LK	31 457	10 256	20 943	130	32,6	66,6	0,4
darunter Rheinland-Pfalz	31 457	10 256	20 943	130	32,6	66,6	0,4
Rheingaukreis, LK	.	.	.	.	.	.	.
darunter Rheinland-Pfalz	.	.	.	.	.	.	.
Sankt Goarshausen, LK	45 496	22 356	22 567	352	49,1	49,6	0,8
Unterlahnkreis, LK	46 805	8 365	37 708	551	17,9	80,6	1,2
darunter Rheinland-Pfalz	46 805	8 365	37 708	551	17,9	80,6	1,2
Unterwesterwaldkreis, LK	49 696	39 678	9 259	282	79,8	18,6	0,6
Westerburg, LK	32 114	23 703	8 133	148	73,8	25,3	0,5

T 95 noch: Bevölkerung in den heute zu Rheinland-Pfalz gehörenden Gebieten 1871–1939 nach ausgewähltem Religionsbekenntnis und historischen Verwaltungsbezirken

Regierungsbezirk (RB)/ Fürstentum/Provinz Kreisfreie Stadt (St.) Landkreis (LK)	1925						
	insgesamt	darunter mit Religionsbekenntnis					
		katholisch	evangelisch	jüdisch	katholisch	evangelisch	jüdisch
		Anzahl			%		
Fürstentum Birkenfeld	55 649	11 116	43 721	454	20,0	78,6	0,8
darunter Rheinland-Pfalz	44 624	8 914	35 059	364	20,0	78,6	0,8
Provinz Rheinhessen	384 168	186 763	185 202	6 675	48,6	48,2	1,7
darunter Rheinland-Pfalz	366 646	175 260	179 916	6 324	47,8	49,1	1,7
Alzey, LK	42 262	10 719	30 580	625	25,4	72,4	1,5
Bingen, LK	44 966	27 415	16 294	820	61,0	36,2	1,8
Mainz, St.	.	.	.	.	.	.	.
darunter Rheinland-Pfalz	.	.	.	.	.	.	.
Mainz, LK	151 359	99 363	45 664	3 035	65,6	30,2	2,0
darunter Rheinland-Pfalz	133 837	87 860	40 378	2 684	65,6	30,2	2,0
Oppenheim, LK	48 270	17 988	29 540	606	37,3	61,2	1,3
Worms, St.	.	.	.	.	.	.	.
Worms, LK	97 311	31 278	63 124	1 589	32,1	64,9	1,6
darunter Rheinland-Pfalz	97 311	31 278	63 124	1 589	32,1	64,9	1,6
RB Pfalz	931 755	395 984	513 393	7 868	42,5	55,1	0,8
darunter Rheinland-Pfalz	926 450	394 635	509 474	7 856	42,6	55,0	0,8
Bergzabern, LK	40 003	19 183	20 269	304	48,0	50,7	0,8
Dürkheim, LK	31 189	10 585	20 099	266	33,9	64,4	0,9
Frankenthal, St.	24 647	9 575	13 984	235	38,8	56,7	1,0
Frankenthal, LK	51 609	18 837	31 578	355	36,5	61,2	0,7
Germersheim, LK	57 437	38 141	18 864	385	66,4	32,8	0,7
Homburg, LK	.	.	.	.	.	.	.
darunter Rheinland-Pfalz	.	.	.	.	.	.	.
Kaiserslautern, St.	59 336	20 654	36 754	744	34,8	61,9	1,3
Kaiserslautern, LK	67 375	30 717	36 202	141	45,6	53,7	0,2
Kirchheimbolanden, LK	28 773	6 940	21 187	209	24,1	73,6	0,7
Kusel, LK	65 453	11 204	53 807	262	17,1	82,2	0,4
darunter Rheinland-Pfalz	62 874	10 763	51 687	252	17,1	82,2	0,4
Landau i. d. Pfalz, St.	14 486	6 634	7 037	732	45,8	48,6	5,1
Landau, LK	55 633	32 385	22 722	434	58,2	40,8	0,8
Ludwigshafen a. Rh., St.	101 869	46 592	49 326	1 211	45,7	48,4	1,2
Ludwigshafen a. Rh., LK	40 346	14 177	25 147	227	35,1	62,3	0,6
Neustadt an der Haardt, St.	20 726	7 925	11 930	348	38,2	57,6	1,7
Neustadt an der Haardt, LK	37 082	16 875	19 426	155	45,5	52,4	0,4
Pirmasens, St.	42 996	13 713	27 416	651	31,9	63,8	1,5
Pirmasens, LK	54 506	33 030	21 054	242	60,6	38,6	0,4
Rockenhausen, LK	37 395	7 107	29 511	374	19,0	78,9	1,0
Speyer, St.	25 609	13 255	11 046	335	51,8	43,1	1,3
Speyer, LK	23 761	21 495	2 118	49	90,5	8,9	0,2
Zweibrücken, St.	15 783	5 067	10 326	184	32,1	65,4	1,2
Zweibrücken, LK	35 741	11 893	23 590	25	33,3	66,0	0,1
darunter Rheinland-Pfalz	33 015	10 986	21 791	23	33,3	66,0	0,1
Rheinland-Pfalz	2 691 510	1 578 371	1 062 567	25 045	58,6	39,5	0,9

T 95 noch: Bevölkerung in den heute zu Rheinland-Pfalz gehörenden Gebieten 1871–1939 nach ausgewähltem Religionsbekenntnis und historischen Verwaltungsbezirken

Regierungsbezirk (RB)/ Fürstentum/Provinz Kreisfreie Stadt (St.) Landkreis (LK)	1939[1]						
	insgesamt	darunter mit Religionsbekenntnis					
		katholisch	evangelisch	jüdisch	katholisch	evangelisch	jüdisch
		Anzahl			%		
RB Koblenz	856 394	575 674	351 907	2 782	67,2	41,1	0,3
darunter Rheinland-Pfalz	839 270	547 863	203 484	2 354	65,3	24,2	0,3
Adenau, LK	.	.	.	.	.	.	.
Ahrweiler, LK	65 449	61 638	3 202	172	94,2	4,9	0,3
Altenkirchen, LK	89 338	48 959	38 880	46	54,8	43,5	0,1
Birkenfeld, LK	90 397	23 376	64 349	202	25,9	71,2	0,2
darunter Rheinland-Pfalz	73 273	18 948	52 159	164	25,9	71,2	0,2
Cochem, LK	40 921	40 001	587	131	97,8	1,4	0,3
Koblenz, St.	86 501	66 591	16 446	308	77,0	19,0	0,4
Koblenz, LK	58 029	51 940	4 894	441	89,5	8,4	0,8
Kreuznach, LK	104 704	43 057	58 776	384	41,1	56,1	0,4
Mayen, LK	99 121	94 945	3 162	309	95,8	3,2	0,3
Meisenheim, LK	.	.	.	.	.	.	.
Neuwied, LK	109 027	67 520	39 315	293	61,9	36,1	0,3
Sankt Goar, LK	43 825	35 754	7 497	152	81,6	17,1	0,3
Simmern, LK	36 363	15 286	20 635	85	42,0	56,7	0,2
Zell, LK	32 719	22 172	10 090	33	67,8	30,8	0,1
RB Trier	470 776	432 919	31 146	870	92,0	6,6	0,2
darunter Rheinland-Pfalz	427 898	391 013	30 422	839	91,4	7,1	0,2
Bernkastel, LK	51 353	37 190	13 734	111	72,4	26,7	0,2
Bitburg, LK	52 485	50 393	1 610	49	96,0	3,1	0,1
Daun, LK	35 802	34 852	711	41	97,3	2,0	0,1
Prüm, LK	40 598	38 522	1 573	-	94,9	3,9	-
Saarburg, LK	39 318	37 898	1 038	77	96,4	2,6	0,2
darunter Rheinland-Pfalz	28 471	27 443	752	56	96,4	2,6	0,2
Sankt Wendel, LK	.	.	.	.	.	.	.
darunter Rheinland-Pfalz	.	.	.	.	.	.	.
St. Wendel-Baumholder, LK	.	.	.	.	.	.	.
darunter Rheinland-Pfalz	.	.	.	.	.	.	.
Trier, St.	81 808	70 000	8 511	366	85,6	10,4	0,4
Trier, LK	95 982	92 543	2 486	137	96,4	2,6	0,1
darunter Rheinland-Pfalz	89 393	86 190	2 315	128	96,4	2,6	0,1
Wittlich, LK	47 988	46 423	1 216	89	96,7	2,5	0,2
RB Wiesbaden	1 442 463	512 077	834 522	15 988	35,5	57,9	1,1
darunter Rheinland-Pfalz	212 536	109 289	98 895	294	51,4	46,5	0,1
Oberwesterwaldkreis, LK	56 969	27 286	28 990	82	47,9	50,9	0,1
darunter Rheinland-Pfalz	56 969	27 286	28 990	82	47,9	50,9	0,1
Rheingaukreis, LK	.	.	.	.	.	.	.
darunter Rheinland-Pfalz	.	.	.	.	.	.	.
Sankt Goarshausen, LK	47 913	23 194	23 721	73	48,4	49,5	0,2
Unterlahnkreis, LK	47 581	9 285	36 473	100	19,5	76,7	0,2
darunter Rheinland-Pfalz	47 581	9 285	36 473	100	19,5	76,7	0,2
Unterwesterwaldkreis, LK	60 073	49 524	9 711	39	82,4	16,2	0,1
Westerburg, LK	.	.	.	.	.	.	.

1 Die Bevölkerungssummen in dieser Tabelle weichen von der an anderer Stelle genannten Gesamtbevölkerung ab. Ursache ist ein abweichender Bevölkerungsbegriff. Die Angaben zum Religionsbekenntnis beziehen sich auf die ständige Bevölkerung, während in den übrigen Tabellen die Wohnbevölkerung dargestellt wird. Vgl. Vormerkungen zu III.1.

T 95 noch: Bevölkerung in den heute zu Rheinland-Pfalz gehörenden Gebieten 1871–1939 nach ausgewähltem Religionsbekenntnis und historischen Verwaltungsbezirken

Regierungsbezirk (RB)/ Fürstentum/Provinz Kreisfreie Stadt (St.) Landkreis (LK)	1939[1]						
	insgesamt	darunter mit Religionsbekenntnis					
		katholisch	evangelisch	jüdisch	katholisch	evangelisch	jüdisch
		Anzahl			%		
Fürstentum Birkenfeld[2]	X	X	X	X	X	X	X
darunter Rheinland-Pfalz	X	X	X	X	X	X	X
Provinz Rheinhessen	451 836	214 089	215 560	2 305	47,4	47,7	0,5
darunter Rheinland-Pfalz	382 962	180 184	184 192	1 977	47,1	48,1	0,5
Alzey, LK	53 192	13 581	38 110	155	25,5	71,6	0,3
Bingen, LK	58 610	33 191	24 195	291	56,6	41,3	0,5
Mainz, St.	154 033	85 204	55 373	1 431	55,3	35,9	0,9
darunter Rheinland-Pfalz	121 223	67 055	43 578	1 126	55,3	35,9	0,9
Mainz, LK	55 443	32 589	21 465	63	58,8	38,7	0,1
darunter Rheinland-Pfalz	55 443	32 589	21 465	63	58,8	38,7	0,1
Oppenheim, LK	.	.	.	.	.	.	.
Worms, St.	49 654	14 178	32 508	313	28,6	65,5	0,6
Worms, LK	80 904	35 346	43 909	52	43,7	54,3	0,1
darunter Rheinland-Pfalz	44 840	19 590	24 336	29	43,7	54,3	0,1
RB Pfalz	1 015 182	429 352	557 603	1 670	42,3	54,9	0,2
darunter Rheinland-Pfalz	1 010 716	428 168	554 374	1 667	42,4	54,8	0,2
Bergzabern, LK	41 771	20 099	21 227	94	48,1	50,8	0,2
Dürkheim, LK	.	.	.	.	.	.	.
Frankenthal, St.	27 021	10 267	15 645	59	38,0	57,9	0,2
Frankenthal, LK	44 131	16 805	26 565	54	38,1	60,2	0,1
Germersheim, LK	63 467	42 622	20 428	58	67,2	32,2	0,1
Homburg, LK	.	.	.	.	.	.	.
darunter Rheinland-Pfalz	.	.	.	.	.	.	.
Kaiserslautern, St.	65 890	21 450	41 666	80	32,6	63,2	0,1
Kaiserslautern, LK	72 171	33 450	38 083	21	46,3	52,8	0,0
Kirchheimbolanden, LK	28 618	6 742	21 345	47	23,6	74,6	0,2
Kusel, LK	65 770	12 266	52 679	63	18,6	80,1	0,1
darunter Rheinland-Pfalz	63 008	11 751	50 467	60	18,6	80,1	0,1
Landau i. d. Pfalz, St.	22 428	11 144	10 713	94	49,7	47,8	0,4
Landau, LK	53 058	31 262	21 350	97	58,9	40,2	0,2
Ludwigshafen a. Rh., St.	143 934	60 762	73 820	288	42,2	51,3	0,2
Ludwigshafen a. Rh., LK	30 168	8 911	20 239	93	29,5	67,1	0,3
Neustadt an der Haardt, St.	23 941	8 961	13 614	48	37,4	56,9	0,2
Neustadt an der Haardt, LK	74 906	27 695	45 247	86	37,0	60,4	0,1
Pirmasens, St.	48 676	15 306	31 073	186	31,4	63,8	0,4
Pirmasens, LK	64 147	38 698	24 904	58	60,3	38,8	0,1
Rockenhausen, LK	35 479	7 334	27 816	89	20,7	78,4	0,3
Speyer, St.	28 509	14 200	13 055	77	49,8	45,8	0,3
Speyer, LK	25 784	22 879	2 716	20	88,7	10,5	0,1
Zweibrücken, St.	28 221	7 863	19 253	47	27,9	68,2	0,2
Zweibrücken, LK	27 092	10 636	16 165	11	39,3	59,7	0,0
darunter Rheinland-Pfalz	25 388	9 967	15 148	10	39,3	59,7	0,0
Rheinland-Pfalz	2 873 381	1 656 516	1 071 367	7 131	57,7	37,3	0,2

1 Die Bevölkerungssummen in dieser Tabelle weichen von der an anderer Stelle genannten Gesamtbevölkerung ab. Ursache ist ein abweichender Bevölkerungsbegriff. Die Angaben zum Religionsbekenntnis beziehen sich auf die ständige Bevölkerung, während in den übrigen Tabellen die Wohnbevölkerung dargestellt wird. Vgl. Vorbemerkungen zu III.1. – 2 Siehe LK Birkenfeld im RB Koblenz.

T 96 Bevölkerung 1950–1961 nach ausgewähltem Religionsbekenntnis und historischen Verwaltungsbezirken[1]

Regierungsbezirk (RB) Kreisfreie Stadt (St.) Landkreis (LK)	1950						
	insgesamt	darunter mit Religionsbekenntnis					
		römisch-katholisch	evangelisch	jüdisch	römisch-katholisch	evangelisch	jüdisch
		Anzahl			%		
RB Koblenz	1 139 663	716 899	403 426	99	62,9	35,4	0,01
RB Koblenz (bis 1968)	899 818	594 760	289 946	90	66,1	32,2	0,01
Koblenz, St.	66 444	53 589	11 480	25	80,7	17,3	0,04
Ahrweiler, LK	74 039	67 549	5 935	10	91,2	8,0	0,01
Altenkirchen (Ww.), LK	100 624	54 763	43 755	-	54,4	43,5	-
Birkenfeld, LK	77 633	14 776	60 757	4	19,0	78,3	0,01
Cochem, LK	43 405	42 002	1 300	3	96,8	3,0	0,01
Koblenz, LK	67 227	58 841	7 641	3	87,5	11,4	0,00
Kreuznach, LK	114 837	47 090	64 940	13	41,0	56,5	0,02
Mayen, LK	108 459	101 935	5 944	9	94,0	5,5	0,01
Neuwied, LK	120 874	74 118	43 548	10	61,3	36,0	0,01
Sankt Goar, LK	49 689	39 482	9 676	8	79,5	19,5	0,02
Simmern, LK	40 882	16 950	23 320	1	41,5	57,0	0,00
Zell (Mosel), LK	35 705	23 665	11 650	4	66,3	32,6	0,01
RB Montabaur (bis 1968)	239 845	122 139	113 480	9	50,9	47,3	0,00
Oberwesterwaldkreis , LK	62 417	29 320	31 723	-	47,0	50,8	-
St. Goarshausen, LK	53 922	26 003	27 171	2	48,2	50,4	0,00
Unterlahnkreis, LK	55 387	11 833	42 188	6	21,4	76,2	0,01
Unterwesterwaldkreis, LK	68 119	54 983	12 398	1	80,7	18,2	0,00
RB Trier	428 774	394 909	30 774	51	92,1	7,2	0,01
Trier, St.	75 526	66 690	6 973	34	88,3	9,2	0,05
Bernkastel, LK	54 553	38 897	15 355	3	71,3	28,1	0,01
Bitburg, LK	51 124	50 041	964	2	97,9	1,9	0,00
Daun, LK	37 747	36 638	1 003	1	97,1	2,7	0,00
Prüm, LK	38 333	37 374	883	-	97,5	2,3	-
Saarburg, LK	40 755	39 230	1 382	5	96,3	3,4	0,01
Trier, LK	79 940	77 067	2 608	2	96,4	3,3	0,00
Wittlich, LK	50 796	48 972	1 606	4	96,4	3,2	0,01
RB Rheinhessen-Pfalz	1 436 315	622 617	771 754	237	43,3	53,7	0,02
RB Rheinhessen (bis 1968)	385 261	176 005	192 642	76	45,7	50,0	0,02
Mainz, St.	88 369	52 618	29 306	42	59,5	33,2	0,05
Worms, St.	52 239	17 608	32 074	7	33,7	61,4	0,01
Alzey, LK	62 721	16 730	43 348	12	26,7	69,1	0,02
Bingen, LK	66 534	36 739	28 412	8	55,2	42,7	0,01
Mainz, LK	67 414	38 540	27 000	2	57,2	40,1	0,00
Worms, LK	47 984	13 770	32 502	5	28,7	67,7	0,01
RB Pfalz (bis 1968)	1 051 054	446 612	579 112	161	42,5	55,1	0,02
Frankenthal (Pfalz), St.	25 417	9 481	15 118	7	37,3	59,5	0,03
Kaiserslautern, St.	62 761	20 618	39 899	19	32,9	63,6	0,03
Landau i. d. Pfalz, St.	23 188	11 890	10 880	7	51,3	46,9	0,03
Ludwigshafen a. Rh., St.	123 869	52 066	65 282	18	42,0	52,7	0,01
Neustadt a.d.Weinstr., St.	26 764	10 163	15 427	7	38,0	57,6	0,03
Pirmasens, St.	41 972	13 167	26 704	20	31,4	63,6	0,05
Speyer, St.	31 841	16 343	14 425	6	51,3	45,3	0,02
Zweibrücken, St.	25 766	7 031	17 891	5	27,3	69,4	0,02
Bergzabern, LK	42 454	20 374	21 720	2	48,0	51,2	0,00
Frankenthal (Pfalz), LK	50 677	19 034	30 655	8	37,6	60,5	0,02
Germersheim, LK	67 515	45 161	21 952	14	66,9	32,5	0,02
Kaiserslautern, LK	81 902	37 487	43 331	3	45,8	52,9	0,00
Kirchheimbolanden, LK	33 570	7 851	24 548	6	23,4	73,1	0,02
Kusel, LK	69 478	13 852	54 852	2	19,9	78,9	0,00
Landau i. d. Pfalz, LK	59 844	35 148	24 245	8	58,7	40,5	0,01
Ludwigshafen a. Rh., LK	35 365	10 895	23 279	6	30,8	65,8	0,02
Neustadt a.d.Weinstr., LK	85 683	32 022	51 661	12	37,4	60,3	0,01
Pirmasens, LK	67 341	40 249	26 631	6	59,8	39,5	0,01
Rockenhausen, LK	39 039	8 358	30 046	5	21,4	77,0	0,01
Speyer, LK	30 026	25 663	4 112	-	85,5	13,7	-
Zweibrücken, LK	26 582	9 759	16 454	-	36,7	61,9	-
Rheinland-Pfalz	3 004 752	1 734 425	1 205 954	387	57,7	40,1	0,01

1 Bis zum Jahr 1968 bestand Rheinland-Pfalz aus fünf Regierungsbezirken, danach aus drei. Zur besseren Vergleichbarkeit mit späteren Zeiträumen sind hier beide Regierungsbezirksgliederungen dargestellt.

T 96 noch: Bevölkerung 1950–1961 nach ausgewähltem Religionsbekenntnis und historischen Verwaltungsbezirken[1]

Regierungsbezirk (RB) Kreisfreie Stadt (St.) Landkreis (LK)	1961						
	insgesamt	darunter mit Religionsbekenntnis					
		römisch-katholisch	evangelisch	jüdisch	römisch-katholisch	evangelisch	jüdisch
		Anzahl			%		
RB Koblenz	1 267 645	780 168	465 232	172	61,5	36,7	0,01
RB Koblenz (bis 1968)	1 012 207	649 956	344 594	155	64,2	34,0	0,02
Koblenz, St.	99 240	70 149	26 918	32	70,7	27,1	0,03
Ahrweiler, LK	83 441	72 981	9 695	4	87,5	11,6	0,00
Altenkirchen (Ww.), LK	111 883	60 749	48 634	-	54,3	43,5	-
Birkenfeld, LK	90 559	19 010	68 700	48	21,0	75,9	0,05
Cochem, LK	44 665	41 811	2 675	1	93,6	6,0	0,00
Koblenz, LK	76 193	64 395	10 982	2	84,5	14,4	0,00
Kreuznach, LK	125 365	51 335	71 156	29	40,9	56,8	0,02
Mayen, LK	120 321	108 937	10 541	8	90,5	8,8	0,01
Neuwied, LK	134 325	80 765	50 423	11	60,1	37,5	0,01
Sankt Goar, LK	49 964	39 418	10 031	6	78,9	20,1	0,01
Simmern, LK	40 415	16 767	22 990	2	41,5	56,9	0,00
Zell (Mosel), LK	35 836	23 639	11 849	12	66,0	33,1	0,03
RB Montabaur (bis 1968)	255 438	130 212	120 638	17	51,0	47,2	0,01
Oberwesterwaldkreis , LK	65 682	31 132	32 813	-	47,4	50,0	-
St. Goarshausen, LK	56 684	26 690	29 251	2	47,1	51,6	0,00
Unterlahnkreis, LK	57 828	12 660	43 849	7	21,9	75,8	0,01
Unterwesterwaldkreis, LK	75 244	59 730	14 725	8	79,4	19,6	0,01
RB Trier	459 282	414 245	41 210	73	90,2	9,0	0,02
Trier, St.	87 141	74 729	10 401	40	85,8	11,9	0,05
Bernkastel, LK	55 121	38 517	16 331	4	69,9	29,6	0,01
Bitburg, LK	54 753	52 037	2 429	18	95,0	4,4	0,03
Daun, LK	39 066	37 153	1 721	-	95,1	4,4	-
Prüm, LK	37 949	36 582	1 211	-	96,4	3,2	-
Saarburg, LK	44 817	42 362	2 269	-	94,5	5,1	-
Trier, LK	88 239	83 582	4 187	-	94,7	4,7	-
Wittlich, LK	52 196	49 283	2 661	11	94,4	5,1	0,02
RB Rheinhessen-Pfalz	1 690 189	726 595	910 558	499	43,0	53,9	0,03
RB Rheinhessen (bis 1968)	449 209	201 705	228 183	103	44,9	50,8	0,02
Mainz, St.	134 375	71 905	53 702	68	53,5	40,0	0,05
Worms, St.	62 392	21 035	37 826	18	33,7	60,6	0,03
Alzey, LK	61 845	16 290	43 251	8	26,3	69,9	0,01
Bingen, LK	72 560	38 994	31 907	4	53,7	44,0	0,01
Mainz, LK	70 172	39 573	29 069	3	56,4	41,4	0,00
Worms, LK	47 865	13 908	32 428	2	29,1	67,7	0,00
RB Pfalz (bis 1968)	1 240 980	524 890	682 375	396	42,3	55,0	0,03
Frankenthal (Pfalz), St.	33 949	12 377	20 459	1	36,5	60,3	0,00
Kaiserslautern, St.	86 259	28 098	53 979	132	32,6	62,6	0,15
Landau i. d. Pfalz, St.	28 725	14 346	13 692	6	49,9	47,7	0,02
Ludwigshafen a. Rh., St.	165 761	67 517	89 582	14	40,7	54,0	0,01
Neustadt a.d.Weinstr. St.	31 567	12 099	18 074	88	38,3	57,3	0,28
Pirmasens, St.	53 164	17 512	33 110	20	32,9	62,3	0,04
Speyer, St.	38 485	19 313	17 883	-	50,2	46,5	-
Zweibrücken, St.	32 924	9 643	22 179	29	29,3	67,4	0,09
Bergzabern, LK	47 406	23 057	23 749	2	48,6	50,1	0,00
Frankenthal (Pfalz), LK	56 439	20 856	34 400	4	37,0	61,0	0,01
Germersheim, LK	77 528	50 854	25 922	6	65,6	33,4	0,01
Kaiserslautern, LK	98 653	44 841	51 809	42	45,5	52,5	0,04
Kirchheimbolanden, LK	34 859	8 156	25 686	1	23,4	73,7	0,00
Kusel, LK	74 172	15 679	57 605	8	21,1	77,7	0,01
Landau i. d. Pfalz, LK	60 203	35 197	24 474	10	58,5	40,7	0,02
Ludwigshafen a. Rh., LK	42 963	14 240	27 401	3	33,1	63,8	0,01
Neustadt a.d.Weinstr., LK	96 217	36 269	57 617	14	37,7	59,9	0,01
Pirmasens, LK	76 877	46 185	30 036	6	60,1	39,1	0,01
Rockenhausen, LK	40 621	8 914	31 089	9	21,9	76,5	0,02
Speyer, LK	34 883	28 769	5 711	-	82,5	16,4	-
Zweibrücken, LK	29 325	10 968	17 918	1	37,4	61,1	0,00
Rheinland-Pfalz	3 417 116	1 921 008	1 417 000	744	56,2	41,5	0,02

1 Bis zum Jahr 1968 bestand Rheinland-Pfalz aus fünf Regierungsbezirken, danach aus drei. Zur besseren Vergleichbarkeit mit späteren Zeiträumen sind hier beide Regierungsbezirksgliederungen dargestellt.

T 97 Bevölkerung 1970–2009 nach ausgewähltem Religionsbekenntnis und Verwaltungsbezirken[1]

Regierungsbezirk (RB) Kreisfreie Stadt (St.) Landkreis (LK)	1970						
	insgesamt	darunter mit Religionsbekenntnis					
		römisch-katholisch	evangelisch	jüdisch	römisch-katholisch	evangelisch	jüdisch
		Anzahl			%		
RB Koblenz	1 354 269	817 651	496 911	.	60,4	36,7	.
Koblenz, St.	119 434	85 560	30 008	.	71,6	25,1	.
Ahrweiler, LK	103 862	88 385	13 090	.	85,1	12,6	.
Altenkirchen (Ww.), LK	121 181	65 504	52 149	.	54,1	43,0	.
Bad Kreuznach, LK	147 360	55 154	86 848	.	37,4	58,9	.
Birkenfeld, LK	93 619	20 941	69 187	.	22,4	73,9	.
Cochem-Zell, LK	65 998	60 723	4 323	.	92,0	6,6	.
Mayen-Koblenz, LK	186 974	159 294	23 317	.	85,2	12,5	.
Neuwied, LK	148 202	88 339	55 160	.	59,6	37,2	.
Rhein-Hunsrück-Kreis, LK	87 450	51 015	34 329	.	58,3	39,3	.
Rhein-Lahn-Kreis, LK	120 183	42 073	73 769	.	35,0	61,4	.
Westerwaldkreis, LK	160 006	100 663	54 731	.	62,9	34,2	.
RB Trier	482 412	432 991	41 115	.	89,8	8,5	.
Trier, St.	103 724	89 714	11 209	.	86,5	10,8	.
Bernkastel-Wittlich, LK	109 983	90 798	17 700	.	82,6	16,1	.
Eifelkreis Bitburg-Prüm, LK	93 396	88 587	3 410	.	94,9	3,7	.
Trier-Saarburg, LK	118 355	110 768	5 616	.	93,6	4,7	.
Vulkaneifel, LK[2]	56 954	53 124	3 180	.	93,3	5,6	.
RB Rheinhessen-Pfalz	1 808 756	781 058	945 164	.	43,2	52,3	.
Frankenthal (Pfalz), St.	40 898	15 700	22 837	.	38,4	55,8	.
Kaiserslautern, St.	99 617	33 176	61 092	.	33,3	61,3	.
Landau i. d. Pfalz, St.	38 644	18 153	19 440	.	47,0	50,3	.
Ludwigshafen a. Rh., St.	178 298	71 173	92 073	.	39,9	51,6	.
Mainz, St.	172 195	94 394	64 941	.	54,8	37,7	.
Neustadt a. d. Weinstr., St.	51 781	22 515	27 264	.	43,5	52,7	.
Pirmasens, St.	57 773	19 343	36 257	.	33,5	62,8	.
Speyer, St.	41 763	20 939	18 886	.	50,1	45,2	.
Worms, St.	76 697	26 831	45 400	.	35,0	59,2	.
Zweibrücken, St.	38 251	10 615	26 265	.	27,8	68,7	.
Alzey-Worms, LK	96 304	24 739	67 616	.	25,7	70,2	.
Bad Dürkheim, LK	114 782	39 702	70 308	.	34,6	61,3	.
Donnersbergkreis, LK	66 957	15 583	49 463	.	23,3	73,9	.
Germersheim, LK	91 680	58 196	30 720	.	63,5	33,5	.
Kaiserslautern, LK	96 314	43 489	50 635	.	45,2	52,6	.
Kusel, LK	79 040	16 838	60 575	.	21,3	76,6	.
Mainz-Bingen, LK	151 274	78 472	67 097	.	51,9	44,4	.
Rhein-Pfalz-Kreis, LK[3]	115 136	58 487	51 986	.	50,8	45,2	.
Südliche Weinstraße, LK[4]	98 206	53 121	40 778	.	54,1	41,5	.
Südwestpfalz, LK[5]	103 146	59 592	41 531	.	57,8	40,3	.
Rheinland-Pfalz	3 645 437	2 031 700	1 483 190	.	55,7	40,7	.

1 Gebietsstand 31.12.2010. – 2 Ehemalig LK Daun. – 3 Ehemalig LK Ludwigshafen. – 4 Ehemalig LK Landau-Bad Bergzabern. – 5 Ehemalig LK Pirmasens.

T 97 noch: Bevölkerung 1970–2009 nach ausgewähltem Religionsbekenntnis und Verwaltungsbezirken[1]

Regierungsbezirk (RB) Kreisfreie Stadt (St.) Landkreis (LK)	1987						
	insgesamt	darunter mit Religionsbekenntnis					
		römisch-katholisch	evangelisch	jüdisch	römisch-katholisch	evangelisch	jüdisch
		Anzahl			%		
RB Koblenz	1 351 830	797 016	468 537	.	59,0	34,7	.
Koblenz, St.	108 246	75 039	24 786	.	69,3	22,9	.
Ahrweiler, LK	111 232	88 365	15 776	.	79,4	14,2	.
Altenkirchen (Ww.), LK	120 757	63 304	49 781	.	52,4	41,2	.
Bad Kreuznach, LK	144 966	54 740	79 354	.	37,8	54,7	.
Birkenfeld, LK	85 484	20 381	59 061	.	23,8	69,1	.
Cochem-Zell, LK	60 530	54 955	4 106	.	90,8	6,8	.
Mayen-Koblenz, LK	188 282	153 161	25 353	.	81,3	13,5	.
Neuwied, LK	156 332	90 607	53 563	.	58,0	34,3	.
Rhein-Hunsrück-Kreis, LK	89 554	51 075	34 168	.	57,0	38,2	.
Rhein-Lahn-Kreis, LK	115 758	41 481	66 915	.	35,8	57,8	.
Westerwaldkreis, LK	170 689	103 908	55 674	.	60,9	32,6	.
RB Trier	472 427	414 631	42 561	.	87,8	9,0	.
Trier, St.	94 118	78 897	10 280	.	83,8	10,9	.
Bernkastel-Wittlich, LK	106 492	86 900	16 443	.	81,6	15,4	.
Eifelkreis Bitburg-Prüm, LK	89 478	83 614	3 812	.	93,4	4,3	.
Trier-Saarburg, LK	125 299	114 119	7 911	.	91,1	6,3	.
Vulkaneifel, LK[2]	57 040	51 101	4 115	.	89,6	7,2	.
RB Rheinhessen-Pfalz	1 806 566	766 153	858 057	.	42,4	47,5	.
Frankenthal (Pfalz), St.	44 717	17 573	20 884	.	39,3	46,7	.
Kaiserslautern, St.	97 326	33 475	52 891	.	34,4	54,3	.
Landau i. d. Pfalz, St.	36 057	16 774	16 715	.	46,5	46,4	.
Ludwigshafen a. Rh., St.	156 601	60 033	68 111	.	38,3	43,5	.
Mainz, St.	172 529	87 986	55 646	.	51,0	32,3	.
Neustadt a. d. Weinstr., St.	50 120	20 842	24 208	.	41,6	48,3	.
Pirmasens, St.	47 997	16 624	27 842	.	34,6	58,0	.
Speyer, St.	44 034	20 876	17 436	.	47,4	39,6	.
Worms, St.	73 635	25 372	38 806	.	34,5	52,7	.
Zweibrücken, St.	33 373	9 759	21 272	.	29,2	63,7	.
Alzey-Worms, LK	99 619	27 390	63 763	.	27,5	64,0	.
Bad Dürkheim, LK	120 129	41 247	67 802	.	34,3	56,4	.
Donnersbergkreis, LK	66 756	16 117	45 656	.	24,1	68,4	.
Germersheim, LK	103 294	60 846	33 051	.	58,9	32,0	.
Kaiserslautern, LK	95 129	42 377	47 851	.	44,5	50,3	.
Kusel, LK	75 028	17 478	54 649	.	23,3	72,8	.
Mainz-Bingen, LK	163 836	80 682	67 180	.	49,2	41,0	.
Rhein-Pfalz-Kreis, LK[3]	129 795	61 299	55 486	.	47,2	42,7	.
Südliche Weinstraße, LK[4]	97 348	52 736	39 617	.	54,2	40,7	.
Südwestpfalz, LK[5]	99 243	56 667	39 191	.	57,1	39,5	.
Rheinland-Pfalz	3 630 823	1 977 800	1 369 155	.	54,5	37,7	.

1 Gebietsstand 31.12.2010. – 2 Ehemalig LK Daun. – 3 Ehemalig LK Ludwigshafen. – 4 Ehemalig LK Landau-Bad Bergzabern. – 5 Ehemalig LK Pirmasens.

T 97 noch: Bevölkerung 1970–2009 nach ausgewähltem Religionsbekenntnis und Verwaltungsbezirken[1]

Regierungsbezirk (RB) Kreisfreie Stadt (St.) Landkreis (LK)	2009[2]						
	insgesamt	darunter mit Religionsbekenntnis					
		römisch-katholisch	evangelisch	jüdisch	römisch-katholisch	evangelisch	jüdisch
		Anzahl			%		
RB Koblenz	1 501 242	726 481	444 503	992	48,7	29,8	0,07
Koblenz, St.	106 746	56 886	20 442	626	53,4	19,2	0,59
Ahrweiler, LK	128 316	83 092	18 079	2	64,9	14,1	0,00
Altenkirchen (Ww.), LK	132 576	57 022	45 656	7	42,9	34,4	0,01
Bad Kreuznach, LK	157 186	51 945	70 153	180	33,3	45,0	0,12
Birkenfeld, LK	85 617	19 622	48 488	5	23,3	57,6	0,01
Cochem-Zell, LK	64 768	48 988	6 858	1	76,7	10,7	0,00
Mayen-Koblenz, LK	212 361	137 974	31 273	48	65,4	14,8	0,02
Neuwied, LK	182 347	83 078	48 828	22	45,8	26,9	0,01
Rhein-Hunsrück-Kreis, LK	103 761	48 957	37 093	30	47,6	36,1	0,03
Rhein-Lahn-Kreis, LK	124 983	38 220	59 443	53	30,7	47,8	0,04
Westerwaldkreis, LK	202 581	100 697	58 190	18	50,5	29,2	0,01
RB Trier	519 234	388 920	55 716	32	75,7	10,8	0,01
Trier, St.	103 463	67 975	13 208	7	65,0	12,6	0,01
Bernkastel-Wittlich, LK	113 590	79 888	17 603	5	71,6	15,8	0,00
Eifelkreis Bitburg-Prüm, LK	96 321	79 869	6 442	2	84,6	6,8	0,00
Trier-Saarburg, LK	143 048	113 927	11 571	15	80,5	8,2	0,01
Vulkaneifel, LK[3]	62 812	47 261	6 892	3	76,5	11,2	0,00
RB Rheinhessen-Pfalz	2 007 594	704 361	741 016	442	35,1	36,9	0,02
Frankenthal (Pfalz), St.	46 458	14 610	15 144	20	31,2	32,3	0,04
Kaiserslautern, St.	97 880	28 862	39 974	33	29,1	40,3	0,03
Landau i. d. Pfalz, St.	43 013	16 805	15 496	-	39,1	36,0	-
Ludwigshafen a. Rh., St.	158 511	46 596	43 087	9	28,5	26,4	0,01
Mainz, St.	196 819	74 830	47 031	250	37,8	23,8	0,13
Neustadt a. d. Weinstr., St.	53 527	18 611	21 217	5	34,8	39,6	0,01
Pirmasens, St.	41 790	12 906	20 285	-	31,6	49,7	-
Speyer, St.	49 715	18 122	15 235	29	36,4	30,6	0,06
Worms, St.	81 977	23 266	31 222	34	28,4	38,2	0,04
Zweibrücken, St.	34 408	9 586	17 381	1	28,1	51,0	0,00
Alzey-Worms, LK	125 639	31 902	60 024	3	25,6	48,1	0,00
Bad Dürkheim, LK	133 543	39 671	57 789	1	29,8	43,4	0,00
Donnersbergkreis, LK	77 102	17 152	42 189	1	22,4	55,1	0,00
Germersheim, LK	125 590	57 910	35 131	4	46,3	28,1	0,00
Kaiserslautern, LK	106 909	39 110	44 927	5	36,8	42,3	0,00
Kusel, LK	74 245	16 995	44 923	1	23,2	61,3	0,00
Mainz-Bingen, LK	202 260	79 977	65 668	29	39,7	32,6	0,01
Rhein-Pfalz-Kreis, LK[4]	149 088	56 494	49 424	8	38,0	33,2	0,01
Südliche Weinstraße, LK[5]	109 222	50 340	38 545	7	46,1	35,3	0,01
Südwestpfalz, LK[6]	99 898	50 616	36 324	2	50,8	36,5	0,00
Rheinland-Pfalz	4 028 070	1 819 762	1 241 235	1 466	45,4	30,9	0,04

1 Gebietsstand 31.12.2010. Die Gliederung in Regierungsbezirke wurde im Jahr 2000 aufgehoben, zur besseren Vergleichbarkeit sind sie hier dennoch ausgewiesen. – 2 Quelle Melderegister. Die Gesamtbevölkerung laut Melderegister weicht von dem Ergebnis der Bevölkerungsfortschreibung zum 31.12.2009 ab. – 3 Ehemalig LK Daun. – 4 Ehemalig LK Ludwigshafen. – 5 Ehemalig LK Landau-Bad Bergzabern. – 6 Ehemalig LK Pirmasens.

III.2. Haushalte und Wohnen

Die Definition des Begriffs Privathaushalt hat sich im Zeitverlauf kaum geändert

Privathaushalte sind nach aktueller Definition »Gemeinschaft[en] von Personen, die zusammen wohnen und eine wirtschaftliche Einheit bilden (Mehrpersonen-Haushalte), oder allein wohnende und wirtschaftende Personen (Einpersonen-Haushalte).«[1] Ähnlich klingen auch ältere Definitionen, wie z.B. die folgende aus dem Jahr 1900: »Unter Haushaltung waren [...] die zu einer wohn- und hauswirthschaftlichen Gemeinschaft vereinigten Personen zu verstehen – sogenannte Familien- oder gewöhnliche Haushaltungen. Einer Haushaltung gleich behandelt wurden einzeln lebende Personen, die eine besondere Wohnung inne haben und eine eigene Hauswirthschaft führen – sogenannte Einzelhaushaltungen [...].«[2] Im Detail bestand ein Unterschied bei der Erfassung der Haushalte darin, dass Untermieter bis zur Volkszählung von 1939 in der Regel dem Haushalt des Hauptmieters zugerechnet wurden, unabhängig davon, ob sie dort verpflegt wurden, während später für sich allein wirtschaftende Untermieter als eigenständige Privathaushalte separat gezählt wurden.[3]

Die Wohngebäudedefinition zeigt die Auswirkungen historischer Rahmenbedingungen auf statistische Begriffe

Zu den Wohngebäuden werden heute alle Gebäude gezählt, »die mindestens zur Hälfte – gemessen an der Gesamtnutzfläche – Wohnzwecken dienen.«[4] Wie sehr statistische Begriffe von den historischen Rahmenbedingungen geprägt werden können, zeigt der Vergleich mit der Definition, die der Gebäude- und Wohnungszählung von 1950 zugrunde lag: Angesichts der Kriegszerstörungen, die große Teile des Gebäudebestandes in Mitleidenschaft gezogen hatten, wurde zwischen Normalwohngebäuden und Notwohngebäuden unterschieden. »Als Normalwohngebäude gelten Bauernhäuser, Einfamilienhäuser, Mehrfamilienhäuser bzw. Etagenmiethäuser und Behelfsheime über 30 qm, sofern sie 1) ausschließlich oder mindestens zu 50 % Wohnzwecken dienen, 2) mindestens eine Normalwohnung aufweisen. Als Notwohngebäude gelten Behelfsheime unter 30 qm, Baracken, Nissenhütten, Bunker, Wohnlauben, Wohnwagen, Wohnschiffe, Gebäudereste, sofern sie ganz oder mindestens zu 50 % Wohnzwecken dienen.«[5] Die in den Tabellen T 17, T 19 und T 102 enthaltenen Angaben zum Wohngebäudebestand im Jahr 1950 beziehen sich allein auf die Normalwohngebäude. Frühere Definitionen waren weniger präzise, was die Abgrenzung zu Nichtwohngebäuden anhand des Nutzungsanteils anbetrifft. Ab dem Jahr 1890 galt reichsweit folgende Definition: »Als Wohnhaus ist im allgemeinen anzusehen: 1. jedes freistehende Wohngebäude, 2. jedes, wenn auch mit einem anderen Gebäude unter einem Dach befindliche, zu Wohnzwecken bestimmte Gebäude, das vom nebenstehenden Gebäude durch eine vom Dache bis zum Keller reichende Trennungswand geschieden ist.«[6]

Unterschiedliche Behandlung von Anstaltshaushaltungen führt zu kleinen Unschärfen

Die Angaben aus der Zeit vor der Landesgründung zur Anzahl der Haushalte und Wohngebäude in den heute zu Rheinland-Pfalz gehörenden Gebieten wurden überwiegend den Veröffentlichungen der statistischen Ämter der Vorgängerstaaten entnommen, weil die Daten in der Reichsstatistik meist regional nicht tief genug gegliedert waren. Da sich die Darstellungsweise in den Veröffentlichungen der einzelnen Ämter voneinander unterschied, waren kleine Unschärfen unvermeidlich, die kurz erläutert werden.

Bei der Anzahl der Haushalte ergaben sich Unterschiede in erster Linie durch die variierende Behandlung der sogenannten Anstaltshaushaltungen in den Veröffentlichungen der statistischen Ämter der Vorgängerstaaten. Während sich die Angaben zur Zahl der Haushalte seit der Landesgründung ausschließlich auf die Privathaushalte bezogen und Anstaltshaushaltungen unberücksichtigt blieben, wurden diese in den Veröffentlichungen der Vorgängerstaaten teilweise in die Summe der Haushalte miteinbezogen. Eine Anstaltshaushaltung ist eine Personengruppe, »deren Mitglieder, meist Einzelpersonen, in einer gemeinsamen Unterkunft untergebracht sind, hier gemeinsam betreut und meist auch gemeinsam verpflegt werden. Zu den Mitgliedern der Anstaltshaushaltung gehören Personal und Insassen. Das Personal ist jedoch nur aufgenommen, soweit es in der gemeinsamen Unterkunft auch wohnt; die Insassen sind nur aufgenommen, soweit sie ständige Insassen sind. Nicht zur Anstaltshaushaltung gehören die darin nur zu Wohnzwecken eingewiesenen wohnungslosen Personen und die, die innerhalb der Anstalt eine eigene Wohnung bewohnen.«[7] Da die Anstaltshaushaltungen in den meisten historischen Quellen zwar in der Summe der Haushalte enthalten waren, aber zusätzlich separat ausgewiesen wurden, konnten sie aus der Gesamtsumme der Haushalte herausgerechnet werden. Eine Ausnahme bildeten die Publikationen des Königlich Bayerischen Statistischen Bureaus. Daher sind in der Zahl der Haushalte im Regierungsbezirk Pfalz bis einschließlich 1925 die Anstaltshaushaltungen enthalten. Da der Anteil der Anstaltshaushaltungen an allen Haushalten in der Regel maximal bei einem halben Prozent lag, ist dies jedoch vernachlässigbar.

Vergleichbarkeit der Wohngebäudezahlen ist im Zeitverlauf und zwischen den Ämtern durch unterschiedliche Definitionen eingeschränkt

Größere Unterschiede zwischen den Veröffentlichungspraktiken der statistischen Ämter der Vorgängerstaaten traten bei den Angaben zur Anzahl der Wohngebäude auf. Außerdem veränderten die statistischen Ämter ihre Darstellungsweisen im Zeitverlauf, so dass die Angaben nur eingeschränkt zwischen den verschiedenen Landesteilen sowie innerhalb der Landesteile zwischen den unterschiedlichen Erhebungszeitpunkten vergleichbar sind. Häufig bezogen sich die Veröffentlichungen aus der Zeit vor der Landesgründung auf die Anzahl der bewohnten Wohngebäude. Dies war beispielsweise im Königreich Preußen bei allen Erhebungen außer der des Jahres 1880 der Fall. In diesem Jahr wurden ausnahmsweise auch andere Gebäude hinzugerechnet, die zwar zum Zeitpunkt der Zählung bewohnt waren, aber üblicherweise vom Bestimmungszweck her nicht als Wohngebäude gedacht waren. Daher ist der Wert für das Jahr 1880 im Vergleich zu den anderen Ergebnissen etwas überhöht. Auch im Fürstentum Birkenfeld beschränkte sich die Darstellung ursprünglich auf die Anzahl der bewohnten Wohngebäude. 1910 und 1925 waren in den Zahlen jedoch auch unbewohnte Wohngebäude inbegriffen, so dass die Werte etwas höher ausfielen als sie bei Verwendung der ursprünglichen Definition gewesen wären. Im Großherzogtum Hessen umfassten die Angaben zunächst bewohnte Wohngebäude und andere, ungewöhnliche Wohnstätten. Darunter fielen neben normalerweise nicht zu Wohnzwecken dienenden Gebäuden auch Wohnstätten, die außerhalb von Gebäuden lagen (Hütten, Zelte etc.). Diese recht weite Begriffsdefinition führte im Vergleich zu den Angaben der anderen Ämter zu erhöhten Werten. Ab dem Jahr 1900 bezogen sich die hessischen Veröffentlichungen dann auf die bewohnten Wohngebäude. Die Angaben zum bayerischen Regierungsbezirk Pfalz umfassten alle Wohngebäude, unabhängig davon, ob sie zum

Zählungszeitpunkt bewohnt waren oder nicht. Zusätzlich waren in den Ergebnissen bis zum Jahr 1890 bewohnte Gebäude enthalten, die üblicherweise nicht zu Wohnzwecken dienten, sowie andere bewohnte Baulichkeiten (Hütten, Bretterbuden, Zelte, Wagen, Schiffe, Flöße usw.),[8] so dass die Zahlen höher ausfielen als bei Verwendung der den preußischen Statistiken zugrunde liegenden Definition.

Bei der Anzahl der Haushalte 1961 und 1970 kommt es quellenbedingt zu Differenzen

Ähnlich wie bei den Bevölkerungszahlen kommt es auch für die Zeit nach der Landesgründung bei den Angaben zur Anzahl der Haushalte vereinzelt zu Differenzen zwischen den an verschiedenen Stellen dieses Bandes präsentierten Ergebnissen. Für die Jahre 1961 und 1970 sind die Angaben zur Anzahl der Privathaushalte sowie zur Anzahl der Einpersonenhaushalte den Tabellen T 17, T 99 und T 100 zu entnehmen. In Tabelle T 18, in der die Haushalte differenziert nach der Haushaltsgröße dargestellt werden, ergeben sich abweichende Ergebnisse bezüglich der Summe aller Haushalte und der Anzahl der Einpersonenhaushalte. Ursache hierfür sind Differenzen zwischen den Datenquellen. Die detaillierte Gliederung der Haushalte nach der Anzahl ihrer Mitglieder, die in Tabelle T 18 abgebildet wird, beruhte auf zehnprozentigen Stichproben aus dem Gesamtmaterial der jeweiligen Volkszählung, die im Hinblick auf diese und andere zusätzliche Fragestellungen ausgewertet wurden. Die Ergebnisse dieser Stichproben wurden hochgerechnet, wobei die Gesamtzahl der Haushalte laut Hochrechnung von den bei den Volkszählungen zuvor ermittelten Haushaltszahlen abwichen.

1 STATISTISCHES LANDESAMT RHEINLAND-PFALZ, Jahrbuch 2010, S. 27.
2 STATISTISCHES REICHSAMT, Volkszählung 1903, S. 80*.
3 HESSISCHES STATISTISCHES LANDESAMT, Hessen 1960, S. 491.
4 STATISTISCHES LANDESAMT RHEINLAND-PFALZ, Jahrbuch 2010, S. 226.
5 STATISTISCHES LANDESAMT RHEINLAND-PFALZ, Volkszählung 1953, S. 28.
6 KÖNIGLICH PREUßISCHES STATISTISCHES BUREAU, Ergebnisse 1903, S. III.
7 HESSISCHES STATISTISCHES LANDESAMT, Hessen 1960, S. 491.
8 KÖNIGLICH BAYERISCHES STATISTISCHES BUREAU, Gemeindeverzeichnis 1902, S. XLIX.

T 98 Haushalte in den heute zu Rheinland-Pfalz gehörenden Gebieten 1871–1939 nach historischen Verwaltungsbezirken

Regierungsbezirk (RB)/ Fürstentum/Provinz Kreisfreie Stadt (St.) Landkreis (LK)	1871		1885		1905	
	insgesamt	darunter Einpersonen-haushalte	insgesamt	darunter Einpersonen-haushalte	insgesamt	darunter Einpersonen-haushalte
	Anzahl					
RB Koblenz	117 899	7 033	127 738	.	149 082	9 913
darunter Rheinland-Pfalz	108 805	6 726	117 569	.	137 197	9 404
Adenau, LK	4 653	298	4 621	.	4 728	275
Ahrweiler, LK	7 357	468	7 923	.	8 803	676
Altenkirchen, LK	9 052	290	11 281	.	13 624	631
Birkenfeld, LK	.	.	.	.	.	.
darunter Rheinland-Pfalz	.	.	.	.	.	.
Cochem, LK	7 707	495	8 135	.	8 642	613
Koblenz, St.	.	.	6 408	.	11 144	1 078
Koblenz, LK	15 253	1 196	11 183	.	12 779	941
Kreuznach, LK	13 368	756	14 526	.	17 218	1 076
Mayen, LK	11 523	849	12 727	.	15 561	1 056
Meisenheim, LK	2 751	142	2 811	.	2 864	168
Neuwied, LK	14 440	871	15 573	.	18 313	1 234
Sankt Goar, LK	8 287	543	8 418	.	8 750	681
Simmern, LK	7 631	308	7 227	.	7 100	322
Zell, LK	6 783	510	6 736	.	7 671	653
RB Trier	116 425	5 431	130 740	.	176 646	9 054
darunter Rheinland-Pfalz	63 092	3 241	65 292	.	71 796	4 090
Bernkastel, LK	9 551	441	9 476	.	9 860	555
Bitburg, LK	8 060	254	8 161	.	8 338	430
Daun, LK	5 260	193	5 481	.	5 817	316
Prüm, LK	6 750	249	6 760	.	6 623	353
Saarburg, LK	5 883	188	5 918	.	6 094	310
darunter Rheinland-Pfalz	4 117	132	4 239	.	4 398	224
Sankt Wendel, LK	8 411	255	8 758	.	9 996	480
darunter Rheinland-Pfalz	4 267	129	4 334	.	4 622	222
St. Wendel-Baumholder, LK	.	.	.	.	.	.
darunter Rheinland-Pfalz	.	.	.	.	.	.
Trier, St.	6 199	1 159	6 152	.	8 493	880
Trier, LK	12 245	425	14 045	.	16 696	736
darunter Rheinland-Pfalz	11 273	391	13 051	.	15 571	686
Wittlich, LK	7 615	293	7 639	.	8 073	424
RB Wiesbaden	137 252	9 710	168 205	.	241 773	14 057
darunter Rheinland-Pfalz	36 408	2 706	37 746	.	40 298	2 575
Oberwesterwaldkreis, LK	7 587	490	4 880	.	5 249	307
darunter Rheinland-Pfalz	7 564	489	4 880	.	5 249	307
Rheingaukreis, LK	13 013	1 187	.	.	.	.
darunter Rheinland-Pfalz	6 563	599	.	.	.	.
Sankt Goarshausen, LK	.	.	8 561	.	9 637	668
Unterlahnkreis, LK	14 719	1 050	9 550	.	9 505	561
darunter Rheinland-Pfalz	10 722	765	9 550	.	9 505	561
Unterwesterwaldkreis, LK	11 559	854	8 563	.	9 766	579
Westerburg, LK	.	.	6 192	.	6 141	460

T 98 noch: Haushalte in den heute zu Rheinland-Pfalz gehörenden Gebieten 1871–1939 nach historischen Verwaltungsbezirken

Regierungsbezirk (RB)/ Fürstentum/Provinz Kreisfreie Stadt (St.) Landkreis (LK)	1871		1885		1905	
	insgesamt	darunter Einpersonen-haushalte	insgesamt	darunter Einpersonen-haushalte	insgesamt	darunter Einpersonen-haushalte
	Anzahl					
Fürstentum Birkenfeld	7 303	370	7 945	412	9 409	491
darunter Rheinland-Pfalz	5 750	291	6 361	330	7 685	401
Provinz Rheinhessen	53 540	3 355	62 463	4 569	82 311	5 809
darunter Rheinland-Pfalz	51 957	3 256	60 312	4 416	78 901	5 574
Alzey, LK	7 769	487	8 256	555	9 175	654
Bingen, LK	6 851	386	7 694	550	9 312	630
Mainz, St.	.	.	.	.	.	.
darunter Rheinland-Pfalz	.	.	.	.	.	.
Mainz, LK	17 487	1 092	22 120	1 569	33 005	2 272
darunter Rheinland-Pfalz	15 904	993	19 969	1 416	29 595	2 037
Oppenheim, LK	9 520	645	10 094	757	11 098	919
Worms, St.	.	.	.	.	.	.
Worms, LK	11 913	745	14 299	1 138	19 721	1 334
darunter Rheinland-Pfalz	11 913	745	14 299	1 138	19 721	1 334
RB Pfalz	135 887	.	147 242	.	188 555	.
darunter Rheinland-Pfalz	125 493	.	135 975	.	173 064	.
Bergzabern, LK	8 718	.	8 513	.	8 923	.
Dürkheim, LK	.	.	.	.	7 003	.
Frankenthal, St.	.	.	.	.	.	.
Frankenthal, LK	10 105	.	11 029	.	13 782	.
Germersheim, LK	11 519	.	11 315	.	11 887	.
Homburg, LK	10 456	.	10 886	.	13 681	.
darunter Rheinland-Pfalz	7 456	.	7 599	.	8 342	.
Kaiserslautern, St.	.	.	.	.	.	.
Kaiserslautern, LK	12 722	.	15 117	.	18 417	.
Kirchheimbolanden, LK	10 781	.	11 055	.	5 985	.
Kusel, LK	8 364	.	8 513	.	9 565	.
darunter Rheinland-Pfalz	7 990	.	8 128	.	9 130	.
Landau i. d. Pfalz, St.	.	.	.	.	.	.
Landau, LK	13 349	.	13 689	.	15 756	.
Ludwigshafen a. Rh., St.	.	.	.	.	.	.
Ludwigshafen a. Rh., LK	.	.	10 906	.	22 040	.
Neustadt an der Haardt, St.	.	.	.	.	.	.
Neustadt an der Haardt, LK	15 527	.	16 122	.	11 898	.
Pirmasens, St.	.	.	.	.	.	.
Pirmasens, LK	8 890	.	10 136	.	15 345	.
Rockenhausen, LK	.	.	.	.	8 399	.
Speyer, St.	.	.	.	.	.	.
Speyer, LK	13 229	.	6 526	.	8 602	.
Zweibrücken, St.	.	.	.	.	.	.
Zweibrücken, LK	12 227	.	13 435	.	9 064	.
darunter Rheinland-Pfalz	5 208	.	5 841	.	7 554	.
Rheinland-Pfalz	391 506	.	423 254	.	508 940	.

T 98 noch: Haushalte in den heute zu Rheinland-Pfalz gehörenden Gebieten 1871–1939 nach historischen Verwaltungsbezirken

Regierungsbezirk (RB)/ Fürstentum/Provinz Kreisfreie Stadt (St.) Landkreis (LK)	1925		1933		1939	
	insgesamt	darunter Einpersonen-haushalte	insgesamt	darunter Einpersonen-haushalte	insgesamt	darunter Einpersonen-haushalte
	Anzahl					
RB Koblenz	182 815	.	183 610	12 307	231 764	16 903
darunter Rheinland-Pfalz	165 971	.	183 610	12 307	227 243	16 659
Adenau, LK	5 202	.	.	.	.	.
Ahrweiler, LK	10 791	.	15 397	987	17 064	1 289
Altenkirchen, LK	18 512	.	20 388	1 030	23 660	1 410
Birkenfeld, LK	.	.	.	.	23 864	1 286
darunter Rheinland-Pfalz	.	.	.	.	19 343	1 042
Cochem, LK	9 281	.	9 504	656	10 235	706
Koblenz, St.	15 005	.	18 267	1 873	26 147	2 953
Koblenz, LK	16 249	.	18 632	1 399	15 982	1 244
Kreuznach, LK	20 257	.	25 576	1 579	29 156	2 108
Mayen, LK	18 772	.	23 323	1 532	26 077	1 874
Meisenheim, LK	3 043	.	.	.	.	.
Neuwied, LK	23 518	.	26 409	1 599	30 107	2 027
Sankt Goar, LK	9 838	.	10 342	782	11 602	874
Simmern, LK	7 734	.	7 653	289	8 881	349
Zell, LK	7 769	.	8 119	581	8 989	783
RB Trier	96 211	.	104 241	5 468	111 410	6 138
darunter Rheinland-Pfalz	86 662	.	93 835	5 059	101 269	5 689
Bernkastel, LK	10 865	.	11 313	659	12 768	678
Bitburg, LK	9 372	.	9 672	459	11 270	479
Daun, LK	6 932	.	7 437	291	8 235	306
Prüm, LK	7 127	.	7 374	362	8 524	323
Saarburg, LK	7 161	.	7 521	313	8 735	346
darunter Rheinland-Pfalz	5 139	.	5 329	222	6 325	251
Sankt Wendel, LK	.	.	.	.	.	.
darunter Rheinland-Pfalz	.	.	.	.	.	.
St. Wendel-Baumholder, LK	6 626	.	7 055	279	.	.
darunter Rheinland-Pfalz	5 485	.	5 817	230	.	.
Trier, St.	15 640	.	18 979	1 585	22 087	2 136
Trier, LK	18 219	.	19 654	842	22 344	994
darunter Rheinland-Pfalz	16 814	.	18 130	777	20 810	926
Wittlich, LK	9 289	.	9 785	474	11 250	591
RB Wiesbaden	339 501	.	390 314	26 364	444 983	38 531
darunter Rheinland-Pfalz	48 415	.	50 984	3 109	58 072	3 830
Oberwesterwaldkreis, LK	6 868	.	12 932	590	14 717	703
darunter Rheinland-Pfalz	6 868	.	12 932	590	14 717	703
Rheingaukreis, LK	.	.	.	.	.	.
darunter Rheinland-Pfalz	.	.	.	.	.	.
Sankt Goarshausen, LK	11 264	.	12 210	894	13 736	1 122
Unterlahnkreis, LK	11 324	.	11 711	792	13 408	958
darunter Rheinland-Pfalz	11 324	.	11 711	792	13 408	958
Unterwesterwaldkreis, LK	11 692	.	14 131	833	16 211	1 047
Westerburg, LK	7 267	.	.	.	.	.

T 98 noch: Haushalte in den heute zu Rheinland-Pfalz gehörenden Gebieten 1871–1939 nach historischen Verwaltungsbezirken

Regierungsbezirk (RB)/ Fürstentum/Provinz Kreisfreie Stadt (St.) Landkreis (LK)	1925		1933		1939	
	insgesamt	darunter Einpersonen-haushalte	insgesamt	darunter Einpersonen-haushalte	insgesamt	darunter Einpersonen-haushalte
	Anzahl					
Fürstentum Birkenfeld[1]	11 844	.	13 710	677	X	X
darunter Rheinland-Pfalz	9 498	.	11 051	546	X	X
Provinz Rheinhessen	96 520		115 112	8 607	136 354	12 077
darunter Rheinland-Pfalz	91 872	.	106 031	7 853	115 324	10 238
Alzey, LK	9 836	.	10 684	741	14 609	1 095
Bingen, LK	10 740	.	12 189	772	16 437	1 225
Mainz, St.	.	.	.	.	50 143	5 454
darunter Rheinland-Pfalz	.	.	.	.	39 462	4 292
Mainz, LK	40 147	.	51 521	4 275	16 127	1 206
darunter Rheinland-Pfalz	35 499	.	42 440	3 521	16 127	1 206
Oppenheim, LK	11 793	.	12 613	892	.	.
Worms, St.	.	.	.	.	15 822	1 578
Worms, LK	24 004	.	28 105	1 927	23 216	1 519
darunter Rheinland-Pfalz	24 004	.	28 105	1 927	12 867	842
RB Pfalz	225 081	.	252 434	15 137	288 224	20 778
darunter Rheinland-Pfalz	223 884	.	251 076	15 074	287 032	20 716
Bergzabern, LK	9 675	.	9 942	775	11 047	888
Dürkheim, LK	8 161	.	.	.	.	.
Frankenthal, St.	5 998	.	6 702	379	7 597	502
Frankenthal, LK	12 482	.	14 634	851	12 615	1 003
Germersheim, LK	13 751	.	15 005	991	17 212	1 328
Homburg, LK	.	.	.	.	.	.
darunter Rheinland-Pfalz	.	.	.	.	.	.
Kaiserslautern, St.	15 312	.	17 701	1 242	20 389	1 689
Kaiserslautern, LK	14 749	.	16 566	716	19 439	1 154
Kirchheimbolanden, LK	6 765	.	7 165	405	7 948	594
Kusel, LK	15 004	.	15 782	802	17 949	1 011
darunter Rheinland-Pfalz	14 413	.	15 120	768	17 195	969
Landau i. d. Pfalz, St.	3 829	.	4 619	376	6 209	532
Landau, LK	13 950	.	14 427	1 237	15 021	1 431
Ludwigshafen a. Rh., St.	25 815	.	29 772	1 625	44 158	3 091
Ludwigshafen a. Rh., LK	9 783	.	12 471	581	8 734	493
Neustadt an der Haardt, St.	5 592	.	6 248	466	7 264	659
Neustadt an der Haardt, LK	9 327	.	19 323	1 430	21 631	1 789
Pirmasens, St.	10 331	.	12 555	674	14 225	997
Pirmasens, LK	11 728	.	13 598	495	16 208	758
Rockenhausen, LK	9 117	.	9 024	504	10 026	735
Speyer, St.	6 277	.	7 352	595	8 079	748
Speyer, LK	5 528	.	6 210	287	7 248	415
Zweibrücken, St.	3 965	.	5 474	369	8 258	653
Zweibrücken, LK	7 942	.	7 864	337	6 967	308
darunter Rheinland-Pfalz	7 336	.	7 169	307	6 529	289
Rheinland-Pfalz	626 302	.	696 587	43 947	788 941	57 133

1 1939 siehe LK Birkenfeld im RB Koblenz.

T 99 Haushalte 1950–1961 nach historischen Verwaltungsbezirken[1]

Regierungsbezirk (RB) Kreisfreie Stadt (St.) Landkreis (LK)	1950		1961	
	insgesamt	darunter Einpersonen-haushalte	insgesamt	darunter Einpersonen-haushalte
	Anzahl			
RB Koblenz	345 730	47 282	397 871	63 382
RB Koblenz (bis 1968)	271 755	37 608	318 907	51 587
Koblenz, St.	23 167	4 914	34 558	8 343
Ahrweiler, LK	22 044	2 902	26 404	4 104
Altenkirchen (Ww.), LK	29 680	3 507	34 400	4 610
Birkenfeld, LK	23 069	2 616	28 085	4 241
Cochem, LK	11 802	1 247	12 725	1 617
Koblenz, LK	21 372	3 259	25 009	4 009
Kreuznach, LK	35 290	5 209	39 795	6 697
Mayen, LK	32 034	4 148	37 491	5 597
Neuwied, LK	38 010	5 598	43 419	6 819
Sankt Goar, LK	14 379	1 808	15 106	2 409
Simmern, LK	10 424	985	10 709	1 205
Zell (Mosel), LK	10 484	1 415	11 206	1 936
RB Montabaur (bis 1968)	73 975	9 674	78 964	11 795
Oberwesterwaldkreis , LK	18 236	1 699	18 903	2 090
St. Goarshausen, LK	17 382	2 582	18 266	3 214
Unterlahnkreis, LK	17 050	2 507	18 028	3 120
Unterwesterwaldkreis, LK	21 307	2 886	23 767	3 371
RB Trier	112 784	12 302	131 583	17 918
Trier, St.	24 536	4 889	29 801	6 765
Bernkastel, LK	14 324	1 367	15 785	2 051
Bitburg, LK	11 988	870	14 362	1 541
Daun, LK	9 495	713	10 798	1 180
Prüm, LK	9 090	821	9 905	1 047
Saarburg, LK	10 457	930	12 167	1 262
Trier, LK	20 075	1 580	24 277	2 295
Wittlich, LK	12 819	1 132	14 488	1 777
RB Rheinhessen-Pfalz	463 223	71 240	571 371	104 518
RB Rheinhessen (bis 1968)	128 406	22 612	153 972	31 515
Mainz, St.	33 329	8 262	51 189	14 047
Worms, St.	18 939	3 558	22 447	4 657
Alzey, LK	18 591	2 369	18 279	2 486
Bingen, LK	20 791	3 155	23 725	4 270
Mainz, LK	21 663	3 259	22 970	3 841
Worms, LK	15 093	2 009	15 362	2 214
RB Pfalz (bis 1968)	334 817	48 628	417 399	73 003
Frankenthal (Pfalz), St.	8 913	1 667	12 183	2 433
Kaiserslautern, St.	22 926	4 578	32 184	7 774
Landau i. d. Pfalz, St.	7 711	1 652	9 978	2 392
Ludwigshafen a. Rh., St.	43 030	7 471	61 848	14 075
Neustadt a.d.Weinstr. St.	9 600	2 142	11 470	2 534
Pirmasens, St.	14 615	2 474	19 669	4 185
Speyer, St.	10 748	2 184	13 295	2 863
Zweibrücken, St.	8 895	1 538	11 699	2 475
Bergzabern, LK	11 930	1 388	13 960	1 954
Frankenthal (Pfalz), LK	15 921	2 030	18 835	2 869
Germersheim, LK	20 007	2 444	24 733	3 715
Kaiserslautern, LK	24 735	2 848	30 855	4 187
Kirchheimbolanden, LK	10 233	1 339	10 930	1 649
Kusel, LK	20 621	2 118	22 765	2 705
Landau i. d. Pfalz, LK	18 224	2 580	19 159	2 965
Ludwigshafen a. Rh., LK	11 455	1 356	14 554	2 059
Neustadt a.d.Weinstr., LK	27 284	3 880	32 498	5 230
Pirmasens, LK	19 661	1 961	24 171	2 751
Rockenhausen, LK	11 193	1 206	12 174	1 618
Speyer, LK	9 523	1 105	11 753	1 702
Zweibrücken, LK	7 592	667	8 686	868
Rheinland-Pfalz	921 737	130 824	1 100 825	185 818

1 Bis zum Jahr 1968 bestand Rheinland-Pfalz aus fünf Regierungsbezirken, danach aus drei. Zur besseren Vergleichbarkeit mit späteren Zeiträumen sind hier beide Regierungsbezirksgliederungen dargestellt.

T 100 Haushalte 1970–1987 nach Verwaltungsbezirken[1]

Regierungsbezirk (RB) Kreisfreie Stadt (St.) Landkreis (LK)	1970		1987	
	insgesamt	darunter Einpersonen-haushalte	insgesamt	darunter Einpersonen-haushalte
	Anzahl			
RB Koblenz	442 638	80 886	534 855	137 622
Koblenz, St.	43 326	10 598	50 177	18 548
Ahrweiler, LK	34 614	6 301	45 132	12 519
Altenkirchen (Ww.), LK	38 728	6 294	45 852	10 381
Bad Kreuznach, LK	47 971	9 060	56 939	14 883
Birkenfeld, LK	30 524	5 506	34 083	8 568
Cochem-Zell, LK	20 210	3 158	22 644	5 281
Mayen-Koblenz, LK	61 691	11 306	74 716	18 791
Neuwied, LK	49 915	9 220	63 236	16 184
Rhein-Hunsrück-Kreis, LK	25 980	4 250	33 072	7 331
Rhein-Lahn-Kreis, LK	39 801	7 759	45 817	11 984
Westerwaldkreis, LK	49 878	7 434	63 187	13 152
RB Trier	144 620	23 001	181 797	47 740
Trier, St.	36 977	9 301	45 831	19 442
Bernkastel-Wittlich, LK	33 202	5 207	39 798	9 318
Eifelkreis Bitburg-Prüm, LK	25 282	2 900	30 587	6 030
Trier-Saarburg, LK	32 794	3 509	44 940	8 800
Vulkaneifel, LK[2]	16 365	2 084	20 641	4 150
RB Rheinhessen-Pfalz	631 623	134 072	760 130	225 863
Frankenthal (Pfalz), St.	14 900	3 240	19 278	5 675
Kaiserslautern, St.	38 270	9 689	47 723	19 095
Landau i. d. Pfalz, St.	13 883	3 588	16 312	6 023
Ludwigshafen a. Rh., St.	69 395	18 908	74 250	28 838
Mainz, St.	68 502	21 650	86 906	38 681
Neustadt a. d. Weinstr., St.	18 771	4 310	22 172	7 362
Pirmasens, St.	22 089	5 371	22 254	7 901
Speyer, St.	15 033	3 628	19 774	6 951
Worms, St.	28 404	6 782	32 723	11 051
Zweibrücken, St.	13 762	2 997	14 514	4 403
Alzey-Worms, LK	29 967	4 623	36 997	7 595
Bad Dürkheim, LK	39 687	7 519	48 168	11 858
Donnersbergkreis, LK	20 814	3 260	24 914	5 295
Germersheim, LK	29 459	5 132	39 810	9 384
Kaiserslautern, LK	30 393	4 462	36 485	7 950
Kusel, LK	24 843	3 519	28 014	5 502
Mainz-Bingen, LK	50 724	9 397	64 049	15 480
Rhein-Pfalz-Kreis, LK[3]	39 050	6 111	51 401	10 937
Südliche Weinstraße, LK[4]	31 760	5 893	37 324	8 668
Südwestpfalz, LK[5]	31 917	3 993	37 062	7 214
Rheinland-Pfalz	1 218 881	237 959	1 476 782	411 225

1 Gebietsstand 31.12.2010. – 2 Ehemalig LK Daun. – 3 Ehemalig LK Ludwigshafen. – 4 Ehemalig LK Landau-Bad Bergzabern. – 5 Ehemalig LK Pirmasens.

T 101 Wohngebäude in den heute zu Rheinland-Pfalz gehörenden Gebieten 1871–1925 nach historischen Verwaltungsbezirken

Regierungsbezirk (RB)/ Fürstentum/Provinz Kreisfreie Stadt (St.) Landkreis (LK)	1871	1875	1880	1885	1890
	Anzahl				
RB Koblenz	93 077	94 960	98 488	99 691	101 613
darunter Rheinland-Pfalz	85 336	86 988	90 151	91 294	92 983
Adenau, LK	4 513	4 291	4 458	4 299	4 311
Ahrweiler, LK	6 756	6 766	7 116	7 033	7 133
Altenkirchen, LK	7 338	8 038	8 639	8 974	9 323
Birkenfeld, LK	.	.	.	.	.
darunter Rheinland-Pfalz	.	.	.	.	.
Cochem, LK	6 706	6 681	7 024	7 093	7 164
Koblenz, St.	.	.	.	.	1 728
Koblenz, LK	8 217	8 621	8 845	9 284	7 906
Kreuznach, LK	10 151	10 568	10 962	11 017	11 402
Mayen, LK	9 434	9 402	9 761	10 059	10 282
Meisenheim, LK	2 447	2 420	2 493	2 499	2 490
Neuwied, LK	10 815	11 220	11 473	11 723	11 860
Sankt Goar, LK	6 551	6 614	6 790	6 813	6 864
Simmern, LK	6 793	6 716	6 776	6 756	6 678
Zell, LK	5 615	5 651	5 814	5 744	5 842
RB Trier	94 666	97 218	102 169	102 921	106 135
darunter Rheinland-Pfalz	55 157	55 221	57 455	56 857	56 898
Bernkastel, LK	8 261	8 279	8 555	8 425	8 403
Bitburg, LK	7 721	7 627	8 010	7 778	7 691
Daun, LK	5 052	5 073	5 184	5 127	5 183
Prüm, LK	6 265	6 348	6 562	6 337	6 264
Saarburg, LK	5 684	5 527	5 795	5 617	5 561
darunter Rheinland-Pfalz	3 978	3 868	4 056	4 023	3 983
Sankt Wendel, LK	7 078	7 280	7 473	7 580	7 665
darunter Rheinland-Pfalz	3 591	3 693	3 791	3 751	3 793
St. Wendel-Baumholder, LK	.	.	.	.	.
darunter Rheinland-Pfalz	.	.	.	.	.
Trier, St.	2 992	3 008	3 291	3 548	2 537
Trier, LK	11 221	11 265	11 793	11 595	12 937
darunter Rheinland-Pfalz	10 330	10 371	10 857	10 774	12 021
Wittlich, LK	6 967	6 954	7 150	7 094	7 023
RB Wiesbaden	87 582	91 353	95 434	97 052	105 049
darunter Rheinland-Pfalz	26 584	27 116	28 100	28 345	28 663
Oberwesterwaldkreis, LK	6 268	6 368	6 603	6 606	4 186
darunter Rheinland-Pfalz	6 249	6 349	6 583	6 586	4 186
Rheingaukreis, LK	8 073	8 251	8 488	8 543	.
darunter Rheinland-Pfalz	4 071	4 161	4 281	4 309	.
Sankt Goarshausen, LK	.	.	.	.	5 801
Unterlahnkreis, LK	10 401	10 720	11 044	11 227	6 836
darunter Rheinland-Pfalz	7 576	7 809	8 045	8 178	6 836
Unterwesterwaldkreis, LK	8 687	8 797	9 191	9 272	6 427
Westerburg, LK	.	.	.	.	5 413

T 101 noch: Wohngebäude in den heute zu Rheinland-Pfalz gehörenden Gebieten 1871–1925 nach historischen Verwaltungsbezirken

Regierungsbezirk (RB)/ Fürstentum/Provinz Kreisfreie Stadt (St.) Landkreis (LK)	1871	1875	1880	1885	1890
	Anzahl				
Fürstentum Birkenfeld	5 807	6 045	6 124	6 220	6 349
darunter Rheinland-Pfalz	4 572	4 786	4 848	4 980	5 082
Provinz Rheinhessen	36 693	37 985	39 548	40 585	41 853
darunter Rheinland-Pfalz	36 007	37 216	38 729	39 735	40 952
Alzey, LK	6 644	6 777	6 994	7 084	7 237
Bingen, LK	5 503	5 677	5 954	6 060	6 150
Mainz, St.	.	.	.	.	.
darunter Rheinland-Pfalz	.	.	.	.	.
Mainz, LK	7 580	7 950	8 378	8 743	9 172
darunter Rheinland-Pfalz	6 894	7 181	7 559	7 893	8 271
Oppenheim, LK	8 097	8 269	8 445	8 575	8 742
Worms, St.	.	.	.	.	.
Worms, LK	8 869	9 312	9 777	10 123	10 552
darunter Rheinland-Pfalz	8 869	9 312	9 777	10 123	10 552
RB Pfalz	.	.	109 451	114 585	117 747
darunter Rheinland-Pfalz	.	.	101 076	105 696	108 424
Bergzabern, LK	.	.	7 592	7 621	7 607
Dürkheim, LK	.	.	.	.	.
Frankenthal, St.	.	.	.	.	.
Frankenthal, LK	.	.	8 219	8 610	8 989
Germersheim, LK	.	.	9 338	9 282	9 320
Homburg, LK	.	.	8 709	9 273	9 477
darunter Rheinland-Pfalz	.	.	6 117	6 473	6 462
Kaiserslautern, St.	.	.	.	.	.
Kaiserslautern, LK	.	.	9 925	10 703	11 372
Kirchheimbolanden, LK	.	.	9 694	9 537	9 794
Kusel, LK	.	.	7 305	7 674	7 709
darunter Rheinland-Pfalz	.	.	6 990	7 327	7 354
Landau i. d. Pfalz, St.	.	.	.	.	.
Landau, LK	.	.	10 521	10 935	10 787
Ludwigshafen a. Rh., St.	.	.	.	.	.
Ludwigshafen a. Rh., LK	.	.	.	6 393	7 196
Neustadt an der Haardt, St.	.	.	.	.	.
Neustadt an der Haardt, LK	.	.	11 374	12 427	12 386
Pirmasens, St.	.	.	.	.	.
Pirmasens, LK	.	.	7 069	7 332	7 778
Rockenhausen, LK	.	.	.	.	.
Speyer, St.	.	.	.	.	.
Speyer, LK	.	.	10 003	4 640	4 852
Zweibrücken, St.	.	.	.	.	.
Zweibrücken, LK	.	.	9 702	10 158	10 480
darunter Rheinland-Pfalz	.	.	4 234	4 416	4 527
Rheinland-Pfalz	.	.	320 358	326 905	333 002

T 101 noch: Wohngebäude in den heute zu Rheinland-Pfalz gehörenden Gebieten 1871–1925 nach historischen Verwaltungsbezirken

Regierungsbezirk (RB)/ Fürstentum/Provinz Kreisfreie Stadt (St.) Landkreis (LK)	1895	1900	1905	1910	1925
	Anzahl				
RB Koblenz	103 893	107 043	111 499	116 006	125 261
darunter Rheinland-Pfalz	95 023	97 925	101 849	105 876	113 564
Adenau, LK	4 269	4 335	4 379	4 496	4 658
Ahrweiler, LK	7 257	7 395	7 627	7 919	8 488
Altenkirchen, LK	9 567	10 112	10 777	11 455	13 160
Birkenfeld, LK	.	.	.	.	.
darunter Rheinland-Pfalz	.	.	.	.	.
Cochem, LK	7 219	7 329	7 496	7 694	7 811
Koblenz, St.	2 358	2 579	3 156	3 321	3 826
Koblenz, LK	7 763	8 220	8 538	9 010	9 911
Kreuznach, LK	11 755	12 114	12 580	12 943	13 843
Mayen, LK	10 664	10 884	11 454	12 115	13 031
Meisenheim, LK	2 517	2 538	2 585	2 625	2 660
Neuwied, LK	12 263	12 794	13 307	14 076	15 472
Sankt Goar, LK	6 897	6 976	7 107	7 280	7 593
Simmern, LK	6 632	6 613	6 625	6 583	6 734
Zell, LK	5 862	6 036	6 218	6 359	6 377
RB Trier	111 337	118 664	126 506	134 577	74 530
darunter Rheinland-Pfalz	57 264	58 647	60 481	62 247	66 631
Bernkastel, LK	8 414	8 554	8 700	8 983	9 291
Bitburg, LK	7 701	7 809	7 961	8 110	8 530
Daun, LK	5 218	5 294	5 440	5 644	6 117
Prüm, LK	6 177	6 170	6 248	6 325	6 496
Saarburg, LK	5 583	5 645	5 771	5 819	6 243
darunter Rheinland-Pfalz	4 012	4 056	4 165	4 200	4 480
Sankt Wendel, LK	7 871	8 167	8 443	8 748	.
darunter Rheinland-Pfalz	3 682	3 821	3 904	4 045	.
St. Wendel-Baumholder, LK	.	.	.	.	5 262
darunter Rheinland-Pfalz	.	.	.	.	4 356
Trier, St.	2 807	3 142	3 256	3 480	5 909
Trier, LK	13 208	13 702	14 407	14 883	14 465
darunter Rheinland-Pfalz	12 184	12 640	13 436	13 880	13 349
Wittlich, LK	7 069	7 161	7 371	7 580	8 103
RB Wiesbaden	109 942	115 756	125 213	133 413	150 865
darunter Rheinland-Pfalz	29 080	29 981	31 097	32 251	34 498
Oberwesterwaldkreis, LK	4 241	4 343	4 566	4 779	5 305
darunter Rheinland-Pfalz	4 241	4 343	4 566	4 779	5 305
Rheingaukreis, LK	.	.	.	.	.
darunter Rheinland-Pfalz	.	.	.	.	.
Sankt Goarshausen, LK	5 971	6 122	6 324	6 641	7 015
Unterlahnkreis, LK	6 900	6 950	7 188	7 423	7 793
darunter Rheinland-Pfalz	6 900	6 950	7 188	7 423	7 793
Unterwesterwaldkreis, LK	6 598	7 079	7 529	7 734	8 422
Westerburg, LK	5 370	5 487	5 490	5 674	5 963

T 101 noch: Wohngebäude in den heute zu Rheinland-Pfalz gehörenden Gebieten 1871–1925 nach historischen Verwaltungsbezirken

Regierungsbezirk (RB)/ Fürstentum/Provinz Kreisfreie Stadt (St.) Landkreis (LK)	1895	1900	1905	1910	1925
	Anzahl				
Fürstentum Birkenfeld	6 466	6 661	7 076	7 570	8 277
darunter Rheinland-Pfalz	5 114	5 390	5 779	6 218	6 637
Provinz Rheinhessen	44 217	46 269	48 986	51 379	55 296
darunter Rheinland-Pfalz	43 198	45 170	47 765	50 103	53 639
Alzey, LK	7 405	7 699	7 890	8 058	8 332
Bingen, LK	6 425	6 534	6 988	7 309	7 899
Mainz, St.	.	.	.	.	.
darunter Rheinland-Pfalz	.	.	.	.	.
Mainz, LK	10 191	10 830	11 813	12 914	14 315
darunter Rheinland-Pfalz	9 172	9 731	10 592	11 638	12 658
Oppenheim, LK	8 992	9 259	9 574	9 753	10 137
Worms, St.	.	.	.	.	.
Worms, LK	11 204	11 947	12 721	13 345	14 613
darunter Rheinland-Pfalz	11 204	11 947	12 721	13 345	14 613
RB Pfalz	120 115	127 509	.	136 113	.
darunter Rheinland-Pfalz	110 327	116 699	.	123 861	.
Bergzabern, LK	7 599	7 698	.	.	.
Dürkheim, LK	.	.	.	.	.
Frankenthal, St.	.	.	.	.	.
Frankenthal, LK	9 112	9 661	.	.	.
Germersheim, LK	9 375	9 609	.	.	.
Homburg, LK	9 800	10 544	.	.	.
darunter Rheinland-Pfalz	6 546	6 682	.	.	.
Kaiserslautern, St.	.	.	.	.	.
Kaiserslautern, LK	11 570	10 220	.	.	.
Kirchheimbolanden, LK	9 923	5 034	.	.	.
Kusel, LK	7 825	8 098	.	.	.
darunter Rheinland-Pfalz	7 464	7 739	.	.	.
Landau i. d. Pfalz, St.	.	.	.	.	.
Landau, LK	11 099	11 464	.	.	.
Ludwigshafen a. Rh., St.	.	.	.	.	.
Ludwigshafen a. Rh., LK	7 427	8 888	.	.	.
Neustadt an der Haardt, St.	.	.	.	.	.
Neustadt an der Haardt, LK	12 511	12 811	.	.	.
Pirmasens, St.	.	.	.	.	.
Pirmasens, LK	8 131	8 859	.	.	.
Rockenhausen, LK	.	7 690	.	.	.
Speyer, St.	.	.	.	.	.
Speyer, LK	4 936	5 200	.	.	.
Zweibrücken, St.	.	.	.	.	.
Zweibrücken, LK	10 807	11 733	.	.	.
darunter Rheinland-Pfalz	4 635	5 145	.	.	.
Rheinland-Pfalz	340 007	353 812	.	380 556	.

T 102 Wohngebäude 1950–1961 nach historischen Verwaltungsbezirken[1]

Regierungsbezirk (RB) Kreisfreie Stadt (St.) Landkreis (LK)	1950	1961
	Anzahl	
RB Koblenz	179 953	220 788
RB Koblenz (bis 1968)	140 620	174 528
Koblenz, St.	5 896	8 805
Ahrweiler, LK	12 735	16 275
Altenkirchen (Ww.), LK	15 875	20 571
Birkenfeld, LK	11 974	15 459
Cochem, LK	8 256	9 202
Koblenz, LK	9 855	12 690
Kreuznach, LK	18 119	21 489
Mayen, LK	17 599	22 456
Neuwied, LK	18 507	23 116
Sankt Goar, LK	8 227	9 344
Simmern, LK	6 930	7 768
Zell (Mosel), LK	6 647	7 353
RB Montabaur (bis 1968)	39 333	46 260
Oberwesterwaldkreis , LK	11 510	13 442
St. Goarshausen, LK	7 770	8 947
Unterlahnkreis, LK	8 663	9 768
Unterwesterwaldkreis, LK	11 390	14 103
RB Trier	68 266	82 356
Trier, St.	7 026	8 860
Bernkastel, LK	9 939	11 215
Bitburg, LK	9 064	10 979
Daun, LK	6 713	8 103
Prüm, LK	6 708	7 762
Saarburg, LK	6 747	8 361
Trier, LK	13 158	16 602
Wittlich, LK	8 911	10 474
RB Rheinhessen-Pfalz	218 649	274 868
RB Rheinhessen (bis 1968)	57 453	68 977
Mainz, St.	7 521	11 336
Worms, St.	6 639	8 171
Alzey, LK	11 585	12 507
Bingen, LK	11 184	13 040
Mainz, LK	11 700	13 704
Worms, LK	8 824	10 219
RB Pfalz (bis 1968)	161 196	205 891
Frankenthal (Pfalz), St.	3 190	4 293
Kaiserslautern, St.	6 022	8 790
Landau i. d. Pfalz, St.	2 480	3 685
Ludwigshafen a. Rh., St.	14 021	18 225
Neustadt a.d.Weinstr. St.	2 990	3 650
Pirmasens, St.	3 738	5 651
Speyer, St.	3 829	4 736
Zweibrücken, St.	3 200	4 757
Bergzabern, LK	7 478	9 093
Frankenthal (Pfalz), LK	9 001	11 380
Germersheim, LK	12 096	15 137
Kaiserslautern, LK	13 886	19 095
Kirchheimbolanden, LK	5 873	6 750
Kusel, LK	12 544	15 180
Landau i. d. Pfalz, LK	11 431	12 650
Ludwigshafen a. Rh., LK	6 356	8 458
Neustadt a.d.Weinstr., LK	15 286	18 931
Pirmasens, LK	10 068	14 171
Rockenhausen, LK	7 893	8 717
Speyer, LK	5 511	6 921
Zweibrücken, LK	4 303	5 621
Rheinland-Pfalz	466 868	578 012

1 Bis zum Jahr 1968 bestand Rheinland-Pfalz aus fünf Regierungsbezirken, danach aus drei. Zur besseren Vergleichbarkeit mit späteren Zeiträumen sind hier beide Regierungsbezirksgliederungen dargestellt.

T 103 Wohngebäude 1970–2010 nach Verwaltungsbezirken[1]

Regierungsbezirk (RB) Kreisfreie Stadt (St.) Landkreis (LK)	1970	1975	1980	1985	1990
	Anzahl				
RB Koblenz	269 735	298 580	328 042	351 083	360 459
Koblenz, St.	14 144	15 284	16 299	17 028	17 812
Ahrweiler, LK	22 789	25 577	28 296	30 553	31 099
Altenkirchen (Ww.), LK	25 727	28 461	31 351	33 476	34 187
Bad Kreuznach, LK	29 237	31 816	35 124	37 548	38 269
Birkenfeld, LK	18 800	20 595	22 124	23 512	24 120
Cochem-Zell, LK	15 248	16 667	18 023	19 403	18 685
Mayen-Koblenz, LK	37 239	41 027	44 529	46 876	48 971
Neuwied, LK	29 866	33 817	37 712	40 724	42 668
Rhein-Hunsrück-Kreis, LK	18 440	20 673	23 471	25 682	25 744
Rhein-Lahn-Kreis, LK	23 027	25 108	27 182	28 920	30 128
Westerwaldkreis, LK	35 218	39 555	43 931	47 361	48 776
RB Trier	100 100	109 348	119 133	127 815	130 174
Trier, St.	14 350	15 328	16 058	16 985	17 187
Bernkastel-Wittlich, LK	25 510	27 689	29 864	31 920	32 056
Eifelkreis Bitburg-Prüm, LK	21 755	23 953	26 227	28 214	27 693
Trier-Saarburg, LK	25 074	27 463	29 861	32 085	34 577
Vulkaneifel, LK[2]	13 411	14 915	17 123	18 611	18 661
RB Rheinhessen-Pfalz	331 733	362 959	394 575	421 629	437 144
Frankenthal (Pfalz), St.	5 614	6 480	6 913	7 269	7 498
Kaiserslautern, St.	13 594	14 559	15 501	16 427	17 115
Landau i. d. Pfalz, St.	6 429	7 018	7 591	7 967	8 250
Ludwigshafen a. Rh., St.	20 828	21 612	22 345	23 138	23 774
Mainz, St.	18 552	20 998	22 872	24 612	26 134
Neustadt a. d. Weinstr., St.	9 041	9 742	10 419	10 917	11 327
Pirmasens, St.	8 091	8 790	9 206	9 517	9 576
Speyer, St.	5 946	6 639	7 166	7 570	8 290
Worms, St.	12 910	13 944	14 631	15 444	15 561
Zweibrücken, St.	6 714	7 131	7 545	7 743	8 104
Alzey-Worms, LK	23 051	25 554	28 037	30 062	30 187
Bad Dürkheim, LK	25 841	28 614	31 717	34 103	35 026
Donnersbergkreis, LK	15 484	16 831	18 483	19 906	20 002
Germersheim, LK	19 259	21 932	24 336	26 547	27 095
Kaiserslautern, LK	21 189	23 285	25 225	27 339	29 190
Kusel, LK	17 905	19 116	20 498	21 636	22 193
Mainz-Bingen, LK	30 921	33 453	36 922	40 124	44 069
Rhein-Pfalz-Kreis, LK[3]	25 546	28 543	32 207	34 915	36 381
Südliche Weinstraße, LK[4]	22 429	24 223	26 535	28 332	28 503
Südwestpfalz, LK[5]	22 389	24 495	26 426	28 061	28 869
Rheinland-Pfalz	701 568	770 887	841 750	900 527	927 777

1 Gebietsstand 31.12.2010. – 2 Ehemalig LK Daun. – 3 Ehemalig LK Ludwigshafen. – 4 Ehemalig LK Landau-Bad Bergzabern. – 5 Ehemalig LK Pirmasens.

T 103 noch: Wohngebäude 1970–2010 nach Verwaltungsbezirken[1]

Regierungsbezirk (RB) Kreisfreie Stadt (St.) Landkreis (LK)	1995	2000	2005	2010
	Anzahl			
RB Koblenz	385 068	410 602	431 219	444 569
Koblenz, St.	18 497	19 073	19 699	20 215
Ahrweiler, LK	33 446	35 763	37 421	38 522
Altenkirchen (Ww.), LK	36 740	39 292	41 323	42 236
Bad Kreuznach, LK	40 745	42 755	44 076	45 234
Birkenfeld, LK	25 150	26 318	27 467	27 943
Cochem-Zell, LK	19 832	21 307	22 556	23 645
Mayen-Koblenz, LK	52 300	56 090	59 294	62 208
Neuwied, LK	45 529	48 588	50 820	52 349
Rhein-Hunsrück-Kreis, LK	27 387	29 470	31 458	32 562
Rhein-Lahn-Kreis, LK	32 320	34 374	35 889	36 621
Westerwaldkreis, LK	53 122	57 572	61 216	63 034
RB Trier	137 921	146 710	153 762	160 358
Trier, St.	17 947	18 632	19 205	19 852
Bernkastel-Wittlich, LK	33 935	35 612	37 254	38 554
Eifelkreis Bitburg-Prüm, LK	29 264	31 150	32 892	34 494
Trier-Saarburg, LK	36 830	39 665	41 741	43 974
Vulkaneifel, LK[2]	19 945	21 651	22 670	23 484
RB Rheinhessen-Pfalz	463 758	488 336	511 553	528 173
Frankenthal (Pfalz), St.	7 867	8 114	8 412	8 716
Kaiserslautern, St.	17 639	18 299	19 280	19 858
Landau i. d. Pfalz, St.	8 793	9 167	9 624	9 921
Ludwigshafen a. Rh., St.	24 958	25 733	26 512	27 158
Mainz, St.	26 962	28 238	29 054	29 929
Neustadt a. d. Weinstr., St.	12 051	12 607	12 968	13 191
Pirmasens, St.	9 791	10 017	10 231	10 341
Speyer, St.	8 793	9 103	9 467	9 753
Worms, St.	16 297	16 925	17 462	17 834
Zweibrücken, St.	8 355	8 769	9 072	9 249
Alzey-Worms, LK	33 524	35 508	37 594	38 832
Bad Dürkheim, LK	36 688	38 961	40 443	41 535
Donnersbergkreis, LK	21 247	22 740	24 010	24 649
Germersheim, LK	28 995	30 800	32 451	33 707
Kaiserslautern, LK	31 106	33 439	35 988	37 532
Kusel, LK	23 302	24 689	25 962	26 660
Mainz-Bingen, LK	47 613	50 054	52 831	55 414
Rhein-Pfalz-Kreis, LK[3]	39 080	40 923	42 932	44 536
Südliche Weinstraße, LK[4]	30 320	32 101	33 482	34 742
Südwestpfalz, LK[5]	30 377	32 149	33 778	34 616
Rheinland-Pfalz	986 747	1 045 648	1 096 534	1 133 100

1 Gebietsstand 31.12.2010. Die Gliederung in Regierungsbezirke wurde im Jahr 2000 aufgehoben, zur besseren Vergleichbarkeit sind sie hier dennoch ausgewiesen. – 2 Ehemalig LK Daun. – 3 Ehemalig LK Ludwigshafen. – 4 Ehemalig LK Landau-Bad Bergzabern. – 5 Ehemalig LK Pirmasens.

III.3. Landwirtschaft

Die Agrarstatistik war anfangs stark durch landestypische Besonderheiten geprägt

Die Agrarstatistik hat eine lange Tradition. Gerade in vor- und frühindustriellen Gesellschaften, in denen die Bevölkerung in hohem Maße von der Landwirtschaft abhängig war, hatte dieser Bereich der Statistik eine große Bedeutung. Daher haben die statistischen Behörden der rheinland-pfälzischen Vorgängerstaaten bereits frühzeitig damit begonnen, agrarstatistische Daten zu erheben und teilweise auch zu veröffentlichen. Allerdings gingen in diesem Bereich – anders als in der Bevölkerungsstatistik – vom Deutschen Zollverein zunächst keine Impulse für eine länderübergreifende Vereinheitlichung aus. Zwar befasste sich die 1869 gegründete »Kommission zur weiteren Ausbildung der Statistik des Zollvereins« mit der Agrarstatistik, jedoch konnten ihre Vorschläge vor der Gründung des Deutschen Reiches nicht mehr umgesetzt werden.[1] Daher war die Agrarstatistik bis in die Anfangsjahre des Deutschen Reiches von landestypischen Besonderheiten geprägt. Da unterschiedliche Berichtszeiträume, verschiedene Maßeinheiten und abweichende Bezeichnungen die Vergleichbarkeit der Daten stark einschränken, beginnt die Darstellung erst nach der Reichsgründung.

In den 1870er-Jahren begann die Vereinheitlichung der Agrarstatistik

In den 1870er-Jahren wurden im Deutschen Reich Maßnahmen zu einer Vereinheitlichung der Agrarstatistik eingeleitet, die auf den Vorschlägen der »Kommission zur weiteren Ausbildung der Statistik des Zollvereins« aufbauten. So fand 1878 erstmals eine Erhebung über die landwirtschaftliche Bodenbenutzung statt, die im gesamten Deutschen Reich nach einheitlichen Vorgaben durchgeführt wurde.[2] Es wurden Musterformulare zugrunde gelegt, die den Mindestumfang der zu erhebenden Informationen vorschrieben, jedoch nach Bedarf an die örtlichen Verhältnisse angepasst werden konnten. So konnte z.B. der Katalog der zu erfassenden Fruchtarten ergänzt werden, um den regionalen Besonderheiten der Landwirtschaft Rechnung zu tragen. Die Organisation der Datenerhebung, d.h. welche Organe die Informationen auf welchem Wege beschaffen sollten, blieb jedoch weiterhin den Einzelstaaten selbst überlassen. Während die Erfassung der Anbauflächen auf Reichsebene nur in mehrjährigen Abständen erfolgte, wurden in manchen Staaten in kürzeren Abständen Anbauflächenerhebungen durchgeführt.

Auch bezüglich der Erntestatistik wurden im Jahr 1878 allgemein geltende Regelungen eingeführt.[3] In den Folgejahren wurden jährlich die Ernteerträge pro Hektar auf der Basis reichsweit einheitlicher Erhebungsformulare erfasst. Die Ergebnisse mussten bis zum 1. Juni des auf das Erntejahr folgenden Jahres an das Statistische Reichsamt übermittelt werden. Die gesamten Erntemengen sollten durch Multiplikation der Hektarerträge mit den bei der letzten Erhebung der Anbauflächen gewonnenen Angaben geschätzt werden. Wie die Daten vor Ort zu gewinnen waren, blieb auch hier den Einzelstaaten überlassen: »Die Angaben sind überall auf Grund möglichst umfassend eingezogener Nachrichten und sachkundiger Begutachtung festzustellen; welche Organe jedoch hierfür zu benutzen sind und ob die Angaben zunächst in Gemeinde- oder ähnlichen kleineren Erhebungsbezirken gesammelt werden sollen, bleibt dem einzelnen Staate zu bestimmen überlassen.«[4]

Bereits im Jahr 1873 wurden die Viehbestände erstmals im Rahmen einer reichsweit angeordneten Zählung erfasst. Es folgten weitere Erhebungen in mehrjährigen Abständen. Als Erhebungsmethode wurde eine Umfrage »von Haus zu Haus« vorgeschrieben, die sich inhaltlich an vorgegebenen Musterformularen orientierte. Außerdem wurde ein genauer Zeitpunkt der Zählung verbindlich festgelegt. Die organisatorische Umsetzung der Vorgaben war auch hier den Einzelstaaten vorbehalten.[5]

Die Veröffentlichungspraxis der statistischen Ämter blieb unterschiedlich

Innerhalb der verbindlich gesetzten Rahmenbedingungen blieb nicht nur die praktische Erhebungsdurchführung, sondern auch die Gestaltung der agrarstatistischen Veröffentlichungen Sache der Einzelstaaten. Zwar wurden auch im Rahmen der Reichsstatistik bereits in den 1870er-Jahren Daten aus der Landwirtschaftsstatistik publiziert, jedoch beschränkte sich die Darstellung in der Regel auf größere Verwaltungsbezirke. Statistische Ergebnisse auf der Ebene der Landkreise bzw. Bezirksämter, die – sofern vorhanden – die Grundlage für die Tabellen zur Agrarstatistik in diesem Band bilden, wurden von den statistischen Behörden der Einzelstaaten in unterschiedlicher Regelmäßigkeit und Darstellungsweise veröffentlicht. So gab das Königlich Preußische Statistische Bureau im Rahmen der Veröffentlichungsreihe »Preussische Statistik« regelmäßig Bände heraus, die sich ausschließlich mit landwirtschaftlichen Themen beschäftigten. Am Anfang erschienen Bände anlässlich der Viehzählungen sowie im Jahr 1879 zu der im Vorjahr im gesamten Deutschen Reich durchgeführten Erhebung der landwirtschaftlichen Bodenbenutzung. Ab dem Jahr 1880 wurde dann jährlich ein Band zur Erntestatistik herausgegeben. Diese Praxis wurde bis zum Erscheinen des letzten Bandes dieser Reihe im Jahr 1934 beibehalten. Demgegenüber wurden in der bayerischen Veröffentlichungsreihe »Beiträge zur Statistik des Königreichs Bayern« vorwiegend anlässlich der reichsweit durchgeführten Erhebungen zum Viehbestand oder der landwirtschaftlichen Bodenbenutzung separate Bände publiziert. Die jährliche Berichterstattung über Ernteergebnisse fand in komprimierter Form in der vom Königlich Bayerischen Statistischen Bureau herausgegebenen Zeitschrift statt. Ähnlich war die Veröffentlichungspraxis der Großherzoglich Hessischen Centralstelle für die Landesstatistik. Informationen zu Anbauflächen, Erntemengen und -erträgen wurden in der Regel jährlich in der von der Statistikbehörde herausgegebenen Zeitschrift der Öffentlichkeit zugänglich gemacht, während sich Bände der Reihe »Beiträge zur Statistik des Großherzogthums Hessen« nur vereinzelt mit agrarstatistischen Themen beschäftigten. Gleiches gilt für die »Statistischen Nachrichten über das Großherzogthum Oldenburg«, die die Agrarstatistik überwiegend anlässlich der Viehzählungen thematisierten. Angaben zum Fürstentum Birkenfeld konnten jedoch außerdem der Reichsstatistik, insbesondere den »Vierteljahrsheften zur Statistik des Deutschen Reichs«, entnommen werden. Die agrarstatistischen Veröffentlichungen der statistischen Ämter unterschieden sich nicht nur in der Periodizität ihres Erscheinens, sondern waren auch verschieden gestaltet. Insbesondere Differenzen in der regionalen Gliederungstiefe, aber auch die Verwendung unterschiedlicher Maßeinheiten sind hier hervorzuheben.

Agrarstatistik der Vorkriegszeit wird nur auf der Basis der historischen Gebietseinteilung dargestellt

Bei den in diesem Band vorhandenen Tabellen zur Entwicklung der Landwirtschaft bis zur Gründung des Bundeslandes Rheinland-Pfalz ist – anders als bei den Tabellen zu den Themenbereichen Bevölkerung und Bevölkerungsbewegung sowie Haushalte und Wohnen – keine Anpassung an die heutigen Landesgrenzen erfolgt. Grund hierfür ist, dass die bei den übrigen Daten verwendete Umrechnungsmethode bei der Agrarstatistik nicht genutzt werden kann. Diese Umrechnungen basieren auf der Annahme, dass die zu schätzenden Merkmale in einem Zusammenhang mit der räumlichen Verteilung der Bevölkerung stehen. Eine hinreichend enge Verbindung ist weder bei den Anbauflächen der verschiedenen Fruchtarten noch bei den Viehbeständen gegeben. Für deren Verteilung im Raum sind nicht nur die Siedlungsstrukturen, sondern insbesondere die naturräumlichen Gegebenheiten von Bedeutung. Aus diesem Grund war auch eine Umrechnung anhand der Flächen der historischen Kreise und der heute zu Rheinland-Pfalz gehörenden Gebiete nicht sinnvoll. Daher werden die agrarstatistischen Daten aus der Zeit vor der Landesgründung nur in der historischen Gebietseinteilung zum Erhebungszeitpunkt präsentiert. Bei der Interpretation der Zeitreihen sind Änderungen der Verwaltungsbezirkseinteilung zu berücksichtigen. Größere Veränderungen der Gebietsstände können Kapitel I dieses Bandes entnommen werden. Die Angaben zu Anbauflächen und Viehbeständen aus den 1950er- und 1960er-Jahren wurden nach den Verwaltungsreformen der 1970er-Jahre nachträglich an die veränderte Bezirkseinteilung angepasst und werden auf dem Gebietsstand vom 31.12.2010 dargestellt.

Beim intertemporalen Vergleich müssen geänderte untere Erfassungsgrenzen beachtet werden

Trotz Umrechnung auf den aktuellen Gebietsstand ist ein langfristiger Vergleich der Daten auch für die Zeit nach der Gründung des Bundeslandes Rheinland-Pfalz nur mit Einschränkungen möglich. Dies ist darauf zurückzuführen, dass die unteren Erfassungsgrenzen, dem Wandel der Betriebsgrößenstruktur entsprechend, im Zeitverlauf angepasst wurden. Erstreckten sich die Landwirtschaftszählungen vor dem Zweiten Weltkrieg und auch in den ersten Jahrzehnten nach der Landesgründung auf Betriebe ab einer Fläche von 0,5 Hektar, wurde die Untergrenze 1971 auf einen Hektar angehoben. Im Jahr 1999 wurde die Untergrenze auf zwei Hektar erhöht. Bei der Bodennutzungshaupterhebung, die im Rahmen der Landwirtschaftszählung 2010 stattfand und deren Ergebnisse bei Redaktionsschluss noch nicht vorlagen, belief sich die untere Erfassungsgrenze bereits auf fünf Hektar Fläche. Bei Sonderkulturen galten jeweils abweichende Bestimmungen.

Auch die Viehzählungen unterlagen vielfachen methodischen Veränderungen. Eine gewisse Regelmäßigkeit hinsichtlich Erhebungsumfang und Periodizität trat erst Mitte der 1930er-Jahre ein. Lange Zeit wurden die Viehbestände in Form einer Zählung von Haus zu Haus erfasst. Dies ist vor dem Hintergrund zu sehen, dass die Viehhaltung in der Bevölkerung zunächst noch weit verbreitet war. Diese Vorgehensweise wurde bis 1998 beibehalten. Seitdem werden nur noch die Viehbestände landwirtschaftlicher Betriebe erfasst, wobei neben der unteren Erfassungsgrenze für die Betriebsfläche auch viehgattungsspezifische Grenzen zu beachten sind. So wurde z.B. im Jahr 1999 nur noch das Vieh gezählt, das in Betrieben mit einer landwirtschaftlich genutzten

Fläche von mehr als zwei Hektar gehalten wurde oder – außerhalb eines landwirtschaftlichen Betriebs – Teil eines Bestands von mehr als acht Rindern, mehr als acht Schweinen, mehr als 20 Schafen bzw. mehr als 200 Legehennen war. Gleichzeitig wurde der Erhebungsstichtag vom 3. Dezember auf den 3. Mai des jeweiligen Jahres verschoben, um die Erhebungszeitpunkte verschiedener Zählungen zu vereinheitlichen.

Darstellung konzentriert sich auf Anbauflächen, Viehbestände und Weinbau

Die Entwicklung der Landwirtschaft kann im Rahmen dieser Publikation nur auszugsweise gezeigt werden. Die Tabellen konzentrieren sich auf die Anbauflächen ausgewählter Fruchtarten und auf ausgewählte Viehgattungen, die für die Landwirtschaft in den heute zu Rheinland-Pfalz gehörenden Gebieten allgemein von Bedeutung waren. Regionale Besonderheiten werden dabei nicht berücksichtigt. Aufgrund der großen Datenmenge ist es lediglich möglich, Anbauflächen und Viehbestände zu ausgewählten Zeitpunkten darzustellen. Außerdem liegen die Daten zu Beginn des betrachteten Zeitraums nur in mehrjährigen Abständen vor. Da die Werte im Zeitverlauf nicht allzu stark schwankten, können daraus trotzdem allgemeine Entwicklungen abgelesen werden. Für die Auswahl der Stichjahre ist unter anderem ausschlaggebend, dass zu diesen Zeitpunkten für die meisten Landesteile Angaben auf Kreisebene vorhanden sind. Da für den Regierungsbezirk Pfalz zu den Anbauflächen in diesen Jahren nur Daten auf Regierungsbezirksebene vorliegen, wurde in der Tabelle auf die Auflistung der zur Pfalz gehörenden Bezirksämter verzichtet. Erntemengen und Hektarerträge können nicht dargestellt werden, da es aufgrund der von Jahr zu Jahr stark schwankenden Werte nicht sinnvoll ist, einzelne Stichjahre auszuwählen, während für eine vollständige Abbildung aller Jahre nicht genug Platz vorhanden ist. Außerdem liegen Erntemengen und Hektarerträge auf Kreisebene nicht für alle Landesteile und Zeitpunkte vor, so dass der Datenbestand lückenhaft ist.

Ein weiterer Darstellungsschwerpunkt ist der Weinbau, der die Landschaft und Kultur in weiten Teilen des heutigen Rheinland-Pfalz nachhaltig prägt. Die dazugehörigen Daten wurden bis zum Jahr 1971 dem Handbuch »Der deutsche Wein- und Getränkemarkt in Zahlen« von Helmut Kalinke entnommen.[6] Der Autor hat die historischen Statistikdaten zum Weinbau auf die im Weingesetz von 1971 vorgegebene Gliederung der Anbaugebiete umgerechnet.[7] Von 1871 bis 1907 können die damals zur preußischen Rheinprovinz gehörenden Weinbaugebiete Ahr, Mittelrhein, Mosel (bis 2006 Mosel-Saar-Ruwer) und Nahe nicht dargestellt werden, da die Daten in den Quellen bis dahin nur auf Provinz- oder Regierungsbezirksebene ausgewiesen wurden.[8] Ab 1972 basieren die Tabellen auf dem im Statistischen Landesamt Rheinland-Pfalz vorhandenen Datenbestand.

1 KÖNIGLICH BAYERISCHES STATISTISCHES LANDESAMT, Geschichte 1914, S. 134.
2 Ebenda.
3 Ebenda.
4 KAISERLICHES STATISTISCHES AMT, Zusammenstellung 1884, S. 46 f.
5 Ebenda, S. 50 ff.
6 KALINKE, Wein- und Getränkemarkt 1985.
7 Ebenda, S. 148.
8 Ebenda, S. 298.

T 104 Anbauflächen ausgewählter Feldfrüchte 1880–1935 nach historischen Verwaltungsbezirken, die heute vollständig oder zum Teil zu Rheinland-Pfalz gehören[1]

Regierungsbezirk (RB)/ Fürstentum/Provinz Kreisfreie Stadt (St.) Landkreis (LK)	Weizen				
	1880	1895	1910	1925	1935
	ha				
RB Koblenz	14 821	11 746	8 980	10 983	14 990
Adenau, LK	.	499	430	430	.
Ahrweiler, LK	.	1 913	1 695	1 652	2 080
Altenkirchen, LK	.	339	297	538	1 103
Birkenfeld, LK	.	.	.	.	.
Cochem, LK	.	438	364	294	495
Koblenz, St.	.	85	2	5	5
Koblenz, LK	.	1 242	841	887	1 130
Kreuznach, LK	.	721	321	525	1 861
Mayen, LK	.	2 089	1 411	1 992	3 702
Meisenheim, LK	.	240	285	284	.
Neuwied, LK	.	1 158	950	1 725	1 863
Sankt Goar, LK	.	645	479	492	633
Simmern, LK	.	245	258	582	1 610
Zell, LK	.	170	177	290	508
RB Trier	14 712	12 365	9 872	8 607	11 819
Bernkastel, LK	.	600	513	501	625
Bitburg, LK	.	1 992	1 532	3 198	4 742
Daun, LK	.	301	338	542	595
Prüm, LK	.	650	564	656	782
Saarburg, LK	.	884	823	857	1 167
Sankt Wendel, LK	.	949	713	.	.
St.Wendel-Baumholder, LK	.	.	.	234	392
Trier, St.	.	2	3	62	116
Trier, LK	.	1 696	885	1 485	2 157
Wittlich, LK	.	1 009	653	895	1 046
RB Wiesbaden	20 128	18 927	17 002	14 041	18 128
Oberwesterwaldkreis, LK	.	77	65	296	865
Rheingaukreis, LK	.	.	.	.	.
Sankt Goarshausen, LK	.	2 118	1 712	1 525	1 468
Unterlahnkreis, LK	.	2 065	1 685	1 585	1 528
Unterwesterwaldkreis, LK	.	236	81	255	624
Westerburg, LK	.	429	376	403	.
Fürstentum Birkenfeld	126	164	73	134	190
Provinz Rheinhessen	10 125	2 770	1 903	2 242	5 448
Alzey, LK	3 036	823	304	557	1 251
Bingen, LK	476	134	141	98	416
Mainz, St.	.	.	.	.	.
Mainz, LK	1 546	720	742	761	1 100
Oppenheim, LK	3 450	844	433	429	1 106
Worms, St.	.	.	.	.	.
Worms, LK	1 617	249	283	397	1 575
RB Pfalz[2]	18 817	19 207	12 986	13 694	17 668
Rheinland-Pfalz	.	.	.	.	.

1 Verwaltungsbezirke in ihren historischen Grenzen zum Erhebungszeitpunkt. Eine Umrechnung auf die heute zu Rheinland-Pfalz gehörenden Gebiete ist nicht erfolgt. – 2 Für den Regierungsbezirk Pfalz liegen keine Kreisangaben vor, daher wurde auf die Kreisgliederung verzichtet.

T 104 noch: Anbauflächen ausgewählter Feldfrüchte 1880–1935 nach historischen Verwaltungsbezirken, die heute vollständig oder zum Teil zu Rheinland-Pfalz gehören [1]

Regierungsbezirk (RB)/ Fürstentum/Provinz Kreisfreie Stadt (St.) Landkreis (LK)	Roggen				
	1880	1895	1910	1925	1935
	ha				
RB Koblenz	46 463	46 573	48 692	46 546	40 501
Adenau, LK	.	3 678	3 623	3 394	.
Ahrweiler, LK	.	3 240	3 248	2 730	4 443
Altenkirchen, LK	.	3 644	3 676	3 517	3 838
Birkenfeld, LK	.	.	.	.	.
Cochem, LK	.	4 090	4 380	4 506	4 652
Koblenz, St.	.	160	300	102	57
Koblenz, LK	.	2 807	2 546	2 141	1 945
Kreuznach, LK	.	4 603	4 416	4 223	4 731
Mayen, LK	.	7 437	7 004	7 135	8 493
Meisenheim, LK	.	1 705	1 987	1 849	.
Neuwied, LK	.	5 015	4 928	4 315	4 162
Sankt Goar, LK	.	2 846	3 233	3 391	3 136
Simmern, LK	.	1 318	2 276	2 387	2 638
Zell, LK	.	1 232	1 817	2 021	2 406
RB Trier	53 213	54 664	58 259	40 578	42 809
Bernkastel, LK	.	4 181	5 260	4 670	4 178
Bitburg, LK	.	4 081	4 716	3 935	4 374
Daun, LK	.	3 322	4 157	3 853	4 181
Prüm, LK	.	3 997	4 415	4 476	6 182
Saarburg, LK	.	2 225	2 399	2 888	2 764
Sankt Wendel, LK	.	5 859	6 276	.	.
St.Wendel-Baumholder, LK	.	.	.	4 423	3 991
Trier, St.	.	21	10	123	196
Trier, LK	.	8 494	8 643	8 391	8 510
Wittlich, LK	.	4 419	5 038	5 128	5 361
RB Wiesbaden	43 180	43 338	46 107	42 723	42 636
Oberwesterwaldkreis, LK	.	1 911	1 961	1 725	4 446
Rheingaukreis, LK	.	.	.	.	.
Sankt Goarshausen, LK	.	2 867	3 145	3 034	2 743
Unterlahnkreis, LK	.	3 151	3 466	3 277	2 920
Unterwesterwaldkreis, LK	.	2 822	3 234	2 845	3 481
Westerburg, LK	.	2 727	2 922	2 846	.
Fürstentum Birkenfeld	3 525	3 830	3 742	3 232	4 289
Provinz Rheinhessen	19 485	24 019	23 585	14 712	13 085
Alzey, LK	3 807	5 080	4 589	2 559	2 441
Bingen, LK	3 703	3 912	3 803	2 507	2 230
Mainz, St.	.	.	.	.	.
Mainz, LK	2 550	3 234	3 098	1 905	2 218
Oppenheim, LK	3 959	5 221	5 370	3 732	3 219
Worms, St.	.	.	.	.	.
Worms, LK	5 467	6 573	6 725	4 009	2 977
RB Pfalz[2]	49 632	45 579	56 014	37 644	41 002
Rheinland-Pfalz	.	.	.	.	.

1 Verwaltungsbezirke in ihren historischen Grenzen zum Erhebungszeitpunkt. Eine Umrechnung auf die heute zu Rheinland-Pfalz gehörenden Gebiete ist nicht erfolgt. – 2 Für den Regierungsbezirk Pfalz liegen keine Kreisangaben vor, daher wurde auf die Kreisgliederung verzichtet.

T 104 noch: Anbauflächen ausgewählter Feldfrüchte 1880–1935 nach historischen Verwaltungsbezirken, die heute vollständig oder zum Teil zu Rheinland-Pfalz gehören[1]

Regierungsbezirk (RB)/ Fürstentum/Provinz Kreisfreie Stadt (St.) Landkreis (LK)	Gerste				
	1880	1895	1910	1925	1935
	ha				
RB Koblenz	17 089	19 397	17 364	15 336	10 528
Adenau, LK	.	377	167	179	.
Ahrweiler, LK	.	205	114	131	235
Altenkirchen, LK	.	183	79	72	162
Birkenfeld, LK	.	.	.	.	.
Cochem, LK	.	1 453	1 455	1 581	1 214
Koblenz, St.	.	18	17	-	7
Koblenz, LK	.	706	477	206	108
Kreuznach, LK	.	4 383	4 800	4 732	5 425
Mayen, LK	.	4 196	3 226	2 204	1 207
Meisenheim, LK	.	1 787	2 203	1 897	.
Neuwied, LK	.	497	294	330	364
Sankt Goar, LK	.	1 241	1 076	835	524
Simmern, LK	.	1 251	1 240	1 418	980
Zell, LK	.	375	342	318	302
RB Trier	9 489	9 752	6 282	6 275	7 894
Bernkastel, LK	.	799	554	572	682
Bitburg, LK	.	666	345	884	1 460
Daun, LK	.	341	228	289	480
Prüm, LK	.	202	122	321	1 000
Saarburg, LK	.	722	150	123	311
Sankt Wendel, LK	.	2 825	3 007	.	.
St.Wendel-Baumholder, LK	.	.	.	2 813	2 366
Trier, St.	.	5	6	41	76
Trier, LK	.	1 376	592	716	906
Wittlich, LK	.	701	349	388	544
RB Wiesbaden	16 835	16 378	11 848	9 642	7 326
Oberwesterwaldkreis, LK	.	263	138	63	342
Rheingaukreis, LK	.	.	.	.	.
Sankt Goarshausen, LK	.	798	580	594	651
Unterlahnkreis, LK	.	1 216	952	962	833
Unterwesterwaldkreis, LK	.	202	88	100	123
Westerburg, LK	.	1 670	1 306	921	.
Fürstentum Birkenfeld	1 377	1 417	1 392	1 401	1 653
Provinz Rheinhessen	20 087	24 280	23 329	19 923	20 150
Alzey, LK	5 180	5 966	6 418	5 748	5 840
Bingen, LK	2 047	2 474	2 456	2 069	2 250
Mainz, St.	.	.	.	.	.
Mainz, LK	2 169	2 562	1 942	1 683	1 684
Oppenheim, LK	5 186	6 524	6 278	5 666	5 432
Worms, St.	.	.	.	.	.
Worms, LK	5 504	6 755	6 235	4 757	4 944
RB Pfalz[2]	21 433	25 982	24 972	22 041	24 718
Rheinland-Pfalz	.	.	.	.	.

1 Verwaltungsbezirke in ihren historischen Grenzen zum Erhebungszeitpunkt. Eine Umrechnung auf die heute zu Rheinland-Pfalz gehörenden Gebiete ist nicht erfolgt. – 2 Für den Regierungsbezirk Pfalz liegen keine Kreisangaben vor, daher wurde auf die Kreisgliederung verzichtet.

T 104 noch: Anbauflächen ausgewählter Feldfrüchte 1880–1935 nach historischen Verwaltungsbezirken, die heute vollständig oder zum Teil zu Rheinland-Pfalz gehören [1]

Regierungsbezirk (RB)/ Fürstentum/Provinz Kreisfreie Stadt (St.) Landkreis (LK)	Hafer				
	1880	1895	1910	1925	1935
	ha				
RB Koblenz	40 739	43 100	46 864	46 627	34 540
Adenau, LK	4 209	4 037	3 896	3 587	.
Ahrweiler, LK	1 161	1 541	2 219	2 155	3 198
Altenkirchen, LK	5 459	5 745	5 888	5 038	3 382
Birkenfeld, LK	.	.	.	.	.
Cochem, LK	3 110	3 281	3 312	3 387	3 035
Koblenz, St.	.	50	181	2	33
Koblenz, LK	962	1 202	1 625	1 643	1 331
Kreuznach, LK	1 637	2 069	2 108	2 068	2 974
Mayen, LK	2 945	3 695	4 988	6 159	7 702
Meisenheim, LK	746	957	1 001	908	.
Neuwied, LK	5 261	5 541	5 999	5 836	4 103
Sankt Goar, LK	2 417	2 426	2 469	2 406	1 825
Simmern, LK	6 227	6 373	6 051	6 354	5 212
Zell, LK	2 588	2 265	2 368	2 196	1 745
RB Trier	54 182	56 954	59 113	45 660	38 638
Bernkastel, LK	4 019	4 180	4 201	4 271	2 971
Bitburg, LK	7 705	7 724	8 345	8 367	7 138
Daun, LK	5 913	6 125	5 735	5 583	4 974
Prüm, LK	5 441	5 698	6 043	6 458	7 097
Saarburg, LK	4 451	4 853	5 001	4 968	4 317
Sankt Wendel, LK	3 907	4 453	4 670	.	.
St.Wendel-Baumholder, LK	.	.	.	2 919	2 337
Trier, St.	227	6	10	145	278
Trier, LK	6 847	7 064	7 507	7 552	5 418
Wittlich, LK	4 632	4 156	4 376	4 063	3 259
RB Wiesbaden	44 282	47 235	50 711	49 719	43 332
Oberwesterwaldkreis, LK	4 001	3 245	3 310	3 251	4 172
Rheingaukreis, LK	2 945	.	.	.	.
Sankt Goarshausen, LK	.	3 938	3 917	3 923	3 193
Unterlahnkreis, LK	6 621	3 898	4 038	4 031	3 272
Unterwesterwaldkreis, LK	4 893	3 132	3 420	3 085	3 068
Westerburg, LK	.	3 293	3 586	3 582	.
Fürstentum Birkenfeld	3 433	3 215	3 294	2 745	2 845
Provinz Rheinhessen	5 569	6 714	8 373	8 610	8 317
Alzey, LK	985	1 650	1 783	2 055	1 973
Bingen, LK	564	698	1 091	882	994
Mainz, St.	.	.	.	.	.
Mainz, LK	871	1 138	1 561	1 321	1 315
Oppenheim, LK	1 681	1 621	2 037	2 153	2 172
Worms, St.	.	.	.	.	.
Worms, LK	1 468	1 607	1 901	2 199	1 863
RB Pfalz[2]	22 094	26 975	31 992	26 210	21 276
Rheinland-Pfalz	.	.	.	.	.

1 Verwaltungsbezirke in ihren historischen Grenzen zum Erhebungszeitpunkt. Eine Umrechnung auf die heute zu Rheinland-Pfalz gehörenden Gebiete ist nicht erfolgt. – 2 Für den Regierungsbezirk Pfalz liegen keine Kreisangaben vor, daher wurde auf die Kreisgliederung verzichtet.

T 104 noch: Anbauflächen ausgewählter Feldfrüchte 1880–1935 nach historischen Verwaltungsbezirken, die heute vollständig oder zum Teil zu Rheinland-Pfalz gehören[1]

Regierungsbezirk (RB)/ Fürstentum/Provinz Kreisfreie Stadt (St.) Landkreis (LK)	Kartoffeln				
	1880	1895	1910	1925	1935
	ha				
RB Koblenz	36 846	41 291	43 888	46 193	42 126
Adenau, LK	2 242	2 493	2 450	2 383	.
Ahrweiler, LK	1 847	2 212	2 230	2 288	3 497
Altenkirchen, LK	3 719	3 861	3 928	4 368	3 701
Birkenfeld, LK	.	.	.	.	.
Cochem, LK	2 613	2 731	2 847	3 432	3 640
Koblenz, St.	.	170	314	300	268
Koblenz, LK	2 956	3 498	3 920	3 880	4 064
Kreuznach, LK	3 266	3 495	3 740	3 535	3 866
Mayen, LK	5 034	6 705	7 912	9 185	11 378
Meisenheim, LK	1 087	1 381	1 440	1 275	.
Neuwied, LK	4 411	4 755	4 530	4 554	4 319
Sankt Goar, LK	2 466	2 525	2 561	2 553	2 342
Simmern, LK	2 553	2 606	2 669	2 922	2 685
Zell, LK	2 027	1 801	2 014	2 160	2 366
RB Trier	49 803	54 492	54 705	37 823	33 647
Bernkastel, LK	4 131	4 484	4 281	4 587	3 578
Bitburg, LK	3 679	4 047	4 363	4 267	3 722
Daun, LK	2 554	2 905	2 971	3 088	2 811
Prüm, LK	2 603	2 999	3 049	3 127	3 059
Saarburg, LK	2 674	3 475	3 401	3 756	3 144
Sankt Wendel, LK	5 476	5 605	5 714	.	.
St.Wendel-Baumholder, LK	.	.	.	3 661	2 731
Trier, St.	641	72	80	154	561
Trier, LK	6 723	8 454	8 330	8 817	7 721
Wittlich, LK	3 594	3 718	3 947	4 116	3 910
RB Wiesbaden	32 075	35 179	35 803	35 788	34 618
Oberwesterwaldkreis, LK	3 391	2 516	2 576	2 412	3 809
Rheingaukreis, LK	2 766	.	.	.	.
Sankt Goarshausen, LK	.	2 163	2 176	2 183	1 912
Unterlahnkreis, LK	3 757	2 338	2 400	2 371	2 066
Unterwesterwaldkreis, LK	3 414	2 366	2 449	2 403	2 703
Westerburg, LK	.	2 696	2 715	2 561	.
Fürstentum Birkenfeld	4 304	4 295	3 950	3 358	3 668
Provinz Rheinhessen	17 406	15 790	14 761	14 747	18 107
Alzey, LK	3 872	3 653	3 508	3 500	4 090
Bingen, LK	2 280	2 294	2 184	1 898	2 118
Mainz, St.	.	.	.	.	.
Mainz, LK	2 714	2 507	2 527	2 111	3 268
Oppenheim, LK	4 065	3 693	3 470	3 527	4 694
Worms, St.	.	.	.	.	.
Worms, LK	4 475	3 643	3 072	3 711	3 937
RB Pfalz[2]	57 084	60 696	56 743	41 880	42 279
Rheinland-Pfalz	.	.	.	.	.

1 Verwaltungsbezirke in ihren historischen Grenzen zum Erhebungszeitpunkt. Eine Umrechnung auf die heute zu Rheinland-Pfalz gehörenden Gebiete ist nicht erfolgt. – 2 Für den Regierungsbezirk Pfalz liegen keine Kreisangaben vor, daher wurde auf die Kreisgliederung verzichtet.

T 105 Anbauflächen ausgewählter Feldfrüchte 1950–2007 nach Verwaltungsbezirken[1]

Regierungsbezirk (RB) Kreisfreie Stadt (St.) Landkreis (LK)	Weizen						
	1950	1960	1970	1980	1990	1999	2007
	ha						
RB Koblenz	23 175	40 156	47 450	47 241	38 540	34 427	42 409
Koblenz, St.	335	617	695	740	703	.	784
Ahrweiler, LK	2 084	3 331	3 605	3 190	2 691	2 668	2 638
Altenkirchen (Ww.), LK	1 334	1 599	1 528	1 193	787	468	841
Bad Kreuznach, LK	2 742	5 240	6 435	6 194	4 283	4 601	6 404
Birkenfeld, LK	1 008	1 358	2 068	1 626	1 173	736	1 480
Cochem-Zell, LK	1 092	2 068	4 076	3 812	2 694	2 229	3 309
Mayen-Koblenz, LK	4 284	7 908	10 776	13 115	12 127	10 956	10 940
Neuwied, LK	1 780	2 734	2 460	2 306	1 568	1 446	1 778
Rhein-Hunsrück-Kreis, LK	2 935	6 421	7 399	7 126	5 295	.	6 560
Rhein-Lahn-Kreis, LK	3 268	5 409	5 815	5 997	5 485	5 019	5 860
Westerwaldkreis, LK	2 313	3 471	2 593	1 942	1 734	1 110	1 815
RB Trier	11 751	17 033	22 003	15 868	9 764	6 352	12 377
Trier, St.	227	324	409	228	157	.	168
Bernkastel-Wittlich, LK	1 669	2 366	5 018	4 186	2 561	.	2 835
Eifelkreis Bitburg-Prüm, LK	5 838	8 385	7 934	5 393	3 845	2 211	5 012
Trier-Saarburg, LK	2 659	4 255	6 110	4 159	2 672	2 093	3 681
Vulkaneifel, LK	1 358	1 703	2 532	1 902	529	251	681
RB Rheinhessen-Pfalz	28 810	54 960	64 998	54 405	40 467	41 683	47 995
Frankenthal (Pfalz), St.	570	930	957	676	808	.	376
Kaiserslautern, St.	173	214	262	155	188	145	184
Landau i. d. Pfalz, St.	406	550	453	305	253	203	220
Ludwigshafen a. Rh., St.	554	893	1 004	681	446	.	355
Mainz, St.	595	1 521	1 716	1 477	1 085	1 092	1 173
Neustadt a. d. Weinstr., St.	387	479	535	324	264	236	231
Pirmasens, St.	155	172	247	140	119	141	134
Speyer, St.	244	325	359	254	195	137	150
Worms, St.	775	1 461	1 923	1 410	863	1 034	1 112
Zweibrücken, St.	421	511	480	303	424	346	566
Alzey-Worms, LK	3 468	11 053	15 004	13 600	7 183	8 476	8 669
Bad Dürkheim, LK	2 152	3 746	3 894	2 683	2 278	2 018	2 254
Donnersbergkreis, LK	2 909	6 051	6 611	6 937	6 770	7 516	9 879
Germersheim, LK	2 536	3 754	4 197	3 558	2 861	2 754	2 836
Kaiserslautern, LK	1 419	1 625	2 339	1 805	1 626	1 511	2 011
Kusel, LK	2 010	2 672	2 747	2 089	2 150	2 166	3 314
Mainz-Bingen, LK	2 753	7 979	10 091	9 305	5 400	5 860	6 352
Rhein-Pfalz-Kreis, LK	2 449	4 381	4 864	3 557	2 817	2 679	2 489
Südliche Weinstraße, LK	3 081	4 358	4 356	3 405	3 027	2 851	2 873
Südwestpfalz, LK	1 753	2 285	2 959	1 741	1 710	1 822	2 815
Rheinland-Pfalz	63 736	112 149	134 451	117 514	88 765	82 462	102 781

1 Gebietsstand 31.12.2010. Die Gliederung in Regierungsbezirke wurde im Jahr 2000 aufgehoben, zur besseren Vergleichbarkeit sind sie hier dennoch ausgewiesen.

T 105 noch: Anbauflächen ausgewählter Feldfrüchte 1950–2007 nach Verwaltungsbezirken[1]

Regierungsbezirk (RB) Kreisfreie Stadt (St.) Landkreis (LK)	Roggen						
	1950	1960	1970	1980	1990	1999	2007
	ha						
RB Koblenz	37 814	30 307	13 311	8 891	6 272	4 537	.
Koblenz, St.	263	164	89	36	31	27	9
Ahrweiler, LK	3 099	3 371	1 703	943	417	208	.
Altenkirchen (Ww.), LK	2 301	1 853	675	407	236	70	111
Bad Kreuznach, LK	3 941	3 045	1 950	1 463	934	527	564
Birkenfeld, LK	3 346	2 376	753	410	466	239	235
Cochem-Zell, LK	4 158	4 199	1 221	1 219	711	631	598
Mayen-Koblenz, LK	6 082	5 935	2 861	2 162	2 122	2 178	1 536
Neuwied, LK	2 304	1 770	993	540	392	147	168
Rhein-Hunsrück-Kreis, LK	3 893	2 082	738	382	312	233	112
Rhein-Lahn-Kreis, LK	3 883	2 270	1 110	643	309	180	135
Westerwaldkreis, LK	4 544	3 242	1 218	686	342	96	114
RB Trier	22 867	22 270	7 345	5 412	2 649	887	937
Trier, St.	350	329	124	112	69	22	17
Bernkastel-Wittlich, LK	6 170	6 209	2 146	1 316	872	268	183
Eifelkreis Bitburg-Prüm, LK	7 102	7 011	2 760	1 815	682	152	333
Trier-Saarburg, LK	5 490	5 698	1 985	1 732	803	342	308
Vulkaneifel, LK	3 755	3 023	330	437	223	102	96
RB Rheinhessen-Pfalz	35 502	28 883	21 166	20 830	9 567	7 350	.
Frankenthal (Pfalz), St.	139	120	111	173	63	.	.
Kaiserslautern, St.	342	244	107	54	47	72	50
Landau i. d. Pfalz, St.	302	201	146	160	81	31	.
Ludwigshafen a. Rh., St.	244	235	320	486	87	32	37
Mainz, St.	488	341	427	555	221	52	64
Neustadt a. d. Weinstr., St.	405	333	258	286	164	253	197
Pirmasens, St.	283	215	79	36	17	14	17
Speyer, St.	94	83	132	130	33	39	31
Worms, St.	408	475	851	949	266	67	16
Zweibrücken, St.	294	108	27	40	8	.	.
Alzey-Worms, LK	3 509	2 889	3 548	3 959	1 131	302	153
Bad Dürkheim, LK	1 814	1 359	1 467	1 476	637	454	464
Donnersbergkreis, LK	2 656	2 415	2 311	2 101	934	1 345	448
Germersheim, LK	2 153	1 832	776	1 170	904	658	592
Kaiserslautern, LK	4 946	4 275	2 364	1 720	1 176	737	739
Kusel, LK	4 269	2 778	1 441	1 065	1 172	953	594
Mainz-Bingen, LK	3 926	3 406	2 831	2 771	905	390	326
Rhein-Pfalz-Kreis, LK	1 890	1 979	1 754	1 701	827	786	729
Südliche Weinstraße, LK	2 892	1 859	1 038	1 155	456	664	374
Südwestpfalz, LK	4 448	3 736	1 178	843	438	416	373
Rheinland-Pfalz	96 183	81 461	41 822	35 133	18 489	12 773	9 845

1 Gebietsstand 31.12.2010. Die Gliederung in Regierungsbezirke wurde im Jahr 2000 aufgehoben, zur besseren Vergleichbarkeit sind sie hier dennoch ausgewiesen.

T 105 noch: Anbauflächen ausgewählter Feldfrüchte 1950–2007 nach Verwaltungsbezirken[1]

Regierungsbezirk (RB) Kreisfreie Stadt (St.) Landkreis (LK)	Gerste[2]						
	1950	1960	1970	1980	1990	1999	2007
	ha						
RB Koblenz	13 670	19 580	35 391	51 804	55 295	49 651	40 096
Koblenz, St.	64	159	243	245	165	140	139
Ahrweiler, LK	388	1 063	2 337	3 345	2 879	2 037	1 707
Altenkirchen (Ww.), LK	218	591	1 474	1 526	1 512	1 425	1 069
Bad Kreuznach, LK	6 033	7 106	7 203	8 789	8 097	6 422	3 910
Birkenfeld, LK	1 406	2 231	3 177	4 979	4 948	4 050	2 848
Cochem-Zell, LK	1 149	1 749	4 613	6 706	7 896	7 461	5 344
Mayen-Koblenz, LK	1 774	3 433	6 335	8 035	6 266	5 952	6 562
Neuwied, LK	289	606	1 930	2 371	2 369	1 881	1 644
Rhein-Hunsrück-Kreis, LK	905	920	3 637	9 181	12 565	12 326	9 530
Rhein-Lahn-Kreis, LK	1 071	1 220	2 917	4 799	6 094	5 668	5 807
Westerwaldkreis, LK	373	502	1 525	1 828	2 504	2 288	1 535
RB Trier	5 199	10 113	20 613	31 495	30 981	25 389	17 260
Trier, St.	79	118	258	285	330	217	230
Bernkastel-Wittlich, LK	993	1 602	3 703	6 545	6 570	5 245	3 473
Eifelkreis Bitburg-Prüm, LK	2 459	5 203	8 851	13 007	11 439	10 275	6 778
Trier-Saarburg, LK	939	1 961	5 542	6 898	6 527	5 671	4 174
Vulkaneifel, LK	729	1 229	2 259	4 760	6 115	3 981	2 606
RB Rheinhessen-Pfalz	35 815	41 497	47 722	52 438	50 208	42 564	34 276
Frankenthal (Pfalz), St.	226	232	187	253	233	.	39
Kaiserslautern, St.	82	233	331	298	239	221	86
Landau i. d. Pfalz, St.	148	202	314	316	215	192	99
Ludwigshafen a. Rh., St.	239	230	171	280	313	155	26
Mainz, St.	436	417	450	359	739	986	1 096
Neustadt a. d. Weinstr., St.	109	94	208	230	217	164	63
Pirmasens, St.	65	146	246	323	291	171	123
Speyer, St.	73	73	125	121	113	.	39
Worms, St.	1 187	1 472	1 420	1 527	1 661	1 634	1 440
Zweibrücken, St.	353	544	895	1 033	635	511	447
Alzey-Worms, LK	8 938	8 704	7 263	7 142	9 038	10 132	9 697
Bad Dürkheim, LK	1 865	2 112	2 425	2 521	2 266	1 676	891
Donnersbergkreis, LK	8 962	10 123	10 945	11 097	9 515	6 629	5 249
Germersheim, LK	481	1 063	2 319	2 737	2 227	2 364	1 736
Kaiserslautern, LK	1 496	2 533	3 338	3 928	3 368	2 182	1 391
Kusel, LK	2 837	4 311	5 802	7 054	6 237	3 573	2 162
Mainz-Bingen, LK	4 803	3 828	3 525	3 624	4 928	6 124	6 037
Rhein-Pfalz-Kreis, LK	1 331	1 680	1 613	1 882	1 755	992	298
Südliche Weinstraße, LK	1 022	1 498	2 291	2 693	2 198	2 113	1 495
Südwestpfalz, LK	1 162	2 002	3 854	5 020	4 020	2 579	1 862
Rheinland-Pfalz	54 684	71 190	103 726	135 737	136 484	117 604	91 632

1 Gebietsstand 31.12.2010. Die Gliederung in Regierungsbezirke wurde im Jahr 2000 aufgehoben, zur besseren Vergleichbarkeit sind sie hier dennoch ausgewiesen. – 2 Winter- und Sommergerste.

T 105 noch: Anbauflächen ausgewählter Feldfrüchte 1950–2007 nach Verwaltungsbezirken[1]

Regierungsbezirk (RB) Kreisfreie Stadt (St.) Landkreis (LK)	Hafer						
	1950	1960	1970	1980	1990	1999	2007
	ha						
RB Koblenz	41 330	33 229	30 287	23 296	10 896	6 138	3 209
Koblenz, St.	378	176	135	74	60	48	42
Ahrweiler, LK	2 979	2 786	2 663	1 776	724	493	289
Altenkirchen (Ww.), LK	2 348	1 824	1 953	1 625	905	544	273
Bad Kreuznach, LK	3 975	3 136	2 516	1 505	639	368	178
Birkenfeld, LK	2 686	2 320	2 097	1 646	716	394	196
Cochem-Zell, LK	3 160	3 386	4 366	3 413	1 748	784	244
Mayen-Koblenz, LK	6 273	4 152	3 953	3 026	1 227	606	368
Neuwied, LK	2 583	1 957	1 785	1 530	800	514	283
Rhein-Hunsrück-Kreis, LK	6 308	5 047	4 494	3 617	1 385	676	333
Rhein-Lahn-Kreis, LK	5 460	4 234	3 299	2 734	1 424	841	576
Westerwaldkreis, LK	5 180	4 211	3 026	2 350	1 268	869	427
RB Trier	26 345	26 433	24 968	17 505	9 555	5 239	2 172
Trier, St.	321	263	211	144	45	43	17
Bernkastel-Wittlich, LK	4 554	4 619	4 415	2 896	1 483	1 002	476
Eifelkreis Bitburg-Prüm, LK	11 037	11 254	10 224	7 815	4 597	2 213	718
Trier-Saarburg, LK	5 750	5 583	4 799	3 435	2 005	1 112	496
Vulkaneifel, LK	4 683	4 714	5 319	3 215	1 425	868	465
RB Rheinhessen-Pfalz	32 053	20 054	13 943	8 479	4 011	2 349	1 600
Frankenthal (Pfalz), St.	263	93	27	7	.	.	.
Kaiserslautern, St.	275	132	121	86	50	37	44
Landau i. d. Pfalz, St.	265	194	74	37	14	.	.
Ludwigshafen a. Rh., St.	359	142	34	23	29	.	.
Mainz, St.	544	189	78	39	26	7	17
Neustadt a. d. Weinstr., St.	299	208	123	79	21	.	14
Pirmasens, St.	248	183	116	86	55	35	9
Speyer, St.	137	83	31	12	.	5	3
Worms, St.	539	213	117	37	28	20	24
Zweibrücken, St.	387	234	219	191	108	43	50
Alzey-Worms, LK	4 173	1 957	729	154	70	35	26
Bad Dürkheim, LK	1 717	751	378	155	78	.	30
Donnersbergkreis, LK	3 821	2 601	2 168	1 334	565	243	203
Germersheim, LK	1 635	1 156	826	482	217	136	84
Kaiserslautern, LK	3 116	2 254	1 892	1 398	694	421	219
Kusel, LK	3 815	3 144	2 676	1 918	835	480	361
Mainz-Bingen, LK	3 602	1 937	1 214	306	141	84	64
Rhein-Pfalz-Kreis, LK	1 690	907	474	189	64	55	45
Südliche Weinstraße, LK	2 104	1 342	867	493	163	133	89
Südwestpfalz, LK	3 064	2 334	1 779	1 453	847	535	307
Rheinland-Pfalz	99 728	79 717	69 198	49 280	24 462	13 726	6 981

1 Gebietsstand 31.12.2010. Die Gliederung in Regierungsbezirke wurde im Jahr 2000 aufgehoben, zur besseren Vergleichbarkeit sind sie hier dennoch ausgewiesen.

T 105 noch: Anbauflächen ausgewählter Feldfrüchte 1950–2007 nach Verwaltungsbezirken[1]

Regierungsbezirk (RB) Kreisfreie Stadt (St.) Landkreis (LK)	Kartoffeln						
	1950	1960	1970	1980	1990	1999	2007
	ha						
RB Koblenz	34 244	33 918	17 706	4 845	2 157	1 460	1 176
Koblenz, St.	680	661	430	217	190	177	138
Ahrweiler, LK	2 029	2 030	1 059	245	81	41	22
Altenkirchen (Ww.), LK	2 222	1 951	1 049	252	104	62	45
Bad Kreuznach, LK	3 538	3 603	2 009	478	168	60	34
Birkenfeld, LK	2 330	2 304	1 413	354	103	50	27
Cochem-Zell, LK	2 835	2 932	1 426	306	67	25	22
Mayen-Koblenz, LK	8 131	8 137	3 881	1 552	1 022	825	740
Neuwied, LK	2 231	1 915	936	212	83	68	47
Rhein-Hunsrück-Kreis, LK	3 449	3 649	1 837	464	92	41	20
Rhein-Lahn-Kreis, LK	2 923	3 203	1 724	358	92	38	35
Westerwaldkreis, LK	3 876	3 533	1 942	407	155	74	45
RB Trier	15 944	16 752	8 420	2 369	702	385	265
Trier, St.	362	357	198	61	28	.	21
Bernkastel-Wittlich, LK	4 276	4 598	2 456	641	195	122	98
Eifelkreis Bitburg-Prüm, LK	4 404	4 816	2 028	618	151	.	51
Trier-Saarburg, LK	4 623	4 770	2 855	735	217	103	68
Vulkaneifel, LK	2 279	2 211	883	314	111	36	27
RB Rheinhessen-Pfalz	40 038	36 644	21 239	8 962	7 840	8 589	7 032
Frankenthal (Pfalz), St.	555	634	767	536	842	946	711
Kaiserslautern, St.	284	215	106	10	8	.	.
Landau i. d. Pfalz, St.	366	363	157	50	19	.	10
Ludwigshafen a. Rh., St.	646	941	546	422	445	398	339
Mainz, St.	1 018	935	495	164	125	155	104
Neustadt a. d. Weinstr., St.	509	530	255	77	78	111	83
Pirmasens, St.	263	250	170	40	10	.	2
Speyer, St.	164	117	90	41	21	.	.
Worms, St.	839	707	366	75	201	441	411
Zweibrücken, St.	427	332	127	18	2	.	.
Alzey-Worms, LK	5 764	4 661	1 552	370	405	622	647
Bad Dürkheim, LK	2 502	2 093	1 165	478	646	916	773
Donnersbergkreis, LK	3 013	2 690	1 192	233	156	106	69
Germersheim, LK	2 697	2 622	1 504	489	400	488	423
Kaiserslautern, LK	3 113	2 683	1 871	786	403	217	63
Kusel, LK	2 876	2 585	1 586	344	99	34	14
Mainz-Bingen, LK	4 825	4 244	1 914	382	253	207	192
Rhein-Pfalz-Kreis, LK	3 216	3 655	3 662	3 031	2 994	3 347	2 876
Südliche Weinstraße, LK	3 204	2 856	1 509	479	362	396	253
Südwestpfalz, LK	3 757	3 531	2 205	937	371	148	40
Rheinland-Pfalz	90 226	87 314	47 365	16 176	10 699	10 434	8 472

1 Gebietsstand 31.12.2010. Die Gliederung in Regierungsbezirke wurde im Jahr 2000 aufgehoben, zur besseren Vergleichbarkeit sind sie hier dennoch ausgewiesen.

T 106 Rinderbestand 1883–1941 nach historischen Verwaltungsbezirken, die heute vollständig oder zum Teil zu Rheinland-Pfalz gehören[1]

Regierungsbezirk (RB)/ Fürstentum/Provinz Kreisfreie Stadt (St.) Landkreis (LK)	1883	1892	1904	1912	1925	1933	1941
	Anzahl						
RB Koblenz	237 490	254 731	263 402	259 464	236 382	225 674	260 733
Adenau, LK	14 310	16 854	18 213	18 773	17 609	.	.
Ahrweiler, LK	11 578	12 403	12 746	12 130	10 830	19 342	19 580
Altenkirchen, LK	23 845	27 247	26 657	25 720	24 324	25 115	26 729
Birkenfeld, LK	.	.	.	.	.	.	34 460
Cochem, LK	15 899	17 547	18 429	18 231	15 514	17 991	18 537
Koblenz, St.	.	410	498	377	352	332	805
Koblenz, LK	9 349	9 241	8 260	6 915	6 077	6 326	6 250
Kreuznach, LK	22 101	23 068	22 989	22 672	20 202	33 047	31 725
Mayen, LK	22 092	23 239	23 440	20 044	17 369	29 889	30 788
Meisenheim, LK	9 131	9 606	10 333	10 079	9 867	.	.
Neuwied, LK	24 708	28 302	28 166	27 366	24 057	25 964	26 078
Sankt Goar, LK	15 922	16 061	17 383	17 584	16 201	17 256	17 015
Simmern, LK	28 132	27 745	31 655	34 137	32 468	36 179	34 884
Zell, LK	14 057	13 488	13 936	14 833	13 535	14 233	13 882
RB Trier	242 036	265 425	287 499	291 740	221 144	246 269	216 407
Bernkastel, LK	22 787	22 694	24 548	25 424	23 819	25 624	24 388
Bitburg, LK	26 187	29 733	35 466	37 487	37 509	41 685	39 238
Daun, LK	20 597	23 524	25 760	26 021	25 345	28 087	27 940
Prüm, LK	25 082	28 569	32 973	35 917	33 164	36 370	37 941
Saarburg, LK	13 895	15 455	16 862	16 553	16 176	18 032	13 502
Sankt Wendel, LK	26 226	28 601	29 543	29 521	.	.	.
St.Wendel-Baumholder, LK	.	.	.	.	19 072	21 685	.
Trier, St.	2 453	401	348	1 023	647	1 398	1 275
Trier, LK	30 774	35 600	37 516	37 065	33 106	37 306	37 512
Wittlich, LK	20 934	22 620	24 900	25 739	24 064	26 573	25 361
RB Wiesbaden	209 750	234 072	238 920	236 436	210 610	263 002	240 627
Oberwesterwaldkreis, LK	25 435	19 002	18 977	18 864	17 840	35 717	33 085
Rheingaukreis, LK	13 929	.	.	.	.	.	.
Sankt Goarshausen, LK	.	14 716	16 013	16 449	14 336	17 137	16 623
Unterlahnkreis, LK	29 020	18 045	19 455	19 488	16 754	19 546	18 535
Unterwesterwaldkreis, LK	25 776	17 289	17 335	16 334	14 361	20 636	18 421
Westerburg, LK	.	21 537	21 230	20 975	18 579	.	.
Fürstentum Birkenfeld[2]	17 589	17 622	20 140	20 596	18 859	21 252	X
Provinz Rheinhessen	61 967	65 139	62 812	54 921	46 144	50 417	49 500
Alzey, LK	15 023	15 912	15 501	13 595	12 114	13 102	16 184
Bingen, LK	10 117	10 480	9 831	8 543	7 126	7 131	9 841
Mainz, St.	.	.	.	.	.	.	1 802
Mainz, LK	7 326	7 703	7 307	6 470	5 038	6 665	9 618
Oppenheim, LK	15 426	17 036	17 886	15 815	13 014	13 862	.
Worms, St.	.	.	.	.	.	.	453
Worms, LK	14 075	14 008	12 287	10 498	8 852	9 657	11 602

1 Verwaltungsbezirke in ihren historischen Grenzen zum Erhebungszeitpunkt. Eine Umrechnung auf die heute zu Rheinland-Pfalz gehörenden Gebiete ist nicht erfolgt. – 2 1941 siehe LK Birkenfeld im RB Koblenz.

T 106 noch: Rinderbestand 1883–1941 nach historischen Verwaltungsbezirken, die heute vollständig oder zum Teil zu Rheinland-Pfalz gehören[1]

Regierungsbezirk (RB)/ Fürstentum/Provinz Kreisfreie Stadt (St.) Landkreis (LK)	1883	1892	1904	1912	1925	1933	1941
	Anzahl						
RB Pfalz	218 975	247 139	255 415	235 074	202 762	211 246	171 826
Bergzabern, LK	14 509	15 496	16 537	14 661	13 490	14 027	8 325
Dürkheim, LK	.	.	6 160	5 245	4 913	.	.
Frankenthal, St.	.	.	.	.	865	811	930
Frankenthal, LK	10 043	11 522	10 859	9 411	7 275	7 158	5 950
Germersheim, LK	21 080	23 656	23 926	20 224	18 468	19 570	15 039
Homburg, LK	22 925	27 525	29 555	29 411	.	.	.
Kaiserslautern, St.	.	.	.	.	395	439	475
Kaiserslautern, LK	13 403	15 514	15 200	14 210	23 091	24 798	21 929
Kirchheimbolanden, LK	9 558	10 320	10 245	9 526	8 334	8 577	8 905
Kusel, LK	25 208	28 860	30 263	29 305	36 594	40 200	33 591
Landau i. d. Pfalz, St.	.	.	.	76	60	65	.
Landau, LK	18 391	18 873	19 132	16 860	15 417	15 342	12 951
Ludwigshafen a. Rh., St.	.	.	.	.	249	165	1 608
Ludwigshafen a. Rh., LK	7 506	8 482	8 474	6 745	5 601	5 629	4 387
Neustadt an der Haardt, St.	.	.	.	.	164	117	106
Neustadt an der Haardt, LK	15 482	15 810	8 653	7 361	6 513	9 572	8 112
Pirmasens, St.	.	.	.	.	317	253	190
Pirmasens, LK	17 877	21 021	22 824	21 663	19 597	20 993	13 012
Rockenhausen, LK	18 381	20 319	20 846	19 512	19 010	22 905	19 491
Speyer, St.	.	.	.	.	764	710	830
Speyer, LK	6 303	7 225	7 039	5 948	5 005	4 919	4 066
Zweibrücken, St.	.	.	.	.	476	651	634
Zweibrücken, LK	18 309	22 516	18 386	18 074	16 164	14 345	11 295
Rheinland-Pfalz	.	.	.	.	.	.	.

1 Verwaltungsbezirke in ihren historischen Grenzen zum Erhebungszeitpunkt. Eine Umrechnung auf die heute zu Rheinland-Pfalz gehörenden Gebiete ist nicht erfolgt.

T 107 Schweinebestand 1883–1941 nach historischen Verwaltungsbezirken, die heute vollständig oder zum Teil zu Rheinland-Pfalz gehören[1]

Regierungsbezirk (RB)/ Fürstentum/Provinz Kreisfreie Stadt (St.) Landkreis (LK)	1883	1892	1904	1912	1925	1933	1941
	Anzahl						
RB Koblenz	67 075	103 219	149 683	170 083	117 408	154 465	165 447
Adenau, LK	3 716	4 518	6 632	7 700	4 696	.	.
Ahrweiler, LK	2 236	4 917	6 173	7 075	6 219	10 412	11 386
Altenkirchen, LK	4 914	10 589	14 035	16 925	13 122	17 320	13 978
Birkenfeld, LK	.	.	.	.	.	.	18 710
Cochem, LK	7 124	8 627	14 046	15 117	7 206	14 311	13 585
Koblenz, St.	.	258	486	627	483	635	1 675
Koblenz, LK	2 904	5 156	7 285	8 619	4 302	7 327	7 073
Kreuznach, LK	4 293	7 540	10 967	12 591	10 110	17 681	18 723
Mayen, LK	9 340	11 555	17 618	18 451	12 167	28 990	26 163
Meisenheim, LK	2 489	2 888	4 081	4 449	3 308	.	.
Neuwied, LK	5 237	10 797	14 680	17 630	12 623	17 743	14 750
Sankt Goar, LK	2 401	4 689	7 564	8 513	6 401	9 536	9 301
Simmern, LK	6 860	9 528	15 692	18 263	11 597	19 428	19 856
Zell, LK	3 596	4 827	8 587	10 741	6 869	11 082	10 247
RB Trier	118 889	156 403	236 851	247 300	112 184	187 652	164 669
Bernkastel, LK	6 375	10 415	15 603	18 665	11 458	18 049	16 613
Bitburg, LK	11 377	15 613	24 005	26 823	18 004	32 029	33 364
Daun, LK	6 518	7 327	11 249	13 059	7 121	12 827	13 723
Prüm, LK	7 012	8 423	13 228	14 994	9 293	17 715	17 797
Saarburg, LK	13 062	17 231	24 235	26 042	17 637	25 290	19 448
Sankt Wendel, LK	9 544	10 726	15 717	16 155	.	.	.
St.Wendel-Baumholder, LK	.	.	.	.	7 677	11 498	.
Trier, St.	1 194	777	810	1 840	925	2 143	2 092
Trier, LK	13 111	20 353	29 700	31 547	20 871	35 787	30 276
Wittlich, LK	9 537	13 718	18 351	19 137	14 156	22 506	23 096
RB Wiesbaden	67 559	121 071	178 739	212 541	139 646	226 024	207 060
Oberwesterwaldkreis, LK	3 998	5 083	7 866	9 207	6 848	17 691	16 947
Rheingaukreis, LK	2 453	.	.	.	.	.	.
Sankt Goarshausen, LK	.	6 576	11 346	14 499	9 438	13 587	14 107
Unterlahnkreis, LK	11 465	9 565	17 273	20 387	13 194	20 489	18 186
Unterwesterwaldkreis, LK	3 470	5 250	8 970	11 105	6 211	12 533	11 177
Westerburg, LK	.	6 523	9 224	10 710	6 460	.	.
Fürstentum Birkenfeld[2]	6 441	7 036	11 319	12 298	8 531	11 631	X
Provinz Rheinhessen	20 795	38 816	58 332	60 206	49 037	74 753	72 956
Alzey, LK	4 182	7 626	11 162	12 005	10 453	15 255	19 775
Bingen, LK	2 635	4 929	7 912	8 787	7 438	10 751	13 679
Mainz, St.	.	.	.	.	.	.	4 543
Mainz, LK	3 634	6 241	9 563	9 500	6 015	13 200	15 027
Oppenheim, LK	5 127	10 778	17 101	16 385	13 294	19 098	.
Worms, St.	.	.	.	.	.	.	1 062
Worms, LK	5 217	9 242	12 594	13 529	11 837	16 449	18 870

1 Verwaltungsbezirke in ihren historischen Grenzen zum Erhebungszeitpunkt. Eine Umrechnung auf die heute zu Rheinland-Pfalz gehörenden Gebiete ist nicht erfolgt. – 2 1941 siehe LK Birkenfeld im RB Koblenz.

T 107 noch: Schweinebestand 1883–1941 nach historischen Verwaltungsbezirken, die heute vollständig oder zum Teil zu Rheinland-Pfalz gehören[1]

Regierungsbezirk (RB)/ Fürstentum/Provinz Kreisfreie Stadt (St.) Landkreis (LK)	1883	1892	1904	1912	1925	1933	1941
	Anzahl						
RB Pfalz	74 339	104 801	174 967	164 688	117 580	165 439	139 093
Bergzabern, LK	4 401	4 996	9 346	7 697	6 931	8 860	6 592
Dürkheim, LK	.	.	4 795	5 459	4 882	.	.
Frankenthal, St.	.	.	.	.	1 060	1 265	1 480
Frankenthal, LK	2 972	6 781	10 724	11 360	8 036	10 566	8 804
Germersheim, LK	10 141	12 909	20 089	16 570	11 292	18 805	14 336
Homburg, LK	6 937	9 476	16 261	15 610	.	.	.
Kaiserslautern, St.	.	.	.	.	272	630	1 573
Kaiserslautern, LK	4 326	5 689	10 986	9 770	9 906	16 002	13 282
Kirchheimbolanden, LK	3 359	4 615	7 189	7 054	5 999	8 786	8 716
Kusel, LK	7 421	10 829	16 671	16 497	15 876	22 805	16 263
Landau i. d. Pfalz, St.	.	.	.	196	177	188	.
Landau, LK	5 350	7 592	13 856	12 033	10 088	10 287	12 823
Ludwigshafen a. Rh., St.	.	.	.	.	381	1 141	3 626
Ludwigshafen a. Rh., LK	2 972	6 028	9 264	9 758	5 480	5 417	5 759
Neustadt an der Haardt, St.	.	.	.	.	181	218	377
Neustadt an der Haardt, LK	3 470	6 705	6 014	6 254	4 873	11 304	11 220
Pirmasens, St.	.	.	.	.	190	315	500
Pirmasens, LK	6 971	7 643	12 799	10 022	8 095	13 633	7 808
Rockenhausen, LK	5 144	7 385	12 717	12 844	10 954	15 586	13 080
Speyer, St.	.	.	.	.	916	893	1 346
Speyer, LK	2 735	3 738	5 851	5 376	3 735	5 433	3 948
Zweibrücken, St.	.	.	.	.	264	529	779
Zweibrücken, LK	8 140	10 415	11 276	10 888	7 992	12 776	6 781
Rheinland-Pfalz	.	.	.	.	.	.	.

1 Verwaltungsbezirke in ihren historischen Grenzen zum Erhebungszeitpunkt. Eine Umrechnung auf die heute zu Rheinland-Pfalz gehörenden Gebiete ist nicht erfolgt.

T 108 Schafbestand 1883–1941 nach historischen Verwaltungsbezirken, die heute vollständig oder zum Teil zu Rheinland-Pfalz gehören[1]

Regierungsbezirk (RB)/ Fürstentum/Provinz Kreisfreie Stadt (St.) Landkreis (LK)	1883	1892	1904	1912	1925	1933	1941
	Anzahl						
RB Koblenz	103 918	77 858	38 738	26 656	34 028	.	39 269
Adenau, LK	20 556	15 350	5 671	4 659	5 014	.	.
Ahrweiler, LK	5 561	5 636	3 025	2 600	3 253	.	6 549
Altenkirchen, LK	1 415	1 053	1 017	159	746	.	1 527
Birkenfeld, LK	.	.	.	.	.	.	5 004
Cochem, LK	13 092	11 221	4 431	3 347	3 190	.	3 900
Koblenz, St.	.	149	330	171	5	.	262
Koblenz, LK	2 307	1 101	595	594	1 082	.	1 617
Kreuznach, LK	843	574	620	220	322	.	2 742
Mayen, LK	11 206	9 442	5 704	5 003	3 610	.	9 436
Meisenheim, LK	652	406	144	255	267	.	.
Neuwied, LK	7 625	6 019	2 790	2 084	2 370	.	3 788
Sankt Goar, LK	6 671	2 664	957	272	946	.	150
Simmern, LK	11 729	5 913	3 069	1 421	1 925	.	1 860
Zell, LK	4 988	3 270	1 766	1 171	1 985	.	2 434
RB Trier	96 519	69 823	27 333	20 999	21 658	.	24 068
Bernkastel, LK	12 706	9 909	5 170	3 935	4 216	.	2 167
Bitburg, LK	10 858	7 272	3 650	1 975	2 538	.	3 370
Daun, LK	15 356	13 620	5 493	5 232	3 545	.	4 651
Prüm, LK	17 969	14 900	4 326	3 161	5 460	.	4 655
Saarburg, LK	1 001	980	128	23	177	.	773
Sankt Wendel, LK	8 230	5 062	1 606	1 670	.	.	.
St.Wendel-Baumholder, LK	.	.	.	.	2 624	.	.
Trier, St.	788	311	407	298	577	.	44
Trier, LK	8 233	6 138	1 937	660	902	.	2 839
Wittlich, LK	13 420	6 876	2 702	1 812	1 405	.	4 259
RB Wiesbaden	119 661	92 550	51 561	38 749	48 920	.	63 817
Oberwesterwaldkreis, LK	3 410	1 121	438	155	802	.	2 278
Rheingaukreis, LK	6 881	.	.	.	.	.	.
Sankt Goarshausen, LK	.	6 711	4 206	3 424	4 678	.	3 470
Unterlahnkreis, LK	15 278	6 727	4 459	3 346	3 722	.	5 606
Unterwesterwaldkreis, LK	9 202	4 325	2 270	2 316	1 647	.	4 818
Westerburg, LK	.	4 089	3 051	3 453	1 609	.	.
Fürstentum Birkenfeld[2]	5 189	4 166	1 597	964	2 115	.	X
Provinz Rheinhessen	1 607	1 609	923	477	732	83	5 194
Alzey, LK	535	58	37	212	117	31	713
Bingen, LK	107	181	30	16	94	14	123
Mainz, St.	.	.	.	.	.	.	99
Mainz, LK	346	719	26	213	138	16	866
Oppenheim, LK	171	516	514	18	279	6	.
Worms, St.	.	.	.	.	.	.	311
Worms, LK	448	135	316	18	104	16	3 082

1 Verwaltungsbezirke in ihren historischen Grenzen zum Erhebungszeitpunkt. Eine Umrechnung auf die heute zu Rheinland-Pfalz gehörenden Gebiete ist nicht erfolgt. – 2 1941 siehe LK Birkenfeld im RB Koblenz.

T 108 noch: Schafbestand 1883–1941 nach historischen Verwaltungsbezirken, die heute vollständig oder zum Teil zu Rheinland-Pfalz gehören[1]

Regierungsbezirk (RB)/ Fürstentum/Provinz Kreisfreie Stadt (St.) Landkreis (LK)	1883	1892	1904	1912	1925	1933	1941
	Anzahl						
RB Pfalz	37 619	26 456	15 800	15 389	10 851	.	43 823
Bergzabern, LK	2 992	1 983	1 041	989	699	.	1 177
Dürkheim, LK	.	.	16	1	37	.	.
Frankenthal, St.	.	.	.	.	5	.	409
Frankenthal, LK	46	34	193	231	109	.	1 982
Germersheim, LK	2 128	1 465	465	1 040	142	.	1 379
Homburg, LK	6 627	6 170	4 248	3 956	.	.	.
Kaiserslautern, St.	.	.	.	.	13	.	66
Kaiserslautern, LK	2 463	1 630	756	1 116	3 565	.	6 503
Kirchheimbolanden, LK	797	103	197	272	206	.	2 310
Kusel, LK	2 719	297	920	1 347	706	.	7 324
Landau i. d. Pfalz, St.	.	.	.	122	3	.	.
Landau, LK	1 372	932	942	273	1 140	.	940
Ludwigshafen a. Rh., St.	.	.	.	.	22	.	192
Ludwigshafen a. Rh., LK	798	1 277	956	642	77	.	419
Neustadt an der Haardt, St.	.	.	.	.	12	.	11
Neustadt an der Haardt, LK	258	375	942	215	70	.	585
Pirmasens, St.	.	.	.	.	123	.	726
Pirmasens, LK	6 539	5 487	2 622	2 121	1 523	.	7 134
Rockenhausen, LK	2 231	976	290	1 715	1 080	.	4 515
Speyer, St.	.	.	.	.	21	.	433
Speyer, LK	2 232	1 951	1 037	487	13	.	198
Zweibrücken, St.	.	.	.	.	5	.	1 482
Zweibrücken, LK	6 417	3 776	1 157	696	1 280	.	6 038
Rheinland-Pfalz	.	.	.	.	.	.	.

1 Verwaltungsbezirke in ihren historischen Grenzen zum Erhebungszeitpunkt. Eine Umrechnung auf die heute zu Rheinland-Pfalz gehörenden Gebiete ist nicht erfolgt.

T 109 Pferdebestand 1883–1941 nach historischen Verwaltungsbezirken, die heute vollständig oder zum Teil zu Rheinland-Pfalz gehören[1]

Regierungsbezirk (RB)/ Fürstentum/Provinz Kreisfreie Stadt (St.) Landkreis (LK)	1883	1892	1904	1912	1925	1933	1941
	Anzahl						
RB Koblenz	20 941	20 680	23 038	22 701	19 630	17 775	17 069
Adenau, LK	789	753	777	831	955	.	.
Ahrweiler, LK	1 174	1 252	1 389	1 350	1 334	1 646	1 309
Altenkirchen, LK	999	738	882	945	1 292	1 163	1 166
Birkenfeld, LK	.	.	.	.	.	.	2 258
Cochem, LK	1 647	1 550	1 842	1 739	1 443	1 453	969
Koblenz, St.	.	1 233	1 183	1 413	99	98	280
Koblenz, LK	2 806	2 115	2 473	2 517	1 662	1 651	1 222
Kreuznach, LK	2 153	2 129	2 211	2 104	1 710	2 604	1 810
Mayen, LK	4 754	4 962	5 509	5 355	5 211	5 277	4 975
Meisenheim, LK	964	923	893	853	661	.	.
Neuwied, LK	1 823	1 488	1 831	1 903	1 627	1 782	1 459
Sankt Goar, LK	511	510	714	597	452	601	408
Simmern, LK	1 542	1 265	1 341	1 192	1 155	1 126	883
Zell, LK	728	644	642	495	346	374	330
RB Trier	30 316	29 729	35 636	35 386	18 224	17 619	14 444
Bernkastel, LK	1 188	1 004	1 214	1 087	1 078	1 143	904
Bitburg, LK	2 535	2 201	3 060	3 195	3 607	3 410	3 602
Daun, LK	798	847	873	840	1 072	902	702
Prüm, LK	1 270	996	1 229	1 428	1 959	1 969	1 681
Saarburg, LK	4 117	3 852	3 913	3 797	3 642	3 244	2 863
Sankt Wendel, LK	2 193	2 214	2 493	2 663	.	.	.
St.Wendel-Baumholder, LK	.	.	.	.	1 457	1 514	.
Trier, St.	1 367	1 291	1 333	1 338	125	272	272
Trier, LK	2 986	2 973	3 501	3 340	3 147	3 056	2 665
Wittlich, LK	1 212	1 179	1 608	1 671	1 567	1 518	1 160
RB Wiesbaden	21 059	25 039	32 326	32 155	21 731	24 198	21 439
Oberwesterwaldkreis, LK	369	193	320	301	582	937	705
Rheingaukreis, LK	1 353	.	.	.	.	.	.
Sankt Goarshausen, LK	.	1 277	1 533	1 678	1 633	1 716	1 350
Unterlahnkreis, LK	2 767	1 453	1 684	1 765	1 797	1 782	1 556
Unterwesterwaldkreis, LK	902	506	823	793	538	763	585
Westerburg, LK	.	351	478	420	638	.	.
Fürstentum Birkenfeld[2]	1 251	1 255	1 388	1 574	1 581	1 632	X
Provinz Rheinhessen	14 681	15 422	17 243	17 226	14 672	15 421	14 052
Alzey, LK	2 948	2 957	3 086	3 040	3 167	3 248	4 033
Bingen, LK	1 496	1 598	1 737	1 644	1 647	1 669	1 782
Mainz, St.	.	.	.	.	.	.	893
Mainz, LK	3 609	3 796	4 944	4 935	2 197	2 702	2 978
Oppenheim, LK	3 034	3 285	3 421	3 411	3 712	3 691	.
Worms, St.	.	.	.	.	.	.	174
Worms, LK	3 594	3 786	4 055	4 196	3 949	4 111	4 192

1 Verwaltungsbezirke in ihren historischen Grenzen zum Erhebungszeitpunkt. Eine Umrechnung auf die heute zu Rheinland-Pfalz gehörenden Gebiete ist nicht erfolgt. – 2 1941 siehe LK Birkenfeld im RB Koblenz.

T 109 noch: Pferdebestand 1883–1941 nach historischen Verwaltungsbezirken, die heute vollständig oder zum Teil zu Rheinland-Pfalz gehören[1]

Regierungsbezirk (RB)/ Fürstentum/Provinz Kreisfreie Stadt (St.) Landkreis (LK)	1883	1892	1904	1912	1925	1933	1941
	Anzahl						
RB Pfalz	33 891	35 395	40 748	40 237	32 193	32 491	30 120
Bergzabern, LK	1 685	1 587	1 586	1 464	1 351	1 417	1 306
Dürkheim, LK	.	.	1 098	1 062	1 101	.	.
Frankenthal, St.	.	.	.	.	464	381	424
Frankenthal, LK	2 469	2 764	3 075	3 239	2 658	2 584	2 177
Germersheim, LK	2 887	2 745	2 802	2 512	2 009	2 102	2 229
Homburg, LK	3 483	3 575	4 351	4 274	.	.	.
Kaiserslautern, St.	.	.	.	.	193	173	277
Kaiserslautern, LK	2 065	2 237	2 730	2 740	3 503	3 403	3 301
Kirchheimbolanden, LK	1 829	1 781	1 972	2 018	2 141	2 001	1 992
Kusel, LK	2 555	2 625	3 236	3 313	4 087	3 931	3 476
Landau i. d. Pfalz, St.	.	.	.	1 412	61	54	.
Landau, LK	2 350	2 658	3 349	1 985	2 089	2 515	2 273
Ludwigshafen a. Rh., St.	.	.	.	.	129	138	719
Ludwigshafen a. Rh., LK	1 772	1 909	2 362	2 411	1 770	1 721	1 293
Neustadt an der Haardt, St.	.	.	.	.	56	71	88
Neustadt an der Haardt, LK	2 072	2 455	1 398	1 288	781	1 931	1 810
Pirmasens, St.	.	.	.	.	110	159	161
Pirmasens, LK	2 793	2 928	3 461	3 419	2 463	2 504	2 138
Rockenhausen, LK	2 649	2 572	2 976	3 002	2 855	2 987	2 458
Speyer, St.	.	.	.	.	295	276	249
Speyer, LK	1 383	1 478	1 407	1 361	944	954	890
Zweibrücken, St.	.	.	.	.	127	237	366
Zweibrücken, LK	3 899	4 081	3 533	3 475	3 006	2 952	2 493
Rheinland-Pfalz	.	.	.	.	.	.	.

1 Verwaltungsbezirke in ihren historischen Grenzen zum Erhebungszeitpunkt. Eine Umrechnung auf die heute zu Rheinland-Pfalz gehörenden Gebiete ist nicht erfolgt.

T 110 Rinderbestand 1950–2010 nach Verwaltungsbezirken[1]

Regierungsbezirk (RB) Kreisfreie Stadt (St.) Landkreis (LK)	1950	1960	1970	1980	1990	1999	2010
	Anzahl						
RB Koblenz	294 132	317 297	315 405	276 252	213 262	171 892	134 729
Koblenz, St.	1 578	2 130	1 482	1 341	922	501	242
Ahrweiler, LK	19 070	23 898	23 943	22 539	18 283	14 643	11 722
Altenkirchen (Ww.), LK	23 867	28 314	28 635	28 539	26 408	22 988	18 921
Bad Kreuznach, LK	33 157	33 911	32 150	25 102	16 159	10 524	7 837
Birkenfeld, LK	24 026	25 535	28 478	26 936	20 154	16 974	13 342
Cochem-Zell, LK	20 818	20 157	18 816	15 939	11 649	9 896	8 176
Mayen-Koblenz, LK	22 099	26 169	24 804	19 507	14 492	11 799	9 369
Neuwied, LK	22 518	27 449	27 879	25 640	22 344	18 561	13 731
Rhein-Hunsrück-Kreis, LK	48 689	53 513	57 977	47 461	30 727	22 449	16 470
Rhein-Lahn-Kreis, LK	31 560	34 339	35 250	30 550	23 509	15 866	11 658
Westerwaldkreis, LK	46 750	41 882	35 991	32 698	28 615	27 691	23 261
RB Trier	179 587	209 251	233 613	257 062	231 282	213 976	180 085
Trier, St.	2 099	2 291	2 107	1 239	965	938	649
Bernkastel-Wittlich, LK	41 599	44 650	42 712	38 892	33 589	29 428	24 206
Eifelkreis Bitburg-Prüm, LK	64 633	82 038	104 515	134 416	126 792	119 090	102 475
Trier-Saarburg, LK	35 426	40 166	36 417	33 974	29 847	28 460	21 491
Vulkaneifel, LK	35 830	40 106	47 862	48 541	40 089	36 060	31 264
RB Rheinhessen-Pfalz	204 485	207 313	176 716	139 616	97 724	71 360	54 066
Frankenthal (Pfalz), St.	839	1 062	775	285	.	31	-
Kaiserslautern, St.	1 494	1 628	1 248	844	803	551	308
Landau i. d. Pfalz, St.	1 785	1 902	1 096	391	109	22	-
Ludwigshafen a. Rh., St.	1 518	1 871	637	173	155	.	.
Mainz, St.	1 506	1 880	1 232	284	120	97	.
Neustadt a. d. Weinstr., St.	2 632	2 412	1 552	880	500	282	249
Pirmasens, St.	1 675	1 848	2 069	1 674	1 261	909	642
Speyer, St.	702	769	445	160	.	.	.
Worms, St.	1 835	2 437	1 941	1 160	670	246	55
Zweibrücken, St.	2 691	3 286	3 397	3 230	2 714	2 345	1 971
Alzey-Worms, LK	18 945	16 128	8 005	2 088	1 152	544	412
Bad Dürkheim, LK	8 515	7 046	4 340	2 387	1 649	827	502
Donnersbergkreis, LK	22 857	26 097	26 704	22 345	14 266	9 915	7 342
Germersheim, LK	14 842	16 340	11 718	7 418	4 205	2 298	1 506
Kaiserslautern, LK	20 993	22 485	25 198	25 460	18 761	13 438	9 546
Kusel, LK	30 315	30 521	31 288	29 306	21 089	17 245	12 867
Mainz-Bingen, LK	17 470	15 351	8 603	3 323	1 886	1 478	1 492
Rhein-Pfalz-Kreis, LK	8 583	9 695	5 579	2 851	1 325	740	379
Südliche Weinstraße, LK	20 287	19 552	13 778	5 927	2 451	1 756	1 500
Südwestpfalz, LK	25 001	25 003	27 111	29 430	24 283	18 538	15 132
Rheinland-Pfalz	678 204	733 861	725 734	672 930	542 268	457 228	368 880

1 Gebietsstand 31.12.2010. Die Gliederung in Regierungsbezirke wurde im Jahr 2000 aufgehoben, zur besseren Vergleichbarkeit sind sie hier dennoch ausgewiesen.

T 111 Schweinebestand 1950–2010 nach Verwaltungsbezirken[1]

Regierungsbezirk (RB) Kreisfreie Stadt (St.) Landkreis (LK)	1950	1960	1970	1980	1990	1999	2010
	Anzahl						
RB Koblenz	254 839	282 267	340 298	314 396	234 028	162 658	.
Koblenz, St.	2 231	3 626	1 673	2 463	1 616	429	.
Ahrweiler, LK	15 046	13 930	13 157	10 569	7 775	4 859	2 682
Altenkirchen (Ww.), LK	19 280	16 358	16 540	10 657	6 212	3 183	1 638
Bad Kreuznach, LK	23 957	29 375	36 191	21 845	12 159	6 305	5 210
Birkenfeld, LK	17 766	20 667	27 525	23 471	16 524	13 124	7 820
Cochem-Zell, LK	20 397	24 640	27 163	20 455	16 459	15 786	10 119
Mayen-Koblenz, LK	28 158	36 566	79 857	121 868	98 012	63 652	35 059
Neuwied, LK	18 362	15 927	15 412	11 959	6 610	3 944	2 441
Rhein-Hunsrück-Kreis, LK	37 774	49 181	55 600	39 089	27 128	18 790	12 693
Rhein-Lahn-Kreis, LK	36 026	47 303	53 436	42 135	35 579	27 569	16 892
Westerwaldkreis, LK	35 842	24 694	13 744	9 885	5 954	5 017	1 565
RB Trier	163 146	187 610	231 151	183 406	148 027	123 794	97 756
Trier, St.	2 713	3 232	3 234	766	514	48	14
Bernkastel-Wittlich, LK	40 456	45 596	50 811	32 135	19 698	15 558	12 854
Eifelkreis Bitburg-Prüm, LK	57 485	77 579	110 559	104 801	94 374	79 775	64 965
Trier-Saarburg, LK	39 152	38 372	48 742	37 563	27 954	24 593	14 689
Vulkaneifel, LK	23 340	22 831	17 805	8 141	5 487	3 820	5 234
RB Rheinhessen-Pfalz	210 068	241 419	255 946	197 400	127 507	92 822	.
Frankenthal (Pfalz), St.	1 740	1 816	1 999	2 039	520	.	.
Kaiserslautern, St.	1 601	1 725	1 833	1 654	1 010	.	.
Landau i. d. Pfalz, St.	1 865	2 581	2 724	1 725	1 535	.	.
Ludwigshafen a. Rh., St.	2 188	1 758	1 036	478	162	119	78
Mainz, St.	4 004	4 844	4 039	2 923	1 609	946	259
Neustadt a. d. Weinstr., St.	2 817	2 613	2 400	1 233	791	405	.
Pirmasens, St.	1 434	2 113	1 804	1 238	699	1 144	1 321
Speyer, St.	833	819	549	415	67	.	-
Worms, St.	3 761	4 076	5 449	2 898	1 469	814	167
Zweibrücken, St.	2 526	3 681	3 761	5 818	5 221	4 589	3 794
Alzey-Worms, LK	27 560	32 193	33 408	17 817	9 446	3 682	1 152
Bad Dürkheim, LK	12 981	13 172	14 201	6 478	3 217	1 628	1 676
Donnersbergkreis, LK	20 349	25 680	36 137	36 361	29 796	22 828	14 277
Germersheim, LK	16 231	18 735	17 977	17 016	11 039	8 242	4 493
Kaiserslautern, LK	15 326	18 386	19 321	15 048	9 865	6 331	6 030
Kusel, LK	19 367	20 249	22 729	17 678	13 293	10 476	11 007
Mainz-Bingen, LK	25 201	27 961	31 774	17 682	9 958	6 344	1 445
Rhein-Pfalz-Kreis, LK	13 141	14 639	13 061	8 726	4 554	2 370	1 322
Südliche Weinstraße, LK	17 363	20 904	19 955	9 177	4 057	1 155	364
Südwestpfalz, LK	19 780	23 474	21 789	30 996	19 199	20 612	15 949
Rheinland-Pfalz	628 053	711 296	827 395	695 202	509 562	379 274	258 166

1 Gebietsstand 31.12.2010. Die Gliederung in Regierungsbezirke wurde im Jahr 2000 aufgehoben, zur besseren Vergleichbarkeit sind sie hier dennoch ausgewiesen.

T 112 Schafbestand 1950–2010 nach Verwaltungsbezirken[1]

Regierungsbezirk (RB) Kreisfreie Stadt (St.) Landkreis (LK)	1950	1960	1970	1980	1990	1999	2010
	Anzahl						
RB Koblenz	39 003	24 729	24 274	43 941	59 613	55 096	35 660
Koblenz, St.	590	193	14	53	48	.	94
Ahrweiler, LK	5 065	3 988	2 841	5 843	7 773	6 580	2 967
Altenkirchen (Ww.), LK	1 607	998	1 534	3 751	4 600	5 022	3 022
Bad Kreuznach, LK	2 146	1 042	1 347	4 560	7 632	7 632	2 712
Birkenfeld, LK	3 916	1 935	1 876	2 017	4 472	.	4 063
Cochem-Zell, LK	2 765	2 607	1 564	2 840	3 657	2 843	1 475
Mayen-Koblenz, LK	3 775	3 136	1 557	3 054	3 963	4 345	3 679
Neuwied, LK	2 778	1 847	3 596	5 104	6 798	5 492	4 554
Rhein-Hunsrück-Kreis, LK	2 269	729	1 439	3 411	5 524	5 617	3 057
Rhein-Lahn-Kreis, LK	8 229	3 618	3 441	5 152	6 394	5 084	5 799
Westerwaldkreis, LK	5 863	4 636	5 065	8 156	8 752	7 263	4 238
RB Trier	15 325	9 220	9 322	20 428	37 138	43 337	22 910
Trier, St.	408	414	37	163	.	.	.
Bernkastel-Wittlich, LK	3 736	3 751	3 575	4 958	8 806	10 513	6 440
Eifelkreis Bitburg-Prüm, LK	5 251	2 309	2 847	6 433	13 897	16 159	6 511
Trier-Saarburg, LK	1 574	754	1 281	2 287	.	.	.
Vulkaneifel, LK	4 356	1 992	1 582	6 587	10 592	11 216	7 458
RB Rheinhessen-Pfalz	24 925	19 351	21 602	35 337	47 429	46 510	30 659
Frankenthal (Pfalz), St.	2	-	.	-	-	.	-
Kaiserslautern, St.	332	6	159	237	251	194	98
Landau i. d. Pfalz, St.	22	209	441	95	297	178	.
Ludwigshafen a. Rh., St.	264	241	189	-	136	-	-
Mainz, St.	625	2	-	17	.	.	-
Neustadt a. d. Weinstr., St.	547	1 020	1 022	1 474	.	1 321	.
Pirmasens, St.	674	804	630	541	817	161	.
Speyer, St.	385	397	650	934	.	.	-
Worms, St.	607	2	.	408	.	.	.
Zweibrücken, St.	823	384	330	1 040	1 017	1 702	1 247
Alzey-Worms, LK	1 004	479	88	211	396	384	132
Bad Dürkheim, LK	913	1 330	1 324	634	1 993	2 528	1 835
Donnersbergkreis, LK	3 367	1 389	2 168	5 902	9 789	9 990	8 025
Germersheim, LK	1 150	891	565	2 050	1 758	1 551	1 065
Kaiserslautern, LK	3 853	2 854	1 488	4 650	7 486	7 243	4 747
Kusel, LK	2 599	2 311	4 143	7 169	9 075	9 591	4 258
Mainz-Bingen, LK	466	1 323	1 132	893	1 258	1 239	1 286
Rhein-Pfalz-Kreis, LK	562	1 235	2 109	1 078	.	153	111
Südliche Weinstraße, LK	2 344	503	1 299	3 194	4 788	4 277	2 766
Südwestpfalz, LK	4 386	3 971	3 820	4 810	5 183	5 826	3 795
Rheinland-Pfalz	79 253	53 300	55 198	99 706	144 180	144 943	89 229

1 Gebietsstand 31.12.2010. Die Gliederung in Regierungsbezirke wurde im Jahr 2000 aufgehoben, zur besseren Vergleichbarkeit sind sie hier dennoch ausgewiesen.

T 113 Pferdebestand[1] 1950–2010 nach Verwaltungsbezirken[2]

Regierungsbezirk (RB) Kreisfreie Stadt (St.) Landkreis (LK)	1950	1960	1970	1980	1990	1999	2010
	Anzahl						
RB Koblenz	27 592	14 991	4 846	8 948	9 451	10 598	9 649
Koblenz, St.	624	330	123	158	133	38	64
Ahrweiler, LK	2 465	1 221	426	875	827	932	858
Altenkirchen (Ww.), LK	1 783	725	472	875	791	977	794
Bad Kreuznach, LK	3 813	2 566	803	853	939	1 040	966
Birkenfeld, LK	1 988	1 177	220	551	713	829	705
Cochem-Zell, LK	1 565	995	194	315	381	580	565
Mayen-Koblenz, LK	5 861	2 785	434	769	864	983	837
Neuwied, LK	2 077	992	507	1 203	1 223	1 139	828
Rhein-Hunsrück-Kreis, LK	2 270	1 055	401	891	1 075	1 383	1 004
Rhein-Lahn-Kreis, LK	3 417	2 036	521	981	929	1 147	1 151
Westerwaldkreis, LK	1 729	1 109	745	1 477	1 576	1 550	1 877
RB Trier	14 948	8 889	2 001	3 297	3 446	4 182	3 743
Trier, St.	496	284	97	158	150	94	37
Bernkastel-Wittlich, LK	2 034	1 305	396	776	845	935	869
Eifelkreis Bitburg-Prüm, LK	6 525	3 656	635	880	842	1 373	995
Trier-Saarburg, LK	4 289	2 161	536	775	839	927	982
Vulkaneifel, LK	1 604	1 483	337	708	770	853	860
RB Rheinhessen-Pfalz	45 243	26 690	9 795	9 045	8 367	7 231	6 247
Frankenthal (Pfalz), St.	516	224	30	65	.	.	.
Kaiserslautern, St.	426	165	132	233	221	88	176
Landau i. d. Pfalz, St.	511	306	53	94	81	25	6
Ludwigshafen a. Rh., St.	749	298	125	193	153	.	.
Mainz, St.	1 011	425	208	326	317	149	174
Neustadt a. d. Weinstr., St.	526	414	192	160	56	64	47
Pirmasens, St.	442	248	162	84	.	66	24
Speyer, St.	249	96	21	63	130	131	98
Worms, St.	907	401	136	203	139	88	156
Zweibrücken, St.	738	400	248	312	181	108	82
Alzey-Worms, LK	6 396	3 424	1 280	489	365	271	176
Bad Dürkheim, LK	3 073	2 077	1 072	784	650	445	343
Donnersbergkreis, LK	4 247	2 426	529	637	917	1 109	830
Germersheim, LK	2 471	1 509	495	531	541	329	364
Kaiserslautern, LK	3 604	2 109	828	1 082	1 140	1 060	981
Kusel, LK	3 619	2 451	511	573	632	752	770
Mainz-Bingen, LK	5 082	2 999	1 582	948	799	765	697
Rhein-Pfalz-Kreis, LK	3 117	1 575	453	771	495	266	148
Südliche Weinstraße, LK	3 582	2 663	763	648	576	459	373
Südwestpfalz, LK	3 977	2 480	975	849	862	1 022	722
Rheinland-Pfalz	87 783	50 570	16 642	21 290	21 264	22 011	19 639

1 Ab 2010 Einhufer (Pferde, Esel, Maultiere u.a.). – 2 Gebietsstand 31.12.2010. Die Gliederung in Regierungsbezirke wurde im Jahr 2000 aufgehoben, zur besseren Vergleichbarkeit sind sie hier dennoch ausgewiesen.

T 114 Ertragsrebfläche 1871–2010 nach Anbaugebieten

Jahr[1]	Insgesamt	Ahr	Mittelrhein	Mosel	Nahe	Rheinhessen	Pfalz
	ha						
1871	.	.	.	.	.	8 970	.
1872	.	.	.	.	.	9 209	.
1873	.	.	.	.	.	9 086	.
1874	.	.	.	.	.	9 429	.
1875	.	.	.	.	.	9 910	.
1876	.	.	.	.	.	9 835	.
1877	.	.	.	.	.	10 047	.
1878	.	.	.	.	.	8 919	12 105
1879	.	.	.	.	.	9 025	12 105
1880	.	.	.	.	.	9 070	11 509
1881	.	.	.	.	.	9 202	12 084
1882	.	.	.	.	.	9 313	12 084
1883	.	.	.	.	.	9 540	12 648
1884	.	.	.	.	.	9 645	12 648
1885	.	.	.	.	.	9 834	12 648
1886	.	.	.	.	.	9 721	12 648
1887	.	.	.	.	2 611	10 073	12 648
1888	.	.	.	.	.	10 560	12 648
1889	.	.	.	.	.	10 830	12 648
1890	.	.	.	.	.	10 904	12 648
1891	.	.	.	.	.	11 111	12 648
1892	.	.	.	.	.	10 995	12 648
1893	.	.	.	.	.	10 353	12 654
1894	.	.	.	.	.	10 788	12 690
1895	.	.	.	.	.	10 982	12 690
1896	.	.	.	.	.	11 273	12 690
1897	.	.	.	.	.	11 527	12 690
1898	.	.	.	.	.	11 717	12 690
1899	.	.	.	.	.	11 169	13 859
1900	.	.	.	.	.	11 762	14 705
1901	.	.	.	.	.	11 977	15 023
1902	.	.	.	.	.	12 519	14 963
1903	.	.	.	.	3 140	12 713	15 267
1904	.	.	.	.	.	12 864	15 369
1905	.	.	.	.	.	13 135	15 440
1906	.	.	.	.	.	13 203	15 572
1907	.	.	.	.	.	12 971	15 598
1908	41 594	829	2 519	6 767	3 016	12 816	15 647
1909	.	794	.	6 796	3 086	12 745	15 396
1910	40 778	742	2 346	6 865	3 013	12 453	15 359
1911	40 581	697	2 327	6 858	3 055	12 440	15 204
1912	40 990	685	2 266	7 044	3 080	12 584	15 331
1913	41 211	662	2 248	7 284	3 141	12 757	15 119
1914	41 097	664	2 099	7 376	3 059	12 790	15 109
1915	40 368	645	2 015	7 430	2 776	12 632	14 870
1916	38 424	637	1 925	7 593	2 793	12 632	12 844
1917	39 072	632	1 936	7 834	2 863	12 617	13 190

1 1871–1971 Quelle: Kalinke, Wein- und Getränkemarkt 1985, S. 299ff.

T 114 noch: Ertragsrebfläche 1871–2010 nach Anbaugebieten

Jahr[1]	Insgesamt	Ahr	Mittelrhein	Mosel	Nahe	Rheinhessen	Pfalz
	ha						
1918	40 366	633	1 939	7 834	2 750	13 019	14 191
1919	40 841	612	2 020	7 947	2 655	12 994	14 613
1920	41 564	608	2 014	8 008	2 671	13 295	14 968
1921	42 132	597	1 936	7 882	2 778	13 455	15 484
1922	42 998	615	2 043	8 090	2 779	13 901	15 570
1923	43 567	610	2 009	8 025	3 076	14 052	15 795
1924	43 074	543	1 969	7 823	2 942	14 047	15 750
1925	42 083	567	1 872	7 936	2 835	13 210	15 663
1926	42 293	557	1 822	7 810	2 999	13 453	15 652
1927	42 491	556	1 817	7 982	3 055	13 367	15 714
1928	42 727	560	1 795	8 044	3 094	13 450	15 784
1929	42 356	547	1 765	7 906	2 823	13 539	15 776
1930	41 813	577	1 743	8 028	2 880	13 468	15 117
1931	41 891	576	1 736	7 941	2 769	13 714	15 155
1932	42 356	587	1 737	7 892	2 826	13 843	15 471
1933	43 003	594	1 747	7 945	2 847	13 985	15 885
1934	44 034	598	1 770	7 989	2 849	14 484	16 344
1935	43 855	631	1 760	8 090	2 936	14 118	16 320
1936	44 849	630	1 823	8 189	2 982	14 635	16 590
1937	46 028	638	1 846	8 367	2 963	15 148	17 066
1938	45 801	653	1 795	8 782	2 823	14 785	16 963
1939	45 847	600	1 748	8 814	2 740	15 072	16 873
1940	43 599	656	1 903	8 827	2 782	14 353	15 078
1941	42 758	616	1 770	8 869	2 693	13 359	15 451
1942	41 526	613	1 733	9 107	2 694	12 966	14 413
1943	40 316	583	1 744	9 130	2 681	12 497	13 681
1944	40 242	583	1 703	9 110	2 683	12 488	13 675
1945	39 105	626	1 503	8 321	2 625	12 290	13 740
1946	38 340	554	1 504	8 079	2 460	12 361	13 382
1947	35 638	486	1 238	7 719	2 275	11 392	12 528
1948	33 773	444	1 119	7 294	2 091	11 087	11 738
1949	33 766	392	1 141	7 578	2 086	10 896	11 673
1950	32 608	382	1 081	7 265	2 287	10 370	11 223
1951	34 957	463	1 206	7 665	2 456	11 093	12 074
1952	35 743	476	1 205	7 625	2 427	11 374	12 636
1953	36 870	524	1 151	7 591	3 090	11 980	12 534
1954	40 031	574	1 283	7 805	3 810	13 503	13 056
1955	41 479	574	1 262	7 967	3 763	13 786	14 127
1956	41 499	547	1 224	8 083	3 771	13 922	13 952
1957	40 950	516	1 256	8 226	3 795	13 399	13 758
1958	41 372	527	1 252	8 190	3 805	13 550	14 048
1959	42 393	531	1 240	8 438	3 899	13 550	14 735
1960	44 644	545	1 229	8 761	3 990	14 793	15 326
1961	45 971	561	1 227	8 996	4 061	15 366	15 760
1962	46 687	565	1 228	9 237	4 066	15 618	15 973
1963	47 629	572	1 242	9 456	4 131	15 880	16 348
1964	47 826	566	1 206	9 540	4 166	15 954	16 394

1 1871–1971 Quelle: Kalinke, Wein- und Getränkemarkt 1985, S. 299ff.

T 114 noch: Ertragsrebfläche 1871–2010 nach Anbaugebieten

Jahr[1]	Insgesamt	Ahr	Mittelrhein	Mosel	Nahe	Rheinhessen	Pfalz
	ha						
1965	47 917	548	1 014	9 660	3 815	15 766	17 114
1966	48 145	536	1 018	9 758	3 852	15 805	17 176
1967	48 675	534	998	9 944	3 805	15 989	17 405
1968	49 187	531	952	10 080	3 793	16 137	17 694
1969	49 967	533	943	10 206	3 802	16 529	17 954
1970	51 876	500	927	10 630	3 881	17 317	18 621
1971	52 842	495	848	10 864	3 978	17 818	18 839
1972	54 072	495	924	10 978	4 060	18 386	19 229
1973	55 517	484	901	11 176	4 106	19 027	19 823
1974	57 000	482	840	11 442	4 206	19 813	20 217
1975	57 716	482	845	11 610	4 271	20 051	20 457
1976	58 582	483	860	11 817	4 342	20 358	20 722
1977	59 206	508	861	11 939	4 385	20 593	20 920
1978	59 684	482	868	11 966	4 392	20 789	21 187
1979	57 465	352	709	11 336	4 196	21 062	19 810
1980	59 025	354	715	11 386	4 359	21 858	20 353
1981	57 851	366	728	11 373	4 133	21 245	20 006
1982	58 005	389	738	11 429	4 143	21 259	20 047
1983	58 926	391	722	11 680	4 195	21 834	20 104
1984	60 006	383	721	11 631	4 264	22 470	20 537
1985	60 710	397	734	11 528	4 307	22 978	20 766
1986	61 028	378	725	11 887	4 313	23 135	20 590
1987	61 246	386	721	12 070	4 304	22 931	20 834
1988	61 047	393	717	12 156	4 185	22 749	20 847
1989	61 130	388	705	12 274	4 206	22 803	20 754
1990	61 229	398	689	12 210	4 233	23 032	20 667
1991	62 702	454	670	12 008	4 375	23 834	21 361
1992	63 259	464	646	11 962	4 418	24 197	21 572
1993	65 597	509	646	12 354	4 500	24 986	22 602
1994	66 206	506	624	12 372	4 509	25 385	22 810
1995	65 837	487	608	12 088	4 452	25 470	22 732
1996	65 289	483	586	11 844	4 385	25 449	22 542
1997	65 583	499	581	11 719	4 438	25 611	22 736
1998	65 007	505	572	11 474	4 449	25 368	22 639
1999	64 723	510	554	11 255	4 457	25 442	22 504
2000	64 625	513	520	10 963	4 428	25 597	22 606
2001	62 722	504	490	10 071	4 222	25 191	22 244
2002	61 781	500	476	9 534	4 111	24 980	22 179
2003	61 377	512	467	9 220	4 077	24 853	22 248
2004	61 260	515	440	8 970	3 994	24 913	22 428
2005	61 638	521	437	8 814	4 005	25 179	22 682
2006	61 843	531	432	8 720	4 023	25 404	22 734
2007	62 137	537	430	8 712	4 050	25 577	22 830
2008	62 285	543	429	8 695	4 066	25 669	22 884
2009	62 603	545	431	8 718	4 078	25 844	22 987
2010	62 565	539	427	8 649	4 069	25 911	22 969

1 1871–1971 Quelle: Kalinke, Wein- und Getränkemarkt 1985, S. 299ff.

T 115 Weinmosternte 1871–2010 nach Anbaugebieten

Jahr[1]	Insgesamt	Ahr	Mittelrhein	Mosel	Nahe	Rheinhessen	Pfalz
	hl						
1871	.	.	.	.	.	77 715	245 202
1872	.	.	.	.	.	32 139	90 018
1873	.	.	.	.	.	96 026	80 643
1874	.	.	.	.	.	300 368	497 517
1875	.	.	.	.	.	518 119	906 589
1876	.	.	.	.	.	278 000	234 917
1877	.	.	.	.	.	198 974	284 355
1878	.	.	.	.	.	289 856	162 057
1879	.	.	.	.	.	87 511	106 116
1880	.	.	.	.	.	35 982	82 021
1881	.	.	.	.	.	350 536	352 373
1882	.	.	.	.	.	126 512	183 650
1883	.	.	.	.	.	320 653	269 395
1884	.	.	.	.	.	446 580	223 473
1885	.	.	.	.	.	251 090	416 072
1886	.	.	.	.	.	109 665	131 324
1887	.	.	.	.	.	217 503	399 004
1888	.	.	.	.	.	202 587	344 772
1889	.	.	.	.	.	217 050	296 181
1890	.	.	.	.	.	339 384	663 353
1891	.	.	.	.	.	89 715	74 409
1892	.	.	.	.	.	130 186	146 754
1893	.	.	.	.	.	340 093	612 270
1894	.	.	.	.	.	299 119	489 073
1895	.	.	.	.	.	185 791	248 929
1896	.	.	.	.	.	682 708	999 158
1897	.	.	.	.	.	293 223	357 870
1898	.	.	.	.	.	125 124	256 148
1899	.	.	.	.	.	197 832	739 520
1900	.	.	.	.	.	326 941	381 030
1901	.	.	.	.	.	362 214	688 790
1902	.	.	.	.	.	275 094	391 719
1903	.	.	.	.	.	495 392	584 191
1904	.	.	.	.	.	422 232	643 995
1905	.	.	.	.	.	382 966	619 136
1906	.	.	.	.	.	70 127	195 502
1907	.	.	.	.	.	151 448	615 069
1908	1 175 089	11 245	25 039	233 694	41 332	285 689	578 090
1909	791 983	6 072	28 132	185 481	49 378	242 200	280 720
1910	563 153	3 738	4 614	205 264	28 723	134 353	186 461
1911	1 503 658	14 908	29 811	362 102	54 190	380 905	661 742
1912	1 310 727	19 800	36 176	250 062	59 593	410 492	534 604
1913	741 266	2 545	8 400	164 618	22 375	204 054	339 274
1914	593 706	7 148	11 605	181 450	3 556	134 667	255 280
1915	1 661 110	20 276	29 041	533 474	68 391	505 814	504 114
1916	671 307	7 934	20 142	163 250	37 677	277 400	164 904
1917	1 283 639	9 978	38 969	374 465	86 155	431 957	342 115

1 1871–1971 Quelle: Kalinke, Wein- und Getränkemarkt 1985, S. 340ff.

T 115 noch: Weinmosternte 1871–2010 nach Anbaugebieten

Jahr[1]	Insgesamt	Ahr	Mittelrhein	Mosel	Nahe	Rheinhessen	Pfalz
	hl						
1918	1 532 245	14 628	44 230	337 645	81 941	412 588	641 213
1919	1 099 150	7 661	36 144	243 973	57 100	327 109	427 163
1920	1 724 901	24 317	49 835	411 838	58 727	465 083	715 101
1921	1 166 122	6 287	25 489	356 922	60 630	281 302	435 492
1922	2 048 844	19 419	54 998	469 415	68 534	501 437	935 041
1923	444 055	2 655	8 323	70 092	20 349	143 495	199 141
1924	1 425 409	6 685	34 076	378 603	88 698	403 308	514 039
1925	969 045	10 919	58 876	222 135	78 459	342 718	255 938
1926	618 986	2 324	12 356	131 913	21 055	130 399	320 939
1927	1 100 623	3 402	21 991	224 122	36 660	227 477	586 971
1928	1 289 093	8 456	23 516	263 367	43 586	330 761	619 407
1929	1 285 148	13 173	41 021	290 723	91 956	388 505	459 770
1930	1 839 122	23 064	35 676	391 983	96 116	590 941	701 342
1931	1 863 184	18 775	42 975	450 184	89 792	511 403	750 055
1932	1 023 958	16 489	28 442	191 953	50 190	296 523	440 361
1933	1 367 433	15 590	33 922	389 986	58 042	327 577	542 316
1934	3 231 657	26 805	113 197	782 973	158 302	895 815	1 254 565
1935	2 800 646	28 252	75 384	539 603	138 766	978 969	1 039 672
1936	2 274 814	21 586	52 583	472 505	108 189	717 082	902 869
1937	1 655 820	25 682	46 151	401 616	114 646	607 251	460 474
1938	1 887 755	34 283	71 945	683 240	120 925	607 384	369 978
1939	2 266 146	26 727	48 690	381 646	125 631	627 571	1 055 881
1940	848 821	19 272	68 406	577 286	16 077	54 559	113 221
1941	1 941 190	35 951	65 160	509 968	107 961	485 117	737 033
1942	606 587	2 107	26 385	368 834	24 972	46 708	137 581
1943	1 424 913	7 735	41 933	454 674	95 231	356 950	468 390
1944	1 486 216	20 113	49 723	501 050	85 038	376 058	454 234
1945	705 686	5 019	16 866	41 707	13 818	215 859	412 417
1946	873 389	13 622	31 949	199 703	61 021	280 639	286 455
1947	813 041	12 469	25 848	204 251	53 274	276 151	241 048
1948	1 473 041	12 117	35 127	404 836	84 597	437 642	498 718
1949	1 113 398	9 643	22 204	277 766	53 174	380 793	369 818
1950	2 445 591	22 106	52 168	582 161	139 675	765 162	884 319
1951	2 375 309	15 891	46 720	486 393	122 894	717 845	985 566
1952	2 205 591	17 869	49 993	565 862	164 003	632 222	775 642
1953	2 040 996	18 432	47 454	486 653	128 538	631 926	727 993
1954	2 446 174	17 158	54 107	526 857	183 718	805 609	858 725
1955	1 898 951	27 984	38 978	489 126	127 668	444 268	770 927
1956	743 063	1 033	8 935	420 386	20 347	66 193	226 169
1957	1 783 645	8 357	35 967	423 756	65 406	408 080	842 079
1958	3 621 618	35 947	76 593	740 145	248 422	1 050 878	1 469 633
1959	3 324 469	29 479	61 305	716 196	258 351	1 030 519	1 228 619
1960	5 692 952	47 556	102 908	979 186	411 723	1 857 648	2 293 931
1961	2 773 447	14 021	54 207	630 144	216 761	863 541	994 773
1962	2 902 362	19 787	51 226	687 480	180 742	733 389	1 229 738
1963	4 380 007	6 948	78 836	645 608	380 332	1 519 410	1 748 873
1964	5 386 115	46 263	89 637	1 105 089	384 789	1 724 548	2 035 789

1 1871–1971 Quelle: Kalinke, Wein- und Getränkemarkt 1985, S. 340ff.

T 115 noch: Weinmosternte 1871–2010 nach Anbaugebieten

Jahr[1]	Insgesamt	Ahr	Mittelrhein	Mosel	Nahe	Rheinhessen	Pfalz
	hl						
1965	3 713 683	27 467	59 438	686 044	246 124	1 226 561	1 468 049
1966	3 457 050	31 043	62 103	998 063	220 889	866 498	1 278 454
1967	4 544 235	39 704	61 881	916 999	305 429	1 479 432	1 740 790
1968	4 339 136	43 065	56 832	932 207	226 962	1 344 479	1 735 591
1969	4 373 010	42 065	72 735	961 847	291 286	1 297 258	1 707 819
1970	7 228 369	53 902	89 239	1 533 242	470 360	2 396 623	2 685 003
1971	4 460 340	39 144	64 337	1 129 685	277 443	1 300 046	1 649 685
1972	5 532 957	39 586	65 364	1 116 240	368 421	1 880 497	2 062 849
1973	7 656 662	52 419	90 547	1 631 601	488 486	2 546 462	2 847 147
1974	5 467 131	38 125	56 652	1 121 193	358 415	1 867 416	2 025 330
1975	6 642 371	49 966	79 667	1 607 735	397 636	2 131 750	2 375 617
1976	6 028 161	41 741	53 214	1 027 942	401 035	2 125 263	2 378 966
1977	6 829 298	47 824	71 085	1 437 253	442 945	2 348 011	2 482 180
1978	5 177 722	23 296	50 948	959 558	245 059	1 653 525	2 245 336
1979	5 395 782	27 978	64 134	1 063 785	261 278	1 469 820	2 508 787
1980	3 390 249	10 712	24 472	514 464	162 440	1 063 744	1 614 417
1981	5 305 339	14 039	44 986	1 161 259	249 382	1 654 182	2 181 491
1982	10 560 670	55 416	95 961	2 328 661	688 103	3 748 330	3 644 199
1983	8 932 009	53 586	84 729	1 778 424	579 332	3 418 243	3 017 695
1984	5 668 740	25 686	39 857	1 099 411	319 600	1 984 686	2 199 500
1985	4 144 176	15 375	54 377	1 095 441	264 022	1 207 897	1 507 064
1986	6 729 072	33 028	61 344	1 435 910	394 687	2 251 198	2 552 905
1987	6 322 959	33 570	63 132	1 337 959	369 748	2 179 221	2 339 329
1988	6 090 856	21 856	55 536	1 217 415	369 195	2 098 952	2 327 902
1989	8 664 586	44 790	80 476	2 057 958	497 771	3 149 325	2 834 266
1990	5 765 731	30 009	49 906	1 252 854	347 713	1 919 161	2 166 088
1991	7 226 126	31 269	53 188	1 125 527	470 541	2 801 573	2 744 028
1992	9 190 798	65 271	79 733	2 017 618	578 507	3 294 872	3 154 797
1993	6 674 136	47 959	56 634	1 330 746	446 944	2 505 266	2 286 587
1994	6 902 218	39 354	51 139	1 360 183	407 420	2 612 777	2 431 345
1995	5 910 876	43 545	41 274	1 244 640	324 524	2 199 672	2 057 221
1996	5 869 798	27 418	32 489	1 093 631	329 302	2 272 629	2 114 329
1997	5 795 954	23 655	29 822	1 008 243	267 954	2 213 750	2 252 530
1998	7 076 533	49 390	49 098	1 389 010	397 759	2 572 211	2 619 065
1999	7 954 753	53 517	53 708	1 525 968	467 958	3 155 690	2 697 912
2000	6 786 324	45 602	43 142	1 119 603	361 354	2 606 103	2 610 520
2001	5 959 387	40 793	31 589	901 337	311 650	2 401 967	2 272 051
2002	6 635 365	46 448	39 047	1 018 774	411 542	2 703 867	2 415 687
2003	5 585 032	30 666	28 470	842 861	295 748	2 323 281	2 064 006
2004	6 596 062	44 134	32 310	974 081	378 615	2 721 652	2 445 270
2005	5 878 471	38 958	22 822	851 435	310 637	2 442 837	2 211 782
2006	5 907 771	47 662	27 776	840 931	328 255	2 560 527	2 102 620
2007	6 796 571	45 634	33 955	942 238	397 269	2 839 992	2 537 483
2008	6 612 520	43 038	34 886	898 503	380 468	2 865 276	2 390 349
2009	6 088 367	32 967	27 079	804 793	313 160	2 557 252	2 353 116
2010	4 606 749	33 624	21 784	679 666	271 515	1 987 656	1 612 504

1 1871–1971 Quelle: Kalinke, Wein- und Getränkemarkt 1985, S. 340ff.

T 116 Weinmosternte pro Hektar 1871–2010 nach Anbaugebieten

Jahr[1]	Insgesamt	Ahr	Mittelrhein	Mosel	Nahe	Rheinhessen	Pfalz
	hl/ha						
1871	.	.	.	.	.	8,7	.
1872	.	.	.	.	.	3,5	.
1873	.	.	.	.	.	10,6	.
1874	.	.	.	.	.	31,9	.
1875	.	.	.	.	.	52,3	.
1876	.	.	.	.	.	28,3	.
1877	.	.	.	.	.	19,8	.
1878	.	.	.	.	.	32,5	13,4
1879	.	.	.	.	.	9,7	8,8
1880	.	.	.	.	.	4,0	7,1
1881	.	.	.	.	.	38,1	29,2
1882	.	.	.	.	.	13,6	15,2
1883	.	.	.	.	.	33,6	21,3
1884	.	.	.	.	.	46,3	17,7
1885	.	.	.	.	.	25,5	32,9
1886	.	.	.	.	.	11,3	10,4
1887	.	.	.	.	.	21,6	31,5
1888	.	.	.	.	.	19,2	27,3
1889	.	.	.	.	.	20,0	23,4
1890	.	.	.	.	.	31,1	52,4
1891	.	.	.	.	.	8,1	5,9
1892	.	.	.	.	.	11,8	11,6
1893	.	.	.	.	.	32,8	48,4
1894	.	.	.	.	.	27,7	38,5
1895	.	.	.	.	.	16,9	19,6
1896	.	.	.	.	.	60,6	78,7
1897	.	.	.	.	.	25,4	28,2
1898	.	.	.	.	.	10,7	20,2
1899	.	.	.	.	.	17,7	53,4
1900	.	.	.	.	.	27,8	25,9
1901	.	.	.	.	.	30,2	45,8
1902	.	.	.	.	.	22,0	26,2
1903	.	.	.	.	.	39,0	38,3
1904	.	.	.	.	.	32,8	41,9
1905	.	.	.	.	.	29,2	40,1
1906	.	.	.	.	.	5,3	12,6
1907	.	.	.	.	.	11,7	39,4
1908	28,3	13,6	9,9	34,5	13,7	22,3	36,9
1909	.	7,6	.	27,3	16,0	19,0	18,2
1910	13,8	5,0	2,0	29,9	9,5	10,8	12,1
1911	37,1	21,4	12,8	52,8	17,7	30,6	43,5
1912	32,0	28,9	16,0	35,5	19,3	32,6	34,9
1913	18,0	3,8	3,7	22,6	7,1	16,0	22,4
1914	14,4	10,8	5,5	24,6	1,2	10,5	16,9
1915	41,1	31,4	14,4	71,8	24,6	40,0	33,9
1916	17,5	12,5	10,5	21,5	13,5	22,0	12,8
1917	32,9	15,8	20,1	47,8	30,1	34,2	25,9

1 1871–1971 Quelle: Eigene Berechnungen nach Kalinke, Wein- und Getränkemarkt 1985, S. 299ff., 340ff.

T 116 noch: Weinmosternte pro Hektar 1871–2010 nach Anbaugebieten

Jahr[1]	Insgesamt	Ahr	Mittelrhein	Mosel	Nahe	Rheinhessen	Pfalz
	hl/ha						
1918	38,0	23,1	22,8	43,1	29,8	31,7	45,2
1919	26,9	12,5	17,9	30,7	21,5	25,2	29,2
1920	41,5	40,0	24,7	51,4	22,0	35,0	47,8
1921	27,7	10,5	13,2	45,3	21,8	20,9	28,1
1922	47,6	31,6	26,9	58,0	24,7	36,1	60,1
1923	10,2	4,4	4,1	8,7	6,6	10,2	12,6
1924	33,1	12,3	17,3	48,4	30,1	28,7	32,6
1925	23,0	19,3	31,5	28,0	27,7	25,9	16,3
1926	14,6	4,2	6,8	16,9	7,0	9,7	20,5
1927	25,9	6,1	12,1	28,1	12,0	17,0	37,4
1928	30,2	15,1	13,1	32,7	14,1	24,6	39,2
1929	30,3	24,1	23,2	36,8	32,6	28,7	29,1
1930	44,0	40,0	20,5	48,8	33,4	43,9	46,4
1931	44,5	32,6	24,8	56,7	32,4	37,3	49,5
1932	24,2	28,1	16,4	24,3	17,8	21,4	28,5
1933	31,8	26,2	19,4	49,1	20,4	23,4	34,1
1934	73,4	44,8	64,0	98,0	55,6	61,8	76,8
1935	63,9	44,8	42,8	66,7	47,3	69,3	63,7
1936	50,7	34,3	28,8	57,7	36,3	49,0	54,4
1937	36,0	40,3	25,0	48,0	38,7	40,1	27,0
1938	41,2	52,5	40,1	77,8	42,8	41,1	21,8
1939	49,4	44,5	27,9	43,3	45,9	41,6	62,6
1940	19,5	29,4	35,9	65,4	5,8	3,8	7,5
1941	45,4	58,4	36,8	57,5	40,1	36,3	47,7
1942	14,6	3,4	15,2	40,5	9,3	3,6	9,5
1943	35,3	13,3	24,0	49,8	35,5	28,6	34,2
1944	36,9	34,5	29,2	55,0	31,7	30,1	33,2
1945	18,0	8,0	11,2	5,0	5,3	17,6	30,0
1946	22,8	24,6	21,2	24,7	24,8	22,7	21,4
1947	22,8	25,7	20,9	26,5	23,4	24,2	19,2
1948	43,6	27,3	31,4	55,5	40,5	39,5	42,5
1949	33,0	24,6	19,5	36,7	25,5	34,9	31,7
1950	75,0	57,9	48,3	80,1	61,1	73,8	78,8
1951	67,9	34,3	38,7	63,5	50,0	64,7	81,6
1952	61,7	37,5	41,5	74,2	67,6	55,6	61,4
1953	55,4	35,2	41,2	64,1	41,6	52,7	58,1
1954	61,1	29,9	42,2	67,5	48,2	59,7	65,8
1955	45,8	48,8	30,9	61,4	33,9	32,2	54,6
1956	17,9	1,9	7,3	52,0	5,4	4,8	16,2
1957	43,6	16,2	28,6	51,5	17,2	30,5	61,2
1958	87,5	68,2	61,2	90,4	65,3	77,6	104,6
1959	78,4	55,5	49,4	84,9	66,3	76,1	83,4
1960	127,5	87,3	83,7	111,8	103,2	125,6	149,7
1961	60,3	25,0	44,2	70,0	53,4	56,2	63,1
1962	62,2	35,0	41,7	74,4	44,5	47,0	77,0
1963	92,0	12,1	63,5	68,3	92,1	95,7	107,0
1964	112,6	81,7	74,3	115,8	92,4	108,1	124,2

1 1871-1971 Quelle: Eigene Berechnungen nach Kalinke, Wein- und Getränkemarkt 1985, S. 299ff., 340ff.

T 116 noch: Weinmosternte pro Hektar 1871–2010 nach Anbaugebieten

Jahr[1]	Insgesamt	Ahr	Mittelrhein	Mosel	Nahe	Rheinhessen	Pfalz
	hl/ha						
1965	77,5	50,1	58,6	71,0	64,5	77,8	85,8
1966	71,8	57,9	61,0	102,3	57,3	54,8	74,4
1967	93,4	74,4	62,0	92,2	80,3	92,5	100,0
1968	88,2	81,1	59,7	92,5	59,8	83,3	98,1
1969	87,5	78,9	77,1	94,2	76,6	78,5	95,1
1970	139,3	107,8	96,3	144,2	121,2	138,4	144,2
1971	84,4	79,1	75,9	104,0	69,7	73,0	87,6
1972	102,3	80,0	70,7	101,7	90,7	102,3	107,3
1973	137,9	108,3	100,5	146,0	119,0	133,8	143,6
1974	95,9	79,1	67,4	98,0	85,2	94,3	100,2
1975	115,1	103,7	94,3	138,5	93,1	106,3	116,1
1976	102,9	86,4	61,9	87,0	92,4	104,4	114,8
1977	115,3	94,1	82,6	120,4	101,0	114,0	118,7
1978	86,8	48,3	58,7	80,2	55,8	79,5	106,0
1979	93,9	79,5	90,5	93,8	62,3	69,8	126,6
1980	57,4	30,3	34,2	45,2	37,3	48,7	79,3
1981	91,7	38,4	61,8	102,1	60,3	77,9	109,0
1982	182,1	142,5	130,0	203,8	166,1	176,3	181,8
1983	151,6	137,0	117,4	152,3	138,1	156,6	150,1
1984	94,5	67,1	55,3	94,5	75,0	88,3	107,1
1985	68,3	38,7	74,1	95,0	61,3	52,6	72,6
1986	110,3	87,4	84,6	120,8	91,5	97,3	124,0
1987	103,2	87,0	87,6	110,8	85,9	95,0	112,3
1988	99,8	55,6	77,5	100,1	88,2	92,3	111,7
1989	141,7	115,4	114,2	167,7	118,3	138,1	136,6
1990	94,2	75,4	72,4	102,6	82,1	83,3	104,8
1991	115,2	68,9	79,4	93,7	107,6	117,5	128,5
1992	145,3	140,7	123,4	168,7	130,9	136,2	146,2
1993	101,7	94,2	87,7	107,7	99,3	100,3	101,2
1994	104,3	77,8	82,0	109,9	90,4	102,9	106,6
1995	89,8	89,4	67,9	103,0	72,9	86,4	90,5
1996	89,9	56,8	55,4	92,3	75,1	89,3	93,8
1997	88,4	47,4	51,4	86,0	60,4	86,4	99,1
1998	108,9	97,9	85,9	121,1	89,4	101,4	115,7
1999	122,9	104,9	96,9	135,6	105,0	124,0	119,9
2000	105,0	89,0	82,9	102,1	81,6	101,8	115,5
2001	95,0	80,9	64,4	89,5	73,8	95,4	102,1
2002	107,4	92,8	82,0	106,9	100,1	108,2	108,9
2003	91,0	59,9	60,9	91,4	72,5	93,5	92,8
2004	107,7	85,7	73,4	108,6	94,8	109,2	109,0
2005	95,4	74,8	52,2	96,6	77,6	97,0	97,5
2006	95,5	89,8	64,3	96,4	81,6	100,8	92,5
2007	109,4	84,9	78,9	108,2	98,1	111,0	111,1
2008	106,2	79,3	81,3	103,3	93,6	111,6	104,5
2009	97,3	60,5	62,8	92,3	76,8	99,0	102,4
2010	73,6	62,4	51,0	78,6	66,7	76,7	70,2

1 1871-1971 Quelle: Eigene Berechnungen nach Kalinke, Wein- und Getränkemarkt 1985, S. 299ff., 340ff.

III.4. Gesellschaft und Staat

III.4.1. Bischöfe und Kirchenpräsidenten

T 117 Bischöfe von Limburg 1827–2011

Amtszeit	Bischof	Amtszeit	Bischof
1827–1833	Jakob Brand	1913–1930	Augustinus Kilian
1835–1840	Johann Wilhelm Bausch	1930–1947	Antonius Hilfrich
1842–1884	Peter Josef Blum	1947–1948	Ferdinand Dirichs
1885–1886	Johann Christian Roos	1949–1981	Wilhelm Kempf
1886–1898	Karl Klein	1982–2007	Franz Kamphaus
1898–1913	Dominikus Willi, O. Cist.	seit 2008	Franz-Peter Tebartz-van Elst

T 118 Bischöfe von Mainz 1802–2011

Amtszeit	Bischof	Amtszeit	Bischof
1802–1818	Joseph Ludwig Colmar	1886–1899	Paul Leopold Haffner
1818–1830	Vakanz; Johann Jakob Humann, Apostolischer Vikar	1900–1903	Heinrich Brück
1830–1833	Joseph Vitus Burg	1904–1921	Georg Heinrich Maria Kirstein
1834	Johann Jakob Humann	1921–1935	Ludwig Maria Hugo
1835–1848	Peter Leopold Kaiser	1935–1961	Albert Stohr
1850–1877	Wilhelm Emmanuel von Ketteler	1962–1982	Hermann Volk (1973 Erhebung zum Kardinal)
1877–1886	Vakanz; Christoph Moufang, Bistumsverweser	seit 1983	Karl Lehmann (2001 Erhebung zum Kardinal)

T 119 Bischöfe von Metz vor 346–1652

Amtszeit	Bischof	Amtszeit	Bischof
(?)	Hl. Clemens	(?)	Rufus
(?)	Coelestis	(?)	Adelphus
(?)	Felix	(?)	Firminius
(?)	Patiens	(?)	Leguntius
(?)	Victor	um 451	Auctor
um 346	Victor (II.)	(?)	Expletius
(?)	Simeon	(?)	Urbicius
(?)	Sambatius	(?)	Bonolus

T 119 noch: Bischöfe von Metz vor 346–1652

Amtszeit	Bischof	Amtszeit	Bischof
(?)	Terentius	927–929	Benno
(?)	Consolinus	929–962	Adalbero
(?)	Romanus	965–984	Dietrich
(?)	Phronimus	984–1005	Adalbero (II.)
(?)	Grammatius	1006–1047	Dietrich von Luxemburg
(?)	Agathimber	1047–1072	Adalbero (III.)
um 535	Hesperius	1073–1090	Hermann
um 550	Villicus	1090–1104	Poppo
um 580	Petrus	1104–1115	Adalbero (IV.)
um 601	Aigulf	1117–1120	Theotger
(?)	Arnoald	1120–1163	Stephan von Bar
(?)	Pappolus	1164–1171	Dietrich von Bar
614–629	Arnulf	1171–1173	Friedrich
629–644	Goericus oder Abbo	1173–1179	Dietrich von Lothringen
frühestens 644–spätestens 659	Godo	1179/1180–1212	Bertram
659–694	Chlodulf	1212–1224	Konrad von Scharfenberg
um 707	Abbo	1224–1238	Johann von Apremont
(?)	Aptatus	1239–1260	Jakob von Lothringen
(?)	Felix	1261–1264	Philip von Flörchingen, Elekt
(?)–741	Sigibald	1261	Theobald von Port-Sailly, Elekt
742–766	Chrodegang	1264–1269	Wilhelm von Trainel
768–791	Angilram	1271–1279	Lorenz von Lichtenberg, Elekt
816–819/822	Gundulf	1279–1282	Johann von Flandern
823–855	Drogo	1282–1296	Burkhard von Avesnes
858–875	Adventius	1297–1302 (?)	Gerhard von Reninghe
876–882	Walo	1302–1316	Reinold von Bar
883–917	Ruotpert	1319–1325	Heinrich Delphin von Vienne
917–927	Wigerich	1325–1327	Ludwig von Poitiers

T 119 noch: Bischöfe von Metz vor 346–1652

Amtszeit	Bischof	Amtszeit	Bischof
1327–1361	Ademar von Monteil	1505–1530	Johannes von Lothringen, Bischof
1361–1365	Johann von Vienne	1530–1547	Nikolaus von Lothringen
1365–1383	Dietrich Bayer von Boppard	1530–1547	Johannes von Lothringen, Administrator
1384–1387	Peter von Luxemburg, avignonesische Obödienz	1547–1550	Johannes von Lothringen, Bischof
1384	Tilmann Vuss, ernannter Bischof römischer Obödienz	1548–1550	Karl von Lothringen-Guise, Koadjutor
1384–1387 (?)	Tilmann Vuss, Administrator	1550–1551	Karl von Lothringen-Guise, Bischof
1387–1415	Rudolf von Coucy, avignonesische Obödienz	1551–1555	Robert von Lenoncourt
1415–1459	Conrad Bayer von Boppard	1555–1567	François de Beaucaire de Péguillon
1455–1456	Jakob von Sierck, Koadjutor	1568–1578	Louis de Guise
1457–1459	Georg von Baden, Koadjutor	1578–1584	Nicolas Bousmard, Administrator
1459–1484	Georg von Baden, Bischof	1578–1607	Karl von Lothringen
1485–1505	Heinrich von Lothringen-Vaudémont	1608–1612	Anne de Pérusse d' Escars de Givry
1501–1505	Johannes von Lothringen, Koadjutor	1612–1652	Heinrich von Bourbon-Verneuil

T 120 Bischöfe von Speyer 342–2011

Amtszeit	Bischof	Amtszeit	Bischof
342/343–346	Jesse	um 797–um 809	Justulf
614	Childerich	814–829	Benedikt
650 (?)	Athanasius	830–845	Hertin (Bertin)
650–659	Principius	846–880	Geb(e)hard
660–700	Dragobodo	881–895	Gotedank
701–709	Atto	895–913	Einhard (Meinhard)
709–725	Sigwin	914–922	Bernhard
726–743	Luido	923–943	Amalrich
743–761 (?)	David	944–950	Reginbald
761–770	Basinus	950–960	Gottfried
782–793	Fraido (Flaido)	962–970	Otgar

T 120 noch: Bischöfe von Speyer 342–2011

Amtszeit	Bischof	Amtszeit	Bischof
970–986	Balderich	1245–1256 (?)	Heinrich von Leiningen, Elekt
986–1004	Rupert	1256 (?)–1272	Heinrich von Leiningen, Bischof
1006–1031	Walter	1272–1302	Friedrich von Bolanden
1031	Siegfried	1302/03–1314	Sigibodo von Lichtenberg
1032–1033	Reginger	1314–1327	Emich von Leiningen
1033–1038	Reginbald von Dillingen	1328–1329	Berthold von Buchegg
1038–1051	Sigibodo	1329–1336	Walram von Veldenz
1051–1056	Arnold von Falkenberg (?)	1331–1336	Balduin von Luxemburg, Administrator
1056–1060	Konrad	1336–1350	Gerhard von Erenberg, Elekt
1060–1067	Einhard (Eginhard) von Katzenelnbogen	1350–1363	Gerhard von Erenberg, Bischof
1067–1072	Heinrich von Scharfenberg	1364–1371	Lamprecht von Brunn
1074–1090	Rüdiger, gen. Huzmann	1371–1381	Adolf von Nassau
1090–1104	Johannes im Kraichgau	1379–1381	Johann von Nassau, Gegenbischof
1104–1107	Geb(e)hard von Urach	1381–1396	Nikolaus von Wiesbaden
1107–1123	Bruno von Saarbrücken	1396–1436	Raban von Helmstatt
1124–1126	Arnold	1436–1438	Raban von Helmstatt, Administrator
1127–1146	Siegfried von Wolfsöden	1430–1433	Adolf von Eppstein
1146–1161	Günther von Henneberg	1438–1456	Reinhard von Helmstatt
1161–1163	Ulrich von Dürrmenz	1456–1459	Siegfried von Venningen
1164–1167	Gottfried	1459–1464	Johann Nix von Hoheneck
1173–1176	Rapodo von Lobdeburg	1464–1478	Matthias von Rammung
1176–1178	Konrad	1478–1504	Ludwig von Helmstatt
1178–1187	Ulrich von Rechberg	1504–1513	Philipp von Rosenberg
1190–1200	Otto von Henneberg	1513–1529	Georg bei Rhein
1200–1224	Konrad von Scharfenberg	1530–1552	Philipp von Flersheim
1224–1232	Bernger von Entringen	1552–1560	Rudolf von Frankenstein
1233–1236	Konrad von Tann	1560	Marquard von Hattstein, Koadjutor
1237–1245	Konrad von Eberstein	1560–1581	Marquard von Hattstein, Bischof

T 120 noch: Bischöfe von Speyer 342–2011

Amtszeit	Bischof	Amtszeit	Bischof
1581–1610	Eberhard von Dienheim	1835–1836	Peter von Richarz
1609–1610	Philipp Christoph von Sötern, Koadjutor	1837–1842	Johannes von Geissel
1610–1652	Philipp Christoph von Sötern, Bischof	1842–1869	Nikolaus von Weis
1652–1675	Lothar Friedrich von Metternich-Burscheid	1870–1871	Konrad Reither
1675–1711	Johann Hugo von Orsbeck	1872–1876	Daniel Bonifaz von Haneberg
1712–1719	Heinrich Hartard von Rollingen	1878–1905	Joseph Georg von Ehrler
1716–1719	Damian Hugo Philipp von Schönborn, Koadjutor	1905–1910	Konrad von Busch
1719–1743	Damian Hugo Philipp von Schönborn, Bischof	1911–1917	Michael von Faulhaber
1744–1770	Franz Christoph von Hutten	1917–1943	Ludwig Sebastian
1770–1797	Damian August Philipp Karl von Limburg-Styrum	1943–1952	Joseph Wendel
1797–1810	Philipp Franz Wilderich Nepomuk von Walderdorf	1953–1968	Isidor Markus Emanuel
1810–1818	Vakanz	1968–1982	Friedrich Wetter
1818–1826	Matthäus Georg von Chandelle	1983–2007	Anton Schlembach
1827–1835	Johann Martin Manl	seit 2008	Karl-Heinz Wiesemann

T 121 Bischöfe von Trier 1802–2011

Amtszeit	Bischof	Amtszeit	Bischof
1802–1816	Charles Mannay	1951	Matthias Wehr, Koadjutor
1824–1836	Josef von Hommer	1951–1966	Matthias Wehr, Bischof
1842–1864	Wilhelm Arnoldi	1967–1980	Bernhard Stein, Bischof
1865–1867	Leopold Pelldram	1980–1981	Bernhard Stein, Apostolischer Administrator
1867–1876	Matthias Eberhard	1981–2001	Hermann Josef Spital
1881–1921	Michael Felix Korum	2002–2008	Reinhard Marx
1922–1951	Franz Rudolf Bornewasser	seit 2009	Stephan Ackermann

T 122 Bischöfe von Worms 346–1817

Amtszeit	Bischof	Amtszeit	Bischof
346 (?)	Viktor	1115/1116–1149	Buggo
614	Berhtulf	1150–1171 (?)	Konrad von Steinach
7. Jh.	Amandus	1171(?)–1192	Konrad von Sternberg
um 670	Chrotold	1192–1195	Heinrich
(?)–um 696	Rupert	1195/96–1217	Lupold von Scheinfeld
764–793	Ermbert	1217	Heinrich von Saarbrücken, Elekt
799–826	Bernhar	1218–1234	Heinrich von Saarbrücken, Bischof
826–830	Folkuin	1234–1247	Landolf von Hoheneck
840–856	Samuel	1247	Konrad von Dürkheim
858–875	Gunzo	1247–1257	Richard von Daun
875–888	Adalhelm	1247–1256	Eberhard Raugraf, Elekt
891–914	Thietlach	1257–1277	Eberhard Raugraf, Bischof
916–949	Richgowo	1277–1283	Friedrich Raugraf
950–978	Anno	1283–1291	Simon von Schöneck
979–998	Hildibald	1291–1293	Eberhard von Strahlenberg, Elekt
998–999	Franko	1293–1299	Emicho Raugraf
999	Erpho, Elekt	1299–1303	Eberwin von Kronberg
999 (?)	Razo, Elekt	1303/1304–1318	Emicho von Schöneck
1000–1025	Burchard	1318–1319	Heinrich von Daun, Elekt
1025–1044	Azecho	1319–1329	Cuno von Schöneck
1044	Adalger	1329–1332	Gerlach Schenk von Erbach, Elekt
1044–1065	Arnold	1329–1359	Salmann Cleman
1065–1070	Adalbero	1331–1332, 1335–1337	Balduin von Luxemburg, Administrator
1070–1107	Adalbert	1359	Dietrich Bayer von Boppard, Koadjutor
1085	Thietmar, Gegenbischof	1359–1365	Dietrich Bayer von Boppard, Bischof
1085–1088	Winither, Gegenbischof	1365–1371	Johannes Schadland
1090–1094/1095 (?)	Ebbo, Gegenbischof	1371–1405	Eckard von Ders
1099–1101	Konrad, Gegenbischof	1405–1410	Mathäus von Krakau

T 122 noch: Bischöfe von Worms 346–1817

Amtszeit	Bischof	Amtszeit	Bischof
1410–1426	Johann von Fleckenstein	1662–1663	Hugo Eberhard Cratz von Scharfenstein
1426	Eberhard von Stettenberg, Elekt	1663–1673	Johann Philipp von Schönborn
1426–1445	Friederich von Domneck	1674–1675	Lothar Friedrich von Metternich-Burscheid
1445	Ludwig von Ast (Vlegeti), Elekt	1676–1678	Damian Hartard von der Leyen-Hohengeroldseck
1446–1482	Reinhard von Sickingen	1679	Karl Heinrich von Metternich-Winneburg
1482–1503	Johann von Dalberg	1681–1683	Franz Emmerich Kaspar Waldbott von Bassenheim, Elekt
1504–1533	Reinhard von Rüppurr	1688–1691	Johannes Karl von Franckenstein
1523	Philipp von Flersheim, Koadjutor	1693–1694	Ludwig Anton von Pfalz-Neuburg
1524	Heinrich bei Rhein,Koadjutor	1694–1732	Franz Ludwig von Pfalz-Neuburg
1533–1552	Heinrich bei Rhein, Administrator	1732–1756	Franz Georg von Schönborn
1552–1580	Dietrich von Bettendorf	1749–1756	Johannes Friedrich Karl von Ostein, Koadjutor
1581–1595	Georg von Schönenburg	1756–1763	Johannes Friedrich Karl von Ostein, Bischof
1596–1604	Philipp von Rodenstein	1763–1768	Johannes Philipp von Walderdorff
1604	Philipp Cratz von Scharfenstein, Elekt	1768–1774	Emmerich Joseph von Breidbach zu Bürresheim
1605–1616	Wilhelm von Effern	1775–1802	Friedrich Karl Joseph von Erthal
1617–1629	Georg Friedrich Greiffenclau von Vollrads	1788–1802	Karl Theodor von Dalberg, Koadjutor
1630–1652	Georg Anton von Rodenstein	1802–1817	Karl Theodor von Dalberg, Bischof

T 123 Erzbischöfe von Köln 313–2011

Amtszeit	Bischof	Amtszeit	Bischof
313–314	Maternus	vor 627	Remedius
342/343–346	Euphrates	um 627–nach 648	Kunibert
397	Severin	nach 648–um 690	Botandus (Botadus)
565-567	Carentinus	um 690–692/694	Stephan
590	Evergislus (Everigisil)	692/694–um 711	Giso (Gislo)
614	Solatius	711/715–um 715	Anno
(?)	Sunnoveus	711/716–um 723	Faramundus

T 123 noch: Erzbischöfe von Köln 313–2011

Amtszeit	Bischof	Amtszeit	Bischof
1370–1414	Friedrich von Saarwerden	1688–1723	Joseph Clemens von Bayern
1414–1463	Dietrich von Moers	1722–1723	Clemens August von Bayern, Koadjutor
1464–1480	Ruprecht bei Rhein	1723–1761	Clemens August von Bayern, Erzbischof
1480–1508	Hermann von Hessen	1761–1784	Max Friedrich von Königsegg und Rothenfels
1509–1515	Philipp von Daun-Oberstein	1780–1784	Max Franz von Österreich, Koadjutor
1515–1547	Hermann zu Wied	1784–1801	Max Franz von Österreich, Erzbischof
1535–1546	Adolf von Schaumburg, Koadjutor	1801–1822	Johann Hermann von Caspars zu Weiss, Kapitularvikar
1546–1547	Adolf von Schaumburg, Administrator	1825–1835	Ferdinand August von Spiegel
1547–1556	Adolf von Schaumburg, Erzbischof	1836–1845	Clemens August Droste zu Vischering
1557–1558	Anton von Schaumburg	1845–1864	Johannes von Geissel (1850 Erhebung zum Kardinal)
1560–1562	Johann Gebhard von Mansfeld	1866–1885	Paulus Melchers (1885 Erhebung zum Kardinal)
1562–1567	Friedrich zu Wied, Elekt	1885–1899	Philippus Krementz (1893 Erhebung zum Kardinal)
1567–1577	Salentin von Isenburg	1900–1902	Hubert Theophil Simar
1577–1580	Gebhard Truchsess von Waldburg, Elekt	1903–1912	Antonius Fischer (1903 Erhebung zum Kardinal)
1580–1583	Gebhard Truchsess von Waldburg, Erzbischof	1913–1919	Felix von Hartmann (1914 Erhebung zum Kardinal)
1583–1612	Ernst von Bayern	1920–1941	Karl Joseph Schulte (1921 Erhebung zum Kardinal)
1596–1612	Ferdinand von Bayern, Koadjutor	1942–1969	Josef Frings (1946 Erhebung zum Kardinal)
1612–1650	Ferdinand von Bayern, Erzbischof	1969	Joseph Höffner, Koadjutor
1642–1650	Max Heinrich von Bayern, Koadjutor	1969–1987	Joseph Höffner (1969 Erhebung zum Kardinal)
1650–1688	Max Heinrich von Bayern, Erzbischof	seit 1989	Joachim Meisner (1983 Erhebung zum Kardinal)

T 124 Erzbischöfe von Mainz 346–1818

Amtszeit	Bischof	Amtszeit	Bischof
um 346 (?)	Martinus (Marinus)	(?)	Maximus
(?)	Sophronius (Suffronius)	(?)	Sidonius
(?)	Theomast	(?)	Sigimundus
(?)	Aureus	(?)	Lesio (Leudegasius)

T 124 noch: Erzbischöfe von Mainz 346–1818

Amtszeit	Bischof	Amtszeit	Bischof
(?)	Becilin (Petelinus, Bothadus?)	1060–1084	Siegfried I. von Eppstein
(?)	Leobald (Ludoaldus)	1084–1088	Wezilo
(?)	Lan(t)wald (Lantivaldus)	1089–1109	Ruthard
(?)	Riuthard (Ruthardus?)	1110–1137	Adalbert I. von Saarbrücken
um 711/717	Rigibert (Sigibertus)	1138–1141	Adalbert II. von Saarbrücken
um 738	Gerold	1141–1142	Marcolf
um 738–um 744/748	Gewilib (Gebiliobus)	1142–1153	Heinrich von Wartburg
744/748–754	Bonifatius	1153–1160	Arnold von Selenhofen
754–786	Lul	1161–1165	Konrad von Wittelsbach (1. Amtszeit)
787–813	Richulf	1165–1183	Christian von Buch
813–825	Haistulph	1183–1200	Konrad von Wittelsbach (2. Amtszeit)
826–847	Otgar	1200–1207	Lupold II. von Scheinfeld, Elekt
847–856	Hrabanus Maurus	1200/01–1230	Siegfried II. von Eppstein
856–862	Karl von Aquitanien	1230–1249	Siegfried III. von Eppstein
863–889	Liutbert	1249–1251	Christian von Weisenau
889–891	Sunderold	1251–1259	Gerhard Wildgraf von Dhaun
891–913	Hatto I.	1259–1284	Werner von Eppstein
913–926	Heriger	1284–1286	Gerhard von Eppstein, Elekt
927–937	Hildebert	1284–1286	Peter Reich von Reichenstein, Elekt
937–954	Friedrich	1286–1288	Heinrich Knoderer von Isny
954–968	Wilhelm	1288–1289	Emicho von Schöneck, Elekt
968–970	Hatto II.	1288–1289	Gerhard von Eppstein, Elekt
970–975	Rupert	1289–1305	Gerhard von Eppstein, Erzbischof
975–1011	Willigis	1306–1320	Peter von Aspelt
1011–1021	Erchanbald	1320–1321	Balduin von Luxemburg, Administrator
1021–1031	Aribo	1321–1328	Matthias von Buchegg
1031–1051	Bardo	1328–1337	Balduin von Luxemburg, Administrator
1051–1059	Liutpold I.	1328–1337	Heinrich von Virneburg, ernannter Erzbischof

T 124 noch: Erzbischöfe von Mainz 346–1818

Amtszeit	Bischof	Amtszeit	Bischof
1337–1346/53	Heinrich von Virneburg, Erzbischof	1582–1601	Wolfgang von Dalberg
1346–1353	Gerlach von Nassau, ernannter Erzbischof	1601–1604	Johann Adam von Bicken
13531371	Gerlach von Nassau, Erzbischof	1604–1626	Johann Schweikard von Kronberg
1371–1379	Adolf von Nassau, Elekt	1627–1629	Georg Friedrich Greiffenclau von Vollrads
1371–1373	Johann von Luxemburg-Ligny	1630–1647	Anselm Casimir Wambolt zu Umstadt
1374–1381	Ludwig von Meißen	1647–1673	Johann Philipp von Schönborn
1379–1381	Adolf von Nassau, avignonesische Obödienz	1671–1673	Lothar Friedrich von Metternich-Burscheid, Koadjutor
1381–1390	Adolf von Nassau, römische Obödienz	1673–1675	Lothar Friedrich von Metternich-Burscheid, Erzbischof
1390-–396	Konrad von Weinsberg	1676–1678	Damian Hartard von der Leyen-Hohengeroldseck
1397–1419	Johann von Nassau	1679	Karl Heinrich von Metternich-Winneburg
1419–1434	Konrad von Dhaun	1680–1695	Anselm Franz von Ingelheim
1434–1459	Dietrich Schenk von Erbach	1691–1694	Ludwig Anton von Pfalz-Neuburg, Koadjutor
1460–1461/63	Diether von Isenburg-Büdingen (1. Amtszeit)	1694–1695	Lothar Franz von Schönborn, Koadjutor
1461–1475	Adolf von Nassau-Wiesbaden-Idstein	1695–1729	Lothar Franz von Schönborn, Erzbischof
1476–1482	Diether von Isenburg-Büdingen (2. Amtszeit)	1712–1729	Franz Ludwig von Pfalz-Neuburg, Koadjutor
1481	Adalbert von Sachsen, Koadjutor	1729–1732	Franz Ludwig von Pfalz-Neuburg, Erzbischof
1482–1484	Adalbert von Sachsen, Administrator	1732–1743	Philipp Karl von Eltz zu Kempenich
1484–1504	Berthold von Henneberg-Römhild	1743–1763	Johann Friedrich Karl von Ostein
1504–1508	Jakob von Liebenstein	1763–1774	Emmerich Joseph von Breidbach zu Bürresheim
1508–1514	Uriel von Gemmingen-Michelfeld	1775–1802	Friedrich Karl Joseph von Erthal
1514–1545	Albrecht von Brandenburg	1788–1802	Karl Theodor von Dalberg, Koadjutor
1546–1555	Sebastian von Heusenstamm	1802	Karl Theodor von Dalberg, Erzbischof
1555–1582	Daniel Brendel von Homburg	1802–1818	Josef Ludwig Colmar

T 125 Erzbischöfe von Trier vor 300–1816

Amtszeit	Bischöfe	Amtszeit	Bischöfe
(?)	Eucharius	646/647–vor 697/698	Numerian
vor/um 300	Valerius	vor 697/698–705	Basin
(?)	Maternus (?)	705–um 721/23	Liutwin
vor 313–330	Agricius	722/23–761/762	Milo
335/336–346 (?)	Maximinus	762–791	Weomad
346/347–358 (?)	Paulinus	791/792–804	Richbod
358/360–vor 374	Bonosus (Bonosius)	805–809	Wizzo
vor 374–386	Britto	809–814	Amalar
386–398/399	Felix	814–847	Hetti
398–um 419	Mauricius	847–867/868	Theutgaud
um 419–445	Leontius	869–883	Bertulf
um 445/447	Severus	883–915	Radbod
(?)	Cyrillus	915–931	Ruotger
(?)	Iam(b)lychius	931–956	Ruotbert
(?)	Emerus	956–964	Heinrich
(?)	Marus	965–977	Theoderich
(?)	Volusianus	977–993	Egbert
(?)	Miletus	994–1008	Ludolf
(?)	Modestus	1008–1015	Megingaud
(?)	Maximinianus	1016–1047	Poppo von Babenberg
(?)	Fibicius	1047–1066	Eberhard
(?)	Rusticus	1066	Kuno von Pfullingen
(?)	Abrunculus	1066–1078	Udo von Nellenburg
525/526–566	Nicetius	1079–1101	Egilbert von Ortenburg
566–nach 586	Magnerich	1102–1124	Bruno von Bretten und Lauffen
um 600	Gunderich	1124–1127	Gottfried von Falmagne
(?)	Sabaudus	1127–1130	Meginher von Falmagne
nach 614–646/647	Modoald	1131–1152	Albero von Montreuil

T 125 noch: Erzbischöfe von Trier vor 300–1816

Amtszeit	Bischöfe
1152–1169	Hillin von Falmagne
1169–1183	Arnold
1189–1212	Johann
1212–1242	Dietrich von Wied
1242–1259	Arnold von Isenburg
1260–1286	Heinrich von Finstingen
1286–1289	Gerhard von Eppstein, Elekt
1289–1299	Boemund von Warsberg
1300–1307	Diether von Nassau
1307–1354	Balduin von Luxemburg
1354–1362	Boemund von Saarbrücken
1360–1362	Kuno von Falkenstein, Elekt
1362–1388	Kuno von Falkenstein, Erzbischof
1388	Werner von Falkenstein und Königstein, Koadjutor
1388–1418	Werner von Falkenstein und Königstein, Erzbischof
1399–1418	Friedrich von Blankenheim, Koadjutor
1418–1430	Otto von Ziegenhain
1430–1438	Ulrich von Manderscheid, Elekt
1430–1439	Raban von Helmstatt
1438–,1339	Johann von Heinsberg, Koadjutor
1439–1456	Jakob von Sierck
1456–1503	Johann von Baden
1500–1503	Jakob von Baden, Koadjutor
1503–1511	Jakob von Baden, Erzbischof
1512–1531	Richard Greiffenclau von Vollrads
1531–1540	Johann von Metzenhausen
1540–1547	Johann von Hagen
1547–1556	Johann von Isenburg
1556	Johann von der Leyen, Koadjutor
1556–1567	Johann von der Leyen, Erzbischof
1567–1581	Jakob von Eltz
1582–1599	Johann von Schönenberg
1599–1623	Lothar von Metternich
1624–1652	Philipp Christoph von Sötern
1651–1652	Karl Kaspar von der Leyen, Koadjutor
1652–1676	Karl Kaspar von der Leyen, Erzbischof
1672–1676	Johann Hugo von Orsbeck, Koadjutor
1676–1711	Johann Hugo von Orsbeck, Erzbischof
1711–1715	Karl Joseph Ignaz von Lothringen
1716–1729	Franz Ludwig Pfalzgraf am Rhein zu Neuburg
1729–1756	Franz Georg von Schönborn
1754–1756	Johann Philipp von Walderdorff, Koadjutor
1756–1768	Johann Philipp von Walderdorff, Erzbischof
1768–1801/1812	Klemens Wenzeslaus von Sachsen
1802–1816	Charles Mannay

T 126 Kirchenpräsidenten der Evangelischen Kirche in Hessen und Nassau und ihrer Vorgänger (für das Gebiet von Rheinland-Pfalz) 1817–2011

a) Evangelische Kirche in Nassau

Amtszeit	Amtsträger	Amtszeit	Amtsträger
Generalsuperintendent		**Generalsuperintendent**	
1817–1827	Friedrich Giesse (reformiert)	1882–1897	D. Karl Ernst
1817–1827	Georg Emmanuel Christian Theodor Müller (lutherisch)	1897–1913	Heinrich Maurer
Landesbischof		1913–1919	Carl Ohly
1828–1836	Georg Emmanuel Christian Theodor Müller	1919–1925	Anton Jäger (geschäftsführend)
1836–1858	August Ludwig Christian Heydenreich	**Landesbischof**	
1858–1882	Ludwig Wilhelm Wilhelmi	1925–1933	August Kortheuer

b) Evangelische Kirche in Hessen

Amtszeit	Amtsträger
Prälat des Oberkonsistoriums	
1870–1877	Friedrich Kritzler
1877–1899	D. Dr. Theodor Goldmann
1899–1907	D. Adolf Buchner
1907–1922	D. Dr. Ludwig Nebel
Prälat	
1923–1933	D. Lic. Dr. Wilhelm Diehl

c) Evangelische Kirche in Nassau–Hessen

Amtszeit	Amtsträger
Landesbischof	
1934–1945	Lic. Dr. Ernst Ludwig Dietrich

d) Evangelische Kirche in Hessen und Nassau

Amtszeit	Kirchenpräsident	Amtszeit	Kirchenpräsident
1947–1964	Martin Niemöller	1984–1993	Dr. Helmut Spengler
1964–1969	Wolfgang Sucker	1993–2008	Prof. Dr. Dr. h.c. Peter Steinacker
1969–1984	D. Helmut Hild	seit 2009	Dr. Wolfgang Jung

T 127 Präsidenten der Evangelischen Kirche der Pfalz 1816–2011

a) Kirchenpräsidenten und ihre Vorgänger

Amtszeit	Amtsträger	Amtszeit	Amtsträger
Konsistorialdirektor und Präsident		**Landesbischof**	
1816–1832	Friedrich Christian Wilhelm Fließen	1934–1945	Ludwig Diehl
1832–1837	Philipp Sieß	1945–1946	Hans Stichter
1837–1846	Heinrich Otto Ernst Schnell von Schnellenbühel	**Kirchenpräsident**	
1846–1851	Wilhelm Bettinger	1946/1948–1964	D. Hans Stempel
1851–1861	Karl Eugen Prinz	1964–1969	Karl Theodor Schaller
1862–1872	Johann Ludwig von Glaser	1969–1975	Walter Erich Ebrecht
1872–1896	Theodor Michael Wand	1976–1988	Heinrich Kron
1896–1915	Ludwig von Wagner	1988–1998	Werner Schramm
1915–1921	Karl Heinrich Fleischmann	1998–2008	Eberhard Cherdron
Kirchenpräsident		seit 2008	Christian Schad
1921–1930	Karl Heinrich Fleischmann		
1930–1934	Jakob Friedrich Kessler		

b) Synodalpräsidenten

Amtszeit	Synodalpräsident	Amtszeit	Synodalpräsident
1920	Friedrich Gerichten, Präsident d. Verfassungsgeb. Landessynode	1961–1978	Fritz Schneider
1921–1932	Richard Müller-Mattil	1979–1996	Gustav-Adolf Bähr
1934	Heinrich Engel	1997–2002	Hans Kaden
1934	Fritz Wambsganß	seit 2003	Henri Franck
1946–1961	Julius Cappel		

T 128 Präses der Evangelischen Kirche im Rheinland und ihrer Vorgänger 1817–2011

a) Evangelische Landeskirche des Fürstentums Lichtenberg

Amtszeit	Inspektoren	Amtszeit	Inspektoren
1820–1825	Johann Philipp Hepp (Inspektion Baumholder)	1820–1834	Friedrich Wilhelm Spener (Inspektion Grumbach)
1825–1934	N.N. (Inspektion Baumholder)		

b) Evangelische Kirche in Birkenfeld

Amtszeit	Amtsträger	Amtszeit	Amtsträger
Supenintendenten		1881–1907	Karl Friedrich Ludwig Haack
1817–1822	Johann Karl Leopold Gottlieb (lutherisch)	1907–1919	Friedrich Wilhelm Lueg
1817–1822	Johann Adam Weber (reformiert)	**Kirchenräte**	
1822–1833	Johann Karl Leopold Gottlieb	1919–1923	Karl Friedrich Gotthilf Bonnet
1833–1868	Jacob Friedrich Heddäus	1923–1927	Adolf Neubach
1868–1881	Karl Friedrich Christian Gottlieb	1927–1934	Karl Georg Friedrich Zeller

c) Evangelische Kirche in der Rheinprovinz[1]

Amtszeit	Amtsträger	Amtszeit	Amtsträger
Generalsuperintendent		1911–1912	Christian Rogge
1836–1846	Wilhelm Johann Gottfried Roß	1913–1928	Karl Victor Klingemann
1846–1850	Johann Abraham Küpper	1928–1934	Emil Ernst Stoltenhoff
1851–1860	Georg August Ludwig Schmidtborn	**Bischof im Bistum Köln-Aachen**	
1860–1862	Johann Heinrich Wiesmann	1933–1934	Heinrich Josef Oberheid
1862–1876	Heinrich Eberts	**Generalsuperintendent**	
1877–1883	Friedrich Nieden	1936–1949	Emil Ernst Stoltenhoff
1883–1897	Wilhelm Baur		
1898–1911	Valentin Umbeck		

1 Die Evangelische Kirche in Preußen hat in der Zeit ihres Bestehens mehrere Namenswechsel vollzogen. Aus der Evangelischen Kirche in Preußen wurde 1845 die Evangelische Landeskirche in Preußen, 1875 die Evangelische Landeskirche der älteren Provinzen Preußens und ab 1922 trug sie den Namen Evangelische Kirche der Altpreußischen Union.

T 128 noch: Präses der Evangelischen Kirche im Rheinland und ihrer Vorgänger 1817–2011

Amtszeit	Präses der rheinischen Provinzialsynode	Amtszeit	Präses der rheinischen Provinzialsynode
1835–1846	Franz Friedrich Gräber	1893–1898	Valentin Umbeck
1847–1851	Georg August Ludwig Schmidtborn	1899–1905	Friedrich Wilhelm Schürmann
1853–1860	Johann Heinrich Wiesmann	1908–1912	Albert Hackenberg
1862–1864	Johann Karl Friedrich Maaß	1914–1917	Georg Hafner
1865–1877	Friedrich Nieden	1919–1931	Walther Wolff
1877–1888	Stephan Friedrich Evertsbusch	1932–1933	Dr. Friedrich Schäfer
1890–1893	Karl Wilhelm Ferdinand Kirschstein	1934–1943	Paul Walter Humburg

d) Evangelische Kirche im Rheinland			
Amtszeit	Präses	Amtszeit	Präses
1948–1957	D. Heinrich Held	1989–1996	Peter Beier
1958–1971	Joachim Wilhelm Beckmann	1996–1997	Hans-Ulrich Stephan
1971–1981	Lic. Karl Immer	1997–2003	Manfred Kock
1981–1989	Gerhard Brandt	seit 2003	Nikolaus Schneider

III.4.2. Weltliche Herrscher der Vorgängerterritorien von Rheinland-Pfalz

T 129 Pfalzgrafen bei Rhein 1156–1777

Regierungszeit als		Name	Geschlecht
Pfalzgraf	Pfalzgraf und Kurfürst		
1156–1195		Konrad von Staufen	Staufer
1195–1211		Heinrich von Braunschweig d.Ä.	Welfen
1211–1213		Heinrich von Braunschweig d.J.	Welfen
1214–1228		Ludwig I.	Wittelsbacher
1228–1253		Otto II.	Wittelsbacher
1253–1294		Ludwig II.	Wittelsbacher
1294–1329		Ludwig der Bayer	Wittelsbacher
1294–1319		Rudolf I.	Wittelsbacher
1329–1353		Rudolf II.	Wittelsbacher
1329	1353–1390	Ruprecht I.	Wittelsbacher
	1390–1398	Ruprecht II.	Wittelsbacher
	1398–1410	Ruprecht III.	Wittelsbacher
	1410–1436	Ludwig III.	Wittelsbacher, Kurlinie
	1436–1449	Ludwig IV.	Wittelsbacher, Kurlinie
	1451–1476	Friedrich I.	Wittelsbacher, Kurlinie
	1476–1508	Philipp	Wittelsbacher, Kurlinie
	1508–1544	Ludwig V.	Wittelsbacher, Kurlinie
	1544–1556	Friedrich II.	Wittelsbacher, Kurlinie
	1556–1559	Ottheinrich	Wittelsbacher, Kurlinie
	1559–1576	Friedrich III.	Wittelsbacher, Pfalz-Simmern
	1576–1583	Ludwig VI.	Wittelsbacher, Pfalz-Simmern
	1583–1610	Friedrich IV.	Wittelsbacher, Pfalz-Simmern
1583–1592		Johann Casimir, Administrator	Wittelsbacher, Pfalz-Simmern
	1610–1623	Friedrich V.	Wittelsbacher, Pfalz-Simmern
1623–1648		Maximilian I. von Bayern	Wittelsbacher, Bayern
	1649–1680	Karl I. Ludwig	Wittelsbacher, Pfalz-Simmern
	1680–1685	Karl II.	Wittelsbacher, Pfalz-Simmern

T 129 noch: Pfalzgrafen bei Rhein 1156–1777

Regierungszeit als		Name	Geschlecht
Pfalzgraf	Pfalzgraf & Kurfürst		
	1685–1690	Philipp Wilhelm	Wittelsbacher, Pfalz-Neuburg
	1690–1716	Johann Wilhelm	Wittelsbacher, Pfalz-Neuburg
	1716–1742	Karl III. Philipp	Wittelsbacher, Pfalz-Neuburg
	1743–1777	Karl IV. Philipp Theodor	Wittelsbacher, Pfalz-Sulzbach

T 130 Präfekten der französischen Departements in den heute zu Rheinland-Pfalz gehörenden Gebieten 1800–1814

Amtszeit	Präfekt
Rhein-Mosel-Departement (Koblenz)	
1800–1803	Philippe Joseph Marie Boucqueau de Villeraie
1803–1805	François Louis René Mouchard de Chaban
1805–1806	Alexandre Théodore Victor de Lameth
1806–1810	Paul Adrien François Marie de Lezay-Marnésia
1810–1814	Jean Marie Thérèse Doazan
Wälder-Departement (Luxemburg)	
1800	Johannes Birnbaum
1800–1808	Jean-Baptiste Lacoste
1808–1814	André Joseph Jourdan

Amtszeit	Präfekt
Donnersberg-Departement (Mainz)	
1800	Henri Shée
1800–1801	Jean-Baptiste Moïse Jolivet
1802–1813	André Jeanbon-Saint-André
1813	Charles Philippe Alexandre d`Arberg (nicht mehr eingesetzt)
Saar-Departement (Trier)	
1800–1803	Joseph Bexon d'Ormschwiller
1803–1810	Maximilien Xavier Keppler
1810–1814	Alexandre François Bruneteau de Sainte-Suzanne

T 131 Fürsten von Birkenfeld (zugleich Großherzöge von Oldenburg) 1815–1918

Regierungszeit	Fürst
1815–1823	Peter Friedrich Wilhelm, nicht regierungsfähig
1785–1823	Peter Friedrich Ludwig, Administrator
1823–1829	Peter Friedrich Ludwig

Regierungszeit	Fürst
1829–1853	Paul Friedrich August
1853–1900	Nikolaus Friedrich Peter
1900–1918	Friedrich August

T 132 Fürst von Lichtenberg (zugleich Herzog von Sachsen-Coburg) 1816–1834

Regierungszeit	Fürst
1816–1834	Ernst III. von Sachsen-Coburg-Saalfeld, ab 1826 Ernst I. von Sachsen-Coburg und Gotha

T 133 Großherzöge von Hessen und bei Rhein 1815–1918

Regierungszeit	Großherzog	Regierungszeit	Großherzog
1815–1830	Ludewig I.	1877–1892	Ludwig IV.
1830–1848	Ludwig II.	1892–1918	Ernst Ludwig
1848–1877	Ludwig III.		

T 134 Herren von Meisenheim (zugleich Landgrafen von Hessen-Homburg) 1815–1866

Regierungszeit	Herr	Regierungszeit	Herr
1815–1820	Friedrich V.	1839–1846	Philipp
1820–1829	Friedrich VI.	1846–1848	Gustav
1829–1839	Ludwig	1848–1866	Ferdinand

T 135 Herzöge von Nassau 1806–1866

Regierungszeit	Herzog	Regierungszeit	Herzog
1806–1816	Friedrich August	1839–1866	Adolph
1816–1839	Wilhelm I.		

T 136 Könige von Bayern 1806–1918

Regierungszeit	König	Regierungszeit	König
1806–1825	Maximilian I. Joseph	1886–1916	Otto, nicht regierungsfähig
1825–1848	Ludwig I.	1886–1912	Luitpold, Prinzregent
1848–1864	Maximilan II.	1912–1913	Ludwig III., Prinzregent
1864–1886	Ludwig II.	1913–1918	Ludwig III., König

T 137 Könige von Preußen 1797–1918[1]

Regierungszeit	König
1797–1840	Friedrich Wilhelm III.
1840–1861	Friedrich Wilhelm IV.
1858–1861	Wilhelm I., Prinzregent
1861–1888	Wilhelm I.
1888	Friedrich III.
1888–1918	Wilhelm II.

1 Ab 1871 auch Deutsche Kaiser.

III.4.3. Kabinette der Landesregierungen von Rheinland-Pfalz

T 138 Provisorische Landesregierung (29. November/3. Dezember 1946 – 13. Juli 1947)[1]

Regierungsämter	Amtsinhaber
ab 29. November/3. Dezember 1946 Kabinett Dr. Wilhelm Boden (CDU) I	
Ministerpräsident	Dr. Wilhelm Boden (CDU)
Arbeit	Paul Röhle (SPD)
Gesundheit und Wohlfahrt	Johann Junglas (CDU)
Inneres	Jakob Steffan (SPD)
Justiz	Dr. Adolf Süsterhenn (CDU)
Landwirtschaft und Ernährung	Oskar Stübinger (CDU)
Unterricht und Kultus	Dr. Ernst Albert Lotz (CDU)
Wiederaufbau und Verkehr	Willy Feller (KPD)
Wirtschaft und Finanzen	Dr. Hanns Haberer (CDU)

T 139 1. Wahlperiode (18. Mai 1947 – 17. Mai 1951)

Regierungsämter	Amtsinhaber
ab 13. Juni 1947 Kabinett Dr. Wilhelm Boden (CDU) II	
Ministerpräsident	Dr. Wilhelm Boden (CDU)
Ernährung, Wirtschaft und Finanzen	Oskar Stübinger (CDU)
Inneres	Dr. Wilhelm Boden (CDU)
Justiz und Kultus	Dr. Adolf Süsterhenn (CDU)
Wohlfahrt, Arbeit, Wiederaufbau und Verkehr	Johann Junglas (CDU)
ab 9. Juli 1947 Kabinett Dr. h.c. Peter Altmeier (CDU) I	
Ministerpräsident	Dr. h.c. Peter Altmeier (CDU)
ab 07.04.1948 Stellvertretender Ministerpräsident	Jakob Steffan (SPD)
Arbeit	Wilhelm Bökenkrüger (SPD)
Finanzen	Dr. Hans Hoffmann (SPD)
Inneres	Jakob Steffan (SPD)
Gesundheit und Wohlfahrt	Johann Junglas (CDU)
Justiz, Erziehung und Kultus	Dr. Adolf Süsterhenn (CDU)

1 Die am 29.11.1946 gebildete Regierung wurde am 3.12.1946 von der französischen Militärregierung genehmigt.

T 139 noch: 1. Wahlperiode (18. Mai 1947 – 17. Mai 1951)

Regierungsämter	Amtsinhaber
Landwirtschaft, Ernährung und Forsten	Oskar Stübinger (CDU)
Wiederaufbau	Willy Feller (KPD)
Wirtschaft und Verkehr	Dr. Fritz Neumayer (DP)
ab 9. April 1948	
Ministerpräsident	Dr. h.c. Peter Altmeier (CDU)
Stellvertretender Ministerpräsident	Jakob Steffan (SPD)
Arbeit	Wilhelm Bökenkrüger (SPD)
Finanzen und Wiederaufbau	Dr. Hans Hoffmann (SPD)
Inneres	Jakob Steffan (SPD)
Gesundheit und Wohlfahrt	Johann Junglas (CDU)
Justiz, Erziehung und Kultus	Dr. Adolf Süsterhenn (CDU)
Landwirtschaft, Ernährung und Forsten	Oskar Stübinger (CDU)
Wirtschaft und Verkehr	Dr. h.c. Peter Altmeier (CDU)
ab 20. Oktober 1949	
Ministerpräsident	Dr. h.c. Peter Altmeier (CDU)
Finanzen, Wiederaufbau, Landwirtschaft, Ernährung und Forsten	Oskar Stübinger (CDU)
Inneres, Wirtschaft und Verkehr	Dr. h.c. Peter Altmeier (CDU)
Gesundheit, Wohlfahrt und Arbeit	Johann Junglas (CDU)
Justiz, Erziehung und Kultus	Dr. Adolf Süsterhenn (CDU)
ab 14. Dezember 1949	
Ministerpräsident	Dr. h.c. Peter Altmeier (CDU)
Finanzen und Wiederaufbau	Dr. Hans Hoffmann (SPD)
Inneres und Wirtschaft	Dr. h.c. Peter Altmeier (CDU)
Gesundheit, Wohlfahrt und Arbeit	Johann Junglas (CDU)
Justiz, Unterricht und Kultus	Dr. Adolf Süsterhenn (CDU)
Soziales	14.12.1949–14.09.1950 Jakob Steffan (SPD) ab 14.09.1950 Wilhelm Odenthal (SPD)
Landwirtschaft, Weinbau und Forsten	Oskar Stübinger (CDU)

T 140 2. Wahlperiode (18. Mai 1951 – 17. Mai 1955)

Regierungsämter	Amtsinhaber
ab 13. Juni 1951 Kabinett Dr. h.c. Peter Altmeier (CDU) II	
Ministerpräsident	Dr. h.c. Peter Altmeier (CDU)
Finanzen und Wiederaufbau	Dr. Wilhelm Nowack (FDP)
Inneres und Soziales	Dr. Alois Zimmer (CDU)
Justiz	Bruno Becher (FDP)
Landwirtschaft, Weinbau und Forsten	Oskar Stübinger (CDU)
Unterricht und Kultus	Dr. Albert Finck (CDU)
Wirtschaft und Verkehr	Dr. h.c. Peter Altmeier (CDU)

T 141 3. Wahlperiode (18. Mai 1955 – 17. Mai 1959)

Regierungsämter	Amtsinhaber
ab 1. Juni 1955 Kabinett Dr. h.c. Peter Altmeier (CDU) III	
Ministerpräsident	Dr. h.c. Peter Altmeier (CDU)
Finanzen und Wiederaufbau	01.06.1955–13.10.1958 Dr. Wilhelm Nowack (FDP) 14.10.1958–11.11.1958 Bruno Becher (FDP) ab 11.11.1958 Dr. Hans Georg Dahlgrün (parteilos)
Inneres, Soziales	01.06.1955–15.10.1957 Dr. Alois Zimmer (CDU) ab 15.10.1957 Otto van Volxem (CDU)
Justiz	Bruno Becher (FDP)
Landwirtschaft, Weinbau und Forsten	Oskar Stübinger (CDU)
Unterricht und Kultus	01.06.1955–03.08.1956 Dr. Albert Finck (CDU) ab 03.09.1956 Dr. Eduard Orth (CDU)
Wirtschaft und Verkehr	Dr. h.c. Peter Altmeier (CDU)

T 142 4. Wahlperiode (18. Mai 1959 – 17. Mai 1963)

Regierungsämter	Amtsinhaber
ab 19. Mai 1959 Kabinett Dr. h.c. Peter Altmeier (CDU) IV	
Ministerpräsident	Dr. h.c. Peter Altmeier (CDU)
Stellvertretender Ministerpräsident	Oskar Stübinger (CDU)

T 142 noch: 4. Wahlperiode (18. Mai 1959 – 17. Mai 1963)

Regierungsämter	Amtsinhaber
Finanzen und Wiederaufbau	Fritz Glahn (FDP)
Inneres, Soziales	August Wolters (CDU)
Justiz	Wilhelm Westenberger (CDU)
Landwirtschaft, Weinbau und Forsten	Oskar Stübinger (CDU)
Unterricht und Kultus	Dr. Eduard Orth (CDU)
Wirtschaft und Verkehr	Dr. h.c. Peter Altmeier (CDU)

T 143 5. Wahlperiode (18. Mai 1963 – 17. Mai 1967)

Regierungsämter	Amtsinhaber
ab 18. Mai 1963 Kabinett Dr. h.c. Peter Altmeier (CDU) V	
Ministerpräsident	Dr. h.c. Peter Altmeier (CDU)
Finanzen und Wiederaufbau	18.05.1963–19.04.1966 Fritz Glahn (FDP) ab 26.04.1966 Dr. Hermann Eicher (FDP)
Inneres, Soziales	August Wolters (CDU)
Justiz	Fritz Schneider (FPD)
Landwirtschaft, Weinbau und Forsten	Oskar Stübinger (CDU)
Unterricht und Kultus	Dr. Eduard Orth (CDU)
Wirtschaft und Verkehr	Dr. h.c. Peter Altmeier (CDU)

T 144 6. Wahlperiode (18. Mai 1967 – 17. Mai 1971)

Regierungsämter	Amtsinhaber
ab 18. Mai 1967 Kabinett Dr. h.c. Peter Altmeier (CDU) VI	
Ministerpräsident	Dr. h.c. Peter Altmeier (CDU)
Finanzen und Wiederaufbau	Dr. Hermann Eicher (FDP)
Inneres	August Wolters (CDU)
Justiz	Fritz Schneider (FPD)
Landwirtschaft, Weinbau und Forsten	18.05.1967–30.04.1968 Oskar Stübinger (CDU) ab 30.04.1968 Otto Meyer (CDU)

T 144 noch: 6. Wahlperiode (18. Mai 1967 – 17. Mai 1971)

Regierungsämter	Amtsinhaber
Soziales	Dr. Heiner Geißler (CDU)
Unterricht und Kultus	Dr. Bernhard Vogel (CDU)
Wirtschaft und Verkehr	Dr. Hanns Neubauer (CDU)
ab 19. Mai 1969 Kabinett Dr. Helmut Kohl (CDU) I	
Ministerpräsident	Dr. Helmut Kohl (CDU)
Finanzen und Wiederaufbau	Dr. Hermann Eicher (FDP)
Inneres	August Wolters (CDU)
Justiz	Fritz Schneider (FPD)
Landwirtschaft, Weinbau und Forsten	Otto Meyer (CDU)
Soziales	Dr. Heiner Geißler (CDU)
Unterricht und Kultus	Dr. Bernhard Vogel (CDU)
Wirtschaft und Verkehr	Dr. Hanns Neubauer (CDU)

T 145 7. Wahlperiode (18. Mai 1971 – 17. Mai 1975)

Regierungsämter	Amtsinhaber
ab 18. Mai 1971 Kabinett Dr. Helmut Kohl (CDU) II	
Ministerpräsident	Dr. Helmut Kohl (CDU)
Stellvertretender Ministerpräsident	Otto Meyer (CDU)
Finanzen	Johann Wilhelm Gaddum (CDU)
Inneres	Heinz Schwarz (CDU)
Justiz	Dr. h.c. Otto Theisen (CDU)
Kultus	Dr. Bernhard Vogel (CDU)
Landwirtschaft, Weinbau und Umweltschutz	Otto Meyer (CDU)
Soziales, Gesundheit und Sport	Dr. Heiner Geißler (CDU)
Wirtschaft und Verkehr	Heinrich Holkenbrink (CDU)

T 146 8. Wahlperiode (18. Mai 1975 – 17. Mai 1979)

Regierungsämter	Amtsinhaber
ab 20. Mai 1975 Kabinett Dr. Helmut Kohl (CDU) III	
Ministerpräsident	Dr. Helmut Kohl (CDU)
Stellvertretender Ministerpräsident	Otto Meyer (CDU)
Inneres	Heinz Schwarz (CDU)
Finanzen	Johann Wilhelm Gaddum (CDU)
Justiz	Dr. h.c. Otto Theisen (CDU)
Kultus	Dr. Bernhard Vogel (CDU)
Landwirtschaft, Weinbau und Umweltschutz	Otto Meyer (CDU)
Soziales, Gesundheit und Sport	Dr. Heiner Geißler (CDU)
Wirtschaft und Verkehr	Heinrich Holkenbrink (CDU)
ab 2. Dezember 1976 Kabinett Dr. Bernhard Vogel (CDU) I	
Ministerpräsident	Dr. Bernhard Vogel (CDU)
Stellvertretender Ministerpräsident	Otto Meyer (CDU)
Finanzen	Johann Wilhelm Gaddum (CDU)
Inneres	Kurt Böckmann (CDU)
Justiz	Dr. h.c. Otto Theisen (CDU)
Kultus	Dr. Hanna-Renate Laurien (CDU)
Landwirtschaft, Weinbau und Umweltschutz	Otto Meyer (CDU)
Soziales, Gesundheit und Sport	02.12.1976–23.06.1977 Dr. Heiner Geißler (CDU) ab 23.06.1977 Dr. Georg Gölter (CDU)
Wirtschaft und Verkehr	Heinrich Holkenbrink (CDU)

T 147 9. Wahlperiode (18. Mai 1979 – 17. Mai 1983)

Regierungsämter	Amtsinhaber
ab 18. Mai 1979 Kabinett Dr. Bernhard Vogel (CDU) II	
Ministerpräsident	Dr. Bernhard Vogel (CDU)
Stellvertretender Ministerpräsident	Otto Meyer (CDU)
ab 12.06.1981 Bundesangelegenheiten	Johann Wilhelm Gaddum (CDU)

T 147 noch: 9. Wahlperiode (18. Mai 1979 – 17. Mai 1983)

Regierungsämter	Amtsinhaber
Finanzen	18.05.1979–12.06.1981 Johann Wilhelm Gaddum (CDU) ab 12.06.1981 Dr. Carl-Ludwig Wagner (CDU)
Inneres und Sport	Kurt Böckmann (CDU)
Justiz	18.05.1979–14.11./13.12.1979 Dr. h.c. Otto Theisen (CDU) 13.12.1979–12.06.1981 Dr. Carl-Ludwig Wagner (CDU) 12.06.1981–05.10.1982 Prof. Dr. Waldemar Schreckenberger (CDU) ab 05.10.1982 (m.d.W.d.G.b.) Dr. Carl-Ludwig Wagner (CDU)
Kultus	20.05.1979–12.06.1981 Dr. Hanna-Renate Laurien (CDU) ab 12.06.1981 Dr. Georg Gölter (CDU)
Landwirtschaft, Weinbau und Forsten	Otto Meyer (CDU)
Soziales, Gesundheit und Umwelt	18.05.1979–12.06.1981 Dr. Georg Gölter (CDU) ab 12.06.1981 Rudi Geil (CDU)
Wirtschaft und Verkehr	Heinrich Holkenbrink (CDU)

T 148 10. Wahlperiode (18. Mai 1983 – 17. Mai 1987)

Regierungsämter	Amtsinhaber
ab 18. Mai 1983 Kabinett Dr. Bernhard Vogel (CDU) III	
Ministerpräsident	Dr. Bernhard Vogel (CDU)
Stellvertretender Ministerpräsident	18.05.1983–23.05.1985 Otto Meyer (CDU) ab 23.05.1985 Dr. Carl-Ludwig Wagner (CDU)
Bundesangelegenheiten	18.05.1983–23.05.1985 Johann Wilhelm Gaddum (CDU) ab 23.05.1985 Albrecht Martin (CDU)
Finanzen	Dr. Carl-Ludwig Wagner (CDU)
Inneres und Sport	Kurt Böckmann (CDU)
Justiz	Prof. Dr. Heribert Bickel (CDU)
Kultus	Dr. Georg Gölter (CDU)
Landwirtschaft, Weinbau und Forsten	18.05.1983–23.05.1985 Otto Meyer (CDU) ab 23.05.1985 Dieter Ziegler (CDU)
18.05.1983–23.05.1985 Soziales, Gesundheit und Umwelt ab 23.05.1985 Soziales und Familie	18.05.1983–23.05.1985 Rudi Geil (CDU) ab 23.05.1985 Dr. Ursula Hansen (CDU)
ab 23.05.1985 Umwelt und Gesundheit	23.05.1985–06.05.1987 Prof. Dr. Klaus Töpfer (CDU) ab 07.05.1987 (m.d.W.d.G.b.) Dr. Georg Gölter (CDU)
Wirtschaft und Verkehr	18.05.1983 bis 23.05.1985 Heinrich Holkenbrink (CDU) ab 23.05.1985 Rudi Geil (CDU)

T 149 11. Wahlperiode (18. Mai 1987 – 17. Mai 1991)

Regierungsämter	Amtsinhaber
ab 23. Juni 1987 Kabinett Dr. Bernhard Vogel (CDU) IV	
Ministerpräsident	Dr. Bernhard Vogel (CDU)
Stellvertretender Ministerpräsident	Dr. Carl-Ludwig Wagner (CDU)
Bundesangelegenheiten	Albrecht Martin (CDU)
Finanzen	Dr. Carl-Ludwig Wagner (CDU)
Inneres und Sport	Rudi Geil (CDU)
Justiz	Peter Caesar (FDP)
Kultus	Dr. Georg Gölter (CDU)
Landwirtschaft, Weinbau und Forsten	Dieter Ziegler (CDU)
Soziales und Familie	Dr. Ursula Hansen (CDU)
Umwelt und Gesundheit	Hans-Otto Wilhelm (CDU)
Wirtschaft und Verkehr	Rainer Brüderle (FDP)
ab 8. Dezember 1988 Kabinett Dr. Carl-Ludwig Wagner (CDU)	
Ministerpräsident	Dr. Bernhard Vogel (CDU)
Stellvertretender Ministerpräsident	Dr. Carl-Ludwig Wagner (CDU)
Bundesangelegenheiten	Albrecht Martin (CDU)
Finanzen	Dr. Carl-Ludwig Wagner (CDU)
Inneres und Sport	Rudi Geil (CDU)
Justiz	Peter Caesar (FDP)
Kultus	Dr. Georg Gölter (CDU)
Landwirtschaft, Weinbau und Forsten	Dieter Ziegler (CDU)
Soziales und Familie	Dr. Ursula Hansen (CDU)
Umwelt und Gesundheit	Hans-Otto Wilhelm (CDU)
Wirtschaft und Verkehr	Rainer Brüderle (FDP)
ab 8. Dezember 1988 Kabinett Dr. Carl-Ludwig Wagner (CDU)	
Ministerpräsident	Dr. Carl-Ludwig Wagner (CDU)
Stellvertretender Ministerpräsident	Rainer Brüderle (FDP)
Bundesangelegenheiten	08.12.1988–02.11.1989 Albrecht Martin (CDU) ab 02.11.1989 Prof. Dr. Hermann Hill (CDU)

T 149 noch: 11. Wahlperiode (18. Mai 1987 – 17. Mai 1991)

Regierungsämter	Amtsinhaber
Finanzen	Emil Wolfgang Keller (CDU)
08.12.1988–21.06.1990 Inneres und Sport ab 21.06.1990 Inneres	Rudi Geil (CDU)
Justiz	Peter Caesar (FDP)
Kultus	Dr. Georg Gölter (CDU)
Landwirtschaft, Weinbau und Forsten	08.12.1988–21.06.1990 Dieter Ziegler (CDU) ab 21.06.1990 Dr. Werner Langen (CDU)
08.12.1988–21.06.1990 Soziales und Familie ab 21.06.1990 Soziales, Familie und Sport	08.12.1988–21.06.1990 Dr. Ursula Hansen (CDU) ab 21.06.1990 Prof. Dr. Ursula Funke (parteilos)
Umwelt und Gesundheit	Dr. Alfred Beth (CDU)
Wirtschaft und Verkehr	Rainer Brüderle (FDP)

T 150 12. Wahlperiode (18. Mai 1991 – 17. Mai 1996)

Regierungsämter	Amtsinhaber
ab 21. Mai 1991 Kabinett Rudolf Scharping (SPD)	
Ministerpräsident	Rudolf Scharping (SPD)
Stellvertretender Ministerpräsident	Rainer Brüderle (FDP)
Arbeit, Soziales, Familie und Gesundheit	Ulrich Galle (SPD)
Bildung und Kultur	Dr. Rose Götte (SPD)
Bundesangelegenheiten und Europa	Florian Gerster (SPD)
Finanzen	21.05.1991–30.09.1993 Edgar Meister (SPD) ab 13.10.1993 Gernot Mittler (SPD)
Inneres und Sport	Walter Zuber (SPD)
Gleichstellung von Frau und Mann	Jeanette Rott (SPD), ab 1994 Jeanette Rott-Otte
Justiz	Peter Caesar (FDP)
Landwirtschaft, Weinbau und Forsten	Karl Schneider (SPD)
Umwelt	Klaudia Martini (SPD)
Wirtschaft und Verkehr	Rainer Brüderle (FDP)
Wissenschaft und Weiterbildung	Prof. Dr. Jürgen Zöllner (SPD)

T 150 noch: 12. Wahlperiode (18. Mai 1991 – 17. Mai 1996)

Regierungsämter	Amtsinhaber
ab 26. Oktober 1994 Kabinett Kurt Beck (SPD) I	
Ministerpräsident	Kurt Beck (SPD)
Stellvertretender Ministerpräsident	Rainer Brüderle (FDP)
Arbeit, Soziales und Gesundheit	Florian Gerster (SPD)
Bildung, Wissenschaft und Weiterbildung	Prof. Dr. Jürgen Zöllner (SPD)
Finanzen	Gernot Mittler (SPD)
Inneres und Sport	Walter Zuber (SPD)
Justiz	Peter Caesar (FDP)
Kultur, Jugend, Familie und Frauen	Dr. Rose Götte (SPD)
Landwirtschaft, Weinbau und Forsten	Karl Schneider (SPD)
Umwelt	Klaudia Martini (SPD)
Wirtschaft und Verkehr	Rainer Brüderle (FDP)

T 151 13. Wahlperiode (18. Mai 1996 – 17. Mai 2001)

Regierungsämter	Amtsinhaber
ab 20. Mai 1996 Kabinett Kurt Beck (SPD) II	
Ministerpräsident	Kurt Beck (SPD)
Stellvertretender Ministerpräsident	20.05.1996–12.11.1998 Rainer Brüderle (FDP) 12.11.1998–22.09.1999 Peter Caesar (FDP) ab 22.09.1999 Hans-Artur Bauckhage (FDP)
Arbeit, Soziales und Gesundheit	Florian Gerster (SPD)
Bildung, Wissenschaft und Weiterbildung	Prof. Dr. Jürgen Zöllner (SPD)
Finanzen	Gernot Mittler (SPD)
Inneres und Sport	Walter Zuber (SPD)
Justiz	20.05.1996–22.09.1999 Peter Caesar (FDP) ab 22.09.1999 Herbert Mertin (FDP)
Kultur, Jugend, Familie und Frauen	Dr. Rose Götte (SPD)
Umwelt und Forsten	Klaudia Martini (SPD)
Wirtschaft, Verkehr, Landwirtschaft und Weinbau	20.05.1996–12.11.1998 Rainer Brüderle (FDP) ab 12.11.1998 Hans-Artur Bauckhage (FDP)

T 152 14. Wahlperiode (18. Mai 2001 – 17. Mai 2006)

Regierungsämter	Amtsinhaber
ab 18. Mai 2001 Kabinett Kurt Beck (SPD) III	
Ministerpräsident	Kurt Beck (SPD)
Stellvertretender Ministerpräsident	Hans-Artur Bauckhage (FDP)
Arbeit, Soziales, Familie und Gesundheit	18.05.2001–14.03.2002 Florian Gerster (SPD) ab 15.03.2002 Malu Dreyer (SPD)
Bildung, Frauen und Jugend	Doris Ahnen (SPD)
Finanzen	Gernot Mittler (SPD)
Inneres und Sport	18.05.2001–25.02.2005 Walter Zuber (SPD) ab 25.02.2005 Karl Peter Bruch (SPD)
Justiz	Herbert Mertin (FDP)
Umwelt und Forsten	18.05.2001–19.09.2001 Klaudia Martini (SPD) ab 20.09.2001 Margit Conrad (SPD)
Wirtschaft, Verkehr, Landwirtschaft und Weinbau	Hans-Artur Bauckhage (FDP)
Wissenschaft, Weiterbildung, Forschung und Kultur	Prof. Dr. Jürgen Zöllner (SPD)

T 153 15. Wahlperiode (18. Mai 2006 – 17. Mai 2011)

Regierungsämter	Amtsinhaber
ab 18. Mai 2006 Kabinett Kurt Beck (SPD) IV	
Ministerpräsident	Kurt Beck (SPD)
Stellvertretender Ministerpräsident	18.05.2006–22.11.2006 Prof. Dr. Jürgen Zöllner (SPD) ab 23.11.2006 Karl Peter Bruch (SPD)
18.05.2006–05.12.2006 Arbeit, Soziales, Familie und Gesundheit ab 06.12.2006 Arbeit, Soziales, Gesundheit, Familie und Frauen	Malu Dreyer (SPD)
18.05.2006–05.12.2006 Bildung, Frauen und Jugend ab 06.12.2006 Wissenschaft, Bildung, Jugend und Kultur	Doris Ahnen (SPD)
Finanzen	18.05.2006–07.07.2009 Dr. Ingolf Deubel (SPD) ab 10.07.2009 Dr. Carsten Kühl (SPD)
Inneres und Sport	Karl Peter Bruch (SPD)
Justiz	Dr. Heinz Georg Bamberger (SPD)
Umwelt, Forsten und Verbraucherschutz	Margit Conrad (SPD)
Wirtschaft, Verkehr, Landwirtschaft und Weinbau	Hendrik Hering (SPD)
18.05.2006–22.11.2006 Wissenschaft, Weiterbildung, Forschung und Kultur	Prof. Dr. Jürgen Zöllner (SPD)

T 154 16. Wahlperiode (seit 18. Mai 2011)

Regierungsämter	Amtsinhaber
ab 18. Mai 2011 Kabinett Kurt Beck (SPD) V	
Ministerpräsident	Kurt Beck (SPD)
Stellvertretende Ministerpräsidentin	Eveline Lemke (Bündnis 90/Die Grünen)
Bildung, Wissenschaft, Weiterbildung und Kultur	Doris Ahnen (SPD)
Bevollmächtigte beim Bund und für Europa	Margit Conrad (SPD)
Finanzen	Dr. Carsten Kühl (SPD)
Inneres, Sport und Infrastruktur	Roger Lewentz (SPD)
Integration, Familie, Kinder, Jugend und Frauen	Irene Alt (Bündnis 90/Die Grünen)
Justiz und Verbraucherschutz	Jochen Hartloff (SPD)
Soziales, Arbeit, Gesundheit und Demografie	Malu Dreyer (SPD)
Umwelt, Landwirtschaft, Ernährung, Weinbau und Forsten	Ulrike Höfken (Bündnis 90/Die Grünen)
Wirtschaft, Klimaschutz, Energie und Landesplanung	Eveline Lemke (Bündnis 90/Die Grünen)

III.4.4. Wahlergebnisse der Vorgängerterritorien von Rheinland-Pfalz

Die Tatsache, dass das Bundesland Rheinland-Pfalz ein Land aus der »Retorte« ist, – die territoriale Hoheit über den Raum lag vor der Landesgründung bei den Ländern Preußen, Oldenburg, Hessen und Bayern –, erschwert es ungemein, einen exakten Überblick über die Wahlergebnisse in der Zeit vor 1947 zu geben. Wollte man dies mit statistischer Präzision tun, müsste man die Ergebnisse der Reichstags- und Landtagswahlen in der Zeit des Kaiserreichs und der Weimarer Republik in den rund 2.300 heute zu Rheinland-Pfalz gehörigen Gemeinden eruieren, um auf deren Grundlage eine Gesamtergebnis errechnen zu können. Solch eine Datenerhebung auf Gemeindeebene wurde bislang, beispielsweise in der Publikationsreihe »Die Hessen als Reichstagswähler«, nur in Teilen durchgeführt und stellt somit eine Leerstelle dar, deren Aufarbeitung sehr aufwendig ist. Die in diesem Rahmen angestrebte Wiedergabe der historischen Wahlergebnisse im Raum des heutigen Bundeslandes muss folglich mit dem Datenmaterial operieren, das von den statistischen Landesämtern der Einzelstaaten, aus deren Teilen Rheinland-Pfalz besteht, sowie vom Statistischen Reichsamt veröffentlicht wurde. Dieses Material nennt die Wahlergebnisse jedoch meist nur auf Ebene der Wahlkreise, in Ausnahmen auf Ebene der einzelnen staatlichen Kreise. Dies hat zu einem die Folge, dass für die Zeit des Kaiserreichs lediglich die Ergebnisse der Reichstagswahlen wiedergegeben werden, wohingegen für die Zeit der Weimarer Republik die der Reichstags- und der Landtagswahlen angeführt werden können. Zum anderen bedingt dies, dass die Wahlergebnisse Unschärfen enthalten, die für das Kaiserreich stärker, für die Weimarer Republik schwächer ausfallen. Das heißt, die Zahlen über das Wählervotum reichen an einigen Stellen über den Raum des heutigen Rheinland-Pfalz hinaus. Besonders deutlich wird dies bei den Ergebnissen der Reichstagswahlen zwischen 1871 und 1912, da der Zuschnitt der Wahlkreise im größeren Maße »nicht-rheinland-pfälzisches« Territorium einschloss. Zu der Unschärfe der Ergebnisse tragen auch territoriale Veränderungen bei, beispielsweise die Angliederung der rechtsrheinischen Mainzer Stadtteile an das Land Hessen 1945/46 oder die Angliederung von Gemeinden der Kreise Kusel und Birkenfeld an das Saargebiet 1947. Trotz dieser Einschränkungen dokumentieren die im Folgenden wiedergegebenen Zahlen den politischen Willen der Wählerschaft für den Raum und deren Mitwirkung an der politischen Gestaltung der Repräsentation der Einzelstaaten.

T 155 Preußische Landesteile: Reichtagswahlen Regierungsbezirk Koblenz 1871–1912[1]

Wahlkreise: 219 Wetzlar – Altenkirchen, 220 Neuwied, 221 Koblenz – St. Goar, 222 Kreuznach – Simmern, 223 Mayen – Ahrweiler, 224 Adenau – Cochem – Zell

Jahr	Wahlberechtigt	Wahlbeteiligung	Von den gültigen Stimmen entfielen auf								
			K	RP	NL	L	LL	Z	Soz	R	S
	%										
1871	20,6	57,1	5,1	4,0	33,9	7,2	-	49,7	-	-	0,1
1874	21,9	80,6	2,1	0,5	28,4	-	-	60,5	-	-	8,5
1877	22,0	73,3	7,9	-	32,7	4,5	0,1[2]	54,7	-	-	0,1
1878	22,6	72,3	2,6	8,9	23,2	4,9	0,1[2]	60,0	-	-	0,3
1881	21,0	65,2	8,3	8,4	15,3	7,9	0,1[2]	59,6	-	-	0,4
1884	21,1	65,7	8,8	-	24,6	-	11,3	54,6	0,4	-	0,3
1887	21,6	85,1	17,8	1,5	21,2	-	2,2	56,9	0,3	-	0,1
1890	22,1	72,2	-	-	34,0	-	8,3	51,9	2,0	-	3,8[4]
1893	21,8	76,0	5,7	-	21,4	-	1,1[3]	64,9	3,3	-	3,6
1898	21,9	67,2	-	1,6	24,0	-	0,0[3]	57,8	4,5	-	12,1
1903	22,6	73,4	4,2	-	24,0	-	0,1[3]	58,8	6,8	-	6,1
1907	22,4	86,3	13,0	-	20,2	-	-	47,6	5,5	-	13,7[5]
1912	22,5	84,3	10,2	-	20,6	-	3,8	45,9	9,8	-	9,7[6]

Jahr	Mandate								
	K	RP	NL	L	LL	Z	Soz	R	S
	Anzahl								
1871	1	-	2	-	-	3	-	-	-
1874	-	-	2	-	-	4	-	-	-
1877	-	-	2	-	-	4	-	-	-
1878	-	-	2	-	-	4	-	-	-
1881	1	1	-	-	-	4	-	-	-
1884	1	-	1	-	-	4	-	-	-
1887	1	-	1	-	-	4	-	-	-
1890	-	-	2	-	-	4	-	-	-
1893	-	-	2	-	-	4	-	-	-
1898	-	-	2	-	-	4	-	-	-
1903	-	-	2	-	-	4	-	-	-
1907	-	-	1	-	-	4	-	-	1[7]
1912	-	-	1	-	-	4	-	-	1[7]

1 Umfasst Landesteile, die heute nicht zu Rheinland-Pfalz gehören. – 2 Deutsche Fortschrittspartei. – 3 Freisinnige Volkspartei. – 4 Davon 6,1 % Antisemiten, 5,5 % Bund der Landwirte. – 5 Davon 5,6 % Antisemiten, 7,1 % Bund der Landwirte. – 6 Davon 9,3 % Wirtschaftliche Vereinigung. – 7 Christlich-Soziale Partei.

T 156 Preußische Landesteile: Reichtagswahlen Regierungsbezirk Trier 1871–1912[1]

Wahlkreise: 225 Daun – Prüm – Bitburg, 226 Wittlich – Bernkastel, 227 Trier, 228 Saarburg – Merzig – Saarlouis, 229 Saarbrücken, 230 Ottweiler – St. Wendel

Jahr	Wahlberechtigt	Wahlbeteiligung	Von den gültigen Stimmen entfielen auf								
			K	RP	NL	L	LL	Z	Soz	R	S
	%										
1871	19,7	54,3	7,9	27,5	17,8	-	0,1	46,0	-	-	0,7
1874	21,8	77,0	-	10,9	17,5	-	-	71,5	-	-	0,1
1877	22,0	73,2	-	12,2	17,9	-	-	69,5	0,3	-	0,1
1878	22,3	72,9	-	14,8	20,8	-	-	64,3	-	-	0,1
1881	20,5	62,4	-	5,4	20,9	0,5	4,9[2]	68,0	-	-	0,3
1884	20,9	67,0	-	13,6	13,7	-	-	72,3	-	-	0,4
1887	21,3	84,9	2,6	15,4	12,5	-	-	65,3	-	-	4,2
1890	21,9	71,5	1,0	13,3	15,0	-	3,2	56,3	10,6	-	0,3
1893	21,5	71,0	-	14,3	21,6	-	0,6[3]	60,9	2,4	-	0,2
1898	21,1	63,6	-	14,1	16,4	-	-	68,0	1,2	-	0,3
1903	21,9	78,7	0,3	-	28,3	-	0,1[3]	69,0	2,2	-	0,1
1907	21,3	98,1		-	13,1	-	-	67,4	2,8	-	16,7[4]
1912	21,6	84,0	0,3	-	28,0	-	0,0	66,8	4,6	-	0,3

Jahr	Mandate								
	K	RP	NL	L	LL	Z	Soz	R	S
	Anzahl								
1871	1	2	-	-	-	3	-	-	-
1874	-	1	1	-	-	4	-	-	-
1877	-	1	1	-	-	4	-	-	-
1878	-	1	1	-	-	4	-	-	-
1881	-	-	2	-	-	4	-	-	-
1884	-	1	1	-	-	4	-	-	-
1887	-	1	1	-	-	4	-	-	-
1890	-	1	1	-	-	4	-	-	-
1893	-	1	1	-	-	4	-	-	-
1898	-	1	1	-	-	4	-	-	-
1903	-	-	1	-	-	5	-	-	-
1907	-	-	1	-	-	4	-	-	1[5]
1912	-	-	1	-	-	5	-	-	-

1 Umfasst Landesteile, die heute nicht zu Rheinland-Pfalz gehören. – 2 Deutsche Fortschrittspartei. – 3 Freisinnige Volkspartei. – 4 Davon 16,6 % unbestimmt. – 5 Unbestimmt.

T 157 Preußische Landesteile: Reichtagswahlen Regierungsbezirk Wiesbaden 1871–1912[1]

Berücksichtigte Wahlkreise: 189 Unterwesterwald – Rheingau, 190 Ober-und Unterwesterwald, 191 Dillkreis – Oberwesterwald

Jahr	Wahlberechtigt	Wahlbeteiligung	Von den gültigen Stimmen entfielen auf								
			K	RP	NL	L	LL	Z	Soz	R	S
	%										
1871	.	67,4	15,7	17,5	10,8	-	21,8[2]	34,0	-	-	0,3
1874	.	84,5	7,0	-	22,6	-	38,8[2]	31,4	-	-	0,2
1877	.	76,2	6,9	-	15,2	-	39,7[2]	38,1	-	-	0,2
1878	.	77,0	10,6	-	14,3	-	36,4[2]	38,5	-	-	0,2
1881	.	68,9	9,5	5,9	5,1	-	38,7[3]	40,6	-	-	0,2
1884	.	72,9	4,2	15,9	18,7	-	40,8	20,3	-	-	0,1
1887	.	86,6	-	33,9	13,0	-	33,5	19,5	-	-	0,1
1890	.	73,6	-	14,6	21,6	-	41,3	19,3	2,5	-	0,7
1893	.	80,1	-	-	32,0	-	13,3[4]	46,2	4,3	-	5,2[5]
1898	.	66,1	-	-	39,6	-	5,1[4]	42,6	7,6	-	5,1[6]
1903	.	76,0	-	-	30,0	-	3,8[4]	41,3	7,9	-	17,0[7]
1907	.	90,3	-	14,3	28,8	-	-	32,2	5,2	-	18,4[8]
1912	.	85,4	15,9	-	29,9	-	7,9	18,9	12,0	-	15,4[9]

Jahr	Mandate								
	K	RP	NL	L	LL	Z	Soz	R	S
	Anzahl								
1871	1	-	-	-	1	1	-	-	-
1874	-	-	1	-	1	1	-	-	-
1877	-	-	1	-	1	1	-	-	-
1878	-	-	1	-	1	1	-	-	-
1881	-	-	-	-	2[10]	1	-	-	-
1884	-	1	-	-	1	1	-	-	-
1887	-	1	-	-	1	1	-	-	-
1890	-	-	-	-	2	1	-	-	-
1893	-	-	2	-	-	1	-	-	-
1898	-	-	1	-	-	2	-	-	-
1903	-	-	1	-	-	1	-	-	1[11]
1907	-	-	1	-	-	1	-	-	1[11]
1912	-	-	1	-	-	1	-	-	1[11]

1 Umfasst Landesteile, die heute nicht zu Rheinland-Pfalz gehören. – 2 Dt. Fortschrittspartei. – 3 Davon 24,3 % Dt. Fortschrittspartei, 14,4 % Lib. Vereinigung. – 4 Freisinn. Volkspartei. – 5 Davon 2,1 % Dt. Reformpartei, 3 % Deutschsoziale Partei. – 6 Davon 4,7 % Chr.-Soz. Partei. – 7 Davon 7,9 % Chr.-Soz. Partei, 8,9 % Bund d. Landwirte. – 8 Davon 18,3 % Chr.-Soz. Partei. – 9 Davon 15,3 % Chr.-Soz. Partei. – 10 1 Mandat Lib. Vereinigung, 1 Mandat Dt. Fortschrittspartei – 11 Chr.-Soz. Partei.

T 158 Oldenburgischer Landesteil: Reichstagswahlen 1871–1912[1]

Berücksichtigter Wahlkreis: 358 Oldenburg – Lübeck – Birkenfeld

Jahr	Wahlberechtigt	Wahlbeteiligung	Von den gültigen Stimmen entfielen auf								
			K	RP	NL	L	LL	Z	Soz	R	S
	%										
1871	.	17,7	-	-	98,8	-	-	-	-	-	1,2
1874	.	48,0	-	-	75,2	-	-	8,1	16,2	-	0,5
1877	.	49,7	-	-	78,9	-	-	7,5	13,5	-	0,1
1878	.	41,7	-	-	91,0	-	-	8,1	0,6	-	0,3
1881	.	43,9	0,5	-	31,2	-	61,3[3]	6,8	-	-	0,2
1884	.	51,2	-	-	43,8	-	51,0	4,3	0,8	-	0,1
1887	.	75,0	-	-	56,7	-	38,7	-	4,5	-	0,1
1890	.	72,1	-	-	41,5	-	44,2	0,5	13,6	-	0,2
1893	.	66,0	-	-	39,3	-	36,2	-	23,9	-	0,6
1898	.	64,0	-	-	40,7	-	32,7[4]	-	26,4	-	0,2
1903	.	69,5	-	-	11,9	-	40,5[5]	1,9	32,7	-	13[6]
1907	.	80,7	-	-	29,6[2]	-	33,8[4]	6,2	30,4	-	0,0
1912	.	80,4	-	-	26,7	-	33,0	5,7	34,5	-	0,1

Jahr	Mandate								
	K	RP	NL	L	LL	Z	Soz	R	S
	Anzahl								
1871	-	-	1	-	-	-	-	-	-
1874	-	-	1	-	-	-	-	-	-
1877	-	-	1	-	-	-	-	-	-
1878	-	-	1	-	-	-	-	-	-
1881	-	-	-	-	1[3]	-	-	-	-
1884	-	-	-	-	1	-	-	-	-
1887	-	-	1	-	-	-	-	-	-
1890	-	-	-	-	1	-	-	-	-
1893	-	-	1	-	-	-	-	-	-
1898	-	-	-	-	1[4]	-	-	-	-
1903	-	-	-	-	1[4]	-	-	-	-
1907	-	-	-	-	1[4]	-	-	-	-
1912	-	-	-	-	1	-	-	-	-

1 Umfasst Landesteile, die heute nicht zu Rheinland-Pfalz gehören. – 2 Inklusive Bund der Landwirte. – 3 Deutsche Fortschrittspartei. – 4 Freisinnige Volkspartei. – 5 Davon 22 % Freisinnige Volkspartei, 18,5 % Nationalsozialer Verein. – 6 Davon 12,9 % Bund der Landwirte.

T 159 Hessischer Landesteil: Reichtagswahlen 1871–1912[1]

Berücksichtigte Wahlkreise: 345 Worms (Heppenheim, Worms, Wimpfen), 346 Bingen – Alzey, 347 Mainz

Jahr	Wahlberechtigt	Wahlbeteiligung	Von den gültigen Stimmen entfielen auf								
			K	RP	NL	L	LL	Z	Soz	R	S
	%										
1871	.	77,6	1,0	-	62,2	-	-	33,4	-	3,4[5]	0,0
1874	.	81,6	-	-	62,9	-	-	32,0	2,7	2,4[5]	0,0
1877	.	78,5	-	-	45,0	-	-	32,5	3,7	18,8[5]	0,1
1878	.	67,9	-	-	58,5	-	-	30,7	8,3	2,1[5]	0,4
1881	.	66,8	-	11,2	14,7	-	33,8[2]	26,2	14,1	-	0,1
1884	.	63,1	-	-	33,4	-	17,4	32,1	17,0	-	0,1
1887	.	84,0	-	-	45,6	-	31,0	13,8	9,6	-	0,0
1890	.	71,8	-	-	38,8	-	22,2	18,8	20,2	-	0,1
1893	.	73,2	-	-	36,4	-	11,0	24,1	23,4	3,7[5]	1,4
1898	.	66,0	-	-	26,6	-	23,6[3]	21,8	25,6	-	2,4
1903	.	76,6	-	-	31,4	-	10,9[4]	29,5	27,1	-	1,0
1907	.	87,2	-	-	27,1	-	10,3[4]	28,3	26,2	-	8,1
1912	.	87,0	-	-	34,4	-	15,6	18,6	30,8	-	0,6

Jahr	Mandate								
	K	RP	NL	L	LL	Z	Soz	R	S
	Anzahl								
1871	-	-	3	-	-	-	-	-	-
1874	-	-	2	-	-	1	-	-	-
1877	-	-	2	-	-	-	-	1[5]	-
1878	-	-	2	-	-	1	-	-	-
1881	-	-	1	-	1[6]	-	1	-	-
1884	-	-	1	-	1	1	-	-	-
1887	-	-	1	-	1	1	-	-	-
1890	-	-	1		1	-	1	-	-
1893	-	-	1	-	1[4]	-	1	-	-
1898	-	-	1	-	1[4]	1	-	-	-
1903	-	-	1	-	1[4]	-	1	-	-
1907	-	-	1	-	-	-	1	-	1[7]
1912	-	-	2	-	-	-	1	-	-

1 Umfasst Landesteile, die heute nicht zu Rheinland-Pfalz gehören. – 2 Davon 17,7 % Liberale Vereinigung, 19,1 % Deutsche Fortschrittspartei. – 3 Davon 14,6 % Freisinnige Partei, 9 % Freisinnige Vereinigung. – 4 Freisinnige Volkspartei. – 5 Deutsche Volkspartei. – 6 Liberale Vereinigung. – 7 Bund der Landwirte.

T 160 Bayerischer Landesteil: Reichstagswahlen 1871–1912[1]

Wahlkreise: 251 Speyer, 252 Landau, 253 Germersheim, 254 Zweibrücken, 255 Homburg, 256 Kaiserslautern

Jahr	Wahlberechtigt	Wahlbeteiligung	Von den gültigen Stimmen entfielen auf								
			K	RP	NL	L	LL	Z	Soz	R	S
	%										
1871	18,9	52,7	-	-	71,5	12,0	-	15,4	-	-	1,1
1874	20,8	80,5	-	-	43,3	-	21,5	34,1	1,1	-	0,0
1877	20,9	73,8	3,6	-	40,0	19,8	0,2	33,7	2,6	-	0,1
1878	21,5	68,7	4,7	-	39,3	20,4	-	33,1	2,3	0,1	0,1
1881	19,9	54,8	1,8	-	52,5	-	5,6[2]	26,8	4,3	8,8	0,2
1884	20,4	73,6	-	-	50,9	-	7,3	29,9	5,3	6,5	0,1
1887	20,6	87,1	-	-	57,6	-	12,3	18,7	4,1	7,2	0,1
1890	21,0	77,2	-	-	51,5	-	10,4	23,1	9,6	5,3	0,1
1893	20,9	76,9	1,7	-	51,4	-	4,9[3]	25,4	12,3	4,2	0,1
1898	21,5	69,5	-	-	35,4	-	3,9[3]	29,6	22,0	3,7	5,4[4]
1903	22,0	82,7	-	-	28,8	-	5,3[3]	30,0	24,9	-	11,0[5]
1907	21,8	87,3	-	-	29,6	-	0,2[3]	28,4	24,7	2,4	14,7[6]
1912	21,8	86,4	5,5	-	26,0	-	4,8	17,1	32,2	-	14,4[7]

Jahr	Mandate								
	K	RP	NL	L	LL	Z	Soz	R	S
	Anzahl								
1871	-	-	5	1	-	-	-	-	-
1874	-	-	4	-	2	-	-	-	-
1877	-	-	4	2	-	-	-	-	-
1878	-	-	4	2	-	-	-	-	-
1881	-	-	6	-	-	-	-	-	-
1884	-	-	5	-	-	-	-	-	1[8]
1887	-	-	6	-	-	-	-	-	-
1890	-	-	6	-	-	-	-	-	-
1893	-	-	6	-	-	-	-	-	-
1898	-	-	4	-	-	-	1	-	1[4]
1903	-	-	3	-	1[3]	-	1	-	1[4]
1907	-	-	1	-	-	2	1	-	2[4]
1912	-	-	2	-	-	1	2	-	1[4]

1 Umfasst Landesteile, die heute nicht zu Rheinland-Pfalz gehören. – 2 Dt. Fortschrittspartei. – 3 Freisinnige Volkspartei. – 4 Bund der Landwirte. – 5 Davon 7,8 % Bund der Landwirte, 3,2 % Bauernbund. – 6 Davon 13,6 % Bund der Landwirte. – 7 Wirtschaftliche Vereinigung. – 8 Deutsche Volkspartei.

Ergebnisse der Reichstags- und Landtagswahlen 1919–1933

Preußische Landesteile

Die ehemals preußischen Landesteile von Rheinland-Pfalz setzen sich aus den Regierungsbezirken Koblenz und Trier sowie fünf rechtsrheinischen Kreisen zusammen, die zum Regierungsbezirk Wiesbaden gehörten.

Bei den Reichstagswahlen bildeten die preußischen Regierungsbezirke Koblenz und Trier, die zur Rheinprovinz gehörten, den Wahlkreis Koblenz-Trier, der auch den zum Freistaat Oldenburg gehörigen Landesteil Birkenfeld umfasste. Der bis zum 1. Oktober 1932 zum Regierungsbezirk Koblenz zugehörige Kreis Wetzlar hingegen gehörte dem Wahlkreis Hessen-Nassau an. Bei der Reichstagswahl 1920 trug der Wahlkreis die Nummer 24, zwischen 1924 und 1933 die Nummer 21. Die Kreise Oberwesterwald, St. Goarshausen, Unterlahn, Unterwesterwald und Westerburg (1932 aufgelöst) waren Teil des Regierungsbezirks Wiesbaden der Provinz Hessen-Nassau. Für die Dokumentation der Reichstagswahlergebnisse der preußischen Landesteile wurden die Ergebnisse des Wahlkreises Koblenz-Trier und der genannten rechtsrheinischen Kreise addiert und die Ergebnisse des Landesteils Birkenfeld davon abgezogen. Die Reichstagswahlen fanden am 19. Januar 1919 (Verfassungsgebende Nationalversammlung), 6. Juni 1920, 4. Mai 1924, 7. Dezember 1924, 20. Mai 1928, 14. September 1930, 31. Juli 1932 und 5. März 1933 statt.

Bei den preußischen Landtagswahlen bildeten die Regierungsbezirke Koblenz und Trier den Wahlkreis Koblenz-Trier (Wahlkreis Nr. 21), dem ab der Landtagswahl 1921 auch der Regierungsbezirk Sigmaringen, auch als Hohenzollernsche Lande bezeichnet, zugeordnet war. Der bis zum 1. Oktober 1932 zum Regierungsbezirk Koblenz zugehörige Kreis Wetzlar hingegen, gehörte dem Wahlkreis Hessen-Nassau an. Für die Dokumentation der Landtagswahlergebnisse der preußischen Landesteile wurden die Ergebnisse des Wahlkreises Koblenz-Trier und der oben genannten rechtsrheinischen Kreise addiert und die Ergebnisse des Regierungsbezirks Sigmaringen davon abgezogen. Die Landtagswahlen fanden am 26. Januar 1919 (Verfassungsgebende Landesversammlung), 20. Februar 1920, 7. Dezember 1924, 20. Mai 1928 und am 24. April 1924 statt.

T 161 Preußischer Landesteil: Reichstagswahlen 1919–1933

Jahr	Wahlbeteiligung	Ungültige	Gültige	Von den gültigen Stimmen entfielen auf									
		Stimmen											
	%												
				KPD	USPD	SPD	DDP	Z	DVP	DNVP			
1919	.	.	.	0,0	0,5	16,1	17,7	61,6	0,8	3,4	-	-	-
				KPD	USPD	SPD	DDP	Z	DVP	DNVP	CVoP	Sonst.	
1920	78,2	0,5	99,5	0,0	5,9	12,7	3,2	54,8	12,8	5,7	4,9	0,0	-
				KPD	USPD	SPD	DDP	Z	DVP	DNVP	VöSozB	Sonst.	
1924 I	78,8	2,5	97,5	6,0	0,1	9,7	3,0	56,6	10,4	9,7	1,4	3,5	-
				KPD	USPD	SPD	DDP	Z	DVP	DNVP	NSFP	WP	Sonst.
1924 II	74,1	2,1	97,9	4,1	0,1	12,2	3,4	56,7	8,3	9,8	0,1	2,4	3,0
				KPD	SPD	DDP	Z	DVP	DNVP	NSDAP	WP	CNBL	Sonst.
1928	73,0	1,9	98,8	4,7	13,0	1,9	48,7	5,9	6,6	2,4	4,4	7,8	3,2
				KPD	SPD	StP	Z	DVP	DNVP	NSDAP	WP	LV	Sonst.
1930	78,8	1,2	98,8	6,4	9,5	1,5	45,6	3,6	4,6	15,1	4,5	6,0	3,2
				KPD	SPD	StP	Z	DVP	DNVP	NSDAP	Sonst.		
1932 I	81,8	1,2	98,8	8,6	9,1	0,2	45,0	1,1	4,8	29,6	1,7	-	-
				KPD	SPD	StP	Z	DVP	DNVP	NSDAP	Sonst.		
1932 II	76,1	1,2	98,8	9,6	9,6	0,2	44,5	1,6	5,8	27,5	1,1	-	-
				KPD	SPD	StP	Z	DVP	KSWR	NSDAP	Sonst.		
1933	87,7	1,1	98,9	5,9	7,3	0,2	40,3	0,9	6	39	0,5	-	-

T 162 Preußischer Landesteil: Landtagswahlen 1919–1932

Jahr	Wahlbeteiligung	Ungültige	Gültige	Von den gültigen Stimmen entfielen auf									
		Stimmen											
	%												
				KPD	USPD	SPD	DDP	Z	DVP	DNVP			
1919[1]	.	.	.	.	.	.	.	.	.	.	-	-	-
				KPD	USPD	SPD	DDP	Z	DVP	DNVP	CVP		
1921	76,4	2,1	97,9	2,2	1,2	12,6	3,2	60,3	12,4	6,0	2,2	-	-
				KPD	USPD	SPD	DDP	Z	DVP	VöSozB	Sonst.		
1924[2]	.	.	.	.	.	.	.	.	.	.	.	.	.
				KPD	SPD	DDP	Z	DVP	DNVP	NSDAP	WP	CNBL	Sonst.
1928	73,0	2,9	97,1	4,7	13,1	1,9	48,6	5,9	6,6	2,4	5,7	7,8	3,3
				KPD	SPD	StP	Z	DVP	DNVP	NSDAP	LV	Sonst.	
1932	.	.	.	6,8	7,1	0,5	44,3	1,5	4,2	30,6	2,2	2,9	-

1 Das Ergebnis zur Verfassungsgebenden Landesversammlung am 26.1.1919 lässt sich für den Kreis St. Goarshausen (Provinz Hessen-Nassau) nicht mehr ermitteln. – 2 Das Ergebnis der Landtagswahl am 7.12.1924 für den Regierungsbezirk Sigmaringen lässt sich nicht mehr ermitteln.

Oldenburgischer Landesteil

Der zum Freistaat Oldenburg gehörige Landesteil Birkenfeld war bei den Reichstagswahlen dem Wahlkreis Koblenz-Trier zugeordnet (1920 Wahlkreis Nr. 24, 1924–1933 Wahlkreis Nr. 21). Die unten genannten Zahlen dokumentieren die Reichstagswahlergebnisse für den oldenburgischen Landesteil. Die Reichstagswahlen fanden am 19. Januar 1919 (Verfassungsgebende Nationalversammlung), 6. Juni 1920, 4. Mai 1924, 7. Dezember 1924, 20. Mai 1928, 14. September 1930, 31. Juli 1932 und 5. März 1933 statt.

Bei den oldenburgischen Landtagswahlen bildete der Landesteil Birkenfeld einen eigenständigen Wahlkreis. Die Wahl zur verfassungsgebenden Landesversammlung fand in Birkenfeld am 9. März 1919 statt (übriges Oldenburg 23. Februar 1919), die für den 10. Juni 1923 angesetzte Landtagswahl wurde im Landesteil Birkenfeld aufgrund der »Ruhr-Krise« ausgesetzt und erst am 4. Mai 1924 zusammen mit der Reichstagswahl abgehalten. Die Landtagswahlen am 6. Juni 1920, 24. Mai 1925, 20. Mai 1928, 17. Mai 1931 und 29. Mai 1932 fanden regulär statt.

T 163 Oldenburgischer Landesteil: Reichstagswahlen 1919–1933

Jahr	Wahlbeteiligung	Ungültige	Gültige	Von den gültigen Stimmen entfielen auf									
		Stimmen											
	%												
				SPD	DDP	Z	DNVP						
1919[1]	.	.	.	41,1	41,5	16,1	1,3	-	-	-	-	-	-
				USPD	SPD	DDP	Z	DVP	DNVP	Sonst.			
1920	65,5	1,4	98,6	9,0	24,3	13,5	16,3	33,9	1,2	1,7	-	-	-
				KPD	SPD	DDP	Z	DVP	DNVP	VöSozB	RWB	Sonst.	
1924 I	61,4	1,4	98,6	9,4	24,2	12,3	17,6	28,2	3,9	1,8	1,4	1,2	-
				KPD	SPD	DDP	Z	DVP	DNVP	LB	WP	Sonst.	
1924 II	63,3	0,5	99,5	7,4	24,6	10,2	17,0	23,4	8,7	6,0	2,0	0,9	-
				KPD	SPD	DDP	Z	DVP	DNVP	NSDAP	WP	LB	Sonst.
1928	62,3	1,3	98,7	8,2	25,5	6,1	16,4	11,9	2,6	4,1	7,4	16,2	1,6
				KPD	SPD	StP	Z	DVP	DNVP	NSDAP	WP	LV	Sonst.
1930	70,1	0,6	99,4	7,7	22,4	3,8	15,3	6,7	1,2	24,3	7,2	9,5	1,9
				KPD	SPD	StP	Z	DVP	DNVP	NSDAP	Sonst.		
1932 I	81,9	0,5	99,5	11,3	14,6	0,6	14,5	2,1	2,8	53,0	1,0	-	-
				KPD	SPD	StP	Z	DVP	DNVP	NSDAP	Sonst.		
1932 II	77,1	0,6	99,4	12,4	14,8	0,6	13,7	5,2	4,5	48,1	0,8	-	-
				KPD	SPD	StP	Z	DVP	KSWR	NSDAP	Sonst.		
1933	89,4	0,4	99,6	8,8	12,6	0,5	13,3	2,4	6,9	55,1	0,5	-	-

1 Vorläufiges Wahlergebnis nach Obersteiner Neueste Nachrichten vom 20.1.1919 und Obersteiner Nahetal-Bote vom 21.1.1919.

T 164 Oldenburgischer Landesteil: Landtagswahlen 1919–1932

Jahr	Wahlbeteiligung	Ungültige	Gültige	Von den gültigen Stimmen entfielen auf									
		Stimmen											
	%												
				SPD	DDP	Z							
1919	60,4	0,2	99,8	36,8	41,7	21,5	-	-	-	-	-	-	-
				USPD	SPD	Z	Bürgerl.						
1920	.	1,6	98,4	8,5	23,7	17,0	50,7	-	-	-	-	-	-
				KPD	SPD	DDP	Z	DVP					
1924	60,7	1,4	98,6	9,4	24,1	14,8	17,6	34,0	-	-	-	-	-
				KPD	SPD	DDP	Z	Landesbl.					
1925	37,6	0,7	99,3	3,2	21,6	10,6	21,3	43,4	-	-	-	-	-
				KPD	SPD	DDP	Z	Landesbl.	NSDAP	WP			
1928	61,5	1,1	98,9	8,0	24,4	9,8	16,0	28,6	4,3	8,9	-	-	-
				KPD	SPD	StP	Z	NSDAP	Weyand	USPD	CSVD		
1931	66,3	0,5	99,5	9,8	15,8	1,4	14,8	34,3	22,0	1,0	0,9	-	-
				KPD	SPD	StP	Z	DVP	DNVP	NSDAP	SAP		
1932	70,5	0,7	99,3	9,4	12,4	0,9	12,8	1,9	2,4	59,6	0,6	-	-

Hessischer Landesteil

Die zum Volksstaat Hessen gehörige Provinz Rheinhessen gehörte dem Reichstagswahlkreis Hessen-Darmstadt (1920 Wahlkreis Nr. 22, 1924–1933 Wahlkreis Nr. 33) an. Die unten genannten Zahlen dokumentieren die Reichstagswahlergebnisse der Provinz Rheinhessen. Die Reichstagswahlen fanden am 19. Januar 1919 (Verfassungsgebende Nationalversammlung), 6. Juni 1920, 4. Mai 1924, 7. Dezember 1924, 20. Mai 1928, 14. September 1930, 31. Juli 1932 und 5. März 1933 statt.

Bei den Landtagswahlen existierte im Volksstaat Hessen nur ein Wahlkreis. Die unten genannten Zahlen dokumentieren die Landtagswahlergebnisse der Provinz Rheinhessen. Die Landtagswahlen fanden am 26. Januar 1919 (Verfassungsgebende Volkskammer), 27. November 1921, 7. Dezember 1924, 13. November 1927, 15. November 1931 und 19. Juni 1932 statt.

T 165 Hessischer Landesteil: Reichstagswahlen 1919–1933

Jahr	Wahlbeteiligung	Ungültige Stimmen	Gültige Stimmen	Von den gültigen Stimmen entfielen auf									
	%												
				USPD	SPD	DDP	Z	DVP	HessVP				
1919	88,2	0,2	99,8	0,5	35,5	19,7	29,1	14,8	0,3	-	-	-	-
				KPD	USPD	SPD	DDP	Z	DVP	HessVP			
1920	73,9	0,2	99,8	0,0	9,3	27,1	14,8	27,7	20,1	1,0	-	-	-
				KPD	USPD	SPD	DDP	Z	DVP	DNVP	VöSozB	HessBB	Sonst.
1924 I	70,8	0,8	99,2	5,6	0,7	28,5	11,3	26,5	13,2	3,4	0,9	8,7	1,2
				KPD	USPD	SPD	DDP	Z	DVP	DNVP	NSFB	HessBB	Sonst.
1924 II	73,5	2,0	98,0	2,7	0,1	33,6	12,6	26,5	13,4	5,0	0,6	5,1	0,3
				KPD	SPD	DDP	Z	DVP	DNVP	NSDAP	CNBL	Sonst.	
1928	65,1	0,7	99,3	5,0	28,9	8,8	25,6	11,1	2,7	1,9	9,6	6,3	-
				KPD	SPD	StP	Z	DVP	DNVP	NSDAP	HessLV	CSVD	Sonst.
1930	80,2	0,6	99,4	9,2	24,8	7,4	21,7	6,9	1,4	17,7	5,1	2,8	2,9
				KPD	SPD	StP	Z	DVP	DNVP	NSDAP	Sonst.		
1932 I	87,5	0,6	99,4	9,2	23,0	0,8	23,2	1,5	1,8	39,0	1,7	-	-
				KPD	SPD	StP	Z	DVP	DNVP	NSDAP	Sonst.		
1932 II	83,5	0,7	99,3	11,9	20,9	1,1	22,3	3,0	3,1	35,9	1,6	-	-
				KPD	SPD	StP	Z	DVP	KSWR	NSDAP	CSVD	DBP	
1933	89,9	0,5	99,5	9,8	19,0	1,1	21,0	1,7	3,4	43,0	1,0	0,0	-

T 166 Hessischer Landesteil: Landtagswahlen 1919–1932

Jahr	Wahlbeteiligung	Ungültige Stimmen	Gültige Stimmen	Von den gültigen Stimmen entfielen auf									
	%												
				USPD	SPD	DDP	Z	DVP	HessVP				
1919	83,7	0,3	99,7	0,2	35,4	20,0	29,8	14,0	0,6	-	-	-	-
				KPD	USPD	SPD	DDP	Z	DVP	DNVP	Sonst.		
1921	63,0	0,4	99,6	2,0	2,7	28,6	10,7	30,4	19,0	2,5	4,1	-	-
				KPD	SPD	DDP	Z	DVP	DNVP	NSFB	HessBB	Sonst.	
1924	73,8	1,8	98,2	2,7	33,3	12,3	26,7	13,3	4,5	0,7	6,0	0,3	-
				KPD	SPD	DDP	Z	DVP	DNVP	HessBB	VRP		
1927	53,4	1,0	99,0	5,0	28,4	10,9	29,6	11,7	5,1	4,3	5,0	-	-
				KPD	SPD	StP	Z	DVP	DNVP	NSDAP	Sonst.		
1931	82,7	0,8	99,2	12,8	17,5	1,9	22,6	2,6	1,5	35,3	5,8	-	-
				KPD	SPD	HessD	Z	NatEL	DNVP	NSDAP	Sonst.		
1932	78,0	0,8	99,2	9,9	19,5	0,8	23,5	3,2	1,3	40,6	1,1	-	-

Bayerischer Landesteil

Der bayerische Regierungsbezirk Pfalz bildete sowohl bei den Reichstagswahlen (1920 Wahlkreis Nr. 30, 1924–1933 Wahlkreis Nr. 27) als auch bei den bayerischen Landtagswahlen (1920 III. Wahlkreis mit 17 Stimmkreisen, 1924–1933 III. Wahlkreis mit 14 Stimmkreisen) einen eigenständigen Wahlkreis. Die Reichstagswahlen fanden am 19. Januar 1919 (Verfassungsgebende Nationalversammlung), 6. Juni 1920, 4. Mai 1924, 7. Dezember 1924, 20. Mai 1928, 14. September 1930, 31. Juli 1932 und 5. März 1933 statt.

Die für den 12. Januar 1919 angesetzte Landtagswahl wurde in der Pfalz auf den 2. Februar 1919 verschoben, da das bayerische Innenministerium wegen der französischen Besetzung der Pfalz befürchtete, die Wahl könnte nicht ordnungsgemäß durchgeführt werden. Der Regierungsbezirk Pfalz wurde daher als eigenständiger Wahlkreis bestimmt. Die weiteren Landtagswahlen fanden am 6. Juni 1920, 4. Mai 1924 (übriges Bayern 6. April 1924), 20. Mai 1928 und 24. April 1932 statt.

T 167 Bayerischer Landesteil: Reichstagswahlen 1919–1933

Jahr	Wahlbeteiligung	Ungültige	Gültige	Von den gültigen Stimmen entfielen auf									
		Stimmen											
	%												
				USPD	SPD	DDP	BVP	DVP					
1919	86,5	0,2	99,8	1,6	37,9	13,2	27,6	19,7	-	-	-	-	-
				KPD	USPD	SPD	DDP	BVP	DVP				
1920	73,5	1,8	98,2	0,8	10,8	24,3	8,9	26,1	29,1	-	-	-	-
				KPD	SPD	DDP	Z	BVP	DVP	DNVP	DVFP	Sonst.	
1924 I	71,9	3,0	97,0	13,5	23,3	5,6	10,6	17,6	16,3	6,4	5,7	1,0	-
				KPD	SPD	DDP	Z	BVP	DVP	DNVP	NSFP	Sonst.	
1924 II	80,2	1,8	98,2	8,1	26,8	6,7	11,6	15,6	23,6	4,4	1,9	1,3	-
				KPD	SPD	DDP	Z	DVP	DNVP	NSDAP	WP	Sonst.	
1928	71,0	1,4	98,6	7,1	29,0	3,9	26,4	14,7	2,8	5,6	4,1	6,4	-
				KPD	SPD	StP	Z	DVP	DNVP	NSDAP	Sonst.		
1930	76,8	0,9	99,1	10,5	22,4	2,3	24,9	6,6	0,8	22,8	9,7	-	-
				KPD	SPD	StP	Z	DVP	DNVP	NSDAP	Sonst.		
1932 I	87,2	0,7	99,3	10,7	17,6	0,5	23,8	1,4	1,1	43,7	1,2	-	-
				KPD	SPD	StP	Z	DVP	DNVP	NSDAP	Sonst.		
1932 II	84,1	0,7	99,3	12,9	16,1	0,6	22,5	2,1	1,8	42,6	1,4	-	-
				KPD	SPD	StP	Z	DVP	KSWR	NSDAP	Sonst.		
1933	93,3	0,5	99,5	9	16,8	0,6	22,7	1,2	2,5	46,5	0,7	-	-

T 168 Bayerischer Landesteil: Landstagswahlen 1919–1932

Jahr	Wahlbeteiligung	Ungültige	Gültige	Von den gültigen Stimmen entfielen auf									
		Stimmen											
	%												
				USPD	SPD	DDP	BVP	NLP-BMP					
1919	81,1	0,4	99,6	1,8	38,0	13,0	28,6	18,6	-	-	-	-	-
				KPD	USPD	SPD	DDP	BVP	DVP				
1920	73,4	2,4	97,6	0,8	10,8	24,1	9,2	26,0	29,1	-	-	-	-
				KPD	SPD	Z	BVP	VNR	VölBl	DBiB	Sin		
1924	71,6	8,9	91,1	12,7	24,0	10,1	18,0	23,5	4,6	6,1	1,0	-	-
				KPD	SPD	DDP	BVP	DVP	DNVP	NSDAP	WP	BBM	Sonst.
1928	70,7	3,5	96,5	7,0	29,1	3,9	26,4	14,5	2,5	5,4	4,1	4,1	3,0
				KPD	SPD	BVP	DVP-WP	DNVP	NSDAP	BBM	CSVD	Sonst.	
1932	81,0	0,6	99,4	9,4	16,3	23,7	3,1	1,2	42,9	1,3	1,4	0,7	-

ANHANG

Erläuterungen und Abkürzungen

Zeichenerklärung

-	nichts vorhanden
.	Zahl unbekannt oder geheim
()	Aussagewert eingeschränkt, da Zahl statistisch unsicher
/	keine Angabe, da Zahl nicht sicher genug
X	Darstellung nicht sinnvoll

Abkürzungsverzeichnis

a. Rh.	am Rhein
a. d. W.	an der Weinstraße
a./H.	an der Haardt
außerh.	außerhalb
Bd.	Band
bzw.	beziehungsweise
D.	Doktor (Theologie)
d. Ä.	der Ältere
d. h.	das heißt
d. J.	der Jüngere
dar.	darunter
DDR	Deutsche Demokratische Republik
Dr.	Doktor
DV	Datenverarbeitung
einschl.	einschließlich
Ernährungsw.	Ernährungswissenschaften
Erziehungswissensch.	Erziehungswissenschaften
etc.	et cetera
EUR	Euro
f.	folgende
ff.	fortfolgende
Gesundheitsw.	Gesundheitswesen
gew.	Gewerblich
h. c.	honoris causa
ha	Hektar
hl	Hektoliter
Hochsch.	Hochschule
Hrsg.	Herausgeber
i. d. Pf.	in der Pfalz
Kap.	Kapitel
kaufm.	kaufmännisch
kg	Kilogramm

km	Kilometer
km^2	Quadratkilometer
Lic.	Lizenziat
LK	Landkreis
m^2	Quadratmeter
m^3	Kubikmeter
m. d. W. d. G. b.	mit der Wahrnehmung der Geschäfte beauftragt
Mill.	Millionen
Mrd.	Milliarden
Nachrichtenüberm.	Nachrichtenübermittlung
N. N.	Nomen Nominandum
o. ä.	oder ähnlich
o. Cist.	Ordo Cisterciensis
öff.	Öffentlich
Prof.	Professor
qm	Quadratmeter
RB	Regierungsbezirk
S.	Seite
Selbstb.	Selbstbestimmung
SGB	Sozialgesetzbuch
Sozialw.	Sozialwissenschaften
St.	Sankt
St.	kreisfreie Stadt
t	Tonne
techn.	technisch
theol.	theologisch
u. a.	und andere
usw.	und so weiter
Verw.	Verwaltung
Verwaltungsfachhochsch.	Verwaltungsfachhochschule
vgl.	vergleiche
wirtschaftl.	wirtschaftlich
wissensch.	wissenschaftlich
Ww.	Westerwald
z. B.	zum Beispiel

Abkürzungen der politischen Parteien 1871–1912

K	Deutschkonservative Partei
L	1871–1874 Liberale Reichspartei, 1874–1881 unabhängige Liberale
LL	1871–1884 Deutsche Fortschrittspartei (DFP) und 1881–1884 Liberale Vereinigung 1884–1893 Deutsch-Freisinnige Partei 1893–1910 Freisinnige Vereinigung und Freisinnige Volkspartei 1910–1912 Fortschrittliche Volkspartei
NL	Nationalliberale Partei
R	Regionale Parteien und Minderheiten
RP	Deutsche Reichspartei
S	Sonstige, unbekannte, zersplitterte
Soz	Sozialistische Arbeiterpartei Deutschlands, ab 1890 Sozialdemokratische Partei Deutschlands
Z	Deutsche Zentrumspartei

Abkürzungen der politischen Parteien 1919–1933

BBM	Bayerischer Bauern- und Mittelstandsbund
Bürgerl.	Listenzusammenschluss aus DDP, DVP und Birkenfelder Bauernbund
BVP	Bayerische Volkspartei
CNBL	Christlich-nationale-Bauern-und Landvolkpartei (Deutsches Landvolk)
CSVD	Christlich-Sozialer Volksdienst (Evangelische Bewegung)
CVP	Christliche Volkspartei (Zentrum)
DBiB	Deutscher Block in Bayern (Listenzusammenschluss aus DDP und Deutscher Bauernbund)
DBP	Deutsche Bauernpartei
DDP	Deutsche Demokratische Partei
DNVP	Deutschnationale Volkspartei
DRP	Deutsche Reichspartei
DVFP	Deutschvölkische Freiheitspartei
DVP	Deutsche Volkspartei
HessBB	Hessischer Bauernbund
HessD	Hessische Demokraten
HessLB	Hessischer Landbund, Landesliste Rheinhessen
HessLV	Hessisches Landvolk (Christlich-nationale-Bauern- und Landvolkpartei)
HessVP	Hessische Volkspartei
KPD	Kommunistische Partei Deutschlands
KSWR	Kampffront Schwarz-Weiß-Rot
Landesbl.	Landesblock (Listenzusammenschluss aus Birkenfelder Bauernbund und DVP)
LB	Landbund, Bauernliste Koblenz-Trier-Birkenfeld
LV	Deutsches Landvolk (Christlich-nationale-Bauern- und Landvolkpartei)
NatEL	Nationale Einheitsliste (Listenzusammenschluss von HessLV, DVP, StP, CSVD, VRP und WP)
NLP-BMP	Listenzusammenschluss aus Nationalliberaler Partei und Bayerischer Mittelpartei
NSDAP	Nationalsozialistische Deutsche Arbeiterpartei (Hitler-Bewegung)
NSFB	Nationalsozialistische Freiheitsbewegung
NSFP	Nationalsozialistische Freiheitspartei
RWB	Rheinischer Wirtschaftsbund des deutschen Mittelstandes
SAP	Sozialistische Arbeiterpartei
SPD	Sozialdemokratische Partei Deutschlands
StP	Deutsche Staatspartei
USPD	Unabhängige Sozialdemokratische Partei Deutschlands
VNR	Vereinigte Nationale Rechte (Listenzusammenschluss aus DVP und DNVP)
VöSozB	Völkisch-Sozialer Block
VRP	Volksrechtspartei (Reichspartei für Volksrecht und Aufwertung, ab 1930: Reichspartei für Volksrecht und Aufwertung und Christlich-Soziale Rechtspartei)
Weyand	Listenzusammenschluss aus Birkenfelder Bauernbund und DVP
WP	Wirtschaftspartei des deutschen Mittelstandes (Reichspartei des deutschen Mittelstandes)
Z	Deutsche Zentrumspartei

Abkürzungen der politischen Parteien nach 1945

CDU	Christlich Demokratische Union
DP	Deutsche Partei
FDP	Freie Demokratische Partei
KPD	Kommunistische Partei Deutschlands
PDS	Partei des Demokratischen Sozialismus
SPD	Sozialdemokratische Partei Deutschlands

Verzeichnis der Grafiken, Tabellen und Karten

Grafikverzeichnis

Tabellenverzeichnis

Kartenverzeichnis

Quellen- und Literaturverzeichnis

Archivalien

BArch R1401 (Reichskanzleramt)/1591. Bundesrathsdrucksache No. 64, Session von 1869, Berlin, den 28. Mai 1869. Antrag der Ausschüsse für Zoll- und Steuerwesen und für Handel und Verkehr, betreffend die weitere Ausbildung der Statistik des Zollvereins

Literatur und gedruckte Quellen

ALBERT, Marcel: Bistum Metz (ecclesia Metensis, Kirchenprovinz Trier). In: Gatz, Erwin (Hrsg.): Die Bistümer des Heiligen Römischen Reiches von Ihren Anfängen bis zur Säkularisation. Freiburg im Breisgau 2003, S. 449–468.

AMMERICH, Hans (Hrsg.): Lebensbilder der Bischöfe von Speyer seit der Wiedererrichtung des Bistums Speyer 1817/21. Festschrift Anton Schlembach. Speyer 1992 (Schriften des Diözesan-Archivs Speyer, 15).

AMMERICH, Hans: Bistum Speyer (ecclesia Spirensis, Kirchenprovinz Mainz). In: Gatz, Erwin (Hrsg.): Die Bistümer des Heiligen Römischen Reiches von Ihren Anfängen bis zur Säkularisation. Freiburg im Breisgau 2003, S. 695–707.

BÄR, Max: Die Behördenverfassung der Rheinprovinz seit 1815. Bonn 1919 (Nachdruck 1965) (Publikationen der Gesellschaft für Rheinische Geschichtskunde, 35), S. 40–57.

BARGETON, René u. a.: Les préfets. Du 11 ventôse an VIII au 4 septembre 1870. Répertoires nominatif et territorial. Paris 1981.

BAYERISCHES STATISTISCHES LANDESAMT (Hrsg.): Statistisches Jahrbuch für den Freistaat Bayern 14 (1919). München 1919.

BAYERISCHES STATISTISCHES LANDESAMT (Hrsg.): Statistisches Jahrbuch für den Freistaat Bayern 15 (1921). München 1921.

BAYERISCHES STATISTISCHES LANDESAMT (Hrsg.): Statistisches Jahrbuch für den Freistaat Bayern 16 (1924). München 1924.

BAYERISCHES STATISTISCHES LANDESAMT (Hrsg.): Statistisches Jahrbuch für den Freistaat Bayern 18 (1928). München 1928.

BIUNDO, Georg: Pfälzisches Pfarrer- und Schulmeisterbuch. Kaiserslautern 1930.

BÜRO DES REICHSWAHLLEITERS (Bearb.): Hauptergebnisse der Wahlen zum Reichstag am 31. Juli 1932. Berlin 1932.

CONRAD, Joachim u.a. (Hrsg.): Evangelisch am Rhein. Werden und Wesen einer Landeskirche. Düsseldorf 2007 (Schriften des Archivs der Evangelischen Kirche im Rheinland, 35).

Die Landtagswahl am 24. April 1932. In: Zeitschrift des Bayerischen Statistischen Landesamts 64 (1932), S. 357–424.

ECKHARDT, Albrecht u. a. (Hrsg.): Geschichte des Landes Oldenburg. Ein Handbuch. Oldenburg 1987.

ECKHARDT, Albrecht: Der konstitutionelle Staat (1848–1918). In: Ders. (Hrsg.): Geschichte des Landes Oldenburg. Ein Handbuch. Oldenburg 1987, S. 333–402.

FALTER, Jürgen u. a.: Wahlen und Abstimmungen in der Weimarer Republik. Materialien zum Wahlverhalten 1919–1933. München 1986.
FRANZ, Eckhart G. (Hrsg.): Parlament im Kampf um die Demokratie. Der Landtag des Volksstaats Hessen 1919–1933. Darmstadt 1991 (Arbeiten der Hessischen Historischen Kommis-sion, N.F. 6; Vorgeschichte und Geschichte des Parlamentarismus in Hessen, 6).
FRANZ, Eckhart G.: Das Haus Hessen. Stuttgart 2005.
FRÖHLICH, Hugo: Die Union im Fürstentum Lichtenberg. 1834 als Kreis St. Wendel in die preußische Rheinprovinz eingegliedert. Düsseldorf 1961 (Schriftenreihe des Vereins für Rheinische Kirchengeschichte, 11).

GATZ, Erwin (Hrsg.): Die Bischöfe der deutschsprachigen Länder 1945–2001. Ein biographisches Lexikon. Berlin 2002.
GATZ, Erwin: Erzbistum Köln (ecclesia Coloniensis). In: Ders. (Hrsg.): Die Bistümer des Heiligen Römischen Reiches von Ihren Anfängen bis zur Säkularisation. Freiburg im Breisgau 2003, S. 273–290.

HANS, Friedhelm/STÜBER, Gabriele (Hrsg.): Pfälzische Kirchen- und Synodalpräsidenten seit 1920. Karlsruhe 2008 (Veröffentlichung des Vereins für Pfälzische Kirchengeschichte, 27).
HEGEL, Eduard: Das Erzbistum Köln zwischen der Restauration des 19. Jahrhunderts und der Restauration des 20. Jahrhunderts 1815–1962 (Geschichte des Erzbistums Köln, 5).
HEIDERICH, Freimut: Geschichte der evangelischen Kirche im oldenburgischen Fürstentum und Landesteil Birkenfeld. Idar-Oberstein 1998 (Mitteilungen des Vereins für Heimatkunde im Landkreis Birkenfeld, Sonderheft, 63; Schriften des Archivs der Evangelischen Kirche im Rheinland, 19).
Hessische Landtagswahl am 13. November 1927. In: Mitteilungen der Hessischen Zentralstelle für Landesstatistik Hessen 57 (1927).
HESSISCHES STATISTISCHES LANDESAMT (Hrsg.): Hessen im Wandel der letzten hundert Jahre 1860–1960. Wiesbaden 1960 (Hessenkunde des Hessischen Statistischen Landesamtes,3).
HESSISCHES STATISTISCHES LANDESAMT (Hrsg.): Historisches Gemeindeverzeichnis für Hessen. Heft 1: Die Bevölkerung der Gemeinden 1834 bis 1967. Wiesbaden 1968.
Hohenzollerische Blätter vom 25. April 1932.
HOHLS, Rüdiger/KAELBLE, Hartmut: Die regionale Erwerbsstruktur im Deutschen Reich und in der Bundesrepublik 1895–1970. Eine statistische Dokumentation. St. Katharinen 1989 (Quellen und Forschungen zur historischen Statistik von Deutschland, 9).

Internetpräsenz der Evangelischen Kirche in Hessen und Nassau. http://www.ekhn.de [30.11.2010].
Internetpräsenz des Bistums Limburg. http://www.bistum-limburg.de [06.04.2010].
Internetpräsenz des Bistums Mainz. http://www.bistummainz.de/bistum/bistum/geschichte/episc.html [22.02.2010].
Internetpräsenz des Bistums Speyer. http://www.bistum-speyer.de [06.04.2010].
Internetpräsenz des Bistums Trier. http://www.bistum-trier.de [06.04.2010].
Internetpräsenz des Erzbistums Köln. http://www.erzbistum-koeln.de/erzbistum/geschichte/eb_liste.html [25.02.2010].
Internetpräsenz des Landeswahlleiters Rheinland-Pfalz. http://www.wahlen.rlp.de [24.05.2011].
Internetpräsenz des Vereins für Rheinische Kirchengeschichte e.V. URL: http://www.verein-fuer-rheinische-kirchengeschichte.de/zeitlei5.htm [15.12.2010].

JÜRGENSMEIER, Friedhelm: Das Bistum Mainz. Von der Römerzeit bis zum II. Vatikanischen Konzil. Frankfurt am Mainz 1988.
JÜRGENSMEIER, Friedhelm: Mainz (ecclesia Moguntinensis). In: Gatz, Erwin (Hrsg.): Die Bistümer des Heiligen Römischen Reiches von Ihren Anfängen bis zur Säkularisation. Freiburg im Breisgau 2003, S. 400–426.

KAISERLICHES STATISTISCHES AMT (Hrsg.): Zusammenstellung der zu Anfang des Jahres 1884 geltenden Bestimmungen für die gemeinsame Statistik des Deutschen Reichs. Berlin 1884 (Statistik des Deutschen Reichs NF, 1).
KALINKE, Helmut: Der deutsche Wein- und Getränkemarkt in Zahlen mit einem Exkurs über den internationalen Wein- und Getränkemarkt, Bd. 1. Geisenheim 1985.

KEILMANN, Burkard: Bistum Worms (ecclesia wormatiensis, Kirchenprovinz Mainz). In: Gatz, Erwin (Hrsg.): Die Bistümer des Heiligen Römischen Reiches von Ihren Anfängen bis zur Säkularisation. Freiburg im Breisgau 2003, S. 820–830.

KISSENER, Michael: Kleine Geschichte des Landes Rheinland-Pfalz 1945–2005. Wege zur Integration eines »Nachkriegsbundeslandes«. Karlsruhe 2006.

KLEIN, Thomas (Bearb.): Grundriß zur deutschen Verwaltungsgeschichte 1815–1945. Reihe A: Preußen. Bd. 11: Hessen-Nassau (einschl. Vorgänger-Staaten). Marburg 1979.

KLEIN, Thomas: Die Hessen als Reichstagswähler. Tabellenwerk zur politischen Landesgeschichte 1867–1933. Bd. 1: Provinz Hessen-Nassau und Waldeck-Pyrmont 1867–1918. Marburg 1989 (Veröffentlichungen der Historischen Kommission für Hessen, 51,1).

KLEIN, Thomas: Die Hessen als Reichstagswähler. Tabellenwerk zur politischen Landesgeschichte 1867–1933. Bd. 2: Provinz Hessen-Nassau und Waldeck-Pyrmont 1919–1933. Zweiter Teilband: Regierungsbezirk Wiesbaden. Marburg 1993 (Veröffentlichungen der Historischen Kommission für Hessen, 51,2/2).

KLEIN, Thomas: Die Hessen als Reichstagswähler. Tabellenwerk zur politischen Landesgeschichte 1867–1933. Bd. 3: Großherzogtum/Volksstaat Hessen 1867–1933. Marburg 1995 (Veröffentlichungen der Historischen Kommission für Hessen, 51,3).

KÖBLER, Gerhard: Historisches Lexikon der deutschen Länder. Die deutschen Territorien vom Mittelalter bis zur Gegenwart. München 51995.

KÖNIGLICH BAYERISCHES STATISTISCHES BUREAU (Hrsg.): Gemeinde-Verzeichniss für das Königreich Bayern bearbeitet auf Grund der Volkszählung vom 1. Dezember 1900. Mit einem Berichte über die Ergebnisse der Volkszählung. München 1902 (Beiträge zur Statistik des Königreichs Bayern, 63).

KÖNIGLICH BAYERISCHES STATISTISCHES LANDESAMT (Hrsg.): Geschichte der neueren bayerischen Statistik. München 1914 (Beiträge zur Statistik des Königreichs Bayern, 86).

KÖNIGLICH PREUSSISCHES STATISTISCHES BUREAU (Hrsg.): Die endgültigen Ergebnisse der Volkszählung im preußischen Staate sowie in den Fürstentümern Waldeck und Pyrmont nebst einem aktenmäßigen Berichte über die Ausführung dieser Zählung, Teil 1. Berlin 1903 (Preußische Statistik, 177).

LANDESSTATISTISCHES AMT HESSEN (Bearb.): Die Ergebnisse der Landtagswahl im Volksstaat Hessen am 15. November 1931 nach einzelnen Gemeinden. Darmstadt 1932.

LANDESSTATISTISCHES AMT HESSEN (Bearb.): Die Ergebnisse der Landtagswahl am 19. Juni 1932 und der Reichstagswahl am 31. Juli 1932 im Volksstaat Hessen nach einzelnen Gemeinden. Darmstadt 1932.

LILLA, Joachim: Der Bayerische Landtag 1918/19 bis 1933. Wahlvorschläge – Zusammensetzung – Biographien. München 2008 (Materialien zur bayerischen Landesgeschichte, 21).

LÖFFLER, Günter: Verwaltungsgliederung 1820–1980. Landkreise und kreisfreie Städte. Köln 1982 (Geschichtlicher Atlas der Rheinlande, Beihefte, V.2).

LOTZ, Friedrich: Geschichte der Stadt Bad Homburg vor der Höhe. Bd. 2: Die Landgrafenzeit. Frankfurt am Main 1972.

MATZ, Klaus-Jürgen: Wer regierte wann? Regententabellen zur Weltgeschichte. München 41994.

MÜHLHAUPT, Erwin: Rheinische Kirchengeschichte. Von den Anfängen bis 1945. Düsseldorf 1970 (Schriftenreihe des Vereins für Rheinische Kirchengeschichte, 35).

NEUGEBAUER, Wolfgang: Die Hohenzollern. Bd. 2: Dynastie im säkularen Wandel. Von 1740 bis in das 20. Jahrhundert. Stuttgart 2003.

PERSCH, Martin u.a. (Hrsg.): Die Bischöfe von Trier seit 1802. Festschrift Hermann Josef Spital. Trier 1996 (Veröffentlichungen des Bistumsarchivs Trier, 30).

PREUSSISCHES STATISTISCHES LANDESAMT (Hrsg.): Die Wahlen zum preußischen Landtag am 20. Februar 1921. Berlin 1921 (Preußische Statistik, 251).

PREUSSISCHES STATISTISCHES LANDESAMT (Hrsg.): Die Wahlen zum Preußischen Landtag am 20. Mai 1928. Berlin 1929 (Preußische Statistik, 293).

PREUSSISCHES STATISTISCHES LANDESAMT (Hrsg.): Statistisches Jahrbuch für den preußischen Staat 16. Berlin 1920.

PREUSSISCHES STATISTISCHES LANDESAMT (Hrsg.): Statistisches Jahrbuch für den Freistaat Preußen 17. Berlin 1921.
PREUSSISCHES STATISTISCHES LANDESAMT (Hrsg.): Statistisches Jahrbuch für den Freistaat Preußen 19. Berlin 1923.
PREUSSISCHES STATISTISCHES LANDESAMT (Hrsg.): Statistisches Jahrbuch für den Freistaat Preußen 21. Berlin 1925.
PREUSSISCHES STATISTISCHES LANDESAMT (Hrsg.): Statistisches Jahrbuch für den Freistaat Preußen 25. Berlin 1929.
PREUSSISCHES STATISTISCHES LANDESAMT (Hrsg.): Statistisches Jahrbuch für den Freistaat Preußen 29. Berlin 1933.

REDMER, Axel: Die Wahlen zum Oldenburger Landtag von 1919 bis 1932 in der Provinz Birkenfeld. In: Mitteilungen des Vereins für Heimatkunde im Landkreis Birkenfeld und der Heimatfreunde Oberstein 54 (1980), Heft 4, S. 182–194.
REIBEL, Carl-Wilhelm (Bearb.): Handbuch der Reichstagswahlen 1890–1918. Bündnisse, Ergebnisse, Kandidaten. Düsseldorf 2007 (Handbücher zur Geschichte des Parlamentarismus und der politischen Parteien, 15).
RITTER, Gerhard A.: Wahlgeschichtliches Arbeitsbuch. Materialien zur Statistik des Kaiserreichs 1871–1918. München 1980.
ROTHENBERGER, Karl-Heinz/STORM, Monika: Die Minister des Landes Rheinland-Pfalz, 1946–2002. In: Mitteilungen des Historischen Vereins der Pfalz 101 (2003), S. 417–435.

SANDER, Hartmut: Die politischen Wahlen im Regierungsbezirk Koblenz 1918 bis 1924. Bonn 1972.
SCHAAB, Meinrad: Geschichte der Kurpfalz. Bd. 2.: Neuzeit. Stuttgart 1992.
SCHAAB, Meinrad: Geschichte der Kurpfalz. Bd. 1.: Mittelalter. Stuttgart u. a. ^{2}1999.
SCHÄFER, Markus (Bearb.): Datenhandbuch zur Geschichte des Landtags Rheinland-Pfalz 1947–2003. Mainz 2005 (Veröffentlichungen der Kommission des Landtages für die Geschichte des Landes Rheinland-Pfalz, 26).
SCHATZ, Klaus: Geschichte des Bistums Limburg. Mainz 1983 (Quellen und Abhandlungen zur mittelrheinischen Kirchengeschichte, 48).
SCHMIDT, Klaus: Glaube, Macht und Freiheitskämpfe – 500 Jahre Protestanten im Rheinland. Köln 2007.
SCHNEIDER, Bernhard: Erzbistum Trier (ecclesia Trevirensis). In: Gatz, Erwin (Hrsg.): Die Bistümer des Heiligen Römischen Reiches von Ihren Anfängen bis zur Säkularisation. Freiburg im Breisgau 2003, S. 747–768.
SCHÜLER, Winfried: Das Herzogtum Nassau 1806–1866. Deutsche Geschichte im Kleinformat. Wiesbaden 2006 (Veröffentlichungen der Historischen Kommission für Nassau, 75).
SCHÜTZ, Rüdiger (Bearb.): Grundriß zur deutschen Verwaltungsgeschichte 1815–1945. Reihe A: Preußen. Bd. 7: Rheinland. Marburg 1978.
SPINDLER, Max: Handbuch der bayerischen Geschichte. Bd. 4: Das neue Bayern 1800–1970. Zweiter Teilband. München 1979.
Staatszeitung. Staatsanzeiger für Rheinland-Pfalz vom 23. Mai 2011.
STATISTISCHES BUNDESAMT (Hrsg.): Bevölkerung und Wirtschaft 1872–1972. Herausgegeben anläßlich des 100jährigen Bestehens der zentralen amtlichen Statistik. Stuttgart. Mainz 1972.
STATISTISCHES LANDESAMT OLDENBURG (Bearb.): Staats-Handbuch des Freistaats Oldenburg für 1920. Oldenburg 1920.
STATISTISCHES LANDESAMT OLDENBURG (Bearb.): Staats-Handbuch des Freistaats Oldenburg für 1921. Oldenburg 1921.
STATISTISCHES LANDESAMT OLDENBURG (Bearb.): Staats-Handbuch des Freistaats Oldenburg für 1923. Oldenburg 1923.
STATISTISCHES LANDESAMT OLDENBURG (Bearb.): Staats-Handbuch des Freistaats Oldenburg für 1928/30. Oldenburg 1929.
STATISTISCHES LANDESAMT RHEINLAND-PFALZ (Hrsg.): Amtliches Gemeindeverzeichnis 2006. Bad Ems 2006 (Statistische Bände, 393).

STATISTISCHES LANDESAMT RHEINLAND-PFALZ (Hrsg.): Statistisches Jahrbuch Rheinland-Pfalz 2010. Bad Ems 2010.

STATISTISCHES LANDESAMT RHEINLAND-PFALZ (Hrsg.): Volkszählung am 13. September 1950. Die Wohnbevölkerung in Rheinland-Pfalz. Bad Ems 1953 (Statistik von Rheinland-Pfalz, 17).

STATISTISCHES REICHSAMT (Hrsg.): Die Volkszählung am 1.12.1900 im Deutschen Reich, Teil 1. Berlin 1903 (Statistik des Deutschen Reichs NF, 150).

STATISTISCHES REICHSAMT (Hrsg.): Statistisches Jahrbuch für das Deutsche Reich 24. Berlin 1925.

STEIN, Wolfgang Hans (Bearb.): Die Akten der Verwaltung des Wälder-Departements 1794–1816. Inventar der Bestände 300 (Wälder-Departement) und 352 (Generalgouvernementskommissariat des Mittelrheins für das Wälder-Departement). Koblenz 1998 (Veröffentlichung der Landesarchivverwaltung Rheinland-Pfalz, 80).

STEIN, Wolfgang Hans (Bearb.): Die Akten des Saardepartements im Landeshauptarchiv Koblenz 1798–1813. Inventar der Bestände Landeshauptarchiv Koblenz Bestand 276 und Landesarchiv Speyer Bestand G 9. Koblenz 1991 (Veröffentlichung der Landesarchivverwaltung Rheinland–Pfalz, 57).

STEITZ, Heinrich: Geschichte der evangelischen Kirche in Hessen und Nassau. Marburg 1977.

ZENTRALSTELLE FÜR DIE LANDESSTATISTIK HESSEN (Hrsg.): Die Ergebnisse der Landtagswahl im Volksstaat Hessen am 27. November 1921 nach einzelnen Gemeinden bezw. Wahlbezirken. Darmstadt 1922.

ZENTRALSTELLE FÜR DIE LANDESSTATISTIK HESSEN (Hrsg.): Die Ergebnisse der Reichstags– und Landtagswahl im Volksstaat Hessen am 7. Dezember 1924 nach einzelnen Gemeinden bezw. Wahlbezirken. Darmstadt 1925.

ZENTRALSTELLE FÜR DIE LANDESSTATISTIK HESSEN (Hrsg.): Ergebnisse der Wahlen zur verfassungsgebenden Deutschen Nationalversammlung und zu verfassungsgebenden Volkskammer in Freistatt Hessen am 19. bezw. 26. Januar 1919 nach einzelnen Gemeinden und Stimmbezirken. Darmstadt 1919.